SÆCULUM XIII

INNOCENTII III

ROMANI PONTIFICIS

OPERA OMNIA

TOMIS QUATUOR DISTRIBUTA

QUORUM PRIORES TRES REGESTORUM BALUZIANAM RECENSIONEM COMPLECTUNTUR, ACCEDENTIBUS ANECDOTARUM EPISTOLARUM LIBRIS, QUOS FRUSTRA OLIM A BALUZIO EXPETITOS EX BIBLIOTHECA VATICANA IN LUCEM EMISERUNT LA PORTE DUTHEIL ET BREQUIGNY; QUARTO VOLUMINI INSUNT EPISTOLÆ EXTRA REGESTUM VAGANTES, PONTIFICIS DENIQUE SERMONES ET OPUSCULA VARIA, TUM JAM OLIM EDITA, TUM RECENTIUS AB EMINENTISSIMO CARDINALI MAIO, D. LUIGI TOSTI, ETC., ETC., TYPIS MANDATA

ACCURANTE J.-P. MIGNE
BIBLIOTHECÆ CLERI UNIVERSÆ
SIVE
CURSUUM COMPLETORUM IN SINGULOS SCIENTIÆ ECCLESIASTICÆ RAMOS EDITORE

TOMUS PRIMUS

VENEUNT 4 VOLUMINA 30 FRANCIS GALLICIS

EXCUDEBATUR ET VENIT APUD J.-P. MIGNE EDITOREM
IN VIA DICTA *D'AMBOISE*, PROPE PORTAM LUTETIÆ PARISIORUM VULGO *D'ENFER* NOMINATAM
SEU PETIT MONTROUGE

1855

ELENCHUS

AUCTORUM ET OPERUM QUI IN HOC TOMO CCXIV CONTINENTUR.

INNOCENTIUS III PONTIFEX ROMANUS.

Prolegomena.   *Col.*

Innocentii III Regesta sive Epistolæ.

Ex typis L. MIGNE, au Petit-Montrouge.

PATROLOGIÆ
CURSUS COMPLETUS

SIVE
BIBLIOTHECA UNIVERSALIS, INTEGRA, UNIFORMIS, COMMODA, OECONOMICA,

OMNIUM SS. PATRUM, DOCTORUM SCRIPTORUMQUE ECCLESIASTICORUM
QUI
AB ÆVO APOSTOLICO AD INNOCENTII III TEMPORA
FLORUERUNT;

RECUSIO CHRONOLOGICA
OMNIUM QUÆ EXSTITERE MONUMENTORUM CATHOLICÆ TRADITIONIS PER DUODECIM PRIORA
ECCLESIÆ SÆCULA,

JUXTA EDITIONES ACCURATISSIMAS, INTER SE CUMQUE NONNULLIS CODICIBUS MANUSCRIPTIS COLLATAS,
PERQUAM DILIGENTER CASTIGATA;
DISSERTATIONIBUS, COMMENTARIIS LECTIONIBUSQUE VARIANTIBUS CONTINENTER ILLUSTRATA;
OMNIBUS OPERIBUS POST AMPLISSIMAS EDITIONES QUÆ TRIBUS NOVISSIMIS SÆCULIS DEBENTUR ABSOLUTAS
DETECTIS, AUCTA;
INDICIBUS PARTICULARIBUS ANALYTICIS, SINGULOS SIVE TOMOS, SIVE AUCTORES ALICUJUS MOMENTI
SUBSEQUENTIBUS, DONATA;
CAPITULIS INTRA IPSUM TEXTUM RITE DISPOSITIS, NECNON ET TITULIS SINGULARUM PAGINARUM MARGINEM
SUPERIOREM DISTINGUENTIBUS SUBJECTAMQUE MATERIAM SIGNIFICANTIBUS, ADORNATA;
OPERIBUS CUM DUBIIS TUM APOCRYPHIS, ALIQUA VERO AUCTORITATE IN ORDINE AD TRADITIONEM
ECCLESIASTICAM POLLENTIBUS, AMPLIFICATA;
DUOBUS INDICIBUS GENERALIBUS LOCUPLETATA : ALTERO SCILICET RERUM, QUO CONSULTO, QUIDQUID
UNUSQUISQUE PATRUM IN QUODLIBET THEMA SCRIPSERIT UNO INTUITU CONSPICIATUR; ALTERO
SCRIPTURÆ SACRÆ, EX QUO LECTORI COMPERIRE SIT OBVIUM QUINAM PATRES
ET IN QUIBUS OPERUM SUORUM LOCIS SINGULOS SINGULORUM LIBRORUM
SCRIPTURÆ TEXTUS COMMENTATI SINT.
EDITIO ACCURATISSIMA, CÆTERISQUE OMNIBUS FACILE ANTEPONENDA, SI PERPENDANTUR : CHARACTERUM NITIDITAS
CHARTÆ QUALITAS, INTEGRITAS TEXTUS, PERFECTIO CORRECTIONIS, OPERUM RECUSORUM TUM VARIETAS
TUM NUMERUS, FORMA VOLUMINUM PERQUAM COMMODA SIBIQUE IN TOTO OPERIS DECURSU CONSTANTER
SIMILIS, PRETII EXIGUITAS, PRÆSERTIMQUE ISTA COLLECTIO, UNA, METHODICA ET CHRONOLOGICA,
SEXCENTORUM FRAGMENTORUM OPUSCULORUMQUE HACTENUS HIC ILLIC SPARSORUM,
PRIMUM AUTEM IN NOSTRA BIBLIOTHECA, EX OPERIBUS AD OMNES ÆTATES,
LOCOS, LINGUAS FORMASQUE PERTINENTIBUS, COADUNATORUM.

SERIES SECUNDA,
IN QUA PRODEUNT PATRES, DOCTORES SCRIPTORESQUE ECCLESIÆ LATINÆ
A GREGORIO MAGNO AD INNOCENTIUM III.

Accurante J.-P. Migne,

BIBLIOTHECÆ CLERI UNIVERSÆ,
SIVE
CURSUUM COMPLETORUM IN SINGULOS SCIENTIÆ ECCLESIASTICÆ RAMOS EDITORE.

PATROLOGIA BINA EDITIONE TYPIS MANDATA EST, ALIA NEMPE LATINA, ALIA GRÆCO-LATINA. — VENEUNT
MILLE ET TRECENTIS FRANCIS SEXAGINTA ET DUCENTA VOLUMINA EDITIONIS LATINÆ; OCTINGENTIS
ET MILLE TRECENTA GRÆCO-LATINÆ. — MERE LATINA UNIVERSOS AUCTORES TUM OCCIDENTALES,
TUM ORIENTALES EQUIDEM AMPLECTITUR; HI AUTEM, IN EA, SOLA VERSIONE LATINA DONANTUR;

PATROLOGIÆ TOMUS CCXIV.

INNOCENTIUS III PONTIFEX ROMANUS.

EXCUDEBATUR ET VENIT APUD J.-P. MIGNE EDITOREM,
IN VIA DICTA *D'AMBOISE*, PROPE PORTAM LUTETIÆ PARISIORUM VULGO *D'ENFER* NOMINATAM,
SEU PETIT-MONTROUGE.

1855

PROŒMIA EDITIONIS BALUZIANÆ.

EPISTOLA NUNCUPATORIA [1].

INVICTISSIMO PRINCIPI LUDOVICO XIV REGI CHRISTIANISSIMO.

Ad suscipiendam novam editionem epistolarum Innocentii III Romani pontificis duabus præcipue de causis permotus sum, Rex Christianissime : tum quia is fuit vir magnus et magnarum rerum patrator, tum quia Ecclesiæ Gallicanæ regumque Franciæ decessorum tuorum, quos impense ubique laudat, amantissimus : adeo ut ad Philippum Augustum scribens non dubitaverit asserere gloriam et magnitudinem sedis apostolicæ pendere quodam modo ex incolumitate regni Francorum. « Unde inter cæteros reges catholicos, inquit (2), et principes « Christianos serenitatem tuam prærogativa dilectionis amplectimur, et ad ea quæ honorem tuum et incremen- « tum regni Francorum respiciunt propensius aspiramus; utpote in cujus exaltatione exaltare credimus apo- « stolicam sedem, et in cujus depressione, quod absit, ipsam deprimi crederemus. » Quare cum editio illa absolveretur, non alii eam dicari debere arbitratus sum quam tibi, magne Rex, qui et jure sanguinis tenes eo- rum principum provincias quos ille laudat, et jure successionis defensor es apostolicæ sedis et Ecclesiæ Ro- manæ protector. Erunt qui præclara tua facinora pace belloque gesta summis ingenii viribus celebrabunt, te- que superiorem dicent heroibus quos antiquitas venerata est; et id quidem jure meritoque, cum, præterquam quod tu eadem quæ illi fecisti, eo perveneris celebritate famæ ut terra sileat in conspectu tuo, et, quod est pul- cherrimum ac potentissimum victoriæ genus, fortissimas et bellicosissimas gentes terrore perdomueris, ac munitissimas urbes famaque inexpugnabiles compuleris ad deditionem. Nos vero qui sacrarum litterarum studiis incumbimus, laudamus quidem ac suscipimus illustria illa gloriosaque facta tua, quæ te Clodovei Ma- gni, Caroli Magni, Philippi Augusti, Ludovici sancti, Francisci primi, Henrici Magni avi tui successorem esse probant; sed tamen in primis colimus eximiam illam erga Deum pietatem quam ubique ostendis, et cha- ritatem in subditos tuos extra regnum Jesu Christi superiore sæculo præcipitatos arte et industria eorum qui magis sua quærebant quam ea quæ sunt Jesu Christi. Intelligis profecto, Rex sapientissime, loqui me de mi- seris illis qui insidiosorum ac fallacium ætatis illius hominum fraudibus circumventi, eorumque figmenta ac de- liria sequentes, ac vana pro veris amplectentes, a veritate quidem, quod futurum monuerat Paulus apostolus, auditum averterunt, ad fabulas autem sunt conversi et ad insanias falsas, secumque posteros suos traxerunt in eamdem calamitatem. Tu vero, Rex christianissime, illos in viam revocas prudentia et dexteritate admira- bili, nihil per vim, nihil per metum agendo, sed tantum ostensa meliore religione, et coercita novorum homi- num libertate intra terminos edictorum regiorum; adeo ut multi eorum ac, ut ita dixerim, innumeri, qui cæco errore deviaverant a recta fide, nunc cognita veritate, volentes lubentesque eos ritus amplectantur quibus olim consecrata est Ecclesia Gallicana ab apostolicis viris qui eam constituerunt. Quæ cura religionis Dei adeo alte pectori tuo infixa est ut cum civitas Argentoratensis, quæ ad te coronamque tuam spectabat juxta pacta con- venta apud Monasterium Westphalorum et Noviomagum, nuper ad obsequium rediisset, teque dominum haud invita recognovisset, nihil antiquius aut sanctius habueris quam ut ejus episcopum, hinc pulsum ante centum et quinquaginta annos, in eam Ecclesiam reduceres quæ se a Dagoberto Francorum rege gloriatur esse fun- datam. Facias ita semper, Rex invictissime, nec unquam in tam sancto opere aut animus tuus aut fortuna lassetur ; et dum Ecclesiam protegis et ornas, etiam tuo favore prosequere novam hanc editionem epistolarum pontificis vere maximi.

Sacræ Majestati Tuæ

Devotissimus subditus,
Steph. BALUZIUS.

Lutetiæ Parisiorum Kal. Januar. 1682.

(1) *Epistolarum Innocentii III, Romani pontifi- cis, libri undecim; accedunt gesta ejusdem Innocentii et prima collectio Decretalium composita a Rainerio diacono et monacho Pomposiano.* Stephanus BALU- ZIUS, Tutelensis, in unum collegit, magnam partem nunc primum edidit, reliqua emendavit. — Parisiis, apud Franciscum Muguet, typographum regis et il- lustrissimi archiepiscopi Parisiensis, 1682, cum pri- vilegio regis. Tomi duo in fol. in unum compacti.

(2) *Registr. de negotio imper.,* epist. 64, t. III.

PRÆFATIO.

Innocentius III, pontifex Romanus, ut erat vir alti et providi ingenii, jam ab ipsis sui pontificatus initiis statuit pro more illorum qui ante eum sedem apostolicam tenuerant in Regestum suum referre, non solum epistolas suas, sed etiam eas quæ ad ipsum scribebantur de majoribus causis, ac præterea graviora negotia quæ sub auctoritate sedis apostolicæ gerebantur in provinciis et regnis Christi religionem colentibus, ut videmus in ista epistolarum ejus collectione. Neque enim ampliori probatione indiget ista observatio. Sane multum intererat reip. Christianæ ut illa cogitatio intraret in animum tanti viri, cum ea ratione ad nos multa illustria antiquitatis ecclesiasticæ monumenta pervenerint, quibus haud dubie careremus absque illa Innocentii providentia. Dolendum tamen est ita indiligenter tractatum esse hoc negotium ut non solum ab uno, quod maxime necessarium ac utile videbatur, confectum non fuerit, sed præterea ita oscitanter ac supine in illud incubuerint collectores ut nullum ferme ordinem in eo opere digerendo servaverint. Quod ut lectori melius liqueat, explicanda sunt ista per partes.

Primo enim a diversis personis compositam fuisse istorum librorum collectionem satis, ut reor, ostendit vetus nota apposita in veteri exemplari post epistolam 261 libri xi, ubi sic legitur : *Willelmus Scofer Constantiensis diœcesis scribit undecimum librum.* Nam si unus idemque homo omnes scripsisset, inutile erat admonere hunc librum a Germano illo scriptum fuisse. Porro non alium fuisse horum Regestorum consarcinatorem quam ipsos scribas hinc etiam evincitur quod admodum indiligenter et absque ullo ferme ordine, ut antea dixi, epistolas Innocentii descripserunt, quod plerasque omiserunt quæ sunt majoris momenti quam bene multæ quæ nunc exstant in Regesto, quod quasdam locis non suis reposuerunt et in libris non suis, quod interdum unam eamdemque epistolam bis in eodem libro, denique quod sæpe neglexerunt adnotare diem et locum datarum epistolarum. Ista quivis per se satis intelliget inter legendum, adeoque sufficit ita semel admonuisse. Sed tamen prætermittendum non est magnam fuisse vel incuriam vel inscitiam Willelmi Scofer, qui omisit initium epistolæ 170 libri xi, eoque modo effecit ne quis scire possit quænam fuerit Ecclesia illa quam Alexander III contulerat cuidam cardinali, quam vero archiepiscopus Beneventanus pertinere contendebat ad suam donationem. Atqui res ista, cum præsertim utilis esse posset hæc epistola, si integra data fuisset, ad præcidendam viam litibus, omitti non debuerat. Porro quæ sequuntur epistolæ post epistolam 261 ejusdem libri undecimi, eas valde puto non esse istius libri, sed huc ab aliquo studioso translatas ex antiquis collectionibus Decretalium, ut vacantes paginæ implerentur. Istud collegisse mihi videor ex eo quod nota illa quam supra retuli ex fine libri xi antecedit epistolam 262 quæ illic est mutila, et quod omnes istæ posteriores epistolæ reperiuntur in corpore juris, tum etiam quod epistolæ 262 et 272 certo sunt libri decimi, ut illic observatum est. Denique epistola 262 ejusdem libri undecimi, quæ illic legitur absque nota loci et temporis, pertinet omnino ad librum duodecimum, ut colligitur ex capite *Requisisti*, quod illic constituit epistolam quinquagesimam octavam. Unde etiam deprehendere possumus indiligentiam illius qui duodecimum librum confecit, quandoquidem unicum tantum caput descripsit egregiæ illius epistolæ, et id quidem absque inscriptione. His de causis supersedere poteramus editione harum epistolarum absque ullo incommodo rei canonicæ ; sed cum illas invenissemus in veteri codice positas ad calcem libri undecimi, eas supprimere nobis religio fuit.

Insignis est difficultas in libro decimo, quam dissimulare non licet. Certum est enim indictionem decimam concurrere cum anno decimo pontificatus Innocentii. Et tamen in libro decimo, quoties indictio ponitur in epistolis anno illo datis, toties occurrit nona, quam constat decimam tum fuisse. Quare cum anno 1674 lis de jurisdictione esset inter illustrissimum episcopum Aurelianensem et canonicos Sancti Aniani, isti vero epistola quadam Innocentii, quæ est 95 libri decimi, uterentur ad probandam exemptionem suam a jure episcopali, vir celeberrimus et istarum rerum peritissimus, qui in ea causa partes regias egit, non dubitavit asserere eam epistolam esse manifeste falsam ; quia ipsi certo constabat, uti verum est, indictionem decimam fuisse eo tempore quo epistola illa data est, quod videtur esse signum certissimum falsitatis. Quanquam in authentico illius epistolæ, quod canonici illi penes se habent, tum etiam in Regesto, diserte posita est indictio nona, tum etiam in cæteris ejusdem anni epistolis. Imo in epistola scripta ad priorem de Sambleriis, quam vir clarissimus Nicolaus Camuzatius primus omnium in lucem emisit, quamque nos recudimus in calce libri x, sub num. 224, indictio nona conjungitur cum anno Incarnationis Dominicæ 1207, et decimo pontificatus Innocentii. Unde colligi certo potest invaluisse hunc errorem per totum annum decimum inter scriptores apostolicos ; adeoque hinc concludi debet signum illud non esse suppositionis, cum contra falsitatis argumentum esse nunc videretur si quæpiam epistola illo anno data reperiretur per indictionem decimam. Contrario illi errore posuerunt indictionem XI pro IX in epistolis 192 et 205 ejusdem libri decimi.

Vetera Regestorum Innocentii exemplaria non exstant omnia in uno eodemque loco. Priores novem libri habentur Romæ in armariis apostolicæ sedis; tres sequentes habebat illustrissimus vir Franciscus Bosquetus, episcopus Monspeliensis, quatuor vero qui deinceps sequuntur diu conservavit bibliotheca collegii Fuxensis (1). Tres ultimi aut perierunt, aut adhuc latent in angulis bibliothecarum (2).

Prima epistolarum Innocentii editio, quæ duos tantum priores libros complectitur, prodiit Romæ anno 1543, opera viri nunquam sine laude nominandi Gulielmi Sirleti, tum quidem doctissimi custodis bibliothecæ Vaticanæ, postea vero amplissimi cardinalis; cui quantum debeat universa Ecclesia satis sciunt qui has nostras litteras tractant, ut necesse nobis non sit hic illius encomium enarrare. Secundam eorumdem librorum editionem emisit Maternus Cholinus, typographus Coloniensis, anno 1575; tertiam triennio post societas typographorum Venetorum. Et hæc quidem tantum superiore sæculo vulgata, donec is quem supra nominavi Bosquetus, quanquam juvenis admodum, incensus tamen amore epistolarum Innocentii, cum libros quatuor ante ineditos reperisset Tolosæ in bibliotheca collegii Fuxensis, eos sub prelum misit anno Domini 1627, ac demum emisit anno 1635.

Quantum hinc utilitatis accesserit Ecclesiæ universæ, quantum juris canonici et historiæ ecclesiasticæ professoribus, qui antea dolebant tanti pontificis epistolas non haberi nisi decurtatas et absque nota temporum quibus scriptæ fuerunt, vel me tacente omnes intelligunt. Itaque cum necessitas studiorum meorum me traxisset ad lectionem librorum quos vocant Decretalium, videremque quantam illic personam sustineret hic Innocentius, quam porro jucundum esset istarum rerum amatoribus, si epistolæ ejus illis darentur integræ quæ in Decretalium libris habentur tantum per partes, statui mecum nova editione donare sex libros a Sirleto et Bosqueto publicatos, tum cæteros quoque conquirere. Ergo pluries Romam scripsi ut tertium et cæteros hinc habere possem. Sed id totum frustra fuit. Partem tamen libri quinti, quo hactenus carebamus, habui beneficio viri doctissimi Jacobi Augusti Chevanei, advocati Divionensis; cui eo quoque nomine non parum debent litterati omnes, cum in libro illo nonnullæ sint epistolæ magni momenti. Tertii defectum quodammodo supplevimus ope vetustæ Collectionis quam ex tribus primis epistolarum Innocentii libris confecit Rainerius diaconus et monachus Pomposianus, quam vero nos invenimus in bibliotheca monasterii Sancti Theodorici Remensis. Sane non vidimus vetus exemplar ex quo expressa est editio duorum priorum librorum, neque Fuxense, unde accepti sunt quatuor libri a Bosqueto editi; sed horum loco usi sumus vetustissimo codice ms. bibliothecæ Colbertinæ, in quo exstant tituli et inscriptiones epistolarum quæ in sex illis libris continentur. Qui quidem codex nobis multum profuit ad tollenda menda aliquot insignia quæ exstabant in superioribus editionibus.

Nunc ergo, præter libros illos quos diximus, editionis honore donamus etiam decimum, undecimum, et duodecimum, nunquam antehac editos; quos nobis subministravit, ut antea significavi, illustrissimus ac doctissimus episcopus Monspeliensis Franciscus Bosquetus. Damus etiam *Regestum de negotio imperii*, acceptum e codice 415 bibliothecæ Vaticanæ, eo ipso nimirum quo usi sunt clarissimi scriptores annalium ecclesiasticorum Abrahamus Bzovius et Odoricus Raynaldus (3). Nos tamen non habuimus ex codice Vaticano, sed ex bibliotheca celsissimi principis et doctissimi præsulis Ferdinandi Furstenbergii, episcopi Paderbornensis et Monasteriensis, qui cum ex litteris clarissimi et eruditissimi viri Hermanni Coringii intellexisset incumbere me novæ editioni epistolarum Innocentii III, ac valde optare eos libros qui exstabant in bibliotheca Vaticana, Regestum hoc, quod ille Romæ positus in usum suum describi fecerat, ad me pro sua eximia in litteras et earum professores inclinatione misit cum epistola quam hic subjicio:

FERDINANDUS *episcopus et princeps Paderbornensis, coadjutor Monasteriensis , S. P. D. cl. viro Stephano* BALUZIO, *canonico Remensi.*

Ex quo Hermanus Conringius certiorem me reddidit, vir clarissime, te epistolas Innocentii III pontificis nullis hactenus typis editas vulgaturum, summopere desiderare codicem litterarum quas memoratus pontifex tempore Ottonis IV Cæsaris et Philippi Sueviæ ducis de imperio nostro decertantium ad diversos reges et Europæ principes dedit, et ego Alexandri VII P. O. M. intimus cubicularius olim Romæ describendas

---

(1) Selectiores Innocentii epistolas anno 1625, Parisiis, ex ms. Fuxensi in lucem emisit et notis illustravit Paulus du May, in suprema Burgundiæ curia consiliarius regius, cujus prima fronte libri legitur encomium his verbis:

Situ sepultas Innocentii chartas
Vetustiorum temporum notatrices,
Queis ille fulgens dignitate suprema,
Tam juris auctor quam peritus interpres,
Regum ducumque terminaverat causas,

Donare luci primus occupat du May,
Et judicare lectus, optimum donat
Sibique et aliis quod sequantur exemplum.
    Hugo GROTIUS JC. Batavus.

Eruditissimi collectoris notas in usum nostrum convertimus. EDIT.
(2) Raynald., an. 1214, § 32.
(3) Bzov. an. 1199, § 22, 23; 1207, § 1; 1208, § 1. Raynald. an. 1200, § 22; 1202, § 26; 1204, § 48.

curavi et diligenter recognovi, optavi continuo occasionem quam illustrissimus Verjusius Christianissimi regis ad Germaniæ principes legatus, perquam mihi familiaris, modo hic præsens, offert, hunc codicem tuto ad te mittendi, ut eruditos ingenii tui labores hoc saltem munere adjuvarem atque excitarem. Cogitavi quidem antehac ipse has epistolas notis illustratas publicare; sed gravioribus reipub. curis districtus, tibi, vir doctissime, hanc modo provinciam do. Ubi codice meo quantum libuerit usus fueris, cum eum tuo commodo nobis restituas velim. Vale, et illustrissimo hero tuo D. Colberto mea defer officia cum salute plurima.

Paderbornæ vi Id. April. 1672.

In eo igitur Regesto sive libro continentur epistolæ quas Innocentius III ad diversos scripsit occasione schismatis quod tum erat in imperio Germanico, tum etiam eæ quas alii ad illum de eodem negotio scripsere. In quo illud in primis observandum est, nullam ex his epistolis exstare in libris epistolarum qui per annos pontificatus digesti sunt, quia Innocentius, jam ab initio prævidens hanc causam varios ac multiplices eventus habituram, constituit peculiarem istius magni negotii collectionem facere. Nos tamen, quia Regestum illud non habebamus eo tempore quo secundus liber recusus est, in illum conjecimus priores duas epistolas libri de negotio imperii, quas inveneramus in Annalibus ecclesiasticis Odorici Raynaldi, et ad librum secundum pontificatus pertinere constabat (4). Cæterum licet in nonnullis epistolis hoc Regesto contentis, quæ a viris clarissimis editæ sunt, episcopus Ostiensis qui in Germaniam missus est cum Leone cardinale Sanctæ Crucis vocetur Hugo, itaque etiam interdum scriptum sit in exemplari quo usus sum, constanter tamen Hugolinum vocavi, quia certum est illi hoc nomen fuisse. Quod admonere visum est, ne quis me malæ fidei insimulet.

Ne quid vero, quantum ad meam curam attinet, huic editioni deesset, addidi Gesta Innocentii III, scripta ab auctore illorum temporum, eadem sane quæ illustrissimus episcopus Monspeliensis olim ediderat ex codice ms. collegii Fuxensis, sed multo meliora. Ad ea autem emendanda usus sum duobus antiquis exemplaribus; quorum unum exstat in bibliotheca regia, aliud nobis exhibuit humanitas illustrissimi viri Caroli Mauritii Tellierii archiepiscopi Remensis. Usus præterea sum exemplo quod vir celeberrimus et alter historiæ nostræ parens Andreas Duchesnius manu sua descripserat ex veteri codice ms. Ecclesiæ Podiensis, qui multis in locis præstat reliquis duobus.

Præterea in gratiam studiosorum juris canonici adnotavi eas epistolas quæ sunt in corpore juris; et ut facilius inveniri quæque possit, earum elenchum alphabeticum institui. Porro in epistolis illis emendandis usus sum duobus antiquis codicibus mss., uno bibliothecæ Colbertinæ, altero monasterii Sancti Albini Andegavensis. In primo continentur tertia, quarta et quinta compilatio Decretalium; in altero tertia tantum.

Constitueram olim notas edere ad loca quædam istarum epistolarum illustriora aut difficiliora; sed penuria otii factum est ut mutarem consilium.

In fine necesse visum est veniam tarditatis deprecari, quod opus ante quindecim annos incœptum, tam sero exit in lucem. Multæ fuerunt occasiones quæ me coegerunt supersedere hoc labore, præcipue vero quia diu exspectavi exemplaria librorum bibliothecæ Vaticanæ; qui si darentur in vulgus, maximam lucem afferrent historiæ ecclesiasticæ illorum temporum, multumque conducerent ad ostendendam magnam quæ tum erat Romani pontificis auctoritatem.

Vale, lector, et piis Innocentii manibus bene precare.

(4) Has Registro super negotio Romani imperii restituimus. EDIT. PATR.

VIRORUM CLARISSIMORUM

BREOUIGNY ET LA PORTE DU THEIL

MONITUM

Ad suam Innocentii Regestorum anecdotorum editionem (1).

La collection générale des pièces relatives à l'histoire de France a été divisée en deux parties, dont la première contiendra séparément les chartes, diplomes et autres actes originaux proprement dits, tandis

(1) *Diplomata, Chartæ, Epistolæ et alia documenta ad res Francicas spectantia, ex diversis regni exterarumque regionum archivis ac bibliothecis, jussu regis Christianissimi, multorum eruditorum curis,*

que la seconde renfermera les lettres des papes, des rois et autres personnages distingués dans l'histoire.

Il nous a paru naturel de placer, exclusivement et de suite, dans la première section de la II⁰ partie, les lettres des papes. Mais ce recueil des lettres des papes, par lequel nous avons cru devoir commencer cette seconde partie de notre collection générale, n'a point dû remonter aux premiers siècles de la monarchie française. Depuis longtemps tout ce qui peut exister de lettres relatives à la France, des papes antérieurs au XIII⁰ siècle, est connu, et a été publié dans différents ouvrages indiqués par la *Table chronologique des diplomes, chartes, titres et actes*, qui s'imprime au Louvre; la plupart se trouvent rassemblées soit dans les Collections des conciles, soit dans la Collection des historiens de France; et celles qui pourraient n'avoir point encore été imprimées, le seront infailliblement dans la suite du *Recueil général des lettres des papes*, que D. Coutant avait préparé, recueil dont ce savant religieux n'a donné, il est vrai, que le premier volume, en 1721; mais dont le second volume, entièrement terminé, existe manuscrit dans la bibliothèque de Saint-Germain des Prés, et ne saurait manquer de paraître incessamment.

Il n'en est pas de même pour les lettres des papes postérieurs au commencement du XIII⁰ siècle. Il en existe un nombre immense qui n'a jamais été publié; et celles que l'on peut déjà connaître, éparses dans une multitude de livres dont il n'est pas aisé de se procurer la jouissance, n'ont jamais été réunies en un corps. D'ailleurs, c'est précisément à cette époque que jadis les éditeurs des Collections des conciles ont cessé d'y insérer, et que les éditeurs de la Collection des historiens de France cesseront de donner ces sortes de monuments historiques, comme ils l'ont eux-mêmes annoncé. Quant à D. Coutant, il a prévenu, dans le titre de son recueil, qu'il s'arrêterait à cette époque, et, en effet, il n'a rien rassemblé de relatif aux temps ultérieurs.

Ainsi, tant pour éviter les doubles emplois que pour compléter les recueils déjà connus des Lettres des papes, notre collection a dû commencer au XIII⁰ siècle.

Elle débute par ce qu'on appelle les *Regestes du pape Innocent III*, dont le pontificat, qui date des premiers jours de l'an 1198, dura près de dix-neuf ans.

Les Regestes d'Innocent III sont divisés en autant de livres que le pontificat de ce pape a duré d'années. Baluze en a publié dix; savoir, les livres I, II, V, X, XI, XII, XIII, XIV, XV et XVI. C'était tout ce qu'il en avait recueilli dans les différents manuscrits dont il avait pu se procurer la communication. Le célèbre littérateur n'ignorait pas que dans les archives du Vatican il existait un exemplaire des Regestes plus étendu; mais tous ses efforts pour en obtenir une copie avaient été superflus.

De nouvelles recherches, ordonnées par le gouvernement, ont été moins infructueuses, et, plus heureux que Baluze, nous sommes parvenus à nous mettre en état de procurer au public la jouissance de tout ce qui restait de lettres anecdotes d'Innocent III. Ce pape, l'un des plus fameux qui aient occupé la chaire de saint Pierre, était, comme on sait, de l'illustre famille des comtes de Segni, famille connue encore aujourd'hui à Rome sous le nom de *Conti*, et dont était également issu le pape Innocent XIII, élu en 1721, mort en 1724. Durant ce dernier pontificat, les neveux du pape avaient profité de la circonstance pour tirer des archives du Vatican une copie fidèle des Regestes du plus célèbre des différents papes que leur maison avait donnés jadis à l'Eglise. Ces Regestes étaient pour les parents d'Innocent III et d'Innocent XIII une espèce de titres de famille, et il était naturel qu'ils désirassent d'en placer au moins un exemplaire dans leurs archives domestiques. C'est d'après cette copie, dont la fidélité ne saurait être révoquée en doute, et qui nous a été communiquée par feu M. le cardinal Conti, secrétaire des Brefs du pape Pie VI, que nous publions aujourd'hui les Regestes qui manquaient dans l'édition de Baluze.

L'exemplaire des archives de la maison de Conti, de même que celui des archives du Vatican, indépendamment des deux premiers livres, absolument conformes à l'édition de Baluze, contient les livres III, V, VI, VII, VIII et IX.

Le livre III est fort mutilé, puisqu'il n'est composé que de 57 lettres, tandis que tous les autres livres en contiennent chacun environ 250. Mais cette portion ne laisse pas d'être extrêmement intéressante, attendu qu'elle renferme précisément les lettres relatives au divorce de Philippe-Auguste.

Le livre IV manque absolument, et l'on ne connaît point encore de bibliothèque ni d'archive où il s'en trouve aucun exemplaire.

Le livre V paraît n'être pas complet. Cependant, tel qu'il est, il est bien plus étendu qu'il n'était dans les manuscrits dont Baluze a pu se servir.

plurimum ad id conferente congregatione S. Mauri, eruta; notis illustrarunt et ediderunt L. G. O. FEUBRIX DE BRÉQUIGNY, unus e quadraginta viris Academiæ Franciæ, Inscriptionum ac humaniorum Litterarum Parisiensis Academiæ, necnon Antiquariorum Londinensium, etc., socius; F. J. G. LA PORTE DU THEIL, ejusdem Inscriptionum ac humaniorum Litterarum Parisiensis Academiæ et nonnullarum aliarum Academiarum socius. — Pars altera, quæ epistolas continet. Tomus primus Innocentii III papæ epistolas anecdotas, quotquot, in Archivis Vaticanis hucusque delitescentes, in Collectione Baluziana olim desiderabantur, exhibens.—Parisiis 1791, in fol., apud Joannem Lucam Nyon et filium, bibliopolas.)

Les livres vi, vii, viii et ix, à peu près égaux entre eux pour le nombre des lettres, semblent nous être parvenus entiers.

Ainsi le nouveau recueil qui paraît aujourd'hui pour la première fois, remplit la vaste lacune que la collection publiée par Baluze offre entre le livre ii et le livre x.

Les livres x, xi, xii, xiii, xiv, xv et xvi, comme nous l'avons dit, se trouvent dans la collection de Baluze.

Les livres xvii, xviii et xix sont perdus, ou s'ils existent quelque part, on l'ignore.

Dans une collection destinée à réunir seulement les pièces relatives à l'histoire de France, nous aurions dû peut-être nous borner à donner les lettres qui, sous quelque aspect, ont trait à cette histoire; et, en général, nous nous proposons bien de nous renfermer dans ces limites; mais, pour le pontificat d'Innocent III, une considération particulière, qui sans doute frappera jusqu'aux lecteurs les moins attentifs, nous a déterminés à agir différemment.

Des lettres que contiennent ces nouveaux Regestes d'Innocent III, plus des deux tiers étant relatifs à l'histoire de France, devenaient partie intégrante et nécessaire de notre collection; l'autre tiers seulement, étranger à cette histoire, aurait pu être retranché de nos deux volumes; mais, par ce retranchement nous eussions perdu l'avantage précieux de compléter, autant qu'il est possible aujourd'hui, l'édition des Regestes d'un pape fameux dans l'histoire générale de toute l'Europe.

Sans doute, parmi les lettres qui forment le nouveau recueil que nous publions aujourd'hui, on en trouvera plusieurs qui étaient déjà connues, différents auteurs de l'histoire ecclésiastique, principalement Bzovius et Raynaldi, en ayant inséré dans leurs ouvrages un certain nombre, soit en entier, soit par extraits; mais nous ne craignons pas d'affirmer que la très-majeure partie, surtout de celles qui peuvent intéresser notre histoire nationale, était restée jusqu'à présent anecdote; et de celles dont les écrivains de l'histoire ecclésiastique avaient déjà fait usage, la plupart paraîtront nouvelles, puisque nous les donnons plus amples et plus correctes qu'elles n'avaient encore paru.

C'est surtout à l'égard des *Décrétales* que notre édition aura cet avantage. Nul pape n'a joui, dans les matières canoniques, d'une autorité pareille à celle qu'exerçait Innocent III. Le nombre des *Décrétales* émanées de lui seul égale, s'il ne surpasse, le nombre des *Décrétales* émanées de tous les autres papes ensemble. Mais on sait que les *Décrétales*, même dans les éditions les plus exactes et les plus riches en commentaires, n'offrent que des passages tronqués; on trouvera ici les lettres entières, d'où l'on a jadis extrait ce qui forme les décrets ou décisions. Ceux des lecteurs que de pareils objets peuvent encore intéresser nous sauront gré peut-être de l'exactitude scrupuleuse avec laquelle nous avons marqué toutes les variantes que présente le texte suivi et complet de ces lettres elles-mêmes dans les Regestes.

Nos deux volumes ne contiennent pas seulement la totalité des Regestes anecdotes que renfermaient les archives de Saint-Pierre; nous y avons ajouté :

1° Un assez grand nombre d'autres lettres du même pape, également anecdotes, et toutes relatives à des Eglises de France, qui ont été recueillies dans les archives de différents monastères, et envoyées au dépôt destiné à cet objet par les savants que le gouvernement avait chargés de ce soin.

2° Une nouvelle édition de la Vie (écrite en latin) du pape Innocent III. Cet ouvrage, intitulé *Gesta Innocenti PP. III*, se trouve également à la tête du recueil de Baluze et dans celui de Muratori; mais nous le donnons ici bien plus correct et plus étendu, d'après un manuscrit de la bibliothèque *Vallicellane* (c'est-à-dire des Pères de l'Oratoire de Saint-Philippe de Néri à Rome), et nous y avons joint un assez grand nombre de notes historiques et chronologiques.

3° Une espèce de sommaire de lettres relatives à la France, des années 17, 18 et 19 du pontificat d'Innocent III. Cette sorte de supplément aux Regestes perdus, des trois dernières années, est extrait d'un manuscrit des archives de Saint-Pierre.

NOTITIA EX CONCILIIS.

(Mansi, XXII, 687.)

Innocentius, ejus nominis tertius, Lotharius antea appellatus, juvenis triginta annorum vel paulo amplius, sed egregie prudens et eruditus, mirabili omnium consensu ex cardinale diacono, altero die post obitum Cœlestini papæ quinti, nimirum Idibus Junii, anno 1198, creatus est pontifex tempore Ottonis quarti regis Germaniæ; cui contra Philippum Barbarossæ filium reclamantem magis favens, coronam imperii cum benedictione solita contulit, et ex causa justissima vicissim abstulit. Nam cum donationem illam, qua Mathildis filia Rogerii principis Siciliae Marchiam Apuliae Romanae Ecclesiae donaverat, ille post impetratam imperii coronam, tanquam invalide citra consensum imperii principum factam sibi vindicasset; ac praeterea etiam contra jusjurandum quod paulo ante emiserat, ut beatus Antoninus tertia parte Chronici titulo decimo nono adnotavit, Apuliam et Calabriam vi et armis sibi subjiciens, mandatis apostolicis obedire contemneret, papa sententiam excommunicationis primum, ac postea privationis et depositionis in eum ferens, Sigefrido archiepiscopo Moguntino, ut est apud Trithemium in Chronico Hirsaugiensi, praecepit ut per totam Alemanniam imperatorem excommunicatum et ab imperio depositum denuntiaret: quod et fecit. Interea cum Otto archiepiscopum persequens neque de absolutione petenda, neque de transactione ineunda quidquam curaret, Innocentius papa Fridericum II, Henrici sexti filium, ex Constantia, de consilio regis Franciae, ex voluntate etiam certorum principum Germaniae, e Sicilia evocatum in Alemanniam misit, mandans principibus imperii ut ipsum in imperatorem susciperent. Otto cum exercitu suo Friderico quidem occurrit; sed derelictus a suis, loco cedere, et in Saxoniam secedere compulsus est. Fridericus vero ab omnibus tanquam rex, in conventu principum Aquisgrani habito, susceptus est. Postea Otto contra Philippum Francorum regem, qui Friderico studebat, in bellum una cum rege Angliae avunculo suo, cumque Brabantiae duce et comite Flandriae profectus, apud Tornacum superatus, ac demum anno Domini 1216 ab omnibus desertus, et prae mentis dolore infirmatus, meritaque oppugnatae Romanae sedis poena Deo vindice multatus, post multas angustias mortuus est. « Initio pontificatus sui, » ait Rogerus, qui sub ipso historiam Angliae scripsit, « statum curiae in melius mutare volens, majorem partem janitorum et ostiariorum curiae adjecit, ut conquerentes tam clerici quam laici, liberiores ad eum haberent accessus. » Et paulo infra: « Post consecrationem illius, praefectus et tribuni Urbis et caeteri Romani exegerunt ab eo reditus et consuetudines quas praedecessores sui Romani pontifices iis impendere solebant. Quibus ipse respondit se hoc nunquam facturum, cum, si fecisset, contra Deum et in praejudicium Romanae Ecclesiae faceret. Quod Romani audientes irruerunt in bona illius, et diripuerunt ea; ipse vero excommunicavit eos. » Hierosolymitanae urbis, quam sub Urbano III Saraceni occupaverant, recuperationem plurimum exoptans, litteris legatisque missis, omnes ad hoc bellum est cohortatus; secutusque praedecessorum suorum vestigia, ad depravatos mores populi corrigendos, ad haereticos damnandos, et principes populumque ad terram sanctam recuperandam, Lateranensem synodum œcumenicam XII indixit, eique inter CDXII episcopos praesedit. Ad omnes pene Europae reges et episcopos litteras salubrium consiliorum plenissimas scripsit, quas legi, et ut ait Trithemius in Chronico Hirsaugiensi, in judiciis observari mandavit. Eodem auctore Livonia, ut ait Blondus, fidem Christi amplexa fuit. Hujus pontificis mandato per Simonem comitem Montifortensem, Germanorum auxilio fretum, Albigenses haeretici in Gallia ante annos aliquot exorti, partim fugati, partim vero per legatum sedis apostolicae ad poenitentiam et unionem Ecclesiae recepti fuerunt. Hoc tempore sanctus Dominicus, Hispanus, ordinem Praedicatorum, sanctus Franciscus ordinem Minorum, in Italia instituerunt, multosque haereticorum et infidelium ad fidem Christi converterunt.

Almaricus de vigimi erroribus convictus, cum sectariis pluribus Parisiis post obitum exhumatus, combustus est. GAGUINUS libro VI. Haereticorum eorum, qui Trithemio auctore in Alsatia docebant esum carnium quovis tempore, etiam in Quadragesima, licitum esse, fornicationem, ut quae naturali inclinationi conveniens foret, non esse prohibitam, octoginta apud Argentinam uno die combusti fuerunt. Pontifex dum post haec tandem pacis faciendae causa inter Pisanos et Genuenses Perusium se contulisset, in oppido illo mortuus est, ut ait Urspergensis, decimo sexto Kalendas Augusti, anno Domini 1216, peractis in pontificatu suo annis octodecim, mensibus quinque, et aliquot diebus.

GESTA INNOCENTII PP. III,

AB AUCTORE ANONYMO, SED COÆTANEO, SCRIPTA,

Quæ, a Baluzio olim edita, nunc, ad fidem codicis optimæ notæ manuscripti, Romæ in bibliotheca Vallicellana asservati, recensita et emendatiora et multo auctiora denuo prodeunt.

MONITUM.

In codice manuscripto qui Romæ in bibliotheca Vallicellana asservatur, signatus littera J, n° 49, exemplar illud, ad cujus fidem Gesta Innocentii hic recudi curavimus, hunc titulum profert:

INNOCENTII PAPÆ III
VITA ET GESTA,

Ex antiquo exemplari, in archivio inferiori palatii apostolici Avenionensis existente, descripta ab ERASTO ANDRENTIO *de terra Collis-Veteris in Sabinis, anno Domini* 1603.

Ad calcem Operis hæc leguntur:

Ego, Erastus Andrentius, de terra Collis-Veteris in Sabinis, præsens volumen, per me repertum in archivio inferiori palatii apostolici Avenionensis, existens inter libros sacræ theologiæ, n° 13, antiqua littera et antiquo tempore descriptum, ex suo proprio originali manu propria, de verbo ad verbum transcripsi et transsumpsi. Actum Avenioni in palatio apostolico, hac die trigesima mensis Septembris, anno millesimo sexcentesimo tertio, pontificatus sanctissimi in Christo Patris et domini nostri, domni Clementis, divina providentia papæ VIII anno XII. ERASTUS ANDRENTIUS.

Quisquis fuerit ille Erastus Andrentius, quocunque consilio transcriptionem illam Gestorum Innocentii tanta cura aggressus fuerit, certe, majori quam habuit prudentia et providentia ad fidem transcriptioni conciliandam uti non potuit. Nam propriæ ejus attestationi aliæ istæ quinque indubitatissimæ fidei attestationes subjiciuntur, quibus ipse suam muniri voluit.

I. Collationatum, et concordatum originali mihi exhibito per suprascriptum domnum Erastum Andrentium, die tertia Octobris, anno millesimo sexcentesimo tertio.
 Subscriptus : ROBERTUS.

II. Attestor ego, Vincentius Siffredi, notarius et sacri palatii hujusce civitatis Avenionis graffarius et scriba, prænarrata, et inserta in hujusmodi et præsenti libro, centum triginta sex folia descripta continente, præsenti incenso (1) fuisse extracta a proprio originali libro intitulato, VITA AC GESTA INNOCENTII PAPÆ III, albo coreo et aliis coloribus cooperto, et inter libros sacræ theologiæ, numero decimo tertio, in archivio inferiori dicti palatii apostolici, reperto, et collationato per suprascriptum domnum Robertum, in quorum fidem me subsignavi. Avenioni, die tertia mensis Octobris, anno Domini millesimo sexcentesimo tertio, pontificatus sanctissimi in Christo Patris et domini nostri, domni Clementis, divina providentia papæ octavi, anno duodecimo.
 Subscriptus : VINCENTIUS SIFFREDI,
 graffarius.

III. Attestor ego, Joannes Antonius Fabri, notarius apostolicus ac dicti sacri palatii graffarius, ut fuit supra per dictum domnum Siffredi attestatum. In quorum fidem me subsignavi.
 Subscriptus : FABRI,
 graffarius.

Sigillentur : BARTHOLOMÆUS, PERTUSIUS,
 judex.

IV. Ego Fulgentius Regnier, notarius apostolicus et regius, ac dicti sacri palatii unus ex scribis, attestor, ut supra fuit attestatum per dictos dominos Siffredi et Fabri. In quorum fidem me subsignavi, anno et die prædictis.
 Subscriptus : REGNIER,
 graffarius.

V. Nos, judex ordinarius................ Sancti Petri Avenionensis, pro sanctissimo domno nostro papa, et sancta sede apostolica, certum facimus et attestamur dominum Vincentium Siffredi, Joannem Antonium Fabri, et Fulgentium Regnier, qui supradictam attestationem subscripserunt et signarunt, fuisse et esse notarios apostolicos et regios, ac graffarios sacri palatii apostolici, bonæ famæ, et conversationis honestæ, et ad eos tanquam tales habeatur............ hæcsque in judicio et extra, similibus signis et subscriptionibus munitis, integra adhibeatur. In quorum fidem, nos, judex præfatus, hanc præsentem per graffarium dictæ nostræ curiæ fieri, ac sigillum apponi solitum mandamus, et nos subscripsimus. Datum Avenioni, die tertia mensis Octobris, anno Domini millesimo sexcentesimo tertio.

Sigillentur : BARTHOLOMÆUS PERTUSIUS, Subscriptus :
 judex.
 Notarius. Loco † sigilli.

Quid autem a nobis in hac nova Gestorum editione præstitum sit, jam in Prolegomenis nostris, versus finem, lectores edocuimus.

(1) Sic in cod. Vallic., sed mendose, ut videtur.

GESTA INNOCENTII PP. III.

I. Innocentius tertius papa, ex patre Transmundo (1), de comitibus Signiæ, matre vero Clarina (2), de nobilibus urbis (3), fuit vir perspicacis ingenii et tenacis memoriæ, in divinis et humanis litteris eruditus, sermone tam vulgari quam litterali disertus, exercitatus in cantilena et psalmodia, statura mediocris et decorus aspectu, medius inter prodigalitatem et avaritiam, sed in eleemosynis et victualibus magis largus, et in aliis magis parcus, nisi cum necessitatis articulus exigebat; severus contra rebelles et contumaces, sed benignus erga humiles et devotos; fortis et stabilis, magnanimus et astutus; fidei defensor, et hæresis expugnator; in justitia rigidus, sed in misericordia pius; humilis in prosperis, et patiens in adversis; naturæ tamen aliquantulum indignantis, sed facile ignoscentis.

II. Hic primum in Urbe, deinde Parisius (4), tandem Bononiæ, scholasticis studiis insudavit, et super coætaneos suos tam in philosophica quam theologica disciplina profecit, sicut ejus opuscula manifestant, quæ diversis temporibus edidit et dictavit. Fecit enim, ante pontificatum, libros De miseria conditionis humanæ, et De missarum mysteriis, et De quadripartita specie nuptiarum; post pontificatum autem, libros Sermonum, *et Postillam su-per septem psalmos* (5), Epistolarum, Regestorum, et Decretalium (6); quæ manifeste declarant quantum fuerit tam in humano quam in divino jure peritus.

III. Hunc sanctæ memoriæ Gregorius, octavus papa, in subdiaconum ordinavit (7); et Clemens III papa promovit in diaconum cardinalem (8), vicesimum nonum ætatis annum agentem (9), assignans ei ecclesiam Sanctorum Sergii et Bacchi (10), cujus ipse fuerat diaconus cardinalis (11). Proficiebat autem, sicut ætate, sic etiam probitate coram Deo et omni populo, ita ut omnes de ipsius sublimatione præsumerent et sperarent.

IV. Infra biennium postquam promotus fuit in cardinalem, præfatam Sanctorum Sergii et Bacchi ecclesiam, quæ nimis erat deformis et ruinosa, ut magis crypta quam basilica videretur, suis sumptibus restauravit (12), parietes erigens, et renovans tectum, super novos gradus construens novum altare, novaque pectoralia faciens ante chorum. Statim autem postquam fuit ad apostolatus apicem assumptus, jussit fieri ante ipsam ecclesiam porticum columnatam (13), de bonis quæ in cardinalatu contulerat sibi Deus; multis mirantibus unde in novitate sua tantas invenisset expensas, cum manus suas ab omni turpi munere excussisset, nullam a

---

(1) *Transmundo.* Sic apud Baluzium et in cod. Vallicell. legitur; melius apud Ciaconium et Raynaldum, *Trasimundo.*

(2) *Clarina.* Apud Baluzium *Claricia.*

(3) « Hic, Anagniæ Hernicorum, nobili comitum Signiæ genere, in Campania, ortus, cum aliquot fratres haberet, inter hos Thomam et Richardum, qui familiæ splendorem rebus profanis sustentare possent, ab ineunte ætate, clericali instituto se totum dedit. » Ciacon., tom. II, col. 1.

(4) In theologicis magistrum habuit Petrum Corboliensem, quem episcopum Cameracensem, deinde archiepiscopum Senonensem fecit, postremo etiam cardinalem, ut aliqui scribunt. Complures alios magistros Parisienses, et quosdam alios, quos in scholis noverat, ad dignitates ecclesiasticas promovit, eisque et toti Academiæ vehementer addictus fuit, ut patet ex multis privilegiis quibus eam decoravit. Nec parum ipse se commendatum putat, cum ait (*epist. pass.*) se, in minoribus constitutum, magisterii honore insignitum fuisse. Bul., *Hist. Univers. Parisiens.*, tom. II, pag. 749.

(5) Hæc desunt apud Baluzium.

(6) De diversis Innocentii PP. III operibus, vide novam Fabricii Bibliothecæ mediæ et infimæ latinitatis editionem, tom. II, pag. 34, col. 2.

(7) Gregorius PP. VIII, electus anno 1287, XIII Kal. Novembris, sedit mensem unum, dies 27, obiitque XVIII vel XVII Kal Januarii, eodem anno.

(8) Auctori nostro concinit Ciaconius, qui Lotharium (hoc Innocentio, antequam ad pontificatus apicem evectus fuisset, nomen erat), a Cle-mente PP. III anno 1190, mense Septembri, In quarta cardinalium creatione, tituli SS. Sergii et Bacchi diaconum cardinalem renuntiatum fuisse tradit.

(9) Natus ergo Innocentius anno Christi 1171, vel 1172. Antequam cardinalis dignitate fulgeret, in basilica Vaticana S. Petri canonicus exstitit, ut ipsemet testatur in epistolis (libri primi 296 et 536) ad canonicos illius ecclesiæ datis, cum jam pontificias infulas adeptus esset.

(10) Ea de causa ecclesiam illam sub speciali protectione semper habuisse videtur Innocentius. Confer epistolam libri secundi 102, *Romano archipresbytero, et clericis SS. martyrum Sergii et Bacchi,* ubi confirmat ipsorum privilegia, et possessionem bonorum ad ipsos spectantium; dat. Laterani, per manum Raynaldi, Acheruntini archiepiscopi, cancellarii vicem agentis, VI Non. Julii, indictione II, Incarnationis Dominicæ an. 1199, pontificatus II. Vide infra, § 4.

(11) Paulum Scholarium, Romanum, de regione Pineæ, cui in pontificem assumpto Clemens III nomen inditum est, tituli SS. Sergii et Bacchi diaconum cardinalem fuisse nusquam alibi legitur. Ipsum, ex canonico S. Mariæ Majoris, episcopum cardinalem Prænestinum ab Alexandro PP. III Romæ, anno 1180, in quinta creatione renuntiatum fuisse expresse tradit Ciaconius (tom I, col. 1099); nec dissentit Ughellus (*Ital. sacr.* tom. I, col. 228).

(12) Vide supra, not.

(13) Confer et infra § 145.

quoquam donationem vel promissionem accipiens, antequam ejus esset negotium terminatum, nihil exigens a quoquam, via regia semper incedens, non declinans ad dexteram vel sinistram, inter fratres sine querela conversans, non dividens se in partem.

V. Defuncto igitur Cœlestino, cum quidam cardinalium se contulissent ad Septa Solis monasterii Clivisauri (14), ut liberius et securius ibi possent de successoris electione tractare, ipse cum quibusdam aliis apud basilicam Constantinianam voluit decessoris exsequiis interesse. Quibus honorifice celebratis, ipse cum illis ad præfatum locum accessit. Missarum solemniis in honore sancti Spiritus a solis ibidem cardinalibus celebratis, cum ad tractandum de substitutione pontificis consedissent, placuit omnibus in communi, ut ad terram humiliter inclinati, singuli pacis osculum sibi darent. Et, exhortatione præmissa, examinatores fuerunt secundum morem electi, qui, sigillatim votis omnium perscrutatis, et in scriptis redactis, examinationem factam retulerunt ad fratres. et, quoniam in eum plurimi convenerunt, licet tres alii fuissent ab aliquibus nominati, post disputationem super ætate habitam inter eos, quia tunc erat annorum triginta septem, omnes tandem consenserunt in ipsum, propter honestatem morum et scientiam litterarum, cum in summum pontificem eligentes, flentem, ejulantem et renitentem, vocantes ipsum Innocentium, cum prius Lotharius vocaretur. Et publicata electione, cum laudibus ductus est a multitudine cleri ac populi, qui inferius exspectabant, ad Constantinianam basilicam, et inde ad patriarchium Lateranense perductus, peractis omnibus secundum morem solitum et antiquum.

VI. Cum autem celebraretur electio, hujuscemodi signum apparuit, quod videlicet tres columbæ frequentabant volatus in locum in quo cardinales sedebant congregati; et, cum ipse, post nominationem, fuisset a cæteris segregatus, una illarum, quæ candidissima erat, ad eum volitans, juxta dexteram insidebat. In visione quoque nonnunquam ostensum est quod ipse matrem suam duceret in uxorem. Et aliæ multæ revelationes factæ sunt viris religiosis de ipso, quas scribere prætermittemus, quoniam et ipse nolebat hujusmodi præsagia indicari.

VII. Celebrata est ejus electio sexto Idus Januarii, anno Incarnationis Dominicæ millesimo centesimo nonagesimo septimo (15). Et, quia tunc diaconus erat, dilata est ejus ordinatio in presbyterum usque ad Sabbatum Quatuor Temporum, Nonas Kalendas Martii; et sequenti Dominica, in qua tunc occurrit festum Cathedræ sancti Petri (16), fuit apud Sanctum Petrum in episcopum consecratus, et in ejusdem apostoli cathedra constitutus, non sine manifesto signo et omnibus admirando. Interfuerunt autem consecrationi ejus, quam ipse cum multa cordis compunctione et lacrymarum effusione recepit, quatuor archiepiscopi et viginti octo episcopi, sex presbyteri et novem diaconi cardinales, et deceni abbates; cum quibus omnibus, et tam priore cum subdiaconis, quam primicerio cum cantoribus, nec non judicibus, *et senescalcho* (17), advocatis, et scriniariis, et cæteris scholasticis, præcessit solemniter coronatus per Urbem, a basilica Sancti Petri

---

(14) *Septa Solis monasterii Clivisauri.* Sic in codice Vallicellano; sic et apud Baluzium. Raynaldus vero (*Annal. eccles.* tom. XIII, p. 2, ad an. 1198), in margine notat legendum esse potius, *Septem solia.* Scimus equidem ecclesiam S. Luciæ dictam *in Septisolio,* al. *in Septodio,* al. *in Septasolis,* al. *in Septem viis,* diaconiam fuisse, in qua Gregorius PP. IX, summus pontifex renuntiatus fuit, ac proinde, de ecclesia illa hic agi posse videretur. Verum obstant verba *monasterii Clivisauri* (pot. *Clivi Scauri*), quibus monasterium S. Andreæ apostoli, dictum S. Gregorii in monte Cœlio, evidenter designari credimus. « In monte Celio, lungo e stretto dove col Palatino fronteggia, è da una salita assai agile diviso in due parti, la qual salita vi fù anticamente, e lù detta il *Clivo di Scauro,* siccome dalla 13 epistola di S. Gregorio si raccoglie: *Abbatem monasterii S. Andreæ apostoli, positi in hac urbe in Clivo Scauri.* La chiesa fondata dal medesimo S. Gregorio nella casa sua paterna e in piedi anche oggi. » FAMIAM. NARDIN., *Rom. Antic.* edit. 1771, in-8°. Tom. I, pag. 250.

Quid si legeretur *Septizonium?* Septizonio enim vicina erat ecclesia monasterii supradicti. Cæterum, de Septizonio, aut potius de Septizoniis (nam diversa, hoc nomine designata, in urbe fuisse ædificia fere constat), qui plura velit, adeat Famian. Nard. *Rom. Antic.,* edit. cit. pagg. 301, 1107, 1108, 1109, 1110, 1111, 1199, 1200, 1201.

De monasterio autem S. Andreæ apostoli, dicto S. Gregorii, ad Clivum Scauri, audiendus Mittarellus, *Annal. Camaldul.* tom. I, pag. 66, ad an. 945.

(15) Hoc est, juxta nostrum computandi morem, die octava mensis Januarii, anno 1198. Verum hic difficultatem notat Muratorius (*Annal. Ital.* tom. VII, part. II, pag. 128, ad an. 1298). « Nella di lui vita (d'Innocenzo) è scritto che fù eletto nel di 8 di Gennaro, *sexto Idus Jannarii.* Ma o papa Celestino (*quem dicunt obiisse eodem die* VI *Id. Januarii*) dovette morire un giorno prima, o gli essere eletto un giorno dopo, perciocchè sappiamo che non si veniva all'elezione, se non dappoichè era stata data sepoltura all'antecessore; e questo pio cardinale *apud basilicam Constantinianam voluit decessoris exsequiis interesse.* » (Vid. supra, § 5.)

Meminimus equidem, apud Ciaconium (tom. I, col. 1154) legi Cœlestinum, *nocte quæ diem* VI *Idus Januarii præcessit, Romæ, in patriarchio Lateranensi obiisse.* Sed, etiamsi initio noctis oculos clausisset Cœlestius, nec sic facile intelligeretur quo pacto ipsius exsequiæ die sequenti, *mane,* celebratæ fuissent, *mane* dicimus, nam *exsequiis, celebratis missarum solemniis, interfuisse* dicitur Innocentius (*ibid.*).

(16) Concurrunt optime notæ chronologicæ. Anno enim Dominicæ Incarnationis 1198 dies nona Kalend. Martii, id est dies 21 mensis Februarii, incidebat in Sabbatum, ac proinde festum Cathedræ S. Petri, quod celebratur die 22 ejusdem mensis, in Dominicam. Confer *l'Art de vérifier les dates,* nov. édit. tom. 1, pag. 24.

(17) Apud Baluzium desunt.

usque ad Lateranense palatium, comitantibus præfecto et senatore, cum magnatibus et nobilibus Urbis, multisque capitaneis et consulibus, ac rectoribus civitatum. Coronata est tota civitas, et clerus cum thuribulis et incenso; populus autem cum palmis et floribus, utrique cum hymnis et canticis, sparsis de more missilibus, obviam illi catervatim venerunt; factaque laude tam infra ecclesiam Sancti Petri quam ante Lateranense palatium, postquam ascendit in domum majorem, quæ Leoniana vocatur, presbyterio (18) per ordinem distributo, solemne convivium celebravit.

VIII. Statim post electionem ipsius, Romanus populus cœpit apud eum vehementer instare, supplicans et deposcens ut eos ad fidelitatem respiceret, et consueta sibi dona conferret. Ipse vero induci non potuit ut ante consecrationem super hoc eis vellet præbere consensum. Sed, post consecrationem, cum turbulentius conclamarent, deliberavit super hac petitione populi diligenter. Et, quoniam status Romanæ Ecclesiæ pessimus erat, pro eo quod a tempore Benedicti Carissimi (19) in senatum Urbis perdiderat, et idem Benedictus, seipsum faciens senatorem, subtraxerat illi Maritimam et Sabiniam, suos justitiarios in illis constituens, Henricus autem imperator occupaverat totum regnum Siciliæ, totumque patrimonium Ecclesiæ usque ad portas Urbis, præter solam Campaniam, in qua tamen plus timebatur ipse quam papa, in hoc devenit consilium, ut petitionem populi exaudiret, quatenus et tempus redimeret malum, et patrimonium recuperaret amissum.

Verum, antequam populo responderet, volens scire utrum thesaurus Ecclesiæ sufficeret ad hoc opus, usus est hac cautela quod per singulas parochiales ecclesias fecit singulos parochianos occulte describi, ut sciret et numerum et qualitatem ipsorum; et, ita veritate comperta, jussit illos recipi per singulas regiones, sed nunquam tantam potuit adhibere cautelam quin fraus committeretur in multis.

Forma vero juramenti quod præstitit populus, talis fuit:

« Ego, etc. » (20)

Sequenti die post consecrationem suam, Petrum, Urbis præfectum, ad ligiam fidelitatem recepit, et per mantum, quod illi donavit, de præfectura eum publice investivit, qui usque ad id tempus juramento fidelitatis imperatori fuerat obligatus, et ab eo præfecturæ tenebat honorem (21); sed et ab aliis baronibus circumquaque juramentum fidelitatis recepit, missisque nuntiis per totum Ecclesiæ patrimonium, fecit sibi fidelitatem ab omnibus exhiberi; et, exclusis justitiariis senatoris, qui ei fidelitatem juraverat, suos justitiarios ordinavit; electoque per medianum suum alio senatore, tam infra Urbem quam extra, patrimonium recuperavit nuper amissum.

IX. Porro non suffecit hoc sibi; sed, statim post suam electionem, destinavit duos presbyteros cardinales, Cinthium, tituli Sancti Laurentii in Lucina (22), et Joannem, tituli S. Priscæ (23), contra Marcualdum in Marchia (24), ut eum ad dominium Ecclesiæ revocarent. Ipse autem Marcualdus misit

---

(18) Id est *consuetis largitionibus et donativis*. Vide apud Baronium (*Annal.* tom. XII, pag. 793, ad an. 1188, § 29), nec non apud Muratorium (*Antich. Ital.*) diploma senatus, de concordia quam cum Clemente papa III iniit, quibusdam conditionibus servandis appositis, quarum septima, *Ut Romanus pontifex senatoribus, judicibus, advocatis, et scriniariis, et senatus ministris consuetas largitiones et donativa, quæ* PRESBYTERIA *vocantur, statutis temporibus tribueret*.

(19) Sic in cod. Vallicellano; apud Baluzium, *Cariscum*; veremur ne utrobique mendose. Legendum forte *Carosomi*. Ex epistola enim 259 libri secundi, *Stephano abbati, et conventui S. Sylvestri, de causa quæ inter ecclesiam S. Mariæ in Via Lata, et J. de Atteia vertebatur; dat. Laterani,* v Kal. Decembris, an. II, multoties agitur de B. Carosomi senatore. « Sæpefactus enim B. (Carosomi) cum seipsum intruserit ad senatoriam dignitatem, nec apostolicæ sedis favorem habuerit, ad quam institutio pertinet senatorum... Quamvis autem dictus B. (Carosomi) circa prælationis suæ primordia gratiam sedis apostolicæ non habuerit, tamen ab ea fuit tempore procedente receptus. »

Cave autem ne, cum auctore libri cui titulus *Giornale de' Letterani*, (an. 1747, cit. in præfaz. al tom. VII degl' *Annal.* di Murator., pag. xxvii), credas *Benedictum* illum *Carosomi*, tempore quo Innocentius electus est, senatoria dignitate adhuc potitum fuisse. Multo anteriorem fuisse ex epistola supra citata evincitur.

(20) Confer epistolam 23 libri primi: *Juramentum fidelitatis exhibitum domino Innocentio, successoribus ejus, et Romanæ Ecclesiæ, a Petro, præfecto Urbis, Oddone de Palumbaria, et Oddone de Monticillo*; et epistolam ejusdem libri primi 577: *Juramentum fidelitatis Innocentio PP. III præstitum a Petro, præfecto Urbis*.

(21) « Notizia degna de osservazione, per la conoscenza de' tempi addietro, e di quelli che succedorono, perchè spirò qui l'ultimo fiato l'autorità degli Augusti in Roma, e da lì innanzi i prefecti di Roma, il senato, e gli altri magistrati giurarono sedeltà al solo Romano pontefice. » MURATOR., *Annal. d'Ital.* tom. VII, part. I, pag. 129, all' an. 1198. Sed vide il *Giornale de' Litterat.*, an. 1747, ubi multa de hoc adversus Muratorium.

(22) Vide epistolam libri tertii 31, not.

(23) Vide epistolam libri tertii 15, not.

(24) Marcualdum, al. Marquardum, ducem Ravennæ, et marchionem Anconæ creaverat Henricus imperator VI, versus annum 1195. « Nè si dee tacere che l'imperadore Arrigo, in questo anno (1195) dichiarò duca di Ravenna e marchese d'Ancona Marquardo. E considerabile lo strumento di concordia seguita fra lui e il popolo di Ravenna, di cui Girolamo Rossi ci ha conservata la memoria. Da esso apparisce che anche Ravenna si governava in republica, ed aveva il suo podestà, e giurisdizione e rendite; ma doveano al duca restar salve le regalie *quas imperator et ipse Marcoaldus in civitate Ravennæ et ejus districtu habere consuevit*. La terza parte di Cervia apparteneva ad esso Marquardo, o Marcoaldo, un' altra all' arviescovo, e un' altra al comune di Ravenna, che partivano insieme le entrate; massimamente del sale. » MURAT., *Annal. d'Ital.* tom. VII, part. I, pag. 116 et 117, ad an. 1195.

nuntios suos, videlicet Camerinensem (25) et Venafranum (26) episcopos, et nobilem virum, Rambertum Monaldi, ad dominum Innocentium, petens per illos ut faceret ipsum ad præsentiam suam secure conduci, quia et de persona, et de pecunia, et de terra volebat esse ad mandatum ipsius. Et sic in animam ejus juravit nobilis antedictus. Erat enim idem Marcualdus senescalcus imperii, dux Ravennæ et Romaniolæ, marchio Anconæ et Molisii, vir ingeniosus et subdolus, multam habens pecuniam, sub Henrico imperatore in regno Siciliæ acquisitam, quem inter omnes familiares suos ipse imperator habuerat prædilectum, et eum exsecutorem sui fecerat testamenti Unde promittebat eidem domino papæ quod, si eum in gratiam suam admittere dignaretur, ipse Romanam Ecclesiam amplius exaltaret quam exaltata fuerat a tempore Constantini, cum testamentum illud ad ingentem redundaret Ecclesiæ Romanæ gloriam et honorem. Petebat tamen ut, donec ad præsentiam ejus accederet, et reverteretur in Marchiam, cardinales non reciperent ad fidelitatem Ecclesiæ marchianos. Ipse vero concessit ut interim invitos non cogerent, sed reciperent voluntarios; mittens ad ipsum Guidonem, tituli Sanctæ Mariæ Transtiberim presbyterum cardinalem (27), qui eum ad præsentiam suam secure conduceret, si vellet præmissa complere. Sed noluit, quia dominus papa præsenserat et vitaverat ejus fraudem, negans se Ramberto Monaldi mandasse ut in animam ejus præscripto modo juraret. Qui, cum scriptum proferret quod illi tribuerat, secundum quod ipse juravit, respondit se non didicisse scripturam, ideoque quid notarius ejus scripserit ignorare. Cardinales autem excommunicaverunt eum (28) propter scelera quæ patrabat; et, recipientes ad fidelitatem Ecclesiæ marchianos, receperunt terram ad dominium Ecclesiæ revertentem. Qui, cum multam pecuniam expendisset, et cognosceret quod non posset Marchiam retinere, obtulit domino papæ pecuniam copiosam, annuum censum promittens, si, recepta fidelitate, concederet ei terram. Quod cum dominus papa facere nollet, quia suspectam habebat fraudem ipsius, reliquit Marchiam, et regnum intravit. Reducta est igitur tota Marchia, præter Asculum (29), ad dominium et fidelitatem Ecclesiæ, videlicet Ancona, Firmum, Auximum, Camerinum (30), Fanum, Esim, Senegalia, et Pensaunium, cum omnibus diœcesibus suis.

IX. Conradus ergo, natione Suevus, dux Spoleti et comes Asisii (31), videns terram suam pari modo ad dominium Ecclesiæ Romanæ redire, multis modis tentavit si posset apud dominum papam gratiam invenire, offerens ei decem millia librarum incontinenti, et annuum censum centum librarum argenti, et obsequium ducentorum militum per patrimonium Ecclesiæ, a Radicofano usque Ceperanum. Pro securitate vero, præter hominium et fidelitatem suam, et juramenta suorum, promittebat tradere filios suos obsides, et omnes munitiones tribuere suis custodiendas expensis. Licet autem dominus papa conditionem istam utilem reputaret, quia tamen multi scandalizabantur ex ea, tanquam vellet Theotonicos in Italia confovere, qui crudeli tyrannide redegerant eos in gravissimam servitutem, in favorem libertatis declinans, non acceptavit oblata. Dictus ergo Conradus, cum taliter non proficeret, reddidit se ad mandatum ipsius sine pacto quolibet et tenore: qui misit Narniam Octavianum, Ostiensem episcopum (32), et Gerardum, Sancti Adriani diaconum cardinalem (33), in quorum præsentia, coram episcopis, baronibus et multitudine copiosa, juravit super Evangelium, reliquias et crucem, stare universis mandatis domini papæ; et, absolvens incontinenti omnes vassallos a sua fidelitate, mandansque omnibus ut ad dominium Ecclesiæ Romanæ redirent (34), statim etiam reddidit duas munitiones quas ipse tenebat, videlicet Roccham de Vualdo, et Roccham de Cese. Roccham autem Asisii reddi mandavit. Sed Asisinates, qui eam tenebant obsessam, non permiserunt illam reddi domino papæ, quin captam penitus destruxerunt (35). Recuperavit ergo Romana

(25) Attonem, de quo mentio ab anno 1197, usque ad an. 1215. Ughell., *Ital. sacr.* t. I, col. 597.
(26) Quis fuerit ille pro incomperto habemus; de episcopis Venafranis, circa hæc in quibus versamur tempora, pauca admodum apud Ughellum, *Ital. sacr.* tom. VI, col. 732.

« VI. Raynaldus in concilio Lateranensi, sub Alexandro PP. III celebrato, anno 1179, subscriptus reperitur episcopus Venefranus, etc. Æserniensis præsul denominatur in bulla Lucii PP. III, anno 1182, dat. Velletri, xiii Kal. Aprilis, ad favorem Æserniensis Ecclesiæ.

« VII. N. Venafranus episcopus a Frederico imperatore II exsilio multatus, inde carceri mancipatus, in ea necatus occubuit anno 1230, ut scribit Nicolaus cardinalis de Aragonia, in Historia manuscripta. »

(27) Vide epistolam libri tertii 27, not.
(28) Vide epistolam, apud Baluzium, libri I, 38, *Universis episcopis per Marchiam constitutis, de confirmatione sententiæ per legatos Romanæ curiæ adversus Marcualdum; sine data.*
(29) Confer epistolam 4 libri II, *Consulibus et populo Æsinis, ut in reducenda Marchia ad obedientiam pontificis diligenter laborent;* dat. Laterani, xvi Kal. Aprilis, an. ii (id est 1199).
(30) Camerinum non tam cito sub dominio papæ reductum fuisse, testis Camillo Lilii (*Dell'historia di Camerin.*, part. i, lib. viii, pag. 226): « Restava li però Camerino e Ascoli a superare, implorando a quest' effetto gli aiuti de i popoli d'Assisi e dell' Umbria. Ma la città ritorno per se stessa alla devotione della sede apostolica, e da cardinali legati consegui segnalate prerogative, e per esse uno stato quasi d'intera libertà. »
(31) Conradus (qui *Musca in cerebro* dicebatur) ducatum Spoleti acceperat ab Henrico imperatore VI, versus annum 1195. « Nè si dee tacere, che l'imperadore Arrigo, ni questo anno creò e confermò duca di Spoleti Corrado Moscaincervello. » Murat. *loc. cit.*, ad an. 1195.
(32) Vide epistolam 11 libri tertii, not.
(33) Vide epist. 83 libri quinti, not.
(34) Confer epistolam 356, *potestati et populo Spoletanis, baronibus, etc., ut cardinali, et Romani pontificis magistratui obtemperent; sine data.* Verum ad tempora paulo posteriora pertinet.
(35) Vide epistolam 88 libri primi, *Rectoribus*

Ecclesia ducatum Spoleti et comitatum Asisii, videlicet Reatem, Spoletum, Asisium, Fulgineum et Nuceram, cum omnibus diœcesibus suis. Quia vero mora prædicti Conradi erat valde suspecta, de mandato domini papæ rediit in Theotoniam. Recuperavit etiam Perusium (36), Eugubium, Tudertum (37), et civitatem Castelli (38), cum comitatibus suis, recepto juramento fidelitatis a civibus, baronibus et catanis (39). Fecit autem destrui castrum Montis Sanctæ Mariæ, in quo, tempore prædecessoris sui, Conradus, qui *Musca in cerebro* dicebatur, captum detinuit præfatum Octavianum, episcopum Ostiensem, de Francia redeuntem, ut esset demolitio hæc in titulum memoriæ sempiternæ.

X. Celebrato ergo apostolorum festo, dominus papa (40) Urbem exivit, et in ducatum Spoletanum accessit, quem ad fidelitatem Ecclesiæ nuperrime revocaverat, ut illum personaliter visitaret, venitque Reate (41); ubi receptus cum ingenti gaudio et honore, consecravit ecclesiam Sancti Eleutherii (42) martyris, et ecclesiam Sancti Joannis evangelistæ (43). Inde, profectus Spoletum (44), dedicavit ecclesiam cathedralem (45); ibique quiddam miraculosum evenit, quod, cum cives anxiarentur super aquarum penuria, cœperunt circa civitatem studiose perquirere ubi fodiendo possent aquarum copiam invenire quæ sufficeret equorum multitudini adæquandæ, ac subito sub muro civitatis viderunt aquam scaturire de rupe, quæ fossas ibi factas replevit, ita exiens abundanter, quod omnibus equis sufficiebat ad potum; vocatusque est Fons Papalis. Processit inde Perusium (46), ubi majoris ecclesiæ consecravit altare; veniensque Tudertum (47), altare Sancti Fortunati solemniter consecravit, et ad ornatum omnium altarium quæ propriis manibus consecravit, obtulit serica pallia pretiosa et pallas subtiliter operatas; statuensque rectorem in ducatu Spoleti et comitatu Assisii, terrisque vicinis (48), videlicet Gregorium, Sanctæ Mariæ in Aquiro diaconum cardinalem (49), per Ameliam (50), Ortam (51), et civitatem Castellanam (52), circa festum Omnium Sanctorum remeavit ad Urbem (53).

XI. Civitates autem Tusciæ, quæ, propter importabilem Alemannorum tyrannidem, quasi gravem incurrerant servitutem, societatem hanc ad invicem inierunt, præter civitatem Pisanam, quæ nunquam potuit ad hanc societatem induci (54), et obtinuerunt

---

Tusciæ, quod nolit arcem Assisii aliasque terras ab Ecclesia alienare, dat. Romæ, apud S. Petrum, xvi Kal. Maii, an. i.

(36) Confer epistolam 375 libri primi, *Joanni potestati, et populoPerusinis; qua eos recipit sub protectione, salvis eorum antiquis privilegiis,* dat. Tuderti, vi Non. Octobris, an. i.

(37) Confer epistolam 424 libri primi, *Consulibus et populo Tudertinis,* simili argumento, sine data.

(38) Confer epistolam 369 libri primi, *Consulibus et populo Castellanis, nobilibus viris, et aliis,* etc., *ut pontifici juramentum fidelitatis præstent, sine data.* Confer etiam epistolas 33 libri secundi: *Episcopi et potestatis Castellanensium ad papam, qua mittunt tributum, pontificisque opem postulant adversus Aretinos; sine data;* 78: *Episcopo civitatis Castellanæ, ut civitas Castellana ab interdicti sententia, pro electione rectoris, liberetur;* dat. Laterani, iv Kal. Junii; 256: *Universo populo Castellanæ civitatis, qua concedit rectorem juxta civium postulata;* dat. Laterani, xi Kal. Januarii, an. ii.

(39) Id est *capitaneis*. Vid. Cang. *Gloss.,* t. II, col. 256.

(40) Die 29 mensis Junii.

(41) Innocentium jam ante diem 19 mensis Julii Romam exiisse, Reateque se contulisse, et ibi saltem usque ad diem 15 Augusti moratum esse, abunde probatur ex notis chronolog cis, quæ diversis ejusdem pontificis epistolis subjectæ leguntur in Regesto anni primi. Vide epistolas libri primi, 334, *dat. Reate,* xiv *Kal. Augusti; et* 336 *dat. Reate* xviii *Kal. Septembris.*

(42) Vide infra, § 145.

(43) Vid. ibid.

(44) Epistola, data Spoleti, xii *Kal. Septembris,* habetur lib. i, n° 335.

(45) Vide infra, § 145.

(46) Perusium adierat ante diem 2 Septembris. Vide epistolam 354 libri primi.

(47) Vide epistolas libri primi, 375, *dat. Tuderti,* vi *Non. Octobris;* 376, *dat. Tuderti,* v *Non. Octobris;* 372, *dat. Tuderti,* iv *Non. Octobris.*

(48) Vide epistolam 356 libri primi.

(49) Vide epistolam 356 libri primi, et 60 libri quinti, not.

(50) Vide epistolam 377 libri primi, *dat. Ameliæ,* iii *Non. Octobris.*

(51) Vide infra, § 145.

(52) Vide epistolas libri primi, 382, 383, 384, *dat. ap. civitatem Castellanam,* ii *Non. Octobris;* 380, *dat. ibid.* viii *Id. Octobris;* 385, *ibid.* vii *Id. Octobris;* 381, *ibid.* vi *Id. Octobris;* 387, *ibid.* iv *Id. Octobris.*

(53) Romam redierat, ante diem 16 mensis Octobris. Vide epistolam 386 libri primi, *dat. Romæ,* xvii *Kal. Novembris.*

(54) « Erano da gran tempo malcontente degl' imperadori Suevi le città della Toscana, cioè Firenze, Lucca, Pistoja, Siena ed altre, perchè laddove tante altre città di Lombardia godevano una piena libertà, nè supra di loro aveano marchese, o duca, che esercitasse jurisdizione, elleno si trovavano maltrattate, prima da Federigo Barbarossa, poi da Arrigo suo figliuolo, ed ultimamente da Filippo già dichiarato duca di Toscana, figliuolo anch'esso del medesimo Federigo. Però, giacchè il vento era propizio, coll'essere mancato l'imperadore Arrigo, la cui crudeltà e potenza facea star tutti col capo chino, e misero al forte, per non voler più sopra diloro ministro alcuno imperiale, senza pregiudizio nondimeno della sovranità Cesarea. *Strinzero dunque una lega collo stesso, pontefice Innocenzo, per sostenersi colle forze unite contro chiunque in avvenire volesse pregiudicare alla lor libertà.* Simile era questa alla lega di Lombardia. *I Pisani,* siccome soli che in Toscana godevano di tutte le Regalie, nè poteano guadagnar di più, essendo attacatissimi agl'imperadori, non vollero entrare in essa lega, che noi riguarderemo da qui innanzi per lega Guelfa... Imperchiocchè questo nome di Guelfi, e Gibellini, (originato, siccomme accennasi di sopra, dalle gare continue delle casa de' duchi ed imperadori di Suevia, discendenti della casa Gibellina degli Arrighi Augusti, per via di donne, colla casa degli Estensi di Germania, duchi di Sassonia e Baviera, discendenti per via di donne degli antiqui Guelfi) questo nome, dissi, cominciò a prendere gran voga in Italia. Chi era aderente de' Papi, per custodire la sua libertà, ne' essere più conculcato dagli Uffiziali Cesarei, si dicea seguitar

a summo pontifice ut civitates et ecclesiæ quæ sunt in Tuscia et ducatu Spoleti se illis in hac societate conjungerent, salvo semper in omnibus apostolicæ sedis dominio et mandato (55). Constituerunt ergo singulos rectores de singulis civitatibus, et unum priorem, cui tempore sui prioratus omnes intenderent ad societatis negotia peragenda; omnesque tam rectores quam alii, juraverunt quod societatem servarent ad honorem et exaltationem apostolicæ sedis, et quod possessiones et jura sacrosanctæ Romanæ Ecclesiæ bona fide defenderent, et quod nullum in regem vel imperatorem reciperent, nisi quem Romanus pontifex approbaret. Ab eo autem non potuerunt aliud nisi hujusmodi litteras obtinere :

« Innocentius episcopus, servus servorum Dei, dilectis filiis, priori et rectoribus Tusciæ et ducatus, salutem, etc. Sicut universitatis conditor, etc. Dat. Laterani, III Kalendas Novembris (56). »

XII. Post hæc, dedit operam ad recuperandum Radicofanum, Aquampendentem, Montem-Flasconem (57), atque Tuscanum; quæ tandem recuperavit non sine laboribus et expensis, liberans Aquampendentem ab Urbevetanis, qui eam acriter impugnabant. Misit præterea nuntios et legatos ad recuperandum Exarchatum Ravennæ, Brictonorium, et terram Calvacacomitis (58). Sed archiepiscopus Ravennas (59) asserebat Exarchatum antiquitus fuisse concessum a Romanis pontificibus Ecclesiæ Ravennati, et privilegia ostendebat; Brictonorium quoque concessum fuisse de novo ab Alexandro papa, dum Venetiis moraretur (60). Supersedit ergo dominus Innocentius prudenter ad tempus magis quam super hoc vellet aliquid experiri. Permisit tamen ut archiepiscopus Ravennas, salvo jure apostolicæ sedis, recuperaret Brictonorium, et teneret.

XIII. Cum autem per legatos suos, ad hos specialiter destinatos, requireret terram comitissæ Mathildis a civitatibus detinentibus eam, licet ipsæ civitates vellent eamdem per Romanam Ecclesiam sub certis pactionibus recognoscere ac tenere, quia tamen pactiones illæ convenientes non erant, noluit ex ipsa terra quidquam concedere, præter id quod concessit episcopo Mantuano (61), differens in aliud tempus idoneum, quia tunc ei sollicitudo gravior supervenit ex divisione imperii et turbatione regni Siciliæ, quibus eum intendere principaliter oportebat (62).

XIV. Has autem munitiones ad manus suas dominus Innocentius detinebat, et custodiri faciebat per proprios castellanos : in Tuscia, Radicofanum, Montem-Flasconem (63), et Ortam [Baluz. Orelam]; in ducatu Spoletano, Vualdum et Cese; in Sabinia, Roccam Anticuli, in Campania, Sarianum et Castrum; in maritima, Roccam Cicergii (64). Apud palatium Montis-Flasconis fecit fieri capellam, et removeri domos post palatium usque ad muros castri, construens hinc inde parietes a palatio usque ad muros illos, et in muro faciens largam portam, ut haberet ipsa mutatio ingressum, non solum communem per Castrum, sed etiam proprium et specialem per illum locum. In Rocca de Radicofano fecit exaltari veteres muros, et novos construi, cavari fossatum, et locum bene muniri. Roccam vero Cicergii redemit a Rolando Guidonis de Leculo, cui Oddo et Robertus Frajapanis in feudum concesserant, quamvis eam ab Ecclesia Romana tenerent solius custodiæ ratione. Patrimonium autem apostolicæ sedis in Tuscia diversis temporibus commisit regendum diversis personis, a quibus faciebat annuatim colligi *feudum* [Baluz. fodrum], per civitates

---

la parte o fazione Guelfa; e chi aderiva all' imperadore, si chiamava di parte o fazion Gibellina..... e massimamente presero piede...... queste due fazioni, negli anni susseguenti, perchè risvegliossi più che mai la discordia fra le case suddette, de' Guelfi e Gibellini, in Germania, a cagione dei due rè che vedremo fra poco eletti, cioè di Filippo duca di Suevia, di sangue Gibellino, e di Ottone IV, procedente dai Guelfi; a' quali poi succedette Federigo II, figliuolo di Arrigo VI, et perciò d'origine Gibellina..... » Murator. *loc. cit.*, pag. 131.

(55) Conferendæ sunt libri primi epistolæ : 15. *P. basilicæ XII Apostolorum, et B. tituli S. Petri ad Vincula, presbyteris cardinalibus, A. S. legatis; super colligationibus factis cum episcopis et consulibus civitatum Tusciæ; sine data.* — 34. *Potestati et consiliariis Viterbiensibus, quod in tractatu habito inter ipsos Perusinos, et rectores Tusciæ, sine mandato apostolico non procedant.* Dat. Laterani. — 53. *Petro, basilicæ XII Apostolorum, et B. tituli S. Petri ad vincula presbyteris cardinalibus, A. S. legatis. De eodem argumento.* Dat. Laterani. — 556. *Archiepiscopo et capitulo Pisanis; ut cives suos hortentur illam pacem atque concordiam servare, quam reliqui ordines Tusciæ servabant.*

(56) Est epist. 404 libri primi.
(57) Vide epistolam 564 libri primi.
(58) Confer epistolam 27 libri primi : *Archiepiscopo Ravennati, et suffraganeis ejus, ut Cassendino, subdiacono, domini papæ legato, in Exarchatu Ravennatensi et comitatu Brittinorii, diligenter assistant.* Sine data.

(59) Erat is, nomine Guillelmus, sive Guillelmotus Curianus, quem etiam multi Othonem appellant. Post excessum Gerardi archiepiscopi adlectus anno 1190, decessit anno 1201. Ughell., *Ital. sacra*, tom. II, col. 375.

(60) Rem aliter narrat Muratiorus, *Annal. d'Ital.* tom. VII, part. II, pag. 129, ad an. 1198. « Tantò ancora di ridurre sotto il suo dominio l'Esarcato di Ravenna, Bertinoro, e la terra del conte Cavalconte, con ispedir colà lettere e legati, ma non gli venne fatto; perchè l'arcivescovo di Ravenna tenne forte, allegando e mostrando *le investiture imperiali*, da lungo tempo addietro date di quel paese a' suoi antecessori, et alla chiesa sua : il che fermò i passi alle pretensioni del papa. » Sed de his videndum il *Giornale de' Letterati*, an. 1747.

(61) Henricus ad Mantuanam sedem adlectus fuit anno 1194. Excessit e vivis non ante annum 1220. Vide Ughell., *Ital. sacr.* tom. I, col. 933.

(62) « Nè lasciò in dietro papa Innocenzo la ricerca e la recuperazione dei beni della contessa Matilda; nel che provò non pochi intoppi e modidizioni. » Murator., *loc. cit.*, pag. 130.

(63) Confer epistolam 184 libri secundi : *Friderici, regis Siciliæ, ad homines de Monte-Flascone, qua hortatur eos ut sint obedientes summo pontifici;* dat. Panormi, 22 mensis Junii, indictione XI (id est an. 1919).

(64) Apud Raynaldum, *Euregii*, vel *Sirtigii.*

et castra. In aliis autem regionibus proprium accipiebat afflictum [cod. Reg. *officium*.].

XV. Duo vero nobiles, Guido et Nicolaus, temporibus suis, et prædecessorum suorum, graviter Romanam Ecclesiam offenderunt, vulnerando, capiendo et spoliando venientes ad eam, et redeuntes ab ipsa. Unde, cum dominus papa non posset id ulterius sustinere, mandavit rectoribus Patrimonii beati Petri, ut, procedentes in Tusciam, eos, si moniti sponte contemnerent ad mandatum ejus redire, coercerent invitos. Qui eos contemptores pariter et rebelles intra castrum Rispampini obsederunt, vastantes segetes, et arbores incidentes, abducentes greges ipsorum, damnumque ipsis trium millium librarum et amplius inferentes. Cumque pararent ligna, lapides et cæmentum, ut ante præfatum castrum Rispampini ad capiendum ipsum turrim ædificarent excelsam, prædicti nobiles, protinus desperantes, ad mandatum ejus humiliter redierunt, sine aliqua conditione, jurantes stare mandatis domini papæ super facto Vetrallæ, Petrognani, stratæ securitate, mattolectis(64*), et ecclesiarum indemnitate, ac insuper pacem ei, universis fidelibus suis peregrinis et omnibus viatoribus fideliter observare, insuper bene munitum restituere castrum Marthæ, fidejussoriam cautionem mille librarum Senensium super omnibus supradictis. Insuper domino papæ fidelitatem, secundum morem et consuetudinem aliorum fidelium, juraverunt (65).

XVI. Circa vero suæ promotionis primordium, Narnienses Utriculum graviter molestabant. Quod licet eis sub interminatione interdicti et banno mille librarum firmiter vetuisset (66), ipsi tamen, inhibitione contempta, castrum illud ceperunt et destruxerunt. Idem vero pontifex, justus et fortis, fecit exercitum contra illos, tam de Romanis quam de forinsecis, congregari, per quem graviora sunt quam intulerant damna perpessi; et tandem, reædificato castro, bannum mille librarum ab illis accepit, jurantibus ejus stare mandatis, faciens ducentas libras præstari pro restauratione murorum.

XVII. Quia vero longum esset explicare per singula quam diligens et studiosus exstiterit circa patrimonium Ecclesiæ reformandum, sufficiat dixisse pauca de multis, quia multa possunt excogitari de paucis; quamvis hanc sollicitudinem quodammodo haberet exosam (unde sæpe dicebat: Qui tangit picem, coinquinabitur ab ea [*Eccli*. xiii, 1]), maxime quia labor erat magnus, et fructus parvus, et propter excrescentem malitiam homines non poterant facile coerceri.

XVIII. Cæterum, quo amplius cupiebat a sæcularibus negotiis expediri, eo magis est mundanis curis implexus. Defuncto namque Rogerio (67), filio Tancredi, regis Siciliæ, quem pater in vita sua regem constituens, fecerat coronari, eique filiam Isacii, Constantinopolitani imperatoris, duxerat in uxorem, consequenter etiam pater ejus præ nimio, sicut dicebatur, dolore defunctus est (68), relinquens tres filias, et unicum filium parvulum, nomine Guillelmum, quem mater ejus Sibilia coronari fecit in regem. Regno igitur taliter destituto, Henricus imperator, aspirans ad illud occasione Constantiæ, conjugis suæ, filiæ quondam Rogerii primi, regis Siciliæ, avi prædicti Tancredi, congregavit exercitum maximum de pecunia quam extorsit pro redemptione Richardi, regis Anglorum, nequiter capti, dum rediret de terra promissionis ab obsequio Crucifixi. Hic ergo regnum ingressus, sine pugna illud obtinuit, nemine resistente. Præfata vero Sibilia, cum filio suo et filiabus, et Salernitano quoque archiepiscopo (69), et fratribus ejus, recepit se in quodam castello Siciliæ; cum qua imperator fecit de pace tractari, et concordaverunt pariter in hunc modum: quod imperator, interposito juramento, concessit Guillelmo filio ejus, et hæredibus suis, comitatum Licii, quem pater ejus Tancredus habuerat ante regnum, et addidit ei principatum Tarenti, promittens salvare personas et res. Mox autem, postquam eos in sua potestate habuit, occasione captata (70), cepit illos et quosdam alios nobiles regni, eosque captivos in Teutoniam destinavit, faciens fratres præfati archiepiscopi aliosque nonnullos privari luminibus oculorum, archiepiscopum vero, reginam, et filium ac filias, in arcta custodia detineri. Frater autem imperatoris, Philippus, relictam præfati Rogerii filiam imperatoris Constantinopolitani, duxit uxorem; quem frater ejus Alexius luminibus orbans, Constantinopolitanum imperium usurpavit (71).

XIX. Henricus igitur imperator, ex quo regnum

(64*) Leg. *maletollettis*, vel *maltollettis*. Id est *malepartis*, quæ per vim et contra jus tolluntur. Italice, *maltolto*.

(65) Confer epistolam 378 libri primi: *Nobilibus viris, Uguitioni, et Guidoni marchioni, fidelibus papæ, qua recipiuntur cum ipsorum subditis sub protectione*; sine *data*.

(66) De hoc nescio an aliquid in Regestis reperiri possit,

(67) Obiit Rogerius anno Christi 1193.

(68) « Tancredi, sentendosi poi aggravato da febbri, si ridusse verso il fine dell'anno (1193) in Sicilia, dove restò trafitto da inesplicabil dolore per la morte che gli rubò sul fior degli anni il primogenito suo, cioè il re Ruggieri. Questo colpo quel fù, che sul principio dell'anno seguente 1194 fece tracollar la sanità dell'infelice Tancredi, il qual tenne dietro al figliuolo... » Murator., *Ann. d'Ital*. tom. VII, pag. 105, ad an. 1193.

(69) Vide epistolam 63 libri quinti, not.

(70) « Nel giorno santo di Natale (an. 1194) tenne (l'imperadore Arrigo) un solenne parlamento, di tutto il regno, in Palermo, e quivi cacciò fuori delle letere, credute dai più di sua invenzione, dalle quali appariva una cospirazione formata contro di lui da alcuni baroni del regno. Dopo di che fece mettere le mani addosso a moltissimi vescovi, conti e baroni, etc. Alcuni d'essi furono accecati, altri impiccati, altri fatti morir nelle fiamme, e il resto mandato, e condotto in Germania in esilio. » Murat. *loc. cit*.

(71) « Trovavasi nella corte di Sicilia Irene vedova del giovane rè Ruggieri figliuolo di Tancredi. La trovò assai avvenente Filippo, fratello dell'im-

Siciliæ totum obtinuit, spolians illud auro et argento, et lapidibus pretiosis, rediit in Teutoniam cum ingenti triumpho (72), efficiens apud principes, ut filium suum Federicum, infantem nondum duorum annorum (73), necdum etiam baptizatum, in regem Romanorum eligerent, eique fidelitatis juramenta præstarent; inter quos præfatus Philippus fidelitatis ei præstitit juramentum,

XX. Quo facto, iterum venit imperator in regnum, et tandem apud Messanam, præsente imperatrice, diem clausit extremum (74). Post cujus obitum, quidam familiares ejus, exeuntes de regno, Marchualdus accessit in Marchiam; Conradus rediit in ducatum; Philippus autem, frater ipsius, recepit se apud Montem-Flasconem, et inde rediit in Teutoniam patrimonium occupans universum. Remanserunt autem in regno aliqui de Theutonicis, in Sicilia Guillelmus Capparonus, in Calabria Federicus, in Apulia et Terra-Laboris Diupuldus, et fautores ipsius, multas munitiones tenentes.

XXI. Post mortem imperatoris, infra tres menses obiit Cœlestinus, et substitutus est Innocentius, rebus taliter et aliter variatis. Imperatrix vero Constantia, reversa Panormum, misit ad ducissam Spoleti, quæ filium suum in Marchia nutriebat, et perductum ad se coronari fecit in regem, cœpitque cum illo regnare (75). Direxit autem incontinenti nuntios cum muneribus ad dominum Innocentium, devotissime postulans ut regnum Siciliæ, ducatum Apuliæ, et principatum Capuæ, cum Castris [BALUZ. cæteris], et adjacentiis, sibi et filio suo concedere dignaretur, secundum formam qua prædecessores ejus concesserunt illa prædecessoribus suis. Ipse vero sagacissimus pontifex, diligenter attendens quod privilegium concessionis, indultum primo ab Adriano, et renovatum postmodum a Clemente, super quatuor capitulis, videlicet electionibus, legationibus, appellationibus et conciliis, derogabat non solum apostolicæ dignitati, verum etiam ecclesiasticæ libertati, mandavit imperatrici ut illis capitulis renuntiaret omnino, cum ea non esset aliquatenus concessurus. Tentavit illa propositum ejus muneribus immutare; quod cum efficere nequivisset, missis honorabilibus nuntiis, Anselmo, Neapolitanensi archiepiscopo (76), Aimerico, Syracusanensi archidiacono, Thoma justitiario, et Nicolao judice, post tractatum diutinum, obtinuerunt concessionis privilegium innovari (77), capitulis illis omnino remotis, sub censu, fidelitate ac hominio consuetis. Privilegium non pervenit ad illam, mortis acceleratione præventam (78).

XXII. Idem vero piissimus pontifex, ad liberationem captivorum clementer intendens, præsertim cum per detentionem Salernitanensis archiepiscopi nimis detraheretur apostolicæ dignitati, statim, circa suæ promotionis primordium, misit (79) Sutrinum episcopum (80), natione Theutonicum, et abbatem Sancti Anastasii, ordinis Cisterciensis (81), in

peradore, e forse pensando egli, che questa principessa potesse anche portar seco dei diritti d'importanza, per essere figliuola d'un Greco imperadore, la prese per moglie, di consentimento d'Arrigo, che allora gli diede à godere il ducato della Toscana e i beni della contessa Matilde. » Id. ibid., ad an. 1195.

(72) Bella gloria al certo, guadagnata con tanti spergiuri, coll'ingratitudine, colle barbarie, e con lasciare in Sicilia un'incredibil, odio e mormorazione contro della sua persona. » Id. ibid., ad an. 1195.

(73) Della nascità di questo principe, che fù poi Federigo imperadore II, e del luogo dove Costanza Augusto il partorì, molte favole si leggono presso li storici lontani da questi tempi. V'ha anche disputa intorno ell'anno della sua nascità; ma, oltre al Riccardo di S. Germano, l'Anonimo Casinense, e Alberto Stadense, il fanno nato nel fine dell'anno 1194, cioè, mense Decembri, in festo S. Stephani. » Id. ibid., ad an. 1194.

(74) Succedette essa morte, nella seguente forma: fece Arrigo venire a se l'imperadrice Costanza sua moglie, e, mentre essa era nel Palazzo di Palermo, Guilellmo, castellano di Castro-Giovanni, si ribellò all'imperadore. Portossi in persona Arrigo, all'assedio di quella fortezza, e quivi stando fù preso da una malattia, a cagion della quale condotto (per quanto s'ha da Giovanni di Ceccano, e dall'Hovedeno), a Messina, quivi terminò i suoi giorni nella vigilia di S. Michele, cioè nel dì 28 Settembre. Altri dicono nella festa di S. Michele, altri nel di quinto d'Ottobre, e negli Annali Genovesi, la sua morte è riferita nell'ultimo di di Settembre. » Id. ibid., ad an. 1197.

(75) « Il che vedendo l'imperadrice Costanza, che aveva assunto il governo di quel regno, e la tutela del figliuolo Federigo Ruggieri, con farlo venire da Iesi, dove era stato lasciato sotto la cura de' Conti di Celano, e di Copersano (Richard. di S. Germ. in Chron.), ovvero, come altri scrive, della duchessa di Spoleti, e con farlo coronare di poi, ordinò che ulcissero di Sicilia le truppe straniere, » etc. MURATOR., loc. cit., pag. 133.

(76) Vide epistolam 44 libri tertii, not.

(77) Confer, libri primi epistolas 410: Constantiæ imperatrici, et Friderico, regi Siciliæ erga Romanam Ecclesiam observantia, deque pontificis in illos voluntate; sine data; 411, Eisdem, de forma et modo in electionibus pontificum observanda; dat. Laterani.

(78) Certo è, che la medesima (Costanza imperadrice) finì di vivere nel dì 27 di Novembre, dopo aver dichiarata Balio, o sia tutore del rè suo figliuolo, papa Innocenzo III, el ordinato che, durante la di lui minorità, si pagassero ogni anno trenta mila Tarì per tal cura ad esso pontefice, oltre a quelli ch'egli spendesse per difesa del regno. » MURAT. Annal. d'Italia, ad an. 1198, t. VII, part. I, pag. 134.

(79) Vide libri primi epistolas 24. — Spirensi, Argentinensi et Wormaciensi episcopis, pro liberatione archiepiscopi Salernitani, sine data; — 25. Episcopo Sutrinensi, et abbati S. Anastasii, pro reconciliatione Philippi, ducis Sueviæ, et liberatione captivorum, sine data; — 26. Eisdem, de eodem argumento; sine data.

(80) Præsulis hujus nomen ignorasse videtur Ughellus (Ital. sacr. tom. I, part. signatæ col. 19), qui nihil aliud de eo, præter factum istud de quo hic mentio, memorat.

(81) « Quisnam hac tempestate præfectus esset celebri monasterio S. Anastasii, non potui hactenus invenire. Constat, quemcunque, virum strenue gnarum prudentemque, cui simul cum episcopo Sutrino tanta Innocentius negotia commenda-

Theutoniam, scribens episcopis, quatenus detentores eorum monerent, et, si necesse foret, compellerent per excommunicationem in personas, et interdictum in terras, ut illos dimitterent absolutos; comminando principibus universis, quod, nisi ad hoc impenderent operam efficacem, ipse totam Alamaniam supponeret ecclesiastico interdicto. Quia vero Cœlestinus papa, prædecessor suus, excommunicaverat præfatum Philippum, ducem Sueviæ, dum esset dux Tusciæ, propter invasionem et devastationem apostolici patrimonii, et excommunicationem illam publicari fecerat etiam Henrico imperatori, hanc formam dedit super ipsius absolutione præfatis episcopo et abbati, ut, quia superioris sententia per minorem relaxari non potest, et ob hoc oporteret eundem Philippum accedere ad sedem apostolicam absolvendum, ipsi tamen hoc modo remitterent ei laborem itineris, si præfatum archiepiscopum liberaret, et recepto secundum formam Ecclesiæ juramento, quod super omnibus, pro quibus excommunicatus fuerat, mandatis apostolicis obediret, absolutionis ei beneficium exhiberent. Illi ergo, in Theutoniam procedentes, invenerunt supradictum Philippum a quibusdam principibus electum in regem. Qui, Vuarmatiam ad ipsos accedens, de facto se fecit absolvi, non publice, sed occulte, nec præstito juramento secundum formam ecclesiæ, sed promissione facta per stolam (82). Præfatum tamen archiepiscopum et fratres ipsius gratuito liberavit. Post modicum autem, idem Philippus fecit se inungi et coronari, non Aquisgrani, sed Maguntiæ, nec a Coloniensi archiepiscopo (83), sed a Tarentasiensi (84), quia nullus archiepiscoporum Theutoniæ id facere attentavit. Sed nec aliquis episcoporum,

---

verit. » *Angel. Manrique, Annal. Cisterc.* tom. III, pag. 321, ad an. 1198, cap. 11, § 4.

(82) *Stola* est una e vestibus ecclesiasticis, quæ et *orarium* dicta, Gallice *étole.* Hanc olim omni tempore gestare tenebantur presbyteri. *Sub stola jurare,* tactis etiam sanctis Evangeliis, presbyterorum seu sacerdotum proprium fuisse videtur, prout in charta Friderici imperatoris (apud BARONIUM, ad an. 1166) : « Idem quoque juramentum archiepiscopi et omnes episcopi, atque electi, qui interfuerunt, numero 40, super sancta Dei Evangelia, propria manu, unusquisque sub *stola sua* præstiterunt et publice firmarunt. » Verumtamen, et ipsi laici hac juramenti forma sæpissime usi sunt. In epistola quadam Gregorii papæ VII (apud BRUNONEM, *De bello Saxonico,* pag. 125), de Henrico imperatore : « Hoc idem etiam postea a confratribus et legatis nostris, Humberto, Prænestino episcopo, et Geroaldo, Ostiensi episcopo, quos ad illum misimus, ad pœnitentiam susceptus, in illorum manus, per *sanctas stolas,* quas in collo tenebant, repromittendo confirmavit. » Hugo Flaviniacensis (*Chron.* pag. 209), de eodem Henrico imperatore : « In illorum manus, per *sacratas eorum stolas,* quas collo gestabant, jurejurando confirmans. » Vetus charta, an. 1248 (in *Metropoli Salisburgensi,* tom. II, pag. 267) : « Albertus, præpositus, et totus conventus ecclesiæ Diessensis, obtinuerunt sub stola sua jurejurando, quod nec cives ibidem, nec quisquam hominum aliquid juris habeant, vel habere debeant in eo prædio. »
Qui plura velit, adeat Cangium, *Glossar.* tom. III, col. 1616, et tom VI, col. 748.

(83) Vide epistolam 54 libri tertii, not.

(84) Quis fuerit tunc temporis Tarentasiensis archiepiscopus, statuere non adeo facile est. Multum inter se discrepant veteris et novæ Galliæ Christianæ auctores; ac primum veteris scriptores audiamus : « XXXV. Aymo de Briansone (*de Briançon*), ex monacho Carthusiano creatus episcopus (Tarentasiensis) 1178, nominatur in concilio Lateranensi 1179, et Ticini 1186 a Friderico privilegia obtinuit quæ 1196 Henricus imperator Taurini confirmavit; moritur anno 1197. Cæterum, Angelus, Tarentasiæ antistes, vicarius imperialis in Italia, 1196 sententiam tulit ad favorem episcopi Vercellensis, de quo Ferrarius in Catalogo præsulum ejusdem Ecclesiæ. Forte idem est cum Aymone, qui in citatis Tabulis *Angelus* vocatur.

« XXXVI. Joannes II, ad infulas assumptus ex alumno Majoris Carthusiæ, in qua aulam ædificat.

« XXXVII. Bertrandus I, sive Bernardus, ex religioso jam dictæ Carthusiæ electus anno 1217, supremum diem obiit anno 1229, ex Necrologio Carthusiensi. »

Hactenus Sammarthani, *Gall. Christ. vet.* tom. I, pag. 665. Et ea quidem quæ referunt de Angelo, Tarentasiensi antistite, vicario imperiali in Italia 1196, quem eumdem existimant cum Aymone, habuerunt forte ex Ughello *Ital. sacr.* tom. IV, col. 1088, ubi de Alberto, Vercellensi episcopo, agit. Juxta eosdem igitur, Joannes II, quem Aymoni, anno 1196 defuncto, successive memorant, erat archiepiscopus ille Tarentasiensis, de quo hic in Gestis Innocentii.

Verum multo aliter apud novæ Galliæ Christianæ auctores, tom. XII, col. 707

« XXXVII. Emerici de Briancone (*de Briançon*) germanus Aimo, ex monacho Carthusiæ creatus archiepiscopus, astitit conciliis Lateranensi, an. 1179, et Ticini 1186. Eodem anno a Friderico imperatore privilegia obtinuit, quæ an. 1196 ab Henrico Taurini confirmata sunt. Subscripsit anno eodem (1196) diplomati ejusdem imperatoris ibidem dato pro Ecclesia Viennensi. Transfretavit anno 1201. Acquisivit a Verla de Salino quædam feuda apud Allodia, et vitam pertraxit ad annum 1210, inquiunt. Ac proinde Tarentasiensis est archiepiscopus, qui Philippum, Ducem Sueviæ, in Romanum regem coronavit anno 1198, de quo conquestus Innocentius III, sub pœna suspensionis ei præcepit, ut coram se hac de re adesset ad Dominicam *Lætare, Jerusalem,* v Non. Octob. an. pontificatus v. (Vide epistolas Innocentii ad negotium imperii spectantes, apud Baluzium, tom. I, pag. 723, col. 1, epist. 74 et 80 [hujusce novissimæ editionis tom. III, ad calcem Regestorum. EDIT. PATR.]

« XXXVIII. Bernardus. Ex monacho quoque Carthusiæ factus est archiepiscopus Bernardus. Huic Hugo de S. Vitali cessit iv Kal. Junii 1213 feuda quæ habebat in parochia Allodiorum et Valle S. Desiderii. »

Hactenus auctores novæ Galliæ Christianæ.

Difficultates augent et cumulant ea quæ narrantur apud gravissimi in hacce materia ponderis auctorem, P. D. Benedictum Tromby nomine, diligentissimum rerum ad Carthusianos spectantium indagatorem, qui in quarto et quinto operis sui (cui titulus, *Storia critico-cronologica-diplomatica del patriarca S. Brunone, e del suo ordine Cartusiano, Neapoli,* 1775) tomis, non nisi an. 1775 in lucem editis, multa de istis ex ordine carthusiano ad Tarentasiensium sedem evectis præsulibus, habet et refert, quæ nequaquam cum Sammarthanorum et novæ Galliæ Christianæ

qui fuerunt in illa coronatione præsentes, Pontificalibus indui præsumpserunt, præter solum Sutrinum, qui ad illud fuerat destinatus. Unde, cum ad summi pontificis præsentiam rediisset, a veritate per propriam confessionem comperta, tum de forma neglecta, tum de præsumptione commissa, fecit eum extra suum episcopatum usque ad finem vitæ manere. Pro prædictis vero captivis, li-

auctorum narrationibus conciliari facile possunt. Quæ apud supralaudatum auctorem leguntur, (cum libri sui exemplaria in bibliothecis nostris non tam facile cuivis obvia sint) excerpere, atque hic lectorum oculis subjicere, operæ pretium duximus.
Sic ille igitur: (*Storia critico-cronologica-diplomatica del patriarca S. Brunone, e del suo ordine cartusiano*, tom. IV, ad an. 1178, § 347, pag. 218):
« Noi di sopra fatta abbiam memoria del nobile e magnifico uomo una volta nel secolo, Aimone, poscia monaco della Gran Certosa, di gran pietà. Colui appunto, che, trovandosi presente al benavventuroso passagio all'altra vita dell'nostro S. Antelmo, fù il mezzano della reconciliazione del conte Umberto di Savoja, col moribundo suddetto prelato (a). Questi adunque chiaro, e reputato assai per lo splendore degli avi della famiglia Brianzone, ma viepiù per gli adornamenti delle sue proprie virtù, prima dispirare questo stesso corrente anno (1178), creato venne ad facere arcivescovo di Tarantasia (b). Eglianno sequente si vedrà cogli altri PP. al général concilio celebrato nel Laterano, e si sa che l'anno 1196 si rinneviva annoverato fra vivi (c). Il dottissimo P. Teofilo Rainaudo, pone accuratamente l'anno della di lui promozione sotto del corrente anno 1178. Ma poi registra con pur troppo grossolano abbaglio quello della sua morte niente meno che nell'anno 1290 (d), dal che si raccoglie, che detto famoso per altro scrittore, rispetto a chronologia, riuscito non abbia con quella felicità maravigliosa, che nell'altre materie...... »
Ibid. ad an. 1186, § 409, pag. 260:
« (Anno 1186,) Portatosi nella città di Pavia, dove dimorava l'imperator Federigo, insieme con suo figlio, Arrigo di lui successore, Aimone, da monaco della Certosa di Granoble creato arcivescovo di Tarantasia (e), conforme si e detto nell'anno 1178, ottenne da loro ampla conferma de privilegi della sua Chiesa (f). »
Id. T. V, lib. I, § 20, ad an. 1196, pag. 13:
« Passò bensì da questa a vita migliore, nella stasione in cui siamo, Aimone de Brianzone, da monaco (g) della gran Certosa, fin dall'anno 1178, creato arcivescovo di Tarentasia. Egli, dopo un corso di vita molto esemplarmente menata, ritrovandosi, nell'anno che corre, vicario imperiale in Italia, in cui qualità pronunzio favorevol sentenza a pro del vescovo di Vercelli, andò a riceverne, come si spera, il guiderdone nel cielo (h). Il P. Rainaudi, o perchè forse al medesimo altri succeduto fosse del nome stesso, o per altra a noi niente nota cagione, usa con esso una prodigalità ben grande, ed anacronismo certamente grandissimo. Onde, qualor non sia, come più verisimilmente stimo, un de' soliti errori degli stampatori, si fa a darlo fra vivi fin' all'anno 1290, concedendo gli niente meno che 112 anni di arcivescovato (i). Il che, se abbia potuto aver cammino, senza di esser ritornato il secolo d'oro, si lascia alla savia considerazione del leggittore il deciderlo. Mentre io, a dirla fuor fuori in quanto a me, salva la di lui pace, non lo credo. Tanto maggiomente, che al di sopra di questo anno 1196, in niun monumento nominato si trova (k). »
Ibid. ad an. 1197, § 28, pag. 16:
« Vacando per la morte di Aimone, come si è raccontato nell'anno antecedente, la Chiesa di Tarantasia, tanto era il buon nome, che di loro stessi lasciavano dovunque presedevano i Certosini, che di altro soggetto proveder non si volle quella Sede arcivescovile, che di un monaco dell'ordine stesso. Fioriva nella Certosa di Granoble, fra gli altri molti che si numeravano, sotto la savia, e santa disciplina del P. D. Giancellino, uom tagliato al modello della perfezione degli antichi PP. il monaco D. Giovanni (l), personnagio e per sapere, e per probità di vita, assai singolare. Preso adunque costui di mira, tanti e tali furono i maneggi, e le più aggiustate misure, che si pigliarono, che, alla perfine, con universal contento e piacere, al riservo del proprio, nato dal lungo esercizio nella vera cognizion di se stesso sollevato si vide, nella stagion che siamo, ad un posto, e grado così eminente. Egli, per ubbidire chi sopra di lui avea autorità di precettarcelo, condiscese, dopo varie inutili scuse, sempre però con sommissione, ad accertalo; ed è ben da credersi, che il Signore, vero scrutatore de' cuori, a tanta virtu dimostrata in simili troppo critiche, per la miseria umana, congiunture, mancato non abbia di assister lo con modo particolare. Noi di lui ulteriore notizia più, che questa non abbiamo. Onde meglio che andar giuocando all'indovinello, di tanto e non più ci dichiaramo appagati... »
Ibid. lib. IV, § 187, ad an. 1217, pag. 102:
« Uno vi era, frà gli altri molti PP. che fiorivano, secondo si è acennato, sotto la savia condotta del P. Giancellino. Primo, in gran Certosa, e per bontà di vita, e per fondo di sapere, altamente dalla publica fama decantato veniva il P. D. Bernardo, da molti scrittori pur appellato Bertrando. Vacava fratanto, nella stagion presente (an. 1217), la Sede arcivescovile di *Tarentaise*, anticamente detta, oggi *Moustiers*, ossia *Moutiers en Tarentaise*. Ivi, con somma sua lode, altra volta allegato si vide dell'Ordine nostro il P. D. Aimone (m). Egli lunga pezza governò quella chiesa, ed a lui si vuol successo, della profession medesima, il P. D. Giovanni, Monaco della Certosa di Granoble, siccome al suo luogo narrammo (n). Tosto pensossi di far lo stesso (o) dunque del subdetto P. D. Bernardo, conforme appunto seguì, con guibilo ed applauso universale. Corrispose egli coi suoi religiosi e santi portamenti, senza che anima defraudata rimanesse dall'aspettazione comune. Ma avendosi occasione di parlar di lui in altro luogo, ci reserbiamo di farne allora meglio e più à disteso menzione...... »

(a) Vit. S. Anthelmi, cap. 25. Ap Surium ad diem 26 mens. Junii.
(b) Morot, pag. 44, n. 20, an. 1178.
(c) Claud. Robert.*De archiep. Tarentasiæ*, pag. 153.
(d) Teoph. Rain. *Brunone Myst. punct.* X, § 6, n.
(e) Rayn. in suo *Brunone, Stil. Myst. punct.* X, § 6, n. 5.
(f) Ex tabulario ejusd. Ecclesiæ.
(g) Ex ms. Catalog. viror. illustr. ord. Carthus. qui ad episcopales, aliasque dignitates promoti fuerunt.
(h) Augustin. ab Eccles. Salutien. archiep. *de Tarentasien. archiep.*
(i) Theoph. Rayn. *loc. cit.*
(k) Claud. Robert. in sua Gall. Christ., pag. 153.
(l) Ex ms. serie Viror. illustr. ordin. Carthus. qui ad episcopales aliasque dignitates promoti fuere. Vide etiam Sammarth. *de Galliar. Episcopis*.
(m) Vide eumdem ad, an. 1178.
(n) Vide eumdem ad ann. 1197.
(o) Sammarth. et Franc. Augustin. ab Ecclesia, Præevisc. Gall.

cet jam liberatis, adhuc tamen exulibus, rogavit imperatricem per nuntium ad hoc specialiter destinatum, eisque restitutionis gratiam impetravit. Sed et Sibilia, relicta regis Tancredi, cum filiabus suis, ergastulum captivitatis evasit, et, in regnum Francorum confugiens, primogenitam suam Gualtero, Brenensi comiti, tradidit in uxorem.

Coloniensis autem archiepiscopus, et quidam alii principes, tam ecclesiastici quam seculares, videntes se in electione Philippi fuisse contemptos, vocaverunt Othonem, filium Henrici, quondam ducis Saxoniæ, comitem Pictavensem, et apud Coloniam elegerunt in regem; eumque Coloniensis archiepiscopus coronavit solemniter Aquisgranis; et sic facta est divisio in imperio longo tempore duratura. Nam Othoni adhæserunt Coloniensis archiepiscopus et suffraganei universi. Præterea Cameracensis (85), et Padeburgensis (86), et illi deservientes (87) episcopi, nec non Bremensis archiepiscopus (88), dux Lovaniæ (89), dux Limburgi (90), comes palatinus Rheni (91), Lantgravius Thuringiæ (92), multique comites. Itaque terram obtinuit ultra Mosellam, a Cameraco usque Daciam (93), pene totam. Philippo vero reliqua terra cum cæteris principibus se submisit; quamvis nec isti, nec illi firmiter adhærerent, sicut ex postfacto patebit.

XXIII. Interim autem Constantia imperatrix, cognoscens quod perfidus Marcualdus machinabatur invadere regnum, diffidavit eumdem, et mandavit per litteras suas, eum, tanquam hostem regis et regni, ab omnibus evitari. Habebat etiam valde suspectum Gualterum, Trojanum episcopum, regni Siciliæ cancellarium (94); ita, quod subtraxerat illi sigillum (nam et fratres ipsius reduxerunt Marcualdum) sed, ad multam intercessionem summi Pontificis, recepit illum in gratiam, ita, quod, cum eadem Imperatrix parum post annum a morte Imperatoris agere in extremis (95), statuit eum familiarem regium cum Panormitanensi (96), Montis-Re-

(85) Verisimiliter Hugo, quem in Cameracensem episcopum, anno 1197, electum, usque ad annum 1199 sedisse probant novæ Galliæ Christianæ auctores, tom. III, col. 33.

(86) Bernardum II, ab Osyde, aliis Dysede, Padeburnensem episcopum, ab anno 1186 usque ad annum 1202 sedisse affirmat Bucelinus, *German. sacr.* part. II, pag. 20. Idem sane ac Berhardus, qui subscriptus invenitur ad epistolam 10 *de negotio imperii*. (Vide infra post libros Regestorum).

(87) *Et illi deservientes episcopi.* Sic legitur apud Baluzium, Raynaldus vero, nec non codex ms. Vallicellanus, *et Ildesemensis episcopi*. Quæ quidem lectio et nobis valde anteponenda videretur, nisi difficultas inesset, ad quam solvendam nihil in promptu habemus. In epistola 14, *de negotio imperii*, inter principes et prælatos Alemanniæ, qui, Philippo adhærentes, in ipsius favorem ad Innocentium scribere dicuntur, Idesemensis episcopus, imperialis aulæ cancellarius, diserte nominatur. Concinere videtur Bucelinus, *German. sacr.* part. II, pag. 18, qui post Bernonem, anno 1198 defunctum, immediate Conradum de Rabensburg memorat, de quo sic: « XVII. Conradus de Rabensburg, Philippi regis Romanorum cancellarius, dehinc Lubecensis, demum Hildesheimensis episcopus vir in imperio spectatissimus, post annum resignans, fit episcopus Herbipolensis et Franconiæ dux. »
Quid igitur? Num dicendum erit hic Gestis Innocentii agi posse vel de *Bernone*, Conradi antecessore, qui non nisi currente anno 1198 fato functus, per aliquot menses Othonis causæ favere potuit? Videant rerum Germanicarum peritiores.

(88) *Nec non Bremensis archiepiscopus.* Eadem fere, imo major, hic nascitur difficultas. Bremensis enim archiepiscopus, *Philippo fidelitatem fecisse hominium* dicitur in epistola eadem, quam supra allegavimus, Regesti, *de negotio imperii*, 14. Verum, post epistolam ejusdem Regesti 11, una Innocentius Coloniensi archiepiscopo, aliisque Alemanniæ vel prælatis vel proceribus, Othoni addictis, gratias egit, pontifex *in eumdem modum* Bremensi archiepiscopo, velut etiam Othonis partes foventi, scripsisse diserte dicitur.
Cæterum, post Harduinum, sive *Harivicum* (quem anno 1188 sedisse affirmat), Gerardum, ex episcopo Osnaburgensi, Bremenses infulas gessisse scribit Bucelinus, *German. sacr.* part. II, pag. 53.

(89) Erat is nomine Henricus, dictus *Bellator*, comes Lovaniæ, simul ac dux inferioris Lotharin-

giæ. Jam ab anno 1172, ad comitatus Lovaniensis regimen, a patre suo, Godefrido, associatus fuerat. Anno 1183, in terram sanctam iter arripuerat. Inde redux, anno 1190, patre defuncto, ipsi et in regimine ducatus inferioris Lotharingiæ successit. Anno 1197 in terram sanctam iterum profectus est. Anno sequenti 1198, Othoni, in regem Romanorum electo, adhæsit. Vixit annos 77. Obiit anno 1235, die 5 Novembris, Coloniæ. Vide l'*Art de vérifier les dates*, nouv. édit. tom. III, pag. 104.

(90) Henricus III, Henrico II, patri suo, in ducatu Limburgensi successerat anno 1170. Regnavit annos 51, fato functus anno 1221, ante diem 28 mensis Augusti. Othoni, cui primum adhæsit, non semper fidelis fuit. Vide *ibid.*, pag. 112.

(91) Henricus de Sassonia, Henrici (qui dicebatur *Leo*) ducis Sassoniæ, ex Mathilde Anglica, filius primogenitus, anno 1170 natus, palatinatus investituram ab Henrico imperatore VI, anno 1196, accepit. Anno 1197 una cum Hannoniæ duce in terram sanctam profectus est. Inde redux anno 1198, titulum ducis Sassoniæ cum titulo comitis palatini conjunxit. Othoni primum addictus, postea Philippo favit. Deinde, anno 1208 Othonis partes iterum amplexus, eas denuo deseruit in gratiam Frederici II, cui nec semper fidelis fuit. Obiit anno 1227. Vid. *ibid.*, pag. 322.

(92) Erat is nomine Hermannus I, Frederici imperatoris I nepos, qui Ludovico III, Thuringiæ landgravio, successerat anno 1190. Primum Philippo, in regem Romanorum electo, adhæserat, et ab ipso quasdam civitates, adhæsionis præmium acceperat. Sed, nec sic contentus, Othonis partes paulo post secutus est. Mox ad Philippum rediit, et regi Francorum adversus Othonem auxilio fuit. Gothæ obiit die 26 Aprilis an. 1215, non an. 1218, prout affirmat Albericus, *Chron.* pag. 499. Vide *ibid.* pag. 307.

(93) *Usque Daciam.* Sic in codice Vallicellano; sic et apud Raynaldum (*Annal. Eccles.* tom. XIII, pag. 18, ad an. 1198, § 62). Apud Baluzium, Vidanam.

(94) Vide epist. 39, libri quinti, not.

(95) Constantia obiit die 27 Novembris. Vide supra § 21, not. 78.

(96) Erat is Bartholomæus, quem Panormitanæ Ecclesiæ, ab anno circiter 1194 usque ad annum 1200, præfuisse docet Rocchus Pirrus, *Sicil. sacr.* tom. I, pag. 129.

galis (97), et Capuano (98) Archiepiscopis; balium vero regni domino Papæ dimisit, ab omnibus juramento firmandum, quoniam ad eum spectabat, tanquam ad dominum principalem; constituens, ut singulis annis, durante balio, perciperet de proventibus Regis triginta millia tarenorum (99), et, si quas expensas pro regni foret defensione facturus, omnes sibi ex integro redderentur; sicque debitum carnis exsolvit, rege pupillo in familiarium custodia derelicto.

Marcualdus autem, regressus in regnum, ad occupandum illud totis viribus intendebat, prætendens, quod, ex testamento imperatoris, ipse debebat esse balius regis et regni. Statim ergo dominus papa Gregorium, Sanctæ Mariæ in Porticu diaconum cardinalem (100), legatum in Siciliam destinavit, ut ibi cum familiaribus regis de regni negotiis ordinaret (1). Qui profectus, recipit ab eis balii juramentum, et fecit illud ab aliis per Siciliam exhiberi. Verum, quia non bene intendebatur ei a familiaribus regis, et præsertim a cancellario (2), qui dedignabatur eum superiorem habere, cum et omnes non regiis sed propriis utilitatibus insudarent, post non multum temporis ad sedem apostolicam est re-

(97) Carus, archiepiscopalem Montis-Regalis sedem obtinuit anno 1189. Obiit non nisi post annum 1215. ld. *ibid.* pag. 415.

(98) Matthæus, archiepiscopus Capuanus, Alphano successit jam ab anno 1183. Exstant diversæ Innocentii epistolæ, quibus Matthæum familiarem fuisse Frederici, Siciliæ regis, dignoscitur. Hic enim, non modo vita integer, verum multis præclare, et cum summa prudentia in regno Siciliæ gestis, famam existimationemque apud omnes, tum summam apud Henricum VI, ejusque uxorem Constantiam imperatricem, tum apud Innocentium eumdem PP. III gratiam collegit, ut ab ipso post Constantiæ obitum unus inter multos præclarissimos præsules, ad regni Siciliæ moderamina, Frederico tum puero, delectus fuerit. Eodem in munere Panormi defunctus est circa annum Domini 1203, ibidemque sepultus. UGHELL. *Ital. sac.* t. VI, col. 404.

« Affirmat igitur Ughellus, Matthæum in eodem munere Panormi defunctum esse circa annum Domini 1203, ibidemque sepultum. Pergit auctor ille: « Quo defuncto, Innocentius ad capitulum Capuanum de successore eligendo insignem epistolam scripsit, cujus pars habetur in Corpore Juris canonici; integram exscribo ex monacho: *Cum inter universas,* etc. Hinc ergo habemus, Matthæum archiepiscopum post Constantiam decessisse, nempe post annum 1197 (imo 1198). Pervenisse ad annum 1202, comperimus ex instrumentis.

« XXI. Raynaldus, Petri, Celani comitis, filius, ac Innocentii III nobilis alumnus, subdiaconus et capellanus, post obitum Matthæi, canonica capituli electione deligitur capuanus archiepiscopus, anno 1204. De cujus electione habemus partem epistolæ Innocentii in Corpore Juris, et integram damus, sequentibus verbis conceptam: *Archidiacono et capitulo Capuanis. Cum olim nobis de obitu B. M. archiepiscopi Capuani,* » etc.

Hactenus Ughellus, cui Matthæum ad annum 1202 pervenisse, Raynaldum vero non nisi anno 1204 electum fuisse asserenti, fidem adhibere nequaquam possumus. Ac primum:

Epistolas illas Innocentii, quas ipse refert, habemus in Regesto anni secundi. Vide epistolas libri secundi, 190, *Capitulo Capuano, ut mature novum archiepiscopum eligant, non diu expectatis his qui longius aberant;* — 277, *Archidiacono, et capitulo Capuanis, ubi varia de electione et postulatione Prælatorum disserit pontifex, demumque R. (Raynaldi) in archiepiscopum ab ipsis electi, electionem confirmat.*

Desunt equidem, tam ad unam quam ad alteram epistolam, notæ chronologicæ. Verum, cum in Regesto anni secundi exhibeantur, patet eas saltem ante finem Februarii anni 1200 scriptas fuisse, ac proinde Matthæum ante initium ejusdem anni obiisse supremum.

Concinere videtur alia ejusdem pontificis epistola, scilicet epistola libri secundi, 187, *Archiepiscopis Panormitanensi, Montis-Regalis, et Messanensi aliisque, ut de regni Siciliæ bonis alienata restituant;* data (ut illic diserte dicitur) *Laterani, v Kal. Octobris an.* ii (id est 1199). Non, quod in ea de archiepiscopo Capuano mentio habeatur, sed quia notari potest, quod, cum in diversis aliis Epistolis (vide epistolas libri primi, 390, 391, 392, 557, 558, 564), quoties agitur de negotiis regni Siciliæ, archiepiscopus Capuanus iisdem archiepiscopis Panormitanensi, etc. semper adjunctus videatur, in ista sola libri secundi epistola 187, nomen ejus nequaquam reperitur; unde forsan conjecturari licet eum jam ante mensem Octobris anno 1199, fato functum fuisse.

Quoad electionem Raynaldi, ejus successoris, eam jam ab anno saltem 1201 locum habuisse, evincitur ex iis quæ apud Ricchardum de S. Germano leguntur (*Rer. Italic. Script.* tom. VII, col. 980), ad an. 1201: « Gualterius, Brenniensis comes, in odium Theutonicorum in regnum mittitur ab Innocentio papa, qui, apud Capuam congrediens cum ipso Diupuldo, vicit et fugavit eumdem, decimo mensis Junii, et exinde Tranum venit, una cum RAYNALDO, TUNC CAPUANO ARCHIEPISCOPO, FILIO CÆLANI COMITIS. »

Idem affirmat D. Agostino Inveges, *Annal. di Palermo*, part. III, pag. 515, ad an. 1201.

(99) Tarenus, al. *taris*, *moneta aurea apud Apulos et Siculos.* Matth. Silvaticus: *Tarenus ponderat grana 20.* Computus an. 1333, et seqq., tom. II, Hist. Delphin., pag. 285: *Qualibet uncia computata pro quinque florenis; et quolibet floreno pro sex tarenis, et quolibet tareno pro duobus caro'enis, et quolibet caroleno pro decem granis.* Falcandus pag. 656: *Domumque reversus, 700 millia tarenorum hostiariis, qui cum eo missi fuerant, assignavit.* Adde pag. 658, et 661. Charta an. 1451, 18 Febr. *Illas uncias mille 36, et illos tarenos 20, et in cortenis argenti gillatis boni et justi ponderis 60 eorum pro uncia qualibet, ad duobus pro tareno singulo, juxta modum et cursum regni Siciliæ.* Vide Cang. *Glossar.* tom. VI, col. 996.

(100) De isto cardinale vide quæ adnotavimus ad epistolam 29 libri octavi.

(1) Confer epistolas libri primi, 557, *Archiepiscopo Panormitano, Reginensi, Capuano, Montis-Regalis, et episcopo Trojano, ut necessariam contra hostes regni pecuniam transmittant;* dat. Laterani, VIII Kal. Februarii, an. I (id est anno 1199); — 558, *Clero, baronibus, judicibus, militibus. et universo populo, Capuanis, ut pro patria contra hostes fortiter decertent;* sine data; 562, *G. S. Mariæ in Porticu diacono cardinali, A. S. L., qua ipsi gubernationem regis minoris, et regni Siciliæ committit;* sine data; — 564, *Archiepiscopo Panormitano, Capuano, Reginensi, et Montis-Regalis, et episcopo Trojano, de eodem argumento;* sine data.

(2) Erat is Gualterus, episcopus Trojanus, de quo supra.

GESTA. — AN. 1199.

versus (3) nuntiis cum litteris regis per regnum transmissis, ut ab omnibus domino papæ juramentum balii præstaretur. In terram vero Laboris dominus papa direxit (4) Joannem, tituli Sancti Stephani in Cœliomonte Presbyterum (5), et Girardum, Sancti Adriani diaconum (6), cardinales, ut civitates, comites et barones inducerent ad resistendum perfido Marcualdo, qui, congregato exercitu, intendebat imprimis capere monasterium Casinense, ut ingressum regni liberum obtineret (7). Cum ergo Casinensis abbas (8) in instantis necessitatis articulo summi pontificis auxilium imploraret, misit nobilem virum, Landonem de Montelongo (9), consobrinum suum, rectorem Campaniæ, cum quingentis pene militibus et centum archariis conductis ad solidos (10), qui cum præfatis cardinalibus receperunt se in villa Sancti Germani, ut eam defenderent contra impetum Marcualdi. Homines autem ipsius villæ, tanquam pussillanimes et imbelles, illo veniente fugerunt ad Montem Cassinum cum filiis et uxoribus suis; et post eos cardinales et milites discesserunt. Cardinales vero cum habitatoribus mille in'ra monasterium sunt recepti, et milites cum archariis se in vallo ante monasterium receperunt, quos, capta villa et spoliata, Marcualdus obsedit, æstimans eos ad deditionem posse compellere propter inopiam victualium, aliorumque necessariorum defectum. Quo audito, summus pontifex vehementer doluit, statimque misit Jordanum, tituli Sanctæ Pudentianæ presbyterum cardinalem (11), et Octavianum, subdiaconum, consobrinum suum, cum unciis auri mille quingentis, ad Petrum, comitem Celanensem (12), ut cum eo, prout melius possent, efficerent, quatenus obsessis saltem in victualibus subvenirent. Ipse vero aurum recepit, et distribuit illud militibus suis, propriam magis utilitatem quam obsessorum necessitatem attendens. Nam vix tandem fecit illuc intromitti aliquas summas farinæ. Sed illi, licet in

---

(3) De reditu cardinalis S. Mariæ in Porticu, nescio an in Regestis mentio habeatur. Sed ipsum usque ad mensem Maium, nec ultra mensem Augustum 1199 in Sicilia moratum fuisse, evincitur ex epistola libri secundi 164, Clero et Populo Reginensibus, ubi archiepiscopi Reginensis electio confirmatur; dat. Laterani, xvii Kal. Septembris, an. ii (id est 1199). In ista enim epistola dicitur: « Cum dilectus filius noster, G. S. Mariæ in Porticu diaconus cardinalis, cui vices nostras tam super balio regni quam officio legationis commiseramus, apud Messanam, pro ipsius regni negotiis moraretur, dilecti filii, canonici Reginenses, eidem obitum B. M. Reginensis archiepiscopi, tam per litteras quam per suos canonicos, nuntiarunt...... » Archiepiscopum autem Reginense a (erat is nomine Guillelmus), de cujus obitu hic agitur, die 7 Aprilis anno 1199 fato functum fuisse (ex Emortuali Ecclesiæ Cathaniensis) docet Ughellus, Ital. sacr. tom. IX, col. 438.

Imo, Gregorium, tituli S. Mariæ in Porticu diaconum cardinalem, Romæ jam ante iv Non. Julii reducem fuisse probari potest ex epistola 296 in append. ad lib. ii, Joanni, priori de Mariadura, ejusque fratribus, tam præsentibus quam futuris; de confirmatione privilegiorum; dat. Laterani, per manum Raynaldi, archiepiscopi Acheruntini, cancellarii vicem agentis, iv Nonas Julii, indictione secunda, Incarnationis Dominicæ anno 1199, pontificatus vero domini Innocentii PP. an. ii. Ibi enim Gregorius, tituli S. Mariæ in Porticu diaconus cardinalis, cum 18 aliis cardinalibus subscriptus reperitur.

(104) Id, antequam cardinalis S. Mariæ in Porticu in Siciliam legatus mitteretur, contigisse, evincitur ex epistola Innocentii suprà laudatis. Quibus addi debet epistola. 565 Libri primi, Nobili viro, L. de Aquila, comiti Fundano, ut legatis apostolicis (Joanni, tituli S. Stephani in Cœlio monte presbytero, et Girardo, tituli S. Adriani diacono, cardinalibus) obtemperet, et consilio atque auxilio sit; sine data.

(5) Vide epistolam 83 libri quinti not.
(6) Vide epistolam 140 libri quinti not.
(7) « Divulgatosi per Sicilia, Calabria, e Puglia la morte dell' imperadrice, subito (dice la Cronica di Fossa-nova) Marcoualdus, Diupuldus et Corradus, nobilissimi Tedeschi, ch'erano stati discacciati dal regno, l'an. precedente (1197, agitur enim hic de rebus circa finem anni 1198 gestis). da Costanza, Sorolle congregato magno exercitu Teutonicorum, ceperunt S. Germanum, et deprædaverunt....... deinde 8 dies monasterium Montis-Casini in festo S. Martini obsederunt.... et abbas Roffridus, et magister Gerardus cardinalis, dederunt 300 uncias auri Marcoualdo. Ma questa Cronico erra nel tempo, poiche a gli ii di Novembre (in festo S. Martini), l'imperadrice era ancor vivente (utpote quæ non nisi die 27 Novembris diem obiit supremum. [Vide supra § 21, not. 78]; onde con piu verita narra Riccardo; Marcoaldus, cognito de morte imperatricis, congregato malignorum exercitu...... veniens in comitatu Molisii, in quo fidei suæ reliquiæ servabantur, ad Casinensem abbatem legatum misit, ut ✤ibi regni juraret Balium, quod sibi Imperator reliquerat, dicebat. Seppe subito il papa questa intima di Marcoaldo fatta al abbate Casinese, e lo scomunicò; e anco li mando contro, dice l'istesso, duos cardinales, cum exfortio militum Campanorum..... unde ipse, furoris impatiens, cœpit, more Theutonico, in terram monasterii desævire; e questo fu il principio della sanguinosa guerra Marcoualdese, che 7 anni travaglio la Sicilia, Puglia, et Calabria; fatta forto quel pretesto, quod imperator Marcoualdum regni reliquerat, e l'imperatrice Constanza non solo glie l'havea tolto. ma anco dal regno discacciato. » D. Agostino Inveges, Annal. di Palermo, part. iii, ad an. 1198, pag. 510.
Conferendus etiam Muratorius, Annal. d'Ital. Tom. VII, pag. 136, ad an. 1199.
(8) Roffridus, de quo ad epistolam 58 libri quinti.
(9) Ad istum dirigitur epistola 62 libri secundi, Nobili viro, L. de Montelongo, consobrino papæ; ut inventum thesaurum conservet, donec pontifex suam voluntatem declaret; dat. Laterani, v Id. Maii.
(10) Ad solidos, id est, Gallice, soudoyés. Solidata (stipendium unius solidi, quod datur militi), soldata, soldada, solidum, soldum, soldus, solidus; hæc omnia idem sonant. Hinc, solidare, soldare, soldeare; nec non solidarii, soldarius, soldaderius, soldaerius, etc. Vide Cangium, Glossar. tom. VI, col. 573 et seqq.
(11) Vide epistolam 74 libri quinti, not.
(12) Erat is sororius cancellarii, prout evincitur ex epistola 258 libri secundi, Clero et populo Civitatensibus; ut R. comitem Theatinum, non vero P. comitem Celanensem, in custodem suum recipiant; data Laterani, iii Kal. Januarii, an. 11 (id est 1199).

multa penuria et timore essent, restiterunt tamen viriliter et constanter, ita, quod, cum quosdam corrupisset pecunia de exercitu Marcualdi, et ad suum praesidium attraxissent, idem Marcualdus post duos menses ab obsidione recessit, aliquisque malo fuit usus in illo. Nam, capta villa, et fugatis militibus, tantus omnes terror invasit, quod, si cum illo triumpho protinus processisset, pene nullos invenisset suae malitiae resistentes. Sed, interim timore sedato, spirituque resumpto, ad resistendum ei se plurimi paraverunt. Ille vero non solum viribus, sed et fraudibus insistebat, ut praeconceptam malitiam duceret ad effectum; et, licet quosdam viribus superasset, alios vero fraudibus decepisset, non tamen potuit praevalere, cum summus pontifex obstaculum sibi poneret in omnibus viis suis. Sperans autem quod eum posset inclinare promissis, per Conradum, Maguntinensem archiepiscopum (13), de Hierosolymitanis tunc partibus redeuntem, et saepe per alios, secrete fecit et caute tentari, utrum eum posset oblatione munerum mitigare, promittens quod, si solummodo ab ejus impedimento cessaret, quamvis nullum sibi praestaret auxilium, incontinenti daret ei valentiam auri viginti millium unciarum, et, postquam obtinuisset Panormum, totidem sibi auri uncias exhiberet, ligium sibi fidelitatem praestaret, duplicaret censum, et multiplicaret obsequia, quae Romani pontifices de regno Siciliae consueverunt habere, ipsumque regnum ab apostolica sede immediate teneret. Nec debebat obstare quod summus pontifex regem infantulum in sua cura susceperat, quia, sicut ipse firmiter asserebat, puer ille nec imperatoris, nec imperatricis filius fuerat, sed suppositus partus; quod testibus astruere promittebat. Porro, summus pontifex, tantam ipsius iniquitatem attendens, promissiones et oblationes ipsius exsecrabiles judicavit. Cumque non posset hoc modo proficere, ad aliam se fraudem convertit, proponens quod reconciliari vellet ecclesiasticae unitati. Sed, cum fuisset illi responsum quod oporteret eum juramento firmare, ut super omnibus, pro quibus excommunicatus erat (14), mandatis apostolicis obediret, respondit quod in spiritualibus absolute pareret, in temporalibus autem justis mandatis parendi praestaret juratoriam cautionem. Quod cum sibi fuisset assertum, quia propter eum consueta forma jurandi nullatenus mutaretur, tandem in scriptis promisit quod super omnibus pro quibus excommunicatus erat, juraret absque pacto quolibet, et teneret, se universis mandatis apostolicis pariturum. Licet autem dominus papa fraudem ipsius haberet valde suspectam, quia tamen redire volentibus non est aditus Ecclesiae obserandus, misit (15) Verulas in Campaniam Octavianum, Ostiensem episcopum (16), et Guidonem, Sanctae Mariae Transtiberim presbyterum (17), ac Hugolinum, sancti Eustachii Diaconum (18), Cardinales, ut dictum Marcualdum, illuc ad eorum praesentiam accedentem, sub forma reciperent suprascripta. Qui cum venisset, post multas altercationes, praedicto modo juravit, rogans episcopum et cardinales praedictos, ut ad faciendum mandatum descenderent ad monasterium Casemarii, dictae civitati vicinum, ut coram sociis suis, quorum illic remanserat multitudo, audiret, usus hac fraude, ut, cum a loco munito ad locum descenderet immunitum, non auderent ei grave proferre mandatum. Acquievit Ostiensis episcopus, seductus consilio nobilis viri, Leonis de Monumento (19), consobrini sui, qui reconciliationis hujusmodi fuerat mediator. Acquieverunt et alii, licet improvide ipsius Ostiensis episcopi persuasione seducti. Cumque ad praefatum monasterium descendissent, paratum est illis convivium, in quo praefatus Marcualdus eis accuratissime deservivit, et, sub finem convivii, submurmuratum est quod capi deberent, ut sic territi, mandatum quod displiceret illi facere non auderent. Vehementer ergo confusi, quid facerent ignorabant. Sed praefatus Hugolinus, sancti Eustachii diaconus cardinalis, resumpto spiritu fortitudinis, coram omnibus qui convenerant ad audiendum mandatum, protulit scriptum bulla domini papae munitum, in quo mandatum, quod illi faciendum erat, continebatur expressum, et ait: « Ecce mandatum domini papae. Nos aliud facere non valemus. » Hanc autem cautelam summus pontifex adhibuerat, tum propter se, tum propter illos. (20) Mandatum est ergo illi (sicut continebatur in scripto), *sub debito prestiti juramenti, ut a balio regni, invasione quoque ac molestatione per se ac suos omnino desisteret, nec ipsum, aut patrimonium beati Petri aliquatenus molestaret; universa quae de regno per se vel suos violenter ac fraudulenter invaserat, restitueret quae haberet; quae vero detinerentur ab aliis, pro posse suo restitui faceret bona fide; super damnis autem et injuriis irrogatis, praesertim Ecclesiae Romanae, ac monasterio Casinensi, satisfaceret*

---

(13) Vide epistolam 4 libri tertii, not.
(14) Forma excommunicationis habetur, in epistola mox citanda.
(15) Conferendae sunt omnino epistolae libri secundi, 167, *Archiepiscopis, episcopis*, etc. *in regno Siciliae constitutis de absolutione Marcualdi*, sine data; — 168, *Marcualdo, imperii senescalco, ubi ipsi gratulatur de conversione et hortatur ad prosequendum*; sine data.
(16) Vide epistolam 11 libri tertii, not.
(17) Vide epistolam 28 libri tertii, not.

(18) Vide epistolam 29 libri quinti, not.
(19) De Leone de Monumento agitur in epistola 325 libri primi, *Corrado et Petro, filiis quondam Malabrancae; de dissolvendo matrimonio, quod factum fuerat inter Joannem, filium nobilis viri, Leonis de Monumento, et S. filiam quondam Matthaei de Fortebrachio, nondum septennem*; sine data.
(20) Quae sequuntur, Italico charactere distincta, de verbo ad verbum repetita sunt ab epistola supra citata, libri secundi 167

competenter, secundum dispositionem summi pontificis, et proprias facultates; in clericos et viros ecclesiasticos manus de cætero non injiceret, nec injici faceret violentas; cardinales et legatos apostolicæ sedis nec capi faceret, aut etiam obsideri, nisi forsan impugnatus ab eis, in defensionem propriam id facere cogeretur; non quod id ei diceret tunc licere, sed quia hoc ei non interdicebat ex debito juramenti (21).

XXIV. Audito mandato, factus est ingens tumultus in populo. Sed ipse Marcualdus, quamvis valde commotus, non tamen permisit ut in cardinales committeretur aliquid inhonestum; quin potius usque Verulas eos in propria persona conduxit, proponens, quod ad præsentiam summi pontificis vellet accedere, ut ei quædam secretissima patefaceret, quæ nulli alii revelaret. Unde, petebat ut præscriptum mandatum interim suspendere dignarentur. Litteras tamen suo sigillo munitas, in testimonium destinavit, quod præscriptum juramentum præstiterat, et mandatum receperat supºascriptum.

(22) Sed, ad vomitum rediens, post absolutionem suam, litteras domino papæ direxit, in quarum salutationis alloquio fraudem ejus perpendit, in eo quod salutatio talis erat: *Reverendo in Christo Patri et domino, Innocentio, Dei gratia sanctæ Romanæ sedis summo pontifici, Marcualdus, imperii seneschalcus, etc. salutem et obedientiam tam debitam quam devotam.* Et in aliis sic erat expressum: *Marcualdus, imperii seneschalcus, et id quod est devotum obedientia famulatum;* tanquam nec ex toto supprimeret, nec exprimeret manifeste, quod regni balius et procurator existeret, sicut se prius in suis litteris consueverat appellare.

Misit etiam litteras, non solum intra regnum, sed extra, significans quod ipse reconciliatus erat summo pontifici, tantamque gratiam in oculis ejus invenerat, quod concesserat ei ut balium regni gereret, et duos ei deputaverat cardinales, qui ad intendendum sibi compellerent universos. Super quibus cum redargutus fuisset a cardinalibus, aperte rescripsit quod nec pro Deo, nec pro homine, mandatum, quod sibi fecerat summus pontifex, observaret. Unde, dominus papa per totum regnum nuntios et litteras destinavit (23), significans totum processum negotii, et ipsius perfidiam manifestans, districte præcipiens universis, ut eum, tanquam excommunicatum, perjurum, hostem et proditorem, vitarent.

Ipse vero, cognoscens se sua intentione fraudatum, cœpit subtiliter machinari qualiter posset in Siciliam transfretare, suam ibi nequitiam liberius impleturus. Et, cum quosdam sibi comparasset fautores, transivit, et cœpit mala quæ poterat operari, dimittens suæ iniquitatis complices et fautores, Diupuldum, Othonem et Sifridum, fratres ipsius, Conradum Sorellæ, Othonem de Laviano, et Fredericum Maluti, et quosdam alios, multas ex hac parte Phari munitiones tenentes, qui omnes cum illo de vanitate convenerant in idipsum. Cum ergo per illum mala super Siciliam multiplicari cœpissent, familiares regis ad summum pontificem clamare cœperunt, ut eis cum exforcio mitteret protectorem. Misit igitur C. tituli Sancti Laurentii in Lucina presbyterum cardinalem (24), apostolicæ sedis legatum, et nobilem virum, Jacobum, consobrinum et marescalcum suum, cum ducentis militibus pecuniaria mercede conductis; quibus adjunxit Anselmum, Neapolitanensem, et Angelum (25), Tarentinensem archiepiscopos, viros industrios et prudentes, quorum studio et consilio uterentur (26). Qui profecti, Fredericum in Calabria compresserunt, totam provinciam devastantem; et inde pervenere Messanam, civitatem Ecclesiæ fidelissimam, quæ nunquam in hac tempestate a via regia declinavit.

XXV. Interim autem, Gualterus, comes Brenensis, qui primogenitam filiam regis Tancredi duxerat in uxorem, de captivitatis ergastulo cum matre et sororibus redeuntem, vir utique fortis, nobilis, strenuus et magnanimus, ad apostolicam sedem accessit (27), postulans humiliter et instanter, justitiam sibi fieri de his quæ ad uxorem ejus in regno Siciliæ pertinebant. Constabat enim quod pater ejus, rex Tancredus, regnum Siciliæ obtinuerat, et, post eum, filius ejus Willelmus in regni solium fuerat sublimatus, cui Henricus imperator, tempore Cœlestini papæ, abstulit regnum, et sic tandem cum illo composuit, quod concessit ei et hæredibus suis comitatum Licii et principatum Tarenti, concessionem hujusmodi tam suo quam suorum juramento

---

(21) Hactenus in epistola memorata.
(22) Confer libri secundi epistolam 179, *Comitibus, baronibus, civibus, et universo populo, in regno Siciliæ constitutis, de absolutione et novo perjurio Marcoualdi;* sine data.
(23) Confer epistolas libri secundi, 221, *Nobilibus viris, comitibus, baronibus, civibus, et universis per Siciliam constitutis, ut Marcoualdum tyrannum, et Saracenorum socium, opprimant;* dat. Laterani, VIII Kal. Decembris; — 126, *Universis Saracenis, in Siciliæ constitutis, ne contra verum Siciliæ regem adhæreant Marcoualdo;* dat. Later.
(24) Vide epistolam 31 libri tertii, not.
(25) Angelus, Tarentinensis episcopus ordinatus fuerat anno 1194. Quantæ præsul ille fuerit prudentiæ, Innocentii PP. III et Henrici imperatoris VI testimonio facile credi potest. Innocentius illum S. sedis legatum esse jussit apud eumdem Henricum imperatorem. Henricus vero in magnis regni negotiis usus est. Finem vitæ fecit circa annum salutis 1202. UGHELL., *Ital. sacr.,* tom. IX, col. 177.
(26) Confer epistolas libri secundi 245, *Clero, militibus, et populo Capuanis, de negotio regni Siciliæ;* sine data; — 280, *Comitibus, baronibus, bajulis, judicibus, civibus, et universo populo, in regno Siciliæ constitutis, ut cum legato apostolico in regni conservationem opes et consilia conferant;* dat. Laterani, III Non. Februarii, an. II (id est 1200).
(27) Hoc ad annum 1200 refert Muratorius, *loc. cit.* pag 142

confirmans. Sed, postquam eum, matrem atque sorores ipsius in sua obtinuit potestate, captivos in Theutoniam destinavit, de qua vix tandem, ipso puero in captivitate defuncto, mater et sorores ejus per mandatum apostolicum evaserunt. Cœpit ergo dominus papa multipliciter dubitare quid ei super petitione prædicti comitis esset agendum. Nam, ipse comes Frederico, puero, regi Siciliæ, filio prædicti imperatoris, videbatur non immerito esse suspectus, tanquam qui suorum intenderet injuriam vindicare. Sed, e contrario dubitabat, ne, si omnino ipsius comitis repelleretur petitio, ipse se regis hostibus jungeret, et sic fieret error novissimus pejor priore. Deliberavit igitur diligenter non solum cum cardinalibus, sed et cum aliis viris prudentibus; et in hoc tandem universorum resedit consilium, ut jus quod uxor prædicti comitis ex concessione imperatoris habebat in comitatu Licii et principatu Tarenti, recognosceretur illi, ne justitiam denegaret (28). Ut autem contra suspicionem præfato regi caveret, in publico consistorio, astante multitudine copiosa, subscriptum ab ipso comite juramentum recepit. Et, ne familiares regis scandalizarentur ex hoc, si forte, antequam eis hujusmodi facti causam exponeret, concessisset præfato comiti litteras pro principatu Tarenti et comitatu Licii obtinendo, protinus misit eis litteras in hunc modum (29):

*Nuper dilectus filius, nobilis vir, Gualterus, comes Brenensis, cum nobili muliere S. relicta quondam regis Tancredi, et filia ipsius, uxore sua, cum militibus etiam et aliis multis, ad apostolicam sedem accedens, ex parte ipsius uxoris suæ, ac sororum ejusdem, petitionem nobis offerre curavit super assignando sibi principatu Tarentinensi et comitatu Liciensi, vel justo excambio pro ipso comitatu, juxta concessionem quam Henricus quondam Imperator super iis Willelmo quondam, filio regis ejusdem, et ipsius hæredibus, fecisse publice noscebatur, cum contra eum nec idem Willelmus, nec sorores ipsius in aliquo deliquissent, utpote qui ætatis beneficio excusantur. Nos igitur, ejusdem comitis nobilitatem et potentiam attendentes, cum etiam eum multi sequantur, et plures sint in proximo secuturi, utpote quem dilecti filii, Campaniæ et Flandriæ comites, proxima linea consanguinitatis attingunt, qui jam crucis signaculum assumpserunt, in terræ sanctæ succursum et ipsius comitis subsidium profecturi, deliberavimus quid esset agendum, utrum scilicet eum ad regis trahe-*remus obsequium, an pateremur hostilem animum assumere contra regnum. Cognoscentes ergo, petitionem ipsius, secundum ea quæ intelleximus, esse justam, favorem ei apostolicum super ipsa petitione duximus impendendum, ne, si ei forsitan justa negaremus, quasi desperans, regni hostibus adderetur, vel per seipsum fortior regis fieret inimicus, et fieret error novissimus pejor priore. Procuravimus igitur, et obtinuimus apud ipsum studio diligenti, multa consilii deliberatione præhabita, quod exhibuit nobis supra crucem et reliquias juratoriam cautionem (30), quod nec per se, nec per alium machinabitur quidquam contra personam regis, honorem ipsius, et regnum Siciliæ; sed, cum assequetur principatum et comitatum prædictos, vel justum excambium, ad mandatum nostrum præstabit eidem regi fidelitatem, et hominium exhibebit, et nobis tam regis tutelam quam regni balium assecurabit proprio juramento, et quod bona fide pro posse suo ad defensionem regis et regni studebit contra hostes ipsius, nominatim contra Marcualdum, Diupuldum, Oddonem de Laviano, et fautores ipsorum. Similiter autem S. uxor, et filia quondam regis Tancredi, uxor ipsius comitis, juraverunt quod id, quantum in eis est, fideliter observabunt, et procurabunt apud eumdem comitem ut inviolabiliter observentur (31). Quod si forsan contra præstitum juramentum idem comes, vel uxor ipsius, per se vel alium quacunque tentaret occasione venire, præter reatum perjurii, excommunicationis in personas et interdicti sententiam in terram incurrerent, et ab omni jure, si quod eis non solum in prædictis terris, sed et in regno etiam competeret, caderent omnino. Super quibus omnibus fideliter observandis fidejussores idoneos idem comes nobis, quos poterit, exhibebit. Volentes igitur honori vestro deferre, priusquam ei principatum et comitatum prædictos, vel justum faceremus, aut etiam mandaremus excambium assignari, id vobis duximus intimandum, ut præter vestram conscientiam non agatur, fraternitatem vestram monentes et exhortantes in Domino, ac per apostolica vobis scripta mandantes, quatenus, infra vos ipsos diligentius attendentes et justitiam et potentiam comitis antedicti, qui per se ac suos regi ac regno poterit utiliter deservire, et hostes ipsius potenter ac viriliter expugnare, necessitatem quoque regni et egestatem, quæd, peccatis exigentibus, non solum supervenientem, sed nec etiam imminentem persecutionem sufficit sustinere, procuretis prudenter et caute, ut quod ad justitiam

---

(28) Notandum quod paulo ante ipse Innocentius PP. III, R. comitem Licii, sub protectione apostolica susceperat, specialiterque Licii comitatus possessionem ei confirmaverat. Vide epistolam 182 libri secundi quæ quidem notis chronologicis caret, verum, ex loco quo in Regesto exhibetur, mense Septembri, an. 1199, data fuisse videtur. Quo pacto autem, quove titulo, R. ille comitatum Licii adeptus fuerat, nescire nos fatemur. Raynaldus (*Annal. Eccles.* tom. XIII, pag. 28, col. 2, ad an. 1199, § 18) in ista Innocentii epistola de ipso Gualterio agi, ac proinde legendum esse *G.* pro *R.* censuisse videtur; sed qua auctoritate fretus, scriptor ille non decla-rat. Imo, certum est, initio pontificatus Innocentii R. comitem Licii fuisse. Vide epistolam 451 libri primi, *Acheruntino archiepiscopo; ut a laicis res ecclesiasticæ non administrentur, sed exstructa monasteria ab episcopis consecrentur;* datæ Spoleti, vi Kal. Septembris an. 1 (*id est* 1199). Ibi enim diserte legitur: « Significante nobili viro, *R. comite Licii*, nostro apostolatui est reseratum; » etc.

(29) Epistola ista in Regestis hodie non reperitur.

(30) Hæc infra repetuntur. Vide § 35.

(31) Hactenus § 33.

ejus pertinere dignoscitur, sine turbatione qualibet compleatur; scituri, quod idem comes, quem experimento cognovimus esse virum industrium et prudentem, et quem Deum timere credimus, et præ omnibus animæ suæ affectare salutem, nobis firmiter repromisit, quod tantum ac tale, dante Domino, regi et regno contra hostes suos servitium exhibebit, quod non solum ab eo non molestabitur super istis, sed majora merebitur obtinere. Quod si forsan vobis visum fuerit, ut amplius per eundem comitem possimus regi et regno carere, id per vestras nobis litteras intimetis, ut, de consilio vestro, cautionem, quam expedire videritis, exigamus ab ipso, et recipiamus exactam.

Cum autem Gualterus, Trojanus episcopus, regni Siciliæ cancellarius, apud Messanam has litteras recepisset, commotus est vehementer, et, convocato populo, intentionem summi pontificis in impetu spiritus modis quibus potuit, studuit depravare, magis sibi timens quam regi, quia, cum ipse cum omnibus suis semper opposuisset se regi Tancredo, verebatur ne præfatus comes, qui filiam ejus duxerat in uxorem, si potens efficeretur in regno, in eum et suos se acriter vindicaret. Memoratus vero comes, uxore ac socru dimissis, in Franciam est reversus, ut, exercitu congregato, veniret ad obtinendam terram præscriptam, et ad hostes regios expugnandos.

XXVI. Interea Marcualdus, attractis sibi Saracenis Siciliæ, multisque sibi nobilibus sociatis, in tantum profecit, quod, obtentis multis civitatibus et castellis, venit usque Panormum, et civitatem ipsam fortiter impugnabat. Unde, oportuit legatum et Marescalcum summi pontificis, qui Messanæ cum præfato cancellario morabantur, accelerare Panormum. Quid autem de ipsorum adventu provenerit, litteræ Anselmi, Neapolitanensis archiepiscopi, ad dominum papam transmissæ, testantur; quarum tenor est talis (32) : [Bona, quæ, vestrarum orationum intervenientibus meritis, operatus est Dominus his diebus, vobis, domino meo, sicut vidi propriis oculis, studui declarare.] Noverit itaque sanctitas vestra, me cum tribus galeis, et uno bussio (33) Apulorum, qui me, vestri gratia, cum magistro Bartholomæo, scriptore vestro, et mea tota familia, honorifice perduxerunt, feliciter applicuisse Panormum die videlicet decima septima præsentis mensis Julii; quo etiam die, sicut Domino placuit, et hora eadem, Dominus cardinalis, cum dominis omnibus curiæ, excepto Cataniensi (34) et exercitu regio pariter prævenere Panormum. Factum est autem gaudium in civitate, pro eo præcipue quod, occasione Marcualdi nequissimi, qui eam, cum Saracenorum gente nefaria, per viginti dies continuos tenuerat stricte nimis et detinebat obsessam, summa jam videbatur inopia laborare. Die ergo eodem, exercitus regis extra civitatem, in viridario scilicet regis, quod dicitur Januardum, castra sunt posita, ut statim die sequenti campalis fieret cum inimico congressio. Sed homo versutus et callidus, mox ut applicuisse præsensit exercitum, per Rainerium de Manente verba pacifica transmisit in dolum, ut partis nostræ, si posset, infirmiora cognosceret, et quas de hora præstolabatur in horam, vires interim recipiens, cumularet. Noverat etiam pecuniæ nostræ defectum, et quod, propter importunam murmurationem stipendiariorum, et instantiam belli, erat nobis periculosa dilatio; et ideo, verbis detinendo sive decipiendo nos dulcibus, illaqueare credebat; fecissetque votis satis, præsertim, cum jam audientium animos ad pacis suæ concordiam inclinasset, nisi consilia principum Dominus desuper, qui novit omnia antequam fiant, et cogitationes hominum a longe considerat, dissipasset. Omnibus enim diversis et variis linguis, quæ in exercitu erant regio congregatæ, voluntatem et vocem contulit uniformem, ut omnes unanimiter dicerent, omnes una voce clamarent : Pacem excommunicati respuimus, inimici Dei et hominum concordiam penitus sine omni consilio refutamus. Verum, propter hæc verba, nec ille pacem suam desistebat expetere, nec tractatores nostri, quæ ab eo proponebantur seu postulabantur, audire. Et, cum fere finis jam esset, et, murmurantibus omnibus, pax consummari deberet, quæ nostræ partis pro certo continere videbatur incommodum, nec ad nostrum spectabat honorem, magister Bartholomæus, scriptor vester, qui nostram et Ecclesiæ Dei injuriam æquanimiter tolerare non potest, audiens quod ista concordia in odium contemptumque vestrum fieri debebat, et quod etiam toti regno poterat esse damnosa, litteras prohibitionis vestræ produxit in medium, et ubi, præter devotissimum vestrum, dominum Montis-Regalis (35), tres erant alii Domini congregati, pro tractanda, imo perficienda dicta concordia, videlicet cancellarius, et Domini Messanensis (36) et Cephaludensis (37), præsente jam dicto Raynerio, Nuntio Marcualdi, protulit et assignavit litteras vestras, firmiter prohibens eis juxta tenorem mandati,

---

(32) Partem epistolæ hujus refert Raynaldus (Annal. Eccles.. tom. XIII, pag. 46, col. 2, ad an. 1200, § 2). Quæ apud ipsum leguntur, hic uncis inclusa exhibentur.

(33) Bussio. Navigii genus grandioris, a similitudine pyxidis, quæ Anglis busse dicitur appellatum, inquit Spelmannus : pandum alvo, et obtusum prora; seu potius quod dolii vinarii formam referret : quod Græci recentiores βούτζον, et βουτίζων vocant. Varie autem ejus modi navigii nomen scriptum occurrit apud scriptores, nam promiscue bussa, buza, bucca, bucia, buccia, bucca, bussia et burcia dicitur. Henr.

Spelman. Glossar. Archaiol., p. 95, col. 2. Vide etiam Cangium, Gloss. t. I. col 1372.

(34) Ecclesiæ Catanieusi tunc præerat Rogerius II, qui, jam ab anno 1185 electus, sedit usque ad annum circiter 1207. Vide Roc. Pirr. Sicil. sacr. t. I, part. II, pag. 31.

(35) De archiepiscopo Montis-Regalis jam egimus supra in not. ad § 23.

(36) De Messanensi archiepiscopo, vide quæ diximus ad epistolam 60, libri quinti.

(37) De Cephaludensi episcopo, ibid. epist. 89, not

ut cum Marcualdo nequissimo pactum non faceret, neque finem. [Factum est itaque, ut tum pro mandato vestro, tum quia totius exercitus et populi Panormitani tumultus nimis crescebat et murmur, post diem quartum inter Panormum et Montem-Regalem, quem Marcualdus vi ceperat et tenebat, ab hora tertia, usque fere ad nonam, fuit hinc inde fortissimè præliatum, et tandem, sicut Domino placuit, promerentibus sanctis orationibus vestris, post multas partis adversæ strages, mutilationes et cædes, per egregii viri, domini marescalci vestri subsidium, qui cum suis in extremo locatus, castellum tenebat, imo ipse castellum erat exercitus, optatum habuimus de inimico triumphum. Ut enim aliquantulum plenius eloquar, primi nostri, qui erant in prima belli facie constituti, licet in primis viriliter fecerint, quamplures prostraverint et occiderint, multitudinem tamen illorum, qui in ipsos insimul irruerunt, non valentes sustinere, bis terga dedisse coacti sunt, et benedictus a Domino marescalcus bis eos recepit et defendit incolumes; et dum nimis urgeret ac premeret Theutonicorum et Agarenorum pars alia, benedictus a Domino Marescalcus et sui, unanimiter et animose congressi, in hora una, in puncto uno, castra verterunt, fugaverunt, receperunt, ceciderunt et occiderunt sequentes et persequentes, donec illi qui gladium evaserant, loca castrorum cum omnibus tentoriis et rebus suis desererent, et se per aspera montium, per concava vallium et defossa terrarum dispergerent, et in viam perditionis abirent. Quidam autem Pisani, ut dictum est, numero quingenti vel amplius, quibus quidam præerat nomine Benedictus, qui et ipse Pisanus, Montis-Regalis montana tenebant, et infinita multitudo Saracenorum erat ibi cum eis ad custodienda loca debilia, constituti. Sed quam primo nuntiatum est bellum, pedites nostri, cum comite Gentili et comite Malgario, et quibusdam militibus aliis, potenter ascenderunt, transcenderunt, et obtinuerunt montana, et omnes fere, quot ibi inventi sunt, in ore gladii posuerunt. Benedictus autem ille qui præerat, cum paucis dicitur evasisse. Sed et quidam Saracenus, nomine Magded (38), qui omnium erat magister et dux, ibi quoque truncatus et mortuus fuit. Marcualdus vero quo, et cum quot aut quibus de suis aufugerit, adhuc nescitur. Scimus autem, quia ille nuper hominum et Diaboli mediator, Rainerius de Manente, captus est, et in carcere positus, et multi alii de majoribus et melioribus, quorum nomina nescio, de exercitu Marcualdi. Quot autem, et qui sunt occisi, nescimus. Scimus autem multos et optimos fuisse. Spolia eorum multa et pretiosa fuerunt, ita quod totus ille dies vix ad exportandum suffecit.

Hæc est ergo, domine, dies quam fecit Dominus, optatæ redemptionis et lætitiæ; dies, in quo magnificatum et benedictum est nomen vestrum; dies, inquam, quæ et nobis de hoste victoriam contulit, et viro egregio Marescalco eum omnibus suis nomen acquisivit æternum. Faciat Deus, ut ei respondeatur secundum merita sua bona, imo præclara opera sua. Vobis autem eum non commendo, quia opera sua valde bona eum apud vestram magnificentiam recommendant] (39).

XXVII. In hac fuga perdidit Marcualdus universam supellectilem suam; et inventum est in quodam scrinio testamentum imperatoris Henrici, aurea bulla signatum, in quo, inter cætera, hæc de verbo continebantur ad verbum (40): *Imperatrix, consors nostra, et filius noster Fredericus, Domino papæ et Ecclesiæ Romanæ exhibeant omnia jura quæ a regibus Siciliæ consueverunt habere, et Domino papæ securitatem faciant, sicuti reges Siciliæ summo pontifici et Romanæ Ecclesiæ facere consueverunt. Si vero prædicta consors nostra præmoreretur, filius noster secundum ordinationem suam remaneat; et, si filius noster sine hærede decesserit, regnum Siciliæ ad Romanam Ecclesiam deveniat* (41). [*Si vero filius noster præmoreretur, dilecta consors nostra Regnum in vita sua teneat, et, post mortem suam, regnum Siciliæ ad Romanam Ecclesiam deveniat.*] *De imperio ordinamus, quod dominus papa et Ecclesia Roma illud filio nostro confirment; et, pro hac confirmatione imperii et regni, volumus quod tota terra nostra comitissæ Mathildis restituatur domino papæ et Romanæ Ecclesiæ, præter Medisinam et Argelatam, cum earum pertinentiis: et insuper ordinamus et volumus, ut tota terra de Ponte Payle, cum Monte Fortino, libere dimittatur domino papæ usque Ceperanum, et quod Ecclesia Romana habeat Montem-Flasconem, cum omnibus pertinentiis suis. Insuper præcipimus Marcualdo, senescalco nostro, ut ducatum Ravennæ, terram Brittonorii, et Marchiam Anconitanensem recipiat a domino papa et Romana Ecclesia, et recognoscat etiam ab eis Medisinam et Argelatam, cum suis pertinentiis. De quibus omnibus bonis securitatem ei juret, et fidelitatem ei faciat, sicut domino suo. In morte vero sua, si sine hærede decesserit, ducatus Ravennæ, terra Brittonorii, et Marchia Anconæ, Medisina, et Argelata, cum suis pertinentiis, in Dominio Romanæ Ecclesiæ remaneant.*

XXVIII. In tantum autem præfati marescalci strenuitas et prudentia, non solum regi et familiaribus ejus, verum etiam universis comitibus et baronibus, et omnibus, tam indigenis quam extraneis, grata exstitit et accepta, ut ei, communi omnium consilio et favore, comitatus Andriæ donaretur, regali privilegio, aurea bulla munito, super ipsius sibi concessione collato. Quia vero familiares regis necessarias sibi et suis denegabant expensas, et propter nimium æstatis ardorem milites sui jam inceperant graviter infirmari, compulsus est ad propria remeare (42); multamque pecuniam dominus papa

---

(38) Apud Raynaldum, *Magades*.
(39) Hæc omnia ad annum 1200 refert Muratorius, *Annal. d'Ital.* tom. VII, part. 1, pag. 140.
(40) Vide Baronium, ad an. 1197, § 9.

(41) Quæ hic uncis inclusa videntur, desunt in codice Regio. BALUZ. *in not. marginal.*
(42) Confer epistolas libri tertii, 22, *nobili viro, S... comiti Ragusiæ*, ubi eum pontifex laudat ob reve-

fecit militibus elargiri, tum pro stipendiis et muneribus, tum pro equis et armis; quoniam, propter quasdam expensas quas fecerant in Sicilia, nihil penitus a familiaribus regis acceperunt.

XXIX. Tunc temporis defuncto Panormitanensi archiepiscopo (43), metropolis Panormitana vacabat; ad quam præfatus cancellarius vehementer aspirans, usque adeo laboravit, quod fecit se in archiepiscopum postulari, eamdemque postulationem per præfatum legatum admitti, summo Pontifice penitus inconsulto. Et, quamvis nondum pallium recepisset, necdum etiam postulasset, Panormitanensem tamen archiepiscopum et re et nomine se gerebat. Quod cum ad summi pontificis notitiam pervenisset, redarguit valde legatum, quod in tanto negotio circa talem personam processerat, antequam suum beneplacitum perquisisset. Ut tamen illi deferret, de multa benignitate concessit, ut idem cancellarius, tam in spiritualibus quam in temporalibus, procurationem gereret metropolis antedictæ; sic tamen, ut sicut prius, Trojanum episcopum appellaret, et, si vellet, Ecclesiæ Panormitanensis procuratorem sive ministrum. Sed ipse, spiritu elationis inflatus, hujusmodi gratiam dedignatus est acceptare; quin potius, ad infamandum summum pontificem, de facto Brenensis comitis nec linguam, nec calamum voluit cohibere.

XXX. Sæpefatus autem comes Gualterus Brenensis, congregatis militibus, non multis quidem, sed strenuis, Romam cum illis concito cursu pervenit; nonnullis ejus audaciam subsannantibus, quod cum tam modica manu vellet regnum intrare. Quo audito, Diupuldus, et complices ejus, in usum se pariter collegerunt, modis omnibus laborantes, ut ejus impedirent ingressum. Porro, dominus papa, cognoscens, quod ipse cum tam paucis militibus, absque strage suorum et sua, regnum ingredi non [valeret, tum quia longe major erat cum adversariis multitudo, tum quia ipsi, scilicet adversarii, munitiones in ingressu regni tenebant, misertus ipsius, quingentas auri uncias concessit eidem, ex quibus col- ligeret sibi milites, quorum suffragio regnum intraret; deditque sibi litteras ad comites et barones, castellanos et cives, ut eum reciperent et juvarent. Qui, collectis militibus, intrepidus regnum intravit, et receptus a civibus Theatinensibus, cum eorum recepisset castellum, Capuam est profectus; sed a Capuanis non est infra civitatem admissus. Diupuldus igitur, et complices ejus, collecta multitudine copiosa circa Capuam, ei obviam processerunt, putantes eum et suos uno impetu deglutire. Cumque hinc inde acies fuissent instructæ, pugnatum est satis dure; sed, Domino protegente fideles, ab infidelibus præfati excummunicati sunt in fugam conversi; ex quibus aliqui cæsi, aliique sunt capti. Tunc egressi Capuani cives diripuerunt spolia multa derelicta, comite cum suis persequentibus fugiente; sicque data est illi a Deo victoria insperata (44). Petrus ergo, comes Celani, confœderatus illi, retinuit illum plusquam per mensem ad obtinendum comitatum Molisii, cujus suffragio majorem partem ipsius obtinuit comitatus. Cecidit enim terror ejus in eos qui suam et suorum fortitudinem audiebant; compressisque Theutonicis, qui ante adventum ipsius, per regnum libere discurrebant, descendit pacificus in Apuliam; et redditæ sunt ei quædam civitates et villæ pertinentes ad principatum Tarenti, videlicet Matera, Hydruntum, Brundusium, aliæque quamplures. Obtinuit etiam Melfiam, Barolum, Montem-Pilosum, et quasdam alias civitates et villas, quæ suæ se custodiæ submiserunt. Cœpitque pugnare contra Monopolitanenses et Tarentinenses, et quosdam alios, qui dominationem ejus recipere noluerunt. Castellum quoque [Licii potenter obtinuit, multaque magnalia prudenter exercuit quæ longum esset per singula enarrare (45).

XXXI. Gualterus autem, Trojanus episcopus, et regni Siciliæ cancellarius, quasi totum sibi usurpavit inter familiares regios dominatum, ita, quod, tanquam rex esset, conferebat et auferebat comitatus et baronias; instituebat justitiarios et Camerarios, secretarios et stratigotos (46): vendebat et expendebat, et impignorabat dohanas (47). et bajulatio-

---

rentiam erga sedem apostolicam, et fidem erga regem Siciliæ; dat. Laterani, 23, archiepiscopis, episcopis, comitibus, etc. per Apuliam constitutis. Hortatur ut Marcualdo resistant; dat. Laterani.

(43) Vide supra notas ad. § 23. Vide etiam quæ adnotavimus ad epistolam, lib. III, libri quinti.

(44) Die decima mensis Junii, juxta Richardum de S. Germano, *Chronic.* ad an. 1201.

(45) Concinit Richardus de S. Germano, *loc. cit.*

(46) *Stratigotos.* Id est, *præfectos* seu *rectores* civitatum vel provinciarum, ex Græco στρατηγός. Hæc vox varie effertur. Reperiuntur enim, *strategus, straticus, stratigus, straticotus, stratigo, strategotus*; hinc *stratigari*, quod est regi vel judicari per stratigos. Vide Cangium, *Glossar.* tom. VI. col. 761 et 762.

(47) *Dohanas.* « Dohana, al. doana, al. duana, idem ac telonium. Sic vocantur ædes in quibus regia vectigalia, portaria, et quas custumas vocant, penduntur; etiam ipsa vectigalia et custumæ. Dictum a telonio Lugduni Gallorum, cui id nominis atque hinc translatum in Italiam. Constit. Sicul. lib. 1: *Doanas autem, tam terræ quam maris, forestagia, plateatica, passagia, et alia tam vetera jura quam nova curiæ nostræ, nostrorum fidelium fidei committere possunt. Tit. 36: Per duanæ secretos et quæstorum magistros.* Gallice, *douane.* »

Hactenus Henricus Spelmannus, *Glossar. archaiolog.* pag. 174, col. 2. Verum aliter sensit Cangius noster, *Glossar.* tom. II, col. 1571:

« Alii a *doen.* Britannico-Armorico, *portare, ferre*, quod in hunc locum merces omnes deferantur, dictam *doanam* opinantur. Sed potior videtur sententia, a Saracenis arcessendum etymon: nam auctor est Vincentius Belvac. lib. XXXI, cap. 145, douanam appellari Sultanorum palatium, ubi scilicet eorum thesauri asservabantur: *in douanam*, id est, in *domum Soldani eum ducentes.* Erit igitur douana, Saracenis, quod nostris camera, cubiculum. Neque inferior videtur eorum opinio, qui ab Arabico *divan*, seu *diwan* prætorium, hocque ab Hebræo

nes (48) accipiebat, et expendebat redditus et proventus; quin etiam familiares instituebat regios quos volebat, immemor apostolicæ jussionis, quam ipse cum aliis sibi fieri postulaverunt in hæc verba (49): *Prohibemus, ut domanium regis nullatenus distrahatur, nec titulo quolibet obligetur, nisi evidentissima urgente necessitate, utpote si exercitum terra vel mari oporteat congregari ; et tunc, redditibus propter hoc pignori obligatis, accepta pecunia in obsequio regio per manus secretariorum utiliter expendatur. Præsentium quoque tenore duximus inhibendum, ut nullus vestrum, qui regi familiariter adhæretis, nisi ex communi omnium voluntate vel ex majori saltem parte consilii sanioris, aliquod arduum regni negotium audeat explicare, vel percipere quicquam de fisco præsumat. Regis quoque matrimonium minime consummetur, nisi assensu nostro primitus, requisito. Præcipimus etiam, ut nullus secretariorum alicui personaliter de familiaribus regis intendat, aut aliquid ei de fisco persolvat, nisi omnibus assentientibus vel majori et saniori parte volente ; per quos thesaurum nuper inventum jubemus studiosius custodiri. Gravat etiam nos admodum et perturbat, quod, cum perfidus Marcualdus sit per vires nostras et regias, Domino Deo faciente, contritus et ad nihilum fere redactus, quidam, ut audivimus, in dispendium regis et regni, contra nostri formam mandati, pacem cum eo facere moliuntur, ut qui judicio jacet divino prostratus, hac dolosa pace resumptis viribus, resurgat concitus ad nocendum. Ne igitur tam fraudulenta pax, quæ pernicies deberet potius nominari, perveniat ad effectum, per apostolica scripta districtius inhibemus, quatenus nemo, cujuscunque conditionis aut ordinis, de clero vel populo, pacem hujusmodi cum eodem perfido facere vel inire præsumat ; sed, ut ex majori parte jam victus, ex toto vincatur, contra ipsum agatur fortiter et prudenter. Cæterum, quia pax et tranquillitas regi et regno super omnia expedire probatur, volumus et mandamus, ut, si Saraceni sufficientem præstiterint cautionem, quod inimicis regis de cætero non adhæreant, et in ejus fidelitate ac obsequio firmi et stabiles perseverent, pace cum ipsis integre reformata, eos in gratiam pietatis regiæ revocetis, eisdemque Saracenis aliisque proditoribus regni sine dubitatione scituris, quod, si forsan his et aliis mandatis nostris, quæ pro regis honore regnique salute transmittimus, contraire præsumpserint, nos ad eorum rebellionem et superbiam edomandam constantius accingemus, et Principes etiam Christianos, qui ad subsidium terræ sanctæ festinant, in eorum confusionem, auctore Domino, potenter assurgere faciemus salva in omnibus supradictis auctoritate legati, vel ejus, cui vices nostras duxerimus committendas.*

F XXXII. Ut autem idem cancellarius præconceptam malitiam posset liberius adimplere, callide procuravit ut apostolicæ sedis legatus rediret. Vocaverat etiam idem cancellarius Gentilem, fratrem suum, comitem Manupelli, et familiarem regium constituerat, ad sublimationem ejus ardenter aspirans, cœpitque cum Marcualdo tractare de pace, contra proprium juramentum et apostolicum interdictum, contradicentibus aliis dominis curiæ, nisi quos ipse creaverat ut sibi faverent. Et, quanquam eumdem Marcualdum sciret a domino papa, cum omnibus suis fautoribus, excommunicatum, et maledixerat ore proprio, composuit tamen cum illo, in regiam cum familiaritatem admittens, imo inter universos familiares majorem constituens, dividens sibi regnum cum illo, et unus in Sicilia, et alter in Apulia, regis et regni negotia procurarent, mandans sub regis nomine universis, ut pacem istam reciperent, et secundum eam intenderent Marcualdo, etiamsi summo pontifici displiceret. Verum, etsi uterque intenderet decipere reliquum, affinitatem tamen contrahere firmaverunt per conjugium, inter nepotem unius et neptem alterius contrahendum. Porro, cum uterque deprehendisset fraudem alterius, revelata sunt abscondita tenebrarum, quoniam Marcualdus per nuntios et litteras suas publicavit ubique per regnum, quod cancellarius machinabatur hæc et hujusmodi, ut comitem Gentilem, fratrem suum, ad regni solium promoveret ; Cancellarius autem e contra, quod Marcualdus moliebatur usurpare sibi regium diadema. Cœpitque Marcualdus resumere vires, et crudelius solito debacchari. Cancellarius vero, quia jam in Sicilia dissipaverat universa, nec inveniebat unde facere posset expensas, dimisso rege in custodia fratris sui, transfretavit in Calabriam et Apuliam, ut, sicut per exactiones et extorsiones Siciliam spoliaverat, ita Calabriam et Apuliam spoliaret. Diripuit pene omnes Ecclesiarum thesauros, cruces, calices et thuribula ; quinetiam capsas et iconas aureas et argenteas excrustabat, nemini parcens, quin, a quo posset, aut blanditiis aut terroribus, aut fraudibus, aut verberibus pecuniam extorqueret. Sed, quamvis taliter extorsisset innumeram, consumpsit tamen inutiliter universam in acquirendo cupidus, sed prodigus in donando.

XXXIII. Hic igitur, in reprobum sensum datus, non cessabat summum pontificem profanis vocibus diffamare super facto comitis Brennæ, quem habebat vehementer exosum, conspirationes et conjurationes cum comitibus et baronibus, ac etiam civitatibus, faciens contra illum. Unde, summus pontifex, ejus nequitiam non valens ulterius sustinere, dam-

---

doun, judicavit, derivant, quod in doana soleat de mercimoniis judicari.

(48) *Bujulationes.* Bajulatio, idem ac *balia, baillia, balium.* Administratio rerum et bonorum pupilli. *bail. baillie,* passim in consuetudinibus municipalibus ; *balia,* Italis. Voces deductæ a *bajulus.* Cang. *ibid.*

tom I, col. 935.

(49) *Pactorum,* apostolica auctoritate sancitorum, quæ hic referuntur, partem exhibet Raynaldus (*Annal. Eccles.* tom. XIII, pag. 48, ad an. 1200, § 6). Quæ apud ipsum leguntur, hic uncis includi curavimus.

nationis in eum sententiam promulgavit; ipsumque pro multis ex causis perjurum et excommunicatum denuntians, tam a Panormitanensi Ecclesia quam a Trojanensi removit, faciens in utraque alium præsulem ordinari; mandans ubique per Regnum, ut ei nullus intenderet, neque per litteras sub regio nomine destinatas, ad intendendum ei quispiam teneretur. Res mira! Protinus cecidit, ab universis despectus, abiitque vagus et profugus super terram; et, cum ei non intenderetur a fidelibus regis, conjunxit se Diupuldo, et fautoribus ejus, ut cum eis contra summum pontificem et præfatum comitem Brennæ mala, quæ poterat, exerceret. Quo audito, familiares regis, qui erant complices cancellarii, cœperunt valde timere, feceruntque pro se pariter et pro illo intercessorias litteras sub nomine regio summo pontifici præsentari, qui regi rescripsit hoc modo (50):

[*Utinam puerilibus annis virilem animum Dominus inspiraret, et ætati adhuc teneræ illam sensus infunderet gravitatem, per quam inter fas et nefas discerneres, inter fidem et perfidiam judicares, nec fideles damnares pro perfidis, nec perfidos pro fidelibus exaltares! Utinam non experimento disceres, sed doctrina, quod in Evangelio legitur: « Inimici homi- « nis, domestici ejus (Matth. x, 36); » et quod sapiens protestatur. « Nulla pestis efficacior ad nocen- « dum, quam familiari sinimicus, existit!* (51) » *Utinam intelligeres quod, in ætate quondam et nunc etiam tenera constitutum, et utriusque parentis destitutum solamine, protegendum sedes apostolica te recepit, et ut manus servorum, qui contra te conjuraverunt in regno, confringeret extra regnum, radicem pestiferæ arboris nisa fuerit amputare, ut venenosi rivi poculum exsiccaretur in fonte. Nec in regno etiam tibi defuit manus nostra. Imo, nos per fratres et milites nostros primo prohibuimus impetus Marcualdi furentis, qui, in fideles tuos barbarica feritate desæviens, non regni balium, ut adulatores tibi aliqui mentiuntur, sed regni dominium nitebatur sibi per violentiam occupare, te Henrici quondam Imperatoris, et inclytæ recordationis Constantiæ imperatricis, matris tuæ, filium esse negans, ut hac occasione tam nos quam alios a tuo subsidio revocaret.*] *Nos autem, ejus fallaciæ non credentes, licet multa nobis et magna promiserit, ne ipsius vellemus propositum impedire, quamvis etiam, ut ei obviaremus in partibus cismarinis, sollicitudines subierimus quamplurimas et expensas, angustias et labores, non solum in nostra, sed fratrum nostrorum personis, eos pro te periculis exponentes, postquam autem Siciliam est ingressus, dilectum filium, I. marescalcum et consobrinum nostrum, nobilem civem Romanum, cum exercitu nostro* (52) *direximus contra eum, qui de ipso, faciente Domino, cum exercitu tuo mirabiliter triumphavit; ita, quod, nisi quidam de familiaribus tuis milites nostros a persecutione revocassent ipsius, hodie plena tibi pax esset et optata regno tranquillitas restituta. Ecce, in hoc tutoris debitum extendentes, et non tam balii personam gerentes quam tuam, cum nemo cogatur suis sumptibus militare, et, ex dispositione Imperatricis prædictæ, sumptus nobis essent pro regni necessitatibus ministrandi, in expensis tamen nostris tuum dejecimus inimicum, ita, quod, præter pauca, dum moram facerent, nihil, vel in accessu, vel in recessu, milites nostri a tuis familiaribus receperunt; sed, præter expensas, emendationem armorum et equorum militibus nostris duximus faciendam. Quidam autem ex eisdem familiaribus, qui quietem regni non appetunt, sed in ejus turbatione commoda sua ponunt, in aqua turbida piscari melius se credentes, ne turbatio regno desit, eodem Marescalco ad nos sine remuneratione remisso, contra claves Ecclesiæ, quæ prædictum Marcualdum, cum universis fautoribus et participibus suis, excommunicationis laqueis innodavit, quam ipsi etiam ore proprio publicarunt, sub specie pacis, quæ sicut effectus indicat, pernicies potius est dicenda, in caput tuum erexere dejectum, et jacentem in familiarem stabilire regium præsumpserunt, quasi totam ei potestatis plenitudinem in regno Siciliæ conferentes. Et, ne debilior, sed fortior potius ex casu resurgeret, et in excidium tuum amplius prævaleret, universis captivis, quos in fuga ejus receperant, restitutis, etiam hominum Regni ei voluerunt comparare favorem, pacem initam, vel perniciem potius procuratam, mandantes per universum regnum, sive volentibus, sive nolentibus, inviolabiliter observari. Ecce, qualiter nobis familiares regii detulerunt, qualiter suo consuluerunt honori; qui, ut tuum erigerent inimicum contra juramentum fidelitatis, quo quidam eorum sunt nobis astricti, et illud etiam, quod de non componendo cum ipso sine mandato nostro præstiterant, persecutionem suscitavere sopitam, virus angui et camino oleum infundentes. Unde, qua fronte vel ipsi pro se rogare possint, vel alius valeat intercedere pro eisdem, cum quidam eorum gratiam nostram demeruerint, donec congrue satisfaciant, non videmus, quanquam eos de benignitate sedis aposto-*

---

(50). Epistolæ hujus partem refert Raynaldus, *Annal. Eccles.*, tom. XIII, pag. 76, col. 2, ad an. 1201, § 38. Quæ apud ipsum leguntur, hic uncis inclusa sunt.

(51) Boethius, *Consolationis Philosophiæ* lib. III, pros. v, in fine. Vide etiam B. Augustinum, *De civitate Dei*, lib. XIX, cap. 5.

(52) Observat Muratorius (*Annal. Ital.*, VII, part. I, pag. 140, ad an. 1200) quod supra (§ 24), auctor Gestorum scripsit Jacobum, consobrinum et marescalcum papæ, ducentos tantummodo milites secum duxisse: « Di un si smilzo ajuto parla il testo della Vita di papa Innocenzo, qui forze difettoso. Che altre forze inviasse cola il papa, si può argomentare da quanto avvenne di poi. Lo stesso Innocenzo, scrivendo al re Federigo, in una lettera, rapportata in essa Vita, dice d'aver inviato Jacopo suo cugino, *cum exercitu nostro*, in favore di lui. Riccardo di San Germano, anch'egli, narra, che il papa spedì in ajuto del pupillo Federigo, re di Sicilia, il suddetto Jacopo *cum militari exercitu*, dugento cavalli non formano un' esercito. »

licæ duxerimus tolerandos. Ipsi etenim, in arcum conversi, vel potius adversi perversum, dispositionem ejusdem imperatricis suis interpretationibus depravantes, inane nobis nomen balii reliquerunt, detrahentes honorem, et onus solummodo relinquentes, sibi etiam universa temeritate, propria usurparunt, ita, quod jam fere totum tuum domanium, contra prohibitionem nostram ad eorum petitionem obtentam, penitus exhauserunt, comitatus et baronias pro suæ distribuentes arbitrio voluntatis, ut ex eo sibi favorem amplius comparent; et, cum Regnum exactionibus plurimis aggravarint, collectam pecuniam non converterunt in commodum regium, nec nobis, secundum constitutionem imperatricis, factas restituerunt expensas, sed nec censum debitum, nec quod eadem imperatrix nobis et fratribus nostris annis singulis statuit persolvendum, curaverunt exsolvere; sed ex ea ditaverunt consanguineos suos, et consanguineas dotaverunt, ut taceamus ea quæ sibi, cum loculos habeant, reservarunt. Nos igitur, attendentes, quod, sicut tuæ quoque litteræ continebant, pueritiæ tuæ passim domestici se opponerent, passim se abjicerent alieni, imo etiam homo pacis tuæ, in quo sperabas, et qui edebat panes tuos, supplantationem adversus te curaverat ampliare, ad progenitorum tuorum exemplar recurrimus, et, sicut eis consultum fuerat, sic etiam tibi duximus consulendum. Accepimus etenim, et novimus esse verum, quod, cum illustris memoriæ Willelmus primus, Siciliæ rex, multos de regni nobilibus in exsilium destinasset, ii, qui post ejus obitum, inclytæ recordationis Willelmi, regis Siciliæ, filii ejus, curam et custodiam susceperunt, ejectos ad propria revocantes, usque adeo ipsos per revocationis et restitutionis beneficium in fidelitate ac devotione regia solidarunt, ut nullus progenitorum ejus in ea pace vixerit, nullus a subditis suis sic formidatus fuerit et dilectus, nullus ita paci regni providerit et quieti. Attendentes igitur, quod Henricus, quondam imperator, de ascensu illustris memoriæ Constantiæ imperatricis, matris tuæ, filiæ quondam regis Rogerii, quando Willelmus, filius inclytæ recordationis regis Tancredi, nepotis ejus, ipsi se reddidit, principatum Tarenti et comitatum Licii ei et hæredibus ejus concessit, et in animam ejus juramentis principum, tam de imperio quam de regno, concessionem hujusmodi fecerit roborari, nec idem Willelmus, aut sorores ipsius, aliquo modo peccaverint, cum ætatis beneficio excusentur, qua fronte in hac parte contraire justitiæ, vel resistere veritati possemus, nulla potuimus intelligere ratione, cum pro suspicione non sit veritas relinquenda. Contra suspicionem tamen hujusmodi cautelam, quantamcunque potuimus, curavimus adhibere. Nam ab eodem comite super crucem, Evangelium et reliquias, recepimus publice juramentum, quod nec per se, nec per alium, etc., ut in ea quæ mittitur familiaribus regis (53), usque : inviolabiliter observetur. Potuerat enim, si voluisset, hostibus tuis addi, et cum eis non solum jus suum, sed alia etiam usurpare, fuissetque novissimus error pejor priore : sed nos maluimus ipsum ad regni defensionem inducere, ac in fidelitate regia fortius solidare. Unde, ipse, nuper regnum ingressus, quod juraverat executus, cum exercitu quem in propriis expensis de ultramontanis partibus secum duxit, de Diupuldo, qui, hactenus per totum regnum Siciliæ citra pharum impune discurrens, quietem omnium perturbabat, faciente Domino, mirabiliter triumphavit. Unde, jam, per Dei gratiam, per ejus est industriam procuratum, ut fideles tui, qui muros usquemodo egredi formidabant, secure colligant messes suas, et ea, quæ hostes seminaverant, ipsi metant, et ab eis plurimum metuantur, quos, plus quam expediret, hactenus metuebant; qui etiam omnes, quos de manu inimicorum tuorum potest eripere, tibi facit ad mandatum nostrum fidelitatis juramenta præstare. Verum, ne adhuc regnum pace gaudeat exoptata, sed ejus turbatio amplius augeatur, Gualterus, cancellarius, cum devicto et fugato composuit, et cadentem nititur sustinere. Sed, cum manus Domini sit in ejusdem D. ultionem extenta, cancellarius ipsum sustinere non poterit, nec cum ipso subsistet, sed corruet cum ruente, qui jam ex duplici causa cum quibusdam suis fautoribus sententiam excommunicationis incurrit. Videas igitur, cui potius credere debeas, utrum nobis, an quibusdam ex eis quos familiares appellas : cum nos in hostium tuorum vigilemus excidium, et utroque gladio, altero per prædictum comitem, et alios fideles nostros, eorum nitamur contumaciam edomare. Illi autem in caput tuum gladium hostibus tuis tradunt, et eos, non absque virium tuarum infirmatione, in sua iniquitate confirmant. Sane, si verum inspicias, plus tibi Brennensis comes contulit uno die, quam quidam, qui de bonis tuis « dilatant phylacteria sua, et magnificant fimbrias (54), » profuerint, dum vixerunt. Ne igitur audieris eos, nec eorum oblocutionibus fidem præstes, quoniam non honorem tuum, sed propriam utilitatem affectant; et, non propter te, sed propter seipsos, nostris dispositionibus

---

(53) Vide supra, § 25. Vide etiam epistolam 38 libri quinti, *archiepiscopis, episcopis, et aliis*, etc. *per regnum Siciliæ constitutis; de causa Walteri Brenensis;* dat. Laterani.

(54) Locum transsumpsit ex Evangelio; vide Matth. XXIII, § 5.

Phylacteria appellabant veteres *amuleta*, ad arcendos vel pellendos morbos. Verum in Glossario XI saltem sæculi sic exponitur : « *Phylacteria*, id est x verba legis, aut scriptura vana, quod ligat homo super caballum, aut super caput suum. » In veteribus glossis ad concilium Laodicense, cap. 36, sic reperitur : « *Pittatiola (id est schedulas, seu cartulas)* Decalogi collis suis suspendentes Judæi *phylacteria* vocabant, etc. Cang. Glossar. tom. V, col. 452.

Verum, melius apud Belethum, *De divinis officiis*, cap. 115 : « Est discrimen inter *phylacterium et phylacteriam. Phylacterium* chartula est, in qua decem legis præcepta scribebantur, cujusmodi chartas solebant ante oculos suos circumferre Pharisæi; unde in Evangelio : *Dilatant enim phylacteria sua*, etc. Atque hoc quidem phylacterium a φυλάσσω, et *thorah*, quod est *lex*. *Phylacteria* autem, *Phylacteriæ*, vasculum est vel argenteum, vel aureum, vel etiam crystallinum, in quod sanctorum cineres et reliquiæ reponuntur. »

contradicunt. Quod si forsan illud objiciunt contra comitem memoratum, quod H. quondam imperator, de regno uxorem ejus, et matrem ejus, et fratrem uxoris ejecit, plus poteris de ipsorum aliquo dubitare, quem prædicta imperatrix non sine causa forsitan aliquandiu tenuit ut captivum, et, nisi fuisset morte prævenla, vel nostrum ei auxilium subvenisset, ipsum forsan penitus ejecisset a regno, vel adhuc in vinculis detineret. Certum est autem, quod facilius quis injuriam negligit alienam, quam propriam læsionem. Monemus igitur serenitate regiam, et exhortamur in Domino, quatenus, quantum, de homine credi potest, in nullo dubites de comite memorato, sed potius de ipso confidas, quoniam, nisi per te steterit, vel per tuos verius (qui tamen utinam essent tui!) eum fidelem invenies et devotum, et regni tui, post Deum et nos, potentissimum defensorem. Nec credas quod id tam pro ipsius utilitate, quam pro tua et regni salute, dicamus. Considera ergo prudenter, immo familiares tui diligenter attendant, ne occasi ne vel reprehensione (55) correctionis hujusmodi ad eos, qui animam tuam sitiunt, convertantur; quoniam, si semel acceperint potestatem in eos, ipsi nos de eis divino judicio judicabunt. Quod si ad cor redire volueritis, et nunc tandem mandatis nostris humiliter et devote parere, nos pro tuæ serenitatis honore, quiete regni, ac eorum salute, ipsos adhuc ad apostolicæ sedis gratiam admittemus.

Datum Laterani, V Non. Julii, pontificatus nostri anno quarto.

XXXIV. Misit ergo dominus papa Petrum, Portuensem episcopum (56), legatum in Apuliam et Terram Laboris, præcipiens comitibus et baronibus, castellanis et civibus, ut, ad mandatum legati, cum dicto comite contra Diupuldum et cancellarium exsurgerent universi. Qui cum in Apuliam pervenisset, miser ille, solo nomine cancellarius, ad præsentiam ejus accessit, reconciliari postulans ecclesiasticæ unitati; et, præstito corporaliter juramento, quod pareret universis mandatis domini papæ, absolutus est a legato. Sed, cum mandaret ei ut non opponeret se comiti Brennensi, respondit, quod, si Petrus apostolus hoc ei præcepisset, missus ab ipso Christo, mandato hujusmodi non pareret, etiamsi sciret quod propter hoc deberet in inferno damnari. Et, ponens os suum in cœlum, cum linguam traheret super terram, publice coram omnibus summum pontificem blasphemabat, præsente legato, abiitque ad Diupuldum. Et, congregatis universis quos poterant congregare, ad pugnandum contra Brennensem comitem juxta Barolum processerunt. Ipse vero comes erat ibi cum paucis; nam de fidelibus regis pene nullos ibi secum habebat. Barolitanenses quoque, licet præcedenti die legato jurassent, cum aspicerint multitudinem esse cum illis, et paucitatem cum istis, non permiserunt ipsos intrare. Videns itaque comes se constitutum in arcto, cœpit multipliciter anxiari, maxime propter legatum, qui, tanquam formidolosus, plurimum metuebat. Et, confortatus in Domino, prosiliit ad arma cum suis; et, benedictione ac remissione a legato recepta, cum idem legatus maledixisset hostibus, in nomine Domini comes alta voce sanctum Petrum invocans adjutorem, processit ad pugnam. Et, cum acriter dimicare cœpissent, adversarii terga verterunt, et, in fugam conversi, singuli, prout poterant, declinabant; ex quibus multi sunt capti, plures sunt cæsi, et plurimi etiam in stagnis et paludibus suffocati. Videbant enim plerique crucem auream splendidissimam ante comitem miraculose deferri. Fuitque tanta victoria, ut prima quasi nulla videretur respectu secundæ. Nam, inter alios, captus est Sifredus, frater Diupuldi, et Odo de Laviano, qui sanctæ memoriæ Albertum, Leodiensem episcopum interfecerat, Petrus de Venere, sororius cancellarii, et magister Girardus, Salernitanus intrusus (57), multique alii nobiles et potentes. Magnificatus est ergo comes, et clarificatus in regno; hostes autem humiliati sunt et comprehensi (58). Comes vero Gentilis, recepta pecunia, sicut publice dicebatur, turrem ad mare tradidit Marcualdo, abiitque Messanam.

XXXV. Marcualdus vero Panormum obtinuit, et tam palatium quam regem in suam potestatem accepit, universam pene Siciliam, præter Messanam, suæ subjugans ditioni; misissetque manum in puerum, et usurpasset sibi coronam, nisi præfatum comitem timuisset, ad quem, rege defuncto, regnum hæreditario jure, ratione conjugis, pervenisset. Ideoque multifarie multisque modis, et apud dominum papam, et apud eumdem comitem cœpit agere, ut, accepta pecunia, regnum exiret. Quod cum obtinere non posset, tempus opportunius observabat. Verum ille, qui non dimittit virgam peccatorum super sortem justorum, cœpit per seipsum, ne daret gloriam alteri, perfidum graviter flagellare. Quia, cum jam dudum calculosus fuisset, cœpit tunc de vitio lapidis tam vehementer affligi, ut, præ nimiis doloribus ingentes clamores emittens, irremediabilibus cruciatibus torqueretur; et, cum non posset ulterius vehementiam ægritudinis sustinere, secari vel incidi se fecit; sed subito miseram animam exhalavit (59); ut vere sit in illo completum quod dicitur per Psalmistam: *Vidi impium superexaltatum et elevatum super cedros Libani, transivi, et ecce non erat; quæsivi, et non est inventus locus ejus* (Psal. XXXVI, 35).

XXXVI. (60) Guillelmus autem Capparonus, præ-

---

(55) *Reprehensione.* Sic in codice Vallicellano; apud Baluzium, *comprehensione.*
(56) Vide epist. 69 libri quinti, not.
(57) De isto nihil apud Ughellum in sua Salernitanorum archiepiscoporum serie. *Ital. sacr.* tom. VI.
(58) *Comprehensi.* Sic apud Baluzium; in codice Vallicellano, *oppressi.*
(59) Marcualdum ante finem mensis Septembris anni 1202 e vivis excessisse, patet ex epistola Innocentii libri quinti 89, quæ data dicitur *Velletri*, VIII Kal. *Octobris.*
(60) Quæ sequuntur hic apud auctorem Gestorum,

currens Panormum, palatium ac regem in sua potestate recepit, et ex tunc se regis custodem et magistrum capitaneum Siciliæ appellavit. Quidam vero de complicibus nefandæ memoriæ Marcualdi, hoc indigne ferentes, se in partem alteram statuerunt. Cancellarius autem (61), opportunum sibi tempus æstimans advenisse, iterato exhibens juratoriam cautionem, quod mandatis apostolicis per omnia obediret, absolutionis beneficium impetravit; regressusque in Siciliam, et adjungens se alteri parti, adversus Capparonem agebat; misitque nuntios et litteras ad dominum papam, ut legatum in Siciliam destinaret. Qui misit Gerardum, Sancti Adriani diaconum cardinalem (62), per quem Willelmus

§ 36, narrata, partim ad annum 1202, partim ad annum 1203 refert Muratorius, *Annal. d'Ital.* tom. VII, part. 1, ad an. 1202, pag. 151, et ad an. 1203, pag. 154.

(61) Conferendæ sunt omnino ad hunc locum epistolæ libri sexti, 52, *Archiepiscopo Messanensi, regio familiari, qua eum laudat ob ejectum e Sicilia elationis filium, et Messanam in fidem apostolicæ sedis et regiam redactam;* dat. Laterani, an vi (id est 1203); — 53, *Eidem; ut juramentum balii, ab universis per Siciliam comitibus et aliis pontifici præstandum, recipiat;* dat. Laterani; — 54, *Nobilibus viris, comitibus,* etc., *in Sicilia constitutis; de eodem argumento:* dat. Laterani; — 71, *Gualtero, regni Siciliæ cancellario; qua ipsum recipit in gratiam, et de quatuor cautionibus per ipsum oblatis nullam acceptat, nisi ut opera confirmet quod verbo promisit, et quæ faciunt pro jure Romanæ Ecclesiæ;* dat. Ferentini (versus mensem Junii); — 93, *Monachis Montis-Regalis, Jati et Calatetrasti castella tenentibus, et complicibus eorum; ut ipsorum archiepiscopo, ab ipsis graviter offenso, satisfactionem condignam exhibeant;* dat. Ferentini, xv Kal. Julii; — 159; *P. Episcopo, in archiepiscopum Panormitanum electo, regio familiari; qua ipsum plurimum commendat, quod inter sæculi et regni tumultus, qui tum etiam fervebant, fidem pontifici regique servasset;* dat. Anagniæ (versus finem Octobris); — 191, *Archiepiscopo, abbati S. Andreæ, et populo, Brundusinis; qua acriter eis objurgat, quod conjuraverint contra comitem Brennensem, et, Castellano occiso, proditorie castellum occupaverint;* dat. Anagniæ (versus mensem Decembris); — 192, *Archiepiscopis, episcopis,* etc., *per Apuliam et Terram-Laboris; de eodem argumento;* dat. Anagniæ (item).

Libri septimi : — 36, *Eisdem; qua G. tituli S. Adriani diaconum cardinalem, apostolicæ sedis legatum, ad eos mittit, illumque eis commendat;* dat. Laterani, Kal. Aprilis, an vii (id est 1204); — *N. N., ut Rogerium de Bisaliis, a civibus Bisin. in rectorem, sed absque violentia, recipere procurent;* dat. Laterani, Kal. Septembris ; — 425, *N. N. : de eodem argumento;* dat. ut supra; — 129, *Regi Siciliæ; qua mittit ad eum G. tituli S. Adriani diaconum cardinalem, ut ea tractet quæ sunt tractanda cum ipso rege, et pacem componat;* dat. Romæ, apud S. Petrum, iv Non. Octobris; — 130, *W. Capparoni; de eodem argumento;* dat. ut supra; — 131, *L. Regio protonotario; de eodem argumento;* dat. ut supra; — 135, *G. tituli S. Adriani diacono cardinali; de eodem argumento;* dat. ut supra; — 136, *P. episcopo, in archiepiscopum Panormitanum electo; de eodem argumento;* dat. Romæ, apud S. Petrum, iii Non. Octobris.

Libri octavi : 49, *Alferadæ mulieri; qua Ecclesiam ab ipsa, in honorem S. Mariæ, in villa Baroli fundatam, sub protectione recipit;* dat. (Romæ, apud S. Petrum), v Non. Maii, an. viii (id est 1205).

Libri noni : 157, *Regi Siciliæ; qua congaudet de bono incremento suo, et hortatur ut perseveret in virtute;* dat. Ferentini, (versus mensem Septembris), cn. ix (id est 1206); — 158, *Archadio, et universis Gaietanis, Antellæ, Platanæ, Jaci, Celsi, et omnibus Gaietanis et Saracenis, per Siciliam constitutis; qua commendat eos de fidelitate eorum et constantia erga regem Siciliæ;* dat. ut supra; — 195, *Petro, comiti*

Celanensi, *magistro justitiario Apuliæ et Terræ-Laboris, qua redarguit ipsum de obstinatione contra Ecclesiam, et monet, ut ad eam redeat,* dat. Romæ, apud S. Petrum, viii Id. Decembris ; — 249, *Regi Siciliæ; qua congaudet quod fuerit liberatus a custodia indignorum, et ad bene agendum hortatur ;* dat. Romæ, apud S. Petrum, iv Kal. Februarii, *an.* ix (id est 1207) ; — 250, *Regis Siciliæ familiaribus; de eodem argumento;* — 251, *Archiepiscopis, prælatis, comitibus,* etc., *per regnum Siciliæ constitutis; ut obediant et faveant regi.*

Libri decimi : 141, *Universis comitibus et baronibus, per regnum Siciliæ constitutis; ut regi Siciliæ sint adjuto;* dat. Tuscani, xviii Kal. Novembris, an. x (id est 1207); — 202. *Archiepiscopo Cusentino, qua ipsum consolatur;* dat. Romæ, apud S. Petrum, ii Kal. Februarii, *an.* x (id est 1208.)

(62) De Gerardo, tituli S. Adriani diacono cardinale, agimus ad epistolam 140 libri quinti. De ejus in Siciliam legatione conferendæ sunt Epistolæ, in nota superiori citatæ, libri septimi, 36, 129, 130, 131, 135, 136.

Ex istis epistolis, præsertim ex epistola 36 constat fere, Gerardo, non nisi anno 1204, exeunte mense Martio, legationis in Siciliam munus collatum fuisse. Hinc corrigendus forsan, D. Agost. Inveges (*Annal. di Palermo*, part. iii, ad an. 1203, pag. 519), qui cardinalem istum regni balium jam ab anno 1203 suscepisse affirmat : « Nel presente anno 1203, die 17 Junii, Innocentius papa con una sua lettera, dice Lello, (in *Compilat. privil. Eccles. Montis-Regal.*, fol. 15), *monachos Monte-Regalenses reprehendit, quod Carum archiepiscopum molestiis afficerent. Eos autem præsuli conciliavit Gerardus Allucingolus, cardinalis diaconus S. Adriani, legatus et nepos pontificis, in cujus tutela Fridericus puer tunc erat.* L'istesso confirma Pirri (*Sicil. sacr.*, tom. I, pag. 415, not. tert. *Eccles. Montis-Regalis*) : Adunque dico io, il baliato del fanciullo re e del regno del cardinale Cincio dal 1200 cominciato, o nel fine del precedente anno (1202), o adesso (1203), si termino : e'l card. Gerar. Allucingolo nuovo legato e tutore entrò ; e credo, che nel governo continuasse final 1208..... »

Verum, pace Annalistæ dixerimus, in interpretandis Lelli, seu potius Pirri verbis, ille hallucinatus est. Ultima ab eo hic relata verba, *eos autem præsuli conciliavit Gerardus Allucingolus, cardinalis diaconus S. Adriani, legatus et nepos pontificis, in cujus tutela puer tunc erat,* an ex Lello ipso, an ex Pirro tantum excerpserit, nescimus ; nam eadem apud Pirrum (*Sicil. sacr.* loc. cit.) leguntur, qui quidem ea ipse ex Lello deprompsisse potuit. Certe, cujuscunque sint auctoris, non probant auctorem illum affirmare voluisse quod Gerardus jam anno 1203 in Siciliam legatus missus fuisset. Innocentii epistola, quæ hic, ex Lello, tum apud Panormitanum annalistam, tum apud Pirrum, citatur (in qua de controversiis monachorum cum archiepiscopo Montis-Regalis), habetur in Regesto anni sexti, et data diserte dicitur *Ferentini*, xv *Kal. Julii, an.* vi, id est an. 1203. Sed in ea nihil legitur ex quo evinci possit, Gerardum tunc temporis legationis munere in Sicilia functum fuisse ; nec nomen ipsius Gerardi in tota epistola usquam comparet. E contra, in epistola jam a nobis allegata, libri septimi 36,

Capparonus se fecit absolvi, jurans in manibus ejus domino papæ balium, et quod eidem cardinali, tanquam vice balii, in omnibus obediret. Ipse vero cardinalis cœpit tractare concordiam inter ipsum et cancellarium, quæ propter simultates subortas non potuit consummari; accessitque Panormum, et honorifice a Capparone receptus, cœpit, tanquam balius, regis et regni negotia pertractare. Cum autem mandatum Capparoni fecisset sub debito præstiti juramenti super satisfactione clericis et Ecclesiis impendenda, ille, semper bene promittens, de promissis nihil agebat, universa pro suo voluntate disponens. Unde, cardinalis prædictus, post aliquantulam moram quam fecit Panormi, maxime propter regem, qui delectabatur in ejus præsentia, et de sua consolatione gaudebat, Messanam rediit, domini papæ responsum exspectans.

Cancellarius quoque, reversus in Apuliam, instabat apud dominum papam, per nuntios et litteras suas, faciens apud eum multiplicari preces nobilium et potentum, ut cum ipsa misericorditer agere dignaretur, reddendo sibi Panormitanensem metropolim, vel saltem episcopatum Trojanum. Sed ipse, sicut erat justus et constans, hujusmodi preces noluit exaudire, ne sine causa injuriam faceret Petro, quondam Mazariensi episcopo (63), qui per ejus mandatum erat in archiepiscopum Panormitanensem assumptus, vel Trojano episcopo, quem eligi fecerat et etiam consecrari (64); quin potius præfato archiepiscopo pallium destinavit, ne in ejus locum ulterius cancellarius aspiraret.

XXXVII. (65) Ut autem dominus papa majorem impenderet comiti Brennensi favorem, nobilem virum, Jacobum, consobrinum et marescalcum suum, in Apuliam destinavit, constituens eos pariter magistros et justitiarios Apuliæ et Terræ-Laboris; fecitque illi castellum Baroli ad custodiam assignari, et reddi Montem-Pilosum, qui ad comitatum Andriæ pertinebat, regia sibi liberalitate concessum, præcipiens comiti memorato, ut ad obtinendum comitatum prædictum impenderet ei auxilium et favorem. Cum autem multa prudenter agerent et potenter, venerunt tandem in Campaniam visitare summum pontificem, quem audierant ægrotare. Inveneruntque illum apud Anagniam (66) tam graviter ægrotantem, quod a multis mortuus dicebatur. Cumque de morte ipsius fama volasset, multæ civitates præfato comiti rebellarunt, quædam expellentes milites suos, aliæ trucidantes; perdiditque tunc Materam, Brundusium et Hydruntum. Barolitanenses castrum Baroli obsederunt, et coegerunt castellanum, quem ibi dimiserat marescalcus, sibi resignare castellum (67).

XXXVIII. Porro, cum summus pontifex convalescere incœpisset, comes et marescalcus in Apuliam redierunt; et, licet recuperare prædicta nequivissent, multa tamen acquirere studuerunt. Nam ipse marescalcus Andriam et Minerbium (68) civitates obtinuit; et ex tunc se comitem Andriæ appellavit;

data *Laterani*, Kal. Aprilis, an. vii, id est 1204, pontifex de Gerardo loquitur, ut nuper, ac potius eadem ipsamet, qua scribebat, die, a se in Siciliam destinato. Ista igitur verba, *eos autem præsuli conciliavit Gerardus Allucingolus, cardinalis diaconus S. Adriani, legatus et nepos pontificis, in cujus tutela puer tunc erat*, nihil aliud significare nobis videntur nisi quod monachorum cum archiepiscopo controversia per Gerardum, non statim, eodemque, quo papa ad monachos scripsit, anno pontificatus sui vi, Chr. 1203, sed postquam cardinalis iste, legatus a pontifice destinatus, nempe exeunte mense Martio, anno pontificatus vii, Chr. 1204, in Siciliam advenisset, terminata fuerit.

Ignoscat, quæsumus, lector eruditus, si ipsum in leviusculi momenti adnotationibus retinere diutius visi fuerimus. Quantum ad emendandam peculiarem cujusque nationis ecclesiasticam historiam, opis conferre possit, Innocentii epistolarum, quæ tandiu anecdota latuerant, quamque edimus hodie, collectio, ostendere, operæ pretium existimare debuimus. Et etiamsi in hoc probando aliquoties genio nimis indulserimus, facile nobis condonatum iri speramve potuimus.

(63) Vide omnino ea quæ adnotavimus ad epistolam 39 libri quinti.

(64) Quis fuerit Trojanus ille episcopus, ex imperfecta nimium et confusa, apud Ughellum *Ital. sacr.* tom. 1, part. sign. col. 237, Trojanorum episcoporum serie, nequaquam erui potest. Vide epistolam 151 libri septimi.

(65) Quæ sequuntur, ab auctore nostro narrata, § 38, partim ad annum 1202, partim ad annum 1203 pertinent. Confer, primum, epistolas libri quinti, 38 *archiepiscopis, episcopis, etc., per regnum Siciliæ constitutis; de causa Walterii Brennensis*; dat. Laterani..... an. v (*id est* 1202); — 39, *P. episcopo in archiepiscopum Panormitanum electo, regis familiari; de eodem argumento*; dat. ut supra; — 51, *Nobili viro, Jacobo, consobrino et marescalco papæ; de matrimonio regis Siciliæ cum Aragonici regis sorore*; dat. Laterani, Non. Junii; — 60, *Archiepiscopo Messanensi; ad relaxantum sententiam excommunicationis, qua ipse tenebatur adstrictus*; dat. Laterani, iii Kal. Julii; — 76, *Amalphitanensi archiepiscopo; de rebus regni Siciliæ*; sine data; — 84, *Waltero, Brennensi comiti, magistro justitiario Terræ-Laboris, ut adversus Marcualdum in Siciliam absque mora proficiscatur*; dat. Velletri, xviii Kal. Octobris; — 85, *Nobili viro, Jacobo, consobrino et marescalco papæ, magistro justitiario, et capitaneo totius Apuliæ et Terræ-Laboris, qua mandat, ut Waltero, Brennensi comiti, in Siciliam proficiscenti, se adjungat, et de expensis ipsi providet*; dat. ut supra; — 86, *Universis mercatoribus; seipsum pro Waltero, Brennensi comite, usque ad 3,000 uncias obligat*; dat. ut supra; — 87, *Fratri Riccardo, et Eugenio, magistris camerariis Apuliæ et Terræ-Laboris; ut ipsorum terræ proventus pro Waltero, Brennensi comite, obligent*; dat. ut supra.

Vide etiam epistolas libri sexti et libri septimi, supra, § 36, not. 61, citatas.

(66) Innocentium Anagniam venisse circa finem mensis Septembris, vel initium mensis Octobris, patet ex notis chronologicis, quæ subjectæ leguntur epistolis libri sexti 148 et 154 epistola 148, data dicitur *Ferentini, xvii Kal. Octobris*; epistola vero 154, data *Anagniæ, vii Id. Octobris*. Cæteræ omnes libri sexti epistolæ *Anagniæ* datæ dicuntur.

(67) Confer epistolam supra, § 36, not. 61, citatam, libri octavi 49.

(68) Conferendæ sunt omnino ad hunc locum epi-

exstruxitque munitionem fortissimam apud Andriam, ubi palatium comitis prius erat. Quidam autem filii Belial, ei ponentes insidias, irruerunt in ipsum, putantes eum gladiis interficere. Sed, quoniam armatus erat sub chlamyde, intentionem suam non potuerunt ducere ad effectum; maxime, quia quidam miles ipsius objecit se illis, quem in sua præsentia peremerunt. Ipse vero, quosdam eorum capiens, diversis suppliciis interemit; omnium autem bona diripiens confiscavit.

Comes autem Brennensis, cum multa fuisset magnifice operatus, quæ longum esset per singula explicare, usque adeo compressit Theutonicos, ut vix auderent de castellis exire; quæ cum essent necessariis destituta, sperabatur ab omnibus, quod ea non possent diutius sustinere. Nam et apud Salernum obtinuerat Terracinam (69), et turrem majorem tenebat obsessam. Ipse vero, nimis securus effectus, personæ suæ custodiam negligebat. De quo cum argueretur a multis, interdum arroganter respondit, quod Theutonici armati non auderent aggredi Francos inermes. Unde, cum quoddam Diupuldi castrum, quod sacrum (70) dicitur, obsideret, Diupuldus, ipsius prævidens incautelam, summo diluculo armatus cum suis super comitem et suos, nudos, in tentoriis quiescentes, irruit improvisus, multosque peremit, et cepit ipsum comitem fortiter repugnantem, sagittis et lanceis vulneratum, qui captivus deductus ad castrum, post aliquot dies, recepta pœnitentia et viatico, debitum carnis exsolvit. Jacobus autem, comes Tricarici, relictam Brennensis comitis conjugem desponsavit (71); sed, quia gravida erat, distulit illam traducere in uxorem; peperitque filium, quem nomine patris vocavit Gualterum.

(72) Diupuldus vero cœpit apud summum pontificem supplicationibus et promissis vehementer instare, ut ipsum et suos recipere dignaretur. Interveniente igitur fratre Rainerio, recepit illum hoc modo, quod absolute juravit stare universis mandatis summi pontificis super omnibus pro quibus excommunicatus fuerat ab ipso, quod fideliter intenderet illi de balio regis et regni, quod ad mandatum ejus faceret guerram et pacem, quod omni petenti sub ejus examine justitiam exhiberet, quodque Philippo, duci Sueviæ, nullum contra regnum Siciliæ in regno, vel extra regnum, impenderet auxilium vel favorem. Misit igitur præfatum fratrem Rainerium, et magistrum Philippum, notarium suum, in Terram-Laboris (72°), qui publice, secundum præscriptum tenorem juramento recepto, et in scriptis redacto, absolverunt Diupuldum et suos, similiter Marcualdum de Laviano (73) cum suis, ac deinde Conradum Sorellæ cum suis. Et sic omnes Theutonici, tam ultra Pharum quam citra, ad mandatum summi pontificis redierunt.

(74) Diupuldus autem, Panormum accedens, apud Willelmum Capparonem usque adeo laboravit,

stolæ libri septimi : 124, N. N. ut Rogerium de Bisatiis a civibus Bisin. in rectorem, sed absque violentia, recipi procurent; dat. Laterani, Kal. Septembris, an. VII (id est anno 1204) ; — 125, N. N. de eodem argumento; dat. ut supra.
In illis enim epistolis agitur de civitate Minerbiensi, quam Rogerius de Bisatiis, ad mandatum papæ et comitis Brennensis, Jacobo, marescalco reliquisse dicitur.
(69) Terracinam. Sic apud Baluzium; in codice Vallicellano, Tarratinam. Quænam lectio anteponenda sit, rerum ad Neapolitanum regnum spectantium peritioribus dijudicandum relinquimus.
(70) Sacrum. Sic etiam apud Baluzium; in codice Vallicellano, Sarlum. Verum, legitur Sarnum apud Raynaldum, Annal. eccles. t. XIII, pag. 155, ad an. 1205, § 58, qui et alias Socclum legi monet, in not. marg. ad loc. cit.
(71) Conjugem desponsavit. Sic in codice Vallicellano; sic et apud Baluzium, qui ad marginem notat legi in codice Regio, duxit in conjugem.
Ad Jacobum, comitem Tricaricensem, directa dicitur epistola 124 libri sexti, Nobili viro, J. comiti Tricaricensi; ut terram, quam de manu hostium Theutonicorum recuperabit, servet ad dispositionem Ecclesiæ Romanæ; dat. Ferent. (mense Julio). Num erat ille idem ac Jacobus, comes de Tricario, de quo sic in Chronico Fossæ-Novæ, (Rer. Ital. script. tom. VII, col. 876, E.) ad an. 1188? « 8 Id. Novembris, Mabilia, filia Landulphi de Ceccano, data est in uxorem comiti Jacobo de Tricario. »
(72) Quæ sequuntur, ad annum 1206 referenda videntur : « Dopo tanta opposizione fatta fin qui da Diopoldo conte Tedesco, a papa Innocenzo III in Puglia, costui finalmente cercò di rimettersi in grazia d'esso pontefice (ex Richardo de S. Germano, Script. Italic. tom. VII, pag. 981, ad an. 1206), con promotter gli una totale ubbidienza e sommissione, e specialmente per gli affari del governo del regno di Sicilia. Fù dunque chiamato a Roma, ed, ottenuta che ebbe l'assoluzion delle scomuniche, con licenza del sommo pontefice se ne tornò a Salerno. Sperava Innocenzo col braccio di questo ministro di ristabilir la pace, e insieme la sua autorità nella corte reale di Palermo. Passò infatti Diopoldo, secondo l'Anonimo Casinense (Script. Italic. tom. V, pag. 74), in questo anno (1206), o pure, come ha Riccardo da San Germano (loc. cit.), nell'anno seguente, in Sicilia, e tanto si adoperò con Guglielmo Capperone, che l'indusse a consegnare il giovanetto re Federigo nelle mani del cardinal legato. Mà Diopoldo si trovò ben presto tradito. Fù sparsa la voce, ch'egli con si belle apparenze era dietro ad impossessarsi del rè, e ad atterare lo stesso Capperone e Gualtieri, gran cancelliere, che cozzavano da gran tempo frà loro. Fondata o immaginata che si fosse doi malevoli una tal diceria, la verità è, che, avendo Diopoldo preparato un convito per solennizar la pace fatta, contro di lui fù svegliata una sedizione, in cui preso egli andò a far delle meditazioni in prigione. Mà non vi si fermò molto, perchè ebbe chi l'aiutò a fuggire, e fortunamente uscito di Palermo, si ricoverò di nuovo a Salerno. Allora il gran cancelliere giunse ad avere in suo potere il re Federigo. » MURAT., Annal. d'Ital. tom. VII, part. I, ad an. 1209, pag. 164.
(72°) De ista legatione nescio an aliquid in Regestis reperiatur.
(73) Marcualdum de Laviano. Sic apud Baluzium; sic in codice Vallicellano. Verum legendum videtur potius Odonem de Laviano.
(74) Reliqua de Diupuldo hic a Gestorum auctore narrata Raynaldus, mira temporum confusione, ad annum 1204 retulit (Annal. eccles. t. XIII, pag. 155, ad an. 1204, § 74). Ea partim ad annum 1206, partim ad annum 1207 refert Chronici Cassinensis

quod regem reddidit in manibus legati et cancellarii, securitate ab illis accepta, promittens, quod et palatium eis redderet, ut de cætero rex et regnum pacem haberent. Cumque, de palatio regem adducens, perduxisset in civitatem ad cancellarium et legatum, facto convivio, epulabatur cum illis. Interea rumor insonuit, quod hoc operaretur in fraudem, ut, cum illos reduceret in palatium, paratis insidiis caperet universos. Quod a multis creditur falso fuisse confictum, ut hac occasione caperetur ab illis. Et sic captus est et detentus; sed, minus provide custoditus, per fugam evasit, rediitque Salernum, filio in captivitate dimisso. Interim, frater ejus, Soffridus, proditorie cepit magistrum Philippum, notarium domini papæ, quem, ad petitionem ipsius Diupuldi, dominus papa direxerat in Apuliam et Terram-Laboris, committens eidem in temporalibus vices suas, ut inter Theutonicos et Latinos pacem et justitiam faceret observari; quem dictus Soffridus vix tandem, extorta gravi redemptione, dimisit.

XXXIX. Inter omnes vero Theutonicos, qui, post imperatoris mortem, in regno remanserunt ad flagellum, infidelissimus exstitit Conradus, castellanus Sorellæ, qui et Roccam Arcis in ingressu regni tenebat, supra modum persequens et affligens, non solum undique per circuitum Terram-Laboris, verum etiam Campaniam et Maritimam universam. Contra quem dominus papa sæpe misit nuntios et exercitum, non ad devastationem civitatis Soranæ, quam ipse perfidus possidebat, sed forsan ut eum a sua posset perfidia revocare. Quoddam namque vicinum castrum, quod Insula dicitur, occupavit, ejusque dominos ad tantam calamitatem perduxit, quod, licet nobiles essent, cogebantur tamen publice mendicare. Illius ergo malitiam dominus papa detestans, et istorum miserans paupertatem, ad succurrendum istis, et impugnandum illum, Petrum, tituli Sanctæ Pudentianæ presbyterum cardinalem, rectorem Campaniæ ac Maritimæ, destinavit (75). Qui, magno exercitu congregato, adversus illum processit, et eum infra prædictum castrum obsedit,

auctor anonymus : sic enim apud illum legitur (*Rer. Ital. Script.* tom. V, p. 74) :

« 1206. Hoc anno, mense Novembri, comes Diupuldus cum pluribus regni ivit Panormum, et traditum est ei Panormum cum rege. Post modicum vero temporis, cancellarius Gualterius, junctis Theutonicis, habuit regem Fredericum. — 1207. Hoc anno, mense Maio, comes pugnavit cum Neapolitanis, et ex eis magnam stragem fecit. »

Nobis eadem anno 1207, cum Richardo de S. Germano, assignare tutius videtur. En ipsius verba (*Chron.* tom. VII, *Rer. Italic. Script.*, col. 981) :

« 1207. Hic (Diupuldus), parato Salerni navigio, in Siciliam transfretat, Panormum vadit, et tam palatium, quam regem recipit Fredericum ad manus suas ; sed, arctatus et obsessus in ipso palatio a Gualterio de Palear cancellario, captus ab eo est, et tandem nocturno tempore fugæ præsidio liberatus, veniensque per mare Salernum, exinde in Terram-Laboris se confert, ubi, cum Neapolitanis iniens pugnam, et fugavit eosdem, strage magna facta ex eis, et Gifrido de Monte-Fusculo, quem sibi capitaneum præfecerant, capto, et vinculis mancipato. »

Auctores istos sequitur, ut par est, Muratorius (*Annal. d'Ital.* tom. VII, part. 1, ad an. 1207, pag. 166). Nostris quoque calculis suffragatur scriptor alter, etiamsi aliquoties, ut jam notavimus, erraverit, non contemnendus, nempe D. Agostino Inveges, qui rerum in Sicilia, præsertim Panormi, gestarum seriem, habita diligentissime peculiari anni cujusque ratione, deducere conatus est. Vid. *Annal. di Palermo*, part. III, pag. 522.

(75) « Petrus Saxo (nonne potius Saxonis ? vide epist. libri sexti 206), non de Saxonia (ut refert Cæsarius Heisterbacensis), sed Anagninus, Hernicus, ex pontificii sacelli sacerdote, S. Pudentianæ, tulo Pastoris, presbyter cardinalis, ab Innocentio PP. III Romæ, anno Redemptionis humanæ 1207, pontificatus x, mense Decembri, in sexta creatione cardinalium, renuntiatus est. Hujus mentio fit in tabula marmorea ecclesiæ S. Pudentianæ, ubi exstat hæc inscriptio :

PETRUS SAXONIS S. PUDENTIANÆ CARD.
ANNO XII INNOCENTII III PAPÆ
TERTIO VERO SUI CARDINALATUS ANNO
FECIT OPUS HOC.

Hunc Innocentius, extremis vitæ suæ diebus in Germaniam legavit ; de qua legatione Godefridus, in *Annalibus*, an. 1216...... Post Innocentii obitum, cum rediisset in Urbem, interfuit comitiis, in quibus Honorius III renuntiatus est Romanus pontifex, cujus vices in Urbe Petrus gessit, et Urbis vicarius fuit. Deinde, ejusdem Honorii jussu, iterum in Germania legatione functus est ad componendum imperii statum....... Subscripsit Petrus nonnullis Innocentii litteris, datis anno 1208, cœnobio S. Benedicti de Mantua, et IV Id. Aprilis an. 1210, Ægidio, Fulginensi episcopo, aliisque Honorii III...... Lucis usuram amisit Petrus sub eodem Honorio Romano pontifice. »

Hactenus Oldoinus, ex Ciaconio (OLDOIN. *ad Ciacon.* tom. II, col. 29).

Panvinius vero, Petrum jam ab anno Christi 1206, Innocentiani pontificatus IX, cardinalem renuntiatum fuisse tradit. Panvinium secutus est Aubery (*Hist. génér. des card.*, tom. I, pag. 237), apud quem etiam inscriptio, de qua supra Oldoinus, legitur, sed non nisi errore fœdata gravissimo. Ibi enim *tertius* cardinalatus Petri *annus*, cum *decimo tertio* Innocentiani pontificatus *anno* conjungitur, quod nequaquam cum sententia, quam auctor ipse amplexus est, stare potest.

Quo anno, quo mense, Petrus in Campaniam legatus, prout hic a scriptore Vitæ Innocentii dicitur, missus fuerit, nullatenus indicant nec Panvinius, nec ipse Oldoinus, apud quos altum de ista Petri legatione silentium. Nihilomagis de hoc certiores nos faciunt vel Anonymus Casinensis (*Rer. Italic. Script.* tom. V, pag. 74, ad an. 1208), vel auctor Chronici Fossæ-Novæ (*ibid.* tom. VII, col. 886), vel Richardus de S. Germano (*ibid.* tom. eod., col. 987), nec proinde, qui, ex vetustioribus scriptoribus, historicam factorum seriem perpetuo filo deducere aggressi sunt, recentiores annalistæ, Raynaldus et Muratorius. Hi quidem ambo, rei, circa Soræ et Sorellæ expugnationem gestæ, summam exponere, pro satis habentes, singula, quæ hic apud nostrum auctorem narrantur, facta sigillatim expendere, ac suum unicuique peculiare, tempus assignare, omnino neglexerunt.

Juxta Oldoinum, qui Petrum titulo cardinalitio non nisi anno 1207 mense Decembri insignitum fuisse docet, idem Petrus legationis munere ante ultimos fere ejusdem anni 1207 dies fungi non potuisset. Verum, tunc difficultas inest, quæ hic,

terram ejus circumquaque devastans. Obsidione vero protracta, cum ad deditionem induci non posset, laboraverunt dividere amnem qui præterfluebat undique castrum ipsum, ut, amne transmisso, adversus ipsum castrum facere possent insultum. Sed frustra laboratum est in utroque; imo, non sine damno fuit attentatum utrumque. Verumtamen ita perfidum arctaverunt, quod, recepta pecunia, quam eisdem nobilibus dominus papa misericorditer mutuavit, reddidit eis castrum, et pacem sub certo tenore firmavit; quam tamen infra modicum tempus non erubuit violare. Nam et quosdam Verulanos, fideles et vassallos domini papæ, causa visitationis ad ipsum circa festum Nativitatis Dominicæ venientes, ut eum, sicut moris est, honorarent, prius benigne receptos, maligne postmodum cepit, et per mutilationem membrorum ad gravissimam redemptionem coegit, non parcens etiam cuidam nobili, quem diu secum familiarem habuerat et insigniverat cingulo militari. Cumque, monitus, satisfacere nollet, prædictus cardinalis, rector Campaniæ et Maritimæ, diffidavit eumdem. Cives vero Sorani, qui præfatum tyrannum, importabilibus eos gravaminibus affligentem, habebant vehementer exosum, inito cum Roffrido (76), venerabili Casinensi abbate, secreto consilio et tractatu, noctu eum cum multis armis introduxerunt in civitatem Soranam, et se ac civitatem reddiderunt eidem ad mandatum domini papæ. Ad cujus auxilium dominus papa Richardum, germanum suum, et Stephanum, camerarium (77), protinus destinavit, et deinde præfatum cardinalem direxit. Qui, congregato exercitu, civitatem ipsam munire cœperunt, pro eo maxime quod Diupuldus cum magna multitudine dicebatur in illius auxilium accessurus; et occupaverunt Planellum (78), montem videlicet qui est supra civitatem, juxta Sorellam, ut, præsidio ibi constructo, civitatem defenderent a Sorella. Tandem, sicut Domino placuit, summo diluculo cum ingenti clamore irruerunt ad vallum, et, facto cœlitus, cum nimia pluviarum effusione, grandi fulgore ac tonitruo, exeuntes adversus ipsos de Rocca, commisso certamine, coegerunt ad fugam; territusque tyrannus, cum putaret se proditum a quibusdam Latinis, qui secum erant in Rocca Sorellæ, reddidit se et suos, salvis personis, in manus præfati Richardi, germani domini papæ; sicque miraculose, præter opinionem omnium, munitionem inexpugnabilem acceperunt, victualibus et armis copiose refertam. Ipsum vero Conradum et suos Ceperanum adduxerunt captivos, apud illos agentes, ut Roccam Arcis faceret eis reddi, quam Hugo, consobrinus ipsius Conradi tenebat (79). Qui, cum ad reddendum eam nec minis nec persuasionibus posset induci, ut sine mutilatione membrorum et sanguinis effusione negotium ageretur, maxime propter summi pontificis honestatem, promissis et datis mille auri unciis et equis viginti, liberatisque captivis, arcem obtinuerunt in pace (80). Quod audiens rex Siciliæ, admirans et gaudens, civitatem Soranam, et Roc-

---

ex instituti nostri ratione, declaranda videtur.

Etenim, etiamsi Petrus, primo mensis Decembris die, anno 1207, cardinalis renuntiatus, statim, ac ipsomet creationis die, legatus in Campaniam missus fuisset, nec sic rerum in Campania gestarum series, prout ab anonymo Cassinensi, a Richardo de S. Germano, a scriptore Chronici Fossæ Novæ, exponitur, cum auctoris nostri narratione facile conciliari posse videretur.

Soram civitatem, *Nonas mensis Januarii, anno Innocentiani pontificatus* x, *id est anno Christi,* juxta nostrum computandi morem, 1208; Sorellam vero, xi *Kalendas Martii, eodem anno* 1208, e manibus Conradi ereptas fuisse, uno quasi ore tradunt tres supra laudati scriptores; iidemque affirmant, id contigisse, *præsente Petro cardinale, rectore Campaniæ,* quem, juxta Oldoini, ex Ciaconio, sententiam, non ante initium mense Decembris, anno proxime elapso 1207, in Campaniam mitti potuisse jam vidimus. Atqui, Innocentii Vitæ scriptor, qui singula facta diligentius enarrat, multa, cademque non levioris momenti, ab eodem rectore, seu legato, et a Conrado, ante Sorellæ, imo ante Soræ expugnationem, id est ante Nonas mensis Januarii anno 1208, gesta fuisse docet, quæ in tam arcto temporis spatio vix locum habuisse potuissent. Quid igitur? Num, in Oldoini (utpote diligentioris, plerumque, rerum ad cardinales spectantium indagatoris) verba jurare astricti, et cum ipso Ciaconium sequentes, cuncta, quæ hic ab auctore nostro narrantur, ab initio mensis Decembris anno 1207, ad finem mensis Februarii anno 1208, gesta fuisse affirmaverimus? Repugnat nimium temporis brevitas. Satius, hac vice, Panvinii auctoritati deferre. Stet per illum, Petrum, non *anno* Christi 1207, Innocentii *decimo, ex sexta* creatione, sed jam ab *anno* Christi 1206, Innocentii *nono,* in *quinta* creatione, S. Pudentianæ, titulo Pastoris, presbyterum cardinalem renuntiatum, paulo post Campaniæ regendæ destinatum, ac etiam adversus Conradum legatum missum fuisse, resque, aut per ipsummet, aut ipso auspicia tantummodo præbente, gestas, in totius anni 1207, duorumque anni 1208 mensium spatio locum habuisse. Suffragabitur et ipsius ab Oldoino memoratæ inscriptionis tenor. *Tertius* enim cardinalatus, anno 1206, Decembri mense, suscepti, *annus,* cum *duodecimo* Innocentii pontificatus *anno,* id est cum anno Christi 1209, optime colligatur.

(76) Vide epist. 38 libri quinti, not.

(77) « Anno 1206, indictione nona, xi Kal. Junii, Stephanus, diaconus S. Heliæ de Ceccano, factus est camerarius domini papæ. » *Chron. Fossæ-novæ,* ad an. 1206 (*Rer. Italic. Script.,* tom. VII, col. 886).

(78) *Planellum.* Sic apud Baluzium; sic etiam et apud Anonym. Casin. (*Rer. Italic. Script.* tom. V, pag. 74). In codice vero Vallicellano, *Priaullum,* mendose.

(79) « Captus Conradus, Sorellæ, cum universis qui fuerant illic inventi, tenetur in vinculis, Roccham Arcis, et Pesclum-solidum reddere pro sua, suorumque qui tenebantur vincti, liberatione promittens. » *Anonym. Cassin.* ad an. 1208, *Rer. Italic. Scrip.* tom. V, pag. 74.

(80) « Prima igitur quinta feria Quadragesimæ, Hugo, pro libertate dicti Conradi et suorum, Stephano, camerario domini papæ Innocentii, et Richardo, ejusdem germano, Roccham Arcis assignat, recepta per eos a domino papa multa quantitate pecuniæ, et firmata personarum et rerum securitate. » Id. *ibid.*

tam Sorellæ, castrum Arcis, et Roccham ipsius, A vel pauci, succurrere voluerunt. Cumque longa Broccum (81), et Pesclum-solidum (82), quæ omnia eripuerunt de manu Conradi, concessit per privilegium præfato Richardo, germano domini papæ, ac ejus hæredibus in perpetuum, constituens illum comitem, et faciens eum de comitatu per regale vexillum, quod illi transmisit, solemniter investiri (83).

XL. Cancellarius autem, manens cum rege in civitate Panormi, modis, quibus poterat, nitebatur eripere palatium de manibus Capparonis. Quod cum non posset efficere, litteras et nuntios regis sæpe direxit pro succursu per regnum, sed nulli,

fieret concertatio inter Capparonem et fautores ejus ex parte una, et cancellarium et fautores. ejus ex altera, Saraceni Siciliæ, qui receperant se in montibus, hoc videntes, non solum se ab obsequio regis penitus subtraxerunt, verum etiam alii descendentes, Christianos multiformiter impugnabant, ita, quod castrum Carilionis (84) ceperunt, pejora facere meditantes. Miserabilem ergo statum regni Siciliæ dominus papa prudenter advertens, licet jam tempus balii exspirasset, assumpto tamen labore, descendit in regnum (85), et apud Sanctum Germanum, juxta monasterium

---

(81) *Broccum.* Sic apud Baluzium, sic et apud Anonym. Casin. *loc. cit.* Sic etiam et apud Richardum de S. Germano (*Rer. Italic. Script.* t. VII, col. 982); in codice Vallicellano, *Broilem.*

(82) *Pesclum-solidum.* Sic apud Baluzium; sic et apud auctores supra citatos; in codice Vallicellano, *Plesulum.*

(83) Vide infra notas ad § 40. Cæterum, conferendæ sunt ad hunc locum epistolæ libri undecimi: 76, *Civibus Soranis; clericis, militibus, et universis hominibus Roccæ Arcis; universis hominibus de Pesclo-solido; qua confirmantur eis rationabiles eorum consuetudines*; dat. Laterani (mense Aprili), an. XI (id est 1208); 80, *Potestati, consiliariis, et populo Pisanis; ut cessent ab omni læsione regni Siciliæ*; dat. Laterani, v Id. Maii.

Et deinde epistolæ, mox infra citandæ.

(84) *Carilionis.* Sic apud Baluzium, in Gestis; in codice Vallicellano *Coroleonis.* In epistola 316 libri primi, *Garo, archiepiscopo Montis-Regalis, ejusque successoribus in perpetuum; qua confirmantur ei privilegia Ecclesiæ suæ*; dat. Romæ, apud S. Petrum, v. Kal. Maii, etc., confirmatur *tota parochia, et diœcesis Castelli* Corilionis.

(85) Ad hunc locum conferendus omnino Muratorius, *Annal. d'Ital.* tom. VII, part. I, pag. 172, ad an. 1208 : « Se crediamo agli storici moderni della Sicilia. Inveges, Pirro, ed altri, il pontifice Innocenzo III nell'anno presente per mare si portò a Palermo, e v'arrivò nel dì 30 di Maggio, per dar sesso agli affari del re Federigo. Sono favole, fondate, a mio credere, sopra una lettera d'esso papa, in cui disse di essere *entrato nel regno*. Ma questa sua *entrata* altro non vuol dire, se non ch'egli andò a Sora, ricuperata con altre terre in quest'anno dalla tirannide degli Ufiziali Tedeschi, delle quali creò egli conte Riccardo suo fratello. Questo è tutto quello, che di lui raccontano l'autore anonimo della sua vita, l'anonimo Casinense, e Riccardo da S. Germano. Se il pontefice avesse fatto un viaggio sino in Sicilia, siccome avvenimento tanto più considerabile, non l'avrebbono taciuto quegli autori. Aggiungasi, che esso Riccardo storico, e Giovanni da Ceccano, minutamente descrivono i passi di questo pontifice, con dire, ch' egli, nel dì 16 di Giugno, uscito di Roma, andò ad Anagni, poscia a Piperno, al monistero di Fossa-nuova, e nel di 23 d'esso mese a S. Germano, dove tenne un parlamento coi baroni del regno, per ajuto del rè Federigo, e per la pace di quelle contrade. Che luogo dunque resta all'immaginato suo viaggio in Sicilia? »

Hactenus celeberrimus Italiæ annalista; et ei quidem omnino assentiendum est; quod quidem cunctis, citatorum ab ipso auctorum narrationem vel levissime perpendentibus, facile patebit. Ac primum, quid habeat Pirrus, videamus.

Locus est in *Sicilia sacra*, part. I, not. pr. *Eccl. Panorm.*, pag. 132, ubi hæc leguntur : « Ut olim Constantia imperatrix (an. 1198), Innocentius III,

pontifex maximus, cui Friderici pueri tutelam illa crediderat, in Siciliam venire statuit, idque litteris significavit *Nobili viro, R. de Aquila, comiti Fundano.* epist. 563 lib. I, datas verisimiliter, VIII Kal. Februarii, an. I, id est 1199..... Adventus vero pontificis Innocentii unicum, quod sciam, reliquum est vestigium, ac parum abfuit quin deperderetur indoctorum hominum negligentia. Ut enim Panormum venit Innocentius, solemni ritu consecravit Divi Petri templum, quod *de Balnearia* dicitur, ac situm est ad Urbis arcem mari imminentem..... Exstat Innocentii diploma, ob ejus templi consecrationem scriptum, quod inter templi tabulas est; sed aliquibus locis pauca ejus verba legi non possunt, quod ibi humor insederit, et nigras characterum formas expunxerit. Exscribam igitur hic, ut potero. Crediderim *secundo* vel *tertio* circiter *pontificatus* anno scriptum id diploma, quanquam id legi nequeat. Res ipsa enim, et illæ, quas attuli, litteræ suadent non longe a Constantiæ obitu Panormum venisse Innocentium. »

Sequitur apud Pirrum diploma ipsum, quod quidem hic transcribere longius foret. In ipso diplomate pontifex declarat, se *cum sex fratribus nostris presbyteris cardinalibus, et cum uno diacono cardinali S. Mariæ in Co...de, et cum Joanne, Dei gratia Aquilano patriarcha, et cum decem et octo archiepiscopis et episcopis de Sicilia et Calabria, in partibus Siciliæ venisse, et ad ecclesiam B. Petri de Balnearia, quæ est in civitate Panormitana, personaliter accessisse.* Addit : *Misericorditer volumus consecrari tertio Kalendas Junii........ anno pontificatus, ad honorem*, etc. Desunt ad finem notæ chronologicæ; sed munitum legitur subscriptione papæ, sex cardinalium, et undeviginti archiepiscoporum seu episcoporum utriusque Siciliæ.

Et hæc quidem habet Pirrus.

Pirri vestigia secutus, eadem refert D. Agostino Inveges, sed mutata temporum ratione. Sic enim ille (*Annal. di Palerm.* part. III, pag. 322, ad an. 1207 et 1208) :

« An. 1207, papa Innocenzo, tanto per li bisogni di terra santa, come per le necessità del giovinello rè, determinò di navigar in Sicilia nella muda dell' anno sequente, come egli istesso in una sua lettera dice : *Ad liberandam terram sanctam de manibus impiorum, approbante concilio, definivimus, ut crucesignati se præparent, quod, in Kal. Junii sequentis anni post proximum, omnes qui disposuerunt transire per mare, conveniant in regnum Siciliæ, et alii apud Messanam, et partes utrobique vicinas, ubi nos personaliter, Domino adjuvante, disposnimus tunc adesse;* e sì come promise, così attese, come n'accerta un suo breve del sequente anno. »

Quænam sit illa Innocentii epistola, ex qua verba quæ hic citat deprompsit Panormitanus annalista, non meminimus. Ex ipsius calculis inter epistolas anni 1206 vel 1207, id est anni pontificatus Innocentii IX vel X, reperiri deberet. Attamen, in Regesto

Casinense, convocatis et congregatis comitibus, baronibus ac prioribus civitatum, ad hoc illos induxit, ut se juramentis et fidejussionibus obligarent, quod super succursu et adjutorio regis, et super pace ac defensione regni, ordinationem ejus bona fide susciperent, et pro posse suo facerent annorum IX et X eam frustra requisivimus. Sed hoc nihil ad rem.

Pergit Inveges : « Anno 1208. Ecco che il papa confirma la promessa dell' anno precedente, et adesso naviga in Sicilia, e, arrivato *in Palermo*, egli in persona, a 30 di Maggio coll' assistenza di VII cardinali, I patriarca, e XVIII arcivescovi e vescovi, consacrò la chiesa *di S. Petro de Balneis*, hoggi *la Bagnarà* (ch'era stata fabricata da Nicolò nel 1082), come appare per una bolla che si conserva insino al presente nell' archivio dell' istessa chiesa, e intiera la rapportano Pirri, (*loc. cit.*) e Cannizaro, (*in ms. de Christ. reliq. Panor.*) ove si dice : *Nos, Innocentius*, etc. (iisdem verbis ac apud Pirrum, *loc. cit.*) cosi la publicò Pirri, dicendo ; *Crediderim* II *vel* III *circiter pontificatus anno scriptum id diploma*, cioè nel 1199, o 1200, *quanquam id legi nequeat*. Mà Cannizaro, havendo fatto maggior diligenza nel leger l'anno affisso nella copia ms. ch'è appo à me, vi ripose XI *anno pontificatus*, ch'è di presente. Fà anco di questa famosa consecratione memoria il P. Ottavio Gaëtano (*in Idea SS. Sicil.* f° 118) : 30 *Maii Panormi consecratio ecclesiæ S. Petri de Balnearia ab Innocenzo III*. Il gran numero di prelati che in questa sacra funzione assisterono, *dai sottoscritti* all' istessa bolla si riconosce..... Il papa, in questa sua venuta in Palermo, con molta sua allegrezza ritrovò già cresciuto, e d'età di 13 anni, il rè Federico ; onde il persuase ad accasarsi, come scrive il Surita (*Ind. rer. Aragon.* lib. I, an. 1208, f° 90).....Hor il papa, havendo maritato in Palermo il giovanetto rè con Costanza, regina vedova d'Ungaria, e insieme havendo disposte le cose per li crucesignati, che dovean travagliar per terra santa, si partì, e, come narra Riccardo (*loc. cit.*), anno 1208, *Innocentius. papa in vigilia S. Joannis, mense Junio, venit ad S. Germanum*, etc. »

Sic igitur rem narrant ambo Siciliani scriptores. Verum ne debili nimis argumento fulta fuerit ipsorum narratio, valde timendum est. Bulla enim ista, quam ex archivio ecclesiæ S. Petri de Balnearia primus in lucem edidit Pirrus, manifesta, ut nobis quidem videtur, falsitatis indicia, vel prima oculorum inspectione, profert.

1° Quoad stylum, quo a principio ad finem exarata est, cum aliis omnibus, de argumento simili, emissis ab Innocentio diplomatibus nullatenus comparari potest ; quod cuicunque aliquas ex multis istiusmodi, quæ in Regestis Innocentii reperiuntur, epistolis legere volenti, facile patebit. 2° Nec mihi, nec cuivis, credo, etiam in his tironi, persuadebitur, istas, qualescunque, notas chronologicas, III *Kal. Junii.... an. pontificatus*, et in medio bullæ inseri, et tum ad finem, tum saltem ad initium, omitti potuisse. Modus enim iste constanti cancellariæ Romanæ usui nimium repugnat. 3° Præsens dicitur *Joannes*, Dei gratia *Aquilanus patriarcha*. Atqui, annis vel 1199 el 1200, juxta Pirrum, vel 1208, juxta Inveges, *Joannes, Aquilanus*, seu *Aquileiensis, patriarcha*, nusquam reperitur. Patriarchales Aquileiæ infulas gesserunt, ab anno 1184 usque ad annum 1199 Gotifredus, ab anno 1199 ad annum 1204 Peregrinus II, ab anno 1204 Wolfkerus. Vide Ughellum, *Ital. sac.* tom. I, col. 68 *et seqq.*; vide etiam, si vis, quæ nos ad epistolam libri septimi 99 adnotavimus. 4° Etiamsi, ex quibusvis huc usque anecdotis monumentis, *Joannes* aliquis, circa ea in quibus versamur tempora, *Aquilanus patriarcha*, in lucem nunc prodire posset, certe ipsum o pontifice Romano, præsertim Innocentio III, DEI GRATIA *patriarcham* dici non potuisse, fatendum foret.

Ex his et aliis similibus argumentis, bullam a Pirro relatam falsi damnare fere audebimus, nec forsan refragabuntur ipsi, modo æquo sint judicio, Siciliani lectores. Adde quod ex exactissima, quoad notas chronologicas, auctoris Chronici Fossæ-Novæ, nec non Richardi de S. Germano, narratione, et imprimis ex continuata ipsius Innocentii epistolarum serie, ut hic ideo palam faciemus, nullus omnino huic pontifici in Siciliam ultra Pharum itineri locus relinquitur.

Etenim, sic legitur apud auctorem Chronici Fossæ-Novæ (*Rer. Ital. Script.* t. VII, col. 887), ad annum 1207.

« Celebrato Ascensionis festo (*id est die* 15 *mensis Maii* ; vid. *Art de vérifier les dates*, tom. I, édit. nouv., pag. 25), Innocentius PP. III, egressus Roma, venit Anagniam. »

Concinunt notæ chronologicæ diversis Innocentii epistolis subjectæ. Vide libri undecimi epistolas : 87, 89, 90, 91, datas Anagniæ, VI *Kal. Junii*; — 85, 86, datas Anagniæ, VI *Kal. Junii*; — 92, dat. Anagniæ, III *Kal. Junii*; — 93, 94, 95, 102, datas Anagniæ, III *Non. Junii*; — 99, dat. Anagniæ, *Non. Junii*; — 103, dat. Anagniæ, VIII *Id. Junii*; — 104, dat. Anagniæ, VI *Id. Junii*; — 105, dat. Anagniæ, III *Id. Junii*; — 100, 101, dat. Anagniæ, *Id. Junii*; — 102, dat. Anagniæ, XVIII *Kal. Junii*.

Pergit auctor Chronici :

« Decimo sexto Kal. Julii, (*die Lunæ*, 16 *mensis Junii*; vid. *Art de vérifier les dates*, *loc. cit.*) egressus Anagniam.... Feria tertia, alio die (*die Martis*, 17 *mensis Junii*, vid. *ibid.*) dominus papa ivit Pipernum et comedit ibi et dormivit... Ad auram post meridiem, dominus papa ivit ad monasterium Fossæ-Novæ ; solemniter cum processione receptus, in refectorio cum conventu cœnavit...... — Feria quarta (*die Mercurii*, 18 *mensis Junii*, vid. *ibid.*), clarente die, dominus papa dedicavit altare majus ecclesiæ novæ prædicti monasterii. Eadem hora et in ipso loco, dominus Richardus, frater domini papæ, factus est comes Soræ, et exaltatus, et buccina vociferatus, per protonotarium, a domino Federico, rege Siciliæ, pro hoc delegatum ; et per totum diem ibi dominus papa moratus est. Cum conventu monachorum, usque ad portam monasterii cum processione celebri conductus, ivit ad castrum S. Laurentii : — Feria quarta (imo quinta ; *die Jovis*, 19 *mensis Junii*, vid. *ibid.*) adveniente, ivit castrum, et die, et nocte ibi pernoctavit. — Sabbato, (*die 21 mensis Junii*, vid. *ibid.*) transivit Ceperanum ; die et nocte permansit ibi. — Dominico die proximante (*die 22 mensis Junii*, vid *ibid.*), a clero totius abbatiæ Casinensis solemniter in Sanctum Germanum dominus papa receptus est, et ibi permansit usque in septimo Kalendas Augusti (*26 mensis Julii die Sabbati*, vid. *ibidem*). Præter quod festum B. Joannis apostoli (*die Martis*, 24 *Junii*), S. Petri apostoli (*Dominica*, 29 *Junii*), et S. Jacobi apostoli (*die Veneris*, 25 *Julii*), celebravit ad montem Casinum. — Septimo Kalendas Augusti (*Sabbato 26 Julii*), dominus papa ivit Soram..... »

Hactenus in Chronico Fossæ-Novæ, *loc. cit.* Et ad hæc etiam ultima congruunt satis epistolarum in Regesto notæ chronologicæ. Vide epistolas ejusdem libri undecimi : 106, apud S. Germannum, V *Kal. Julii*, (die Veneris, 27 *Junii*) ; 128, apud S. Germanum, *Non.* (die Sabbati, 5) *Julii*; — 108, ibid. VII *Id.* (die Lunæ, 7) *Julii*; — 107, 109, 111, 112, 122, 123, dat. ibid. VI *Id.* (die Martis, 8) *Julii*; — 110, ibid. IV *Id.* (die Jovis, 10) *Julii*; — 113, 114, 115, 116, 117, 118, 119, 120, 121, dat. ibid. II *Id.* (die Sabbati, 12) *Julii*; — 126, 127, ibid. XII *Kal.*

observari (86). Ordinatio vero, quam fecit, est talis (87) : *Ut videlicet super succursu et adjutorio regis, et super pace ac defensione regni, magistris Augusti* (die Lunæ, 21 Julii);—125, ibid x *Kal. Augusti* (die Mercurii, 23 Julii);—136, ibid. (viii *Kal. Augusti* (die Veneris, 25 Julii); — 135, dat. Soræ, *Non.* (die Martis, 5) *Augusti*.

Notandum tamen in Regesto reperiri epistolam, n° 124, *Abbati et conventui Fossæ-Novæ* directam, quæ data dicitur *apud monasterium Casinense*, XII *Kal. Augusti*, eodem die quo epistolæ, 126 *Raynaldo, Capuano archiepiscopo, et* 127, *priori et clericis* SS. *Joannis et Pauli Tudertin.* datæ dicuntur *apud S. Germanum*. Quod quidem difficultatem aliquam facessere potest, tantoque majorem, quo disertius affirmat auctor Chronici Fossæ-Novæ, Innocentium, *receptum solemniter in Sanctum Germanum, Dominico die* (22 mensis Junii), *ibi continuo permansisse, usque in septimo Kal. Augusti* (26 mensis Julii); *præter quod festum B. Joannis apostoli* (24 Junii, viii Kal. Julii), S. *Petri apostoli* (29 Junii, ii Kal. Julii), et S. *Jacobi apostoli* (25 Julii, viii Kal. Augusti), *celebravit ad Montem Casinum*.

Adde, si vis, quod apud Richardum de S. Germano (*Rer. Ital. Script.* tom. VII, col. 982) legitur, Innocentium, non nisi die 23 mensis Junii, S. Germanum adiisse. « Eo anno (1208), Innocentius PP. III in vigilia S. Joannis Baptistæ, mense Junio, venit ad S. Germanum. »

(86) « Tunc venientes ad ipsum Petrus de Cælano, et Riccardus Fundanus, comites, cum eis de succursu regis Friderici statuit, et de defensione regni, in hunc modum, videlicet, » etc. RICHARD. DE S. GERM. *loc. supra cit.*

De Richardo de Aquila, comite Fundano, quædam habet auctor Sicilianus, jam a nobis non una vice citatus, quæ quidem hic referre lubet : « Del conte di Celano non so la famiglia; diquella di quel di Fondi, me l'accenna Riccardo altrove (*Chron. ad an.* 1199), e, come scrive Filiberto Campanile (*Delle arme di Neapoli*, f° 203), questa famiglia è antiquissima. E'l primo che di lei si ritrova, è Riccardo dell' Aquila, che visse circa il 1090, come si cava da Pietro Diacono; e fù signore di grande stato in Terra di Lavoro; poichè nel 1097 diede ai monaci di S. Benedetto iv chiese, etc. Goffredo, dopo, suo figlio, fù il primo conte di Fondi, e Rugerio poscia, v'aggiunse la contea d'Avellino. Facea per arme un' aquila d'argento, coronata in campo azurro. » D. AGOST. INVEGES, *Annal. di Palerm.* part. III, pag. 525, ad an. 1208.

De Richardo de Aquila, comite Fundano, mentio habetur apud Hugonem Falcandum (*De tyran. Sicutor.* Vide *Rer. Ital. Script.* tom. VII, col. 269). Hic, versus annum 1156, Robertum Surrentinum, Capuæ principem, *per terram suam transeuntem capi jussit, et regi Siciliæ* (Guillelmo II, dicto *Malo*) *tradidit; quo facto comes Richardus, cum regem antea plurimum offendisset, gratiam ejus promeruit, sed nec infamiæ notam penitus evitavit*. Sed, Richardum de Aquila postea a rege denuo defecisse, et comitatum ejus in possessionem alterius Richardi, *de Sagio* cognominati, devenisse, ex iis quæ refert paulo post idem auctor (*ibid.* pag. 273, 297, 311), colligi potest. Sic enim apud illum legitur : *Per idem tempus* (an. 1167), Richardus de Sagio *Panormum venit... Hic cum Apuliæ diu capitaneus et magister comestabulus exstitisset, toties aliis rebellantibus fidem inconcussam retinens, nunquam a rege defecit. Quem regina* (Margarita, quæ, defuncto Guillelmo, marito suo, regni balium susceperat), *benigne suscipiens, dedit ei comitatum Richardi de Aquila, Fundani comitis, qui sine spe reditus in Romanorum finibus exulabat.* Richardus *de Sagio*, comes Fundanus ad-

capitaneis, quos ad hoc statuit, omnes intendant. Quicunque ordinationem istam receperint, adinvicem sibi pacem observent. Et, si quisquam ab alio huc reperitur apud eumdem Hugonem Falcandum (*ibid.*, pag. 341), versus annum 1169.

Quo pacto autem Richardus *de Aquila*, aut ejecto, aut defuncto Richardo *de Sagio*, comitatum recuperaverit, dicere in promptu non habemus. Verum, jam ab initio pontificatus Innocentii III, Fundanus comes, denuo Richardus *de Aquila* dicebatur, ut patet ex Chronico Richardi de S. Germano (*Rer. Ital. Script.* tom. VII, col. 979), ad annum 1199 : « Eo tempore, Richardus *de Aquila*, Fundanus comes, ut salvam faceret terram suam, Sifrido, fratri comitis Diupuldi, filiam suam dedit in conjugem. » Ad eumdem scripsit pontifex, prout jam adnotavimus, epistolam libri primi 563 ; nam in suscriptione illius epistolæ legendum esse *R* pro *L* (quod legitur apud Baluzium, tom. I, pag. 522) ex his quæ modo diximus, nullus dubitandi locus.

Sed, nunc etiam erratum fuerit in epistola 108 libri quinti, quæ directa dicitur *R. tituli* SS. *Marcellini et Petri presbytero cardinali, abbati Casinensi, qua ipsi indulgetur ut recipiat a Roberto* de Aquila *duo castra*, et illic potius, *a Richardo de Aquila*, legi oporteat, ambigitur. Nam, de *Roberto* quodam *de Aquila*, patruo *Rogerii de Aquila, comitis Fundani* (quem mox, post *Richardum de Aquila*, memoratum videbimus), mentio habetur apud auctorem Chronici Fossæ-Novæ, ad an. 1216.

Richardum de Aquila, comitem Fundanum, Diupuldi partes amplexum fuisse, et cum ipso a Waltero, comite Brennensi, an. 1201, die 10 Junii victum fuisse, luculentum habetur testimonium in versibus, quos ex codice Montis-Cassini, et Joanne, monacho ejusdem loci, refert idem auctor Chronici Fossæ-Novæ (*Rer. Italic. Script.* tom. VII, col. 879) :

Mille centum bis, primo cum quibus anno,
Per vim Francorum, Capuæ, Terræque Laborum,
Est data magna salus, est ubi multa palus.....
Theutonicorum Brammæ Diopuldum vicit ad amnem:
Agnellæ pontis Francis Gualterius ortus:
Hisque die deno venit victoria cœlo
De Junii mense, quo multos vulnerat ense.
Ad Cavios victi fugiunt, castrisque relictis.
His Aquilæ Fundi comes et Richardus in undis.
Effugiens lethum, cupiens redire Traëtum,
Voce petit cœlum: Socii, remeate Calenum,
Nemo tantorum valet ictus ferre virorum;
Fortes insistunt; quos spero vincere, vincunt, etc.

Ad R. (Richardum de Aquila, procul dubio) comitem Fundanum, dirigitur alia ejusdem pontificis epistola, libri noni 61, *qua pontifex conventionem, inter ipsum comitem ac Jacobum Deodatumque Frajapanes, adversus Terracinenses factam, ratam habet*; dat. Ferentini, iii Kal. Junii, an. ix (id est 1206). Cum Richardo igitur (*de Aquila*), una cum Petro de Cælano, pontifex, anno 1208, statuit de succursu regis Friderici et de defensione regni, in modum quem exponit hic Gestorum auctor. Eodem anno, (juxta Richardum de S. Germano, *loc. cit.*) comes Fundanus supra memoratus, auctoritate fretus et vi comitis Diopuldi, Capuam recepit, a Capuanis vocatus, in odium Cælani comitis, cujus filius Raynaldus ipsius civitatis archiepiscopus erat. Sed, anno sequenti, 1209, dictus Cælani comes castellum Capuæ recepit a Leone de Andria castellano, hoc filio ipsius, dicto archiepiscopo procurante, et dictus Fundanus comes, qui castellum ipsum tenebat obsessum; metus causa Capuam exiit.
Anno

(87) Vide epistolam libri undecimi 32.

fuerit offensus, non statim reoffendat eumdem; sed apud magistros capitaneos querelam deponat, qui eam secundum rationem et consuetudinem regni faciant emendari. Qui autem ordinationem istam recipere noluerit aut servare, tanquam hostis publicus habeatur, et a cæteris impugnetur. Ducenti milites dirigantur in succursum et adjutorium regni usque ad Kalendas Septembris, moraturi per annum in expensis eorum a quibus fuerint destinati. Distribuantur autem secundum æstimatorum arbitrium, qui ad hoc fuerint specialiter deputati, pensatis debitis serviitiis et propriis facultatibus comitum et baronum, ac etiam civitatum; proviso etiam, ut ad opus eorum victualia dirigantur. Civitates autem, comites et barones assignent in propriis expensis certum numerum bellatorum ad prædictorum capitaneorum mandatum, si quando guerra contra quemquam propter hoc fuerit exercenda. In omnibus autem servavit sibi plenariam potestatem addendi et minuendi, mutandi et declarandi, prout viderit expedire. »

Scripsit autem super hoc comitibus, baronibus, et cæteris regni fidelibus, in hunc modum:

(88) *Affectum dilectionis et gratiæ, quem habemus ad regem et regnum Siciliæ, licet in multis multoties ostenderimus, nunc tamen evidentius et expressius per effectum operis demonstramus, cum propter necessitatem urgentem in regnum personaliter descendimus, cæteris mundi negotiis ex magna parte postpositis, propter hoc unum, ut in ipso videlicet pacem et justitiam reformemus. Bonum ergo per Dei gratiam assecuti initium, progressum intendimus facere meliorem, ut finis optimus subsequatur. Quodcirca, devotionem vestram monemus, et exhortamur in Domino, per apostolica vobis scripta mandantes, quatenus, sicut divinam, et apostolicam ac regiam gratiam charam habetis; ordinationem, quam fecimus super regis adjutorio et succursu, defensione ac pace regni, ad exemplar aliorum comitum et baronum, ac etiam civitatum, recipiatis hilariter et efficaciter observetis, prout ipsa ordinatio in capitulari continetur expressa, bulla nostra munito, magistris capitaneis humiliter intendentes, qui ad exsecutionem ipsius de mandato nostro fuerint constituti; ne si forte, quod absit! quisquam præsumeret refragari, pœnam in ipsa ordinatione statutam incurrat, et nos manus nostras in eum spiritualiter et temporaliter aggravemus. Quia vero, propter fervorem æstatis, ad præsens non possumus personaliter descendere in Apuliam, vices nostras, super hiis committimus exsequendas dilecto filio nostro, G. Sancti Theodori diacono cardinali, apostolicæ sedis legato* (89), *cui dilectum filium, O. acolythum nostrum, a latere nostro transmissum, duximus adjungendum.*

XLI. Licet hic circa processum temporalium actionum figere gressum, ut, ad principium promotionis hujusmodi præclarissimi pontificis recurrentes, spirituales (90) actus interim persequamur.

Inter omnes itaque pestes, habuit venalitatem exosam, cogitans, qualiter eam posset a Romana Ecclesia exstirpare. Statim ergo fecit edictum, ut nullus officialium curiæ suæ quidquam exigeret, præter solos scriptores et bullarios (91), quibus tamen certum modum præfixit, districte præcipiens ut singuli suum officium gratis impenderent, recepturi gratanter, si quid eis gratuito donaretur. Fecit igitur ostiarios a notariorum cameris amoveri ut libere ad eos pateret accessus.

Erat autem infra sacrum Lateranense palatium in transitu, juxta cisternam coquinæ, nummulariorum (92) mensa locata, super quam quotidie ponebantur vasa aurea et argentea, monetarum diversitas, multusque thesaurus ad vendendum vel cambiandum; quam idem solertissimus pontifex, illius zelo succensus qui mensas nummulariorum subvertit, de toto palatio fecit penitus amoveri.

Ter in hebdomada solemne consistorium, quod in desuetudinem jam devenerat, publice celebrabat

---

Anno 1210, idem Richardus *de Aquila*, Fundanus comes, Frederico imperatori Gaietam accedenti obviam iit (juxta eumdem auctorem, *loco citato*). Verum anno 1214, ab eodem auctore (*loc. cit.*) Fundanus comes, non *Richardus*, sed *Rogerius de Aquila* dicitur: « Hoc anno *Rogerius de Aquila*, Fundanus comes, cepit castrum Motulæ, et illud bonis omnibus spoliavit. » Num igitur post annum 1210, et ante annum 1214, obierat *Richardus de Aquila*, et ipsi successerat, filius forsan ejus, *Rogerius ?* Certe (juxta nostrum auctorem, *loc. cit.*) *Rogerius de Aquila*, comes Fundanus, an. 1218, Frederici imperatoris, Constantiæque uxoris ejus, in principis apostolorum basilica, mense Novembri, in festo B. Cæciliæ, coronationi interfuit, cum nonnullis baronibus regni occurrens ipsi imperatori, ut ipsius sibi gratiam compararet, eidemque dedit liberaliter dextrarios quos habebat, quos redeuntibus in Alemanniam Theutonicis ipse largitus est imperator.

De *Rogerio* mentio etiam habetur in Chronico Fossæ-Novæ (*loc. cit.*) prout jam diximus, ad annum 1216: « 1216, decimo Kalendas Junii, tempore domini Innocentii papæ III, venit comes *Rogerius* *de Aquila*, cum exercitu suo in territorio Ceccano, devastavit segetes, etc..... Alio die cœpit reverti Fundum, et dominus Joannes de Ceccano insecutus est eum; invenit eum in territorio castri Vallis Vursæ, prævaluit super eum, fugatus est comes, et dominus Joannes cepit de exercitu suo *Robertum de Aquila*, patruum comitis, cum septuaginta militibus electis, et aliis hominibus..... »

(88) Vide epistolam 130 ejusdem libri.
(89) Vide notas ad epistolam 120 libri noni.
(90) *Spirituales*. Sic apud Baluzium, recte quidem, ut nobis videtur. In codice Vallicellano, *speciales*.
(91) *Bullarios*. Sic in codice Vallicellano; apud Baluzium, *bullatores*, vox quidem incognita Lexicis. *Bullarii* vero curiæ Romanæ, sunt *bullarum* seu diplomatum confectores. Vid. Cang. *Gloss*. tom. I, col. 1348.
(92) *Nummularii*, Græce ἀργυραμοιβοί, κολλυβισταί, iidem ac *campsores*, qui nummulos et minutos nummos pro majoribus dabant iis qui necesse habebant majores minoribus ad usum quotidianum permutare. Vid. Cang., *Gloss*. t. IV, col. 1246

in quo, auditis querimoniis singulorum, minores causas examinabat per alios; majores autem ventilabat per se, tam subtiliter et prudenter, ut omnes super ipsius subtilitate ac prudentia mirarentur, multique litteratissimi viri et jurisperiti Romanam Ecclesiam frequentabant, ut ipsum duntaxat audirent, magisque discebant in ejus consistoriis, quam didicissent in scholis. præsertim cum promulgantem sententias audiebant; quoniam adeo subtiliter et efficaciter allegabat, ut utraque pars se victuram speraret, dum eum pro se allegantem audiret: nullusque tam peritus coram eo comparuit advocatus, qui oppositiones ipsius vehementissime non timeret. Fuit autem in ferendis sententiis ita justus, ut nunquam propinas (93) acciperet, nunquam a via regia declinaret; easque cum multa maturitate, deliberatione præhabita, proferebat.

XLII. Ob hoc ad ejus audientiam tot et tantæ cœperunt de toto orbe causæ perferri, ut plures et majores causas ipse suo tempore diffiniverit, quam a longis retro temporibus in Romana fuerint Ecclesia diffinitæ. Statim enim circa suæ promotionis primordium, Compostellanus et Bracarensis archiepiscopi ad ejus præsentiam personaliter accesserunt, pro causis quæ vertebantur inter eos de septem episcopatibus, videlicet Colimbriensi, Lamecensi, Visensi, Egitanensi, Ulixbonensi, et Elborensi, ac Zamorensi. Quæ causæ licet essent perplexæ (94) nimium et diffusæ, ut super eis magni essent hinc inde libri conscripti, et vix possent earum merita declarari, per oppositiones tamen et inquisitiones ipsius ita demum sunt earum abdita patefacta, easque tam prudenter et subtiliter diffinivit, ut omnes in eo supereminentem intelligentiam commendarent (95).

Eodem quoque tempore, veterem, illam, sed nedum terminatam (96) querelam, quæ de metropolitana dignitate super totam Britanniam inter Turonensem et Dolensem Ecclesias vertebatur, tam prudenter examinavit, tamque subtiliter diffinivit, ut, licet per prædecessores suos multoties fuerit diffinita, nunquam tamen, nisi per eum, finem fuerit sortita finalem (97).

Litem etiam quæ inter archiepiscopum et capitulum Cantuariensis Ecclesiæ cœperat agitari super ecclesia de Lamehe, quam idem archiepiscopus, eodem capitulo contradicente, construxerat et dotaverat multis et magnis redditibus, instituens in ea canonicos regulares, viros nobiles, potentes et litteratos, non sine multa difficultate sedavit (98). Nam rex et archiepiscopus in illo facto se mutuo adjuva-

---

(93) *Propinas.* Sic in codice Vallicellano; apud Baluzium vero, *personas*, quod quidem commode stare posset. *Propina*, vox hodie fere propria cancellariæ Romanæ, olim exponebatur, *jus pastus*, sive *procuratio.* Vid. notitiam anni 1362, apud Guillimannum (lib. III, *De rebus Helvetiorum*, cap. 1): « Abbas, cellarius, et cæteri officiales ejusdem temporis, ipsis dare compellebantur certas *propinas*, quæ se annuatim extenderunt ad 30 florenos circiter et amplius, secundum statum temporis. » Nicolaus de Clemengis (lib. *De annatis non solvendis*, p. 84): « Et talis oblatio, et gratuita datio, juxta vulgare Italicum, dicta fuit *servitium*, et secundum Alemannos *propina* dicitur. » Alia est apud eumdem Nicolaum Clemengis vocis *propina* notio. Neque enim de jure *procurationis* ibi agitur, sed de *annatis*, seu redditibus unius anni, quæ ab eo qui recens in demortui episcopi, aut abbatis, locum succedit, exsolvi summo pontifici solitum est, vel de ejus consuetudinis origine; quod satis probant verba loci citati: « De vacantibus vero et fructibus primi anni majorum prælaturarum, abbatiarum, videlicet episcopalium, et super (*hic aliquid deesse videtur*), nullum aliud initium, (*num potius*, initio?) fuisse videtur, quam voluntaria et gratuita oblatio quorumdam, qui, in discordia electi, ad abbatialem vel cathedralem ecclesiam, dum prosequerentur in curia, per appellationem ad eam factam, per eum qui obtinebat finalem victoriam, promovebantur, sive eligebantur. » etc. Vid. Cang., *Gloss.* tom. V, col. 908.

(94) *Perplexæ.* Sic in codice Vallicellano; apud Baluzium, *prolixæ.*

(95) Vide epistolas libri secundi: 103, *Petro, Compostellano archiepiscopo; decernit episcopatus Ulixbonensem et Elborensem esse subjectos archiepiscopo Compostellano*; dat. Later., VI Non. Julii;—105, *Martino, Bracarensi archiepiscopo; quod sententia, lata pro archiepiscopo Compostellano, non præjudicet Bracarensi*; dat. Later., III Non. Julii;—106, *Eidem; concordiam, inter ipsum et Compostellanum archiepiscopum initam, confirmat*; dat. Later., II Non. Julii;—133, *Petro, Compostellano archiepiscopo; ut inter Ecclesiam Compostellanam et Bracarensem inita transactio observetur*, dat. Later. (verisimiliter), IV Id. Julii;—134, *Bracarensi archiepiscopo, ejusdem argumenti*; dat. ut supra;—135, *Ulixbonensi, Elborensi et Zamorensi episcopis; de eadem re*; dat. ut supra;—136, *Lucensi, Astoriensi, Mindonensi, Auriensi et Tudensi episcopis; de eodem argumento*; dat. ut supra;—138, *Martino, Bracarensi archiepiscopo; datas a rege Bracarensi Ecclesiæ decimas confirmat*; dat. Later., III Id. Julii;—139, *Petro, Compostellano archiepiscopo; ut ecclesia Compostellana posthac metropolitana habeatur*; dat. Later., II Id. Julii;—149, *Bracarensi archiepiscopo; ut concordiam, inter Ecclesiam Compostellanam et Bracarensem initam, servet*; dat. Later., XIII Kal. Augusti.

(96) *Terminatam.* Sic apud Baluzium, qui in cod. Reg. legi monet, *inveteratam*, ut habet codex Vallicellanus.

(97) Vide epistolas libri primi: 168, *Archiepiscopo et capitulo Turonensibus; citantur ad audiendum sententiam proferre in causa ipsorum contra Ecclesiam Dolensem*; dat. Romæ, apud S. Petrum, Id. Maii, pontificatus anno I.

Libri secundi: 82, *Bartholomæo, Turonensi archiepiscopo, ejusque successoribus; de subjectione episcopi Dolensis*; dat. Later. Kal. Junii, pontificatus anno II; et sequentes, usque ad epistolam 89 ejusdem libri secundi.

(98) Vide epistolas libri primi: 111, *Cantuariensi archiepiscopo; ne, in læsionem aliarum Ecclesiarum, novam capellam ædificare pergat*; dat. Romæ, apud S. Petrum, Kal. (apud Roger. de Hoved. Id.) Maii, pontificatus anno I;—337, *Regi Anglorum; de capella quadam Cantuariensi, propter quam pontificem rex adierat per litteras*; sine data;—432, *Huberto, Cantuariensi archiepiscopo; ut a constructione et prosecutione capellæ de Lamhee cesset atque abstineat*; dat. Later. Kal. (apud Gervasium, XII Kal.) Decembris, pontificatus anno I;—433, *Suffraganeis Ecclesiæ Cantuariensis; ne archiepiscopo suo obtemperent, qui summo pontifici obedire contemnit*; dat. ut supra;—434, *Lincolniensi et Eliensi episcopis, et abbati S. Edmundi; ut ablata ab archiepiscopo Can-*

bant. Capitulum autem non habebat, post Deum, nisi solum Romanum pontificem adjutorem, asserens pro constanti, quod, nisi præfatam ecclesiam faceret demoliri, metropolica dignitas pro majori parte transferretur ad illam. Ubi vero dominus papa rationes partium sufficienter audivit, apostolicæ sedis auctoritate decrevit, ut dictus archiepiscopus eamdem ecclesiam suis sumptibus demoliretur, omnino in irritum revocans quidquid factum fuerat circa ipsam. Quod cum facere distulisset, prætendens, quod rex illud fieri non sinebat, ipse, successus

A zelo justitiæ, præcepit districte in virtute obedientiæ archiepiscopo memorato, ut illud exsequi ulterius non differret; alioquin, sciret se ab officio pontificali suspensum, et suffraganeos suos ab ejus obedientia esse substractos. Et sic demum, quantumcunque rex et archiepiscopus reniterentur et murmurarent, impletum est penitus quod mandavit.

Controversiam quoque quæ vertebatur (99) inter Mediolanensem (100) archiepiscopum et abbatem de Scozula (1), super districtu et jurisdictione præ-

---

tuariensi monachis restituant, cum fructibus perceptis; dat. Later., xi Kal. Decembris, an. 1; — 435, *Regi Anglorum; ne rex istam restitutionem monachorum impediat;* dat. Later., xii Kal. Decembris, an. 1; — 436, *Priori et conventui Cantuariensibus; consolatoria epistola in causa archiepiscopi et monachorum;* dat. ut supra; — 485, *Regi Anglorum; ne Cantuarienses monachos, contra jus, contraque rem judicatam, et Romani pontificis auctoritatem, opprimat;* dat. Later., xi Kal. Januar., an. 1; — 486, *Rothomagensi archiepiscopo, et episcopo Eliensi; ut pontificis litteras Anglorum regi offerant, et interpretentur, causamque monachorum commendent;* dat. ut supra; — 580, *Regi Angliæ; scribit pro monachis Cantuariensibus;* dat. Romæ, apud S. Petrum, Non. Martii, an. 1; — 581, *Suffraganeorum Cantuariensis Ecclesiæ ad papam; rescribunt in causa capellæ de Lamhee;* sine data; — 582, *Abbatum Cisterciensium ad papam; de eodem argumento;* sine data; — 583, *Monachorum Cantuariensium ad papam; exponunt afflictiones suas;* sine data.

Libri secundi : 71, *Lincolniensi et Eliensi episcopis, et abbati S. Edmundi; ut controversiam inter archiepiscopum Cantuariensem, et monasterium, componere studeant;* dat. Later., xiv Kal. Junii.

(99) Conferendæ sunt omnino ad hunc locum epistolæ libri primi : 37, *Archiepiscopo Mediolanensi; super quæstione, quæ inter ipsum et monasterium S. Donati de Scozula vertebatur;* dat. Later., vi Non. Martii, an. 1 (id est 1198); — 85, *Eidem, de citatione Passaguerræ; causidici, ad dicendam causam Romæ;* dat. Romæ, apud S. Petrum, Idib. Aprilis, an. 1 (id est 1198); — 360, *Consulibus Mediolanensibus; quod Passaguerra juste fuerit excommunicatus;* sine data.

Libri secundi : 37, *Ph. archiepiscopo Mediolanensi; de eodem argumento;* dat. Later., xvi Kal. Maii, an. ii (id est 1199).

(100) Agitur hic de Philippo Lampugnano, al. *de Prendebonis,* de cujus electionis tempore, cum inaccurate scripserit Ughellum (*Ital. sacr.* t. IV, col. 246), alia quædam ex diversis rerum Italicarum scriptoribus colligere, ac studiosorum lectorum oculis hic subjicere operæ pretium existimavimus.

Ac primum, audiamus Ughellum, *loc. cit.* : « Defuncto Oberto de Terzaghis, qui ad clavum Mediolanensis Ecclesiæ sederat menses ix, dies v, et concesserat e vita anno 1197, die xii Aprilis, vacavit sedes mense i, et xxix dies. Postea, Philippum Lampugnanum, virum nobilem, metropolitanæ ecclesiæ archipresbyterum, ad hanc sedem promovit sacer Mediolanensis senatus, Cœlestino III pontifice annuente, die undecima Junii 1197. Ad hunc plures scripsit epistolas Innocentius III, quæ partim sunt in Corpore Juris. Pacem inter Papienses et Mediolanenses icto fœdere sancivit. Præfuit plus minus annis decem optime ac utilissime, migravitque ex hac mortali vita an. 1207. » Hactenus Ughellus.

In Chronico F. Francisci Pipini, cap. 7 et 8, (apud Muratorium, *Rer. Italic. Script.* tom. IX, col. 634), hæc habentur : « Ubertus, Mediolanensis archiepiscopus, fuit nativitate Mediolanensis, ex prosapia de Tertiago, et erat archipresbyter Modoetiæ, quando ad archiepiscopatum fuit assumptus; cœpit præsidere anno Domini 1196, qui fuit annus vi Henrici imperatoris VI, seditque mensibus ix, et diebus v. Sepultus in ecclesia hiemali. Philippus eidem Uberto in archiepiscopatu successit, qui sedit annis x, mensibus iv, diebus vii ; hic fuit natione Mediolanensis, ex agnatione de Prendebonis. Cœpit an. 1197. Sepultus est in Tyvulna Claræ-vallis. »

In Galvanei Flammæ *Manipulo florum,* cap. 230 (apud eumd. tom. XI, col. 659) : « Anno Domini 1197, Philippus Prandebonus, sive de Lampugnano, factus fuit archiepiscopus Mediolanensis. »

Verum, in libello cui titulus : *Ordo antiquus episcoporum suffraganeorum S. Medionensis Ecclesiæ et Catalogus archiepiscoporum Mediolanensium, etc.,* quem reperire est apud eumdem Muratorium (*Rer. Italic. Script.* tom. I, part. ii, pag. 228), diversa leguntur : « Ubertus de Tertiago, sedit mens. ix, et diebus v. Vacavit autem sedes diebus xxix. — Philippus de Lampugnano sedit ann. x, et mens. iv, et dieb. vii. Vacavit autem sedes dieb. xxix. (*Alia manu additur*) : et sepultus est in ecclesia Caravillosi (scribendum forte *Clarævallis,* seu *Clarævallensi*). »

Demum, in altero libello, cui titulus : *Excerpta historica ex vetustissimo Kalendario ms. Ambrosianæ bibliothecæ* (apud eumd. *ibid.* pag. 235), de præsulibus Mediolanensibus, circa hæc in quibus versamur tempora, ista reperio : « An. 1195, iii Id. Septembris electus fuit dominus Ubertus de Tertiago in archiepiscopum Mediolanensem. — An. 1196, Id. Julii, obiit dominus Ubertus, archiepiscopus Mediolanensis. — An. 1199, ii Non. Augusti, combusta est ecclesia S. Laurentii Majoris ab igne de Porta Zobia. — An. 1200, vi Id. Maii, turris de Besate capta fuit. xii Kal. Julii, Papienses et Mediolanenses roboraverunt Rorate, et multi ex Mediolanensibus et Cumanis capti fuerunt. — An. 1201, Non. Julii, Vigivanense castrum captum est a Mediolanensibus. vi Kal. Augusti, Papienses capti sunt a Mediolanensibus, et a Placentinis juxta oppidum Nigrini. — An. 1203, vi Id. Martii, factus fuit pons ad locum ubi dicitur Pons Reginæ, supra Ticinum per medium Morimundum. — An. 1207, iii Id. Aprilis, dominus Ubertus de Pirovari intravit Mediolanum, et incathedratus est : et præcedenti die, obiit Philippus archiepiscopus, et sequenti die sepultus fuit. »

(1) *De Scozula.* Sic apud Baluzium, qui ad epistolam libri primi 37, ubi de hac controversia, monet in tertia compilatione Decretalium (lib. ii, tit. 17, *de sequestratione possessionum et fructuum,* cap. 1) legi, *de Strogula.* In codice Vallicellano habetur, *de Succula.* Certe, in aliis Innocentii epistolis, supra citatis, ubi etiam de eadem controversia agitur, *de Scozula* etiam diserte legitur.

fati loci et castellantiæ (2), hominum quoque qui habitant in Baveno, Gralia (3), Carpuneto (4), Vesterpeno, Cadempleno (5), Insula superiore, Bolgerate, ac Lisia, mirabiliter terminavit. Nam, cum diu multumque super iis, coram diversis judicibus delegatis, fuisset a partibus litigatum, et testes ac instrumenta producta, pro eo quod, cum cera sigilli ab interiori parte, quasi ad conservationem sigilli, recens erat et mollis (6), falsitatem taliter deprehendit, quod videlicet, præsentibus partibus cum omnibus advocatis, in præsentia cardinalium, idem dominus papa dixit quod volebat in conspectu omnium frangi sigilla, et, si reperirentur vera et incorrupta, renovari faceret instrumenta sub testimonio bullæ suæ; si vero invenirentur corrupta vel falsa, nolebat quod prævaleret falsitas veritati. Quod cum factum fuisset, certo certius est compertum quod sub vetusto sigillo charta fuerat perforata, et per glutinum novæ ceræ, quæ posita fuerat exterius quasi ad conservationem sigilli, vitiose fuerat ipsi chartæ conjunctum; et, sic falsitate comperta, contra monasterium (7) sententiam promulgavit, omnibus admirantibus quod mirabiliter deprehenderet vitium falsitatis.

Quis autem enumerare sufficeret innumerabilem multitudinem quæstionum quas inter diversas Ecclesias et personas super variis et dubiis articulis diffinivit, via regia semper incedens, nunquam declinans ad dexteram vel sinistram, personas (8) non accipiens, et munera non acceptans?

XLIII. Cum autem Turonensis archiepiscopus (9) quemdam, qui fuerat electus in episcopum Abrincensem, et per metropolitanum suum postea confirmatus (10), et tam in spiritualibus quam in temporalibus aliquandiu ministraverat, in Andegavensem Ecclesiam, præter apostolicæ sedis auctoritatem, præsumpsisset transferre ac episcopum consecrare, quem Rothomagensis archiepiscopus, præter apostolicæ sedis mandatum, a priore absolvit Ecclesia, et ad posteriorem ei licentiam tribuit transeundi, attendens idem prudentissimus papa hoc attentatum esse in derogationem apostolicæ dignitatis, cui soli competit episcoporum translatio, utrumque archiepiscopum a confirmatione pariter et consecratione pontificum, ipsum autem electum a pontificalis officii exsecutione suspendit, auctoritatibus et rationibus evidenter ostendens quod idem juris est in confirmatis electis quod in episcopis consecratis (11).

Propter eamdem causam Antiochenum patriarcham (12) a pontificali suspendit officio, quia videlicet Appamiensem electum (13), præter apostolicæ

---

(2) *Castellantiæ*. Sic apud Baluzium. Sic etiam in epistola libri secundi supra citata. In codice Vallicellano *Castellanii*. *Castellantia* et *Castellanium*, voces æque incognitæ Cangio, sed quæ idem sonare posse videntur, ac apud eumdem *Castellania*, quam exponit (*Gloss*. tom. II, col. 39) : « Dignitas, officium, seu feudum castellani, vel castellani districtus, ut apud Radulphum de Diceto. » Verum, apud Carpenterium (*Supplem*. t. I, col. 857), ita exponitur : « *Castellancia*, opera in ædificando vel reparando castro exhibita. » Charta an. 1167, apud Muratorium (*Antiq. Ital. med. ævi*, t. IV, col. 39) : « Absolvimus homines de Lemonte, et de Civenna, ut non teneantur esse de vicinancia hominum de Bellasio, neque per Castellanciam, vel fodri dationem, vel placitationem, seu aliquam districtionem. »

(3) *Baveno, Gralia*. Sic apud Baluzium; in codice Vallicellano *Baveno-gralia* ; mendose quidem, ut videtur ex epistola libri secundi supra citata, ubi legitur, *de hominibus qui habitant in curte Baveni, et tenent res monasterii memorati, scilicet in Gralia*.

(4) *Carpuneto*. Sic apud Baluzium ; sic et in codice Vallicellano : in epistola supra citata, *Carpuneno*.

(5) *Cadempleno*. Sic apud Baluzium in Gestis, ac in epistola sæpe laudata : in codice Vallicellano *Capimico*.

(6) Vide in epistola libri secundi toties citata.

(7) *Monasterium*. Sic apud Baluzium ; in codice Vallicellano, *monachos*.

(8) *Personas*. Sic apud Baluzium ; in codice Vallicellano *pecunias*.

(9) Vide notas ad epistolam 53 libri quinti.

(10) Guillelmus de Chimeleio (*de Chemillé*, al. *de Chimeli*), ex archidiacono Richemundiæ factus fuerat episcopus Abrincensis anno 1196, a Richardo Angliæ rege, teste Hovedeno, et a metropolitano suo (Walterio *de Coutances*, archiepiscopo Rothomagensi, qui sedisse dicitur ab anno 1184 usque ad annum 1207) confirmatus. Postquam in Ecclesia Abrincensi aliquandiu tam in spiritualibus quam in temporalibus, adhuc electus, ministrasset, nondum consecratus, a dicto metropolitano liber dimissus et absolutus est, et a Turonensi ad Ecclesiam Andegavensem translatus. Quamobrem uterque archiepiscopus a confirmatione et consecratione pontificum, et Guillelmus ab officii pontificalis exsecutione suspensus est a Bituricensi, jusso ab Innocentio III, v Kal. Maii 1198, qui, ob urgentem Ecclesiæ Andegavensis necessitatem, evidentemque utilitatem, eos absolvit in Non. Decembris anni ejusdem. *Gall. Christ. nov*. tom. XII, col. 483.

(11) Vide epistolas libri primi : 117, *Bituricensi archiepiscopo; quod episcopos ad aliam Ecclesiam transferre absque licentia papæ non liceat;* dat. Romæ, apud S. Petrum, v Kal. Maii, an. 1 (*id est* 1198) ; — 447 *Turonensi archiepiscopo; de eodem argumento*; dat. Laterani, III Non. Decembris, an. I (*id est* 1198) ; — 552, *Decano et capitulo Andegavensibus; de eodem argumento*; dat. Laterani, XII Kal. Februarii, an. I (*id est* 1199).

(12) Onuphrius Panvinius, Genebrardus, aliique recentiores, imo et Catalogus Arabicus charissimi viri Assemani, *Radulphum* quemdam *Aymerico*, versus annum 1187 defuncto, subjungit in patriarchatu Latinorum Antiocheno, rectene an secus, pronuntiare non ausim, ut errasse quotquot illi 33 annos regiminis assignant, certo certius est. Si enim Radulphus iste aliquando sedit, non profecto ultra annum 1200, qui solum decimus tertius suæ præfecturæ exstitisset, a fine scilicet anni 1187, vel ab anno sequenti 1188. Panvinius duplicem Petrum omittit, qui in eo 33 annorum spatio Antiochenam Ecclesiam administrarunt. Petrus (de quo vide notas ad epistolam 52, libri noni, sedebat anno 1201. *Or. Christ*. tom. III, col. 1157.

(13) De isto, præter ea quæ ab ipso Innocentio PP. III, in epistolis mox indicandis referuntur, nihil apud Le Quien, *Or. Christ*. tom. III, col. 1165 et 1183.

sedis licentiam, in Tripolitanum episcopum transferre praesumpsit; sed utrosque, suam ignorantiam humiliter confitentes, et indulgentiam suppliciter postulantes, sine difficultate et mora restituit et absolvit (14).

XLIV. Propter similem quoque causam excommunicavit Conradum, Hildesheimensem episcopum (15), imperialis aulae cancellarium, virum utique nobilem, divitem et potentem, ingeniosum, industrium et astutum, quia videlicet ad Herbipolensem Ecclesiam sua praesumpsit temeritate transire, monitusque contempsit resipiscere ab errore, praetendens quod a Coelestino papa sibi fuerat indultum, ut invitatus majorem posset assumere dignitatem. Sed haec indulgentia eum non poterat excusare, quoniam Herbipolensis Ecclesia quamvis ditior, non tamen dignior quam Hildesheimensis, existit, et majoris est indulgentiae, ut transeat quis ad parem, quam ad majorem dignitatem ascendat. Et ideo, cum, post admonitionem contemptam, praecepisset eidem quatenus Ecclesiam utramque dimitteret, quia cautum est in canonibus ut qui ad majorem se plebem transtulerit, et a cathedra pelli debeat aliena, et carere propria, ut nec illis praesident quos per superbiam sprevit, nec illis quos per avaritiam concupivit, ipse tandem excommunicari fecit eumdem, et excommunicatum per totam provinciam publicari. Qui cum ab omnibus vitaretur, tentavit multoties per honorabiles nuntios, si forsan intercessione principum, aut oblatione munerum ejus posset animum inclinare. Quod cum nullo modo proficeret, proprium tandem recognoscens excessum, primo coram Magdeburgensi archiepiscopo (16), et multis principibus, ac secundo coram Maguntinensi archiepiscopo (17), et multis aliis magnatibus juramento firmavit, quod mandatis apostolicis obediret. Et exinde, nec viarum evitans discrimina, nec incommoda temporis impacati, ad apostolicam sedem accessit, in multa contritione cordis et humilitate corporis absolutionis beneficium implorans. Qui cum fuisset, juramento rursus praestito, absolutus, depositis calceamentis et pallio, cum corrigia in collo, apostolico se conspectui praesentavit; et, prosternens se totum in terram, in modum crucis manus expandit, cum grandi fletu postulans indulgentiam, proprium confitendo peccatum. Commota sunt autem viscera summi pontificis super eum; sed, ne dissolveret nervos ecclesiasticae disciplinae, post deliberationem multiplicem in publico consistorio, praecepit eidem, sub debito praestiti juramenti, ut tam Hildesheimensem quam Herbipolensem Ecclesias omnino dimitteret. Qui, quamvis omnino confusus, humiliter obedivit, faciens de necessitudine virtutem; misitque munera quaedam ipsi domino papae, videlicet vasa argentea, pulchra visu; qui animo haesit pauliper, haesitans utrum deberet illa recipere, an potius refutare. Sed, ne ille de gratia sua penitus desperaret, recepit oblata, et, ne putaret quod munerum posset donatione corrumpi, misit ei per honorabilem nuntium unam cupam auream pretiosam, majoris pretii quam illa vasa essent argentea universa. Volens autem infundere oleum super vinum, cum praecepisset ut Hildesheimensis Ecclesia idoneum sibi pontificem per electionem canonicam provideret, ordinationem duxit Herbipolensis Ecclesiae differendam, ut, si forsan eadem Ecclesia iterato postularet eumdem, humiliatum erigeret, quem dejecerat exaltatum; sicque post annum factum est ut praevidit de eo (18).

XLV. (19) Ne autem ex aliqua parte suum judicium claudicaret, similem poenae modum adversus Salisburgensem archiepiscopum (20) observavit: qui cum esset Brixinensis episcopus (21), quoniam, in archiepiscopum Salisburgensem electus, absque

---

(14) Vide epistolas libri primi: 50, *Antiocheno patriarchae*; dat. Laterani, xvi Kal. Aprilis, an. 1; — 51, *Tripolitano episcopo*; dat. ut supra; — 117, *Bituricensi archiepiscopo*; dat. Romae, apud S. Petrum, v Kal. Maii, an. 1; — 502, *Tripolitano episcopo*; dat. Laterani, ii Kal. Januarii, an. 1; — 503, *Antiocheno patriarchae*, dat. ut supra; — 529, *Episcopo et capitulo Tripolitanis*, dat. ut supra.

(15) Conradus de Rabenspurg, al. *de Reinstein*, Philippi regis Romanorum cancellarius, dehinc Lubecensis, demum, post Bernonem anno 1198 defunctum, Hildesheimensis episcopus, vir in imperio spectatissimus, post annum resignans, fit episcopus Herbipolensis et Franconiae dux. Occisus a Pothone de Reinstein, et Henrico Hundt a Falckenberg, quod ob facinus quoddam eos gravius objurgasset, festo S. Barbarae 1203. BUCELIN. *German. sacr.* part. I, pag. 14. col. 2, et pag. 18, col. 2. Conf. supra not. ad § 22.

(16) Ludolphus, rustica familia, sed eruditione nobilis, disciplinae ecclesiasticae promotor, electus anno 1194. BUCEL. ibid., pag. 40, col. 1.

(17) Conradus de Witelspach, de quo vide *Gall. Christ.*, tom. V.

(18) Vide libri primi epistolas: 335, *Bambergensi episcopo et Petro, scholastico Maguntino*; dat. Spoleti, xii Kal. Septembris, an. 1; — 574, *C* quondam Hildesemensi episcopo; sine data; Libri secundi: 54, *Capitulo Hildesemensi*; dat. Laterani, ii Non. Maii, an. ii = 55, *Abbatibus Corbeien. et de Hersved. et decano Paderbornensi*, dat. ut supra; — 201, *Conrado, Maguntino archiepiscopo*; dat. Laterani, v Kal. Novembris, an. ii; — 204, *Archiepiscopo Magdeburgensi, et suffraganeis ejus*; sine data; — 216, *Archiepiscopo Maguntino*; dat. Laterani, viii Kal. Decembris.

(19) De facto quod hic narratur nihil omnino reperitur in Regestis Innocentii PP. III. Sed vide Raynaldum, ad an. 1200, § 40 et 41.

(20) Erat is Eberhardus a Truschen, de quo vide notam ad epistolam 29 libri quinti.

(21) Eberhardus a Truschen, cum per annos 4 Ecclesiae Brixinensi bene praefuisset, factus est episcopus Salisburgensis anno 1200 (*Metrop. Salisburg.* tom. I, pag. 446). Anno 1200, vi Id. Aprilis, defuncto Adalberto, Salisburgensi archiepiscopo, Eberhardus, Brixinensem episcopum, in illius locum subrogatum, tum Henricus Stero (in *Annal. ap. Canis. antiq. Lect.* tom. I, pag. 242), tum Salisburgense et Augustense Chronica testantur. RAYN. tom. XIII, pag. 60, ad an. 1200, § 41.

Conferenda tamen epistola 144 libri primi, quae *Brixinensi electo* directa dicitur, et in qua pontifex *Brixinensi praesuli* exprobrat quod nimium diu

licentia summi pontificis ad metropolitanam Ecclesiam transire præsumpsit, electionem omnino cassavit, et præcepit eidem ut ad primam Ecclesiam, secunda relicta, rediret, cassans quidquid egerat erga illam. Unde, Gurcensem electum a Gurcensi episcopatu removit, quoniam in eum ab ipso fuerat institutus (22). Ipse vero, alterius exemplo perterritus, humiliter obedivit. Cumque postmodum fuisset electus, electionem recipere non præsumpsit; sed cum electoribus suis ad apostolicam sedem accessit, dispensationis gratiam obtenturus. Et quidem obtinuit, ut experimento cognosceret, quod in arca fœderis et virga continetur et manna.

XLVI. Inter hæc, ad subventionem et recuperationem terræ sanctæ ferventissime aspirabat, sollicite cogitans qualiter hoc posset efficacius adimplere. Quia vero detrahendo dicebant nonnulli quod Ecclesia Romana imponebat aliis onera gravia et importabilia, digito autem suo nolebat illa movere, duos de fratribus, videlicet Soffridum, tituli Sanctæ Praxedis presbyterum (23), et Petrum, Sanctæ Mariæ in Via Lata diaconum (24), cardinales elegit, quibus et signum crucis imposuit, ut tam verbo quam exemplo invitarent alios ad obsequium Crucifixi (25), constituens ut universi clerici, majores pariter et minores, de proventibus ecclesiasticis quadragesimam partem in subsidium terræ sanctæ conferrent, ipse vero et cardinales decimam de proventibus suis tribuerent portionem. Sicque factum est ut decrevit; fecitque fieri novam navim, pro qua cum ornamentis suis mille trecentas libras expendit, et jussit eam onerari frumento, leguminibus, panibus et carnibus, et per duos fratres, unum Templi, et alium Hospitalis, et tertium monachum, præcepit universa distribui necessitatibus terræ sanctæ (26). At illi, proficiscentes, applicuere Messanam ubi propter turbationem æquoris compulsi sunt diutius demorari. Videntes autem deperire frumentum, quod et tunc charius in Sicilia quam in Syria vendebatur, præhabito diligenti consilio, frumentum ipsum Messanæ vendiderunt, pretiumque cum cæteris deferentes, in tres partes omnia diviserunt; et unam partem assignaverunt ad restaurationem murorum Tyri, qui corruerunt terræ motu; alteram in usus pauperum, et tertiam in stipendia bellatorum. Navim vero fecit tradi Templariis in præsidium opportunum. Misit ergo præfatum Soffridum, presbyterum cardinalem, ad ducem et populum Venetorum (27); ad cujus exhortationem ipse dux et multi de populo crucis characterem assumpserunt. Marchio quoque Montisferrati, episcopus Cremonensis (28), et abbas de Lucedio (29), multique alii nobiles de provincia Lombardiæ, cum multitudine plebis innumera, devoverunt se ad ob-

abusus est privilegio ipsi a Cœlestino PP. III concesso, ut aliquandiu moraretur in scholis, *paginæ divinæ vacaturus.*

(22) Non concinit Bucelinus, *German. sacr.* part. 1, pag. 49. Juxta ipsum enim, Wernherus, creatus episcopus Gurcensis anno 1192, obiit an. 1212.

(23) De isto vide notas ad epistolam 6 libri quinti.

(24) Vide notas ad epistolam 20 libri tertii.

(25) Vide epistolas libri primi : 336, *Archiepiscopo Narbonensi*, etc., dat. Reate, xviii Kal. Septembris, an. 1; — 343, *Episcopo Liddensi*; dat. Spoleti, 11 Kal. Septembris, an. 1; — 344, *Eidem*; dat. Spoleti, Kal. Septembris; — 345, *Prælatis Franciæ*; dat. Reate; — 346, *Petro, tituli S. Mariæ in Via Lata diacono cardinali, A. S. legato*; sine *data*; — 355, *Regi Francorum*; sine *data*; — 407, *W, comiti Forcalcariensi*; sine *data*; — 408, *R. de Agout*; sine *data*; — 409, *Pisano archiepiscopo, et aliis*; dat. Laterani, xiii Kal. Decembris; — 508, *Episcopo Syracusano, et abbati de Sambucino*; dat. Later. Non. Januarii, an. 1; *Duci et populo Venetorum*; dat. Laterani, 111 Non. Decembris.

Libri secundi : 268 et 269, *Abbatibus Cisterciensibus, et aliis*; dat. Later. v Kal. Jan. an. 11; — 270, *Archiepiscopo Magdeburgensi*; dat. Laterani, 11 (apud Roger. *de Hoveden*, vi) Kal. Januarii, an. 11; — 271, *Fidelibus per Viennensem provinciam*; dat. Laterani, 11 Non. Januarii, an. 11 (1200); — 272, *Prælatis Mediolanensis provinciæ*; dat. Later. 111 Kal. Januarii, an 11: — 305, *Prælatis Rothomagensis provinciæ*; dat. Laterani, 11 Non. Januarii, an. 11 (1200).

(26) Conferenda epistola 189, libri secundi, *patriarchæ Hierosolymitano, episcopo Liddensi, magistris Hierosolymitani Hospitalis, et militiæ Templi, ut collectam transmissamque eleemosynam fideliter distribuant, et de statu terræ sanctæ rescribant*; sine *data*. Ibi enim hæc habentur : « Apostolorum igitur vestigiis inhærentes, qui collectas faciebant in gentibus, ut fratribus in Hierusalem indigentibus subvenirent, *navim expensis propriis fieri fecimus, et frumento collecto ex fidelium eleemosynis onerari, quod per dilectos filios,* Raymundum, *Hierosolymitani Hospitalis, et M. Templi, fratres, et I. monachum duximus destinandum*.... »

(27) Vide epistolam 336 libri primi, dat. Reate, xviii Kal. Septembris, an. 1 (*id est* 1198).

(28) Agitur hic de celebri Cremonensium episcopo, Sicardo, cujus insignis opera, nempe *Chronicon, a Nativit. Christi usque ad* an. 1213, habetur apud Murat. *Rer. Ital. Script.* t. VII, col. 521. Sicardus, anno 1179, se ipso teste (vid. Sicard. Chron. ad an. 1179, *loc cit.*, col. 602), adhuc in minoribus constitutus, quibus ab Offredo, suo in Cremonensi sede prædecessore, initiatus fuerat, postea anno 1185 a Lucio PP. III (prout etiam ipse Sicardus testatur, *ibid. loc. cit.* ad an. 1184, col. 603), subdiaconatus honore auctus, demum anno 1185 (de hoc et ipse nos certiores facit, *ibid.* ad an. 1185), Cremonæ episcopus renuntiatus fuit. Anno 1198, ad petendam Homoboni, Cremonensis civis, canonizationem, Romam se contulit, votique compos factus est (Id. *ibid.*, col. 618). Anno 1203, jam in Armenio versabatur cum Petro cardinale, A. S. Legato (Ip. *ibid.*, col. 620). Anno vero 1204, ex Armenia Constantinopolim profectus, in templo S. Sophiæ solemnem jussu ejusdem legati clericorum ordinationem habuit (Ip. *ibid.*, col. 622). In patriam reversus erat anno 1209 (*Regest. episc p. Cremon.* ap. Zachar. *de Cremon. episc.* pag. 132). Obiit anno 1215 (*Contin. Chron. Sicar., loc. cit.*, col. 625), vi Id. Junias (*ex ms. Necrologio Cremon.* ap. Zachar. *loc. citato*).

(29) Oglerus, quem in Orientem cum Martino, Parisiensis abbate, anno 1203 profectum fuisse docet Guntherus (ap. Canis., *Antiq. lect.* t. V). Vide Angelum Manrique (*Annal. Cisterc.* t. III, pag. 597, ad an. 1203, cap. 1, § 3).

sequium Crucifixi. Quod ut plenius et liberius posset impleri, duos alios cardinales, videlicet Petrum, presbyterum tituli Sanctæ Cæciliæ (30), et Gratianum, Sanctorum Cosmæ et Damiani diaconum (31), Pisas et Januam destinavit (32), ut inter Pisanos et Januenses pro terræ sanctæ succursu pacis fœdera reformarent; sed, quia filii pacis non erant, verbum pacis minime receperunt. Generalem igitur indulgentiam universis crucesignatis concessit in remissionem peccatorum, et eos cum omnibus bonis suis sub apostolica protectione suscepit.

XLVII. Præfatum vero Petrum, diaconum cardinalem, quem ipse postmodum in presbyterum ad titulum Sancti Marcelli promovit, direxit in Gallias, tria sibi præcipiens et injungens, videlicet, ut exhortaretur et induceret populos ad terræ sanctæ succursum; ut pacem vel treugas inter Francorum et Anglorum reges componeret et firmaret; et ut ipsum regem Francorum ad dimittendum superinductam, et recipiendam uxorem propriam, quam injuste dimiserat, commoneret et cogeret, si necessitas postularet.

Ipse vero profectus, circa primum capitulum usque adeo, divina gratia favente, profecit (33), quod innumera tam militum quam peditum multitudo, ad verbum exhortationis ipsius, signum crucis suscepit ad obsequium Crucifixi; cum quibus et quidam episcopi et abbates, ac alii multi clerici peregrinationis propositum assumpserunt; inter quos principales fuerunt Theobaldus, comes Trecensis (34), Ludovicus, comes Blesensis (35), Balduinus, comes Flandriæ ac Haynoniæ (36), et comes de Sancto Paulo (37), Suessionensis (38) et Trecensis (39) episcopi, et quidam ordinis Cisterciensis abbates.

Circa secundum quoque capitulum, idem legatus

(30) Vide epistolam 32, libri quinti, not., ubi de hoc cardinale. Sed de ista ejus legatione nihil apud Ciaconium.

(31) Magister Gratianus, Pisanus, S. R. E. procancellarius et subdiaconus, jam Anglicana legatione optime functus, ab Alexandro PP. III, anno 1178, mense Decembri, Tusculi, in quarta creatione, tituli SS. Cosmæ et Damiani diaconus cardinalis renuntiatus fuit. Ab eodem pontifice in Normanniam iterum legatus est, ad Angliæ regnum et regem interdicto ob cædem S. Thomæ Cantuariensis subjiciendum. Redux, tum Alexandri, tum successorum ejus, in peregrinationibus perpetuus comes fuit. Gratianum sub initio pontificatus Innocentii diem obiisse supremum, ex conjectura tantum, tradit Oldoinus, ad Ciacon. t. I, col. 1096.

(32) Quo mense, quo die cardinales istos Pisas et Januam miserit Innocentius, pro certo statuere arduum esset, cum de illorum legatione altum apud Italicos scriptores, imo fere apud ipsum pontificem in Regestis, silentium. Unicum enim, quod reperire nobis contigit, testimonium exstat in libello cui titulus: *Cronica di Pisa*, apud Muratorium (*Rer. Italic. Script.* t. XV, col. 977), ubi ista leguntur: « Nel millecento novantotto, lo papa di Roma mandoe due cardinali a misser Tedici conte da Donoratico primo podestà di Pisa, morto lo ditto imperadore, che facesser li Pisani compagna colli cittadini di Toscana. Nolla volseno fare, unde ne fue Pisa intraditta dalla Chiesa, e pattiteno di molti affanni. » — Verum, ipsos, eodem tempore quo alii legati, de quibus supra, Venetias et in Galliam missi fuerant, ad Januenses et Pisanos destinatos fuisse, patet ex epistola 343 libri primi, *Episcopo Liddensi, ut Siculos armet ad bellum sacrum pro recuperanda terra sancta;* dat. Spoleti, III Kal. Sept., an. I (*id est* 1198). Ibi enim ista leguntur: « Qualiter autem terræ sanctæ, per fratres nostros et nostra, disposuerimus subvenire, qualiter et *quem* ad reformandam inter charissimos in Christo filios nostros, Ph. Francorum, et R. Anglorum reges illustres, veræ pacis concordiam, vel treugas saltem usque ad quinquennium statuendas, et exhortandos fidelium populos ad obsequium Crucifixi; *quem* de fratribus nostris Pisas; *quem Januam; quem et Venetias,* propter hoc duxerimus destinandos, tibi, et prædictis sociis tuis, ex forma litterarum communium poterit manifeste liquere... »

(33) Conferendæ sunt epistolæ libri primi: — 336, *Narbonensi archiepiscopo, et suffraganeis ejus; abbatibus,* etc., *comitibus,* etc., *per Narbonensem provinciam constitutis, qua eos hortatur ad sacrum bellum;* dat. Reate, XVIII Kal. Sept.; — 345, *Præsulibus Franciæ; ut legatum apostolicum, qui pacem inter Galliæ et Angliæ reges facere et contra Saracenos armare debet, humaniter accipiant;* dat. Reate (*id est* ante XII Kal. Septembris. Vide supra, not. ad § 10; — 346, *Petro, tituli S. Mariæ in via Lata diacono cardinali, A. S. L. ut potestatem habeat cogendi episcopos Angliæ, ut ipsi consilio et auxilio sint;* sine data; — 355, *Regi Francorum; ut cum rege Anglorum pacem faciat, et contra Saracenos bellum sacrum gerat;* sine data; — 398, *Fratri Fulconi; ut cum aliis piis viris ad militiam sacram proficiscatur;* dat. Laterani, Non. Novembris; — 406, *Ebredunensis Arelatensi, et Aquensi archiepiscopis, et suffraganeis eorum; ut in concilio provinciali constituant de acquirendo subsidio ad bellum sacrum contra Saracenos;* sine data; — 407, *W. comiti Forcalcariensi; ut ad bellum sacrum una cum aliis Christianis principibus proficiscatur;* sine data; — 408, *R. de Agout, ut comitem Forcalcariensem ad sacrum bellum invitet;* sine data.

(34) Theobaldus, comes Trecensis III, seu Campaniæ XI, filius Henrici I, comitis Campaniæ IX, natus anno 1177, fratri suo, Henrico II, comiti Campaniæ X, successerat anno 1197. Fato functus est anno 1200, vel potius 1201, cum ad iter in terram sanctam se accingeret. *Hist. des comtes de Champagne,* t. I, pag. 345.

(35) Ludovicus, comes Blesensis IX, filius Theobaldi V, comitis Blesensis VIII, natus post annum 1164, patri suo successerat versus annum 1191. Obiit anno 1205, occisus in prælio ad Andrinopolim, *Art de vérifier les dates,* nouv. édit. tom. II, p. 621.

(36) Balduinus IX, comes Flandriæ an. 1194, idem qui et imperator Constantinopolitanus electus an. 1204, captus a Bulgaris an. 1205, in carcere obiit an. 1206. *Ibid.* t. III, p. 14.

(37) Hugo IV, comes S. Pauli, Anselmi filius, patri suo successerat anno 1174. Capta Constantinopoli, anno 1204, Balduinus, novus imperator, ipsum ad comitis-stabuli dignitatem evexit. Obiit Constantinopoli anno insequenti 1205. *Ibid.*, pag. 774.

(38) De episcopo Suessionensi egimus ad epistolam 41 libri tertii.

(39) Vide *ibidem* not. Verum hic conferenda epistola 69 libri primi, *Trecensi episcopo, ut liceat ei votum redimere per alium religiosum;* dat. Laterani, Idib. Martii, an. I (*id est* 1198). Ad eumdem directæ sunt epistolæ 191, 192, 193.

Ita processit (40), quod Philippus, rex Franciæ, in manu ejus data fide, promisit se ad mandatum ipsius pacem vel treugas cum rege Angliæ initurum. Richardus autem, rex Angliæ, se difficilem ostendebat; sed, cum idem legatus ei cœpit rigorem ecclesiasticorum intentare, saniori ductus consilio, acquievit; et quinquennales treugas composuit inter reges, faciens quædam castella, quæ tunc unus firmaverat contra alterum, demoliri.

XLVIII. Circa tertium vero capitulum, ad pleniorem intelligentiam est notandum quod, defuncta prima uxore (41) præfati Philippi, regis Francorum, filia Balduini, comitis Hannoniæ (42), nepte videlicet Philippi, comitis Flandriæ (43), de qua susceperat unicum filium, nomine Ludovicum, tractatum est inter ipsum et Canutum, regem Danorum (44), ut Ingeburgim, sororem ipsius, idem rex Franciæ duceret in uxorem (45); missoque Stephano, Noviomensi episcopo (46), cum regio apparatu, ut illam adduceret, ipse rex eam cum multo desiderio expetebat. Cumque de ipsa suscipienda in conjugem, et tenenda, præstitæ fuissent sufficientes et idoneæ cautiones, frater ejus transmisit cum ea Petrum, Roschildensem episcopum, cum idoneo comitatu. Quæ cum transvecta per mare pervenisset Ambianis, ubi rex Franciæ ipsius præstolabatur adventum, dilationis impatiens, ipso die (47) desponsavit eamdem, et, congregatis principibus, tam ecclesiasticis quam mundanis, sequenti die per manum Willelmi, Remensis archiepiscopi (48), fecit eam secum solemniter coronari. Sed, inter ipsa coronationis solemnia, suggerente diabolo, ad aspectum ipsius cœpit vehementer horrescere, tremere ac pallere, ut nimium perturbatus, vix sustinere posset finem solemnitatis incœptæ. Statimque motum est verbum divortii celebrandi, propter affinitatis obstaculum, quod inter eos quidam existere mussitabant, dicentes quod secunda contigerat primam uxorem in gradu consanguinitatis quarto, vel quinto. Sed, aliis asserentibus quod id sine turpi nota subito fieri non valeret, aliquantulum est dilatum; et interim suggestum est regi ut ad illam accederet, si forsan, affectu mutato, carnaliter illam cognoscere posset. Accessit igitur rex ad illam apud Fossatum prope Parisius (49), quo fecerat illam adduci; et, thorum ejus ingressus, post paululum ab illa recessit, in tantum habens ipsam exosam, ut vix sustineret coram se de illa fieri mentionem. Asserebat autem regina quod rex carnaliter illam cognoverat. Rex vero e contrario affirmabat quod ei non potuerat carnaliter commisceri.

XLIX. Convocatis igitur præfato Remensi archiepiscopo, in sua provincia tunc apostolicæ sedis legato, et aliis quibusdam episcopis (50), coram eis accusatum est matrimonium, ipsa regina quid ageretur penitus ignorante, ut pote quæ, compatriotis remissis ad propria, quasi sola remanserat, linguæ Francorum prorsus ignara; et, affinitate per quos-

---

(40) Conferendæ sunt epistolæ libri secundi; 24, *Philippo, regi Francorum; ubi initas inter ipsum et Angloram regem treugas approbat, et hortatur illum ut eas acriter observet;* dat. Laterani, vii Kal. Aprilis, an 11 (id est 1199); — 25, *P. tituli S. Mariæ in via Lata diacono cardinali, A. S. L., ubi declarat treugas, per ipsum initas inter Gallorum et Anglorum reges, sibi placere;* dat. Laterani, iii Kal. Aprilis; — 23, *Eidem ubi ipsius industriam in concordandis Gallorum et Anglorum regibus laudat;* dat. Laterani, Kal. Aprilis.

(41) Isabella; quæ obiit die 15 Martii, an. 1190. *Art de vérifier les dates,* t. II, pag. 579.

(42) Balduinus comes Hannoniæ V, natus an. 1150, patri suo, Balduino IV, defuncto die 8 Novembris an. 1171, successit. Obiit ipse an. 1195, die 17 vel 21 mensis Decembris. *Ibid.*, t. III, pag. 13.

(43) Philippus, de Alsatia, Theoderici filius, comes Flandriæ, an. 1168. Versus Orientem profectus an. 1190, ibid. fato functus est anno sequenti 1191, die 1 Junii. *Ibid.*, pag. 13.

(44) De Canuto, rege Danorum, agimus in notis ad epistolam 11 libri tertii.

(45) Vide Wilhelmi, S. Thomæ de Paraclito abbatis, epistolam, libri secundi 27, *Ad dominum regem Danorum C. de negotio sororis ejus.* Exstat ea *Rer. Danic. Script.* t. VI, pag. 42.

(46) De isto agimus in notis ad epistolam 41 libri quinti.

(47) 14 mensis Augusti. *Art de vérifier les dates,* loc. cit.

(48) Vide epistolam 11 libri tertii, not.

(49) Si verum est quod hic a Gestorum auctore narratur, nempe quod *Philippus ad uxorem Ingelburgem accessit apud Fossatum,* miramur hoc fugisse diligentissimum scriptorem ab. Lebeuf, qui cum curiosius indagaverit quinam ex Galliæ regibus apud Fossatum moram fecerint, de ista, in tam notabili occasione, Philippi regis in abbatiali Fossatensis monasterii palatio mora, mentionem nullam fecit. « Lorsqu'on trouve dans les anciens monuments que quelques-uns de nos rois sont venus aux Fossez, il ne faut pas penser qu'ils aient logé autre part qu'à l'abbaye, excepté depuis le règne de Charles IX.... Le roi Henri Ier témoigne par une charte de l'an 1058, qu'il y venait souvent faire sa prière. Louis VII, dit le Jeune, vint à l'abbaye l'an 1168, et s'y trouva dans l'église, à la clôture d'un acte d'acquisition avec Agnès, comtesse de Meulent, dame de Gournay, et Guy de Chevreuse. En 1223, le jeudi avant la mi-carême, Philippe-Auguste y prit le droit de gîte, évalué cent livres, suivant le cartulaire de ce roi, f° 265. » *Hist. du dioc. de Paris,* t. I, part. v, pag. 134.

(50) Circa initium mensis Novembris, an. 1193. « Anno Domini 1193, Philippus rex, anno xiii regni sui, secundam duxit uxorem Ingelburgem, regis Daciæ filiam, in vigilia Assumptionis beatæ Mariæ (14 Augusti), Ambianis. Crastina autem die, cadem civitate, *die Dominica,* astante Willelmo, Remensi archiepiscopo, Petro Atrebatensi, Joanne Cameracensi, Theobaldo Ambianensi, Lamberto Morinensi, Stephano Tornacensi, et aliis episcopis, archiepiscopis, suffraganeis, multis etiam Franciæ principibus astantibus, regis diademate coronata est. Octogesimo autem et secundo die (4 Novembris), post has nuptias, apud Compendium rex dimisit eam, a quibusdam militibus et episcopis falsa inter eos consanguinitate jurata. » *Chron. Andr. Monast.* Apud Dacherium, *Spicileg.* tom. II, edit. in-f°, pag. 823. Concurrunt apprime notæ chronologicæ. Anno enim 1193, incidente festo Paschæ in diem 28 mensis Martii, dies 15 mensis Augusti incidebat etiam in Dominicam. Vid. *Art de vérif. les dates,* nouv. édit. tom. I, pag. 24.

dam testes incontinenti juratâ, mox idem archiepiscopus sententiam divortii promulgavit. Quæ cum reginæ per quemdam exponeretur interpretem, illa, ultra quam dici posset admirans, flens et ejulans, exclamavit : *Mala Francia, mala Francia;* et adjecit : *Roma, Roma.* Non enim aliter noverat Gallicis verbis talem exprobrare sententiam, aut sedem apostolicam appellare. Protinus ergo rex illam a regno Francorum emisit, et in quodam cœnobio monialium (51), extra regni fines, fecit utcunque deponi.

L. Turbati sunt multi, quin et pene omnes qui Deum timebant et justitiam diligebant, super sententia tam iniqua. Pervenitque fama, vel magis infamia hujus facti ad Cœlestinum, tunc temporis papam. Qui, cum per magistrum Meliorem, tituli Sanctorum Joannis et Pauli presbyterum cardinalem (52), de Francia redeuntem, veritatem plenius et certius cognovisset, quia factum erat notorium, quod nulla poterat tergiversatione celari, sententiam illam divortii, contra ignaram et indefensam inordinate ac impetuose prolatam, auctoritate apostolica irritavit, interdicens regi per nuntios et apices suos ne aliam sibi præsumeret copulare (53).

Verum, quanto idem papa ferventior circa hoc apparuit in principio, tanto tepidior est inventus in fine; quia, licet rex Danorum, germanus frater ipsius reginæ, per honorabiles nuntios imploraret ut compelleret regem Francorum ad recipiendam eamdem reginam, sororem suam, quam injuste dimiserat, sicut juris ratio postulabat, nunquam tamen apud eum hoc potuit obtinere; quin etiam toleravit ut idem rex, post interdictum ipsius, filiam ducis Meraniæ (54), puellam utique pulchram nimis, non sine multo scandalo, superduceret et teneret.

LI. Præfatus autem Innocentius, Cœlestino succedens, statim per litteras suas (55), et per Parisiensem episcopum (56), sæpedictum regem studuit commonere ut eam removeret a se, quam contra interdictum Ecclesiæ superduxerat, et reciperet illam in gratiam conjugalem, quam, legitime ductam, illogitime duxerat amovendam, juris ei licentia non negata, quo minus, facta restitutione, postmodum audiretur, si quid duceret proponendum; contestans eidem, quod, quantumcunque sibi molestum existeret eum in aliquo molestare, quia tamen oportebat eum plus cœlesti quam terreno regi deferre, sine personarum acceptatione procederet, sicut ratio postularet (57). Quia vero idem rex, sæpe commonitus, noluit acquiescere, sæpedicto legato per apostolica scripta præcepit (58) quatenus, sublato appellationis obstaculo, totam terram ipsius ecclesiastico

(51) Ingeburgem apud Cisonium quasi ergastulo clausam fuisse, testis Stephanus Tornacensis, in epistola 262, *Willelmo, archiepiscopo, Remensi, qua miseram illi Ingeburgis reginæ repudiatæ conditionem commendat; sine data.* Vid. Steph. Torn. epist., pag. 379. Forsan, aliquid negotii facessere videretur id quod hic a nostro auctore dicitur, nempe, reginam *in quodam cœnobio monialium depositam fuisse.* Certe, Cisoniense cœnobium, ordinis S Augustini, *virorum* fuit, nec ullum aliud apud Cisonium monasterium agnoscunt *novæ Galliæ Christianæ* auctores, tom. III, col. 285. Verum, dubium tollit historia Ecclesiæ Cisoniensis (*Spicileg.* edit. in-f°, tom. II, pag. 875) ubi, ex instrumentis pluribus quæ ibi referuntur, colligitur, circa hæc, in quibus versamur, tempora, fuisse apud Cisonium, sub jurisdictione monasterii virorum Cisoniensis, sed in diœcesi Atrebatensi, domum quamdam, dictam *Belrepaire,* vel *Beaurepaire,* in qua morabantur feminæ, sub Regula S. Augustini viventes, non *professæ,* sed *conversæ,* quarum numerus, circa annum 1208 adeo creverat, ut ab ipso Innocentio coarctari debuerit, prout evincitur ex epistola quadam istius pontificis, quæ ibidem legitur, et cujus verba, ut potè ad historiam Ingelburgis declarandam apprime confacientia, hic apponere lubet : «Dilecti filii, abbas et conventus de Cisonio nostris auribus intimarunt quod quædam domus eorum, quæ dicitur *Belrepaire,* præter canonicos et fratres, tanta est onerata multitudine feminarum, *quas recipere ad instantias et importunitates principum compelluntur;* ut ad necessariam sustentationem earum nequaquam domus ejusdem sufficiant facultates. Propter quod indulgeri sibi suppliciter petierunt, quod de cætero non recipiant ibi aliquam mulierem, ne, quod absit! suadente humani generis inimico, per ipsas detur occasio delinquendi. Quocirca, etc. » Qui plura velit, adeat Dacherium (*Spicil., loc. cit.*), nec non auctores *novæ Galliæ Christianæ,* tom. III, col. 288.

(52) Magister Melior, Gallus, SS. Joannis et Pauli, titulo Pammachii, presbyter cardinalis a Lucio PP. III, Veronæ, anno 1184, in secunda, ex Panvinio, Baronio et aliis, vel, ex Ciaconio, in tertia cardinalium creatione, feria IV Cinerum, anno 1185 renuntiatus est; quem etiam idem Lucius S. R. E. camerarium nominavit. Sub Innocentio PP. III, ex Ciaconio, Frizonio et aliis, ex Aubery vero, sub Cœlestino PP. III, mortalem vitam reliquit. OLDOIN. *ad Ciacon.* tom. I, col. 1118. Certe, Melior ante mensem Maii, an. 1198, jam e vivis excesserat, prout evincitur ex epistola 171 libri primi, *Philippo, Francorum regi, ut, repudiata pellice, legitimam uxorem recipiat;* dat. Romæ, apud S. Petrum, XVI Kal. Junii.

(53) Conferendæ sunt omnino epistolæ Cœlestini PP. III (apud Jacobum Langebek, seu potius ipsius continuatorem, Petr. Frider. Suhm, in Collectione *Script. rer. Danic.,* tom. VI, pag. 83) : prima, W. *Remensi archiepiscopo, et suffraganeis ejus, qua rescissionem divortii regis Philippi Augusti cum I. regina, sua uxore, ipsis notificat, eosque monet ut, ne aliam superducat, prohibeant;* dat. Laterani, III Id. Martii, an. v (id est 1196);— secunda, *Philippo, regi Francorum, de eodem argumento;* sine data.

(54) Nomine Agnetam; quam mense Junio, an. 1196, in uxorem duxit Philippus. *Art de vérifier les dates,* tom. II, pag. 580.

(55) Vide epistolam 4 libri primi, *Episcopo Parisiensi ut Francorum regem moneat, et inducat ad recipiendam reginam uxorem suam, quam ejecerat;* dat. Laterani.

(56) De Parisiensi episcopo egimus in notis ad epistolam 11 libri tertii.

(57) Vide epistolam 171 libri primi *Philippo Francorum regi, ut repudiata pellice uxorem recipiat;* dat. Romæ, apud S. Petrum, XVI Kal. Junii.

(58) Vide epistolas libri primi : 347, *Petro, tituli S. Mariæ in via Lata cardinali, A. S. I. ut regem Francorum per censuras ecclesiasticas cogat uxorem suam recipere;* dat. Reate (id est ante diem 15 Augusti; vid. § 10, not.) — 348, *Philippo, Francorum regi; ut reginam uxorem recipiat;* et

subjiceret interdicto, ut nullum in ea, præter baptisma parvulorum et pœnitentiam morientium, divinum celebraretur officium, si forsan ei vexatio tribueret intellectum.

Congregato igitur apud Divionem archiepiscoporum, nec non abbatum, et aliorum multorum concilio, rex, præsentiens quod idem legatus vellet procedere contra ipsum, per nuntios suos fecit ad sedem apostolicam appellari. Legatus autem, non ut appellationi deferret, sed ut differret, ad tempus, quatenus alibi mandatum apostolicum commodius adimpleret, tandem, apud Viennam (59) multis archiepiscopis convocatis, inter quos quidam de regno Francorum fuere præsentes, interdicti sententiam promulgavit, mandans per litteras suas, quibus etiam tenorem apostolicarum inseruit litterarum (60), universis Ecclesiarum prælatis in terra regis Franciæ constitutis, ut eam et ipsi servarent et facerent per suas litteras observari. Quod si forsan episcoporum aliqui contra eam venire præsumerent, scirent se ab officio pontificali suspensos. Cæteris vero, cujuscunque dignitatis vel ordinis, officiorum et beneficiorum administrationem penitus interdixit. Omnes autem ad festum Ascensionis Domini (61), proxime tunc futurum, de inobedientia responsuros, ad sedem apostolicam appellavit (62).

LII. Receptis igitur litteris ejus, quidam in auditu auris obedire cœperunt, sicut canonici Senonenses, Parisiensis episcopus (63), Silvanectensis (64), Suessionensis (65), Ambianensis (66), Atrebatensis (67), et quidam alii, sententiam interdicti firmiter observantes. Alii vero distulerunt observare sententiam, sicut Remensis archiepiscopus (68), episcopus Laudunensis (69), Noviomensis (70), Antissiodorensis (71), Belvacensis (72), Morinensis (73), Meldensis (74), Carnotensis (75), Aurelianensis (76), et alii

pacem cum rege Anglorum servet; dat. ut supra.
Libri secundi : 197, *Archiepiscopis, episcopis, abbatibus,* etc., *per Franciam constitutis; ut regem suum hortentur ut apostolicis mandatis obtemperet, et, repudiata pellice, legitimam uxorem recipiat; sine data.*

(59) Utrumque concilium confudit Rigordus (in *Gestis Philippi* ad an. 1199), et Divionensi uni tribuit omnia, quæ tum Divione, tum Viennæ gesta sunt. Guillelmus Armoricus, (apud Chesnium, *Hist. Franc. Script.*, tom. IV, pag. 80) res in utroque concilio gestas uni pariter Divionensi tribuit.

(60) Formam interdicti dedit Martenius (*Thesaur. Anecdot.* tom. IV. col. 147), ex Ms. Corbeiensi. *Forma interdicti domini Petri Capuani Romanæ Ecclesiæ cardinalis, apostolicæ sedis legati, promulgata in concilio Divionensi per omnes Ecclesias regni Francorum, pro eo quod Philippus, rex Francorum, relicta legitima uxore sua domina Engelburgi filia regis Daciæ, quam solemniter desponsaverat et coronaverat ut reginam in urbe Ambianensi, alteram reginam superduxerat, nec dimittere volebat, pluries admonitione præmissa et legitime per viros idoneos. Omnes ecclesiæ sint clausæ, nec aliquis admittatur in eis nisi ad parvulos baptizandos, nec aliquatenus aperiantur, nisi pro luminaribus accendendis, vel quando sacerdos accipiet eucharistiam et aquam benedictam ad opus infirmorum. Sustinemus missam semel in hebdomada celebrari in die Veneris summo mane pro eucharistia ad opus infirmorum, admisso uno solo clerico qui sacerdoti ministret. Prædicent sacerdotes diebus Dominicis in atriis, et loco missæ disseminent Verbum Dei. Horas canonicas dicant extra ecclesiam, non audientibus laicis; si dicant epistolam vel evangelium, caveant ne audiantur a laicis, nec in cœmeterio supra terram vel infra permittant corpus sepeliri. Dicant præterea laicis quod ipsi graviter peccant, et excedunt tumulando corpora in terris etiam non benedicta, alienum sibi officium in hac parte usurpando. Prohibeant parochianis suis intrare ecclesias apertas in terra domini regis; non benedicant peras peregrinorum nisi extra ecclesiam. In septimana pœnosa non celebrent; sed usque in diem Paschæ celebrare differant, et tunc celebrent private, nullo admisso nisi uno clerico, sicut superius est expressum, nec communicet aliquis etiam in Pascha nisi infirmus in periculo mortis. In eadem septimana vel in ramis Palmarum parochianis prædicent ut die Pascha mane conveniant ante ecclesiam, et dabitur eis licentia comedendi carnes... panem benedictum diei.* Firmiter prohibentur mulieres in ecclesia ad purificationem ne admittant; sed eas moneant ut die Purificationis congregatis vicinis suis orent extra ecclesiam, nec intrent ecclesiam mulieres quæ purificandæ erant, etiam ad levandos de sacro fonte parvulos baptizandos, donec post interdictum intromittantur per sacerdotem. Omni petenti dent pœnitentias in porticu ecclesiæ; si tum ecclesia non habuerit porticum, sustinemus ut in limine proximioris portæ ecclesiæ quæ pro intemperie aeris et pluviæ aperiri poterit et non aliter dent pœnitentias, omnibus exclusis præter illum et illam quæ confitebitur, ita quod sacerdos et confitens possit audiri ab illis qui fuerint extra ecclesiam. Si tamen serenum fuerit tempus dentur pœnitentiæ ante januas ecclesiæ clausæ. Non ponantur extra ecclesiam vasa cum aqua benedicta, nec clerici ferant aquam benedictam, cum omnia sacramenta ecclesiastica præter illa duo quæ excepta sunt, constet esse prohibita. Extremam unctionem, quæ maximum est sacramentum, non licet dare.

(61) Festum Ascensionis Domini, anno 1199, incidebat in diem 18 mensis Maii. Vid. *l'Art de vérif. les dates*, nouv. édit. tom. I, pag. 24.

(62) Confer epistolam Appendicis nostri 9, N..... *ut sententiam interdicti, adversus Philippum, regem Franciæ, latam, inviolabiliter observari facias; dat.* Laterani, v Idus Martii, pontificatus anno III.

(63) De Parisiensi episcopo agimus in notis ad epistolam 11 libri tertii.

(64) De Silvanectensi, ad epistolam 145 libri quinti.

(65) De Suessionensi, ad epistolam 11 libri tertii.

(66) De Ambianensi, ad epistolam 41 libri tertii.

(67) De Atrebatensi, ad epistolam 15 libri tertii.

(68) De archiepiscopo Remensi, ad epistolam 11 libri tertii.

(69) De episcopo Laudunensi, ad epistolam 141 libri quinti.

(70) De Noviomensi, ad epistolam 41 libri quinti.

(71) De Antissiodorensi, ad epistolam 20 libri tertii.

(72) De Belvacensi, ad epistolam 149 libri quinti.

(73) De Morinensi, ad epistolam 182 libri noni.

(74) De Meldensi, ad epistolam 188 libri octavi.

(75) De Carnotensi, ad epistolam 14 libri tertii.

(76) De Aurelianensi, ad epistolam 29 libri noni.

forte perpauci, nuntios suos ad sedem apostolicam destinantes, per quos quasdam excusationes, licet frivolas, prætendebant; sed promittebant, quod, illis expositis, si demum placeret summo pontifici, sententiam observarent. Cum igitur summus pontifex excusationes illas evidentissimis rationibus improbaret, præcepit eisdem, ut et ipsi pariter observarent sententiam interdicti. Qui, audito præcepto, humiliter paruerunt; sicque tota terra regis Francorum arctissimo est interdicto conclusa, ita ut, clausis ecclesiis, nusquam in cœmeteriis sepelirentur corpora mortuorum; quin etiam super terram servabantur ubilibet insepulta.

LIII. Rex autem in tantam indignationem excanduit, ut episcopos et alios clericos, qui primo servaverunt interdictum, ab ecclesiis suis faceret violenter expelli, et bona omnia occupari (77). Sed, cum plebs universa clamaret, rex, jam non valens ecclesiasticæ severitatis sustinere rigorem, nuntios suos, quosdam videlicet clericos, et quosdam milites, ad summum pontificem destinavit, conquerens multipliciter de legato (78); sed tamen offerens per eosdem juratoriam cautionem, quod coram legatis vel delegatis judicibus staret juri. Quibus prudentissimus papa respondit, quod distinguendum erat, utrum stare vellet juri dictato, vel juri dictando; si juri dictato, ut videlicet, secundum jus quod dictaverat, superinductam a suo removeret consortio, et reginam reciperet antedictam, libenter reciperet cautionem, imo sine cautione qualibet, si hoc faceret, relaxaret sententiam interdicti, dummodo prius episcopi et clerici destituti plenam fuissent restitutionem adepti. Si vero juri dictando, videlicet, ut, secundum jus quod dictaret, affinitatis decideretur articulus, cautionem oblatam reciperet ad cautelam, dummodo, superducta remota, reginam prius reciperet memoratam (79).

Hoc autem cum rex per nuntios suos, a sede apostolica revertentes, audisset, spiritus ejus cœpit multipliciter anxiari, quia nec illam volebat recipere, cum habebat vehementer exosam, nec istam dimittere, quam habebat nimis acceptam. Verum, convocatis quibusdam principibus, tam ecclesiasticis quam mundanis, cœpit deliberare cum illis quid ei foret in hoc articulo faciendum. Quibus unanimiter respondentibus quod parendum erat apostolicæ sedis mandatis, quæsivit ab avunculo suo, Remensi archiepiscopo, qui sententiam divortii promulgaverat, utrum verum esset quod sibi dominus papa scripserat, videlicet, quod illa non erat divortii dicenda sententia, sed ludibrii fabula nominanda (80). Qui cum respondisset verum esse quod scripserat summus pontifex (non enim audebat aliud respondere), statim rex intulit, dicens : « Ergo, tu es stultus et fatuus, qui tamen sententiam protulisti. »

LIV. Remissis igitur nuntiis, instabat, ut prius, quod videlicet, relaxato interdicto, cognosceretur de jure. Sed, cum nec minis, nec precibus, nec promissis animus summi pontificis flecti posset, in fundamento justitiæ solidatus, ipsius arbitrio se submisit. Qui Octavianum, Ostiensem episcopum (81), legatum in Franciam destinavit (82), talem sibi formam præfigens, ut, ante omnia, satisfactionem plenariam de damnis et injuriis, clericis et ecclesiis irrogatis, faceret exhiberi; ita, quod ii, qui propter obedientiam et reverentiam apostolicæ sedis graves perpessi fuerant contumelias et jacturas, per apostolicam sedem sibi sentirent et gauderent congrue satisfactum; deinde, superinductam præciperet a regis consortio tam carnaliter quam localiter removeri, ut non solum a regis amplexibus, verum etiam a regni finibus faceret illam excludi, et præfatam reginam ab ipso rege solemniter recipi, et regaliter pertractari, recepta publice juratoria cautione, quod eam sine judicio Ecclesiæ non dimitteret; et sic relaxaret sententiam interdicti, reservata sibi correctione illorum qui ab initio non servaverunt interdictum. Et si, post frequentes et diligentes admonitiones et exhortationes, idem rex præfatam reginam sicut legitimam habere nollet uxorem, sed mallet matrimonium accusare, præcepit eidem legato, ut, pro termino peremptorio ad inchoandam causam, spatium sex mensium assignaret, infra quod, si præfata vellet regina, commoneretur rex Danorum, germanus ipsius, ut ad defensionem ipsius viros prudentes, cum advocatis et testibus, et aliis quibuslibet ne-

(77) Confer epistolam 15 libri tertii, Octaviani, episcopi Ostiensis ad papam; sine data.
(78) Confer epistolam 17 libri tertii, Philippi, regis Francorum ad papam; sine data; sed non eadem esse videtur.
(79) Habetur quidem, libro tertio, responsiva quædam Innocentii epistola ad regem n. 18, quæ data dicitur Laterani........ anno III. Sed in illa nihil de iis quæ ab auctore Gestorum exponuntur, reperre est.
(80) Confer epistolam supra citatam, in not., ad finem § 51.
(81) De episcopo Ostiensi agimus in notis ad epistolam 11 libri tertii.
(82) Ad illustrandam rerum, quæ hic ab auctore Gestorum, narrantur, seriem, conferendæ sunt omnino epistolæ libri tertii : 17, Philippi regis ad papam, qua significat se reverenter legatum apostolicum recepisse, et agit de causa divortii; sine data; — 18, Innocentii ad regem Francorum; qua respondet epistolæ superiori, et monet ut pareat mandatis legati apostolici; sine data; — 15, Octaviani, episcopi Ostiensis, A. S. L. ad papam; qua significat ei, quid super negotio divortii inter regem et reginam Francorum egerit; sine data; — 16, Innocentii ad O. episcopum Ostiensem, A. S. L. qua respondet epistolæ superiori, et quid in ea re agendum sit, præscribit; sine data; — 13, Odonis, Parisiensis episcopi, ad papam, qua significat ei quid in materia divortii inter regem et reginam actum fuerit; sine data; — 14, Episcopi Suessionensis ad papam; de eodem argumento; sine data; — 11, Innocentii ad I. reginam Francorum, ubi significat, quid ab apostolicæ sedis legato agi debuerit; dat. Laterani, XI Kal Novembris, an. III (id est 1200); — 13, Regi Danorum; de eodem argumento, dat. ut supra.

cessarius, sub apostolica et regia securitate dirigeret competenti loco de libera voluntate partium assignato (83). Associavit autem, de libera voluntate partium, Ostiensi episcopo (84) ad examinationem et defensionem causæ ipsius, Joannem, tituli Sanctæ Priscæ presbyterum cardinalem (85), injungens eidem, ut, assidentibus sibi viris religiosis, litteratis et providis, causam ipsam sufficienter, diligenter ac patienter examinare curarent, taliter in verbis et operibus, et aliis circumstantiis se habentes, ut nulla de ipsis posset suspicio suboriri, sed, juris ordine per omnia observato, securitatem et libertatem parti sæpedictæ reginæ per omnia providentes, causam ipsam, mediante justitia, terminarent.

(86) Profectus est Ostiensis episcopus secundum hanc formam ad regem Francorum, et, tam ab ipso, quam ab ejus magnatibus honorifice ac devote receptus, fecit imprimis (87) ecclesiis et ecclesiasticis viris de damnis et injuriis satisfieri congruenter, ac deinde reginam de loco, in quo fuerat, ad quoddam regale castrum adduci, ubi, præsentibus archiepiscopis et episcopis regnique magnatibus, et tam cleri quam populi multitudine copiosa, rex, ad mandatum legati, reginam recepit, faciens in animam suam juramento firmari, quod honorifice eam ut reginam tractaret, et absque judicio Ecclesiæ non dimitteret. Et sic ipse legatus sententiam interdicti, quæ per octo menses duraverat, relaxavit cum multo gaudio et applausu (88).

Sed nonnulli sibi detraxerunt, quod, apostolici mandati forma neglecta, in quibusdam superficialiter processisset (89). Superinductam autem rex a suis separavit amplexibus; sed a regni finibus non exclusit, quia gravida erat, et partui jam vicina

Porro, causam ipsius Dominus judicavit, quia, post partum graviter infirmata, debitum carnis exsolvit (90).

LV. Cum igitur idem rex non posset induci ut ipsam reginam vellet maritali affectione tractare, assignati sunt certi dies et certus locus ad causam, in quo apud Suessionem, præsentibus partibus, ambo interfuere legati, coram quibus causa cœpit suo marte tractari (91); et, licet rex plures et majores advocatos haberet, non tamen defuit qui, propter Deum, verbum faceret intrepidus pro regina. Videns vero rex quod parum proficeret, cum diebus aliquot litigasset, indignatus recessit, nolens coram ipsis legatis ulterius litigare. Summus autem pontifex, etsi nunquam potuerit regem inducere ut ipsam reginam diligeret, nunquam tamen cessabat nunc (92) blandis, nunc (92) asperis agere apud ipsum, ut eam faceret regaliter honorari, consolatorias et confortatorias (93) ei litteras sæpe transmittens (94), et per proprios nuntios eam faciens visitari, de contingentibus nihil omittens, etiamsi regi plurimum displiceret. Nam eadem regina conquerebatur se magis esse incarceratam quam restitutam; cum, etsi rex in victu et vestitu competenter ei faceret provideri, adeo tamen arcte faciebat eam apud Stampas in regio palatio custodiri, quod nec ipsa permittebatur exire, nec quisquam ad eam, nisi raro, permittebatur intrare, sicque manebat omnino solatio destituta (95).

LVI. Interea, vacante metropoli Senonensi, Antissiodorensis episcopus (96) ab universo capitulo unanimiter est electus, rege suum præbente consensum; missique sunt nuntii honorabiles et solemnes ad obtinendam translationem, et pallium impetrandum. Porro, summus pontifex, prudenter attendens

---

(83) Confer epistolam 16 libri tertii, *O. Ostiensi episcopo*, sine *data*, in qua pontifex mandata quæ prius dederat, et de quibus hic agitur, repetit.
(84) In codice Vallicellano, additur, *ad decisionem et ad*.
(85) De isto agimus in notis ad epistolam 15 libri tertii.
(86) Conferenda epistola 15 libri tertii, *Octaviani, episcopi Ostiensis, ad papam;* sine *data*.
(87) Quæ sequuntur, in epistola supradicta referuntur.
(88) Hactenus in epistola 15 libri tertii. Cæterum, hæc omnia acta sunt in concilio Nigellensi, celebrato ab Octaviano, Ostiensi episcopo, mense Septembri, pridie Nativitatis B. Mariæ (*id est*, die 7 mensis Septembris), an. 1200, in quo interdictum Galliæ solutum, indictumque concilium Suessionense, ubi de regio matrimonio judicaretur. Vide *Concil. Harduin.* vol. VI, part. II, col. 1963.
(89) Confer epistolam 16 libri tertii, *O. Ostiensi episcopo, A. S. legato,* sine *data*.
(90) Obiit circa initium anni 1201.
(91) « Aprili habitum narrat hoc concilium Rigordus; Rogerius vero et monachus Aquicinctinus, Martio: melius, si concilii spectes initia; indictum enim est post sex menses quam habitum est Nigellense, quod initio Septembris celebratum est. Deinde, Quadragesimæ tempore habitum ait Rogerius. At, hoc anno, ad Aprilem usque Quadragesima non pervenit, cum Pascha inciderit in diem 25 Martii. Quod de ignoto clerico narrat Aquicinctinus, consentit cum Gestis Innocentii, in quibus sic habetur : *Et, licet rex plures et majores advocatos haberet, non tamen defuit qui, propter Deum, verbum faceret intrepidus pro regina.* Neque contra pugnat Rogerius, dum ait adfuisse episcopos, aliosque, missos a Canuto, Danorum rege, qui reginæ causam tuerentur. Illi enim discesserant ante Joannis adventum, coram quo ignotum illum clericum reginæ causam egisse refert Aquicinctinus. » *Adnot. Gabr. Cossartii, ad Concil. Harduini,* vol. VI, part. II, col. 1966.
(92) *Nunc... nunc;* sic in codice Vallicellano; apud Baluzium, *nec*.
(93) *Confortatorias*. Sic apud Baluzium; in codice Vallicellano, *hortatorias*.
(94) Confer epistolas libri quinti ; 49, *Remensi archiepiscopo, S. R. E. cardinali, A. S. legato;* dat. Laterani, III Non. Julii ; — 50, *regi Francorum,* sine *data*.
(95) Confer epistolam 85 libri sexti, *Ingeburgis reginæ ad papam,* sine *data*.
(96) Vide epistolam 20 libri tertii, *O. Ostiensi episcopo, A. S. legato, qua Antissiodorensem episcopum a suspensionis sententia absolvit, rejecta tamen ipsius ad Senonensem archiepiscopum electione;* dat. Laterani, Id. Novembris, an. III (*id est* 1200). Vide etiam ea quæ ibi adnotata sunt.

quod idem Antissiodorensis episcopus unus fuerat ex illis qui ab initio interdicti sententiam non servaverant, et Senonensis Ecclesia eam servaverat ab initio, ut discerneret inter obedientes et devotos, postulationem ipsius in publico consistorio reprobavit; cum, secundum legem divinam, non sit arandum in bove et asino (*Deut.* xxii, 19), nec quisquam debeat induere vestem de lana linoque contextam (*ibid.*, 11). Unde quidam protinus exclamavit : « Nunquam Antissiodorensis episcopus de bene cantando tantum acquiret, quantum de male cantando jam perdidit. » universis exaltantibus Deum. Præfecit autem eidem metropoli magistrum Petrum de Corbolio, cujus Parisius in sacra pagina fuerat auditor, quem jampridem in Cameracensem episcopum fecerat promoveri (97).

LVII. Quia vero summus pontifex reservaverat sibi correctionem eorum, qui ab initio non servaverant sententiam interdicti, et ipsi sententiam suspensionis incurrerant, quam legatus protulerat in eos qui eamdem sententiam non servarent, compulsi sunt ad apostolicam sedem personaliter laborare. Venerunt igitur Remensis archiepiscopus, Carnotensis, Aurelianensis, Meldensis, Antissiodorensis, Noviomensis et Belvacensis episcopi, et procuratores eorum, qui propter senectutem vel ægritudinem accedere nequiverunt. Similiter et quidam abb.tes venerunt; qui vero venire non potuerunt, procuratores idoneos destinarunt. Recepit autem ab omnibus publice juramentum, quod, tam super interdicti, quam suspensionis sententia non servata, mandatis apostolicis obedirent; et sic eos a vinculo suspensionis absolvit, sed mandatum facere distulit ad cautelam.

LVIII. (98) Eo tempore, tam in Oriente quam in Occidente, detestabilis fuerat commissus incestus. Nam (99) in *Oriente*, *una duobus fuit incestuose conjuncta*. *In Occidente vero, unus duas præsumpsit sibi jungere per incestum*. *Et incestui quidem in Oriente commisso, non solum consensus, sed et auctoritas clericorum ibi consistentium intercessit*. Sed, in detestabili copula in Occidente contracta, licet non absque quorumdam ecclesiasticorum virorum consensu fuerat forsitan attentata, ecclesiastica tamen auctoritas nullatenus intervenit. Volens autem Deus majus peccatum vindicare celerius, et a similibus alios deterrere, tam Corradum, marchionem Montisferrati (100), qui reginæ Hierosolymitanæ prius adhæserat per *incestum* (1), *occidit gladio*, quam Henricum, Campaniæ comitem (2), qui ei et in culpa quodammodo, et in pæna, successit, dejecit (3) præcipitio, utrumque vero morte imprævisa peremit. Nondum enim (4) in hujusmodi iniquitatis auctores in Occidente suam exercuit (5) ultionem. Sed, quanto longanimius adhuc sustinet, tanto forsan severius vindicabit. Licet autem apostolica sedes, quod super hoc fuerat in Oriente commissum, propter malitiam temporis et persecutionem urgentem dissimulare sit visa, ad vindicandum tamen quod in Occidente fuerat attentatum, rigore canonicæ districtionis est usa. Nam, audito quod rex Legionensis (6) consobrinam suam, filiam regis Portugalliæ (7), incestuose sibi præsumpserat copulare, tam regem ipsum Portugalliæ, quam incestuose conjunctos, excommunicationis sententia innodavit, et Legionense ac Portugalliæ regna sententiæ supposuit interdicti. (8) Unde, quod illegitime factum fuerat, est penitus revocatum. Verum, dictus rex Legionensis, ad deteriora manum extendens, sicut is de quo dicit Scriptura : « Væ homini illi, qui post se trahit peccatum quasi longam retem (*Isa.* v, 18, sec. *LXX*), » et : « Im-

---

(97) Vide notas ad epistolam 45 libri tertii.
(98) Conferenda omnino epistola 75 libri secundi, *Archiepiscopo Compostellano, et universis episcopis, in regno Legionensi constitutis, ut per excommunicationis et interdicti sententiam, rex Legionis, et regis Castellæ filia, in gradu prohibito copulati, separentur*; dat. *Later*. viii *Kal*. Junii, pontificatus anno xi. Ipsa epistolæ illius verba hic transcripsit auctor, quæ Italico charactere distinguimus.
(99) Hæc in epistola supra citata.
(100) Corradus, Guillelmi marchionis Montisferrati III filius secundo genitus, notus in instrumentis ab anno 1177, dominus Tyri an. 1187, patre defuncto an. 1188 marchio Montisferrati, regnum Hierosolymitanum una cum Guidone partitus an. 1190, Tyri occisus fuit an. 1192.
(1) Erat illa, Isabella, soror Balduini regis Hierosolymitani IV, dicti *Leprosi*, et Sibyllæ. Sibylla nupta fuerat Guillelmo Montisferrati, fratri primogenito Corradi; unde Isabella Conradum in vetito consanguinitatis gradu attingebat. Sed majus erat impedimentum, ex eo quod Isabella, non nisi vivente adhuc Humfredo de Torone, cui primum nupta fuerat, cum Conrado nuptias inierat.
(2) Henricus, comes Campaniæ II, patri suo Henrico, versus annum 1180, vel 1181, successerat. Anno 1190 in terram sanctam profectus, ibi anno 1192 a Richardo, Anglorum rege, Hierosolymitani regni administrator renuntiatus est. Isabellam, Corradi, de quo supra, relictam, in uxorem duxit. De obitu ejus sic Albericus, *Chronic*. pag. 411, ad an. 1197 : « Apud Acram in partibus transmarinis comes Campaniensis Henricus, cum esset terræ sanctæ princeps, corruit inopinato casu de fenestra cœnaculi, ubi incaute fuit appodiatus, et mortuus est. »
(3) *Dejecit*. Sic in codice Vallicellano; apud Baluzium deest.
(4) Apud Baluzium, *autem*.
(5) Apud Baluzium, *exercuerat*.
(6) Alphonsus, rex Legionensis IX, filius Ferdinandi II, patri successerat anno 1188. Theresam, Sancii, regis Portugalliæ I, filiam, quæ ipsum in vetito consanguinitatis gradu contingebat, in uxorem duxerat; sed anno 1195 eam dimittere censuris ecclesiasticis coactus fuerat. Anno 1197, cum Berangaria, alterius Alphonsi, regis Castellæ VIII, consobrini sui, nata, nuptias iniit; quæ filium ipsi peperit, nomine Ferdinandum. Novum istud matrimonium, utpote etiam vetitum, damnavit summus pontifex, sed non nisi anno 1214 dissolutum fuit.
(7) Sancius, rex Portugalliæ I, Alfonsi et Mafaldis filius; natus an. 1154, die 11 Novembris, patri suo, defuncto an. 1185, die 6 Decembris successit. Regnavit annos 26 vel 27.
(8) Vide epistolas libri primi 92 et 93, *Fratri Rainerio, de revocandis incestis nuptiis, et servando fœdere pacis*; dat. Romæ, apud S. Petrum, xvi et xi Kal. Maii, anno i.

pius, cum venerit in profundum vitiorum, contemnit (Prov. xviii, 3), *filiam regis Castellæ* (9), consobrini sui, neptem videlicet propriam, impudenter sibi copulare præsumpsit. Quod cum ad ipsius summi pontificis pervenisset notitiam, protinus fratrem Raynerium, virum scientia et religione pariter reverendum, Deo et hominibus obtentu scientiæ et honestatis acceptum, in Hispaniam destinavit (10), ut, juxta verbum propheticum, dissolveret colligationes impietatis, solveret fasciculos deprimentes; qui per Dei gratiam excussit ab omni munere manus suas, ita ut quod legitur, vere possit de ipso referri: Non fuit qui ditaverit Abraham (Gen. xiv, 23). Idem igitur frater Rainerius, cum in Hispaniam pervenisset, dictum regem Legionensem semel et iterum ex parte summi pontificis commonuit diligenter, ut a tam detestabili et nefanda copula resiliret, universis colligationibus dissolutis, quæ fuerant pro ipsa copula consummanda contractæ. Sed, cum apud eum nihil prorsus monitis profecisset, certum ei diem assignavit et locum; et cum ipsum etiam ultra terminum exspectasset, in eum se contumaciter absentantem, juxta formam mandati apostolici, excommunicationis sententiam promulgavit, et regnum Legionense interdicto generali conclusit. In memoratum vero regem Castellæ, ac terram suam, in nullo processit, cum idem rex se mandatis ejus exponeret, et, quod reciperet filiam suam, si sibi redderetur, proponeret assertive, obligans se ad hoc per litteras suas, summo pontifici destinandas. Postmodum autem, Toletanus archiepiscopus et episcopus Palentinensis, ex parte ipsius regis Castellæ, ac, ex parte regis Legionensis, Zamorensis episcopus, ad sedem apostolicam accedentes, postulabant a domino papa ut cum eodem rege Legionensi, et cum filia regis Castellæ dignaretur super hujusmodi copula dispensare. Propter quod, nisi specialis illa gratia, quam habebat idem dominus Innocentius ad devotionem dicti regis Castellæ, motum animi sui temperasset, in ipsos ita curasset severitatem ecclesiasticam exercere, quod nulli de cætero temporibus suis repudiatas toties et damnatas petitiones afferrent. Tandem vero intelligentes archiepiscopus et episcopi memorati quod non solum indulgentiam super hoc a summo pontifice, sed vix etiam possent audientiam impetrare, interdictum, in terram dicti regis Legionensis prolatum, a domino papa postulavere remitti, asserentes quod ex eo triplex toti regno periculum imminebat, videlicet ab hæreticis, Saracenis et Christianis. Ab hæreticis, quia, cum propter interdictum ipsum clausa essent in partibus illis ora pastorum, non poterant fideles per eos contra hæreticos instrui, et ad resistendum eis aliquatenus informari; unde, tum ex hoc, tum quia rex Legionensis, ab Ecclesia se asserens aggravatum, eis minime resistebat, invalescebant contra fideles hæretici, et in regno ipso hæreses variæ pullulabant. A Saracenis, quoniam, cum per exhortationes et remissiones Ecclesiæ, Hispaniarum populus consuevisset ad expugnationem paga-

norum induci, cessante prædicatorum officio, populi etiam devotio tepescebat: quia, dum se cum principe suo, quoad interdictum, eidem videret pœnæ subjectum, a culpa, cui vel tacendo consenserat, forte se non credebat immunem; propter quod minus circa debellationem Saracenorum fervebat, ne decederet in peccato. A Catholicis quia, cum clerici laicis spiritualia ministrare non possent, laici clericis temporalia subtrahebant, oblationes, primitias et decimas detinentes: unde, cum clerici ex his pro majori parte in partibus illis consueverint sustentari, eis subtractis, non solum mendicare, sed favere ac servire Judæis, in Ecclesiæ ac totius Christianitatis opprobrium, cogebantur. Videbatur autem domino papæ difficile eorum petitioni annuere, ac sententiam, ex animo, et ordine, et causa, latam canonice, sine satisfactione congrua relaxare. Ex animo siquidem quia, sicut Deus suæ conscientiæ testimonium perhibebat, ad hoc non nisi justitiæ et honestatis obtentu processerat, cum ex contrario potius contra ipsum dominum papam oriri præsumptio potuisset, si tam detestabile facinus duxisset in patientia tolerandum. Ex ordine quia dictus frater Raynerius, post commonitiones et dilationes legitimas, tandem districtione percussit ecclesiastica contumacem. Ex causa, exemplo divino, videlicet, et humano; divino quia, cum David in populi numeratione peccasset, Dominus in populum vasa sui furoris effudit; unde idem David dixisse legitur, peccatum suum Domino confitendo: Ego sum qui peccavi, ego qui inique egi. Isti, qui oves sunt, quid fecerunt? Avertatur, obsecro, furor tuus a populo tuo (II Reg. xxiv); humano, quia esset mali exempli; videlicet, quod, si forsan in alia regna similem eumdem dominum papam contingeret sententiam promulgare, similis ab ipso gratia peteretur; quam si forsan negaret, apud ipsum esse videretur acceptio personarum. Ex hoc etiam de ipso summo pontifice posset apud aliquos oriri suspicio, præsumentibus forte quibusdam quod ad id moveretur ex causa latenti. Licet igitur ex causis præmissis non videretur dicta petitio admittenda, quia tamen, ubi multitudo est in causa, detrahendum est aliquid severitati, ut majoribus malis sanandis charitas sincera subveniat, in eo, ad petitionem prædictorum archiepiscopi et episcoporum, gratiam duxit de communi fratrum suorum consilio faciendam, ex quo videbantur impedimenta expressa superius provenire. Relaxavit igitur summus pontifex, non in totum, sed in una parte solummodo, interdictum, nec perpetuo, sed ad tempus, quandiu scilicet sibi placeret, et expedire videret, ut probaret interim spiritus si essent ex Deo, et an, sicut idem archiepiscopus et episcopi affirmabant, sperata inde utilitas sequeretur; sic videlicet, ut in regno ipso divina celebrarentur officia, sed decedentium corpora ecclesiasticæ sepulturæ minime traderentur; in quo tamen clericis fecit gratiam specialem, in eo videlicet, ut in cœmeterio ecclesiastico deberent, cessante solemnitate solita, 1214.

(9) Erat is Alphonsus rex Castellæ VIII, in historia celeberrimus, qui regnavit ab anno 1158 ad annum

(10) Vide epistolas supra citatas.

tumulari. Quod licet aliquibus posset absonum forte videri, ut, officio restituto, sepultura ecclesiastica negaretur, quia, juxta canonicas sanctiones, cui communicavimus vivo, communicare debemus et mortuo, recte tamen intelligentibus nihil ex hoc incongruitatis occurrit, cum, juxta Lateranensis instituta concilii (11), decedentes ex torneamentis, etsi per pœnitentiam reconcilientur Ecclesiæ, Christiana tamen sepultura priventur. Ut autem non remittere pœnam, sed commutare potius videretur, dictum regem Legionensem, memoratam filiam regis Castellæ, et omnes eorum principales consiliarios et fautores excommunicationis vinculo innodavit, mandans ut, ad quamcunque civitatem, villam, vel oppidum devenirent, nullus ibidem, eis præsentibus, divina officia celebraret. Dicto autem regi Castellæ, ac reginæ, uxori ejus præcepit, ut ad dissolvendam prædictam copulam operam impenderent efficacem; alioquin, in eos et terram suam similem sententiam promulgaret. Quia vero castra quædam, quæ idem rex Legionensis dictæ filiæ regis Castellæ tradidisse dicebatur in dotem, ita ut, si eam aliqua ratione relinqueret, ipsa cederent in jus ejus, impedimentum præstabant hujusmodi copulæ dissolvendæ, mandavit castra ipsa restitui, et ad id puellam ipsam excommunicationis sententia coarctari, decernens, ut, si ex tam incestuosa et damnabili copula susciperetur aliqua proles, spuria et illegitima penitus haberetur, quæ, secundum statuta legitima, in bonis paternis nulla ratione succedit (12).

Licet autem aliquanto tempore in sua contumacia perdurassent, demum tamen redeuntes ad cor, incestuosam copulam dissolverunt; et, cum fuissent ab invicem separati, præstito secundum formam Ecclesiæ juramento, meruerunt absolvi (13).

LIX. Eodem tempore, anathematizavit Suerum apostatam, qui regnum Norvagiæ per violentiam occupaverat, legitimo regni hærede perempto (14);

(11) Concil. Lateran. sub Alexandro PP. III, cap. 20.
(12) Hactenus in epistola supra memorata.
(13) Vide epistolas libri septimi : 67, *Archiepiscopo Toletano*, episcopis Burgensi et Zamorensi; ut B. natam regis Castellæ, quæ a rege Legionensi recesserat, et beneficium absolutionis poscebat, absolvant; dat. Laterani, xi Kal. Junii, an. vii (*id est* an. 1204); — 93, *Archiepiscopis Compostellano et Toletano*; episcopis Tirasonensi et Colimbriensi; ut natam regis Castellæ inducant ad restituenda regi Legionensi oppida, quæ sive dotis titulo, sive donationis propter nuptias, ab ipso sibi assignata fuerant; dat. Laterani, xii Kal. Julii, an. vii; — 94, *Archiepiscopo Compostellano, episcopis Zamorensi et Palentino*; ut regem Legionensem resipiscentem absolvant; dat. Laterani, xiii Kal. Julii, an. vii.
(14) Ad ista pertinere videntur ea quæ leguntur apud Albertum Krantzium, *Chron. Dan. Suet. Norvag.* Sic enim auctor ille, *Norvag.* lib. vi, pag. 784, quæ quidem a Saxone de verbo ad verbum mutuavit : « In Norvagia dein post aliquantum temporis intervallum novi motus consurgunt. Nam Suecus quidam, fabro patre genitus, sacerdotii (quod in Pherogia aliquandiu gesserat) partibus abductis, Norvagiam petens, religionis munus militia temeravit, Osteni cujusdam ab Erlingo (*regnabat tunc temporis Erlingus in Norvagia*) prostrati adductus. Cujus agmin per deserta fugienti fortuito obvius, ducem se præbuit, resque adversum victores novare cœpit. Et, ne generis titulo carere videretur, originem mentitus, Haraldum Hiberniensem avum sibi vindicando, Siwardo se procreatum confingit; cujus etiam nomen filio, quem antea patris vocabulo Una appellaverat, aptavit. Et, ut omnia prioris fortunæ monumenta subrueret, proavium vocabulum in eo repræsentari videretur, simulatæ prosapiæ decus novi nominis ornamentis usurpare sustinuit, magnumque se, in argumentum generis, vocitari constituit. Quod tam imprudens mendacium, turbulento militum errore, credulaque vulgi suffragatione protectum, ad totius Norvagiæ cruentissimam stragem extremamque perniciem penetravit. Idem, cum adhuc privatus Suetiæ ducem Burgerium petisset, sacerdoti, cujus forte hospitio usus erat, stolam, præcipuum diaconi insigne, cum libro sacerdotalia sacra continente, dono dedisse fertur. »

Res non paulo aliter, sed male habita temporum ratione, narratur apud Isaacium Pontanum (*Rer. Danicar. Hist.* lib. vi, pag. 260), ad annum 1178 : « Norvagiæ vernaculum Chronicon longe aliter hæc memorat. Ait enim, quod nec a vero abhorrere videtur, Sivardo, Haraldi Gyldi filio, a matre Gunilda procreatum hunc Suerum; Gunildam vero, post obitum Sivardi, nuptam viro, cui Unas faber nomen erat; atque inde, cum Erlingus Scaccius, ejusque filius Magnus, in id incumberent, ut regia per totam Norvagiam prosapia stirpitus tolleretur, confugisse eam cum Una marito ad fratrem suum Roarem, sive Rhodium, ut alias appellant, qui tum apud Faroenses episcopatu fungebatur; eumque litteris eousque imbui Suerum curasse, dum ad suscipiendum sacerdotii munus haberetur idoneus; et, id quoque cum jam ageretur, obortas matri lacrymas; earumque causam quærente ac mirante Suero, præsertim, cum potius lætari ob honorem, qui sibi deferebatur, quam tristari debuisse existimaret, respondisse Gunildam : « Levis est ista, mi « fili, pro illa, quæ tibi contra fas omne ac æquum « denegatur, dignitas : tu enim Sivardi, Norvagiæ « regis, es filius, licet id huc usque apud te reti- « cuerim; » tunc cœpisse Suerum hinc Magni regis, Erlingo nati, potentiam ac vires, inde stirpem suam Norvagorum regibus editam secum perpendere; ac matri, postquam de utroque accuratius cogitasset, ejusmodi responsum dedisse : « Ego , si veteri « Norvagorum sanguine natus sum, neutiquam ho- « die sacerdotii insignia regiis prætulerim, utpote « quæ mihi apud Norvagos jure debentur. »

Ita fere id Chronicon, addens deinde : « Ea etiam occasione profectum ad Norvagos Suerum; eoque cum advenisset, Ostenum, qui erat ejus patruelis, regium sibi nomen atque insignia sumpsisse; Suerum vero, cum aliud non posset, amicis scilicet et affinibus opem denegantibus, Erlingi militibus ascriptum; ac multa, quæ essent in rem suam, ab iisdem comperisse; posteaque, ubi occubuisset in prælio Ostenus, ab agmine et copiis ejusdem dispersis, quod ex Saxone diximus, in ducem militiæ electum, ac demum adactum ab iisdem, ut regium vocabulum usurparet. Hunc militem multa dura asperaque perpessum refert idem Chronicon, dum integrum fere triennium per lucos et deserta vagabundus, inter cætera, arborum corticibus pedibus induit, unde et *Berckebenii* vernaculo idiomate vulgo appellabantur. Hoc ergo milite bellum aliquandiu Suerus vario eventu adversus Erlingum, ejusque filium, Magnum, Norvagiæ regem, sustinuit; donec, fuso tandem prope Nidrosiam Erlingo, Magnus ad Daniam ad regem Valdemarum, sibi sanguine conjunctum, profugit; ab eoque classe et copiis identidem adjutus, sceptrum Norvagiæ recuperat ; sed, ut fieri solet, novercante fortuna, cum Suero et Berckeniis navali postremum, eoque acri congressus prælio, ubi favere victoriam Suero vidit, de puppi in profundum desiliit, seque fluctibus obruit. Inde, Norvagia sub Suero ejusque posteris ad usque reginam Margaretam, Valdemari III filiam, permansit, cujus demum cum Haquino, Norvagiæ rege, connubio ad Daniæ reges pervenit, anno circiter Christi 1387, perpetuoque deinceps cum ea cohæsit, sed suis legibus suoque jure usa..... »

Addit postea idem auctor, ad an. 1195 : « Proximus anno superiori (1194) annus (id est 1195) abstulit apud Norvagos regem Suerum, cujus superius in rebus Valdemari prolixe meminimus. Exstatque Romani pontificis Decretalium Epistolarum liber, in quo Suerum hunc, tyrannidis ac violentiæ accusat, quodque per fas et nefas Norvagiæ sceptrum arripuisset. Exsecratur quoque, et anathemate ferit Bergensem episcopum, quod is, obstante licet archiepiscopo, cum Suero facere, eique favere videretur. Idem Innocentius, ad Islandos de eodem scribens, apostatam Dei et divorum appellat. Res ejus totumque vitæ spatium, et quam mirabiliter ad imperium pervenerit, integro libro prosecutus est Carolus Jonæ abbas, ut meminit in chronologicis suis vir nobilissimus, Arnoldus Witfeldius, regni olim cancellarius ὁ μακαρίτης..... Suero successit filius Haquinus : eaque in stirpe continuata regum Norvagorum successio duravit ad bina circiter sæcula; defecitque in filio tandem Margaretæ Danorum reginæ, Olao. »

Hactenus Isaacus Pontanus; et hæc quidem ad qualemcunque rei, de qua apud auctorem mentio habetur, notitiam sufficere forsan possent. Verum, cum in Pontani narratione ratio temporum nullatenus cum Innocentii Gestis congruat, recentiorem alterum, rerumque Norvegicarum peritiorem scriptorem, audire præstat. Thormundum Torfæum nomino, qui Norvegiæ Historiam opere in quatuor voluminibus in-folio diviso, prosecutus est. Nonnulla ex auctore isto excerpere, et hic lectorum oculis subjicere, operæ pretium existimavimus; tum quia opus ejus (quod non tam facile cuivis in nostris bibliothecis obviam foret) et exactissimum, et stylo non ineleganti exaratum, multa scitu, ut nobis quidem videtur, digna exhibet; tum quia de regionibus illis agitur quarum historia adeo apud nos huc usque neglecta fuit, ut doctissimus libri cui titulus, l'Art de vérifier les dates, auctor, in novissima etiam hujus nunquam satis laudati operis editione, de rebus Norvegicis, vel ut spissiori tenebrarum nube involutis, vel ut apud ipsius Norvegicæ gentis scriptores sibi minime constantibus, nihil omnino referre tutius crediderit. Attamen, Torfæus ille, jam a nobis nominatus, ea, quæ refert, et suo quæque, habita diligentissime temporum ratione, peculiari anno assignat, facta, ex authenticis satis monumentis depromopsisse videtur, nec ullam narrationis ejus partem ad dubium revocandam censuerunt viri in septentrionalis Europæ partibus eruditi. Hæc igitur apud ipsum, de Svero, quem semper Svererem a Sverrir appellat, leguntur, Histor. rer. Norvegic. part. III, lib. x, cap 11, pag. 582 et sqq., quæ quidem ipse ex auctore, supra ab Isaacio Pontano laudato, nempe Carolo, Jonæ abbate, de verbo ad verbum fere deprompsisse fatetur.

« Nomen ei Sverrir, mater Gunnhildis. Imputatus, matris indicio, pater Unius pectinarius, Gunnhildis in Norvegia conjugio sibi sociatæ maritus, ibidem anno gratiæ 1151 (imo potius 1147, ut sibi constet auctor ipse, ut mox videbitur), Ingio, Eystenio et Sigurdo Broncho regibus, quadriennio ante illius (id est, Sigurdi) cædem, cujus se postea filium professus est, natus....

« Quinquennem mater, Vitricusque Unius, eum e Norvegia in Fœregas translatum, in nutricatu episcopi Hroii humanioribus litteris imbui curarunt, donec in presbyterum consecratus est.... Romam deinde Gunnhildis ad peccatorum absolutionem impetrandam, ad limina apostolorum, more sæculi, profecta (versus annum 1175) cum, eorum confessione, coram eo quem pontifex isti muneri præfecit, conscientiam exoneraret, filium sibi regio satu confessa est, quem genus suum celaverit. Quo ad pontificem delato, imperio ejus in absolutione mandatum accepit, de vero ei ortu retegendo, cum primum ad eum rediret.....

« Norvegiam redux, sine mora Fœregas profecta, filio, jam viginti quatuor annos nato, rem universam pandit ; id quod illi curam ingentem injecit.... Multa secum variis curarum æstibus volventem, somnia, eorumque interpretatio erexit..... Anno 1171, Sverrir in Norvegiam devenit.... »

Sequitur apud auctorem nostrum, prolixa narratio, de Sverris in Norvegiam, et inde in Ostrogothiam professione, redituque in Norvegiam et Bettulopedum (al. Berckebeniorum, ut apud Pontanum ; vid. supra) regimine ad illum delato ; de regio nomine ipsi invito imposito ; de ejus in Thrandiam impeditissimo itinere, et direptionibus ibidem exercitis. Deinde, dicitur quo pacto Sverrir, totius Norvegiæ rex proclamatus, cum præfectis Magni regis pugnaverit, eosque fugaverit ; Uplandos subegerit ; ingens in Vorsia periculum feliciter superaverit, et varia itinera aggressus fuerit. Inde, Sverrir Erlingum, Magni patrem, ac regni administratorem, astu eludit, Kongahelam ære multat, in Vermiam secedit, transitum negantes mitigat et domat.

Alia etiam ejusdem bella narrantur ; præsertim, geminum prælium cum Magno ; victoria, quam de ipso reportavit, et conditiones ab Erlingo ipso oblatæ, quas cum respuendas censuisset Erlingus, paulo post occisus fuit, sepultusque, non ipsi Sverreri illaudatus. Nam ad defuncti exsequias Sverrir orationem in ipsius laudes fecisse traditur, hac humanitate multorum studia in se convertens, merensque oratione omnium laudes.

Anno 1180, Magnus ipse, patri Erlingo superstes, in Thrandia refugatus, cum Sverrere iterum prælium commisit ; victus, in Daniam discessit. Unde redux, auxiliis a rege Daniæ impetratis, rursus cum Sverrere pugnavit, feliciori nequaquam successu, in fugam denuo conversus est. Cum tamen, novis copiis collectis, ad confligendum rediisset, colloquium inter ipsum et Sverrerem factum est, sed conditiones a Sverrere oblatas Magnus improbavit.

« Duravit bellum, vario fortunæ eventu, usque ad annum 1185, quo Magnus ultimo tandem prælio victus et occisus fuit. Cadaver Bergis missum, ubi sepultum fuit in præsentia Sverreris, qui filium, prout antea patrem Erlingum, oratione funebri prosecutus est.

« Tunc demum Sverrir totius Norvegiæ rex pacificus dici potuit ; et anno sequenti 1486, Margaretam, S Eirici, regis Sueciæ, qui Upsalis scrinio impositus quiescit, filiam, in uxorem duxit, cujus frater Knutus Sueciæ tunc imperabat.

Sequuntur apud auctorem diversa a Sverrere in administrando regno gesta. Sed ea tantum, quæ ad Innocentii epistolarum argumentum spectant, hic delibabimus.

Anno 1187, archiepiscopus Nidrosiæ Eysteinus, qui, diu Sverreri adversatus, tandem cum ipso reconciliatus fuerat, « jam inde ab autumno æger et lecto affixus, post ferias Natalis Christi, regem Sverrerem nuntiis ad se vocat. Is cum advenisset, post varias præteriti temporis actiones mutuo repetitas sermone, Eysteinus veniam offensarum a rege in nomine Domini postulavit. Qui cum facilem se præbuisset, ficta commissorum invicem gratia et animorum reconciliatione, archiepiscopus nocte, quæ festum S. Apostoli sequitur, decessit. »

Eysteini [al. Augustini], secundi Nidrosiæ archiepiscopi, mortem ad diem 26 Januarii notat *Necrologium Islando-Norvegicum vetus*, apud Langebek, *Script. rer. Danic.* tom. II, pag. 504. Ejusdem Vitam scripsit cl. Schœningius, in *Forbedringer*, pag. 410 et sqq. Obiisse an. 1188 testantur *Annales Reg. Island. membr.* Auctor *Hist. Sturlung.*, lib. III, cap. 6, statuit eum die 30 Januarii mortuum esse; sed Johannæus, *Hist. Eccles*, tom. I, pag. 225, ejus obitum ad diem 26 decembris ejusdem anni refert.

Sed, de hoc præsule, satis; ad Torfæi narrationem redeamus. « Mortuo (Esteino) monumentum in sacrario ædis Christi exstructum, ipso rege in funere ejus verba in choro templi faciente; ubi, exposito novissimo, quod habuerant, colloquio, confessum archiepiscopum affirmavit, multa se in regem deliquisse, et quidem contra canones statutaque ecclesiastica, verum fuisse tamen alias rationes quibus integrum sibi non existimaverit Magnum deserere. Ipse hic deinde, Hacone, Sverreris nepote, regnante, anno nimirum 1229, albo sanctorum inscriptus est.... Vere novo, Sverrir ingenti cum exercitu Bergas regressus est, ibi in adultam æstatem commoraturus. Magna tum eo hominum frequentia: episcoporum quoque regnique procerum ordines ad electionem archiepiscopi convenerant, tandemque communibus votis suffragiisque designatus est Eiricus episcopus Stafangriensis, auctoritate potissimum archiepiscopi Eysteini, qui, ut sibi Eiricus sufficeretur, moriens suaserat. Et quamvis rex ipsum, ut nimia liberalitate profusum, rebus ecclesiasticis dispensandis minus idoneum declaraverit, pervicerunt tamen plurium vota, et responsum regi, liberalitatem in archiepiscopo requiri; sufficere enim cathedram sumptibus, nec, licet magnis, facile exhauriri. Itaque Eiricus eodem anno inaugurandus e patria est profectus.....

« Anno 1188, archiepiscopus Eiricus, accepto pallio, Roma rediens, Nidrosiam, sedem suam jam factam, adiit. Nec diu post, regem inter et archiepiscopum simultas quædam exorta est. Ansam huic dedere conciones, quibus in choro templi habitis archiepiscopus asperis verbis in Betulopedes invectus erat, quorum etiam offensam occurrit', licet a canonicis omni studio exceptus esset. Accedebant et aliæ res de quibus rex et archiepiscopus dissentiebant, quarum præcipua momenta hæc erant: Impositum rusticis ab Eysteino onus, comite Erlingo vel consentiente, vel connivente, loco *ehris*, vel unciæ vulgaris, quæ ex recepta æstimatione, hoc nomine in mulctam a delinquentibus solvi solita, regi etiam pendebatur, argenteam ab episcopo, nomine quidem eodem, sed pretio duplo, signatam. Quod factum rex revocari jussit, ex legibus antiquis certo receptique pretio mulctam debere solvi prætendens; neque enim Erlingum jus habuisse antiquandi S. Olafi leges, tantum ut inique cives exhauriendo lucrum faceret, unde consecrationem filio suo, successionis jure destituto, compararet, siquidem in Norvegia nunquam, vel paganismo durante, nisi regis filio regnum delatum; ab Erlingo autem leges divinas, humanas, regias, civiles, nihili habitas, et archiepiscopo, ut cives auctoritate sua opprimeret, permissum. Postulavit itaque ab Eirico rex, ut quandoquidem ipse reddilus suos hoc modo in duplum auxerit, pari quoque auctoritate suos sibi intendere liceret, violatarum deinde legum, injuriarumque in cives, ipse archiepiscopus Deo populoque rationem redderet. Ad quæ satis animose Eiricus: *Jus episcopale* semper ampliandum, nunquam autem minuendum esse; regi vero ex legum præscripto juramentum proprium observandum, et Deo quidem sibique rationem ab ipso, si Deus fecerit, reddendam; nunquam enim antea in reddituum regiorum solutione augmentum tale receptum.... »

Anno 1191, controversiæ inter regem et archiepiscopum acrius gliscere cœperunt. « Rege quidem semper, ut dictum est, leges S. O afi, aut Thrandiæ codicem, qui *Gragas* inscribitur, a Magno Bono, ejus filio, conscriptum et promulgatum, allegante, et secundum ejus præscripta causam decidi postulante; sed archiepiscopus ad codicem alium *Gullfiodr* appellatum, quem scripserat archiepiscopus Eysteinus, ut et jus canonicum Romanum, partim quoque ad litteras sibi a pontifice missas, sigilloque ejus firmatas provocabat. Inter cæteras lites de jure patronatus in Ecclesias disputatum: nam et legibus antiquis et longo temporis usu obtinuerat, ut laicis jus esset fundandi, propriisque sumptibus ædificandi, modo vellent, templa in agris suis, quæ deinceps ipsi juret patronatus tuerentur, idoneisque ministris instruerent. Sed archiepiscopus in singulas ædes consecratas, ubi quidem sacra permissu ejus celebrabantur, idem jus sibi arrogabat. Causam igitur rex in judicium deducere voluit, renuente et declinante archiepiscopo. Ex codice itaque legum rex in foro publico recitare curavit, quanto comitatu episcopo diœcesim suam lustrare liceret, nimirum triginta tantum comitibus, duodecimque clypeis, iisque omnibus albis. De his sententiam judicum rex postulabat, adjecto: *Nullis satellitibus armatis, nulla nave bellica archiepiscopum indigere; violari ab eo leges, qui, nonaginta clypeatis stipatus, nave viginti scalmorum vehatur. Nec sibi, aut Betulopedibus memoria excidisse vires archiepiscopi Eysteini, quantæ illæ tum fuerint, cum ad Braithamras armata nare Betulopedes oppugnassent, aut cum Bergis classem Magni intercepissent; tum enim archiepiscopi satellites regiis priores se invasisse. Jam vero nullam archiepiscopo, aut Ecclesiæ ejus, ab hostibus periculum imminere, quod armatis copiis accessere necessum sit. Si quis mercenariorum et usus, saltem in excidendis rupibus aut poliendis saxis, deportandisque ad ædificationem templi, eum debere esse, nec ad alia opes tantas destinatas.* Ad hæc archiepiscopus talibus verbis respondit: *Pontifex Romanus hanc mihi Ecclesiam cum omnibus ejus opibus commisit: libere itaque illas, quoad vixero, dispensabo: sunt enim Dei sanctorumque ejus. Illud vero non inficiabor, domine, plurimos probos viros malle mecum quiete ac placide conversari, quam tibi maleficis litare, cum paucis jam per te tranquilla vita permittatur; nec, si mei ministri vestes aut arma elegantia gestant, illa protinus aliunde rapuerunt; pacificos enim se gerunt, neminique injuriam inferunt. Certe, mirabuntur exteri, archiepiscopo non permitti arbitrium alendi et vestiendi quos quidem voluerit; præfectos autem tuos, quos ex mendicis evexisti, catervis magnis stipari, colonosque pro libito spoliare, etiam alimenta diripere miseris, id in lucro reputantibus, quidquid ab eorum rapina reliquum habuerint.*

« Rex incolas secundum leges sententiam ferre jussit, quot stipatoribus archiepiscopo uti liceret. Mox quinque dierum induciæ datæ, intra quos famuli omnes mercenariique, quos præter leges archiepiscopus aleret, domo ejus abire jussi; si quis ultra remanserit, ejus bona fisco regio addicta; ipse damnatus proscriptusque, quovis loco impune occidendus. His promulgatis, archiepiscopus, cum toto famulitio, rebusque, quas auferre potuit, omnibus, urbe summa celeritate egressus, ad archiepiscopum (Lundensem) Absalonem in Daniam profectus est, benigneque exceptus, longo tempore ibi permansit. Tandem in morbum adeo gravem incidit, ut orbatus visu, in posterum lucis usu caruerit...., »

His, quæ superius dicta sunt, Thom. Bartholinus, *Antiq. Dan.* lib. II, c. 4, pag. 247 et sqq. ex Wilhelmo Neubrig. adjicit, quod archiepiscopus, interpellatus a rege de corona sibi imponenda obsequi, renuerit, litterasque ad pontificem ea de re scriptas a præsule memorat, quarum partem exponit.

Pergit Thormundus Torfæus: « Inter hæc, archiepiscopi Eiricus et Absalon ejus hospes, nuntiis Romam missis, Sverrerem apud pontificem Cœlestinum III accusant, dictatis ab Eirico et asseclis ejus litteris, quibus tota series eorum quæ inter regem et ipsum agitata erant, exponebatur; quæ perlatæ hunc quidem effectum habuere, ut sententia pontificis Sverrerem, ni archipræsuli omnia quæ jure ipse exigeret, integra rursus permitteret, excommunicandum censeret. Impetratas super hoc Romæ litteras Eiricus publice in Dania singulis diebus Dominicis in choris templorum recitari, fulmenque anathematis in eum vibrari, curavit. Verum, Sverrir, ut primum hæc certa fama cognovit, in curiis sæpe ac cœtibus publicis est testatus · *Danorum se hic commenta, non pontificis interdicta, cognoscere. Sed nec Eiricum mendaciis se regno deturbaturum; nihil se ejus exsecrationibus et maledictis moveri, quæ, jam in ipsius oculos retorta, visu eum orbaverint. Vim enim excommunicationis in maxime delinquentes atque enormium criminum reos exeri. Se legitimum regem nutum, suffragiis quoque populi regnum obtinere, immensis id quidem molestiis laboribusque partum, ideoque leviculis de causis minime deserendum. Integrum Eirico futurum, etiamsi cæcus sit, ad cathedram suam reditum, si tamen posthac leges reverenter observet; se vero in ejus gratiam, si vel maxime ambobus adhuc oculis integer esset, dum mente cæcutiat, illas minime violaturum*

« Elapso festo Paschatis (an. 1194), ad persequendum Sigurdum, comitis filium, reliquiasque factionis dissipandas profectus, ad limites usque regni Konghellam pervenit. Eo tunc opportune pontificis Romani legatus cum ingenti comitatu accesserat; quem rex humaniter invitatum perquam magnifice excepit, et, consecrationis ministerium sibi ut exhiberet, coronamque imponeret, oravit; quod ille quidem haud omnino abnuit. At, cum id ecclesiastici cognoscerent, legato illi insusurrabant, archiepiscopum a rege violatum, et sede sua expulsum esse : ipsum regem se muneris pastoralis desertorem aperte confessum, novam uxori leg timæ conjugem induxisse, jamque utramque duarum viventium maritum penes se habere: præter alia probra, quibus infamem eum atque invisum studebant reddere., adeo ut, cum rex de inauguratione sua legatum rursus compellaret, ille regi eam plane denegaverit, monens ut archiepiscopo reconciliaretur, cujus officii esset eum consecrare. Rex, ira commotus, talia ipsi in os fertur dixisse : *Video satis, quo proposito huc veneris, nempe quo multi alii impostores, huc ad corrodendas pecunias commeare soliti, qui, postquam abierint, regnum ac gentem nostram ludibrio et deridiculo habent. Volo igitur, jubeoque, ut confestim te hinc recipias, siquidem nolim te fraudibus tuis subditos meos emungere.* Tunc legatus, non amplius moratus, discessit. Rex autem ad aquilonarem Vikam profectus, episcopum Nicolaum eo ad se evocavit, graviterque cum eo expostulavit, quod doli insidiarumque omnium, quas Hallkel cum sociis struxerat, is auctor fuisset et architectus; at enim sibi certis testimoniis exploratum. Episcopo. crimen negante, rex veris se eum documentis convicturum affirmat, minaturque aspera, perduellem proditoremque appellans. Ad clementiam itaque regis exorandam episcopus conversus, nova fide se admissa correcturum spondet, eamque sacramento obligaturum; se posthac ad quævis grata regi præstanda paratissimum semper futurum; itaque non difficulter veniam impetravit. Rex, eum Bergas ducens, eo quoque Thorrem, diœceseos Stafangriæ antistitem, evocat. Horum conventu actum primo de electione episcopi Bergensis in locum Pauli, nuper, ut supra dictum, demortui, electusque Martinus, genere Anglus, regis Sverreris confessionarius, vir eruditus qui, ex consilio regis, ab his quos modo memoravimus, episcopis statim consecratus est. Jamque episcopus Nicolaus, primum locum gratiæ regiæ assecutus, omnibus regis consiliis adhibebatur; et placebat tum omnibus, ut rex ipse horum episcoporum ministerio coronaretur. Ista solemnia, præside Nicolao, Bergis, festo apostolorum Petri et Pauli, quod in tertias Kalendas Julii, seu 29 diem Julii incidit, magno et splendido apparatu peracta. Inde Episcopi dimissi, multisque ac magnis muneribus, et summa regis gratia aucti, ad sua redierunt. »

Addit Torfæus : « Guillelmus Neubrigensis, qui Sverreri synchronus fuit ....: rem omnem breviter, non qualis gesta est, sed qualem ab archiepiscopo Eirico, hostibusque Sverreris eam didicit, exponit, ad inaugurationem usque Regis narrationem extendens. *Iisdem temporibus*, etc. Cujus non alio sine verba adduxerimus, quam ut, instituta inter eum nostrosque Annales collatione, partim videret lector, quam parum cæteris fidei de rebus nostris scribentibus tribuendum sit; partim ut istius sæculi clericorum in reges et principes, quos mendaciis ulcisci ac diffamare perquam familiare ipsis erat, vel hoc exemplo clarius innotesceret. »

Huc usque Thormundus Torfæus, qui locum Guillelmi Neubrigensis integrum refert, *Hist Norveg.* part. IV, lib. I, cap. 10, pag. 22. Hunc locum nos consulto prætermittimus, partim utpote longiorem, et quo nota nostra in nimium excresceret, partim ut cuicumque obvium, partim demum quia pauca ad res Norvegiæ ecclesiasticas, de quibus hic præcipue agitur, pertinentia continet. Cum enim cætera ad res bellicas a Sverrere gestas spectent, hæc tantummodo de controversiis cum antistibus referuntur : « Sublato rege (legitimo, Magno), in ditionem tyrannicam regnum tremefactum concessit. Sverus autem sacro ordine abjurato, accepta in conjugem filia regis Gothorum, ab archiepiscopo (Nidrosiensi, nempe Eirico) terræ illius coronari voluit. Verum ille, cum esset vir magnus, et neque precibus neque minarum terroribus flecteretur, ut caput exsecrabile sacra unctione perfunderet, ab eodem patria pulsus est. Sed virga illa furoris Domini, profligato et eliminato fere omni semine regio, atque omni hoste indigena, magnus et tremendus tandem per manum cujusdam episcopi, ad hoc intentata morte coacti, regium cum mystica unctione diadema sortitus est, sub incerto diu prosperantis tyrannidis exitu ex crebris successibus quasi securus. Titulus autem sigilli ejus talis fuisse dicitur :

SVERUS REX MAGNUS, FERUS UT LEO, MITIS UT AGNUS.

Clementiam quippe in subditos ostendebat, et ecclesiis sive monasteriis reverentiam exhibebat. » GUILLELM. Neubrig. lib. III, cap. 6.

Verum, exstat apud Rogerium de Howeden locus alter insignis, quem a Torfæo aut ignoratum, aut sub silentio prætermissum miramur, ideoque hic referendum esse censemus. Sic ille (Rog. DE HOVED. ad an. 1194, edit. Savilii, f° 425). « Eodem anno (1194), Sverus, princeps Norweiæ, contra prohibitionem domini papæ fecit se coronari in regem Norweiæ. Quo audito, Eusthatius (*leg.* Eysteinus), archiepiscopus de Nidros, mahuit exulare, quam illius interesse coronationi. Abiit; et prædictus Sverus, filius Siwardi quondam regis Norweiæ, præcepit ut omnes episcopi Norweiæ convenissent apud Berges in festo apostolorum Petri et Pauli ad coronandum eum. Erat autem inter eos quidam episcopus de Wic, qui vocabatur Nicolaus. Hic dicebat quod ipse interesse noluit illius coronationi propter absentiam archiepiscopi sui. Quo audito, Sverus fecit episcopum illum comprehendi, et in mari supra monticulum ligari, ita quod unda maris fluens fere intravit in os ejus. Et sic episcopus ille perterritus, assensum præbuit voluntati Sveri *Birchebain*, et coronavit eum, et in regem consecravit apud Berges, in festo apostolorum Petri et Pauli, præsentibus et consentientibus Martino de Berges, et Airico de Stavangre, et Thore de Burgunde, et Absalon en scopis.

Eodem die, cum idem Sverus, rex et sacerdos, pranderet more regio cum episcopis et principibus regni, fecit amputari caput Siwardi, filii Adestani, quondam regis Norveiæ, et coram se et convivantibus caput illud deferri. Est autem notandum quod iste Sverus *Birckebain*, quindecim reges in quindecim navalibus præliis devicit et interfecit cum omni sequela eorum, antequam ipse coronam regni potuisset adipisci, quorum nomina hæc sunt : Magnus, Borgher, Siwardus, Ordus, Guthron, Joannes, Belve, Zether, et alii sex, et iste Siwardus, filius Adestani. Est etiam sciendum quod consuetudo regni Norveiæ est usque in hodiernum diem quod omnis qui alicujus regis Norveiæ dignoscitur esse filius, licet sit spurius, et de ancilla genitus, tantum sibi jus vindicat in regnum Norveiæ, quantum filius regis conjugati, et de libera genitus; et ideo fiunt inter eos prælia indesinenter, donec unus illorum vincatur et interficiatur. »

Ad hanc Rogerii narrationem ista notavit Langebek (in *not. Ad annal. Island. reg.*, quæ quidem leguntur *Script. rer. Danic.* tom. III, n. 73, pag. 70) : « Huic narrationi vera quædam et particularia, alibi non obvia, insunt, sed quoque dubia quædam, et haud pauci in nominibus errores. »

Torfæum denuo audiamus : « An. 1195. Quo tempore omnes regni episcopi, ad comitia convocati, Bergas convenerant....... In concilio hoc primum quod decretum fuit, hoc erat, legatos cum litteris ad pontificem mittere. Isti negotio delecti episcopus Thorer (Hamarensis), Richardusque *Svartameistare* (seu *Nigrimagister*) dictus, quibus litteræ episcoporum cum sigillo regis datæ, ad Cœlestinum pontificem perferendæ....... Inde rebus aliis compositis, rex, peculiari ad episcopos oratione usus, hortatur eos : *ut demandata sibi a Deo officia industria omni et diligentia ornent, perpendantque; possessionem illorum non esse hæreditariam, nec ipsis restitutionem ab Eirico sperandam, si, consiliis ejus seducti, excidant, cum is quidem sibi ipsi succurrere nequeat; quippe qui, omnium rerum egenus, novem vel decem ministris contentus, aliena quadra victitet. Quod sibi fidelem operam præstent, suamque societatem intrepide colant; se, causæ eorum patrocinio suscepto, omnem ab eis injuriam prohibiturum.* Grato hæc animo a se excipi episcopi, verbis ad gratiam factis, vultuque hilari ostenderunt, seque porro in ejus potestate et obsequio futuros pollicebantur....... Verum, diutius se contineri non potuit episcopus (Wijkensis) Nicolaus, quin eodem autumno in Daniam ad archiepiscopos (Nidrosiensem et Ludensem) profectus, sibi eosdem reconciliaret. At, hieme quæ proxime sequebatur, Thorer episcopus Hamarensis, et Richardus Nigri-magister, Roma in Daniam una cum cardinale reversi, ibi repentina morte ambo simul sublati sunt, adventus eorum fama non nisi tarde ad Norvegos delata. Interjecto enim aliquo tempore, Danorum quidam, regem Sverrerem accedentes, litteras papæ sigillo obsignatas tradunt, simul pecuniæ quamdam summam postulantes, quam episcopo Richardoque mutuo se dedisse hoc pignore affirmabant. Rex, reddito argento, quantumquidem voluit, litteras recepit, quas deinde in choro templi publice legi, sigillumque populo ostendi curavit. His rex regnumque a diris pontificis liberabantur, postquam inique sacris ipsi interdictum fuisse cognitum esset. Retulit deinde rex, legatos in convivio apud presbyterum quemdam omnes veneno sublatos interiisse........ »

Sequitur apud auctorem nostrum narratio novæ seditionis ab episcopo Nicolao, et archiepiscopo Eirico adversus Sverrerem concitæ. Hanc ad annum 1196 vel 1197 referunt Annales Islandorum regii, *loc. cit.* Concinit etiam Rogerius de Hoveden, ad an. 1197, fol. 429 : « Eodem anno, Nicolaus, episcopus de Wic, in Norveia commisit prælium cum Svero Birkebain, et ab eo victus fugit, omnibus suis fere interfectis. »

Duravit plurimos annos hoc bellum, cujus varia eventa describit Torfæus. Anno 1198, missæ fuerunt ab Innocentio PP. III epistolæ illæ, de quibus hic mentio apud auctorem Gestorum. Ipsas refert Torfæus, additque : « Hinc colligitur, fulmine anathematis, ut vocant, percussum prius a Cœlestino PP. III Sverrerem, idque circa annum 1195, missosque anno 1195 legatos episcopum Thorerem, et Richardum Nigri-Magistrum, nihil in usum regis impetrasse, fictasque postea a rege, vel a Danis a Sverrere corruptis, litteras pontificis, aut aliis in eorum locum substitutas, quibus rex diris liberaretur, ipsius Innocentii testimonium vult evincere, qui hæc primo sui pontificatus anno, ab archiepiscopo Eirico et episcopo Nicolao procul dubio persuasus, scripsit. Convenitque status rerum Sverreris, jam aliquantum affectus, cum verbis pontificis, qui in parte quadam Norvegiæ eum dominari perhibet, *Baglis* nempe (*hoc erat factionis Nicolai nomen*) prævalentibus, eo præsertim, et paucis retro annis. Liquet præterea, missum alium quoque legatum a Sverrere ad curiam Romanam, postquam illi novissimi in Dania mortui erant. Testatur ipse pontifex, nuntios ejus, cum ad se accessissent, nihil obtinuisse... (a) »

Cætera, quæ apud Torfæum prolixe narrantur usque ad mortem Sverreris, quam ad annum 1202 referendam esse ex certioribus monumentis constat, ad historiam ecclesiasticam nullatenus pertinent. Sed, quibus Sverrerem delineantis, præsertim, quoad religionis religionisque ministrorum cultum, depinxerit scriptor in rebus ad Norvegiam spectantibus versatissimus, lectorum oculis subjicere operæ pretium forsan erit. « Anno igitur 1202 obiit Sverrir, princeps nullo, ait Torfæus, vitio per totam vitam notabilis; virtutibus autem iis, quæ vel privatos, vel principes imprimis decent, instructissimus : ita in eo elucebat assiduus religionis sacrorumque cultus, nec privatis quam publicis exercitiis minus frequens. Hinc tantus in eum Numinis favor, successusque et felix, et constans, rerum quoque futurarum, et in his fati instantis, haud vana præsagia fluxerunt. ... In necessarios insignis pietas apparebat.... Erga amicos vero liberalis et magnifica liberalitas, gratusque erga bene meritos animus.... Senserunt clementiam ejus hostes, quibus, toties perjuris et fœdifragis, veniam tamen petentibus, semper parcebat.... Omnium admirationem meruit moderatio ipsius, qua gravissimas in se suosque injurias negligere quam meminisse maluit.... His virtutibus tenacissimus justitiæ cultus accessit, legumque severissima custodia, unde illæ cum archiepiscopo lites, moderatione tamen tanta exercita, ut causam omnem rex judicum sententiæ subjiceret.... Ordinem sacrum et coercebat et honoribus dignis afficiebat, adversus summorum pontificum, qui tunc universum prope orbem concusserunt (videlicet, Cœlestini tertii, qui imperatori Henrico sexto coronam, capite quam imposuerat, pede excussit; et Innocentii tertii, cujus adversum imperatorem, Philippum, Suevum, Joannem Angliæ, et Petrum II Aragoniæ reges, injuriæ orbi notissimæ sunt), vim, minas fulminaque, in se concitatorum persecutiones invictus ; utque paucis absolvam, moribus adeo castis castigatisque fuit, ut, jam moriturus, conscientiæ fiducia, faciem suam post mortem omnium conspectui exponi *ad elevandas et eludendas pontificum diras*, mandaverit. »

Hactenus Torfæus, sive potius, ut jam observavimus, Carolus, Jonæ abbas; cui quidem, quoad encomium Sverreris, concinere videtur auctor alter contemporaneus, qui Danorum itineris in terram

---

(a) Vid. lib. VI, epist. 214.

et Nidrosiensem archiepiscopum (15), qui persersis ejus actibus consentire nolebat, coegit eum (16) sanctam, versus annum 1191-1194 suscepti, descriptionem reliquit. Opus illud, jam a Kirchmanno an. 1684 editum, recudi curavit scriptorum rerum Danicarum medii ævi, post Langebekium, collector et editor, Petrus Fredericus Suhm (t. V, n. 123, pag. 341). Conferenda sunt omnino capita hujus libelli 10, 11, 12, 13 et 14, ubi hæc adnotavit cl. editor: « Omnia quæ hic auctor de rege Svero narrat, confirmant elogia Islandorum de eo, et refellunt mendacia, ab episcopis et aliis ecclesiasticis viris de eo in exteras regiones sparsa, a quibus noster Saxo, lib. XIV, pag. 345 et 346, et Guillelmus Neubrigensis, Anglorum scriptor, *loc. cit.* abrepti, convicia contra incomparabilem regem, et maximis heroibus comparandum, effuderunt. »

Luculentis hisce de Sverreris virtutibus testimoniis adde, si vis, ea quæ leguntur in libello altero, cui titulus *Hungurvaka*, sive *Historia primorum quinque Skalholtensium in Islandia episcoporum*; ubi, in *Pauli episcopi Vita* (vel, lingua vernacula, *Pals biscups Saga*), nonnulla ad rem de qua hic agitur, spectantia legere est, cap. 4, pag. 157, ad an. 1194, et pag. 163, ad an. 1195; cap. 10, p. 193, ad an. 1202 et 1203; cap. 20, pag. 249.

Nec aliter sensisse videtur eruditissimus Grammius, in notis ad Meursii Historiam Danicam (MEURS. *Oper.* tom. IX, col. 325): « Multa de Svero, seu Sverrere leguntur in Guillelmi Neubrigensis, ejus regis (pariter ac Saxo fuit) συγχρόνου (*loc. cit.*); sed tot calumniis falsoque narratis referta, ut perpetuam inde infamiam ad Neubrigensem redundare par fuerit. In eo autem refutando egregiam operam posuit Thomas Bartholinus, Th. f. in opere, De contemptu mortis apud Danos veteres, *Antiquitatum Septentrionalium Thesauro*, lib. II, cap. 1, a pag. 255 ad pag. 258........ Etiam iniquus in eum fuit Saxo, quemadmodum et omnes ista ætate Dani, propter illud fœdus inter Valdemarum I et regem Norvegiæ Magnum, cujus regnum ejusque illam quoque partem in quam Valdemarus summum jus sibi vindicabat, Sverus invadebat, »

Ex his ultimis Grammii verbis habeat lector eruditus Saxonis adversus Sverrerem iniquitatis causas, de quibus consulendus etiam Torfæus, *Histor. Norveg.* part. III, lib. x. Cur eidem regi tam infensi fuerint quidam Norvegiæ antistites, qui, ab ipso exsulare coacti, et in Daniam profecti, nomini ejus infamiæ labem, ita ut ex Dania in reliquas Europæ partes spargeretur, inurere conati sunt, ex his quæ supra, prolixius forsan, retulimus, facile patet. Attamen, caveat idem lector, ne recentioribus, a nobis citatis, rerum Danicarum scriptoribus, eruditis sane, sed erga ecclesiasticos fidei Catholicæ viros, præsertim Romanos pontifices, propter reformatæ religionis zelum, judicio nonnunquam iniquioribus, plenam, absque ulla restrictione vel cautela, fidem adhibeat. Verum, cum de auctore contemporaneo, eodemque Catholicæ fidei addictissimo, nempe Carolo, Jonæ abbate, habeant ea quæ de Sverreris laudibus decantant et Torfæus, et post ipsum alii, fatendum est famosum illum Norvegiæ regem; ab inimicis apud pontificem, non propriis ac veris, sed atrocioribus justo delineamentis depictum fuisse.

(15) De archiepiscopo Nidrosiensi, de quo hic agitur, Eirico, satis ac forsan superabunde, dictum in nota superiori. Verumtamen, ne aliquid diligentiæ nostræ defuisse videatur, quædam ex notis Sperlingii ad *Testamentum Absalonis*, Lundensis archiepiscopi, addenda videntur. Cum enim in Testamento ipso sic legatur: *Venerabili domino Eirico, Nidrosiensi archiepiscopo, propter justitiam exsulanti, centum marcas argenti*, ad hæc ista adnotavit Sperlingius: « Archiepiscopus ille, Eiricus, dictus est *Cæcus*, quod oculorum vitio laboraret. Sponte sua exsulatum abiit in Daniam, nemine cogente, Sverro [al. *Sverrere*], magno rege Norvegiæ, æquas conditiones volente, quas cum accipere nollent nec archiepiscopus, nec episcopi, ut reges Daniæ et Sueciæ in eum concitarent, cessabant, exsilio arrepto, eo citius commotos iri reges sperantes..... Eiricus, ex Stavengriensi episcopo archiepiscopus, in catalogo episcoporum Nidrosiensium, electus ponitur ad annum 1184, Eysteno [al. *Osteino*], archiepiscopo adhuc vivente, quod ille, viribus defectus, muneri haud amplius superesse posset. Mortuo deinde Osteino, circa annum Christi 1186, durantibus adhuc seditionibus et partibus, electus mansit Eiricus, usque ad annum 1188, quando Romæ pallium petiit et impetravit. Sic constitutus archiepiscopus, cœpit Sverro se variis modis opponere; quæ cum Sverrus valde moderatus et mitis exciperet, hominemque sedare cuperet, ille tanquam oleo affuso flammas flammis addidit, et incendia incendiis, ita ut Sverro necessitas dictaret acrius contraire, et hæc imperia circumscribere; quæ non ferens archiepiscopus, circa annum 1194, excessit, evasit, erupit in Daniam. Hæc illa est *justitia*, ob quam exsulare hic dicitur, et legatis archiepiscopi Absalonis non parum recreatus invenitur. Cæteri tamen, qui hic nominantur episcopi Norvegici, non cum archiepiscopo exsulatum iverunt, sed, post Sverrum coronatum 1195 aut 1196, in Daniam quoque ad archiepiscopum perrexerunt, tantumque effecerunt suis inspirationibus, ut Canutus, rex Daniæ, exercitum contra Sverrum miserit in Norvegiam, qui victor magnis calamitatibus Norvegiam attrivit, donec, ad annum 1201, cæsus adeo fuit a Sverro, ut rursus respirare non potuerit. Hæc Chronicon Norvegicum docet, et addit, pag. 530, archiepiscopum et episcopos non rediisse ad sedes suas in Norvegiam ante annum 1203, Sverro mortuo, et Haquino, ejus filio, regnante, ac cum episcopis transigente. » SPERLING. *not. ad Testam. Absal.*, Script. rer. Danic. t. V, n. 161, p. 435, not. 22.

Eiricum in Norvegiam anno 1202 rediisse, docent *Islandorum Annales Regii* (ibid.) tom. III, p. 73); nec diversa tradit ipse Thormundus Torfæus, *loc. cit.* lib. II, cap. 1, pag. 77. « Inde rex Hacon (filius Sverreris) episcopos omnes qui offensam patris ejus incurrerant, juxta mandatum quod a parente ultimum acceperat, litteris ad se, veniam et reconciliationem offerendo, evocat. Igitur accedebant statim archiepiscopus Eiricus Nidrosiensis, Martinus Bergensis, Niall Stafangriensis, Ivarus Hamarensis, et Nicolaus Asloensis; qui, omnes Baglorum partes secuti, jam rebus suis diffisi, vices mansionum in Dania et Svecia diviserant; tum vero, in gratiam cum rege Hacone redeuntes, arctiori quoque amicitiæ nexu se illi jungebant. Singulis ita in suas Ecclesias restitutis, archiepiscopus regnum anathemate solvit. Perspicuum hinc fit, non minus quam ex pontificis Innocentii tertii litteris, Sverrerem anathemate isto devotum, nec vero solutum, mortuum esse. »

Exstat Innocentii epistola libri sexti 214, *Nidrosiensi archiepiscopo, qua gaudet papa de morte regis Sveri, qui regnum usurpaverat, multosque bonos relegaverat, et de successione filii (Haconis, procul dubio,*

(16) *Eum.* Sic apud Baluzium; sic et in codice Vallicellano, sed vacare videtur.

(17) *A Lundensi.* Sic in codice Vallicellano; apud Baluzium, *ab alio.*

archiepiscopo (18) benigne receptus, invasor in peccato suo vitam finivit: et sic ad Ecclesiam suam post exsilium suum remeavit (19).

LX. Audita promotione domini Innocentii, Alexius, Constantinopolitanus imperator (20), misit ad eum honorabiles nuntios, cum muneribus pretiosis, rogans, ut ipse per legatos suos ejus imperium visitaret. Qui misit (21) illuc Albertum subdiaconum, et Albertinum (22) notarium, monens per eos in litteris imperatorem prædictum, ut ad succursum intenderet terræ sanctæ, cui propter divitiarum abundantiam, vicinitatem locorum, inter omnes principes A Christianos, poterat planius subvenire; sed et Græcorum Ecclesiam reduceret ad obedientiam sedis apostolicæ, matris suæ, a cujus magisterio se substraxerat, in sua contumacia longo tempore perseverans; alioquin, pro certo cognosceret, quod non posset sub dissimulatione transire, quin super hoc suum exsequeretur officium, cum ipse acceperit justitiam judicandi.

(23) Super hoc ipse scribens patriarchæ Constantinopolitano (24), monet ut ad id imperatorem induceret memoratum.

Quid autem imperator ipse ad utrumque responderit quidem, ut ex epistola supra citata evincitur; apud Baluzium, *Arbertum.*

(23) Confer epistolam 354 libri primi, *Patriarchæ Constantinopolitano, quod Romana Ecclesia sit mater omnium Ecclesiarum, a qua Græci nullo jure discedere possint*; sine data.

(24) Si qua operis, non semel a nobis laudati, nempe *Orientis Christiani*, auctori doctissimo fides, patriarcha iste Constantinopolitanus, cui Innocentius direxit epistolam supra, *not.* 19, citatam, fuerit Georgius III, cognomento Xiphilinus. Sic enim cl. Le Quien (*Or. Christ.*, tom. I, col. 275): « Dositheo (an. 1193) successor, et diacono et magno sceuophylace (*id est* vasorum custode), datus fuit Georgius III, cognomento Xiphilinus. Annis sex et menses decem præclare et religiose transactis καὶ ζήσας ἔτη ϛʹ, καὶ μῆνας ιʹ, καλῶς καὶ θεοφιλῶς, *ad Dominum migravit, et, quia peregre abierat D. Augustus, Isaacii frater, in expeditionem occidentalem, suo patriarcha thronus caruit mensibus duobus et* β (Sic in *Catalogo Leunclavii* fertur, lib. IV *Juris Græco-Roman.*) Callistus *sex quidem annos eum sedisse perhibet, at non menses decem, sed novem cum diebus* 27, ἔτη ϛʹ, μῆνας θʹ, ἡμέρας κζʹ. Ex quibus intelligendus venit Nicetas, in *Alexio Comneno*, lib III, § 5, ubi testatur Georgium septem annis patriarchatu functum esse. Omisit eum amotum fuisse, et in monasterio Phryganorum detentum, imperante Angelo Alexio, Isaacii fratre, id quod Callistus, in Catalogo, subjunxit: Καὶ ἀπεκάρη, ἐν τῇ μονῇ τῶν Φρυγανῶν, ἣν ᾠκοδόμησεν, ἐπὶ τῆς βασιλείας τοῦ Ἀγγέλου Ἀλεξίου τοῦ ἀδελφοῦ Ἰσαακίου.

« Georgio Xiphilino *Joannes*, cognomento *Camaterus*, Constantinopolitanæ ecclesiæ chartophilax, post duorum, ut prædictum est, mensium vacationem, suffectus fuit.... Hic Ecclesiæ Byzantinæ præfuit annos quinque, menses octo, dies septem, ad usque expugnatam a Francis urbem, quod contigit anno mundi 6712, Christi 1204, die 12 Aprilis, indictione XII (*nonne potius* VII?), sexta hebdomade jejuniorum. Quamobrem, patriarchatum Joannes inierit anno 1199, die 23 Augusti. Etenim, una vox est Græcorum scriptorum Joannem Camaterum Byzantinum patriarchatum eo tempore gessisse, quo Constantinopolis a Francis nostris capta fuit. Nec audiendus Albericus, in Chronico (*ad an.* 1202 *et* 1204), apud quem non prorsus *Joannes*, sed *Samson* iterum atque iterum nominatur. »

Hactenus cl. Le Quien, juxta quem Joannes Camaterus, non ante finem mensis Augusti, an. 1199 patriarchatum inierit. Eodem anno 1199, sed solummodo mense Octobri, Joannem ad patriarchalem thronum evectum fuisse, disertius affirmat alter, non levioris ponderis, auctor, D. Clement. Sic enim ille (*Art de vérif. les dates,* nouv. édit., tom. I, pag. 307): 1193. « George II, surnommé *Xiphilin*, diacre et garde des vases sacrés de l'Eglise de Constantinople, fut donné pour successeur, vers le milieu de 1193, au patriarche Dosithée. Il tint le siége six ans et deux (*ne faudrait-il pas lire,* dix) mois, au bout

dubio, seu *Haquini*) *qui eos revocaverat; demum increpat valde archiepiscopum qui absolverat quos absolvere non poterat.* Desunt ad hanc epistolam notæ chronologicæ. Ex loco quo in Regesto inserta legitur, nempe inter epistolas 213 et 215, quarum prima VII Kal. Februarii, an. VI, altera vero II Kal. Februarii ejusdem anni VI, data diserte dicitur, credi facile posset, hanc etiam eodem tempore, eodem mense, id est circa initium anni juxta nostrum computandi morem, 1204, exeunte mense Januario, scriptam fuisse. Verum, cum rex Hacon, vel Haquinus, de quo certissime in hac pontificis epistola agitur, jam a primo anni 1204 die obiisset, (vide notas Langebekii, ad *Necrol. Islando-Norvegic.*, quod insertum legitur, tom. II *Rer. Danic. Script.*, n. 67, pag. 504) nescio an ipsam ad anteriores anni pontificatus sexti menses, id est ad annum 1205, remandare satius non foret. Certe, hoc ipso anno 1205, Eiricus Gudmundum episcopum ad Holas Nidrosiæ inaugurasse dicitur, in vetustis monumentis (*Islandor. Annal. Reg., loc. cit.*).

Anno 1205, Thorerum archiepiscopum ad sedem Nidrosiensem consecrandi consilium ipse dedit (*ibid.*); quod quidem sic indicat Torfæus (lib. III, pag. 103): « Archiepiscopus Eiricus, jam, ut supra meminimus, cæcus, cum in Norvegiam esset revocatus, inque tertium annum iterum sedisset, officio sponte abdicato, in locum suum substituerat Thorerum, Gudmundi Flati filium, canonicum ad ædem S. Hallvardi, quæ Osleyæ est. Hic igitur.... Romam profectus, accepto pallio.... in patriam rediit, vir sapiens et gratiosus, cui magna inde in regno auctoritas accessit. » Obitus Eirici notatur anno 1213. *Annal. Island. Reg., loc. cit.*

(18) De Lundensi archiepiscopo, *Absaloni* [al. *Axel.*], agimus in notis ad epistolam 15 libri tertii.

(19) Confer epistolas 320 libri primi: *P. Schalahollensi, et B. Holensi episcopis, aliisque prælatis per Islandiam, qua significat eis gravia quædam vitia quæ per Islandiam corrigere debeant;* dat. Reate, III Kal. Augusti, an. 1 (id est 1198); — 382, *Nidrosiensi archiepiscopo, episcopis, aliisque prælatis, per Norwagiam; de compescendo tyranno qui eos misere excruciabat;* dat. apud civitatem Castellanam, II Non. Octobris; — 383, *Illustri regi Danorum; de eodem argumento,* dat. ut supra; — 384, *Nidrosiensi archiepiscopo; ut Bergensem episcopum, tyranni fautorem, deponat;* ut supra.

(20) Alexius III (*dictus* Angelus, de Comneño), fratri suo Isaaco (Angelo, Cursath) successerat anno 1195, die 8 Aprilis. Capta Constantinopoli urbe a Latinis, anno 1203, die 18 Julii, in fugam conversus, post diversas utriusque fortunæ vices, obiit in monasterio. Vide l'*Art. de vérif. les dates,* nouv. édit., tom. I, pag. 446.

(21) Confer epistolam 553 libri primi, *Illustri Constantinopolitano imperatori; ut Saracenis fortiter resistat, et Græcam Ecclesiam ad Latinam, tanquam matrem, redire cogat;* sine data.

(22) *Albertinum*. Sic in codice Vallicellano; recte

derit, et qualiter ad ejus responsum dominus papa rescripserit (25) per Joannem, capellanum suum, illuc iterum destinatum, ipsius litteræ, ad eumdem imperatorem directæ, declarant : *Alexio, illustri Constantinopolitano imperatori, Multæ nobis,* etc.(26). *Dat. Laterani, Idibus Novembris.*

desquels il fut relégué dans un monastère vers le mois d'août 1199... —1199. Jean X, surnommé *Camatère,* garde des archives de l'Eglise de Constantinople, fut substitué, dans le mois d'octobre 1199, au patriarche George Xiphilin. L'an 1204, Constantinople ayant été prise le 13 avril par les Francs, il en partit durant le pillage, monté sur un âne, n'emportant de tous ses trésors qu'une méchante tunique, et se retira à Didymotique en Thrace. L'an 1206, il abdiqua la dignité de patriarche au mois de février, et mourut au mois de juin suivant. Albéric de Trois-Fontaines l'appelle, mais mal, Samson.

Verum, ex notis chronologicis, quæ duabus, tam Innocentii, quam Alexii imperatoris (in Regesto anni III) epistolis subjectæ leguntur, difficultas magna oritur, quam et auctores supra citati, et ipse Raynaldus (Annal. Eccles., tom. XIII, ad an. 1198, § 86, et ad an. 1199, § 59 *ac seq.*) neglexisse penitus videntur. Ac primum : Duas illas libri primi epistolas, quas jam in notis ad § 9 citavimus (nempe, epistolam 353, *Illustri imperatori Constantinopolitano, qua eum hortatur ad Saracenis fortiter resistendum; monet ut Græca Ecclesia ad Latinam, tanquam matrem, redire ab ipso cogatur; et nuntios Albertum Albertinumque mittit :* et epistolam 354, *Patriarchæ Constantinopolitano, quod Romana Ecclesia sit mater omnium Ecclesiarum, a qua Græci nullo jure discedere possint*), licet destitutæ sint notis chronologicis, tamen scriptas fuisse anno pontificatus I, id est an. 1198, nullus dubitandi locus. Nam 1° id diserte affirmare videtur Gestorum auctor; 2° leguntur in Regesto anni primi, non versus finem (ut inde suspicio oriri possit ipsas a Regestum anni secundi pertinere, nec nisi per amanuensis errorem in Regesto anni primi insertas fuisse), sed in medio libri primi, et inter diversas alias epistolas, circa finem mensis Augusti et initium Septembris indubitate datas. Deinde : patriarcham Constantinopolitanum, cui pontifex primam illam epistolam libri primi 354, anno primo, id est an. 1198, quocunque mense, dari, direxerat, eumdem fuisse ac ille qui papæ rescripsit responsivas et consultatorias litteras, in Regesto anni secundi, n. 208 insertas, eumque non alium fuisse quam *Joannem Camaterum,* abunde probatur, ex litterarum istarum ipsius inscriptione ac tenore. Hæc enim inscriptio : *Innocentio, sanctissimo papæ Romano, et, in Christo Domino, dilecto fratri nostro, Joannes, divina misericordia Constantinopolitanus archiepiscopus, novæ Romæ patriarcha,* etc. Tenor autem : *Scriptum a tua sanctitate per prudentissimos legatos, Albertum subdiaconum, et Albertinum notarium,* NOSTRÆ HUMILITATI (id est *mihi, Joanni Camatero,*) directum, quam gaudenter suscepimus, etc. Quæ cum ita sint, Joannem Camaterum jam ab anno quo pontifex prima vice ad patriarcham Constantinopolitanum scripserat, id est anno 1198, ad patriarchalem thronum evectum fuisse dicendum videtur.

Instabit forsan aliquis, ac objiciet : Responsivæ illæ et consultatoriæ litteræ, a Joanne Camatero scribi potuerunt ; verum eo tempore quo epistola pontificis, per Albertum subdiaconum et Albertinum notarium missa, scripta fuerit, sedebat adhuc Georgius Xiphilinus, nondumque ipsi successerat Joannes Camaterus. Nec mirum si Joannes, litteris ad antecessorem suum directis, statim atque in illius locum suffectus fuerit, responsum, velut ad se ipsum directæ fuissent, proprio nomine dederit. Cumque responsivæ illæ et consultatoriæ Joannis Camateri litteræ, in Regesto anni secundi insertæ, destitutæ sint notis chronologicis, nihil obstat quominus scriptæ existimentur an. 1199, post finem mensis Augusti, quo tempore, juxta cl. Le Quien, vel etiam mense Octobri, quo juxta D. Clement, Joannes patriarcha renuntiatus fuit : quod quidem tanto facilius admitti potest, quo disertius Joannes ipse sic loquitur : « Indulge mihi, sacerrime papa, si nunc primo hunc patriarchalem sacrum thronum me ascendentem, nondum de tali hac dubitatione diligentem solutionem addiscere accidit. » Ex istis enim eruitur Joannem tunc, cum ea scribebat, nempe anno 1199, recenter patriarchales infulas adeptum fuisse.

Huic objectioni facile respondebitur. Desunt, ad responsivas et consultatorias Joannis Camateri litteras notæ chronologicæ. Fatemur; verum litteras istas multo ante tempus quo, juxta D. Clement, vel etiam juxta Le Quien, patriarchatum iniisse dicitur, scriptas fuisse, firmo satis argumento probari fortasse potest. Etenim, quoad tenorem verbaque ipsa, simillimæ sunt litteris Alexii imperatoris, ad papam directis, quæ in eodem anni secundi Regesto, n. 211, leguntur, et datæ dicuntur *mense Februario, die et indictione secunda,* id est *die 2 Februarii, an. 1199.* Unde facile conjicere est, litteras patriarcæ æ una eodemque tempore cum litteris imperatoris, et scriptas, et ad papam delatas fuisse. Ergo, jam a mense Februario, anno 1199, Joannem Camaterum patriarchali munere functum fuisse affirmare liceret. Adde quod amborum, imperatoris ac patriarchæ, litteris, simul, eodemque mense ac die, responsum dedit Innocentius, nempe *die 12 Novembris, anni pontificatus* II, id est *an. 1199,* ut patet ex notis chronologicis quæ ad responsivas papæ epistolas in Regesto anni II, n. 209 et 211, leguntur, et datæ diserte leguntur : *Laterani, 11 Idus Novembris.* Nec alicui negotium facessat quod, sic, tantummodo in mense Novembri pontifex responsum dedisset litteris, quas nos jam ab initio mensis Februarii ad ipsum scriptas fuisse contendimus. In istis enim litteris imperator de *difficultate ac infidelitate viæ* querebatur, et ob hoc, *hominem suum, Veneticum, Joannem Georgium,* ad papam *transmittere* declarabat, qui quidem nuntius, fortasse, imo verisimiliter, non nisi post longum, æque ac difficile, iter, ad papam accedere potuerit. Deinde, cum in litteris, tum imperatoris, tum patriarchæ, de maximi momenti negotiis ageretur, nempe, de revocanda ad unitatem Ecclesiæ Græca, de coadunando concilio, de recuperanda terra sancta, et de pluribus articulis, super quibus patriarcha summum pontificem consulebat, quid mirum, si pontifex non statim, sed tantummodo post aliquos menses, rebusque diligenter perpensis, rescripserit? Ex his igitur, quæ hic fusius forsan declaravimus, stet, Joannem Camaterum, non tantummodo mense Augusti anni 1199, prout affirmavit Le Quien, multo magis non tantummodo mense Octobris ejusdem anni, prout scripsit doctissimus D. Clement, sed jam a fine anni 1198, quocunque mense, Georgio Xiphilino in patriarchali throno successisse.

(25) Vide epistolam 210 libri secundi, *Alexii, imperatoris Constantinopolitani, ad papam, de reverentia et officio suo erga Romanam Ecclesiam, ac de recuperanda terra sancta; ubi etiam respondet litteris papæ, ad se per Albertum et Albertinum nuntios delatis;* dat. mense Februarii, die et indictione secunda (*id est an. 1199*); vid. notam proxime superiorem.

(26) Vide epistolam 211 libri secundi : *Alexio, illustri Constantinopolitano imperatori, ubi respondet epistolæ supra citatæ;* dat. Laterani, Idibus Novembris, an. II (*id est an. 1199*).

LXI. Patriarcha vero, qui eum super duobus articulis consuluerat, rescripsit hoc modo : *Patriarchæ Constantinopolitano apostolicæ sedis primatus* (27), etc. *Dat. Laterani*, II *Id. Novembris*.

LXII. Cum autem imperator et patriarcha litteras hujusmodi recepissent, et eas sibi fecissent diligenter exponi, non minimum doluerunt de his quæ prius scripserant pœnitentes; quoniam imperator ex promissione sua cognoscebat se obligatum, quod, cum Romanus pontifex convocaret concilium generale, ipse debebat Græcorum Ecclesiam ad concilium destinare, statuta concilii recepturam. Patriarcha vero, ex responsionibus apostolicis super suis consultationibus factis, cognoscebat se, tam rationibus, quam auctoritatibus, coarctatum ad obedientiam Romano pontifici exhibendam. Imperator igitur, habito cum Græcis longo consilio, ad ultimum sic respondit, quod, si Romanus pontifex faceret in Græcia celebrari concilium, ubi quatuor antiqua concilia fuerant celebrata, illuc Græcorum Ecclesia suos mitteret responsales; et, fingens se longius ire, ad aliam materiam se convertit, mittens summo pontifici litteras in quibus nitebatur probare quod imperium sacerdotio præpollebat, ad quas ei dominus papa rescripsit hoc modo :

LXIII. *Solitæ benignitatis affectu* (28), etc.

LXIV. Post hoc autem, idem imperator summo pontifici supplicavit, ut compelleret regem Hierusalem (29) ad restitutionem Cypri, quam asserebat ad Constantinopolitanum imperium pertinere. Cui dominus papa rescripsit hoc modo :

(30) *Recepimus litteras quas per dilectum filium, B. priorem Pisanorum, nuntium tuum, imperatoria nobis celsitudo direxit, benignitate* (31) *qua decuit, et notavimus omnia quæ curasti per eas auribus apostolicis* (32) *intimare. Pelebas autem, carissimum filium nostrum in Christo, regem Hierosolymorum illustrem ad restitutionem Cypri, ad Constantinopolitanum imperium pertinentis, per excommunicationis sententiam auctoritate nostra compelli, paratus magnos eidem, et tam Hospitalariis, quam Templariis, sub idonea cautione in terræ sanctæ subsidium redditus ministrare; cum eam inclytæ recordationis Richardus, rex Angliæ, violato pacis fœdere quam cum imperio tuo fecerat, invasisset; ad cujus recuperationem licet validum disposuisses stolium destinare, distulisti tamen hactenus id efficere studio pietatis, ne sanguinem Christianorum effunderes, et terræ sanctæ commodum impedires. Nos autem, deliberantes super hoc quid esset agendum, accepimus, quod prædictus rex Cyprum de manu cujusdam eruerat, qui de ipsa Constantinopolitano imperio nullatenus respondebat. Præterea, occidentales nos principes rogaverunt, ut, quoniam in insula Cypri non modicum subsidium Orientali provinciæ ministratur, imperialem magnificentiam per nostras litteras moneremus, ne, statu terræ sanctæ pendente, regem ipsius super eadem insula molestares: quia de facili posset accidere, ut, si te, quem in facto Hierosolymitanæ provinciæ fautorem et defensorem se credidit invenire, sentiret forsitan inimicum, dum minus posset imperiali potentiæ et paganorum violentiæ pariter repugnare, neglecta sollicitudine terræ sanctæ, de qua sibi minus commodi provenit, plus laboris, ad eam se converteret*

(27) Vide epistolam 208 libri secundi, *patriarchæ Constantinopolitani ad papam, de primatu et prærogativa Ecclesiæ Romanæ*.

(28) Epistola hæc in Regestis Innocentii PP. III nullatenus hodie comparet. Exstat, sed mutila quidem, in Collectionibus Decretalium, lib. 1, tit. 33, *De majoritate et obedientia*, cap. 6. Integra vero legitur in illa peculiari Innocentii PP. III Decretalium prima Collectione, quam *ex tribus primis Regestorum ejus libris* (id est, ex trium pontificatus ejus primorum annorum epistolis) *compositam a Rainerio, diacono et monacho Pomposiano*, edidit Baluzius (*a*). Cum ista Collectio ex tribus tantummodo primis Regestorum libris composita fuerit, epistolaque, de qua hic agitur, in duobus primis Regestorum libris, qui ad nos fere integri pervenerunt, nequaquam reperiatur, ex libro tertio, cujus minimam partem habemus, depromptam fuisse verisimile videtur, proindeque ipsam tertio Innocentiani pontificatus anno adjudicandam esse existimavimus.

(29) Heimericus II de Lusignano, qui Henrici de Campania (de quo supra not. ad § 58), anno 1197 defuncti, relictam Isabellam in uxorem duxerat, ipsique Henrico in regno Hierosolymitano successor datus fuerat. Obiit anno 1205, die 1 Aprilis. ALBERIC. *Chron.*, pag. 412. Conferendæ sunt epistolæ libri primi 437, *Aimerico, illustri regi*, et A. (potius I.) *reginæ Hierosolymitanæ; qua recipiuntur sub protectione apostolica*; dat. Laterani, IV Non. Decembris, an. 1 (*id est* 1198): — 438, *Comiti Tripolitano; ut regi Cypri* (Aimerico eidem), *contra Saracenos dimicanti, in conservando et gubernando regno*

(Hierosolymitano) *auxilio sit*; dat. ut supra; — 487, *Aimerico, illustri regi Hierosolymitano; qua ipsum hortatur ad pietatem et modestiam, auxiliaque sua promittit*; dat. Laterani, XII Kal. Januarii; — 518, *Patriarchæ Hierosolymitano, ubi agitur de matrimonio regis Cypri* (Aimerici) *cum regina* (Isabella) *Hierosolymitana*; dat. Laterani, X Kal. Januarii.

(30) Epistola hæc in Regestis Innocentii hodie nusquam reperitur. Ex iis quæ hic ab Innocentii Gestorum scriptore dicuntur, eam non ante tertium Innocentiani pontificatus annum dari potuisse, patet. Fatendum equidem, in epistola libri secundi 251, *Illustri regi Francorum*, quædam legi, ex quibus Alexii circa res Cypri supplicationem, de qua hic Gestorum auctor, jam ad papam, cum regi Franciæ scriberet, pervenisse, inducendum fortasse videretur. Sic enim ibi Innocentius : « Quia vero Constantinopolitanus imperator adversus eumdem regem (Hierosolymitanum) procedere, occasione Cypri, minatur, vel dirigere contra eum exercitum copiosum. » Verum, ex verbis, hic, in responsiva Innocentii ad Alexium epistola, mox notandis, patebit pontificem, non simplici vice ab Alexio super hac re sollicitatum fuisse, ipsumque etiam imperatori plus una vice in responsum dedisse.

(31) *Benignitate*. Sic in codice Vallicellano; sic et apud Baluzium, qui ad marginem notat in codice Regio legi, *benigne affectione*.

(32) *Auribus apostolicis*. Sic in codice Vallicellano; sic et apud Baluzium, qui ad marginem notat in codice Regio legi, *nostris auribus*.

(*a*) Ep. stola 2, tituli II. Vide hujusce novissimæ editionis tom. III, post Regesta. EDIT. PATROL.

defensandam, ex qua plus perciperet, et quam facilius se posse crederet defensare, sicque inde pateretur religio Christiana dispendium, unde Constantinopolitanum imperium nullum susciperet incrementum. Quapropter, super hoc et nos imperio tuo scripsisse meminimus (33), *et Occidentales principes per litteras et nuntios sollicite requiremus, ut ita demum petitioni tuæ certius valeamus dare responsum. Super eo vero imperialem prudentiam in Domino commendamus, quod maluit ab impugnatione cessare* (34), *quam sanguinem Christianorum effundere, vel Hierosolymitanum præsidium impedire; celsitudinem tuam monentes, et exhortantes attentius, quatenus ab hoc proposito non recedas, quia nos ad honorem et profectum tuum, quantum cum honestate nostra poterimus, intendemus.*

LXV. Cum autem regnum Blacorum et Bulgarorum a longissimis retro temporibus se ab obedientia sedis apostolicæ subtraxisset (35), dominus Innocentius, tanquam bonus pastor, cupiens errabundas oves ad caulas reducere, direxit Dominicum, archipresbyterum Brundusinum, virum in Græca et Latina lingua peritum, ad Joannitium, dominum Blacorum et Bulgarorum, qui a Græcorum dominio se subduxerat (36); per quem tales ei litteras destinavit (37): *Nobili viro, Joannitio. Respexit Deus humilitatem*, etc., *sine data.*

LXVI. Joannitius autem, nuntios et litteras domini papæ devote recipiens, rescripsit hoc modo (38): *Venerabili et sanctissimo Patri*, etc.; *sine data.*

LXVII. Basilius quoque, Bulgarorum archiepiscopus, hujusmodi litteras papæ transmisit (39): *Honoratissimo et sanctissimo*, etc., *sine data.*

LXVIII. Receptis his litteris, dominus papa transmisit ad eos Joannem, capellanum suum, cum apostolicis scriptis habentibus hunc tenorem (40): *Calojoanni, domino Blacorum et Bulgarorum, Apostolica sedes*, etc. *Dat. v Kal. Decembris.*

LXIX. Item. *Archiepiscopo de Zagora* (41). *Quia nobis in beato Petro*, etc., *sine data.*

LXX. Ille vero (Joannes, papæ capellanus, A. S. legatus) profectus, palleum, mitram et annulum præfato archiepiscopo assignavit, recepto ab eo juramento fidelitatis et obedientiæ summo pontifici et Ecclesiæ Romanæ in perpetuum exhibendæ. Cumque a præfato Joannitio, sive Calojoanne, domino Blacorum et Bulgarorum, fuisset honorifice ac devote susceptus, de ipsius consilio et assensu duos alios metropolitanos in illo regno constituit, videlicet Belesbulnensem (42) et Postolavensem, quos præfato Zagorensi, tanquam primati, subjecit; et apud Trinovium, nobiliorem ipsius provinciæ civitatem, constituit primatiam. His igitur bene gestis, Joannitius se ac regnum suum imperio Ecclesiæ Romanæ subjecit per privilegii paginam, aurea bulla signatam, cujus tenor talis est (43): *In nomine Patris, et Filii, et Spiritus sancti, amen. Cum placuit*, etc.

LXXI. Misit præterea Blasium, Brandizuberensem episcopum, cum præfato capellano Joanne, per quem et quædam donaria in signum devotionis domino papæ transmisit, et litteras, hunc tenorem habentes (44): *Sanctissimo et dominatori et universali papæ*, etc.

LXXII. Per eumdem præfatus archiepiscopus tales summo pontifici litteras destinavit (45): *Multas inclinationes et magnas preces ad Dominum*, etc.

LXXIII. Cum autem episcopus et capellanus prædicti ad sedem apostolicam pervenissent, dominus papa eos benigne suscepit, et super petitionibus sæpefati Joannitii, per eumdem episcopum præsentatis, habito diligenti tractatu, constituit cum regem Blacorum et Bulgarorum, mittens ad eum Leonem (46), tituli Sanctæ Crucis presbyterum cardinalem, apostolicæ sedis legatum, et per ipsum sceptrum regni ac regium diadema, ut eumdem, vice summi pontificis, ungeret et coronaret in regem, transmisso apostolico privilegio, cujus tenor

---

(33) Confer notam 30.
(34) Sic in codice Vallicellano; sic et apud Baluzium, qui ad marginem monet in codice Podiano addi, *malorum*.
(35) Bulgari ad fidem Christianam circa annum 861, juxta Pagium (Crit. Hist. Chron. tom. III, pag. 651), Ecclesiæ Græcæ paulo post se subjecerant.
(36) Bulgari, ab anno circiter 1019, usque ad annum 1186, imperatoribus Græcis paruerant. Anno 1186, regnante Isaaco Angelo, rebellaverunt, regesque Petrum [al. *Calopetrum*], Asanumque fratrem ejus elegerunt. Occiso Asano, anno 1195, mortuoque anno sequenti Petro, Joannes, [al. *Joannitius*, al. *Calojoannes*], alter Petri frater, sed qui privatus vixerat, regnum usurpavit, licet Asanus duos reliquisset filios, quibus jus patri et patruo succedendi competere videbatur, et, ad legitimandam usurpationem, protectionem Ecclesiæ Romanæ ambivit. De ipso hic agitur. Obiit Joannitius an. 1207. Vid. *Histoire ancienne des peuples de l'Europe*, tom. XII, chap. 15, pagg. 450-500. Quæ autem habet Cangius, *Hister. Byzant.* pag. 318, § 7, *Famil. Dalm. Selav. Turc.* ea deprompsit ex epistolis Innocentii.
(37) Vide epistolam 266 libri secundi. Desunt ad epistolam notæ chronologicæ, sed in Regesto proxima legitur epistolis datis circa initium anni 1200.
(38) Vide epistolam 115 libri quinti. Desunt etiam ad epistolam Joannitii notæ chronologicæ. Fortasse scripta fuit jam ab anno 1204.
(39) Vide epistolam 117 libri quinti
(40) Vide epistolam 116 libri quinti.
(41) Vide epistolam 119 libri quinti.
(42) *Belesbulnensem*. Sic in codice Vallicellano; sic et apud Baluzium, qui ad marginem notat in codice Regio legi, *Belesburdiensem*.
(43) Vide epistolam 4 libri septimi.
(44) Vide epistolam 6 libri septimi.
(45) Vide epistolam 5 libri septimi.
(46) De Leone, tituli S. Crucis presbytero cardinale, agimus in notis ad epistolam 1 libri septimi.

talis est (47): *Calojoanni, illustri Bulgarorum et Blacorum regi*, etc. *Dat. Anagniæ*, VI *Kal. Martii, an.* VII.

LXXIV. Misit etiam per eumdem legatum eidem regi vexillum, cum litteris habentibus hunc tenorem (48): *Ut in cruce Domini*, etc., sine data.

LXXV. Constituit etiam Trinovitanum archiepiscopum primatem totius Bulgariæ et Blaciæ, misitque illi privilegium hujusmodi per dictum legatum (49): *Archiepiscopo Trinovitano, Bulgarorum*, etc. *Dat. Anagniæ*, VI *Kal. Martii, anno* VII.

LXXVI. Quia vero, secundum consuetudinem Bulgarorum et Blacorum, nec in ordine presbyteri, nec in consecratione pontifices fuerant inuncti, fecit præfatum Brandizuberensem episcopum, per Joannem, episcopum Albanensem (50), assistentibus ei duobus episcopis, in præsentia sua dominus papa secundum morem Latinorum inungi; et mandavit, ut tam primas, quam metropolitani et universi episcopi ac presbyteri sacram reciperent unctionem, ac deinde (51) nulli sine unctione ordinarentur presbyteri, aut consecrarentur episcopi; assignans super his rationes in litteris, memorato primati directis; cui etiam insignia pontificalia universa per prædictum legatum liberaliter destinavit, taliter ei scribens (52): *Cum venisset ad apostolicam sedem*, etc. *Dat. ut supra*.

LXXVII. Misit etiam per eumdem legatum duobus archiepiscopis, de novo creatis, duo pallia, assignanda illis secundum hanc formam (53): *Ad honorem Dei omnipotentis*, etc.

Præcepit etiam ut tam a primate quam præfatis archiepiscopis reciperet hujusmodi sacramentum (54): *Ego, archiepiscopus Trinovitanus*, etc.

LXXVIII. Legatus ergo, transitum faciens per Hungariam, tam a rege (55), quam a principibus

---

(47) Vide epistolam 1 libri septimi.
(48) Vide epistolam 12 libri septimi.
(49) Vide epistolam 2 libri septimi.
(50) De cardinale isto, vide notas ad epistolam 3 libri septimi.
(51) *Deinde*. Sic in codice Vallicellano; apud Baluzium, *de cætero*.
(52) Vide epistolam 3 libri septimi.
(53) Vide epistolam 10 libri septimi.
(54) Vide epistolam 11 libri septimi.
(55) Erat is Emmericus, sive *Einricus*, vel etiam *Hemmeradus*. Quo mense, imo quo anno, obierit rex ille Hungariæ; quot menses post eum filius ejus, Ladislaus puer, sub tutela Andreæ, patrui sui, regnaverit; quo tempore demum Andreas ipse in regem sublimatus fuerit, multum adhuc apud historicos ambigitur. In opere cui titulus, M. *Johannis de Thwrocz Chronica Hungarorum*, part. I, cap. 70, sic legitur (vide *Script. rer. Hungar*. t. I, pag. 148): « [Belæ] successit Emericus filius ejus, et regnavit annis VIII, mensibus VII, diebus VI...... Migravit autem ad Dominum anno Domini 1200, pridie Kal. Decembris, feria tertia....... Post eum regnavit Ladislaus filius ejus, et coronatus est (*vivente adhuc patre*) VII Kal. Septembris, feria quinta. Regnavit autem (*post obitum patris*) mensibus sex, diebus quinque [al. duobus]. Migravit autem ad Dominum anno ejusdem millesimo ducentesimo primo, Nonis Maii......... Huic successit Andreas, filius Belæ III, qui Andreas, coronatus est die 27, post obitum regis Ladislai, quarto Kalendas Junii, in Pentecostes......... »

Verum, iste Hungarorum annalista, in sua narratione, quoad notas chronologicas, nec cum certissimis historiæ monumentis congruit, nec sibimetipsi constat. Ac primum; ex certissimis, et passim obviis, historiæ monumentis evincitur, Emmericum tunc adhuc inter vivos versatum fuisse, cum crucesignati Jaderam, anno 1202, mense Novembri exeunte, expugnaverunt, nec non nisi post illam cladem, et propter illam mœrore confectum, diem obiisse supremum. Ladislaus igitur, filius ejus, nec patri successisse circa finem anni 1200, nec ipse e vivis excessisse, Nonis Maii anni 1201, prout affirmat annalista, dici potest. Deinde, Andreas, frater Emmerici, Ladislai patruus, defuncto Ladislao nepote, coronatus dicitur, IV *Kal. Junii* (*eodem anno* 1201), *die* 27, *post obitum Ladislai* (id est *die* 27, *post Nonas Maii*), *in Pentecostes*. Atqui, nec dies IV *Kal. Junii*, utpote vigesimus octavus mensis Maii, numerari potest vigesimus septimus post Nonas, id est post diem quintum, ejusdem mensis; nec, anno 1201, Pentecostes in diem IV Kal. Junii incidere potuit; cum, anno 1201, Paschæ festum diei vicesimo quinto mensis Martii, ac proinde festum Pentecostes diei decimo tertio mensis Junii, assignari debeat. (Vid. l'*Art de vérif. les dates*, nouv. édit., tom. I, pag. 25).

Scriptoris Hungarici errores nec inobservavit, nec silentio prætermisit doctissimus libri, jam supra citati, auctor. Sic enim habet ille (vide l'*Art de vérif. les dates*; nouv. édit. tom. II, pag. 54): « Emeric ne fut pas heureux contre les Vénitiens, qui lui enlevèrent, à l'aide des croisés, la ville de Zara, le 24 novembre, après 14 jours de siége. Il ne survécut pas longtemps à cette perte, étant mort des suites d'une longue maladie qui l'avait empêché de venir en personne au secours de la place. On ne peut assurer si ce fut à la fin de l'an 1203, ou au commencement de l'année suivante. On voit une lettre d'Innocent III, datée du 5 novembre de la 6e année de son pontificat, c'est-à-dire, l'an 1203, par laquelle il confirme la réconciliation d'Emeric et de son frère André, procurée par les soins de G., légat du saint-siége : ce qui suffit pour réfuter les historiens hongrois, qui placent la mort d'Emeric en l'an 1200.... Ladislas, que son père Emeric avait fait couronner de son vivant, monta sur le trône, l'an 1204, sous la tutelle d'André, son oncle. *Il régna, non pas six mois* (comme disent les historiens hongrois), *mais fort peu de jours*, une courte maladie l'ayant enlevé presque aussitôt après la mort de son père. »

Hactenus doctissimus auctor; et recte quidem, quoad annum mortis Emmerici; num etiam recte, quando addit, de Ladislao, *il régna, non pas six mois, comme disent les historiens hongrois, mais fort peu de jours*, nescimus. Nam, Ladislaum sex menses, plus minus, patri superstitem vixisse, ex ipsius Innocentii epistolis probari potest. Venia tamen danda celeberrimo auctori, cum Regestorum annorum 1203, 1204, 1205, epistolæ, quas hodie edimus, tempore quo ea quæ ex ipsius opere retulimus scribebat, nondum in lucem prodiissent, et ipse Raynaldus, cui regesta evolvendi copia facta fuerat, ex epistolis horum annorum, ad res Hungaricas spectantibus, paucas admodum, casuque fere ubique absque ulla notarum chronologicarum mentione citare, nullam vero integram referre, pro satis habuerit (Vid. *Annal. Eccles*. tom. XIII, pag. 127, ad an. 1204, § 46 et 47; et pag. 150, ad an. 1205, § 54 et 55). Ex pluribus enim, quas mox ideo indicabimus, anni septimi (*id est an.* 1204), et anni octavi (*id est an.*

ecclesiasticis et mundanis honorifice fuit et devote susceptus. Sed, cum ad fines jam Hungariæ pervenisset, missis post eum nuntiis rex fecit ejus transitum impediri. Super quo qualiter dominus papa processerit, ipsius litteræ manifestant, ad regem Hungariæ destinatæ (56) : *Inter alios*, inquit, *reges catholicos*, etc., *sine data*.

LXXIX. Ipse vero rex quemdam militem cum litteris excusatoriis ad dominum papam direxit, per quem ei dominus papa rescripsit hoc modo (57) : *Regiæ celsitudinis litteras*, etc.

LXXX. Ex illo autem verbo quod in præmissis continetur, *quale denique reputares, si nos impedire vellemus, ne filius tuus carnalis coronari posset in regem*, rex ipse valde territus fuit, quia, cum fecisset curiam congregari solemnem, ut filium suum parvulum in regem faceret coronari, timuit vehementer ne coronationem ejus dominus papa faceret impediri. Unde, cum præfatus cardinalis ad curiam illam nuntios destinasset, tunc demum obtinuerunt a rege licentiam transeundi. Profectus ergo legatus, universa, sicut fuerant constituta, complevit; et, rediens, tales ex parte regis, et primatis Bulgarorum et Blacorum, litteras reportavit (58) . *ex parte regis. A Calojoanne, rege totius Bulgariæ et Blaciæ*, etc. *sine data*, (*ex parte primatis*) :

LXXXI. (59) *Multas inclinationes et multas sanitates a me Basilio*, etc.

LXXXII. Alexius autem, filius Isachii, quondam Constantinopolitani imperatoris, de carcere fugiens, venit ad summum pontificem, gravem de patruo suo, Alexio, Constantinopolitano imperatore, que-

1205), huc usque anecdotis epistolis facile eruisset scriptor exactissimus, Emmericum, certo certius, non nisi exeunte anno 1204 e vivis excessisse; Ladislaum vero, patri superstitem, sub tutela Andreæ, patrui sui, usque saltem ad mensis Maii, et forsan usque ad mensis Julii initium, anno 1205, regnavisse; nec proinde tam gravissime errasse Hungaricos scriptores, qui orphani pueri regno sex menses assignaverint. Consulat igitur lector eruditus, præter eas ipsas epistolas quæ hic in Gestis ipsis referebantur, et ad quas in Collectione nostra eum remandamus, alias etiam istas quarum suscriptionem, argumentum et notas chronologicas ipsius oculis subjicere operæ pretium duximus; nempe epistolas libri septimi : 13, *Archiepiscopis, episcopis, abbatibus, et aliis ecclesiarum prælatis, et omnibus tam clericis quam laicis, in regno Hungariæ constitutis; super reductione Bulgarorum, et ut legatum bene tractent*; sine data; — 47, *Waradiensi episcopo, et abbati de Petis, Vesprimiensis diœceseos; ut inquirant an episcopatus in Ecclesiis quibusdam Græcis regni Hungariæ, sit instituendus*; dat. vii Kal. Maii, an. vii (id est an. 1204); — 56, *Archiepiscopo Strigoniensi; de translatione præpositurœ cujusdam*; dat. Laterani, viii Kal. Maii, an. vii; — 57, *Eidem; ut coronet filium regis Hungariæ, cum ipse in terram sanctam ire proposuerit*; dat. *ut supra*; — 58, *Regi Hungarorum* (Emmerico); *qua explicat mandatum quod jam emiserat super præposituris regni Hungariæ*; dat. *ut supra*; — 128, *Eidem; de electione abbatis S. Egidii de Hungaria*; dat. Romæ, apud S. Petrum, xviii Kal. Octobris; — 127, *Eidem; qua gratulatur, quod legato transitum concesserit, et hortatur ut ipsum benigne et honorifice tractet*; dat. Romæ, apud S. Petrum; — 139, *Capitulo Strigoniensi : qua vocat eos ad præsentiam suam, ut de postulatione archiepiscopi Colocensis in archiepiscopum Strigoniensem sententiam audiant*; dat. Romæ, apud S. Petrum, x Kal. Decembris; — 226, *Litteræ Andreæ, gubernatoris Hungariæ, ad papam, de translatione archiepiscopi Colocensis ad archiepiscopatum Strigoniensem*. (Desunt notæ chronologicæ, sed ex loco quo in Regesto collocatæ sunt, ipsas ad papam non nisi post initium anni 1205 pervenisse conjicere licet.)

Libri octavi, 36, *Duci Andreæ, regni Hungariæ gubernatori, qua respondetur litteris ejus, et Ladislaum puerum, pupillum et nepotem suum, ipsi commendat*; dat. vii Kal. Maii, an. viii (id est an. 1205); — 37, *Eidem, ut pecuniam, quam defunctus rex quibusdam reliquerat, erogandam curet*; dat. *ut supra*; — 38, *Eidem; ut redditus, quos regi reginæque matri ipsius promiserat, persolvat*; dat. *ut supra*; — 39, *Eidem, et universis principibus in regno Hungariæ constitutis; ut pueri regis curam gerant, nec regias posses*siones abalienare audeant; dat. *ut supra*; — 40, *Prælatis, principibus, clero et populo regni Hungariæ, ut fidem regi servent*; dat. *ut supra*; — 41, *Archiepiscopo Colocensi, et episcopo Waradiensi; ut Ladislai regis, ac reginæ, familiæ molestias exhibentes compescant*; dat. v Kal. Maii; — 42, *Suffraganeis Ecclesiæ Colocensis; ut in fide regis pueri permaneant*; dat. vii Kal. Maii; — 88, *Andreæ, domino Hungariæ; qua excusationem affert, cur ei pro postulato Colocensi archiepiscopo in Strigoniensem archiepiscopum morem non gerat, aliumque eligi jubet*; dat. viii Kal. Julii; — 107, *Andreæ duci, gubernatori regni Hungariæ; qua excusationem affert, cur ejus postulatis de Papembergensi episcopatu non annuat; sine data (sed ex loco quo legitur in Regesto, verisimiliter vi Kal. Julii)*; — 127, *Andreæ, illustri regi Hungariæ; ut ea, quæ G. clerico episcopi Portuensis, ablata fuerant, ipsi restituere faciat*; dat. vi Kal. Augusti; — 159, *Præposito et capitulo Strigoniensibus; qua archiepiscopum Colocensem ipsis in archiepiscopum præficit*; dat. Romæ, ii Non. Octobris.

Ex tenore epistolæ 159 libri septimi patet Emmericum, an. 1204, die x Kal. Decembris, quo die data dicitur epistola, adhuc inter vivos versatum fuisse. Ex Epistola 226, Andreæ (fratris Emmerici, patrui vero Ladislai) ad papam, quæ, aut exeunte anno 1204, aut ineunte anno 1205, scripta fuit, eruitur tunc temporis obiisse Emmericum, eique in regno, sub tutela Andreæ, jam successisse Ladislaum. Ex epistolis ejusdem libri octavi 36, 37, 38, 39, 40, 41 et 42, nullus dubitandi locus quin Ladislaus puer, anno 1205, circa finem mensis Aprilis, adhuc superstes foret. Imo, ex subscriptionibus epistolarum ejusdem libri 88 et 107, quarum prima, Andreæ, domino Hungariæ, altera vero disertius, Andreæ duci, gubernatori Hungariæ, inscribitur, conjicere forsan fas esset, tunc adhuc, cum scriberentur epistolæ illæ, nempe, *die* viii, *et die etiam* vi, *Kal. Julii, an.* 1205, Ladislaum nondum obiisse. Verum, ipsum non ultra mensem Julium vitam protraxisse, fidem facit epistola ejusdem libri octavi, data vi Kal. Augusti (an. 1205), quæ Andreæ, non jam duci, vel gubernatori, vel domino, sed *illustri regi Hungariæ* (utpote qui Ladislao, tunc defuncto, successerat), inscribitur.

(56) Vide epistolam 126 libri septimi.
(57) Vide epistolam 127 libri septimi, *Leoni, tituli S. Crucis presbytero cardinali, A. S. legato*; dat. Romæ, apud S. Petrum, xvii Kal. Octobris, in qua inseritur epistola, de qua hic agitur, ad regem Hungariæ directa.
(58) Vide epistolam 230 libri septimi.
(59) Vide epistolam 231 libri septimi.

relam deponens, quod videlicet patrem suum, imperatorem Isachium, quem sicut fratrem et dominum debuerat honorare, crudeliter excæcaverat, et, invadens violenter imperium, tam illum, quam ipsum Alexium, ejus filium, incarceraverat, ferreis vinculis compeditum, postulans de eo justitiam exerceri. Contra quem idem imperator nuntios et litteras suas summo pontifici destinavit; quarum tenor in ipsius responsivis litteris apostolicis explicatur, et ad alia, super quibus idem imperator ei rescripserat, respondetur : (60) *Litteras et nuntios imperatoriæ dignitatis*,' etc. *Dat. Laterani*, XVI *Kal. Decembris*.

LXXXIII. Cum de subventione Hierosolymitanæ provinciæ, tam in Italia quam in Gallia, ingens fieret apparatus, comites Galliarum crucesignati miserunt nuntios suos in Italiam ad ducem et populum Venetorum, ut ab eis sibi conducerent navigia opportuna. Tractatum est etiam inter eos de societate pariter ineunda ; et, postquam sub certis pactionibus convenerunt, communiter est provisum, ut, aliquot in Syriam destinatis, cæteri tenderent in Ægyptum, ut caperent Alexandriam et finitimas regiones, sicque terra sancta liberaretur facilius de manibus paganorum. Ubi ergo Franci et Veneti societatem hujusmodi firmaverunt, utrique simul ad sedem apostolicam nuntios destinarunt, petentes, ut summus pontifex pactiones hujusmodi inter se factas pro subsidio terræ sanctæ, auctoritate apostolica confirmaret. Ipse vero, quod futurorum esset præsagiens, caute respondit quod conventiones illas ita duceret confirmandas, ut videlicet ipsi Christianos non læderent, nisi forsan iter eorum illi nequiter impedirent, aut alia causa justa vel necessaria forsan occurreret, propter quam aliud agere non possent, apostolicæ sedis legati consilio accedente. Veneti autem confirmationem sub hoc tenore recipere noluerunt. Unde pro certo conjicitur qualis fuerit eorum intentio, per effectum operis postea declarata. Contigit interim quod Theobaldus, comes Trecensis, qui se ad iter peregrinationis magnifice præparaverat, debitum carnis exsolvit (61). Unde cæteri comites et barones, cum consilio regis Franciæ, vocaverunt Bonifacium, marchionem Montisferrati (62), et eum sic ducem Christiani exercitus præfecerunt, tradita ex majori parte pecunia, quam pro subsidio terræ sanctæ comes memoratus congregaverat. Ipse vero de Francia per Alemanniam transitum fecit ; ubi cum Philippo, duce Sueviæ, qui se regem gerebat, dicebatur habuisse tractatum, ut Alexium, sororium suum, filium videlicet Isachii, quondam Constantinopolitani imperatoris, cujus sororem ipse Philippus duxerat in uxorem, ac se de captivitatis ergastulo fugientem, reduci faceret ad Constantinopolim ab exercitu Christiano ad obtinendum imperium Romaniæ. De quo, cum idem marchio ad summum pontificem accessisset, cœpit agere a remotis ; sed cum intellexisset ipsius animum ad hoc non esse directum, expeditis negotiis ad crucis officium pertinentibus, ad propria remeavit.

LXXXIV. Quam vero diligens et sollicitus, studiosus et promptus exstiterit ad subveniendum necessitatibus terræ sanctæ, ut ad recuperationem ipsius Christianum exercitum inflammaret, ex litteris, quas super hoc negotio destinabat, colligitur evidenter ; de quibus, cum multæ sint et diversæ, hanc unam credidi præsenti paginæ inferendam (63) :

« Archiepiscopis, episcopis, et aliis Ecclesiarum prælatis, in regno Franciæ constitutis. Verendum est nobis et vobis, imo etiam omnibus in sortem Domini evocatis, ne viri Ninivitæ (64) nobiscum et cum clericis nostris surgant in judicio, et vos damnent, quia pœnitentiam egerunt ad prædicationem Jonæ, vos autem non solum non scidistis hactenus corda vestra, sed nec manus vestras ad mandatum nostrum sæpius repetitum voluistis hactenus aperire, ut subveniretis pauperi Jesu Christo, ad revelandum opprobrium quo ei a fidei nostræ hostibus jugiter exprobratur. Ecce etenim rursus in cruce sua crucifigitur crucifixus, rursus alapis cæditur, rursus etiam flagellatur, rursus cadunt opprobria opprobrantium super eum, dicentibus inimicis: *Si Filius Dei es, salvum facias temetipsum* (*Matth*. XXVII, 40). Si quidem potes, libera terram nativitatis tuæ de manibus no-

---

(60) Vide epistolam 122 libri quinti.

(61) « Anno 1201, mortuus est in Campania, circa Pentecostem, Theobaldus comes, anno ætatis suæ vicesimo quinto, crucesignatus, qui comitem Rainaldum de Dampetra misit pro se in partes marinas, cum sufficientibus expensis. » ALBERIC. *Chronic*. pag. 421, ad an. 1201.

(62) Defuncto, an. 1192, Conrado Montisferrati, de quo egimus supra in not. ad § 58, Bonifacius II, frater ejus, Marchio Montisferrati factus est ; postea rex Thessalonicensis. Obiit an. 1207.

(63) Epistola hæc in Regestis Innocentii hodie non reperitur ; multa in ipsa leguntur, quæ a duobus libri secundi epistolis repetita esse patet ; eaque ideo Italico charactere exprimi curavimus. Vide epistolas 270, libri secundi, *archiepiscopo Magdeburgensi, suffraganeis ejus, aliisque*, etc. Dat. Laterani, II (*apud Roger. de Hoveder*. VI) Kal. Januarii, an. II. —271, *Universis Christi fidelibus, per Viennensem provinciam constitutis;* Dat. Laterani, II Nonas Januarii. Istam de qua hic agimus, posterius datam fuisse apparet. In ea prælatis Franciæ exprobrat pontifex quod, juxta promissionem factam in *Divionensi consilio*, certam reddituum [suorum partem in subsidium terræ sanctæ impendere neglexissent. Unde facile inducitur, inter Divionensis concilii celebrationem, epistolæque hujusce datam, aliquot saltem menses effluxisse. Divionense concilium circa finem anni 1199 habitum fuisse scimus. Nostra igitur epistola, non nisi post primos anni 1200 menses scripta fuisse videtur. Verum, ante mensem ejusdem anni Septembrem scriptam fuisse certo certius evincitur. In ipsa enim, de interdicti, in regem et regnum Franciæ lati, sententia, velut adhuc, cum scriberet, vigente, loquitur pontifex. Istud autem interdictum, ab Octaviano, Ostiensi episcopo, in concilio Nigellensi, mense anni 1200 Septembri, pridie Nativitatis Mariæ celebrato, solutum fuit.

(64) *Ninivitæ*. Sic in codice Vallicellano ; apud Baluzium, *Ninivæ*.

stris, et crucis cultoribus restitue crucem tuam. Vos autem, quod pro majori parte didicimus et dolemus, poscenti, et reposcenti sæpius (65), nec poculum aquæ frigidæ ministratis ; ita ut contra vos jam a laicis, quos interdum ad crucis obsequium verbis, non operibus, invitatis, illud evangelicum assumatur : *Alligant onera gravia humeris subditorum, quæ movere digito etiam nolunt ipsi* (*Matth.* XXIII, 4). Jam improperatur vobis a laicis quod de patrimonio Jesu Christi libentius histrionibus subvenitis quam Christo, plura in canibus et avibus pascendis consumitis, quam velitis in ejus subsidium erogare, facti prodigi aliis, ipsis parci, vel, ut verius dicamus, avari. Ecce, quomodo tribuistis ei pro omnibus quæ retribuit ipse vobis? Ecce quomodo amatis eum? Ecce qualiter multiplicibus ejus beneficiis respondetis? Sic evidentius ostendentes qualiter animas pro ovibus poneretis, qui nec etiam quadragesimam partem reddituum vestrorum pro ipso, imo ipsi, hactenus impendere noluistis; cum plures vestrum non solum quadragesimam, juxta mandati nostri tenorem, sed tricesimam, juxta promissionem suam factam in Divionensi concilio, in tam pium opus convertere tenerentur. Monemus igitur universitatem vestram, et exhortamur in Domino, et per apostolica vobis scripta mandamus, *et ex parte Dei omnipotentis, in virtute Spiritus sancti, sub interminatione divini judicii, districte præcipimus, quatenus* juxta priorum nostrarum litterarum tenorem, vos, et universi clerici jurisdictioni vestræ subjecti, *saltem quadragesimam partem omnium ecclesiasticorum reddituum et proventuum vestrorum, prius tamen deductis usuris, quarum solutio vitari non possit, in terræ sanctæ subsidium* convertatis, facientes vos, fratres archiepiscopi et episcopi, quadragesimam ipsam, per vestras diœceses instanter exactam et collectam fideliter, in tuto loco deponi; de qua singuli vestrum, fratres archiepiscopi et episcopi, assumptis secum *duobus fratribus, uno Hierosolymitani Hospitalis, et alio militiæ Templi,* de consilio nobilium virorum, Matthæi de Mallio, canonici de Bethunia, et Milonis de Bremont, ac Gualterii de Guidonisvilla, et aliorum discretorum virorum, *militibus vel aliis bellatoribus qui signum Dominicæ crucis assumpserint, si in suis non potuerint sumptibus transfretare, congrua de eadem summa stipendia subministrent, sufficienti ab eis cautione recepta, quod in defensionem terræ orientalis per annum vel amplius, juxta quantitatem subsidii, commorentur ; et, si decesserint, quod absit! in via suscepta, subsidium non in alios usus convertant, sed restituant potius in stipendia bellatorum; qui etiam, cum redierint, non prius absolvantur a præstita cautione, quam litteras regis, vel patriarchæ, vel magistri Hospitalis, vel militiæ Templi, vel etiam legati nostri vobis exhibeant, de mora ipsorum testimonium perhibentes.* Ut autem mandatum apostolicum facilius et melius compleatur, per singulas provincias, *in metropolitana ecclesia, vel, si hoc ibi fieri propter hostilitatem, vel aliud evidens impedimentum non poterit, in duobus vel tribus locis provinciæ sine dilatione convenire curetis, et inter vos, juxta formam apostolici mandati, de ipsius terræ subventione tractare, et, post reversionem suam, quilibet vestrum in sua diœcesi concilium convocet sine mora,* auctoritate nostra (66), *præcipiens abbatibus et prioribus, tam exemptis quam aliis, archidiaconis et decanis, et universis omnino clericis, in sua diœcesi constitutis, ut juxta veram æstimationem, proventus et redditus suos taxent, et, infra tres menses post factam eis denuntiationem, quadragesimam partem valoris eorum, sub ipsius episcopi testimonio et aliquot religiosorum virorum, adhibitis nihilominus ad cautelam aliquibus laicis fidelibus et discretis, in locum idoneum ejusdem diœceseos non differant consignare. Ab hac autem generalitate Grandimontenses et Carthusienses eremitas, monachos Cistercienses et canonicos Præmonstratenses excipimus, quibus mandatum super hoc injungimus speciale. Ad hæc, in singulis ecclesiis truncum concavum poni præcipimus, tribus clavibus consignatum, prima penes episcopum, secunda penes ecclesiæ sacerdotem, tertia per aliquem religiosum laicum, conservandis; ut et in eo fideles quilibet, juxta quod Dominus eorum mentibus inspiraverit, suas eleemosynas* firmitate (67) *statuta deponere in remissionem suorum peccaminum moneantur, et in omnibus ecclesiis, semel in hebdomada, pro remissione peccatorum, et præsertim offerentium, certa die, quam tamen sacerdos prænuntiet populo, missa publice decantetur;* singulisque diebus inter missarum solemnia, *Deus, venerunt gentes in hæreditatem tuam* (68), campanis pulsantibus, cum oratione consueta dicatur. *Concedimus autem vobis, fratres archiepiscopi et episcopi, ut circa eos qui de bonis suis terræ sanctæ voluerint subvenire, de discretorum virorum consilio, qualitate personarum et rerum facultate pensatis, et considerato nihilominus devotionis affectu, opus injunctæ pœnitentiæ commutare possitis in opus eleemosynæ faciendæ.* Noveritis autem, nos venerabilibus fratribus nostris, Parisiensi et Suessionensi episcopis, et dilectis filiis Vallium Sarneii et Sancti Victoris abbatibus, per apostolica scripta districte præcipiendo mandasse, ut eos qui in concilio, a dilecto filio Petro, tituli Sancti Marcelli presbytero cardinale, tunc apostolicæ sedis legato, apud Divionem collecto, tricesimam suorum reddituum in terræ sanctæ subsidium liberaliter promiserunt, saltem ad quadragesimam persolvendam, monitione præmissa, per censuram ecclesia-

---

(65) Sic apud Baluzium, recte ; in codice Vallicellano, *potius*.
(66) *Nostra.* Sic in codice Vallicellano; sic et apud Baluzium, qui, ad marginem, notat in codice Podiano legi, *apostolica*.

(67) *Firmitate.* Sic in codice Vallicellano ; sic et apud Baluzium, qui, ad marginem, notat in codice Regio legi, *fraternitate*.
(68) *In hæreditatem tuam.* Sic in codice Vall.- cellano; apud Baluzium desunt.

sticam, appellatione remota, compellant. Porro, quam meritorium sit crucis obsequium, quam laudabile, relictis propriis, terræ sanctæ reliquiis subvenire, satis patet ex evangelica lectione. Illi enim, qui, assumpto crucis signaculo, in terræ sanctæ subsidium non dubitant transfretare, quod in Evangelio legitur videntur ad litteram etiam adimplere: *Si quis vult post me venire, abneget semetipsum, et tollat crucem suam, et sequatur me* (*Luc.* IX, 23). Qui etiam, ut veri discipuli Christi fiant, patrem, matrem, uxorem filios, fratres et sorores, adhuc autem et animam suam, juxta verbum Veritatis (*Matth.* XIX, 29) oderunt: Nunquid enim patrem, matrem, uxorem, filios, fratres et sorores non videntur odisse, qui, postposito carnis affectu, Regi regum in puritate spiritus desiderant militare? Nunquid suam animam non oderunt, qui, ut injuriam vindicent Crucifixi, animas ponere non formidant, charitatis ejus privilegio commendandi, de qua Veritas in Evangelio protestatur: *Majorem charitatem nemo habet, quam ut animam suam ponat quis pro amicis suis* (*Joan.* XV, 13). Tales quærenti Domino si calicem bibere possent, quem ipse fuerat bibiturus, *Possumus*, secure cum Zebedæi filiis responderent (*Matth.* XX, 22). Tales, de Christi gratia confidentes, dicerent secure cum Petro: *Ecce nos reliquimus omnia, et secuti sumus te. Quid ergo erit nobis?* (*Matth.* XIX, 27.) Nunquid enim qui regna, principatus, comitatus, et prædia reliquerunt larga, non secure uterentur hoc verbo, quo Petrus, qui navim tantum et rete reliquerat, fuit usus. Nos ergo, qui, licet indigni, locum ejus tenemus in terris, cui tales suum devovent famulatum, sanctæ recordationis Gregorii papæ, prædecessoris nostri, vestigiis inhærentes (69), præsentium auctoritate statuimus, ut *bona eorum et similium, ex quo crucem susceperint,* cum familiis suis, sub sanctæ Romanæ Ecclesiæ ac nostra, *necnon archiepiscoporum,* episcoporum, *et aliorum prælatorum Ecclesiæ Dei protectione consistant, et, donec de ipsorum reditu vel obitu certissime cognoscatur, integra maneant, et quieta consistant. Quod si quisquam contra præsumpserit, singuli vestrum in sua diœcesi præsumptionem ipsius per censuram ecclesiasticam, appellatione remota, compescant.* Volentes præterea sic super interdicti sententia, prolati in terram charissimi in Christo filii nostri, Philippi, Francorum regis illustris, crucesignatorum petitioni deferre, ut non dissolvatur nervus ecclesiasticæ disciplinæ, discretioni vestræ per apostolica scripta mandamus, ut, si quis ex eis officia voluerint audire divina, ea faciatis ipsis, exclusis aliis qui non fuerint crucesignati, non pulsatis campanis, voce celebrari suppressa. Si qui autem eorum, excommunicationis forsan sententia innodati, postulaverint absolvi, ab eis juratoria cautione recepta, et ipsis beneficio absolutionis impenso, non negamus quin ab eis statutam pecuniam etiam exigatis juxta terræ consuetudinem, et recipiatis exactam. Verumtamen, postquam recepta fuerit, eam ipsis pro terræ sanctæ succursu in peregrinationis subsidium conferatis, ipsum, si grave id forsitan, quod non credimus, vobis fuerit, in quadragesima, quam per vos erogari mandavimus, in eorum stipendia, qui suis non possint transfretare sumptibus, computantes. Præterea, prædecessorum nostrorum vestigiis inhærentes, ut clerici crucesignati usque ad triennium redditus suos pignori valeant obligare, concedimus, atque volumus et mandamus, ut eos super hoc nec impediatis per vos in aliquo, nec permittatis per alios impediri. Ex parte quoque nostra districtius inhibere curetis dominis crucesignatorum (70), ne ipsos gravent indebite, aut exactionibus præsumant insolitis molestare. Quia vero iis qui divinæ se mancipant obsequiis servitutis, et abstinendum ab illicitis, et licitis parcius est utendum (71), ne licitum fiat illicitum, si lascive vel illicenter agatur, volumus et mandamus, ut eos ex parte nostra monere diligentius et inducere procuretis, ne diebus illis quibus carnibus vesci debent, aut etiam jejuniorum diebus, præter pulmenta, pluribus ferculis quam duobus, et eis etiam moderatis, utantur; nisi forsan comitibus, baronibus, et aliis nobilibus tertium ferculum, quod vulgo dicitur intermissum, ultra id quod exhibetur familiæ, apponatur; nec de cætero, donec votum peregrinationis adimpleant, hermineis, variis, seu griseis induantur. Ad quorum utrumque, tam clericos quam laicos, et mulieres etiam, quæ vel transfretare tenentur ex voto, vel secuturæ sunt in peregrinationis itinere viros suos, similiter volumus commoneri. Armigeros etiam et alios servitores diligenter et efficaciter, quantum in vobis fuerit, inducatis, ut coloratis vestibus non utantur, sed contenti sint aliis convenientibus indumentis. Cæterum, quoniam nobiles viri, Boloniæ (72) et Bellimontis (73) comites, et multi alii, sicut accepimus, ut contra votum suum licentius fecit eum Peronam adduci, et ibi eum in turrim munitissimam includi, et cautissime custodiri, ligatum compedibus mira subtilitate perplexis et fere indissolubilibus, conjunctis invicem catena tantæ brevitatis, quod vix passum efficeret semiplenum; ejusdem catenæ medio inserta erat et alia catena longitudinis decem pedum, infixa caput alterum cuidam trunco mobili, quod duo homines vix movere poterant, quoties comes iturus erat ad secreta naturæ. »

(73) Erat is, verisimiliter, Matthæus III, Franciæ camerarius, qui Alienordim, comitissam Viromanniæ (vid. Alberic. *Chronic.* ad an. 1184, pag. 565),

---

(69) Vide lib. I, epist. 356. BALUZ. *not. margin. ad hunc locum.*
(70) *Crucesignatorum.* Sic in codice Vallicellano; apud Baluzium, *signatorum.*
(71) Vide I, q. I, c. 34, *Aliud.* Vide etiam lib. VII Capitulor., c. 61. BALUZ. *not. margin, ad hunc locum.*
(72) Rainaldus (*de Dammartin*) Idam, comitatus Boloniæ hæredem, ante annum 1194, in uxorem duxerat. Captus in prælio apud Bovinas, an. 1214, in castello Peronæ detentus fuit, ubi, mœrore confectus, anno 1227 diem obiit supremum. « Rex, inquit Albericus (*Chron.* ad an. 1214, pag. 483).

veniant, vel illud differant adimplere, signum crucis, quod suis affixerant humeris, in animarum suarum perniciem abjecerunt, fraternitati vestræ, fratres archiepiscopi et episcopi, per apostolica scripta districte præcipiendo mandamus, quatenus eos, indulgentia etiam non obstante, si qua forsan apparuerit per subreptionem obtenta, ut signum crucis recipiant, et cum aliis statuto tempore peregrinationis propositum exsequantur, monitione præmissa, per excommunicationis et in terras interdicti sententias, appellatione postposita, compellatis, et, quocunque tales devenerint, divina prohibeatis eis præsentibus officia celebrari. Quod si forsan aliqua vobis indulgentia fuerit præsentata, quæ dubia vobis vel difficilis videatur, ita quod judicare de ipsa facile non possitis, eam ad nostram præsentiam destinetis. Parochianos quoque vestros, ne saltem usque ad quinquennium ad torneamenta convenire præsumant, monere diligentius et inducere procuretis, in personas eorum, qui contra præsumpserint, excommunicationis et in terras interdicti sententias, sublato appellationis obstaculo, proferentes, et, quocunque tales devenerint, divina (74) prohibentes ipsis præsentibus officia celebrari; nec prius latas in eos relaxetis sententias, quam torneamenta usque ad prædictum terminum solemniter abjurarint. Nos autem, de Dei misericordia, et beatorum apostolorum Petri et Pauli auctoritate confisi, *ex illa, quam Deus nobis, licet indignis, ligandi atque solvendi contulit potestate, omnibus, qui laborem hujus itineris in personis propriis subierint et expensis, plenam peccatorum suorum, de quibus cordis et oris egerint pœnitentiam, veniam indulgemus, et in retributione justorum salutis æternæ pollicemur augmentum. Illis autem, qui non in personis propriis illuc accesserint, sed in suis tantum expensis, juxta qualitatem et facultatem suam, viros idoneos destinaverint, illic per annum moraturos ad minus, et illis similiter, qui, licet in alienis expensis, in propriis tamen personis assumptæ peregrinationis laborem impleverint, plenam suorum veniam concedimus peccatorum. Hujus quoque remissionis volumus esse participes, juxta quantitatem subsidii, et devotionis affectum, omnes qui ad subventionem ipsius terræ de bonis suis congrue ministrabunt. Personas insuper ipsorum, et bona eorum, ex quo crucem susceperint, sub beati Petri et nostra protectione suscepimus, nec non ut sub archiepiscoporum et omnium prælatorum Ecclesiæ Dei defensione consistant. Quod si quisquam contra præsumpserit, per censuram ecclesiasticam, appellatione postposita, compescatur. Si qui vero proficiscentium illuc* ad præstandas usuras juramento teneantur astricti, vos, fratres archiepiscopi et episcopi, per vestras diœceses *creditores eorum*, sublato appellationis obstaculo, eadem districtione cogatis, ut, eos a sacramento penitus absolventes, ab usurarum *ulterius exactione desistant. Quod si quisquam creditorum eos ad solutionem coegerit usurarum, eum ad restitutionem earum, sublato appellationis obstaculo*, districtione simili compellatis. Judæos vero ad remittendum ipsis usuras per sæcularem compelli præcipimus potestatem, et, donec eas remiserint, ab universis Christi fidelibus, tam in mercimoniis quam aliis, per excommunicationis sententiam eis jubemus communionem omnimodam denegari. Volumus etiam nihilominus et mandamus, ut si qui forsan crucesignatorum tanto debitorum onere prægravantur, ut forte soluta non sufficiant ad expensas quas sunt in peregrinatione facturi, creditores eorum, quos rei familiaris inopia non excusat, ut usque ad triennium solutionis terminum prorogent, monere diligenter et inducere procuretis. Horum autem omnium venerabilibus fratribus nostris, Parisiensi et Suessionensi episcopis, et dilectis filiis, Vallium Sarneii (75) et Sancti Victoris (76) abbatibus, sollicitudinem delegamus, ut exsecutores sint super capitulis illis quæ fieri sub ecclesiastica districtione mandamus, et in iis, ad quæ aliquos moneri jubemus, exsequantur officium monitorum. »

LXXXV. Termino igitur constituto, crucesignatorum exercitus ad partes Venetiarum accessit tam multus et fortis, devotus et timoratus, ut absque dubio crederetur quod per eum Dominus antiqua miracula innovaret, nec solummodo recuperaretur Hierosolymitana provincia, verum etiam regnum Babylonicum caperetur. Nam et Veneti tam magnifica navigia præparaverant, ut a longis retro temporibus nedum visus, sed nec auditus fuerit tantus navalium apparatus. Misit ergo dominus papa Petrum, tituli Sancti Marcelli presbyterum cardinalem (77), apostolicæ sedis legatum, ad exercitum Venetiis congregatum, ut proficisceretur cum illo in nomine Redemptoris. Sed dux et consiliarii Venetorum, timentes ne ipse impediret eorum propositum, quod male conceperant, de Jadera expugnanda, dixerunt quod si vellet ire cum eis, non ut legationis, sed ut prædicationis exerceret officium, ducerent illum; alioquin, rediret. Quamvis autem (78) displicuisset hoc Francis, rediit tamen inhonoratus a Venetis, pravam eorum intentionem summo pontifici expressius manifestans. Qui litteras misit universis crucesignatis, districtius prohi-

---

in uxorem duxerat. Conf. Anselme, tom VIII, cap. 13, pag. 403. Adeundus etiam D. Clement, Art. de vérif. les dates, nouv. édit. tom. III, pag. 708 et 709.

(74) Sic apud Baluzium, recte; in codice Vallicellano, *omnia*.

(75) De abbate Vallium Sarneii (Guidone) agimus in notis ad epistolam 12 libri quinti.

(76) De abbate Sancti Victoris (Absalone), in notis ad epistolam 12 libri tertii.

(77) De isto jam egimus supra. Vide not. ad epist. 20 libri tertii.

(78) *Autem*. Sic apud Baluzium; in codice Vallicellano, *igitur*.

tens, ne terras Christianorum infestarent, et nominatim (79) Jaderam, quam rex Hungariæ possidebat, qui similiter erat crucesignatus; alioquin, scirent se anathematis vinculo innodatos; et hanc inhibitionem (80) et excommunicationem fecit eis per abbatem de Locedio (81) certius intimari (82). Marchio vero Montisferrati, qui fuerat super hoc a domino papa viva voce prohibitus, se prudenter absentans, non processit cum illis ad Jaderam expugnandam (83).

LXXXVI. Qualiter autem illi ad Jaderam destruendam processerint, quantum super hoc dominus papa commotus fuerit, litteræ quas misit ad illos indicant manifeste (84): *Dolemus non modicum*, etc. sine data.

LXXXVII. Principes vero Francorum, suum recognoscentes excessum, juraverunt in manibus episcoporum suorum quod super eo mandatis domini papæ parerent; et fecerunt se ab illis absolvi, mittentes Suessionensem episcopum (85) ad apostolicam sedem, ut commotionem summi pontificis mitigarent, et illum consulerent qualiter essent de cætero processuri.

(86) Ipse vero per litteras suas præcepit eisdem quatenus, digne de tanto pœnitentes excessu, et satisfacientes congrue de peccato, redderent universa quæ ad eos de Jadertinorum spoliis pervenerant, et a similibus de cætero penitus abstinerent. Quia vero sententiam apostolicæ sedis, præter auctoritatem ipsius, nullus potuit relaxare, quibusdam viris discretis injunxit, ut ab eis, qui nondum juraverant apostolicis stare mandatis, reciperent juramentum, a juratis autem exposcerent ut in eorum præsentia recognoscerent taliter se jurasse, ac deinde, juxta formam Ecclesiæ, munus absolutionis impenderent universis; injungentes comitibus et baronibus sub debito juramenti, ut per patentes litteras, tam se quam successores suos sedi apostolicæ obligarent, quod ab mandatum ejus de tanta præsumptione satisfactionem exhibere curabunt; omnibus autem præciperent in communi, ut a similibus de cætero abstinerent, salvis aliis mandatis quæ super hoc duceret facienda. Porro, comites et barones obligaverunt se, sicut fuit illis injunctum, et sic omnes absoluti fuerunt. Veneti vero, tanquam qui gloriantur cum male fecerint, et exsultant in rebus pessimis, nec ad pœnitentiam agendam, nec ad indulgentiam implorandam voluerunt aliquatenus inclinari. Ad consultationes autem Francorum dominus papa rescripsit hoc modo (87): *Si vere vos pœnitet*, etc. sine data.

LXXXVIII. Præmisit (88) itaque dominus papa Soffredum, tituli Sanctæ Praxedis presbyterum cardinalem (89), in Hierosolymitanam provinciam, ut interim ibi legationis officium exerceret; et fecit ei mille ducentas libras conferri, ut eas tum in necessitates familiæ suæ, tum in utilitatem terræ sanctæ provide distribueret, sicut cognosceret expedire. Petrum vero, tituli Sancti Marcelli presbyterum cardinalem, direxit post illum, ut si posset, crucesignatis se jungeret, aut, si non posset, in Syriam transfretaret, conferens ei totidem libras propter causas easdem. Uterque vero, unus post alium in Hierosolymitanam provinciam transfretavit, per insulam Cypri transitum faciens, et in ea quæ fuerant ordinanda disponens. Soffredus ergo præcedens, Hierosolymitanum patriarcham (90) invenit in ultimis laborantem; quo post aliquot dies ex hac luce migrante, idem legatus a clero fuit in patriarcham electus, et a populo expetitus, cum regis assensu, et suffraganeorum favore. Missique sunt nuntii de communi consilio ad apostolicam sedem, ut obtinerent eum in patriarcham sibi concedi, et, post concessionem, sibi pallium destinari. Deliberavit ergo summus pontifex, ut idem legatus induceretur, si posset, sed non cogeretur, si nollet, patriarchatum recipere, mittens pallium alteri cardinali, ut illud ei, si consentiret, conferret (91). Sed ille noluit aliquatenus consentire; unde obtinuit de alterius electione tractari: et convenerunt omnes in Vercellensem episcopum (92), virum utique vita, et scientia, et fama præclarum, cui papa scripsit hoc modo (93): *Ut lapsum humani generis*, etc. *Dat. Ferentini*, III *Id. Augusti*.

LXXXIX. Ipse vero Vercellensis episcopus, humiliter acquiescens, ad apostolicam sedem accessit, et in patriarcham promotus, non solum pallii ornamentum accepit, verum etiam officium legationis promeruit, per quadriennium in sua provincia exercendum; Januamque profectus, inde in Syriam navigavit.

Philippus autem, sicut convenerat cum marchione

---

(79) *Nominatim*. Sic in codice Vallicellano; sic et apud Baluzium, qui, ad marginem, notat in codice Regio legi *specialiter*.
(80) *Inhibitionem*. Sic apud Baluzium; in codice Vallicellano, *prohibitionem*.
(81) De abbate de Locedio jam egimus in not. ad § 46.
(82) *Litteræ*, quibus hanc inhibitionem Innocentius expresserat, in Regestis hodie non reperiuntur.
(83) Vide Odor. Raynald. ad an 1203, p. 6. BALUZ. *not margin. ad hunc locum*.
(84) Vide Epistolam 161 libri quinti.
(85) De Suessionensi episcopo, vide epistolam 11 libri tertii.
(86) Vide epistolas 99 et 100 libri sexti.

(87) Vide epistolam 102 libri sexti.
(88) Vide lib. I, epist. 336. BALUZ. *not. margin. ad hunc locum*.
(89) Vide epistolas 26 et 27 libri quinti.
(90) Erat is nomine Monachus, de Florentina civitate oriundus. Cum Hierosolymam devotionis causa venisset, a patriarcha primum cancellarius, deinde archiepiscopus Cæsariensis creatus fuerat ex qua ecclesia ad Hierosolymitanam transiit anno 1194, et obiit anno 1203. *Or. Christ.* tom. III, col. 1252.
(91) Confer epistolam 129 libri sexti.
(92) De isto vide epistolam 38 libri tertii.
(93) Vide epistolam 222 libri septimi.

Montisferrati; misit Alexium, sororium suum, filium videlicet Isachii, quondam Constantinopolitani imperatoris; et, eodem marchione sagaciter mediante, tractatum est inter ipsum et exercitum Christianum, ut idem exercitus reduceret illum in Græciam, et juvaret ad Constantinopolitanum imperium obtinendum, ipseque pecuniam eis promissam solveret, et alia pacta cum eis inita custodiret, postquam imperium obtineret. Verum, cum hoc ad summi pontificis notitiam pervenisset (94), scripsit illis hoc modo (95): *Cum in manu valida*, etc. *Dat. Ferentini... an.* VI.

XC. Ipsi tamen, nihilominus in Græciam navigantes, Constantinopolim pervenerunt; ubi quid actum fuerit (96) ab ipsis, litteræ ipsorum ad dominum papam directæ declarant (97): *Quanta fecerit nobis Dominus*, etc., sine data.

Tunc demum dux, et Veneti qui erant in Græcia, miserunt nuntios ad Petrum, tituli S. Marcelli presbyterum cardinalem, apostolicæ sedis legatum, absolutionis beneficium implorantes; qui misit ad illos cum litteris suis thesaurarium Nicosiensem de Cypro, et, recepto ab eis, secundum formam Ecclesiæ, juramento, fecit illos absolvi, quamvis adhuc in nullo satisfecerint de commisso, malens eos habere claudos quam mortuos, præsertim ne ipsorum contagium cæteros inquinaret.

XCI. Alexio igitur cum Isachio, patre suo, ad Constantinopolitanum imperium restituto, eoque fidem non servante Latinis, qualiter Constantinopolitana civitas capta fuerit, et Balduinus, comes Flandriæ, ad imperium sublimatus, ipsius litteræ, ad dominum papam transmissæ, describunt (98): *Sanctissimo*, inquit, *Patri*, etc., sine data.

XCII. Verum, antequam Franci et Veneti ad capiendam Constantinopolim processissent, tales inierunt ad invicem pactiones (99): *In nomine Dei æterni, amen. Nos quidem, Bonifacius*, etc.

XCIII. Attendens ergo dominus Innocentius quod in pactionibus illis multa continebantur illicita, præsertim ea quæ contingebant statum Ecclesiarum et clericorum, et quod in captione Constantinopolis multa fuerant scelera perpetrata, quodque crucesignati prohibiti fuerant terras Christianorum offendere, nisi forsan eorum nequitia iter impediretur, nec videbatur ad excusationem illorum sufficere, quod propterea licuerit eis Græcos offendere, quoniam ipsi ab obedientia sedis apostolicæ sese subtraxerant, et noluerant succurrere terræ sanctæ, licet super utroque fuerint ab eodem domino papa commoniti, et Alexius imperator nequiter incubaret imperio, quod inique abstulerat fratri suo, cum super his nullam desuper ulciscendi acceperint potestatem, cœpit vehementissime dubitare, quid in tanto negotio sibi foret agendum. Sed, habito diligenti tractatu, non solum cum cardinalibus, verum etiam cum archiepiscopis et episcopis, et aliis viris prudentibus, quorum tunc de diversis partibus magna erat apud sedem apostolicam multitudo, nobili viro, marchioni Montisferrati, super hoc sedem apostolicam consulenti, de communi consilio, rescripsit hoc modo (100): *Quod inter curas et occupationes*, etc., sine data.

XCIV. Quia vero per Constantinopolitani imperii detentionem, quod divino judicio sibi subjugavere Latini, Hierosolymitana provincia sperabatur facile liberari de manibus paganorum, ex tunc firmato proposito, dominus papa cœpit ad eorum succursum, qui Constantinopoli morabantur, intendere diligenter, scribens pro illis archiepiscopis et episcopis in hunc modum (1): *Vir unus de Ramatha duas*, etc., *Dat. Romæ... an.* VIII.

XCV. Præfatus autem Balduinus, comes Flandriæ, postquam ad Constantinopolitanum imperium extitit sublimatus, per nuntios et apices suos vocavit ad se præfatum Petrum, tituli Sancti Marcelli presbyterum cardinalem, apostolicæ sedis legatum, in Hierosolymitana provincia existentem, ut, accedens in Græciam, de personis et rebus ecclesiasticis auctoritate apostolica ordinaret; porro, cum sæpedictus Soffredus, tituli Sanctæ Praxedis presbyter cardinalis, similiter apostolicæ sedis legatus, nollet ibi remanere post illum, ambo pariter recedentes, Constantinopolim accesserunt, facta prius sex annorum treuga cum Saracenis; et tanta eos secuta est multitudo, non solum laicorum, sed etiam clericorum, quod alienigenæ pene omnes et indigenæ multi, Hierosolymitanam provinciam deserentes, Constantinopolim adierunt. Sed præfatus Soffredus, modicam faciens ibi moram, per Thessalonicam, ubi cum marchione Montisferrati est aliquandiu commoratus, ad sedem apostolicam est reversus. Qualiter autem dominus papa scripserit super his et aliis præfato Petro, tituli Sancti Marcelli presbytero cardinali, apud Constantinopolim existenti, ejus litteræ manifestant, quarum tenor est talis (2) *Audito jampridem*, etc. *Dat.* IV *Id. Julii.*

XCVI. Qualiter autem fuerit ad electionem patriarchæ (3) processum, ex litteris domini papæ colligitur evidenter, in hunc modum imperatori

---

(94) Vide Raynaldum, ad an. 1203, § 13. BALUZ. *not. margin. ad hunc locum.*
(95) Vide epistolam 101 libri sexti.
(96) Vide Arnold. Lubec. lib. VI, c. 19. BALUZ. *not. margin. ad hunc locum.*
(97) Vide epistolam 211 libri sexti.
(98) Vide epistolam 152 libri septimi.
(99) Vide epistolam 205 libri septimi.
(100) Vide epistolam 133 libri octavi.
(1) Vide epistolam 69 libri octavi.

(2) Vide epistolam 126 libri octavi.
(3) Superstite licet adhuc patriarcha Constantinopolitano Græco, Joanne Camatero, de quo jam egimus supra, in not. ad § 60, qui, capta urbe a Francis et Venetis, una cum Niceta, aliisque plurimis, inde recessit, electus est anno 1204, primus ejusdem urbis patriarcha ritus Latini, Thomas Maurocenus, sive *Morosini*, nobilis Venetus. Electus quoque, electioni consentiens, cum imperialibus et ducis nuntiis pro obtinenda confirmatione Romam

directis (4) : *Postquam dextera Domini*, etc. *Dat. Romæ, apud S. Petrum*, xii *Kal. Februarii, an.* vii.

XCVII. Quid vero duci Venetorum responderit, petenti pactiones, inter Francos et Venetos initas, confirmari, ipsius litteræ ad eum directæ demonstrant (5) : *Venientes*, inquit, *ad apostolicam sedem*, etc. *Dat. Romæ, apud Sanctum Petrum*, iv *Kal. Februarii, an.* vii.

XCVIII. Idem igitur dominus Innocentius præfatum Constantinopolitanum electum, Sabbato Quatuor Temporum Quadragesimæ, in diaconum ordinavit, et in Sabbato hebdomadæ mediantis in sacerdotem promovit, ac sequenti Dominica, Romæ, apud Sanctum Petrum in episcopum consecravit, ac postmodum contulit ei pallium, insigne videlicet plenitudinis pontificalis officii, de corpore beati Petri apostoli sumptum, recepto ab eo fidelitatis et obedientiæ juramento, sub ea forma jurandi antiqua et approbata, secundum quam primates et metropolitani solent in susceptione pallii Romano pontifici et Ecclesiæ Romanæ jurare, privilegium sibi sub hac forma concedens (6) : *Prærogativa dilectionis et gratiæ*, etc. *Dat. Romæ, apud S. Petrum*, iii *Kal. Aprilis, an.* viii. Has etiam indulgentias eidem patriarchæ concessit (7) : *Sicut Dominus in Romanam Ecclesiam*, etc. *Dat. ut supra.*

XCIX. Idem igitur patriarcha Venetias est reversus, ut inde Constantinopolim navigaret; sed a Venetis est compulsus quasdam eis facere illicitas pactiones: quæ cum ad summi pontificis notitiam pervenissent, eas omnino cassavit, sicut per litteras eidem patriarchæ directas apparet (8) : *Ad hoc Deus apostolicæ sedis antistitem*, etc. *Dat. Ferentini*, xi *Kal. Junii, an.* ix.

perrexit. Hanc tamen electionem Innocentius nullam primo congressu declaravit, utpote contra canones a clericis ad id potestatem non habentibus, et a laicis factam. Thomam nihilominus sibi optime notum, precibus Balduini imperatoris motus, justasque alias ob causas, sua auctoritate renuntiavit patriarcham, ac suis manibus consecravit, anno sequenti 1205. Thomas, Roma discedens, Venetias petiit, ibique, compulsus a Venetis, certa quædam cum iis pacta iniit, juramentoque firmavit, inter quæ illud unum erat, quod beneficia ecclesiastica ipse non conferret nisi Venetis. Id porro Innocentius statim atque statim cognovit, ut injustum rescidit, anno 1206, die 21 Junii (*vid. infra in Gestis*, § 99). Constantinopolim appulsus Thomas, clericos Gallos, ipsius inthronizationi sese opponentes, feriit anathemate; sed Benedictus, Romanæ sedis legatus, dissidium compescuit. Eodem anno, pacta conventa sancita sunt Balduinum inter et patriarcham, quæ Innocentius rata habuit die 5 Augusti. Thomas Henricum, Balduini fratrem, qui, post ejus decessum, in Bulgaria imperator Constantinopolitanus renuntiatus fuerat, corona imperiali anno 1206, prohabiliter, ut mos erat, redimivit. Porro, dum Henricus ille, nondum creatus imperator, moderatorem imperii ageret, anno 1206, Innocentius, epistola data Nonis (id est die 5) Augusti, compositionem, factam inter ipsum ejusque barones ac populum ex una parte, et Thomam patriarcham, clerumque Constantinopolitanum ex altera, super

C. Cum igitur patriarcha Constantinopolim pervenisset, antequam civitatem intraret, nuntios et litteras destinavit ad clerum et populum universum, ut ei obviam procederent, debito ipsum reciperent cum honore. Cleri vero Francorum noluerunt eum recipere, vel ei aliquatenus obedire, asserentes promotionem ejus per suppressionem veritatis et expressionem falsitatis ab apostolica sede fuisse subreptam, et ad eam in præsentia cardinalis unanimiter appellarunt; quorum appellationi cardinalis censuit deferendum, et ideo noluit illos compellere ad exhibendam obedientiam patriarchæ. Sed nec ipsi excommunicationis sententiam servaverunt, quam in eos idem protulit patriarcha, et sic in discordia permanserunt, donec Benedictus, tituli Sanctæ Susannæ presbyter cardinalis (9), apostolicæ sedis legatus, ad Constantinopolitanam urbem pervenit; qui tandem composuit inter eos. Hunc dominus papa constituit generalem legatum per totum imperium Romaniæ, ipsum a latere suo de novo transmittens; tum quia præfatum Petrum, tituli Sancti Marcelli presbyterum cardinalem, in Hierosolymitanam provinciam remittere intendebat; tum quia, legatus a sede apostolica noviter destinatus, in majori reverentia et honore debebat haberi, sicut apparuit ex postfacto. Nam, qualiter et ipse processerit, et quid egerit in processu, ipsius litteræ, ad dominum papam directæ, demonstrant: *Memini*, inquit, *paternitati vestræ litteris intimasse*, etc. (10).

CI. Compositionem igitur, factam inter patriarcham et Francos super possessionibus Ecclesiarum, quæ, secundum divisionem factam inter Francos et Venetos, pervenerant ad eosdem, ad petitionem utriusque partis, dominus papa firmiter observari divisione possessionum ac bonorum temporalium Ecclesiarum, solutione decimarum, immunitate, etc., ratam habuit. Plures occurrunt epistolæ Innocentii ad hunc Thomam, vel de ipso scriptæ in Regestis, de variis negotiis, quæ hic recensere longius foret. Obiisse Thomam Thessalonicæ, anno 1211, circa mensem Junium, colligitur ex epistola 97 libri decimi quarti, data eo anno, die 5 Augusti. De hoc patriarcha sic loquitur Nicetas Choniates (vide Raynaldum, *Annal. Eccles.* tom. XIII, ad an. 1206, § 6): « Is patrio vestitu indutus erat, qui corpus ita astringebat, ut acubus illi assutus videretur, manibus duntaxat et pectore aperto; malis ita rasis, ut, quemadmodum in impubere puero, nullum pili vestigium cerneretur. »

(4) Vide epistolam 204 libri octavi.
(5) Vide epistolam 206 libri septimi.
(6) Vide epistolas 19 et seqq. libri octavi.
(7) Vide epistolas 20, 21, 22, 23, 24 libri octavi.
(8) Vide epistolam 130 libri noni.
(9) De cardinale isto vide epistolam 54 libri tertii, not. Confer etiam epistolas, libri octavi, 55, *Constantinopolitano imperatori*; dat. Idib. Maii; — 56, *Universis prælatis in imperio Constantinopolitano*; — 57, *Marchioni Montisferrati*; — 62, *Benedicto, tituli S. Susannæ presbytero cardinali, A. S. legato*; dat. xiii Kal. Junii; — 63, *Clero Constantinopolitano*.
(10) Litteræ istæ in Regestis Innocentii non reperiuntur.

præcepit hoc modo (11). *Instantia nostra quotidiana*, etc. *Dat. Ferentini, Non. Augusti, an.* IX.

CII. Post hæc, patriarcha prædictus solemnes nuntios cum gratuitis obsequiis ad apostolicam sedem direxit super diversis articulis, querelas, consultationes et preces inculcans. Ad quæ omnia dominus papa rescripsit eidem (12) hoc modo (13): *Inter quatuor animalia, quæ in medio sedis*, etc. *Dat. Ferentini*, IV *Non. Augusti, an.* IX.

CIII. Interim quidam, natione Burgundio, electus in archiepiscopum Patracensem (14) super provinciam Achaiæ universam, ad apostolicam sedem accessit; pro quo nobilis vir, Guillelmus Campaniensis, princeps Achaiæ (15), et canonici Sancti Andreæ de Patras, humiliter supplicabant ut ipsum eis in archiepiscopum summus pontifex concedere dignaretur, remittendo ipsum confirmatum, consecratum et palliatum. Qui qualiter super hoc facto processerit, ipsius litteræ manifestant Constantinopolitano patriarchæ transmissæ (16): *Inter quatuor*, inquit, *animalia, quæ secundum Apocalypsim Joannis*, etc. *Dat. Romæ*, XIII *Kal. Decembris, an.* VIII.

CIV. Defuncto apud Constantinopolim Henrico Dandulo, Venetorum duce, Petrus Cianus apud Venetias est promotus in ducem. Qui abbatem Sancti Felicis de Venetiis elegi fecit in archiepiscopum Jadertinum (17), et auctoritate patriarchæ Gradensis (18) confirmari et consecrari; mittens solemnes nuntios ad summum pontificem, pro pallio impetrando, quod ei altera vice fuerat denegatum. Pro qua autem offensæ quam in destructione Jaderæ Veneti commiserunt, taliter eis dominus papa rescripsit (19): *Apostolicæ servitutis officium laudabiliter exercemus*, etc. *Dat. Ferentini, Non. Augusti, an.* IX.

CV. Cum autem Latini jam pro majori parte Constantinopolitanum obtinuissent etiam imperium, et in omnibus eis prospere successisset, ita, ut terror eorum quasi fulgur de cœlo ceciderit, non solum in Græcos, verum etiam in paganos, ipsi de prosperitate nimis insolentes effecti, post vanitates suas libere declinare cœperunt, et Deum ad iracundiam pravis operibus irritare. Unde, quid eis merito peccatorum suorum evenerit, ex litteris Henrici, fratris imperatoris, summo pontifici destinatis, perpendere licet manifeste (20): *Sanctissimo Patri ac domino Innocentio, Dei gratia summo pontifici, Henricus, frater imperatoris Constantinopolitani, et moderator imperii, cum debita reverentia, humili et devota, pedum oscula. Cum universus exercitus Christiani progressum*, etc. *Dat. in palatio Blackernæ, an.* 1205, *Non. Junii.*

CVI. Adhuc etiam manus Domini non cessavit flagellare Latinos, ut vexatio eis tribueret intellectum, sicut præfatus Henricus, frater Constantinopolitani imperatoris, et moderator imperii, domino papæ rescripsit (21).

Statum, inquit, *nostrum, et rumores qualescunque, pro nuntiorum opportunitate, sanctitati vestræ dignum duximus revelare. Satis, ut credimus, vobis innotuit qualiter, peccatis nostris exigentibus, dominus noster imperator, occisa et capta magna parte suorum, quod sine cordis amaritudine et dolore maximo dicere non possum, a Comannis in bello Andrinopolitano captus fuerit. Postmodum, cum principes et barones, et milites exercitus me baillivum elegerint, egressus ex urbe regia cum exercitu Christiano, civitates et castella plurima, quæ nobis rebellia fuerant, subjugavimus* (22), *et, munitis marchiis nostris, circa festum sancti Remigii Constantinopolim reversi fuimus. In munitione vero cujusdam civitatis, quæ Rossa dicitur, Th. de Teteramunda, virum utique strenuum et discretum, cum multis militibus et serjantis* (23) *reliquimus; et, dum morarentur ibidem, circa Purificationem beatæ Mariæ significatum est eis, Blacos prope Rossam castrum quoddam occupasse. Qui, de Rossa de nocte exeuntes armati, Blacos, quos illic invenerunt, occiderunt, et, castro dejecto, cum præda Blacorum et equitaturis eorum, versus civitatem supradictam redire cœperunt. Quibus redeuntibus, ex insidiis prope Rossam occurrit multitudo Blacorum et Comannorum; et, congressu facto ex utraque parte, proh dolor! ultione divina nostri fere omnes occisi sunt vel capti. Illi vero, quibus custodia civitatis deputata fuerat, circiter quadraginta milites, de nocte recedentes cum serjantis, ad nos sani rediere; et sic Dominus, flagellum flagello adjiciens, meritis nostris perversis idipsum exigentibus, vultum indignationis*

---

(11) Vide epistolam 142 libri noni.
(12) *Eidem*. Sic in codice Vallicellano; apud Baluzium deest.
(13) Vide epistolam 140 libri noni.
(14) Anno 1207 sedebat archiepiscopus Patrarum *vir quidam*, cujus nomen nos latet; inopia vero ea fuit, quod, cum sua debita solvendi impos esset, Innocentius, eo anno (vid. epist. 49 libri decimi), prælatis Achaiæ mandaverit, ut ipsi charitativis studerent auxiliis subvenire, etc. De eodem in epistolis ejusdem anni 50 et 51, quas probabiliter non recepit præsul iste, mortuus eodem anno mense Aprile, vel etiam fortassis jam mense Martio, ut ex aliis Innocentii epistolis evincitur. (Vide epist. ejusd. lib, 56).
(15) De Guillelmo Campaniensi, al. *de Chanlita*, principe Achaiæ, qui obiit versus an. 1210, vid. *Hist. de Constantin. sous les emper. franç.*, lib. I, pag. 25, 26, 27 et 33.
(16) Vide epistolam 153 libri octavi.
(17) De isto vide notas ad epistolam 189 libri noni, de qua mox.
(18) Vide epistolam 240 libri sexti, not.
(19) Vide epistolam 139 libri noni.
(20) Vide epistolam 131 libri octavi.
(21) Epistola hæc in Regestis hodie non reperitur.
(22) *Subjugavimus*. Sic apud Baluzium; in codice Vallicellano, *imperio subjugavimus*.
(23) *Serjantis*. Sic in codice Vallicellano; sic et apud Baluzium, qui ad marginem notat in codice Regio legi, *servientibus*. *Serjantis* stare potest. *Serjantus* enim eadem notione dicitur ac *serviens*, id est, armiger, Gallice *écuyer*; sic dictus, quod militi quodammodo servitium exhiberet et obsequium, quippe scutum et arma deferebat; unde *scutifer* dictus. Qui plura velit, adeat Cangium, *Glossar.* tom. VI, col. 421.

suæ nobis ostendit. Verumtamen, quia bellorum eventus fuit, est et erit semper anceps, nec fieri potest, quod semper bene cedat bellantibus, et sæpe tristia lætis miscentur, non est desperandum virtuosis viris. Nam parvo tempore mutatur fortuna, et Dominus respiciet suos, et statim reddet optata gaudia desolatis. In rebus arduis virtus comprobatur, et robustos viros ipsa reddunt pericula cautiores. Nam adversitas quæ bonis viris objicitur, non indicium reprobationis, sed probatio virtutis est. Nos ergo, in his angustiis constituti, ad vos, Patrem omnium, imo, ut verius loquamur, nostrum, in hoc facto turbationis recurrimus, vestrum implorantes auxilium et consilium; quatenus opus nostrum, a vobis misericorditer inceptum, misericordius terminetis, quoslibet bonos modos, pro facto operis nostri necessarios, adinvenientes.

CVII. Eorum igitur infortuniis dominus papa compatiens, pro liberatione imperatoris nuntium specialem ad præfatum Joannitium cum his litteris destinavit (24) : *Ex illa gratia speciali, qua te glorificavimus,* etc., sine data.

CVIII. Præfatus vero Joannitius, sive Calojoannes, rex Bulgarorum et Blacorum, respondit (25), quod ipse audita captione regiæ civitatis, miserat nuntios et litteras ad Latinos, ut cum eis pacem haberet; sed ipsi ei superbissime responderunt, dicentes,

(24) Vide epistolam 129 libri noni.
(25) Responsivæ illæ Joannitii sive Calojoannis litteræ in Regestis Innocentii nusquam comparent.
(26) Vide supra, § 80.
(27) Vide supra, § 74.
(28) *Carcere teneretur.* Sic in codice Vallicellano; sic et apud Baluzium, qui ad marginem notat in codice Regio legi, *in carcere moraretur.*
(29) De Gregorio, Armenorum catholico, agimus in notis ad epistolam 45 libri quinti.
(30) Obierat versus annum 1189 Rupinus, princeps vel rex Armeniæ. Post ejus mortem, Leo, al. Livo, consobrinus ejus, duarum, quas ille reliquerat, filiarum tutorem se gerens, regni primum administrationem suscepit, et paulo post integram possessionem sibimet usurpavit. Verum, ne legitimas regni hæredes Rupini filias, spoliare nimis injuste videretur, ipsas duobus principibus exteris nuptui dare studuit, nempe Philippinam, secundo genitam, Theodoro Lascari, Constantinopolitano imperatori I; primogenitam vero Alidem, Raymundo, Boemundi Antiochiæ principis III filio primogenito. Deinde, tam ab imperatore Henrico VI quam a summo pontifice Cœlestino III obtinuit, ut in legitimum Armeniæ regem, Conradi de Witelsbach, Maguntini archiepiscopi (qui tunc in transmarinis partibus versabatur), manibus consecraretur. Quod quidem versus annum 1197 contigisse tradunt historici. Defuncto brevi post suum cum Alidi matrimonium, Raymundo, qui ex ea filium unicum, nomine Rupinum, susceperat, Boemundus III, Rupini avus, ipsum in successorem suum designavit; quod quidem alterum Boemundi III filium, videlicet Boemundum, comitem Tripolitanum, summopere molestavit, utpote qui et ipse patri suo, Boemundo III in principatu Antiochiæ succedere gestiebat. Quæ bella inde secuta sint, hic enarrare longius foret, sed ex ipsis Innocentii epistolis repetenda sunt, quas ideo hic summarie indicare operæ pretium ducimus. Cæterum Leo., al. Livo, Armeniæ rex, obiit anno 1219.

Conferendæ sunt igitur epistolæ libri secundi:

quod pacem non haberent cum illo, nisi redderet terram ad Constantinopolitanum imperium pertinentem quam ipse invaserat violenter. Quibus ipse respondit : quod terra illa justius possidebatur ab ipso, quam Constantinopolis possideretur ab illis, nam ipse recuperaverat terram quam progenitores ejus amiserant, sed ipsi Constantinopolim occupaverant, quæ ad eos minime pertinebat : ipse præterea coronam regni legitime receperat a summo pontifice (26); sed ipse, qui se appellabat Constantinopolitanum basileum, coronam imperii temere usurpaverat a se ipso : quare, potius ad ipsum quam ad illum imperium pertinebat, ideoque sub uno vexillo, quod a beato Petro receperat (27), ejus clavibus insignito, pugnaret fiducialiter contra illos qui falsas cruces suis humeris præferebant : provocatus igitur a Latinis, compulsus fuit ut defenderet se ab illis; deditque sibi victoriam insperatam Deus, qui *superbis resistit, humilibus autem dat gratiam* (Jac. VI, 6); ipsamque victoriam beato Petro. apostolorum principi ascribebat : dictum autem imperatorem, ad consilium suum et mandatum summi pontificis, liberare non poterat, quia debitum carnis exsolverat cum carcere teneretur (28).

CIX. Audita fama nominis ejus, Gregorius, Armenorum catholicus (29), et Leo (30), rex mino-

217, *Litteræ fideliter interpretatæ de Armenio in Latinum*, quas catholicus Armeniorum domino papæ Innocentio destinavit; ubi agitur de coronatione regis Armeniæ; dat. (ut patet ex epistola responsiva ante finem anni 1199; — 218, *Gregorio catholico Armeniorum*; epistola responsiva ad epistolam superiorem; dat. Laterani, IX Kal. Decembris, an. II (id est an. 1199); — 219 *Litteræ Leonis, regis Armeniæ, ad papam Innocentium*, qua petit subsidium adversus paganos; dat. Tharsis, anno ab Incarnatione Domini 1199, mense Maio, die vicesima tertia; — 220, *Leoni illustri regi Armeniorum*, qua respondetur epistolæ superiori; dat. Laterani, VIII Kal. Decembris, an. II (id est 1199); — 252, *Litteræ Leonis, regis Armeniorum, ad papam Innocentium*, qua apostolicum auxilium adversus comitem Tripolitanum, magistros et conventus Templi et Hospitalis implorat; sine data (sed ante finem anni 1199, ut patet ex epistola responsiva); — 253, *Leoni, illustri regi Armeniæ*, qua respondetur epistolæ superiori; dat. Laterani, XVI Kal. Januarii, an. II (id est, 1199); — 254 *Pagano et Arroni, comitibus, et universis aliis baronibus, militibus et populo, in regno Leonis, regis Armeniæ*; ut cum suo rege contra Saracenos fortiter se gerant; dat. ut supra; — 255, *Leoni, regi Armeniæ*, qua transmittit vexillum B. Petri quo contra crucis inimicos utatur; dat. ut supra; — 259, *Regi Armenio*; ut castrum Gaston Templariis restituat; sine data (sed an. II, id est, versus finem anni 1199, vel initio anni 1200).

Libri quinti : 43, *Litteræ regis Armeniæ ad papam*, qua respondetur epistolis libri secundi 253 et 255; dat. Sisi, primo die mensis Octobris (anni 1201, ut patet ex data epistolæ sequentis); — 44, *Leoni, regi Armeniæ*, quod rex et regnum Armeniæ excommunicari aut interdici non possint, nisi de speciali mandato papæ; dat Laterani, Kal. Junii, an. v (id est an. 1202); — *Litteræ catholici Armeniorum ad papam*; de primatu papæ, et de persecutionibus Ecclesiæ Armenicæ; sine data; — *Catholico Armeniorum*, qua respondetur epistolæ superiori; sine data. — 47, *Litteræ Sisensis, archiepiscopi, regis Armeniæ cancellarii, ad papam*,

ris Armeniæ, litteras et nuntios cum muneribus domino Innocentio transmiserunt (31), ad devotionem et obedientiam ejus se humiliter exponentes. Quibus dominus papa rescripsit hoc modo (32) : *Gregorio Armenorum catholico. Ex eo te radicatum,* etc. *Dat. Laterani,* ix *Kal. Decembris.*

CX. (33) *Lironi, Armenorum regi illustri. Is Ecclesiam suam congregat ex gentibus,* etc. *Dat. Laterani,* viii *Kal. Decembris, an.* ii.

CXI. Post hæc, idem rex quemdam militem cum litteris suis ad summum pontificem destinavit (34), rogans et postulans ut, cum super injuriis quas circa successionem principatus Antiochiæ comes Tripolitanus (35) cum Hospitalariis cuidam nepoti suo, Rupino nomine, irrogaverat, ad apostolicam sedem appellasset, faceret ei justitiæ plenitudinem exhiberi. Cui dominus papa (36) per litteras suas ita respondit (37) : *Ei, a quo est omne datum optimum et omne donum,* etc. *Dat. Laterani,* xvi *Kal. Januarii, an.* ii.

CXII. Per eumdem militem misit ei dominus papa vexillum quod postulaverat ab eodem, scribens in hoc modo (38) : *Comitibus, baronibus, militibus, et populis universis in Armenia constitutis. Etsi modernis temporibus apostolicæ sedis reciperetis instituta,* etc. *Dat. Laterani,* ut supra.

CXIII. Iterum idem rex alium militem ad sedem apostolicam destinavit, per quem talia scripta direxit (39) : *Paternitatis vestræ litteras, quas per dilectum et fidelem nuntium nostrum nobis direxistis,* etc. *Dat. Sisi, primo die mensis Octobris* (40).

CXIV. Ad petitionem vero regis, dominus papa tale sibi scriptum indulsit (41) : *Regiæ serenitatis devotio promeretur,* etc. *Dat. Laterani, Kal. Junii.*

CXV. Rescripsit (42) etiam Armenorum catholico in hunc modum (43) : *Quod die ac nocte in lege Domini mediteris,* etc. *Dat. ut supra.*

CXVI. Qualiter autem Petrus, tituli Sancti Marcelli presbyter cardinalis, apostolicæ sedis legatus, de Antiochia processerit in Armeniam, et quam honorifice ac devote receptus fuerit tam a rege quam a catholico, nec non et personis ecclesiasticis et mundanis, quodque omnes ad obedientiam sedis apostolicæ se astrinxerint, litteræ regis Arme-

qua mitram, pallium et indulgentiam petit; sine data; — 48, *archiepiscopo Sisensi, qua respondetur epistolæ superiori; sine data.*

Libri septimi : 189, — *Regi Armeniæ; ut satisfaciat de damnis per ipsum illatis fratribus militiæ Templi;* dat. Romæ, apud S. Petrum, xv Kal. Februari, an. vii (id est an. 1205).

Libri octavi : 1, *Abbatibus de Lucedio et de Monte Thabor, et nobilibus viris, comiti Berthold, et G. de Fornivall, qua causam quæ inter regem Armeniæ et comitem Tripolitanum super Antiochiæ principatu vertebatur, dijudicandam ipsis committit;* dat. Romæ, apud S. Petrum, iii Non. Martii, an. viii (id est an. 1205); — 2, *L. Regi Armeniorum; de eodem argumento ac in epistola superiori;* dat. Romæ, ut supra; — 119, *Litteræ Leonis, regis Armeniorum ad papam, quibus significat papæ, quod pax reformata est inter ipsum ac Templarios, et quædam alia; sine data;* — 120, *Litteræ catholici Armeniorum ad papam; de eodem argumento, et super quibusdam aliis; sine data;* — 126, *Petro, tituli S. Marcelli presbytero cardinali, apostolicæ sedis legato, qua ipsum reprehendit, quod terram sanctam deseruisset,* etc., dat.... iv Id. Julii.

Libri decimi : 214, *Patriarchæ Hierosolymitano; qua committitur ei causa adversus comitem Tripolitanum;* dat. Laterani, Idibus Februarii, an. x (id est an. 1208).

Libri undecimi, 9, *Eidem; de eodem argumento;* dat. Laterani. iv Non. Martii, an. xi (id est an. 1208); — 113, *Eidem; qua ei legatio prorogatur in quadriennium;* dat. apud S. Germanum, vii Id. Julii, an. xi; — 109, *Eidem, et magistris militiæ Templi et Hospitalis; qua monentur ut invigilent custodiæ terræ sanctæ;* dat. apud S. Germanum, vi Id. Julii, an. xi; — 110, *Eidem; de electione patriarchæ Antiocheni;* dat. apud S. Germanum, iv Id. Julii, an. xi.

Libri duodecimi : 8, *Eidem; de translatione episcopi Yporiensis ad patriarchatum Antiochenum, et de discordia inter regem Armeniæ, fratres militiæ Templi, et comitem Tripolitanum;* dat. Laterani, iii Non. Martii, an. xii (id est an. 1209); — 38, *Decano, et magistris R. et P. canonicis Antiochenis, et universis clericis in castro Cursarii commorantibus; ut patriarcham suum suscipiant reverenter;* dat. Viterbii, vii Kal. Junii; — 39, *Comiti Tripolitano; de argumento simili;* dat. ut supra; — 45, *Regi Armeniæ; ut treugas ineat cum comite Tripolitano;* dat. Viterbii, ii Non. Junii.

Libri decimi tertii : 119, *Magistro et fratribus Hierosolymitani Hospitalis, qua confirmatur donatio ipsis facta a rege Armeniæ* (inseritur ipsum donationis instrumentum); dat Laterani, iii Non. Augusti, an. xiii (id est an. 1210); — 122, *Catholico, archiepiscopis et episcopis per Armeniam constitutis, qua confirmantur ipsis quædam privilegia;* dat. Laterani, xiii Kal. Septembris.

Libri decimi quarti : 64, *Patriarchæ Hierosolymitano; de excommunicatione regis Armeniæ, propter quæstionem de castro Gastonis,* dat. Laterani, xv Kal. Junii, an. xiv (id est an. 1211); — 65, *Patriarchæ Antiocheno; de eodem argumento;* dat. ut supra; — 66, *Joanni, regi Hierosolymitano; de eodem argumento;* dat. ut supra.

Libri decimi sexti : 2, *Regi Armeniæ; qua redarguitur de quibusdam excessibus;* dat Laterani, ii Kal. Martii, an. xvi (id est an. 1213); — 7, *Patriarchæ Hierosolymitano; de causa regis Armeniæ; sine data.*

(31) Vide Epistolas 117 et 119 libri secundi, supra citatas.
(32) Vide epistolam 118 libri secundi.
(33) Vide epistolam 220 libri ejusdem.
(34) Vide epistolam 252 libri secundi, *Litteræ Leonis, regis Armeniorum ad papam; sine data.*
(35) Boemundus (de quo jam dictum est supra, not. ad § 109), comes Tripolitanus IV, comitatum usurpaverat versus annum 1200, post mortem Raimundi, fratris sui. Obiit an. 1233.
(36) *Papa.* Sic in codice Vallicellano, apud Baluzium deest.
(37) Vide epistolam 253 ejusdem libri.
(38) Vide epistolam 254 ejusdem libri.
(39) Vide epistolam 43 libri quinti.
(40) Litteras istas, ab Armeniorum rege anno 1201 datas fuisse, patet ex responsiva Innocentii epistola, de qua mox, quæ *Kal. Junii* an. v (id est anno 1202), data dicitur.
(41) Vide epistolam 44, libri quinti.
(42) Litteras ad papam direxerat catholicus Armeniorum, quæ libri quinti num. 45 obtinent.
(43) Vide epistolam 46 libri quinti.

norum, ad dominum papam directæ, declarant ; in quibus tamen idem rex de præfato legato domino papæ conqueritur, et, tam de facto Antiocheno, quam de negotio Templariorum, multa narrantur, quæ plenius et planius ex ipsarum lectione patebunt. Rex quippe scribit hoc modo (44) : *Reverendissimo in Christo Patri et domino Innocentio, Dei gratia summo pontifici et universali papæ, Leo, per eumdem et Romani imperii gratiam, rex Armenorum, sanctitatis suæ devotus et obediens, cum salute grata servitia et pedum oscula. Cum constet vos, celeberrime Pater et domine,* etc., sine data.

CXVII. Catholicus vero tales litteras destinavit (45) :

Reverendissimo in Christo Patri et domino Innocentio, Dei gratia summo pontifici et universali papæ, Joannes (46), *per eamdem humilis Armenorum catholicus, sanctitati vestræ devotus et obediens, cum debita obedientia et reverentia plena salutis gaudia. Ex ineffabili providentia Domini nostri,* etc., sine data.

CXVIII. Legati vero super his domino papæ rescripserunt hoc modo (47) :

Reverendissimo Patri et domino plurimum metuendo, Innocentio, Dei gratia sanctæ et universalis Ecclesiæ summo pontifici, Soffredus, permissione di-

(44) Vide epistolam 119 libri octavi.
(45) Vide epistola n 120 libri octavi.
(46) Gregorio septimo (catholico Armeniorum, de quo supra not. ad § 109, suffectus est *domnus Joannes, qui ante annum ab electione sua transactum, mortem oppetiit.* Ad Armenorum primariam sedem promotus hic Joannes fuit, agente Petro illo, tituli S. Marcelli presbytero cardinale, quem ad instaurandam pacem inter Tripolitanum comitem, et Rupinum, fratris Leonis, Armenorum regis, filium, Armeniæ majoris principem Innocentius delegaverat. Gesta hæc sunt anno 1205. Verum, vix ista pacta fuerant, quando Petrus legatus Joannem catholicum interdicto supposuit, quia Antiocheno patriarchæ subjici recusaret. Armeni vero præsules, rexque Leo, datis rursum ad Innocentium litteris, legati sententiam revocare studuerunt.
(47) Litteræ istæ in Regestis non reperiuntur.
(48) Vide not. ad epistolam 6 libri quinti.
(49) Vide not. ad epistolam 20 libri tertii.
(50) Erat is verisimiliter Boemundus, filius secundo genitus Boemundi Antiochæ principis III. Boemundus ille comitatum Tripolitanum versus annum 1200 usurpaverat, in præjudicium Raymundi Rupini, nepotis sui, cujus tutelam pater ejus, Raymundus comes Tripolitanus III, frater idem dicti Boemundi, ipse affidaverat.
(51) Boemundus, de quo supra, Antiochiæ princeps III, defuncto filio suo primogenito Raymundo, in successorem suum designasse dicitur Rupinum, Raymundi filium, Livonis (qui Rupini alterius, Armenorum regis, consobrinus erat) ex Alide, al. Aliza, matre sua, nepotem, et ipsi juramentum fidelitatis a subditis exhiberi fecerat.
(52) Erat illi nomen Philippus *du Plessiez* : « Philippe du Plessiez, né d'une famille illustre d'Anjou, était en possession du magistère, selon du Cange, en 1201. La même année, le roi d'Arménie enlève aux Templiers le fort Gaston, situé dans la principauté d'Antioche. Le grand maître, l'an 1202, fait déployer le *Beaucéant* (l'étendard de l'ordre), pour obliger ce prince à restituer la place. On convient ensuite d'une suspension d'armes jusqu'à l'arrivée des légats. Cette convention était l'effet

vina tituli Sanctæ Praxedis (48), *et Petrus, divina providentia tituli Sancti Marcelli* (49), *presbyteri cardinales, licet indigni, debitam et paratam in omnibus obedientiam. Dum eo tempore, quo veni Accon ego Soffredus, treuga esset cum Saracenis, et guerra gravis inter regem Armeniæ et comitem Tripolitanum* (50), *et Antiochenus, pro eo quod, sicut dicebatur, idem comes Antiochiam injuste occupaverat et ejecerat, assistentibus sibi ex majori parte civibus, ex magna parte nobiles civitatis, pro eo quia sibi jurare nolebant contra juramentum fidelitatis quod præstiterant filio primogenito cujusdam principis* (51), *requisitus ab utraque parte sæpius et instanter, habito consilio non semel, sed sæpius, cum magistris Templi* (52) *et Hospitalis* (53), *iter arripui versus Antiochiam, ut ibi laborarem ad pacem, et sedandam, sicut possem, discordiam. Scripseram etiam præfato comiti et communi Antiochiæ, secundum consilium prædictorum magistrorum, ut venirent, vel mitterent honorabiles et prudentes viros, ut cum eis deliberare possem qualiter mihi esset procedendum usque in Antiochiam. Cum igitur in festo beati Martini* (54) *intrassem civitatem Tripolitanam, ad quem diem et locum eos vocaveram, nec mihi occurrerunt, sed nec etiam per nudas litteras respondere aliquid voluerunt. Laborans autem ultra*

d'une impuissance réciproque. Le roi, dans l'intervalle, chasse tous les Templiers de son royaume, et fait saisir tous les biens qu'ils y possédaient, etc. Du Plessiez mourut l'année 1217. » *Art de vérifier les dates,* nouv. édit., tom. I, pag. 510.
(53) Quis fuerit tunc temporis Hospitalis magister, merito forsan dubitari posset. De anno enim obitus magistri, Gaufredi de Donio (*Gausfred*, ou *Godefroy de Duisson*), ac proinde de anno quo in illius locum suffectus fuerit Alphonsus de Lusitania, apud auctores ambigitur. — « Qual poi fosse la morte del Donion, accaduta, siccome pare, intorno al tempo, in cui l'armata de' nuovi crociati andava giugnendo su le rive del Bosforo Tracio, nol ridiremo, poiche mancono i documenti per dirlo con certezza. » *Memor. de' Gran Maestr. del sacr. milit. ord. Gerosol.* tom. III, pag. 218. — Alphonse de Portugal, qu'on croit issu, mais en ligne indirecte, des princes de Portugal, ne succéda que l'an 1202 au plus tôt, et non pas dès l'an 1194, comme on le croit communément, à Godefroy de Duisson. Son zèle pour la réforme, et la hauteur avec laquelle il l'exerça, lui attirèrent des contradictions, qui l'obligèrent à se démettre l'an 1204. Il retourna ensuite dans sa patrie, où l'on prétend qu'il périt longtemps après dans les guerres civiles qui s'y élevèrent. Ce qui paraît certain, c'est qu'il y mourut, suivant son épitaphe, le premier mars 1245.
— Geoffroy le Rath, ou le Rat, originaire, à ce qu'on croit, de Touraine, fut substitué, l'an 1204, au grand maître Alphonse. C'était un homme vénérable par son âge et par la douceur de son caractère. Au commencement de son ministère, il se joignit au patriarche de Jérusalem pour accommoder les différends du prince d'Antioche et du roi d'Arménie, en quoi il réussit. Il mourut l'an 1207, après le mois de mai. »

Hactenus doctissimus auctor operis nunquam satis laudati, cui titulus l'*Art de vérifier les dates,* édit. nouv., tom. I, pag. 517. Sed, mox videbimus, num de mortis Gausfredi de Donio, Alphonsique in ejus locum suffectionis tempore aliquid certius ex nostra legatorum epistola erui possit.
(54) Die undecima mensis novembris an. 1202.

misi ad utramque partem viros venerabiles, Anteradensem (55) et Bethlehemitanum (56) episcopos. Nam hiems invaluerat, et dicebatur mihi quia jam non erat tutum intrare mare. Sed nec sic responsum aliquod habere potui usque ad festum Purificationis (57). Tunc vero venit princeps Tripolitanus, non propter me, sed ad negotia sua promovenda, prout ipsius opportunitas requirebat; cum quo colloquium in propria persona habere non potui, pro eo quia denuntiatus erat excommunicatus per Hierosolymitanum (58) et Antiochenum (59) patriarchas, atque circumadjacentes episcopos, sed, sicut ipse asserebat, injuste, ideoque non gerebat se pro excommunicato; per internuntium quoque mihi loqui nolebat. Laboratum est autem ad concordiam inter ipsum et Hospitalarios super facto pro quo notatus erat excommunicatus; et, post multam tergiversationem, ventum est ad concordiam, in qua non est passus, haberi mentionem nominis mei, quo mediante totum negotium firmatum fuerat, et sine cujus assensu Hospitalarii non poterant cum eo concordare; sicque ibidem jacui usque ad Dominicam passionis (60). Cumque, sic fatigatus et delusus, rediissem Accon (exspectabam enim venturum Stolium, nec volebam in ipsius adventu abesse), accesserunt autem multi nobiles viri de Francia, et tam ipsi, quam rex Hierusalem, magister Templi (61), et alii nonnulli institerunt mihi, de pedibus non modicum laboranti, ut navigarem cum ipsis Antiochiam. Nam, si ego irem cum eis, ipsi parati essent mecum venire pro concordia in Antiochia ponenda. Acquievi eis continuo, licet æger pedibus; sicque navigamus ego et magister Templi, generalis præceptor Hospitalis (62), Stephanus de Pertico (63), comes Moncia (64) de Hungaria, et nuntius marchionis Montisferrati,

(55) *Anteradensem.* Sic apud Baluzium; in codice Vallicellano, *Accerradensem;* legendum potius *Anteradensem.* Antaradus, urbs Phœniciæ, in ora maris Syrii, quæ postea Orthosia dicta, nunc Tortosia, exstat inter Balaneam, sive Balaneas ad Boream, et Tripolim ad meridiem, inde 34, hinc 28 milliar. dissita. In ruinis fere deserta jacet sub dominio Turcarum, juxta quam inest modica insula, ubi antiqua urbs Arados, quæ nunc quoque in ruinis jacet. Baudrand, *Geogr.* tom. I, pag. 66, col. 1. Antaradum habitatoribus vacuam repertam occuparunt crucesignati, dum, capta Antiochia, Palæstinam versus tenderent an. 1098; cessitque in sortem Willelmi Jordani, qui Bertramni, Tripolitani comitis, consanguineus erat, seque Boemundi Antiochiæ principis clientem sacramento professus est. Exinde sedi Antiochenæ addicta mansit Antaradus, licet hanc Innocentius PP. II, Tyro metropoli Hierosolymitani regis ditionis factæ suffraganeam declaraverit. Sæculo autem xiv medio, unita est sedi Famagustanæ in Cypro insula. *Or. Christ.* tom. III, col. 1171.

Quis fuerit Antaradensis episcopus, de quo hic in legatorum litteris agitur, prorsus ignoratur. Synodo Lateranensi, sub Innocentio PP. III, interfuit, Petrique, Antiocheni patriarchæ, vices gessit Petrus alter, episcopus Antaradensis. Is fortassis episcopus fuit Antaradensis, cujus meminit præfatus Innocentius PP. III, epistola libri decimi 186, dat. an. 1208, die 9 Januarii.

(56) Bethlehem ab Hierosolymis 5 milliar. in austrum Hebron versus distat. Hanc Paschalis PP. II in sedem episcopalem erexit sub patriarcha Hierosolymitani; sed nunc excisa est, manente tantum cœnobio; ejus vero episcopatu ritus Latini constituto apud Gallos in xenodochio ad Clamecium oppidum, Nivernensis provinciæ et Antissiodorensis diœceseos, ad Icanium fluvium. Beaudrand, *Geogr.* tom. I, pag. 162, col. 2. Scilicet, cum oppidum Bethlehem in potestatem venisset Latinorum simul cum Hierosolymis, anno 1099, etsi illud hactenus episcopatu cohonestatum non fuisset, ob ejus proximitatem ad Hierosolymam, anno tamen 1110, sub Balduino I, Godefridi de Bullonio fratre, sedes episcopalis evasit. Vide Willelm. Tyr. *Hist. lib.* xi, cap. 12. Illuc autem translata fuit sedes episcopalis Ascalonis a Saracenis tunc occupatæ, quæ nimirum anno duntaxat 1154 iis erepta fuit, et Bethlehemiticæ sedis. Vid. eumd. *ibid.* lib. xvii, cap. 30. Ejectis postea a Palæstina Latinis, cum Græci ecclesias hujus regionis sibi vindicassent, sedem episcopalem Ecclesiæ Bethlehem servaverunt. At præsul Latinus, ab infidelibus extorris factus, in Galliam adductus est a Guidone, Nivernensi comite, an. 1223, et donatus Hospitali diversorio cum jure et titulo episcopali, in suburbano Clameciaci, diœceseos Antissiodorensis, in comitatu Nivernensi. Vid. *Gall. Christ. nov.* t. XII, col. 686.

De nomine præsulis qui Ecclesiæ Bethlehemitanæ, tunc cum scriberent legati, præerat, ambigitur. Circa primordia Innocentii PP. III, anno 1198, R. subdiaconus Romanæ Ecclesiæ, et P. canonicus Sepulcri Dominici, electi fuerant ad sedem Bethlehemitanam. Re ad pontificem delata, electionem utramque irritavit, sed præfatum R. restituendum decrevit. Vide epistolam 27 libri primi. Ughellus vero, *Ital. sacr.* tom IV, col. 1097, in episcopis Vercellensibus, illo R. prætermisso, tradit, Alberto, Bethlehemitano episcopo, post annum 1186 defuncto, immediate successisse Petrum, sedis apostolicæ legatum, qui unus fuit ex duodecim electoribus Balduini, imperatoris I Latini Constantinopoleos, an. 1204. Adversus Ughellum allegari posset, episcopum Bethlehemitanum revera, sed, omisso ejus nomine, inter eos electores computari, tum a Balduino ipso, vide epistolam 152 libri septimi), tum ab Alberico, Chron. ad an. 1204. Verum, præfatus Ughellus, *Ital. sacr.* tom. III, col. 490, in archiepiscopis Pisanis, instrumentum quoddam exhibet, confectum anno 1205, indictione viii, mense Septembri, cum inscriptione Rivelonis [*leg.* Nivelonis] Suessionensis, G. Trecensis, et P. Bethlehemitani, episcoporum.

(57) Die 2 Februarii, anno 1203.
(58) Vide quæ adnotavimus ad epistolam 38 libri tertii.
(59) Vide ad notas epistolam 52 libri noni.
(60) Id est, die 23 mensis Martii. Vide *Art de vérifier les dates*, tom. I, pag. 25.
(61) Notandum nobis videtur quod hic de magistro Templi solo, non vero una cum ipso de magistro Hospitalis, prout supra, mentionem faciat legatus. Vide supra not. 56, et infra not. sqq.
(62) Notandum etiam, quod hic non solummodo de magistro Hospitalis tacet legatus, verum etiam ipsius loco *generalem præceptorem Hospitalis* nominet. Num magisterium ac præceptoria generalis erat una eademque dignitas?
(63) Erat is, verisimiliter, Stephanus, qui dux Philadelphiæ dictus fuit; filius quarto genitus Rotrodi comitis de Pertico III, qui apud Acconem occubuit an. 1194; frater Godifredi comitis item de Pertico III.
(64) *Moncia.* Sic in codice Vallicellano; sic et apud Baluzium, qui ad marginem notat in codice Regio legi, *Motin.*

qui venerat in terram. Applicuimus proinde, auctore Domino, ad portum Antiochenum. Rex autem Armeniæ applicuerat circa pertinentias Antiochiæ. Secunda die intravimus terram Antiochiæ. Quo audito, festinanter misimus ad eum nuntium et litteras, ut, pro reverentia Romanæ sedis et nostra, differet lædere terram, usquedum loqueremur ei. Exspectavit triduo. Venimus ad eum tertia die, et iterum obtinuimus dilationes ab eo per novem dies quibus exspectabamus Hierusalem regem venturum. Laboravimus interim adinvenire viam pacis ante omnia. Rex Armeniæ offert se ad justitiam, et instanter per me, imo per vos, eam nepoti suo orphano et matri ejus viduæ instanter et humiliter postulat exhiberi. Requiritur ipse ut acquiescat judicio baronum qui venturi erant, ecce (65) proponit ipse, quia ab Ecclesia Romana requisierat justitiam, quam vos in adventu nostro per me et collegam promiseritis exhibendam, et nostrum esset quorumcunque vellemus uti consiliis. Nam ipse non committebat se nisi in judicio nostro principaliter, imo in nobis vestro. Accessit autem spiritus iniquitatis, et eorum corda subvertit, et avertit ab unitate nostra, qui pro concordia credebatur accessisse. Cœperunt quippe dicere constanter quod hoc judicium ad nos non pertinebat, sed neque ad Ecclesiam Romanam. Quorum consiliis innixus qui dicebatur princeps, secundum ipsum constanter proponebat; sicque facti sunt cor unum et anima una in itinere, quod dictus princeps vix aliquid vel agebat, vel respondebat, nisi illorum consilio informatus; excepto uno ex his qui mecum venerant, qui fideliter et prudenter mihi astitit in toto negotio. Obtulerat insuper rex Armeniæ viginti millia armatorum ad servitium Christianitatis, si pro nepote suo orphano et matre ejus vidua justitiam posset obtinere. Videbatur mihi petitio ejusdem regis justa et admittenda; oblatio quoque utilis multum et fructuosa Christianitati. Sed, cum haberem contradictores illos, quos coadjutores esse sperabam, videns me quasi solum, recessi cum illo unico qui mihi assistebat; et veni Margatum, ubi laboravi, sicut Deus voluit, usque ad mortem, usque dum venit dominus cardinalis in Cyprum, et tandem Accon (66), ubi occurri sibi, multis litteris requisitus ab ipso, licet adhuc essem multimoda debilitate infirmitatis oppressus. Dominus autem cardinalis, expeditis aliquibus negotiis apud Accon, ivit in Antiochiam et usque in Armeniam; ubi quid fecerit, et qualiter, malitia in partibus illis, diabolo instigante, creverit, ipse vobis prudentius enarrabit.

Ego vero, Petrus, tituli Sancti Marcelli presbyter cardinalis, insinuo paternitati vestræ, quod in superiori serie narravit sanctitati vestræ dilectus in Christo pater, dominus Soffredus, tituli Sanctæ Praxedis venerabilis cardinalis, apostolicæ Sedis legatus, ea quæ circa hoc negotium ipse inspexit, et qualiter ipse processit in eo, postquam ipse rediit a partibus Antiochiæ. Et ego cum nuper venissem ad partes Acconenses, vocatus pluries tam ab illustri rege Armenorum, quam a comite Tripolitano, seu principe Antiochiæ et civibus Antiochenis, pro discordia dicta sedanda, si datum esset desuper, ad partes Antiochiæ accessi, et circa negotium istud triplicem viam tentavi. Primo, si ex consensu partium aliqua posset provenire concordia; circa quam cum diutius laborassem, nihil profeci. Secundo, ut partes permitterent se domino cardinali et mihi, quatenus secundum justitiam et æquitatem concordaremus vel judicaremus; et, cum super hoc cum utrisque diutius laborassem, nihil profeci, etiam per tres menses. Tandem tertio, quia non videbatur necesse ut quæreremus a partibus, quatenus se nobis committerent, sed tantum ex officio nostro offerremus utrique partium si quid vellent proponere, nos esse paratos justitiam exhibere, ad exonerationem vestram Romanæ Ecclesiæ, domini cardinalis, et meam, obtuli domino regi vestras litteras, quibus domino Soffredo et mihi mandabatis, ut negotium illud terminaremus, justitia mediante, quod parati eramus, dominus cardinalis et ego, ad justitiam faciendam et exhibendam secundum mandatum, neque per nos aliquem sustineret defectum pro nepotis justitia consequenda. Ipse autem rex tunc ait, quod referebat grates de eo quod sibi satis offerebam, et vobis, et Ecclesiæ Romanæ, et nobis duobus; sed addidit quod Antiocheni inferebant ei violentiam, ideo petebat, ut prius amoveremus dictum comitem, seu principem, a possessione civitatis et principatus Antiochiæ, et postmodum deberemus ei justitiam exhibere. Cui cum respondissem quod hoc secundum justitiam facere non possemus, antequam, in judicio constitutus, proponeret, pro parte sua, hoc ipsum, et alias rationes quas vellet, aiebat ipse rex: « Vos estis vicarii apostolici, ego rex Armeniæ. Pono in vobis, domini S. et P. cardinales, negotium nepotis mei et neptis (67) meæ; et petimus a

---

(65) *Ecce.* Sic apud Baluzium; in codice Vallicellano, *et tunc.*

(66) *Petrus, tituli S. Marcelli presbyter cardinalis.* Istum, ante Adventum, id est ante mensem Decembris, anno 1202, a præsentia papæ recessum, ac navem transfretaturum intravisse, pontifex ipse testatur in litteris ad Soffridum, tituli S. Praxedis presbyterum cardinalem, datis Ferentini, IV Id. Augusti, anno VII, id est anno Christi 1203. Vide epistolam 130, libri sexti. Petrum vero, non ante mensem Maii, imo multo tardius adhuc, Acconem appulisse, evincitur ex epistola ejusdem pontificis 48 libri sexti, ad ipsum Petrum directa, et quæ data dicitur *Laterani,* XI Kal. *Maii.* Sic enim pontifex: « Nisi juxta formam quam tibi per litteras alias dignoscimur expressisse, absolutionem acceperint (Veneti), etc., tu, ne illorum videaris nequitiæ consentire...... VERSUS HIEROSOLYMAM dirigas iter tuum........ » Conferenda est etiam epistola 209 ejusdem libri, P. tituli S. Marcelli presbytero cardinali, A. S. L., qua congratulatur ei quod Cyprum appulisset, et remittit arbitrio suo utrum debeat communicare cum Venetis; dat. Anagniæ, X Kal. Februarii, an. VI (id est an. 1204).

(67) *Nepotis mei et neptis meæ.* Sic in codice Vallicellano, recte quidem. Nam Alix, al. *Aliza,* mater Rupini, de quo hic agitur, Leonis, seu Livonis, neptis erat. Apud Baluzium, *sororis,* qui in notis mar-

vobis, et habere volumus talem justitiam, et consequi, qualem dominus papa nobis faceret, si essemus in præsentia ejus, pro vidua et orphano, sub protectione apostolica constitutis. Videtis vim, violentiam et injustitiam quam comes affert nepoti nostro orphano, et sorori nostræ, ejus matri, viduæ. Sitis securi de Antiochia, et plenam ejus suscipientes potestatem, habeatis, ut, cuicunque partium adjudicaveritis, firmum permaneat et illibatum. » Cui cum respondissem, quod ad nostrum pertineret officium super hoc providere, sed procederet, si placeret, in causa, et nos parati essemus etiam compellere partem alteram ad sistendum judicio, super facto ipso non processit, cum tamen ego exposuerim, et continuo exponerem nos paratos ad justitiam exhibendam. Hoc etiam obtuli Antiochenis, si aliquam vellent proponere querelam. Et tandem, habitis cum utrisque infinitis contentionibus et verbis, quæ longum esset enarrare, de consilio patriarchæ (68), archiepiscopi Borsensis (69), episcoporum, capituli et abbatum Anticchenæ Ecclesiæ, nec non domini Cremonensis (70), et aliorum qui mecum aderant, utrique parti ex parte Dei omnipotentis, et sanctæ Romanæ Ecclesiæ, et totius Christianitatis, et nostra, scilicet legatorum qui eramus in terra, firmiter inhibui, ne aliquo modo aliqua partium contra aliam guerram moveret, ex quo defectum justitiæ non inveniebant, et nos parati eramus ad utrisque justitiam exhibendam, ne et guerra ipsa in totius Christianitatis, maxime Orientalis terræ, dispendium proveniret. Dum vero reversus esset Accon dominus cardinalis, institit nobis comitissa Flandriæ (71), quæ advenerat, et alii peregrini, ut iterum non cessaremus laborare pro jam dicta pace. Deliberatum est postmodum per nos, Hierosolymitanum regem, Templarios, Hospitalarios, et nobiles qui aderant peregrinos, ut per nuntios et litteras nostras, tam ipsi quam nos, convenire deberemus, atque citare supradictos omnes, ut absque ulla conditione se committerent judicio nostro, postularent securitates, obsides et tenimenta præstarent in manus nostras, pro reci-

piendo et observando judicio nostro, et quæcunque partium hoc non faceret, nos eam persequeremur, tanquam inimicam Christianitatis, et spiritualiter, et temporaliter. Misimus proinde cum litteris nostris nos rex Hierusalem, atque barones peregrini, venerabilem Cremonensem episcopum, qui partes, præsentatis litteris nostris, moneret ad ea quæ scripsimus facienda, et quicunque hæc non faceret, ipse sententiam excommunicationis ex parte nostra promulgaret in eum. Accessit itaque ad eos, et singulis requisitis, ut prædixi, rex Armeniæ obtulit, pro reverentia vestra (72) et nostra, treugas quadraginta dierum, quæ ab altera parte non fuerunt receptæ : imo, cum nuntius qui ad nos venturus erat ex parte ipsius regis, pro faciendo mandato nostro, postulasset securitatem, quia per partes inimicorum oportebat eum transire, denegatum sibi fuit omnino. Ipse tamen, sicut Dominus voluit, illæsus ad nos usque pervenit, cum plenitudine mandati quod acceperat a domino suo. Continebatur quippe in litteris regis quod quidquid nuntius ipse faceret, rex firmum haberet, et tanquam a se factum firmiter observaret. Sicque de facto Templariorum, pro quo rex excommunicatus fuerat, et terra ejus interdicto subjecta, juravit stare mandato nostro, sicut moris est, super animam suam et regis, et mandatum quod nos juste fecimus, ipse humiliter suscepit. Tandem, de facto Antiochiæ, obtulit se facturum idem nuntius tantum pro rege, quod nos reputaremus satis esse. Et, quia comes Tripolitanus neque venit, neque misit, sed nec etiam scripserat aliquid quod pondus, ut dicebatur, haberet, postulavit a nobis excommunicari comitem ; inhiberi sibi Christianorum, et maxime Templariorum et peregrinorum auxilium, qui hactenus auxilium præstiterant et favorem, longe aliter quam deceret et quam contineret statutum vestrum cum multa deliberatione factum : quod utique non esset provocare regem ad obedientiam Romanæ sedis, sed procul repellere ultro se offerentem. Ad convincendam quoque duritiam et contumaciam comitis,

ginalibus sic adnotavit : *Cod. Reg. et Pod. nepti* ; sic etiam paulo post.

(68) De patriarcha Antiocheno vide quæ adnotavimus ad epistolam 52 libri noni.

(69) *Borsensis*. Sic legitur in Gestis, apud Baluzium, nec aliter in codice ms. Vallicellano, ad cujus fidem Gestorum textum hic edimus. Baluzius in editione sua, ad marginem, notat in cod. ms. Regio legi *Thorsensis*, unde ipse legendum esse opinatur *Tharsensis*. Viri summi conjecturam admittere non sinunt ea quæ leguntur in litteris quibusdam Leonis, regis Armenorum, quas non ex Innocentianis Regestis, sed ex codice ms. Vallicellano maximæ fidei, retulit Raynaldus, *Ann. Eccle.* t. XIII, pag. 146, ad an. 1205, § 36. Ex istis enim litteris, quas anno 1205 datas fuisse patet, certo certius evincitur Tharsensem Eclesiam tunc, cum res inter Armenorum regem et comitem Tripolitanum, mediantibus legatis, componerentur, longo tempore vacavisse ; ac proinde nullus Ecclesiæ hujus archiepiscopus, tractatui, de quo hic in legatorum epistola agitur, interesse potuit. Sic enim Leo rex, in prædictis litteris : « .... Ita per Dei gratiam in pace redacta sunt omnia. Postquam vidimus dominum patriarcham (Antiochenum) fecisse judicium et justitiam, concessimus ei restituere *Tharsensem Ecclesiam*, cum omnibus rebus et tenimentis suis, in qua, *diu suo orbata pastore*, consecratus est archiepiscopus venerabilis Cantor Antiochenus..... »

Propius forsan veritati accedere videbimur si *Bostrensis* legere proposuerimus. Urbs enim Bostra, quæ in veteribus notitiis Arabiæ metropolis assignatur olim, antequam Hierosolymitano patriarchatui subjiceretur, ad Antiochenum spectabat. Sed Bostrensium, Latini ritus, præsulum imperfecta nimium apud historicos series, nullius ante Danielem, qui sedebat anno 1346, archiepiscopi nomen nobis exhibet. Vide Le Quien, *Or. Christ.*, tom. III, col. 1507.

(70) Vide supra not. ad § 46.

(71) Erat ista Maria, Balduini uxor, de qua Flandriæ Annales, anno Domini 1203, tradunt illam cum Joanne Nigellano in Syriam processisse, ac, post maris superata discrimina, Ptolemaidem applicuisse, ac, dum virum ibi opperiretur, ex morbo exstinctam fuisse, IV, ut quidam notant, Kal. Septembris. RAYNALD. *Annal.* tom. XIII, pag. 145, ad an. 1205, § 34.

(72) Baluzius in notis marginalibus : *Hic d sinit codex Regius.*

allegabat idem nuntius quod, cum venisset episcopus Tripolitanus (73) *et ex majori parte, canonici tepidi nimium et remissi, et notarius ejusdem comitis ad præsentiam nostram, nulla ratione excusationem haberet, sed neque excusationis colorem, super eo quod mandatis nostris non paruerat. Nos autem respondebamus, quod difficultas hæc non proveniebat, nisi ex quodam casu inopinato, scilicet, quia eramus in procinctu recedendi de terra, et eundi Constantinopolim pro consilio et auxilio peregrinis, qui ibi pro Christianitatis servitio laborant. Cui excusationi dum ego, pro honestate Romanæ Ecclesiæ, verbo in publico consentirem* (74), *tandem ego Soffredus, advocatis seorsum domino cardinali, Cæsariensi archiepiscopo* (75), *episcopo Cremonensi, et Acconensi electo* (76), *firmiter proposui eis quod ego coram Deo et eis de hoc facto excusatus esse volebam, et videbatur mihi pro certo, quod instantia prædicti nuntii justa esset et admittenda; et ego paratus eram, si placeret domino cardinali, quod petebatur efficere, pro eo quod sic fuerat communi deliberatione nostra, Hierusalem regis, Templariorum, Hospitalariorum, baronum, peregrinorum qui Accone aderant, irrevocabiliter statum atque firmatum, nec decebat, taliter et sic solemniter statutum pro utilitate Christianitatis, inefficax esse et illusorium.*

CXIX. Quia vero legati de partibus illis recesserunt, Constantinopolim accedentes (77), dominus papa causam commisit de Lucedio, de Monte Thabor abbatibus, et nobilibus viris comiti Bercoboc et G. de Furnivale, hoc modo (78): *Etsi semper inter eos odium sit mortale, qui tenentur amare proximos,* etc. Dat. Romæ, apud S. Petrum, III Non. Maii, an. VIII.

CXX. Anno septimo pontificatus domini Innocentii papæ III, mense Novembri, Petrus, rex Aragonum, ad apostolicam sedem accessit, ut ab eodem domino papa militare cingulum et regium acciperet diadema (79). Venit autem per mare cum quinque galeis, et applicuit apud insulam inter Portum et Ostiam, adducens secum Arelatensem archiepiscopum, præpositum Magalonensem, cum quibus interfuit electus Montis Majoris, et alii quidam clerici nobiles et prudentes. Proceres quoque secum adduxit Sancium, patruum suum, Hugonem de Baucio, Rocelinum de Marsilia, Arnaldum de Fotiano, et alios multos nobiles et potentes. Missis autem ad illum equitaturis et sommariis pene ducentis, fecit eum apud Sanctum Petrum ad præsentiam suam idem dominus papa venire, mittens in occursum ipsius quosdam cardinales, senatorem Urbis, et alios multos nobiles et magnates; fecitque illum apud Sanctum Petrum in domo canonicorum honorabiliter hospitari. Tertio vero die, in festo videlicet sancti Martini, præfatus dominus papa, cum episcopis, presbyteris et diaconis cardinalibus, primicerio et cantoribus, senatore, justitiariis, judicibus, advocatis et scriniariis, multisque nobilibus ac populo copioso, ad monasterium Sancti Pancratii martyris prope Transtiberim est profectus; ibique præfatum regem per manus Petri, Portuensis episcopi, fecit inungi, quem postmodum ipse manu propria coronavit, largiens ei regalia insignia universa, mantum videlicet et colobium, sceptrum et pomum, coronam et mitram, corporale ab eo recipiens juramentum, cujus tenor est talis:

Ego Petrus, rex Aragonum, profiteor et polliceor quod semper ero fidelis et obediens domino meo papæ Innocentio, ejusque catholicis successoribus, et Ecclesiæ Romanæ, regnumque meum in ipsius obedientia fideliter conservabo, defendens fidem catholicam, et persequens hæreticam pravitatem. Libertatem et immunitatem Ecclesiam custodiam, et earum jura defendam. In omni terra potestati meæ subjecta pacem et justitiam servare studebo. Sic me Deus adjuvet, et hæc sancta Dei Evangelia.

CXXI. Deinde præfatus rex cum multo laudis præconio et favoris applausu coronatus rediit juxta dominum papam ad basilicam Sancti Petri, super cujus altare sceptrum et diadema deposuit, et de manu ejusdem domini papæ militarem ensem accepit; regnumque suum beato Petro, apostolorum principi, obtulit, illudque sibi constituit censuale per privilegii paginam, quam eidem papæ tradidit super ipsum altare, cujus tenor est talis:

Cum corde credam et ore confitear, quod Romanus pontifex, qui est beati Petri successor, vicarius sit illius per quem reges regnant et principes principantur, qui dominatur in regno hominum, et cui voluerit dabit. Ego, Petrus, Dei gratia rex Aragonum, comes Barcinonæ, et dominus Montis Pessulani, cupiens principaliter (80), *post Deum, beati Petri et apostolicæ sedis protectione muniri, tibi, reverendissime Pater et domine summe pontifex Innocenti, et, per te,*

---

(73) Vide supra notas ad § 43.

(74) *Verbo in publico consentirem.* Sic in codice Vallicellano; apud Baluzium *incumbo in publico.*

(75) Monacho (de quo supra, ad § 88, ex archiepiscopo Cæsariensi in patriarcham Hierosolymitanum, an. 1194, electo, quis Cæsariensis infulas adeptus fuerit, omnino nescimus. Vide Le Quien, *Or. Christ.* tom. III, col. 1288.

(76) Ad annum 1202, memoratur in Chronico Alberici (edit. Lips. 1698, part. II, pag. 426) quidem *Joannes, episcopus Acconensis electus.* Idem nondum adhuc consecratus, unus fuit ex duodecim qui Balduinum I, post captam Constantinopolim, in imperatorem elegerunt an. 1204.

(77) Jam ab anno 1204 legati de partibus Hierosolymitanis recesserant, et Constantinopolim accesserant. Vide epistolas libri septimi: 102; *Ducis Venetorum ad papam*; sine data; — 207, *Papæ ad H. ducem Venetorum*; dat. Romæ, apud S. Petrum, IV Kal. Februarii, an. VII (id est an. Christi 1205); — 223, *P. tituli S. Marcelli presbytero cardinali, A. S. L.*; dat. Romæ, apud S. Petrum, XIII Kal. Martii an. VII (id est an. Christi 1205).

(78) Vide epistolam 1 libri octavi.

(79) Confer epistolam 229 libri septimi, et quæ ibi adnotata sunt.

(80) *Principaliter.* Sic in codice Vallicellano; apud Baluzium, nec non apud Raynaldum, *principali.*

sacrosanctæ Romanæ Ecclesiæ (81) *offero regnum meum, illudque tibi et successoribus tuis in perpetuum, divini amoris intuitu, et pro remedio animæ meæ et progenitorum nostrorum, constituo censuale, ut annuatim de camera regis ducentæ quinquaginta massenutinæ* (82) *apostolicæ sedi reddantur, et ego ac successores mei specialiter ei fideles et obnoxii teneamur. Hoc autem lege perpetua servandum fore decernens, quia spero firmiter et confido quod tu et successores tui, me ac successores meos, et regnum prædictum auctoritate apostolica defendetis, præsertim, cum ex multo devotionis affectu, me, ad sedem apostolicam accedentem, tuis, quasi beati Petri, manibus in regem duxeris solemniter coronandum. Ut autem hæc regalis concessio inviolabilem obtineat firmitatem, de consilio procerum curiæ meæ, præsente venerabili Patre meo, Arelatensi archiepiscopo, et Sancio patruo meo, et Hugone de Baucio, et Arnaldo de Fautiano, baronibus meis, sigilli mei feci munimine roborari. Actum Romæ, apud Sanctum Petrum, anno Dominicæ Incarnationis millesimo ducentesimo quarto, tertio Idus Novembris, anno regni mei octavo.*

CXXII. His omnibus rite peractis, fecit eum dominus papa per Urbem ad ecclesiam Sancti Pauli deduci; ubi, galeas inveniens præparatas, intravit, et, apostolica benedictione munitus, ad propria meruit cum prosperitate redire. Super coronatione vero regum et reginarum Aragoniæ in posterum faciendam tale sibi privilegium dominus papa concessit (85) : *Cum quanta gloria et honore, tripudio et applausu,* etc. *Dat. Ferentini* xv *Kal. Julii, an.* ix.

CXXIII. Anno decimo, celebrato festo Ascensionis (84), dominus papa Urbem exivit, et venit Viterbium, receptus a Viterbiensibus cum ingenti gaudio, gloria et honore. Statim autem cœpit videre (85) ad eliminandam Paterenorum spurcitiam, qua Viterbiensis civitas erat vehementer infecta; ne Ecclesiæ Romanæ exprobraretur (86), quod in oculis suis et in patrimonio quoque suo sustineret hæreticam pravitatem, nec liberam frontem habebat super hoc alios arguendi dicentes : *Medice, cura te ipsum* (*Luc.* iv, 23). *Ejice primum trabem de oculo tuo, et tunc ejicies festucam de oculo fratris tui* (*Luc.* vi, 42). Patareni vero, cognito ejus adventu, omnes omnino fugerunt. Sed ipse, convocatis episcopo et clero civitatis ejusdem, fecit diligenter inquiri ac studiose describi omnes receptatores, fautores, defensores et credentes eorum; ac demum, per potestatem et consules fecit universos astringi, præstita juratoria, fidejussoria et pignoratoria (87) cautione, quod suis per omnia jussionibus obedirent. Imprimis ergo fecit domos in quibus Patareni fuerant recepti, funditus demoliri; ac deinde clero et populo generaliter congregato, statutum hujusmodi solemniter promulgavit (88) : *Ad eliminandam omnino de patrimonio beati Petri,* etc. *Data Viterbii, Kal. Octobris, an.* x.

CXXIV. Tunc etiam ad suam præsentiam convocavit episcopos et abbates, comites et barones, potestates et consules civitatum de Tuscia, Ducatu et Marchia usque Romam, ad jurisdictionem sedis apostolicæ pertinentes; et, solemni curia congregata, primo die (89), jura Ecclesiæ Romanæ proposuit, et omnino ab universis laicis juramenta recipiens, quod ejus dominationi parerent; secundo die (90), querelas et petitiones universorum audivit; tertio die (91), pro justitia et pace servanda statuta hujusmodi promulgavit, quæ servari præcepit sub debito præstiti juramenti (92) : *Cum ex officii nostri debito teneamur tam clericis quam laicis paterna sollicitudine providere,* etc. *Dat.,* ut supra.

CXXV. (93) *Cum juratum sit a comitibus et baronibus, potestatibus et consulibus pacem et justitiam et securitatem stricte ad mandatum nostrum servare,* etc. *Dat.,* ut supra.

CXXVI. Cum autem monasterium Sancti Martini de Monte (94) ad exterminationem devenisset extrebus Viterbiensibus; ne quis res Patarenorum publicatas detineat; dat. Viterbii, 11 Id. Augusti, an. x;— 139, *Clero et populo Viterbiensibus; ut Viterbiensis Ecclesia sit deinceps cathedralis;* dat. iv Id. Octobris, an. x.

(81) *Sacrosanctæ Romanæ Ecclesiæ.* Sic in codice Vallicellano, sic et apud Baluzium; apud Raynaldum vero, *apostolicæ sedi.*

(82) *Massenutinæ.* Sic in codice Vallicellano ; sic et apud Baluzium, qui, in notis marginalibus ad hunc locum, legi monet in codice Podiano, et apud Raynaldum, *massemutinæ.* — *Massemutina,* idem ac *masmodina, maimodina, masmutina, massabitina, masamutinus, masumatinus, massumatinus,* moneta Saracenorum Ægyptiorum, quod *Masmudos* et *Masemutos* perpetuo vocant Hugo Falcandus, et Anonymus Casinensis. Gariellus observat, nescio quo auctore, Masumatinos nummos aureos, vel argenteos, singulos senis regalium æstimatos, ab Aben-Josepho Mahosumeto Miramulmino (illo forte de quo Rodericus Toletanus, in *Hist. Arabum,* cap. ult.) traxisse nomen, qui supremum in Mauros Hispanos imperium habuerat. Gariello assentit Ruffius, *Hist. Massil.* tom. I, pag. 325, edit. 1696; ubi editum *dasbutina* et *Macemutina.* Vid. Cang. *Glossar.* tom. IV, col. 577.

(83) Vide epistolas 92 libri octavi, et 101, libri noni, et quæ ibi adnotata sunt.

(84) Die 4 mensis Junii. *Art. de vérif. les dates,* nouv. édit., tom. I, pag. 25.

(85) Confer epistolas libri decimi : 105, *Consuli-*

(86) *Exprobraretur.* Sic in codice Vallicellano; sic et apud Baluzium, qui, in notis marginalibus ad hunc locum, legi monet in codice Pod. *improperaretur.*

(87) *Pignoratoria.* Sic apud Baluzium ; in codice Vallicellano, *pignoraticia.*

(88) Vide epistolam 130 libri decimi.
(89) xi Kal. Octobris.
(90) x Kal. Octobris.
(91) ix Kal. Octobris.
(92) Vide epistolam 131 libri decimi.
(93) Vide epistolam 132 libri decimi : *Universis fidelibus nostris, per patrimonium beati Petri apostoli, constitutis.*
(94) Monasterium S. Martini de Monte Viterbii, al. in *Montibus Ciminis,* antiquissimum fuisse S. Benedicti cœnobii fert opinio; de quo tamen nihil apud Mabillonium (*Annal. Benedict.*). Hoc deinde, anno 1150, redditibus atque monachis fere destitutum, Eugenius PP. III ordini Cisterciensi perpetua unione conjunxit, ut ibidem monasticus ordo resti-

mam, ita ut vix in eo tres monachi remansissent, possessionibus ejus omnino distractis, vel sub gravi fenore pignoratis, idem pontifex, ad reformationem ipsius clementer intendens, pro redimendis possessionibus mille libras exsolvit; scripsitque abbati et conventui Pontiniacensis cœnobii, quod est unum de quatuor primis præcipuis Cisterciensis ordinis monasteriis, ut ipsam ecclesiam Sancti Martini reciperent in filiam specialem, et ad ipsam dirigerent abbatem et conventum de monachis et conversis: quod ipsi libenti animo perfecerunt. Cum ergo venissent, dominus papa benedixit abbatem, et, ut tueretur. Sed, cum inopia laborassent monachi per annos 50, ac desperassent ut ad puritatem tunc florentis religionis posset cœnobium pene collapsum reduci, ad capitulum generale Cistercii in Gallia confugerunt. Patres statuerunt ut illud ab eo ordine segregaretur, ne forte regularis observantia in deterius iret. Quod cum ad aures Innocentii PP. III delatum fuisset, adjutrices manus apposuit, illudque voluit sub eodem ordine, et filiatione Pontiniacensis cœnobii permanere; et liberandis oppigneratis fundis, mille libras argenti, augmento dotis, ecclesiam integram donavit, ex quorum fructibus ibidem sustentaretur; additisque pluribus bonis, sub protectione apostolicæ sedis suo diplomate constabilivit, prout hic in Gestis Innocentii legitur. — Bullæ, seu epistolæ pars habetur apud Angelum Manrique (*Annal. Cisterc.*, tom. III, pag. 469, ad an. 1206, cap. 5, § 9), qui eam, ex Nicolai PP. IV Regestis, ubi, in quadam pontificis hujus epistola, inserta reperitur, transcribendam putavit, velut, « insigne monumentum zeli Arnaldi, tunc temporis abbatis Cisterciensis (de quo vide ad epistolam 109, libri quinti), et cæterorum Patrum, qui non Cistercium ex multitudine ecclesiarum æstimandum censebant, sed ex observantia et rigore vitæ monasticæ, simul et pietatis tanti pontificis. » Ibi data dicitur, « Romæ, apud S. Petrum, per manum Johannis, S. Mariæ in Cosmedin diaconi cardinalis, S. R. E. cancellarii, Kal. Februarii, indictione xi [*leg.* x], Incarnationis Dominicæ an. 1206 (*id est, juxta nostrum computandi morem*, 1207), pontificatus vero domini Innocentii PP. III anno nono. » Quæ hic apud auctorem nostrum leguntur, ea etiam in antiquo codice membranaceo cœnobii S. Salvatoris Montis Amiati legi testatur Ughellus (*Ital. sacr.* tom. VII, in Appendice, col. 1380, nec non, t. IX, etiam in Appendice, col. 957); quod quidem confirmari addit ex alio perantiquo codice membranaceo ejusdem cœnobii, *Chronicon annorum mundi* attitulato, in quo scriptum est: « Innocentius III sedit annos XVIII, menses IV, dies XXII; hic multa bona fecit; hic renovavit monasterium S. Martini de Monte Viterbii, et, anno 1207 de Pontiniaco fecit conventum venire. » Miramur equidem nec ab Angelo Manrique, nec ab ipso Ughello mentionem factam fuisse trium epistolarum, ad rem de qua agitur spectantium, quæ in Regesto anni decimi pontificatus Innocentiani reperiuntur; tanto magis, quod ultima eadem ipsissima esse videretur ac illa, cujus partem tantummodo, ex Nicolai PP. IV epistola, vulgavit Cisterciensis annalista. Hæc vero in ipsius Innocentii Regesto integra exhibetur; sed data ibi dicitur anno *decimo*, non *nono*. Confer epistolas libri decimi: 145, *Abbati et conventui S. Martini de Monte; de revocandis alienationibus monasterii*; dat., *ut in alia*, id est, Corneti, III Kal. Novembris, anno x (1207); — 162, *Episcopo et archidiacono Urbevetanis, de eodem argumento*; dat. Romæ, apud S. Petrum, v Kal. Decembris, an. x; — 205, *Petro, abbati monasterii S. Martini de Monte, ejus*-

in eodem loco religio pullularet, concessit et donavit eidem ecclesiam Sancti Salvatoris, quæ sita est juxta Orcle, cum omnibus rationibus et possessionibus suis, longe quidem majoribus ac etiam melioribus quam cæteræ possessiones illius, adjuvans fratres in necessariis ad excolenda prædia et ædificia construenda, magnifice privilegians locum ipsum.

CXXVII. Interea venit ad ipsum relatio ex parte Lundensis archiepiscopi (95), quem legatum direxerat ad convertendos paganos, quod tota Livonia erat ad fidem Christi conversa, nullusque in ipsa que fratribus, etc., *de confirmatione privilegiorum ac bonorum*: dat. Romæ, apud S. Petrum, per manum Joannis, S. Mariæ in Cosmedin diaconi cardinalis, S. R. E. cancellarii, Kal. Februarii, indictione xi, Incarnationis Dominicæ anno 1206, pontificatus vero domini Innocentii PP. III anno decimo.

Verum, in notis chronologicis, tum apud Angelum Manrique, tum apud Baluzium, et ex ipso apud Ughellum, procul dubio mendum inest, quod quidem Angelum Manrique ac Ughellum omnino fugisse, a Baluzio vero observatum, sed male emendatum, fuisse videtur. Apud Angelum Manrique, epistola data dicitur *die Kal. Februarii*, anno Incarnationis 1206, pontificatus ix, *indictione* xi. Verum, die Kal. Februarii, anno Christi 1206 (id est, juxta nostrum computandi morem 1207), Innocentiani pontificatus ix, jam currebat indictio decima, non undecima. Legendum itaque foret, *indictione* x, non *indictione* xi. Baluzius vero, qui in Præfatione recte adnotavit, per totum decimum Innocentiani pontificatus annum hunc invaluisse errorem, ut, in epistolis hoc anno datis, indictio ix, posita fuerit pro indictione x, contendit hic in nostra epistola, contrario errore, *indictione* xi positum fuisse pro *indictione* ix. Scilicet, volebat vir doctus, ut vel ipse cancellarius, vel, qui post ipsum epistolas exscripsit, amanuensis, per totum decimum Innocentiani pontificatus annum in suo errore sibimet constare videretur; et, cum epistola nostra in Regesto decimi anni reperiatur, ac dicatur data, anno decimo, *indictione* etiam *nona*, juxta errorem supradictum, data dici debuisset. Verum, non observavit Baluzius quod et sic error alter, idemque multo gravior, inerat. Nam, dies Kal. Februarii, anni pontificatus Innocentiani x, nequaquam cum anno Incarnationi 1206 colligari potest. Etenim, cum anni pontificatus Innocentiani a die ix Kal. Martii numerentur, dies Kal. Februarii, anni decimi, cum anno Incarnationis Dominicæ, vetere stylo 1207, juxta vero nostrum computandi morem 1208, colligari debet. Ac, proinde, jam recte cancellarius, vel, post ipsum, amanuensis, errore emendato, ponere potuit et debuit *indictione* xi. Die enim Kal. Februarii, anno 1207-1208, currebat indictio *undecima*. Cæterum, litteræ illæ quas ad abbatem Pontiniacensem scripsisse hic dicitur Innocentius, non exstant in Regesto, nec de ipsis mentio ulla habetur apud auctores Novæ Galliæ Christianæ, apud quos (tum tom. IV, col. 990, ubi de Cisterciensibus, tum tom. XII, col. 444, ubi de Pontiniacensibus abbatibus) altum de facto isto silentium. De monasterio S. Martini de Monte Viterbii qui plura velit, adeat Ughellum, *loc. cit.*

(95) Mortuo Absalone, a. Axel, Lundensi archiepiscopo (de quo supra ad § 59), Andreas, Sunonis de Cnardoropo filius, Albinæ familiæ, doctor S. Theologiæ, et sigilli regis Canuti VI custos, anno 1201 in locum defuncti subrogatus pronuntiatusque est Lundensis archiepiscopus, « vir (inquit Pontanus, *Rer. Danic. Hist.* lib. vi, pag. 295,

remanserat qui non recepisset sacramentum baptismatis, vicinis gentibus ad hoc ipsum ex magna parte paratis.

Cum autem inter cives Tudertinos, majores videlicet et minores, orta fuisset magna dissensio (96), ita, quod nobiliores, civitatem egressi, populum impugnabant, ex qua dissensione multa pericula jam provenerant, videlicet incendia, homicidia, prædæ, rapinæ, cædes hominum, mutilationes membrorum, vastationes segetum, destructiones domorum, et, multis sæpius mediantibus, nunquam pervenire potuissent ad pacem, dominus papa, utrisque vocatis, et receptis ab eis corporaliter juramentis, quod suo starent mandato, veram pacem inter illos composuit et firmavit; cujus formam per publicam manum redegit in scriptis, et servandam in posterum perpetua lege sancivit.

Eodem tempore discussit et diffinivit causam quæ vertebatur inter archiepiscopum Ravennatem, et commune Faventiæ, super castro Luci Areoli et Sancti Potiti, adjudicans restitutionem eorum Ecclesiæ Ravennati (97). Porro, idem archiepiscopus (98) tanta penuria laborabat, quod etiam indumenta pontificalia non habebat: cujus dominus papa misertus, contulit ei (99) planetam, tunicam et dalmaticam de optimo examito rubeo, aurifrigiis et granatibus decenter ornatas; amictum, albam, cingulum atque stolas.

Volens autem idem pontifex patrimonium apostolicæ sedis, in illis partibus constitutum, corporali

tin. 54) claris natalibus, ipsiusque Absalonis ex fratre pronepos, quique a regibus, ut patet, una cum Eschillo (Absalonis antecessore) genus ducebat. Diu ille apud exteros, in Galliis, Italia et Anglia, per omnem honestarum artium cultum ætatem transegerat, utpote qui Lutetiæ Parisiorum publice docuit, et tandem ad lares reversus, regni rebus admotus fuit. Quantum vero in studiis litterarum profecerit, ostendunt municipales Scanensium leges, quas e vernaculo Latinas fecit (in lucem prodierunt Hafniæ 1590, in-4°). Ostendunt quoque hoc ipsum et alia ingenii ejus opera, et præsertim *Hexameron*, sive *De mundi creatione*, carmen heroicon, haud inelegans, de quo nonnulla affert *Chronicon Danicum*, editum ab Arna Magnæo, pag. 90. Hunc, anno 1195, ad agendam apud summum pontificem, Cœlestinum III, Ingelburgis, Philippi Augusti conjugis, in divortio causam, una cum Guillelmo, Ebelholtensis cœnobii abbate, Romam miserat Canutus Danorum rex VI. Ambo Roma reversi, circa Divionem, dum Burgundiam transibant, detenti, ac litteris papalibus, quas plures acceperant, spoliati, opera tandem abbatum Cisterciensis et Claræ vallensis dimissi fuerunt. Vide *Pontan. loc. cit.*, pag. 287, lin. 49. Vide etiam Meurs. tom. IX, *Hist. Danic.* lib. I, col. 353. Habentur equidem, inter Guillelmi abbatis litteras (in tomo sexto *Scriptor. Rer. Danic. med. ævi*, pagg. 44 et 59), epistolæ duæ libri secundi, una, n. 15, ipsius Guillelmi ad regem Francorum; altera, n. 45, Andreæ ad Absalonem, Lundensem archiepiscopum; ex quibus rei totius seriem ediscere licet.

In Daniam redux, et, anno 1201, prout jam dictum est, archiepiscopales infulas adeptus, sedit, Woldemaro II victore rege, annos XXI. Vide *Anacephalæos. præsul. et pontif. Lund.*, ibid. n. 192; pag. 642. Ipsum Woldemarus cum exercitu, anno circiter 1205, in Esthoniam ablegavit, quæ, ad idololatriam iterum versa, fidem etiam exuerat, isque, assumptis secum fratribus, terram invadens, facile eam ad obsequium reduxit. Inde in Borussiam movens, principem ejus Ladislaum bello domavit. Quibus gestis, quum in regnum rediisset, gratiæ illi publice actæ ob virtutem meritumque.

Et ista quidem tradit Meursius (*loc. cit.* col. 374 et 375), apud quem, nec non apud Pontanum (*loc. etiam cit.*, pag. 298, lin. 13 et 40; pag. 306, lin. 33) alia ejusdem pontificis gesta legere est, quibus summam tum apud gentes laudem demeruisse dicitur. Abdicavit anno 1224, si qua libello, jam supra citato (*Anacephalæos. præsul. et pontif. Lund.*) fides; sed potius an. 1223, vel etiam 1224 (vid. Magnum Matthiæ, in *Serie episcoporum Lundens.* pag. 62), permittente Honorio PP. III (vide *Decretales*, lib. I, t.t. 10, *De electione et electi potestate*, cap. 10). De causa abdicationis apud aliquos adhuc ambigitur. Fere tamen constat quod hoc tempore, morbo quodam, sive impetigine potius, quæ haud facile curationem admitteret, implicitus, vitæque jam satur, ultro muneri cessit; indeque in insula Ifua vitam solitariam egit. (Vid. Nicol. archiep. Lundens. *Chronic. episcop. Lund.* in tomo sexto *Scrip. rer. Danic. med. ævi*, n. 191, pag. 625. Nec diversa tradit Pontanus *loc. cit.*, pag. 308. lin. 55.) Decessit anno 1228; Lundis in Marthæ sacello latericio juxta parietem sepulcro conditus, VIII Kal. Julias (*Anacephalæos. loc. cit.* pag. 642). Huic Andreæ Saxo historicus Historiam Danicam inscripsit, in cujus præfatione eum ingentibus ornat laudibus, prout observat Nettelbladius in notis ad *Anacephalæos.*, tom. III, *Schwedisch. Bibliothec.* pag. 184. De Andreæ gestis et scriptis qui plura velit, adeat Joan. Mollerum in *Hypomnem. ad Albertum Battholin. de scriptis Danorum*, pag. 163. Ipsi successor datus fuit Petrus, Saxonis filius, qui et ipse eodem, quo Andreas, anno e vivis excessit. Cæterum, de Livonia ad Christum conversa, vide Arnold. Lubec. *Chron. Slav.* lib. VII, cap. 8; nec non Paul. Lang. *Chron. Atiz.* ad an. 1207.

(96) De hac inter cives Tudertinos dissensione, reformataque inter ipsos, studio et auctoritate pontificis, pace, an in Regestis mentio ulla habeatur, non meminimus. Apud Ughellum vero quædam leguntur quæ ad id referri possint. Sic enim scriptor ille (*Ital. sacr.* tom. I, part. signata *, col. 243): « Rusticus (Tudertinus episcopus) laudatissimus præsul, singularisque prudentiæ vir, Urbevetanis, Perusinis Tudertinisque jus dixit divinum, eosdemque populos, *quos varia partium studia, civilesque discordiæ abduxerant*; ad suave ecclesiasticum jugum iterum compulit, anno 1204. »

(97) Vide epistolam 116, libri decimi, *archiepiscopo Ravennatensi, de controversia inter Ecclesiam Ravennatensem et commune Faventinum*; dat. Viterbii, Kal. Septembris, an. x. Confert etiam epistolam 109, libri noni, *Episcopo Placentino*, dat. Ferentini, x Kal. Julii, an. IX; et quæ ibi adnotavimus. Adde, si vis, epistolam 50, libri decimi, *Potestati et populo Faventinis, sine data*.

(98) Alberto Auxoleuto (de quo vide epistolam 6 libri quinti, not. archiepiscopo Ravennatensi, hoc ipso, in quo nunc versamur, anno 1207, defuncto, successor datus fuerat Ægidius. Huic Innocentius PP. III honoris ergo transmisit pallium, ea tamen lege ut intra unius anni spatium, obsecuturus Romano pontifici, Romam proficisceretur (vide epistolam 48, libri decimi, *Archiepiscopo Ravennatensi*, dat. Laterani, XVI Kal. Maii, an. x). Quod cum, morte præventus, absolvere non potuisset, pontificio imperio exemptus, evolavit ad superos. UGHELL. *Ital. sacr.* tom. II, col, 373.

(99) Vide epistolam 115, libri decimi, *Capitulo Ecclesiæ Ravennatensis, ut provideant archiepiscopo suo quædam pontificalia indumenta*; dat. Viterbii.

præsentia visitare, accessit ad montem Flasconem (100), ubi per duodecim dies moram fecit continuam, recipiens ibi ad ligiam fidelitatem Aldebrandinum, comitem Palatinum (1). Postea ivit Tuscanam (2), et, per octo dies in ipsa civitate moratus, accessit Cornetium (3), ubi apud Sanctum Nicolaum novum sibi fecerat ædificari palatium, requirens pariter et recipiens jura quæ fuerant a quibusdam invasa. Inde per Vetrallam (4) profectus est Sutrium (5); ubi tribus diebus moratus, cathedralem ecclesiam solemniter dedicavit; et sic ad Urbem finaliter est reversus.

CXXVIII. Hic per Gregorium, Sanctæ Mariæ in Aquiro diaconum cardinalem, quem legatum in Hungaria destinavit (6), reformavit pacem inter Henricum regem, et Andream, fratrem ejus, ducem, quorum guerra totum pene regnum Hungariæ devastabat.

Hic per Martinum, Camaldulensem priorem (7), virum providum et honestum, inter Mediolanenses

---

(100) Innocentium, ix Kal. Augusti, Viterbii adhuc degisse, fidem facit epistola 52, libri decimi, R. tituli SS. Marcellini et Petri presbytero cardinali, Casinensi abbati, qua committuntur ei certæ causæ de usuris audienda; dat. Viterbii, ix Kal. Augusti. Ipsum Montem-Flasconem, triduo post, id est vi Kal. Augusti, jam adiisse, testis epistola 111, Archidiacono et capitulo Venafranis, qua confirmantur certa jura et sententiæ latæ pro eis; dat. apud Montem-Flasconem...... vi Kal. Augusti...... an. Chr. 1207, pontificatus x.

Epistolæ ejusdem libri decimi, 98, 99, 100 et 102 datæ dicuntur apud Montem-Flasconem, iv Kal. Augusti, an. x. — Epistola 104 ejusdem libri, Consulibus et populo Viterbiensi, ut Malfitanam puellam super legitimitate sua ab aliquo molestari non permittant, data legitur, apud Montem-Flasconem, iii Non. Augusti, an. x. — Epistola 101, Potestati et populo Florentino, ut monitis sedis apostolicæ, et legati ejusdem acquiescant, data dicitur, apud Montem-Flasconem, ii Non. Augusti, anno decimo. — Epistola vero sequens, R. Casinensi abbati, qua pontifex declarat se nolle respondere litteris ejus, data fuit, Viterbii, v Id. Augusti, anno decimo.

(1) Instrumentum ipsum de homagio facto papæ a comite Ildebrandino, ex vetustissimo Regesto manuscripto Cencii camerarii depromptum, habetur apud Muratorium (Antiq. med. ævi, tom. I, dissert. xi, col. 614). Factum fuit anno 1207, pontificatus Innocentii an. x, indictione x, mense Julii, die ultimo, in palatio Montis-Flasconis. Non erat ille Aldobrandinus, seu Ildebrandinus, comes palatinus, de quo hic, idem ac comes Ildebrandinus, cujus juramentum fidelitatis habetur in appendice ad librum primum Regestorum, epist. 568. Conferendus omnino Raynaldus (Annal. Eccles. tom. XIII, ad an. 1207, § 4, pag. 167). Cæterum, de comitibus palatinis, peculiariterque de comite Palatino in Tuscia, nec non de familia Hildebrandina, quæ hac dignitate per multos annos sæculo xiii potita esse videtur, vide Muratorium (ibid., dissert. vii, col. 589).

(2) Innocentium Viterbium rediisse, ibique denuo, saltem usque ad iv Id. Octobris mansisse, fidem facit epistola 139 libri decimi, Clero et populo Viterbiensibus, ut Viterbiensis ecclesia sit deinceps cathedralis, data Viterbii, iv Id. Octobris, anno decimo. Tuscanam vero adierat ante diem xviii Kal. Novembris, et ibi adhuc erat xiv Kalendas ejusdem mensis. Testes epistolæ 141, libri decimi, Universis comitibus et baronibus, per regnum Siciliæ constitutis, ut regi Siciliæ sint adjumento, dat. Tuscan. xviii Kal. Novembris, an. x et 146, Lundensi archiepiscopo, de clerico per saltum promoto, dat. Tuscan. xiv Kal. Novembris, an. x.

(3) Nulla, ante viii Kal. Novembris, data Corneti epistola in Regesto anni decimi reperitur.

(4) Vetrallam. Sic in codice Vallicellano; sic et apud Raynaldum (An. Eccles. tom. XIII, ad an. 1201, § 4, pag. 168, col. 1); apud Baluzium vero, Rovertellum.

(5) Habemus epistolas libri decimi, 150, W. Episcopo S. Andreæ: de supplenda negligentia patronorum; dat. Sutrii, Id. Novembris, an. x; — 148,

P. archipresbytero, et canonicis S. Xisti, Viterbiensibus: de confirmatione cujusdam concordiæ; dat. Sutrii, xviii Kal. Decembris, an. x; — 151, Episcopo Parisiensi; qua numerus magistrorum theologorum Academiæ Parisiensis definitur; dat. etiam Sutrii, xviii Kal. Decembris; — 152, Eidem: de modo quo mandata de providendo, in exsecutionem mitti debeant; dat., ut supra; — 153, Eidem: ne monachi singulares sint in monasteriis; dat., ut supra; — 154, Eidem: ut monachos et clericos suæ diœceseos corrigat; dat. ut supra.

(6) De ista Gregorii cardinalis in Hungariam legatione vide epistolas libri sexti 156 et 157, Nobili viro, A. duci, dat. Anagniæ, Non. Novembris, an vi, id est, an. Christi 1203. De Gregorio ipso agimus ad epistolam 60, libri quinti, not. Observandum tamen Gregorium, qui revera primum a Clemente PP. III, tituli S. Mariæ in Aquiro diaconus, anno 1188, creatus fuerat, postea, anno 1200, ab Innocentio PP. III, tituli S. Vitalis al. [Vestinæ] presbyterum cardinalem renuntiatum fuisse. Ac, proinde, hic, Gregorium, non tituli S. Mariæ in Aquiro diaconum, sed tituli S. Vitalis presbyterum cardinalem, a Gestorum auctore dici debuisse videretur. Verum, cum de ista Gregorii in Hungariam legatione pauca admodum reperiantur in Regestis Innocentii, dici posset, Gregorio, forsan jam ab anno 1199, id est, priusquam titulo S. Vitalis insigniretur, legationis in Hungariam munus fuisse demandatum; ad rem diutius expendendam, otio majore opus esset.

(7) De Martino, priore II Camaldulensi, egimus ad epistolam 159 libri quinti, not. Quo anno ad pacem inter Mediolanenses et Papienses reformandam missus fuerit, prorsus ignoratur. Vide Mittarellum, Annal. Camaldul. t. IV, lib. xxxvi, ad an. 1205, pag. 201. Verum, attendendum est num ad hoc referri possent ea quæ leguntur apud Muratorium, Annal. Ital. t. VII, part. i, pag. 147, ad an. 1201: « Anchenell' anno presente, con gagliardo esercito entrarono i Milanesi in Lomellina de' Pavesi, e vi diedero il guasto. Assediarono poscia l'importante castello di Vigerano, tentato gia due altre volte indarno, e nel di 4 di Giugno se ne impadronirono con farvi prigioni 1200 Pavesi... Se crediamo a Galvano Fiamma (in Manip. Flor. cap. 234. Script. rer. Italic. t. XI, col. 661): Ipso anno 1201, de Mense Augusti, Papienses in manibus Philippi (Mediolanensis archiepiscopi) juraverunt perpetuo obedire mandatis civitatis Mediolani. S'egli vuol dire che seguì pace fra loro, si può credere; ma non già che i Pavesi per allora si riducessero a giurare ubbidenza e soggezione alla città di Milano.»

Certe, de eadem pace intelligi debere videntur ea quæ refert Ogerius Panis, Annal. Genuen. (in tomo sexto Rer. Italic. Script. col. 584) ad annum 1201: « Eo quippe anno (1201), Mediolanenses, pro eo quod Papienses ad burgum S. Domini, ubi erant in adjutorium Parmensium, graviter Mediolanenses invaserant, castrum Vegualj obsederunt, et illud præliando ceperunt, et omnino destruxerunt. Hoc facto, quidam religiosi viri se de pace inter Mediolanenses et Papienses intromiserunt; et per Dei gratiam, a quo multa bona procedunt, facta est pax et Papienses pacis fœdera reformavit, per sex menses ad hoc studiosissime laborans; quorum antiqua discordia inter civitates Lombardiæ, quæ hinc inde diviserant se in partes, dissensionis seminarium pariebat, ex qua multoties magna provenerant et dispendia et pericula personarum.

CXXIX. Hic ad reformandam pacem, vel componendam treugam, inter Philippum, regem Francorum, et Joannem, regem Anglorum, abbatem Casemarii destinavit (8). Qui, cum ad hoc per annum integrum laborasset, de Francia ad Angliam et de Anglia ad Franciam discurrendo, videns tandem se non posse proficere, convocavit archiepiscoporum, et episcoporum, et abbatum concilium apud civitatem Meldensem (9), in quo præfatus rex Franciæ per eosdem archiepiscopos, episcopos et abbates fecit ab eo ad sedem apostolicam appellari. Quorum appellationi noluit ipse deferre, nisi jurassent quod in termino, quem eis præfigeret, appellationem ipsam in propriis prosequerentur personis. Sed summus pontifex ab hujusmodi juramento illos absolvit, indulgens eis de speciali gratia, ut aliquot ex parte omnium ad prosequendam appellationem venirent. Venerunt igitur in termino constituto Senonensis et Bituricensis archiepiscopi, Parisiensis, Meldensis, Catalaunensis et Nivernensis episcopi (10), et

inter ipsas civitates in perpetuum duratura. » Cæterum, pontifex ipse de ista prioris Camaldulensis, ad pacem inter Mediolanenses et alias Lombardiæ civitates reformandam, legatione luculenutm profert testimonium, in epistola 189 libri decimi quinti, *Consulibus et populo Mediolanensibus, qua redarguuntur de quibusdam excessibus*, dat. Laterani, xii Kal. Novembris, an. xv (*id est* 1212). 'Ibi enim sic legitur : « Verum, vos de die in diem magis ac magis in eo (laqueo) pedes vestros irretire nitemini, qui, quasi aliæ, quas nobis intuleratis, injuriæ non sufficerent, nuper, cum dilecti filii, cives Papienses, charissimum in Christo filium nostrum, Fredericum, Siciliæ regem illustrem, de nostro mandato conducerent, non jam conduxissent, et recessissent ab eo, vos, offensam cumulantes offensa, rupto vinculo fœderis ac pacis, quæ olim, *procurante priore Camaldulensi, a nobis propter hoc specialiter destinato*, inter vos et eosdem celebrata exstitit, et juramento firmata. » etc.

(8) Confer epistolas libri sexti ; - - 68, *Regi Francorum*; *ut pacem faciat cum rege Anglorum*; dat. Gerentini, vii Kal. Junii, an. vi (*id est* an. Chr. 1203); — 69, *Regi Anglorum*; *de eodem negotio*; dat., *ut supra*; — 70, *Prælatis Franciæ*, *de eodem negotio*; dat. *ut supra*; — 76, *Regi Francorum*; *in qua scribit ei in favorem Inseburgis reginæ, et abbatem Casemarii legatum commendat*; dat. Ferentini, mense Junio, an. vi; — 163, *Regi Francorum*; *De jure feudi*; dat. Anagniæ, ii Kal. Novembris, an. vi; — 164, *Archiepiscopo Senonensi*; *ut publicet sententiam excommunicationis adversus moventes arma in regem Angliæ*; dat., *ut supra*; — 165, *Abbati Casemarii*; *ut se interponat pro pace, seu treuga inter reges, sin exsequi poterit, excommunicet*; dat. *ut supra*; — 166, *Archiepiscopo Bituricensi, et abbati Casemarii*; *ut de querela regum cognoscant*; dat. , *ut supra*; — 167, *Joanni, regi Anglorum* : *de causa belli inter ipsum et regem Franciæ*; dat. *ut supra*; — 194, *Regi Anglorum*; *ut observet concordiam cum uxore fratris sui*; dat. Anagniæ, Non. Januarii, an. vi (*id est* an. Christ. 1204).

Libri septimi : 44, *Prælatis Franciæ*; *de eodem negotio*; dat. ...... an. vii (*id est* an. Chr. 1204); *Abbati Casemarii*; *qua committit ei cognitionem causæ inter reges Francorum et Angliæ*; dat. *ut supra*; — 134, *Prælatis Franciæ*: *ipsos a sententia interdicti immunes pronuntiat*; dat. Laterani, Id. Augusti, an. vii; — 168, *Archiepiscopo Cantuariensi, aliisque*: *ut rex Angliæ dotem restituat uxori fratris sui*; dat. Romæ, apud S. Petrum, xvii Kal. Januarii, an. vii; — 171, *Regi Anglorum*; *in favorem archiepiscopi Dublinensis*; dat. *ubi supra*; Idib. Decembris, an. vii.

(9) De hoc Meldensi concilio nihil aliud tradunt historici præter id quod hic ab auctore nostro narratur. Vide *Act. Concilior. Harduin.* t. VI, part. II, col. 1969.

(10) De Senonensi præsule egimus ad epistolam 45 libri tertii. De Bituricensi ad epistolas 43 libri tertii not. 52, libri quinti, not. De Parisiensi ad epistolam 11 libri tertii, not. De Meldensi ad epistolam 188 libri octavi, not. De Catalaunensi ad epistolam 137 libri quinti, not. Demum, de Nivernensi, ad epistolam 11 libri quinti.

Nunc, de ipsorum versus Romam itinere aliquid observandum. Senonensem archiepiscopum, revera post consilium Meldense Romam adiisse, tradunt auctores Novæ Galliæ Christianæ (tom. XII, col. 57) : « Consilio Meldis habito, anno 1204, interfuit pro restituenda Franciæ inter et Angliæ reges concordia; ibique cum episcopis sedem apostolicam appellavit, ne legatus rem definiret; Romam petiit, et pacis inter reges sequester est dictus. » Nec ex instrumentis ad præsulem istum (Petrum de Corbolio) spectantibus, quæ citant iidem auctores, nihil omnino eruitur quod obstare possit quin res quoad notas chronologicas stare possit. De Bituricensi præsule (Guillelmo de Donjeon), circa hæc, in quibus Romam petiisse potuit, tempora, tacent supra laudati auctores (t. II, col. 61). Verum, ipsum Romam anno 1204 profectum, alibi, ut mox videbitur, sed unica, velut apparet, Innocentii Gestorum scriptoris auctoritate freti, affirmant. -- De Meldensi episcopo (Anselo), sic habent (t. VIII, col. 1619) : « Servos cum Henrico, abbate S. Dionysii, permutavit anno 1204. Habitum est anno eodem concilium Meldense a Joanne, abbate Casemarii, Cisterciensis ordinis, A. S. legato, ut inter Philippum Franciæ, et Joannem Angliæ reges pax et concordia restituerentur..... Ne legatus rem definiret, ad sedem apostolicam appellarunt Gallicani episcopi. Romam profecti Senonensis et Bituricensis archiepiscopi, atque Parisiensis, Meldensis, Catalaunensis et Nivernensis episcopi. Dum Romæ commoraretur Ansellus, cancellariam Meldensem, a se anno 1201 institutam, et ex propriis redditibus dotatam, a pontifice confirmari curavit. Eodem forsan in itinere, possessio jurisdictionis, salva proprietatis quæstione, in monasterio ac villa Jotrensi; adjudicata Ansello est ab Innocentio, v Kal. Februarii, pontificatus anno viii. Blancheæ comitissæ factam venditionem a Radulfo de Moncuichet testatur mense Junio 1205. »

Hactenus doctissimi auctores. Qua instrumentorum auctoritate freti, Ansellum, dum Romæ commoratur, *cancellariam Meldensem, a se anno 1201 institutam, a pontifice confirmari curavisse* affirmaverint, velim nos docuissent, quandoquidem de hoc nihil apud Plessæum (*Hist. de Meaux*, t. II, pr. a pag. 85, usque ad 97), in Regestis etiam Innocentii nihil omnino reperitur. Quod autem, *eodem forsan in itinere, possessio jurisdictionis, salva proprietatis questione, in monasterio ac villa Jotrensi, adjudicata Ansello fuerit ab Innocentio*, istud, pace tantorum virorum dixerimus, nullatenus, ex ipsorummet verbis stare potest. Sententia Pontificis, de qua hic agunt, legitur in Regesto epist. 202 libri octavi, et revera data diserte dicitur *Romæ, apud S. Petrum*

multi honorabiles clerici, procuratores omnium aliorum. Quibus diutius exspectantibus, praenominatus rex Angliae pro se neminem destinavit, negligens prosequi causam suam. Ex qua negligentia quantum ei damnum provenerit, satis patet, cum in brevi tempore totam Normanniam et Andegaviam, et Aquitaniam ipsam perdiderit pene totam. Praedicti vero archiepiscopi et episcopi, post exspectationem diutinam, in publico consistorio sub verbo veritatis, tanquam pontifices, sunt professi, quod ipsi non appellaverant ad mandatum apostolicum eludendum; sed, quia sua interesse credebant, maxime cum crederent in hac parte suum regem justam causam habere; sed, si nec istud sufficeret, et in aliquo essent domino papae suspecti, purgationem canonicam offerebant, quam eis dominus papa remisit.

CXXX. Hic, ad reformationem et correctionem excessuum vigilanter intendens, visitatores prudentes per diversas provincias delegabat, per quos faciebat diligenter inquiri de statu et conversatione, non solum Ecclesiarum, sed etiam praelatorum ; et, quos inveniebat culpabiles, a suis praelationibus protinus removebat, nolens crimina relinquere impunita. Quot enim praelatos a suis dignitatibus deposuerit, enarrare quis posset ? Ipse namque, ut de multis aliquos exprimamus, deposuit in Theutonia Coloniensem archiepiscopum (11); episcopum Wormaciensem, archiepiscopum Maguntinum intrusum (12) ; Hildesemensem et Herbipolensem episcopum, imperialis aulae cancellarium (13); Guircensem episcopum, vicarium Salzeburgensis archiepiscopi (14); et episcopum Nurembergensem (15). In Lombardia

v Kal. Februarii, pontificatus an. viii. Dies v Kal. Februarii (id est, 28 Januarii), anno Innocentiani pontificatus viii, pertinet ad annum Christi, juxta nostrum computandi morem, 1206. Auctores autem supra citati ipsi tradunt, Ansellum, jam a mense Junio, anni 1205, Meldis praesentem fuisse, quo tempore Blanchae comitissae factam venditionem a Radulfo de Moncuichet testatus est. Oportet igitur Ansellum ante mensem Junii, anno 1205, Romam deseruisse.

De Catalaunensi episcopo (Gerardo de Duaco), nihil habetur circa annum 1204 et 1205, Nov. Gall. Christ. t. IX, col. 884. Quoad episcopum Nivernensem (Guillelmum de S. Lazaro), aeque tacent saepefati auctores (ibid. t. XII, col. 644).

Superest episcopus Parisiensis, Odo de Sulliaco, quem non inconsulto huc usque praetermisimus. Ex instrumentis enim (si qua ipsis fides), apud auctores Novae Galliae (t. VII, col. 82), ex Historia Ecclesiae Parisiensis (t. II, a pag. 72 usque ad paginam 386) citatis, nec non ex Innocentii PP. epistolis, forsan erui posset quo mense Odo Romam proficisci, quo mense Parisiis idem redire debuit. Etenim, ex instrumentis, apud auctores Novae Galliae Christianae:

Anno 1203, mense Octobri, ordinavit collegia canonicorum suae dioeceseos, decretaque sancivit pro electione et residentia decani et cantoris S. Germani Antissiodorensis. Eodem anno 1203 (vel potius, juxta nostrum computandi morem, anni 1204 initio), ordinationem instituit in ecclesia S. Marcelli; postea eodem anno 1204, die septima mensis ejusdem Januarii, cum se contulisset ad oppidum S. Chlodoaldi, de decanis Ecclesiae illius loci statuit. Missa damus diversa alia instrumenta, quae ab ipso, eodem anno 1204, sed omissis mense atque die, emanata dicuntur, eodem anno 1204, MENSE JUNIO, decimam de Soiseio pro 30 libris Parisiensibus emit; ac MENSE EODEM JUNIO, ejusdem anni 1204, donat capellam S. Nicolai Monialibus de Footel, ad opus infirmariae.

Ex Epistolis vero Innocentii : Eodem anno 1204, MENSE AUGUSTO, VII Id. pontifex universis praelatis Franciae facultatem facit prosequendi appellationem, quam in concilio Meldensi interjecerant (vide epistolam, supra citatam, libri septimi 134). Tunc, sane, ab istis praelatis decretum fuerit, ut aliquot ex parte omnium ad prosequendum appellationem (prout ab auctore Gestorum Innocentii scribitur), Romam proficerentur. Stat ergo, Odonem, Parisiensem episcopum, non ante ultimos mensis Augusti, an. 1204, dies (quod quidem de caeteris hic nominatis praesulibus forsan affirmari posset),

iter versus Romam arripere debuisse. Verum, eodem anno 1204, ante finem mensis Decembris, jam Parisiis rediisse videtur. Ipsi enim velut absenti scribit Innocentius, cum ei potestatem facit de undecim praebendis Ecclesiae de Campellis viginti duas creandi. Exstat epistola libri septimi 1791, quae, Odoni, Parisiensi episcopo inscripta, data diserte dicitur, Romae apud S. Petrum, III Kal. Januarii, an. VII (id est, die 29 Decembris, an. Ch. 1204). Concinunt litterae ipsius Odonis super hoc negotio terminando, anno 1205 datae, loc. cit. Hist. Eccles. Paris. tom. II, pag. 228 et sqq. Fatendum tamen, aliquam oriri difficultatem ex iis quae ab auctore Gestorum adduntur: Quibus DIUTIUS exspectantibus..... post exspectationem DIUTINAM..... Quomodo enim praesules isti, cum iter non ante mensem Septembrem aggressi, reduces vero ante finem Decembris fuerint, DIUTIUS EXSPECTASSE dici potuissent? Huic objectioni obviam ire fortasse possemus, si quis concederet, unum, aut alterum de praesulibus deputatis, cum causam in longum nimis protrahi viderent, propriis revocatos negotiis, Romam citius deseruisse, remque collegis terminandam permisisse.

(11) Confer Raynaldum, Annal. tom. XIII, pag. 147, ad an. 1205, § 43.

(12) De Wormaciensi episcopo (Lupoldo), in archiepiscopum Maguntinum intruso, vide quae adnotavimus ad epistolam 14 libri quinti.

(13) Vide supra § 45.

(14) Vide quae jam adnotavimus supra ad § 45.

(15) Nurembergensem. Sic in codice Vallicellano ; sic et apud Baluzium ; sed veremur ne utrobique mendose. Legendum verisimiliter Bambergensem. De episcopo enim Bambergensi, al. Papembergensi, hic agi videtur. Erat is, Eckembertus, sive Erimbertus, de quo agimus in notis ad epistolam 89 libri septimi. Apud Albericum (Chronic. ad an. 1208, pag. 447) vocatur Engelbertus : « Episcopus autem Bavembergensis , hujus regis Romanorum (Philippi) mortem pertractasse dicebatur, et Romam adiit, et a papa Innocentio III fuit depositus, eo quod omnes accusarent eum, et tamen non multo post per eumdem papam fuit restitutus. »

Consulendae sunt praeterea epistolae libri octavi, 107, Andreae duci, gubernatori Ungariae; qua excusationem affert, cur ejus postulatis de Papembergensi (idem enim ac Bambergensi) Episcopo non annuat; sine data, sed versus mensem Junii, an. VIII (id est 1205);

Libri noni : 14, Episcopo Bambergensi qua datur ei terminus veniendi ad recipiendam absolutionem ; sine data, sed initio anni IX (id est 1206); — 15, In-

induxit, vel coegit ad cessionem Mediolanensem archiepiscopum (16), Astensem et Yporiensem episcopos (17), et multos abbates. In Provincia vero dejecit Tolosanum (18), Biterrensem (19), A Vinciensem (20) et Vivariensem (21) episcopos, et alios multos præsules et abbates. In regno Franciæ destituit Lingonensem episcopum (22) et abbates de Viziliaco (23), de Burgolio (24), de Cul-

strumentum, quo Eckembertus, Papembergensis [al. Bambergensis] episcopus promissam domino papæ fidelitatem et obedientiam se servaturum chirographo obtestatur; sine data; — 177, Episcopo Bambergensi; ut redeat ad regem Hungariæ, et exponat gaudium conceptum per papam de susceptione filii; dat. Romæ, apud S. Petrum, III Kal. Decembris;

Libri *De negotio imperii*, post Regesta; epist 139, *Salzeburgensi archiepiscopo; qua respondetur ad diversa capitula, et inter ea agitur de negotio episcopi Papembergensis; sine data; — 183, Hugolino, Ostiensi episcopo, et Leoni, tituli S. Crucis presbytero cardinali, apostolicæ sedis legatis, qua committit eis negotium episcopi Papembergensis, et informationem, an de nece Philippi, Ducis Sueriæ, culpabilis sit; dat. Later. xvii Kal. Februarii, an. xi* (id est an. 1209);

Libri undecimi Regestorum : epist. 220, *Regi Ungariæ; de negotio episcopi Bambergensis, et archiepiscopi Colocensis; dat. Laterani, xii Kal. Februarii,* an. xi;

Libri decimi quinti : 225, *Eidem; qua archiepiscopo Maguntino committitur inquisitio de negotio episcopi Bambergensis; dat. Laterani, iii Non. Februarii, an. xv (id est an.* 1213).

(16) Videndum num spectet ad epistolas libri decimi quinti 115, *Episcopo, et abbati S. Johannis, et archidiacono Parmensibus; de electione archiepiscopi Mediolanensis; dat. Laterani, vii Id. Junii, an. xv;* et libri decimi sexti 141, *Capitulo Mediolanensi, qua, cassata triplici electione, Henricum, cimiliarcham Ecclesiæ Mediolanensis, in pastorem ipsis concedit; dat. Laterani, vii Id. Novembris, an. xvi.*

(17) De Astensi et Yporiensi episcopis vide quæ adnotavimus ad epistolam 200 libri octavi, *Vercellensi episcopo, abbati de Tileto, et presbytero Alberto Mantuano, qualiter et quomodo procedere debuerint adversus Novariensem et Yporiensem episcopos; agitur etiam de cessione episcoporum Astensis et Veronensis; dat. iv Kal. Februarii, an. viii (id est* 1206).

(18) Vide quæ adnotata sunt ad epistolas libri octavi 115, *R. quondam episcopo, qua conceditur, ut, licet resignaverit administrationem Ecclesiæ Tolosanæ, valeat, sine præjudicio alterius, episcopale officium exercere; dat..... iii Non. Julii;* et 116, *Abbati Cisterciensi R. et P. monachis Fontis-Frigidi, A. S. L. ut Mascaronem a præpositura Tolosana amoveant; dat.... ii Non. Julii, an viii (id est* 1205).

(19) Confer quæ adnotavimus ad epistolam libri sexti, 242, *Episcopo Agathensi, et abbati S. Pontii, qua sententia suspensionis, in episcopum Biterrensem (Guillelmum IV de Roquosello) ab A. S. legatis lata, confirmatur; dat. Anagniæ, x Kal. Martii, an. vi (id est* 1204).

(20) Vide epistolam 84 libri septimi, *Archiepiscopo Ebredunensi, et abbati Boscaudunensi, ut de excessibus episcopi Venciensis (Petri Grimaldi) diligenter inquirant; dat. Laterani, vi Id. Junii, an. vii (id est* 1204).

(21) De isto agitur epistola 209 libri septimi, *Capitulo Vivariensi, de cessione facta ab eorum episcopo, et de nova electione facienda; dat. Romæ, apud S. Petrum, xiii Kal. Februarii, an. vii (id est* 1205); ubi vide quæ adnotavimus; quis enim tunc fuerit episcopus Vivariensis, multum ambigitur.

(22) Erat is, verisimiliter, Hilduinus *de Vandeuvre*, de quo egimus in not. ad epistolam 141 libri quinti. Sed conferenda etiam ea quæ de ipso referuntur apud auctores Novæ Galliæ Christianæ, tom. IV, col. 594.

(23) Habetur libro decimo sub num. 89, Epistola

B *Episcopis Antissiodorensi, et Trecensi, et abbati S. Benigni*, data qua committitur ipsis inquisitio adversus abbatem (Hugonem I) *et monachos Vezeliacenses*; dat. Viterbii, xiv Kal. Augusti, an. x. Vid. *Gall. Christ. nov.* tom. IV, col. 472.

(24) Abbas ille Burguliensis monasterii, quem hic destituisse dicitur Innocentius, erat procul dubio Hilarius, de quo pauca hæc habentur apud Sammarthanos, *Gall. Christ. vet.* t. IV, pag. 266 : « XVII. Hilarius, anno 1188. Bartholomæus, Turonensis Metropolita, ei confirmat Ecclesias in suo archiepiscopatu spectantes ad cœnobium Burguliense, *Turonis, per manum Petri, cancellarii Ecclesiæ suæ.* Testis reperitur, 1191, in Charta Nivelonis, Fayæ domini, concedentis decimam de Prischay, ad quem etiam exstat Cœlestini bulla, Laterani scripta, xv Kal. Julii, pontificatus an. vi. Sedebat adhuc Hilarius an. 1205. — XVIII. Lucas an. 1208. Cui dirigit summus pontifex bullam, e chartophylacio depromptam, quæ sic incipit.... *dat. Soræ, an. Incarn.* 1208, *Pontificatus Innoc. PP. III an.* xi. » Hactenus Sammarthani, apud quos de Hilarii destitutione, nihil omnino; de anno quo sedere desinit, nihil certi. Verum, destitutionem istam ante annum 1207 contigisse certiores nos faciunt epistolæ Innocentii libri decimi;

14, *Lucæ abbati et conventui Burguliensibus; qua datur certus modus vivendi, et regendi monasterium, ad relationem nonnullorum, quibus correctio exstiterat commissa; dat. Laterani, vii Id. Martii, an. x (id est an.* 1207) ; — 20, *Turonensi archiepiscopo, et abbatibus de Chaloccio, et de Oratorio; ut Hilarium, quondam abbatem Burguliensem, ad residendum in monasterio S. Jovini inducant et compellant;*

C *pro fructuosa pœnitentia injuncta in eo peragenda; dat. Laterani, xvi Kal. Aprilis, an. x.* — 21, *abbati (Lucæ), et conventui Burguliensibus; qua mandatur et indulgetur, ut concessiones et pensiones, per Hilarium, quondam eorum abbatem, illicite factas, revocare possint; dat., ut supra:* — 22, *Turonensi archiepiscopo, et abbatibus de Oratorio et de Chaloceio; ut de debitis per contractum legitimum tempore Hilarii, quondam abbatis Burguliensis, conquerentibus, exhibere faciant justitiæ complementum; dat., ut supra;* — 24, *Abbati (Lucæ), et conventui Burguliensibus; ut nonnullos monachos dicti Monasterii, complices Hilarii, quondam abbatis ejusdem monasterii, castigent, ei ad eorum obedientiam advocent, nec permittant monasterium perturbare; dat. Laterani, xvi Kal. Aprilis, an. x;* —25, *Abbatibus, Majoris Monasterii, S. Juliani, et S. Florentii, Turonensis et Audegavensis diœceseon; ut Hilarium, quondam abbatem*

D *Burguliensem, ad claustrum, sibi assignatum ad pœnitendum, reverti compellant; dat. Laterani, xiv Kal. Aprilis, an. x;* — 26, *Archiepiscopo Turonensi, episcopo Andegavensi, et abbati de Oratorio; de eodem argumento; dat., ut supra.* — 23, *Turonensi archiepiscopo, et episcopis Pictavensi et Andegavensi; ut contra incendiatores cujusdam grangiæ, Hilarii, quondam abbatis Burguliensis complices et fautores, procedant; dat. Laterani, xii Kal. Aprilis an x.*

Ex istis epistolis habemus destitutionis epocham (saltem quoad annum), causam et effectum. Mirum quidem in Regestis anni viii et ix nihil de eadem reperiri. Epistola vero Lucæ, abbati Burguliensi, an. Innocentii xi, directa, quam ex Cartophylacio in lucem emiserunt Sammarthani, est 145 libri undecimi, *Lucæ, abbati monasterii Burguliensis, ejusque fratribus,* etc., *de confirmatione privilegiorum*; dat. Soræ, per manum Joannis, S. Mariæ in Cosmedin diaconi cardinalis, S. R. E. cancellarii, xi Kal. Octobris, indictione xii, Incarnationis Dominicæ

tura (25) et ae Carasca (26); in regno Siciliæ, Troja- num episcopum, in archiepiscopum Panormitanum assumptum (27).

CXXXI. Licet beatus Thomas archiepiscopus animam suam pro ecclesiastica posuerit libertate, nulla tamen utilitas quoad hoc in sanguine ejus erat, quoniam Anglicana Ecclesia per principum insolentiam in profundo servitutis ancillata jacebat, ita ut apostolicum quoque mandatum in Anglia jam quasi precarium haberetur, et electiones prælatorum nusquam libere fierent, ut de cæteris abusionibus taceatur (28). Contigit autem ut, defuncto Huberto, Cantuariensi archiepiscopo, controversia oriretur de jure ac potestate eligendi archiepiscopum, inter suffraganeos, et monachos Cantuariensis metropoleos; illis asserentibus quod consueverant et debebant interesse cum monachis ad eligendum archiepiscopum; istis econtrario affirmantibus quod metropolitani electio ad suffraganeos minime pertinebat. Rex vero favebat suffraganeis contra monachos, suum nihilominus fovere nitens abusum. Cumque, propter timorem ipsius, monachi non auderent liberam electionem publice celebrare, subpriorem suum sub simulatione quadam occulte in capitulo elegerunt, et, ad ipsius regis instantiam, cui resistere non audebant in publico, elegerunt episcopum Norvicensem, quem ob regis gratiam suffraganei elegerunt. Utraque igitur quæstione ad apostolicæ sedis examen ab utroque perlata, et ea quæ de jure eligendi archiepiscopum inter suffraganeos et monachos vertebatur, et illa quæ super electione Norvicensis episcopi agebatur ex altera, in quo monachorum conventus videbatur esse divisus, quibusdam adhærentibus subpriori, aliis autem episcopo Norvicensi, cui etiam rex et suffraganei omnino favebant; postquam, productis testibus, et exhibitis instrumentis, sufficienter actum est de utraque, dominus papa, via regia prudenter incedens, non declinando ad dexteram vel sinistram, jus et potestatem eligendi archiepiscopum, adjudicavit conventui monachorum, perpetuum imponens silentium suffraganeis in hac causa. Utramque autem electionem, justitia exigente, cassavit; munera (29) omnino detestans, de quibus dicebatur quod plus quam undecim millia marcarum propter hanc causam parati fuerant elargiri. Ne vero, si monachi ad celebrandum electionem remitterentur in Angliam, novissimus error fieret pejor priore, præcavens summus pontifex huic malo, mandaverat conventui monachorum, ut potestatem eligendi archiepiscopum committerent quindecim ex fratribus suis, ad apostolicam sedem destinandis, si forte contingeret utramque illarum electionum de jure cassari, hoc idem insinuans ipsi regi. Cum igitur monachi paruissent apostolicæ jussioni, dominus papa, post cassationem prædictarum electionum, injunxit quindecim illis (30) monachis, ut in præsentia sua electionem canonicam de persona celebrarent, et, examinatis voluntatibus singulorum, inventi sunt plures in magistrum Stephanum de Languetone, presbyterum cardinalem tituli Sancti Chrysogoni, convenire, virum utique vita, scientia et fama præclarum, de Anglia oriundum, quem dominus papa eodem anno de cathedra magistrali, quam regebat Parisiis, assumpserat in presbyterum cardinalem; in quem tandem omnes monachi pariter consenserunt, nuntiis regiis hoc moleste ferentibus, et multis modis laborantibus impedire. Quod cum per eos ad regis notitiam pervenisset, rex in tantam indignationem exarsit, licet ei dominus papa scribens postulasset, exhortans ut suum impenderet huic facto favorem, ut, nuntiis ad ipsum remissis, non dubitaverit ei mandare per litteras quod id nullatenus pateretur. Porro dominus papa, sicut erat fortis et constans, præfatum electum propriis manibus consecravit, et, palleo sibi dato, transmisit illum ad gerendam sollicitudinem pastoralem, districte præcipiens suffraganeis universis, ut, nisi rex, diligenter commonitus, acquiesceret, totum regnum Angliæ subjicerent interdicto ecclesiastico. Quod sicut mandavit denique factum est, Deo mirabiliter operante, ut per totum regnum Angliæ simul ac semel curreret interdictum; quod tam districte servabatur ubique (31), ut, præter pœnitentiam morientium, et baptisma parvulorum, nusquam celebraretur divinum officium, aut exhiberetur ecclesiasticum sacramentum; ita, quod non solum clericorum et monachorum, aut quorumlibet regularium, sed etiam episcoporum cadavera servarentur extra cœmeterium inhu-

anno 1208, pontificatus vero domini Innocentii PP. III anno undecimo.
Lucam abbatem de dilapidatione, sed falso accusatum fuisse, et, ut correctioni ipse subjiceretur, litteras apostolicas suppositas fuisse, docet epistola, ejusdem libri undecimi 144, *Abbatibus, Vindocinensi, Carnotensi diœceseos, et S. Juliani, ac priori Majoris Monasterii Turonen.*, *qua ipsi reprehenduntur, quod litteras*, *de correctione monasterii Burguliensis, manifesto falsis, quæ eis præsentatæ fuerant, fidem leviter adhibuissent;* dat. Soræ, xii Kal. Octobris, pontificatus an. xi.
(25) Confer epistolam 160, libri octavi, *abbati et conventui de Cultura*, *qua irritantur pensiones omnes factæ vel promissæ per R. quondam abbatem*, dat. Romæ, ii Kal. Decembris, an. viii. Vide etiam quæ ibi adnotavimus.

(26) Quæ sit, aut unquam fuerit, abbatia de Carasca, sive, ut in cod. Pod. legi monet Baluzius, *de Tarasca*. prorsus ignorare fatemur.
(27) Confer ea quæ adnotavimus ad epistolam 39 libri quinti.
(28) Conferendæ sunt omnino epistolæ libri octavi 161, 163; libri noni 34, 35, 36, 37, 205, 206, 207; libri decimi 113, 159, 160, 161; libri undecimi 89, 90, 91, 102, 141, 210, 213, 214, 215, 220; libri decimi quinti 233, 234; libri decimi sexti 76.
(29) *Cassavit; munera*. Sic apud Baluzium; in codice Vallicellano, *cassavit et munera*.
(30) *Illis*. Sic in codice Vallicellano; apud Baluzium deest.
(31) *Ubique*. Sic in codice Vallicellano; sic et apud Baluzium, qui ad marginem notat in codice Podiano legi *inibi*.

mata. Quod demum rex, propter generalem clamorem, sustinere non prævalens, satisfactionem obtulit per nuntios et litteras suas; quam archiepiscopo in Flandria exspectanti denuntiavit hoc modo (32):

CXXXII Charissimus in Christo filius noster, Joannes, rex Anglorum illustris, nuper nobis, etc. *Dat. Anagniæ,* vi *Kal. Junii, an.* xi.

CXXXIII. Quia vero virtutis aurum (33) in persecutionis fornace probatur, volens Deus præfati præsulis patientiam inter adversa probari cum quasi signum exposuit ad sagittas, permittens ipsum a suis civibus multis tentationibus exerceri; sed, sicut in Psalmo legitur : Sagittæ parvulorum factæ sunt plagæ eorum, et pro nihilo habentur contra eum linguæ ipsorum (*Psal.* LXIII, 9). Cum enim Romanum populum ad vassallagium recepisset (34), quidam, qui ex discordia quam seminare solebant inter summum pontificem et Romanum populum, suos questus augebant, intelligentes quod non poterant in aqua clara piscari, cœperunt aquam turbare, ut in ea melius piscarentur. Inter quos principales et præcipui exstiterunt Joannes Petri Leonis Raynerii (35), et Joannes Capotius (36), qui ex facundia sua multum obtinuerat in populi favorem. Hi ergo hanc primam turbandi materiam invenerunt, dicentes in populo quod dominus papa spoliaverat Urbem omnibus tenimentis, sicut anceps deplumat avem omnibus pennis, pro eo quod ipse Sabiniam et Maritimam ad manum Ecclesiæ revocaverat, et recuperaverat Urbis senatum (37). Sed, cum hoc modo minime profecissent, occasionem aliquam confinxerunt, asserentes quod ipse senatum non faciebat commu-

---

(32) Vide epistolam 90, libri undecimi *Cantuariensi archiepiscopo,* S. R. E. *cardinali.*

(33) *Virtutis aurum.* Sic apud Baluzium; in codice Vallicellano, *virtus auri.*

(34) Vide supra, § 8.

(35) De Joanne Petri Leonis, senatoris Urbis, mentio habetur in epistola 239, libri secundi, *Stephano, abbati, et conventui* S. *Sylvestri, de causa, quæ inter ecclesiam* S. *Mariæ in Via Lata, et* J. *de Atteia vertebatur,* dat. Laterani, v Kal. Decembris. Ex ista vero epistola eruitur, Joannem Petri Leonis, non nisi post B. Carosomi (de quo vide supra not. ad § 8), etiamque ante obitum Cœlestini PP. III, senatoria dignitate potitum fuisse.

(36) Floruisse Romæ circa hæc, in quibus versamur, tempora Capotianam gentem, testis auctor non contemnendus, Ricordanus Malespinæ, qui de se ipso narrat, se anno Christi 1200 Romam profectum, apud *Cappoccios, nobiles cives Romanos, affines suos,* in vetustissimas historias incidisse. — « E io sopraddetto Ricordano, ebbi in parte le sopraddette iscritture da un nobile Cittadino Romano, il cui nome fù Fiorello di Liello Capocci; il quale Fiorello ebbe le dette iscritture di suoi antecessori..... il detto Fiorello fù uno de' detti Cappocci, il quale si diletto molto di scrivere cose passate, ed eziandio anche molto si diletto di cose di strologia... Poi al tempo di Carlo Magno, fù un nobile vomo di Roma, il quale fù della sopraddetta schiatta de Capocci, ed ebbe nome Africo Capocci, el ebbe nonne Africo Cappocci... Ed io sopraddetto Ricordano, fui per femmina, cioè l'avola mia, della detta casa de' Capocci di Roma, e negli anni di Cristo mille dugento, capitai in Roma in casa a' detti miei parenti, e quivi trovai le sopraddette iscritture..... e a Roma stetti da dì due di Agosto, anni mille dugento, in fino a dì undici d'Aprile anni (*deest numerus*)..... E ritornato ch' io fui, etc. » *Istor. Florentin.* di Ricord. MALESP. cap. 41, Rer. Italic. Script. tom. VIII, col. 906. Joannes Capotius reperitur inter ostiarios, constitutos in Lateranensi palatio, qui anno 1188 sacramentum præstitisse dicuntur, in charta, quam ex Regesto manuscripto Cencii Camerarii descriptam evulgavit Muratorius, *Antiq. med. ævi,* tom. I, dissert. IV. col. 121.

(37) Hiis quæ jam adnotavimus supra ad §§ 8 et 135, quædam adjungere lubet. Ac primo hic referre liceat notam quæ reperitur in doctissimo opere cui titulus *Del Primecero della* S. *sede apostolica* (Append. de' Documenti, instrument. 51, pag. 306, not. « Varie furono le ribellioni de' Romani contro de' pontefici loro legittimi sovrani. Ma la piu strepitosa fu quella che avvenne nell' ultimo anno d'Innocenzo II, cioè nel 1143, allorchè i lacii, già inquieti, e feroci di loro indole, infetti altresì dell' eresia di Arnaldo da Brescia, entrarono nei pazzo pensiero di restaurare l'antica gloria de' Romani, con remittere in piedi il senato, per l'amministrazione civile di Roma, contro tutti i diritti che vi aveva il Romano pontefice. Trenta ne furono allora eletti, e tanti furono pure sotto Clemente III Incominciarono dal sudetto anno 1143, a segnare gli anni di questa rinovazione di senato. Nel pontificato poi di Celestino III, un certo Benedetto si arrogò tutta l'autorità senatoria, facendo a gara con Arrigo IV imperadore, d'invadere le ragioni della Chiesa, come si raccoglie dalle gesta d'Innocenzo PP. III. Benedetto tolse Marittima e la Sabina ponendovi i suoi giustizieri, mentre esso Arrigo avea occupata la Sicilia, e tutto il patrimonio di S. Pietro, eccettuata la Campagna. Innocenzo seppe reprimere l'audacia di si fatto Senature, eleggendone egli un' altro a suo modo, ma per contentare l'inquieto popolo istituì nell' anno 1208 cinquanta sei senatori, predicendo gli però che grande sconcerto ne sarebbe tornato alla Citta, come di fatti avvenne, onde a petizione dello stesso popolo bisognò rimettere un solo senatore. »

Hactenus clarissimus auctor (Galetti) loco supra citato..... Pace vero ejus dixerimus, non absque restrictione aliqua accipienda sunt ipsius verba : *Innocenzo seppe reprimere l'audacia di si fatto senatore eleggendo ne un altro a sua modo.* Nequaquam enim, prout jam ex Innocentii epistola quadam probari observavimus, (vide supra not. ad § 8). Benedictus sub ipso Innocentio, sed circa initia Cœlestini PP. III, senatoria dignitate potitus est. Nec de alio forsan intelligenda sunt ea quæ leguntur in *Chronico Altissiodorensi* (ad an. 1191, pag. 93, r°) : « Per hos dies Romæ quidam, nomine Benedictus, vir in rebus sæculi experientissimus, cum videret Urbem rapinis, et furtis, et cædibus diversisque injuriis expositam, primo sibi paucorum animos conciliat, dehinc, pluribus aggregatis eligitur, ut totius Urbis obtineat potentatum. Cœpit itaque in malefactores districtus ultor existere, sibique adversantes comprimere; sicque in brevi malorum violentiis moribusque compressis, intra Urbem et circa, tuta omnia efficit et quieta..... » Et mox, ad an. 1193, pag. 94 r°, quod quidem notatu dignissimum : « Benedictus Romæ, dum se magnificentius ageret, invidiam contra se excitat Romanorum, eorumque factione in Capitolio obsidetur et capitur, captusque diu in custodia detinetur, »

Ad ista vero, *Ma per contentare l'inquieto popolo istituì* nell' *anno* 1208 *cinquanta sei senatori predicendo gli però che grande sconcerto de sarebbe tornato alla Cività, come di fatti avvenne, unde a petizione della stesso popolo, bisogno rimettere un solo senatore,* conferendæ sunt infra notæ ad § 141.

nem, sed eum in senatorem eligi faciebat, qui suis propitius, et aliis esset infestus. Quamvis autem multifarie multisque modis populum subvertere niterentur, et sæpe scandala suscitassent, non tamen eum adhuc plene seducere potuerunt, ad hoc præcipue intendentes, ut, sicut soliti fuerant, a summo pontifice pecuniam extorquerent. Verum, ipse, cupiens hanc pessimam consuetudinem abolere, noluit se ab illis redimere, ut a sua persecutione cessarent. Unde ipsi, contempti, cœperunt ad persecutionem ipsius amplius inflammari; et, quia videbant se solos non posse sufficere, multos sibi attrahere studuerunt, insimul conjurantes. Sic ergo longam restem fecerunt, dum quosdam simplicitate seductos, alios tractos invidia, nonnullos cupiditate illectos, ad suum inclinavere consensum.

Accidit interim ut Viterbienses in tantum opprimerent Viterclanum, nolentes homines ipsius castri alio modo recipere, nisi, salvis personis et rebus, castrum ipsum eis traderent destruendum, quod ipsi, summa necessitate compulsi, mittentes nuntios ad Romanos, se simul cum castro eorum dominationi subjiciendos offerrent, ut imminens possent periculum evitare. Tunc præfati schismatiarchæ arbitrati sunt se turbationis invenisse materiam, per quam possent Romanum populum contra summum pontificem commovere, dicentes : « Faciamus Viterclanum recipi a Romanis contra Viterbienses tuendum; et, si papa noluerit Romanis auxilium impertiri, tunc Romanus populus commovebitur contra ipsum, si vero auxilia illis impenderit, Viterbienses cum fautoribus suis ab ejus fidelitate recedent; et sic suscitabitur guerra, per quam melius poterimus in aqua turbata piscari. » Licet igitur sanis et sapientibus hujusmodi consilium displiceret, prævaluit tamen consilium istud in plebe, quæ Viterbienses habet exosos, et receptum est Viterclanum ab Urbe contra Viterbienses defendendum. Cum autem Viterbienses nollent, ad mandatum Romanorum, ab impugnatione Viterclani cessare, diffidati sunt a Romanis (38); et, cum isti congregarent exercitum contra illos, illi, convocatis rectoribus societatis Tusciæ in auxilium contra istos, cœperunt ad resistendum se viriliter præparare. Rectoribus ergo Tusciæ societatis cum valida manu in auxilium Viterbiensium accedentibus, Romani, dubitantes procedere, murmurare cœperunt adversus eos qui consilium dederant ut acciperent Viterclanum; et sic præfati schismatiarchæ visi sunt incidere in foveam quam nisi (39) sunt aliis præparare. Quid ergo facerent ignorantes, recurrerunt tandem ad summum pontificem, ipsius auxilium humiliter implorantes. Ipse vero, non tam propter illorum instantiam, quam propter Viterbiensium insolentiam, qui, super negotio Viterclani sæpius requisiti, nunquam voluerunt ipsius acquiescere monitis et mandatis, imo etiam contra ipsum Narniensibus in rebellione sua præstiterunt auxilium et favorem, mandavit eisdem, ut a molestatione Viterclani desisterent, vel in curia sua justitiam exhiberent, promittens eis in veniendo, morando, et redeundo plenariam securitatem præstare. Quod cum ipsi facere noluissent, eos pro contumacia sua diffidavit, et interdicto subjecit, injungens rectoribus societatis Tusciæ, qui jam in eorum auxilium usque Urbevetanum pervenerant, ut eis contra Romanos auxilium non præstarent. Qui respondentes dixerunt, quod, cum eos ratione societatis tenerentur juvare, non poterant eis sine perjurii reatu deesse. Quibus per honorabiles nuntios dominus papa rescripsit, quod, cum ipsi societatem ad honorem Ecclesiæ Romanæ jurassent, ipsius honorem procul dubio non servarent, si Viterbiensibus, contemnentibus ad mandatum ejus facere rationem, et ob hoc justo judicio diffidatis et interdictis, auxilium exhiberent. Unde ipsi rectores cum exercitu suo ad propria redierunt, et Romani, cum fidelibus domini papæ ad mandatum ipsius undique congregatis, adierunt fiducialiter Viterclanum, illudque victualibus et aliis necessariis munientes, usque Viterbium processerunt, et, castrametantes ex opposito civitatis, circa vesperam periclitati certamine, pugnaverunt cum illis, et in eo congressu sunt superiores effecti (40); sed, summo diluculo, non exspectantes ad propria redierunt, usque adeo in laudem summi pontificis conclamantes, ut quidam, qui consueverant in contradictionem domini papæ ora laxare, publice dicerent quod ita jam erant ipsorum linguæ, quod nunquam de cætero contra summum pontificem loquerentur.

CXXXIV. Hoc autem parvissimo tempore servaverunt. Nam, cum nobiles viri, Lando Collis de Medio, et fratres ejus (41), deposuissent domino

---

(38) Conferenda est epistola 207, libri secundi, *potestati, consulibus et justitiariis Viterbiensibus, ut concordiam cum Romanis initam conservent.* Desunt notæ chronologicæ, sed ex loco quo in Regesto collocata legitur, patet, circa mensem Novembrem, an. 1199, datam fuisse : Ibi de negotio castri Viterclani agit pontifex.

(39) *Nisi.* Sic apud Baluzium ; in codice Vallicellano, *ausi.*

(40) « Anno Domini 1200, Romani, Viterbiensibus devictis, campanam communicatis Romam, inde in Capitolium transtulerunt, quæ ideo Viterbiensis vocata, et catenam portæ Salsichii abstulerunt, quam reposuerunt in arcu S. Viti, juxta S. Mariam Majorem, ubi nunc conspicitur. Ciacon. tom. II, col. 8. Sed vide infra not. ad § 134.

(41) *Lando Collis de Medio.* Sic in codice Vallicellano ; apud Baluzium, *Landus de Colle medio.* Lectioni codicis Vallicellani suffragatur epistola 5 libri duodecimi, *Ricardo, germano papæ, qua ipsi confirmatur castrum Soranum,* dat. Laterani, vi Kal. Martii, pontificatus an. xii (id est an. 1209). Ibi enim testes subscripti reperiuntur, dominus *Lando de Colle-medio,* dominus *Guido de Colle-medio,* iidem, ut conjicere est, ac *Lando Collis de Medio,* qui hic ab auctore Gestorum, et G. *filius ejus,* qui in epistola 98 libri decimi quinti, nominantur. Epistola hæc directa dicitur *Lando Collis de medio, et*

papæ querelam de Bartholomæo (42) et Jonatha, dominis Varniæ et Gabriani, quod partem terræ spectantem ad ipsos per violentiam detinerent, et peterent sibi justitiam exhiberi, qui, sæpe citati, justitiam sub ejus examine facere noluerunt, fecit illos per peremptorium edictum, per marescalcum suum, in possessionem rerum petitarum induci. Quam illi temere perturbantes, accesserunt ad præfatos Joannem Leonis (43) Rainerii, et Joannem Capotium, et eis simulato contractu terram suam titulo pignoris obligarunt, eam se ab ipsis tenere simulantes. Illi vero apud dominum papam instare cœperunt, ut eis terram illam in pace dimitteret. Quorum fraudem dominus papa cognoscens, præfatos nobiles coarctari nihilominus faciebat per vastationem segetum, incisionem arborum, fractionem molendinorum, et abductionem prædarum. Quanquam præfati schismatici clamarent contra dominum papam in populo, quod ipse libertates, et consuetudines, et rationes Romanorum infringeret et auferret, satagentes contra eum scandalum populi suscitare; quod ipse tandem, congregato populo, exposita veritate, sedavit; et, adhuc eis minantibus et renitentibus, coegit nobiles antedictos, ut, pignoris contractu rescisso, mandatis ipsius se per omnia parituros juramento et fidejussoribus promiserint. Et sic demum inter istos et illos controversia finem per transactionem accepit.

Viterbienses vero, impugnantes Viterclanum, et illud nimium coarctantes, Viterclanenses Romanorum auxilium implorarunt, asserentes, quod, nisi quantocius illis succurrerent, tanta laborabant penuria victualium, quod non poterant ulterius se tenere. Senator igitur, Urbem egressus, in prato Sancti Petri fixit tentorium, mandans Romanis ut post ipsum exirent, et vicinos amicos Urbis in expeditione convocans universos. Romani vero pauci, et cum tædio exeuntes, vix tandem senator usque ad civitatem Castellanam processit. Viterbienses autem, adjuncto comite Ildebrandino, quem sibi Potestatem præfecerant, et, tam per ipsum quam per alios amicos suos magno exercitu congregato, multis nihilominus militibus et arcariis mercede conductis, se contra Romanos viriliter præpararunt (44). Romani ergo, cum essent pauci, audito illorum multiplici apparatu, quid agerent dubitare cœperunt, quia eis ignominiosum redire, et periculosum procedere videbatur. Sed hoc consilium inierunt, ut senator a potentioribus Urbis pecuniam mutuo postularet, ex qua conduceret milites et arcarios opportunos. Qui cum nullam, vel modicam, ab aliis potuisset habere, Richardus, domini papæ germanus, mille libras (45) eis in tanto necessitatis articulo mutuavit; ex qua conductis militibus et arcariis, processerunt, ut inferrent victualia Viterclano. Sed Viterbienses, eis obviam venientes, cœperunt dimicare cum ipsis ipso die Epiphaniæ (46), cum dominus papa, missarum solemnia celebrans in ecclesia Sancti Petri, exhortaretur populum ut pro fratribus in exercitu commorantibus supplicarent, ut Deus eos cum prosperitate reduceret et honore: ipsoque die Viterbienses, terga vertentes, fugati sunt a Romanis, multis in bello vulneratis, occisis et captis. Sicque, Romanis cum gloria revertentibus, senator cum sæpefato Joanne Petri-Leonis Rainerii, et multis aliis, ad summum pontificem accedentes, prostraverunt se ad pedes ipsius, et, eos humiliter osculantes, innumeras ei gratias retulerunt.

Senator autem universos captivos misit in Canapariam (47) multis miseriis macerandos; inter quos duo erant majores, videlicet Neapolion, vicecomes Campiliæ, et Burgundio, protonotarius Viterbii; quibus dominus papa compatiens, fecit illos educi de Canaparia, et in palatio suo aliquandiu detineri, ac demum apud Larianum honorifice custodiri; cæterorumque misertus, inter Romanos et Viterbienses cœpit de pace tractare (48).

CXXXV. Præfato vero Neapolione per fugam ela-

G. filio ejus; et in ea profertur sententia in causa quadam, quæ vertebatur inter ipsos, ac nobiles viros, Philippum et Jordanum de Insula, super quibusdam partibus castri quod dicitur Prun. Dat. Laterani, IV Kal. Junii, pontificatus an. XV (id est an. 1212). Ibi Lando positum videtur per abbreviationem pro Landoni.

(42) *Bartholomæo.* Sic in codice Vallicellano; sic et apud Baluzium, qui ad marginem notat in codice Podiano legi, *Ptolomæo.*

(43) *Leonis.* Sic in codice Vallicellano; sic et apud Baluzium; legendum vero videtur *Petri-Leonis,* prout supra et infra passim.

(44) Hæc ante initium anni 1202 gesta fuisse ex mox dicendis affirmare licet. Concinere videtur Muratorius, apud quem sic legitur, *Annal.* tom. VII, part. I, pag. 144, ad annum 1200: « Cercavano anche i Romani di dilatare il loro distretto; e però con tutte le loro forse, a bandiere spiegate andarono in questo anno adosso a Viterbo, e talmente strinsero, e combatterono quella citta, che fù astretta a sottomettersi alla lor signoria, o sia a quella del papa. » Hactenùs Muratorius, ex *Manip. Flor.* cap. 233. Verum, hoc spectare potius videtur ad ea quæ leguntur supra § 153.

(45) *Mille libras.* Hæc desunt apud Baluzium; suppeditavit codex Vallicellanus.

(46) Verisimiliter anni 1202. Vide infra et notam 48.

(47) *Canapariam.* Sic in codice Vallicellano, sic et apud Baluzium, sic etiam in epistola mox citanda (vid. not. seq.). Idem verisimiliter ac *Canevarium*, nostris *une chenevière*, ager ubi canabis crescit, prout in charta an. 1029 apud Perardum, pag. 177, legi testatur Cangius (*Gloss.* tom. II, col. 129). Cæterum, Canapariæ situm Romanarum medii ævi antiquitatum studiosis investigare, et forsan pro certo statuere, licebit, ex bulla quadam Anacleti PP. II, quam doctissima dissertatione illustravit Franciscus Valesius. Vide *Raccolta d'Opuscoli scientis. et filolog. del P. Calogera,* tom. XX, pag. 102 et seqq.

(48) Conferenda est omnino epistola 138 libri quinti, *Clusino episcopo; O.... Radicofanensi castellano, Acolytho, et magistro P. scriptori papæ; ubi* scribitur de Neapoleone et Pepone, in guerra Romanos inter et Viterbienses carceri mancipatis, deque custodia eorum in arce Lariani; dat. Laterani, IV Id. Januarii, an. V (*id est* initio anni Christi 1203

pso, sæpefati schismatici cœperunt contra dominum papam, ora laxare, obloquentes et blasphemantes, ut contra eum populum concitarent: et quidem malignis eorum suggestionibus populus nimis est concitatus. Quorum furorem dominus papa blande deliniens, usque adeo in pacis tractatu processit, quod inter eos, salva in omnibus fidelitate Romani pontificis et Ecclesiæ Romanæ, composuit, et sic omnes captivi sunt liberati; præcipiens Viterbiensibus, ut portas æreas, quas de basilica Sancti Petri, et pateres (49) æreos, quos de cantharo (50) ante basilicam dicebantur extulisse, vel confregisse, tempore Frederici imperatoris, facerent restaurari.

Licet hanc pacem de voluntate fecerit Romanorum, nihilominus tamen aliqui oblatrabant, dicentes quod eam ob commodum fecerit speciale. Ad has malignitates et nequitias exercendas incentores et auctores fuerunt filii Ursi, quondam Cœlestini papæ nepotes de bonis Ecclesiæ Romanæ ditati; hac occasione duntaxat, quod inter domum Petri Bobonis (54), ex qua ipsi per patrem descenderant, et domum Romani de Scorta (52), ex qua dominus papa per matrem descendit, veteres æmulationes fuerunt. Unde, timebant ne ipse vellet eos opprimere, præsertim super terram quam nomine pignoris ab Ecclesia Romana tenebant, videlicet Viconario (53), Burdella (54) et Cantalupo, quamvis nihil tale facto, verbo, vel signo percipere potuissent. Nitebantur igitur sub nomine communitatis populi sibi captare favorem, et inter ipsum et Ecclesiam scandalum suscitare, ut dominus papa, molestatus a populo, eos molestare non posset, et, si vellet, se contra ipsum favore populi tuerentur. In tantum igitur eorum processit malitia, ut, absentia domini papæ captata, cum apud Velletrum æstivo tempore moraretur (55), ipsi, paratis insidiis, ex improviso in

---

Verum, quæ hic apud auctorem nostrum referuntur, anterius contigisse ex notis sequentibus patebit.

(49) *Pateres*. Sic apud Baluzium. Cangius vero legendum censet *crateres* (*Glossar. med. et inf. Latin.* tom. II, col. 195). In codice Vallicellano legitur *paones*.

(50) « *Canthari*, aquarum receptacula, unde aquæ erumpunt. Ulpiano; nostris *bassins*; qui in mediis Ecclesiarum atriis, seu propylæis exstrui solebant. » CANGIUS, *ibid.*

(51) Ad ista quædam referre lubet ex Muratorio deprompta (*Antiq. med. ævi*, dissert. XLII *De cognominum origine*, tom. III, col. 783): « Non ab alio fonte quam a nomine parentis in cognomentum converso, complures Neapolitanæ et Florentinæ familiæ olim gentilitiam appellationem traxisse videntur..... Neque omnes recensere oportet, uti neque in aliis Italiæ civitatibus ejus rei exempla perquirere.... Mea equidem sententia, non ab Ursinis sub Romana republica florentibus, neque ab urso in eorum vexillis picto, sed ab Urso quodam, nobili viro, Ursina gens appellationem suam traxit, nomine illius sensim in cognomen converso. Proinde antiquis temporibus, *de filiis Ursi* eorum progenies appellabatur. Ex hac familia primus in Romanum pontificem adlectus est, an. 1191, Hyacinthus, tituli S. Mariæ in Cosmedin diaconus cardinalis, qui Cœlestini III nomen assumpsit. Diu atque ab ipso Baronio ignoratum est, hunc ex Ursina gente procreatum fuisse, quod in antiquis catalogis duntaxat appellatur *filius Petri Bobonis*. Sed nunc res extra controversiam posita est. Audi auctorem Vitæ Innocentii III, quem Cœlestinus habuit successorem. Narrat ille seditiones anno 1208 Romæ excitatas, quarum incentores et auctores fuerunt *filii Ursi*, quondam *Cœlestini papæ III nepotes*.... Addit, quod ipsi *ex domo Petri Bobonis per patrem* (scilicet *Ursum*) *descenderant*. Ursus igitur ac ipse *Cœlestinus PP. III*, erant *filii Petri Bobonis*. » Hactenus Muratorius, *loc. cit.*

Natus erat Hyacinthus, *Petri Bobonis filius*, versus annum 1118, utpote qui initio anni 1198 prope octogenarius obiisse dicitur (Vid. Baronium et Oldoinum *ad Ciacon.* tom. I, col. 1154). Anno 1157, de *Oddone Bovonis* (seu *Bobonis*), *de patre suo, fratribus suis germanis, et consobrinis, et patruis et avunculis suis*, mentio habetur in instrumento permutationis castrorum quorumdam inter Adrianum PP. IV, et Landulfum ac Landonem fratres de Aquino (apud Murator, *ibid.*, pag. 792). Item, *Bobo*, frater Hyacinthi (postea Cœlestini PP. III) cardinalis, præsens nominatur in privilegio Fernandi, regis Hispaniarum, Romanæ Ecclesiæ facto, anno 1172, super donatione castri Thoraph; *facta charta, in Zamorra, septimo Idus Julii, æra millesima ducentesima decima, regnante rege domino Fernando, rege Legionensi, Estremaruræ, Gallicæ, et Asturiis :* eo anno quo familiarissimus atque pius dominus cardinalis Hyacinthus, apostolicæ sedi legatus, venit in Hispania (apud eumd. *ibid.* col. 789). »

Guido Bobonis reperitur inter senatores qui subscripti leguntur in instrumento concordiæ inter Clementem PP. III, et senatores populumque Romanum, super regalibus et aliis dignitatibus urbis, an. 1188. *Ibid.* col. 785. Patruus fortasse fuit Cœlestini PP. III, cui, ut vidimus, pater fuit Petrus Bobonis.

Petri, filii *Bobonis Stellæ*, mentis habetur in chartula, super tenimentis Tusculani, quam fecit senatus et populus domino papæ et Romanæ Ecclesiæ, an. 1194, *an. senatus* XLVII, *indictione nona, mense Aprili die* 19 (apud eumd. *ibid.* col. 788); qui ad eamdem Ursinorum familiam forsan referendus est.

Paulus Petri Bobonis, testis subscriptus reperitur in instrumento quodam, quo *Joannes de Monte-Albano Constantiæ, Abbatissæ SS. Cyriaci et Nicolai, concedit mediam partem villarum suarum et vassalorum*, anno II Pontificatus Innocentii PP. III, Indictione II, mensis Junii die 15, id est an. Chr. 1199. (Vid. del Primicero della S. Sede apostolica; append. de Documenti, *pag.* 330, *instr.* LXVI.

Demum de *S. Bobonis de Maximo*, mentio habetur in Epistola (in *Collectione nostra*, T. II, pag. 456) Libri septimi XV, ELIENSI EPISCOPO, ET ABBATI S. EDMUNDI; *ut mercatoribus Romanis, super pecunia ipsis a Rogerio de S. Edmundo debita, satisfieri curent*; dat. Anagniæ, VI Non. Martii, an. VII (id est 1204).

(52) *De Scorta*. Sic in codice Vallicellano; sic et apud Baluzium. Legendum tamen potius *de Scotta*.

(53) *Viconario*. Sic apud Baluzium; in codice Vallicellano, *Vicoano*; num potius *Vicovario*? Conf. epistolam 120 libri decimi quinti, *Abbati S. Cosmæ de Vicovario, et fratribus ejus, qua recipiuntur sub protectione B. Petri*; dat. Laterani, Idib. Junii, an. XV (id est 1212). Ibi enim inter bona ad monasterium S. Cosmæ *de Vicovario*, al. *Vicovaro*, Ecclesia S. Mariæ *de Cantalupo* (de qua hic etiam) enumeratur.

(54) *Burdella*. Sic apud Baluzium; in codice Vallicellano, *Bundella*.

(55) Innocentius, anno Christi 1202, pontificatus sui V, apud Velletrum moratus est, a die saltem 14

Romanum de Scorta, et filios Johannis Odolinæ (56), consanguineos ipsius domini papæ, violenter irruerint, et eos ac uxores eorum de domibus suis ejecerint. Quod cum ad audientiam summi pontificis pervenisset, indoluit vehementer, non tam propter illatam (57) injuriam, quam propter futurum periculum quod timebat; et ideo ad reditum festinavit. Ad cujus præsentiam præfati malefactores, videlicet filii Ursi, cum consanguineis et amicis suis protinus accesserunt, ipsius se mandatis per omnia exponentes; et, recepto ab eis corporaliter juramento, quod universis mandatis ejus absque reservatione cum timore parerent; ab aliis quoque simile juramentum recepit; et, fidejussoribus insuper utrinque receptis, pacem inter eos componere intendebat.

CXXXVI. Porro, Pandulphus de Subuxa, senator Urbis, qui per omnia domino papæ favebat, his non contentus, utrosque in sua mandata jurare coegit, et, fidejussoribus ab utrisque receptis, eorumque turres accepit, compellens eos urbem exire; illosque apud Sanctum Petrum, istosque apud Sanctum Paulum manere præcepit, ut, eis absentibus, vindictam liberius exerceret, cœpitque quamdam turrim filiorum Ursi diruere (58), propter injuriam perpetratam.

CXXXVII. Interim autem, Theobaldus (59) Benedicti Odonis, consobrinus filiorum Ursi, ad Sanctum Paulum frequenter accedens, cum præfato Romano de Scorta, genere suo, securius loquebatur. Quod cum filii Joannis Odolinæ perpenderent, et scirent eum totius mali fuisse principalem auctorem, præsumentes quod contra eos male (60) tractaret, irruerunt in ipsum, maligno spiritu concitati, et in via inter Sanctum Paulum et Urbem eum nequiter occiderunt.

Quod cum ad filiorum Ursi notitiam pervenisset, subito revertentes in Urbem, favore plebis propter sceleris immanitatem adjuti, utrasque turres, quas tenebat senator, nihil tale suspicans, occuparunt, et tam turres quam domos illorum funditus destruxerunt, reportantes ad domum cadaver occisi, et cogitantes illud non solum ante domum Richardi, germani domini papæ, verum etiam ante palatium summi pontificis cum funebri luctu deponere, ut contra eos furorem populi concitarent; sed, impediti, quod cogitaverunt perficere nequiverunt.

Ex tunc conspirationibus et conjurationibus ardentius intendentes, quæcunque poterant excogitabant iniqua, machinantes qualiter possent dominum papam offendere, saltem in suis consanguineis et amicis, et ex eo materiam assumpserunt, (61) quod [Oddo de Polo (62), vivente adhuc Gregorio, patre suo, ac post ejus decessum, de (63) conjugali copula contrahenda, inter filium suum et neptem domini papæ, filiam videlicet præfati Richardi, cæpit habere tractatum, et, multis pactis intercedentibus, tandem mediante Octaviano, Ostiensi episcopo (64), patruo suo, ad invicem convenerunt. Cumque prescriptam terram, quam ipse Odo ac progenitores ipsius multis debitis obligaverant, prædictus Richardus a debitorum onere liberasset, ipse Odo, ac fratres ejus, qui, cum terra subjaceret debitis obligata, vix poterant ex ea tenuem ducere vitam, cœperunt ad eam anxius aspirare. Verum, cum suam contra præfatum Richardum querelam proponerent coram summo pontifice, respondit sæpissime idem Richardus, quod paratus erat sub examine domini papæ, vel fratrum suorum (65), aut judicum, vel etiam ad arbitrium bonorum hominum, seu communium personarum, plenariam eis justitiam exhibere, idem dominus papa præfato (66) O. et fratribus necessarios sumptus in litem promisit misericorditer elargiri. Sed ipsi, pravo ducti consilio, cœperunt non solum contra Richardum, verum etiam contra dominum papam multa confingere falsa, ut, quasi sub specie pietatis, clamorem populi concitarent, ita, quod nudati per Urbem frequenter cum crucibus ad arculas discurrebant; et licet prohibiti fuissent a Domino papa, ne contra ipsum tale quid attentarent, ab incepto tamen desistere noluerunt, sed, pejora prioribus attentantes, secunda feria post Pascha (67), tumultum et seditionem populi concita-

---

Septembris, ad diem saltem 6 Octobris, prout eruitur ex diversis libri quinti epistolis; vide epistolas 84, quæ data dicitur Velletri xviii Kal. Octobris, et sequentes, datas ibid., usque ad epistolam 95, quæ data dicitur ibidem, vii Id. Octobris. Epistola vero sequens 96, data dicitur Laterani, iv Non. Novembris.

(56) Joannis Odolinæ. Sic in codice Vallicellano, sic et apud Baluzium, hic et infra; verum, nonne legendum esset Joannis Oddonis? Vide epistolam 102 libri septimi, directam nobili viro, Joanni Oddonis, consobrino papæ, qua Montorii, alteriusque castri, cui Caminaras nomen, de Urbanorum judicium consilio, dominium tribuitur; dat. Laterani, viii Kal. Julii, an. vii.

(57) Illatam. Sic in codice Vallicellano; apud Baluzium, illam.

(58) Diruere. Sic in codice Vallicellano; apud Baluzium deest.

(59) Theobaldus. Sic apud Baluzium, qui ad marginem notat legi in codice Rodiano, Tebaldus.

(60) Male. Sic in codice Vallicellano; apud Baluzium deest.

(61) Conferenda omnino epistola 133 libri septimi, Riccardo, Germano papæ, dat. Romæ, apud S. Petrum, vii Id. Octobris. In ea repetuntur ipsissima verba, quibus rem narrat Innocentii Gestorum auctor, ideoque verba illa inter uncos posuimus. Rem gestam fuisse initio anni 1203 ex narrationis serie evidenter eruitur. Vide notas sequentes.

(62) Num erat ille idem ac Oddo de Polo, qui anno 1157 totam terram suam in proprietatem Romanæ Ecclesiæ et papæ tradiderat? Instrumentum habetur, ex codice manuscripto Cencii Camerarii, apud Muratorium (Antiq. med. ævi, dissert. xii, tom. I, col. 675); ibi dicitur, factum anno Dominicæ Incarnationis 1157 anno vero iii pontificatus domini Adriani IV papæ, indictione v, mense Januario, die 17.

(63) De. Sic apud Baluzium; in codice Vallicellano, super.

(64) Vide notas ad epistolam 11 libri tertii.

(65) Id est cardinalium.

(66) Præfato. Sic apud Baluzium; in codice Vallicellano, præfatis.

(67) Id est die 8 Aprilis. Paschæ enim festum

runt, ita, quod, blasphemis clamoribus incessanter emissis, in ipsa Beati Petri basilica divinum officium perturbarunt. Et cum de more ipse summus pontifex coronatus reverenter per Urbem incederet, insidias et injurias multas sustinuit atque magnas (68). Ipse vero, placido vultu procedebat intrepidus, nullum pavoris aut commotionis signum ostendens, quia conscientiam habebat liberam et securam. [(69) *Porro, nec his contenti, sed ut* (70) *fieret error novissimus pejor priore, cum Romanus populus esset coram senatore in Capitolio* (71) *congregatus, sæpedictam terram, ad proprietatem sedis apostolicæ pertinentem, verbo, quia facto non poterant, et scripto, quia jure nequibant, senatui populoque Romano, quantum in eis erat, concedere, præsumpserunt. Sed ipse dominus papa incontinenti jus suum, convocato populo, per quosdam fratrum suorum fecit publice protestari; et ne jus Ecclesiæ deperiret, præcepit sæpedicto Richardo, ut, terram ipsam per Romanam Ecclesiam recognoscens, eam defenderet et muniret.*] (72) Adhuc in tantum processit eorum audacia, quod præfatum senatorem, nolentem, suis perversitatibus consentire, infra palatium Capitolii obsederunt, eum illic expugnare putantes. Quod cum facere nequivissent, [(73) *falsis commentis* (74) *contra præfatum senatorem Romanum populum seducentes, ipsum adversus eum adeo commoverunt, ut, armis ad conflictum assumptis, turrem ipsius, igne apposito, acriter expugnarent, ita, quod eam, ipso vix tandem per fugam liberato, ceperunt, multis tam sibi quam adjutoribus suis damnis et injuriis irrogatis.*] (75) Videns ergo dominus papa quod furor erat in cursu, cessit currenti furori, et, Urbem egressus, in Campaniam declinavit (76). Cumque apud Ferentinam per totam ætatem demoratus fuisset (77), ubi fieri fecit optimum et pulcherrimum fontem, circa finem Septembris venit Anagniam; ubi eum tam gravis ægritudo pervasit, ut de ipsius liberatione pene nulla spes esset, ita ut per ipsam civitatem sæpius insonuerit quod diem clausisset extremum.

CXXXVIII. Tempus interim imminebat quo renovari debebat in Urbe senatus. Fecerunt nuntios destinari, qui ad eligendum peterent medianos (78). Suggesserant enim populo, ut non unicum, sed quinquaginta sex senatores vellent habere, quatenus, inter multos, aliquos ipsi fautores haberent. Et, quia pars eorum nimium invaluerat, cum ab his, qui, ægrotante summo pontifice, negotia Ecclesiæ procurabant, duodecim mediani fuissent populo assignati, pene omnes capi fecerunt, et in trullo Joannis de Stacio (79) violenter includi, cogentes eos jurare ut singuli saltem duos de fautoribus suis eligerent senatores. Quo facto, præfatus senator assignavit et tradidit capitolium illis duntaxat qui domino papæ favebant. Et, cum ipsi juramentum regiminis secundum antiquam et consuetam formam intrassent, hoc audito, quod de terra, quæ fuerat Gregorii de Polo, nihil contra Urbis justitiam ordinarent, alii jurarunt quod de terra illa nullum facerent omnino contractum, nisi Urbs prius haberet tenutam; et ad hoc populum suis machinationibus induxerunt, ut pene omnes clamarent, quod ipsius terræ prius Urbi traderetur possessio, et tunc demum inter Ecclesiam, et Richardum, et Urbem cognosceretur de jure, quod quam absurdum (80) esset et iniquum, pene nullus ignorat. Cum ergo senatores illi non possent in voto concordare cum aliis, nec in uno loco potuerunt remanere cum illis, sed descenderunt apud monasterium Dominæ Rosæ (81), juxta domum Joannis de Stacio qui eis omnino favebat; et, sic diviso senatu, pax et justitia nunquam inveniebantur in

---

anno Christi 1203, cum die 6 mensis Aprilis concurrebat. Vide l'*Art de vérifier les dates*, nouv. édit., t. I, pag. 25. Quod autem hæc anno 1203 contigerint, inferius demonstrabitur.

(68) Hactenus in epistola supra citata.

(69) *Rursus in epistola.*

(70) *Nec his contenti, sed ut.* Sic in codice Vallicellano; apud Baluzium vero, *ne his conceptis*; et in edit. Tolos., *nec his contenti, sed et error.*

(71) *In Capitolio.* Sic in codice Vallicellano; sic et apud Baluzium, qui ad marginem notat legi in codice Podiano, *Capitulo.*

(72) Quæ sequuntur in epistola non leguntur.

(73) Rursus in epistola; sed quæ hic de senatore, in ea de Riccardo ipso dicuntur.

(74) *Commentis.* Sic in codice Vallicellano; sic et apud Baluzium, qui ad marginem notat legi in codice Podiano, *conviciis.*

(75) Cætera in epistola differunt.

(76) Innocentium, die tertia mensis Maii, jam Prænestem adiisse, evincitur ex epistola 55, libri sexti : *Strigoniensi archiepiscopo,* data Præneste, III Non. Maii.

(77) Ferentinum pontifex adiit, die 5 mensis Maii, si qua Chronici Fossæ-Novæ auctori fides, apud quem sic legitur : « Nonis Maii, indignatione Romanorum, Dominus papa venit Ferentinum. » (Vid. *Chron. Fossæ-Novæ, Rer. Ital. Script.* tom. VII, col. 661, ad an. 1203.) Ferentini moratus est saltem usque ad diem 15 mensis Septembris. Vide quæ jam adnotavimus ad § 37.

(78) *Medianos.* Id est, ut conjicere licet, *compromissarios electores,* quibus eligendi facultas daretur, et qui ad id deligerentur a partibus. *Medianus,* vox non aliunde fere cognita, nisi ex hoc Innocentii Gestorum loco. Reperitur tamen in instrumento quodam, quo Sasso, episcopus Aprutinus, seu Interamnensis (de quo infra, not. ad § 147), Interamnensibus civibus, libertates et immunitates confirmat, aliaque elargitur, anno 1207. Vide apud Ughellum, *Ital. sac.* tom. I, col. 598.

(79) *Joannis de Stacio,* Sic apud Baluzium, qui in cod. Pod. legi monet, *Joannis de Staton;* in codice Vallicellano habetur, *Joannis de Stacon.*

(80) *Absurdum.* Sic apud Baluzium; in codice Vallicellano, *absonum.*

(81) In libro cui tutulus, *Accurata e succinta descrizione topografica e istorica di Roma moderna dell' abbate Ridolfino Venuti,* pag. 357, sic legitur : « Non molto distante da S. Angiolo in Pescheria, truovasi la chieza di Santa Caterina de' Funari, la quale fù detta *della Rosa* ne' tempi trascorsi, da un' altra chiesuola già dedicata a S. Rosa di Viterbo, che visse al tempo d'Alessandro IV *(legendum* d'Innocenzo IV), di cui si veggono i vestigj nell' annesso monastero. » Verum, hic agi videtur de alia quadam ecclesia, dicta *S. Mariæ dominæ Rosæ,* hodie diruta, de qua mentio habetur in bulla Cœlestini PP. III, data anno 1192. (Vide *Collect. Bullar. Basil. Vatic.* tom. I, pag. 74.)

Urbe. Cœpit ergo paulatim populus murmurare propter maleficia quæ committebantur impune, multis dolentibus, quibus erat mens sana, de his quæ propter invidiam nequiter agebantur. Et, licet multoties solemnes nuntii missi fuissent ad dominum papam, ut rediret ad Urbem, et ipse redire noluisset, quia nondum res exigere videbatur, missi sunt tamen ad ultimum majores et plures, qui eum, jam plene restitutum per Salvatoris gratiam sanitati, ex parte populi ad reditum invitarunt. Rediit igitur (82), ne populum contemnere videretur, et cum ingenti fuit honore susceptus.

CXXXIX. Licet autem multorum commotio quiescere jam cœpisset, nondum tamen ita refriguit (83) indignatio perversorum, ut, quantumcunque dominus papa benigne ac placide loqueretur, justitiam sibi fieri postulando, cum ipse paratus esset justitiam exhibere, verbum ejus acceptaretur ab illis. Consultum est ergo summo pontifici, ut, convocato populo, assignari eis faceret medianum qui unum eligeret senatorem. Ipse vero, ne contra personam mediani quidquam objici posset, fecit eis assignari pro mediano nobilem virum, Joannem Petri-Leonis, qui ab universo populo approbatus, juramento secundum morem exhibito, Gregorium Petri-Leonis Rainerii senatorem elegit; cujus electio satis visa est populo complacere. Sed præfati schismatici, convenientes post nonam cum fautoribus suis apud monasterium Dominæ Rosæ, tenorem pacis, quæ inter Ecclesiam et urbem per privilegium confirmata fuerat, temere violantes, suos, non senatores, sed seductores eligere præsumpserunt, viros infames et criminosos, quia bonos et honestos habere nequibant; et sic factus est error novissimus pejor priore: hoc ad excusationem solummodo prætendentes, quod dominus papa privilegium meruerat amittere, quia permissa sibi abusus fuerat potestate. Præfatus autem Gregorius Petri-Leonis Rainerii, qui legitime fuerat electus senator, vir erat fidelis, benignus et mitis sed non ita virtuosus, strenuus et astutus, sicut temporis malitia requirebat. Omnibus ergo confusis, licebat unicuique quod libebat. Unde, Joannes Capotius, opportunitatem temporis se invenisse cognoscens, quod suum posset desiderium adimplere, juxta domum suam turrim cœpit ædificare de novo. Quod cum præfato Pandulpho, et aliis ejus æmulis displiceret, cogitare cœperunt quomodo possent ejus propositum impedire, miseruntque nuntios ad eumdem, ut a turris ædificatione cessaret. Qui, prohibitionem eorum contemnens, cœpit ædificationi fortius imminere, quanquam multi sibi consulerent ne causam quasi communem faceret specialem, quia procul dubio favorem communitatis amitteret, et, si dominus papa vellet illis favere, resistere non valeret. Sed ipse, sicut erat arrogans, talibus consiliis nullatenus acquievit, præsentia tantum considerans, non futura. Cœperunt igitur utrinque se ad bella præparare, ita, quod ipsa die Paschæ (84), Joannes Capotius, per urbem discurrens, populum ad auxilium convocabat, affirmans quod eo die plenam sumeret de universis inimicis victoriam. Æstimabat enim, quod non possent ante faciem ejus subsistere, quin eos in momento deleret. Præfatus vero Pandulphus se in montem supra domum suam qui Ballea (85) Neapolis dicitur, receptavit, ne locus ipse occuparetur ab illis. Ad quem cum Joannes Capotius armatus cum suis fautoribus accessisset, Pandulphus, cum paucis illos aggressus, convertit in fugam, et usque ad sanctum Quiricum eos insecutus est, crebris percussionibus affligendo. Cumque diversis locis ea die pugnatum fuisset hinc inde, parti Pandulphi melius cessit, multis laudantibus Deum, quod humiliasset superbum, qui nec diei sancto dedit honorem. Ex tunc pars illa deficere cœpit, et Pandulphus roborari. Nam Richardus, germanus domini papæ, subveniebat ei magnifice in expensis, feceruntque turres ligneas, ubi lapideas non habebant, aggeres et fossata, munientes thermas, incastellantes ecclesias, die noctuque pugnantes, non solum milites et pedites super terram, verum etiam custodes et servientes per turres, de alto lapides et sagittas emittentes. Erexerant enim petrarias, et mangonellos (86), conduxerant balistarios et arcarios (87); et tam acriter dimicabant, ut, præter cædes et strages et domos destruere, et incendia perpetrarent. Verum, cum Joannes Capotius nec sic a turris ædificatione cessaret, Pandulphus cœpit ædificare fagiolum (88) super quoddam monumentum antiquum, quod illius domui adeo erat vicinum, ut a

---

(82) *Innocentium Anagniæ usque ad diem saltem 4 mensis Martii, an. 1204, pontificatus* VII, *moratum fuisse*, evincitur ex epistola 19, libri septimi, *priorissæ et monialibus de Ruesperra, qua recipiuntur sub protectione*, et quæ data diserte dicitur, *Anagniæ*, II *Non. Martii*, an. VII (id est an. 1204), nec non ex epistola ejusdem libri septimi data eodem mense et die. Romam redierat jam a die 2 ejusdem mensis Martii. Testis epistola 17 ejusdem libri septimi, *Episcopo Olerensi, abbatibus de Plana Sylva, et S. Severi; ut archiepiscopo Auxitano, morbo caduco laboranti, coadjutorem assignent*, dat. Laterani, III Id. Martii, an. VII.

(83) *Refriguit*. Sic in codice Vallicellano; apud Baluzium, *restinxit*.

(84) Die 20 Aprilis, si factum istud ad annum 1204 pertinet; die vero 10 ejusdem mensis, si ad annum 1205. Vide *l'Art de vérifier les dates*, nouv. édit., pag. 25.

(85) *Ballea*. Sic in codice Vallicellano; sic et apud Baluzium. Legendum esse *balnea*, probari forsan potest ex instrumento infra citando in not. ad § 144.

(86) *Mangonellos. Mangonellus*, idem quod *Mangonella*; hoc est minor machina jaculatoria. CANG. *Gloss.* tom IV, col. 410.

(87) *Arcarios*. Hoc est *sagittarios*. Ib. *ibid.* tom. I, col. 637.

(88) *Fagiolum*. Sic in codice Vallicellano, sic et apud Baluzium. Verum, hujus vocis veram significationem assequi non adeo facile est. Sic de ea Cangius, *Glossar.* tom, III, col. 305; FAGIOLUM. Gesta Innocentii PP. III § 139 : *Pandulphus cœpit ædificare fagiolum super quoddam monumentum antiquum, quod illius domui adeo erat vicinum, ut a fundibulariis de hoc in illam jacerentur.*—2. FAGIA: non silva ex fagis, sed alia notione in statut. Mediolanens. part. II, cap. 272: *Teneatur judex stratarum bis in anno visi-*

fundibulariis (89) de hac in illam lapides jacerentur. Indoluit vehementer Joannes Capotius, quia, cum fagiolum perfecisset in altum, ex jactu lapidum homines ante domum non poterant remanere. Sed et filii Petri Alexii, fautores Pandulphi, supra praedictum montem turrim aedificarunt excelsam, et Gilido Carbonis, similiter adjumento ipsius, tres turres suas erexit in altum. Sed Petrus Anibaldi, sororius domini papae (90), pontes omnes juxta Colossaeum (91), turrem ex opposito coepit constituere (92), prohibentibus Jacobo Frajapane (93), ac relicta Raimonis (94) Frajapanis, et impedientibus, prout poterant, per Colossaeum (95) et turrem Raimonis, lapidibus et sagittis emissis. Sed ipse per

tare stratas maestras, et fagias, et pontes super eas existentes, etc. Adde cap. 284, ubi fagia molem significare videtur, qua continetur aqua. Caeterum, fagotaille vocant in Brescia quidquid moli muniendae inservit, quod ex fascibus, vulgo fagots, saepissime id fiat.

(89) *Fundibulariis*. Qui fundibula utuntur in bellis, ut apud Baldricum Dolensem (*Hist. Hierosol.* pag. 95). Ugutio : « *Fundibalus*, cum funda jaciens et emittens. Dicitur quoque fundibularius in eodem sensu. » Fundibula vero (idem ac *fundibla*, seu *fundabulum*, seu *funda*, est machina oppugnatoria, qua jactantur lapides ; Gallice, *fondefle* ut apud veterem interpretem Aegidii de Roma, *De regimine princip.* Monstrelletum, vol. I, cap. 29 143; et Anonymum. in *Diario obsidionis Aurelian.* pag. 6. Vide Cangium, *Gloss.* tom. III, col. 746.

(90) *Petrus Anibaldi, sororius papae*. Sic in codice Vallicellano ; sic et apud Baluzium. Habetur quidem in libro quinto epistolae, num. 127, quae directa dicitur *Petro de Stuibala, sororio, et senescaloco papae qua Mons-maximus ei fiduciario jure conceditur*, dat. *Laterani, Non. Decembris*. Verum hic recte legi *Petrus Anibaldi*, ex mox dicendis not. 92 fortasse patebit. Conferenda etiam epistola 86 libri decimi quarti *Petro Anibaldi senescalco papae qua conceditur ei dominium et regimen castri Corani*, dat. Laterani, xi Kal. Augusti, an. xiv, *id est* an. 1211. Videant autem rerum ad recentiorum Romanarum familiarum genealogiam pertinentium peritiores, num de isto Petro Anibaldi agatur, in his quae leguntur apud Jacobum de Vitriaco (*epistola 5, ad Honor. PP. III, in Thes. vet. Anecd. Mart.* tom. III, col. 294): « Novem vero naves cum domino Petro Hannibal, et quibusdam aliis Romanis, in hebdomada post festum S. Bartholomaei, in portu Damiatae applicuerunt.... Dat. in exercitu Damiatae 8, die post exaltationem S. Crucis (*anno* 1218).

(91) *Pontes omnes juxta Colossaeum*. Sic apud Baluzium, qui in cod. Pod. pro *pontes* legi monet *portus*. Mendum inesse patet. In codice Vallicellano legitur *praesentes*.

(92) *Turrem ex opposito coepit constituere*. Videndum num huic loco lumen aliquod afferat, id quod legitur apud Albertum Mussatum, *Gest. Henr. imper. VII*, lib. VIII, nempe, quod Annibaldus de Annibaldis, una cum aliis Romanis proceribus ab Henrico imperatore VII convivio exceptus, ac retentus, non prius dimissus est quam *Militiarum palatia*, TURRIM *S. Marci et Collisaeum, quorum possessor erat*, redderet.

(93) *Erat is*, verisimiliter, unus e quinque filiis Oddonis II, ad quos direxit Innocentius epistolam 206 libri sexti. Vide Zazzera *Della nobiltà dell' Italia*, part. II, *della famiglia Frajapani*.

(94) *Raimonis*. Sic in codice Vallicellano ; apud Baluzium vero, *Naionis*; forsan utrobique mendose; legendum potius *Raimonis*. Nec enim de *Raimone*, aut *Naione*, Frajapanibus, mentio ulla habetur in monumentis historicis apud Zazzera, in opera jam supra laudata *Della nobiltà dell' Italia*. Verum Raimonem memorat, quem vixisse refert circa annum 1140, filium *Robertii*, patrem *Obicionis*, avum *Graziani*. Raino idem *Frajapanis*, nobilis Romanorum consul, testis subscriptus reperitur in instrumento quodam quo Nicolaus, abbas S. Mariae Cryptae Ferratae, praesentibus Anastasio PP. IV, et cardinalibus, Ubaldo, tituli S. Praxedis presbytero cardinali, cleroque ejus, concedit tertiam partem tenutae S. Primi et lacum Burrani, anno Dominicae Incarnationis 1153 anno I D. Anastasii IV papae, indictione I, mensis Augusti die 28. (Vide *del primicero della S. sede apostolica*, Append. *de docum.* pag. 310 instrum. 59.)

(95) *Colossaeum* jam ab uno saeculo sub ditione Frajapanae gentis tenebatur. Vide *Stor. dell' art. del Disegno di Winkelm.* tom III, *Dissert. dell' abbate Fea, sulle rovine di Roma*, pag. 598 : Forse prima di questo tempo (il secolo XII) giane (del Colosseo) era in possesso la famiglia Frangipane, che lo tenne per molto tempo appresso, secondo le notizie raccolte dal Panvinio, nel libro III, cap. 5, della Storia (scritta in Latino e conservata monoscritta nell' archivio di quella nobilissima casa), e, secondo anche il Zazzera (*Della nobiltà dell Ital.* part. II, *samig. Frangipane*), i Frangipane, avevano occupato il Colosseo prima che Innocenzo PP. II, favorito da loro vi si rifugiasse nel 1130, sul fine del cui pontificato ne furono cacciati i Frangipane, siccome anche delle altre loro torri, e case, nel tumulto suscitato dal popolo per rimettere il senato, e poi vi rientrarono poco dopo. si ritirò nel Colosseo anche Alessandro nel 1165. All' anno 1244 (scrive il Marangoni dopo il Panvinio), abbiamo le seguenti notizie ; Frederico Imperatore II, che perseguito tutti i pontefici, e la chiesa, e piu volte pose in iscompiglio la citta di Roma, trovandosi in Acquapendente, fatti chiamare a sè Enrico Frangipane, e Giacomo di lui figliuolo, li costrinse a cedere ad Annibaldo, suo favorevole, per titolo di permuta, la metà del Colosseo, col loro contiguo palazzo, e tutte le pertinenze all' uno e al' altro spettanti.... Ma, essendo poscia eletto pontifice Innocenzo IV, gli stessi Frangipane.... ne ritornarono al primo possesso, e quanto alle abitazioni (segue a dire il Marangoni) fatte dai Frangipane dentro il Colosseo, i riconoscono fino al presente le muraglie, che occupano, e dividono fra gli archi esteriori, e gl' interiori, sopra le antiche scalinate, al numero di tredici, verso il Laterano, onde il circuito era molto considerabile: ed e credersi che fossero anche similmente chiusi quelli dell' ordine inferiore correspondenti.... Huc usque ipsa cl. abbatis Fea verba (*ex dissert. sup. cit.*) referre nos non piguit, tum quia aliquod lumen his, quae ab auctore Gestorum dicuntur, afferre possunt ; tum quia agitur de nobilissimo Urbis, imo forsan totius orbis terrarum, aedificio, cujus stupenda moles, quamvis semiruta, peregrinorum oculos tanta adhuc majestate perstringit, ut jure dixisse videatur poeta,

Aspice murorum moles, praeruptaque saxa;
 Obrutaque ingenti vasta theatra situ.
Haec sunt Roma: viden' velut alta cadavera tantae
 Urbi, adhuc spirent imperiosa minas;

tum denique, quia Innocentii Gestorum narrationem neglexit supra laudatus abbas, quae tamen (pace cl. auctoris dixerim) apprime confacere videtur, tum ad illustrandam ipsius Colossei historiam, tum ad asserendum jus illud, quod in celeberrimum aedificium gens Frajapana, vel per usurpationem, vel rex Romanorum Pontificum spontanea concessione, olim, prout ipse probare nititur, affectata est.

dictas oppositiones ab ædificio non cessabat.

CXL. Joannes verò Capotius, anxius, cogitabat quomodo posset fagiolum occupare; tantumque sategit, quod illud multo studio ac labore in festo sancti Laurentii occupavit, et post occupationem ejus tantum invaluit mox, quod, Lateranum accedens, domos Pandulphi, quæ ibi erant, universas evertit, et formam (96), quam ibi habebat, accepit. Sed et turricellam, quam prope Colossæum, juxta Sanctorum Quadraginta Martyrum ecclesiam (97), Pandulphus (98) munierat, violenter invasit, tantusque terror irruit in Pandulphum et fautores ipsius, quod jam pene desperabant. Modum autem in prosperitate non servans, contra Petrum Anibaldum, sororium domini papæ, processit cœpitque adversus illum pugnare, putans et ipsum omnino delere. Sed multi, qui sequebantur eumdem, ab illo sunt ad istum conversi, quia eum plurimum diligebant; et, sic illi fortiter resistentes, eum viriliter propulerunt. Ex tunc Petrus Anibaldi negotium cœpit facere suum, et per hoc pars ista viribus innovata usque adeo cœpit invalescere contra illum, quod infra modicum tempus violenter ceperunt turrem munitam, quæ vulgariter *Gallina alba* vocatur, et turrem Gregorii Serraverii (99), sed et Sanctum Quiricum, quem illi totis viribus defendebant, succendentes, et diruentes domos adversariorum undique per circuitum. Turris quoque quam ædificaverat Baroncellus, præcipuus fautor Joannis Capotii, funditus corruit per se ipsam; adeoque virtus eorum invaluit contra illos, ut jam vires illorum quasi deficerent enervatæ. Nam adjutores eorum, longo tempore gravati laboribus et expensis, eis deesse cœperunt, et ipsi sibi sufficere non valebant. Populus quoque adversus illos jam ex majori parte clamabat, ipsis, ut suum palliarent defectum, dicentibus, quod contra eos pecunia domini papæ pugnabat.

CXLI. (100) Licet autem plerique consulerent domino papæ, ut permitteret eos usque ad extremam exinanitionem quassari, nolens tamen eis respondere pro meritis, quibusdam ad se benigne vocatis, talem formam pacis proposuit: *Eligantur quatuor boni viri super discordia et divisione quæ vertitur inter ipsos, et illos qui se nominant bonos homines de communi, et Richardum, germanum meum, qui jurent, nec amore, nec odio, nec prece, nec pretio, nec timore, sed bona fide ac sine fraude, cognoscere et dicere super his, infra sex menses, quod intelligent esse justum; nisi forsan interim possent voluntariam concordiam reformare. Sed electi jurati ante omnia dicant de facto senatus, salvo tenore finis inter Ecclesiam Romanam et Urbem, sicut apparet per privilegium. Et*

---

(96) *Formam.* Id est *arcum,* seu *fornicem,* ut apud Spartianum, *in Severo.......* « Ejus denique etiam januæ in Transtiberina regione ad portam nominis sui quarum forma intercidens statim usum publicum invidit. » Vide Cang., *Gloss.* tom. III, col. 629.

(97) Notandum illud quod hic dicitur de *ecclesia SS. Quadraginta Martyrum,* nempe eam fuisse vicinam Colossæo.

(98) *Pandulphus.* Sic in codice Vallicellano; apud Baluzium deest.

(99) *Gregorii Serraverii.* Sic apud Baluzium, qui in cod. Pod. legi *Gregorii Raverii* nos monet in codice Vallicellano *Gregorii Sancti Rainerii* legitur.

(100) Ea quæ hic narrantur, Raynaldus (qua auctoritate fretus non indicans) anno 1208, Innocentiani pontificatus xi, assignat. Vide Rayn. *Annal. eccles.,* tom. XIII, pag. 174, ad an. 1208, § 6 et 7. Concinunt ea quæ leguntur in Chronico Andrensi ad eumdem annum 1208, apud Dacherium (*Spicileg.* tom. II, edit. in-folio, pag. 842), ubi ea quæ ipse viderat auctor Chronici testis ocularis retulit: Romam itaque (an. 1208) ante festum S. Michaelis cursu prospero advenimus, excepto quod quemdam de pueris nostris, qui nimis avide ficus et uvas, et alios fructus autumnales præfustaverat, et ob hoc in dysenteriam lapsus fuerat, ibidem languentem reliquimus, et postea circa festum S. Martini eum in claustro Lateranensi honorifice tumulavimus... domino autem papa calores æstivos, Romæ præcipue nocivos, jampridem fugiente, et adhuc in Campania, quæ specialis ejus est terra, moram faciente, apud urbem fertilem Ferentinam ad eum accessimus, et, eo humiliter salutato, et negotio, pro quo advenimus, verbis brevibus ei exposito, in osculo pacis ab eo recepti, et ejus benedictione confortati, quinque hebdomadas in ejus curia, nihil negotii facientes, continuavimus. Postea, Omnium Sanctorum festivitate transacta, tota Romana nobilitas dominum papam ad celebrandam Lateranensis ecclesiæ dedicationem, quæ est in festo Theari martyris, humiliter invitat. Senatorem Urbis, qui quasi ipso invito dominium tenuerat, sponte cessurum denuntiat; quemcunque de nobilitate Urbis ad illud officium voluerit institui, eum tota Urbs lætabunda expetit et exspectat. Imminente dedicationis die, dominum papam Romam tendentem prosequimur; obviantes ei militum catervas, nobilium purpura et bysso cocco et serico amictorum, et equis pretiosis et multipliciter faleratis invectorum, vidimus et mirati fuimus; ad ultimum, solemnem processionem extra mœnia Urbis, tam ex Hebræis quam Christianis, ex omnibus collegiis Urbis coadunatis, eidem domino papæ occurrentem, et, secundum uniuscujusque ordinem, laudem et gloriam ei exhibentem, ecclesiam Salvatoris suique præcursoris ipsum cum cardinalibus primo intrantem, et vestigio prosecuti sumus. » Hactenus Andrensis Chronici scriptor seu redactor, nempe Guillelmus, monasterii S. Salvatoris et S. Rotrudis octavus abbas de quo vide *Gall. Christ. nov.,* tom. X, col. 1606. Narrationi ejus concinunt apprime notæ chronologicæ diversis Innocentii epistolis subjectæ, in Regesto anni pontificatus ejus xi, id est 1208. Ex illis enim evincitur pontificem hoc anno 1208, Soræ usque saltem ad diem x Kal. Octobris mansisse, Ferentinum vero adiisse saltem ante diem iv Non. Octobris, ibi degisse usque ad diem ii Non. Novembris, Romæ vero fuisse die xi Id. Novembris. Confer epistolas libri undecimi: 146, *Rectoribus Romaniæ fraternitatis, qua respondetur ad eorum consulta;* dat. *Soræ,* x Kal. Octobris, an xi (id est 1208); 149, *Capitulo Turonensi; qua Joannis de Faya in archiepiscopum Turonensem electionem confirmat;* dat. *Ferentini,* iv Non Octobris, an. xi: 173, *Lundensi archiepiscopo; de electione episcopi Slewicensis;* dat. *Ferentini,* ii. Non. Novembris, an. xi; 172, *Pontio, abbati monasterii S. Ægidii, de confirmatione privilegiorum;* dat. *Laterani,* per manum Joannis, S. Mariæ in Cosmedin diaconi cardinalis, S. R. E. cancellarii, ii Id. Novembris, indictione xii, Incarnationis Dominicæ 1208, pontificatus vero domini Innocentii papæ III an. xi.

nos, pro bono pacis, ex gratia procedemus hoc anno in facto senatus, secundum eorum consilium ; ita, ut hoc non possit nobis in posterum impedimentum aut præjudicium generare. Placuit quidem illis hæc forma, tanquam qui nimis ex guerra gravati eam subterfugere affectabant (1). Verumtamen, ut suum scelestum propositum occultarent, Joannes Capotius, convocato populo, et exposita forma pacis, inter cætera ita dixit: *Non consuevit Urbs in aliqua contentione succumbere, quam contra Ecclesiam assumpserit, neque justitia, sed potentia vincere consuevit. Sed ecce nunc omnino succumbit; quia et tenutam terræ, contra populi decretum, et juramentum senatorum, illi dimittit, et senatum illi confirmat. Et si nos, qui tot sumus et tanti, deficimus, quis ei de cætero se opponet? Nunquam tam turpem pacem audivi factam pro Urbe, nec ego tam turpi paci volo præbere consensum.* Audiens autem Joannes Petri-Leonis Rainerii, quod is, qui pacem illam præ cæteris affectabat, eam propter favorem populi penitus reprobasset, et ipse, assumpta parabola (2), cœpit eam modis omnibus improbare; sicque tractatus pacis ea die non potuit habere processum. Sed, cum guerrarum aculeis pungerentur, jam vero non rogati, sed rogantes, faciebant pacem hujusmodi postulari; et, de communi omnium voluntate quatuor sunt electi, qui secundum præscriptam formam, jurarunt, statimque dixerunt, quod ad summum pontificem pertinebat creare senatum. Sed, quoniam unus inveniri non poterat qui esset utrique parti communis, consulebant domino papæ, ut concederet populo quinquaginta sex senatores. Qui, prædicens illis quod per tot senatores Urbs commode regi non poterat, quoniam ad invicem discordarent, pro instanti tamen necessitate annuit postulatis. Electi sunt igitur quinquaginta sex (3) senatores, qui omnes juraverunt domino papæ fidelitatem, aut fidem, et inter prædictos discordantes qualem qualem pacem fecerunt, cœpitque Urbs a bellorum strepitu paululum respirare, ac prædicti schismatici contra dominum papam et Romanam Ecclesiam obloqui cessaverunt. In tantum (4) ergo virtus et constantia domini papæ profecit, qui statum Ecclesiæ quasi de servitute ad libertatem reduxit, ut non oporteret eam semper a persecutoribus se redimere, torquentibus tantum ut extorqueretur. Nam et omnium una vox erat et eadem sententia, quod iste pontifex flecti non poterat injuriis vel offensis, sed obsequio et honore.

Interea, dum guerra ferveret, duo fratres, habitatores Laterani, contempta prohibitione summi pontificis, ædificaverunt turrim munitam ante Lateranum palatium, secundum (5) formam antiquam, quam postea requisiti domino papæ humiliter tradiderunt, ipsius se jussionibus per omnia submittentes. Qui, cum eam fecisset aliquandiu custodiri, tandem eam demoliri præcepit, ne quis de cætero simile attentaret; et sic penitus fuit destructa.

CXLII. Præfatus vero Joannes Petri-Leonis Rainerii quamdam partem invaserat de territorio Tusculani; quam cum dominus papa repeteret, asserebat eam a Cœlestino papa sibi fuisse concessam. Sed, cum id non ostenderet, dominus papa, post monitiones multiplices, comminatus est ei, quod ipsum excommunicationis laqueo innodaret. Ipse autem, hoc audiens, indignatus est vehementer; et sicut erat arrogans et superbus, intonuit quod non auderet in eum, quod nullus prædecessorum suorum ausus fuerat, attentare; nam et tale sibi propter hoc impedimentum opponeret, de quo non posset leviter expediri: et hoc fuit causa præcipua, quare ipse memoratum scandalum contra summum pontificem suscitavit. Sed idem magnanimus pontifex, ne videretur esse canis mutus non valens latrare, in dedicatione (6) basilicæ Beati Petri, coram innumera multitudine solemniter ipsum excommunicavit. Porro, quamvis murmuraret, juravit tamen stare mandatis ipsius, et sic exstitit absolutus. Cumque postmodum infirmaretur ad mortem, quia nondum fuerat satisfactum, denuntiavit hæredibus suis, quod, nisi et ipsi mandatis ejus obedire jurarent, sepulturam illi, cum moreretur, interdiceret Christianam. Quibus jurantibus, et fidejussores præbentibus, permisit ecclesiastico more sepeliri defunctum.

Senatores autem, sicut dominus papa prædixerat, tam male in officio regiminis se gesserunt, ut a quolibet, tam intra Urbem quam extra, maleficia committerentur impune, pace ac justitia penitus relegatis. Unde populus cœpit adeo exsecrari ut oportuerit dominum papam ad communem populi petitionem unum ex senatorem concedere, quantumcunque præfatis schismaticis displiceret, qui turbationis tempore jactitabant, quod nunquam de cætero dominus papa posset in Urbe unicum constituere senatorem. Senator ergo, per summum pontificem substitutus, pacem et justitiam protinus reduxit in Urbem, comprimens rebelles et præsumptores; nullusque contra illum audebat mutire, potentiam summi pontificis reformidans.

CXLIII. Interea, dominus Innocentius, suum jactans in Domino cogitatum, operibus pietatis plenius insistebat. Nam, valida cum famis invaluisset inedia, ita ut rublum (7) frumenti a viginti usque ad triginta solidos venderetur, et tunc ipse moraretur

---

(1) *Affectabant.* Sic in codice Vallicellano; apud Baluzium, *non ferebant.*
(2) *Parabola.* Id est verbo, sermone; Gallice, parole. Vide Cang. *Gloss.*, tom. V, col. 148.
(3) *Quinquaginta sex.* Sic in codice Vallicellano; apud Baluzium desunt.
(4) *In tantum.* Sic in codice Vallicellano; apud Baluzium, *multum.*

(5) *Secundum.* Sic in codice Vallicellano; apud Baluzium, *super.* Fatendum tamen stare etiam posse *super*; sed tunc exponendum foret *formam* eodem sensu quo supra not. ad § 140.
(6) *In dedicatione.* Sic in codice Vallicellano; apud Baluzium, *declinatione.*
(7) *Rublum.* Sic in codice Vallicellano; sic et apud Baluzium, qui in editione Tolosana *Tublum*

Anagniæ, protinus remeavit ad Urbem, et cœpit necessarias eleemosynas indigenti populo liberaliter erogare (8). Sic autem fecit illas distribui, ut legi monet. *Rublum*, idem ac *rubus*, est mensuræ frumentariæ species apud Italos. Vid. Cang. *Gloss*. tom. V, col. 1526 et 1530. Nec aliter idem auctor, in *Tublium, ibid.* tom. VI, col. 1331. Fortasse legendum foret *rubium*, quod sic exponitur apud Italicum auctorem : « Sorte di misura che contiene più staja di grano, e al presente si pratica in Romagna. — La Crusca di tal voce non fa alcuna ricordanza. » HUBERT. BENVOGLIENT, *Not. ad stat. Pistoriens*., apud Murator. *Antiquit. med. ævi*, tom. IV, col. 551.

(8) Quo anno factum istud contigerit pro certo statuere non aggrediar. Forsan cum anno 1201, vel potius etiam cum anno 1202, non infeliciter colligaretur. Etenim, si diversas Innocentii, per diversos pontificatus sui annos, extra Romam peregrinationes dinumerare voluerimus, nullus forte, præter annum 1201 vel 1202, annus inveniretur, cui factum, de quo hic agitur, assignari posset. In nullo, cujus Regestum integrum ad nos usque pervenerit, anno, pontifex *Anagniam profectus*, inde *subito*, ac *protinus*, Romam *reversus fuisse* videtur. Ex notis chronologicis ac topicis, quæ ad diversas annorum, quorum integra supersunt Regesta, epistolas subjectæ leguntur, probari potest, per annos istos pontificem aut Anagniam omnino non adiisse, aut, si Anagniam adierit, inde, non *protinus*, sed tantummodo post alia quædam itinera, Romam rediisse. Ergo inter annos, quorum Regesta aut mutila tantum supersunt (velut Regesta annorum 1200 et 1202, pontificatus III et V), aut omnino periere (velut Regesta annorum 1201, 1214, 1215, 1216, pontificatus IV, XVII, XVIII et XIX), quærendus est annus, ad quem factum, de quo hic agitur, pertinere posset.

Ne ad ultimos annos 1214, 1215, 1216 remandetur, obstant Gestorum narrationis limites; eam enim auctor noster non ultra undecimum vel duodecimum Innocentiani pontificatus annum produxisse, et, morte forsan præventus, mancam reliquisse creditur. Nec de anno 1200, pontificatus III, magis dubitari potest. Magnam equidem hujus anni 1200, pontificatus III, epistolarum partem periisse lugemus. Sed, ex istis quæ ad nos usque pervenerunt, etiamsi paucissimis, epistolis, certo certius evincitur Innocentium per totum hujus anni 1200, pontificatus III, decursum, Anagniam non adiisse. Habemus enim diversas, per unumquemque decurrentis anni 1200, ac etiam anni 1201 ineuntis, mensem, epistolas, datas Romæ, apud S. Petrum, vel Laterani; scilicet ab epistola 270 libri secundi quæ data dicitur *Laterani*, II *Kal. Januarii, anno secundo,* id est *die 31 mensis Decembris, anno* 1199, usque ad epistolam 15 Appendicis primæ (post libros Regestorum) datam *Laterani, Kalendas Martii, an.* IV, id est *die prima mensis Martii anni* 1201.

Supersunt igitur anni 1201 (pontificatus IV), et 1202 (pontificatus V), de quibus ambigi potest. Certe Innocentius, anno 1201, pontificatus IV, versus autumnum, saltem ante initium Novembris, Anagniam adiit. Sed ibi duos saltem vel tres menses, plus minus, moratus est, Romamque non nisi versus saltem finem mensis Januarii, et forsan paulo etiam tardius, rediisse videtur; id colligitur ex aliquibus anni quarti epistolis, quas nobis non invidiavit temporis edacitas. Conferat lector epistolas Appendicis primæ: 16, *Abbatibus S. Petri, S. Mariæ, et de Tenebach; ut, sententiam in favorem monachorum de Cella Vilmari latam, observari faciant;* dat *Signiæ*, XI *Non. Septembris*, pontificatus anno *quarto* (id est 1201); — 17, *Universis archiepiscopis, per Franciam constitutis; de legitimatione liberorum Philippi regis Francorum* II; dat. *Anagniæ,* IV *Non. Novembris*, pontificatus *anno quarto, anno gratiæ millesimo ducentesimo primo*.

Apud Ughellum (*Ital. sacr.* tom. VII, col. 55): *Andreæ, Acheruntino archiepiscopo, ejusque successoribus*, etc., *de confirmatione jurium et privilegiorum*; dat. *Anagniæ*, per manum Blasii, S. R. E. subdiaconi et notarii, IV *Id. Decembris*, indictione quinta, Incarnationis Dominicæ anno *millesimo ducentesimo primo*, pontificatus vero domini Innocentii PP. III *anno quarto.*

Ibid. tom. VI, col. 707 : *Thadæo, abbati in monasterio de Ferraria, ejusque fratribus,* etc., *de argumento simili;* dat. *Anagniæ*, per manum Blasii, S. R. E. subdiaconi et notarii, *decimo Kal. Januarii*, indictione quinta, Incarnationis Dominicæ anno *millesimo ducentesimo primo*, pontificatus vero domini Innocentii PP. III *anno quarto.*

Rursus in appendice nostra priori, epist. 18, *Universis archiepiscopis, episcopis*, etc., *per Franciam constitutis; de privilegiis monasterii Fulniacensis;* dat. *Anagniæ*, XVI *Kal. Februarii*, pontificatus nostri *anno quarto* (id est 1202); — 19, *Abbati et canonicis S. Genovefæ Parisiensibus; qua confirmatur compositio inter ipsos et ecclesiam S. Victoris super aqua Bevriæ;* dat. *Anagniæ*, X *Kal. Februarii*, pontificatus nostri *anno quarto.*

Regestorum libri quinti epist. 1, *Episcopo Pistoriensi; de absolutione monialium excommunicatarum;* dat. *Laterani*, III *Kal. Martii*, pontificatus nostri *anno quinto* (id est 1202).

Cum igitur anno pontificatus quarto pontifex tam diu Anagniæ moratus fuerit, nullatenus Gestorum narratio cum ipsius in hac urbe, anno illo, mansione congruere videtur. E contra, in Regesto anni quinti, etiamsi mutilo, evidens, nostro quidem judicio, exstat indicium, ex quo inferri posset Innocentium hoc anno Anagniam adiisse, ibique paucissimos, dies moratum, Romam subito repetisse. Exstat epistola libri quinti 16, *Cabilonensi episcopo, et abbati Cisterciensi*, directa, quæ data diserte dicitur, *Laterani* V *Id. Aprilis, anno quinto* (id est 1202). Paulo post reperitur epistola ejusdem libri 22, *Archiepiscopis, episcopis, aliisque per Apuliam, qua providetur gubernationi Apuliæ et Terræ-Laboris;* dat. *Agnaniæ*, X *Kal. Maii*, an. v. Mox habentur epistolæ ejusdem libri quinti 24, *episcopo Wigorniensi, ubi declaratur quod interdum non sit deferendum appellationibus;* — 25, *decano et capitulo Catalaunensibus, de electione episcopi Catalaunensis;* datæ (ambo) *Laterani*, VIII *Kal. Maii*, an. v. Hinc colligere fas est pontificem in spatio 15 et fortasse pauciorum dierum, scilicet a die decima usque diem vicesimam quartam mensis Aprilis, Anagniam se contulisse, ac inde Romam reversum fuisse, quod apprime cum auctoris nostri narratione congruit.

Concinere videtur et scriptor Chronici Fossæ-Novæ (*Rer. Ital. Script.* tom. VII, col. 886), apud quem sic legitur : « 1202, indictione quinta. Hoc anno, tertio Kal. Januarii, fuit nimia tempestas ventorum, quæ arbores eradicavit innumeras, ædificia diruit, domos evertit, atque eversione domorum et allisione plurimos interemit. Hic annus ab omnibus dictus est *annus famis;* mensura grani de Ceccano assidue vendebatur pro sedecim solidis *proven*. Et hæc inopia fuit per totam Lombardiam, et Tusciam, Romaniam, et Campaniam, per regnum Apuliæ et Terræ-Laboris. » Nec negotium alicui facessat, quod in Chronico, initio paragraphi, legitur *an*. 1202, *tert. Kal. Januarii*, quod quidem

dicabant, singulis diebus panem acciperent ad sufficientiam universi (quorum tanta erat promiscua (9) multitudo, ut excederet numerum octo millium personarum); alii autem in eleemosynaria domo reciperent alimenta. Et sic famelicum populum ab imminenti periculo liberavit, exhortans divites et potentes verbis pariter et exemplis ad eleemosynas largiendas. Quantam vero pecuniam in hoc opus expenderit, novit ille qui nihil ignorat. Ab initio quippe promotionis suæ, ad eleemosynas deputavit universos proventus ad se pertinentes de oblationibus basilicæ Sancti Petri. Præterea, de cunctis proventibus suis faciebat integram decimam in opus eleemosynæ separari, et de residuo, licet occultas, sæpissime tamen largas eleemosynas impendebat. Universales oblationes, provenientes ad pedes ipsius, secundum antiquam consuetudinem accipiebat eleemosynarius erogandas. Faciebat ergo famelicos refici, nudos vestiri, virgines pauperculas maritari, parvulos expositos nutriri. Subveniebat frequenter monachis et monialibus indigentibus, et reclusis et eremitis. Domos etiam religiosas visitabat multoties, et a debitis liberabat. Circuibat et investigabat diligenter eleemosynarius ejus pauperes ac debiles, maxime nobiles, dabatque illis sigilla, ut per eos, qui ipsa referrent, singulis hebdomadibus pecuniam acciperent ad victum; et sæpissime talibus quindecim libras per hebdomadem impendebat, exceptis illis qui quotidie recipiebant aut cibos, aut nummos, aut vestes. Permittebat etiam idem benignissimus pontifex pauperculos pueros (10) ante mensam suam post finem refectionis venire, ipsisque de his quæ coram eo remanserant, victualia exhiberi. Sabbatis quoque faciebat mandatum, lavans ac tergens et osculans pedes duodecim pauperum, et singulis duodecim nummos impendens, faciens refectionem omnibus ministrari.

CXLIV. Fecit et propriis sumptibus ad opus infirmorum et pauperum hospitale Sancti Spiritus apud Sanctam Mariam in Saxia, in strata publica juxta Tiberim, ante basilicam Sancti Petri; quod quantum ditaverit et dotaverit beneficiis, possessionibus, redditibus, thesauris, ornamentis, libris et privilegiis, per se satis apparet (11), et ut religiosus

---

factum, de quo hic auctor Chronici, ad finem anni 1202, remandare videretur. Nam idem auctor factum istud disertius *Indictioni quintæ* assignat. Indictio autem quinta, quæ jam ab ultimis mensibus anni 1201 numerari cœperat, in ultimis mensibus anni 1202 *indictioni sextæ* locum cesserat; unde patet, verba hæc *tertio Kal. Januarii* intelligenda esse de die 30 mensis Decembris anni, juxta nostrum computandi morem, 1201, famemque illam tam gravem, ex qua totus annus 1202, cum quo maxima ex parte currebat indictio quinta, dictus fuerit *annus famis*, jam a primis anni hujus 1202 mensibus, ingruisse. Et sic facile intelligitur quo pacto, versus finem mensis Aprilis, pontifex, *operibus pietatis plenius insistens* (ut Gestorum scriptoris verbis utamur), *cum valida famis invaluisset inedia, et tunc ipse moraretur Anagniæ, protinus remeaverit ad Urbem, et cœperit necessarias eleemosynas indigenti populo liberaliter erogare,* etc. Verumtamen alia difficultas inest, quam, ex ingenuitate nostra, sub silentio prætermittere nequimus. Epistola illa, supra citata, libri quinti 22, cui subjecta legitur nota chronologica et topica, dat. *Anagniæ, x Kal. Maii, an.* v, et in qua quidem nititur tota nostra argumentatio, epistola, inquam, illa, unica ac sola est in Regesto anni quinti, quæ, tum apud Baluzium, tum in Apographo Conti (cujus varias lectiones nos aut in editione nostra secuti sumus, aut in notis exhibuimus) hanc chronologicam notam exhibeat. E contra, in Apographo Conti duæ reperiuntur epistolæ, quæ datæ dicuntur etiam *x Kal. Maii*, sed *Laterani*, non *Anagniæ*, nempe epistola 21, G. *fratri militiæ Templi*, etc., *qua irritantur facta a W. de Plear*; et epistola 23, *Episcopo Wigorniensi, de facultate appellandi.* Ergo, cum in notis unius vel alterius ex istis epistolis amanuensem erravisse pateat, ipsum in notando loco errāvisse credi potest; tanto magis, quod, nobis ipsis confessantibus, in Apographo Conti duæ epistolæ datæ *Laterani, x Kal. Maii*, una tantum *Anagniæ x Kal. Maii*, reperiuntur.

Huic difficultati sic obviam iri posse credimus. 1° Amanuensem in notandis numeris erravisse, ac x pro v, aut alio quolibet numero, posuisse, facillime credi potest. Eumdem, in notando loco, *Anagniæ* pro *Laterani* posuisse, non æque faciliter crederetur. 2° Epistola illa 21, quæ in Apographo Conti data legitur *Laterani*, x *Kal. Maii*, apud Baluzium data legitur *Laterani*, v *Kal. Maii*. In nota igitur *chronologica*, non in nota *topica*, erravit amanuensis. 3° Epistola 23, *Episcopo Wigorniensi*, apud Baluzium æque ac in Apographo Conti, data diserte legitur *Laterani*, x *Kal. Maii*; fatemur. Verum observandum est quod epistola subsequens, quæ tam in Apographo quam apud Baluzium, data diserte legitur vIII *Kal. Maii*, ad eumdem *episcopum Wigorniensem* directa est. Innumera autem occurrunt in Regestis exempla litterarum sic seriatim dispositarum, quæ ad unum eumdemque prælatum directæ sunt. Quod si quis confessus fuerit, facile forsan etiam fatebitur conjiciendum esse epistolas illas, de quibus hic agitur, ambas uno eodemque die datas fuisse, et Amanuensem in unius vel alterius nota chronologica, non in nota topica, erravisse videri, ac proinde in epistola 25, legendum esse vIII, non x *Kal. Maii.* Sic evanuerit omnis difficultas.

(9) *Promiscua.* Sic in codice Vallicellano, sic etiam in cod. Pod., ut monet Baluzius, apud quem *præ miseria*; quod quidem stare posset.

(10) *Pueros.* Sic in codice Vallicellano; apud Baluzium, *parvos.*

(11) Non desunt auctores qui hospitale S. Spiritus apud S. Mariam in Saxia, piaculi causa ab Innocentio ædificatum fuisse affirment. In opere Ricobaldi Ferrariensis, cui titulus *Historia imperatorum* (vide apud Muratorium, *Rer. Italic. Script.*, tom. IX, col. 126), sic legitur: « Hic (Innocentius) ædificari fecit, ut aiunt, turrim mirabilem Romæ, quæ nunc dicitur *Turris comitis Joannis Pauli*, sumptibus Ecclesiæ, ob cujus satisfactionem construi fecit hospitale S. Spiritus Romæ. » Eademque, iisdem fere verbis, repetit idem auctor, in altero libello, *De historia Roman. pontificum* (apud eumdem, *ibid.*, col. 179). — In Chronico F. Francisci Pipini, lib. II, cap. 6 (apud eumdem, *ibid.*, col. 632), hæc etiam habentur: « Hospitale S. Spiritus construxit in Roma. » Ad quæ Muratorius infra paginam hæc adnotavit: « In margine (codicis) antiqua manu adnotatum: *Fertur hunc Innocentium suis exhibuisse pecuniam, qua constructa est turris sublimis Romæ, quæ dicitur comitis Joannis Pauli; pro cujus rei piaculo construxit Hospitale S. Spiritus jam dictum.* » Concinit Ptolomæus Lucensis, *Hist. eccles.* lib. xxi,

cultus et hospitalitatis gratia, quæ nunc vigent ibidem, semper abundent. Instituit autem apud hospitale prædictum stationem solemnem Dominica post cap. 1b (apud eumdem, tom. XI, col. 1127) : « Fertur Innocentius PP. III fecisse hospitale S. Spiritus, pro alendis et hospitandis pauperibus, et peregrinis excipiendis; quod quidem magnis dotavit divitiis, et ampliavit possessionibus ; quod et adhuc hodie in bona perseverat hospitalitate. Fecit et aliam eleemosynam ; quia universis ecclesiis Urbis unam libram argenti tradidit pro calicibus faciendis, quod ascendit ultra quadringentas libras, mandans omnibus sacerdotibus dictarum ecclesiarum, ut in dictis calicibus celebrarent, nec possent aliquo modo a dictis ecclesiis alienari. Hic etiam renovavit ecclesiam S. Sixti. Quæ omnia dicitur fecisse, quia reprehensus fuerat de quodam ædificio quod in Urbe fecerat ad sui tuitionem, quæ *Turris Comitum* vocatur, cujus altitudo omnem turrim transcendit. » Et ea quidem idem auctor repetit in *Annal*. ad an. 1198 (ap. eumd. *ibid*., col. 1276). Hanc turrim anno 1203 ædificatam fuisse, diserte dicitur in *Historia Miscellanea Bononiensi* (apud eumdem, tom. XVIII, col. 247) : « 1203. In questo anno papa Innocenzo III fece fare in Roma una bellissima e grandissima torre, laquale al presente è chiamata la Torre del Conte Giovan Paolo. »

His consentanea admodum in scriptis suis retulerunt Blondus, Platina ac Volaterranus, qui sæculo xv floruere. Blondus enim hæc habet (*Hist. Decad.* 2, lib. III, pag. 276, Oper. edit. Fraben.) : « Opera (Innocentii PP. III) duo, utilitate et usu longe distantia, hospitale S. Spiritus, alterum turris, appellata Comitis Ursini (*hæc in mendo cubant*); quæ, muro omnium totius Urbis rarissimo, sublimitate surgit eximia; estque ad forum Nervæ, ad veteris Suburræ principium, quæ per ætatem nostram, et diu ante, inhabitata, nulli omnino usui est, aut fuit. Legimus vero ipsum pontificem, cum talis tantæque argueretur impensæ, ecclesiam S. Sixti, quæ exstat in Aventino celebris, tunc dirutam instaurasse. » — Apud Platinam vero (*in Innoc. III*, pag. 163, edit. Venet. 1562), sic legitur : « Hoc ideo factum (*loquitur auctor de sacris ædibus ab Innocentio PP. III instauratis*) ab eo, ut maledici dicebant, ne omnem impensam in turrim quamdam, nunc *Comitum* appellatam, cognomento familiæ suæ, transtulisse videretur. » Nec aliter prorsus Volaterranus (lib. XXII, Antuerp., pag. 508, edit. Tral.) : « Turrim, quam nunc *Comitum* vocant, excitavit (Innocentius PP. III), non sine nota ambitionis ac impensæ supervacuæ, inter tot hominis virtutes hac tantum ei ascripta. »

Hos, et alios etiam hujusmodi auctores, recentiores omnes sequuntur, inter quos unum indicare forsan sufficeret, doctissimum Bernardum Montfauconium (*Iter. Italic.* cap. 14 et 207). Verum, Famiani Nardini testimonium hic apponere lubet, quia quædam addit de quibus siluerunt auctores supra citati. Sic igitur ille (*Rom. Antic.* lib. III, cap. 15, edit. in-8°, 1771, tom. I, pag. 390) : « La torre, detta de' *Conti*, ha faccia di fabrica assai antica. Fù molto bella ed alta ancor a tempo nostro, somigliante in tutto l'altra ch'é sul Quirinale, detta *delle Milizie*, e creduta da molti fabbrica di Trajano, fatta per guardia del suo Foro, che gli soggiaceva. Ma, la verità si è, che l'una e l'altra furon fatte da Innocenzo terzo, della nobilissima famiglia de' Conti; e questa, perchè minacciava rovina, fù in tempo di Urbano ottavo diroccata. »

Ad exstruenda, tam hospitalis S. Spiritus apud S. Mariam in Saxia, ejusdem ecclesiæ, quam ipsius turris *Comitum*, ædificia, aliaque in Urbe monumenta, Innocentium Marchionis architecti opera usum fuisse, tradidit Vasarius (*Vit. de' più eccell.* pitt., scult. ed archit. edit. di Liv. 1767, tom. I, part. I, pag. 249) : « Questo Innocenzo terzo, il quale sedette anni 19, e si dilettò molto di fabbricare, fece molti edifizi, e particolarmente, col disegno di Marchionne Aretino, architetto e scultore, la torre de' *Conti*, così nominata dal cognome di lui, che era di quella famiglia...... Dicesi, che Marchionne fece in Roma per il medesimo papa, Innocenzo terzo, in Borgo vecchio, l'edifizio antico dello spedale e chieza di S. Spirito in Sassia, dove si vede anche qualche cosa del vecchio, ed a giorni nostri era in piede la chiesa antica, quandò fù rifatta alla moderna con maggiore ornamento e disegno da papa Paolo terzo, di casa Farnese. » Qua auctoritate fretus ista narraverit Vasarius, nescimus. Verum, ut ante nos observavit cl. Tiraboschius (*Stor. della Letter. Ital.*, ediz. nov. tom. IV, pag. 429), viro, in historia artium liberalium doctissimo, etiamsi auctores non citaverit, plena tamen adhibenda fides. Nec aliter prorsus censuisse videtur scriptor alter, recentior quidem, sed et ipse magnæ in hisce auctoritatis, nempe D. Franc. Milizia, qui in sua laudatissima opera, cui titulus : *Memoria degli architetti antichi e moderni*, terz. edit. Parma, 1781, tom. I, pag. 126, eadem ac Vasarius, refert. Vasarium quoque, procul dubio, sequebatur et Alexander Donatus, quando et ipse asserebat (*Rom. vet. ac rec.* lib. IV, cap. 8, edit. Rom. pag. 49) : « Innocentium turrim, dictam *Comitum*, ædificasse, Marchione, insigni tunc architecto, opus dirigente, non ad securitatem tantum, sed, uti mos illorum temporum ferebat, ad ostentandam familiæ potentiam ac claritatem. »

Certe, turrim, mole et apparatu insignem, aut ab ipsomet Innocentio, aut ab agnatis ejus (ipso opes tantummodo et auspicia præbente), exstructam fuisse, post tot et tanta testimonia, inficias iri nequaquam potest. Verum, supracitatos auctores in multis erravisse, etiam fatendum est. Ac primo : mendum esse in Blondi verbis, quis dubitare potest ? Quid enim sibi velint illa, *Turris appellata Comitis, Ursini operis*, non assequimur. Anne Ursinos aliquam opem in ea construenda præstitisse credi possit? Atqui, aperte refert Innocentii Gestorum scriptor (vid. supra, § 135), inter Comitum et Ursinorum familias, eo tempore, simultates viguisse. Præterea, eumdem Blondum, cum de hac turri scripsit, *quod nulli omnino usui fuerit*, lapsum memoria fuisse, certissimis argumentis probari posset. Etenim, Stephanus de Comitibus, S. Adriani cardinalis, Innocentii, ex Ricardo fratre, nepos, arbiter electus ad tollendas controversias inter Joannem et Paulum, fratres suos, exhortans, ita sententiam pronuntiavit, die 3 Maii 1226 (vid. Felic. Contelor. *Geneal. fam. Comitum*, pag. 5, n° 5) : « Præcipio ad præsens reparari de bonis communibus domos monasterii Balnei Neapolis, et domos et Turrim Urbis, tam id quod fuit a cancellario destructum, quam id quod fuit destructum per Parentium. » — Denique ; nec ipsi forsan Famiano Nardino fides, absque ulla restrictione, adhibenda, quando asserit, non solummodo turrim dictam *Comitum*, sed et alteram, dictam *Militiarum*, ab Innocentio exstructam fuisse. Turris enim dicta *Militiarum* non nisi a Gregorio PP. IX, ejusdem *Comitum* gentis, pontifice electo anno 1227, ædificata fuit (vid. Fel. Contel. *loc. sup. citato*). De utraque autem ita cecinit Andreas Fulvius (*Antiq. Urb.* lib. 1) :

Ad Fora deducor, quondam pulcherrima, Nervæ,
Turris ubi assurgit Comitum *sublimis ad auras.*

faculis, a basilica Sancti Petri ad locum illum processionaliter deportant, et ad audiendum et intelligendum sermonem exhortatorium, quem ibi facere debet Romanus pontifex de operibus pietatis, et ad promerendam et obtinendam indulgentiam peccatorum, quam exercentibus se ad opera misericordiae pollicetur: ad quae ut alios non solum verbis provocet, sed exemplis, egenibus omnibus, ad illas spirituales nuptias concurrentibus, panes, carnes, et denarios constituit elargiri: quorum omnium rationem idem prudentissimus praesul exposuit in homilia quam super illius diei evangelium exaravit (12).

CXLV. Quantum vero munificus et studiosus exstiterit circa cultum et ornamentum ecclesiarum, frequentia dona (13) manifestant. Basilicae ergo Salvatoris, quae Constantiniana vocatur, contulit in territorio Tusculano ecclesiam de Frascata (14), cum tenimentis suis, sicuti infra distinctos terminos continetur, et pretiosam vestem de examero rubeo (15) deauratam, undique cooperientem altare, habentem ab anteriori parte imaginem Salvatoris, et imagines beatae Virginis, Joannis Baptistae, Principis apostolorum, et imperatoris, mirabiliter insignitas, et dalmaticam deauratam nobilem; monasterium Sancti Andreae in Silice, cum omnibus pertinentiis suis; hospitali ejus, possessiones in territorio Tusculano. Item, eidem basilicae, optimam crucem auratam, nobiliter operatam cum lapidibus pretiosis, et pedem pro eadem cruce argenteum deauratum septem marcarum, et unum calicem aureum decem et septem unciarum et dimidiae, et unum cochlear aureum duarum unciarum et unius (16) tareni (17).

(18) Basilicae Sancti Petri, quartam partem obla-

*Quas modo distantes modico discrimine turres
Pontifices summi, Comitum de gente Latina,
Aedificavere, ambas decus et monumenta suorum.
Altera, quae major, Comitum cognomine dicta est;
Altera, Militiae, quae surgit ad aethera, turris.*

Caeterum, cum Innocentii Gestorum scriptor, auctor synchronus, nullam de hac turri Comitum mentionem faciat, dum aedificia, ab eodem pontifice qua exstructa, qua instaurata recenset, facile putaverimus, Riccardum, Sorae comitem, Innocentii fratrem, ab eo potentia divitiisque auctum, hanc turrim magna opum jactura condidisse; unde, ut sunt homines ad obtrectationem proni, ideo Innocentius in invidiam adductus. Nec mirum, si ex eo Innocentius in invidiam adductus fuerit, cum lege fere cautum fuerit, praesertim hoc saeculo, ne turres certam quamdam altitudinem superarent. « Le torri aveano le loro misure; e, per fuggire l'invidia non potevano passare una certa altezza. Queste non si potevano fabricare, se non da' nobili, e Siena una volta n'era piena: marca d'onore conceduta a que' nobili, che vittoriosi erano ritornati dalle guerre sacre. » HUBERT. BENVOGLIENT. *Not. ad Stat. Pistorien.*, apud Muratorium, *Antiq. med. aevi.* tom. IV, col. 555. Turris illius partem cecidisse, anno 1349, gravissimo terraemotu, quo multae Urbis ecclesiae et aedificia corruerunt, testis Petrarcha, in epistola ad Socratem (vid. *Mém. pour la vie de Fr. Pétrar.* tom. III, lib. IV, pag. 35): « Ecce Roma ipsa insolito tremore concussa est: tam graviter, ut, ab eadem Urbe condita, supra duo annorum millia, tale nihil acciderit. Cecidit aedificiorum veterum, neglecta civibus, stupenda peregrinis, moles. Turris illa, toto orbe unica, quae *Comitum* dicebatur, ingentibus rimis laxata, dissiluit, et nunc, velut trunca caput, superbi verticis horrorem solo effusum despicit.......... »

Hactenus et nos de istis celeberrimis aedificiis, quorum adhuc in Urbe supersunt reliquiae, ingens antiquitatum studiosis disputandi argumentum. Qui plura velit, adeat Franciscum Valesium Romanum (*Dissert. de Turri Comitum*), in libro cui titulus: *Raccolta d'opuscoli scientifici et filologici*, tom. XXVIII, pag. 31.

(12) Conferenda ad hunc locum epistola 95 libri septimi. *Guidoni, magistro hospitalis S. Mariae in Saxia, ejusque fratribus, etc., qua hospitale S. Mariae in Saxia Romae fundatur, et cum hospitali S. Spiritus Montis-Pessul. unitur*; dat. Laterani, xiv Kal. Junii, anno vii (*id est* 1204). Praeterea, conferendae sunt epistolae libri primi: 95, *Universis archiepiscopis, episcopis aliisque Ecclesiarum praelatis; ut religiosos, in hospitale S. Spiritus Montis-Pessul.* deservientes, *nec ipsi perturbent, nec perturbantes foveant*; dat. Romae, apud S. Petrum, x Kal. Maii, Pontif. an. 1 (*id est* 1198); — 97, *Guidoni, fundatori hospitalis S. Spiritus Montis-Pessul., ejusque fratribus*, etc., *de confirmatione et privilegiis hospitalis ejus*; dat. Romae, apud S. Petrum, ix Kal. Maii, an. 1;

In appendice ad librum undecimum, epist. 223, *Decano et capitulo Carnotensibus; de praebenda in ipsorum ecclesia, hospitali S. Mariae in Saxia assignanda*; dat. Anagniae, iii Id. Novembris, an. iv (*id est* an. 1201);

Libri noni, epist. 16, *Turonensi archiepiscopo; magistro et fratribus hospitalis S. Spiritus in Saxia; qua adjungitur hospitali eorum fundum de Fonte-Moron*; dat. Romae, apud S. Petrum, viii Id. Martii, pontificatus anno nono;

Libri decimi, epist. 179, *Rectori et fratribus hospitalis S. Mariae in Saxia; qua dantur eis indulgentiae et privilegia*; dat. Romae, apud S. Petrum, iii Non. Januarii, an x (*id est an.* 1208);

Libri undecimi, epist. 69, *Abbati S. Michaelis, Cisterciensis ordinis, de annuo censu duarum marcarum puri argenti hospitali S. Mariae in Saxia, ab hospitale S. Spiritus Halberstadensi, solvendo*; dat. Laterani, ii Kal. Maii, an. xi (*id est an.* 1208); — 104, *Fratribus hospitalium (S. Mariae) S. Spiritus apud Urbem et Montem-Pessulanum; ut caput ordinis S. Spiritus sit in Urbe Roma*; dat. Anagniae, vi Id. Junii, an. xi. — 169, *Gerardo, fundatori capellae in suburbio Viennae ad honorem S. Spiritus et B. Antonii constitutae; qua suscipitur sub protectione, cum annuo censu unius marcae argenti, hospitali (S. Mariae) S. Spiritus in Saxia solvendo*; dat. Ferentini, ii Kal. Novembris, an. xi.

(13) *Frequentia dona*. Sic in codice Vallicellano; sic et apud Baluzium, qui ad marginem notat in codice Podiano legi, *sequentia dona*.

(14) *Frascata*. Sic in codice Vallicellano; apud Baluzium, *Frascata*.

(15) Id est panno holoserico.

(16) Vide supra, not. ad § 23.

(17) Hactenus in editione Baluziana, nec non in Muratoriana (*Rer. Italic. script.* tom. III, part. I, pag. 558). Quae sequuntur in hac nostra editione, deprompsimus ex codice Vallicellano. Quaedam ex eodem

(18) De donis quae Innocentius diversis Romae ecclesiis contulit, sic habetur apud Ricobaldum Ferrariensem, *Hist. Roman. pontific.* ad an. 1197: « Singulis ecclesiis Romae, unam libram argenti contulit pro calicibus faciendis, ea conditione, quod eos vendere non liceat. » *Rer. Italic. script.* tom. IX, col. 179.

tionum de omnibus ministeriis, potestatem insignia plumbæa, vel stagnea faciendi, et proventus eorum; calicem aureum decem et septem unciarum et dimidiæ; crucem auream, cum pede argenteo deaurato; duos textus Evangeliorum pretiosissimos, et pulcherrimos, ex aureo et smalto, cum margaritis et gemmis; vestem rubeam pretiosam cum pavonibus aureis ad ornatum altaris; planetam (19); tunicam; dalmaticam; et pluviale (20) de candido examito granatibus et aurifrigeriis decenter ornatum; amictum, et cingulum, albam, et stolas; et subdidit ei ecclesias Sancti Jacobi (21), et Sancti Leonardi (22) in Septimiano (23), et ecclesias Sanctæ Mariæ in Saxia, et Sanctæ Mariæ Interspadin (24). Item ei, ad opus altaris, regalem pannum cum suis imaginibus mirabiliter auro contextum, et unum amplum mantile de opere Alamannico; unum par baccini argentei [ed. Mai, bacilium argenti] sex marcarum, et unum par candelabrorum, et unam talem panni deaurati optimam cum panno serico, et unam toalleam (25); optimam de opere Alamannico, cum duobus frustis aurifrigii boni delati (26); absidam ejusdem basilicæ fecit restaurari mosibus (27), quod erat ex magna parte consumptum. [Ed. Mai: Absidam ejusdem basilicæ fecit decorari musivo, et in fronte ipsius basilicæ fecit restaurari musivum quod orat ex parte magna consumptum.]

Oratorium quoque Sancti Joannis ad Fontes reparari fecit et tectis (28).

Basilicæ Sancti Pauli, tunicam, dalmaticam et planetam de examito viridi bene paratas, et unam magnam purpuram et auro contextam, et unum amplum mantile; item, eidem basilicæ, nobilem pannum cum imaginibus aurea textura mirabiliter insignitum ad opus altaris, et unam ampullam auri viginti quatuor unciarum, et quarti, ac dimidiæ, ornatam undique lapidibus pretiosis. Item, pro musivo ejusdem basilicæ, centum libras et decem et septem uncias auri; concessit eidem basilicæ Montem-Porculum (29) in territorio Tusculani.

Basilicæ Sanctæ Mariæ Majoris, vestem rubeam cum pavonibus aureis, pallam altaris, ampullas, unam argenteam, et aliam crystallinam, ad ministerium sacrificii, et viginti libras ad reparationem tecti, et unum gotium (30) argenteum deauratum sex marcarum minus duarum unciarum, et unum calicem decem et septem unciarum, et dimidiæ auri, cum lapidibus pretiosis, et smaltis, et unam tunicam, et unam dalmaticam.

Basilicæ Sancti Laurentii foris muros, vestem rubeam cum pavonibus aureis, et pallam altaris. Item, eidem basilicæ, centum libras prov. (31), et unum pluviale de examito rubeo cum aurifrigio, et unum calicem auri decem et sex unciarum et dimidiæ, et unum par boccalium [ed. Mai, bacilium] argenti, octo marcarum, minus dimidiæ unciæ; et iterum eidem basilicæ, centum libras pro ecclesia Sanctæ Agnetis (31*), purpuram ad altare, et vas argenti trium marcarum, et septuaginta librarum proventus (32), pro reparatione basilicæ Sanctæ Constantiæ, et porticus ecclesiæ Sanctæ Agnetis.

---

ex eodem codice jam excerpserat olim Raynaldus, prout ipse profitetur (Annal. eccles. tom. XIII, ad an. 1216, § 15, pag. 252): « Singulare vero modestiæ exemplum in comprimendo luxu præbuit (Innocentius), quo cæteros Ecclesiæ præsules ad abjiciendum fastum, atque ad rerum caducarum despicientiam adduceret. Hæc enim memoria dignissima Vitæ illius auctor (in margine adnotatur ms. bibl. Vallicell.) prodidit, quæ in cusis ejus Vitæ Gestis, una cum nonnullis aliis desiderantur. Quia vero, etc. » Quæ apud Raynaldum leguntur, infra notare curabimus. — Hoc Gestorum Innocentii supplementum nuper edidit cardinalis Angelo Mai, Spileg. Rom., tom. VI, pag. 300, ex vetusto codice Vaticano. Lectionum varietatem notabimus. EDIT. PATR.

(19) *Planeta*, vestis sacerdotalis quæ vulgo *casula*, Gallice *chasuble*.

(20) *Pluviale*, sive *cappa*, Gallice *chape*.

(21) Hodie, *La chiesa di S. Giacomo, in Settimiana, o sotto Giano, perchè è vicina alla porta di simil nome, o perchè resta sotto il monte Gianicolo, antica sede di Giano.* VENUT. *Rom. modern.* part. II, pag. 412.

(22) Hodie, *La chiesa de' SS. Leonardo e Romualdo, alla Longara, da Gregorio XIII conceduta a' Camaldolesi riformati di monte Corona.* ID. ibid., pag. 410.

(23) Id est prope montem Gianiculum. Septimianus dicitur locus ille ex diversis ædificiis vel monumentis ibi a Septimio Severo imperatore exstructis. Vid. Bernard. Oricellar. *Comment. in Publ. Victor. De regionibus Urbis*, pag. 1126.

(24) Sic in codice Vallicellano. — *Transpadina* Mai.

(25) *Toalleam*. Sic in codice Vallicellano; vox incognita Cangio, nec non Carpenterio; sed quæ idem sonat ac aliæ, ejusdem generis, prope innumeræ, quæ apud eosdem exponuntur. Gallice *touaille*.

(26) *Aurifrigii boni delati*. Sic in codice Vallicellano; sed aliquid deesse videtur. — *Et lati* Mai.

(27) *Mosibus*. Vox incognita Cangio et Carpenterio; idem ac *musivis*.

(28) *Et tectis*. Sic in codice Vallicellano; sed aliquid deesse videtur; legendum forsan, *parietibus et tecto*.

(29) *Montem-Porculum*. Sic in codice Vallicellano. Conferenda est epistola 67 libri sexti, *Abbati et conventui S. Pauli, qua montem Porcium* (sic ibi) *in agro Tusculano, monasterio S. Pauli, extra Urbem via Ostiensi, assignat et confirmat*. Sine data.

(30) Sic legitur in codice Vallicellano. — *Gutium* Mai.

(31) *Prov*. Sic in codice Vallicellano, per abbreviationem; al., ut infra legitur diserte, *proventus*. Num legendum foret *Provinienses, seu Pruvinienses*, aliquando dubitavimus. De *libris* enim *Pruviniensibus*, vel *Proviniensibus*, mentio sæpius habetur in Regestis; de qua moneta vide Cangium, *Glossar.* tom. V, col. 937 et 943, vel potius, tom. IV, col. 986. Verum, ex sequentibus patebit legendum revera esse *proventus* vel *proventuum*.

(31*) Ergo jam tum S. Agnes ecclesia sub jurisdictione erat, ut nunc etiam, basilicæ S. Laurentii. MAI.

(32) Vide supra not. 31.

Basilicæ Sancti Laurentii infra Palatium, cappam aurifrigiatam de rubeo examito, et cappam [*ed. Mai*, cupam] duarum marcarum argenti.

Monasterio Sancti Gregorii in clivo Scauri, cappam aurifrigiatam de examito rubeo, purpuram et baldachinum, et pallam ad opus altaris, et annulum aureum cum lapidibus pretiosis.

Ecclesiæ Sanctæ Mariæ in Aventino, planetas duas, de examito videlicet rubeo et violaceo, aurifrigio decenter ornatas, et centum libras proventus (33), pro molendino emendo. Item, alia vice pro eodem, triginta libras proventus (34); et unum magnum pannum de seta [*ed. Mai*, sericum] auro contextum.

Monasterio Sancti Alexii, purpuram deauratam ad opus altaris.

Ecclesiæ Sanctorum Sergii et Bacchi, quam deformem, et minantem ruinam in diaconatu refecit parietibus et tecto (35), pectoralibus, et altari cum gradibus, in pontificatu, fecit fieri porticum columnarum, dando ei cappam de violaceo examito cum aurifrigio; baldachinum et pallam ad opus altaris; cassam eburneam; corporalia; et pyxidem pro eucharistia; basilicam de factura Lemovica (36), et libras xx. Item, eidem, naviculam argenteam, et unum cochlear argenteum septem unciarum et dimidiæ, et unam planetam examiti rubei cum aurifrigio, et unum aurifrigium, pro amictu, et unum amplum mantile cum aurifrigiis et fimbriis sericis, ad opus altaris, et unum calicem deauratum decem et octo unciarum argenti. Item, eidem centum libras proventuum (37).

Ecclesiæ Sancti Marci, thuribulum argenti, centum mascemutinas (38), et totidem solidos, vestem sericam deauratam, ad opus altaris. Item, eidem centum libras proventuum, et unam candelam argenti quinque marcarum, et duas uncias cum duodecim obolis aureis. Item, eidem viginti obolos aureos, et, alia vice, centum libras.

Ecclesiæ Sancti Laurentii in Damaso, vestem rubeam cum pavonibus aureis, cappam de rubeo examito, cum aurifrigio et centum libras.

Ecclesiæ Sanctæ Mariæ Rotundæ, planetam, et dossa (39) cum aurifrigio decenter ornatam.

Ecclesiæ Sancti Thomæ de Hispanis, planetam, et cappam de examito rubeo cum aurifrigio, vestem deauratam pro altari, et pallam, et decem libras.

Ecclesiæ Sancti Andreæ de Unda, planetam de rubeo examito.

Ecclesiæ Sancti Stephani in Laterano, planetam de examito rubeo aurifrigio decenter ornatam.

Ecclesiæ Sancti Stephani de Schola Cantorum, cappam examiti rubei cum aurifrigio decoratam.

Ecclesiæ Sanctæ Pudentianæ, tres libras pro reparatione ipsius.

Ecclesiæ Sancti Thomæ de Forma, viginti libras pro recolligenda quadam terra ejusdem.

Ecclesiæ Sancti Martini de Montibus (40), unam vestem rubeam cum listris aureis pro altari.

Ecclesiæ Sancti Marcelli, unam vestem nigram cum aureis avibus pro altari.

Ecclesiæ Sancti Stephani in Celio monte, vestem nigram cum aureis avibus ad opus altaris.

Ecclesiæ Fossæ-Novæ, pro consummatione ædificii ejusdem ecclesiæ, libras centum.

Ecclesiæ Sanctæ Mariæ de Roscillo juxta Gambinianum, unam planetam examiti rubei cum aurifrigio; et, apud Signiam, concessit ei ecclesiam Sancti Simeonis cum tenimentis suis.

Monasterio Casemarii, pro fabrica ipsius, ducentum unciarum auri; possessionem (41) vero pro una grangia juxta Castrum.

Ecclesiæ Sanctæ Mariæ de Rundenario (42), sitæ in episcopatu Cumano, unam planetam de purpura rubea, et aliam de nigra purpura, et unam dalmaticam rubeam, croceo colore guttatam, et unam tunicam rubeam, insignitam quibusdam opusculis aureis, et aurifrigio decenter ornatam, et unam stolam sericam cum aurifrigio apparatu.

Ecclesiæ Ortanæ (43), unam planetam de examito rubeo cum aurifrigio decenter ornatam, tunicam de limite cœlesti (44), unam dalmaticam, et unum aurifrigium.

Ecclesiæ Santæ Mariæ de Campitolio, unam pla-

---

(33) Vide supra not. 31.
(34) Vide ibidem.
(35) Conferenda ad hunc locum ea quæ leguntur supra, § 4. Vide etiam quæ ibi adnotavimus.
(36) *Basilicam de factura Lemovica*. Sic in codice Vallicellano (ita quoque cod. Mai). Quid autem hæc sibi velint exponere, non adeo facile nobis est. Certe vox *basilicam* hic accipiendam videtur eodem sensu quo *capsa* argentea, vel aurea, quæ *basilicæ*, seu *ædiculæ*, formam retulerit. Verum, quid sit *de factura Lemovica*, juxta ignorantis scire nos fatemur. Num eo sæculo fama vigebant Lemovicenses aurifices? hoc quidem nobis alio properantibus investigare non libet.
(37) Vide supra, not. 31.
(38) Vide supra not. ad § 121.
(39) *Dossa*. Sic legitur in codice Vallicellano; num potius *dorsalia*? — *Dorsale* Mai.

(40) Confer ea quæ adnotavimus supra ad § 126.
(41) *Possessionem*. Sic in codice Vallicellano.
(42) Conferenda epistola 38 libri tertii, *Præposito de Rundenario, aliisque*, etc. Qua pontifex hortatur ipsos, *ut, cum proposito religionis vivant, regulas conficiant, easque ad sedem apostolicam mittant. Dat. Laterani*.
(43) Urbem Ortam adiit Innocentius anno 1 pontificatus sui, mense Octobri. Vide supra not. ad § 10.
(44) *Limite cœlesti*. Ad hæc verba sic Cangius : « *Limes cœlestis*, pannus cæruleus ; sed quare sic dictus? Gesta mss. Innocentii PP. III, ab illustr. Fontanino laudata, ad calcem antiquæ Ortæ, p. 401. *Dono dedit ecclesiæ Ortanæ unam planetam de examito rubeo, cum aurifrigio decenter ornatam; tunicam de limite cœlesti*, etc. Quæ verba desunt in editione Baluzii. »

netam de examito rubeo aurifrigio laudabiliter decoratam.

Ecclesiæ Sanctæ Crucis, unam planetam de purpura.

Ecclesiæ Anagninæ, unum catassamitum (45) cum listris aureis, et unum bacile argenti.

Ecclesiæ Sanctæ Mariæ de Anagnia, unum pallium deauratum.

Ecclesiæ Viterbiensi, cappam de examito rubeo aurifrigiatam, et annulum pontificalem.

Misit patriarchæ Bulgarorum planetam, dalmaticam et tunicam examiti albi, cum aurifrigio convenienter ornatas, et magnum annulum cum quinque topatiis, quem ad suum usum habuerat; mitram aurifrigio insignatam, camisum, amictum, stolam, manuale, cinctorium, caligas, sandalia, chirotecas et alia ornamenta quæ conveniunt patriarchæ (46).

Episcopo etiam Brandizuberensi [*ed. Mai*, Branduorbensi], qui ad præsentiam domini papæ accessit, unum annulum aureum cum guicerardo (47), et mitram cum aurifrigio decenter apposito.

Ecclesiæ Sanctæ Mariæ in Saxia, unum pallium ad usum altaris, unam toalleam de opere Alamannico cum aurifrigio integro ibidem decenter apposito, unam planetam aurifrigiatam examiti rubei, unum pluviale de examito rubeo aurifrigiatum, unum calicem argenteum deauratum, unam ampullam argenteam pro vino, aliam ampullam crystallinam pro aqua, unum par candelabrorum argenti quinque marcarum, et unum par bacilium argenti quinque marcarum, unum thuribulum argenti quinque marcarum et quinque unciarum, unam toalleam pro servitio altaris. Item, aliam planetam, camisum, amictum, et stolas, capsam argenteam marc. (*sic*) habentem in fronte crucem auream unciarum, in cujus medio erat lapis onychinus habens sculpturam Christi spoliantis infernum, et in extremitatibus extensi brachii duos sapphiros, et in summitatibus erecti brachii duos granatos, in singulis [*ed. Mai*, angulis] autem hyacintum, amethystum, chalcedonium, et sapphirum.

Monasterio Sublacensi, unam planetam de ....
et unam examiti rubei, cum aurifrigio decenter ornatas, et triginta libras proventuum.

Rectoribus Romanæ fraternitatis, unum dorsale, et unam ampiam toalleam, de opere Alamannico.

Item, eidem, pannum sericum cum stellis aureis, quia consecravit altare in eadem ecclesia ad honorem Virginis Mariæ, ad cujus etiam opus dedit optimam toalleam de opere Alamannico.

Ecclesiæ Sanctæ Sabinæ, unum par bacilium marcarum argenti [*ed. Mai*, bacilium argenti duarum marcarum], et quinque unciarum argenti.

Pro restauratione ecclesiæ Sancti Pantaleonis, quæ combusta fuit, tres libras.

Ecclesiæ Sancti Salvatoris de Monte Amiato juxta Radicophanum, unam planetam de examito rubeo aurifrigiatam.

Ecclesiæ Sancti Elutherii [*ed. Mai*, Lotharii] Reatinensis, cujus altare domnus papa consecravit (48), unum pallium cum leonibus.

Ecclesiæ Sancti Joannis Reatinensis, unum pallium sericum cum pannis [*ed. Mai*, parvis] leopardis.

Ecclesiæ Sanctæ Mariæ de Spoleto, cujus altare consecravit (49), unum pallium sericum.

Ferentinensi ecclesiæ, unam planetam de examito rubeo aurifrigiatam.

Basilicæ Duodecim Apostolorum, triginta libras ad reparationem ipsius.

Fecit etiam inquiri per omnes Urbis ecclesias, quæ calices argenteos non haberent, et singulis non habentibus contulit calices, pro reverentia sancti mysterii corporis et sanguinis Jesu Christi. Numerus autem eorum fuit centum triginta trium, pondus vero centum marcarum argenti.

In capella sua vasa auri posuit universa, cruces videlicet et candelabra, calicem, et thuribula, ampullas, et perfusoria, capsulas, et bacilia, et cætera quæ ad usum altaris sunt opportuna; sed et annulos aureos in omni specie lapidum pretiosos; indumenta quoque pontificalia de universis coloribus multiplicia, ornata ex auro et margaritis, ut adeo dives capella visa non fuerit tam in materia quam in forma. [*Ed. Mai*, margaritis et gemmis,

---

(45) *Catassamitum*. Sic in codice Vallicellano legitur; mendose, ut videtur.

(46) Confer epistolam 3 libri septimi, *B. archiepiscopo Trinovitano, Bulgarorum ac Blacorum primati*. Dat. Anagniæ.... VI Kal. Martii, an. VII. — De his muneribus ad Bulgaros missis confer supra § 77. MAI.

(47) *Guicerardo*. Sic in codice Vallicellano. Quid sit nescire fatemur. — *Smaragdo* Mai.

(48) Vide supra quæ adnotavimus ad § 10. Quibus adde, si vis, ea quæ leguntur apud Ughellum (*Ital. sacr.* tom. I, part. sign. * col. 113). « Cum sparsisset fama Adenulphum (Reatinum episcopum), in S. Eleutherii templo ejusdem sancti corpus una cum sanctissimæ Antiæ matris reliquiis invenisse, Innocentius PP. III, humiliter a Reatinis exoratus, ut celebrandæ translationi interesse dignaretur, eo se contulit, inventumque thesaurum solemni ritu transtulit, recondiditque eodem in loco ubi repertum fuerat, ut sequens inscriptio in lamina, una cum sacris lipsanis inventa, fidem facit : † *In nomine Domini, Amen. Anno Dominicæ Incarnationis 1198, mense Aug. die 13, temporibus Innocentii PP. III, ipso assistente in civitate Reat., hic recondita sunt ossa sanctorum martyrum Eleutherii et Antiæ matris ejus, in præsentia domini Sofr. presb. card. tit. S. Prax. et Mag. Petri, diacon. card. S. Mariæ in Via Lata, et Adenulphi, episcopi Reat. quæ reperta sunt sub hoc altari, sicut antiquus repertit tit. histor. et fama publica indicavit. Petro quidem Compostellano, archiepiscopo præsente.* » Præterea, instrumentum quo Reatini jura ab ipsis Romanæ Ecclesiæ solvenda recognoscunt, ex codice msto Cencii Camerarii, habetur apud Muratorium, *Antiq. med. ævi*, tom. II, col. 17, dissert. 19. Factum dicitur, *anno Incarn. millesimo centesimo nonagesimo octavo, indictione prima, anno primo pontificatus domini Innocentii III papæ, mensis Augusti die 14*.

(49) Vide supra notas ad § 10.

mitras insuper pretiosissimas et pulcherrimas ex almosynariam fieri duas cameras terminatas; item, smalto cum perlis subtiliter operatas, chirotecas similiter et sandalia, ut, etc.]

CXLVI. Quia vero non tam honorabile, sed utile censuit, ut summus pontifex apud Sanctum Petrum palatium dignum haberet, fecit ibi fieri domos istas de novo: capellaniam, cameram et capellam, panattariam (50), buccellariam, coquinam et marescaltiam; domos cancellarii, camerarii, et eleemosynarii; aulam autem confirmari præcepit, ac reflei logiam, totumque palatium claudi muris, et super portas erigi turres; emit etiam domum inter clausuram palatii, quam ad habitationem medici (51) deputavit. Apud Lateranum autem fecit præparari palatium, quod est supra capellaniam, in quo nondum Romanus pontifex habitaverat, tabulatam super camera, et caminum in camera faciens, cameram æstivam, et camerulam super absidam, et undique circa palatium ad firmatum ipsius cossas (52) altas et amplas, quas vulgariter scontros (53) appellant. Fecit etiam apud domum elee-

cameram juxta capellam, et oraculum ante speculum, et domum pro clibano concistorisenci fecit [ed. Mai, clibano. Consistorium fecit] pavimentari, et gradus marmoreos ad ejusdem ascensum.

CXLVII. (54) [Circa familiares suos liberalissimus exstitit, conferendo illis beneficia et honores. Nam de capellanis suis hos promovit ad dignitates: Hugolinum, in diaconum cardinalem Sancti Eustachii (55), quem præterea fecit (56) episcopum Ostiensem; Leonem, in presbyterum cardinalem Sanctæ Crucis (57); Joannem, in presbyterum cardinalem Sanctæ Mariæ in Cosmedin (58), quem postea fecit Romanæ Ecclesiæ cancellarium; Petrum, in presbyterum cardinalem Sanctæ Pudentianæ (59); Nicolaum, in episcopum Tusculanum (60); Joannem, in diaconum cardinalem Santæ Mariæ in Via Lata (61); Octavianum, in diaconum cardinalem Sanctorum Sergii et Bacchi (62); Joannem, in diaconum cardinalem Sanctorum Cosmæ et Damiani (63); Paulum in Orta-

---

(50) De Panetiario papæ mentio habetur in epistola 207 libri secundi, *Potestati, consulibus et justitiariis Viterbiensibus*, *ut concordiam cum Romanis initam conservent*, ibi enim sic legitur: « Propter quod dictum subdiaconum (G. archipresbyterum S. Angeli, de quo egerat supra), et dilectum filium, Hugonem, *panetiarium nostrum*, ad vos duximus destinandos, etc. »

(51) Duo fuere temporibus Innocentii PP. III medici pontificii, quorum memoriam reperire est in antiquis historiæ monumentis; unus, de quo dubitari nullatenus potest, Joannes Castellomata, qui testis subscriptus legitur ad finem testamenti Mariæ reginæ Aragonum, anno 1213, die 20 mensis Aprilis (vid. apud Dacher. *Spicileg.* tom. III, p. 176); alter, paulo anterior, Romualdus nomine, e schola Saternitana, cui Ægidius Corboliensis, canonicus Ecclesiæ Parisiensis, et archiater Philippi regis Francorum II, opus suum dedicavit, *De compositorum medicaminum virtutibus*, quod 6000 versibus hexametris complexus est, uti docet Bulæus (*Histor. Universit. Paris.* tom. II, pag. 718). Poemata hujus majorem partem, e codice Gudiano in Bibliotheca Guelpherbytana, vulgavit Polycarpus Leyserus (*Hist. poetar. med. ævi*, pag. 500 et sequentibus). In Præfatione hæc leguntur:

*Nos physicæ antistes, quos Ægidiana libellos
Sanctio produxit, digno Romualdus honore
Consecret et celebret; qui, ne penetrabilis auræ
Solvatur radiis, populo mirante, per æstum
Obnubit caput, et triplici domat astra galero;
In physica celebrem quem Justiniana favore
Divitis eloquii prudentia tempore longo
Detinuit; sed eum Romanæ curia sedis
Nunc colit, auctorem physicæ, vitæque patronum.
Ipse novo faveat operi, nec Parisianas
Æstimet indignum physicam resonare Camœnas,* etc.

Ubi cum ad marginem adnotatum sit, an. 1198, circa hoc tempus vixisse videtur Romualdus ille, non aliunde notus, qui perinde Cœlestini PP. III, ac verisimiliter etiam Innocentii PP. III, archiater fuerit. Ad hæc vero,

*qui, ne penetrabilis auræ
Solvatur radiis. populo mirante, per æstum
Obnubit caput, et triplici domat astra galero:*

ista notavit doctissimus abbas Gaet. Marinus (*Degli archiatri pontif.*, vol. I, p. 11): « Se Egidio poi

ci narra il vero, fu colui (Romoaldi) uomo dotto, e dato da principio, e per molto tempo, allo studio della giurisprudenza, ed un solenne ippocondriaco, se per istar difeso dal caldo se ne andava per città con tre berrette, o cappelli...... » Cæterum Innocentium PP. III, præter alia multifariæ doctrinæ genera (quibus ipsum imbutum fuisse apud cunctos in confesso est, et fidem faciunt ipsius opera), artem etiam medicam coluisse credendum est, « nel supposto (pergit auctor modo supra citatus *ibid.*), nel supposto, che sia veramente sua una ricetta, o *confezione al viso*, di cui lo fa autore un bel codice in membrana del secolo xv, posseduto dal eruditissimo sig. conte Carlo Simonetti, il qual contiene il volgarizzamento dell'opera di maestro Aldobrandino, ed altre cose mediche. »

(52) *Cossas*. Num potius *costas*? quocunque modo legi debeat hoc ista, eo saltem quo hic accipienda videtur sensu, incognita fuit Cangio, nec non Carpenterio.

(53) *Scontros*. Sic legitur in codice Vallicellano, de qua voce idem dixerimus ac in nota superiori.

(54) Quæ hic uncis includuntur, apud Raynaldum leguntur, *Annal. eccles.* tom. XIII, ad anno 1216, § 14, pag. 252.

(55) Vide ad epistolam 29 libri quinti.

(56) Anno 1207, pontificatus x, Romæ, mense Decembri. OLDOIN. *ad Ciacon.* tom. II, col. 28.

(57) Vide ad epistolam 1 libri septimi.

(58) Vide ad epistolam 27 libri septimi.

(59) Vide supra not. ad § 29.

(60) Nicolaus de Romanis, Romanus, Innocentii PP. III a sacrificiis, ab eodem, anno 1204, pontificatus VII, mense Martio, juxta Panvinium, vel, juxta Ciaconium, mense Decembri, episcopus cardinalis Tusculanus renuntiatus fuit. Legationem in Angliam suscepit versum annum 1214, et pluribus aliis etiam functus est. Obiit sub Honorio PP. III, anno 1219. OLDOIN. *ad Ciacon.* tom. II, col. 22.

(61) Vide ad epistolam 184 libri septimi.

(62) Octavianus, ex comitibus Segniæ, Anagninus, Hernicus, Innocentii PP. III consobrinus, ex pontificii sacelli sacerdote, ac ex canonico S. Petri,

(63) Joannes, ex pontificii sacelli sacerdote, tituli SS. Cosmæ et Damiani diaconus cardinalis, ab Innocentio PP. III, Romæ, anno 1205, pontificatus VII, mense Decembri, renuntiatus est. Obiit sub Honorio PP. III. ID., *ibid.*, col. 27.

num episcopum (64); Benedictum, in episcopum (65) Fundanum;] Rainerium, in episcopum Tuscanum (66); Joannem, in episcopum Furconensem, quem postea transtulit in episcopum Perusinum (67); Ægidium, in episcopum Cajetatri, S. R. E. camerarius, et tituli SS. Sergii et Bacchi diaconus cardinalis, ab eodem Innocentio PP. III, Romæ, anno 1205 pontificatus VIII, mense Decembri, renuntiatus est. Hunc adhuc subdiaconum, cum Jordano, in Picenum Innocentius legaverat, ut eam provinciam, ejecto Marcualdo invasore, Ecclesiæ Romanæ redderet. Innocentius, in epistola ad episcopos regni Siciliæ scripta, Octavianum consobrinum suum vocat. Interfuit comitiis, in quibus Honorius III et Gregorius IX Romani pontifices electi fuerunt. Vitam produxit usque ad annum 1229. Sub Gregorio PP. IX lucis usuram amisit, ejusque obitus memoratur IV Non. Februarii in Necrologio. OLDOIN. ad Ciacon. tom. II, col. 28.

(64) De isto hæc tantummodo habet Ughellus, (*Ital. sacr.* tom. I, col. 780): « XVI. Paulus Paulo alteri successit, ab Innocentio PP. III Ortanus electus episcopus, circa annum 1200, cum ejusdem pontificis familiaris esset ac capellanus. Ex Vita ejusdem pontificis ms. in bibliotheca Vaticana » Vitam non produxit ultra annum 1222.

(65) Idem *ibid.*, col 780: « XIV. Benedictus, episcopus Fundanus adlectus est ab Innocentio PP. III, an. 1199, ex Vita ejusdem pontificis, ms. in bibliotheca Vaticana. » Obiit ante annum 1201.

(66) Hic agi videtur de Raynerio, hujus nominis secundo, de quo sic apud Ughellum, in episcoporum Viterbiensium serie (*Ital. sacr.* tom. I, part. sign. * col. 310): « Raynerius, hujus nominis secundus, Viterbiensi Ecclesiæ præfuit anno 1199. Huic antistiti Viterbienses consules Bagnaiæ castellum donarunt anno 1202, die 15 mensis Octobris, ut prodit publicum ea de re instrumentum. Hic item Raynerius, ut erat egregie pius, ecclesiam S. Francisci Tuscanellæ monachis S. Salvatoris Ammiatini montis restituit: exstatque ejusdem memoria in dictæ Ecclesiæ monumentis, publicisque scripturis, usque ad annum 1221. » Vide etiam quæ nos adnotavimus ad epistolas libri quinti 93, libri octavi 105 et 128, libri noni 255. Conferendæ sunt insuper epistolæ 139 libri decimi: *Clero et populo Viterbiensibus; ut Viterbiensis ecclesia sit deinceps cathedralis;* dat. Viterbii IV Id. Octobris, an. x (id est 1207); — 142, *Clero et populo Tuscanensibus; de confirmatione privilegiorum episcopatus Tuscanensis;* dat. Corneti, IV Kal. Novembris, anno x; — 148, *Archipresbytero et canonicis S. Xisti Viterbiensis; de confirmatione cujusdam concordiæ, inter ipsos et Raynerium, episcopum Viterbiensem;* dat. Sutrii, XVIII Kal. Decembris, anno x. — Adde, si vis, quod ex monumentis patet, Raynerium modo *Tuscanensis,* modo *Viterbiensis* episcopi nomine designatum fuisse. Etenim, interfuit sub nomine *Tuscanensis,* seu *Tuscani* episcopi, solemni dedicationi ecclesiæ S. Mariæ a Castello, in urbe Cornetana, cum novem aliis episcopis, anno 1208, prout fides facit inscripto marmoreo, quæ in ea ecclesia ad parietes legitur.

(67) De isto vide ad epistolam 100 libri septimi.

(68) Post obitum Petri, Cajetani episcopi XXVII, quem obiisse ante annum 1191 ex instrumentis comperitur, Ægidius, jam ab anno 1191, *electus* reperitur in documentis Ecclesiæ Cajetanæ, prout monuit Ughellus (*Ital. sacr.* tom. V, in Appendice, col. 1512). Postea, ab Innocentio, cujus amicissimus erat, consecratus fuit circa annum 1200, pridie Kal. Decembris. Hic Ægidius e xenodochio corpus S. Theodori martyris, qui a Constantinopoli Cajetam olim fuerat delatum, a Petro, tit. S. Marcelli cardinale, in Orientem legato, in ecclesiam

num (68), Albertum, in episcopum Ferentinum (69); Petrum [*ed. Mai,* Ægidium in episcopum Ferentinum, Petrum, etc.], in episcopum Militensem (70); Saxonensem (71), in episcopum Apruntinum; Raynaldum, in archiepiscopum Capuanum (72); Bar-

cathedralem transtulit (circa annum 1206-1207) Paucis post eam translationem annis superstes fuit Ægidius. Ib., *ibid.,* tom. I, col. 584. Successor ejus Ricardus, jam ab anno 1208, ab Ughello memoratur (*ibid.,* tom. V, in appendice, col. 1512).

(69) « XIX. Albertus Longus, canonicus Anagninus, familiaris intimusque amicus Innocentii PP. III, dum privata fortuna uteretur, ab eodem pontifice, tum meritorum, tum amicitiæ ergo, Ferentinus episcopus (*post Berardum, de quo vide ad epistolam 77 libri quinti*) adlectus est II Kal. Junii an. 1203. » Hactenus Ughellus, *Ital. Sacr.* tom. I, col. 726. De eodem quædam alia leguntur in Chronico Fossæ-Novæ (*Rer. Italic. Script.* tom. VII, col. 886 et sequentibus) quæ hic exscribere nos non pigebit. « An. 1203, indictione sexta, undecimo Kalendas Februarii, Berardus, episcopus Ferentinus, obiit. Nonas Maii, indignatione Romanorum, dominus papa venit Ferentinum. Undecima Kalendas Junii, fecit ibi et consecravit dominum Albertum Longium, canonicum Anagninum, episcopum de Ferentino... — An. 1206, indictione nona..... secundo Idus Maii, dominus papa Innocentius Ferentinum venit, et ab Ecclesiis fodrum recipere noluit dicens quod ultra modum Ecclesiæ gravarentur.... — An. 1208, alio die (id est decimo Kalendas Octobris), dominus papa ivit Ferentinum et mansit ibi per mensem, et ab episcopo Alberto, noluit recipere fodrum, dicens: Ego scio statum Ecclesiarum; episcopi autem si tot et tantis vicibus, quantis ego Ferentinum venio, a vobis fodrum recipere vellent, ecclesiæ vestræ ultra modum gravarentur, ob hoc recipere nolo... — An. 1209 (*ex instrumento*). Anno Dominicæ Incarnationis 1209, pontificatus domini Innocentii tertii papæ anno duodecimo, Kalendas Maii. Hac die consecratum est altare ecclesiæ beati Jacobi apostoli, quæ posita est juxta pontem Ceccanum, per manus domini Alberti, venerabilis episcopi Ferentini.... »

Quo tempore obierit Albertus nescimus. Post ipsum, sed anno tantummodo 1276, Jacobum memorat Ughellus, *loc. cit.*

(70) « X. Petrus, Innocentii tertii familiaris, ab eodem renuntiatur episcopus (Militensis, in Calabria) anno 1200, ut habetur in Vita ejusdem pontificis, in codice Vaticano; ad quem exstant ejusdem pontificis litteræ, ut abbatem Militensis monasterii, a prædecessore suo electum, sed manu mutilatum, deponeret. Huic autem, anno 1213, mulier devota, Venetia, uxor quondam Alexandri de Seminaria, possessionem quamdam donavit, quæ adhuc a Militensi Ecclesia possidetur. » Quænam sint litteræ illæ quas Ughellus ab Innocentio scriptas fuisse memorat, et num in Registis hodie reperiantur, non meminimus. Verum exstat epistola libri decimi 112, *Archiepiscopo Cusentino, et episcopo Marturanensi; ut Petrum, episcopum Militensem, adversus comitem Amfusum tueantur ac protegant;* dat. Viterbii VIII Kal. Septembris, an. x. Successor ejus Rogerius notatur an. 1222.

(71) Saxonensem. Sic in codice Vallicellano ubi per abbreviationem scriptum est *Saxonen. Sassonem* legendum esse videtur. Sic enim apud Ughellum. (*Ital. sacr.,* tom. I, col. 397: « XIV. Sasso, Innocentii tertii

(72) De tempore electionis Raynaldi in archiepiscopum Capuanum, vide quæ jam adnotavimus supra ad § 23. Adde, si vis, ea quæ leguntur apud Ughellum

tholomæum, in archiepiscopum Tranensem (73); A Blasium, in archiepiscopum Turritanum (74); Raytertii familiaris, electus est ab eo episcopus (Apruntinus) anno 1204. Hic laborem Interami civium, tam in aggeribus quam in ædificiis novæ civitatis, pia consideratione animadvertens, libertatem et immunitates, a suis antecessoribus concessas, non solum confirmavit, verum plura alia elargitus est, anno 1207, ut ex monumento et archivio ejusdem ecclesiæ deprompto, liquide patet.» Hactenus. Ughellus, *loc. cit.*, qui postea, curis secundis, monet (tom. V, in Append., col. 1494), Sassonem non nisi anno 1205, in episcopum adlectum fuisse.

lum (*Ital. sacr.*, tom. VI, col 410): Raynaldus primum ob defectum ætatis datus est Ecclesiæ Capuanæ procurator. Fuit ergo *electus* et *confirmatus* ab Innocentio, non *consecratus*. Ideo, in documento anni 1204, et in alio anni 1205, dicitur *electus*, ejusdemque inspicitur subscriptio litteris rubeis exarata, et signum in hunc modum in circulo † *Signatum est super nos lumen vultus tui, Domine.* In medio: *Sanctus Stephanus.* Raynaldus, Capuanus *electus;* anno vero 1210, jam consecratus subscribitur, diciturque archiepiscopus. Interfuit Raynaldus translationi. S. Andreæ a Petro Campuano, cardinale, Amalfi celebratæ anno 1206, et apostoli digitum obtinuit, quem in thesauro Capuano reposuit.»

Huc usque Ughellus: Verum, Raynaldum, jam ab anno 1208, ante mensem Augusti, *consecratum* fuisse, *archiepiscopumque* dictum, evincitur ex epistolis libri undecimi: 125, *Raynaldo, Campuano archiepiscopo, ejusque successoribus canonice substituendis in perpetuum; ad confirmationem privilegiorum;* dat. apud S. Germanum, per manum Joannis S. Mariæ in Cosmedin. diaconi cardinalis, S. R. E. cancellarii, x Kal. Augusti, indictione xi, Incarnationis Dominicæ an. 1208, pontificatus vero domini Innocentii PP. III an. undecimo: 26, *Raynaldo, Capuano archiepiscopo, qua confirmatur sententia ab Alexandro PP. III, lata in favorem archiepiscopi Capuani, adversus abbatissam monasterii S. Mariæ Capuensis;* dat. apud S. Germanum, xii Kal. Augusti, an xi.

Verum. Raynaldus, anno 1207, mense Julio, adhuc *electus* a pontifice vocatur. Vide epistolam 91, libri decimi: *Archidiacono et capitulo Venafranis; qua confirmantur certa jura et sententia pro ipsis latæ;* dat. apud Montem-Flasconem, per manum Johannis, S. Mariæ in Cosmedin. diaconi cardinalis, S. R. E. cancellarii, vi Kal. Augusti, indictione ix (leg. xi, vid. Baluz. præfat.) Incarnationis Dominicæ an. 1207, pontificatus vero domini Innocentii PP. III anno decimo. Ibi enim sic diserte legitur: «Sane, cum olim Yserniensis Ecclesiæ nuntii ad nostram præsentiam accessissent, et humiliter postularent, ut eorum Ecclesiæ desolatæ paterna dignaremur sollicitudine providere, ac finem imponere quæstioni, dilectis filiis R. Capuano *electo* et magistro Ph. notario nostro, tunc Beneventano rectori, dedimus in mandatis, etc... » Et infra... « Sed quia idem *electus* examinationi causæ non potuit interesse, commisit eidem notario vices suas... »

Addit Ughellus (*ibid.*, col. 410): Raynaldus memoratur, an. I. Honorii PP. III, in Regesto Vaticano, epist. 97, dat. 15 Kal. Maii. Paulo post oportet obiisse, tametsi sunt qui illum referant, ad an. 1221, confundentes illum cum alio ejusdem nominis successore.»

(73) *Tranensem.* In codice Vallicellano, scriptum videtur *Trojanum;* sed legendum absque ullo dubio, *Tranensem* de *Trojano;* enim *archiepiscopatu,* nullibi, quod sciamus, mentio. E contra, de Bartholomæo, *Tranensi* archiepiscopo, sic apud Ughellum(*Ital. sacr.* tom. XV, col. 1229): « VII. Bartholomæus, Innocentii PP. III familiaris, eo mandante, Tranensis archiepiscopus consecratur, circa annum Domini 1206, de quo in vita ejusdem pontificis, ms. Vatic. biblioth. mentio habetur; ad quem etiam idem scribit Innocentius, Non. Julii an. viii, epist. 175, f° 36. » Epistola hæc de qua hic Ughellus est 118 libri octavi. De eodem Bartholomæo, *archiepiscopo*

Tranensi, simul ac *apostolicæ sedis legato,* agitur in epistola 135 libri noni, *Barensi inter archiepiscopo, et episcopo Salpensi; ut causam quæ archiepiscopos Tranensem et Acheruntinum vertebatur, examinent et dijudicent;* dat. Ferentini, vi Kal. Augusti, an. ix. De tempore ipsius electionis conferendæ sunt epistolæ libri quinti 69, *Bisuntino episcopo, et Marsicano, subdiacono, et capellano papæ, de electione archiepiscopi Tranensis;* dat. Laterani, viii Kal. Julii, an. v (*id est* 1202); 88, *Capitulo Tranensi; de eodem argumento;* dat. Velletri, xvi Kal. Octobris, an. v. Ibi vide quæ nos adnotavimus. Quando obierit Bartholomæus, pro incomperto habuit Ughellus. Post Bartholomæum, sed non nisi anno 1268, Nicolaus archiepiscopus Tranensis, apud ipsum memoratur.

(74) *Blasius, S. R. E. subdiaconus et notarius,* ac etiam (post Raynaldum, de quo mox, in nota sequenti, agemus) *procancellarii munere fungens,* diversis Innocentii PP. epistolis subscriptus reperitur, ab initio saltem mensis Novembris, anno Incarnationis 1200, Innocentiani vero pontificatus III, usque saltem ad finem mensis Aprilis, anni Incarnationis 1202, Innocentiani pontificatus V. Vide epistolas apud Ughellum, *Ital. sacr.*, tom. VI, in appendice ad finem: *Pantaleoni, Ecclesiæ Compsanæ archiepiscopo, de conservatione et confirmatione jurium et episcoporum;* dat. Laterani, per manum Blasii, S. R. E. subdiaconi et notarii, iii id. Novembris, indictione iv, Incarnat. Dom. an. 1200, pontificatus vero domini Innocentii papæ III an. iii.

Epistolas libri quinti Registorum: 9, *Waltero præposito S. Petri de Monte Sereno, ejusque fratribus,* etc. *De confirmatione privilegiorum;* dat. Laterani, per manum Blasii, S. R. E. subdiaconi et notarii xii Kal. Aprilis, indictione v (*id est,* anno 1202, pontificatus v).

Imo, Blasius, initio mensis Octobris, ejusdem anni Incarnationis 1202, Innocentiani pontificatus v, nondum in archiepiscopum Turitanum electus fuerat. Testis bulla Innocentii, apud Mittarellum (*Annal. Camaldul.*, tom. IV, in appendice, col. 246. instrum.) 153: *Joanni, priori monasterii S. Vigilii Senensis ejusque fratribus,* etc., *qua recipiuntur sub protectione B. Petri;* dat. Velletri, per manum Blasii. S. R. E. subdiaconi et notarii, iii Non. Octobris, *Indictione* vi, Incarnationis Dominicæ anno 1202, pontificatus autem Domini Innocentii PP. III anno v. Observat Mittarellus in hac bulla indictionem vi cum die tertia mensis Octobris anni Innocentiani pontificatus v, Incarnationis 1202, colligari, ideoque addit, in notulæ speciem, *mutata nimirum* (indictione) *mense Septembri.* Scimus, a nonnullis auctoribus id traditum fuisse, nempe, quod temporibus Innocentii PP. III, constanti fere usu, indictiones novæ, aut a mense Januario, aut multo sæpius a mense Septembri sumerentur; et in hanc sententiam pedibus ire visi sunt novæ Diplomaticæ auctores, quando sic scripserunt (*Nouv. Traité de diplom.*, tom. V, pag. 288): « A l'égard de l'indiction, les bulles d'Innocent III la prennent du 1er janvier, et plus souvent encore du 1er septembre. » Verum an firmo satis argumento hoc asseveratum fuerit, nescimus. Etenim, inter tot ac tantas, quæ adhuc supersunt, Innocentii PP. III bullas, quas dicunt consistoriales, paucæ admodum occurrunt in quibus indictio, aut a mense Septembri, aut a mense Januario numerata sit; multo plures reperiuntur, ex quibus indictionem aliquando, vel ab Octobris, vel a Novembris, vel a Decembris mense, sumptam fuisse probari potest. Sed de hoc alibi fusius. Nunc ad Blasium redeamus.

Blasius, a pontifice, jam ante diem primam mensis Decembris, anni Incarnationis 1202, in archiepiscopum Turritanum electus, aliquandiu adhuc S.R.E. subdiaconi et notarii, simul ac Turritani electi nomine, pontificiis bullis subscriptus reperitur. Vide epistolam 130, libri quinti, *Agneti, abbatissæ Jotrensis monasterii, ejusque successoribus*, etc. *De confirmatione privilegiorum*; dat. Laterani per manum Blasii; *S. R. E. subdiaconi et notarii, Turritani electi*, Kal. Decembris, indictione vi, Incarnationis Dominicæ anno 1202, pontificatus vero domini Innocentii PP. III, anno quinto. Nec non circa idem tempus, pontifex iste de Blasio loquens, ipsum eisdem duobus titulis designabat. Vide epistolam 131 ejusdem libri, *episcopo Nivernensi; ut beneficium trium marcarum ab ejus prædecessore, magistro, Blasio, subdiacono papæ et notario, nunc Turritano electo, olim concessum, dicti Blasii nepoti nunc conferat;* dat. Laterani. Ibi sic legitur : « Quantum dilectus filius, magister Blasius, *subdiaconus et notarius noster, Turritanus electus*, utilis fuerit Ecclesiæ Nivernensi, et quam fideliter ejus apud nos negotia studuerit promovere, per experientiam te credimus didicisse. Ne igitur apud eamdem Ecclesiam obsequiorum ejus memoriam deperiret, si, eo in archiepiscopatum Turritanum assumpto, tuæ devotionis affectus effectui devotionis ipsius non curaret, saltem in suis liberaliter responderet, beneficium trium marcarum argenti ad pondus Trecense, quod bonæ memoriæ J. prædecessor tuus, in censu suo Nivernensi propria ei liberalitate concessit, dilecto filio (*P. ut ex epistola mox citata eruitur*) nepoti ejus, sub tenore quo habuit, duximus conferendum. Monemus igitur, etc. » et illa quidem Innocentii, ex epistola citata, verba hic referre libuit, eo quod ex illis erui potest Blasium, aut e nostra Gallia oriundum (quod hic investigare nobis alio properantibus non licet), aut saltem Gallis addictum fuisse; quod etiam ex epistola mox citanda confirmabitur. Paulo post, id est die 15 mensis Januarii, anni pontificatus Innocentiani V, id est anni Incarnationis juxta nostrum computandi morem, 1203, Blasius *Turritanus electus* tantummodo, non jam *S. R. E.* vel *papæ, subdiaconus et notarius*, a pontifice vocabatur. Confer epistolam 142 ejusdem libri quinti. *Abbati Dolensi, N... subdiacono papæ.*

Priori de Leproso; ut episcopum Nivernensem, præbendam P. nepoti Turritani electi, juxta mandatum papæ assignare cogant; Dat. Laterani, Idib. Januarii, an. v. Sic enim ibi Pontifex : « Olim pro B. de S. Portiano, paupere clerico, venerabili fratri nostro, Nivernensi episcopo, apostolicas curavimus litteras destinare, ut, quoniam ab eo fuerat ordinatus, ei tandiu provideret in necessariis, donec sibi beneficium ecclesiasticum assignaret. Postmodum vero, cum per ipsum non fuisset mandato super hoc apostolico satisfactum, ipso ad nostram præsentiam redeunte, donationem primo vacaturæ præbendæ nobis duximus retinendam, denuntiantes irritum et inane, si de ipsa forsitan aliquid ordinaret; quam vacare postmodum nobis suis litteris intimavit, et quod super ea exspectaret nostræ beneplacitum voluntatis. Licet autem annuum beneficium trium marcharum, quod dilectus filius, magister Blasius, *Turritanus electus*, percipiebat in redditibus ipsius episcopi, *P. nepoti ejusdem electi*, in partibus illis studenti, mandaverimus assignari, quia tamen idem B. (de S. Portiano) de medio est sublatus, et eidem episcopo etiam expedit provisione hujus modi non teneri, prædictam præbendam eidem P. (nepoti Turritani electi) duximus conferendam, ut incepto litterarum studio liberius valeat imminere. Unde ipsi episcopo, et dilectis filiis, decano et capitulo Nivernensibus, per scripta nostra præcipiendo mandavimus, ut eidem P. vel ejus procuratori, omni contradictione, dilatione et appellatione cessantibus, præbendam ipsam cum stallo chori, et loco capituli, assignare procurent, ita quod ex hoc idem *electus*, qui jam sibi multipliciter utilis exstitit, sicut novit et existere poterit in futuro, ad obsequium ejus fortius invitetur, et nos devotionem suam possimus non immerito commendare. Quo circa, etc. Dat. Laterani, ibid. Januarii, an v (id est 1203). *Ad calcem*, scriptum est super hoc prædictis, episcopo, decano et capitulo Nivernensibus. »

Blasius, *Turritanus electus*, sed nondum *archiepiscopus* (id est nondum consecratus), diversis pontificis epistolis seu bullis usque saltem ad diem 25 Februarii, anni (juxta nostrum computandi morem) 1203, subscriptus reperitur in Regesto anni pontificatus Innocentiani VI; vide epistolas, libri sexti; 3, *Abbati S. Lupi Trecensis, ejusque fratribus*, etc., *de confirmatione privilegiorum*; dat. Laterani, per manum Blasii, *Turritani electi*, x Kal. Martii, indictione vi, Incarnationis Dominicæ anno 1202, pontificatus vero domini Innocentii PP. III anno v (*recte* v, *etiamsi inserta sit epistola* in Regesto anni vi); 1, *Joanni, priori, et fratribus juxta specum Beati Benedicti*, etc., qua concedit eis pontifex *sex monetæ libras ex annuo censu Castri Portiani*; dat. Laterani, per manum Blasii, *Turritani electi*, vi Kal. Martii, indictione vi, Incarnationis Dominicæ anno 1202, pontificatus vero domini Innocentii papæ III anno vi (recte etiam hic vi, nam die vi Kal. Martii, jam numerabatur annus Innocentiani pontificatus vi); 10, *Adelfonso, Auriensi episcopo, ejusque successoribus*, etc., *de confirmatione bonorum et privilegiorum*; dat. Laterani, per manum Blasii, *Turritani electi*, v Kal. Martii, indictione vi, Incarnationis Dominicæ anno 1202, pontificatus vero domini Innocentii PP. III, anno vi.

Verum, Blasius in archiepiscopum consecratus fuit ante diem quintum mensis Martii ejusdem anni. Id evincitur ex bulla, apud Ughellum (*Ital. sacr.* tom. I, col. 917) : *Gualtero Lunensi episcopo, de confirmatione omnium jurium et bonorum Lunensis Ecclesiæ*; dat. Laterani, per manum Blasii, *archiepiscopi Turritani, Non. Martii*, indictione vi, Incarnationis Dominicæ anno 1202, pontificatus vero domini Innocentii papæ III, anno vi. Quoad Blasii in archiepiscopum consecrationis tempus concinere videntur epistolæ duæ libri sexti 19 et 20, quæ datæ dicuntur equidem vi Id. Maii, sed quas, ex loco ubi in Regesto insertæ sunt (nempe inter epistolam 18, *datam* vi Id. Martii, et epistolam 21, *datam* v Id. Martii), conjicere fas est datas etiam fuisse vi Id. Martii, non vero Maii. Vide epistolas (*loc. cit.*) libri supra dicti; 19, *Abbati Dolensi; E. subdiacono papæ, priori de leproso*; ut, nonobstante episcopi Nivernensis morte, præbendam in Ecclesia Nivernensi P. nepoti archiepiscopi Turritani, juxta tenorem mandati apostolici, de hoc ad dictum quondam episcopum Nivernensem directi, faciant assignari. Dat. Laterani, v id. Maii (*potius, ut supra observavimus*, Martii) an. vi; 20, *Abbati Dolensi; de argumento simili; in favorem L.* (alterius nepotis Blasii, *archiepiscopi Turritani*) *pro præbenda in Ecclesia Liniacensi*; dat. ut supra.

Ex bis duobus epistolis diversa eruere est quæ hic adnotare pretium operæ duximus, tanto magis, quod exhinc errorum cujusdam chronologici simul ac necrologici, in quem post Baluzium novæque *Galliæ Christianæ* auctores inciderunt, emendandi ansa forsan præbebitur. 1° In epistola 19, sic loquitur pontifex : « Bonæ memoriæ episcopo, et dilectis filiis, capitulo, Nivernensibus scripsisse recolimus, ut dilectum filium, P. nepotem *venerabilis fratris nostri, archiepiscopi Turritani*, in possessionem præbendæ vacantis quondam nostræ donationi servatæ, obtentu B. de S. Porciano, qui viam est universæ carnis ingressus, inducere procurarent, vobis super hoc exsecutoribus assignatis eidem. Unde, præfatis canonicis præcipiendo mandavimus, ut, non obstante quod prædictus episcopus Nivernensis interim fuit ab hac luce subtractus, mandatum apostolicum exsequi non postponant. Quocirca, etc... Dat. Laterani, v Id. Maii (*potius* Martii), an. vi. » Litteræ istæ, quas *episcopo, et dilectis filiis capitulo Nivernensibus*, a se directas fuisse hic meminit Innocentius, certo certius sunt litteræ illæ quæ ad calcem epistolæ supra citatæ, libri quinti, 142, *datæ Laterani*, *Idib. Januarii*, *an.* v, memorantur his verbis : *Scriptum est super hoc, eodemque die, prædictis episcopo decano et capitulo Nivernensibus.* Episcopus autem Nivernensis, ad quem dirigebantur, procul dubio erat adhuc Galterus, idem ac ille ad quem pontifex, paulo ante, sed die incerto, alteram, quam pariter supra citavimus, epistolam ejusdem libri quinti 131, *de assignando P. nepoti Blasii, beneficio trium marcharum*, direxerat; idem etiam ac ille, quem pontifex, de ipso verba faciens, in epistola libri sexti 19, dat. v. Id. Martii an vi. seu 1203, jam *bonæ memoriæ episcopum* vocat. Nam, nec de prædecessore ejus, Joanne I, ad quem nunquam scribere potuerat Innocentius, utpote jam ab anno 1196, defuncto, ultima hæc verba *bonæ memoriæ episcopum*, accipi possunt, nec de successore, Guillelmo de S. Lazaro, quem sedisse usque ad annum 1221 compertum est. (Vide *nov. Gall. Christ.* tom. XII., col. 64.) Attamen, nos, in notis nostris ad epistolam libri quinti 131, datam versus finem anni 1202, illam, non Galtero, sed ipsius successori Guillelmo de S. Lazaro directam fuisse existimavimus, idemque a fortiori de epistola posteriore 142, data die 13 mensis Januarii anni 1203, asserere non dubitavimus. Scilicet, in hoc *novæ Gall. Christ.* scriptorum auctoritati deferendum putabamus. Apud eos enim (*loc. cit.*) sic legeramus : « Galterus *mense Januario an.* 1202, ad instar Petri, Senonensis archiepiscopi, et aliorum episcoporum comprovincialium, scripsit pro recipienda bulla Innocentii data in gratiam liberorum quos Philippus Augustus ex Agnete susceperat. Obiit *anno eodem* 2 *Januarii*. » Et hæc quidem verba *mense Januario anni* 1202 *scripsit*, ac, *obiit anno eodem* 2 *Januarii*, de anno Incarnationis (juxta nostrum computandi morem) 1202, Innocentiani vero pontificatus anno exeunte, iv, intelligenda esse nobis videbantur. Etenim, bulla de legitimatione liberorum Philippi Augusti, a pontifice, *Anagniæ, die* 4 *Non. Novembris, anno Incarnationis* 1201, *pontificatus vero* iv, emissa, sequenti mense Januario, id est ineunte anno Incarnationis (juxta nostrum computandi morem) 1202, exeunte vero anno Innocentiani pontificatus iv, non post alterum annum integrum, a præsulibus Galliæ recipi et confirmari debuit. Remque sic gestam fuisse evincitur ex epistola mox citanda. Ac proinde, si admittendum foret, Galterum uno eodemque anno, mense Januario, et bullæ istius receptioni subscripsisse, et fato functum fuisse, id procul dubio de mense Januario anni Incarnationis (juxta nostrum computandi morem) 1202, Innocentiani vero pontificatus quarto exeunte, intelligendum esset. Et sic episcopus ille ad quem directæ fuerant epistolæ, libri quinti, 131, *dat. versus finem anni hujus* 1202, et 142, *ineunte anno* 1203, fuerit non Galterus ipse, qui jam ab initio anni 1202 fato functus esse debuisset, sed successor ipsius Guillelmus de S. Lazaro. Nunc vero, re diligentius pensata, comparatisque attente inter se epistolis illis libri quinti 131 et 142, ac epistola libri sexti 19, concludere evidenter debemus, Galterum, nonnisi ineunte anno 1203 diem

obiisse supremum, ac proinde ad ipsum, non ad successorem ipsius Guillelmum de S. Lazaro, directas fuisse duas tam sæpe citatas libri quinti epistolas 131 et 142. Nec per id obstabit quominus quoad mensem (non vero quoad annum), in quo obiit Galterus, stare possit auctorum *novæ Galliæ Christianæ* sententia. Cum enim, juxta ipsos, Galterus non obierit ante diem 2 mensis Januarii, mors ejus, die 13 ejusdem mensis, quo data fuit epistola 142, in curia romana adhuc ignorari debuit. Verum, paulo post, morte ejus Romæ comperta, pontifex, jam ab initio mensis Martii sequentis (quo tempore datam fuisse existimavimus epistolam libri sexti 19), de Galtero verba faciens, ipsum *bonæ memoriæ episcopum Nivernensem* vocabat:

Hic vero difficultas quædam, nec ipsa adeo levis, oritur. Litteræ, quibus Odo, Parisiensis episcopus, Innocentii bullam de legitimatione liberorum Philippi regis approbavit, editæ sunt a Baluzio ad calcem appendicis primæ libri quinti; ibi datæ diserte dicuntur *publice*, Senonis anno gratiæ 1201, *mense Januario* (id est mense Januario anni, juxta nostrum computandi morem, 1202, tertio scilicet mense, post emissam ab Innocentio legitimationis bullam.) Et hoc quidem sententiæ nostræ concinit. Verum ad calcem litterarum ipsarum ista leguntur apud Baluzium : *In eumdem modum* (scripserunt) *Petrus, archiepiscopus Senonensis; Garnerius, episcopus Trecensis; Ansellus, Meldensis; Guillelmus, Nivernensis; Hugo, Aurelianensis; Hugo, Antissiodorensis; ita quod unusquisque seorsim; Datum ut supra* (id est anno gratiæ 1201, mense Januario). *In eumdem modum Guillelmus, archiepiscopus Bituricensis; et Robertus, episcopus Claromontensis: ita quod unusquisque seorsim; datum Biturigis, anno* 1201, *mense Januario. In eumdem modum, Robertus, episcopus Laudunensis; Philippus, Bellovacensis; Stephanus, Noviomensis; Lambertus, Morinensis; et Aymatus, Suessionensis, ita quod unusquisque seorsim, datum Remis, anno* 1210, *mense Februario* (id est anno, juxta nostrum computandi morem, 1211.) »
Certe, si huic testimonio plena foret adhibenda fides, tota rueret argumentatio nostra. Nam ex istis subscriptionibus asserendum esset et Guillelmum de S. Lazaro, Nivernensem episcopum, jam mense Januario anni juxta nostrum computandi morem 1202 sedisse, et legitimationis bullam, a pluribus aliis Galliarum præsulibus, non nisi post decem annos confirmatam fuisse. Undenam litteras istas excerpserit Baluzius, ignorare fatemur; nec nobis otium superest requirendi, num ex originali authentico, num tantummodo ex aliquo cujuscunque fidei apographo ipsas ediderit ; id tamen pronuntiare forsan audebimus, diversos hic deprehendi errores, quos emendare obiter tentabimus.

Ac primum : in exscribendo, seu potius supplendo, episcopi Nivernensis nomine, *Guillelmus* positum fuisse dicimus pro *Galterus*, lapsu quidem facillimo, cum verisimiliter, in archetypo, præsul iste sola initiali G, ut mos est, designatus fuerit. Et huic nostræ assertioni facile suffragabitur, quicunque attenderit ad ea quæ paulo sequuntur apud Baluzium : « *In eumdem modum* Robertus, *episcopus Laudunensis; Stephanus Noviomensis;* Lambertus, Morinensis; .... *dat. Remis, anno* 1210. » Ex his enim ultimis manifestissimum emergit erroris indicium. Lambertus, Morinensis episcopus, litteras hujusmodi, anno 1210 nullatenus scribere potuit, utpote qui, jam ab anno 1207, mense Junio, fato functus erat, successoremque habuerat Joannem, ad anno 1208, ex instrumentis, diversisque Innocentii epistolis, notum. (Vide *nov. Gall. Christ.*, tom. X, col. 1552). Inde patet hic aut in exscribendo nomine *Lambertus* erratum fuisse, ac legendum esse *Joannes*, aut in nota chronica pro *anno* 1210 reponendum esse *anno* 1201. Hoc quidem ultimum verius putamus. Nam, quis facile credat bullam istam de legitimatione

naldum, in archiepiscopum Acheruntinum (75), Odo-
naldum, in archiepiscopum Acheruntinum (75), Odo- nem, in episcopum Valvensem (75'); Joannem, in
liberorum Philippi Augusti, quæ ab episcopis provinciæ Senonensis et provinciæ Bituriensis, aliisque quampluribus (prout legitur in historia), licet repugnantibus, anno juxta nostrum computandi morem 1202, confirmata fuerat, a solis Remensis provinciæ episcopis non nisi post decem annos receptam fuisse? præsertim cum de hac discrepantia altum sit apud historicos silentium.

Instabit forsan aliquis, dicendo: Atqui, inter provinciæ Remensis episcopos, qui bullæ de qua agitur serius subscripsisse hic diserte dicuntur, recensentur, Robertus Laudunensis, Aymarusque Suessionensis antistites. Aymarus autem, sive Haimardus, non ante annum 1208 Suessionenses infulas adeptus est, Robertus vero, non nisi anno juxta veterem stylum 1210, mense Junio, Laudunensi Ecclesiæ præfuit (Vid. *nov. Gall. Christ.*, tom. IX, col. 365 et 536). Ergo, nec unus nec alter litteras confirmationis, mense Januario vel Februario, anni, juxta veterem stylum 1201, juxta nostrum computandi morem 1202, scripsit; peculiariterque ab episcopo Laudunensi Roberto, non ante annum 1210 aut etiam potius 1211, prout apud Baluzium datæ diserte leguntur, litteræ istæ scribi potuerunt. Huic objectioni facile respondebitur; imo ex ipsa forsan novum sententiæ nostræ robur accedere videbitur. Hic enim idem fortasse ac supra nobis asserere licet, nempe, in supplando tam Laudunensis quam Suessionensis episcopi nomine, pariter eodemque lapsu, ac in supplendo nomine episcopi Nivernensis, erratum fuisse. Laudunensis enim episcopus qui initio anni, juxta nostrum computandi morem, 1202 sedebat, sive is fuerit Rogerius, sive Reginaldus (nam de alterutro adhuc ambigitur; vid. *nov. Gall. Christ.*, tom. IX, col. 535 et 536), eadem prorsus ac Robertus littera initiali R., episcopus vero Suessionensis, qui tunc etiam sedebat, Nivelo, littera N, quoad formam initiali nominis Aymari, vel Haimardi (qui Niveloni successit) litteræ admodum consimili, in autographo vel archetypo, designari potuerunt. Unde, cum amanuensis, vel etiam fortasse per oscitantiam ipse Baluzius, in nota chronica, inaccurate, lapsuque etiam valde proclivi, *anno 1210*, pro *anno 1201* legisset, idemque nomina episcoporum supplere vellet, ac litteras initiales Laudunensis et Suessionensis antistitum ad diversa æque nomina pertinere posse observaret. Præsulum qui anno 1210 sedebant nomina selegit. Quod si Morinensem episcopum, Lambertum, jam anno 1207 defunctum, non expunxit, nec ipsi successorem ejus Joannem suffecit, id forsan contigit, ut conjecturari licet, vel quia Lamberti nomen diserte expressum erat, vel quia littera initialis L accuratius formata, non nisi Lamberti nomini accommodari posse ipsi videbatur, vel, demum, quia de anno quo Lambertus obiit nihil certi ad manum habebat.

Hac igitur (fusiori forsan) disputatione prævia, locum, ex quo tota nascebatur difficultas, sic in autographo scriptum ac legendum fuisse existimaverimus:

In eumdem modum, P. (pro *Petrus*) *archiepiscopus Senonensis; G.* (Garnerius) *episcopus Trecensis; A.* (Ansellus) *Meldensis; G.* (Galterus) *Nivernensis; H.* (Hugo) *Aurelianensis; H.* (Hugo) *Antissiodorensis; ita quod unusquisque seorsim; datum ut supra* (id est *anno gratiæ* 1201, juxta nostrum computandi morem, 1202), *mense Januario.*

In eumdem modum, G. (Guillelmus) *Bituricensis archiepiscopus; et R.* (Robertus) *episcopus Claromontensis; ita quod unusquisque seorsim; datum Biturigis, anno* 1201, *mense Januario.*

In eumdem modum R. (Rogerius, vel Reginaldus, *non vero* Robertus) *episcopus Laudunensis; P.* (Philippus) *episcopus Bellovacensis; S.* (Stephanus) *Noviomen*-

sis; L. (Lambertus) *Morinensis; et N.* (Nivelo) *Suessionensis; ita quod unusquisque seorsim; datum Remis anno* 1201 (non 1210), *mense Februario.*

Sed de his satis superque, ad ea quæ de Blasio adnotanda diximus redeundum.

2° Altera libri sexti supra citata epistola, nempe epistola 20, nos docet Blasio alterum fuisse nepotem, initiali littera L designatum, quem etiam, intuitu sane patrui vel avunculi, pontifex circa eadem tempora variis honoribus et beneficiis augebat; novum quidem argumentum ex quo inducere licet, Blasium aut in Gallia nostra vitæ exordium sumpsisse, aut Gallis nostris stricte admodum addictum fuisse. Blasius, statim atque in archiepiscopum fuit consecratus, aut saltem paulo post, ad sedem suam perrexisse videtur. Nam exstant in Regesto libri sex i epistolæ, 27, 28, 29, 30 et 31, notis equidem chronologicis destitutæ, sed ex loco ubi sunt insertæ evidenter ante initium mensis Aprilis datæ, ex quibus conjicere fas est ipsum tunc in Sardiniam jam transvectum fuisse. Nec deinde ulla in eodem Regesto comparet bulla consistorialis ad quam ipsius nomen subscriptum legatur; cum, e contra, ad hoc tempore multæ ibidem reperiantur epistolæ, ad ipsum velut in Sardinia commorantem directæ. Post ipsum, bullas subscripsit Joannes, primum S. R. E. subdiaconus et notarius, deinceps S. Mariæ in Via Lata diaconus cardinalis, cujus nomen, in Regesto anni vi, prima vice, ad calcem epistolæ 76 datæ *Ferentini*, vi *Kal. Junii*, subscriptum legitur.

(75) « XIX. Raynaldus, longo tempore in Romana curia nutritus, et fortassis Romanus patria, egregii animi vir, litteratura et rerum experientia clarus, potens in opere et sermone, præcipuaque gratia apud Innocentium PP. III pollens, ex procancellario ac notario Romanæ Ecclesiæ, electus est Acheruntinus archiepiscopus, et consecratus ab eodem pontifice mense Martio an. 1198. Hunc, in solatium, Acheruntinæ Ecclesiæ, tunc temporis pene desolatæ, Innocentius dedit archipræsulem, illumque suffraganeis Acheruntinis commendavit epistola illa, quæ cum aliis ejusdem pontificis excusa est libro ii Decretalium, in eaque ruinas ac desolationem deplorat. Epistola digna visa est quæ hic iterum typis mandetur, excerpta ex ipso Vaticano Regesto: *Suffraganeis Acheruntinæ Ecclesiæ. Quantum honoris et gratiæ*, etc. Quanta vero fuerit Raynaldi virtus, et apud Innocentium existimatio, docet ejusdem epistola ad Capitulum Anglonense, eodem die (vide infra), scripta, qua commendat eumdem ut illum reverenter excipiant, atque benigne tractent: *Capitulo Anglonensi. Quantum honoris*, etc. Aliam scripsit Innocentius epistolam ad Raynaldum, significans eidem ecclesiam Sancti Petri de Matera ad mensam archiepiscopi Acheruntini per antecessores suos illicite infeudatam, eidem mensæ per sententiam latam restitutam esse, ex qua dilucide videtur Matera tunc temporis Acheruntino archipræsuli obnoxia eidem fuisse. Epistola exstat in lib. ii Decret. epistolarum Innocentii, et in Regesto Vaticano, num. 158, f° 151, an. 2, a quo illam exscripsimus. *Acheruntino archiepiscopo. Ad audientiam*, etc.... dat Laterani, vi *Id. Augusti*. Eodem die ad eumdem de decimis Ecclesiæ persolvendis scripsit Innocentius aliam epistolam, quæ exstat in eodem Decretalium libro ex Regesto ejusdem. Hæc pauca de Rayffaldo optimo Acheruntino archiepiscopo habentur, cum vix archiepiscopali infula decoratus elatus est ad sepulcrum, et in ipsa D. Canionis ecclesia cathedrali tumulatus an. 1200. »

Hactenus

(75') Oddo seu Otto, Innocentii PP. III capellanus, ab ipso, anno 1207 (potius 1206), de plenitudine

abbatem Sanctæ Euphemiæ (76). Porro, Petrum A Hismaelem, qui fuerat doctor ejus in Urbe, fecit

Hactenus quidem Ughellus (*Ital. sacr.* tom. VII, col. 8); qui cum inaccurate admodum de Raynaldo scripserit, quædam hic subjungere libet ex Regestis Innocentii deprompta.

1° Raynaldum, statim atque Innocentius in pontificem consecratus fuit, notarii papæ, ac S. R. E. procancellarii munere decoratum fuisse, colligere est ex epistola 296 libri primi quæ data dicitur. « Laterani, per manum Raynaldi, domini papæ notarii, vicem agentis cancellarii, III *Id. Martii, indictione prima,* Incarnationis Dominicæ anno millesimo 197 (id est juxta nostrum computandi morem, 1198), pontificat vero domini Innocentii PP. III, an. 1.»

2° Falsus esse videtur Ughellus, quando affirmat Raynaldum in archiepiscopum Acheruntinum ab Innocentio electum fuisse et consecratum, *mense Martio,* an. 1198 (id est juxta nostrum computandi morem, 1199). Raynaldus enim, adhuc *domini papæ notarius et cancellarii vicem agens,* die VIII Kal. Junii, an. 1199, dicebatur. Vide epistolam 76 libri secundi quæ data diserte dicitur « Laterani, per manum Raynaldi, domini papæ notarii, cancellarii vicem agentis, VIII Kal. Junii, indictione secunda, Incarnationis Dominicæ 1199, pontificatus vero domini Innocentii PP. III an. secundo. »

3° Paulo post, id est versus initium mensis Junii, in archiepiscopum Acheruntinum *electus,* sed non statim consecratus fuit; quod quidem colligitur ex epistola 98, ejusdem libri secundi quæ data dicitur « Laterani per manum Raynaldi domini papæ notarii, *Acheruntini electi,* cancellarii vicem agentis, XIII Kal. Julii, indictione secunda Incarnat. Dom. an. 1199, pontific. vero domini Innocentii PP. III an. II.»

4° Verum, inter *electionem et consecrationem* ipsius non multum interfuit. Etenim, qui die VIII Kal. Junii *notarius,* postea die XIII Kal. Julii *electus Acheruntinus,* ut vidimus, dicebatur, idem die XI Kal. ejusdem mensis Julii *archiepiscopus* dictus jam reperitur. Hoc quidem colligimus ex epistola (ibid. pag. 404), ejusdem libri secundi, ubi in notis chronologicis mendum inest typographicum, quod hic obiter emendabimus. Data enim dicitur « Laterani per manum Raynaldi, *Acheruntini archiepiscopi,* cancellarii vicem agentis XI Kalendas Junii, indictione II, Incarnationis Dominicæ anno 1199, pontificatus vero domini Innocentii PP. III anno secundo. » Ex supra dictis patet legendum esse XI *Kalendas Julii,* non *Junii.* Quod abunde confirmatur tum ex loco quo epistola illa inserta est in Regestis, nempe post epistolas 98 et 99, datas die XIII Kal. Julii, et ante epistolas 101 et 102, quarum uno de ipsa Kal. Julii, altera die VI Non. Julii, data dicitur; tum ex tribus epistolis datis ante Kal. Junii, nempe epistolis 69, dat. die XIII Kal. Junii 74, et 76, dat. die VIII Kal. Junii, ubi Raynaldus constanter *notarius,* non *electus,* aut *archiepiscopus Acheruntinus,* nominatur; e contra, cum in epistola 98, data diserte die XIII Kal. Julii, *electus,* in epistola vero 102, data absque dubio VI Non. Julii, et in aliis sequentibus, deinceps *archiepiscopus* constanter dicatur, nullus dubitandi superest locus, quin etiam in epistola 100, ubi etiam *archiepiscopi* titulo designatur, legendum sit XI *Kal. Julii,* non XI *Kal. Junii.*

5° Epistolas illas quas retulit Ughellus, et inter Decretales insertas fuisse asserit, num hodie in Decretalium collectionibus reperire sit, nescimus. Eas quidem habemus in Regesto, n. 159, 160, 164 et 165 libri secundi, et ibi quædam aliæ leguntur, tum ad ipsum Raynaldum (nempe epistola 161), tum de ipso ad alios (scilicet epistolæ 162 et 163) directæ.

6° Epistola, ab Ughello citata, et apud nos libri secundi, *Suffraganeis Acheruntinæ* directa, nullis insignitur notis chronologicis, præter *dat. ut supra*; ex quo inferri debet datam fuisse die II Kal. Augusti, qua die et epistola 158 data legitur. In hac epistola 159, pontifex suffraganeis Ecclesiæ Acheruntinæ spondebat archiepiscopum (quem jam a mense Maio *electum,* a mense Junio *consecratum,* sed adhuc exeunte mense Julio Roma degentem ac vicecancellarii officio fungentem vidimus) brevi ad ipsos iturum, et a se libenter dimittendum fore. Idemque excusare se quodammodo velle videtur quod nondum Raynaldum ad sedem suam remandavisset, accusans videlicet et aeris inclementiam, et difficultatem viarum (fervebat ejusdem tunc cum scribebat pontifex, et æstatis intemperies, et bellum in Campania et Apulia adversus Marcualdum) : « et licet propter inclementiam aeris, et tempus impacatum, obsequiis nostris detentus, nondum ad gerendam ejusdem Ecclesiæ (Acheruntinæ) sollicitudinem, ob difficultatem itineris et viarum discrimina fuerit subire permissus, etc. » Verum, non tam cito Romam, et vicecancellarii officium, deseruit Raynaldus; nam in libro II Regestorum habetur epistola sub num. 304, ubi Raynaldus, die VIII Id Novembris anni 1199 adhuc subscriptus legitur. « Dat. Laterani, per manum Raynaldi *Acheruntini archiepiscopi,* cancellarii vicem agentis, VIII *Idus Novembris,* indictione secunda, Incarnat. Dom. an. 1199, pontific. vero domini Innocentii PP. III an. II.»

Imo, ipsum initio anni 1200 Romæ adhuc degisse, ac vicecancellarii munere functum fuisse, abunde probatur ex epistola 274, ejusdem libri II cundi quæ diserte data dicitur: « Laterani, per manum Raynaldi, Acheruntini archiepiscopi, cancellarii vicem agentis XIV Kal. Februarii, indictione III, Incarnationis Dominicæ anno, millesimo centesimo nonagesimo pontificatus vero domini Innocentii PP. III anno secundo (id est 1200). »

7° Quo mense demum ad sedem suam perrexerit Raynaldus, prorsus ignoramus. Nulla de ipso in Regestis post epistolam supra citatam, dat. XIV Kal. Februarii 1299, in Regesto anni hujus 1199, id est pontificatus II, mentio reperitur. Nec inter paucas illas quæ de Regesto anni 1200, id est pontificatus III, supersunt, litteras, ulla versus initium reperitur quæ nec melius docere possit, quando in officio vicecancellarii successor ipsi datus fuerit. Verum, id non ante finem mensis Augusti contigisse, evincitur ex bulla quæ habetur in tomo tertio Operum diplomaticorum Miræi, pag. 69. Hugoni, abbati Formisellensis Ecclesiæ, ejusque fratribus, etc., *qua Innocentius fundationem, donationemque variorum pontificum, episcoporum, ac Flandriæ comitum, nec non altaria concessa abbatiæ Wormesellensi juxta Ipras confirmat.* Data enim dicitur hæc bulla, « Laterani, per manum Raynaldi Acheruntensis archiepiscopi, vicem gerentis cancellarii, quarto nonas Augusti, indictione.... Incarnationis Dominicæ anno 1200, pontific. vero domini Innocentii PP. III an. III.»

8° Denique, adnotandum nobis videtur, quod ex notis chronologicis huic ultimæ a nobis citatæ epistolæ subjectis VIII *Id. Novembris* indictione secunda, an. 1199, colligi potest non per a mense Septembri, indictiones novas, in cancellaria Romana, temporibus Innocentii PP. III, numeratas fuisse. Aliter enim dies VIII Id. Novembris, anno 1199, cum indictione *tertia,* non cum indictione *secunda,* hic colliganda fuisset. Sed de hoc alibi fusius forsan disserendi locus erit.

dine apostolicæ potestatis, electus est episcopus Valvensis (*seu Salmonensis*), cum inter se non convenissent canonici. Exstant apud Ughellum duæ Innocentii epistolæ quæ hodie in Regestis non reperiuntur, una, data Romæ, apud S. Petrum III Kal. Maii an. VIII (id est 1205), qua canonicis Salmonensibus

---

(76) Vide epistolam 254 libri sexti.

Sutrinum episcopum (77), et Petrum de Corbollo, qui fuerat doctor ejus Parisiis, fecit Cameracensem episcopum ; et postea promovit eum in archiepiscopum Senonensem (78).

Circa clericos autem honestos et litteratos, maxime pauperes, adeo munificus fuit, ut absque dubio pluribus ipse fecerit ubique per orbem in ecclesiasticis beneficiis provideri, quam a quadraginta retro annis per suos fuerat praedecessores provisum.

CXLVIII. (79) [Quia vero superfluitas multa nimis abundat in saeculo, maxime in praelatis, ut eos corripere posset liberius, et corrigere, illius exemplo, qui coepit facere et docere, ad talem se mediocritatem reduxit, quod vasa aurea et argentea in lignea et vitrea commutavit, pelles armellinas et grisias transtulit in agninas. Mensam suam tribus ferculis voluit esse contentam, et capellanorum suorum duobus, nisi magna solemnitas, aut aliqua necessitas amplius postularet ; remotisque laicis, viros religiosos adhibuit ad quotidianum ministerium mensis, ut ei a personis regularibus honestius serviretur; consuetis tamen officiis viris nobilibus reservatis, qui festivis diebus secundum morem deserviebant in eis.

CXLIX. Quamdam moderatam summam de thesauro Ecclesiae separavit, et in sequestro deposuit pro urgenti necessitate, si qua forsitan immineret. Reliquum vero thesaurum pene totum erogavit hoc modo :] (79*) mille libras proventuum in auro monialibus Aconensibus, pro emendis possessionibus; sibus et Valvensibus jubet ut, defuncto Guillelmo episcopo, successorem infra mensem eligant; altera, data Ferentini III Non. Junii an. IX (id est 1206), qua Oddonem a se auctoritate apostolica in episcopum electum capituli supradictis commendat. Oddo memoratur in instrumentis usque ad annum 1224. Vide Ughell., *Ital. sacr.* tom. I, part. sign. * col. 266.

(77) Anno 1202, deposito N. (Sutrino episcopo, de quo vide supra not. ad § 15, Petrus Hismael, doctor celeberrimus, ab eodem pontifice Sutrinus episcopus declaratus est. Vid. Ughell. *Ital. sacr.* tom. I, part. sign. * col. 124. Quo anno obierit Petrus, non indicat Ughellus, *loco cit.* Verum, ipsum usque ad annum saltem 1210 pervenisse, fidem facit inscriptio quaedam quae apud civitatem Castellanam reperta est (vide apud eumdem, tom. I, col. 637). In ea vocatur *Petrus Hismaelis*, a quo consecratum fuisse dicitur altare in ecclesia B. Caesarii martyris, anno 1210, mense Martii, die quarto, indictione XIII. Petrum, antequam in episcopum Sutrinum eligeretur, abbatem fuisse monasterii S. Andreae, eruimus ex epistola 145 libri decimi.

(78) Vide notas ad epistolam 45 libri tertii.

(79) Rursus haec apud Raynaldum.

(79*) Quae sequuntur sic legit codex Vatic. in edit. Maii : « Mille libras proventus erogavit in subsidium Terrae sanctae. 54. Centum libras proventus in auro monialibus Acconensibus. 55. Pro emendis possessionibus ad opus hospitalis Sancti Spiritus in Saxia mille marcas argenti, ex quibus sexcentae marcae fuerant in vasis, et quadringentae in plactis auri. 56. Ad construenda aedificia Sancti Sixti ad opus monialium quingentas uncias auri regis. 57. Et mille centum libras proventus ecclesiae Sanctae Agnetis. 58. Centum libras proventus pro reparatione ecclesiae Sancti Quirici. 59. Centum libras proventus monasterio Sancti Anastasii. 60. Ducentas libras monasterio Sancti Gualgani de Tuscia. 61. Centum libras monasterio Fallensi (a) de denariis, quos ei mutuaverat dominus papa remisit. 62. Centum libras monasterio Sancti Pancratii. 63. Quinquaginta libras proventus monasterio Sancti Bartholomaei de Trisulto pro aedificiis. 64. Centum libras monasterio Fossae Novae. 65. Centum libras proventus monasterio Casemarii. 66. Centum libras proventus monasterio Mammosoli. 67. Centum libras proventus ecclesiae Sanctae Mariae de Aventino. 68. Centum libras proventus ecclesiae Sancti Basilii. 69. Centum libras proventus monasterio Ferrariae. 70. Decem uncias auri regis ecclesiae Sancti Sebastiani. 71. Quinquaginta libras proventus hospitalibus de Urbe. 72. Quinquaginta libras proventus pro opere Sancti Viti de Macello. 73. Decem libras proventus fratri Guidoni rectori hospitalis Sancti Spiritus. 74. Centum libras proventus eremitis de Albano. 75. Quinquaginta solidos monialibus de Butrino juxta Viterbium. 76. Decem libras Senenses monialibus Sancti Leonardi de Terreto. 77. Decem libras Senenses hospitali de Rigo sanguinario. 78. Quadraginta solidos Senenses monasterio Sancti Martini de Monte juxta Viterbium. 79. Mille libras Senenses ecclesiae Sancti Nicolai de Corneto. 80. Centum libras Senenses ecclesiae Vetrallae. 81. Decem libras Senenses fratri Guillelmo procuratori Sancti Spiritus in Saxia.

« 82. Ducentas libras proventus ecclesiae Sancti Petri et vestem pretiosissimam cum perlis et auro, et unam magnam toalleam auriphrygiatam cum perlis. 83. Ecclesiae Sancti Joannis de Insula unam planetam de examito rubeo. 84. Ecclesiae Sanctorum Joannis et Pauli de Ferentino unam planetam de examito rubeo, et unam toalleam auriphrygiatam. 85. Ecclesiae Sancti Angeli de Spatha Viterbiensi unum pluviale de examito rubeo. 86. Ecclesiae Sancti Sixti unam planetam de examito rubeo. 87. Ecclesiae Sanctae Mariae Novae Viterbiensi unum pluviale de examito rubeo. 88. Ecclesiae Tuscanae dimidium pallium et unam toalleam ad opus altaris. 89. Ecclesiae Sancti Nicolai de Corneto unam planetam de purpura. 90. Ecclesiae Sutrinae dimidium pallium et unam toalleam. 91. Ecclesiae Sanctae Mariae de Juliano unam planetam de examito rubeo auriphrygiatam. 92. Ecclesiae Sanctae Mariae in Saxia duas magnas toalleas Alamannicas. 93. Monasterio Casinensi unum amplum dorsale ad opus altaris. 94. Portuensi episcopo unam planetam de examito viridi. 95. Ostiensi episcopo unum baldachinum. 96. Joanni de Columna Sanctorum Cosmae et Damiani diacono cardinali unam planetam de examito nigro, et unam dalmaticam de diaspro. 97 Archiepiscopo Ravennati camisum, amictum, tunicam, dalmaticam, et planetam de examito rubeo auriphrygiato, cum stola et manipulo. 98. Ecclesiae Lateranensi unum magnum calicem auri cum patena ponderantem LXII uncias auri. 99. Monasterio Fossae Novae unam cuppam auream XLII unciarum et dimidiae, quando ipsius consecravit altare. 100. Ecclesiae Sanctae Restitutae apud Soram pluviale de examito rubeo auriphrygiatum. 101. Ecclesiae cathedrali civitatis ejusdem purpuram auro textam. 102. Pro viduis et orphanis maritandis mille libras. 103. Nobilium filios, quos valettos appellant, ab aula sua prorsus amovit, dans singulis summam pecuniam, de qua cingulo militari possent honorabiliter insigniri, quae usque ad mille libras ascendit.

(a) Num Farensi, aut Farensi?

ad opus hospitalis Sancti Spiritus in Saxia mille marcas argenti, ex quibus sexcentæ marcæ fuerant in vasis, et quadragintæ in plastris auri; ad constituendum ædificia Sancti Sixti, ad opus monialium, quingentas uncias auri regis (80), et mille centum libras proventuum; ecclesiæ Sanctæ Agnetis, centum libras proventuum; pro reparatione ecclesiæ Sancti Quirici, centum librarum proventuum; monasterio Sancti Anastasii, ducentum libras; monasterio Sancti Gualgani de Tuscia, centum libras; monasterio Fallensi de denariis, quos ei mutuaverat domnus papa, remisit centum libras; monasterio Sancti Pancratii, quinquaginta libras proventuum; monasterio Sancti Bartholomæi de Trisulto, pro ædificiis, centum libras; monasterio Fossæ Novæ, centum libras proventuum; monasterio Cassemarii, centum libras proventuum; monasterio Mamosoli, centum libras proventuum; ecclesiæ Sanctæ Mariæ de Aventino, centum libras proventuum; ecclesiæ Sancti Basilii, centum libras proventuum; monasterio Ferrariæ, decem uncias auri de Rege; ecclesiæ Sancti Sebastiani, quinquaginta libras proventuum; hospitalibus de Urbe, quinquaginta libras proventuum; pro opere Sancti Viti de Macello, decem libras proventuum; fratri Guidoni, rectori hospitalis Sancti Spiritus, centum libras proventuum; eremitis de Albano, quinquaginta solidos; monialibus de Butrino, juxta Viterbium, decem libras Senenses; monialibus Sancti Leopardi de Tereto, decem libras Senenses; hospitali de Rigo Saguinario (81), quadraginta solidos Senenses; monasterio Sancti Martini de Monte, juxta Viterbium, mille libras Senenses (82); ecclesiæ Sancti Nicolai de Corneto (83), centum libras Senenses; ecclesiæ de Vetralla (84), decem libras Senenses; fratri Guillelmo, procuratori Sancti Spiritus in Saxia, ducentum libras proventuum; ecclesiæ Sancti Petri, vestem pretiosissimam cum pernis, et auro, et unam magnam toalleam aurifrigiatam cum pernis; ecclesiæ Sancti Joannis de Insula, unam planetam de examito rubeo; ecclesiæ Sanctorum Joannis et Pauli de Ferentino, unam planetam de examito rubeo; ecclesiæ Sancti Laurentii Viterbiensi, unam planetam de examito rubeo, et unam toalleam aurifrigiatam; ecclesiæ Sancti Angeli de Spata Viterbiensi, unum pluviale de examito rubeo; ecclesiæ Sancti Sixti, unam planetam de examito rubeo; ecclesiæ Sanctæ Mariæ Novæ Viterbiensi, unum pluviale de examito rubeo; ecclesiæ Tuscanæ, dimidium palleum, et unam toalleam ad opus altaris; ecclesiæ Sancti Nicolai de Corneto, unam planetam de purpura; ecclesiæ Sutrinæ, dimidium pallium, et unam toalleam; ecclesiæ Sanctæ Mariæ de Juliano, unam planetam de examito rubeo aurifrigiatam; ecclesiæ sanctæ Mariæ in Saxia, duas magnas toalleas Alamannicas; monasterio Cassinensi unum amplum dorsale ad opus altaris; Portuensi episcopo (85), unam planetam de examito viridi; Ostiensi (86) episcopo, unum baldachinum; Joanni de Columna Sanctorum Cosmæ et Damiani diacono cardinali (87), unam planetam de examito nigro, et unam dalmaticam de diaspro; archiepiscopo Ravennati (88), camisum, amictum, tunicam, dalmaticam, et planetam de examito rubeo aurifrigiato, cum stola, et manipulo; ecclesiæ Lateranensi, unum magnum calicem auri cum patena, ponderantem sexaginta duas uncias auri; monasterio Fossæ Novæ, unam cappam auream quadraginta duas uncias et dimidiam, quando ipsius consecravit altare; ecclesiæ Sanctæ Restitutæ apud Soram, pluviale de examito rubeo aurifrigiatum; ecclesiæ cathedrali civitatis ejusdem, purpuram auro textam, pro viduis et orphanis maritandis mille libras.

CL. Nobilium filios, quos valettos appellant, ab aula sua prorsus amovit, dans singulis summam pecuniæ, de qua cingulo militari possent honorabiliter insigniri, quæ usque ad mille libras ascendit.

Non solum autem orphanis et viduis pauperibus et infirmis eleemosynam tribuit, verum etiam ad domesticos et propinquos, tam clericos quam laicos, hujusmodi liberalitatem ostendit, quam summam in quatuor millium librarum excessit.

---

104. Non solum autem orphanis et viduis, pauperibus et infirmis eleemosynam tribuit, verum etiam ad domesticos et propinquos, tam clericos, quam laicos hujusmodi liberalitatem extendit, quæ summa quatuor millia librarum excessit. »

Sic desinit opus in codice archii pontificii.

(80) *Auri regis.* De *duro regis* nihil apud Cangium. Verum eodem sensu accipiendum videtur quo *argentum regis*, seu *argentum finum*, de quibus vide *Glossar.* tom. I, col. 686 et 687. Exstat apud Muratorium (*Antiq. Ital. med. ævi*, tom. II, col. 813) charta quædam, data an. 1232, in qua mentio habetur de *centum et octo unciis* AURI REGIS *et dimidia ad pondus Romanum*.

(81) *De Rigo Saguinario.* Sic in codice Vallicellano scriptum esse videtur. Verum, nonne potius legendum foret, *de Rivo Cenerario*, vel *Rivicenerati*? Habetur equidem epistola in libro VII *Regestorum* sub num. 146, quæ directa dicitur *Joanni presbytero, rectori et fratribus hospitalis Riviceneratii* (al. ut apud Raynaldum *Annal. eccles.* tom. XIII, ad. an 1204, § 81, *Rivicenerarii*).

(82) Confer Ughellum, *Ital. sacr.* tom. VII, in Appendice, col. 1382, qui in antiquo codice membranæo hujus monasterii S. Martini de Monte scriptum esse testatur : « Innocentius III... multa bona fecit; hic renovavit monasterium S. Martini de Monte Viterbii, et anno 1207 de Pontiniaco fecit conventum ibi venire. » Vide quæ nos adnotavimus supra ad § 126.

(83) Vide supra not. ad § 128.
(84) Vide supra not. ad § 127.
(85) Verisimiliter Petro de Gallocia, de quo vide not. ad epistolam 69 libri quinti.
(86) Vide not. ad epistolam 29 libri quinti.
(87) Vide supra not. ad § 147.
(88) Vide quæ adnotavimus supra ad § 127.

INNOCENTII III
ROMANI PONTIFICIS
REGESTORUM SIVE EPISTOLARUM
LIBER PRIMUS
PONTIFICATUS ANNO I, CHRISTI 1198.

I.

De legitima sui electione, quæ ut fausta reipublicæque salutaris existat, omnes Deum orare jubet.

(Laterani, v Id. Jan.)

Ineffabilis sapientia Conditoris sic omnia quæ alto consilio simul ab æterno providit, per labentium temporum vices mirabili quadam dispositione dispensat, ut nec error in ordine nec in opere sit defectus; cum, divina Scriptura testante, cuncta fecerit in numero, pondere et mensura. Licet ergo nihil in terra sine certa causa propriaque ratione disponat, imperfectum tamen conditionis humanæ non solum in causis operum deficit perscrutandis, verum etiam in ipsis causarum operibus vix sufficit admirari. Quod utique considerans Apostolus exclamabat : *O altitudo divitiarum sapientiæ et scientiæ Dei ! Quam incomprehensibilia sunt judicia ejus, et investigabiles viæ ejus!* (Rom. XI, 33.) Quamvis enim *universæ viæ Domini misericordia et veritas* et omnia opera ejus judicia sunt, testante Propheta ; usque adeo tamen successus hominum, humiliationem et exaltationem eorum dextera Domini, licet justa, occulta tamen ratione procurat, ut causa nobis non modici stuporis existat quod in regimine potestatis juniores quandoque senioribus anteponit; ut juxta Prophetam, filii nascantur pro patribus, qui super omnem terram principes constituti, Dominici nominis recordentur, sicut de nobis ipsis a Domino factum est et est mirabile in oculis nostris. Sane felicis memoriæ Celestino patre ac prædecessore nostro VI Id. Jan. viam universæ carnis ingresso et in Lateran. basilica, sicut moris est, honorifice tumulato, fratres nostri, videlicet episcopi, presbyteri et diaconi cardinales et nos ipsi cum eis, simul in unum necessimus, ut tanto licentius et tutius de substitutione pontificis tractaremus, quanto tractatus ipse majorem deliberandi copiam et amplioris circumspectionis consilium requirebat. Cumque missarum solemnibus in honorem sancti Spiritus celebratis requisitæ fuissent omnium voluntates, ad insufficientiam nostram oculos extenderunt (humano forsan æstimantes arbitrio, in sacculo Benjamin scyphum argenteum invenire), licet plures ex ipsis ætatis, ordinis et meriti ratione potuissent ad tantæ dignitatis apicem dignius evocari. Cujus siquidem dignitatis onus cum insufficientia nostra penitus recusaret, utpote nostris debilibus humeris importabile, sub illius tamen confidentia et exemplo qui infirmitatem beati Petri trina prius negatione probatam, post trinæ confessionis vocem, in gubernatione suarum ovium confirmavit, quod personæ nostræ multiplex imperfectio denegabat, in ipsius contulimus voluntatem, fratrum nostrorum acquiescentes instantiæ, ne reluctatio diuturna dissidii pareret detrimentum aut dispositioni divinæ videretur aliquatenus obviare; sperantes quod ille qui dat omnibus affluenter et non improperat, qui novissimum fratrem, virum utique secundum cor suum in regem de post fetantes assumpsit, de lapidibus suscitabit filium Abrahæ, vocans ea quæ non sunt tanquam ea quæ sunt, ut infirma eligens, fortia quæque confundat. Nos igitur ecclesiasticæ provisionis sollicitudinem assumentes et non modicum confidentes de vobis, quos nobis Dominus ad tantæ difficultatis onus levius perferendum sollicitudinis nostræ voluit esse participes, universitatem vestram rogamus, monemus et exhortamur in Domino quatenus insufficientiam nostram vestris orationibus apud Dominum adjuvetis ; et circa commissam nobis et vobis Dominici gregis custodiam diligenter et utiliter vigilantes, defectum nostrum humiliter supplere velitis, et injunctam nobis ecclesiastici oneris gravitatem vigilanti studio comportare. Nos enim vos tanquam principalia membra Ecclesiæ honorare intendimus et in necessitatibus vestris, quantum Dominus permiserit, adjuvare.

Datum Laterani, quinto Id. Januarii.

II.
REGI FRANCORUM.

Ut in religione catholica et Romanæ Ecclesiæ observantia permaneat.

In eumdem modum illustri Francorum regi, usque ad verbum illud, assumentes ac considerantes quantum regnum Franciæ in Ecclesiæ semper permanserit unitate, tibi tanquam speciali Ecclesiæ Romanæ filio litterarum nostrarum primitias duximus destinandas; serenitatem regiam rogantes, monentes et exhortantes in Domino, et in remissionem tibi peccaminum injungentes quatenus sanctam Rom. Ecclesiam matrem tuam taliter revereri et honorare procures, ut inclitæ recordationis L. patris tui vestigia in ipsius devotione sequaris et nobis ad apostolicæ sedis gubernationem, Domino disponente, assumptis humiliter et devote, sicut decet principem Christianum, assistas. Nos enim in his quæ ad honorem tuum spectant, quantum cum Domino possumus, libenter intendimus, et circa personam regiam paternæ gerimus charitatis affectum.

III.

ABBATIBUS, PRIORIBUS ET ALIIS RELIGIOSIS IN REGNO FRANCIÆ CONSTITUTIS.

Ut pro recens electo pontifice Deum orent.

In eumdem modum abbatibus, prioribus, et aliis religiosis in regno Franciæ constitutis, usque ad verbum illud ac considerantes nos ex propria infirmitate deficere, nisi suffragiis vestris et piis precibus apud Dominum adjuvemur, universitatem vestram rogamus, monemus et exhortamur in Domino quatenus apud eum a quo speramus dirigi gressus nostros assiduis orationibus vestris instetis, ut nos ad laudem nominis sui et Ecclesiæ incrementum, commissam nobis sollicitudinem taliter implere concedat ut et nos retributionis æternæ præmium mereamur et populus nostræ gubernationi commissus in lege mandatorum ejus per nos verbo proficiat et exemplo. Nos enim vos tanquam speciales Ecclesiæ filios, per quos nomen Domini dignius et excellentius prædicatur, tanto amplius intendimus in vestris necessitatibus adjuvare, quanto in majorem Ecclesiæ redundaret injuriam, si jura vestra quorumlibet [temeritate] pateremur occupari.

IV.

PARISIENSI EPISCOPO.

Ut illustrem Francorum regem moneat et inducat ad recipiendam reginam uxorem suam, quam ejecerat.

(Laterani.)

Cum omnia orta occidant et aucta senescant, ne operum Domini primitiæ penitus deperirent, posuit Deus sementem juxta species suas in aliquibus creatorum; ut quæ secundum cursum temporis deficerent, in seipsis in sua semente proficerent et in reparatione sui generis uberius prosilirent. Sic etiam, ne homo ad imaginem Dei factus et tam volucribus cœli quam piscibus maris et universis animantibus quæ moventur super terram munere divino prælatus, in sterilem cinerem sterilis ipse rediret, formata muliere in auxilium ejus de latere dormientis, audivit : *Crescite et multiplicamini, et replete terram* (Gen. I, 28). Cum ergo ex tunc Adæ posteritas sibi invicem jungi consueverit fœdere nuptiali, usque adeo in hoc ipsi cooperata est et post lapsum parentis dextera Conditoris, ut juxta illud evangelicum : *Quod Deus con-*

junxit homo non separet (Matth. xix, 6), non humanæ adinventioni sed divinæ auctoritati potius ascribatur matrimonii sacramentum. Per quod, licet inter homines contrahatur, significatur tamen in Christo conjunctio Ecclesiæ ac animæ fidelis ad ipsum juxta illud Apostoli : *Hoc autem dico magnum sacramentum in Christo et in Ecclesia* (Ephes. v, 32). Unde, quantum in nobis est, Ecclesiæ filiis debemus summo studio præcavere, ne, si quis impie agens in seipsum partem sui corporis, quia scindere omnino non potest, a se forsan avellere attentarit, animam suam a divinæ bonitatis amplexibus efficiat alienam et propter hoc totam Ecclesiam tanto amplius sibi reddat offensam, quanto minus provide figuram desponsationis ejus ad Christum, quantum in ipso fuerat, maculavit. Hæc autem non ad instructionem tuam, quem divinæ legis notitiam plenius novimus obtinere, sed ut intentionis nostræ vehementiam exprimamus, præsentibus litteris duximus explicanda. Qui quanto charissimum in Christo filium nostrum Philippum Francorum regem illustrem purius diligimus et speciali quodam privilegio intendimus amplius honorare, tanto infra nos ipsos fortius contristamur quod charissimam in Christo filiam nostram Francorum reginam illustrem, quantum in eo fuit, a se minus licite nixus est amovere. Ad cumulum præterea nostri doloris accedit quod, cum universi progenitores ejus veri fuerint religionis Christianæ cultores (inter quos illustris memoriæ L. quondam rex Franciæ, pater ejus, præ cæteris sui temporis præcipuus divinæ fuit legis amator), regia serenitas, quam ipsi vellemus non minus in observantia mandatorum Domini quam regni hæreditate succedere, contra salutem et famam suam dictam reginam a consortio tori remotam in remotis partibus regni Francorum, licet inter religiosas privatas tamen personas, vitæ suæ cursum implere compellit. Licet autem felicis recordationis Cælestinus papa prædecessor noster apud eum non potuerit obtinere ut reginam ipsam in gratiam et benevolentiam suam receptam ad regni consortium revocaret, nos tamen non de meritis nostris, sed divina potius miseratione sperantes et de puritatis tuæ sollicitudine confidentes, quem litteraturæ, honestatis et consanguinitatis intuitu esse credimus in ejusdem regis oculis gratiosum, precum nostrarum primitias, per te ipsi ex parte nostra porrectas, ab ipso confidimus tanto libentius admittendas, quanto amplius de ipsius sumus salute solliciti, et per hujus apostolicæ petitionis effectum non tam nostris commodis quam integritati sui nominis consuletur. Rogamus igitur fraternitatem tuam, monemus et exhortamur in Domino, ac per apostolica tibi scripta mandamus, quatenus eumdem regem ex parte nostra diligentius moneas et inducas, et in remissionem ei peccatorum injungas ut prædictam reginam in plenitudinem gratiæ regalis admissam maritali studeat affectione tractare; ut ad mentem reversus, in laudem Domini cum Petro decantet : *Nunc scio vere quia misit Do-*

minus angelum suum, et tulit me de manu Herodis (Act. XII, 11), illius scilicet qui sicut olim animam pueri, ejus hactenus sanguinem sitiebat. Verendum siquidem ei credimus, ne, præter offensam divinam et humanam infamiam, irreparabilem etiam jacturam incurrat. Cum enim ex ea quam contra interdictum Ecclesiæ superduxit, legitimam nequeat sobolem procreare, si forte (quod absit!) unicus ejus filius rebus eximeretur humanis, regnum ejus ad extraneos deveniret. Qui quoniam eidem reginæ sui negavit corporis potestatem, ipsius promerentibus culpis, multis angustiis irruentibus, nunquam optata potuit felicitate gaudere, sed præter alias afflictiones tota Gallicana provincia famis fuit sterilitate percussa, et nisi quantocius resipiscat, flagellum Dei contra se potest gravius formidare. Quod si forsan (quod absit!) salubribus monitis tuis, quæ sæpius iterari volumus apud ipsum, acquiescere non curarit, quantumcunque nobis molestum existat cum in aliquo molestare, id non poterimus sicut nec debemus sub dissimulatione transire. Huic autem studio tanto diligentius debes insistere et intentione omnimoda imminere, quanto Creatori amplius tua in hac parte sollicitudo placebit, et gloriosius etiam tibi erit, si per tuam instantiam fuerit Domino faciente completum quod non potuit per aliquorum prudentiam seu diligentiam hactenus adimpleri.

Datum Laterani.

V.

STRIGONIENSI ARCHIEPISCOPO.

De dilatione voti sui pro negotio regni Hungariæ.

(Laterani.)

Non est dicendus voti transgressor, qui quod vovit de auctoritate sedis apost. justa tamen ex causa distulerit adimplere. Sane significavit nobis chariss. in Christo filius noster Henricus Ungariæ rex illustris quod, cum in regni turbatione consilium et auxilium tuum sibi senserit hactenus profuisse, utilitati ejus non modicum derogaret, si Hierosolymam (sicut ex voto teneris), regno pergeres impacato. Cum igitur nobis immineat de honore ipsius regis et statu regni Ungariæ sollicite cogitare, fraternitati tuæ per apost. scripta mandamus quatenus non prius iter arripias Hierusalem adeundi quam regnum ipsum fuerit tranquillitati pristinæ faciente Domino restitutum, vel super hoc receperis ab apost. sede mandatum.

Datum Laterani.

VI.

EIDEM.

De reformatione monasterii de Telequi.

(Laterani.)

Circa reformationem monasteriorum et augmentum eorum tanto potius tenemur esse solliciti et ipsorum gravaminibus præcavere, quanto ad nos specialius pertinet et plantare religionem in Dei Ecclesiis et fovere plantatam. Verum ad audientiam nostram noveris pervenisse quod monasterium de Telequi ad tantam dissolutionem ordinis et temporalium rerum exinanitionem per prælatorum est incuriam devolutum, ut nec statutus in eo regularis ordo servetur, nec fratres ibidem ad Dei servitium deputati congrue possint de ipsius redditibus sustentari. Volentes igitur ut idem monasterium in statum pristinum tuo studio reformetur, illud sollicitudini tuæ quandiu nobis et successoribus placuerit duximus committendum : per apostolica tibi scripta mandantes quatenus taliter ipsius reparationi studeas imminere, ut divini nominis cultus in eo de die in diem potius augeatur et fratrum necessitatibus vitæ necessaria congrue ministrentur.

Datum Laterani.

VII.

ABBATI SANCTI MARTINI.

De conspiratione facta contra Henricum regem Hungariæ.

(Laterani.)

Ex litteris, quas charissimus in Christo filius noster Henricus Ungariæ rex illustris ad sedem apostolicam destinavit, nobis innotuit quod contra serenitatem regiam cum nobili viro A. duce fratre ipsius, temere conspirasti, cui etiam adhuc diceris inhærere. Cum igitur felicis memoriæ Celestinus papa prædecessor noster sub pœna excommunicationis universis in Ungaria constitutis curaverit inhibere ne dicto duci contra salutem regiam consilium darent aliquod vel juvamen: nos tibi, quem publica fama contra ipsius prædecessoris nostri prohibitionem, sicut dicitur, venisse demonstrat, salutationis alloquium denegantes ad nostram duximus præsentiam evocandum, per apostolica tibi scripta mandantes quatenus usque ad festum Exaltationis sanctæ crucis proxime venturum nostro te conspectui repræsentes, ad objecta sufficienter et rationabiliter responsurus. Datum Laterani.

VIII.

FERRARIENSI EPISCOPO.

De observatione constitutionum factarum ab ipso in monasterio de Nonantula.

(Laterani, III Non. Febr.)

Cum Ecclesiæ per orbem usquequaque diffusæ ab apostolica sede tanquam a suo capite magisterium recipiant et doctrinam et stabilitatis debitæ munimine roborentur, expedit nobis, qui ad ipsius regimen sumus, licet insufficientes, Domino disponente vocati, ut sic ad universas Ecclesias nostræ considerationis aciem extendamus earumque commodis et profectibus imminere curemus, quod, illo auxiliante qui est omnium bonorum largitor, debitis illarum status per aliquorum insolentiam perturbari non possit nec contrariis casibus subjacere, sed tam temporalibus quam spiritualibus semper proficiant institutis. Audientes sane, sicut tuarum nobis tenor aperuit litterarum, studium et diligentiam quam circa revelationem Nonantulanensis monasterii, quod multorum asseritur debitorum onere prægravatum et tam in temporalibus quam in spiritualibus non modicum imminutum, impendere procurasti, multa fuimus exsultatione repleti; sollicitudinem tuam magnis in Domino laudibus commendantes, quam et ipsius abbatis nuntius in praesentia dilectorum filiorum P. tituli sanctae Ceciliae presbyteri et G. sanctorum Cosmae et Damiani diaconi cardinalium, quos ei concessimus auditores, laudabiliter commendabat : asserens tamen quod idem abbas contra ordinationem tuam in nullo venerat, aut venire volebat. Nos igitur ratum habentes et firmum quod circa quasi desperatam curationem supradicti monasterii a te laudabiliter statutum esse dignoscitur, praesentium tibi auctoritate mandamus quatenus constitutionem in eodem monasterio per tuam prudentiam factam irrefragabiliter facias observari, contradictores, sicut expedire videris, ecclesiastica censura compescens. Verum quia praefatum monasterium de negligentia et gravi culpa praesidentis abbatis ad horribilem diminutionem et inopiam asseritur devolutum : ut omnis occasio scandalorum tollatur de medio, et locus ille recepto peroptato reformationis solatio valeat aliquando respirare, volumus atque mandamus ut si praedictus abbas, sicut tuis litteris intimasti, ordinationem tuam impedivit aliquatenus vel turbavit, praesertim cum manifeste sit de dilapidatione suspectus ac etiam diffamatus, eum usque ad persolutionem debiti a monasterio ipso localiter et ab ipsius administratione amoveas et in cella quae est Paduae facias in necessitatibus provideri. Quod utique si ipse adimplere forte contempserit, eum ad id, omni contradictione, appellatione et excusatione cessante, per censuram ecclesiasticam auctoritate nostra compellas : dextrariis autem et aliis equis quos idem abbas habere dignoscitur in manibus tuis receptis et venalitati suppositis, ut de illorum pretio pars debiti, prout expedit, persolvatur. Praeterea noveris ad nostram audientiam pervenisse postquam N. Monachus praesentium lator ad Romanam Ecclesiam iter arripuit veniendi, praetaxatus abbas in contemptum apostolicae sedis et nostrum, eum officio beneficioque pro sua voluntate suspendit et administratione quam habebat in cella quae est apud Ferrariam, eumdem sua temeritate privavit. Quod utique grave admodum et molestum ferentes, fraternitati tuae per praesentia scripta mandamus quatenus, si verum est quod asseritur, officium et beneficium, necnon et administrationem quam idem monachus prius noscitur habuisse, illi auctoritate nostra restituas et facias pacifica possessione gaudere. In expensis etiam moderatis quas veniendo ad Romanam Ecclesiam fecisse perpenditur, de bonis monasterii eidem facias provideri.

Datum Laterani, III Nonas Februarii

IX.

ILLUSTRI REGI HUNGARIAE.

De transferendo monasterio quod B. quondam comes de Bichor aedificare incepit, ad loca tutiora.

Eam de serenitate regia fiduciam obtinemus, ut quae a nobis postulat juste posse credamus et honeste compleri. Eapropter, charissime in Christo fili, tuis precibus annuentes, monasterium illud, quod B. quondam comes de Bichor aedificare incepit et morte praeventus consummare non potuit, in locum tutiorem et magis idoneum transferendi, si de assensu dioecesani episcopi fieri poterit, liberam tibi concedimus auctoritate apostolica facultatem. Nulli, etc.

X.

NOBILI VIRO A. DUCI.

De prosecutione voti regis Hungariae patris sui defuncti.

(Laterani, IV Kal. Febr.)

Licet universis liberum sit arbitrium in vovendo nec necessitas in votis locum habeat, sed voluntas; usque adeo tamen solutio necessaria est post votum, ut sine propriae salutis dispendio alicui resilire non liceat ab his quae sponte ac solemniter repromisit. Accepimus siquidem quod cum inclytae recordationis B. quondam rex Ungariae, pater tuus, ageret in extremis et de sua penitus convalescentia desperaret, votum quo voverat Domino Hierosolymitanam provinciam in forti manu et brachio extento, corde tamen humili, et humiliato spiritu, visitare, sub interminatione maledictionis paternae commisit tuae fidei exsequendum; et tu intellecta pia voluntate parentis, assumpto crucis signaculo, te id impleturum sine dilatione qualibet promisisti. Verum eodem patre tuo sublato de medio, cum Hierosolymitanum iter te accipere simulasses, assumptae peregrinationis oblitus quam contra inimicos crucis dirigere debueras, in fratrem tuum et regnum Hungariae convertisti aciem bellatorum, et multa contra serenitatem regiam malignorum usus consilio commisisti. Nos autem, quos diebus istis ad pontificatus officium, licet immeritos, Dominus evocavit, tam paci regni Hungariae quam tuae volentes saluti consulere, nobilitatem tuam rogamus, monemus et exhortamur in Domino, ac per apostolica tibi scripta praecipiendo mandamus quatenus, postpositis caeteris sollicitudinibus, usque ad festum Exaltationis sanctae crucis proxime venturum, debitum acceptae crucis exsolvens, propositum iter arripias et humiliter prosequaris ; ne si onus tibi a patre injunctum et a te sponte susceptum occasione qualibet detrectaris, paterna te reddas successione indignum et haereditatis emolumento priveris cujus recusaveris onera supportare. Sciturus ex tunc anathematis te vinculo subjacere, et jure quod tibi, si dictus rex sine prole decederet, in regno ungariae competebat ordine geniturae, privandum, et regnum ipsum ad minorem fratrem tuum appellatione postposita devolvendum.

Datum Laterani, IV Kal. Februarii.

XI.
HIEROSOLYMITANO PATRIARCHÆ ET SUFFRAGANEIS EJUS.
De promotione Domini nostri papæ, et negotio terræ sanctæ.
(Laterani.)

Rex regum et Dominus dominantium qui prodigia facit in cœlo sursum et in terra deorsum, omnipotentiæ suæ jugiter operatur indicia, Ecclesiam suam per varias substitutiones pontificum mirabiliter innovans et nova semper prole fecundans; et sic senium ejus sua virtute consumens, ut his qui fideliter in ipsius regimine militaverant, ad æternæ felicitatis bravium evocatis, filios suscitet in parentes, et in novam infantiam rubiginem transferat vetustatis. Inter cætera siquidem incomprehensibilia divinæ dispositionis judicia et investigabiles vias ejus magnæ miserationes esse credimus argumentum, quod sic a tædio sollicitudinum et curarum momentaneæ mortis compendio prædecessores pro meritis repensurus absolvit, ut egenum de pulvere suscitatum et pauperem erectum de stercore sedere faciat cum principibus et solium Petri, quo nihil est inter homines gloriosius, obtinere; ut post vespertinos fletus lætitia matutina succedat et Ecclesia super parentis obitu de substitutione filii consoletur; sicut diebus istis de nobis a Domino factum est et est mirabile in oculis nostris. Sane felicis memoriæ Celestino patre ac prædecessore nostro VI Idus Januarii viam universæ carnis ingresso et in Lateran. basilica honorifice tumulato, tanta fuit inter fratres nostros super pontificis substitutione concordia, ut eo cœlitus ipsorum desideriis aspirante qui facit utraque unum et concurrentes parietes in se angulari lapide copulavit, omnes universaliter unum saperent et idem singulariter postularent, nos in summum pontificem ipso die depositionis ejusdem prædecessoris nostri unanimiter assumentes. Nos autem in eo ponentes spem nostram qui beatum Petrum in gubernatione suarum ovium confirmavit et apostolis repromisit, dicens: *Ecce ego vobiscum sum omnibus diebus usque ad consummationem sæculi* (Matth. xxviii, 20), ecclesiasticæ sollicitudinis onus, licet insufficientes, assumpsimus, non de nostris meritis, sed divina potius miseratione sperantes, quæ vocat ea quæ non sunt tanquam ea quæ sunt, et perficit laudem ex ore infantium et lactentium. Attendentes igitur quam alto divinitatis consilio Deus Rex noster ante sæcula salutem in medio terræ dignatus est operari, solvens in ea septem libri signacula, quem nemo potuit aperire, nisi Leo de tribu Juda, vos, qui terram ipsam suscepistis ab eo spiritualiter gubernandam, specialiter per litterarum nostrarum primitias duximus visitandos; monentes attentius et exhortantes in Domino, ut flagellum, quo vos et in vobis totam Ecclesiam Dominus visitavit, patienter et humiliter supportantes, id nostris et vestris meritis imputetis qui peccatorum nostrorum clamoribus indignationem ejus nunquam desistimus provocare. Certos enim nos prophetica reddit auctoritas quod si ambulassemus in lege Domini et veram spei nostræ fiduciam posuissemus in eo qui respicit terram et facit eam tremere, tangit montes et fumigant, unus nostrum mille et duodena millia hostium effugasset. Ut igitur dolor noster et vester in lætitiam et tristitia in gaudium convertatur, immolemus Domino super aram cordis intentionem et super altare corporis opera nostra: quæ sua sunt, non quæ nostra quærentes. Nisi enim piis orationibus et nostris et vestris actibus indignatio fuerit divina placata, nec residuum terræ nativitatis ejus tueri poterimus nec insultus hostium sustinere; quinimo residuum locustæ brucus assumet et fient novissima deteriora prioribus. In jejunio igitur et fletu, et planctu, in operibus pietatis, in charitate non ficta, in corde contrito et humiliato spiritu revertamur ad Dominum Deum nostrum qui pius est et misericors, et præstabilis super malitia: commissos nobis populos verbo pariter et exemplo ad pœnitentiam invitantes, ut nostris operibus et intentione placatus, non det hæreditatem suam in opprobrium et in dominium nationum; ne forte consentiant adversarii nostri et dicant: *Manus nostra excelsa, et non Deus, fecit hæc omnia.* Nos enim propositum gerimus et habemus in votis, quantum ille permiserit a quo speramus dirigi gressus nostros, ad subventionem vestram efficacius laborare et liberationi Hierosolymitanæ provinciæ, si datum fuerit desuper, sollicitius imminere.

Datum Laterani.

XII.
AD MAGUNTINUM ARCHIEPISCOPUM, etc.
(Laterani.)

In eumdem fere modum Maguntin. archiepiscopo, et episcopis de regno Alemanniæ in ultramarinis partibus constitutis, usque in finem. Rogamus insuper et fraternitatem vestram monemus et exhortamur in Domino, ac per apostolica scripta mandamus et in remissionem vobis injungimus peccatorum quatenus scutum fidei et salutis galeam assumentes, prælium Domini studeatis viriliter et efficaciter præliari, de cœlo auxilium et nostrum etiam subsidium exspectantes. Credimus etenim et pro certo tenemus quod si corda vestra pœnitentiæ fuerint medicina purgata et non in multitudine ac fortitudine vestra spem posueritis, sed in Deo, Philisthæos Israelitæ fugabunt et in loricatum Goliam David inermis in funda et lapide prævalebit.

Datum Laterani.

XIII.
DUCI LAVANNIÆ, LANTGRAVIO DURINGIÆ, ET ALIIS DE REGNO ALEMANNIÆ IN ULTRAMARINIS PARTIBUS CONSTITUTIS.
(Laterani.)

Ut sint ferventes in servitio Jesu Christi.
Quanta sit circa genus humanum benignitas Conditoris, primæ creationis opera et recreationis mi-

racula quæ in fine sæculorum dextera Domini voluit operari, imo etiam universa quæ in cœlo sunt et in terra testantur; cum hominem, ad imaginem suam creatum, divinitatis suæ voluerit esse participem, omnia subjiciens sub pedibus ejus, oves et boves universos, insuper et pecora campi, et tandem, ut ruinam nostram repararet, post lapsum proprio Filio suo non pepercerit, sed pro nobis omnibus tradiderit illum in crucis altario immolandum et cum iniquis eum permiserit reputari. Unigenitus siquidem Dei Filius, ut hominem perditum ad regna cœlestia revocaret, a dextra Patris in inferiores partes terræ descendens, exinanivit semetipsum, formam servi accipiens et se usque ad mortem humilians, pro nobis crucis non dubitavit subire tormentum. Quid igitur retribuemus Domino pro omnibus quæ retribuit nobis? Sane nec tribulatio, nec angustia, nec fames, nec nuditas aut gladius ab ipsius nos debebit aut poterit charitate divellere, si exuberantiam beneficiorum ejus circa nos misericorditer habitam internæ considerationis oculis attendamus. Quinimo secundum Prophetam calicem salutaris servus accipiet et nomen Domini invocabit. Hoc vos diligentius attendentes, ut illud evangelicum impleretis: *Qui vult venire post me, abneget semetipsum, et tollat crucem suam, et sequatur me* (Matth. xvi, 24), assumpto crucis signaculo ad vindicandam injuriam Jesu Christi, Hierosolymam petivistis, ad nationes illas inhumanas et barbaras in digito Dei fortius edomandas, quæ illorum etiam sævitiam (quod peccatis nostris ascribimus) sunt in nos sæviendo transgressæ quibus Propheta imprecando declamat: *Deus, venerunt gentes in hæreditatem tuam* (Psal. lxxviii, 1), etc. usque *sepeliret*. Rogamus igitur discretionem vestram, monemus attentius et hortamur in Domino, et in remissionem vobis injungimus peccatorum quatenus assumpti laboris gravitatem studeatis taliter adimplere, prælium Domini præliantes, ut, vestris exigentibus meritis, de cœlo vobis auxilium ministretur. Cum enim, abnegatis desideriis carnis, Domino proposueritis in puritate cordis et corporis militare, cavendum vobis existit ne contra votum a vobis in terra vestræ nativitatis emissum, in terra peregrinationis vestræ, ubi steterunt pedes Domini, per immissionem malorum angelorum consensu pravi operis veniatis et per hoc modicum fermenti totam massam corrumpens, eum vobis reddat offensum sine quo nec residuum terræ nativitatis Domini tueri poteritis, nec incursus hostium sustinere. In eo igitur et non in vestra multitudine confidentes qui docet manus vestras ad prælium et digitos vestros ad bellum, qui conterit bella, qui currum et exercitum Pharaonis projecit in mare, state in fide, viriliter agite, Philistinorum aciem expugnantes. Nos enim etc. *ut supra.*

Datum Laterani.

(1) Vide infra epist. 62 hujus libri.

XIV.

ELECTO ET DECAN. ET MAG. NICOLAO DE LEVENNES CAN. CAMERACEN.

Super cognitione causæ quæ inter Præmonstratensem et Prumiensem Ecclesias vertitur super possessionibus de Hanapia.

(Laterani, ii Non Febr.)

(1) In nostra præsentia constituti dilecti filii magistri Jac. et N. Atrebaten. procuratores Prumiensis Ecclesiæ, ex parte abbatis et conventus de rato, litteras exhibentes, contra Præmonstratensem Ecclesiam proposuere querelam, asserentes quod cum causa quæ inter ipsas Ecclesias super possessionibus de Hanapia vertebatur, dilectis filiis G. præposito S. Gereonis, R. et S. magistris Coloniens. ab apostolica sede commissa fuisset; ipsi in possessionem rerum de quibus vertebatur quæstio, Prumiensem Ecclesiam induxerunt, Præmonstraten. vero appellatione interposita recedentes, ipsam non fuerunt infra biennium prosecuti. Propter quod Prumienses circa finem biennii confirmationem possessionis suæ a sede apostolica impetrarunt. Elapso vero biennio, ad I. quondam Cameracensem episcopum et dilectum filium abbatem sancti Bartholomæi, pro Præmonstratensi Ecclesia fuit commissio impetrata. Sed memorato episcopo viam universæ carnis ingresso, per ipsos non fuit quæstio terminata. Prædicti autem Prumienses subsequenter a felicis recordationis Celestino prædecessore nostro ad dilectum filium abbatem sancti Victoris et bonæ memoriæ P. cantorem Parisien. litteras impetrarunt, in quibus continebatur expressum, quod ipsi factum Coloniensium judicum facerent observari. Sed quia prædictus cantor tunc temporis sedem apostolicam personaliter visitabat, in illius mandati non fuit exsecutione processum. Tandem vero Præmonstratenses causam eamdem venerabili fratri nostro episcopo et dilectis filiis cantori Atrebaten. et abbati sancti Bartholomæi Noviomen. obtinuere committi; qui post inhibitionem prædictorum abbatis sancti Victoris et cantoris Parisiensis et post appellationem a procuratore Prumien. Ecclesiæ legitime interpositam, dictos Præmonstraten. causa rei servandæ in possessionem rerum de quibus erat controversia induxerunt. Cæterum dilecti filii abbas Calmoltensis, Gervasius et Robertus canonici et nuntii Præmonstratensis Ecclesiæ, ex parte abbatis et conventus Præmonstratensis, litteris de ratihabitione exhibitis, e contra pro sua Ecclesia proponere curaverunt, quod antequam supradicti judices Colonien. sententiam pro Ecclesia Prumien. proferrent eo quod, propter quasdam minas in præsentia judicum factas et eorum officio non repressas, advocatum coram ipsis habere non poterant; et quia ad extraprovinciales judices trahebantur, ad sedem apostolicam appellarunt. Cujus appellationis suffragio illam

dictam dicunt sententiam non tenere: tum quia iidem judices, lite nondum contestata coram eis, absente parte adversa, de proprietate dederunt sententiam: tum quia Præmonstraten. ad prosecutionem appellationis infra biennium specialem nuntium direxerunt. Præterea præfati Cameracensis episcopus et abbas sancti Bartholomæi quibus causa fuerat delegata, partibus legitime citatis præsentibusque earum procuratoribus legaliter ordinatis, ab eisdem Præmonstraten. testes ad infirmandam dictam sententiam receperunt. Quorum attestationem episcopus et cantor Atrebaten. et abbas sancti Bartholomæi Noviomen. auctoritate suffulti, de mandato apostolico sententiam Colonien. judicum revocantes, judicaverunt Præmonstratenses possessionem rerum de quibus fuerat litigatum debere, sicut ante litem possederant, quiete et pacifice possidere. Nolentes igitur ut ejusdem causæ decisio ulterius prorogetur, prædictorum omnium inquisitionem et decisionem canonicam vestræ duximus experientiæ committendam; per apostolica vobis scripta districte præcipiendo mandantes quatenus, partibus ad vestram præsentiam convocatis, et inquisita super præmissis et aliis omnibus quæ inter se super eodem negotio duxerint proponenda diligentius veritate, tam principalem quam incidentes quæstiones, sublato appellationis obstaculo, sine canonico terminetis, facientes quod exinde duxeritis statuendum per censuram ecclesiasticam inviolabiliter observari. Si qua vero partium legitime citata præsentiam vestram adire vel judicio parere contempserit, vos nihilominus, quantum de jure poteritis, et probationes præsentis partis recipere et in causæ cognitione ac decisione procedere non tardetis. Nullis litteris obstantibus, si quæ apparuerint præter assensum partium a sede apost. impetratæ. Quod si omnes, etc.

Datum Lateran. II Nonas Feb.

XV.

✝ BASILICÆ XII APOSTOLORUM ET B. TITULI SANCTI PETRI AD VINCULA PRESBYTERIS CARD. AP. SEDIS LEGATIS.

Super colligationibus factis cum episcopis et consulibus civitatum Tusciæ.

(Laterani.)

(2) Cum apostolica sedes quasi lucerna super candelabrum sit disposita nec civitas possit abscondi quæ supra montem est constituta, nos qui ei, licet immeriti, præsidemus, diligenti debemus cura satagere quatenus luceat lux nostra coram hominibus, ut videntes opera nostra bona glorificent Patrem luminum a quo bona cuncta procedunt. Nos enim debemus esse sal terræ. Quod si sal evanuerit, in quo salietur? Ad nihilum valet ultra, nisi ut foras emissum, ab hominibus conculcetur. Absit igitur a sedis apostolicæ puritate ut, cum Deus virgam peccatoris non dereliquerit super sortem justorum, ad colligationes illicitas cum operantibus iniquitatem declinet : quin potius dissolvat colligationes impie-

(2) Vide infra epist. 34 et 35 hujus libri.

tatis, solvat fasciculos deprimentes. Sane cum dilectus filius prior sancti Fridiani nobis et fratribus nostris tractatum illum quem cum episcopis et consulibus civitatum Tusciæ habuistis et verbis exposuisset et ostendisset in scriptis, non modica sumus admiratione commoti; cum forma colligationis hujusmodi in plerisque capitibus nec utilitatem contineat, nec sapiat honestatem. Imo cum ducatus Tusciæ ad jus et dominium Ecclesiæ Rom. pertineat, sicut in privilegiis Ecclesiæ Rom. oculata fide perspeximus contineri, nullam inter se sub nomine societatis colligationem facere debuissent, nisi salvo per omnia jure pariter et auctoritate sacrosanctæ Rom. sedis, quæ disponente Domino cunctorum fidelium mater est et magistra. Cum et illud debuissent attendere quod infirmum erit penitus ædificium quod super hoc fundamentum non fuerit stabilitum. Quo circa discretionem vestram rogamus attentius et exhortamur in Domino quatenus, sicut viri prudentes et providi, ad profectum et honorem tam Ecclesiæ Rom. quam Tusciæ sollicitius intendatis. Et ut vobis nostræ voluntatis propositum elucescat, dilecto filio N. latori præsentium super his quæ vobis ex parte nostra duxerit proponenda, indubitata fide credatis. Nos enim firmum gerimus in voto propositum, a quo nec mors nec vita nos poterit separare, fideles et devotos Ecclesiæ de corde puro, conscientia bona et fide non ficta diligere et contra malignas opprimentium insolentias apostolicæ protectionis clypeo defensare.

Datum Lateran.

XVI.

CAPITULO S. ANASTASIÆ.

Ut electus per potentiam laicalem intrusus cassetur, et alius de licentia apostolica deligatur.

(Laterani, VIII Id. Febr.)

Ex illo singularis excellentiæ Privilegio quod unigenitus Dei Filius Jesus Christus apostolorum Principi Petro concessit, sanctorum patrum postmodum instituta manarunt, ut majores causæ ad sedem apostolicam perferrentur; quatenus quod super eis deberet statui, circumspecta ipsius responsio declararet. Cum igitur in Ecclesia vestra, quæ sub obedientia sedis apostolicæ perseverans, Græcorum hactenus ritum servavit et linguam, per laicalem potentiam præter nostram auctoritatem et electionem vestram non tam Latinus quam barbarus sit intrusus: nos de fratrum nostrorum consilio intrusionem ipsam irritam decernentes, ne diutius pastoris solatio vestra careret Ecclesia, vobis humiliter postulantibus secundum statuta canonum et antiquam ejusdem Ecclesiæ consuetudinem liberam concedimus licentiam eligendi; per apostolica vobis scripta mandantes quatenus talem vobis in pastorem electione canonica præferatis, qui non minus prodesse desideret et noverit quam præesse. Datum Lateran. VIII Id. Februarii.

XVII.

CAPUANO, REGINENSI, ET PANORMITANO ARCHIEPISCOPIS.

(Laterani, v Id. Febr.)

His scriptum est in eumdem fere modum ut supra, usque ad verbum illud eligendi. Unde fraternitati vestræ per apostolica scripta mandamus quatenus ad hoc diligenti sollicitudine laboretis, ut dictus intrusus a memorata removeatur Ecclesia, et ab ipsius capitulo electio possit in ea canonica libere celebrari. Datum Laterani, v Id. Februarii.

XVIII.

ILLUSTRI ROMANORUM IMPERATRICI SEMPER AUGUSTÆ.

Ut in ipsa electione impedimentum non præstet.

(Laterani, v Id. Febr.)

Si creditas tibi regendorum populorum habenas landabiliter moderari desideras et concessam tibi a Domino terrenæ jurisdictionis potentiam benignius exercere, ei necesse habes ut servias, cui servire regnare est, et per quem gressus tui semper in melius dirigentur. Verum si eum tota intentione dilexeris, eam te oportet sollicite venerari et conservare in statum debitæ libertatis, sub cujus capite læva ejus, et quam dextera ejus, sicut in Canticis legitur, amplexatur; cujus zelus comedit eum et injuria non modicum provocat et vindictam. Cum autem ex illo singularis excellentiæ privilegio etc. *fere in eumdem modum ut supra usque ad verbum eligendi,* Ideoque serenitatem tuam rogamus, monemus et exhortamur in Domino, ac in remissionem tibi injungimus peccatorum quatenus nullius impedimenti obstaculum interponas, quo minus electionem possint canonicam celebrare, cum ad eum solum haberi debeat in electione respectus, cujus ministerio qui assumitur, alligatur. Datum Laterani, v Idus Februarii.

XIX.

PARISIENSI EPISCOPO.

Ut liceat Presbytero Michaeli in sacerdotii officio ministrare, non obstan. quod ad evitandum lepræ periculum, virilia sibi fecit abscindi.

(Laterani, iv Id. Febr.)

(3) Ex parte dilecti filii Michaelis presbyteri fuit in audientia nostra propositum, quod cum sibi sentiret lepræ periculum imminere, de consilio medici virilia sibi fecit abscindi, ut posset a tam gravis infirmitatis vitio liberari; et ut provideremus ei super executione sui officii, a nobis humiliter postulavit. Quoniam igitur canones sanctorum Patrum hujusmodi a sacri altaris administratione non prohibent, fraternitati tuæ per apostolica scripta mandamus quatenus, si rei veritas ita se habet et memoratus Michael alias idoneus est, ut sui officii ministerium exsequatur, nullius contradictione vel appellatione obstante, auctoritate fretus apostolica liberam ei tribuas facultatem.

Datum Laterani, iv Idus Februarii.

(3) C. *Ex parte,* De corpore vitiatis.

XX.

EPISCOPO ET ABBATI S. LUPI TRECENSIS.

Ut recepta a G. presbyt. canonica purgatione de crimine homicidii sibi objecto, ipsum absolvat, si legitimus accusator non comparuerit, et crimen notorium non existit.

(Laterani, iv Non. Febr.)

Accedens ad præsentiam nostram G. presbyter lator præsentium tam relatione sua quam litteris quorumdam abbatum, nostro apostolatui demonstravit, quod cum inter ipsum et quemdam alium clericum quæstio verteretur, et idem clericus adversarius suus ad diem assignatam sibi ad præsentiam judicum properaret et fuisset in itinere interemptus, venerabilis frater noster Senonen. archiepiscopus habens eumdem Presbyterum inspectum super occisione clerici memorati, licet contra illum nullus apparuerit legitimus accusator et ipse paratus esset canonice suam innocentiam demonstrare, in eum tamen suspensionis officii sententiam promulgavit. Quoniam igitur, sicut justum non est ut culpabiles absolvantur, sic esset a juris tramite alienum, si puniret judicii severitas innocentes, discretioni vestræ præsentium auctoritate mandamus quatenus si contra prædictum presbyterum super homicidio legitimus non comparuerit accusator et crimen notorium non existit, vos ab eo canonica purgatione recepta, latam in eum suspensionis sententiam de auctoritate sedis apostolicæ relaxetis nec permittatis eum super prædicto homicidio ulterius indebite molestari. Si vero de homicidio confessus fuerit legitime vel convictus, vos ei, sublato contradictionis et appellationis obstaculo, pœnam canonicam infligatis. Quod si ambo, tu frater episcope, etc.

Datum Laterani, iv Non. Februarii.

XXI.

ARCHIEPISCOPO ET ARCHID. TRANENSI.

Super transactione habita inter episcopum et canonicos Vestanenses, de quadam episcopali capella et rebus aliis.

(Laterani.)

Significantibus dilectis filiis Vestanen. canonicis, nostris est auribus intimatum quod cum Vestanen. episcopus fuisset olim ab ipsis in præsentia Celestini, bonæ memoriæ prædecessoris nostri, super ecclesiastica dilapidatione conventus et de causa ipsa exstitisset plurimum disceptatum, ad transactionem de utriusque partis assensu postmodum venientes, promisit dictus episcopus thesaurum Ecclesiæ, videlicet capellam episcopalem quinquaginta uncias auri et amplius valentem, et pannos sericos octo, cum privilegio ecclesiasticæ libertatis restituere et quædam alia adimplere, sicut in authentico scripto in præsentia prædicti prædecessoris nostri exinde confecto et auctoritate sedis apostolicæ confirmato plenius continetur. Quam transactionem non curavit prædictus episcopus postmodum observare nec præfatum thesaurum, sicut promiserat, restituere; imo deteriora prioribus agens, duas ecclesias sancti Joannis et sancti Jacobi, quas dilectus filius Petrus Vestanensis archidiaconus diu in pace possederat, contra tenorem praedictae transactionis, monasterio Trimitan. dicitur concessisse et clericos suos officiis et beneficiis, praetermisso juris ordine, spoliasse, manibus in eos saepe violenter injectis. Cumque haec et alia a praedicto archidiacono coram dilecto filio P. Sanctae Mariae in via lata diacono cardinale, tunc apostolicae sedis legato, proposita fuissent contra episcopum memoratum, et in ejus praesentia utraque parte praesente causa diutius agitata, ad hanc transactionem voluntarie devenerunt, ut Vestan. Episcopus ante omnia primam transactionem apud sedem apostolicam factam studeret modis omnibus observare et thesaurum memoratum ecclesiae suae restituere non differret praedictasque ecclesias Trimitanensibus injuste concessas vel ipse revocaret vel archidiacono praedicto ad eas daret consilium et auxilium revocandas. Res etiam sancti Nicolai idem episcopus B. primicerio et L. sacerdoti dimitteret de caetero procurare, et quartam decimationum fabricis Ecclesiae deputatam suis usibus de caetero minime applicaret. Quae si non faceret, foret dictus episcopus divino officio alienus, prout in instrumento coram eodem cardinale confecto apertius continetur. Cum autem nec primam nec secundam transactionem minime praefatum episcopum observare memorato praedecessori nostro ipsi canonici intimassent, addentes etiam quod in coena Domini Ecclesia Vestanen. dimissa ad Sipontinensem Ecclesiam se ad conficiendum chrisma transtulerat, et ibidem illud existente secum in altari Lavellen. episcopo tunc excommunicato confecerat, eum antedictus praedecessor noster pontificali officio et ecclesiastica administratione suspendit, dans ei firmiter in mandatis ut in festo sancti Lucae praeteriti anni se suspensum suo conspectui praesentaret, super praedictis criminibus plenarie responsurum. Quod si non faceret sciret in se perpetuae depositionis sententiam proculdubio proferendam. Episcopus siquidem mandatum apostolicum vilipendens, nec venit nec pro se curavit mittere responsalem, suspensionem apostolicam et praedicti cardinalis interdictum contemnens penitus observare. Proponitur insuper episcopus memoratus de clericis in curia imperiali deposuisse querelas et contra saepedictis archidiaconum falsas litteras confinxisse, occasione quarum ipsum archidiaconatus beneficio et loco nequiter multo tempore spoliavit. Quoniam igitur haec non sunt a nobis clausis oculis transeunda, praedictorum inquisitionem vestrae discretionis examini duximus committendam: per apostolica vobis scripta mandantes quatenus, vocatis ad praesentiam vestram qui fuerint evocandi, inquiratis de praemissis diligentius veritatem, et omnia in scriptis fideliter redigentes, nobis eadem vestris signata sigillis mittere non tardetis.

Datum Laterani

XXII.

MEDIOLANENSI ARCHIEPISCOPO.

Ut liceat ei illos in ecclesia sua ad diaconatum et sacerdotium promovere, qui a summo pontifice ordinem susceperunt.

(Laterani, xii Kal. Martii.)

Pastoralis officii debitum nos invitat, et ipse rationis ordo deposcit, ut ea sollicitudine utilitatibus Ecclesiarum intendere debeamus, quod ipsis Ecclesiis ordo debitus conservetur et clerici earum ministerio deputati, sicut ab eis stipendia militiae clericalis accipiunt, ita eis obsequia militiae clericalis impendant. Inde est quod, sicut ex tenore tuarum litterarum accepimus, Mediolanensis Ecclesia tam in capite quam in membris, occasione clericorum illorum qui ab ipso Romano pontifice ordinem receperunt, adeo est ministrorum solatio destituta, ut paucos clericos in eadem Ecclesia valeas invenire, quos ad diaconatus et presbyteratus possis officium promovere. Verum quia fraternitas tua suppliciter a nobis expetiit ut ipsius Ecclesiae necessitatem sollicitudine paterna pensantes, tibi deberemus licentiam indulgere manus posse illis ordinationis imponere, super hoc tuae fraternitati taliter duximus respondendum quod ipsius Ecclesiae necessitate pensata, si aliqui fuerint de supradictis clericis, qui ad hoc videantur idonei et spontanea voluntate per tuum ministerium voluerint ad sacros ordines promoveri, eos auctoritate nostra tibi liceat ordinare. Alioquin illos quos ad officium illud magis idoneos ac necessarios fore cognoveris, nobis per tuas litteras significare curabis. Nos enim deliberato consilio respondebimus quid tibi super hoc fuerit faciendum.

Datum Laterani, xii Kal. Martii.

XXIII.

Juramentum fidelitatis exhibitum domino Innocentio, successoribus ejus, et Romanae Ecclesiae, a Petro praefecto Urbis, Oddone de Palumbaria, Oddone de Monticillo.

(4) Altera die post consecrationem Domini Innocentii Papae III, Petrus Urbis praefectus in consistorio Lateranensis palatii publice juravit ei et successoribus suis atque Romanae Ecclesiae fidelitatem contra omnem hominem et recepit ab eo investituram praefecturae permantum; ac deinde fecit ei ligium hominium inter manus ipsius, qui donavit ei cuppam argenteam in signum gratiae. Consecratus est autem idem dominus Innocentius Papa III eadem die solemniter in apostolica sede, qua beatus Petrus apostolus in episcopali fuit cathedra collocatus. Eadem die fecerunt ei fidelitatem **Oddo de Palumbaria**, et **Oddo de Monticillo**.

---

(4) Vide infra epist. 577 hujus libri.

XXIV.

SPIRENSI, ARGENTINENSI ET WORMATIENSI EPISCOPIS.

Pro liberatione Salernitani archiepiscopi.

Quantae praesumptionis et temeritatis existat in rectores Ecclesiae manus injicere violentas in Evangelio Dominus protestatur, qui se in ministris suis affligi asseruit et in apostolorum Principe alibi se perhibuit iterum crucifigi. Hoc etiam poenae qualitas manifeste declarat, cum excommunicationis sententia in ipso actu feriat delinquentes, si non solum in fratres et coepiscopos nostros, sed etiam in minoris ordinis clericos violentiam praesumpserint operari. Ne autem solos violentiae hujus auctores aliquorum praesumptio crederet esse punitos, facientes et consentientes pari poena plectendos canonica censura condemnat : eos etiam delinquentibus favere interpretans, qui cum possint, manifesto facinori desinunt obviare. Quod bonae memoriae C. papa praedecessor noster hactenus diligenter attendens, auctores et fautores captionis et detentionis venerabilis fratris nostri Salernitani archiepiscopi excommunicationis nuntiasset vinculo innodatos, nisi per imperiales nuntios saepe fuisset ei ac firmiter repromissum quod idem archiepiscopus sine dilatione qualibet libertati pristinae redderetur. Ne autem detentio ejus nobis de caetero imputetur, si circa liberationem ejus inventi fuerimus negligentes, fraternitati vestrae per apostolica scripta mandamus et districte praecipimus quatenus nobilem virum Wicel. de Berc. ex parte nostra diligentius moneatis ut eumdem archiepiscopum a detentionis suae carcere absolutum ad nos cum honore remittat; nobilitatem ejus gratiarum actionibus prosequentes, quod circa eum spiritum compassionis exhibuit, et quantum licuit, solatium ei humanitatis impendit. Quod si, quod non credimus, ad monitionem vestram et venerabilis fratris nostri Sutrini episcopi, et dilecti filii abbatis sancti Anastasii, quos ad hoc specialiter destinamus, eum dimittere forte noluerit, excommunicatum ipsum publice nuntietis; et si qua forsan ab aliquibus Ecclesiis beneficia possidet, ea ipsi per censuram ecclesiasticam auferri mandantes, totam terram ejus, imo totam dioecesim, in qua idem archiepiscopus detinetur vel ad quam translatus fuerit detinendus, supponatis sententiae interdicti. Nos enim dilectis filiis capitulo Maguntin. dedimus in mandatis ut sententiam vestram faciant inviolabiliter observari. Volumus autem nihilominus et mandamus ut universis Alemanniae principibus in remissionem suorum criminum iujungatis ut sollicitudinis suae studium efficaciter interponant, quod eis mediantibus archiepiscopus ipse libere ad nos quantocius revertatur; significantes eis quod si id, quod absit, impletum non fuerit, in totam Alemanniam interdicti cogemur sententiam promulgare. Quod si omnes, etc.

XXV.

SUTRINENSI EPISCOPO ET ABBATI S. ANASTASII.

Pro reconciliatione Philippi ducis Sueviae et liberatione archiepiscopi Salernitani.

Cum ei simus divina providentia in Ecclesiae Romanae regimine substituti, qui a Domino, ut delinquentibus non solum septies, sed et septuagies septies indulgeret audivit, et majus gaudium esse noverimus angelis Dei super conversione peccatoris unius, quam supra nonaginta novem justos, qui non indigent poenitentia, Evangelio protestante, eos qui a se anathematis jugum excutere cupiunt, ut ad ecclesiasticam redeant unitatem, ex pastoralis officii, ad quod vocati sumus, debito recipere benigne tenemur et receptos misericordiae gremio confovere. Intelleximus siquidem tam per te, frater episcope, quam per alios quorum relationibus fidem non modicam adhibemus, quod nobilis vir Philippus dux Sueviae, qui propter invasionem ac detentionem patrimonii beati Petri et nostri excommunicationis fuerat vinculo innodatus, Ecclesiae reconciliari desiderat et restitui ad ecclesiastica sacramenta, ac super his pro quibus notatus fuerat, satisfactionem omnimodam exhibere. Licet autem superioris sententiam minor relaxare non possit et propter hoc dux ipse ad sedem esset apostolicam destinandus, ut ab ea quae ipsum vinculis excommunicationis involvit absolutionis beneficium obtineret, sperantes tamen quod per ipsius studium venerabilis frater noster Salernitan. archiepiscopus de longaevae detentionis ergastulis liberetur, laborem itineris ipsi sub ea conditione duximus remittendum, si nostram super hoc, sicut bonae memoriae Celestino papae praedecessori nostro per te, frater episcope, obtulit, impleverit voluntatem. Ideoque discretioni vestrae per apostolica scripta mandamus quatenus eodem archiepiscopo libertati pristinae restituto et recepto a duce juxta formam Ecclesiae juramento quod super omnibus pro quibus ab Ecclesiae fuit communione amotus, mandatis apostolicis, omni dolo et excusatione postpositis, debeat obedire, munus absolutionis ipsi auctoritate freti apostolica impendatis. Quod si forsitan eumdem archiepiscopum vel non potuerit vel noluerit absolvere, seu etiam forte distulerit, ad Ecclesiam Romanam accedat, a nobis juxta Ecclesiae consuetudinem absolvendus.

XXVI.

EISDEM.

Pro liberatione nobilis mulieris Sibiliae, filii et filiarum ejus, et aliorum captivorum regni Siciliae detentorum in Teutonia.

Inter caetera quae Dominus in nobis mirabiliter et misericorditer operatur, magnae reputandum est miserationis indicium, cum eis poenam accelerat temporalem, quibus ultio debebatur aeterna, sicut in regno Siciliae diebus nostris intelligimus accidisse. Cum enim Siciliae populus et caeteri de eodem regno effeminati, otio et pace nimia dissoluti, de suis divitiis gloriantes, sese in voluptatibus corporis lascivius exercerent, ascendit in altum fetor eorum, et traditi sunt ob multitudinem peccatorum suorum in manibus persequentium. Usque adeo autem in eos, quod dolentes dicimus, furor exarsit hostilis, ut quidam eorum turpi morte damnati, in tribulatione cordis et corporis animas exhalarent, quidam membrorum mutilatione deformes fierent, abjectio plebis et ludibrium populorum ; majores vero ipsorum compedibus et nobiles manicis ferreis alligati, captivi et exsules in Teutonia macerentur, reliquis hæreditates suas in extraneis transferri videntibus, et domos suas subjici alienis. Verum ne compassionis nostræ solatium, qui patientibus ex susceptæ administrationis debito compati volumus et tenemur, penitus subtrahatur, quibus ipse Dominus jam videtur ex parte placatus, venerabilibus fratribus nostris universis archiepiscopis et dilectis filiis nobilibus viris marchionibus, ducibus, baronibus, et aliis Alemanniæ principibus dedimus in mandatis ut dilectam in Christo filiam nostram nobilem mulierem Sibiliam, filium ac filias ejus, et cæteros de regno Siciliæ, qui in Teutonia detinentur, a detentionis suæ vinculis absolutos, ad nos liberos, excusatione et dilatione cessante, remittant. Inde est quod discretioni vestræ per apostolica scripta præcipiendo mandamus quatenus, si mandatum nostrum forte non fuerit adimpletum, vos in detentores eorum excommunicationis sententiam proferatis et terras eorum, imo totam diœcesim, in qua nobiles ipsi tenentur vel ad quam fuerint forte translati, interdicto subdatis, neutram relaxaturi sententiam, donec ipsi libertati fuerint pristinæ restituti. Dilectis etiam filiis capitulo Magunt. per apostolica scripta præcipiendo mandamus, ut sententiam quam vos propter hoc contigerit promulgare ratam habeant, et faciant inviolabiliter observari.

XXVII.

RAVENNATI ARCHIEPISCOPO ET SUFFRAGANEIS EJUS.

Ut Carsendino subdiacono domini papæ legato in Exarchatu Raven. et comitatu Brittinorii diligenter assistant.

Nusquam melius ecclesiasticæ consulitur libertati quam ubi Ecclesia Rom. tam in temporalibus quam spiritualibus plenam obtinet potestatem. Cum enim apostolica sedes mater sit Ecclesiarum omnium et magistra, tanto fortius subjectos suæ temporali jurisdictioni populos ab Ecclesiarum et ecclesiasticorum injuriis cohibet, quanto amplius in ejus injuriam et Ecclesiarum omnium præjudicium redundaret, si Ecclesias in ejus patrimonio constitutas non servaret in statu debitæ libertatis. Cum igitur inter cætera quæ nos et fratres nostros inducunt ut Exarchatum Ravennæ, Marchiam et Thusciam ad dominium nostrum, ad quod pertinent, revocemus, secuturam exinde immunitatem Ecclesiarum vestrarum non modicum attendamus; vos negotium ipsum tanquam speciale ac honori vestro plurimum profuturum deberetis assumere, et ad implendum nostræ beneplacitum voluntatis efficaciter laborare. Cum ergo dilecto filio Carsendino subdiac. nostro in Exarchatu Ravennæ et comitatu Brittinorii hujusmodi specialiter injunxerimus legationis officium, sperantes quod ad illud utiliter adimplendum vestro non modicum studio adjuvetur, fraternitati vestræ per apost. scripta mandamus atque præcipimus quatenus ei taliter in his quæ vobis ex parte nostra proposuerit, adesse curetis, ut honori apost. sedis et nostro deferre, et Ecclesiarum vestrarum libertatem videamini utiliter procurare ; scituri quod sicut gratum habebimus et acceptum, si studium et diligentiam vestram operis experientia in instanti articulo commendarit, sic moleste feremus, si sollicitudo vestra in hac necessitate reperta fuerit defecisse.

XXVIII.

REMEN. SANCTÆ SABINÆ CARDIN. ET SENONEN. ARCHIEPISCOPIS, ET EPISCOPO MELDENSI.

Super consolatione comitissæ Campaniæ de morte filii sui.

(Laterani, v Kal. Mart.)

Compati patientibus et dolentibus pium est condolere; ut qui ex diversis rerum eventibus solam habent dolendi materiam, in fraterna compassione remedium consolationis inveniant et saltem ex humanitatis solatio valeant recreari, dum in eorum restauratione, quæ doloris fomitem subministrant, spes nulla videtur eis penitus superesse. Illis vero præcipue compassionis oportet spiritum adhiberi, quæ pro sexus muliebris fragilitate in adversis facilius emerguntur et difficiles ad consolationem præ spiritus infirmitate resurgere majori videntur in his et aliis auxilio et consilio indigere. Cum igitur dilecta in Christo filia, nobilis mulier M. comitissa Campaniæ in morte filii sui bonæ memoriæ comitis Henrici dolorem, nec immerito, cum interna spiritus commotione conceperit et vehementius afflictatur, nos mentis afflictione non ficta compatientes eidem, cum mortis hujus dispendium non solum in ejus damnum converti debeat et dolorem, verumetiam in multiplex totius Christianitatis incommodum ex præsenti periculo imminente redundet, fraternitati vestræ per ap. scripta mandamus quatenus dolorem ipsius piæ consolationis verbis et commonitionibus lenientes, ipsam et possessiones ejus, tanquam dati. ei tutores a nobis, ab incursu molestantium auctoritate apostolica defendatis, nullatenus permittentes ut in his quæ ad dotem ejus noveritis pertinere injuria seu violentia ei ab aliquo inferatur, sed possessionem ejusdem dotis ipsi contra quoslibet temerarios præsumptores pacificam conservetis. Si qui vero jamdictæ comitissæ aliquam super his injuriam inferre præsumpserint vel gravamen, vos eos, si necesse fuerit, ut a sua præsumptione desistant, per censuram ecclesiasticam appellatione postposita compellatis. Quod si omnes, etc.

Datum Lateran. v Kal Martii, pont. nostri anno 1.

XXIX.
FERENTINATI EPISCOPI.

Consultatio super causa matrimonii inter L. virum et P. mulierem, quam primo juraverat, et aliam postmodum desponsavit.

(Laterani, v Kal. Mart.)

(5) Sicut ex litteris tuæ fraternitatis accepimus, cum L. parochianus tuus P. mulierem se ducturum in conjugem in manu patris ejusdem P. jurantis quod eam ipsi traderet in uxorem, proprio juramento firmarit nec per virum steterit, sed per mulierem potius quo minus matrimonialis inter eos solemnitas sit secuta, quatuor postmodum vel quinque annis elapsis idem L. G. mulierem per verba de præsenti, ut ejus consanguinei asserunt, desponsavit; propter quod frater prædictæ P. suam deposuit in tua præsentia quæstionem. Quia vero quid super his agendum sit nostro postulas responso edoceri, fraternitati tuæ taliter respondemus, quod si tibi constiterit quod idem L. P. mulierem per verba de futuro, G. vero per verba desponsaverit de præsenti, imposita ei pœnitentia competenti, quia primam fidem irritam fecit, nisi forsan in juramento suo certum terminum, infra quem dictam P. duceret in uxorem, præfixerit, nec per cum steterit quin ad statutum terminum matrimonium consummarit, secundum contractum legitimum judices, et ad illud servandum eum, si opus fuerit, ecclesiastica districtione compellas; nisi forsan aliud quid obstiterit quod ipsum debeat impedire. Quod si forte per verba sponsalitia de futuro cum utraque contraxit, juramentum primum, sicut licite factum est, ipsum servare compellas, de secundo ei pœnitentiam injuncturus. Quod si de his tibi non constat ad plenum, tandiu adhuc cognoscas de causa, donec super his sufficientius instruaris. Quod enim in attestationibus, quas ad sedem apostolicam destinasti, de compaternitate habetur, non facit ad causam; cum neuter contrahentium sit illa persona, qua mediante inter parentes eorum compaternitas est contracta. Datum Lateran. v Kal. Martii, pontificatus nostri anno primo.

XXX.
CANONICIS ARGENTINEN.

Super quæstione cujusdam præbendæ, quæ inter Arnulfum et F. sancti Thomæ præpositum vertitur.

(Laterani, vi Non. Mart.)

Cum partes inter se super mota quæstione conveniunt, vel altera renuntiat quæstioni, ad hoc solum exigitur officium judicis, ut quod a partibus fit, faciat inviolabiliter observari, ne cui contra compositionem aut cessionem per se factam liceat ulterius prosilire. Sane cum dilecti filii Arnoldus nuntius et concanonicus vester, et F. præpositus sancti Thomæ, ad nostram præsentiam accessissent, super præbenda, de qua per dilectum filium P. tt. sanctæ Cæciliæ presbyterum Car. tunc apostolicæ sedis legatum idem præpositus fuerat investitus, in nostra et fratrum nostrorum audientia disceptarunt. Cumque nos, auditis quæ hinc inde proposita fuerant, de communi consilio fratrum nostrorum sententiam formare ac ferre vellemus, dictus præpositus ad nos humiliter et devote accessit, et jus, si quod sibi competeret in eadem præbenda, in manibus nostris spontanea resignavit. Nos igitur Ecclesiæ vestræ volentes in posterum paci et tranquillitati consulere, recepta resignatione ipsius, ei super eadem præbenda perpetuum silentium imposuimus, et vos et Ecclesiam vestram ab impetitione ipsius super eam præsentium auctoritate reddimus absolutos. Nulli ergo omnino hominum liceat hanc paginam nostræ absolutionis infringere etc. Datum Laterani, vi Nonas Martii, pontificatus nostri anno primo.

XXXI.
TERRACONEN. ARCHIEP. ET SACRISTÆ VICENSI.

De confirmatione R. electi sancti Benedicti de Bages, et irritatione intrusi per potentiam laicalem.

(Laterani, vi Non. Mart.)

Ad universalis Ecclesiæ sollicitudinem, licet insufficientes, Domino disponente vocati, de grege nobis commisso sollicitam curam debemus gerere, et tanquam pastores seduli, faciente Domino, providere ne ovis morbo infecta incurabili, oves cæteras suo cogat contagio morbo simili laborare. Nostris siquidem auribus ex multorum relatione ac plurium litteris innotuit prælatorum, quod bonæ memoriæ.. quondam abbate sancti Benedicti de Bages de carnis ergastulo sicut Domino placuit, ad meliora vocato, conventus ejusdem monasterii pars major et sanior vota in dilectum filium R. nunc abbatem ejusdem monasterii transtulerunt. Verum suadente illo cujus est proprium pacem turbare, duo ejusdem loci monachi a cæterorum fratrum voluntate unanimi secedentes accersitis sibi sæcularibus viris, B. ipsius monasterii monachum in abbatem non sunt veriti nominare; qui laicali et ipsorum potentia fretus, prædictum R. ad audientiam dilecti filii G. sancti Angeli diaconi cardinalis, qui tunc in partibus illis legationis fungebatur officio, appellavit. Et cum idem cardinalis quæ utraque pars coram ipso proposuit diligentius audivisset et super eisdem inquisisset diligentius veritatem, prædictam electionem sæpenominati R. ratam habuit et eam auctoritate qua fungebatur apostolica confirmavit. Idem quoque cardinalis tranquillitati ejusdem monasterii desiderans providere ac inter fratres materiam exstinguere jurgiorum, pro pacis bono præposituram ejusdem monasterii supradicto intruso contulit et eam ab eodem abbate ipsi, quoad viveret, concedi præcepit et juramentum fecit impendi, ne ipsum ab eadem præpositura ullo tempore sine causa rationabili amoveret. Dictus autem præpositus unde humi-

(5) Cap. *Sicut*, De sponsal. et matrimoniis

liari debuerat in elationem erectus, obedientiam, quam abbati ex præcepto cardinalis debebat impendere, ipsi exhibere contempsit; imo domos, homines, et cætera bona ejusdem monasterii occupans, ea in usus proprios et illicitos transfundere non veretur, a monastica etiam professione ac fratrum consortio se reddens penitus alienum; nullis quoque beati Benedicti obtemperans institutis, non se tantum, verum etiam totum monasterium dissolutione ac enormitate suæ vitæ gravi compellit infamia laborare. Quia igitur timendum est ne pars corrupta sinceram contaminet, nisi falce fuerit apostolica resecata, discretioni vestræ per apostolica scripta mandamus quatenus, si prædicta veritate nituntur, prædictum præpositum ab administratione præpositurae remotum, ut abbati suo existat obediens, sicut debet, per censuram ecclesiasticam appellatione postposita compellatis. Nullis litteris obstantibus harum mentione non habita a sede apostolica impetratis.

Datum Laterani, vi Nonas Martii.

XXXII.
COLOCEN. ARCHIEPISCOPO.

Confirmatio super quibusdam Ecclesiis præpositurae Colocen. Ecclesiæ de capituli consensu collatis.

(Laterani.)

Justis petentium *etc. usque ad verbum illud* assensu Ecclesias sanctæ Mariæ de Joth, sancti Mauritii de Both, et Ecclesiam de Unta, quas præpositurae Colocen. Ecclesiæ de consilio et assensu tui capituli contulisti, sicut provide factum est, et præpositus Colocen. easdem juste possidet et quiete, auctoritate apostolica confirmamus et præsentis scripti patrocinio communimus. Decernimus ergo etc.

Datum Laterani.

XXXIII.
HUG. COMITI ET MARSUCTO PISANIS CANONICIS.

Super quæstione cujusdam pignoris, quæ inter R. et Gallicianum Pisanos vertitur.

(Laterani.)

Significante dilecto filio Rubeo cive Pisano, ad nostram noveritis audientiam pervenisse, quod cum domum suam cum horto Galliciano Pisano civi pro ducentis quinquaginta duabus libris pignori obligasset et promisisset, cautione præstita juramenti quod nisi domum ipsam statuto inter eos termino recolligeret, eumdem creditorem ulterius super ea minime molestaret, infra statutum tempus per certum et fidelem nuntium, prout ei videbatur, creditori mutuatam pecuniam remisit: quam idem nuntius, infideliter agens, sicut ei injunctum fuerat, non persolvit. Cumque postmodum prædictus R. ab imperatore captus pariter et detentus, multa pericula sustinuerit et labores, nec dicto G. satisfacere potuerit, ut debebat, nunc per Dei gratiam libertati pristinæ restitutus, paratus est pecuniam reddere creditori; licet ipse prorsus eam recusaret recipere, quia ei non fuit statuto termino persoluta. Cum igitur pactum legis commissoriæ sit in pignoribus improbatum et, quantum in eo fuit, prædictus Rubeus juramenti debitum adimpleverit, cum per eum quem certum et fidelem nuntium sperabat, pecuniam remiserit termino constituto et dum in imperiali fuit captione detentus, satisfacere non potuerit creditori; devotioni vestræ præsentium auctoritate mandamus quatenus, si præmissis veritas suffragatur, prædictum creditorem, ut sorte sua contentus existat, pensionibus præfati pignoris computatis in sortem, et domum ipsam et hortum præfato Rubeo omni postposita dilatione resignet, per censuram ecclesiasticam pacto vel tali juramento nequaquam obstante, admonitione præmissa, sublato contradictionis et appellationis obstaculo, compellatis.

Datum Laterani.

XXXIV.
POTESTATI ET CONSILIARIIS VITERBIENSIBUS.

Quod in tractatu habito inter ipsos, Perusinos, et rectores Tusciæ sine mandato apostolico non procedant.

(Laterani.)

(6) Dilectis filiis consulibus Perusin. qui nos super tractatu illo consuluerant quem ipsi vobiscum cum rectoribus Tusciæ habuerunt, litteris nostris dedimus in responsis, ut quia tractatus ille, quem rectores inter se inierant, minus debite ad honorem, utilitatem et profectum Ecclesiæ pertinebat, et nos dilectis filiis B. Basilicæ duodecim Apostolorum et P. tituli sancti Petri ad vincula presbyteris cardinalibus, qui tractatum illum nobis plenius expresserunt, nostrum et fratrum nostrorum significaveramus beneplacitum voluntatis, tamdiu ipsi consules Perusini supersederent his quæ disposita fuerant consummandis, donec litteras nostras reciperent mandatum super hoc apostolicum plenius continentes. Ideoque sicut Perusinis ipsis per litteras significavimus, ita nunc discretioni vestræ per apostolica scripta mandamus atque præcipimus quatenus super tractatu illo nullatenus procedatis prius quam super hoc litteras receperitis speciales nostræ intentionis et propositi expressivas; cum et vos nostrum super hoc debuissetis consulere beneplacitum voluntatis.

Datum Laterani.

XXXV.
P. BASILICÆ XII, APOSTOL. ET B. SANCTI PETRI AD VINCULA PRESBYTERIS CARDINALIBUS, APOSTOLICÆ SEDIS LEGATIS.

Super eodem.

(Laterani.)

Super negotio societatis Thusciæ per dilectum filium priorem sancti Fridiani nostram et fratrum nostrorum vobis aperuimus voluntatem; ad cujus exsecutionem negotii vos dare credimus operam efficacem. Quocirca discretioni vestræ per apostolica scripta mandamus, quatenus si rectores Tusciæ ad

---

(6) Vide supra epist. 15, itemque epistolam sequentem

id exsequendum, quod per dictum priorem vobis significavimus, induxistis, ut Pisani id ipsum pariter recipiant et observent moneatis attentius; et nisi vobis paruerint, interdictum minime relaxetis. Si vero praedicti rectores adhuc non sunt voluntatem nostram, quam per saepefatum priorem significamus, exsecuti; quia satis videretur austerum, si Pisan. civitas occasione societatis illius quam nos, sicut nostis, conduximus totaliter approbandam, tandiu interdicto ecclesiastico subjaceret, volumus et mandamus ut [ab ejusdem civitatis civibus cautione recepta quod quae pro honore et exaltatione Ecclesiae et libertate eorum ordinaverimus suscipiant et observent, interdictum sine dilatione qualibet relaxetis. Si autem super his debitam habere non poteritis cautionem, quia civitas ipsa, sicut dicitur, nunc temporis quasi videtur rectore carere, qui plenam in ea exercere valeat potestatem, spe bonae promissionis quam nobis [ejusdem civitatis nuntii fecerunt quod nostro Pisani cives debeant parere mandato, honesta sicut videritis occasione concepta, in eadem civitate divina officia appellatione remota detis licentiam celebrandi. Ita tamen quod, si postmodum rectores Thusciae mandatum nostrum susceperint et servaverint, civitas ipsa interdicto subjaceat, nisi et ipsa celeriter suscipere curavit et servare.

Datum Laterani.

XXXVI.
EPISCOPO ET CAPITULO TRAGURIEN.

Quod B. presbyter non teneatur ad observantiam habitus monachalis, ex eo quod cum gravi aegritudine laboraret, a quodam monacho indutus est habitu monachali.

(Laterani.)

(7) Sicut tenor vestrarum litterarum nobis aperuit, cum P. lator praesentium in sacerdotali esset officio constitutus et tanta rerum temporalium indigentia laboraret, quod nec sibi nec suis progenitoribus seu fratribus in necessitatibus proprii posset aliquatenus providere, proprii corporis laboribus et maris periculis multis se non dubitavit exponere, ut de suo labore et acquisitione honesta suam et suorum posset indigentiam relevare. Contigit autem post haec quod ipse longe a vestra civitate consistens, tam gravi coepit aegritudine laborare, quod extra se positus desperaret de vita praesenti; et dum in tali esset articulo constitutus, a quodam simplici monacho indutus fuit habitu monachali et ad monasterium deportatus. Deinde paucis diebus elapsis, cum jam esset in principio suae convalescentiae, deposuit habitum et de licentia ejusdem loci abbatis monasterium dereliquit; et cupiens progenitorum suorum indigentiis subvenire, a vobis suppliciter postulavit, ut posset, sicut prius, in sacerdotali officio ministrare et vobiscum pariter conversari. Quid autem super his vobis fuerit faciendum sacro apostolicae sedis oraculo humiliter petitis edoceri. Nos igitur vestrae consultationi taliter duximus respondendum quod licet ista duo inter se repugnantia videantur, ut scilicet quisquam sit extra se positus, et de praesenti vita desperet, si tamen eo tempore quo positus extra mentem asseritur, indutus fuit habitu monachali, cum alienatus non sentiat ac per hoc nor valeat consentire, praefatum presbyterum denuntietis ab observatione monastici ordinis absolutum, nisi postquam mentis suae factus est compos, voluntate spontanea professionem fecerit monachalem.

Datum Laterani.

XXXVII.
MEDIOLAN. ARCHIEPISCOPO.

Super quaestione quae inter ipsum et monasterium sancti Donati de Scozula.

(Laterani, vi Non. Mart.)

(8) Ad hoc unxit nos Deus oleo laetitiae prae consortibus nostris, ut diligamus justitiam et odiamus iniquitatem: quod tunc laudabiliter adimplemus, cum via regia incedentes non declinamus ad dexteram neque ad sinistram aliquatenus deviamus, sed juste quod justum est persequentes, nec pauperis personam attendimus, nec honoramus vultum potentis quia non est personarum acceptio apud Dominum; dum etiam merita subtili examinatione discutimus et precum attendimus qualitatem, ut cuilibet reddamus jus suum et preces quae rationi non consonant rationabiliter repellamus. Veniens siquidem ad apostolicam sedem dilectus filius abbas de Scozula (9) nobis et fratribus nostris exposuit quod cum M. quondam Mediolanensis archiepiscopus praedecessor tuus super causa quae inter ipsum et monasterium sancti Donati de Scozula diutius fuerat agitata, post multas commissiones tandem obtinuisset venerabili fratri nostro Veronensi (10) episcopo Romanae Ecclesiae card. litteras destinari, et ipse judex delegatus partibus in sua praesentia constitutis super judicio possessorio, partim pro monasterio, partim pro archiepiscopo sententiam protulisset, procuratore ipsius monasterii quaestionem de proprietate postmodum intentare volente, pars archiepiscopi dilationes et inducias saepius postulavit. Cumque saepenumero idem archiepiscopus praefato Veron. per litteras direxisset quod ipsius judicium nullatenus declinaret, utraque parte apud Novariam coram nuntio ipsius episcopi, qui ad hoc missus fuerat, existente, archiepiscopus jurisdictionem delegati judicis opposuit exspirasse: asserens causam possessionis tantum et non proprietatis fuisse commissam; et quia super possessione pronuntiaverat, semel functus suo officio, super quaestione proprietatis deinceps cognoscere non valebat. Et his allegatis, praedictus archiepiscopus appellavit. Ad haec pars monasterii contra proposuit quod causa quae

---

(7) Cap. *Sicut tenor,* De regularibus.
(8) Cap. *Ad hoc,* De sequestr. possess.
(9) *Strogula,* in tertia Compilat. eod. tit. c. 1.

(10) *Vercellensi,* in tertia Compil. et in decretal. Gregorii IX.

inter archiepiscopum et monasterium vertebatur, fuerat memorato episcopo absolute et indistincte commissa, et sic continentiam causæ dividi non debere dicebat. Adjecit etiam quod cum archiepiscopus toties postulaverit dilationem et locum a judice, in quo ante illum super illa proprietatis quæstione respondere deberet, eum postea recusare nequivit, vel aliquatenus appellare; præsertim quia absente parte adversa, sicut est prælibatum, ipsemet eumdem judicem postulaverat et in rescripto apostolico fecerat appellationis remedium adhiberi. Has nimirum rationes cum judex plenius advertisset, actorem legitima citatione præmissa in possessionem; quæ fuerat per ipsum episcopum eidem archiepiscopo adjudicata, usus consilio virorum prudentium, mitti decrevit; a qua tamen archiepiscopus monasterium postmodum violenter ejecit. Cumque dilectus filius G. tunc prior, nunc vero abbas ejusdem monasterii, et G. nuntius adversæ partis, super hoc ad sedem apostolicam accessissent, bonæ memoriæ C. papa, prædecessor noster, supradictis omnibus per dilectos filios nostros Hug. tt. sancti Martini presbyterum et G. Sanctæ Mariæ in Aquiro diacon. cardinales, quos eis auditores concesserat, plenius intellectis, per bonæ memoriæ Al. Albanen. episcop. sic suum interpretatus fuit rescriptum, quod tam causæ possessionis quam proprietatis fuerat judici delegato commissa, et quod idem judex ob dictas rationes ab archiepiscopo non potuisset etiam per appellationis obstaculum recusari. Volens igitur idem prædecessor archiepiscopo et abbati sine justitiæ læsione deferre, prælibatam possessionem apud venerabilem fratrem nostrum Vercellen. et bonæ memoriæ Novarien. episcopos pro suæ voluntatis arbitrio sequestrari præcepit; venerabili fratri nostro Regin. et felicis recordationis tunc Mutinen. Episcopis per apostolica scripta præcipiens ut partes ad suam præsentiam convocarent et nullius contradictione vel appellatione tam super principali quam super incidenti obstante, de causa proprietatis infra duos menses plenius cognoscentes, eam debito fine deciderent, et possessionem ei parti postmodum resignarent quæ obtineret de proprietate triumphum. Cumque litteræ ipsæ ad dictos Mutinen. et Regin. episcopos pervenissent, partibus in ipsorum præsentia constitutis, procurator archiepiscopi cautionem obtulit, ut contumaciam, si qua præcesserat, expurgaret: quam procurator monasterii recipere noluit, nisi possessionis sequestratione præmissa, et salvo jure quod ei ex commissione hujusmodi competebat, ut a se tanquam a possessore peteret in judicio. Cumque procurator archiepiscopi e contrario responderet quod ab eo peti velut a possessore deberet, disceptatione protracta in longum terminus exspiravit, infra quem episcopi memorati de proprietate cognoscere debuissent. Cæterum nuntius monasterii iterum ad Ecclesiam Romanam accedens, per archiepiscopum stetisse asseruit quod nec possessio sequestrata fuerat, nec

A super proprietate processum in causa. Propter quod dictus prædecessor noster venerabili fratri nostro Bobien. Episcopo per apostolica scripta mandavit ut possessione cum fructibus perceptis ex ipsa monasterio restituta, audirent postmodum si quid haberent partes inter se invicem quæstionis. Qui cum abbatem juxta tenorem mandati apostolici in possessionem, quam Veronen. adjudicaverat, per suum nuntium mandasset induci, Hugo de Camerario ipsum abbatem ex ea violenter ejecit: qui cum suis complicibus tam nuntium episcopi, quam abbatem et monachos armata manu fugavit et navi cujus vehiculo illuc accesserant igne combusta, cellas monasterii deprædatus, conversis pluribus verberatis, domos extra claustri ambitum constitutas cum qui-
B busdam animalibus et quodam homine non erubuit concremare. Quod postquam ad ejusdem prædecessoris nostri audientiam nuntio ipsius abbatis referente pervenit, venerabili fratri nostro Ferrarien. episcopo districte præcipiendo mandavit quatenus partibus convocatis et possessione cum fructibus a tempore sententiæ per dictum Veronen. prolatæ perceptis ex ipsa monasterio restituta, de proprietate cognoscerent, et eo in adjudicata sibi possessione indemni servato, quod justum esset statueret et faceret auctoritate apostolica, sublato appellationis obstaculo, firmiter observari. Eos autem qui se apostolicis mandatis opponerent vel monasterium super possessione alterius molestarent, per sententiam excommunicationis appellatione remota compesceret
C et dictum Hugonem et ejus complices, donec monasterio de ablatis omnibus et illatis injuriis satisfacerent competenter et cum litteris ejus apostolici se conspectui præsentarent, nuntiaret excommunicatos et faceret ab omnibus evitari; nisi tu, frater archiepiscope, hanc in ipsos districtionem, prout tibi mandatum fuerat, exerceres. Dictus vero Ferrarien. receptis super hoc litteris apostolicæ sedis, sicut ex litteris ejus accepimus, admonitione præmissa, in Hugonem de Camerario et complices ejus, te infra statutum terminum eum excommunicare nolente, excommunicationis sententiam promulgavit; et cum tu legitime citatus ab ipso, nec accederes nec sufficientem mitteres responsalem, sed absen-
D tiam tuam verbis et litteris excusares, salva quæstione proprietatis, possessionem monasterio restituendam pronuntiavit; et cum abbatem in eam per nuntium suum fecisset induci, idem abbas ab ea dejectus fuit te, frater archiepiscope, Hugo de Camerario, et dilectis filiis consulibus Mediolanen. mandantibus per violentiam armatorum. Propter quod idem abbas postulabat a nobis ut sententiam restitutionis toties latam pro eo deberemus auctoritate apostolica confirmare et possessione sibi cum fructibus restituta, faceremus eum absque molestatione gaudere. Verum dilectus filius Passaguerra procurator tuus et socii ejus petitionem abbatis non esse admittendam ea præsertim ratione dicebant, quod abbas ipse in litteris quas ad Bobien. et Ferrarien.

episcopos a sede apostolica impetravit, veritatem suppresserat et expresserat falsitatem. Suggesserat enim Veronensem episcopum salva quæstione proprietatis super possessione promulgasse sententiam, cum non nisi causa rei servandæ abbatem decrevisset in possessionem induci. Tacuit etiam veritatem, cum de satisdatione coram dictis Reginen. et Mutinen. episcopis oblata per archiepiscopum nullam fecit apud sedem apostolicam mentionem. Nos igitur super his et aliis quæcunque fuerunt hinc inde proposita, cum fratribus nostris archiepiscopis et episcopis apud sedem apostolicam constitutis consilio maturo, intelligentes quod dictus Veronen. abbatem in possessionem causa rei servandæ solummodo decrevisset induci, sicut erat consentaneum rationi, utpote coram quo super proprietate lis non fuerat contestata, et quod per eumdem M. quondam archiepiscopum non stetisset quin satisdationem infra annum oblatam præstiterit et contumaciam, si qua præcesserat, expurgarit; attendentes etiam abbatem ipsum per suppressionem veritatis et falsitatis expressionem litteras ad Bobien. et Ferrarien. episcopos impetrasse; non sententiantes quia lis coram nobis contestata non fuit, sed respondentes abbati, petitionem ejus juxta formam præscriptam non esse admittendam respondimus et ipsum scriptis carere mandavimus quæ per mendacium impetravit; in eum statum causæ continentiam reducentes, in quo fuerat, cum dictus prædecessor noster causam proprietatis Mutinen. et Regin. commisit, mandato sequestrationis penitus revocato. Sententiam tamen excommunicationis in Hugonem de Camerario et complices ejus prolatam volumus et mandamus usque ad satisfactionem condignam inviolabiliter observari; non tam quia fuit a delegato prolata quam quod per delegatum exstitit postmodum confirmata. Ne autem monasterio in suo videamur jure deesse, moderatas expensas, ex quo Veronen. ipsum in possessionem induci decrevit usque ad tempus satisfactionis oblatæ propter hoc factas ipsi restituendas esse censemus et a te sufficientem præberi standi judicio cautionem. Sententiam autem a dicto Veronen. ex majori parte pro Mediolanen. Ecclesia, partim pro monasterio promulgatam, quæ rationabiliter lata est et ab utraque parte recepta, ratam habemus; et si quid ex his quæ monasterio adjudicata fuerunt ipsi non sunt hactenus resignata, ipsi restitui cum perceptorum fructuum integritate mandamus. Nulli ergo omnino hominum liceat hujus nostræ diffinitionis paginam infringere, etc.

Datum Laterani, vi Nonas Martii.

XXXVIII.

UNIVERSIS EPISCOPIS PER MARCHIAM CONSTITUTIS.

De confirmatione sententiæ latæ per legatos Ro. curiæ contra Marcovaldum.

Et zizania non avellere ante messem evangelica doctrina præcipimur, et malos usque ad sententiam tolerare canonica institutione monemur. Verum et

(11) Cap. *Cum ecclesiasticæ*, De exceptionib.

zizania in manipulos colligata comburere debemus post messem, et iniquos post sententiam evitare. Hoc siquidem attendentes, licet Marcovaldus multa contra libertatem ecclesiasticam et Ecclesiæ patrimonium præsumpsisset, eum tamen excommunicare distulimus; ne, si admonitio non præcederet, ad proferendam sententiam non zelo rectitudinis, sed ex odio moveri potius videremur. Cæterum cum dilecti filii nostri C. tituli sancti Laurentii in Lucina et I. tituli sanctæ Priscæ presbyteri Card. apost. sedis legati de mandato nostro Marchiam fuissent ingressi, et dictum Marcovaldum per suas litteras attentius monuissent ut ab Ecclesiarum incendio, villarum et castrorum devastatione, quæ in eorum oculis perpetrabat, desisteret, et exercitum dimitteret, cujus occasione tota fere Marchia vastabatur, nec ipse eorumdem legatorum monitis paruisset, in eum propter contumaciam excommunicationis sententiam protulerunt. Nos igitur, quod ab eisdem card. factum est ratum habentes ac volentes inviolabiliter observari, præsertim cum plura subsint quare fuerit excommunicationis sententia feriendus, utpote qui fidem Ecclesiæ multoties præstitam violavit, qui patrimonium Ecclesiæ invadere ac detinere præsumpsit et illud sæpe commonitus restituere non curavit, fraternitati vestræ per apostolica scripta mandamus quatenus tam eum quam complices ejus excommunicatos publice nuntietis et faciatis per vestras diœceses nuntiari. Nos enim prædecessorum nostrorum statuta sequentes ac attendentes quod magis oporteat Deo servire quam hominibus, omnes qui eidem Marcovaldo fidelitate sunt vel sacramento astricti, apostolica auctoritate a sacramento absolvimus; et ne ipsi fidelitatem observent modis omnibus prohibemus; cum fidelitatem, quam aliqui Christiano principi juraverunt Deo ejusque sanctis adversanti et eorum præcepta calcanti, nulla mandentur auctoritate servare. Omnes autem qui ei post denuntiationem ipsam divina præsumpserint officia celebrare, usque ad mandatum nostrum suspensionis præcipimus sententiæ subjacere. Ideoque præsentium vobis auctoritate mandamus quatenus omnes qui ei juramenti vel fidei tenebantur religione astricti, denuntietis et denuntiari faciatis per sedem apostolicam absolutos.

XXXIX.

LAUDEN. EPISCOPO.

Super quæstione cujusdam præbendæ quæ inter Novariense capitulum et Jacobum clericum vertitur.

(Laterani, v Non. Mart.)

(11) Cum ecclesiasticæ provisionis officium ad quod sumus licet immeriti, Domino disponente, vocati, nos juxta verbum Apostoli sapientibus et insipientibus constituerit debitores, sic nos convenit perlatas ad apostolatus nostri notitiam quæstiones subtili indagatione discutere et eas judicio vel rationabili mediante concordia terminare, et quas per nos non possumus, aliis de auctoritate nostra

committere diffiniendas, quod nullus in conspectu sedis apostolicæ sui juris se conqueri valeat sustinuisse defectum, et nos, sicut ex cura tenemur sollicitudinis pastoralis, justa judicare et justitiam diligere videamur. Pro quæstione siquidem quæ inter dilectos filios Novarien. Capitulum et Jacobum clericum super præbenda Novariensis Ecclesiæ vertebatur, tam nuntii capituli quam idem Jacobus ad sedem apostolicam accesserunt; et dum in nostra et fratrum præsentia foret utraque partium constituta, pro ipso Jac. taliter fuit in nostro auditorio allegatum, quod cum olim de mandato bonæ memoriæ F. tt. Sancti Marcelli presbyteri card. tunc apostolicæ sedis legati de primo tunc vacatura in Novariensi Ecclesia præbenda fuerit investitus, eidem stallo chori et loco capituli assignatis, et ad eamdem postmodum filius dilecti filii Saxonis Vulgamini nobilis civis Romani de auctoritate apostolicæ sedis admissus, qui super possessione et fructibus præbendæ ipsius a consanguineis prædicti Jacobi molestias sustinuit et pressuras, de quibus fructibus inter ipsum Jac. et præfatum nobilem amicabilis tandem compositio intervenit, quia super præbenda ipsa eidem Jac. silentium fuerat impositum, ut de ea movere non posset ulterius quæstionem, placuit tandem bonæ memoriæ C. prædecessori nostro, præfati Jacobi consideratis laboribus et expensis, præbendam Novariensis Ecclesiæ, quæ fuerat magistri B. de Suno, ad preces quorumdam cardinalium eidem conferre et ipsum de eadem manu propria per annulum investire; Novarien. capitulo districte præcipiendo quatenus ipsum Jac. electione, quam de pluribus personis in Novariensi Ecclesia in canonicis assumendis, et constitutione, quam de fructibus fecerant præbendarum, quæ omnia idem prædecessor noster de fratrum consilio irritaverat, alienatione etiam, obligatione, vel assignatione ejusdem præbendæ nequaquam obstantibus, in fratrem et canonicum nomine dictæ præbendæ sine qualibet difficultate postposita appellatione reciperent et eumdem in ipsius præbendæ possessionem inducerent corporalem; stallum ei in choro et locum in capitulo assignantes. Alioquin scirent dilecto præposito sancti Gaudentii Novariensis subdiacon. nostro et R. canonico de Gorgozula ab ipso prædecessore nostro datum firmiter in mandatis, ut ipsi ea exsequi per districtionem canonicam appellatione postposita non tardarent. Quæ omnia in ejusdem prædecessoris nostri litteris manifeste perspeximus contineri. Cumque dicti canonici mandata apostolica et præcepta surdis auribus pertransirent, præfati exsecutores auditis quæcunque ex parte canonicorum fuere proposita et in scriptis redacta, receptis, post multas admonitiones et dilationes postulatas ab eis, habito prudentium virorum consilio, exceptiones canonicorum non esse admittendas decernentes, juxta tenorem mandati apostolici stallum ipsi Jac. in choro et locum in capitulo assignarunt; et unus exsecutorum, R. scilicet de Gorgozula, de mandato et voluntate alterius eum in corporalem præbendæ possessionem induxit, et supradictos canonicos post admonitiones plurimas, nisi mandato apostolico infra dies quindecim obedirent, vinculo excommunicationis astrinxit; sicut in instrumentis, quæ nobis exhibuit, continetur. E contrario vero Novarien. canonici respondentes, exceptiones quamplurimas allegabant, quibus ipsum Jac. a perceptione præbendæ repellere omnimodis intendebant, dicentes quod per litteras, quas a prædicto cardinali F. impetraverat ipse Jac. de præbenda post appellationem legitime interpositam fuerat investitus; et præfatus prædecessor noster quod de eo per cardin. factum fuerat irritavit et quod post cassationem factam contra prohibitionem apostolicam fructus præbendæ auctoritate propria invadere non expavit. Insuper etiam investituram præbendæ et exsecutionis litteras a prædecessore nostro per falsam suggestionem obtinuit, quia se beneficiatum in alia Ecclesia non exposuit, nec dixit quod ad illas duas præbendas, quæ in Novariensi vacabant Ecclesia, quarum una fuerat magistri R. et alia magistri P. nunc Novariensis episcopi, tunc canonici, unus sacerdos, et alius qui proximo deberet in presbyterum ordinari, concesso duobus arbitrio ante generalem illam ordinationem factam, in Novariensi Ecclesia electi fuerant concorditer, et admissi. Utrinque præterea multa alia fuere proposita, quæ litteris præsentibus non jussimus admisceri. Volentes igitur cuique suam justitiam conservare illæsam, quia de præmissis nobis certitudo dari non poterat, ut decebat, factum ipsum fraternitati tuæ de fratrum nostrorum consilio duximus committendum: per apostolica tibi scripta mandantes quatenus partibus ad tuam præsentiam convocatis, nisi infra duos menses legitime tibi constiterit prædictos sacerdotem et alium qui proximo debebat in presbyterum ordinari, ante ordinationem illam generalem de sedis apostolicæ auctoritate cassatam, ad illas duas præbendas electos canonice et admissos, auctoritate nostra, sublato cujuslibet contradictionis et appellationis obstaculo, cæteris exceptionibus non obstantibus, ipsum Jac. faciatis præbendæ illius, de qua per præfatum prædecessorem nostrum noscitur investitus, pacifica possessione gaudere; præsertim cum exceptionem illam, quod præfatus Jac. in alia Ecclesia beneficium possideret, ei non possent opponere, qui varia beneficia in diversis Ecclesiis obtinebant. Illos autem censura ecclesiastica appellatione postposita compescatis qui mandatis nostris in hac parte se duxerint temeritate qualibet opponendos. Quod si legitime vobis constiterit præbendam illam, de qua proponitur investitus, alii prius, sicut dictum est, canonice collatam fuisse, vos ei super eadem præbenda omni contradictione et appellatione cessante perpetuum silentium imponatis; attentius provisuri quod taliter hac vice mandatum apostolicum exsequamini, quod ad nos ulterius querela eadem non feratur. Testes autem qui nominati fuerint, si se gratia, odio vel timore subtraxerint, quo minus testimonium perhibeant veritati, tum ad id per censuram ecclesiasticam appellatione remota compellas. Nullis litteris obstantibus præter assensum partium a sede apostolica impetratis.

Datum Laterani v Non. Martii.

XL.

LAUDEN. EPISCOPO.

De quæstione cujusdam præbendæ quæ inter Novariense capitulum et Albertum Siccum vertitur.

(Laterani, III Non. Mart.)

Cum illius vicem, licet non suffragantibus meritis, geramus in terris de cujus vultu prodit judicium, et vident oculi æquitatem, si delatas ad nos controversias judicio justo dirimimus vel mediante concordia terminamus, officii nostri debitam prosequimur actionem, et gratum Deo exhibere dignoscimur famulatum. In præsentia siquidem nostra tam dilecti filii nuntii Novarien. capituli quam Jacobus Siccus pro fratre suo Alberto Sicco, super controversia quæ inter ipsos vertebatur de præbenda Novariensis Ecclesiæ, constituti, suas in nostro et fratrum nostrorum proposuerunt auditorio quæstiones. Et primo fuit pro ipso Alberto Sicco taliter allegatum quod cum olim præfatus Jacobus pro fratre suo ad Romanam Ecclesiam accessisset, felicis recordationis Celestino papæ prædecessori nostro humiliter supplicavit ut bonæ memoriæ tunc Novarien. episcopo daret suis litteris in mandatis, ut si majorem partem canonicorum in Albertum fratrem suum cognosceret consentire, ipsum in fratrem et canonicum ab eis omni contradictione vel appellatione postposita recipi faceret et haberi et præbendam ei, cum se offerret opportunitas, assignaret. Cujus petitioni præfatus prædecessor noster annuit et episcopo, juxta quod postulaverat, suas litteras destinavit; qui visis litteris, et convocato capitulo, cognoscens majorem partem canonicorum in prænominatum Albertum unanimiter consentire, eidem Alb. stallum in choro et locum in capitulo assignavit; qui Alb. in eadem Ecclesia stetit, cantavit et legit, et cum aliis divina officia celebravit. Super electione et institutione cujus taliter facta dilectus filius Obizo de Castello subdiaconus noster Novarien. canonicus ad curiam Romanam accedens, ab eodem prædecessore nostro confirmationem obtinuit; sicut in litteris ejus manifeste perspeximus contineri. Cumque magister Hugo de Racaneto ejusdem Ecclesiæ tunc canonicus, in Calabria factus fuisset episcopus tempore procedenti, ipso Jac. et fratre suo promotionem suam penitus ignorantibus, dilectus filius Jo. Torniellus subdiaconus noster fuit de præbenda præfati Hugonis per prædictum prædecessorem nostrum ad preces imperiales et quorumdam cardinalium investitus. Postmodum vero Novariensi episcopo viam universæ carnis ingresso, cum venerabilis frater noster P. Novariensis episcopus, tunc canonicus, in ejusdem Ecclesiæ pontificem fuisset assumptus, possessionem præbendæ ipsius præfatus Jacobus credens fratri suo de jure competere, de voluntate et assensu ipsius episcopi et quorumdam canonicorum cum quibusdam aliis introivit et anseres et pullos de proventibus ipsius præbendæ acceptos deportavit ad propria, et cum amicis suis sine cujuslibet contradictione comedit. Cum autem præfatus Joannes Torniellus reversus ad propria, super investitura sibi facta præbendæ jam dictæ a sede apostolica litteras reportasset, idem Jacobus pro fratre suo, quia præbenda ipsa primo vacaverat, cum ipso Joan. litigare incœpit; et sic ambo profacto ipso ad sedem apostolicam accesserunt. Cumque postmodum hæc omnia præfato prædecessori nostro per quosdam cardinales intimata fuissent, ipse deliberato consilio ipsum Jacobum nomine fratris sui de præbenda quæ fuerat magistri P. nunc Novarien. episcopi, tunc canonici, ad majorem ejus quod factum fuerat firmitatem per annulum investivit et litteras super hoc concessit eidem, præsentibus quibusdam Novarien. qui factum ejus conabantur omnimodis impedire; Novariensi capitulo districte præcipiens, ut quod ipse fecerat non præsumerent ratione qualibet immutare. Præterea dilectis filiis Ricardo Hyporien. et magistro Marescotto canonice Gualteri præpositis Romanæ Ecclesiæ subdiacon. dedit ipse prædecessor noster firmiter in mandatis, ut Novarien. canonicos ad exsecutionem mandati nostri per censuram ecclesiasticam appellatione remota compellerent. Qui partibus convocatis et rationibus hinc inde auditis, ut investitura ejusdem prædecessoris nostri rata haberetur et firma et inviolabiliter servaretur sententialiter præceperunt; licet præfati canonici illi sententiæ obedire noluerint, et parere. E contra vero nuntii Novarien. Ecclesiæ allegationes prædictas suis allegationibus modis quibus poterant repellebant, dicentes ipsum Alb. post appellationem interpositam ad ipso episcopo institutum et litteras apostolicas veritate tacita impetratas et quod ad suggestionem falsi investituram et exsecutionem ab ipso prædecessore nostro præbendæ obtinuerat memoratæ; quia se habere aliud beneficium in honorabili Ecclesia non exposuit, nec quod esset alius ad eamdem præbendam admissus canonice intimavit. Dicebant enim ipsi nuntii quod eum in Novarien. Ecclesia duo tantum essent presbyteri et duæ tantum præbendæ vacarent, quarum una fuerat magistri B. de Suno et altera magistri P. nunc Novarien. episcopi, tunc canonici, unus sacerdos et alius qui proximo deberet in presbyterum ordinari, concesso duobus arbitrio in Novarien. Canonicos electi sunt ad illas duas præbendas concorditer et admissi. Allegationes etiam aliæ fuerunt ad utraque partium recitatæ, quas litteris præsentibus non duximus inserendas. Volentes igitur, prout tenemur, cuique suam justitiam conservare, discretioni tuæ de fratrum nostrorum consilio factum ipsum duximus committendum, per apostolica tibi scripta mandantes quatenus, convocatis ad præsentiam tuam partibus, si infra duos menses legitime præfatus Alb. in vestra poterit præsentia comprobare se possessionem nominatæ præbendæ, de qua fratrem suum Jac. nomine suo prædecessor noster per annulum postmodum investivit, de assensu prædicti episcopi et quorumdam canonicorum ante institutionem præfatorum presbyteri et alterius qui proximo debebat in presbyterum ordinari accepisse, vel hoc etiam non probato nisi prælibati canonici legitime demonstraverint institutionem duorum illorum, sacerdotis videlicet et alterius, in præfatis præbendis canonice factam ante generalem illam odinationem quam prædictus prædecessor irritam censuit et inanem, tu ipsum Alb. aliis exceptionibus non obstantibus facias præbendam eamdem sublato contradictionis et appellationis obstaculo pacifice possidere: præsertim cum exceptionem illam, quod dictus Alb. beneficium in alia honorabili Ecclesia possideret, ci non possent opponere qui varia beneficia in diversis Ecclesiis obtinebant. Illos autem censura ecclesiastica sublato appellationis impedimento compescas qui se mandato nostro in hac parte duxerint temeritate qualibet opponendos. Si vero præfatus Alb. legitime non probaverit se possessionem illius præbendæ qualem præscripsimus accepisse et memorati canonici electionem sacerdotis et alterius ad illas præbendas generalem ordinationem canonice probaverint præcessisse, tu ei super eadem præbenda perpetuum silentium contradictione et appellatione cessante imponas; attentius provisurus quod taliter hac vice mandatum apostolicum exsequaris, quod ulterius ad nos querela eadem non feratur. Testes autem qui nominati fuerint, si se gratia, odio vel timore subtraxerint, quod minus testimonium perhibeant veritati, ad id per districtionem ecclesiasticam appellatione remota compellas.

Datum Laterani III Nonas Martii.

XLI.
G. LUNEN. EPISCOPO EJUSQUE SUCCESSORIBUS CANONICE SUBSTITUENDIS IN PERPETUUM.

Super concessione et confirmatione Abolen. monasterii, ad Romanam Ecclesiam pertinentis.

(Laterani, xvii Kal. April.)

Ampla divino munere manus apostolicæ sedis hos humiliat, hos exaltat; his superflua subtrahit, aliis necessaria subministrat. Ipsa etenim, tanquam mater omnium generalis, cum personarum merita et temporis et loci qualitatem attendat, hos onerat, hos honorat; imo sæpius honorem oneribus et onus honore compensans et onerat honoratos et oneratos honorat. Hac siquidem ratione inducti specialem gratiam quam ad personam tuam tuis exigentibus meritis et Lunen. Ecclesiam propter te gerimus attendentes ac volentes ipsius Ecclesiæ utilitati consulere, de communi fratrum nostrorum consilio monasterium Abolense, quod ad jurisdictionem sedis apostolicæ pertinebat, cum pertinentiis suis tibi et per te ipsi Ecclesiæ concedimus, confirmamus et præsentis scripti privilegio communimus, tam te ipsi prodesse quam præesse volentes; ut honorem quem super hoc tibi exhibemus attendens, onus et provisionem ipsius monasterii taliter exsequaris, quod in temporalibus et spiritualibus per tuum studium, actore Domino, reformetur; nec tu aut successores tui privilegium amittere debeatis, si concessa vobis abusi fueritis potestate. Decernimus ergo, etc. Salva sedis apostolicæ auctoritate. Si qua igitur in futurum, etc.

Datum per manum Rainaldi Domini PP. notarii, cancellarii vicem agentis, xvii Kalend. Aprilis, Indict. prima, incarnationis Dominicæ anno 1198, pont. domini Innocentii PP. III anno I.

XLII.
ABBATI ET CONVENTUI MONASTERII ABOLEN.

Ut episcopo Lunen. debeant obedientiam et reverentiam exhibere.

(Laterani.)

Ampla divino munere manus, etc., *ut supra fere in eumdem modum usque ad verbum* reformetur. Quocirca universitati vestræ per apostolica scripta præcipiendo mandamus quatenus ipsi tanquam episcopo vestro reverentiam et obedientiam de cætero exhibentes, salubria monita et præcepta ipsius irrefragabiliter ac sine qualibet contradictione servetis.

Datum Laterani.

XLIII.
KNESNEN. ARCHIEPISCOPO ET SUFFRAGANEIS EJUS.

Ut impugnatores B. ducis Poloniæ, nisi ab ipsius molestatione destiterint, ecclesiastica censura percellant.

(Laterani, viii Id. Mart.)

Apostolicæ sedis benignitas, sicut ex debito pastoralis officii ad omnes fideles generaliter affectum charitatis extendit, sic eos, quos circa servitium suum et Christianitatis honorem devotiores invenerit speciali tenetur patrocinio confovere. Unde fidem et devotionem dilecti filii nobilis viri Bolezlai ducis Poloniæ sancta Romana Ecclesia, cujus sumus regimini, sicut Domino placuit, deputati, manifestis jamdudum experta indiciis, merito ipsum brachiis specialis dilectionis amplectitur et in justis petitionibus ejus inveniri gaudet facilis et benigna. Sane cum pluries, sicut accepimus, apostolicum receperit fraternitas vestra mandatum ut memoratum ducem, quem sicut catholicum principem et Ecclesiæ Romanæ filium specialem quadam dilectionis prærogativa complectimur, ab impugnatoribus suis auctoritate curaretis apostolica defensare sibique contra hostium suorum violentos insultus ecclesiasticæ defensionis clypeum indulgere, nondum tamen, sicut nobis intimatum est, commodum aliquod de litteris apostolicis reportavit, nec prædecessorum nostrorum Romanorum pontificum jussiones quæ super hoc sæpius emanasse noscuntur effectus est debitus subsecutus. Quare merito de inobedientia potestis et negligentia reprehendi. Quia igitur in eo loco nos clementia divina constituit ut suam cuilibet debeamus justitiam conservare, fraternitati vestræ per apostolica scripta mandamus et districte præcipimus quatenus universis Poloniæ ducibus ex parte nostra curetis districtius inhibere ne præfatum ducem in persona vel rebus offendere præsumant quomodolibet vel turbare, aut ei super his quæ in præsentiarum rationabiliter possidet, aut in futurum justis modis poterit, Deo propitio, adipisci, molestiam inferre audeant indebite vel gravamen. Quod si commonitionibus vestris acquiescere forte noluerint, vos eos ad hoc per excommunicationis sententiam auctoritate nostra sine appellationis obstaculo compellatis. Nos enim sententiam, quam in ipsos propter hoc ratione prævia tuleritis, ratam habebimus ipsamque faciemus, auctore Domino, usque ad satisfactionem congruam firmiter observari. Provideatis autem ut quilibet vestrum tandiu faciat eamdem sententiam per suam diœcesim observari, donec mandatum nostrum celeri fuerit executione completum.

Datum Laterani viii Idus Martii.

XLIV.

WORMATIEN. EPISCOPO.

Ut festum Conversionis beati Pauli celebret et faciat per suam diœcesim solemniter celebrari.

(Laterani, Non. Mart.)

Cum post evangelicam veritatem Ecclesia Dei apostolica præcipue doctrina resplendeat et beatus Paulus ad instructionem gentium et fidem catholicam propagandam præ cæteris apostolis laborarit, miramur non modicum et movemur, quod, sicut nostris est auribus intimatum, festum Conversionis ejus in diœcesi tua non colitur, licet passionis anniversarium ibi solemniter recolatur; cum non minus conversio ejus, quam passio, sit christicolis omnibus veneranda. In conversione siquidem Saulum ab impugnatione fidelium revocavit dispensatio Jesu Christi ; in passione vero Paulum ob prædicationis officium Neronis crudelitas interfecit. Ibi dextera Domini fecit virtutem ; hic tyranni gladius intulit passionem. Ibi Dominus animam persecutoris salvavit et corpus ; hic servus nequam Apostoli prædicantis corpus sine animæ læsione peremit. Præterea non paucioribus ejus conversio contulit quam passio profuisset ; cum plures sint, ad quos prædicationis ejus sonus exiverit quam qui ejus exemplo subierint passionem. Nobis enim vivendo profuit, sibi contulit patiendo. Nobis etiam jam conversus ut similes ejus essemus, exceptis vinculis, cupiebat. Sibi autem dissolvi et esse cum Christo affectabat ardentius moriturus. Nec ipsius fuisset passio gloriosa, nisi sancta conversio præcessisset. Cum igitur ob ipsius merita ex antiqua Ecclesiæ institutione festum Conversionis ejus a fidelibus recolatur et turpis sit omnis pars suo toti non congruens nec deceat a capite membra discedere, fraternitatem tuam monemus et exhortamur in Domino, ac per apostolica scripta præcipiendo mandamus quatenus iuxta consuetudinem apostolicæ sedis, cujus magisterium imitari teneris, festum Conversionis ejusdem Apostoli et tu ipse observes in posterum et facias per totam Wormacien. diœcesim solemniter celebrari, in honorem ipsius Apostoli divinis laudibus diligentius et sollicitius vacaturus.

Datum Laterani Nonis Martii.

XLV.

UNIVERSIS PRESBYTERIS PER DECANATUM DE SPARNON IN CARNOTEN. DIŒCESI CONSTITUTIS.

De confirmatione privilegii eisdem concessi ab episcopo Carnoten.

Cum prælati Ecclesiarum ad id quod pium et canonicum est, discreta consideratione trahuntur, cum frequenter detur usus proclivior in pejora et libenter audimus et eis in his favorem apostolicum indulgemus. Quoniam igitur ex publico instrumento venerabilis fratris nostri Reginaldi Carnoten. episcopi nobis manifeste innotuit quod ab omnibus violentiis, talleis, et exactionibus vos perpetuo absolvisset, et super hoc suum vobis privilegium indulsisset, ne contra juris ordinem in aliquem vestrum aliquando suspensionis sententiam promulgaret, nec res alicujus vestrum occuparet aliqua ratione, nisi forte decederet intestatus, et hoc idem sit per venerabilem fratrem nostrum Senonen. archiepiscopum et dilectos filios capitulum Carnoten. Ecclesiæ confirmatum, prout in instrumentis eorum noscitur plenius contineri ; ad postulationem vestram, ut ab indebito cesset gravamine, robur confirmationis apostolicæ duximus apponendum et ad majorem rei evidentiam ipsius authenticum confirmationi nostræ de verbo ad verbum mandavimus inserendum. *Raginaldus, Dei gratia Carnoten. episcopus omnibus ad quos litteræ istæ pervenerint, perpetuam in Domino salutem. Cum hucusque nostris et prædecessorum nostrorum episcoporum Cartonen. temporibus vresbyteri episcopatus Carnoten. talleis et exactionibus oppressi fuerint indebite et gravati, hoc etiam in oculis omnium videatur omni bono dissonum et saluti animæ contrarium, proborum hominum sano consilio utentes et saluti animæ nostræ providentes, universos presbyteros in decanatu de Sparnone constitutos ab omni vi, violentia, talleis et exactionibus perpetuo absolvimus. Ita etiam quod nullus presbyterorum decanatus de Sparnone, nisi ordine judiciario, suspendi poterit, nec res alicujus saisientur, nisi ipsum intestatum (quod absit !) viam universæ carnis ingredi contigerit. Si quis autem huic nostræ constitutioni obviare seu contraire præsumpserit, subjaceat excommunicationi. Quod ut ratum firmumque permaneat, præsentem paginam in testimonium fecimus annotari et sigilli nostri auctoritate in testimonium roborari. Datum Carnoti anno gratiæ* 1195, x *Kalend. Novembris.* Hanc ergo constitutionem, et indulgentiam ejus, sicut superius annotata est, ne debeatis ulterius indebite aggravari, auctoritate apostolica confirmamus et præsentis scripti pagina communimus. Nulli ergo, etc.

In eamdem modum universis presbyteris decanatus Brajolen., universis presbyteris archidiaconatus Pissiacen., universis presbyteris decanatus de Ruperforti, universis presbyteris decanatus de Corbavilla, universis presbyteris decanatus de Alneolo, universis presbyteris Dunen. archidiaconatus, universis presbyteris decanatus Particen., universis presbyteris decanatus Drocen., et universis presbyteris decan. Bruerolen.

XLVI.

ARCHIPRESBYTERO ET CANONICIS PERUSINIS.

De confirmatione constitutionis inter semutuo assensu factæ.

(Laterani, Non. Mart.)

Ad tollendas lites illas, quas fraternum plerumque odium comitatur, per quas etiam quies profectusque claustralium impeditur, speciali sollicitudine intendere nos oportet; quanquam generaliter omnium fidelium amplecti pacem et quærere ex injuncto nobis pastoralis curæ officio teneamur. Ea siquidem consideratione diligenter inducti, cum ad notitiam nostram super observatione ordinis in Ecclesia vestra vobis divinis adinvicem et propter hoc ad sedem apostolicam laborantibus, quæstio pervenisset, dilectum filium G. Sancti Adriani diaconum cardin. vobis designavimus auditorem. Mediante itaque ipsius vigilantia studiosa inter vos super discordia illa per Dei gratiam amicabiliter convenistis, et certam inde constitutionem mutuo consensu formastis, quæ futuris temporibus a vobis et successoribus vestris perpetuo debeat conservari. Eam autem nobis fecimus recitari et auditam auctoritate curavimus apostolica confirmare, rationabilem ipsam et sine pravitatis vitio cognoscentes. Unde ad majus indicium firmitatis constitutionem eamdem præsenti scripto duximus inserendam. Est ergo in ipsius vestræ compositionis principio constitutum, ut in Ecclesia vestra sint octo regulares canonici et professi, duo alii clerici, qui in subdiaconatus vel acolythatus officio tam interius quam exterius sufficiant deservire: in quorum servitio nullus omnino laicus admittatur. Prædictorum autem octo major archipresbyter erit, alius ordinarius, sequens camerarius fiet; ita quod archipresbyter inter omnes prælationis officium obtinebit, utpote cum sit penes eum omnis circa domum ipsam auctoritas et ipso præsente cuncta cessent officia, et per eum, cum assensu tamen omnium fratrum vel majoris partis, cum necesse fuerit disponatur. Ordinarius vero claustrum debet ex officio custodire, signare diligenter et auscultare a singulis lectiones: quia nullus debet legere, nisi lectio quæ legenda est prius ab eo fuerit auscultata. Divina officia in Ecclesia temperabit et qua voce utendum sit, servato moderamine, providebit. Religionem faciet observari, vices archiprebyteri in ipsius absentia suppleturus. Excessus quoque, si qui essent (quod absit!), in capitulo referet; et cum consilio fratrum, absente archipresbytero, pœnitentiam super his imponet. Libros debet nihilominus custodire. Hæc omnia quæ præmisimus, si utrumque istorum abesse contigerit, per tertium debet sine recusatione suppleri. Camerarius siquidem omnia debet recipere, et etiam ei convenit resignari quidquid ad manus devenerit aliorum. Ipse vero, quod cuique opus erit, juxta facultates domus provide dispensabit. Mancias et alia quæ fuerint necessario danda intus et foris cum consilio archipresbyteri sine murmure tribuet; quo absente, recipiet hospites et eis hilariter ministrabit. Cum autem fuerit archipresbyter eligendus, eligentur prius a capitulo tres de ipsis fratribus bonæ opinionis et vitæ, quorum unus sit presbyter, alius diaconus, tertius subdiaconus: qui exquisita seorsum et per scripturam fratrum omnium voluntate, illum eligent et in sede constituent in quem majoris et sanioris partis vota concurrent. Quo facto, eidem habenti regulam beati Augustini præ manibus, tribuent omnes obedientiæ manum. Erit autem talis electus, qui vel sit sacerdos vel possit ad sacerdotium promoveri. Ipse vero archipresbyter ordinarium et camerarium, prius tamen assensu fratrum omnium vel sanioris partis requisito, [separatim instituet; et ipse camerarius per unamquamque hebdomadam super datis et receptis reddet coram archipresbytero et fratribus in capitulo rationem. Novitios quidem ad regularis ordinis observantias aspirantes archipresbyter cum consilio fratrum vel sanioris partis recipiet. Sublato vero illo quod de professione dicitur, ad mandatum nostrum, cum subintelligatur non positum, et expressum soleat vitium generare. Cæterum novitii claustrum ingressi, in ultimo chori debent per manum archipresbyteri institui ibique debent per octo dierum numerum residere. Postmodum, si sacerdos fuerit, in ultimo sacerdotum stallo; si vero diaconus, in ultimo sui ordinis ponendus erit, et ita de cæteris statuetur. Præterea circa necessitates fratrum ita fuit de consensu mutuo dispositum et statutum ut videlicet quisque canonicorum duas habeat interius breves camisias et duas bracas, sine quibus nunquam jaceat, et unam exteriorem camisiam cum pellicia : quæ duo usque ad talos pertingant. Cortibaldum insuper, subaros quoque in hyeme, sotulares habeant in æstate, caligas tam lineas quam laneas et scafones similiter habeant duplicatos, capas nigras singuli de mantellario habeant, vel nadivo, pelles agninas albas. Duobus linteolis in lecto et uno coopertorio sint contenti. Non tamen contra ordinem erit si archipresbyter, sicut aliis plus laborat et plus oneris sustinet, plus consequatur honoris. Camerarius vero, qui nova dat vestimenta canonicis, vetera recipiat in traditione novorum. Sane mensura panis et vini reservanda est archipresbytero et capitulo distinguenda. Scilicet archipresbyter pro duobus canonicis portionem habebit; qui etiam a camerario eleemosynam dandam recipiet, habens cum camerario ipse donandi usque ad viginti solidos facultatem. Sine assensu vero communi vel majoris partis, prædictam ei summam excedere non licebit. Præterea nulli clericorum licitum erit stare in refectorio vel choro præsente conventu, nisi capa vel toga regulariter induatur; in quibus duobus locis continuum convenit silentium conservari; ad quæ loca ipsis præsentibus nulli patebit laicorum ingressus. Sine licentia quidem archipresbyteri vel ordinarii, si præsentes fuerint, claustrum exire alicui canonico non licebit; quibus absentibus, sufficit tantum ut ab eo qui major erit, licentia requiratur. Nunquam autem licebit alicui canonico scholas adire. Nec in hoc excusabit eum licentia expetita, imo sequetur excommunicatio præsumentem, nec post ad locum suum vel officium admittetur, salva tamen apostolicæ sedis auctoritate. Cæterum cum archipresbyterum vel quemlibet de fratribus ad aliquem locum traxerint negotia certa domus, de manu camerarii expensas recipient; quarum ei residuum (si forte aliquid superfuerit) resignabunt. Archipresbyter, cum ad aliquem locum ire voluerit, fratris quem elegerit societatem habebit. De exitu fratrum a claustro quod regula præcipit observetur; ut videlicet ille eat, cui archipresbyter duxerit injungendum. Dictum etiam fuit quod quisque fratrum et etiam camerarius faceret hebdomadam suam, nisi necessitas justa impediat; et tunc officium suum per aliquem de fratribus exsequatur. Ad hæc, servientes laicos, qui sunt vel pro tempore necessarii sunt, removere vel recipere, ad officium camerarii pertinebit; quibus etiam mercedem, præmissa in omnibus auctoritate et consilio archipresbyteri, pro recepto vel recipiendo servitio solvet; et illi devote fratribus servient, qui devotius et cum majori reverentia studebunt, tanquam majori et digniori, archipresbytero famulari. Nulli ergo omnino hominum liceat hanc paginam nostræ constitutionis et confirmationis infringere, etc., *usque ad verbum* contraire, salva in omnibus sedis apostolicæ auctoritate. Si qua igitur, etc.

Datum Laterani Nonis Martii.

XLVII.

LITTERÆ CONSULUM ET POPULI MONTISBELLI.

De fidelitate Romanæ Ecclesiæ facienda.

Sanctissimo patri ac domino I. Dei gratia summo pontifici, Petricius, Azius, Sandonus et Henrigerus consules Montisbelli, cum omni populo ipsius castri, debitam fidelitatem cum omnimoda reverentia. Ea nos vestræ paternitatis beatitudo ex temporum mutatione noverit collegisse quæ profecto vobis gaudium portant cum honore, dummodo ad ipsa clementer oculum elevare dignemini. In archivio igitur sanctæ Romanæ Ecclesiæ credimus ex majorum memoria fore jam antiquatum qualiter ad ejus dominationem castrum nostrum pervenerit; et ideo non est opus insinuare quod luce clarius constat, nec unquam ab aliquo negari poterit quod non fuerit de comitatu comitissæ Mathildis. Sed prævalente

(12) Cap. 2, De spons. et matrim., in tertia compilat.

adversus Ecclesiam Dei publica olim potestate, dominationem suam in ipso castro Ecclesia non valuit exercere. Nunc vero, quia omnipotens Deus sic disposuit ut tempore vestro filiorum dispersiones ad sinum catholicæ matris redeant, patris imperium per omnia servaturi; hinc est quod unanimes uno voto omnes quærimus et diligenter petimus dominium vestrum, vestræque sanctitati tanto devotius fidelitatem facere cupimus, quanto indubitanter vos credimus spiritum Dei habere atque ideo accepisse potestatem ut omnia in statum rectitudinis vestra sapientia reducatis, facta in præsumptoribus vindicta, et ligatis in compedibus qui contra catholicam Romanam Ecclesiam ausi sunt minus justo pugnare. Commendamus itaque misericordiæ vestræ castrum, ecclesias ipsius, clerum et omnem populum: rogantes cum omni humilitate quatenus ad ista, quæ postulamus, mora sublata respondere dignemini. Quod si placet de latere vestro mittere cui vestra debeamus vice intendere, illius concordiæ sumus et esse volumus ut facta fidelitate vobis dominationem castri juxta vestrum mandatum assignemus; ea videlicet ratione, ut cum omni integritate tam nova quam vetera nostra jura serventur illæsa, nec aliquando imminui nobis debeant, vel in pejus aliquatenus commutari. Illud attendat sanctitas vestra quod pro fortitudine loci multi nobiscum confœderari cupiunt; sed nulli dare responsum volumus, donec a misericordia vestra nuntium recipiamus.

XLVIII.

MARSICANEN. EPISCOPO.

Super causa matrimonii inter B. virum et O. mulierem, quam prius desponsavit, et aliam duxit postmodum in uxorem.

(Laterani, VIII Kal. Mart.)

(12) Significasti nobis per litteras tuas quod cum B. vir O. mulierem prius carnaliter cognitam desponsasset, eam postmodum non cognovit, imo ipsa ad partes alias transeunte, sibi aliam copulavit, ex qua filios et filias jam suscepit. Verum quia eadem O. ad te reversa, vel virum ipsum sibi restitui postulat, vel alii dari licentiam contrahendi, et tu, quid super his fieri debeat, nostris quæris litteris edoceri, fraternitati tuæ taliter respondemus quod si dictus vir eam desponsavit per verba de præsenti, ad ipsam cogendus est de jure redire. Quod si forsan in desponsatione ipsius verbis usus est de futuro, imposita utrique pœnitentia de fide mentita, mulieri eidem nubendi cui voluerit in Domino liberam tribuas facultatem.

Datum Laterani VIII Kalend. Martii.

XLIX.

ABBATI ET FRATRIBUS S. PROSPERI REGINEN.

Ut omnes alienationes seu obligationes, quas Guido quondam ipsius monasterii abbas fecerat, irritæ sint et inanes.

Officio nostro plurimum expedire dignoscitur

conservationi Ecclesiarum, et maxime earum quæ juris beati Petri existunt, sollicita meditatione intendere; et ne jura earum diminui valeant, vel per occupationem illicitam deperire, vigilem nos convenit curam et sollicitudinem adhibere. Hac itaque ratione inducti et officio nostro, quo specialius monasterio vestro, quod beati Petri juris existit, in suo jure adesse tenemur attentius, provocati, omnes alienationes seu obligationes, quas Guido quondam abbas monasterii vestri post primum juramentum, quod de non alienando in electione sua præstitit, et etiam in schismate de possessionibus prælibati monasterii quocunque titulo fecit in præjudicium ipsius Ecclesiæ, ad exemplar felicis recordationis Alexandri, Lucii, et Cœl. prædecessorum nostrorum Romanorum pontificum irritas et frivolas esse decernimus et auctoritate apostolica viribus penitus carere censemus.

Datum Laterani xv Kalend. Aprilis.

Super hoc etiam scriptum est consulibus Reginen., ut possessionum prædictarum detentores ad restitutionem earum tradita sibi potestate compellant.

L.

ANTIOCHENO PATRIARCHÆ.

Quia Apamien. electum in Tripolitan. Ecclesiam sine licentia domini PP. transtulit, ipse a confirmatione episcoporum a domino PP. suspenditur quousque ab eo aliud statuatur.

(Laterani, xvi Kal. April.)

(13) Cum ex illo generali privilegio, quod beato Petro et per eum Ecclesiæ Romanæ Dominus noster indulsit, canonica postmodum manaverint instituta continentia majores Ecclesiæ causas esse ad sedem apostolicam perferendas; ac per hoc translationes episcoporum sicut depositiones eorum et sedium mutationes ad summum apostolicæ sedis antistitem de jure pertineant, nec super his præter ejus assensum aliquid debeat attentari, miramur non modicum et movemur quod tu, prædecessoris tui exempla secutus, qui motu propriæ voluntatis Mamistan. in Tharsen. dicitur transtulisse, La. quondam Apamien. electum in Tripolitan. Ecclesiam transtulisti, nec tibi sufficit dicti prædecessoris tui præsumptionem solummodo imitari, imo etiam in injuriam nostram, ipsius transgressus excessum, novo quodam mutationis genere parvificasti majorem et magnum quodammodo minorasti, episcopare archiepiscopum, imo potius dearchiepiscopare præsumens, cum dictus prædecessor tuus dictum archiepiscopum de Tharsen. Ecclesia in Ecclesiam transtulerit similis dignitatis. Licet enim dictus L. nondum fuisset in archiepiscopum consecratus, confirmationis tamen munus receperat et archiepiscopalia, quantum ei licuerat, ministrarat, sicut ipsius nobis relatione innotuit, qui se Valenien. episcopum, cum in nostra esset præsentia constitutus, asseruit confirmasse. Ne igitur perpetrandi similia cæteris audacia præbeatur, si tantus excessus relictus fue-

(13) Exstat in tertia collect., lib. 1, tit. v.

rit impunitus, te ab episcoporum confirmatione duximus suspendendum, quousque super hoc aliud statuamus; sciturus quod hoc nos ab exauditione petitionis, quam pro venerabili fratre nostro archiepiscopo Mamistan. porrexeras revocavit. In cæteris autem, quantum cum honestate potuimus, tu curavimus exaudire.

Datum Laterani xvi Kalend. Aprilis.

LI.

DICTO TRIPOLITAN. EPISCOPO.

Quia in Apamien. Ecclesia in archiepiscopum electus, in Tripolitan. se fecit transferri, a pontificalis officii exsecutione suspenditur.

(Laterani.)

Cum ex illo, etc., *ut supra, usque ad verbum illud* movemur quod cum in Apamien. Ecclesia in archiepiscopum fuisses electus et, confirmatione suscepta, quantum tibi licuerat, archiepiscopalia ministrasses, sicut ex tua nobis relatione innotuit, qui olim apud sedem apostolicam constitutus, venerabilem fratrem nostrum Valenien. episcopum te confessus es confirmasse, in Tripolitanam te transferri fecisti, novo quodam promotionis genere non promotus, sed potius minoratus. Ne igitur perpetrandi similia cæteris audacia præbeatur, si tantus excessus relictus fuerit impunitus, te ab exsecutione pontificalis officii duximus suspendendum, donec super hoc aliud statuamus.

Datum Laterani.

LII.

SUESSION. EPISCOPO.

De concessa sibi licentia recipiendi jus patronatus cujusdam capellæ a P. præposito Compendiensi.

(Laterani, xiii Kal. April.)

Justis petentium, etc., *usque ad verbum illud* assensu. Recipiendi appellatione remota jus patronatus a dilecto filio P. præposito Compendien. in capella quam in castro de novo construxit, sicut illud ipse tibi potest juste conferre, liberam tibi concedimus auctoritate apostolica facultatem. Nulli ergo, etc.

Datum Laterani xiii Kalend. Aprilis.

LIII.

EIDEM.

Ut capellam sibi a præposito Compendien. collatam dedicare valeat et de parochia disponere episcopi Atrebaten.

(Laterani, viii Kal. April.)

Propositum est nobis quod cum in castro Compendien. una tantum parochia fuerit ab antiquo, ea jam in tantum excrevit, quod in tres valet dividi competenter, ex quarum qualibet plures etiam possunt vivere sacerdotes. Propositum est insuper nobis, quod dilectus filius P. præpositus Compendien. capellam quamdam apud idem castrum construxit propriis redditibus et ditavit, quam per te tanquam per diœcesanum episcopum petit solemniter dedicari. Unde fraternitati tuæ auctoritate præsentium indulgemus ut liceat tibi, sub appellationis cujusa culo, secundum Deum et canonica instituta tam de parochia illa disponere quam dedicare capellam, si a venerabili fratre nostro Atrebaten. episcopo, cui super hoc scribimus, licentia fuerit tibi collata.

Datum Laterani viii Kalend. Aprilis.

LIV.

ATREBATEN. EPISCOPO.

Ut si ei constiterit quod parochia castri Compendien. ad episcopum Suessionen. pertineat, disponendi de ipsa liberam ei tribuat facultatem.

(Laterani, viii Kal. April.)

Ex parte venerabilis fratris nostri Suessionen. episcopi apostolicis est auribus intimatum quod cum in castro Compendien. etc., *ut supra usque ad verbum illud* sacerdotes. Verum cum in eadem parochia una sola sit constructa Ecclesia, et in ea unus solus presbyter institutus, et ad eam non modica conveniat populi multitudo, contingit aliquando quod propter penuriam sacerdotum plerumque parochiani defectum in spiritualibus non modicum patiuntur. Volentes igitur parochianis ipsis in hoc sollicitudine paterna consulere, fraternitati tuæ per apostolica scripta mandamus quatenus si parochiam ipsam ad dictum episcopum constiterit pertinere, disponendi de ipsa secundum Deum et canonica instituta liberam ei tribuas auctoritate apostolica, remoto appellationis et contradictionis obstaculo, facultatem.

Datum Laterani viii Kalend. Aprilis.

LV.

BURDEGALENSI ARCHIEPISCOPO.

De sententia lata pro canonicis Lemovicen. per dominum Cœlestinum et de ipsius revocatione, veritate cognita per eumdem, et quod dominus Innocen. præcipit exsecutioni mandari quod factum est per dominum Cœlestinum.

(Laterani, xvii Kal. April.)

Cum felicis recordationis Cœlestinus papa prædecessor noster bonæ memoriæ R. Petragoricen. episcopo dederit in mandatis, ut si S. quondam episcopus et canonici Lemovicen. dilectum filium nostrum Guid. Marnoli presbyterum infra viginti dies post susceptionem litterarum suarum in canonicum et fratrem nollent recipere, ipse sublato appellationis obstaculo id exsequi non tardaret, eisdem canonicis præceptum illius et commonitionem ipsius episcopi contemnentibus, termino viginti dierum elapso, cum dictus episcopus ad Ecclesiam Lemovicen. mandatum præfati prædecessoris nostri exsecuturus accederet, quidam canonici Lemovicen. cum quibusdam clericis et aliorum canonicorum servientibus, et laicorum multitudine juxta portas civitatis suæ, in illum et ejus socios irruentes, in quodam cœmeterio præfatum G. presbyterum et quosdam alios in facie ipsius episcopi nimis turpiter et inhoneste tractarunt et duris verberibus affecerunt, et ablatis eis equitaturis, donec longe a civitate expulerant, ingenti clamore fuerunt ipsos cum lapidibus insecuti, et P. subd. usque ad effusionem sanguinis in capite percusserunt. Episcopus vero reversus ad propria, prædictum G. presbyterum de Lemovicen. canonica juxta mandatum apostolicum solemniter investivit; et idem prædecessor noster investituram ipsam ratam et firmam habens, auctoritate curavit apostolica confirmare. Verum cum idem presbyter cum litteris ab eodem prædecessore nostro super investitura concessis ad propria remeasset, Aldovin. Bruscharc ipsius Ecclesiæ canonicus contra ipsum a capitulo destinatus, adversus eum multa proponens, a præfato antecessore nostro Ecclesiam ipsam per indulgentiam sedis apostolicæ ab ipsius impetitione obtinuit prorsus absolvi. Cæterum quoniam idem prædecessor noster postmodum multorum relatione cognovit quod ea quæ contra præfatum presbyterum fuerant allegata a veritate penitus discreparant, venerabili fratri nostro Bituricen. archiepiscopo sub omni districtione præcepit ut non obstante indulgentia illa vel alia, si quam in ipsius presbyteri præjudicium impetratam esse constaret, universos canonicos Lemovicen. Ecclesiæ publice singulis festivis diebus nuntiaret, omni dilatione, excusatione, contradictione, occasione et appellatione postpositis, tandiu excommunicationis et eorum Ecclesiam interdicti sententiæ subjacere, donec præfatum presbyterum ad canonicam Ecclesiæ suæ, de qua est auctoritate apostolica per supradictum episcopum investitus, admitterent et permitterent illum eam in pace tenere: alioquin illos tam excommunicatos quam ab officiis beneficiisque suspensos, pœnam de contemptu debitam recepturos, ad sedem apostolicam nullius contradictione vel appellatione obstante transmittere non tardaret. Illos vero qui in sæpedictum presbyterum et prædicti episcopi socios manus temerarias injecerunt tandiu anathemati subjacere et omnium officiorum ac beneficiorum, sublato appellationis diffugio, auctoritate suffultus apostolica, extorres decerneret, donec eidem episcopo, et eorum sociis ab illis foret de illatis injuriis plenarie satisfactum, et cum litteris ipsius archiepiscopi veritatem rei plenarie continentibus venirent ad sedem apostolicam absolvendi. Prædictus autem archiepiscopus eos officio beneficioque suspendit et Ecclesiam Lemovicen. supposuit interdicto: quam sententiam ipsi canonici servare penitus contempserunt. Nos igitur quod super hoc factum est ratum habentes et firmum, fraternitati tuæ per apostolica scripta mandamus et districte præcipimus quatenus juxta præscriptam formam ultimam transmissam archiepiscopo memorato, sublato cujuslibet contradictionis et appellationis obstaculo, in prædicto negotio procedere non omittas; procuratori præfati presbyteri ejus nomine sine cujuslibet interpositione personæ stallum in choro et in capitulo locum assignans. Nullis litteris obstantibus dicto G. præsente et respondere parato, in harum præjudicium a sede apostolica impetratis.

Datum Laterani xvii Kalend. Aprilis.

LVI.

UBALDO PISANO ARCHIEPISCOPO EJUSQUE SUCCESSORIBUS CANONICE SUBSTITUENDIS IN PERPETUUM.

De confirmatione Turitanen., Calaritan. et Abonen. provinciarum primatus.

(Laterani.)

Si sua cuique jura illibata servamus et eos qui in Ecclesia Dei pro injuncto sibi officio et devotione sincera plus aliis elaborant, dignæ retributionis vicissitudine diligentius ac specialius honoramus, quod nostrum est juxta commune debitum, sicut debemus, exsequimur et apostolicæ sedis honorem integre custodimus. Proinde cum felicis memoriæ prædecessor noster Innocentius papa de discordia et guerra, quæ inter Pisan. et Januen. civitates exstitit, multas hominum clades et Christianorum captivitates innumeras provenisse considerans, utriusque partis saluti tam spiritualiter quam temporaliter paterna sollicitudine studuerit providere atque pro bono pacis et recompensatione episcopatuum, quos utique a prædecessoribus nostris Romanis pontificibus Ecclesiæ Pisanæ concessos in insula Corsicæ a prædecessore tuo bonæ memoriæ archiepiscopo Uberto accepit (14), in Galuren. judicatu duos episcopatus, Galtelin. videlicet et Civitaten. et Populonien. episcopatus, sibi ejusque successoribus et per eos Ecclesiæ Pisan. concesserit et metropolitico jure subjecerit: Nos, qui in sedis apostolicæ administratione, licet indigni, disponente Domino sibi successimus, eamdem concessionem, antecessorum nostrorum bonæ memoriæ Adriani, Alexandri, Clementis et Celestini papæ vestigiis inhærentes, auctoritate apostolica confirmamus et ratam manere censemus. Prædecessorum quoque nostrorum vestigiis inhærentes, vobis primatus honorem Turritan. provinciæ confirmamus. Ad majorem etiam honoris cumulum Pisan. civitatis, ut Pisan. Ecclesia cum universo ejusdem civitatis populo in fidelitate atque devotione sacrosanctæ Romanæ Ecclesiæ jugiter perseveret et in ipsa quotidie augmentetur, pro devotione quoque et honestate tua, frater Ubalde Pisane archiepiscope, personam tuam et per te Pisan. Ecclesiam ampliori munere volumus decorari. Tibi ergo tuisque successoribus primatum super Calaritan. et Arbonen. (15) provinciarum datum concedimus et auctoritate sedis apostolicæ confirmamus; ita quidem ut eos ad concilium vocandi, excessus eorum corrigendi et in doctrina apostolica confirmandi, atque cætera omnia, quæ ad jus primatus pertinent, in eos exercendi habeatis liberam facultatem. Verumtamen supradictarum duarum provinciarum archiepiscopos ad concilium non vocabitis Pisas, sine conscientia Rom. pontificis. Super Turritan. vero provinciam, dignitatem primatus, sicut a prædecessoribus nostris Ecclesiæ Pisan. concessum est, habeatis. Legationem quoque Sardiniæ a prædecessore nostro papa Urbano (16) prædecessoribus tuis concessam et felicis memoriæ Innocentii, et sanctæ recordationis Eugenii atque Anastasii, et Celestini Romanorum pontificum privilegiis in perpetuum roboratam tibi tuisque successoribus præsentis scripti pagina confirmamus, et confirmationem ipsam ratam et inconvulsam perpetuis temporibus decernimus permanere. Denique ut Pisan. civitas, quæ favore cœlestis Numinis de inimicis Christiani nominis victoriam frequenter obtinuit et eorum urbes plurimas subjugavit, amplius honoretur, equo albo cum nacko (17) albo in processionibus utendi et crucem, vexillum scilicet Dominicum per subjectas vobis provincias portandi et per spatium illud Wulteran. episcopatus, quo de Pisan. episcopatu ad Populonien. transitur, tibi tuisque successoribus licentiam damus. Pallii quoque usum fraternitati tuæ concedimus, ut videlicet eo secundum consuetudinem Pisan. Ecclesiæ perfruaris et in consecrationibus trium episcoporum in Corsica, Alerien. videlicet, Adracen. et Sagonen. ac prædictorum duorum in Sardinia, et Populonien. episcopi, quorum metropolitanus existis. Si qua igitur in futurum, etc.

Datum Laterani.

LVII.

VICENTIN. EPISCOPO.

Ut feuda et beneficia interfectoribus Vicentin. episcopi per sententiam sublata non restituantur eisdem, nec alia conferantur.

(Laterani, XIII Kal. April.)

(18) Ad aures apostolatus nostri pervenit quod cum quidam parochiani tui ausu diabolico bonæ memoriæ I. quondam Vicentin. episcopum prædecessorem tuum nequiter peremissent, feuda et beneficia, quæ a Vicentin. Ecclesia obtinebant, ipsis per sententiam fuerunt cum multa deliberatione sublata. Quia igitur majori etiam sunt animadversione plectendi, nos bonæ memoriæ Celestini papæ prædecessoris nostri vestigiis inhærentes, tam tibi quam successoribus tuis inhibemus (19) ne alicui ex prædictis malefactoribus aut eorum hæredibus prædicta beneficia restituantur ulterius, seu de novo eis alia quælibet conferantur. Si quis autem, quod non credimus, contra hoc aliquid attentaverit, ipsum auctoritate apostolica decernimus officii beneficiique sui dignitate carere. Quod si aliquæ litteræ aliquando super hoc apparuerint impetratæ, quæ totius facti non contineant veritatem, illas penitus vacuamus. Volumus etiam ut præsens pagina sub sacristæ Ecclesiæ Vicentin. custodia deponatur, et episcopo Vicentin. qui pro tempore fuerit, annis singulis ostendatur. Nulli ergo, etc.

Datum Laterani XII Kalend. Aprilis.

---

(14) Vide Acta Innocentii II. apud Baron. ad an. 1132, § 6.
(15) Apud Ughellum, *Albarensem*.
(16) Intelligit Urbanum II.
(17) Ughell. *navo*.
(18) Cap. *Ad aures*. De pœnis.
(19) In quarta Collectione et apud Gregorium IX legitur, *auctoritate apostolica prohibemus*.

LVIII.
ZAMOREN. EPISCOPO.

De relaxatione sententiæ quam legatus Ecclesiæ Rom. in ipsum et Ecclesiam tulerat Zamoren.

(Laterani, vii Kal. April.)

Præter debitum officii pastoralis quod nos omnibus constituit debitores, personam tuam tanto amplius diligimus et sincerius amplexamur, quanto amplius es præditus scientia litterarum et tam in canonico quam civili jure peritus. Hoc siquidem attendentes, cum ad sedem apostolicam, dum adhuc bonæ memoriæ Cel. papa prædecessor noster viveret, accessisses, ab excommunicationis sententia quam dilectus filius noster G. Sancti Angeli diacon. card. in te, dum in partibus Hispaniæ legationis fungeretur officio, tulerat, te et Ecclesiam Zamoren. absolvimus; et pœnam, si quam ex eo quod celebraveras post interdicti et excommunicationis sententiam, quam in te post appellationem interpositam eumdem cardinalem tulisse dicebas, merueras, tibi et Ecclesiæ tuæ de sedis apostolicæ benignitate remisimus et cum plenitudine gratiæ nostræ te ad propria duximus remittendum.

Datum Laterani vii Kalend. Aprilis.

LIX.
SANCTÆ MARIÆ ET SANCTI PETRI DECANIS, ET W. CANCELLARIO LAUDUNENSI.

De causæ cognitione, quæ inter archidiac. Laudunen. et magistrum R. Balbum super donatione ecclesiæ de Ascheri.

(Laterani, ix Kal. April.)

Cum accessissent ad apostolicæ sedis præsentiam dilecti filii E. presbyter, et T. Clericus, pro quæstione quæ vertebatur inter dilectos filios H. archidiaconum Laudunen. et magistrum R. Balbum super donatione Ecclesiæ de Ascheri, eis dilectum filium nostrum I. tituli Sancti Stephani in Cælio Monte presbyterum cardin. concessimus auditorem: in cujus fuit præsentia ex parte præfati magistri R. et sacerdotis ab eo præsentati taliter allegatum quod cum Ecclesia prædicta vacaret, cujus donatio dictis R. canonico et H. archidiacono Laudun. pertinebat, archidiaconus eam cuidam puero, nondum vigesimum annum attingenti, contulit, memorato magistro penitus reclamante. Cumque idem magister archidiaconum memoratum rogasset ut in personam idoneam convenirent, ipse archidiaconus propositum mutare nolens, Ecclesiam eamdem prælibato F. presbytero contulit, qui in ea posset personaliter deservire; et ne super hoc in præjudicium suum aliquid fieret, ad sedem apostolicam appellavit. Econtra pro parte adversa nuntius respondebat quod præfatus archidiaconus præfatam Ecclesiam, in suo archidiaconatu positam, tanquam ipsius loci archidiaconus et patronus, cuidam subdiacono litteratura et moribus commendando concessit. Et fere super Ecclesia ipsa, quantum est in narratione negotii, una erat partis allegatio utriusque. Cum igitur

(20) Leo I in epist. ad Anastasium Thessalon.

A juxta sacrorum canonum instituta (20), illi sint in domo Domini præferendi qui majoribus studiis et meritis adjuvantur nec infra ætatem legitimam constitutis animarum cura tribui debeat vel committi: discretioni vestræ per apostolica scripta mandamus quatenus, si legitime vobis constiterit jus patronatus ejusdem Ecclesiæ ad illos duos communiter pertinere, ac præfatum archidiaconum reclamante jam dicto magistro R. Ecclesiam memoratam illi qui nondum ætatis suæ annum vigesimum attigisse proponitur contulisse, vos ejus penitus ordinatione cassata, sæpe nominatam Ecclesiam, non obstante contradictione vel appellatione cujuslibet, memorato E. sacerdoti, de quo nobis a multis laudabile testimonium perhibetur, si idoneus est, auctoritate apostolica assignetis et faciatis ipsum eamdem pacifice possidere, ducentes in statum pristinum quidquid post appellationem ad sedem apostolicam legitime interpositam temere noveritis attentatum; nullis obstantibus litteris, si quæ apparuerint a sede apostolica, præter assensum partium impetratæ.

Datum Laterani ix Kal Aprilis.

LX.
LUCEN. EPISCOPO, ABBATI DE MELON. ET PETRO JOANNI ARCHIDIAC. ASTORICEN.

Super causæ cognitione quæ inter Aurien. episcopum et abbatem Cellæ Novæ vertitur, quem dicebat sibi lege diœcesana subjectum.

(Laterani, vii Kal. April.)

Cum dilecti filii F. Aurien. decanus nuntius venerabilis fratris nostri Aurien. episcopi, et magister Robertus monachus Cellæ novæ et abbatis sui nuntius, ad sedem apostolicam accessissent, nos eis dilectum filium P. Sanctæ Mariæ in Via Lata diacon. card. concessimus auditorem: coram quo fuit ex episcopi parte propositum quod, cum idem episcopus abbatem sibi lege diœcesana subjectum vocasset ad synodum, ipse non solum non accessit ad ipsum, imo etiam Sancti Petri et Sanctæ Columbæ prioribus et archipresbytero Cauci in Aurien. diœcesi constitutis prohibuit ne ad ipsius episcopi synodum accedere attentarent, licet etiam vocarentur. Cumque dictus episcopus vel saltem humiliter abbatem ad bonum obedientiæ revocaret et vinceret in bono malum, ipsi mandasset ut eum ad statutum terminum in monasterio exspectaret, licet episcopus illuc, juxta quod promiserat, accessisset abbatem non reperit et portas monasterii clausas invenit, nec ad monachos ei aditus est concessus; propter quod abbatem suspendit et monasterium interdixit. Verum cum nec propter hoc abbas ipse a suo contumaciæ proposito resiliret nec latas in se ac monasterium sententias observaret in eum excommunicationis sententiam promulgavit, quam dictus episcopi nuntius a nobis petiit confirmari. Cæterum nuntius partis adversæ petitionem ejus non esse admittendam proposuit; quia licet monasterium ipsum infra metas Aurien. diœcesis sit constructum, liberum tamen semper exstitit, et ab omni jurisdictione ac jugo Aurien. Ecclesiæ a tempore suæ fundationis exemptum. Præterea si episcopus aliquam in eo quod verum non erat jurisdictionem haberet, quia tamen abbas ab omni gravamine prius ad sedem apostolicam appellarat, sententiam in eum et monasterium postmodum latam, nullam idem nuntius obtinere asseruit firmitatem. Conquestus est etiam idem nuntius ex parte capituli Cellæ novæ quod dictus episcopus abbatem eorum adeo circumvenit, quod contra immunitatem ipsius Ecclesiæ ipsis nescientibus ei obedientiam repromisit. Nos igitur super prædictis per memoratum cardinalem instructi, quia causa ipsa in nostra non poterat præsentia terminari, ut pote cum nuntius monasterii super procuratione vel ratihabitione litteras non haberet, eam vestro duximus examini committendam : discretioni vestræ per apostolica scripta mandantes quatenus si vobis constiterit abbatem ipsum ad sedem apostolicam super hoc antequam episcopus in eum suspensionis vel excommunicationis et in monasterium interdicti sententias tulerit, legitime appellasse, vel monasterium esse a jurisdictione ipsius Aurien. exemptum, eo non obstante quod abbas ab episcopo, sicut dicitur, circumventus, præter fratrum suorum assensum ei obedientiam repromisit, cum fraus et dolus ei patrocinari non debeant, sententias illas judicetis appellatione remota penitus non tenere : alioquin faciatis eas per censuram ecclesiasticam inviolabiliter usque ad satisfactionem congruam observari. Quod si forsan abbas ipse in exemptionis probatione defecerit nec legitima se poterit præscriptione tueri, licet probet se ante prædictas sententias appellasse, nihilominus tamen monasterium ipsum Aurien. judicetis Ecclesiæ subjacere, in cujus diœcesi est fundatum. Similiter eo in appellationis probatione deficiente, si vobis de exemptione vel legitima præscriptione constiterit, tam abbatem quam monasterium ab ejusdem episcopi et Ecclesiæ ipsius super hoc impetitione penitus absolvatis et faciatis quod decreveritis per censuram ecclesiasticam inviolabiliter observari, in mandato apostolico, subl. appellationis obstaculo, procedentes. Quod si omnes, etc.

Datum Lateran. vii Kalend. Aprilis.

LXI.

SENONEN. ARCHIEPISCOPO.

De irritatione cujusdam indulgentiæ, quam episcopus Carnoten. a Domino Cœlestino in ipsius archiepiscopi præjudicium impetrarat.

(Laterani, ix Kal. April.)

(21) Quanto excellentius personam tuam speciali prærogativa meritorum et sacrarum Scripturarum intelligentia divina bonitas illustravit, tanto efficacius in his quæ honestatem seu æquitatem continent tibi favorem apostolicum volumus impertiri et te in justis petitionibus exaudire. Ex continentia siquidem litterarum tuarum, quas audita promotione nostra, per nuntium tuum nobis dirigere festinasti, apostolatui nostro patenter innotuit quod venerabilis frater noster Carnoten. episcopus quadam indulgentia quasi a sede apostolica impetrata, quam de conscientia bonæ memoriæ C. prædecessoris nostri vix credimus emanasse, contra te uti præsumit; per quam tibi subtrahitur jurisdictio absolvendi eos qui ab ipso sunt excommunicationis vinculo innodati nisi prius sub examine dilectorum filiorum Columbensis et Sancti Germani de pratis abbatum discussum fuerit utrum ipsi excommunicati de jure sint absolvendi : propter quod honori tuo et dignitati Ecclesiæ tuæ non modicum præjudicium generatur. Volentes igitur tuis et Ecclesiæ tuæ gravaminibus prout convenit obviare, præfatam indulgentiam penitus irritantes, nullas vires habere decrevimus quominus in hoc jus metropoliticum valeas exercere ; dantes prædictis abbatibus firmiter in mandatis, ut auctoritate illius indulgentiæ vel aliquarum litterarum super hoc directarum ad eos, procedere de cætero non præsumant.

Datum Laterani ix Kal. Aprilis.

LXII.

ELECTO, DECAN. ET MAGISTRO NICOLAO DE LEVENNES CANON. CAMERACEN.

Ut in litteris transmissis eisdem de causæ cognitione quæ inter Præmonstraten. et Prumien. Ecclesias vertitur super possessionibus de Hanapia, subsequens clausula præcedenti clausulæ præponatur.

(Laterani, xiii Kal. April.)

(22) Causam quæ inter Præmonstraten. et Prumien. Ecclesias super possessionibus de Hanapia vertitur, discretioni vestræ commisisse meminimus fine canonico terminandam. Sed quia in litteris illis animadvertimus fuisse insertum quod si alterutra partium legitime citata præsentiam vestram adire vel judicio parere contemneret, vos nihilominus præsentis partis probationes recipere, et quantum de jure possetis, in causæ cognitione ac decisione procedere minime tardaretis : Nos volentes ut clausula illa *quantum de jure poteritis*, quæ antequam de probationum receptione mentio fieret fuerat inserenda, clausulam illam de probatione receptionum præcedat, discretioni vestræ per apostolica scripta mandamus quatenus ipsam intelligentes ibidem, in eadem causa juxta tenorem litterarum illarum procedere non tardetis ; attente proviso ut si litterarum auctoritate priorum in eodem negotio legitime est processum, firmum et stabile perseveret. Alioquin, si occasione clausulæ memoratæ aliquid constiterit in alterutrius partis præjudicium attentatum, id viribus decernimus cariturum. Volentes nihilominus et mandantes ut in decisione ipsius negotii, sicut præmissum est, tam super principali quam super incidentibus quæstionibus appellatione remota canonice procedatis. Nullis obstantibus litteris præter

---

(21) Vide infra lib. ii, epist. 60, et tertiam Collect. lib. i, tit. iv, cap. 4.

(22) Cap. *Causam quæ*. De rescriptis.

assensum partium a sede apostolica impetratis. Quod si omnes, etc.

Datum Lateran. xiii Kalend. Aprilis.

LXIII.
ARMACHANO ARCHIEPISCOPO.
Quod mulieri post partum acturæ gratias non est ecclesiæ aditus denegandus.

(Laterani.)

Volens fraternitas tua per responsionem apostolicam edoceri, humiliter a nobis expetiit utrum mulieres statim post partum debeant ecclesias ingredi vel ab earum ingressu per dies aliquot abstinere. (23) Licet autem, secundum legem Mosaicam, certi dies determinati fuissent quibus mulieres post partum a templi cessarent ingressu: quia tamen lex per Moysen data est, gratia et veritas per Jesum Christum facta est; Nos sanctorum Patrum vestigiis inhærentes, taliter tibi duximus respondendum quod postquam umbra legis evanuit et illuxit veritas Evangelii, si mulieres post prolem enixam acturæ gratias ecclesiam intrare voluerint, nulla proinde peccati mole gravantur nec ecclesiarum aditus est eis aliquatenus denegandus, ne pœnam illis in culpam convertere videamur. Si tamen ex veneratione voluerint aliquandiu abstinere, devotionem earum non credimus improbandam.

Datum Lateran.

LXIV.
AVERSAN. EPISCOPO.
Ut quidquid in Ecclesia vel diœcesi Aversan. in promissionibus vel concessionibus præbendarum et beneficiorum factum est per potentiam laicalem, cassetur.

(Laterani.)

Fratribus et coepiscopis nostris in his quæ rationabiliter et honeste requirunt, apostolicum libenter impertimur assensum et commissarum eis Ecclesiarum necessitatibus utiliter providemus. Eapropter, venerabilis in Christo frater, tuis precibus annuentes ac sequentes canonum instituta, quidquid in Ecclesia vel diœcesi Aversan. in promissionibus vel concessionibus præbendarum et beneficiorum per laicalem impressionem factum fuit, præsentium auctoritate cassamus et nullam obtinere decernimus firmitatem. Nulli ergo, etc.

LXV.
ABBATI LUCÆ, MAGISTRO GERARDO, G. ARCHIPRESB. SANCTI SEVERINI, PROCURATORIBUS ECCLESIÆ SALERNITAN., ABBATI BARCH. CAPUTAQUEN. ECCLESIÆ PRÆCEPTORI.
Ut quidquid in Ecclesia vel diœcesi Salern., archiepiscopo in vinculis, detento, in concessionibus præbendarum, beneficiorum, ecclesiarum attentatum est per potentiam laicalem, cassetur.

(Laterani.)

Incumbit nobis ex officii debito pastoralis ut quæ in ecclesiasticæ libertatis præjudicium attentantur, infringere debeamus et in statum debitum revocare. Eapropter venerabilis fratris nostri Salernitani archiepiscopi consulentes honori, quidquid in Ecclesia vel diœcesi Salernitana in concessionibus præbendarum, beneficiorum, Ecclesiarum et aliis ecclesiasticis per Joannem principem et magistrum Gerardum, qui, memorato archiepiscopo detento in vinculis, locum ejus invadere per laicalem potentiam attentarunt, occasione intrusionis factum est vel statutum, præsentium auctoritate cassamus et carere decernimus robore firmitatis.

Datum Laterani.

LXVI.
ABBATI ET MONACHIS DE GALDO.
Ut liceat eis monasterium et habitationem circumpositam ad tutiora loca transferre.

(Laterani.)

Quæ pro religiosorum locorum necessitate petuntur a nobis, animo gratanti concedimus et honesta petentium desideriis favorem apostolicum gratius impertimur. Quia igitur in medio pravæ ac perversæ nationis positi, graves a vicinis vestris molestias et gravamina non modica sustinetis; ac volentes eorum nequitiam fugiendo vitare, licentiam postulastis a nobis ad loca tutiora monasterium et habitationem circumpositam transferendi: vestris precibus inclinati, liberam vobis super hoc concedimus auctoritate apostolica facultatem ut in majori quiete monasticæ professionis officium exsequi valeatis. Nulli ergo, etc.

Datum Laterani.

LXVII.
PICTAVEN. EPISCOPO.
Super correctione monasterii, tam in capite quam in membris.

(Laterani, pridie Non. April.)

Licet Ecclesiarum omnium cura nobis immineat generaliter, ad illos tamen specialius nos convenit aciem nostræ considerationis extendere, in quibus ab antiquo disciplina constituta dignoscitur ordinis regularis et per aliquorum insufficientiam a religionis observantia proponuntur, quod non convenit, declinasse. Dilectus siquidem filius magister B. prior de Azaico pro se et quibusdam aliis monachis sancti Maxentii in audientia nostra proposuit quod cum olim in eodem monasterio multa inordinata existerent, per bonæ memoriæ W. Pictaven. episcopum et dilectum filium N. tunc eleemosynarium Cellen. nunc abbatem Aureæ Vall. judices a sede apostolica delegatos fuerunt quædam pro reformatione ipsius monasterii constituta, quæ se dilectus filius abbas ipsius monasterii observaturum præstita fide promisit, sed postmodum non sicut promiserat observavit; imo, quod deterius est, quosdam monachorum juramento, quosdam etiam fide sibi astrinxit, ut in nulla causa adversantes eidem, suæ in omnibus pareant voluntati. Præterea prioratus et obedientias (24) quibus præesse monachi consueverant sibi retinet et appropriat, redditus eorum in usus proprios

---
(23) Cap. 1, De purificatione post partum.
(24) De obedientiis monasteriorum vide Sirmondum ad Goffrid. lib. iv, epist. 7 (Patrolog. t. CLVII).

expendendo, et cum in iis et multis aliis, prout dicitur, modum religionis excedat, religiosum statum ipsius monasterii minuit et immutat. Adjecit etiam quod idem abbas pluries monachis de sæculari potestate minas incutiens et terrores, proposuit coram eis quod prioratibus monasterii faceret per sæcularem potentiam violentiam irrogari. Postmodum vero prioratus de Azaico, qui conventui in pane quotidiano deservit, fuit a laicis occupatus: quod prædicti monachi ex abbatis voluntate asserunt contigisse. Verum dilectus filius magister W. de Mercato scriptor noster, procurator ejusdem abbatis, non esse vera quæ de jam dicto abbate dicebantur, omnimodis asserebat, ac prædictum magistrum B. priorem de Azaico absque abbatis licentia ad sedem apost. accessisse. Quia vero super præmissis non potuimus elicere veritatem, causam ipsam de utriusque partis assensu vestro duximus examini committendam; per apost. vobis scripta præcipiendo mandantes quatenus ad monasterium ipsum pariter accedentes, inquiratis ab universis et singulis monachis et aliis etiam quos videritis expedire, de præmissis diligentius veritatem et solum Deum habentes præ oculis, quæ tam in capite quam in membris inveneritis corrigenda, auctoritate apost. appellatione postposita corrigatis et statum ipsius monasterii in melius auctore Domino reformetis; ut et sollicitudo vestra appareat commendanda, et idem monasterium regularibus proficiat institutis: præfato abbati districtius inhibentes ne per laicalem potentiam monachos suos vel prioratus monasterii lædere qualibet temeritate præsumat, vel eis per se quominus monasterii justitiam prosequantur molestias irrogare. Volumus enim firmiter et mandamus, ut quæ in eodem monasterio secundum Deum corrigenda vel statuenda duxeritis, faciatis auctoritate nostra, sublato contradictionis vel appellationis obstaculo, per censuram ecclesiasticam inviolabiliter observari. Ad hæc, volentes indemnitati prædicti magistri B. qui negotiis monasterii sui accepta licentia a cap. ad sedem noscitur apost. laborasse, sicut convenit, præcaveri, præsentium vobis auctoritate mandamus quatenus si quid super prioratu suo de Azaico, postquam iter arripuit, inveneritis immutatum, auctoritate nostra cessante appellatione in statum debitum reducatis. Si vero vobis de illicita juramentorum præstatione constiterit, ea denuntietis auctoritate apost. non tenere. Testes autem, etc., *usque ad verbum* cogatis. Nullis litteris obstan. præter assensum partium, etc. Quod si omnes, tu, frater episcope, etc.

Datum Laterani pridie Nonas Aprilis.

LXVIII

LAUDEN. EPISCOPO.

Ut litteras cassationis super electione canon. in Ecclesia Novarien. in judicio non recipiat.

(Laterani.)

Cum Jacobus judex Novarien. apud sedem apost. (25) Cap. *Magnæ*. De voto et voti redemptione. constitutus id obtinuisset a nobis quod a bonæ memoriæ C. papa prædecessore nostro nunquam meruerat obtinere, scilicet quod causa ipsius sub certa forma tuo committeretur examini sine debito terminanda, receptis litteris super causa ipsa ad dilectum filium Joannem notarium et subdiaconum nostrum accessit, et litteras cassationis super electione canonicorum in Eccl. Novarien. facta sibi petiit transcribendas concedi. Postmodum vero ipsis litteris eidem notario nostro contra promissionem suam minime restitutis, sine licentia nostra, qui ei nec fuimus in aliquo nec esse volumus onerosi, et dicti notarii conscientia minus honeste recessit. Ne igitur dicto notario nostro, imo nobis in ipso impune se gaudeat illusisse, fraternitati tuæ per apostol. scripta mandamus quatenus prædictæ cassationis litteras nec recipias in judicio, nec in aliquo sine speciali mandato nostro ipsarum auctoritate procedas.

Datum Laterani.

LXIX

TRECEN. EPISCOPO.

Quod liceat ei votum redimere per alium religiosum.
(Laterani, Id. Mart.)

(25) Magnæ devotionis indicium et sinceræ in Christo tuæ fidei esse credimus argumentum quod, ut novissima tua Domino consecrares, nec senectutis jam imminentis incommoda nec discrimina viæ, nec dubia fides et constans inconstantia pelagi terruerunt, quin pro salute animæ tuæ ac libertate Trecen. Eccl. et devotione terræ Nativitatis Domini, Hierosolymitanam provinciam disponeres visitare. Cum enim Trecen. Ecclesia, sicut ex tua relatione didicimus, contra ecclesiasticam libertatem indebitis gravaretur angustiis et pressuris nec per alium quam per H. quondam Campaniæ comitem, tum in ultramarinis partibus constitutum, afflictionibus ejusdem Ecclesiæ posse crederes de facili subveniri, confisus de liberalitate ipsius, quem, si ad eum accederes tibi super necessitatibus Eccl. tuæ credebas humiliter provisurum, præter consilium charorum tuorum ad ipsum proposuisti accedere ac in signum peregrinationis et devotionem terræ orientalis crucem Dominicam assumpsisti. Licet autem ut non vacuus in conspectu Domini appareres, sed aliquos tecum manipulos in aream Domini cum exsultatione deferres, sermonem ad populum feceris, ut aliqui tecum assumpto crucis signaculo subirent itineris gravitatem, vix unus inter omnes apparuit qui verbum tuum reciperet et impleret. Tu vero, ut laudabile propositum fine clauderes meliori, viam aggressus cum Placentiam pervenisses, super morte ipsius comitis tristes recepisti rumores. Propter familiam tamen dissimulato mœrore progressus in Thusciam, quosdam familiares tuos obvios habuisti, qui te volebant invitum etiam ab itinere revocare, asserentes iter tuum nec tibi nec ultramarinis partibus expedire, cum Gallicanis omnibus exinde redeuntibus, terra illa defensanda in Teutonico

rum manibus remansisset. Quamvis autem super (26) morte ipsius comitis immensam tristitiam concepisses, et præcipuam intentionem tuam esse conspiceres jam frustratam, noluisti tamen sine consilio apostolicæ sedis, quæ disponente Domino cunctorum fidelium mater est et magistra, ad propria remeare. Ingressus igitur postmodum Urbem et in nostra præsentia constitutus, intentionis tuæ propositum ac statum Trecen. Ecclesiæ nobis humiliter expressisti, nostrum et fratrum nostrorum consilium cum devotione requirens. Venerabilis etiam frater noster Senonen. archiepiscopus metropolitanus tuus statum Trecen. Ecclesiæ ac dispendium quod ex absentia tua occurrere poterat semel et iterum nobis per suas litteras intimavit. Propter quod disposuimus deliberare cum fratribus nostris an cum eadem Trecen. Ecclesia misericordiam faceremus, te ad gerendam ipsius sollicitudinem remittentes, an, sicut teneharis ex voto, te iter arreptum perficere pateremur et utrum horum tam saluti tuæ quam terræ orientali potius expediret. Et quidem tria præcipue duximus in hoc negotio attendenda : quid liceat, quid deceat, quid expediat ; quid liceat secundum æquitatem, quid deceat secundum honestatem, quid expediat secundum utilitatem. Sane non videbatur licitum ut contra votum et tam laudabile propositum venires, cum vox clamet prophetica : *Vovete, et reddite Domino Deo vestro* (Psal. LXXV, 12); ut primum ad consilium, secundum vero ad imperium referatur; et in Evangelio : *Reddite quæ sunt Dei, Deo* (Matth. XXII, 21). Votum enim istud non est dubium esse Dei, cui te obligaveras in vovendo. Sed nec decere quomodolibet videbatur, cum sit scriptum in Evangelio : *Nemo mittens manum suam ad aratrum, et respiciens retro, aptus est regno Dei* (Luc. IX, 62); et in Genesi uxor Loth, quæ retro respexit, in salis statuam legatur fuisse conversa ; et in Actibus apostolorum Anania et Saphira, qui abierunt retrorsum, sancto Spiritui mentientes, a conspectu apostolorum principis mortui scribantur successive delati. Præterea non videbatur aliquatenus expedire, cum ex absolutione tua, si fieret, scandalum posset laicorum mentibus generari, dicentium : Ubi est Deus clericorum? et hoc exemplo credentium se ad voti observantiam non teneri, quod viderent per Ecclesiarum rectores apostol. sedis auctoritate deponi per quod grave dispendium terræ orientali contingeret provenire. Quod enim agitur a prælatis facile trahitur a subditis ad exemplum, juxta quod Dominus inquit ad Moysem in Levitico : *Si sacerdos, qui est unctus, peccaverit, facit delinquere populos* (Lev. IV, 3). Verum ætatis jam in te senescentis defectus et canities, quæ vix labores et dolores suos tolerare poterit etiam in quiete, in contrarium allegabantur. Ecclesiæ Trecen. suspiria, cui vinculo pastoralis sollicitudinis es alligatus, sine ipsius [f. cujus] assensu votum peregrinationis emittere

(26) In tertia Collect. *audita*.

forsitan non debueras et dicti metropolitani tui, qui nos ut Trecen. Ecclesiæ misereremur sollicite invitabat, instantia nos in partem contrariam non modicum inducebant. Ipsum etiam votum, quod ex sui forma sanctum et honestum erat, ex persona voventis minus licitum videbatur : quæ licet pennas habeat quibus satagat advolare, ita tamen astrictæ sunt nexibus præsidentis, ut liberum non habeant absque ipsius permissione volatum. Cum enim juxta sacrorum canonum instituta clericus absque episcopi sui licentia peregrinari non debeat, et episcopus non minus imo potius sed apostolicæ sit astrictus, videri poterat quod absque ejus generali vel speciali licentia votum peregrinationis, qua te tandiu absentares, emittere non deberes. Minus etiam votum ipsum terræ orientali videbatur expediens, quæ plus pugnatorum subsidium quam clericorum, quos et officium et dissuetudo reddit imbelles, ministerium in instantis articuli necessitate requirit. Quamvis enim orationibus tuis et aliorum terra illa vehementer indigeat ; quia tamen jam impletum est verbum Dei dicentis : *Veniet hora, et nunc est, quando neque in monte hoc neque in Hierosolymis adorabitis Patrem* (Joan. IV, 21), et infra : *Spiritus est Deus, et eos, qui adorant eum, in spiritu et veritate oportet adorare* (ibid., 23); videri poterat quod non minus in Ecclesia tua quam in terra orientali proficeres piis orationibus apud Deum in his quæ pro liberatione ipsius juste ac humiliter postulares. Et utinam cum Moyse posses in montem ascendere, ut te manibus extensis orante, Josue pugnans in solitudine Amalechitas in ore gladii superaret ! Credebatur etiam quod terræ orientali magis accederet, si quod in tuis et tuorum clericorum procurationibus fueras impensurus, secundum alicujus religiosi arbitrium, transferretur in subsidium bellatorum. Cum igitur in lege veteri, in qua non minus præceptum Domini obligabat, quam votum hodie obligat in Ecclesia, primogenita, quæ Domino mandabantur offerre, quædam redderentur Domino, ut primogenita Levitarum, quædam redimerentur, ut aliarum tribuum, quædam commutarentur in aliud, sicut primogenitum asini, quod ove commutabatur ; ex hoc attendentes quod votum etiam commutari possit in opus aliud pietatis, præsertim cum bonæ memoriæ Alexand. (27) papa prædecessor noster votum peregrinationis etiam redimi posse vel in aliud commutari responderit requisitus ; non curantes quid os iniqua loquentium loquatur, dum tamen non recedamus a tramite veritatis, cum secundum Apostolum gloria nostra sit testimonium conscientiæ nostræ; et scandalum non curantes, præsertim quia non in tenebris sed in luce procedimus; de illius auctoritate securi qui cum audisset a discipulis : *Nonne scis quia Pharisæi audito hoc verbo scandalizati sunt?* respondit : *Sinite illos. Cæci sunt et duces cæcorum*, et juxta Apostolum : *Si hominibus placerem, Christi servus non essem :*

(27) Cap. 1, De voto et voti redempt.

tibi pro te et sex famulis tuis de communi fratrum nostrorum et tam archiepiscoporum quam episcoporum et aliorum prudentium consilio quos per Dei misericordiam multos nobiscum præsentes habuimus, licentiam concedimus votum peregrinationis taliter commutare, ut omnes expensas quas fueras in eundo, morando et redeundo facturus, alicui religioso committas in necessarios usus terræ illius sine diminutione qualibet transferendas. Sic enim et orientali provinciæ, quæ plus tuis quam te in articulo necessitatis instantis indiget, tua subventione proficies, et Trecen. Ecclesiæ tua præsentia et regimine utilius providebis; ac per hoc animæ tuæ salubrius consuletur. Laborem etiam laboribus recompenses, sollicitius instando vigiliis, devotius vacans orationibus et jejuniis fortius te exercens, ac super grege tuo vigilans sollicitudine pastorali. Ad hanc autem indulgentiam tibi de benignitate sedis apostolicæ faciendam id etiam specialiter nos induxit, quod iter tuum jam non videbatur ultramarinæ provinciæ fructuosum, a qua fere omnes Gallici remearant. Et cum pro salute animæ tuæ ac libertate Trecen. Ecclesiæ per dictum comitem assequenda præcipue votum peregrinationis emiseris, eo sublato de medio, quia cessaverunt causæ, facilius cessare potuit et effectus. Nulli ergo, etc.

Datum Laterani Idibus Martii.

LXX.
LEODIENSI EPISCOPO, ABBATI DE BRON. [*f.* S. THUDON.] ET PRÆPOSITO TRAJECTENSI.

Ut inquirant contra archiepiscopum Trevirensem, super objectis criminibus; et si culpabilis erit, suspendant.

Cum irreprehensibilem deceat esse pontificem et is, cui animarum cura committitur, tanquam lucerna super candelabrum, doctrina et exemplo omnibus debeat elucere; quoties ad apostolatus nostri notitiam de fratribus coepiscopis nostris aliqua perferuntur quæ modestiam non sapiant pastoralem et famam boni nominis labefaciant quomodolibet vel denigrent, dolemus admodum et turbamur, et ad ea diligentius indaganda, et animadversione debita corrigenda, apostolicæ sollicitudinis intendimus apponere medicinam. Sane cum de venerabili fratre nostro Treveren. archiepiscopo dilectus filius major Treveren. decanus ad apostolicam accedens præsentiam, multa quæ a maturitate noscuntur pontificalis officii aliena felicis recordationis Cœlestino papæ prædecessori nostro et aliis fratribus suggessisset, licet per eumdem prædecessorem nostrum ipse archiepiscopus vocatus fuerit et citatus, ut ad Romanam Ecclesiam ad objectis accederet responsurus, venire tamen distulit et neglexit, nec sufficientes curavit dirigere responsales; cum etiam ipse archiepiscopus prædictum decanum ad Romanam Ecclesiam appellaverit et ab eo fuerit appellatus, et ab utroque appellationis prosequendæ terminus constitutus. Quia vero sæpedictus decanus in exspectando apud nos moram fecisse dignoscitur longiorem et pro sua et Ecclesiæ Treveren. consequenda diutius justitia laborasse : ne videremur clausis oculis præterire et sic de nostri possemus exsecutione officii reprehendi, si super his quæ contra prædictum archiepiscopum opponebantur, non faceremus inquirere sollicitius veritatem, et eum de contemptu quem apud sedem apostolicam habere dignoscitur non curaremus animadversione debita castigare : inquisitionem ipsius negotii vestræ duximus experientiæ committendam, discretioni vestræ per apostolica scripta mandantes quatenus convocatis ad præsentiam vestram partibus et auditis quæ contra prædictum archiepiscopum præfatus decanus proponere voluerit et probare, utriusque partis probationes et allegationes vestro sigillo signatas nostro apostolatui transmittatis; præfigentes utrique parti terminum competentem, quo, omni dilatione et excusatione postposita, nostro se curent conspectui præsentare. Si vero supramemoratus archiepiscopatus in termino ei a vobis præfixo ad præsentiam nostram personaliter accedere non curaverit, vos eum ex tunc auctoritate nostra denuntietis publice, sublato appellationis obstaculo, officio beneficioque suspensum et faciatis latam in eum suspensionis sententiam per censuram ecclesiasticam inviolabiliter observari. Si autem inter cætera quæ jam dictus decanus contra archiepiscopum proposuerit memoratum, legitime probaverit quod ipsum et E. socium, postquam iter arripuerunt ad sedem apostolicam veniendi, jam dictus archiepiscopus exspoliaverit vel fecerit spoliari, vos taliter ablata ipsi decano et socio suo omni postposita faciatis dilatione restitui et ipsum archiepiscopum ab officio pontificali suspensum ad nostram præsentiam dirigatis. Nullis litteris obstantibus harum mentione non habita, etc. Quod si omnes, tu frater episcope, etc.

LXXI.
ZAMOREN. EPISCOPO, ABBATI SALTUS NOVAL. ET PRIORI SANCTI MARCI.

Ut restituta Legionensi Ecclesiæ archidiaconatus possessione, causam jure finiant.

(Apud S. Petrum, xv Kal. Maii.)

Cum, sicut audivimus, inter Legionen. et Lucen. Ecclesias olim super archidiaconatu de Tria Castella in præsentia felicis recordationis Lucii papæ III, prædecessoris nostri, præsentibus nuntiis utriusque partis causa diutius agitata fuisset, tandem Legionen. Ecclesiæ fuit adjudicata possessio, datis exsecutoribus qui eam in possessionem illam corporaliter inducere non differrent. Cumque in possessionem prædicta Ecclesia fuisset inducta, venerabilis frater noster Lucensis episcopus partem possessionis illius fructusque perceptos sibi retinere præsumpsit, licet sententiæ fuisset insertum quod facta restitutione plenaria, de causa proprietatis Legionen. Ecclesia responderet. Nuper vero idem Lucen. episcopus ad dilectum filium G. Sancti Angeli diac.

card. tunc apostolicae sedis legatum accedens, ad quosdam ignotos et remotos ab Ecclesia Legionen. judices litteras impetravit : ad quorum citationem cum Legionen. nuntii accessissent, latam per Ecclesiam sententiam allegarunt et nolentes, nisi facta restitutione plenaria, respondere, sedem apostolicam appellarunt, ne contra praefatam sententiam posset aliquid attentari. Duo vero ex ipsis judicibus nihilominus procedentes in causa, possessionem archidiaconatus adjudicare Lucen. Ecclesiae temere praesumpserunt. Ecclesia vero Lucen. expulsis ministris Legionen. Ecclesiae, suos ministros et quosdam milites in possessionem induxit, qui recipientes Ecclesias, et pro sua voluntate bona diripientes earum, fructus ex illis injuste percipiunt, canonicos Legionen. ad possessionem nullatenus accedere permittentes. Quia igitur quod per sedem est apostolicam diffinitum, nullius volumus temeritate quassari, discretioni vestrae per apostolica scripta mandamus quatenus si vobis constiterit praefatam Legionen. Ecclesiam auctoritate apostolica fuisse in possessionem inductam, vos amotis detentoribus ejus ipsam Ecclesiam Legionen. non obstante temeritate judicum praedictorum ab ipso card. delegatorum, per censuram ecclesiasticam in possessionem dicti archidiaconatus plenariam, sicut in authentico instrumento dicti praedecessoris nostri insertum esse vobis constiterit, auctoritate apostolica sublato appellationis obstaculo corporaliter reducentes, causam postmodum audiatis et appellatione remota fine debito terminetis. Provideatis quoque sollicite, ne [latam] a praedicto praedecessore nostro sententiam quilibet temere violare praesumat. Nullis litteris obstantibus harum mentione non habita, etc. Quod si omnes, etc.

Datum Romae apud Sanctum Petrum, xv Kal. Maii.

LXXII.

* ALIFANO EPISCOPO.

Quod clericos praesumentes ipsum ad tribunal saeculare trahere possit per excommunicationis sententiam coercere.

(Romae.)

Justis petentium, etc., *usque ad verbum illud* assensu. Ut clericos tuos, qui contumaces aut inobedientes exstiterint, qui etiam in ecclesiasticis causis et beneficiis conferendis te per appellationem praesumpserint ad judicium trahere saeculare, nisi ad monitionem tuam ab his praesumptionibus duxerint desistendum, tibi eos liceat per excommunicationis sententiam coercere auctoritate tibi praesentium indulgemus. Praeterea, si quid, vacante sede usque ad tempus consecrationis tuae, in praejudicium tuum fuit in Alifana Ecclesia temere attentatum, liberum tibi sit legitime revocare.

Datum Romae.

LXXIII.

MAGISTRO ET FRATRIBUS HOSPITALIS HIEROSOLYMITANI.

Ut Ecclesiae Tripolitanae ecclesiam de Nephin una cum decimis, juxta decretum pontificis resignent.

(Laterani.)

Ea quibus apostolica sedes manum diffinitionis apponit, illius volumus firmitatis stabilitate fulciri, ut nulli liceat in scrupulum quaestionis deducere quod tantae sedis est auctoritate statutum. Sane venientibus ad praesentiam nostram dilectis filiis nostris S. priore sancti Michaelis et Aimerico canonico Tripolitan. nuntiis ipsius Ecclesiae Tripolitanae et super ecclesia de Nephin. et decimis suis, ac tribus casalibus, quae occasione litterarum bonae memoriae C. papae praedecessoris nostri vos occupasse temere asserebant, contra vos proponentibus quaestionem, tam ipsis quam nuntiis vestris eis se opponentibus venerabilem fratrem nostrum P. Portuen. episcopum ei dilectos filios Guid. tt. Sanctae Mariae trans Tyberim presbyterum et G. Sancti Angeli diaconum card. concessimus auditores : in quorum praesentia cum ab utraque parte fuisset diutius allegatum et ex fideli relatione nobis super causae meritis nuda veritas appareret, post deliberationem habitam inter fratres nostros super his diligentem, de consilio eorumdem decrevimus Ecclesiam Tripolitan in eum statum possessionum integre reducendam, quem habuit antequam per venerabilem fratrem nostrum Nazarenum archiepiscopum et dilectum filium abbatem Montis Oliveti destinatum a venerabili fratre nostro patriarcha Hierosolymitan. occasione mandati praedecessoris nostri, praedictarum rerum possessio vobis adjudicata fuisset. Ideoque vobis per apostolica scripta districte praecipiendo mandamus quatenus juxta quod est sententiatum a nobis, posssessionem tam Ecclesiae de Nephinis, quam aliorum quae superius sunt expressa, cum integritate fructuum ex eis ab illo tempore perceptorum, memoratae Tripolitan. Ecclesiae, contradictione, occasione et appellatione cessantibus, pacifice resignantes, nullam ei super eadem possessione violentiam praesumatis aut injuriam irrogare ; ne in causa proprietatis propter rebellionem vestram jacturam possitis incurrere graviorem. Noveritis autem nos venerabilibus fratribus nostris Tyrensi archiepiscopo et episcopo Sidonien. mandasse ut, si ultra mensem possessionem illam, quod non credimus, contra sententiam nostram praesumpseritis detinere, ipsi vel alter eorum, si ambo nequiverint interesse auctoritate nostra suffulti praedictam Ecclesiam de Nephinis, cum praedictis omnibus, non obstante contradictione vel appellatione cujuslibet, Ecclesiae Tripolitan. assignent et eam in corporalem possessionem omnium praedictorum inducant; quoslibet contradictores, aut nostrae sententiae obviantes, per severitatem ecclesiasticam appellatione postposita compescendo. Nullis litteris obstantibus, præter assensum partium a sede apost. impetratis.

Datum Lateran.

LXXIV.

ANAGNINO EPISCOPO.

Quod liceat ei, pro emptione Castri, Ecclesiæ bona cum voluntate capituli pignori supponere.

(Laterani.)

Ad universalis Ecclesiæ regimen Domino disponente vocati, sic Ecclesiarum commodis et profectibus volumus, prout debemus, efficaciter providere, quod tam in temporalibus quam spiritualibus proficere valeant et statum semper debeant recipere meliorem. Inde est quod cum in desiderio habeas et proposito Anagnin. Ecclesiam juxta officii tui debitum in possessionibus ampliare et justis modis ejus utilitatibus imminere, gratum nobis et acceptum existit et votis tuis super hoc volumus patrocinium apostolicum impertiri. Quia igitur Castrum Acuti pro Ecclesiæ tibi commissæ utilitatibus comparare laboras et tam tuæ quam ipsius Ecclesiæ facultates non sufficiunt ad pretium exsolvendum; ut in præsenti articulo cum toto tuo capitulo, vel majori et saniori parte de possessionibus ipsius Ecclesiæ valeas pignori obligare, auctoritate præsentium liberam tibi concedimus facultatem. Nulli ergo, etc.

Datum Lateran.

LXXV.

ADÆM. PICTAVEN. EPISCOPO.

De confirmatione electionis suæ in episcopum Pictarensem.

(Laterani, VIII Id. April.)

Cum justus Dominus justitiam diligat et vultus ejus videat æquitatem, Nos, quos ipse gratuito cœlestis gratiæ dono vicarios suos esse voluit et apostolorum Principis successores, sicut ipse ambulavit ambulare oportet, diligentes justitiam et injustitiam persequentes: ne, si in contrarium, quod absit, forte fecerimus, illud nobis valeat coaptari: *Væ qui dicitis bonum malum, et malum bonum, ponentes tenebras lucem, et lucem tenebras (Isa.* v, 20). Cum enim justitia et judicium sit correctio sedis hujus, quam licet insufficientibus meritis obtinemus, si judicium non fecerimus inter virum et virum, aut si attenderimus in judicio vultum potentis ad injustitiam declinantes, pronuntiabunt labia nostra iniquitatem: quoniam secundum Prophetam *pronuntiabunt et loquentur iniquitatem omnes qui injustitiam operantur (Psal.* XCIII, 4), et infructuosæ poterimus ficulneæ comparari, quam evangelicus pater familias succidi mandavit et terram conquestus est inutiliter occupare. Hoc nos et fratres nostri volentes cautius evitari, cum I. Dolen. monachus, charissimi in Christo filii nostri R. illustris regis Angliæ et G. Pictaven. decani ac fautorum ejus procurator, assistentibus sibi subdecano et magistro Vv. de Talebore canonico Pictaven. ex una parte, et dilecti filii Vv. succentor, magister Rainaldus, Joannes Aeris, I. Arnaldi, J. Emen., Joannes Butember. Lucas Montis Maurilii, Guid. Haimo, Henr. et Ric. canonici Pictaven. ex altera, super electione tua ad sedem apostolicam accessissent, audientiam eis in consistorio publico duximus concedendam; ut tanto pluribus judicii veritas innotesceret, quanto causæ meritum ad plurimum notitiam deveniret. Propositum fuit autem pro electione in præsentia nostra, quod bonæ memoriæ Vv. prædecessore tuo viam universæ carnis ingresso, tam personæ quam universi canonici Pictaven. cum de pontificis substitutione tractarent, vota sua in sex de canonicis unanimiter contulerunt, juramento a singulis corporaliter præstito quod eum in quem illi pariter convenirent in electum reciperent et obedientiam ei ac reverentiam exhiberent. Cumque infra sex mensium spatium dicti electores inter se convenire minime potuissent, venerabili fratri nostro Burdegalen. archiepiscopo ad capitulum evocato et compromissione in ejus præsentia innovata, dictum archiepiscopum omnes humiliter rogaverunt ut quem illi sex eligerent pro capitulo, reciperet et electionem ejus sine dilatione qualibet approbaret. Electores igitur singuli sub debito olim præstiti juramenti, fide interposita in manu dicti archiepiscopi firmiter promittentes quod secundum Deum, quem de gremio Ecclesiæ pastorali regimini magis idoneum existimarent, eligerent, secedentes in unum, in te concorditer convenerunt; et cum concordiam suam dicto archiepiscopo nuntiassent, ipse quod factum fuerat approbavit. Econtra vero pars adversa proposuit quod revera in sex canonicos fuerat ab omnibus compromissum: ita tamen quod meliorem clericum de gremio Pictaven. Ecclesiæ cum pace ipsius Ecclesiæ ac principis infra certum diem eligerent, ac tandiu electionem quam facerent, occultarent, donec habita pace principis decanus electum in capitulo nominaret. Sed, cum electores ipsi inter se minime convenirent, a compromisso singulos absolverunt. Et licet prima compromissio in dicti metropolitani fuerit postmodum præsentia innovata; quia tamen in die compromissionis, sicut eis injunctum fuerat, nullatenus elegerunt, eorum auctoritas exspiraverat: propter quod ulterius eos nec potuisse nec debuisse procedere asserebat. Fuit etiam ex eadem parte subjunctum quod cum die compromissionis, ut dictum est, non fuisset in electione processum, electores ipsi ad celebrandam electionem diem alterum statuerunt: in quo, quoniam ad capitulum non venerunt, dictus decanus apostolicæ sedis audientiam appellavit. Sed ipsi appellationi minime deferentes, extra civitatem in loco secreto, non vocatis decano et aliis, elegerunt, propter quod decan. et fautores ejus in venerabilem fratrem nostrum Nannetensem episcopum convenerunt. Cæterum pars Ecclesiæ quod, sicut superius est expressum, in electione processerit voluit in continenti probare, decretum producens in medium quorumdam etiam ex eis qui videbantur parti alteri consentire manibus roboratum; et quorumdam abbatum proferens litteras, quæ quo decan. cantor, subdecan. et magister Vv. de Talebore in electione ipsa post publicationem ejus se consentire confessi fuerant continebant. Adjecit etiam quod cum electores ipsi die innovatæ compromissionis in te unanimiter convenissent et electio ipsa fuisset per eumdem archiepiscopum approbata, archiepiscopus ad capitulum veniens quod factum fuerat, tacito tamen nomine tuo, canonicis intimavit; qui se id gratum habere unanimiter responderunt; et, ut electio non publicaretur eadem die ab archiepiscopo, postularunt, dantes ei osculum pacis quod ab electione ipsa nullatenus resilirent, imo eam omnes et singuli defensarent. Quia vero postmodum propter contradictionem comitis infra civitatem Pictaven. te non audebant publice nominare, in locum tutum et idoneum convenerunt, quod in civitate fecerant publicantes. Unde, cum in die innovatæ compromissionis electores convenerint, et nisi per decanum et partem suam stetisset, quod fecerant parati fuerant publicare, ac cum ex litteris eorumdem abbatum constiterit quod decan. cantor, subdecan. et magister Vv. de Talebore electioni se post publicationem etiam confessi fuerint consentire, exceptiones ab adversa parte propositas sibi asseruit nullum præjudicium generare. Præterea subdecan. et magister Vv. in ipsa quæstionis examinatione ad fratrum concordiam sunt reversi. Verum Vv. de eleemosyna dilecti filii O. Pictaven. comitis procurator præfato I. monacho assistenti proposuit quod, quia electio ipsa post appellationem nec in statuto termino nec assignato loco fuerat celebrata, et quoniam assensus principis non fuerat postulatus in ipsa et persona tua principi erat ex certa ratione suspecta, erat penitus irritanda. Ad quod fuit ex altera parte responsum quod non per eam steterat quo minus certo loco et tempore electio publicata fuisset, quæ ante appellationem fuerat celebrata, et quod assensus principis non erat de consuetudine Pictaven. Ecclesiæ aliquatenus postulandus; qui te et fratres tuos, non ut hostes, sed devotos suos in Pictavia tolerarat. Nos igitur auditis quæ hinc inde proposita fuerant, electionem fuisse canonicam cognoscentes et de persona idonea celebratam, eam de communi fratrum nostrorum consilio per sententiam confirmavimus et te sequente die ministerio proprio in episcopum curavimus consecrare (23). Ne igitur super his aliqua in posterum dubietas oriatur, sententiam ipsam auctoritate apost. confirmamus et præsentis scripti patrocinio communimus. Nulli ergo, etc.

Datum Laterani viii Idus Aprilis.

(23) Vide veteres schedas monasterii Coronæ apud Beslyum in Hist. episcopor. Pictav., num. 67.
(24) Cap. *Cum secundum, Apostolum*. De præbendis et dignitat.
(25) In tertia Collectione et apud Gregorium IX legitur *dil. f. G. lator*.
(26) In tertia Collectione et apud Gregorium hæc

LXXVI.

ZAMOREN. EPISCOPO.
Ut sine titulo ordinato clerico provideatur.
(Laterani, iii Non. April.)

(24) Cum secundum Apostolum, qui altario servit de altari vivere debeat, et qui ad onus eligitur repelli non debeat a mercede, patet a simili ut clerici vivere debeant de patrimonio Jesu Christi, cujus obsequio deputantur, ut ipsa nominis ratio persuadet. Cum enim a κλῆρος, quod est sors vel hæreditas, clerici appellentur, quia in sua ordinatione vel assumuntur in hæreditatem Domini, vel assequuntur hæreditatem in ipso, ut vere possint psallere cum Propheta: *Dominus pars hæreditatis meæ* (Psal. xv, 5), dignum est ut Ecclesiæ stipendiis sustententur, in qua et per quam divinis obsequiis ascribuntur. Licet autem prædecessores nostri ordinationes eorum qui sine certo titulo promoventur, in injuriam ordinantium irritas esse voluerint et inanes, Nos tamen benignius agere cupientes, tandiu per ordinatores vel successores ipsorum provideri volumus ordinatis, donec per eos ecclesiastica beneficia consequantur: ne forte clamores clericorum pauperum, quos in aures Domini Sabaoth credimus introire, indurata facie negligere videamur. Inde est quod, cum dilectus filius Bernardus lator (25) præsentium, a G. bonæ memoriæ prædecessore tuo, sicut asserit, in officium fuerit subdiaconatus nullo præstantante promotus, nec ullum sit ecclesiasticum beneficium assecutus, fraternitati tuæ per apostolica scripta mandamus quatenus, si eum cum dilectis filiis I. decano, N. magistro scholarum et Helia canonicis Zamoren., quibus examinationem ipsius duximus committendam, idoneum esse repereris (26) et ecclesiastico beneficio non indignum, tandiu ei vitæ necessaria congrue subministres, donec per te in Zamoren. Ecclesia vel in alia fuerit competens beneficium ecclesiasticum assecutus; sciturus pro certo quod si per examinationem illorum fuerit repertus idoneus, et tu ei juxta mandatum nostrum neglexeris providere, cum hoc nobis per eorum litteras innotuerit, ad id exsequendum te per districtionem ecclesiasticam compellemus; quia sicut nolumus injusta præcipere, sic cum justa præcipimus, volumus efficaciter exaudiri.

Datum Laterani iii Nonas Aprilis.

LXXVII.

DECANO ASTORICENSI
Ut sit decessorum suorum jure atque privilegiis contentus nec gravet suum capitulum.
(Laterani, vi Kal. April.)

Dilecti filii capitulum Astoricen. nobis intimare

habentur: *Mandamus qua. si eum dil. f. quibus ex. ip. du. committendam, te citato legitime ut per te ipsum vel idoneum responsalem intersis, et tam super idoneitate personæ, quam etiam super quantitate ac qualitate beneficii proponere tibi liceat quidquid rationabiliter duxeris proponendum, idoneum esse repererint, et eccles.*, etc.

curarunt quod cum tu olim ad apostolicam sedem accedens, assereres dignitatem decanatus de novo fuisse in Astoricen. Ecclesia institutam et ideo in ambiguo remanebat quid ad tuum officium pertineret, rescriptum ab eadem sede super hoc reportasti quod in hac ambiguitate Astoricen. Ecclesia consuetudinem suæ metropol. sequeretur, ubi ex speciali consuetudine decanus multis se gaudet privilegiis decoratum. Unde quia eadem Astoricen. Ecclesia dignitatem decanatus a longis a retro temporibus noscitur habuisse, licet qui eo fungebatur honore promoveretur aliquando et destitueretur pro episcopi et capituli voluntate nec decani sed prioris nomine vocaretur, secundum consuetudinem fere omnium Ecclesiarum Hispaniæ, quæ tunc temporis ibi vigebat; cum etiam alius decanus ibidem fuerit institutus, decanus re ac nomine appellatus, litteras illas per falsi suggestionem et suppressionem veri asserunt impetratas; nec te debere per illas aliquod commodum reportare, sed carere potius taliter impetratis. Ea propter per apostolica tibi scripta præcipiendo mandamus quatenus, si vera sunt quæ dicuntur, eo jure illaque potestate quibus antecessores tuos usos fuisse constiterit, maneas omnino contentus; nec amplius de cætero in præjudicium episcopi vel capituli præsumas exigere; imo, si quid forte amplius recepisti, penitus id in pace dimittas. Quod si forte nostro mandato acquiescere nolueris, noveris nos ven. fratri nostro episcopo et dilectis filiis abbati de Carrazedo et decano Zamoren. injunxisse ut te ad prædicta moneant et inducant, et, si opus fuerit, per censuram ecclesiasticam, appellatione remota, justitia mediante compellant.

Datum Laterani vi Kalend. Aprilis.

Illis scriptum est super hoc.

LXXVIII.
MAGDEBURGEN. ARCHIEPISC.
Ut a laicis intrusum amoveat, aliumque Pragensem episcopum canonice eligi curet.
(Laterani, vi Id. April.)

Ex parte Pragen. Ecclesiæ in audientia nostra fuit propositum quod cum H. quondam Pragen. episcopus fuisset viam universæ carnis ingressus, D. clericus in eorum Ecclesia præter electionem capituli per laicalem potentiam se intrusit, licet nec mores nec vita ei ad obtinendum tantum officium suffragentur. Volentes igitur eidem Ecclesiæ paterna sollicitudine providere, fraternitati tuæ per apost. scripta mandamus quatenus ad locum idoneum evocatis qui propter hoc fuerint evocandi, si tibi constiterit de prædictis, memoratum clericum ab eadem Ecclesia omni contradictione et appellatione postposita prorsus amoveas et ab officio beneficioque suspensum ad nostram non differas præsentiam destinare. Canonicis etiam Pragen. eligendi sibi pastorem idoneum juxta formam canonicam concedas auctoritate nostra liberam faculta-

(27) Cap. *Quanto*, De officio ordinarii.

tem. Sciturus nos dilecto filio nobili viro duci Bohemiæ per apost. scripta mandasse ut tibi super his viriliter et potenter assistat et prædictam Ecclesiam non patiatur ab eodem clerico teneri diutius occupatam.

Datum Laterani vi Idus Aprilis.

Canonicis etiam ipsius Eccl. scriptum est ut, illo amoto per archiepiscopum, ad canonicam electionem procedant.

LXXIX.
AUXITAN. ARCHIEPISCO.
Ut clerici qui se a laicis intrudi curant, puniantur.
(Laterani, xv Kal. April.)

Quanto modernis temporibus, inimico humani generis suggerente, malitia hominum solito plus excrevit, tanto sollicitiori diligentia nos providere oportet ut ea quæ in Ecclesia Dei minus ordinate et contra normam ecclesiasticam attentantur, deliberatione provida corrigantur. Ad audientiam siquidem apostolatus nostri pervenit quod clerici tuæ provinciæ nimiæ aviditatis fervore succensi, in Ecclesiis, quas propter insufficientiam suam, cum sint minus idonei, per prælatos obtinere non possunt, per sæculares potestates quasi violenter faciunt se intrudi. Unde fit ut Ecclesiæ ipsæ, quæ ad ordinationem prælatorum libere pertinere solebant, laicali servituti subdantur et irreparabile detrimentum incurrant. Nos igitur, prout officii nostri debitum exigit, volentes ipsarum Ecclesiarum gravaminibus providere, talia de cætero fieri auctoritate apost. inhibemus; fraternitati tuæ præsenti pagina indulgentes ut illos, qui hactenus attentarunt talia, vel deinceps attentaverint, possis appellationis sublato diffugio, si prælati eorum post tuam commonitionem id exsequi negligenter omiserint, canonica censura punire et amovere ab ipsis Ecclesiis, si quos inveneris Ecclesias obtentas taliter obtinere.

Datum Laterani xv Kalend. Aprilis.

LXXX.
AUXITAN. ARCHIEPISCOPO.
Ut vagi monachi ad cœnobium revocentur.
(Laterani, xiv Kal. April.)

(27) Quanto devotio religiosorum virorum studiosius mandatis divinis inhæret, et Creatori suo placere per opera sanctæ conversationis intendit, tanto humani generis inimicus ad seductionem eorum suæ fraudis malignitate laborat, et variis modis eis præstat materiam excedendi et animas eorum inextricabili laqueo nititur irretire. Ad audientiam siquidem nostram noveris pervenisse quod monachi, canonici et alii regulares in tua provincia constituti, cum deberent potius in claustro juxta regulam constituta divinis obsequiis vigilare, de obedientiis et redditibus, quorum curam gesserunt, pecunia congregata, claustrum abhorrentes, per curias principum et potentum discurrere non verentur, et muneribus suis illorum sibi gratiam et

favorem acquirunt, ac de eorum familiaritate confisi, in conventu suo graves dissensiones commovent, et cæterorum humilitatem in spiritu arrogantiæ contemnentes, mandatis prælatorum suorum inobedientes et contumaces existunt, et contra illorum prohibitionem sæcularium negotiorum sollicitudinibus se immergunt. Quoniam igitur propter hoc ordo religionis non modicum enervatur, fraternitati t. per apost. scripta mandamus quatenus quoscunque tales inveneris, nisi ad commonitionem tuam resipuerint, ut proprium suum in manibus prælatorum suorum sine difficultate resignent, convertendum in utilitatem domus secundum abbatis consilium (28) et regularem vitam observent, si prælati eorum post tuam commonitionem id exsequi negligenter omiserunt, per suspensionem officii et beneficii appellatione remota compellas.

Datum Laterani, xiv Kalend. Aprilis.

LXXXI.
AUXITAN. ARCHIEPISCOPO.
Ut hæreticis obsistat et gladio coerceat.

(Laterani, Kal. April.)

Inter cætera quæ naviculam beati Petri fluctuantem in mari concutiunt diversarum turbine procellarum, illud animum nostrum gravius affligit quod licentius et perniciosius solito contra orthodoxæ fidei disciplinam ministri diabolicæ prævaricationis insurgunt, juxta quod beatiss. apostolus Paulus doctor gentium exprimit in eulogio Epistolæ suæ. Simplicium animas miserabiliter illaqueant, et post se trahunt in damnationis interitum; ac superstitiosis et fictitiis adinventionibus sacrarum Scripturarum intelligentiam pervertentes, Ecclesiæ Catholicæ unitatem rescindere moliuntur. Quoniam autem pestis hujusmodi erroris, sicut ex tua et plurium assertione cognovimus, in partibus Vasconiæ ac circum positis terris fortius invalescit, per tuam et aliorum coepiscoporum tuorum industriam huic morbo tanto efficacius volumus obviari, quanto magis est timendum quod pars sincera trahatur, et tali contagione, quæ paulatim velut cancer irrepit, mentes fidelium inquinentur corruptelæ vitio generalis. Ideoque fraternitati tuæ præsenti pagina indulgemus, per apo. scripta firmiter injungentes quatenus ad exstirpandas hæreses universas et eos qui sunt hac fæce polluti de provinciæ tuæ finibus excludendos modis quibus poteris operam tribuas efficacem; in ipsos et omnes illos, qui cum eis aliquando commercium aut manifestæ suspicionis familiaritatem contraxerint, sublato appellationis obstaculo eccl. districtionis exercendo rigorem et etiam, si necesse fuerit, per principes et populum eosdem facias virtute materialis gladii coerceri.

Datum Laterani Kalend. Aprilis.

(28) In editione Colon. legitur, *secundum arbitrii tui consilium*. Verum præferre maluimus lectionem tertiæ Collectionis.

LXXXII.
AUXITAN. ARCHIEPISCOPO.
Ut habentes plures dignitates, retenta una, reliquas resignare cogantur.

(Laterani, Kal. April.)

Dignitates et cætera beneficia ecclesiastica pia fidelium devotione constituta fuerunt, certis assignanda personis, ut per ipsos personas in Ecclesiis devotum servitium jugiter impendatur. Verum quidam, qui rectam et piam ordinationem Ecclesiæ prævaricare minime pertimescunt, in diversis Ecclesiis plures sibi archidiaconatus vel alias dignitates usurpant: propter quod Ecclesiæ debitis defraudantur obsequiis et ex hoc in eis non leve scandalum generatur. Eapropter, venerabilis in Christo frater, tibi auctoritate præsentium indulgemus quatenus illos, quos plures archidiaconatus, dignitates vel personatus in eadem Ecclesia per totam Auxitan. provinciam habere constiterit, si prælati eorum post tuam commonitionem id exsequi negligenter omiserint, data illis optione quem maluerint retinendi, reliquis possis appellatione remota privare, ipsosque, si super hoc contumaces apparuerint, per censuram ecclesiasticam coercere.

Datum Laterani Kalend. Aprilis.

Scriptum est autem eidem archiepiscopo in eumdem modum contra eos qui plures abbatias habent.

LXXXIII.
UNIVERSIS ARCHIEPISCOPIS, EPISCOPIS, ET ALIIS ECCLESIARUM PRÆLATIS, AD QUOS LITTERÆ ISTÆ PERVENERINT.

(Laterani, iii. Non. April.)

Ne promotionis nostræ primitias Domino negaremus, cui universa opera nostra consecrare tenemur, statim post electionem nostram tam pauperum quam aliorum apud sedem apostolicam existentium petitionibus intendere cœpimus et eorum negotia promovere; ne, si otio tanto tempore vacaremus, corpus et animus ex otiositate torperent. Verum, quoniam insolitum fuit hactenus ut sub dimidia bulla ad tot et tam remotas provincias litteræ apostolicæ mitterentur, et ex hoc litteræ ipsæ diutius quam vellemus possent ex alicujus dubitatione suspendi; ut quorum interest parcamus laboribus et expensis, universas litteras, quæ ab electionis nostræ die usque ad solemnitatem consecrationis sub bulla dimidia emanarunt, parem cum illis firmitatem obtinere decernimus quæ in bulla integra diriguntur. Nulli ergo, etc.

Datum Laterani iii Nonas Aprilis.

LXXXIV.
ARCHIEPISCOPO, PRÆPOSITO S. ANDREÆ, ET SCHOLASTICO S. PETRI COLONIEN.
Ut fraudulenta privataque beneficiorum permutatio rescindatur.

(29) Cum universorum fidelium ab ipso Domino Jesu Christo pastoralis nobis sit cura commissa,

(29) Cap. *Cum universorum*, De rerum permutatione.

sollicitudini nostræ dignoscitur expedire, ut sic debeamus quoslibet in suis rationibus confovere, quod aliorum jura in conspectu Ecclesiæ dispendium non sustineant, sed firma et illibata debeant permanere. Intelleximus siquidem dilecto filio Gisleberto canonico S. Joannis in Leodio referente quod ipse et Lambertus clericus, ducti quadam animi levitate, de permutatione præbendarum suarum inter se tractare cœpissent, quia utilitatem utriusque imminere credebant, tamen (30) idem L. clericus, occasione dictæ permutationis, præbenda ejusdem G., quam in ecclesia Sanctæ Mariæ Namurcen. habebat, cuidam suo consanguineo assignata, præbendam S. Bartholomæi, quam sæpedicto G. repromiserat nequaquam voluit resignare; et sic idem G., ut asserit, sua spe remansit omnino frustratus. Cumque super hoc in præsentia venerabilis fratris nostri Leodien. episcopi fuisset diutius litigatum, tandem idem L. sedem apostolicam appellavit; et cum dictus G. ad nostram præsentiam non sine magno periculo et labore accessisset, idem L. nec venit nec pro se curavit sufficientem mittere responsalem. Cum igitur deceptis et non decipientibus jura subveniant, fraus etiam et dolus nemini debeant patrocinium impertiri; licet ipsi per se de jure non possent ecclesiastica beneficia permutare; ut tamen simplicitati venia tribuatur, discretioni vestræ per apostolica scripta mandamus quatenus, si vobis constiterit prætaxatum G. taliter fuisse deceptum, ab ipsa Namurcen. præbenda, quam diu dicitur possedisse, amoto consanguineo ipsius L. vel quolibet alio illicito detentore, eamdem sublato appellationis obstaculo G. faciatis restitui memorato et eumdem ipsius pacifica possessione gaudere nullis litteris, etc. Quod si omnes, tu frater archiepiscope, cum eorum altero, etc.

LXXXV.
MEDIOLANEN. ARCHIEPISC.
De citatione Passaguerræ causidici ad dicendam causam Romæ.

(Apud S. Petrum, Id. April.)

Benevolentiam, quam circa Mediolanen. Ecclesiam et civitatem gerimus, in minori quondam officio constituti in opere demonstravimus et nostræ intentionis affectum ostendimus in effectu. Nuper etiam divino munere ad summi pontificatus officium evocati, inter ipsa nostræ promotionis exordia volentes Ecclesiæ Mediolanen. deferre, negotium ejus, quod ex majori parte fuerat immutatum, in debitum statum reduximus: in quo usque adeo visi fuimus ejusdem Ecclesiæ justitiæ providere, ut Passaguerra causidicus tuus ad pedes nostros prociden, publice in consistorio acclamaret: *Justus es, Domine, et rectum judicium tuum* (Psal. cxviii, 137). Cæterum, cum postmodum juxta tenorem pronuntiationis nostræ, dilecto filio abbati de Scozula expensas restitui faceremus, licet frequentes oblocutiones et detractiones ejusdem P. frequenter dissi-

mulassemus, tandem coram fratribus nostris proponere detrahendo præsumpsit quod cum in pronuntiatione nostra injuste gravaremus, ac postmodum iniquitatem iniquitati ac præsumptionem præsumptioni apponens, a nobis illicentiatus, imo post interdictum nostrum abscessit. Licet autem et peccatores simus et nati de peccatoribus, illius tamen et vices agimus et locum tenemus qui peccatum non fecit, nec inventus est dolus in ore ejus, qui habet in vestimento et in femore suo scriptum: *Rex regum, et Dominus dominantium* (I Tim. vi, 15), qui dixit apostolis: *Qui vos spernit, me spernit; et qui me spernit, spernit eum qui me misit* (Luc. x, 16). Cum ergo juxta canonicas sanctiones quædam sint culpæ in quibus culpa est relaxare vindictam, ne quis hujus temeritatis exemplo præsumat ponere os in cœlum, cum ejus lingua transeat super terram, nos utique, non nostram persequentes injuriam, sed zelum exercentes ecclesiasticæ disciplinæ, universa quæ idem P. pro se ac suis a sede apostolica impetravit, præsentium auctoritate cassamus, fraternitati tuæ per apostolica scripta mandantes et sub obtentu gratiæ nostræ districte præcipientes quatenus ea cassata denunties et carere prorsus robore firmitatis. Ad hæc, districte tibi præcipiendo mandamus ut nisi dictus P. infra quindecim dies post susceptionem præsentium satisfaciendi nobis de tanto excessu in manu tua juratoriam præstiterit cautionem, vel infra quindecim alios dies iter arripuerit ad sedem apostolicam veniendi de tanto nobis satisfacturus excessu, ex tunc eum singulis diebus Dominicis et festivis, pulsatis campanis et candelis accensis, facias tam per civitatem Mediolanen. quam per totam diœcesim excommunicatum publice nuntiari; taliter super hoc mandatum apostolicum impleturus, ne culpa ipsius in te possit merito retorqueri.

Datum Romæ apud S. Petrum Idibus Aprilis, pontificatus nostri anno primo.

LXXXVI.
ARCHIEPISCOPO SENONEN.
Ut decretum privilegii et exemptionis cleri a talleis et exactionibus observetur.

(Apud S. Petrum, xviii Kal. Maii.)

Apostolicæ sedis requirit auctoritas ut quæ confirmationis ipsius munimine fulciuntur, firma debeant et illibata persistere nec possint alicujus temeritate cassari. Unde, cum venerabilis frater noster episcopus Carnoten. presbyteros in sua diœcesi per Carnoten. Pissiacen. et Drocen. archidiaconatus constitutos ab omnibus violentiis, talleis et exactionibus duxerit absolvendos (31), eisdem concedens quod in aliquem ipsorum nullam præter juris ordinem suspensionis sententiam promulgaret nec res alicujus occasione aliqua occuparet, nisi forte decederet intestatus, sicut tam in suo quam tuo authentico perspeximus contineri, et nos, ut ab indebito illorum gravamine conquiescat, duxeri-

---

(30) In tertia Collect. et apud Gregor. *tandem*.

(31) Vide supra epist. 45.

mus confirmandum, fraternitati tuæ per apostolica scripta mandamus quatenus idem factum, sicut ratione prævia est statutum, tam nostra quam tua facias auctoritate servari; eumdem episcopum, sive alios, si qui forte contra confirmationem nostram temere duxerint veniendum, per censuram ecclesiasticam, monitione præmissa, cessante appellatione, compescens.

Datum Romæ apud Sanctum Petrum xviii Kalend. Maii, pontificatus nostri anno primo.

LXXXVII.
ARCHIEPISCOPO SENONEN.

Ut ipse illos instituat quos Carnotensis instituere recusabat.

(Apud S. Petrum, xviii Kal. Maii.)

Audivimus quod venerabilis frater noster episcopus Carnoten. ita quandoque sequatur motum propriæ voluntatis, quod cum ad vacantes Ecclesias in sua diœcesi personæ idoneæ præsentantur, ipse, licet eis nihil de jure possit objicere, eas tamen instituere contradicit. Cum ergo per te, qui ejus metropolitanus existis, ipsius velimus suppleri defectum, fraternitati tuæ per apostolica scripta mandamus quatenus si idem episcopus personas idoneas a dilecto filio Pissiacen. archidiacono canonice præsentatas admittere, post trinam commonitionem tuam factam diligenter eidem, malitiose forte distulerit, tu nostra fretus auctoritate, sublato appellationis obstaculo, eas instituere non omittas; ita tamen quod nullum ex hoc episcopo in posterum præjudicium generetur.

Datum Romæ apud Sanctum Petrum xviii Kalend. Maii, pontificatus nostri anno primo.

LXXXVIII.
RECTORIBUS TUSCIÆ.

Quod arcem Assisii aliasque terras nolint ab Ecclesia alienare.

(Apud S. Petrum, xvi Kal. Maii.)

Mirari cogimur et moveri quod eo de nobis profana quadam facilitate sentitis quæ filii de patre, Christiani de apostolico sentire non debent: qui licet peccatores simus et nati de peccatoribus, illius tamen vices exercemus in terris qui peccatum non fecit, nec inventus est dolus in ore ejus; qui cum sit Dominus omnium, habens in vestimento et in femore suo scriptum *Rex regum et Dominus dominantium* (32) in nobis honoratur, eum honoramur; et contemnitur, cum contemnimur: ipso testante, qui ait: *Qui vos spernit, me spernit; et qui me spernit, spernit eum qui misit me* (Luc. x, 16). Vos enim non solum sentire sed etiam dicere jam præsumitis quod nos in fraude procedentes et dolo, cum C. quondam duce Spoleti convenimus, sub quodam simulationis velamine satagentes arcem Assisii et aliam terram ad nos fallaciter revocare, ut eam ipsi C. restituere valeamus: per quod non modicum murmur et scandalum contra Romanam Ecclesiam inter societatem Thusciæ suscitastis, sicut ex litteris dilectorum filiorum P. Basilicæ xii apostolorum et B. tt. Sancti Petri ad Vincula presbyterorum card. legatorum nostrorum accepimus, qui manifeste fatentur quod ex hoc nota nobis infidelitatis et levitatis ascribitur. Sane, si puritatem intentionis et sollicitudinis diligentiam quam in hoc facto gessimus rectius velitis advertere, liquido videbitis (cum non in tenebris sed in lumine ambulemus) quod patrimonium Ecclesiæ non ad opus alterius, sed ad ejus dominium et profectum Italiæ intendimus perpetuo revocare. Si nobis non creditis, vel operibus credite, quæ manifesta sunt indicia veritatis. Cum enim excommunicationis sententiam latam in præfatum C. confirmaverimus et fecerimus inviolabiliter observari, licet idem C. pro satisfactione nuntios et litteras ad nos frequentius destinarit, vix tandem concessimus ut non nobis sed fratribus nostris ejus nuntii loquerentur; in quorum præsentia juravere quod dictus C. illis mandaverat nec mandatum postea revocaverat ut animam ejus jurarent quod tam de persona quam de terra mandatis nostris omnimodis obediret. Remissum est tandem ad illum, ut adhuc certius nosceretur si quod nuntii sui fecerant ratum haberet et vellet efficaciter adimplere. Quo firmius promittente, venerabilem fratrem nostrum O. Ostien. episcopum et dilectum filium G. Sancti Adriani diac. card. Narniam destinavimus; qui publice coram multis episcopis, et consulibus civitatum, assistente populo Narniensi, juramentum ejus super Evangelium, crucem et reliquis corporaliter præstitum receperunt; nec sic eum voluerunt absolvere, nisi prius universam terram, quam ipse tenebat, plenarie restitueret et universos qui ei tenebantur a debito fidelitatis absolveret: quod ipse fideliter adimplevit, restituens civitatem Fulginatem et Interamnem et aliam terram quam ipse tenebat, universos a juramento suæ fidelitatis absolvens et faciens eos nobis hominium exhibere. Cumque nuntios suos cum seneschalco nostro dirigeret, ut nobis arcem Assisii restitueret, contradicentibus Assisinatibus et Perusinis etiam impedimentum præstantibus, quod intendebat non potuit adimplere. Ecce culpam aliorum in Rom. Ecclesiam retorquetis et nobis detrahitis, ut eos aliquatenus possitis excusare. Novit ille qui nihil ignorat quod ita se veritas habet et ad hoc intendimus ut quos a jugo duræ conditionis eripuimus, sub apostolicæ protectionis dextera teneamus; quæ vere de se dicere potest: *Jugum meum suave est, et onus meum leve* (Matth. xi, 30). Manifestum est hujus veritatis indicium quod contra Marcualdum pro multis incendiis, deprædationibus, vastationibus Ecclesiarum statuimus et jugiter procuramus, sicut vos credimus non latere. Vobis igitur in his, quæ salutem continent et honorem consulere cupientes, mandamus atque præcipimus quatenus omni scrupulo dubitationis et suspicionis seposito, de nobis quæ sinistra sunt non credatis; qui (novit Deus) in puritate procedimus, volentes Ecclesiæ patrimonium

---

(32) Vide notas ad Agobardum, *Patrol.* t. CIV, col. 75.

ad honorem ipsius et profectum Italiæ non alienis tradere, sed nobis ipsis perpetuo conservare. Quod autem tractatum illum quem præfati cardinales vobiscum habuerant nos et fratres nostri non duximus totaliter approbandum, ex eo tantum noveritis processisse, quod in ipso 'quædam intelleximus contineri quæ non sapiunt ecclesiasticam honestatem; et sicut jura nostra nobis servari volumus illibata, sic aliorum jura volumus illibata servare. Si vero factum vestrum cupitis apost. protectionis munimine roborari, sine quo validum esse non potest, ne si forte ventus tempestatis insurgat, diruat ædificium quod super arenam invenerit fabricatum, cum eisdem cardinalibus tractatum ipsum ad honorem et profectum Ecclesiæ, commodum et defensionem vestram, taliter moderemini, ut eum honeste possimus et rationabiliter acceptare; ne, si forte secus egeritis, cum tempus tentationis advenerit, sine sedis apostolicæ patrocinio subsistere non possitis et contingat novissima vestra fieri deteriora prioribus, ut gladius vos devoret, quem timetis. Scituri quod interdictum positum in civitate Pisana duximus relaxandum; ita tamen quod cum tractatus ipse juxta consilium nostrum a vobis fuerit moderatus, nisi Pisani pariter in hoc vobiscum convenerint, in eos interdicti sententia revocetur.

Datum Romæ apud Sanctum Petrum xvi Kalend. Maii, pontificatus nostri anno primo.

In eumdem fere modum consulibus et populo Perusinis. In eumdem modum consulibus et populo Asisinatibus. In eumdem fere modum P. Basilicæ XII apostolorum et B. tt. Sancti Petri ad Vincula presbyteris cardinalibus.

LXXXIX.
PETRO CANONICO SANCTI HILARII PICTAVEN. NEPOTI QUONDAM MAGISTRI AIMERICI DE PARTINIACO.
Præbenda sui avunculi in ecclesia S. Hilarii Pictaviensis donatur.
(Apud S. Petrum, xv Kal. Maii.)

Plenitudinem potestatis quam ab eo qui est Pater misericordiarum accepimus cum eis debemus potius dispensare cum quibus misericorditer est agendum : qui si forte (quod absit) misericordes, sicut et Pater noster misericors est, in hujus dispensationis officio non essemus, merito nos tangeret inter alios dispensatores Apostolus, de quibus illam quæstionem inducit : *Jam quæritur inter dispensatores, ut fidelis quis inveniatur (I Cor. iv, 2).* Unde tanto cautius agere nos oportet, quanto ea quæ sub hujus considerationis intuitu statuuntur a nobis stabilitate volumus persistere firmiori. Defuncto siquidem nuper in Urbe bonæ memoriæ magistro Aimerico de Partiniaco avunculo tuo, misericordia moti fuimus erga te, quem vidimus omni consilio et auxilio destitutum et audivimus in cancellaria nostra fuisse fideliter conversatum. Unde nos propter hoc ad provisionem tuam vehementius excitati, ad desolationis tuæ remedium præbendam quam idem avunculus tuus in ecclesia S. Hilarii Pictaven. olim habuerat, sicut de plenitudine potestatis nobis concessa licebat, tibi misericorditer duximus concedendam, te per annulum propriis manibus solemniter investientes de ipsa. Ut igitur quod super præbenda ipsa de te factum est robur in posterum obtineat firmitatis, et ne temeritate cujuslibet valeat immutari, investituram ipsam auctoritate tibi apostolica confirmamus et præsentis scripti patrocinio communimus. Decernimus ergo, etc.

Datum Romæ apud S. Petrum xv Kalend. Maii, pontificatus nostri anno primo.

XC.
G. ARCHIDIACONO CANTORI, ET CANCELLARIO TORNACEN.
De collatione cujusdam præbendæ in Ecclesia Antverpiana.
(Apud S. Petrum, Id. April.)

Sicut ex litteris dilectorum filiorum præpositi et capituli Antverpien. nobis innotuit, cum bonæ memoriæ C. papa prædecessor noster eis dederit in mandatis ut L. clericum in canonicum Ecclesiæ suæ reciperent et in fratrem, stipendium ei ecclesiasticum assignantes, ipsi attendentes quod litteræ illæ fuerant veritate tacita impetratæ, utpote quia idem L. plura habebat ecclesiastica beneficia de quibus honeste poterat sustentari, quorum in ejusdem prædecessoris nostri litteris mentio non fiebat, præbendam vacantem Gulielmo clerico nullum habenti ecclesiasticum beneficium contulere. Verum, dictus Lambertus accedens ad eorum Ecclesiam, in ea nomine dictæ præbendæ per quosdam abbates quos secum duxerat, petiit installari, quod quia obtinere non potuit, tam ipsos præpositum et canonicos quam dictum G. ad sedem apost. appellavit et eos postmodum coram officialibus venerabilis fratris nostri Remensis archiepiscopi vocari fecit ad causam; sed coram eis statuto termino noluit comparere. Cumque post hæc ad dilectos filios sancti Remigii et sancti Nicasii abbates et decanum Remensem idem L. litteras super hoc apostolicas impetrasset, et ipsi vices suas dilecto filio nostro magistro Sigerio Cameracen. archidiacono commisissent; quia ipse nec de causa cognoscere nec exceptiones admittere voluit, dictus G. ad apostolicæ sedis audientiam appellavit. Cum autem G. procurator ejus ad nostram præsentiam accessisset, B. clericus ex parte præfati L. se ei adversarium esse proposuit. Unde eis dilectum filium nostrum G. S. Mariæ in Aquiro diaconum cardinal. concessimus auditorem; ex cujus postmodum relatione cognovimus quod cum idem B. pluries vocatus ad causam fuisset, multoties a præsentia dicti cardinal. discessit contumax et tandem a præsentia nostra se penitus absentavit. Ne igitur causa ipsa remaneat diutius indecisa, discretioni vestræ per apostol. scripta mandamus quatenus si vobis constiterit de præmissis, quidquid in ejusdem G. et capituli post appellationem ad nos legitime interpositam præjudicium fuerit forsitan attentatum, in irritum revocantes, quod de ipso G. canonice factum est, appellatione remota ratum haberi faciatis et firmum, et mandetis irrevocabiliter observari et dictum L. a molestatione ipsius monitione præmissa per censuram ecclesiasticam appellatione postposita compescentes, faciatis eumdem G. ipsius præbendæ sicut justum fuerit, pacifica possessione gaudere. Nullis litteris obstantibus harum mentione non habita, etc. Quod si omnes, duo vestrum, etc.

Datum Romæ apud Sanctum Petrum Idibus Aprilis, pontificatus nostri anno primo.

XCI.
EPISCOPO ALIFANO.
Quod pro templi reparatione aliquid locare queat.
(Apud S. Petrum, xvii Kal. Maii.)

Justis petentium, etc., *usque ad verbum illud* complere. Sane quia, sicut nobis exponi fecisti, pro reparatione Ecclesiæ tuæ multorum teneris onere debitorum oppressus, nos tuis gravaminibus providere volentes, auctoritate tibi præsentium indulgemus ut tenimentum quod Petrus Judicis Gulielmi nunc mortuus olim habuisse proponitur, si absque præjudicio juris alieni fieri potest, sub locatione debita secundùm approbatam Ecclesiæ tuæ consuetudinem tibi liceat retinere. Nulli ergo omnino, etc.

Datum Romæ apud Sanctum Petrum xvii Kalend. Maii, pontificatus nostri anno primo.

XCII.
DILECTO FILIO FRATRI RAINERIO.
De revocandis incestis nuptiis, et servando fœdere pacis.
(Apud S. Petrum, xvi Kal. Maii.)

Auctor Novi et Veteris Testamenti Dominus Deus noster, ut confunderet fortia, humilia frequenter elegit in veteri Synagoga, in patriarchas et reges de postfœtantes assumens, et in nova Ecclesia gentium in apostolos eligens piscatores. Qui, cum Ecclesiam sponsam suam prole multiplici fecundarit, ponens filios ejus sicut novellas olivarum in circuitu mensæ suæ; nos, quos ipse, licet immeritos, erexit de stercore et de pulvere suscitavit, et Petri voluit solium obtinere, quamvis majoris auctoritatis viros, utpote cui tanquam capiti universa membra Ecclesiæ obsequuntur; in partes Hispaniarum ad pacem inter principes reformandam et dissolvendas colligationes iniquitatis destinare possemus, tibi tamen exemplo ejus qui elegit humilia, hoc onus sollicitudinis duximus injungendum; ut humiles humilier foveas et punias fortiùs contumaces. Sane ad audientiam nostram pervenit quod chariss. in Christo filius noster rex Castellæ illustris regi Legionensi, qui eum secundo gradu consanguinitatis contingit, filiam suam, neptim illius, ne copulare dicamus, supponere incestuose præsumpsit, ponens carnem brachium suum ac credens per ipsum persecutionem effugere imminentem; non attendens quod maledictus homo qui spem suam ponit in homine et quod non est consilium contra Deum. Unde nos eorum utrique dedimus in mandatis ut tam turpem contractum, abominabilem in conspectu Domini et a judicio fidelium detestandum, omni dilatione et excusatione postpositis, revocent et universas colligationes impietatis dissolvant quas inter se sub hujus incestus specie inierunt. Accepimus etiam quod rex Navarorum treugas cum dicto rege Castellæ initas fregit et castella fidelitatis per violentiam occupavit, propter quod a dilecto filio nostro G. S. angeli diacono cardin. tunc apostol. sedis legato excommunicationis in personam ejus et in terram interdicti promulgata fuit sententia. Ideoque discretioni tuæ per apostol. scripta mandamus quatenus dictos Castellæ et Legionen. reges ad revocandum contractum tam illicitum juxta formam mandati nostri moneas diligentius et inducas; et si super hoc, quod non credimus, fuerint contumaces, in personas eorum excommunicationis et in terram interdicti sententias non differas promulgare; facturus eas usque ad satisfactionem congruam inviolabiliter observari. Super eo autem quod de rege Navarræ dictum est, inquiras diligentius veritatem; et si sic inveneris, ut superius est expressum, latam in eum et terram ejus sententiam per totam Hispaniam publicari facias nec eam nisi sufficienti satisfactione recepta relaxes. Quod si forsan in eum vel regnum ejus dicta non fuit sententia promulgata; nihilominus tamen, si cum Sarracenis contra Christianos et præcipue contra dictum regem Castellæ, sicut dicitur, conjuravit, anathematis eum severitate percellas et terram ejus usque ad dignam satisfactionem subjicias interdicto. Volumus etiam nihilominus et mandamus ut si dicti Castellæ et Legionen. reges ad mandatum nostrum et commonitionem tuam dictum contractum illicitum retractarint, eos, ut aliter inter se et cum rege Portugaliæ honeste conveniant et cæteros reges, ut inter se pacis studeant fœdera reformare (super quo te præcipue volumus esse sollicitum) per excommunicationis et interdicti sententiam, appellatione remota, cogere non omittas. Sciturus nos universis archiepiscopis et episcopis Hispaniarum dedisse firmiter in mandatis ut quidquid super prædictis, quidquid etiam contra Sarracenos duxeris statuendum, recipiant humiliter et observent. Nos enim sententiam, quam propter hoc incontumaces duxeris proferendam, ratam habebimus, et faciemus auctore Domino inviolabiliter observari. Verum, quoniam sæpedictus cardin. in dictum Legionen. regem et Astoricen. Salamantin. Legionen. et Zamoren. episcopos excommunicationis sententiam promulgavit et terram ipsius regis supposuit interdicto, volumus nihilominus et mandamus ut tam a dicto rege quam episcopis ipsis standi mandatis apostolicis sufficienti cautione recepta, latam in eos excommunicationis et interdicti regni Legionen. sententiam, appellatione postposita, nostra fretus auctoritate relaxes, si cognoveris quod super illicita copula nostris velit obedire mandatis. Quamvis enim dictos episcopos punire graviter de rigore possemus, de mansuetudine tamen eos duximus tolerandos.

Venerabilem autem fratrem nostrum Zamoren. episcopum volumus pro absoluto haberi, utpote cui apud sedem apost. constituto munus fecimus absolutionis impendi (33).

Datum Romæ apud S. Petrum xvi Kalend. Maii, pontificatus nostri anno primo.

XCIII.

FRATRI RAINERIO.
De eodem fere argumento.

(Apud S. Petrum, xi Kal. Maii.)

Per alias litteras tibi mandasse meminimus ut ab illustri rege Legion. sufficienti cautione recepta quod apostol. mandatis obediat, si cognoveris quod super incestuosa copula nostro debeat parere mandato, munus ei absolutionis impendas et interdictum promulgatum in terram ipsius apost. fretus auctoritate relaxes. Nos autem id ad majorem cautelam discretioni tuæ duximus committendum, ut tam in absolutione ipsius quam in relaxatione interdicti, sicut videris expedire, procedas.

Datum Romæ apud S. Petrum xi Kalend. Maii, pont. nostri anno primo.

XCIV.

AQUEN. ARCHIEPISCOPO, ET SUFFRAGANEIS EJUS.
Ut contra hæreticos commissariis apostolicis auxilio sit.

(Apud S. Petrum, xi Kal. Maii.)

Cum unus Dominus Jesus Christus unam sibi sponsam, Ecclesiam videlicet ex gentibus congregatam, elegerit, non habentem maculam neque rugam, quæ ipsi tanquam capiti suo in unitate fidei deserviret, miramur plurimum atque dolemus quod quidam tunicam inconsutilem scindere molientes, diversas sibi Ecclesias, imo potius Satanæ Synagogas, confingunt, doctrinam evangelicam, apostolicam et propheticam depravantes et ad defensionem sui erroris in suæ salutis perniciem pervertentes: qui iniquitatem suam justitiæ specie palliantes, ut salutentur in foro et vocentur ab hominibus Rabbi et soli recta sapere ac juste vivere videantur, magisterium Ecclesiæ Romanæ refugiunt et novis adinventionibus auditorum corda seducunt, trahentes post se simplices et indoctos; ut cæci cæcis ducatum præbentes tam duces quam ducti, imo seductores potius et seducti in perditionis foveam dilabantur. Ipsi etenim, ut occultius virus suæ iniquitatis transfundant in plures, fel draconum in aureo calice Babylonis propinant, justitiæ vultum prætendunt, et studentes simulatis operibus charitatis, eos amplius circumveniunt quos ad religionis propositum viderint ardentius aspirare; illum sui erroris imitantes magistrum, qui sub umbra dormit in secreto calami et locis humentibus, qui fluvium absorbet et non miratur, habet enim fiduciam quod Jordanis influat in os ejus. Hi sunt sane caupones qui secundum prophetam, aquam vino commiscent, qui tetenderunt arcum et paraverunt sagittas in pharetra, ut sagittent in obscuro rectos corde, destruere molientes quæ Spiritus sanctus in Scriptura perfecit. Quos Apostolus ad Timotheum prophetico spiritu scribens: *Novissimis,* inquit, *temporibus discedent quidam a fide, attendentes spiritibus erroris et doctrinis dæmoniorum, in hypocrisi loquentium mendacium, et cauteriatam habentium conscientiam (I Tim.* iv, 1, 2); *habentes quidem speciem pietatis, virtutem autem ejus abnegantes; et hos devita (II Tim.* iii, 5); et infra: *Erit tempus cum sanam doctrinam non sustinebunt, sed ad sua desideria coacervabunt sibi magistros prurientes auribus, et a veritate quidem auditum avertent, ad fabulas autem convertentur (II Tim.* iv, 3, 4). Inter quos in provincia vestra quosdam, qui Valdenses, Catari, et Paterini dicuntur, et alios quoslibet quibuscunque nominibus appellatos in tantum jam accepimus pullulasse, ut innumeros populos sui erroris laqueis irretierint et fermento corruperint falsitatis. Cum igitur ad capiendas hujusmodi vulpes parvulas, quæ demoliuntur vineam Domini Sabaoth, species quidem habentes diversas, sed caudas adinvicem colligatas, quia de vanitate conveniunt in idipsum, ut virga Moysi maleficorum phantasmata devoret, dilectum filium fratrem Rainerium, virum probatæ vitæ et conversationis honestæ potentem divino munere in opere et sermone, ac cum eo dilectum filium fratrem Guidonem, virum Deum timentem et studentem operibus charitatis, ad partes ipsas duxerimus destinandos, fraternitati vestræ per apostolica scripta mandamus, et districte præcipimus quatenus eos benignos recipientes et tractantes affectu, taliter eis contra hæreticos assistatis, ut per ipsos ab erroris viæ suæ revocentur ad Dominum; et si qui forte converti non potuerunt, ne pars sincera trahatur, de vestris finibus excludantur: ut terra vestra hujusmodi ministris Satanæ penitus effugatis, verbum prædicationis vestræ gratanter recipiat et ferat fructum temporibus suis. Ad hæc, sub eadem vobis districtione præcipimus ut omnia quæ idem frater Rainerius contra hæreticos, fautores et defensores eorum duxerit statuenda recipiatis humiliter et inviolabiliter observetis. Nos enim tam ea quæ statuerit contra eos quam sententiam quam in contumaces tulerit faciemus, auctore Domino, inviolabiliter observari. Ad hæc, nobilibus viris principibus, comitibus et universis baronibus et magnatibus in vestra provincia constitutis præcipiendo mandamus et in remissionem injungimus peccatorum, ut ipsos benigne recipientes pariter et devote, eis contra hæreticos tam viriliter et potenter assistant, ut ad vindictam malefactorum, laudem vero bonorum, potestatem sibi traditam probentur laudabiliter exercere, et si qui hæreticorum ab errore suo commoniti noluerint resipiscere, postquam per prædictum fratrem Rainerium fuerint excommunicationis sententia innodati, eorum bona confiscent et de terra sua proscribant, et si post

---

(33) Vide supra epist. 58.

interdictum ejus in terra ipsorum praesumpserint commorari, gravius animadvertant in eos, sicut decet principes christiannos, ut arca fœderis praecedente cum tubis ac Josue sequente cum populis, utrisque pariter conclamantibus, muri corruant Jericho flatque perpetuum anathema; ita quod si quis de illo vel regulam auream furari praesumpserit, cum Achan filio Carmi lapidibus obruatur. Dedimus autem dicto fratri R. liberam facultatem ut eos ad id per excommunicationis sententiam et interdictum terrae appellatione remota compellat, nec volumus ipsos aegre ferre aliquatenus vel moleste si eos ad id exsequendum tam districte compelli praecipimus, cum ad nil amplius intendamus uti severitatis judicio, quam ad extirpandos haereticos, qui non nobis substantiam temporalem sed spiritualem vitam subripere moliuntur. Nam, qui fidem adimit, vitam furatur. Justus enim ex fide vivit. Scribimus etiam universo populo vestrae provinciae, ut cum ab eisdem fratribus R. et G. fuerint requisiti, sicut ipsi mandaverint, contra haereticos accingantur; illis qui pro conversatione fidei christianae in tanto discrimine quod Ecclesiae imminet, ipsis astiterint fideliter et devote, illam peccatorum suorum indulgentiam concedentes, quam beati Petri vel Jacobi limina visitantibus indulgemus. Dedimus etiam eidem fratri R. firmiter in mandatis ut omnes qui haereticis, postquam ab eo excommunicati fuerint, receptaculum praestare et in mercimoniis vel cohabitatione participare praesumpserint, vel eos in sua perversitate fovere, excommunicationis sententiam solemniter non differat promulgare et pari eos cum haereticis poenae subjacere decernat. Nos autem auctore Domino sententiam ipsam usque ad satisfactionem congruam servari sine refragatione qualibet faciemus.

Datum Romae apud Sanctum Petrum, xi Kalend. Maii, Pont. nostri anno i.

In eumdem modum Narbonen. archiepiscopo et suffraganeis ejus. Scriptum etiam super hoc Auxitano archiepiscopo et suffraganeis ejus. Viennen. et suffraganeis Arelaten. et suffraganeis. Ebredunen. et suffraganeis ejus. Terraconen. et suffraganeis ejus. Lugdunen. et suffraganeis ejus; et omnibus principibus, baronibus, comitibus et universis populis in ipsorum diœcesum provinciis constitutis.

XCV.
UNIVERSIS ARCHIEPISCOPIS ET EPISCOPIS, ET ALIIS ECCLESIARUM, PRAELATIS.
Ut religiosos nec ipsi perturbent, nec perturbantes ferant.
(Apud S. Petrum, x Kal. Maii.)

(33*) His praecipue praelati Ecclesiarum favorem suum debent efficaciter exhibere qui Spiritu Dei ducuntur et vacant assidue operibus charitatis, ne, si forsan eorum non fulciantur auxilio, vel in religione tepescant vel affectum eorum effectus debitus non sequatur. Sane, sicut multorum veridica

(33*) Vide. infra epist. 97, et lib. xi, epist. 104.

relatione didicimus, hospitale S. Spiritus, quod apud montem Pessulanum dilecti filii fratris Guidonis sollicitudo fundavit, inter caetera novae plantationis hospitalia et religione fulget et majoris hospitalitatem charitatis exercet, sicut hi qui eorum eleemosynas sunt experti, plenius didicere. Ibi enim reficiuntur famelici, pauperes vestiuntur, necessaria ministrantur infirmis et magis indigentibus major consolatio exhibetur; ita ut magister et fratres ipsius domus non tam receptores dici debeant quam ministri indigentium et illi soli egeant inter pauperes, qui pauperibus necessaria charitative ministrant. Cum igitur dictis fratribus de benignitate sedis apost. duxerimus indulgendum ut in locis, quae ipsis a fidelibus offerentur, de consensu vestro eis sine praejudicio vicinarum Ecclesiarum coemeteria ad opus fratrum et familiae suae tantum et oratoria fabricent, universitatem vestram rogamus, monemus et exhortamur in Domino, ac per apost. vobis scripta mandamus quatenus, si qui fidelium in parochiis vestris domos aliquas vel possessiones eis obtulerint devotionis obtentu, eos non impediatis quominus sine praejudicio vicinarum Ecclesiarum et vestro in eis Ecclesias erigant et ad opus fratrum et familiae suae tantum coemeteria construant, imo potius construendi utraque ipsis licentiam concedatis, cum constructa fuerint dedicationem Ecclesiis et coemeteriis benedictionem sine difficultate qualibet collaturi; et in oratoriis ipsis ad praesentationem eorum sine vestro et vicinarum Ecclesiarum praejudicio sacerdotes idoneos instituere nullatenus differatis, qui correctioni vestrae subjaceant et per vos amoveantur, si ratione suorum excessuum fuerint amovendi. Mandamus praeterea vobis ut cum ab eis fueritis requisiti, singuli vestrum de malefactoribus eorum in sua provincia constitutis eis exhiberi faciant justitiae complementum; malefactores ipsos ad hoc per censuram ecclesiasticam, monitione praemissa, si necesse fuerit, compellentes.

Datum Romae apud S. Petrum x Kalend. Maii, pont. nostri anno i.

XCVI.
ARCHIEPISCOPO TRANEN. JUVENAT. ET BITONTINO EPISCOPIS.
Ut ablata Ecclesiae bona restitui curent.
(Apud S. Petrum, xiv Kal. Maii.)

Sicut ex litteris tuis, frater archiepiscope, et venerabilis fratris nostri Hydrontini archiepiscopi, necnon et conquestione lacrymabili dilectorum filiorum abbatis et fratrum S. Mariae de Ponte Brundusii nuper accepimus, Nicolaus diaconus, Gaufred. et Unfredus Cattepani fratres ejus, Rogerius filius Gaufridi, Rogerius Pirunteus judex, et Isaac, et filii ejus, Conversan. Nicolaus Veteranus, Ursus, Jacobus, Salvadeu, Andreas presbyteri, Jaconus Riccardi sanctorum, Jaconus, Rogerius de Hydrunto, cum suis complicibus tam clericis quam laicis, eos a monasterio suo per violentiam expulere, res ipsorum et aliorum etiam sibi commissas exinde asportantes. Cum igitur id monasterium nostri specialiter juris existat, nos ejus oppressioni paterno compatientes affectu fraternitati vestræ per apost. scripta mandamus quatenus prænominatos diaconum et alios tandiu auctoritate nostra excommunicatos publice nuntietis, donec ablata conquerentibus restituant universa et super tantis excessibus satisfacturi ad plenum nostro se conspectui præsentarint. Volumus etiam ut donec iidem fuerint restituti, in vicinis monasteriis eisdem faciatis in necessariis provideri.

Datum Romæ apud S. Petrum xiv Kalend. Maii.

XCVII.

GUIDONI FUNDATORI HOSPITALIS SANCTI SPIRITUS, EJUSQUE FRATRIBUS TAM PRÆSENTIBUS QUAM FUTURIS REGULAREM VITAM PROFESSIS IN PERPETUUM.

De confirmatione et privilegiis ejusdem.

(Apud S. Petrum, ix Kal. Maii.)

(34) Religiosam vitam eligentibus, etc., *usque ad verbum illud* annuimus, et præfatum Hospitale S. Spiritus apud Montem Pessulanum constructum, in quo divino estis obsequio mancipati, sub beati Petri et nostra protectione suscipimus et præsentis scripti privilegio communimus. In primis siquidem statuentes ut fratres inibi commorantes secundum rationabiles institutiones tuas perpetuo Domino debeant famulari. Præterea quascunque possessiones, etc., *usque ad verbum* vocabulis. Locum ipsum in quo præfatum Hospitale situm est, cum omnibus pertinentiis suis, domos, vineas, terras, hortos et omnia quæ in territorio Montis Pessulani et in locis circum adjacentibus possidetis. Domum quam habetis in Massilia, cum omnibus suis pertinentiis. Domum quam habetis in villa quæ dicitur Amillau, cum omnibus pertinentiis suis. Domum quam habetis in loco qui dicitur Clap de mala vetula, cum omnibus pertinentiis suis. Domum quam habetis in villa quæ dicitur Mesols, cum omnibus pertinentiis suis. Domum quam habetis in burgo Sancti Juliani de Bridi, cum omnibus pertinentiis suis. Domum quam habetis in villa quæ dicitur Bragaac, cum omnibus pertinentiis suis. Domum quam habetis in argenteria de Chacers, cum omnibus pertinentiis suis. Domum quam habetis in civitate Trecen. cum omnibus pertinentiis suis, et domum quam habetis in urbe Roma juxta S. Mariam Trans Tyberim, cum domo quæ est in loco qui dicitur S. Agatha in introitu urbis Romæ, cum omnibus pertinentiis suis. Statuentes ut omnes domos, quas in præsentiarum juste habetis vel in posterum rationabiliter poteritis adipisci, prædicto hospitali S. Spiritus Montis Pessulani, et procuratores earum tibi fili G. et successoribus tuis perpetuo subjacere debeant et humiliter obedire et correctionem tuam et successorum tuorum recipere humiliter et servare. Liceat insuper vobis in domibus vestris, sine præjudicio vicinarum Ecclesiarum, cum consensu diœcesani episcopi construere cœmeteria ad opus fratrum vestrorum et familiæ tantum et oratoria fabricare : in quibus ad præsentationem vestram instituantur per diœcesanum episcopum capellani, et amoveantur per eum cum deliquerint vel aliter etiam corrigantur. Liceat quoque vobis liberas et absolutas personas e sæculo fugientes, etc. Prohibemus insuper ut nulli fratrum vestrorum, post factam in loco vestro professionem, fas sit absque procuratoris sui licentia, etc. Chrisma vero et oleum sanctum, etc., per diœcesanum episcopum sine pravitate et exactione aliqua vobis præcipimus exhiberi. Obeunte vero te nunc ejusdem loci magistro, etc. Decernimus ergo, etc. Salva sedis apostolicæ auctoritate et diœcesani episcopi canonica justitia. Si qua igitur in futurum ecclesiastica, etc. Cunctis autem, etc.

Datum Romæ apud S. Petrum per manum Rainaldi domini papæ notarii, cancellarii vicem agentis, ix Kalend. Maii, indictione prima, Incarnationis Dominicæ anno 1198, pontificatus vero domini Innocentii papæ III anno i.

XCVIII.

CLUGIEN. (35) EPISCOPO.

Ut ultra antiquum numerum receptis canonicis Ferrariensibus faciat provideri de excrescentibus fructibus.

(Apud S. Petrum, xii Kal. Maii.)

(36) Cum M. Ferrarien. canonicus, F. W. B. et G. canonicorum Ferrarien. et magister G. Ferrarien. capituli procuratores ad sedem apostolicam accessissent super quæstione quam de præbendis et redditibus habebant ad invicem, dilectum filium nostrum S. Mariæ in Cosmedin diaconum cardin. eis concessimus auditorem; coram quo dictus M. pro se et quatuor sociis suis proposuit quod Ferrarien. canonici, ut eo amplius suos redditus augmentarent, quo proventus Ferrarien. Ecclesiæ, qui dividi consueverant inter plures, in usus cederent pauciorum, quatuordecim præbendas tantum, præter id quod mensæ communiter deputarunt, in eadem Ecclesia contra antiquam consuetudinem statuere; postmodum vero contra constitutionem ipsam voluntarie venientes, dictos quinque in canonicos recepere, nullis præbendis assignatis eisdem; et licet eorum redditus non modicum fuerint augmentati, nondum tamen eis voluere ex superexcrescentibus redditibus providere. Verum dictus magister G., procurator partis adversæ, asseruit quod (37) olim de communi tam canonicorum quam tunc Ferrarien. episcopi voluntate quatuordecim præbendarum numerus in Ferrarien. Ecclesia provida fuerat deliberatione statutus et apostolicæ protectionis præsidio roboratus. Tandem vero cum una in eadem Ecclesia præbenda vacasset, ad multam quorumdam instantiam duos ad eam, ac postmodum ad preces venerabnibus.

---

(34) Vide supra epist. 95.
(35) In tertia Collectione *Flugiensi.*
(36) Cap. *Cum M. Ferrarien.*, De constitutio-

(37) In tertia Collect. legitur : *Verum dictus magister G. ex adverso proposuit quod,*

bilis fratris nostri V. Ferrarien. episcopi dictum M. et quemdam alium sine præjudicio dictæ constitutionis in canonicos recepere; ita quod ipsi de canonica nihil perciperent, donec primi duo præbendas essent integre assecuti. Cumque per canonicorum industriam procuratum fuerit ut ex possessionibus quas eadem Ecclesia tempore longo possedit plures eis redditus solverentur, superexcrescentes redditus communi mensæ, quæ minus sufficiens fuerat, communiter deputare: quod dicti quinque postmodum petiere contra capituli constitutionem in beneficium assignari. Quia vero super his plena nobis, sicut idem cardin. asseruit, exhiberi non poterat certitudo, causam ipsam tuo duximus examini committendam; mandantes quatenus cum in constitutione prædicta et confirmatione sedis apost. vel fuerit vel esse debuerit (sicut consuevit), expressum, *nisi in tantum excrescerent Ecclesiæ facultates quod pluribus possint sufficere competenter;* et cum iidem canonici in derogationem suæ constitutionis ad vacaturas præbendas quatuor receperint ultra numerum constitutum ab antiquis canonicis præbendas cum integritate percipientibus consuetas, superexcrescentes redditus prædictis canonicis appellatione remota facias assignari: ita tamen quod si ex eis pares cum aliis potuerint sortiri præbendas, quod superfuerit in communes canonicorum usus, sive ut prius statuerant sive aliter, prout melius videbitur convertatur, revocatis in irritum omnibus quæcunque ab alterutra partium in præjudicium alterius post motam quæstionem coram episcopo Ferrarien. circa præbendas vel possessiones fuerint innovata. Nullis litteris obstantibus præter assensum partium, etc.

Datum Romæ apud S. Petrum xii Kalend. Maii.

XCIX.

ILLUSTRI REGI PORTUGALIÆ.

Ut centum bizantios et quatuor uncias auri Romanæ Ecclesiæ debitas persolvat.

(Apud S. Petrum, viii Kal. Maii.)

(38) Serenitatem regiam volumus non latere nos in regestis bonæ memoriæ Lucii II. Rom. pontificis reperisse quod recolendæ mem. Alphonsus pater tuus quatuor auri uncias annuatim Romanæ Ecclesiæ constituit censuales, ad quarum solutionem se et hæredes suos in posterum obligavit. Cæterum, cum idem pater tuus usque ad tempora felicis memoriæ Alexandri papæ prædecessoris nostri ducis esset nomine appellatus, ab eodem meruit obtinere ut tam ipse quam ejus hæredes regio nomine vocarentur. Ut autem idem pater tuus sacrosanctam Rom. Ecclesiam matrem suam honore debito præveniret et ut devotionem quam circa ipsam habebat ostenderet in effectu centum bizantios annuatim Romanæ Ecclesiæ constituit censuales: quos post susceptionem regii nominis nec ipse solvit nec tu postmodum solvere curavisti. Cumque id felicis re-

cordationis Cœlestino papæ prædecessori nostro relatum fuisset, magistro Michaeli tunc Ecclesiæ Rom. notario, quem ad partes Hispaniæ destinaverat, per suas dedit litteras in mandatis, ut te ad exsolvendum censum annuum monere diligentius et inducere procuraret, et si opus esset, auctoritate fretus apostolica compellere non differret. Tu autem eidem, prout tibi placuit, respondisti quod dictus pater tuus præfato Alexandro antecessori nostro pro annuali censu decem annorum mille aureos miserat; et cum nondum illi decem anni essent expleti, ipsos centum aureos iterum solvere minime tenebaris, licet illos eidem prædecessori nostro non pro censu, sed ex devotione quam ad eum habebat liberaliter donavisset. Rogamus igitur regiam serenitatem, monemus, consulimus et hortamur, per apostolica scripta mandantes quatenus prædictum censum dilecto filio fratri Rainerio persolvere non postponas. Alioquin noveris nos eidem dedisse firmiter in mandatis ut te ad solutionem illius diligenter moneat et inducat, et, sicut expedire viderit, appellatione remota compellat.

Datum Romæ apud S. Petrum viii Kalend. Maii, pontificatus nostri anno i.

C.

CAPELLANIS S. JOANNIS DE PERSICETO.

Ut episcopo et archipresbytero non negetur visitationis procuratio.

(Apud S. Petrum, x Kal. Maii.)

Significavit nobis dilectus filius archipresbyter Sancti Joannis de Persiceto quod quia in sententia a bo. memoriæ Cœlest. papa prædecessore nostro prolata, qua statutum est ut venerabili fratri nostro Bononien. episcopo parochiam suam causa confirmationis puerorum, prædicationis et correctionis annis singulis visitanti procurationem exhibeat, de vobis non fit mentio specialis, ei non vultis in exhibitione procurationis ipsius subsidium aliquod exhibere; licet in aliis, quæ dicto episcopo exhibet, et in his quæ apostolicæ sedis legatis impendit, certam ei portionem de consuetudine impendatis. Cum igitur eidem episcopo ob communem profectum diœcesim visitanti communis procuratio debeatur, discretioni vestræ per apostol. scripta mandamus atque præcipimus quatenus dicto archipresbyt: eam portionem in expensis, quas in procuratione ipsius fecerit, impendatis, quam ei consuevistis in aliis etiam exhibere et de subtractis hactenus ei, ut tenemini, satisfacere non tardetis. Alioquin noveritis nos venerabili fratri nostro Ferrarien. episcopo dedisse firmiter in mandatis ut vos ad id monitione præmissa, si justum fuerit, per censuram ecclesiasticam appellatione remota compellat.

Datum Romæ apud Sanctum Petrum x Kalend. Maii, pontificatus nostri anno i.

Illi scriptum est super hoc.

---

(38) Vide infra lib. xiv, epist. 59; lib. xv, epist. 24, et Baronium ad an. 1179. § 24.

CI.

ARCHIEPISCOPO, ET ABBATI S. PETRI FORIS PORTAM, ET MAGISTRO BORNO SUBDIACON. NOSTRO ARCHIDIACONO VIENNENSI.

Ut si abbas Casæ Dei jus eligendi abbatem Faverniacensem habet, per ipsum electus confirmetur.

(Laterani.)

Cum dilectus filius abbas Casæ Dei, sicut ex ejus insinuatione didicimus, H. quondam Faverniacen. abbate viam universæ carnis ingresso, prout ad eum de jure spectabat, vellet ipsi monasterio consulere in abbatem, dilectum filium M. monachum Casæ Dei priorem Vallistransversæ præfecit eidem cœnobio in pastorem. Cui, cum ad mandatum ipsius abbatis pars monachorum ipsius monasterii, sicut proponitur, debitam impenderet obedientiam et honorem, reliqui tamen, qui Gillebertum nomine, tunc in laicali habitu positum, sibi a prædicto abbate Casæ Dei in abbatem præfici postulavere, institutioni prædictæ, cum obtinere non possent ullatenus quod volebant, nixi sunt contraire, asserentes jus electionis ad Faverniacen. capitulum pertinere, dum tamen in personam quæ esset de Casæ Dei capitulo convenirent. Super quo, cum ab eisdem fuisset ad sedem apostol. appellatum, præfatus G. per laicalem potentiam de administratione abbatiæ post appellationem interpositam fuit investitus ; et taliter institutus monasterium ipsum detinet occupatum. Cumque memoratus M. ab abbate Casæ Dei institutus, et L. Faverniacen. professus prosecuturi appellationem emissam pro parte Casæ Dei ad sedem apost. accessissent et inter eos et Hugonem, qui procuratorem Favern. capituli se gerebat, tempore felicis record. Cœlest. papæ prædecessoris nostri quæstio fuisset diutius agitata, post promotionem nostram volentes causam ipsam fine debito terminari, eis ven. fratrem nostrum Joannem tt. S. Clementis Viterbien. et Tuscanen. episcopum et dilectum filium G. S. Georgii ad Velum Aureum diacon. cardin. concessimus auditores. In quorum præsentia cum multa fuissent proposita et pro parte Casæ Dei super dubiis probationes oblatæ, quia dictus Hugo, ut legitime posset stare in judicio, mandatum sufficiens inventus est non habere, causa ipsa remansit hactenus indecisa. Ideoque ejusdem causæ cognitionem et decisionem de fratrum nostrorum consilio vestræ discretionis examini plenarie committentes, per apostol. vobis scripta mandamus quatenus partibus ad vestram præsentiam convocatis, si vobis constiterit electionem Faverniacen. abbatis ad abbatem Casæ Dei legitime pertinere, quod per eum super electione jam dicti rationabiliter factum esse noveritis, sublato contradictionis et appellationis obstaculo, auctoritate apostolica confirmetis et, prædicto G. vel alio quolibet illicito detentore amoto, faciatis ipsum abbatiam prædictam per censuram eccle. appellatione remota pacifice possidere. Nihilominus quoque volumus et mandamus ut a monachis Faverniacensibus, tam illis qui abbati Casæ Dei obediunt in hac parte quam aliis de bonis monasterii, donec causa finem debitum sortiatur, faciatis sicut expedit provideri. Si qui vero se temere duxerint opponendos quo minus mandatum apostolicum impleatur, a temeritate sua per censuram eccle. appellatione postposita compescatis. Alioquin causam audiatis et eam appellatione remota fine debito terminetis, facientes quod decreveritis per censuram eccle. a partibus firmiter observari. Testes autem, etc., eadem districtione appellatione remota cogatis. Nullis litteris obstantibus præter asscnsum partium a sede apostolica impetratis. Quod si omnes, etc. tu frater archiepiscope, cum eorum altero, etc.

Datum Laterani.

CII.

CAPITULO SPOLETANO.

Utrum meretricem ducere possit post mortem uxoris, cui vivente uxore adhæserat.

(Apud S. Petrum, VIII Kal. Maii.)

(39) Significastis nobis per litteras vestras quod cum P. civis Spoletanus quamdam mulierem duxisset legitime in uxorem, ea relicta quidam meretrici adhæsit ; et cum ab ejus contubernio ad torum non posset legitimum revocari, vos in eum excommunicationis sententiam protulistis. Verum, cum medio tempore uxor ipsius viam fuisset universæ carnis ingressa, meretricem, cui adhæserat, desponsavit. Propter quod a nobis requiritis quid sit vobis in hoc articulo faciendum. Nos igitur inquisitioni vestræ secundum formam canonicam respondentes, discretioni vestræ per apostolica scripta mandamus quatenus, nisi alter eorum in mortem defunctæ uxoris fuerit machinatus vel ea vivente fidem sibi dederint de matrimonio contrahendo, matrimonium illud legitimum judicetis, excommunicato munus absolutionis, si petierit, juxta formam Ecclesiæ impensuri.

Datum Romæ apud S. Petrum VIII Kal. Maii.

CIII.

ARCHIEPISCOPO SENONENSI.

Ut compellat decanum et capitulum Laudunense M. Petrum in canonicum recipere.

(Apud S. Petrum, X Kal. Maii.)

Inter cætera quibus ad universalis Ecclesiæ gubernationem instruimur, ille, cujus gratia non meritum nostrum ad ejusdem regimen nos provexit, mirum et mirabile nobis suæ benignitatis reliquit exemplum : in eo videlicet quod sicut de beato Petro, cujus sumus, licet immeriti, successores, a Domino factum esse videmus, infirma mundi elegit, ut fortia quæque confunderet, misericorditer prævidens quod qui sæcularium pondus ante suam vocationem sustinuerat passionum, fragilitatem humanæ conditionis expertus, fratribus suis melius compati sciret et commodius misereri, dum sibi conscius de se haberet evidens in similibus argumentum. Hæc vero ante nostros oculos proponentes, postquam

---

(39) Cap. *Significastis*. De eo qui duxit in matr. quam poll. per adult.

dilectus filius noster magister P. de Cassaneto seriem negotii sui nobis exposuit, paterna super eum moti fuimus pietate; cujus factum, cum ex certitudine rei quam nos, dum olim minori fungeremur officio, tractaveramus, in parte plenioris fidei testimonium adjuvaret, ad succurrendum ei et labores ipsius inutiles relevandos, animi studium sollicitioris assumpsimus; ne miseranda ipsius afflictio, quæ jam ei perplexitatem dubiam minabatur, sedem apostolicam expertem esse solitæ misericordiæ ac remedii debiti causaretur. Tibi siquidem satis credimus esse notum qualiter facta resignatione a dilecto filio Vv. de Bochar quondam canonico Laudunen. de præbenda ejusdem Ecclesiæ, quæ per commutationem præbendarum dilecto filio H. tunc Scilinien. canonico a bonæ memoriæ decano Remen. auctoritate apostolica assignari debebat, prædictus magister per venerabilem fratrem nostrum Laudunen. episcopum de præbenda fuit investitus eadem, et tam in choro quam in capitulo per dilectos filios decanum et canonicos Laudunen. adhibitis solemnitatibus debitis juxta Laudunen. Ecclesiæ consuetudinem institutus. Super quo, cum inter ipsum et dictum H. controversia suborta fuisset et appellatio ad sedem apostolicam interjecta, licet item magister cum magnis laboribus et expensis ad eamdem sedem accedens, post diutinam exspectationem, quæ sub intemperie periculosi temporis imminente ipsum tædio multo et diversarum persecutionibus incommoditatum affectum fere usque ad extrema deduxit, suum negotium contra memoratum H. pro suo desiderio complevisset; eo tamen postmodum causa infirmitatis absente, ad instantiam sæpefati H. tunc ad apostolicam sedem præsentis per bonæ memoriæ C. papam prædecessorem nostrum de fratrum consilio omnia retractata fuere. Sicque ipse magister sua spe frustratus omnino, post destitutionem suam sedem apostolicam fuit iterum adire coactus; nullum sibi videns remedium superesse nisi ejus desolationi multiplici sedes apostolica duceret misericorditer providendum. Propter hæc igitur, et alia multa, quæ causam ejus favorabilem reddiderunt, Nos circa ipsum paternum gerentes affectum, prædictis decano et canonicis Laudunen. mandando districte præcipimus ut eumdem magistrum, qui per dictum episcopum in eorum Ecclesia institutus fuisse dignoscitur, et per ipsos in fratrem admissus, salvo eo quod de præfato H. sedes apostolica sententialiter diffinivit, non obstante contradictione vel appellatione cujuslibet, canonicum habeant tam in choro quam in capitulo, et in aliis quæ ad canonicum pertinent, fraterna eum charitate tractantes. Præterea ipsis firmius inhibemus, ne aliquem in canonicum recipere aliquo modo præsumant, donec ante dictus magister præbendæ beneficium in præfata Ecclesia plenarie sit adeptus. Unde fraternitati tuæ per apost. scripta præcipiendo mandamus quatenus si memorati decanus et canonici mandatum nostrum neglexerint adimplere, tu eos ad receptionem ejus, prout dictum est, faciendam, sub appellationis obstaculo, per districtionem ecclesiasticam, monitione tamen diligenti præmissa, compellere non omittas: quoslibet qui mandato apostolico se duxerint opponendos, eadem censura compescens. Noveris autem quod, quia nolumus ut idem episcopus occasione alicujus promissionis seu cujuslibet auctoritate rescripti a sede apostolica impetrati, ad eludendum mandatum nostrum se valeat excusare, ipsi districte præcipimus ut donec idem magister in eadem Ecclesia fuerit præbendæ beneficium assecutus, nulli alii præbendam modo quolibet assignare præsumat. Quod si forte præsumpserit, id irritum decernimus penitus et inane. Decet enim ut quia præbendam ei quam de jure non potuit assignavit, eam quam de jure potest assignet, ne præbendam illi fraudulenter visus sit assignasse.

Datum Romæ apud Sanctum Petrum x Kalend. Maii, pontificatus nostri anno primo.

In eumdem fere modum episcopo Laudunensi. In eumdem fere modum decano et capitulo Laudunen.

CIV.

ABBATI, ET CONVENTUI S. BENEDICTI IN EDERA.

Ut in alio ordine monachorum legitime ad sacros ordines promotus, ministrare non prohibeatur.

(Apud S. Petrum, x Kal. Maii.)

Accedens ad præsentiam nostram dilectus filius Joannes monachus vester, humiliter nobis exposuit quod, cum olim in minori constitutus ætate se ad vestrum ordinem transtulisset, postmodum infirmitate coactus egrediens, ad aliam religionem de consilio se transtulit saniori, in qua omnes ordines se asserit assumpsisse. Verum quia utrum in illis ordinibus officium suum exsequi debeat, vos audivimus dubitare, per apostolica vobis scripta mandamus quatenus, nisi aliud canonicum impedimentum obsistat, eumdem monachum in suo permittatis officio libere ministrare.

Datum Romæ apud Sanctum Petrum x Kalend. Maii, pont. nostri an. primo.

CV.

ARCHIEP. MONTIS REGALIS.

Ut omnia de bonis Ecclesiæ illicite alienata, revocentur.

(Apud S. Petrum, xi Kal. Maii.)

Quæ in monasteriorum et religiosorum locorum præjudicium attentantur, in statum convenit debitum revocari; nec firmitatem debent aliquam obtinere quæ in enorme damnum ipsorum minus licite præsumuntur. Eapropter, venerabilis in Christo frater, Ecclesiæ tuæ volentes utilitati consulere, auctoritate tibi præsentium indulgemus ut quæ in Ecclesia tua et in omnibus pertinentiis ejus illicite alienata inveneris tibi liceat legitime revocare. Nulli ergo, etc.

Datum Romæ apud Sanctum Petrum xi Kalend. Maii, etc.

CVI.
EIDEM.
Ne res et bona Ecclesiæ alienentur, præsertim quæ sunt de mensa episcopi.
(Apud S. Petrum, xi Kal. Maii.)

(40) Possessiones ad mensam tuam vel capituli pertinentes alienare non debes, aut ecclesias in quibus consueverunt monachi ministrare clericis vel laicis assignare personis; ideoque fraternitati tuæ auctoritate præsentium districtius inhibemus ne possessiones, casalia vel ecclesias, quæ non consueverunt in beneficium assignari, alicui petenti concedas, imo potius ecclesiam Sancti Clementis de Messana, quam Gerardo Teutonico et Sancti Sepulcri ecclesiam similiter de Messana, quam Falconi canonico et beneficium quod Thomæ filio I. Ferrarii in grave præjudicium Ecclesiæ tuæ diceris contulisse, ad priores usus non differas, appellatione postposita, revocare.

Datum Romæ, ut supra.

CVII.
WALTERO ROTHOMAGENSI ARCHIEPISCOPO.
Ut clerici ad residentiam personalem apud suas Ecclesias compellantur.
(Apud S. Petrum, x Kal. Maii.)

Cum scriptum sit: *Qui non laborat, non manducet* (II Thess. III, 10), incongruum credimus et indignum ut clerici Ecclesiis illis non serviant quarum amplis redditibus sustentantur. Significasti siquidem nobis quod quidam Canonicorum Rothomagen. Ecclesiæ, qui redditus ex ea percipiunt et præbendas, in ipsa residentiam non faciunt quam deberent, propter quod eadem Ecclesia debito fraudatur obsequio servitorum. Eapropter, venerabilis in Christo frater, tuis precibus annuentes, ad faciendam eos residentiam, sicut jus et Ecclesiæ consuetudo deposcit, per censuram ecclesiasticam compellendi liberam tibi concedimus auctoritate apost. facultatem.

Nulli ergo omnino hominum, etc.

Datum Romæ apud Sanctum Petrum x Kalend. Maii, pont. nostri anno primo.

CVIII.
EIDEM.
De permutationis cujusdam cum Anglorum rege initæ confirmatione.
(Apud S. Petrum, vi Kal. Maii.)

Cum emergentium litigia quæstionum vix possint sine alterutrius litigantium læsione judicialiter diffiniri; si quando partes inter se super mota quæstione honeste conveniunt, tanto libentius compositioni eorum præsidium apostolicum impartimur, quanto per hoc neutrum lædimus et amplius utrumque juvamus. Intelleximus siquidem tam ex litteris tuis, quam charissimi in Christo filii nostri Ricardi Angliæ regis illustris, et plurium aliorum, quod super discordia quæ inter te et eumdem regem super villam Andeliaci cum rupe ac insula mota fuerat, regia serenitas evangelicum illud attendens: *Qui se humiliat exaltabitur* (Matth. XXIII, 12), et *Quanto major es, humilia te in omnibus* (Eccli. III, 20), humiliavit magnificentiam suam, et severitatem regiam passus est emolliri, ut ad honorem ejus cui servire regnare est amicabilem tecum compositionem iniret et in utilitatem Rothomagen. Ecclesiæ molendina quæ habuit apud Rothomagum, cum villis de Diepa et Boteilles et manerio de Lovers, cum omnibus pertinentiis et libertatibus suis et ministerio de Lovers et foresta de Alihermont, sicut in authentico ejusdem regis confecto exinde plenius continetur, tecum perpetuo commutaret. Nos igitur permutationem ipsam, sicut amicabiliter facta est, et ab utraque parte recepta et authentico ipsius regis exprimitur auctoritate apostolica confirmamus et præsentis scripti patrocinio communimus. Ad majorem autem hujus nostræ confirmationis evidentiam, authenticum ipsum de verbo ad verbum nostris duximus litteris exprimendum, quod tale est: *Ricardus, Dei gratia rex Angliæ, dux Normanniæ, Aquitaniæ, comes Andegaviæ, archiepiscopis, episcopis, abbatibus, prioribus, comitibus, baronibus, justitiariis, senescalcis, vicecomitibus, præpositis, ministris, ballivis et omnibus fidelibus suis, salutem. Cum sacrosancta Ecclesia sponsa sit Regis regum, et unica dilecta illius per quem reges regnant et principes gubernacula possident, tanto ampliorem ei volumus devotionem et reverentiam exhibere, quanto certius non regiam tantum sed omnem a Domino Deo esse credimus potestatem. Unde, sicut venerabilis Rothomagen. Ecclesia, quæ inter universas terrarum nostrarum plurima celebritate dignoscitur enitere, pro rerum necessitate vel temporum nostris ducit utilitatibus opportuna diligentia consulendum, sic nos ejusdem matris nostræ commodis et augmentis digna compensatione dignum ducimus respondere. Sane villa Andeliaci, et quibusdam aliis adjacentibus locis, quæ erant Rothomagen. Ecclesiæ, minus sufficienter firmatis, inimicis nostris in terram nostram Normanniæ per eadem loca patebat ingressus, per quæ in incendiis et rapinis nec non et aliis hostilitatis sævitiis in eadem terram nonnunquam licentius grassabantur. Quocirca venerabili patre Waltero archiepiscopo et capitulo Rothomagen. debitum habentibus ad nostra et prædictæ terræ nostræ damna respectum facta est hæc permutatio inter Eccle. Rothomag. et archiepiscopum Rotho. Walterum ex una parte, et nos ex altera parte, de manerio de Andeli in hac forma. Scilicet, quod idem archiepiscopus de conscientia et voluntate domini papæ Cœlestini III et de assensu capituli Rothomagen. Ecclesiæ et coepiscoporum suorum et cleri ejusdem archiepiscopatus, concessit et in perpetuum quietum clamavit nobis et hæredibus nostris prædictum manerium de Andeli cum novo castello de Rupe et cum foresta et cum aliis omnibus pertinentiis et libertatibus suis, exceptis ecclesiis et præbendis et feodis militum et excepto manerio de Fraxinis cum pertinentiis suis. Quæ omnia idem archiepiscopus Ecclesiæ Rothoma-*

---

(40) Cap. *Possessiones*, De rebus ecclesiæ alienandis, vel non

gen. et sibi et successoribus suis retinuit, cum omnibus libertatibus et liberis consuetudinibus suis et cum omni integritate sua in perpetuum; ita quod tam milites quam clerici et omnes homines tam de feodis militum quam de præbendis sequentur molendina de Andeli, sicut consueverunt et debent; et moltura erit nostra. Archiepiscopus autem et homines sui de Fraxinis molent ubi idem archiepiscopus volet; et si voluerint molere apud Andeli, dabunt molturas suas, sicut alii ibidem molentes. In escambium autem prædicti manerii de Andeli cum pertinentiis concessimus et in perpetuum quieta clamavimus Ecclesiæ Rothomagen. et prædicto archiepiscopo et successoribus suis omnia molendina quæ nos habuimus Rothomagi, quando hæc permutatio facta fuit, integre cum omni sequela et moltura sua, sine aliquo retenimento eorum quæ ad molendina pertinent vel ad molturam et cum omnibus libertatibus et liberis consuetudinibus quas solent et debent habere. Nec alicui alii licebit molendinum facere ibidem ad detrimentum prædictorum molendinorum; et debet archiepiscopus solvere eleemosynas antiquitus statutas de eisdem molendinis. Concessimus etiam eis villam de Diepa et villam de Boteilles cum omnibus pertinentiis et libertatibus et liberis consuetudinibus suis; exceptis eleemosynis constitutis in manerio de Diepa a nobis et antecessoribus nostris; quarum summa est trecentæ et septuaginta quæ libræ, quæ debent solvi per manum prædicti archiepiscopi et successorum suorum his quibus assignatæ sunt. Concessimus etiam eisdem manerium de Loviers cum omnibus pertinentiis et libertatibus et liberis consuetudinibus suis, cum ministerio de Loviers, salvis ad opus nostrum venatione nostra et destructione forestæ: ita tamen quod non sit in reguardo (41). Concessimus etiam eis totam forestam de Aliermont cum feris et omnibus aliis pertinentiis et libertatibus suis, sicut eam habuimus. Hæc autem omnia in escambium prædicti manerii de Andeli cum prædictis pertinentiis data habebunt Ecclesia Rothomagen. et prædictus archiepiscopus et successores sui in perpetuum, cum omnibus libertatibus et liberis consuetudinibus suis, sicut prædictum est. Homines autem prædicti archiepiscopi de prædicto escambio habebunt omnes libertates et liberas consuetudines quas habuerunt homines de Andeli dum manerium ipsum esset in manu ipsius archiepiscopi. Hæc etiam omnia, quæ idem archiepiscopus in hoc escambio recepit, warantizabimus nos et hæredes nostri Ecclesiæ Rothomagen. et prædicto archiepiscopo et successoribus suis in perpetuum contra omnes homines; ita quod si aliquis escambium aliquod est recepturus pro aliquo prædictorum, quæ memoratus archiepiscopus hic recepit, nos vel hæredes nostri faciemus illud escambium, et Ecclesia Rothomagen. hæc omnia prædicta in perpetuum pacifice possidebit. Nos autem, quantum rex potest, excommunicamus et concedimus quod incurrat indignationem omnipotentis Dei quicunque contra hoc

(41) Apud Radulfum de Diceto rewardo.
(42) Apud Duchesnium *Texon*.

factum venerit. Testibus his, Huberto Cantuariensi archiepiscopo, Johanne Wigorniensi, Hugone Coventrensi, Savarico Bathoniensi, Henrico Bajocensi, Garino Ebroicensi, Lisiardo Sagiensi, Willielmo Lexoviensi, Willielmo Constantiensi episcopis, Willielmo Abrincensi electo, R. Sanctæ Trinitatis de Monte Rothomagensis, Regino Sancti Wandregisili, Victore S. Georgii, Arturo Ulterioris-Portus, Osberto de Pratellis, Hugone de Augo, Guillelmo de Cornavilla abbatibus, Johanne comite Moretonii, Othone comite Pictavensi, Balduino comite de Albemarle, Radulfo comite Augi, Willielmo Marescallo comite de Strigoill, Willielmo filio Radulfi senescalli Normanniæ, Roberto de Torneham senescallo Andegavensi, Willielmo de Humeto constabulario Normanniæ, Giliberto filio Renfredi, Hugone Bruno, Gaufrido de Leziniaco, Willielmo de Rupibus, Radulfo camerario de Tancarvilla, Willielmo Marcello, Radulfo Teissim (42), Gaufredo de Say, Roberto de Harecourt, et multis aliis. Datum per manum Eustachii electi Helien. tunc agentis vices cancellarii, apud Rothomagum, anno ab Incarnatione Domini 1197, die 16 Octobris, regni nostri anno VIII. Nulli ergo omnino hominum, etc.

Datum Romæ apud Sanctum Petrum per manum Rainaldi domini papæ notarii, cancellarii vicem agentis, VI Kalend. Maii, indictione I, Incarnationis Dominicæ 1198, pontificatus vero domini Innocentii papæ III anno primo.

CIX.

ATREBATEN., TORNACEN. ET MORINEN. EPISCOPIS, ET ELECTO CAMERAC.

De electionis negotio super electione præpositi Siclinien. terminando.

(Apud S. Petrum.)

(43) Cum illius vicem, licet immeriti, geramus in terris cujus virga regni virga esse dignoscitur æquitatis, delatas ad apostolatus nostri notitiam quæstiones sic nos convenit examinatis diligentius causarum meritis justo judicio diffinire, quod in nostri non appareamus exsecutione officii negligentes et cuique, prout tenemur, suam videamur justitiam conservare. Sane licet tempore felicis record. C. papæ prædecessoris nostri quæstio inter dilectam in Christo filiam nobilem mulierem uxorem quondam Philippi comitis Flandriæ et capitulum Siclinien. Ecclesiæ super electione præpositi fuerit diutius agitata et super causa ipsa rescripta sæpe apost. emanassent; novissime tamen utriusque partis nuntii ad sedem apostolicam accedentes, post ejusdem prædecessoris nostri obitum, suas proposuere in nostro auditorio quæstiones. Et primo quidem dilectus filius magister Egidius, præfatæ comitissæ procurator et nuntius, pro ea taliter allegavit: Quod cum obeunte G. quondam Siclin. præposito Siclinien. præpositura vacaret, ipsa, ad quam terra illa jure dotalitii ex dono prædicti com. fuerat devoluta, sicut idem comes a longis retroactis temporibus,

(43) Cap. *Cum illius*, De sent. et re judicat. in tertia Collect.

cum Siclinien. præpositura vacavit, in eadem Ecclesia præpositum dignoscitur elegisse, uti suo jure cupiens, virum idoneum, litteratum, et honestum, qui non habebat alium personatum, magistrum C. (44) in præpositum Siclinien. elegit, et ad Siclinien. Ecclesiam destinavit; rogans et postulans a canonicis Eccles. memoratæ, ut ei jus suum conservantes illæsum illum, quem ad eos destinaverat, recipere in præpositum non differrent. Quem cum in Ecclesia canonici residentes admittere penitus recusassent, ipsa comitissa jus suum et electionem quam fecerat, sub apostolica protectione constituit, et ad Romanam Ecclesiam appellavit. Postea vero cum de communi assensu capituli Ecclesiæ memoratæ fuerit interposita appellatione prohibitum ne quis ab eis nominaretur in præpositum, nisi communi deliberato consilio, sicut in litteris quorumdam canonicorum ejusdem Ecclesiæ manifeste conspicitur contineri quinque tantum canonicorum dilectum filium Joannem de Bitunia, qui septem alias habere dicitur prælaturas, aliorum assensu minime requisito, qui erant absentes, et qui residentes in eadem Ecclesia erant apud Siclinium non vocatis, nullumque assensum ipsi electioni præbentibus, in præpositum elegere et installavere. Contra cujus installationem ex parte comitissæ iterato fuit ad sedem apostolicam appellatum. Verum cum causa eadem tibi, frater Atrebaten. episcope, et tuis conjudicibus fuisset ab apostolica sede commissa et ab examine vestro neutra partium appellasset prædictus Joannes de Bitunia ignorante parte altera nuntium suum latenter ad sedem apostolicam destinavit, et se simplicem clericum, Joannem scilicet de Bitunia dolose faciens appellari et falso significans violentiam per comitissam Siclini. canonicis irrogatam et de interpositis appellationibus ab eadem comitissa mentione non habita, se asserens electum canonice in præpositum a præfato prædecessore nostro ad venerabilem fratrem nostrum episcopum et dilectos filios decanum et præpositum Suessionen. litteras impetravit (45): quibus datum est in mandatis ut eamdem comitissam denuntiarent excommunicationis vinculo detineri, et tandiu ab omnibus evitandam, donec Ecclesiæ Siclinien. et passis injuriam de ablatis omnibus et irrogatis injuriis satisfaceret competenter et de speciali esset mandato sedis ap. absoluta. Qui etiam sollicite providerent, ut si electionem præpositi ad dictos canonicos ex legitimis eorum assertionibus cognoscerent pertinere, sæpe nominatæ nobili et cuilibet laicæ personæ perpetuum silentium imponerent, et facerent præpositum ipsum collatæ sibi canonice dignitatis, appellatione remota, pacifica possessione gaudere. Judices autem ipsi nulla causæ cognitione præhabita vel etiam citatione præmissa, tenorem mandati apostolici præfatæ comitissæ cum suis litteris direxerunt; eidem districte mandantes quatenus præposito, Ecclesiæ et canonicis Siclinien. de illatis injuriis cum plenaria damnorum restitutione satisfaceret competenter; scitura quod, donec quod mandaverat adimpleret et de speciali esset mandato apostolico absoluta, ipsam et officiales suos et alios bonorum Siclin. Eccl. invasores pro excommunicatis haberent. Et vobis fratres Tornacen. et Morinen. episcopi, ut hoc denuntietis omnibus, auctoritate dederunt apostolica in mandatis. Post hæc vero cum præfata comitissa ab eisdem citata judicibus procuratorem suum ad præfixum sibi locum et terminum destinasset, licet se excommunicatione crederet non teneri, sufficientem tamen obtulit cautionem quod Ecclesiæ pareret judicio vel mandato, ut absolutionis beneficium mereretur. Quod cum ab ipsis judicibus non posset aliquatenus obtinere, et usque ad productiones testium fuisset in causa ipsa processum, et judices testes ex parte comitissæ productos admittere noluissent, mandato prædecessoris nostri minus rationabiliter inhærentes (in quo continebatur expressum, ut si electionem præpositi ad jam dictos canonicos ex legitimis eorum assertionibus cognoscerent pertinere, prænominatæ nobili et cuilibet laicæ personæ perpetuum silentium imponerent et facerent præpositum ipsum collatæ sibi canonico dignitatis, appellatione remota, pacifica possessione gaudere) procurator ejusdem comitissæ ab eorum manifestis gravaminibus sedem apostolicam appellavit. Ipsi vero judices nihilominus contra comitissam sententiam protulere; a quorum sententia, sicut et prius, ad Romanam fuit Ecclesiam appellatum. Tandem vero dilectis filiis Sancti Quintini et Roien. decanis et cantori Peronen. fuit causa eadem a sed apost. delegata. Quorum judicium, quia sicut et primi judices prædictam camitissam satis dare volentem absolvere et testes suos admittere recusarunt, quia unus ipsorum judicum advocati adversæ partis patruus vel avunculus dicebatur, et alter, cum causa ipsa sub eorum examine tractaretur, a prædicto Joanne de Bitunia Duacen. præbendæ donationem recepit, procurator sæpe fatæ comitissæ penitus recusavit et ab eis tanquam a suspectis ante, post sententiam sedem apostolicam appellavit. Et quoniam priores et posteriores judices in causa ipsa tam inordinate processerant, postulabat eadem comitissa ut quidquid factum esset per eosdem judices et in ejus foret præjudicium post appellationem legitime interpositam attentatum irritum fieret et inane; præsertim cum commissio illa ad Suessionen. judices veritate nosceretur tacite impetrata. Econtra vero dilectus filius magister Robertus adversæ partis procurator et nuntius respondebat quod cum defuncto G. Siclinien. præposito, fratres ejusdem Ecclesiæ de successoris electione tractarent, et primo die non potuissent in personam idoneam convenire, tandem prædictum J. de Bitunia in Siclinien. præpositum una-

(44) In edit. Colon. hoc loco ponitur E. sed infra, et in tertia Collect. C.

(45) Vide cap. *Cum jamdudum*, De præb. et dign. Clericor.

nimiter elegerunt et installarunt : ne quid in præjudicium electionis eorum fieret, sedem apostolicam appellantes. Clericus etiam comitissæ, qui præsens aderat, nihilominus Romanam Ecclesiam appellavit. Ipse autem Joannes de Bitunia, electus taliter in præpositum omnium hominum ad præposituram pertinentium in pace recepit homagia, et eodem die fructus præposituræ quiete habuit et sine contradictione percepit. Præfata vero comitissa Flandriæ cum sæpius suas litteras ad Siclinien. capitulum direxisset, ut magistrum C. clericum suum eligerent in præpositum, et non posset ab eis quod postulaverat obtinere, per se et ministros suos ad res canonicorum et illius quem elegerant et ad personas eorum manus extendit, personas male tractavit et bona diripuit violenter. Cum autem ad venerabilem fratrem nostrum Remen. archiepiscopum sanctæ Sabinæ cardin. tanti excessus quæstio devenisset, et eam et fautores ejus excommunicationis sententia innodasset ; quia tandem in manu ejusdem archiepiscopi de illatis injuriis ei ablatis rebus promisit satisfacere competenter, ab excommunicatione exstitit absoluta. Verum quia postmodum non servaverat quod promisit, ab eodem archiepiscopo fuit eadem sententia innodata, de excommunicatione ipsius circumpositis episcopis litteris destinatis. Cumque super his omnibus ad prædictum prædecessorem nostrum quæstio delata fuisset, ipse prædictis Suessionen. judicibus causam ipsam, ut prædictum est, terminandam commisit : qui, secundum quod in mandatis receperant, procedentes, utriusque partis receptis testibus, cognoscentes jus electionis ad Siclinien. capitulum pertinere, dictam electionem auctoritate apostolica confirmavere et præfatam comitissam denuntiavere excommunicationis sententiæ subjacere. Cum vero præfata comitissa nuntium ad sedem apostolicam direxisset, et de utriusque partis assensu prædictis Sancti Quintini et Roien. decanis et G. Cantori Peronen. causa eadem fuisset cognoscenda commissa ; ipsi, auditis diligenter quæ hinc inde fuere proposita, de prudentium virorum consilio, prædictorum judicum sententiam approbaverunt, eam auctoritate apostolica confirmantes. Propter quod idem magister Robertus cum instantia supplicabat ut quod erat per priores judices sententiatum et approbatum, nihilominus a secundis nostra quoque confirmaretur auctoritate, et res canonicorum et dicti electi, quas prædicta comitissa per se et fautores suos occupaverat, faceremus cum integritate restitui et de injuriis satisfieri competenter. Nos igitur, quibus ex susceptæ incumbit administrationis officio diligere justitiam et odire iniquitatem, cum fratribus nostris utriusque partis allegationes et rescripta diligentius intuentes, cognovimus evidenter commissionem ad Suessionen. judices per precum mendacia impetratam, cum ipsius Joannis suppressum fuerit nomen cujuslibet dignitatis et interpositæ appellationis a comitissa vel ab alio nulla in eis mentio haberetur, et mendax precator carere debeat impetratis. Præterea non est aliqua ratione credendum quod idem prædecessor noster sine causæ cognitione p æfatam comitissam voluerit excommunicatione notari, vel ei super jure suo perpetuum imponi silentium, cum merita causarum partium assertione pandantur. Item ipsi judices Suessionen. videntur in rescriptis quæ perspeximus discordare ; cum in litteris quas posterioribus judicibus direxere, se asserant utriusque partis receptis testibus ad sententiam processisse, et in rescripto prolatæ sententiæ se non utrinque, sed ex parte canonicorum recepisse testimonia fateantur. Ex præmissis itaque et aliis rationibus tam priorum quam posteriorum judicum inordinatas sententias cognoscentes, quidquid super causa ipsa occasione prædictarum commissionum ordinatum dignoscitur vel statutum, de fratrum nostrorum consilio decernimus non tenere ; ad illum statum idem negotium reducentes, quem ante commissionem primam dignoscitur habuisse. Ut autem utrique parti sua debeat justitia respondere, causam ipsam duximus secundum formam canonicam committendam. Nulli ergo, etc.

Datum Romæ apud S. Petrum.

CX.

REMEN. ARCHIEPISCOPO, CARDINALI S. SABINÆ.

De eodem argumento.
(Apud S. Petrum, III Kal. Maii.)

Sicut officii nostri debitum et sollicitudo requirit juste prelatas sententias apostolico munimine roborare, sic ejusdem officii ratione compellimur eas super quibus inordinate processum esse dignoscitur, ad viam rectitudinis revocare, et irritare penitus quæ videntur contra sanctiones canonicas attentata. Sane, cum inter dilectam in Christo filiam nobilem mulierem quondam uxorem Philippi comitis Flandren. et Sicliniense capitulum super electione Siclinien. præpositi olim quæstio suborta fuisset, et super causa ipsa quamplures commissiones a sede apostolica emanassent, novissime utriusque partis nuntiis in nostra et fratrum nostrorum præsentia constitutis, et utriusque partis rescriptis et allegationibus diligenter inspectis, de fratrum nostrorum consilio quidquid super causa ipsa occasione prædictarum commissionum a sede apostolica obtentarum ordinatum dignoscitur vel statutum, decrevimus non tenere ; ad illum statum idem negotium reducentes, quem ante commissionum litteras dignoscitur habuisse. Volentes igitur utrique parti, prout tenemur, in sua justitia providere, causam ipsam de nuntiorum utriusque partis assensu tuæ duximus experientiæ committendam ; per apostolica tibi scripta mandantes quatenus ad tuam præsentiam, partibus convocatis, solum Deum habens præ oculis, qui justitiam diligit et affectat, omni personarum acceptione seposita, audias quæ hinc inde proposita fuerint diligenter, et causam eamdem appellatione remota decidas, faciens quod decreveris per censuram ecclesiasticam a partibus firmiter observari.

Le cardinal Soffroid ne fut élu
cardinal par Lucius III en Décembre 1182.
Urbain III l'envoya comme légat en Lombardie,
et Innocent III le nomma légat en Orient
pendant le désastre, lorsqu'on fit passer de nouvelles
troupes au secours des faibles princes chrétiens
de la Palestine, dépêcha Soffroid à Venise,
afin de presser vivement cette puissante république
à accorder des vaisseaux et des hommes. Le pape le
nomma ensuite légat en Orient.

V. l'Hist. Litt. 14. 556.

L'Hist. Litt. suppose que ces lettres sont d'environ
1190.

testes cogantur appellatione remota. Nullis litteris obstantibus præter assensum partium, etc.

Datum Romæ apud S. Petrum III Kalend. Maii.

CXI.
CANTUARIEN. ARCHIEPISC.
Ne in læsionem aliarum Ecclesiarum novam capellam ædificare pergat.

(Apud S. Petrum, VIII Kal. Maii.)

(46) Quanto personam tuam sinceriori charitate diligimus, tanto majori dolore turbamur, quotiens ea de tuis audimus operibus quæ pontificali derogant honestati. Cum enim Cantuarien. Ecclesia, cui præesse dignosceris, inter Anglicanas Ecclesias celebris habeatur et inter alias consueverit religione florere, nos et fratres nostri grave gerimus et molestum quod, sicut dilecti filii nostri prior et conventus ejusdem Ecclesiæ humili nobis conquestione monstrarunt, tu ad ipsius desolationem Ecclesiæ satagis multipliciter et laboras in constructione novæ capellæ de Lambee, contra prohibitiones felicis recordationis Urbani et Clementis Romanorum pontificum bonæ memoriæ B. prædecessori tuo factas (47), post appellationes multiplices ad sedem apostolicam interpositas in magnum Cantuarien. Ecclesiæ præjudicium propria temeritate procedens, et de bonis ejusdem Ecclesiæ canonicos instituens in eadem. A cujus siquidem constructione capellæ, si eam quam debes Roman. Ecclesiæ reverentiam et obedientiam exhiberes, et commissæ tibi Ecclesiæ provisionem et sollicitudinem gereres quam teneris, tibi et honori tuo melius consulens penitus destitisses, nec super eo procedere studuisses quod prædecessori tuo sic districte cognosceres a sede apost. interdictum. Cum igitur diminutionem Cantuariensis Ecclesiæ, sicut nec debemus, nolimus aliquatenus sustinere, prædictorum prædecessorum nostrorum vestigiis inhærentes, de fratrum nostrorum consilio fraternitati tuæ per apostolica scripta mandamus et districte præcipimus, quatenus omni mora et excusatione postpositis, etiamsi ab Ecclesia tua absens fueris, aliquatenus non obstante, quidquid post appellationes tam tempore prædecessoris tui quam tuo ad sedem apostolicam interpositas, vel inhibitiones antecessorum nostrorum, in opere actum capellæ dignoscitur memoratæ, infra triginta dies post susceptionem præsentium tuis expensis non differas demoliri; in irritum prorsus revocans et deducens quidquid de instituendis canonicis vel aliis circa capellam ipsam (48) factum est, vel enormiter innovatum. Clericos præterea qui in capella ipsa post inhibitiones apostolicas divina officia celebrarunt, tandiu ab officio et beneficio teneas pro suspensis, donec super hoc satisfecerint competenter universis operibus demolitis quæ apud eamdem capellam facere præsumpsere, et universa quæ post appellationem in prædictorum fratrum sunt attentata gravamen, de exeniorum videlicet, Ecclesiarum et aliorum invasione, quæ ante appellationem habuerant, in statum pristinum appellatione remota reducas; sententias excommunicationis et interdicti quas in quosdam ipsorum fratrum temere diceris promulgasse publice nuntians non tenere; ac de cætero circa statum ipsius monasterii contra prohibitionem nostram hujus occasione negotii non præsumas aliquid innovare; illicitos invasores villarum, possessionum et reddituum prædictorum fratrum usque ad satisfactionem idoneam vinculo excommunicationis astringens. Si vero, quod non credimus, mandatum nostrum infra statutum terminum neglexeris vel distuleris adimplere, quia justum est ut ei obedientia subtrahatur qui sedi apostolicæ negligit obedire, venerabilibus fratribus nostris suffraganeis tuis per scripta nostra mandamus (49) ut tibi reverentiam seu obedientiam non impendant. Quod si forte ab eis vel eorum aliquo contra prohibitionem nostram tibi feceris aliquam obedientiam et reverentiam exhiberi, scias te ex tunc ab episcopali dignitate suspensum et tandiu ipsi sententiæ subjacere, donec satisfacturus de contemptu, nostro te conspectui repræsentes. Non autem distinguimus utrum in loco a nostris prædecessoribus interdicto vel alio in prædictæ capellæ constructione et canonicorum institutione processeris in Ecclesiæ Cantuarien. præjudicium et gravamen eadem contradictionis causa durante, nisi quod ex hoc magis credimus eidem Ecclesiæ derogari, quod in remotiori loco prior fabrica est translata.

Datum Romæ apud Sanctum Petrum, VIII Kalend. (50) Maii, pontificatus nostri anno primo.

Scriptum est super hoc in eumdem fere modum universis suffraganeis Cantuarien. Ecclesiæ.

CXII.
UNIVERSIS CHRISTI FIDELIBUS AD QUOS LITTERÆ ISTÆ PERVENERINT.
Meretrices ducere in uxorem, pium et meritorium est.

(Apud S. Petrum, III Kal. Maii.)

(51) Inter opera charitatis quæ imitanda nobis auctoritate sacræ Paginæ proponuntur, sicut evangelica testatur auctoritas, non minimum est errantem ab erroris sui semita revocare ac præsertim mulieres voluptuose viventes et admittentes indifferenter quoslibet ad commercium carnis, ut castæ vivant, ad legitimi tori consortium invitare. Hoc igitur attendentes, præsentium auctoritate statuimus ut omnibus qui publicas mulieres de lupa-

---

(46) Vide infra epist. 432, 580 et seqq.
(47) Epistolæ Urbani III et Clementis III, pro hac causa, editæ sunt in chronico Gervasii monachi Cantuar p. 1507, 1528, 1530, 1537, 1542.
(48) Apud Gervasium *perperam.* Apud Hoved

prædictam.
(49) Vide Roger de Hoveden ad an. 1198.
(50) Apud Roger. *Idus.*
(51) In secunda Collectione et apud Gregor. Constitutio ista tribuitur Clementi III.

nari extraxerint et duxerint in uxores, quod agunt in remissionem proficiat peccatorum.

Datum Romæ apud Sanctum Petrum, tertio Kalend. Maii, pontificatus nostri anno primo.

CXIII.
ABBATI CLUNIACEN.

Omnes alienationes Balmensium monachorum revocantur, et ipsi Abbati Cluniacensi subjiciuntur.

(Apud S. Petrum.)

Cum a nobis petitur, etc., *usque ad verbum illud* assensu. Venditiones et alienationes quæ factæ sunt ab excommunicatis et rebellibus monachis Balmen. Ecclesiæ Cluniacen. apostolica auctoritate subjectis, irritas penitus nuntiamus, districtius inhibentes ne quis eis sub prætextu cujuslibet obligationis aliquid credere vel in aliquo obedire præsumat. Præterea feudatos, qui Balmen. Ecclesiæ fidelitatis juramento tenentur, ab illa fidelitate, quantum ad hoc ut monachos illos contra jurisdictionem Cluniacen. monasterii tueantur, decernimus absolutos. Volumus autem atque præcipimus ut tibi vel nuntiis tuis fidelitas ab eisdem feudatis et obedientia debita nomine Balmen. monasterii impendatur. Nulli ergo, etc.

Datum Romæ apud Sanctum Petrum.

CXIV.
ARCHIEPISCOPO BISUNTIN. ET SUFFRAGANEIS EJUS.

Ut Cluniacensibus ad corrigendos Balmenses et subjiciendos auxilio sint.

(Apud S. Petrum.)

Cum Balmen. monasterium cum omnibus pertinentiis suis ex culpa et delicto monachorum ejusdem cœnobii Cluniacen. Ecclesiæ apostolica sit auctoritate subjectum, quia ejusdem monasterii monachi præceptis apostolicis inobedientes et Ecclesiæ Cluniacen. rebelles existunt, dilectis filiis comitibus et baronibus per Bysuntin. provinciam constitutis dedimus nostris litteris in mandatis ut, monachis ipsis rebellibus et excommunicatis exclusis, qui in terris eorum domos habent monasterio Balmen. subjectas, ipsas cum appenditiis suis a Cluniacen. Ecclesia faciant potestate sibi concessa pacifice possideri. Et super hoc venerabili fratri nostro Matisconen. episcopo per scripta nostra mandavimus ut comites et barones ipsos, si mandatum nostrum neglexerint adimplere, ad hoc per excommunicationis sententiam in personas et interdicti in terras eorum de nostra fretus auctoritate, cessante appellatione, compellat. Quocirca fraternitati vestræ per apostolica scripta mandamus quatenus sententiam quam dictus Matisconen. episcopus in comites et barones memoratos et terras eorumdem tulerit observetis et faciatis, appellatione remota, per vestras diœceses inviolabiliter observari.

Datum Romæ apud sanctum Petrum.

CXV.
EPISCOPO ET PRIORI S. PETRI MATISCONENSIS.

Ejusdem argumenti.

(Apud S. Petrum.)

In auditam sævitiam Balmen. monachorum, quam olim in magistrum. O. Ecclesiæ Rom. nuntium præsumpserunt iidem monachi nequiter exercere, discretioni vestræ fore credimus non ignotam, cum ex ipsorum nequitia et pœna, quam exinde sustinuisse noscuntur, id jam pervenisse credamus ad exteras regiones. Sane sacrosancta Romana Ecclesia, quæ Ecclesiarum omnium caput est et magistra, licet semper consueverit, juxta Prophetam, misericordiam et non judicium exercere, tamen quia ex offensa illorum honor prædictæ Ecclesiæ lædebatur, maxime cum factum fuerit in aperto: ne aliis præberetur materia similia perpetrandi et ipsi de impunitate possent quomodolibet gratulari, in ipsos juxta excessum eorum sententiam promulgavit. Cum enim Balmen. monasterium per fratres inibi congregatos odore bonæ opinionis et religionis decore florere debuerit; quia veterem hominem cum suis actibus sequebantur, in peccatis eorum, diabolo suadente, contabuit; unde tam in spiritualibus quam temporalibus miserabiliter fuerat imminutum. Cæterum cum placuit Altissimo ut tantis malis finem imponeret, et locum ipsum ad suum servitium misericorditer revocaret, facies eorumdem fratrum implere ignominia voluit, ut per hoc suum nomen inquirerent, et ad viam rectitudinis inviti etiam remanerent [remearent]. Inde est quod felicis recordationis Eugenius papa prædecessor noster prædictum Balmen. monasterium cum omnibus pertinentiis suis Cluniacen. Eccle. subdidit, et ab ea in perpetuum statuit possidendum: quod tam ipse quam felicis recordationis Urbanus et Celestinus prædecessores nostri privilegiorum suorum munimine confirmarunt. Verum quia ejusdem monasterii monachi venerabilis fratris nostri Bisuntin. archiepiscopi, sicut dicitur, favore subnixi, præceptis apostolicis inobedientes et Ecclesiæ Cluniacen. rebelles existunt, discretioni vestræ per apostolica scripta mandamus, atque præcipimus quatenus prædictos monachos, si ad commonitionem vestram Cluniacen. Ecclesiæ obedire noluerint, auctoritate nostra nuntietis excommunicationis sententiæ subjacere, et faciatis tanquam excommunicatos ab omnibus arctius evitari. Ubertum insuper et Leobaudum et alios, si qui forte munus absolutionis obtinuere ab apostolica sede, atque Hay. dictum priorem Jusanen. monasterii, quandiu Cluniacen. Ecclesiæ inobedientes exstiterint, sublato appellationis obstaculo, ejusdem excommunicationis vinculo astringatis. Volumus præterea, si quid per eos contra dictorum privilegiorum tenorem in præjudicium Cluniacen. Eccle. a sede apostolica fuerit impetratum quomodolibet, nullius penitus existere firmitatis. Quod si ambo, etc., tu frater episcope, etc.

Datum Romæ apud S. Petrum.

CXVI.
PRÆPOSITO ET FRATRIBUS S. JUVENCI DE PAPIA.

Ut Carnelum clericum recipiant in canonicum.

(Apud S. Petrum, XIII Kal. Maii.)

Plerumque contingit ut intentionem suam adinventionibus et suggestionibus falsis ita pallient petitores, quod auditor benevolus ad impendendum quod postulant seductus, fraudulentis persuasionibus inclinatur. Veruntamen apostolicæ sedis auctoritas, si quando taliter comperit se delusam, in auctorum pœnam fraudis et malitiæ suæ commenta retorquet et illi paterno affectu providet in cujus gravamen credebantur et injuriam introduci. Hoc autem ea ratione inducimus, quia vos receptis litteris et precibus felicis memoriæ Celestini papæ prædecessoris nostri pro receptione dilecti filii Carneli clerici, nuntium proprium ad ipsius præsentiam direxistis, falso ei per ipsum, ut apparet ex sequentibus, suggerentes quod Ecclesia vestra, tam onere paupertatis quam clericorum numero prægravata, non sufficeret illum admittere, nec posset ei ullatenus providere. Cumque per dilectum filium nostrum Hug. tit. S. Martini presbyterum cardinalem, quem super hoc dederat auditorem, auditis gravaminibus quibus vos premi falso idem nuntius asserebat, essetis ad tempus a jam dicti petitione clerici benignius absoluti, vos in elusionem mandati sui sex in vestrum consortium admisistis; nec gravavit vos senarius numerus, quos ad interventum apost. sedis unius recepti irrationabiliter molestabat. Quia igitur ex hoc facto satis manifeste apparet quod contra preces apost. sedis doli et astutiæ clypeo vos armatis, nolumus quod absolutio memorata prædicti clerici receptionem impediat, quam fraudulenta falsaque suggestio procuravit; cum omnino fuerit suggestioni vestræ contrarium quod per vos postmodum in sex canonicorum receptione fecistis. Ideoque discretioni vestræ per apostol. scripta mandamus atque præcipimus quatenus jamdictum C. clericum, non obstante absolutione per surreptionem obtenta, ob reverentiam beati Petri et nostram, sublato cujuslibet contradictionis et appellationis obstaculo, in fratrem vestrum et canonicum liberaliter assumatis; stallum in choro, locum in capitulo et beneficium sicut uni ex aliis canonicis ei sine difficultate qualibet assignantes. Alioquin noveritis nos dilectis filiis magistris M. præposito canonicæ, Gualtero subdiacono nostro, Martino et Opizo canonicis S. Michaelis majoris Papien. nostris litteris districtius injunxisse ut inquirant super præmissis diligentius veritatem, et si rem noverint ita esse, vos ad receptionem ejus et ad assignationem beneficii, sublato appellationis obstaculo, ecclesiastica districtione compellant: quoslibet, qui mandato apostol. se duxerint opponendos, eadem districtione compescentes. Non enim est verisimile quod tunc unius tantum receptio vestram gravasset Ecclesiam, quæ gravata in ampliori numero non apparet.

Datum Romæ apud Sanctum Petrum, xiii Kalend. Maii, pontificatus nostri anno primo.

Scriptum est illis super hoc.

CXVII.
BITURICEN. ARCHIEPISCOPO.

Quod episcopos ad aliam Ecclesiam transferre absque licentia papæ non liceat.

(Apud S. Petrum, v Kal. Maii.)

Ne si universis universa licerent, par videretur in singulis jurisdictio singulorum, et ex hoc Petri navicula sine remige fluctuaret, Dominus noster eam ad humani corporis similitudinem figuravit, ponens Romanam Ecclesiam caput ejus, et ad suum et ipsius obsequium cæteras secundum varia officia dignitatum ei pro membris adaptans; non ut omnia membra eumdem actum haberent, sed dum permanerent in unius corporis unitate, sic ad implendam legem Christi alter alterius onera supportaret ut capiti suo, in quo est plenitudo sensuum, suis vicibus deservirent, nec ejus sibi officium alicujus præsumptionis audacia usurparent. Hujus autem Domini et magistri omnium magisterium sancti Patres diligentius attendentes, majores Eccl. causas, utpote cessiones episcoporum et sedium translationes, sine apost. sedis licentia fieri vetuere (52), ut ea quæ sola obtinet plenitudinem potestatis de his disponeret nec liceret alicui de episcopatu ad episcopatum sine ipsius auctoritate transire. Quod venerabilis frater noster Turonen. archiepiscopus minus quam honori suo expediret attendens, posuit quodammodo sedem suam ad aquilonem, et pacis thalamum violavit, magistrum V. de Chymeleio, qui in Abrincen. Ecclesia electus fuerat et per metropol. suum postmodum confirmatus, in ea diutius ministraverat, in Andegaven. Ecclesiam transferre præsumens, et in ipsa episcopum præter auctoritatem sedis apostolicæ consecrare; cum dubium esse non debeat quod post electionem et confirmationem episcopatui Abrincen. sacramentali conjugio fuerit alligatus, ac propter hoc, secundum Apostoli verbum, quærere solutionem non debuit, nisi tantum ab eo quem illius constat esse vicarium qui dicit in Evangelio: *Quod Deus conjunxit, homo non separet.* Unde idem quoque magister de Chymeleio hujus non est credendus præsumptionis immunis, qui sponte passus est taliter se transferri. Ne igitur tanta præsumptio remaneat impunita, et ex hoc accrescat aliis audacia delinquendi, fraternitati tuæ per apostolica scripta mandamus quatenus, licet hoc factum videatur esse notorium, quod etiam ipsius archiepiscopi nuntii non præsumpsere in nostra præsentia diffiteri, ad abundantiorem tamen cautelam inquisita diligentius veritate, si verum est quod asseritur dictum archiepiscopum a confirmatione et consecratione episcoporum, memoratum vero V. a pontificalis officii exsecutione, donec super hoc aliud statuamus, omni contradictione et appellatione cessante, auctoritate nostra suspendas. Inquiras præterea sollicitius veritatem, si venerabilis frater

---

(52) Vide Marcam lib. vii De Concordia, c. 26, § 8

noster Rothomagen. archiepiscopus dictum V., ut sic transiret, absolvit; quamvis hoc ipsum non videatur aliqua posse tergiversatione celari, cum ipsius nobis litteræ fuerint præsentatæ, per quas eum liberum et absolutum ad regimen Andegaven. Ecclesiæ transmittebat. Et si præmissis veritas suffragatur, eumdem archiepiscopum pari pœna cum alio percellere non omittas, ne sit immunis a pœna qui non est alienus a culpa. Sicut enim aliorum jura volumus illibata servare, sic jura nostra nolumus violari; cum charitas exigat ordinata, ut post Deum primo nos ipsos ac deinde proximos diligamus. Illud autem in defensionem erroris et excusationem excusque nemo debet inducere quod sanctæ memoriæ Pelagius papa constituit, inquiens inter cætera: *Si consecrandi episcopi negligentia provenerit ut ultra tres menses Ecclesia viduata consistat, communione privetur quousque aut loco cedat, aut consecrandus se offerre non differat. Quod si ultra quinque menses per suam negligentiam retinuerit viduatam Ecclesiam, nec ibi nec alibi consecrationis donum percipiat; imo metropolitani sui judicio cedat;* cum recte intelligenti dubium esse non debeat qui in alio casu loquatur; ne forte quod est statutum ad pœnam trahatur ad gratiam, si per hoc metropolitano liceret eum quem electum in episcopum confirmaverat, ut ad majorem episcopatum transiret, absolvere. Sed et hujusmodi cessio, quæ potius est dicenda dejectio, non fit sine Romani pontificis concessa licentia; cujus fines nemini licet excedere: qui per illam constitutionem metropolitanis indulsit ut eos qui consecrari contempserint, post præfinitum tempus ex illius constitutionis licentia possint dejicere, ut nusquam de cætero valeant consecrari. Nec dicitur Eccles. viduata, quasi sponsum non habeat; sed quia cum sponsus ejus nondum sit consecratus, adhuc quoad quædam quasi viri manet solatio destituta. Ne vero novum aliquid super hoc statuere videamur, quod contra venerabilem fratrem nostrum patriarcham Antiochenum et L. Tripolitanum dictum episcopum in simili casu sedes statuit apostolica, præsentibus litteris fideliter duximus exprimendum Antiocheno patriarchæ, etc. Cum ex illo, etc. *Exstat supra numero* 50. L. dicto Tripolitano episcopo. Cum ex illo, etc. *Exstat supra numero* 51.

Datum Romæ, apud S. Petrum, v Kalend. Maii.

CXVIII.

EPISCOPO, CANTORI, ET MAGISTRO P. DE CORBOLIO PARISIENSIS CANONICO.

Ut Bernardus de Insula in canonicatu Tornacensi per illos defendatur.

(Apud S. ...um, III Kal. Maii.)

Confirmationis nostræ manum in his quæ per prædecessores nostros non sine maturitate consilii nominus instituta, necnon et ex eorum auctoritate pariter et mandato sortita sunt effectus debiti complementum, non tantum libenter apponimus, verum etiam in eos qui ad institutiones hujusmodi eludendas in contradictionis et rebellionis aculeum eriguntur, graviter, sicut tenemur, insurgimus ad vindictam; ut sic rebellium et superborum contumacitas elidatur et Ecclesiæ Romanæ institutio, submoto cujuslibet temeritatis obstaculo, sua gaudeat libertate. Tenor siquidem litterarum dilecti filii H. decani Parisiensis, quas felicis recordationis Celestino papæ prædecessori nostro tanquam nobis directas accipimus, nos instruxit, quod mortuo in Urbe bonæ memoriæ magistro Henrico de Sognies, canonico Tornacen. Ecclesiæ, præbendam ejus dilecto filio Bernardo clerico de Insula de sedis apost. benignitate concessit, eumque de ipsa per annulum propria manu investiens, præbendam ipsi confirmavit eamdem. Super quo tam venerabili fratri nostro Tornacen. episcopo quam dilectis filiis decano et capitulo Tornacen. districte præcipiendo mandavit ut factum suum in hac parte irrefragabiliter observantes, præfatum Bernardum in suum canonicum admitterent et in fratrem; inhibens etiam illis ne ad præbendam illam aliquem alium in fratrem assumerent. Scripsit tam præfato decano quam bonæ memoriæ P. cantori Parisiensi cum districtione præcepti, ut eis in hujus mandati exsecutione cessantibus, ipsi auctoritate apostolica suffulti, nonobstante contradictione vel appellatione cujuslibet, quæ præmissa sunt exsequi non tardarent atque ipsum in possessionem præbendæ illius corporaliter inducentes, facerent eum nihilominus possessione quieta et integra fructuum perceptione gaudere. Eos insuper qui institutioni ejus ac investituræ tam solemniter factæ se ducerent opponendos, per districtionem ecclesiasticam sublato appellationis obstaculo compescentes, si quid forte interim in ipsius clerici præjudicium de illa fuisset præbenda statutum, penitus irritarent. Verum memoratus decanus, sicut ei de ipsius rescripti auctoritate licebat, solus exsecutioni horum diligenter insistens, non semel, sed sæpius suis litteris destinatis eo ordine quo decebat, episcopum et capitulum attente commonuit ut præceptum apostolicum quantocius adimplentes, dictum B. qui de præbenda Tornacen. vacante per manum apostolicam, sicut dictum est, investituram acceperat, in choro et in capitulo tam liberaliter quam libenter admitterent, et præbendæ fructus ex integro absque omni difficultate conferrent. Episcopus vero, licet sæpe tam litteris quam viva voce commonitus ab eo, ut decuit, semper exhibuit se rebellem, nullatenus volens institutioni apostolicæ consentire. Sed tamen Parisiis veniens, cum prædictus B. vehementer instaret, præsente te, frater episcope, necnon et dilecto filio abbate sanctæ Genovefæ procuratore ipsius episcopi Tornacensis, cum multis aliis religiosis et honestis personis, post multas altercationes et rationes hinc inde propositas, de communi consilio magistrorum prudentium et jurisperitorum, qui vocati ad litem convenerant decidendam, cum allegationes prædicti episcopi nullam vim aut vigorem haberent, sæpe fatum B. auctoritate apostolica sententialiter in corporalem præbendæ illius possessionem induxit; eo modo laborans quod decanus ipse totumque capitulum Tornacen. eumdem clericum in fratrem et canonicum suum communiter receperunt, et adhibitis solemnitatibus quæ debent in admittendis canonicis adhiberi, stallum in choro et locum in capitulo ei libenter assignarunt: ita quod statim et deinceps, sicut et reliqui, juxta consuetudinem Ecclesiæ, plena et integra perceptione fructum est gavisus. Et ut mandatum apostolicum ex ordine compleretur, idem exsecutor quidquid circa Hulvinum ipsius B. adversarium, vel alium ab episcopo vel quolibet alio forte fuisset in ejus præjudicium attentatum, cum ipso capitulo Tornacen. penitus irritavit; solo episcopo in sua rebellione contumaciter perdurante. Nos igitur quod ab eodem decano auctoritate apostolica provide super his omnibus est statutum, debitum volentes effectum sortiri, discretioni vestræ per apostolica scripta mandamus, et districte præcipimus quatenus si idem episcopus vel Hulvin., sive alius prænominatum B. canonicum Tornacen. super illa præbenda, quam ipse tam solemniter est adeptus, post monitionem vestram duxerint impetendum, aut possessionem præbendæ qualibet occasione turbandam, eos per severitatem districtionis ecclesiasticæ, omni contradictione et appellatione cessante, compescere nullatenus omittatis; nihilominus facientes ut prænominatus episcopus suum in hoc velit adhibere consensum. Nolumus enim, sicut nec fieri convenit, ut apost. sedis institutio tam solemniter celebrata, et tot tantorumque virorum approbationibus et sententia unanimi roborata, temeritate seu contradictione quorumlibet infirmetur, aut factum, quod de tanti consilii maturitate ac provida consideratione processit, in recidivæ quæstionis scrupulum relabatur. Nullis litteris obstantibus [harum mentione non habita, etc. Quod si omnes, etc., tu frater episcope, cum eorum altero, etc.

Datum Romæ apud S. Petrum, iii Kalend. Maii, pontificatus nostri anno primo.

CXIX.

LAMECEN. EPISCOPO, ET G. MONACHO QUONDAM EPISC. LAMECEN. ET PRIORI DE ECCLESIOLA.

Ut causam inter Bracarensem archiepiscopum et canonicum S. Martini de Castro, de exemptione institutam, definiant.

(Apud S. Petrum.)

Cum venisset olim ad apostolicam sedem N. canonicus S. Martini de Castro, nobis exposuit quod næ memoriæ quondam Bracaren. archiepiscopus de silio fratrum et canonicorum suorum assensu., tris quoque Portugal. regis A. et uxoris ejus M. r precibus inclinatus, Ecclesiæ sancti Martini de privilegium exemptionis indulsit, et eam ab omni episcopali prorsus absolvit. Propter quod posse em quamdam in villa de Molas et duo casalia in de Regaldos, ex quibus tantumdem vel eo ampli cipiebat Ecclesiæ dictus archiepiscopus in recomp onem accepit,

sicut in privilegio continetur, quod per sedem apostolicam fuit postmodum confirmatum; ita quod eadem Ecclesia Ecclesiæ Romanæ certum censum annis singulis exhiberet. Verum e contra venerabilis frater noster archiepiscopus Bracaren. asseruit quod eadem Ecclesia, cum adhuc parochialis existeret, et postmodum cum per J. quondam Bracaren. archiepiscopum facta esset canonica regularis, jura episcopalia Bracaren. Ecclesiæ persolvebat. Tandem vero canonici ejusdem Ecclesiæ dicto archiepiscopo duo casalia conferentes, relaxationem juris episcopalis pro parte quadam impetrarunt ab eo. Sed dissensione postmodum super hoc exorta, iidem canonici casalibus prædictis receptis, jura episcopalia memorato archiepisc. et successori ejus diutius persolverunt. Adjecit etiam idem archiepiscopus quod ipse ab eadem Ecclesia, sicut ab aliis monasteriis Bracaren. diœcesis, jura parochialia et procurationes annuas aliquandiu recepisset; quæ cum sibi præsumpsissent postmodum denegare, post primam, secundam et tertiam commonitionem, suspensionis in priorem et in monasterium interdicti sententiam promulgavit, ac postmodum tam priorem quam conventum, quia sententiam ipsam servare nolebant, excommunicationi subjecit. Cumque postmodum coram dilecto filio G. Sancti Angeli diac. cardinale, qui tunc in partibus illis legationis officio fungebatur, quæstio super hoc fuisset aliquandiu agitata, et tandem venerabili fratri nostro [dilecto filio nostro] priori Sanctæ Crucis ex ipsius delegatione commissa, pars adversa lite pendente ad apostolicam sedem accedens, veritate tacita confirmationem prædicti privilegii impetravit. Allegabat etiam idem archiepiscopus ex privilegio taliter impetrato nullum debere sibi præjudicium generari, et se ante omnia debere restitui, cum cum jure consueto prior et cononici auctoritate propria spoliassent. Quia vero nobis ad plenum non constitit de præmissis, discretioni vestræ per apost. scripta mandamus quatenus partibus convocatis, audiatis, hinc inde proposita et quod justum fuerit inter eos, appellatione postposita, statuatis et faciatis quod decreveritis auctoritate nostra firmiter observari. Quod si omnes, etc., duo vestrum, etc.

Datum Romæ apud Sanctum Petrum.

CXX.

ARCHIEPISCOPO MEDIOLAN.

Ut cancellariam dignitatem in Ecclesia Mediolanensi vacantem subdiacono pontificis conferat.

(Apud S. Petrum.)

In his quæ non solum ad spiritualia, verum etiam ad sæcularia pertinent, te credimus adeo eruditum, ut satis inter bonum et malum discernere debeas et agnoscas quibus inter devotos et fideles tuos ad majoris remunerationis stipendia tenearis. Unde, quod absit! tanto majori appareres reprehensione notandus, si merita tuorum bene viventium absque remuneratione debita sub dissimulationis oculo pertransires, quanto minorem in his excusationem tuæ providentia circumspectionis admittit. Sane si velles etiam, diffiteri non posses quantum dilectus filius Henricus subdiaconus noster pro te tam apud sedem apostolicam quam alias fideliter laboraverit et devote: pro quo tanto confidentius preces nostras pro ipso tibi duximus porrigendas, quanto justiori causa quæ ad id efficaciter nos invitat ipsas credimus adjuvari; cum eas quas tanquam primitias tibi dirigimus, apud te mereri speremus audientiam cum effectu, et si etiam secus eligeres faciendum, nulla rationabilis tibi excusatio superesset, ad provisionem dicti subdiaconi congrua opportunitate se temporis ingerente. Inde est quod cum, sicut audivimus, cancellariæ dignitas per annum et ultra jam in Ecclesia Mediolanen. vacaverit, licet jurisdictio conferendi eam ad nos, juxta Lateranen. statuta concilii, pleno jure sit devoluta, cum nec per te infra sex menses nec per Mediolanen. capitulum infra sex alios fuerit ordinata, nos tamen tibi tanquam fratri charissimo deferre volentes, devotionem tuam rogamus affectuosius et monemus, per apostolica tibi scripta præcipiendo mandantes quatenus eidem subdiacono, qui tam per se quam per consanguineos suos tibi et Ecclesiæ tuæ plurimum esse poterit fructuosus, et ad ipsius exsecutionem officii probatur idoneus, quem nos etiam quadam prærogativa speciali diligimus, dictam cancellariam sine cujuslibet difficultatis obstaculo, tam nostrarum precum intuitu quam ipsius meritorum et probitatis obtentu non differas assignare; ita ut ipse in hoc bonitatis tuæ dulcedinem valeat experiri, nosque in nostrarum exauditione precum tuæ probare possimus devotionis affectum. Quod si, postquam litteras nostras receperis, ad eludendum mandatum nostrum in præjudicium juris canonici, quod nobis competit ex Lateran. statuto concilii, de ipsa cancellaria, quod non credimus, aliquid duxeris statuendum, nos id irritum decernimus penitus et inane; sicque auctore Domino faciemus idem mandatum efficaciter adimpleri, quod ad consummationem præsentis negotii, quæ de ipso non ficte incœpimus, finis congruus subsequatur.

Datum Romæ apud Sanctum Petrum.

CXXI.

EPISCOPO ET CLERO PLACENTIN.

Ut Palavicinum compellat ad restituendum ablata cardinali S. Mariæ.

(Apud S. Petrum, xi Kal. Maii.)

(53) Qui monitis acquiescere nolunt, et mandatis apostolicis obedire nec ad obediendum minis etiam inducuntur, canonicæ severitatis in se debent experiri rigorem, ut effectus ab eis obtineat quod interminatio non potuerat obtinere. Sane cum olim consulibus et populo Placentinis dederimus in mandatis ut V. Palavicini filium et socios ac fautores iniquitatis ipsius, commorantes in vestro districtu, ad restitutionem eorum quæ dilecto filio nostro P. Sanctæ Mariæ in Via Lata diacono cardinali, cum de

(53) Vide infra epist. seq.

provincia legationis suæ rediret, violenter abstulerant, tradita sibi potestate compellerent; alioquin Ecclesiam Placentinam subjiceremus Ecclesiæ Ravennati; ac si nec sic mandatis apostolicis obedirent, episcopali dignitate tam Placentin. quam Parmen. Ecclesiam privaremus (54): quia quod mandabatur adimplere hactenus distulerunt, ne mendacii arguamur, recedere non possumus a tramite veritatis, aut non concludere in effectu quæ prædiximus comminando. Eapropter eorum contumaciam attendentes, præsentium auctoritate de consilio fratrum nostrorum statuimus ut nisi infra quindecim dies post receptionem præsentium, mandatum quod per alias eis litteras fecimus curaverint adimplere, Ecclesia Placentina Ecclesiæ Ravennati subjaceat et vos venerabili fratri nostro archiepiscopo Ravennati respondeatis et ipsius non præsumatis mandatis et admonitionibus contraire, donec nobis et eidem cardinali plenarie fuerit satisfactum; tam Placentin. quam Parmen. Ecclesiam episcopali dignitate, dante Domino, privaturi, si nec sic nobis fuerit plenarie satisfactum. Ideoque per apostolica vobis scripta mandamus, et districte præcipimus quatenus eidem archiepiscopo respondere curetis. Alioquin noveritis vos officio beneficioque suspensos. Mandavimus autem eidem archiepiscopo ut vos ad obediendum sibi per censuram ecclesiasticam et aliter, si opus fuerit, appellatione remota compellat. Nos enim sententiam quam in vos, si contumaces fueritis, tulerit ratam habebimus et faciemus auctore Domino inviolabiliter observari. Charissimæ quoque in Christo filiæ nostræ C. imperatrici, et tam Francorum quam Anglorum regi, et nobilibus viris T. comiti, et baronibus Campaniæ, duci Burgundiæ, ac comiti Maurianen. firmiter præcipiendo mandamus, ut bona mercatorum Placentinorum et Parmensium, quæ deinceps fuerint in terra eorum inventa, tandiu apud se custodia fideli detineant vel faciant in tuto deponi, donec nobis et eidem cardinali fuerit plenarie satisfactum, et ipsi quid de his facere debeant mandatum a nobis receperint speciale. Consules etiam Placentinos, nisi nobis juxta mandatum dilecti filii G., sanctæ Mariæ in Porticu diaconi card. apostolicæ sedis legati, curaverint satisfacere infra terminum quem ipse eis ad satisfaciendum præfixerit, se noverint excommunicationis vinculo innodatos. Mandamus autem rectoribus Lombardiæ ut consules ipsos et potestatem Parmen. ad sua consilia non admittant, imo eos sicut excommunicatos arctius studeant evitare. Scribimus quoque universis archiepiscopis, episcopis, et aliis Ecclesiarum prælatis in Lombard. constitutis, ut si consules Placentini vel pot. Parmen, in civitates vel quascunque terras Lombardiæ forte devenerint, eis præsentibus in civitatibus vel terris ipsis divina prohibeant celebrari. Omnes autem litteras, quæ eorum contumacia edomanda de mandato pro super hoc negotio sunt

(54) Vide in ist. 340.

confectæ, eidem card. transmittimus, eis, ad quos diriguntur, nisi infra quindecim dies post susceptionem præsentium nobis juxta formam litterarum quas idem cardinalis ad vos primo detulit, ad plenum satisfactum fuerit, assignandas : ei dantes firmiter in mandatis ut te, frater episcope, et clericos Placen. ad obediendum memorato archiepiscopo, cui vos ex tunc decernimus usque ad dignam satisfactionem esse subjectos, per censuram ecclesiasticam appellatione remota compellat. Quod si forte cardinalis memoratus in terra non fuerit, venerabilibus fratribus nostris Mediolan. archiepiscopo et episcopo Cuman. exsecutionem hujus apostolici mandati committimus ; ut ambo, vel alter eorum, si his exsequendis ambo nequiverint interesse, sicut præmissum est, in ipsius exsecutione apostolica fretus auctoritate procedat. Illud etiam relinqui nolumus incorrectum, quod interdictum in civitate et diœcesi positum non plene, sicut dicitur, observatur, cum auctoritate nostra prolatum fuerit et a nobis postmodum confirmatum. Unde vobis in virtute obedientiæ districte præcipiendo mandamus ut vos illud inviolabiliter observetis et faciatis per vestram diœcesim inconcusse servari ; eos qui contravenire præsumpserint, officio beneficioque suspensos, ad sedem apostolicam tu, frater episcope, transmissurus.

Datum Romæ apud Sanctum Petrum, xi Kalend. Maii, pontificatus nostri anno primo.

Scriptum est prædictis omnibus super hoc, juxta quod in eisdem litteris continetur.

CXXII.
EPISC. ET CAPITULO PARMEN.
De eadem re.
(Apud S. Petrum.)

Qui monitis, etc., *ut supra in eumdem fere modum usque ad verbum illud* compellerent. Alioquin Burgum sancti Domnini eximeretur a jurisdictione Parmensis Ecclesiæ, quia ipsi quod mandatur, etc., *usque ad verbum illud* de consilio fratrum nostrorum Burgum S. Domnini ab Eccle. Parmen. usque ad s tisfactionem congruam eximimus potestate, tam vestram quam Placen. Ecclesiam, etc., *ut supra usque ad verbum illud* satisfactum. Scribimus autem char.ssimæ in Christo filiæ C. imperatrici, etc., *usque ad verbum illud* speciale. Omnes autem litteras quæ pro eorum contumacia, etc., *usque ad verbum illud* firmiter in mandatis ut clericos in Burgo sancti Domnini constitutos a jugo Ecclesiæ Parmen. absolvat, e ublicet tantum Ecclesiæ Romanæ teneri. Quod si for ard. memoratus in terra non, etc., *usque ad verbum* t procedat. Ideoque per apostolica vobis scripta man us et districte præcipimus quatenus cum idem Bur sancti Domnini a vestra fuerit jurisdictione exemp nullam in ecclesias vel clericos ejus exercere p atis de cætero potestatem ; sub pœna excommuni is vobis nihilominus inhibentes ne Huberto ini filio aliquid de proventibus Parmen. Ecclesiæ udatis, nec cum vel suos, vel aliquos pro eo patiamini de ipsis aliquam usurpare vel qualemcunque accipere portionem contra quod hactenus egisse dicimini fraudulenter. Illud etiam impunitum relinquere nec possumus nec debemus, quod interdictum in civitate vestra et diœcesi positum non plene, sicut dicitur, observatur, præsertim cum auctoritate nostra prolatum fuerit, etc., *ut supra usque in finem.* Datum, ut supra.

CXXIII.
RAVENNATI ARCHIEPISCOPO.
De eadem re.
(Apud S. Petrum.)

Cum apud sedem apostolicam potestatis resideat plenitudo, non est admiratione ducendum si, pensatis subditorum meritis, nunc exaltat humiles, nunc deprimit contumaces. Sane cum ipsa mater sit omnium generalis, ut in sublimatione humilium ad obediendum provocet contumaces et in contumaciun depressione tam superbis quam humilibus audaciam subtrahat contemnendi, et mansuetos extollit, et deponit supercilium superborum. Ideoque Placentinorum contumaciam attendentes, præsentium auctoritate statuimus de fratrum nostrorum consilio et voluntate communi, ut Ecclesia Placentina Ecclesiæ Ravennati subjaceat, et venerabilis frater noster episcopus et clerus Placentin. tibi obedientiam et honorem exhibeant, donec nobis et ilecto filio P. Sanctæ Mariæ in Via Lata diacono cardinali juxta tenorem litterarum, quas eis direximus Placentiam, satisfactionem curaverint plenariam exhibere ; auctoritate tibi apostolica indulgentes ut eos ad obediendum tibi et respondendum, sicut superius est expressum, compellendi liberam habeas facultatem. Nos enim sententiam quam in eos propter hoc tuleris ratam habebimus et faciemus auctore Domino inviolabiliter observari. Nulli ergo, etc.

Datum Romæ apud Sanctum Petrum,

CXXIV.
OVETEN. EPISCOPO.
Ut ex collegio canonicorum iterum fiat monasterium.
(Apud S. Petrum, vi Non. Maii.)

Cum a nobis petitur, etc., *usque ad verbum illud* effectum. Significasti siquidem nobis quod cum in Ecclesia sancti Servandi institutio abbatis et monachorum ad te de jure pertinet, monasterium ipsum conversum est in canonicam sæcularem et cuidam clerico in beneficium assignatum ; quod tu, quantum in te fuerat, emendare intendens, monasterium ipsum in priorem religionis statum desideras revocare. Eapropter, venerabilis in Christo frater, tuis precibus annuentes ut ecclesiam ipsam ad debitum religionis statum reducas, instituendi ibidem abbatem et monachos, sicut ad te pertinet, liberam tibi concedimus auctoritate apostolica facultatem. Nulli ergo, etc.

Datum Romæ apud S. Petrum, vi Non. Maii.

CXXV.

FRATRI RAINERIO.

Ut curet Ovetensem episcopum a rege Legionen. ejectum restitui.

(Datum, ut supra.)

Cum venerabilis frater noster Oveten. episcopus interdictum, quod in regnum Legionen. apostolicæ sedis auctoritate prolatum fuerat, et ipse servaverit et in sua diœcesi fecerit observari et propter hoc de regno Legionen. exsilium coactus fuerit sustinere, justum non esset aliquatenus vel honestum, si de receptione ipsius in absolutione regis et regni a te vel nullatenus vel nimis tepide tractaretur. Ideoque discretioni tuæ per apost. scripta mandamus quatenus si, juxta formam quam tibi dedimus, regem Legionen. duxeris absolvendum, et debito præstitæ cautionis illi præcipias, antequam interdictum regni relaxes, ut non impediat quominus dictus episcopus suæ restituatur diœcesi et tam de damnis illatis quam de fructibus inde perceptis recompensationem ei exhibeat competentem et ei faciat ablata cum integritate restitui. Noveris autem nos eidem episcopo de speciali gratia concessisse ut cum regni Legionen. relaxaveris interdictum, latam in suam diœcesim interdicti sententiam et hactenus observatam, per se vel nuntium suum auctoritate nostra cum tuo consilio valeat relaxare. Unde nihilominus volumus et mandamus ut prædictum episcopum non impedias quominus secundum prædictam formam per se vel nuntium suum diœcesim Ovetensem absolvat.

Datum, ut supra.

CXXVI.

TERRACONEN. ARCHIEPISC.

Ne intra septennium proxime vacatura beneficia conferantur, sed redditus convertantur in usus creditorum.

(Apud S. Petrum v Kal. Maii.)

Imminet nobis ex susceptæ administrationis officio ut Ecclesiarum profectibus taliter intendere debeamus, quod ipsi in statu debito persistentes, salubribus proficere valeant institutis. Sane ad nostram noveris audientiam pervenisse quod Ecclesia tibi commissa propter beneficia tam mansionariis quam non mansionariis assignata, cum ipsius redditus ad hoc sufficere non valeant, jam fere ad nihilum est redacta. Volentes igitur ejusdem Ecclesiæ profectibus paterna sollicitudine providere, fraternitati tuæ per apost. scripta præcipiendo mandamus quatenus, si vera sunt quæ dicuntur, de possessionibus ad mensam tuam pertinentibus infra septennium nulli beneficium de novo assignes, nisi necessitas vel Ecclesiæ utilitas postulaverit, ut per hoc saltem respirare valeat ab onere debitorum.

Datum Romæ apud S. Petrum, v Kalend. Maii.

(55) Cap. *Proposuit*, De concessione præbendæ.

CXXVII.

PRÆPOSITO, DECAN. ET CAP. CAMERACEN.

Ut a decessore suo et a se institutum recipiant in canonicum.

(Apud S. Petrum.)

(55) Proposuit nobis dilectus filius Thebaldus presbyter quod, cum bonæ mem. Celestinus papa prædecessor noster, post preces quas vobis pro receptione ipsius in fratrem et assignatione præbendæ ad donationem vestram spectantis in Ecclesia vestra proximo vacaturæ eidem facienda porrexerat, mandatum vobis apostolicum destinasset et bonæ mem. decanum Remen. exsecutorem concessisset eidem, decanus ipse vos in exsecutione mandati apostolici contumaces inveniens et rebelles, ipsum de præbenda primo vacatura in Ecclesia vestra, quæ ad donationem capituli pertineret, auctoritate apostolica investivit; vobis præcipiens ut eum in canonicum recipientes et fratrem, ipsi stallum in choro et locum in capitulo conferretis; ecclesiarum vobis introitu interdicto, si quod mandabat differretis infra triduum ad implere. Vos autem nec mandatum ejus exsequi voluistis, nec ab ecclesiarum cessastis ingressu; imo potius in elusionem mandati apostolici, causa diffugii ad eumdem decanum appellastis; et cum ipse decanus morte præventus in negotio ipso ulterius non potuisset procedere, et præbenda quæ ad donationem vestram spectabat, in ecclesia Cameracen. vacasset, eam alii assignastis, in eumdem presbyterum excommunicationis sententiam promulgantes, quia litteras ejusdem decani sibi in testimonium reservavit. Cum autem propter hoc idem presbyter ad ejusdem prædecessoris nostri præsentiam accessisset, sicut ex litteris ejus nobis innotuit, ipse quod ab eodem decano factum fuerat, ratum volens haberi, collationem præbendæ factam a vobis penitus irritavit, et eumdem presbyterum ab excommunicationis vinculo absolutum de ipsa manu propria per annulum investivit. Licet autem intentionis nostræ non sit investituras de vacaturis factas, contra canonum instituta ratas habere, qui secundum plenitudinem potestatis de jure possumus supra jus (56) dispensare; attendentes tamen quod idem presbyter non de vacatura, sed de vacante per prædecessorem nostrum fuerat investitus, utpote quæ post cassationem concessionis a vobis factæ intelligebatur vacare: discretioni vestræ per apostolica scripta mandamus atque præcipimus quatenus amoto ab eadem præbenda quolibet detentore eam ipsi T. omni dilatione, excusatione et app. postpositis conferatis et permittatis ab ipso pacifice possideri, ei stallum in chor. locum in capitulo cum plenitudine honor anonici assignantes. Alioquin noveritis n. erabili fratri nostro Cathalanensi episcop. isse firmiter in mandatis ut ipse id aucto apost. exsequatur; contradictores eccle. sura cessante appellatione percellens, si per exsecutione mandati nostri Collect. legitur, *super his*.

(56) In

desides fueritis vel remissi. Nos enim sicut nolumus injusta præcipere, sic in justis præceptis nolumus pati repulsam, qui prompti sumus omnem inobedientiam secundum apost. verbum ulcisci. Nullis litteris, etc., harum tenore tacito, etc.

Datum Romæ apud Sanctum Petrum.

In eumdem fere modum Cathalanensi episcopo.

CXXVIII.

MATTHÆO ABBATI ET CONVENTUI S. SPIRITUS DE ARENULIS.

Apud S. Petrum, vi Non. Maii.

Socrosancta Rom. Eccl., etc., *usque ad verbum illud* suscipimus. Ad indicium autem hujus nostræ protectionis paginæ nobis nostrisque successoribus unum Byzantium annis singulis exsolvetis. Nulli ergo, etc.

Datum Romæ apud Sanctum Petrum, vi Nonas Maii.

CXXIX.

OXOMENSI, OSCENSI ET DERTUSEN. EPISCOPIS.

Ut causam archiepiscopi et capituli terraconensis contra monasterium Rivipollense determinent.

(Apud S. Petrum, ii Non. Maii.)

Veniens olim ad apostolicam sedem Willielmus monachus Rivipollensis, causamque inter venerabilem fratrem nostrum archiepiscopum et dilectos filios canonicos Terraconen, ex una parte, et monasterium Rivopollen. ex alia, super villa et honore de Centumcellis vertebatur, ad quosdam obtinuit judices delegari. Verum quoniam ipse in falsitate bullæ nostræ fuit publice deprehensus et suspectus habetur ne præter litteras quas a nobis obtinuit, aliquas alias sub falsa bulla in Hispaniam destinarit, fraternitati vestræ per apost. scripta mandamus quatenus, nullis litteris super hoc impetratis obstantibus et revocato quidquid earum auctoritate est attentatum, audiatis causam et eam sine debito terminetis, facientes quod statueritis per censuram eccle. inviolabiliter observari ; audituri nihilominus causam quæ inter Terraconen. Eccle. et monasterium Rivipoll. super castro de Analech vertitur et fine canonico decisuri.

Datum Romæ apud Sanctum Petrum, ii Nonas Maii.

CXXX.

PHILIPPO ILLUSTRI REGI FRANCIÆ.

De confirmatione fœderis inter ipsum regem et comitem Flandriæ.

(Apud S. Petrum.)

Licet ex injuncto nobis apostolatus officio cunctorum teneamur providere quieti et pacem inter singulos exoptare, quietem tuam et regni tui tanto specialius conservare volumus et debemus et inter magnificentiam regiam et homines suos firmæ pacis existere fœdera studiosius affectamus, quanto personam tuam specialiori diligimus in Domino charitate, et pacem tuam et regni tui ad Ecclesiæ commodum cognoscimus efficacius redundare. Eapropter chariss. in Christo fili, tuis justis precibus inclinati et petitionibus tuis, quantum cum Deo possumus, gratum impertientes assensum, felicis mem.

Celestini papæ prædecessoris nostri vestigiis inhærentes, compositionem factam inter serenitatem tuam et dilectum filium nostrum Balduinum comitem Flandriæ pro pace perpetuo servanda, sicut rationabiliter facta est coram viris religiosis et prudentibus et scripto authentico roborata et firmata pluribus juramentis et ab utraque parte recepta auctoritate apost. confirmamus et præsentis scripti patrocinio communimus. Ad majorem autem ipsius facti notitiam, authenticum prædicti comitis de verbo ad verbum præsentibus litteris apponi fecimus et transcribi ; cujus tenor talis est (57) : *Ego Balduinus comes Fland. et Hainen., notum facio universis præsentibus pariter et futuris quod ego concessi et juravi domino meo ligio Philippo illustri regi Franciæ quod omnibus diebus vitæ meæ bona fide et sine fictione ipsum juvabo contra omnes homines qui possunt vivere et mori, præterquam de terra Hainen. contra dominum meum episcopum Leodicensem, si ipse vellet inquietare regem Franciæ, vel rex Franciæ eum, sive contra dominum imperatorem de eadem terra; neque regi Franciæ de hujusmodi auxilio faciendo unquam deero, quandiu idem dominus meus rex Franciæ rectitudinem mihi facere voluerit in curia sua, et me facere judicari per eos qui me judicare debent in curia regis Franciæ, et hoc faciam domino meo regi Franciæ assecurari per juramenta viginti hominum meorum de Hainen. quos elegerit rex Franciæ in hunc modum : ipsi jurabunt, et litteras suas patentes regi Franciæ inde dabunt, quod mihi consulent, et volent, et efficient ad posse suum bona fide, ut hanc conventionem teneam domino regi Franciæ integre, et quod si ab hoc resiliero, in captionem domini regis Franciæ, ibunt Parisius infra quadraginta dies postquam id sciverint, vel per se vel per submonitionem regis Franciæ, nisi infra eosdem quadraginta dies regi Franciæ emendatum fuerit ; nec de captione regis Franciæ exibunt, donec illud sit emendatum ; et quotiescunque me continget ab hac conventione resilire, toties Parisius in captione regis Franciæ ire et captionem ei tenere tenebuntur ad eumdem modum qui prædictus est. Eamdem securitatem faciam fieri Domino regi Franciæ contra omnes homines a quadraginta homin. de terra mea Fland. quam modo teneo, quos ipse rex Franciæ elegerit. Et quam cito ad me venerit per jus meum terra quam comitissa uxor quondam avunculi mei comitis Fland. Philippi tenet nomine dotalitii, a quadraginta hominum meorum illius terræ, quos rex Franciæ elegerit, eamdem securitatem fieri et præstari faciam domino meo regi Franciæ. Et quicunque morientur ex his qui hanc fecerint regi Franciæ securitatem, hæredes eorum eamdem securitatem præstare regi Franciæ faciam. Quicunque hominum meorum de utraque terra prædicta hujusmodi securitatem domino regi Franciæ facere noluerint, terras suas eis auferam nec reddam, donec regiæ Franciæ dictam fecerint securitatem. Et interim alios ad electionem regis Franciæ faciam regi fa-*

(57) Acta hæc apud Compendium anno 1196, ut patet ex Rigordo.

cere illam securitatem. Cæterum dominum Remen. archiepiscopum, et Atrebaten., et Cameracen., et Tornacen., et Morinen. episcopos rogabo, et bona fide requiram quod quotiescunque me a prædictis conventionibus resilire contigerit, toties me excommunicent, et terram meam totam interdicto supponant, non obstante aliqua appellatione, donec id emendatum sit regi Franciæ. Et litteras meas patentes tam archiepiscopo quam dictis episcopis dabo, continentes me his concessisse quod hanc justitiam possint in me exercere, non obstante appellatione, si a dictis conventionibus resiliero: et efficiam ad posse meum, quod ipsi litteras suas patentes super hoc dabunt regi Franciæ. Ita etiam quod quicunque successerint Remen. archiepiscopo et memoratis archiepiscopis, ad idem faciendum super me et super terram meam Domino regi Franciæ tenebuntur. Dominum papam etiam et alios summos pontifices Domini papæ successores rogabo per litteras meas patentes, quas tradam regi Franciæ, quatenus domino regi Franciæ suas super hoc confirmationis dent litteras, et justitiæ in me et terram meam exercendæ, si ab his resiliero. Sciendum præterea quod domino meo Philippo regi Franciæ et hæredi suo quito feudum Bolen. et feudum Gumar. et feudum Osiaci, si quid in illis feudis habeo. Quæ omnia juravi et sigillo meo rata firmavi, Nulli ergo, etc.

Datum Romæ apud S. Petrum.

Scriptum est autem super hoc Willelmo. Remen. archiepiscopo et suffraganeis ejus, ut apost. freti auctoritate dictam compositionem faciant, sublato cujuslibet contradictionis et appellationis obstaculo, per excommunicationis in personas et interdicti sententiam in terras, inviolabiliter observari.

CXXXI

CISTERCIEN. ET CLAREVALL. ABBATIBUS.

Ut per archiepiscopum Rothomagensem, post interpositam a Philippo Gallorum rege appellationem, attentata revocent.

(Apud S. Petrum.)

Deferendum regi quasi præcellenti cum in generali testetur Apostolus, illi deferre specialiter volumus et deferri desideramus ab aliis quem certis novimus argumentis et fidei catholicæ integritate præcellere et inter cæteros reges in devotione Rom. Ecclesiæ proposito persistere firmiori. Hinc est quod nos attendentes fidem et devotionem quam charissimus in Christo filius noster Philippus rex Francorum illustris, non solum circa Rom. Ecclesiam, verum etiam circa Ecclesias universas quasi ex liberalitate innata creditur exhibere, de venerabilis fratris nostri Rothomagen. archiepiscopi discretione miramur; quia, sicut audivimus, cum idem rex superfacto Andeliaci ab ipso archiepiscopo tanquam a suspecto judice appellarit (58), ne aliquid posset in ejus præjudicium generari, nihilominus idem archiepiscopus ipsum infestat ejusque terram in sua provincia constitutam ecclesiastico minatur

(58) Vide supra epist. 108.

supponere interdicto. Unde nos canonum statuta sequentes, si quid post appellationem illam rationabiliter interpositam in ejus præjudicium fuerit attentatum, irritum decernentes penitus et inane, præfato archiepiscopo mandavimus, districtius inhibentes, ne prædictum regem de cætero propter hoc molestare aut in terram ejus sententiam promulgare præsumat, quandiu coram vobis, qui neutri partium merito debetis esse suspecti, parere voluerit æquitati. Quo circa discretioni vestræ per apostolica scripta mandamus quatenus si sæpe dictus archiepiscopus post appellationem illam, eodem rege taliter juri stare parato, in prædictam terram aliquam in gravamen ipsius duxerit sententiam promulgare, vos nostra freti auctoritate illam denuntietis, sublato appellationis obstaculo non tenere. Ne vero propter loci distantiam eidem archiepiscopo grave sit ad vestram præsentiam pro consequenda justitia laborare, præsentium vobis auctoritate mandamus, ut quoties necesse fuerit, ad locum congruum accedatis, et sine personarum acceptione, justitia mediante, procedere non tardetis. Nullis litteris obstantibus, si quæ apparuerint veritate tacita, etc.

Datum Romæ apud Sanctum Petrum,

CXXXII

ODONI TERDON. EPISCOPO.

Quod omnes religiosos sibi subjectos liceat ad observationem interdicti compellere, salvis privilegiis Romanorum pontificum.

(Apud S. Petrum.)

Officii nostri debitum et sollicitudo requirit ut fratres et coepiscopos nostros in justis debeamus petitionibus specialius exaudire nec eorum sententias, quas in contumaces et rebelles duxerint rationabiliter promulgandas, permittamus temeritate qualibet violari. Cum igitur, sicut tua nobis insinuatio patefecit, multi religiosi tuæ diœcesis contra generale interdictum a te positum divina non metuant officia celebrare, fraternitati tuæ auctoritate præsentium duximus indulgendum ut liceat tibi omnes tuæ diœcesis, salvis privilegiis et indulgentiis Rom. pontificum, ad observantiam interdicti a te positi appellatione remota canonica districtione compellere. Nulli ergo, etc.

Datum Romæ apud Sanctum Petrum,

CXXXIII.

GRADENSI PATRIARCHÆ.

Ut decimas a sibi subjectis parochianis recipiat, etsi hactenus sub aliis episcopis habitarunt.

(Apud S. Petrum, IV Non. Maii.)

Si quando a fratribus et coepiscopis nostris a nobis requiritur quod a tramite rationis non deviet, eorum postulationi facilem nos convenit præbere consensum; ut eo fortius circa injunctum sibi officium intendere valeant et in nostra devotione persistere, quo se a nobis benignius ac celerius senserint exauditos. Inde est quod cum Ecclesiam sancti Achindani apud Constantinopolim te habere proponas, quidam suffraganeorum tuorum decimas a parochianis ejusdem Ecclesiæ, qui de tuis partibus ad eamdem parochiam sæpe domicilia transferunt, ea occasione instanter requirunt, quia patres eorum, avi sive proavi decimas ipsis aliquando persolverunt, et ad ipsas decimas extorquendas nonnunquam suos vicarios transmittere non formidant: non attendentes quod licet ipsi parochiani eorum aliquando fuerint, ex quo se ad alienam parochiam transtulerunt, manum non licet cuiquam in messem mittere alienam. Ideoque nos indemnitati tuæ sollicite providere volentes, fraternitati tuæ præsentium auctoritate concedimus ut liceat tibi a parochianis præscriptæ Ecclesiæ tuæ beati Achindani, non obstante quod eorum antecessores prædictis suffraganeis tuis, dum in ipsorum parochia permanebant, decimas persolverunt, libere decimas percipere et tenere, nihilominus etiam jus conventuale, quod in capellis Ecclesiæ prænominatæ tibi de jure competit, sine contradictione cujuslibet de auctoritate nostra valeas exercere. Nulli ergo, etc.

Datum Romæ apud Sanctum Petrum, IV Non. Maii, pontificatus nostri anno primo.

CXXXIV.
ABBATI ET CONVENTUI BELLÆVILLÆ.

Quod liceat ipsis, cum consensu episcopi et sine detrimento alterius, oratoria exstruere.

(Apud S. Petrum, Non. Maii.)

Cum a nobis petitur, etc., *usque ad verbum illud* effectum. Ut igitur apostolici favoris obtentu religio vestra, Deo dante, grata in spiritualibus et temporalibus recipiat incrementa, statuimus ut vobis de concessione nostra sit licitum in locis in quibus competens fratrum numerus a vobis fuerit institutus, cum assensu dioecesani episcopi, sine detrimento juris alterius, oratoria sine cujuslibet contradictione construere, ubi fratribus morantibus cum familiis suis secundum statuta ordinis vestri divina valeant officia ministrari.

atum Romæ apud Sanctum Petrum, Non. Maii, pont. nostri anno primo.

CXXXV.
EISDEM.

De procuratione exhibenda fratribus S. Irenæi.

(Datum, ut supra.)

(59) Quanto Creatori vestro sub religionis habitu astricti estis devotius famulari, tanto sollicitius nos convenit providere ne per immoderati oneris gravitatem aliquatenus possit in vobis monastici profectus ordinis impediri. Accepimus autem vobis significantibus quod ab ipso domus vestræ fundationis primordio de fundatoris voluntate processit ut fratribus S. Irenæi procurationem unam annis singulis liberaliter exhiberet, cum tetras vel redditus non teneatis ab eis, propter quos hujusmodi procuratio ipsis debeat exhiberi. Verum tunc temporis propter fratrum et servientium paucitatem domum vestram exhibita procuratio non gravabat, cum fines

(59) *Cap.* Quanto, De censib.

levium non excederet expensarum. Sed nunc tantum ibi excrevit numerus servitorum et fratrum quod ad faciendam procurationem vix modo quatuor marchæ sufficerent, quæ pro una sufficienter fieri consuevit. Ut igitur per apostolicæ sollicitudinis curam vestris possit in parte ista gravaminibus provideri, auctoritate præsentium vobis indulgemus ne ultra primam mensuram in procuratione ipsa sitis ulterius prædictis fratribus obligati; sed expensis illis quæ sufficere consueverant sint contenti; nisi forte facultates Ecclesiæ vestræ in tantum excreverint, quod sine gravamine, ampliato fratrum numero, ad solvendum debitum procurandi extendi possit quantitas expensarum. Nulli ergo, etc.

Datum, ut supra.

CXXXVI.
ABBATI ET CONVENTUI SANCTI VEDASTI,

Statuta et laudabiles cœnobii istius consuetudines pontifex confirmat et approbat.

(Apud S. Petrum, 11 Non. Maii.)

Cum a nobis petitur, etc., *usque* vestris postulationibus inclinati, rationabiles consuetudines Ecclesiæ vestræ a bonæ memoriæ P. sancti Grisogoni presbytero cardin. tunc legato sedis apostolicæ approbatas, et per M. quondam abbatem sancti Vedasti de consilio majoris et sanioris partis capituli redactas in scriptis, et tam sigilli ipsius quam card. ejusdem munimine roboratas auctoritate apostolica confirmamus et præsentis scripti pagina communimus: inhibentes ne vel tu, fili abbas, vel tuorum quilibet successorum contra eas temere veniat, nec vos, filii monachi, contravenienti aliquatenus pareatis. Adjicimus etiam ut, sicut in instrumento earumdem consuetudinum continetur, curias et domos obedientiarum in quibus monachi consueverunt hactenus ministrare nunquam ulli laico sub quocunque censu temere concedere præsumatis, sed tam res Ecclesiæ vestræ quam obedientiarum ipsius per fratres vestros et monachos custodiantur et fideliter pertractentur. Ad hæc, auctoritate vobis apostolica districtius interdicimus, ne obventiones charitatum, annuos etiam redditus refectioni fratrum et pauperum in anniversariis deputatos, in alios usus, nisi evidens Ecclesiæ necessitas vel utilitas exigat, præter communem assensum vel majoris partis consilii sanioris aliquatenus convertatis; sed tam dictæ obventiones quam et redditus ipsi, per priorem et monachos, quos capitulum ad hoc deputaverit, fideliter reserventur. Nulli ergo, etc.

Datum Romæ apud Sanctum Petrum, II Nonas Maii.

CXXXVII.
GERARDO ABBATI ET CONVENTUI VIRZILIACENSI.

Veteres consuetudines laudabiles approbat, et nova iis privilegia confert,

(Apud S. Petrum.)

Quamvis universa loca religiosa fovere ac diligere teneamur, illis tamen propensiorem curam impendere nos oportet quæ specialiter beati Petri juris existunt et ad nostram nullo mediante provisionem pertinent et tutelam. Inde est quod nos jura monasterii vestri volentes integra conservari et contra molestationes indebitas vos et idem monasterium speciali communire privilegio libertatis ad exemplar felicis memoriæ Urbani, Clementis et Celestini prædecessorum nostrorum, auctoritate apostolica prohibemus ne ullus omnino archiepiscopus, episcopus aut alius Ecclesiarum prælatus, nisi de speciali mandato Romani pontificis vel legati ab ipsius latere destinati, in monasterium ipsum, abbatem vel aliquem fratrum vestrorum interdicti, suspensionis vel excommunicationis sententiam promulgare præsumat: quod si fecerit, eam decernimus non tenere. Libertates præterea et immunitates et rationabiles ejusdem monasterii consuetudines hactenus observatas, tam in animarum cura presbyteris Ecclesiarum Virziliaci, Asconii, Sancti Petri, Castri insulæ, et Monterione committenda et contrahendis matrimoniis et legitime dirimendis, et excommunicandis vel absolvendis suspendendis, destituendis et restituendis presbyteris, clericis et parochianis Ecclesiarum illarum quam in aliis negotiis et sacramentis ecclesiasticis, ratas esse decernimus et eas auctoritate apostolica vobis vestrisque successoribus confirmamus: districtius prohibentes ne quas possessiones, jura, vel bona prædicti monasterii præter conscientiam sedis apostolicæ, cui specialiter est subjectum, quomodolibet alienare vel antiquas et rationabiles ejusdem monasterii consuetudines, et hactenus observatas violare præsumat: quod si a quoquam fuerit attentatum, omnino statuimus irritandum. Adjicimus etiam ut si Ecclesiarum prælati a vobis canonice tertio requisiti, manifestos malefactores vestros interdicere et excommunicare neglexerint, licitum sit vobis et successoribus vestris ut eos candelis accensis vice nostra excommunicetis et interdicatis nuntietisque excommunicationis et interdicti vinculo innodatos: quos tandiu volumus sicut excommunicatos et interdictos ab omnibus evitari, donec de perpetratis excessibus satisfaciant competenter, et si delicti qualitas hoc exegerit, ad sedem apostolicam cum testimonio litterarum abbatis vel capituli veniant absolvendi. Liceat insuper vobis, sicut a benignitate sedis apost. instantius postulastis, ut in solemnitate quam in translatione beatæ Mariæ Magdalenæ infra Quadragesimam annis singulis celebratis, ad gloriam Dei et laudem, ob solemnitatis ipsius reverentiam, *Gloria in excelsis Deo* ad missas de festivitate ipsius in monasteriis vestris solemniter decantetis. Nulli ergo, etc.

Datum Romæ apud Sanctum Petrum.

CXXXVIII.

EISDEM.

De privilegio in fraudem aliorum, e. quo privilegiati abutuntur, impetrato, revocando.

(Apud S. Petrum.)

Ad audientiam apostolatus nostri pervenit quod canonici castri Censurii a sede apostolica indulgentiam impetrarunt ne pro injuriis a dominis ejusdem castri vicinis Ecclesiis irrogatis, castrum ipsum subjici valeat interdicto: cujus libertatis occasione prædicti domini malignandi materiam assumentes, vobis et Ecclesiis vestris damna plurima et injurias intulerunt, de quibus nullam potuistis consequi rationem. Ideoque præsentibus vobis litteris indulgemus, ut præscripta indulgentia in præjudicium justitiæ et juris monasterii vestri nullas vires obtineat in posterum vel effectum.

Datum Romæ apud Sanctum Petrum.

CXXXIX.

GERARDO ABBATI VIRZILIACENSI.

(Apud S. Petrum, x Kal. Maii).

Cum a nobis petitur, etc., *usque ad verbum illud* assensu. Devotioni tuæ præsenti pagina indulgemus ut liceat tibi et successoribus tuis homines tuæ subditos potestati civili judicio experiri coram te volentes, lite mota, juris ordine observato, ad judicium convocare et cogere appellatione remota ad judicium, quod juste tuleris observandum. Nulli ergo etc.

Datum Romæ apud Sanctum Petrum, x Kalend. Maii.

CXL.

ABBATI ET CONVENTUI VIRZILIACENSI.

Ne prælati visitantes, multitudine ministrorum Ecclesias gravent.

(Apud S. Petrum.)

(60) Cum ad quorumdam malitiam coercendam in concilio fuerit Lateranensi multa deliberatione statutum ut archiepiscopi, episcopi, archidiaconi, archipresbyteri etiam et decani certum evectionis numerum et personarum in Ecclesiarum visitationibus non excedant; quia, sicut audivimus, quidam ex prædictis personis id in Ecclesiis vestris nequaquam observant, super eo commoditati vestræ salubriter duximus providendum. Ideoque discretioni vestræ præsentium auctoritate concedimus ut si prænominatæ personæ numerum evectionis et personarum in concilio constitutum, cum Ecclesias visitant, excedere forte præsumpserint, et pro illis procurationem exegerint, liberum sit vobis auctoritate apostolica denegare. Et si propter hoc in Ecclesias vestras vel clericos vestros aliquam sententiam promulgaverint, ipsam auctoritate apostolica decernimus non tenere. Nulli ergo, etc.

Datum Romæ apud Sanctum Petrum.

---

(60) Cap. *Cum ad quorumdam*, De excess. Prælat.

CXLI.
EISDEM.

Concordiam super procuratione cum comite Nivernen. approbat.

(Apud S. Petrum.)

(61) Cum a nobis petitur, etc., *usque ad verbum illud* justis precibus inclinati, conventionem inter vos ex una parte et dilectos filios nostros nobilem virum Petrum comitem Nivernen. et Agnetem uxorem ipsius ex altera, per sollicitudinem venerabilis fratris nostri O. Hostien. episcopi tunc apost. sedis legati, mediante charissimo in Christo filio nostro Philippo rege Francorum illustri unanimiter factam, super obligatione procurationum, quas ipse comes in Pascha et festivitate sanctæ Mariæ Magdalenæ ab Ecclesia vestra accipere dicebatur, pro mille quingentis marchis argenti facta, sicut in eorumdem regis, episcopi, comitis et comitissæ, et bonæ memoriæ archiepiscopi Senonen. et venerabilium fratrum nostrorum Eduen. Lingonen. Antisiodoren. et Nivernen. episcoporum scriptis authenticis et testimoniis pro bono pacis et concordiæ continetur, auctoritate apostolica confirmamus et præsentis scripti pagina communimus. Præterea vobis districtius sub excommunicationis pœna vetamus ne de pecunia ista liceat vobis vel successoribus vestris aliquid relaxare. Decernimus ergo, etc.

Datum Romæ apud sanctum Petrum.

CXLII

SENONEN. ARCHIEPISCOPO, EDUENSI, LINGONENSI, ANTISIODORENSI, ET NIVERNEN. EPISCOPIS.

Ut concordiam, de qua epistola præcedenti, comitis hæredes atque successores observare cogant.

(Apud S. Petrum.)

Vestra novit universitas quæ conventio intervenerit inter dilectos filios nostros Girardum abbatem et fratres Virziliacen. et nobilem virum P. comitem Nivernen. atque agnetem uxorem ipsius super obligatione procurationum quas ipse comes a coenobio Virziliacen. in Pascha et festivitate beatæ Mariæ Magdalenæ recipere dicebatur. Cum igitur compositionem illam ad exemplar felicis memoriæ Celestini papæ prædecessoris nostri, qui ejus processum plene cognovit, auctoritate apostolica duxerimus confirmandam, fraternitati vestræ per apostolica scripta mandamus firmiterque præcipimus quatenus si prædicti comes et comitissa vel hæredes eorum ab illa compositione resilierint, et non observaverint eam, quemadmodum in authenticis scriptis venerabilis fratris nostri Octaviani Hostien. episcopi, tunc apostolicæ sedis legati, et charissimi in Christo filii nostri Philippi regis Francorum illustris et eorumdem comitis et comitissæ et vestris evidentissime continetur, vos eos auctoritate nostra suffulti ad observationem ejusdem conventionis et singillatim et communiter per excommunicationis

---

(61) De controversia quæ erat inter comitem Nivern. et monachos Vezeliac vide. t. III Spicilegii Dacheriani, pag. 529 et seqq., 183 et seqq

---

et interdicti sententiam, sublato appellationis impedimento, cogatis. Volumus autem ut sicut vos ad hoc tenemini, ita et vestri successores ad idem in posterum teneantur.

Datum Romæ apud Sanctum Petrum

CXLIII.

ARCHIPRESBYTERO S. ANDREÆ DE PALLIAN.

Ut uxorem, qua maritus ob pravam suspicionem abjecerat, recipere cogat, et clericum de suo crimine gloriantem suspendat.

(Datum, *ut supra*, IV Id. Maii.)

(62) Quam sit grave crimen in clericis gloriari cum malefecerint et in rebus pessimis exsultare, nullus sanæ mentis ignorat. Accepimus sane, quod non sine dolore referimus, quod cum Riccius de Gerrone R. filiam suam cuidam Joanni nomine tradiderit in uxorem, Petrus diaconus Ecclesiæ sancti Petri, filius A. sacerdotis, non erubuit publice profiteri se prædictam feminam carnaliter cognovisse. Unde factum est quod prædictus vir ad propria eam remitteret, cui fuerat matrimonialiter copulata. Quapropter per apostolica tibi scripta mandamus quatenus si tibi constiterit de præmissis, omni contradictione et appell. cessante, præfatum clericum ab officio et beneficio suspendere non postponas, compellens virum ut uxorem suam recipiat eique, sicut justum est, officium exhibeat maritale.

Datum, *ut supra*, IV Idus Maii, pontificatus nostri anno primo.

CXLIV.

RIXINEN. ELECTO.

(Apud S. Petrum.)

Si gratis factam tibi a sede apost. gratiam recepisses, nec ejus benignitate fuisses abusus, privilegium forsan non merereris amittere, dum non abutereris concessa tibi a sede apost. potestate. Cum enim, sicut accepimus, bonæ memoriæ Celestinus papa prædecessor noster tibi misericorditer indulsisset ut aliquandiu morareris in scholis, ut paginæ divinæ vacares, beneficii hujus ingratus et indulgentiam ipsam indecenter interpretans, sæcularibus legibus adhæsisti, non attendens quod secundum Apostolum nemo militans Deo implicat se negotiis sæcularibus. Quia igitur abusionem tuam non possumus æquanimiter sustinere, discretioni tuæ per apostol. scripta mandamus et districte præcipimus quatenus omni mora et excusatione cessante, ad gerendam sollicitudinem Ecclesiæ tibi creditæ revertaris; aliquem bene instructum in divina pagina, per quem proficere possis, tecum, si volueris, deducturus; ne forte, sicut in annis, ita pariter et in actibus juvenem te ostendas.

Datum Romæ apud Sanctum Petrum.

---

(62) Cap. *Quam sit grave*, De excessibus prælatorum.

CXLV.

DECANO, CANTORI, ET J. MORELLI CANONICO XANTONEN.

Ut Willielmum scriptorem Papæ curent in canonicatu Pictaviensi pacifice tueri.

(Rom, *ut supra*, II Non. Maii.)

Nobis nec immerito ad cumulum indignationis accedit quod multi apostolicæ sedis reverentiam minime attendentes, in tantæ rebellionis aculeum eriguntur, quod ad receptionem eorum etiam quos nostris servitiis insistere nobisque familiariter adhærere non dubitant, difficiles se ostendunt, graviterque repugnant, ut mandata apostolica eludantur. Quod tanto nobis cedit ad dedecus tantoque acrius nos commovet contra eos, quanto ignominiosius videretur, si propter remissionem ac tepiditatem nostram eorum infecta negotia remanerent, quibus non solum ad simplices preces nostras, verum etiam nobis tacentibus deberet liberaliter provideri. Sane sicut ex litteris venerabilis fratris nostri episcopi et dilecti filii archidiaconi Engolismen. accepimus, cum ipsi a bonæ memoriæ Celestino papa prædecessore nostro mandatum apostolicum recepissent ut dilectum filium magistrum Willielmum de Marcheio scriptorem nostrum canonicum instituerent in Ecclesia Pictavensi, contradictores excommunicationis sententia percellentes, iidem mandatum illud fuerunt, prout decuit, exsecuti. Nos autem quod ab eis rationabiliter factum est approbantes, venerabili fratri nostro Pictaven. episcopo, tunc apud sedem apostolicam existenti, viva voce injunximus ut ipsum scriptorem illius canonicæ plena et pacifica faceret possessione gaudere. Ipse vero quod grave gerimus plurimum et molestum propter contradictionem quorumdam canonicorum suorum, cum nullum velit in suæ novitatis exordio molestare, id exsequi prætermittit; licet de ipsius scriptoris, ut asseruit, promotione lætetur. Nolentes igitur ut pro quorumlibet contradictione quod apostolica fuit auctoritate statutum, citra perfectionis terminos relinquatur, sed potius celeri compleatur effectu, per apost. vobis scripta mandamus et districte præcipimus quatenus prædictum scriptorem nostrum canonicam ipsam, quam auctoritate apostolica est adeptus, faciatis auctoritate nostra, sublato contradictionis, occasionis et appellationis obstaculo, plene et pacifice possidere; quoscunque contradictores vel rebelles inveneritis, per districtionem eccle. appell. postposita compescentes. Insuper quia prædicti canonici Pictaven. quamdam proposuere ordinationem de canonicis, ut ducitur, se facturos, prænominato Williel. prorsus excluso; nos si quid in elusionem mandati apost. eo non admisso prius fuerit attentatum penitus irritantes, volumus nihilominus et mandamus ut ipsis auctoritate nostra curetis districtius inhibere ne in illa procedere ordinatione præsumant, donec mandatum nostrum

(85) Vide lib. II, epist. 144.

A de præfato Willielmo, secundum formam præscriptam fuerit adimpletum : scituri quod, sicut gratum nobis plurimum et acceptum existet, si mandatum nostrum per vos diligenti fuerit exsecutioni mandatum, ita dolebimus nec poterimus in patientia sustinere, si in exsecutione illius negligentes inventi fueritis et remissi. Nullis litteris obstantibus, si quæ apparuerint harum tenore tacito, etc. Quod si omnes, duo vestrum, etc.

Datum Romæ, *ut supra*, II Non. Maii.

CXLVI.

A. PICTAVEN. ET R. PETRAGORICEN. EPISCOPIS, ET ARNALDO ARCHIDIACONO PETRAGOR. ECCLESIÆ.

Ut Caduniense deformatum monasterium instaurent.

(*Ut supra*, VI Id. Maii.)

(65) Insinuatio dilecti filii Ay. abbatis Cadunien. nobis exposita patefecit, quod cum ab antiquo abbatia Cadunien. non solum pastorem, sed etiam habitum et regularem observantiam de Cistercien. ordine suscepisset, tam in temporalibus quam in spiritualibus cœlestium donorum proficiens incrementis, tandem per quosdam indisciplinatos filios voluntatis propriæ sectatores, qui cervices suas indomitas ab illo jugo suavi et salutari minus licenter excutere præsumpsere, ad tantæ desolationis miseriam peccatis exigentibus jam devenit, ut a malitia inhabitantium in ea (sicut testimonio plurimorum didicimus) defectum minetur pariter et ruinam. Volentes igitur tantæ dissolutionis materiam per vestram sollicitudinem amputari, discretioni vestræ per apostolica scripta præcipiendo mandamus quatenus ad locum pariter accedentes, quidquid corrigendum inveneritis tam in capite quam in membris, auctoritate freti apostolica, solum Deum habentes præ oculis, corrigatis, et monitione diligenti præmissa, ut ad ordinem Cistercien. redeant, a quo formam religionis sumpserunt, ad emendationem ipsius loci, tam in capite quam in membris, prout expedire videritis, procedatis; quod statueritis facientes per censuram ecclesiasticam nullius contradictione vel appellatione obstante firmiter observari; sollicite satagentes ut conspirationes et vitium proprietatis radicitus exstirpentur. In quo si quis monachorum moriens fuerit vel fratrum inventus, Christiana careat sepultura. Nullis obstantibus litteris, etc., veritate tacita impetrat. Quod si omnes, etc.

Datum, *ut supra*, VI Idus Maii.

CXLVII

EPISCOPO, ARCHIDIACONO PETRAGORICENSI, ET R. ARCHIPRESBYTERO DE MARMUNTES IN PETRAGORICEN. DIŒCESI CONSTITUTIS.

Ut latam contra abbates intrusos sententiam tueantur atque defendant.

(Romæ, *ut supra*, VIII Id. Maii.)

De commisso nobis statu Ecclesiæ nos oportet esse sollicitos; ut si forsan in ejus corpore sit infectum quidquam morbi contagio quod simplicitatem corporis valeat offuscare, illud vel debitæ correctionis capiat medicinam, vel ne corruptione ipsius pars sincera trahatur, ab unitate corporis penitus amputetur. Sane dilectus filius A. abbas Cadunien. in nostra præsentia constitutus nobis exposuit diligenter quod cum Cadunien. cœnobii commissum sibi regimen assumpsisset, ne aliqua de commissis ovibus antiqui hostis versutia ab ovili suo posset surripere, juxta vocem Dominicam ad fratres suos conversus, sæpius hortabatur ut Domino in sanctitate conscientiæ et justitia coram ipso servire studentes, sectatores essent bonorum operum, et propria, quæ juxta formam sui ordinis eis habere aliquatenus non licebat, ad communem utilitatem Ecclesiæ resignarent, et ad Cistercien. ordinem, de quo primum patrem acceperunt, voluntate unanimi se transferrent. Cæterum quidam ex ipsis patris sui monita contemnentes et ea quæ salutem propriam continebant, ægro animo sustinentes, in ipsum insurgere præsumpserunt et diabolica instigatione seducti, et patrem et pastorem pariter conspiratione nefaria ab administratione abbatiæ nixi sunt amovere. Tandem vero cum idem abbas ex iniquitate filiorum domui suæ timeret imminere periculum, in quosdam abbates monasterii sui subditos et subjectos simul cum parte altera, cautione juratoria interposita, super querelis suis voluntarie compromisit, tali tamen conditione adjecta, ut cum discretorum virorum consilio et aliorum abbatum filiorum et fratrum Ecclesiæ Cadunien. querelas ipsas judicio vel concordia terminarent. Verum cum ad statutum arbitrii diem alterutra partium convenisset, dicto abbate proponente contra monachos et probare parato quod conspirationem fecerant contra ipsum, et ipsis in jure confessis proprium se habere, supradicti arbitri exclusis viris honestis ex consensu partium juxta formam compromissi ad arbitrandum receptis, et non vocatis abbatibus fratribus et filiis ad diem assignatum, sententiam promulgarunt, et ipsos monachos nullam conspirationem fecisse penitus asserentes, de propriis abbati reddendis nihil pronuntiavere. Unde cum idem abbas se multipliciter gravari cognosceret, tum quia probationem suam de conspiratione nolebant admittere et bonos viros et honestas personas excluserant, tum quia de restituendis propriis nullam prorsus fecerant mentionem et abbates fratres et filios ad arbitrandum non convocaverant, tam se quam abbatiam suam apostolicæ protectioni supposuit et a tam manifesto gravamine sedem apostolicam appellavit. Unde proprio nuntio ad sedem apostolicam destinato, bonæ memoriæ Cœlestino prædecessori nostro facti seriem plenius explicavit; qui provida deliberatione Ademaro bonæ memoriæ Petragoricen. episcopo dedit firmiter in mandatis ut personaliter ad cœnobium Cadunien. accedens, quod ibi statuendum seu corrigendum cognosceret, auctoritate apostolica nullius contradictione seu etiam compromissione prorsus obstante, tam in capite quam in membris corrigeret, et exstirpatis vitiis, virtutes ibidem inserere laboraret; et si quid post appellationem ad sedem apostolicam interpositam inveniret circa statum ipsius abbatis temeritate qualibet attentatum, illud in irritum revocaret. Cum igitur memoratus episcopus mandatum apostolicum recepisset et juxta formam ipsius ad monasterium Cadunien. accedere festinaret, abbatem de Faesia, quem ejecto pastore proprio præscripti monachi cum abbate de Gundunio in eadem Ecclesia post appellationem ad sedem apostolicam factam præsumptuose intruserant, cassavit penitus et amovit tam ipsum quam abbatem de Gundunio, qui eum intruserat, et fautores et electores ipsius excommunicationis vinculo innodavit. Quam sententiam dicti abbates et monachi observare penitus contempsere. Unde jamdictus A. Cadunien. abbas compulsus est ad sedem apostolicam laborare. Nos igitur latam a memorato episcopo sententiam in prædictos Faisen. et Gundunien. abbates et alios eorum fautores, sicut rationabiliter lata est, ratam habentes et firmam, præsentium vobis auctoritate mandamus quatenus ipsam tandiu faciatis auctoritate nostra, nullius contradictione vel appellatione obstante, inviolabiliter observari, donec pastorem suum A. unanimi voluntate recipiant et debitam sibi obedientiam et reverentiam impendentes, de perpetratis excessibus juxta disciplinam sui ordinis satisfecerint competenter; in irritum revocantes quidquid in prædicti abbatis præjudicium post appellationem ad apostolicam sedem objectam constiterit immutatum; ipsos monachos auctoritate apostol. compellentes eidem abbati satisfacere in expensis mutuatis, dum ad sedem apostolicam per suos nuntios et etiam in propria persona coactus est laborare. Nullis obstantibus litteris harum tenore, etc. Quod si omnes, etc., duo vestrum, etc.

Datum Romæ, *ut supra*, viii Idus Maii, pont. nostri anno i.

CXLVIII
VENERABILIBUS FRATRIBUS ARCHIEPISCOPIS ET EPISCOPIS AD QUOS LITTERÆ ISTÆ PERVENERINT.

(Apud S. Petrum.)

Cum in Ecclesiis dilectorum filiorum nostrorum abbatis et fratrum Virziliacen. per eos capellani constituantur, qui debeant ipsis de temporalibus respondere, dignum est et consonum rationi ut sicut ex consuetudine observatur, super his controversia mota ad judicium ab eisdem fratribus compellantur. Ideoque fraternitati vestræ præsentibus litteris inhibemus ne capellanos ipsos, vel eosdem fratres contra tenorem privilegiorum suorum in audientia vestra pro temporalibus subire judicium compellatis, vel si spontanei accesserint, in præjudicium memoratorum fratrum ullatenus admittatis. Sed si quid super his quæstionis emergat, coram eis secundum ordinem juris experientes suam justitiam consequantur. Nulli ergo, etc.

Datum Romæ apud S. Petrum.

CXLIX.

ARCHIEPISCOPIS, ET EPISCOPIS, ET ALIIS ECCLESIARUM PRÆLATIS, AD QUOS LITTERÆ ISTÆ PERVENERINT.

De immunitate et privilegiis monasterii beatæ Mariæ Virziliacensis.

(Apud S. Petrum.)

Licet universa loca religiosa fovere ac diligere teneamur, illis tamen propensiorem curam impendere nos oportet, quæ specialiter beati Petri juris existunt et ad nostram nullo mediante provisionem pertinent et tutelam. Inde est quod nos jura monasterii beatæ Mariæ Magdalenæ Virziliacen. volentes integra conservari, et contra molestationes indebitas fratres et idem monasterium speciali communire privilegio libertatis, ad exemplar se. record. Urbani, Clementis, Cœlestini prædecessorum nostrorum, auctoritate apostol. prohibemus ne quis vestrum in monasterium ipsum, abbatem aut aliquem de fratribus ejusdem monasterii interdicti, suspensionis, vel excommunicationis sententiam promulgare præsumat: quod si fecerit, eam decernimus non tenere. Libertates præterea et immunitates et rationabiles ejusdem monasterii consuetudines hactenus observatas, tam in animarum cura presbyteris Ecclesiarum Virziliacensis, Asconii, S. Petri, Castri insulæ et Monterione committenda, et contrahendis matrimoniis et legitime dirimendis, et excommunicandis vel absolvendis, suspendendis, destituendis et restituendis presbyteris, clericis et parochianis Ecclesiarum illarum, quam in aliis negotiis et sacramentis ecclesiasticis, ratas esse decernimus, et eas a vobis præcipimus inviolabiliter observari. Nihilominus etiam vobis præsentium auctoritate mandamus quatenus subditos vestros, de quibus ad vos prædictorum fratrum fuerit perlata querela, ad necessitatem satisfactionis debitæ, contradictione et appellatione cessante, per excommunicationis et interdicti sententiam compellatis. Alioquin eis auctoritate apostolica indulsimus ut eos candelis accensis vice nostra excommunicent, et nuntient excommunicationis et interdicti vinculo innodatos: quos tandiu volumus sicut excommunicatos et interdictos ab omnibus evitari, donec de perpetratis excessibus satisfaciant competenter. Præterea quoniam, ut audivimus, parochiani præfati monasterii, qui pro manifestis excessibus a memoratis fratribus quandoque sententiam ecclesiasticæ districtionis incurrunt, interdum ad alia loca se transferunt, ut sic sententiam et justitiam fratrum eludant; districte mandamus atque præcipimus ut eos qui taliter duxerint correctionem ecclesiasticam contemnendam, pariter et alios malefactores eorumdem fratrum, qui vel a vobis vel ab ipsis aut ab aliis fuerint excommunicationis et interdicti vinculo innodati, cum requisiti fueritis, per parochias vestras tandiu sicut excommunicatos et interdictos faciatis ab omnibus evitari, donec iidem malefactores satisfacere compellantur [*f.* satisfecerint competenter]; et si delicti qualitas hoc exegerit, ad sedem apostolicam cum testimonio litterarum abbatis vel capituli veniant absolvendi.

Datum Romæ apud Sanctum Petrum.

CL.

GERARDO ABBATI MONASTERII BEATÆ MARIÆ MAGDALENÆ VIRZILIACEN. EJUSQUE FRATRIBUS TAM PRÆSENTIBUS QUAM FUTURIS, REGULAREM VITAM PROFESSIS IN PERPETUUM.

De eodem argumento.

Religiosis votis annuere et ea operis exhibitione complere, officium nos invitat suscepti regiminis, et ordo exigit rationis. Eapropter, dilecti in Domino filii, vestris justis postulationibus clementer annuimus et præfatum monasterium S. Mariæ Magdalenæ Virziliacensis, in quo divino mancipati estis obsequio, ab illustris memoriæ Gerardo comite ipsius loci fundatore et uxore ejus Bertha beato Petro apostolorum principi propria devotione oblatum, apostolicæ sedis patrocinio communimus et, ad exemplar prædecessorum nostrorum piæ recordationis Leonis, Gregorii, Urbani, Eugenii, Alexandri, Lucii, Urbani, Gregorii, Clementis, et Cœlestini Romanorum pontificum (64), statuimus ut idem monasterium in nullo teneatur alicui nisi tantum Rom. Ecclesiæ respondere, et illum vobis in abbatem dari volumus et præponi quem fratres communi consensu vel fratrum pars consilii sanioris secundum Dei timorem et beati Benedicti institutionem elegerint et Romanus pontifex providerit ordinandum aut suggestione monachorum ejusdem loci consenserit ordinatum. Sane consecrationem monasterii vestri et Ecclesiarum quæ sunt in circumadjacenti villa Castri insulæ et Monterione, chrisma, oleum sanctum, benedictionem abbatis, ordinationes monachorum et clericorum et cætera ecclesiastica sacramenta, vobis a quo malueritis catholico episcopo suscipienda concedimus: quia apostolica fultus auctoritate quod postulatur indulgeat. Ecclesiæ vero ejusdem monasterii per diversas provincias constitutæ et earum altaria ab episcopis, in quorum diœcesi sunt, consecrentur, cœmeteria benedicantur, sacerdotes et clerici ordinentur, chrisma et oleum suscipiantur; siquidem gratiam atque communionem apostolicæ sedis habuerint, et ea gratis ac sine pravitate voluerint exhibere. Alioquin pro eorum susceptione catholica quem malueritis episcopum adeatis; qui similiter apostol. fultus auctoritate, quod postulatur indulgeat. Porro diœcesano episcopo in monasterio vestro, nisi forte ab abbate fuerit invitatus, nec stationes agere nec Missas liceat publicas celebrare, neque ullam in eodem cœnobio et circumadjacenti villa et in ecclesiis Asconii, Sancti Petri, quæ sunt in radice montis ipsius sitæ, et in ecclesiis Castri insulæ et Monterione dominationem exercendi vel interdicendi habeat potestatem. Mansuro in perpetuum præterea decreto penitus prohibemus ne abbatem vel monachos persona quælibet

---

(64) Vide Notas ad Lupum Ferrar. pag. 367, 412, 449. et seq. et in appendice pag. 10.

sæcularis ad curiam suam judicandos vel in causam ducendos vocet; nec abbas vel monachi aut eorum homines ab ecclesia cui serviunt judicandi coacti pro susceptione judicii curias principum adeant aliquorum, neque per alicujus principis potestatem abbas cum hominibus Ecclesiæ Virziliacensis, si qua inter eos querela emerserit, in causam intret; nec aliquis eos adversus abbatem defendere audeat, vel tueri; nec burgenses vel homines Ecclesiæ Virziliacensis præter abbatem et monachos quisquam principum ad suam curiam judicandos et distringendos puniendosve ire compellat. Ad hæc, sæpedicto monasterio auctoritate apostolica confirmamus quæcunque prædictorum fundatorum seu quorumcunque fidelium legitima collatione aut aliis justis modis noscitur possidere, et quæcunque juste in futurum et canonice largiente Domino poterit adipisci. Præterea quieti vestræ providentes, auctoritate apostol. interdicimus et sub excommunicationis vinculo prohibemus, ut infra pertinentias monasterii vestri crucibus determinatas nullus hominum capere, invadere seu bona sua auferre sive assultum vel quamlibet offensionem facere, neque per alicujus ducis vel comitis auctoritatem quisquam sine licentia vestra in eodem monasterio missas celebrare et oblationes detinere præsumat. Nihilominus quoque prædecessorum nostrorum fe. mem. Urbani, Eugenii, Alexandri, Lucii, Urbani, Gregorii, Clementis et Cœlestini Roman. pontificum vestigiis inhærentes, statuimus ut in ecclesiis et capellis vestris per diversas provincias constitutis presbyteri a vobis vel fratribus vestris eligantur; ut episcopis, in quorum diœcesi sunt, præsententur: a quibus, si idonei fuerint, curam animarum accipiant; ita quidem quod de plebis cura teneantur episcopis respondere; de oblationibus vero, decimis aliisque redditibus, sicut a prædecessoribus nostris vobis concessum fuisse dignoscitur, in curia vestra suam justitiam exsequantur. Quod si facere forte noluerint, subtrahendi eis temporalia ipsa, liberam habeatis auctoritate apostol. facultatem. Sententiam insuper super causa quæ inter vos et bonæ memoriæ Stephanum quondam Eduen. episcopum vertebatur, a domino Urbano prædecessore nostro de communi consilio et assensu fratrum prolatam et a felicis record. Clemente prædecessore nostro postmodum confirmatam, auctoritate apostol. concedimus et præsentis scripti pagina communimus. Quæ quidem sententia talis est. Controversiæ quæ sub examine sedis apostol. terminantur litterarum debent memoriæ commendari, ne tractu temporis in recidivæ quæstionis scrupulum deducantur. Meminimus autem piæ memoriæ prædecessorem nostrum Lucium papam venerabilibus fratribus nostris T. Portuen. et N. Albanen. episcopis et nobis adhuc in minori officio constitutis injunxisse ut in causa inter venerabilem fratrem nostrum Eduen. episcopum et monasterium vestrum diutius agitata, testes ipsius episcopi audiremus, eo, sicut recolimus, patenter expresso, ut super his articulis in quibus jus episcopale monasterii privilegia excludebant nulla per testes inquisitio haberetur, sed super aliis de quibus ab episcopo quæstio contra monasterium movebatur. Testibus itaque præfato tenore receptis et depositionibus eorum redactis in scriptis, fuit indulta commissio pro aliis testibus producendis, diffinitiva sententia apostol. sedis examini reservata. Proinde postea quæ acta sunt sub judicibus delegatis, tam episcopi quam monasterii procuratoribus statuto termino in nostra præsentia constitutis, post multa hinc inde proposita ab episcopi procuratore quæsivimus ut quidquid peteret, scripturæ serie declararet. Qui licet antea per advocatum subjectionem monasterii cum aliis petiisset, tandem libello porrecto confessus est, quod nihil in corpore monasterii vindicaret, sed in ecclesiis in villa circumadjacenti monasterio constitutis, clero et populo earumdem et quibusdam aliis jus episcopale domino suo restitui postulabat: quorum possessionem Eduen. Ecclesiam habuisse et præter juris ordinem amisisse sufficienter probatum esse testibus asserebat; et ideo attestationes aperiri cum instantia requirebat. E contra vero Virziliacenses nec litem fuisse super his quæ exempta sunt per privilegia contestatam et se libere usos suis privilegiis affirmabant. Nos vero privilegiis monasterii diligenter inspectis, villæ circumadjacentis ecclesias scilicet Sancti Petri, Sancti Christophori, Sancti Stephani, Sanctæ Marthæ, Sanctæ Crucis, et Sancti Jacobi, plena et pari cum monasterio gaudere reperimus libertate. Quia ergo, sicut dictum est, nostri non fuit prædecessoris intentio ut super his quæ in privilegiis eximuntur vel haberetur quæstio vel testimonium redderetur, attestationes omnes super his, si quæ sunt exhibitæ, duximus irritandas. Sane libertatem monasterii ex ipsa procuratoris episcopi confessione tenentes ei privilegiorum claram seriem in aliis, quæ licet exempta in quæstionem deducebantur, attentius intuentes, procuratori episcopi de consilio fratrum nostrorum super subjectione monasterii et omnibus quæ in privilegiis eximuntur per diffinitivam sententiam silentium perpetuum ita duximus imponendum, ut in ecclesiis supradictis, clero et populo earumdem et villa circumjacenti nihil juris, nihil consuetudinis, nihil omnino quisquam, præter Romanam Ecclesiam, secundum quod privilegia continent, quæ diligenter inspeximus, habeat potestatis. Verumtamen principalem super ipsis privilegiis quæstionem, si ea episcopus non in parte sed totaliter tentaverit improbare, ipsi liberam reservamus. Decernimus ergo, etc., *usque ad verbum illud*, fatigare, aut de propriis animalibus quæ in cellis ejus sunt, decimas exigere, sed omnia etc. salva in omnibus sedis apostolicæ auctoritate, et in illis ecclesiis quæ exemptæ non sunt diœcesanorun episcoporum canonica justitia. Ad indicium autem tam jurisdictionis Romanæ Ecclesiæ quam libertatis vestræ, libram unam argenti nobis nostrisque successoribus annis singulis exsolvitis. Si qua igitur, etc.

Datum Romæ apud Sanctum Petrum per manum Rainaldi domini papæ notarii, vicem agentis cancellarii, III Non. Maii, indictione prima, Incarnationis Dominicæ 1198, pontificatus vero domini Innocentii papæ tertii anno primo.

CLI.

WILLIELMO REMEN. ARCHIEPISCOPO, SANCTÆ SABINÆ CARDINALI.

Ut electo Cameracen. liceat resignare juri, et ut eligatur alius idoneus a capitulo, intra mensem, vel instituatur auctoritate apostolica.

(Romæ, v Idus Maii.)

Cum illos qui ad prælationis officium evocantur esse deceat sollicitos et attentos, ut tanquam boni pastores vigilias noctis custodiant super grege sibi commisso, ne lupus rapiat vel dispergat, qui propter impedimentum cordis aut corporis aliquando ad hujus officii onus electi suam insufficientiam recognoscunt et malunt prælationis officium resignare quam velint sub eorum regimine gregem Dominicum deperire, gratum exhibent Domino, sicut credimus, famulatum et petitionibus eorum favor est apostolicus impendendus; quia tutius est in Ecclesia non præesse quam non prodesse qui præsunt. Licet autem occulta cordium ille solus intelligat qui renum est scrutator et cordium; quia tamen a nobis tam ex parte tua quam dilecti filii Cameracen. electi exstitit postulatum, ut si idem electus cujuspiam infirmitatis conscius, propter quam ad regimen ipsius Ecclesiæ insufficiens dignoscitur, vellet sine pravitate aliqua resignare, liceret tibi eamdem recipere cessionem; volentes, quantum cum Deo possumus, Cameracen. Ecclesiæ providere, auctoritate tibi præsentium indulgemus, ut si electus ipse propter prædictam causam sine pravitate renuntiare voluerit, resignationem ipsius apostolica auctoritate recipias, et ascitis tibi venerabilibus fratribus nostris Atrebaten. et Ambianen. episcopis canonicos prædictæ Ecclesiæ studiosius moneas et inducas ut infra mensem post admonitionem vestram, personam idoneam sibi communiter juxta sanctionem canonicam eligant in pastorem. Si vero in electione facienda omnes, vel major et sanior pars, non potuerint convenire, ut ab eadem Ecclesia dissensionis in electione amoveatur materia, per quam jamdudum plurima sustinuisse dignoscitur detrimenta, ex tunc tu pariter cum prædictis episcopis vel eorum altero, si ambos habere non poteris, non obstante contradictione vel appellatione cujuslibet, præficiendi ipsi Ecclesiæ personam idoneam in pastorem liberam habeas auctoritate apostolica facultatem. Nulli ergo, etc.

Datum Romæ, *ut supra*, v Idus Maii, pontificatus nostri anno primo.

CLII.

EIDEM.

Quod novam cathedram ipsi erigere liceat. Cœnobia tamen in illos usus non convertantur, sed cœnobia permaneant.

(Datum, *ut supra*.)

Cum ad ecclesiastici honoris augmentum tuam sollicitam cognoscimus voluntatem, tanto ibi propensius in Domino congaudemus, quanto personam tuam sinceris charitatis brachiis amplexamur, et te tanquam præcipuum Ecclesiæ membrum in domo Domini desideramus evidentius elucere. Pervenit siquidem ad audientiam nostram quod cum ad ampliationem divini cultus et honorem Ecclesiæ Gallicanæ in castro tuo, quod Mosomum dicitur, in abbatia ejusdem castri disposuisses novum episcopatum erigere, a felicis recordationis Cœlestino papa prædecessore nostro super hoc licentiam postulasti; qui fratrum deliberato consilio, sicut in ejus litteris continetur, tibi per scripta sua concessit ut de assensu charissimi in Christo filii nostri illustris regis Francorum, de consilio etiam venerabilium fratrum nostrorum Atrebaten. et Ambianen. episcoporum, illud apostolica auctoritate suffultus, nullius contradictione vel appellatione obstante, in hujusmodi negotio agere procurares quod ad honorem Dei et Ecclesiæ cognosceres pertinere; illos ecclesiastica districtione percellens qui tibi super hoc ducerent temeritate qualibet resistendum. Nos igitur ejusdem prædecessoris nostri vestigiis inhærentes, de fratrum nostrorum consilio, ut in prædicta abbatia, juxta præscriptam tibi formam a prædecessore nostro episcopatum erigere valeas, vel si malueris in eodem castro cathedralem Ecclesiam cui præficiatur episcopus fabricare liberam tibi concedimus auctoritate apostolica facultatem: ita tamen quod ab eodem monasterio monachi nullatenus excludantur; ne forte venire contra sanctiones canonicas videremur, quibus provida fuit deliberatione statutum, ut quæ semel Deo dedicata sunt monasteria, semper maneant monasteria; cum et hodie generaliter statuatur ut ordo monasticus, qui in aliquo monasterio secundum Deum et beati Benedicti regulam dignoscitur institutus, perpetuis ibidem temporibus inviolabiliter observetur. Si vero prædictorum episcoporum copiam habere non poteris, tu cum eorum altero juxta præscriptam formam in ipso negotio procedendi habeas potestatem. Nulli ergo, etc.

Datum, *ut supra*.

CLIII.

EIDEM.

Quod ipsi in novo suo episcopatu dignum aliquem virum præficere liceat.

(*Ut supra*, VII Id. Maii.)

Cum in ecclesia Dei ex dispositione divina locum obtineas digniorem, petitionibus tuis tanto libentius favorem apostolicum impertimur, quanto eas credimus ex maturiori deliberatione procedere et personam tuam cognoscimus ad augmentationem ecclesiasticæ dignitatis sollicitius aspirare. Cum igitur tibi tam a felicis recordationis Cœlestino papa prædecessore nostro quam a nobis de fratrum nostrorum consilio sit indultum ut infra castrum tuum, quod Mosomum dicitur, in abbatia ejusdem castri valeas episcopatum erigere, vel si malueris in eodem castro aliam cathedralem ecclesiam cui præficiatur episcopus, fabricare; ut laudabile tuæ voluntatis propositum melior sequatur effectus et ad exaltationem novi episcopatus studeas affectuosius et intendas, personæ tuæ, quam prærogativa dignitatis honorare volumus speciali, auctoritate præsentium indulgemus ut liceat tibi, quoad vixeris, personaliter in eodem episcopatu, eorum requisito assensu quibus episcopus præficiendus exstiterit, nullius contradictione vel appellatione obstante, personam idoneam instituere in pontificem, qui populo sibi commisso præesse valeat et prodesse. Nulli ergo, etc.

Datum, etc., *ut supra*, VII Idus Maii.

CLIV.

MAGISTRO GUISELIN. SUBDIACONO NOSTRO, CANCELLARIO TORNACEN.

Sententia cardinalis Remensis a papa confirmatur.

Cum a nobis petitur, etc. *usque ad verbum illud* effectum. Ad audientiam nostram siquidem te referente pervenit, quod cum felicis rec. Cœlestinus papa prædecessor noster causam quæ vertebatur inter te et Laurentium clericum de Brugis, super præbenda spectante ad magisterium scholarum Sanctæ Mariæ in Brugis, venerabili fratri nostro Willielmo Remen. archiepiscopo Sanctæ Sabinæ cardinali commisisset fine debito terminandam, ipse, allegationibus utriusque partis auditis et cognitis, de prudentum virorum consilio te ab ipsius impetitione absolvit, super hoc perpetuum silentium imponens eidem. Nos igitur quod per eumdem archiepiscopum factum est volentes debitam firmitatem habere, præbendam ipsam, sicut juste possides et quiete, devotioni tuæ auctoritate apostolica confirmamus, etc. Nulli ergo, etc.

Datum Romæ apud Sanctum Petrum IV Non. Maii.

CLV.

TORNACEN. EPISCOPO.

Ut a decessoribus alienata revocet

(*Ut supra*, VI Non. Maii.)

Cum Ecclesiarum omnium cura nobis immineat pastoralis, sic nos convenit circa utilitatem ipsarum attentius vigilare, ut quæ male ordinata sunt in eis in statum revocentur, auctore Domino, meliorem. Intelleximus siquidem per petitionem ex tua nobis parte porrectam, quod redditus duodecim altarium, qui ad mensam episcopalem specialiter fuerant deputati, quidam prædecessorum tuorum retroacto tempore minus rationabiliter distraxere. Volentes igitur tibi et Ecclesiæ tuæ paterna sollicitudine providere, ut redditus illos, qui in præjudicium tuum a mensa episcopali irrationabiliter sunt subtracti, tibi liceat, appellatione remota, legitime revocare, fraternitati tuæ auctoritate præsentium indulgemus. Nulli ergo, etc.

Datum, etc., *ut supra*, VI Non. Maii.

CLVI.

CANONICIS ECCLESIÆ BEATÆ MARIÆ TORNACEN.

Ut fructus altarium vicariis æqualiter dividantur.

(*Ut supra*, VIII Id. Maii.)

Cum a nobis petitur, etc. *usque ad verbum* assensu; ut redditus, qui a diversis donatoribus ad usum vicariorum ecclesiæ vestræ, qui non sunt majoris altaris servitio deputati, per temporum vices proveniunt, colligantur in unum et per ministros vestros inter eosdem vicarios æqualiter dividantur, qui communi assensu capituli, secundum antiquam et rationabilem ecclesiæ vestræ consuetudinem, institui valeant et similiter amoveri, liberam vobis auctoritate præsentium concedimus facultatem. Decernimus ergo, etc.

Datum, etc., *ut supra*, VIII Idus Maii.

CLVII.

CANONICIS ET CLERICIS TORNACEN. ECCLESIÆ.

(*Ut supra*, IV Id. Maii.)

Cum a nobis petitur, etc. *usque ad verbum* postulationibus inclinati, ne coram alio judice trahamini nisi per appellationem in causam, quandiu sub examine venerabilis fratris nostri episcopi Tornacen. vel dilectorum filiorum decani et capituli vestri stare juri volueritis, præterquam de nostro vel legati nostri mandato, auctoritate vobis præsentium indulgemus. Liceat quoque vobis, cum generale interdictum terræ fuerit, exclusis interdictis et excommunicatis, clausis januis, non pulsatis campanis et suppressa voce, divina officia celebrare. Nulli ergo, etc.

Datum, etc., *ut supra*, IV Idus Maii.

CLVIII.

CANONICIS ECCLESIÆ BEATÆ MARIÆ TORNACEN.

Quod fructus majoris altaris possint dividere.

(Apud S. Petrum.)

Cum a nobis petitur, etc., *usque ad verbum illud*, assensu, ut redditus qui per temporum vices a diversis personis ad usum vicariorum majoris altaris ecclesiæ vestræ proveniunt, colligantur in unum et per ministros vestros inter vicarios æqualiter dividantur, qui communi assensu capituli, secundum antiquam et rationabilem ecclesiæ vestræ consuetudinem, institui valeant et similiter amoveri, liberam vobis auctoritate præsentium concedimus facultatem. Decernimus ergo, etc.

Datum Romæ apud Sanctum Petrum.

CLIX.

CANONICIS ECCLESIÆ BEATÆ MARIÆ TORNACEN.

Confirmatio constitutionis cujusdam, super fructibus beneficii Ivonis.

Ut supra, II Kal. Maii.)

Cum a nobis petitur, etc., *usque ad verbum illud*,

vestris postulationibus gratam convenientiam impendentes, institutionemque quam super fructibus beneficii quod fuit olim Ivonis de vinea, cujus etiam donatio ad vos nullo medio pertinebat, de voluntate et consilio venerabilis fratris nostri Stephani episcopi vestri in Ecclesia vestra fecistis, videlicet ut fructus illi ad agenda communia negotia capituli perpetuo debeant applicari, sicut ipsa institutio rationabiliter facta est et hactenus observata et in authentico exinde confecto plenius continetur, auctoritate apostolica confirmamus, etc. Nulli ergo, etc.

Datum, etc., *ut supra*, ii Kalend. Maii, pontificatus nostri anno primo.

CLX.

ELECTO CAMERACENSI, SANCTI AUBERTI ET SANCTI GILLENI ABBATIBUS.

Ut injustam interdicti sententiam revocent.

(Apud S. Petrum, ii Kal. Maii.)

Cum in Ecclesia Dei omnia fieri debeant ordinate, non est a prælatis ecclesiarum ex impetu vel pro quæstu ad sententiam procedendum; sed ad hoc eo majori debent maturitate procedere, quo turpius et absonum magis existit de prolata temere sententia quam de ferenda minus rationabiliter reprehendi: quorum alteri, primo videlicet, pœna ex præsumptione debetur, secundo vero venia pro ignorantia vel diligentia minori donatur. Sane significantibus dilectis filiis abbate et conventu S. Vedasti Atrebaten. didicimus quod si quando inter eos et venerabiles fratres nostros episcopos, et dilectos filios archidiaconos, in quorum parochiis aliqua eorum obedientia vel capella consistit, super aliquo controversia vertitur, vel alicui ipsorum non satisfaciunt juxta desiderium postulantis, ipsi ecclesias eorum in suis parochiis constitutas interdicto subjiciunt et interdictum ipsum, nisi placati muneribus, non relaxant. Volentes autem Ecclesiæ sancti Vedasti paterna sollicitudine providere, eisdem episcopis et archidiaconis per scripta nostra præcipiendo mandavimus ne ejus ecclesias sine manifesta et rationabili causa interdicto supponant, nec occasione sæcularium negotiorum aut quæstionum emergentium, seu causa lucri captandi, capellanos in ejus ecclesiis commorantes impediant, quominus in ecclesiis suis divina valeant officia celebrare. Quocirca discretioni vestræ per apostolica scripta præcipiendo mandamus quatenus, si præfati episcopi vel archidiaconi forsan in ecclesias eorumdem abbatis et conventus sententiam interdicti minus rationabiliter duxerint promulgandam, vos de sententia ipsa, appellatione postposita, cognoscatis et eam post cognitionem, si talem ipsam inveneritis, auctoritate freti apostolica relaxetis. Nullis litteris, etc. harum tenore tacito.

Datum Romæ apud Sanctum Petrum, ii Kalend. Maii, pontificatus nostri anno primo.

CLXI.

ATREBATEN. EPISCOPO ET CAMERACEN. ELECTO.

Ut concordia inita et bona fide interposita transactio observetur.

(Datum, *ut supra*.)

Viris religiosis et his præcipue qui beati Benedicti regulam sunt professi non credimus expedire ut, otio claustrali postposito, contra instituta sui ordinis discurrant per curias sæculares, aut sæcularibus negotiis involvantur. Inde est quod nos dilectorum filiorum abbatis et conventus sancti Vedasti Atrebaten. religioni et honestati consulere cupientes, discretioni vestræ per apostolica scripta mandamus quatenus, si nobiles viri comes Aionien. et Betunen. advocatus a compositionibus quas idem comes cum eisdem fratribus super possessionibus de Haspra. et pater præfati advocati super possessionibus de Saillis et earum appenditiis voluntate propria inierunt temere resilire voluerint, eos ad observationem compositionum ipsarum, sicut sine pravitate factæ sunt et ab utraque parte receptæ, a nobis etiam confirmatæ, monitione præmissa per districtionem ecclesiasticam appellatione postposita compellatis. Nullis litteris, etc., *ut supra*.

Datum, *ut supra*.

CLXII.

REMEN. ARCHIEPISCOPO SANCTÆ SABINÆ CARDINALI ET ABBATI SANCTI REMIGII ET DECANO REMEN.

Ut Noviomensem episcopum tertia decimarum parte contentum esse et vexatione monasterii S. Vedasti abstinere jubeant.

(Datum, *ut supra*.)

Significantibus nobis dilectis filiis abbate et conventu sancti Vedasti nostro est apostolatui reseratum, quod Martinus quondam ejusdem monasterii abbas tertiam partem decimationis de Moilaivis et de Ernaldmensnil ab R. quondam Noviomen. episcopo recepit ad censum, et ei tantam se redditurum promisit annis singulis pensionem, quod reliquæ duæ tertiæ cum illa tertia vix sufficiunt ad solutionem ipsius. Unde ecclesia beati Vedasti jacturam enormem dicitur incurrisse. Propter quod venerabili fratri nostro Noviomen. episcopo dedimus in mandatis, ut illa tertia parte decimationis prædictæ, sicut justum est, de cætero sit contentus et Ecclesiam ipsam super exactione præmissæ pensionis amodo non molestet. Quocirca discretioni vestræ per apostolica scripta mandamus quatenus si supradictus episcopus mandato nostro parere noluerit et præmissis veritas suffragatur, vos auctoritate nostra suffulti memoratum episcopum sua tertia manere contentum et ab ecclesiæ supradictæ super exactione pensionis illius molestatione cessare, sicut justum est, monitione præmissa per districtionem ecclesiasticam, appellatione remota, cogatis. Si qua vero partium legitime citata etc. facientes quod decreveritis, etc. Nullis litteris, etc., *ut supra*. Quod si omnes, etc., tu, frater archiepiscope, cum eorum altero, etc.

Datum, *ut supra*.

CLXIII

ELECTO CAMERACENSI, SANCTI AUBERTI ET SANCTI GILLENI ABBATIBUS IN CAMERACEN. DIŒCESI CONSTITUTIS.

Ut episcopos per censuras compellant monasterium S. Vedasti contra suos adversarios jure tueri.

(Apud S. Petrum.)

Ut loca religiosa et fratres in eis divinis obsequiis deputati violentiæ non subjaceant laicali, sed instituta sui ordinis colant potius in quiete, specialis est eis gratia facienda; ne pro sui juris defectu sæcularibus immisceri negotiis compellantur et ad curias discurrere sæculares. Hac igitur consideratione inducti, dilectis filiis abbati et conventui sancti Vedasti Atrebaten. providere volentes, discretioni vestræ per apostolica scripta præcipiendo mandamus quatenus si de malefactoribus suis per diœcesanos episcopos justitiam non potuerint obtinere, vos post trinam admonitionem eisdem episcopis factam, malefactores eorumdem fratrum ad exhibitionem justitiæ per censuram ecclesiasticam, appellatione postposita, compellatis, facientes quod decreveritis per districtionem ecclesiasticam inviolabiliter observari; nec sententiam in eos latam a vobis, nisi damna et injurias passis prius fuerit satisfactum, aliquis audeat relaxare. Volumus etiam nihilominus et mandamus ut cum ab eodem abbate et fratribus fueritis requisiti, ad eorum monasterium accedentes, quæ corrigenda fuerint in capite vel in membris, auctoritate freti apostolica corrigatis. Nullis litteris, etc., ut supra. Quod si omnes, etc., duo vestrum, etc.

Datum Romæ apud Sanctum Petrum

CLXIV.

GRADEN. PATRIARCHÆ.

Ut causam archidiaconi Tarvisini contra clericos de Quinto jure definiat.

(*Ut supra*, IV Id. Maii.)

Constituti in præsentia nostra dilecti filii Jacobus et Olivierius nuntii clericorum plebanatus de Quinto, et dilectus filius archidiaconus Tarvisinus, pro causa quæ inter ipsos ex una parte et archidiaconum memoratum ex alia super jure ipsius archidiaconatus fuerat agitata et tandem ad nos per appellationem delata, diffinitioni ejus contrariis affectibus intendebant, et cum vellent ad invicem litigare, dilect. filium G. SS. Cosmæ et Damiani diaconum card. ipsis concessimus auditorem. Cumque partes in ejus essent præsentia constitutæ, prædicti nuntii pro ipsis et parte sua firmiter asserebant quod causa eadem post tractatum diutinum amicabili tandem fuerat compositione sopita: quam quidem archidiaconus juramento, episcopus vero sub pœna mille librarum se promiserat firmiter servaturum. Ex adverso autem prædictus archidiaconus proponebat quod cum videret partem adversam sibi super observatione compositionis factæ molestiam irrogare, bonæ mem. Clementi papæ prædecessori nostro suam curavit proponere quæstionem: qui tandem ipsum a præstito juramento post causæ cognitionem absolvit et, A licentiam ei dedit ut archidiaconatus sui jura, non obstante compositione illa, prosequi non cessaret; præsertim cum eam præfatus episcopus non servasset et tam ipse quam plebani socii ejus super hoc contra mandati apostolici formam eum plurimum molestassent. E contra præmissi nuntii affirmabant quod episcopus suus contra compositionem non venerat, imo ipsi archidiacono querenti responderat quod paratus erat facere quod deberet, sicut per instrumentum publicum ostendebatur, et quod archidiaconus contra juramentum licitum ac sponte interpositum nulla debuisset ratione venire. Et si forte sibi esset aliquo modo, quod non credebant, indultum, prius quæ contra compositionis formam præsumpserat, emendare penitus tenebatur, quam statueretur aliquid super negotio principali. Cæterum cum in præsentia card. prædicti diutius litigassent, tandem auditis per eum quæ duxerant proponenda, fratrum nostrorum consilio habito diligenti, causam ipsam sub certa forma tuæ fraternitati duximus committendam, per apost. tibi scripta mandantes quatenus utramque partem ad observationem compositionis prædictæ (quam licitam esse comperimus, et ideo juramentum pro ipsius observatione interpositum censuimus fore servandum) non obstante absolutione prædicta, quam credimus per subreptionem obtentam, per censuram ecclesiasticam sublato appellationis obstaculo compellere non omittas; in irritum apost. auctoritate reducens si quid contra compositionem prædictam per prædictum archidiaconum cujuslibet auctoritate rescripti noveris immutatum. Si quid vero postmodum inter eos fuerit quæstionis, partibus ad tuam præsentiam convocatis audias et illud appellatione remota debito fine decidas. Volumus præterea nihilominus et mandamus quatenus clericos et laicos, qui occasione quæstionis prædictæ, quam cum archidiacono habuerunt, excommunicationis, suspensionis, vel interdicti sunt vinculo innodati, secundum Ecclesiæ formam absolvas; illos qui ipsis bona sua per violentiam abstulerunt, ad restitutionem eorum, sicut justum fuerit, ecclesiastica censura remota appell. compellens, et non permittas quod ipsis super beneficiis suis gravamen vel aliqua molestia ab aliquo indebite inferatur. Illos vero quos Ecclesias violasse et manus in clericos temerarias injecisse constiterit, tandiu facias sicut excommunicatos ab omnibus arctius evitari, donec passis injuriam etc., et cum testimonio litterarum, etc.

Datum, *ut supra*, *etc.*, IV Idus Maii.

CLXV.

ARCHIEPISCOPIS ET ALIIS ECCLESIARUM PRÆLATIS, MARCHIONIBUS, COMITIBUS, BARONIBUS, ET ALIIS NOBILIBUS VIRIS, ET UNIVERSIS CHRISTI FIDELIBUS AD QUOS LITTERÆ ISTÆ PERVENERINT.

Ut commissariis apostolicis contra hæreticos auxilio sint.

(*Ut supra*, III Id. Maii.)

Cum ad capiendas vulpes parvulas, quæ demoliuntur vineam Domini Sabaoth, species quidem habentes diversas, sed caudas adinvicem colligatas, quia de vanitate conveniunt in idipsum, et hæreticos ab fidelium consortio excludendos, dilectum filium fratrem Rainerium, potentem divino munere in opere et sermone, et cum eo dilectum filium fratrem Guidonem, virum Deum timentem et vacantem operibus charitatis, ad partes vestras duxerimus destinandos, universitatem vestram rogamus, monemus et exhortamur in Domino, et in remissionem injungimus peccatorum quatenus eos benigne recipientes pariter et devote, contra hæreticos ipsis potenter et viriliter assistatis, eis consilium et auxilium impendentes. Verum quia frater Rainerius pro arduis Ecclesiæ negotiis in Hispaniam de mandato processit apostolico, volumus nihilominus et mandamus ut vos fratres archiepiscopi et episcopi, cum a dicto fratre Guidone fueritis requisiti, in hæreticos, quos ipse vobis nominaverit, spiritualem gladium exeratis; laici vero bona eorum confiscent et eos ejiciant de terra sua et eorum paleas separent a frumento. Omnibus autem qui pro conservatione fidei Christianæ in tanto discrimine quod Ecclesiæ imminet, ipsi astiterint fideliter et devote, illam peccatorum suorum concedimus indulgentiam, quam beati Petri vel Jacobi limina visitantibus indulgemus.

Datum Romæ, etc., ut supra, III Idus Maii

CLXVI.
ABBATI SANCTI VEDASTI.

Approbat ejus voluntatem, quod ex collegio sæculari factum olim cœnobium, ad collegium revocare laboret.

(Id. Maii.)

Piæ postulatio voluntatis effectu debet prosequente compleri, ne refrigescat charitas postulantis ex longioris moræ fastidio vel ex brevi etiam dilatione tepescat. Significasti siquidem nobis quod cum ecclesia Sancti Petri de Castro sita juxta monasterium tuum libera sit, et sicut ipsum monasterium ab episcopali jurisdictione penitus sit exempta, et in ea olim esse consueverint canonici sæculares, prædecessores tui, ut possessiones ipsius in suos usus converterent, ut in ipsa facerent per monachos ministrari indulgentiam a sede apostolica impetrarunt. Verum quoniam in ea minus solemniter Domino deservitur, ad ampliandum ibidem cultum divini nominis canonicos sæculares, prout ibi quondam fuerant, in ea ordinare desideras et eis certos redditus assignare. Eapropter, dilecte in Domino fili, intentionem tuam laudabilem attendentes, auctoritate tibi præsentium indulgemus ut de consilio fratrum tuorum vel majoris et sanioris partis in ea canonicos sæculares instituas, et tam de bonis monasterii tui quam de his quæ ibi a fidelibus offerentur redditus eis competentes assignes : ita tamen ut in nullo libertas illa depereat, quam ei prædeces-

(65) Vide lib. II, epist. 82 et seqq.

sores nostri Romani pontifices contulere. Nulli ergo, etc.

Datum Romæ, etc. Idibus Maii, pontificatus nostri anno primo.

CLXVII.
D. MAGISTRO SCHOLARUM ET VALBERTO CANONICO TARVISINIS.

Episcopi trucidatores a solo papa absolvendi, excepto articulo mortis.

(Apud S. Petrum.)

Super eo de quo nos vestra discretio requisivit, videlicet quid faciendum sit de his qui captioni bonæ memoriæ V. Bellunen. episcopi, ex qua dignoscitur a quibusdam aliis crudelissime interemptus, se diabolico instinctu interfuisse fatentur, si ad Ecclesiam redire voluerint, in qua sint forma recipiendi ab ea, vobis taliter respondemus, quod cum tam enorme flagitium debita velimus severitate punire, ne facilitas veniæ incentivum præbeat delinquendi, si communioni fidelium reconciliari desiderant, ad sedem apostolicam veniant absolvendi, nisi forte articulus mortis immineat vel hostilitas impediat capitalis; quibus in utroque casu, recepta secundum formam Ecclesiæ sufficientissima cautione quod nostris debeant obedire mandatis, absolutionis beneficium nostra auctoritate potestis impendere : ita tamen quod opportunitate recepta, suscepturi mandatum, ad sedem apostolicam accedere non postponant. Provideatis autem attentius ne quid contra præscriptam formam quomodolibet attentetis [attentetur].

Datum Romæ apud Sanctum Petrum.

CLXVIII.
ARCHIEPISCOPO ET CAPITULO TURONEN.

Citantur ad audiendum sententiam proferre in causa ipsorum contra Ecclesiam Dolensem.

(65) Licet in Ezechiele legatur : *Animalia ibant et non revertebantur*, tamen sequitur in eodem *Animalia ibant, et revertebantur*. Quamvis autem hæc vocum dissonantia secundum sanum consonet intellectum et varias expositiones habeat mysticas et morales, possunt tamen per animalia munda, quæ ruminant et ungulam findunt, rectores Ecclesiæ non incongrue designari : qui discernendo fingunt ungulam et ruminant meditando : qui dum aliqua statuunt quæ postmodum non retractant, eunt et non revertuntur; cum vero aliquid statuunt quod postmodum revocant consilio saniori, eunt et sicut de animalibus legitur, revertuntur. Utinam autem prædecessores nostri Romani Pontifices in diffinitione illius veteris et nondum inveteratæ, sed præ vetustate notissimæ quæstionis, quæ inter Turonen. et Dolen. Ecclesias fuit diutius agitata et adhuc sub judice lis est, animalibus quæ ibant, et non revertebantur, possent secundum formam expositionis suprapositæ comparari; ut quod super ea statuerunt taliter receptum fuisset a partibus et ser-

vatum, quod nec causa ipsa in recidivæ contentionis scrupulum denuo devenisset, nec nos oporteret super ea cum partibus laborare. Sane quamvis causa ipsa frequenter fuerit per sedem apostolicam diffinita, peccatis tamen exigentibus rediit malesana cicatrix in vulnus antiquum; hodieque manent vestigia veteris quæstionis et evidenter apparent et damnis quæ utraque partium ejus occasione vehementer incurrit, sicut ipsi novistis nec nos etiam ignoramus. Quod si verum inspicimus et attendimus causas controversiæ diuturnæ, per vos interdum stetisse videtur quominus legitimum finem acceperit quæstio toties suscitata. Nam, ut non longe petamus exemplum, cum bonæ memoriæ Cœlestinus papa prædecessor noster partes ad judicium citavisset, terminum eis certum præfigens, et eum postmodum de voluntate partium prorogasset, licet dilectus filius I. Dolen. electus ad sedem apostolicam propter hoc in persona propria non sine multo gravamine accessisset, tu tamen, frater archiepiscope, nec venisti nec misisti ad nos idoneum responsalem, sed nuntios solummodo minus sufficienter instructos pro sola dilatione petenda. Nolentes autem dictas ecclesias hujus occasione discordiæ non sine magno utriusque dispendio diutius laborare, festum dedicationis beati Michaelis proximo futurum pro peremptorio termino vobis et parti adversæ duximus præfigendum. Ideoque discretioni vestræ per apostolica scripta mandamus et districte præcipimus quatenus ad prædictum terminum, quidquid de te, frater archiepiscope, quocunque modo contingat, per vos vel procuratores idoneos ad sedem apostolicam accedatis, nostræ dispositionis formam vel justæ diffinitionis sententiam recepturi. Cum enim instantia nostra quotidiana sit omnium Ecclesiarum sollicitudo continua, de plenitudine potestatis, quam super omnes Ecclesias ab ipso Jesu Christo suscepimus, ea cupimus consilio saniori disponere, sicut viderimus expedire, quæ ad pacem et utilitatem proveniant Ecclesiæ utriusque. Alioquin ex tunc in diffinitione ipsius causæ vel dispositione dante Domino procedemus.

Datum Romæ apud S. Petrum Id. Maii, pont. nostri anno primo.

CLXIX.
In eumdem fere modum Bituricen. archiepiscopo.

Licet in Ezechiele, etc., *usque ad verbum illud,* procedemus. Quocirca fraternitati tuæ per apostolica scripta præcipiendo mandamus ut supramemoratis archiepiscopo et capitulo Turonen. ex parte nostra districte præcipias ut in termino sibi peremptorio constituto nostro se conspectui repræsentent et litteras nostræ citationis per tuos nuntios ipsis facias præsentari.

Datum Romæ, etc., *ut supra,* XVII., Kalend. Junii, etc.

(66) Vide infra epist. 334.

CLXX.
ARCHIEPISC. TARENTASIEN. [ET EPISC. AUGUSTEN. ET ABBATI BONIMONTIS.

Committitur eis causa episcopi et capituli Lausannensis.

Ut supra, Id. Maii.)

(66) Licet injunctæ nobis administrationis officium profectibus nos admoneat intendere singulorum, et tanquam de commisso nobis grege rationem Domino reddituri cunctos ea facere exoptemus quæ ad vitam proficiant sempiternam, fratres tamen et coepiscopos nostros, qui in partem sunt sollicitudinis evocati, sic vellemus commissi eis officii executionem diligenter peragere, quod non lucerna sub modio sed supra candelabrum posita videretur. Verum cum de ipsis ea nostris auribus referuntur quæ in infamiam pontificalis dignitatis redundant, dolemus admodum et turbamur: quia juxta divinæ legis sententiam, *si sacerdos, qui est unctus, peccaverit, facit delinquere populum.* Olim siquidem cum venerabilis frater noster Lausannen. episcopus felicis recordationis C. papæ prædecessori nostro a capitulo suo delatus fuisset in multis, idem prædecessor noster venerabili fratri nostro Maurianen. episcopo et dilectis filiis Bellævallis et de Charitate abbatibus apostolica auctoritate præcepit ut ad Ecclesiam Lausannen. personaliter accedentes, quæ in eadem tam in capite quam in membris digna correctione cognoscerent, studerent diligenti sollicitudine emendare. Qui cum die statuta Lausannam accessissent, et fecissent in præfati episcopi et capituli præsentia commissionis litteras recitari, sicut in eorum litteris perspeximus contineri, ipsum episcopum et capitulum ad compositionem amicabilem faciendam inducere studuerunt. Tunc capitulum duo instrumenta exhibuit; quorum unum erat sigillatum septem sigillis arbitrorum, in quos tam canonici quam episcopus compromiserant memorati; alterum vero erat sigillo jamdicti episcopi consignatum, in quo se fatebatur reatum perjurii incurrere, si a facta compositione a jamdictis arbitris ratione qualibet ab arbitrio resiliret. Episcopus autem, in præsentia delegatorum judicum, quod compositionem illam non tenuerat nec teneret, proposuit: asserens quod canonici antea a compositione resilierant et emendationem quam super quibusdam articulis præfati arbitri ei facere compromiserant nondum potuerant obtinere; et ideo se non incurrisse reatum perjurii fatebatur quia canonici prius compositionem infregerant et compositionis chartam arbitri non curaverant emendare. Econtra vero canonici respondebant quod nec ipsi a compositione resilierant nec aliquid arbitri in compositione promiserant emendare. Licet autem econtra episcopus se probare promitteret quod dicebat, in præsentia tamen ipsorum judicum non probavit. Cumque præfati canonici super monetæ diminutione et exactione novi pedagii memoratum

episcopum convenirent, et peterent quod ab arbitris præceptum fuerat observari, respondit episcopus memoratus quod moneta erat procul dubio diminuta, nec licuit arbitris super hoc aliquid arbitrari, cum tanquam domino monetæ licitum ei sit eam pro suo beneplacito minuere et augere, et iste fuit unus de articulis in quibus emendationem arbitrii postulavit. Pedagium autem a quadraginta annis acceptum fuisse asseruit et in gravamen inimicorum suorum se illud proposuit statuisse. Cumque adjicerent canonici antedicti quod præter illa quæ in compositionis (67) instrumento continebantur, alia vellent contra eumdem episcopum proponere et probare, respondit episcopus quod eos aliquatenus non audiret, quia non tenebatur coram ipsis judicibus respondere, cum litteræ commissionis non ex parte capituli, sicut continebatur in eis, sed per falsam suggestionem fuerint impetratæ : quia P. de Exchandens [Ischandens], qui eas impetravit, mandatum non habuit ut talia postularet. Ad quod P. ipse respondit quod licet cum ad Romanam Ecclesiam accessit, non omnibus suum propositum revelaverit sed quibusdam, postquam tamen rediit, commissionis litteras omnibus qui aderant in capitulo legit et exhibuit et universis ipsæ litteræ placuerunt. Et ideo asserebant episcopum debere coram eisdem judicibus respondere; quia ratihabitio retrotrahitur et mandato comparatur. Et quoniam eorum judicium noluit sæpefatus episcopus subintrare, licet ipsi judices in eadem Ecclesia multa digna correctione cognoscerent, et eam a statu pristino miserabiliter corruisse, et bona tam episcopi quam capituli viderent plurimum imminuta, in exsecutione tamen mandati apostolici ultra procedere noluere, negotium ipsum ad Romanam Ecclesiam [Curiam] remittentes. Ad hæc, tam litteris capituli Lausannen. quam religiosorum abbatum, comitum et baronum ejusdem diœcesis et aliorum multorum nostro apostolatui est suggestum quod idem episcopus bona ipsius episcopatus dilapidando consumpsit, matrimonia non jungenda [conjungenda] conjungit et divortia celebrat indiscrete; et cum incontinentiæ laboret infamia, familiaritatem amplectitur iniquorum, justitiam denegat postulantibus et quibuslibet contumeliose respondet, in se non ostendens mansuetudinem pastoralem. Præterea contra eumdem multa alia proferuntur, quæ longum esset litteris præsentibus enarrare. Super quibus siquidem omnibus tanto dolemus vehementius et movemur, quanto eumdem episcopum, tanquam in Romana Ecclesia enutritum et ab ea in pontificalis officii dignitatem assumptum quantum cum Deo possumus sinceriori charitate diligimus, et specialius amplexamur. Quoniam igitur quæ de præmisso episcopo referuntur, sub dissimulatione transire non possumus nec debemus, inquisitionem ipsius negotii de fratrum nostrorum consilio vestræ duximus experientiæ committendam; per apostolica vobis scripta dis-

(67) In epist. 354, pro *compositionis* legitur *arbitrii*.

tricte præcipientes quatenus ad locum competentem pariter accedentes et partibus convocatis solum Deum habentes præ oculis, appellatione postposita, audiatis hinc inde proposita; attestationes et allegationes utriusque partis discussas et examinatas canonice sub sigillis vestris nobis dirigere procuretis, præfigentes utrique parti terminum competentem, quo sufficienter instructæ, ad recipiendam sententiam nostro se conspectui repræsentent. Si vero præfati canonici ab accusatione destiterint et probare noluerint quod proponunt; vos, si præfatus episcopus super his fuerit infamiæ nota respersus, purgationem ipsi canonicam indicatis, ut cum tribus episcopis suam, si valet, innocentiam purgare non differat; et eam, si præstiterit, auctoritate apostolica admittentes, eum ab impetitione canonicorum penitus absolvatis et ab objectis criminibus denuntietis insontem. Verum si se non poterit juxta sanctiones canonicas expiare, vos eum suspensum ad nostram præsentiam, sublato appellationis obstaculo, transmittatis, ut in negotio ipso sicut expedire viderimus auctore Domino procedamus. Attentius provisuri ut mandatum apostolicum ita prudenter ac diligenter exsequi studeatis, ut nos devotionem et sollicitudinem vestram possimus merito commendare. Volumus autem nihilominus et mandamus ut eidem episcopo districtius injungatis, ne bona Lausannen. Ecclesiæ hujus occasione negotii quomodolibet alienare præsumat, in quorum distractione dicitur hactenus satis enormiter excessisse. Si qua vero partium legitime citata vestram præsentiam adire contempserit, etc. Nullis litteris obstantibus harum tenore tacito, etc. Quod si omnes, etc. tu, frater archiepiscope, cum eorum altero, etc.

Datum, etc., *ut supra*, Id. Maii.

CLXXI.
PHILIPPO ILLUSTRI FRANCORUM REGI.
Ut repudiata pellice, legitimam uxorem recipiat.
(*Ut supra*, xvi Kal. Junii.)

Licet dextera Domini suam fecerit in nostra promotione virtutem, de terra suscitans inopem et de stercore erigens pauperem, et illud nos voluerit dignitatis solium obtinere, ut non solum cum principibus, sed de principibus etiam judicemus; cum tamen conditionem humilitatis nostræ conspicimus et de quo ad quid simus vocati pensamus, præter generale debitum pastoralis officii quod singulis nos constituit debitores, tibi et regno tuo specialiter nos fatemur teneri, in quo nos recolimus in studiis litterarum ætatem transegisse minorem, ac divino munere quantæcunque scientiæ donum adeptos, beneficiorum impensam multiplicem suscepisse. Ad cumulum autem hujus præcipuæ dilectionis accedit progenitorum tuorum grata memoria; quos, sicut Christianissimos principes nec ventus turbinis nec impetus tempestatis ab Ecclesia Romana potuit aliquando separare, quin potius tanto amplius in ipsius devotione ferverent, quanto fortius in naviculam nostri piscatoris fluctus insurgerent et mare tumultuosius ventorum incursibus fluctuaret. Unde cum in minori quondam officio constituti serenitatem regiam et regnum Franciæ speciali amplexati fuerimus dilectionis affectu, nunc ad apicem summi pontificatus, licet insufficientes, assumpti, privatis affectibus, communibus supervenientibus causis tam ardentius in regiæ serenitatis dilectione flagramus, ut occasionem nobis precemur a Domino indulgeri per quam affectus interior prodeat in effectum et prærogativa sinceritatis quam ad te gerimus in opere pateat universis. Verum quanto amplius celsitudinem tuam honorare cupimus et ad profectum tuum ardentius aspiramus, tanto magis de tua sumus salute solliciti, et gravius ferimus, si nostræ charitatis affectus circa serenitatem tuam, te præsertim dante materiam, videretur, quod absit, refrigescere vel tepere. Sane quantum scandalum sit exortum ex superinductione illius quam post multiplices inhibitiones Ecclesiæ (quarum unam (68) factam per bonæ memoriæ M. sanctor. Joannis et Pauli presbyterum cardinalem, tunc apostolicæ sedis legatum et dilectum filium C. subdiaconum et notarium nostrum, cum felicis record. Cœlestini papæ prædecessoris nostri litteras in tua fecere præsentia recitari, quæ inhibitionem apertius continebant, ad te novimus pervenisse), et post datas et receptas epistolas venerabilibus fratribus nostris Suessionen. et Noviom. episcopis, nuntiis tuis propter hoc apud sedem apostolicam constitutis superinducere voluisti, tibi credimus ex parte liquere : in quo ad discretionem veritatis non debet vincere sensualitas rationem. Nosti enim quod morbus iste jam vicina corrumpit, et ad excusandas excusationes in peccatis factus es cæteris excusatio, et in nos et Romanam Ecclesiam detractionem non modicam suscitastis. Quantum autem ex hoc te ipsum læseris ex eo manifeste perpenditur quod omnia tibi contraria successerunt, quæ prius prospera succedebant, nec datum est tibi frui etiam pace diuturna, quin, etsi non corpus, mentem saltem sollicitudo gravis urgeret. Quod tibi esse debet evidens argumentum quod propter hoc divinam indignationem incurreris ; præsertim cum superinductæ consanguinitas opponatur, charissimæ autem in Christo filiæ nostræ I. reginæ Franciæ non nisi impedimentum fuisset affinitatis objectum. Ut igitur saluti tuæ consulas et honori, ut nos et Romanam Ecclesiam a labiis iniquis et lingua liberes detractrice, ut Dominum tibi reddas propitium, quem iratum tibi hactenus reddidisti : rogamus serenitatem regiam, monemus et exhortamur in Domino, et in remissionem injungimus peccatorum per apostolica tibi scripta mandantes quatenus in te ipsum aciem tuæ considerationis reflectens, sic tuos actus dijudices ut ab aliis non debeas judicari. Memor esto conditionis tuæ, et novissima juxta verbum sapientis attendens, quod scandalum in Ecclesia parit, quod nobis detractionem generat, quod in perniciem tuæ salutis vertitur, et in dispendium totius regni redundat, alios simili corrumpens exemplo, corrigas per te ipsum, superinductam de finibus regni Francorum removeas et eam reducas in regnum et reginam appelles ac facias appellari, mandans ei ab omnibus tanquam reginæ deferri, quam a te minus rationabiliter abjecisti. Quod si postmodum usque adeo serenitatem tuam oriens ex alto respexerit et cor tuum lux illa dignata fuerit illustrare quæ illuminat omnem hominem venientem in hunc mundum, ut prædictam reginam (quam ex testimonio plurium, quibus est religionis et dignitatis ratione credendum, miræ sanctitatis et honestatis audivimus esse) retineas in gratia conjugali (præsertim cum vix nobiliorem ducere possis et id tibi plurimum expedire noscatur), in his facilius et ad votum tuum celerius exsequendis quæ serenitati tuæ diebus istis incumbunt, gaudebimus plurimum, et in agendis tibi gratiarum actionibus assurgemus. Quod si forsan, quod absit, desuper datum non fuerit, sicut de jure tenemur, juris tibi licentiam non negamus, quo minus facta prius restitutione audiamus et exaudiamus quod rationabiliter duxeris proponendum. Si autem, quod non credimus, nec famæ tuæ nec honori consuleres, nec mandatis nostris nec monitis obedires ; quantumcunque nobis molestum existeret te in aliquo molestare, contra te tanto amplius moveremur et manum curaremus apostolicam aggravare, quanto serenitatem tuam sincerius diligimus, et quos amamus severius arguere intendimus et durius castigare ; cum inspirante Domino immutabilem animum et inflexibile propositum habeamus nec prece, nec pretio, nec amore, nec odio declinandi a semita rectitudinis ; sed via regia incedentes, nec ad dexteram declinabimus nec deviabimus ad sinistram ; sine personarum acceptione facientes judicium, quia non est personarum acceptio apud Deum. Non ergo posses, quantumcunque confidas de tua potentia, subsistere ante faciem, non dicimus nostram, sed Dei, cujus, licet immeriti, vices exercemus in terris, cum auctore justitiæ, qui est Veritas, pro justitia et veritate pugnante, inimici tui in te ac regnum Franciæ prævalerent, nec valeret temporalis tuus et exiguus potentatus divinæ ac æternæ repugnare omnipotentiæ majestatis. Facias, fili charissime, de necessitate virtutem, et nobis in hoc, imo Creatori tuo, per quem vivis et regnas, humiliter satisfacias ; quatenus et ipsum tibi reddas propitium et nos tibi constituas amplius debitores : sciturus pro certo quod nisi mandatum nostrum hac vice curaveris adimplere, non differemus ulterius quin officii nostri debitum exsequamur.

Datum, etc., *ut supra*, xvi Kalend. Junii.

---

(68) Vide Massonum in Annalibus.

CLXXII.

WILLIELMO REMEN. ARCHIEPISCOPO. SANCTÆ SABINÆ CARDINALI.

Ut existat conservator privilegiorum Ecclesiæ S. Germani de Pratis Parisiis.

(*Ut supra,* v Id. Maii.)

Pia Patrum prædecessorumque nostrorum sollicitudo se circa statum Ecclesiæ in sua integritate servandum mirabiliter exhibuit circumspectam, ut videlicet ipsas, quæ sæcularium turbationum fluctibus concutiuntur assiduis, protectione sedis apost. specialiter præmuniret, et cum ipsa præsens omnibus adesse non possit, per convenientia instrumenta eisdem indulta suæ potentiam auctoritatis extendens, perversorum malitiam coerceret. Sed cum malitia hominum excreverit in immensum, nec modum sibi perversitas eorum effrænata imponat, nos, quos eidem sedi gratia divina præfecit, qui prædecessorum nostrorum mandata seu institutiones solvere non venimus, sed implere, juxta malitiam temporis in his esse rigidiores oportet. Inde siquidem est quod cum Ecclesia Sancti Germani de Pratis Parisiensis, quæ Romanæ sedis filia devota et specialis existit, privilegiorum, indulgentiarum, confirmationum et libertatum plura obtinuerit a Romanis pontificibus instrumenta, quibus prælati Ecclesiarum et quamplures alii minime deferentes, ea infringere ipsisque temere obviare non dubitant, sicque libertatibus sibi concessis uti plene non valeat et in pluribus sustineat detrimentum, te conservatorem eorum quæ ad ipsius Ecclesiæ tranquillitatem a sede apostolica sunt indulta specialiter duximus concedendum. Quocirca fraternitati tuæ per apostolica scripta mandamus quatenus si quos indulgentiis, confirmationibus, privilegiis seu quibuslibet aliis instrumentis apostolicæ sedis, seu aliis immutabilibus a quibuscunque monasterio Sancti Germani de Pratis prævia ratione concessis, per quæ libertas debet ecclesiastica integra conservari, temere iuveneris obviantes, eos per censuram ecclesiasticam, monitione præmissa, sublato cujuslibet contradictionis et appellationis obstaculo, quemadmodum videris expedire, a sua temeritate compescere non moreris, ipsiusque jura monasterii Sancti Germani studeas illibata servare. Nullis litteris etc. harum mentione non habita etc.

Datum, etc., *ut supra*, v Idus Maii.

CLXXIII.

ROBERTO ABBATI S. GERM. PARISIEN. EJUSQUE FRATRIBUS, TAM PRÆSENTIBUS QUAM FUTURIS, REGULAREM VITAM PROFESSIS, IN PERPETUUM.

Quod eos recipiat sub protectione apostolica, veteraque privilegia, non paucis additis, confirmet.

(Apud S. Petrum, 11 Id. Maii A. D. 1198.)

In eminenti apostolicæ sedis specula ad hoc sumus licet immeriti disponente Domino constituti, ut justas petitiones debeamus libenter admittere, et eis studeamus effectum utilem indulgere. Eapropter, dilecti in Domino filii, vestris justis postulationibus annuentes, monasterium beati Germani de Pratis, in quo divino mancipati estis obsequio, quod proprie beati Petri juris existit, ad exemplar felicis memoriæ Paschalis, Innocentii, Lucii, Eugenii, Anastasii, Alexandri, Lucii, Urbani, Clementis et Cœlestini, prædecessorum nostrorum Romanorum pontificum, sub beati Petri et nostra protectione suscipimus, et præsentis scripti pagina communimus. In primis siquidem statuentes ut ordo monasticus, qui secundum Deum et beati Benedicti regulam in eodem monasterio noscitur institutus etc. *usque ad verbum illud* observetur. Præterea quascunque possessiones etc. *usque ad illud* illibata permaneant. Per præsentis itaque privilegii paginam vobis vestrisque successoribus in perpetuum confirmamus ut quæcunque libertas, quæcunque dignitas, privilegio beati Germani, scriptis Childeberti, Clotharii, atque aliorum regum Francorum vestro monasterio collata est, eidem permaneat illibata. Ad hæc, volentes te, dilecte fili Roberte abbas, et monasterium tuum honoris et gratiæ privilegio decorare, ad instar dictorum prædecessorum nostrorum Alexandri et Cœlestini usum mitræ et annuli atque sandaliorum tibi et per te successoribus tuis de consueta sedis apostolicæ benignitate duximus indulgendum. Præcipimus autem ut chrisma, oleum sanctum, consecrationes altarium, ordinationes et quæcunque vobis ex pontificali sunt ministerio necessaria a nullo catholico episcopo vobis vestrisque successoribus denegentur. Sane missas, ordinationes, stationes, ab omni episcopo vel clero Parisien. Ecclesiæ in eodem monasterio præter voluntatem abbatis vel congregationis fieri prohibemus; nec habeant potestatem aliquid ibi imperandi; sed nec divina officia ipsis interdicere, nec excommunicare nec ad synodum vocare, aut abbatem aut monachos, presbyteros aut clericos ecclesiarum ipsius loci, tribuimus facultatem. Adjicimus (69) etiam ut in parochialibus ecclesiis, quas extra burgum beati Germani tenetis, presbyteri per vos eligantur, et episcopo præsententur; quibus, si idonei fuerint, episcopus animarum curam committat, ut ei de plebis cura, de rebus vero temporalibus ad monasterium pertinentibus, vobis respondeant; quod si facere forte noluerint, subtrahendi eis temporalia, quæ a vobis tenent, liberam habeatis auctoritate apostolica facultatem. Auctoritate etiam apostolica statuimus et vobis de consueta clementia et benignitate sedis apostolicæ indulgemus ut nullius legationi, nisi a latere Romani pontificis specialiter fuerit delegatus, subjacere vel subesse amodo debeatis; nec alicui liceat obtentu legationis ab apostolica sibi sede indultæ vos vel successores vestros, seu monaste-

---

(69) Vide can. IV. Concilii Claromont. in Additione ad lib. VI, De concordia Sacerd. et Imp. cap. 31.

rium vestrum, vel ecclesias quæ infra burgum beati Germani sunt, ulla interdicti vel excommunicationis sententia prægravare, vel super vos aut super dictas ecclesias jurisdictionem aliquam exercere, nisi specialiter hoc fuerit a Romano pontifice illi mandatum. Præterea compositionem quæ inter monasterium vestrum et bonæ memoriæ Guidonem quondam Senonen. archiepiscopum super procurationibus quas a vobis in quibusdam villis petebat, rationabiliter intercessit, sicut provide ac sine pravitate facta est et recepta et hactenus observata, atque in instrumento exinde confecto plenarie continetur, ratam habentes, auctoritate apostolica duximus confirmandam. Ad majorem autem evidentiam compositionis ipsius rescriptum illud de verbo ad verbum huic privilegio duximus inserendum : cujus tenor talis est : *In nomine sanctæ et individuæ Trinitatis. Guido Dei gratia Senonen. archiepiscopus omnibus ad quos præsentes litteræ pervenerint, in Domino salutem. Notum fieri volumus universis præsentibus pariter et futuris quod discordia quæ erat inter nos et Fulconem abbatem sancti Germani de Pratis et ipsam ecclesiam, de procurationibus quas ab eis petebamus in Emant et Balneolo et Sancto Germano juxta Musteriolum, in præsentia domini Philippi Francorum regis ita terminata est. In hoc siquidem quitavimus Fulconi abbati et Ecclesiæ Sancti Germani in perpetuum procurationes quas in prædictis locis petebamus ab eis, tali modo quod abbas et successores sui nobis et successoribus nostris vel nostris certis nuntiis pro procurationibus illis reddent singulis annis octo libras Parisien. apud Emant in octavis Paschæ. Et si nos vel successores nostri venerimus semel in anno ad Emant, vel Balneolum vel ad villam quæ dicitur Sanctus Germanus, abbas et successores sui aut ille qui domum tenebit recipient nos et successores nostros, et vivemus ibi nos et successores nostri nocte una sumptibus nostris propriis; infra quod ille qui domum tenebit non tenebitur aliquid dare nobis vel successoribus nostris, præter hospitium, nisi hoc de gratia facere voluerit. Et si nos vel successores nostri semel recepti fuerimus in uno prædictorum locorum, non tenebuntur monachi recipere nos sive successores nostros in aliquo illorum trium eodem anno. Nos autem fecimus quitari jamdictæ ecclesiæ et abbati medietatem decimæ lanæ a presbyteris qui sunt in ecclesiis sancti Germani per archiepiscopatum Senonen. constitutis, scilicet Emant, Balneolo, villa quæ dicitur Sanctus Germanus juxta Musteriolum, Matriolis; et presbyteri dictarum ecclesiarum aliam medietatem ejusdem decimæ habebunt. Nuntii autem abbati Sancti Germani facient fidelitatem presbyteris qui in dictis ecclesiis erunt, et presbyteri per nuntios suos nuntiis abbatis, de dicta decima communiter et fideliter quærenda et inter se dividenda. Quod ne valeat alicujus oblivione deleri vel malitiose perverti, sigillo nostro fecimus id confirmari; astantibus Ecclesiæ nostræ personis, Salomone decano,* Manasse archidiacono, Wilielmo thesaurario, Gaufrido præcentore. Testes hujus rei sunt Stephanus abbas Sanctæ Genovefæ et canonici illius Hugo, Almaricus, Milo; abbas Sancti Remigii Senonensis, magister Ansellus de cancellaria, Ogerius de Avons. Actum apud Fontem Blaudi anno ab incarnatione Domini 1191. Deinde prohibemus ut monasterii vestri monachos, ubicunque de mandato abbatis habitaverint, nullus præter Rom. pontificem vel legatum ab ejus latere missum absque speciali mandato apostol. sedis, vel præter abbatem, ad quem cura et custodia eorum pertinet, excommunicet aut interdicat. Obeunte vero, etc., *usque ad verbum illud* eligendum. Electus autem vel a Romano pontifice vel a quo maluerit catholico episcopo munus benedictionis accipiat. Sane novalium, etc., apostolica insuper auctoritate vobis duximus indulgendum, ut infra parochias ecclesiarum ad jamdictum monasterium pertinentium nullus oratorium, capellam, vel ecclesiam ædificare, aut cœmeterium facere, sine diœcesani episcopi et vestro consensu audeat; nisi forte Templarii vel Hospitalarii fuerint, quibus hoc apostolicæ sedis privilegiis indultum fuisse noscitur. Paci quoque et tranquillitati vestræ pontificali volentes provisione prospicere, præsenti privilegio duximus statuendum ut si quis terras ad vos de jure spectantes, in quibus portionem habetis vel campos, donatione, aut venditione seu quolibet alio alienationis titulo in aliam ecclesiam vel religiosa loca transtulerit, ecclesiis illis vel locis religiosis ultra annum et diem eas sine assensu vestro non liceat retinere; sed juxta consuetudinem Gallicanarum Ecclesiarum talibus personis pretio seu dono concedant, quæ vobis et monasterio vestro jura vestra cum integritate persolvant. Decernimus ergo, etc., salva sedis apostolicæ auctoritate. Si qua igitur, etc.

Datum Romæ apud Sanctum Petrum per manum Rainaldi domini papæ notarii, cancellarii vicem agentis, 11 Idus Maii, indictione prima, incarnationis Dominicæ anno 1198, pontificatus vero domini Innocentii papæ III anno primo.

CLXXIV.

HUGONI ABBATI SANCTI DIONYSII EJUSQUE FRATRIBUS, TAM PRÆSENTIBUS QUAM FUTURIS, REGULAREM VITAM PROFESSIS IN PERPETUUM.

Quod eorum jura privilegiaque confirmet.

(Ut supra, 11 Id. Maii.)

Effectum justa postulantibus indulgentia et vigor æquitatis et ordo postulat rationis : præsertim quando petentium voluntates et pietas adjuvat et veritas non relinquit. Eapropter, dilecti in Domino filii, vestris justis postulationibus clementer annuimus, et præfatum monasterium Sancti Dionysii, quod specialiter beati Petri juris existit, in quo divino estis obsequio mancipati, ad exemplar felicis recordationis Zachariæ, Stephani, Leonis, Alexandri, Paschalis, Calixti, Innocentii, Eugenii et Lucii, Romanorum pontificum prædecessorum nostrorum, sub beati Petri et nostra protectione suscipimus et præsentis scripti pagina communimus. In primis siquidem statuentes ut ordo monasticus, qui secundum Deum et beati Benedicti regulam, etc., *usque ad verbum* observetur. Præterea quascunque possessiones, quæcunque bona, etc. *usque ad verbum* permaneant. In quibus hæc propriis duximus exprimenda vocabulis. Locum ipsum in quo præfatum monasterium situm est cum omnibus pertinentiis suis, donationem præbendarum in ecclesia Sancti Pauli. In episcopatu Parisien. ecclesiam Sancti Leodegarii, ecclesiam Sancti Martini in strata, cellam Beatæ Mariæ prope Corbolium super fluvium Essonæ sitam cum appendiciis suis, eccles. de Trembleiaco, monasterium Beatæ Mariæ de Argentolio quod situm est super fluvium Sequanam, cum pertinentiis suis. In archiepiscopatu Rothomagen. ecclesiam S. Petri de Calvomonte cum tribus capellis sibi adjacentibus, scilicet S. Mariæ, Sancti Joannis et capella de Calloel. ecclesias de Gergiaco, quæ nec synodum nec circatam persolvunt. Ecclesiam de Busiaco, ecclesiam de Sagiaco, ecclesiam de Cormeliis, ecclesiam de Caiz, ecclesiam de Monte Gerulfi, ecclesiam de Ablegiis, ecclesiam de Sancto Claro, ecclesiam de Monte Genvoldi. In Normania vero ecclesiam de Mo. Renniaco, ecclesiam de Liliaco, ecclesiam de Floriaco, ecclesiam de Bernevalle, ecclesiam de Sancto Martino, ecclesiam de Fregellis. In episcopatu Carnoten. ecclesiam de Trapis. Concessionem etiam patronatus ecclesiæ Beatæ Mariæ de Medonta cum omnibus possessionibus et appenditiis suis a charissimo in Christo filio nostro Philippo illustri rege Francorum vobis provide factam, ita quod decedentibus canonicis ejusdem ecclesiæ, loco eorum vestri monachi ordinentur, per quos gratius in eadem ecclesia Deo servitium assidue impendatur. In episcopatu Aurelianen. ecclesiam de Toriaco, campum Manerii, villare Vendrous, villam Mevi, Fiens, Luins. Ad hæc, compositionem illam quam bonæ memoriæ Henr. quondam Sylvanecten. episcopus super diversis querelis quæ inter vos et nobilem virum Wiliel. de Melloto, tam in talliis quam in corveis et terris censualibus et quibusdam aliis vertebantur, statuit observandam. Concessionem vobis et per vos monasterio vestro factam a bonæ memoriæ Guidone quondam Senonen. archiepiscopo et ejus antecessoribus de ecclesiis de Bella, de Sancto Lupo, de Josanvilla, de Ver. de Firiaco, de Grandipute, de Sancto Audoeno. Præsentationem etiam presbyterorum in eisdem ecclesiis. Concessionem similiter vobis factam a bonæ memoriæ Rog. quondam Cameracen. episcopo et ejus antecessoribus Gualchero, Odone, Nicolao, de ecclesia de Forest, altari de Solemio, altari de Vernuilo cum decimis et omnibus appenditiis eorum. Portionem cujusdam decimæ de Rw. Item compositionem quam jamdictus Sylvanecten. episcopus super controversia quæ inter vos et Albertum de Monte-Omorio de quadam viatura et quibusdam pravis consuetudinibus vertebatur statuit observandam. Concessionem quoque cœnobio vestro factam a venerabili fratre nostro Philippo Belvacen. episcopo, tam de personatu quam de præsentatione in ecclesiis sacerdotum, videlicet ecclesiam Sancti Martini de Colle, ecclesiam de Asneriis, ecclesiam de Villiaco, ecclesiam de Ciris, ecclesiam de Croi, ecclesiam de Morentiaco, ecclesiam de Masliers, ecclesiam de Nosaico, ecclesiam de Murno et ecclesiam de Buxorta. In pago Meten. cellam novam cum omnibus appenditiis suis, videlicet Hulspere, Asminge, Emelingas, ecclesiam de Fulcrepa, salinas ac patellas salinarum apud Massaltien. In episcopatu Laudunen. altare de Cadursa, altare de sancto Gaberto, altare de Pirolis, altare de Seiriaco, cum capella sancti Dionysii quæ est apud Ribomontem. In Jusavalle, altare de Sorbeis, altare de Altrepia, altare de Rosbes, altare de Rocheniis, altare de Serenis Fontibus. Ex domo illustris memoriæ Ludovici quondam regis Francorum, quidquid in villa de Trapis habebat, præter annualem hospitationem, quando ibidem jacuerit, et talliam quam apud Gergiacum in Wlcasin. et apud Cormelias vobis donavit. Ex dono bonæ memoriæ Gaufredi Carnoten. episcopi, altaria de Monarvilla et de Tubrido. Ex dono Alvisii bonæ memoriæ quondam Atrebaten. episcopi, altare de Anechin. Ex dono illustris memoriæ Eduardi scilicet et Will. quondam regum Angliæ, Deherstiam super fluvium Sabrinæ sitam, Tantoniam, Molam cum appenditiis suis. Ad hæc, comitatum Wlcassini, qui juris beati Dionysii est, quem illustris memoriæ Ludovicus quondam rex Francorum per Sugerium quondam abbati Sancti Dionysii in beneficium et feudum suscepisse cognoscitur, quoniam is possidet cujus nomine possidetur, tibi tuisque successoribus confirmamus. Vicariam quoque et omnimodam justitiam ac plenariam libertatem juxta villam Sancti Dionysii sicut subscriptis terminis distinguitur, a fluvio videlicet Sequanæ, a molendino quod vulgo appellatur Bajart usque ad supremum caput villæ quæ vocatur Albervillare, quam præfatus rex juris esse beati Dionysii recognoscens, eidem monasterio restituit, vobis nihilominus confirmamus. Præterea omnimodam potestatem omnemque justitiam et universas consuetudines nundinarum jamdicti ipsius regis liberalitate vobis concessas, ut perpetuis eas quiete obtineatis temporibus, confirmationis nostræ munimine roboramus. Ad hæc, refutationem pravæ consuetudinis quam Burcardus de Monte-Morentiaco in vineis vestris monasterii in Diogilo villa sitis habebat et rotagici terræ suæ. Similiter compositionem initam inter monasterium vestrum et ecclesiam sancti Exuperii Corbolien. in præsentia bonæ memoriæ Joannis quondam Carnoten. episcopi super integritate præbendæ ejusdem ecclesiæ. Ad exemplar insuper felicis memoriæ Innocentii et Anastasii Roman. pontificum prædecessorum nostrorum, compositionem super controversia, quæ quondam inter monasterium vestrum et monasterium sancti Michaelis vertebatur, sicut in eorumdem Romanorum pontificum plenarie [f. privilegiis] continetur, auctoritate apostolica confirmamus. Has siquidem compositiones omnes seu refutationes, sicut absque pravitate factæ sunt, receptæ et in scriptis authenticis continentur et etiam hactenus sunt servatæ, apostolico munimine roboramus. Sane novalium vestrorum etc. Liceat quoque vobis clericos etc. Prohibemus insuper etc. Discedentem vero etc. Auctoritate quoque apostolica prohibemus ne aliquis abbas monasterii ipsius terras, redditus ad ipsum spectantes, parentibus suis aut aliis, domos, vel etiam ea quæ de caducis proveniunt, aut ministeria domus, nisi illa tantum quæ sunt servientium clericorum, dare præsumat nec pecuniam ultra centum libras sine assensu totius capituli vel majoris et sanioris partis mutuo suscipere audeat. Nulli quoque monachorum quidquam sine consensu abbatis ab aliquo mutuo recipere liceat. Is autem qui ministerium domus habuerit, ultra centum solidos mutuo non accipiat, præter abbatis consensum. Statuimus etiam ut abbas sigillum proprium habeat, sicut est de consuetudine hactenus observatum. In parochialibus autem ecclesiis quas habetis, liceat vobis sacerdotes eligere et diœcesano episcopo præsentare; quibus, si idonei fuerint, episcopus animarum curam committat, ut ei de spiritualibus, vobis autem de temporalibus debeant respondere. Justitias etiam aut officia laicorum, quæ bonæ memoriæ W. quondam abbas ejusdem monasterii ad manus suas ab omnibus in burgo Sancti Dionysii commorantibus legitime revocavit, de cætero aliis assignari, regulares etiam consuetudines a prædecessoribus vestris et a vobis hactenus observatas aliqua levitate mutari, nisi de tua sive tuorum fuerit providentia successorum cum consensu capituli vel majoris et sanioris partis, auctoritate apostolica prohibemus. Novas præterea et indebitas exactiones ab archiepiscopis, episcopis, archidiaconis seu decanis vel aliis ecclesiarum prælatis omnino vobis fieri prohibemus. Chrisma vero, oleum sanctum, consecrationes altarium seu basilicarum, ordinationes clericorum seu monachorum, qui ad sacros ordines fuerunt promovendi, a quocunque malueritis suscipiatis episcopo; siquidem catholicus fuerit et gratiam apostolicæ sedis habuerit et ea vobis gratis et absque aliqua pravitate voluerit exhibere. Inhibemus insuper ut infra fines parochialium ecclesiarum vestrarum nullus sine diœcesani episcopi et vestro assensu capellam vel oratorium ædificare præsumat. Salvis privilegiis Romanæ Ecclesiæ, missas sane publicas celebrari aut stationes in eodem monasterio, præter abbatis voluntatem, fieri prohibemus. Sed nec interdicere nec excommunicare, nec ad synodum vocare vel abbatem vel ipsius loci monachos, episcopis aut episcoporum ministris permittimus facultatem. Apostolica etiam auctoritate vobis duximus indulgendum ut non nisi legato a latere Romani pontificis destinato, legationis obtentu teneamini respondere. Porro tam tibi quam tuis successoribus licentiam indulgemus, in gravioribus negotiis sedem apostolicam appellare, nec appellantes ante negotii finem læsio ulla contingat, quatenus auctore Deo in sanctæ religionis studiis quieti ac seduli permanere possitis. Cum autem generale interdictum terræ fuerit etc. Sepulturam vero etc. Libertates insuper, dignitates etc. Obeunte vero etc. *usque ad verbum* eligendum. Electus autem vel a Romano pontifice vel a quo maluerit catholico episcopo munus benedictionis accipiat. Decernimus ergo etc. salva sedis apostolicæ auctoritate, et in prædictis Ecclesiis diœcesanorum episcoporum canonica justitia. Si qua igitur, etc.

Datum, *ut supra*, etc., II Idus Maii.

CLXXV.
ABBATI ET CONVENTUI S. DIONYSII.
Ut beneficia nondum vacantia, vel petantur vel etiam conferantur.
(Datum, *ut supra*.)

Ex parte vestra fuit in audientia nostra propositum quod quidam clerici, quorum vita et conversatio ignoratur, ecclesias, præbendas et beneficia nondum vacantia sibi contra decretum Lateranen. concilii conferri volentes, vestrum monasterium intendunt multipliciter aggravare. Nos igitur volentes eidem cœnobio vestro super his paterna in posterum sollicitudine providere, auctoritate vobis præsentium indulgemus ut, salva sedis apostolicæ auctoritate, a talium impetitione maneatis penitus absoluti. Nulli ergo, etc.

Datum, *ut supra*.

CLXXVI.
ABBATI ET CONVENTUI CISTERCIEN.
Ut pro se gravissimis omnium Ecclesiarum negotiis occupato Deum orent.
(12 Kal. Junii.)

Dum non solum quid in summo pontifice, verum etiam in quolibet episcopo requiratur advertimus, et gravitatem officii pastoralis et præteriti temporis attendimus libertatem, et fere prorsus in insufficentia nostra deficimus, et in eo solo cujus vices in terris gerimus confidentes, de nostris meritis non speramus. Quamvis enim variis sumus negotiis occupati, utpote quibus omnium Ecclesiarum sollicitudo semper incumbit, aliquando tamen in nos ipsos nostræ considerationis aciem reflectentes, dum priorem statum præsenti conferimus et utrumque ad alterum rationis lance pensamus, servos servorum (prout in compendio salutationis litterarum nostrarum apponitur) nos esse agnoscimus; qui non solum de nobis, sed de omnibus omnino fidelibus tenemur Deo reddere rationem. Cumque suscepti regiminis onus quod est debilibus nostris humeris importabile cogitamus, illud propheticum posse nobis credimus coaptari: *Veni in altitudinem maris, et tempestas demersit me* (Psal. LXVIII, 3). Et utinam illud nobis coaptari non valeat: *Exaltatus autem, humiliatus sum et confusus* (Psal. LXXXVII, 16): ne forte simus ex illis, de quibus inquit Scriptura: *Dejecisti eos dum allevarentur* (Psal. LXXII, 18). Quem enim sanæ mentis et intelligentiæ plenæ non terreat verbum illud Apostoli ad Timoth. in sua loquentis epistola: *Oportet episcopum irreprehensibilem esse, sobrium, prudentem, pudicum, ornatum, hospitalem, doctorem, non vinolentum, non percussorem, sed modestum, non litigiosum, non cupidum, suæ domui bene præpositum* (I Tim. III, 2). Nam, ut difficultatem capitulorum sequentium taceamus, quis se poterit irreprehensibilem exhibere, cum secundum Joannem apostolum, *si dixerimus quia peccatum non habemus, nosmetipsos seducimus et veritas in nobis non est* (I Joan. I, 8); cum et de illo qui peccatum non fecit, nec inventus est dolus in ore ejus, dictum fuerit: *Ecce homo vorax, potator vini, publicanorum et peccatorum amicus* (Matth. XI, 19); et alibi seductor et habens dæmonium appellatus fuerit et cum impiis deputatus; cum etiamsi actus nostros in observatione mandatorum suorum ille dirigeret nec nos permitteret declinare ad dexteram vel sinistram, a quo bona cuncta procedunt, refrænare tamen non possemus os iniqua loquentium vel cavere nobis a labiis iniquis et lingua dolosa. Quia igitur non de nostra virtute confidimus, sed de universalis Ecclesiæ prece speramus, universitatem vestram rogamus, monemus et exhortamur attentius quatenus, præter communem orationem quæ pro nobis fieri consuevit, insufficientiam nostram vestris orationibus specialius adjuvetis, puras manus sine disceptatione levantes ad Deum de corde puro et conscientia bona et fide non ficta, petentes ut quia non sunt in homine viæ ejus, ipse qui pro nobis factus est homo dirigat gressus nostros in semitis suis, ut vestigia nostra nullatenus moveantur; sed ipse qui dat omnibus affluenter et non improperat, gratiam suam in nobis multiplicet, motus interiores deponens et actus exteriores modificans; quatenus ea semper et meditemur interius et exterius operemur, quæ ad laudem nominis ejus, ad salutem animæ nostræ necnon et profectum totius Ecclesiæ debeant provenire; nec nobis sed sibi det gloriam, qui est gloriosus in sanctis: concedens nobis, per suam misericordiam ineffabilem, quod sic transeamus per bona temporalia, ut non amittamus imo potius consequamur æterna.

Datum, etc., XII Kal. Junii, pont. nostri anno primo.

Scriptum est autem super hoc abbati et conventui Clarævallensi, abbati et conventui S. Victoris Parisiensis, abbati et conventui Præmonstratensi.

---

(70) Leg. *Ratphpoten*. ut patet ex Hoved. ad an. 1171.

CLXXVII.

ARDMACHAN. ARCHIEPISC.

Ut post acceptam episcopi Rathobotensis resignationem, electionem alterius confirmet.

(Romæ, XV Kal. Junii.)

Per alias litteras tuæ fraternitati mandasse meminimus, ut venerabilem fratrem nostrum Rathoboten. (70) episcopum ad recipiendam curam suæ diœcesis, quam aliter quam debuerat resignarat, compelleres; et si forsan eam postmodum in tuis manibus auctoritate sedis apostolicæ resignaret, Ecclesiæ ipsi in personam faceres electione canonica provideri. Verum ne personam dilecti filii fratris G. reprobasse forsitan videamur, si idem episcopus resumptam curam pastoralis officii spontaneus voluerit in tuis manibus resignare, et clerici ejusdem Ecclesiæ ipsum in episcopum canonice duxerint eligendum, confirmandi electionem ipsius et eum in episcopum consecrandi tibi licentiam non negamus.

Datum Romæ, etc. XV Kal. Junii.

CLXXVIII

P. PRESBYTERO CANONICO S. MICHAELIS MAJORIS PAPIEN.

Quod confirmetur sententia lata per cardinalem S. Mariæ in causa P. et Jacobi clerici Papiensis.

(Ut supra, XV Kal. Junii.)

Cum tam tu quam dilectus filius Jacobus clericus Papien. pro controversia ecclesiæ sancti Michaelis præbendæ, quæ inter te et ipsum vertebatur, in nostra essetis præsentia constituti, vobis dilectum filium P. Sanctæ Mariæ in Via Lata diaconum card. concessimus auditorem: ante cujus præsentiam taliter fuit ex parte ipsius J. allegatum, quod olim Streuva quondam præpositus et canonici dictæ Ecclesiæ de communi consensu et voluntate unanimi septem clericos in canonicos elegerunt, inter quos ipse in sexto loco fuit ab eis nominatus canonice et electus. Cumque procedente tempore duo ex ipsis electis obiissent, et de canonicis ipsius ecclesiæ unus in præpositum fuisset assumptus et duo viam universæ carnis intrassent et primo vacatura præbenda deberet ipsi assignari, et ipse præpositus ad jam vacantem præbendam eum recipere recusaret, ipse cognoscens quod præbendam ipsam tibi conferre volebat, ne tua electio et receptio fieret, sedem apostolicam appellavit et curavit quantum potuit fortius inhibere et ad Romanam accedens Ecclesiam, ad dilectos filios B. majoris Ecclesiæ et magistrum I. Sancti Romani præpositos Papien. litteras impetravit: qui cognito per testes idoneos et quosdam canonicos ecclesiæ memoratæ de electione ipsius, stallum ei in choro et locum in capitulo et refectorio assignarunt. Sed quia in litteris apostolicis de præbenda, quæ jam tibi collata fuerat, mentio non fiebat, iterum ad apostolicam sedem accessit et ad dilectum filium abbatem Sancti Petri in cœlo aureo et prædictum præpositum Sancti Romani litteras reportavit, ut ipsi causam audirent et cam appell. rem. fine canonico terminarent. Qui utriusque partis rationibus auditis ac testibus quos ipse I. produxerat receptis et attestationibus publicatis, pro eo sententiam promulgarunt; quam postulabat auctoritate apostolica confirmari. E contra vero tu taliter respondebas quod, cum felicis memoriæ Urbanus papa prædecessor noster duos vellet clericos in præfata Ecclesia ordinare, ipsi ad mandatum apostolicum declinandum sex de nobilibus civitatis Papien. ad vacaturas præbendas, quæ non essent sacerdotales, in clericos nominarunt. Postmodum vero quidam de fratribus ejusdem Ecclesiæ, consanguineus J. antedicti, præpositum qui tunc erat et quosdam de fratribus rogavit attente ut cum post dictos sex electos in clericum nominarent: qui, pluribus de fratribus irrequisitis qui præsentes erant, *Fiat*, sicut dicitur, responderunt: pro quo dicebas ejus electionem aliquam non fuisse; quia quamplurimum fratrum præsentium non fuit requisitus assensus, cum electio consensum vel saltem requisitionem fratrum exigat singulorum. Dicebat etiam dilectus filius præpositus tuus in ejusdem cardinalis præsentia constitutus quod a felicis recordationis Cœlestino papa prædecessore nostro idem J. per falsam insinuationem et tacitam veritatem ad prædictos præpositos Papien. [commissionem] obtinuit, per quam se non esse cogendum præfato J. respondere in præsentia ipsorum judicum allegavit; quia pro eodem negotio specialem nuntium ante citationem ad sedem apostol. destinarat, et quoniam ipsi judices tam ipsam exceptionem quam alias quas proponebat admittere noluerunt, ipse sedem apostolicam appellavit: qui, appellatione contempta, ante litis contestationem pro ipso J. sententiam protulerunt: quam ideo non tenendam dicebat, quia post appellationes legitime interpositas et non servato fuit juris ordine promulgata. Post modicum autem temporis sæpedictus J. contra te, qui tam per præpositum quam canonicos prædictæ Ecclesiæ vacantem præbendam canonice fueras assecutus, litteras ad prædictos abbatem et præpositum impetravit: quorum tu nolens judicium subintrare, quia unus eorum consanguineus erat J. antedicti, et alter super eadem causa tertio judex fuerat delegatus, sedem apostolicam appellasti: qui, licet morte prædecessoris nostri eorum jurisdictio expirasset, sententiam tamen contra te protulerunt; quam, sicut post appellationem a suspectis judicibus et mandato expirato irrationabiliter latam, auctoritate postulabas apostolica infirmari. Prædictus itaque cardinalis, auditis hinc inde propositis et diligenter inspectis de mandato nostro, habito prudentum virorum consilio, cognoscens præfatam electionem contra Lateranen. concilium celebratam, canonicam non fuisse, cum in ea fratrum præsentium assensus non fuerit requisitus, et ideo si quid ex ea vel ob eam factum fuit aliquo modo vel secutum, nullius debebat existere firmitatis, eumdem J. nihil juris in præbenda quam postulabat habere sententiando decrevit, et te et Ecclesiam prædictam ab impetitione ipsius occasione electionis prædictæ penitus liberavit. Nos vero ejusdem cardinalis sententiam approbantes, eam auctoritate apostolica confirmamus et præsentis scripti patrocinio communimus. Nulli ergo, etc.

Ut supra xv, Kalend. Junii.

CLXXIX.
ABBATI S. DIONYSII.

De electionis sui in abbatem confirmatione apostolica.

(*Ut supra*, xii Kal. Junii.)

Laudabilis vita in tuo degentium monasterio, quam ille a quo cuncta bona procedunt per morum consonantiam mirabiliter ordinavit, se nobis exhibet plurimum in Domino commendandam; et ex eo quod in ordinationibus Ecclesiæ tuæ cum maturitatis multæ consilio in voluntate unanimi fit processus, quem in factis suis exsulans tanquam peregrina dissensio cordium non perturbat, vehementer inducimur ut eorum concordiæ noster concurrat assensus, et quæ rite aguntur favore apostolico prosequentes, apponendo manum nostræ confirmationis, eadem approbemus. Sane per litteras dilectorum filiorum conventus ejusdem monasterii Sancti Dionysii nobis innotuit manifeste quod in electione tua tanta concordia fuerit animorum, ut ab eo qui fidelium mentes unius efficit voluntatis, omnium vota in unum directa fuisse credantur. Unde nos paci et tranquillitati Ecclesiæ tuæ plurimum congaudentes in Domino eorumque petitioni clementius annuentes, ipsam electionem de te canonice celebratam auctoritate apostolica confirmamus et præsentis scripti patrocinio communimus. Nulli ergo, etc.

Datum, etc., *ut supra*, xii Kalend. Junii, Pont. nostri anno primo.

CLXXX.
AGRIGENTIN. EPISCOPO.

Quod ipsi liceat monasteria transferre ad loca tutiora.

(*Ut supra*, iv Id. Maii.)

In his quæ pro religiosorum locorum reparatione requiris a nobis et quæ postulas pro statu ecclesiastico conservando, tanto libentius assensum tibi apostolicum impertimur, quanto ad id amplius pastoralis officii debitum nos inducit. Significasti siquidem nobis quod quædam monasteria in tua diœcesi constituta, tempore seditionis inter Saracenos et Christianos exortæ depauperata, quædam negligentia abbatum deserta, quædam vero omnino destructa fuerunt, quæ ad tutiora desideras loca transferre. Insuper in reditu tuo possessiones quasdam et decimas ad mensam clericorum Agrigentinen. Ecclesiæ pertinentes invenisti alienatas ab ipsa, quas intendis ad usum ipsius de auctoritate sedis apost. revocare. Eapropter, venerabilis in Christo frater, tuis precibus annuentes, fraternitati tuæ auctoritate apost. indulgemus ut monasteria ipsa cum dignitatibus suis ad loca tutiora cum consilio metropolitani tui transferre, possessiones et decimas et alia tam mobilia quam immobilia illicite alienata a mensa Ecclesiæ, ad eam tibi liceat legitime revocare. Nulli ergo, etc.

Datum, etc. *ut supra*, iv Idus Maii.

CLXXXI

ABBATI ET CONVENTUI SANCTI GERMANI ANTISIODOREN.

Indulgetur iis quod sacrum chrisma et oleum atque consecrationes ab alio catholico episcopo accipere liceat, si Antisiodorensis gratis impertiri nolit.

(*Ut supra*, xvii Kal. Junii.)

Ex multiplicitate querelarum vestrarum, quas adversus fratrem nostrum Antisiodor. episcopum propositas a vobis audivimus, ipsum monasterio vestro usque adeo arbitramini infestum, ut per eum (sicut dicitis) sine difficultate non possitis pontificalia percipere sacramenta. Nos autem, quibus imminet universorum necessitati prospicere, volentes vobis ex ministerio suscepti regiminis providere, ne pro duritia ipsius episcopi defectum in talibus incurratis, præsenti vobis scripto duximus indulgendum ut si memoratus episcopus a vobis humiliter requisitus, chrisma, oleum sanctum, consecrationes altarium, seu basilicarum, benedictionem abbatis, et ordinationes monachorum qui fuerint ad ordines promovendi, gratis et sine pravitate vobis indulgere noluerit vel malitiose distulerit, liceat vobis alium, quem malueritis, catholicum adire pontificem qui auctoritate nostra fretus vobis quod postulatur indulgeat. Indulgemus etiam vobis ut, si quando homines monasterii vestri vinculo tenentur excommunicationis astricti, pro eorum absolutione præfatus episcopus vel quilibet alius potestatem non habeat pecuniam extorquendi. Et si in eos, quia propter hoc pecuniam non exsolvunt, ecclesiastica fuerit sententia promulgata, eam decernimus auctoritate apostolica non tenere. Nulli ergo, etc.

Datum, etc., *ut supra*, xvii Kalend. Junii.

CLXXXII.

LINGONEN. EPISCOPO.

Quod controversiam inter ipsum et suum capitulum exortam gravate audierit, et utrique parti certum agendi terminum præfigit

(Datum *ut supra*.)

Licet juxta testimonium Veritatis necesse sit ut veniant scandala, quia tamen, secundum idem, *Væ homini illi per quem scandalum venit*, dolemus non modicum, cum inter viros ecclesiasticos qui pacem evangelizare tenentur seditionis alicujus materia pullulat, litigiosorum incentiva subcrescunt; cum in Ecclesiæ corpore omnia debeant in vinculo pacis et unitate tractari. Quamvis autem super quorumlibet ecclesiasticorum virorum discordia plurimum doleamus, majori tamen dolore concutimur, cum vel pater in filios, vel filii seditionem suscitant in parentem et illos discordia dividit quibus ad unius Ecclesiæ obsequium deputatis deberet esse cor unum et anima una. Sane cum tu Lingonen. Ecclesiæ caput

(71) Vide Gesta abbatum S. Germ. Antis. c. 13.

existas, dilecti autem filii decanus et canonici Lingonen. sint membra ipsius ac tua, tanto vos vellemus adinvicem charitatis vinculo couniri, ut vicissim vestra onera portaretis et ut membris dolentibus condoleres, et ipsi suis tibi vicibus in unitate spiritus deservirent. Verum, sicut accepimus, inimico homine superseminante zizania, tanta inter vos discordia est suborta, ut dictis canonicis te coram venerabili fratre nostro Lugdunen. archiepiscopo super dilapidatione et insufficientia in causam trahentibus, tu apost. sedis audientiam appellaris, festum beati Lucæ proximo futurum terminum appellationi prosequendæ præfigens; quem iidem canonici ad Dominicam qua cantatur *Jubilate Deo* proximo præteritam, sicut eorum continebant litteræ, coarctarunt. Nos igitur utrique partium deferre volentes, ne sub intemperie aeris et caloris distemperantia cogamini ad sedem apostolicam laborare, fraternitati tuæ sub peremptorio per apostolica scripta mandamus quatenus hinc ad festum beati Michaelis proximo futurum apostolico te conspectui repræsentes, canonicorum responsurus objectis et propositurus si quid proponere volueris contra ipsos; nisi forsan interim inter vos pacis possint fœdera reformari. Scias autem nos partem adversam ad eumdem terminum citavisse; ita ut illi quorum nomina per tuas nobis litteras expressisti, personaliter ad nos accedant, his quæ proposueris responsuri. Ad hæc, tibi fortius inhibemus ne occasione hujus discordiæ bona Ecclesiæ tuæ dilapidare præsumas.

Datum *ut supra*.

CLXXXIII.

ATREBATEN. ET SYLVANECT. EPISCOPIS.

Pia Patrum prædecessorumque nostrorum sollicitudo. *Require superius epistola 72. Et sicut scriptum est pro Ecclesia S. Germani de Pratis, ita scriptum est pro monasterio Sancti Dionysii in Parisiensi diœcesi constituto.*

CLXXXIV.

ABBATI ET CONVENTUI SANCTI GERMANI ANTISIODOREN.

Quod excommunicatio episcopi Antisiodorensis injusta et contra juris ordinem inflicta, non obliget.

(*Ut supra*, xvii Kal. Junii.)

(71) Gravis ex parte vestra fuit in auditorio nostro querela proposita, quod venerabilis frater noster Antisiodoren. episcopus et presbyteri ejusdem diœcesis homines vestros absque manifesta et rationabili causa, non servato juris ordine, excommunicationi subjiciunt pro suæ arbitrio voluntatis. Volentes igitur gravamini vestro paterna sollicitudine providere, si prædictus episcopus et presbyteri in homines vestros excommunicationis sententiam absque manifesta et rationabili causa et juris ordine non servato duxerint promulgandam, eam decrevimus non tenere et vos auctoritate apostolica divina eis officia celebretis. Nulli ergo, etc.

Datum, etc., *ut supra*, xvii Kalend. Junii

CLXXXV

EISDEM.

Quod liceat archiepiscopum Senonensem pro justitia adire, si Antisiodorensis eam administrare negligat.

(Datum ut supra)

Cum venerabilis frater noster Antisiodoren. episcopus usque adeo, sicut dicitis, sit vobis infestus, ut de parochianis suis malefactoribus vestris per eum justitiam non possitis habere, nobis imminet providendum ne pro defectu juris monasterium vestrum violentiis pateat et incursibus malignorum. Eapropter, dilecti filii, præsentibus vobis litteris indulgemus ut ad venerabilem fratrem nostrum Senonen. archiepiscopum pro coercendis ipsis malefactoribus vestris [recursum habere possitis, qui defectum ipsius episcopi de auctoritate nostra debeat in hac parte supplere. Nulli ergo, etc.

Datum *ut supra*.

CLXXXVI.

EPISC. ET DECAN. MATISCON.

Eis committitur causa Ecclesiæ Eduensis et cœnobii Balmensis.

(Apud S. Petrum, Id. Maii.)

Exposita nobis Eduen. Ecclesiæ petitio continebat quod, cum olim felicis recordationis Cœlestino papæ prædecessori nostro deposuissent de Balmen. monachis quæstionem, de terris et Ecclesiis in valle Polliniaci constitutis et idem prædecessor noster causam ipsam venerabili frater Cabilonen. episcopo et dilecto filio abbati de Firmitate commisisset fine debito terminandam, a præfatis tandem monachis fuit ab eisdem judicibus appellatum. Ille vero qui abbas ipsius monasterii dicebatur, ad prosequendam appellationem accedens, semel se tantum apostolico conspectui præsentavit, et de appellatione facta mentionem faciens, illicentiatus recessit. Cumque nuntius Eduen. Ecclesiæ ad appellationem prosequendam ad sedem apostolicam destinatus apud eam fuisset longo tempore commoratus, idem prædecessor noster peremptorie citavit monachos antedictos, eis sub excommunicationis pœna præcipiens ut ille qui se gerebat abbatem, cum aliquibus ipsius monasterii monachis in festo beati Lucæ proxime præterito ab ejus præsentiam sufficienter instructi accederent, ut Eduen. Ecclesiæ plenarie responderent et satisfacerent Romanæ Ecclesiæ de contemptu. Ipsi vero, licet juxta formam mandati apostolici non venissent, quidam tamen monachorum ad Romanam Ecclesiam accesserunt, quos nuntius præfatæ Eduen. Ecclesiæ invenit apud sedem apostolicam commorantes, qui de suo negotio diffidentes, ante causæ discussionem, ut magis aggravarent Eduen. Ecclesiam, recesserunt, et ad venerabilem fratrem nostrum Bellic. episcopum et dilectum filium abbatem de Balerna et priorem Boniloci per subreptionem, præfato nuntio Eduen. Ecclesiæ ignorante, litteras, ut dicitur, reportarunt. Postmodum vero cum præfato nuntio Eduen. Ecclesiæ se quidam Balmen. monachus opposuisset, eis dilectos filios J. tit. sancti Stephani in Cœlio Monte presbyterum et G. Sancti Adriani diaconum cardinales concessimus auditores. In quorum præsentia cum aliquandiu litigassent et sua scripta eisdem cardinalibus tradidissent, monachus ipse illicentiatus recessit et noluit sententiam exspectare. Cum igitur cuique simus in sua justitia debitores et nolimus aliquem de fraude sua commodum reportare, discretioni vestræ per apostolica scripta præcipiendo mandamus quatenus convocatis ad vestram præsentiam partibus, si vobis constiterit Eduen. Ecclesiam a præfatis monachis prædictis terris et Ecclesiis præter juris ordinem spoliatam, vos ei auctoritate notra prædictas terras et Ecclesias cum fructibus inde perceptis, non obstante contradictione vel appellatione cujuslibet, resignetis; prædictis litteris nequaquam obstantibus, quas etiam morte præfati prædecessoris nostri credimus exspirasse. Post restitutionem vero integram ablatorum et expensarum quas canonici Eduen. Ecclesiæ in appellatione monachorum prosequenda, quam ipsi monachi prosequi non curarunt, se rationabiliter fecisse probabunt, audiatis si quid emerserit quæstionis et illud fine debito appellatione postposita terminetis. Quod si ambo, etc., tu, frater episcope, etc

Datum Romæ apud Sanctum Petrum, Idibus Maii, pontificatus nostri anno primo.

CLXXXVII.

CAPITULO MEDIOLANENSI

Ut præbendam et domum episcopo Terdonensi suo collegæ restituant.

(viii Kal. Junii.)

Sinceritatem eorum qui ferventiores in Ecclesiæ devotione persistunt, Ecclesia Romana ampliori benignitate consuevit amplecti et juxta meritorum suorum prærogativam eis debiti honoris gratiam impertiri. Insinuavit siquidem nobis venerabilis frater noster O. episcopus Terdonen. quod, cum bonæ memoriæ Cælestinus prædecessor noster eidem per apostolicam indulgentiam concessisset ut beneficia quæ habebat quando fuit ad officium pontificale vocatus, ei liceret usque ad triennium possidere et auctoritate illius indulgentiæ præbendam quam in Ecclesia vestra fuerat assecutus (72) integre possedisset, ita quod in electione archiepiscopi vestri sicut unus canonicorum vocem habuit, et in venditionibus aliisque negotiis Mediolanen. Ecclesiæ, ipsius tanquam canonici fuit requisitus assensus et in instrumentis etiam manum subscriptionis apposuit: vos, super quo de prudentia vestra miramur, post appellationem ab ipso episcopo ad nos interpositam, ex quo etiam iter arripuit ad sedem apostolicam veniendi, non exspectantes terminum in ipsa indulgentia præfinitum, cum ipse, sicut asserit, non

---

(72) Junge caput *Cum pro..* De concess. præb. in tertia Collectione,

renuntiaverit indulgentiæ, in contemptum Ecclesiæ Romanæ præsumpsitis de ipsa præbenda in ejus præjudicium ordinare et eam cuidem clerico assignastis, ac domum ejus non estis veriti occupare. Non ergo, si verum est quod asseritur, revocantes in irritum quidquid per vos contra formam præscriptæ indulgentiæ in præjudicium ejus noscitur attentatum; vobis per præsentia scripta mandamus atque præcipimus quatenus tam præbendam quam domum ei restituere minime differatis et antequam præscriptus terminus compleatur, cum interim non intelligatur vacare præbenda, super ipsa nullum ei gravamen vel molestiam irrogetis; sed eum plena et quieta permittatis illius possessione gaudere. Alioquin noveri tis nos venerabili fratri nostro Vercellen. episcopo dedidisse firmiter in mandatis ut ipse auctoritate nostra sine appellationis obstaculo quæ præmisimus exsequatur.

Datum, etc., viii Kalend. Junii, pontificatus nostri anno primo.

Illi scriptum est super hoc.

CLXXXVIII.
ARCHIEPISCOPO SENONEN.

Ut cogat episcopum Eduensem cum abbate Flaviniae initam concordiam observare.

(Romæ, xi Kal. Junii.)

Cum olim dilectus fil. G. abbas Flaviniacen. pro injuriis et gravaminibus quæ ipsi ven. fra. noster episcopus Eduen. intulerat, ad sedem apostolicam accessisset et ibidem non sine dispendio, si forte aliquis adversarius appareret, diutius exspectasset, tandem nuntii ejus post moram diutinam advenerunt: qui cum parati fuissent ad invicem litigare, facta compromissione hinc inde legitima in venerabilem fratrem nostrum O. Ostien. episcopum convenerunt, eodem post multam deliberationem arbitrii sententiam proferente, quam ipse episcopus in scriptum de utriusque partis assensu redegit, pœna hinc inde statuta si quis ab arbitrio resiliret, sicut in scripto authentico ejusdem episcopi continetur. Inde est quod eidem episcopo Eduensi mandamus ut sententiam illam arbitrii absque refragatione qualibet studeat observare. Si enim contra eam, quod non credimus, temere ipsum venire contingeret, nullatenus dissimulare possemus quin eum ad observationem illius, vel ad solutionem pœnæ statutæ, prævia ratione cogeremus invitum. Unde fraternitati tuæ per apostolica scripta mandamus quatenus diligenter inquiras utrum prædictum arbitrium a partibus observetur et per quam et ex qua causa stare cognoveris quominus ipsum observetur arbitrium, et secundum formam ipsius fiat restitutio ablatorum, nobis non differas intimare; atque in irritum appellatione postposita revocans si quid in præjudicium ipsius abbatis vel Ecclesiæ suæ post iter ad sedem apostolicam arreptum et post appellationem ad sedem apostol. interpositam temere inveneris attentatum, non permittas ipsos indebite molestari. Verum quia antequam idem abbas iter arripuisset ad sedem apostolicam veniendi, tam eum quam obedientes ei excommunicasse prædictus Eduen. episcopus dicebatur et terram ejus supposuisse sententiæ interdicti, licet eædem sententiæ latæ minus legitime viderentur, cum ipse abbas prius ad sedem apost., ut asserit, appellasset, per dictum tamen Ostien. episcopum, ad majorem cautelam, munus ei fecimus absolutionis impendi.

Datum Romæ, etc., xi Kal. Junii.

Scriptum est autem Eduen. episcopo ut ipsam sententiam arbitrii absque refragatione qualibet studeat observare.

CLXXXIX.
HUGONI ABBATI VIRZILIACEN. ECCLESIÆ.

Confirmat electionem ipsius, hortaturque ut magno et forti animo tantum opus aggrediatur

(Datum ut supra).

Cum status Ecclesiarum et rigor monasticæ ac canonicæ disciplinæ ex majori parte pendeat ex prælatis, utpote qui probitatis vel pravitatis exemplo vel informant subditos vel corrumpunt, cum aliquis ad officium prælationis assumitur, per quem committenda ei Ecclesia spiritualibus possit et temporalibus suscipere incrementum, gaudemus plurimum et electionis canonicæ apostolicum libenter impertimur assensum. Significarunt si quidem dilecti filii prior et conventus Virziliacen. per litteras suas, et iidem dilecti filii, monachi et nuntii eorum sua nobis relatione monstrarunt quod G. quondam ipsorum abbate viam universæ carnis ingresso, volentes suæ Ecclesiæ filiali sollicitudine providere in te vota sua unanimiter contulerunt, patrem te sibi et fratribus suscitantes, qui eis utilius et melius præsis et prosis, cum te non aliunde vocatum, sed de ipsis eisdem unanimi cognoveris electione assumptum. Circa commendationem quoque personæ plurimum institerunt, asserentes per eosdem nuntios et litteras quod talis existas qui et temporalia utiliter dispensare noveris et spiritualia laudabiliter ministrare, et per quem possint proficere vita pariter et doctrina. Præterea venerabilis frater noster Senonen. archiepiscopus per litteras suas et electioni canonicæ testimonium perhibuit et personam idoneam esse asseruit ad officium abbatiæ. Nos igitur super forma electionis nuntiis et litteris ipsorum, super idoneitate vero personæ fidem dicto archiepiscopo adhibentes, quem credimus nihil nobis contra conscientiam suggesturum, quod ad ipsis canonice factum est auctoritate apostolica confirmamus et præsentis scripti patrocinio communimus. Hortamur autem ut in eo confidens qui aperit ora mutorum et linguas infantium facit disertas, sollicitudinem, ad quam ipsius es providentia evocatus, assumens, talem te subjectis exhibeas, ut te non tam prælatum quam patrem experiantur, et sic se in bonis a te foveri congaudeant quod circa correctionem excedentium rigorem in te vigere sentiant monasticæ disciplinæ.

Datum *ut supra*.

CXC.
ARCHIEPISCOPO ET ARCHIDIAC. SENONEN.
Clericus, qui casu puerum occiderat, absolvitur.
(Datum *ut supra.*)

Exposuit nobis dilectus filius M. presbyter de Stabulis, quod cum olim invitatus a quibusdam pueris, de manu unius eorum arcum receperit et sagittam, et eam dirigere voluerit in arborem quae obstabat, manu errante sagitta eadem discurrens per aerem, puerum quemdam valde distantem modicum vulneravit in capite; propter quod idem puer creditur postmodum exspirasse. Quod cum idem presbyter bonae memoriae G. praedecessori tuo, frater archiepiscope, sponte curasset humiliter confiteri, ipse poenitentiam et contritionem ipsius attendens, super beneficio Ecclesiae de Stabulis quam in archidiaconatu tuo, fili archidiacone, adeptus fuerat, misericorditer dispensavit, ut ipsum quoad viveret possideret; mandans eidem ut ad sedem apostolicam accederet, mandatis super officio apostolicis pariturus. Quia vero in hoc non ex voluntate, sicut asserit, sed casu deliquit, discretioni vestrae per apostolica scripta mandamus quatenus, si verum est quod asserit, factam cum eo misericordiam attendentes, quod a dicto archiepiscopo factum est ratum habentes et firmum, eum super beneficio praedicto propter hoc nullatenus molestetis aut patiamini ab illis molestari.

Datum, etc

CXCI.
TRECEN. EPISCOPO.
Ut plura beneficia habentes, resignare cogantur; et quod clericos suos, quando publica salus postulat, ad majores ordines suscipiendos compellere queat.
(Apud Sanctum Petrum,)

Injuncti nobis officii ratione compellimur et charitatis debito provocamur fratribus et coepiscopis nostris in suis justis petitionibus favorem apostolicum impertiri; ut qui specialiter in partem nostrae sollicitudinis sunt vocati, tanto commissum sibi officium liberius exsequantur, quanto se et jura sua majori viderint sedis apostolicae benignitate juvari. Eapropter, venerabilis in Christo frater, tuis justis precibus benigno concurrentes assensu, ad exemplar praedecessorum nostrorum felicis memoriae Lucii et Clementis Romanorum pontificum auctoritate tibi praesentium indulgemus ut clericos tuae dioecesis, qui contra statuta Lateranen. concilii pravae cupiditatis ardore plures Ecclesias vel ecclesiastica beneficia detinere contendunt, cum de proventibus unius ipsi congrue valeant sustentari, ad canonicum valeas reducere moderamen. Clericos vero Ecclesiae tuae, quos necessitas postulaverit ad sacros ordines promoveri, secundum privilegium M. praedecessori tuo et successoribus tuis a felicis record. Alexandro papa praedecessore nostro indultum, liceat tibi, si idonei fuerint nec de canonica potuerint institutione repelli, ad eosdem ordines suscipiendos secundum canonum instituta compellere, vel si inobedientes fuerint, animadversionis ecclesiasticae sententia cogere; nisi contra hoc alicui fuerit sedis apostolicae auctoritate indultum ut ad suscipiendos ordines non cogatur. Et quia Trecen. Ecclesia tuae provisioni commissa, tuo debet moderamine gubernari nec ullus in messem tibi creditam falcem debet ausu temerario mittere, praesentium auctoritate statuimus ut nulli subditorum tuorum liceat, post appellationem ad te rationabiliter factam, parochianos tuos excommunicatione percellere vel commissas tibi Ecclesias supponere interdicto. Quod si praesumptum fuerit, sententiam decernimus non tenere; et si non praecedente appellatione sententia talis ab aliquo subditorum tuorum fuerit irrationabiliter promulgata, sententiam talem valeas, prout justum fuerit, relaxare. Nullis litteris institutioni canonicae praejudicium facientibus a sede apostolica impetratis.

Datum Romae apud Sanctum Petrum.

CXCII
SENONEN. ARCHIEPISCOPO ET TRECEN. EPISCOPO
Ne quid in proprium commodum et successorum detrimentum canonici constituant.
(Datum *ut supra.*)

Cum omnes unum corpus simus in Christo, singuli autem alter alterius membra, non debent majores minoribus aut seniores junioribus invidere; sed omnes qui in una Ecclesia uni Domino famulantur, pari gaudeant libertate; cum pondus et pondus, mensura et mensura, utrumque abominabile sit apud Deum et evangelicus paterfamilias pari mercede primos vineae suae operarios remuneraverit et extremos. Verum ad audientiam apostolatus nostri pervenit quod dilecti filii Trecen. canonici, propriis inhiantes commodis et aliorum profectibus invidentes, novum fecerunt in Trecen. Ecclesia constitutum, ut eis tam in praesentia sua quam absentia redditus suos ex integro percepturis, qui in eadem Ecclesia post illam institutionem fuerunt vel de caetero fuerint instituti, redditus ex ea in absentia non percipiant, sed tunc solum cum in ea fuerint residentes; cum secundum Trecen. Ecclesiae consuetudines omnes in hoc consueverint esse pares. Statuerunt etiam ut cum singulis praebendis annexae sint vineae, ipsis suas, dum vixerint, possidentibus, vineae decedentium ad successores non transeant, sed proventus earum inter singulos dividantur. Cum igitur quod quisque juris in alterum statuit, ipse debeat uti eodem, et sapientis dicat auctoritas: *Patere legem quam tuleris*, fraternitati vestrae per apostolica scripta mandamus quatenus antiquos canonicos junioribus et juniores in perceptione fructuum tam praebendarum quam vinearum coaequatis antiquis, secundum priorem consuetudinem usque ad tempus praedictae institutionis servatam, vel secundum rationabilem institutionem deinceps observandam, illos per districtionem eccle. percellentes, si qui duxerint renitendum. Nullis litteris, etc., harum tenore, etc. Quod si ambo, etc., alter vestrum, etc.

Datum, etc.

CXCIII.
TRECEN. EPISCOPO
Initæ concordiæ confirmatio apostolica.
(Apud S. Petrum.)

Justis petentium, etc., *usque ad verbum* assensu. Compositionem super abbatia Belliloci quoad vixeris ordinanda, inter te ex una parte et dilectos filios Alesmum abbatem Calmontensem, Robertum et Gervasium canonicos Præmonstraten. nomine abbatis et totius conventus Præmonstraten. apud Ecclesiam Romanam agentes ex altera, per dilectum filium S. tit. Sanctæ Praxedis presbyterum cardinalem de mandato apostolico celebratam, sicut sine pravitate qualibet facta est, et ab utraque parte recepta, et in ejusdem cardinalis authentico plenius continetur, auctoritate apostolica confirmamus. Nulli ergo, etc.

Datum Romæ apud Sanctum Petrum.

CXCIV.
XANCTONEN. EPISCOPO.
Ut prior de Prato dilapidator deponatur.
(Ut supra, 11 Id. Maii.)

Inter ea per quæ status Ecclesiæ vacillat, sæpius est causa potior incuria seu perniciosa negligentia prælatorum. Nam cum forte caput est languidum, est necesse quod membra langueant : et infecta morbi contagia nec fomentum medendis capiunt nec pristinæ possunt de facili restitui sanitati. Sane dilecti filii pauperes canonici de Prato apostolatui nostro significare curarunt, quod cum Petrus nunc prior ipsorum olim in Grandimonten. Ecclesia sub religionis habitu per annos plurimos permansisset, arctam tandem devitans regulam, ad ollas carnium redire voluit et oblitus voti quod fecerat, ad canonicos se transtulit regulares et in ipsa Ecclesia de Prato voluit eligi in priorem. Cumque domus sibi dominium commissum jam esset a fratribus, debacchatur in gregem subditum nec illorum bona distrahere pertimescit, sed solus fugiens fratrum mensam atque collegium, ab illorum quidem consortio se reddit sæpius alienum. Unde quisque passim ad libitum impune potest excedere et sic perit honestas ordinis, per quam locus olim floruerat, et vilescit quod charum omnibus religionis hospitalitatisque gratia præpollebat. Adjecerunt insuper quod cum domus bona deficerent, plures ibidem canonicare præsumpsit. Laicos etiam contra approbatam Ecclesiæ consuetudinem multos intrudere non expavit; sed quod ab eis fuerat elargitum non transfundit in usus fratrum egentium, sed male acquisita juxta motum propriæ voluntatis expendit. Nolentes igitur ut arbor sterilis occupatam diutius terram detineat, fraternitati tuæ per apostolica scripta mandamus quatenus de veritate prædictorum inquirere non postponas; et si rem noveris ita esse, ipsum ab administratione prioratus amoveas et prædictis canonicis eligendi personam idoneam auctoritate nostra liberam tribuas facultatem; dictumque priorem, ut ad claustrum prædictum redeat, per censuram ecclesiasticam appellatione cessante compellas; et cum antiqua sit ipsius Ecclesiæ consuetudo et approbata ut in singulis officiis singulæ personæ ponantur, quæ ordinanda videris auctoritate nostra disponas. Nullis litteris veritati et justitiæ præ., etc.

Datum *ut supra*, 11 Idus Maii, etc.

CXCV.
XANCTONEN. ET MAG. P. PETRAGORICEN. ARCHIDIAC.
Ejusdem fere argumenti.
(Ut supra, vi Kal. Junii.)

Inter ea, *ut supra usque ad verbum* sanitati. Insinuantibus siquidem nobis dil. filiis monachis de Brantomo nostro fuit apostolatui declaratum, quod cum abbati suo domus dominium, etc., *usque ad verbum* facultatem; *excepto quod ubi superius dictum est* canonicare, *hic dicitur* sine fratrum assensu monachare; et cum antiqua sit ipsius Ecclesiæ, etc., *usque in finem ut supra.* Nullis litteris, etc., *ut su pra.*

Datum, etc., vi Kalend. Junii.

CXCVI.
ABBATI ET FRATRIBUS PRÆMONSTRATENSIBUS.
Ut disciplina monastica observetur, et quod pontifex eam non velit turbare.
(Ut supra, v Id. Maii.)

Usque adeo nos et prædecessores nostros flagrans religionis vestræ fama respersit, ut odore sinceræ opinionis vestræ in Domino delectati, super his quæ a vobis in communi abbatum vestri ordinis capitulo statuuntur, nisi vel honori nostro vel justitiæ apertius obviarent, nullatenus dubitemus quin ad ea secundum Deum et statuta vestra recte ac rationabiliter procedatis. Sane cum prædecessores nostri Romani pontifices ordini vestro privilegium indulserint speciale et speciali semper gratia vos fuerint prosecuti, in his quæ ad correctionem fratrum vestrorum pertinent vos non intendimus aggravare quominus in delinquentes exerceatis libere canonicam disciplinam. Præsentatæ siquidem nobis fuerunt ex parte vestra binæ litteræ, a sede apostolica diversis temporibus impetratæ: in quarum primis bonæ memoriæ Cœlestinus papa prædecessor noster sententiam quam in Balduinum et Hugonem ejus socium tuleratis ratam habens et volens inviolabiliter observari, vobis mandabat ut neutrum eorum admitteretis ad consortium vestrum, præter mandatum sedis apostolicæ speciale; nisi forsan in tantum ad vos in corde contrito et spiritu humiliato accederent, quod eorum postulatio vobis videretur misericorditer admittenda. In aliis vero universitati vestræ mandavit ut memoratum Balduinum, nulla facta mentione de ordinis disciplina, in vestrum consortium admittere nullatenus differretis. Quia vero, sicut vestræ litteræ continebant, in ejectione prædictorum B. et H. et fautorum eorum exsulavit a vobis scandalum et pax inter vos et concordia plena regnavit; ne ex receptione talium concordia vestra turbetur, quid de his vel aliis, quos secundum statuta vestri ordinis a vestro consortio amovistis vel duxeritis in posterum amovendos, statuendum fuerit vestræ discretioni relinquimus: ne per nos rigor vestri ordinis enervetur. Ad hæc, vobis auctoritate apostolica indulgemus ut si pro receptione alicujus, qui a vobis ejectus fuerit, litteras vobis apostolicas duxerimus destinandas, eum nullatenus recipere teneamini, nisi litteris nostris expressum fuerit, salva ordinis disciplina.

Datum, etc., *ut supra*, v Idus Maii.

CXCVII.

P. ABBATI PRÆMONSTRAT. ET EJUSDEM ORDINIS ABBATIBUS.

Confirmatur constitutio quod Præmonstratenses non debeant uti mitra et chirothecis.

(*Ut supra*, iv Id. Maii.)

Quæ in favorem religionis ad subtrahendam dissolutionis materiam sunt provide instituta, firma debent et illibata servari et, ne infringi valeant, apostolico præsidio communiri. Significasti siquidem nobis quod communi consilio abbatum vestri ordinis statuistis quod nullus abbatum vestrorum mitra vel chirothecis utatur, ne forsan ex ipsis supercilium elationis assumat, aut sibi videatur sublimis, cum his uti se viderit quæ pontificibus et majoribus Ecclesiarum prælatis a sede apostolica sunt concessa. Nos igitur institutionem ipsam, sicut a vobis provide facta est recepta, auctoritate apostolica confirmamus et præsentis scripti pagina communimus; statuentes ut si qua forsan Ecclesia laxioris ordinis vestram voluerit regulam profiteri, hujusmodi pontificalibus, etiamsi ea prius habuerit, ulterius non utatur, imo potius humilitatem servet et in ea statuta vestri ordinis imitetur. Præsenti quoque institutioni adjicimus quod nullus fratrum vestrorum ad apostolicam sedem accedens vel recedens ab ipsa vel alias, incedat in habitu sæculari, nisi evidens hoc necessitas postularit. Inhibemus præterea ne quis contra statuta generalis capituli, sive in habitu sive in uniformitate officii, seu etiam in temporalibus, temere venire præsumat. Quod si quis præsumpserit, regulariter puniatur. Nec aliquis assumat honorem, ad quem fuerit forsan electus, sine licentia vel præcepto illius cui obedire tenetur, nisi forte ipse sibi eam malitiose præsumpserit denegare, ut tandem pro licentia obtinenda majori liceat supplicari. Nulli ergo, etc.

Datum, etc., iv Idus Maii.

CXCVIII.

P. ABBATI PRÆMONSTRAT. ET CÆTERIS EJUSDEM ORDINIS ABBATIBUS.

Confirmatur constitutio quod Præmonstratenses conversas recipere non teneantur, nec bona sua alienare possint.

(*Ut supra*, iii Id. Maii.)

Cum a nobis petitur, etc., *usque ad verbum* effectu. Significastis siquidem nobis quod ad implendum illud apostolicum: *Ab omni specie mala abstinete vos* (*I Thess.* v, 22), ad reprimendum os loquentium iniqua, qui detractionibus gloriantur, et opinionem justorum nituntur multipliciter infamare, olim in communi capitulo statuistis et postmodum sub interminatione gravis pœnæ sæpius innovastis, ut nullam de cætero in sororem recipere teneamini vel conversam, præsertim cum ex hoc aliquando incommoda fueritis multa perpessi. Nos igitur institutionem ipsam, sicut de communi consilio abbatum ad commune capitulum convenientium provide facta fuit, auctoritate apostolica confirmamus et præsentis scripti pagina communimus. Ad hæc adjicimus, ne aliquis abbas vel conventus possessiones ecclesiarum vestri ordinis præter assensum generalis capituli vendere audeat vel sine patris abbatis licentia commutare. Nulli ergo, etc.

Datum, etc., iii Idus Maii.

CXCIX.

DECANO, CANTORI ET MAGISTRO P. CANONICO. REMEN.

Ut ablatum contumeliose equum abbati restitui curent.

(Romæ, iv Id. Maii.)

Significarunt nobis dilecti filii abbas et fratres Præmonstraten. quod cum dilectus filius Hugo de Petraponte archidiaconus Laudun. in promotione ipsius abbatis palefridum ab eo obtentu cujusdam pravæ consuetudinis exegisset, quia super hoc ei acquiescere recusavit, conversum quemdam ipsius de equitatura cui insedebat deponere, et eam secum abducere per violentiam non expavit. Unde nos eidem archidiacono per litteras nostras mandavimus ut similia de cætero non præsumat, imo de hoc ipso eidem abbati satisfactionem exhibeat competentem. Ideoque discretioni vestræ per apostolica scripta mandamus quatenus, si dictus archidiaconus ea quæ præmissa sunt adimplere noluerit, tam eum quam alios, qui pro benedicendis, installandis vel deducendis ad sedem tam abbatibus quam aliis ecclesiasticis personis palefridum vel aliud exigere vel extorquere præsumpserint in posterum vel hactenus præsumpserunt, nisi ad commonitionem vestram a sua præsumptione destiterint et de perceptis taliter satisfecerint competenter, excommunicationis censura appellatione postposita percellatis et sicut excommunicatos faciatis ab omnibus arctius evitari. Quod si omnes, duo vestrum, etc.

Datum Romæ, etc., iv Idus Maii.

Scriptum est autem ipsi archidiacono super hoc.

CC.

UNIVERSIS ARCHIEPISCOPIS ET EPISCOPIS, IN QUORUM PAROCHIIS GRANGIÆ PRÆMONSTRATEN. ORDINIS SITÆ SUNT.

Ne procurationis prætextu contra apostolica privilegia Præmonstratenses graventur.

(Romæ, *ut supra*.

Si veri Christianæ religionis amatores et cultores essetis, religiosis viris in personis vel rebus nullam molestiam inferretis, quorum potius teneminì gravaminibus obviare. Verum conquerentibus dilectis filiis abbate et fratribus ordinis Præmonstraten., nostris est auribus intimatum quod, licet in eorum privilegiis inhibitum sit expresse ne quis archiepiscopus vel episcopus, nisi in manifesta necessitate, in eorum grangiis hospitetur, quidam vestrum in singulis grangiis eorumdem fratrum in suis diœcesibus constitutis procurationes exigunt annuatim; quæ si eis aliquando forte negantur, ministri eorum de animalibus eorumdem fratrum prædas violenter abducunt, quas vel pignori obligant vel alienant omnino; nec fratribus ipsis restituunt, donec pro requisita procuratione certa pecunia persolvatur; qui, ut avaritiam suam et exactionem excusent, frivolas exigendæ procurationis causas assignant : vel quod in grangiis ipsis decimæ colligantur : vel quod canonici qui parochialem Ecclesiam in vicinis locis obtinere noscuntur aliquando commorantur in grangiis : vel quod in eis claustrum sororum habetur ; quæ potius ex accessu vestro materiam dissolutionis accipiunt, dum confabulantur cum clericis et per officinas discurrunt, quam doctrinam recipiant salutarem. Quia vero causæ hujusmodi frivolæ sunt nec earum occasione fratres ipsos in exhibendis procurationibus credimus esse cogendos, fraternitati vestræ per apostolica scripta mandamus et districte præcipimus quatenus fratres ipsos contra indultam sibi a sede apostolica libertatem nec in prædictis nec in aliis aggravetis, nec exactiones aliquas ipsis imponere præsumatis. Alioquin non poterimus sub dissimulatione transire quin eorum indemnitati contra exactiones vestras paterna sollicitudine consulamus.

Datum Romæ, etc., *ut supra.*

CCI.

EPISCOPO, DECANO, ET ARCHIDIACONO SUESSIONEN.

Ut ob turpe et illicitum juramentum puniantur nec tamen servare debeant.

(*Ut supra* , Id. Maii.)

Significavit nobis dilectus filius abbas sancti Eligii Noviomen. quod, cum olim monasterium sancti Eligii abbatis esset regimine destitutum, omnes fratres ipsius monasterii de substituendi abbatis electione tractantes, sacramento firmarunt quod quicunque assumeretur ad officium abbatiæ, tres tantum obedientias modicas et exiles in manu sua teneret, singulos monachos instituens in singulis reliquarum. Postmodum autem in abbatem assumptus, cum quosdam monachos ratione suorum excessuum a concessis sibi obedientiis intenderet amovere, aliis resistentibus non solum eos obedientiis non privavit, imo potius servato priori juramento in veritatis verbo promisit quod nullum de cætero; nisi de consilio et assensu duorum obedientiariorum et trium vel plurium aliorum, concessa sibi obedientia spoliaret, nec ad venerabilem fratrem nostrum Remen. archiepiscopum sanctæ Sabinæ cardin., nec ad apostolicæ sedis audientiam appellaret super injuriis quæ sibi a monachis inferrentur. Qui tamen postmodum de consilio quorumdam monachorum, licet non habito præfato numero, præpositum ejusdem monasterii ab officio suo amovit, in quo minus utiliter ministrabat. Quia igitur hæc sub dissimulatione transire non possumus nec debemus, discretioni vestræ per apostolica scripta mandamus quatenus, si vobis constiterit de prædictis, tam abbati quam monachis pœnam debitam infligatis et imposita eis de læsione fidei pœnitentia competenti, quod illicite juravere eos cogatis, appellatione remota, nullatenus observare. Quod si omnes, etc., tu, frater episcope, etc.

Datum *ut supra,* Idibus Maii.

CCII.

P. ABBATI PRÆMONSTRAT.

Ut dissoluti atque rebelles monachi puniantur servetur que monastica disciplina.

Ut supra, iv Id. Maii.)

Inter cætera desideria cordis nostri et hominis interioris affectus, hoc præter divinam gratiam quasi præcipue affectamus ut temporibus nostris melius religio Christiana proficiat et instituta regularia per nos de die in diem amplius convalescant. Multum enim Christianæ fidei deperiret, si rigor monasticæ ac canonicæ disciplinæ enervaretur per incuriam prælatorum aut dissolveretur, quod absit! per negligentiam nostram, qui tenemur errata corrigere et bene acta fortius roborare. Accepimus siquidem quod cum Petrus Rufus, Rainaldus de Ribemonte, Joannes de Leeris, Arnulfus Delier canonici sancti Martini Laudunen. contra abbatem suum nequiter conjurassent, et eum super dilapidatione domus nixi fuissent multipliciter infamare, qui eam pro majori parte relevaverat ab onere debitorum, detecta eorum malitia per fratres qui exteriores obedientias procurabant, ipsos censuisti per abbatias Præmonstraten. ordinis dividendos. Verum ipsi correctionem tuam nullatenus admittentes, imo iniquitate iniquitati addita hoc fecerunt ut quidam eorum fautores coram te et aliis abbatibus Præmonstraten. ordinis in abbatem suum per violentiam irruentes, manus in eum injicerent violentas et usque ad effusionem sanguinis eum inhoneste ac turpiter pertractarent; qui cum postmodum non invenissent qui eos contra te in hac malitia tueretur, ad te, sicut videbatur, cum humilitate reversi postulatam veniam acceperunt. Sed quidam eorum in priori proposito perdurantes, quibusdam rebus monasterii furto sublatis, fugam latenter arripere præsumpserunt. Quia vero dubitas ne super receptione talium te aliquatenus molestemus, et propter hoc seriem facti nobis duxisti per tuos nuntios exprimendam, quid de his et similibus sit agendum tuæ discretioni relinquimus; ne per nos religionis vestræ rigor depereat vel in aliquo minoretur.

Datum Romæ *ut supra.* iv Idus Maii.

CCIII.

UNIVERSIS ABBATIBUS ET PRÆPOSITIS PRÆMONSTRATEN.
ORDINIS IN SAXONIA ET CONFINIO SAXONIÆ CONSTITUTIS.

Ut omnes abbates atque præpositi Præmonstratenses juxta regulæ constitutionem certis temporibus Præmonstratum veniant, nullo privilegio excusante.

(Romæ, III Id. Maii.)

In eo sumus loco et officio constituti ut viros religiosos manutenere ac defendere teneamur nec patiamur regularia instituta per aliquorum insolentiam enervari. Accepimus siquidem quod a prima plantatione religionis vestræ generalis institutio emanavit ut abbates et præpositi vestri ordinis certis temporibus conveniant Præmonstratum ; ut si qua forsan vel in institutionibus vestris vel personis fuerint corrigenda, de communi abbatum et præpositorum consilio corrigantur et reformentur in melius quæ visa fuerint reformanda. Verum vos contra hanc tam generalem et necessariam constitutionem temere venientes, ad generale capitulum non acceditis nec vultis communibus institutionibus vestri ordinis obedire, asserentes vos a sede apostolica exemptionis privilegium impetrasse, quod tamen non profertis aliquatenus in commune. Quia igitur hoc in dissolutionem ordinis non est dubium redundare, universitati vestræ per apostolica scripta mandamus et districte præcipimus ut, cum in privilegiis generali capitulo Præmonstraten. ab apostolica sede indultis contineatur expresse ne quis ordinem ipsum professus contra communia instituta privilegium impetrare præsumat, vel impetratum audeat retinere, privilegio quod vos a sede Romana obtinuisse asseritis non utamini, imo potius ad commune capitulum statutis temporibus accedatis, ut inde recipiatis correctionem unde formam religionis et ordinis accepistis. Alioquin noveritis nos dilectis filiis abbati Præmonstraten. et cæteris abbatibus ejusdem ordinis in generali capitulo convenientibus Præmonstratum dedisse firmiter in mandatis ut, si ad commonitionem ipsorum venire contempseritis Præmonstratum ad generale capitulum celebrandum, vos excommunicationis sententia, appell. re., percellant et faciant sicut excommunicatos ab omnibus arctius evitari. Venerabilibus etiam fratribus archiepiscopis et episcopis in Saxonia et in confinio Saxoniæ constitutis districte præcipiendo mandavimus, ut si post commonitionem vobis factam ab ipsis inventi fueritis contumaces, cum a præfatis abbate et generali capitulo Præmonstraten. super hoc fueritis requisiti, vos excommunicationis censura nihilominus, appellatione remota, percellant et Ecclesias vestras sententiæ interdicti subjicere non postponant.

Datum Romæ, etc., III Idus Maii.
Illis scriptum est super hoc.

CCIV.

ARCHIEPISCOPIS, EPISCOPIS, ABBATIBUS, PRIORIBUS ET CÆTERIS ECCLESIARUM PRÆLATIS.

Ut Præmonstratenses monachos ab injuriis et contumeliis defendant.

(Romæ, Id. Maii.)

Non absque dolore cordis et plurima turbatione didicimus quod ita in plerisque partibus ecclesiastica censura dissolvitur et canonicæ sententiæ severitas enervatur, ut viri religiosi et hi maxime qui per sedis apostolicæ privilegia majori donati sunt libertate, passim a malefactoribus suis injurias sustineant et rapinas, dum vix invenitur qui congrua illis protectione subveniat et pro fovenda pauperum innocentia murum se defensionis opponat. Specialiter autem dilecti filii nostri abbas et fratres Præmonstraten. et cæteri ordinem ipsorum professi, tam de frequentibus injuriis suis quam de ipso quotidiano defectu justitiæ conquerentes, universitatem vestram per litteras petierunt apostolicas excitari ; ut ita videlicet eis in tribulationibus suis contra malefactores eorum prompta debeatis magnanimitate consurgere, quod ab angustiis quas sustinent et pressuris vestro possint præsidio respirare. Ideoque universitati vestræ per apostolica scripta mandamus atque præcipimus quatenus illos qui in aliquem de prædictis fratribus instigante diabolo manus violentas injecerint, sive possessiones vel res seu domos Præmonstraten. aut aliorum fratrum ipsius ordinis vel hominum suorum irreverenter invaserint, aut ea quæ prædictis fratribus e testamento decedentium relinquuntur contra justitiam detinuerint, seu in ipsos fratres contra apostolicæ sedis indulta sententiam excommunicationis aut interdicti proferre præsumpserint, vel decimas laborum seu nutrimentorum suorum, spretis privilegiis apostolicæ sedis, extorserint : si laici fuerint, publice candelis accensis excommunicationis sententia percellatis ; clericos autem, canonicos sive monachos, appellatione remota, ab officio et beneficio suspendatis, neutram relaxaturi sententiam, donec prædictis fratribus plenarie satisfaciant, et hi præcipue qui pro violenta manuum injectione vinculo fuerint anathematis innodati, cum diœcesani episcopi litteris ad sedem apostolicam venientes, ab eodem vinculo mereantur absolvi ; nisi forte monachi vel canonici regulares per abbates vel priores suos post satisfactionem congruam, secundum ordinis disciplinam fuerint absoluti. Villas autem in quibus bona prædictorum fratrum seu hominum suorum per violentiam detenta fuerint, quandiu ibi sunt, interdicti sententiæ supponatis.

Datum Romæ, etc., Idus Maii, etc.
Scriptum est super hoc in eumdem fere modum pro fratribus militiæ Templi.

CCV.

SYLVANECTEN. EPISCOPO.

Ne alicui dimidia præbenda conferatur nec præbendæ secentur.

(Romæ, vii Kal. Junii.)

Cum in Turonen. concilio inhibita sit sectio præbendarum et de rigore juris redintegrari debeant officia decurtata, vix de tua possumus fraternitate sperare quod præbendam aliquam ad preces nostras conferres alicui, qui ad duplex mandatum bonæ memoriæ Clementis papæ prædecessoris nostri, quod prædicti concilii erat auctoritate munitum, dimidiam præbendam dilecti filii magistri Aimerici noluisti aliquatenus integrare, imo vacantem præbendam, de qua juxta tenorem mandati apostolici dimidiæ debueras supplere defectum, alii in contemptum sedis apostolicæ contulisti. Ne igitur quod de prædicto magistro incœptum est, remaneat imperfectum, fraternitati tuæ per apostolica scripta mandamus atque præcipimus quatenus de præbenda ad donationem tuam spectante, quam primo in Ecclesia tua vacare contigerit, non obstante investitura de non vacante contra statuta Lateranen. concilii facta, ejusdem magistri dimidiam non differas integrare, nec aliquem de cætero ad dimidiam præbendam admittas. Alioquin tandiu te noveris a præbendarum collatione suspensum, donec eidem magistro super integratione dimidiæ fuerit satisfactum. Dilectis etiam filiis canonicis Sylvanecten. districtius inhibemus ne priusquam satisfiat eidem magistro, aliquem in canonicum vel fratrem admittant, etiamsi contra statuta Lateranen. concilii de vacatura fuerit investitus vel stallum in choro vel locum in capitulo vacaturæ nomine assecutus. Nullis, etc., harum mentione, etc.

Datum Romæ, etc., vii Kalend. Junii, etc.

Illis scriptum est super hoc.

CCVI.

ILLUSTRI REGI ANGLIÆ.

Quatuor aureorum annulorum mysterium explicat.

(Apud S. Petrum, iv Kal. Junii.)

(73) Inter opes terrenas quas mortalis oculus concupiscit, quasi chariora desiderat aurum obryzum, et lapides pretiosos. Licet autem his aliisque diutius excellentia regalis abundet, si signum tamen dilectionis et gratiæ, quatuor annulos aureos cum diversis lapidibus pretiosis tuæ magnitudini destinamus; in quibus te volumus spiritualiter intelligere formam et numerum, materiam et colorem, ut mysterium potius quam donum attendas. Rotunditas enim æternitatem significat, quæ initio caret et fine. Habet igitur regalis prudentia quid in annuli forma requirat, ut de terrenis transeat ad cœlestia, de temporalibus ad æterna procedat. Quaternarius autem, qui numerus est quadratus, constantiam mentis insinuat; quæ nec deprimi debet adversis nec prosperis elevari. Quod tunc laudabiliter adimplebit, cum quatuor virtutibus principalibus fuerit adornata, videlicet justitia, fortitudine, prudentia, temperantia. Intelligas igitur in primo justitiam quam exerceas in judiciis; in secundo fortitudinem quam exhibeas in adversis; in tertio prudentiam quam observes in dubiis; in quarto temperantiam quam in prosperis non dimittas. Per aurum vero sapientia designatur; quia sicut aurum præeminet universis metallis, sic sapientia donis omnibus antecellit, propheta testante, qui ait: *Requiescet super eum spiritus sapientiæ et intellectus*, etc. (*Isa.* x, 2). Nihil est quod magis oporteat regem habere. Unde rex ille pacificus Salomon solam a Deo sapientiam postulavit, ut populum sibi commissum sciret provide gubernare. Porro smaragdi viriditas fidem, sapphiri serenitas spem, granati rubicunditas charitatem, topazii claritas operationem significat, de qua Dominus ait: *Luceat lux vestra coram hominibus, ut videant opera vestra bona, et glorificent Patrem vestrum qui in cœlis est* (*Matth.* v, 16). Habes igitur in smaragdo quod credas, in sapphiro quod speres, in granato quod diligas, in topazio quod exerceas; ut de virtute in virtutem ascendas, donec Deum deorum videas in Sion.

Datum Romæ apud S. Petrum, iv Kal. Junii.

CCVII.

EPISCOPO LEXOVIEN.

Ut pensiones ad verum moderamen reducantur.

(Romæ, xii Kal. Junii.)

Cum a nobis petitur, etc., *usque ad verbum* assensu, auctoritate tibi præsentium indulgemus ut ad debitum statum reducere possis appellatione postposita pensiones Ecclesiarum tuæ diœcesis contra Lateranense concilium augmentatas. Nulli ergo, etc.

Datum Romæ, etc., xii Kalend. Junii, pont. nostri anno primo.

CCVIII.

EIDEM.

Ut frustratoriæ appellationes non recipiantur, et reliquæ deb ito tempore finiantur.

(xiii Kal. Junii.)

Licet sit appellantibus deferendum ut sacrorum canonum approbant instituta, non tamen usque adeo relinquenda est appellantibus effrenata licentia motus judicii evadendi, ut ea quæ correctione indigent in aliorum et appellantium detrimentum remaneant incorrecta vel alterius jus esse diutius oporteat in suspenso, aut ei debeat præjudicium aliquod generari. Sane proposuisti nobis in nostra præsentia constitutus quod cum multi plerumque de tua diœcesi adversarios suos sub examine tuo conveniant, iidem ad oppressionem eorum appellationes frustratorias interponunt nec ipsas volunt prosequi ut tenentur. Quocirca fraternitati tuæ auctoritate præsentium indulgemus ut, cum a tuis subditis ad sedem apostolicam fuerit appellatum, licitum tibi sit competentem ei terminum ad prosequendam appellationem præfigere; infra quem si contem-

---

(73) Vide Odoricum Raynaldum ad an. 1198, § 53.

pserit appellationem prosequi quam emisit, ex tunc in ipso negotio procedendi appellatione interposita non obstante, nisi appellans [legitimo] impedimento fuerit impeditus, liberam habeas facultatem. Nulli ergo, etc.

Datum, etc., xiii Kal. Junii, etc.

CCIX.

R. ET R. ARCHIDIACON. BAJOCEN. ET H. ARCHIDIACONO CONSTANTIEN.

De cujusdam decani audacia coercenda et ne absolvatur, nisi læsis prius satisfecerit.

(*Ut supra*, v Kal. Junii.)

Querela venerabilis fratris nostri Lexovien. episcopi nobis exposita demonstravit quod minor decanus ven. fratris nostri Rothomagen. archiepiscopi et Simon capellanus ejusdem Ecclesiam Sancti Candidi minus reverenter intrantes, in Lucam presbyterum non tantum manus injecere violentas, verum etiam ad sacra vestimenta manus sacrilegas extendere præsumpserunt, atque tam Ecclesiam ipsam quam clericos ejus aliis injuriis intolerabiliter molestantes, eamdem parochiam contra justitiam invasere, corpora mortuorum in eorum præjudicium ad suam ecclesiam deferentes. Quia igitur præter hæc enormia dictus decanus quamdam mulierem prægnantem pede taliter dicitur percussisse quod ex eo fecit aborsum, discretioni vestræ per apostolica scripta mandamus quatenus, si vobis constiterit de præmissis, prædictum decanum ab officio beneficioque suspensum et capellanum ipsum tandiu appellatione postposita nuntietis ut excommunicatos ab omnibus arctius evitari, donec passo injuriam satisfecerint competenter, et cum vestrarum testimonio litterarum ad sedem apostolicam veniant absolvendi. Nullis litteris, etc. Quod si omnes, etc., duo vestrum, etc.

Datum *ut supra*, v Kalend. Junii.

CCX.

EPISCOPO EBROICEN. ET ARCHIDIACON. LEXOVIEN.

Ut a Rodulpho milite constructam ecclesiam consecrent, dedicentque.

(iv Kal. Junii.)

Dilectus filius nobilis vir Radulphus de Rupetra miles nobis humiliter fecit exponi quod, cum in diversis ecclesiis jus obtineat patronatus, in quadam capella sua de Rupetra, quæ est in suo proprio patrimonio constructa, de auctoritate nostra proposuit canonicos instituere sæculares; ita quod redditus prædictarum ecclesiarum, decedentibus earum prælatis, ad eosdem canonicos devolvantur. Quocirca discretioni vestræ per apostolica scripta mandamus quatenus inquiratis super præmissis diligentius veritatem, et prout id secundum Deum videritis adimplendum, ejusdem nobilis propositum effectui mancipare curetis. Quod si ambo, etc., tu frater episcope, etc.

Datum, etc., iv Kalend. Junii, etc.

(74) Vide infra epist. 230.

CCXI.

ILLUSTRI REGI NAVARRÆ.

Ut regi Anglorum quædam castella tradat.

(Datum *ut supra*.)

(74) Charissimus in Christo filius noster rex Anglorum illustris transmissa nobis conquestione monstravit quod quædam castella, videlicet castrum Sancti Joannis de Pedeportus et de Rochabrún, quæ bonæ memoriæ pater tuus in dotem cum filia sua liberaliter ipsi concessit, pro tua detines voluntate et adhuc ea reddere contradicis. Unde regiam magnitudinem rogamus attentius et hortamur, per apostolica tibi scripta mandantes quatenus castella illa sine qualibet difficultate restituas conquerenti. Alioquin noveris nos venerabili fratri nostro archiepiscopo Narbonen. scripsisse ut te ad restitutionem eorum per censuram ecclesiasticam monitione præmissa, cessante appellatione, justitia mediante compellat.

Datum *ut supra*.

CCXII.

PRIORI ET CONVENTUI BURGULIEN.

Quod abbas ipsorum et cænobii bona obligare non possit.

(Romæ, iii Kal. Junii.

Quanto per professionem monastici ordinis divinis estis obsequiis fortius obligati, tanto ea sollicitius volumus removere quæ normam religionis et profectus spiritualis in vobis suscitatis dissensionibus poterant facilius impedire. Ideoque volentes quieti vestræ et indemnitati monasterii vestri benignitate apostolica providere, præsentium vobis auctoritate concedimus ut abbas qui pro tempore fuerit, sine majoris et sanioris partis assensu vestrum, nisi manifesta et rationabilis causa emerserit, per quam sine manifesto et gravi monasterii detrimento id evitare non possit, domum vestram gravibus non possit debitis aggravare. Quod si forte tentaverit, ad solvendum ea quæ contra formam nostræ concessionis acceperit, personas seu monasterium vestrum nullatenus eis volumus obligari quibus ante contractum debitum hæc forma nostræ concessionis innotuit. Nulli ergo, etc.

Datum Romæ, etc., iii Kal. Junii.

CCXIII.

BRACHAREN. ARCHIEPISC. ET ABBATI DE BURIO

Ut causam Ecclesiæ S. Christinæ de Longos et Hospitalariorum ratione decimarum audiant.

Ex conquestione dilecti filii P. prælati ecclesiæ sanctæ Christinæ de Longos nobis innotuit quod, cum Menendus miles quasdam possessiones suas infra parochiam ejusdem ecclesiæ, in quibus prædecessor ipsius P. vineas plantaverat et domos construxerat in expensis Ecclesiæ supradictæ, cum aliis possessionibus suis domui Hospitalis cum ipsius prædecessoris assensu in Ecclesiæ maximum præjudicium contulisset, hac tamen conditione retenta, ut domos

Hospitalis praenominatae Ecclesiae de omnibus possessionibus praelibatis deberet persolvere decimas annuatim, Hospitalarii, quamvis decimas ipsas Ecclesiae diu persolverint sine lite, nunc eas eidem auferunt violenter, fulti potentia laicali. Quia igitur omnibus ad nos clamantibus tenemur justitiam exhibere, discretioni vestrae per apostolica scripta mandamus quatenus evocatis quos propter hoc noveritis evocandos, causam inter eos audiatis et appellatione remota mediante justitia terminetis. Nullis veritati et justitiae, etc. Quod si ambo, etc. tu, frater archiepiscope, etc.
Datum.

CCXIV.
BITURICEN. ARCHIEPISCOPO ABBATI S. EPARCHII, ET DECANO PETRAGORICEN.

Ut causam inter episcopum et capitulum Engolismense, super numero canonicorum audiant.

(*Romae*, IV Kal. Junii.)

Accedentes ad praesentiam nostram, circa promotionis nostrae primordia, W. presbyter et R. diaconus, nuntii Engolismen. capituli, proposuere firmiter [*f*. similiter] coram nobis quod venerabilis frater Engolismen. episcopus, cum Ecclesiam ipsam per auctoritatem mandati apostolici ordinasset, gravatam illam attendens sterilitate temporis et longarum turbatione guerrarum, ipsam sufficienter ordinatam fuisse publice recognovit et super hoc promisit testimoniales litteras se daturum et quod eis litteras apostolicas, quarum occasione processerat, resignaret. Innotuit etiam nobis per litteras bonae mem. Clementis PP. praedecessoris nostri quas in medium produxerunt, quod tempore dilecti filii Jord. tit. Sanctae Prudentianae presbyteri cardinalis, cum ibi fungens legationis officio quosdam ad praebendam ipsius Ecclesiae nominasset, idem episcopus suo testimonio demonstravit Ecclesiam in facto illo multipliciter praegravari, cum esset de personis idoneis sufficienter ornata : a quo tempore non est canonicorum numerus imminutus, sed auctus. Per litteras insuper venerabilis fratris nostri Burdegalen. archiepiscopi ostendebant quod anno praeterito, cum dilectus filius Gregorius S. Angeli diac. cardinalis, tunc apost. sedis legatus, de partibus Hispaniae remearet, hoc idem ei fuit testificatus episcopus, et ex tunc non fuerat canonicorum numerus imminutus. Verum cum episcopus post promissionem factam utrasque litteras denegaret, a capitulo requisitus, canonici contra eum suspicionis materiam conceperunt; praesertim cum ad eorum, sicut dicebant, audientiam pervenisset ipsum cum archidiacono de ordinanda Ecclesia litteras alias a sede apostolica impetrasse; super quo, ab eis saepe commonitus, exprimere noluit veritatem. Unde cum propter hoc ad sedem apostolicam appellassent, statum Ecclesiae protectioni apostolicae supponentes, appellatione facta saepius innovata, ad prosequendam eam dicebant se praefati nuntii ab eisdem canonicis ad sedem ap. destinatos. Cumque super gravaminibus praedictis et aliis, si quae idem episcopus post appellationem et iter

arreptum intulerat, postularent sibi a benignitate sedis apostolicae remedium adhiberi, dilecti filii cantor, magister Hel. Bran. et Petrus Rossinol. canonici ejusdem Ecclesiae necnon et ex alia parte dilectus filius J. Morelli procurator ejusdem episcopi advenere : quibus primo dilectos filios, J. tit. Sanctae Prudentianae et S. tit. Sanctae Praxedis presbyteros et G. Sanctae Mariae in Aquiro et postmodum P. Sanctae Mariae in via lata diaconos cardinales concessimus auditores : in quorum praesentia fuit praemissis ex parte canonicorum adjunctum quod Dominica ultima ante Natale Domini, cum in domo de Corona pro consecratione vener. fratris nostri Petragoricen. episcopi dictus archiepiscopus cum Xanctonen. et dicto Engolismen. episcopis convenisset, ex parte capituli sub eorum testimonio fuit iterum solenniter appellatum et denuntiatum, ante omnem citationem quod nuntios suos jam ad curiam destinassent; ideoque cum hoc audiens episcopus tacuisset, ipsum admisisse appellationem factam merito crediderunt. Addebant insuper quod tam ex parte sua quam Ar. de Mairinac sub persona archidiaconi postmodum primo mandaverat per litteras ad certas causas capitulum convocari, ut videlicet litteras domini papae continentes auctoritatem quam habebant de Ecclesia ordinanda ostenderent et tractarent de pace Ecclesiae et cantoris. Die autem statuta, post completorium, claustrum intrarunt et fecerunt litteras, in quibus pendebat sericum, recitari, quas dicebant se a sede apostolica recepisse quarum copiam postulantes canonici habere nullatenus potuerunt; licet personam legentis suspectam esse assererent et nescirent an in bulla vel scriptura vel alio quolibet vitium continerent. Proposuerunt praeterea coram ipsis quod de primis litteris, ordinatione facta per eas, mentionem aliquam non habebant, cum ex hoc, etsi valerent alias, viribus carere deberent : quia in obtentu earum fuerat sedes apostolica circumventa et etiam intervenerat fraus tacendi. Sed super hoc et aliis exceptionibus quas canonici praetendebant fuit eis audientia penitus denegata. Unde cum propter gravamen istud iterum appellassent, et nulla ordinatione seu nominatione sciente capitulo facta, praedicti cantor et P. Rossinol. euntem ad domum suam episcopum sequerentur, ab eo petierunt licentiam ad curiam veniendi, quia timebant eum velle contra Ecclesiam malignari; et in mane, audita missa in majori Ecclesia, iter veniendi ad sedem apostol. inceperunt. Per haec quidem et alia multa quae coram praedictis cardinalibus firmiter proponebant, si quid factum erat postea contra ipsos vel etiam ante, occulte ac sine conscientia sua, postulabant penitus vacuari, propotentes ipsa de jure ullatenus non valere; attendentes quoque quod, quandiu ibi fuerant, communicaverat eis episcopus, nec tunc venerat ad eorum notitiam quod aliquam in eos sententiam promulgasset. Econtra vero praefatus procurator episcopi proponebat quod idem episcopus videns tempore suo, propter defectum canonicorum, servitium Ecclesiæ deperire, capitulum sæpe monuerat ut cum eo de ordinanda Ecclesia convenirent. Sed canonici lucrum proprium attendentes et præcipue cantor, qui recipiebat de bonis Ecclesiæ in maxima quantitate, bonæ voluntati episcopi resistebant. Quod cum ad felicis memoriæ Cœlestini papæ prædecessoris nostri notitiam pervenisset, desolationi Ecclesiæ paternis voluit affectibus providere, et tam eidem episcopo quam archidiacono dedit firmiter in mandatis ut Ecclesiam tam in canonicis quam aliis ordinarent. Ipsi autem mandato suscepto fecerunt capitulum evocari; et licet scriptum apostolicum coram omnibus legi fecissent, ad faciendam ordinationem capitulum ipsum diligentius præmonendo, noluit tamen ullatenus consentire. Unde cum in defectu canonicorum vellent mandatum apostolicum adimplere, tam cantor quam alii eis devotissime supplicarunt ut quinque cum pace Ecclesiæ ordinarent: quorum supplicationibus pro vitando scandalo annuerunt; sed et duos ad eorum instantiam admiserunt, venerabilem videlicet fratrem nostrum patriarcham Antiochenum et nepotem ejus ab eodem patriarcha vocatum, ut majorem possent institutorum numerum prædicare. Sed ipsi hoc in fraudem factum esse postmodum cognoscentes, dixerunt quod non reputabant sufficienter ordinatam Ecclesiam, imo electionem et nominationem quam fecerant apostolici auctoritate mandati tempore congruo effectui mancipare. Cæterum processu temporis litterarum aliarum auctoritas supervenit, ex quibus plenam facultatem habebant Ecclesiam ordinandi: quarum auctoritate vocati canonici et diligenter admoniti ut ordinandi consentirent, assensum præbere nullatenus voluerunt. Unde ipsi cum magistro scholarum et supradicto I. Morelli, cum Villielmo Arnaldi, et magistro V. Testaldi, et quibusdam aliis canonicis, quorum assensum habebant, ordinationem Ecclesiæ de personis idoneis et honestis qui in prima ordinatione electi fuerant secundum facultates Ecclesiæ, auctoritate apostolica complevere; ita quod ordinati fuere de canonica per ejusdem episcopi annulum investiti et contradictores excommunicatione notati. Sed instituti statim se et canonicas suas et alia beneficia sub protectione sedis apostolicæ posuere, contra omnem hominem qui eos vellet impetere appellantes. Hæc autem institutio extra matricem Ecclesiam fuit facta, cum eadem esset ob delictum comitis interdicta. Postmodum vero Ecclesia absoluta episcopus in vigilia Circumcisionis capitulum convocavit, et ei cum archidiacono ordinationem factam et excommunicationem latam in contradictores denuntiare curavit, et litteras prædecessoris nostri, auctoritatem quam de Ecclesia ordinanda susceperant continentes, fecit ostendi et publice recitari. Sed et sequenti die, videlicet Circumcisionis festo, post celebrationem missæ majoris, institutis præsentibus et procuratoribus absentium, stalla in choro et loca in capitulo, præsentibus clero et populo, qui ad festum convenerant, assignarunt et in corporalem præbendæ possessionem miserunt, quare ipsos institutos asserit possidere. Verum quia canonici excommunicati in Ecclesia celebrabant, institutis accessum ad majus altare, libros et alia ornamenta Ecclesiæ prohibentes, in eos fuit excommunicationis iterum lata sententia et Ecclesia supposita interdicto. Sed ipsi nihilominus ibi divina celebrare præsumunt. Cum vero pars canonicorum assertionem suam per instrumenta et testes vellet in continenti probare, et testes ejus essent salvis exceptionibus et jure partis adversæ recepti, et ideo peterent publicatis dictis testium negotium diffiniri, procurator episcopi proponebat se in terra sua quædam capitula probaturus, videlicet quod tempore ordinationis ordinari Ecclesia indigebat, et quod canonici ab episcopo sæpe commoniti, ad ordinandum secum Ecclesiam convenire noluerant, quod episcopus et archidiac. auctoritate ap. ordinaverant Ecclesiam de personis quæ Ecclesiæ debeant deservire et de aliis idoneis et honestis, et quod illi qui fuerunt modo ultimo instituti electi fuerant cum quinque primitus ordinatis, et quod tam novis quam antiquis residentibus secundum consuetum cursum Ecclesiæ suppetunt facultates, et quod omnes qui modo sunt ibi canonici residentes consuetum numerum non excedunt, et quod facto suo plures de majoribus Ecclesiæ consensere; quod et primum et secundum rescriptum fuerit canonicis recitatum, et quod contradictores post excommunicationem divina præsumpserunt officia celebrare. Unde, sicut dicebat, sine ipsorum cognitione, absque præjudicio partis suæ, causa illa non poterat terminari. Nos igitur eamdem vobis de fratrum nostrorum consilio committentes, discretioni vestræ per apostolica scripta mandamus quatenus inquiratis utrinque super præmissis omnibus diligentius veritatem, tam ex attestationibus quas vobis sub bulla nostra transmittimus, quam ex aliis quæ duxerint proponenda. Et si legitimis probationibus vobis constiterit post appellationem rationabiliter interpositam prænominatos episcopum et archidiaconum processisse, quod ab eis factum esse dignoscitur, appel. cessante, decernatis irritum et inane; et nisi vobis constiterit rescriptum apostolicum fuisse subreptum, et præfatos episcopum et archidiaconum contra formam ipsius mandati præter juris ordinem processisse, dummodo suppetant Ecclesiæ facultates et institutæ personæ sint utiles et idoneæ, nec excedant numerum consuetum, ordinationem ipsam, omni contradictione et appellatione cessante, auctoritate apostolica confirmetis; et si qui se duxerint opponendos, per censuram ecclesiasticam compescatis; eos qui post excommunicationem divina dicuntur officia celebrasse, cum vobis constiterit, nisi legitima præcesserit appellatio, pœna canonica percellentes; satagentes ut via regia procedatis; ita quod in judicio vestro nulla sit personarum acceptio, sed juxta mandatum divinum juste quod justum est judicetis; ne forte propter defectum justitiæ partes cogantur ulterius laborare. Ad hæc, volumus et mandamus ut tam indulgentiæ quam mandati rescripta faciatis vobis in judicio resignari, ne occasione illorum Ecclesia ulterius prægravetur. Testes autem cogantur. Nullis litteris, etc., si quæ apparuerint præter assensum partium, etc. Quod si omnes, etc., duo vestrum, etc.

Datum Romæ, etc., iv Kalend. Junii, etc.

CCXV.

EGID. CANONICO VASTINEN

De causa ipsius contra Hugon. et pro ipso judicatur.

(vii Kal. Junii.)

Cum super præbenda Vastinen. Ecclesiæ inter te ex una parte et Hugonem Capusum procuratorem et canonicum Ecclesiæ Vastinen. ex altera quæstio verteretur et propter hoc ad sedem accessissetis apostolicam, in præsentia venerabilis fratris nostri Octaviani Ostien. episcopi, quem vobis dedimus auditorem, pro te fuit taliter allegatum quod a bonæ memoriæ Cœlestino papa prædecessore nostro pro tua receptione in Ecclesia Vastinen. rogatorias primum litteras, secundo præceptorias et exsecutorias impetrasti. Sed canonici Ecclesiæ, ut evadere possent apostolicam jussionem, ad Rom. Ecclesiam nuntios destinarunt: qui de mandato præmisso tacita veritate, ut a tua de cætero essent impetitione liberi, et infra terminum neminem recipere cogerentur, indulgentiam impetrarunt. Tu vero denuo ad eosdem litteras impetrasti, ut elapso spatio indulgentiæ, præbendam tibi conferrent, interim stallum in choro et locum in capitulo sublato appellationis obstaculo assignantes; et super hoc ipso dilecti filii de Domo Dei (75) et de Oliveto abbates et prior Exoldunen. exsecutores fuerunt a sede apostolica deputati. Cumque litteras prædecessoris nostri et exsecutorum qui eis certum diem præfixerant ut mandatum apostolicum adimplerent, priori et canonicis præsentasses, sicut in exsecutorum litteris continetur, nec mandatum prædecessoris nostri exsequi nec litteras recipere voluere, appellationis obstaculum prætendentes. Ipsi vero exsecutores juxta tenorem rescripti te investientes de præbenda, stallum in choro tibi et locum in capitulo assignarunt: canonicis comminantes quod nisi præfixo eis tempore mandatum apostolicum adimplerent, eorum extunc contumaciam debita severitate punirent. Cæterum cum nec sic possent a sua pertinacia revocari, elapso tempore constituto excommunicationis in eos sententiam promulgarunt, quam et investituram tibi factam petebas humiliter confirmari. Verum ex adverso fuit ab Ecclesiæ procuratore responsum, quod quando tu præceptorias obstinuisti litteras pro præbenda, Her. et A. de Curia clerici, ut et ipsi canonici fierent, litteras detulerunt. Videntes ergo canonici quod super trium clericorum receptione plurimum ecclesia gravaretur, quod dictum A. clericum in fratrem reciperent, eidem prædecessori nostro per P. Belin. canonicum et nuntium Ecclesiæ intimarunt, et per indulgentiam, de qua præmissum est, ab impetitione tua et dicti Her. expressis vestris nominibus fuere penitus absoluti. Postea vero tu exsecutorias, ut dictum est, litteras asportasti, quas procurator Ecclesiæ dicebat falsa suggestione obtentas. Priori etiam memoratæ Ecclesiæ de Vasten. alias præsentasti; contra quas appellans, cum auctoritate obtentæ indulgentiæ ab impetitione tua sciret suam ecclesiam liberatam, octavas Paschæ appellationi suæ terminum assignavit. Easdem etiam litteras absente priore quibusdam de canonicis præsentasti; quas, cum eorum non interesset, recipere noluerunt. Post paucos vero dies eorumdem exsecutorum litteras in absentia prioris capitulo præsentasti. Consequenter vero iidem exsecutores ad Ecclesiam venientes domum prioris intrarunt, et quod exsecutores ad hoc dati essent et ordine debito vellent in facto procedere coram paucis canonicis edixerunt. Quibus prior et indulgentiæ beneficium retulit et quod a parte ipsorum erat ad sedem apostolicam appellatum ipsamque appellationem eis præsentibus innovavit. Alter etiam exsecutorum, videlicet abbas de Oliveto, prædecessoris nostri obitum quibusdam de canonicis proponitur nuntiasse. Unde mandatum ad ipsos emissum cum mandatore dicebant penitus exspirasse, et post prædicta impedimenta exsecutores contradicentibus omnibus canonicis processisse. Ad hæc, proponebat ejusdem Eccl. procurator afflictionem ejus de regum (76) discordia procedentem, et quod nunc viginti quatuor sint in ea canonici, cum non nisi sedecim esse consueverint ab antiquo, nec redditus excreverint augmentato numero personarum. Unde ne ad recipiendum aliquos cogerentur suppliciter postulabant. Sane cum a dicto episcopo Ostiensi hæc et similia essent nobis et nostris fratribus enarrata, nos volentes, quantum cum Deo et honestate possumus, facta prædecessoris nostri obtinere debitam firmitatem, illud etiam attendentes quod beneficio indulgentiæ in Ecclesiæ favorem concessæ non sit per sequentes litteras in gravamen Ecclesiæ derogatum, cum pro stallo chori et loco capituli nullum præjudicium Ecclesiæ generetur, investituram tibi factam ratam habentes, ita duximus sententialiter statuendum; ut tu sine contradictione vel dilatione qualibet stallum in choro et locum in capitulo consequaris, post triennium ab indulgentiæ tempore numerandum præbendam integram habiturus. Nulli ergo, etc.

Datum, etc. vii Kalend. Junii.

---

(75) Forte, *de Curia Dei*, quæ est Abbatia Ordinis Cisterc. in diœc. Aurenanensi, mater Oliveti
(76) Id est, Regum Franciæ et Angliæ.

CCXVI.
BESVENSI ABBATI.
Quod ipsi liceat aliquos ex aliis cœnobiis aa instaurandum suum evocare et ex suo quosdam ad alia remittere.

(VII Kal. Junii.)

Cum a nobis petitur, etc., *usque ad verbum assensu*, auctoritate tibi præsentium indulgemus ut quia Besvensis Ecclesia pro incendio quod sustinuit ad tantam devenit inopiam, ut monachis et confratribus ibi manentibus vitæ saltem necessaria ministrare non potes, liceat tibi aliquos de monachis et confratribus tuis ad obedientias Cluniacenses pro vitæ sustentatione transmittere et aliquos de monachis Cluniacensibus, quos ad hoc magis noveris expedire, ad Ecclesiam tuam pro reformatione et conservatione ordinis sublato appellationis obstaculo convocare, donec Ecclesia tua dante Domino restauretur. Nulli ergo, etc.

VII Kalend. Junii.

CCXVII.
BERGENSI EPISCOPO.
Quod mercatores Ecclesiæ decimas persolvere cogantur.

(*Ut supra*, VIII Kal. Junii.)

Cum a nobis petitur, etc., *usque ad verbum effectum*. Sane, sicut ex tua significatione comperimus, mercatores diœcesana tibi lege subjecti, cum eos negotiationis causa in Islandiam transfretare contingit, decimas quas Ecclesia tua percipere ab antiquis temporibus consuevit, contra salutem suam detinent, eas reddere denegantes. Volentes igitur tibi et Ecclesiæ tuæ paterna sollicitudine providere, fraternitati tuæ auctoritate apostolica indulgemus quatenus mercatores ipsos ad persolvendas consuetas et debitas decimas, si monitione præmissa noluerint, ecclesiastica districtione, subl. appellationis obstaculo, compellendi liberam habeas facultatem. Nulli ergo, etc.

Datum *ut supra*, VIII Kalend. Junii

CCXVIII.
ORCHAD. ET ROSMARCHN. EPISCOPIS.
De annatis et decimis promissisque eleemosynis Romanæ Ecclesiæ persolvendis.

(VI Kal. Junii.)

Dilectus filius nobilis vir H. Catenensis et Orcnadiensis comes nobis significare curavit quod ipse pro redemptione peccatorum suorum a tempore felicis memoriæ Alexandri PP. prædecessoris nostri denarium unum de qualibet domo in comitatu Catenensi habitata annuatim statuit pro eleemosyna colligendum, et ob reverentiam beatorum apostolorum Petri et Pauli ad sedem apostolicam dirigere consuevit: quam visitationem nomine eleemosynæ annuatim ad opus Romanæ Ecclesiæ colligendam tam suo quam bonæ memoriæ A. olim Catenen. episcopi et aliorum nobilium illarum partium testimonio confirmavit. Cum autem postea memorato A. Catenen. episcopo viam universæ carnis ingresso, venerabilis frater noster J. in eadem Ecclesia fuisset in episcopum institutus, prædictam eleemosynam irritare præsumens, eam ab his qui sunt in sua diœcesi constituti, auctoritate propria interdixit exsolvi. Quocirca fraternitati vestræ per apostolica scripta mandamus quatenus si vobis constiterit de prædictis, præfatum Catenensem episcopum, si monitione præmissa hoc facere neglexerit, ad satisfaciendum de eleemosynis subtractis hucusque et ne eas reddi de cætero interdicat, sicut justum fuerit auctoritate nostra, sublato appellationis obstaculo, per censuram ecclesiasticam compellatis. Quod si ambo, alter vestrum, etc.

VI Kalend. Junii.

CCXIX.
ARCHIEPISC. LUGDUNEN. ET ABBATI ATHANACENSI.
Ut litteræ apostolicæ, quæ subreptitiæ erant impetratæ, revocentur.

(III Kal. Junii.)

Dilecti filii canonici Matisconenses nobis per suas litteras intimarunt quod, cum olim Valterus de Berziaco eorum concanonicus, tempore bonæ memoriæ Cœlestini PP. prædecessoris nostri, ad sedem apostolicam accessisset, licet fide interposita firmavisset quod contra divisionem terrarum vacantium, quam dilectus filius Anninus ejusdem Ecclesiæ decanus juxta suæ voluntatis arbitrium ordinaret, deberet nullatenus obviare, et tam pro hac quam aliis multis causis perjurii reus existens, pro debitis Ecclesiæ quæ retinuerat violenter et fractura claustri sententia excommunicationis teneretur astrictus, per suggestionem falsi, nulla facta super præmissis omnibus mentione, ab eodem prædecessore nostro quamdam obedientiam, quæ præsteria nuncupatur, in salutis suæ perniciem obtinuit sibi dari, tam ab eo quam a nobis confirmatione super hoc impetrata. Quia igitur id in grave præjudicium Ecclesiæ noscitur redundare, cum de proventibus illius præsteriæ illis qui assidue in Ecclesia serviunt memorata consueverint necessaria ministrari: discretioni vestræ per apostolica scripta mandamus quatenus si prædictas confirmationis litteras per suppressionem veri et falsi suggestionem, ut supra dictum est, vobis constiterit impetratas, nullatenus permittatis quod dictus Galterus ex his fructum aliquem consequatur; quin potius tam Ecclesiam quam canonicos antedictos ab impetitione ipsius, quantum ad obtinendum præsteriam illam, appellatione remota, penitus absolvatis; cum secundum canonicas sanctiones mendax precator carere debeat impetratis; in statum debitum revocantes si quid post appellationem ad nos legitime interpositam in eorumdem canonicorum præjudicium temere noveritis attentatum, et facientes quod exinde duxeritis statuendum per censuram ecclesiasticam inviolabiliter observari. Nullis litteris veritati et justitiæ, etc. Quod si ambo, etc., tu frater archiepiscope, etc.

Datum, etc., III Kalend. Junii.

CCXX.

ABBATI DE JUGO DEI ET PRIORI DE SEILLIN (77).
Ne pro mortuorum sepultura et conjugum copulatione pecunia exigatur.

(II Kal. Junii.)

(78) Suam nobis dilecti filii parochiani de Villafranca querimoniam destinarunt quod Dalmasius capellanus eorum pro exsequiis mortuorum et benedictione nubentium minus licite pecuniam ab eis exigit et extorquet: quod si forte cupiditati ejus non fuerit satisfactum, ne possint mortuorum corpora sepeliri vel nubentium benedictio celebrari, fictitia eis impedimenta fraudulenter opponit. Quia igitur exactiones hujusmodi sacrorum canonum obviant institutis; discretioni vestrae per apostolica scripta mandamus quatenus dictum capellanum, ut a tanta praesumptione desistat, et etiam pro excessu satisfaciat competenter, moneatis attentius et efficaciter inducatis. Quod si forte vestris monitionibus noluerit obedire, ipsi, appellatione remota, poenam infligatis.

Datum, etc., II Kalend. Junii.

CCXXI.

DECANO ULIXBONENSI, PRIORIBUS SANCTI VINCENTII ET DE ALCOBATIA.
Ut causam episcopi Colimbriensis et militum Templi audiant.

(Romae, XII Kal. Junii.)

Exposuit nobis venerabilis frater noster Colimbrien. episcopus quod, cum causa quae inter eum et dilectos filios fratres militiae Templi super ecclesiis de Ega et de Rodina et Palumbario vertebatur, a bonae memoriae Lucio papa praedecessore nostro venerabilibus fratribus Bracharen. archiepiscopo et episcopo Portugalen. fuisset a sede apostolica delegata, judices ipsi partibus convocatis et in eorum praesentia constitutis, sicut in litteris eorum accepimus, dictis fratribus mandaverunt ut de praedictis Ecclesiis vel eidem episcopo vigesimo die post receptionem litterarum ipsorum justitiam exhiberent vel ei tanquam dioecesano suo jura episcopalia in integrum persolvere procurarent; praedictis Ecclesiis interdicto subjectis, et parochianis earum excommunicationis sententia innodatis, nisi dicti fratres mandatis parerent ipsorum, vel iidem parochiani eis non parentibus in praedictis ecclesiis divinis officiis interessent, aut decimas eis, primitias sive mortuaria solverent; vel in ipsis corpora mortuorum sepelirent. Verum praedictis fratribus sententias eorumdem judicum nullatenus observantibus, a felicis recordationis Urbano papa praedecessore nostro primo ad Jo. quondam vicedominum Brixien. et magistrum Jo. Bergomen. subdiaconum apostolicae sedis sub forma praedictis judicibus delegata, ac deinde ad venerabilem fratrem nostrum Tuden. episcopum et dilectos filios de Reforio et Alcobatiae priores fuerunt litterae impetratae; quarum auctoritate non fuit usque ad calculum sententiae diffinitivae processum, nec interdicti Ecclesiarum aut excommunicationis parochianorum sententia relaxata. Tandem vero cum dilectus filius noster G. Sancti Angeli diaconus cardinalis, tunc apostolicae sedis legatus, intrasset Hispaniam, eamdem causam venerabili fratri nostro episcopo et dilecto filio archidiacono Ulixbonen. delegavit; qui priorum judicum sententiam confirmantes, interdicti et excommunicationis sententias in Ecclesias ipsas et earum parochianos latam a primis judicibus innovarunt ac postmodum idem cardinalis quod ab eis factum fuerat confirmavit. Quia vero nobis ad plenum non constitit de praemissis, discretioni vestrae per apostolica scripta mandamus quatenus recepta ab eisdem Templariis parendi coram vobis justitiae legitima cautione, partibus convocatis inquiratis de praedicta sententia diligentius veritatem; et si eam inveneritis juste latam, faciatis mandari exsecutioni et usque ad satisfactionem a partibus per censuram ecclesiasticam inviolabiliter observari: eodem modo per omnia processuri, si forsan fratres ipsi noluerint quod stent et pareant juri cavere. Alioquin partibus convocatis audiatis causam ex integro, et ipsam appellatione remota, mediante justitia terminetis; non obstante privilegio in praejudicium Colimbrien. Ecclesiae per subreptionem obtento. Quod si omnes, etc., duo vestrum, etc.

Datum Romae, etc., XII Kalend Junii etc.

CCXXII.

ABBATI DE ALCOBATIA F. MENENDI ET P. EXOD. MONACHIS ALCOBATIAE.
Ut fratres S. Crucis reverentiam et episcopalia jura Colimbriensi episcopo suo reddant, et quod matrix Ecclesia cathedralis vocetur.

(Romae, III Kal. Junii.)

(79) Venerabili fratre nostro Colimbriensi episcopo didicimus conquerente quod, cum fratres Sanctae Crucis monasterium de Arganil sub protectione sua nuper receperint, quod suis praedecessoribus episcopalia jura consueverat ab antiquis temporibus exhibere, nunc quodam de canonicis suis sine suo consensu ibi facto priore, occasione cujusdam privilegii a bonae memoriae Clemente papa praedecessore nostro veritate tacita impetrati, eidem episcopo debitam obedientiam denegat exhibere, inde sumpta occasione quod per matricem Ecclesiam non cathedralem intelligunt, sed Romanam. (80) Quia vero non est nostrae intentionis ut jura fratrum nostrorum temporibus nostris indebite minuantur, causam ipsam vobis duximus committendam, per apostolica scripta mandantes quatenus si aliud vobis non occurrerit propter quod dictus prior non debeat dioecesano episcopo respondere, eum ad praestandam dicto episcopo debitam reverentiam, sicut praedecessores sui praedecessoribus episcopi praestiterunt,

---

(77) In tertia Collect. et ap. Gregorium *Silla*.
(78) Cap. *Suam nobis*, De simonia.

(79) Cap. *Venerabili*, De verbor. signif.
(80) In tertia collectione: *Unde quia non*.

appellatione remota per censuram ecclesiasticam compellatis. Nos enim per matricem Ecclesiam, cathedralem intelligere volumus, non Romanam, non obstante privilegio in præjudicium Colimbrien. Ecclesiæ per subreptionem obtento. Quod si omnes, etc., duo vestrum, etc.

Datum Romæ, etc., iii Kalend. Junii.

CCXXIII.
EPISCOPO ET PRIORI ELBORENSI.
Ejusdem fere argumenti.
(ii Id. Maii.)

Innotuit nobis, venerabili fratre nostro Colimbrien. episcopo conquerente, quod cum olim magna pars Colimbriensis diœcesis ab inimicis crucis teneretur invasa, bonæ memoriæ Innocentius papa, prædecessor noster, Lamecensem et Auriensem Ecclesias Colimbriensi, sicut ex privilegio ejus apparet, concessit tandiu detinendas; donec amissam partem diœcesis rehaberet. Cum autem A. quondam rex Portugaliæ diœcesim illam liberasset a manibus (81) paganorum, quamdam partem ipsius dilectis filiis fratribus militiæ Templi, quamdam vero monasterio Sanctæ Crucis motu proprio assignavit, et in prædictis Ecclesiis episcopos obtinuit ordinari. Ne igitur dicta Colimbrien. Ecclesia se doleat suo jure privatam, discretioni vestræ per apostolica scripta mandamus quatenus vocatis illis qui propter hoc fuerint evocandi, audiatis quæ hinc inde duxerint proponenda; et quod canonicum fuerit super his appellatione postposita statuatis; facientes quod statueritis firmiter observari, non obstante privilegio vel rescripto in præjudicium Colimbrien. Ecclesiæ per subreptionem obtento. Nullis litteris veritati et justitiæ, etc. Quod si ambo, etc., tu frater episcope, etc.

Datum ii Idus Maii.

CCXXIV.
DECANO ULIXBONENSI PRIORI ET P. FRODIZ MONACHO DE ALCOBATIA.
Privilegium in grave detrimentum alterius impetratum revocatur.
(Romæ, iii Non. Junii.)

Innotuit nobis (81*), venerabili fratre nostro Colimbren. episcopo intimante, quod cum M. quondam canonicus Sanctæ Crucis in episcopum fuisset Colimbrien. assumptus, privilegium quoddam de consilio quorumdam canonicorum Ecclesiæ Colimbrien. monasterio Sanctæ Crucis indulsit in non modicum ejusdem Ecclesiæ præjudicium et gravamen. Quia vero nobis non constat de præmissis, discretioni vestræ per apostolica scripta mandamus quatenus partibus convocatis inquiratis de præmissis diligentius veritatem; et si privilegium ipsum in grave dispendium Colimbriensis Ecclesiæ videritis redundare, quod illicite factum est, auctoritate apostolica appellatione remota legitime revocetis, non obstante privilegio in præjudicium Colimbriensis Ecclesiæ per subreptionem ab apostolica sede obtento.

Datum Romæ, etc., iii Non. Junii.

(81) Id est Saracenorum.

CCXXV.
DE SAZETA ET DE MANZENERA ABBATIBUS ET P. FROD MONACHO DE ALCOBATIA.
Ut Ecclesia Colimbriensis suo jure et privilegio non spolietur.
(Romæ, vi Kal. Junii.)

Querelam venerabilis fratris nostri Colimbriensis episcopi ad nos delatam accepimus, quod cum charissimus in Christo filius A. illustris rex Portugaliæ partem territorii Colimbriensis et vicinorum castrorum in loco qui Alathen vocatur et in sua proponitur diœcesi constitutus, jamdudum hominibus dederit incolendum, qui ei de regalibus responderent, fratres monasterii Sanctæ Crucis in locis illis quasdam denuo ecclesias construxerunt et construunt ex quibus episcopalia jura percipiunt et reddere contradicunt; cum in suis privilegiis habeatur quod in illis tantum villis, quas de novo ædificant, episcopalia jura valeant obtinere. Nolentes itaque prædictos fratres aliis injuriosos existere, causam ipsam vobis duximus committendam, per apostolica scripta mandantes quatenus, partibus convocatis, audiatis quæ proponentur hinc inde et quod canonicum videritis super his appellatione postposita, statuatis, facientes quod statueritis firmiter observari, non obstante privilegio in præjudicium Colimbrien. Ecclesiæ per subreptionem obtento. Quod si omnes, etc., duo vestrum, etc.

Datum Romæ, etc., vi Kalend. Junii.

CCXXVI.
DE ALCOBATIA ET DE SEIZA ABBATIBUS, ET PRIORI DE ALCOBATIA.
Ejusdem argumenti cum præcedenti.
(Id. Maii.)

Exposuit nobis venerabilis frater noster Colimbrien. episcopus, in nostra præsentia constitutus, quod Portugallen. Ecclesia flumen Dorii, quod Portugalen. diœcesim a Colimbrien. separat, et ab antiquo fuerat certus terminus utriusque, transgressa, magnam partem Colimbrien. diœcesis occupavit contra compositionem a bonæ memoriæ Bosone quondam cardinale, tunc apostolicæ sedis legato apud Burgum in concilio factam et per sedem apostol. postmodum confirmatam. Volentes igitur Colimbriensi Ecclesiæ in suo jure adesse, discretioni vestræ per apostolica scripta mandamus quatenus venerabilem fratrem nostrum Portugalen. episcopum ad restituendam illam partem diœcesis, quam præter justitiam detinet occupatam, cum fructibus inde perceptis, monitione præmissa, per censuram ecclesiasticam, sicut justum fuerit, appellatione postposita, compellatis. Nullis litteris veritati et just., etc. Quod si omnes, etc., duo vestrum, etc.

Datum Idibus Maii.

(81*) Vide caput *Cum olim propter*, De privil.

CCXXVII.

LE SAZETA ET DE MANZENERA ABBATIBUS, ET F. ME-
NENDI MONACHO DE ALCOBATIA.

Ejusdem argumenti.

(VI Kal. Junii.)

Insinuavit nobis ven. frat. noster Colimbrien. episcopus quod cum illustris rex Portugaliæ fratribus Sanctæ Crucis apud castrum de Leirena in una tantum Ecclesia jus concesserit patronatus, inconsulto diœcesano episcopo in eodem loco construere alias motu proprio præsumpserunt, quas et per capellanos conductitios regunt et in nullo pro ipsis volunt diœcesano episcopo respondere. Easdem etiam ecclesias privilegiis suis fecerunt inscribi, cum ab episcopali jure nunquam fuerint de consensu episcopi liberatæ; unde totum jus episcopale in oppido nominato sibi præsumunt temere vindicare. Quia igitur nobis constare non potuit de præmissis, discretioni vestræ per apostolica scripta mandamus quatenus partibus convocatis, etc., quod justum videritis super his appell. postposita statuatis, etc., non obstante privilegio in præjudicium Colimbriensis Ecclesiæ per subreptionem obtento. Quod si omnes, etc., duo vestrum.

Datum, etc., VI Kalend. Junii.

CXXVIII.

ROTHOMAGEN. ARCHIEPISC. ET SUFFRAGANEIS EJUS.

Ab episcopis suis excommunicati non facile sunt ab aliis absolvendi.

(Kal. Junii.)

Ad reprimendam (82) malitiam perversorum pœnæ certæ sunt in canonibus institutæ; quas sicut latas interdum a vobis in subditos vultis inviolabiles observari, ita latas ab aliis debetis inviolabiliter observare. Inde est quod universitati vestræ per apostolica scripta mandamus quatenus sententias, quas venerabilis frater noster Lexoviensis episcopus in subditos suos duxerit canonice promulgandas, et vos ipsi servetis et eas a vestris subditis (82') violari nullatenus permittatis. Tu vero, frater archiepiscope, cum excommunicationis sententia per appellationis non suspendatur objectum, si quis excommunicatus ab ipso de injusta tibi excommunicatione conquestus fuerit, ad ipsum, ei quasi coepiscopo deferens, absolvendum secundum Ecclesiæ formam remittas. Qui si forte noluerit illum absolvere; tu, recepta juratoria cautione, absolutionis ei munus poteris exhibere : ita tamen quod nisi legitime tibi constiterit eum contra justitiam excommunicatum fuisse, ex debito sibi juramenti præcipias ut super eo de quo fuerit excommunicatione notatus eidem episcopo satisfaciat competenter. Quod si facere forte contempserit, eum in excommunicationis sententiam, appellatione remota reducere non omittas.

Datum, etc., Kalend. Junii.

(82) Cap. *Ad reprimendam.* De officio ordinarii.
(82') In tertia Collect. *faciatis inviolabiliter observari.*

CCXXIX.

LEXOVIENSI EPISCOPO.

Ne coram suspectis judicibus, etiam delegatis, respondere teneatur.

(Datum Romæ, ut supra.)

Cum a nobis petitur, etc., usque ad verbum assensu, auctoritate tibi præsentium indulgemus ut si forte contigerit aliquam causam te vel tuos principaliter contingentem, judicibus Rothomagen. ex apostolica delegatione ad petitionem partis adversæ committi, coram eis, cum tibi fuerint certa ratione suspecti, respondere minime teneamini, nisi forte in litteris commissoriis hujus indulgentiæ expressa mentio habeatur. Nulli ergo, etc.

Datum Romæ, etc., *ut supra.*

In eumdem modum scriptum est pro Rotnomagen. archiepiscopo.

CCXXX.

REGI ANGLIÆ.

Quæ honeste facere licuit, in iis se regi gratificatum dicit, hortaturque ad pacem servandam cum rege Franciæ.

(Apud S. Petrum, II Kal. Junii.)

Ecclesiam suam, quam per Salomonem Dominus et amicam et sponsam frequenter appellat, flori lilii eleganti quadam et quasi expressa similitudine coaptavit. Ait enim: *Sicut lilium inter spinas, sic amica mea inter filias* (Cant. 1, 2). Lilium quidem quanto fortiores spinarum sustinet punctiones, tanto vim odoris copiosioris emittit ; et quo plus læditur, redolere suavius comprobatur. Unde sibi merito comparatur Ecclesia sponsa Christi ; quæ cum tribulationibus multis impetitur, tunc potissimum in soliditate fidei pro tuenda justitia roboratur et in ipsis punctionibus adversitatumque molestiis constantior et firmior invenitur. Nos vero, quos ad ejus regimen quanquam non suffragantibus meritis divina providit dispositio eligi et assumi, illam concepimus firmiter voluntatem, ut neque mors neque vita ab amplexu nos possit seu observatione justitiæ revocare. Sane venientibus ad præsentiam nostram venerabili fratre nostro Lexovien. episcopo et dilecto filio magistro Garnero nuntiis tuis, petitiones quas nobis ex parte regia obtulerunt, sincero affectu, quantum cum Deo et honestate potuimus, curavimus promovere. Rogamus autem et monemus attentius serenitatem regiam, quatenus si forte in aliquo effectus tuo desiderio non respondet, non nostræ unquam duritiæ imputetur, cum honestis et justis petitionibus excellentiæ tuæ benigni semper et faciles proposuerimus inveniri, sed justitiæ potius quam officii nostri debitum certos fines transgredi non permittit, ad quam tenendam firmiter et servandam in suarum primitiis litterarum serenitas regia nos monuit et induxit. Cæterum, super eo quod prædicti tui nuntii postularunt, ut nobilem virum filium ducis Austriæ ad restituendam pecuniam quam pater suus in periculum animæ suæ a te, dum redires ab obsequio Jesu Christi, pro redemptione tua violenter extorsit, et in ultima voluntate pœnitentia ductus per eumdem filium suum tibi restituendam mandavit, auctoritate apostolica cogeremus; noveris nos eidem nostris litteris (83) injunxisse ut prædictam pecuniam sine difficultate qualibet restituere non omittat, alioquin venerabili fratri nostro Salzburgen. archiepiscopo litteris nostris injungimus ut ipsum ad restitutionem ejusdem pecuniæ faciendam moneat diligentius et inducat, et per severitatem ecclesiasticam appellatione remota, compellat. Verum quia circa personam nobilis viri ducis Sueviæ quædam audivimus immutata, eidem ad præsens scribere cautela prohibente nequivimus ut juxta postulationem tuam pecuniam quam a te Henricus, quondam imperator, frater ipsius contra Deum et periculum animæ suæ extorserat violenter, dum de transmarinis partibus remeares, deberet tibi restituere; præsertim cum ejusdem fratris sui thesaurus ad eum esset ipso mortuo devolutus, et ipse vel hæres sit, vel tutor hæredis. Verumtamen scribimus (84) venerabili fratri nostro Magdeburgen. archiepiscopo, ut ducem ipsum ad restituendam pecuniam ipsam moneat diligentius et inducat. Alioquin tantam injuriam non poterimus sub dissimulatione transire quin in eumdem ducem et terram ejus sine cujuslibet acceptione personæ nostri officii debitum et severitatem curemus ecclesiasticam, sicut justum fuerit, exercere. Insuper scribimus (85), charissimo in Christo filio nostro illustri regi Navarræ ut pecuniam et castella sancti Joannis de Pedeportus et Roccabruna, quæ pater suus tibi cum filia sua concessit in dotem, sine aliqua difficultate restituat, alioquin venerabili fratri nostro Narbonen. archiepiscopo, cui jam alia vice, si bene recolimus, super hoc scripsimus, nostris damus litteris in mandatis ut ipse, eum per censuram ecclesiasticam ad hoc monitione præmissa, sublato appellationis obstaculo, justitia mediante compellat. Ad hæc, cum iidem nuntii a nobis cum instantia postulassent ut charissimum in Christo filium nostrum Philippum illustrem Franciæ regem ad restitutionem castrorum illorum et terræ compellere deberemus, quæ contra protectionem ab apostolica sede tibi concessam invaserat, antequam de peregrinationis obsequio ad propria remeares, dilectus filius magister W. de Sancto Lazaro nuntius ejusdem regis se constanter pro eodem opposuit; illum ad hoc asserens non teneri, cum pactiones et conventiones solemnes, quæ inter vos præcesserant et hinc inde fuerant roboratæ, tua magnificentia non servasset et per te fuissent primitus violatæ; maxime cum sororem ipsius dimiseris et aliam tibi curaveris matrimonio copulari; et quia post arreptum iter Hierosolymam adeundi, cum acquisita quælibet deberetis habere communia, pecuniam a rege Tancredo receptam et thesaurum de Cypro habitum tua sibi communicare noluerit magnitudo; imo in transmarinis partibus damna ei plurima et injurias irrogarat, suos milites imo consanguineos (86) ab ipsius devotione et servitio subtrahendo, propter quod non sine confusione sua coactus fuerat ad propria remeare. Adjecit etiam quod ubi restitutus fuisti propriæ libertati, cum eo super omnibus querelis voluntate spontanea transegisti. Quin potius, post pacem adinvicem factam, multa tibi castra de mera liberalitate donavit. E contra vero prædicti nuntii serenitatis tuæ nihilominus proponere constanter curaverunt quod post fœdus prius initæ et juramento firmatæ societatis, idem rex Franciæ tibi primus injuriam intulisset, apud Messanam videlicet: ubi insurgentibus hominibus Tancredi regis in tuos, de impendendo tibi auxilio requisitus, non solum defecerat, sed etiam propria manu tres de hominibus tuis occiderat cum balista. Post quod factum cum se pœnitudine duci assereret, inter vos pactio intercessit: in qua pro decem millibus marchis argenti, quas ei reddere promisisti, prædictus rex a contrahendo cum sorore sua matrimonio te absolvit, et Gisortium cum Wlcassino tibi quietum in perpetuum omnino dimisit. Asserebant quoque de thesauro Cypri, et de pecunia a Tancredo habita, præterquam de dote sororis tuæ I, illustris quondam reginæ Siciliæ, eidem regi, sicut de cæteris, ad voluntatem tuam plenissime satisfactum: ita quod cum prædictus rex Franciæ ab orientali terra discederet, sub juramento promisit quod terram magnificentiæ tuæ tibi conservaret integram et illæsam in eo statu in quo fuerat quando Hierosolymitanum iter fueratis aggressi, quousque reversus ad propria moram quadraginta dierum in terra propria peregisses; contra quam promissionem eamdem terram et castra non fuerat veritus occupare. Super quibus conventionibus litteras ejusdem regis patentes apud tuam asserebant magnitudinem residere. Conventiones vero quas idem magister V. de Sancto Lazaro, persona tua libertati propriæ restituta, inter te ac prædictum regem ultimo intervenisse retulerat, iidem nuntii tui, si quæ fuerant, asserebant præfatum regem Franciæ primitus violasse; cum etiamsi qua tunc pacta subieras, spoliatus eadem subiisses: propter quæ ad ea dicebant nullatenus te teneri. Licet itaque et hæc et alia multa pars utraque proponeret, quæ pro ipsis facere videbantur; quia tamen causarum merita partium assertione panduntur, et ipsi personam standi in judicio non habebant, non potuimus salva justitia in ipso negotio sine veritatis inquisitione procedere. Nos ergo juxta regiæ petitionis instantiam, propter has et alias necessitates quamplurimas, facultate nobis a Christo concessa, nacta quoque temporis opportunitate condigna, dispositis prius quæ tam circa Urbem quam circa regnum Siciliæ necnon et

---

(83) Vide infra epist. 242.
(84) Epistola ad archiep. Magdeburg. exstat infra num. 256.

(85) Vide supra epist. 211.
(86) Intelligit haud dubie Henricum comitem Trecensem.

aliud Ecclesiæ patrimonium fuerint disponenda, licet multæ nobis et magnæ sollicitudines ex diversis causis incumbant, si tamen ille nobis annuerit a quo speramus dirigi gressus nostros, partes vestras, ut tamen nos ad promissionis debitum non ligemus nisi aliud impedimentum occurrat, intendimus visitare; ut super his et aliis, quæ toti Christianitati credimus profutura, deliberatione provida procedamus. Si vero desuper datum non fuerit, per legatos nostros quod justum fuerit, sine personarum acceptione, favente Domino, statuemus. Illud autem serenitatem regiam nolumus ignorare, quod quantumcumque nobis molestum existeret præfatum regem Franciæ ac te ipsum in aliquo molestare, non poterimus aliquatenus sustinere quin vos ad pacem ineundam pariter et servandam per districtionem ecclesiasticam ratione prævia compellamus; non de nostris viribus confidentes, sed de illius omnipotentia cujus vices, licet immeriti, exercemus in terris.

Datum Romæ apud Sanctum Petrum, 11 Kalend. Junii.

CCXXXI

BITURICEN. ARCHIEPISCOPO.

Ut inquirat contra Engolismensem episcopum, dilapidatorem Ecclesiæ suæ.

Grave nobis est admodum et molestum, cum de aliquo fratrum et coepiscoporum nostrorum aliqua in nostro auditorio proponuntur quæ in ipsis episcopale officium et integritatem famæ denigrare videntur; cum semper velimus audire de singulis ea quæ ad perfectam curam pastoris pertinent et ad commissi gregis commodum et salutem. Insinuarunt autem nobis dilecti filii quidam Engolismensis Ecclesiæ canonici, quod venerabilis frater noster episcopus suus patrimonium episcopatus minus utiliter administrans, dilapidavit multa de bonis mensæ suæ usibus deputatis, et per alienationes illicitas contra juramentum quo tenetur Ecclesiæ, possessiones episcopatus enormiter minuit et consumpsit. Proponebant insuper quod multas Ecclesias post appellationem in synodis sæpius iteratam, præter assensum capituli collegiis perpetuo assignavit, cum id canonicis dissonet institutis. Alienata vero et dilapidata et Ecclesias episcopali ordinationi subtractas sub tua reservarunt præsentia exprimenda, ne prolixæ orationis series legenti pariter et scribenti fastidium importarent. Adjecerunt etiam quod sit insufficiens, indiscretus, inutilis, appellationumque contemptor, et quod per suæ simplicitatis negligentiam sub ipsius regimine non solum mensa et Ecclesia sua, verum etiam tota diœcesis admodum gravia sustinuit detrimenta. Pauca siquidem de pluribus exprimentes, dixerunt ipsum episcopum indignis et minus idoneis sacros ordines et ecclesiastica beneficia contulisse : ita quod cum olim ordines celebraret et ventum esset ad presbyteros ordinandos, in manuum unctione quidam inter presbyteros con-

(87) Cap. *Ex parte*, De temp. ordi.

secrandos inventus est pollicem non habere. Minoribus et nondum in sacris ordinibus constitutis animarum curam dicitur commisisse et etiam a pluribus ordinandis suscepisse ante datum ordinem juratoriam cautionem ne post ab eodem beneficium ecclesiasticum contra suam peterent voluntatem. Ad magnum autem indiscretionis suæ et insufficientiæ argumentum constanter fuit in audientia nostra propositum, quod cum olim idem episcopus super ordinanda Ecclesia litteras impetrasset, monachos albos et nigros et priorem de Allavilla canonicum regularem ordinavit in Ecclesia sua canonicos. Quod factum tanquam ridiculosum sedes apostolica, cum ad ejus venisset notitiam, revocavit. Præterea quemdam nepotem suum, qui professus ordinem de Corona, ibi in sacerdotali officio et habitu regulari diu fuerat conversatus, extractum inde canonicavit in ecclesia cathedrali. Sed abbas loci, tanquam discretus et providus, ipsum postmodum revocavit ad claustrum. In solemnitatibus expressis a canone in majori ecclesia non deservit. Confirmat abbates et tractat causas difficiles, sine canonicorum assensu. Presbyteri et clerici per ejus insufficientiam capiuntur. Bona ecclesiastica occupantur et homines sibi et antecessoribus ejus debita et exhibita subtrahunt; et præterea jura, quæ prædecessores sui in civitate hactenus habuerunt, fere permisit penitus deperire. Sententias quoque a sede apostolica confirmatas præsumpsit auct. apostolica [*l.* propria] relaxare et alia multa committere quibus correctionis debitæ manus celeriter convenit adhiberi. Ideoque fraternitati tuæ per apost. scripta mandamus quatenus vocatis ad præsentiam tuam qui fuerint evocandi, inquiras super præmissis omnibus et aliis quæ proposita fuerint, appellatione remota, diligentius veritatem; et quæ inveneris, fideliter redacta in scriptis nobis sigillo tuo signata mittere non postponas; præfigens partibus terminum competentem, quo cum ipso nostro se debeant præsentare conspectui, sententiam auctore Domino recepturæ; attentius provisurus quod mandatum nostrum taliter exsecutioni demandes, quod tua fraternitas merito possit et debeat commendari. Nullis litteris, etc., veritate tacita.

Datum Romæ apud Sanctum Petrum, 111 Kalend. Junii.

CCXXXII.

ABBATI ET CONVENTUI CARILOCI.

(Apud S. Petrum.)

(87) Ex parte vestra nostro fuit apostolatui reseratum quod quidam monachus vester se ad nigros monachos transferens, et habitum nigrum ibidem assumens, ad sacerdotii ordinem in ipso habitu est promotus. Unde quia in hoc articulo dubitatis utrum in assumpto taliter ordine debeat ministrare, nos hujusmodi dubietatis scrupulum enodantes, per apostol. vobis scripta mandamus quatenus nisi aliud

canonicum ei videritis obviare, ipsum monachum officium sacerdotis exsequi libere permittatis.

Datum Romæ, apud Sanctum Petrum.

CCXXXIII.
ABBATI UNGIACEN.

In causis Ecclesiæ et cœnobii, Ecclesiæ membra testantur.

(Romæ, Kal. Junii.)

Tunc libentius postulata concedimus, quando quod petitur ab æquitate non deviat, et petentis personæ gravitas morum et vitæ merita suffragantur. Postulasti siquidem a nobis, dilecte fili, de benignitate tibi sedis apostol. indulgeri, ut in causis Ecclesiæ tibi commissæ uti testimonio fratrum tuorum valeas, et eis habeatur fides, sicut consuevit testibus adhiberi. Nos ergo attendentes petitionem tuam institutis canonicis convenire, quæ in causis civilibus illos testes statuunt assumendos qui negotia ecclesiastica tractaverunt, et de quorum fide non potest aliquatenus dubitari, auctoritate tibi præsentium indulgemus, ut quoties Ecclesiæ tuæ videris expedire, in causis quæ non fuerint criminales, fratres et canonicos Ecclesiæ tuæ inducere possis ut perhibeant testimonium veritati.

Datum Romæ, etc., Kalend. Junii.

CCXXXIV.
EDUEN. EPISCOPO, UNGIACEN. ET SANCTÆ MARGARITÆ ABBATIBUS.

De restaurandis cœnobiis et reformanda monastica disciplina.

(Kal. Junii.)

Licet bonæ memoriæ Clemens et Cœlestinus prædecessores nostri de tuæ, frater episcope, discretionis honestate confisi, sollicitudini tuæ dederint in mandatis ut tui episcopatus loca religiosa, quæ a sui status integritate collapsa cognosceres, et in quibus religionis observantiam attenderes diminutam, pontificali auctoritate corrigere non differres; ut tamen tuæ maturitatis correctio majorem obtineat firmitatem, auctoritatem nostram super hoc et favorem sollicite postulasti. Nos igitur considerationem tuam dignis laudibus commendantes et volentes abbatiam Sancti Joannis Eduensis, quæ in magnam dissolutionem religionis et ordinis collapsa proponitur, per tuæ discretionis industriam correctione debita reformari, discretionis vestræ per apostolica scripta mandamus quatenus ad locum pariter accedentes, de statu monasterii plenam studeatis elicere veritatem et quæcunque in capite vel in membris tam circa spiritualia quam temporalia de jure statuenda et corrigenda videritis, auctoritate freti apostol., sublato appellationis obstaculo, corrigatis et faciatis quod a vobis statutum fuerit sine refragatione servari. Nullis litteris veritati et justitiæ, etc. Quod si omnes, etc., tu, frater episcope, cum eorum altero, etc.

Datum, etc., Kalend. Junii.

(88) Cap. *Dura sæpe*, De falsariis. Vide infra ep. st. 262.

CCXXXV.
W. REMEN. ARCHIEPISCOPO, SANCTÆ SABINÆ CARDINALI, ET SUFFRAGANEIS EJUS

Ut per quosdam falsarios confictas bullas intercipiant.

(Apud S. Petrum, XII Kal. Junii.)

(88) Dura sæpe mandata et institutiones interdum iniquas a sede apostolica emanare multi arguunt et mirantur, et in hoc ei culpam imponunt in quo sinceritas ejus, culpæ prorsus ignara, per innocentiam excusatur. Nos etenim circa majora negotia frequentius occupati et curam universorum ex officio nostro gerentes, per quod sumus omnibus debitores, cum omnibus apud nos instantibus in continenti satisfacere non possimus, quidam eo quod a semita justitiæ oberrantes, aut ultra quam permittit honestas suæ petitionis licentiam extendentes, exaudiri non possunt, in motum propriæ voluntatis irrumpunt; et ad sua ingenia falsitatis et artes perditionis cum animi exquisita malitia recurrentes, per falsæ astutiam speciei candorem puritatis apostolicæ denigrare ac depravare nituntur. Ex cujus falsitatis ingenio quot et quanta mala proveniant, cum per eam et innocentes quandoque damnentur et rei ab objectis criminibus absolvantur nec non et apostolicæ sedis lædatur auctoritas, ipsa rei evidens malitia protestatur. Licet autem hujusmodi falsitas aliquandiu possit cum operibus tenebrarum abscondi, tamen quia per eam beatis apostolis specialiter infertur injuria, ille a quo in persona eorum Romana Ecclesia auctoritatem super Ecclesias universas accepit (unde et bulla nostra, per quam totius negotia Christianitatis aguntur, capitum ipsorum charactere præsignatur) perniciem tanti sceleris non patitur in tantum præjudicium eorum diutius occultari. Accidit enim nuper in Urbe quod quidam hujusmodi falsitatis astutiam perniciosius exercentes, in suis fuere iniquitatibus deprehensi; ita quod bullas tam sub nomine nostro quam bonæ memoriæ Celestini PP. prædecessoris nostri, quas falso confinxerant, et quamplures litteras bullis signatas eisdem invenimus apud eos ipsosque captos adhuc in carcere detinemus. Nos autem honori Romanæ Ecclesiæ et utilitati omnium paterna volentes sollicitudine providere, de communi fratrum nostrorum consilio statuimus (89) et sub excommunicationis pœna et suspensionis ordinis et beneficii districtius inhibemus ne quis apud sedem apostolicam de cætero litteras nostras nisi a nobis vel de manibus illorum recipiat qui de mandato nostro sunt ad illud officium deputati. Si vero persona tantæ auctoritatis exstiterit (90) ut deceat eum per nuntium litteras nostras recipere, nuntium ipsum ad cancellariam nostram vel ad nos ipsos mittat idoneum, per quem litteras apostolicas juxta formam præscriptam recipiat. Si quis autem in hac parte mandati nostri transgressor exstiterit, si laicus fuerit, excommuni-

(89) Vide caput *Ad falsariorum*, De falsariis.
(90) In tertia Collect. *tantæ auct. aliquis exstitit*.

cationis subjaceat; si clericus, officii et beneficii sui suspensione damnetur. Verum quia, sicut a falsariis ipsis accepimus, tam ad partes vestras quam ad cæteras regiones per litteras transmissas ab eis suæ iniquitatis falsitas multipliciter est diffusa, fraternitati vestræ per apostolica scripta mandamus et districte præcipimus quatenus provinciale concilium evocetis, in quo solemniter et generaliter statuatis ut per singulas parochias publice proponatur quod si quis a sede apostolica litteras impetraverit, quarum tenor possit esse suspectus et eis uti voluerit, ut statutam pœnam evadat, primo fiat collatio de falsa bulla cum vera, et si eam invenerit falsitate notandam, episcopo diœcesano, abbati vel archidiacono loci easdem litteras non differat præsentare; qui, veritate comperta, illum qui tales litteras reportavit, si laicus fuerit, excommunicationi subjiciat; si clericus, eum ab officio beneficioque suspendat. Ad hæc, adjicientes statuimus ut generalem excommunicationis sententiam promulgetis, quam per singulas parochias faciatis frequentius innovari; quod si quis falsas litteras se cognoscit habere, infra quindecim dies litteras illas aut destruat aut resignet, si pœnam excommunicationis voluerit evadere; quam, nisi forsan in mortis articulo, sine speciali mandato nostro a quocunque nolumus relaxari; nec etiam si præsumpta fuerit contra hoc absolutio, quidquam habeat firmitatis; ne forte post tempora nostra falsitas interim occultata (91) cuiquam valeat præjudicium generare. Cæterum ad majorem illius notitiam falsitatis habendam, ut fieri possit bullæ falsæ cum nostra collatio præsentibus litteris unam de bullis falsis cum vera Bulla duximus appendendam; districtius injungentes ut quascunque litteras inveniritis hac vel alia falsitate notandas, si quid actum fuerit occasione illarum, appellatione postposita irritetis; ita quod hujusmodi falsitas nullo temporis spatio valeat excusari, et portitores earum tandiu faciatis sub arcta custodia detineri donec receperitis super hoc nostræ beneplacitum voluntatis.

Datum Romæ apud Sanctum Petrum, xiv Kalend. Junii, pontificatus nostri anno primo.

In eumdem modum scriptum est super hoc universis archiepiscopis et eorum suffraganeis singulariter.

CCXXXVI.
MAGDEBURGEN. ARCHIEPISC.
Ut ducem Sueviæ cogat Angliæ regi ablatam pecuniam restituere.

(Apud S. Petrum, ii Kal. Junii.)

(92) In eo sumus officio, disponente Domino, constituti ut singulorum et omnium saluti consulere debeamus, et universis petentibus, tam majoribus quam minoribus, in exsecutione justitiæ providere. Sane quam potenter et magnifice charissimus in Christo filius noster R., illustris rex Angliæ, se ad obsequium Domini in partibus transmarinis habue-

(91) In tertia Collect. *in tantum occulta.*

rit, ita ut nec rebus suis pepercerit, nec personæ, sed se ipsum multis et variis discriminibus pro exaltatione Christiani nominis exposuerit, quamque graves et enormes injurias et jacturas ab H., quondam imperatore, pertulerit, inde revertens, per totum fere orbem fama notissima divulgavit. Quæ res tanto profundius Romanam tangit Ecclesiam, quanto injuriæ et gravamina regi eidem illata in ejus ignominiam et injuriam noscuntur gravius redundare. Quia igitur tam gravem Domino et apostolicæ sedi necnon et ipsi regi injuriam irrogatam salva conscientia dissimulare non possumus nec debemus, fraternitati tuæ per apostolica scripta mandamus et districte præcipimus quatenus nobilem virum ducem Sueviæ, ad cujus manus thesaurus præfati imperatoris pervenit, et patrimonium ejus vel jure successionis vel saltem tutelæ nomine noscitur devenisse, diligenter admoneas et quam efficacius poteris procures inducere ut eidem regi de ablata pecunia satisfaciat competenter. Alioquin noverit quod nos tantam injuriam non poterimus sub dissimulatione transire, quin in eum et terram ejus nostri officii debitum, sicut justum fuerit, exsequamur.

Datum Romæ apud Sanctum Petrum, 11 Kalend. Junii.

CCXXXVII.
TARENTASIEN. ARCHIEPISC.[1]
De incendiariis absolvendis.

(Romæ, v Kal. Junii.)

Inter alias petitiones tuas postulasti nuper a nobis quod circa incendiarios absolvendos, qui non possunt ad sedem apostolicam proficisci, tecum dispensare vellemus ut eis posses absolutionis beneficium impertiri. Nos ergo, quia personam tuam sincera charitate diligimus, auctoritate tibi præsentium duximus indulgendum ut illos incendiarios absolvere tibi liceat usque ad triennium qui propter ægritudines aut inimicitias capitales se non possunt nostro conspectui præsentare. Appellationibus quoque, quas parochiani tui vel diœcesani episcopi tuum volentes judicium declinare, frustatorie interponunt, nolumus te deferre. Nulli ergo, etc.

Datum Romæ, etc., v Kalend. Junii, pontificatus nostri anno primo.

CCXXXVIII.
EVERARDO NITRIEN. EPISCOPO.
Ut oblata Ecclesiæ bona retineat et de prædiis quæ ipse colit decimas non persolvat.

(Romæ, Kal. Junii.)

Justis petentium, etc., *usque ad verbum* assensu, statuimus ut quascunque possessiones, quæcunque bona Ecclesia Nitrien. in præsentiarum juste et canonice possidet, aut in futurum concessione pontificum, largitione regum vel principum, oblatione fidelium seu aliis justis modis, præstante Domino, poterit adipisci, firma tibi et per te Ecclesiæ tuæ et illibata permaneant. Prædia quoque ad Ecclesiam

(92) Vide supra epist. 230.

tuam diœcesana lege spectantia, quæ propriis laboribus excolis, a solutione decimarum eximimus; nec aliquis de laboribus tuis ausu temerario decimas exigere vel extorquere præsumat. Nulli ergo, etc.

Datum Romæ, etc., Kalend. Junii.

CCXXXIX.

BURGEN. ET PALEN. EPISCOPIS.

Qui spoliatus est, non potest aliis solvere antequam restituatur.

(Romæ, v Kal. Junii.)

(93) Olim vobis dedisse meminimus in mandatis ut venerabilem fratrem nostrum Oveten. episcopum ad debitam restitutionem partis Zamoren. diœcesis quam tenebat cum perceptis fructibus cogeretis, si dilectum filium fratrem Rainerium, priusquam super hoc mandatum apostolicum adimpleret, viam ingredi contingeret omnis carnis. Verum quia inanis est actio quam inopia debitoris excludit, fraternitati vestræ per apostolica scripta mandamus quatenus non prius episcopum ipsum ad restitutionem fructuum compellatis quam ipse fuerit taliter restitutus, ut restituere possit quod percepit de proventibus alienis. Non autem per hoc priores litteras revocamus; sed eis in sua firmitate manentibus, coactionem ipsius episcopi ad restitutionem fructuum taliter perceptorum differri volumus, donec id valeat adimplere.

Datum Romæ, etc., v Kalend. Junii.

In eumdem modum episcopo Palentino et abbati de Spina scriptum est pro restitutione partis Salamantinæ diœcesis detentæ ab eodem episcopo Ovetensi.

CCXL.

LEXOVIEN. EPISCOPO.

De officio archiepiscopi ad suum suffraganeum et suffraganei ad suum archiepiscopum.

(Apud S. Petrum.)

Sicut ea quæ pacem et concordiam nutriunt, pura debemus intentione perquirere; ita ex debito sollicitudinis pastoralis illa tenemur ab ecclesiasticis viris studiosius exstirpare, quæ seditionem excitant, et scandalum introducunt. Sane cum occasione illius indulgentiæ, quam de benignitate sedis apostolicæ cognoscendi venerabilis frater noster Rothomagen. archiepiscopus per provinciam suam de innovatis post appellationem, appellatione remota facultatem habebat, inter te et ipsum gravis hactenus fuerit discordia excitata, præsertim cum tu ipse per diœcesim tuam hanc eamdem gratiam de indulto consimili a sede apostolica meruisses, auditis gravaminibus et detrimentis tuæ propter hoc et Rothomagen. Ecclesiæ irrogatis, ad pacem et quietem vestram non potuimus non moveri; maxime cum ex utraque indulgentia non modicum Romanæ Ecclesiæ præjudicium generetur. Ideoque ut per studium nostrum inter vos discordiæ fomes super hoc de cætero penitus exstinguatur, prædictam in utroque vestrum indulgentiam de communi fratrum nostrorum consilio penitus vacuantes, statuimus vos esse ulterius

(93) Cap. *Olim*, De restitutione spoliatorum.

quoad hunc articulum communi jure contentos. Ad hæc, ne propter hoc tu videaris ab ipsius subjectione subtractus, volumus ut sibi tanquam metropolitano tuo debitam obedientiam exhibeas cum honore; ipse vero, sicut ratio mutuæ charitatis exposcit tibi, ut fratri et coepiscopo suo, paternam benignitatem ac dilectionem impendat. Cæterum ut tu ipse non possis vel debeas ab ipso indebite aggravari, de communi fratrum consilio tibi duximus indulgendum ut si forte ad dictandam in te vel Ecclesiam tuam sententiam casu aliquo moveatur, trina semper admonitio competenti temporis spatio interjecto canonice antecedat. Et si forte ab imminenti duxeris gravamine appellandum, cum appellationis remedium institutum sit ad præsidium oppressorum, nolumus post appellationem emissam vel ante commonitionem expositam, contra personam vel Ecclesiam tuam aliquid attentari. Si vero vel ante commonitionem emissam vel post appellationem rationabiliter interpositam, in te vel Ecclesiam tuam suspensionis, interdicti aut excommunicationis dictus archiepiscopus sententiam promulgaverit, illam decernimus non tenere nec volumus personæ vel Ecclesiæ tuæ gravamen aliquod exinde seu præjudicium generari; nisi forte, quod absit, tantum et talem excessum committeres, propter quem de jure communi tibi provocandi foret interdicta facultas. De personis autem et causis Lexovien. diœcesis nil amplius statuat vel disponat, nisi quantum de jure communi sibi dignoscitur esse concessum, liberam tibi tuæ diœcesis dispositionem et ordinationem relinquens, appellationis jure ad eum vel ad nos faciendum nullatenus impedito.

Datum Romæ apud sanctum Petrum, etc.

In eumdem fere modum scriptum est archiepiscopo Rothomagensi.

CCXLI.

LEXOVIEN. EPISCOPO.

(Kal. Junii.)

Cum occasione illius indulgentiæ quam de benignitate, etc., *ut supra usque ad verbum illud* contentos. Cæterum ne propter hoc aliæ indulgentiæ, quas habes, videantur quomodolibet revocari; significatione tibi præsentium innotescat, quia nos prædictam tantum indulgentiam, et non alias, revocamus.

Datum, etc., Kalend. Junii.

CCXLII.

NOBILI VIRO FILIO DUCIS AUSTRIÆ.

Imperat ut regi Angliæ ablatam a patre pecuniam restituat.

(III Kal. Junii.)

(94) In eo sumus officio, disponente Domino, etc., *ut supra usque ad verbum* providere. Sane quam graves injurias et jacturas charissimo in Christo filio nostro R. illustri regi Anglorum a crucis obsequio revertenti dux Austriæ pater tuus intulerit, nullum Christiani nominis professorem credimus ignorare. Quæ res tanto profundius Romanam tangit Ecclesiam

(94) Vide supra epist. 230.

siam, quanto injuriæ regi eidem illatæ in ejus injuriam et ignominiam noscuntur gravius redundare, cum ipsi regi non dum fuerit satisfactum, licet non credamus a tua memoria excidisse quod, divina gratia inspirante, prædictus pater tuus suum recognoscens excessum, ablatam pecuniam ipsi regi non solum reddi præceperit, verum etiam a te et ab aliis familiaribus suis et fidelibus qui præsentes aderant super solutione ipsius pecuniæ præstari fecerit corporaliter juramentum. Quia igitur tanti excessus injuriam clausis oculis præterire non possumus nec debemus, nobilitatem tuam monemus et exhortamur in Domino, atque in remissionem injungimus peccatorum quatenus tam tuæ quam animæ patris tui saluti juxta præstitum a te providens juramentum, prænominato regi pecuniam sine difficultate restituas antedictam et de injuriis irrogatis satisfactionem congruam non differas exhibere. Alioquin noveris nos venerabili fratri nostro Salburgen. archiepiscopo dedisse firmiter in mandatis ut te ad hæc per excommunicationis sententiam in personam et interdicti in terram, contradictionis occasione et appellatione cessantibus, monitione præmissa, compellere non omittat.

Datum, etc., III Kalend. Junii, pontificatus nostri anno primo.

Illi scriptum est super hoc.

CCXLIII.

GARNERO PRIORI LOCHEIEN.

Quod liceat ipsi terrarum quarumdam firma retinere, salva capitulo antiqua pensione.

(II Kal. Junii.)

Justis petentium, etc. *usque ad verbum* effectu. Sane, sicut nobis exponere curavisti, idem prioratus tuus redditus sufficientes, de quibus pro loci et prioratus nominis celebritate honeste valeas sustentari, non habet. Verum cum tam apud Corne quam Molernum et Murum eadem Ecclesia quædam jura et redditus habeat, videlicet hominum et terrarum, quæ voluntate prioris et capituli dantur ad firmam et de firmariis frequenter ad alios firmarios transferuntur, de illis ipsi Ecclesiæ nullum provenit incrementum; quæ si apud aliquem perpetuo residerent, salva pensione quam capitulum inde percipere consuevit, aliquod emolumentum posset exinde provenire. Unde nos tam tuis quam Ecclesiæ tuæ volentes intendere incrementis, duximus statuendum ut completo termino eorum qui prædictos redditus et jura ad firmam habere noscuntur, salva consueta pensione capitulo ipsi reddenda, tibi et priori, qui pro tempore fuerit, ea liceat retinere; nisi forte redditus ipsi tantum per meliorationem accreverint, ut et ipse census debeat augmentari. Decernimus ergo, etc.

Datum II Kalend. Junii.

CCXLIV.

EPISCOPO ET CAPITULO ENGOLISMEN.

Canonici apud Ecclesiam non residentes, non possunt infringere quæ iis absentibus recte statuuntur.

(Romæ, VIII Id. Junii.)

Ad audientiam nostram meminimus pervenisse quod quidam Ecclesiæ vestræ canonici, licet ibi non faciant mansionem, sed in locis aliis majori parte anni pro suæ voluntatis arbitrio sine rationabili causa morentur vel etiam circumpositas circumeant regiones, tamen quoties de terrarum Ecclesiæ dispositionibus vel canonicorum receptione tractatur, eamdem sibi volunt sive in contradictione sive procuratione terrarum auctoritatem inter cæteros vindicare quam illi qui circa Ecclesiam continue demorantur et servitiis divinis assistunt. Unde, quoniam plus emolumenti merentur accipere qui plus inveniuntur circa ministerium ecclesiasticum sustinere laboris, ad exemplar sanctæ recordationis Gregorii papæ prædecessoris nostri, universitati vestræ præsentibus litteris indulgemus ut si tales canonici nullam rationem canonicam prætendentes, rationabilius dispositiones capituli vestri communi judicio celebratas, pro eo solo quod præsentes non fuerint, attentaverint impugnare vel contradictionem objecerint: cum talia tractabuntur, objectionem eorum vel appellationem, si quam interposuerint, necesse non habeatis admittere vel eis terrarum vestrarum præposituras committere, quas balias vulgariter appellatis, qui noluerint in personis propriis ministrare.

Datum Romæ, etc., VIII Idus Junii.

CCXLV.

CANTUARIEN. ARCHIEPISC. ET LINCOLNIEN. ET WIGORNIEN. EPISCOPIS, ET ABBATI DE THEOCHES.

Ut ejecti ex cœnobio monachi in pristinum statum restituantur..

(Romæ, III Non. Junii.)

Sicut ea quæ a prædecessoribus nostris provida fuerunt deliberatione statuta nullatenus irritari volumus vel infringi, sic quæ ab eis sunt per subreptionem obtenta in honestatis ecclesiasticæ detrimentum, corrigi volumus et in statum redigi meliorem. Cum enim, sicut accepimus, in Conventren. Ecclesia fere a prima fundatione Christianæ religionis in Anglia ordo fuerit monasticus institutus, et in tantum in ea observantia ferbuerit regularis, ut ab apostolica sede privilegiari et ab inclytæ recordationis regibus Angliæ dotari meruerit et ditari; dolemus plurimum quod venerabilis frater noster Cestren. episcopus, occasione quarumdam litterarum quas a bonæ memoriæ Clemente papa prædecessore nostro ad falsam suggestionem, sicut dicitur, impetravit, dilectos filios M. priorem et conventum de eodem monasterio violenter ejecit et canonicos in eo instituit sæculares. Cum igitur id in monasticæ religionis injuriam et totius ecclesiasticæ disciplinæ redundet opprobrium et vix credere valeamus quod dictus prædecessor noster tantæ irregularitati, nisi circumventus auctoritatem præstiterit aut favorem, de communi fratrum nostrorum consilio discretionis vestræ per apostolica scripta mandamus et in virtute obedientiæ districte præcipimus quatenus prædictis litteris vel aliis privilegiis confirmationis, sive indulgentiæ, si quæ apparuerint a sede apostolica impetratæ, nequaquam obstantibus, absque dilatione qualibet seu causæ cognitione, cum in manifestis ordo judiciarius minime requiratur, amotis ab eodem monasterio sæcularibus clericis qui in eo fuerunt per supradictum episcopum instituti, monasticum ibidem ordinem reformetis, monachos ejectos exinde reducentes in illud, non obstante si dictus episcopus vel pars adversa aut ejus nuntius, ante susceptionem litterarum nostrarum aut post, iter arripuerit ad sedem apostolicam veniendi, et I. monacho Cluniacen. vel quolibet alio illicito detentore amoto, dictum M. priorem cum prædictis monachis et alias personas instituatis, qui beati Benedicti regulam debeant et desiderent observare. Memoratum vero episcoporum et universos detentores et spoliatores bonorum ejusdem Ecclesiæ ad eorum restitutionem et de damnis illatis congruam satisfactionem per censuram ecclesiasticam, cujuslibet appellatione vel contradictione cessante, cogatis. Volumus etiam nihilominus et mandamus ut omnes donationes Ecclesiarum, infeudationes, locationes et alienationes possessionum ejusdem Ecclesiæ ab eo tempore factas nostra freti auctoritate cassetis; eos qui contra venire præsumpserint, sublato appellationis obstaculo censura canonica percellentes. Illos autem qui manus violentas in prædictos monachos temere injecerunt, excommunicatos publice nuntietis, et ab omnibus faciatis arctius evitari, donec injuriam passis satisfaciant competenter et cum vestrarum litterarum testimonio ad sedem apostolicam veniant absolvendi. Quod si omnes, etc. Duo vel tres vestrum, etc.

Datum Romæ, III Non. Junii.

CCXLVI.

BURDEGALEN. ARCHIEPISC. SANCTI EPARCHII ET NANTOLIEN. ABBATIBUS.

Committitur causa P. Engolismensis contra Ar. de Mairinac super archidiaconatu Engolismensi.

(Apud S. Petrum, Non. Junii.)

Conquestus est coram nobis dilectus filius P. Engolismen. dictus archidiaconus quod cum venerabilis frater noster Engolismen. episcopus, cujus nepos esse dignoscitur, archidiaconatum vacantem, quam cito de morte bonæ memoriæ I, quondam Engolismen. archidiaconi certus fuit, ei liberaliter contulisset, ex parte illius fuit ad sedem apostolicam appellatum, ne quid contra donationem sibi factam deberet præter juris ordinem immutari. Cum autem postmodum Parisiis disciplinis scholasticis instituisset et rediens ad propria, vellet in concesso sibi archidiaconatus officio ministrare, Ar. de Mairinac presbyter, qui ad hoc assumptus fuit

(94*) Cap. *Cum dilectus*, De success. ab intestato.

in canonicum Ecclesiæ cathedralis ut ibi continue in sacerdotali officio deserviret, non permisit eum prædictum archidiaconatum libere obtinere, licet privilegium donationis ostendere et donum sibi factum vellet tam vivis testibus quam scriptis authenticis declarare. Unde, cum vocatus esset a te, frater archiepiscope, ut super hoc pareret justitiæ, causa dilationis frustratoria, ut dicitur, appellavit. Quia igitur plene de præmissis non potuimus elicere veritatem, de assensu partium causam super his vobis duximus committendam : discretionis vestræ per apostolica scripta mandantes quatenus partibus convocatis audiatis causam, et ipsam appellatione remota fine debito terminetis, facientes quod decreveritis per censuram ecclesiasticam firmiter observari. Testes appellatione remota cogantur, nullis litteris obstantibus præter assensum partium, etc. Quod si omnes, etc., duo vestrum, etc.

Datum Romæ apud S. Petrum, Non. Junii.

CCXLVII.

NIVERNENSI EPISCOPO, ET S. BENIGNI DIVIONENSIS ET THEOLOCI ABBATIBUS.

Committitur iis causa episcopi Eduensis contra abbatem de Buxeria, super testamento et bonis cujusdam defuncti, quem abbas monachum fuisse aiebat.

(Romæ, IV Non. Junii.)

(94*) Cum dilectus filius abbas de Buxeria ad nostram nuper præsentiam accessisset et pro causa quam adversus venerabilem fratrem nostrum episcopum Eduen. habebat, ibidem diutius exspectasset, tandem nuntius ejusdem episcopi supervenit. Quibus volentibus adinvicem litigare, venerabilem fratrem nostrum I. Viterbien. episcopum, Sancti Clementis cardin. concessimus auditorem. Ipsis igitur in ejus præsentia constitutis, abbas proposuit antedictus quod cum archipresbyter de Alerio se ac sua ad participationem orationum monasterio de Buxeria pietatis intuitu obtulisset, quibusdam rebus suis usui suo simpliciter reservatis, de manu cujusdam ejusdem cœnobii augmentationem coronæ in signum illius oblationis accepit: et quod hanc concessionem hoc modo fecisset, et non suo nomine sed nomine monasterii possideret et monasterio quidquid acquirebat acquireret, sæpe fuit in communi capitulo protestatus. In hoc etiam publice per viginti annos fere idem archipresbyter nullo contradicente vel reclamante permansit; ita quod per publicam famam id omnibus notum fuerat. Nam abbas de Buxeria, qui pro tempore fuerat, et ipsi monachi rebus ipsius non secus quam aliis rebus propriis monasterii sciente episcopo Eduen. qui pro tempore erat, et in nullo penitus reclamante, publice utebantur. Id autem quod mente compoti dictus archipresbyt. fecerat inter vivos, et in ultima voluntate mente sanus, licet æger corpore confirmavit. Cumque idem abbas et monachi res sic legitime datas et alias, quas archipresbytero ipsi concesserant ad utendum, ad suum monasterium reducere vellent, prædictus episcopus eis violentiam inferens, non solum res archipresbyteri, verum etiam res ipsius monasterii occupavit : quas cum in bona pace reperent, ipse, ut in rebus illis ei posset grassandi materia plenior indulgeri, sedem apostolicam appellavit, in octavis beati Martini proximo præteritis suæ terminum appellationis præfigens. Econtra prædicti nuntius episcopi allegavit quod quando illa donatio facta fuit, archipresbyter erat positus extra mentem ; ita quod cum interrogatus fuisset a monachis, *Vis tu habitum suscipere monachalem?* et respondisset, *Volo*, statim interrogatus ab alio, *Vis tu esse asinus?* respondit similiter, *Volo*; sicque prædicti monachi eum ad suum monasterium deportarunt : quod idem nuntius se obtulit probaturum. Præfatus siquidem abbas cum ad assertionem partis suæ quosdam testes in continenti produceret, nos ipsos recipi fecimus et diligenter audiri; quorum attestationes cum interloquendo decrevissemus publicari debere, quoniam super illis capitulis pars episcopi nolebat testes producere super quibus idem abbas testes produxerat, ipsæque fuissent in publico recitatæ, disputatione super attestationibus ipsis habita diligenti, multa fuere contra dicta testium allegata. Cumque renuntiatum fuisset a partibus, dictus cardin. quæcunque fuerint hinc inde proposita nobis et fratribus nostris fideliter recitavit. Quibus auditis et cognitis, sufficienter intelleximus esse probatum quod dictus archipresbyter agens in extremis, velut ultimam exprimens voluntatem, asseruit se ac sua manasterio de Buxeria contulisse. Unde cum requisitus esset ut conderet testamentum, respondit se non posse testari, quia se et sua contulerat monasterio sæpedicto. Et licet unus solus testis dixerit se vidisse quando præfatus archipresbyt. se et sua obtulit monasterio ; quia tamen alii testes dixerunt se audisse ipsum archipresb. in abbatis præsentia confitentem et quod prædictum est attestantem, non tanquam sufficienter probantes sed tanquam vehementer adminiculantes assertionem abbatis plurimum adjuvabant. Quia vero pars episcopi asserebat se velle probare quod dictus archipresbyter, in extremis laborans, tanquam phreneticus alienatus erat a mente, unde non valuit quod expressit : Nos super his et aliis quæ fuerunt hinc inde proposita cum fratribus nostris diligenti deliberatione præhabita, causam ipsam vobis sub hac forma duximus committendam ; quod nisi prædictus episcopus legitime comprobaverit sæpedictum archipresbyterum suæ mentis compotem non fuisse cum ultimam voluntatem expressit, super impetitione monasterii perpetuum ei silentium imponatur et compellatur restituere monasterio quæcunque de bonis ipsius archipresbyteri vel etiam monasterii occupavit. Si vero legitime comprobaverit prædictum archipresbyterum quæ super ultima voluntate præmissa sunt, alienata mente dixisse, ad faciendam ei nomine parochialis Ecclesiæ, cujus administrationem gesserat, dum vixisset, restitutionem bonorum quæ ipsius archipresbyteri fuerant, monasterium condemnetur, cum idem archipresbyter ab intestato decesserit ; ipsique monasterio super impetitione episcopi silentium imponatur. Nullis litteris obstantibus præter assensum partium, etc. Quod si omnes, etc., tu frater episcope, cum eorum altero, etc.

Datum Romæ, etc., IV Non. Junii.

CCXLVIII.

ABBATI SANCTI EUCARII, DECANO ET I. CANONICO TREVEREN.

Committitur illis causa litigantium super præbenda in collegio Verdunensi.

(Apud S. Petrum, VIII Id. Junii.)

Cum P. diaconus ad sedem apostol. accessisset super præbenda Sanctæ Mariæ Magdalenæ in Verduno, de qua tempore bonæ memoriæ Cœlestini PP. prædecessoris nostri per delegatos ab eo exsecutores fuerat investitus, coram dilecto filio nostro P. Sanctæ Mariæ in Via Lata diacono cardinale, quem sibi et adversario dedimus auditorem, confirmationem volebat apostolicam obtinere. Ut autem rei veritas ipsi cardinali plenius eluceret, progressum sibi negotii curavit, sicut contigerat, aperiri. Idem enim prædecessor noster dilectis filiis præposito, decano et capitulo Sanctæ Mariæ Magdalenæ mandavit pariter et præcepit ut ipsum P. in fratrem reciperent et canonicum, non obstante promissione alicui facta de beneficio non vacante : cui super hoc ipso decanum Remensem, archidiaconum Cathalaunensem et decanum Montisfalconis exsecutores concessit, si mandato suo capitulum non pareret. Ipso itaque capitulo negligente mandatum apostolicum adimplere, dicto archidiacono Cathalaunen. ante processum negotii sublato de medio, Remen. et Montisfalconis decani ut eum reciperent infra triduum sub pœna suspensionis districtius mandavere. Quibus adhuc cessantibus obedire et sententiam observare, ipse P. ad exsecutores rediens, decanum Remen. reperiit exspirasse. Interim vero contigit vacare præbendam in Ecclesia nominata et decanum in Remen. Ecclesia ordinari. Et quia nomen defuncti non fuerat litteris exsecutionis insertum, idem decanus Remen. per litteras, decanus vero Montisfalconis viva voce canonicos monuere ut mandatum apostolicum adimplerent. Sed cum viderent se non posse proficere, ipse decanus Remen. tanquam remotior, alii decano qui erat propinquior, vices suas commisit, ut mandatum apostolicum effectui manciparet ; qui prædictum P. de præbenda, quam vacare diximus, investivit, sibi stallum in choro et locum in capitulo assignando ; contradictores vero et præpositum nominatim excommunicationis nuntiavit sententiæ subjacere. Ipse vero die investituræ possessionem præbendæ habuit : ita quod recepit stipendia et in officio ministravit. Cum autem postea sæpedictus præpositus contra ipsum P. decanum et alios commoveret [*f.* quæstionem moveret], suamque possessionem faceret perturbari, ipse hoc præsentiens, in præsentia ven. fratris nostri Verdunen. episcopi se suaque omnia et specialiter præbendam sibi collatam cum stipendiis ejus, sub apostolicæ sedis protectione posuit et ad Dominicam qua cantatur *Exsurge*, terminum appellationi suæ præfixit. Exinde ad nostram præsentiam veniens, cum diutius exspectasset, tandem quidam se capituli nomine præsentavit : qui de procuratione sua litteras quasdam ostendens, contra eum proposuit quæ sequuntur : quod scilicet veritate tacita et in excommunicatione positus, litteras impetravit et talibus Romana Ecclesia non consuevit ecclesiastica beneficia impertiri; et quod unus solus de tribus exsecutoribus mandatum apostolicum fuerit exsecutus, propter quod et quoniam exsecutorem ipsum tanquam consanguineum ipsius P. suspectum habebat, ante exsecutionem capitulum ad sedem apostolicam appellavit, et quod ipse P. de non vacante præbenda fuit, quia jam alii ex quo vacaverat collata fuerat, investitus. Cujus objectionibus responsum fuit taliter ex adverso, quod si excommunicatus tunc temporis exstitisset, quod penitus denegabat, hoc ab adversariis, qui ei fere per biennum communicaverant, eumque pro non excommunicato habuerant, non poterat allegari. Exsecutorem autem non solum in exsecutione processisse illa ratione dicebat : quia tam suis quam alterius partibus fungebatur. Appellationem vero capituli nullam dicebat, cum fuisset inhibita in rescripto. Et licet dicatur quod ex secundo delegato et a suspecto judice liceat appellare, illud tantum in judicibus et non in exsecutoribus locum habet, a quibus appellari non potest, nisi modum exsecutionis excedant. Quod autem de vacante fuerit investitus et per litteras exsecutoris se probasse dicebat et in partibus illis si opus esset, melius probaturum. Cumque super his et aliis coram eodem cardinale diutius litigassent, tandem habito prudentum consilio ita sententialiter diffinivit, ut si prænominatus P. probare poterit quod priusquam præbenda vacavit, de ea vacante antequam alius fuerit investitus, ipsam de cætero possideat in quiete, nisi contrarium pars adversa probando poterit prævalere ; vel quod tunc temporis excommunicatus fuisset et vitatus ab eis quo litteras impetravit. Nos ergo quod a prædicto cardinali rationabiliter factum est ratum habentes, per apostol. vobis scripta mandamus quatenus super præmissis articulis, utrum præbenda tempore investituræ vacaverit et clericus excommunicatus fuerit quando litteras impetravit, et a canonicis evitatus, inquiratis diligentius veritatem et pro varietate probationum latam a cardinale sententiam, auctoritate nostra freti, faciatis appellatione remota inviolabiliter observari. Si vero postquam idem clericus appellationem legitime interposuit et iter arripuit ad sedem apostolicam veniendi: in ipsius præjudicium factum est aliquid de præbenda, sicut justum fuerit, in irritum revocetis. Ρ illis litteris, etc., præter assensum partium, etc.

(95) Addendum *res*, vel *facultates*, vel *possessiones*.

Testes, etc. cogantur. Quod si omnes, etc., duo vestrum, etc.

Datum Romæ apud Sanctum Petrum, viii Idus Junii.

CCXLIX.

FRATRI RAINERIO,

Ut Portugali et Castellæ reges percussum et jurejurando confirmatum fœdus servare cogat.

(Datum, *ut supra*.)

Referente dilecto filio magistro scholarum Bracaren. Ecclesiæ nuntio et clerico charissimi in Christo filii nostri S. illustris regis Portugalensis, nostris est auribus intimatum quod cum inter ipsum et illustrem regem Castellæ pacis fœdera intervenerint et utrinque fuerint juramentis ab ipsis regibus et eorum vassalis corporaliter præstitis confirmata ; nunc quidam homines pestilentes, qui gloriantur cum male fecerint et exsultant in rebus pessimis, inter eosdem reges pro dilectione odium seminantes, ad rixas et contentiones eos inducere nequiter elaborant. Quia vero nemini licet juramenta quæ honestatem continent violare, discretioni tuæ per apostolica scripta mandamus quatenus præfatos reges et eorum homines, ut pacem adinvicem habeant et observent, sicut inter eos apparet per instrumentum publicum convenisse, sollicite moneas et inducas ; et si opus fuerit, per excommunicationis et interdicti sententias ad id eos appellatione remota compellere studeas, sicut videris expedire. Si quid autem contra formam pacis utrinque inveneris attentatum, per tuam sollicitudinem appellatione remota facias emendari.

Datum, etc., *ut supra*, pontificatus nostri anno primo.

Scriptum est regi Portugalensi super hoc.

CCL.

NEOCASTREN. EPISCOPO

Quod a decessoribus alienata revocare liceat.

(Apud S. Petrum, Non. Junii.)

Significasti nobis per litteras tuas quod bonæ memoriæ G. prædecessor tuus et qui secuti sunt eum usque ad tempora tua (95) ad mensam pontificalem pertinentes in tuum et Ecclesiæ detrimentum quibusdam laicis minus rationabiliter contulerunt, concessiones ipsas instrumentis publicis munientes ; et ut auctoritate nostra quod ab eis perperam factum est tibi corrigere liceat suppliciter postulasti. Nos ergo attendentes quod delictum personæ non debet in damnum Ecclesiæ redundare, fraternitati tuæ per apostolicas litteras indulgemus ut quod a jam dictis prædecessoribus tuis usque ad præsens in præjudicium Neocastren. Ecclesiæ minus legitime alienatum est, ad jus ipsius tibi liceat appellatione remota legitime revocare. Nulli ergo, etc.

Datum Romæ apud Sanctum Petrum, Nonis Junii, pontificatus nostri anno primo

CCLI.

STRIGONIEN. ARCHIEPISC.

Privilegia Ecclesiæ Strigon. confirmantur.

(II Non. Junii.)

Quia te tanquam præcipuum sacrosanctæ Romanæ Ecclesiæ membrum et venerabilem fratrem diligimus, et totis in Christo visceribus amplexamur, tuis desideriis grato concurrentes assensu, petitiones tuas ea qua decuit affectione recepimus et earum tenore plenius considerato, quantum cum Deo potuimus, curavimus exsecutioni mandare; et devotionis tuæ fervorem, quem ad Romanam Ecclesiam et nos specialiter habere dignosceris, studiosius commendantes, tam privilegia Ecclesiæ tibi commissæ canonice a prædecessoribus nostris indulta quam etiam indulgentias vel alia quælibet regalia scripta, salvis Romanæ Ecclesiæ privilegiis et indulgentiis, auctoritate apostolica illibata præcipimus et inconcussa manere. Nulli ergo, etc.

Datum, etc., II Non. Junii.

CCLII

FRATRI JOANNI ET ALIIS FRATRIBUS DOMUS SANCTÆ TRINITATIS CERVIFRIGIDI.

Data iis bona, in pios usus conferenda, auctoritate apostolica confirmantur.

(XVII Kal. Junii.)

Cum a nobis petitur, etc. *usque ad verbum* assensu, personas vestras, cum omnibus bonis tam ecclesiasticis quam mundanis, etc. *usque ad verbum* suscipimus. Specialiter autem domum sanctæ Trinitatis Cervifrigidi, quam charissima in Christo filia M. comitissa Burgundiæ, pro redemptione illorum qui armatura fidei communiti, pro lege Dei se murum defensionis hilariter opponentes, ab inimicis crucis Christi sæpius detinentur et barbaricæ captivitatis jugum in fame et siti omnimodisque laboribus pro Christo sustinere lætantur, vobis charitative contulit, locum quoque de Planels, cum Ecclesia ibidem fundata a nobili viro R. de Planels, ad idem opus vobis collata, domum etiam quam nobilis mulier Maria panateria in Parisien. diœcesi, videlicet in Burgo reginæ, vobis ad hoc idem in perpetuam eleemosynam assignavit, cum omnibus ad ea spectantibus, sicut ipsa juste et pacifice possidetis, vobis et successoribus vestris auctoritate apostolica confirmamus, et præsentis scripti pagina communimus. Statuimus etiam ut domus vestræ præsentes atque futuræ a statu illo in quo eas deliberatione provida ordinastis, videlicet ad redemptionem captivorum vel ad observantiam vestri ordinis et institutionis nullius præsumptione temeraria valeant immutari. Nulli ergo, etc.

Datum, etc., XVII Kalend. Junii, etc.

CCLIII.

EPISCOPO ET ARCHIDIAC. ZAMORENSI, ET DIDACO PRIORI DE MOREROLA.

Ut causam capituli Legionensis contra monasterium Sancti Facundi cognoscant.

(Romæ, II Non. Junii.)

Ex parte Legionen. Ecclesiæ fuit in auditorio nostro propositum quod cum olim inter ipsam et monasterium Sancti Facundi super Ecclesiis de Burgo et Cauto quæstio verteretur, abbas ipsius monasterii lite pendente ad apostolicam sedem accedens, a bonæ memoriæ Cœlest. PP. prædecessore nostro privilegium impetravit; in quo, veritate tacita, prædictas sibi fecit Ecclesias et multas alias confirmari. Sed privilegio ipsi magna pars fratrum nostrorum nec subscribere nec consensum suum voluit adhibere. Volentes igitur eidem Ecclesiæ in sua justitia non deesse, discretioni vestræ per apostolica scripta mandamus quatenus, tam super privilegio ipso quam super memoratis Ecclesiis et aliis quæstionibus, audiatis quæ fuerint hinc inde proposita; et, appellatione remota, usque ad diffinitivæ sententiæ calculum procedentes, gesta omnia redacta in scriptis et sigillis vestris impressa ad sedem apostolicam destinetis: statuentes partibus terminum competentem, quo recepturæ sententiam nostro se conspectui repræsentent. Si qua vero partium super principali vel incidenti duxerit appellandum, vos nihilominus, quantum de jure poteritis, servato tamen mandati nostri tenore in ipsius inquisitione negotii procedatis. Quod si omnes, etc., tu, frater, episcope, etc.

Datum Romæ, etc., II Non. Junii, etc.

CCLIV.

ALFONSO AVRIEN. EPISCOPO.

Statutum aliquod novum confirmatur.

(Apud S. Petrum, VIII Id. Junii.)

Quæ ad ampliandum cultum divini nominis a prælatis Ecclesiarum provide statuuntur, firma debent et inconcussa servari et ad obtinendum robur perpetuæ firmitatis apostolico præsidio communiri. Significasti siquidem nobis quod ut in Ecclesia tua solemnius Domino serviretur, de consilio capituli tui sex præbendarum proventus provida deliberatione conferre duodecim portionariis statuisti qui debeant in eadem Ecclesia ad supplendum aliorum defectum continue residere. Eapropter, venerabilis in Christo frater, tuis precibus annuentes, institutionem ipsam, sicut provide facta est et recepta, auctoritate apostolica confirmamus et præsentis scripti pagina communimus. Nulli ergo, etc.

Datum Romæ apud Sanctum Petrum, VIII Idus Junii, etc.

CCLV.

CUPERSANO EPISCOPO ET ARCHIDIACONO ORITAN.

Ut contra episcopum Mutilensem, dilapidatorem et aliorum criminum reum inquirant, et archidiaconum, quem spoliarat, restituant.

(Datum Romæ.)

Dilecto filio Hugone Mutilen. archidiacono conquerente, didicimus quod cum quondam Mutilen. episcopus curam rerum Mutilen. Ecclesiæ olim ei cantori et thesaurario, præsente capitulo, assignasset, venerabilis frater noster Mutilen. episcopus eum, quia quamdam mulam Ecclesiæ quidam clerico commodaverat, quæ ei fuit postmodum violenter ablata, ipsum post appellationem ad sedem apostolicam interpositam et per se verberavit et fecit ab aliis verberari. Qui in granario postmodum jussu præcipitatus ipsius, manibus post terga ligatis cippo fuit et compedibus ferreis alligatus: ubi, propter pœnæ alleviationem, Willielmo nepoti et Simoni genero ejusdem episcopi decreta et eorum summam cum rebus aliis concessit invitus. Cum autem de tam arcta custodia fuisset, sicut asserit, non humano sed divino potius auxilio liberatus, idem episcopus eum ab officio, beneficioque suspendit et Willielmum nepotem suum in castro Massafro archidiaconum et quemdam alium in Mutilen. Ecclesia; in præjudicium juris ejus, archipresbyterum ordinavit, et eumdem archidiaconum Stephanus filius Alfaranæ, bajulus civitatis, mobilibus spoliavit et dominator civitatis immobilia auferens, eidem archidiacono civitatis aditum interdixit. Proposuit etiam idem archidiaconus gravia contra episcopum memoratum, super electione non canonica, dilapidatione Ecclesiæ et crimine Simoniæ, ac quod episcopus ipse cujusdam manifesti adulteri et alterius falsarii familiaritate utatur. Verum quia nobis non constitit de prædictis, discretioni vestræ per apostolica scripta mandamus quatenus partibus convocatis, audiatis quæ fuerint hinc inde proposita et, receptis testibus et attestationibus publicatis et examinatis legitime, gesta omnia redacta in scriptis et sigillorum vestrorum munimine roborata ad nos dirigere procuretis: statuentes partibus terminum competentem, infra quem recepturæ sententiam nostro se conspectui repræsentent. Interim autem archidiaconum ipsum ad officium et beneficium et dignitatem archidiaconatus restituatis, si id de jure videritis faciendum. Eos autem qui in eum manus injecere temere violentas tandiu excommunicatos denuntietis et mandetis ab omnibus evitari, donec passo injuriam et de ablatis omnibus et illatis injuriis satisfecerint competenter et cum vestrarum testimonio litterarum ad sedem apostolicam venerint absolvendi. Dictos præterea episcopum, Willielmum et Simonem ad restitutionem librorum et aliarum rerum, prout justum fuerit, monitione præmissa, per censuram ecclesiasticam, appellatione remota, cogatis. Testes autem, etc., cogantur. Quod si ambo, etc., tu frater episcope, etc.

Datum Romæ, etc.

CCLVI.
CONSULIBUS ET POPULO BENEVEN.
Ne unius judicis testimonio credatur in causis.
(Apud S. Petrum, iv Id. Junii.)

(96) Cum a nobis petitur, etc., *usque ad verbum* as-
(96) Cap. *Cum a nobis*, De testibus.

sensu, et canonica et civilia jura sequentes, districtius inhibemus ne unius judicis quantæcunque fuerit auctoritatis, verbo credatur in causis, sive super testamentis sive super quibuslibet aliis contractibus agitentur; nec scriptum eorum, nisi testium adminiculo fulciatur, eam obtineat firmitatem, quin ei possint et debeant duorum vel trium testium bonorum testimonia prævalere, salva in omnibus apostolicæ sedis auctoritate. Nulli ergo, etc.

Datum Romæ apud Sanctum Petrum, iv Idus Junii.

CCLVII.
CONSULIBUS, JUDICIBUS, ET POPULO BENEVEN.
De palatio judicum et tabellionum statutum confirmat.
(Apud S. Petrum, v Id. Junii.)

In dilectione civitatis vestræ ac vestra prædecessorum nostrorum volentes vestigiis inhærere, ut et vos in progenitorum vestrorum devotione quam circa sedem apostolicam habuerunt ferventius de cætero et fidelius persistatis, quæ ad profectum vestrum proveniant sine honoris nostri dispendio gratis vobis et tam libenter quam liberaliter indulgemus. Sane exhibitum fuit quoddam scriptum in præsentia nostra, in quo capitula quædam erant expressa, quæ de communi omnium vestrum assensu nostris petebatis litteris confirmari: de quibus nos quædam excepimus, quæ juxta votum vestrum vobis duximus concedenda. Cum ergo a vobis sit communiter constitutum ut judices pro salario nihil accipiant ultra vigesimam litis, nec de subscriptione testamentorum vel aliis contractibus judices ipsi a civibus plusquam duos tarenos aut notarii nisi unum; extra civitatem autem judices centesima, notarii vero ducentesima sint eorum quæ testamento legantur, aut quocunque modo veniunt in contractum, portione contenti; vestris precibus annuentes, id, sicut a vobis est communiter postulatum, concedimus, confirmamus et præsentis scripti patrocinio communimus. Præsenti quoque confirmationi adjicimus, ut si quando curia sub certo banno inhibuerit fieri assemblatas, hi qui contravenire præsumpserint, bannum sine diminutione persolvant; exceptis ministerialibus curiæ, quos juxta mandatum rectoris qui pro tempore fuerit pro commodis civitatis volumus, cum necesse fuerit et rector mandaverit, convenire: salva in omnibus sedis apostolicæ auctoritate. Nulli ergo, etc.

Datum Romæ apud Sanctum Petrum, v Idus Junii, pontificatus nostri anno primo.

CCLVIII.
ARCHIEPISCOPO ET CAPITULO BENEVENTAN.
Ut Albertum subdiaconum in canonicum recipiant.
(Romæ, Id. Junii.)

In admirationem inducimur vehementer quod apostolica mandata contemnitis; cum pro eorum receptione preces vobis ab eo qui potestatis plenitudinem obtinet diriguntur, ex quibus non minus honoris Ecclesiæ vestræ accederet, quam ex hoc utilitatis ipsis et commodi proveniret. Cum enim bonæ memoriæ Celestinus papa, prædecessor noster, te, frater archiepiscope, apud sedem apostol. constitutum, per se duxerit exhortandum, et vobis, filii canonici, preces ac secundo communiter vobis mandatum apostolicum destinarit, ut dilectum filium Albertum subdiaconum nostrum, dilecti filii nostri G. Sancti Georgii ad velum aureum diaconi cardin. clericum, reciperetis in canonicum et in fratrem, vos implere id hactenus distulistis, cum id etiam solius ejusdem subdiaconi bonitatis intuitu debuissetis effectui mancipare. Nolentes igitur quod de ipso incœptum est relinquere imperfectum, rogamus discretionem vestram, monemus ac per ap. vobis scripta præcipiendo mandamus quatenus ipsum in canonicum recipientes et fratrem, stallum in choro et locum in capitulo, appellatione postposita, conferatis; et tu, frater archiepiscope, conveniens ipsi vel nuntio ejus ipsius nomine beneficium sine dilatione assignes: mandatum apostolicum taliter impleturi quod propter hoc denuo scribere non cogamur aut implere per alios quod vos nolueritis effectui mancipare; scituri quod sicut nolumus injusta præcipere, sic cum honesta mandamus, cupimus celeriter et efficaciter exaudiri.

Datum Romæ, etc., Idibus Junii, etc.

CCLIX.

VALTERO ARCHIEPISCOPO ET CAPITULO ROTHOMAGEN.

De reparanda Ecclesia decretum majoris et sanioris partis obtinet.

(Apud S. Petrum, v Id. Junii.)

(97) Ex parte tua, frater archiepiscope, apostolicis fuit auribus intimatum quod ad restaurandam fabricam Rothomagen. Ecclesiæ tractatum communiter habuistis, te, frater archiepiscope, postulante ut quilibet canonicorum tecum pariter aliquam suorum reddituum portionem operi tam pio et necessario deputaret. Quia vero super hoc diversæ fuerunt inter vos, filii canonici, et variæ voluntates; ne tam laudabile opus ex vestra dissidentia negligatur, auctoritate præsentium duximus statuendum ut si qui vestrum ipsius archiepiscopi et majoris et sanioris partis capituli futuris super hoc constitutionibus duxerint (98) resistendum, obtineat sententia plurimorum. Nulli ergo, etc.

Datum Romæ apud S. Petrum, v Idus Junii, pont. nostri anno primo.

CCLX.

VALTERO ARCHIEPISCOPO ROTHOMAGEN.

Ut audacter sua jurisdictione utatur et regum minas non pertimescat, pontificis auxilio confisus.

(Ut supra, III Non. Junii.)

Anxietate cordis et amaritudine premimur, cum angustias, onera et gravamina, quæ zelo justitiæ pro libertate Ecclesiæ manutenenda æquo animo et invicta fortitudine toleras, ad memoriam nostram reducimus et meditatione sedula cogitamus. Verumtamen quod in te perfectionem virtutis adimplens, non potuisti a tuæ constantiæ proposito amoveri, tuam super hoc prudentiam commendamus et fortitudini tuæ plurimum in Domino congaudemus. Nos autem fraternitati tuæ volentes patrocinium apostolicum impertiri, tam te quam Ecclesiam regimini tuo commissam sub beati Petri et nostra protectione suscipimus. Verum quia, sicut ex litteris tuis nobis innotuit, charissimi in Christo filii nostri Philippus Francorum et R. Angliæ reges illustres, dum inter se componerent, statuerunt super caput tuum quatuor clericos eligendos, ad quos pertineat judicare utrum tenere vel non tenere debeat sententia quam in terram vel homines regum ipsorum pro suis excessibus ordine canonico duxeris promulgandam, (quam si judicaverint non tenere, ipsis regibus sive ei in cujus terram vel homines sententiam tuleris, licebit bona tua et redditus occupare, donec lata sententia revocetur): fraternitati tuæ sub pœna officii et beneficii districtius inhibemus ne illi tam iniquæ conventioni auctoritatem præbeas vel assensum; sed, sicut consuevisti et antecessores tui fecisse noscuntur, tuæ jurisdictionis officium per tuam provinciam studeas exercere; nosque sententiam ratam habemus et habebimus, si quam in terras vel homines tuæ jurisdictioni subjectos hactenus canonice promulgasti, vel amodo decreveris promulgare.

Datum, etc., ut supra, III Nonas Junii.

CCLXI

WIGORNIEN. EPISCOPO.

De Simoniacis puniendis.

(VI Id. Junii.)

(99) Quamvis ad abolendam Simoniacam pravitatem a prædecessoribus nostris varia emanaverint instituta, usque adeo tamen in quosdam Satanæ filios morbus ille irrepsit, ut adhuc, peccatis exigentibus, nec levi potuerit medicamine nec igne curari, quin eo potius iniquitatis semina pullularint, quo amplius sollicitudo messorum ea visa est suffocare. Significasti siquidem nobis quod in diœcesi tua in tantum Simoniaca labes prævaluit ut quidam publice fuerint ipsius contagio maculati nec crimen suum aliqua possint tergiversatione celare. Eapropter, venerabilis in Christo frater, tuis precibus annuentes, eos quos tibi constiterit reos esse criminis memorati, appellatione frustratoria non obstante, canonice puniendi liberam tibi concedimus auctoritate apostolica facultatem. Nulli ergo, etc.

Datum etc., VI Idus Junii.

(97) Cap. *Ex parte*, De his quæ fiunt a maj. part. cap.

(98) In quarta Compilat. *statutis f. h. dux.*

(99) Vide caput *Quamvis ad abol.*, De Simonia, in secunda Collect.

CCLXII.
EPISCOPO ET CANONICIS OSCENSIBUS.
Ut falsarius quidam puniatur.
(Kal. Junii.)

Mille nocendi modos et dolositates multiplices suorum mentibus spiritus perditionis inspirat, imo etiam eos potius dejicere nititur, quos majori viderit religioni astrictos. Non autem de ipsius nobis est fraudibus conquerendum, qui a suæ creationis primordio mala semper meditatus est in corde suo, propositis justis invidit et iniquis cogitationibus aspiravit; sed de eo potius condolemus, cum in eos prævalet qui religionis tenentur formam et habitum observare. Sane cum nuper in Urbe quidam in falsitate bullæ nostræ deprehensi fuissent (100), et falsariorum fraude detecta, tutum non esset aliquibus per eos sui cordis malitiam exercere, G., quondam sacrista Oscen., apud sedem apostolicam constitutus ad quemdam notariorum nostrorum accessit et se sacristiæ renuntiasse officio in manibus nostris et eam denuo a nobis recepisse confingens, litteras sibi super hoc fieri postulavit. Cum autem notarius ipse, utpote qui pro novitate sua minus instructus fraudes talium minus noverat evitare, litteras notatas secundum arbitrium postulantis et redactas in grossam litteram in nostra præsentia relegisset; nos, utpote quibus nihil super hoc propositum fuerat, litteras illas falsas esse cognovimus et per surreptionem obtentas. Cum autem dictum G. constitutum in præsentia nostra, qualiter res processerat, curassemus de benignitate sedis apostolicæ convenire, quia se in infirmitate positum per quemdam socium suum ad nos transmissum sacristiæ renuntiasse asseruit, eum perpetuo decernimus esse privatum; ei super hoc, qui pro se confessus est sacristiam sibi fuisse auctoritate apostolica restitutam, fidem nullatenus adhibentes, cum id certo certius noverimus esse falsum. Ideoque discretioni vestræ per apostolica scripta mandamus et districte præcipimus quatenus eo ab officio sacristiæ amoto, alium instituatis in ipsa, qui religionis propositum melius velit et noverit observare.

Datum, etc., Kalend. Junii, pontificatus nostri anno primo.

CCLXIII.
AMBIANEN. EPISCOPO.
Ut admonito et negligente abbate, ipse monasterium instauret.
(Romæ, xvii Kal. Junii.)

His quæ a fratribus et coepiscopis nostris in favorem religionis postulantur a nobis, libenter annuimus et votis ipsorum apostolicum libenter impertimur assensum. Eapropter, venerabilis in Christo frater, tuis precibus annuentes, auctoritate tibi præsentium indulgemus ut nisi dilectus filius abbas S. Martini de Gemellis canonicos sui ordinis in domo Spissi-Campi, quam ejus Ecclesiæ religionis

(100) Vide supra, epist. 234.

A obtentu ad instituendos ibidem sui ordinis fratres liberalitate propria concessisti, duxerit statuendos, tu post trinam commonitionem vel ejusdem vel arctioris ordinis viros instituendi, appellatione posposita, liberam habeas facultatem; provisurus tamen attentius ut si forte prædictus abbas excusationem vel exceptionem legitimam ostenderit, contra concessionem ei factam nullatenus venire præsumas. Nulli ergo, etc.

Datum Romæ, etc. xvii Kalend. Junii.

CCLXIV.
VALTERO ROTHOMAGEN. ARCHIEPISCOPO.
Quod nullus possit seipsum presentare ad beneficia.
(Romæ, iii Id. Junii.)

(101) Per nostras postulasti litteras edoceri, utrum clericus aliquis ad vacantem Ecclesiam in qua jus obtinet patronatus se ipsum, si idoneus est, valeat præsentare. Cum igitur nullus se ingerere debeat ad ecclesiasticæ prælationis officium, inquisitioni tuæ taliter respondemus quod nullus se potest ad personatum alicujus Ecclesiæ præsentare, quantumcunque idoneus sit, et quibuscunque studiis et meritis adjuvetur.

Datum Romæ, etc., iii Idus Junii, pont. nostri anno primo.

CCLXV.
EIDEM.
Sententiæ interdicti ab episcopo prolatæ omnes obedire tenentur.
(Datum, ut supra.)

Non licet a capite membra discedere, aut inferioribus superiorum dispositionibus contraire. Eapropter, venerabilis in Christo frater, tuis precibus annuentes, auctoritate tibi præsentium indulgemus ut cum in diœcesim tuam protuleris sententiam interdicti, omnes tibi lege diœcesana subjecti eam teneantur inviolabiliter observare, nisi per speciale privilegium vel alias legitime ad id se ostenderint non teneri. Nulli ergo, etc.

Datum, etc., ut supra.

CCLXVI.
EIDEM.
Ejusdem fere argumenti.
(Datum, ut supra.)

Cum in aliquos ob suorum exigentiam meritorum ecclesiasticæ districtionis censura profertur, et interdicti vel suspensionis sententia promulgatur, tam diu eam servari oportet firmiter et teneri, donec satisfactione congrua præcedente eam deceat relaxari. Inde est quod cum in quosdam clericos et laicos tuæ diœcesis, ipsorum exigentibus meritis, excommunicationis et interdicti sententiam promulgaris, et ipsi adhuc in suæ iniquitatis contumaces intentione persistant, donec tibi et Ecclesiis ac clero, quibus injurias intulerunt, congrue fuerit satisfactum, easdem sententias inviolabiliter sine appell. remedio volumus et præcipimus observari: frater-

(101) Cap. *Per nostras*, De jure patronatus

nitati tuæ facultatem auctoritate præsentium indulgentes clericos diœcesana tibi lege subjectos, qui post interdictum tuum divina præsumpserunt aut de cætero præsumpserint officia celebrare, sine appellationis obstaculo pœna canonica percellendi. Nulli ergo, etc.

Datum, *ut supra*

CCLXVII.

EPISCOPO, ARCHIDIACONO, ET SACRISTÆ MAGALONEN.

De archidiaconatu Magalonensi copiose disserit.

(Romæ, vi Id. Junii.)

(102) Cum olim, sicut accepimus, bonæ memoriæ Magalonensis episcopus, habito dilectorum filiorum P. de Agrifolio archidiaconi et B. prioris claustralis assensu, dilectum filium nostrum P. de Castronovo ad vacantem archidiaconatum ejusdem Ecclesiæ nominaret, præposito ut nullus ibi, nisi prius duplici voce sibi concessa, institueretur per appellationem interpositam inhibente, episcopus, tum quia contra antiquam Magalonen. Ecclesiæ consuetudinem et commune jus canonum esse dicebat aliquem sibi vocem duarum personarum in eadem Eccl. vindicare, tum quia ex indulgentia (103) fel. mem. Cœlestini papæ prædecessoris nostri, quam in capitulo præsente præposito legi fecit, sibi probabat indultum ut vacantem archidiaconatum vel sacristiam, si contra personam ab ipso nominatam aliquid rationabile et canonicum non posset legitime objici et probari, non obstante contradictione vel appellatione conferret dictum P. de præfato archidiaconatu per suum annulum investivit, in locum archidiaconi corporaliter illum inducens. Unde nominatus præpositus indignationis stimulis agitatus, alium ad eumdem archidiaconatum postmodum nominare præsumpsit. Cujus facti occasione cum tam præpositus quam præfatus P. apostolico se conspectui præsentassent et nos in minori tunc officio constitutos et dilectos filios nostros B. tt. Sancti Petri ad Vincula et bonæ mem. M. tt. S. Joannis et Pauli presbyteros card. recepissent in suis quæstionibus auditores, præposito objiciente institutionem episcopi post appellationem et contra diffinitionem felicis recordationis Alexandri PP. prædecessoris nostri et a suspenso factam cassari debere, a prædicto P., sicut asserit, ad singula fuit hoc modo responsum, scilicet quod appellationem ipsam nullius constabat esse momenti; tum quia a suspenso fuerat appellatum, quod in continenti se velle probare dicebat, quare illius non intererat appellare et contra dictam indulgentiam appellatio interposita non tenebat; tum quia causam in jure prohibitam, scilicet duplicis vocis vel dignitatis, quæ nulli quantumlibet exercitatæ personæ secundum canonicas sanctiones debet committi, in forma appellationis expressit; unde tali appellationi non fuisse deferendum, ex consultatione felicis memoriæ Alexandri PP. probabat, nec constitutionem Henrici quondam Albanen. episcopi, cu-

jus obtentu dignitatem prioris majoris usurpaverat, illi posse patrocinari firmiter asserebat, cum in ipsa evidentius exprimatur ne deinceps prior major in Magalonen. Ecclesia haberetur. Unde sequebatur nec præpositum nec alium dignitatem illam sibi posse aliquatenus vindicare; præsertim cum ibi contineatur expresse quod præpositus non dignitatem prioris, sed curam circa correctionem excessuum et erratorum debeat duntaxat habere. Si enim dignitatem vellet intelligi, ubi curam apposuit, dignitatis vocabulum expressisset; sicut ex consultatione dicti Alexandri papæ prædecessoris nostri comprobari dicebat. Ex verbis autem ipsius constitutionis monstrabat ipsum præpositum dictam curam de manu episcopi accipere debuisse. Cæterum ex litteris episcopi super hoc conquerentis evidenter liquebat præpositum non tanquam Aaron a Deo vocatum, sed a se ipso exortum, sibi impudenter honorem sumpsisse. Unde cum privilegium mereatur amittere qui præmissa sibi abutitur potestate, tam nomine episcopi quam suo super hoc ei perpetuum silentium imponi petebat: proponens quod dignitas memorata non nisi sacerdotali fungenti officio de jure et antiqua Magalonen. Ecclesiæ consuetudine fuerat conferenda; præpositum vero, tam debilitate quam deformitate corporis impediente, ad sacerdotium promoveri non posse affirmabat instanter, dicens partem episcopi, utpote majorem et saniorem, nonobstante unius appellatione, merito secundum Lateranen. concilium obtinere. Insuper allegans, eumdem præpositum appellationi renuntiasse spontaneum interjectæ. Cum enim taliter appellasset, ut nullus, nisi duplici sibi voce concessa, archidiaconus deberet institui et ipse ad institutionem alterius procedere attentaret, contrario actu convincebatur secundum consultationem bonæ memoriæ prædecessoris nostri Urbani papæ ab appellationis beneficio recessisse. Ad diffinitionis autem articulum taliter respondebat, asserens episcopum secundum tenorem diffinitionis rationabiliter processisse; adjiciens etiam quod præpositus ecclesias Sancti Firmini et de Marino retinendo, contra ipsam diffinitionem fecerat manifeste et ideo ejus auxilium de jure non poterat invocare. Ad suspensionis objectionem ex adverso dicebat quod episcopus prius legitime appellavit et ideo sententia post lata nullatenus tenebatur astrictus; proponens etiam conditionalem et ad tempus latam fuisse sententiam interdicti, scilicet donec apostolicis obediret mandatis. Unde cum ante dictam institutionem sedis apostolicæ jussionibus paruisset, tam civilis quam canonici juris censura indubitanter fuerat absolutus; præsertim cum ille qui eum suspenderat, ipsi ut plene absoluto in omnibus communicare minime dubitaret. Ad ultimum concludebat quod etsi vere suspensus esset episcopus memoratus, tamen a præposito hoc ei non posset opponi; quia cum pro

(102) Cap. *Cum olim*, De sent. et re judic. Vide infra epist. 541.

(103) Ea Cœlestini III Bulla edita a V. C. Petro Gariello in Serie episcopor. Magalon. pag. 245.

eodem suspensionis sententia notatus fuisset, morbo consimili laboranti omnis contra episcopum audientia debuit denegari ; maxime cum ipsi episcopo tam in ecclesiasticis sacramentis quam in ecclesiarum institutionibus sæpius communicasset; et ideo ei notam suspensionis objicere non valebat. Denique si nil horum parti suffragaretur episcopi, ad denegandam præposito audientiam sufficere posse dicebat quod tam per sententiam judicis ordinarii quam ipso jure eum excommunicationis vinculo innodatum esse per episcopi litteras evidentissime apparebat. Tandem dictus prædecessor noster, quod ab utraque parte factum fuerat pro sua voluntate cassavit, sententiando pronuntians quod aliquibus de provincia scriberet ut tam episcopum quam personas ad ordinandum concorditer archidiaconatum monerent, et eorum forte monitis non admissis, hoc ipsi auctoritate apostolica exsequi non differrent. Post hæc vero Geraldo Joannino, qui nondum ad diaconatus erat promotus officium, præter conscientiam præfati Petri procuratoris episcopi apud apostolicam sedem tunc morantis, ipsum archidiaconatum contra pronuntiationem propriam contulit, sicut credimus, circumventus. Nos igitur inhærentes vestigiis prædecessorum nostrorum, dicentium sententiam Romanæ sedis posse in melius commutari cum aliquid fuerit subreptum, quod de prædicto G. factum est, non obstante donatione quam a te, frater episcope, in elusionem donationis apostolicæ nuper dicitur recepisse, de communi fratrum consilio in irritum revocamus et ei, licet absenti, cum de subreptione liquido constet, super dicto archidiaconatu perpetuum silentium imponentes, vobis præsentium auctoritate mandamus ut nullius contradictione vel appellatione obstante, infra unius mensis spatium post harum susceptionem sæpedictum archidiaconatum de persona cui nihil de canonicis obviet institutis, plena omnium vestrum qui præsentes fuerint in Ecclesia interveniente concordia, ordinare curetis. Alioquin noveritis nos venerabili fratri nostro archiepiscopo et dilecto filio decano Arelatensi scripsisse, ut nullius contradictione vel appellatione obstante, hoc exsequi non omittant, facientes quod statuerint per censuram ecclesiasticam appellatione postposita inviolabiliter observari.

Datum Romæ, etc., vi Idus Junii.

CCLXVIII.

ARELATENSI, AQUENSI, ET EBREDUNEN. ARCHIEPISCOPIS ET EORUM SUFFRAGANEIS.

Ut monasterium Sancti Victoris Massiliæ tueantur et defendant.

(Id. Junii.)

Cum monasterium Sancti Victoris Massiliensis ad Ecclesiam Romanam nullo pertineat mediante, tanto facilius petitiones dilectorum filiorum abbatis et fratrum qui divinis ibidem officiis mancipantur volumus, quantum cum Deo possumus, exaudire, quanto, præter commune debitum quo tenemur universis et singulis Ecclesiis providere, speciali respectu eis amplius existimus debitores. Sane, conquerentibus eisdem fratribus, nostris auribus est relatum quod in provinciis et diœcesibus vestris non solum a militibus et aliis laicis, verum a clericis ipsis persecutiones innumeras patiuntur; ut videatur de talibus dictum : *Et erit sacerdos, ut populus* (Isa. xxiv, 2 ; Ose. iv, 9). Hi enim bona ejusdem monasterii diripiunt, occupant et invadunt, et in animarum suarum pericula male ablata detinere præsumunt et reddere contradicunt : de quibus Gaufridum de Massilia et W. Vedianum et Dalphinum milites duximus nominandos. Quia vero non est facile prænominatis fratribus pro singulis injuriis ad nos habere recursum, fraternitati vestræ per apostolica scripta præcipiendo mandamus quatenus de prædictis malefactoribus et aliis tam clericis quam laicis quos ipsi vobis exprimunt nominatim, qui bona monasterii et domus Eleemosynæ quæ ad ipsum spectare dignoscitur detinent aut eorum antiqua jura præsumunt nequiter violare, cum ab eisdem fratribus fueritis requisiti, nisi prius commoniti congrue satisfecerint de commissis, coram vobis faciatis, appellatione remota, justitiæ plenitudinem exhiberi, et quod statueritis faciatis per excommunicationis et interdicti sententiam observari. Si quos autem in monachos ejusdem cœnobii clericos vel conversos manus sacrilegas inveneritis injecisse, ipsos excommunicatos nuntietis et faciatis ab omnibus tandiu evitari, donec passis injuriam satisfaciant competenter, etc., vestrarum, etc.

Datum, etc., Idibus Junii.

CCLXIX.

EPISCOPO WARADIEN.

Ut ad sedem apostolicam veniat absolvendus.

(xviii Kal. Julii.)

Significavit nobis venerabilis frater noster S. archiepiscopus Colocen. quod cum ipse pro quibusdam criminibus tuis in te excommunicationis sententiam protulisset, tu in absolutione tua te confessus es eadem crimina commisisse et confessionem tuam redactam in scriptis sigillo tuo proprio roborasti. Ipse vero tibi sub debito præstiti a te juramenti mandavit ut apostolico te conspectui præsentares, dignam a nobis pœnitentiam recepturus et usque ad Nativitatem beatæ Mariæ proximo venturam iter arriperes veniendi. Ne igitur transgressor tuæ fidei videaris, qui teneris etiam quod simplici verbo promittis ducere ad effectum, fraternitati tuæ per apostolica scripta mandamus quatenus usque ad prædictum terminum cum ejusdem archiepiscopi litteris ad nos iter arripias veniendi et apostolico te conspectui repræsentes.

Datum, etc., xviii Kalend. Julii, pontificatus nostri anno primo.

CCLXX.

ILLUSTRI REGI UNGARIÆ.

Quod viginti viros, ad terræ sanctæ limina profecturos, ad regni sui pacem conservandam retinere liceat.

(XVI Kal. Julii.)

Specialis dilectionis sinceritas quam circa progenitores tuos Ecclesia Romana consuevit habere, et prærogativa devotionis quàm illustris recordationis B. pater tuus exhibuit apostolicæ sedi, nos admonent propensius et inducunt ut te sicut specialem Ecclesiæ filium specialius honoremus et exaudiamus in illis quæ ad honorem tuum et pacem regni tibi crediti non sit dubium provenire [pertinere]. Sane significasti nobis quod cum nondum prorsus in regno Ungariæ fuerit sedata seditio, quin adhuc quorumdam animi præteritæ turbationis motibus excitati murmurent in occulto, guerram potius quam pacem amantes, dilecti filii comitis Mozonis et quorumdam aliorum, qui ad visitandam terram Nativitatis Dominicæ crucem sibi dominicam affixerunt, consilio indiges (104), donec tibi et regno tuo plena fuerit concordia restituta. Nos igitur honori tuo paterna volentes affectione consulere, serenitati tuæ auctoritate præsentium indulgemus ut prædictum comitem Mozonem et alios quos de his qui crucem sumpserunt tibi utiliores videris et quorum consilium et auxilium tibi cognoveris potius opportunum, usque ad viginti, quandiu tibi propter turbationem regni necessarium fuerit, retineas: ita tamen quod pro dilationis beneficio aliquid dignum Domino recompensent. Nulli ergo, etc.

Datum, etc., XVI Kalend. Julii.

CCLXXI.

NOBILI VIRO A. DUCI.

De regni Ungariæ laudibus; et ne regi bellum moveat.

(XVII Kal. Julii.)

Ea semper Ecclesiæ Romanæ regnum Ungariæ devotio counivit, illa semper dilectionis sinceritas Ecclesiam eidem regno conjunxit, ut apostolica sedes regno ipsi tam in spiritualibus quam temporalibus paternæ sollicitudinis affectum curaverit impertiri, et regnum ipsum a fide ac unitate sedis apostolicæ nulla recesserit tempestate. Inter cæteros autem qui eidem regno diversis temporibus præfuerunt, illustris recordationis B. quondam pater tuus Ecclesiæ Romanæ devotior exstitit et se ac regnum suum in illius necessitatis articulo exponere nullatenus formidavit quo, tumescentibus schismaticorum cordibus, nostri Piscatoris navicula tumultuosis fluctibus jactabatur. Unde nos et prædecessores nostros tanto amplius ad idem regnum servandum in statum felicitatis antiquæ affectus hominis interiores induxit, quanto fervorem fidei et sinceritatis constantiam ejusdem patris tui

(104) Vide supra epist. 5.

in majori necessitate probavimus, nec maculam in eo invenimus aliquam neque rugam. Hoc igitur attendentes, ad honorem charissimi in Christo filii nostri Ungariæ regis illustris ac tuum et reformandam inter vos plenæ pacis concordiam et conservandam inviolabiliter reformatam tanto amplius aspiramus, quanto utrumque vestrum dicti patris tui obtentu sincerius diligimus, et regem ipsum ratione primogenituræ ac regni, sine tui juris dispendio, intendimus præcipue honorare. Ut igitur maneat inter vos fraterna dilectio, imo ut de die in diem potius augeatur, ut tu eidem regi tanquam præcellenti debitam exhibeas reverentiam et honorem, et ipse tibi tanquam duci a Deo misso deferat et faciat ab aliis sicut fratri deferri, nobilitatem tuam rogamus, monemus et exhortamur in Domino, ac per apostolica tibi scripta mandamus quatenus taliter de cætero in fidelitate ipsius ac devotione persistas ut ferventis ac fidelis servitii novitas aboleat offensæ præteritæ vetustatem et sic vos adinvicem mutuus uniat charitatis affectus, sicut sanguis paternus et uterus maternus univit. Ad hæc, tibi districtius inhibemus ne in regem vel regnum arma movere præsumas vel seditionem aliquam suscitare; ne forsan amici te deserant, si fratrem habueris inimicum; et de fide tua desperare cogantur, si fraternæ ac naturalis pacis fœdera te senserint violare: sciturus nos venerabilibus fratribus nostris Strigonien. et Colocen. archiepiscopis et eorum suffraganeis per apostolica scripta districte præcipiendo mandasse ut, si contra memoratum regem arma movere vel seditionem excitare præsumpseris, te ac tuos, sublato appellationis obstaculo, excommunicationis sententia feriant et totam terram tuam et eorum subjiciant interdicto.

Datum, etc., XVII Kalend. Julii.

Illis scriptum est super hoc.

CCLXXII.

ULTRASYLVANO EPISCOPO.

A Gregorio sibi concessa privilegia confirmantur.

(XVII Kal. Julii.)

Cum a nobis petitur, etc., *usque* assensu, privilegium *Super desertum* a dilecto filio Gregorio Sanctæ Mariæ in porticu diac. card. tibi indultum, auctoritate apostolica confirmamus et præsentis scripti pagina communimus. Ad majorem autem hujus rei evidentiam prædictum privilegium huic nostræ paginæ de verbo ad verbum duximus inserendum. GREGORIUS *de Sancto Apostolo Dei gratia Sanctæ Mariæ in porticu diaconus cardinalis, apostolicæ sedis legatus, omnibus in Christo fidelibus ad quos litteræ præsentes devenerint, salutem et orationem in Domino. Ne quorumlibet sopitæ quæstiones materiam recidivæ contentionis inveniant, quod salubriter et bene dispositum est, perpetuam debet stabilitatem obtinere, et juxta majorum monita litterarum memoriæ commendari; ne processu temporis in dubiam quæstionem deveniat quod diffinitivæ calculum constat sententiæ suscepisse. Cunctis igitur fidelibus volumus notum* fieri quod cum occasione hujus verbi desertum, quod verbum est in privilegio gloriosi et illust. domini regis Belæ et nostro, ad preces ejusdem regi impetrato a nobis et obtento, super constitutione præpositurae Ultrasylvanæ, quam fecimus cum prius officium legationis gessimus in Ungaria, quæstio esset orta inter venerabilem fratrem nostrum A. Utrasylvanen. episcopum et dilectum amicum nostrum P. præpositum Cibiniensem, pro eo quod occasione præfati verbi præpositus diceret generaliter omnes Flandren. Ecclesiæ suæ fuisse suppositos, e contra episcopus responderet dominum regem et nos intellexisse de illis duntaxat qui tunc erant in illo solo deserto quod gloriosæ memoriæ G. rex Flandrensibus concessit, et de illis qui in eodem tantummodo deserto erant habitantes, et eo processum esset quod quæstio eadem ad dominum papam fuisset delata et inde ad nos remissa, utpote ad eum cui interpretatio præfati verbi domini regis mente et voluntate explorata deberet esse certissima : præfatus illustris et gloriosus rex ad interrogationem nostram hanc interpretationem Vesprimii in præsentia magnatum suorum promulgavit quod non fuit ejus intentionis, tempore constitutionis præpositurae nec postea, quod alii Flandrenses præposito essent subditi, nisi qui tunc tantummodo habitabant in deserto quod sanctæ recordationis G. pater suus Flandrensibus concesserat et in eodem futuris temporibus essent habitaturi. Nos vero idem cum domino rege sentientes et eamdem interpretationem habentes in animo, prædictum verbum sic interpretamur quod de nullis aliis Flandrensibus intelleximus nec aliis præposituræ supposuimus, nisi duntaxat illos qui tempore quo ipsam præposituram constituimus, in illo tantum habitabant et erant habitaturi deserto quod G. rex Flandrensibus prioribus concessit. Et ut hæc nostra et domini regis interpretatio omni tempore plenum robur et firmam stabilitatem obtineat, has inde litteras scribi mandavimus et sigillo nostro fecimus sigillari. Decernimus ergo, etc.

Datum, etc., xvii Kalend. Julii.

CCLXXIII.
ARELATEN. ARCHIEPISCOPO.
De reformando monasterio Lirinensi.
(Apud S. Petrum, Id. Junii.)

Ad reformandum in locis illis statum religionis antiquæ, in quibus vigebat olim observantia regularis affectuosius aspiramus ; præsertim cum loca ipsa nobis et ecclesiæ Romanæ nullo subjacent mediante. Sane veridica multorum relatione comperimus quod monasterium Lirinense, quod olim religione florebat et temporalibus abundabat, ad eum statum sit miserabiliter devolutum, quod nec regularia in eo instituta serventur, nec fratres ibidem de ipsius possint facultatibus congrue sustentari. Ne igitur monasterio ipsi, quod specialiter beati Petri juris existit, nostra videatur sollicitudo deesse, quæ circa universas Ecclesias diligentius vigilare tenetur ; fraternitati tuæ per apostolica scripta præcipiendo mandamus quatenus accedens ad locum, si per fratres ejusdem ordinis religionem ibidem posse videris reformari, et reduci monasterium ipsum in statum, id summopere studeas adimplere, indulta tibi a nobis libera facultate excludendi de monasterio quoscunque videris excludendos. Hoc etiam tuæ fraternitati præsentium auctoritate concedimus, ut si quos fratres ejusdem ordinis, in alienis etiam episcopatibus commorantes, ad quodcunque officium seu etiam obsequium memorati monasterii videris opportunos ut per eos ibidem reformata per sollicitudinem tuam regularis institutio futuris temporibus observetur, ab abbatibus suis tibi concedi postules et nisi abbates ipsi ad tuam commonitionem impleverint, eos tibi ab eorumdem abbatum obedientia prorsus absolvere et in prædicto monasterio collocare. Quod si forsan id per fratres ejusdem ordinis non potueris adimplere, Cisterciensis ordinis viros in eo nostra fretus auctoritate instituas, per quos secundum statuta Cisterciensium fratrum reformetur ibi monasticus ordo et futuris temporibus, dante Domino, inviolabiliter observetur. Si qui autem super ordinatione ipsius monasterii tibi duxerint resistendum, canonica eos pœna percellas et nihilominus, omni prorsus appellatione cessante, in mandati nostri executione procedas : provisurus attentius ut mandatum apostolicum ad honorem Dei et nostrum ita prudenter et fideliter exsequaris ut fraternitas tua, de qua plenam fiduciam obtinemus, ex hoc debeat non immerito commendari.

Datum Romæ apud Sanctum Petrum, Idibus Junii.

CCLXXIV.
ARELATEN. ARCHIEPISCOPO.
Ut in Arearum insula monachi de episcopi consensu et voluntate instituantur.
(Apud S. Petrum, xvii Kal. Julii.)

Ad audientiam nostram noveris pervenisse quod cum olim in insula Arearum fratres quidem Cistercien. fuerint commorati, eis a Saracenis in captivitatem deductis, quia locus est mari vicinus, ad eam se quidam regulares canonici transtulere. Verum cum ipsi præ nimia paupertate locum ipsum nec ædificiis possint nec possessionibus ampliare, in eo monasticum ordinem institui desiderant secundum fratrum Cistercien. instituta, et id etiam episcopus diœcesanus affectat. Ideoque fraternitati tuæ per apostolica scripta mandamus quatenus, si ad hoc diœcesani episcopi et eorumdem fratrum concurrit affectus, in memorata insula monachos Cistercien. instituas : facturus de canonicis memoratis quod expedire videris secundum canonicam honestatem.

Datum Romæ apud Sanctum Petrum, xvii Kalend. Julii.

CCLXXV.
ARCHIEPISC. ET ARCHIDIAC. NARBONEN.
Ut post appellationem rite interpositam attentata revocent, excommunicatumque absolvant.
(Romæ, iii Id. Junii.)

Accedens ad præsentiam nostram dilectus filius

W. Manfridi monachus Sancti Salvatoris Lodovensis sua nobis insinuatione monstravit qnod cum abbatem ejusdem monasterii, pro eo quod bona monasterii dilapidaverat, simoniam etiam et perjurium commiserat nimis inhoneste vivendo, ad sedem apostolicam appellasset, se ac fautores suos cum bonis suis apost. protectioni supponens, idem abbas W. Ademar monachum, qui prædicto W. Madfridi favebat, ab administratione cellerariæ, quam de communi assensu capituli possidebat, spreta sedis apostolicæ appellatione, removit. Præterea supradictum W. Madfridi et ipsum W. Ademar et R. Guntardi monachos ipsius monasterii per Lodoven. episcopum et P. Giberti rectorem ecclesiæ Sancti Petri per omnes ecclesias civitatis Lodoven. fecit excommunicatos publice nuntiari; quibus secundum formam fecimus Ecclesiæ beneficium absolutionis impendi. Volentes igitur gravamini ejusdem Ecclesiæ providere, discretioni vestræ per apostolica scripta mandamus quatenus revocato in statum debitum quidquid post appellationem ad nos legitime factam inveneritis immutatum, super præmissis omnibus et aliis quæ proposita fuerint inquiratis diligentius veritatem, et solum Deum habentes præ oculis, quod canonicum fuerit, sublato appellationis obstaculo statuatis et faciatis quod decreveritis per censuram ecclesiasticam firmiter observari, memoratos episcopum et P. Giberti, qui post appellationem ad nos rationabiliter factam præfatos monachos excommunicationi subjicere minime timuerunt, pœna canonica punientes. Quod si ambo etc., tu frater, archiepisc. etc.

Datum Romæ, etc., iii Idus Junii.

CCLXXVI.
CAPITULO S. JOANNIS BISUNTINENSIS.
Ut novum illis collegium erigere de archiepiscopi voluntate liceat.

(Romæ, v Id. Junii.)

Quoniam ex injuncto nobis officio subditorum animos ad charitatis opera diligenti sollicitudine debemus inducere et de bono semper ad melius invitare, illis qui supernæ benignitatis gratia inspirante sectatores bonorum operum esse volunt, et in veritate et justitia coram Deo ambulantes, Creatoris sui sibi cupiunt conciliare favorem, specialius condescendere nos oportet et eorum justis petitionibus assensum apostolicum impertiri. Inde est quod cum in ecclesia Sancti Martini, quam habetis apud Salinum, juxta facultates ecclesiæ canonicorum ordinem velitis instituere, sicut fuit in auditorio nostro propositum: Nos vestro proposito grata volumus condescendere voluntate, vobis præsenti pagina indulgentes ut, habito assensu venerabilis fratris nostri Bisuntini archiepiscopi, nullius contradictione vel appellatione obstante, tam laudabile propositum valeatis effectui mancipare.

Datum Romæ, etc., v Idus Junii, etc.

(105) Cap. *Licet*, De accusationibus.
(106) In tertia Collect. et apud Gregorium, B.

CCLXXVII.
BISUNTINO ARCHIEPISC.
Illum, indicta tamen purgatione, ab accusatione capituli absolvit.

(Romæ, iv Id. Junii.)

(105) Licet in beato Petro apostolorum principe ligandi atque solvendi nobis a Domino sit attributa facultas quam in subditos juxta suorum exigentiam meritorum exercere libere debeamus, exemplo tamen illius qui omnes salvat et neminem vult perire, libentius ad solvendum intendimus quam ligandum: etsi nonnullæ sunt culpæ, in quibus est culpa relaxare vindictam. Sane cum olim ex litteris (106) G. decani S. Stephani, Gerardi cantoris S. Stephani, Joannis Salinensis, T. de Grai, Jo. de Waresca, O. Favierniacen. archidiaconi et Norandini subdiaconi nostri, canonicorum Ecclesiæ Bisuntinæ, ad apost. sedis audientiam pervenisset te varia crimina commisisse ac ab eis fuisses per easdem litteras super perjurio, crimine simoniæ et incestu delatus, fel. recor. Cœlestinus (107) PP. prædecessor noster servata judiciaria gravitate tibi certum terminum assignavit, quo responsurus objectis apostolico te conspectui præsentares. Cum autem tu juxta tenorem factæ tibi citationis ad sedem apostol. accessisses, te et dilectis filiis Jo. et O. archidiaconis apud sedem apostolic. constitutis expectavimus aliquandiu si qui forsan contra te procederent et quæ de te litteris intimaverant, proponerent in scribendo. Cæterum cum nec unus etiam appareret qui te impeteret de prædictis, ne aliquid de contingentibus omittere videremur, prædictis archidiaconis vocatis ad præsentiam nostram et in nostra et fratrum nostrorum præsentia constitutis, quæsivimus diligenter si quid super præmissis adversus te pro se vel aliis proponere vellent et quod scripserant legitime demonstrare. Ipsi autem quod non proposito accusandi hæc scripserant responderunt; sed quia tu super quibusdam incorrigibilis videbaris, quædam de te sedi apostolicæ duxerant intimanda; sed nuntius qui pro litteris impetrandis accessit, mandati formam præsumpsit excedere. Nos igitur famæ tuæ consulere cupientes, dictis canonicis contra te super prædictis silentium duximus imponendum, ne te de cætero eis super ipsis accusare liceat vel etiam infamare; illius sequentes exemplum qui cum mulieri dixisset: *Nemo te condemnavit, mulier* (Joan. viii, 11)? et illa, *Nemo, Domine. Nec ego,* inquit, *te condemnabo. Vade, jam amplius noli peccare* (ibid. 12). Quia vero prædicti canonici citra vinculum inscriptionis desistere voluerunt, eis de juris permissione id non duximus imputandum. Ne autem in absolutione tua nimis (108) procedere videamur, quamvis potius in odore bonæ opinionis cœpiscoporum nostrorum quam eorum infamia delectemur, venerabili fratri nostro Cabilonensi episcopo et di-

(107) Apud Gregor. *Clemens.*
(108) Apud Gregor. *minus canonice.*

lecto filio abbati de Firmitate inquisitionem famæ tuæ duximus committendam.
Datum Romæ, etc., iv Idus Junii.

CCLXXVIII.
CISTERCII ET TULLEI ABBATIBUS.
Ut thesaurarius Bisuntinus ad personalem residentiam vocetur.
(Romæ, vi Id. Junii.)

Ex parte dilectorum filiorum canonicorum ecclesiæ S. Joannis Bisuntin. fuit in audientia nostra propositum quod cum thesaurariam ecclesiæ Bisuntinæ cuidam Teutonico, videlicet C. qui in Treveren. et Spiren. ecclesiis redditus quamplures habere dignoscitur, ad instantiam Othonis comitis Burgundiæ inviti et coacti assignaverint, licet necessitas multo plus exigat continuam residentiam thesaurarii quam alicujus personæ, per spatium duorum annorum et amplius præfatus thesaurarius non habuit ad ecclesiam Bisunt. accessum, et ita thesaurarii locum incassum occupat; propter quod ipsa ecclesia debito servitio defraudatur et multiplex sustinet detrimentum. Quoniam igitur rationi et æquitati consonat ut portet onus qui percipit proventus honoris, cum ecclesiasticæ dignitates ad hoc fuerint institutæ ut hi qui obtinuerint eas digne Domino famulentur : discretioni vestræ per apost. scripta mandamus quatenus memoratum C. ut in ecclesia Bisuntina, prout ex dignitate thesaurariæ tenetur, residentiam faciat moneatis diligentius, et studiosius inducatis. Si vero monitis vestris obtemperare noluerit, vel si forte spontaneus cesserit, vos auctoritate nostra suffulti, juxta canonicas sanctiones et consuetudinem ecclesiæ Bisunt. in substituendo thesaurario, sublato contradictionis et appellationis obstaculo, procedatis. Nullis litteris, etc., harum mentione, etc.
Datum Romæ, etc., vi Idus Junii.

CCLXXIX.
MEDIOLANEN. ARCHIEPISC.
Pontificis litteræ sunt recipiendæ et exsequendæ, nisi obreptitiæ existant.
(Romæ, xiii Kal. Julii.)

(109) Cum adeo scripta sedis apostolicæ moderemur ut ex certa scientia nihil in eis faciamus apponi quod de jure debeat reprehendi, miramur non modicum et movemur quod quoties ad te vel aliquos tibi subjectos nostras litteras destinamus, te super eis mirari rescribis ac si mandaremus aliquid inhonestum. Scripsisti etenim nobis quod cum P. clericus in ecclesia Modevien. (110) sufficientem sibi sit præbendam adeptus, mirabaris quod pro receptione ipsius in ecclesia de Grongonsola præposito et fratribus ejusdem ecclesiæ litteras apostolicas miseramus ; cum si litterarum nostrarum diligenter seriem attendisses, nihil penitus invenires in eis quod tuum debuisset animum offendisse. Cum enim in litteris ipsis nec de præbenda ipsius P. mentio haberetur, nec Modevien. canonicus, imo nec etiam

(109) Cap. *Cum adeo*, De rescriptis.

clericus diceretur in eis et in litteris ipsis hæc esset adjecta conditio, si dignus existeret ad ecclesiasticum beneficium obtinendum et si eadem ecclesia ex dono parentum ipsius quamdam capellam cum dote fuisset adepta et a consanguineis ejus oblationes et mortuaria pro tempore et decimas perciperet annuatim, intelligere potuisses qualiter litteræ ipsæ fuerant impetratæ, in quibus de beneficio ipsius pro quo scribebatur mentio non fiebat. Ideoque fraternitati tuæ per apostolica scripta mandamus quatenus cum ad te vel ad tuos litteræ apostolicæ diriguntur, earum tenorem diligenter attendas et quod mandatur in eis, dum tamen nec per suppressionem veritatis aut expressionem falsitatis obtentæ fuerint, facias effectui mancipari.
Datum Romæ, etc., xiii Kalend. Julii.

CCLXXX.
PRÆPOSITO ET CANONICIS ECCLESIÆ COLOCEN.
Confirmat jus percipiendi decimas ex certis villis.
(Ut supra, Id. Junii.)

Cum a nobis petitur, etc., *usque ad verbum* assensu. Decimas villarum in Colocen. parochia Zumuzcircum minoris Ester, in parochia Ocur, Terethiæ, Varod, Cheud et Cheud prædium Hyppoliti Scolounta, Varos, Ytoud ; in parochia Budrug, Luascu, Buu, Ban; prædium dom. Cheucuucheton; in paroch. Cameras, Egres, Thoboid et totius parochiæ ecclesiæ de Miger ; agnos etiam villarum Sarmegi, Ichasei abbatis, Udlaorcharian, Dobosa majoris, Dobosa minoris, Posciba, Cheul, Scetii vobis a vener. fratre nostro archiepiscopo Colocen. concessas, sicut prædicta omnia juste ac sine controversia possidetis et in ejusdem archiepiscopi authentico plenius continetur, vobis et per vos ecclesiæ vestræ auctoritate apostolica confirmamus et præsentis scripti pagina communimus. Nulli ergo, etc.
Datum. etc., *ut supra*, Idibus Junii.

CCLXXXI.
COLOCEN. ARCHIEPISCOPO.
Committitur illi instauratio cœnobii Sancti Stephani.
(Datum Romæ.)

Ad audientiam nostram noveris pervenisse quod inclytæ recordationis dux Belus olim in archiepiscopatu tuo, in proprio fundo suo, qui appellatur Caet, monasterium in protomartyris Stephani honorem construxit, adeo illud amplis possessionibus redditibusque ditavit, quod xxx monachi in eo secundum beati Benedicti regulam Domino servientes, sustentationem sufficienter habebant et hospites et pauperes ad ipsum monasterium divertentes procurationem recipiebant de necessariis competentem. Quadringentas etiam marchas argenti, præter cruces et calices, idem nobilis eidem loco ad ipsius ecclesiæ concessit ornatum. Cumque post multa tempora prædicti fratres suum ibidem impendissent Domino famulatum, tandem de voluntate regia, bonæ memoriæ A. prædecessore tuo suum in parte præbente consensum, canonicis Sancti

(110) In tertia Collect. *Mediocensi*.

Abrahæ de Valle Ebron idem cœnobium est collatum, tali conditione apposita, videlicet si sedis apostolicæ moderatio translationem hujusmodi approbaret et duceret sustinendam. Verum dicti canonici, monachis prænominatis exclusis, auctoritate apostolica nullatenus comparente, monasterium ipsum intrarunt; per quorum administrationem inutilem adeo bona ejusdem cœnobii dilapidata noscuntur possessionesque distractæ, quod ipsum monasterium propter nimiam paupertatem deserere sunt coacti, vix in eo tribus solummodo remanentibus, qui cum rubore et verecundia multa in eo, sicut dicitur, commorantur. Quia igitur de ipsius processu negotii nobis plene non constitit, discretioni tuæ, de qua plene confidimus, ipsius monasterii ordinationem auctoritate præsentium committentes, fraternitati tuæ per apostolica scripta mandamus quatenus ejusdem cœnobii utilitate pensata, solum Deum præ oculis habens, quidquid de ipsius institutione sive de reducendis monachis in monasterium ipsum, seu dimittendis in eo canonicis nominatis, secundum Deum videris statuendum, auctoritate nostra, sublato omni contradictionis et appellationis obstaculo, instituere non omittas; ita quod idem monasterium in meliorem statum possit tua sollicitudine faciente reduci, et nos, cum audierimus, providentiam tuam debeamus dignis in Domino laudibus commendare.

Datum Romæ

CCLXXXII.
GRADEN. PATRIARCHÆ.

Ut concordia inter ecclesiam S. Salvatoris et ecclesiam S. Bartholomæi de Venetiis inita servetur.

(Romæ, xiv Kal. Julii.)

Cum dilecti filii G. prior ecclesiæ Sancti Salvatoris, quæ canonicorum est regularium, et D. syndicus ecclesiæ Sancti Bartholomæi de Venetiis, quæ est sæcularium clericorum, pro quæstione quæ inter ipsas ecclesias vertebatur, ad sedem apostolicam accessissent, dilectum filium P. tituli S. Cæciliæ presbyt. cardinalem eis concessimus auditorem; in cujus audientia prior proposuit memoratus quod felicis recordationis Lucius, et ad ejus imitationem Urbanus, Gregorius et Clemens prædecessores nostri, tum pro dissensione sedanda, tum etiam pro religione fovenda, ecclesiam S. Bartholomæi per venerab. fratrem nostrum M. Castellanum episcopum ecclesiæ Sancti Salvatoris adjungi et perpetuo subjici mandavere; et demum cum per Castellanum episcopum id nullatenus fuisset executioni mandatum, bonæ memoriæ Cœlestinus prædecessor noster idem eidem episcopo injungendo præcepit, mandans venerabilibus fratribus nostris Exulan. [*f.* Esculan.] et civitatis novæ episcop's ut, ipso in exsecutione hujus mandati cessante, illi hoc exsequi non differrent. Unde idem Castellanus episcopus quod injunctum ei fuerat statim exsecutioni mandavit, ipsum priorem investiens de prædicta ecclesia et per clericum suum in ejus corporalem possessionem inducens. Et ideo postulabat ut quod ab eo de mandato sedis apostolicæ factum erat, auctoritatis nostræ robore firmaretur. Econtra vero supradictus D., pro ecclesia S. Barth. respondendo, proposuit quod, cum olim inter prædictas ecclesias super jure parochiali quæstio verteretur et a bonæ memoriæ Lucio papa judicibus delegatis commissa fuisset, per eosdem judices inter eas amicabilis compositio intervenit, quæ fuit ab utraque parte præstito juramento recepta et redacta in publicum instrumentum, necnon et longo tempore observata. Unde omnes supranominatas litteras asserebat per subreptionem a sede apostolica impetratas, cum in eis nulla mentio facta fuerit de compositione prædicta. Adjecit insuper quod prædictus Castellanus episcopus in negotio sine causæ cognitione processit, clericis ejusdem ecclesiæ ignorantibus et penitus inconsultis, ex quo grave scandalum in ipsa civitate proponebat exortum. Præterea supranominatus prior coram prædicto cardinali fuit in jure confessus quod præscripta compositio recepta fuit ab utraque parte et sine quæstione servata usque ad obitum Joannis olim plebani Sancti Bartholomæi, a cujus decessu nondum quinquennium est elapsum. Cum autem jam dictus cardinalis quæcunque fuerant hinc inde proposita nobis et fratribus nostris fideliter retulisset: Nos intelligentes nominatas litteras per suppressionem veritatis, quoniam in eis nulla mentio de compositione fiebat, necnon et per expressionem falsitatis, quoniam ab ipsis ecclesiis compositio servabatur, obtentas; et quia licet exsecutio prænominato Castellano episcopo fuerit demandata, oportebat tamen de veritate precum inquiri, nihilominus attendentes quia quod pro scandalo tollendo fieri dicebatur, majus scandalum generabat (sicut etiam tam ex litteris tuis quam dilecti filii ducis Venetorum necnon et aliorum plurium nobis est intimatum), de communi fratrum consilio (sanctæ recordationis Gregorii PP. vestigia imitantes, qui veritate comperta prædictam compositionem servari mandavit, prout ex litteris quas dictus prior in judicio nobis et fratribus nostris exhibuit constitit evidenter), licet religiosis et piis locis, quantum cum Deo possumus, favorem velimus apostolicum impertiri, quia tamen oportebat nos quæstionem propositam secundum justitiam terminare, ipsam compositionem decrevimus ratam et firmam habendam, non obstante quod factum est ab episcopo Castellano per litteras ab apostolica sede subreptas, cum mendax precator carere debeat impetratis. Ideoque fraternitati tuæ per apostolica scripta mandamus quatenus eamdem compositionem sicut sine pravitate facta est ab utraque parte recepta, facias irrefragabiliter observari; si qui contra eam venire præsumpserint, sub appellationis impedimento, per ecclesiasticam districtionem a sua præsumptione compescens.

Datum Romæ, etc., xiv Kalend. Julii, etc.

CCLXXXIII.
HUGONI ABBATI ET CONVENTUI S. ZENONIS VERONEN.
Per sententiam decidit causam ipsorum contra ecclesiam S. Proculi, de subjectione.
(Apud S. Petrum, XIII Kal. Julii.)

Cum inter vos ex una parte pro ecclesia vestra et Musetum archipresbyterum et clericos Sancti Proculi nomine ecclesiæ suæ super subjectione ipsius ecclesiæ Sancti Proculi et aliis multis articulis quæstio verteretur, tibi, fili abbas, et ipsi archipresbytero in nostra præsentia constitutis venerabilis fratres nostros P. Compostellanum archiepiscopum et Odonem Terdonen. episcopum, tunc apud sedem apostolicam commorantes, dedimus auditores. Sed ipso episcopo, lite pendente, ab Urbis partibus recedente, dilectum filium M. subdiaconum et capellanum nostrum loco ejus curavimus substituere. In quorum præsentia ex parte tua, fili abbas, fuit propositum quod dicta ecclesia Sancti Proculi monasterio Sancti Zenonis pleno jure debet esse subjecta, videlicet in institutione, destitutione vel investitura archipresbyteri et ejusdem fidelitate, ipsius et fratrum obedientia, correctione, repræsentatione ad ordines, tonsuratione, susceptione, chrismatis, statiis et letaniis et aliis similibus per quæ plena subjectio declaratur. Ad quod probandum instrumentum publicum concessionis bonæ memoriæ Brunonis quondam Veronen. episcopi pars tua in medium producebat : quam concessionem successor ejus Thebaldus ratam habuit et etiam confirmavit. Super his quoque tam patriarcharum Aquileien. quam Roman. pontificum privilegia confirmationis induxit : quorum unus, scilicet Gotefridus, de subjectione plenaria in privilegio suo evidenter expressit, quod sub testimonio Riprandi quondam Veronen. episcopi, qui ejusdem ecclesiæ archipresbyter exstitit, factum fuerat et completum, et in eo a priore monasterii Sancti Zenonis mandavit vice sua subscribi, sicut in instrumento publico continetur. Adjecit etiam pars tua quod inter nobilem quondam abbatem ejusdem monasterii et Sicherium archipresbyterum et fratres ipsius, procedente tempore, de fidelitate et obedientia manuali controversia fuit exorta, ad quæ duo dictus archipresbyter cum fratribus suis se duntaxat teneri negabat et super his testes producti fuerunt. Tandem præfatus T. Veronen. episcopus rationibus utriusque partis auditis et cognitis, quemdam cardinalem sequens, a quo fuerat judicatum quod vel archipresbyter ecclesiam dimitteret aut abbati obedientiam repromitteret; credens etiam quod testes vera deposuerint coram eo cui de fidelitate manifestum protulerant testimonium, idem et ipse sententialiter diffinivit, sicut in instrumento publico perspeximus contineri. Cujus sententia cum nulla fuerit appellatione suspensa, in rem transiit judicatam : quam asserebat nullo posse juris remedio attentari, a cujus prolatione usque ad tempora ista, quinquaginta annorum spatium est transactum: per quos, quod monaste-

A rium Sancti Zenonis præfatam ecclesiam pleno jure possederit et quod prædictus archipresbyter et fratres ejus præteriti et præsentes obedientiam abbatibus Sancti Zenonis fecerint, tonsuram ab ipsis receperint et in aliis quæ præmisimus obsequia sibi præstiterint, per testes et instrumenta, probavit; et sic usque ad tempus litis nuper exortæ monasterium in possessione fuisse firmiter asserebat; querens ecclesiam Sancti Zenonis a nominato archipresbytero super quibusdam de præmissis indebite molestari. Tribus ergo præcipue rationibus suam assertionem proponebat esse munitam, videlicet per privilegiorum confirmationem, per auctoritatem sententiæ et per temporis longævitatem; ut quasi funiculus triplex difficile dissolvatur. Ex opposito vero memoratus archipresbyter prædicta omnia monasterio competere denegabat, præmissis rationibus sic respondens: Quod cum instrumentum concessionis prædicti B. episcopi non fuerit publica manu confectum nec sigillo episcopali munitum, et propter rasuras quasdam suspectum prima facie videretur, parti suæ nec poterat nec debebat præjudicium generare; et sic nec cæteræ probationes abbatis, ut confirmationes et privilegia ex ipsa donatione pendentia, cum quasi arenoso fundamento et arundineo baculo niterentur, et principali non valente nullam haberent accessoria firmitatem. Quod etiam parti suæ sententia memorati T. Veronen. episcopi non noceret illa ratione dicebat, quia non continebat absolutionem vel condemnationem, cum sub alternation prolata fuisset, sicut et sententia cardinalis : quæ cum in medium produci non posset, nec prodesse poterat nec obesse; præsertim cum et prolatam esse penitus denegaret; contra quam, etiamsi prolata fuisset nec appellatione suspensa, poterat tamen agi de falso, cum ex instrumento prædicti B. Veronen. episcopi, per vitium rasuræ falsato lata fuisset. Sed nec testes ex tenore sententiæ dicuntur deposuisse jurati ; quare nulla fides eis fuerat adhibenda. Longævitatem etiam temporis seu præscriptionem ecclesiæ suæ non posse nocere dicebat ; quia pars adversa nulla ratione probaverat subjectionem continuam vel frequentem, sed quod ecclesiæ Sancti Proculi quandoque præfuit abbatia. Cæterum ad assertionem intentionis suæ pars archipresbyteri prædicti supradicti B. Veronen. episcopi publicum protulit instrumentum, antiquius illo quod fuerat a jamdicto abbate productum ; in quo idem episcopus lacrymabiliter postulantibus archipresbytero et clericis Sancti Proculi, sub pœna excommunicationis firmiter repromisit quod nunquam alii subjiceret ecclesiam nominatam, quam ecclesiæ Sancti Firmi archipresbyter et clerici audierant ab episcopo supponendam. Cujus factum dictus T. successor illius suis litteris confirmavit. Contra quas nulla ratione venissent, si præfatus abbas, cum subjectionis ab eis litteras de quibus præmisimus impetravit, quæ gesta fuerant expressisset. Ideoque abbatis rescripta per suppressionem veritatis, adhibita fraude dicebat obtenta. Idem etiam archipresbyter libertatem ecclesiæ volens ostendere, quod ipse cum clericis suis sine abbatis licentia locaverit et dislocaverit, et capellas sanctorum Viti et Maximi ordinaverit, conversas et alias in eis ponendo personas et quod canevarios et alios officiales in ecclesia sua libere instituerit et ab ecclesia cathedrali quandoque chrisma receperit, quandoque a monasterio nominato, depositionibus testium legitime comprobavit. Verum pars abbatis, ut responsionem adversæ partis elideret, quæ instrumentum donationis viribus carere dicebat, illius temporis alia instrumenta produxit; ut ex eorum collatione, cum non essent publica manu confecta, instrumentum suum authenticum appareret, cum simplicitas hominum illius temporis talia non requireret. Sed pars adversa et illud et alia reprobabat. Porro instrumenta partis adversæ, quæ notam falsitatis habere pars proponebat abbatis, etiamsi vera essent, in nullo sibi posse nocere dicebat, cum in priori judicio fuissent exhibita: ubi et hæc et alia quæ posset objicere pars adversa, sive commissa fuerint vel etiam allegata, audiri ulterius non deberent, ne lites fierent immortales, quæ prætextu instrumenti post reperti non debent ullatenus instaurari. Querela quoque falsi quam volebat proponere pars adversa viginti annorum spatium non excedit; et cum a tempore latæ sententiæ quadraginta anni et amplius, a tempore vero litis motæ triennium sit elapsum, querela falsi non poterat ulterius intentari. Cum itaque hæc quæ præmisimus et similia multa præfati auditores nobis et fratribus nostris prudenter et fideliter retulissent: Nos communicato fratrum nostrorum consilio, quamvis forte dicto instrumento donationis non sit plurimum innitendum nec confirmationibus vel privilegiis quæ de ipso causam et originem acceperunt; attendentes quod quantum ad litigantes ipsos jus ex sententia factum fuit postquam in rem transiit judicatam, etiamsi contra jus litigatoris lata fuisset, cum contra jus constitutionis expresse lata non fuerit, veritate gestorum sermonibus prævalente, quæ præsumuntur rite per omnia celebrata; statuimus et per sententiam diffinimus ut archipresbyter Sancti Proculi, qui pro tempore fuerit, fidelitatem et obedientiam præstet abbati Sancti Zenonis. Et quia de aliis capitulis tunc controversia non fiebat, cum pars adversa in priori judicio se super his abbati subditam non negaret, decernimus ut ecclesia Sancti Proculi monasterio Sancti Zenonis pleno sit jure subjecta et ut archipresbyter et clerici memorati super his, scilicet institutione, destitutione et cæteris articulis memoratis, quæ pro monasterio in judicium deducta fuerunt, abbati Sancti Zenonis tanquam subditi prælato respondeant. Chrisma quoque a monasterio Sancti Zenonis recipiant et sic, eo mediante, ab ecclesia Veronensi. Verum dicti archipresbyter et clerici locandi, dislocandi, emendi, vendendi etiam res modicas ipsius ecclesiæ, non autem maximas per quas immobilia et ornamenta et vasa sacra intelligi volumus, canevarios etiam et alios officiales ecclesiæ instituendi et officiandi præfatas capellas suas et instituendi clericos et inclusas in eisdem capellis, sine abbatis licentia, liberam habeant facultatem; dummodo super præmissos officiales eidem abbati correctio tanquam super ipsis clericis ecclesiæ Sancti Proculi reservetur. Eligendi etiam sibi fratres et præficiendi sibi archipresbyterum qui a jamdicto abbate investituram accipiat et eidem obedientiam repromittat, præsentandi quoque ordinandos abbati, et, eo mediante, Veronensi episcopo ac celebrandi baptisma plenam potestatem eos habere censemus. Nulli ergo, etc.

Datum Romæ apud S. Petrum, xiii Kal. Julii.

CCLXXXIV.

RADULFO ABBATI ECCLESIÆ SANCTÆ OSYTÆ DE CHUC, EJUSQUE FRATRIBUS TAM PRÆSENTIBUS QUAM FUTURIS REGULAREM VITAM PROFESSIS IN PERPETUUM.

De ordinis privilegiorumque confirmatione et norma vivendi.

(Apud S. Petrum, Id. Junii.)

Piæ postulatio voluntatis effectu debet prosequente compleri; ut et devotionis sinceritas laudabiliter enitescat et utilitas postulata vires indubitanter assumat. Eapropter, dilecti in Domino filii, etc., *usque ad verbum* annuimus et præfatam ecclesiam Sanctæ Osytæ, in qua divino mancipati estis obsequio, sub beati Petri et nostra protectione suscipimus et præsentis scripti privilegio communimus. In primis siquidem statuentes ut ordo canonicus, qui secundum Deum et beati Augustini regulam in eadem ecclesia institutus esse dignoscitur, perpetuis ibidem temporibus inviolabiliter observetur. Præterea quascunque possessiones, etc., in quibus hæc propriis duximus exprimenda vocabulis : Locum ipsum in quo præfata ecclesia sita est, cum omnibus pertinentiis suis ; totum manerium de Chuc cum omnibus pertinentiis suis ; ecclesias de Sudministra et Meilande cum duabus hidis terræ et Marsico, et decimis, et omnibus pertinen. suis ; ecclesiam de Clacheton, ecclesiam de Hoilanda, ecclesiam de Michelestouve, ecclesiam de Huggelleia, ecclesiam de Pertham, ecclesiam de Denham, ecclesiam de Sopiland, ecclesias de Blieburc, ecclesias de Stouvemarchet, ecclesiam de Neuthonia et ecclesiam de Hillejauverri cum omnibus libertatibus et pertinen. suis, sicut in authenticis donatorum et episcoporum noscitur contineri. Transactionem insuper quæ inter ecclesiam vestram et ecclesiam Sancti Pauli Londonien. super ecclesiis de Sudministra et de Meilande et de Alestorn, et earum pertinentiis amicabiliter intervenit, sicut sine pravitate facta est et ab utraque parte recepta et hactenus observata et in instrumentis exinde confectis continetur, auctoritate apostolica confirmamus. Sane novalium vestrorum, quæ propriis manibus, etc. Liceat quoque vobis clericos et laicos, etc. Prohibemus insuper ut nulli fratrum vestrorum, etc., nisi arctioris religionis obtentu, etc. Discedentem vero, etc. Cum autem generale interdictum terræ fuerit, etc. Chrisma vero, etc.

per diœcesanum episcopum gratis et sine pravitate aliqua vobis volumus exhiberi. Prohibemus insuper ut infra fines parochiæ vestræ nullus sine assensu diœcesani episcopi et vestro capellam, etc. Salvis tamen privilegiis Romanorum pontificum. Ad hæc, novas et indebitas exactiones ab archiepiscopis, episcopis, archidiaconis seu decanis aliisque omnibus ecclesiasticis sæcularibusve personis omnino fieri prohibemus. Libertates præterea et immunitates, etc. Sepulturam præterea, etc. Salva tamen justitia illarum ecclesiarum a quibus, etc. Obeunte vero, etc. Paci quoque ac tranquillitati vestræ, etc. Decernimus, etc. Si qua igitur etc.

Datum Romæ apud Sanctum Petrum per manum Rainaldi domini PP. notarii, cancellarii vicem agentis, Idibus Junii, indictione prima, Incarnationis Dominicæ anno 1198, pontificatus vero domini Innocentii PP. III anno primo.

CCLXXXV.
SEGOBIEN. EPISCOPO.

Absentium vel etiam temere repugnantium sententiis neglectis, prævaleant majora et saniora suffragia reliquorum.

(IV Id. Junii.)

Cum a nobis petitur, etc., *usque* effectum. Sane, sicut nobis intimare curasti, cum in ecclesia tua vis aliquem canonicum seu portionarium ordinare, licet multorum habeas in ipsa ordinatione consensum, pauci tamen quandoque non tam de ratione quam propria voluntate ipsam ordinationem impediunt, et te in ipsa procedere non permittunt. Nolentes igitur ut institutiones ecclesiasticæ tali occasione temere valeant impediri, fraternitati tuæ auctoritate præsentium indulgemus ut nisi a paucioribus et inferioribus aliquid rationabile objectum fuerit et ostensum, ordinandi canonicos seu portionarios, appellatione remota, liberam habeas facultatem ; semperque prævaleat et suum consequatur effectum quod cum majoris et sanioris parte capituli per te fuerit institutum. Quod si aliqui forte se duxerint absentandos, dum volueris in hujusmodi ordinatione procedere, et accedere vocati noluerint, eorum appellatione seu contradictione nequaquam obstante, nostra fretus auctoritate procedas. Nulli ergo, etc.

Datum, etc., IV Idus Junii.

CCLXXXVI.
ABBATI MONASTERII SANCTI GERMANI ANTISSIODOREN. EJUSQUE FRATRIBUS, TAM PRÆSENTIBUS QUAM FUTURIS, REGULAREM VITAM PROFESSIS IN PERPETUUM.

De eorum privilegiis, et quod recipiantur sub protectionem apostolicam.

(Apud S. Petrum. A. D. 1198.)

Effectum justa postulantibus indulgere et vigor æquitatis et ordo exigit rationis; præsertim quando petentium voluntates et pietas adjuvat et veritas non relinquit. Eapropter, dilecti in Domino filii, vestris justis postulationibus clementer annuimus et præfatum monasterium, in quo divino mancipati estis obsequio, ad exemplar prædecessorum nostro-

rum felicis memoriæ Eugenii, Adriani, Clementis, et Cœlestini Romanorum pontificum sub beati Petri et nostra protectione suscipimus, et præsentis scripti privilegio communimus. In primis siquidem statuentes ut ordo monasticus qui secundum Deum et beati Benedicti regulam in eodem monasterio institutus esse dignoscitur, perpetuis ibidem temporibus inviolabiliter observetur. Præterea quascunque possessiones, quæcunque bona, etc., *usque ad* permaneant; in quibus hæc propriis duximus experimenda vocabulis : Locum ipsum in quo præfatum monasterium situm est cum omnibus pertinen. suis. In episcopatu Antissiodoren., ecclesiam Sancti Lupi, ecclesiam Digiæ, ecclesiam de Escant, ecclesiam de Patriniaco, ecclesiam de Blaagniaco, ecclesiam de Banna, ecclesiam de Venneto, ecclesiam de Pratili, ecclesiam de Irenziaco, ecclesiam de Ariaco, ecclesiam de Saliniaco, ecclesiam de Rovreto, ecclesiam de castro Sancti Ferreoli, ecclesiam quæ dicitur Sanictos; monasterium Melereden. cum adjacentibus ecclesiis, videlicet ecclesia Sancti Petri de ipso burgo, ecclesia Sanctæ Columbæ; ecclesia Sancti Boniti, ecclesia Sancti Amandi et ecclesia Annaio; monasterium Sancti Salvatoris cum adjacente ecclesia Sancti Joannis Baptistæ; monasterium de Sassiaco cum adjacentibus ecclesiis Sancti Christophori et Sancti Machuti; quindecim solidos in ecclesia de Asneriis; monasterium de Bellomonte, monasterium Sancti Verani, capellam de Verone, capellam de Soeriis. In parochia Senonen. ecclesiam de Agriaco; ecclesiam de Fains, ecclesiam de Sancta Cruce. Quidquid habetis in ecclesia de Corberiis, ecclesiam de Sancasio, ecclesiam de Hulmedo, ecclesiam de Altaripa, ecclesiam de Monte Sancti Sulpitii, ecclesiam de Booliaco, monasterium Sancti Florentini cum capella vicecomitis et aliis pertinentiis suis, monasterium Airaldi cum pertinen. suis. et ecclesiam de Eureio. In episcopatu Trecensi, ecclesiam de Brittiniaco cum capella de Vallecharzi. In episcopatu Lingonensi, monasterium Sancti Leodegarii cum adjacentibus ecclesiis, videlicet ecclesia Sanctæ Mariæ in eodem burgo, ecclesia de Mosteriolo cum capella de Æstival et de Cirins, ecclesia de Magniaco, ecclesia de Massiliaco et ecclesia de Besueta, monasterium Sancti Valentini. cum ecclesiis de Niceto, de Lavia, de Ponziaco; ecclesiam de Linorellis, ecclesiam de Carissiaco, ecclesiam de Mollaio, ecclesiam de Annaio. In parochia Bisuntinensi monasterium de Palmis, cum ecclesia ejusdem castri; ecclesiam de Tumbeio. In episcopatu Eduensi, ecclesiam de Luciaco; jus quod habetis in ecclesia de Vultiniaco, ecclesiam de Disengiaco, in ecclesia de Maniaco novem solidos et obolum. In episcopatu Nivernensi, monasterium Sancti Petri de Disesia cum capellis Sanctæ Mariæ Magdalenæ et Sancti Martini., in eodem castro ecclesiam Sancti Mauritii, ecclesiam Sancti Leodegarii. Quidquid habetis in ecclesia de Torriaco, monasterium de Massiliis cum ecclesiis de Viridiprato, de Monterrant, de Tais, de Vendenessa, et de Sancto Jacobo. Monasterium de Castellione, cum capellis ejusdem castri, videlicet Sanctæ Mariæ, Sanctæ Cæciliæ et Sanctæ Mariæ Magdalenæ. Ecclesiam de Alvia cum capella Sanctæ Mariæ ejusdem villæ. Ecclesiam de Fraxineto, ecclesiam de Carniaco, ecclesiam Sanctæ Mariæ de Capella de Catis. In episcopatu Nannetensi, monasterium Sancti Germani de Aveto, quidquid nobilis vir Rainaldus de Custellione et Elisabeth uxor sua vobis in eleemosynam contulere, sicut in scripto eorum authentico continetur. Libertates et immunitates quas habetis in burgo Sancti Petri de Didesia, a nobili viro Raynaldo vobis concessas, sicut in ejusdem authentico continetur. Castrum Sancti Germani cum burgo, villam de Digia, grangiam de Recognito; villam de Escanz, villam de Orgiaco, medietatem nemoris de Bruceria, tam in justitia quam in redditibus, quoquomodo proveniant, villam de Patriniaco, grangiam de Villamer, grangiam de Neiron, cum appendiciis suis. Quidquid habetis apud Soerias, grangiam de Carmeyo, villam de Vanneto; villam de Balniaco, medietatem Villænovæ, villam de Cheriaco. Quidquid habetis in villa de Roureto, in villa de Altaripa, in villa de Hulmeto, in villa de Monte Sancti Sulpitii in villa de Booliaco, grangiam de Grossobosco, grangiam de Villarivinoso, cum appendiciis suis, grangiam de Betriaco cum appendiciis suis, villam de Irentiaco cum appendiciis suis, villam de Ancep. cum appendiciis suis, villam de Curte-Arnulfi cum appendiciis suis, villam de Maros, grangiam de Morlai cum appendiciis suis. Quidquid habetis in castro de Silniaco, in castro de Sancto Salvatore, in castro de Lainiaco, in castro de Merliniaco, in castro Sancti Florentini, in castro Sancti Verani. Quidquid habetis in villis de Gurgi, de Vallibus, de Campis, de Escolinis, de Crevens, de Vultiniaco. de Cussidepratigi, de Nentri, de Chabileia, de Pontiaco, de Baina, de Linoroliis, de Oona, de Sorgiaco, de Jussiaco, de Sylvarani, de Chavantuis, de Valant, de Luciaco, de Dissengiaco, de Massengiaco Burgundiæ monasteriis, cum appendiciis suis, grangiam S. Boniti. Quidquid habetis apud Agriacum, apud villam de Fain et apud villam de Amajo. Quidquid habetis apud Sanctum Amandum, apud Sancasium, apud villare super Tholum, apud Pontem nascentem, villas de S. Leodegario, de Marendulio, de Cusiri, de Beleneva, de Maniaco, de Mosteriolo, de Æstival et de Cerins. Grangias de Maini et de Marceni, grangiam de Brentiniaco cum appendiciis suis. Quidquid habetis in servis et ancillis, decimis, censibus, molendinis, furnis, terris, vineis, pratis, nemoribus et aquis cum aliis possessionibus vestris. In parochialibus autem ecclesiis quas habetis, liceat vobis presbyteros eligere et dioecesano episcopo præsentare: quibus, si idonei fuerint, episcopus curam animarum committat, ut ei de spiritualibus, vobis autem de temporalibus debeant respondere. Vobis autem auctoritate præsentium indulgemus ut excommunicandi, sive interdicendi vel suspendendi vos vel ecclesias vestras earumque capellanos aut clericos et homines vestros absque manifesta et rationabili causa et servato juris ordine, nisi tale commissum fuerit quod judiciarium ordinem non requirat, nullam dioecesanus episcopus habeat facultatem. Quod si contra indulgentiam nostram fuerit attentatum, sententiam ipsam auctoritate apostolica decernimus non tenere. Si quando vero homines monasterii vestri vinculo teneantur excommunicationis astricti, pro eorum absolutione dioecesanus episcopus vel quilibet alius potestatem non habeat pecuniam extorquendi. Et si in eos, qui propter hoc pecuniam non exsolvunt, ecclesiastica fuerit sententia promulgata, eam decernimus auct. apost. non tenere. Chrisma vero, oleum sanctum, consecrationes altarium seu basilicarum, benedictionem abbatis, ordinationes monachorum et clericorum vestrorum, qui ad sacros ordines fuerint promovendi, a dioecesano suscipietis episcopo, siquidem catholicus fuerit et gratiam et communionem apost. sedis habuerit et vobis ea gratis et sine pravitate voluerit exhibere. Alioquin liceat vobis quemcunque malueritis, etc., *usque ad verbum* impendat. Auctoritate quoque præsentium vobis duximus indulgendum ut si dioecesanus episcopus vel archidiaconi ad ecclesias vestras in majori numero equitaturarum et hominum quam in Lateranensi concilio fuit statutum, accesserint, procurationes eis in vestris ecclesiis non teneamini exhibere. Sepulturam præterea loci illius liberam esse decernimus, etc., *usque ad* obsistat. Salva tamen justitia illarum ecclesiarum a quibus, etc. Libertates quoque, dignitates, et immunitates, necnon antiquas et rationabiles consuetudines monasterio vestro concessas et hactenus observatas, ratas habemus easque futuris temporibus illibatas manere sancimus. Decernimus ergo, etc. Si qua igitur, etc.

Datum Romæ apud Sanctum Petrum per manum Rainaldi domini papæ notarii, vicem agentis cancellarii, indictione prima, Incarnationis Dominicæ anno 1198, pontificatus vero domini Innocentii papæ tertii anno primo.

CCLXXXVII.

PAMPILONEN. EPISCOPO.

Quod tempore generalis interdicti ipsi liceat clausis januis, nec pulsatis campanis, celebrare.

(Id. Julii.)

Fratribus et coepiscopis nostris specialem volumus gratiam exhibere et in suis eos petitionibus, quantum honeste possumus, exaudire. Eapropter, venerabilis in Christo frater, tuis precibus annuentes, auctoritate tibi præsentium indulgemus ut, cum generale interdictum terræ fuerit, liceat tibi, ubicunque fueris, clausis januis, exclusis excommunicatis et interdictis, non pulsatis campanis, suppressa voce vel celebrare divina officia vel celebrantem capellanum audire, dum tamen neuter vestrum excommunicatus vel nominatim fuerit interdictus aut id tibi fuerit expresse prohibitum. Nulli ergo, etc. Datum Idib. Julii.

CCLXXXVIII.
REGIN. EPISCOPO.
De causa decani S. Quintini contra suum capitulum.
(Apud S. Petrum, x Kal. Julii.)

Noverit fraternitas tua quod causam quæ vertitur inter dilectos filios canonicos ecclesiæ Sancti Quintini Viromanden. et decanum ejusdem ecclesiæ, venerabil. fratribus nostris Remen. archiepiscopo, Sanctæ Sabinæ cardinali et episcopo Atrebaten. duximus committendam; ita tamen quod ipse pro parte sua tertium judicem eligendi liberam habeat optionem. Quoniam igitur, sicut nobis relatum est, idem decanus in partibus Lombardiæ moratur, fraternitati tuæ per apost. scripta mandamus quatenus eidem decano auctoritate nostra injungas ut ad prædictos judices accedere non postponat, responsurus super quæstione præmissa et judicium recepturus, eisdem [eisdemque] judicibus per latores præsentium significare non differas qualiter a te juxta mandatum nostrum fuerit ipsi decano injunctum ut ad eorum præsentiam, ut prælibatum est, accedere non differat.

Datum Romæ apud S. Petrum, x Kal. Julii.

CCLXXXIX.
ARCHIEPISCOPO REMEN. SANCTÆ SABINÆ CARDIN. ET EPISCOPO ATREBATEN.
De eodem argumento.
(Datum, ut supra.)

Ex parte dilect. fil. canonicorum ecclesiæ S. Quintini Viromanden. fuit in audientia nostra querela proposita quod decanus ejusdem ecclesiæ, cum potius teneatur discordantes ad concordiam revocare, inter eos concitare seminarium dissensionis, ipsos etiam contra ecclesiasticam honestatem super enormibus criminibus publice infamare et adversus eos provocare laicos minime dubitavit, in remissionem peccatorum eis injungens ut in ipsos canonicos irruerent et funes campanarum, quas pro capitulo congregando pulsabant, de manibus eorum auferrent; eisdem promittens quod si quid detrimenti super hoc eis accideret, ipse perpetratæ rei vellet auctor haberi. Præterea cum se servaturum jura et consuetudines ecclesiæ Sancti Quintini et canonicis quamdam pensionem necnon et procurationem in octavis Paschæ annuatim juraverit impensurum, contra suum veniens juramentum, statum capellarum et capellanorum et ruariorum [*f.* vicariorum], capitulo contradicente, in eorum et ecclesiæ suæ grave præjudicium nixus est immutare et prædictas pensionem et procurationem, similiter juramenti religione neglecta, ipsis canonicis renuit exhibere. Cumque super his eum ad sedem apostolicam appellaverint, ipse terminum appellationis abbrevians, eis ad prosequendam appellationem festum sanctorum Philippi et Jacobi proximo præteritum assignavit. Sed nec ipse nec aliquis coram nobis pro eo comparuit responsalis. Quia vero propter temporis intemperiem non decuit nos magistrum W. et T. canonicos ecclesiæ supradictæ, ad nostram præsentiam accedentes, diutius detinere, volentes utrisque; sicut justum est, providere, per apostolica vobis scripta mandamus quatenus ascita vobiscum ecclesiastica persona et suspectionem carente, de Remen. provincia, quam dictus decanus pro parte sua duxerit in judicem eligendam, pariter cum ea super his quæ hinc inde proposita fuerint inquiratis diligentius veritatem et quod justum fuerit, appellatione postposita, statuatis et faciatis quod decreveritis per censuram ecclesiasticam a partibus firmiter observari. Si vero prædictus decanus eligere judicem et juri parere noluerit, vos nihilominus, quantum de jure poteritis, in negotio procedatis. Nullis obstan. harum mentione non habita, etc. Quod si vos ambo simul cum tertio his exsequendis, etc.; tu, frater episcope, cum eorum altero, etc.

Datum, ut supra.

CCXC.
SIFFREDO AUGUSTEN. PRÆPOSITO.
Quod variis de causis electionem suam confirmet.
(Apud S. Petrum, ut supra.)

Ex ore sedentis in throno procedebat gladius bis acutus. Hic est gladius Salomonis, qui secat utrinque, reddens unicuique quod suum est. Nos ergo qui, licet immeriti, locum veri Salomonis divina dignatione tenemus, gladium istum tunc prudenter exerimus; cum quæstiones in auditorio nostro legitime ventilatas mediante justitia diffinimus. Ad hoc enim emergentium quæstionum perplexitas et difficiles nodi causarum ad sedem apostolicam referuntur, ut cum earum merita fuerint assertione partium patefacta, prodeat ab apostolica sede sententia, deducens in certitudinem dubia et obscura producens in lucem; ut litigantium dissensione sopita, suum justitia tueatur et sequatur auctorem. Inde siquidem fuit quod accedentibus ad præsentiam nostram te ac dilecto filio nostro B. Augusten. canonico pro quæstione quæ inter vos super præpositura Augusten. Ecclesiæ vertebatur, nos venerabilem fratrem nostrum Octa. Hostien. episcopum et dilectum filium Grat. Sanctorum Cosinæ et Damiani diaconum Card. vobis concessimus auditores. In quorum præsentia fuit ex prædicti B. parte propositum quod cum dilectus filius E. de Augusten. præposito fuisset in episcopum Brixien. electus, rogavit capitulum Augusten. ne aliquem sibi prius eligerent in præpositum quam ejus esset electio confirmata. Cumque ipsi precibus annuissent et idem electus, electionis confirmatione per suum metropolitanum obtenta, veniens Tibur fuisset de regalibus investitus, B. miles pater ipsius B. ad apost. sedem accedens, a bonæ memoriæ Cœlestino papa prædecessore nostro ad dilectos filios decanum et capitulum August. litteras obtinuit destinari, ut dictum B. filium ejus infra spatium mensis unius, sublato appellationis obstaculo, eligerent et assumerent in præpositum Augustensem, in signum investituræ annulo ei aureo destinato; venerabilibus fratribus nostris Frisingen. et Eisteten. episcopis et dilecto filio majori Spiren. præposito mandati apostolici exsecutoribus constitutis. Decanus autem et capitulum memorati, cum audissent quod dictus electus fuisset in episcopum confirmatus, licet dictas litteras suscepissent, in contemptum tamen earum, assignato prius termino infra quem ipsi deberent super mandato apostolico respondere, H. tunc Augusten. decanum in præpositum elegere. Sed ne ejus confirmaretur electio, idem B. ad apostolicæ sedis audientiam appellavit. Et licet super hoc postmodum a sede apostolica pro dicto H. litteræ variæ ac multiplices emanaverint, in quibus ei videbatur imponi silentium, id tamen tenere non debuit, quoniam absens et irrequisitus non potuit condemnari; et ipse nihilominus postmodum dicto H. super præpositura ipsa, quod per testes probavit, quantum potuit, contradixit. Litteras etiam apostolicas impetravit, per quas nullis litteris obstantibus, in possessionem præpositiuræ mandabatur induci. Unde cum eo viam universæ carnis ingresso, decanus et capitulum Augusten. vellent in præpositi electione procedere, ne id fieret, ad sedem apost. appellavit. Sed ipsi appellationi minime deferentes, exclusis quibusdam canonicis, quibusdam etiam non vocatis, te sibi in præpositum elegerunt. Quare tuam electionem, non ab omnibus canonicis concorditer factam, sed post appellationem ad nos interpositam attentatam, cassari petebat et se in præpositum confirmari, cum a dicto prædecessore nostro de præpositura, quod per annulum sibi transmissum ab ipso probare volebat, fuisset primitus investitus. Ad hæc, ex parte tua, fili præposite, taliter est responsum, quod id quod de B. factum fuerat, antequam prædecessor noster præfati E. electionem ratam haberet fuisset obtentum: quod etiam fuit testibus comprobatum; sed etsi dicto electo in episcopum confirmato prædictæ litteræ a sede apo. emanassent, nullum tamen jus per hoc ei fuerat acquisitum; cum nec de præpositura investitus fuisset nec judices pro eo fuissent mandatum apostolicum exsecuti. Hoc autem ex ipsarum litterarum tenore probasti: in quibus continebatur expresse quod decanus et capitulum Augusten. ipsum eligerent et assumerent in præpositum infra mensem et quod pro recipienda investitura annulus ei mittebatur. Nam si fuisset per sedem apostolicam investitus, locum postmodum electio capituli et investitura exsecutorum nullatenus habuissent. Adjecisti etiam quod cum dictus H. ad sedem postmodum apostolicam accessisset et dicto prædecessori nostro electionis suæ modum et causam contradictionis ejusdem B. exposuisset ad plenum, dictus prædecessor noster, non obstante investitura ipsi B. facta, electionem confirmavit ipsius, asserens se per falsam suggestionem fuisse in eo quod pro ipso B. scripserat circumventum; cum quod esset infra sacros ordines constitutus ei non fuisset expressum; imo potius quod idoneus esset hi qui pro eo petebant ipsi suggerere curavissent. Et licet pro ipso B. dictis Frisingen. et Eisteten. episcopis et majori Spiren. præposito litteræ fuerint præsentatæ, in quibus eis in virtute obedientiæ mandabatur ut ipsum in possessionem præpositiuræ inducerent corporalem, nullis litteris obstantibus ante vel post a sede apostolica impetratis; dictus tamen prædecessor noster eas nullatenus de conscientia sua emanasse rescripsit et ipsas decernens vacuas et inanes, si quid auctoritate ipsarum factum fuerat irritavit; mandans eisdem judicibus ut eum qui easdem litteras impetrarat, sub fideli custodia detinerent, donec ab eo reciperent in mandatis qualiter super hoc procedere debuissent. Fuit præterea prædictis objectum quod etsi prædictum B. constaret, quod omnino falsum erat, fuisse per sedem apostolicam investitum et investituram ejus minime revocatam; quia tamen dicto H. reverentiam præposito debitam, quod probasti per testes, exhibuit et stipendium, sicut cæteri canonici, percepit ab eo, renuntiaverat juri suo nec super hoc erat de cætero audiendus. Cæterum dicto H. naturæ debitum exsolvente, cum decanus et capitulum de consilio venerabilis fratris nostri episcopi Augusten. primo sex hebdomadarum ac secundo aliarum sex et deinde trium dierum spatium electioni de præposito celebrandæ, ut absentes canonici ad electionem concurrerent, statuissent et eis postmodum convenientibus fuisset de electione tractatum, idem B. non antea contradixit quam ab electione tam se quam alios in minoribus ordinibus constitutos cognovit excludi. Sane cum decanus perscrutaturus omnium voluntates, dilecti filii Walterii Augusten. canonici super electione ipsa requisisset assensum, ipse quod eis præsentibus qui erant infra sacros ordines constituti suam non exprimeret intentionem respondit, cum ipse secundum statuta canonica nec eligi possent nec juxta ecclesiæ consuetudinem in electione vocem aliquam obtinere. Unde cum capitulum communiter statuisset eos ad electionem nullatenus admittendos, dictus B. eidem decano, Ulrico archidiacono et Erman. canonico convitia inferens, ad sedem ap. appellavit, ipsis ut ad nos accederent per appellationem indicens. Et licet ipse cum quibusdam canonicis suis de capitulo recessisset, decem tamen alii numero plures et dignitate majores, cum decem et novem tantum, qui jus in electione habebant, ad hoc convenissent, attendentes quod ejus non intererat appellare cui nihil juris fuerat in præpositura, te undecimum salva sedis ap. gratia, ne videlicet in contemptum apostolicum aliquid committere viderentur, in præpositum elegerunt. Cum igitur ex prædictis constaret eum nec investitum fuisse per sedem apost. nec a capitulo vel judicibus delegatis electum fuisse in præpositum vel assumptum et, si id etiam constitisset, sufficienter esset ex parte tua probatum investituram illam, si qua fuerat, fuisse per dictum prædecessorem nostrum postmodum revocatam; et si hæc etiam probata non essent, sufficienter esset per testes ostensum eum dicto H. reverentiam impendisse, nec esset contrarium quod fuerat ex adverso probatum, eum prædicto H. semper contradixisse, cum verbis contradicere potuisset et operibus consentire; præsertim cum, etsi testes generaliter dixerint quod dictus B. semper contradixit, generalitas tamen illa debeat ad competentes horas restringi, ne convincantur falsum dixisse si generalius intelligatur quod dixerant, et ex his omnibus sequeretur quod sua non intererat propter hoc ad sedem apostolicam appellare; concludebas quod nihil eorum quæ facta fuerant obesset quominus tua deberet electio confirmari. Cum ergo dicti cardinales hæc et alia quæcunque fuerant hinc inde proposita nobis et fratribus nostris fideliter retulissent, attestationibus, allegationibus et rationibus utriusque partis plenius auditis et cognitis, quia legitime constitit quod præfatus B. de præpositura ipsa non fuit aliquatenus investitus, etsi mandatum fuerit ut de ea investiretur, de qua etiamsi investitus fuisset, investitura ejus per prædecessorem nostrum semel et secundo certa fuit ratione cassata, quæ si nec etiam cassata fuisset, per hoc quod sæpedicto H. reverentiam exhibuit, quæ debetur præposito, juri suo renuntiasse videtur; nos attendentes sibi non potuisse de jure competere ut per appellationem ob id interpositam communem ordinationem ecclesiæ impediret, intelligentes etiam te a majori parte tam dignitate quam numero eorum quos jus eligendi constabat habere, electum fuisse canonice in præpositum, de communi fratrum consilio electionem tuam auctoritate apostolica confirmamus, præfato B. super ipsa præpositura silentium imponentes. Nulli ergo, etc.

Datum Romæ apud Sanctum Petrum, etc., *ut supra.*

CCXCI.
BITURICEN. ARCHIEPISCOPO.
Ut contra abbatem Stirpensem diffamatum inquirat.
(Datum, *ut supra.*)

Conquerente dilecto filio Willielmo canonico Stirpen. nostro est apostolatui reseratum quod abbas Stirpen., quod dolentes referimus, canonicæ professionis oblitus et observantiæ regularis, se male vivendo, ad alios perditionis exempla transmittit; cujus in tantum excrevit iniquitas, ut in ecclesia sibi commissa vigor sit religionis exstinctus et victus quotidianus non possit fratribus exhiberi. Ut enim multa et gravia quæ contra ipsum de dissolutione proprii corporis, dilapidatione bonorum ecclesiæ, crudelitate nimia nobis proposita sunt, taceamus, illud videtur in eo reprehensione dignissimum quod cum forma fieri debeat subditorum et ea facere quæ aliis prædicat facienda, illius sequens vestigia qui cœpit facere et docere, neque in dormitorio jacet cum aliis neque in refectorio convivatur, torneamenta in partibus illis sine ipso non fiunt, studiosius sæculari insistit militiæ quam cœlesti, cum scriptum sit : *Nemo militans Deo, implicat se negotiis sæcularibus*, et discreti debeant esse milites Christi a militibus sæculi, per quos ad effusionem sanguinis pervenitur, et cum vix sine ipso illæ detestabiles nundinæ celebrentur, milites, quorum se ducem constituit et magistrum, secum trahit ad prandia et de rebus ecclesiæ causa inanis gloriæ eos facit splendide procurari. Idem etiam abbas novem vel plures ecclesias, quæ per rectores proprios consueverant gubernari, suis usibus imo abusibus applicavit et eas ad extremam inanitionem deducens, neque ministros ibi constituit nec prælatos; ita ut ecclesiæ luminaribus et divinis officiis remanserint destitutæ, et eleemosynis pauperes defraudentur, et si vellemus singula persequi quæ adversus eum sunt nostris auribus intimata, et lectio tædium pareret et pagina cresceret in immensum. Nolentes, inquam, facile quidquam credere nec re incognita procedere ad vindictam, cum nobis non constiterit de præmissis, causam ipsam fraternitati tuæ, de cujus sinceritate indubitatam fiduciam obtinemus, duximus committendam, diffinitiva nobis sententia reservata : per apostolica scripta præcipiendo mandantes quatenus vel accedas ad locum, si videris expedire, vel vocatis ad præsentiam tuam quos videris evocandos, habito Dei timore præ oculis, sine personarum acceptione in causæ cognitione procedas et per claustrales et alios, quos auctoritate nostra remota appellatione compelli volumus ut perhibeant testimonium veritati, de præmissis articulis et aliis quæ partes duxerint proponenda plenissime studeas inquirere veritatem, et quidquid reprehensione inveneris dignum in capite vel in membris, in scriptum fideliter redigens, ad nos cures sub sigilli tui munimine destinare, in festo beati Andreæ terminum assignans partibus, quo se nostro conspectui repræsentent, sententiam recepturæ. Illud autem attente provideas quod prædictus V. et hi qui adversus abbatem aliquid duxerint proponendum, nullius possint potentia impediri, sed eam securitatem te faciente obtineant, quam ordo judiciarius litigantibus exigit impendendam. Si quid autem in præjudicium ipsius Willielmi et sociorum ejus, ex quo iter arripuit ad sedem apostolicam veniendi, inveneris attentatum, viribus carere decernas, in expensis legitimis eis faciens provideri. Nullis litteris, etc., harum tenore, etc.

Datum, *ut supra.*

CCXCII.
G. AQUINATI EPISCOPO.
Ut a prædecessore suo alienata et vendita rescindantur.
(Apud S. Petrum, VIII Kal. Julii.)

Congruam officii nostri actionem exsequimur, si pro ecclesiarum statu impigro studio satagimus, vigilem curam et sollicitudinem adhibentes ne in earum præjudicium aliquid statuatur; et si qua deprehenduntur temere attentata, falce moderaminis resecamus. Intelleximus sane quod bonae memoriae R. praedecessor tuus partem decimarum ad mensam episcopi pertinentem in beneficium clericis quibusdam concessit; quaedam etiam, cum ageret in extremis, tam in possessionibus quam in quibusdam proventibus aliis personis tam clericis quam laicis, non servata pontificali maturitate, donavit. Volentes itaque indemnitati tuae et ecclesiae tibi commissae pastorali diligentia providere, praedicta omnia, sicut illicite alienata esse constiterit, appellatione remota, legitime revocandi facultatem tibi auctoritate apostolica indulgemus.

Datum Romae apud Sanctum Petrum, etc., VIII Kalend. Julii.

CCXCIII.
B. WATIEN. EPISCOPO.
Constitutio quaedam de synodo servanda confirmatur.
(Romae, XII Kal. Julii.)

Cum a nobis petitur, etc., usque ad verbum effectum. Ex parte siquidem tua, nostris fuit auribus intimatum, quod cum presbyteri tuae dioecesis nunquam ad synodum convenirent, tu, sicut vir discretus et providus, diligenter attendens quod quia nunquam exhortationem sui episcopi audiebant nec percipiebant correctionem suorum excessuum, in eis et eorum subditis apparebat morum nimia corruptela et nimis existebant imperiti et rudes in regenda animarum cura, habito consilio venerabilis fratris nostri Job metropolitani tui et capituli ecclesiae tuae, ut omnes presbyteri et praelati tuae dioecesis annuatim in Nativitate beatae Virginis venirent ad tuam synodum, deliberatione provida statuisti, quibusdam decimis, quae ad sumptus episcopales specialiter pertinere dicuntur, ut eis materiem cujuslibet difficultatis auferres, universorum procurationi perpetuo deputatis. Nos igitur, venerabilis in Christo frater, tuis justis postulationibus grato concurrentes assensu, praedictam constitutionem, sicut de consilio metropolitani tui et assensu canonicorum ecclesiae tuae provide facta est, auctoritate apostolica confirmamus, etc. Nulli ergo, etc.

Datum Romae, etc., XII Kalend. Julii, etc.

CCXCIV.
NICOLAO MILITEN. EPISCOPO.
Ut a decessoribus alienata revocentur.
(Apud S. Petrum, VII Kal. Julii.)

Sicut ex officio quod nobis est divina clementia propitiante commissum tenemur his quae rite ac secundum formam canonicam peracta esse noscuntur, robur auctoritatis apostolicae impertiri; sic ad ea in irritum reducenda quae minus licite noverimus attentata, studium nos convenit et operam impendere diligentem. Nos igitur indemnitati tuae ecclesiae providere volentes, ut universa tam mobilia quam immobilia, quae a praedecessoribus tuis vel a canonicis ecclesiae tuae seu a quibuscunque personis in praejudicium tuum ac ecclesiae tuae illicite collata, subtracta seu alienata fuerunt, liceat tibi sine alicujus appellationis impedimento ad jus tuum et ecclesiae tibi commissae legitime revocare, fraternitati tuae liberam auctoritate praesentium tribuimus facultatem. Nulli ergo, etc.

Datum Romae apud Sanctum Petrum, VII Kalend. Julii.

CCXCV.
TRANEN. ARCHIEPISCOPO, ET BRUNDUSIN. ARCHIDIACONO.
Committitur eis causa Philippi notarii sui contra Thomam VI super cantoria Hydruntina.
(Apud S. Petrum, IX Kal. Julii.)

Cum litigaturus super cantoria ecclesiae Hydruntin. Thomas clericus ad nostram praesentiam accessisset, quia dil. filius magister Philippus notarius noster super ea ipsi se adversarium opponebat dicens cantoriam ipsam sibi fuisse canonice assignatam, nos eis dilectum filium G. Sanctorum Cosmae et Damiani diaconum cardinalem concessimus auditorem: coram quo ex parte praedicti T. taliter dicitur fuisse propositum, quod cum ipse cantoriam ipsam canonice fuisset adeptus et fere per viginti annorum spatium pacifice tenuisset et Romam veniens ab Albertino quondam mercatore mutuo recepit pecuniam ei apud Hydruntum cum accessionibus exsolvendam. Cumque dictus Al. propter ipsam recipiendam Hydruntum ivisset, ibidem infirmitate gravatus de pecunia ipsa disposuit; quam cum post ejus obitum idem T. erogare intenderet secundum arbitrium testatoris, Joannes, qui G. relictam ipsius Alb. duxerat in uxorem, ad venerabilem fratrem nostrum Hydruntinum archiepiscopum a sede apostolica litteras impetravit, in quibus habebatur ut quia dictus T. ad terminum constitutum pecuniam non solverat memoratam et propter hoc reus erat praestiti juramenti, ipsum cogeret ad eamdem pecuniam exsolvendam et pro perjurio ipsum ad Rom. Ecclesiam destinaret. Cum autem ipse saepedictam pecuniam conquerenti juxta mandatum apost. persolvisset et dictus I. publice fuisset et sponte confessus quod memoratus T. super solutione ipsius pecuniae non praestitisset juratoriam cautionem, sed ipse id ad terrorem in litteris apostolicis fecisset apponi, accedente propter hoc ipsius nuntio ad apost. sedem et dicto praedecessori nostro rei seriem exponente, ipse per litteras dilecti filii nostri I. tt. S. Stephani in Coelio monte presbyteri cardinalis archiepiscopo memorato mandavit ut ab eodem T. super perjurio quod dictus fuerat incurrisse purgatione recepta, ipsum non permitteret super ea alterius molestari. Licet autem dictus archiepiscopus purgationem ipsius, qui eam spontaneus offerebat, primo recipere distulisset, ei tamen indixit ut de perjurio, adulterio, homicidio et aliis criminibus se purgaret, indulta sibi super hoc consilii libertate et nulla ei poena penitus irrogata. Caeterum cum idem T. reversus ad ipsum, humiliter rogavisset ut eum indebite non gravaret et ad sedem apostolicam appellasset, ipse eum ab officio cantoriae suspendit, et post appellationem iterum interpositam ad ap. sedem in eum excommunicationis sententiam ferre et beneficiis suis non est veritus spoliare; cantoriam ipsam dicto notario nostro assignans ut apud sedem apostolicam eum patronum sibi et ei redderet inimicum, propter quod idem T. primo restitui postulabat, ac postmodum suam causam audiri. Verum ex adversa parte memoratus notarius noster litteras nobis ipsius archiepiscopi praesentavit, ad bonae memoriae Clementem papam praedecessorem nostrum directas: in quibus erat expressum, quod cum archiepiscopus ipse apostolicas et tam dicti cardinalis quam venerabilis fratris nostri Sipontini archiepiscopi, qui tunc apud sedem apostol. morabatur, litteras recepisset ut dictum T. de perjurio quod commisisse dicebatur, quoniam ad statutum terminum, prout juramento firmaverat, pecuniam non solverat memoratam, purgationem praestare compelleret, ipse accitis ad se Liciensi, Leucadensi et Augentinensi episcopis suffraganeis suis, sub apostolica ei auctoritate indixit ut septima manu de perjurio se purgaret; adjiciens ut quia fama exierat quod dictus Al. in domo sua fuerat interfectus (cujus certum erat indicium quod nec a capellano, qui ad hoc in terra illa est specialiter deputatus, viaticum receperat nec confessus fuerat alicui sacerdoti nec pulsatae fuerant in ejus decessu campanae et ejus erat sepultura incerta), super reatu homicidii tertia se compurgantium manu ostenderet innocentem; praecipiens etiam quod de adulterio diffamatus fuerat et a justitiariis propter hoc aliquando missus in carcerem; et quia cum quadam commatre sua conjugata incestum et adulterium commisisse publice dicebatur, pro incestu septimae et pro adulterio tertiae manus, non tam delegata quam ordinaria fungens auctoritate indixit. Quam quia contumaciter praestare contempsit, ipse mandatum apostolicum exsequens et a justitiae tramite non recedens, eum ab officio et dignitate suspendit, donec de praemissis omnibus se purgaret. Cum autem dictus T. sententiam suspensionis contemneret et sicut prius dignitate ac beneficio uteretur, et ducentos octoginta malachinos, quos praedecessor ipsius archiepiscopi domui Jerosolymitani Hospitalis et militiae Templi legaverat et quos ipse T. publice rapuerat de manibus testatoris, ab eo admonitus restituere non curaret, excommunicationis in ipsum sententiam promulgavit. Quia vero ipse, secundam sententiam et priorem contemnens, choro se ingessit ecclesiae Hydruntinae et admonitionem ipsius archiepiscopi, qui eum a tam temeraria praesumptione desistere commonebat ac mandabat ut exiret ecclesia, quia erat excommunicationis vinculo innodatus, a sua praesumptione non destitit, imo quod archiepiscopus mentiretur per medios dentes respondit et quod tanquam ventum ejus sententiam reputaret. Archiepiscopus ipse contumaciam tantam attendens et considerans eum idiotam esse et ad cantoriae officium minus aptum, utpote qui horas diurni officii per se nec legere poterat nec cantare et solam capitis tonsuram habebat, ac quia confessus fuerat quod conspiraverat contra archiepiscopum et manifestum erat eum contra juramentum quod ipsi praestiterat super fidelitate venisse, per sententiam dicta eum cantoria privavit et ipsam memorato nostro notario concessit; ac postmodum bonae memoriae Coelest. papa praedecessor noster eamdem sententiam confirmavit. Cum igitur dictus cardinalis quae coram eo proposita fuerant in nostra praesentia retulisset, nos causam ipsam vestro duximus examini committendam: per apostolica vobis scripta mandantes quatenus eum pro absoluto habentes, inquiratis super praemissis diligentius veritatem; et si vobis constiterit post appellationem legitime interpositam vel alias, citra justitiam praefatum T. spoliatum fuisse, appellatione remota ipsum restitui faciatis, indicta sibi super praemissis criminibus purgatione canonica; in qua si forte defecerit, cantoriae sibi dignitas auferatur et restituatur notario saepedicto pacifice possidenda. Testes, etc., cogantur. Nullis litteris, etc., si quae apparuerint praeter assensum partium, etc.

Datum Romae apud S. Petrum, ix Kalend. Julii, pontificatus nostri anno primo.

CCXCVI.

CANONICIS BASILICAE PRINCIPIS APOSTOLORUM, TAM PRAESENTIBUS QUAM FUTURIS, CANONICE SUBSTITUENDIS IN PERPETUUM.

Quod eorum ecclesiam, in qua ipse canonicus fuerat, in honorem apostolorum ditiorem reddere velit.

(Laterani, iii Id. Martii.)

Cum in lege veteri non solum laborum primitiae, verum etiam hominum primogenita, Domino mandentur offerri; nos, quos ipse, licet immeritos, gratuito coelestis gratiae rore perfusos ad summi pontificatus apicem sublimavit, ut primogeniti simus in multis fratribus, cum omne opus nostrum teneamur Domino consecrare, promotionis nostrae primitias ipsi fideliter offerre decrevimus et in honorem apostolorum principis cui, licet immeriti, non sine magno quodam et admirabili sacramento successimus in officio pastorali (cum ea die simus in sede apostolica consecrati qua beatus Petrus apostolus in episcopali fuit cathedra collocatus), sacrosanctam ejus basilicam licet tenuis, alicujus tamen muneris privilegio decorare: sperantes quod is qui munus Abel et minuta viduae missa in gazophylacium acceptavit, nostrae quoque respiciat humilitatis affectum, non quantum sed ex quanto proferamus attendens: qui cum sit Dominus omnium et bonorum nostrorum non egeat, quid digne possimus tribuenti retribuere non habemus; quia de suo reddimus, non de nostro largimur. Eapropter, dilecti in Domino filii, vobis, tanquam specialibus principis apostolorum ministris, ob ipsius apostoli reverentiam cupientes utiliter providere, attendentes etiam quod inter caeteras ecclesias per universum orbem diffusas, basilicam principis apostolorum, utpote sedem nostram, specialius diligere ac honorare tenemur, sicut qui olim in ipsa vobiscum pariter canonici beneficium assecuti, nunc de filio in patrem ejus divina sumus miseratione promoti, alteram quartam ministeriorum ad honorem Dei et apostolorum principis, ac ut sollicitius et devotius divinis officiis intendatis, de communi fratrum nostrorum consilio vobis et successoribus vestris perpetua donatione concedimus et apostolicæ sedis privilegio communimus; ita ut deinceps medietatem omnium ministeriorum sine diminutione qualibet habeatis. Ad hæc, ecclesias Sancti Jacobi et Sancti Leonardi sitas in Septiniano, quantum ad spiritualia, pleno vobis jure subjicimus, super jure patronatus nemini præjudicium facientes, ab ecclesiis autem Sancti Michaelis, Sanctæ Mariæ in Saxia et Sanctæ Mariæ in Transpadina concedimus et statuimus in scrutinio, baptismo, processionibus et chrismatis confectione, vobis subjectionem et reverentiam perpetuis in posterum temporibus exhiberi. Nullis obstantibus privilegiis, cum hoc beneficium vobis de certa conscientia conferamus. Reservantes nobis et successoribus nostris in tribus prædictis ecclesiis institutionem, destitutionem et correctionem omnium clericorum. In cæteris autem ecclesiis, quæ sunt in civitate Leoniana, et per stratam usque ad Montem malum, jus quod hactenus habuistis vobis et successoribus vestris auctoritate apostolica in perpetuum confirmamus. Decernimus ergo ut nulli omnino hominum liceat præfatam ecclesiam beati Petri temere perturbare, etc. Si qua igitur, etc.

Datum Laterani per manum Rainaldi domini papæ notarii, vicem agentis cancellarii, III Idus Martii, indictione prima, Incarnationis Dominicæ anno 1198, pontificatus vero domini Innocentii papæ III anno primo.

CCXCVII.

EPISCOPO, GAUTERO ET JOANNI ARCHIDIACONIS EXONIENSIBUS.

Furioso ablata beneficia reddi mandantur: et ne invitus coactusque tonsuratus in monasterio contra voluntatem retineatur.

(Romæ, x Kal. Julii.)

Petri diaconi humilis nobis querela monstravit quod cum coram dilecto filio abbate Radingen. et bonæ memoriæ magistro Simone, quondam procuratoribus tunc Saresberien. episcopi, a Rogerio clerico, qui multas ei molestias irrogaverat et per capellanum suum ejus capellanum graviter vulneraverat (111), traheretur in causam, in superbiæ spiritum et in iram vehementer accensus, extra seipsum factus, duceretur amens, petens se in flumen mittere vel per laquei suspendium interire. Magister vero Simon talem ipsius amentiam et infirmitatem attendens, sigillum suum ei subripuit et præbendam ejus accepit; alios quoque redditus, quos in episcopatu Saresberien. habebat, in manu sua retinuit et partem sibi, prout voluit, reservavit, partem vero aliis processu temporis assignavit. Abbas autem Radingen. ipsum capi faciens et ad monasterium suum adducens, pernoctantem ibi et ductum in capitulum tonsuravit et habitum monasticum eum indui fecit. Postea vero tali amentia et alienatione cessante, ad seipsum rediit et coram abbate, monachis et quibusdam aliis reclamavit, dicens se nec velle nec posse monachorum ordinem regulamve tenere: petens instanter ut in qua intravit veste, liber abiret. Dicti vero abbas et monachi ei exitum denegantes, per novem fere menses inclusum et custodiæ traditum retinuerunt invitum. Cum autem idem in proposito suo firmus et immobilis permaneret, a tanta violentia sedem apostolicam appellavit. Permissus autem postmodum ab abbate de custodia qua tenebatur exire, litteris dimissoriis ab eisdem abbate et monachis impetratis, iterum appellavit. Præscriptus vero magister Simon appellationi ad sedem apostolicam factæ non deferens, tam ipsum P. quam suos excommunicare præsumpsit; quos bonæ memoriæ Cœlest. papa prædecessor noster absolutos nuntiari mandavit per judices delegatos. Quocirca discretioni vestræ per apostolica scripta præcipiendo mandamus quatenus, si præmissis veritas suffragatur, præfato Petro, cui dictus prædecessor noster beneficium absolutionis impendit, præbenda sua et aliis beneficiis spoliato, amotis ab eis quibuslibet illicitis detentoribus, præbendam ipsam et omnia bona sua, quæ in ipsius juris præjudicium alienata dicuntur, appellatione cessante auctoritate nostra in integrum, sicut justum fuerit, restitui faciatis, audituri postmodum si quid propositum fuerit quæstionis et fine debito decisuri. Testes cogantur. Nullis, etc.

Datum Romæ, etc., x Kalend. Julii.

CCXCVIII.

ARCHIDIAC. MEDIOLANEN.

Quod hæretici ad nullas dignitates nec eligi nec eligere possint.

(Apud S. Petrum, XVII Kal. Julii.)

His quæ ad ampliandam fidem catholicam et reprimendam pravitatem hæreticam statuuntur, auctoritatem nostram libenter impendimus et favorem. Sane, sicut accepimus, dilectus filius noster G. Sanctæ Mariæ in Porticu diaconus cardinalis, dum legationis fungeretur officio in partibus Lombardiæ, de consilio venerabilium fratrum nostrorum Mediolanen. archiepiscopi et episcoporum qui ad eum Veronæ convenerant et quorumdam etiam sapientum instituit ut de cætero hæretici ad consilia et dignitates Lombardiæ nullatenus admittantur nec eligendi alios eis arbitrium conferatur nec in eligendis personis ad eas vocem debeant aliquam obtinere. Ad id autem servandum in posterum potestates, consules, consilia Lombardiæ astringendos constituit juratoria cautione et te ad recipienda juramenta eorum in quibusdam civitatibus deputavit, indulta tibi libera facultate contumaces excommunicationis et terras eorum interdicti sententiis

(111) Legendum *quem graviter vulneraverat.*

feriendi. Nos igitur quod ab eodem cardinali provida deliberatione statutum est ratum habentes, ut juxta mandatum ejus a civitatibus illis super hoc exigas et recipias juramenta, ad quas te ipse duxerat destinandum, injungimus, auctoritate tibi præsentium indulgentes ut contradictores excommunicationis sententia ferias et terras eorum subjicias interdicto. Nulli ergo, etc.

Datum Romæ, apud Sanctum Petrum, xvii Kalend. Julii.

CCXCIX.

NIVERNEN. EPISCOPO, VIRZILIACENSI ET DE MACERIIS ABBATIBUS.

His committitur causa abbatis Flaviniacensis contra priorem de Sinemuro.

(Apud S. Petrum.)

Cum dilectus filius G. abbas Flavin. nuper apud sedem apostolicam moraretur, supervenit dilectus fil. A. prior de Sinemuro postulans instantissime ut abbatiam Flavin. sibi restitui faceremus, qua dicebat se prætermisso juris ordine spoliatum. Nos autem dilectum filium G. tituli S. Mariæ Transtiberim presbyterum cardinalem eis dedimus auditorem; in cujus præsentia fuit ex parte jamdicti prioris propositum quod prædecessor noster Cœlestin. papa bonæ memoriæ venerabili fratri nostro Cabilonen. episcopo et dilecto filio Molismen. abbati districte præcepit, sicut in ipsius litteris continetur, ut R. quondam abbatem Flavin. omni contradictione cessante deponerent, et, nisi capitulum infra certum terminum in idoneam personam canonice converteret, ipsi de prælato idoneo monasterium ordinarent. Amoto itaque abbate a judicibus nominatis et assignato termino monachis et de communi voluntate recepto, infra quem de substituendo pastore monasterio unanimiter providerent, electioni fuit terminus assignatus: in quo cum de facienda electione communiter tractari deberet, N. monachus frater prædicti abbatis cum novem fautoribus suis monasterium noluit introire, sed ad ipsorum malitiam convincendam, ab aliis de consensu omnium electioni fuit alius terminus assignatus; ad quem, præter memoratos novem in sua sicut prius contumacia perdurantes, omnes monachi convenere. Prædicti autem novem se in domo cujusdam laici receptantes, constanter asserebant quod capitulum non intrarent, nisi electionis potestate in unum ex ipsis collata. Quod etiam conventus facere voluit, ut scandalum schismatis vitaretur; dummodo electurus juramento firmaret quod de gremio Ecclesiæ meliorem secundum conscientiam assumeret in abbatem, quod recipere noluere, nisi compromissio fieret absolute ut cui daretur eligendi facultas, undecunque vellet assumeret eligendum. Sic ergo conventus, habito prudentum virorum consilio, qui ad electionem convenerant de voluntate absentium, de facienda electione tractatum habere cœperunt et præmissos novem indignos electione credentes, tandem in quatuor monachos presbyteros de corpore convenerunt monasterii: qui promiserunt, præstito juramento, quod de gremio Ecclesiæ personam idoneam nominarent, jurantibus aliis quod illum sine contradictione reciperent qui esset a quatuor nominatis. Ipsi vero præfatum A. monachum ipsius Ecclesiæ, priorem Sinemuri, virum providum et discretum, unanimiter elegerunt; quem conventus gratanter suscipiens, cantando, sicut moris est: *Te Deum laudamus,* in sede abbatis electum solemniter posuere; qui rediens in capitulum cum conventu, se, electionem suam, electores et consentientes eis in protectione sedis apostolicæ posuit, ad eam appellando si qui ducerent resistendum. Consequenter electionem et formam ejus per idoneas personas intimavit judicibus intimatis; quibus electio valde placuit et quod idem ipsi fecissent nuntiis responderunt, si ad eos electio pertineret; coram quibus, si qui electioni se opponerent, appellatio fuit a nuntiis innovata. Quibus judices retulerunt quod in absentia partium nihil penitus innovarent, et nisi prius de causæ meritis fierent certiores et ita per septem septimanas et amplius dictus A. possessionem et administrationem habuit ut electus. Exinde dictus G. cum multitudine veniens armatorum, monasterium per violentiam occupavit, ejectis viginti duobus monachis qui ejus proposito resistebant, et post appellationem eo præsente interpositam, jam tertio eos turpiter tractari fecit et quosdam ex ipsis usque ad effusionem sanguinis verberari. Postmodum vero memoratum A. per violentiam nobilis viri ducis Burgundiæ de prioratu Sinemuri fecit expelli, data sibi magna pecuniæ quantitate, quam super possessionibus prioratus usque ad ducentas libras provenien. [*f.* Provincenses] et amplius mutuo dicitur accepisse propter quod eumdem A. et fautores suos ita inhoneste tractatos exire a terra oportuit et latere. Idem etiam dux amicos ipsius A. usque ad subversiones castrorum et incendia fuit ejus odio persecutus. Sed postmodum ad se rediens et gratiam eis restituit et a persecutione destitit monachorum: qui mox ut eis fuit opportunitas reddita, quod persecutionis tempore facere non poterant, ad sedem apostolicam accesserunt, suppliciter postulantes ne mora temporis, quam necessitas peperit non voluntas, eis deberet præjudicium generare. Contra quem citra litis contestationem fuit propositum ex adverso quod cum ipse A. ex causa multiplici esset excommunicationi subjectus, ei dictus abbas non tenebatur aliquatenus respondere. Quondam enim ipsius A. consanguinei pro violenta injectione manuum in priorem Flaviniacensem, quem membris genitalibus mutilarunt, excommunicati fuerunt publice nuntiati et castrum eorum suppositum interdicto; infra quod dictus monachus se recipiens, sacrilegorum communionem nullatenus evitavit; quibus scienter communicando, labem excommunicationis incurrit: et cum sine abbatis sui licentia claustrum exierit, quod non est etiam pro ecclesiasticis utilitatibus faciendum, secundum statuta regulæ, quæ excommunicatos asserit donec satisfaciant monasteriis quæ relinquunt, personam standi in judicio non habebat. Auctoritate quoque delegatorum judicum excommunicationis vinculo dicebatur astrictus, sicut ipsorum litteræ testabantur; cumque per annum et dimidium in excommunicatione permanserit, admitti non debebat amplius ad agendum. Adjectum fuit etiam pro abbate quod, cum propter onera debitorum quibus suum monasterium prægravatur, quæ contraxit prædecessor suus ipsius A. consanguineus, ad sedem apostolicam accessisset, sicut ex arbitrio venerabilis fratris nostri Ostien. episcopi evidenter apparet, cum trecentas quinquaginta marchas vener. fratri nostro Eduen. episcopo proinde solvere teneatur nec ad causam istam fuerit evocatus, compelli non poterat nec debebat ut adversario responderet; qui videbatur dolose versari, cum illum volebat non præmonitum convenire, de quo coram ordinario judice congruo loco et tempore, si quam haberet, poterat justitiam obtinere: cui quod nullam superesset jus ad agendum , per confirmationem ejusdem prædecessoris nostri et acta delegatorum judicum manifeste poterat approbari. Judices etiam auctoritate apostolica inhibuere conventui, ne sine priore, decano et aliis, ex justo metu absentibus, ad electionem procederent; et hoc idem quidam de capitulo inhibentes ne contra prohibitionem judicum aliquid fieret, sedem apostolicam appellarunt. Quidam vero juvenes, inhibitione judicum et appellatione contemptis; absentibus priore, decano et sociis, nolente quoque parte residentium saniore , prædictum A. eligere præsumpsere; quibus, ne possent eum ad Ecclesiam ducere, fores Ecclesiæ clausæ sunt ab his qui rectius sentiebant, ruptis funibus campanarum: unde factum est ut neque in obedientia monachorum vel fidelitate burgensium factum ipsorum procederet, nec etiam in solemnibus quæ consuevere in talibus adhiberi; et ita nec auctoritate judicum nec de conscientia diœcesani episcopi nec de voluntate ipsius capituli in spiritualibus vel temporalibus ministravit. Post hæc quidam de residentibus in capitulo, cum litteris ipsius capituli continentibus veritatem, accesserunt ad judices delegatos, ut Ecclesiæ juxta tenorem apostolici mandati consulerent postulantes. Qui, deliberato consilio, quod eis inhibentibus factum erat in irritum revocantes, et eos qui elegerant et electum per diœcesanum episcopum excommunicationis vinculo innodarunt. Postmodum ad ordinationem monasterii procedentes, ipsum G. qui præsidet, tunc Virziliacen. hostalarium, elegerunt; quem petitum solemniter et concessum monachi et populus Flaviniacenses, sicut eis a judicibus mandatum fuerat, cum honore debito recepere et tunc a diœcesano episcopo munus benedictionis nullo contradicente suscepit. Exinde ad ecclesiam pariter accedentibus, episcopus in sede abbatis illum constituens, per funem campanæ, sicut moris est, investivit; cui et monachi obedientiam et burgenses fidelitatem debitam præstitere; usque ad hæc tempora (quantum ad ipsum A.) pacifice præfuit abbatiæ. Hæc omnia quæ præmisimus, scilicet H. depositionem, et A. cassationem, verum etiam ordinationem et institutionem dictus prædecessor noster per suas litteras confirmavit; nec eo vivente præsumpsit aliquis reclamare. Cujus confirmationem ratam haberi petebat et quæ per adversarium amiserat, postquam appellationem interposuit et iter arripuit ad sedem apostolicam veniendi, sibi restitui postulabat. Cæterum præmissis objectionibus pars ipsius A. taliter respondebat, quod cum dictus G. canonicus fuerit regularis et cucullam sine abbatis sui licentia accepisset, præsertim cum talis fuerit canonica regularis, quod canonicis, ne monachi fieri possint, per privilegium denegetur, de recessu monasterii sine prælati licentia non poterat adversarium accusare. Pari modo cum eos qui dictum priorem genitalibus mutilarunt ad osculum postea pacis receperit, redditus centum librarum tam eis quam aliis per annos singulos persolvendo, super eorum communione adversario quidquam objicere non debebat, cum ipse commisisset similia vel pejora, quibus tamen se communicasse penitus denegabat. A judicibus vero delegatis ligari se potuisse illa ratione negabat, quod post depositionem memorati abbatis, eorum jurisdictio exspirasset, majore parte capituli et consilii sanioris abbatem concorditer eligente. Et cum per narrationem et responsionem litis contestatio fiat et hæc observata fuerit inter ipsos, asserebat adversarium non posse instantiam judicis declinare. Nos ergo, qui juxta commissum nobis apostolatus officium universis sumus in sua justitia debitores, per apostolica vobis scripta mandamus quatenus partibus ad vestram præsentiam constitutis [convocatis], si prædictus A. legitime comprobaverit jurisdictionem delegatorum ante institutionem præfati G. penitus exspirasse, legitimum etiam impedimentum ostenderit propter quod non potuit appellationem prosequi infra annum, cum ex justa causa indulgeatur biennium, tunc demum inquiratis super propositis et proponendis diligentius veritatem; et Deum habentes præ oculis, sine personarum acceptione causam ipsam, ad locum idoneum accedentes et utrique parti securum, si partes consenserint, fine canonico terminetis, vel eis non consentientibus, usque ad diffinitivæ sententiæ calculum procedentes, gesta omnia redacta in scriptis et sigillorum vestrorum munimine roborata ad nostram præsentiam transmittatis; statuentes partibus terminum competentem, ad quem recepturæ sententiam per se vel procuratores suos nostro se conspectui repræsentent. Interim autem prædictus G. sicut abbas libere administret. Nullis litteris, etc., præter assensum partium, etc. Quod si omnes, etc., tu, frater episcope, cum eorum altero, etc.

Datum Romæ apud S. Petrum, etc.

CCC.

MAGDEBURGEN. ARCHIEPISC. ET SUFFRAGANEIS EJUS.

Ne pro terræ sanctæ recuperatione laborantibus injuriæ inferantur.

(Apud S. Petrum, v Kal. Julii.)

Quanto gravioribus rerum et personarum periculis se opponunt qui relicta domo propria pro liberatione salutiferæ crucis et terræ sanctæ, quam Dominus noster Jesus Christus pretioso sui corporis sanguine consecravit, ad partes transmarinas accedunt, tanto circa tuitionem ipsorum et rerum suarum vigilantior cura nobis incumbit ; cum tam ipsi quam res eorum sint, donec in sancta peregrinatione permanserint, specialiter sub protectione sedis apostolicæ constituti. Ex parte siquidem dilectorum filiorum principum, magnatum et aliorum de vestra provincia, qui crucem suis humeris infigentes, ad partes Hierosolymitanas pro servitio Jesu Christi non sine magno discrimine laborarunt, fuit in auditorio nostro propositum quod ipsis in obsequio sancto manentibus, contra protectionem quam sedes apostolica duxit eis specialiter impendendam, quidam de vestra provincia malo spiritu concitati, postposita reverentia venerandæ crucis et ejus qui pro salute omnium tanquam pretium nostræ redemptionis in ea pependit, possessiones eorum et bona invadere minime timuerunt. Volentes igitur eorum temeritati, prout convenit, obviare, fraternitati vestræ per apost. scripta præcipiendo mandamus atque præcipimus quatenus præsumptores illos, qui vobis suis nominibus exprimentur, ad faciendam plenariam restitutionem taliter ablatorum et passis injuriam satisfactionem congruam exhibendam, singuli vestrum, cum fueritis requisiti, monitione præmissa per ecclesiasticam districtionem subl. appellationis obstaculo compellatis.

Datum Romæ apud S. Petrum v Kalend. Julii.

CCCI.

EPISCOPO LEXOVIEN. ET ABBATI VALLIS RICHERII

Causa abbatis de Conchis eis committitur.

(Datum Romæ apud S. Petrum.)

Sicut in litteris bonæ memoriæ Cœlestini papæ prædecessoris nostri perspeximus contineri, cum olim quidam monachus Conchen. ad sedem apostolicam accessisset cum clamoribus importunis, et quarumdam litterarum, quas secum habebat, testimonio præmunitus, asseruit quod ad mandatum dilecti filii nostri Iord., tituli Sanctæ Pudentianæ presbyteri cardinalis, tunc apostolicæ sedis legati, dilecti filii abbas Troarnensis et prior Sanctæ Barbaræ abbatem de Conchis pro inutili administratione, corporis incontinentia rerumque monasterii dilapidatione, ascito sibi priore de Lira, prædicti legati auctoritate ab officio et administratione abbatiæ memoratæ deponere curaverunt. Cum itaque non esset qui pro parte altera responderet, ad nimiam prædicti monachi pertinaciam et clamosam instantiam sententiam talem, prout rationabiliter lata fuerat, nec legitima appellatione suspensa, idem prædecessor noster confirmans, eam mandavit inviolabiliter observari. Dictus vero abbas postmodum ad apostolicam sedem cum magnis veniens periculis, laboribus et expensis, multorum et magnorum virorum testimonialibus litteris communitus, se post appellationem interpositam ad litteras per precum mendacia impetratas, a judicibus sibi suspectis, juris ordine non servato, ab administratione monasterii conquestus est injuste fuisse amotum, cum prædictus legatus sæpedictum monasterium visitans, nihil circa personam abbatis vel ipsius administrationem inutilem invenisset quod ei correctione dignum vel reprehensione videretur. Idem etiam cardinalis proprio fuit ore confessus quod quandiu in monasterio fuit, cum cuncta diligentius inquisisset, domum per omnia in bono statu invenit nec aliquid adversus abbatem fuit propositum quæstionis. Post discessum vero suum quidam adversus sæpedictum abbatem tot et tanta proposuere nefaria, quod nulla ratione, salva conscientia, sine inquisitione diligenti poterat præterire. Unde memoratis et priori mandavit ut de vita et conversatione ipsius abbatis et totius capituli statu, associatis sibi viris prudentibus, inquirerent diligenter et quidquid invenirent ibidem ei absque dilatione significare curarent. Nunquam tamen suæ fuisse intentionis asseruit quod ipsi ad sententiam proferendam absque ipsius consilio procederent et mandato. Sicque sæpedictus prædecessor noster nolens prædictum abbatem inordinate gravari, quod a prædictis inquisitoribus qui mandato cardinalis abusi fuerant factum erat enormiter circa ipsum penitus irritans, in eum statum ipsum restituit in quo fuit cum dictus cardinalis a monasterio præfato recessit. Subsequenter vero venerabili fratri nostro episcopo tunc electo et dilectis filiis Hu. et Lu. archidiacon. Ebroicen. præcipiendo mandavit ut eidem abbati memoratæ abbatiæ plenam et pacificam possessionem auctoritate freti apostolica, nullius contradictione vel appellatione obstante, restituere non differrent, revocantes in irritum quidquid post appellationem ad nos interpositam in ipsius abbatis præjudicium noscerent immutatum. Ne tamen illius restitutionis occasione vitia ejus, si forte talis esset qualem ejus adversarii asserebant, dissimulare aut fovere deberet, eisdem injunxit ut, si quis postmodum appareret qui adversus personam ejus vel administrationem inutile aliquid proponere vellet et canonica probatione monstrare, ea diligenter audirent eique cum sigillorum suorum testimonio fideliter intimarent : providentes attentius ne bona ipsius monasterii ex tunc possent per ejus negligentiam seu malæ administrationis studium dissipari. Verum cum, sicut idem abbas in nostra nuper præsentia constitutus asseruit, prædictus episcopus illius auctoritate rescripti cum suis conjudicibus in negotii deberet exsecutione procedere, ipse post labores multiplices, restitutione nondum facta, diem ipsi apud Ebroicas assignavit : ubi pars adversa ipsum ob multa pericula quæ personæ suæ imminere videbantur, quod præfati episcopi staret arbitrio fidem interponere compulerunt duobus aliis conjudicibus in absentia constitutis. Nos igitur causam ipsam tam super principali quam incidenti quæstione vestro examini committentes, discretioni vestræ, de qua plenam fiduciam obtinemus, per apostolica scripta præcipiendo mandamus quatenus super his omnibus studeatis, elicere veritatem et quod secundum Deum videritis rationabiliter statuendum, appellatione postposita, statuatis et faciatis id per censuram ecclesiasticam irrefragabiliter observari. Si qua vero partium legitime citata ad vestram præsentiam venire neglexerit, vos nihilominus, quantum de jure poteritis, in ipso negotio procedentes, finem ei debitum subl. appellationis obstaculo imponatis; provisuri attentius ut ita per omnia servato juris ordine procedatis, quod discretio vestra merito debeat commendari. Nullis litteris, etc., harum mentione, etc., Quod si non ambo, etc., alter vestrum.

Datum Romæ apud Sanctum Petrum.

CCCII.

SYRACUSANO EPISCOPO ET ABBATI SAMBUCIEN.

Ut crucem prædicent et homines ad terræ sanctæ recuperationem adhortentur.

(Datum Romæ.)

Plorans ploravit Ecclesia et vox in Rama audita est ploratus et ululatus ipsius, imo etiam in omnem terram clamor ejus exivit et in fines orbis terræ singultus ipsius; ex quo nunc ultimo, peccatis Christiani populi promerentibus, venerunt gentes in hæreditatem Domini, coinquinavere templum sanctum ejus, posuerunt Hierusalem velut pomorum custodiarum, posuerunt mortalia servorum ejus escas volatilibus cœli, carnes sanctorum bestiis terræ. Effuderunt sanguinem sicut aquam in circuitu Hierusalem et non erat qui sepeliret. Fremuerunt enim gentes et populi non prorsus inania meditati, astiterunt cum regibus suis et principes convenere in unum adversus Dominum et adversus Christum ejus; et quasi prævalentes in ipsum et in hæreditate possidentes sanctuarium ejus, profanantes Sancta sanctorum et ad pretiosa ipsius manum et animum extendentes, sancta ejus diripuere in prædam et sorte sibi ejus spolia diviserunt. Sane apostolica sedes quæ mater est omnium generalis, ægre ferens victimas filiorum et suos dolens terminos coarctari, prædecessorum nostrorum temporibus ad universas provincias, in quibus nomen colitur Christianum litteras sui gemitus destinavit, ut filios in injuriæ paternæ vindictam et fratres armaret in fraterni excidii ultionem. Licet autem diversi reges et principes Christiani ad commonitionem ipsius arma moverint in paganos, quia tamen, sicut effectus demonstrat, non ambulaverunt prout debuerant in lege Domini, imo revertebantur cum incederent et ollas carnium in deserto et Ægypti delicias in solitudine affectabant, nec in digito Domini sed sua potius potentia confidebant, quibusdam eorum pereuntibus gladio et aliis infirmitate consumptis, nondum aversus est a nobis furor Domini, sed adhuc manus ejus extenta. Non autem hæc scribimus ut vos de divina misericordia desperare velimus, quæ vocat ea quæ non sunt tanquam ea quæ sunt, quæ posset in hac Christiani populi necessitate exhibere plusquam duodecim legiones angelorum, quæ docet manus ad prælium et digitos movet ad bellum; sed ut nostram potius incuriam arguamus, qui culpis nostris miserationem Domini visi sumus hactenus retardare; sicut filii Hierusalem, qui murmuravere in castris nec exaudierunt vocem Domini, quadraginta dies quibus potuissent terram repromissam intrare in annos totidem convertere. Sic, sic olim populus Hierusalem, cum ad debellandum tribum Benjamin prius Domino consulto, deinde ipso ascenderet injungente, non prius de ipsis victoriam est adeptus quam semel et secundo conversus in fugam, culpas suas hostili gladio expiaret. Siquidem si fides nostra sicut granum sinapis fuisset et in lege Domini ambulassent qui tulerunt crucem ejus ut ipsius injuriam vindicarent, unus nostrum mille et duodena millia effugasset; et sicut deficit fumus et fluit cera a facie ignis, sic inimici ejus ab eorum præsentia defecissent. Quamvis autem contrarium merita non meruerint, qui per peccata quæ jugiter facimus ad duriora Dominum provocamus : quia tamen miserationes ipsius sunt super omnia opera ejus et cum iratus fuerit, misericordiæ recordatur, si conversi fuerimus, adjiciet misereri Deus et non continebit in ira misericordiam suam; nec dabit hæreditatem suam in opprobrium ut dominentur ei de cætero nationes, ne forte consentiant adversarii nostri et dicant : *Manus nostra excelsa, non Deus, fecit hæc omnia* (*Deut.* xxxii, 27). Quis igitur in persona propria pro eo laborare recuset, imo etiam extrema pericula sustinere, qui pro nobis crucis patibulum subire voluit ut inimici a nobis expelleret potestatem ? Quis sua deneget illi qui nobis et esse contulit et habere; qui centuplum retribuit in præsenti et in futuro præmia pollicetur æterna ? Nam, et secundum Apostolum, pietas promissionem habet vitæ quæ nunc est et futuræ. Quis pro eo mori deneget, qui actus est pro nobis obediens usque ad mortem, mortem autem crucis ; qui habet potestatem corpus et animam perdere in gehennam ; et secundum multitudinem miserationum suarum brevi temporis spatio mortis compendio vitam istam in æternam potens est commutare? Exsurgant igitur fideles Ecclesiæ, apprehendant arma et scutum, et exsurgant in adjutorium Jesu Christi; ut et ipse mittat eis auxilium de sancto et de Sion tueatur; eo faciente cum ipsis signum in bonum qui conterit bella, qui currum et exercitum Pharaonis projecit in mare; infirmi robore accingantur, ut arcum fortium superent et superbiam eorum humilient qui non in Deo sed in sua feritate confidunt. Quia vero plerique laborare sufficiunt in personis, qui subvenire non possunt in rebus et e converso nonnulli non in personis sed in rebus possunt præstare succursum; ut omnes laboris sint et mercedis participes, dilectis filiis comitibus, baronibus et universo populo Siciliae mandavimus, et in remissionem injunximus peccatorum ut ad defensionem terrae nativitatis et resurrectionis Dominicae, ubi Deus, Rex noster, ante saecula salutem in medio terrae dignatus est operari, in navigio, victualibus et aliis necessariis studeant subvenire. Cum enim Teutonici in ultramarinis partibus commorantes, sicut accepimus, in proximo sint ad propria redituri; nisi terrae illi devotio populi Christiani subvenerit, et residuum locustae comedet brucus et non solum non recuperabimus jam amissa, imo potius recuperata et possessa diutius, quod avertat Dominus, amittemus. Nos autem, ne videamur aliis onera gravia et importabilia imponere, digito autem nostro nolimus ista movere, aliquem de fratribus nostris in expensis propriis ad partes illas cum alio competenti subsidio disposuimus destinare : qui exercitum Domini in humilitate praecedat et, Josue pugnante, cum Aaron ascendat in montem contemplationis et oret ut Amalec in fugam, faciente Domino, in ore gladii convertatur. Omnibus autem qui propter hoc in persona propria laborabunt, de Dei et apostolorum ejus Petri et Pauli auctoritate confisi, plenam peccatorum suorum, de quibus cordis et oris egerint poenitentiam, veniam indulgemus. Caeteros vero qui ad opus hujusmodi exsequendum aliqua de bonis suis forte contulerint, juxta muneris quantitatem et praecipue juxta devotionis affectum, remissionis hujus participes esse censemus. Sciat autem se culpabiliter durum et dure culpabilem, qui monitis apostolicis in opere tam pio et necessario neglexerit acquiescere, cum apostolorum moneamur exemplis ut collectas pro fratribus et indigentibus, maxime laborantibus in Hierusalem, faciamus. Cum ergo vos ad proponendum Verbum Domini populo Siciliae, de providentia et religione vestra confisi, duxerimus deputandos, discretionem vestram rogamus, monemus et exhortamur in Domino, et in remissionem vobis injungimus peccatorum quatenus circumeuntes civitates, oppida et castella, tam cives quam nobiles et universum populum Siciliae salubribus monitis et exhortatione assidua inducatis ut opponant se murum pro domo Domini ascendentibus ex adverso, sicut dictum est, supradictae orientali terrae studeant subvenire. Taliter autem sollicitudinis vestrae prudentia his exsequendis insistat ut zelum Domini vos habere in instanti necessitatis articulo comprobemus et ad dilectionem vestram tanto amplius provocemur, quanto ad liberationem terrae illius ardentius aspiramus. Confidimus enim quod si cum Petro rete praedicationis vestrae laxaveritis in verbo Dei, non tam copiosam multitudinem piscium quam utilem et necessariam et per quam pater misericordiarum et Deus totius consolationis finem imponet super hoc laboribus Ecclesiae, concludetis.

Datum Romae etc

In eumdem fere modum omnibus per Apuliam, Calabriam, Thusciam, et..... constitutis.

CCCIII.

CONVENTUI S. SALVATORIS DE TILESIO.
De electione digni et utilis abbatis.
(Apud S. Petrum, v Non. Julii.)

Causam quae inter P. quondam abbatem vestrum ex una parte et vos ex altera vertebatur, venerabilibus fratribus nostris Beneventano archiepiscopo, episcopo Telesino et dilecto filio priori S. Andreae recolimus commisisse. Sed ipso episcopo propter aegritudinem excusato et dicto archiepiscopo vices suas, propter emergentia negotia, dilecto filio Beneventano primicerio committente, cum praefatus prior et primicerius controversiam vellent servato juris ordine pertractare, tandem sicut accepimus, factum est de consensu partium quod abbas sponte renuntiaverit abbatiae et si placeret nobis, in uno casali sibi monachi providerent. Nos ergo attendentes quod cuilibet licet renuntiare his quae pro se introducta sunt, ratam resignationem ejus habentes et eligendi vobis pastorem facultatem liberam tribuentes, universitati vestrae per apostolica scripta mandamus atque praecipimus quatenus servantes unitatem spiritus in vinculo pacis vel de ipsius monasterii gremio, si quispiam ibi ad hoc reperitur idoneus vel de alio etiam monasterio, secundum regularem observantiam, talem personam studeatis eligere in abbatem, quae afflicto monasterio praeesse valeat et prodesse : quem, cum electus canonice fuerit, cum monachorum numero competenti nostro conspectui praesentetis, benedictionem recepturum a nobis, si vestris votis duxerimus annuendum. Si vero secus agere praesumpseritis et electum et electores confusos ad vos remittemus et nos ipsi per alios faciemus indemnitati monasterii provideri.

Datum Romae apud S. Petrum, v Non. Julii.

CCCIV.

EPISCOPO ET CAPITULO LEMOVICEN.
Ut quemdam M. Petrum in canonicum recipiant.
(Apud S. Petrum, x Kal. Julii.)

Nec novum debetis nec absonum reputare si de illorum sumus provisione solliciti, qui apud sedem apostolicam pro suis vel suorum dominorum negotiis constituti, nostram et fratrum nostrorum gratiam conversatione laudabili meruerunt. Tanta est enim apostolicae sedis benignitas, ut accedentes ad se fratrum et coepiscoporum nostrorum nuntios benigne recipiat et laborem eorum qui apud eam longo tempore commorantur in beneficio vel aliis quae digne postulaverint recompenset. Inde est quod cum dilectus filius noster magister Petrus Chalboini, venerabilis fratris nostri Walteri Rothomagensis archiepiscopi clericus, ex diutina mora quam apud nos fecit, suae probitatis et scientiae meritis nobis et fratribus nostris charus sit admodum et acceptus, pro ipso litteras vobis duximus apostolicas destinandas; rogantes, monentes et exhortantes in Domino, ac per apostolica vobis scripta mandantes quatenus, cum in Ecclesia vestra certus non sit numerus præbendarum, eum in fratrem et canonicum vestrum ob reverentiam apostolicæ sedis et nostram liberaliter admittatis, præbendam sicut uni ex vobis, ipsi vel procuratori suo absque dilationis tædio conferentes: primitias precum nostrarum taliter audituri quod propter hoc vobis denuo scribere non cogamur; scituri quod sicut nostræ intentionis existit nihil præcipere inhonestum, sic non relinquemus quod mandaverimus imperfectum nec contemptum nostrum tolerabimus patienter.

Datum Romæ apud Sanctum Petrum, x Kal. Julii, etc.

CCCV.
EPISCOPO ET DECANO MATISCONEN.
Major et sanior capituli pars in statuendo prævaleat.
(Apud S. Petrum.)

Officium injunctæ administrationis exigit ut de statu Ecclesiarum curam gerere debeamus et quæ minus ordinata fuerit, per studium nostræ sollicitudinis, prout congruum fuerit, ordinentur: quatenus personis idoneis substitutis in eis et cunctis juxta normam constitutionis Ecclesiæ recte dispositis, divinæ laudis obsequia ibi digne valeant exerceri. Ex tenore siquidem litterarum vestrarum nobis innotuit quod cum in Ecclesia vestra necessitas exigit aliquid ordinari vel emendari quod minus canonice noscitur attentatum, quod a majori parte capituli provido consilio disponendum fore censetur, duo vel tres ex ipsis canonicis motum animi sui sequentes, suam contradictionem opponunt et ita communem utilitatem et Ecclesiæ profectum non metuunt impedire. Nos igitur Ecclesiæ vestræ utilitatibus providere volentes, discretioni vestræ præsenti pagina indulgemus ut vobis liceat de assensu majoris et sanioris partis capituli, paucorum contradictione seu appellatione nequaquam obstante, corrigere (nisi juxta constitutionem Lateranen. concilii ab eis rationabile aliquid objectum fuerit et ostensum) quæ in Ecclesia vestra corrigenda emerserint et statuere quæ fuerint statuenda. Nulli ergo etc.

Datum Romæ apud S. Petrum, etc.

CCCVI.
AYMONI DECANO MATISC.
Ut sacrilegi et raptores bonorum Ecclesiæ coerceantur.
(Datum, ut supra.)

Cum antiqui hostis fallax suggestio fragilitatem conditionis humanæ sæpius ad illicita declinare compellat, et quanto magis dolet de reparatione humani generis, tanto efficacius ipsum captivare laboret: contra ipsius astutiam cura debemus insistere diligenti et illos quos fraudis suæ laqueo nititur impedire affectione omnimoda ad justitiæ semitam revocare. Quoniam igitur quidam, ut audivimus, spiritu malignitatis inducti, Ecclesiarum bona rapere, homines earum capere, sacrilegia etiam com-

(112) Cap. *Exposuisti*, De corpore vitiatis.

mittere et multa alia damna eisdem non metuunt irrogare, præsenti tibi pagina indulgemus ut malefactores Matisconen. Ecclesiæ, si tamen ei sint diœcesana lege subjecti, nisi ad diligentem monitionem tuam satisfactione se digna correxerint, nullius contradictione vel appellatione obstante, per censuram ecclesiasticam valeas coercere. Nulli ergo, etc.

Datum ut supra.

CCCVII.
MILITEN. EPISCOPO.
Abbas ob gravem corporis defectum amovetur.
(Apud S. Petrum, v Kal. Julii).

(112) Exposuisti nobis in nostra præsentia constitutus quod I., quondam prædecessor tuus, Ph. in abbatem promovit, nesciens quod ipse manu esset altera mutilatus. Quia vero abbas ipse noscitur sinistra carere, quid super hoc agendum sit, nostra voluisti responsione doceri. Nos igitur fraternitati tuæ taliter respondemus quod cum pro tam enormi defectu ad sacros non possit ordines promoveri et ipse in promotione sua id tacuerit fraudulenter, ab abbatiæ officio est non immerito amovendus.

Datum Romæ apud S. Petrum v Kal. Julii, etc.

CCCVIII
SENONENSI ARCHIEPISCOPO.
De pœnitentia et absolutione archidiaconi Lugdunensis.
(Apud S. Petrum, III Non. Julii.)

Ex parte venerabilis fratris nostri R. Lugdunen. archiepiscopi litteras accepimus continentes quod cum R. quondam archidiaconus Lugdunensis multa enormia commisisset, in ipsum exigentibus meritis mandati apostolici auctoritate recepta sententiam excommunicationis injecit, et eumdem officio beneficioque privavit. Verum quia, sicut tam idem archiepiscopus quam multi alii per suas nobis litteras intimarunt, prædictus R. quoniam ei dedit vexatio intellectum, desiderat satisfacere de commissis et suos excessus cum omni humilitate deplorat, de cujus dejectione multa Lugdunensi Ecclesiæ dicuntur incommoda provenire: Nos itaque cum eo misericorditer agere cupientes, ut contra justitiam non recedamus a tramite veritatis, fraternitati tuæ per apostolica scripta mandamus quatenus, accepto a præfato R. juramento, juxta formam Ecclesiæ ipsum ab excommunicatione absolvas. Si autem idem R. pro crimine, secundum juris ordinem, sententiam illius depositionis incurrit, cum publice criminosum et maxime convictum de crimine, in sua nolimus nequitia confovere, eamdem sententiam facias firmiter observari. Alioquin super ipso negotio ejusque processu rei veritatem diligenter inquiras et quod inveneris in scriptum redigens totum rei processum sub tuis litteris et sigillo inclusum nobis fideliter non differas destinare; ut sic per te sufficienter instructi melius et liberius in negotio procedere valeamus.

Datum Romæ apud Sanctum Petrum, iii Non. Julii.

CCCIX.
PADUANO EPISCOPO.
Ut clerici laicos vita et moribus bonis superent quos dignitate præcellunt.
(Kal. Julii.)

Cum in Ecclesia Dei diversi sint ordines constituti et ab eis quibus plus committitur plus etiam exigatur, expedit his qui in sortem Domini sunt assumpti quod laicos vita sicut dignitate præcellant; ut non solum distantia sit in ordine, sed in moribus etiam gradus attendi valeat honestatis. Quidam vero officii sui debitum nullatenus attendentes, quæ in clericis et laicis concupiscibilia sunt affectant, dum præbendarii et clerici, ut laici, imo plusquam laici non metuunt lascivire. Sane significavit nobis dilectus filius T. Feltren. præpositus quod Feltren. canonici, qui laicos tenerentur ad viam rectitudinis exemplo boni operis informare, clericali honestate neglecta, incedunt in habitu laicali et cum concubinis suis publice non dubitant habitare. Cum igitur ministris altaris munditia sit indicta, dicente propheta: *Mundamini qui fertis vasa Domini*, etc. (*Isa.* LII, 11), fraternitati tuæ per apostolica scripta mandamus quatenus dictos canonicos moneas diligentius et inducas ut honestatem servent et habitum clericalem et a concubinarum suarum cohabitatione recedant et, juxta Ecclesiæ consuetudinem, refectionem in canonica simul suscipiant et, nisi evidens necessitas intervenerit, de nocte dormiant infra claustrum. Alioquin eos Feltren. Ecclesiæ beneficiis, sublato appellationis obstaculo, auctoritate nostra non differas spoliare.

Datum, etc., Kal. Julii.

CCCX.
ARCHIEPISCOPO MONTIS REGALIS.
De illorum absolutione qui violentas manus in clericos injiciunt.
(Romæ, iii Non. Julii.)

Licet percutienti nos in una maxilla præbere alteram teneamur et pro persequentibus et calumniantibus exorare, ne tamen malignantium effrenata licentia, si quidlibet impune præsumeret, incentivum pareret delinquendi, sic provida prædecessorum nostrorum auctoritas cohibere voluit a clericis violentiam laicorum ut eorum excessum plus corrigeret quam puniret, dum non eis temporalem pœnam infligeret, sed ad correctionem a communione fidelium violentos manuum injectores decerneret separatos. Propter quod etiam, ad majorem cautelam et reverentiam potiorem, absolutionem talium sibi soli sedes apostolica reservavit: ut quos nec timor Domini nec religio clericalis a sua præsumptione compesceret, labor saltem et difficultas itineris a violentia refrenaret. Hujus autem constitutionis rigorem Ecclesia Romana ex certis causis, cum voluerit, speciali dispensatione relaxat: quæ in hoc non tam utilitatem propriam captat quam cleri- corum immunitatem et delinquentium in eos salutem affectat. Quia vero in Siciliæ partibus sicut et in regionibus aliis in hoc nonnulli sæpius inconsulti calore delinquunt, qui proprii corporis valetudine, videlicet infirmitate gravati, ad sedem apostolicam pro absolutionis beneficio laborare non possunt; ut eos quos ætas maturior vel evidens infirmitas a labore hujus itineris excusaverit absolvas, dum tamen in hoc metas tuæ diœcesis non excedas, nisi grandis fuerit et enormis excessus, auctoritate tibi præsentium personaliter usque ad triennium indulgemus. Nulli ergo, etc.

Datum Romæ, etc., iii Nonas Julii.

CCCXI.
ABBATI ET MONACHIS BURGULIEN.
De officio abbatis et de restituenda disciplina monastica.
(Non. Julii.)

Ea quæ a fratribus et coepiscopis nostris, qui in partem sollicitudinis nostræ sunt vocati, auctoritate sedis apostolicæ ratione prævia statuuntur, ne per alicujus insolentiam seu temeritatem immutentur vel infringantur, aut in dubium revocentur, apostolico debent munimine roborari. Eapropter, dilecti in Domino filii, vestris justis postulationibus clementer, etc., *usque ad* annuimus. Institutionem quæ in Ecclesia vestra a vener. fratre nostro H. Redonen. episcopo, de mandato bonæ memoriæ M. tt. Sanctorum Jo. et Pauli presbyteri cardinalis, qui tunc in partibus vestris legationis officio fungebatur, juste et rationabiliter factam, quam de verbo ad verbum præsentibus duximus exprimendam, cum aliis bonis et approbatis constitutionibus auctoritate apostolica confirmamus et præsentis scripti pagina communimus. Statuimus enim pro bono pacis et amore religionis quod abbas, qui plus debet prodesse quam præesse et discipulos suos magis exemplo quam verbo edocere et cui oportebit coram summo Judice non tantum de seipso, sed etiam de ovibus sibi commissis rationem reddere, ut semper pauset in dormitorio, nisi fuerit infirmus aut minutus vel de via post completorium venerit: quod tamen summopere cavendum est, nisi de necessitate hoc fiat. Quod si taliter contigerit, comedere et dormire in camera sua poterit. Post comestionem vero vigiliis superfluis et inordinatis, quæ absque nimia potatione fieri non solent, omnino abstineat, ut cum conventu sobrie ad matutinas valeat recurrere. Præcipimus etiam ut semper comedat in refectorio, nisi causa hospitalitatis cum viris religiosis vel cum aliqua honesta persona in camera comedere voluerit. Præcipimus etiam quod nunquam ibi carnes comedat, nisi infirmus aut minutus fuerit, vel auctoritate majoris. Si vero abbas aliqua infirmitate laboraverit, cum fratribus sed paucis et sine laicis et clericis, carnes in camera comedere poterit. Antiquas vero infirmarias fratrum non prohibemus. Præcipimus etiam et suademus ut quando ei licebit, in claustro sedeat cum claustralibus, causa ædificationis et amore spiritualis refectionis. Coopertoria vero inordinata abbati et monachis inhibemus et auctoritate qua fungimur districte præcipimus ne abbas vel aliquis fratrum intus vel extra coopertorium habeat nisi de catis vel agniculis, aut vulpibus. Præcipimus etiam ut cum de rebus monasterii tractare voluerit, consilio fratrum utatur, juxta illud Sapientis: *Omnia fac cum consilio*, etc. (*Prov.* xiii, 10, 16.) Suademus etiam ut, in quantum poterit, studeat vitium elationis fugere memineritque scriptum: *Rectorem te constituerunt. Esto in illis, quasi unus ex illis* (*Eccli.* xxxii, 1). Volumus præterea et causa dilectionis præcipimus ut duo de fratribus, qui discreti sint et boni testimonii, singulis annis in majori capitulo eligantur, qui ad loca monasterii semel et secundo accedentes, de vita et statu monachorum diligenter perscrutentur et quæ corrigenda viderint vel ipsi corrigant vel abbati et capitulo corrigenda relinquant. Volumus etiam decanos, qui eidem monasterio utiliter provideant, ab abbate cæterisque fratribus juxta antiquam consuetudinem institui. Prohibemus etiam ne ipse abbas absque assensu capituli sui ultra summam decem librarum Andegaven. mutuo accipiat. Quod si ab ipso præsumptum fuerit, ad solutionem ultra accepti debiti volumus non teneri. Præcipimus etiam ut duo fratres bonæ vitæ et maturæ ætatis sigillum capituli custodiant nec ideo aliquid nisi de communi assensu sigillent et quæ in eo sigillata dei confirmata sunt, abbate ipsum detinente, in irritum revocentur. Prohibemus etiam ut nulli personæ duo officia committantur, nisi necessitate urgente vel causa eminentis utilitatis. Quod si ab ipso abbate præsumptum est, in irritum revocetur. Decernimus ergo, etc.

Datum, etc., Nonis Julii.

CCCXII.

EPISCOPO, P. ARCHIDIACONO, ET DECANO DE WIRCHIA REDONEN.

Ejusdem argumenti cum præcedenti.

(Romæ, *ut supra*.)

Constitutus in præsentia nostra dilectus Lambertus monachus Burgulien. sua nobis querimonia declaravit quod cum a felicis recordationis Cœlest. papa prædecessore nostro super causa quæ inter ipsum L. et R. monachos ex una parte, et Hy. abbatem Burgulien. ex altera vertebatur, de dilapidatione bonorum Ecclesiæ suæ et aliis in quibus abbatem jamdicti monachi impetebant, ad dilectos filios Vindocinensem, de Persenia et de Busseria abbates litteras impetrassent, per insidias decepti latentes, cum ad Vindocinen. abbatem venissent, ut ei suas litteras exhiberent, ipsis litteris a quodam milite cognato sui abbatis infra claustra Vindocinen. monasterii fuerunt per violentiam spoliati, et, ut asseruit præfatus L., cum in manu præscripti abbatis Vindocinen. ipsæ litteræ fuissent postea resignatæ et ab eo detentæ, iidem monachi, ne procederent in causa, fuere amissis litteris impediti: unde dictum monasterium non modica patitur detrimenta. Nolentes igitur morbidum pastoris exemplum, gregem sibi commissum deflere, nec eum incorrectum esse per cujus alii debent corrigi disciplinam, discretioni vestræ per apostolica scripta mandamus quatenus ad Burgulien. Ecclesiam pariter accedentes, tam intrinsecis quam extrinsecis ad vos fratribus convocatis, veritate super statu et ordine monasterii et ipsius abbatis administratione a singulis seorsum, prout Ecclesiæ noveritis expedire, diligentius inquisita, si culpam impositam in abbatem noveritis redundare, excessus ejus tanto districtius puniatis, quanto sibi ab excessibus in pastorali sollicitudine positus debuisset amplius præcavisse. Si vero iidem fratres veritati testimonium renuerint perhibere, ad veritatis assertionem a vobis, quemadmodum justum fuerit, compellantur. Nihilominus etiam in fratribus vestris si aliqua videritis emendanda, quæ in damnum Ecclesiæ vel ordinis inhonestatem possint aliquatenus denotari, auctoritate apostolica corrigatis. Ut autem honestas ordinis in ejusdem Ecclesiæ abbatem et monachos fortius imprimatur, institutionem a te, venerabilis frater Redonen. episcope, cum bonorum virorum consiliis ordinatam, et auctoritate Lonæ memoriæ M., tituli sanctorum Joannis et Pauli presbyteri cardinalis, tunc temporis apostolicæ sedis legati, provide promulgatam, cum aliis bonis et approbatis constitutionibus faciatis inviolabiliter observari. Nihilominus in debitum statum appell. postposita reducentes quidquid ab ipso abbate vel a suis post appellationem ad sedem apostolicam legitime interpositam in præjudicium ipsorum monachorum temere noveritis attentatum. Provisuri ne, sicut frequenter audivimus, monachi malitiose procedant, non quæ Jesu Christi sed quæ sua sunt consequantur. Testes, etc., cogantur. Nullis litteris harum tenore tacito, etc. Quod si omnes, etc., tu, frater episcope, cum eorum altero, etc.

Datum Romæ, etc., *ut supra*.

CCCXIII.

R. ARCHIPRESBYTERO, P. MAGISTRO SCHOLARUM, ET P. DE VICO CANONICO S. AUSTREGISILI BITURICEN.

Ut decimæ suæ Ecclesiæ solvantur.

(Romæ, Non. Julii.)

(113) Cum apostolica sedes, cui licet immeriti præsidemus, universis per orbem Ecclesiis non humana sed divina sit institutione prælata, justum est et conveniens ut ad eam, tanquam ad magistram et matrem super diversis juris articulis referantur dubiæ quæstiones; quatenus quæ jura constituit, eadem quoque jura distinguat: ne quæ diversa cernuntur videantur adversa. Sane, sicut ex litteris vestris accepimus, cum ex una parte capitulum Sancti Stephani et capitulum de Salis, ex altera monachi de Pratea super decima quadam quam a monachis ipsis petebant in vestrum

(113) Cap. *Cum apostolica sedes*, De his quæ fiunt prælato sine sensu capituli.

compromisissent arbitrium, et vos, partibus convocatis, cognosceretis de causa, monachi proponebant donationem ipsius decimæ sibi a quodam milite factam et venerabilis fratris nostri Bituricen. archiepiscopi diœcesani ejus accedente consensu confirmatam fuisse, seque auctoritate Hieronymi munitos existere, qui scribens ad Damasum, ait : *Si aliquando fuerint a laicis male detenta quæ divini juris esse noscuntur et in usum transierint monachorum, episcopo tamen loci illis præbente consensum, constabunt eis omnia perpetua firmitate subnixa.* E contrario pars allegabat adversa consensum episcopi sine cleri consensu minus sufficere, auctoritate Leonis papæ dicentis (114) : *Ne quis episcopus de rebus Ecclesiæ quidquam donare vel commutare vel vendere audeat; nisi forte aliquid horum faciat ut meliora prospiciat, et cum totius cleri consensu atque tractatu id eligat quod non sit dubium Ecclesiæ profuturum.* Quia vero super his auctoritatibus dubitantes, sedem apostolicam consulere voluistis, humiliter inquirentes utrum quando decima possidetur a laico, si conferatur Ecclesiæ, ad confirmandam donationem consensus episcopi sine cleri consensu sufficiat : Nos devotioni vestræ taliter respondemus, quod monendus est laicus qui decimam detinet, ut eam restituat Ecclesiæ ad quam spectat. Quod si forsan induci nequiverit et eam cum diœcesani consensu alteri Ecclesiæ assignaverit, præsertim religioso conventui, constabit ipsa donatio perpetua firmitate subnixa. Auctoritates enim præmissæ, licet diversæ, non sunt tamen adversæ; cum aliud sit alienare quod ab ecclesia possidetur, et aliud, quod detinetur a laico ad usum ecclesiasticum revocare. In alienatione vero, juxta Leonis papæ decretum, consensus episcopi sine cleri consensu non sufficit. In revocatione autem, juxta responsum Hieronymi, sufficit consensus episcopi, cum per utrumque utilitati Ecclesiæ consulatur. Nam et in Lateranensi concilio sit inhibitum ne quælibet religiosa persona ecclesias et decimas de manibus laicorum sine consensu episcoporum recipiat. Per quod recte datur intelligi quod sufficit consensus episcopi ut licitum sit Ecclesiæ decimam de manu recipere laicali (115). Hæc autem de iis decimis intelligimus quæ perpetuo sunt in feudum concessæ.

Datum Romæ, etc., Non. Julii pontificatus nostri anno primo.

CCCXIV.
MIDRAN. PRESBYTERO.
Cardinalis sententiam sese pontifex confirmare ait.
(VII Idus Julii.)

Cum tu et B. presbyter Tarvisinus, qui se sufficientem procuratorem pro I. sacerdote, quem similiter in causam traxeras, in præsentia nostra gerebat, pro multis quæstionibus inter vos habitis apud sedem apostolicam constituti essetis, nos tibi et ei dilectum filium nostrum V., tt. S. Martini presbyterum card., dedimus auditorem. Ipse autem, auditis

(114) 12, q. 2, cap. 52.

utriusque partis rationibus et plenius intellectis, habito consilio dilectorum filiorum P., tt. Sanctæ Cæciliæ presbyteri, P., Sanctæ Mariæ in Via Lata diaconi cardinalium et Lotarii subdiaconi nostri juris periti et aliorum prudentum, de mandato et voluntate nostra sententialiter diffinivit quod sententia lata de mandato bonæ memoriæ C. papæ, prædecessoris nostri, a venerabili fratre nostro episcopo et dilecto filio archidiacono Tarvisin. super restitutione et possessione beneficii ecclesiæ de Mestre, cum ea integritate quam unquam melius habuit et possedit, sicut apparet ex publicis instrumentis, firmiter servaretur. Exsecutionis quoque sententiam a venerabili fratre nostro Castellano episcopo super eodem negotio promulgatam, et qua prædictum B. in decem et octo libris Veneten. pro damnis illatis tibi condemnavit, sententiando statuit inviolabiliter observandam; adjiciens quod nominatus B. legitime compelli deberet ad solvendam tibi pecuniam memoratam et restituenda damna ex integro, pro fractione parietis cameræ, cum officinis domus quæ fueras consecutus. Præmissos etiam B et I. ad satisfaciendum plenissime de omnibus damnis tibi per se vel per suos illatis similiter condemnavit. Et quia dictus B. presbyter ab apostolica sede recedens, pro se responsalem, sicut nos ipsi præceperamus et etiam ipse nobis promiserat, idoneum non reliquit, in expensis a te factis post recessum ejus ipsum B. legitime condemnavit. Nos ergo præmissam sententiam, sicut rationabiliter lata est a dicto cardinale, ratam habentes, auctoritate apostolica confirmamus et præsentis scripti pagina communimus. Decernimus ergo, etc.

Datum, etc., VII Idus Julii, etc.

CCCXV.
MEDIOLANEN. ARCHIEPISC.
Ut Bonacosam clericum et nuntium suum canonicum efficiat.
(VII Idus Julii.)

Cum pro his tibi preces apostolicæ porriguntur qui apud Romanam Ecclesiam obsequiis tuis et Ecclesiæ Mediolanen. insistunt, miramur non modicum si eas differas effectui mancipare; et ex hoc nos a te pro alienis minus audiendos præsumimus, a quo pro tuis familiaribus et domesticis non audimur. Meminimus enim quod olim tibi preces porrexerimus et mandatum, ut dilectum filium Bonacosam clericum et nuntium tuum, qui apud sedem apostolicam pro tuis diutius obsequiis laboravit, in canonicum Ecclesiæ beati Ambrosii recipi faceres et beneficium quod in ea vacare dicebatur, ipsi ob reverentiam sedis apostolicæ assignari. Verum, sicut rerum demonstrat effectus, te id minus sollicite procurante, canonici ejusdem Ecclesiæ, cum ad te dictæ litteræ pervenissent, post appellationem ad nos interpositam tres in suos canonicos recepere; mandato apostolico, quod pro eodem B. tibi porrectum fuerat, non admisso. Quocirca fraternitati

(115) Istud additum est ex tertia Collectione.

tuæ per apostolica scripta mandamus quatenus, revocato in irritum quidquid post appellationem ad nos interpositam super beneficio ipso in ipsius præjudicium inveneris attentatum, ei beneficium, si quod vacat, appellatione remota non differas assignare.

Datum, etc., VIII Idus Julii, etc.

CCCXVI.

CHARO ARCHIEPISCOPO MONTIS REGALIS EJUSQUE SUCCESSORIBUS CANONICE SUBSTITUENDIS IN PERPETUUM.

A decessoribus suis indulta privilegia confirmat.

(Apud S. Petrum, V Kal. Maii.)

Licet Dominus noster Jesus Christus Ecclesiam suam instituens, discipulis suis eamdem super credentes ligandi ac solvendi dederit potestatem, unum tamen in ea, beatum scilicet Petrum apostolum, voluit præminere, dicens: *Tu es Petrus, et super hanc petram ædificabo Ecclesiam meam.... et quodcunque ligaveris super terram, erit ligatum et in cælis; et quodcunque solveris super terram, erit solutum et in cælis* (Matth. XVI, 18, 19). Intelligendum ex hoc tribuens fidelibus universis quod sicut unus erat mediator Dei et hominum homo Jesus Christus, pacificans quæ in cœlis erant et quæ super terram et dissolvens maceriarum parietem, ac faciens utraque unum, sic et in Ecclesia sua unum ex ipso et per ipsum omnium caput esset; ne in membris fieret ulla diversitas, quæ non per unius auctoritatem ac providentiam capitis ad unam fidei veritatem eamdemque religionis regulam reducerentur et cultum. Quod etiam in eo loco monstratur, in quo et de confirmandis fratribus et pascendis Dominicis ovibus præceptum a Domino nostro legitur ei datum. Ex hac itaque potestate, quæ ad beatum Petrum ex Dominica traditione pervenit, sacrosancta Rom. Ecclesia, quæ per Dominum Jesum Christum ab eodem beato Petro instituta est et fundata, super universas Ecclesias auctoritatem obtinuit ut ubique ratum esset ac solidum quod ipsius providentia statuisset. Quod etiam ab universis Ecclesiis per orbem terrarum usquequaque diffusis et receptum est et servatum; ita ut per eam et distributio facta sit dignitatum et indictum Christi fidelibus et diligentius ordinatum quod ad cultum pertinere visum est pietatis. Ex hac siquidem data beato Petro a Domino potestate ipse ac successores ipsius per diversa mundi loca constituerunt episcopos et dignitates per provincias diviserunt. Nos etiam qui eis, licet impares meritis, Domino vocante successimus, in loco qui Mons Regalis dicitur, pro multa utilitate populi Christiani metropoliticam sedem a piæ memoriæ domino Lucio prædecessore nostro statutam auctoritate apostolica confirmamus. Cum enim illustris memoriæ V. quondam Siciliæ rex, divinæ charitatis igne succensus, ad gloriam Dei et salutem suam ac parentum suorum monasterium ibi fundasset, et primo locum ad id agendum beato Petro et Romanæ obtulisset Ecclesiæ, ab episcopali subjectione per auctoritatem prædecessoris nostri felicis memoriæ Alexandri papæ assensumque bonæ memoriæ Walterii Panormitani archiepiscopi liberum reddidit et quietum; ac sic ædificiis erigendis regiam curam impendens, brevi tempore templum Domino multa dignum admiratione construxit, castris munitissimis et redditibus ampliavit, libris et sacris vestibus et argento decoravit et auro, et tandem multitudinem monachorum de Cavensi ordine introduxit et in tantum ædificiis et rebus extulit aliis locum ipsum, ut simile opus per aliquem regum factum non fuerit a diebus antiquis, et homines in admirationem adducat ad quos ex auditu solo potuerit quod factum est pervenire. Deinde ad opus bonum, sicut cervus ad fontes aquarum, anhelans et modicum reputans quidquid desiderio fecerat æternorum, juxta id quod Sapientia dicit: *Qui edunt me, adhuc esurient; et qui bibunt me, adhuc sitient* (Eccli. XXIV, 29), a prædicto Alexandro et Lucio prædecessoribus nostris ac fratribus cum multa instantia postulavit ut idem locus dignitate metropolitica donaretur, præsertim cum et illuc populum congregare cœpisset et disponeret congregare, qui ex illa parte contra omnium inimicorum incursus inexpugnabile munimen posset toti terræ conferre. Porro idem dominus Lucius, deliberatione habita non parva cum fratribus, et attendens communem utilitatem quæ de incremento illius loci sperabatur, desiderio et petitioni ejus liberaliter acquievit; ne ubi liberalissimus ipse de thesauro et tenimentis suis exstiterat, idem papa de his quæ ad injunctum sibi apostolatus officium pertinebant existere difficilis videretur et tanta ejus minueretur tarditate devotio, quam summi pontificatus studio de bono congruebat ad melius incitari. Nam et hoc pro desiderio ejus non parum facere videbatur quod licet insolitum esset, duæ metropoles iam vicinæ consisterent, ex hac tamen nova constitutione nequaquam jus minueretur alteris; cum jam ante monasterium ipsum per archiepiscopos et episcopos tam in se quam in omnibus locis suis ab omni episcopali jure fuisset exemptum et plena in omnibus libertate donatum; ita ut nulli archiepiscopo vel episcopo, nisi tantum Romano pontifici, subjaceret. Supradictum itaque Vulliel. prædecessorem tuum, suis tanquam beati Petri manibus consecravit et pallii dignitate statuit decorandum; recipiens eamdem Ecclesiam ad honorem Domini Dei nostri et memoriam beatæ Mariæ semper virginis regia liberalite fundatam, sub apostolici tuitione muniminis, et suo privilegio quod factum fuerat roboravit. Statuit autem in primis ut ordo monasticus, qui secundum Dei timorem et beati Benedicti regulam et Cavensis monasterii observantias in eodem loco institutus esse dignoscitur perpetuis ibidem temporibus inviolabiliter observetur. Præterea quascunque possessiones et quæcunque bona eadem Ecclesia in præsentiarum ex domo prænominati regis ac quorumlibet aliorum rationabiliter possidet aut in futurum concessione pontificum, largitione principum, fidelium oblatione, etc., *usque ad verbum* permaneant. In quibus episcopatum Catanien. proprio duximus vocabulo designandum; quem idem dominus Lucius de fratrum communi consilio, ad multam prædicti regis instantiam, dicto prædecessori tuo ejusque successoribus, sicut propriis archiepiscopis, metropolitico in perpetuum constituit jure subesse. Episcopale quoque jus, et omnia quæ in subscriptis locis ex concessione fratrum et coepiscoporum idem prædecessor tuus habebat ipsi ejusque successoribus confirmavit et firma et illibata perpetuis temporibus permanere decrevit. Ex concessione scilicet bonæ memoriæ Walterii Panormitani archiepiscopi, cum voluntate, consilio, et assensu omnium canonicorum suorum et regia etiam conniventia totam parrochiam et diœcesim castelli Corilionis cum monasterio Sanctæ Mariæ Magdalenæ, et aliis ecclesiis cum decimis et aliis justitiis quas de baronibus et aliis hominibus ipsius castelli et pertinentiarum ejus Panormitana Ecclesia solebat percipere et cum omni parochiali jure et episcopali quod in eadem parochia et diœcesi videbatur habere. Ecclesiam præterea Sancti Silvestri, quæ fuerat de Mania et proprii juris Panormitan. Ecclesiæ, quam pro eo quod Ecclesiæ tuæ multum vicina erat et multum utilior erat ei quam Panormitan. Ecclesiæ jamdictus archiepiscopus, sicut in ejus scripto authentico continetur, de consilio et assensu omnium fratrum suorum eidem Ecclesiæ libera et spontanea tradidit voluntate cum omnibus tenementis, villanis et possessionibus et omni jure suo. Ex concessione bonæ memoriæ Nicolai quondam Messanen. archiepiscopi cum totius capituli sui consensu, omne jus episcopale quod Ecclesia Messanen. deberet habere in monasterio et omnibus pertinentiis ejus, quod illustris recordationis Margarita gloriosa quondam regina in loco qui dicitur Maniatium in diœcesi Messanen. ad honorem Dei et beatissimæ Mariæ semper virginis memoriam pro sua devotione construxit et per prædictum archiepiscopum ab omni debito Messanen. Ecclesiæ liberum obtinuit et quietum. Ex concessione T. Regen. archiepiscopi cum communi capituli sui consensu, totum jus episcopale vel quodcunque aliud Regensi Ecclesiæ pertinebat in monasterio Sancti Salvatoris de Marcello, quod construxit Joannes Calomen. regius quondam camerarius et in monasterio monialium sancti Joannis Exocaliva, quod est extra muros civitatis Regii et cellis, obedientiis, possessionibus, tenimentis ac pertinen. monasteriorum ipsorum, juxta quod in jamdicti archiepiscopi privilegio continetur. Ex concessione B. Agrigentini episcopi cum capituli sui assensu, tam parochiam et diœcesim quam universum jus episcopale, cum omnibus decimis aliis justitiis suis, quas de baronibus et aliis hominibus castelli Battellarii et pertinentiarum ejus et casalis Busachini nec non et alias decimas omnes et alios redditus, quos Agrigentina Ecclesia in castro Corilionis et pertinentiis ejus habebat, sicut in scripto ipsius episcopi dignoscitur contineri. Ex concessione M. Mazanen. episcopi parochiam et diœcesim et jus episcopale omnesque decimas et alios redditus quos Ecclesia Mazanen. habebat in municipio Jati, et municipio Calatratasi cunctisque pertinen. ipsorum, sicut in scripto præfati episcopi manifestius continetur. Ex concessione R. Anglonen. episcopi cum communi capituli sui consensu, in monast. Carbonen. cellis, obedientiis et possessionibus ejus totum jus episcopale et quodcunque aliud in eo Anglonen. habebat ecclesia, sicut in ipsius episcopi scripto denotatur expressum. Ex concessione Bisinianen. episcopi cum capituli sui assensu, ecclesiam Sanctæ Mariæ de Macla cum episcopali jure et omnibus obedientiis et pertinentiis suis, sicut in ejusdem episcopi privilegio demonstratur. Ecclesiam quoque Sancti Martini constructam in tenimentis ecclesiæ a Petro Indulfo, quam ipse P. obtulit eidem ecclesiæ, cum tenimentis, possessionibus et pertinentiis suis. Pallium ad hæc, plenitudinem scilicet pontificalis officii, fraternitati tuæ de sedis apostolicæ auctoritate ac liberalitate largimur, quo intra Ecclesiam tuam ad missarum solemnia celebranda subscriptis diebus uti debebis, Nativitate scilicet Domini nostri Jesu Christi, S. Stephani, octava Dominicæ Nativitatis, Epiphania, Hypapanti, Dominica in Ramis Palmarum, Cœna Domini, Sabbato sancto, Pascha, et duobus diebus sequentibus, Ascensione, Pentecoste, tribus festivitatibus beatæ Dei genitricis et virginis Mariæ, natalitio beati Joannis Baptistæ, commemoratione Omnium Sanctorum, solemnitatibus omnium apostolorum et præcipuis festis Ecclesiæ tuæ, dedicationibus ecclesiarum, consecrationibus episcoporum, ordinationibus clericorum et anniversario tuæ consecrationis die. Provideas igitur quomodo hujus indumenti honor modesta sit actuum vivacitate servandus; ut ei morum tuorum ornamenta conveniant et esse valeas plus bonis actibus quam hujusmodi ornamento, Deo auctore, conspicuus; et quem pastoralis curæ constringit officium, dilectionem proberis fratribus exhibere, ut in humilitatis virtute fundatus nec eleveris prosperis nec fatigeris adversis. Ipsi etiam adversarii, propter mandatum Dominicum, tuo circa te copulentur affectu, et quantum in te fuerit, pacem habeto cum omnibus et ad pacem studeto reducere discordantes. Fulgeat in pectore tuo rationale judicii, cum superhumerali actione conjunctum, et ita in conspectu Dei procedas et hominum, quatenus commisso tibi gregi Dominico virtutis præstes exemplum et taliter opere præcedas et verbo, ut videntes opera tua bona glorificent Patrem nostrum, qui in cœlis est, et gaudeant se talem rectorem habere, per quem et erudiantur ad fidem et ad recta opera provocentur. Obeunte vero te, vel tuorum quolibet successorum, nullus ibi qualibet subreptionis astutia seu violentia præponatur, nisi quem monachi ejusdem loci vel major pars consilii sanioris de ipso collegio, siquidem idoneus fuerit in eo repertus, secundum Deum et canonicas sanctiones crediderint eligendum. Quod si forte idoneus ibi reperiri nequiverit et aliunde fuerit assumendus, per fratres ipsius loci monachus eligatur, qui nimirum et regularibus cibis et indumentis utatur. Quæ omnia, sicut ab eodem prædecessore nostro provide facta sunt, rata omni tempore volentes et inconcussa servari, nostri quoque privilegii munimine roboramus. Præterea ad exemplar felicis recordationis Clementis papæ prædecessoris nostri, ut Ecclesia Syracusana, quæ usque ad tempus ipsius nulli nisi Romano tantum pontifici dignoscitur subjecta fuisse, tibi deinceps et successoribus tuis catholicis metropolitico debeat jure subesse, auctoritate apostolica confirmamus. Decernimus ergo, etc., salva sedis apostolicæ auctoritate. Ad indicium sane devotionis suæ, ac demonstrandum quod eadem Ecclesia Romano tantum pontifici subjaceret, supranominatus rex, cum eam sub nomine monasterii fundare cœpisset, centum tarenos Romano pontifici annis singulis statuit persolvendos. Si qua igitur in futurum, etc.

Datum Romæ, apud Sanctum Petrum, per manum Rainaldi domini papæ notarii, cancellarii vicem agentis, v Kalend. Maii, indictione prima, Incarnationis Dominicæ anno 1198, pontificatus vero domini Innocentii papæ tertii anno primo.

CCCXVII.

ABBATI ET CONVENTUI DE PIGAVIA.

De causa ipsorum, quam habebant contra episcopum Mersburgensem.

(Romæ, apud S. Petrum, iii Idus Julii.)

Cum tempore bonæ memoriæ Cœl. papæ, prædecessoris nostri, tu, fili abbas, ad Romanam curiam accessisses, privilegium et alia scripta meruisti a sede apostolica obtinere; et sicut a te accepimus, cum reversus fuisses ad propria, privilegium dictum et alia scripta in præsentia fratrum tuorum et quorumdam canonicorum Mersburgensium, qui in defensionem quorumdam monachorum illuc venerant, fecisti fideliter recitari. Quod intelligens venerabilis frater noster Mersburgen. episcopus, nuntiavit et scripsit imperatori te contra honorem imperii ad Romanam Ecclesiam accessisse et privilegium in ejus præjudicium impetrasse. Unde motus imperator curiam tibi indixit et privilegium sibi præsentari præcepit, quod receptum noluit tibi postmodum resignare. Et dum in his et aliis te per episcopum gravari sentires, appellatione interposita sedem apostolicam visitasti: a qua per nuntios commissionis litteris impetratis, partes judices citavere, in causa ipsa juxta formam mandati apostolici processuri. Verum dum hæc agerentur, venerabilis frater noster Magdebur. archiepiscopus ad petitionem episcopi memorati de mandato imperiali te ab officio beneficioque suspensum a monasterii administratione removit et curam ejus duobus militibus assignavit. Unde timens abbatiæ periculum provenire, cum et tibi periculum immineret super controversiis quæ inter te et episcopum et quosdam monachos vertebantur, arbitrium archiepiscopi te promisisti, fide in manibus ejus hinc inde præstita, servaturum. Sicque factum est ut ipse archiepiscopus, adjunctis sibi tam clericis quam laicis, inter quos erat et dapifer imperialis, sub certa forma arbitrium promulgaverit. Post hæc iterum Romam veniens, quæ facta fuerat eidem prædecessori nostro diligenter exponere procurasti: cui et adversario tuo custodi Mersbur. procuratori dicti episcopi nos ipsi, cum essemus in minori officio constituti et dilecti filii I. tt. Sancti Stephani in Cœlio monte et I. tt. Sanctæ Priscæ presbyteri cardinales deputati fuimus auditores: et tandem, auditis quæ partes duxerant proponenda, sub certa forma de consensu partium causa commissa fuit judicibus delegatis, videlicet ut de omnibus diligenter inquirerent, excepto quod indagationem libertatis ejusdem monasterii, cum duobus capellis, apostolicæ sedis examini per omnia reservarent. Cumque ita judices delegati partes ad suam præsentiam auctoritate apostolica evocassent, memoratus episcopus delegatos ipsos suspectos sibi proposuit et causas suspicionis multiplices assignavit. Consequenter etiam eorum volens judicium declinare, sedem apostolicam appellavit. Sed reversus postmodum coram eisdem, sacramentum calumniæ præstitit, testes produxit, petitis dilationibus et obtentis. Ipsi ergo judices procedentes in causa, auditis utriusque partis rationibus et plenius intellectis, gesta omnia sigillorum suorum munimine roborata ad sedem apost. destinarunt, terminum partibus imponentes quo recepturæ sententiam apostolico se conspectui personaliter præsentarent. Ad quem tu personaliter accedens, episcopus pro se misit dilectos filios H. Mersburgen. canonicum et B. S. Nicolai Mersburgensis scholasticum responsales; qui gesta quæ delegati transmiserant nec publicari debere dicebant nec fidem eis penitus adhibendam; cum et a suspectis judicibus et post appellationem legitime interpositam recepta fuerint et descripta: parte tua contrarium postulante, præsertim quia, ut firmiter, asserebat, nuntii memorati personam standi judicio non habebant, cum excommunicati essent, et episcopus fuisset sub pœna suspensionis injunctum ut ad causam agendam in propria persona veniret: quod cum non fecerit, pœnam suspensionis incurrit. Quem prædicti nuntii propter ægritudinem et senectutem personaliter ad Romanam Ecclesiam non posse accedere proponebant, alia quæ ipsis objecta fuerant denegantes. Qui pro ipso episcopo factum taliter proponebant, quod cum ab eo, tanquam a prælato tuo, abbatiam et sacerdotium percepisses, sicut fueras in jure confessus, propter pravam conversationem tuam super multis enormitatibus cœpisti a monachis conveniri; inter quos episcopus pacem et concordiam sæpius reformavit, monens [te ut ad frugem melioris vitæ transires. Cum autem fratres per ea quæ jugiter faciebas de tua emendatione nullatenus jam sperarent, contra te proposuerunt in synodo de dilapidatione, quod res monasterii pauperum usibus deputatas voluptuose consumeres et pro defectu necessariorum religio ibi penitus deperiret, te etiam de sacrilegio, simonia, aliisque multis criminibus impetebant interdum coram episcopo, quandoque in præsentia cardinalis, quem episcopus tandiu sustinuit quod monachis denegare justitiam dicebatur. Citatus exinde ab episcopo, nuntium misisti super omni gravamine quod tibi possit inferri per sententiam episcopi provocantem. Cum autem neque per te neque per nuntium ad archiepiscopum accessisses, ipse archiepiscopus appellationi tam generaliter factæ in præjudicium Ecclesiæ judicavit nullatenus deferendum. Episcopus itaque, habito prudentum consilio, citatum denuo te ab officio beneficioque suspendit. Interim superveniens dilectus filius noster I., tt. Sancti Stephani in Cœlio monte presbyter cardinalis, tunc apostolicæ sedis legatus, ad dictam abbatiam accessit ut componeret inter te et monachos memoratos. Sed te in villis proximis latitante et magistro Ulrico allegante, dictus cardinalis latam in te suspensionis sententiam confirmavit. Sic ergo latenter Romam veniens, commissionis litteras veritate tacita et sub specie renovationis privilegium quod nunquam hactenus habueras, impetrasti. Cumque judices delegati episcopo suspecti essent et monachis, a quibus nec unius diei poterant inducias obtinere, appellatione interposita ab episcopi nuntiis, statim cum privilegium subreptitium legeretur, partes nuntios suos ad sedem apostolicam transmiserunt: de quorum assensu causa tandem fuit aliis conjudicibus sub certa forma commissa, sicut in commissionis litteris continetur. Sed cum non omnes possent examinationi causæ propter nimiam distantiam interesse, dilectus filius abbas de Goizoche, una cum venerabilibus fratribus nostris dicto archiepiscopo, Balbergen. et Misnen. episcopis et quamplurimis Ecclesiarum prælatis, inter episcopum, te et monachos pacem et concordiam reformavit. Iterum autem ad Romanam Ecclesiam latenter accedens et proponens multa contra monachos et episcopum, ad duos judicum illorum, quos superius episcopo duximus esse suspectos et a quibus nuper ipse episcopus per nuntios appellaverat, commissorias litteras impetrasti. Qui cum justas exceptiones episcopi non admitterent, quas in continenti probare volebat, sedem apost. appellavit. Sed ipsis in causa nihilominus procedentibus, invitus accessit ad eos, timens ne sua justitia deperiret. Cum autem, post alia quæ judices ipsi proprio motu fecerant, terminum publicandis attestationibus præfixissent, venientibus partibus, unus tantum comparuit de judicibus cum alterius nuntio; qui nec habebat ad alios litteras nec cavere volebat quod dominus suus vices suas præsenti judici commisisset. Sicque factum est quod solus Nunburgen. præpositus, licet tribus sigillis appositis gesta descripserat quæ fuerant ad sedem apost. destinata; unde dicebant fidem eis nullatenus adhibendam; et quia ipsum instrumentum relationis ipsorum judicum fuit in superficie vitiosum et datum ab eo quem plurimis dicunt excommunicationis vinculis innodatum. Verum præmissa fere omnia pro episcopi parte proposita, tu veritate destitui firmiter asserebas. Quia vero memoratus episcopus, eo quod juramentum præstitit de calumnia et a delegatis inducias postulavit et testes coram eis produxit, appellationi renuntiasse videtur et eorum examini consensisse: Nos, habito fratrum consilio, in præmissa incidenti quæstione interlocuti fuimus quod deberent ea coram prædictis judicibus gesta fuerant publicari; ut secundum tenorem ipsorum, nostra tandem sententia formaretur. Tibi igitur et procuratoribus episcopi supradicti venerabilem fratrem nostrum O. Ostien. episcopum et dilectum filium P., tituli Sanctæ Cæciliæ presb. card., dedimus auditores; qui cum ea quæ fuerant hinc inde proposita et ostensa nobis et fratribus nostris fideliter retulissent, quia tam per confessiones quam per attestationes legitime constitit quod fide hinc inde data compromissum est in arbitrium archiepiscopi memorati et quorumdam etiam aliorum, Nos de consilio fratrum nostrorum ipsum arbitrium decernimus observandum, illis duntaxat exceptis capitulis quæ contra libertatem ipsius monasterii et duarum capellarum eiusdem in arbitrio sunt expressa: cum etsi sponte volueris, de jure tamen nequiveris sine licentia Romani pontificis renuntiare privilegiis vel indulgentiis libertatis quæ monasterium illud indicant ad jus et proprietatem Rom. Ecclesiæ pertinere; præsertim cum in ultimæ commissionis litteris contineatur expressum quod sæpedictus prædecessor noster super renuntiatione a te super privilegio et aliis scriptis facta nullum tibi vel successoribus tuis aut etiam monasterio et duabus capellis de Pigavia præjudicium voluit generari. Quia vero in eisdem litteris commissoriis expressit quod indagationem libertatis ejusdem monasterii cum duabus capellis in eadem villa positis apostolicæ sedis examini per omnia reservavit, quidquid contra formam hujus mandati a delegatis prædictis actum est revocamus et viribus omnino carere censemus; reservantes eidem episcopo liberam facultatem ut contra libertatem ipsius monasterii ordine judiciario valeat experiri; interim autem donec ipsa quæstio canonice terminetur, tu et monasterium tuum non compellamini obedientiam eidem episcopo exhibere, sed in eo statu maneatis in quo post impetratum privilegium et ante datum arbitrium, dignoscimini exstitisse. Quoniam ergo personales injuriæ quæ præcesserant per arbitrium sunt sopitæ, cum vos vicissim in pacis osculum receperitis, quæstiones tam super ablatorum restitutione quam super subjectione monasterii duximus committendas. Nulli ergo, etc.

Datum Romæ apud S. Petrum, iii Idus Julii, etc.

CCCXVIII.

DE NOVO BURGO ET DE VALLE S. GEORGII ABBATIBUS ET PRÆPOSITO S. SEVERI DE EFFORDIA.

Ejusdem fere argumenti cum superiore.

(Reate, xii Kal. Augusti.)

Cum inter vener. fratrem nostrum Mersburgen. episcopum et dilectum filium abbatem de Pigavia super diversis articulis controversia verteretur et eadem sæpe fuisset a bonæ memoriæ Cœlest. papa prædecessore nostro commissa, tandem ad præsentiam nostram abbas prædictus et dilecti filii Hen. et B. procuratores ipsius Mersburgen. episcopi accedentes, cum super ea in auditorio diutius nostro litigassent, sententiam a nobis accipere meruerunt, cujus tenor ex litteris nostris sententiam continentibus vobis plenius innotescet. Verum cum pro defectu probationum quæstio quæ vertitur inter eos super statu monasterii de Pigavia non potuerit terminari, nos inquisitionem ipsius vestræ duximus experientiæ committendam, diffinitiva nobis sententia reservata. Cæterum quia idem abbas multis et magnis se queritur a dicto episcopo vel mandato ejus per alios spoliatum; per apostolica vobis scripta mandamus atque præcipimus quatenus thesauri Ecclesiæ, privilegiorum, indulgentiarum et aliorum, quibus eum inveneritis minus rationabiliter ab episcopo destitutum, facta sibi restitutione plenaria, super libertate seu subjectione præmissi monasterii et aliis quæ adversus se duxerint proponenda inquiratis, solum Deum habentes præ oculis, sine personarum acceptione plenissime veritatem et usque ad diffinitivam sententiam subl. appellationis diffugio procedentes gesta omnia nobis mittatis sigillorum vestrorum munimine roborata; ut per ea certiores effecti, securius in ipso negotio procedere valeamus; certum terminum partibus assignantes, ad quem nostro se conspectui repræsentent diffinitivam sententiam recepturæ. Nullis litteris, etc., harum mentione non habita, præter assensum partium, etc. Quod si omnes, etc., tu dilecte, fili abbas de Novo-Burgo, cum eorum altero, etc. Testes cogantur.

Datum Reate, xii Kal. Augusti.

CCCXIX.

ARCHIEPISCOPO, DECANO ET PRÆCENTORI LUGDUNEN.

Committitur causa archidiaconatus Cabilonensis.

Cum pro causa quæ inter dilectos filios Falconem et Gualterum Cabilonensis Ecclesiæ archidiaconos vertebatur, procuratores utriusque partis ad nostram præsentiam accessissent, nos eis dilectum filium nostrum G. Sancti Adriani diaconum cardinalem concessimus auditorem: coram quo ipsius F. archidiaconi procurator proposuit quod cum olim, pro variis gravaminibus quæ adversarii ejus Cabilonen. Ecclesiæ inferebant, ad sedem apostolicam accessisset, ad dilectos filios abbatem Sancti Martini, cantorem Eduensem, archidiaconum Flaviniacen. litteras impetravit ut dictum G. archidiaconum canonica districtione compellerent ut ob Cabilonen. Ecclesiæ et hominum cujusdam obedientiæ ejus, quæ potestas A Bolaci dicitur, molestatione cessaret et de injuriis illatis ipsum eidem Ecclesiæ satisfactionem cogerent debitam exhibere. Cumque judices secundum mandatum apostolicum vellent in causa procedere, pars adversa, ut judicium declinaret, sedem apostolicam appellavit. Adjecit etiam quod a bonæ memoriæ Cœlestino papa prædecessore nostro confirmationis litteras impetrarat super quibusdam institutionibus ejusdem Ecclesiæ de communi assensu capituli constitutis, ex quarum inobservantia Ecclesia ipsa debito servitio fraudabatur. Licet autem idem prædecessor noster venerabili fratri nostro Eduen. episcopo ad ejusdem archidiaconi postulationem mandasset ut eas faceret observari, ipse tamen semel solummodo Cabilonen. capitulo pro his servandis suas litteras destinavit nec super hoc ultra processit. Petebat itaque procurator ipse pro archidiacono memorato priorem causam committi, confirmari constitutiones prædictas et ea sibi restitui quæ ad utilitatem ejusdem Ecclesiæ coactus fuerat expendisse. Cæterum procurator partis alterius ex adverso respondit quod cum dictus F. archidiaconus in succentorem Cabilonen. Ecclesiæ, diaconatus fungentem officio, in communi dormitorio manus injecisset temere violentas et eum traxisset verberando per claustrum, tu, frater archiepiscope, eum ob violentam manuum injectionem et violationem immunitatis Ecclesiæ fecisti excommunicatum publice nuntiari. Ipse vero ad apostolicam sedem accedens confessus est quod in clericum manus injecerat violentas; supprimens autem quod immunitatem violasset Ecclesiæ, super absolutione sua litteras impetravit; sed nihilominus in excommunicatione remansit, cum alteram causarum, pro quibus excommunicatus fuerat tacuisset. Unde ipsum nec in jure stare posse dicebat, nec procuratorem constituere: præsertim cum is cui causæ suæ procurationem commiserat ob excessum similem, eadem innodatus sententia teneretur. Ea etiam carere viribus allegabat quæ in excommunicatione positus a sede apostolica impetrarat. Licet autem per hoc dictus G. archidiaconus ei non teneretur, nisi obtento prius absolutionis beneficio, respondere; nihilominus tamen se dictorum judicum conspectui præsentaret et per litteras venerabilis fratris episcopi et dilecti filii decani ipsius Ecclesiæ ostenderat quod nec ipse adversus eamdem Ecclesiam nec Ecclesia adversus eum haberet aliquam quæstionem et litteræ quas adversarius ejus obtinuerat ab apost. sede impetratæ non fuerant de capituli voluntate. Accedente igitur die altera quæ ipsis fuerat assignata, cum super eo quæreretur a partibus utrum renitente capitulo dictus F. archidiaconus esset pro Cabilonen. Ecclesia contra eumdem G. archidiaconum admittendus, ipse G. propter suspicionem judicum ad sedem apostolicam appellavit. Ad ea vero quæ super servandis consuetudinibus Ecclesiæ proposita fuerant sic respondit quod cum memoratus episcopus dictis decano et capitulo mandavisset memoratas consuetudines observari, responderunt se ipsas libentius servaturos, nisi paupertas Ecclesiæ impediret; adjicientes, ut statum Cabilonen. ecclesiæ per suas litteras sedi apostolicæ nuntiarent. Ex his igitur concludebat nec expensas quas dictus F. archidiaconus fecerat ipsi debere restitui, cum potius, ut ab excommunicationis vinculo solveretur, ad sedem apost. accessisset nec eum esse super confirmandis Ecclesiæ consuetudinibus audiendum, cujus non poterat litteras procurationis ostendere, imo ipse procurator esse a capitulo institutus. Propter quod cum instantia postulabat ordinationem Ecclesiæ dictis episcopo et decano committi; ita quod quidquid de majori et saniori parte capituli, tam super instituendis canonicis quam super aliis ad ordinationem ejusdem Ecclesiæ pertinentibus, constituerent, non obstante contradictione paucorum, inviolabiliter servaretur, nec obstantibus litteris super servandis prædictis consuetudinibus ad dictum Eduen. episcopum destinatis. Petebat etiam dictum F. archidiaconum excommunicatum denuntiari; cum nec satisfecisset passo injuriam et de violatione immunitatis Ecclesiæ non fecisset aliquam mentionem. Ex parte vero prædicti F. archidiaconi taliter fuit ad objecta responsum, quod licet super violenta manuum injectione accusatus fuisset, ei fuit Ecclesiæ solummodo introitus interdictus; sed postmodum ad apostolicam sedem accedens, sine contradictione qualibet fuerat absolutus. Nos igitur causam ipsam vestro examini committentes, discretioni vestræ per apostolica scripta mandamus quatenus, si vobis constiterit dictum F. archidiaconum ob duplicem causam excommunicatum fuisse, et expressisse tantum alteram in litteris quas super absolutione sua ab apostolica sede obtinuit, ipsum tanquam excommunicatum satisfacere Ecclesiæ suæ de altera, monitione præmissa, per censuram ecclesiasticam appellatione remota cogatis. Prædictas vero constitutiones, si eas de assensu capituli majoris sanioris partis sine pravitate qualibet inveneritis esse factas et possibilitas Ecclesiæ patitur, faciatis inviolabiliter observari. In aliis ordinationem Ecclesiæ prædictis episcopo et decano auctoritate apostolica committatis; ita ut quæ cum majori parte capituli tam super canonicis instituendis quam super aliis canonice duxerint statuenda, non obstante contradictione vel appellatione paucorum, obtineat firmitatem. Expensas vero antedicto archidiacono restitui faciatis, si legitime probare potuerit se de Capituli mandato suscepisse prædicta negotia promovenda et propter hoc ad sedem apostolicam accessisse. Nullis litteris, etc., præter assensum partium, etc. Quod si omnes, etc. tu, frater archiepiscope, cum eorum altero, etc.

Datum, etc.

CCCXX.

P. SCHALAHOLTDEN. ET B. HOLEN. EPISCOPIS ET ALIIS ECCLESIARUM PRÆLATIS ET CLERICIS UNIVERSIS PER ISLANDIAM CONSTITUTIS.

Significat eis gravia quædam vitia quæ per Islandiam corrigere debeant.

(Reat., III Kal. Aug.)

Quamvis insula vestra longo terrarum tractu ab Urbis partibus sit remota, vos tamen, quod apostolicæ provisionis non sitis extorres, æstimare debetis, cum ex injuncto nobis apostolatus officio facti simus secundum Apostolum sapientibus et insipientibus debitores, et ita pastoralem sollicitudinem gerimus de propinquis, quod eam extendimus etiam ad remotos, quos absentes corpore, spiritu vero præsentes, charitatis brachiis amplexamur. Sane dilectum filium Erlend. abbatem, latorem præsentium quem ad nos transmittere curavistis, boni testimonii virum, paterna benignitate recepimus et sicut eo didicimus referente, licet nullas ex parte vestra portaverit nobis litteras sigillatas, quas tamen asseruit se amisisse in maris periculis constitutum, nonnulla in partibus vestris velut in usum et consuetudinem sunt redacta, quæ ab agro Dominico sunt studiosius exstirpanda, ne per spinas et tribulos semen evangelicum suffocetur. Inter quæ sequentia duximus ad cautelam, exempli gratia, exprimenda: ut per ea studeatis cætera vitia capitalia evitare per quæ ira Dei venit in filios diffidentiæ, qui stercora pro croceis amplectuntur, et luci tenebras anteponunt. Et ut incipiamus a primo inobedientiæ vitio per quod peccatum intravit in mundum, cum in Ecclesia Dei diversi gradus, adinstar cœlestis curiæ, sint distincti, ut secundum dispositionem superiorum obtemperantibus inferioribus, cuncta rite procedant, unde et Romana Ecclesia tanquam magistra non humana sed divina dispositione universis et singulis per orbem Ecclesiis est prælata, ut ad eam velut caput aliæ sicut spiritualia membra respondeant : cujus pastor ita suas aliis vices distribuit ut, cæteris vocatis in partem sollicitudinis, solus retineat plenitudinem potestatis, ut de ipso post Deum alii dicere possint : *Et nos de plenitudine ipsius accepimus* (*Joan.* I, 16), sicut idem E. abbas nobis diligenter exposuit, qui sunt inter vos subditi, dum prælatis suis, in his quæ agunt perperam, nolunt humiliter obedire ac secundum ipsorum monita salubria declinare a malo et facere bonum, contra torrentem dispositionis divinæ brachia nituntur extendere et quasi contra stimulum calcitrare; quæ sic disposuit gradus et ordines differentes, ut reverentiam minores majoribus exhiberent. Profecto qui talia agunt, regnum Dei non possidebunt, erroris magnitudinem non pensantes, cum secundum Prophetam peccatum hariolandi sit repugnare, et scelus idololatriæ nolle acquiescere. Hi nempe vel sunt potentes; et peccata sua propria temeritate defendunt, non attendentes quod legitur : *Potentes* potenter tormenta patientur (*Sap.* vi, 7), et : *Deposuit potentes de sede* (*Luc.* 1, 52). Vel minores. Et ut licentius proruant in peccatum majorum tuitione defendere se nituntur, declinantes corda sua in verba malitiæ, ad excusandas excusationes in peccatis; tanquam in extremo examine, quando unusquisque onus suum portavit, illi possint eos a ventura ira defendere qui pro suis sceleribus æternis incendiis reservantur. Quid de homicidiis, incendiis et fornicationibus referemus, et quod excommunicatis communicare præsumitis et præsertim Suero (116) et excommunicato et apostatæ, Deo et sanctis ejus pro suis actibus inimico? Si vellemus ad unguem singula persequi quæ inter vos dicuntur peccatis exigentibus frequentari, pagina cresceret in immensum et tædium legentibus et audientibus generaret. Dolemus ergo plurimum et tristamur hæc inter vos libere perpetrari. Sed veremur admodum et movemur ne forte, quod absit, propter dissolutam negligentiam vestram ista proveniant, quæ dum negligitis perturbare, quid aliud facitis quam fovere facti canes muti, non valentes latrare? quibus dicitur per prophetam : *Clama, ne cesses, quasi tuba exalta vocem tuam, annuntiabo populo meo scelera eorum, et domui Jacob peccata eorum* (*Isa.* lxviii, 1). Unde Apostolus inquit Ephesiis : *Mundæ sunt manus meæ a sanguine omnium vestrum. Non enim subterfugi quominus annuntiarem vobis omne consilium Dei* (*Act.* xx, 27). Mundus ergo a sanguine ipsorum non esset, si eis annuntiare Dei judicium noluisset; quia cum increpare delinquentes noluerit, eos proculdubio tacendo pastor occidit. Cum itaque in tremendi die judicii de vestris et subditorum vestrorum actibus debeatis reddere rationem, quin etiam et de omni verbo otioso quodcunque locuti fueritis; hortamur universitatem vestram, monemus in Domino et per apostolica scripta mandamus quatenus contra delinquentes quasi contra bestias Ephesi viriliter exsurgentes, ne post cursum vitæ labentis in manus Dei viventis quod horrendum est, incidatis, murum vos pro domo Domini non dubitetis opponere et contra faciem Damasci turrim vos inexpugnabilem opponentes, evellere ac destruere, ædificare pariter et plantare unanimiter procuretis quæ in Ecclesia Dei evellenda et destruenda, ædificanda fuerint et plantanda. Cæterum quoniam adhuc habemus multa vobis dicere quæ non possunt commode per præsentem epistolam declarari; præmissis breviter prælibatis, charitati vestræ duximus prædicendum quod auctore Patre luminum, a quo omne datum est optimum et omne donum perfectum, in proximo invento viro secundum cor nostrum, eum ad vos mittere disposuimus : per quem de singulis quæ omittere vel facere debeatis et omnibus quæ fuerunt nobis ex parte vestra proposita, cum ad vos venerit, efficiemini certiores.

Datum Reat., iii Kal. Augusti, etc.

(116) Vide infra epist. 382.
(117) Cap. *Per tuas litteras*, Qui filii sint legitimi.

CCCXXI.

(Datum, *ut supra.*)

In eumdem fere modum scriptum est principibus et populis per Islandiam constitutis. Quamvis insula vestra, *ut supra*, etc., *usque ad verbum* libere perpetrari; quos salvos fieri cupimus et ad agnitionem veritatis venire : ad quod viam vobis salubriter præparabit, si habueritis in his quæ Dei sunt obedientiam ad prælatos et eos imo Deum in ipsis curaveritis honorare, in quibus contemptis Deus spernitur et in receptis recipitur et etiam honoratur, in opera impenderitis in operibus pietatis et præsertim eleemosynis conferendis, quarum efficaciam Scriptura commendans inquit : *Sicut aqua exstinguit ignem, ita eleemosyna peccatum exstinguit.* Cæterum quoniam adhuc habemus, etc., *ut supra.*

Datum, *ut supra.*

CCCXXII

HYDRUNTINO ARCHIEPISCOPO.

Quod filius ex ea susceptus quæ putabatur esse concubina, et post apparuit quod esset legitima uxor, sit legitimus

(Reat., iii Non. Aug.)

(117) Per tuas nobis litteras intimasti quod Rao de Aceresia ex muliere quadam quam, secundum opinionem majoris partis viciniæ, in concubinam habebat, prole suscepta, quamdam prius et aliam ea defuncta duxit uxorem et ea ex qua prolem susceperat virum sibi alium copulavit. Processu vero temporis idem Rao in præsentia multorum firmavit proprio juramento quod eam quam habere visus fuerat concubinam, prius affidaverat in uxorem quam ex ipsa filium genuisset; et cum post juramentum illud per sex annos et ultra vixisset, dum ageret in extremis, eum quem ex illa susceperat, filium legitimum appellavit et hæredem instituit in testamento. Cum autem tuæ fuisset inquisitioni et decisioni commissum, an filius sic susceptus legitimus esset hæres ipsius R. et ad ejus patrimonium admittendus, propter id quod ex quadam decretali bonæ memoriæ Alexandri (118) papæ prædecessoris nostri standum esse super hoc verbo viri et mulieris credebas, testes a filio ejusdem R. productos provide suscepisti: quibus legitime comprobavit prædictum R. matrem suam in capella Sancti Sergii affidasse; propter quod eum ipsius R. hæredem esse legitimum judicasti. Nos igitur attendentes quod plus est quod in veritate agitur quam quod simulate concipitur, licet tam dictus R. cum, ea dimissa quam ut concubinam habuerat, ad alia vota transivit, videatur ex ipso facto quod matrimonium inter eos celebratum fuerit denegasse: quia tamen desponsatio per testes legitimos comprobata eos matrimonialiter fuisse conjunctos ostendit, sive desponsatio ipsa fuerit de præsenti, ut ex consensum legitimum et verbis de præsenti expres-

(118). Cap. *Transmissæ*, Qui filii sint legitimi.

sum, sive de futuro, ut per sequentem carnis copulam matrimonium inter eos fuerit celebratum, non tam decretali dicti prædecessoris nostri, quæ in casu dissimili loquitur, quam inductis probationibus innitentes, te processisse legitime respondemus et sententiam tuam auctoritate apostolica confirmamus et præsentis scripti patrocinio communimus: auctoritate tibi præsentium injungentes ut sententiam ipsam facias monitione præmissa per censuram ecclesiasticam inviolabiliter observari. Nulli ergo, etc.

Datum Reat, iii Nonas Augusti.

CCCXXIII.
OSCEN. ET TIRASONEN. EPISCOPIS.
De diacono cujus amici abbatem trucidarant.
(Reat., ii Non. Augusti.)

(119) Petrus diaconus et monachus Sancti Joannis de Pinna sua nobis insinuatione monstravit quod cum in sæculari adhuc habitu constitutum, in Ecclesia de Rigulo quoddam beneficium obtinentem, abbas ipsius Ecclesiæ illum eodem beneficio spoliasset, cognati et amici ejus abbati sæpius supplicarunt ut beneficium sibi restitueret memoratum. Quo nolente ipsorum precibus acquiescere, irati plurimum et commoti, nocte quadam in domo diaconi convenerunt, et cœna facta dixerunt quod vindictam volebant sumere de abbate. Inhibiti autem expresse ab eodem diacono ne abbatem occiderent vel aliquid ei facerent unde ordinis sui discrimen incurreret et animæ detrimentum, in eum nihilominus irruerunt et plagis impositis abierunt semivivo relicto; unde post dies aliquot spiritum exhalavit (120). Ab illo autem tempore usque hodie prædictus diaconus de eo quod contigerat tristis effectus, ab administratione cessavit; et nondum expleto biennio, habitum induit monachalem. Unde a nobis supplicitur petiit edoceri utrum posset in officio diaconi ministrare; et si hoc ei liceret, an posset ad majorem ordinem promoveri. Licet autem, si præmissis veritas suffragatur, præfatus diaconus super abbatis interitu non videatur esse culpabilis, quia tamen bonarum mentium est ibi culpam agnoscere ubi culpa non est, quod ab administratione officii se propria voluntate suspendit vel habitum induit regularem, sibi non ad peccatum ascribimus, sed ad meritum reputamus. Quocirca fraternitati vestræ per apostolica scripta mandamus quatenus, si præmissa noveritis veritate subnixa, sæpedictum diaconum non solum in diaconatus officio ministrare, sed etiam ad ordinem presbyteratus ascendere, si aliud canonicum non obstiterit impedimentum, liberam concedatis auctoritate apostolica facultatem; præsertim si super hoc non fuerit respersus infamia, cum ei non debeat imputari quod contra prohibitionem ejus expressam, eo causam vel occasionem non dante, ausu sacrilego proponitur a consanguineis attentatum, divina Scriptura testante quod anima quæ peccaverit, ipsa morietur; filius non portabit iniquitatem patris neque pater iniquitatem filii quamvis hoc ipsum verius ad æternam quam ad temporalem referatur vindictam.

Datum Reat., ii Nonas Augusti, pont. nostri anno primo.

CCCXXIV.
ATREBATEN. EPISCOPO ET DECANO CAMERACENSI.
Ut regem Francorum cogat duci Lotharingiæ dotem reddere.
(Reat., viii Id. Augusti.)

Sicut ex parte dilecti filii nobilis viri ducis Lotharingiæ nostris fuit auribus intimatum, quando nobilem mulierem Mathildem, neptem Philippi quondam comitis Flandriæ, sibi matrimonio copulavit, idem comes redditus quinquaginta talentorum percipiendos annuatim in terra Boloniæ præfato duci assignavit in dotem, quæ post obitum ipsius comitis nullatenus potuit obtinere; et insuper ipse comes eamdem terram obligavit ei pro trecentis marcis et septem millibus talentorum. Quia igitur præscripta terra ad proprietatem est charissimi in Christo filii nostri Philippi illustris regis Franciæ devoluta et dos pertinet ad conjugium, quod est magnum in Ecclesia sacramentum: nos, qui secundum apostolum sapientibus sumus et insipientibus debitores, discretioni vestræ per apostol. scripta mandamus quatenus eumdem regem, ut super præmissis memorato duci satisfaciat ut tenetur moneatis diligenter et efficaciter inducatis. Alioqui, partibus convocatis, audiatis causam et eam fine debito terminetis. Quod si ambo, etc., tu, frater episcope.

Datum Reat., viii Idus Aug

CCCXXV.
CORRADO ET PETRO QUONDAM FILIIS MALABRANCÆ.
Puella ante annum septimum sponsalia contrahere non potest.

(121) Ad dissolvendum quod factum fuerat inter Joannem filium nobilis viri Leonis de Monumento et S. filiam quondam Matthæi de Fortebrachio super matrimonio contrahendo, in nostra et fratrum nostrorum præsentia fuit ex parte vestra propositum quod, cum dicta puella nondum ad septennium pervenisset, cum ipsa nec matrimonium contrahi nec sponsalia potuere. Defuit etiam consanguineorum assensus, qui præcipue sunt in talibus requirendi. Quod et si ætas sufficiens exstitisset et consanguineorum intervenisset assensus, personæ tamen non sunt legitimæ ad matrimonium contrahendum, linea consanguinitatis obstante. Accusatione vero super consanguinitate proposita et tam ex parte juvenis quam ex parte puellæ consanguinitatis gradibus computatis, cum eam velletis idoneis testibus comprobare, præfatus Leo multas exceptiones proposuit, per quas nitebatur vos ab accusatione multipliciter removere.

---

(119) Cap. *Petrus diaconus*, De homicidio.
(120) In quarta Collect. *expiravit*.

(121) Cap. *Ad dissolvendum.*, De desponsatione impuberum.

Cumque super exceptionibus ipsis fuisset utrinque diutius disceptatum, auditis et intellectis quæcunque fuerunt hinc inde proposita, de consilio fratrum nostrorum interloquendo pronuntiavimus inter dictos juvenem et puellam nec matrimonium nec sponsalia fuisse contracta, cum constet puellam nondum ad septennium pervenisse. Quocirca nec accusatio locum habebat, cum non esset quod posset legitime accusari; denuntiari tamen poterat consanguinitas, ut interdiceretur matrimonium contrahendum. Ad denuntiationem ergo legitime comprobandam festum Omnium Sanctorum proximo venturum pro termino assignamus; salvis exceptionibus non solum propositis sed etiam proponendis. Ne vero quidquam interim in puellam carnaliter (122) attentetur, auctoritate apostol. firmiter interdicimus ut in ipso negotio de novo non procedatur ulterius donec vel a denuntiatione cessetur vel, denuntiatione probata, ordine judiciario procedatur. Quod si contra interdictum nostrum in præjudicium ipsius quidquam fuerit attentatum, illud irritum esse decernimus et viribus omnino carere.

CCCXXVI.

FAVENTIN. EPISCOPO.

Licentiam indulget transeundi ad Ecclesiam Papiensem.

(Reat., vi Id. Augusti.)

Sacra docente Scriptura didicimus, ut *quòd Deus conjunxit, homo non separet* (*Math.* xix, 6). Duplex est autem conjunctio conjugalis: una secundum carnem, quæ carnalis dicitur; altera secundum spiritum, quæ spiritualis non incongrue appellatur. Utramque designat Apostolus qui verbum illud exponens, *Propter hoc relinquet homo patrem et matrem, et adhærebit uxori suæ, et erunt duo in carne una* (*Marc.* x, 7), consequenter adjunxit: *Hoc autem dico magnum sacramentum in Christo et in Ecclesia* (*Ephes.* v, 32). Nam carnalis conjunctio, quæ est inter virum et legitimam feminam sacramentum est spiritualis conjunctionis quæ consistit inter Christum et sanctam Ecclesiam. Conjunctio carnalis hoc efficit ut sint duo in una carne, secundum illud quod Veritas ait: *Itaque jam non sunt duo, sed una caro* (*Matth.* xix, 6). Conjunctio vero spiritualis id efficit ut sint duo in uno spiritu, secundum illud quod dicit Apostolus: *Qui adhæret Deo, unus spiritus est cum eo* (*ibid.*): Utrique autem, carnali scilicet et spirituali conjunctioni, competit quod superius est præmissum: *Quod Deus conjunxit, homo non separet* (*ibid.*), ut nec liceat homini carnali matrimonio legitime copulatos dividere nec spirituali conjugio canonice vinctos, ut episcopum et suam Ecclesiam, separare. Licet autem videri posset ex his quod summus pontifex spirituale matrimonium, episcopi scilicet et Ecclesiæ, separare non possit, cum tamen ex consuetudine, quæ est optima legum interpres, et sacris canonibus habeatur quod per cessionem, depositionem et translationem, quæ soli sunt sedi apost. reservata, super hoc plenam habeat potestatem sane intelligentibus id nullum dubitationis scrupulum generabit; cum non humana sed divina fiat auctoritate quod in hac parte per summum pontificem adimpletur, qui non hominis puri, sed veri Dei vere vicarius appellatur. Nam quamvis simus apostolorum principis successores, non tamen ejus aut alicuju apostoli vel hominis sed ipsius sumus vicarii Jesu Christi. Unde quos Deus spirituali conjunctione ligavit, non homo, quia non vicarius hominis, sed Deus, quia Dei vicarius, separat, cum episcopos a suis sedibus per eorum cessionem, depositionem et translationem aliquando removemus. Quæ tria ex hac quam ostendimus ratione merito sunt Romano tantum pontifici reservata: qui licet alios episcopos vocaverit in partem sollicitudinis, sibi tamen retinuit plenitudinem potestatis. Siquidem ex litteris venerabilium fratrum nostrorum Mediolanen. et Ravennat. archiepiscoporum et Vercellen. Terdonen. Placentin. Parmen. Lauden. et Mutinen. episcoporum, et dilectorum filiorum capituli, præpositorum et universi cleri, consulum et populi Papien. accepimus, quod bonæ memoriæ L. Papiensi episcopo viam universæ carnis ingresso, ipsi capitulum et clerus Papien. in te unanimiter convenerunt, te sibi petentes in episcopum ab apostolica sede concedi; licet, quod negligentiæ ipsorum ascribimus, ipsi te elegisse scripserint, quem eis eligere non licuit, sed tantummodo postulare: quia cum esses spiritualiter alligatus uxori, nisi facta prius solutione, in te non poterat legitime consentiri. Quia vero in talibus evidens utilitas et urgens necessitas, secundum instituta canonica, solent et debent attendi; utrum hæc postulationem ipsorum favorabilem redderent et assensu sedis apostolicæ non indignam cum fratribus tractavimus diligenter. Visum est nobis et fratribus nostris non modicum utile, ut de minori civitate ad majorem, de minus populosa diœcesi ad populosiorem, de minus nobili ad nobiliorem Ecclesiam transire debeas: ubi concessum tibi scientiæ et eloquentiæ donum ad profectum plurimorum valeas exercere et creditum tibi talentum sub usuris fertilioribus valeas erogare. Necessarium etiam subtiliter intuentibus videbatur, cum si a sede apostolica nuntii, quos dicti capitulum et clerus Papien. ad nos destinarunt, vacui redivissent, præter personarum laborem et magnitudinem expensarum, quas frustra fecisse dolerent, dissensionis inconveniens Ecclesiæ Papiensi forsitan proveniret, quod nobis et Ecclesiæ Romanæ posset ab aliquibus imputari. De tua igitur, idoneitate securi, utpote cujus scientiam et eloquentiam ac morum honestatem nos et fratres nostri plene cognovimus, dum apud sedem esses apostolicam constitutus, et familiaria exempla sequentes, ut vetera relinquamus, cum temporibus nostris, de episcopo in episcopum, ut Venefranus in Aversanum, de

(122) Hæc vox deest in tertia Collectione, recte.

episcopo in archiepiscopum, ut Gratianopolitanus in Viennen. de episcopo in archiepiscopum, ut Tarsen. in Nazaren. de archiepiscopo in patriarcham, ut Caesarien. in Hierosolymitan. et quod plus est, de archiepiscopo in summum pontificem, sicut bonae memoriae Urbanus papa praedecessor noster, qui de Mediolanen. Ecclesia fuit in pontificem Romanum assumptus, translationes fuerint saepius celebratae, supradictorum capituli et cleri petitioni clementer annuimus et ut a Faventin. transeas ad Ecclesiam Papien. de benignitate sedis apostolicae facultatem tibi liberam auctoritate presentium indulgemus. Nulli ergo, etc.

Datum Reat., vi Id. Augusti.

CCCXXVII.

ALFONSO EPISCOPO ET CAPITULO AURIEN.

Confirmatur illorum statutum de numero canonicorum.

(Datum Romae.)

Postulatum fuit a nobis ex parte vestra quod deliberatione provida unanimiter statuistis ad conservandam indemnitatem Ecclesiae et repellendam quorumdam potentum improbitatem, qui Ecclesiam vestram saepius praegravabant, ne plures triginta sex canonicis liceret in vestra Ecclesia ordinari, auctoritas sedis apostolicae confirmaret. Nos ergo vestris justis postulationibus annuentes, praemissum canonicorum numerum, sicut a vobis provide noscitur institutus, ratum habentes, salva in omnibus apostolicae sedis auctoritate, praesenti pagina confirmamus; nisi forte in tantum excreverint Ecclesiae facultates, quod ex eis commode valeat pluribus canonicis provideri. Nulli ergo etc.

Datum Romae, etc.

CCCXXVIII.

R. SANCTORUM MARCELLINI ET PETRI PRESBYTERO CARD. ABBATI ET CONVENTUI CASSINEN.

Ipsis commendat episcopum S. Georgii, ut eum liberaliter, donec convalescat, alant.

(Datum Romae.)

Apud religiosos extrinseca et aliena commendatione non indiget quem propria et innata intus religio et scientiae praerogativa commendant. Et non minus his duobus juvat causa quam gerit. Virtus enim sese diligit aspernaturque contraria et similia in similibus delectantur. Quanta enim religione polleat venerabilis frater noster episcopus Sancti Georgii et locus indicat in quo laudabiliter olim abbatis implevit officium, utpote in quo vigent regularia instituta, et canonica disciplina servatur, et dignitas ad quam est vocatus, evidentius ipsius mores ostendunt. Quantum vero et in quibus peritus existat, eloquentia sapientiae ac verbum ejus testimonium perhibet veritati. Quod tanto melius ex ipsius familiaritate quam nostra significatione plenius cognoscetis, quanto fidelior testis est oculus quam auditus. Gerens autem causam non propriam sed communem, non privatae personae sed Ecclesiae, imo Christi functus legatione Orientalium principum ad principes Occidentis, stetit fideliter et constanter coram chariss. in Christo filiis nostris Philippo Francorum et R. Anglorum regibus illustribus verbum legationis et causam exposuit Crucifixi. Et licet in ore ejus verbum Domini non fuerit alligatum, nec aliquid ex contingentibus omiserit; quia tamen uterque regum in alterum proprias intendebat injurias vindicare, neutrum ad plenum tetigit injuria Jesu Christi. Quamvis autem voluissent eidem episcopo honores in regnis suis et amplos redditus assignare, maluit tamen excutere pulverem de pedibus suis, terram eorum egressus in testimonium illis, quam suae legationis causa neglecta, exsule ac paupere Christo ditari : aestimans quia vocati non fuerunt digni paratis nuptiis et triumpho in quorum manibus tauros pingues, qui eum obsederant, et altilia, quae in haereditatem Domini status tulerat aquilonis, Christus forsitan occidisset: malens per nos in subsidium pauperum terrae Orientalis, saltem pauperum et debilium multitudinem congregare; ne forte consentirent majores, et dicerent: *Manus nostra excelsa, et non Deus, fecit haec omnia* (Deut. xxxii, 27). Cum igitur ad verbum ipsius, imo potius ad vocem Domini per universam Italiam inter nostrae promotionis initia litteras curaverimus destinare nec ei expediat ut appareat in conspectu Domini vacuus sine fructu recedens, ipsum de voluntate fratrum nostrorum non ad petitionem suam, sed motum nostrum, ad monasterium vestrum duximus destinandum; ut ibi aeris inclementiam temperie fugiat autumnali. Rogamus igitur universitatem vestram, monemus et exhortamur in Domino, per apost. vobis scripta mandantes, quatenus eum benigne recipientes pariter et devote, sicut tantum episcopum decet et populi Christiani legatum, honorare curetis et in necessariis omnibus ita liberaliter ei providere, quod nos id gratum habere possimus et ipse vobis et Ecclesiae Cassinen. in posterum obligetur, ac vos religiosos litteratos pariter et honestos videamini affectuosius in Domino amplexari: scituri quod sicut gratum nobis erit plurimum et acceptum si eum officiose curaveritis honorare, ita pro certo grave nobis et molestum existet, si, quod non credimus, mandatum nostrum neglexeritis exaudire, cum ejus provisio magis vobis ad praemium aeternum proficiat quam ei accedat ad commodum temporale.

Datum Romae, etc.

CCCXXIX.

CALARITAN. ARCHIEPISC., EPISCOPO SORAN. ET ELECTO TURRITAN.

Eis committitur causa archiepiscopi Arborensis contra capitulum suum.

(Reat., iii Id. Augusti.)

Cum pro controversiis quae inter venerabilem fratrem nostrum archiepiscopum ex una parte et dilectos filios canonicos Arboren. verterentur ex altera, ipse archiepiscopus et Petrus de Staura presbyter ex parte capituli ad nostram praesentiam accessissent, dictus P. presbyter archiepiscopum paratum esse se dixit in multis et gravibus accusare : quem super homicidio, perjurio, excommunicatione, incendiis, incantationibus, lardatione hominis cum lardo et cera, et quod a nepote suo Saracenis de Sicilia vendi concessit Ecclesiæ suæ mancipium Christianum et aliis enormitatibus et capitulis volebat impetere adversus eum tempore congruo proponendis. Verum ipse archiepiscopus proposuit ex adverso, quod cum bonis Ecclesiæ suæ per nobilem virum Vulliel. marchionem judicem Calaritan. et complices ejus esset minus rationabiliter destitutus, non tenebatur æmulis respondere, qui cum prædicto marchione spoliationem suam fuerant machinati, nisi esset antea restitutus; quos etiam ab accusatione sua dicebat aliis rationibus repellendos. Unde autem prædictos marchionem et canonicos adversus se commotos diceret exstitisse, sequentia vos verba poterunt edocere. Cum enim idem marchio auctoritate quondam apo. sedis excommunicationis vinculo innodatus, nobilem virum A. Arboren. judicem et filium ejus parvulum cepisset et nequiter carcerali fecisset custodiæ mancipari, eorum terra quam ab Ecclesia Rom. tenebant per violentiam occupata, ipse archiepiscopus, qui natione Januen. erat, iram ipsius marchionis et qui secum erant metuens Pisanorum, ad partes alias declinavit ; in cujus absentia marchio et fautores ejus Arboren. Ecclesiam spoliarunt in parte et suffraganei sui et clerici dicto marchioni, tunc excommunicatione notato, Arboren. terræ sceptrum solemniter concesserunt. Verum cum tempore procedente idem archiepiscopus ad Ecclesiam suam reversus præfatos clericos de eo quod, ut sibi videbatur in contemptum apost. sedis fecerant redargueret, nec vellet sine mandato apo. sedis præfatum marchionem habere patronum ; timentes, ut credebatur, clerici ne coram ipso archiepiscopo de sua possent incontinentia conveniri, contra eum cum dicto marchione seditionem fecerunt, quem nihilominus in populo diffamantes, per duos de sociis suis ad sedem apost. appellarunt; sed duobus mensibus post elapsis, pœnitentia ducti, ab eo veniam postulantes, remissis utrinque injuriis, in ipsius gratiam redierunt. Cum autem postmodum venerabilis frater noster Pisan. archiepiscopus, legatus Sardiniæ, illuc venisset, præfatus P. de Staura clericus Arboren. procurator a capitulo constitutus, super remissis [f. præmissis] conviciis dictum archiepiscopum ad sedem ap. appellavit. Sed in præsentia dicti archiepiscopi Pisani partibus constitutis cum canonici Arboren. ibidem vellent suum archiepiscopum convenire ne provocationis beneficio responderet eis se tuentem, renuntiantes appellationi quam fecerant, quod nollent habere papam [f. pastorem] nisi Pisanum archiepiscopum responderunt. Cum autem coactus ab eodem archiepiscopo ut adversariis responderet et securitatem sibi a marchione dari ac suis peteret et etiam advocatum et id obtinere non posset, ad commune appellationis remedium convolavit. Postea vero Pisani facientes in eum impetum quem petierat advocatum, ipsum occidere voluerunt. Compulsus tandem a sæpedicto Pisano archiepiscopo, appellatione salva quam fecerant, excludendo P. memoratum, tanquam minus idoneum, respondit quod eum non posset ullatenus accusare; et hoc incontinenti constare poterat, ut dicebat. Et quoniam jamdicti marchionis et suorum instinctu falsos contra se testes timuit introduci et memoratus Pisanus archiepiscopus laicos testes bonæ opinionis et famæ contra P. adversarium suum admittere recusabat, denuo propter præmissa gravamina coram majori parte prælatorum Sardiniæ sedem apost. appellavit; et cum apostolos ab antefato archiepiscopo postulasset, et ut compelleret marchionem ne impediret eum quo minus posset de rebus archiepiscopatus sibi sumere necessaria, nihil horum potuit obtinere, qu'immo postea fuit per marchionem ipsum equis propriis spoliatus, qui etiam inhibuisse dicitur ut nullus eum in navi sua reciperet, ad Rom. Ecclesiam accedentem ; et hospitalarium quemdam, qui habebat vestes ipsius archiepiscopi commendatas ad tempus, fecit in custodia detineri ; apponens etiam iniquitatem iniquitati, per judicem Turritan. eum capi fecit, et arcto carceri mancipari, longo tempore compedibus ferreis religatum. Testes etiam partis adversæ post recessum suum dictus Pisan. archiepiscopus adversus eum proponitur recepisse. Postea vero, sicut Domino placuit, liberatus, de rebus archiepiscopatus quas occupaverat marchio sæpedictus, nihil potuit per Arboren. archipresbyterum et per suum canonicum obtinere : quin potius duo de clericis suis, post appell. ad nos interpositam, septem panes cereos, quos ad domum Templi mittebat, sibi per violentiam abstulerunt. Quia vero neutra partium fidem nobis facere poterat de præmissis, causam ipsam de voluntate ipsorum vobis duximus committendam ; per apostolica scripta districte præcipiendo mandantes quatenus, si rem ita noveritis se habere, cum laicis super Ecclesiis et personis ecclesiasticis non sit attributa potestas, quidquid a sæpedicto marchione et fautoribus ejus in præjudicium prænominati Arboren. archiepiscopi vel Ecclesiæ noveritis attentatum denuntiantes penitus non tenere, ad faciendam sibi restitutionem plenariam præfatum marchionem et complices suos, omni contradictione et appellatione cessantibus, per censuram ecclesiasticam compellatis; et non obstante quod sæpedictus Pisan. archiepiscopus, post appellationem ad nos interpositam et iter arreptum ad sedem apostolicam veniendi, lite non contestata, præsertim in criminali, contra eum testes recepit, sicut ex insinuatione litterarum ejus liquido intelleximus, super omnibus quæ adversum se partes duxerint proponenda ; et si bona Ecclesiæ ipsius archiepiscopi tempore diminuta sunt vel etiam augmentata, vocatis ad vos qui fuerint evocandi, sine personarum acceptione, solum Deum habentes præ oculis, servato juris ordine, inquiratis plenissime veritatem et usque ad diffinitivam sententiam remoto appellationis obstaculo procedentes, gesta omnia sub sigillorum vestrorum testimonio nobis transmittatis ; certum terminum partibus assignantes, ad quem recepturæ sententiam nostro se conspectui repræsentent. Testes appellatione rem. cogantur. Provisuri ne hujus occasione discordiæ bona Arboren. Ecclesiæ ab alterutra parte per dilapidationis vitium distrahantur. Nullis litteris obstantibus præter assensum partium, etc.

Datum Reat., III Idus Augusti.

CCCXXX.
LEMOVICEN. EPISCOPO.
Quod clericorum vitia libere et audacter corrigere possit.

(Reat., III Id. Aug.)

Ad audientiam nostram, te significante pervenit quod cum corrigere vis clericorum excessus exercentium negotiationem illicitam et usuras, vacantium ludis illicitis et habentium concubinas, ipsi, ut tuam correctionem eludant, ad sedem apostolicam vocem appellationis emittunt. Ne igitur excessus delinquentium hac occasione remaneant impuniti, fraternitati tuæ auctoritate præsentium duximus indulgendum ut prædictos excessus corrigas et emendes ; et si qui super hoc duxerint ad sedem apostolicam appellandum, statuas eis terminum competentem : infra quem si appellationem prosequi forte noluerint, extunc in eos correctionem non differas sublato appell. obstaculo canonicam exercere.

Datum Reat., III Idus Augusti.

CCCXXXI.
PETRO ABBATI PRÆMONSTRATEN. ET CÆTERIS ABBATIBUS ET CANONICIS PRÆMONSTRATEN. ORDINIS, TAM PRÆSENTIBUS QUAM FUTURIS, REGULAREM VITAM PROFESSIS IN PERPETUUM.

De illorum approbatione deque privilegiis et vivendi ratione.

(Reat., VI Kal. Aug.)

In eminenti apostolicæ sedis specula, licet immeriti, disponente Domino constituti, pro singulorum statu solliciti esse compellimur et ea sincere tenemur amplecti quæ ad incrementum religionis pertinent et ad virtutum spectant ornatum : quatenus religiosorum quies ab omni sit perturbatione secura et a jugo mundanæ oppressionis servetur illæsa, cum apostolica fuerit tuitione munita. Attendentes itaque quomodo religio et ordo vester multa refulgens gloria meritorum et gratia redolens sanctitatis, palmites suos a mari usque ad mare extenderit, ipsum ordinem et universas domos ejusdem ordinis apostolicæ protectionis præsidio duximus confovendas et præsenti privilegio muniendas. Eapropter, dilecti in Domino filii, vestris justis postulationibus benignius annuentes, ad exemplar felicis recordationis Alexandri, Lucii, Urbani et Clementis prædecessorum nostrorum Romanorum pontificum, universas regulares institutiones et dispositiones quas de communi consensu vel majoris et sanioris partis fecistis, sicut inferius denotantur, auctoritate apostolica roboramus et præsentis scripti privilegio communimus. Videlicet ut ordo canonicus, quemadmodum in Præmonstraten. Ecclesia secundum beati Augustini regulam et dispositionem recolendæ memoriæ Norberti quondam Præmonstraten. ordinis institutoris et successorum suorum in candido habitu institutus esse dignoscitur, per omnes ejusdem ordinis Ecclesias perpetuis temporibus inviolabiliter observetur et ejusdem penitus observantiæ. fidem quoque libri qui ad divinum officium pertinent ab omnibus ejusdem ordinis uniformiter teneantur : nec aliqua Ecclesia vel persona ordinis vestri adversus communia ipsius ordinis instituta privilegium aliquod postulare vel obtentum audeat quomodolibet retinere. Nulla etiam Ecclesiarum ei quam genuit quamlibet terreni commodi exactionem imponat ; sed tantum pater abbas curam de profectu tam filii abbatis quam fratrum domus illius habeat et potestatem habeat secundum ordinem corrigendi, quæ in ea noverit corrigenda, et illi ei tanquam patri reverentiam filialem humiliter exhibeant. Abbas autem Præmonstraten. Ecclesiæ, quæ mater esse dignoscitur aliarum, non solum in his Ecclesiis quas instituit, sed etiam in omnibus aliis ejusdem ordinis et dignitatem et officium patris obtineat et ei ab omnibus tam abbatibus quam fratribus debita patri obedientia impendatur. Præterea omnes abbates ordinis vestri singulis annis ad generale capitulum Præmonstraten., postposita omni occasione, conveniant : illis solis exceptis quos a labore viæ corporis retardaverit infirmitas, qui tamen idoneum pro se delegare debebunt nuntium per quem necessitas et causa remorationis suæ capitulo valeat nuntiari. Ili autem qui in remotioribus partibus habitantes, sine gravi difficultate singulis annis se nequiverint capitulo præsentare, in eo termino conveniant qui in ipso eis capitulo fuerit constitutus. Si vero quilibet abbatum aut præpositorum per contumaciam vestrum capitulum frequentare desierint, liceat abbati Præmonstratensi, consilio sui capituli eos usque ad dignam satisfactionem sententia percellere regulari ; et sententiam quam præfatus Præmonstraten. abbas, sive in generali capitulo sive extra capitulum, consilio coabbatum in prælatos et subditos totius ordinis vestri canonice tulerit, nulli archiepiscoporum seu episcoporum, nisi forte de mandato Romani pontificis, liceat relaxare. In generali igitur vestro capitulo præsidente abbate Præmonstraten. cæterisque considentibus et in spiritu Dei cooperantibus, de his quæ ad ædificationem animarum, ad instructionem morum et ad informationem virtutum atque incrementum regularis disciplinæ spectabunt sermo diligens habeatur. Porro de omnibus quæstionibus et querelis, tam spiritualibus quam temporalibus, quæ in ipso capitulo propositæ fuerint, illud teneatur irrefragabiliter et servetur quod abbas Præmonstraten. cum his qui sanioris consilii et magis idonei apparuerint, juste ac provide judicabit. Sane si abbas aliquis vestri ordinis infamis vel inutilis, aut ordinis sui prævaricator inventus fuerit et prius per patrem suum abbatem aut per nuntios ejus admonitus, suum corrigere et emendare delictum neglexerit aut cedere (si amovendus fuerit) sponte noluerit, auctoritate generalis capituli deponatur: et depositus sine dilatione ad domum unde exivit seu ad aliam ejusdem ordinis quam elegerit sine ulla conditione temporalis commodi revertatur, in obedientia abbatis, sicut cæteri fratres ipsius domus, firmiter permansurus. Idipsum etiam alio tempore, si necesse fuerit et capitulum sine scandalo vel periculo exspectare nequiverit, per abbatem Præmonstratensem et patrem abbatem et alios abbates quos vocaverit fieri licebit. Quod si depositus in se datæ sententiæ contumaciter contraire tentaverit, tam ipse quam principales ejus qui de ordine vestro fuerint, in sua contumacia fautores ab abbate Præmonstraten. et cæteris abbatibus censura ecclesiastica donec satisfaciant arceantur. Verum cum aliqua Ecclesiarum vestrarum abbate proprio fuerit destituta, vel cum ibi abbatis electio regulariter non fuerit celebrata, sub patris abbatis potestate ac dispositione consistat et cum ejusdem consilio, qui eligendus fuerit, a canonicis eligatur. Electo autem fratres Ecclesiæ statim obedientiam promittant; qui non quasi absolutus a potestate patris abbatis vel ordinis sui archiepiscopo vel episcopo, in cujus diœcesi fuerit, præsentetur, plenitudinem ab eo officii percepturus: ita tamen quod post factam archiepiscopo vel episcopo suo professionem, occasione illa non transgrediatur ordinationis sui nec in aliquo ejus prævaricator existat. Si quis etiam ex vobis canonice electus in abbatem, diœcesano episcopo semel et iterum per abbates vestri ordinis præsentatus, benedictionem ab eo non potuerit obtinere, ne Ecclesia ad quam vocatus est destituta consilio periclitetur, officio et loco abbatis plenarie secundum ordinem fungatur in ea, tam in exterioribus providendis quam in interioribus corrigendis, donec aut interventu generalis capituli vestri aut præcepto Romani pontificis seu metropolitani benedictionem suam obtineat. Porro nulla persona ecclesiastica pro chrismate aut consecrationibus et ordinationibus aut pro sepultura, pretium, aut pro benedicendo abbate et deducendo in sedem suam palefridum aut aliquod aliud a vobis exigere; nullus vestrum, etiamsi exigatur, dare præsumat: quia et exigentem et dantem nota et periculum Simoniacæ pravitatis involvit. Cæterum si aliqua Ecclesiarum vestrarum pastoris solatio destituta, inter fratres de substituendo abbate discordia fuerit vel scissura suborta et ipsi facile ad concordiam vel unitatem revocari nequiverint, pater abbas consilio coabbatum suorum eis idoneam provideat personam et illi eam sine contradictione recipiant in abbatem; quam si recipere contempserint, sententiæ subjaceant, quam pater abbas cum consilio coabbatum suorum in eos duxerit auctoritate ordinis promulgandam. Ad hæc, quoniam Præmonstraten. Ecclesia prima mater est omnium Ecclesiarum totius ordinis et patrem super se alium non habet: sicut ad cautelam et custodiam ordinis statutum est, per tres primos abbates Laudunen. Floreffien. Cuissiacen. annua ibidem visitatio fiat; et si quid in ipsa domo corrigendum fuerit, absque majori per eos audientia corrigatur. Quod si abbas in corrigendo tepidus et fratres, sæpius moniti, incorrigibiles permanserint, ad generale capitulum referatur et sicut melius visum fuerit consilio generalis capituli emendetur; et sententia in hac parte capituli sine retractatione aliqua observetur. Quoties vero Ecclesia Præmonstraten. sine abbate fuerit, ad præfatos tres abbates ejus cura respiciat et a canonicis ipsius Ecclesiæ, cum eorum consilio, persona in abbatem idonea eligatur: ad consilium suum quatuor aliis abbatibus ad eamdem Eccle. pertinentibus pariter advocatis, quos ipsi canonici providerint advocandos. Liceat quoque unicuique matri Eccle. ordinis vestri cum consilio abbatis Præmonstraten. de abbatibus Ecclesiarum quæ ab ea processisse noscuntur sive etiam de alia ejusdem ordinis inferiore Ecclesia, sibi quemcunque voluerit, si tamen idoneus exstiterit, in abbatem assumere. Personam autem de alio ordine nulla Ecclesiarum vestrarum sibi eligat in abbatem; nec vestri ordinis aliqua in abbatem monasterii alterius ordinis, nisi de auctoritate Rom. Ecclesiæ, ordinetur. Nulli etiam canonicos vel conversos vestros sine licentia abbatum recipere aut susceptos liceat retinere. Sane nulli Ecclesiæ vestri ordinis liceat ad aliquam aliam professionem temeritate qualibet se transferre. Si quæ vero Ecclesiæ canonicorum alterius ordinis ad ordinem vestrum venerint, ad Ecclesiam vestri ordinis habeant sine refragatione respectum in qua vestrum noscuntur ordinem assumpsisse. Præterea, si inter aliquas Ecclesias vestri ordinis de temporalibus quæstio emerserit, non extra ordinem ecclesiastica vel sæcularis audientia requiratur, sed mediante Præmonstratensi abbate et cæteris, quos vocaverit, aut charitative inter eas componatur aut auditis utrinque rationibus eadem controversia justo judicio terminetur. Ad majorem quoque ordinis vestri pacem conservandam, districtius prohibemus ne aliquis prælatorum vel subditorum vestrorum in his quæ ad disciplinam et instituta ordinis spectant audeat, prout statutum est in Lateranensi concilio, appellare; sed si quisquam appellare tentaverit, nihilominus illi quorum interest regularem disciplinam exercere debebunt. De cætero, quoniam a strepitu et tumultu sæcularium remoti, pacem et quietem diligitis, grangias vestras et curtes, sicut et atria Ecclesiarum a pravorum incursu et violentia libera fore sancimus; prohibentes ut nullus ibi hominem capere, spoliare, verberare seu interficere aut furtum vel rapinam committere audeat. Ad evitandas vero sæcularium virorum frequentias, liberum sit vobis; salvo jure diœcesanorum episcoporum, oratoria in grangiis et curtibus vestris construere et in ipsis vobis et familiæ vestræ divina officia, cum necesse fuerit, celebrare et ipsam familiam, nisi aliqui sint qui in vicinia habeant propria domicilia, ad confessionem, communionem et sepulturam cum vestri ordinis honestate suscipere. Liceat quoque vobis personas liberas et absolutas e sæculo fugientes ad conversionem recipere et eas cum rebus suis sine contradictione aliqua retinere. Infirmos quoque absolutos, qui in extrema voluntate ad vos se transferri aut apud vos sepeliri deliberaverint, nullus impedire seu res eorum legitimas detinere præsumat : salva tamen hæredum legitima portione et canonica justitia illarum Ecclesiarum a quibus mortuorum corpora assumuntur. Ad majorem etiam ordinis vestri reverentiam et regularis disciplinæ observantiam, vobis, filii abbates, subjectos vestros ligandi et solvendi plenam concedimus facultatem. Quia vero singula quæ ad religionis profectum et animarum salutem ordinatis, præsenti abbreviationi nequivere annecti, nos cum his quæ præscripta sunt, consuetudines vestras, quas inter vos religionis intuitu regulariter statuistis et deinceps auctore Domino statuetis, auctoritate apostolica roboramus et vobis vestrisque successoribus et omnibus qui ordinem vestrum professi fuerint perpetuis temporibus inviolabiliter observandas decernimus; nec aliquæ litteræ habeant firmitatem, quæ tacito nomine Præmonstraten. ordinis, contra libertates vobis ab apostolica sede indultas fuerint impetratæ. Sane laborum vestrorum, quos propriis manibus aut sumptibus colitis, sive de nutrimentis vestrorum animalium, nullus a vobis decimas exigere vel extorquere præsumat, licet fundorum dominis pro rei proprietate aliquem censum vel quotamlibet partem frugum reddatis. Interdicimus vero episcopis et aliis Ecclesiarum prælatis, nisi servato evectionis numero in Lateranen. concilio constituto, in vestris monasteriis hospitari. Ad grangias autem vestras et ad curtes hospitandi gratia, nonnisi in magna necessitate, divertant; et tunc contenti sint ipsarum mansionum cibariis consuetis cum honestate atque charitate exhibitis. Nulli autem sæculari personæ vel ecclesiasticæ in aliqua domorum vestrarum liceat carnibus vesci, nisi manifestæ ægritudinis causa, et hoc in solis monasteriis conventualibus vestris. Prohibemus insuper ne aliqua persona fratres ordinis vestri audeat ad sæcularia judicia provocare. Sed si quis adversus eos aliquid sibi crediderit de jure competere, sub ecclesiastici examine judicii experiendi habeat facultatem. Licitum præterea vobis sit in causis vestris fratres vestros idoneos ad testificandum adducere et eorum testimonio, sicut rectum fuerit, et propulsare violentiam et justitiam vindicare. Prohibemus quoque ne cuilibet ecclesiasticæ vel sæculari personæ fas sit in Ecclesiis vestris contra statuta Lateranen. concilii tallias exercere, vel quaslibet alias vobis ineptas [*f.* indebitas] et iniquas exactiones imponere. Interdicimus etiam vobis, ne feras, aves, canes, sues et cætera hujusmodi curiositatis animalia a quolibet ad nutriendum sive custodiendum in detractionem vestri ordinis suscipere præsumatis. Porro ut quietius Deo servire possitis et discurrendi a vobis necessitas auferatur, præsenti scripto duximus indulgendum, ut si episcopis vestris aut malitiose differentibus vel pro justo impedimento non valentibus ordinationes et cætera ecclesiastica ministeria vobis conferre, aliquem episcopum de cujus ordinatione et officio plena sit vobis notitia hospitem vos habere contigerit, liberum sit vobis ab eo et ordinationes et cætera sacramenta suscipere, dum tamen præjudicium diœcesano episcopo non debeat generari. Præterea postulationi vestræ clementius inclinati, præsenti pagina duximus inhibendum ne quis archiepiscopus vel episcopus aut eorum officiales Ecclesias vestras seu regulares personas earum absque manifesta et rationabili causa interdicere seu suspendere præsumat. Sed si quid in eis fuerit corrigendum, ad audientiam generalis capituli Præmonstraten. referatur et ibi, prout justitiæ et honestati congruerit, emendetur. Porro si qui episcopi aut eorum officiales in personas vestras aut Ecclesias sententiam aliquam contra libertatem eisdem a prædecessoribus nostris vel a nobis indultam promulgaverint, eamdem sententiam, tanquam contra apostolicæ sedis indulta prolatam, statuimus irritandam. Decernimus ergo, etc., salva sedis apostolicæ auctor. Si qua igitur, etc.

Datum Reat. per manum Raynaldi domini papæ notarii, cancellarii vicem agentis, VI Kal. Aug., indictione prima, anno Dominicæ Incarnationis 1198, pont. vero domini Innocentii papæ III anno primo.

CCCXXXII.
DECAN. ULIXBONENSI, DE ALCOBATIA ET SANCTÆ MARIÆ DE CARCADI PRIORIBUS

Committitur eis causa epis. Colimbriensis et monasterii Sanctæ Crucis.

(Reat., 11 Id. Aug.)

Ex insinuatione venerabilis fratris nostri Colimbrien. episcopi nostris est auribus intimatum quod cum indulgentia, quæ concessa dicitur canonicis Sanctæ Crucis a bonæ memoriæ Mich. prædecessore suo, Colimbrien. canonicorum subscriptiones contineat, nunquam tamen in ea dicti canonici suscripserunt, cujus tenor talis esse proponitur. *In nomine Patris et Filii et Spiritus sancti. Amen. Ego M. Dei gratia Colimbrien. episcopus sciens, ut ait B. Gregorius, valde necessarium et honestum esse Deo servientium quieti prospicere atque de eorum perpetua securitate tractare, et attendens nihilominus Colimbrien. monasterium S. Crucis a sacrosancta Rom. Ecclesia, quæ caput et mater est omnium Ecclesiarum, per Dei gratiam integram libertatem habere, laudo et confirmo et cum assensu canonicorum meorum spontanea voluntate confirmamus libertatem, vobis scilicet et Domino I ejusdem monasterii priori et cæteris fratribus tam præsentibus quam futuris in eodem* monasterio regularem vitam professis in perpetuum; quatenus et conservantes in Dei servitio gratia ipsius suffragante mente libera perseverent et ordo canonicus, qui secundum Deum et beati Augustini regulam ibidem cooperante Domino noscitur institutus, perpetuis temporibus inviolabiter conservetur. Confirmamus igitur et firmiter statuimus ut idem monasterium cum suis parochiis et parochianis et confratribus ab omni episcopali jure et exactione omnino sit liberum. Quascunque etiam possessiones et quæcunque bona eadem Ecclesia in præsentiarum possidet et possidebit, aut in futurum concessione pontificum, largitione regum vel principum, oblatione fidelium, præstante Domino poterit adipisci, vobis vestrisque successoribus et per vos prædictæ Ecclesiæ Sanctæ Crucis præsenti pagina confirmamus: in quibus hæc duximus propriis exprimenda vocabulis. Omnes videlicet ecclesias in Castro Leirene et in terminis ejus, sicut continetur in testamento regis; ecclesias Sancti Romani et Sanctæ Mariæ de Sena; ecclesiam Sancti Joannis de Alcoba; eccl. de Mira et eccl. de Talaverio; eccl. de Laurizal. Omnes illas eccl. quas in vestris populationibus noviter ædificaveritis. Quidquid etiam aliud illustris rex Portugalen. vobis dedit. Sane laborum vestrorum, quos propriis manibus aut sumptibus colitis, sive de reddititubus hæreditatum vestrarum, seu villarum nec ego nec aliquis episcoporum qui in hac sede post me sessuri sunt, a vobis decimas exigere præsumat. Si quis ad Eccl. vestram converti voluerit et ibidem habitum religionis assumere, nullus audeat prohibere. Sepulturam quoque ejusdem loci liberam esse concedimus; ut videlicet quicunque clericus sive laicus se illic sepeliri deliberaverit, ejus devotioni et extremæ voluntati nullus obsistat, nisi forte antea pro aliqua rationabili causa fuerit excommunicatus, ita tamen ut de suis bonis Ecclesiæ suæ partem faciat. Chrisma quoque, oleum sanctum, consecrationes altarium seu basilicarum, ordinationes clericorum, gratis et absque ulla pravitate nos vobis semper exhibeamus; nec habeat ibi episcopus quamlibet potestatem imperandi vel prohibendi vel aliquam ordinationem, quamvis levissimam faciendi, nisi fuerit rogatus: quatenus canonici semper maneant in majorum suorum perfecta libertate. Et si qua forte causa inter hoc monasterium et nostram sedem evenerit et pacifice inter se non potuerit terminari, apud religiosos viros Deum timentes sine voluntaria dilatione finiatur. Hanc ergo scripturæ hujus paginam omni in futurum tempore ab omnibus successoribus nostris firmam statuimus illibatamque servari; ut remotis cunctis vexationibus, divinum opus cum summa animi devotione perficiant et in orationibus et beneficiis ejusdem monasterii partem semper habeamus. Et ut episcopi et priores hujus sedis specialiter in Martyrologio vestro conscribantur et pro omnibus canonicis in unoquoque anno communis commemorato fiat. Si qua amodo ecclesiastica sæcularisve persona, sciens hujus de-

(123) Cap. *Cum apud sedem*, De sponsal. et matrimoniis.

creti paginam, contra eam temere venire seu in aliquo disturbare vel minuere tentaverit, secundo tertiove commonita, si non satisfactione congrua emendaverit, ream se divino judicio existere de perpetrata iniquitate cognoscat, etc. usque ad verbum *Amen*. Facta carta libertatis hujus mense Martio, Era MCC regnante et confirmante Ildefonso Portugalen. rege. Ego M. Colimbrien. episcopus confirmo. Ego P. Salva sedis Sanctæ Mariæ prior confirmo. Ego Dominicus presbyter et archidiaconus confirmo. Ego M. presbyter et cantor confirmo. Ego Petrus Joannis presbyter confirmo. Ego M. presbyter et sacrista confirmo. Ego Cyprianus presbyter confirmo. Ego Telus presbyter confirmo. Ego Cyprianus presbyter confirmo. Ego Go. presbyter confirmo. Ego Christophorus presbyter confirmo. Ego Petrus presbyter et archidiaconus confirmo. Ego Telo Pelagii presbyter confirmo. Ego Joannis presbyter et capellanus confirmo. Ego Gu. presbyter confirmo. Ego Magister Laurentius presbyter confirmo. Ego Suarius presbyter confirmo. Ego P. Salvatoris presbyter confirmo. Ego P. Joannis diaconus confirmo. Ego M. presbyter confirmo. Ego Sua Petri presbyter confirmo. Ego Dominicus presbyter confirmo. Quia vero nobis non constitit de præmissis, causam ipsam vobis duximus committendam, per apostolica scripta mandantes quatenus vocatis ad præsentiam vestram quos propter hoc videritis evocandos, super præmissis inquiratis plenius veritatem, et usque ad diffinitivam sententiam remoto appellationis obstaculo procedentes, gesta omnia nobis sigillorum vestrorum munimine roborata mittatis, certum terminum partibus assignantes ad quem receipturæ sententiam nostro se conspectui repræsentent. Testes cogantur. Quod si omnes, etc., duo vestrum, etc.

Datum Reat., 11 Idus Augusti.

CCCXXXIII.

ARELATEN. ARCHIEPISCOPO.

Quod mutus et surdus possint matrimonium contrahere.

(Apud S. Petrum Id. Julii.)

(123) Cum apud sedem apostolicam, cui, licet immeriti, præsidemus, totius ecclesiasticæ disciplinæ resideat magistratus, dignum est et consonum rationi ut quoties circa negotia varia et diversa quidquam dubitationis emerserit, ad ipsius judicium recurratur, quæ disponente Domino inter omnes Ecclesias obtinere meruit principatum. Sane consuluisti nos per nuntios et litteras tuas, utrum mutus et surdus alicui possit matrimonialiter copulari. Ad quod fraternitati tuæ taliter respondemus, quod cum prohibitorium sit edictum de matrimonio contrahendo, ut quicunque non prohibetur, per consequentiam admittatur et sufficiat ad matrimonium solus consensus eorum de quorum quarumque conjunctionibus agitur, videtur quod si talis velit contrahere, sibi non possit vel debeat denegari; cum quod verbis non potest, signis valet declarare.

Datum Romæ apud Sanctum Petrum, Idibus Julii.

CCCXXXIV.

TARENTASIEN. ARCHIEPISC. ET EPISCOPO AUGUSTENSI, ET ABBATI BONIMONTIS.

(Reat., xiv Kal. Aug.)

Licet injunctæ, etc., *ut supra in epistola* 170, *usque ad verbum illud* quia canonici prius arbitrium violaverant et arbitrii paginam arbitri non curaverant emendare : quanquam, sicut in præsentia nostra confessus est, arbitrium ipsum post triennium approbaverit, cum eidem arbitrio sigillum apposuit et extunc illud inviolabiliter observavit. E contra vero canonici respondebant, quod nec ipsi ab arbitrio resilierant, etc., *usque ad verbum illud* amplexamur. Cum autem ipsum negotium sub certa forma de consilio fratrum vobis disposuerimus committendum, sæpedictus episcopus supervenit, cui contra dilectos filios canonicos Lausanen. et eisdem contra ipsum episcopum in præsentia nostra fratrum nostrorum plenam concessimus audientiam. Ipsis ergo canonicis eadem quæ præmissa sunt contra episcopum proponentibus, ipse circa juramentum et arbitrium quæ præmissa sunt replicavit ; adjiciens quod non alio modo juravit nisi quia in verbo veritatis promisit, quanquam in instrumento sui sigilli munimine roborato, quod juramentum fuerit exponere videatur. Et utraque pars asserebat quod talis promissio vicem obtinet juramenti. Adjiciebat etiam quod cum arbitri firmiter promisissent quod ad arbitrium præstito prius juramento procederent, et id postmodum non servassent, eorum non tenebatur arbitrium observare ; quanquam exceptiones hujusmodi non probaverit requisitus, sed earum tandem probationibus libera renuntiaverint voluntate. Quia vero idem episcopus dictum arbitrium captiosum fuisse, illicitum et damnosum firmiter asserebat, nec super hoc fides nobis poterat sufficiens exhiberi, discretioni vestræ per apostolica scripta mandamus quatenus inquiratis super hoc diligentius veritatem : et si illud constiterit fuisse illicitum vel iniquum et in præjudicium ipsius episcopi vel Lausanen. Ecclesiæ redundare, ipsum auctoritate apostolica corrigatis et correctum faciatis monitione præmissa per censuram ecclesiasticam inviolabiliter observari. Quod si tale non fuerit, ad observationem ejus utramque partium compellentes, id nobis vestris litteris intimetis ; ut qualiter sit super juramento quod idem episcopus præstitit procedendum per hoc plenius cognoscamus : scituri quod quia idem episcopus nobis fuit super dilapidatione delatus et ideo in hoc magis suspectus habetur quod plures viri religiosi suas nobis litteras direxerunt nec se super ea sufficienter visus est excusare, ei districte præcipimus ut ante præsentis decisionem negotii bona sui episcopatus sine consilio et assensu personæ illius quam vos ei ad hoc duxeritis deputandum nec infeudet, nec impignoret, nec distrahat aut permutet, nec aliquo titulo alienet. Quia vero A quæ super aliis de præmisso episcopo referuntur, quia gravia sunt, sub dissimulatione transire non possumus nec debemus, eorum etiam inquisitionem de fratrum nostrorum consilio vestræ duximus experientiæ committendam, per apostolica, etc., *ut supra usque ad verbum illud* repræsentent. Si vero præfati canonici duxerint desistendum et probare, etc., *usque ad verbum* commendare. Volumus autem nihilominus et mandamus ut personam curetis idoneam providere, quæ indemnitati consulat Ecclesiæ Lausanen. ita videlicet quod dictus episcopus sine ipsius consilio bona ejusdem Ecclesiæ nullo titulo alienet ; ei tamen expensæ competentes ac necessariæ non negentur ad causam ; ne pro expensarum defectu, causæ suæ detrimentum incurrat. Si qua vero partium legitime citata vestram præsentiam adire contempserit, vos nihilominus in causa ipsa appellatione postposita ordine judiciario procedatis, cum in præsentia nostra litem fuerit contestati. Ad hæc, quia præfati canonici proponebant se ab ipso episcopo irrationabiliter spoliatos, vos, si eorum assertioni veritas suffragatur, ipsos restitui faciatis. Nullis litteris obstantibus præter assensum partium, etc. Quod si omnes, tu, frater archiepiscope, cum eorum altero, etc.

Datum Reat. xiv Kalen. Augusti.

CCCXXXV.

BAMBERGEN. EPISCOPO, ET PETRO SCHOLASTICO MAGUNTIN.

Suspenditur Hildesemensis episcopus, quod sine auctoritate pontificis ad Ecclesiam Herbipolensem transierat.

(Spolet., xii Kal. Septemb.)

(124) Quanto personam venerab. fratris nostri Hildesemen. quondam episcopi sinceriori diligebamus affectu, tanto securius sperabamus quod nihil adversus matrem suam Romanam Ecclesiam in præjudicium sui ordinis et ecclesiasticæ disciplinæ dispendium attentaret. Sane (sicut certa multorum assertione comperimus, et suarum didicimus nihilominus testimonio litterarum, quibus ad nos directis Herbipolensem se pontificem nominabat) ipse relicta Hildesemen. Ecclesia, cui fuerat spirituali conjugio copulatus, ad Herbipolen. sine auctoritate Romani pontificis propria temeritate transivit, non attendens quod Veritas in Evangelio protestatur : *Quod Deus conjunxit, homo non separet.* Potestatem enim transferendi pontifices ita sibi retinuit Dominus et Magister, quod soli beato Petro vicario suo et per ipsum successoribus suis et nobis ipsis qui locum ejus, licet indigni, tenemus in terris, speciali privilegio præbuit et concessit, sicut testatur antiquitas, cui decreta Patrum sanxerunt reverentiam exhibendam et evidenter asserunt sacrorum canonum sanctiones. Non enim homo sed Deus separat quod Rom. pontifex, qui non puri hominis sed veri Dei vicem gerit in terris, Ecclesiarum necessitate vel utilitate pensata, non humana sed divina potius au-

---

(124) Cap. *Quanto*, De translatione episcop. Vide infra epist. 574. et lib. ii epist. 54, 204, 278, 288.

auctoritate dissolvit. Nolentes autem tantæ præsumptionis audaciam relinquere impunitam, cum secundum Apostolum omnem inobedientiam prompti simus ulcisci, ne facti perversitas transeat præsumptoribus in exemplum, (quod quidem, si verum est, non potest non esse notorium) auctoritate omnipotentis Dei et beatorum Petri et Pauli apostolorum et nostra de communi fratrum nostrorum consilio in virtute Spiritus sancti districte tibi (125) præcipimus ut visis litteris nostris, omni contradictione et appellatione cessantibus, administrationem ipsius Herbipolen. Ecclesiæ tam in spiritualibus quam temporalibus penitus derelinquat. Si vero, quod non credimus, hanc suspensionem nostram non curaverit humiliter observare et inhibita sibi usurpare præsumpserit, excommunicationis vinculo ipsum decernimus innodatum. Omnibus etiam tam clericis quam laicis Herbipolen. diœcesis sub anathematis interminatione præcipimus ut, non obstante juramento fidelitatis, omnem ipsi obedientiam subtrahant, quam ipse sibi contra sacros canones usurpavit, non attendens quod dicit Apostolus: *Nemo sibi assumat honorem, sed qui vocatur a Deo tanquam Aaron* (Hebr. v, 4). Cæterum, quoniam Herbipolen. canonici vota sua in ipsum prorsus illicite contulerunt, volentes, sicut dignum est, ut in eo puniantur in quo peccarunt, eligendi eos hac vice potestate suspendimus. Et si contra sedis apostolicæ interdictum ad cujusquam nominationem processerint, quod ab eis factum fuerit irritum decernimus et inane. Quia vero jamdictam Hildesemen. Ecclesiam, cui fuerat alligatus, unde secundum Apostolum solutionem quærere non debebat, nimis improbe dereliquit, ne ad ipsam ulterius redeat, in virtute Spiritus sancti ei districtius inhibemus; cum secundum traditiones canonicas (126), qui ad majorem se plebem transtulerit, a cathedra pelli debeat aliena et carere propria; ut nec illis præsideat quos per superbiam sprevit nec illis quos per avaritiam concupivit. Nos quoque Hildesemen. capitulo dedimus in mandatis ut ipsum redire volentem nulla ratione recipiant; ut sic saltem, quem timor Dei et bonum obedientiæ, (de cujus laude quid sentiendum sit, ex diverso melius demonstratur, cum secundum Prophetam peccatum hariolandi sit repugnare et scelus idololatriæ nolle acquiescere) a malo non revocat, ecclesiasticæ saltem coerceat severitas disciplinæ. Quocirca discr. vestræ per apost. scripta mandamus et sub pœna officii et beneficii quanta possumus districtione præcipimus quatenus, nisi dictus episcopus et alii quæ statuimus et mandavimus infra viginti dies post receptionem litterarum nostrarum curaverint adimplere, vos ea sublato cujuslibet con. et ap. ob. exsequi non tardetis, et præfatum episcopum excommunicatum per regnum Alamanniæ nuntiantes, excommunicationem ipsam faciatis Dominicis et festivis diebus pulsatis campanis et accensis candelis publice innovari. Quod si ambo, etc., alter vestrum, etc.

Datum Spolet., xii Kal. Septemb.

Scriptum est Hildesemen. quondam episcopo juxta tenorem litterarum istarum. Scriptum est Hildesemen. capitulo. Scriptum est clericis et laicis Herbipolen. Scriptum est Colonien. archiepiscopo et suffraganeis ejus ut ipsum excommunicatum denuntient et excommunicationem ipsam faciant: Dominicis et festivis diebus pulsatis campanis et candelis accensis publice innovari. In eumdem modum Magdeburgen. archiepiscopo et suffraganeis ejus. In eumdem modum Salseburgen. archiepiscopo et suffraganeis ejus.

CCCXXXVI.

NARBONEN. ARCHIEPISCOPO ET SUFFRAGANEIS EJUS, ABBATIBUS QUOQUE, PRIORIBUS ET ALIIS ECCLESIARUM PRÆLATIS, COMITIBUS ETIAM, ET BARONIBUS (127), ET UNIVERSO POPULO IN NARBONEN. PROVINCIA CONSTITUTIS.

Hortatur ad sacrum bellum contra Saracenos pro recuperatione terræ sanctæ.

(Reat., xviii Kal. Septembris.)

Post miserabile Hierosolymitanæ regionis excidium, post lacrymabilem stragem populi Christiani, post deplorandam invasionem illius terræ in qua pedes Christi steterunt et ubi Deus rex noster ante sæcula salutem in medio terræ dignatus est operari, post ignominiosam nobis vivificæ crucis translationem, in qua salus mundi pependit et delevit chirographum mortis antiquæ, apostolica sedes super tantæ calamitatis infortunio conturbata laboravit clamans et plorans, ita quod præ incessanti clamore raucæ factæ sunt fauces ejus et ex vehementi ploratu pene ipsius oculi defecerunt. Verum ne, si secundum Prophetam Jerusalem obliti fuerimus, obliviscatur nos dextera nostra, adhæreat lingua nostra faucibus nostris si non meminerimus ejus, clamat adhuc apostolica sedes et quasi tuba vocem exaltat, excitare cupiens populos Christianos ad prælium Christi bellandum et vindicandam injuriam Crucifixi, usa ipsius verbo dicentis: *O vos omnes qui transitis per viam, attendite, et videte si est dolor similis sicut dolor meus* (Thren. i, 12). Ecce enim hæreditas nostra versa est ad alienos, domus nostræ ad extraneos devenerunt, viæ Sion lugent eo quod non sint qui veniant ad solemnitatem, facti sunt inimici ejus in capite, sepulchrum Domini, quod Propheta gloriosum fore prædixit, profanatum ab impiis, inglorium est effectum. Gloria nostra, de qua dicit Apostolus: *Mihi autem absit gloriari, nisi in cruce Domini nostri Jesu Christi* (Gal. vi, 14), sub manu tenetur hostili et ipse Dominus noster Jesus Christus, qui captivitatem nostram pro nobis moriens captivavit, quasi captivatus ab impiis ab hæreditate sua cogitur exsulare. Existente quondam in castris arca Domini sabaoth, Urias domum suam ingredi recusavit, a licito etiam uxoris se compe-

---

(125) Apud Gregor. *sibi.*
(126) Concil. Sardic. c. 1.
(127) In vet. cod. ms. Biblioth. Colbertianæ legitur *et personis per Narbon. provinciam.*

scens amplexu. Nunc vero principes nostri, gloria Israel de loco suo in injuriam nostri translata, vacant adulterinis amplexibus, deliciis et divitiis abutentes; et dum se invicem inexorabili odio persequuntur, dum unus in alium suas nititur injurias vindicare, non est quem moveat injuria Crucifixi; non attendentibus ipsis quod jam insultant nobis inimici nostri, dicentes: Ubi est Deus vester, qui nec se potest nec vos de nostris manibus liberare? Ecce jam profanavimus sancta vestra. Ecce jam ad desiderabilia vestra manum extendimus et ea loca impetu primo violenter invasimus et ea vobis tenemus invitis, in quibus superstitionem vestram principium fingitis suscepisse. Jam infirmavimus et confregimus hastas Gallorum, Anglorum conatus elisimus, Teutonicorum vires compressimus. Nunc secundo Hispanos domuimus animosos; et cum omnes virtutes vestras in nos duxeritis concitandas, vix adhuc in aliquo profecistis. Ubi ergo est Deus vester? Exsurgat nunc et adjuvet vos et fiat vobis et sibi protector. Teutonici siquidem, qui se praesumebant inauditum de nobis reportare triumphum, ad nos vehementi spiritu transfretarunt; et cum solum castrum Baruth nullo defendente cepissent, nisi eos sicut et alios principes vestros fugae beneficium liberasset, in se potentiam nostram graviter fuissent experti et eorum stragem ipsorum soboles perpetuo deploraret. Reges enim et principes vestri, quos dudum de terra fugavimus Orientis, ut timorem suum audendo dissimulent, ad suas latebras, ne dicamus regna, reversi, malunt se invicem expugnare quam denuo vires nostras et potentiam experiri. Quid igitur superest nisi ut his, quos fugientes in excusationem vestram ad terrae custodiam dimisistis, gladio ultore peremptis, in terram vestram impetum faciamus, nomen vestrum et memoriam perdituri? Qualiter ergo, fratres et filii, opprobria exprobrantium repellemus? Qualiter eis poterimus respondere, cum eos pro parte verum prosequi videamus, sicut nuper ad audientiam nostram certa significatione pervenit? Recepimus enim litteras de partibus transmarinis quod cum Teutonici Accon navigio pervenissent, castrum Baruth obtinuerunt nemine defendente. Sarraceni vero in Joppen facientes impetum ex adverso, eam per violentiam occuparunt et, caesis multis Christianorum millibus, eam funditus destruxerunt. Verum Teutonici, rumoribus de morte imperatoris acceptis, non exspectato passagii tempore, naves reduces ascenderunt. Unde Saraceni, qui ad resistendum eis exercitum paraverant copiosum in terram Christianorum adeo debacchantur, ut Christianis nec sine periculo civitates egredi liceat nec in ipsis sine formidine remanere, imo eis gladius foris imminet, metus intus. Assumite igitur, filii, spiritum fortitudinis, scutum fidei et galeam salutis accipite, non in numero aut viribus, sed Dei potius, cui non est difficile in multis vel in paucis salvare, potentia confidentes et ei per quem estis, vivitis et habetis, secundum facultates proprias subvenite. Ipse quidem pro vobis semetipsum exinanivit, formam servi accipiens, in similitudinem hominum factus et habitu inventus ut homo, factus obediens usque ad mortem, mortem autem crucis; et vos eo paupere abundatis, ipso fugato quiescitis et nec inopi nec exsuli subvenitis! Quisquis igitur in tantae necessitatis articulo suum negaverit obsequium Jesu Christo, cum ante tribunal ejus astiterit judicandus, quid ad suam excusationem ei poterit respondere? Si Deus subiit mortem pro homine, dubitabit homo mortem subire pro Deo, cum non sint condignae passiones hujus temporis ad futuram gloriam quae revelabitur in nobis? Negabit etiam servus Domino divitias temporales, cum dominus servo divitias largiatur aeternas, quas nec oculus vidit, nec auris audivit, nec in cor hominis ascenderunt? Thesaurizet igitur homo thesauros in coelis, ubi fures non effodiunt nec furantur, ubi nec aerugo nec tinea demolitur. Omnes et singuli accingantur ita quod in proxime sequenti Martio quaelibet urbes per se, similiter et comites et barones juxta facultates proprias ad defensionem terrae nativitatis Dominicae certum in expensis suis dirigant numerum bellatorum, illic saltem per biennium moraturum. Licet autem instantia nostra quotidiana sit, omnium Ecclesiarum sollicitudo continua, modo tamen hanc quasi praecipuam inter alias sollicitudines reputamus, per quam terrae orientali totis desideramus affectibus subvenire; ne si forte fuerit dilata subventio, residuum locustae comedat brucus et fiant novissima deteriora prioribus. Verum ne nos aliis onera gravia et importabilia imponere videamur, digito autem nostro ea movere nolimus, dicentes tantum et aut nihil aut minimum facientes, cum qui fecerit et docuerit, magnus vocetur in regno coelorum, ejus exemplo qui coepit facere et docere, ut et nos qui, licet immeriti, vicem ejus exercemus in terris, bonum aliis praebeamus exemplum, in personis pariter et in rebus terrae sanctae decrevimus subvenire; dilectis filiis nostris Soffredo tit. S. Praxedis presbytero et Petro tit. S. Mariae in Via Lata diacono cardinalibus, apostolicae sedis legatis, viris utique timoratis, scientia et honestate praeclaris, potentibus in opere et sermone, quos inter alios fratres nostros speciali charitate diligimus, manu propria crucis signaculum imponentes, qui exercitum Domini humiliter et devote praecedant, et non mendicatis suffragiis sed nostris et fratrum nostrorum sumptibus sustententur: per quos etiam aliud competens subsidium eidem terrae disponimus destinare. Interim autem dictum Petrum Sanctae Mariae in Via Lata diaconum cardin. ad charissimorum in Christo filiorum nostrorum Philippi Francorum et Richardi Anglorum regum illustrium praesentiam destinamus ad reformandam pacem vel treugas saltem usque ad quinquennium ordinandas et exhortandos populos ad obsequium crucifixi : [(128) quem sicut apostolicæ sedis legatum volumus et mandamus ab omnibus honorari et mandatis et statutis ipsius humiliter obediri.] Dictum autem Soffredum Sanctæ Praxedis presbyt. card. Venetias pro terræ sanctæ subsidio destinamus. De communi præterea fratrum nostrorum deliberatione statuimus et vobis, fratres archiepiscopi et episcopi, et dil. filii abbates, priores et alii Ecclesiarum prælati, districte præcipiendo mandamus quatenus certum numerum bellatorum vel pro certo numero certam pecuniæ quantitatem in proxime sequenti Martio, pensata facultate cujuslibet, ad expugnandam paganorum barbariem et servandam hæreditatem Domini destinetis, quam ipse proprio sanguine comparavit. Si quis autem, quod non credimus, constitutioni tam piæ ac necessariæ præsumpserit obviare, sicut sacrorum canonum transgressorem decrevimus puniendum et usque ad satisfactionem condignam ab officio censemus manere suspensum. De Dei ergo misericordia et beatorum apostolorum Petri et Pauli auctoritate confisi, ex illa quam nobis Deus, licet indignus, ligandi et solvendi contulit potestate, omnibus qui laborem hujus itineris in personis propriis subierint et expensis, plenam peccatorum suorum de quibus oris et cordis egerint pœnitentiam veniam indulgemus et in retributione justorum salutis æternæ pollicemur augmentum. Eis autem qui non in personis propriis illuc accesserint, sed in suis tantum expensis juxta facultatem et qualitatem suam viros idoneos destinaverint illic saltem per biennium moraturos et illis similiter qui, licet in alienis expensis, in propriis tamen personis assumptæ peregrinationis laborem impleverint, plenam suorum concedimus veniam peccatorum. Hujus quoque remissionis volumus esse participes, juxta quantitatem subsidii, ac præcipue secundum devotionis affectum, qui ad subventionem illius terræ de bonis suis congrue ministrabunt. [(129) Ut autem expeditius et securius ad subventionem terræ nativitatis Dominicæ quilibet accingantur,] Bona insuper ipsorum, ex quo crucem susceperint, sub beati Petri et nostra protectione suscipimus nec non et sub archiepiscoporum et omnium prælatorum Ecclesiæ Dei defensione consistant : statuentes ut donec de ipsorum obitu vel reditu certissime cognoscatur, integra maneant et quieta consistant. Quod si quisquam contra præsumpserit, per censuram ecclesiasticam appellatione postposita compescatur. Si qui vero proficiscentium illuc ad præstandas usuras juramento tenentur astricti, vos, fratres archiepiscopi et episcopi, per vestras diœceses creditores eorum, sublato appellationis obstaculo, eadem districtione cogatis ut eos a sacramento penitus absolventes, ab usurarum ulterius exactione desistant. Quod si quisquam creditorum eos ad solutionem coegerit usurarum, eum ad restitutionem earum sublato appellationis obstac., districtione simili compellatis. Judæos vero ad remittendas ipsis usuras per vos, filii principes, et sæcularem compelli præcipimus potestatem; et donec eas remiserint, ab universis Christi fidelibus, tam in mercimoniis, quam aliis, per excommunicationis sententiam eis jubemus communionem omnimodam denegari. Ab hoc igitur opere nullus omnino se subtrahat, cum id non a nobis sed ab ipsis fuerit apostolis institutum, qui collectas faciebant in gentibus, ut fratribus in Jerusalem laborantibus subvenirent. Nolumus autem vos de divina misericordia desperare, quantumcunque sit Dominus peccatis nostris iratus, quin in manu vestra perficiat, si, prout debetis, in humilitate cordis et corporis iter fueritis peregrinationis aggressi, quod majoribus non concessit. Consensissent enim majores forsitan, et dixissent : *Manus nostra excelsa, et non Deus, fecit hæc omnia* (*Deut*. XXXII, 27); et sibi, non Deo, victoriæ gloriam ascripsissent. Speramus enim quod non in ira misericordias continebit, qui cum iratus est, non obliviscitur misereri, nos admonens et exhortans : *Convertimini ad me, et ego convertar ad vos* (*Zach*. I, 3). Credimus etiam quod si ambulaveritis in lege Domini, non eorum sequentes vestigia qui vani facti sunt post vanitatem euntes, qui comessationibus et ebrietatibus voluptuose vacabant et ea exercebant in partibus transmarinis quæ in terra nativitatis propriæ sine multa infamia et detractione plurima non auderent, sed spem vestram in eo solummodo posueritis qui non deserit sperantes in se, non tantum ab illicitis sed quibusdam etiam licitis abstinentes, is qui currum et exercitum Pharaonis projecit in mare, arcus fortium infirmabit et inimicos crucis Christi a facie vestra delebit ut lutum platearum, non nobis aut vobis sed nomini suo dans gloriam, qui est gloriosus in sanctis, mirabilis in majestate, faciens prodigia et post lacrymationem et fletum, gaudium et exsultationem inducens. Ad hæc autem expeditius et melius exsequenda vos, fratres archiepiscope Nemausen. et Auriasicen. episcopi, duximus deputandos, qui verbum Domini cæteris proponatis et ad implendum mandatum apostolicum coepiscopos vestros et alios invitantes, taliter exsequamini causam Domini quod et vos hujus sitis remissionis participes et in hoc devotio vestra plenius elucescat. ad quod etiam laudabilius exsequendum vobis unum de fratribus militiæ Templi, alterum vero de fratribus Jerosolymitani hospitalis, viros honestos et providos, assumatis.

Datum Reat., XVIII Kal. Septembris.

In eumdem modum scriptum est Lugdunen. et Viennen. archiepiscopis, abbatibus quoque, prioribus et aliis Ecclesiarum prælatis, comitibus et baronibus et universo populo in utraque provincia constitutis. In eumdem modum universis de regno Franciæ, Angliæ, Hungariæ, et Siciliæ.

(128) Hæc addita sunt ex Rogerio de Hoveden.

(129) Et hæc quoque addita sunt ex Rogerio.

CCCXXXVII.
EPISCOPO ET CAPITULO TARVISIN.

De collatione præpositurae Tarvisinae, quæ jam erat ad sedem devoluta.

(Reat., Non. Aug.)

Licet ex collata nobis a Domino plenitudine potestatis et auctoritate Lateran. concilii, præposituram Ecclesiæ vestræ, quæ jam ultra duodecim annos, sicut accepimus certa relatione, vacavit, libere conferre possemus, utpote cujus donatio ad nos jam est juxta idem concilium devoluta, volumus tamen honori vestro deferre ac vobis ex nostro meritum comparare. Ideoque discretionem vestram rogamus, monemus et exhortamur in Domino, et per apostolica scripta præcipiendo mandamus quatenus dilectum filium B. subdiaconum nostrum, quem suæ nobilitatis, litteraturæ ac honestatis intuitu nos et fratres nostri sinceræ charitatis brachiis amplexamur, in præpositum Ecclesiæ vestræ ob reverentiam sedis apost. recipere non tardetis, cum integritate omnimoda in qua præpositus aliquis eam unquam noscitur habuisse; in choro etiam stallum præpositi ac locum in capitulo ei sine difficultate qualibet assignetis : facientes de necessitate virtutem et mandatis nostris humiliter et devote parentes, scituri quia quod de ipso incepimus, relinquemus nullatenus imperfectum. Ad hæc, auctoritate vobis præsentium districtius inhibemus ne post litterarum nostrarum susceptionem alii cuiquam præposituram ipsam præsumatis conferre vel circa eam aliquid innovare. Quod si, quod non credimus, secus fuerit præsumptum a vobis, nos factum vestrum nullum esse decernimus et carere prorsus robore firmitatis. Venerabili etiam fratri nostro Mantuan. episcopo per apostolica scripta præcipiendo mandamus ut vobis in exsecutione mandati nostri cessantibus, non obstante sacramento quod de non eligendo præposito præstitisse dicimini, cum eum id exsequi vestro non sit juramento contrarium et juramentum vestrum minus videatur fuisse discretum, ipse, subl. appellationis obstaculo, de prædicta eum præpositura auctoritate nostra investiat et in corporalem possessionem inducat, stallum in choro et locum in capitulo assignando et quod fecerit, per censuram eccle. faciat inviolabiliter observari, contradictores eadem districtione compescens. Nullis litteris obst., etc.

Datum Reat., Non. Augusti.
Illi scriptum est ut hoc faciat.

CCCXXXVIII.
ARCHIEPISCOPO SENONEN. ET P. S. MARIÆ IN VIA LATA DIACONO CARD. APOSTOLICÆ SEDIS LEGATO

Ut certus canonicorum numerus juramento firmatus non augeatur.

(Spolet., xi Kal. Septembris.)

(130) Constitutus in præsentia dilecti filii nostri G. Sancti Angeli diaconi cardinalis Petrus cleri-

---
(130) Cap. *Constitutus*, De rescriptis.

A cus, quem ei concesseramus et parti alteri auditorem, proposuit coram ipso, quod cum olim bonæ memoriæ C. papa prædecessor noster dilectis filiis dec. et capitulo Bituricen. dederit in mandatis ut ipsum in canonicum reciperent et in fratrem et præbendam ei conferrent, si qua tunc in eorum vacaret Ecclesia vel proximo vacaturam, venerabili fratre nostro Bituricen. archiepiscopo ei monitore concesso et, si ipsi mandatum ejus admittere non curassent, eis præcipiendo mandavit ut quod eis mandaverat adimplerent; dicto archiepiscopo et venerabili fratre nostro Claromonten. episcopo super hoc exsecutoribus deputatis. Interim autem capituli nuntius ad apostolicam sedem accedens, cum suggessisset ipsum P. in pluribus Ecclesiis habere præbendas, Bituricen. Ecclesiam ab ejus obtinuit impetitione absolvi; indulgentia etiam impetrata, ne infra triennium aliquem recipere in fratrem cogerentur. Cumque postmodum idem P. ad Ecclesiam Romanam reversus, eidem prædecessori nostro exponere curavisset quod licet in Claromonten. Ecclesia quoddam beneficium quod concedi etiam laicis consuevit et familiaritas appellatur fuisset adeptus, et ex ipso tamen vel alio quod haberet non posset commode sustentari, idem prædecessor noster dictis decano et capitulo per suas litteras injunxit ut prædicta indulgentia in suo robore permanente, præbendam quæ post triennium primo vacaret ipsi conferrent; interim autem ei stallum in choro et locum in capitulo assignarent; exsecutione hujus mandati dilecto filio Claromonten. præposito delegata; qui, sicut ex ejus litteris manifeste liquebat, cum dictos decanum et capitulum ad implendum mandatum apostolicum diligentius monuisset nec profecisset in aliquo, dictum P. de præbenda primo post triennium vacatura auctoritate curavit apostolica investire, ei stallum in choro et locum in capitulo concedendo. Verum dilectus filius P. Rossignos ex adverso respondit quod cum in Bituricen. Ecclesia certus esset canonicorum numerus institutus, firmatus jurejurando et per multos Romanos pontifices confirmatus, et de hoc memoratus P. non fecisset in suis litteris mentionem, intelligendus erat circumvenisse prædecessorem nostrum et dictas litteras veritate tacita impetrasse. Licet enim cum in aliqua Ecclesia certus statuitur numerus, hæc apponatur conditio vel intelligatur apponi : *Salva sedis apostolicæ auctoritate*, non tamen erat credendum quod eum certa scientia contra juramentum eorum recepi mandavisset, cum de hoc in ejus litteris nihil fuisset expressum. Nos igitur de prædictis per memoratum cardinalem instructi, discretioni vestræ per apostolica scripta præcipiendo mandamus quatenus, si legitime vobis constiterit numerum canonicorum qui nunc est in Ecclesia, esse per decanum et capitulum ejusdem Ecclesiæ juramento firmatum antequam prædictus clericus a prædecessore nostro litteras exsecutorias impetrasset, quidquid factum est occasione litterarum quas idem clericus a sede apostolica impetrasse dignoscitur cassum et irritum decernatis haberi: alioquin ei faciatis in eadem Ecclesia præbendam, si qua vacat, sublato cujuslibet appellationis obstaculo, assignari; contradictores, si qui fuerint, per districtionem eccl., appellatione postposita, compescentes · provisuri attentius quod ita super hoc mandatum nostrum adimplere curetis, quod eumdem clericum non oporteat deinceps ad nos iterare laborem. Quia sicut nolumus injusta præcipere, sic cum justa præcipimus, volumus efficaciter exaudiri. Nullis litteris ob. harum tenore tacito, etc., Quod si ambo, etc., alter vestrum etc.

Datum Spoleti, xi Kal. Septembris.

CCCXXXIX.
EPISCOPO ET CANONICIS HYPORIEN.
De receptione Joannis papæ subdiaconi ad archidiaconatum.

(Spoleti, vii Kal. Septemb.)

Pro his et nos fiducialius deprecamur et ab aliis preces nostras facilius credimus exaudiri, quibus ad obtinendum quod petimus nobis etiam non rogantibus, sufficienter eorum merita suffragantur. Sane nobilitatem generis, honestatem morum, consilii maturitatem et munus scientiæ dilecti filii Boni Johannis subdiaconi nostri, nobis et fratribus nostris propter hoc ac propter obsequium Ecclesiæ in multis impensum accepti, vos ignorare non credimus; et idcirco a vobis pro ipso nos credimus tanto libentius audiendos, quanto vobis sunt ejus merita notiora et quod Ecclesia vestra per eum apud nos gratius debeat in suis necessitatibus exaudiri plenius agnovistis. Inde est quod cum in Ecclesia vestra vacet archidiaconatus officium, de quo tu, frater episcope, diceris fuisse assumptus, discretioni vestræ per apostolica scripta mandamus quatenus eum dicto subdiacono nostro sine dilatione ac difficultate qualibet ob apostolicæ sedis reverentiam cum omni jure suo liberaliter conferatis, stallum in choro et locum in capitulo archidiacono debitum eidem pariter assignantes, ut vos ad receptionem proborum virorum faciles et ad implenda mandata sedis apostolicæ inveniamus benevolos et devotos. Ad hæc, auctoritate vobis præsentium inhibemus ne archidiaconatum ipsum post receptionem præsentium alii cuiquam conferatis. Quod si contrarium, quod non credimus, faceretis, nos factum vestrum irritum esse decernimus et inane. Noveritis etiam nos dilectis filiis præposito sancti Gaudentii Novarien. et magistro V. Balbo canonico Mediolanen. subdiaconis nostris præcipiendo mandasse ut, si vos quod scribimus nolueritis vel distuleritis adimplere, ipsi id auctoritate apostolica exsequantur, ipsum de archidiaconatu investientes eodem, et ejus possessionem assignantes eidem; vos quoque ad receptionem ipsius, auctori-

(131) Vide supra epist. 121, 593.

tate nostra suffulti, ecclesiastica districtione, sublato appellationis obstaculo, compellentes.

Datum Spoleti, vii Kal. Septembris.

CCCXL.
CANONICIS BURGI SANCTI DOMINI.
De privilegio et exemptione illorum, ne ab episcopo Parmensi vexentur.

(Spolet., vii Kal. Sept.)

(131) Ex litteris et conquestione vestra nobis innotuit quod cum propter præsumptionem quam cives Parmen. in invasione dilecti filii nostri P. Sanctæ Mariæ in Via Lata diaconi cardinalis et ablatione suarum rerum non sunt veriti attentare, Ecclesia vestra sit per venerabiles fratres nostros archiepiscopum Mediolanen. et Cuman. episcopum secundum apost. mandati tenorem a potestate et jurisdictione episcopi Parmen. exempta, postquam idem episcopus comminationis recepit litteras, occasione cujusdam procurationis quam a vobis indebite requirebat, cum procuratio quam ei debebatis paucis diebus elapsis ei plenarie fuisset a vobis exhibita, episcopus ipse, dilecto filio præposito vestro nullatenus requisito, vos ab officio et beneficio suspendere minime dubitavit. Nos igitur quod in pœnam contra cives Parmen. a nobis est provida deliberatione statutum temeritate cujuspiam infringi nolentes, eidem episcopo districte præcipimus ut in Ecclesiam vestram vel vos nullam jurisdictionem exercere vel vobis aliquod gravamen inferre præsumat. Alioquin nos dilecto filio præposito Regin. dedimus in mandatis ut eumdem episcopum ad hujusmodi per censuram ecclesiasticam, sublato appellationis obstaculo, nostra fretus auctoritate compescat; eum nihilominus ad exhibendam vobis justitiam super ecclesia Sanctæ Mariæ et aliis ecclesiis de Sorana, et super ecclesiis de Curticel. scilicet Sancti Victoris, et Sancti Ingulfi, appellatione remota, ecclesiastica districtione compellens. Unde discretioni vestræ per apostolica scripta mandamus quatenus supradictam suspensionis sententiam in vos ab episcopo jamdicto prolatam nullatenus observetis.

Datum Spoleti, vii Kal. Septembris.

Scriptum est Parmen. episcopo, districte præcipiendo juxta tenorem litterarum istarum. Scriptum est G. Regin. præposito, ut ipsum episcopum a prædictis censura ecclesiastica compescat et ad exhibendam justitiam de prædictis Ecclesiis eadem distictione compellat.

CCCXLI.
ACHERUNTINO ARCHIEPISC.
Ut a laicis res ecclesiasticæ non administrentur, sed exstructa monasteria ab episcopis consecrentur.

(Spolet., vi Kal. Septembr.)

Significante nobili viro R. comite Licii, nostro est apostolatui reseratum quod capellam Sanctæ Mariæ de Lanian. a se reparatam pariter et dotatam Cistercien. fratrum regulis informare disposuit pro salute sua pariter et parentum; monasterium quoque quod est in castro Genusii, in quo jus obtinet patronatus, propter nigrorum monachorum incuriam in spiritualibus et temporalibus usque adeo jam consumptum quod in eo vix possunt quatuor sustentari, ut in utriusque respirare valeat, adjunctum ipsi capellæ, abbatiæ Casæmarii disposuit supponendum. Verum quia laicis etiam religiosis, disponendi de rebus Ecclesiæ nulla est attributa facultas, fraternitatem tuam rogamus pariter et hortamur quatenus, quod per eum legitime fieri non potest, per tuam sortiatur auctoritatem effectum, si utilitati ecclesiasticæ videris expedire.

Datum Spoleti, vi Kal. Septembris.

CCCXLII.

PRIORI ECCLESIÆ S. NICOLAI DE MONTE SECUS NARNIAM CONSTITUTÆ.

De privilegiis et immunitate illorum.

(Spoleti, vi Kal. Sept.)

Ea quæ sunt juris beati Petri et ad Romanam Ecclesiam nullo pertinent mediante sic teneri volumus et servari ab his qui ad eorum sunt custodiam deputati, ne occasione qualibet debeat in posterum ipsi Rom. Ecclesiæ aliquod præjudicium generari. Cum igitur prælibata ecclesia beati Petri juris existat et in ejus sis regimine constitutus, ad exemplar felicis recordationis Alexandri, Clementis, et Cœlestini prædecessorum nostrorum Romanorum Pontificum præsentibus tibi litteris inhibemus, ne de ipsa ecclesia nisi nobis et nostris successoribus respondere, aut eam recognoscere ad aliquo, nisi de mandato nostro vel catholici successoris nostri, præsumas. Prohibemus etiam, ne quisquam eamdem ecclesiam violenter intrare, aut ejus possessiones et bona diripere, seu temere audeat perturbare. Præterea tibi concedimus, ut bona ipsius ecclesiæ, quæ ab aliquibus detinentur injuste, licitum tibi sit legitime revocare. Ad indicium autem hujus perceptæ libertatis ecclesia ipsa Romanæ Ecclesiæ libram ceræ quolibet anno persolvet. Nulli ergo, etc.

Datum Spoleti, vi Kal. Septembris.

CCCXLIII.

EPISCOPO LIDDEN.

Ut Siculum armet ad bellum sacrum pro recuperanda terra sancta.

(Spoleti, iii Kal. Sept.)

Cum te credamus imo teneamus pro certo pro subjectione terræ nativitatis Dominicæ fideliter hactenus laborasse ac certum nobis existat quod adhuc super eodem laborare diligenter intendas, sollicitudinem tuam venerabilibus fratribus nostris Tranen. archiepiscopo, episcopo Cupersanensi et dilectis filiis abbati de Floribus, priori Sancti Andreæ de Benevento citra Farum, venerabili vero fratri nostro Syracusanensi episcopo et dilecto filio abbati de Sanbucin. per Siciliam, ad proponendum verbum Domini, pro liberatione illius terræ in qua steterunt pedes ejus et ubi Deus rex noster ante sæcula nostram dignatus est operari salutem, venerabilibus fratribus nostris archiepiscopis et episcopis et dilectis filiis comitibus et baronibus, consulibus civitatum et populis per totum regnum Siciliæ constitutis, imo ipsi et charissimæ in Christo filiæ nostræ illustri imperatrici duximus adjungendam; ut tanto libentius vestrum verbum recipiatur ab omnibus, quanto propositum fuerit cum majoris devotionis affectu; et exsilium tuum terræ sanctæ detentionem et paganorum barbariem, qui nec ætati nec ordini detulerunt, mentibus omnium repræsentando impressus sigillabit. Qualiter autem terræ sanctæ per fratres nostros et nostra disposuerimus subvenire, qualiter et quem ad reformandum inter charissimos in Christo filios nostros Ph. Francorum et R. Anglorum reges illustres veræ pacis concordiam vel treugas saltem usque ad quinquennium statuendas et exhortandos fidelium populos ad obsequium Crucifixi, quem de fratribus nostris Pisas, quem Januam, quem et Venetias propter hoc duxerimus destinandos, quam remissionem his qui Christo exsuli et exterminio Jerosolymitanæ regionis in personis et rebus et vel in personis vel rebus subvenerint, concedamus, et quod eorum bona sub nostra protectione suscipiamus, eos a fœneratorum instantia relevantes, tibi et prædictis sociis tuis ex forma litterarum communium poterit manifeste liquere. Accingere igitur et assume non nostram sed Domini causam. Sonet vox tua in auribus omnium, necessitatem terræ Orientalis, exsilium Jesu Christi, causam scilicet tuæ legationis exponens; et cum prædictis vel eorum aliquo aut etiam solus, si ipsi vel noluerint vel non poterint interesse, taliter quod tibi et ipsis injungitur exsequaris, ne appareas in conspectu Domini vacuus, sed ad Jerosolymitanam provinciam multa stipatus militia cum legatis nostris et ad aream Domini cum exsultatione cumulatus manipulis revertaris.

Datum Spoleti, iii Kalend. Septembris.

CCCXLIV.

EIDEM.

Ejusdem plane argumenti.

(Spoleti, Kal. Septembris.)

Ad sollicitandos fidelium populos ad obsequium Crucifixi, ne videamur liberalis Domini dispensatores avari, præter remissionis gratiam et apostolicæ protectionis præsidium quæ ad terram nativitatis Dominicæ proficiscentibus vel ei subvenientibus indulgemus, gratiam oportet nos facere in aliis etiam specialem, ut tanto libentius itineris Jerosolymitani onus assumant, quanto se amplius viderint ab aliis oneribus relevari. Eapropter, ven. in Christo frater, auctoritate tibi præsentium indulgemus ut eos qui terram sanctam in hujus necessitatis articulo personaliter visitabunt, si ob manus injectas in clericum vinculo sint excommunicationis astricti, nostra fretus auctoritate absolvas. Nulli ergo omnino hominum liceat hanc paginam nostræ concessionis, etc.

Datum Spoleti, Kal. Septembris.

In eumdem modum Tranen. archiepiscopo, Cupersanen. episcopo, priori Sancti Andreæ de Benevento,

Syracusan. episcopo, abbati de Floribus, unicuique seorsim.

CCCXLV.
ARCHIEPISCOPIS, EPISCOPIS, ABBATIBUS, PRIORIBUS, ET UNIVERSIS ECCLESIARUM PRÆLATIS PER TOTUM REGNUM FRANCIÆ CONSTITUTIS.

Ut legatum apostolicum, qui pacem inter Galliæ et Angliæ regem facere et contra Saracenos armare debet, humaniter accipiant.

(Datum Reat.)

Licet commissa nobis a Domino potestatis ecclesiasticæ plenitudo universis Christi fidelibus nos constituerit debitores, statum tamen et ordinem conditionis humanæ non possumus ampliare, quia juxta verbum Domini cum ad staturam nostram nec cubitum unum valemus adjicere, vel simul in diversis locis existere, in unius tamen corporis unitate vel ad remota quælibet in ictu oculi transvolare possumus, et cum Habacuc exsuli Danieli deposito in lacu leonum, per nos ipsos cibi consolationem afferre ac messoribus nihilominus ministrare. Quia vero lex id humanæ conditionis non patitur, nec possumus in persona propria gerere sollicitudines universas, interdum per fratres nostros, qui sunt membra corporis nostri, ea cogimus exercere quæ, si commoditas Ecclesiæ sustineret, personaliter libentius impleremus. Cum autem omnes unum corpus simus in Christo, singuli autem alter alterius membra; sic per singulos, cum oportet, injunctæ nobis sollicitudinis onera dispensamus, ut cum alter alterius onera supportarit, a singulis lex Christi laudabiliter impleatur. Non enim in uniformitate corporis Christi, quod est Ecclesia, sicut in humani corporis constitutione segregatio partium generat sectionem, sectio vero mortem vel deformitatem inducit; imo segregatio in obedientiæ virtute consistens, unitatis est signum: unitas vero verum est indicium charitatis, per quam multitudinis credentium erat, sicut legitur, cor unum et anima una. Sane licet instantia nostra quotidiana sit omnium Ecclesiarum sollicitudo continua, nuper tamen nobis sollicitudo potior supervenit: quæ, si reliquæ cederent, sola tamen sibi nos totos interius et exterius vindicaret nec sic etiam infirmitas nostra tantæ sufficeret gravitati. Recepimus enim litteras de partibus transmarinis, quod cum Teutonici, capto castro Baruth et Joppen ab impiis occupata, naves reduces ascendissent, Saraceni, qui ad resistendum eis exercitum paraverant copiosum, sicut locustæ terræ superficiem repleverunt: ita quod Christianis gladius foris imminet, metus intus, ut tutum eis non sit in civitatibus et in locis munitissimis remanere. Cum igitur nos ab subveniendum Jerosolymitan. provinciæ dilectis filiis nostris S. tt. Sanctæ Praxedis presbytero et P. Sanctæ Mariæ in via Lata diacono cardinalibus imposuerimus signum crucis, cum nec Ecclesiæ necessitas pateretur nec prædecessorum nostrorum monerent exempla ut itineris Jerosolymitani laborem personaliter subiremus, dictum P. Sanctæ Mariæ in via lata diac. cardinalem virum scientia, honestate morum et consilii maturitate præclarum, præcipue ad reformandam inter chariss. in Christo filios nostros Ph. Francorum et R. Anglorum reges illustres plenæ pacis concordiam vel treugas saltem usque ad quinquennium statuendas, et excitandos populos ad obsequium Jesu Christi duximus destinandum: cui etiam commisimus plenæ legationis officium, concessa sibi libera facultate ut evellat et dissipet, ædificet et plantet, sicut viderit expedire. Quia vero ipsum inter cæteros fratres nostros specialis dilectionis brachiis amplexamur, universitati vestræ per apo. scripta mandamus atque præcipimus quatenus eum sicut legatum sedis apost. imo Christi, cujus subventionis causa dirigitur, benigne recipientes et honorifice pertractantes, ea quæ super prædictis vel aliis deliberatione provida duxerit statuenda recipiatis humiliter et inviolabiliter observetis, alioquin sententiam quam in contumaces duxerit proferendam, ratam habebimus et faciemus auctore Domino inviolabiliter observari: scituri quod nos in eo, si a vobis honoratus fuerit, credimus honorari et contemptus ejus proprium putaremus.

Datum Reat.

CCCXLVI.
PETRO SANCTÆ MARIÆ IN VIA LATA DIACONO CARD. APOSTOLICÆ SEDIS LEGATO.

Datur illi potestas cogendi episcopos Angliæ ut ipsi consilio et auxilio sint.

Quanto amplius de honestate tua, discretione pariter et litteratura confidimus, tanto fiducialius ea tibi committimus exsequenda quæ apostolicæ sedis honorem respiciunt et communem utilitatem populi Christiani. Cum itaque te de fratrum nostrorum consilio ad reformandam inter charissimos in Christo f. n. Ph. Francorum et R. Anglorum reges illustres plenæ pacis concordiam, vel treugas saltem usque ad quinquennium statuendas, duxerimus inter cætera destinandum, discretioni tuæ auctoritate præsentium indulgemus ut si quos viros ecclesiasticos, archiepiscopos vel episcopos vel minoris ordinis viros in regno Anglorum esse cognoveris, quorum tractatui pacis sit consilium opportunum, eos ad te convoces et per districtionem ecclesiasticam, si necesse fuerit, nostra fretus auctoritate venire compellas. Nulli ergo, etc.

CCCXLVII.
EIDEM.

Ut regem Gallorum per censuras ecclesiasticas cogat suam uxorem recipere.

Scripsimus charissimo in Christo filio nostro Philippo illustri regi Francorum ut eam quam superduxit contra Ecclesiæ interdictum a suo separata consortio, charissimam in Christo filiam nostram Francorum reginam illustrem, uxorem suam, in gratiam recipiat conjugalem, et debito pertractet affectu. Ut autem mandatum nostrum super hoc melius et expeditius compleatur, discretioni tuæ auctoritate præsentium indulgemus, per apostolica scripta mandantes et districte præcipientes ut nisi dictus rex infra mensem post commonitionem tuam prædictam reginam in gratiam receperit conjugalem et honore debito pertractarit, ex tunc totam terram ejus appellatione postposita subjicias interdicto; ita quod, præter baptisma parvulorum et pœnitentias morientium, nullum in ea divinum officium celebretur. Venerabilibus etiam fratribus nostris archiepiscopis, episcopis et dilectis filiis nostris abbatibus, prioribus et universis Ecclesiarum prælatis constitutis in terra ejus in virtute Spiritus sancti districte præcipimus ut, cum in terram regis ejusdem interdicti sententiam promulgaris, eam ap. re. secundum prædictam formam observent et per suas faciant provincias, diœceses, et Ecclesias observari. Nulli ergo, etc.

Scriptum est super hoc archiepiscopis, episcopis, abbatibus, prioribus et universis Eccles. prælatis in terra regis Franciæ constitutis.

CCCXLVIII.
PII. ILLUSTRI REGI FRANCORUM.
Ut reginam uxorem recipiat, et cum rege Anglorum pacem servet.

Cum inter principes Christianos personam tuam singulari quadam benevolentia diligamus, super his infra nos ipsos vehementer ingemiscimus et dolemus quæ de serenitate tua sæpius ad nostram audientiam referuntur; cum, quod dolentes referimus, tam super facto char. in Christo f. n. reginæ Francorum illustris uxoris tuæ, quam etiam super discordia quam cum charissimo in Christo f. n. illustri rege Anglorum exerces, taliter te habere dicaris ut æmulis tuis non solum repugnandi tibi materiem præbeas, sed etiam audaciam expugnandi: quod serenitati tuæ manifestum tribuit argumentum, quod Dominus Deus noster tuis sit peccatis iratus. Et licet olim super receptione prædictæ reginæ per venerabilem fratrem nostrum Parisien. episcopum diligenter celsitudinem tuam commoneri fecerimus (132), ac postmodum propter id nostras tibi curaverimus litteras destinare, volentes non minus saluti tuæ pariter et honori consulere quam ejusdem reginæ justitiæ providere, nondum tamen nescimus quorum usus consilio, quod causa nobis non modici stuporis existit et doloris, monita et mandata sedis apostolicæ, quæ Deo teste processerunt ex fomite charitatis et sinceræ quam circa te gerimus, dilectionis affectu, non curasti, sicut debueras, humiliter exaudire. Verum, ne quid desit exhortationibus nostris, serenitatem tuam tertio duximus commonendam, rogantes, monentes et exhortantes in Domino, et in remissionem tibi peccatorum injungentes quatenus, mutato consilio, dictam reginam uxorem tuam recipias in gratiam conjugalem et debito pertractes honore; ut et Deum tibi reddas propitium et tam te quam nos a lingua liberes detractrice. Mittimus autem propter hoc ad præsentiam tuam dile-

(132 Vide supra. epist. 4, 171.

ctum f. n. P. Sanctæ Mariæ in Via Lata diac cardin. ap. se. legatum, quem inter fratres nostros speciali amplectimur dilectionis affectu et quem personam tuam et regnum diligere sincere cognoscimus, utpote in eo nutritum pariter et instructum, qui te ad hæc diligenter commoneat et nostram tibi exponat plenius voluntatem; cui, tanquam nobis ipsis, fidem adhibeas super his quæ tibi duxerit proponenda.

CCCXLIX.
ARCHIDIACONO, ARCHIPRESBYTERO, ET CANONICIS MEDIOLANEN.
Quot modis crimen falsi circa bullas apostolicas committatur.

(Spolet., 11 Non. Septemb.)

(133) Licet ad regimen ap. sedis, quæ dante Domino universarum Ecclesiarum mater est et magistra, insufficientes nos vita et scientia reputemus, quantum tamen Dominus nobis sua miseratione concesserit, ab his proposuimus abstinere per quæ nobis possit merito derogari: quanquam ex infirmitatis humanæ defectu non sic formam perfectionis semper et in omnibus imitari possimus, quin aliquid aliquando in nostris subrepat operibus quod minus circumspectæ providentiæ valeat imputari. Quod tamen non ex industria vel scientia certa, sed interdum ex ignorantia vel nimia occupatione contingit. Significastis siquidem nobis per litteras vestras quod cum quædam vobis fuissent litteræ præsentatæ, per quas vobis districte præcipere videbamur ut I. de Cimilian. clericum Ecclesiæ vestræ in canonicum reciperetis et fratrem, nec aliquem alium in canonicum vocaretis, donec ipse præbendæ beneficium plenarie fuisset adeptus, earum tenore diligenter inspecto, vix eas credidistis de nostra conscientia processisse, vel si etiam processerunt, per nimiam fuisse importunitatem obtentas. Cæterum cum easdem litteras, sicut viri providi et discreti, ad nostram remisissetis præsentiam, ut ex earum inspectione plenius nosceremus utrum ex nostra conscientia processissent, plus in eis invenimus quam vestra fuisset discretio suspicata. Nam licet in stylo dictaminis et forma scripturæ aliquantulum cœperimus dubitare, bullam tamen veram invenimus; quod primum nos in vehementem admirationem induxit, cum litteras ipsas sciremus de nostra conscientia nullatenus emanasse. Bullam igitur hinc inde diligentius intuentes, in superiori parte, qua filo adhæret, eam aliquantulum tumentem invenimus; et cum filum ex parte tumenti sine violentia qualibet aliquantulum attrahi fecissemus, bulla in filo altero remanente, filum ex parte illa ab ipsa sine qualibet difficultate avulsum, in cujus summitate adhuc etiam incisionis indicium apparebat, per quod liquido deprehendimus bullam ipsam ex aliis litteris extractam fuisse ac illis per vitium falsitatis insertam, sicut ex litteris ipsis plenius agnoscetis, quas ad majorem

(133) Cap Licet, De falsariis. Vide lib. 11, epist. 29.

certitudinem vobis duximus remittendas. Cum igitur tantus excessus relinqui non debeat aliquatenus impunitus, discretioni vestræ per apostolica scripta mandamus et districte præcipimus quatenus dictum I., nisi infra viginti dies post harum susceptionem a vobis commonitus ad præsentiam nostram cum testimonio litterarum vestrarum satisfacturus accesserit, ex tunc ab omni ecclesiastico beneficio et clericali officio, sublato cujuslibet con. et ap. obstaculo, suspendatis, vel, si beneficio caret, anathematis eum sententia innodetis; cum ab hac culpa non de facili sit credendus immunis, cum nec per fratres nec consanguineos nostros nos, licet sæpius rogatos, potuisset inducere ut super hoc nostras vobis litteras mitteremus ; ex quo fraudem auctoris, etsi principalis falsarius ipse non fuerit, sufficienter agnoscere potuisset : præsertim cum eo tempore præsens fuisse dicatur quo contra falsarios de communi fratrum consilio publice constituimus inter cætera, sub pœna excommunicationis firmiter inhibentes (134), ne quis litteras apostolicas nisi de manu nostra vel bullatoris nostri reciperet, illis duntaxat exceptis quibus propter dignitatis excellentiam indulsimus ut per nuntios fideles et notos idipsum possent efficere. Ut autem varietates hujusmodi falsitatis, quas hactenus deprehendimus, vos ipsi de cætero deprehendere valeatis, eas vobis præsentibus litteris duximus exprimendas. Prima species falsitatis hæc est, ut falsa bulla litteris apponatur. Secunda, ut filum de vera bulla extrahatur ex toto et per aliud filum immissum falsis litteris inseratur. Tertia, ut filum ab ea parte, in qua charta plicatur, incisum, cum vera bulla falsis litteris immittatur sub eadem plicatura cum filo similis canapis restauratum. Quarta, quod a superiori parte bullæ altera pars fili sub plumbo rescinditur et per id filum litteris falsis inserta reducitur infra plumbum. Quinta, cum litteris bullatis et redditis aliquid in eis per rasuram tenuem immutatur. Eos etiam a crimine falsitatis non reputamus immunes qui contra constitutionem præmissam scienter litteras nostras nisi de nostra vel bullatoris nostri manu recipiunt. Eos quoque qui accidentes ad bullas, falsas litteras caute projiciunt, ut de vera bulla cum aliis sigillentur. Sed hæ duæ species falsitatis non possunt facile deprehendi, nisi vel in modo dictaminis vel in forma scripturæ vel qualitate chartæ falsitas cognoscatur. In cæteris autem diligens indagator falsitatem poterit diligentius intueri vel in adjunctione filorum vel in collatione bullæ vel motione vel obtusione; præsertim si bulla non sit æqualis, sed alicubi magis sit tumida, alibi magis depressa. Si vero quod contra ipsum l. vobis præcimus neglexeritis adimplere, noveritis non venerabili fratri nostro Vercellen. episcopo præcipiendo mandasse ut ipse id auctoritate apostolica, sublato appellationis obstaculo, exsequatur.

134) Vide supra epist. 235.

Datum Spolet., 11 Non. Septembris.

CCCL.

DE FAVRESHAM, S. AUGUSTINI ET S. GEORGII PRIORIBUS, IN CANTUARIEN. DIOECESI CONSTITUTIS.

Ne ad sedem apostolicam rite appellantes impediantur.

(Spolet., IV Non. Sept.)

Sic apostolica sedes inter fratres et coepiscopos nostros pastoralis dispensavit oneris gravitatem, sic eos in credita sibi sollicitudinis partem assumpsit, ut nihil sibi subtraheret de plenitudine potestatis, quo minus de singulis causis ecclesiasticis inquirere possit et cum voluerit judicare, ad communem omnium utilitatem constituens, ut ad eam tanquam generalem omnium matrem et singulare fidelium Christi refugium appelletur per quod et minorum tollatur oppressio et superiorum præsumptio refrenetur. Cum itaque appellationibus quæ ad sedem ap. interponuntur sæpius velimus ab omnibus humiliter et devote deferri, disc. vestræ per apostolica scripta mandamus et districte præcipimus quatenus ex parte nostra curetis fortius inhibere ne quis in Cantuarien. Ecclesiam et dilectos filios priorem et monachos Cantuarien., post appellationem ad nos legitime interpositam, excommunicationis, suspensionis sive interdicti sententiam proferre præsumat. Si quis vero contra præsumpserit vel hactenus forte præsumpsit, sententiam ejus nullam esse penitus nuntietis. Si qui etiam possessiones eorum invaserint violenter, eos ad restitutionem earum per censuram ecclesiasticam, appel. postposita, compellatis. Nullis litteris ob. veritate tacita, etc. Quod si omnes, etc.

Datum Spolet., IV Nonas Septembris.

CCCLI.

S. AUGUSTINI ET S. GEORG. PRIORIBUS CANTUARIEN.

Ejusdem argumenti.

(Perusii, III Id. Septembris.)

(135) Dilecti filii Jo. et Hubertus nuntii dilectorum filiorum prioris et monachorum Ecclesiæ Cantuarien. nobis humiliter retulerunt quod cum pro causa quæ inter dictos priorem et monachos et venerabilem fratrem nostrum Cantuarien. archiepiscopum super capella de Lamhee vertebatur, ab ipsis priore ac monachis mitterentur, sicut eis propositum fuit, idem archiepiscopus post iter arreptum in eos excommunicationis sententiam promulgavit. Cum autem plus sit ad sedem apostolicam facto provocare quam verbo et ipsis propter prædictam causam ad Romanam Ecclesiam venientibus, intelligatur ad sedem apostolicam provocatum, discretioni vestræ per apostolica scripta mandamus quatenus si verum est quod asseritur, dictos Jo. et Hu., appellatione postposita, denuntietis excommunicationis vinculo non tener.

Datum Perusii, III Idus Septembris.

(135) Cap. *Dilecti filii,*. De appellat.

CCCLII.
ARIANEN. EPISCOPO.
De electione et confirmatione abbatis Beneventani.
(Perusii, xviii Kal. Octobris.)

Accedentes ad præsentiam nostram dilecti filii Geor. et Aug. monachi monasterii Sancti Salvatoris de Telesia, quod ad Romanam Ecclesiam specialiter noscitur pertinere, dilectorum filiorum conventus ipsius monasterii ac prioris et primicerii Beneventan. nobis litteras præsentarunt : ex quarum continentia et illorum diligenti significatione nobis innotuit quod cum prædictis priori et primicerio Beneventan. nostras litteras misissemus ut P. tunc abbati ipsius monasterii, quoniam ipsum minus provide gubernabat, de bonis ipsius facerent congrue provideri et ibidem alium subrogari abbatem qui præesse sciret fratribus et prodesse, proviso convenienter eidem P. post resignationem ipsius, ipso præsente ac suum præbente assensum, dilectum filium Jo. tunc priorem suum, virum, sicut dicitur, litteratum, providum et discretum, canonice in abbatem et concorditer elegerunt. Cumque idem electus pro confirmatione suæ electionis ad nostram præsentiam festinaret, propter inediam paupertatis qua monasterium ipsum plurimum asseritur aggravatum necnon et causa metus fuit ab ipso itinere revocatus. Quoniam igitur nobis de rei veritate plene constare nequivit, fraternitati tuæ per apostolica scripta mandamus quatenus de forma electionis et de persona electi diligenter inquiras ; et si inveneris formam electionis et electi personam idoneam, eam auctoritate nostra omni contradictione vel appellatione cessante confirmes et munus ei benedictionis impendas, ab eo juramentum recipiens sub ea forma quam sub bulla nostra tibi mittimus interclusam.

Datum Perusii, xviii Kal. Octobris.

CCCLIII.
ILLUSTRI CONSTANTINOP. IMPERATORI.
Ut Saracenis fortiter resistat, et Græcam Ecclesiam ad Latinam, tanquam matrem redire, cogat.

Imperialis excellentiæ magnitudo si se coram eo humiliaverit qui humilia respicit et alta a longe cognoscit et super eo sui stabiliorit imperii fundamentum præter quod aliud poni non potest, quod est ipse Jesus, et super quo ipse Dominus noster nascentis Ecclesiæ posuit fundamentum, *Super hanc petram*, inquiens, *ædificabo Ecclesiam meam* (*Matth.* xvi, 18), exaltabitur et elevabitur, quoniam omnis qui se humiliat exaltabitur, secundum testimonium Veritatis ; et firmabitur, et non flectetur, quoniam ædificium quod super hoc fundamentum consistit, nec casum timet, nec ad machinas formidat hostiles. Ut autem firmius et fortius imperium tuum in hujus fundamenti firmitate persistat, oportet ut Deum universis tuis affectibus anteponas et sponsam ejus Rom. Ecclesiam, cujus ipse fundamentum et fundator existit, præcipue venereris ; ut dum in dilectione Sponsi et sponsæ perstiteris unitate, ex nulla parte celsitudinis tuæ sublimitas quatiatur. Verum ut non ad detractionem sed tuam potius correctionem loquamur, miramur non modicum, murmurat etiam adversum te populus Christianus, imo et ipse Jesus, ubi ille te increpat : *Hospes fui, et non collegisti me; infirmus, et non visitasti me; in carcere, et non renisti ad me* (*Matth.* xxv, 43). Cum enim peccatis nostris exigentibus venerint gentes in hæreditatem Domini et coinquinaverint templum sanctum ejus, imo et ipsum Jesum Christum quodammodo captivaverint, lignum sanctæ Crucis, in qua salus mundi pependit, et delevit chirographum mortis antiquæ (in qua etiam Apostolus se asserit gloriari, *Mihi absit*, inquiens, *gloriari, nisi in cruce Domini nostri Jesu Christi* (*Gal* vi, 14), nec Christo exsuli subvenire nec ad liberationem terræ nativitatis ipsius intendere hactenus, sicut debueras, curavisti ; cum tam ex vicinitate locorum quam abundantia divitiarum tuarum et potentia qua inimicos crucis munere divino præcellis id potueris commodius et expeditius aliis principibus adimplere. Est etiam aliud propter quod non solum adversus te, imo adversus Romanam Ecclesiam, quæ id hactenus quasi sub dissimulatione transivit, murmurat populus Christianus. Cum enim Dominus noster unam sibi sponsam elegerit, non habentem maculam neque rugam (juxta quod in Canticis protestatur, *Una est*, inquiens, *dilecta mea, sponsa mea, columba mea* (*Cant.* passim) ; et in Evang. dicit : *Alias oves habeo quæ non sunt ex hoc ovili, et illas oportet me adducere, ut fiat unum ovile, et unus pastor* (*Joan.* x, 16) ; cum etiam inconsutilis tunica Christi divisa non fuerit et in Symbolo contineatur expresse : *Credo unam sanctam catholicam et apostolicam Ecclesiam*, Græcorum populi ab unitate apostolicæ sedis et Romanæ, Ecclesiæ recedentes, quæ disponente Domino, cunctorum fidelium mater est et magistra, sibi aliam Ecclesiam confinxerunt ; si tamen quæ præter unam est Ecclesia sit dicenda. Ut igitur in utroque prædictorum murmur sileat populi Christiani, imo ut Christum tibi reddas propitium, celsitudinem tuam rogamus, monemus et exhortamur in Domino, et in remissionem injungimus peccatorum quatenus, postpositis aliis sollicitudinibus, viriliter ac potenter assurgas in adjutorium Jesu Christi et ad terram ipsam quam ipse proprio sanguine comparavit (de qua in Psalmo habetur : *Homo factus est in ea, et ipse fundavit eam Altissimus* (*Psal.* lxxxvi, 5), et alibi : *Deus Rex noster ante sæcula operatus est salutem in medio terræ* (*Psal.* lxxiii, 12), liberandam de manibus paganorum, et restituendam pristinæ libertati, ut in ea nomen Domini glorificetur in sæcula, sicut tantus princeps manum extendas et exercitum dirigas copiosum, sperans in eo qui est spes omnium, qui non deserit sperantes in se, quod paganorum multitudinem a facie tui exercitus effugabit. Nos enim remissionis et protectionis quam propter hoc aliis principibus Christianis indulsimus te volumus esse participem, dummodo ad succursum terræ sanctæ potenter assurgas. Studeas etiam, imo sicut potes efficias ut Græcorum Ecclesia redeat ad sedis apostolicæ unitatem et ad matrem filia revertatur ; ut oves Christi ab uno pastore regantur, sicut ei mandatur a Domino : *Diligis me, Simon Petre? Pasce oves meas* (Joan. xxi, 17) ; ut et sub uno capite cuncta membra corpori connectantur, illo videlicet cui Dominus ait : *Tu vocaberis Cephas, quod caput interpretatur* (Joan. i, 42). Alioquin, quantumcunque nobis molestum existeret serenitatem tuam in aliquo molestare, non possemus ulterius sub dissimulatione transire, quin nostrum exsequeremur officium, cum per Dei misericordiam tempus acceperimus justitiam judicandi. Inspiret autem animo tuo ille qui ubi vult spirat ut ad honorem et salutem tuam et exaltationem Ecclesiæ tanquam devotus filius paternam exhortationem admittas, præsentans nobis materiam, imo causam quod ad honorem et profectum imperatoriæ celsitudinis, sicut in proposito gerimus, efficaciter intendere debeamus. Mittimus autem ad tuæ sublimitatis præsentiam dilectos filios Albertum subdiac. et capellanum nostrum apostolicæ sedis legatum, et Albertinum cameræ nostræ notarium, familiares nostros, quos suæ probitatis et honestatis obtentu, sinceræ charitatis brachiis amplexamur, in his quæ tecum tractanda sunt seu etiam statuenda pari præditos potestate : qui tecum super prædictis et aliis quæ tibi ex parte nostra proponentur et nobis ex parte tua fuere proposita, tractent et statuant quæ ad honorem Ecclesiæ ac profectum imperii pertinuerint; quibus et serenitatem tuam fidem indubitatam volumus adhibere. Licet enim majores ad te possemus nuntios destinare, istos tamen ad hoc præelegimus, ut dum minus quæ sua sunt quæsierint, communi profectui, Ecclesiæ scilicet et imperii, sollicite magis et diligenter insistant : quos serenitatis tuæ propensius commendamus, rogantes attentius ut eos honorifice ac benigne recipias, et sicuti decet magnificum et munificum principem, sine dilatione remittas ut operemur dum tempus habemus. Ad hæc, dilectos filios Ildeb. et Joannem Gregorii nuntios tuos benigne recepimus, quorum fidem et prudentiam nostro tibi testimonio commendamus super his quæ ipsis ab imperiali magnificentia commissa fuerant exsequenda.

CCCLIV.

PATRIARCHÆ CONSTANTINOPOLITANO.

Quod Romana Ecclesia sit mater omnium Ecclesiarum, a qua Græci nullo jure discedere possint.

Reprobata quondam propter ingratitudinis vitium perfidia Judæorum, et oblato Synagogæ, quia non cognovit tempus visitationis suæ, libello repudii, unam sibi Ecclesiam ex gentibus congregatam, non habentem maculam neque rugam, Dominus noster elegit, juxta quod legitur in Canticis canticorum : *Una est electa mea, sponsa mea, immaculata mea* Cant. passim). Ipse quoque Dominus Jesus Christus unum esse ovile ovium, unum pastorem in Evangelio protestatur ; et in apostolorum Symbolo unam esse catholicam et apostolicam Ecclesiam fides catholica profitetur. Hanc autem idem Dominus Jesus Christus in seipso lapide angulari fundavit et ejus magisterium apostolorum principi beato Petro, cui, licet insufficientes, in apostolatus successimus dignitate, concessit : *Tu es*, inquiens, *Petrus, et super hanc petram ædificabo Ecclesiam meam* (Matth. xvi, 18), et paulo post subdidit : *Et tibi dabo claves regni cœlorum* (ibid., 19); et etiam curam ovium suarum eodem verbo tertio repetito commisit dicens : *Pasce oves meas;* et quod ejus fides nunquam deficeret, se orasse fatetur, loquens ad eum in Evangelio : *Ego pro te rogavi, Petre, ut non deficeret fides tua, et tu conversus aliquando confirma fratres tuos* (Luc. xxiii, 32). Præterea licet universis apostolis dixerit in communi : *Accipite Spiritum sanctum ut quorum remiseritis peccata remittantur eis* (Joan. xx, 22), ad eum tamen verbo utitur speciali dicens : *Quodcunque ligaveris super terram, erit ligatum et in cœlis, et quodcunque solveris super terram, erit solutum et in cœlis* (Matth. xvi, 19). Hoc autem Græcorum populus non attendens, aliam sibi confinxit Ecclesiam, si tamen quæ præter unam est, Ecclesia sit dicenda, et ab apostolicæ sedis unitate recessit nec constitutionem Domini nec Petri magisterium imitatus et inconsutilem vestem Domini, cui crucifixorum manus in aliarum vestium divisione pepercit scindere usque hodie, licet frustra, conatur; non attendens quod una tantum exstitit arca, intra quam sub uno rectore quicunque fuerunt leguntur in cataclysmo salvati ; qui autem extra ipsam inventi sunt, omnes in diluvio perierunt. Quia igitur id in scandalum nostrum et fidei Christianæ redundat dispendium nec jam possumus vitare clamores Ecclesiæ generalis, quæ nos et prædecessores nostros negligentiæ ac tarditatis redarguit, monemus frat. tuam et exhor. in Domino, per apostolica tibi scripta mandantes quatenus omnimodam sollicitudinem et efficacem operam interponas ut Græcorum universitas redeat ad Ecclesiæ unitatem et ad matrem filia revertatur et fiat, juxta verbum Domini, unum ovile et unus pastor. Alioquin non possemus ulterius, etc., *ut supra, usque ad verbum inspiret*. Cæterum cum peccatis nostris exigentibus rebus, etc., *in eumdem modum, usque ad verba* in cruce Domini nostri Jesu Christi, miramur quod charissimus in Christo filius noster Constantinopolitan. imperator illustris nec exsuli Christo subvenit nec liberationem terræ nativitatis ipsius, in qua Deus rex noster ante sæcula salutem dignatus est operari, sicut debuerat intendere hactenus procuravit, cum tam ex vicinitate locorum, etc., *usque ad verbum* adimplere. Cum igitur terræ sanctæ, in qua pedes Christi steterunt, totis desideremus affectibus subvenire, fraternitatem tuam rogamus attentius et exhortamur in Domino quatenus præfatum imperato-

CCCLV.

ILLUSTRI REGI FRANCORUM.

Ut cum rege Anglorum pacem faciat et contra Saracenos bellum sacrum gerat.

Mediator Dei et hominum Christus Jesus redemptionis humanæ mysterium impleturus, pacem discipulis pro hæreditate legavit, ut eam servarent adinvicem et ad observationem ejus cæteros invitarent, *Pacem*, inquiens, *meam do vobis, pacem relinquo vobis (Joan.* XIV, 27). Prophetæ quoque monemur consilio ut pacem non solum quærere sed etiam persequi debeamus, *Inquire*, dicentis, *pacem et persequere eam (Psal.* XXXIII, 15). Unde nos, qui vices Christi, licet insufficientes, exercemus in terris, ejus sequentes exemplum et prædecessorum nostrorum consuetudinem imitantes, ad reformandam inter discordantes, veræ pacis concordiam intendere volumus et tenemur; præsertim cum ex discordantium ipsorum dissidio magnum tam ipsis quam Ecclesiis et pauperibus terræ suæ imo et toti Christiano populo provenerit detrimentum. Nam, ut stragem virorum, Ecclesiarum gravamina, pauperum oppressionem et totius tam Gallicanæ quam Anglicanæ gentis periculum quæ propter guerram quam tu et charissimus in Christo filius noster rex Anglorum illustris adinvicem exercetis provenerunt hactenus taceamus, communi populi Christiani dispendio et excidio Jerosolymitanæ provinciæ tu et ipse causam videmini præstitisse et materiem, cum, hominibus utriusque regni propter tuam et ejus dissensionem detentis, non solum quæ amissa fuerant ab initio in partibus transmarinis nondum recuperari potuerint, imo his etiam grave videatur periculum imminere quæ a Christianis hactenus sunt possessa. Antiquis enim et tristibus rumoribus novi ac tristiores supervenere rumores, quod cum Teutonici Accon navigio, etc., *usque ad verbum* assumite. Quia vero nos ad subventionem terræ orientalis, tam in personis quam rebus, dilectos filios nostros Soffredum tituli Sanctæ Praxedis et P. Sanctæ Mariæ in Via Lata diac. cardin. apostolicæ sedis legatos, viros honestate morum, maturitate consilii et scientia reverendos, quos inter alios fratres nostros speciali charitate diligimus, ministerio proprio sanctæ crucis charactere curavimus insigniri: ne quid ex contingentibus omittere videamur, dictum Sanctæ Mariæ in Via Lata diac. cardinalem, virum scientia præditum, honestate præclarum, Deo et hominibus, sicut speramus, acceptum, ad tuam et ejusdem regis præsentiam duximus destinandum, legationis ei officium committentes. Ideoque serenitatem tuam rogamus, monemus et in remissionem injungimus peccatorum quatenus eum sicut legatum apostolicæ sedis recipiens et honorans, ad exhortationem nostram et ejus infra duorum mensium spatium post receptionem præsentium et commonitionem ipsius factam utrique vestrum, quia hic est necessarium populo Christiano ut id sine dilationis diffugio maturetur, cum sine tuo et fidelium tuorum ac sine dicto rege ac fidelium ejus subsidio, quod in sequenti Martio proposuimus ad partes illas dante Domino destinare, vix terræ in qua pedes Christi steterunt, et ubi Deus noster ante sæcula nostram dignatus est operari salutem, poterit subveniri, plenam pacem vel treugas longas saltem usque ad quinquennium ineas et observes; ita quod interim nullum alterutri circa proprietatem vel possessionem eorum quæ a reliquo detinentur, præjudicium generetur. Alioquin, quantumcunque nobis molestum existat celsitudinem regiam in aliquo molestare, quia tamen Deum tibi præponimus et communem utilitatem tuis debemus commodis imo potius incommodis anteferre, nisi ad commonitionem ejusdem legati mandatum apostolicum infra scriptum terminum humiliter receperis et impleveris, ex tunc de communi fratrum nostrorum consilio totam terram tuam subjacere decernimus interdicto; ita quod, [præter baptisma parvulorum et pœnitentias morientium, nullum in ea divinum officium celebretur. Quod si nec per hanc districtionem impleveris quod mandamus, teipsum, fautores et consiliarios principales ecclesiastica severitate noveris coercendos: idipsum de terra regis Angliæ, ipso etiam, fautoribus suis, consiliariis decernentes. Venerabilibus etiam fratribus nostris archiepiscopis, episcopis et dilectis filiis abbatibus, prioribus et universis Ecclesiarum prælatis utriusque regni, sub pœna ordinis et officii sui mandamus et in virtute Spiritus sancti præcipimus ut interdicti sententiam secundum præscriptam formam inviolabiliter studeant observare et faciant ab aliis irrefragabiliter observari. Idem etiam fratribus militiæ Templi ac Hierosolymitani Hospitalis sub privilegiorum et indulgentiarum suarum pœna mandamus, credentes ex hoc non voluntati tuæ sed utilitati, non affectui sed profectui, non oneri sed honori consulere totique Christiano populo providere. Statuimus etiam ut si quis omnino clericus cujuscunque professionis vel ordinis post interdictum nostrum divinum tibi præsumpserit officium ministrare, ordinis et beneficii sui se noverit periculum incurrisse. Attendas igitur, fili charissime, nostrum et apost. sedis tuæ matris affectum, causam coactionis inspicias et communi utilitati prospiciens, motui carnis animæ præpone salutem et sensualitati præferas rationem; non apostolicæ sedi regia potestate resistens, sed humilitate deferens filiali; quæ in hoc etiam salutem tuam procurat pariter et honorem.

Scriptum est in eumdem modum R. illustri regi Anglorum. Scriptum est super hoc universis archiepiscopis, episcopis, abbatibus, prioribus et cæteris Ecclesiarum prælatis in utriusque regis regno constitutis.

CCCLVI.

POTESTATI ET POPULO SPOLETANO, BARONIBUS, NOBILIBUS, ET UNIVERSIS FIDELIBUS NOSTRIS IN SPOLETAN. DIOECESI CONSTITUTIS.

Ut cardinali Rom. pontificis magistratui obtemperent.

Magnificavit Dominus facere misericordiam nobiscum, juxta quod scribitur in Propheta. Cui gratiarum referimus actiones, quod usque ad nostra et vestra tempora reservavit ad quæ prædecessores tam nostri quam vestri summo desiderio anhelarunt. Ipse enim qui dat lasso virtutem et his qui non sunt fortitudinem et robur multiplicat, patrimonium beati Petri, portionem videlicet nostram, desiderabile et præclarum hæreditatis nostræ funiculum, quæ in oppressione diu posita, fuerat per violentiam occupata, nobis sperantibus quod manus ejus abbreviata non esset ut salvare nequiret nec auris ejus ut non exaudiret aliquatenus aggravata, absque violentia qualibet aut bellicoso congressu restituit et bonam ad nos multiplicavit fidelium Ecclesiæ voluntatem; ita ut secundum Isaiam jam dicere posse speremus: *Sedebit populus meus in plenitudine pacis, et in tabernaculis fiduciæ, et in requie opulenta* (Isa. xxxii, 18). Sane qualiter Conr. dux quondam dictus Spoleti ducatum Spoletan. in nostris manibus resignarit et ad mandatum Ecclesiæ cum humilitate redierit vos non convenit edoceri; cum ille qui forsan peccatis vestris exigentibus, juxta verbum Jeremiæ, super vos gentem robustam adduxerat de longinquo, gentem cujus ignorabatis linguam, posuerit visitationem vestram pacem et præpositos vestros justitiam, priorum timore sublato. Propositi siquidem nostri et voluntatis existit ut terra quam Dominus, ut dictum est, ad manus nostras non in arcu vel gladio confidentes, sola sua ineffabili pietate reduxit, in justitia et judicio gubernetur, per vos fideliter exsequentes quod scriptum est; *Diligite justitiam, qui judicatis terram*, et inimici vestri in circuitu inflammentur, dum in devotione Rom. Ecclesiæ, quæ vere de se dicere potest: *Jugum meum suave est et onus meum leve*, securi hostium sublata formidine fideliter persistetis. Inde est quod paci et tranquillitati vestræ paterna volentes sollicitudine providere, dilectum filium nostrum G. S. Mariæ in Aquiro diac. cardinalem, virum utique providum et discretum, quem inter alios fratres nostros speciali charitate diligimus, vobis duximus præponendum, ut vestræ pacis et salutis regimen ulterius exsequatur, utramque potestatem, spiritualem videlicet et temporalem, ei vice nostra commisimus; ut dum in eo potestas utraque convenerit, utraque adjuta per alteram liberius valeat exerceri. Cui dedimus in mandatis ut vos tanquam Ecclesiæ Rom. filios speciales diligat et honoret et sic jura nostra procuret, ut aliena non lædat, sed quod suum est unicuique studeat conservare. Universitatem itaque vestram attenta in Domino exhortatione monemus ut devoti atque ferventes in fidelitate Rom. Ecclesiæ matris et dominæ vestræ immobiliter perduretis: per apostolica vobis scripta mandantes et districte præcipientes quatenus ipsum tanquam rectorem vestrum et apostolicæ sedis legatum debito suscipientes honore, eique tanquam personæ nostræ reverentiam et obedientiam in omnibus exhibentes, mandata ejus pariter et statuta recipiatis, humiliter et irrefragabiliter observetis. Nos enim quidquid idem legatus vester et rector [*f*. noster et vester rector] duxerit statuendum ratum habentes et firmum, auctore Domino, faciemus inviolabiliter observari.

In eumdem modum potestati et populo Reatin., baronibus, nobilibus et universis fidelibus nostris in Reatin. diœc. constitutis. In eumdem modum potestati et populo Fulginat., baronibus, nobilibus et universis fidelibus nostris in Fulginat. diœcesi constitutis. In eumdem modum potestati et populo Assissinat., baronibus, nobilibus et universis fidelibus in Assissinat. diœcesi constitutis. In eumdem modum potestati et populo Eugubin., baronibus, nobilibus, et universis fidelibus nostris in Eugubin. diœcesi constitutis. In eumdem modum potestati et populo Perusino, baronibus, nobilibus et universis fidelibus nostris in Perusin. diœcesi constitutis. In eumdem modum potestati et populo Castellan., baronibus, nobilibus et universis fidelibus nostris in Castellan. diœc. constitutis. In eumdem modum potestati et populo Tudertin., baronibus, nobilibus et universis fidelibus nostris in Tudertin. diœcesi constitutis.

CCCLVII.

ILLUSTRI REGI ANGLORUM.

De capella quadam Cantuariensi, propter quam pontificem rex adierat per litteras.

(136) Litteras quas nobis regia serenitas super negotio Cantuarien. Ecclesiæ destinavit, benigne recepimus; et earum tenore diligenter inspecto, intelleximus celsitudinem regiam super eo quod scripserat fuisse per falsi suggestionem in pluribus circumventam, cum bonæ memoriæ B. quondam Cant. archiepiscopum in constructione capellæ juxta Cantuariam de [mandato] felicis recordationis Lucii et Urbani prædecessorum nostrorum scripserit processisse, cum potius idem U. prædecessor noster opus illud per sententiam præceperit demoliri et locum ipsum maledictum haberi mandaverit et profanum, sicut ex litteris ejus serenitati regiæ poterit manifeste liquere. Præterea cum dictus archiepiscopus denuo voluisset quæstionem suscitare sepultam, bonæ memoriæ quondam Cantuarien, priore cum quibusdam monachorum et nuntiis ipsius archiepiscopo propter hoc apud sedem apostolicam constitutis, felicis recordationis Clemens papa prædecessor noster opus illud de fratrum consilio funditus demoliri præcepit. Venerabilis vero frater noster Ubertus Cantuarien. archiepiscopus volens in opere damnato procedere, etsi locum mutaverit, a dicti tamen prædecessoris sui proposito non creditur recessisse;

(136) Vide supra epist. 111.

cum post multiplices inhibitiones sibi ex auctoritate apostolica factas, post appellationem sæpius interpositam ad apostolicam sedem, post contradictionem dilectorum filiorum Cant. monachorum, de bonis Cantuarien. Ecclesiæ, in non modicum ejus præjudicium et gravamen, sicut a multis et magnis accepimus, in capella de Lamhee amplas præbendas statuerit et largas eis possessiones et redditus assignarit et ad structuram ipsius eccl. ac domorum ejus ea paraverit quæ in utilitatem et decorem Cant. Ecclesiæ sponsæ suæ potius debuerat convertisse; quod cum ad bonæ memoriæ Celestini papæ prædecessoris nostri audientiam pervenisset, quod a dictis prædecessoribus nostris statutum fuerat, ratum habuit et præcepit sine cujusque refragatione servari. Clericos etiam de Lamhee a juramento de observatione novæ capellæ dicto B. Cantuarien. archiepiscopo præstito denuntiari mandavit penitus absolutos, et eis districte fecit injungi ne ulterius novam capellam vel eccl. de Lamhee observarent nec per se nec per suos ministrarent in ea divina : eos mandans ecclesiastica districtione percelli qui mandato apostolico contrairent. Sane si dictus archiepiscopus quid potius expediret attenderet, in Ecclesia Cantuarien. metropoli sua, quam beatus pontifex et martyr Thomas suo sanguine consecravit, libentius resideret et in structura ipsius vel aliis ejus utilitatibus erogaret quod in damnati operis constructione dispergit : a quo etsi nihil aliud ejus compesceret voluntatem, vitatio tamen gravis scandali, quod inde provenire cognoscit, eum debuerat revocare, cum sacra Scriptura docente debuerit didicisse, quod licet opera illa quæ sine mortali peccato omitti non possunt non sint pro vitando scandalo dimittenda nec ea debeant pro scandalo vitando committi quæ sine mortali peccato committi non possunt, ab his tamen quæ committi non possunt sine mortali peccato pariter et dimitti sit pro scandalo tollendo cessandum, et eis etiam pro vitando scandalo insistendum. Unde Apostolus in Epistola dicit : *Si scandalizaretur frater, carnem non comederem in æternum* (*I Cor.* VIII, 13), et Dominus in Evangelio contra eos qui scandali præstant materiem : *Væ,* inquit, *homini illi per quem scandalum venit. Melius est ei ut suspendatur mola asinaria ad collum ejus, et demergatur in profundum* (*Matth.* XVIII, 6). Rogamus igitur serenitatem regiam, monemus et exhortamur in Domino, quatenus non cito moveatur a sensu suo, nec facile credat omni spiritui aut usque adeo detractoribus benevolum præstet auditum, ut de nobis sinistri aliquid suspicetur quod aliquem contra justitiam gravare velimus aut jura regni tui, quæ honestati conveniunt, vacuare. Novimus enim, sicut in litterarum tuarum exordio expressisti, quid ad officium nostrum pertineat et quare simus super gentes et regna non nostris meritis sed divino munere, constituti. Novimus etiam quod nobis incumbit uniuscujusque jura tueri. Et ideo a juris tramite nec in hoc nec in alio negotio volumus favorem cujuslibet declinare. Nolumus præterea prædecessorum nostrorum rationabilia revocando statuta (137), revocandi quæ rationabiliter facimus vel statuimus successoribus nostris exempla præstare, qui prædecessorum nostrorum vestigiis in præsenti negotio et adhæsimus hactenus et in posterum intendimus adhærere, ne super crebra mutatione præstemus aliis materiam murmurandi. Quanquam in litteris tuis ad falsam suggestionem expresseris quod in hoc negotio a vestigiis prædecessorum nostrorum videmur præpropere recessisse, non solum jura regni tui non lædere, imo etiam minores quoslibet in regno Angliæ constitutos in suis justitiis confovere ac ideo sollicite præcavero intendimus, ne minores a majoribus opprimantur. Quod enim de consuetudine regni Anglorum procedere regia serenitas per suas litteras intimavit ut liceat tam episcopis quam comitibus et baronibus ecclesias in feudo [*f.* fundo] suo fundare, laicis quidem principibus id licere nullatenus denegamus, dummodo diœcesani episcopi eis suffragetur assensus et per novam structuram veterum Ecclesiarum justitia non lædatur. Sed ex hoc opere videtur Cantuarien. Ecclesiæ dignitas ex parte non modica deperire, cum non referat quod ad remotiorem locum transfertur, eadem contradictionis causa durante. Utinam ei divina bonitas inspirasset ut non de alieno sed proprio construeret ecclesiam, in qua regulares canonicos institueret, qui suum Domino jugiter impenderent famulatum ! Cum autem te, sicut specialem Ecclesiæ filium et catholicum principem, sincero in Domino diligamus affectu, nec tuæ velimus postulationi, quantum cum Deo possumus, assensum apostolicum denegare, juxta petitionem regiam in negotio memorato procedere differemus, donec dicti archiepiscopi nuntii nostro se conspectui repræsentent, nisi forsan ex malitia suam absentiam diutius procuraverint. Verum cum ad judicium ventum fuerit, nec declinabimus ad dextram nec sinistram nec ob gratiam aut favorem cujuslibet a justitiæ tramite recedemus, qui et justitiam prosequi cupimus et prompti sumus, secundum Apostolum, inobedientiam omnem ulcisci, cum acceperimus tempus justitiam judicandi.

CCCLVIII.
UNIVERSIS ABBATIBUS CISTERCIEN. ORDINIS IN GENERALI CAPITULO CONSTITUTIS.
Ut pro pontifice ardenter orent, et abbatem de Sambucino Siculis verbum Dei prædicantem habeant pro excusato.
(Reat., IV Kal. Aug.)

In navi nostri piscatoris gubernatoris gerentes officium, dum intumentium fluctuum tempestates elidimus, dum insurgentium ventorum rabiem evitamus, ex nostra quasi prorsus infirmitate deficimus, nisi vos et alii qui relictis retibus et navi pauperem Christum pauperes imitamini et cum ipso undas maris vestigio sicco calcatis, vestris nos juvetis

---
(137) Vide notas ad Lupum Ferrar. pag. 511.

orationibus apud ipsum, qui cum imperat ventis et mari, aquilonem convertit in austrum et tempestatem redigit in tranquillum. Licet enim juxta testimonium Veritatis jugum Domini suave sit, et leve onus ipsius, insufficientia tamen nostra pressa gravitate pastoralis officii et emergentium negotiorum multiplicitate gravata, dum cum Martha circa frequens satagit ministerium, nunc obscura quæstionum elucidans et certo in ambiguis usa responso, nunc difficiles nodos causarum justæ diffinitionis manu dissolvens, nunc malignorum incursus refrenans, nunc humilibus clypeum apostolicæ protectionis indulgens et quasi se totam impendens negotiis aliorum; nisi vos, qui cum Maria sedetis juxta pedes Domini, audientes verbum ipsius et suaves Rachelis fovetis amplexus, imo qui scala orationis continuæ nubes transcenditis, cœlorum intima penetrantes, non solum cœlestes delicias, verum etiam cœlestium deliciarum auctorem, panem cœlestem, infirmorum salutem, remedium oppressorum, naufragantium portum, spem fidelium, militantium bravium, morientium vitam, et Ecclesiæ Sponsum, verum scilicet Salomonem in diademate quo coronavit eum mater sua, oculis contemplationis inspicitis, defectum nostrum sanctis orationibus suppleatis, vix tolerare poterimus pastoralis onera gravitatis, quin potius tantæ sollicitudinis [oneri] succumbemus. Novimus enim quod ab eo plus exigitur cui plus committitur; et cum augentur dona, rationes etiam crescunt donorum. Propter quod tanto amplius vestris orationibus nos credimus indigere, quanto major nobis est sollicitudo commissa et ad superiorem sumus imo supremum ecclesiasticæ dignitatis apicem, licet insufficientibus meritis, exaltati, cum secundum Apostolum instantia nostra sit omnium Ecclesiarum sollicitudo continua. Novimus etiam quod multum valet deprecatio justi assidua, cum puras manus sine disceptatione levat ad Deum; et quanto magis in conspectu Domini orando humilius se prosternit, tanto se amplius ad eum Dominus exaudiendum inclinat et ipsum vicinius et familiarius intuetur. Ipse etenim humilia respicit et alta a longe cognoscit: qui superbis resistit, humilibus autem dat gratiam. Novimus præterea in Evangelio esse scriptum: *Petite, et accipietis, quærite, et invenietis; pulsate, et aperietur vobis* (Matth. VII, 7). Et paulo post: *Omnis enim qui petit accipit, et qui quærit invenit, et pulsanti aperietur* (ibid., 8). Qui petit fide, accipit vitam; qui quærit spe, invenit viam; qui charitate pulsat, ei veritas aperitur, illa videlicet quæ de se dicit: *Ego sum via, veritas, et vita.* (Joan. XIV, 6). Rogamus igitur universitatem vestram, imo nemus, exhortamur in Domino quatenus insufficientiam nostram ex humana infirmitate pensantes, præter generalem illam orationem quam pro nobis effundit universalis Ecclesia, in orationibus vestris memoriam nostri specialius habeatis; ut ille qui ad apostolatus officium nos vocavit, ad salutem nostram et commissorum regimini nostro populorum profectum nos illud implere concedat et defectum nostrum suo dignetur omnipotentatu supplere, qui dat omnibus affluenter et non improperat; taliter in suorum nos dirigens observantiam mandatorum, ut vita nostra luceat subditis ad exemplum et verbum proficiat ad doctrinam. Petite ut Spiritum vitæ nobis Dominus benignus infundat, et gratiam suam in nobis multiplicare dignetur. Quærite ut qui Petro porrexit dexteram naufraganti et ne mergeretur erexi*, viam nobis salutis ostendat et erigat, ne sæcularibus negotiis ultra quam expedit immergamur. Pulsate, ut intelligentiæ nobis veritatem aperiat et sic dirigat gressus nostros in semitis suis ut non moveantur vestigia nostra, quin imo lucerna pedibus nostris verbum ejus existat et sic actus nostros in sua pace disponat, ut ea semper meditemur interius et exterius operemur quæ nobis et subditis nostris in præsenti proveniant ad quietem et ad vitam in futuro proficiant sempiternam. Nos enim, quantum concesserit Dominus, profectibus vestris imminere diligenter intendimus et vobis in necessitatibus vestris potenter adesse ac contra malignantium impetus apostolica protectione præsidium indulgere: quod tunc libentius exsequemur, cum vestris nos senserimus precibus et meritis adjuvari. Dignum est enim ut pro nobis universalis Ecclesia preces effundat et insufficientiam nostram orationibus relevet, qui ad universorum Christi fidelium regimen divino numine deputati, ex injuncti nobis officii debito universorum cogimur onera sustinere. Ad hæc, cum dilectum filium nostrum abbatem de Sambucino de fratrum nostrorum consilio ad proponendum verbum Domini populis Siciliæ ac eos citandos ad obsequium crucifixi, duxerimus destinandum, ipsum habere vos rogamus et volumus excusatum, utpote quem causa Domini, auctoritas mandatoris et utilitas communis etiam sine litteris nostris sufficienter excusant.

Datum Reat., IV Kal. Aug.

CCCLIX

OCTAVIANO HOSTIEN. EPISCOPO, VICARIO NOSTRO.
De consecratione altarium, ex mandato D. Petri apostoli.

Paucis diebus ante nostrum ab Urbe recessum, sacerdos quidam ætate longævus, timoratus, ut creditur, ad præsentiam nostram accessit, secreto proponens quod in visione nocturna per somnium ei apparuit beatus Petrus apostolus dicens: « Accede ad pontificem Innocentium, et ex mea, sibi parte significa quod a nativitate sua quasi filium illum dilexi et per diversos gradus promotum in mea tandem sede constitui. Quapropter et ipse decorem et honorem domus meæ debet diligere, studioque vigili promovere. Sciat ergo quod in Ecclesia mea pauca sunt altaria consecrata; unde contingit quod in altaribus dissecratis divina mysteria celebrantur. Faciat igitur ea saltem cum debita reverentia consecrari, super quæ novit frequentius officium celebrari divinum. » Verum cum semel et iterum cadem sibi fuisset visio revelata, nec ipse quod mandabatur impleret, tertio tandem idem apostolus, velut offensus, intulit dicens : « Quia meum obaudisti mandatum, ego tuum tibi tollam auditum. » Ex tunc ita surdus effectus est, ut penitus non audiret. Gemens ergo vehementer et plorans, ad confessionem beati Petri devotus accessit, cum lacrymis postulans ut misertus sibi restitueret auditum, quia mandatum ipsius illico adimpleret. Quo per Dei misericordiam exaudito, quod acciderat ei nobis per ordinem indicavit. Licet autem secundum Apostolum non sit credendum omni spiritui, quia tamen in tali negotio angelus Satanæ non transfiguraret se in angelum lucis et melius est pie credere quam temere dubitare, cum honestum sit quod proponitur faciendum, etsi verum non esset quod asseritur revelatum, fraternitati tuæ, de qua plenam fiduciam obtinemus, per apost. scripta mandamus quatenus altaria Philippi et Jacobi, Simonis et Judæ, beati Gregorii et sancti Andreæ, quæ dissecrata dicuntur, tu ipse consecres vel per alios auctoritate nostra facias consecrari. Credimus enim quod ex hoc nobis fructus æternæ retributionis accrescet.

CCCLX.
CONSULIBUS MEDIOLANEN.
Quod Passaguerra juste fuerit excommunicatus.[1]

(158) Super negotio Passaguerræ, pro quo nobis sæpe scripsistis, dicentes quod ex levibus causis eum excommunicari mandavimus, unde contra nos grave scandalum est subortum, licet illud vobis respondere possemus quod legalis sanxit auctoritas, quia videlicet instar sacrilegii est de factis principis judicare, illum tamen in nostra responsione magis volumus imitari cujus, licet indigni, locum tenemus, qui Judæis' obloquentibus non est dedignatus pro se reddere rationem, inter cætera dicens : *Si male locutus sum, testimonium perhibete de malo ; si bene, cur me cæditis?* (*Joan.* xviii, 23.) Nos enim licet flagello linguæ vestræ cædamur, quia tamen secundum Apostolum pro minimo nobis est utrum a vobis aut ab humano die fuerimus judicati, dummodo nostra nos conscientia non remordeat, non timentes scandalum contra veritatem subortum, cum veritas non sit relinquenda pro scandalo (teste Veritate, quæ cum ei ab apostolis diceretur, *Scis quia Judæi audito hoc verbo scandalizantur?* (*Matth.* xv, 12) respondit : *Sinite, cæci sunt, et duces cæcorum* (*Matth.* xv, 14). Ad excusationem nostram id vobis duximus respondendum quod cum prædictus P. fuisset a nobis multipliciter honoratus, in tantam prorupit audaciam, ut contra verbum suum, quod post pronuntiationem nostram publice protulit in consistorio exclamando : *Justus es, Domine, et rectum judicium tuum* (*Psal.* cxviii, 137), non sit veritus non solum coram aliis sed etiam coram nobis multoties replicare quod Mediolanen. Ecclesiam injuste gravavimus. Cujus ausum sacrilegum cum multoties benigna quadam dissimulatione tulerimus patienter, ex patientia nostra factus audacior, coram fratribus nostris non expavit ponere os in cœlum, id ipsum quod dixerat replicando superbe. Nam licet peccatores simus et nati de peccatoribus, illius tamen vices exercemus in terris qui peccatum non fecit nec inventus est dolus in ore ejus, qui honoratur cum honoramur, contemnitur cum contemnimur, ipso testante : *Qui vos spernit, me spernit,* etc. (*Luc.* x, 16.) Idem etiam Passaguerra iniquitatem addens iniquitati (159), cum non solum causidicus sed procurator esset in causa quæ vertitur inter venerabilem fratrem nostrum Mediolanen. archiepiscopum et dilectum filium abbatem de Scozula (140), post acceptam diu desideratam sententiam postulavit a nobis licentiam redeundi, volens, ut credimus, per excogitatæ malitiæ subterfugium processum justitiæ contra miserum illud monasterium impedire, sicut id ipsum post sententiam venerabilis fratris nostri Veronen. episcopi sanctæ Romanæ Ecclesiæ cardin. fuerat procuratum. Sed nos, qui secundum Apostolum sapientibus sumus et insipientibus debitores, volentes eidem monasterio, sicut justum fuerat, providere, non solum ei negavimus licentiam redeundi, verum etiam districte præcepimus ut moram faceret, prædicto abbati de Scozula responsurus ; qui præceptum nostrum contemnens, sine licentia redire præsumpsit ; cum cautum sit in sacris canonibus, ut ipsius canonis verba ponamus, aliquem ex his tribus criminibus excommunicari debere; cum ad synodum vocatus canonice venire contemnit ; aut si postquam illuc venerit, sacerdotalibus respuit obedire præceptis ; aut si ante finitam causæ suæ examinationem a synodo abire præsumit. Ad majorem autem cumulum iniquitatis ipsius, sicut ex litteris vestris accepimus, præsumit asserere quod ipse in prædicta causa non exstitit procurator, cum hujusmodi falsitas ex litteris pronuntiationis nostræ patentibus, quas ipsemet ad dictum archiepiscopum reportavit, aperte valeat denudari, quæ continent manifeste prædictum P. fuisse procuratorem ad causam prædictam. Ipse quoque non quasi pœnitens de commissis, sed pertinax in malitia, scandalum contra nos nititur suscitare, culpam suam in nostram volens injuriam retorquere. Licet autem, secundum Apostolum, omnem inobedientiam prompti simus ulcisci; volentes tamen eum corripere in spiritu lenitatis, sæpedicto archiepiscopo vestro mandavimus ut infra quindecim dies reciperet ab eo juratoriam cautionem satisfaciendi nobis de commissis excessibus vel infra quindecim alios compelleret eum ad præsentiam nostram satisfacturum accedere; quod si neutrum efficeret, excommunicationis eum vinculo innodaret. Sane si præmissa verba canonis attendatis, non severitatem sed benignitatem exhibuimus circa ipsum. Et ecce quanta sit ejus in hoc facto discretio liquido potestis advertere;

(138) Vide supra epist. 85.
(139) Vide supra epist. 88.
(140) Vide supra epist. 57.

cum ante excommunicationem per se potuerit effi-cere quod post excommunicationem per alium sibi fieri deprecatur, videlicet ut recepta juratoria cautione mereatur absolvi. Quia vero civitatem vestram speciali quadam præroqativa diligimus, etsi non debueritis sinistra de nobis dicere vel etiam cogitare, vestris tamen precibus inclinati, archiepiscopo vestro mandamus ut recepta ab eo secundum formam Ecclesiæ juratoria cautione, munus ei absolutionis impendat; mandans ei statim ex debito juramenti quatenus infra mensem nostro se conspectui repræsentet; ut unde sine licentia præsumptuosus abscessit, illuc ex obedientia satisfacturus accedat; quod si facere forte contempserit, eum et pro præmissis excessibus et reatu perjurii in prædictam excommunicationis sententiam reducere non postponat. Monemus igitur prudentiam vestram et exhortamur in Domino quatenus carnalis affectus non exstinguat in vobis igniculum rationis, cum nos in hoc facto non tam nostram quam Jesu Christi persequamur injuriam, cum ex debito suscepti regiminis teneamur ut juxta sacrorum Patrum statuta nervos severitatis ecclesiasticæ non patiamur profana facilitate dissolvi.

Scriptum super hoc archiepiscopo Mediolanensi.

CCCLXI.

HOMINIBUS DE MONTEFLASCONE FIDELIBUS NOSTRIS.
De traditione castri et bonorum quorumdam ut pro Ecclesia decertent.

Licet ad fidelitatem Ecclesiæ Romanæ quasi novissimi redieritis, sperantes tamen quod in ea quasi primi semper existere debeatis, specialem gratiam vobis duximus faciendam, cum castrum Montisflasconis ad jus et proprietatem Ecclesiæ Romanæ specialiter pertinere noscatur. Eapropter, dilecti in Domino filii, medietatem passagii vobis concedimus, ut milites vestri semper in equis et tam ipsi quam pedites in armis sint pro servitio nostro et castri defensione parati: ita quod si propter ipsius castri negotium de mandato nostro pro servitio Ecclesiæ procedentes, equos et arma ipsos amittere forte contigerit, faciemus ea juxta curiæ consuetudinem emendari. Bonas quoque consuetudines antiquas pariter et modernas communiter observatas vobis auctoritate apostolica confirmamus. Cum Philippo vero non conveniemus finaliter, quin castrum ipsum quietum Ecclesiæ Romanæ dimittat. Nulli ergo omnino hominum liceat hanc paginam nostræ concessionis et confirmationis infringere vel ei ausu temerario contraire. Si quis autem hoc attentare præsumpserit, indignationem omnipotentis Dei et beatorum apostolorum Petri et Pauli et nostram se noverit incursurum.

Positum est in optione eorum, si mallent prædictam medietatem passagii pro munitione castri.

(141) Cap. *Ad hoc Deus.* Ut lite non contestata.

CCCLXII.

ABBATI SANCTI PROCULI, ET MAGISTRO LANFRANCO CANONICO BONONIENSI.
De causa quadam matrimoniali.
(Perusii, xv, Kal. Octobris.)

(141) Ad hoc Deus in apostolica sede constituit totius Ecclesiæ magistratum, ut quia secundum (141') Scripturæ sententiam fecit Deus hominem rectum, sed ipse se infinitis iniscuit quæstionibus, ad eam nodi quæstionem difficiles referantur, suo recto judicio dissolvendi. Ad apostolatus quippe nostri notitiam litterarum vestrarum insinuatione pervenit quod cum causa quæ inter Ca. et B. uxorem ejus vertitur, a dilecto filio nostro G. Sanctæ Mariæ in Porticu diacono cardinale, tunc apostolicæ sedis legato, vobis commissa fuisset fine debito terminanda, viro ipso ad vos ad instantiam mulieris sæpius convocato, tandem Ca. patruum suum in causa ipsa coram vobis constituit responsalem. Qui, assignata sibi die ut libello responderet uxoris (quo virum ad separationem tori, et ut dotem suam reciperet de adulterio accusabat), donec advocatus ejus qui absens erat rediret, inducias postulavit. Quibus ad diem certam obtentis, iterum propter eamdem causam dilationes similes impetravit. Cum autem tertio dilationes hujusmodi cum instantia petens obtinere non posset, publice proclamavit se nunquam coram vobis aliter responsurum nec quod aliter suam vobis præsentiam exhiberet. Unde duobus fere mensibus sic impedito causæ principio et progressu, cum vobis dictus procurator illudere videretur, testes mulieris habito consilio recepistis et allegationibus insuper præbuistis auditum. Quo facto, dictus procurator ad præsentiam vestram accedens, dixit se respondere paratum velle negotio interesse. Qui sibi die statuta, cum crederetur libello de quo præmisimus, responsurus, restitutionem uxoris ex parte viri prius fieri postulavit et, ne secus fieret, ad sedem apostolicam vocem appellationis emisit. Verum quia mulier ipsa dicebat se virum habere suspectum, vel quia in domo ejus coacta fuerat se adulteratam cum pluribus confiteri, vel quia meretricem publice detinebat, ex qua etiam prolem susceperat, sicut evidentia facti et fama viciniæ demonstrabat (super quo etiam testes produxerat et alios parata erat ad hoc ipsum probandum inducere), ab ipso procuratore quæsistis an vellet de mulieris impunitate cavere. Qui dixit se super hoc de consilio responsurum. Sed ad diem statutam neque respondit neque se vestro conspectui præsentavit. Quin etiam ad alium diem citatus, se asseruit nisi prius advocatus ejus rediret nullatenus responsurum, sicut nuntius vester juramento firmavit. Unde iterum testes mulieris de prudentium consilio recepistis et attestationibus publicatis diligenter audistis quæ fuerunt ipsius nomine allegata. Quia vero cum de

(141') In Tertia Collect. *Scripturam sanctam fecit D. h. r.*

ferenda sententia cum viris prudentibus tractaretis, (142) diversorum invenistis diversa consilia, quibusdam dicentibus appellationi simpliciter deferendum, aliis autem appellationi deferendum non esse; nonnullis etiam asserentibus appellationem nullatenus tenuisse, cum mulier non sit viro restituenda suspecto, nisi de impunitate sufficienti præstita cautione, vos in tanta varietate nos consulere voluistis, qualiter esset in hoc negotio procedendum. Nos ergo consultationi vestræ de fratrum nostrorum consilio taliter respondemus, quod licet ordo judiciarius in aliis controversis observandus, in matrimonialibus causis non usquequaque servetur; quia tamen in præsenti negotio non est actum de fœdere matrimonii sed de crimine adulterii, per quod ad separationem conjugum non ad conjunctionem intenditur, cum lite non contestata testes fuerint recepti, et attestationes etiam publicatæ, sive deferendum sive non deferendum appellationi fuisset, non est ad diffinitivam sententiam procedendum; potuit tamen præfatus Ca. propter contumaciam excommunicationis vinculo innodari.

Datum Perusii, xv Kal. Octobris

CCCLXIII.

LEMOVICEN. EPISCOPO ET ABBATI S. EPARCHII ENGOLISMEN.

Ut ablata Ecclesiæ bona detentique redditus restituantur.

(Reat., II Id. Augusti.)

Veniens ad præsentiam nostram dilectus filius I. Petragoricen. decanus contra. R. de Rocenat. et S. archidiac. Petragoricen. G. et Ar. diacon. quæstionem intendit asserens quod cum decanatum ipsius ecclesiæ per donationem dilecti filii nostri Jor. tt. Sanctæ Pudentianæ presb. card. tunc in partibus illis apostolicæ sedis legati de assensu episcopi et cap. loci illius canonice fuisset adeptus, ipsi redditus et alia bona quæ prædecessores ipsius decani per XL annos et amplius pacifice tenuerunt, in ejus præjudicium detinent occupata et reddere contradicunt. Cujus assertioni (143), A. clericus, qui ex adversa parte procurator ad sedem apostolicam fuerat destinatus, inficiabatur omnino, dicens quod ea quæ illi pro quibus venerat possidebant, nullatenus idem decanus vel prædecessores ejus decanatus nomine tenuerunt. Quia igitur super his nobis veritas non poterat denudari, de utriusque partis assensu discretioni vestræ per apostolica scripta mandamus quatenus, si præmissis veritas suffragatur, memoratos archidiac. et alios prædictorum reddituum detentores ad restitutionem illicite detentorum per censuram ecclesiasticam, sicut justum fuerit, appellatione postposita compellatis: audituri si quid fuerit quæstionis et appellatione remota fine debito decisuri. Testes autem, etc. Nullis litteris obstantibus, si quæ apparuerint præter assensum partium a sede apostolica impetratæ.

Dat. Reat., II Id. Augusti.

CCCLXIV.

ARMACHAN. ET CASSELLEN. ARCHIEPISCOPIS ET EPISCOPO LAOMEN. (144).

Quod in causa contra electum Roscensem procedant.

(Perusii, xv Kal. Octobris.)

(145) Cum olim D. clericus ad sedem apostolicam de Hiberniæ partibus accessisset, bonæ memoriæ C. papæ prædecessori nostro diversas diversorum prælatorum Hibernien. litteras præsentavit, quibus se asserebat in episcopum fuisse Roscen. electum. Cumque nullus appareret qui aliquid proponeret contra eum, dictus prædecessor noster ei per bo me. A. Albanen. episcopum munus fecit consecrationis impendi et ad suam eum remisit ecclesiam consecratum. Postmodum vero dilecti filii Flor. et (146) E. monachi ad ejusdem prædecessoris nostri præsentiam accesserunt; quorum uterque se asseruit a canonicis ecclesiæ Roscen. electum. Sed idem F. quod prædictus D. ad eamdem ecclesiam fuisset apud sedem apostolicam, quam per falsas litteras circumvenerat, consecratus exposuit. Propter quod idem prædecessor noster causam eorum vobis, fratres Cassellen. et Laomen. (147) episcope, sub ea forma commisit, ut de forma et processu electionis memorati D. sollicite quæreretis; et si eum electum canonice fuisse constaret, ipsum faceretis pacifica possessione gaudere; alioquin inter prædictos F. et E. audiretis causam et cujus electionem canonicam et magis rationabiliter factam inveniretis, ratione prævia curaretis alterius electioni præferre, ac tu, frater Cassellen., alterum eorum quem rationabiliter duceres confirmandum in episcopum consecrares. Verum, sicut ex litteris vestris accepimus, cum dictæ commissionis vobis fuissent litteræ præsentatæ, juxta tenorem earum primo de electione prædicti D. inquirere voluistis. Sed cum a vobis tertio citatus, vestro se nollet conspectui præsentare, procedentes in causam, tam ex testimonio cleri et populi Roscen. ecclesiæ, quam assertione illustris regis Corcaiæ et prælatorum ipsius provinciæ de prædicto F. electionem fuisse celebratam canonice didicistis et eam postmodum auctoritate curastis apostolica confirmare; præsertim cum decanus, archidiaconus, cantor, thesaurarius et totus clerus et populus Roscen. Ecclesiæ dictum D. se non elegisse constanter assererent nec de prædicti E. monachi electione aliquatenus cogitasse. Interim autem memoratus D. ad apostolicam sedem accedens et nullam penitus de commissione prædicta vel etiam de prædictorum electionibus faciens mentionem, nobis suggerere non expavit quod cum ad Roscen. diœcesim cum prædictis prædecessoris nostri litteris remearet, supradictus rex Corcaiæ ipsi fecerat inhi-

---

(142) In tertia Collect. *universorum*.
(143) L. *de cujus assertione* vel *assertionem*.
(144) In tertia Collect. *Lavin.*

(145) Cap. *Cum olim*, De dolo et contumacia.
(146) In Tertia Collect. *G*.
(147) In Tertia Collect. *Laurensis*.

beri ne diœcesim vel ecclesiam Roscen. intraret, donec ei certam solveret vel saltem promitteret pecuniæ quantitatem. Cum autem postmodum amici ejus præter ipsius conscientiam, certa regi munera promisissent, ipse ad ecclesiam suam admissus, in ea perannum dimidium ministravit. Sed cum promissam ab amicis suis pecuniam noluisset exsolvere, rex ira commotus decano mandavit ut ei reverentiam nullatenus exhiberet. Qui licet dicto D. juramento teneretur astrictus, quia tamen ab eo pro filio suo adhuc parvo archidiaconatum non potuit obtinere, quinta feria majoris hebdomadæ, oleum quod benedici debuerat furari præsumpsit; et quamvis propter hoc ab eo fuerit excommunicationis vinculo innodatus, nihilominus tamen tertia feria septimanæ sequentis Roscensis ecclesiæ libros subripuit et ad regem contra ipsum se transferre minime dubitavit. Quorum duorum molestiis fatigatus terram ipsius exigi coactus exivit. Propter quod a nobis ad venerabilem fratrem nostrum Fernen. episcopum et conjudices suos litteras impetravit, qui memoratum regem diligentius inducerent et monerent ut ipsum sine alicujus exactione pecuniæ ad ecclesiam suam secure redire permitteret et administrationem episcopatus tam in temporalibus quam spiritualibus exercere; alioquin eum excommunicationis vinculo innodarent et terram ejus subjicerent interdicto, neutram relaxaturi sententiam donec super receptione ipsius mandatum apostolicum adimpleret: memoratum quoque decanum, si eis de præmissis constaret, ab officio beneficioque suspensum ad sedem apostolicam venire compellerent et donec resipisceret, excommunicatum facerent publice nuntiari. Præterea contra episcopum Corcaien. et F. monachum litteras impetravit, asserens eumdem episcopum jura Roscen. ecclesiæ detinere ac eumdem F. monachum in archidiaconum et clericos manus injecisse temere violentas. Cæterum eodem D. a nobis cum hujusmodi litteris recedente, fere post trium mensium spatium dictus F. monachus ad sedem apostolicam accessit et ex parte vestra nobis litteras præsentavit: quæ qualiter a vobis in commissione [prædicta processum fuerat, continebant. Cum fratribus igitur nostris habito super hoc diligenti tractatu, timentes ne sicut prædecessor noster per litteras, quas idem D. ei præsentaverat, dicitur circumventus, nos etiam circumveniri contingeret per litteras vestras nobis ab eodem monacho præsentatas, volentes adhuc misericorditer agere cum absente, ut et ejus malitia fortius convincatur, dictum F. monachum ad vos communiter duximus remittendum, fraternitati vestræ per apostolica scripta districte præcipiendo mandantes quatenus, eo non obstante, quod ejus fuit electio confirmata, sæpedictum D. si in Hibernia poterit inveniri, legitime citetis ad causam, et facultate sibi defensionis indulta, solum Deum habentes præ oculis in causa ipsa canonice procedatis. Quod si forsan in Hibernia inventus non fuerit, indulto ei unius anni spatio,

ex quo ad nos etsi non verbo, facto tamen intelligitur provocasse, arrepto itinere ad sedem apostolicam veniendi, dicto F. administrationem Roscen. diœcesis tam in spiritualibus quam temporalibus auctoritate freti apostolica committatis; quo elapso, eum non differatis in episcopum, sicut canonicum fuerit, consecrare. Si vero prædictus D. inventus in Hibernia et citatus legitime, infra tres menses vestro se conspectui denuo contempserit præsentare, ad consecrationem prædicti F., sicut dictum est, omni contradictione postposita procedatis. Ne autem per appellationis vel recusationis subsidium vester possit impediri processus, partibus omnem appellationis et recusationis penitus interdicimus facultatem; ne contingat Roscen. ecclesiam, quæ fere triennio jam vacavit, diutius carere pastore. Ad hæc, vobis, fratres archiepiscopi, per apost. scripta mandamus et districte præcipimus ne nobilis viri comitis de Mauritania vel cujusquam sæcularis potestatis gratia vel timore prætermittatis ulterius quin electos canonice confirmetis; confirmatis, prout ad vos pertinet, sine dilatione qualibet consecrationis beneficium impensuri, ne plus videamini homini quam Deo deferre, Quod si omnes, etc., duo vestrum, etc.

Datum Perusii, xv Kal. Octobris.

CCCLXV.

HOMINIBUS S. AGATHES.
Confirmantur consuetudines eorum rationabiles et antiquæ.

(Perusii, xi Kal. Octobris.)

Cum a nobis petitur, etc., *usque ad verbum* annuentes, ad instantiam dilecti filii G. de Labro subdiaconi nostri rectoris Masan. apostolicæ sedis legati, antiquas rationabiles et approbatas consuetudines vestras et hactenus observatas auctoritate vobis apostolica confirmamus, etc. Nulli ergo, etc.

Datum Perusii, xi Kal. Octobris.

CCCLXVI.

CAPITULO, CLERO ET POPULO TAM CIVITATIS QUAM DIŒCESIS LETHGLENNEN.
De electione et consecratione episcopi Lethglennensis.

(Datum, ut supra.)

Ex litteris venerabilium fratrum nostrorum Ardmachan. et Cassellen. archiepiscoporum, Oseriæ et Darien. episcoporum et vestris accepimus quod Ecclesia vestra pastore vacante, in venerabilem fratrem nostrum I. nunc episcopum vestrum, tunc autem Rossevall. abbatem, unanimiter convenistis, electionem de ipso canonice celebrantes. Quia vero venerabilis frater noster Dublinen. archiepiscopus metropolitanus vester a sua diœcesi et ecclesia exsulabat, nec ideo ad eum super hoc recurrere potuistis, electionem vestram dicto archiepiscopo Cassellen. tunc apostolicæ sedis legato curavistis humiliter præsentare; qui eam auctoritate qua fungebatur apostolica confirmavit, sed propter contradictionem Ademundi de Vallon. officialis nobilis viri comitis de Mauritania electo ipsi consecrationis noluit beneficium exhibere (148). Nos igitur electionem ipsam canonicam attendentes et de persona celebratam idonea et a præfato archiepiscopo confirmatam (quorum primum et ultimum sufficienter per prædictas litteras et quarumdam personarum quas secum habebat testimonia, quæ ad majorem cautelam sub juramento recepimus, probatur; de secundo vero per examinationem personæ apud sedem apostolicam vobis [a nobis] factam constitit manifeste), confirmationem ab eodem archiepiscopo factam ratam habuimus et electum ipsum nostræ humilitatis ministerio curavimus in episcopum consecrare. Eum ergo ad gerendam Ecclesiæ suæ sollicitudinem ad eamdem remittentes Ecclesiam consecratum, universitati vestræ per apostolica scripta mandamus atque præcipimus quatenus eum recipientes humiliter et devote, tanquam pastorem et episcopum animarum vestrarum honorare curetis et de universis justitiis ad eum spectantibus ei sine dilatione qualibet respondere, statuta et mandata ipsius recepturi humiliter, et inviolabiliter servaturi.

Datum, *ut supra.*

CCCLXVII.
NOBILI VIRO COMITI DE MAURITANIA.

Ut ecclesiasticam libertatem et privilegia non perrumpat.

(Perusii, xiv Kal. Octobris.)

Quod contra Deum et ecclesiasticam libertatem per officiales tuos in animæ tuæ perniciem in causis spiritualibus indebitam tibi jurisdictionem usurpas, non attendens quod Ozias rex, quia præsumpsit incensum offerre, lepra fuit in fronte percussus, quod viros ecclesiasticos exsulare compellis, quod electionibus canonice factis repugnare præsumis, miramur non modicum et non minus tibi quam Ecclesiarum gravamini condolemus. Cum enim noveris quod omnis est potestas a Deo et quod usque adeo humana est infirmitas imbecillis, ut nec adjicere possit ad staturam suam cubitum unum, nedum regni sibi solium vindicare, dolemus quod contra eum et sponsam ejus Ecclesiam videris supercilium assumpsisse per quem reges regnant et principes dominantur; qui potentes deponit et humiles et justos exaltat, superborum et sublimium colla propria virtute conculcans; per quem si cuperes exaltari, te in ipsius oculis humiliare deberes; quoniam omnis qui se exaltat humiliabitur et qui se humiliat exaltabitur, juxta testimonium Veritatis. Nam ut alia quæ in libertatis ecclesiasticæ præjudicium attentasse diceris omittamus, et ut transeamus sub silentio quod venerabilem fratrem nostrum Dublinen. archiepiscopum coegisti, sicut accepimus, exsulare, id solum per litteras explicantes propter quod nunc assumpsimus scribendi laborem, sine tua non credimus conniventia contigisse quod cum dilecti filii Lethglennen. canonici, ecclesia sua pastoris solatio destituta, venerabilem fratrem nostrum I. nunc Lethglennen. episcopum, tunc autem Rossæval. abbatem, canonice ac concorditer elegissent, Ha. de Valon. ministerialis tuus opponere se ipsorum electioni præsumpsit, ipsius Ecclesiæ ac canonicorum bona violenter invasit et usque adeo contra ipsum et ejus fautores exarsit, ut venerabilis frater noster Cassellen. archiepiscopus, tunc apostolicæ sedis legatus, propter eum ausus non fuerit electum ipsum in episcopum consecrare, licet electionem confirmasset ipsius, cum tu dictum Dublinen. archiepiscopum, ad quem confirmatio ejus et consecratio pertinebat, in Northmanniæ partibus exsulem detineres. Quia vero tuæ nobilitati non expedit Deum contra te per offensam Ecclesiæ provocare aut in eam nos credulitatem inducere quod ad deteriora manum extendas, si regni fueris honorem adeptus, cum de vini non possit sapore sperari quod prius acescat quam vasi totaliter infundatur, discretionem tuam rogamus attentius et exhortamur in Domino, ac per apostolica tibi scripta præcipiendo mandamus quatenus cum idem episcopus consecratus a nobis ad gerendam Ecclesiæ suæ sollicitudinem remittatur, non impedias nec facias vel patiaris ab aliis impediri quo minus administrationem ejusdem ecclesiæ, tam in spiritualibus quam temporalibus exsequatur; imo dictum ministerialem tuum tradita tibi potestate compellas ut quæ vel Ecclesiæ vel canonicis Lethglen. abstulit restituat universa; ita quod ex hoc omnibus liqueat manifeste quod sine tuo consensu tanta fuerit iniquitas perpetrata. Hæc autem aspere scribimus non ad petitionem episcopi memorati, sed ut nostrum exprimamus affectum; quia pater filium quem diligit corripit et revocare cupit errantem. Abstineas ergo, fili, diligenter ab his quæ tuam famam denigrent et profectum impediant : ne si Deum ad iram contra te provoces et ecclesiam tibi reddas offensam, præter id quod dicitur a Psalmista. *Quoniam* impius *non dimidiat dies suos* (Psal. LIV, 24), tuæ promotionis intercludas assensum.

Datum Perusii, xiv Kal. Octobris.

CCCLXVIII.
MEDIOLANEN. ARCHIEPISC

De collatione cancellariæ Mediolanensis.

(Perusii, ix [Kal.] Octobris.)

(149) Ut nostrum prodeat de Dei vultu judicium et oculi nostri videant æquitatem, via regia debemus incedere nec ad sinistram omnino nec ad dexteram declinare, ita magnum judicantes ut parvum, quia non est apud Deum acceptio personarum. Ad audientiam sane nostram multorum relatione pervenerat quod cancellaria Mediolanen. ecclesiæ vacaverat ultra annum; unde secundum Lateranen. concilii statuta ad nos ipsius erat donatio devoluta. Volentes autem tibi solita dignitate de-

---

(148) Vide epist. seq. et Rogerium de Hoveden ad an. 1197, circa finem.

(149) Cap. *Ut nostrum*, Ut eccles. beneficia, etc., cap. 56, De appellat. — Vide supra epist. 120.

ferre, rogavimus te attentius et mandavimus ut cancellariam ipsam dilecto f. Henr. de Settara subdiac. nostro, Mediolanen. ecclesiæ canonico bene apud te merito et ad hoc officium obtinendum idoneo benigne conferres; et si post receptionem litterarum nostrarum quidquam de ipsa cancellaria contra jus acquisitum nobis ex Lateranen. decreto statueres, decernebamus illud irritum et inane. Tu vero litteris nostris receptis diceris respondisse, sicut ex publico declaratur authentico, quod cancellariam ipsam alteri non contuleras, quia propter gravamina debitorum, proventus ipsius tibi erant plurimum necessarii; litteris tamen nostris apertis earumque tenore perspecto, responderes in crastino quod crederes respondendum. Porro, sicut ex alio comperimus instrumento, postquam mandati nostri audivisti tenorem, variata locutione dixisti quod cancellariam ipsam non poteras, juxta mandatum nostrum, præfato subdiacono nostro conferre; quia, reservatis tibi proventibus, eamdem cancellariam decem mensibus jam elapsis Henrico de Lamp. concesseras. Cumque nobis hujusmodi responsionem varietas ex scriptis innotuisset authenticis, etsi, secundum Apostolum, omnem inobedientiam prompti simus ulcisci, adhuc tamen tibi deferre volentes, cui et in minori officio constituti et promoti, sicut Domino placuit, ad majora in multis et magnis detulimus, tibi dedimus in mandatis ut ad præsentiam nostram procuratorem idoneum destinares, qui tuo nomine legitime nobis ostenderet quod dictam cancellariam personæ idoneæ modo canonico tempore tibi competente donasses; dictus quoque H. de Lampuniam, cui dicebatur facta donatio, si vellet, ad præsentiam nostram accederet suam justitiam defensurus. Venientes igitur ad apostolatus nostri præsentiam dilecti filii G. procurator tuus et sæpedictus H. super varietate responsionum nitebantur te multipliciter excusare; licet publicis instrumentis fides non facile derogetur et secundum rerum naturam vix potuisset sufficienter ostendi quod tu id quod dictum est minime responderes, etsi forte potuisset ostendi quod aliud respondisses. Produxerunt autem in nostra præsentia duos testes, qui jurati dixerunt quod in Januario nuper præterito fuit annus ex quo Mediolanen. cancellarius debitum universæ carnis exsolvit et in sequenti Maio, cum consanguinei Henr. de Lampunen. frequenter apud te ac vehementer instarent ut cancellariam ipsi conferres, te respondente quod cancellariæ proventibus carere non posses, ad multam tamen instantiam est obtentum ut cancellariæ tibi retineres proventus, et jus ipsius præfato conferres Henrico. Quatuor ergo præsentibus, inter quos duo testes memorati fuerunt, in secretiore palatii tui camera eumdem H. secundum tenorem præscriptum de cancellaria investisti per librum et recepisti fidelitatem ab eo; prohibens universis ne verbum istud cuiquam revelarent. Adjecit autem unus testium prædictorum quod postquam ad te mandatum nostrum pervenerat et ipse H. jam Bononia rediisset, tu ei solemniter et publice tradidisti, se vidente, sigillum, mandans ei ut cancellarii officium exerceret: quod et alter testis asseruit de auditu; et idem procurator tuus quod verum crederet esse respondit. Henr. quoque confessus est factum; sed solemnitatem facti negabat. Quia ergo post interdictum nostrum ei præsumpsisti tradere bullam, cum traditionem ipsam saltem debuisses differre donec nostrum consuleres beneplacitum, dilectis filiis I. archidiac. et O. Lento canonico Mediolanen. dedimus in mandatis ut, si etiam post secundum mandatum per quod totius cognitionem negotii ad nostrum judicium revocavimus, id ipsum cognoscerent attentatum, traditionem sigilli decernerent irritam et inanem; inhibentes Henr. ne quomodolibet eo uti præsumeret, cum plus sit Roman. pontificem ad se aliquod negotium quam quemquam ad eum super aliquo negotio provocare. Tolerabamus autem ad tempus ut negotii merita nobis plenius innotescerent, investituram quæ dicebatur in occulto facta fuisse per librum, licet ecclesiastica beneficia non sint donatione clandestina conferenda, teste Veritate, quæ dicit: *Qui male agit, odit lucem* (Joan. III, 20). Cæterum quia cancellariæ officium memoratæ spirituale vel annexum spirituali proponebatur existere, cum cancellarius ex officio suo multa facere debeat quæ spiritualia esse noscuntur, ac per hoc sub tenore præscripto dicebatur non debuisse conferri, cum ab omni specie mala præcipiat Apostolus abstinere; quia etiam præfatus Henr. de Lamp., licet receptus sit in fratrem ad vacaturam præbendam, ordinarius tamen asserebatur non esse, ac per hoc cancellariam sibi non debuisse conferri, quæ de jure vel consuetudine ordinario tantum debet committi, cum nec Mediolanen. archiepiscopi sed Mediolanen. Ecclesiæ cancellarius esse scribatur, nec vacante sede cancellarii perdat officium (nam nec ipsum sigillum substituto pontifice variatur), inquisitionem horum duximus prænominatis I. archid. et O. Lento canonico Mediolanen. committendam: per apostolica scripta præcipiendo mandantes quatenus, omni contradictione et ap. cessante, Deum habentes præ oculis, gratia et timore postpositis, sine personarum acceptione inquirerent super præmissis diligentissime veritatem et ne veritas celaretur, testes qui eis nominarentur, si se gratia vel timore subtraherent, per censuram eccl. compellerent perhibere testimonium veritati et quod super omnibus invenirent sub litterarum suarum testimonio ad sedem apostolicam destinarent; ut per inquisitionem ipsorum sufficienter instructi negotium ipsum melius decidere valeremus. Ipsi vero mandatum apostolicum fideliter exsequentes, convocatis Mediolanen. Ecclesiæ ordinariis et per pœnam excommunicationis compulsis dicere sub jurisjurandi religione de facto cancellariæ, quia noverant, super præmissis articulis veritatem, attestationes suas redactas in scriptis, sigillo munitas ad nostram præsentiam transmiserunt. Interdixerunt etiam eidem H. administrationem sigilli, sicut ex litteris eorum accepimus, juxta formam mandati nostri, de consilio sapientum. Cumque sæpedictus H. de Lamp. cum patre suo Rogerio propter hoc nostro se conspectui præsentasset, copiam allegandi pro se liberam ac benignam in communi concessimus auditorio. Qui per advocatum proposuit quod delegati prædicti sine inquisitione spoliaverunt eum exsecutione sigilli, contra nostri mandati tenorem, cum ipsius sigilli traditio non fuerit facta post secundum mandatum; et ideo primo loco restitutionem sibi fieri postulabat. Formam vero concessionis nitebatur multipliciter excusare, proponens quod in retentione fructuum simoniaca pravitas nullatenus intercessit : tum quia officium cancellariæ nec est spirituale nec annexum spirituali; quia licet cancellarius quædam agat quæ spiritualia esse noscuntur, sicut ex attestationibus liquet, ea tamen non agit ex officio cancellarii, sed de mandato archiepiscopi, sicut ex dictis testium comprobatur : tum etiam quia nihil emit aut vendidit, cum Simonia describatur esse studiosa cupiditas vendendi vel emendi spirituale vel spirituali annexum; præsertim cum tu ante traditionem separaveris fructus et ita quod tuum erat tibi retinuisti non accipiens alienum. Se quoque ad obtinendum cancellariam proponebat idoneum, cum de mandato Romani pont. sit Mediol. Ecclesiæ canonicus institutus, vocem habens in capitulo et locum in choro, et tanquam verus et plenus canonicus in tractatibus et contractibus ipsius Ecclesiæ admittatur. Nec obstat quod integram præbendam non habet, cum, sicut per dicta testium est probatum archidiaconatus ejusdem Ecclesiæ, de quo nullatenus dubitatur quin sit dignitas et officium spirituale, quandoque fuerit concessus ei qui præbendam integram non habebat. Quod autem a sexaginta annis juxta quorumdam testimonium concessa fuit tantum ordinario præbendato de numero viginti canonicorum qui proprie ordinarii appellantur, sibi nocere non poterat; cum per hoc nullum sit tibi præjudicium generatum quin ei qui de numero viginti non esset, præsertim canonico, eamdem cancellariam potuisses conferre. Allegabat insuper quod etsi pactio de retinendis ad tempus proventibus intervenisset, quod ipse tamen negabat, inter te ac parentes ipsius, ipse tamen de prædicta cancellaria pure fuit et simpliciter investitus; et ideo talis pactio sibi non debet obesse, cum parentes nihil tibi pro eo dederint vel promiserint. Præterea proponebat quod cum nullus debeat sine accusatore damnari nec aliquid circa negotium istud actum sit in forma judicii, depositiones testium non poterant sibi præjudicium generare. Quia vero per hanc ultimam allegationem personam nostram tangere videbatur, dignum duximus causam commissæ inquisitionis et ordinem plenius explicare, ne quis quomodolibet suspicetur quod nos in hoc negotio perperam processerimus, præsertim cum ratio assignanda debeat esse posteris profutura. Cum enim juris sit explorati quod, actore non probante, is qui convenitur, etsi nihil præstiterit, debet absolvi, videri poterat quod nos tibi, qui conveniebaris a nobis, malitiose vel indiscrete onus probationis super tribus præmissis articulis imposuimus, videlicet ut ostenderes quod prædictam cancellariam personæ idoneæ modo canonico et tempore tibi competenti donasses. Porro cum donatio fuisset occulta et ideo suspicione non careat et elapso jam anno nullus omnino cancellarius appareret, non immerito credebatur quod secundum Lateranen. statuta concilii ad nos esset ipsius cancellariæ donatio devoluta et ideo sine culpa potuissemus ipsam conferre. Quoniam etsi locum Dei teneamus in terris, non tamen de occultis possumus divinare. Quod ergo contra illud quod prima facie juste præsumebatur pro nobis, præsertim cum responderis prima vice quod cancellariam alicui non contuleras, facultatem tibi pro te probandi concessimus, non fuit gravamen sed gratia nec ex malitia, sed ex benignitate processit. Quod etiam de modo canonico fidem nobis fieri mandavimus, tu causam præstitisti mandato (quod sæpe nobis per litteras intimasti) et tandem probasti per testes quod, retentis tibi proventibus, officium concesseras memoratum : ex quo non immerito contra talem concessionem fuimus suspicati; cum et proponeretur aperte quod illud ei personæ commiseras, cui secundum consuetudinem Mediolanen. Ecclesiæ non debuerat aliquo modo committi. Et ideo non tam ex plenitudine potestatis quam ex officii debito, quia possumus et debemus de subditorum excessibus ad correctionem inquirere veritatem, te maxime causam et occasionem præstante, inquisitionem commisimus faciendam. Omnibus ergo diligenter auditis quæcunque fuerunt in nostro auditorio proponenda [f. proposita], deliberavimus cum fratribus nostris et in ipsa deliberatione te in tribus præcipue comperimus fuisse culpabilem : circa contrarietatem responsi, quia non solum nobis qui, licet immeriti, Jesu Christi locum tenemus, sed nec cuiquam debuisses ex certa scientia contraria respondere ; circa carnalitatem animi, quia non affectu carnali, sed discreto judicio debuisti ecclesiasticum officium et beneficium in persona magis idonea dispensare ; et circa inhonestatem facti, quia non licuit ex pactione vel conventione quacunque sub modo vel tenore præscripto concedere nudum officium et tibi retinere proventus ; cum et in Lateranen. concilio sit prohibitum ne quis conferendo ecclesiasticum beneficium, partem proventuum suis usibus retinere præsumat; et alibi cautum reperiatur in canone quod ecclesiastica beneficia debent sine diminutione conferri. Unde credimus distinguendum utrum qui dat spirituale beneficium, proventus ipsius ante donationem percipiat. Nam si proventus ante donationem non percepit ipse, sed alius et ex donatione consequitur ut ipse proventus percipiat, non est dubium intercedere Simoniacam pravitatem. Si vero ante donationem perceperit ipse proventus, credimus etiam distinguendum utrum ante donationem constituat ut ipsi proventus retineantur ad tempus pro causa justa et necessaria, an conveniat cum eo qui accipit beneficium seu cum mediatore quocunque, ut, officio illi concesso, retineat ipse sibi proventus. Primum enim membrum credimus esse licitum ; secundum autem dicimus non licere, ne viam aperiamus his qui pravitatem suam satagunt palliare. Quia vero majorum excessus majori debent severitate puniri, cum, juxta divinae legis oraculum, si sacerdos, qui est unctus, peccaverit, faciet delinquere populum, quod inhoneste super retentione proventuum praesumpsisti de communi fratrum nostrorum consilio irritavimus et in poenam praesumptionis hujusmodi, ut in eo puniaris in quo peccaveras, a collatione dignitatis vel ecclesiastici beneficii quod ad tuam donationem in tua primo vacabit Ecclesia censuimus suspendendum. Caeterum quia, divina docente Scriptura, didicimus quod melior est sapiens viro forti et qui dominatur animo expugnatore urbium, quantumcunque voluerimus aut vellemus, si salva possemus justitia (contra quam non judicamus nos posse, cum simus in sede justitiae constituti) praefatam cancellariam praedicto subdiacono nostro conferri, saepedictum tamen H. de Lamp. non invenimus ita culpabilem ut eum, exigente justitia, ipsa cancellaria privare possimus ; cum etsi parentes ejus ex simplicitate deliquerint, nihil tamen pro ea dantes aut etiam promittentes, ipse tamen investituram cancellariae sicut verus canonicus et cui ratione canonicatus de jure non poterat opponi defectus, sine pactione qualibet et conventione, recepit ; nec etiam fuit sufficienter probatum quod cancellarius ex officio suo faciat spiritualia memorata, cum ea potius de jure communi ad archidiaconi spectent officium, repraesentare videlicet ordinandos episcopo et illos examinare, ponere abbates et abbatissas in sede: quae cum probatum sit per aliquos testium cancellarium facere de mandato archiepiscopi, de speciali potius quam de generali mandato videtur intelligi. Verum quod delegati praescripti scripserunt se interdixisse illi officium cancellarii secundum apostolici formam mandati, de consilio sapientum, cum ab eis super hoc appellatum non fuerit nec aliquid contra probatum, de rigore juris ex quo praesumitur legitime factum potuissemus illud decernere observandum. Sed misericordia, quae superexaltat judicium, nos induxit ut quod in contemptum nostrum creditur esse factum de benignitate sedis apostolicae remittamus, cum ad poenam illi sufficiat quod propter hoc secundo ad sedem apostolicam laboravit.

Datum Perusii, ix [Kal.] Octobris.

CCCLXIX.

CONSULIBUS ET POPULO CASTELLAN. NOBILIBUS VIRIS ET ALIIS PER CASTELLAN. DIOECESIM CONSTITUTIS

Ut pontifici fidelitatis juramentum praestent.

Grates multimodas omnipotenti Deo debetis referre quod vestris videtis temporibus adimpleri quae vestri progenitores summo desiderio affectarunt. Vobis etenim est summopere congaudendum, quod terra vestra, quae ad jus et proprietatem Ecclesiae Rom. pertinere dignoscitur, cum dudum fuerit per violentiam occupata et per occupationem vehementer oppressa, nunc ad ejusdem Ecclesiae Rom. naturale dominium redeat non coacta, et ipsius jurisdictioni gratanti voluntate subdatur. Cum igitur vos, filii consules, cum quibusdam aliis in praesentia nostra fidelitatis nobis exhibueritis juramentum, dilectos filios Marsican. subd. et capellan. et nobilem virum Joannem, familiarem nostros, ad partes vestras decrevimus destinandos. Volentes et universitati vestrae per apostolica scripta mandantes quatenus in eorum manibus universi et singuli fidelitatis juramenta praestetis, ut deinceps, auctore Deo, terra vestra sub apostolicae sedis dominio optata valeat securitatis et pacis tranquillitate gaudere. Nos enim ad ea quae honori vestro et utilitati viderimus expedire diligens studium et efficacem operam impendemus.

CCCLXX

HUBERTO CANTUARIEN. ARCHIEPISCOPO.

De recuperandis ecclesiae bonis.

(Perusii, xiv Kal. Octobris.)

Cum a nobis petitur, etc., *usque ad verbum* assensu, fraternitati tuae auctoritate apostolica indulgemus firmiterque praecipimus ut ea quae a temporibus Ric. et Bald. antecessorum tuorum circa res et possessiones atque patrimonium Cantuarien. Ecclesiae et mensam archiepiscopalem in grave damnum et jacturam Ecclesiae illicite alienata repereris, appellatione remota, per censuram ecclesiasticam mediante justitia revoces et debitis usibus non differas applicare. Revocationes vero illorum quae per praedecessores tuos circa mensam archiepiscopalem, possessiones, Ecclesias et Ecclesiarum concessiones auctoritate apostolica legitime revocata sunt ratas et firmas esse jubemus ; tibi districtius injungentes ut ea, nostra fretus auctoritate, firmiter, appellatione remota, facias observari. Decernimus ergo, etc., indulgentiae nostrae, etc. Si quis autem, etc.

Datum Perusii, xiv Kal. Octobris.

CCCLXXI.

HUBERTO CANTUARIEN. ARCHIEPISCOPO.

Confirmat decretum quoddam regis Anglorum.

(Perusii , xv Kal. Octobris.)

Monet nos apostolicae sedis cui, licet immeriti, praesidemus, auctoritas pro statu omnium Ecclesiarum provida circumspectione satagere et, ne malignorum rapinis vel molestiis exponantur, apostolicum ipsis patrocinium exhibere. Eapropter, venerabilis in Christo frater, tuis justis precibus et honestis gratam conniventiam, impendentes, statutum illud quod charissimus in Christo filius noster R. illustris Anglorum rex super libertate ac immunitate Ecclesiarum et personarum ipsarum post redemptionem sui provida deliberatione fecisse dignoscitur, sicut in scripto ipsius regis exinde confecto plenius continetur, auctoritate apostolica confirmamus et præsentis scripti pagina communimus; et ad hujus rei perpetuam firmitatem, continentiam ipsius rescripti de verbo ad verbum his duximus inserendam. RICHARDUS *Dei gratia rex Angliæ, dux Normanniæ, Aquitaniæ, comes Andegavensis, archiepiscopis et episcopis et universo clero regni Angliæ, salutem. Gratias agimus affectuosas universitati vestræ pro eo quod de thesauris et ornamentis ecclesiasticis et facultatibus vestris ad corpus nostrum redimendum tam benigne nobis et liberaliter subvenistis et quod nobis in tanta necessitate res Ecclesiarum vestrarum et vestras gratis exponere voluistis. Ne igitur quod de mera liberalitate a vobis actum est ad liberationem corporis nostri et ineffabilem honorem et utilitatem nostram, futuris temporibus, trahatur in consequentiam et sanctæ matri Ecclesiæ vel vobis dispendium pravæ importet consuetudinis, ad omnium volumus notitiam pervenire quod ea quæ nobis in prædicto necessitatis articulo contulistis, nec unquam ex debito vel per consuetudinem exegimus nec posteris sumus temporibus exacturi nec hac vel alia occasione volumus dignitatibus sanctæ matris Ecclesiæ in aliquo vel ejus libertatibus obviare, sed pro omni posse nostro et scientia, Deo volente, volumus omnem ejus immunitatem et universas ejus dignitates et libertates, ut dignum est, conservare integras et pro loco et tempore, in quibus licuerit, augmentare.* Nulli ergo, etc.

Datum Perusii, xv Kal. Octobris.

CCCLXXII.
'ABSALONI LUNDEN. ARCHIEPISCOPO.
De bonorum quorumdam præsertim castri Hasii donatione.
(Perusii, x Kal. Octobris.)

Fratres et coepiscopos nostros, tam propinquos quam longe positos, sincera tenemur charitate diligere ipsosque in his quæ juste requirunt libenter et efficaciter exaudire. Eapropter, venerabilis in Christo frater, tuis justis precibus clementer annuimus et ad exemplar fel. record. Urbani papæ prædecessoris nostri castrum de Hasii, quod illustris memoriæ Waldem. olim rex Daciæ tuæ fraternitati contulit et tu tali conditione interposita Rostkilden. Ecclesiæ pia consideratione dedisti, ut ipsum debeas quoad vixeris detinere, post decessum tuum ad Ecclesiam ipsam libere devolvendum, sub jam dictæ conditionis tenore, sicut ipsum juste et sine controversia possides cum omnibus pertinentiis suis, auctoritate tibi apostolica confirmamus et præsentis scripti pagina communimus, videlicet villam ipsam de Hasii, mansionem de Otherslef cum omnibus pertinent. suis, scilicet Sersfel, Solbiarge, Huanlolde, Wigislef, Walbu, mansum unum Brunsoge, Imbrethorp, mansiones de Gesnetofte et de Murhoge cum omnibus pertinentiis earum, mansiones de Barsuerthe et de Wigurm cum omnibus pertinentiis earum, mansiones de Husfretop et de Haverthi cum omnibus pertinentiis earum, mansiones de Burgbu et de Hiartharum cum omnibus pertinentiis earum et universam partem earum quæ acquisivit Nicolaus castellanus tuus, juxta tenorem pacti quod inter vos convenit. Nulli ergo, etc.

Datum Perusii, x Kal. Octobris.

CCCLXXIII.
PETRO ARUSIEN. EPISCOPO.
Confirmat statutum de sex præbendarum institutione.
(Perusii, vi Kal. Octobris.)

Officii nostri debitum et charitas ordinata requirit ut quæ a fratribus et coepiscopis nostris acta laudabiliter fuerint, auctoritatis nostræ præsidio inconvulsam obtineant firmitatem et plenam in futuro agendi fiduciam tribuant potiora. Sicut autem ex parte tua, venerabilis in Christo frater, nostris est auribus intimatum, de bonis patrimonialibus et aliis quæ rationabiliter acquisisti ac de his quæ commissa tibi Ecclesia prius habuerat, sex præbendas provide statuisti canonicis assignandas qui eidem Ecclesiæ debeant deservire. Nos ergo statutum ipsum dignis in Domino laudibus commendantes, ut firmiter omnibus futuris temporibus observetur, prout circumspecte et provide factum est et in authentico scripto venerabilis fratris nostri Absalonis Lunden. archiepiscopi expressius continetur, auctoritate apostolica confirmamus. Nulli ergo, etc.

Datum Perusii, vi Kalend. Octobris.

CCCLXXIV.
UPSALEN. ELECTO.
Qualiter pallio utendum sit.
(Perusii, vi Kal. Octobris.)

Receptis tam dilectorum filiorum capituli Upsalen. Ecclesiæ litteris quam plurium aliorum, qui pro pallii datione apud nos vehementer instabant, de tua fuimus promotione gavisi. Qui sperantes in Domino quod, eo adjuvante, commissæ tibi administrationis officium debeas salubriter exercere, ad augmentandum tuæ dignitatis honorem, quem in susceptione pallii es cum potestatis plenitudine suscepturus, prompto favore libenter intendimus ad instantiam dilectorum filiorum Tobiæ nuntii venerabilis fratris nostri Lunden. archiepiscopi et Walterii nuntii tui, petitionibus prædictorum clementius annuentes. Unde nos ipsum de beati Petri corpore sumptum, plenitudinem videlicet pontificalis officii, tibi transmittimus, ut tibi per venerabilem fratrem nostrum Lunden. archiepiscopum vice nostra, sub ea forma juramenti quam expressam ei sub bulla nostra transmittimus assignetur. Tu vero tanquam vir providus et discretus illud de manibus ejusdem archiepiscopi juxta formam prædictam cum omni devotione suscipiens, eo in festivis diebus et aliis temporibus quæ in Ecclesiæ tuæ privilegiis exprimuntur, utaris; ita videlicet ut ex tantæ culmino dignitatis spiritum tibi superbiæ non assumas; sed quanto fueris præeminentior dignitate, tanto juxta illius Magistri exemplum qui eum qui major inter discipulos suos erat fieri voluit minorem, ministrari non veniens, sed causa humilitatis aliis ministrare, te omnibus humiliorem exhibeas, te potius exaltandum humilitate sciturus. Misericordiæ quoque operibus jugiter te præstes intentum, quæ beatos efficit suos sectatores, eosdem evangelica Veritate consecuturos misericordiam attestante. Omnibus etiam hominibus te reddas affabilem et, si fieri potest, secundum Apostolum, cum omnibus pacem habeas, ut pacificus vocari Dei filius merearis. Te cum eodem apostolo semper ad anteriora, posteriorum oblitus, extendas, manusque tuas reddens in operibus innocentes, sic ea lucere facias coram hominibus ad subditos tuos exempla bonorum multiplicata transmittens, ut Deus magnificetur in illis et lucerna tua jugiter super candelabrum ardens omnibus introeuntibus in domum Domini viam absque offendiculo præbeat expeditam. Ad quorum operum fortius fulcimentum non desint opera charitatis, sine qua, cum ipsa cæteris virtutibus præeminentior habeatur, nihil omnino creditur esse perfectum; imo nullam retinet operatio firmitatem, nisi charitatis fuerit radice subnixa. Inter cætera vero quæ tibi ex officio imminent facienda, tuum sit studium speciale, Rom. Ecclesiam matrem tuam in omnibus et per omnia revereri atque mandata et institutiones ipsius, upote inter omnes Ecclesias ex divina provisione primatum per beati Petri merita obtinentis, studeas irrefragabiliter observare.

Datum Perusii, vi Kal. Octobris.

CCCLXXV.

JOANNI POTESTATI ET POPULO PERUSIN.

In suam protectionem Perusinos recipit, salvis eorum antiquis privilegiis.

(Tuderti, vi Non. Octobris.)

Apostolica sedes, quæ disponente Domino cunctorum fidelium mater est et magistra, speciales filios ampliori consuevit gratia honorare, ut eos et ad devotionem suam ferventer accendat et ad obsequium suum diligenter invitet. Nos ergo, qui miseratione divina huic sanctæ sedi, licet immeriti, præsidemus, devotionis et fidei puritatem, quam erga matrem et dominam vestram sacrosanctam Rom. Ecclesiam geritis attendentes, vestris quoque precibus inclinati, quos inter alios fideles nostros speciali charitate diligimus, civitatem Perusinam, quæ ad jus et proprietatem ipsius pertinere dignoscitur, cum pertinentiis suis et nunc habitis, et in antea legitime acquirendis sub beati Petri et nostra protectione suscipimus et præsentis scripti privilegio communimus. Eam vero nunquam alienabimus, sed semper ad manus nostras curabimus retinere. Consulatum autem cum jurisdictione sua vobis auctoritate apostolica confirmamus: concedentes ut his qui sunt ipsius jurisdictioni subjecti, liberum sit ad potestatem vel consulem, qui pro tempore fuerint legitime appellare. Consuetudines quoque vestras antiquas et novas rationabiles et communiter observatas duximus approbandas. Salva in omnibus apostolicæ sedis auctoritate pariter et justitia, et Ecclesiarum omnimoda libertate. Nulli ergo, etc., protectionis, confirmationis et concessionis etc.

Datum Tuderti, vi Nonas Octobris.

CCCLXXVI.

PRÆLATIS ET CLERICIS LOMBARDIÆ.

Ne justitiam vendant, aut cum clientibus de mercede paciscantur.

(Tuderti, v Non. Octobris.)

(150) Cum ab omni specie mala præcipiat Apostolus abstinere, nos qui, licet indigni, constituti sumus a Deo super gentes et regna, ut juxta verbum propheticum evellamus et destruamus, ædificemus et plantemus, summopere debemus satagere, quatenus evellamus vitia et plantemus virtutes, destruamus iniqua et ædificemus honesta; sicque nostra sollicitudine mediante prava transeant in directa et aspera convertantur in plana. Licet autem hujus nostræ sollicitudinis labor generaliter debeat ad omnes extendi, quia sapientibus sumus et insipientibus debitores, specialiter tamen ad clericos qui dormire debent a vitiis, ut sint pennæ columbæ deargentatæ, ne quid in illis appareat quod offuscet candorem ecclesiasticæ puritatis. Sane ad audientiam apostolatus nostri multorum assertione pervenit quod cum ex delegatione nostra causas suscipitis pertractandas, more sæcularium super decima litis vel parte alia pro diversa terrarum consuetudine, præter expensas victualium cum litigantibus receptis pignoribus pro salario convenitis; quæ postmodum usque ad solutionem pecuniæ, nolentibus etiam partibus, contenditis detinere; non attendentes quod ad hoc vobis et aliis clericis sunt ecclesiastici redditus deputati, ut ex ipsis honeste vivere debeatis, ne vos oporteat ad turpia lucra manus extendere vel ad iniqua munera oculos inclinare. Cum ergo opera vestra lucere debeant laicis in exemplum nec vos deceat instar sæcularium ad turpe compendium juris occasionem arripere, universitati vestræ per apostolica scripta mandamus atque præcipimus quatenus ab hujusmodi exactionibus de cætero abstinentes, vigorem judiciarium gratis studeatis litigantibus impertiri, non obstante quod in fraudem a quibusdam proponitur quod id exigatur nomine assessorum, cum nec justum judicium judici vendere liceat et venales sententiæ ipsis etiam sæcularibus legibus reprobentur.

Datum Tuderti, v Nonas Octobris.

CCCLXXVII.

NARNIEN. EPISCOPO.

Ut causam abbatis de Ferentillo cognoscat.

(Ameliæ, iii Non. Octobris.)

(151) Cum dilectus filius abbas de (152) **Feren-**

---

(150) Cap. *Cum ab omni*, De vita et hon.-cleric.
(151) Cap. *Cum dilectus*, De ordine condit.
(152) In tertia compilat. *Ferentino.*

tillo ad nostram præsentiam accessisset, conquerens de nobilibus viris O. et A fratre ipsius et filiis R. dominis de Arton, partibus in nostra præsentia constitutis, dilectos filios nostros l. tituli Sanctæ Pudentianæ et G. tituli Sanctæ Mariæ in trans Tiberim presbyteros cardinales deputavimus auditores. In quorum præsentia suam abbas proposuit quæstionem quod præfati nobiles, nulla requisitione præmissa, manu armata et cum exercitu ad castra monasterii Ferentilli et Gab. venientes, in prædiis animalium, segetum combustionibus, captionibus hominum, homicidiis perpetratis, et damnis aliis usque ad quingentas (153) libras Lucen. præter stragem hominum et injurias irrogatas, damnificare dictum cœnobium præsumpserunt. De quibus et aliis pariter quæ vellet proponere contra ipsos justitiam sibi fieri postulabat. Cui citra litis contestationem sub forma exceptionis fuit ex adverso responsum quod cum abbas ipse nobilibus viris O. et R. promiserit præstito juramento quod eos contra omnes homines (exceptis Rom. pontifice, imperatore ac legatis ipsorum) ad retinendum quod tunc habebant et possidebant in castris, villis et bonis aliis et recuperandum sine fraude ac malo ingenio, si eorum aliquid amitterent, adjuvaret, per ipsius dolum et violentiam castrum Sacrati (154) amiserant fraudulenter quod et progenitores eorum tenuerant et ipsi possederant in quiete. Super quo ab ipsis sæpe admonitus illud eis restituere denegavit. Quin potius villas tres, Quadraginta scilicet, Casale et Carpium, quas pro se et parte sua dictus abbas sub securitate receperat, fœdere violato, in animalibus, spoliis et suppellectilibus aliis ipse cum suis fuerat deprædatus, conjugatis tractatis turpiter, mulieribus etiam acriter verberatis, etiam sacerdotem ligatis a tergo manibus ante se duci fecit afflictum verberibus et vestibus penitus spoliatum. Homines quoque villarum recludi fecit in carcerem, ubi unum ex ipsis contigit exspirare. Castro etiam in quo dicti nobiles habitabant ignem abbas de nocte fecit apponi; per quem in præmissis damnis et aliis multis usque centum marchas se spoliatos dicebant, petentes prius restitui quam ipsius petitionibus responderent, præsertim cum testes haberent præsentes per quos intentionem suam in continenti probare volebant; et quod restitutio ante causæ ingressum deberet fieri spoliatis utriusque juris auctoritatibus ostendere conabantur. Verum ex parte abbatis fuit taliter replicatum quod libello suo secundum regulam juris qua dicitur: *Ut qui prior appellat, prior agat*, debebat primitus responderi; nec ab eo restitutio peti poterat qui non fuerat spoliator; præsertim cum castrum Sacrati (155) ad jus et proprietatem sui monasterii pertineret: quod etiam pars adversa nullatenus denegabat. Unde ut verus dominus ad quem ab alio res sua possessa revertitur, etiam post tempora longiora retentionis debebat commodum obtinere, et [f. cum] judicium restitutorium contra spoliatorem tantum competere dignoscatur. Pro damnis quoque illatis restitutio postulari non poterat, sed ad ea debebat actio competens intentari. Alioquin cum et pars abbatis damna gravissima sibi quereretur illata, prius restituenda fuerant, si pro hujusmodi esset restitutio facienda, secundum tenorem regulæ memoratæ. Capitula quoque de restitutione facienda loquentia locum habere in criminalibus asserebant, et quando quis ab adversario spoliatur et super re ipsa qua spoliatus fuerat convenitur. Cæterum ex parte abbatis regulam introductam adversa pars in mutuis petitionibus locum habere dicebat, cum causæ vicissim tractatæ una postea sententia terminantur. Cum vero pars aliqua per restitutionem vel alio modo aliquid sibi deberi proponit et altera in modum exceptionis se asserit spoliatam nec ante restitutionem suam ullatenus responsuram, de incidenti asserebat antea cognoscendum. Cum autem ea quæ præmisimus et alia quædam prædicti cardinales nobis et fratribus nostris fideliter retulissent, nos distinguendum esse credentes utrum spoliationis quæstio ab eisdem nobilibus sit objecta in modum actionis ad restitutionem petendam, an in forma exceptionis ad intentionem adversarii repellendam, cum ea in modum actionis proposita intelligantur diversæ petitiones se minime contingentes, ac per hoc juxta regulam juris præmissam quæ prius esset proposita, prius foret tractanda, quanquam in idem judicium ambæ deductæ vicissimque tractatæ simul essent eadem sententia terminandæ. Sed quoniam illa quæstio fuit ab eisdem nobilibus tantum in modum exceptionis objecta, de communi fratrum nostrorum consilio interloquendo pronuntiavimus ut probationes eorum super ipsa exceptione primitus audirentur, et, ea probata legitime, non cogerentur abbati respondere super petitionibus memoratis, donec restituerentur ab ipso, cum spoliatus spoliatori ante restitutionem non cogatur ullatenus respondere. Spoliatione tamen in modum tantum exceptionis probata, non est per hoc restitutio facienda; quemadmodum cum in modum exceptionis aliquod testi crimen objicitur, ut sic a testimonio repellatur, etsi sic crimen contra eum civiliter fuerit probatum, non ideo sibi pœna infligitur ordinaria, sed ejus duntaxat testimonio non creditur; quod ea ratione contingit, quoniam in ipsum accusatio non procedit. Testes etiam quorum testimonium reprobatur inter infames, quasi ex falso testimonio, non habentur. Cum autem super exceptione ipsa probandi testes sint ex parte militum jam producti et attestationes etiam publicatæ, pars abbatis ad repellendos eos nonnulla in præsentia nostra se proposuit objecturam. Nos ergo volentes parcere laboribus partium et expensis et quia majoribus

---

(153) In tertia Collect. *quinquaginta*.
(154) In tertia Collect. *Samiti*.

(155) In tertia Collect. *castra Surrati*.

occupati causas singulas in persona propria discutere non valemus, fraternitati tuæ per apostolica scripta mandamus quatenus, partibus ad tuam præsentiam constitutis, audias quæ pars abbatis contra testes et attestationes duxerit proponenda et quæstionem ipsam, servato juris ordine, appellatione remota, legitimo fine decidas. Postmodum autem si partes contra se mutuo duxerint aliqua proponenda, nihilominus audias, et si ambæ consenserint, remoto ap. ob., justitia mediante decidas. Alioquin omnia gesta redacta in scriptis, sigilli tui munimine roborata ad præsentiam nostram transmittas: utrique parti assignans terminum competentem, quo recepturæ sententiam nostro se conspectui repræsentent.

Datum Ameliæ, iii Nonas Octobris.

CCCLXXVIII.
NOBILIBUS VIRIS UGUIT ET GUIDONI MARCHIONI, FIDELIBUS NOSTRIS.
Recipit illos cum ipsorum subditis in protectionem apostolicam.

Licet apost. sedes mater sit omnium generalis, eos tamen protegere consuevit specialius et fovere qui præter spiritualem subjectionem, quæ ipsi debetur ab omnibus, ei sunt temporali etiam jurisdictione subjecti. Eapropter, dilecti in Domino filii, devotionem quam erga Rom. Ecclesiam et nos ipsos habetis diligentius attendentes, vos et totam terram vestram, quæ ad jus et proprietatem beati Petri pertinere dignoscitur, cum omnibus quæ in præsentiarum rationabiliter possidetis aut in futurum justis modis, annuente Domino, recuperare poteritis seu etiam adipisci, sub beati Petri et nostra protectione suscipimus. Specialiter autem majorem et minorem insulas, quas ad jus et proprietatem nostram non est dubium pertinere, sicut eas juste ac pacifice possidetis auctoritate vobis apostolica confirmamus, etc. Decernimus ergo, etc.

CCCLXXIX.
NOBILI VIRO SPALAGRAN.
Indulgetur ei ut cœnobium et ordinem S. Benedicti intrare possit.

(Tuderti, iv Non. Octobris.)

Ex tua confessione reperimus quod olim corde compunctus ad ordinem Hierosolymitani hospitalis disposueras te transferre, licet ad hoc te voto minime astrinxisses. Si vero ille a quo omne datum optimum et omne donum perfectum est, per quem de virtute ascenditur in virtutem, vino compunctionis amplius te potaverit et ascensionem cordis tui dignatus fuerit in melius promovere, ita ut in aliquo monasterio, in quo beati Benedicti Regula observetur, propositum concipias Domino militandi; quoniam et tu super hoc a nobis consilium postulasti, nos diligentius attendentes quod nullum juxta confessionem tuam votum emiseris aut fece-

ris professionem, unde secundum videatur propositum impediri, et etiam intuentes quod beati Benedicti Regula arduitatem vitæ continet arctioris, ut in aliquo monasterio prædicti ordinis Domino, si malueris, valeas militare, liberam tibi concedimus auctoritate præsentium facultatem; et dummodo de corde puro et conscientia bona et fide non ficta procedat, ut hoc in monasterio sancti Fortunati valeas adimplere, tibi benignius indulgemus.

Datum Tuderti, iv Nonas Octobris.

CCCLXXX.
EPISCOPO LINCOLNIEN. ET DECANO DE HUNTEDON.
Ut celebrent divortium inter P. et T. cum processerit inter eos cognatio spiritualis.

(Apud civ. Castellanam, viii Id. Octobris.)

(156) Veniens ad præsentiam nostram (157) G. Anglicus natione nobis exposuit quod cum olim in adolescentia constitutus mulieri cuidam adhæsisset, quam tamen quidam alius ante cognoverat, de consilio matris suæ factum est ut eadem mulier quemdam puerum, quem de alia soluta ipse susceperat, de sacro fonte levaret, ad suspicionem et infamiam utriusque delendam. Deinde vero, cum in ejus amorem vehementius exardaret, absque consilio amicorum eam clanculo desponsavit. Cumque prolem ex ea procreare non posset et increpationes a patre suo gravissimas sustineret, quod eam desponsando deliquerat revolvens in animo, ipsa dimissa, causa orationis Hierosolymam est profectus. Verum cum idem rediens de partibus transmarinis, prolem eam suscepisse de alio invenisset, ei noluit adhærere; sed propter adulterium, quod commisisse taliter videbatur, ea omnino dimissa ad longinquam se transferens regionem et ad Eugubin. tandem veniens civitatem, quamdam ibidem cum terra competenti et dote decenti sibi matrimonialiter copulavit, de qua prolem se confessus est suscepisse. Eapropter discretioni vestræ per apostolica scripta mandamus quatenus super his inquiratis diligentius veritatem; et si primam mulierem prædicti viri filium de sacro fonte levasse constiterit antequam eam desponsasset uxorem, vos inter eos divortium, appellat. postposita, celebrantes, rei processum nobis per litteras vestras fideliter exponatis, ut an cum secunda valeat legitime commorari, veritate cognita, decernere valeamus. Quod si ambo, etc., tu ea, frater episcope, etc.

Datum apud civitatem Castellanam, viii Idus Octobris.

CCCLXXXI.
NIDROSIEN. (158) ARCHIEPISCOPO.
Respondetur illius consultationibus.

(Apud civ. Castellanam, vi Id. Octobris.)

Quod in dubiis nostro postulas certificari rescripto, ut juxta illud tuæ discretionis arbitrium me-

(156) Cap. 6, De cognat. spirit.
(157) In tertia Collect. E. Apud Gregor. C.
(158) In tertia lect. *Strigoniensi*, male.

dereris, fraternitatem tuam dignis in Domino laudibus commendamus. Sane consuluit nos tua fraternitas (159) utrum altare in quo excommunicatus divina celebrare præsumpsit reconsecrari debeat et an sit communicandum excommunicato qui quod staret mandato Ecclesiæ juratoriam præstitit cautionem, sed nondum absolutionis beneficium est adeptus. Et si excommunicato communicare aliqui et qui etiam teneantur. Quæsivit etiam quæ pœna his fuerit injungenda qui excommunicatis volentes communicant vel inviti, et quid de presbyteris sit agendum qui gubernant naves ad pugnam et pugnant et his qui alios incitant, sed non pugnant. Ad hæc autem fraternitati tuæ taliter respondemus (160) quod nec altare in quo excommunicatus celebrat debet, nisi aliud interveniat, consecrari, nec excommunicato, licet quod stet mandato Ecclesiæ juramento firmarit, communicari debet donec fuerit per Ecclesiam absolutus. Alioquin post juramentum non esset absolutio necessaria. Utrum autem si absolutionis beneficium non contemptus religionis sed articulus necessitatis excluserit, tali vel saltem in morte communicare sit licitum, quia minime per tuas litteras requisisti, ad præsens non duximus respondendum. Nullus autem omnino nominatim excommunicato scienter communicare tenetur, nisi quædam personæ quæ per illud Gregorii papæ capitulum *Quoniam multos* (161), specialiter excusantur. Illi autem qui nominatim excommunicatis præsumptuose participant, præter personas dicto canone denotatas, nisi ab eorum participatione commoniti forte destiterint, excommunicationis sunt vinculo innodandi. Secus autem si ei communicant scienter qui cum participibus suis est vinculo excommunicationis sententialiter innodatus. Tunc enim et ipsi sententiam excommunicationis incurrunt. Quia vero (162) tam sacerdotes qui gubernant naves ad pugnam quam qui personaliter exercent pugnæ conflictum et hi qui alios incitant ad pugnandum, omnes quidem enormiter peccant, de rigore canonico eos credimus deponendos. Hi præterea (163) qui beneficium ecclesiasticum sibi collatum sponte in manum laicam resignantes, illud denuo a laico susceperunt, eodem sunt beneficio spoliandi; licet resignatio talium facta laico nullam obtineat firmitatem. Altare (164) vero in quo tabula cui consecrationis benedictio pontificali ministerio adhibetur, si mota fuerit vel enormiter facta, debet non immerito consecrari. Nec negamus quin oleum non consecratum consecrato possit oleo commisceri. Clerici autem qui excommunicati vel ab excommunicatis scienter ad ordines sunt promoti debent ab ordine sic suscepto deponi.

Datum apud civitatem Castellan., vi Idus Oct.

CCCLXXXII.

NIDROSIEN. ARCHIEPISCOPO, UNIVERSIS EPISCOPIS, ET ALIIS ECCLESIARUM PRÆLATIS IN NORWAGIA CONSTITUTIS, IN FIDELIUM COMMUNIONE MANENTIBUS.

De compescendo tyranno, qui eos misere excruciabat.

(Apud civ. Castellanam, II Non. Octobris.)

(165) In vestrorum et totius populi Norwagiæ criminum ultionem, permittente Domino, credimus accidisse quod usque adeo in vos et totum regnum Norwagiæ tyrannica Sueri crudelitas et violentia detestanda prævaluit, ut et regnum nec electione principum, prout accepimus, nec ratione sanguinis occuparit et in viros ecclesiasticos ipse quondam ecclesiastico, sicut dicitur, functus officio debachetur, Ecclesias opprimat, clericos persequatur, affligat pauperes et sæviat in potentes: ita ut divino credatur accidisse judicio, ut qui secundum etiam suam assertionem illegitime natus ad sacros non fuerat ordines promovendus, contra sanctiones canonicas assumptus ad eos, fortius in illos desæviat qui in ordinatione ipsius statuta canonum non servarunt. Miramur autem, non de Deo, qui ad correctionem vestram ejus tyrannidem hactenus toleravit, nec de ipso, cujus spiritus obstinatus in malo malum dediscere, assuetus iniquitati, non potest; sed de his qui apostatam, sacrilegum et nefandum adhuc etiam sacrilegæ temeritatis ausu sequuntur et ei præbent auxilium et favorem, cujus tyrannidem persequi potius pro viribus tenebantur, Licet autem ad edomandam ejus versutiam frequens manaverit ab apostolica sede mandatum, nondum tamen sic ejus potuit perversitas refrænari, quin adhuc quibusdam eum in suarum sequentibus perniciem animarum, in quadam parte Norwagiæ dominetur, et in ea rabiem superet aquilonis. Qui ut amplius nec et universum Norwagiæ populum circumveniret et auctoritate apostolica regnum sibi ostenderet confirmatum, bonæ memoriæ Cœlestini (166) papæ prædecessoris nostri bullam falsare non timuit, qua varias litteras sigillavit. Sed is cui manifesta sunt omnia ejus falsitatem detexit. Ne autem ejus perversitas desæviat diutius in insontes, universitati vestræ per apostolica scripta districte præcipiendo mandamus quatenus Norwagiæ populum diligentius moneatis ne ipsum ulterius sequi præsumat, aut ei præstare auxilium vel favorem. Alioquin universos sequaces ipsius excommunicationis nuntietis sententia innodatos et claudentes Ecclesias et nullum in tota terra Norwagica, quæ ipsum sequitur, sacramentum ecclesiasticum, præter baptisma, parvulorum et pœnitentias morientium, celebrantes, fautoribus ejus decedentibus sepulturam ecclesiasticam denegetis. Ad hæc, di-

---

(159) Cap. 30, De sent. excomm.
(160) Vide etiam cap. 31, eod. tit.
(161) 11. q. 3. cap. *Quoniam.*
(162) Cap. 5, De pœnis.
(163) Cap. 8, De renuntiat.
(164) Cap. 3, De dedic. eccles.
(165) Vide supra epist. 320.
(166) Hic et in epist. 384, legebatur *Clementis*; sed ratio temporum repugnat. Itaque correximus.

scretionem vestram nolumus ignorare quod cum nuntii ejus ad nostram præsentiam accessissent, a nobis super facto ipsius nihil potuerunt penitus impetrare. Unde si quod pro eo se obtinuisse confinxerint, a falsariis id obtentum esse noveritis, quorum multitudo in nostræ promotionis initiis cum falsis bullis per nostram fuit sollicitudinem deprehensa.

Datum apud civitatem Castellanam, II Nonas Octobris.

CCCLXXXIII.
ILLUSTRI REGI DACORUM.
Ejusdem argumenti.
(Datum, *ut supra.*)

Tam cleri quam populi Norwagien. promerentibus culpis, permittente Domino, credimus accidisse, etc., *usque ad verbum* desæviat in insontes, serenitatem regiam rogamus, monemus et exhortamur in Domino, ac per apostolica scripta mandamus quatenus ac defendendas Ecclesias, clericos in sua libertate tuendos, liberandos pauperes et potentes de manu persecutoris illius, imo etiam ad dejiciendum monstrum illud quod his solis parcit quibus nocere non potest, taliter accingaris, ut et a Deo retributionem æternam et nostram consequi gratiam specialius merearis; persecutoribus tantæ iniquitatis assistas, resistas sequacibus ; ita quod membrum illud diaboli non possit in regno Norwagiæ denuo debacchari aut persecutionem in Ecclesiis ulterius suscitare.

Datum, *ut supra.*

. *In eumdem modum illustri regi Sueciæ. In eumdem modum nobili viro comiti Sueciæ.*

CCCLXXXIV.
NIDROSIEN. ARCHIEPISCOPO.
Ut Bergensem episcopum tyranni fautorem deponat.
(Datum, *ut supra.*)

Examinatam tuæ fidei puritatem et fervoris constantiam, quam nec persecutio, nec gladius, nec fames, nec exsilium diuturnum a charitate Christi separare potuit vel dejicere a statu libertatis ecclesiasticæ conservando, quem etiam nec terror coegit, nec minæ moverunt, nec demulserunt blanditiæ, nec preces nec promissiones potuerunt inducere ut Suerò sacrilego et apostatæ, qui regnum Norwagiæ per effusionem sanguinis et violentiam occupavit, in matris infamiam se asserens de regali progenie descendisse, vel latenter annueres, vel expresse faveres, dignis in Domino laudibus commendamus ; et tanto amplius ex hoc tuæ fraternitatis fortitudini congaudemus, quanto in te potius persecutor exarsit, sed constantia tua ejus tyrannidem superavit. Unde cum tibi contra tyrannum illum a tuis esset suffraganeis assistendum nec eorum aliquis eidem excommunicato deberet præstare favorem, utpote qui Ecclesias et ecclesiasticos viros servituti subjicere nititur, opprimere pauperes et effundere sanguinem innocentem, ferre non possumus non moleste quod Bergen. episcopus, suffraganeus tuus, contra bonæ memoriæ Cœlestini papæ prædecessoris nostri mandatum et contra tuum etiam interdictum, castra ipsius sequi non dubitat, celebrans excommunicato divina et in ejus præsentia universa exercens ecclesiastica sacramenta : qui, licet a te fuerit sæpius evocatus, tuo tamen se noluit conspectui præsentare. Quia vero tanta præsumptio severiori debet animadversione puniri, fraternitati tuæ per apostolica scripta mandamus atque præcipimus quatenus episcopum ipsum, si præmissis veritas suffragatur, ab officio beneficioque suspendas, nec prius sententiam suspensionis relaxes quam nostro se conspectui præsentarit. Quod si forsan sententiam tuam servare neglexerit, eum anathematis censura percellas et singulis diebus Dominicis et festivis, pulsatis campanis et candelis exstinctis, excommunicatum facias publice nuntiari, ut quem timor Domini a malo non revocat, rubor saltem et pœna compescant. Sciturus quod nos prædictum Suerum absolvere non proposuimus, nisi taliter satisfaceret de commissis, quod ejus esset satisfactio non irrationabiliter admittenda.

Datum, *ut supra.*

CCCLXXXV.
VERONEN. EPISCOPO S. ROMANÆ ECCLESIÆ CARDINALI.
De homicida deponendo ab ordine sacro.
(Apud civ. Castellanam, VII Id. Octobris.)

Sicut ex tuarum et aliorum multorum accepimus continentia litterarum, cum V. Ecclesiæ de Nigrario clericus adversus archipresbyterum et fratres ipsius plebis graves inimicitias concepisset, tu eum propter enormia facinora sua et quia cum sceleratis et iniquis hominibus conversando arma portabat clericis interdicta multaque alia nefaria committebat, ab officio beneficioque suspensum excommunicationis etiam vinculo innodasti. Clericus autem ipse in concepta malitia perseverans, eumdem archipresbyterum, boni testimonii virum, sanguine generosum, amicum religionis, hospitalitatis cultorem et aliorum operum pietatis, a Veronen. civitate, ad quam profectus fuerat pro Ecclesiæ suæ negotiis peragendis, ad suam Ecclesiam redeuntem, cum complicibus suis sæculari potestate bannitis, diabolo instigante, propriis manibus, sicut dicitur, interemit et in frusta concidere non expavit. Cumque cæteris fugientibus ipse a potestate ac consulibus captus, detrusus fuisset in ea cerem et propter validas probationes et indicia manifesta ferri posset in eum sententia capitalis ; ad majorem facinoris evidentiam, licet quod reus esset sanguinis defuncti archipresbyteri a populo clamaretur, ad paucorum tamen instantiam indictum est a potestate personale duellum. Verum in tanto discrimine constitutus et vitæ suæ pertimescens, utpote perpetrati sceleris conscientia vulneratus, patre medio, qui pro se ac filiis pacem pro morte dicti archipresbyteri dicitur recepisse, mandatis consanguineorum defuncti per omnia parere promisit. Quibus pro illata injuria octingentas libras intercedente pacto promisit pariter et persolvit. Et quoniam amici clerici memorati apud te precibus instare non cessant ut eum officio et beneficio restituere debeas, excommun. vinculo primitus absolutum; aliis e contra clamantibus clericis et laicis rectius sentientibus eum tanquam reum sanguinis restituendum non esse, sed potius perpetuo deponendum: tu in tanta rerum ambiguitate quid tibi foret agendum sedem apostolicam consulere decrevisti. Nos ergo attendentes quod non solum a malo sed etiam ab omni specie mali sit secundum Apostolum abstinendum, nec volentes quod maleficia remaneant impunita, fraternitati tuæ taliter respondemus, quod, si præmissis veritas suffragatur, præfatum V. clericum ab omni beneficio ecclesiastico per te fieri volumus alienum ipsumque nihilominus excommunicatum publice nunties et facias tandiu, appellatione remota, ab omnibus evitari, donec cum tuarum testimonio litterarum nostro se conspectui repræsentet animadversione canonica puniendus. Si qui vero se duxerint opponendos quo minus mandatum apostolicum impleatur, tu eos, ut a sua temeritate desistant, per censuram ecclesiasticam cessante appellatione, compellas.

Datum apud civitatem Castellanam, vii Idus Octobris.

CCCXXXVI.

R. TITULI SS. MARCELLINI ET PETRI PRESBYT. CARDINALI, MONASTERII CASSINEN. ABBATI.

Ut et suos fluxos mores et cœnobii sui corrigat.

(Apud S. Petrum, xvii Kal. Novembris.)

Tacti sumus dolore cordis intrinsecus et cor nostrum gravi mœrore tabescit, quoniam odoris suavitas, quæ de sancta religione per beati Benedicti meritum ab Ecclesia Cassinen. ad cætera monasteria quondam effluxerat, a qua etiam tanquam a suo fonte per totius orbis climata derivata suæ sumpserunt institutionis exordium, (167) ex majori jam parte defecit, verum etiam in fetorem horridum est conversa, ut ad eam adolescentulæ jam dicere dedignentur: *Curremus in odorem unguentorum tuorum* (Cant. i, 3), cui dicere consueverant: *Oleum effusum nomen tuum, adolescentulæ dilexerunt te nimis* (ibid. 2). Super hoc autem tu non videris alienus a culpa, qui cum tibi sit ipsius Ecclesiæ cura commissa, culpam negligis corrigere subditorum; quia, juxta verbum Sapientis, ubi non est gubernator, populus corruit, pastoris incuriam dissolutione ovium accusante. Verumtamen licet aliquid asperum tibi scribamus, plus id admonitioni quam redargutioni debes ascribere, cum te per hoc cautum et providum reddere intendamus. Scis etenim, sacra te docente Scriptura, quod pater filium quem diligit, corripit, et amici meliora sunt verbera quam oscula inimici viaque vitæ est increpatio disciplinæ; quam si diligenter attendas, cum sapiente qui timet et declinat a malo, tuam diriges semitam circumspectus, in viam stulti non abiens, qui transilit et confidit. Ad hæc, si quasi ad excusationem in temporalibus tuæ studium intentionis expendis, ut Ecclesia tua in possessionibus dilatetur, illas omnibus debes præferre divitias, quibus inter filias Sion tua supergredi valeat universas, quæ videlicet in spiritualibus attenduntur. Primum namque jubemur quærere regnum Dei et sic nobis adjici omnia promittuntur. Unde si Marthæ studium laudabiliter retinens, partem Mariæ, quæ non auferetur ab ea, tibi eligere voluisses, de spiritualibus sollicitius meditando, scandalum illud potuisses evadere, per quod Casinen. Ecclesia in observantiis regularibus adeo inferior prædicatur, ut quæ mater religionis exstiterat et magistra, vix filia sive discipula jam meruerit appellari. Ut igitur amplius in te proficiat manifesta correctio quam amor absconditus, nos ad correctionem tuam hæc omnia prælibantes ad excitand. in melius, cum dulcibus amara miscendo, discretionem tuam rogamus, consulimus et in Domino plurimum exhortamur, quatenus ex his dignum capiens intellectum, te, cum Apostolo, ad anteriora posteriorum oblitus extendas et ad observantiam religionis et ordinis, quam taliter excidisse dolemus, in tuo monasterio congrue relevandam eo modo studeas vigilare, ut famæ dispendium, quod idem monasterium sub tuæ fuit hactenus negligentiæ torpore perpessum, per tuæ sedulitatis instantiam redimatur, et dissolutionis amota materia, quæ tantorum origo malorum exstitit principalis, per tuæ informationis exemplum grex tibi commissus sub regularibus institutis arctius restringatur. Unum autem inter cætera debes summopere præcavere, ne, secundum quod dixit Apostolus: *Timeo ne cum aliis prædicaverim ipse reprobus efficiar* (I Cor. ix, 27), in conversatione tua te talem exhibeas, quod a te offendiculum aliquod oriatur, per quod via tuis subditis in corruptionem pateat et ruinam: quin potius in operibus tuis eam munditiam et exemplum ostendas, quod ipsis eadem sint lucerna teque tanquam ducem ovium libere procedentem absque aliqua offensione sequantur. Apostolicum vero tibi non timeas deesse favorem, si ad dissolutionis excessus corrigendos in monachis, ne solito more ulterius evagentur, juxta nostræ instructionis monita duxeris procedendum: in quo laudabiliter ordinando nec parcere sanguini nec alicujus debes gratiam attendere vel timorem. Ut autem in hoc liberior possit haberi processus nec rebellio quorumlibet sive contumacia vires possit ex assuetudine dissolutionis assumere ad sui tuitionem erroris, viros maturos, qui sint et gravitate personarum et morum honestate timendi, prout sanius consilium tibi dictaverit, instituere et aliis præficere te oportet. Ad eos autem tuæ correctionis studium sollicitius debet extendi qui post greges sodalium exterius evagantur, per quorum exempla perversa vita claustralium infamatur, in quibus nondum ex toto religionis scintilla defecit, sed adhuc viret lilium

(167) Addendum hoc loco videtur *non solum.*

inter spinas. Quantumcunque vero tibi deferre velimus, nisi forte in correctione profeceris, tuae motus volens sequi potius voluntatis quam salubrem exhaurire doctrinam, nulla nos poterit occasio retardare quin in te sive quoslibet alios, quos eadem involutos culpa noverimus, manum correctionis gravissimam apponamus, ita quod ea quae demulcendo proferimus, secundum excessuum quantitatem debitae sequi videbitur austeritatis affectus.

Datum Romae apud Sanctum Petrum, xvii Kal. Novembris.

CCCLXXXVII.

NOBILIBUS VIRIS HENRICO, LEONARDO ET MARCO MAURICEN. CIVIBUS VENETIS.

Ut severius quoddam contra Andraeam jurisconsultum editum mandatum revocent.

(Apud civit. Castellanam, iv Id. Octobris.)

(168) Veniens ad praesentiam nostram dilectus filius Andraeas Mengun. lator praesentium humili nobis relatione proposuit quod, cum olim fuisset in praesentia dilecti filii nobilis viri ducis Venet. cum pluribus aliis constitutus pro multarum discussione causarum, accidit ut cum Mauritio Mauricen. alternatim convicia inferendo certaret. Propter quod cum graves inimicitias incurrisset et vos et alii parentes vestri propter hoc fuissetis vehementius excitati, quidam qui partis utriusque amatores exstiterant, se in medium ingerentes turbationem illam ad pacem studuerunt et concordiam revocare, suggerentes et consulentes praedicto A. ut in satisfactionem injuriarum vestro juraret obedire mandato. Cumque idem non credens se tale quid commisisse, propter quod ei grave aliquid imponi deberet, juramentum illud vobis sub tali confidentia praestitisset, ipsi statim sub juramenti debito praecepistis quod a festo beati Michaelis proxime praeterito inantea nunquam curiam dicti ducis intraret, nisi tunc cum omnes per edictum ipsius generaliter ad curiam vocarentur aut nisi per nobilem virum Rog. comitem et Nicolaum Mauricen. qui absentes esse dicuntur, ipsum contingeret relaxari. Verum quia idem Andraeas, qui, sicut asserit, dicti ducis consiliis juramento et in jure suo multis Ecclesiis, quarum est advocatus, promisso tenetur adesse, nequaquam taliter juravisset, si mandatum illud sibi contrarium praescivisset, praesertim cum animae suae timeat obviare saluti, per apostolica vobis scripta mandamus atque praecipimus quatenus mandatum ipsum pro vestrarum remedio animarum penitus revocetis. Quod si mandatum ipsum aut nolueritis aut nequiveritis revocare, noveritis nos venerabili fratri nostro patriarchae Graden. mandasse ut, si mandatum illud priori juramento licite facto repugnat, ipsum auctoritate nostra denuntiet non servandum.

Datum apud civitatem Castellanam, iv Idus Octobris.

Illi scriptum est ut hoc faciat.

(168) Cap. *Veniens ad praesentiam,* De jurejurando.

CCCLXXXVIII.

STRIGONIEN. ET COLOCEN. ARCHIEPISCOPIS SUFFRAGANEIS SUIS.

Ut Ecclesiarum libertas immunitasque conservetur.

Malitia filiorum hominum, qui laetantur cum male fecerint, et exsultant in rebus pessimis, adeo apud vos invaluisse proponitur, ut nec sciant vel videant quam periculosum sit eos Dominum reliquisse et ejus apud ipsos non esse timorem; qui ponentes offendicula sua in domo Domini, in qua invocatum est nomen ejus, ita apprehenderunt eam inter angustias, ut libertas ejus in dissipationem jam posita, penitus jaceat conculcata. Cum enim, sicut audivimus, Ecclesia Dei in regno Ungariae in tanta reverentia olim consueverit haberi, ut si etiam publicus latro ad eam ob tutelam sui corporis confugisset, sub ejus consisteret immunitate securus, et quandiu lateret ibidem, tanquam innocens servaretur; nunc evacuata omnino tanta per iniquitatis filios libertate, non tantum nocentes personae, verum etiam res sacrae et aliae ibidem pro securitate depositae, violenter ab Ecclesiis extrahuntur. Unde nos quibus, secundum Apostolum, incumbit omnium Ecclesiarum sollicitudo continua, propter tantum discrimen Ecclesiae vehementer afflicti, universitati vestrae per apostolica scripta mandamus atque praecipimus quatenus statum Ecclesiarum, quem taliter periclitari dolemus, ad antiquam studentes omnimodis reducere libertatem, eos quos temerarios violatores earum vobis esse constiterit, tam nostra quam vestra auctoritate suffulti, appellatione cessante, (169) terram illius rigore sententiae compescatis quem secundum canonum instituta in talibus videritis praesumptoribus adhibendum; ita ut per vos ad honorem Dei et Ecclesiae officii vestri debitum exsequentes, quod Ecclesiis sub negligentiae torpore deperiit, laudabiliter relevetur, et studium vestrum apud Deum et homines appareat commendandum.

Datum Laterani, xii Kal. Novembris.

Scriptum est illustri regi Ungariae ut in his quae pro libertate Ecclesiae praedicti archiepiscopi et episcopi duxerint statuenda, suum eis auxilium et consilium impendat pariter et favorem.

CCCLXXXIX.

MAGISTRO APOLLINARI CLERICO VENERABILIS FRATRIS NOSTRI ARCHIEPISCOPI STRIGONIENSIS.

A juramento quod Ecclesiae jura defendere quis velit, per appellationem non liberatur.

(Datum, ut supra.)

(170) Brevi sedem apostolicam sciscitatus es quaestione utrum ille qui jura alicujus Ecclesiae servare ac pro posse defendere juramento tenetur, si necessitate imminente sub debito juramenti ad hoc fuerit requisitus et nolens hoc facere ad sedem apostolicam duxerit appellandum, perjurii reatum incurrat. Nos autem quaestioni tuae taliter respondemus, quod in hoc articulo appellantem a perjurio

(169) Aliquid deesse videtur.
(170) Cap. *Brevi,* De jurejurando.

talis appellatio non excusat; imo, nisi aliqua difficultas obsistat, propter quam non possit requisitus Ecclesiæ subvenire, culpa perjurii potius irretitur.

Datum ut supra.

CCCXC.

LITTERÆ REGIN. ARCHIEPISC. AD DOMINUM PAPAM.

Quod causa tribus conjunctim delegata, a duobus, excluso tertio, recte definiti nequiverit.

(Panormi, xxv die mensis Augusti, prima indictione.)

Excellentissimo domino et beatissimo Patri suo domino Innocentio Dei gratia sacrosanctæ Romanæ sedis reverendissimo summo pontifici G. humilis et indignus Ecclesiæ Regin. minister, salutem et debitæ perpetuam devotionis obedientiam. Placuit beatitudini vestræ causam quæ vertitur inter venerabiles Montis-Regalis et Russanen. archiepiscopos mihi vestro devoto clerico una cum reverendis patribus Panormitan. et Capuan. archiepiscopis per litteras vestræ sanctitatis committere, quibus debita reverentia et honore susceptis, non multo post susceptionem earum me per aliquot dies languor aliquantulus, non sine meorum exigentia meritorum, invasit; nec tamen ut inde mandatum vestrum minus posset perfici vel adimpleri, cum tam nos quam et partes præsentes omnes Panor. fuerimus, etsi meis sociis onerosum videretur forsitan exspectare quandiu mei apponeret divina clementia misereri et nequivissem tunc pro instanti, debilitate corporis cum ipsis ad hoc exsequendum personaliter interesse, vox tamen et sensus mihi nunquam per Dei gratiam defuit quin possemus deliberatione mutua, juxta mandatum vestrum, diligenti examine causam ipsam inquirere ac fine debito terminare. Verum jam dicti mei socii infra illud ægritudinis meæ spatiolum pro eorum voluntatis arbitrio, meam super hoc et eorum sibi sollicitudinem vindicantes, me ignaro et inconsulto, in causam ipsam, secundum quod eorum dictavit consilium, processerunt. Et ne forte in his quæ parvitati meæ ab apostolicæ sanctitatis eminentia injunguntur, in conspectu mei Domini palliata falsitas sub veritatis specie offeratur, processum ipsius causæ secundum quod ad diligentem inquisitionem meam certa quorumdam qui interfuerant approbatæ opinionis virorum et veridica relatione mihi licuit experiri, paternitati vestræ duxi præsentis textu paginula intimandum. Hinc est quod cum præfati mei socii prænominato Montis-Regalis archiepiscopo ex officio delegationis injungerent ut ad hoc quod sibi ab archiepiscopo Russanen. objicitur, plenius responderet et idem archiepiscopus pro duabus causis non debere se diceret eorum inde stare judicio; tum videlicet quia causa ipsa tribus fuerat delegata, et ab illis duobus tantum, me præsente inconsulto et inscio, nec vice mea super hoc eis commissa, citatus fuerat ad judicium; tum etiam quia ante ipsorum citationem pro eadem causa nuntium suum ad pedes vestræ sanctitatis transmiserat, (in quo decretalis domini Alexandri sibi apertius dignoscitur suffragari) ipsi ejus assertiones nullatenus attendentes, iterum sine mei notitia contra eum, ut responderet, sententiam protulerunt. In quibus omnibus prædictus archiepiscopus gravari se sentiens, ad vestræ beatitudinis audientiam appellavit. Erit igitur, si placet, vestri fontis scientiæ, cujus impetus lætificat civitatem Dei, super his juxta summum vestræ immensæ discretionis arbitrium providere.

Datum Panormi, xxv die mensis Augusti, prima indictione.

CCCXCI.

LITTERÆ ARCHIEPISCOPI ET CONVENTUS MONTIS REGALIS AD DOMINUM PAPAM.

De eodem argumento.

Sanctissimo Patri et totius fidei Christianæ magistro domino INNOCENTIO, CA. Montis Regalis humilis minister, ejusdemque Ecclesiæ universus conventus, pedum osculum et quod potest peccatorum oratio.

Placuit beatitudini vestræ causam quæ vertitur inter Rossanen. archiepiscopum et Ecclesiam nostram, imo vestram, judicibus delegatis committere, videlicet Panormitan. Regin. et Capuan. archiepiscopis, sine debito terminandam. Unde nos in omnibus et super omnia mandatis apostolicis parere cupientes, ad primam duorum tantum citationis vocem accessimus, exceptiones nostras, sicut juris est, peremptorias' opponentes, videlicet quod nuntios nostros specialiter pro hac eadem causa ante citationem ad pedes sanctitatis vestræ transmiseramus. Elapsis postmodum tribus aut quatuor diebus, a Panormitan. et Capuan. tantum archiepiscopis, sicut prius, citati, ne vestram videremur contemnere majestatem eorumque conspectui præsentati, quia primam exceptionem nostram frivolam judicabant, aliam exceptionem non minus peremptoriam adjecimus et objecimus quia cum causa fuisset a sanctitate vestra tribus judicibus delegata, præsente tertio et irrequisito, videlicet domino Reginensi, nobis etiam absentibus et ignaris, exceptiones nostras inutiles judicantes, pronuntiaverunt adversæ parti nos respondere teneri. Unde ob tam evidentes et suspicionis et gravaminis causas ad sedem apostolicam appellavimus, quæ mater est et subsidium omnium oppressorum, cum in omnibus his appellatione opus non esset. Nam prima causa est, quia nuntii nostri ante citationem iter arripuerant ad vos veniendi. Secunda, quia, præsente tertio et ignaro, et citaverunt et decretalem Alexandri (171) quæ loquitur in hunc modum frivolam judicarunt: *Cæterum cum aliquam causam contigerit tibi appellatione remota commissam fuisse, et adversa pars post factam citationem iter arripuerit ad sedem apostolicam veniendi, non minus poteris in negotii cognitione secundum juris formam procedere. Quod utique si ante citationem iter incœperit, non est utique*

---

(171) Cap. *Meminimus*, De appellat.

observandum. Sed, quod deterius est, nobis nescientibus et irrequisitis pronuntiaverunt præmissas exceptiones nullius fore momenti. Unde prostrati ad pedes sanctitatis vestræ petimus plus affectu quam voce, plus devotione quam verbo, ut Ecclesiam nostram, quæ vestra specialis est, nullis patiamini perturbationibus concuti nec æmulorum nostrorum quasi luporum morsibus lacerari. Valeat sanctitas vestra.

CCCXCII.
REGIN. ARCHIEPISCOPO ET EPISCOPO CEPHALUDENSI.
Causa de qua duæ præcedentes epistolæ loquuntur, ipsis committitur.
(Laterani, Kal. Novembris.)

(172) Cum causa quæ vertitur inter venerabiles fratres nostros Montis-Regalis et Rossanen. archiepiscopos, super quibusdam decimis, vener. fratribus nostris Panormitano et Capuano archiepiscopis et tibi frater Regin. commissa fuisset a nobis fine canonico terminanda, prædictus archiepiscopus Montis-Regalis, sicut ex litteris ejus accepimus, ad primam prædictorum Panormitan. et Capuan. archiepiscoporum citationem accessit, in quorum præsentia constitutus excipiendo proposuit quod pro duabus causis non deberet eorum stare judicio; tum videlicet quia causa ipsa fuerat tribus delegata et ab illis duobus tantum, te frater Regin. præsente inconsulto et inscio nec vices tuas eis super hoc committente, fuerat ad judicium evocatus; tum etiam quia ante ipsorum citationem pro eadem causa nuntium suum ad apostolicam sedem transmiserat, in quo decretalem felicis mem. Alexandri papæ III prædecessoris nostri sibi affirmabat apertius suffragari. At vero iidem archiepiscopi exceptiones ipsius nolentes admittere, contra eum ut responderet interlocutoriam sententiam protulerunt; propter quod idem archiepiscopus sentiens se gravari, sedem apostolicam appellavit. Nos igitur prædictorum inquisitionem et decisionem canonicam vestræ discretionis examini committentes, fraternitati vestræ per apostolica scripta mandamus quatenus, vocatis ad præsentiam vestram qui fuerint evocandi et inquisita super præmissis diligentius veritate, si vobis constiterit prædictos archiepiscopos exceptiones prædictas nullatenus admisisse, non obstante eo quod per ipsos factum est, decimas ipsas, quibus prædictus Montis-Regalis archiepiscopus se, postquam nuntii sui propter hoc ad sedem apost. accesserunt, asserit spoliatum, præcipue cum easdem tam sibi quam Ecclesiæ suæ a sede apostolica fuisse asserat confirmatas, sive per laicalem potentiam, sive etiam per eosdem judices factum sit, cum fructibus inde perceptis, sublato cujuslibet contradictionis et appellationis obstaculo, restitui faciatis; audientes postmodum, quantum de jure poteritis, si quid fuerit quæstionis et, appellatione remota, fine debito decidentes.

Datum Laterani, Kalend. Novembris.

(172) Cap. *Cum causa*, De officio jud. deleg.

CCCXCIII.
EPISCOPO, CONSULIBUS, ET POPULO PARMEN
De ablata per vim cardinali in itinere pecunia.
(Laterani, x Kal. Novembris.)

(173) Licet Romana Ecclesia, quæ cæterarum mater est et magistra, in delinquentes juxta suorum excessuum qualitatem rigorem severitatis ecclesiasticæ consueverit exercere, illis tamen qui a suo resipiscentes errore, humiliter ad ejus obedientiam redeunt, solita est benignitatem et mansuetudinem exhibere et viscera charitatis misericorditer aperire, illius exemplo qui neminem ad se venientem respuit. Accepimus siquidem ex tenore litterarum tuarum, frater episcope, ac dilecti filii P. Sanctæ Mariæ in Via Lata diac. cardinalis, apostolicæ sedis legati, quod medietatem pecuniæ nostræ ac suæ ac servientium ipsius, quæ, dum per Lombardiam iter faceret, illi fuit violenter ablata restituere promisistis, et solutis jam centum marcis, infra octavam proximo venturæ Paschæ vos firmiter obligastis residuum soluturos; a consulibus, rectoribus, tota credentia vestræ civitatis et ab aliis etiam, prout prædicti card. nuntio visum fuit, super hoc data juratoria cautione. Ipse vero cardinalis sententias interdicti et excommunicationis, quæ in quosdam vestrum et civitatem vestram fuerant promulgatæ, auctoritate apostolica relaxavit et ecclesiam Sancti Domnini de Burgo, quæ propter hoc a jurisdictione Parmen. Ecclesiæ fuit exempta, donec esset super hoc congrue satisfactum, ipsi Parmen. Ecclesiæ statuit sicut prius de cætero fore subjectam; ita tamen quod si prædicta pecunia infra præscriptum terminum, prout tenemini juramento, non fuerit integre persoluta, ex tunc tam vos quam civitas vestra et Ecclesia Parmen. sitis eisdem sententiis et eidem pœnæ subjecti. Idem insuper cardinalis in manu vestra, quantum ad medietatem prædictæ pecuniæ, juri suo cessit omnino et ex parte nostra promisit quod nos juri nostro similiter cederemus, ut repetendi medietatem illam vel agendi adversus quemlibet nomine nostro habeatis liberam facultatem. Nos igitur erga humilitatem vestram benignius agere cupientes, quod a prædicto cardinali, sicut præmisimus, factum est, ratum et firmum habemus et volumus inviolabiliter observari, super illa medietate juri nostro cedentes, prout vobis cardinalis ipse promisit. Porro districte præcipimus ut Palavicinus et cæteri qui cum eo fuerunt perpetratæ iniquitatis principales auctores, usque ad plenariam satisfactionem sententiæ promulgatæ in eos teneantur astricti.

Datum Laterani, x. Kal. Novembris.

CCCXCIV.
EPISCOPO CIVITATIS CASTELLAN.
Rationem præscribit observandam circa sepulturam mortuorum, inter episcopum et Cistercienses.
(Laterani, XII Kal. Novembris.)

Honestatem Cistercien. ordinis, quæ per Dei gra-

(173) Vide supra epist. 121.

tiam longe lateque diffunditur, tanto perfectius cupimus custodiri, quanto ferventius viros religiosos et pia loca diligimus et eos in suis justitiis intendimus propensius confovere. Quia vero non solum illis sed generaliter omnibus sumus in sua justitia debitores, intellecta litis materia quæ inter Ecclesiam tuam et monasterium Falaren. (174) super sepultura defunctorum multipliciter agebatur, æquitate suadente mandavimus ut monachi Falaren. nullum de cætero ad sepulturam recipiant, nisi sit eorum oblatus vel alius qui, secundum institutionem Cistercien. ordinis, apud eos valeat sepeliri. Porro tam de oblatis quam de aliis jussimus observandum ut quarta testamentorum reddatur illis Ecclesiis a quibus mortuorum corpora assumentur; nisi talis fuerit oblatus qui habitum eorum susceperit ante mortem vel antequam infirmaretur se offerens, vivus transeat ad eorum monasterium tumulandus, fraudis omnino cessante figmento. Sicut ergo super his quæ mandavimus nullum Ecclesiæ tuæ volumus præjudicium irrogari, sic eidem monasterio nullum gravamen inferri, salvis per omnia Cistercien. ordinis institutis. Quod autem de quarta testamentorum religionis favore mandavimus, nullum consuetudinibus et rationibus aliarum Ecclesiarum volumus impedimentum præstare. Ne vero mandatum nostrum in dubium valeat revocari, ipsum præsenti pagina duximus annotandum.

Datum Laterani, XII. Kal. Novembris.

In eumdem modum scribitur abbati et conventui Falarensi.

CCCXCV.
FRATRI RAINERIO.
Datur facultas reformandi Ecclesias per quas transitum fecerit.

Datum Laterani, III Kal. Novembris.)

Gratus tui nominis odor, et suavis tuæ famæ dulcedo, per quam tuæ religionis honestas dignis undique laudum præconiis exaltatur, tam ex litteris quam ex relatione plurium ad nos usque pervenit; ex quo tanto ampliori gratulatione animi jucundamur ac spiritus noster in Domino recreatur, qui suorum ministrorum dirigit actus in bonum, quanto tam ex communi fama quam ex confidentia quam de tua gerimus puritate cognoscimus evidentius atque scimus quod per opera quæ laudabiliter operaris, ipso duce qui est lucerna pedum tuorum, et ipse Deus glorificatur in terris, et gloria nobis et Ecclesiæ Romanæ non modicus honor accrescunt. Nos igitur exemplo illius qui, negotiatorem suum fidelem inveniens, ei multo majora commisit, sperantes quod Pater omnium bonorum semper in melius tuas dirigat actiones, ut Ecclesias, quas in locis per quæ transitum feceris, invenies a suo statu dilapsas, possis ad statum congruum revocare, statuendo in eis quæ secundum Deum videris statuenda et corrigendo, juxta canonicas sanctiones, quæ corrigenda fuerint, liberam tibi concedimus auctoritatem apostolica facultatem. Volumus autem ut ea propter quæ specialiter te direximus, principaliter exsequaris. Nulli ergo, etc.

Datum Laterani, III Kal. Novembris.

CCCXCVI.
AQUEN. ARCHIEPISCOPO.
Ut resignationem episcopi Forojuliensis recipiat et alium idoneum episcopum eligi curet
(Datum, *ut supra.*)

Cum venerabilis frater noster Forojulien. episcopus recognoscens suam insufficientiam et defectum et timens ex hoc sibi et Ecclesiæ suæ grave periculum imminere, nobis per suas litteras intimasset quod desiderium haberet ac propositum pontificali cedere dignitati, nos volentes in hoc debita maturitate procedere, statum Forojulien. Ecclesiæ ac personæ ipsius episcopi tibi commisimus inquirendum, ut per te certi redderemur qualiter esset in negotio procedendum. Sicut autem ex litteris tuis nobis innotuit, tam Ecclesiæ Forojulien. quam ipsi episcopo plurimum expedit ut eidem abrenuntiandi pontificali officio licentiam tribuamus; cum ille propter impedimenta tam cordis quam corporis non possit Ecclesiæ regimini congrue providere et ipsius administratio potius redundet in ejusdem Ecclesiæ detrimentum. Volentes igitur tam saluti ejusdem episcopi, quam necessitatibus ipsius Ecclesiæ, prout tenemur ex injuncto nobis officio, præcavere, fraternitati tuæ per apostolica scripta mandamus quatenus solemniter et publice ipsius recipias auctoritate apostolica cessionem. Facta vero cessione spontanea, canonicos Forojulien. moneas et inducas ut alium episcopum eligant, qui tam spiritualiter quam temporaliter sit idoneus ad gerendam sollicitudinem pastoralem.

Datum, *ut supra.*

CCCXCVII.
NOBILI VIRO R. COMITI TOLOSANO.
Ut contra paganos arma suscipiat.
(Laterani, II Non. Novembris.)

Cum in tantum te olim oriens ex alto respexerit et tenebras tuæ mentis lux illa dignata fuerit illustrare, quæ illuminat hominem venientem in hunc mundum, ut reconciliatus fueris ecclesiasticæ unitati, a qua fueras ob tuorum excessuum multitudinem separatus, deberes resurgere fortior et præteritorum abundantiam delictorum satisfactione sic plenaria compensare ut novum meriti singularis præconium veteris nequitiæ deleret infamiam et vitiorum notam virtutis titulus aboleret. Ne autem negligentiam tuam possis aliquatenus excusare ac ne non subesse causam alleges in qua militarem valeas industriam in divinis obsequiis exercere, se ipsum Dominus denuo tradi passus est in manibus peccatorum et hæreditatem suam se ipso exsule ab impiis occupari, ut quanti eum facias in instantis articulo necessitatis ostendas et an pro ipso te ipsum abneges et tollas crucem ejus et ipsum sequa-

(174) In vet. cod. ms. illustriss. V. Joan. Bapt. Colberti legitur. *Faltren.*

ris, qui pro te semetipsum exinanivit, formam servi accipiens, in similitudinem hominum factus et habitu inventus ut homo, factus obediens usque ad mortem, mortem autem crucis, omnibus manifestet. Sane si nec timor Domini nec fidei Christianæ religio nec communis utilitas populi Christiani ad id tuam industriam commoveret, egregiæ tamen recordationis Alphonsi quondam avi tui memoria te ad terræ orientalis subsidium inducere potuisset ut in partibus illis, ejus exemplo, perpetuæ tibi laudis titulos compararos et avitæ virtutis præconium in paganorum excidium redoleres. Ut igitur præter divinam gratiam peccatorum tuorum veniam et apostolicæ protectionis præsidium, quæ in suis illic expensis proficiscentibus indulgemus et augmentum æternæ coronæ, quod insuper pollicemur, a Domino merearis, rogamus nobilitatem tuam, monemus et hortamur in Domino, et in remissionem injungimus peccatorum quatenus signum vivificæ crucis assumas et in satisfactionem criminum quæ hactenus commisisti ad partes transeas transmarinas, ubi funiculum hæreditatis Christi et jura populi Christiani defendas et impugnes barbariem paganorum. Credimus enim et de divina miseratione speramus quod si, quod optamus, in humilitate cordis et corporis iter fueris peregrinationis aggressus, is qui piis aspirat propositis, diriget gressus tuos et de inimicis crucis laudem tibi victoriæ, sicut quondam avo tuo, misericorditer largietur. Si autem in persona propria non potueris transfretare, ut aliquod saltem apostolicæ remissionis beneficium consequaris, juxta quod tantum principem decet, certum ultra mare dirigas numerum bellatorum, ut vel per alios facias quod per te non poteris adimplere.

Datum Laterani, II Nonas Novembris.

CCCXCVIII.
FRATRI FULCONI.
Ut cum aliis piis viris ad militiam sacram proficiscatur.
(Laterani, Non. Novembris.)

Salutiferum tuæ doctrinæ jampridem audientes exemplum, plurimum gavisi sumus in Domino ejus misericordiam implorantes ut bonum in te corroboret quod incœpit. Ut autem secundum Apostolum, opus evangelistæ faciens prædicationis officium fructuosius exsequaris, præsertim in succursu Hierosolymitanæ provinciæ, ad quam totis viribus aspiramus, et talentum tibi commissum a Domino in populi sui eruditione distribuens, ipsum multiplicatum valeas reportare : nos illius utentes exemplo qui dedit quosdam quidem apostolos, quosdam prophetas, alios vero evangelistas, ut in omnem terram exiret sonus eorum et in fines orbis terræ verba eorum, plenam tibi auctoritate apostolica concedimus facultatem, ut cum consilio et assensu dilecti filii P. Sanctæ Mariæ in Via Lata diac. cardinalis, apostolicæ sedis legati, quem ad hoc officium exsequendum specialiter destinavimus, tam de monachis nigris quam albis sive canonicis regularibus aliquot, quos

(175) *Quam perniciosum,* De usuris.

ad prædicandum idoneos esse decreveris, nullius contradictione vel appellatione obstante, libere tibi possis coadjutores adjungere qui tecum, juxta verbum propheticum, seminent super aquas, ne frumentum in populis abscondatur.

Datum Laterani, Nonis Novembris.

CCCXCIX.
ARCHIEPISCOPIS, EPISCOPIS, ET ALIIS ECCLESIARUM PRÆLATIS IN REGNO FRANCIÆ CONSTITUTIS.
Ut usurarii puniantur, non obstante aliqua appellatione.
(Laterani, v Kal. Novembris.)

(175) Quam perniciosum sit vitium usurarum, discretionem vestram non credimus ignorare, cum præter constitutiones canonicas, quæ in earum odium emanarunt, per prophetam detur intelligi eos qui suam dant pecuniam ad usuram, a tabernaculo Domini repellendos, et tam in Novo quam in Veteri Testamento prohibitæ sint usuræ, cum Veritas ipsa præcipiat : *Mutuum date nihil inde sperantes* (*Luc.* VI, 35); et per prophetam dicatur : *Usuram et omnem superabundantiam non accipias* (*Ezech.* XVIII, 17). Inde est quod universitati vestræ per apostolica scripta mandamus quatenus manifestos usurarios, eos maxime quos usuris publice renuntiasse constiterit, cum aliquis eos convenerit de usuris, nullius permittatis appellationis subterfugio se tueri.

Datum Laterani, v Kal. Novembris.

CCCC.
SIPONTINO ARCHIEPISCOPO.
De collegiata Ecclesia in cœnobium monachorum convertenda.
(Laterani, VII Id. Novembris.)

Cum ad ea exsequenda quæ religionem sapiunt et opus in se continent pietatis, sollicitudinem tuam excitamus, tanto adimplere debes sollicitius quod mandamus, quanto ea exsequi diligentius ex debito teneris officii pastoralis. Significavit siquidem nobis dilectus filius magister Nicolaus Ecclesiæ Trojanæ decanus, quod cum Ecclesiam Sancti Nicolai de Regulis possideat et eam sufficientem et idoneam cognoscat ad canonicam regularem, plantare ibidem religionem desiderat, et canonicos instituere in eadem, qui secundum Regulam beati Augustini Domino debeant jugiter deservire. Licet autem hoc a nobis sibi postularet cum instantia indulgeri, nos tamen tuæ volentes fraternitati deferre, in cujus diœcesi esse proponitur Ecclesia memorata, negotium ipsum tuæ duximus experientiæ committendum. Ideoque fraternitati tuæ per apostolica scripta mandamus quatenus si præfatam Ecclesiam ad hoc idoneam et sufficientem cognoveris et fratres clerici et laici qui nunc in ea deserviunt in hoc sponte voluerint consentire nec aliud obstiterit per quod negotium ipsum debeat rationabiliter impediri, tu præfato magistro N. ut eamdem Ecclesiam canonicam instituat regularem, liberam tribuas facultatem, ut et ejus pio desiderio satisfiat, et tu de plantanda religione in diœcesi tua possis merito commendari.

Datum Laterani, vii Idus Novembris.

CCCCI.

NOBILI VIRO ACERBO PRIORI ET ALIIS RECTORIBUS THUSCIÆ ET DUCATUS.

Quod persistant in devotione Ecclesiæ. Et promittitur eis favor et protectio ipsius.

(Laterani, iii Kal. Novembris.)

Sicut universitatis conditor Deus duo magna luminaria in firmamento cœli constituit, luminare majus, ut præesset diei, et luminare minus, ut nocti præesset; sic ad firmamentum universalis Ecclesiæ, quæ cœli nomine nuncupatur, duas magnas instituit dignitates: majorem, quæ quasi diebus animabus præesset et minorem, quæ quasi noctibus præesset corporibus: quæ sunt pontificalis auctoritas et regalis potestas. Porro sicut luna lumen suum a sole sortitur, quæ re vera minor est illo quantitate simul et qualitate, situ pariter et effectu: sic regalis potestas ab auctoritate pontificali suæ sortitur dignitatis splendorem; cujus conspectui quanto magis inhæret, tanto majori lumine decoratur; et quo plus ab ejus elongatur aspectu, eo plus proficit in splendore. Utraque vero potestas sive primatus sedem in Italia meruit obtinere, quæ dispositione divina super universas provincias obtinuit principatum. Et ideo licet ad universas provincias nostræ provisionis aciem extendere debeamus, specialiter tamen Italiæ paterna nos convenit sollicitudine providere, in qua Christianæ religionis fundamentum existit et per apostolicæ sedis primatum sacerdotii simul et regni præeminet principatus. Hujus autem provisionis officium laudabiliter exercemus, si per nostræ sollicitudinis studium procuramus ne filii fiant servi neque minores et majoribus opprimantur; ut servata moderaminis æquitate sic isti serviant, quod illi non sæviant; ut nec isti subesse contemnant nec illi contendant præesse. Volentes ergo vos tanquam speciales filios apostolicæ protectionis brachiis amplexari, firmum gerimus in deliberatione nostra propositum, ad divini nominis gloriam et apostolicæ sedis honorem, quantum cum nostra possumus honestate, vobis adversus oppressionis incursum et gravaminis insolentiam nostrum patrocinium exhibere; quatenus per apostolicæ protectionis auxilium in debito statu perseverare possitis et inita jam concordia semper inter vos de bono in melius perseveret. Sperantes et pro certo tenentes quod vos nobis et Ecclesiæ Romanæ gratum semper devotionis et fidei debeatis obsequium impertiri; ut, dum vos a nobis protectionis patrocinium susceperitis et nos a vobis devotionis obsequium receperimus, utrinque grata debeat utilitas procurari. Monemus igitur universitatem vestram et exhortamur in Domino, per apostolica scripta mandantes, quatenus certam et firmam de nobis fiduciam obtinentes, qui, sicut apostolicæ convenit gravitati, plus

(175*) Vide supra epist. 340 et 393.

facere pro vobis quam promittere vobis intendimus, ea semper agere studeatis quæ ad honorem et profectum Ecclesiæ Rom. proveniant, ut merito debeatis ipsius favoris dextera communiri.

Datum Laterani, iii Kal. Novembris.

CCCCII.

EPISCOPO ET CAPITULO AVERSAN.

Ut Neapolitano archiepiscopo obtemperent.

(Laterani, vi Id. Novembris.)

Cum simus singulis in sua justitia debitores fratrum et coepiscoporum nostrorum gravamina nec possumus nec debemus æquanimiter sustinere aut pati quod aliquis a sui superioris obedientia præter auctoritatem judiciariam qualibet occasione recedat. Hoc siquidem attendentes, cum Ecclesia vestra hactenus ecclesiæ Neapolitanæ responderit et prædecessores tui, frater episcope, a prædecessoribus venerabilis fratris nostri Neapolitani archiepiscopi consecrationis et confirmationis consueverint beneficium obtinere, ita quod bonæ memoriæ L. prædecessor tuus (cui felicis recordationis C. papa prædecessor noster ex collata sibi plenitudine potestatis sine præjudicio Ecclesiæ Neap. munus consecrationis indulsit) obedientiam et reverentiam sicut metropolitano suo curaverit eidem archiepiscopo exhibere, ne dicta Ecclesia Neapol. suæ possessionis commodo, prætermisso juris ordine, privaretur: te, frater episcope, ad obediendum ei nostra mandavimus auctoritate compelli; adjicientes in litteris nostris quod si vos crederetis aliquid juris habere, illud postmodum audiremus. Cum igitur super obedientia dicto archiepiscopo exhibenda mandatum sit apostolicum adimpletum ac nos per vestras duxeritis litteras exorandos ut certum vobis præfigeremus terminum, quo adversus eumdem archiepiscopum vestram proponeretis et persequeremini actionem, discretioni vestræ per apost. scripta mandamus quatenus in octavis Resurrectionis Dominicæ proxime venturis nostro vos conspectui præsentetis justitiam recepturi. Nos enim eidem archiepiscopo dedimus in mandatis ut ad eumdem terminum per se vel sufficientem procuratorem ad præsentiam nostram accedat, vobis plenarie responsurus.

Datum Laterani, vi Idus Novembris.

Scriptum est dicto archiepiscopo ut tempore constituto accedat.

CCCCIII.

ARCHIPRESBYTERO ET CLERICIS BURGEN. ECCLESIÆ.

Ut Parmensi episcopo rursus obediant, tanquam absoluto et reconciliato.

(Laterani, ii Id. Novembris.)

(175*) Cum civitas Parmen. et cives ejus excommunicationi subjecti fuissent propter violentam invasionem et deprædationem dilecti filii P. Sanctæ Mariæ in Via Lata diaconi cardinalis, et Ecclesia vestra a jurisdictione venerabilis fratris nostri Parmen. episcopi propter hoc fuisset exempta, donec satisfacerent competenter, ipsi Parmenses memorato vix absolutione per subreptionem obtenta, (176) ob reverentiam beati Petri et nostram prædictum Carnelum in canonicum et fratrem reciperent et ei stallum in choro et locum in capitulo et beneficium sicut uni ex aliis canonicis assignarent. Dilectis etiam filiis nostris M. subdiacono nostro præposito canonicæ Gualteri, Martino, Opizoni, Astario magistris canonicis sancti Michaelis de Papia majoris præcipiendo mandavimus ut inquirerent de præmissis diligentius veritatem, et si rem cognoscerent taliter se habere, canonicos memoratos ad recipiendum eumdem Carnelum et beneficium assignandum, sublato appellationis obstaculo, ecclesiastica districtione compellere non tardarent; quoslibet qui mandato apostolico se ducerent opponendos eadem districtione severius compescentes. Verumtamen, sicut ex litteris eorum accepimus, cum partes ad suam præsentiam convocassent et dictus B. ejusdem Ecclesiæ sindicus se ad receptionem ipsius C. diceret non teneri, qui rescriptum obtinuerat ab apostolica sede per mendacia precum; iidem exsecutores, auditis quæ fuerunt hinc inde proposita et rationibus et allegationibus partium diligenter inspectis, de prudentium consilio per sententiam prædicti canonicis præceperunt ut memoratum C. in fratrem et canonicum reciperent et usque ad octavas Apostolorum proximo termino futuras, sicut uni ex aliis canonicis beneficium assignarent, canonicos ipsos, tam receptos quam electos, si eorum sententiæ non parerent, ex tunc auctoritate apostolica suspendentes. Verum dictus B. syndicus Ecclesiæ supradictæ respondit quod cum coram prædictis judicibus constitutus in libello causam petitionis exprimi postulasset et allegasset quod minor sine curatore postulare non posset, et ipsi causam petitionis libello exprimendam non esse et minorem posse sine curatore petere respondissent, ad sedem apostolicam appellavit. Sed judices ipsi nec eorum voluerunt appellationi deferre nec de indignitate ipsius Carneli quam se asserit probaturum cognoscere, dicentes quod causa criminalis sibi non fuerat ab apostolica sede commissa. Asseruit etiam idem B. coram judicibus memoratis quod idem C. falsitatem suggesserat et tacuerat veritatem; cum eos onus paupertatis falso allegasse dixisset, quod et tunc et modo vere poterat allegari, cum sufficienter esset probatum per testes eamdem Ecclesiam tunc 110 et amplius, nunc vero 135 librarum debito prægravari : quam etiam ex indulgentia bonæ memoriæ L. papæ prædecessoris nostri eidem Ecclesiæ super senario canonicorum numero servando concessa, fratrum numerositate gravari petebat, cum tunc temporis septem ibi essent canonici constituti. Tacuerat etiam idem C. quod propter indignitatem suam et quia major pars canonicorum in eadem Ecclesia per sedem apostolicam instituta fuisset et quod pro duobus eodem anno idem prædecessor noster suas eis curasset litteras destinare,

(176) Hic nonnulla deesse videntur.

ab impetitione ipsius fuerant absoluti. In aliis etiam se a prædictis judicibus asseruit fuisse contra justitiam gravatum. Cum autem dictus cardinalis quæ coram eo proposita fuerunt nobis fideliter retulisset, intelligentes quod cui principale committitur, totum etiam delegatur sine quo judicium exerceri non potest, causam ipsam vestro duximus examini committendam : discretioni vestræ per apostolica scripta mandantes quatenus cæteris exceptionibus ex canonicorum parte propositis omnino cessantibus, si intra sex menses post harum receptionem litterarum probare poterint eumdem C. criminosum esse vel alias indignum ad prædictum beneficium obtinendum, cum ecclesiastica beneficia non sint indignis concedenda personis, ipsi Carnelo super eadem Ecclesia silentium imponatis. Alioquin omni contradictione et appellatione cessante, ipsum in ea faciatis admitti et tractari charitate fraterna et beneficium ei sicut uni ex aliis canonicis assignari. Volumus autem ut a prædictis canonicis sufficienti prius cautione recepta quod debeant parere justitiæ coram vobis, interdictum, appellatione postposita, relaxetis. Si vero latæ sententiæ parere noluerint, eos per excommunicationis sententiam compellatis.

Datum Laterani, vi Kalend. Novembris.

CCCCIV.

EBREDUNENSI, ARELATENSI ET AQUEN. ARCHIEPISCOPIS ET SUFFRAGANEIS EORUM.

Ut in concilio provinciali constituant de acquirendo subsidio ad bellum sacrum contra Saracenos.

Si ad excitandos fidelium populos ad subventionem orientalis provinciæ, in qua Dominus rex noster ante sæcula salutem humani generis dignatus est operari, terræ ipsius miseriam sæpius deploramus, si nuntios multiplicamus et litteras, si mandata monitis et mandatis monita frequentius conculcamus, id agimus quod tenemur, volentes ei cujus vicem in terris gerimus exsulanti per Ecclesiæ filios subveniri, et fideles Ecclesiæ ad subsidium Hierosolymitanæ provinciæ invitare verbo pariter et exemplo. Quis enim audiens salutis Auctorem quasi captivum ab impiis detineri, se pro liberatione ipsius, si necesse fuerit, non ingerat etiam captioni? Quis pro eo non abneget semetipsum, qui pro nobis semetipsum exinanivit, formam servi accipiens, in similitudinem hominis factus et habitus ut homo? Quis non tollat crucem suam et sequatur eum qui pro nobis crucis non dubitavit subire discrimen, factus obediens usque ad mortem, mortem autem crucis? Nunquid etiam esse potest aut debet in successore Petri verbum Domini alligatum, ut Ecclesiæ filios in ejus subsidium non confirmet qui pro Petro rogavit ne deficeret fides ejus, sed aliquando conversus fratres suos sollicitus confirmaret? Nunquid præterea terræ illius possumus oblivisci in qua Dominus noster posuit fidei fundamentum, cum Propheta sibi quodammodo imprecando procla-

cardinali sese obligarunt super restituenda medietate pecuniæ quæ ipsi cardinali fuit ablata; cujus jam parte soluta, se partem reliquam soluturos præstita cautione juratoria promiserunt, et idem cardinalis excommunicationis et interdicti sententias relaxavit, pœnam remittens quæ super exemptione Ecclesiæ vestræ Parmen. Ecclesiæ fuerat irrogata. Nos igitur quod a prædicto cardinali super hoc factum est ratum habentes, vobis per præsentia scripta mandamus atque præcipimus quatenus præfato Parmen. episcopo de cætero consuetam et debitam obedientiam impendatis.

Datum Laterani, II Idus Novembris.

CCCCV.

EPISCOPO ROFFENSI, ARCHIDIACONO BATHONIENSI ET MAGISTRO VU. DE SANCTA FIDE CANONICO WELLEN.

Qui allegat litteras falsas esse, hoc probare tenetur.

(Laterani, XIII Kal. Novembris.)

(176*) Ex continentia litterarum dilectorum filiorum abbatis sanctæ Crucis de Waltham et magistri Simonis de Swelle (177) nobis innotuit quod cum olim quæstio quæ vertebatur inter dilectos filios M. Phil. de Ludelewe ex una parte, Robertum et Vincentium clericos ex altera super Ecclesia de Streton, ipsis et quondam abbati de Straford. a bonæ memoriæ C. papa prædecessore nostro commissa fuisset, eodem abbate pariter et prædicto Vincentio de hac luce subtractis, prænominati duo judices, juxta tenorem rescripti apostolici procedentes, attestationes et allegationes utriusque partis diligentius audierunt, et tandem cum renuntiatum eis ab utraque parte fuisset, et secundum allegata diffinitiva esset sententia promulganda, contra magistrum P. adversa pars litteras apostolicas arguit falsitatis et eas esse falsas sub periculo causæ se firmiter asscruit probaturam, sibi legem imponens ut a causa caderet, nisi probaret evidentius falsitatem; et ne ulterius judices in causa procederent, sedem apostolicam appellavit. Sæpedicto autem Phil. exhibente illum per quem litteras impetravit, et firmiter promittente quod eas veras esse probaret, memoratus R. ab eisdem judicibus requisitus ut aliquam notam exprimeret falsitatis, popter quam falsas esse litteras proponebat, nihil aliud specificare voluit, nisi quod eas falsas dixit et asseruit a cancellaria nostra nullatenus emanasse. Supradicti vero judices ab ipso R. juratoria cautione recepta quod accusationem falsitatis prosequeretur, sicut superius est expressum, sequentem diem post Dominicam qua cantatur *Lætare, Jerusalem* proximo præteritam, ad prosequendum coram nobis appellationem interpositam utrique parti terminum præfixerunt. Cæterum præfatus Robertus in termino prætaxato ad præsentiam nostram accedens, super falsitate litterarum ac processu negotii veritate suppressa, ut dicitur, a nobis ad prædictos judices litteras impetravit et nihil prorsus de falsitatis accusatione proponens a sede apostolica furtive recessit. Verum nos litteras ipsas, quæ redargutæ fuerant falsitatis, diligentius intuentes, nullum in eis signum falsitatis vel suspicionis invenimus, nisi paucarum litterarum rasuras, quæ nequaquam sapientis animum in dubitationem vertere debuerunt. Ideoque discretioni vestræ per apostolica scripta mandamus quatenus inquiratis super his diligentius veritatem, et si vobis constiterit jam dictas litteras a nobis fuisse veritate tacita impetratas, et sæpedictum Robertum sese obligasse sub periculo causæ quod priores litteras falsas esset probaret, cum inter ipsum et adversarium suum quæstio personalis agatur, et quilibet abrenuntiandi juri suo liberam habeat facultatem, ipsi Roberto super prædicta Ecclesia silentium imponatis. Alioquin, partibus convocatis, audiatis causam et appellatione remota fine debito terminetis.

Datum Laterani, XIII Kal Novembris.

CCCCVI.

EPISCOPO ET S. MICHAELIS ET SANCTI EPIPHANII PRÆPOSITIS PAPIENSIBUS.

Ut de canonicorum bonis, numero et de B. collatione inquirant.

(Laterani, VI Kal. Novembris.)

Accedentibus olim ad præsentiam nostram dilectis filiis Carnelo et Bernardo canonico et sindico Sancti Juventii Papien. dilectum filium nostrum G. tituli Sanctæ Mariæ trans Tiberim presbyterum cardinalem concessimus auditorem: coram quo fuit ex ipsius Carneli parte propositum quod cum olim canonici sancti Juventii Papien. (178) bonæ memoriæ Cœlestini papæ prædecessoris nostri mandatum ipsis pro ejus receptione ac præbendæ assignatione porrectum noluissent humiliter adimplere nec bonæ memoriæ L. quondam Papien. episcopus, qui super hoc litteras ab eodem prædecessore nostro receperat, mandatum fuisset apostolicum executus, ipse ac prædictus Bernar. propter hoc ad sedem apostolicam accedentes, coram dilecto filio Hugone tituli Sancti Martini presbytero cardinale, auditore sibi concesso, aliquandiu litigarunt; qui ad falsam ipsius B. suggestionem, qui prædictam Ecclesiam tam paupertate reddituum quam fratrum asserebat numerositate gravari, ab instantia mandati apostolici et exsecutionis absolvit. Cæterum clerici ejusdem Ecclesiæ absolutionis non exspectato rescripto, sex in canonicos elegerunt; tribus eorum integra beneficia, reliquis vero tribus aliquid nomine beneficii annis singulis conferentes. Cum autem ad audientiam nostram id fuisset eodem Carnelo referente delatum, intelligentes ipso facto prædictam absolutionem fuisse per falsam suggestionem obtentam, cum non esset verisimile dictam Ecclesiam paupertate gravari, ad quam ipsi

---

(176*) Cap. *Ex conscientia*, De crimine falsi.
(177) In vet. cod. ms. illustriss. viri Joan. Bapt. Colberti vocatur, *Joannes de Suwelle*.
(178) Vide supra epist. 116.

met: *Si oblitus fuero tui, Hierusalem, oblivioni detur dextera mea. Adhæreat lingua mea faucibus meis, si non meminero tui* (*Psal.* cxxxvi). Ne autem illud nobis valeat imputari quod in Evangelio legitur: *Dicunt enim, et non faciunt*, nec rursum onera gravia et importabilia aliis imponere videamur, nos autem ea nolimus digito etiam nostro movere, sed facere pariter et docere volentes, dilectis filiis nostris S. tit. Sanctæ Praxedis presbytero et P. Sanctæ Mariæ in Via Lata diacono cardinalibus, apostolicæ sedis legatis, imposuimus signum crucis, quos in expensis propriis cum alio competenti subsidio in ducatum exercitus Christiani ad partes Hierosolymitan., dante Domino, transmittemus. Ut autem Ecclesiarum prælati ad opus tam pium et necessarium subditos suos provocent non minus exemplo quam verbo, de communi deliberatione fratrum nostrorum statuimus ut universi archiepiscopi, episcopi, abbates, priores et alii Ecclesiarum prælati certum numerum bellatorum vel pro certo numero certam pecuniæ quantitatem, pensatis facultatibus singulorum, ad expugnandam paganorum barbariem et hæreditatem Domini servandam non differant destinare; ad quod etiam minores clerici manum porrigant secundum proprias facultates. Si quis autem, quod non credimus, constitutioni tam piæ et necessariæ præsumpserit obviare, sicut sanctorum canonum transgressorem decernimus puniendum et usque ad satisfactionem condignam ab officio manere suspensum: peccatorum veniam et apostolicæ protectionis præsidium indulgentes, juxta quod in generalibus litteris aperte distinguitur, his qui terræ Nativitatis Dominicæ studuerint humiliter et efficaciter subvenire. Ut autem id melius et facilius in vestra provincia compleatur, dilectum filium B. subdiaconum nostrum Massilien. præpositum, virum litteratum, providum et honestum, nobis et fratribus nostris acceptum, ad partes vestras duximus destinandum; universitati vestræ per apostolica scripta mandantes quatenus eum recipiatis humiliter et devote, ac vos, fratres archiepiscopi, provinciale concilium cum eo pariter convocetis et quod quisque vestrum pro subventione terræ in numero militum vel quantitate pecuniæ præstare debeat, disponatis; ita quod nihil impediat quo minus congruo tempore, cum necessitas festinationem expostulet, ad partes ultramarinas succursus transeat exoptatus: taliter, ad commonitionem ipsius subdiaconi, mandatum apostolicum impleturi, quod pœnam constitutam a nobis et expressam superius evadentes, laudem a nobis et a Deo præmium mereamini sempiternum. Nobiles etiam, comites et barones et universum populum sollicitudini vestræ commissum sedulis exhortationibus inducatis ut ad terræ sanctæ subsidium in personis vel rebus in suorum remissionem criminum viriliter accingantur.

CCCCVII.
NOBILI VIRO W. COMITI FORCALCARIENSI.
[Sine salutatione.]
Ut ad bellum sacrum una cum aliis Christianis principibus proficiscatur.

Si ad actus tuos Dominus hactenus secundum meritorum tuorum exigentiam respexisset, posuisset te ut rotam et sicut stipulam ante faciem venti, quinimo multiplicasset fulgura, ut iniquitatem tuam de superficie terræ deleret et justus lavaret manus suas in sanguine peccatoris. Nos etiam et prædecessores nostri, si ad iniquitates quas operata est manus tua debitum habuissemus respectum, non solum in te sicut fecimus, anathematis curassemus sententiam promulgare, imo etiam universos fidelium populos in tuum excidium armassemus, ut vel saltem temporali pœna compulsus ab errore desisteres, vel ea depressus tam spiritualiter quam temporaliter interires. Verum quoniam justus et misericors Dominus misericordiam superexaltat judicio et miserationes ejus sunt super omnia opera ejus, sustinuit usque modo tuam nequitiam patienter, ut nunc tandem tuam malitiam recognoscens, dares gloriam Creatori et reversus ad mentem ardentius jam ultimo in ejus devotione ferveres quam hactenus in his quæ ipsius sunt voluntati contraria ferbuisti. Nos etiam qui, licet insufficientibus meritis, ejus tamen vicem tenemus in terris, qui non vult mortem peccatoris, sed ut convertatur et vivat, qui non venit salvos facere justos sed peccatores et qui Paulum in sua perseverantem malitia prius cæcitate percussit, ut gratius eum postmodum sui luminis aspergeret claritate, exspectavimus hactenus si patientia nostra te ad pœnitentiam revocaret et præteritarum malitiarum oblitus manus extenderes ad virtutes et ei tua novissima devoveres qui pro te hostiam se ipsum non dubitavit offerre. Ecce autem misericors et miserator Dominus, ut te de profundo lacus et tuorum volutabro peccatorum educat, se ipsum tradi denuo passus est in manibus peccatorum, et hæreditatem suam ipso exsule ab impiis occupari, ut cum Petro conversus aliquando fratres tuos Ecclesiæ filios tua miraculosa conversione confirmes, et arma quæ hactenus in fideles Ecclesiæ commovisti, in hostes Christi convertas et de persecutore in defensorem converus te ipsum pro domo Israel murum defensionis opponas et ad defendendam terram Nativitatis Dominicæ potenter ac viriliter accingaris. Cum enim nos dilectos filios S. tituli Sanctæ Praxedis presbyterum et P. Sanctæ Mariæ in Via Lata diaconum cardinales, apostolicæ sedis legatos, viros providos et discretos, duo videlicet de præcipuis membris Ecclesiæ, ad partes Hierosolymitanas in expensis propriis cum alio competenti subsidio destinemus crucis charactere insignitos, cum venerabiles fratres nostros archiepiscopos, episcopos, imo etiam universum clerum ad tam pium opus necessaria de bonis suis statuerimus subsidia secundum facultates proprias ministrare, cum jam fere universi principes Christiani terræ sanctæ in rebus subvenerint vel personis aut nunc saltem subvenire disponant, saluti tuæ credimus expedire ut et tu cum Maria sepulchrum Domini visites et impios non solum ipsum tulisse defleas et posuisse alias, imo etiam dejecisse, ut eum tandem merearis in cœlesti Hierusalem, quæ interpretatur pacis visio, intueri. Ut igitur a malo desistas, et quod bonum est toto mentis prosequaris affectu, rogamus nobilitatem tuam, monemus et exhortamur in Domino, et in remissionem tibi injungimus peccatorum quatenus, satisfacto de his pro quibus es nominatim excommunicatione notatus et aliis de quibus conscientia te remordet, signum dominicæ crucis accipias, Hierosolymitanam visitaturus provinciam et defensioni ejus pro viribus instituturus. Nos enim, ut plenam tibi gratiam faciamus, dilectum filium (179) M. Massilien præpositum subdiaconum nostrum, virum litteratum, providum et honestum, quem nos et fratres nostri sinceræ charitatis brachiis amplexamur, ad misericorditer duximus destinandum, qui tibi beneficium absolutionis impendat, si plene satisfeceris super his pro quibus in te fuerat excommunicationis sententia promulgata; omnium peccatorum tuorum, de quibus veram cordis et oris egeris pœnitentiam, veniam indulgentes et æternæ coronæ pollicentes augmentum, si ad vindicandam injuriam Crucifixi personaliter, sicut decet tantum principem iter arripias et laudabiliter in orientalis terræ defensione persistas. Revertere igitur ad te ipsum, dissolve colligationes impietatis, solve fasciculos deprimentes, excute de cervice tua jugum leonis illius qui tanquam leo rugiens circuit quærens quem devoret, induere fidei armaturam et pro Christo, a quo diceris Christianus, te ipso et tuis penitus abnegatis, tollas crucem ejus qui pro te crucis non dubitavit subire discrimen ; ne, si Domino tuo persecutionem patienti neglexeris subvenire, notam proditionis incurras et si cum eo non fueris, contra eum esse Evangelii testimonio convincaris. Ille igitur qui ubi vult spirat tibi dignetur misericorditer inspirare ut, postposito consilio vanitatis, salubribus monitis acquiescas et fermento vetustatis penitus expurgato, novum hominem induaris non quæ tua sunt sed quæ Jesu Christi de cætero quæsiturus; ut vel novissima tua domino consecres et per subsequentem cordis contritionem et satisfactionem operis excessus possis præteritos expiare. Si vero nostris volueris acquiescere monitis et mandatis, ex quo crucem Domini susceperis, bona tua sub beat. Petri et nostra protectione suscipimus, nec non et sub archiepiscoporum et omnium prælatorum Ecclesiæ Dei defensione consistant.

CCCCVIII.
NOBILI VIRO R. DE AGOUT
Ut comitem Forcalcariensem ad sacrum bellum mvitet.

Ad meritum tibi profecisse credimus, et ad gloriam
(179) In epistola superiore vocatur R.

proventurum, quod nobilem virum W comitem Forcalcarien. a pluribus, sicut accepimus, revocasti, quæ inique meditatus fuerat in corde suo et disposuerat iniquius operari. Licet enim universis malitiis ejus resistere non potueris aut mentem ejus peccatorum suorum mole depressam erigere ad virtutes, magnum tamen et tibi meritorium reputamus ab aliquibus revocasse hominem hactenus pestilentem et in aliquo saltem parvum ejus propositum retardasse. Ne quid ergo tuo studio desit imo ut ex bono principio finem inferas meliorem, nobilitati tuæ per apostolica scripta mandamus et in remissionem injungimus peccatorum quatenus comitem memoratum moneas diligentius et inducas ut in manibus dilecti filii R. Massilien. præpositi Subdiaconi nostri, quem ad hoc specialiter destinamus, super his pro quibus est excommunicatione notatus plenam satisfactionem impendat et absolutionis beneficium consecutus, Dominicam crucem assumat et ad vindicandam injuriam crucifixi ad partes se transferat transmarinas. Si enim ipsum Domino potueris tua commonitione lucrari, et ad viam reducere veritatis, in præsenti tibi cedet ad famam et in futuro ad gloriam proficiet sempiternam.

CCCCIX.
PISAN. ARCHIEPISCOPO, EPISCOPO URBINATI, CAMALDULEN. ET S. FRIDIANI PRIORIBUS.
Quod collectam pecuniam non in suos usus, sed ad utilitatem publicam pontifex convertere velit.

(Laterani, xiii Kal. Decembris.)

Cum ad exhortandos fidelium populos ad obsequium Jesu Christi et subveniendum orientali provinciæ, illius terræ necessitas et utilitas totius populi Christiani, imo etiam causa Christi solummodo nos inducant, non ex hoc propria lucra captantes, in quo potius de nostris proposuimus liberaliter elargiri, nec quæ nostra sunt sed quæ Jesu Christi quærentes, non est ab aliquo præsumendum quod ea quæ a fratribus et coepiscopis nostris et tam prælatis quam subditis Ecclesiarum in opus tam pium erogari mandavimus, propriis velimus usibus applicare aut aliorum eleemosynas cupiditate qualibet terræ sanctæ subtrahere, cui potius de nostris et fratrum nostrorum disposuimus subvenire. Unde si quid forsan in litteris nostris, quas vobis direximus, continetur, per quod congregatam pecuniam ad nos mandaverimus destinari, id non ex intentione nostra, sed nimia occupatione processit, qui quanto intendimus pluribus, tanto minus sollicite possumus de singulis cogitare : licet id non recolamus sic expresse mandasse, sed nostræ potius intentionis fuisse ut summa collectæ pecuniæ nobis deberet per litteras intimari. Ideoque discretioni vestræ per apostolica scripta mandamus quatenus cum secundum formam litterarum, quas ultimo vobis direximus, pecunia fuerit in prædictæ terræ subsidium congregata, ex ea per diœcesanos episcopos, secundum discretionem eorum et duorum fratrum unius militiæ Templi et alterius Hierosolymitani Hospitalis, quos ad hoc cum episcopis per vos præcipimus deputari, militibus et aliis cruce signatis, si tamen eguerint, non ad superfluitatem, sed necessitatem potius faciatis stipendia ministrari. Si quid vero residuum fuerit, id secundum dispositionem nostram et consilium aliquorum de fratribus memoratis, vel in stipendia militum, vel alias necessitates terræ Hierosolymitanæ, dante Domino convertetur.

Datum Laterani, XIII Kal. Decembris.

CCCCX.
CONSTANCIÆ IMPERATRICI GLORIOSÆ REGINÆ SICILIÆ AC CHARISSIMO FILIO FRIDERICO ILLUSTRI REGI SICILIÆ EORUMQUE HÆREDIBUS IN PERPETUUM.

De regum Siciliæ erga Romanam Ecclesiam observantia, deque pontificis in illos voluntate.

Super gentes et regna divina providentia constituti, ut evellamus noxia et salubria cum Propheta plantemus, sic ad universas provincias nostræ considerationis aciem extendere volumus et circa eas piæ sollicitudinis studium exercere, ut sopitis turbinibus tempestatum, quas parit mater diversitas, servent ad invicem mutuæ charitatis affectum et in veræ pacis vinculo gubernentur. Porro specialiter et præcipue specialem ac præcipuam sollicitudinem circa regnum Siciliæ non convenit adhibere, quod in apostolicæ sedis ferventius hactenus devotione permansit: ad quod etiam inclytæ recordationis R. quondam patris, W. fratris, et W. nepotis tuorum regum Siciliæ filia imperatrix, grata memoria nos inducit, qui in apostolicæ sedis ac prædecessorum nostrorum dilectione firmius persistentes, ab ejus non potuerunt unitatis firmitate divelli, quin tanto fortius in ipsius obsequio permanerent, quanto adversus eam se amplius impetus extolleret tempestatis. Hac igitur consideratione diligenter inducti ac credentes quod prædictorum regum vestigia vestra regia serenitas in devotione ac obsequiis Ecclesiæ imitetur, vobis et hæredibus vestris, qui sicut dictus rex W. quondam frater tuus felicis memoriæ Adriano papæ prædecessori nostro exhibuit, nobis et successoribus nostris et Ecclesiæ Rom. fidelitatem et hominium exhibere ac quæ subscribuntur voluerint observare, concedimus regnum Siciliæ, Ducatum Apuliæ et principatum Capuæ cum omnibus pertinentiis suis, Neapolim, Sa'ernum et Amalfiam cum pertinentiis suis, Marsiam et alia quæ ultra Marsiam habere debetis et reliqua tenimenta quæ tenetis a prædecessoribus vestris hominibus sacrosanctæ Rom. Ecclesiæ jure detenta et contra omnes homines adjuvabimus honorifice manutenere. Pro quibus omnibus coram venerabili fratre nostro Octaviano episcopo Hostien. apost. sedis legato, quem ad juramentum tuum, filia imperatrix, recipiendum transmisimus, fidelitatem nobis nostrisque successoribus et Ecclesiæ Rom. jurasti, sicut continetur in duobus similibus capitularibus, quorum unum penes te sigillo nostro, alterum penes nos sigillo tuo aureo signatum habetur; firmiter repromittens quod quia præsens præ senti debet hominium exhibere, quandocunque nos aut successores nostri te in aliqua parte regni, quam secure possis adire ad nostram præsentiam vocaverimus, reverenter accedes ligium hominium præstitura, nisi certum impedimentum aut necessitas evidens interveniat: quibus cessantibus, sine fraude venies ad ligium hominium faciendum. Cum autem tu, fili rex, favente Domino ad legitimam ætatem perveneris, nobis et successoribus nostris ac Ecclesiæ Rom. fidelitatem et ligium hominium exhiberetis censum vero sexcentorum squifatorum (180) de Apulia et Calabria, quadringentorum vero de Marsia, vel æquivalens in auro vel argento, vos ac hæredes vestros statuistis Ecclesiæ Rom. annis singulis soluturos, nisi forte impedimentum aliquod intervaniat: quo cessante, census ex integro persolvetur. Electiones autem secundum Deum per totum regnum canonice fiant, de talibus quidem personis quibus vos ac hæredes vestri requisitum a vobis præbere debeatis assensum. Ut autem hæc quæ supra diximus tam nostro quam successorum nostrorum tempore perpetuam obtineant firmitatem et nec vestris nec hæredum vestrorum temporibus alicujus valeant præsumptione turbari, nos ea de communi consilio et voluntate fratrum nostrorum auctoritate apost. confirmamus, et valitura in perpetuum præsenti pagina communimus et tam a nobis quam successoribus nostris perpetuis temporibus statuimus observanda. Nulli ergo etc. *usque ad verbum* indignationem incurrat reamque se divino judicio de perpetrata iniquitate cognoscat etc. *in modum privilegii.* Cunctis autem omnia prædicta servantibus, etc.

CCCCXI.
CONSTANCIÆ IMPERATRICI REGINÆ SICILIÆ AC CHARISS. FILIO ILLUSTRI REGI SICILIÆ.

De forma et modo in electionibus pontificum observandis.

(Datum Laterani.)

Nec novum nec injustum existit si regno Siciliæ gratiam facimus specialem, quod, inter universas et singulas regiones in quibus nomen colitur Christianum, fere semper promptius et devotius in Ecclesiæ Rom. devotione permansit et ab eo specialius meruit honorari. Reges siquidem et principes ejus in apo. sedis fidelitate fortius roborati, usque adeo ei fideliter et familiariter adhæserunt, ut ad ipsius exaltationem potenter intenderint et ab ea nullius divelli potuerint impetu tempestatis, se in ipsa et per ipsam exaltari credentes et in ea post Deum suæ spei ponentes et gaudii fundamentum. Specialiter autem inclytæ recordationis R. quondam pater, W. frater et W. nepos tui, filia imperatrix, reges Siciliæ familiari eam venerati sunt devotionis obsequio et prædecessoribus nostris usque adeo non minus in ad-

---

(180) Seu *scyphatorum*. Sic nuncupabant monetam quamdam Itali, quæ decem circiter Gallorum libris æquivalebat. ED. P.

versis quam prosperis adhæserunt, ut cum fratribus nostris vobis ob eorum memoriam et constantiam sinceritatis quam ad nos vos habere cognovimus, per effectum, quantum cum Deo et nostra possumus honestate, deferre velimus et salva justitia et Ecclesiarum canonica libertate, petitionibus vestris assensum facilem exhibere. Ne igitur ulla de cætero inter nos et successores nostros ac vos et hæredes vestros super electionibus dissensio suscitetur, modum faciendæ in posterum electionis præsentibus curavimus litteris explicare: in quibus sic in multis regiæ serenitati deferimus, ut libertatem ecclesiasticam non lædamus. Sede vacante, capitulum significabit vobis et vestris hæredibus obitum decessoris. Deinde convenientes in unum, invocata Spiritus sancti gratia, secundum Deum eligent canonice personam idoneam, cui requisitum a vobis præbere debeatis assensum et electionem factam non different publicare. Electionem vero factam et publicatam denuntiabunt vobis et vestrum requirent assensum. Sed antequam assensus regius requiratur, non inthronizetur electus nec decantetur laudis solemnitas quæ inthronizationi videtur annexa, nec antequam auctoritate pontificali fuerit confirmatus, administrationi se ullatenus immiscebit. Sic enim honori vestro volumus condescendere, ut libertatem canonicam observemus, nullo prorsus obstante rescripto quod a sede apostolica fuerit impetratum. Rogamus ergo serenitatem regiam et attentius exhortamur, quatenus contra præscriptam electionis formam nec vos veniatis de cætero nec cogatis alios nec patiamini qualibet occasione venire; sed taliter in hoc nobis studeatis et ecclesiasticæ libertati deferre, ut timorem ejus habere præ oculis videamini per quem reges regnant et principes dominantur, et sponsam ejus Ecclesiam venerari. Nulli ergo, etc. hanc paginam nostræ dispositionis et constitutionis, etc.

Datum Laterani.

CCCCXII
ARCHIEPISCOPIS, EPISCOPIS, ET ALIIS ECCLESIARUM PRÆLATIS, ET UNIVERSO CLERO IN SICILIA CONSTITUTIS.

Ejusdem argumenti cum epistola præcedenti.

Si charissimæ in Christo filiæ nostræ Constanciæ imperatrici reginæ una cum charissimo filio illustri rege Siciliæ in multis gratiam facimus specialem, non est ab aliquibus in admirationem ducendum, cum regnum Siciliæ ad jus et proprietatem Ecclesiæ Romanæ pertineat et in ejus fidelitate perstiterit, ac permanserit unitate. Nostis etenim qualiter inclytæ recordationis R. W. et W. Siciliæ reges illustres in apostolicæ devotionis fere semper permanserint firmitate, qualiter prædecessores nostros fuerint humiliter venerati, qualiter etiam in Ecclesia Rom. post Deum suæ spei posuerint et gaudii fundamentum et in ea et per eam se crediderint exaltari. Nostis etiam qualiter prædecessores nostri Romani pontifices reges ipsos ac regnum Siciliæ quadam semper prærogativa dilexerint et ad augmentum ipsius, utpote quod peculiare, sicut est, et proprium reputabant, intenderint et quietem. Quia vero quantumcunque velimus eorum honori deferre, libertatem canonicam et honestatem ecclesiasticam intendimus observare. Ne igitur ulla de cætero inter nos et successores nostros et prædictam imperatricem et filium ejus, Siciliæ regem illustrem, vel hæredes eorum super electionibus denuo dissensio suscitetur, quæ hactenus inter Ecclesiam et regnum rancoris cujusdam et indignationis fomitem ministrabant, modum faciendæ in posterum electionis præsentibus curavimus litteris explicare: in quibus sic regiæ serenitati deferimus, ut libertatem ecclesiasticam non lædamus. Sede vacante significabit capitulum eis et eorum hæredibus obitum decessoris, etc. *usque ad verbum* immiscebit. Ideoque universitati vestræ per apostolica scripta mandamus et districte præcipimus quatenus, cum aliquam Ecclesiarum vestrarum pastore vacare contigerit, secundum præscriptam electionis formam, omni gratia et timore postpositis, procedatis nec contra eam aliqua præsumatis occasione venire. Alioquin electiones taliter factas diligenti discussione præhabita dante Domino, infirmare curabimus, et eligentium transgressionem animadversione debita castigare. Volumus etiam nihilominus et mandamus ut de cætero ad Rom. Ecclesiam libere, cum opus fuerit, appelletis et, interpositis ad nos appellationibus curetis humiliter et devote deferre. Nos etiam, quoties necessitas postulaverit, apost. sedis legatos ad vos curabimus destinare, qui quæ plantanda sunt plantent et evellant quæ fuerint evellenda, quorum obediatis monitis et præceptis. Nullo prorsus in omnibus præscriptis capituli obstante privilegio vel rescripto quod a sede apostolica fuerit impetratum. Ut autem quæ præscripta sunt apud vos nulla possint oblivione deleri, mandamus atque præcipimus quatenus forma litterarum istarum ad perpetuam memoriam in majoribus Ecclesiis transcripta servetur.

In eumdem modum archiepiscopis, Episcopis, abbatibus, prioribus et universo clero in Apulia constituto.

CCCCXIII.
ARCHIEPISCOPIS, EPISCOPIS, ABBATIBUS, PRIORIBUS ET UNIVERSIS ECCLESIARUM PRÆLATIS IN SICILIA CONSTITUTIS.

Ut legato apostolico obtemperent et piam illius voluntatem adjuvent.

Persecutionis olim olla succensa, dum flantis rabies aquilonis Calabros montes novo dejiceret terræ motu, et per plana jacentis Apuliæ pulverem in transeuntium et habitantium oculos suo turbine suscitaret, dum etiam Tauroninitana Charybdis sanguinem, quem tempore pacato sitiverat, evomeret cædibus satiata, usque adeo fuit iter maris et terræ præclusum, ut interjacentis impetus tempestatis mutuum matris ad filios et filiorum ad matrem impediret affectum et naturalis affectum interciperet charitatis. Nunc autem cum eo faciente nobiscum signum in bonum cui venti et mare obediunt, nascentis austri clementia cadentis fugaverit impetum aquilonis, et præteritæ turbationis caliginem aeris per Dei gratiam jam ex majori parte placati claritas serenaverit, ita quod regnum Siciliæ reparatum in statum felicitatis antiquæ ad devotionem Ecclesiæ plene redierit, a qua visum fuerat persecutionis tempore recessisse: beneficium ei volumus gratæ visitationis impendere ac in dilectione ipsius prædecessorum nostrorum vestigiis adhærere. Cum autem ipsum inter universas orbis provincias tanquam Ecclesiæ patrimonium specialiter diligamus, volentes mentis affectum, quem circa ipsum gerimus, ostendere plenius in persona legati, eum illuc de fratrum nostrorum consilio duximus destinandum quem inter cæteros fratres nostros speciali charitate diligimus et benevolentia singulari ejus exigentibus meritis amplexamur. Sane eum adhuc in regno ipso remanserint vestigia quædam dissensionis antiquæ, talem et tantam personam hujus legationis officio duximus deputandam, quæ auctoritate præmineat, polleat honestate et in opere et sermone sit potens et ex eo quod gratiam nostram plenius obtinet et nostram novit melius voluntatem, eos qui pacem regni turbare forsitan moliuntur liberius comprimere possit, et universum regnum in charissimæ in Christo filiæ nostræ Constanciæ imperatricis reginæ ac filii ejus Friderici, Siciliæ regis illustris, fidelitate pariter et obsequio stabilire, contumaciam deprimens superborum et colla sublimium commissa sibi potestate conculcans. Venerabilem igitur fratrem nostrum Octavianum Hostien. episcopum, apost. sedis legatum, virum providum et honestum, qui ob gratiam familiaritatis et dilectionis antiquæ ac suæ dignitatis intuitu primum inter fratres nostros apud nos locum meruit obtinere, in regnum Siciliæ duximus destinandum: qui juxta verbum propheticum dissipet et evellat quæ noverit evellenda, et ædificet et plantet quæ cognoverit esse plantanda; vos etiam de benevolentia quam circa prædictam reginam et filium ejus regem illustrem gerimus, efficiat certiores. Ideoque universitati vestræ per apost. scripta mandamus et districte præcipimus quatenus prædictum legatum sicut personam nostram, imo nos ipsos in eo recipientes humiliter et devote et, sicut condecet vos et ipsum, honorifice pertractantes, quæ inter vos corrigenda duxerit seu etiam statuenda recipiatis humiliter et inviolabiliter observetis; ita quod nos, qui honorem ejus proprium reputamus, vobis propter eum respondere gratius quasi ex debito teneamur: scituri quod sententiam quam in contumaces tulerit ratam habebimus et faciemus, auctore Domino, inviolabiliter observari.

In eumdem modum archiepiscopis, episcopis, abbatibus, prioribus et universis Ecclesiarum prælatis

(181) Cap. *Cum secundum doctrinam*, De Præbendis, in tertia Collect.

per regnum Siciliæ citra Farum constitutis: ita quod ubi ponitur in regnum Siciliæ duximus destinandum, ponatur legatum in Siciliam et totum regnum duximus destinandum.

CCCCXIV.
AN. NEAPOLITANO ARCHIEPISCOPO.
De pluralitate beneficiorum restringenda.
(Laterani, Id. Novembris.)

(181) Cum, secundum doctrinam Apostoli, non sit conveniens ut unus sit ebrius et alter debeat esurire, nec, juxta instituta canonica, uni personæ tantum debeat de redditibus ecclesiasticis assignari unde scrupuloso corde alii moveantur, qui ad dispositionem pontificis sunt pro personarum meritis dividendi, non sufficimus admirari quod, sicut nostris auribus est relatum, in Ecclesiæ tibi commissæ stipendiis obtinendis, quod iniquum est et absurdum, imperiti magistris, novi antiquis, rudes emeritis præferuntur. Unde Joannes filius quondam comitis Aliern. (182) Ecclesiæ tuæ clericus plus potentia patris sui quam prædecessoris tui spontanea voluntate ultra viginti Ecclesias in civitate Neapolitan. et in majori Ecclesia beneficium maximum proponitur obtinere. Cum ergo in nullius persona prætermittendum sit quod in statutis generalibus continetur, fraternitati tuæ auctoritate præsentium indulgemus ut non obstante appellationis diffugio superfluitatem ad moderamen reducas, non plus de redditibus ecclesiasticis clerico præfato dimittens quam apud unum de plus habentibus noscitur residere; aliis omnibus beneficiis personis idoneis conferendis, quæ cum officiis divinis inserviant, nondum adeptæ sunt stipendia clericorum. Nulli ergo etc. concessionis etc.

Datum Laterani, Idibus Novembris.

CCCCXV.
AN. NEAPOLITANO ARCHIEPISCOPO.
Quod juramentum bonis moribus et juri repugnans non sit obligatorium.
(Laterani, xviii Kal. Decembris.)

(183) Ad nostram noveris audientiam pervenisse quod dudum a te quasi per extorsionem tale fuit præstitum juramentum quod in omni causa deberes ordinarium judiciarium observare. Verum quoniam secundum traditiones canonicas manifesta accusatione non indigent nec in eis est ordo judiciarius observandus, qui debet in aliis observari, neque tu, quando sub præmisso tenore jurasti, habebas in mente ut propterea venires contra canonicas sanctiones, alioquin non juramentum, sed perjurium potius exstitisset nec aliqua ratione servandum: Nos juramentum tuum benignius interpretari volentes, ita quod consonet canonicis institutis, fraternitati tuæ auctoritate præsentium intimamus quod in manifestis et notoriis ratione juramenti præmissi non credimus te teneri servare subtilita-

(182) In tertia Collect. *Avernensis comitissæ.*
(183) Cap. *Ad nostram*, De jurejur.

tem (184) ordinis judiciarii, quam in his non servari per omnia ipsa quoque juris ratio postulat et requirit. Unde videbitur, nec immerito, subtiliter intuenti de ordine judiciorum procedere ut in præmissis non per omnia ordo judiciarius observetur: quanquam et secundum approbatum intellectum Scripturæ divinæ recte possit intelligi quod jurasti ut in omnibus causis ordinem judiciarium observares, in illis videlicet in quibus est ordo judiciarius observandus. Sic ergo faciens, et juramenti tenorem servabis et instituta canonica non omittes.

Datum Laterani, xviii Kal. Decembris.

CCCCXVI.

ABBATIBUS, ABBATISSIS ET ALIIS ECCLESIARUM PRÆLATIS ECCLESIÆ NEAPOLITANÆ SUBJECTIS.

Ne bona et res Ecclesiæ alienentur.

(Laterani, xvii Kal. Decembris.)

Cum sacris canonibus caveatur ne abbatibus, presbyteris aliisque ministris de rebus ecclesiasticis vel sacro ministerio deputatis absque permissione ac subscriptione sui episcopi aliquid alienare liceat, vel etiam obligare, non possumus non mirari quod, sicut nostro est apostolatui reseratum, possessiones Ecclesiarum donare, vendere præsumitis, et locare, venerabili fratre nostro A. Napolitano archiepiscopo nullatenus requisito. Cum itaque cautum sit jure canonico et humano ut quæ contra leges fiunt habeantur pro inutilibus et infectis, universitati vestræ per apostolica scripta præcipiendo mandamus quatenus ab his quæ præmisimus desistentes, bona Ecclesiarum, quarum conditionem meliorem potestis facere, non pejorem, nisi necessitas vel utilitas exegerit manifesta et præ licentia præfati archiepiscopi alienare in præjudicium Ecclesiarum vestrarum nullatenus attentetis. Alioquin eidem archiepiscopo dedimus in mandatis ut si aliter a vobis temere factum fuerit, auctoritate nostra et sua, prout jus expostulat, decernat irritum et inane.

Datum Laterani, xvii Kalend. Decembris.

CCCCXVII.

AN. NEAPOLITANO ARCHIEPISCOPO.

Propter debita Ecclesiæ aliqua vendere licet.

(Laterani, Id. Novembris.)

Sicut nostris est auribus intimatum, Ecclesia Neapolitana tanto premitur onere debitorum, quod aliter liberari non poterit, nisi de ipsius possessionibus distrahatur: quod tu occasione juramenti post consecrationem, sicut moris est, præstiti, quo inter alia vendi possessiones Ecclesiæ prohibentur, absque licentia nostra facere non attentas. Nos igitur attendentes quod hujusmodi sacramenta sint ob favorem Ecclesiarum introducta nec in earum debeant retorqueri læsionem, plenam de tua discretione fiduciam obtinentes, ut pro Ecclesiæ tuæ debitis persolvendis, de ipsius Ecclesiæ possessionibus minus utilibus, cum de mobilibus debita nequeant expediri, secundum instituta cano-

(184) In tertia Collect. *solennitatem*.

nica, de consilio tuorum vendere valeas clericorum auctoritate tibi præsentium indulgemus.

Datum Laterani, Idibus Novembris.

CCCCXVIII.

DECANO ET CAPITULO BEATI HILARII PICTAVEN.

Ut Petro nepoti Aimerici de Partiniaco præbendam conferant.

(Laterani, ii Id. Novembris.)

(185) Si eam quæ apud nos plenitudo residet potestatis, qua non extollimur in superbiam sed ad providentiam excitamur considerassetis attente, et qua facta nostra prosequi perfectione velimus voluissetis subtilius intueri, nunquam cor vestrum in tantæ præsumptionis audaciam ascendisset, ut, sicut testimonio multorum accepimus, tam temere nostris præsumeretis institutionibus obviare. Recolimus siquidem quod defuncto quondam in Urbe magistro Aimerico de Partiniaco, erga dilectum filium Petrum nepotem ipsius non potuerimus misericordia non moveri; quem videntes omni consilio et auxilio destitutum, ad provisionem ejus fuimus vehementius excitati; sicque ad desolationis suæ remedium, præbendam quam idem avunculus ejus in Ecclesia vestra olim habuerat, sicut de plenitudine potestatis nobis concessæ licebat, ei misericorditer duximus conferendam, de ipsa per annulum propriis manibus investientes eumdem eamque ipsi auctoritate apostolica confirmantes, ne investitura nostra sive donatio sperato posset effectu quorumlibet temeritate privari. Unde cum vobis præcepissemus districte ut ipsum ob sedis apostolicæ reverentiam ejusque probitatis obtentum, in vestrum fratrem et canonicum admittentes jamdictæ præbendæ beneficium, sicut illam avunculus ipsius olim noscitur habuisse, contradictione, oc. et ap. cessantibus, sine difficultate qualibet assignare minime differretis, vos id noluistis exsequi, ut decebat, licet venerabilis frater noster Burdegalen. archiepiscopus, sicut ex litteris ejus accepimus, bonæ memoriæ A. Pictaven. episcopi volens supplere defectum, qui super hoc a nobis datus fuerat, executor, nostrumque tanquam providus et discretus propositum adjuvare, vos ad id cum suis litteris monuisset. Nos igitur, licet ex hoc, nec immerito, contra vos commotionis materiam habeamus, vobiscum in spiritu lenitatis et mansuetudinis adhuc agere cupientes, per iterata vobis scripta mandamus et in obedientiæ virtute districte præcipimus quatenus, prout in mandatis nostris, ut dictum est, recepistis, dilationis, occasionis, exceptionis et appellationis summoto diffugio, non obstante etiam si interim propter hoc nuntium ad sedem apostolicam transmisistis, præfato P. dictum beneficium cum fructibus post præsentationem litterarum nostrarum perceptis, tam libenter quam liberaliter, absque difficultate qualibet assignetis. Alioquin noveritis nos venerabilibus fratribus nostris Bituricen. et Burdegalen. archie-

(185) Vide supra epist. 89.

piscopis præcipiendo mandasse ut, si infra viginti dies post susceptionem præsentium mandatum nostrum, non duxeritis effectui mancipandum, illos quos contumaces invenerint et rebelles sublato cujuslibet occasionis et appellationis obstaculo, excommunicationis vinculo innodantes, Ecclesiam ipsam subjiciant interdicto. Quod si nec sic infra duos menses poteritis emolliri, iidem nullam sententiarum illarum aliquatenus relaxari permittant; sed tandiu singulis diebus Dominicis et festivis, pulsatis campanis et exstinctis candelis, prædictam excommunicationis sententiam per totam provinciam Burdegalen. publice faciant innovari, donec prædictus P. plenam et pacificam ipsius præbendæ possessionem habuerit et pro tanto satisfacturi excessu nostro vos duxeritis conspectui præsentandos; rebelles nihilominus ab omni ecclesiastico beneficio suspendentes, ut saltem pœna coerceat quos obedientia non emollit. Si quid etiam post receptionem litterarum in Ecclesia vestra ordinatum fuerit vel statutum, per quod mandatum nostrum possit eludi, aut etiam impediri, illud irritum decernimus et inane.

Datum Laterani, 11 Idus Novembris.

CCCCXIX.

ABSALONI LUNDEN. ARCHIEPISCOPO EJUSQUE SUCCESSORIBUS CANONICE SUBSTITUENDIS IN PERPETUUM.

De primatu archiepiscopi Lundensis.

(Laterani, ix Kal. Decembris.)

In eminenti apostolicæ sedis specula, disponente Domino constituti, salubriter injuncti nobis officii exsequimur actionem, si ea quæ per antecessores nostros ad salutem fidelium instituta noscuntur, consensu nostro firmamus, et ne cujuslibet temeritatis quatiantur incursu, exactam diligentiam adhibemus. Cum enim Ecclesiæ suæ promiserit Dominus, dicens, *Pro patribus tuis nati sunt tibi filii, constitues eos principes super omnem terram (Psal.* XLIV, 17), illi bene videntur patribus successores atque utiliter impositum genere principatum, qui non potestate lætantur, sed ad salutem eorum qui gubernandi sunt, cum timore ac tremore creditæ potestatis auctoritatem exercent, studentes semper antecessoribus suis in bonis actibus conformari et quæ laudabiliter ab eis facta sunt et servare in semetipsis, et aliis nihilominus servanda monstrare. Hac itaque nos suscepti officii consideratione inducti, et felicis memoriæ Adriani Papæ antecessoris nostri vestigiis inhærentes, quod ipse de confirmatione regni Suetiæ cum fratrum suorum consilio et voluntate constituit (186), nos etiam firmum et illibatum perpetuis temporibus decernimus permanere. Constituit enim quod Lundensis archiepiscopus, qui pro tempore fuerit, super regnum illud primatum semper obtineat et ordine quo subsequitur debeat ei præesse: qui tanto frequentius et utilius illi terræ quæ ad salutem fidelium pertinent ministrabit, quanto necessitatem eorum atque defectum e vicino

(186) Vide Florentem in Decretales pag. 97

plenius poterit intueri. Pallium enim antecessori tuo tribuit, ut archiepiscopum in regno Suetiæ quam citius opportunitatis occurreret ordinaret et pallium quod nostra ei vice conferret, eo quidem ordine observato, ut videlicet is qui per Lunden. archiepiscopum metropolitanus ibi fuerit institutus gratiam consecrationis per manum archiepiscopi Lunden. adeptus, ipsi et Lunden. Ecclesiæ, salva fidelitate Romanæ Ecclesiæ, fidelitatem et obedientiam juramento promittat. Pallium sane taliter consequetur: Nuntius Lunden. Ecclesiæ siquidem cum nuntio illius Ecclesiæ pro impetrando pallio ad Ecclesiam Romanam accedat; et cum illud a Romano pontifice impetraverit, ad Lunden. Ecclesiam reportabunt. Lunden. autem archiepiscopus illud accipiens, archiepiscopo Suetiæ tribuet, et fidelitatem et obedientiam Rom. Ecclesiæ jurejurando promittet. Metropolitano vero ibi ad honorem Dei et decorem domus suæ salutemque fidelium constituto, Lundensis archiepiscopus et dignitate primatus in perpetuum præsidebit, et ipse ei reverentiam et obedientiam tanquam suo primati humiliter exhibere curabit. Quod utique in bonæ memoriæ Stephano quondam Upsalensi, qui a prædecessore tuo piæ recordationis Eschillo archiepiscopo tempore felicis memoriæ Alexandri Papæ, eo præsente, Senonis ratione jamdictæ institutionis gratiam consecrationis accepit et sub antecessoribus nostris bonæ memoriæ Lucio et Clemente secundum præscriptum ordinem in Jo. et Petro supradictæ Ecclesiæ episcopis, quos tua fraternitas in archiepiscopos consecravit, et pallium vice ipsorum antecessorum nostrorum contulit, dignoscitur adimpletum. Quoniam igitur hoc sicut a prænominato Adriano antecessore nostro statutum est, ita sub te et antecessore tuo effectum accepit, nos memorati Adriani et felicis recordationis Alexandri, Lucii, Urbani, Clementis, et Cœlestini prædecessorum nostrorum Rom. pontificum vestigiis in tam laudabili opere inhærentes, nostro et fratrum nostrorum favore prosequimur et firmum et illibatum perpetuis temporibus decernimus permanere. Nulli ergo, etc. hanc paginam nostræ confirmationis, etc. Salva apostolicæ sedis auctoritate. Si qua igitur, etc.

Datum Laterani, per manum Rainaldi domini papæ notarii, cancellarii vicem agentis, ix Kalend. Decembris, indictione II, incarnationis Dominicæ anno 1198, pontificatus vero domini Innocentii papæ tertii anno primo.

CCCCXX.

PRÆPOSITO DE SERAND. ET UNIVERSIS ECCLESIARUM PRÆLATIS IN UTLANDIA CONSTITUTIS.

De gravibus quibusdam abusibus mature corrigendis.

(Laterani, Id. Novembris.)

Nostris fuit auribus intimatum, quod cum propter inundationem aquarum in terra vestra impedimentis fossatorum obstantibus sit accessus difficilis et regressus, ab eo tempore quo ibidem fuit fidei novella plantatio est statutum, et usque ad hæc tempora observatum ut præpositus qui ibidem, quantum licet, vices gerit episcopi, temporibus illis quibus facilior patet ingressus, apud unamquamque Ecclesiam propter magnitudinem parrochiæ et universitatem delinquentium quatuor diebus, si voluerit, maneat, synodum ibi celebraturus indictam. Ubi si quis accusatus fuerit et reatum suum confessus in publico, condigna ei pœnitentia injungitur pro excessu, pœna pecuniaria pro eo de quo fuit sponte confessus postmodum puniendo. Si vero crimen inficiatur objectum, cum duodecim parochianis suis denominatis innocentiam suam præstito juramento purgabit. Si qui vero in purgatione defecerint, vel ad synodum venire contempserint, ad proximam Ecclesiam secundæ synodi vocantur pro contumacia corrigendi ; qui si forte non venerint vel incorrigibiles ibi apparuerint, ad tertiam Ecclesiam tertiæ synodi legitime citabuntur et si incorrigibiles adhuc exstiterint, pro contumacia sua anathematis sententia ferientur. Nunc autem populi ejusdem terræ volentes sua colla subtrahere synodalibus institutis, cum majoribus, qui præficiuntur aliis jure fori consilio inito, eis non modicam quantitatem pecuniæ promiserunt, ut eorum auxilio et favore suffulti, si fuerint in synodo accusati quod excommunicatis communicare præsumpserint, non teneantur super hoc respondere, et quantumcunque legitime quis ad synodum sit citatus, si venire noluerit, propter contumaciam non possit vinculo excommunicationis astringi. Illud etiam valde reprehensibile de novo inter alias consuetudines perniciosas obrepsisse dolemus, quod quantumcunque quis deliquisse noscatur, non nisi ad satisfactionem unius marcæ solvendæ compelli possit ; licet quandoque damna Ecclesiis vel aliis locis religiosis illata longe majoris æstimationis existere videantur. Est etiam aliud quod Deo videtur et sacris canonibus inimicum, videlicet quia nituntur introducere violenter, ut quicunque de equestri ordine aliquam se in quinta vel sexta consanguinitatis linea contingentem duxerit in uxorem, episcopo vel præposito gerenti vices episcopi marcham argenti persolvat et sic eam, quoad vixerit, sibi invito episcopo etiam valeat retinere. Si vero pedestrium fuerit consortio deputatus, dimidiam marcham argenti persolvat episcopo et sic consanguineam suam quoad vixerit non dimittet. Vestræ igitur universitati per apostolica scripta mandamus atque præcipimus quatenus id quod a prima fidei plantatione super synodis celebrandis et corrigendis excessibus noscitur rationabiliter introductum et laudabiliter hactenus observatum faciatis inviolabiliter observari, quoslibet temere resistentes per districtionem ecclesiast.; app. postposita, compescentes. Perniciosam vero consuetudinem de satisfactione unius marcæ, quantuscunque videatur excessus et de matrimoniis, quæ licet minus legitime contracta inter consanguineos, dato pretio, stare consueverunt; episcopo renitente, facientes penitus aboleri, si quos ita conjunctos esse noveritis aut tueri volentes sub hujus prætextu consuetudinis matrimonia contrahenda vel quæ taliter sunt contracta, nisi tantam præsumptionem secundum canonicas institutiones ad monitionem vestram digna satisfactione correxerint, sublato appellationis obstaculo, excommunicatione notetis et tanquam excommunicatos usque ad satisfactionem condignam auctoritate apostolica nuntietis ab omnibus arctius evitandos. Nullis litteris obstantibus veritate tacita, etc.

Datum Laterani, Idibus Novembris.

CCCCXXI.

ABSALONI LUNDENSI ARCHIEPISCOPO.

Nostris fuit auribus intimatum, etc. *ut supra fere in eumdem modum usque ad verbum* arctius evitandos. Quocirca fraternitati tuæ per apost. scripta mandamus quatenus si dicti præpositus et prælati mandatum nostrum noluerint vel contempserint adimplere, tu eos ad hoc monitione præmissa per censuram ecclesiasticam appellatione remota compellas. Nullis litteris, etc. ut supra.

CCCCXXII.

A. ARCHIEPISCOPO ET CAPITULO LUNDENSI.
De modo res Ecclesiæ donandi in Dacia.
(Laterani, xvi Kal. Decembris.)

(187) Ex litteris quas tu nobis, frater archiepiscope, destinasti intelleximus manifeste quod regnum Daciæ, quantum ad ea quæ jus fori contingunt, consuetudinibus suis et institutionibus regum suorum omnino regatur; unde nullum usum testamentorum illius provinciæ habere contingit, qui alibi in ultimis decedentium voluntatibus secundum legalem observantiam custoditur. Si vero aliquis possessiones aliquas claustris vel aliis religiosis locis in bona valetudine vel voluntate ultima constitutus vult pro suorum remedio peccatorum conferre; hanc Ecclesiæ conferendi formam esse proponis, quod in hujusmodi donationibus (188) modicum terræ consuevit assumere aut in extremitate pallii quod manu episcopi vel cujuslibet alterius prælati Ecclesiæ sustinetur, aut super ipsum altare aliquo involutum panniculo cum debita humilitate ponendum, sub testimonio videntium et audientium, forma donationis hujusmodi subsequente, quæ *scotatio* vulgariter appellatur. Verum quia hujusmodi donatio malitiose a quibusdam cavillatoribus, sicut asseris, impeditur (189), a nobis humiliter postulasti ne loca religiosa et Ecclesiæ, quibus multæ possessiones sub *scotatione* hujusmodi sunt collatæ, ab aliquibus possint vel debeant temere perturbari paterna debemus [*l.* debeamus] sollicitudine providere. Nolentes igitur ut tales constitutiones, quas diuturnitas temporis, ut asseris, observavit, et usus consuetudinis hactenus approbatæ retinuit,

---

(187) Cap. *Ex litteris*, De consuetud.
(188) Vide Florentem in Decretales, pag. 98.

(189) Hic deesse videtur *et elliptice*, id est *et quia hoc a nobis*, etc.

temeritate qualibet infirmentur, discretioni vestrae per apostolica scripta mandamus quatenus donationes eorum quae sub obtentu consuetudinis claustris, ecclesiis vel quibuslibet locis religiosis pie ac provide conferuntur vel etiam sunt collatae, faciatis irrevocabiles observari, cum hujusmodi signum, quod scotatio dicitur, non tam factae donationis quam traditae possessionis sit evidens argumentum, si quos contradictores inveneritis aut rebelles, auctoritate freti apostolica, per censuram ecclesiasticam, monitione praemissa, sublato appellationis obstaculo, compescentes.

Datum Laterani, xvi Kal. Decembris.

CCCCXXIII.

S. PRAEPOSITO DE STRAND.

Praeposituram ipsi collatam confirmat
(Laterani, xvi Kal. Decembris.)

Cum a nobis petitur, etc., *usque ad verbum* assensu, praeposituram sitam in locis qui vulgariter appellantur Strand et Ford, sicut eam praedecessores tui juste et canonice possederunt, et tu eamdem a venerabili fratre nostro W. episcopo Slethuicen. canonice tibi concessam juste ac sine controversia possides cum omni jure ac pertinentiis suis auctoritate tibi apostolica confirmamus, etc. Nulli ergo, etc.

Datum Laterani, xvi Kal. Decembris.

CCCCXXIV.

ABSALONI LUNDEN. ARCHIEPISCOPO.

Ut praeposito de Strand ablatae Ecclesiae restituantur.
(Laterani, viii Kal. Decembris.)

Transmissa nobis dilectus filius S. praepositus de Strand conquestione monstravit, quod dilectus filius E. praepositus de Scelsuvig. duas Ecclesias, videlicet de Henesthl. et de Stuntabl. ad suam praeposituram de jure spectantes, eidem injuste subtraxit. Nolentes igitur eumdem praepositum aliquod in suo jure dispendium sustinere, fraternitati tuae per apostolica scripta mandamus quatenus praefatum praepositum de Scelsvig. (190) ad restitutionem Ecclesiarum illarum per censuram ecclesiasticam monitione praemissa, sublato appellationis obstaculo, justitia mediante, compellas.

Datum Laterani, viii Kal. Decembris.

CCCCXXV.

JOFFRIDO ABBATI MONASTERII DE SORE EJUSQUE FRATRIBUS TAM PRAESENTIBUS QUAM FUTURIS, REGULAREM VITAM PROFESSIS IN PERPETUUM.

Privilegia ipsorum atque donationes confirmat.
(Laterani, ix Kal. Decembris.)

Religiosam vitam eligentibus, etc., *usque ad verbum* vocabulis. Locum ipsum de Sore, in quo praefatum monasterium situm est cum omnibus pertinentiis suis. Grangias Slabglose, Luinge, Guthem, Biarby, Wendelose, Wethlebi, Asuvardabothe, Egby cum adjacentibus sylvis, pratis et pascuis, piscariis et molendinis; et grangiam in Hallandia, quae dicitur Toacher, cum sylvis et caeteris pertinentiis suis;

(190) In codice Colbertiano legitur *Seelwidig*.

Nytorp cum adjacentibus agris, sylvis et pascuis; Gotstorp cum adjacenti sylva; et exteriores similiter mansiones, videlicet Snartinge, Glostorp, Winnige, Quercheby, Scupinge, Tornelef cum adjacentibus terris et concoloniis suis; et partem decimarum quam habetis in parochiis Oleseh, Harastald, Finnatorp, Gelet; et illud quod habetis in Leoghe, Sundetorp, Sunuarthatorp, Biarby et Gerlef; et illud quod habetis in proventibus apud memoriam sanctae Margaritae Ecclesiae beatae Mariae Roschildis. Praeterea donationem sive concessionem ab inclytae memoriae Waldemaro quondam rege Danorum et charissimo in Christo filio nostro Canuto rege, filio ejus, super libertate et immunitate colonorum vestrorum vobis pia devotione factam, sicut in eorumdem regum scriptis authenticis continetur, auctoritate vobis apo. confirmamus et praesentis scripti privilegio communimus. Sane laborum, etc. Liceat quoque vobis clericos vel laicos, etc. Prohibemus insuper ut nulli vestrorum fratrum post factam, etc. Discedentem, etc. Illud districtius inhibentes ne terras, etc. Si quae vero, etc. Ad haec etiam prohibemus ne, etc. Quod si facere, etc. Licitum praeterea sit vobis in causis, etc. Insuper auctoritate apostolica inhibemus ne ullus, etc. Si vero episcopus in cujus parochia, etc. Illud adjicientes ut in recipiendis proc., etc. Pro consecrationibus vero, etc. Alioquin liceat, etc. Quod si sedes, etc. Quia vero, etc. Porro si episcopi vel alii, etc. Paci quoque, etc. Praeterea omnes libertates etc. Decernimus, etc. Si qua igitur, etc.

Datum Laterani, per manum Rainaldi, domini papae notarii, cancellarii vicem agentis, ix Kal. Decembris, indictione ii incarnationis Dominicae anno 1198 pontificatus vero domini Innocentii papae tertii anno primo.

CCCCXXVI.

CONSULIBUS ET POPULO TUDERT.

Recipit illos in protectionem apostolicam, confirmatque vetera ipsorum privilegia.

Sacrosancta Romana Ecclesia, quae omnium fidelium mater est et magistra, illos propensius diligere consuevit, quos in devotione ac fidelitate sua novit ferventius permanere, et ut liberius possint ab omnium incursibus manere securi, eos tanquam pia mater protectionis suae munimine confovere. Eapropter, dilecti in Domino filii, devotionem quam erga nos et Romanam Ecclesiam habere noscimini attendentes, vestris quoque precibus inclinati, civitatem Tudertinam, quae ad jus et proprietatem apostolicae sedis pertinere dignoscitur, quam et nos ad manus nostras semper volumus retinere, ita quod ei cui vices nostras commiserimus, secundum mandatum nostrum debeatis integre respondere, sub beati Petri et nostra protectione suscipimus et praesentis scripti pagina communimus. Consulatum autem cum jurisdictione sua vobis auctoritate apostolica confirmamus : concedentes ut his qui sunt ipsius jurisdictioni subjecti liberum sit ad consules, qui pro tempore fuerint, legitime appellare; ita tamen quod appellationi ad sedem apostolicam interpositæ humiliter deferatur. Consuetudines quoque antiquas vestras et rationabiles et communiter observatas duximus approbandas. Salva in omnibus apostolicæ sedis auctoritate pariter et justitia et Ecclesiarum omnimoda libertate. Nulli ergo, etc., nostræ protectionis, conf. et conc., etc.

CCCCXXVII.
ABBATI ET MONACHIS MONTISSACRI.
Diuturnam litem de superioritate et obedientia inter cœnobium Montis sacri et Calanense definit.
(Laterani, iv Id. Novembris.)

Cum super libertate ac subjectione abbatiæ vestræ a multis retro temporibus inter ipsam et monasterium Calanen. controversia fuerit agitata, et pro ipsa tu, fili abbas, cum quibusdam de fratribus suis ad nostram præsentiam venissetis, quod dicta Ecclesia vestra subjecta esse debeat Calanen. per authenticum felicis recor. Anastasii prædecessoris nostri dictus abbas Calanen. ostendere nitebatur: qui rationibus et scriptis utriusque partis prolatis in medium et coram ipso et fratribus suis qua decuit subtilitate discussis, sicut ibidem plenius continetur, tam scripturarum inspectione quam utriusque partis attestatione cognovit locum Montis sacri et jure fundi et ratione dispositionis ad jus et proprietatem Calanen. monasterii spectavisse, cellamque ipsius fuisse propriam ab antiquo. Verum quia religione recedente paulatim ab ipso monasterio Calanen. status sui sentiente jugiter detrimentum, locus Montis sacri et religiosorum virorum numero et terrenis cœpit facultatibus ampliari, orta est inter dicta monasteria de prælatione ac subjectione dissensio: fratribus Montis sacri Calanensibus, in quibus fervor religionis pro magna parte defecerat, subesse nolentibus; aliis vero antiquum jus suum in loco Montis sacri laborantibus retinere. Unde, sicut in ejusdem Anastasii prædecessoris nostri authentico reperitur, cum piæ record. Honorius prædecessor suus ad partes accessisset Apuliæ et causa ipsa per utramque partem ad ejus notitiam devenisset, intellectis partium rationibus eam taliter terminavit, ut si habitum et ordinem Calanen. monasterii acciperent, monachi Calanenses in loco Montis sacri tanquam in cella sua plenam dispositionem et dominium obtinerent et fratres Montis sacri Calanensi abbati tanquam proprii monachi obedirent. Si vero vel non susciperent, vel susceptum non etiam servarent, monachi Montis sacri duos romanatos annuatim solvendo monasterio Calanensi, plenam libertatem ulterius obtinerent; sic tamen ut si ad locum Montis sacri quandoque abbas accederet Calanensis, tanquam abbas proprius reciperetur ibidem; et quamvis ejusdem Honorii prædecessoris sui mandatum de recipiendo Caven. monasterii ordine, sicut in eodem dicitur instrumento, a Calanen. aliquandiu fuerit intermissum, quia tamen ibi postea receptus fuit et servatus, idem A. prædecessor noster juxta institutionem sanctæ recordationis Innocentii antecessoris sui. in eadem controversia taliter diffinivit ut locus Montis sacri per se abbatia semper existeret; et abbate proprio lætaretur et Calanen. abbas primus existeret, Montis sacri secundus et fraterna se invicem charitate tractarent et monasterium Montis sacri, ob reverentiæ signum, et demonstrandum quod ad jus pertinuerit cœnobii Calanensis, prædictum censum et sine qualibet contradictione persolveret annuatim, et cum abbatem Montis sacri mori contingeret, monachi ejusdem loci eligendi sibi abbatem haberent liberam facultatem; electum vero Calanen. abbati qui foret pro tempore præsentarent, ab eo, si persona esset idonea et electio facta regulariter, sine malitia et pravitate qualibet, confirmandum. Obeunte vero Calanen. abbate, abbas Montis sacri electioni fratrum interesse deberet; et ut celebraretur electio, consilium et operam adhibere. Si autem Calanen. abbas ad monasterium Montis sacri accederet, tanquam primus et major abbas reciperetur, ibidem reverenter et honeste tractandus. Abbas vero Montis sacri futurus pro tempore in festo beatæ Mariæ veniens ad cœnobium Calanen. censum memoratum deferret et in festo inibi remaneret, a Calanen. fraterna charitate tractandus. Intentionem itaque suam de subjectione monasterii vestri Calanen. probare præmissis rationibus conabantur. Contra quos fuerunt ex parte vestra proposita quæ sequuntur: Quod cum tempore bonæ memoriæ Adriani papæ prædecessoris nostri pro utroque monasterio partes essent in sua præsentia constitutæ, Calanen. subjectionem sibi deberi proponentibus a fratribus Montis sacri, aliis vero e contrario respondentibus eos nullo tempore prælationem ibidem habuisse de jure et si aliquam habuerunt ipsos fuisse per bonæ memoriæ prædecessores suos Honorium, Innocentium, Eugenium penitus absolutos, ipse utriusque partis allegationibus et instrumentis auditis et plenarie intellectis, sicut in ejus authentico reperitur, eorumdem prædecessorum suorum vestigiis inhærendo, de fratrum consilio diffinivit ut fratres Montis sacri omnimodam obtinerent de cætero libertatem; ita quod neque ipsi neque successores eorum Calanen. subjectionem aliquam exhiberent nec illi obedientiam et reverentiam ab eis exigere aliquatenus attentarent, salvo censu duorum solidorum Papien. monetæ annis singulis Calanensi monasterio persolvendo. Illo etiam superaddito, quod si Calanen. abbas ad cœnobium Montis sacri aliquo casu accederet, sicut hospes reciperetur ab eis, honeste et humiliter tractaretur. Idem quoque Adrianus prædecessor noster juxta tenorem privilegii memorati Innocentii, prædecessoris sui, instituit ut de cætero in eodem loco Montis sacri futuris temporibus sedes consisteret abbatiæ et electus abbas pro tempore ad pont. Romanum accederet benedictionis gratiam recepturus. Nihilominus etiam statuit præfatus pont. Adrianus quod si qua præcedentia scripta essent suæ diffinitionis adversa, nullius haberent roboris firmitatem sententia sua stabilitatem debitam obtinente. Per hujus ergo diffinitionis paginam, tanquam posterioris, vos præmissis Honorii et Anastasii diffinitionibus dicebatis penitus derogatum, si exhibitæ fuerunt in judicio a Calanen. pariter et ostensæ. Alioquin sibi debent penitus imputare, si tempore latæ a dicto Adriano prædecessore nostro sententiæ, ipsas in medium producere non curarunt ; cum sub prætextu novorum instrumentorum postea repertorum grave sit exemplo res judicatas ulterius restaurari. Longinquitatem quoque temporis, per quam in quasi possessione libertatis fuistis, pro parte vestra proponebatis in medio et tam Lucii quam Anastasii et Honorii Rom. pontificum privilegia, quorum primus confirmavit sententiam Adriani, secundus Calanen. in loco Montis sacri censum tantum duorum solidorum, de quo prædicitur, reservavit, tertius, quando idem locus erat simpliciter prioratus, de solvendo censu constituto ab I. seniore Calanen. abbate et ejusdem benigna receptione apud Montem sacrum, cum illuc accederet, facit in suo privilegio mentionem. Ad id quoque probandum induxistis bonæ memoriæ Cœlestini papæ, prædecessoris nostri, sententiam et rescriptum : qui cum, sicut ipsius authenticis reperitur, per privilegia prædecessorum suorum Rom. pont. tam antiquorum quam etiam modernorum, quæ in sua fecerat præsentia recitari, plenius cognovisset monasterium vestrum ad Rom. Ecclesiam nullo medio pertinere et ab omni jure ac subjectione sæpedicti Calanen. monasterii fore liberum et immune, nisi quod duo solidos Papien. monetæ de mandato bonæ memoriæ Adriani papæ, prædecessoris nostri, sibi solvere tenebatur, volens inter prædicta monasteria omnis dissensionis et scandali materiam resecari, et ne monachi propter causarum strepitum a divinis revocarentur obsequiis contra observantiam monasticæ disciplinæ, in recompensationem duorum solidorum aliquem locum certum, unde redditus ipse perciperetur, ad eorum arbitrium quibus super hoc sua scripta direxit, præcepit Calanen. assignari a fratribus Montis sacri, qui, sicut ex rescriptis judicum delegatorum innotuit, licet in quibusdam aliis locis recompensationem obtuleritis congruentem, apud Sipon. tamen areas quasdam faciendi salis officio deputatas, de quibus ad minus unius unciæ auri redditus habebatur, quemadmodum iidem judices rescripserunt, qui hoc ipsum sub testimonio bonorum virorum subtiliter indagarunt, spontanee contulistis. Unde idem prædecessor noster meliorationem Calanen. monasterii considerans in hac parte, de communi fratrum suorum consilio statuit ut Calanen. cœnobium prædicta esset recompensatione contentum. A cujus exactione ac subjectione fratres Montis sacri prorsus absolvens, decrevit ut in nullo ei tenerentur de cætero respondere. Statuens insuper ut si qua præcedentia scripta invenirentur præmissæ constitutioni contraria, ea in sua stabilitate manente, nullum robur, nullam obtinerent penitus firmitatem. Ejusdem etiam Cœlest. Alex. prædecessorum nostrorum privilegia, quibus et Adr. papæ, de qua præmisimus, sententia confirmatur et monasterium vestrum ad jus et proprietatem Ecclesiæ Ro. ostenditur pertinere, ad probandam intentionem vestram in medium produxistis. Præmissis ergo et similibus coram nobis et fratribus nostris prudenter a vobis et aliis allegatis, nos volentes parcere utriusque partis laboribus et expensis, doloris etiam et indignationis materiam amputare, ut observare deberetis quod de ipsa quæstione pro bono pacis citra diffinitionis calculum diceremus, vos et sæpedictos abbatem et monachos Calanen. monuimus diligenter. Cum itaque utraque partium hoc se facturam promisisset spontanea voluntate, nos provida deliberatione statuimus quod cœnobium vestrum restitutis sibi areis faciendi salis officio deputatis, quas de mandato dicti Cœlest. papæ prædecessoris nostri juxta bonorum virorum arbitrium in recompensationem prædicti census Calanen. monast. assignavit, Ecclesiam S. Jacobi Melphiten. ad ipsum spectantem cum domibus, hortis et duobus trapetis, et insuper tot olivas dicto mon. Calanen. conferat et assignet, ex quibus possit idem mon. Calanen. secundum bonorum virorum arbitrium, quibus hoc committimus, arbitrantium, 16 saumas olei annis singulis obtinere. Illa videlicet moderaminis æquitate servata, ut olivarum assignatio nec fiat secundum tempus nimiæ ubertatis nec secundum nimiæ sterilitatis eventum, sed juxta quod sæpius accidere consuevit, post factam assignationem et receptionem earum, tam commodo quam incommodo ad Calanen. mon. pertinente. Dictum vero Calanen. monast. renuntiet omni subjectioni, juri ac censui, quod in loco Montis sacri aliquo unquam tempore habuisset, nec ibidem occasione juris præteriti futuris temporibus aliquid audeat postulare : quod utraque partium acceptavit. Hoc ergo statutum, sicut a nobis provide factum est, et ab utraque receptum, volentes in posterum irrefragabiliter observari, de communi fratrum consilio auctoritate apostolica confirmamus, et præsentis scripti privilegio communimus. Non obstantibus privilegiis vel rescriptis super subjectione prædicti monasterii vestri hactenus impetratis ; cum ex certa scientia inter præfata monasteria de voluntate partium, quæ præscripta sunt, statuerimus in perpetuum observanda. Decernimus ergo, etc., nostræ constitutionis et confirm., etc.

Datum Laterani, iv Idus Novembris.

CCCCXXVIII.

CAMERACEN. CAPITULO.

Ut de ipsorum electi vitiis inquiratur, statuaturque, antequam alium eligant.

Ad audientiam apostolatus nostri multorum relatione pervenit quod H. Ecclesiæ Cameracen. electus, cum ita incurvus sit ut promoveri de jure non possit, in minoribus ordinibus constitutus fuit a vobis ad Ecclesiam vestram electus, et a venerabili fratre nostro W. Remen. archiepiscopo sanctæ Sabinæ card. ejus fuit electio confirmata : quem post electionem et confirmationem venerabilis frater noster Atrebaten. episcopus de mandato ipsius archiepiscopi acolythum et subdiaconum ordinavit; et sicut communis habetur opinio, dictus electus duxit viduam in uxorem, de qua suscepit filium in præpositura Sancti Petri Duacen. sibi nullo medio succedentem. Cum igitur, si vera sunt quæ præmisimus, relinqui non debeant impunita, cum et præsumpta sint contra canonicas sanctiones et propterea decor honestatis ecclesiasticæ confundatur, venerabili fratri nostro Parisiensi episcopo per scripta nostra præcipiendo mandavimus ut, vocatis quos propter hoc viderit evocandos, de præmissis omnibus et etiam fama publica inquirat plenius veritatem, et quidquid super his invenerit, sub suarum testimonio litterarum nobis studeat fideliter intimare; ut per relationem ipsius sufficienter instructi, securius in ipso negotio procedere valeamus. Dedimus etiam eidem episcopo in mandatis ut vobis ex parte nostra districte prohibeat ne ad nominationem vel electionem alicujus personæ aliquatenus procedatis, si etiam dictus electus vellet spontanee resignare, donec super hoc nostræ receperitis beneplacitum voluntatis, et si contra prohibitionem nostram et suam aliquid præsumpseritis attentare, illud decernimus irritum et inane. Dignum est enim et consentaneum rationi ut in eo puniamini in quo peccastis, si circa præmissam electionem inventi fueritis culpabiles exstitisse. Nullis litteris obstantibus, si quæ apparuerint a sede apost. impetratæ. Quocirca per apostolica vobis scripta mandamus atque præcipimus quatenus contra tenorem mandati apostolici non præsumatis aliqua ratione venire vel aliquid etiam attentare.

CCCCXXIX.

PARISIEN. EPISCOPO.

Committitur inquisitio et examen super vita et moribus electi Cameracensis.

Eam de discretione tua fiduciam obtinemus, ut si quando tibi committimus quæ ad honorem divinum et utilitatem ecclesiasticam pertinere noscuntur, gratia et timore postpositis, satagas promovere : in hac parte nobis coadjutor existens, qui ex injunctæ servitutis officio, secundum Prophetam, debemus evellere et plantare quæ in Ecclesia Dei evellenda fuerint et plantanda. Et cum non possimus omnia personaliter adimplere, per fratres et coepiscopos nostros cogimur supplere defectum, quos apostolica sedes in partem sollicitudinis evocavit. Sane ad audientiam apostolatus nostri multorum relatione pervenit quod H. Cameracen. electus, etc., *ut supra, fere usque ad verbum* impetratæ.

CCCCXXX.

ATREBATEN. EPISCOPO.

Ut ipse de electi Cameracensis vita et moribus sententiam ferat.

Ad audientiam apost. nostri multorum relatione pervenit quod H. Cameracen. electus, etc., *fere ut supra usque ad verbum* præcipiendo mandamus quatenus, cum propter vicinitatem locorum et de forma electionis et de qualitate ipsius electi dicaris habere notitiam pleniorem, tam de fama publica quam etiam de præmissis omnibus per litteras tuas nobis intimare studeas veritatem; ut per relationem tuam et venerabilis fratris nostri Parisiensis episcopi, cui hoc ipsum commisimus inquirendum, sufficienter instructi, securius in ipso negotio procedere valeamus.

CCCCXXXI.

ABBATI ET CONVENTUI COMPENDIEN.

Episcopus Silvanectensis datur judex in omnibus causis eorum.

(Laterani, II Kal. Decembris.)

Paci et tranquillitati vestræ paterna volentes sollicitudine providere, cum ad hoc specialiter teneamur ex eo quod vestrum monasterium ad nos et Romanam Ecclesiam nullo pertinet mediante, ad vestræ oppressionem et necessitatem Ecclesiæ relevandam venerabilem fratrem nostrum Sylvanecten. episcopum in causis vestris et aliis necessitatibus, pro quibus vobis est ad quos malueritis episcopos generaliter recurrendum, quemadmodum in vestris privilegiis continetur, per litteras quas super his exsequendis specialiter ipsi dirigimus, de benignitate sedis apost. vobis duximus deputandum. Unde cum pro singulis necessitatibus vestris ad Romanam Ecclesiam et ad nos, qui specialius id exsequi deberemus, facilem et sine dispendio non potestis habere recursum, volumus ut ad eumdem episcopum qui in partem nostræ sollicitudinis est evocatus tam pro injuriis vobis et Ecclesiæ vestræ a malefactoribus quibuslibet irrogatis et deinceps irrogandis, quam pro chrismate, oleo sancto, consecratione basilicarum vestrarum et clericorum vestrorum ordinatione specialiter accedentes, executionem eorum quæ præsentialiter per nostrum ministerium vobis impendi non possunt ab eo suscipiatis humiliter et devote.

Datum Laterani, II Kalend. Decembris.

CCCCXXXII.

HUBERTO CANTUARIEN. ARCHIEPISCOPO.

Ut a constructione et prosecutione capellæ de Lamhei cesset atque abstineat.

(Laterani [G. xii] Kal. Decembris.)

(191) Cum ex injuncto nobis apostolatus officio locum ejus, licet immeriti, teneamus qui juxta verbum propheticum liberavit pauperem a potente et inopem cui non erat adjutor, diligenti studio satagere nos oportet ne minores a majoribus opprimantur, sed ut prælati sic exerceant acceptam jurisdictionem in subditos, ut prodesse probentur potius quam præesse. Hæc ergo secundum officii nostri debitum attendentes districta dudum tibi jussione mandavimus ut in negotio capellæ de Lamhee juxta formam litteris apostolicis comprehensam ab oppressione monachorum Cantuariensium omnino cessares. Super quo venientes ad præsentiam nostram dilecti filii R. de Boxleia et W. de Ponte Roberti abbates, nuntii tui, fraternitatem tuam nitebantur multipliciter excusare. In primis siquidem proponentes quod cum bonæ memoriæ Theobaldus Cantuarien. archiepiscopus et gloriosus Thomas successor ipsius, attendentes quod nemo militans Deo implicat se negotiis sæcularibus et nolentes monachos Cantuarien. relictis divinis officiis ad negotia sæcularia se transferre, ad honorem protomartyris Stephani ædificandi Ecclesiam voluntatem et propositum habuissent et in ea sæculares clericos ordinandi, de suis proventibus et Ecclesiis eis reddituris assignandis, per quos tam apud apo. sedem quam apud curias sæculares sua possent negotia expedire laudabile primi propositum obitus festinatus, secundi longum exsilium impedivit; sicut in litteris ven. fratris nostri I. quondam Lugdunen. archiepiscopi plenius continebatur expressum, quæ in nostra et fratrum nostrorum fuerunt præsentia recitatæ. His bonæ memoriæ Balduinus Cantuarien. archiepiscopus ita proposito ut officio, voluntate ut dignitate succedens, prope suburbium civitatis Cantuarien., quasi per stadia tria vel quatuor ad honorem præfati protomartyris et beati Thomæ construere cœpit ecclesiam, felicis record. Urbani papæ prædecessoris nostri super hoc indulgentia primitus impetrata. Cujus sibi fuit auctoritate concessum ut in honorem ipsorum martyrum et ædificare posset ecclesiam et de personis idoneis ordinare, quibus in ecclesiasticis beneficiis canonice provideret; sic tamen quod Ecclesiæ debitis obsequiis et necessariis stipendiis minime fraudarentur. Et licet idem Urbanus adversus dictum B. prædecessorem tuum super demolitione operis suas sæpius litteras destinasset, quia in eis non faciebat de concessa jam indulgentia mentionem, ei dicebant per rescripta frequentia nullatenus derogatum, quæ præterea proponebant et per falsi suggestionem et veritate tacita impetrata, et ad ipsius archiepiscopi A notitiam minime devenisse; unde, si eis non paruerat, de jure non poterat reprehendi. Rescriptum quoque sanctæ memoriæ Gregorii papæ, prædecessoris nostri, pro se pariter producebant; qui cum per litteras indulserit generales ut rescripta quæ a tribus mensibus ante obitum prædicti Urbani prædecessoris sui fuerant impetrata, eamdem firmitatem haberent, non obstante obitu mandatoris quam obtinere, si tunc viveret, debuissent, negotia quæ ipsum archiepiscopum et ejus clericos contingebant, sub præmissa noluit generalitate concludi: per quod nimirum rescriptum prædecessoris sui dicebant litteris derogatum, quas adversus archiepiscopum direxerat ad instantiam monachorum. Quibus siquidem litteris et etiam bonæ memoriæ Clementis successoris sui, qui ejus in hac parte fuerat imitator, per factam tunc temporis amicabilem compositionem de partium voluntate inter archiepiscopum et monachos memoratos per charissimum in Christo filium nostrum R. Anglorum regem illustrem et venerabilem fratrem nostrum Walterum, Rothomagen. archiepiscopum, et quosdam episcopos et abbates, dicebant penitus derogatum. Cum enim tempore præfati B. Cantuarien. archiepiscopi præmissi rex, archiepiscopus, et episcopi et abbates Cantuariam accessissent in eos fuit tam de constructione ipsius Ecclesiæ (192) quam institutione prioris et quibusdam aliis quæstionibus a partibus compromissum. Ipsi autem diligenti deliberatione præmissa pariter judicarunt quod ipse archiepiscopus rationabiliter ædificaverit Ecclesiam memoratam. Ipse tamen pro bono pacis concessit ad prædicti regis instantiam et etiam aliorum, quod canonicorum collegium ad locum transferret alium quem eligeret competentem. Per hanc ergo compositionem dicti nuntii tui renuntiasse dicebant monachos rescriptis præcedentibus a sede apostolica impetratis, cum exinde dictus archiepiscopus loco priore dimisso, ubi ædificare non potuerat sine scandalo monachorum, ad locum de Lamhee per quinquaginta miliaria distantem a civitate Cantuariæ, suum propositum transtulisset, ubi et Ecclesiam, sicut prius fecerat, ædificare cœpit ad honorem martyrum prædictorum, ut sic propter nimiam locorum distantiam nulla remaneret monachis materia conquerendi. Cui postea tu succedens, quod ab ipso minus factum fuerat perficere voluisti et quod ipsum tibi liceret ex rescripto litterarum bonæ memoriæ Cœlestini papæ prædecessoris nostri ostendere nitebantur: qui anno pontificatus sui septimo et extremo ad omnem inter Ecclesias Cantuarien. et de Lamhee discordiam sopiendam et ne canonici de Lamhee facultatem haberent contra cathedralem Ecclesiam insurgendi, disponendi de ipsa Ecclesia de Lamhee interius et exterius, non obstantibus litteris ad venerabilem fratrem nostrum Cicestren. episcopum et dilectos filios de Waltham et de Radinges abbates obtentis, concessit tibi libe-

(191) Cap. *Cum ex injuncto*, De novi operis nunti... — Vid. infra ep. 485 seqq. et l. ii, epist. 71.

(192) Apud Gervas. Cantuar, *capellæ*.

ram facultatem. Per has ergo litteras præcedentia scripta sua quæ his videbantur adversa, dicebant penitus revocata. Intentionem ergo suam probare dicti tui nuntii satagebant per laudabile propositum Theobaldi et gloriosi Thomæ martyris pontificum præmissorum et per Urbani, Gregorii et Cœlestini Romanorum pontificum indulgentias et rescripta et præmissam compositionem factam de partium voluntate. Verum præmissis rationibus ex parte monachorum fuit ex ordine taliter obviatum : Quod de occultis hominum voluntatibus, quas sibi tantum Dominus reservavit, qui renes et corda scrutatur, a nobis judicari non poterat nec debebat nec ipsi valebant ad talia respondere, quæ proponere in judicio nihil aliud erat quam de secretis cordium divinare. Sane per indulgentiam Urbani papæ, prædecessoris nostri, de qua præmisimus, juri suo in nullo dicebant penitus derogatum; quia canonica beneficiorum assignatio per eam Cantuarien. archiepiscopo servabatur, qui juxta constitutionem canonicam sine tractatu et assensu monachorum procedere non valebat, qui nedum quod ipsius facto in hac parte consenserint, verum etiam contradixerint expresse, sicut sequentia docuerunt, et adhuc in eodem proposito perseverant. Eis ergo contradicentibus, superioris fuerat judicium exspectandum. Idem etiam ea ratione ostendere nitebantur, quia juxta sanctiones legitimas, si quando alicui conceditur beneficium principale, puta libera factio testamenti, nihil videtur aliud indulgeri quam ut modo testetur legitimo et etiam consueto. Ille quoque qui ut in loco publico ædificare posset a principe similiter (193) impetravit, ædificare cum alterius incommodo non valebit, nisi et hoc ipsum a principe postulatum fuerit et concessum. Per sequentes etiam ipsius Urbani litteras exsecutorias, quibus opus ipsum maledictum haberi voluit et profanum, asserebant præscriptæ indulgentiæ derogatum : quæ sive coram eodem Urbano fuerit ostensa, proponebant eam penitus abrogatam, cum ea non obstante demolitio ipsius Ecclesiæ fuerit demandata; sive fuerit prætermissa, sibi debuit imputari, cum jure civili etiam caveatur quod sub prætextu instrumentorum postea repertorum lites non debeant restaurari. Id ipsum per litteras piæ recordationis Clementis papæ prædecessoris nostri probare volebant : in cujus præsentia nuntiis partium constitutis, cum dictus B., prædecessor tuus, opus maledictum et profanum voluisset contumaciter et pertinaciter consummare, ad exemplum Urbani papæ prædecessoris sui præfato archiepiscopo de consilio fratrum districte præcepit ut quidquid fecerat in Ecclesia nominata curaret sine dilatione qualibet demoliri; quod de instituendis canonicis et aliis fuerat perperam attentatum in irritum penitus revocato : ubi sive omissa fuerit præmissa indulgentia vel etiam allegata, eorum non poterat ratione præmissa propositum impedire. Per ipsam vero compositionem, de qua præmisimus,

(193) Apud Gervas. *simpliciter*.

tanquam regio metu violenter extortam, partem suam in nullo gravari posse dicebant. Cum enim dictus Clemens papa prædecessor noster pro sedanda discordia inter archiepiscopum et monachos Cantuarien. exorta bonæ memoriæ Joannem Anagninum, tunc temporis tt. Sancti Marci presbyterum cardinalem, apostolicæ sedis legatum, postea vero episcopum Prænestinum, in Angliam specialiter destinasset, postquam illuc transfretavit, factum fuit, dicto B. Cantuarien. archiepiscopo procurante, quod apud portum Dovoriæ contra voluntatem suam per dies plurimos teneretur, quod in gravem Ecclesiæ Rom. injuriam redundavit nec ante permissus fuit Cantuariam proficisci, quam per dictum regem Anglorum, qui eodem tempore cum episcopis suis Cantuariam venerat, in pace quam fecerunt cum archiepiscopo monachi vim passi fuerunt et compulsi sunt omnia sustinere. Quod ideo cum prope positus audisset et postea præsens apud Cantuariam cognovisset, scripto mandare curavit, ut rei veritas omnibus innotesceret, et quod factum fuerat non generaret præjudicium justitiæ monachorum et, si archiepiscopus ipse vel aliquis de successoribus ejus scripturam super forma pacis quandoque proferret, sciretur ab omnibus eam fratribus jam dictæ Ecclesiæ nec consentientibus nec scientibus fuisse confectam nec sibi exhibitam postulanti, qui ad causam fuerat a summo pontifice destinatus. Unde vel rem gestam confirmare debuerat, si justitiæ concordaret; vel, si aliter facta fuerat, infirmare. Sic ergo cognoscens intercessisse illi facto violentiam manifestam, auctoritate qua fungebatur apostolica statuit quod nec concordia sic facta valeret neque compromissio violenter extorta neque scriptum aliquod sic conceptum et quod ipsis monachis in posterum præjudicium non afferret, cum omnia eo præsente ac contradicente fuerint adimpleta, sicut in suis litteris patentibus continetur, quas coram nobis fecimus recitari. Post hæc, cum bonæ memoriæ Cœlestinus papa prædecessor noster omnia quæ per memoratum B. archiepiscopum circa monachos vi vel metu acta fuerant, auctoritate apostolica in irritum revocaret, nominatim ea quæ legato Rom. Ecclesiæ præsente et contradicente contra mandatum sedis apostolicæ facta proponebantur, sicut in authentico ejusdem legati, I. videlicet Anagnini quondam presb. cardin., ob causam ipsam in Angliam destinati, continebantur expressa, viribus carere decrevit et quæcunque contra jus monachorum vel tenorem privilegiorum apost. sedis idem archiepiscopus impetrarat. Insuper statuens ut nullus hominum quæ male gesserat ad consequentiam traheret nec ea quæ a sede apostolica obtinuerat tacita veritate, juri monachorum vel privilegiis ullo unquam tempore in aliquo præjudicium generarent; quemadmodum nobis et fratribus nostris ex ipsarum constitit continentia litterarum. Ex ipsa quoque majore loci distantia sibi asserebant monachi maius præjudicium generatum; quia cum in eorum defectum, sicut a tuis nuntiis dicebatur, sæculares clerici fuerint evocati, vix possent per eos vicinos Cantuariensis Ecclesiæ negotia monachis absentibus procurari, quæ ipsis procul positis et captata eorum absentia, sine monachorum conscientia tractarentur et eis penitus inconsultis. Unde Cantuarien. Ecclesia dispendium incurreret et jacturam. Sic ergo per hoc nihil eis accessit, eadem contradictionis causa manente. Ultimum quoque rescriptum dicti Cœlestini papæ prædecessoris nostri carere viribus asserebant, utpote per suppressionem veritatis surreptum : quoniam in eo nulla fiebat mentio mandatorum quæ ab Urbano papa et Clemente processerant nec etiam confirmationis illius quam ipsemet super cassatione compositionis prædictæ concessit ; et præsertim cum rescriptum illud indulsisse dicatur eo tempore quo eum infirmitas admodum prægravabat. Ad fundandam sane intentionem suam, prædictorum Urbani, Clementis et Cœlestini, Rom. pontificum, rescripta necnon et nostrum post illa, iidem monachi producebant : quibus urgentissime mandabatur, ut quidquid de præfata capella fuerat attentatum haberetur irritum et inane. Cum autem quæ permisimus et similia in nostra fratrumque nostrorum præsentia prudenter essent a nuntiis allegata, Nos, qui tempus accepimus justitiam judicandi, volentes illius vestigiis inhærere apud quem non est acceptio personarum, cujus locum, licet indigni, tenemus in terris et ita via regia prudenter incedere, ut non declinemus ad dexteram vel sinistram, prædecessores quoque nostros Urbanum, Clementem et etiam Cœlestinum credentes amplius imitandos, in illis maxime quæ deliberatione prævia statuerunt, de communi consilio fratrum nostrorum fraternitati tuæ per apost. scripta mandamus et in virtute obedientiæ districte præcipimus quatenus, omni contradictione et excusatione et appellatione cessantibus, infra triginta dies post receptionem præsentium, quidquid ædificatum est in Eccl. memorata expensis tuis facias penitus demoliri, eo non obstante si etiam absens ab Ecclesia tua exstiteris; (cum cautum sit etiam legitima sanctione ut, si is cui fuerat opus novum nuntiatum, ante remissionem ædificaverit, deinde agere cœperit jus sibi esse ita ædificatum habere, sibi debeat actio denegari) reducens prorsus in irritum quidquid de instituendis ibidem canonicis et aliis ad ipsam ecclesiam pertinentibus a te vel a prædecessore tuo cognoscitur ordinatum, eorum redditibus ad statum pristinum revocatis quos ab obligatione præstiti juramenti, pro eo quod ibidem instituti fuerunt, auctoritate nostra per te denuntiari præcipimus absolutos. Cum enim amodo non teneat principale, quidquid ex eo vel ob id secutum est, sub præmissa districtione decernimus irritandum, sicut sancitum est traditione canonica et civili. Clericos præterea qui in capella ipsa post inhibitiones apostolicas divina officia celebrarunt, sicut nos per alia scripta nostra mandavimus, tandiu habeas pro suspensis, quousque super hoc satisfecerint competenter ; et universa quæ in prædictorum monachorum sunt attentata gravamen, xeniorum videlicet et Ecclesiarum et aliorum invasione quæ ante appellationem habuerant, non differas dictis monachis resignare ; ac de cætero circa statum monasterii contra prohibitionem nostram hujus occasione negotii non præsumas aliquid innovare. Si vero, quod non credimus, præceptum nostrum, sicut præmissum est, vel contempseris vel distuleris adimplere, a pontificali officio ex tunc noveris te suspensum et pro contemptu mandati apost. ad nostram venire te volumus præsentiam responsurum. Venerabilibus quoque fratribus nostris Cantuarien. Ecclesiæ suffraganeis de consilio fratrum nostrorum in virtute obedientiæ districte præcipiendo mandamus quatenus, nisi tu infra præmissum tempus mandatum nostrum duxeris ad effectum, ipsi nullam tibi impendant obedientiam vel reverentiam; quia justum est quod ei non obediatur a subditis, qui suo contemnit obedire prælato. Quod si forte nec sic te poterimus ad bonum obedientiæ revocare, propter quod malum nunquam committitur, bonum autem debet sæpius intermitti, majorem tibi animadversionem noveris imminere; cum ferro sint abscindenda vulnera, quæ fomentorum non sentiunt medicinam (194). Sane super præmissis, in quibus salva conscientia non poteramus alio modo procedere, fraternitatem tuam rogamus nullatenus contristari : quia, teste Deo, non ex indignatione aliqua processerunt, sed quia cum simus, licet insufficientes, in sede justitiæ constituti, unde jura sua servare tenemur singulis illibata, fraternitati tuæ quam sincerius amplexamur, cum te inter fratres et coepiscopos nostros honorabile membrum et in domo Domini columnam immobilem habeamus, non potuimus sine gravi offensa Creatoris deferre. Nec nobis in hac parte potes aliquid imputare; cum secundum traditionem canonicam, quando non nisi peccando alicui consuli potest, tunc æstimare debet homo quid faciat non habere. In ipsis etiam legibus sæcularibus invenitur ut quæ facta lædunt pietatem, æstimationem, verecundiam nostram et generaliter quæ bonis moribus adversantur nec posse nos facere sit credendum. Super eo quoque non sufficimus admirari quod cum dicta Ecclesia jamdudum quasi lapis offensionis fuerit et petra scandali, pro qua nos et prædecessores nostri adversus te tuosque prædecessores ita graviter sumus moti et viri religiosi pariter et prudentes monachi Cantuarienses, qui omnia dimiserunt pro Christo, tot laboribus et doloribus, tot mortibus et periculis personas et res non dubitaverunt frequenter exponere (quod procul dubio tam illi quam isti, ut dictum est, non fecissent, nisi cognoscerent præmissa respicere

(194) Siricius in epistola ad Himer., cap. 7.

in grave Cantuarien. Ecclesiæ detrimentum ; ut de aliis omittamus), tu saltem pro vitando tam gravi scandalo proximorum ab hujusmodi etiam tibi prohibitis non cessasti, cum sacræ Scripturæ testimonio debueris didicisse quod licet opera illa quæ sine mortali peccato dimitti non possunt, non sint pro vitando scandalo dimittenda nec ea debeant pro vitando scandalo committi quæ sine mortali peccato committi non possunt, ab his tamen quæ committi possunt sine mortali peccato pariter et dimitti, sit pro scandalo tollendo cessandum et eis etiam pro vitando scandalo insistendum. Unde Apostolus dicit : *Si scandalizaretur frater, carnem non comederem in æternum* (*I Cor.* VIII, 13). Et Dominus in Evangelio contra eos qui scandali præsentant materiam. *Væ*, inquit, *homini illi per quem scandalum venit. Melius est ei ut suspendatur mola asinaria ad collum ejus et demergatur in profundum* (*Matth.* XVIII, 6). Et licet majorum scandalum sit vitandum, præcipue tamen vitandum est scandalum pusillorum, juxta testimonium Veritatis : *Qui scandalizaverit*, inquit, *unum de pusillis istis minimis qui in me credunt*, etc. (*ibid.*). Finis ergo his quæ præmissa sunt a te de cætero taliter imponatur, quod præteritæ contradictionis rebellio per virtutem sequentis obedientiæ valeat non immerito expiari.

Datum Lateran. (195), Kal. Decembris, pontificatus nostri anno primo.

CCCCXXXIII.

CANTUARIEN. ECCLESIÆ SUFFRAGANEIS.

Ne archiepiscopo suo obtemperent, qui summo pontifici obedire contemnit.

(Datum, *ut supra.*)

Cum ex injuncto nobis apostolatus officio, etc., *fere in eumdem modum usque ad verbum* innovare, etc. Sane super præmissis, etc., *fere in eumdem modum usque ad verbum* non immerito expiari, *ut supra.* Si vero, quod non credimus, etc. *usque ad verbum* responsurum. Quocirca universitati vestræ de consilio fratrum nostrorum in virtute obedientiæ districte præcipimus quatenus, nisi sæpedictus Archiepiscopus infra præmissum tempus mandatum nostrum duxerit ad effectum, vos ei nullam obedientiam vel reverentiam impendatis : quia justum est ut ei non obediatur a subditis, qui suo contemnit obedire prælato : pro certo scituri quod si præcepto apostolico in hac parte præsumpseritis obviare, nos, auctore Deo, inobedientiæ vestræ curabimus animadversione debita respondere. Quod si forte nec sic eumdem Archiepiscopum poterimus ad bonum obedientiæ revocare, etc. *usque ad verbum* medicinam.

Datum, *ut supra.*

(*Apud Gervasium monachum Cantuariensem sic legitur :* Innocentius episcopus servus servorum Dei venerabilibus fratribus Cantuariensis Ecclesiæ suffraganeis salutem et apostolicam benedictionem. Cum ex injuncto nobis apostolatus officio, etc. *sicut*

(195) Apud Gervasium, XII.

superius scriptum est usque fraternitatis vestræ litteras super facto ejusdem Ecclesiæ nobis sub sigillis omnium pariter destinatas cum debita benignitate recepimus; super eo non modicum admirantes quod, sicut earum nobis serie intimastis, quibusdam vestrum visum fuit nos fuisse multipliciter circumventos, quando litteras nostras eidem archiepiscopo et vobis ipsis super eodem negotio curavimus destinare. Sane, sicut litteræ vestræ continebant, in præmissam opinionem eos qui de nobis talia æstimabant, quatuor induxerant quæ sequuntur. Quorum primum, secundum, et ultimum erant indulgentiæ piæ recordationis Urbani, Gregorii et Cœlestini pontificum Romanorum, quæ in nostra et fratrum nostrorum fuerunt præsentia recitatæ. Tertium, compositio facta per charissimum in Christo filium nostrum Ricardum illustrem regem Anglorum et venerabilem quoque fratrem nostrum W. Rothomagensem Archiepiscopum et quosdam alios inter Archiepiscopum et monachos memoratos. Quibus et aliis quæ a nuntiis præfati Archiepiscopi allegata fuerunt, qualiter ex parte monachorum ratione prævia fuerit obviatum, ut cognoscatis et approbetis plenius veritatem, universitati vestræ præsentibus litteris duximus explicandum. In primis siquidem præfati nuntii, etc. *ex ordine sicut superius scriptum est in litteris archiepiscopi. In fine vero istarum additum est ita.* Quocirca, etc. *ut supra in Regesto*, *usque ad verbum* revocare, propter quod malum nunquam committitur, bonum autem debet sæpius intermitti, majorem sibi animadversionem noverit imminere ; cum ferro sint abscindenda vulnera, quæ fomentorum non sentiunt medicinam.

Datum, Laterani XII Kal. Decembris, pontificatus nostri anno primo.)

CCCCXXXIV.

LINCOLNIENSI ET HELIEN. EPISCOPIS ET ABBATI S. EDMUNDI.

Ut ablata ab archiepiscopo Cantuariensi monachis restituant cum fructibus perceptis.

(Laterani, XI Kal. Decembris.)

Inter alia quæ venerabili fratri nostro Cantuariensi Archiepiscopo super negotio capellæ de Lamhee de fratrum consilio, felicis recordationis Urbani Clementis et Cœlestini prædecessorum nostrorum Romanorum pontificum vestigiis inhærentes, per apostolica scripta mandamus, illud specialiter continetur quod Ecclesias monachorum cum fructibus medio tempore perceptis, xeniis et aliis injuste ablatis, infra triginta dies post receptionem litterarum nostrarum, etiamsi absens ab Ecclesia sua fuerit, eis restituere non moretur. Volentes autem ut mandatum apostolicæ sedis debitam obtineat firmitatem nec alicujus negligentia retardetur, discretioni vestræ per apostolica scripta districte præcipimus quatenus, nisi dictus Archiepiscopus infra præfixum sibi tempus curaverit quod mandavimus adimplere, vos omni contradictione, dilatione et appellatione cessantibus, ecclesias ipsas cum perceptis fructibus dictis monachis restituere non tardetis; detentores ipsarum, si vobis in hac parte, imo nobis ipsis præsumpserint obviare, pœna suspensionis et excommunicationis etiam, si opus fuerit, percellentes. provisuri ut Deum habentes præ oculis, sine personarum acceptione mandatum apostolicum taliter exsequamini, quod devotionem vestram et nos commendare possimus et Deus debeat acceptare. Quod si omnes his exsequendis nequiveritis interesse, duo vestrum ea nihilominus exsequantur.

Datum Laterani, xi Kal. Decembris.

CCCCXXXV.

RICARDO ILLUSTRI REGI ANGLORUM.

Ne rex istam restitutionem monachorum impediat.

(Laterani, xii Kal. Decembris.)

Inter alia quæ nos hortantur celsitudinis regiæ titulis congaudere, illud tanquam memoriale, quia personam tuam sincera charitate diligimus, multa gratiarum actione prosequimur, quod jamdudum nos regiis apicibus rogavisti ut pro nullo deberemus in his quæ agimus a justitiæ tramite deviare; nec illud fuit in eisdem litteris prætermissum, unde circumspectionem regiam dignis laudibus commendamus, ut si forte a nobis interdum aliquid postularet quod esset obvium rationi, nolebat aliquatenus exaudiri. Nos ergo, præter officii nostri debitum, ex quo cum, licet indigni, tempus acceperimus justitiam judicandi, universis et singulis in jure suo existimus debitores, regiæ prudentiæ salutaribus exhortationibus invitati et volentes regia via prudenter incedere nec declinare ad dexteram vel sinistram, nuper in præsentia nostra nuntiis venerabilis fratris nostri archiepiscopi et dilectis filiis... et.. monachis Cantuarien. constitutis, in lacto capellæ de Lamhee de communi consilio fratrum nostrorum processimus sicut nobis fuit divinitus revelatum et litteræ quas eidem archiepiscopo et venerabilibus fratribus nostris Cantuarien. Ecclesiæ suffraganeis destinamus continent evidenter. Ut autem mandatum nostrum, quod de pura conscientia, Deo teste, processit; liberius valeat adimpleri, serenitatem regiam prece qua possumus et affectione rogamus quatenus his quæ a nobis facta sunt benignius annuendo, non sit impedimento quo minus debeant juxta rescripti nostri seriem effectui mancipari; quin potius, si quis se, quod vix credimus, duceret opponendum, ejus audacia quæsumus potestate tibi tradita reprimatur; ut mandata sedis apostolicæ debitam obtineant firmitatem. Alioquin, quantumcunque magnificentiam tuam in Domino diligamus, et sibi velimus, quantum cum Deo possumus, honeste deferre, contemptum apostolicæ sedis et nostrum non poterimus æquanimiter sustinere; sed eos qui se opponere nostris in hac parte jussionibus attentabunt, pœna magistra docere curabimus quam durum sit contra stimulum calcitrare. Provideat igitur regia celsitudo quod ita preces apostolicas in hac parte diligenter exaudiat, sicut petitiones suas apud sedem apostolicam cupit etiam in majoribus exaudiri: procurans attentius ut præfatos monachos, quos sub protectione nostra suscepimus, ne minores a majoribus opprimantur, dextera suæ potentiæ protegat, et defendat; ut apud eum æternæ retributionis præmia

(196) Vide infra epist. 584.

consequatur qui juxta propheticum testimonium liberavit pauperem a potente, et inopem cui non erat adjutor.

Datum Laterani, xii Kal. Decembris, pontificatus nostri anno primo.

CCCCXXXVI.

RIORI ET CONVENTUI CANTUARIEN.

Consolatoria epistola in causa archiepiscopi et monachorum.

(Laterani, xii Kal. Decembris.)

(196) Nisi viri prudentes essetis et sacrarum, haberetis scientiam Scripturarum, pro tribulationibus quæ invenerunt vos nimis egeretis forsitan consolationibus aliorum. Sed imitatores apostolorum effecti, ut relictis omnibus liberius sequi possitis Christum pauperem et egenum, amissionem temporalium, quæ debetis cum Apostolo reputare tanquam stercora, ut Christum lucrifacere valeatis, excipere cum gaudio vos oportet, nec pro ea, sicut cæteri hominum contristari, ne per immoderatum dolorem, postquam manum misistis ad fortia, retro aspicere comprobemini et manna contempto ad Ægypti pepones et allia et ollas carnium aspirare. Cum itaque non sint condignæ passiones hujus temporis ad futuram gloriam quæ revelabitur in nobis, monemus universitatem vestram et exhortamur in Domino quatenus ad memoriam revocantes quod tribulatio patientiam operatur, patientia vero spem, spes autem, secundum Apostolum, non confundit, ex hoc ipso gratias agetis Altissimo, quod illi de quibus indubitatam fiduciam habebatis, retribuentes mala pro bonis vobis non cessant detrahere, quia sequimini bonitatem; et quanto mundus qui vos odit, quia de mundo non estis, (alioquin quod suum esset diligeret) persecutiones vobis excitat graviores, tanto amplius Patri luminum, a quo est omne datum optimum et omne donum perfectum; in gratiarum actionibus assurgatis, qui vobis dedit patientiam in adversis. Despecta est enim confessio quam facit prosperitas, teste Scriptura, quæ dicit: *Confitebitur tibi, cum benefeceris ei* (*Psal.* XLVIII, 19). Sed illa magni momenti debet existere, quam non adimit vis doloris, ejus exemplo qui ait: *Si bona suscepimus de manu Domini, mala quare non sustineamus? Sicut Domino placuit, ita factum est. Sit nomen Domini benedictum* (*Job* II, 10). Nos autem, qui locum ejus, licet indigni, tenemus qui juxta propheticum testimonium liberavit pauperem a potente, et inopem cui non erat adjutor, affectu paterno vestris doloribus condolentes, non attendimus contra vos vultum potentis, sed ut oppressionibus vestris finis debitus imponatur, spe sola retributionis æternæ Petri gladium exeruimus ad justitiam faciendam; discretionem vestram rogantes attentius et obsecrantes in Domino quatenus hanc nobis retribuatis mercedem ut apud misericordissimum judicem pro peccatis nostris preces et lacrymas effundatis, puras ad eum manus sine disceptatione levantes, ut injun-

tum nobis apostolatus officium ad laudem et gloriam nominis sui, ad honorem et profectum Ecclesiæ et redemptionem et salutem animæ nostræ concedat et faciat adimplere.

Datum Laterani, XII Kal. Decembris.

CCCCXXXVII.

AIMERICO ILLUSTRI REGI ET A. REGINÆ HIEROSOLYMITAN.

Regnum Hierosolymitanum sub protectione apostolica recipit.

(Laterani, IV Non. Decembris.)

Cum terra sancta, in qua pedes Christi steterunt et salutem nostram Deus Rex ante sæcula dignatus est operari, sub protectione semper debeat sedis apostolicæ permanere, quæ Domino disponente mater esse meruit generalis; licet omnibus (197) ad vindicandam injuriam Jesu Christi et ipsius terræ succursum accedentibus munimen protectionis apostolicæ largiamur, vobis tamen qui terræ illi temporaliter præesse noscimini, tanto libentius favorem et gratiam apostolicam impertimur, quanto patrocinio et auxilio nostro amplius indigetis et tam regnum vestrum quam vos habemus inter alios mundi principes chariores. Eapropter, charissimi in Christo filii, vestris justis petitionibus grato concurrentes assensu, personas vestras, regnum Hierosolymitanum et cætera omnia quæ nunc rationabiliter possidetis vel in antea justis modis, præstante Domino, poteritis adipisci sub beati Petri et nostra protectione suscipimus et præsentis scripti pagina communimus. Decernimus ergo, etc.

Datum Laterani, IV Nonas Decembris.

CCCCXXXVIII.

COMITI TRIPOLITAN.

Ut regi Cypri contra Saracenos decertanti in conservando et gubernando regno auxilio sit.

(Datum, ut supra.)

In afflictione terræ sanctæ, quam Dominus pretioso sanguine comparavit, nos vehementer affligimur et dolor noster quotidie innovatur, donec eam pristinæ restitutam cognoverimus libertati. Sane licet instantia nostra quotidiana sit omnium Ecclesiarum sollicitudo continua, præcipuum tamen ad liberationem Dominici sepulcri nos et fratres nostri sollicitudinis studium exercemus, ad subventionem ipsius cunctos assiduis exhortationibus invitantes. Nuper autem cum litteris plurium de partibus transmarinis sedi fuisset apostolicæ nuntiatum quod charissimum in Christo filium nostrum Aimericum illustrem regem Cypri tu et alii unanimiter elegeratis in regem, per quem transmarinæ terræ tam ex districtione personæ quam affluentia, rerum creditis posse salubrius provideri, eum a quo bonum omne procedit humiliter exoravimus ut regem ipsum de inimicis Christiani nominis faciat triumphare. Cum igitur prædictus rex, sicut etiam in litteris nobis transmissis perspicitur contineri, quietem regni Cypri dimiserit et pro Christi nomine labores subierit transmarinos et tibi et aliis omnibus summa sit sollicitudine satagendum ut regnum Cypri non debeat aliqua tempestate turbari, sed tranquillitate gaudere, cum de regno illo Hierosolymitano, ut proponitur, multa subventionis commoda ministrentur, nobilitatem tuam rogamus, monemus ac per apostolica scripta mandamus quatenus præscripto regi, si quando necesse habuerit, ad defensionem regni Cypri sic libenter et efficaciter, quantum salva defensione terræ sanctæ potueris, auxilium tuum impendas, quod idem rex gratum merito habere debeat et acceptum, et tu tanquam catholicus princeps ad ea quæ terræ Hierosolymitanæ commodum respiciunt et augmentum, videaris sollicitus et attentus.

Datum, ut supra.

In e. m. nobili viro principi Antiocheno. In e. f. m. magistro et fratribus militiæ Templi. In e. f. m. magistro et fratribus Hospitalis Hierosol.

CCCCXXXIX.

UNIVERSIS HABITATORIBUS HIEROSOLYMITANÆ PROVINCIÆ.

Ut hi quibus votum adeundi Hierosolymam adimitur, aliquam pecuniam ad bellum sacrum nihilominus dare teneantur.

(Datum, ut supra.)

Licet quisque teneatur Domino votum reddere quod emittit, voventis tamen est attendendus affectus potius quam effectus, cum ab exsecutione voti necessitate retrahitur quod devote disposuerat adimplere. Cum enim ad vindicandam injuriam Jesu Christi, et terræ sanctæ succursum, universos assiduis exhortationibus invitemus et illuc accedentibus de Dei confisi misericordia omnium peccatorum suorum veniam et vitam promittamus æternam, nullatenus reputamus indignum, si habitatoribus ipsius, qui vovent sanctorum limina visitare, de benignitate sedis apostolicæ in terra ipsa, quæ peccatis exigentibus et rerum penuria premitur et assiduis indiget defensoribus, damus licentiam remanendi, ne, quod absit! dum personis terra ipsa minuitur et expensis etiam vacuatur, contra Christianos prævaleant Philistæi et diu detineant sanctuarium Domini quod ceperunt. Quia igitur votum, cum requirit necessitas, potest et debet in pietatis opus aliud commutari, universitati vestræ auctoritate præsentium duximus indulgendum, ut si qui vestrum voverint sanctorum limina visitare, de auctoritate sedis apostolicæ a voti exsecutione taliter se noverint absolutos, ut expensas, quas facturi erant in via, de religiosorum virorum consilio pro reædificatione murorum et stipendiis militum sine diminutione qualibet largiantur et pro labore itineris dignum aliquid Domino recompensent.

Datum, ut supra.

In eumdem modum universis habitatoribus Antiochen. provinciæ.

---

(197) Vide infra epist. 548.

CCCCXL.
EPISCOPO ACCONEN.
Ne canonicorum numerus augeatur ultra facultates.
(Datum, ut supra.)

Licet ad ampliandum divini nominis cultum in singulis Ecclesiis teneamur pastoralem sollicitudinem adhibere, illum tamen modum in his sequi nos convenit et servare, ne minoratis Ecclesiarum facultatibus et multiplicatis expensis, ministrorum in eis numerus augeatur. Eapropter, venerabilis in Christo frater, tuis precibus annuentes, auctoritate praesentium fortius inhibemus, ne Acconen. Ecclesia, priusquam integritati, quam ante provinciae orientalis occupationem habuerat, fuerit restituta, per quemquam majori fratrum numerositate gravetur quam tempore suae felicitatis habebat. Nulli ergo omnino, etc., nostrae inhibitionis, etc.

Datum, ut supra.

CCCCXLI.
SANCIO ILLUSTRI REGI PORTUGALENSI.
Recipitur ipse et regnum et omnia bona sua sub protectione sedis apostolicae.
(Datum, ut supra.)

(198) In eminenti sedis apostolicae specula, disponente Domino, constituti, sic nos convenit ad universos et singulos aciem nostrae considerationis extendere, ut propinqui et longe positi non remaneant apostolicae benignitatis expertes, qui ab ea protegi cum devotione requirunt. Cum enim Rom. Ecclesia te quadam dilectionis praerogativa inter alios mundi principes amplexetur, et tu et praedecessores tui ei semper fideles exstiteritis et devoti, petitionibus tuis, quoties offeruntur nobis, quantum cum Deo possumus, tanto libentius favorem apostolicum impertimur, quanto et personam tuam et regnum tibi commissum, utpote quod est Rom. Ecclesiae censuale, sinceriori charitate diligimus. Eapropter, charissime in Christo fili, tuis justis precibus grato concurrentes assensu, personam tuam et regnum Portugalen. cum omnibus quae in praesentiarum rationabiliter possides aut in futurum justis modis praestante Domino poteris adipisci, sub beati Petri et nostra protectione suscipimus et praesentis scripti pagina communimus. Decernimus ergo ut nulli omnino, etc.

Datum, ut supra.

CCCCXLII.
DECANO ET CAPITULO ABRINCEN.
Ut lite et appellatione pendente attentata revocentur.
(Laterani, vii Id. Decembris.)

Accedens ad apostolicam sedem dilectus filius... de Aquila magister scholarum Abrincen. sua nobis insinuatione monstravit quod cum olim coram vobis nostram audientiam appellasset, ne ad alicujus electionem personae nobis procederetis aliquatenus inconsultis, vel quia nihil certum statutum erat a nobis super translatione magistri W. Abrincen. electi, vel quia vos metu saecularium in praejudicium libertatis ecclesiasticae timebat aliquid attentare, aliasque causas rationabiles assignasset, appellatione ipsa in praesentia venerabilis fratris nostri archiepiscopi et dilectorum filiorum capituli Rothomagen. in scriptis et per nuntios postea innovata, cum illuc accedere in persona propria non auderet, vos W. Tollermen. clericum Senescalci Normanniae infra sacros ordines tunc temporis, sicut dicitur, constitutum in fraudem ordinari fecistis et in octavis sanctae Crucis elegistis ipsum postquam dictus magister iter arripuit ad nos veniendi, licet contra ipsum W. coram te, fili decane, et quibusdam aliis de ipso capitulo a dicto magistro fuerit specialiter appellatum; quia et prorsus illiteratus erat et propter alia multa minus idoneus pontificali officio videbatur et in eadem Ecclesia per intrusionem eligi laborabat. Cum autem appellatione rationabiliter interposita secundum constitutiones canonicas nihil sit innovandum, nos apostolicae sedis contemptum et nostrum nolentes sicut nec debemus, surdis auribus pertransire, universitati vestrae per apostolica scripta mandamus atque praecipimus quatenus aliquos ex vobis usque ad Dominicam qua cantatur *Laetare Jerusalem* proxime venturam, remoto appellationis obstaculo, ad nostram praesentiam transmittatis, de praemissis excessibus responsuros: attentius provisuri ne circa praemissum factum procedere praesumatis, donec de his quae praemisimus cognoscentes, de nostro beneplacito vos curaverimus reddere certiores.

Datum Laterani, vii Idus Decembris.

CCCCXLIII.
ROTOMAGEN. ARCHIEPISC.
Ejusdem fere argumenti.
(Laterani, Non. Decembris.)

Accedens, etc., usque *ad verbum* innovandum; fraternitati tuae, de qua plenam fiduciam obtinemus, per apostolica scripta mandamus atque praecipimus quatenus circa praemissum negotium ad confirmationem cujusquam vel consecrationem appellatione remota procedere non attentes, donec a nobis deliberatum fuerit quid sit de his quae praemisimus faciendum; cum sine contemptu apostolicae sedis et nostro contrarium fieri non valeret, nec nobis injurias velimus a nostris fratribus et coepiscopis irrogari, qui jura eorum servare cupimus illibata.

Datum Laterani, Nonis Decembris.

CCCCXLIV.
UPSALEN. EPISCOPO.
De illegitimis non ordinandis, nec ad dignitates eligendis.
(Laterani, Non. Decembris.)

Ad nostram noveris audientiam pervenisse quod cum quamplurimi Suetiae clerici non sint de legi-

---

(198) Vide supra epist. 99, et infra epist. 448 et seq.

timo toro suscepti, qui ob suæ generationis erubescentiam altioris gradus culmen appetere nulla præsumptione deberent, contra constitutionem in Lateran. concilio provida deliberatione innovatam venire nullatenus metuentes, episcopatuum dignitates inverecunde nimium obtinere contendunt, cum id fieri districtius in concilio ipso vetetur; et quamvis adversus hujusmodi præsumptores, sicut accepimus, venerabilis frater noster archiepiscopus Lundensis sæpe comminationes intenderit, et arctius inhibueritne tale quid præsumeretur ulterius, nihilominus præsumunt agere perniciosius quod vetatur. Nuper etiam, sicut nostris est auribus suggestum, cum tres clerici de legitimo matrimonio non suscepti, in tribus Ecclesiis cathedralibus adversus ea quæ superius annotavimus electi fuissent, bonæ memoriæ prædecessori tuo, cujus erant Ecclesiæ illæ jurisdictioni subjectæ, districtius vetuit ne illorum electionem ratam haberet vel eis consecrationis munus impenderet attentaret. Verum ille constitutioni prædictæ ac inhibitioni ejusdem archiepiscopi obviare non metuens, duos eorum in episcopos consecravit. Quod præfatus archiepiscopus nolens relinquere impunitum, episcopos illos ab officio inique recepto et consecrationem tertii a complemento suspendit. Quia vero illius terræ homines sunt adhuc rudes in fide ac inter eos pro hujusmodi clericorum excessibus antiqui hostis invidia stimulante, scandalum non modicum, sicut dicitur, est exortum, discretioni tuæ per apostolica scripta mandamus atque præcipimus quatenus inquiras super præmissis omnibus veritatem; et si rem noveris ita esse, episcopos illos a pontificali officio, sublato appellationis et contradictionis obstaculo, servato juris ordine, nostra fretus auctoritate deponas et electionem tertii decernas irritam et inanem: ex parte tua et nostra districtius inhibens ne aliqui personas hujusmodi in pontifices præsumant aliquatenus nominare. Quod si forte præsumpserint, tam electores quam eos qui electionem præsumptuose susceperint, ab officiis et beneficiis sine qualibet dilatione suspendas; et si restiterint contumaciter, ab eis reddas penitus alienos. Si vero mandatum nostrum non duxeris effectui mancipandum, noveris nos prædicto archiepiscopo dedisse firmiter in mandatis ut, te in prædictorum executione cessante, ipse auctoritate nostra quod mandamus exsequi sublato appellationis obstaculo non omittat.

Datum Laterani, Nonis Decembris.

Scriptum est super hoc Lunden. archiepiscopo.

CCCCXLV.

EPISCOPO PETRAGORICEN.

Datur illi potestas visitandi cœnobia et ecclesias constituendi, corrigendi abusus, etc.

(Datum, ut supra.)

Cum nobis, licet immeritis, in specula sedis ap. constitutis omnium Ecclesiarum sit generalis cura commissa, nos attente convenit ac sollicite providere ut per studium nostræ sollicitudinis in statu debito valeant conservari. Et quoniam ubique præsentia corporali adesse non possumus, per fratres et coepiscopos nostros, qui sunt in partem sollicitudinis evocati, ad rectum ordinem reduci volumus quæ in eis inordinate fuerint attentata, et in statum congruum reformari; ut personæ constitutæ in eis ad ecclesiastica obsequia prosequenda juxta doctrinam canonicam divinæ servitutis cultibus vigilanter intendant, et cunctis recto progredientibus ordine Dominus et propitiator noster digne in ministrorum suorum operibus collaudetur. Nos igitur, venerabilis in Christo frater, tuis justis precibus grato concurrentes assensu, ut in ecclesia Sancti Stephani, in qua pontificalis administrationis officium assumpsisti et in ecclesia Beati Frontonis, in qua curam geris abbatis, super correctione ordinis et aliis ecclesiasticis constitutionibus cum majori parte capituli, prout ipsis ecclesiis expedierit, valeas ordinare seu statuere quod fuerit statuendum et corrigere corrigenda, liberam tibi sublato appellationis obstaculo auctoritate apostolica tribuimus facultatem, nisi a paucioribus juxta constituta Lateranen. concilii rationabile aliquid objectum fuerit et ostensum. Nulli ergo etc.

Datum, ut supra.

CCCCXLVI.

EIDEM.

Ut vagi monachi in cœnobia retrudantur.

(Laterani, vi Id. Decembris.)

Ad audientiam apostolatus nostri pervenit quod quidam monachi et canonici regulares singuli per cellas singulas contra Lateranensis interdictum concilii per tuam diœcesim in Ecclesiæ scandalum demorantur. Super quo prudentiæ tuæ auctoritate præsentium indulgemus ut tales, nullius contradictionis vel appellationis obstaculo, auctoritate nostra compellendi liberam habeas potestatem ut ad claustrum suum redeant, vel tres aut duos ad minus de fratribus suis assumant secum, sicut in eodem concilio institutum esse dignoscitur, permansuros. Super eo vero quod præterea postulasti, ut cum sæpius inter quoslibet sub examine tuo controversia suscitata, pro parte altera senes aut valetudinarii producantur et timeatur ne deficientibus illis, partis illius debeat justitia deperire, tibi hujusmodi admittere liceat, fraternitati tuæ nihilominus duximus concedendum ut tales, sive partes præsentes fuerint vel altera forte contumaciter absens, sicut juris ratio postulat, contradictione et appellatione cessante, ad perhibendum testimonium veritati recipias et admittas.

Datum Laterani, vi Idus Decembris.

CCCCXLVII.

TURONEN. ARCHIEPISCOPO.

Quod episcopos ad aliam Ecclesiam transferre nemini liceat nisi Rom. pontifici.

(Laterani, iii Non. Decembris.)

Cum fortius sit spirituale vinculum quam carnale,

dubitari non debet quin omnipotens Deus spirituale conjugium quod est inter episcopum et Ecclesiam suo tantum judicio reservaverit dissolvendum, qui dissolutionem carnalis conjugii, quod est inter virum et feminam, suo tantum judicio reservavit, præcipiens ut quos Deus conjunxit, homo non separet. Non enim humana sed divina potius potestate conjugium spirituale dissolvitur, cum per translationem vel depositionem aut etiam cessionem auctoritate Rom. pontificis, quem constat esse vicarium Jesu Christi, episcopus ab Ecclesia removetur. Et ideo tria hæc quæ præmisimus non tam constitutione canonica, quam institutione divina soli sunt Romano pontifici reservata. Sicut autem episcopus consecratus sine licentia Rom. pontificis suam non debet Ecclesiam derelinquere, sic electus confirmatus præter ejus assensum suam deserere nequit ecclesiam, cui est matrimonialiter alligatus; cum non debeat in dubium revocari quin, post electionem et confirmationem canonicam, inter personas eligentium et electi conjugium sit spirituale contractum. Quia licet inveniatur in canone (199) quod si electus ultra quinque menses per suam negligentiam retinuerit viduatam Ecclesiam nec ibi nec alibi consecrationis donum percip'at, non tamen intelligitur Ecclesia viduata quasi sponsum non habeat; sed quia cum sponsus ejus nondum sit consecratus, adhuc quoad quædam quasi viri manet solatio destituta. Nos ergo, qui, sacra docente Scriptura, monemur ne nostrum alii demus honorem, quoniam apostolatui nostro multis referentibus innotuerat quod tu magistrum W. de Chimeleio, qui electus fuerat in Abrincen. episcopum, et per metropolitanum suum postea confirmatus, diutius tam in spiritualibus quam in temporalibus ministrarat, in Andegaven. Ecclesiam præter apostolicæ sedis auctoritatem præsumpsisti transferre et episcopum consecrare, quem et venerabilis frater noster Rothomagen. archiepiscopus præter apostolicæ sedis mandatum absolvit et ei tribuit licentiam transeundi: venerabili fratri nostro Bituricen. archiepiscopo, de quo plenam fiduciam obtinemus, dedimus in mandatis ut, inquisita super hoc plenius veritate, si rem gestam taliter inveniret, te et Rothomagen. archiepiscopum, qui saltem apostolicam sedem super hoc consulere debuistis, a confirmatione pariter et consecratione pontificum, memoratum vero W. ab exsecutione pontificalis officii, nostra fretus auctoritate, suspenderet. Qui mandati nostri diligens exsecutor, super quo devotionem ejus digna gratiarum prosequimur actione, cum per confessionem spontaneam ei de veritate negotii constitisset, te et dictum archiepiscopum juxta tenorem apostolici mandati suspendit. Quia vero tu et dictus archiepiscopus nobis humiliter et devote per nuntios et litteras supplicastis ut veniam dantes errori, quia non ex malignitate sed ex simplicitate peccastis, cum id etiam et urgens necessitas et evidens utilitas Andegaven. Ecclesiæ postularet, quoniam in aliam personam idoneam non poterant convenire, vestris canis misericorditer parceremus, ne vitam in confusione ullatenus finiretis. Nos, qui personam tuam sincera charitate diligimus et tuo, quantum cum Deo possumus, intendimus honori deferre, cum te inter fratres et coepiscopos nostros membrum honorabile reputemus et confessionem spontaneam et supplicationem devotam benignius attendentes, de consueta Rom. sedis clementia pœnam inflictam duximus relaxandam; venerabili fratri nostro Bituricen. archiepiscopo per apostolica scripta mandantes quatenus te et præfatum Rothomagen. archiepiscopum a pœna suspensionis publice denuntiet absolutos.

Datum Laterani, iii Nonas Decembris.

In eumdem fere modum Rothomagen. archiepiscopo. Scriptum est super hoc Bituricen. archiepiscopo.

CCCCXLVIII.
REGI PORTUGALLIÆ.
Ut promissum Rom. Ecclesiæ censum persolvat.
(Laterani, v Id. Decembris.)

(200) In eo sumus proposito constituti, ut personam tuam inter alios mundi principes prærogativa dilectionis et gratiæ velimus, quantum cum Deo possumus, honorare. Ad quæ nimirum illud nec immerito specialiter nos inducit, quod regnum tibi commissum ab inclytæ recordationis progenitoribus tuis Ecclesiæ Romanæ constitutum est censuale. Unde per dilectos filios Joannem Ovezi et Egeas Petri fratres Hospitalis Hierosolymitani pro annuo censu quatuor unciarum auri, quas magnitudo regia recognovit ratione temporis a Lateran. concilio jam elapsi, quingentos et quatuor morabatinos ad suggestionem dilecti filii fratris Rainerii nuntii nostri nobis regia serenitas destinavit: quod debita prosequimur gratiarum actione. Quia vero de mille aureis a dicto patre tuo bonæ memoriæ Alexandro prædecessori nostro donatis et de centum censualibus annuatim solvendis, es nescire professus veritatem, sed omnia discutienda nostro examini reservabas: nos volentes omnem ambiguitatem a tuo pectore penitus amovere, rescriptum inclytæ memoriæ Alphonsi patris tui, sicut in registro ejusdem prædecessoris nostri cui donatio facta fuit de verbo ad verbum invenimus, celsitudini tuæ præsentibus inclusum litteris fideliter destinamus. Quocirca nobilitatem regiam rogamus attentius et monemus, quatenus parentum inhærens vestigiis, ut sicut es successor in regno, ita et voti successor existas, quæ pro salute sua pariter et suorum Christi vicario concesserunt, liberaliter et sine difficultate qualibet persolvas. Ex quo, præter æternæ remunerationis præmium, temporaliter quoque tibi et regno tuo per apostolicæ sedis protectionem et gratiam multa provenire poterunt incrementa; neque contrarium

(199) Cap. *Quoniam* 100. Dist. Vide supra epist.117, et infra epist. 502, 532.
(200) Vide supra epist. 441.

posses sine offensa Creatoris efficere : qui, etsi de aliarum Ecclesiarum injuriis graviter offendatur, tanto gravius adversus eos qui apostolicæ sedis jura illicite detinent commovetur, quanto fortius peccare videntur qui ejus quæ caput est omnium et magistra non sine præsumptione sacrilega jura invadere non formidant.

Datum Laterani, v Idus Decembris.

CCCCXLIX.

FRATRI RAYNERIO.

Ut regem Portugalliæ ad persolvendum Romanæ Ecclesiæ annuum censum adhortetur.

(Datum, ut supra.)

(201) Sicut nobis per tuas litteras intimasti, charissimus in Christo filius noster illustris rex Portugalliæ nuper nobis pro annuo censu quatuor unciarum auri, quas coram te recognovit, quingentos et quatuor morabatinos fratri A. magistro Hierosolymitani Hospitalis in Hispania nostro nomine assignavit, quos idem hospitalarius nobis nuper sine diminutione transmisit. Super aliis vero de quibus idem rex se nescire professus est veritatem et quæ nostro examini discutienda commisit, per rescriptum donationis bonæ recordationis Alexandro papæ prædecessori nostro factæ ab inclytæ memoriæ Alphonso patre ipsius regis, quod ipsi nostris inclusum litteris destinamus, eum reddimus certiorem. Tu autem eumdem diligentius moneas et inducas ut sicut in regno ita et in voto patri succedens, oblatum vicario Jesu Christi sine qualibet diminutione persolvat quod non posset sine grandi sacrilegio retinere.

Datum, ut supra.

CCCCL.

ARCHIEPISCOPO LUNDEN.

Ut eleemosynarum collectores pii et boni ordinentur, rejectis illis qui populum offendebant.

(Datum, ut supra.)

(202) Tuarum nos tenor litterarum edocuit quod fratres Hospitalis sancti Joannis laici et illiterati ad partes illas mittuntur pro eleemosynis colligendis quas populus ex devotione pro sustentatione pauperum præfato loco mittere consuevit. Quia vero non sufficiunt per se loca omnia circumire, sibi clericos, sacerdotes, laicos, etiam rudes, non religiosos, sed in nequitiis exercitatos assumunt, eorum pectoribus crucis characterem imponentes. Cumque gulæ et ebrietati deserviant, se valde inhonestos in aliis ostendentes, clerum et populum graviter scandalizant, cum ipsi laici prioratuum fungantur officiis et tam clericis quam sacerdotibus præponantur; et non solum episcopis inobedientes existunt, verum etiam quasdam immunitates, tanquam ab apostolica sede sibi indultas præsumunt sibi temere vindicare. Cum enim in quadam Ecclesia baptismali eis a tuo prædecessore collata quidam nuper percutiens vicarium sacerdotem, ipsam Ecclesiam sanguinis effusione fœdasset, usque ad reconciliationem divina ibidem interdixisti officia celebrari. Sed nihilominus ipsi divina in ea officia celebrarunt. Sacerdotes insuper undecunque venientes ad eos, de quorum etiam conversatione et ordinatione nulla certitudo prorsus habetur, ad divinum officium sibi celebrandum recipiunt, episcoporum assensu minime requisito; alios etiam presbyteros ab officio suspensos per episcopos suos pro suorum exigentia meritorum, iidem, cum sint laici, ad officia restituunt exsequenda. Quidam præterea cum uxoribus suis in domibus propriis commorantur; quos, eo quod eis de suis aliquid conferunt annuatim, ita emancipare contendunt, ut aliis secundum leges terræ de sibi objectis respondere minime teneantur. Verum quia privilegium meretur amittere qui permissa sibi abutitur libertate (203), fraternitati tuæ per apostolica scripta mandamus quatenus si quos clericos seu sacerdotes aut laicos a prædictis fratribus pro colligendis eleemosynis cruce falso signatos inveneris, his a quibus ipsos missos fuisse constiterit, per totam provinciam tuam, nostra fretus auctoritate, exhortationis hujusmodi officium interdicas; missos etiam, si laici fuerint, excommunicationis mucrone percellas; si clerici vel presbyteri fuerint, ab officio beneficioque suspendas, nullo prorsus privilegii beneficio vel appellationis refugio (204) prævalente. Eos vero quos in prædicta ecclesia lege tibi diœcesana subjecta post interdictum tuum divina celebrasse cognoveris, ejusdem pœna suspensionis involvens, in ea, donec reconciliata fuerit, quemadmodum sacra præcipiunt instituta, officia non permittas divina celebrari. Presbyteros etiam suspensos ab episcopis suis et per dictos fratres ad officia sua temere restitutos, in eamdem suspensionis sententiam nostra fretus auctoritate reducas. Alios vero quos ad respondendum aliis secundum leges terræ pro præmissa causa asserunt non teneri, nolumus excusari, quin eos ad respondendum, sublato appellationis impedimento, compellas.

Datum, ut supra.

CCCCLI.

CANONICIS NOVARIEN.

Significat se confirmasse sententiam pro ipsis latam contra Albertum Siccum.

(Laterani, vi Id. Decembris.)

(205) Causam quæ inter vos et dilectum filium Albertum Siccum clericum super præbenda Novarien. Ecclesiæ vertebatur, quæ quondam fuit venerabilis fratris nostri P. Novarien. episcopi, de qua se dicebat idem Albertus per bonæ memoriæ C. papam prædecessorem nostrum fuisse per annulum investitum, coram nobis diutius ventilatam, venerabili tandem fratri nostro Lauden. episcopo de con-

---

201) Vide supra epist. 441.
202) Cap. *Tuarum*, De privilegiis.
203) In Tertia Collect. *potestate.*

204) In tertia Collect. *remedio.*
205) Cap. *Causam*, De sententia et re judicata. Vide supra epist. 39 et seq.

sensu partium appellatione remota commisimus terminandam. Qui, sicut ex litteris ejus accepimus, utriusque partis rationibus plenius intellectis, pro vobis contra dictum Albertum diffinitivam sententiam promulgavit: a qua fuit ad nostram audientiam appellatum. Dicto igitur Alberto et magistro I. et V. procuratoribus ecclesiæ vestræ in nostra propter hoc præsentia constitutis, idem Albertus probare multipliciter nitebatur sententiam ipsam inique latam fuisse ac propter hoc debere non immerito retractari: dictis procuratoribus vestris defendentibus sententiam et eam petentibus confirmationis nostræ præsidio communiri. Nos igitur, auditis quæ fuerant hinc inde proposita et diligentius intellectis, habito etiam cum fratribus nostris super hoc diligenti tractatu, licet ex parte ipsius Alberti fuisset propositum quod contra formam mandati nostri dictus episcopus sententiam promulgaverat, sicut per attestationes nitebatur probare, quia tamen judicis animus non semper ad unam probationis speciem inclinatur et ipsa sententia nihil continebat iniquum, et eidem judici de communi assensu partium causa fuerat appellatione remota commissa, qui, ut sententiam ferret, post examinationem causæ ab utraque partium fuerat requisitus, sententiam ipsam de fratrum nostrorum consilio auctoritate curavimus apostolica confirmare ac eam per venerabilem fratrem nostrum P. Portuen. episcopum diffinivimus observandam. Decernimus ergo ut nulli omnino, etc.

Datum Laterani, vi Idus Decembris.

CCCCLII.

URGELLEN. EPISCOPO.
Renuntiationem episcopatus approbat.
(Datum Laterani.)

Sicut venerabiles fratres nostri Terraconen. archiepiscopus et suffraganei ejus suis nobis litteris intimarunt, inter multas tribulationes et angustias quæ invenerunt nos nimis temporibus tuis et propter insufficientiam tuam, Ecclesiam Urgellensem, nec possent facile propter multitudinem enarrari, culpæ tuæ illud imputari et poterat et debebat quod cum episcopatum ipsum, ut fama testatur, minus canonice fueris assecutus, quod male cœperas, deteriori exitu conclusisti; cum difficile sit ut bono peragantur exitu quæ sunt malo inchoata principio. Verum cum tempore procedente mala publicarentur in terra nec imminentibus periculis opponere te auderes, ut tanquam murum te ipsum pro domo Israel ponens ascenderes ex adverso et, in die Domini, sicut athleta Christi fortiter dimicares, insalutatis fratribus clanculo recessisti; ut ex ipsis operibus mercenarium qui videns lupum venientem dimittit oves et fugit, te ostenderes, non pastorem; et ingressus monasterium de Aspirano ab apostolica sede licentia non petita, cui soli episcoporum depositio, cessio et translatio reservatur, Urgellen. canonicis per litteras indicasti quod propter insufficientiam et occultam tui corporis ægritudinem non posses ulterius ministrare; quibus, de rebus tuis condito testamento, et facta renuntiatione in scriptis, eligendi pontificem et providendi Ecclesiæ suæ facultatem liberam tribuisti. Post hæc autem ad suggestionem et instantiam quorumdam militum et etiam clericorum, te ad episcopatum denuo proprio motu reverso, cum in parte ipsius diœcesis tanquam episcopus ministrares. Aragones et Brabancones cum vicinis militibus in manu forti ad Urgellen. ecclesiam et hostiliter accedentes, eam bonis omnibus spoliarunt, pannos sericos, ornamenta omnia, calices et cruces argenteas asportantes et parochianis ducentis et amplius, clericis et canonicis de gremio ipsius violenter eductis et etiam captivatis, ecclesiam ipsam homicidiis, adulteriis et aliis variis immunditiis feritate diabolica polluerunt: quibus omnibus propter inutilitatem tuam te opponere minime potuisti. Porro videns his malis prævenientibus quod ecclesia eadem denuo ad extremam inanitionem penitus devenisset et sentiens te ad ipsius Ecclesiæ regimen inutilem et insufficientem existere, iterato renuntians renuntiationem ipsam bonæ memoriæ Cœlestino papæ prædecessori nostro et Terraconensi ecclesiæ per litteras indicasti et, quantum in te fuit, canonicis Urgellen. eligendi sibi pastorem tribuisti denuo facultatem. Unde pro his et aliis multis præfati episcopi nobis per suas litteras supplicarunt ut cessionem tuam ratam habentes, sicut etiam tu ipse a nobis per litteras proprias postulasti, canonicis sæpedictis liberam daremus licentiam eligendi. Cum itaque secundum Apostolum instantia nostra quotidiana sit omnium Ecclesiarum sollicitudo continua, nos et necessitatibus Urgellen. Ecclesiæ inclinati, quæ per te non posset de lacu miseriæ liberari, et tam ejus quam præmissorum archiepiscopi et episcoporum petitione devicti, renuntiationem tuam urgente necessitate suscepimus et te a pontificali onere pariter et honore, quæ secundum traditionem canonicam non sunt ab invicem regulariter separanda, sicut tu minus provide facere satagebas, qui rejecta oneris sarcina honorem tibi retinere volebas, auctoritate præsentium de consilio fratrum nostrorum decernimus absolutum, ut in Ecclesia de Aspirano Deo valeas, sicut a nobis ex parte tua petitum, amodo deservire, facultatem tibi liberam concedentes. Nulli ergo omnino, etc.

Datum Laterani.

CCCCLIII.

CAPITULO URGELLEN.
Ut novum Ecclesiæ suæ episcopum præficiat.
(Datum, ut supra.)

Sicut venerabilis frater noster Terraconen., etc. *fere in eumdem modum ut supra usque ad verbum* concedentes. Nolentes igitur ut Ecclesia vestra, in medio nationis perversæ posita, pro defectu prælati maneat ulterius desolata et gregi Dominico diu desit cura pastoris, universitati vestræ per apostolica scripta mandamus quatenus convenientes in unum et Spiritus sancti gratia invocata, talem vobis personam in episcopum et pastorem animarum vestrarum canonice præficere studeatis, qui clero et populo sibi commisso et præesse noverit et prodesse.

Datum, *ut supra.*

CCCCLIV.
TERRACONEN. ARCHIEPISC.
Ut curet per canonicos Urgellenses dignum aliquem virum eligi in episcopum.

(Datum, *ut supra.*)

Sicut ex tenore tuarum litterarum et suffraganeorum tuorum nobis innotuit, inter multa, etc. *fere in eumdem modum ut supra usque ad verbum* prodesse. Volentes igitur ut ipsi Urgellen. Ecclesiæ metropolitico tibi jure subjectæ per sollicitudinem et vigilantiam tuam salubrius consulatur, fraternitati tuæ per apostolica scripta mandamus, quatenus capitulum ejus ad concordem electionem et canonicam faciendam nostra tuaque auctoritate studiosius moneas et inducas; ne, quod absit! si eligentium se vota diviserint in diversa, Ecclesiæ afflictæ dudum major addatur afflictio et sic contritione multiplici conteratur.

Datum, *ut supra.*

CCCCLV.
PISANO ARCHIEPISCOPO.
De anno probationis monachorum et quatenus in cœnobia conjuges recipiantur.

(Laterani, ix Kal. Decembris.)

(206) Ad apostolicam sedem, quæ disponente Domino cunctorum fidelium mater est et magistra, super diversis articulis quæstiones dubiæ referuntur; ut quod ab ea fuerit super earum solutione responsum indubitanter ab omnibus teneatur. Ex parte siquidem tua tales nuper suscepimus quæstiones, quod cum monachum fieri ante unius anni probationem regularis institutio interdicat, monachi et moniales in tua diœcesi constituti tam clericos quam laicos utriusque sexus, sanos pariter et infirmos, religionis habitum volentes assumere, nutu etiam aliquo profitentes interdum absque omni professione recipiunt, quandoque professionem illico facientes. Unde multa mala noscuntur sæpius provenire, cum infirmi ad monasterium jam translati et emissa professione, postquam de infirmitatibus convaluerint, habitum religionis abjiciant et ad propria revertantur. Contingit etiam tales in propriis domibus remanere, cum monachi per eos, dum vivunt, nolint sua monasteria prægravari. Sani etiam sic absque probatione recepti, retro aspicientes, matrimonia contrahunt, rejecto habitu regulari. De quibus, si habitum religionis assumant ante unius anni probationem vel temporis competentis, utrum facta professione a talibus vel omissa, monachi debeant reputari, et si conjugatus converti desiderans sit recipiendus in monachum, nisi uxor perpetuam continentiam repromittat, certificari a sede apostolica postulasti. Nos ergo quæstionibus tuis taliter ex ordine respondemus, quod licet tempus probationis a sanctis Patribus sit indultum, non solum in favorem conversi, sed etiam monasterii, ut et ille asperitates istius et istud mores illius valeat experiri (quod utrinque (207) diligenter est observandum, præsertim cum ab utroque de reliquo certa notitia non habetur); quia tamen ante tempus probationis regulariter præfinitum, is qui converti desiderat habitum recipit et professionem emittit, abbate per se vel per alium professionem recipiente monasticam et monachalem habitum concedente, uterque renuntiare videtur ei quod pro se noscitur introductum, ideoque obligatur quidem per professionem emissam pariter et acceptam ad observantiam regularem et vere monachus est censendus: quia multa fieri prohibentur quæ, si facta fuerint, obtinent firmitatem. Prohibendum est tamen abbatibus ne passim ante tempus probationis quoslibet ad professionem recipiant; et si contra formam præscriptam quoslibet indiscrete receperint, animadversione sunt debita corrigendi, cum in subsidium fragilitatis humanæ spatium probationis sit regulariter institutum. Cum autem vir et uxor una caro sint per copulam conjugalem effecti nec una pars converti possit ad Dominum et altera in sæculo remanere: profecto non est alter conjugum recipiendus ad observantiam regularem, nisi reliquus perpetuam continentiam repromittat; neque vitam quoque debet mutare, nisi forte ejus sit ætatis ut sine suspicione incontinentiæ valeat remanere.

Datum Laterani, ix Kal. Decembris.

CCCCLVI.
SIPONTINO ARCHIEPISCOPO.
De pœna eorum qui falsis litteris utuntur.

(208) Accedens ad præsentiam nostram P. presbyter lator præsentium sua nobis insinuatione monstravit quod cum olim missus ab archipresbytero et clericis de Casali novo pro quibusdam causis, super quibus a te se fatebantur indebite prægravari, ad nostram præsentiam accessisset nec posset, pro eo quod tunc temporis nos eramus infirmitate gravati, suas litteras obtinere, moram apud sedem apost. faciendo, post paucos dies contigit ipsum etiam infirmari. Dum autem esset in lecto ægritudinis constitutus, accessit ad eum quidam clericus de Casali novo, Azo nomine, qui tunc temporis morabatur in urbe et sub spe dilectionis et gratiæ promisit ei se quas a nobis postulabat litteras obtenturum; qui credidit verbo ejus et expensas tribuit quas pro litteris ipsis se expensurum præfatus clericus proponebat. Tandem ad eum quasdam commissionis litteras ad venerabilem fratrem nostrum Tranensem archiepiscopum et dilectum filium ab-

---

(206) Cap. *Ad apostolicam*, De regularibus et trans. ad religionem.

(207) In tertia Collect. *utrumque.*
(208) Cap. *Accedens*, De crimine falsi.

batem de Coronata portavit; quas prædictus presbyter credens veras esse et de nostra conscientia emanasse, ad iudices detulit delegatos. Cumque in præsentia ipsorum judicum tu litteras argueres falsitatis et sacerdos ipse et alii clerici de Casali novo eas veras esse proponerent, tu easdem litteras sub sigillo prædictorum judicum ad nostram præsentiam direxisti, quas utique falsas esse deprehendimus manifeste; pro quo tibi per scripta nostra mandavimus ut illum qui præfatas litteras impetravit, officio beneficioque suspensum, ad nostram præsentiam dirigeres puniendum. Verum cum sacerdotem prædictum sua redderet conscientia innocentem, postquam tu eum officio et beneficio suspendisti, ad nostram festinanter accessit præsentiam, ad suam innocentiam excusandam. Sed cum apud nos moram faceret longiorem et a nobis misericordiam postularet, præfatæ falsitatis omnimodam ignorantiam proponendo, ipsum tamen cum litteris nostris ad te duximus remittendum, ut misericordiam inveniat quam precatur. Inde est quod fraternitati tuæ per apostolica scripta mandamus quatenus, si præfatæ litteræ, in quibus fuit falsitas deprehensa, formam de simplici justitia habuerunt, cum præsumi non debeat quod pro talibus litteris, quæ de facili possunt a quibuslibet obtineri, fraudem commiserit falsitatis, ab ipso presbytero canonica purgatione recepta quod conscius non fuerit falsitatis, nec litteris illis usus est postquam eas falsas esse cognovit, tu ei divinæ pietatis intuitu officium beneficiumque restitutas et eum super hoc ulterius non molestes; quia sicut justum est excessus corrigere delinquentium, sic iniquum merito reputatur si severitas pœnæ puniat innocentes.

CCCCLVII.
ABBATI ET CONVENTUI SANCTI EDMUNDI.
De consecratione ecclesiæ ipsorum.
(Laterani, Kal. Decembris.)

Cum Ecclesia vestra Ecclesiæ Romanæ sit filia specialis et ad eam nullo pertineat mediante, vos, unde prudentiam vestram dignis laudibus commendamus, ad apostolicam sedem tanquam ad caput vestrum in arduis ducitis recurrendum. Et quia Ecclesia ipsa nondum munus dedicationis accepit, super dedicatione ipsius a nobis licentiam postulastis. Nos ergo petitionibus vestris grato concurrentes assensu, postulatam licentiam indulgemus; concedentes etiam quod cruces et sanctorum imagines, quæ præ magnitudine sui de ipsa Ecclesia non possent absque dispendio amoveri, in suis locis valeant remanere. Episcopis autem, quos ad dedicationem duxeritis invitandos, per apostolica scripta mandamus ut ad vocationem vestram veniant, quemadmodum postulastis.

Datum Laterani, Kal. Decembris.

CCCCLVIII.
CLERICIS SANCTI PAULI DE CASTRO CERVARII,
Confirmat sententiam pro illis latam circa jus baptisterii.
(Laterani, v Kal. Decembris.)

Ea quæ auctoritate apostolica ratione prævia statuuntur, ne in recidivæ quæstionis scrupulum relabantur, apostolico sunt munimine fulcienda. Ex litteris siquidem dilecti filii nostri R. tituli Sanctorum Marcellini et Petri presbyteri car. Casin. abbatis nuper accepimus quod cum olim causam quæ vertebatur inter vos et ecclesiam Sanctæ Mariæ de Castro Cervarii super baptismate, de communi assensu partium ipsi duxerimus committendam, idem visis utriusque partis rationibus et plenius intellectis, pro vobis sententiam promulgavit; clericis prædictæ ecclesiæ Sanctæ Mariæ firmiter inhibens ne vobis molestiam vel gravamen inferrent quo minus pueros parochianorum vestrorum libere sic baptizare possetis cum vestra ecclesia ipsi ecclesiæ Sanctæ Mariæ in nullo subjaceat et iidem parochiani in Ecclesia vestra cætera percipiant ecclesiastica sacramenta. Nos igitur quod a prædicto abbate factum est ratum habentes sententiam ipsam sicut rationabiliter lata est vel legitimæ appellationis remedio sublevata, auctoritate apostolica confirmamus et præsentis scripti pagina communimus. Decernimus ergo ut nulli, etc.

Datum Laterani, v Kal. Decembris.

CCCCLIX.
PRIORI ET CONVENTUI ECCLESIÆ DUNELMEN.
Ut majoribus in rebus abbatis semper consensum requirant
(Laterani, vi Id. Decembris.)

Is est prælatorum ad subditos et subditorum ad prælatos suos dilectionis et concordiæ servandus affectus, ut nec illi qui præsunt, subjectorum jura perturbent nec qui subsunt, justitiæ derogent præsidentium vel attentent præter eorum assensum quæ cum ipsorum teneantur conscientia pertractare. Sane cum venerabilis frater noster P. Dunelmen. episcopus inter vos vices gerat abbatis nec ei nocere debeat quod episcopali præminet dignitate, in his ejus est a vobis requirendus assensus quæ præter abbatis assensum vobis agere non liceret. Eapropter auctoritate præsentium districtius inhibemus ne præter conniventiam ejus vicem super hoc gerentis abbatis ecclesias assignare, alienare possessiones vel conficere super alienationibus instrumenta, priores instituere vel ministros et alia quælibet in quibus abbatis esset necessarius assensus, attentare aliquatenus præsumatis contra consuetudinem regularem. Quod si præter consensum ipsius et inhibitionem præsentem aliquid quod non credimus super his duxeritis præsumendum, id irritum decernimus penitus et inane. Nulli ergo, etc., nostræ inhibitionis, etc.

Dat. Laterani, vi Idus Decembris.

CCCCLX.

PHILIPPO DUNELMEN. EPISCOPO.

Quo tempore conferenda sint beneficia et quando ad superiorem devolvantur.

(Datum, ut supra.)

Ut negligentium quorumdam desidiam praedecessores nostri Romani pontifices ad sollicitudinem excitarent, et obviarent fortius cupiditati multorum, qui vacantes ecclesias suis usibus applicabant, tam antiquis temporibus quam modernis certum tempus canonicis et conciliis (209) praefixerunt ultra quod nec ecclesiae debeant nec ecclesiastica beneficia seu praebenda vacare; non approbantes quod tandiu vacent, sed praecaventes ne diutius ecclesia quaelibet solito ministrorum obsequio defraudetur. Nos etiam ipsorum ac praesertim felicis recordationis Alexandri papae praedecessoris nostri statuta (210) sequentes, auctoritate tibi praesentium indulgemus ut si monachi Dunelmen. vel alii quilibet lege dioecesana tibi subjecti ecclesias vel praebendas ad suam donationem spectantes ultra tempus in Lateranen. concilio diffinitum vacare permiserint, ex tunc, monitione praemissa, sublato appellationis obstaculo, eas tibi liceat idoneis conferre personis. Nulli ergo, etc.

Datum, ut supra.

CCCCLXI.

EPISCOPO CESENAT.

De relaxando interdicto.

(Laterani, Id. Decembris.)

Rediens de partibus Marchiae dilectus filius C. tt. Sancti Laurentii in Lucina presbyter cardinalis, in quibus legationem sedis apostolicae habuerat, apostolatui nostro exposuit quod pro eo quod Cesenates cum Marchoardo juraverant, et saepius requisiti ad fidelitatem Ecclesiae redire noluerunt, terram ipsam interdicto supposuit. Quia vero, sicut tam per litteras tuas quam etiam populi Cesenat. nobis praesentatas accepimus, Marchoardi societatem penitus reliquerunt, cum aliis civitatibus Romandiolae conjurantes; tuis et ipsorum precibus inclinati, fraternitati tuae per apost. scripta mandamus quatenus recepto a tot et talibus quot et quales pro societate Ravennat. de Cesenat. juraverunt, secundum formam Ecclesiae juramento quod super his pro quibus interdicti fuerunt nostro debent parere mandato, interdictum auctoritate nostra relaxes, reservans mandatum usque ad nostrae beneplacitum voluntatis.

Datum Laterani, Idibus Decembris.

CCCCLXII.

RAD. PETRAGORICEN. EPISCOPO.

Quod laici decimas a clericis exigere non possint.

(Laterani, xviii Kal. Januarii.)

Quoniam indignum est et rationi contrarium ut laici, qui personis ecclesiasticis decimas tenentur exsolvere, eas a clericis rerum ordine praepostera confusione turbato extorquere praesumant, ad petitionem tuam universis monasteriis, ecclesiis et clericis tuae dioecesis duximus indulgendum ut, si forte quilibet laici suo nomine decimas ab eis amodo consuetudinis obtentu longaevae vel aliis occasionibus duxerint exigendas, sit eis liberum quod ita postulabitur denegare. Si vero laici, suae animositatis spiritu concitati, violenter aliquid voluerint adversus praesentis indulti beneficium attentare, tua fraternitas appellatione remota eos ecclesiastico interdicto supponat.

Datum Laterani, xviii Kal. Januarii.

CCCCLXIII.

CAPITULO ARELATENSI.

Quaedam statuta super vita ipsorum mittuntur.

(Laterani, iv Id. Decembris.)

Quanto recentior est in Ecclesia vestra religionis introducta plantatio, tanto diligentius in ipsis primordiis est cavendum ne aliquid honestati contrarium nutriatur; quod cum ex consuetudine fuerit confirmatum, ordinis claritatem obtenebret et difficilius, postquam invaluerit, exstirpetur. Cum autem ubi regularis ordinis professio antecessit, una esse debeat mensa fratrum et unum dormitorium eorumdem, nisi aliquem quandoque infirmitas vel alia iusta causa excludat, praesentis scripti pagina prohibemus ne aliquis vestrum, post factam professionem, nec etiam aliquis canonicorum seu clericorum saecularium, obtentu alicujus consuetudinis cibos, qui sibi ex administratione quotidiani stipendii apponuntur, extra claustrum vestrum de caetero audeat exportare; sed intra in locis ad hoc specialiter deputatis simul dormiant et manducent. Statuimus insuper et auctoritate apostolica prohibemus ne aliquis canonicus vel clericus capitulis vestris aliqua occasione nolentibus vobis intersit nec quisquam ex ipsis vestibus rubeis vel viridibus seu capis manicatis vel aliis religioni contrariis uti, aliqua insolentia seu temeritate praesumat, quod abjectae saecularitatis saperet vetustatem, et scandalum in populo generaret. Illi vero qui super praemissis culpabiles de caetero potuerint inveniri, secundum archiepiscopi vestri arbitrium canonicam subeant appellatione postposita ultionem. Constituimus etiam et praesentium auctoritate sancimus ut clerici Ecclesiae vestrae, qui non possunt, prout optarent, in ipsa canonici fieri saeculares, postquam fuerint ad alias translati ecclesias et in eis praebendas seu alia ecclesiastica beneficia consecuti, occasione attitulationis seu alia causa nihil sibi juris in ecclesia vestra valeant vindicare nec provisionem exposcere, nisi habitu religionis assumpto, cum aliis fratribus ibidem assidue servierint. Nulli ergo, etc., prohibitionis atque constitutionis, etc.

Datum Laterani, iv Idus Decembris.

---

(209) Leg. *conventibus*, aut *collegiis*, aut *capitulis*.

(210) Cap. *Nulla*, De concess. praeb.

CCCCLXIV.

ARELATENSI ARCHIEPISC.

Ut abbatem S. Gervasii ad obedientiam atque officium reducat.

(Laterani, Non. Decembris.)

(211) Incumbit nobis ex debito pastoralis officii ut justa postulantibus audientiam cum efficacia præbeamus, maxime ubi eorum vota et pietas adjuvat et explorati juris veritas non relinquit. Ad audientiam siquidem nostram te significante pervenit quod abbas sancti Gervasii de Fos excommunicatos et interdictos tuos pariter ad divina et sepulturam admittit, procurationes debitas, obedientiam et reverentiam, prout de jure tenetur et debet, exhibere tibi penitus contradicit. Nolentes igitur ut juri tuo per eumdem abbatem super hoc valeat derogari, auctoritate tibi præsentium indulgemus ut in ipsum abbatem, si in hac parte [*f.* pertinacia] duxerit persistendum, nullius contradictionis vel appellationis obstaculo censura possis ecclesiastica coercere. Nulli ergo, etc.

Datum Laterani, Nonis Decembris.

CCCCLXV.

RICARDO ABBATI ET CAPITULO COMPENDIEN.

Ipsorum jurisdictio et privilegia confirmantur.

(Laterani, XVIII Kal. Januarii.)

Cum a nobis petitur, etc., *usque ad verbum* assensu jurisdictionem et potestatem quam super clericos infra terminos compendii habitantes usque ad hæc tempora rationabiliter habuisti et nunc etiam juste et pacifice possidetis, vobis et per vos Compendien. monasterio auctoritate apostolica confirmamus et præsentis scripti pagina communimus. Statuentes ut nulli, etc.

Datum Laterani, XVIII Kal. Januarii.

CCCCLXVI.

ARELATENSIS ECCLESIÆ SUFFRAGANEIS.

Ut archiepiscopo suo obediant.

(Laterani, IV Id. Decembris.)

Cum secundum doctrinam evangelicam, quæcunque vultis ut faciant vobis homines et vos eis eadem facere debeatis, eam reverentiam vos convenit præstare prælatis quam vobis vultis a subditis exhiberi. Sane cum venerabilis frater noster Arelaten. archiepiscopus, metropolitanus, vester illis studiis et meritis adjuvetur ut commendationibus non indigeat aliorum, fraternitati vestræ duximus auctoritate præsentium injungendum, per apostolica scripta præcipiendo mandantes quatenus ei tanquam patri et episcopo animarum vestrarum devote studeatis et humiliter obedire, ad vocationem ipsius, nisi evidens necessitas contradicat, secundum traditionem canonicam sine difficultate qualibet accedentes.

Datum Laterani, IV Idus Decembris.

(211) Vide infra epist. 476.

CCCCLXVII.

ARCHIEPISCOPO ET CAPITULO ARELATEN.

Ut in ecclesia Arelat. nullus recipiatur in canonicum, nisi qui profiteri voluerit ordinem canonicorum S. Augustini.

(Laterani, Non. Decembris.)

Nihil magis esse religioni contrarium credimus vel absurdum, quam si in eadem Ecclesia in professione et ordine et religione ac moribus et vita et habitu servitorum diversitas nutriatur. Ne igitur in Ecclesia vestra, in qua regularis ordo noscitur institutus, hujusmodi ultra confusio se perniciose valeat immiscere, auctoritate præsentium districtius prohibemus ne in Ecclesia vestra de cætero cujuslibet meriti vel nobilitatis instinctu aliquis in canonicum vel in clericum admittatur, vel præpositum, aut decanum, aut aliquem officialium penitus eligatur, nisi professione et habitu se regularem ostendat, et secundum beati Augustini regulam in claustro et capitulo regulariter conversetur; ne status religionis, qui jam ibi per Dei gratiam confirmatus esse dignoscitur, alicujus mutabilitatis dispendio subvertatur et resilire paulatim a religionis proposito cujuslibet prætextu malitiæ compellatur.

Datum Laterani, Nonis Decembris.

CCCCLXVIII.

CENADIEN. EPISCOPO.

De infirmis excommunicatis ad cautelam absolvendis, donec revalescant.

(Laterani, XVII Kal. Januarii.)

Licet ecclesiasticis institutis, quæ provida deliberatio sanctorum Patrum instituit, a nullo debeat obviari; tamen cum justa contingit impedimenta concurrere, quæ institutorum ipsorum ex necessitate processum impediunt, juxta discretionem in medio residentis rigor est ecclesiasticus temperandus. Unde nos tuæ justæ petitioni faventes, ut valetudinariis, senibus et infirmis diœcesana tibi lege subjectis, qui pro injectione manuum in personas ecclesiasticas in canonem latæ sententiæ inciderunt, juxta formam Ecclesiæ beneficium absolutionis possis impendere, ita tamen quod postquam infirmi suæ restituti fuerint sanitati, ad apost. sedem accedant et alii pro itineris labore sibi dimisso dignum aliquid recompensent, plenam tibi usque ad triennium auctoritate præsentium concedimus facultatem.

Datum Laterani, XVII Kalend. Januarii.

CCCCLXIX.

EIDEM.

Ut clerici in majoribus ordinibus constituti assumptas mulieres abjiciant.

(Datum, *ut supra.*)

Quidam clerici tuæ diœcesis manifeste dicuntur doctrinæ Apostoli obviare, qui candorem ecclesiasticæ puritatis, quæ sine omni ruga et macula esse debet et omne quod est irreprehensibile sibi eligit, suis spurcitiis depravantes, et dantes offensionem in populo, ministerium suum in vituperium damnosa præsumptione convertunt. Quidam etenim ex ipsis in diaconatus et subdiaconatus ordine constituti, uxores sibi, si tamen uxores sunt nominandæ, contra instituta canonica, ut dicitur, copularunt: qui postmodum dignitates ecclesiasticas assecuti curæ student domesticæ potius quam ecclesiasticæ imminere. Volentes igitur id per tuæ fraternitatis industriam emendari, fraternitati tuæ auctoritate præsentium indulgemus quatenus, si prædicti clerici ad commonitionem tuam mulieres ipsas non prorsus ejecerint, et de tanto excessu satisfecerint congruenter, licitum tibi sit ipsos auctoritate nostra ecclesiasticis redditibus, remoto appellationis obstaculo, spoliare. Nulli ergo, etc.

Datum, ut supra.

CCCCLXX.
DUNELMEN. EPISCOPO.
Confirmatur institutio præbendarum facta in Ecclesia sua.
(Datum, ut supra.)

Ea quæ ad ampliandum cultum divini nominis in locis Deo dicatis a fratribus nostris et coepiscopis statuuntur, præsertim cum pietas præbet causam proposito et ardor intimæ charitatis flagrat exterius, in effectu servare volumus illibata et munimine confirmationis apostolicæ roborare. Ex charitatis siquidem, sicut credimus, fonte processit, quod bonæ memoriæ prædecessor tuus, et tu post eum ipsius exempla secutus, in Ecclesia de Deluton [de Dunelmo] præbendas et personatus provide statuistis; ut in eo honorabilius de cætero Domino serviatur, et Ecclesia ipsa in se ministrantibus liberius possit et melius providere. Nos igitur propositum tuum dignis laudibus in Domino commendantes, institutionem tam personatuum quam præbendarum in eadem Ecclesia per te et eumdem prædecessorem tuum hactenus factam, sicut rationabiliter et sine quorumlibet præjudicio facta est et servata, auctoritate apostolica confirmamus et præsentis scripti pagina communimus. Nulli ergo, etc.

Datum, ut supra.

CCCCLXXI.
ARCHIEPISC. ARELATENSI.
De cavenda beneficiorum pluralitate.
(Laterani, iv Id. Decembris.)

Cum secundum traditionem canonicam non liceat aliquem in duabus Ecclesiis titulari, sed quilibet debeat in Ecclesia, in qua ordinatus est perpetuo permanere, ut secundum Apostolum unusquisque maneat in ea vocatione, in qua dignoscitur esse vocatus, grave gerimus et indignum quod, sicut accepimus, præpositus et canonici Arelatenses, qui professi sunt observantiam regularem, mutationes reddituum cupiunt et in diversis laborant Ecclesiis præbendari; unde contingit quod et claustrum ipsum et episcopatus limites sæpius exeunt sine licentia prælatorum. Cum itaque nolimus ea viris religiosis permittere quæ in Ecclesiis etiam sæcularibus canonica reprobant instituta, fraternitati tuæ per apostolica scripta mandamus quatenus præfatis præposito et canonicis ex parte nostra et tua studeas districtius inhibere ne beneficia sibi multiplicari satagant, vel in aliis Ecclesiis se faciant titulari, et ne limites episcopatus vel claustri sine licentia tua vel illius cui fratrum curam commiseris, exire temeraria facilitate præsumant. Alioquin tu eos ad id, appellatione frustratoria non obstante, per censuram ecclesiasticam compellere non postponas.

Datum Laterani, iv Idus Decembris.

CCCCLXXII.
ARCHIEPISC. ET CAPITULO ARELATEN.
Ne præpositus absque consensu capituli mutuum recipiat, vel fidejussionem præstet.
(Datum, ut supra.)

Cum ex apostolatus officio, quod licet indigni suscepimus, Ecclesiarum omnium curam et sollicitudinem gerere debeamus, nobis est attentius providendum, ne circa spiritualia vel etiam temporalia ulla detrimenta suscipiant, per illorum incuriam clericorum qui quæ sua sunt, non quæ Jesu Christi quærentes, utilitati communi præferunt specialem. Sane, sicut nostro est apostolatui reseratum, nonnunquam in partibus vestris propter insolentiam prælatorum contingit ecclesias debitis intolerabilibus prægravari, pro eo quod earum negotia tanquam propria pertractantes, clericorum assensum non exigunt in agendis. Cum ergo quod omnes tangit, ab omnibus debeat approbari, auctoritate præsentium districtius inhibemus ne præpositus vester sine omnium vel majoris partis et sanioris assensu pecuniam recipiat mutuo vel pro ea præstet fidejussoriam cautionem. Si vero, quod non credimus, contra prohibitionem nostram ecclesiam præsumpserit aggravare, quod ab eo factum fuerit, decernimus non tenere. Nulli ergo, etc.

Datum, ut supra.

CCCCLXXIII.
ARCHIEPISC. ET CAPITULO ARELATEN.
Ut præpositus accepti et expositi rationem reddat.
(Datum, ut supra.)

Cum instantia nostra quotidiana sit, secundum Apostolum, omnium Ecclesiarum sollicitudo continua, summo studio satagere nos oportet quod status earum in spiritualibus et temporalibus suscipiat incrementa et in deterius, quod absit! aliquorum desidia non labatur. Sane, sicut nostris est auribus intimatum, in Arelaten. Ecclesia id consuetudinis noscitur obtinere, quod præpositus ipsius Ecclesiæ coram archiepiscopo et capitulo administrationis suæ reddat statutis temporibus rationem, sicut a suis prædecessoribus fuit hactenus observatum. Cum itaque consuetudinis ususque longævi non sit vilis auctoritas, et præsertim quando rationi non obviat et canonicis institutis, discretioni vestræ per apostolica scripta mandamus quatenus præfatum præpositum ad præmissam consuetudinem observandam, appellatione remota, sicut justum fuerit, compellatis. Quod citra mandatum nostrum deberet efficere, si famam suam vellet servare apud homines illibatam ; ne Judæ notam sinistræ suspicionis incurreret, unde facta sua vellet fratribus et sociis occultare.

Datum, *ut supra.*

CCCCLXXIV.

ARCHIEPISC. ARELATEN.

Ut de personatibus pro sua voluntate ordinare possit.
(Datum, *ut supra.*)

Cum Arelaten. Ecclesiæ personatus prædecessores tui dicantur de pontificalis mensæ redditibus statuisse, usque ad tempora ista ordinatio ipsorum ad pontifices, qui fuerunt pro tempore, sicut nostro est apostolatui reseratum, noscitur spectavisse. Cum autem personam tuam sincera diligamus in Domino charitate, nec velimus pontificalia jura tuis temporibus minui sed augeri ; ut de jam dictis personatibus, sicut et prædecessores tui sine contradictione qualibet habuerunt, liberam habeas potestatem secundum Deum et profectum commissæ tibi Ecclesiæ ordinandi, appellatione frustratoria non obstante, fraternitati tuæ auctoritate præsentium indulgemus. Nulli ergo, etc.

Datum, *ut supra.*

CCCCLXXV.

PRÆPOSITO S. JOANNIS DE CIMITERIO EJUSQUE FRATRIBUS TAM PRÆSENTIBUS QUAM FUTURIS CANONICE SUBSTITUENDIS IN PERPETUUM.

Suscipit eos sub protectione apostolica.
(Laterani, xviii Kal. Januarii.)

Effectum justa postulantibus, etc. *usque ad verbum* annuimus, et præfatam ecclesiam Sancti Joannis de cimiterio in Papien. suburbio sitam, in qua divino mancipati estis obsequio, ad exemplar felicis recordationis Lucii papæ prædecessoris nostri sub beati Petri et nostra protectione suscipimus, et præsentis scripti pagina communimus. Statuentes, etc., *usque ad verbum* vocabulis. Locum ipsum in quo præfata ecclesia sita est cum omnibus pertinentiis suis. ecclesiam Sancti Marci, quæ in parochia vestra fundata est, cum omnibus pertinentiis suis, ecclesiam Sanctæ Mariæ, positam in porta aurea cum pertinentiis suis ; ecclesiam Sanctæ Mariæ, positam in castello Lanfranci cum omnibus pertinentiis suis ; et plebem quæ dicitur Rete cum omnibus pertinentiis suis. Sane cum generale, etc. Sepulturam quoque, etc. Obeunte vero, etc. Decernimus ergo, etc. Salva sedis apostolicæ auctoritate et diœcesani episopi canonica justitia. Si qua igitur in futurum, etc.

Datum Laterani, per manum Raynaldi domini papæ notarii, cancellarii vicem agentis, xviii Kalend. Januarii, indictione secunda, Incarnationis Dominicæ anno 1198, pontificatus vero domini Innocentii papæ III anno primo.

(212) Vide supra epist. 464.

CCCCLXXVI.

ARELATEN. ARCHIEPISCOPO.

Ut monasterium S. Gervasii instauret.
(Laterani, iv Id. Decembris.)

(212) Gravem lapsum monasterii Sancti Gervasii de Fos nostro noveris apostolatui reseratum, quod cum collegium ipsius propter insolentiam monachorum ad binarium sit redactum, duo monachi, qui supersunt, Dei timore prorsus abjecto, non tanquam in monasterio, sed velut in prostibulo impudice cum duabus mulieribus conversantur ; de quorum conversatione religioni detractio evenit et in populo grave scandalum generatur ; et cum monasterium ipsum de redditibus et possessionibus archiepiscopalis mensæ fundatum sit et ditatum, debitam tibi obedientiam dicti monachi denegant exhibere ; quin potius etiam adversus Rom. Ecclesiam calcaneum erigentes, interdictos et excommunicatos passim recipiunt ad divina, defunctis in excommunicatione sepulturam etiam impendentes : propter quod in partibus illis et contemptibiles habentur sententiæ prælatorum et justitia penitus non servatur. Cum autem in dicto monasterio et jus habeas patronatus, et lege tibi sit diœcesana subjectum (unde ipsius commodis et profectibus debes propensius imminere), fraternitati tuæ, quam sincerius amplexamur, auctoritate præsentium indulgemus ut præfatum monasterium ad observantiam regularem et statum religionis antiquæ, vel, si poteris, meliorem, remoto appellationis obstaculo, valeas reformare. Abbates quoque tibi subjectos ad debitam obedientiam Arelaten. Ecclesiæ nunc et in posterum exhibendam compellendi tibi nihilominus concedimus facultatem. Decernimus ergo etc.

Datum Laterani, iv Idus Decembris.

CCCCLXXVII.

ABBATI AUREÆ VALLIS, ARCHIDIACONO PICTAVENSI ET MAGISTRO G. DECANO ASIANEN.

Ut precarios pontificis in beneficiorum suorum possessione defendant, nisi statutum de certo canonicorum numero repugnet.
(Laterani, xiv. Kal. Januarii.)

Cum simus omnibus ex injuncto nobis officio debitores, iis specialiter et præsertim providere tenemur qui vel a sede apostolica ordinem susceperunt, vel apud eam in obsequio nostro et fratrum nostrorum laudabiliter permanentes, nostram plenius meruerunt gratiam et favorem. Unde cum pro ignotis etiam Ecclesia Romana consueverit a personis ecclesiasticis in suis precibus tam celeriter quam efficaciter exaudiri, non possumus non mirari si non audiamur pro illis quibus ad obtinendum quod petitur scientia suffragatur et mores, et qui nobis sunt et fratribus nostris accepti et his quibus scribimus non ignoti. Sane cum pro dilectis filiis W. Roffo sub diacono nostro, clerico dilecti filii nostri Cent. S. Luciæ diaconi cardinalis, qui videlicet subdiaconus ex eo quod felicis recordationis C. papæ prædecessoris nostri tempore in camera nostra diutius laudabiliter deservivit, et magistro Const. Natal. qui, quoniam bonæ memoriæ I. Malabrancæ tunc Sancti Theodori diacono cardinali diutius obsequium suæ devotionis impendit, nostram et fratrum nostrorum gratiam nec immerito meruerunt, idem prædecessor noster venerabili fratri nostro episcopo et capitulo Xanctonen. primo ac secundo scripsisset ut eos in canonicos suos reciperent, et stallum in choro et locum in capitulo assignarent; quia capitulum ipsum preces et mandata ipsius semel et iterum implere contempsit, bonæ memoriæ Ad. episcopus, tunc archidiaconus Pictavensis, et dilecti filii decanus, et cantor Sanctæ Radegundis Pictavensis, quibus exsecutio mandati apostolici fuerat diligenter contradictione et appellatione postposita delegata, post frequentem commonitionem, cum nihil proficerent monitis apud ipsos, procuratorem eorum de canonica Ecclesiæ Xanctonen. curaverunt auctoritate apostolica investire; dictis episcopo et capitulo eadem auctoritate mandantes ut eos permitterent canonicam ipsam pacifice possidere. Cæterum quia canonici ejusdem Ecclesiæ se contra hoc contumaces exhibebant in omnibus et rebelles, iidem exsecutores, sicut ex eorum litteris accepimus manifeste, in eos excommunicationis et in Xanctonen. Ecclesiam interdicti sententiam protulerunt; quam dicti canonici nullatenus observantes, præsumpserunt divina nihilominus celebrare: licet idem episcopus Xanctonensis, sicut ex litteris suis nobis innotuit, apostolicis nolens contraire mandatis, super receptione ipsorum promptam habeat voluntatem. Iidem etiam canonici ad sedem apostolicam nuntium destinantes, suggesto quod in Xanctonen. Ecclesia quadragenarius erat canonicorum numerus institutus et per sedem apost. confirmatus (de quo nulla penitus habita mentione dictus subdiac. noster et magister Const. super receptione sua litteras obtinuerant ab apost. sede impetratas a nobis, prædictarum sententiarum processu nequaquam expresso), causam ipsam abbati Sylvæ majoris et decano Burdegalen. committi, sic videlicet ut si constaret litteras non habita mentione de constitutione et confirmatione prædictis pro eisdem subdiacono nostro et magistro Const. ab eodem prædecessore nostro manasse, quidquid factum invenirent occasione litterarum illarum post appellationem ad nos legitime interpositam vel statutum denuntiarent penitus non tenere, injungentes ipsis districtius ne occasione litterarum illarum Xanctonen. Ecclesiam indebite de cætero molestarent. Cumque litteræ hujusmodi ad prædictos judices pervenissent, dictus subdiaconus noster ad ipsorum citationem in eorum præsentia constitutus preposuit quod cum excommunicati essent, illis respondere minime tenebatur et quod voluntatem nostram volebat super hoc præsentialiter experiri; et ne ulterius in negotio ipso procederent, sedem apostolicam appellavit.

(213) Fuit postea archiepiscopus Senonensis.

A Quia vero labori eorum compati volumus et debemus, ad devotionem et servitium ipsorum nec immerito paternum respectum habentes, discretioni vestræ per apostolica scripta mandamus et districte præcipimus quatenus nisi infra quadraginta dies a commonitione nostra auctoritate præsentium viva voce vel litteris sibi facta, vobis per testes omni exceptione majores constiterit prælatum quadragenarium canonicorum numerum fuisse in præfata Ecclesia institutum, vel si non habent plenum, ut duo desint de quadragenario constituto, vel post factam institutionem habuerint quandoque majorem, cum ipsi factam institutionem non observaverint, ipsos in corporalem possessionem canonicæ ipsius appellatione postposita, auctoritate freti apostolica,
B inducentes, stallum in choro et locum in capitulo secundum Ecclesiæ consuetudinem assignetis et canonicos memoratos ad receptionem ipsorum per excommunicationis in personas et interdicti sententias in Ecclesiam Xanctonen., sublato cujuslibet contradictionis et appellationis obstaculo, cogatis, revocantes in irritum quidquid post susceptionem mandati ejusdem prædecessoris nostri in elusionem ipsius et eorumdem subdiaconi et magistri præjudicium in canonicis vel præbendis inveneritis attentatum. Taliter autem mandatum apostolicum impleatis, ut obedientiam vestram commendare non immerito debeamus et vestro et Ecclesiarum vestrarum profectui sollicitius imminere, ac cardinalis prædictus,
C quem inter fratres nostros speciali diligimus in Domino charitate, et idem subdiaconus et magister propter hoc libentius intendant vestris commodis et honori: scituri quod sicut gratum habebimus si mandatum apostolicum fueritis efficaciter exsecuti, sic ferre non poterimus non moleste si, quod non credimus, in hoc negligentes fueritis vel remissi. Testes autem qui fuerint nominati, si se gratia, odio, vel timore subtraxerint, ut testimonium perhibeant veritati, per districtionem ecclesiasticam appellatione remota cogatis. Nullis litteris obstantibus, si quæ apparuerint harum tenore tacito a sede apostolica impetratæ. Quod si omnes, etc., duo vestrum ea nihilominus exsequantur.

Datum Laterani, xiv Kal. Januarii.

D CCCCLXXVIII.
DECANO ET CAPITULO EBORACEN.
Ut M. Petro de Corbolio præbendæ et archidiaconatus possessio tradatur.
(Laterani, xvi Kal. Januarii.)

Si eorum petitionibus apostolicum gratanter impertimur assensum, quos gratiosos inter alios clericos orbis et litterarum scientia et morum reddit honestas, officii nostri, sicut credimus, debitam prosequimur actionem, et Deo in hoc et hominibus complacemus. Sane licet dilectum filium magistrum (213) P. de Corbolio, de cujus litteratura et scientia in longinquis et remotis partibus prædicatur, suæ tantum probitatis et honestatis intuitu habere debeamus in visceribus charitatis : cum tamen ad memoriam reducimus nostram nos aliquando sub ipsius magisterio exstitisse et ab eo divinarum audisse paginam Scripturarum (quod utique non pudet nos dicere, imo reputare volumus gloriosum), ad dilectionem ipsius efficimur promptiores et ejus libentius augmento intendimus et honori. Cum igitur venerabilis frater noster Eboracen. archiepiscopus præbendam Eboracen. Ecclesiæ cum archidiaconatu eidem magistro contulerit, sicut nobis per suas litteras, ut proponitur, intimavit, nec vos unquam deceat talem ac tantum clericum a societate vestra repellere, sed vocare, cum de litteratis et discretis personis Ecclesiis multa provenire consueverint incrementa, devotionem vestram rogamus, monemus ac per apostolica scripta districte præcipiendo mandamus, quatenus præfatum magistrum ad præbendam et archidiaconatum sibi concessum tam libenter quam liberaliter admittentes, faciatis eumdem vel procuratorem suum præbendam et archidiaconatum pacifice possidere; ut et idem magister in vobis se gaudeat fraternæ dilectionis solatium invenisse, et nos, qui pro ipso puro corde et voluntate sincera scripta nostra dirigimus, devotionem vestram valeamus in Domino merito commendare. Alioquin nos venerabili fratri nostro Elien. episcopo noveritis injunxisse ut præfato magistro præbendam et archidiaconatum, non obstante contradictione vel appellatione cujuslibet, si ei de canonica concessione constiterit, nostra fretus auctoritate non differat assignare et faciat pacifice possidere; illos censura ecclesiastica percellens qui se duxerint mandato nostro temere opponendos.

Datum Laterani, xvi Kal. Januarii.

CCCCLXXIX.

ELIEN. EPISCOPO.

Ejusdem argumenti.

(Datum, *ut supra*.)

Si eorum petitionibus, etc., *fere in eumdem modum ut supra, usque ad verbum* commendare. Ideoque fraternitati tuæ per apostolica scripta præcipiendo mandamus quatenus præfato magistro præbendam et archidiaconatum, non obstante contradictione vel appellatione cujuslibet, si tibi de canonica concessione constiterit, nostra fretus auctoritate non differas assignare et facias pacifice possidere, illos censura ecclesiastica percellens, qui se duxerint mandato nostro temere opponendos.

Datum, *ut supra*.

CCCCLXXX.

RICARDO ILLUSTRI REGI ANGLORUM.

Ejusdem argumenti cum duabus præcedentibus.

(Datum, *ut supra*.)

Cum regnorum status per virorum prudentum consilia de bono semper consueverit in melius prosperari, qui ad ipsorum regimen, Domino disponente, vocantur, viris prudentibus et discretis favorem debent et gratiam libenti animo impertiri, et ipsorum, prout convenit, intendere incrementis. Cum enim sicut credimus, magnificencia regia non ignoret qualiter dilectus filius magister P. de Corbolio inter alios clericos orbis scientia litterali præfulgeat et sua probitate et discretione sit admodum commendandus, ad dilectionem ipsius prompta debes voluntate concurrere et eum tam libenter quam efficaciter exaudire. Cum igitur venerabilis frater noster Eboracen. archiepiscopus ei præbendam Eboracen. Ecclesiæ cum archidiaconatu contulerit, super cujus possessione per dilectos filios decanum et capitulum Eboracense, prout dicitur, impeditur; pro ipso, sub cujus magisterio nos aliquando exstitisse recolimus et ab eo audivisse sacrarum paginam Scripturarum, puro corde, conscientia bona et voluntate non ficta serenitatem regiam duximus litteris apostolicis exhortandam, rogantes attentius et monentes quatenus prædictum magistrum nostrarum precum intuitu et suæ probitatis obtentu diligas propensius et honores, et ad habendam possessionem pacificam archidiaconatus et præbendæ auxilium regiæ serenitatis exhibeas ; ita quod ipse magister ad servitium magnitudinis regiæ fortius accendatur, et nos, cum preces nostras, præsertim quas de tam puro corde proferimus, cognoverimus exauditas, ad audiendum petitiones tuas possimus magis favorabiles inveniri.

Datum, *ut supra*.

CCCCLXXXI.

JOANNI MINISTRO ET FRATRIBUS S. TRINITATIS.

Conceditur regula juxta quam vivere debeant.

(Laterani, xvi Kal. Januarii.)

Operante divinæ dispositionis clementia, in sedis apostolicæ specula constituti piis debemus affectibus suffragari, et eos, cum a charitatis radice procedunt, perducere ad effectum, præsertim ubi quod queritur, Jesu Christi est, et privatæ communis utilitas antefertur. Sane cum tu, dilecte in Christo fili, frater Joannes minister, ad nostram olim præsentiam accessisses et propositum tuum quod ex inspiratione divina creditur processisse nobis humiliter significare curasses, intentionem tuam postulans apostolico munimine confirmari : Nos ut desiderium tuum fundatum in Christo, præter quem poni non potest stabile fundamentum, plenius nosceremus, ad venerabilem fratrem nostrum episcopum et dilectum filium abbatem Sancti Victoris Parisien. cum nostris te duximus litteris remittendum; ut per eos, utpote qui desiderium tuum perfectius noverant, de intentione tua et intentionis fructu ac institutione ordinis et vivendi modo instructi, assensum nostrum tibi possemus securius et efficacius impertiri. Quia igitur, sicut ex eorum litteris cognovimus evidenter, Christi lucrum appetere videmini plus quam vestrum, volentes ut apostolicum vobis adsit præsidium, regulam juxta quam vivere debeatis, cujus tenorem dicti episcopus et abbas suis nobis inclusum litteris transmiserunt, cum his quæ de dispositione nostra et petitione tua, fili minister, duximus adjungenda, præsentium vobis et successoribus vestris auctoritate concedimus, et illibata perpetuo manere sancimus. Quorum tenorem, ut evidentius exprimatur, inferius jussimus annotari.

In nomine sanctæ et individuæ Trinitatis. Fratres domus Sanctæ Trinitatis sub obedientia prælati domus suæ, qui minister vocabitur, in castitate et sine proprio vivant. Omnes res, undecunque licite veniant, in tres partes dividant æquales, et in quantum duæ partes sufficient, exsequantur ex illis opera misericordiæ, cum sui ipsorum et eis necessario famulantium moderata sustentatione. Tertia vero pars reservetur ad redemptionem captivorum qui sunt incarcerati pro fide Christi a paganis, vel dato pretio rationabili pro redemptione ipsorum, vel pro redemptione paganorum captivorum, ut postea rationabili commutatione et bona fide redimatur Christianus pro pagano secundum merita et statum personarum. Cum vero pecunia data fuerit, vel aliquid aliud, licet specialiter et proprie detur ad aliquid, semper de consensu illius, qui dederit, tertia pars separetur, et aliter non recipiatur; exceptis terris, pratis, vineis, nemoribus, ædificiis, nutrituris et hujusmodi. Fructus enim inde exeuntes, deductis expensis, scilicet medietate remota pro expensis, in tres partes dividentur æquales; sed quæ paucas vel nullas recipiant expensas omnes dividantur. Cum vero panni vel calciamenta vel minuta hujusmodi, quibus necesse sit uti, quæ vendi vel conservari non expedit, data fuerint vel a se ipsis habuerint, non dividantur, nisi ministro domus et fratribus visum fuerit expedire, de quibus singulis Dominicis, diebus si fieri potest, in capitulo deliberetur. Si tamen prædicta, ut panni, terræ, nutrituræ, sive minuta venderentur, pretium inde proveniens in tres partes ut supra dividatur.

Omnes Ecclesiæ istius ordinis intitulentur nomine sanctæ Trinitatis et sint plani operis. Fratres possunt esse in una cohabitione, tres clerici et tres laici (214) et præterea unus qui procurator sit, qui non procurator, sed minister, ut dictum est, nominetur, ut Frater N. minister domus sanctæ Trinitatis, cui fratres repromittere ac impendere obedientiam teneantur. Omnibus fratribus suis, sicut sibimet, minister fideliter administret. Vestimenta sint lanea et alba; et liceat eis habere pellicias singulis singulas, et bracas, quas jacentes non deponant. Jaceant in laneis; ita quod plumea fulcra vel culcitras, nisi in ægritudine laborantes, in domibus propriis minime habeant. Cervical vero ad sustentationem capitis permittantur habere. In cappis fratrum imponantur signa. Equos non ascendant nec etiam habeant; sed asinos tantum liceat ascendere datos vel accommodatos vel de propriis nutrituris susceptos.

Vinum sumendum a fratribus taliter temperetur, ut sobrie sumi valeat. Jejunent ab Idibus Septembris secunda, quarta et sexta feria et Sabbato, nisi solemnis festivitas intervenerit, usque ad Pascha : sic tamen ut ab Adventu usque ad Nativitatem Dominicam et a Quinquagesima usque ad Pascha, exceptis Dominicis diebus, in cibo quadragesimali jejunent, et alia similiter jejunia quæ consuevit Ecclesia celebrare. Potest tamen quandoque minister jejunium cum discretione relaxare propter ætatem vel viam et aliam justam causam, vel facultate inspecta etiam augmentare. Carnibus datis ab his qui foris sunt vel sumptis de propriis nutrituris vesci liceat tantum in Dominicis diebus a Pascha usque ad Adventum Domini, et a Natali usque ad Septuagesimam, et in Nativitate et Epiphania Domini, et in Ascensione Domini et Assumptione et Purificatione beatæ Mariæ, et in festivitate Omnium Sanctorum. Nihil emant ad victum, præter panem et pulmentum, scilicet fabas et pisa et hujusmodi legumina, olera, oleum, ova, lac, caseos et fructus. Sed neque carnes neque pisces sive vinum liceat emere, nisi ad necessitatem infirmorum, vel minutorum, vel pauperum, aut in magnis solemnitatibus. Liceat tamen nutrituras emere, et nutrire. Cum vero in itinere sive peregrinatione fuerint, liceat eis, sed parce, vinum emere, et pisces in Quadragesima, si necesse fuerit; et si quid eis datum fuerit, inde vivant, et residuum in tres partes dividant. Tamen si fuerint in via profecti ad redimendum captivos, quidquid eis datum fuerit totum debent ponere in redemptionem captivorum, præter expensas. In civitatibus, in villis, sive castellis, in quibus proprias domos habuerint, nihil omnino extra domos illas, nisi forte in domo religionis, etiamsi a quovis rogentur, comedant vel bibant, nisi forte aquam in domibus honestis; nec pernoctare præsumant extra hujusmodi domos. Nunquam in tabernis vel in hujusmodi locis inhonestis habitent, comedant vel bibant. Qui autem hoc præsumpserit, juxta arbitrium ministri gravi vindictæ subjaceat.

Talis sit charitas inter fratres, clericos et laicos, ut eodem victu, vestitu, dormitorio, refectorio et eadem mensa utantur. Infirmi seorsum dormiant et comedant : ad quorum curam habendam conversus aliquis, laicus sive clericus, deputetur, qui ea quæ necessaria fuerint inquirat et ministret sicut fuerit ministrandum. Moneantur tamen infirmi, ut lauta sive nimium sumptuosa cibaria non requirant, commoda potius et salubri moderatione contenti. Cura hospitum et pauperum et omnium euntium et redeuntium uni de discretioribus et benignioribus fratribus injungatur, qui audiat eos, et ut expedire viderit, charitatis solatium administret. Requirat tamen ab illis quos crediderit admittendos, si eis quæ fratribus apponuntur velint esse contenti. Ad lauta quidem et sumptuosa cibaria non oportet quemquam admitti. Quæcunque tamen præstanda sunt cum hilaritate præstentur, et nulli maledictum pro maledicto reddatur. Si quis, et maxime religiosus, ad hospitandum advenerit, benigne suscipiatur et charitative juxta posse domus illi subministretur. Avena tamen vel aliud in loco avenæ hospitibus non detur, si fuerint in civitate vel oppido, vel ubi venalis inveniatur; nisi forte religiosi sint hospites vel tales qui ad manum non habeant et non emere possint. Si autem hospites venalem non invenerint et in domo qua suscepti fue-

(214) In codice privilegiorum ordinis ita legitur, tam clerici quam laici.

rint inveniatur, congruenter eis præbeatur. Nullus frater laicus vel clericus sit, si fieri potest, sine proprio officio. Si quis vero laborare noluerit et potuerit, locum ipsum deserere compellatur, cum Apostolus dicat : Qui non laborat, non manducet (*II Thess.* III, 10).

Silentium observent semper in ecclesia sua, semper in refectorio, semper in dormitorio, De necessariis tamen liceat loqui in aliis temporibus aptis, et remissa voce, humiliter et honeste; et extra prædicta loca ubique sermo eorum sit honestus et sine scandalo. Similiter et eorum omnis status, gestus, vita, actio, et omnia alia honesta in eis reperiantur. Capitulum, si fieri potest, singulis Dominicis diebus in singulis domibus minister cum fratribus suis teneat, et de negotiis domus et domui sive fratribus datis, ut ad redemptionem captivorum tertia pars deputetur, fratres ministro et minister fratribus rationem fideliter reddant. Non solum fratribus, sed et familiæ domus pro capacitate sua similiter singulis Dominicis diebus, si fieri potest, exhortatio fiat; et quid credere aut agere debeant simpliciter moneantur. De omnibus rebus et clamoribus in capitulo fratres judicentur. Nullus fratrum fratrem suum in publico accuset, nisi bene possit probare. Qui autem hoc fecerit, pœnam subeat, quam reus subiret si convinci potuisset, nisi minister ex causa cum eo dispensare voluerit. Si qui scandalum vel aliquid hujusmodi fecerint, vel, quod absit! se invicem percusserint, juxta arbitrium ministri majori vel minori vindictæ subjaceant. Si quis frater in fratrem peccaverit, id est, contra fratrem, id est, eo solo sciente qui injuriam passus est, sustineat patienter, licet sit innocens; et cum quieverit commotio animorum, benigne et fraterne commoneat et corripiat eum usque ter inter se et ipsum solum, et pœnitentiam agere de commisso et a similibus in posterum abstinere. Quod si non audierit, dicat ministro, et ille corripiat eum secreto secundum quod viderit saluti ejus expedire. Qui vero scandalum movit et per se emendare voluerit, totum ante pedes scandalizati petens veniam se extendat; et si semel non sufficit, usque ter illud idem faciat. Si vero hoc in publicum venerit, quæcunque secutura fuerit pœnitentia hæc sit prior, scilicet ante pedes ministri petendo veniam totius corporis extensione, et postea secundum ejus arbitrium emendetur. Generale capitulum semel in anno celebretur, quod fieri debet in octavis Pentecostes. Si pro necessitate domus debitum aliquod fuerit contrahendum, prius in capitulo fratribus proponatur, et cum eorum fiat consilio et assensu; ut sic et suspiciones et murmurationes evitentur. Si quisquam de substantia domus violentiam fecerit et ad judicem oportuerit referri, non ante hoc fiat quam charitative ille a fratribus primo, post ab aliis vicinis similiter moneatur.

Electio ministri per commune fratrum consilium fiat, nec eligatur secundum dignitatem generis, sed secundum vitæ meritum et sapientiæ doctrinam. Ille vero qui eligitur, sacerdos sit vel clericus ordinibus aptus et sit professus. Minister vero, sive major sive minor, sacerdos sit. Major minister confessiones fratrum omnium congregationum ejusdem ordinis audire potest. Minor vero minister omnium fratrum suæ domus audiat confessiones; dummodo verecundia repetiti excessus occasionem minime præbeat tardius prælatis suis vel minus pure quam deceat confitendi. Sollicite vero minister provideat ut præcepta regulæ, sicut cæteri fratres, per omnia teneat. Postquam vero electus fuerit, si ex culpa deponi meruerit, per majorem ministrum convocatis tribus vel quatuor ministris minoribus deponatur, et alius qui dignus sit, loco ejus subrogetur. Si vero pro remotione terrarum vel alia causa rationabili major minister hoc facere non poterit, ministris minoribus magisque religiosis committat; et quod illi fecerint auctoritate majoris ratum habeatur. Major vero minister si pro excessibus corrigendus vel deponendus sit, per quatuor aut quinque ministros ejusdem ordinis magis religiosos hoc fiat, qui tunc auctoritate generalis capituli ad hoc eligi debent.

Si quis hujus ordinis frater esse voluerit, primo per annum cum expensis suis præter victum, habitu suo et omnibus suis retentis, in ordine pro Deo serviat; et post annum, si bonum et conveniens videatur ministro domus et fratribus et illi, et locus vacaverit, recipiatur; nihil tamen pro receptione sua exigatur. Si quid tamen gratis dederit, recipiatur; dum tamen tale sit de quo non videatur Ecclesiæ litigium imminere. Si vero de cujusquam moribus visum fuerit dubitandum, prolixior de eo probatio habeatur. Si ante receptionem aliquis se intemperanter habuerit et impatiens disciplinæ, et ad arbitrium ministri non emendaverit mores suos, tribuatur ei modeste licentia cum omnibus quæ attulit recedendi. In ordine vero aliquis non recipiatur antequam annum videatur vigesimum complevisse. Professio vero in arbitrio ministri relinquatur.

Pignora non accipiant, nisi decimas cum licentia sui episcopi, de manu laici. Juramenta non faciant, nisi in magna necessitate et cum licentia ministri, vel jussi ab episcopo suo vel ab alio vices apostolicas gerente, et hoc pro honesta et justa causa. Si quod vitium in re quæ venditur notum fuerit, indicetur emptori. Depositum auri vel argenti vel pecuniæ non liceat eis suscipere. Ipsa die qua infirmus venerit vel apportatus fuerit, de peccatis suis confiteatur et communicet. Omni secunda feria (præterquam in octavis Paschæ, et Pentecostes, et Nativitatis, Domini et Circumcisionis, et Epiphaniæ, et præterquam in festivitatibus quæ ad colendum pronuntiantur), finita missa pro fidelibus, fiat absolutio fidelium defunctorum in cœmeterio. Singulis quoque noctibus ad minus in hospitali coram pauperibus pro statu et pace sanctæ Romanæ Ecclesiæ et totius Christianitatis, et pro benefactoribus et pro his pro quibus generalis Ecclesia consuevit orare, communis fiat oratio.

In regularibus horis morem beati Victoris observent; nisi forte pausationes vel aliæ prolixitates vel vigiliæ, occasione laboris et paucitatis servientium, de consilio piorum et religiosorum virorum fuerint re-

mittendæ. Propter paucitatem etenim suam tantas pausationes in psallendo facere non tenebuntur nec ita tempestive surgere. In rasura similiter ordinem Sancti Victoris sequantur clerici. Laici vero barbas non radant, sed eas crescere modeste permittant.

Nulli ergo, etc.; nostræ concessionis et constitutionis, etc.

Datum Laterani, xvi Kal. Januarii, anno Incarnationis Dominicæ 1198, pontificatus nostri anno primo.

CCCCLXXXII.

G. PRÆPOSITO ALBENSI.

Datur illi potestas conferendi custodiam Albensem.
(Laterani, xii Kal. Januarii.)

Innotuit apostolatui nostro per petitionem nobis ex tua parte porrectam, quod cum in Alben. Ecclesia quædam dignitas, quæ custodia dicitur, ad tuam donationem pertinens habeatur, cujus curæ ac sollicitudini ornamenta ac privilegia ipsius Ecclesiæ et diadema etiam regium committuntur, aim personæ idoneæ conferre desideras; ne forte, per imperitiam aut infidelitatem vel negligentiam custodis ipsius, Ecclesia incurrat aliquod detrimentum aut honor patriæ de corona aliquam læsionem sustineat. Volentes igitur indemnitati Ecclesiæ præcavere, et tibi tuam justitiam conservare, ut custodiam ipsam, sicut tui juris existit, idoneæ personæ nullius appellatione obstaculo conferas et assignes, liberam tibi damus auctoritate apostolica facultatem.

Datum Laterani, xii Kal. Januarii.

CCCCLXXXIII.

PICTAVIEN. EPISCOPO.

Ut monasteria per suam diœcesim visitet atque reformet.
(Datum, ut supra.)

Si super commisso tibi grege sic vigilare procuras ut esse de illis pastoribus qui nato Domino super grege suo noctis vigilias custodiebant merito comproberis, in tui exsecutione officii semper cum discretione procedes et de subditis tuis, tanquam de eis redditurus Domino rationem, plantare virtutes et exstirpare vitia procurabis. Ad audientiam siquidem nostram noveris pervenisse quod in Pictavien. diœcesi pro diutina pastoris absentia in religiosorum collegiis et aliis personis ecclesiasticis multa quæ statum perturbant religionis et ordinis sunt præsumpta, ad quorum correctionem te oportet propensioris sollicitudinis studium exercere. Volentes igitur ut excessus liberius valeas corrigere delinquentium, cum nostra fueris auctoritate suffultus, tibi pagina præsenti mandamus quatenus ad abbatias et alia loca religiosa et ecclesias tuæ diœcesis quæ tibi sunt diœcesana lege subjectæ personaliter accedens, quæ tam in capite quam in membris in eis corrigenda inveneris, secundum Deum corrigas et emendes et reformationi eorum taliter procures insistere, quod de bona possis provisione laudari, et Ecclesiarum status per te studiosius reformetur.

Datum ut supra.

CCCCLXXXIV.

FULCONI ABBATI MONASTERII SANCTI PETRI CORBEIEN QUOD IN PAGO AMBIANEN. SITUM EST EJUSQUE FRATRIBUS, TAM PRÆSENTIBUS QUAM FUTURIS, REGULAREM VITAM PROFESSIS IN PERPETUUM.

Eos in protectionem recipit, et elegantia vitæ atque morum præcepta relinquit.
(Laterani, xv Kal. Januarii.)

Apostolicæ sedis auctoritate debitoque compellimur pro universarum statu Ecclesiarum satagere et earum maxime quæ specialius eidem sedi adhærent ac tanquam proprio jure subjectæ sunt utilitatibus providere. Eapropter, dilecti in Domino filii, vestris justis postulationibus clementer annuimus, et ad exemplar prædecessorum nostrorum felicis memoriæ Nicolai, Benedicti, Leonis (215), Urbani, Paschalis, Innocentii, Eugenii, Adriani, Alexandri, Clementis, Cœlestini Ro. Pont. præfatum Corbeien. monasterium in pago Ambianen. situm, quod ad jus et proprietatem beati Petri specialiter pertinet, in quo estis divino obsequio mancipati, sub beati Petri et nostra protectione suscipimus et præsentis scripti pagina privilegia communimus. In primis siquidem statuentes, etc., *usque ad verbum* vocabulis. Omnes parochias Corbeiæ et parochiam pratorum, parochiam de Naurs, parochiam de Bus, parochiam du Thanes et parochiam de Uscia. Ad hæc adjicientes interdicimus ut possessiones ipsius ecclesiæ et beneficia absque abbatis et fratrum consensu nullus hominum in vita sive in morte aliis ecclesiis dare vel alio quolibet modo alienare præsumat ab ipsa. Nec liceat Remen. archiepiscopo nec Ambianen. nec alicui episcopo in abbate et fratribus vel clericis sive famulis aut in laicis infra præfatas parochias constitutis dominationem aliquam exercere aut eos excommunicare vel interdicere aut appellationes ab eis vel invicem vel contra eos ab extraneis factas aliquo modo recipere vel pro emendatione criminum actiones quærere præmiorum, neque potestatem aliquam in possessionibus ad ipsum monasterium vel cellas ejus pertinentibus vel in posterum juste et rationabiliter acquirendis sibi audeant vindicare. Prohibemus quoque ne Remen. archiepiscopi vel Ambianen. episcopi aut alii, vel eorum œconomi vel archidiaconi seu eorum nuntii absque vestra vel vestrorum fratrum gratuita vocatione ad monasterium vestrum vel loca præedicta accedant, aut molestationem aliquam seu perturbationem inferant, aut consuetudines pravas seu novas imponant. Chrisma vero, etc. Obeunte vero te nunc ejusdem loci abbate vel tuorum quolibet successorum, nullus ibi qualibet subreptionis astutia seu violentia præponatur, nisi quem tantum fratres communi consensu vel fratrum pars consilii sanioris secundum Deum et beati Benedicti regulam de eodem

(215) Privilegium Leonis IX editum est in Tomo VI Spicilegii, pag. 417.

collegio vel alterius coenobii, si ibi aliquis ad hoc regimen dignus repertus non fuerit, providerint eligendum : qui, juxta antiquam Ecclesiæ vestræ consuetudinem, a quocunque malueritis episcopo consecretur. Apostolica insuper auctoritate statuimus et sub interminatione anathematis prohibemus ne abbates vestri, qui pro tempore fuerint, altaria, decimas, præbendas monachales, aliquo titulo alienare præsumant, nec alias possessiones monasterii seu thesauros vendere, obligare aut infeudare, sine communi consensu capituli vel majoris aut sanioris partis aliquatenus audeant. Ad hæc autem adjicimus ne aliqui monachi seu conversi sub professione domus vestræ astricti sine consensu abbatis et majoris ac sanioris partis capituli vestri pro aliquo fidejubeant, vel ab aliquo pecuniam mutuo accipiant ultra pretium capituli vestri rationabili providentia diffinitum, quod si facere præsumpserint, non teneatur conventus pro his aliquatenus respondere. Indictum autem, sicut hactenus Corbeien. monasterium celebrare consuevit, vobis confirmamus; et ne quis eos qui ad ipsum convenerint, in eorum bonis vel in personis, offendere vel molestare præsumat auctoritate apost. prohibemus. Illis vero qui locum ipsum in hac die devotionis intuitu visitaverint et beneficia ei contulerint, de injuncta eis poenitentia quadraginta dies auctoritate apostolica relaxamus. Hospitali autem vestro, quod Portaria dicitur, decimas a catholicis ipsius loci abbatibus et aliis Dei fidelibus rationabiliter concessas, auctoritate ap. confirmamus. Decernimus ergo, etc. Salva sedis ap. auctoritate. Ad indicium autem quod monasterium vestrum ad jus et proprietatem beati Petri pertineat et perceptæ a Rom. Ecclesia libertatis, unciam auri nobis et successoribus nostris annis singulis persolvetis. Si qua igitur, etc.

Datum Later., per manum Raynald domini papæ notarii, cancellarii vicem agentis, xv Kal. Januarii, indictione secunda, Incarnationis Dominicæ anno 1198, pont. vero domini Innocentii papæ III anno primo.

CCCCLXXXV.

R. ILLUSTRI REGI ANGLORUM.

Ne Cantuarienses monachos contra jus contraque rem judicatam et Romani pontificis auctoritatem opprimat.

(Laterani, xi Kal. Januarii.)

(216) Cum inter alios mundi principes personam tuam sicut charissimi filii disposuerimus prærogativa dilectionis et gratiæ honorare et tam tuis quam tuorum utilitatibus paterna provisione diligenter intendere, miramur plurimum et dolemus quod hoc propositum nostrum, ex quo nimirum quantum magnitudini tuæ valeat honoris et utilitatis afferri, serenitatem regiam non credimus ignorare, pravis quorumdam suggestionibus niteris impedire. Cum enim negotium Cantuariensis Ecclesiæ dudum, so-

(216) Vide supra epist. 432 et seq.
(217) Apud Gervas. Cantuar. *potestas et subl.*

lum Deum habentes præ oculis, studuerimus secundum divinum beneplacitum terminare (in quo, si personas vellemus accipere vel munera forsitan acceptare, partem Cantuariensis archiepiscopi procul dubio prætulissemus partibus monachorum), credebamus quod factum nostrum celsitudo deberet regia gratiarum prosequi actione, quæ nos hactenus de justitia facienda sæpius exoravit nec sustineret aliqua ratione quod quisquam deberet in hac parte apostolicis jussionibus obviare; quin potius, si aliter fecissemus, præter offensam divinam et conscientiæ læsionem, plurimum verebamur ne diceremur oppressores pauperum, et justitiæ contemptores. Verum secus contigit quam vellemus vel etiam credere deberemus. Nuper enim accedentes ad præsentiam nostram dilecti filii nostri prior et socii sui monachi Cantuarien. lacrymabili nobis et deflenda conquestione monstrarunt quod, cum regia sublimitas (217) mandavisset de thesauro Ecclesiæ Cantuarien. redigendo in scriptis et sigillo tam regio (218) quam archiepiscopi necnon et monachorum signando, neque hoc, unde ipsos in Domino commendamus, facere voluissent, sicut erat prius in ipsorum perniciem cogitatum, spreta sedis apostolicæ reverentia, suis sunt rebus et possessionibus spoliati ; unde ad sedem apostolicam eos laborare oportuit invitos pariter et dolentes. In quorum adventu renovatus est dolor noster : quia sustinuimus cum Propheta pacem, et non venit ; quæsivimus bona, et ecce turbatio. Cum enim veterem, sed nondum inveteratam et perlatam quæstionem sæpius ad apost. sedem crederemus nos penitus extinxisse (cujus occasione et religiosi viri et Deum timentes Honorius quondam prior et nonnulli Cantuarien. monachorum pro libertate ipsius Ecclesiæ animas posuerunt, et hi qui nuper ad nos venerunt prædecessorum nostrorum [suorum] vestigiis inhærentes, malunt mori pro eadem quam videre mala gentis suæ et sanctorum), ecce quasi morbus pullulat recidivus, et facta sunt novissima ejus deteriora prioribus : quod tristes referimus et dolentes. Porro quoniam auctoritatem apost. sedis cui, licet immeriti, præsidemus, vigorem volumus obtinere debitum nec sustinere possumus nec debemus in suggillationem ejus aliquid debeat attentari, magnificentiam regiam de puro corde rogamus, monemus, hortamur, et in remissionem injungimus peccatorum quatenus, revocatis omnibus quæ contra eosdem monachos attentata noscuntur et in pristinum statum reductis quos pro reverentia sedis apost. apud sublimitatem tuam haberi volumus plurimum commendatos, mandatum nostrum in ea causa quæ inter ipsos et præfatum archiepiscopum vertebatur emissum non sustineas ab aliquo præteriri. Quod tanto fortius brachio potentiæ tuæ credimus effectui mancipandum, quanto amplius in tuis negotiis et tuorum a nobis desideras etiam in

(218) Apud Gervas. *regis.*

majoribus exaudiri. Neque super hoc circumspectionem tuam volumus dubitare quin, si præmissa studueris liberaliter adimplere, majorem ex hoc gratiam et favorem apud sedem valeas apostolicam promereri. Alioquin, quantumcunque personam tuam in Domino diligamus et honori tuo velimus, quantum cum Deo possumus et honore nostro, deferre, contemptum nostrum, imo Dei, cujus locum, licet indigni, tenemus in terris, non poterimus ulterius æquanimiter sustinere, sed in eos, quicunque fuerint, et terras eorum qui nostræ dispositioni præsumpserint obviare, eam animadversionem sine differentia personarum curabimus exercere, quod per exhibitionem operum ostendemus nos velle regia via prudenter incedere, nec cujusquam gratia vel favore declinare ad dextram vel sinistram, cum omnem inobedientiam secundum Apostolum prompti sumus ulcisci. Si quis autem regiæ serenitati suggesserit quod de ipsa quidquam sinistri a dictis monachis propositum fuerit coram nobis, fidem non adhibeas; cum potius afflictiones et molestias suas plus altero procurante quam de voluntate credant regia processisse.

Datum Laterani, xi Kal. Januarii.

CCCCLXXXVI.

ROTHOMAGEN. ARCHIEPISC. ET EPISCOPO ELIEN.

Ut pontificis litteras Anglorum regi offerant et interpretentur causamque monachorum commendent.

(Datum, *ut supra*.)

(219) Lacrymabilem afflictionem dilectorum filiorum prioris et monachorum Cantuarien. et miserabilem apud sedem apost. toties replicatam referre sine multa cordis amaritudine non valemus, cum eis apost. sedis subsidium nihil videatur commodi attulisse; quin potius quanto eis ratione prævia magis adesse voluimus et prodesse, tanto adversus manus hostilis in contemptum apostolicæ sedis est diutius [durius] aggravata. Et cum per charissimum in Christo filium R. Anglorum regem illustrem oppressiones hujusmodi crederemus et violentias pro reverentia sedis apost. refrenari, cujus sæpius super hoc scripta recepit, econtra nunc ultimo in tantum profecimus quod prior et monachi, spreta sedis apost. reverentia, suis rebus et possessionibus spoliati, emisso edicto de thesauro Ecclesiæ consignando, quod hactenus fuit penitus inauditum. Volentes autem adhuc maternis insistere lenimentis et nolentes illius exemplo cujus vicem, licet indigni, tenemus in terris, per singulos dies irasci, adhuc semel super eodem facto præfato regi nostras litteras destinamus. Ut autem preces et mandata nostra cordi regio tenacius quam hactenus imprimantur, rogamus fraternitatem vestram attentius et per apost. scripta præcipimus, quatenus litteras nostras super hoc sibi transmissas, omni dilatione cessante, curetis ei fideliter explanare; quas si aure surda transierit, præter animadversionem debitam, quam in contemptores Ecclesiæ Ro. ac nostros non differemus ulterius jaculari, ejus instruemur exemplo qualiter suas suorumque petitiones debeamus etiam in majoribus exaudire. Quod si ambo, etc.

Datum, *ut supra*.

CCCCLXXXVII.

AIMERICO ILLUSTRI REGI JEROSOLYMITANO.

Illum ad pietatem et modestiam hortatur, auxiliaque sua promittit.

(Laterani, xii Kal. Januarii.)

Venientem ad nos dilectum filium magistrum I. clericum et nuntium serenitatis regiæ, qua decuit benignitate recepimus, et in his quæ nobis proposuit ex parte magnitudinis tuæ curavimus, quantum cum Deo potuimus, exaudire. Verum quia, sicut Domino placuit, a quo est omne datum optimum et omne donum perfectum, manum misisti ad fortia et illius terræ administrationem et regimen assumpsisti in qua Dominus et redemptor operatus salutem nostram dorsum posuit ad flagella et humiliavit semetipsum, factus obediens usque ad mortem, regiæ magnitudini est summopere satagendum ut exemplo ejus qui cœpit facere et docere, in tribulationibus non deficiat quæ terram illam, nimis exigentibus peccatis, invenerunt; in quibus adjutor tibi aderit, si sustinueris patienter, fidelis Deus, qui neminem patitur tentari supra id quod poterit sustinere, sed facit cum tentatione proventum. Ejusdem quoque humilitatem studeas, quantum poteris, imitari; ut quanto major es, tanto te amplius in conspectu Domini humilies, ut exaltet te in tempore visitationis. Qui enim se humiliat, juxta Scripturæ testimonium, exaltabitur, et qui se exaltat, humiliabitur. Neque devotio [tua] debet aliquatenus dubitare quin, si per opera virtutum præmissarum et etiam aliarum studueris in lege Domini ambulare, tribuat tibi Dominus secundum cor tuum, et mittat tibi auxilium de sancto et de Sion te tueatur; et cum sit misericors et miserator, non continebit in ira misericordias suas; qui etiam in ulciscendo non obliviscitur misereri; qui si pro nobis fuerit et nobiscum, quis contra nos? Alioquin cum renes et corda scrutetur, nisi conversus ad eum fueris, nec ipse ad te convertetur : sine quo nec tu quidquam facere poteris, nec nos tecum, qui quantum pro subsidio terræ sanctæ dudum laboraverimus et laboremus indesinenter, serenitatem tuam non credimus ignorare, cum idipsum fere noverint universi et prædictus magister magnitudini regiæ poterit plenius indicare. Ut autem de sollicitudine et labore nostro fructus proveniat exoptatus, rogamus magnificentiam tuam, monemus et exhortamur in Domino, quatenus in spiritu humilitatis et animo contrito susceptæ potestatis officium ita procures irreprehensibiliter exercere, quod per auxilium gratiæ divinæ loca nativitatis et resurrectionis Dominicæ, pristinæ valeant temporibus nostris restitui libertati. Nos enim sumus in eo pro-

---

(219) Vide supra epist. 432.

posito constituti ut, quantum cum Deo poterimus, auxilio tuo et terræ adesse velimus jugiter et prodesse. Latorem autem præsentium, virum providum et fidelem, magnificentiæ tuæ reddimus commendatum.

Datum Laterani, xii Kal. Januarii.

CCCCLXXXVIII.

NOVIOMEN. EPISCOPO, .S. MEDARDI SUESSIONEN. ET COMPENDIEN. ABBATIBUS.

Ut injurias monasterii Corbeiensis prosequantur et privilegia defendat.

(Datum, *ut supra*.)

Significantibus dilectis filiis abbate et monachis Corbeien. nos accepisse noscatis quod, cum ecclesia de Uscia in pago Tornacen. sita, sicut in eorum privilegiis continetur, ab episcopali sit jurisdictione exempta nec debeat alii nisi præfato monasterio respondere, venerabilis frater noster episcopus et dilecti filii capitulum Tornacen. eam nituntur suæ jurisdictioni supponere et presbyterium ejusdem ecclesiæ, cum eis non liceat, excommunicare præsumunt et in hoc monasterium ipsum molestatione indebita fatigare. Super quo licet per eosdem abbatem et monachos prædictus episcopus ad sedem apostolicam fuerit appellatus et terminus festum sancti Remigii appellationi prosequendæ præfixus, per eum nec per alium appellationem prosequi procuravit. Unde nos eisdem per scripta nostra præcipimus ut ab ipsius molestatione indebita penitus desistentes, super Ecclesia memorata contra privilegia sedis apostolicæ non præsumant ipsum lædere quomodolibet vel turbare. Quocirca discretioni vestræ per apostolica scripta mandamus atque præcipimus quatenus eos a molestatione ipsius contra privilegia Romanorum pontificum districtione qua videritis expedire, sublato appellationis obstaculo, compescatis. Nullis litteris, etc. Quod si omnes, etc., tu frater episcope cum eorum altero, etc.

Datum, *ut supra*.

CCCCLXXXIX.

EPISCOPO ET CAPITULO TORNACEN.

Ut ab injuriis dicto monasterio inferendis abstineant.

(Datum, *ut supra*.)

A molestatione indebita monasterii Corbeien. vestram etiam sine mandato nostro deberetis taliter compescere voluntatem, quod non videremini illud in suis justitiis contra privilegia sedis apostolicæ fatigare. Significantibus siquidem nobis, etc., *fere in eumdem modum ut supra usque ad verbum* turbare. Alioquin noveritis nos venerabili fratri nostro Noviomen. episcopo et dilectis filiis Compendien. et Sancti Medardi Suessionen. abbatibus dedisse firmiter in mandatis ut vos a molestatione ipsius contra privilegia Romanorum pontificum, appellatione remota, qua expedire viderint districtione compescant. Nullis litteris, etc.

Datum, *ut supra*.

CCCCXC.

MAURICIO EPISCOPO NANNETEN.

Ipsum transfert ad Ecclesiam Pictaviensem.

(Datum, *ut supra*.)

Cum sedes apostolica a Deo plenitudinem susceperit potestatis, nos qui ei, licet immeriti, divina favente clementia præsidemus, sic convenit omnium Ecclesiarum provisionibus cogitare, quod illi qui supra se ipsum petram stabili soliditate fundavit, de commissis nobis dignam valeamus reddere rationem, quia super nos alium judicem non habemus. Licet autem inter Ecclesiam et episcopum esse spirituale matrimonium cognoscamus, quod non potest nec debet humano judicio separari; ipse tamen Dominus noster et magister soli beato Petro vicario ejus et per ipsum successoribus suis et nobis ipsis qui, licet indigni, locum tenemus ipsius, transferendi et deponendi pontifices et eorum cessiones recipiendi, Ecclesiarum necessitate vel utilitate pensata, sicut testatur antiquitas et sacrorum canonum asserunt sanctiones, speciali privilegio tribuit potestatem. Quod quidem provida et sancta dignoscitur deliberatione statutum, ut quos Deus spirituali conjunctione ligavit, non homo, quia non vicarius hominis, sed Deus, quia Dei vicarius, separaret; ut non videatur contra doctrinam evangelicam attentari, in qua dicitur: *Quod Deus conjunxit, homo non separet* (Matth. xix, 6). Intelleximus siquidem per litteras venerab. fratrum nostrorum Bituricen. et Burdegalen. archiepiscoporum et episcopi Xanctonensis et dilectorum filiorum decani et capituli Ecclesiæ Pictaviensis, necnon abbatum et aliorum prælatorum Ecclesiarum Pictaviensis. diocesis nostro apostolatui præsentatas, quod defuncto bonæ memoriæ Ademaro quondam Pictavien. episcopo, prædicti decanus et capitulum in personam tuam unanimiter convenerunt, te ipsis in episcopum concedi a sede apostolica postulantes. Nos vero cum fratribus nostris deliberato consilio, ad nostram memoriam reducentes quantum Pictavien. Ecclesia post decessum felicis recordationis Willelmi quondam Pictavien. episcopi pro substitutione pontificis laboraverit, credentes etiam quod per sollicitudinis tuæ prudentiam, Ecclesia ipsa in spiritualibus et temporalibus assiduam suscipiat auctore Domino incrementum, cum in talibus secundum instituta canonum evidens utilitas et urgens necessitas considerari debeat et attendi, utile cognovimus et necessarium ut de minori civitate ad majorem, de populosa diœcesi ad populosiorem et de nobili ad nobiliorem Ecclesiam apostolica debeas auctoritate transire, ubi talentum tibi creditum Domino tuo valeas reddere duplicatum. Sanctorum igitur Patrum institutionibus et prædecessorum nostrorum vestigiis inhærentes, qui translationes hujusmodi, consideratis Ecclesiarum utilitatibus et necessitatibus, facere sæpius consueverunt, supradictorum decani et capituli et cleri Pictavien. petitioni clementer annuimus et ut a Nanneten. ad Ecclesiam transeas Pictavien. de benignitate sedis apostolicæ liberam indulgemus tibi auctoritate præsentium facultatem.

Datum, *ut supra*.

CCCCXCI.
BURDEGALEN. ARCHIEPISC.
De eadem re.
(Datum, *ut supra*.)

Cum sedes apostolica, etc., *ut supra fere in eumdem modum usque ad verbum* facultatem. Quocirca fraternitati tuæ per apostolica scripta mandamus, quatenus ipsum episcopum sicut venerabilem in Christo fratrem habeas, et fraterna benignius charitate pertractes; ut ipse te in doctrina patrem et pastorem suum et in mansuetudine fratrem agnoscat.

Datum, *ut supra*.

CCCCXCII.
DECANO ET CAPITULO PICTAVIEN.
Ejusdem argumenti cum præcedentibus.
(Datum, *ut supra*.)

Cum sedes apostolica, etc., *ut supra fere in eumdem modum usque ad verbum* facultatem. Ideoque universitati vestræ per apostolica scripta mandamus atque præcipimus quatenus eidem episcopo tanquam prælato et pastori animarum vestrarum debitam obedientiam et reverentiam impendatis; ut, cum ipse in vobis filialem devotionem invenerit, benignus vobis et mansuetus existat, et vos et Ecclesiam vestram paterno benignius amplexetur affectu.

Datum, *ut supra*.

CCCCXCIII.
ABBATIBUS, ET PRIORIBUS, PRÆPOSITIS ET ALIIS ECCLESIARUM PRÆLATIS, ET UNIVERSIS CLERICIS PICTAVIEN. ECCLESIÆ DIOECESANA LEGE SUBJECTIS.
Ut episcopo sua obtemperent.
(Datum, *ut supra*.)

Cum sedes apostolica, etc., *ut supra fere in eumdem modum usque ad verbum* facultatem. Cum itaque prædicto episcopo vestros debeatis tanquam membra capiti cohærere et ipsius salubribus monitis et mandatis devote ac humiliter obedire, universitati vestræ per apostolica scripta mandamus atque præcipimus quatenus ei cum devotione obedientiam et reverentiam impendatis et de rationibus episcopalibus curetis plenarie respondere, sicque ipsi ad relevanda onera debitorum quibus Pictavien. Ecclesia, sicut dicitur, prægravatur, grata subventionis auxilia ministretis, quod ipse vos tanquam bonos filios habeat semper in visceribus charitatis et vestris valeat utilitatibus imminere.

Datum, *ut supra*.

CCCCXCIV.
NARBONEN. ARCHIEPISCOPO, ET FRATRI RAINERIO.
Episcopi Carcassonensis resignationem approbat.
(Laterani, x Kal. Januarii.)

Hanc inter corporalia et spiritualia constat existere differentiam quod corporalia facilius destruuntur quam construantur; e contrario vero spiritualia facilius construuntur, quam destruantur. Unde juxta canonicas sanctiones episcopus solus dare honorem potest, solus autem non potest auferre. Ex parte siquidem venerabilis fratris nostri Carcassonen. Episcopi fuit in audientia nostra propositum quod in suis adeo processit diebus et propter senium vigor naturalis in ipso defecit, quod omnino est inutilis et insufficiens ad portandam curam Carcassonen. Ecclesiæ, imo ejus administratio, sicut proponitur, animabus sibi commissis perniciosa est potius et damnosa; præsertim cum non solum in temporalibus, imo etiam in spiritualibus, Ecclesia suæ curæ commissa cum cæteris diœcesanis tantum lapsum incurrerit, quod humani generis inimicus fere universorum corda iniquitatis gladio penetravit, ut eos secum in ignem perpetuæ gehennæ retrudat, et in tantum in ea diœcesi virus prævaricationis hæreticæ penetravit, quod diversas et inauditas sectas ministri diabolicæ fraudis ibidem adinveniunt et publice profitentur et populum qui sibi credat habent, ita ut vox eorum angelica reputetur nec sit inter eos qui ab ore ministri verbum affectet quinimo non dedignetur evangelicæ prædicationis audire. Propter quod idem episcopus suam insufficientiam recognoscens a nobis humiliter postulavit ut ei cedendi licentiam præberemus. Nos igitur tam super lapsu Ecclesiæ quam interitu animarum, quæ per incuriam pastoris in laqueum damnationis incidisse creduntur, pio condolentes affectu et volentes super hoc congruæ provisionis remedium adhiberi, discretioni vestræ per apostolica scripta mandamus quatenus, si præfatum episcopum propter impedimentum cordis vel corporis insufficientem esse noveritis ad gerendam sollicitudinem pastoralem, vos auctoritate nostra cessionem ejus admittere minime postponatis; et ea libere ac sine pravitate recepta, canonicis Ecclesiæ Carcassonen. tribuatis licentiam idoneum episcopum eligendi, qui opere ac sermone fidei prævaricatores ad fidei revocet unitatem et eradicato penitus zizaniorum germine, frumentum cum multiplicato fructu faciat, inspirante divina clementia pullulare. Vobis autem in virtute obedientiæ districte præcipimus ut per vos ipsos et quoscunque alios ac præfatos hæreticos de Narbonen. provincia penitus excludendos omne studium et operam, quam poteritis, tribuatis.

Datum Laterani, x Kalend. Januarii.

CCCCXCV.
ARCHIEPISC. ET DECANO SENONEN.
Ut Ecclesiam S. Martini Turonensis ab injuriis defendant.
(Datum, *ut supra*.)

Potestatis apostolicæ plenitudo longe lateque diffusa, licet ubique præsens potentialiter habeatur, tamen quia ea quæ ad tantum officium pertinent, per se, prout singulis expediret, non valet præsentialiter exercere, tam vos quam alios ministros Ecclesiarum in partem sollicitudinis advocavit, ut sic tanti onus officii per subsidiarias actiones commodius supportetur. Inde est quod cum Ecclesia beati Martini Turonen. nostra filia specialis existat nec ei possimus in quibuslibet necessitatibus suis præsentialiter, prout tenemur, adesse, nos ministerium nostrum quod eidem impendi non potest vestræ sollicitudini committentes, discretioni vestræ per apostolica scripta mandamus quatenus dilectis filiis canonicis ipsius Ecclesiæ, quoties ad vos pro irrogatis sibi injuriis duxerint recurrendum, de malefactoribus suis constitutis in terra charis. in Christo filii P. illustris regis Franciæ appellatione remota, nullatenus differatis justitiæ plenitudinem exhibere : ad id liberius faciendum, quemadmodum videritis expedire, monitione præmissa rigorem ecclesiasticum prout justum fuerit adhibentes.

Datum, *ut supra.*

Scriptum est in eumdem modum episcopo et decano Pictavien.

CCCCXCVI.
PICTAVIEN. ET CENOMANEN. EPISCOPIS ET ABBATI DE FONTANA.
Ejusdem argumenti.
(Datum, *ut supra*).

Potestatis apostolicæ, etc., *ut supra usque ad verbum committentes*, fraternitati vestræ per apostolica scripta mandamus quatenus ad eamdem Ecclesiam accedentes, ea quæ tam in vestimentis canonicorum inordinatis quam divinis obsequiis, meditationibus et firmis tempore residentiæ faciendæ et aliis tam spiritualibus quam temporalibus videritis corrigenda, cum consilio eorum quos in ipsa Ecclesia maturioris et sanioris consilii esse noveritis, auctoritate apostolica, sublato contradictionis et appellationis obstaculo. Deum solum habentes præ oculis, corrigentes eos quos vestris institutionibus contrarios inveneritis aut rebelles, per censuram ecclesiasticam appellatione postposita compescatis; ita in hoc provisione sollicita procedentes, quod studium vestrum apud Deum et homines multipliciter appareat commendandum. Quod si omnes, etc., duo vestrum, etc.

Datum, *ut supra.*

CCCCXCVII.
CONVENTRENSI EPISCOPO.
De pœna Simoniacorum.
(Datum Laterani.)

Vitium Simoniacæ pravitatis quantum Deo sit odiosum et quanta ex eo sequatur pernicies animarum fraternitatem tuam credimus non latere. Inde est quod cum, sicut audivimus, plures clerici de tua diœcesi sua sint beneficia Simoniace assecuti, ita quod ex hoc magnum scandalum in populo generetur, tibi præsentium auctoritate duximus injungendum ut illis qui legitime convinci potuerint ecclesiastica beneficia taliter obtinere amotis, tibi ea liceat, appellatione remota, personis idoneis assignare; alios vero qui canonice convinci non potuerint, si fama publica noveris laborare, ad purgationem canonicam, subl. appellationis diffugio, nostra possis auctoritate compellere, ne scandalum in populo generetur. Vellemus autem quod circa primordia promotionis tuæ majorem nobis et Ecclesiæ Romanæ reverentiam impendisses.

Datum Laterani.

CCCCXCVIII.
LITTERÆ GUIDONIS COMITIS ALVERNIÆ AD DOMINUM PAPAM.
Romanæ Ecclesiæ castrum donat fratrisque sui causam commendat pontifici.

Domino INNOCENTIO divina bonitate sanctæ Romanæ Ecclesiæ summo et universali episcoporum episcopo GUIDO comes Alverniæ, salutem cum omni reverentia et hominii fidelitatem debitam.

A parentum meorum fide non degenerare laborans, qui quoddam suum proprium castellum nomine Uteo, (220) Deo et sanctis apostolis et Ecclesiæ sanctæ Romanæ sibique præsidentibus domino Alexandro, papæ videlicet et successoribus suis delegarunt, aliud non minus præcipuum castrum, a me noviter ædificatum et meo nomine nominatum, præfatæ sanctæ Rom. Ecclesiæ dono et concedo, auriqué unciam pro mea recenti mutatione transmitto. Vestram itaque protectionem et defensionem super fratrem meum R. Claromonten. episcopum exorare, sicut videtur, decrevi : quoniam idem frater meus præfatus episcopus, conjunctis et adunatis sibi Coterellorum et Basclorum ruptis diversis, in præjudicium sui ordinis et prævaricationem totius juris terram meam incendiis, homicidiis et rapinis et quibuscunque potest malitiis devastat. Vestræ itaque sanctitatis pedibus prostratus, preces fundo ut eum a tanta injuria revocetis et sententiam excommunicationis quam in terram meam præter præfata mala tulit amoveatis, et judices vel examinatores causæ nobis constituatis dominos archiepiscopum Burdegalen. et præpositum Evaunen. qui ab universis abbatibus vicinis veritate cognita, remota appellatione, tantam injuriam terminare studeant. Precamur etiam ut latori præsentium super his et aliis quæ intimaverit credatis.

CCCCXCIX.
COLOCEN. ARCHIEPISCOPO.
De reformatione monasterii S. Stephani de Keu.
(Laterani, XI Kal. Januarii.)

Cum nobis, licet immeritis, in apostolicæ sedis specula constitutis sit universarum Ecclesiarum sollicitudo commissa, de statu illarum sollicitudinem nos convenit gerere diligentem et providere attente ut per fratres et cœpiscopos nostros, cum non possimus ubique nostram præsentiam corporaliter exhibere, possint in melius reformari. Ex parte siquidem tua nostris est auribus intimatum quod cum bonæ memoriæ Andreas antecessor tuus monasterium S. Stephani protomartyris, situm in

---

(220) Leg. *Busseol*, ut monet Justellus in probat. historiæ Domus Turrianæ pag. 40. Vide etiam pag. 56. In vet. cod. Colbertiano legitur *Utro*.

loco qui dicitur Keu, concessisset fratribus S. Abrahæ de Valle Ebron, monachis nigri ordinis propter dissolutionem suam remotis, et iidem fratres S. Abrahæ bona ejus dilapidando et ducendo vitam nimium dissolutam, ipsum deduxissent ad nimiam paupertatem, bonæ memoriæ Cœlestinus papa prædecessor noster et nos etiam tibi dedimus in mandatis ut restitutioni ejusdem monasterii provideres: tuo committentes arbitrio utrum prædicti fratres S. Abrahæ tolerandi, an monachi nigri essent in ipso monasterio reducendi. Tu vero, sicut accepimus, fratres S. Abrahæ propter dissolutionem suam inde penitus abjecisti, et nos per petitionem tuam duxisti super provisione ipsius monasterii requirendos. Ideoque fraternitati tuæ per præsentia scripta mandamus quatenus, si per monachos Ecclesiam illam videris reformari non posse, in ipsa Ecclesia canonicos instituas regulares, qui secundum regulam beati Augustini devotum ibi Domini famulatum impendant, et per eorum religionem locus ipse in melius tuo faciente studio reformetur.

Datum Laterani, xi Kal. Januarii.

D.
ILLUSTRI REGI UNGARIÆ.
Ut compellat Sclavos decimas persolvere.
(Datum, ut supra.)

Significante venerabili fratre nostro Colocen. archiepiscopo, ad audientiam apostolatus nostri noveris pervenisse quod, cum in diœcesi sua sint quamplures villæ in quibus Sclavi habitant, iidem Sclavi præfato archiepiscopo decimas exhibere contemnunt. Quoniam igitur de regia serenitate confidimus et speramus ut Ecclesias et earum ministros diligas et earum commodis exemplo progenitorum tuorum diligenter intendas, excellentiam tuam rogamus atque monemus, per apostolica scripta mandantes, quatenus memoratos Sclavos ut decimas debitas præfato archiepiscopo sine diminutione persolvant, tradita tibi potestate compellere non omittas.

Datum, ut supra.

DI.
ABBATI ET CONVENTUI S. PETRI CARNOTEN.
Beneficia ecclesiastica nemini promittenda ante quam vacent.
(Laterani, iii Kal. Januarii.)

Cum monasterium vestrum multorum gravetur onere debitorum, ut vix ejus redditibus fratribus valeant necessaria ministrari, abbates qui fuerunt pro tempore, sicut nostris est auribus intimatum, occasione promissionum de beneficiis non vacantibus tantis se pensionibus obligarunt, quod, si etiam ut dudum monasterium in temporalibus abundaret, eas solvere vix valeret. Cum autem, secundum instituta canonum, antequam vacent non sint ecclesiastica beneficia promittenda, et quæ contra leges fiunt, haberi debeant pro infectis; vos et monasterium vestrum a præmissis promissionibus et pen-

(221) Vide supra epist. 50 et seq. et 117.

sionibus denuntiamus auctoritate præsentium absolutos; cum nec regulariter valeat accessorium, ubi non obtinet principale.

Datum Laterani, iii Kal. Januarii.

DII.
EPISCOPO TRIPOLITANO.
Eum transfert ad Ecclesiam Tripolitanam.
(Laterani, ii Kal. Januarii.)

(221) Cum ex naturalis legis præcepto, quod Dominus in Evangelio declaravit, quæcunque volumus ut faciant nobis homines et nos eis facere debeamus, et ex eo quod legitur in Tobia, *Quod tibi odis fieri, alii ne feceris* (Tob. iv, 16), ab aliorum teneamur injuriis temperare, nos, qui sacra docente Scriptura monemur ne alii nostrum demus honorem, et ex apostolatus officio quod, licet indigni, suscepimus, aliorum jura et præsertim fratrum et coepiscoporum nostrorum tenemur propensius defensare, ab eisdem nolumus nobis injurias irrogari. Sane cum ad apostolatus nostri notitiam luce clarius pervenisset quod venerabilis frater noster Antiochenus patriarcha, prædecessoris sui exempla secutus, qui motu propriæ voluntatis N. Tharsen. in Mamistan. dicitur transtulisse, te quondam Apamen. electum in Tripolitanam Ecclesiam transtulisset, non potuimus non moveri; præsertim cum nec ei suffecerit dicti prædecessoris sui præsumptionem solummodo imitari, quin potius in injuriam nostram ipsius transgresus excessum; novo quodam mutationis genere parvificavit majorem et magnum quodammodo minoravit, episcopare archiepiscopum, imo potius dearchiepiscopare præsumens, cum dictus prædecessor ejus dictum archiepiscopum de Tharsen. Ecclesia in Ecclesiam transtulerit similis dignitatis. Licet enim tu nondum fuisses consecratus, confirmationis tamen munus receperas et archiepiscopalia, quantum tibi licuerat, ministraras; sicut tua nobis relatione innotuit, qui te Valenien. asseruisti episcopum, cum nuper constitutus esses apud sedem apostolicam, confirmasse. Verum cum fortius sit spirituale vinculum quam carnale, dubitari non debet quin omnipotens Deus spirituale conjugium quod est inter episcopum et Ecclesiam, suo tantum reservaverit judicio dissolvendum: qui dissolutionem carnalis conjugii quod est inter virum et feminam suo tantum judicio reservavit, præcipiens ut quos Deus conjunxit, homo non separet. Non enim humana sed divina potius potestate conjugium spirituale dissolvitur, cum per translationem vel depositionem, aut etiam cessionem auctoritate Romani pontificis, quem constat esse vicarium Jesu Christi, episcopus ab Ecclesia removetur. Et ideo tria hæc quæ præmisimus non tam institutione canonica quam institutione divina soli sunt Romano pontifici reservata. Sicut autem episcopus consecratus sine licentia Romani pontificis suam non debet Ecclesiam derelinquere, sic et electus confirmatus præter ejus assensum suam deserere nequit Ecclesiam, cui

est alligatus; cum non debeat in dubium revocari quin, post electionem et confirmationem canonicam, inter personas eligentium et electi conjugium sit spirituale contractum. Quia, licet inveniatur in canone (221 *) quod si electus ultra quinque menses per suam electionem retinuerit viduatam Ecclesiam, nec ibi nec alibi consecrationis donum percipiat, non tamen intelligitur Ecclesia viduata quasi sponsum non habeat, sed quia cum sponsus ejus nondum sit consecratus, adhuc quoad quædam viri manet solatio destituta. Quamvis autem eidem patriarchæ et aliis fratribus et coepiscopis nostris, ut præmissum est, quantum cum Deo possumus, deferre velimus, præsertim cum Ecclesia Rom. sit Antiochenæ plus cæteris quasi quadam germanitate conjuncta; ne tamen jure patriarchatus ad eum credatur episcoporum mutatio pertinere et hoc ipsum trahatur ad posteros in exemplum per quod apostolicæ sedis privilegio, cujus jura tenemur præ cæteris conservare, posset plurimum derogari, pro præmissis excessibus eum ab electorum confirmationibus et consecrationibus episcoporum et te ab administratione pontificalis officii de communi fratrum nostrorum consilio duximus suspendendos, donec super hoc curaremus aliud ordinare. Per quod idem patriarcha honori suo asseruit per litteras suas plurimum derogatum, cum usque ad tempora ista patriarchæ Antiocheni suspensio fuerit inaudita; quoniam et prædecessor noster Leo papa (222) sanctissimus Anatolium patriarcham Constantinopolitanum, quamvis patriarcham Antiochenum præsumpserit consecrare nec suspendit nec excommunicavit, sed redarguit et ad melius mutavit. Ad excusandum quoque quod fecerat, nonnulla in eisdem litteris suis exprimere procuravit, quibus nos plus ad misericordiam quam ad judicium suppliciter invitabat: ignorantiam scilicet, cum nusquam expressum fuerit, usque ad nostra tempora, de electo quod de episcopis fuerat institutum; perturbationem mentis, quæ pro tribulationibus quæ terram illam nimis peccatis exigentibus invenerunt, rationis acumen intueri acutius non sinebat; idoneitatem personæ tuæ, quæ litteratura et honestate cæteris illius terræ clericis præminebat; et quod canonicorum vota in alium non poterant de facili convenire: qui si aliquatenus discordassent a domino terræ, parato ad prædam, et de scissuris mentium exsultante, bona ecclesiastica essent mirabiliter desolata. Et sicut venerabilis frater noster Conradus Maguntinus archiepiscopus, episcopus Sabinensis, cujus testimonium præmissis rationibus concordabat, suis nobis litteris intimavit, tua prudentia circumspecta totius terræ statui plurimum poterat existere fructuosa. Propter quæ circa factum tuum facilius poterat dispensari. Nos ergo super facto tuo cum fratribus nostris communem tractatum habentes et subtiliter attendentes quod consecratio tibi collata nec prioris Ecclesiæ

(221 *) Vide supra epist. 447.

te pontificem fecerit, cum ad eam non fueris consecratus, nec secundæ ad quam, prioris vinculo perdurante, non poteras canonice consecrari, cum adhuc esses alteri conjugaliter alligatus, prædictis tamen rationibus ad dispensationis gratiam inclinati, quamvis secundum sacrorum canonum instituta utraque carere deberes, de plenitudine potestatis a prioris vinculo te solventes, auctoritate tibi præsentium duximus concedendum ut de benignitate sedis apostolicæ quasi novo consensu Tripolitanam Ecclesiam de cætero tanquam proprius pontifex ad honorem Dei, utilitatem ipsius Ecclesiæ tuamque salutem et cleri populique tibi commissi studeas gubernare, quatenus præveniente divina gratia et sequente plus prodesse velis et valeas quam præesse; præsertim temporibus istis, cum vix sit qui faciat bonum usque ad unum, opus est non mercenario, sed pastore.

Datum Laterani, 11 Kal. Januarii.

DIII.

PATRIARCHÆ ANTIOCHENO.
Ejusdem fere argumenti.
(Datum, ut supra.)

Cum ex naturalis legis, etc., *ut supra*, *fere in eumdem modum usque ad verbum* dispensari. Et quoniam suspensionis sententiam in te prolatam, sicut ex tuarum intelleximus continentia litterarum, humiliter observasti: Nos, qui personam tuam sincera charitate diligimus et tuo, quantum cum nostro possumus, intendimus honori deferre, cum te inter fratres nostros honorabile membrum et in domo Domini columnam immobilem reputemus, confessionem spontaneam et supplicationem devotam benignius attendentes, de consueta Rom. sedis clementia pœnam inflictam duximus relaxandam, a suspensionis sententia fraternitatem tuam auctoritate præsentium denuntiantes penitus absolutam.

Datum, ut supra.

DIV.

LINGONEN. EPISCOPO.
Ipsum ab officio suspendit, donec capitulo suo super dilapidatione bonorum Ecclesiæ respondeat.
(Datum, ut supra.)

Sine dolore tibi et pudore scribere non valemus, cum sedes apost. quod olim in te dignoscitur approbasse, nunc peccatis exigentibus cogitur improbare. Cum enim ab ipso tuæ promotionis principio inter te et dilectos filios canonicos Lingonen. multæ pullulaverint quæstiones nec unquam, postquam tuo commissa fuit regimini, pacem habuerit Ecclesia Lingonensis, sicut fama refert publica, et quamplurium prælatorum et religiosorum ipsarum partium litteris nostro est apostolatui suggestum, non solum mobilia sed etiam immobilia ipsius Ecclesiæ adeo distraxisti, quod quæ olim inter Gallicanas Ecclesias nobilis fuerat et famosa nunc habeatur ab his, qui in circuitu ejus sunt, in opprobrium et contemptum. Super quibus cum a Lin-

(222) Leo I, epist. 53.

gonen. capitulo coram venerabili fratre nostro Lugdunen. archiepiscopo metropolitano tuo delatus fuisses, ut ejus judicium declinares, apostolicæ sedis audientiam invocasti, festum beati Lucæ proxime præteritum terminum appellationi prosequendæ præfigens; quem Lingonen. capitulum ad Dominicam qua cantatur *Jubilate Deo*, proxime præteritam, coarctarunt. Quæ utique cum tam per litteras quam nuntios utriusque partis ad nostram audientiam pervenissent, volentes tibi et eis pro intemperie aeris et caloris distemperantia paterna sollicitudine providere, tibi per scripta nostra mandavimus ut hujus occasione discordiæ bona Lingonen. Ecclesiæ minime dilapidare præsumeres: festum beati Michaelis proxime præteritum sub peremptorio terminum assignantes, quo te nostro conspectui præsentares objectionibus capituli responsurus et propositurus contra ipsos si quid velles proponere quæstionis. Cum autem canonici Lingonenses et illi præsertim quos personaliter ad petitionem tuam litteris fecimus apostolicis evocari, ad nostram accessissent præsentiam et nos tuæ volentes fraternitati deferre, ipsos diu detinuerimus, adventum tuum aliquandiu exspectantes, comparuerunt tandem in præsentia nostra duo nuntii tui, quibus, licet procuratores non essent, in consistorio nostram dedimus audientiam et quæ ab eis proposita fuerunt, audivimus diligenter, facientes litteras nobis pro [f. per] te transmissas in nostro et fratrum nostrorum auditorio recitari : in quibus continebatur expressum, quod in Cistercien. capitulo, in multorum religiosorum et aliorum præsentia, signum vivificæ crucis acceperas, vovens pro amore Jesu Christi ad partes accedere transmarinas; quod tamen post edictum peremptorium a te procuratum constitit esse factum. Et licet ipsi canonici sæpius reclamarent quod in exspectando plus debito gravarentur, sententiam tamen nostram usque in vigilia Nativitatis Domini proferre distulimus, credentes quod tu venires vel saltem sufficientem mitteres responsalem. Quantumcunque vero nobis sit molestum te in aliquo molestari, quia tamen nobis incumbit ex injunctæ administrationis officio corrigenda corrigere et reformare in melius quæ circa Ecclesiarum statum noscuntur minus licite attentata, volentes etiam in judiciis juris ordinem observare, habito cum fratribus nostris super negotio ipso consilio, te pro contumacia manifesta et dilapidatione vulgata, quam non solum ad aures nostras fama publica detulit, imo etiam archiepiscoporum, episcoporum et aliorum religiosorum virorum testimoniales litteræ demonstrarunt, te ab administratione totius Lingonen. episcopatus, tam in spiritualibus quam in temporalibus, omnino suspendimus; auctoritate tibi præsentium injungentes districtius ut suspensionem procures inviolabiliter observare. Volentes autem, nisi forte cedere forte malueris, quod saluti tuæ magis credimus expedire, causam quæ inter te et dilectum filium decanum Lingonen. pro Ecclesia vertitur, super dilapidatione et insufficientia et aliis multis injuriis et gravaminibus per te ipsi Ecclesiæ irrogatis, examinari celerius et canonico fine decidi (ne, si fuerit diutius prorogata, cadat irreparabiliter Ecclesia Lingonen. quæ jam videtur ex parte maxima cecidisse), ipsam venerabili fratri nostro Parisien. episcopo duximus committendam ; per apostolica tibi scripta mandantes quatenus, cum ab eo fueris requisitus, ipsius adire præsentiam non postponas, responsurus objectis et objecturus quæ volueris contra decanum agentem pro Ecclesia memorata. Si vero de utriusque partis voluntate processerit quod per ipsum episcopum diffinitiva sententia proferatur, ipse auditis hinc inde propositis et ascitis sibi viris prudentibus quos tanto negotio cognoverit expedire, causam ipsam fine canonico terminabit. Alioquin gesta utriusque partis redacta in scriptis et sigilli sui munimine roborata ad præsentiam nostram transmittet, præfigens partibus terminum competentem, quo recepturæ sententiam nostro se conspectui repræsentent. Interim autem per dictum Parisien. episcopum de procuratore idoneo Lingonen. Ecclesiæ præcipimus provideri.

Datum, ut supra.

Scriptum est super hoc episcopo Parisien.

DV.

PATRIARCHÆ JEROSOLYM. ET CANONICIS DOMINICI SEPULCRI.

Jerosolymitanum patriarcham hortatur ut Antiocheno patriarchæ de certis querelis satisfaciat, vel causam coram pontifice Romano prosequatur.

(Laterani, III Non. Januarii.)

Quanto Antiochenam et Jerosolymitanam Ecclesias purius diligimus et intendimus amplius honorare, tanto ad amovenda ea quæ inter ipsas controversiæ atque rancoris cujusdam scrupulum pariunt diligentius intendere volumus ac quæstiones earum judiciali calculo diffinire; ut earum sopita discordia, servent ad se invicem mutuæ dilectionis affectum et in suis sibi curent necessitatibus subvenire. Sane cum inter prædictas Ecclesias super Tyren. et Peterten. archiepiscopatibus quæstio fuerit diutius agitata, quæ, sicut ex litteris felicis recordationis Lucii papæ prædecessoris nostri didicimus, vobis et prædecessoribus vestris quodammodo per negligentiam procurantibus finem non potuit debitum obtinere, cum peremptorio multoties fueritis evocati ac idem prædecessor noster bonæ memoriæ prædecessori tuo, frater patriarcha, cum proficisceretur in Galliam, mandaverit viva voce ut vel sufficientem responsalem transmitteret vel ipse rediret ad ejus præsentiam responsurus ; quia idem patriarcha mandatum apostolicum non implevit, dictus prædecessor noster utrique parti peremptorium terminum assignavit ; ad quem, sicut accepimus, nec venistis nec misistis idoneos responsales. Quia vero, quantumcunque Jerosolymitanam Ecclesiam diligamus, quantumcunque etiam vobis et ipsi velimus in instanti necessitate deferre, quia tamen Antiochenæ Ecclesiæ justitiæ deesse non possumus nec debemus, quæ etiam non est Saracenicæ persecutionis immunis, licet aliud statuere contra vos de juris rigore possemus, necessitatem tamen terræ orientalis diligentius attendentes, discretioni vestræ per apostolica scripta mandamus et districte præcipimus quatenus a festo Omnium Sanctorum proximo venturo usque ad annum, quod vobis peremptorio assignamus, ad respondendum sufficienter instructi, nostro vos conspectui præsentetis per sufficientes et idoneos responsales. Quod si nec ad præsentiam nostram accesseritis termino constituto nec transactioni steteritis quæ per felicis recordationis Eugenium papam prædecessorem nostrum inter easdem Ecclesias intercessit vel alias cum venerabili fratre nostro patriarcha et dilectis filiis canonicis Antiochen. curaveritis convenire, nos, concedente Domino, sicut justum fuerit, procedemus.

Datum Laterani, iii Nonas Januarii.

DVI.

FRATRIBUS MILITIÆ TEMPLI.

Certorum bonorum emptionem auctoritate apostolica confirmat.

(Laterani, iv Non. Januarii.)

Justis petentium, etc., *usque ad verbum* assensu, stagnum de Cucullo cum omnibus pertinentiis suis, et totum mansum de Granoliis, quæ a Fulcrando Magalonensis Ecclesiæ præposito de consilio et assensu venerabilis fratris nostri Magalonen. episcopi rationabiliter comparastis, sicut ea juste ac pacifice possidetis, et in venditionis scripto continetur, devotioni vestræ auctoritate apostolica confirmamus et præsentis scripti pagina communimus. Statuentes ut nulli, etc.

Datum Laterani, iv Nonas Januarii.

DVII.

COMMENDATORI ET FRATRIBUS DOMUS MILITIÆ TEMPLI SITÆ APUD MONTEM PESSULANUM.

Transactionem inter ipsos et præpositum atque capitulum Magalonen. olim initam confirmat.

(Laterani, ii Kal. Januarii.)

Ea quæ de mandato sedis apostolicæ concordia vel judicio statuuntur, firma debent et illibata consistere, et ne in recidivæ contentionis scrupulum relabantur, apostolico convenit patrocinio communiri. Sane cum controversiam quæ inter vos et dilectos filios G. præpositum et capitulum Magalonen. super diversis capitulis vertebatur, bonæ memoriæ Cœlestinus papa prædecessor noster venerabili fratri nostro archiepiscopo Arelatensi commiserit fine canonico decidendam, ipse, tanquam vir providus et discretus, partibus in sua præsentia constitutis, communicato multorum consilio, controversiam ipsam amicabili compositione sopivit. Nos itaque ad exemplar ejusdem prædecessoris nostri, compositionem ipsam, sicut ipsa sine pravitate facta est et ab utraque parte recepta et in instrumento authentico exinde confecto plenius continetur, ratam habentes et firmam, eam auctoritate apostolica confirmamus et præsentis scripti pagina communimus. Et ut majorem obtineat firmitatem, ipsam de verbo ad verbum huic præsenti paginæ duximus inserendam, cujus tenor talis est: *In nomine Domini nostri Jesu Christi. Anno incarnationis ejusdem* 1197, *mense Aprili. Cum omne profuturæ rei stabilimentum, ne transeunte tempore evanescat, litterarum oporteat testimonio præsignari, præsentium et futurorum memoriæ per hujus præsentis paginæ instrumentum dignum fuit demonstrare quod causa quæ inter Guidonem præpositum et capitulum Magalonen. ex una parte et P. de Caprespina commendatorem domus militiæ Templi sitæ apud Montem Pessulanum et fratres ejusdem domus ex altera parte, super multis et variis capitulis, videlicet super oblationibus, vigiliarum perceptionibus, cœmeterii obventionibus, decimis, ecclesiarum novarum constructionibus, possessionibus, damnis, injuriis et invasionibus et aliis multis querelis, coram domino Hymberto Dei gratia archiepiscopo Arelaten. a domino Cœlestino bonæ memoriæ Papa tertio delegato hinc inde vertebatur, post multas et varias contentiones et altercationes ab eodem archiepiscopo amicabili compositione de utriusque partis assensu et auctoritate Deodati de Breisaco tunc temporis magistri domorum militiæ Templi in Narbonen. et Arelaten. et aliis provinciis, in hunc modum fuit decisa. Prædictus itaque archiepiscopus, assidentibus ei magistro Michaele Arelaten. sacrista, P. Alberto causidico Aquensi, magistro Nicolao, R. de Montiliis, P. Petito, communicato eorum et utriusque partis consilio definivit quod de cætero prior sancti Firmini et canonici Magalonen. tertiam partem omnium oblationum denariorum, candelarum, panis, vini et aliorum, cujuscunque modi sint sive sint oblatæ ad manum sacerdotis sive ad altare in ecclesia domus prædictæ, integre et sine diminutione percipiant. In præcipuis vero solemnitatibus, scilicet Natalis Domini, beati Stephani, beati Joannis evangelistæ, Epiphaniæ, Ramis palmarum, Sancti Paschæ, Ascensionis, Pentecostes, Assumptionis et Purificationis beatæ Mariæ et Omnium Sanctorum, medietatem percipiant. In candelis autem vigiliarum nihil accipiant. In omnibus vero cœmeterii obventionibus et mortuorum legatis seu relictis, cum apud eos elegerint sepulturam, omnium rerum tam mobilium quam immobilium vel se moventium, cujuscunque modi vel generis sint, prior et canonici Magalonen. tertiam partem integre percipiant, exceptis armis et armaturis et equis. Si vero decedens pro armis vel equis emendis pecuniam vel terram vel aliam quamlibet rem prædictæ domui legaverit vel reliquerit, in his omnibus et etiam in obventionibus illorum quibus infirmantibus Templarii signum suæ religionis imposuerint, pallium scilicet cum cruce, vel aliud, nihilominus dicti canonici tertiam partem percipiant; nisi tales fuerint qui voto solemni et perpetuo cum voluntate morandi, si evaserint, se domui Templi pro fratribus tradiderint, et qui ad domum sine alterius personæ sustentaculo pedites vel equites venire poterunt. In quorum obventionibus, etiamsi in illis ægritudinibus decesserint, et in obventionibus familiæ domus Templi ibi morantis, dicti canonici nihil accipiant. Decimas quoque totius bladi et leguminum, cujuscunque generis sint, et vini in integrum in pace et sine contradictione canonici Magalonen. percipiant; et his contenti nihil aliud quærere possint. In decimis vero novalium, in hortis et arboribus et pratis et animalium nutrimentiis, cujuscunque generis sint, dicti canonici nihil percipiant. Item diffinivit dominus archiepiscopus cum assessoribus prædictis, quod Templarii apud Lunellum vel in tota diœcesi Magalonensi ecclesiam vel oratorium non construant, nec cœmeterium habeant sine voluntate episcopi et assensu Ecclesiæ Magalonensis et illud oratorium, quod apud Lunellum incœptum esse videbatur, omnino removeatur. Possessiones vero stagni de Cuculto cum pertinentiis suis et mansum de Granolet cum pertinentiis suis, quæ quondam emerunt a Fulcrando quondam Præposito Magalonensi, Templarii sine inquietatione et vexatione aliqua in pace habeant et possideant. De damnis datis super abductione pecorum et animalium domus militiæ Templi a canonicis Magalonensibus et aliis damnis, injuriis et invasionibus hinc inde illatis, bonum finem et mutuam remissionem inter se tam Templarii quam canonici Magalonen. fecerunt. Præterea excommunicatos vel interdictos Magalonen. Ecclesiæ ad ecclesiam vel sepulturam Templarii nullo modo recipiant. Etsi episcopus vel prior parochialis Ecclesiæ populum ab aliis Ecclesiis convocare decreverit, tunc Templarii ad Ecclesiæ officium nullum admittant, donec aliæ Ecclesiæ populum recipiant. Et ego G. Magalonen. præpositus, et ego P. de Agrifolio archidiaconus, et ego Michael, et ego G. de Altiniaco, voluntate et assensu Magalonen. capituli missi, omnia supradicta in perpetuum valitura laudamus et confirmamus et in proximo generali capitulo Magalonen. laudari et confirmari faciemus, et hoc idem pro posse nostro faciemus a summo pontifice confirmari. Et ego frater Deodatus de Breisaco magister domorum Templi in Narbonen. et Arelaten. et aliis provinciis, et ego frater P. de Caprespina commendator domus Montispessulani, et ego frater G. de Solario commendator domus Arelatensis, voluntate et assensu fratris Pontii de Rigaudo magistri in citramarinis partibus, omnia supradicta in perpetuum valitura laudamus et confirmamus, et in proximo generali capitulo Templi ea laudari et confirmari faciemus, et hoc idem pro posse nostro faciemus a summo pontifice confirmari. Acta apud Arelatum in palatio domini archiepiscopi, in præsentia et testimonio P. Malauræ caputscholæ, Privati vestiarii, W. Heliæ infirmarii, G. Enguiramni eleemosynarii, G. de Berra, P. Hysnardi, B.*

(223) Vide supra epist. 358.

A de Monins, Rost. capellani domini archiepiscopi, pon. prioris capellani ejusdem, Hysnardi de Sancto Amantio, Michaelis clerici domini archiepiscopi, B. de Olivario, Aldeberti de Novis, G. Raymundi de Mol. P. Bruni, Pont. scutarii, Franceschi, Jacobi, Columbi notarii regis Aragonen. P. notarii domini archiepiscopi, qui scripsit hæc.

Nulli ergo, etc.
Datum Laterani, 11 Kalendas Januarii.

DVIII.

SYRACUSANO EPISCOPO ET ABBATI DE SAMBUCINO,
De subsidio terræ sanctæ.

(Laterani, Non. Januarii.)

(223) De vestra discretione ac sinceritate confisi, etsi negotium laboriosum, meritorium tamen et, sicut credimus, vobis propter Christum acceptum duximus committendum, sperantes quod illud tanto libentius impleatis, quanto per ipsum, ut sic loquamur, et restitutio Jesu Christi exsulis et communis Christiani populi utilitas amplius procuratur. Vos autem mandati apost. tenore suscepto nec parcentes laboribus, nec expensis, proposuistis populis Siciliæ causam Christi. Nec fuit labor vester inanis; cum et multi de manibus vestris susceperint signum crucis et plures tam in victualibus quam aliis parati sint pro necessitatibus signatorum congruentia subsidia destinare. Verum, sicut ex literis quas tu, fili abbas, ad sedem apostolicam destinasti, didicimus, hi circa subsidium terræ orientalis negligentiores existunt, qui subditos sibi populos ad id deberent exemplo et exhortationibus invitare; et liberalitas laicorum, quos ad succursum terræ orientalis mandavimus simpliciter commoneri, eos in devotione præcedit quibus id districte præcipimus, certam pœnam eorum negligentiæ comminantes. Non enim sicut per easdem accepimus archiepiscopi et episcopi redditus suos ab aliis sustinent æstimari nec ipsi eos aliquatenus taxant, ne secundum proprias facultates necessitatibus Jerosolymitanæ provinciæ juxta tenorem litterarum nostrarum congruentia destinare subsidia jubeantur. Scripsisti etiam quod de consilio religiosorum virorum procedit ut in missa singulis diebus in singulis ecclesiis pro peregrinis dicatur oratio specialis et semel in hebdomada pro tribulatione missa populo decantetur. Insuper, quod multi limina beati Jacobi apostoli visitare se voverint intimasti: qui præter oblationem altari beati Jacobi deputatam, quam illuc devote transmittent, universas expensas itineris libenter, impenderent vel in stipendia signatorum vel alias necessitates ultramarinæ provinciæ, dummodo a voto emisso auctoritate ap. solverentur; et, quod de consilio procedit quorumdam, ut redditus vacantium præbendarum in usum orientalis provinciæ convertantur usque ad biennium adjecisti, salva vicariis solita pensione, ne interim Ecclesia suo servitio de-

fraudetur. Ut monachi præterea et alii religiosi extra claustra vagantes, auctoritate nostra reducantur ad claustrum et peculium quod inventum fuerit apud eos erogetur in stipendia signatorum procedere dixisti de consilio non paucorum. Volentes igitur quod de subventione terræ orientalis incœpimus, quantum in nobis fuerit, Domino concedente complere, discretioni vestræ per ap. scripta mandamus quatenus tam archiepiscopos et episcopos quam alios ecclesiarum prælatos, ut secundum proprias facultates terræ sanctæ justa æstimatione subveniant, diligenter inducere procuretis. Quod si monitis vestris acquiescere forte noluerint, vos ipsi per viros idoneos et discretos eorum faciatis redditus justa æstimatione pensari; et nisi postmodum secundum facultates suas et discretionem vestram terræ orientali curaverint subvenire, per vestras nobis litteras intimetis. Volumus autem ut per universam Siciliam singulis diebus in missa pro peregrinis oratio Domino porrigatur et semel in hebdomada pro tribulatione missa publice decantetur. Eos autem qui se visitaturos lumina beati Jacobi devote voverunt, si salva oblatione altaris reliquas expensas in signatorum voluerint subsidium erogare, dummodo laborem etiam redimant quem sustinerent in via, auctoritate nostra suffulti, ab eo quod voverant absolvatis. Redditus vero præbendarum vacantium, si de assensu diœcesani episcopi et clericorum illius ecclesiæ, in qua præbenda vacaverit, processerit voluntate, ut usque ad biennium convertantur in subsidium terræ sanctæ, salvis vicariorum stipendiis, sustinemus. Volumus nihilominus et mandamus ut monachos et alios religiosos extra claustra vagantes ad fratrum redire consortium qui eos recipiant, salva ordinis disciplina, cogatis, et proprium quod inventum fuerit apud ipsos, nisi eis ex ea causa propter quam oporteat illud restitui forsan provenerit, in terræ orientalis subsidium convertatis. De his qui manus injecerint in clericos temere violentas, quia severitatem canonicam nolumus enervare, nihil aliud vobis ad præsens duximus concedendum, quam per priores vobis litteras est concessum. Super capitulis autem pro quibus inclytæ recordationis Constanciæ imperatrici nos scribere postulastis, ipsa sublata de medio votum vestrum non potuimus adimplere.

Datum Laterani, Nonis Januarii.

DIX.

SYRACUSANO EPISCOPO.

Ut pullulantes hæreses exstirpare conetur.

(Datum, ut supra.)

Vergente jam in senium sæculo et supercrescente malitia temporis, friget charitas et in agro evangelici patrisfamilias zizania pullulant et polluunt messes tritico rarescente, ac vulpes parvulæ jam in aperto præsumunt vineam Domini demoliri. Ecce etenim hæreses antiquæ suscitantur ac innovatis veteribus, novi adinveniuntur errores et fidem catholicam pravi nituntur interpretes depravare; non se conformantes legi divinæ, sed in favorem propriæ perversitatis doctrinam evangelicam, propheticam et apostolicam pervertentes; ita ut novissimi dies videantur instare, secundum apostolum, qui in novissimis diebus mente prophetica talia prævidens eventura, cum multa de hujusmodi prædixisset, adjecit: *Quemadmodum autem Jamnes et Mambres restiterunt Moysi, ita et hi resistent veritati; homines corrupti mente, reprobi circa fidem* (II Tim. III, 8). Utinam autem, sicut ipse subjunxit, non proficiant ultra, sed insipientia eorum, sicut et illorum, fiat omnibus manifesta! Aliud etiam inconveniens specialiter in Siciliæ partibus dicitur evenire; cum hi qui olim ex abnegato gentilitatis errore sacri baptismatis unda renati, fidem catholicam receperunt, nunc abeuntes retro et ad vomitum redeuntes, pristinis involvuntur erroribus et Christianæ fidei, quam professi fuerant, imo Christo potius adversantur. Cum autem ad capiendas hujusmodi vulpes parvulas, species quidem habentes diversas, sed caudas adinvicem colligatas, quia de vanitate conveniunt in idipsum, Salomon nos inducat in Canticis canticorum, ne mutis canibus latrare non valentibus comparemur aut deformitatem vineæ Domini Sabaoth, ad quam etsi in hora fere undecima, sumus tamen inter operarios, imo potius in operariorum magisterio deputati, negligere videamur, vel sub dissimulatione transire, fraternitati tuæ per apostolica scripta mandamus atque præcipimus quatenus ob timorem Domini et reverentiam apostolicæ sedis contra hæreticos, tanquam fidei Christianæ zelator assurgas; et si apud eos monitis obtinere non poteris ut redeant ad Ecclesiæ unitatem, ipsos, fautores, defensores et receptatores eorum, pulsatis campanis, candelis accensis, per totam diœcesim in qua fuerint, imo etiam per totam provinciam, singulis diebus Dominicis et festivis excommunicatos publice nuntiari facias et bona eorum a principibus publicari. Ad hæc, quia oblatum exigit quod non exegerat offerendum, nec impune conceditur cuiquam a fide catholica resilire, volumus, et sub eadem tibi districtione mandamus, ut eos qui post susceptum sanctificationis lavacrum redire ad ritus Saracenicos præsumpserunt, ut a suo revertantur errore et catholicam fidem observent, frequenti ac diligenti exhortatione præmissa et per te ipsum quacunque poteris districtione compellas et compelli facias per principes sæculares.

Datum, ut supra.

DX.

S. COLOCEN. ARCHIEPISCOPO V. GEVRIEN. ET D. ZAGABRIEN. EPISCOPIS.

Cassatur electio archiepiscoporum Hydruntin. et Spalat.

(Laterani, III Kal. Januarii.)

Ad nostram noveritis audientiam pervenisse quod, cum omnes communicantes in aliquo A. fratri charissimi in Christo filii nostri Ungarorum regis

illustris, qui scilicet vel litteras sibi dirigerent aut ab eo reciperent destinatas, vel eidem aliquod consilium vel auxilium exhiberent vel ei in aliquo communicare præsumerent, de mandato bonæ memoriæ Cœlestini papæ prædecessoris nostri excommunicationis fuerint vinculo innodati, N. et A. post excommunicationem et inhibitionem apostolicam eidem communicare scienter, consilium et auxilium impertiri et divina præsumpserunt etiam celebrare. Unde propter hoc in Hydruntin. et Spalatin. archiepiscopos, quamvis et illi excommunicationi subjaceant, ab eodem, loco remunerationis contra juris ordinem in regiæ dignitatis præjudicium sunt promoti. Quia vero tantæ præsumptionis audaciam in injuriam Dei et contemptum sedis apostolicæ attentatam, impunitam relinquere non possumus nec debemus, fraternitati vestræ per apostolica scripta districte præcipiendo mandamus quatenus super præmissis inquirentes diligentius veritatem, si rem ita noveritis se habere, præfatos N. et A. eorum electionibus, imo verius intrusionibus penitus irritatis, excommunicatos publice nuntietis et usque ad condignam satisfactionem faciatis ab omnibus arctius evitari; districtius inhibentes ne quis eis obtentu electionum fidelitatem, obedientiam vel reverentiam audeat exhibere. Nullis litteris, etc. Quod si omnes, etc.
Datum Laterani, III Kalend. Januarii.

DXI.

ARCHIEPISCOPIS, EPISCOPIS, ET CÆTERIS ECCLESIARUM PRÆLATIS IN UNGARIA CONSTITUTIS.

Ne quis in Ungariæ regis consiliarios facile excommunicationis sententiam proferat.

(Laterani, VI Id. Januarii.)

Cum inter alios mundi principes personam charissimi in Christo filii H. Ungariæ regis illustris et regnum sibi commissum prærogativa dilectionis et gratiæ disposuerimus honorare, in admittendis petitionibus regiis, quoties nostro apostolatui porriguntur, tanto nos faciliores, quantum cum Deo possumus, volumus exhibere, quanto ad promovenda universa et singula quæ regia debeat serenitas acceptare, volumus existere proniores. Sane postulavit nuper concedi sibi a nobis ad instar bonæ memoriæ Clementis papæ prædecessoris nostri regia celsitudo ut nullus archiepiscopus vel prælatus quilibet in familiares et consiliarios suos, de quorum absentia et privatione tam regnum Ungariæ quam persona regis possit incurrere detrimentum, et præsertim in Geurien. episcopum dilectum et familiarem suum, qui, post mortem inclytæ recordationis B. progenitoris ejus, tam in guerra quam in pace, in omnibus et præ omnibus fidelis sibi exstitit et devotus et inter fideliores fidelissimus est inventus, unde ipsum dignis in Domino laudibus commendamus, excommunicationis sententiam promulgaret. Quod si fuisset ab aliquo forsitan attentatum, per quem mallet archiepiscopum vel episcopum usque ad decem absolvi faceret, cujuslibet contradictionis et appellationis obice non obstante. Nos ergo de benignitate sedis apostolicæ magnificentiæ regiæ uberiorem volentes favorem et gratiam impertiri, universitati vestræ auctoritate præsentium duximus inhibendum, ut in consiliarios et familiares ipsius, quorum in hac tempestate consilio et familiaritate sine magno sui dispendio carere non potest, nullus vestrum, nisi pro manifesta et rationabili causa et canonica monitione præmissa, excommunicationis vel interdicti sententiam audeat promulgare. Quod si aliter fuerit in elusionem mandati apostolici perperam per præsumptionem cujuslibet attentatum, decernimus non tenere. Nulli ergo, etc.

Datum Laterani, VI Idus Januarii.

DXII.

PATRIARCHÆ ANTIOCHENO.

De conservanda ecclesiastica libertate et ne a laicis Ecclesiæ exactiones imponantur et talliæ

(Laterani, Non. Januarii.)

Ne lædatur libertas ecclesiastica vel ministri Ecclesiarum a perversis hominibus opprimantur, nobis, qui omnibus sumus ex injunctæ servitutis officio secundum apostolum specialiter debitores effecti, sollicitius imminet providere. Nostris siquidem fuit auribus intimatum quod, cum expensas in Antiochena civitate fieri pro aliqua necessitate contingit, communia ipsius civitatis ecclesias, clericos et eorum homines, cujuscunque conditionis vel linguæ sint, in exactione talliæ contra antiquam consuetudinem aggravant, quam et recipere ac pro sua expendere voluntate præsumunt. Præterea tam te quam Ecclesias tuas in multis aliis infestantes, omnes clericos Antiochen. ad justitiam cuilibet laico exhibendam nituntur sub prætexu sui compellere juramenti. Possessiones etiam ecclesiasticas per judicium et consuetudines Græcorum tractare conantes, jura Ecclesiæ Latinorum consuetudinibus abusive pervertunt. Nos igitur excessus hujusmodi in patientia sustinere nolentes, auctoritate præsentium districtius inhibemus ne aliquis tibi, Ecclesiis seu clericis vel hominibus vestris hujusmodi violentias vel gravamina de cætero inferre præsumat. Quod si quis facere aliqua temeritate præsumpserit, licitum tibi sit in eum auctoritate apostolica censuram rigoris ecclesiastici promulgare. Nulli ergo, etc.

Datum Laterani, Nonis Januarii.

DXIII.

TYREN. ARCHIEPISCOPO.

Quatenus testes ad exceptionem probandam adhibiti, in causa principali testimonium dicere cogantur.

(Laterani, IV Non. Januarii.)

(224) De testibus qui ad exceptionem probandam a partibus inducuntur, tua nos duxit fraternitas consulendos utrum cogendi sint super principali etiam negotio ferre testimonium veritati, et an illi sint, sicut cæteri testes, examinandi stricte, qui ad pur-

(224) Cap. 29, De testibus.

gandam alicujus infamiam inducuntur. Super hoc igitur fraternitatem tuam plurimum in Domino commendantes, quæ in dubiis apostolicæ sedis vult certificari rescripto, taliter ad proposita respondemus: Quod si testes inducti jam sint ad exceptionem solummodo comprobandam, cum super ea tantum juraverint dicere veritatem, super principali nec debent audiri nec cogi testimonium perhibere, utpote super quo deponerent non jurati. Si vero cum ad probandam exceptionem peremptoriam ab alterutra partium inducuntur, reliqua pars super principali etiam eos deponere forte petierit et ut cogantur super toto negotio dicere veritatem sacramento eos postulaverit obligari, ad id sunt sine dubitatione cogendi; nisi forsan sufficiens productio testium super principali facta jam fuerit vel renuntiatum a partibus, vel dispositiones testium fuerint publicatæ. Illi vero qui ad purgandam alicujus infamiam inducuntur, id solum tenentur juramento firmare, quod veritatem eum credant juramento dicere qui purgatur.

Datum Laterani, IV Nonas Januarii.

DXIV.

ARCHIEPISC. ET CAPITULO TYREN.

Ne infideles conjuncti gradu prohibito, post baptismum separentur.

(Laterani, III Kal. Januarii.)

(225) De infidelibus ad fidem conversis nos consulere voluistis, utrum si ante conversionem suam, secundum legis veteris instituta vel traditiones suas, citra gradus consanguinitatis a canone denotatos conjuncti fuerint, separari debeant post baptisma. Super hoc igitur devotioni vestræ duximus respondendum quod matrimonium sic ante conversionem contractum, non est post baptismi lavacrum separandum; cum a Judæis Dominus requisitus, si licet uxorem ex qualicunque causa relinquere, ipsis responderit: *Quod Deus conjunxit, homo non separet* (Matth. XIX, 6), per hoc innuens esse matrimonium inter eos.

Datum Laterani, III Kal. Januarii.

DXV.

TYREN. ARCHIEPISCOPO.

Quod patriarchæ et primates archiepiscoporum et episcoporum subditos judicare in prima instantia non debeant.

(Laterani, Non. Januarii.)

(226) Duo simul, consultationem scilicet et querimoniam, unica tuæ fraternitatis petitio continebat: per quam a venerabili fratre nostro Jerosolymitano patriarcha querebaris clericos tuos tecum injuste gravari, qui eos, spreto tuo judicio coram quo parati sunt de se querentibus justitiam exhibere, licet ad eum per appellationem causa minime deferatur, coram se respondere compellit: et utrum ad id possint de jure compelli per nostras postulabas litteras edoceri. Volentes igitur tibi super gravaminibus providere prædictis et consultationibus tuis quod canones sanciunt respondere, cum sit in canonibus (227) diffinitum primates vel patriarchas nihil privilegii habere præ cæteris episcopis, nisi quantum canones sacri concedunt et prisca consuetudo illis contulit ab antiquo, ita ut secundum Nicænas regulas (228) sua privilegia serventur Ecclesiis, præterquam si apostolica sedes aliquam Ecclesiam vel rectorem ipsius quolibet speciali privilegio decreverit honorare, de fratrum nostrorum consilio respondemus quod quandiu clerici tui coram te voluerint stare juri, compelli non debent judicium ejusdem patriarchæ subire, nisi causa forsitan per appellationem ad ejus audientiam perferatur aut, quod non credimus, aliquid ei a sede apostolica sit indultum.

Datum Laterani, Nonis Januarii.

In eumdem fere modum Acconensi episcopo.

DXVI.

EPISCOPO SIDONIENSI, BERITEN. ET BIBLIEN. EPISCOPIS.

De decimarum solutione.

(Laterani, x Kal. Januarii.)

(229) Significavit nobis venerabilis frater noster Acconen. episcopus quod, cum post recuperationem civitatis Acconen. ad inhabitandum in ea se contulissent quidam qui ante generalem occupationem terræ sanctæ in aliis civitatibus regni Jerosolymitani perpetuam elegerant mansionem et in ea residentiam fecerunt aliquantam et adhuc etiam resideant in eadem, prælati prædictarum civitatum eos ad solvendum sibi ecclesiastica jura ecclesiastica districtione compellunt. Quia vero transgredi non debemus terminos a patribus constitutos aut falcem in messem mittere alienam; fraternitati vestræ per apostolica scripta mandamus quatenus prædictorum locorum prælatos ut sibi nullam in prædictos Acconen. habitatores jurisdictionem usurpent, nec ab eis temporalia exigant quibus spiritualia non ministrant, monitione præmissa, districtione qua convenit compellatis: ita tamen quod si de agris in eorum parochia constitutis fructus percipiunt et in ultramarinis partibus ratione prædictorum decimæ persolvuntur, de ipsis (230) eis decimas cum integritate persolvant. Dicto vero Acconen. tanquam diœcesano suo de cæteris respondere cogantur. Quod si omnes, etc.

Datum Laterani, x Kalend. Januarii.

DXVII.

ACCONEN. EPISCOPO.

Ut professus religionem eam ingredi et servare compellatur.

(Datum, ut supra.)

(230*) Sicut nobis est ex tua parte propositum,

(225) Cap. *De infidelibus*, De consanguinitate et affinitate.
(226) Cap. *Duo simul*, De officio ordinarii.
(227) Cap. *Conquestus*. 9, q. 3.
(228) Concil. Nic. c. 6.
(229) Cap. ult. De parochiis et alienis parochianis.
(230) In secunda Collect. deinceps.
(230*) Cap. *Sicut nobis*, De regularibus.

quidam clericus cum ægritudine nimia laboraret, quasi de morte securus, et de recuperanda sospitate desperans, habitum canonicorum regularium petiit et accepit, ea in susceptione habitus exprimens ac promittens quæ solent in hujusmodi repromitti; sed nec ad Ecclesiam transiit, utpote infirmitate gravatus nec bonis suis uti cessavit. Postmodum vero sospitate recepta, post xv (231) annos et ultra, videntibus et scientibus venerabili fratre nostro archiepiscopo et dilecto filio priore et canonicis Ecclesiæ Nazarensis, a quibus habitum susceperat regularem, tu, licet eo tempore quo habitum susceperat in Ecclesia Nazaren. prioris sollicitudinem exerceres, immemor eorum quæ facta fuerant circa ipsum, in Acconen. eum canonicum suscepisti. Quia vero quid super hoc facere debeas per nostras postulas litteras edoceri, fraternitati tuæ duximus respondendum quod si regularem habitum se postulante suscepit et ad observationem religionis canonicæ sua professione ligavit, ad resumendum habitum ecclesiastica est districtione cogendus; cum quod tanto tempore extra canonicam mansit, non in excusationem ejus, sed in majoris transgressionis augmentum merito valeat allegari.

Datum, *ut supra*.

DXVIII.

JEROSOLYMITANO PATRIARCHÆ.

Illum officii sui pie admonet et propter sua delicta in ipsum jure animadversurum significat.

(Datum, *ut supra*.)

(232) Tacti sumus dolore cordis intrinsecus et medullas etiam doloris immensitas penetravit, certis indiciis agnoscentes quod laici, clerici, subditi et tu ipse adhuc in vos ac transmarinam provinciam, imo etiam totum populum Christianum ultionem Domini odio, malevolentia et detractionibus assiduis provocatis, quem potius orationibus, vigiliis, jejuniis et aliis operibus charitatis, quantum in vobis esset, deberetis ad misericordiam inclinare. Super quo tibi tanto fortius condolemus quanto subjectos tibi populos ad viam rectitudinis verbo invitare debueras et exemplo, non doctrinam contrariam sermone vel facto eorum oculis vel auribus instillare. Recepimus enim litteras illas quas in derogationem famæ venerabilis fratris nostri Tyren. episcopi edere ac in quibus personam ipsius turpiter depingere voluisti, quia non expetita a te licentia navigarat in Cyprum. Sicut autem ex tenore litterarum illarum perpendimus, cum idem archiepiscopus navigasset in Cyprum, et chariss. in Christo filium nostrum Aimericum tunc Cypri regem illustrem ad chariss. in Christo filiæ nostræ Jerosolymitanæ reginæ conjugium et Jerosolymitani regni regimine de consilio et voluntate fere totius Christiani exercitus evocasset, ut eorum matrimonium impediret, affinitatis et incestus impedimentum, sero tamen, objiciens consentire in ejus copulam noluisti, postmodum vero voluntate mutata eos in regem et reginam coronasti conjunctos: in quo te tibi contrarium fuisse dolemus et vel male prius contradixisse convincimus, vel male postmodum consensisse. Super quibus cum veritas nobis plenius innotuerit, contra te non poterimus non moveri, imo etiam statuere quod jus exegerit statuendum.

Datum, *ut supra*.

DXIX

FULCONI ABBATI CORBEIEN.

Conceditur usus annuli.

(Laterani, III Kal. Januarii.)

Ad hoc in Ecclesia Dei visibilis est sacramentorum species instituta, ut per exteriora quæ cernimus, ad interiora quæ intelligimus transmittamus. Inter cæteros siquidem sacramentales ornatus, prælatis Ecclesiarum conceditur annulus, qui est signaculum fidei, juxta quod pater filio revertenti dari annulum in manu præcepit, ut videlicet Ecclesiam sibi commissam prælatus ipsius intemerata fide custodiat, ad quam fideliter observandam per visibilem speciem jugiter admonetur. Cum igitur monasterium Corbeiense, quod ad Ro. Ecclesiam nullo respicit mediante, sincera diligamus in Domino charitate, volentes ipsum in te alicujus dignitatis privilegio decorare, ut et Ecclesiæ Ro. magis existas obnoxius et devotus et fortius et efficacius regimini commissi tibi monasterii debeas imminere, usum tibi annuli de benignitate sedis apostolicæ indulgemus. Nulli ergo, etc.

Datum Laterani, III Kal. Januarii.

DXX.

G. CONVENTREN. EPISCOPO.

Ut a decessoribus alienata revocet.

(Laterani, VI Id. Januarii.)

Sicut nostro est apostolatui reseratum, nonnulli de prædecessoribus tuis non attendentes quod conditionem Ecclesiæ meliorem facere poterant, non pejorem, possessiones ad tuum episcopium pertinentes injuste alienare pro suæ voluntatis arbitrio præsumpserunt; unde ipsa Ecclesia grave dispendium proponitur incurrisse. Nos ergo nolentes quod delictum personæ in damnum Ecclesiæ debeat redundare, fraternitati tuæ auctoritate præsentium indulgemus ut quæ a dictis prædecessoribus tuis minus legitime alienata fuerunt, ad jus et proprietatem Ecclesiæ tuæ tibi liceat, appellatione remota, legitime revocare. Nulli ergo, etc.

Datum Laterani, VI Idus Januarii.

DXXI.

EIDEM.

Ut patronis in præsentando clericum idoneum discordantibus, episcopus vicarium durante lite instituat.

(Laterani, III Id. Januarii.)

(233) Cum propter laicorum discordias non de-

---

(231) In tertia Collect. xx.
(232) Vide supra epist. 137.

(233) Cap. *Cum propter*, De jure patronatus.

beat Ecclesiis præjudicium generari, grave gerimus et indignum quod, sicut nostro est apostolatui reservatum, occasione dissensionis quæ de jure patronatus vertitur inter eos, Ecclesiæ plus debito remanent rectoribus viduatæ : quod in ipsarum grave dispendium noscitur redundare. Verum quia, secundum Apostolum, instantia nostra quotidiana est omnium Ecclesiarum sollicitudo continua, volentes his quæ præmisimus ex debito pontificalis officii obviare, fraternitati tuæ per apostolica scripta mandamus quatenus si de jure patronatus quæstio emerserit inter aliquos, et cui competit, infra quatuor menses non fuerit diffinitum, ex tunc Ecclesiam ipsam appellatione remota, de persona non differas idonea ordinare : ita quod illi ex hoc non debeat in posterum præjudicium generari, qui jus evicerit patronatus.

Datum Laterani, iii Idus Januarii.

DXXII.
ABELATEN. ARCHIEPISCOPO.
Injungitur illi ut inquirat de statu episcopi Regensis (234) qui episcopatui renuntiare cupiebat.

(Datum, *ut supra*.)

Hanc inter spiritualia et corporalia constat existere differentiam, quod corporalia facilius destruuntur quam construantur ; e contrario vero spiritualia facilius construuntur quam destruantur. Unde juxta canonicas sanctiones episcopus solus honorem dare potest, solus autem auferre non potest. Nimirum venerab. frater noster Regen. episcopus, sicut ex ipsius et ven. fratris nostri Aquen. archiepiscopi litteris quas nostro apostolatui destinarunt, nobis innotuit evidenter, quoniam Ecclesiæ suæ propter manifesta impedimenta non sufficit providere, unde ipsi Ecclesiæ populoque sibi commisso non leve timet imminere periculum, omnino cedere ac deponere onus sollicitudinis pontificalis affectat ; super quo humiliter postulavit a nobis sibi licentiam indulgeri. Cum igitur inter sacros ordines dignitatis pontificalis excellat, de qua soli Petro reservatum est privilegium, volentes in hoc deliberatione provida et debita maturitate procedere, fraternitati tuæ per apost. scripta mandamus quatenus de statu Regen. Ecclesiæ ac personæ ipsius episcopi veritatem indagatione sollicita perscruteris et utrum ejus persona propter impedimentum cordis vel corporis insufficiens sit ad gerendam sollicitudinem pastoralem veridica nobis relatione rescribas; ut per te certiores effecti securius in negotio procedamus.

Datum, *ut supra*.

(234) Imbertus Episc. Regen. secessit in monasterium Lirinense.
(235) Cap. *Cum ad nostram*, De electione et electi potestate.

DXXIII.
BISUNTINO ARCHIEPISC. ET SUFFRAGANEIS EJUS.
Ne quis in abbatem Luxoviensem eligatur, nisi fuerit monachus istius cœnobii.

(Laterani, iii Id. Januarii.)

(235) Cum ad nostram nuper notitiam devenisset quod Hu. qui se pro abbate Luxovien. gerebat, non antea fuerit monachus quam electus, nos attendentes quod contra regulares traditiones istud fuerit attentatum, cum nullus spem vel promissionem habens ut abbas fiat, debeat monachari, electionem de ipso factam de consilio fratrum nostrorum curavimus irritare. Quocirca fraternitati vestræ per apostolica scripta mandamus quatenus tam monachis quam aliis fidelibus monasterii memorati studeatis ex parte nostra districtius inhibere ne præfato H. ullam obedientiam vel reverentiam propter jamdictam electionem audeant exhibere ; et si quid in eodem monasterio disponendo jam perperam attentavit, nullius robur habere volumus firmitatis, sed penitus irritari. Quod si contra interdictum nostrum curam monasterii usurpare præsumpserit, ipsum et qui ei faverint in hac parte, per censuram ecclesiasticam, remoto appellationis obstaculo, compescatis.

Datum Laterani, iii Idus Januarii.

DXXIV.
ABBATI DE FLORE.
Quod professio absque habitu edita obliget.

(Datum, *ut supra*.)

(236) Porrectum nobis ex parte tua petitorium continebat quod I. canonicus Acheruntinus, infirmitate gravatus, votum ut fieret monachus se asseruit emisisse. Unde metuens ne voto decederet non completo, junctis manibus tibi se reddidit in monachum et in fratrem. Alii quoque in absentia tua sese in sacerdotum manibus monachos fieri deventes, sani facti ad vomitum redierunt. Et cum familiares monasterii tui antea exstitissent, quia non fuerunt ad antiquam familiaritatem admissi, adversarii facti sunt pro amicis. Utrum ergo talium facta dissimulare valeas, ne fiant deteriores, an compellendi sint ad complenda promissa, per nos postulas edoceri. Nos ergo inquisitioni tuæ taliter respondemus quod cum monachum faciat non habitus sed professio regularis, ex quo a convertendo emittitur et recipitur ab abbate, talis ut fiat monachus et reddat Domino quod promisit erit utique non immerito compellendus.

Datum, *ut supra*.

DXXV.
CAPELLANO ET S. SUBDIACONO NOSTRIS, APOSTOLICÆ SEDIS LEGATIS.
Illos ad regem Dalmatiæ legatos facit.

(Laterani, vi Id. Januarii.)

(237) Apostolicæ sedis auctoritas, quæ per diver-

(236) Cap. *Porrectum*, De regularibus.
(237) Vide infra epist. 535, et lib. ii, epist. 176 et seqq.

sas mundi partes plenitudinem obtinet potestatis, illius sequens vestigia qui beato Petro *Pasce oves meas* (Joan. XXI, 17) tertio replicavit, in partem sollicitudinis viros evocat providos et discretos qui gregem Domini et pabulo salutis reficiant et viam eis æternæ felicitatis ostendant. Ad quorum siquidem auxilium et juvamen, ut ecclesiasticæ potestatis auctoritas in sua semper maneat firmitate, cum requirit necessitas, aliquos a suo latere dirigit et transmittit, quibus legationis injungit officium exercendum. Hac itaque consideratione diligenter inducti et charissimi in Christo filii V. illustris regis Dalmatiæ et Diocliæ precibus inclinati, qui ut ad eum legatos mittere deberemus instantissime postulavit, vos, de quorum probitate nos et fratres nostri plenam fiduciam obtinemus, ad Dalmatiam et Diocliam provinciam duximus transmittendos, in provinciis ipsis vobis auctoritate præsentium legationis officium injungentes; ut quæ inveneritis corrigenda corrigatis, destruatis et evellatis superflua et nociva, ædificetis et plantetis utilia et honesta; quatenus cum, Domino dante, reddetis talenta, vobis reddat is credita duplicata et a nobis et fratribus nostris valeatis in Domino multipliciter commendari.

Datum Laterani, VI Idus Januarii.

DXXVI.

VULCANO ILLUSTRI REGI DALMATIÆ ET DIOCLIÆ.

Ut legatos apostolicos reverenter accipiat et officium suum exsequi permittat.

(Datum, *ut supra*.)

Ut evidentius evangelica doctrina pateret in omnem terram, juxta verbum propheticum, sonus apostolorum exiret et in fines orbis terræ verba diffunderentur ipsorum, noster Dominus et magister, qui præbuit nobis exemplum ut sequamur vestigia ejus, discipulos suos per universas mundi partes ad prædicandum direxit, dicens eis juxta evangelicam veritatem : *Euntes in mundum universum, prædicate Evangelium omni creaturæ* (Marc. XVI, 15). Quam siquidem observantes constitutionem providam et salubrem Rom. pontifices, vicarii Jesu Christi, qui in beato Petro apostolorum Principe ab ipso Domino receperunt plenitudinem potestatis et constituti sunt super gentes et regna, ut juxta verbum propheticum evellant et destruant, ædificent et plantent, quia suam non possunt ubique præsentiam exhibere, per varia mundi climata a suo latere aliquos dirigunt et transmittunt, qui fideles in fide consolident, corrigenda corrigant, de agro Domini nociva destruant et utilia plantare procurent. Intelligentes igitur per litteras tuas nostro apostolatui præsentatas tuæ devotionis ardorem, quod videlicet Rom. Ecclesiam matrem tuam super omnia post Deum diligere et honorare proponis et mandatis nostris omnimodis inhærere, juxta quod a nobis tua nobilitas postulavit, dilectos filios Jo. capellanum et Simonem subdiaconum nostros, de quorum scientia et probitate nos et fratres nostri plenam fiduciam obtinemus, de fratrum nostrorum consilio ad partes tuas duximus dirigendos; per apostolica tibi scripta mandantes quatenus eos tanquam apostolicæ sedis legatos benigne recipias et honeste pertractes, et quæ secundum Deum in partibus ipsis duxerint statuenda suscipias humiliter et sine refragatione conserves; ut cum ad nos, Domino dante, redierint, nobis referre valeant tuæ devotionis affectum, et Rom. Ecclesia tuis efficacius possit intendere incrementis. Nos enim eis dedimus in mandatis ut apostolicam in te confirmantes doctrinam, reforment quidquid invenerint reformandum et tanquam membra capiti apostolicæ sedi conforment, in ipsius devotione pariter et obedientia solidantes : per quos etiam pallium, plenitudinem scilicet pontificalis officii, venerab. fratri nostro Dioclien. archiepiscopo transmittimus, ut in partem nostræ sollicitudinis evocatus, sine defectu valeat officii sui debitum adimplere.

Datum, *ut supra*.

Scriptum est super hoc in eumdem fere modum *uxori ejusdem regis. In e. f. m. nobili viro S. magno Jupano. In e. f. m. uxori ejusdem S. magni Jupani.*

DXXVII.

In eumdem fere modum Dioclien. archiepiscopo, usque ad verbum adimplere. Quibus etiam pro nobis et successoribus nostris fidelitatis juramentum, quod tibi sub bulla nostra mittimus inclusum, devote studeas et humiliter exhibere.

DXXVIII.

In eumdem fere modum archiepiscopis, episcopis, abbatibus, Ecclesiarum prælatis et aliis clericis per Dalmatiam et Diocliam in regno charissimi in Christo filii nostri Vulcani illustris regis Diocliæ et Dalmatiæ constitutis, usque ad verbum solidantes.

DXXIX.

EPISCOPO ET CAPITULO TRIPOLITAN.

Ut Raimundo primo vacaturum canonicatum et præbendam conferant.

(Laterani, II Kal. Januarii.)

Cum ex apostolatus officio quod, licet indigni, suscepimus, ad universos extendere curam provisionis apostolicæ teneamur, specialius illis adesse volumus et debemus qui clericali militiæ deputantur : inter quos illos duximus non immerito præferendos, de quorum meritis laudabilis conversatio et contracta nobiscum familiaritas, dum essemus in minori officio constituti, nos efficit certiores. Hinc est quod dilectum filium Raimundum clericum Ecclesiæ vestræ, quondam familiarem nostrum, universitati vestræ sollicite commendantes, rogamus attentius et per apostolica vobis scripta mandamus atque præcipimus quatenus eum pro reverentia beati Petri et nostra in canonicum vestrum et fratrem tam libenter quam liberaliter admittatis, cum præbenda stallum eidem in choro et locum in capitulo tanquam uni de vestris canonicis, occasione, contradictione et appellatione cessantibus, assignantes,

Sic autem has primitias precum nostrarum reverenter admittere studeatis, ut devotionem vestram debeamus proinde commendare et vos in vestris petitionibus efficacius exaudire. Alioquin venerabili fratri nostro patriarchae Antiocheno dedimus in mandatis ut, vobis cessantibus, efficere quod mandamus, ipse id, remoto appellationis obstaculo, exsequatur, contradictores quoslibet ecclesiastica censura percellens.

Datum Laterani, 11 Kal. Januarii.

Scriptum est super hoc patriarchae Antiocheno.

DXXX.
UNIVERSO CLERO ET POPULO CREMONENS.

De S. Homoboni vita, miraculis, et canonizatione.

(Laterani, 11 Id. Januarii.)

(237*) Quia pietas promissionem habet vitae quae nunc est et futurae, justus et misericors Dominus fideles suos, quos praedestinavit ad vitam, frequenter in hac vita glorificat et semper in futura coronat; quibus et per Prophetam promittit: *Dabo vos in laudem, gloriam et honorem in cunctis populis* (Sophon. III, 10), et per se pollicetur: *Fulgebunt justi sicut sol in regno Patris eorum* (Matth. XIII, 43). Mirabilis enim in se ipso Dominus, mirabilis in sanctis, mirabilis in omnibus operibus suis, verum nobis exhibet suae virtutis indicium et frigescentem jam in pluribus charitatis igniculum, mirabilium suorum signis accendit, assumpt s in gloriam suam qui certaverunt legitime in hoc mundo, ad memorias eorum innovat signa et mirabilia, juxta Prophetam, immutat; ut qui sanctus est apud ipsum sanctus etiam ab hominibus habeatur et in hoc praesertim haereticorum confundatur perversitas, cum ad catholicorum tumulos viderint prodigia pullulare. Licet autem, juxta testimonium Veritatis, sola finalis perseverantia exigatur ad sanctitatem animae in Ecclesia triumphanti, quoniam qui perseveraverit usque in finem, hic salvus erit; duo tamen, virtus videlicet morum et virtus signorum, opera scilicet pietatis in vita et miraculorum signa post mortem, ut quis reputetur sanctus in militanti Ecclesia requiruntur. Nam quia frequenter angelus Satanae se in lucis angelum transfigurat et quidam faciunt opera sua bona, ut videantur ab hominibus, quidam etiam coruscant miraculis, quorum tamen vita merito reprobatur (238) (sicut de magis legitur Pharaonis), et etiam Antichristus, qui electos etiam, si fieri potest, inducet miraculis suis in errorem, ad id nec opera sufficiunt sola nec signa, sed cum illis praecedentibus ista succedunt, verum nobis praebent indicium sanctitatis; nec immerito nos ad ipsius venerationem inducunt quem Dominus suus ostendit miraculis venerandum. Haec autem duo ex verbis Evangelistae plenius colliguntur, ubi de apostolis loquens ait: *Illi autem profecti praedicabant ubique Domino cooperante et sermonem confirmante sequentibus signis* (Marc. XVI, 20); in eo namque quod ait *cooperante*, eos operatos esse demonstrans; et in eo quod sequitur *sequentibus signis*

eos exponens imo Dominum in eis miraculis claruisse. Hoc etiam Dominus usque hodie operatur in sanctis et potentiam suam signis evidentibus manifestat, dum vivorum curat aegritudines ad memoriam mortuorum, et eos plus posse post mortem et felicius vivere mortuos, qui in Domino moriuntur quam qui vivunt in mundo demonstrat. Sane veniens ad praesentiam nostram venerabilis frater noster episcopus vester, multis viris religiosis et aliis honestis personis de sua dioecesi comitatus, cujusdam beati viri, et re et nomine Homoboni, vitam et actus necnon et modum transitus ejus humiliter nobis aperuit: in quibus et sanctae ipsius degustavimus conversationis odorem, Deumque mirabilem et omnia opera ejus in fide cognovimus et praedicavimus gloriosa. Idem etenim sanctus, tanquam lignum quod plantatum est secus decursus aquarum, quod fructum suum dat in tempore suo, prout eorumdem nobis assertio facta tam viva voce quam aliorum plurium honestorum litteris patefecit, adeo in lege Domini meditabatur die ac nocte, ut ei serviens in timore et secundum Prophetam media nocte surgens ad confitendum ei, matutinis semper laudibus interesset. Missae quoque officium et alias horas cum summa devotione frequentans, ita assiduis orationibus insistebat, ut in certis horis aut incessanter oraret aut horas ipsas aliquando praeveniret; nisi forte ipsum sollicitudo, quam super pace reformanda per civitatem tanquam pacificus vir gerebat, aut occasio eleemosynae pro pauperibus acquirendae, seu alia justa causa in aliis operibus misericordiae detineret. Qui nimirum ante crucem Dominicam ex assuetudine se prosternens, opus quodlibet faciendo, stando, sedendo, jacendo, ad orationem labia movere continuo videbatur. Inter alia vero pietatis opera quae tam circa pauperes, quos secum in domo propria tenebat, curabat et pariter procurabat, quam circa alios indigentes, quibus viventibus humanitatis officium, mortuis sepulturae beneficium consueverat devotus impendere, diligentius exercebat, ipse a saecularium hominum consortio segregatus, inter quos virebat quasi lilium inter spinas, haereticorum quorum pernicies partes illas infecit austerus exstitit aspernator. Deducto autem sic vitae sanctae curriculo, cum ad matutinale officium, prout dictum est, in festivitate sancti Brictii surrexisset, circa missae primordia idem se ante crucem Dominicam more solito in oratione prosternens, dum cantaretur hymnus angelicus, beato fine quievit. Quae vero, quot et quanta miracula fuerint subsecuta, et quot advenientibus ad sepulchrum ejus sanitatis beneficia sint impensa, cum longum sit enumerare per singula, unum inter caetera ad assertionem catholicae fidei duximus expressius annotandum. Cum enim quaedam daemoniaca mulier ad sepulchrum ejus deducta fuisset, ne aliqua fraus lateret, eadem primo fuit aqua non benedicta renotas ad Agobard., pag. 56 et seqq.

(237*) Vide Baronium ad diem 13 Novembr.
(238) Vide notas ad Lupum Ferrar., pag. 481, et

spersa; quæ se patienter aspergi permittens, aquam secundo respuit benedictam. Et ut res evidentiori experimento pateret, oblatam non consecratam absque aliqua præscientia sibi recipiens præsentatam, eucharistiam consecratam subsequenter abhorruit nec recepit; quæ et meritis ejusdem sancti liberata recessit. Ut autem virtus morum, prout est superius prælibatum, licet omnis dubitatio amoveri ex subsecutione signorum per divinum judicium videretur, fide apud nos claresceret pleniori, ne miraculorum etiam virtus aliqua fraude posset vel figmento juvari, veritatem rei sollicitius duximus inquirendam. Fidem namque, quam super conversatione ipsius absque figmento hypocrisis fraudulento divinum judicium, ut dictum est, manifeste ostendere videbatur, per testimonium dilecti filii Osberti presbyteri Sancti Ægidii Cremonensis præsentis cum episcopo memorato, recepto ab eo firmavimus juramento; sub cujus obtestatione videlicet juramenti ipse, qui patrinus ejus existens per xx annos et amplius confessionem ejus sæpe receperat, quæ de illius sancti conversatione præmisimus, cum ipso episcopo et aliis supradictis juratis similiter asseruit esse vera et de obedientia quam in orationibus, vigiliis et aliis pœnitentiæ fructibus, quæ sibi ab eo imposita erat plus injuncto satisfaciens exhibebat, nos reddidit certiores. Ea etiam quæ de miraculis ipsis fuerant nobis exposita, per juramentum omnium prædictorum qui propter hoc venerant, fide suscepimus pleniori; assertione ipsius episcopi sub firmo verbo sacerdotis requisita in virtute obedientiæ concurrente : ut sic divinum et humanum secuti judicium cum majori procedere securitate possemus. Cum igitur hæc omnia tam de probitate morum quam virtute signorum, ad favorem petitionis, pro qua episcopus memoratus et alii supradicti ex parte vestra vehementer instabant, concurrere videremus, de fratrum nostrorum consilio, post multam deliberationem habitam cum eisdem archiepiscopis et episcopis, quos super hoc ad consilium nostrum admisimus, de divina misericordia et ejusdem sancti meritis confidentes, ipsum sanctorum catalogo duximus ascribendum; statuentes ut in die depositionis ipsius, ejusdem festivitas devote a vobis et aliis Christi fidelibus annis singulis de cætero celebretur. Inde est quod universitatem vestram rogamus in Domino et monemus, per apostolica scripta præcipiendo mandantes quatenus ejusdem sancti memoriam, prout dictum est, cum celebritate debita venerantes, ejus apud Deum suffragia humiliter imploretis; per cujus merita ad gaudia æterna pertingere valeatis.

Datum Laterani, ii Idus Januarii.

DXXXI.

ARCHIEPISCOPO SIPONTINO.
Habens litteras falsas ignoranter venia dignus est.
(Laterani, xix Kal. Februarii.)

Ex litteris dilectorum filiorum I. archipresbyteri, (239) Cap. *Inter corporalia*, De translat. episc.

P. et L. primiceriorum Ecclesiæ Sipontinæ accepimus quod cum super accusatione quam contra abbatem Sancti Benedicti Sipont. falso R. clericus, Joannes sacerdos et Bartholomæus diaconus intendebant, ad eos mandatum apostolicum emanasset, licet iidem eum nomine monachorum et oblatorum ipsius monasterii Sancti Benedicti super multis criminibus, videlicet super dilapidatione, adulterio, perjurio et falsitate impeterent; proponentes quod super his omnibus fuerat coram te convictus et causa ipsa usque ad sententiam diffinitivam deducta, ipsos tamen clericos mendaces et abbatem innocentem in his omnibus invenerunt. Verumtamen idem abbas fuit in tua præsentia proprio ore confessus quod quasdam litteras, quas a sede apostolica impetrarat, in manu tua resignavit : quas cum falsas esse constaret, tu ipsum ab officio tandiu decrevisti manere suspensum, donec nostro se conspectui præsentaret, mandato nostro per omnia pariturus. Unde videlicet dicti clerici eumdem abbatem, licet nec monachi sint ejusdem monasterii nec oblati, sumpserunt materiam accusandi. Sed ipse abbas illius falsitatis innoxium et inculpabilem se ostendit, constanter affirmans quod nunquam ad conscientiam vel notitiam ejus de illarum litterarum falsitate pervenerat, sed eas pro veris habuerat usque ad tempus quo ipsas, ut dictum est, resignavit. Quocirca fraternitati tuæ per apostolica scripta mandamus quatenus ab eodem abbate cum tertia manu purgatione recepta quod ei de falsitate litterarum illarum non constitit, ipsum ab hujusmodi infamia denunties absolutum et eidem officium auctoritate nostra restituere non omittas; prædictos clericos per censuram ecclesiasticam, appellatione cessante, monitione præmissa, compellens ut ab ipsius abbatis de cætero molestatione indebita conquiescant.

Datum Laterani, xix Kal. Februarii.

DXXXII.

DECANO ET CAPITULO ANDEGAVEN.
Translatio episcoporum ad solum Romanum pontificem jure pertinet.
(Laterani, xii Kal. Februarii.)

(239) Inter corporalia et spiritualia eam cognovimus existere differentiam, quod corporalia facilius destruuntur quam construantur, spiritualia vero facilius construuntur quam destruantur. Unde juxta canonicas sanctiones episcopus solus honorem dare potest, solus autem auferre non potest. Episcopi quoque a metropolitanis suis munus consecrationis recipiunt, qui tamen non possunt nisi per Romani pontificis sententiam condemnari. Cum ergo fortius sit spirituale vinculum quam carnale, dubitari non debet quin omnipotens Deus spirituale conjugium quod est inter episcopum et Ecclesiam (240), suo tantum judicio reservaverit dissolvendum; qui dissolutionem carnalis conjugii, quod est inter virum et feminam, suo tantum judicio reservavit, præcipiens ut quod Deus conjunxit, homo non se-

(240) Vide Marcam, lib. vii De concord., cap. 26, § 8.

paret. Non enim humana sed divina potius potestate conjugium spirituale dissolvitur, cum per translationem vel depositionem aut etiam cessionem, auctoritate Romani pontificis, quem constat esse vicarium Jesu Christi, episcopus ab Ecclesia removetur. Et ideo tria hæc quæ præmisimus non tam constitutione canonica quam institutione divina soli sunt Romano pontifici reservata. Sicut autem episcopus consecratus sine licentia Romani pontificis suam non debet Ecclesiam derelinquere; sic et electus confirmatus præter ejus assensum suam deserere nequit Ecclesiam, cui est matrimonialiter alligatus; cum non debeat in dubium revocari quin post electionem et confirmationem canonicam, inter personam eligentium et electi conjugium sit spirituale contractum : cui profecto episcopalis dignitas nihil addit, cum quis episcopali præditus dignitate, nullius tamen Ecclesiæ possit episcopus esse; quemadmodum de illo contingit qui oneri pontificali renuntiat, non honori. Unde cum non majus sit vinculum episcopi ad Ecclesiam quam electi, maxime cum fuerit confirmatus, imo idem penitus et non aliud, idem juris obtinet in utroque. Sicut ergo episcoporum translatio vel etiam depositio, sic et electorum cessio post confirmationem ratione spiritualis conjugii soli est Romano pontifici reservata. Licet usque ad tempora ista quod cautum fuerat de episcopis expressum non fuerit de electis, propter expressam tamen similitudinem vel identitatem potius, nemini poterat videri dubium subtiliter intuenti, cum idem judicium de similibus sit habendum. Sed neque illud quod in canone legitur de electo (241), ut si ultra quinque menses per suam negligentiam retinuerit viduatam Ecclesiam, nec ibi nec alibi consecrationis donum percipiat, imo metropolitani sui cedat judicio, aliter intelligentibus poterat suffragari, cum non intelligatur Ecclesia viduata, quasi sponsum non habeat, sed quia cum sponsus ejus nondum sit consecratus, adhuc quoad quædam quasi viri manet solatio destituta : sicut juxta communem modum loquendi illa dicitur Ecclesia viduata, quæ licet episcopum habeat, inutilem tamen perhibetur habere. Nec quod de cessione subsequitur et statutum fuit ad pœnam trahi debet ad gratiam; ut sicut metropolitani judicio electus dejicitur, ita etiam ad aliam Ecclesiam possit transferri; præsertim cum nec sine auctoritate Romani pontificis fiat cessio vel dejectio memorata, qui, ut possent ex canone illo, metropolitanis indulsit. Unde si circa translationem idem fieri voluisset, quod de cessione dixerat et de translatione poterat expressisse, et quod non est sanctorum Patrum decreto sancitum, superstitiosis non est adinventionibus præsumendum; præsertim cum nonnunquam (242) intelligatur prohibitum quod non invenitur expressum.

Sane nos, qui sacra docente Scriptura monemur ne nostrum alii demus honorem, quoniam apostolatui nostro multis referentibus innotuerat quod venerabilis frater noster Turonen. archiepiscopus magistrum W. de Chimeleio (243), qui electus fuerat in episcopum Abrincensem et per metropolitanum suum postea confirmatus, qui aliquandiu tam in spiritualibus quam in temporalibus ministrarat, in Ecclesiam vestram præter apostolicæ sedis auctoritatem transferre præsumpsit et episcopum consecrare, quem et venerabilis frater noster Rothomagensis archiepiscopus præter apostolicæ sedis mandatum absolvit et ei tribuit licentiam transeundi, venerabili fratri nostro Bituricen. archiepiscopo, de quo plenam fiduciam obtinemus, dedimus in mandatis ut inquisita super hoc plenius veritate, si rem gestam taliter inveniret, tam memoratum Turonensem quam ipsum Rothomagensem archiepiscopos, qui saltem apostolicam sedem super hoc quod novum emerserat, præsertim cum juxta traditiones canonicas majores ecclesiasticæ causæ ad sedem apostolicam sint referendæ, consulere debuerunt, a confirmatione pariter et consecratione pontificum, memoratum vero W. ab exsecutione pontificalis officii nostra fretus auctoritate suspenderet. Qui mandati nostri diligens exsecutor, super quo devotionem ejus digna gratiarum prosequimur actione, cum per confessionem spontaneam eidem Bituricen. archiepiscopo de veritate negotii constitisset, dictos archiepiscopos et episcopum juxta tenorem mandati nostri suspendit. Et quamvis iidem archiepiscopi Turonen. et Rothomagen. tanquam majores plus excesserint in præmissis, præfatus vero episcopus minus, utpote illorum tanquam majorum errorem secutus; nos tamen intellecta per litteras et per nuntios eorumdem archiepiscoporum confessione spontanea et supplicatione devota, veniam errori dedimus, quia non ex malignitate sed ex simplicitate peccarunt. Et quoniam præfatus episcopus qui et minus peccaverat, et, sicut ex præmissis apparet, severius fuerat castigatus, ad apostolicam sedem licet spontanea voluntate, non tamen sine multis laboribus et expensis accessit, reatum suum recognoscens, humiliter et devote misericordiam postulans et judicium non requirens; nos super facto ejus cum fratribus nostris communiter tractatum habentes et subtiliter indagantes quod licet munus sibi consecrationis impensum nec prioris Ecclesiæ ipsum pontificem fecerit nec secundæ, cum ad primam non fuerit consecratus et ad secundam, prioris vinculo perdurante, non potuerit canonice consecrari adhuc alteri alligatus conjugaliter; illud tamen provide attendentes quod et urgens necessitas et evidens utilitas Ecclesiæ vestræ, quoniam non poteratis in aliam personam idoneam convenire, dispensationis gratiam requirebant, eo de plenitu-

(241) Vide supra epist. 447.
(242) In Tertia Collect. *nunquam.*

(243) Vide supra epist. 117.

dine potestatis tam a vinculo prioris Ecclesiæ quam a pœna suspensionis penitus absoluto, de benignitate sibi apost. sedis duximus concedendum ut priore consensu hactenus perdurante, sicut per litteras personarum Ecclesiæ vestræ nobis est intimatum, Andegaven. Ecclesiam tanquam proprius pontifex ad laudem et gloriam nominis Dei, ad honorem et exaltationem ipsius et ad salutem et utilitatem suam et tam cleri quam populi sibi commissi studeat gubernare; ut præveniente divina gratia et sequente plus prodesse velit et valeat quam præesse; præsertim temporibus istis quibus, cum abundet iniquitas et peccatis exigentibus multorum charitas refrigescat, opus est non mercenario sed pastore. Quocirca vobis per apost. scripta præcipiendo mandamus quatenus ipsum episcopum tanquam patrem et pastorem animarum vestrarum recipientes humiliter et devote, reverentiam ei debitam, honorem et obedientiam impendatis, ut ipse in vobis filialem devotionem inveniat et vos in eo paternum reperiatis affectum.

Datum Laterani, xii Kal. Februarii.

DXXXIII.

MONTANARIO [*in vet. cod. ms. Colbert.* MONTANO] SUBDIACONO NOSTRO.

Ipsi prioratum Sancti Savini ad quem electus erat confirmat.

(Laterani, x Kal. Februarii.)

Cum super prioratu Sancti Savini de Plano Spoleti inter te et Philippum Joannis Pelagalli quæstio verteretur et ob hoc ad sedem apostolicam venissetis, dilecto filio nostro G. Sancti Adriani diacono cardinali causam ipsam commisimus fine debito terminandam; in cujus præsentia quod prioratus ipse ad te pertinere probare per electionem canonicam satagebas; cum a canonicis ipsius Ecclesiæ primo fuisses electus, qui ab annis quinquaginta priores in dicta Ecclesia sine contradictione qualibet elegerunt. Verum præfatus Philippus quod idem prioratus sibi potius deberetur ea nitebatur ostendere ratione, quia per venerab. fratr. nostrum Matthæum Spolet. episcopum ibidem fuerat institutus, ad quem institutionem ipsam spectare firmiter asserebat. Ad hæc ergo probanda testibus utriusque partis receptis et eorum depositionibus publicatis, cum super eis sufficienter esset utrinque, prout jus expostulat, disputatum, antequam diffinitiva sententia proferretur, præfatus cardinalis pro Ecclesiæ negotiis fuit a nobis in regnum Siciliæ destinatus, in cujus locum substituimus dilectos filios nostros Augonem Sancti Eustachii et G. Sancti Nicolai in Carcere diaconos cardinales. Qui cum, rationibus et allegationibus partium diligenter inspectis et de causæ meritis habita notitia pleniore, quæ præmissa sunt nobis fideliter retulissent; quia constitit nobis, per confessionem etiam præfati episcopi, quod dictus Philippus in præscripta Ecclesia per eum non fuerat institutus, tibi adjudicavimus ipsius Ecclesiæ prioratum, ab impetitione præfati Philippi, cui super quæstione præmissa silentium perpetuum imposuimus, te sententialiter absolventes. Nulli ergo, etc., nostræ diffinitionis, etc.

Datum Laterani, x Kal. Februarii.

DXXXIV.

PETRO COLIMBRIENSI EPISCOPO.

Ea quæ decessores juste hactenus possederant, ipsi confirmat.

(Laterani, vii Kal. Januarii.)

Sacrosancta Romana Ecclesia, etc., *usque ad verbum* inclinati, personam tuam et Colimbriensem ecclesiam, cui auctore Deo præesse dignosceris, cum omnibus bonis, etc., *usque ad verbum* suscipimus. Specialiter autem ecclesias de Covilian. et de terminis ejus ad exemplar bonæ memoriæ C. papæ prædecessoris nostri et omnes possessiones laicales quas tam prædecessor tuus quam tu in prædictis villis et ejus terminis acquisistis, sicut ea juste possidetis et quiete, tibi et per te præfatæ Colimbriensi ecclesiæ auctoritate apostolica confirmamus et præsentis scripti pagina communimus. Decernimus ergo, etc.

Datum Laterani, vii Idus Januarii.

DXXXV.

I. CAPELLANO ET S. SUBDIACONO, FAMILIARIBUS NOSTRIS, APOSTOLICÆ SEDIS LEGATIS.

Pallium non conceditur nisi metropolitanis.

(Laterani, vii Kal. Februarii.)

(244) Post dies aliquot ex quo a nostra præsentia recessistis, ex relatione quorumdam et inspectione libri censualis cameræ nostræ nobis innotuit quod Antibaren. Ecclesia inter suffraganeas Ragusan. metropol. numeretur. Unde cum tu, fili I., librum illum inspexeris, miramur quod facta tibi copia libri præmissi, nobis non aperuisti expressius veritatem. Quia vero non est nostræ intentionis statum ecclesiarum evertere, devotioni vestræ auctoritate præsentium districtius inhibemus ne Antibaren. electo pallium aliquatenus concedatis, nisi vobis constiterit ejus prædecessores fuisse palliis decoratos et dignitatem metropolitanam habuisse. Ne autem iter vestrum et legationis processus valeat aliquatenus impediri, eisdem personis, quibus per vos apostolica scripta dirigimus, sub eodem tenore litteras nostras transmittimus, dempto capitulo quod faciebat de pallio mentionem; ut utrasque penes vos habentes, vel primas vel secundas, prout opus fuerit, præsentetis.

Datum Laterani, vii Kalend. Februarii.

DXXXVI.

ARCHIPRESBYTERO ET CANONICIS BASILICÆ PRINCIPIS APOST.

Suam erga illos benevolentiam et munificentiam declarat.

(Laterani, xv Kal. Februarii.)

Derivata in nos ab apostolorum principe per ipsius merita potestatis ecclesiasticæ plenitudo et apostolatus successio, non ratione carnis per homi-

(244) Vide supra epist. 525.

nem legitime procreata, sed per Deum ipsius gratia canonice facta, inter cæteras sollicitudines cordis nostri et occupationes, quibus quotidie premimur, utpote quibus sollicitudo universarum ecclesiarum incumbit, ad honorandam ejusdem Principis apostolorum basilicam specialiter nos inducunt, ut cum Propheta psallamus : *Domine, dilexi decorem domus tuæ et locum habitationis gloriæ tuæ* (*Psal.* xxv, 8). Sane cum Dominus noster in beato Petro, cui nos, licet immeritos, constituit successores, in spiritualibus prætulerit universis, et Ecclesiam in temporalibus etiam dilatarit, conveniens esse dignoscitur ut eidem beato Petro in vobis, imo Christo in eo qui nobis exhibuit universa, etsi modicum, tamen aliquid tribuere studeamus, affectum nostrum in effectum humiliter producentes. Dignum est etenim ut quia variis pressi negotiis, dum circa lapsum religionis nobis propositum in melius reformandum intendimus, dum justitiæ consulimus oppressorum, dum singulorum consultationibus respondemus, dum ad reformandam inter discordantes pacis concordiam et pro diversis ecclesiarum et provinciarum necessitatibus legatos a latere nostro dirigimus, dum de terræ orientalis subventione pensamus, Principis apostolorum basilicam dignis obsequiis frequentare non possumus, aliquibus munusculis honoremus; nihil in hoc apostolorum Principi largientes de proprio, sed de suo potius rependentes. Verum cum decor ecclesiarum et earum thesaurus præsertim pendeat ex personis quæ ipsis deserviunt et Domini laudes horis intonant constitutis, psallentes ei tam ore quam corde; vos, qui ad honorem apostolorum Principis in ejus ecclesia Domino jugiter deservitis, invocantes nomen ipsius et voce consona modulantes laudes ejus (245), imo beatum Petrum in vobis tenui devotionis nostræ munusculo decrevimus honorare; sperantes quod qui minuta viduæ pauperis acceptavit, nostræ quoque humilitatis acceptabit affectum, non quid, sed ex quo potius tribuamus attendens. Eapropter, dilecti in Domino filii, tam redditum, quem de signis plumbeis sive stagneis apostolorum Petri et Pauli imaginem præferentibus, quibus eorum limina visitantes in augmentum propriæ devotionis et testimonium itineris consummati seipsos insigniunt, prædecessores nostri et nos ipsi percipere consuevimus, quam auctoritatem fundendi ea vel quibus volueritis fusoribus concedendi, qui vobis tantum de ipsis respondeant, vobis et per vos canonicæ vestræ præsentium auctoritate concedimus et præsentis scripti pagina communimus. Ad hæc, sub pœna excommunicationis districtius inhibemus ne quis ea præter assensum et concessionem vestram aliquatenus formare præsumat. Decernimus ergo, etc., nostræ confirmationis, concessionis, et inhibitionis, etc.

Datum Laterani, xv Kal. Februarii.

(245) Deest hic aliquid.

DXXXVII.

PHAREN. EPISCOPO.

Ut cum aliquot canonicis Romam, causam suæ translationis dicturus, veniat.

(Laterani, iii Non. Decembris.)

Mirari cogimur et moveri quod, sicut a multis accepimus, tu regimen ecclesiæ Jadertin. sine mandato sedis apostolicæ irreverenter assumere præsumpsisti. Licet enim clerici ecclesiæ Jadertinæ cum suæ civitatis nuntiis ad nostram præsentiam accessissent et nobis tam ex relatione ipsorum quam litterarum inspectione quas tulerant patuisset quod in Jadertin. archiepiscopum electus fueras, imo verius postulatus; quia tamen etsi de modo postulationis possemus reddi per easdem litteras certiores, de persona tua nobis non poterat fieri certa fides nec examinare debebamus absentem, eis de consilio fratrum nostrorum decrevimus respondere ut aliqui de canonicis ejusdem ecclesiæ nostro se conspectui præsentarent, ut de studiis postulantium et de meritis postulati certiores effecti securius in ipso negotio procedere valeremus; adjicientes, quod licet episcoporum translatio ad solum pertineat Rom. pontificem, quia tamen ad venerab. fratrem nostrum patriarcham Graden. consecratio Jadertin. electi noscitur pertinere, cum de beneplacito nostro procederet ut tibi pallium conferremus et tu nobis juramentum fidelitatis præstares, te proculdubio faceremus dicto patriarchæ Graden. professionem canonicam et debitam obedientiam exhibere. Sed ipsi nuntii tales noluerunt litteras reportare; quibus reversis, sine mandato nostro ecclesiæ Jadertinæ diceris regimen assumpsisse et in ea tam temporalia quam spiritualia ministrare. Quia vero grave nimis est quod de tua præsumptione proponitur, nec subito volumus damnationis sententiam jaculari, fraternitati tuæ per apostolica scripta mandamus et districte præcipimus quatenus infra duos menses post susceptionem præsentium cum competenti numero canonicorum ecclesiæ Jadertinæ iter arripias ad sedem apostolicam veniendi, redditurus nobis super excessu, quem prædiximus, rationem; ita quod si culpabilis inventus non fueris, cum nobis de postulatione canonica et personæ tuæ idoneitate constiterit, translationis gratiam et usum pallii recipere merearis; postmodum debitam nobis fidelitatem et dicto patriarchæ professionem canonicam impensurus. Alioquin ex tunc te noveris ab officio pontificali suspensum, et nos canonicis Jadertinæ ecclesiæ dedisse firmiter in mandatis ut aliam personam idoneam canonice sibi eligant in pastorem.

Datum Laterani, iii Nonas Decembris.

DXXXVIII.

(Datum, *ut supra.*)

Scriptum est Jadertinis Canonicis in eumdem fere modum usque ad verbum suspensum Quocirca universitati vestræ per apostolica scripta mandamus quatenus si prædictus episcopus præceptum nostrum

contempserit adimplere, vos aliam personam idoneam vobis eligatis canonice in pastorem.

Datum, *ut supra.*

DXXXIX.

DUCI ET POPULO VENETORUM.

Ne Saracenis arma et subsidium subministrent prætextu mercaturæ.

(Datum, *ut supra.*)

In favorem orientalis provinciæ, præter peccatorum veniam quam in suis illuc expensis proficiscentibus pollicemur et apostolicæ protectionis gratiam, quam eidem terræ subvenientibus indulgemus, illud etiam Lateranen. concilii (246) constitutum curavimus innovare, quod eos qui Sarracenis arma, ferrum, lignamina galearum ministrare præsumpserint et in galeis et piraticis eorum navibus curam gubernatoris et regimen exercere, ab Ecclesiæ communione præcidi et excommunicationi pro sua iniquitate subjectos rerum, suarum per principes sæculi catholicos et consules civitatum privatione mulctari et capientium servos, si capti fuerint, fore decernit, ad exemplar felicis recordationis Gregorii papæ prædecessoris nostri omnes illos excommunicationis sententiæ supposuimus qui cum eis de cætero habere consortium vel per se, vel per alios, navibus seu alio quocunque ingenio aliqua rerum suarum subsidia impendere vel transmittere attentaveriat, quandiu inter nos et ipsos guerra durarit. Verum accedentes nuper ad apostolicam sedem dilecti filii. nobiles viri Andræas Donatus et Benedictus Grilion nuntii vestri, nobis exponere curaverunt quod ex constitutione hujusmodi civitati vestræ proveniret non modicum detrimentum, quæ non agriculturis inservit sed navigiis potius et mercimoniis est intenta. Nos igitur paterno dilectionis affectu quem ad vos specialiter habemus inducti, sub districtione anathematis prohibentes ne in ferro, stupa, pice, acutis pironibus, funibus, armis, galeis, navibus et lignaminibus paratis vel imparatis, vendendo, donando vel commutando Sarracenis ministrare subsidium præsumatis, sustinemus ad tempus, donec super hoc aliud dederimus vobis in mandatis, ut in regnum Ægypti vel Babylonis alia inituri commercia, cum necesse fuerit, transfretetis; sperantes quod propter hanc gratiam in subsidium Hierosolymitanæ provinciæ debeatis fortius animari; provisuri ne quid in fraudem circa statutum apostolicum præsumatis: quia dubium esse non debet eum divina ligari sententia, qui contra propriam conscientiam in elusionem hujus mandati fraudulenter aliquid attentabit.

Datum, *ut supra.*

DXL.

EPISCOPO GEVRICENSI ET ABBATI DE BOCCAN.

De pœna eorum qui crimen falsi commiserunt.

(Laterani, III Kal. Februarii.)

247) Inauditum falsitatis genus tam novitate nocendi

---

(246) Concil. Later. sub Alex. III., c. 24.
(247) Vide infra epist. 549.

quam præsumptionis audacia universa fere hactenus inventa genera falsitatis excedens, perpetratum prædecessorum nostrorum temporibus, nostris est auribus revelatum. Sane proposuerunt nobis dilecti filii magister R. præpositus Colocen. et magister I. archidiaconus Seghedien. quod magister L. Tarvisinus olim ad apostolicam sedem accedens, de regesto felicis recor. Alexandri papæ prædecessoris nostri quamdam chartam dolose subripuit, quam in ea parte dolose abscidit, qua tribus aliis chartulis, quia fuerat in quaterno medio, jungebatur, filo integro remanente. Cum autem idem præpositus eamdem nobis chartulam præsentasset, ex eo rem sic se habere cognovimus, quod in proximo præcedenti chartula ejusdem regesti quorumdam habebatur principium litterarum, quas eadem pagina terminabat, et rursum circa finem ipsius paginæ quædam litteræ fuerant inchoatæ, quæ finiebantur in folio subsequenti. Cum igitur hujusmodi falsitatis vitium tanto amplius persequi debeamus, quanto majus posset scandalum generare, cum pro litteris de quibus dubium est an a sede apostolica emanarint, ad regestum de consuetudine recurratur, cum etiam vix posset aliquis amplius Rom. Ecclesiam offendere quam si ei regesta et alios libros surriperet in quibus tam ipsius quam aliarum Ecclesiarum privilegia continentur, discretioni vestræ per apost. scripta mandamus atque præcipimus quatenus magistrum P. Strigonien. præpositum et magistrum Robertum Anglicum et Azonem presbyterum, quos hujus iniquitatis consocios [conscios] esse audivimus, ad vestram præsentiam evocantes, ab eis sub jurejurando veritatem diligentius exquiratis, quo mandante, cujus consilio, quo conscio et quo procurante tantæ falsitatis crimen fuerit attentatum. Confessionem autem ipsius sub jurejurando factam, redactam in publicam manum ac vestris sigillis signatam, ad nos sine dilatione aliqua transmittatis. Volumus autem et sub eadem districtione mandamus ut tam eos quam alios qui hujus iniquitatis participes fuisse dicuntur ad veritatis assertionem, monitione prævia, per suspensionis et excommunicationis sententiam appellatione postposita, compellatis.

Datum Laterani, III Kalendas Februarii.

Scriptum est super hoc fere in eumdem modum patriarchæ Gradensi.

DXLI.

P. DE CASTRONOVO ARCHIDIACONO MAGALONENSI

Ipsi archidiaconatum confirmat.

(Laterani, IV Kal. Februarii.)

(248) Cum olim bonæ memoriæ Magalonensis episcopus, habito dilectorum filiorum P. de Agrifolio archidiaconi et B. prioris claustralis assensu, te ad vacantem archidiaconatum ejusdem Ecclesiæ nominasset, præposito ut nullus ibi, nisi prius duplici voce sibi concessa, institueretur per appellationem interpositam inhibente, episcopus, tum quia contra

---

(248) Vide supra epist. 267.

antiquam Magalonen. Ecclesiæ consuetudinem et commune jus canonum esse dicebat aliquem sibi vocem duarum personarum in eadem Ecclesia vindicare, tum quia ex indulgentia bonæ memoriæ Celestini papæ prædecessoris nostri, quam in capitulo præsente præposito legi fecit, sibi probabat indultum ut vacantem archidiaconatum vel sacristiam, si contra personam ab ipso nominatam aliquid rationabile et canonicum non posset legitime objici et probari, non obstante contradictione vel appellatione, conferret, te de præfato archidiaconatu per annulum investivit, in locum ejusdem corporaliter te inducens. Unde nominatus præpositus invidiæ stimulis agitatus, alium ad eumdem archidiaconatum præsumpsit postmodum nominare. Cujus facti occasione te et dicto præposito ad sedem apostolicam accedentibus, nos in minori tunc officio constitutos et dilectum filium nostrum B. tituli Sancti Petri ad Vincula et bonæ memoriæ M. tituli Sanctorum Joannis et Pauli presbyterum cardinales habuistis in vestris quæstionibus auditores. Cumque multa hinc inde allegata fuissent, tandem dictus prædecessor noster quod ab utraque parte factum fuerat, pro sua voluntate cassavit, sententiando pronuntians quod aliquibus de provincia scriberet ut tam episcopum quam personas ad ordinandum concorditer archidiaconatum monerent, et, eorum forte monitis non admissis, hoc ipsi auctoritate apostolica exsequi non differrent. Post hæc vero Geraldo Joannino, qui nondum ad diaconatus erat promotus officium, præter conscientiam tuam, cum tunc apud sedem apostolicam pro episcopo moreris, ipsum archidiaconatum contra propriam pronuntiationem, sicut credimus, contulit circumventus. Nos igitur inhærentes vestigiis prædecessorum nostrorum dicentium sententiam Romani pontificis posse in melius commutari, cum aliquid fuerit subreptum, quod de prædicto G. factum fuerat, non obstante donatione quam a venerabili fratre nostro Magalonen. episcopo in illusionem donationis apostolicæ dicitur recepisse, de communi fratrum consilio in irritum revocavimus et ei, licet absenti, cum liquido nobis de subreptione constaret et in manifestis juxta canonicas sanctiones non sit rigor judiciarius observandus, super dicto archidiaconatu perpetuum silentium imponentes, prædicto episcopo et dilectis filiis archidiacono et sacristæ Magalonen. dedimus in mandatis ut nullius contradictione vel appellatione obstante, infra unius mensis spatium post litterarum nostrarum susceptionem sæpedictum archidiaconatum de persona cui nihil obviaret de canonicis institutis, plena omnium qui præsentes essent interveniente concordia, ordinarent; ne, si forte iterum suboriretur discordia, fierent novissima deteriora prioribus et error novissimus esset pejor priore. Venerabili etiam fratri nostro archiepiscopo et dilecto filio decano Arelaten. dedimus in mandatis ut ipsis in exsecutione mandati nostri cessantibus, iidem nullius contradictione vel appellatione obstante illud exsequi non tardarent.

Cumque prædicti episcopus, archidiaconus et sacrista mandatum nostrum infra dictum terminum differrent et negligerent adimplere, prædictus Arelaten. archiepiscopus attendens personam tuam ad hoc officium non indignam, tibi, sicut ex litteris ejus accepimus, archidiaconatum ipsum auctoritate nostra canonice contulit et te de ipso per annulum investivit. Cum igitur nobis de tuæ constet idoneitate personæ, quod de te per eumdem archiepiscopum auctoritate mandati nostri legitime factum esse dignoscitur, ratum et firmum habentes, archidiaconatum ipsum tibi auctoritate apostolica confirmamus et præsentis scripti pagina communimus. Decernimus ergo, etc.

Datum Laterani, vi Kal. Februarii.

DXLII.

PRIORI ET FRATRIBUS DE GRANDIMONTE.

Ipsos ad concordiam et mutuam charitatem hortatur.

(Laterani, iii Kal. Februarii.)

Cum dilectus filius noster B. frater vester, orta olim inter fratres Grandismontis dissensione non modica, cum... tunc priore suo et aliis multis fratribus ad sedem apostolicam accessisset, quia tunc controversia ipsa non potuit plene sopiri, idem B. se transferens ad partes provinciæ, in Avinionensi diœcesi, in terra dilecti filii nobilis viri R. comitis Tolosani, de concessione bonæ memoriæ R. Avinionen. episcopi, ordinis vestri domum construxit et in ea cum... fratre vestro tunc et suo et aliis quos de novo recepit fratribus est moratus; quanquam a morte prædicti prioris, et post substitutionem alterius, lite quoque per auctoritatem sedis apostolicæ jam sopita, non videatur posse rationabiliter excusari quod usque nunc ad obedientiam vestram accedere non curavit. Volentes autem, sicut tenemur, matri filiam et membra capiti counire, cum et vos circa receptionem fratrum vestrorum vos non debeatis exhibere difficiles sed benignos, ut eos Christo lucrifacere valeatis, discretioni vestræ per apostolica scripta mandamus atque præcipimus quatenus eumdem B. ad vos humiliter redeuntem et fratres quos ipse recepit suscipiatis humiliter, et fraterna charitate tractetis et inter ecclesias vestras suscipiatis ecclesiam quam construxit. Verum quia de voluntate venerabilis fratris nostri Avinionen. episcopi et patroni ejusdem Ecclesiæ procedit affectu ut eidem Ecclesiæ in priorem clericus præferatur, cum et vos quibusdam cellis vestris clericos duxeritis præferendos, volumus nihilominus et mandamus ut vel eidem Ecclesiæ clericum præferatis, per quem secundum regularem observantiam vestri ordinis salubriter gubernetur, vel dictum B. et memoratum fratrem ipsius, qui ex facta vobis professione tenentur, a jugo obedientiæ absolvatis, ut ibi de cætero absque inobedientiæ culpa valeant Domino famulari. Quod si neutrum facere volueritis, ne ipsis perditionis materiam præbeamus, aliter saluti eorum curabimus dante Domino providere.

Datum Laterani, III Kal. Februarii.

DXLIII.
CONSTANTIEN. EPISCOPO.

Nisi appellatio intra decem dies interponatur, sententia transit in rem judicatam.

(Laterani, III Id. Januarii.)

Quid ad consultationem quam nobis nuper fecisti de duabus partibus decimæ frugum feudalium, quas laici tanquam feudum suum religiosis domibus volunt conferre, presbyteris reclamantibus et invitis et ad suas Ecclesias unde laici percipiunt sacramenta decimas ipsas asserentibus pertinere, debeat responderi per decretalem epistolam ad aliorum postulationem in simili casu dudum a nobis emissam, cujus rescriptum fraternitati tuæ de verbo ad verbum duximus transmittendum, perpendere poteris evidenter. Ei autem quod a nobis similiter postulasti, utrum appellationi sit clerici deferendum, qui purgationem indictam sibi per sententiam et ad ipsius receptionem terminum competentem, puta viginti dies vel amplius, sine contradictione recipiens et ad diem veniens, consequenter appellat, causam non exprimens appellandi, nec sit locus nisi suscipiendæ purgationi et exsecutioni sententiæ, a cujus latione ac purgatione injuncta ultra decennium [*f.* decem dies] dicitur effluxisse, taliter credimus respondendum, quod cum post decem dierum spatium sententia in auctoritatem rei transeat judicatæ, qui ad provocationis subsidium infra id temporis non recurrit, appellandi sibi aditum denegavit, cum per hoc videatur per interpretationem juris latæ sententiæ paruisse; præsertim ubi causa non redditur appellandi, sed nec exsecutionem ipsius sententiæ ideo convenit retardari, licet ad hoc agendum quadrimestre tempus regulariter sit statutum; quia id arctari potest nonnunquam a sedente in medio et etiam prorogari; et qui ab initio sponte recepit terminum breviorem, imputare sibi potest et debet, cum ex hoc videatur amplioris beneficium contempsisse; unde talis non audietur appellans, nisi forte adversus eum modus exsecutionis canonicus excedatur.

Datum Laterani, III Idus Januarii.

DXLIV.
WACIEN. ET CENADIEN. EPISCOPIS, ET ABBATI SIRICEN.

Committit cognitionem controversiæ inter episcopum et abbatem.

(Laterani, III Kal. Februarii.)

Cum dilecti filii S. abbas de Felduar et magister Obertus nuntius venerabilis fratris nostri Quinqueeclesien. episcopi pro quæstione quæ vertitur inter eumdem episcopum et ipsum abbatem, ad nostram præsentiam accessissent, nos eis dilectum filium nostrum G. Sancti Nicolai in Carcere Tulliano diaconum card. concessimus auditorem. In cujus audientia abbas proposuit memoratus, quod cum esset in procinctu itineris ad Romanam Ecclesiam veniendi et supradictus Quinqueeclesien. episcopus ad monasterium suum hospitandi causa venisset, privilegium quod claræ memoriæ B. quondam rex Ungariæ super Ecclesiæ suæ libertate concesserat, quam a jurisdictione prorsus episcopi exemptam esse proponit, et pecuniam quam paraverat ad expensas itineris, illi abstulit violenter ipsumque in quodam claustro Cistercien. ordinis carceri mancipavit, ne posset vel ad regem ire vel Romanam Ecclesiam visitare. Subsequenter vero cum ad abbatiam suam eum dictus episcopus remisisset et coram rege proposita super hoc querimonia fuisset inficiatus se privilegium ejus et pecuniam accepisse, dictus abbas, ut suis et Ecclesiæ suæ gravaminibus provideret, vocem ad nos appellationis emisit, et festum sancti Lucæ proxime præteritum appellationi præfixit : quam appellationem licet episcopus ipse admiserit et promiserit se venturum in termino constituto, post multos dies in eum excommunicationis sententiam promulgavit. E contrario præfatus magister Obertus respondit quod memoratus episcopus, pro eo quod dictus abbas super falsitate duorum privilegiorum apud eum accusatus fuerat et convictus et crimen suum ore proprio manifeste confessus, eum non appellantem nec contradicentem deposuit et misit ad monasterium de Sicodor ad pœnitentiam peragendam : de quo cum fuisset egressus pœnitentia non peracta, monasterium de Felduar invasit per potentiam laicalem et Ecclesiam quamdam ad ipsum episcopum pertinentem parochianis propriis spoliavit, clericos ejus ejiciens domibus propriis verberando; super quibus cum pluries citatus fuisset, quia contumax apparebat, episcopus eum excommunicationi subjecit; sed ipse post excommunicationem divina officia celebrare et bona monasterii violenter rapere ac dilapidare præsumpsit. Cum igitur prædictus card. nobis hæc omnia retulisset, de consensu partis utriusque negotium ipsum vestro duximus examini committendum et memoratum abbatem ad majorem cautelam de benignitate sedis apostolicæ fecimus juxta formam Ecclesiæ a vinculo excommunicationis absolvi. Verum quia idem abbas ex duplici causa se proposuit injuste gravatum, quoniam et propter monasterii libertatem illius jurisdictioni non suberat et propter appellationis remedium ab eo tutus esse debebat, cum super his nobis plena fides facta non fuerit, discretioni vestræ per apostolica scripta mandamus quatenus inquisita super præmissis et aliis, si qua forte alterutra partium duxerit proponenda, diligentius veritate, si legitime vobis constiterit de libertate monasterii memorati, præfato episcopo super hoc silentium imponatis, ad ablatorum restitutionem et privilegii maxime, auctoritate ipsum apostolica per censuram ecclesiasticam, sublato appellationis obstaculo, compellentes et reformantes in statum debitum quidquid post recessum abbatis circa monasterium inveneritis immutatum. Alioquin cum dictum monasterium in Quinqueclesien. diœcesi sit constructum, ad exhibendam eidem episcopo debitam reverentiam compellatis et sententiam depositionis quam idem episcopus in præfatum abbatem asseruit protulisse, nisi post appellationem ad nos legitime interpositam vel ex alia causa constiterit inique prolatam, sicut rationabiliter lata est, appellatione remota faciatis inviolabiliter observari. Si vero post appellationem ad nos interpositam jamdictum episcopum in memoratum abbatem condemnationis et excommunicationis sententiam invenireris in contemptum sedis apostolicæ dictavisse, ipsum tandiu nuntietis ab officio pontificali suspensum, donec super hoc per nos aliud fuerit ordinatum. Nullis litteris obstantibus, præter assensum partium, si quæ apparuerint a sede apostolica impetratæ. Quod si omnes, etc., duo vestrum etc.

Datum Laterani, III Kal. Februarii.

DXLV.

CANONICIS S. LAURENTII DE SPELLO.

Confirmat sententiam cardinalis super prioratu S. Laurentii.

(Kal. Februarii.)

Quæstionem prioratus inter vos et Albericum priorem Sancti Laurentii de Spello diutius agitatam dilectis filiis nostris C. tituli Sancti Laurentii in Lucina et I. tituli Sanctæ Priscæ presbyteris cardinalibus jamdudum commisimus terminandam; qui cum eidem non possent intendere, majoribus occupati, duobus judicibus de Spello eam de consensu partium commiserunt: a quibus ad cardinales ipsos eodem abbate provocante, causa fuit venerabili fratri nostro Spoletano episcopo et suo conjudici R. delegata. Sed cum ab eis non fuerit in ipsa quæstione processum, a dilectis filiis nostris S. tituli Sanctæ Praxedis presbytero et G. Sanctæ Mariæ in Aquiro diacono cardinalibus commissa fuit venerabili fratri nostro Perusino episcopo. Quam nimirum commissionem ratam habentes eidem dedimus in mandatis ut dictam causam deberet infra duorum mensium spatium diffinire; a cujus præsentia dictus Albericus sedem apostolicam appellavit. Ipso ergo et syndico vestro in nostra præsentia constitutis, dilecto filio nostro G. Sancti Nicolai in Carcere Tulliano diacono cardinali causam ipsam commisimus fine debito terminandam : in cujus præsentia contra ipsum priorem dictus syndicus vester multa proposuit, quibus eum amovendum a prioratu ostendere conabatur. Dicebat enim electionem ipsius canonicam non fuisse; cum et tunc temporis laicus fuerit et, Alexandro ejusdem Ecclesiæ priori vivente, intrusus simoniace ibidem fuerit per potentiam laicalem; electionis quoque tempore de ipsius Ecclesiæ gremio non exstiterat; nec datus volentibus sed invitis; ad cujus electionem non omnes fuerunt canonici convocati; quem etiam C. quondam duci Spoleti, quod ad mandatum ejus teneret Ecclesiam, vitasse [f. jurasse] firmiter proponebat; et quod de genere illorum fuerat ac societate qui Soperclum, priorem ejusdem Ecclesiæ interficere præsumpserunt. Præmissis itaque rationibus dictum abbatem dicebat [f. dejiciebat] prioratu Ecclesiæ memoratæ. Verum pars altera electionem suam multis nitebatur rationibus roborare; proponens quod dictus Alexander promotionis suæ tempore laicus similiter fuerat, filios habens et etiam concubinam ; et cum prioratum voluntate propria resignasset, vos eum unanimiter elegistis et per quinquennium tenuistis eum exinde pro priore: cujus quidem electio non solum a venerabili fratre nostro Spoletano episcopo, verum etiam a bonæ memoriæ Cœlestino papa prædecessore nostro fuit postea confirmata. Intentionem itaque suam fundare jam dictis rationibus satagebat. Quibus fuit a præfato B. taliter obviatum, quod cum renuntiatio Alexandri præmissa, per vim extorta fuerit et obtenta, nullum vobis poterat præjudicium generare; præsertim cum neque coram judice suo facta fuerit et tempore illo dictus Alexander vobiscum pariter possessione tam Ecclesiæ quam rerum ipsius esset penitus spoliatus. His ergo et similibus coram dicto cardinale prudenter a partibus allegatis, ipse allegationibus et rationibus hinc inde productis auditis et plenius intellectis, habito prudentum virorum consilio, sæpedictum Albericum a memorato prioratu removendum sententialiter diffinivit. Nos ergo sententiam ejus, sicut rationabiliter lata est, ratam habentes, auctoritate apostolica confirmamus et præsentis scripti pagina communimus. Nulli ergo, etc.

Datum Kal. Februarii.

DXLVI.

STRIGONIENSI ARCHIEPISC., PATAVIEN. ET CENADIEN EPISCOPIS.

Ut cognoscant de accusatione capituli Waradiensis contra suum episcopum.

(III Kal. Februarii.)

Cum venerabilis frater noster episcopus et dilecti filii B. præpositus, M. cantor, S. et M. canonici Waradien. essent in nostra præsentia constituti, ex parte canonicorum fuit propositum coram nobis quod conquerentibus eis in præsentia venerab. fratris nostri Colocen. archiepiscopi super quibusdam injuriis sibi ab ipso episcopo irrogatis, episcopus in vocem appellationis erupit et ipsi nihilominus eum de crimine simoniæ ad nostram audientiam appellarunt. Utraque vero parte post annum et dimidium ad sedem apost. accedente, cum in eodem proposito memorati canonici permanentes, perjurii et simoniæ ipsum episcopum reum facere in nostra et fratrum nostrorum præsentia niterentur, ex parte ipsius episcopi fuit propositum ex adverso quod cum super his citatus non fuerit nec propter hoc venerit et ideo jus remeandi domum haberet, non tenebatur suis adversariis respondere. Cumque super his et aliis esset ab eis in auditorio nostro diutius litigatum, nos habito cum fratribus nostris consilio, volentes parcere laboribus partium et expensis, cum et nos plus solito variis simus occupati negotiis, eas ad vos duximus remittendas : per apostolica scripta mandantes quatenus juris ordine per omnia conservato causam ipsam diligenter examinantes et usque ad diffinitivam sententiam procedentes, gesta omnia sigillorum vestrorum munimine roborata nobis fideliter transmittatis; diem assignantes partibus competentem, quo recepturæ sententiam nostro se conspectui repræsentent; ad quem si qua earum venire contempserit, nos nihilominus, quantum de jure poterimus, procedemus. Quia vero supradicti canonici se queruntur a jamdicto episcopo contra justitiam spoliatos, volumus et mandamus quatenus, si rem ita inveneritis se habere, secundum quod eidem episcopo dictus Colocen. archiepiscopus sub debito juramenti dicitur præcepisse, ablata omnia eis, appellatione remota, restitui faciatis; providentes ut eidem episcopo faciatis ab ipsis canonicis obedientiam, reverentiam et obsequium debitum exhiberi. Si vero idem episcopus aliquid proponere voluerit contra canonicos memoratos, audiatis illud, et appellatione remota fine debito terminetis. Nullis litteris, etc.

Datum III Kal. Februarii.

DXLVII.

ABBATI MONASTERII FRANCARUM VALLIUM EJUSQUE FRATRIBUS, TAM PRÆSENTIBUS QUAM FUTURIS, REGULAREM VITAM PROFESSIS IN PERPETUUM.

De confirmatione privilegiorum et bonorum.

(Laterani, Kal. Februarii.)

Religiosam vitam eligentibus, etc. In primis siquidem statuentes ut ordo monasticus, qui secundum Deum et beati Benedicti Regulam atque institutionem Cistercien. fratrum, etc., *usque ad verbum vocabulis.* Locum ipsum in quo præfatum monasterium situm est cum omnibus pertinentiis suis; grangiam de Mala Musca; grangiam de Argentia; grangiam de Campignola; grangiam de Rocetta; grangiam de Sornellis; quicquid habetis in Avinione; quidquid habetis in Cavellione; quidquid habetis in Bellicadro; quidquid habetis in Lunello; quidquid habetis in tenimento villæ Sancti Ægidii; quidquid habetis in Cavomonte et aliis locis. Sane laborum vestrorum, etc. Prohibemus insuper ut nulli fratrum, etc. Ad hæc etiam prohibemus ne aliquis monachus, etc. Insuper auctoritate apostolica inhibemus ne ullus episcopus, etc. Si vero episcopus in cujus parochia, etc. Pro consecrationibus vero altarium, etc. Quodsi sedes, etc. Quia vero interdum, etc. Porro si episcopi, etc. Paci quoque, etc. Præterea omnes libertates, etc. Decernimus ergo, etc. Salva sedis apostolicæ auctoritate. Si qua igitur, etc., *usque in finem.*

Datum Laterani per manum Rainaldi domini papæ notarii, cancellarii vicem agentis, Kalend. Februarii, indictione secunda, incarnationis Dominicæ anno

(249) Vide supra epist. 540.

1198, pontificatus vero domini Innocentii papæ III anno primo.

DXLVIII.

PRIORISSÆ CŒNOBII DE CURTO RIVO EJUSQUE SORORIBUS TAM PRÆSENTIBUS QUAM FUTURIS REGULAREM VITAM PROFESSIS IN PERPETUUM.

De eodem argumento.

(Laterani, III Kal. Februarii.)

Prudentibus virginibus, etc. In primis si quidem statuentes ut ordo monasticus, qui secundum Deum et beati Benedicti Regulam atque institutionem Cistercien. fratrum in cœnobio vestro, etc. *usque ad vocabulis.* Locum ipsum in quo præfatum cœnobium situm est, cum omnibus pertinentiis suis; Corvatam Don. Garnier, quam Hu. de Illidio miles dedit vobis laude et assensu hæredum suorum in omni usu habendam; et campum Olrici cum integritate; et quidquid in molendino et batarino de Gunencort habetis; et terram quæ est juxta pratum Sancti Martini; et illud quod habetis in molendino et batarino ex dono Ginardi Pohiers; ex dono Sybillæ et filii ejus Arnulfi tria jugera terræ sita inter campum Olrici et Hugonis et pratum Daven; et sedem batarini, in quo molendinum ædificastis; et tertiam partem de cultura in territorio de Brenvilla ex dono Galteri de Solascort; et partem Everardi de Irrumceria in eisdem territoriis, tam in nummis quam in segetibus; et partem Alberti Corelli similiter vobis ab ipso concessam et usum in territorio de Brenvilla. Ex dono Hugonis de Ambleio unam falcatam de prato sub burgo Sanctæ Mariæ et tertias de Mannia, quas vobis [*f.* nobilis] Rainerius de Pares de cultura suorum hominum dedit vobis. Et ex dono Humberti de Doncuria unum pratum super ripam Mosæ. Sane laborum vestrorum, etc. Liceat quoque vobis, etc. Prohibemus insuper ut nulli sororum, etc. Paci quoque, etc. Decernimus ergo, etc., salva sedis apostolicæ auctoritate. Si qua igitur, etc., *usque in finem.*

Datum Laterani, per manum Rainaldi domini papæ notarii, cancellarii vicem agentis, III Kalend. Februarii, indictione secunda, incarnationis Dominicæ anno 1198, pontificatus vero domini Innocentii papæ tertii anno primo.

DXLIX.

BEN. ILLUSTRI REGI UNGARIÆ.

Ne testes super falsitate cujusdam examinandi impediantur verum dicere.

(Laterani, II Non. Februarii.)

(249) Inauditam hactenus speciem falsitatis quam oculis nostris vidimus serenitati tuæ, quia id expedire credimus, duximus referendam. Cum enim dudum sicut moris est apostolicæ sedis regestum felicis record. Alexandri papæ prædecessoris nostri cuidam fuisset exhibitum, tanquam rescriptum aliquod inspecturo, ut conceptam iniquitatem pareret, de medio quaterno duo folia est furatus, sicut indiciis deprehendimus manifestis: cujus facinoris

testes et conscii perhibentur in regno Ungariæ permanere. Quia vero graviter peccat et qui loquitur mendacium et qui subticet veritatem, et publice interest quod maleficia non remaneant impunita, magnificentiam tuam rogamus attentius, per apostolica scripta mandantes, quatenus, ne testibus illis, qui super jamdicto facinore nominati fuerint, ut perhibeant testimonium veritati, quisquam de regno tuo noceat aut impedimentum præstare præsumat, eos potenter protegas, et defendas.

Datum Laterani, II Nonas Februarii.

DL

LINCOLNIEN. ET WINTON. EPISCOPIS ET ABBATI SANCTI EDMUNDI.

Ut cognoscant causam episcopi Conventrensis et monasterii.

(Laterani, III Non. Februarii.)

Ex insinuatione venerabilis fratris nostri Conventrensis episcopi nostris est auribus intimatum, quod cum bonæ memoriæ W. prædecessor suus de claustro monachorum ad pontificalem assumptus fuerit dignitatem, voluntatibus Conventren. monachorum usque adeo condescendit, quod fere ab omni episcopali jure ipsos exemit in successorum suorum grave præjudicium et jacturam. Possessiones etiam et beneficia quædam Lachefeldensis Ecclesiæ ad sustentationem clericorum ibidem Deo servientium deputata et diutius in pace possessa, eis absentibus et irrequisitis, sub prætextu cujusdam compositionis, quam tamen ipsi monachi non servarunt, alienare præsumpsit, in grave ipsius Lachefelden. Ecclesiæ læsionem. Exinde vero præfati monachi, tacito quod in episcopalis dignitatis et episcoporum Conventren. detrimentum esset factum præfati episcopi attentatum, compositionem ipsam per subreptionem obtinuerunt a felicis memoriæ Alexandro papa prædecessore nostro postea confirmari. De qua nimirum compositione successores episcopi memorati videntes tam sibi quam ipsi Ecclesiæ Lachefelden. enorme periculum imminere, ne adversus eos præscriptio curreret, cum non possent naturaliter, civiliter eam interrumpere curaverunt. Cum ergo ecclesiarum jura ex apostolatus officio teneamur propensius defensare nec quibusdam velimus consulere cum injuriis aliarum, de voluntate nuntiorum utriusque partis causam ipsam vobis duximus committendam; per apostolica scripta mandantes quatenus, vocatis ad vos qui fuerint evocandi et tam super episcopali jure quam alienatis possessionibus et beneficiis ecclesiasticis inquisita diligentius veritate, quod canonicum fuerit, remoto appellationis obstaculo, statuatis, facientes quod statueritis per censuram ecclesiasticam a partibus inviolabiliter observari. Nullis litteris obstantibus, si quæ apparuerint, harum mentione non habita, a sede apostolica impetratæ. Quod si omnes, etc. duo vestrum, etc.

(250) Vide supra epist. 252.

Datum Laterani, III Nonas Februarii.

DLI.

GAUDEMARIO ABBATI BOSCAUDONEN. MONASTERII EJUSQUE FRATRIBUS, TAM PRÆSENTIBUS QUAM FUTURIS REGULAREM VITAM PROFESSIS IN PERPETUUM

De confirmatione privilegiorum.

(Laterani, III Non. Februarii.)

Religiosam vitam eligentibus, etc., *usque ad verbum* statuentes ut ordo monasticus, qui secundum Deum et beati Benedicti Regulam atque institutionem Cistercien. fratrum in eodem monasterio, etc., *usque ad verbum* vocabulis. Locum ipsum in quo præfatum monasterium situm est cum omnibus pertinentiis suis, abbatiam de Pratis, abbatiam de Lura, quas ædificastis, cum possessionibus suis. Lavercum cum possessionibus suis, domum Sancti Mauricii cum pertinentiis suis; vineas de Romonolo; vineas de Capdenaso; vineas de Moilatio; grangiam de Paillairols cum omnibus quæ in illo territorio habetis, grangiam de Villario Roberti et quidquid ibi habetis et possidetis, grangiam de Cantalupa et quidquid ibi possidetis; præterea quidquid Ebreduxi habetis et possidetis. Sane laborum vestrorum, etc. Liceat quoque vobis, etc. Prohibemus insuper ut nulli fratrum, etc. Illud districtius inhibentes ne terras, etc. Si quæ vero donationes, etc. Ad hæc etiam prohibemus ne aliquis monachus, etc. Licitum præterea sit vobis in causis propriis, etc. In super auctoritate apostolica inhibemus ne ullus episcopus in cujus parochia, etc. Illud adjicientes ut in recipiendis professionibus, etc. Pro consecrationibus vero, etc. Quod si sedes diœcesani, etc. Quia vero interdum, etc. Porro si episcopi, etc. Paci quoque, etc. Præterea omnes libertate, etc. Decernimus ergo, etc., Salva sedis apostolicæ auctoritate. Si qua igitur, etc. *usque in finem.*

Datum Laterani, per manum Rainaldi domini papæ notarii, cancellarii vicem agentis, III Nonas Februarii, indictione secunda, incarnationis Dominicæ anno 1198, pontificatus vero domini Innocentii papæ tertii anno primo.

DLII.

JOANNI MINISTRO DOMUS SANCTÆ TRINITATIS CERVI FRIGIDI, EJUSQUE FRATRIBUS, TAM PRÆSENTIBUS QUAM FUTURIS, REGULAREM VITAM PROFESSIS IN PERPETUUM.

Ipsos et ipsorum domum recipit sub protectione apostolica.

(Laterani, III Non. Februarii.)

(250) Operante Patre luminum, a quo est bonum omne datum optimum et omne donum perfectum, qui solem suum oriri facit super bonos et malos, etiam diebus nostris in quibus, peccatis exigentibus, abundat iniquitas et multorum charitas refrigescit, nonnulli, faciente cum eis Domino signum in bonum, unde inter alia beneficia, quæ nobis misericorditer impertitur, ad gratiarum actiones propensius invitamur, posteriorum obliti, ad anteriora

cum Apostolo se extendunt et exuentes veterem hominem cum actibus suis et novum, qui secundum Deum creatus est, induentes, in vitæ transeunt novitatem; cum relictis pro Deo quæ possident, et non quæ sua sunt, sed quæ Jesu Christi quærentes, voluntariam eligunt paupertatem et divinæ se subjiciunt servituti: quorum desideriis tanto est propensius annuendum, quanto per opera pietatis gratiorem præstant Altissimo famulatum. Licet autem secundum Apostolum neque qui plantat neque qui rigat sit aliquid, sed qui incrementum dat Deus, plantationem tamen vestram nonnullo apostolicæ protectionis præsidio disposuimus irrigare; quatenus Deo præstante misericorditer incrementum, fructum proferat exoptatum. Eapropter, dilecti in Domino filii, vestris justis postulationibus clementer annuimus et præfatam domum Sanctæ Trinitatis Cervi frigidi, in qua divino mancipati estis obsequio, sub beati Petri et nostra protectione suscipimus et præsentis scripti privilegio communimus: statuentes ut quascunque possessiones, etc., *usque ad verbum* vocabulis. Locum ipsum in quo eadem domus vestra sita est, cum omnibus pertinentiis suis; ecclesiam de Planellis, cum omnibus pertinentiis suis; domum Burgi Reginæ cum omnibus pertinentiis suis. Sane novalium vestrorum, etc. Liceat quoque vobis clericos vel laicos, etc. Prohibemus insuper ut nulli fratrum, etc. Chrisma vero, etc. Cum autem interdictum terræ, etc. Obeunte vero, etc. Paci quoque, etc. Decernimus ergo, etc. Salva sedis apostolicæ auctoritate et diœcesani episcopi canonica justitia. Si qua igitur, etc., *usque in finem.*

Datum Laterani, per manum Rainaldi domini papæ notarii, cancellarii vicem agentis, III Nonas Februarii, indictione secunda, incarnationis Dominicæ anno 1198, pontificatus vero domini Innocentii papæ tertii anno primo.

DLIII.

EPISCOPO ET MAGISTRO P. DE CORBOLIO CANONICO PARISIEN.

Ut controversiam capituli Lingonensis contra suum episcopum pertractent.

(Laterani, IV Id. Februarii.)

Cum olim dilecti filii decanus et canonici Lingonen. contra episcopum suum, ad citationem nostram ad petitionem ipsius episcopi procuratam, ad sedem apostolicam accessissent, exspectavimus si episcopus idem, qui personaliter citatus fuerat, nostro se conspectui præsentaret. Qui cum nec venisset nec misisset idoneos responsales, habito cum fratribus nostris super negotio ipso consilio, ipsum pro contumacia manifesta et dilapidatione vulgata, quam non solum ad aures nostras fama publica detulit, imo etiam archiepiscoporum, episcoporum et aliorum religiosorum virorum testimoniales litteræ demonstrarunt, ab administratione totius Lingonen. episcopatus tam in spiritualibus quam temporalibus omnino suspendimus; ei litteris apostolicis districtius injungentes ut suspensionem ipsam curaret inviolabiliter observare. Volentes autem (nisi forte cedere mallet, quod saluti suæ melius expediret) causam quæ inter ipsum episcopum et dilectum filium decanum Lingonen. pro Ecclesia vertebatur super dilapidatione et insufficientia et aliis multis injuriis et gravaminibus ipsi ecclesiæ per eumdem episcopum irrogatis, examinari celerius et canonico fine decidi, ne si prorogaretur diutius, caderet irreparabiliter Ecclesia Lingon. quæ jam videtur in parte maxima cecidisse, ipsam tibi, frater episcope, duximus committendam, per apostolica scripta mandantes quatenus partibus convocatis, si de utriusque partis voluntate procederet quod per te diffinitiva sententia proferretur, auditis hinc inde propositis et ascitis tibi viris prudentibus, quos tanto negotio cognosceres expedire, causam ipsam fine canonico terminares. Alioquin gesta utriusque partis redacta in scriptis et sigilli tui munimine roborata, ad præsentiam nostram transmitteres; præfigens partibus terminum competentem, quo recepturæ sententiam nostro se conspectui præsentarent. Interim autem in procuratore idoneo Lingonensi Ecclesiæ præcepimus provideri. Cum autem prædictus decanus et socii ejus cum prædictæ commissionis litteris recessissent, dilectus filius E. archidiaconus Lingonen. advenit: ad cujus instantiam te, fili magister P. duximus eidem negotio adjungendum; cum in primis litteris esset expressum, ut tu, frater episcope, viros tibi prudentes ascires. Volentes igitur ut tenorem prædictæ commissionis inviolabiliter observetis, licet ex abundanti, ad multam tamen instantiam archidiaconi memorati, discretioni vestræ præsentium auctoritate mandamus quatenus si dictum episcopum per judicium inveneritis innocentem, ipsum non solum ab interdicti sententia, verum etiam ab impetitione decani et capituli super objectis, appellatione postposita, penitus absolvatis. Personales autem quæstiones, si quas idem episcopus et tam prædictus quam major archidiaconus adversus decanum vel aliquos canonicorum habuerint, audiatis et, sublato appellationis obstaculo, curetis fine debito terminare; talem in procuratorem ipsius Ecclesiæ interim deputantes, qui neutri parti esse debeat de ratione suspectus.

Datum Laterani, IV Idus Februarii.

DLIV.

COLIMBRIENSI ET ALIIS EPISCOPIS IN REGNO PORTUGALLIÆ CONSTITUTIS.

Differentiam inter edictum [f. interdictum] generale et particulare declarat.

(Laterani, VII Id. Februarii.)

(251) Cum in partibus vestris, peccatis exigentibus, sæpius contingat diversa loca interdicto supponi, quando generale vel particulare dici debeat

---

(251) Cap. *Cum in partibus,* De verborum significatione.

interdictum, apud vos accepimus in dubium revocari; cum illi qui ab Ecclesia Romana decorari privilegio meruerunt, videlicet, ut cum generale interdictum terræ fuerit, liceat eis clausis januis, non pulsatis campanis, exclusis excommunicatis et interdictis, suppressa voce divina officia celebrare, interdicto particulari se asserant non arctari, asserentes illud interdictum generale duntaxat, quando regnum vel saltem provincia tota subjicitur interdicto: propter quod et justitia sæpius deperit et prælatorum sententiæ contemnuntur, cum in aliis interdictis provinciis divina celebrent et suspensis organis aliorum, ipsi pulsatis campanis et apertis januis, quoslibet passim recipiant ad divina. Ne autem diversa interpretatio discordiæ causam inter vos ulterius et odii fomitem valeat ministrare, vel quod interdictum dici debeat generale amodo in dubium revocetur, significatione vobis præsentium intimamus quod cum in privilegiis de regno vel provincia nihil expresse dicatur, nomine terræ non solum regnum vel provinciam intelligi volumus, verum etiam villam et castrum; ut et in bis locum habeat quod de generali dicitur interdicto; videlicet, ut cum villa vel castrum generali subjicitur interdicto, præscripta privilegii forma debeat observari.

Datum Laterani, vii Idus Februarii.

DLV.

ARCHIEPISC. ET CAPITULO PISANO.

Ut cives suos hortentur illam pacem atque concordiam servare, quam reliqui ordines Tusciæ servabant.

Cum apostolica sedes Ecclesiam et civitatem Pisanam multum dilexerit hactenus et in multis studuerit honorare, sicut operis exhibitio, quæ probatio est dilectionis, evidenter ostendit: nos, qui, licet indigni, ad apostolatus officium sumus Domino faciente promoti, prædecessorum nostrorum et præcipue sanctæ memoriæ Innocentii papæ volentes vestigiis (252) inhærere, si quando nobis occurrunt per quæ honori Ecclesiæ vestræ ac civitatis debeat derogari, ab eis vos et cives vestros curamus propensius revocare; quemadmodum vice versa vos et ipsos ad exsequenda illa libentius intendimus adhortari; unde possit communis utilitas provenire. Sane cum, bonæ memoriæ Cœlestini papæ prædecessoris nostri temporibus, legati apostolicæ sedis civitatem Pisanam supposuerint interdicto, pro eo quod cives Pisani a generalibus institutis patriæ deviabant: quia tamen forma tractatus illius nobis primitus oblata non placuit sub eo tenore, ad petitionem et instantiam Pisanorum interdictum duximus relaxandum; ut si, correctione adhibita, forma concordiæ nobis placeret in posterum, eam nobiscum pariter recipere tenerentur; alioquin civitas ipsa reduceretur in sententiam interdicti. Exinde vero dilecti filii prior et alii civitatum rectores ad nostram præsentiam accedentes, tractatum concordiæ nobis et fratribus nostris pariter obtulerunt: in quo, post correctionem adhibitam, nihil invenimus quod in ecclesiastici juris vel cujusquam minoris vel majoris personæ præjudicium redundaret. Nec ista dicimus ideo quin concordia illa possint male utentes abuti, cum vix contingat in rebus humanis aliquid tam salutiferum inveniri unde, per culpam abutentium aliqua sinistra non valeant provenire; quoniam et Apostolus aliis fuit odor vitæ in vitam, aliis odor mortis in mortem; et ipse Christus lapis offensionis nonnullis exstitit et petra scandali, positus in ruinam et in destructionem multorum. Et licet omnis potestas a Domino Deo sit, teste Scriptura, ea tamen præminentes nonnunquam peccatis exigentibus abutuntur. Nos autem prædictos rectores sollicitis exhortationibus curavimus admonere quatenus initam concordiam et firmatam ita provide administrent, quod per eam et ipsi a gravaminibus liberentur et aliis gravamina non infligant. Ne igitur in verbis nostris inveniremur mendaces et in operibus inconstantes, dilectis filiis potestati et populo Pisano per apostolica scripta meminimus injunxisse ut tractatum concordiæ receptum a nobis et ipsi reciperent, ne communem totius patriæ viderentur impedire profectum. Alioquin per dilectum filium nostrum P. basilicæ Duodecim Apostolorum presbyterum cardinalem, apostolicæ sedis legatum, civitatem Pisanam in interdicti sententiam mandavimus monitione præmissa reduci. Quod cum idem cardinalis effectui mancipasset, quia Pisanos ipsos audivimus fuisse conquestos quod correcti capitularis eis copiam non exhibuit et quod eos præter formam mandati non solum interdicto, sed etiam maledicto subjecit, eidem per iterata scripta præcepimus ut competentes eis daret inducias, infra quas copia correcta capitularis exhibita deliberaretur, ut mandatum apostolicum adimplerent. Vos tamen positum interdictum pro reverentia sedis apostolicæ humiliter servavistis et servatis. Consequenter vero rectores omnium civitatum Tusciæ ad sedem apostolicam venientes de civibus vestris gravissime sunt conquesti, quod ipsi soli, omnibus aliis ad unitatem et concordiam jam inductis, tanquam hostes patriæ imminere omnium excidio viderentur; quod cum civitas ipsa maxima sit inter Tusciæ civitates, ex parte illa posset toti patriæ [damnum vel periculum] provenire; et nisi mutato consilio reciperent quod tota Tuscia jam recepit, id non possent ulterius æquanimiter sustinere, quin potius ad gravamen civitatis illius totis viribus laborarent, quam satius esset perire duntaxat quam patriam totam trahere in ruinam. Nos igitur affectione paterna volentes Pisanos ipsos, tanquam charissimos in Christo filios, ad quorum profectum, Deo teste, libenter intendimus, ad viam rectitudinis revocare, cum turpis sit omnis pars suo non congruens universo, universitatem vestram monemus attentius, hortantes in Domino et per apo-

(252) Vide supra epist. 56

stolica scripta præcipiendo mandantes, quatenus ipsos monere pariter et inducere satagatis ut pacem et concordiam inventam, non ad injuriam cujuslibet, vel jacturam, sed ad totius patriæ libertatem tuendam et excutiendum jugum gravissimæ servitutis, quam fere universi et singuli de Tuscia receperunt, humiliter recipiant et observent; (in cujus tractatu, quem caute eis præcipimus exhibere, ne jurare ipsos oporteat quod ignorant nihil, ut credimus, inveniraus quod oporteat sollicitius præcavere) ne dum in suo sensu nimis abundant et reprobant quod alii approbarunt et nos ipsi cognovimus approbandum, de nostro videantur judicio non sine culpa sacrilegii dubitare. Si autem, quod non credimus, monitis et præceptis nostris duxerint sicut hactenus contumaciter resistendum, nos, si quid eis et vobis pariter sinistre contigerit, erimus de cætero apud Deum et homines excusati, qui quod ad nostrum officium pertinebat opportune et importune non cessavimus exercere, animam nostram liberare volentes et vobis ipsis a malis imminentibus præcavere. Quia vero multa sæpe beneficia præstantur invitis, cum eorum non voluntati sed utilitati consulitur, ut juxta verbum Dominicum compellantur intrare, manus nostras, non ex odio sed ex amore, curabimus in eos durius aggravare. Ut autem eorum honori pariter et profectui consulatur, valde quidem expedire cognovimus ut ad id exsequendum magis nostra quam aliena districtione cogantur.

Scriptum est in eumdem fere modum Potestati et populo Pisano.

DLVI.
ILLUSTRI REGI NAVARRÆ.
Quod extortum et inhonestum juramentum non sit servandum.
(Laterani, iii Id. Februarii.)

(253) Ad audientiam nostram noveris pervenisse quod cum Castellæ et Aragoniæ reges illustres anno præterito regnum tuum cum suis exercitibus introissent, de illo capiendo et dividendo ad invicem tractaverunt. Cumque ibidem duobus castris per violentiam occupatis, tam ecclesias quam privatorum terras multipliciter afflixissent, quod deteriora in posterum facerent minabantur, si suum possent propositum adimplere. Unde totus populus metuens vehementer, quo se verteret nesciebat vel qualiter imminentem posset effugere tempestatem. Interim autem dictus rex Aragoniæ suos ad te nuntios destinavit, de componendis treugis tecum pariter tractaturos, secreto per eosdem requirens ut sororem tuam sibi traderes in uxorem. Tu vero attendens quod vel sic saltem eorum posses instantiam evitare, tam de treugis quam de contrahendo matrimonio respondisti quod suam perficeres voluntatem, prius tamen quam de regno tuo exirent, nihil horum duceres ad effectum. Post hæc autem ad reges ipsos dicti nuntii redeuntes, responsum quod eis dederas, retulerunt. Præfatus autem rex Castellæ metuens ne si a regno exirent, ab his quæ promiseras resilires, respondit se a terra tua nullatenus egressuros, nisi prius jurares quæ nuntiis promiseras te firmiter servaturum. Cumque hoc tibi per eosdem nuntios intimassent, tu considerans quod in necem et exhæredationem tuam, si fieri posset, præfati reges intendere satagebant, jurasti coactus pariter et invitus quod a te fuerat de treugis et matrimonio postulatum, quamvis soror tua præfato regi Aragoniæ consanguinitatis gradu tertio conjungatur. Nos igitur attendentes quod juramentum non ut esset iniquitatis vinculum fuerit institutum, et quod in malis promissis fides sit penitus (254) rescindenda, serenitati tuæ districtius inhibemus ne, si vera sunt quæ præmisimus, occasione juramenti præmissi, quod perjurium est verius nominandum, procedas ad incestuosam conjunctionem complendam.

Datum Laterani, iii Idus Februarii.

DLVII.
PANORMITANO, REGINENSI, CAPUANO, MONTIS-REGALIS ARCHIEPISC. ET EPISCO. TROJANO, FAMILIARIBUS REGIIS.
Ut necessariam contra hostes regni pecuniam sine mora transmittant.
(Laterani, viii Kal. Februarii.)

(255) Si diligenter attenditis, ut debetis, quot et quanta pro honore regis et statu regni Siciliæ ab obitu illustris memoriæ Constanciæ imperatricis sollicite gessimus et agere non cessamus, per effectum operum potestis evidenter agnoscere quod tutelam regis et regni balium nobis ab eadem imperatrice relicta non tam verbo quam facto recepimus et studiosissime procuramus. Prius enim quam dilecti filii magister B. subdiac. noster et L. judex ipsius imperatricis et regis ac vestra nobis scripta tulissent, ad defensionem regni accingebamur viriliter et potenter et ad resistendum Dei Ecclesiæ inimicis milites in expensis Ecclesiæ miseramus. Licet autem ex pusillanimitate hominum de Sancto Germano, non ex potentia hostium, castrum Sancti Germani traditum fuerit in manu hostili, militibus nostris se recipientibus in monasterium Cassinense, plus tamen in hoc vobis Dominus et toti regno consuluit quam fragilitas humana speraret. Nam Marcowaldo circa obsidionem Cassinen. monasterii inaniter occupato, comites, barones, cives, et alii regis et regni fideles ex magna parte in singulis provinciis convenientes in unum ad resistendum ei, sibi mutuo subvenire juramento firmarunt, immunita munientes et villas et casalia reducentes ad civitates et loca munita et contra eum etiam exercitum congregantes. Interim etiam non cessavit manus Domini flagellare tyrannum cum, milites nostri sæpius in exercitum Marcowaldi facientes insultum, multos ex eis occiderint, multoc cœperint, plures etiam vulneraverint et obsessi de obsidentibus fre-

(253) Cap. *Ad audientiam*, De jurejurando; in tertia Collect.
(254) In Tertia Collect. *potius*
(255) Vide Gesta Innocentii III.

quenter victoriam reportarint. Nec cessavit etiam manus nostra super eum effundere vasa iræ, non solum spiritualiter, sed etiam temporaliter nostram super eum imo divinam potius potentiam exercendo; cum per dilectum filium nostrum I. tituli Sanctæ Priscæ presbyterum cardinalem, apostolicæ sedis legatum, tota fere terra quam idem Marcowaldus habuerat in Marchia, sit divino munere in manu forti et brachio extento ad dominium Ecclesiæ revocata, munitionibus ejus, in quibus spem suam posuerat, redactis in cinerem et favillam. Nos etiam thesauris nostris in nullo pepercimus; imo etiam non modicam pecuniæ quantitatem ab aliis mutuantes, dilectum filium I. tituli Sanctæ Pudentianæ presbyterum cardinalem, apostolicæ sedis legatum et cum eo dilectum filium O. subdiaconum consobrinum nostrum cum eadem pecunia in Marchiam ad comites, barones et alios regis et regni fideles duximus destinandos; qui jam validum cœperunt exercitum congregare. Fecimus quoque a multis comitibus, baronibus, civibus et aliis multis charissimo in Christo filio nostro Friderico illustri regi Siciliæ innovari fidelitatem, et nos super tutela ipsius et regni balio per eorum reddi juramenta securos. Licet autem vobis per litteras nostras dederimus in mandatis ut in custodia regis et cura regni usque ad adventum legati fungeremini vice nostra; ut melius tamen vobis benigna intentio nostra pateret, dilectum filium G. Sanctæ Mariæ in porticu diac. cardinalem, apost. sedis legatum, in Siciliam duximus destinandum, qui sicut vir providus et discretus vices nostras exerceat in utroque. Cum igitur pium mentis nostræ propositum, quod circa tutelam regis et regni quietem gerimus, per nos non debeat retardari et prædicta imperatrix ad resistendum turbatoribus regni de thesauro regis et regni proventibus sufficientem nobis mandaverit pecuniam ministrari et, juxta quod ex relatione nuntiorum vestrorum accepimus, vos id parati sitis implere, cum melius sit simul et semel expendere quam expensas amittere successivas, ut rex et regnum ab ejus defendantur incursu qui non solum rerum et bonorum excidium, verum etiam personarum periculum meditatur : fraternitatem vestram rogamus, monemus et per apostolica vobis scripta mandamus, et districte præcipimus quatenus cum negotium dilationem non capiat et tutius et facilius obvietur principiis, quantamcunque pecuniam poteritis tanto negotio necessariam per discretos, fideles, et providos nuntios transmittatis, in stipendia exercitus et alia quæ instantis necessitatis articulus postulat convertendam. Si enim solliciti procuratores existitis et cauti custodes, non debetis parcere rebus ubi periculum vertitur personarum, nec causas dilationis innectere ubi gladius non cessat hostilis. Nostis enim, non solum per auditum sed etiam per experientiam, tyrannidem Marcowaldi. Nostis qualiter, eo procurante, non solum ejusdem regni principes sæculares, verum etiam majores Ecclesiarum prælati damnati fuerint exsilio et vinculis ferreis alligati. Nostis etiam, et notitiæ hujus memoria vestris oculis jugiter inculcatur, qualiter nobiles vestri facti sunt membrorum mutilatione deformes. Scitis quod si Marcowaldus priori potentatu usque hodie potiretur, nec semen etiam nobilium in regno reliquisset nec ætati nec sexui, sicut incœperat, pepercisset. Scitis etiam qualiter viros ecclesiasticos et alios quosdam vivos fecerit flamma torreri, quosdam sagimine liquenti peruri, quosdam in maris præcipitari profundum; et ex præteritis qualiter futurus sit vobis et regno, si eam quam credimus discretionem habetis, intelligitis manifeste, qui justo Dei judicio in eos amplius et crudelius desævivit qui ei in regni proditione amplius servierunt. Experti estis astutiam ejus et frequentiam pejerandi; et quod fidem non servet fideli testimonio didicistis. Providete igitur regi et regno, imo etiam vobis ipsis et juxta mandatum imperatricis ejusdem, quæ talia futura quasi præscia mente prævidit, tantam pecuniam ministretis, quod prædictus Mar. hostis Dei, Ecclesiæ inimicus, persecutor regni, qui cum omnibus familiaribus et participibus suis excommunicationis est vinculo innodatus, non solum prævalere non possit, imo nec fugere valeat et nunc taliter conteratur quod de cætero regnum ab ejus sit vexatione securum. Oportet enim vos sollicitos et studiosos existere, ut exacta diligentia procuretis quod homines regni ad resistendum ei potenter ac viriliter se accingant et sano pariter ac concordi consilio dirigantur : ne si forte vos et ipsi ex illa parte remissi aut otiosi fueritis, studium nostrum ex hac parte, quod circa multa versatur, minus efficax habeatur; propter quod culpa non levis in caput vestrum debeat retorqueri. Speramus autem quod hæc et alia quæ imminent facienda fideliter adimplebitis; tum ex debito fidelitatis quo nobis et Ecclesiæ Rom. tenemini et etiam ipsi regi; tum ex officio quod vobis incumbit, ad quod utiliter exsequendum favor apostolicus vobis non deerit opportunus ; quin etiam ad honorem et profectum vestrum, si sollicitam fidem et fidelem sollicitudinem in vobis experti fuerimus, ut speramus, efficaciter intendemus. Nos autem interim assidue procuramus ut de Lombardis, Tuscis, Romanis, Campanis et aliis adjacentibus provinciis validus exercitus congregetur, per quem dictus Marcowal. vel fugetur quam citius vel irreparabiliter conteratur. Ad quæ procuranda rectores Tusciæ apud Urbem fecimus convenire: cum quibus ita procuravimus, quod duo millia militum vel ad minus mille quingentos, nobis sine solidis, in moderatis tamen expensis, similiter et pedites et archarios, quot necessarii fuerint, ad mandatum nostrum in regni subsidium destinabunt; per quos, dante Domino, nisi per vos steterit, reportabimus de inimicis regni triumphum. Volumus etiam nihilominus et mandamus ut nos super tutela regni [*leg.* regis et] balio ante omnia vestro reddatis juramento securos, et juxta providum dicti legati consilium, tam nostras quam regis per universum regnum litteras per nuntios idoneos destinetis; ut omni dilatione et excusatione cessante, vestrum imitantes exemplum, id debeant adimplere.

Datum Laterani, vIII Kal. Februarii.

DLVIII.

CLERO, BARONIBUS, JUDICIBUS, MILITIBUS ET UNIVERSO POPULO CAPUANO.

Ut pro patria contra hostes fortiter decertent.

Licet circa statum regni Siciliæ ex generali debito pastoralis officii sollicitudinem gerere teneamur, ex eo tamen quod regnum ipsum ad proprietatem Ecclesiæ pertinet et nobis ex inclytæ recordationis Constanciæ imperatricis legitimo testamento charissimi in Christo filii Friderici illustris Siciliæ regis est cura commissa, tanto amplius ad quietem ipsius intendimus et augmentum, quanto ad id rationibus pluribus invitamur. Unde cum non sine magnis expensis Ecclesiæ ad ipsius defensionem intenderimus hactenus et adhuc etiam intendamus, eos quos fideles fuerimus et constantes in articulo necessitatis instantis experti, curabimus nec eis aut regno aliqua deerimus ratione. Illos vero qui regni meditantur excidium et Marcovaldi dominationem affectant, redigemus, dante Domino, in perpetuam servitutem, ut pater proditor in filiis etiam perpetuo puniatur. Licet autem castrum Sancti Germani a Marcowaldo et sequacibus ejus potius ob pusillanimitatem hominum ipsius castri quam ipsius Marc. potentiam fuerit occupatum, plus tamen nobis et toti regno divino munere castri amissio contulit quam dicto M. et suis ejus occupatio profuisset; cum ipso Mar. circa obsidionem monasterii Casinen. inaniter occupato, vos et alii regni fideles contra ejus incursum vos duxeritis fortius muniendos. Nos autem, ne quid ex contingentibus omittere videremur, dilectum filium G. Sanctæ Mariæ in Porticu diaconum cardinalem, apostolicæ sedis legatum, in Siciliam duximus destinandum, qui nobis in pecunia et aliis quæ necessaria fuerint, propter imminentem regni necessitatem curet liberaliter subvenire. Dilectum autem filium I. tt. Sanctæ Prudentianæ presb. cardinalem, apostolicæ sedis legatum et cum eo dilectum filium Octavianum subdiaconum et consobrinum nostrum, cum non modica pecuniæ quantitate ad dilectos filios P. Celanen. et R. Teatin. et alios comites et barones ejusdem provinciæ misimus (256), qui non solum in regni subsidium et fidelium ejusdem regis et devotorum Ecclesiæ Rom. succursum, sed in exterminium Marc. validum exercitum coadunent; et in proximo, dante Domino, convenient cum exercitu qui est in Apulia congregatus et ad debellandum eumdem Marc. et exercitum ejus in nomine Domini exercituum in manu forti et brachio extento procedent. Monemus igitur universitatem vestram et exhortamur in Domino, ac per apostolica scripta vobis mandamus quatenus in fidelitate regis ejusdem et devotione sedis apostolicæ firmiter persistentes, fortiter et viriliter resistatis inimicis Ecclesiæ, persecutoribus regni, qui vos, sicut hactenus, servituti supponere moliuntur, bona diripere, mutilare personas et coram viris uxores et patribus filias et fratribus dehonestare sorores; quibus, cum soli fideles nostri de Marchia ipsum et complices suos de terra fugaverint et modicum quod sibi remanserat jam pene penitus occuparint, nisi homines regni mens effeminet muliebris, non solum est leve resistere, imo etiam de ipsis vobis non est difficile triumphare, cum eos spoliorum vestrorum cupiditas, vos autem justitia moveat ad pugnandum. Illi enim, ut in servitutem vos redigant, vim vobis inferre nituntur; vos autem violentiam repellitis, ut vestram tueamini libertatem. Præterea, cum ipsi nec occasionem etiam habeant regem et regnum et vos ipsos taliter molestandi, defensioni vestræ justitia præstabit effectum, quos ad resistendum viriliter præteritarum injuriarum memoria debet fortius animare. Nostis enim qualiter quidam nobiles vestri fuerunt macerati exsilio, quidam membris honorabilioribus mutilati, quidam flammis traditi, quidam post liquentis adustionem sagiminis, viventes in mari receperint sepulturam, facti cibus piscium et marinarum esca modica belluarum. Nostis qualiter omnes in possessionibus fueritis et pecunia diminuti, qualiter Teutonicorum promissionibus defraudati; et ut comprehendamus breviter universa, vix est aliquis in toto regno, qui in se vel suis, persona vel rebus, consanguineis vel amicis, grave non incurrerit per Teutonicos detrimentum: quod ex majori parte procuratum est per astutiam Marcowaldi, quem nos jamdudum cum participibus et fautoribus suis excommunicationis vinculo innodavimus et a vinculis juramenti, quo sibi tenentur, absolvimus universos. Nos igitur hujusmodi præcaventes, ad defensionem vestram potenter intendimus; et, si quid opus esset, eamdem peccatorum remissionem concederemus omnibus qui Marcowaldi et suorum violentiam expugnarent, quam concedimus omnibus qui contra Sarracenorum perfidiam ad defensionem orientalis provinciæ accinguntur, quin [f. quod] per eum impediatur terræ sanctæ succursus.

DLIX.

ARCHIEPISCOPIS, EPISCOPIS, ABBATIBUS, PRIORIBUS, ET UNIVERSO CLERO PER CALABRIAM ET APULIAM CONSTITUTIS.

Ejusdem fere argumenti cum epistola præcedenti.

Is qui beatum Petrum in fluctibus ambulantem, ne mergeretur, erexit, et pro eo rogavit ne deficeret fides ejus, ipsius naviculam, licet magnis fluctibus jactetur interdum, non patitur naufragari; sed tempestatem in tranquillum convertens et aquilonem in austrum, tunc eam mirabilius suæ potentiæ dextera gubernat, cum pene mergi fluctibus, pene ventorum videtur impetu conquassari, juxta verbum Prophetæ

(256) Vide Gesta Innocentii III.

dicentis: *In tribulatione dilatasti me* (*Psal.* IV, 2). Qui enim eidem apostolorum Principi potentiam calcandi super scorpiones indulsit, ipse ab Ecclesiæ facie prava in directa et aspera in vias planas immutans, omnia subjicit sub pedibus ejus et eam de humili exaltat in altum. Sane qualiter diebus nostris et vestris persecutio invaluerit contra eam, qualiter visa fuerit conculcari et qualiter, Domino faciente, cum ea signum in bonum instantia fuerit persecutoris elusa et ipsa in statum redierit felicitatis antiquæ, ac in eo augmentum susceperit in quo videbatur dispendium incurrisse, patet omnibus manifeste. Innovator etenim veterum et inveterator novorum Dominus Jesus Christus veterem Ecclesiæ Rom. ac regni Siciliæ unitatem, quæ quodammodo fuerat passa scissuram, innovare ac roborare disponens et innovatam et roboratam in longævæ dirigere sæcula vetustatis, inclytæ recordationis Constanciæ imperatrici pium inspiravit affectum, ut charissimum in Christo filium nostrum Fridericum Siciliæ regem illustrem nostræ tutelæ committeret et regni balium nobis relinqueret testamento; sicut et vos ipsi audistis et nos certiores reddidit ipsius transmissi nobis inspectio testamenti. Unde cum de salute regis ejusdem et regni statu sit a nobis sollicitius cogitandum, et propter hoc regnum ingredi disponamus ut ad introitum nostrum pax ipsi reddatur, imo præveniat potius nostrum ingressum, discretioni vestræ per apostolica scripta mandamus et districte præcipimus quatenus in fidelitate regis ejusdem et devotione sedis apostolicæ firmiter persistatis, inimicis regni et Ecclesiæ juxta debitum pontificalis officii resistentes et ad resistendum viriliter inducentes laicos vestræ jurisdictioni subjectos. Exponite singulis et per universam parochiam vestram faciatis exponi tyrannidem Marcowaldi, cujus consilio nobiles vestri passi exsilium et ferreis vinculis alligati facti sunt membrorum mutilatione deformes; quo procurante, magnates vestri, etiam clerici, fuerunt ignis ardore consumpti, quidam adusti liquenti sagimine, quidam undis submersi; qualiter omnes et singuli vel in personis vel rebus plurimum prægravati et prægravandi ulterius, si, quod absit!! in eis poterit prævalere. Ut enim urbes in villas redigat, nobiles et potentes subjiciat servituti, personas rapiat et bona diripiat impotentum, patribus filias surripiat violenter et maritis uxores, imo etiam ut indigenas universos ejiciat et alienos in indigenarum labores inducat, ne ipsum denuo de regno contingat expelli, regnum denuo est ingressus, et prioribus pejora committit. Cum autem jampridem propter suos excessus cum universis fautoribus et participibus suis a nobis excommunicationis vinculo fuerit innodatus, volumus nihilominus et sub eadem districtione mandamus ut ipsum et universos complices ejus singulis diebus Dominicis et festivis, pulsatis campanis et candelis exstinctis, excommunicatos publice nuntietis. Universos etiam qui ei vel

(257) Deest hic aliquid.

in occupatione regni vel aliis favere præsumpserint, vel qui litteras vel nuntios ejus in regis et regni susceperint detrimentum, vel suas ei præsumpserint destinare eadem sententia innodetis; universas civitates, castella, villas et Ecclesias ad quas forte devenerit, eo præsente subjacere denuntietis sententiæ interdicti. Ad hæc, ea quæ venerabilis frater noster Tarentinus archiepiscopus, vir utique providus et fidelis, qui tam Ecclesiæ quam regni diligit incrementum, vobis ad commodum utriusque duxerit proponenda indubitata fide credatis.

DLX.

COMITIBUS, BARONIBUS, CIVIBUS ET UNIVERSO POPULO IN APULIA ET CALABRIA CONSTITUTIS.

Ejusdem argumenti cum duabus præcedentibus.

Satis hactenus manus Teutonica regnum turbaverat, satis attriverat opes ejus, satis ipsum viribus et viris exhauserat, ut non denuo moliretur excidium nec quieti ejus et paci aliquatenus invideret. Verum Marcowaldus Dei et Ecclesiæ inimicus, antiquus regni Siciliæ persecutor, qui quondam imperatoris animum ad cædem nobilium, pauperum oppressionem, mutilationem potentum, et magnatum exsilium iniquitatis suæ (257) inducebat, qui muros et munitiones civitatum, ne a se jugum possent excutere servitutis, redigebat in pulverem et favillam, ut quod tunc ejus proposito defuit, inique valeat consumere, ut videlicet urbes convertat in villas, et earum augeat servitutem, regnum iterum est ingressus et prioribus pejora committit, pessima commissurus, si, quod absit! potuerit prævalere: contra quem universos habitatores regni præcedens ejus iniquitas, sicut credimus sufficienter inducit; utpote cum vix in regno vel unus etiam valeat inveniri, qui eo procurante in se vel in suos gravaminis causam non senserit et adhuc etiam materiam habeat deplorandi. Debent enim homines regni ad memoriam revocare qualiter quidam eorum in exsilium ducti membrorum facti sunt mutilatione deformes, qualiter quidam igniti sagiminis liquore perusti, quidam flammis traditi, quidam in maris præcipitati profundum, ad colla eorum molari lapide alligato; qualiter civitates sint muris discinctæ, qualiter divites pauperes cum Ecclesiis spoliati, et ad tantæ crudelitatis memoriam non solum ipsum persequi, sed et nomen ejus et contra eum unanimiter convenire. Scientes autem fidelitatis vestræ constantiam, quæ inter adversa semper magna eluxit, prædicto M. nullatenus consentire, universitatem vestram monemus, rogamus et exhortamur attentius, ac per apostolica vobis scripta mandamus quatenus in charissimi in Christo filii nostri F. Siciliæ regis illustris fidelitate ac devotione sedis apostolicæ solita fortitudine persistentes, eidem Marcowaldo, qui cum omnibus fautoribus et participibus suis excommunicationis est vinculo innodatus, potenter et viriliter resistatis, nec residuum libertatis vestræ patiamini suffocari. Nos enim, si super hoc nostris paruerit:s monitis et mandatis, ad honorem et profectum [vestrum], dante Domino, intendemus. Illud autem vos nullo modo deterreat, quod burgum Sancti Germani noscitur occupasse; cum non suæ virtutis sed habitatorum ipsius timiditati sit penitus scribendum, qui eum deseruerant ex toto. Milites enim omnes abierunt illæsi et apud Montem Casinum, locum utique munitissimum et necessariis abundantem, intrepidi perseverant (258): contra quos cum exercitus Marcowaldi fecisset insultum, sicut accepimus, turpiter est fugatus, multis occisis et pluribus vulneratis; et forte divina factum est providentia ut illic inaniter occupetur, ut interim vos et alii contra eum vires vestras fortius præparetis. Volumus igitur et mandamus ut, ne qui falsis rumoribus seducantur, hæc per regnum faciatis publice nuntiari. Nos autem, licet hactenus contra eum milites studuerimus congregare, nunc tamen de imperatricis dispositione certiores effecti per scriptum (259) nobis a venerabilibus fratribus Panormitano, Capuano, Reginensi, Montis Regalis archiepiscopis et Trojano episcopo sub ejusdem imperatricis bulla transmissum, ad defensionem regni tanto amplius aspiramus, quanto plus præter debitum officii pastoralis de statu et quiete ipsius tenemur specialius cogitare. Verum ne quid ex contingentibus omittamus, dilectum filium nostrum I. tituli Sanctæ Pudentianæ presbyterum cardinalem et apostolicæ sedis legatum ad dilectos filios nobiles viros P. Celanen. et R. Teatin. comites, quos vere fideles regni et Ecclesiæ Rom. devotos invenimus, cum non modica pecuniæ quantitate in stipendia militum eroganda dirigimus, ut per eos et militum nostrorum subventio et defensio regni celeriter et utiliter procuretur. Studete igitur omnes et singuli taliter præparari, ut pro regni defensione resistatis violentiæ Marcowaldi, qui perpetuæ vos nititur tradere servituti.

DLXI.

ARCHIEPISCOPIS, EPISCOPIS ET UNIVERSIS ECCLESIARUM PRÆLATIS IN SICILIA CONSTITUTIS.

De eodem argumento.

Præter generale debitum, etc., *usque ad verbum* mandavit. Licet autem ad suscipiendam tutelam regis ipsius et regni balium assumendum ad regni jugiter præparemur ingressum, quia tamen negotium dilationem non capit, etc., *in eumdem fere modum, usque ad verbum* assistatis, et nos ad honorem regis ipsius super ejus tutela et regni balio assicuretis, sicut dicta disposuit imperatrix; ut ex hoc fides quam circa eumdem regem et nos ipsos habetis, manifestius elucescat, et nos ad honorem vestrum intendere non immerito debeamus. Nos enim, etc., *usque ad verbum* Attendentes igitur qualiter regi teneamini memorato, etc., *usque ad verbum* curetis adesse, quod ex hoc nos vobis constituatis quodammodo debitores. Præcavete vobis, etc., *usque in finem.*

(258) Vide Gesta Innocentii III.
(259) Vide supra epist. 557.

DLXII.

G. SANCTÆ MARIÆ IN PORTICU DIACONO CARDINALI, APOSTOLICÆ SEDIS LEGATO.

Ipsi gubernationem regis minoris et regni Siciliæ committit.

Constantiam tuæ mentis, prudentiam, dispositionem in arduis negotiis apostolicæ sedis experti, certi etiam de fortitudine quam in negotiis regni Siciliæ pro statu et honore ipsius manutenendo, imo etiam promovendo in melius tam nostris quam prædecessorum nostrorum temporibus habuisti, quod ad præsens circa tutelam charissimi in Christo filii nostri F. Siciliæ regis illustris et regni dispositionem implere per nos ipsos personaliter non valemus, tibi fiducialiter duximus committendum; scientes quod in his, sicut et aliis negotiis tuæ curæ commissis, honorem sedis apostolicæ utiliter [f. viriliter] et efficaciter promovebis. Hac igitur consideratione inducti, auctoritate tibi præsentium indulgemus ut in negotiis sollicitudini tuæ commissis, quæ vel ad tutelam regis vel regni dispositionem pertinere cognoveris, vice nostra, sublato appellationis impedimento, prout melius videris expedire, procedas.

DLXIII.

NOBILI VIRO L. (259*) DE AQUILA COMITI FUNDANO.

Ut legatis apostolicis obtemperet et consilio atque auxilio sit.

Quod in obsequio et fidelitate inclytæ recordationis Constanciæ imperatricis fortiter perstitisti, quod inimicis regni restitisti viriliter et eos etiam expugnasti gaudemus plurimum, et ex hoc futuræ devotionis tuæ sumimus argumentum; sperantes, imo etiam pro certo tenentes quod jam nunc in regni tuitione fortius perseveres, cum ad nos præter id quod regnum Siciliæ ad jus et proprietatem Ecclesiæ pertinet, specialius ipsius defensio spectare noscatur. Siquidem imperatrix prædicta legitimum condidit testamentum, quo nobis charissimi in Christo filii nostri F. Siciliæ regis illustris tutelam et curam regni concessit; ac postmodum vigesimo septimo die mensis Novembris viam est universæ carnis ingressa. Unde cum de fratrum nostrorum consilio regnum, dante Domino, ingredi disposuerimus, ad ipsum solidandum in ejusdem regis fidelitate ac obsequio et tranquillitate, pace ac justitia conservandum, dilectum filium nostrum I. tituli Sancti Stephani in Cœlio Monte presbyterum et G. Sancti Adriani diaconum cardinales, quos inter fratres nostros sincero prosequimur dilectionis affectu et specialis benevolentiæ brachiis amplexamur, ante faciem nostram duximus præmittendos; qui et adventum nostrum prænuntient, et de benevolentia et gratia, quam ad eumdem regem et regnum gerimus vos efficiant certiores. Ideoque nobilitatem tuam rogamus, monemus et per apostolica tibi scripta mandamus quatenus cardinales ipsos

(259*) Leg. R. (Richard.) Vide notam 66 ad § 40 Gestorum Innocentii, infra.

tanquam legatos apost. sedis suscipiens humiliter et devote vel ad ipsos vocatus accedens, quæ tibi ex parte nostra duxerint proponenda humiliter audias et efficaciter prosequaris. Ad obsequium etiam nostrum et regni defensionem taliter accingaris, ut cum mandatum nostrum ad te iterum emanarit, nihil te prorsus detineat, quin, si necesse fuerit, nos sequaris vel ad resistendum inimicis regni et Ecclesiæ juxta dispositionem nostram procedas.

DLXIV.
PANORMITANO, CAPUANO, REGIN. ET MONTIS REGALIS ARCHIEPISCOPIS, ET EPISCOPO TROJANO.
Ejusdem argumenti.

Præter generale debitum officii pastoralis, per quod universis Christi fidelibus et singulis provinciis in quibus nomen colitur Christianum, sollicite cogitare tenemur, illa prærogativa dilectionis et gratiæ quam prædecessores nostri circa regnum Siciliæ præteritis temporibus habuerunt et fidei ac devotionis sinceritas quam idem regnum et principes ejus fere semper exhibuerunt apostolicæ sedi ad providendum eidem regno specialiter nos inducunt; quibus nunc causa potior et urgentior supervenit, cum inclytæ recordationis Constancia imperatrix charissimi in Christo filii nostri Friderici Siciliæ regis illustris tutelam et regni balium nobis testamento reliquit, et nos super utroque ab omnibus assecurari mandavit. Licet autem testamentum imperatricis ejusdem nobis exspectemus per vestros nuntios destinari, quia negotium dilationem non capit, cum Marcowaldus Dei et Ecclesiæ inimicus, persecutor regni, non dormiat, sed regnum perturbare, imo etiam occupare cum suæ iniquitatis fautoribus moliatur, dilectum filium nostrum G. Sanctæ Mariæ in Porticu diaconum cardinalem, apostolicæ sedis legatum, virum utique providum et discretum, verum et veterem regni Siciliæ amatorem, qui pro honore ipsius nullius erubuit faciem potestatis, quem inter fratres nostros speciali diligimus charitatis affectu, in Siciliam duximus destinandum, vices nostras ei tam super hoc quam aliis negotiis committentes. Credimus enim quod per dispositionem [*f.* dispensationem] et providentiam ejus in fidelitate regis ipsius et devotione nostra regnum solidabitur universum, et malignantium perfidia confundetur. Ideoque fraternitatem vestram rogamus, monemus et exhortamur attentius, ac per apostolica vobis scripta præcipiendo mandamus quatenus legatum eumdem tanquam personam nostram recipientes humiliter et devote, taliter ei super nostris et ejusdem regis negotiis assistatis, quod in hoc manifestius appareat fides vestra et ex eo tam piam imperatricis dispositionem de vestro, sicut jam credimus, cognoscamus processisse consilio, quod eam non patiamini effectu debito defraudari. Nos enim nec labor personæ nec ulla negligentia revocabit ab illis quæ nos facere deceat et tanto videantur negotio expedire. Attendentes igitur qualiter nobis et regi teneamini memorato, ad honorem et salutem ipsius et nostram utiliter et efficaciter eidem legato curetis adesse, dispositionem et statuta ipsius velut nostra recipientes humiliter et inviolabiliter observantes, cum de sinceritate ac industria vestra indubitatam fiduciam habeamus. Præcavete vobis et regno ab insidiis Marc. qui, licet aliud mentiatur, regnum tamen non regi sed sibi usurpare contendit, et in vos et alios Teutonicorum cædes et suam et suorum injuriam vindicare: de quo non est aliquatenus diffidendum, cum etsi contingeret eum in regnum procedere, non tamen proficeret, imo potius deficeret labor ejus; præsertim si Sicilia fideliter in ejusdem regis fidelitate ac Ecclesiæ Rom. devotione persistat. Nos autem contra eum validum exercitum destinamus.

DLXV.
ILLUSTRI REGI SICILIÆ.
Consolatoria super morte patris et matris.

Quod prima primi lactis pocula tibi Dominus ab initio miscuit, quod vix bene balbutientem infantiam quasi continuata reddidit lamentatione disertam, et recenti pueritiæ non solum recentem sed et repetitum amaritudinis calicem propinavit, tibi tanquam speciali apostolicæ sedis filio specialiter condolemus et tecum pariter et in te propinatæ tibi amaritudinis violentiam experimur. Recepimus enim per dilectos filios magistrum G. subdiaconum nostrum et L. judicem nuntios tuos, viros peritos, providos et discretos, tuæ serenitatis litteras, doloris et gemitus expressivas: quibus et patris decessum et matris obitum ætas tenerrima deploravit, utpote quæ primum utrumque flere didicit, quam elementis plene alterum nominare. Nondum enim regalis infantia super morte patris consolationem acceperat, et dolorem antiquum superveniens doloris novitas innovavit et pueritiæ tuæ primitias eorum deputavit exsequiis quorum obsequiis secundum naturæ jura juvari debuerat et sollicitius et diligentius enutriri. Verum Pater misericordiarum, et Deus totius consolationis, qui consolatur nos in omni tribulatione nostra, nobis et tibi super hoc consolationem obtulit salutarem, et in eo tibi consuluit in quo te visus fuerat aliquantulum aspere visitare. Sane ne, si parceret virgæ, te secundum Salomonem videretur odisse, aut si te non corriperet, a dilectione sua infantiam tuam ostenderet alienam, cum, juxta testimonium sacræ Scripturæ, quos amat arguat et castiget, ut quod te in primis infantiæ tuæ annis in filium adoptaret ostenderet, ætatis tuæ primitias misericorditer visitavit, qui castigat omnem filium quem recipit et facit in tentatione proventum. Ut autem id evidentibus indiciis evidentius demonstraret, vicarium suum ad tutelam tuam misericorditer deputavit, patris defectum patre tibi digniore secundum miserationum suarum multitudinem recompensans et matrem tibi meliorem restituens pro matre defuncta, eam scilicet sub cujus capite læva ejus et dextera ejus, sicut in Canticis legitur, amplexatur: ut dum ipsa te sicut filium foverit, eum a quo castis confovetur amplexibus, ad tutelam tuam et protectionem inducat. Nos igitur, qui præter debitum officii pastoralis quo sumus singulis et præsertim pupillis et orphanis debitores, te tam ea ratione quod inclytæ recordationis Constancia imperatrix mater tua nostræ te tutelæ commisit quam eo quod regnum Siciliæ ad patrimonium Ecclesiæ pertinet, diligere volumus et fovere, ad honorem et incrementum regiæ celsitudinis, statum regni et fidelium tuorum profectum, dante Domino, efficaciter intendemus et circa te paternam curabimus sollicitudinem exercere. Monemus igitur serenitatem tuam et exhortamur in Domino, quatenus, omni penitus mœrore deposito, effugatis tristitiæ tenebris, exsultes in Domino et in eo consolationis suscipias medicinam qui pro temporali spiritualem tibi patrem providit et in matris obitu matrem Ecclesiam materna sollicitudine tuæ indoli deputavit; ut factus postmodum vir et in regni solio solidatus, eam amplius venereris, per quam te cognoveris exaltatum. Dictos autem nuntios tuos serenitati tuæ propensius commendamus, quos magnificentiæ tuæ fideles et in commissis sibi negotiis exsequendis sollicitos sumus et diligentes experti; rogantes celsitudinem tuam et monentes, ut eos intuitu benigno respicias, etc.

DLXVI.
PANORMITANO ARCHIEPISCOPO.
Curam et instaurationem monasterii Panormitani committit.

(Laterani, vi Id. Februarii.)

Circa statum Ecclesiarum, in quibus est ordo regularis statutus, in melius reformandum sollicitum te credimus et attentum ut in eis ordo deperditus restauretur. Sane significavit nobis dilectus filius nobilis vir R. comes de Agello, quod bonæ memoriæ M. cancellarius pater ipsius monasterium quoddam in civitate Panormitana fundavit et in eo fratres Cistercien. induxit; quibus exinde recedentibus, Teatonici monasterium ipsum per laicalem potentiam occuparunt. Volentes igitur ut eidem monasterio tua sollicitudine succurratur, fraternitati tuæ per apostolica scripta mandamus quatenus si res ita se habet, amotis inde Teutonicis memoratis, abolitum inde ordinem Cistercien. fratrum reformes. Quod si regula non patitur, pro eo quod in civitate inter hominum frequentias est constructum, cum consilio et assensu ejusdem comitis et fratrum suorum fratres alterius ordinis in eo nostra fretus auctoritate instituas, qui Domino in eo jugiter famulentur, et regularia servent in perpetuum instituta.

Datum Laterani, vi Idus Februarii.

DLXVII.
MAGISTRO ET FRATRIBUS HIEROSOLYMITANI HOSPITALIS.
Ut causam suam contra fratres militiæ Templi jure, non vi, prosequantur.

(Datum, *ut supra*.)

In totius Christianitatis dispendium, apostolicæ sedis opprobrium et animarum vestrarum periculum controversia quæ inter vos et dilectos filios nostros fratres militiæ Templi, super quibusdam possessionibus constitutis in tenimento Margati et Valeniæ, vertebatur, nocendi magnitudine fere universas hujus temporis controversias excedebat: utpote quæ toti erat Christianitati damnosa, injuriosa nobis, mortifera partibus, utilis inimicis fidei Christianæ, quibus et nocendi audaciam et detrahendi materiam ministrabat. Armaverat in se invicem Christianos, religiosos (si religiosi tamen dici debeant qui nimis injuriose proprias injurias persequuntur) in gravem religiosorum perniciem excitarat et manus contulerat in se ipsas, quæ in Christianorum defensionem acies consueverant Sarracenicas expugnare. Non enim sufficiebat partibus disceptare judicio, sed sibi in propria causa [jus] dicentes, violentiam sibi mutuo irrogare et vim vi repellere, non solum non servato moderamine inculpatæ tutelæ, sed etiam transgressæ ultionis excessu, temere contendebant; et qui consueverant in hostes fidei Christianæ communes copias communiter congregare, terga vertentes hostibus, non solum verbis sed et factis et scriptis se invicem graviter offendebant. Cum autem propter controversiam ipsam dilecti filii Disigius prior Baroli et Og. præceptor Italiæ fratres vestri, et ex parte adversa Petrus de Villaplana et Terricus fratres militiæ Templi ad nostram præsentiam accessissent, præsentato nobis arbitrio quod inter partes protulerant peregrini cum ultramarinæ terræ Prælatis; licet plene nobis de jure liqueret, maluimus tamen etiam personaliter ad pacem intendere ac causam ipsam amicabili compositione sopire, quam judicio terminare. Fratres igitur tam eorum quam vestros convocantes in unum ac de compositione tractantes, de voluntate ipsorum, præsente ac consentiente Seguino milite, dictas possessiones cum fructibus inde perceptis plene restitui de fratrum nostrorum consilio fratribus militiæ Templi mandavimus : ita tamen ut postquam ipsi per mensem pacificam possessionem habuerint, eidem militi qui proponit ad se possessiones illas de jure spectare vel filiis ejus, post citationem vestram, teneantur in vestra curia respondere; sic scilicet quod vos de principatu Antiochien. et de comitatu Tripolitano viros idoneos ad judicium convocetis, qui fratribus militiæ Templi esse non debeant de ratione suspecti. Quod si forsitan eorum aliquos de jure suspectos habuerint, ipsos eis liceat sine malitia recusare, ut judicium penitus sine suspicione procedat; præsertim cum ipsis sub obtentu gratiæ nostræ dederimus in mandatis ut nullum sine certa ratione recusent. Quod si, prout diximus, citati venire contempserint, ex tunc militem ipsum vel filios ejus in possessionem causa rei servandæ mittatis. Viri autem vocati juramento firmabunt quod odio, gratia et timore postpositis, sine aliqua personarum acceptione causam audient et secundum approbatam terræ consuetudinem terminabunt. Quod si forte noluerint, venerabilibus fratribus nostris patriarchæ Antiocheno, archiepiscopo Nazareno et Valeniensi epis copo dedimus in mandatis ut eos ad præstandum hujusmodi juramentum per censuram ecclesiasticam, appellatione remota compellant, nec liceat partibus ab eis ante sententiam appellare. Si vero post sententiam alterutra partium duxerit appellandum, cum appellationem fuerit interpositam prosecuta, nos, ut per eos causa eadem melius terminetur quibus melius poterunt ejus merita ex locorum vicinitate liquere, ipsam aliquibus de provincia, appellatione postposita, committemus; qui pensata consuetudine, causam ipsam, justitia mediante, decident: quorum sententiam faciemus, auctore Domino, inviolabiliter observari. Per hoc autem quod pro bono pacis hac vice mandavimus, nullum alterutri partium volumus præjudicium generari. Cæteræ vero quas habetis vel habituri estis ad invicem quæstiones, secundum compositionem inter vos et eos antiquitus initam et a bonæ memoriæ Alexandro papa prædecessore nostro et a nobis postmodum confirmatam, tractentur, concordia vel judicio terminandæ. Ideoque discretioni vestræ per apostolica scripta mandamus et sub obtentu gratiæ nostræ, excommunicationis interminatione, in virtute Spiritus sancti et sub obtestatione divini judicii districte præcipimus, quatenus vos ad invicem diligentes, tam causam ipsam quam alias honeste, sicut condecet, pertractetis; non per violentiam vel injuriam contendentes, sed quæ pro utraque parte videntur facere in judicium rationabiliter deducentes: scituri quod si qua partium contra tam expressam inhibitionem venire præsumpserit, nos super eam durissime manus nostras curabimus aggravare.

Datum, ut supra.

DLXVIII.

PRIMICERIO ET CLERO MEDIOLANENSI.

Quod legatis et nuntiis apostolicis ab omnibus juxta procuratio debeatur.

(Laterani, xii Kal Martii.)

Cum instantia (260) nostra quotidiana sit, secundum debitum apostolicæ servitutis, omnium Ecclesiarum sollicitudo continua, quoties ipsarum negotiis promovendis non possumus personaliter imminere, per fratres nostros ea expedire compellimur, quos a nostro latere destinamus; illius exemplum in hac parte secuti qui, discipulis suis in mundum universum transmissis, ipse in medio terræ salutem fuit personaliter operatus. Hinc est quod cum nuper dilectum filium B. tituli Sancti Petri ad Vincula presbyterum cardinalem, apostolicæ sedis legatum, pro negotiis Ecclesiæ in Lombardiam duxerimus destinandum, et is civitatem vestram ingressus procurationes a vobis exigeret, quæ consueverunt apostolicæ sedis legatis et nuntiis exhiberi, vos non attendentes quod dicitur ab Apostolo, *Si vobis spiritualia seminavimus, non est magnum si carnalia re-* astra metamus (*I Cor.* ix, 11), ne vos ad onus procurationis arctaret, nisi a canonicis majoris Ecclesiæ se faceret antea procurari, sedem apostolicam appellastis, et, sicut idem cardinalis per suas nobis litteras intimavit, in aliis etiam non modicum injuriosi fuistis. Propter quod dilecti filii præpositus Sancti Nazarii et A. canonicus Sancti Stephani syndici et procuratores vestri cum dilecto filio abbate Sancti Vincentii ad sedem apostolicam venientes, ut super his statueremus ordinem et mensuram ex parte vestra suppliciter postulabant. Licet autem pro eo quod prædicto cardinali vel potius nobis in ipso contumaciter resistentes, (juxta verbum Dominicum: *Qui vos recipit, me recipit; et qui vos spernit, me spernit*) (*Luc.* x, 16), necessaria denegastis, non pro vobis sed contra vos potius meruerint exaudiri; quia tamen paternam affectionem, qua nobis est proprium (261) de Romanæ sedis clementia misereri semper et parcere, offensi etiam deponere non valemus, de consilio fratrum nostrorum taliter in hujusmodi duximus respondendum. Quod cum omnes Ecclesiæ legatis et nuntiis apostolicæ sedis procurationes impendere teneantur, ab earum præstatione nullam prorsus volumus haberi excusatam, nisi forte per speciale privilegium sedis apostolicæ, quod non credimus, sit exempta, etiamsi longissimo tempore procurationis obsequium non impenderit; cum in talibus præscriptio sibi locum nequeat vindicare, cum nos a provisione pastoralis sollicitudinis circa omnes Ecclesias nunquam omnino cessemus. Sane in his exigendis eum modum et ordinem volumus observari, ut nulla Ecclesia vel prælatus se indebite prægravari rationabiliter conqueratur. Si vero de communi collecta legatorum et nuntiorum nostrorum expensas duxeritis faciendas, quod vobis non duximus inhibendum, ex hoc nobis et nostris nullum præjudicium volumus generari quo minus possint a quocunque maluerint procuratores sibi debitas postulare: ita quod si exactus ultra suam gravatus fuerit facultatem, sibi ab illis restauretur, nuntiis tamen nostris in necessariis exhibendis pareat quicunque fuerit requisitus humiliter et devote: ita tamen quod in fraudem nihil penitus attentetur, nec per communes ministros procurationis obsequium, si noluerint, recipere compellantur. Qui vero contumaciter eis duxerit resistendum, omni prorsus appellatione remota, per ecclesiasticæ districtionis sententiam compescatur. Super injuriis autem dicto cardinali temere irrogatis volumus et mandamus quatenus ei satisfactionem congruam impendatis; ad quam, si forte contempseritis exhibere, ipse vos appell. remota compella.

Datum Laterani, xii Kal. Martii.

Scriptum est super hoc B. tt. S. Petri ad Vincula presbyt. cardin. apostol. sedis legato.

---

(260) Cap. *Cum instantia*, De censibus.

(261) In tertia Collect. per etuum.

DLXIX.

ABBATI DE (262) CERRETO.

Ut Mediolanensium causam, quare procurationem legatis negarint, cognoscat.

(Laterani, vii Kal. Martii.)

(263) Accedentes ad præsentiam nostram dilecti filii præpositus Sancti Nazarii et A. canonicus Sancti Stephani syndici et procuratores dilectorum filiorum primicerii et cleri Mediolanensis, de ordinariis majoris Ecclesiæ nobis graviter sunt conquesti quod cum ipsi legatos et nuntios apostolicæ sedis devote recipiant et procurent, dicti ordinarii et procurare ipsos renuunt et procurantibus ad expensas subsidium impertiri; unde clericis Mediolanen. grave querebantur præjudicium generari. Cum enim per civitatem ipsam sæpe contingat transitum facere nostros nuntios et legatos, quanto in eorum procurationibus faciendis pauciores existunt, tanto facientes amplius prægravantur; et quanto per plures onus esset procurationis divisum, tanto a facientibus facilius portaretur. Qui siquidem ordinarii, cum pro eis et aliis vigilare jugiter non cessemus et spiritualia, sicut Dominus dederit, omnibus ministrare, cur in hujusmodi speciali se jure satagant tueri non videtur; præsertim cum et apostolus dicat, *Si vobis spiritualia seminamus, non est magnum si carnalia vestra metamus* (*I Cor.* ix, 11), et instantia nostra quotidiana sit omnium Ecclesiarum sollicitudo continua, sicut plenius norunt præsentes pariter et remoti. Volentes autem ut quod omnibus imminet, ab omnibus comportetur, discretioni tuæ per apostolica scripta præcipiendo mandamus quatenus prædictis ordinariis ad tuam præsentiam convocatis, nisi per speciales privilegium apost. sedis a præstandis procurationibus ostenderint se immunes, etiamsi longissimo tempore procurationis obsequium non impenderint, cum in talibus sibi præscriptio locum nequeat vindicare, ipsos ad procurationis sarcinam ordine debito subeundam, appellatione remota, teneri decernas. Si quid etiam aliud dicti syndici contra præfatos ordinarios habuerint quæstionis, audias illud et, remoto appell. obstaculo, justitia mediante decidas: faciens quod decreveris per censuram ecclesiasticam firmiter observari.

Datum Lat., vii Kal. Martii.

DLXX.

MAGISTRO ET FRATRIBUS HOSPITALIS QUOD TEUTONICUM APPELLATUR.

Ordinationem novam ab illis factam confirmat.

(Laterani, xii Kal. Martii.)

Sacrosancta Romana Ecclesia etc., *usque ad verbum* suscipimus. Specialiter autem ordinationem factam in Ecclesia vestra juxta modum Templariorum in clericis et militibus et ad exemplum Hospitalariorum in pauperibus et infirmis, sicut provide facta est et a vobis recepta et hactenus observata, A devotioni vestræ auctoritate apostolica confirmamus et præsentis scripti pagina communimus. Nulli ergo etc. nostræ protectionis et confirmationis, etc.

Datum Laterani, xi Kal. Martii.

DLXXI.

PATAVIENSI (264) EPISCOPO.

Ut prava judicandi consuetudo rescindatur.

(Laterani, xii Kal. Martii.)

(265) Ad nostram noveris audientiam pervenisse quod in tua diœcesi etiam in causis ecclesiasticis consuetudo minus rationabilis habeatur quod, cum aliqua causa tractatur ibidem, allegationibus et querelis utriusque partis auditis, a præsentibus, litteratis et illiteratis, sapientibus et insipientibus, quid juris sit quæritur; et quod illi dictaverint vel aliquis eorum præsentium consilio requisito pro sententia teneatur. Nos igitur attendentes quod consuetudo quæ canonicis obviat institutis nullius debeat esse momenti, cum sententia a non suo judice lata nullam obtineat firmitatem, ut in causis ecclesiasticis subjectorum tuorum, postquam tibi de meritis earum constiterit, sententiam proferre valeas, sicut ordo postulat rationis, auctoritate tibi præsentium, præmissa consuetudine non obstante, concedimus facultatem. Nulli ergo, etc.

Datum Laterani. xii Kalendas Martii.

DLXXII.

PATAVIENSI EPISCOPO.

Datur illi potestas absolvendi incendiarios.

(Laterani, xii Kal. Martii.)

Sicut ex parte tua nostro fuit apostolatui reseratum, prædecessores nostri felicis recordationis Clemens et Celestinus et devotionem tuam et gentis tibi subjectæ duritiam attendentes, ut absolvere ac judicare posses incendiarios in tua diœcesi constitutos fraternitati tuæ de benignitate sedis apostolicæ indulserunt. Nos igitur tibi, quem inter fratres et coepiscopos nostros sincera diligimus in Domino charitate, abundantiorem deferre volentes honorem et illud nihilominus attendentes, quod ex hoc vita hominum facilius corrigatur, ad exemplar eorumdem prædecessorum nostrorum potestatem incendiarios tuæ diœcesis absolvendi devotioni tuæ auctoritate præsentium indulgemus; nisi forte tantus sit aliquorum excessus, ut eos oporteat ad sedem apostolicam destinari. Nulli ergo, etc.

Datum Laterani, xi Kal. Martii.

DLXXIII.

HENRICO DIACONO.

Ipsi Ecclesiam litigiosam confert, adversarioque silentium imponit.

(Laterani, xiii Kal. Martii.)

Cum inter te et Albertum clericum de Tetingm super Ecclesia Sancti Calixti quæstio verteretur, partibus in nostra præsentia constitutis dilectum filium nostrum G. Sancti Nicolai diaconum card. deputavimus auditorem: coram quo cum fuisset

(262) In tertia Collect. *Cetreco.*
(263) Cap. *Accedentes,* De præscriptionibus.

(264) In tertia Collect. *Pitaviensi.*
(265) Cap. 3. extra de consuetudine.

aliquandiu litigatum et idem nobis quod invenerat fideliter retulisset, nos, rationibus utriusque partis diligenter auditis et cognitis, tibi adjudicantes Ecclesiam nominatam, ad quem de jure spectabat, te ab impetitione prædicti adversarii tui prorsus absolvimus, perpetuum super hoc sibi silentium imponentes. Nulli ergo, etc. nostræ diffinitionis et absolutionis, etc.

Datum Laterani, xiii Kalendas Martii.

DLXXIV.

C. QUONDAM HILDESEMEN. EPISCOPO. [Sine salutatione.]

Ne quis propria auctoritate, sine consensu papæ, ex una Ecclesia in aliam migret.

(266) Quod tibi apostolicæ salutationis alloquium denegamus, non ex malevolentia nostra procedit; sed cum olim præter auctoritatem apostolicæ sedis, ad quam cessiones, depositiones et translationes episcoporum spectare noscuntur, ad Herbipolen. Ecclesiam ab Ecclesia præsumpsisses Hildesemen. transire, archiepiscopis et episcopis Alemanniæ ac tibi ipsi (si tamen ad te litteræ nostræ pervenerunt) et tam Herbipolen. quam Hildesemen. capitulo contra te litteras curavimus destinare; quas cum ad eos ad quos mittebantur, sicut ex relatione cursorum nostrorum accepimus, noverimus pervenisse, ab ipsis juxta tenorem ipsarum in te credimus fuisse processum. Sane non erat nobis tutum in hoc articulo dissimulare apostolicæ sedis injuriam aut privilegiorum nostrorum æquanimiter sustinere jacturam, ne dissimulatio in approbationem et taciturnitas in consensum posset ab aliquibus allegari. Unde maluimus in te, licet olim dilectum nobis, cum in minori essemus officio constituti, aliquam exercere vindictam, quam impunitus excessus traheretur a posteris in exemplum. Miramur autem non modicum et non sine ratione movemur quod contra nos ausus es ponere os in cœlum, asserens quod contra te nec citatum nec convictum non fuerat sententia proferenda. Sed ecce in quo alterum judicas te ipsum condemnas, cum tuum non fuerit de superiori temere judicare, et in eo quod in excusationem tuam, imo potius accusationem nostram allegas, tertium membrum omiseris, cum in manifestis non sit ordo judiciarius requirendus. Verum utrum excessus tuus fuerit manifestus conscientiæ tuæ relinquimus discernendum, cum non potuerit esse occultum quod tam publice factum fuit et per totam Teutoniam publicatum. Tu etiam confessus videris de crimine, cum in litteris ad nos directis, quas adhuc apud nos in testimonium reservamus, Herbipolen. te præsumpseris episcopum appellare. Nec credere de facili debuisses quod in odium tuum aut in exaltationem alicujus et depressionem alterius duximus procedendum, cum te dilexerimus hactenus et adhuc etiam (nisi forsan tu ipse impedias)

diligimus; et non gloriosum, sed periculosum nobis existeret in favorem alicujus in te proferre sententiam aut aliquem ex malevolentia condemnare. Omni ergo excusatione cessante, si apud nos desideras gratiam invenire, mandatum studeas apostolicum adimplere; non rediens ad Hildesemen. Ecclesiam et ab Herbipolen. recedens; ut tunc tandem quem circa te in hoc etiam geramus affectum evidenter agnoscas.

DLXXV.

NOBILI VIRO W. COMITI CASERTAN.

Ut captos regis et regni Siciliæ hostes diligenter custodiat, seque modeste gerat.

Licet hactenus inter cæteros principes regni Siciliæ specialem de nobilitate tua fiduciam haberemus, nunc tamen prudentiam tuam in opere manifestissime sumus experti, quæ talia nuper per Dei gratiam procuravit, ex quibus honor regis et noster ac regni defensio ad tuum magnifice proveniet incrementum. Accepimus enim et pro certo tenemus quod Dwibuldum, occultum enim nunc autem manifestum persecutorem regis et regni, non sine magna discretione ac prudentia captum vinculis tradidisti, qui potentior erat, in regno quam Marcowaldus Dei et Ecclesiæ inimicus, imo etiam sine cujus favore dictus Mar. nec ingressum nec progressum in regnum aliquatenus habuisset. Cum igitur te et posteritatem tuam secuturam in hoc Dominus præviderit exaltandam, nobilitatem tuam rogamus, monemus et exhortamur in Domino, et sub obtentu gratiæ nostræ ac debito quo charissimo in Christo filio nostro F. illustri regi Siciliæ teneris, districte præcipimus, quatenus facta tibi a Domino gratia prudenter utaris nec des honorem tuum alii, nec gloriam tuam participes alienis. Nos enim tam in honoribus quam terra et aliis quæ a nobis duxeris postulanda, nobilitatis tuæ potentiam, dante Domino, curabimus dilatare. Tu vero, sicut charam habes gratiam nostram et regis, memoratum D. et alios quos cum ipso cepisti, tam caute, tam diligenter, et arcte facias custodiri, quod nec fugere possint nec circumvenire valeant tuæ in lustriam probitatis. Nec te Marcowaldi aut suorum minæ deterreant nec preces demulceant nec munera frangant nec promissiones emolliant, aliquorum juramentis aut obligationibus quibuscunque omnino non credens, donec de terris, personis et rebus ita provide cum nostro consilio disponatur, ut per hoc et regis honos et regni tranquillitas et tuus profectus per nos magnifice procuretur: pro certo confidens quod nos ultra forte quam credas tuum procurabimus incrementum. Quoniam si, quod absit! semel tuas manus evaderet, in te ac terram tuam perpetuo desæviret. Volumus autem ut super hoc nobis consilium tuum plenius et voluntatem exponas; ut, cognita intentione quam habes, possimus expressius respondere

---

(266) Vide supra epist. 335

DLXXVI.
PE. COLIMBRIENSI EPISCOPO.
Ut omnes jura episcopalia suo episcopo persolvant.
(Laterani, XIII Kal. Martii.)

Fratrum et coepiscoporum nostrorum justitiæ consulere volumus et eorum gravaminibus præcavere; ne si nostro fuerint subsidio destituti, gravem sentiant læsionem. Sane significasti nobis in nostra præsentia constitutus quod quidam in tua diœcesi commorantes, eo quod in canonicorum Sanctæ Crucis vel aliorum privilegiatorum sunt fraternitate recepti, jura tibi episcopalia non persolvunt. Ea propter, venerabilis in Christo frater, tuis precibus annuentes, auctoritate tibi præsentium indulgemus, ut quandiu confratres hujusmodi moram fecerint in domibus suis in habitu sæculari et ab Ecclesiis tuis ecclesiastica receperint sacramenta, sicut prius tibi jura episcopalia solvere teneantur. Nulli ergo, etc.

Datum Lateranio XIII Kal. Martii.

STEPHANI BALUZII TUTELENSIS ADMONITIO AD LECTOREM.

Sequentes epistolæ non exstant in superioribus editionibus. Sed ex diversis locis conquisitas, cum pertineant ad primum annum pontificatus Innocentii, hic vice appendicis edendas esse censuimus. Et fidelitates quidem Petri præfecti et comitis Ildebrandini editæ fuerant a Materno Cholino in fine libri secundi, loco non suo. Epistolam vero ad Oddonem episcopum et capitulum Pinnense suppeditavit tomus septimus Italiæ sacræ Ferdinandi Ughelli, reliquas Chronicon Gervasii monachi Cantuariensis.

DLXXVII.
Juramentum fidelitatis Innocentio III præstitum a Petro præfecto urbis.

(267) In nomine Christi. Ego Petrus Urbis præfectus juro quod terram quam mihi dominus papa procurandam commisit fideliter procurabo ad honorem et profectum Ecclesiæ, non vendam nec locabo nec infeudabo nec impignorabo nec aliquo modo alienabo quidquam ex ea. Justitias et rationes Ecclesiæ Romanæ studiose requiram et recipiam et jura ipsius recuperare studebo et recuperata et habita conservabo et defendam, quandiu mihi procurationem dimiserit. Stratam custodiam et justitiam exercebo. Ad custodiam munitionum diligens studium et operam efficacem impendam ut ad honorem et mandatum Ecclesiæ Romanæ bene custodiantur. Castellanos et servientes nec mutabo, nec alios introducam nec mutari faciam nec alios introduci præter mandatum domini papæ. Fideles et vassallos de patrimonio Ecclesiæ sine speciali mandato Romani pontificis ad fidelitatem et dominium meum non recipiam, et ex ea non faciam mihi affidatos teneri, nisi procuratione durante. In terra meæ procurationi commissa munitiones ædificari non faciam sine speciali mandato domini papæ. Quandocunque fuero requisitus per dominum papam aut nuntium vel litteras ejus, reddam rationem de procuratione fideliter. Et quandocunque jussus a domino papa vel ab Ecclesia Romana, integre et libere resignabo. Hæc omnia juro me fideliter servaturum sine fraude pro posse meo : salvo in omnibus mandato domini papæ. Sic me Deus adjuvet et hæc sancta Dei evangelia.

DLXXVIII.
Juramentum comitis Ildebrandini.

Ego comes Ildebrandinus ab hac hora in antea fidelis ero beato Petro et domino meo papæ Innocentio ejusque successoribus canonice intrantibus et sanctæ Romanæ Ecclesiæ. Non ero in facto neque in dicto neque in consilio aut in consensu ut vitam perdant aut membrum, vel capiantur mala captione. Consilium quod per se vel per suum nuntium aut per suas litteras mihi manifestaverint ad eorum damnum me sciente nulli pandam. Si eorum certum damnum sciero, si possum, remanere faciam; sin autem, aut per me aut per meum nuntium vel per talem personam, quam pro certo credam eis dicturam, significabo. Papatum Romanum et regalia beati Petri et nominatim Montem altum et quidquid aliud teneo de ipsis regalibus adjutor ero ad retinendum, quæ non habet ad recuperandum, et recuperata ad retinendum et defendendum contra omnes homines. Cum autem a domino papa fuero requisitus per litteras ejus aut per nuntium suum certum, ad præsentiam ejus accedam, ubi securus possim accedere et in manibus ejus ligium hominium ei faciam. Hæc omnia bona fide sine fraude et malo ingenio observabo. Sic me Deus adjuvet et sancta hæc evangelia.

DLXXIX.
ODDONI EPISCOPO ET CAPITULO PENNENS.
Confirmat compositionem factam inter episcopum Pennensem et monasterium S. Viti de Furca.
(Apud S. Petrum, XIII Kal. Maii.)

Innocentius episcopus servus servorum Dei venerabili fratri Oddoni episcopo et dilectis filiis canonicis Pennensibus, salutem et apostolicam benedictionem. Justis petentium desideriis dignum est nos facilem præbere consensum, et vota quæ a rationis tramite non discordant effectu prosequente complere. Ea propter vestris justis postulationibus [benignum] impartientes assensum, quæ inter bonæ memoriæ Odorisium Pennensem episcopum et Odolerium priorem Sancti Viti de Furca, super justitiis quas Pennensis Ecclesia in Ecclesia Sancti Viti de Piscaria quæ memoratæ Ecclesiæ Sancti Viti de Furca noscitur esse subjecta, diœcesana lege tanquam matrix Ecclesia

---

(267) Vide supra epist. 25, et Gesta Innocentii III.

vindicabat (268), amicabiliter intercessit, sicut legitime facta est et ab utraque parte recepta et hactenus observata, ut in scripto authentico confecto exinde continetur, auctoritate apostolica confirmamus et præsentis scripti patrocinio communimus. Decernimus ergo ut nulli omnino hominum liceat, etc. Si quis autem, etc.

Datum Romæ apud Sanctum Petrum xiii Kal. Maii, pontificatus nostri anno primo.

DLXXX.

REGI ANGLIÆ.

Scribit pro monachis Cantuariensibus.

(Apud S. Petrum, Non. Martii.)

Innocentius episcopus servus servorum Dei illustri regi Angliæ, salutem et apostolicam benedictionem. Quoniam de regia celsitudine spem certam et fiduciam obtinemus ut Ecclesias et ministros ecclesiasticos digne satagat honorare ipsosque suæ defensionis et protectionis munimine confovere, regalem magnitudinem ad hæc libenti animo apostolicis exhortationibus invitamus et animum tuum ad ea volumus inducere per quæ Regi regum, cujus propitiante gratia regni obtines dignitatem, dignis operibus valeas complacere ipsiusque tibi conciliare favorem. Nos itaque pro dilectis filiis nostris monachis Cantuariensis Ecclesiæ preces apostolicas porrigimus, magnificentiam tuam rogamus, monemus et in Domino attentius exhortamur quatenus ipsos et eorum Ecclesiam propensius habeas commendatos intuitu precum nostrarum et ob reverentiam gloriosi martyris Christi Thomæ, qui sanguine martyrii Cantuariensem Ecclesiam illustravit, et a malignantium propulsione defendas, et eis sua jura illibata studeas et integra conservare.

Datum Romæ apud Sanctum Petrum, Non. Martii, pontificatus nostri anno primo.

DLXXXI.

SUFFRAGANEORUM CANTUARIENSIS ECCLESIÆ AD INNOCENTIUM PAPAM.

Rescribunt in causa capellæ de Lamhee.

(269) Reverendo patri et domino Innocentio summo pontifici suffraganei Cantuariensis Ecclesiæ, salutem. Gratias agimus gratiæ Largitori, qui suam fundans Ecclesiam supra petram, in Petro et per eum in successoribus ejus fratres suos confirmandos esse præxit. Unde et cum de beatæ recordationis Celestini papæ III obitu essemus perturbati, superveniens nuntius electionis vestræ nubilum nostræ tristitiæ desiderabiliter serenavit. Non reliquit nos orphanos, qui pro patribus filios, qui loco sanctorum suscitat Nazareos. Congratulamur gratiæ Dei, qui vos a primitivis adolescentiæ motibus ita erudivit et informavit ad tantæ mysterium dignitatis, ut Ecclesiæ incolumitas tota post Deum de vestræ potestatis auctoritate pendeat et quæ in aliquibus membris suis infirmata est, sub indulto nobis Innocentio ad justitiam ei innocentiam convalescat. Noveritis igitur quod susceptis paternitatis vestræ litteris ad venerabilem patrem nostrum Cantuariensem archiepiscopum et nos directis, quarum vobis transcripta transmisimus, ad mandatum prædicti patris et metropolitani nostri Cantuariæ infra 30 dies susceptionis illius cum omni devotione convenimus, charissimo fratri nostro Conventrensi episcopo manum consecrationis una cum eodem archiepiscopo imposituri et super his quæ a vestra sanctitate in mandatis accepta fuerant communi deliberatione et consilio tractaturi. Nos autem ibidem pro his et ad hæc specialiter constituti, prædictum patrem et archiepiscopum nostrum devotum invenimus, ut in his quæ injuncta fuerant, licet gravia viderentur, vestræ dispositionis imperio juxta mandati formam et nostræ universitatis consilium obediret. Cum autem satis exacta deliberatione super his invicem tractaremus, quibusdam nostrum scilicet, quibus rei gestæ series plenius quam ipsi archiepiscopo innotuerat, constanter asserentibus, multis etiam viris magnis et prudentibus et fide dignis id ipsum assertive protestantibus, pariter advertimus religionem vestram ex suppressione veritatis multipliciter circumventam. Primo, quod cum capella, de qua agitur, de speciali indulgentia piæ recordationis Urbani papæ in honore beatorum martyrum Stephani et Thomæ a bonæ memoriæ B. archiepiscopo constructa fuerit, sicut eam beatus martyr Thomas plurimique ipsius prædecessores in honorem protomartyris Stephani præconceperant construendam, nec in litteris Urbani papæ, quæ de eadem capella demolienda dicuntur emanasse nec in præscriptis vestræ sanctitatis apicibus, quæ ipsius Urbani papæ litteris maxime videntur inniti, de prædicta indulgentia mentio facta fuit; unde, nec ipsius indulgentiæ vigor per has vel illas videbatur infirmari. Secundo, quod inclytæ recordationis Gregorius papa indulsit (270) ut per litteras domini Urbani prædecessoris sui a tribus mensibus ante obitum suum contra archiepiscopum B. et clericos suos directas, nisi de novo mandato, minime procederetur. Unde cum litteræ ejusdem Urbani per indulgentiam ejusdem Gregorii suspensæ fuerint et nulla Clementis papæ vel alterius post illum inhibitio super hoc innotuerit, nihil in apostolicæ prohibitionis contemptum circa præfatam capellam videtur attemptatum. Tertio, quod cum monachis Cantuariensibus in causa dicta procedendi facultas non suppeteret, eo quod Urbani litteras Gregorii indulgentia suspendisset, interventu domini R. illustris regis Angliæ et venerabilis W. Rothomagensis archiepiscopi, necnon et Dunelmensis, Wintoniensis, Saresberiensis, Conventrensis, Rossensis episcoporum, et cancellarii Angliæ tunc Eliensis electi, iisdem

---

(268) Hic aliquid deesse videtur.
(269) Vide supra epist. 432.

(270) Vide cap. *Quoniam ad episcoporum*, De rescriptis, in secunda Collectione.

monachis instantibus in capitulo domino et illustri Regi Angliæ et abbate Cisterciensi multisque aliis et magnis præsentibus recitata, super hæc ita convenit, ut capella quæ prope muros Cantuariæ fabricata fuit in locum remotiorem, quemcunque delegisset archiepiscopus, sine subsecutura reclamatione libere transferretur. Sed et iidem monachi omnibus aliis querelis spontanea voluntate renuntiaverunt seque dispositioni archiepiscopi sui per omnia subjecerunt; et, sicut a quibusdam fratrum nostrorum audivimus, archiepiscopus et monachi sui se invicem in pacis osculo receperunt. Quarto, quod cum bonæ memoriæ Celestino papæ processus totius negotii innotuisset, præfato archiepiscopo nostro de prædicta capella et præbendis ejus ad indemnitatem Cantuariensis Ecclesiæ libere disponendi facultatem indulsit et sic statum capellæ confirmavit. Unde postmodum memoratis archiepiscopo et monachis super eadem dispositione tractatum habentibus, unanimi assensu complacuit per nuntios utriusque partis ad sedem apostolicam destinandos sedis ipsius consilium super hoc expetere et exspectare, archiepiscopo id consilio domini papæ committente, ut in ejus esset dispositione sub quibus cautionibus, manente capella, Cantuariensis Ecclesiæ provideretur indemnitati. Nuntiorum autem prædictorum iter duo de monachis Cantuariensibus prævenientes, præter conscientiam vel archiepiscopi vel prioris et conventus, sicut idem conventus in capitulo super hoc requisitus viva voce protestatus est, a claustro clanculo recedentes, et ob hoc ab archiepiscopo non immerito secundum regularem disciplinam sententia sunt excommunicationis innodati; qui tacita veritate vel egressus eorum vel sententiæ quam juste super hoc exceperant, iidem eorum quæ supra meminimus litteras prædictas ad ipsum archiepiscopum et nos impetraverunt. His rationibus cum universitati nostræ videretur esse juri consentaneum vestræque paternitati placiturum litterarum exsecutioni supersederi, donec super rei veritate vestra instrueretur religio; dictus etiam archiepiscopus, ne quid mansuetudinis et humilitatis omitteret, ex abundanti tam per se quam per nos instanter obtulit ut de electis quos monachi Cantuarienses vellent episcopis vel cujuscunque ordin's viris religiosis de omnibus quæ præcesserant et de hujus mandati exsecutione acceleranda vel differenda, eorum pareret arbitrio. Monachis autem hæc voluntarie magis quam juste recusantibus, præmissis moti rationibus ipsum archiepiscopum ad hoc induximus, ut ipse interim subsistente, de solita sedis apostolicæ clementya confidentes, totum negotium ad vestram excellentiam referremus; supplicantes attentius ut ita super hoc vestra disponat prudentia, ne inter regnum et sacerdotium in Anglia jam orta dissensio invalescat. Turbati sunt enim vehementer ex hoc mandato rex et regni magnates, eo quod jure canonico videatur licitum et hactenus consuetudine Anglicana obtentum, ut tam archiepiscopi quam episcopi, quam etiam laici, auctoritate diœcesani episcopi possint ecclesiam conventualem in suo construere fundo. Vos igitur, pater in Christo charissime, quod super hoc expedire videritis, veritate cognita disponatis: scituri profecto quia quod statueritis dominus archiepiscopus et nos debito et devoto exsequemur affectu. Quod si sanctitati vestræ testimonium nostrum videatur minus sufficere ad fidem, placeat vobis pleniorem hujus veritatis inquisitionem aliis quos elegeritis demandare, quorum relatione vestra sublimitas edocta, quod Altissimo magis placere noverit, diffiniendo decernat.

DLXXXII.

ABBATUM CISTERCIENSIUM REGNI ANGLIÆ AD PAPAM.
De eodem argumento.

Reverendo domino et patri Innocentio Dei gratia summo pontifici, suæ sanctitatis filii et servi devotissimi, E. Rievallis, R. de Boxeleia, F. de Forda, B. de Straford, W. de Ponte Roberti, H. de Stanlege et W. de Basinguvas abbates totusque Cisterciensium abbatum de Anglia conventus, salutem debitam cum humili subjectione, reverentiam et obedientiam. Cum sacrosancta Romana Ecclesia, cui Domino disponente præestis, mater sit omnium Ecclesiarum in Christo, in multiplicandis eis, enutriendis ac defendendis materna charitate atque sedulitate uti consuevit, et sic de adulta jam sobole gratulari, ut novam quotidie procurare non desinat. Quod si in tot filiis ejus duo aliqui se in utero ipsius aliquando collidunt, materna gravitate atque prudentia litem hanc dirimere novit et in id ipsum reducere dissidentes, ne et ipsi ab invicem consumantur et ipsa utroque orbetur filio una die. Hinc est quod pro beati Thomæ martyris Ecclesia, quæ ac si recens purpura totam vestit et ornat Ecclesiam Dei, quanta possumus gemituum ac precum profusione paterna viscera pulsamus, ut convertamini aliquatenus, et clementius aliquid cogitetis super eam. Securis enim apostolica jam ad radicem plantationis hujus novellæ, quod gementes dicimus, posita est. Sed si terram non occupat, si fructum facit, si denique fructum plurimum, securim vestram vel ad modicum suspendi humiliter supplicamus. Sane non sine nutu divinæ dispensationis beatus martyr in loco nativitatis suæ memoriam sibi elegisse videtur; præsertim cum diffinitione regum ac principum, cum consilio Episcoporum ac totius cleri, cum denique exsultatione universæ terræ fundata, ipsorum etiam monachorum Cantuariensium, quæcunque ipsi vestræ majestati suggesserint, solemnem in audientia publica gratiam et assensum meruerit. Denique si monachis illis contra prælatum suum talem tantumque prælatum ad tam pium opus demoliendum res ad vota cesserit, nunquid nos deinceps tam perniciosi virus exempli omnem cœtum religiosorum inficiet et cornua increscent omnibus inobedientiæ filiis, ut levi occasione insurgant et impingant in parentes suos? Omnis jam domus rupto pacis et obedientiæ vinculo desolabitur; et ubi tanti auctoritas mali convaluerit, unusquisque vorabit carnem brachii sui. Quidque ad loci hujus venerationem cum beati martyris illustri gloria præclara sui merita fundatoris accedunt, qui de nostro grege ad tanti officii cultum assumptus, magni illius mensuram gradus, ut mundus testis est, glorifice adimplevit et in priori nihilominus humilitate et in multa omnium admiratione perseveravit. Et vir quidem ille et vita venerabilis et doctrina incomparabilis et signis illustris, omnibus inter se et monachos suos illos solemniter consopitis, peregre consummatus est, Christianæ fidei pietati tam pretiosa morte quam vita eximia testimonium reddens. Non moveat, quæsumus, sanctitatem vestram livor istorum, nec post fata quiescens, quibus ignoscat Deus; quod quem vivum inexorabiliter sunt persecuti, et veteres post mortem inimicitias in operum ejus reliquiis demoliendis dissimulare non possunt. Reverendo proinde successori ejus domino nostro nunc Cantuariensi archiepiscopo, contra quem præfati monachi suum levavere calcaneum, etiamsi ora humana tacuerint, opera ejus testimonium perhibent de illo, cum luceant prorsus omnibus qui in domo sunt. In viis ambulat gloriosorum prædecessorum suorum; qui, si veteres et novi revolvuntur annales, similia a suis monachis pertulisse invenientur. Judicem eum esse incorruptissimum, personarum prorsus et munerum acceptione deducta, nemo est in regno Anglicano qui dubitet. Benedictio proinde parvulorum pauperum, pusillorum ac viduarum super eum continua ac copiosa descendit. Religiosi omnes non dominum eum vel judicem, sed patrem inveniunt et advocatum. In camera ejus non solum ad colloquium, sed passim et indifferenter ad hospitii gratiam suscipit eos. De conscientia denique bona constans ei atque fidele testimonium perhibemus, quia ipse est unica ac potentissima Ecclesiæ Anglicanæ columna. Qui sicut in omnibus causis suis, ita et in hac tantam exhibuit patientiam, lenitatem atque modestiam, quanta nec nos scripto ad præsens concipere possumus, et illi vobis plenius poterunt enarrare qui a latere ejus ad vos missi, ore ad os vobis loqui merebuntur. Sed de patientia ejus illi semper ad impatientiam crescunt; et lenitate ejus atque modestia abutentes contumaciores atque immitiores efficiuntur in dies. Cadat ergo in conspectu vestro universitatis nostræ humilis supplicatio, ut respondeat ei hodie ante vestrum justitia sua, cui tot et tanta merita sua et gloriæ beati martyris pia æmulatio et totius Angliæ communia vota suffragantur. Unum est quod precibus nostris adjicimus, ut si nos in commendatione unius alteriusve personæ timore seu gratia excessisse timetis, consulere dignemini testimonium universæ terræ, et eos, si placet, præcipue qui de nigro sunt ordine, cum in his utique non debeant esse de jure suspecti; et invenietis nos servos vestros fideles in omnibus partibus parcius fuisse locutos. Valeat in Domino sancta paternitas vestra.

DLXXXIII.

MONACHORUM ECCLESIÆ CANTUARIENSIS AD PAPAM.

Exponunt afflictiones suas.

(271) Innocentio Dei gratia summo pontifici conventus Cantuariensis Ecclesiæ, salutem. Multa et diversa, imo et quædam sibi adversa sanctitati vestræ quandoque significamus; quia talia sunt quæ nos premunt. Sed in hoc confundimur quod ea quæ vere fiunt et non scribuntur, dum loquimur, dum auditis, forte in contrarium mutata sunt: adeo non simpliciter operantur qui nos affligunt, ut vel ita apud vos de mendacio non possint arguere, vel quod uno aliquo non prævalent, multis nos possint vulneribus immutare; unde et modo feriunt, modo ictum suspendunt et iterum, antequam scissa coeant, repercutiunt. Eapropter non levitati, quæsumus, imputetis quod diversa vel sibi dissona nuntiamus, qui utique majestati vestræ decrevimus non mentiri, sed nec omnia suggerere quæ patimur in veritate. Nunc autem quia substantia spei nostræ apud vos est et casus urget quem silere non possumus, sanctitati vestræ significandum duximus quod omnibus possessionibus nostris quasi de regis mandato jam tertio spoliati sumus postquam ad audientiam vestram confugimus jus nostrum sub judicio vestro postulare, nullius delicti nobis conscii, nisi quod in causa ecclesiastica jus nobis dici petimus ab eo cui commissa est sollicitudo omnium Ecclesiarum. Itaque, sanctissime pater et domine, si quid potestis, adjuvate nos. Omnia enim potestis pro justitia, sicut Apostolus de se ait. Nos autem pauperes Christi non rerum momenta sumus pro quibus debeat dignatio vestra cum principibus dimicare. Sed officii vestri, si placet, memores estote; et sicut egregie Deo inspirante cœpistis, ipso adjuvante specialis filiæ vestræ Cantuariensis Ecclesiæ miserias amovete. Valeat et vigeat in Christo semper sanctitas vestra, ut per eum nostra deleatur miseria. Amen.

(271) Huic epistolæ respondet pontifex epistola 436.

INNOCENTII III
ROMANI PONTIFICIS
REGESTORUM SIVE EPISTOLARUM
LIBER SECUNDUS.

PONTIFICATUS ANNO II, CHRISTI 1199.

I.
CLERO, CONSULIBUS, ET POPULO VITERBIEN.
De persecutione et pœna hæreticorum.
(Laterani, VIII Kal. April.)

(1) Vergentis in senium sæculi corruptelam non solum sapiunt elementa corrupta, sed etiam dignissima creaturarum ad imaginem et similitudinem condita Conditoris, prælata privilegio dignitatis volucribus cœli et bestiis universæ terræ testatur; nec tantum eo quasi deficiente jam deficit, sed et inficit et inficitur scabra rubigine vetustatis. Peccat enim ad extremum homo miserrimus; et qui non potuit in sui et mundi creatione in paradiso consistere, circa sui et orbis dissolutionem degenerat et pretii suæ redemptionis circa fines sæculorum oblitus, dum variis ac vanis quæstionum se nexibus ingerit (2), seipsum laqueis suæ fraudis innectit et incidit in foveam quam paravit. Ecce etenim inimico homine messi Dominicæ superseminante semen iniquum, segetes in zizania pullulant vel potius polluuntur, triticum arescit et evanescit in paleas, in flore tinea et vulpes in fructu demoliri vineam Domini moliuntur. Nova siquidem sub Novo Testamento Achor progenies ex spoliis Jericho lingulam auream palliolumque furatur, et Abiron, Dathan et Core soboles detestanda, novis thuribulis fermentatum thymiama novis volunt altaribus adolere, dum nox nocti scientiam indicat, dum cæcus præbet cæco ducatum, dum hæreses pullulant et quem divinæ reddit hæreditatis expertem, suæ constituit hæreticus hæresis et damnationis hæredem. Hi sunt caupones, qui aquam vino commiscent et virus draconis in aureo calice Babylonis propinant, habentes, secundum Apostolum, speciem pietatis, virtutem autem ejus penitus abnegantes. Licet autem contra vulpes hujusmodi parvulas, species quidem habentes diversas, sed caudas adinvicem colligatas, quia de vanitate conveniunt in idipsum, diversa prædecessorum nostrorum temporibus emanaverint instituta, nondum tamen usque adeo pestis

potuit mortificari mortifera, quin sicut cancer amplius serperet in occulto et jam in aperto suæ virus iniquitatis effundat, dum palliata specie religionis et multos decipit simplices et quosdam seducit astutos; factus magister erroris, qui non fuerat discipulus veritatis. Ne autem nos, qui licet circa horam undecimam inter operarios imo verius super operarios vineæ Domini Sabaoth sumus a Patrefamilias evangelico deputati, et quibus ex officio pastorali sunt oves Christi commissæ, nec capere vulpes demolientes vineam Domini nec arcere lupos ab ovibus videamur, et ob hoc merito vocari possimus canes muti non valentes latrare, ac perdamur cum malis agricolis et mercenario comparemur: contra defensores, receptatores, fautores et credentes hæreticorum aliquid severius duximus statuendum; ut qui per se ad viam rectitudinis revocari non possunt, in suis saltem defensoribus, receptatoribus et fautoribus ac etiam credentibus confundantur; et cum se viderint ab omnibus evitari, reconciliari desiderent omnium unitati. De communi ergo fratrum nostrorum consilio, assensu quoque archiepiscoporum et episcoporum apud sedem apostolicam existentium, districtius inhibemus ne quis hæreticos receptare quomodolibet vel defendere, aut ipsis favere vel credere quoquomodo præsumat; præsenti decreto firmiter statuentes ut, si quis aliquid horum facere forte præsumpserit, nisi primo secundove commonitus a sua super hoc curaverit præsumptione cessare, ipso jure sit factus infamis nec ad publica officia vel consilia civitatum nec ad eligendos aliquos ad hujusmodi nec ad testimonium admittatur. Sit etiam intestabilis nec ad hæreditatis successionem accedat. Nullus præterea ipsi cogatur super quocunque negotio respondere. Quod si forsan judex exstiterit, ejus sententia nullam obtineat firmitatem nec causæ aliquæ ad ejus audientiam perferantur. Si fuerit advocatus, ejus patrocinium nullatenus admittatur. Si tabellio, instrumenta confecta per ipsum nullius penitus sint momenti, sed cum au-

---

(1) Cap. *Vergentis*, De hæreticis.

(2) In ertia tCollect. additur, *et ingessit*.

ctore damnato damnentur. In similibus etiam idem praecipimus observari. Si vero clericus fuerit, ab omni officio et beneficio deponatur; ut in quo major est culpa, gravior exerceatur vindicta. Si quis autem tales, postquam ab Ecclesia fuerint denotati, contempserit evitare, anathematis se noverit sententiam incurrisse. In terris vero temporali nostrae jurisdictioni subjectis, bona eorum statuimus publicari. Et in aliis idem fieri praecipimus per potestates et principes saeculares; quos ad id exsequendum, si forte negligentes exstiterint, per censuram ecclesiasticam appellatione postposita compelli volumus et mandamus. Nec ad eos bona ipsorum ulterius revertantur, nisi eis ad cor redeuntibus et abnegantibus haereticorum consortium aliquis voluerit misereri; ut temporalis saltem poena corripiat, quem spiritualis non corrigit disciplina. Cum enim, secundum legitimas sanctiones, reis laesae majestatis punitis capite, bona confiscentur ipsorum, eorum filiis vita solummodo ex misericordia conservata; quanto magis, qui, aberrantes in fide Deum Dei Filium (3) Jesum Christum offendunt, a capite nostro, quod est Christus, ecclesiastica debent districtione praecidi, et bonis temporalibus spoliari, cum longe sit gravius aeternam quam temporalem laedere majestatem. Nec hujusmodi severitatis censuram orthodoxorum etiam exhaeredatio filiorum, quasi cujusdam miserationis praetextu, debet ullatenus impedire, cum in multis casibus etiam secundum divinum judicium filii pro patribus temporaliter puniantur, et juxta canonicas sanctiones quandoque feratur ultio non solum in auctores scelerum, sed et in progeniem damnatorum. Decernimus ergo, etc., nostrae inhibitionis et constitutionis, etc.

Datum Laterani, VIII Kal. Aprilis, pontificatus nostri anno secundo.

II.

MELFIENSI EPISCOPO.

Ut sponsalia inter impuberes contracta, si puberes facti consenserint, consummentur.

(Laterani, II Id. Martii.)

Aliquo dubitationis scrupulo emergente, ea quae incerta videntur sancti Patres ad sedis apostolicae decreverunt oraculum perferenda. Quorum siquidem vestigia laudabiliter imitatus, a nobis inquirere studuisti utrum inter duos parochianos tuos matrimonium quod, puella probante infra nubiles annos se ductam a viro fuisse, de consilio dilecti filii nostri P. sanctae Mariae in Via Lata diaconi cardinalis, tunc apostolicae sedis legati, per divortii sententiam diremisti, possis redintegrare licenter, cum eadem puella jam nubilem aetatem attingens consensum adhibeat et nullus ex eis ad alia vota se duxerit transferendum. Ad quod tibi taliter respondemus, quod nisi aliam causam rationabilem intervenire cognoveris, securus ad copulam ipsius matrimonii tibi patet absque aliqua haesitatione processus.

(3) In tertia Collect. *Domini Dei Fil.*

Datum Laterani, II Idus Martii.

III.

GUID. ABBATI MONASTERII SANCTAE MARIAE DE LUNDORS EJUSQUE FRATRIBUS, TAM PRAESENTIBUS QUAM FUTURIS, REGULAREM VITAM PROFESSIS IN PERPETUUM.

De confirmatione privilegiorum.

(Laterani, XIII Kal. Aprilis.)

Religiosam vitam eligentibus, etc. *usque ad verbum* ordo monasticus, qui secundum Deum et beati Benedicti regulam in eodem monasterio, etc. *usque ad verbum* vocabulis. Locum ipsum in quo praefatum monasterium a dilecto filio nobili viro David comite fratre charissimi in Christo filii nostri W. illustris Scotiae regis constructum est, cum omnibus pertinentiis suis, per suas rectas divisas, et liberam curiam in terra vestra et firmam pacem infra divisas ipsius villae de Lundors, sicut charta dicti comitis protestatur; ecclesiam quoque ejusdem villae de Lundors cum omnibus pertinentiis suis, scilicet capellas de Bundamor et terram ad praedictam ecclesiam pertinentem, per suas rectas divisas, et alias terras in eadem villa, sicut in charta ejusdem comitis continetur; insulam quae vocatur Redinche et piscarias in They, juxta praenominatam insulam; molendinum de Lundors, cum omni secta sua et multura; ecclesiam quoque de Dundee cum omnibus pertinentiis suis, et terram ad eamdem ecclesiam pertinentem, et unum toftum in burgo de Dundee liberum et quietum ab omni servitio et exactione; et unam carrucatam terrae in villa de Neutile; et in villa de Peri, terram quae vocatur insula ultra Mineth Fintreth per suas rectas divisas cum omnibus pertinentiis suis. Ecclesiam ejusdem villae cum pertinentiis suis. In Garviah, Lethgavel et Malind cum omnibus pertinentiis suis per suas rectas divisas; ecclesiam de Rotcheth cum capellis suis, scilicet Inverurin et Munchegin et aliis pertinentiis suis; ecclesiam de Durnah, ecclesiam de Prame, ecclesiam de Rathmuriel, ecclesiam de Inchemabanin, ecclesiam de Culsamuel. In episcopatu Lincolnien. ecclesiam de Cuningrone, ecclesiam de Wissinden. In episcopatu de Stratheren, ecclesiam de Mothel, ecclesiam de Chelalemund cum capellis praedictarum ecclesiarum et terris et decimis ac omnibus earum pertinentiis ad proprios usus monachorum concessis, et unum plenarium toftum in burgo de Inverurin liberum et quietum ab omni servitio et exactione. Decimas omnes quas habetis in terra praedicti comitis et extra. Ex donatione quoque regis Scotiae unum plenarium toftum in burgo de Berrwic, et aliud plenarium toftum in burgo de Strivelin, plenarium toftum in burgo de Carel, plenarium toftum in burgo de Perth, plenarium toftum in burgo de Forfar, plenarium toftum in burgo de Munros et unum plenarium toftum in burgo de Aberdeen, et terram unam in villa de Perth, in libero burgagio. Sane novalium vestrorum etc. Prohibemus insuper ut nulli, etc.

Cum autem generale interdictum, etc. Chrisma vero, etc. Sepulturam præterea, etc. Prohibemus insuper ut infra fines, etc. Ad hæc etiam inhibemus ne quis in vos, etc. Obeunte vero te, etc. Decernimus ergo, etc. Salva sedis apostolicæ auctoritate et diœcesani episcopi canonica justitia. Si qua igitur, etc.

Datum Laterani per manum Rainaldi domini papæ notarii, cancellarii vicem agentis, xiii Kalend. Aprilis, indictione i. incarnationis Dominicæ anno 1198, pont. vero domini Innocentii Papæ III anno secundo. [*Legendum*, Indict. ii. incarn. Dom. anno 1199.]

IV.
CONSULIBUS ET POPULO ESINIS.
Ut in reducenda Marchia ad obedientiam pontificis diligenter laborent.
(Laterani, xvi Kal. Aprilis.)

Cum apostolicæ sedis jurisdictio spiritualis nullis terminis coarctetur, imo super gentes et regna sortita sit potestatem, in multis etiam per Dei gratiam ejus extenditur jurisdictio temporalis; quæ, licet aliquando visa fuerit propter quorumdam violentiam coarctari, nunc tamen eo faciente nobiscum signum in bonum qui imperat ventis et mari et facit tranquillum, qui deponit potentes et exaltat humiles, violentia per se ipsum [*f.* perversorum] humiliata, redit in potentatum antiquum et de die in diem amplius dilatatur; non homine pugnante pro nobis, sed Deo potius respiciente humilitatem nostram et violentiam ab Ecclesia repellente. Ecce etenim per Dei gratiam ad fidelitatem Ecclesiæ cum Perusin. Tudertin. Castellan. et aliis adjacentibus civitatibus, munitionibus et castellis ducatus rediit Spoletanus, et magna pars Thusciæ quæ in nostris privilegiis continetur. Ecce etenim universa fere Marchia, præter Camarinen. et Esculan. civitates, quas tamen speramus in proximo redituras, faciente Domino ac vestro studio procurante, devote rediit ad fidelitatem Ecclesiæ ac fideliter per Dei gratiam in ipsius devotione persistit; quæ vere per se dicere potest: *Jugum meum suave est, et onus meum leve* (Matth. xi, 29). jugum sane quod juvat, et onus quod non onerat, sed honorat; jugum etiam quod inexperti fortiter diligunt et experti fortius concupiscunt; onus quod nescit sarcinam gravitatis, sed exonerat potius oneratos. Nos itaque studium et sollicitudinem vestram sollicitius attendentes, universitati vestræ copiosas gratiarum exsolvimus actiones, quod quam citius se obtulerit opportunitas, ad fidelitatem sedis apostolicæ matris vestræ humiliter rediistis et alios ad dominium Ecclesiæ revocandos dilectis filiis nostris C. tituli Sancti Laurentii in Lucina et I. tituli Sanctæ Priscæ presbyteris cardinalibus, tunc apostolicæ sedis legatis, quos ad partes vestras circa novitatis nostræ primordia destinavimus, astitistis viriliter et potenter nec personis nec rebus parcentes, sicut evidentius operis evidentia manifestat et nuper dictus Sanctæ Priscæ presbyter cardinalis ad præ-

(4) Cap. *Sicut*, De supplenda negligentia prælator.

sentiam nostram revertens nobis et fratribus nostris viva voce plenius intimavit. Ut igitur laudabile fidelitatis vestræ principium finis laudabilior subsequatur, rogamus discretionem vestram, monemus et exhortamur in Domino, ac per apostolica scripta vobis mandamus quatenus in incepta fortitudine persistentes ac revocandas civitates prædictas ad nostri fidelitatem dominii detis operam efficacem, ut cum tota Marchia, dante Domino, fuerit in fidelitate sedis apostolicæ solidata, ipsius promissionis præsidio et nostra protectione lætetur. Nos enim ad honorem totius Marchiæ ac civitatis vestræ profectum, dante Domino, efficaciter intendemus.

Datum Laterani xvi Kal. Aprilis, pont. nostri anno secundo.

V.
R. EPISCOPO S. ANDREÆ.
Nisi intra tempus juris Ecclesiarum patroni præsentent, devolvitur ad superiorem.
(Laterani, vi Kal. Martii.)

(4) Sicut nobis tua fraternitas intimavit, monachi quidam et canonici regulares, Ecclesias quæ ad eorum præsentationem pertinent, in tuo episcopatu habentes propriis usibus deputare nituntur nec ibi volunt ad eas, cum vacaverint, personas idoneas præsentare, quin potius occasione concessionis quorumdam episcoporum vicarios in eis pro sua instituunt et destituunt voluntate, admissos ita pensionibus onerantes quod nec ecclesiis competenter possunt præ paupertate nimia deservire nec episcopo in episcopalibus respondere nec hospitalitatem, sicut convenit, transeuntibus impertiri. Nolentes autem ut status Ecclesiarum debitus et antiquus per alicujus insolentiam subvertatur, fraternitati tuæ per apostolica scripta mandamus quatenus, nisi a jurisdictione tua exemptæ sint ecclesiæ supradictæ, præmissos excessus studeas rationabiliter emendare; et nisi præfatæ personæ infra tempus in Lateranensi concilio constitutum ad Ecclesias vacantes tibi personas idoneas præsentaverint, ex tunc tibi liceat, appellatione remota, in eisdem ordinare rectores, qui eis et præesse noverint et prodesse; ita quod ex hoc nullum patronis in posterum præjudicium generetur.

Datum Laterani, vi Kal. Martii, pont. nostri anno secundo.

VI.
R. EPISCOPO S. ANDREÆ.
Crescente numero parochianorum, novam licet exstruere Ecclesiam.
(Laterani, iv Non. Martii.)

Sicut nobis tua fraternitas intimavit, cum in parochia sancti Andreæ pauci homines antiquitus fuerint et rari habitatores, unicam tantum matricem et parochialem ecclesiam devotio sibi fidelium fabricavit. Nunc autem, divina gratia faciente, usque adeo multitudo excrevit in eadem parochia populorum, quod ad animarum evitanda pericula, quæ ibidem proponuntur sæpius imminere, alia sit ecclesia necessario construenda. Cum itaque damnis rerum temporalium sint animarum pericula præferenda, fraternitati tuæ, de qua indubitatam fiduciam obtinemus, committimus, qualiter sit super his quæ præmisimus procedendum : ut si utilitati fidelium noveris expedire, Deum habens præ oculis, sine contradictione cujuslibet novam valeas ecclesiam fabricare; provisurus attentius, ut concessa tibi non abutaris licentia; ne forte privilegium mereraris amittere, si permissa tibi abusus fueris potestate.

Datum Laterani, iv Nonas Martii.

VII.

MATTHÆO CENETENSI EPISCOPO.
Ne feuda et res Ecclesiæ alienentur absque cæremoniis juris.

(Laterani, x Kal. Aprilis.)

(5) Quæ in Ecclesiarum et ecclesiasticorum virorum præjudicium attentantur firmitatem sortiri non decet, sed ad Ecclesiarum indemnitatem debent potius infirmari. Sane pervenit ad audientiam nostram quod Tervisin. et coneglanen. constituendi sibi (6), et utinam sibi tantum, jurisdictionem temere usurpantes, impietatem palliant sub nomine pietatis et dum quibusdam ex alieno gratiam exhibere nituntur, Ecclesiis sunt et viris ecclesiasticis onerosi. Constituerunt siquidem, sicut accepimus, quod si quis se ad inopiam vergere probabiliter allegaverit, alienandi feudum quod ab Ecclesia vel aliis tenet, per officiales ad hoc a Tervisinis civibus et Coneglanen. deputatos liberam habeant facultatem nec emptor priori teneatur domino respondere, nisi tantummodo in sexta parte pretii, quam ipsi, si recipere voluerint, exhibebit; ex quo ecclesiastica non modicum jura læduntur. Volentes igitur Ecclesiarum indemnitati consulere et hujusmodi gravaminibus providere, constitutionem hujusmodi et venditiones feudorum ecclesiasticorum factas sine legitimo ecclesiasticarum personarum assensu, occasione constitutionis imo verius destitutionis vel destructionis istius, præsentium auctoritate cassamus et vires decernimus non habere. Nulli ergo, etc. hanc paginam nostræ cassationis, etc.

Datum Laterani, x Kalend. Aprilis.

VIII.

AQUILEGIEN. PATRIARCHÆ, ET EPISCOPO FERRARIEN.
Ut curam et instaurationem Cenetensis Ecclesiæ auctoritate apostolica suscipiant.

(Laterani, viii Kal. Aprilis.)

Utilitas et necessitas dispensationem inducunt et repentini casus, etsi non nova, non tamen usitata remedia nos excogitare compellunt. Sane cum apostolica sedes super universis Ecclesiis non humani sed divini muneris largitate magisterium susceperit et primatum et nobis, licet immeritis, ad ipsius regimen evocatis, super cunctis fidelibus sollicitudo

(5) Cap. *Quæ in Ecclesiarum*, De Constitut.
(6) In tertia Collect. additur *legem*.

A sit credita pastoralis, sic ad eorum statum nos decet aciem apostolicæ provisionis extendere, ut et obviemus violentiæ iniquorum et eorum [*f. aliorum*] necessitatibus consulamus. Accepimus siquidem, venerabili fratre nostro Cenetensi episcopo intimante, quod ecclesia Ceneten. et villa in planitie sunt fundatæ; quas propter loci debilitatem et raritatem inhabitantium, ab iniquorum incursibus tueri non potest, imo usque adeo incursui expositæ sunt hostili, ut nuper villa eadem a Tervisinis destructa fuerit, et ecclesia cathedralis cum aliis duabus combusta, altaria diruta et dejecta, nec licuit relinqui reliquias in solo, altaribus desolatis, nec meruerunt esse Tervisinorum reliquiæ reliquiæ martyrum et sanctorum. Ut igitur uno et eodem
B remedio et malignis malignandi tollamus materiam et eidem ecclesiæ in necessitatibus consulamus, cum idem episcopus ecclesiam ipsam vel ad castrum Ceneclan. quod populosum dicitur et munitum, vel ad aliam partem ejusdem villæ tutiorem de licentia nostra transferre disponat, fraternitati vestræ per apostolica scripta mandamus quatenus accedentes ad locum, in castro prædicto, vel in eadem villa Cenete in loco magis munito, prout utilitati ejusdem ecclesiæ magis videritis expedire, auctoritate nostra suffulti, cum id vobis ex vestra non liceat, transferendi sedem et fundandi eamdem ecclesiam episcopo memorato, sublato appellationis obstaculo, concedatis liberam facultatem.

Datum Laterani, viii Kalend. Aprilis, pont. nostri
C anno secundo.

IX.

ILLUSTRI MIRAMOLINO REGI MARROCHETAN. ET SUBDITIS EJUS, AD VERITATIS NOTITIAM PERVENIRE, AC IN EA SALUBRITER PERMANERE.

Significatur institutio facta super redemptione captivorum paganorum a Christianis et Christianorum a paganis.

(Laterani, viii Id Martii.)

Inter opera misericordiæ, quæ Jesus Christus Dominus noster fidelibus suis in Evangelio commendavit, non minimum locum obtinet redemptio captivorum. Unde personis illis quæ circa talia occupantur favorem debemus apostolicum impertiri
D Sane viri quidam, de quorum existunt numero præsentium portitores, nuper divinitus inflammati, regulam et ordinem (7) invenerunt, per cujus instituta tertiam partem proventuum omnium quos vel nunc habent vel in futurum poterunt obtinere in redemptionem debent expendere captivorum, et ut melius valeant suum propositum adimplere, cum sæpe facilius per commutationem quam per redemptionem de captivitatis ergastulo valeant liberari, ut paganos captivos a Christianis redimant est concessum, quos pro liberandis Christianis debeant commutare. Cæterum quoniam opera quæ præmisimus et Christianis expediunt et paganis,

(7) Vide supra lib. i, epist. 481.

hujusmodi vobis duximus per apost. litteras intimanda. Inspiret autem vobis ille qui via, veritas est et vita, ut agnita veritate, quæ Christus est, ad eam venire quantocius festinetis.

Datum Laterani, viii Idus Martii, pont. nostri anno secundo.

X.
CAPITULO XANTONEN.
Confirmatur constitutio de quadragenario numero canonicorum.
(Laterani, vi Kal. Aprilis.)

Constitutionibus quæ in Ecclesiis factæ canonicis non obviant institutis, cum ab apostolica sede suæ robur confirmationis exspectant, favorem apostolicum libentius impertimur; ut ea quæ pro ipsarum utilitatibus ordinantur inconvulsa maneant firmitate, et quæ stabilita ratio comitatur aliquorum temeritas non infirmet. Eapropter, dilecti in Domino filii, vestris justis postulationibus grato concurrentes assensu, institutionem quam de quadragenario canonicorum numero cum assensu venerab. fratris nostri episcopi vestri, consentiente et assistente bonæ memoriæ W. archiepiscopo Burdegalensi et piæ recordationis Henrico quondam Albanensi episcopo tunc apostolicæ sedis legato approbante idipsum, in Ecclesia vestra fecistis, sicut rationabiliter facta est, auctoritate apostolica confirmamus et præsentis scripti pagina communimus, auctoritate apostolica districtius inhibentes ne aliquis ad receptionem alicujus ultra numerum constitutum qualibet vos temeritate, salvo in omnibus apostolicæ sedis mandato, compellat; nisi forte Ecclesiæ facultates in tantum excreverint, quod earum proventus pluribus sufficere dignoscantur. Decernimus ergo, etc., nostræ confirmationis, etc.

Datum Laterani, vi Kal. Aprilis, pontificatus nostri anno secundo

XI.
PICTAVEN. EPISCOPO.
Ne monachis liceat sine abbatis licentia in alium ordinem transire.
(Laterani, xiii Kal. Aprilis.)

Proposita nobis dilectorum filiorum abbatis et conventus Sancti Rufi querimonia demonstravit quod A. Jordani eorum canonicus habitu regularium canonicorum rejecto, sine abbatis sui licentia in monasterio Malleacen. suscepit ordinem et regulam monachorum. Cum igitur juxta canonicas sanctiones religiosi canonici non credantur a consortio sanctorum monachorum sejuncti, fraternitati tuæ per apostolica scripta mandamus quatenus, si tibi constiterit de præmissis, jamdictum canonicum ad Ecclesiam redire priorem, monitione præmissa, per censuram ecclesiasticam, appellatione remota, compellas; ubi et memorialem cucullam eum deferre facias et ultimum in choro manere; ut exemplo ejus alii similia non attentent.

Datum Laterani, xiii Kalend. Aprilis, pontificatus nostri anno secundo.

XII.
MARTINO PRIORI ET FRATRIBUS CAMALDULEN.
Quadraginta annorum possessio valet.
(Laterani, vi Id. Martii.)

Postulastis nuper a bonis ut eremo Camaldulensi et Ecclesiis aliis ad ipsam spectantibus super decimis et possessionibus, quas per annos quadraginta pacifice possederunt, paterna vellemus in posterum sollicitudine providere, quatenus nullius temeritas possit possessionem eorum quæ præmisimus impedire. Nos igitur volentes justis petitionibus vestris favorem apostolicum impertiri, districtius auctoritate præsentium inhibemus ne vos vel Ecclesias vestras super illis quæ bona fide per annos quadraginta continue possedistis aliquis præsumat de cætero molestare. Nulli ergo, etc., nostræ prohibitionis, etc.

Datum Laterani, vi Idus Martii, pontificatus nostri anno secundo

XIII.
MUTINEN. EPISCOPO.
Temerariæ appellationes non sunt recipiendæ.
(Laterani, vii Id. Martii.)

Benignitate juris plurimi hodie abutentes, in sui erroris defensionem assumunt quod in gravaminum fuerat relevationem inventum; et ut suorum superiorum correctionem eludant, sine causa frequenter ad apostolicam sedem appellant. Sane ad audientiam apostolatus nostri pervenit quod quidam clerici Mutinen. diœcesis turpia usurarum lucra captantes, fornicationibus et adulteriis et aliis criminibus dediti, clericalem honestatem inhoneste vivendo diffamant; in quos si quando canonice animadvertere forte volueris, ad audientiam apostolicæ sedis appellant. Quia vero appellationis remedium est inventum non in diffugium malignantium, sed in remedium oppressorum, fraternitati tuæ auctoritate præsentium indulgemus ut ad talium correctionem canonicam, si eorum crimina fuerint manifesta, omni appellatione remota, si vero non manifesta fuerint, appellatione frustratoria non obstante, procedas. Nulli ergo, etc.

Datum Laterani, vii Idus Martii.

XIV.
ARGENTIN. EPISCOPO.
Ne incendiarii et excommunicati in ecclesia sepeliantur.
(Laterani, xvi Kal. Aprilis.)

Ad audientiam nostram noveris pervenisse quod in tua diœcesi, contra sanctiones canonicas et consuetudinem hactenus approbatam, excommunicati propter crimen incendii per violentiam laicalem traduntur sepulturæ ecclesiasticæ. Quia vero id redundat in Ecclesiarum omnium et juris ecclesiastici læsionem, fraternitati tuæ per apostolica scripta mandamus et districte præcipimus quatenus ex parte nostra districte inhibeas ne qui excommunicatos hujusmodi in cœmeterio audeant ecclesiastico tumulare. Quod si secus, quod non credimus, fuerit forte præsumptum, tam præsumptores quam defensores eorum in tua diœcesi constitutos, monitione præmissa, usque ad satisfactionem condignam excommunicationis sententia sublato appellationis obstaculo, innodare procures. Quod si nec sic a sua voluerint præsumptione cessare, terras eorum subjicias sententiæ interdicti. Tumulatos vero, qui ob dictam causam excommunicati, non percepto absolutionis beneficio decesserunt, a cœmeterio facias Christiano expelli. Illis autem qui resipuerint et condignam voluerint agere pœnitentiam, si propter inevitabiles casus ad sedem apostolicam accedere non valuerint (8), recepto publice juramento quod super hoc nostro debeant parere mandato, beneficium absolutionis impendas. Taliter super prædictis mandatum apostolicum impleturus, quod aliorum culpa in pœnam tuam non debeat retorqueri.

Datum Laterani, xvi Kalend. Aprilis, pontificatus nostri anno secundo.

In eumdem modum archiepiscopis et episcopis (9) *per Teutoniam constitutis.*

XV.

PRIORI ET CLERICIS SANCTI PETRI EXTRA PORTAM SPOLETI.

Quod sententiam inter ipsos et episcopum Spoletanum a cardinali latam confirmarit.

(Laterani, xvi Kal. Aprilis.)

Cum inter venerab. fratrem nostrum B. Spoletanum episcopum ex una parte et vos ex altera, super plebe Sancti Brictii cum capellis suis et ecclesia Sancti Gregorii (10) in xenodochio, quæ pro parte media utrinque mutuo petebatur, et capellis Sancti Pauli de Azano et Sancti Angeli de Naci, controversia verteretur, eam dilecto filio nostro G. Sancti Nicolai in carcere Tulliano diacono cardinali commisimus terminandam. Ipse vero, auditis rationibus partium et plenius intellectis, habito consilio quorumdam de fratribus nostris et aliorum prudentum virorum, pro vobis sententiam de nostro mandato apud sedem apostol. promulgavit, quemadmodum in suis litteris plenius continetur. Nos ergo sententiam ipsam, sicut rationabiliter lata est, ratam habentes, eam auctoritate apostolica confirmamus, etc. Salvo quatuor solidorum illius monetæ quæ tunc in civitate Spoletana currebat per annos singulos episcopo memorato, quod bonæ memoriæ M. prædecessor ejus in prædicta plebe sibi noscitur reservasse, sicut in authentico factæ vobis donationis ab ipso reperitur expressum. Nulli ergo, etc.

Datum Laterani, xvi Kalend. Aprilis, pontificatus nostri anno secundo.

XVI.

R. ABBATI S. JULIANI, ET I. PRIORI S. GREGORII SPOLETANI.

Ut in possessionem rei adjudicatæ inducantur.

(Laterani, xii Kal. Aprilis.)

Cum inter venerabilem fratrem nostrum, etc., *ut supra fere in eumdem modum, usque ad verbum* continetur. Ut autem nihil moræ vel difficultatis rectis dispositionibus afferatur, per apostolica vobis scripta mandamus quatenus jam dictum priorem in corporalem prædictarum [ecclesiarum] possessionem, quæ sibi adjudicatæ sunt per sententiam cardinalis, et rerum ad eas spectantium, appellatione remota, mittere procuretis; contradictores, si qui apparuerint, censura ecclesiastica coercentes. Quod si ambo, etc., alter, etc.

Datum Laterani, xii Kalend. Aprilis, pontificatus nostri anno secundo.

XVII

DONATO ALADEN. EPISCOPO EJUSQUE SUCCESSORIBUS CANONICE SUBSTITUENDIS IN PERPETUUM.

De privilegiorum confirmatione.

(Laterani, iii Kal. Aprilis.)

In eminenti apostolicæ sedis specula, licet immeriti, disponente Domino constituti, etc., *usque ad verbum* vocabulis. Locum ipsum in quo præfata Aladen. ecclesia sita est cum omnibus pertinentiis suis; insulam Gedig Corbali, Cellarloch, Senhcui, cum insula Dori, Glenngallrigi, Glenech, Cellardub. Achad, Gunnig, Drognechan, Carnamalgaid, Raith, Cœman, Cassel, Bernach cum suis pertinentiis : Dumaaiss, Imbertrach, Cillialid, Munrivadoig, Rathneogid et Raithcerna, quæ omnia ad mensam episcopalem pertinent. Drumart, Scrinadasmani cum pertinentiis suis; Cellbroccada, Cellcorechach, Lassariani cum Usvavio cum pertinentiis suis. Cellmagsalgam, Ceslglassi, Cellanli et Cellnagarvan cum pertinentiis suis; Roseric cum pertinentiis suis, Ardomain cum pertinentiis suis, Arrdachad Usvanig cum pertinentiis suis, Innislaig, Dorimenniainni cum suis pert., Olenaclassi, Orvidlachacon cum pertinentiis suis et Dargavillachön cum pertinentiis suis; Maggamnach cum pertinentiis suis, Drumnanagel cum suis pert., Cellerannan cum pertinentiis suis, Celldariuled cum suis pert.. Crosrechig. cum suis pert., Innisgluaribrandam cum pertinentiis suis. Cathir cum pert., Cellchoman cum pertinentiis suis, Dunfini cum pertinentiis suis, Cellbrigdi cum pertinentiis suis. Lecu cum suis pertinentiis, Olechutrialacha cum pertinentiis suis, Balischriniutrialacha, Baliscrini, Magneglan, Cellcumin cum pertinentiis suis, Cellgoban cum pertinentiis suis, Cellalad cum pertinentiis suis, Cellcormich cum pertinentiis suis, Cellro cum pertinentiis suis, Grospatrai cum pertinentiis suis et Domnachinor. Prohibemus insuper ne interdictos etc. Libertates præterea etc. Decernimus ergo, etc. Salva in omnibus apostolicæ sedis auctoritate, et Tuamen. archiepiscopi debita reverentia. Si qua igitur, etc.

Datum Laterani, per manum Rainaldi domini papæ notarii, cancellarii vicem agentis, iii Kalend Aprilis, indictione ii, Incarnationis Dominicæ anno

---

(8) Vide supra lib. 1, epist. 572.
(9) In codice Colbertiano *et prælatis.*
(10) In codice Colbertiano *Georgii.*

1198, pont. vero domini Innocentii papæ iii anno secundo.

XVIII.
DECANO ET CAPITULO ABRINCEN.
Ut, propter conmissum in electione priori vitium, nunc recte alium eligant episcopum
(Laterani, xvi Kal. Aprilis.)

(11) Inter corporalia et spiritualia, etc., *ut supra in lib. primo, epist.* 532, *in litteris decano et capitulo Andegaven. directis, fere in eumdem modum, usque ad verbum* et quamvis factum istud ratione causarum et etiam personarum tam celebre fuerit et solemne, ut cum in partibus illis ab omnibus fere sciretur, a vobis non potuerit vel debuerit ignorari, præsertim cum per assertionem dilecti filii magistri N. de Aquila in Ecclesia vestra scholarum magisterium obtinentis certificati fueritis de præmissis, et per confessionem nuntiorum vestrorum in auditorio nostro factam nobis constiterit quod suspensio præfati electi octo diebus electionem præcesserit memoratam; vos tamen nihilominus ad Ecclesiam tunc temporis non vacantem W. Tollen., post appellationem etiam ab eodem magistro ad sedem apost. interpositam, eligere præsumpsistis, contra quem multa fuerunt in auditorio nostro proposita, quæ ad reprobandam ipsius electionem citra præmissa impedimenta sufficere videbantur; vel quod primo electo nondum rite translato, se in locum ipsius tanquam viventis intrudi non debuit consentire; quod cum non fecerit, secundum canones ab ecclesiastica debuit communione depelli; cum et contra eum esset specialiter appellatum, qui propter ignorantiam litterarum et quia de gremio non erat Ecclesiæ, nisi ejus clericis antea reprobatis non poterat postulari; præsertim cum inter vos plerique idonei haberentur. In subscriptionibus etiam litterarum vestrarum quædam repugnantia videbatur, aliis asserentibus singulos subscripsisse, aliis quod præfatus magister scholarum causas frivolas assignando pro sua recesserit voluntate. Et cum viginti sint Ecclesiæ vestræ canonici, absente parte tertia, et nihil de ipsa electione sciente novemdecim canonicorum subscriptiones ibidem inventæ fuerunt. Unus etiam de præsentibus, nepos scilicet venerabilis fratris nostri Andegaven. episcopi, minor quatuordecim annis, nec locum in capitulo nec stallum habebat in choro. Alius etiam se tunc fuisse absentem et quod contradixerit facto vestro et appellaverit ante factam electionem, in auditorio nostro est publice protestatus, unde crimen falsi committentes poterant formidare. Cumque hujusmodi et similia objicerentur præfato W., tanquam reus delatos ante sententiam honores non poterat postulare, cum et secundum canones valde grave sit et indecens ut vir, de quo talia referuntur, cum ante discuti et disquiri debeat, honoretur. Ad hæc accedit quod idem W. astrictus curiæ nexibus perhibetur et cum filios habeat undecunque, fraudulenter proponitur

(11) Vide supra lib. i, epist. 117, 447.

A in diaconum ordinatus. His igitur et similibus contra factum vestrum in nostro et fratrum nostrorum auditorio allegatis, cum nobis de veritate negotii constitisset, attendentes quod non statim qui accusatur reus est, sed qui convincitur criminosus, quamvis multa contra præfatum W. fuissent proposita, quia tamen nulla probata fuerunt, communicato fratrum consilio non ob impedimentum personæ, sed propter electionis vitium, quod a vobis factum fuerat circa præmissam electionem duximus irritandum, universitati vestræ per apostolica scripta mandantes quatenus convenientes in unum, et Spiritus sancti gratia, sicut moris est, invocata, in patrem et episcopum animarum vestrarum talem personam canonice ac concorditer eligatis, quæ tam præesse noverit quam prodesse; per cujus circumspectionem providam et providentiam circumspectam Abrincen. Ecclesia, præveniente divina gratia et sequente, in spiritualibus et temporalibus valeat salubriter gubernari.

Datum Laterani, xvi Kalend. Aprilis, pontificatus nostri anno secundo.

XIX.
ABBATI SANCTI MARIÆ DE CASANOVA EJUSQUE FRATRIBUS, TAM PRÆSENTIBUS QUAM FUTURIS, REGULAREM VITAM PROFESSIS IN PERPETUUM.
De confirmatione privilegiorum
(Laterani, xvi Kal. Aprilis.)

Religiosam vitam eligentibus, etc., *usque ad verbum* ut ordo monasticus, qui secundum Deum et beati Benedicti Regulam atque institutionem Cistercien. fratrum in eodem monasterio, etc., *usque ad verbum* vocabulis. Locum ipsum in quo præfatum monasterium situm est, cum omnibus pertinentiis suis. Ex dono nobilis viri Berardi comitis Laureti, terras cultas et incultas, vineas et silvas, quæ his finibus concluduntur, videlicet a pede fluminis qui dicitur Scaone usque ad rivum Camardellæ, et ascendunt per ipsum rivum Camardellæ usque ad viam publicam quæ vadit super Sanctum Stephanum et transit per ipsam viam et revertitur in prædicto flumine Scaonis. Culturam comitis Laureti quæ jacet in valle S. Stephani super viam et subter viam cum pertinentiis suis. Vineam de Castro Celere cum pertinentiis suis et locum qui dicitur Campus Sacer cum suis pertinentiis. Sane laborum, etc. Liceat quoque vobis, etc. Prohibemus insuper, etc. Illud districtius inhibentes ne terras, etc. Ad hæc etiam prohibemus ne aliquis monachus, etc. Licitum præterea sit vobis in causis propriis, etc. Insuper auctoritate apostolica inhibemus ne ullus episcopus in cujus parochia, etc. Illud attendentes, etc. Pro consecrationibus vero, etc. Quod si sedes, etc. Quia vero interdum, etc. Porro si episcopi, etc. Paci quoque, etc. Præterea omnes libertates, etc. Decernimus ergo, etc. Salva sedis apostolicæ auctoritate. Si qua igitur, etc.

Datum Laterani, per manum Rainaldi domini papæ

notarii, cancellarii vicem agentis, xvi Kalend. Aprilis, indictione ii, Incarnationis Dominicæ anno 1198, pontificatus vero domini Innocentii papæ III anno secundo.

XX.
LUGDOLFO MAGDEBURGENSI ARCHIEPISCOPO
Ipsi dat facultatem beneficia ecclesiastica conferendi et prælatos ad obsequium cogendi.
(Laterani, vii Id. Aprilis.)

Superna providentia, quæ populum humanum per diversa rectorum officia statuit in rectitudine gubernandum, pontificalem ad hoc tibi contulit dignitatem, ut per congruam exsecutionem officii tibi crediti sis aliis virtutis speculum et exemplar. Et licet omnium tibi subditorum cura generalis incumbat, tamen circa Ecclesias et ecclesiasticas constitutiones tibi sollicitudo imminet specialis; ut per tuam diligentiam Ecclesiæ ipsæ prout convenit ordinentur, et rite singulis ordinatis in eis divini cultus obsequia celebrentur. Nos igitur in his, in quibus cum Deo possumus, tibi favorem apostolicum impertiri volentes, ut officium tibi commissum valeas liberius exercere, tibi auctoritate præsentium liberam concedimus facultatem ut prælationes, dignitates, præbendas et cætera beneficia Ecclesiarum illarum quæ sunt tibi metropolitico jure subjectæ, appellatione cessante valeas idoneis conferre personis, si juxta constitutionem Lateranen. concilii illi, ad quos pertinent, ad commonitionem tuam ea neglexerint ordinare. Tibi præterea pagina præsenti concedimus ut prælatos tuæ jurisdictioni subjectos per censuram ecclesiasticam auctoritate nostra prævia ratione compellas ad consueta et debita tibi obsequia exhibenda. Nulli ergo, etc.

Datum Laterani, vii Idus Aprilis, pontificatus nostri anno secundo.

XXI.
DECANO MAJORIS ECCLESIÆ MAGDEBURGEN.
Ipsi indulget ut decanatum Magdeburgensem retineat.
(Datum Laterani.)

Sacrosancta Romana Ecclesia, etc. *usque ad verbum* fili, super inopinato casu tuæ cæcitatis tibi plurimum condolentes et gerentes erga te piæ compassionis affectum, personam tuam, cum omnibus quæ in præsentiarum rationabiliter possides, sub beati Petri et nostra protectione suscipimus. Specialiter autem decanatum ipsum Magdeburgensis Ecclesiæ, sicut ipsum juste ac pacifice possides, devotioni tuæ auctoritate apostolica confirmamus et præsentis scripti pagina communimus; mandantes ut quod per te non poteris adimplere, per idoneum vicarium exsequaris. Nulli ergo, etc.

Datum Laterani, vi Kal. Aprilis, pont. nostri anno secundo (12).

---

(12) In veteri codice ms. illustrissimi viri Joann's Baptistæ Colberti superior epistola, non ad decanum tantum, sed ad decanum *et* capitulum scripta dicitur, hoc modo : Decano *et capitulo Magde-*

XXII.
ABBATI ET CONVENTUI SANCTI RUFI.
Ut sententia Lugdunensis archiepiscopi pro ipsis lata firma rataque maneat.
(Id. Martii.)

Sententia quæ ex delegatione sedis apostolicæ ratione prævia promulgatur, firma debet et illibata consistere; et ne in posterum aliquorum temeritate valeat perturbari, apostolico est munimine roboranda. Eapropter, dilecti in Domino filii, vestris postulationibus grato concurrentes assensu, sententiam quam venerabilis frater noster Rain. Lugdunen. archiepiscopus in causa quæ inter vos ex una parte et Hospitalarios ex altera super ecclesia Sancti Jacobi de Valentia vertebatur, ex delegatione sedis apostolicæ noscitur promulgasse, sicut juste lata est, nec legitima appellatione suspensa et in ipsius archiepiscopi authentico plenius continetur, ad exemplar bonæ memoriæ Cœlestini papæ prædecessoris nostri auctoritate apostolica confirmamus et præsentis scripti pagina communimus. Nulli ergo, etc.

Datum Idibus Martii, pontificatus nostri anno secundo.

XXXIII.
P. SANCTÆ MARIÆ IN VIA LATA DIAC. CARD., APOSTOLICÆ SEDIS LEGATO.
Ipsius industriam in concordandis Gallorum et Anglorum regibus laudat.
(Laterani, Kal. Aprilis.)

Sollicitudinem tuam dignis in Domino laudibus commendamus, quam nec difficultas itineris nec infirmitas corporis nec debilitas ægritudinis revocare potuit, aut etiam retardare quo minus festinares ad mandatum apostolicum adimplendum et semen verbi Dominici ac verbum pacis charissimorum in Christo filiorum nostrorum Ph. Francorum et R. Anglorum regum illustrium auribus tam sapienter quam salubriter instillares. Dedit autem Dominus, qui est in se sperantium fortitudo, affectibus tuis in te nostris effectum et eorumdem corda regum, indurata prius, ad vocem prædicationis tuæ misericorditer emollivit; ut etsi nondum plenam pacem statuere potueris, inter ipsos treugas saltem quinquennes receperint, et a multis de veræ pacis concordia per tuum studium ineunda speretur. Ut autem ad servandas treugas jam initas et statuendam plenam pacem melius valeas coercere rebelles, discretioni tuæ auctoritate præsentium facultatem liberam indulgemus quidquid vel in reges ipsos vel in terras eorum, aut alios et terras ipsorum, ecclesias et ecclesiarum prælatos propter hæc vel aliqua quæ istorum aliqua vel utrumque contingant, statuendum videris, sublato cujuslibet contradictionis et appellationis obstaculo, libere statuendi et transgressores ac contumaces fe-

---

burgensi. *Recipiuntur ipsi et bona*, etc., *ut supra*: hoc est sub protectione S. Petri et sedis apostolicæ.

riendi districtione qua noveris expedire. Quia vero quosdam nobiles de utroque regno, qui signum Dominicæ crucis assumpserant, a bonæ memoriæ Cle. [f. Cœlestino] papa prædecessore nostro per falsitatis expressionem vel suppressionem veritatis, absolutionis indulgentiam accepimus impetrasse, cogendi tales ad implendum votum peregrinationis emissum, non obstante indulgentia per subreptionem obtenta, cum mendax precator carere debeat impetratis, liberam tibi concedimus auctoritate apostolica, non obstante contradictione vel appellatione cujuslibet, facultatem. Decernimus ergo, etc.

Datum Laterani, Kal. Aprilis

XXIV.

PH. ILLUSTRI REGI FRANCORUM.

Initas inter ipsum et Anglorum regem treugas approbat, et hortatur illum ut eas fortiter observet.

(Laterani, vii Kal. Aprilis.)

Qui operatus est Petro in apostolatu, nobis per ipsum operari et cooperari dignatus est, dum ad adventum dilecti filii nostri P. Sanctæ Mariæ in Via Lata diaconi cardinalis, apost. sedis legati, terra cordis tui venientem super se imbrem devote suscepit, et sulcata vomere prædicationis ipsius semen verbi Dominici et recepit hilariter, et in fructum uberius pullulavit. Ne autem fructus ipse, qui adhuc quasi viret in flore, inimico homine superseminante zizania, quod absit! valeat suffocari, ne semen supra petram cecidisse credatur, si antequam ad plenam veniat maturitatem arescat, cum, secundum Apostolum, non auditores legis sed factores justi sint apud Deum, et alibi auditor verbi et non factor viro consideranti vultum nativitatis suæ in speculo comparetur, nec sufficiat incipere bonum nisi et perseveretur in ipso, quoniam non qui incœperit sed qui perseveraverit usque in finem, hic salvus erit : oportet magnificentiam regiam cavere præcipue consilia detractorum, qui pacis consilium odientes scandala suscitant et nutriunt suscitata, qui lætantur cum male fecerint et in rebus pessimis glorientur. Cum igitur, sicut ex litteris ejusdem legati et tuis accepimus, inter te et charissimum in Christo filium nostrum R. Anglorum regem illustrem treugæ firmatæ sint pariter et receptæ quinquennes, nos treugas ipsas juxta mandati nostri tenorem initas et firmatas ratas habemus et præcipimus inviolabiliter observari : serenitatem tuam rogantes, monentes et exhortantes in Domino, et in remissionem tibi peccamium injungentes quatenus et treugas observes prædictas et ad tractatum pacis eidem legato nostro auditum præbeas facilem et benignum; ut sicut inclytæ recordationis Ludovicus pater tuus pacem colere videaris et Romanam Ecclesiam honorare. Noveris autem nos eidem cardinali auctoritatem plenariam indulsisse, ut quidquid super treugis jam initis et concordia ineunda seu aliis quæ contingunt utrumque vel alterum prædictorum, vel in coactione contumacium vel pœna transgressorum et aliis quibuslibet ad hoc pertinentibus viderit statuendum, statuat appellatione remota et faciat inviolabiliter observari. Universis etiam archiepiscopis et episcopis constitutis tam in regno Franciæ quam Anglorum districte præcipiendo mandamus ut omnia quæ prædictus cardinalis propter prædicta statuerit, humiliter recipiant et appell. postposita studeant observare. Alioquin, sententiam quam in eos tulerit, ratam habebimus et faciemus dante Domino inviolabiliter observari.

Datum Laterani, vii Kal. Aprilis, pontificatus nostri anno secundo.

In eumdem fere modum scriptum est, districte præcipiendo, universis archiepiscopis, episcopis et aliis Ecclesiarum prælatis tam in regno Franciæ quam in regno Angliæ constitutis.

XXV.

P. SANCTÆ MARIÆ IN VIA LATA DIACONO, CARD. APOST. SEDIS LEGATO.

Declarat treugas per ipsum initas inter Gallorum et Anglorum reges sibi placere.

(Datum Laterani.)

Quæ auctoritate nostra per legatos sedis apostolicæ provide statuuntur, firma volumus et illibata servari; ne vel revocentur in dubium vel temeritate cujuslibet irritentur. Eapropter, dilecte in Domino fili, sinceritatem devotionis et fidei, quam in exsequendo creditæ tibi legationis officio adhibere dignosceris, attendentes ac de tua discretione confisi, quinquennes treugas inter charissimos in Christo filios nostros Phil. Francorum et R. Anglorum reges illustres juxta mandati nostri tenorem initas et firmatas auctoritate apostolica confirmamus, etc. Decernimus ergo, etc

Datum Laterani, iii Kal. Aprilis.

XXVI.

MANTUANO EPISCOPO.

Quod capitulum Tarvisinum decernat absolutum ab impetitione super præpositura.

(Laterani, iii Non. Aprilis.)

Meminimus nos olim venerabili fratri nostro episcopo et dilectis filiis capitulo Tarvisin. nostris dedisse litteris in mandatis ut præposituram Ecclesiæ Tarvisinæ, quæ ultra duodecim annos vacaverat, cujus etiam donatio ad nos auctoritate Lateran. concilii fuerat devoluta, dilecto filio B. subdiac. nostro sine aliqua difficultate conferrent. Tibi etiam, si bene recolimus, auctoritate fuit apostolica mandatum ut prædictis episcopo et capitulo in exsecutione mandati nostri cessantibus, non obst. sacramento quod dicebantur de non eligendo præposito præstitisse, cum id exsequi eorum non esset juramento contrarium et juramentum ipsum videretur minus fuisse discretum; sublato appellationis obstaculo, de prædicta præpositura eumdem B. non differres aliquatenus investire, et in possessionem inducere corporalem. Sane prædicti episcopus et capitulum dilectos filios Walvertum subdiaconum nostrum et Tolbertum canonicos Tarvisinos ad nostram postmodum præsentiam destinantes, nobis exponi fecerunt quod litteræ illæ ad falsam fuerant suggestionem obtentæ. Super hoc enim mentio facta non fuerat quod, cum per quosdam præpositos, qui curam bonorum canonicæ Tarvisinæ gerebant, eadem usque adeo districta fuisset, quod vix poterant in eis prædicti canonici congrue sustentari, ad tantum incommodum removendum iidem canonici cum bonæ memoriæ C. eorum episcopo et quibusdam aliis prædecessoribus communiter statuerunt ut unum de canonicis ipsis assumerent annuatim, qui vice præpositi ad ipsorum commodum bona ejusdem canonicæ dispensaret et viginti fratres in eadem ecclesia semper esse deberent Domino militantes. Quam constitutionem felicis recordationis Alexander, Lucius, Urbanus et Clemens prædecessores nostri auctoritate apostolica confirmarunt, sicut ex privilegiis eorumdem nobis innotuit manifeste. Cum igitur nostræ voluntatis vel propositi non existat ut antecessorum nostrorum privilegia vel indulta suggestione cujuslibet violentur, præsertim cum mendax precator carere debeat impetratis, nosque ipsi subdiacono, qui, sicut credimus et speramus, statum illud penitus ignorabat, alias congrue fecerimus provideri, fraternitati tuæ per apostolica scripta mandamus quatenus prædictos episcopum et capitulum, quos ab impetitione prædicti subdiaconi duximus penitus absolvendos, nostra fretus auctoritate denunties penitus absolutos, in irritum, appellatione cessante, reducens quidquid occasione litterarum illarum per te contra ipsos factum est vel statutum.

Datum Laterani, III Nonas Aprilis.

Scriptum est episcopo et canonicis Tarvisinis in modum indulgentiæ.

XXVII.

POTESTATI ET POPULO TARVISINIS.

[Sine salutatione.]

Hortatur eos quod redeant ad Ecclesiam, et facinora eorum emendent.

(Laterani, VII Kal. Aprilis.)

Non merita vestra, quæ demeruerunt penitus gratiam sedis apostolicæ, nos inducunt, sed movet et monet potius debitum officii pastoralis ut contumaciam vestram sollicitare litteris procuremus, si forsan adjiciatis resurgere, nec, sicut hactenus, semper in deterius corruatis, vel si in cœpta malitia duxeritis persistendum, admonitionem ultio debita subsequatur, et ferro curentur vulnera quæ fomentorum non sentiunt medicinam. Expectavimus etenim hactenus si forsan patientia nostra vos ad pœnitentiam revocaret, ut accusante conscientia per vos ipsos dijudicaretis ac condemnaretis actus vestros, et tandem resipiscentes a malo, Deum vobis per condignæ satisfactionis opera placaretis, et Romanam Ecclesiam quam læsistis. Verum patientia nostra vobis hactenus, sicut apparet ex opere, visa est tribuisse materiam malignandi; ita quod indurato corde nec accusantium vos interius cogitationum aculeos sentiatis nec fomentum ecclesiasticæ disciplinæ, quæ ad correctionem vestram civitatem Tarvisin. supposuit sententiæ interdicti: sic ut de vobis jam dicere vaeamus: *Curavimus Babylonem, et non est sanata* (Jerem. LI, 9). *Peccator enim dum venerit in profundum vitiorum, contemnit* (Prov. XVIII, 3). Olim siquidem, sicut accepimus, civitatem Feltren. ad Feltrensem pertinentem Ecclesiam penitus destruxistis, combussistis ecclesias et tam bonæ memoriæ episcopum quam homines civitatis ejusdem stare mandato vestro juramenti vinculo astrinxistis; et cum Feltren. Belunenen. ac Ceneten. diœceses fere penitus vastassetis et curiam Sancti Pauli de Medates ad Aquilegien. pertinentem destruxissetis omnino, castro de Caneva quindecim diebus obsesso ac pluribus nobilibus interfectis ibidem et devastatis omnibus circumquaque, bonæ memoriæ G. Aquilegien. patriarcha consules et consiliarios vestros excommunicationis et civitatem vestram interdicti sententia innodavit. Sed bonæ memoriæ Urbanus papa prædecessor noster gratiam impendere volens ingratis et, secundum Apostolum, vincere in bono malum, simplici solummodo super præstanda satisfactione promissione accepta, per eumdem patriarcham latam in vos obtinuit sententiam relaxari. Vos autem ex hoc deteriores effecti et in Ecclesiam insurgentes, episcopatum Belunenen. et Ceneten. manu intrastis armata et multipliciter afflixistis. Licet autem in compositione inter F. quondam imperatorem et Lombardos habita prædictas diœceses ad nos nullatenus pertinere fuerit diffinitum, et vos juri, si quod in eis habueratis, quod tamen nullum erat, abrenuntiaveritis per publicum instrumentum, ac postmodum idem imperator per privilegia sua episcopatus prædictos a jurisdictione ac potestate vestra decreverit absolutos; vos hæc omnia contemnentes, castra et possessiones ad Belunenen. Ecclesiam legitimæ venditionis titulo devolutas, ab his ad quos non pertinebant illicite comparastis, possessione ipsorum per violentiam occupata et appellatione contempta quæ ad apost. sedem et imperium fuerat interjecta; et hostiliter Feltren. ac Belunenen. episcopatum intrantes, omnia circumquaque vastastis, ducentos de melioribus locorum illorum captos ducentes usque ad civitatem vestram, quos diu detinuistis carceri mancipatos. Quamvis etiam postmodum super possessionibus ipsis pro Belunenen. ecclesia tertio lata fuerit sententia per judices delegatos et per sedem apostolicam confirmata et vos postmodum per Veronensium et Mantuanorum arbitrium, ad quod servandum vos juramentis, pignoribus, et obsidibus obligastis, ad restitutionem possessionum ipsarum faciendam Ecclesiæ Belunenen. fueritis condemnati, prædictis episcopatibus a violentia vestra penitus absolutis, ac vobis promittentibus hæc omnia inviolabiliter observare, in præconcepta tamen malitia persistentes, in simulata pace bonæ memoriæ Belunenen. episcopo paravistis insidias, et eum captum et vinctum quasi latronem per nemora die noctuque trahentes, tandem acclamante populo *Moriatur!* ipsum nequiter occidistis; et, quasi non id vobis sufficeret, castrum Opitergii et tertiam partem Belunenen. Ecclesiæ possessionum per violentiam occupastis. Propter quod bo. me. Cœlestinus papa prædecessor noster civitatem vestram supposuit sententiæ interdicti et principales hujus iniquitatis auctores excommunicatos mandavit publice nuntiari, evitari præcipiens vos et civitatem vestram in commerciis a vicinis. Tandem vero circa nostræ promotionis initia, cum quidam vestrum ad sedem apostolicam accessissent, ut gratiam vobis, licet immeritis, faceremus, venerabilibus fratribus nostris A. Sanctæ Rom. Eccl. cardinali Veronen. et H. Ferrarien. episcopis dedimus in mandatis ut a vobis sufficienti cautione recepta quod tam super nece episcopi memorati, quam super occupatione et detentione possessionum, mandatis apostolicis pareretis, latam in vos relaxarent sententiam interdicti et cognoscentes de causa partes cum suarum testimonio litterarum ad nostram præsentiam destinarent. Verum nec prædicti nuntii litteras sedis apostolicæ receperunt, nec vos ad eorumdem judicum præsentiam accessistis; sed inimicos sedis apostolicæ vos dicentes, constitutionem dilecti filii nostri G. Sanctæ Mariæ in porticu diac. cardinalis, tunc apostolicæ sedis legati, contra hæreticos promulgatam, nec voluistis recipere nec servare. Nuper etiam cum Vicentin. et Veronen. conjurantes et cum multo exercitu irruentes in diœcesim Cenetensem, licet servare firmam treugam eidem episcopo jurassetis, villam ipsam Ceneten. et tam matricem quam alias ecclesias combussistis, profanis manibus diruentes altaria, et sanctorum reliquias asportantes, et vastantes possessiones ad eumdem episcopum et suos spectantes in villis aliis constitutas. Cum itaque contumaciam vestram dissimulare de cætero non possimus, universitati vestræ per apostolica scripta mandamus, et sub obtestatione divini judicii districte præcipimus, quatenus super prædictis omnibus Deo et Ecclesiæ Romanæ, quam principaliter offendistis, satisfacere procuretis, ablata omnia restituentes Ecclesiis antedictis, et de molestiis, damnis et injuriis irrogatis venerabilibus fratribus nostris P. patriarchæ Aquilegien. Feltren. Belunenen. et M. Ceneten. episcopis et aliis temporali eorum jurisdictioni suppositis, quos læsistis, condignam coram venerabili fratre nostro patriarcha Graden. et episcopo Glugiensi, quibus super hoc nostras litteras destinamus, satisfactionem sine dilatione ac contradictione qualibet exhibentes, ita ut prædicti patriarcha et episcopi pro vobis apud nos intercedere teneantur. Alioquin, quoniam in Ecclesiam Dei conjurasse videmini et episcopos de civitate in civitatem fugare, ut in eo, in quo delinquitis, sentiatis rigorem ecclesiasticæ disciplinæ, civitatem vestram pontificali privabimus dignitate et vos mandabimus tam a rectoribus quam universis civitatibus Lombardiæ in commerciis, colloquiis et aliis evitari, ac mercatores vestros, ubicunque inventi fuerint, capi per principes sæculares, et publicatis bonis eorum, personas etiam sub arcta custodia detineri. Alias etiam in vos manus nostras tam spiritualiter quam temporaliter aggravare curabimus; ita quod quantus sit vester excessus in pœna cognoscatur evidentius quam in culpa. Interim autem eisdem Graden. patriarchæ et episcopo Glugien. districte præcipimus ut latam in terram vestram interdicti et personas principalium auctorum et fautorum necis episcopi memorati excommunicationis sententias innovent et curent solemniter publicare. Ad vos ergo cum propheta clamamus: *Redite, prævaricatores, ad cor* (*Isa.* XLVI, 8) et ante oculos vestros districtum Dei judicium statuatis; ut fugere valeatis ab ira ventura quæ jam contra vos incœpisse videtur (*Matth.* III), qui peccatorum tenebris interius excæcati, ad exteriores inferni tenebras properatis, nec Deum timentes nec reverentes Ecclesiam, imo, ut obstinati, de misericordia desperantes. Agite igitur pœnitentiam, cum locus est pœnitendi, ne tandem frustra pœniteat noluisse vos pœnitere.

Datum Laterani, VII Kalend. Aprilis, pontificatus nostri anno secundo.

XXVIII.

ILLUSTRI REGI ARAGONUM.

De vera moneta et pondere præcipit.

(Laterani, Non. Aprilis.)

(13) Quanto personam tuam inter alios principes Christianos sinceriori charitate diligimus, tanto serenitati regiæ diligentiori sollicitudine volumus præcavere, ne quid ei, quod absit! immineat, quod vel in periculum animæ aut in detrimentum terræ valeat redundare. Ex tenore siquidem litterarum tuarum et plurium prælatorum necnon et aliorum multorum in tuo regno consistentium nobis innotuit quod cum adversus inimicos Christianitatis, qui præ magnitudine suæ potentiæ terram Hispaniæ tunc temporis occupabant, in auxilium charissimi in Christo filii nostri Castellæ regis illustris cum armatorum multitudine festinares, quidam consiliarii tui, quin imo potius deceptores, tuum animum induxerunt ut jurares, irrequisito assensu populi, usque ad certum tempus patris tui conservare monetam, quæ tamen circa mortem ipsius fuerat legitimo pondere defraudata. Quoniam autem eadem moneta est adeo diminuta et minoris valoris effecta, quod grave propter hoc in populo scandalum generatur: tu quod egeras indiscrete cupiens revocare ac necessitati populi satisfacere, ab observatione juramenti prædicti, ex quo tibi et regno tuo metuis grave periculum imminere, postulasti

(13) Cap. *Quanto*, De jurejurando.

suppliciter (14) a nobis absolvi. Super quo diligens indagator veritate comperta potuisset facile intueri quod non tam erat absolutio necessaria quam interpretatio requirenda. Quoniam cum juramentum fecisti, monetam aut falsam aut legitimam esse credebas. Si falsam, quod de regis serenitate non credimus ; juramentum fuisset illicitum et nullatenus observandum, et pro eo tibi esset poenitentia injungenda, cum juramentum ut esset iniquitatis vinculum non fuerit institutum. Si vero ipsam legitimam esse credebas, juramentum licitum fuit et usquequaque servandum. Et ut irreprehensibiliter observetur, consulimus et mandamus ut reprobata moneta quae a legitimo pondere fuerat diminuta, alia sub nomine patris tui moneta cudatur, quam ad legitimum pondus reducas, secundum eum statum quem tempore patris tui habuit meliorem; ita quod et antiqua moneta, quae ab illo statu falsata non fuerat, cum ea pariter expendatur, per quod et dispendium vitari poterit et juramentum servari. Verumtamen si forte monetam ipsam in praestatione juramenti credebas a legitimo pondere diminutam et tua super hoc conscientia te remordet, venerabili fratri nostro episcopo Caesaraugustanensi, cui super hoc scribimus, tuum humiliter confitere reatum, et satisfactionem, quam indixerit tibi pro illicito juramento, devote suscipias et studeas adimplere.

Datum Laterani, Nonis Aprilis.

Scriptum est super hoc Caesaraugustan. episcopo.

XXIX.

EPISCOPO S. ANDREAE.

De poena falsariorum.

(Laterani, v Id. Martii.)

Sicut nobis tua fraternitas indicavit, peregrini quidam ab urbis partibus redeuntes, sub apostolica bulla litteras saepe reportant ad judices delegatos, pro quorum imperitia in regno Scotorum multa nonnunquam proveniunt detrimenta; praesertim cum litterae taliter impetratae, manifestam falsitatis suspicionem praetendant et illa saepe contineant quae nulli consuevit sedes apostolica indulgere. Nos ergo nolentes ut maleficia remaneant impunita, fraternitati tuae per apostolica scripta praecipiendo mandamus quatenus, si ad manus tuas hujusmodi scripta quandoque pervenerint, auctores eorum prudenter investigare labores et inventos tandiu facias in custodia detineri, nisi propter fidejussoriam vel aliam securitatem idoneam ipsos fidei propriae duxeris committendos, donec et litteras ipsas nobis transmittas et quod de ipsarum auctoribus et illis qui eis scienter usi fuerint efficere debeas, per responsum nostrum, valeas edoceri : provisurus attentius ne hujus occasione mandati praeter culpam suam aliqui graventur injuste.

Datum Laterani, v Idus Martii.

(14) In tertia Collect. *supplicasti humiliter.*
(15) In tertia Collect. *Nutrien..... Vercellensi.*

XXX.

DE CELLA S. PETRI ET MITREN. ABBATIBUS ET PRAEPOSITO UVERDEN. (15).

Electio Scaffusen. abbatis ipsis committitur examinanda.

(Laterani, vii Id. Aprilis.)

(16) Cum inter dilectum filium R. seniorem et R. juniorem super abbatia Scaffusen. quaestio verteretur, eis in nostra praesentia constitutis dilectos filios G. Sanctorum Cosmae et Damiani et G. Sanctae Mariae in Aquiro diaconos cardinales dedimus auditores. In quorum praesentia pro R. seniore fuerunt proposita quae sequuntur. Quod cum H. quondam abbas ipsius coenobii onus regiminis invito capitulo suo spontanee resignasset, et ab obedientia sua monachos absolvisset, ipsi praedictum R. seniorem, etiam dicto H. consentiente sibique obediente cum aliis, in abbatem unanimiter elegerunt. Postea vero electus dioecesano episcopo praesentatus, munus ab eo benedictionis accepit, Ecclesiam ipsam per biennium et amplius, sicut abbas proprius, administrans. Verum quoniam moniales Sanctae Agnetis ejusdem villae, quae peccandi materiam junioribus monachis ministrabant, arctiori custodiae mancipavit, exinde occasione inventa, juvenes monachi contra ipsum alios concitarunt, tanquam praedicti H. resignatio minus canonica exstitisset. Quod audiens episcopus antedictus ad locum accessit, causam dissensionis requirens, et praedictum H. paterne redarguens tanquam odii fomitem in Ecclesia seminasset, accepit ab eo quod per ipsum talia non fiebant. Et cum quidam de monachis, ipso episcopo praesente, se dicerent ab obedientia praefati H. nullatenus absolutos, idem H. quod eos absolverat se professus. Et ut omnem a se suspicionis materiam amoveret, cum jurejurando vehementer asseruit coram episcopo antedicto quod neque illam nec aliam habere vellet ulterius abbatiam. Monachi vero post recessum episcopi ad artes solitas nihilominus recurrentes, coram dicto episcopo et capitulo Constantien. adversus eumdem R. controversiam agitarunt, tanquam minus canonice dictus H. dimiserit abbatiam. Cumque dictus R. paratus esset de justitia sua in continenti probare, monachi defectum causae suae videntes, in nullo gravati, sedem apostolicam appellarunt, et per litteras infra terminum appellationis per subreptionem obtentas, contra ipsum R. per nuntios appellantem iniqua sententia promulgata, ejus fuit adversarius restitutus. Ipse vero R. appellationem interpositam per nuntium prosequens et termino constituto commissionis litteras ad certos judices impetravit; ut quod occasione prioris commissionis contra eum judicatum fuerat ad statum debitum revocato, et ei restituerent abbatiam et a monachis sibi facerent debitam reverentiam exhiberi. Sed monachis obstinatis et sibi obedire nolentibus, ambae partes ad sedem apostolicam accesserunt : quibus a bonae memoriae

(16) Cap. *Cum inter dilectum.*, De elect.

Cœlest. papa prædecessore nostro nos ipsi, dum in minori eramus officio constituti, et dilectus filius noster I. tt. Sancti Stephani presbyter cardinalis dati fuimus auditores. Et cum utrinque coram nobis esset diutius allegatum et eidem prædecessori nostro per nos esset processus negotii declaratus, ipso prædictum R. sententiam cum instantia postulantem ad componendum coegit invitum, et sic abbatiæ renuntians, de manu ejus custodiam et etiam prioratum recepit, ab eo, dum viveret, sine quæstione qualilibet possidendos. Huic autem ordinationi licet invitus consentiret, domum tamen reversus, adversariis compositionem ipsam in nullo volentibus observare, non potuit quæ sibi concessa fuerant obtinere, quin potius in eum, quod deterius est, manus injecerunt postea violentas. Sed adjutus ab ipsius loci hominibus et monachorum manus evadens, ad appellationis subsidium convolavit. Interim vero dilectus filius noster P. Sanctæ Mariæ in Via Lata diaconus cardinalis, apostolicæ sedis legatus, ad partes illas accedens, pro jamdictis et aliis multis excessibus et suspendit monachos et monasterium interdixit. Ipsi vero contempta sententia cardinalis, divina promptius quam antea celebrarunt; et in hac suspensione prædictus adversarius ejus de medio est sublatus; quo comperto, ad Ecclesiam venit; et cum vellet prædictæ compositioni parere, parte altera hoc nolente, ne ad electionem abbatis procederetur, quousque quæstio inter eos finiretur, obicem provocationis objecit. Sed monachi per omnia contumaces et dictum R. juniorem pariter eligentes, ipsum benedicendum diœcesano episcopo præsentarunt; qui post appellationem interpositam benedixit cum et in ecclesia interdicta. Unde idem R. iterato ad sedem apostolicam accedens, a nobis litteras (17) impetravit, ut quod post appellationem legitime interpositam perperam fuerat a monachis attentatum ad statum debitum revocato, si constaret a suspensis et interdictis electionem factam fuisse, denuntiarent eam penitus non tenere. Super restitutione vero ipsius R. senioris et aliis quæ utrinque ducerent proponenda, statuerent, appellatione remota, quod ordo posceret rationis. Cæterum judices delegati, litteris his receptis, partes ad suam præsentiam citaverunt; et cum monachi per suggestionem falsi probare vellent litteras impetratas, judicibus nolentibus ipsarum probationem recipere, sedem apostolicam appellarunt. Delegati vero, quia remota erat in litteris appellatio, in causa nihilominus procedentes, cum per depositiones testium eis de veritate negotii constitisset, pro sæpedicto R. seniore sententiam protulerunt, adjudicantes ei ecclesiam memoratam. Petebat itaque quod factum erat ex delegatione apostolicæ sedis per nos obtinere debitam firmitatem; ut repressa contumacia monachorum, pacifica ipsius abbatiæ possessione gauderet. Cæterum contra eumdem R. seniorem fuit ex parte altera taliter allegatum, quod cum dictus H. quondam abbas minus le-

(17) Addendum, *ad judices*, aut aliquid simile.

g.time resignasset et monachi de electione tractarent, senior R. fraude adhibita procuravit quod cum Vesperæ cantarentur, et die sequenti esset electio celebranda, homines burgi ad ecclesiam accedentes, ipsum R. fere omnibus monachis reclamantibus ibidem per violentiam intruserunt. Monachi vero postea cognoscentes renuntiationem præfati H. minime tenuisse, pariterque pensantes quod sub ejus conversatione laudabili monasterium proficere posset, ipsum tanquam abbatem proprium requirebant. Unde factum est quod post multas altercationes et commissiones factas, tandem de utriusque partis assensu commissio est obtenta quod, si de informi resignatione H. et inutili substitutione R. senioris constaret judicibus delegatis, R. remoto, sæpedicto H. restituerent abbatiam; et ita fuit effectui mancipatum. Post hæc ipso R. nihilominus murmurante, ambo pariter ad prædecessoris nostri præsentiam accesserunt; qui, sicut jam præmisimus, nos et præfatum presb. cardinalem eis tribuit auditores, et tandem causa diutius actitata, per eumdem prædecessorem nostrum de utriusque partis assensu fuit compositio taliter celebrata, quod H. abbatiam, R. vero prioratum et custodiam obtineret, propter quod ipsi H. obedientiam repromisit. Sic ergo eis reversis ad propria, præfatam compositionem idem R. coram diœcesano episcopo approbavit. Sed ab ipso abbate postea requisitus tertio si custodiam et prioratum vellet habere, post trinam citationem veniens dixit quod non per eum sed per Rom. pontificem volebat habere præmissa; unde nullam obedientiam ei voluit exhibere. Recedens igitur absque abbatis licentia, cum extra monasterium moram faceret longiorem, ab ipso H. de fratrum consilio fuit excommunicationis vinculo innodatus; et cum per longum tempus non rediret ad monasterium, abbas dicta officia, consulentibus fratribus, aliis assignavit, qui quandiu abbas vixit ea pacifice tenuerunt. Abbate vero defuncto, fratres convenerunt in unum, nonnullis abbatibus et aliis viris religiosis præsentibus qui ad defuncti convenerant sepulturam, et R. juniorem, seniore absente, in abbatem unanimiter elegerunt; quem præsentatum sibi diœcesanus episcopus confirmavit et benedixit. Consequenter vero senior R. ad præsentiam nostram accedens, litteras ad remotos per dictas quatuor judices et suspectos monachis per mendacium impetravit. Ad quos pars monachorum ante aliquam citationem accedens, copia commissionis obtenta, litteras per falsi suggestionem proposuit impetratas, pro eo quod dicebatur in eis compositionem sibi non fuisse servatam, monasterium interdictum et se appellasse priusquam R. junior electus fuerit in abbatem: quæ falsa penitus asserebat. Tacuit etiam se excommunicatum ab hoc abbate defuncto et alia quædam, quibus expressis litteras ipsas nullatenus impetrasset. Cumque omnia quæ præmisimus sufficienter probare vellent et judices eorum probationes recipere, tanquam demandatum eis non fuerit, recusarent, ipsi monachi ante ingressum judicii appellarunt, sicut ex depositionibus testium est probatum. Delegati vero nihilominus procedentes et recipientes testes partis adversæ, seniorem R. instituendum sententialiter decreverunt; quorum factum, tanquam iniquum, irritari a nobis monachi suppliciter postulabant. Cum autem quæ premissa sunt et alia quædam præfati cardinales nobis et fratribus nostris prudenter et fideliter retulissent, nos (attendentes quod ex consensu compositionis receptæ, quam prædecessor noster etiam confirmaverat, jus, si quod sibi competierat, R. senior amisisset ac per hoc ne monachi ad electionem procederent, appellare de jure minime potuisse, cum, nisi quorum interest, audiri non soleant appellantes) de consilio fratrum nostrorum appellationem illam dicimus legitimam non fuisse; unde per eam electio non potuit impediri. Quia vero constitit nobis monachos ante litis exordium rationabiliter appellasse, pro eo quod super falsi suggestione probationem nolebant admittere delegati et per consequentiam eo ipso quod bene appellatum fuerat, jurisdictionem judicum exspirasse, quidquid ab eis perperam attentatum, vel de recipiendis ante litem contestatam testibus vel de sententia proferenda denuntiamus sententialiter non tenere. Sane quamvis dilecti filii P. præpositus et capitulum Constantien. de interdicto præmisso ad cardinalem (18) qui posuerat illud suis litteris inseruerint, qui tamen per id quod R. juniori diœcesanus episcopus munus benedictionis impendit, ei videtur quod præmisimus obviare, unde vel scriptura facto vel factum scripturæ præjudicat, nec probatum fuit, licet objectum, quod ab interdictis electio fuerit celebrata, ipsam non potuimus irritare; præsertim cum contra personam electi nihil fuerit intentatum; ideoque causam ipsam sub ea forma vobis duximus de consensu partium committendam, ut si constiterit quod electio fuerit facta a suspensis, ea omnino cassata, ipsi monasterio, post satisfactionem indignam, suspensionis et interdicti sententia relaxata, de persona idonea consulatur. Alioquin, ne utilitas monasterii retardetur, præmissam electionem per vos appellatione remota volumus confirmari, et R. juniorem abbatiæ pacifica possessione gaudere, alium vero custodiam et prioratum quæ sibi fuerant a supramemorato prædecessore nostro concessa, non obstante donatione ab H. quondam abbate facta de ipsis, volumus et mandamus sine contradictione qualibet obtinere. Testes autem, etc. Nullis litteris præter assensum partium, etc. Quod si omnes, etc.

Datum Laterani, vii Idus Aprilis

XXXI.

VV. ABBATI DE DEREFORDIA, EJUSQUE FRATRIBUS, TAM PRÆSENTIBUS QUAM FUTURIS, REGULAREM VITAM ROFESSIS IN PERPETUUM.

De privilegiorum confirmatione.

(Laterani, vi Id. Aprilis.)

Religiosam vitam eligentibus, etc., *usque ad verbum* ordo canonicus, qui secundum Deum et beati Augustini regulam atque Præmonstraten. fratrum institutionem in eodem monasterio, etc., *usque ad verbum* vocabulis. Locum ipsum in quo præfatum monasterium situm est cum omnibus pertinentiis suis, sicut terminorum designat appositio, et molendinum quod Henricus clericus tenuit cum pertinentiis suis, et decimam pedagii de Herting. in denariis et in portis, et totam decimam casei sui, præter unam pesam quæ ad Ecclesiam ejusdem loci dicitur pertinere, et terram de Vura, ex dono Henrici Hosati secundi augmentum terræ et nemoris, scilicet a via Londonien. quæ tendit de Derefordia versus Sing. usque ad divisam Hamtesir et Susexiæ, et capellam de Standena cum pertinentiis suis, et 36 acras terræ in Vulgaston., et molendinum de Hagedebed. cum pertinentiis suis, et decimam domus suæ, scilicet de pane et carne et pisce, et terram quam Robertus de Sanda tenuit cum pertinentiis suis. Ex dono Clementiæ uxoris suæ assensu domini sui 20 sol. censuales in civitate Wintoniæ, et terram de Albedeston; ex dono Joceleni fratris quondam .. reginæ unam virgatam terræ in Ecchiete; ex dono W. de Braosa unum tunellum vini rubei ad missas celebrandas in villa de Sorahan et unam salmam ; ex dono H. comitissæ Glocestriæ terras quas T. de Witru. et Matthæus et Robertus tenuerunt, et sedecim acras in Essartis de Nutstede; ex dono Hugonis Hosati duas virgatas terræ in Berithon cum pertinentiis suis; ex dono Galfridi Hosati medietatem terræ quam emit de Gualtero de Selca, in Edboldinton; ex dono W. de Sunewerda unam virgatam terræ apud Holt; ex dono R. de Mesnil et Jordani de Walchervilla terram quam Reginaldus filius Ulfi tenuit in Subreton; ex dono R. capellani de Saldeford unum masagium in Geldeford; ex dono Hugonis de Bernier unum masagium apud Devisas. Ex dono W. de Elestede terram de Wibus; ex dono Alani de S. Georgio quinque solidatas redditus in manerio de Tradinchon. Ex dono Walteri Hosati terram de Scartorp. Sane novalium, etc. Liceat quoque vobis, etc. Prohibemus insuper ut nulli fratrum, etc. Ad hæc, præsenti decreto statuimus ne quis vos, etc. Prohibemus insuper ut infra fines, etc. In parochialibus autem, etc. Chrisma, vero etc. Licitum, etc. Cum autem generale interdictum, etc. Sepulturam præterea, etc. Paci quoque, etc. Libertatis, etc. Decernimus ergo, etc. Salva sedis' apost. auctoritate et diœcesani episcopi canonica justitia Si qua igitur, etc.

---

(18) In tertia Collect. *a card.*

Datum Laterani, per manum Rainaldi domini papæ notarii, cancellarii vicem agentis, vi Idus Aprilis, indictione ii, Incarnationis Dominicæ anno 1199, pontificatus vero domini Innocentii papæ III anno secundo.

XXXII.

CORCAIEN. EPISCOPO, EJUSQUE SUCCESSORIBUS CANONICE SUBSTITUENDIS IN PERPETUUM.

De confirmatione privilegiorum.

(Laterani, ii Id. Aprilis.)

Ex injuncto nobis apostolatus officio, etc., *usque ad verbum* vocabulis. Locum ipsum in quo præfata Ecclesia sita est, cum omnibus pertinentiis suis et libertatibus intra et extra civitatem; ecclesiam S. Mariæ in Monte, et ecclesiam beati Michaelis, et cœmeterium in quo positæ sunt et atria circumquaque posita; ecclesiam S. Nessani, ecclesiam S. Brigidæ, ecclesiam S. Sepulchri, ecclesiam S. Joannis in civitate, ecclesiam S. Trinitatis et ecclesiam S. Petri in civitate, cum molendino Corcaiæ, quod est inter insulam et rupem, cum piscatura Vadugaill et piscaturam Macmoelpoil, et cæteras piscaturas juratas Ecclesiæ tuæ cathedrali S. Barri, Achadnanhos, Dunculinn, Clochan, Nahulain, Duoles, Uchonduban, Balinageranach, Ardachad, Baliugiphan, Baliudunchada, Lesnaedenan, Balufobedi, Cellmagimchrinn, Duobetheig, Lesadhdibeccam, Celludri, Cellcroman, Cellcul, Ardinor, Durusguill, Cellescop, Mellan, Cellescoplappan Cellcunran Cullecha, Dubtulach, et alias terras S. Barri in Uturp, et totum Vmacciar, in terris, ecclesiis, aquis et possessionibus. Terram Sancti Barri in Ciarrigi, in Ispich, cum pertinentiis suis. Rosbech, Cellnaclerech, Cellimeclan, Aesgabri, Hucubmachino, Cellinelaig, Cullen cum pertinentiis suis. Nochoengbail, Cennsali cum pertinentiis suis, Techsachsan cum pertinentiis suis. In Iseoganan Cellmœsenoch Cellbrogan, Cellmathnain, Midisel, Achadmeleitig, Cellsinchill cum pertinentiis suis; Techmolaggi cum pertinentiis suis, Domnachior, Cellsaeleah, Ciseicerum, cum pertinentiis suis; Inisduni cum pertinentiis suis, Magalaid, Glennberchin, Cellarchadangli, Acchaddun, cum pertinentiis suis; Cellmugana, Cluamechi, Cellcillin, Cellcohi, cum suis pertinentiis; Scol cum suis pertinentiis, Celloran, Cellmolaggi, Cellmua, Durrus cum pertinentiis suis; Insscuingi cum suis pertinentiis, Cellmochomoc, Cellechdach, Cellmana, Cellchatthigern, Cellmacceogam, Dramdalach, Fanlobais, Magatia, Dissaert, Saergussa, Cennech, Cluannached, Dunusci, Cennmugi, Magalaid, Disertmort cum pertinentiis suis; Disertanaeda cum pertinentiis suis; Rathen cum pertinentiis suis; Claennabur cum pertinentiis suis, cum Cennmugi et aliis pertinentiis suis, Athbruanni, Ardmacchfaelan, Tulaclrata, Cellia, Cluanpruches, Corcachbet et Archadfadda. Prohibemus insuper ne interdictos, etc. Præterea libertates, etc. Decernimus ergo, etc. Salva in omnibus apost. sedis auctoritate, et Casselen. archiepiscopi debita reverentia. Si qua igitur, etc.

Datum Laterani, per manum Rainaldi domini papæ notarii, cancellarii vicem agentis, ii Idus Aprilis, indictione ii, Incarnationis Dominicæ anno 1199, pontificatus vero domini Innocentii papæ III anno secundo.

XXXIII.

EPISCOPI ET POTESTATIS ET CASTELLANENSIS AD PAPAM.

Mittunt tributum pontificisque opem postulant adversus Aretinos.

Pio patri et domino Innocentio divina gratia sanctæ Rom. Ecclesiæ summo pontifici R. Castell. Ecclesiæ humilis servus et bonus comes civitatis Castell. Potestas, cum ejusdem terræ majoribus et minoribus, debiti obsequii devotissimum famulatum. Cum pristina memoria terra nostra, imo vestra, ad patrimonium S. Rom. Ecclesiæ communi ac privato jure spectare noscatur et nuper sanctitatis vestræ sollicita cura antiqua statuta inde sint innovata, dignum duximus ad præsens debitum canonem, scilicet per unamquamque domum denarium colligere et, in signum nostræ fidei, per præsentium latorem nobilem virum ad pedes vestræ sanctitatis dirigere: cujus facti humilis devotio nos corroborat et in quibus indigemus a sanctitate vestra protectionem quærere confortat. Aretini cives, nobis aliis proximiores, Castellan. episcopatus fines invadere conantur; et cum marchionibus confœderati, qui contra præceptum vestrum de destructione montis Sanctæ Mariæ acriter doluerunt, aliud castrum Castellan. Ecclesiæ expugnare et memoratum montem post Pascha reficere ordinaverunt. Subveniat ergo famulis suis vestræ sanctitatis benignitas et jamdictos Aretinos ab hujusmodi vexationibus imperiose compescat; et adjacentes vicinos, scilicet Perusinos et Massanos, ut nobis subveniant, vestræ paternitatis providentia, si placet, inducat.

XXXIV.

EBREDUNEN. ARCHIEPISC.

Ut Venciensem episcopum publice excommunicatum denuntiet.

(Laterani, vi Id. Aprilis.)

Sicut nobis tua fraternitas suis litteris intimavit, cum bonæ memoriæ C. papa prædecessor noster tibi et ven. fratribus nostris Dignen. et Seneceu. episcopis dedisset firmiter in mandatis ut pro enormibus quæ sibi de Vencien. episcopo fuerant nuntiata, ipsum, si rei veritas taliter se haberet, ab officio beneficioque suspensum, ad sedem apostolicam mitteretis, vos diligenter quæ vobis injuncta fuerant exsequentes, cum illis et deterioribus præfatum episcopum inveneritis maculatum, præcepistis eidem ut suspensus apostolico se conspectui præsentaret; qui neque ad Ecclesiam Romanam accessit neque propter suspensionem episcopatum desiit ordinare. Nolentes autem ut quæ, de mandato maxime apostolicæ sedis, a venerabilibus fratribus nostris rationabiliter disponuntur alicujus debeant temeritate convelli, fraternitati tuæ per apostolica scripta districte præcipiendo mandamus quatenus præfatum episcopum, qui suspensionis sententiam in se latam observare contempsit, excommunicatum publice nunties et facias ab omnibus arctius evitari, donec ad præsentiam nostram cum tuarum testimonio litterarum accedat rediturus, si poterit, de suis actionibus rationem; cui, volente Domino, in nostra et fratrum nostrorum præsentia sua justitia respondebit.

Datum Laterani, vi Idus Aprilis.

XXXV.

AVINIONEN. ET TRICASTR. EPISCOPIS.

Ut Templarios oratorium sibi construere patiantur.

(Laterani, vi Id. Aprilis.)

Causam quæ inter dilectos filios fratres militiæ Templi ex una parte et præpositum et canonicos Sistaricen. ex alia super constructione oratorii vertebatur, super qua post commissiones plurimas ab apostolica sede obtentas, a venerab. fratrib. nostris Dien. et Dignen. episcopis et dilecto filio abbate de Boscaldum fuerat sententia promulgata, utraque parte in nostra præsentia constituta, dilectis filiis G. Sanctæ Mariæ trans Tiberim presbytero et H. Sancti Eustachii diacono cardinalibus commisimus audiendam; qui, auditis utriusque partis rationibus, nobis et fratribus nostris fideliter quæ audierant retulerunt, in scriptis allegationes partium præsentantes. Nos autem, auditis omnibus et diligenter inspectis, cum fratribus nostris deliberato consilio, quia durum admodum videbatur quod privilegia felicis recordationis Romanorum pontificum prædecessorum nostrorum et nostra concessa Templariis debita firmitate carerent, volentes quod et privilegia tam prædecessorum nostrorum quam nostra illibata serventur et sententia prædictorum judicum, quæ per bonæ memoriæ Cœlest. papam prædecessorem noscitur confirmata, in sua remaneat firmitate, taliter duximus super ipso negotio statuendum, ut præpositus et capitulum Sistaricense, si voluerint, a Templariis sufficientem infra duos menses recipiant cautionem quod de oratorio illo damnum aut præjudicium matrici Ecclesiæ nullatenus generetur; et sic, secundum quod in eorum habetur privilegiis, habeant facultatem præfatum oratorium consummandi. Quod si forte prædicti præpositus et canonici cautionem ipsam non duxerint admittendam, ut sic latæ sententiæ pareatur quod privilegiis indultis minime derogetur, Templariis ipsis auctoritate dedimus apostolica potestatem, ultra locum illum in quo construere inceperunt, sicut per sententiam est inhibitum ne ulterius in ipso procedant, ubicunque maluerint, duntaxat in suo solo, non obstante contradictione vel appellatione cujuslibet, juxta privilegiorum suorum tenorem oratorium fabricandi. Inde est quod fraternitati vestræ per apostolica scripta mandamus quatenus præfatos præpositum et canonicos ut sibi et Sistaricen. Ecclesiæ a Templariis præcaveant, ut prædiximus, et constructionem oratorii jam incœpti non impediant moneatis attentius et inducere procuretis. Quod si facere forte noluerint, ne Templarios super constructione oratorii ultra locum illum, ut superius est distinctum, contra concessam eis libertatem a nobis impedire præsumant, ipsos per censuram ecclesiasticam, sublato appellationis obstaculo, compellatis.

Datum Laterani, vi Idus Aprilis.

XXXVI.

BURDEGALEN. ARCHIEPISC. AGENNEN. EPISCOPO ET ABBATI SYLVÆ MAJORIS.

Ut in Ecclesia Vasatensi tot instituantur canonici, quot licebit per facultates Ecclesiæ.

(Laterani, ii Id. Aprilis.)

Ex parte venerabilis fratris nostri Vasaten. episcopi fuit in audientia nostra propositum quod cum in novitate promotionis suæ de ordinatione Vasaten. Ecclesiæ tractatus inter ipsum et canonicos haberetur, per mendacium confinxerunt quod in ipsa Ecclesia non fuerant ab antiquo nisi decem et octo præbendæ, nullam ei super hoc scripturam authenticam exhibentes et falsis persuasionibus ejus animum induxerunt ut super statuendo numero decem et octo canonicorum, qui tamen essent in Ecclesia residentes et ibidem assidue deservirent, suum præberet assensum; et licet proventus ipsius Ecclesiæ 24 canonicis congrue sufficere valeant, non etiam sunt 12 canonici qui Ecclesiæ servitium suum impendant; et iidem lucrum suum potius quam Ecclesiæ commodum attendentes, ut proventus Ecclesiæ in suos usus convertant, in substituendis canonicis nec volunt nec student esse concordes. Quoniam igitur quod per fraudem vel mendacium obtinetur effectum habere non debet, discretioni vestræ per apostolica scripta mandamus quatenus, si præmissis veritas suffragatur, non obstante constitutione prædicta super numero 18 canonicorum facta per fraudem in Ecclesiæ detrimentum, secundum quod Ecclesiæ poterunt sufficere facultates, sub convenienti numero canonicos eligi absque appellationis obstaculo et institui faciatis; qui continuam ibidem residentiam facientes, devotum in ea Domino exhibeant famulatum; districtius compescentes, si qui vobis super his temere præsumpserint refragari. Nullis litteris, etc.

Quod si omnes, etc.

Datum Laterani, ii Idus Aprilis.

XXXVII

PH. MEDIOLANENSI ARCHIEPSCOPO

Quæstio inter eum et abbatem Sancti Donati de Scozula sententiando, diffinitur.

(Laterani, xvi Kal. Maii.)

(19) Inter dilectos filios Gerardum abbatem Sancti Donati de Scozula ex una parte nomine monasterii

(19) Cap. *Inter dilectos*, De fide instrumentorum.

et W. Balbum Mediolanen. canonicum procuratorem tuum nomine Mediolanen. archiepiscopatus ex altera, super subjectis articulis, diu fuit in nostro auditorio litigatum. Petebat siquidem dictus abbas nomine monasterii Sancti Donati de Sexto a praefato procuratore tuo nomine Mediolanen. Ecclesiae restitui monasterio memorato portum Scozulae sive Sexti, cum honore, districtu et jurisdictione praefati loci et castellantiae, dicens ad monasterium haec omnia pertinere, hoc ipsum dicens de hominibus qui habitant in curte Baveni et tenent res monasterii memorati, scilicet in Gratia, Carpuneno, Vesterpeno, Cadempleno, Baveno et Insula superiori, Bolgerate ac Lisia. Petens etiam ut Mediolan. archiepiscopus cessaret ab inquietatione hominum qui habitant in loco Baveni super manso de Curte, de quibus monasterium obtinuerat in judicio possessorio (20) per sententiam episcopi Veronen. Item ut cessaret ab inquietatione vicariorum, id est, communium et terrarum in territorio Sexti sive Scozulae et in ejus castellantia positarum, ab inquietatione quoque albergariae praedicti loci Scozulae sive Sexti et illius etiam castellantiae. Rursus ut non inquietaret monasterium antedictum in possessione vel quasi possessione piscariae totius aquae Ticini usque ad raviam Castelleti vel Pigaroli. Et haec omnia petebat cum omnibus fructibus inde perceptis, salvo in omnibus jure addendi vel minuendi : satagens multipliciter comprobare omnia quae praemissa sunt ad suum monasterium pertinere. Primo, per privilegium Luitardi comitis quondam episcopi Ticinensis, qui monasterium ipsum fundaverat et ei quae praemissa sunt donaverat universa. Secundo, per instrumentum sententiae Asperti quondam Mediolan. archiepiscopi, quam ex delegatione Lodoici imperatoris tulit pro monasterio saepedicto super his contra (21) Nottingum praefati Luitardi nepotem, qui super eis molestabat monasterium. Tertio, per privilegia Rom. imperatorum et praesertim Henrici, qui praemissa omnia monasterio confirmabant et conferebant. Quarto, per instrumenta locationum quas fecerant diversis personis abbates monasterii memorati. Testes quoque produxerat, per quos nitebatur probare quod monasterium a sexaginta (22) annis infra et a quinquaginta annis et supra tenuerat et possederat omnia supradicta, et quod fama publica erat ea omnia praefato monasterio a jamdicto Luitardo fuisse donata. Sed contra privilegium donationis (23) a praefato procuratore tuo multa fuerunt objecta. Primo, quia ibi maxime apparebat consumptum, ubi potuisset falsitas facilius deprehendi, videlicet in annotatione indictionis. Secundo, quia cum charta vetustissima videretur, recentior apparebat scriptura, tanquam non illo tempore facta fuisset. Tertio, quia falsum sigillum vitiose videbatur appositum, eo quod a media parte sigilli apparebat quaedam imago non cum mitra in capite sed cum pileo, nec induta pontificalibus sed regalibus, tenens in manu non baculum pastoralem sed quasi sceptrum regale, cujus facies non apparebat integra sed dimidia, tanquam in alia medietate respiceret (24) aliam quae tamen tota vacua remanebat; sed quaedam imago videbatur ex ea fuisse deleta, quia certa in ea parte nec in colore nec in planitie reliquae parti similis apparebat. Unde non episcopi sed imperatoris videbatur fuisse sigillum, quod in una medietate Caesaris imaginem exprimebat et in altera medietate praesumebatur vel filii vel conjugis imaginem habuisse. Nam et in ipso sigillo nullae aliae litterae apparebant, nisi quae nomen proprium cum hac adjectione *Dei gratia* designabant. Sed cum proprium nomen ipsius episcopi fuerit Luitardus, in nomine proprio quod exprimebat sigillum deletae fuerant duae litterae : secunda, quae fuerat inter L et T, et sexta, quae fuerat inter R et V; ita quod si secunda fuisset O et sexta fuisset I, procul dubio non Luitardus sed Lotarius legeretur. Quod etiam inde cognosci (25) poterat, quia secundum dispositionem aliarum litterarum inter L et T non erat spatium nisi quod potuisset unam litteram continere, cum secundum integritatem hujus nominis *Luitardus*, inter L et T, duae litterae sint diversae. Praeterea, inter R et V tam modicum erat spatium, ut in eo non haec littera D, quae majus occupat spatium, sed haec littera I, quae minimum occupat, videretur formata fuisse. Rursus, cum cera sigilli ab interiori parte vetustissima esset, cera quae posita erat ab exteriori parte, quasi ad conservationem sigilli, recens erat et mollis. Quod cum diligenter investigatum fuisset, certo certius est compertum quod sub vetusto sigillo charta fuerat perforata et per glutinum novae cerae, quae fuerat posita exterius, quasi ad conservationem sigilli, vitiose fuit ipsi chartae conjunctum. Eadem falsitatis specie, per vitiosam videlicet appositionem sigilli, caetera fere privilegia Rom. imperatorum, praeter privilegium Henrici, vel falsa reperta sunt vel falsata. Sed et ipsum Henrici privilegium ad fidem astruendam non videbatur sufficere; quia nec erat publica manu confectum nec sigillum habebat authenticum, eo quod erat ex media fere parte consumptum, nec plus de nomine proprio, nisi ultima medietas, videlicet *icus*, nec de caeteris litteris nisi haec adjectio, *Dei gratia*, comparebat ; ita quod ex litteris ipsis non magis poterat comprobari fuisse sigillum Henrici quam Lodoici. Instrumentum quoque sententiae multis modis inveniebatur suspectum : tum quia quaedam in ipso apparebant liturae, tum quia subscriptio notarii videbatur alterius manus fuisse quam conscriptio instrumenti; cum tamen notarius in subscriptione profiteretur se instrumentum manu propria con-

---

(20) Vide supra lib. I, epist. 37.
(21) In tertia Collect. A.
(22) In tertia Collect. XL., errore librarii haud dubie.

(23) In tertia Collect. *donatoris*.
(24) In tertia Collect. *reciperet*.
(25) In tertia Collect. *conjici*.

scripsisse. Littera quoque recentior videbatur quam charta, et aqua videbatur encaustum infectum, ut antiquius appareret. In omnibus etiam imperialibus privilegiis quæ posteriora fuerant nulla prorsus est habita mentio de illa sententia, quamvis in eorum aliquibus mentio facta fuerit Luitardi, qui dicebatur donationem fecisse. Porro si legitimum esset et verum instrumentum sententiæ, per illam tamen sententiam nullum Mediolan. archiepiscopatui præjudicium poterat generari, cum ipsa sententia lata fuerit inter alios, et res inter alios acta alii non præjudicet; nec attestationes quæ continebantur in instrumento sententiæ, per quas legitima donatio Luitardi videbatur esse probata, poterant eidem archiepiscopatui nocumentum aliquod irrogare, cum inter alias personas et in alio judicio receptæ fuissent. Cæterum memoratum Henrici privilegium, quod non solum confirmationis sed etiam donationis videbatur fuisse, unde rerum dominium donatarum intelligi forte poterat monasterio acquisitum et traditum, quamvis ex forma petitionis, quæ in ipso privilegio declaratur et quibusdam aliis verbis quæ ponuntur in ipso, confirmatorium tantum videretur fuisse, ut tamen intelligatur eo modo quo magis posset valere, distinguendum utrique videbatur, ut idem Henricus alia donaverit et alia confirmaverit, cum eadem legitime nequivissent et confirmari pariter et donari; confirmari tanquam prius habita et possessa; donari, tanquam tunc tradita et concessa. Donaverit, inquam, illa quæ ipse intra trium miliarium spatium monasterio concedebat. Confirmaverit autem quæ prius ipsi monasterio concessa fuerant et donata, inter quæ illa continebantur quæ deducta sunt in judicium; ac per hoc illa non poterant intelligi per privilegium illud donata sed confirmata, cum, juxta legitimas sanctiones, quod meum est ex alia causa meum fieri non possit, nisi desierit esse meum; præsertim cum pars monasterii nixa (26) fuerit comprobare, tum per privilegium concessionis, tum per instrumentum sententiæ quod illa legitime fuerint a Luitardo donata et illi donationi per totum judicium est innixa: unde post donationem hujusmodi eadem eidem non poterant redonari. Cum ergo confirmatorium tantum exstiterit, saltem quoad illa quæ deducta sunt in judicium, si principale non tenuit nec accessorium quod ex eo vel ob id dignoscitur esse secutum. Pari modo cætera privilegia Rom. imperatorum, etiamsi vera fuissent et sine suspicione, ad probationem tamen invalida probarentur. Per instrumenta vero locationis nec est utcunque probata proprietas nec etiam plene possessio; cum juxta legitimas sanctiones ad probationem rei propriæ sive defensionem non sufficiat facta locatio. Licet autem his et aliis modis sæpedictus procurator tuus intentionem abbatis videretur elidere cautumque sit in jure civili quod, actore non probante, is qui convenitur, etsi nihil præstiterit, obtinebit; ad ostendendam tamen evi-

(26) In tertia Collect. *visa.*

dentius justitiam tuæ partis, per testes videbatur probare quod Mediolanen, archiepiscopus omnia quæ præmissa sunt a sexaginta annis infra possederat inconcusse. Verum contra præscriptiones hujusmodi dictus abbas interruptionem medii temporis civilem pariter et naturalem objecit. Olim enim Gozovio quondam comite a Federico imp. super his judice delegato, cum post citationes legitimas Mediolan. archiepiscopus se contumaciter absentasset, pro monasterio fuit lata sententia et ipsius nomine corporalis possessio assignata, quam per sex annos et amplius habitam in bello Mediolan. asserebat amissam (27), per quod allegabat præscriptionem civilier et naturaliter interruptam. Porro ad exceptionem præmissam sæpedictus procurator tuus taliter replicabat, quod bonæ memoriæ Jo. Anagninus Sanctæ Mariæ in Porticu diac. cardinalis, postea Sancti Marci presbyter, et tandem episcopus Prænestinensis, tunc apostolicæ sedis legatus, attendens quam barbarica feritate et insatiabili odio Ecclesiam et civitatem Mediolan. Federicus imperator funditus vellet evertere atque in supremam redigere servitutem, quidquid ipse vel aliquis judex seu ministerialis ejus in ecclesias, clericos vel cives Mediolan. statuerant tempore illo, in irritum revocavit; cujus factum felicis recordationis Alexander papa prædecessor noster approbans confirmavit. Unde quod a præfato comite factum fuerat in odium Mediolanensium, quos dictus imperator acrius infestabat, Mediolanensi Ecclesiæ præmissa ratione non poterat præjudicium generare. Porro rationem hujusmodi pars adversa frivolam reputabat, cum factæ causæ nulla juris constitutione fieri possint infectæ. Cum autem super his quæ præmisimus in nostra et fratrum nostrorum præsentia fuisset diutius litigatum, quia legitime probatum non fuerat ea quæ petebantur ad monasterium pertinere, de communi fratrum nostrorum consilio ab impetitione ipsius præfatum procuratorem tuum nomine tuo et Mediolan. Ecclesiæ sententialiter duximus absolvendum: quoniam cum obscura sunt jura partium, consuevit contra eum qui petitor est judicari. Super manso vero de Curte Baveni, quod ab antedicto episcopo Veronen. fuit ipsi monasterio per diffinitionis calculum in possessorio judicio attributum, nos quoque eidem cœnobio procuratorem ipsum nomine tuo et Mediolanensis Ecclesiæ in petitorio judicio auctoritate judiciaria condemnamus, cum liquido sit probatum quod dictum monasterium mansum ipsum longissimo tempore quiete possedit, in ea parte perpetuum sibi silentium imponentes. Cæterum auctoritate apostolica districtius inhibemus ne tu vel tuorum quilibet successorum ad res et possessiones et jura prædicti monasterii manus extendat, præter id quod de portu, honore, districtu et juridictione a nobis est sententialiter diffinitum. Nulli ergo, etc., absolutionis, inhibitionis, et diffinitionis, etc.

Datum Laterani, xvi Kal. Maii.

(27) Anno 1162.

In eumdem fere modum scriptum est G. abbati de Scozula.

XXXVIII.
CONVENTUI DE CONCHIS.

Quæstio inter eos et abbatem monasterii de Conchis sententiando diffinitur.

(Laterani, Id. Aprilis.)

(28) Cum super abbatia monasterii vestri inter vos et S. quondam abbatem olim fuisset quæstio diutius agitata, partibus tandem ad nostram præsentiam accedentibus, dilectum filium nostrum H. Sancti Eustachii diac. card. dedimus auditorem : in cujus præsentia pro ipso S. taliter fuit allegatum, quod cum dilectus filius noster I. tt. Sanctæ Pudentianæ presbyter cardinalis, tunc apostolicæ sedis legatus, intrasset Normanniam et super statu ipsius abbatiæ cum abbate ac fratribus inquisitionem habuerit diligentem, nihil reprehensione dignum invenit ibidem, sicut ex litteris bonæ memoriæ C. papæ prædecessoris nostri evidenter apparet, quibus ipsius cardinalis confessio est inserta. Eo vero postmodum ab ipso monasterio recedente, litteræ ipsius ad dilectos filios Troarnensem abbatem et priorem Sanctæ Barbaræ fraudulenter obtentæ fuerunt super inquisitione abbatis et totius monasterii facienda, nulla data inquisitoribus potestate in abbatem aliquid statuendi, quemadmodum ex testimonio ejusdem card. colligitur evidenter. Prædictis ergo inquisitoribus accedentibus ad monasterium memoratum, et volentibus fines mandati excedere in facienda inquisitione, juris ordine non servato, idem abbas, antequam inquisitio sortiretur effectum, sedem apost. appellavit ; et quamvis iter arripuisset ad Rom. Ecclesiam veniendi, dicti tamen inquisitores nec appellationi rationabiliter interpositæ neque ipsius absentiæ vel excusationibus aliquibus deferentes, destitutionis in eum sententiam contra juris ordinem promulgarunt, licet non pronuntiandi potestas eis esset concessa, sicut ex multorum prælatorum litteris liquido declaratur. Memorato igitur abbate ad dicti prædecessoris nostri præsentiam accedente, postquam de inordinata destitutione sua eum reddidit certiorem, omnibus irritatis quæ contra juris ordinem a dictis inquisitoribus fuerant ordinata, eumdem abbatem sententia sua restituit, exsecutione sola venerabili fratri nostro episcopo et dilectis filiis L. et H. archidiaconis Ebroicensibus demandata. Die vero a solo episcopo partibus assignata et ad terminum utraque partium veniente, cum exspectaret abbas restitutionem fieri sibi secundum apostolici mandati tenorem, eam non potuit obtinere ; quin potius precibus, minis et terroribus eum episcopus inducere laboravit ut in ipsum non super restitutione facienda, quod erat principale negotium, compromitteret, sed super exsecutione tantummodo differenda; et quoniam pars adversa cum armis illuc accesserat et multitudine armatorum, factum est quod in dictum episcopum, sicut præmissum est,

(28) Cap. *Cum super*, De off. jud. deleg.

compromisit, fide in manu ipsius præstita et restitutionis litteris depositis apud eum, non tradendis parti adversæ sed diligenter servandis et restituendis sibi tempore opportuno. Ipse vero episcopus contra id quod promiserat venire non metuens, adversariis abbatis litteras restituit memoratas ; sicque compromisso ex parte ipsius episcopi et adversariorum pariter violato, monachi bonæ memoriæ Melioris tt. Sanctorum Joannis et Pauli presbyteri cardinalis, tunc apostolicæ sedis legati, præsentiam adeuntes, ad I. quondam Rothomagen. decanum super gravamine compromissi commissionis litteras impetrarunt ; ad cujus primam citationem monachus a dicto abbate transmissus captus fuit ab adversariis et vinculis ferreis mancipatus ; ad secundam vero citationem idem abbas accedens, per impressionem coactus fuit compromittere in decanum, non super abbatia, de qua sub eo nulla quæstio vertebatur, sed pro quibusdam bladi redditibus minuendis. Parte autem altera super compromisso servando fidem, sicut convenerat, non servante, dictum S. iterum oportuit ad sedem apostolicam laborare ; ubi a nobis tam super principali quam incidenti etiam quæstione ad venerab. frat. nost. Lexovien. episcopum et dilectum filium abbatem Vallis Richerii litteras impetravit ut super his quæ nobis fuerant intimata studerent elicere veritatem et statuerent quod secundum Deum viderent rationabiliter statuendum, juris ordine per omnia observato : ita quod alter sine altero adesse nolente vel etiam non valente, mandatum apostolicum adimpleret, mentione facta in litteris ipsis de fide violenter, sicut idem S. asserebat, extorta et non super monasterio abjurando, sed restitutione, ut dictum est, tantummodo differenda ; ne, his omissis, tacita veritate commissio videretur obtenta. Partibus vero coram delegatis judicibus constitutis, pars illius quem dixit intrusum, præfatum episcopum duabus de causis sibi dixit esse suspectum : tum quia super Ecclesia quamdam causam habebat cum monasterio memorato ; tum etiam quia ipsum a Romana curia redeuntem et pacis osculum non admisit ; unde neque coram illis neque coram illorum altero juri stare voluit, quamvis nihil diceret in abbatem ; sed appellans frustratorie se contumaciter absentavit. Verum dicti exsecutores appellationi, quæ nulla fuerat, minime deferentes, habito multorum prudentium virorum consilio, sententiam a dicto prædecessore nostro prolatam exsecutioni mandarunt, restituentes prædicto S. abbatiam et præfato intruso perpetuum silentium imponentes. Cumque ad eorum ex parte apostolica jussionem diœcesanus episcopus sæpius requisitus ipsum S. in corporalem possessionem inducere recusaret, id exsequendum quibusdam diaconibus mandaverunt ; qui nedum quod admissi fuerunt, verum per monachos et fautores eorum afflicti verberibus, carcerali sunt custodiæ mancipati. Quapropter in intrusum, monachos et fautores eorum a delegatis fuit, secundum apostolici mandati tenorem excommunicationis sententia promulgata. Sed ob hoc intrusus et monachi non dimiserunt divina officia celebrare; qui etiam, ipso intruso defuncto, alium excommunicatum eligere præsumpserunt, sicut ex delegatorum litteris perpenditur evidenter. Cumque nec sic possent ad frugem melioris vitæ reduci, sæpedictus S. iter arripuit ad sedem apostolicam veniendi. Sed prævenientes eum nuntii monachorum, de benedictionis munere illi quem elegerant impendendo fraudulenter litteras impetrarunt, quas ad partes suas miserunt festinantius quam deberent. Petebat itaque dictus S. monachos ipsos, qui cuidam prædecessorum suorum amputare linguam et oculos eruere præsumpserunt, in alium sedentem ad mensam cum gladiis et fustibus impetum facientes, alium solum in ecclesia dimittentes missam celebrare paratum, animadversione condigna puniri et possessionem abbatiæ plenarie sibi restitui, sicut a dicto prædecessore nostro statutum fuerat, et a delegatis postea judicibus ordinatum : intruso, qui post latam in eum sententiam excommunicationis assumptus fuerat, per silentium perpetuum condemnato. Cæterum pro vobis ita fuit propositum ex adverso, quod cum præfatus I. cardinalis in partibus illis legationis officio fungeretur et causam ipsam super dilapidatione ipsius S. et incontinentia pariter præfatis abbati Troarnen. et priori Sanctæ Barbaræ commiserit terminandam, ipsi cognita veritate et ordine juris per omnia observato, in eum depositionis sententiam protulerunt, quæ a dicto prædecessore nostro fuit postea confirmata. Ipse autem E. eidem prædecessori nostro, quod abbatia ipsa injuste spoliatus fuerit, intimavit; præfato cardinali etiam asserente non fuisse intentionis suæ quod ad depositionem abbatis procederent judices delegati : quamvis et hoc esset eis commissum, sicut in eorumdem litteris reperitur. Unde sæpedictus prædecessor noster eum non restituit altera parte absente, sed restituendum mandavit episcopo et archidiacono [memoratis ; quia tacitum eis fuerat quod præfatus cardinalis dictis abbati et priori deponendi etiam concesserit facultatem. Convenientibus igitur partibus ad diem et locum sibi a delegatis sedis apostolicæ assignatum, dictus S. in manu episcopi quod ejus super causa ipsa staret arbitrio fide data firmavit; qui partes ipsas, ut ad ea quæ pacis sunt intenderent monuit diligenter : inter quas talis compositio intercessit, ut dictus S. in perpetuum cederet abbatiæ, quam cessionem ratam delegati judices habuerunt ; et idem S., sicut in delegatorum litteris continetur, juramento firmavit se illam firmiter servaturum. Et cum super restitutione sua duplices litteras ejusdem prorsus continentiæ impetrasset, facta compositione, quam sæpedictus prædecessor noster postea confirmavit, alteras resignavit, alteras retinuit fraudulenter. Processu vero temporis compositione ab eo aliquandiu observata, per jamdictum Melio- rem cardinalem quondam Rothomagen. decano eamdem fecit causam committi ; fuitque in ejus præsentia et venerabilis fratris nostri Rothomagen. archiepiscopi prima compositio innovata, ubi præfatus S. abbatiam denuo abjuravit et quod compositionem ipsam deinceps observaret corporaliter præstitit juramentum, sicut in ipsius Rothomagen. archiepiscopi litteris continetur et multis posset testibus approbari. Fuerunt autem ista coram Rothomagen. facta ea præcipue ratione, quoniam prioratus quem ipse S. debuit obtinere, in Rothomagen. erat diœcesi constitutus ; quem cum per biennium detinens, inhoneste vivendo fere omnia consumpsisset, ad alia bona monasterii se violenter extendit. Et tandem ad præsentiam nostram accedens et quædam de præmissis exprimens, alia vero reticens, ad præfatos Lexovien. episcopum et abbatem Vallis Richerii nostras litteras reportavit, ut diligenter inquirerent de omnibus veritatem et statuerent quod justitia postularet. Ipsi vero partibus ad se citatis, quamvis episcopus pro memoratis causis et quoniam R. abbati respondit quod si posset sibi nocere, esset alteri parti suspectus et ab eo fuerit recusatus velletque coram conjudice, qui suspectus non erat, vel coram arbitris electis a partibus id probare; dicto abbate Vallis Richerii admittere hoc nolente, ante ingressum causæ fuit ab illis duobus postmodum appellatum, ipsi nihilominus eumdem S. restituendum sententialiter decreverunt, adversario ejus super abbatia perpetuum silentium imponentes. Cum igitur quæ præmissa sunt et alia quædam prædictus cardinalis nobis et fratribus nostris prudenter et fideliter retulisset, (quia constitit nobis per litteras judicum prædictorum episcopi et archidiacon. Ebroicen., quibus super restitutione ipsius S. a dicto prædecessore nostro fuerat causa commissa, de utriusque partis assensu compositionem sub eo tenore factam fuisse quod prioratus Sancti Stephani cum omnibus pertinentiis suis et alia quædam sibi concessa fuerunt, dum viveret, possidenda, et ipse a lite spontanea voluntate recessit et instrumenta sua, fracto sigillo quo usus fuerat, in manibus eorumdem judicum resignavit ; et quod abbatiam abjuraverit memoratam, ex litteris jamdicti Rothomagen. archiepiscopi perpendimus evidenter): nolentes per nos, qui punimus perjuria, viam perjuriis aperi, cum et ipse recipiendo compositionem hujusmodi renuntiaverit abbatiæ, communicato fratrum nostrorum consilio ab impetitione ipsius S. vos et monasterium vestrum absolvimus, perpetuum ei super quæstione ipsa silentium imponentes, non obstante quod factum est ab ultimis delegatis ; cum ex his appareat evidenter ipsos, ut de aliis taceamus, si eis de præmissis constitit, minus legitime processisse, restituentes illum qui non habebat jus aliquod repetendi. Et quamvis solus abbas, antequam appellaretur ab eo, juxta formam litterarum nostrarum procedere potuisset, quia tamen ex eo quod cum ipso episcopo interlocutus est, appellationem non tenuisse de jure sine ipso, dum posset et vellet negotio interesse, per consequentiam confessus est se non posse mandatum apostolicum adimplere, nec suæ intentionis exstitit ut sine conjudice suo aliquid diffiniret, et cum eo, qui jam judex esse desierat, aliquid super præmisso negotio rite disponere non valebat, voluntate ac potestate sibi mutuo adversantibus, cum noluerit quod potuit et quod voluit adimplere nequiverit, quod a duobus factum fuit, effectum de jure non potuit obtinere. Nulli ergo etc.

Datum Laterani, Idibus Aprilis.

XXXVIII bis.

JOANNI ABBATI SANCTI BERTINI EJUSQUE FRATRIBUS TAM PRÆSENTIBUS QUAM FUTURIS REGULAREM VITAM PROFESSIS IN PERPETUUM.

De confirmatione privilegiorum.

(Laterani, v Idus Aprilis.)

In eminenti sedis apostolicæ specula, disponente Domino, constituti, sicut imitari prædecessores nostros in bonis debemus operibus, sic etiam summam curam adhibere nos convenit, ne quod ab eis pia fuerit provisione statutum, nobis, quod avertat Dominus, negligentibus quorumlibet valeat impulsione turbari. Eapropter, dilecti in Domino filii, decisionem controversiæ quæ inter monasterium vestrum et bonæ memoriæ Petrum Cluniacensem abbatem pro subjectione quam idem abbas sibi in vestro monasterio vindicabat, quemadmodum a felicis memoriæ predecessore nostro papa Innocentio fratribus suis præsentibus et collaudantibus facta est et scripti sui munimine roborata, imitantes piæ recordationis prædecessorum nostrorum Eugenii, Alexandri, Lucii, Clementis et Cœlestini pontificum Romanorum vestigia, auctoritate apostolica confirmamus et ratam permanere censemus. Privilegiis itaque Cluniacensibus quæ super hoc se habere ab apostolica sede dicebant, ab eodem Innocentio justitia dictante cassatis, ad exemplar prædictorum prædecessorum nostrorum Romanorum pontificum, tam vos quam successores vestros nec non et ipsum monasterium Sancti Bertini ab hujusmodi lite et Cluniacensium subjectione absolvimus; idemque cœnobium libertati propriæ restitutum, salvo jure Tervanensis Ecclesiæ vel episcopi, sub solius Romanæ Ecclesiæ ditione vel tutela perpetuo permanere decernimus. Ad indicium autem hujus perceptæ a Romana Ecclesia libertatis unam auri unciam annis singulis nobis nostrisque successoribus persolvetis, statuentes ut quascunque possessiones, quæcunque bona idem monasterium impræsentiarum juste et canonice possidet aut in futurum concessione pontificum, largitione regum vel principum, oblatione fidelium seu aliis justis modis, præstante Domino, poterit adipisci, firma vobis vestrisque successoribus et illibata permaneant, in quibus hæc propriis duximus exprimenda vocabulis: locum ipsum juxta castrum Sancti Audomari in quo præfatum monasterium situm est cum omnibus pertinentiis suis; silvam de Wlverdinghe, quam inclytus quondam Flandriæ et Viromanniæ comes Philippus vobis in eleemosynam dedit et scripto suo confirmavit, et quod a Gileberto de Aveskerca prope eamdem silvam eleemosyna, emptione vel concambio acquisistis, et residuam partem ejusdem silvæ quæ extenditur usque ad nemus quod Theodoricus comes ecclesiæ Watinensi in eleemosynam dedit, sicut in scripto Balduini Flandriæ et Hannoiæ comitis et Margaritæ uxoris ejus continetur; decimam etiam de Kelmes, quam tu, Joannes abbas, de manu Balduini laici redemisti, et decimam de Acquin, quam similiter de manibus Manasse et Rainaldi laicorum, et altare de Lichtervelde cum decima et pertinentiis suis, quæ de manu Geraldi militis acquisistis; terram quoque quam Wervaldus Monkel in parochia de Wluringhem, partim propter concambium, partim propter pecuniam a vobis acceptam, monasterio vestro dedit, et terram de Stapelueld dictam, quam a Guidone de Wisseke per concambium acquisistis, data ei a vobis, quadam terra quam prope domum ejusdem W. habebatis, et totum quod de feudo Castellani Bergensis, et quidquid alicubi de possessionibus feudatorum sive censuariorum vestrorum acquisistis, et in villa de Baswarnestum totum quod de feudo Balduini de Commines acquisitum habetis; medietatem etiam villæ Kalmont cum pertinentiis suis sub annuo censu duodecim librarum Flandrensis monetæ a præposito et Ecclesia sancti Audomari perpetuo habendam, sicut charta sigillis eorum signata testatur, vobis confirmamus. Præterea feudum sexaginta solidorum Gualteri de Staphes; quod cum Ida soror ejus emisset, vobis in eleemosynam dedit; et comitatum de Wal. et de Busco, quem Willelmus de Arfedinghe vobis in eleemosynam concessit, sicut charta comitis de Warenghe domini sui testatur; et comitatum in villa de Acquin, quem Simon de Val per manum domini sui Gualteri Boteri in eleemosynam vobis dedit; et terram in parochia Sanctæ Margaritæ infra burgum Sancti Audomari jacentem, quam Joannes de Sinninghem vobis in eleemosynam dedit; terram quoque cum comitatu quam Villelmus castellanus Sancti Audomari inter vetus monasterium et Watenes vobis in eleemosynam dedit, et quidquid de feudo ejusdem Castellani ab hominibus ejus quolibet tempore acquisistis et per authenticas chartas castellanorum confirmatum habetis, auctoritate apostolica confirmamus. Compositionem præterea inter vos et abbatissam de Brobug super terminis parochiæ vestræ de assensu partium factam, sicut hinc inde recepta est et in scripto authentico bonæ memoriæ Desiderii quondam Morinensis episcopi continetur, ratam habemus et eam auctoritate apostolica confirmamus. Quod autem de capella et cœmeterio leprosorum de Brobug a bonæ memoriæ Milone Morinensi episcopo rationabiliter statutum est et scripto suo firmatum confirmamus et ratum manere censemus; ita videlicet ut in eadem capella leprosis tantum et sibi servientibus divinum celebretur officium atque in eorum cœmeterio nulli nisi leprosi et eorum familiæ tumulentur. In monasterio quoque Sancti Silvini apud Achiacum abbas vester qui pro tempore fuerit, tanquam in speciali filia, secundum Dei timorem et beati Benedicti Regulam corrigendi quæ corrigenda sunt cum religiosorum virorum consilio plenam, sicut hactenus, habeat facultatem. Statuimus etiam ut infra terminos parochiarum vestrarum nullus ecclesiam vel oratorium absque vestro consensu ædificare præsumat, salvis tamen privilegiis Romanorum pontificum. Stationes autem publicas ab episcopo in monasterio vestro, seu episcopum illuc accedere nisi ab abbate et fratribus fuerit evocatus, omnino fieri prohibemus. Possessiones præterea et decimas quas monasterium vestrum a quadraginta annis inconcusse possedit et impræsentiarum sine controversia possidetis, vobis et per vos eidem monasterio auctoritate apostolica confirmamus. Sane novalium vestrorum quæ propriis manibus aut sumptibus colitis, sive de nutrimentis animalium vestrorum nullus a vobis decimas exigere vel extorquere præsumat. Liceat quoque vobis clericos vel laicos e sæculo fugientes liberos et absolutos, etc., *usque* retinere. Prohibemus insuper ut nulli fratrum vestrorum post factam in monasterio vestro professionem fas sit absque abbatis sui licentia de eodem loco, nisi arctioris religionis obtentu, discedere. Discedentem vero, etc., *usque* retinere. Religiosas sane consuetudines a prædecessoribus vestris et a vobis hactenus observatas aliqua levitate mutari seu etiam possessiones alienari Ecclesiæ, nisi de abbatis providentia fiat cum consensu capituli vel majoris et sanioris partis, auctoritate apostolica prohibemus. Præterea libertates et immunitates monasterio vestro collatas, sicut hactenus observatæ sunt, ratas habemus et eas perpetuis temporibus illibatas permanere sancimus. Auctoritate quoque apostolica nihilominus duximus prohibendum ne ullus advocatus aut minister ejus locum ipsum vel quæ ad eum pertinent gravare seu quibuslibet exactionibus fatigare præsumat, sed iis quæ antiquitus concessa sunt et ad ejus justitiam pertinent contentus existat. Decimas quoque ad jus Ecclesiarum vestrarum spectantes, quæ a laicis detinentur, redimendi et liberandi de manibus eorum et ad Ecclesias quas pertinent revocandi liberam vobis et earumdem Ecclesiarum ministris de auctoritate nostra concedimus facultatem. Prohibemus insuper ne aliquos interdicto vel excommunicationi a vobis juste subjectos ad officium aut communionem ecclesiasticam quisquam recipere sine congrua satisfactione præsumat, nisi forte periculum mortis immineat ut, dum præsentiam vestram habere nequiverint, per alium secundum formam Ecclesiæ, satisfactione præmissa, oporteat ligatum absolvi. Cum autem generale interdictum terræ fuerit, etc., *usque* celebrare. In parochialibus siquidem ecclesiis quas habetis liceat vobis sacerdotes eligere et diœcesano episcopo præsentare; quibus, si idonei fuerint, episcopus curam animarum committat; ita quidem quod ei de spiritualibus, vobis autem de temporalibus debeant respondere. Chrisma vero, oleum sanctum, etc., *usque* voluerit exhibere. Alioquin ad quemcunque malueritis catholicum antistitem recurratis, qui nostra fretus auctoritate quod postulatur indulgeat. Si quem vero episcopum Romanæ sedis communionem habentem et de quo plenam habeatis notitiam per vos transire contigerit, ab illo benedictiones vasorum et vestium, consecrationes altarium et ordinationes monachorum auctoritate sedis apostolicæ recipere valeatis. Præterea licitum sit vobis in causis vestris civilibus fratres vestros idoneos ad testificandum adducere atque ipsorum testimonio, sicut rectum fuerit, et propulsare injuriam et justitiam vindicare. Ad hæc adjicimus ne aliqui monachi vel conversi sub professione domus vestræ astricti sine assensu abbatis et majoris partis capituli vestri pro aliquo fidejubeant vel ab aliquo pecuniam mutuo accipiant, etc., *usque* respondere. Ob evitandas vero sæcularium frequentationes liberum sit vobis, salvo jure diœcesani episcopi et ecclesiæ parochialis, oratoria in grangiis vestris construere et in ipsis, cum necesse fuerit, vobis et familiæ vestræ divina officia celebrare. Paci quoque et tranquillitati vestræ, etc., *usque* audeat exercere. Constituimus insuper ut abbas qui pro tempore fuerit ad nullius archiepiscopi vel episcopi synodum seu conventum, nisi tantum Romani pontificis vel ejus legati, accedere compellatur. Sepulturam quoque ipsius loci, etc., *usque* assumuntur. Obeunte vero, etc., *usque* beati Benedicti Regulam providerint eligendum. Decernimus ergo ut nulli omnino hominum liceat præfatum monasterium, etc., *usque* usibus omnimodis profutura. Salva sedis apostolicæ auctoritate et in prædictis capellis diœcesanorum episcoporum canonica justitia. Si qua igitur in futurum ecclesiastica sæcularisve persona hanc nostræ constitutionis paginam sciens, contra eam temere venire tentaverit, secundo tertiove commonita, nisi reatum suum digna satisfactione correxerit, etc., *usque* subjaceat ultioni. Cunctis autem eidem loco, etc., *usque* præmia æternæ pacis inveniant.

Datum Laterani, per manum Rainaldi domini papæ notarii cancellarii vicem agentis, v Idus Aprilis, indictione secunda, Incarnationis Dominicæ anno 1199, pontificatus vero domini Innocentii papæ III anno secundo.

XXXIX.

LOCEDIEN. ABBATI.
Ut pacem inter Placentinos et Parmenses facere laboret.
(Laterani, v Kal. Maii.)

Cum plenitudo legis, secundum Apostolum, sit dilectio, profecto dissensio divinæ legis hominem constituit transgressorem: quæ sæpius ex odii radice procedit, et, eliminatis virtutibus, copiam generat vitiorum; dum unus ut in alterum suas injurias vindicet, dum ut de inimico triumphet, nec divinam offensam nec homicidii crimen nec reatum perjurii expavescit. Hæc enim naturalis legis jura confundens, quod sibi non vult alii per violentiam nititur irrogare. Hæc dum persequitur proximum, nec Deum nec proximum diligere comprobatur. Qui enim non diligit fratrem quem videt, Deum quem non videt, quomodo potest diligere? Hujus autem incommoditates plenius Veritas, quæ mentiri non novit, attendens, in Evangelio protestatur, *Omne*, inquiens, *regnum in se ipsum divisum desolabitur, et domus supra domum cadet* (*Luc.*, xi, 17). Cæterum, quamvis in libro Scripturæ satis dissensionis incommoda prænotentur, manifestius tamen diligenter inspicientibus in libro experientiæ quotidianæ patebunt. Nam, ut non longe petantur exempla, quot ex dissensione quæ inter Placentin. et Parmen. super burgo Sancti Domnini vertitur, mala contigerint, quot sint pericula, nisi Deus aliter providerit, proventura, tua discretio non ignorat. Ecce enim invicem sanguinem suum sitiunt et esuriunt mutuo stragem suam; nec sufficit utrisque per se contra alteros dimicare, sed universam Lombardiam commoverunt ad arma et alteri, cum universis fautoribus suis, alteris et omnibus eorum complicibus generale prælium indixerunt. Quia vero nos, licet insufficientibus meritis, vicem ejus tenemus in terris qui nascens ex Virgine per cœlicos cives pacem bonæ voluntatis hominibus nuntiavit, et resurgens et ascensurus in cœlum pacem legavit discipulis, ut et ipsi ejus imitantes exemplum, pacem aliis prædicarent, ne si ventum fuerit ad conflictum, multis hinc morientibus fiat hæc dissensio immortalis, ne etiam præter stragem corporum incurrant insuper periculum animarum, discretioni tuæ per apostolica scripta mandamus et in virtute obedientiæ sub quantacunque possumus districtione præcipimus quatenus, cum venerabilibus fratribus nostris Mediolan. archiepiscopo et Vercellen., Bergomen., Lauden., Brixien., Cremon., Regin., Placentin. et Parmen. episcopis, quibus super hoc etiam scribimus, per te et alios quos ad hunc necessarios cognoveris esse tractatum, ad eorum concordiam et pacem intendas, et ut imminentia mala vitentur, indefesso studio et sollicitudine diligenti procures; ita quod apud Deum æternæ retributionis mercedem et apud nos dignas gratiarum actiones valeas promereri. Si vero desuper datum non fuerit ut, per admonitionem et exhortationem ipsorum et tuam, impleri valeat quod mandamus, tu per excom. potestatum, consulum et consiliariorum et principalium fautorum tam Placent. quam Parmen., ipsos Placen. et Parm. ad subeundum judicium nostrum sufficientissima in manibus tuis hinc inde præstita cautione, vel Parmen., ut burgum ipsum nomine nostro in manibus tuis tenendum assignent restituendum per nos eis quibus jure fuerit assignandum, omni occasione, excusatione, dilatione, appellatione et recusatione cessantibus, nostra fretus auctoritate compellas; et eis insuper commineris quod, nisi mandatis paruerint apostolicæ sedis, manus nostras super eis curabimus aggravare. Quod si competentiorem modum, dum tractaveris super his cum partibus, poteris invenire, secundum eum procedere non omittas. Novit enim Dominus, qui renum et cordium est scrutator, quod super hoc ex puritate procedimus, non ut alterutri partium cum alterius dispendio placeamus, sed ut officii nostri debitum exsequentes, sopiamus dissensionem ipsam concordia, vel judicio terminemus; cum in simili casu reges et principes, sicut te latere non credimus, ecclesiastica districtione duxerimus compellendos. Cum enim inter alias orbis provincias præsertim simus de Lombardiæ statu solliciti, communi Lombardorum utilitati consulere cupimus et gravaminibus præcavere; ne si, quod absit! inter se processerint ad conflictum, præter alia pericula, strages exinde non modica subsequatur. Sufficienti vero cautione ab utraque parte quod judicio vel mandato nostro pareat, et a Parmen. possessione receptis, si per publicam famam vel alias legitime tibi constiterit Parmen. ipsos possessionem temeritate propria Placentinis per violentiam abstulisse, possessionem ipsam restituas Placentinis, cum id ordo juris exposcat; ita tamen quod prius tibi sufficienter caveant, ut si quid postmodum propositum fuerit, mandato nostro sint et judicio parituri.

Datum Laterani, v Kal. Maii.

XL.

W. REMEN. ARCHIEPISC. SANCTÆ SABINÆ CARDINALI.
Quod absolvat comitem Flandriæ ab excommunicatione, et terram ejus ab interdicto.

(Laterani, vi Kal. Maii.)

Cum ex injuncto nobis apostolatus officio simus, secundum Apostolum, capientibus et insipientibus debitores et omni petenti justitiam facere teneamur, mirum esse non debet aliquibus vel molestum, si ad ea corrigenda quæ noscuntur contra justitiam attentata manum apostolicæ correctionis apponimus, et ad juris tramitem studemus, sicut convenit, revocare. Sane ad audientiam nostram, dilecto filio nobili viro B. comite Flandrensi significante, pervenit quod cum olim apud Vernonem cum charissimo in Christo filio nostro illustri rege Franciæ quasdam conventiones iniisset, quas se promisit juramento interposito servaturum; quia tamen homines suos inducere non potuit ad observationem ipsarum, ab ipso rege postulavit absolvi, qui eum apud Compendium, coram multis viris prudentibus et discretis, ab ipsis denuntiavit conventionibus absolutum. Cumque postmodum idem rex instrumentum super conventionibus ipsis confectum, quod penes se post factam absolutionem retinuit, fecisset felicis recordationis Cœlestino prædecessori nostro cum litteris testimonialibus præsentari, absolutionis prædictæ non habita mentione, ipse prædecessor noster conventiones illas auctoritate apostolica confirmavit et præcepit inviolabiliter observari. Postmodum vero cum per insinuationem præfati comitis et virorum religiosorum testimonium, qui absolutioni factæ interfuisse dicuntur, eidem prædecessori nostro de absolutione illa plenius constitisset, ipse præfatum comitem tam a conventionibus ipsis, sicut eas ipsi memoratus rex asseritur remisisse, quam a juramento super earum observatione præstito, confirmatione sedis apostolicæ seu litteris aliis nequaquam obstantibus, reddidit penitus absolutum; sicut in rescripto ejusdem absolutionis sigillis dilectorum filiorum nostrorum electi, præpositi, decani et capituli Cameracensis, et de Gamberon, Sancti Dionysii, Sancti Gilleni, de Crispino, de Sancto Amando, de Sancto Joanne de Vallencenis, de Asnonio, de Aquicincto, de Marchenis, Sancti Auberti et Sancti Sepulcri in Cameraco abbatum signato perspeximus contineri. Nos etiam, si bene recolimus, rescriptum (29) conventionum ipsarum nobis ex parte regia præsentatum inspeximus diligenter, et eas, sicut prædecessor noster confirmaverat, auctoritate duximus apostolica confirmandas, tibi per scripta nostra mandantes ut ipsum comitem ad observationem earum, per excommunicationem personæ et interdictum terræ, compellere non tardares. Cumque tu postmodum juxta mandatum nostrum velles ipsum comitem excommunicare et terram ipsius interdicto supponere, ipse per nuntios tuos asserens litteras illas per suppressionem veritatis obtentas, quia in eis absolutionis factæ mentio non fiebat, ab interlocutione tua nostram audientiam appellavit. Cum ergo rescriptum per suppressionem veritatis vel expressionem falsitatis obtentum vigorem habere non debeat firmitatis, fraternitati tuæ per apostolica scripta mandamus quatenus, si præmissis veritas suffragatur, infra viginti dies post susceptionem præsentium ipsum comitem ab excommunicatione ac terram ejus ab interdicto, sublato appellationis obstaculo, absolvere non postponas; chariss. in Christo filio nostro Ph. illustri Francorum regi ex parte nostra significans, ne id molestum accipiat, cum ex injuncto nobis servitutis officio sine personarum acceptione nulli debeamus justitiæ debitum denegare. Alioquin noveris nos venerabilibus fratribus nostris Ambianen. et Tornacen. episcopis et dilecto filio Aquicinctin. abbati litteris nostris districtius injunxisse ut, cum eis legitime constiterit de præmissis, ipsum comitem ab excommunicatione et terram ejus ab interdicto, nullius contradictione vel appellatione obstante, denuntient renitus absolutos.

Datum Laterani vi Kal. Maii.

XLI.

Scriptum est super hoc Ambianen. et Tornacen.

(29) Vide supra lib. 1, epist. 130.

episcopis et Aquicinctin. abbati, *fere in eumdem modum ut supra, usque ad verbum* absolutos. Nullis litteris, harum mentione non habita, etc. Quod si ambo, etc., tu, frater Ambian. cum eorum altero, etc.

XLII.

PH. ILLUSTRI REGI FRANCORUM.

Super eodem.

(Datum, ut supra.)

Cum ex injuncto nobis, etc., *fere in eumdem modum ut supra usque, ab verbum* absolutos. Rogamus igitur magnificentiam regiam et exhortamur in Domino quatenus te non moveant aliquatenus vel perturbent quæ secundum Deum et justitiam super ipso duximus negotio statuenda: quia licet te, tanquam charissimum nostrum et specialem Ecclesiæ filium et Christianissimum principem amplexemur arctius in visceribus charitatis, et tuis, quantum cum Domino possumus, velimus intendere profectibus et augmentis, in nostri tamen executione officii apparere nolumus concedente Domino negligentes, cum illius vicem in terris gerere dignoscamur qui judicat populos in æquitate, et cuique vult suam justitiam conservari.

Datum, ut supra.

XLIII.

W. REMEN. SANCTÆ SABINÆ CARDINALI ET SENONEN. ARCHIEPISCOPIS, ANTISIODOREN. ET NIVERNEN. EPISCOPIS.

Quod cogant comitem Flandriæ ab observationem juramenti præstiti.

(Laterani, v Kal. Maii.)

Significante nobis dilecto filio nobili viro B. Flandren. comite, ad nostram noveritis audientiam pervenisse quod cum inter patrem ipsius comitis et dilectum filium nobilem virum comitem Nivernen. super matrimoniis contrahendis taliter fuerit interposito juramento statutum, quod ipse pater comitis filiam suam J. nomine eidem comiti Nivernen. traderet in uxorem, et ipse filiam suam, cum ad annos nubiles pervenerit, Philippo præfati comitis Flandriæ fratri vel Henrico fratri ejus, si forte præmoreretur Philippus, matrimonialiter copularet et ad complementum ipsius contractus chariss. in Christo filius noster illustris rex Franciæ ex condictu unanimi deberet utrumque compellere, nec non vos illum per excommunicationem personæ et interdictum terræ cogeretis qui a pacto matrimonii resiliret, sicut in litteris ejusdem regis et vestris, fratres episcopi, dicitur manifestius contineri; idem Nivernen. comes quod tam solemniter factum est adimplere negligit et recusat, licet ei sit ab altera parte super contractu matrimonii plenarie satisfactum. Cum igitur tanquam vir nobilis et discretus illæsam debeat famam sui nominis conservare, ut non possit super eo quod licite dicitur jurasse merito reprehendi, ipsum comitem attente monemus per litteras nostras mandavimus ut juxta quod juramento fuit interposito compromissum, complere matrimonium, quantum in ipso fuerit, non postponat, ut videatur juramenta tam a se quam hominibus suis exhibita, sicut convenit, observare, et ad id exsequendum quod per se potest laudabilius adimplere per alium non cogatur. Ideoque fraternitati vestræ per apostolica scripta mandamus quatenus, sæpedicto comite ab exsecutione mandati nostri cessante, ipsum ad observationem juramenti, sicut de jure tenetur, per censuram ecclesiasticam, appellatione remota, cogatis.

Datum Laterani, v Kal. Maii.

Scriptum est super hoc comiti Nivernensi.

XLIV.

(Datum, *ut supra*.)

Super eodem scriptum est Philippo illustri regi Francorum, fere in eumdem modum ut supra, usque ad verbum appellatione remota compellant. Quia vero magnificentia regia fideles suos ad ea debet exsequenda inducere in quibus non offendatur Deus et fama boni nominis non lædatur, rogamus magnificentiam tuam et exhortamur in Domino quatenus non impedias quominus præfatus comes adimpleat quod juravit; quia cum ejus licitum sit juramentum, ab observatione ipsius non debet retrahi, sed compelli.

Datum, *ut supra*.

XLV.

BALDOINO COMITI FLANDR. ET MARIÆ UXORI EJUS.

Recipiuntur sub protectione apostolica.

(Laterani, iv Kal. Maii.)

Apostolica sedes, quæ, disponente Domino, cunctorum fidelium mater est generalis, licet omnes teneatur paterno affectu diligere, in eos tamen uberius gratiam suæ dilectionis effundit quos ad exhibenda sibi grata devotionis obsequia invenit promptiores. Attendentes igitur dilectionis fervorem quam prædecessores vestri ad Rom. Ecclesiam habuisse noscuntur et devotionem nihilominus quam vos ad personam nostram habere proponitis, firmo gerimus in proposito voluntatis personas vestras oculo benigniori respicere, et sincerioris dilectionis et gratiæ brachiis amplexari, ac in his quæ a nobis secundum Deum duxeritis requirenda gratanter vobis assensum apostolicum impertiri. Eapropter volentes vos, tanquam speciales Ecclesiæ filios, protegere pariter et tueri, personas vestras cum omnibus bonis quæ impræsentiarum rationabiliter possidetis, aut in futurum, etc., *usque ad verbum* suscipimus, auctoritate præsentium districtius inhibentes ne aliquis sine manifesta et rationabili causa in personas vestras excommunicationis aut in terras vestras interdicti præsumat sententias promulgare. Ad hæc adjicientes statuimus ut, si vos in aliquo præsenseritis aggravari, libere vobis liceat sedem apostolicam appellare. Si quis vero post appellationem ad nos legitime interpositam in vos vel terras vestras excommunicationis aut interdicti sententias promulgaverit, ipsas decernimus non tenere. Nulli ergo, etc., protectionis, inhibitionis et institutionis, etc.

Datum Laterani, vi Kal. Maii.

XLVI.

THEOBALDO PRESBYTERO CANONICO CAMERACENSI.

Confirmatur sententia lata pro eo contra J. presbyterum super præbenda Cameracensi.

(Laterani, viii Kal. Maii.)

Ne fiant controversiæ litigantium immortales, si sopitæ judicio quæstiones in antiquæ contentionis scrupulum reducantur, sententias per fratres nostros ex delegatione nostra canonice promulgatas apostolicæ confirmationis præsidio consuevimus roborare; ne, si pateret partibus a lata sententia resiliendi facultas, non litigantes litigia sed litigia potius fugerent litigantes, dum non nisi eis exspirantibus exspirarent. Sane cum inter te et dilectum filium J. presb. de Landreceis super præbenda Cameracen. Ecclesiæ, de qua te felicis record. Cœlestinus papa prædecessor noster post preces et mandatum dilectis filiis capitulo Cameracen. porrecta, et exsecutorem tibi ab ipso concessum, cassata collatione ipsius præbendæ dicto presb. facta per capitulum Cameracense, sicut ex litteris ejus accepimus, curaverat investire, et super qua idem presbyter, eam sibi asserens canonice fuisse collatam, ad venerab. fratrem nostrum episcopum et dilectos filios decanum et cantorem Atrebaten. commissionis litteras impetrarat, qui eum, postquam iter aggressus fueras ad sedem apostolicam veniendi, causa rei servandæ in possessionem miserunt, quæstio verteretur; nos tibi et dilecto filio G. procuratori presbyteri memorati constitutis in præsentia nostra dilectum filium Hugonem tit. Sancti Martini presbyterum card. concessimus auditorem. Coram quo cum super causa ipsa fuisset diutius disceptatum, ipse tenore litterarum inspecto, quas prædecessor ipse noster pro te Cameracen. capitulo et bonæ memoriæ decano Remen. transmiserat et earum etiam quas nos circa nostræ promotionis initia venerabili fratri nostro Catalaunen. episcopo miseramus, intellecto etiam ex litteris ejusdem episcopi qualiter de mandato nostro in tantum processerat quod a capitulo fueras receptus in fratrem et in corporalem ipsius præbendæ possessionem inductus, inspectis insuper litteris quas dictus presbyter ad memoratos episcopum et decanum et cantorem Atrebaten. a sede apostolica impetrarat, et totius causæ meritis, rationibus et allegationibus intellectis, auctoritate nostra de consilio venerab. fratris nostri Albanen. episcopi et dilectorum filiorum G. tit. Sanctæ Mariæ trans Tiberim et S. tit. Sanctæ Praxedis presbyterorum cardinalium formavit sententiam et nobis prius retulit quam proferret, ac postmodum formatam et expositam nobis sententiam de mandato nostro promulgans, super eadem præbenda silentium imposuit presbytero memorato et procuratori ejusdem, et eam tibi per sententiam diffinitivam adjudicare curavit. Nos igitur sententiam ipsam, sicut per eumdem cardinalem de mandato nostro lata est, auctoritate apost. confirmantes præsentis scripti pagina communimus. Nulli ergo, etc.

Datum Laterani, VIII Kal. Maii.

XLVII.
PRÆPOSITO ET DECANO ET CAPITULO CAMERACENSIBUS.
De eodem argumento.
(Datum, ut supra.)

Cum inter dilectos filios Theobaldum concanonicum vestrum et J. presbyterum Landreceis, etc., *fere in eumdem modum ut supra, usque ad verbum* curavit: quam nos postmodum, sicut per eumdem cardinalem de mandato nostro lata fuerat, auctoritate curavimus apostolica confirmare. Quocirca discretioni vestræ per apostolica scripta districte præcipiendo mandamus quatenus sententiam ipsam studeatis inviolabiliter observare. Alioquin, noveritis nos venerabili fratri nostro Catalaunen. episcopo districtius injunxisse ut eam faciat per censuram ecclesiasticam, appellatione remota, inviolabiliter observari, contradictores, tam vos quam alios, eadem districtione compescens. Nullis litteris obstantibus, latæ sententiæ et confirmationis nostræ tenore tacito, etc.

Scriptum est super hoc Catalaunen. episcopo.
Datum, ut supra.

XLVIII.
DECANO, V. CANCELLARIO, ET C. CANONICO LAUDUNEN.
In dubio semper præsumitur pro judice et pro illius sententia.
(Laterani, II Kal. Aprilis.)

(29*) Sicut nobis vestris litteris intimastis, cum causa quæ inter Henricum subdiaconum et Huardum presbyterum Sancti Clementis super quinque frumenti modiis vertebatur, qui dicebantur ipsi Henrico per annos singulos exsolvendi, ex delegatione nostra vobis commissa fuisset et partibus in vestra præsentia constitutis, idem Henricus restitutionem sibi fieri postularet, adversarius se ad hoc non teneri respondit, cum alia vice super hoc coram judice conventus fuerit et sententialiter absolutus; quod ostendere voluit duorum testimonio sacerdotum, ex quorum depositionibus vobis constitit quod magister A. ex parte venerabilis fratris nostri episcopi Laudunen. Huardum presbyterum per judicium absolvit ab impetitione subdiaconi memorati. Verum quia testimonium ipsorum quasi nude prolatum fuerat, cum de allegationibus, testibus et rationibus quæ judicem movere solent ad sententiam proferendam, nihil se scire dixissent, variatum fuit inter jurisperitos a quibus consilium postulastis, aliis asserentibus tale testimonium non valere, aliis sentientibus quod valeret. Unde in hac ambiguitate, quid tenendum sit sedem duxistis apostolicam consulendam. Cum autem in plerisque locis in quibus copia prudentum habetur id moris existat, quod causæ quæ judicem moverant, non exprimantur in sententiis proferendis, vobis taliter respondemus, quod cum ex depositione testium prædictorum con-

(29*) Cap. *Sicut nobis*, De sententia et re judicata,

stiterit vobis sententiam a judice suo fuisse prolatam, propter auctoritatem judiciariam præsumi debet omnia legitime processisse.

Datum Laterani, II Kalend. Aprilis.

XLIX.
MAR. EPISCOPO, CASTELLAN.
Quod non liceat alicui presbytero absque suo consensu celebrare vel confitentes recipere ad pœnitentiam.
(Laterani, VI Kal. Maii.)

Fratrum et coepiscoporum nostrorum postulationibus, quæ rationi consonant et non deviant ab honesto, tanto gratius et libentius assensum apostolicum impertimur, quanto eos ad postulandum quod petitur, non ob proprium commodum, sed Ecclesiæ sibi commissæ utilitatem, induci credimus et moveri. Eapropter, venerabilis in Christo frater, tuis precibus annuentes, auctoritate præsentium districtius inhibemus ne cui presbytero vel alii in quocunque officio constituto fas sit in tua diœcesi præter tuum assensum (quem tamen nolumus malitiose cuiquam denegari) officia celebrare divina, ad pœnitentiam recipere confitentes vel quæcunque sacramenta ecclesiastica exercere, nisi necessitatis articulus id exposcat. Nulli etiam metropolitano vel episcopo liceat in Ecclesiis lege tibi diœcesana subjectis auctoritate propria clericos instituere, vel institutos etiam te inscio promovere, vel parochianos in tuum præjudicium tradere sepulturæ. Salvis in omnibus supradictis consuetudinibus approbatis et tam indulgentiis quam privilegiis pontificum Romanorum. Ad hæc, ut decimas, quas prædecessores tui hactenus in Romaniæ partibus juste ac pacifice perceperunt, exigere ac percipere libere possis, auctoritate tibi apostolica indulgemus. Nullus ergo, etc., inhibitionis et concessionis, etc.

Datum Laterani, VI Kal. Maii.

L.
FERRARIENSI EPISCOPO.
An hæresis matrimonium contractum dirimat.
(Laterani, Kal. Maii.)

(30) Quanto te magis novimus in canonico jure peritum, tanto fraternitatem tuam amplius in Domino commendamus, quod in dubiis quæstionum articulis ad apostolicam sedem recurris, quæ, disponente Domino, cunctorum fidelium mater est et magistra; ut opinio quam in eis quondam habueras, dum alios canonici juris peritiam edoceres, vel corrigatur per sedem apostolicam vel probetur. Sane tua nobis fraternitas suis litteris intimavit, quod altero conjugum ad hæresim transeunte, qui relinquitur ad secunda vota transire desiderat et filios procreare: quod utrum possit de jure fieri, per easdem nos litteras duxisti consulendos. Nos igitur consultationi tuæ de communi fratrum nostrorum consilio respondentes distinguimus, licet quidam prædecessorum nostrorum sensisse aliter videantur, an ex duobus infidelibus alter ad fidem catholicam convertatur, vel ex duobus fidelibus alter labatur in

(30) Cap. *Quanto*, De divortiis.

hæresim vel decidat in gentilitatis errorem. Si enim alter infidelium conjugum ad fidem catholicam convertatur, altero vel nullo modo vel saltem non absque blasphemia divini nominis vel ut eum pertrahat ad mortale peccatum ei cohabitare volente, qui relinquitur ad secunda, si voluerit, vota transibit; et in hoc casu intelligimus quod dicit Apostolus: *Si infidelis discedit, discedat; frater enim vel soror non est servituti subjectus in hujusmodi* (*I Cor.* vii, 15): et canonem (31) etiam in quo dicitur quod contumelia Creatoris solvit jus matrimonii circa eum qui relinquitur. Si vero alter fidelium conjugum vel labatur in hæresim vel transeat ad gentilitatis errorem, non credimus quod in hoc casu is qui relinquitur, vivente altero possit ad secundas nuptias convolare; licet in hoc casu major appareat contumelia Creatoris. Nam etsi matrimonium verum quidem inter infideles existat, non tamen est ratum: inter fideles autem verum quidem et ratum existit. Quia sacramentum fidei, quod semel admissum nunquam amittitur, ratum efficit conjugii sacramentum, ut ipsum in conjugibus illo durante perduret. Nec obstat quod a quibusdam forsan objicitur, quod fidelis relictus non debeat suo jure sine culpa privari, cum in multis casibus hoc contingat, ut si alter conjugum incidatur. Per hanc autem responsionem quorumdam malitiæ obviatur, qui in odium conjugum vel quando sibi invicem displicerent, si eas possent in tali casu dimittere, simularent hæresim, ut ab ipsa conjugibus nubentibus resilirent. Per hanc ipsam responsionem illa solvitur quæstio, qua quæritur, utrum ad eum qui vel ab hæresi vel ab infidelitate revertitur, is qui permansit in fide redire cogatur.

Datum Laterani, Kalend. Maii.

LI.
AURELIANEN. EPISCOPO.
Ut D. de Corbolio primo vacatura præbenda conferatur.
(Laterani, iv Kal. Maii.)

Pro dilecto filio D. de Corbolio paupere subdiacono, nullum adhuc ecclesiasticum beneficium assecuto, ad preces dilecti filii magistri P. de Corbolio, quem sincera diligimus in Domino charitate, fraternitati tuæ scripsisse recolimus, ut præbendam Ecclesiæ tuæ pro reverentia beati Petri et nostra sibi liberaliter assignares. Tu vero, unde valde miramur, non curasti precum nostrarum primitias et mandatum apost. adimplere; quin potius, antequam idem subdiaconus a te posset obtinere responsum, multis fuit expensis et laboribus fatigatus. Post hæc vero nuntii tui ad sedem apost. accedentes, ut te ab impetitione præfati clerici absolvere curaremus instantius postularunt: quod non potuerunt aliquatenus obtinere. Nolentes autem quod pro Deo de provisione præfati subdiaconi laudabiliter incœpimus relinquere imperfectum, fraternitati tuæ per iterata scripta mandamus atque præcipimus quatenus si

(31) Cap. *Si infidelis.* 28. q. 2.

qua præbenda nunc vacat in Ecclesia tua, eam sibi non differas assignare, stallum eidem in choro et locum in capitulo conferendo. Alioquin, quam primo vacare contigerit, nostræ donationi præcipimus reservari, personæ idoneæ conferendam: de qua si quid a te fuerit ordinatum, decernimus non tenere. Dilectis quoque filiis decano et capitulo Aurelianen. dedimus in mandatis ne aliquem ad institutionem tuam recipiant in canonicum et in fratrem ad præbendam primitus vacaturam.

Datum Laterani, iv Kal. Maii.

Scriptum est super hoc decano et capitulo Aurelianen.

LII.
HUGONI NUCERINO EPISCOPO.
Ut restauret monasterium de Waldo.
(Laterani, iv Non. Maii.)

Sic nos de singularum Ecclesiarum statu decet esse sollicitos, ut et utilitatibus consulamus ipsarum et gravaminibus obviemus, ne creditam nobis sollicitudinem postponere præsumamur. Attendentes igitur qualiter monasterium de Waldo, quod ad Rom. Ecclesiam nullo pertinet mediante, in spiritualibus dissolutum sit et in temporalibus diminutum, qualiter etiam a vicinis undique molestetur, ipsum tibi personaliter de fratrum nostrorum consilio committimus, quantum Dominus tibi permiserit, restaurandum in temporalibus et spiritualibus reformandum; facultatem tibi corrigendi quæ in eo corrigenda fuerint et statuendi quæ statuenda cognoveris auctoritate præsentium liberam indulgentes; ita tamen quod ex hoc libertas ipsius monasterii non lædatur. Nulli ergo, etc. nostræ concessionis, etc.

Datum Laterani, iv Nonas Maii.

LIII.
MAGISTRO ET FRATRIBUS ORD. DE CALATRAVA, TAM PRÆSENTIBUS QUAM FUTURIS, SECUNDUM ORD. CISTERCIEN. FRATRUM VIVENTIBUS.
Recipiuntur sub protectione sedis apostolicæ.
(Laterani, iv Kal. Maii.)

Quoties a nobis petitur, etc., *usque ad verbum* annuimus, et felicis record. Alexandri et Gregorii prædecessorum nostrorum Rom. Pont. vestigiis inhærentes, præfatum locum de Calatrava et locum de Salvaterra, in quo ad serviendum Deo divino estis obsequio mancipati, sub beati Petri et nostra protectione suscipimus et præsenti scripti pagina communimus. In primis siquidem statuentes ut institutio quam abbas et fratres Citercien. vobis in eodem loco morantibus, non ut familiaribus, sed ut veris fratribus fecisse dicuntur, perpetuis temporibus ibidem inviolabiliter observetur, videlicet ut militaribus armis accincti contra Saracenos protuitione Christiani populi fideliter dimicetis Præterea ea quæ de victu et vestitu vestro præfati abbas et fratres Cistercien. et universum capitulum ejusdem ordinis a vobis regulariter observanda, sanxerunt, vobis nihilominus confirmamus ; videlicet ut lineis in femoralibus tantum vobis liceat uti; vestes quoque moderatas, honestas et commodas secundum consilium Morimunden. abbatis et magistri vestri cum scapulari pro habitu religionis habebitis. Vestiti et cincti dormietis ; et in oratorio, dormitorio, refectorio et in coquina silentium jugiter tenebitis. Cavebitis autem ne in qualicunque veste aut superfluitatis argui aut curiositatis notari possitis. Tribus vero in hebdomada diebus, id est, feria tertia, quinta et die Dominica, cum præcipuis solemnitatibus, vobis carnibus vesci licebit : uno tantum ferculo et unius generis, quantum ad carnes pertinet, contenti eritis, et ad mensam ubique silentium tenebitis. Ab Exaltatione quoque sanctæ crucis usque ad Pascha, tribus diebus, scilicet secundâ feria, quarta et sexta, præter Natale Domini, Epiphaniam, Hypapanti et festivitates Omnium Sanctorum et apostolorum, omnes qui præsentes domi fuerint, in septimana qualibet jejunabunt. Qui autem in castris militiæ fuerint, pro magistri arbitrio jejunia observabunt. Præterea quascunque possessiones, etc., *usque ad verbum* vocabulis exprimenda. Calatrava cum pertinentiis [*f.* portaticis] suis et quintis [*f. add.* aldeis] et omnibus pertinentiis suis; castellum de Caracui cum omnibus pertinentiis suis, castellum Dolarcus cum pertinentiis suis, castellum de Benevento cum omnibus pertinentiis suis, castellum de Suffera cum pertinentiis suis, castellum de Malagon cum portaticis et aliis pertinentiis suis; castellum de Gualdaferza cum pertinentiis suis, domum de Nombroca cum pertinentiis suis, domos de Toleta cum tendis, molendinis, vineis, terris et hortis ; ecclesiam S. Romani ultra Tagum, cum pertinentiis suis; domos de Talavera cum vineis, olivetis, hortis, molendinis, canalibus et puteis et cum aldeis et aliis pertinentiis suis; domos de Salamancella cum pertinentiis suis, domos de Macheda cum vineis, hortis terris et aliis pertinentiis suis; Mendeno cum suis pertinentiis, Sotello cum suis pertinentiis, castellum de Assecha cum suis pertinentiis, Casasola cum suis pertinentiis, Alfondega cum suis pertinentiis, Figarola cum suis pertinentiis, castellum de Cyrol cum suis pertinentiis, castellum de Sorita cum portaticis, quintis, aldeis et aliis pertinentiis suis; castellum de Almogera cum portaticis, quintis, aldeis et aliis pertinentiis suis; Balaga cum pertinentiis suis, Almonacir cum suis pertinentiis, Pengia cum suis pertinentiis, Onnon cum pertinentiis suis, casas de Collado, de Verniges, et Ova cum pertinentiis suis; medietatem de Moracella cum pertinentiis suis, castellum de Cogolludo cum aldeis et pertinentiis suis; hæreditatem de Mollin. cum domibus suis et cum aldea de Merla et pertinentiis suis; ecclesiam Sancti Salvatoris de Soria; ecclesiam Sanctæ Mariæ de Villares pardos cum omnibus domibus, aldeis, vineis et earum pertinentiis; castellum de Alcobella cum suis pertinentiis, Berezosa cum Baldalbin, ecclesiis et pertinentiis suis; castellum Rubeum cum omnibus pertinentiis suis, villam de Valvert cum pertinentiis suis, Burgell in Navarra, cum ecclesia et aliis pertinentiis suis ; Formella cum pertinentiis, hospitale de Bellota cum ecclesia et pertinentiis suis; domum de Formosella cum hæreditatibus et pertinentiis suis; quintanella de Borona cum suis pertinentiis, hæreditatem de Alvellos cum domibus et suis pertinentiis; villas de Perros et Canones in campo de Monnio cum suis pertinentiis, Terradellos ibidem cum suis pertinentiis, Fontodra juxta Amaia cum pertinentiis suis, Palatia in ripa de Pisorga cum suis pertinentiis, medietatem de Avarcha cum ecclesia ipsius loci et pertinentiis suis; Famuscu in rivo de Asageva cum pertinentiis suis, Vallorabona in episcopatu Palentin. cum pertinentiis suis; Sanctam Mariam domine Echa super rivum de Pisorga, et villam Ramira in Alcordutella, et hæreditates in termino de Courel cum pertinentiis suis; Padellam cum ecclesia Sanctæ Mariæ et pertinentiis suis; Ravanal cum ecclesia juxta castrum Vert. et Val. in ripa de Stola et navam cum pertinentiis suis; Caso cum pertinentiis suis in Asturiis, cum ecclesia et pertinentiis suis ; Villester juxta Bamba, Pallos in ripa de Doira et ecclesiam Sanctæ Mariæ de Zamorra cum pertinentiis suis; Pinos in Gallicia et Congeli in Gallicia juxta Allariz, domum de Allariz, domos de Troncoso et Minium cum vineis, terris et pertinentiis suis; domum de Benevento super Orvegun cum pertinentiis suis, Vannexandines in terra de Astorga cum domibus et pertinentiis suis; ecclesiam de Majorica cum domibus et pertinentiis suis; Elpererii inter civitatem Rodrogo et Tronchoso cum omnibus possessionibus et pertinentiis suis; domos de Segobia cum tendis, vineis et aliis pertinentiis suis; Erigerum cum omnibus pertinentiis suis. In Portugal, in civitate quæ dicitur Estora, duos alcazarel, vetus et novum, cum omni hæreditate regia et aliis pertinentiis suis; castellum de Guluce cum pertinentiis suis; domos de Scaren cum hæreditate regia de Ortalogon et pertinentiis suis; castellum de Alcanethet, Alpedriz, Benamesi, Jurumenia, Alboſeira, Malfora et casas de Ulixbona cum vineis et aliis pertinentiis suis; Cazaraboton, Sanctum Vincentium, Bolvaidi, Oriz. In Aragona, castellum de Alcaniz cum villa sua, aldeis et aliis pertinentiis suis; medietatem de Maella cum olivetis et pertinentiis suis, Pomer cum pertinentiis suis, Salvamterram, castellum de Domnisronda, Sanctum Sylvestrum, medietatem de Veilozeil, Contai et Enforlopes; castrum lege Eerraira, Cameles et Ort. cum pertinentiis suis; quintanella de Redofresnos, S. Felicem et Losbarros cum pertinentiis suis, et S. Nicolaum de Lamina, et Sequela cum pertinentiis suis. Sane laborum, etc. Liceat quoque vobis, clericos, etc. Prohibemus insuper ut nulli, etc. Cum autem generale, etc. Liceat etiam vobis in locis vestris sine manifesto dispendio vicinarum Ecclesiarum oratoria construere, in quibus fratres et familiæ vestræ divinum audire officium et Christianam habere valeant sepulturam. Clerici quoque ordinis vestri clericum priorem habeant, cui professionem faciant, reverentiam ac subjectionem impendant. Nihilominus vero præsenti decreto sancimus ut, si quis in aliquem fratrum vestrorum temerarias manus injecerit, nisi rationabilis causa obsistat, excommunicationis sententia sit astrictus et illud pro tutela vestra tam in sententia quam in pœna servetur, quod sub Innocentio papa de clericorum tuitione noscitur institutum. Regulares et antiquas consuetudines ordinis vestri a prædecessoribus vestris et a vobis hactenus observatas aliqua levitate mutari, seu etiam possessiones domorum vestrarum alienari, nisi de magistri providentia fiat cum consensu capituli vel majoris et sanioris partis, auctoritate apost. prohibemus fieri. Prohibemus insuper ut infra fines parochiarum vestrarum, quas a Saracenis acquisistis vel in posterum acquiretis, capellas vel oratoria seu Ecclesias nullus audeat sine assensu vestro construere, si vos pro necessitate populi duxeritis construendas; in quibus, cum constructæ fuerint, liceat vobis clericos eligere et episcopo præsentare; quibus, si idonei fuerint, episcopus curam animarum committat, ut ei de spiritualibus, vobis autem de temporalibus debeant respondere. Præterea novas et indebitas exactiones ab archiepiscopis, episcopis, archidiaconis seu decanis aliisve ecclesiasticis sæcularibusve personis, vobis omnino fieri prohibemus. Chrisma vero, etc. Prohibemus adhuc ne interdictos, etc. Paci quoque, etc. Ad hæc, libertates, etc. Decernimus ergo, etc. Salva in omnibus sedis apost. auctoritate. Si qua igitur, etc.

Datum Laterani, per manum Rainaldi domini papæ notarii, cancellarii vicem agentis, iv Kalend. Maii, Indict. ii, Incarnat. vero Dom. anno 1199, pont. vero domini Innocentii papæ III anno secundo.

LIV.
CAPITULO HILDESHEMENSI.
Quod eligant personam idoneam Ecclesiæ eorum vacanti per translationem episcopi Hildeshemensis propria auctoritate.

(Laterani, ii Non. Maii.)

(32) Cum in negotiis ecclesiasticis studiosa sit discretio adhibenda, ex institutione sanctorum Patrum summa providentia prælationis ecclesiasticæ dispositioni debetur; et si quid in illa contra ea quæ sunt certis decretorum expressa capitulis alicujus fuerit auctoritate præsumptum, Romanæ Ecclesiæ, quæ inter alias sortita est a Domino principatum, sollicitius imminet corrigendum. Et ne apostolicæ sedis auctoritas super his quæ contra dignitatem ejus attentata noscuntur, honoris sui dispendium patiatur nos, qui, licet immeriti, ejus sumus regimini deputati, debemus omnimodis præcavere. Sane cum vobis quondam nostri dedissemus litteris in mandatis, ut quia Hildeshemensis olim episcopus, relicta Hildeshemensi Ecclesia, cui fuerat spirituali conjugio copulatus, ad Herbipolen. sine auctoritate Romani ontificis propria temeritate transivit, ipsum redire volentem recipere nullatenus deberetis; idem tale mandatum contra se sentiens emanasse, suas ad vos litteras destinavit, ut nullatenus procederetis ad electionem aliquam faciendam; alioquin omnes Ecclesiæ redditus in tantum distraheret, quod successor ipsius nec episcopalem habere poterit sustentationem nec episcopus nominari. Asseruit etiam quod cum ejus nuntius a sede apostolica rediisset, et de litteris nostris non fecisset ei aliquam mentionem, arguebat illas litteras falsitatis; et quia nuntii ejus, qui apud sedem apostolicam commorantur, nihil de his intellexerant, pro constanti habebat quod litteræ illæ non ex æquo libramine sed ex aliquorum suorum æmulorum invidia fuerant impetratæ. Nos igitur ejus volentes contumaciam reprimere, sicut decet, ne aliis forte hujusmodi præsumptio vergeret in exemplum, discretioni vestræ per apostolica scripta mandamus et districte præcipimus quatenus, in ipsa Ecclesia diutius maneat viduata pastore, ad electionem canonice de persona idonea faciendam, sublato cujuslibet contradictionis et appellationis obstaculo, procedatis. Nos enim dilectis filiis Corbeien. et de Hersued. abbatibus et decano Paderbornen. dedimus in mandatis ut, postquam ad electionem juxta mandatum apost. processeritis, vel si jam forsitan processistis, ipsi tam formam electionis quam personam electi diligenter examinent; et si eam canonice et de persona idonea invenerint celebratam, ipsam, sublato appellationis obstaculo, auctoritate nostra non differant confirmare; laicis sub pœna excommunicationis firmiter inhibentes, ne amplius quam consensum debitum in electione præsumant aliquatenus usurpare. Eisdem etiam firmiter auctoritate nostra præcipimus ut prædictum quondam episcopum per districtionem ecclesiasticam compellant quod bona Hildesemen. Ecclesiæ, quæ per ipsum sunt impedita, non differat expedire, et tam vos quam Ecclesiam vestram ab ipsius et fautorum suorum gravamine tueantur. Provideatis autem ut taliter quæ mandamus curetis effectui mancipare, quod non videamini mandati apostolici contemptores et de inobedientia, per quam fuit primus casus hominis procuratus, argui non possitis.

Datum Laterani, ii Nonas Maii.

LV.
CORBEIEN. ET DE HERSVED. ABBATIBUS ET DECANO PADERBORNENSI.
De eodem argumento.

(Datum, *ut supra*.)

Cum in negotiis, etc., *fere in eumdem modum ut supra, usque ad verbum* gravamine tueri curetis. Nullis litteris veritati et justitiæ, etc. Quod si omnes, etc., duo vestrum, etc.

Datum, *ut supra*.

---

(32) Vide supra lib. I, epist. 335.

LVI.

CI. LUBUSSEN. EPISCOPO.

Ex laxiori ordine monastico ad arctiorem transire licet, non contra.

(Laterani, VIII Id. Maii.)

Referente dilecto filio fratre B. Hospitalario, nostro est apostolatui reseratum quod cum a tempore juventutis suae secundum institutiones canonicorum regularium Arrowasien. Ecclesiae beati Augustini regulam professus fuisset, et in ea ultra decennium permanens, sacros ordines usque ad sacerdotium suscepisset, juventute postmodum impellente, curiositate potius quam religionis amore devictus, terram Hierosolymitan. et alias videre desiderans, ab abbate suo non tam voluntariam sub eadem conditione licentiam obtinuit quam extortam ut si bonae mem. Alexandrum papam praedecessorem nostrum inveniret in via, causam itineris sibi exponeret et juxta mandatum ejus vel procederet vel rediret. Verum ipse, neglecta conditione, procedens, suscepit habitum Hospitalis, in cujus servitio usque ad haec tempora fideliter laboravit. Sed cum ordo praemissus districtioris sit observantiae quam secundus, prudenter attendens quod de laxiore ascendendum sit ad ordinem arctiorem, non autem de arctiore ad laxiorem sit ratione aliqua descendendum, ad se Domino inspirante reversus, ad bonum redire desiderat quod dimisit. Cum itaque non mediocriter erret qui minus bonum majori bono praeponit, fraternitati tuae per apost. scripta mandamus quatenus, inquisita super praemissis diligentius veritate, si rem inveneris ita esse, praefato fratri B. licentiam auctoritate apostolica praebeas ad primum ordinem redeundi.

Datum Laterani, VIII Idus Maii.

LVII.

R. ANGLIAE REGI ILLUSTRI.

Quod restituat bona archiepiscopo Eboracensi, et permittat ipsum administrationis officium libere exercere.

(Laterani, IV Kal. Maii.)

(33) Apostolica sedes universorum Christifidelium mater et magistra, non ab homine sed a Deo potius constituta, tunc verae matris affectum et magisterii redolet disciplinam, cum ad benignitatem gratiae diligit filios et discipulos ad justitiae dirigit aequitatem. Non enim potest vel dissimulare matrem vel magisterium qualibet occasione negligere, quae a Domino in signum dilectionis oves Dominicas pascendas in beato Petro recepit et ligandi et solvendi ab eodem et in eodem obtinuit potestatem. Ad id autem juxta pastoralis officii debitum exsequendum circa nostrae promotionis initia regia serenitas per litteras, quas penes nos in tuae serenitatis testimonium reservamus, efficaciter nos induxit; dum ut benigne tractaremus subditos et in causis sine personarum acceptione procedere curaremus, nec declinantes ad dextram nec ad sinistram, per easdem litteras et consuluit salubriter et humiliter postulavit, addens quod sic possemus cervices sublimium et superborum colla calcare. Et pastoralis igitur officii sollicitudine provocati et regalis consilii continentiam recolentes, venerabili fratri nostro G. Eboracen. archiepiscopo ad sedem apostolicam recurrenti nec voluimus nec debuimus audientiam vel justitiam denegare. Conquerebatur enim se per magnificentiam tuam temporalibus sui archiepiscopatus redditibus destitutum et quod longo fuerat afflictus exsilio et in injuriam totius cleri mendicare coactus, supplex et humilis proponebat. Volentes itaque ipsum tanquam fratrem nostrum et Ecclesiae filium diligere ad gratiam, et te tanquam catholicum principem et apostolicae sedis filium specialem ad justitiam dirigere conservandam, imo directum potius exhortari, cum in contemptum ejus cujus existit minister, et apostolicae sedis injuriam, quae ipsum in partem sollicitudinis evocavit, et tuam etiam, ut prosequamur verum, verecundiam, cujus est frater, redundet ministrum Dei sollicitudinis nostrae consortem et regali stirpe progenitum mendicare : serenitatem regiam omni qua possumus affectione rogandam duximus et monendam quatenus tam nos quam te ipsum ab hujus onere difficultatis absolvas et a labiis liberes detractorum, qui non solum quae perperam attentantur ad detractionem assumunt, sed etiam, secundum Prophetam, exacuerunt ut gladium linguas suas, tetenderunt arcum rem amaram, ut sagittent innoxios in occultis. Attendas igitur quanta nos infamia, quanta te detractio sequeretur, si vel justa petitio exsulis non introiret in aures nostras, vel te fratris exsilium non moveret et eumdem archiepiscopum ob reverentiam apostolicae sedis, quae te tanquam filium diligit specialem et in hoc et majoribus de celsitudinis tuae sinceritate confidit, in plenitudinem gratiae regalis admittas, et diligas sicut fratrem et velut Christi ministrum honores ; ut in uno eodemque negotio Deum tibi reddas propitium, consulas apostolicae sedis honori, tuae saluti provideas et fratri subvenias exsulanti. Memor esto salubris consilii quod nobis per tuas litteras, ut diximus, praebuisti; et dum secundum illud nos agere recognoscis, quod agimus approbes et regaliter exsequaris; ne qui nos juste in omnibus procedere suggessisti, secundum justitiam agentibus te opponas, sed taliter ad exhortationem nostram cures cum eodem archiepiscopo convenire, quod jura ejus auferre vel minuere minime videaris et ipse contra suam et Ecclesiae non veniat honestatem. Ad id autem laudabilius et celerius exsequendum venerab. fratrem nostrum Rothomagen. archiepiscopum et dilectum filium abbatem de Persagnia, de quorum discretione plene confidimus, duximus deputandos, qui honestum modum

---

(33) Vide Roger. de Hoveden. ad an. 1198, fol. 446 edit. Londin.

pacis inveniant et eumdem archiepiscopum regiæ benevolentiæ reconciliare studeant, et in tuæ serenitatis devotione ac obsequio solidare. Quod si forte, quod absit! per eos tractatus pacis juxta votum nostrum et desiderium non poterit consummari, eumdem archiepiscopum ad temporalia restituere non omittas, nec impedias quo minus in spiritualibus creditæ sibi dispensationis officium exsequatur : sciturus nos dilecto filio P. Sanctæ Mariæ in Via Lata diacono cardinali, apostolicæ sedis legato dedisse firmiter in mandatis ut apud te monitis et exhortationibus diligenter insistat, quod eidem archiepiscopo possessiones subtractas sine dilatione et difficultate restituas universas, et de proventibus inde perceptis et damnis illatis satisfacias competenter. Ita quod si ipse aliquid serenitati regiæ tenetur exsolvere, tibi cum integritate persolvat, nisi forsan quod tibi debebatur, de ipsius proventibus a te vel aliis tuo nomine sit perceptum.

Datum Laterani, iv Kal. Maii.

LVIII.
(Datum, *ut supra*.)

Scriptum est super hoc Rothomagensi archiepiscopo et abbati de Persagnia fere in eumdem modum ut supra, usque in finem, et hoc plus : Volumus autem nihilominus et mandamus ut litteras nostras, quas eidem regi pro dicto archiepiscopo destinamus, ipsi præsentetis et responsum ejus curetis dicto cardinali per vos vel per litteras vestras plenius intimare. Quod si ambo, etc., alter, etc.

Datum, *ut supra*.

LIX.
R. ANGLIÆ REGI ILLUSTRI.
De eodem argumento.
(Datum, *ut supra*.)

Apostolica sedes, etc., *usque in finem, et hoc plus*. Alioquin, cum serenitatem tuam super hoc semel et iterum et rogaverimus efficaciter et monuerimus diligenter, etsi molestius nobis quam tibi futurum existat, si te occasione qualibet molestemus, quia tamen a prædicto tuæ serenitatis consilio declinare nec volumus nec debemus, ne culpa tua nobis et in præsenti ad detractionem et in futuro imputetur ad pœnam, eidem cardinali dedimus in mandatis ut magnificentiam tuam ad hoc per interdictum totius Eboracensis provinciæ, appellatione remota, compellat. Et si nec sic infra tempus quod idem legatus tibi statuerit, effeceris quod mandamus, ex tunc totam Angliam, sublato appellationis obstaculo, subjiciat sententiæ interdicti. Eligas igitur sicut vir providus et discretus in nobis potius matris affectum quam magistri experiri rigorem, qui sine multa molestatione nostra te molestare non possumus, et in his etiam salutem tuam sollicite procuramus; nec nobis causam vel occasionem aliquatenus tribuas, per quam fervorem illum tepescere facias, quo non mediocriter sumus ad tuum promovendum honorem accensi.

Datum, *ut supra*.

Scriptum est super hoc P. Sanctæ Mariæ in Via Lata diacono cardinali, apostolicæ sedis legato.

LX.
P. SANCTÆ MARIÆ IN VIA LATA DIAC. CARD. APOSTOLICÆ SEDIS LEGATO.

Ut quicunque beneficia in archiepiscopatu Eboracensi contra archiepiscopi voluntatem acceperunt, destituantur.

(Datum, *ut supra*.)

Quia diversitatem corporum diversitas sæpe sequitur animorum, ne plenitudo ecclesiasticæ jurisdictionis in plures dispensata vilesceret, sed in uno potius collata vigeret, apostolicæ sedi Dominus in beato Petro universarum Ecclesiarum et cunctorum Christifidelium magisterium contulit et primatum: quæ, retenta sibi plenitudine potestatis, ad implendum laudabilius officium pastorale, quod omnibus eam constituit debitricem, multos in partem sollicitudinis evocavit, sic suum dispensans onus et honorem in alios, ut nihil suo juri subtraheret nec jurisdictionem suam in aliquo minoraret. Cum autem ex susceptæ auctoritatis officio singulis, tanquam singulorum mater, justa petentibus justitiam nec possit nec debeat denegare, cum justitia et judicium sit præparatio sedis ejus, nos, qui ad ejus regimen sumus, licet insufficientes, assumpti, fratribus et coepiscopis nostris ad nos clamantibus non possumus in justitia non adesse, aut quod juste postulaverint non audire; ne si forsan circa exhibendam eis justitiam fuerimus inventi remissi, ipsi quoque negligentes inveniantur in reddendis juribus subditorum, et commissam sibi nostræ sollicitudinis partem minus laudabiliter exsequantur, si, quod absit! nos viderint vel declinare a jure vel non audire justitiam postulantes. Hac autem ratione diligenter inducti, venientem ad apostolicam sedem venerab. fratrem nostrum G. Eboracen. archiepiscopum benigne recepimus et multiplices ejus curavimus querelas audire. Conquerebatur autem inter cætera, quod cum ad eum in Eboracen. Ecclesia et in aliis Ecclesiis suis collatio pertineat præbendarum, tempore suspensionis ipsius et postmodum etiam, quidam se præter ejus auctoritatem in ipsas intruserant et in hoc et aliis juri ejus non modicum derogarant. Quidam etiam in quasdam abbatias diœcesis Eboracen., post interpositam ab nos appellationem, irrepserant, qui ab eo nec confirmationis munus, nec benedictionis gratiam postularunt. Volentes igitur eidem archiepiscopo per tuæ sollicitudinis industriam provideri, de fratrum nostrorum consilio discretioni tuæ per apostolica scripta districte præcipiendo mandamus, quatenus eos qui præbendas vel dignitates Eboracen. Ecclesiæ, vel aliarum Ecclesiarum ad donationem ejus spectantes, præter auctoritatem ipsius acceperunt, ad eas resignandas moneas diligentius et inducas, cum eas non possint salva conscientia detinere. Quod si monitis tuis acquiescere forte noluerint, eos ad id per excommunicationis sententiam et subtractionem aliorum beneficiorum suorum, non obstante confirmatione a sede apostolica obtenta, sub forma communi quæ confirmat beneficia et præbendas, sicut juste ac pacifice possidentur, appellatione remota compellas; nisi forsan aliqui præbendas ipsas vel ex speciali mandato apostolicæ sedis vel auctoritate Lateran. consilii ab Eboracen. capitulo sunt adepti; sic tamen ut tempus suspensionis in sex mensibus nullatenus computetur, cum illa Lateran. concilii constitutio contra negligentes tantum et desides fuerit promulgata, et tunc, si voluerit non tamen valuerit archiepiscopus ipse in conferendis præbendis uti propria potestate; a qua et i fuerit sua culpa suspensus, non tamen ad ipsum capitulum ex illa culpa præbendarum erat donatio devoluta, sed ad illum tempore suspensionis ipsius præbendarum donatio pertinebat qui propter cujus negligentiam et desidiam poterat præbendas donare. Tempus etiam quo ad apostolicam sedem accessit, apud illam permansit vel recessit ab ipsa, infra sex menses nullatenus computetur. Semestre quoque tempus non a tempore vacationis præbendarum, sed notitiæ potius ipsius archiepiscopi et commonitionis ad personam ejus a capitulo factæ, cum in privilegio quod a prædecessore nostro idem capitulum dicitur impetrasse, fiat mentio de commonitione canonica præmittenda, volumus computari. Illud autem omnino frivolum reputamus, si qui forte se dicant ex donatione regia quasdam ex illis obtinuisse præbendis, quasi regalis sublimitas tempore suspensionis archiepiscopi præbendas ipsas sua potuerit auctoritate conferre. Abbates autem prædictos, si post appellationem ad nos legitime interpositam confirmationis et benedictionis beneficium susceperunt, canonice punias, ne alii eorum exemplo contra prælatos suos supercilium elationis assumant.

Datum, *ut supra.*

LXI.

ABBATI SANCTI ANDREÆ.

Quod excommunicatus in quo fuerunt signa pœnitentiæ, et per eum non stetit quin reconciliaretur Ecclesiæ, habendus est pro absoluto.

(Laterani, 11 Non. Maii.)

(33ª) A nobis est sæpe quæsitum, utrum si aliquis excommunicatus, in quo indicia fuerint pœnitentiæ manifesta, nec per eum steterit quo minus reconciliaretur ecclesiasticæ unitati, non suscepto beneficio absolutionis decesserit, pro absoluto ab Ecclesia sit habendus et utrum pro tali recipienda sit eleemosyna et a fidelibus sit orandum. Ut autem quod intendimus per suppositionem exempli apertius exprimamus: quidam presbyter et canonicus regularis, sicut per tuas nobis litteras intimasti, cum publica laboraret infamia quod ad quamdam conjugatam accederet, maritus mulieris et consanguinei ejus in eum manus injecerunt temere violentas; propter quod per episcopum denuntiati sunt

(33ª) Cap. *A nobis,* De sententia excommunicat.

excommunicationis sententiæ subjacere. Verum ipsi postmodum ad eumdem episcopum accedentes, præstito in manus ejus quod parerent judicio Ecclesiæ corporaliter juramento, in mandatis receperunt ab ipso quod propter hoc apostolico se conspectui præsentarent. Cumque unus illorum se ad iter accingeret veniendi, a quibusdam suis æmulis est peremptus et extra cœmeterium ecclesiæ tumulatus. Et licet contra interfectores amici et consanguinei interfecti graviter sint commoti, eis tamen omnem rancorem remitterent et offensam dummodo interfecti cadaver traderetur ecclesiasticæ sepulturæ. Videretur igitur forsan in hoc casu quibusdam, quod cum sacramentum non necessitatis articulus, sed contemptus religionis excludat, et judicium Ecclesiæ divinum debebat judicium imitari, cum etiam in interfecto prædicto manifesta pœnitentiæ signa præcesserint, et propter hoc absolutus apud Deum esse credatur, absolutus etiam ab Ecclesia sit habendus. Sed e contrario, cum ex sola culpa ligetur quis, quoad Deum, apud triumphantem Ecclesiam; ex sola vero sententia ligetur, quoad hominem, apud Ecclesiam militantem quando vinculum culpæ remittitur, absolvitur apud Deum; sed apud homines non absolvitur, nisi quando vinculum sententiæ relaxatur. Alioquin Ecclesiæ absolutio nullatenus necessaria videretur, si in sola cordis contritione, præter sacerdotale officium, rigor relaxaretur ecclesiasticæ disciplinæ. Nos igitur consultationi tuæ de communi fratrum nostrorum consilio breviter respondemus quod judicium Dei veritati, quæ nec fallit nec fallitur semper innititur; judicium autem Ecclesiæ nonnunquam opinionem persequitur; quam et fallere sæpe contingit et falli. Propter quod contingit interdum ut qui ligatus est apud Deum apud Ecclesiam sit solutus, et qui liber est apud Deum ecclesiastica sit sententia innodatus. Vinculum ergo quo peccator ligatus est apud Deum, in culpæ remissione dissolvitur. Illud autem quo ligatus est apud Ecclesiam, cum sententia remittitur, relaxatur: quod in suscitatione Lazari sermo evangelicus manifestat, quem prius Dominus suscitavit et apostolis præcepit postmodum solvere suscitatum. Unde quantumcunque prædictus se, juramento præstito quod Ecclesiæ mandato pareret, humiliare curaverit, quantæcumque in eo pœnitentiæ signa præcesserint, quia tamen morte præventus absolutionis non potuit beneficium obtinere, quamvis apud Deum absolutus fuisse credatur, nondum tamen apud Ecclesiam habendus est absolutus. Potest tamen et debet ei Ecclesiæ beneficio subveniri; scilicet ut cum de ipsius viventis pœnitentia per evidentia signa constiterit, defuncto etiam absolutionis beneficium impendatur. Nec obstat quod Ecclesiæ legitur attributa potestas ligandi et solvendi homines super terram, tanquam non possit solvere et ligare sub terra sepultos, et quod legitur: *Non communicetur mortuo, cui non est communicatum et* viro; cum etsi communicatum non fuerit, communicandum tamen illi fuisset, quem non contemptus religionis sed necessitatis articulus impedivit et in certis casibus a canonibus denotatis ligasse legatur Ecclesia mortuos et solvisse. Ut autem in uno pariter eodemque negotio et servemus rigorem et mansuetudinem ostendamus, statuimus ut illius mortui absolutio a sede apostolica requiratur, qui, cum viveret, ab apostolica sede fuerat absolvendus. Aliorum autem absolutionem ex præmissa causa cæteris indulgemus, a quibus, cum viverent, fuerant absolvendi. Absolutionis autem forma servetur, ut fiat cum Pœnitentiali Psalmo, et tam Oratione Dominica quam alia consueta. Hæredes tamen ipsius ad satisfaciendum pro ipso, si commonitione præmissa noluerint, per districtionem ecclesiasticam compellantur.

Datum Laterani, II Nonas Maii.

LXII.

NOBILI VIRO L. DE MONTE LONGO CONSOBRINO NOSTRO.
Ut inventum thesaurum conservet, donec pontifex suam voluntatem declaret.

(Laterani, v Id. Maii.)

Cum gratiam nostram, quam tibi potes cognoscere multipliciter fructuosam, universis debeas hominibus anteferre et neminem quantum personam nostram diligere et vereri, de discretione tua cogimur admirari quod, sicut dilectus filius G. aurifex Alatrinus in nostra præsentia constitutus asseruit, tu ab eo 11 libras argenti puri, quas filii sui in dotem receperant a quædam homine Montis S. Joannis, qui thesaurum invenisse proponitur, abstulisti et permisisti eum ab aliis taliter molestari, quod coactus est 4 marchas et unam unciam nuntio dilecti filii nobilis viri Joannis de Cettan. persolvere ac totidem marchas Pelagio Alatrino, Matthæo Adenulphi et Philippo unam libram et decem uncias, decem etiam et novem uncias consuli Alatrinensi; cum ignorare non debeas, quod sic inventus thesaurus dispositioni nostræ debuit reservari. Inde est quod discretioni tuæ sub obtentu gratiæ nostræ præcipiendo mandamus quatenus, omni mora et excusatione postpositis, argentum prædictum, qualitercunque expensum sit, studeas rehabere ipsumque reserves fideliter, donec nostræ recipias beneplacitum voluntatis. Illos autem qui argentum ipsum habuisse noscuntur, nisi tibi celerius curaverint resignare, auctoritate nostra confidens et eorum præsumptionem cum fidelibus studeas, sicut convenit, castigare: quia sic nostra jurisdictio deperiret, si in patrimonio Ecclesiæ, quod nostrum est, alii præsumptione qualibet occuparent. Illos etiam qui thesaurum invenisse noscuntur, ad assignandum illum dispositioni nostræ quanta potes districtione compellas, eis ex parte nostra promittens quod si paruerint humiliter et devote, congrue sibi providere *(sic)*.

Datum Lat., v Idus Maii.

(34) Cap. *Inter sollicitudines*, De purgatione canonica.

LXIII.

SENONEN. ARCHIEPISCOPO.
Ut decanus Nivernensis de hæresi suspectus se purgare eamque abjurare cogatur.

(Laterani, Non. Maii.)

(34) Inter sollicitudines nostras illa debet esse præcipua, ut capiamus vulpeculas quæ moliuntur vineam Domini demoliri, species quidem habentes diversas, sed caudas ad invicem colligatas, quia de vanitate conveniunt in idipsum. Hi sunt namque caupones qui aquam vino commiscent, qui virus draconis in aureo calice Babylonis propinant, qui juxta verbum propheticum arcum rem amaram intendunt, ut sagittent innoxios in occultis, quorum error serpit ut cancer, ita quod nisi botrus in flore lædatur, fructum non solum amarum sed etiam pestiferum germinabit. Hos Apostolus egregius prædicator in Epistola sua prophetico sermone describit et docet omnibus modis evitandos: contra quos sacerdotes tubis argenteis clangere debent, ut conclamante populo, arca fœderis præcedente, muri corruant Hierico, quæ jam fuerat perpetuo anathemate condemnata; ita quod, si quis ex ea vel regulam auream furari præsumpserit, cum Achor filio Charmi lapidibus obruatur. Tu ergo, sicut vir providus et discretus, veri pastoris adimples officium et super grege tibi commisso pure ac plene sollicitudinem pastoralem exerces, dum et legem Christi zelaris et hæreticorum impugnans errorem, in fautores ipsorum exeris gladium canonicæ ultionis. Vigilans enim vigilas super grege tuo, ne relicto veri pastoris ovili, quod est unum, oves aberrent, post vestigia gregum, qui non sunt ex eo, temere abeuntes; vel ne lupus eas rapiat et dispergat, quas veritas in eodem ovili sub uno pastore fidei catholicæ counivit. Inter præcipuos quidem vineæ Domini Sabaoth agricolas deputatus, vulpeculas quas descripsimus non pateris ejus speciem demoliri; sed eas vel capere potius satagis, vel fugare. Sane, sicut ex litteris tuæ fraternitatis accepimus, cum ad preces venerabilis fratris nostri Altisiodoren. episcopi ad villam quæ Charitas dicitur accessisses, præsentibus eodem et venerabilibus fratribus nostris Nivernen. et Melden. episcopis, in unum fecisti ejusdem villæ populum congregari: ubi de hæreticis et eorum dogmatibus inquisitione diligenti habita, inter alios quos super hæretica pravitate reperisti publice infamatos, Decanum Nivernen. communi didicisti opinione gravari et in eo et per eum non modicum fuisse scandalum catholicorum animis declaratum. Unde propter vehementem infamiam et grave scandalum, ipsum ab officio et beneficio suspendisti, apud Altisiodorum ei diem certum assignans, quo tuo se conspectui præsentaret ab objecto crimine defensurum. Cumque statuto termino ad tuam præsentiam accessisset, præsentibus dictis Altisiodoren. et Nivernen. episcopis ac pluribus in utroque jure peritis, cum certus accusator contra

eum minime compareret, tu ex officio tuo testes tam pro ipso quam contra ipsum recipi ac diligenter examinari fecisti et attestationes etiam publicari. Cumque postmodum se non ad concessum ei diem tuo se conspectui præsentasset, cum facultatem ei liberam indulsisses in testes ac eorum dicta dicendi ac proponendi suas in medium rationes, quibusdam propositis probationibus et allegationibus tandem renuntians, sententiam postulavit. Tu vero cum venerab. fratr. nostris Trecen. ac dictis Altisiodoren. et Nivernen. episcopis secedens in unum, inspectis attestationibus diligenter et adhibito plurium consilio sapientum, quia crimen contra eum liquido probatum non erat, ipsum non duxisti de hæresi condemnandum. Verum quoniam ex dictis testium multa erat præsumptio (35) contra eum, utpote cum esset manifeste probatum eum familiaritatem hæreticorum non solum habuisse, sed etiam captasse scienter, cum publica etiam laboraret infamia, et tantum suscitatum esset scandalum contra ipsum, quod non posset canonica purgatione deleri: nec ipsum absolvere nec purgationem quam obtulerat ab initio et tunc etiam offerebat recipere voluisti, sed ipsum cum litteris tuis ad sedem duxisti apostolicam destinandum, intelligens quod ex concessa nobis plenitudine potestatis citra pœnam canonicam dispensare possimus et ultra eam rigorem severitatis augere. Cæterum ei postmodum in nostra præsentia constituto communem audientiam in consistorio nostro concessimus; ubi se multipliciter nixus est excusare, illud præsertim allegans quod cum non apparente accusatore legitimo purgationem offerret, testes contra eum non fuerant aliquatenus admittendi. Nos igitur litterarum scientiam et honestatem morum in te pariter attendentes, licet ecclesiastica constitutio tales ab officio tantum usque ad purgationem canonicam doceat suspendendos, quod tamen etiam eum a beneficio propter immanitatem criminis, ut credimus, suspendisti, nolumus improbare; nec illud etiam propter causam improbamus eamdem quod, licet nullus contra eum legitimus accusator compareret, ad detegendam tamen hujus mortiferæ pestis, imo pestiferæ mortis radicem ex officio tuo, fama publica deferente, voluisti plenius inquirere veritatem. Attendentes autem vulgatam infamiam, grave scandalum et vehementem suspicionem ex testium dictis obortam, quæ contra eumdem decanum facere videbantur, cum propter eorum quodlibet ei esset purgatio injungenda et servantes et mollientes rigorem, de consilio fratrum nostrorum, archiepiscoporum etiam et episcoporum apud sedem apostolicam existentium, purgationem quartæ decimæ manus sui ordinis ei duximus indicendam. Ipsum igitur ad te cum litteris apostolicis remittentes, ut ibi purgetur ubi noscitur infamatus, fraternitati tuæ per apostolica scripta mandamus quatenus, ascitis tecum dicto Nivernen. et venerabili fratre

(35) Vide cap. *Litteras*, De præsumptionibus.

nostro Parisien. episcopis, indictam ei a nobis purgationem accipias. Ita tamen ut qui ad ejus purgationem processerint comprobandam, sint fide catholici et vita probati, qui conversationem et vitam ipsius non tam moderno tempore noverint quam transacto. Purgatione vero recepta, beneficium ei restituere non postponas, ne cogatur in cleri opprobrium mendicare. In pœnam autem familiaritatis illius quam cum hæreticis scienter habuisse dignoscitur, eum ab officio volumus manere suspensum, donec scandalum sopiatur, ita tamen ut publice familiaritatem hæreticorum abjuret. Præcipias insuper ipsi districte ut in prædicta et aliis villis circumpositis profiteatur et prædicet fidem catholicam, ac confundat et detestetur hæreticam pravitatem, sic deinceps vitam suam bonis adornans operibus, ut infamia convertatur in famam, et omne scandalum et suspicio de catholicorum mentibus deleatur. Quod si forsan in purgatione defecerit, eum ecclesiasticæ districtionis mucrone percellas, et ab officio beneficioque depositum ad agendam pœnitentiam in arctum monasterium retrudere non omittas.

Datum Lat., Nonis Maii.

LXIV.

OXOMENSI EPISCOPO.

Confirmantur statuta facta per eum in Ecclesia sua.

(Laterani, v Id. Maii.)

Ordinem religionis plantare ac fovere plantatum, ex officii nostri debito provocamur; et sic religiosis locis apostolicum nos convenit præbere patrocinium et favorem, quod sub regimine ac gubernatione nostra assiduis proficere valeant incrementis. Intelleximus siquidem per scriptum authenticum sigillo tuo et venerabilis fratris nostri Toletan. archiepiscopi communitum, quod tu de communi consensu totius capituli Oxomensis, auctoritate præfati archiepiscopi, consensu etiam et consilio chariss. in Christo filii nostri A. regis illustris Castellæ, deliberatione provida statuisti ut, secundum præceptum felicis record. Alexandri et Lucii Rom. pontificum, in Oxomen. Ecclesia sint de cætero canonici regulares, nec aliquis in portionarium vel sæcularem canonicum recipiatur deinceps in eadem; quædam etiam alia capitula statuisti quæ in eodem scripto perspeximus contineri. Volentes igitur quod a te videtur pia deliberatione statutum, debita firmitate gaudere, constitutiones ipsas (quas possemus restitutiones potius nominare, cum a longis retro temporibus hoc ipsum de Oxomen. Ecclesia fuerit, sicut asseris, a Rom. pontificibus ordinatum), sicut ipsæ a te rationabiliter factæ sunt, et a tuo receptæ capitulo, auctoritate apost. confirmamus et præsentis scripti pagina communimus. Nulli ergo, etc.

Datum Laterani, v Idus Maii.

LXV.
OXOMEN. EPISCOPO.
Concubinarii publici puniantur, clanculariis indicatur purgatio.

(Laterani, v Id. Maii.)

(36) Tua nos duxit fraternitas consulendos si de clericis publice concubinas habentibus, qui quando conveniuntur a te se esse concubinarios diffitentur, nec apparet contra eos legitimus accusator, credendum sit testimonio bonorum virorum inter quos vivere dignoscuntur. Nos igitur consultationi tuæ taliter respondemus, quod si crimen eorum ita publicum est ut merito debeat appellari notorium, in eo casu nec accusator nec testis est necessarius, cum hujusmodi crimen nulla possit tergiversatione celari. Si vero publicum est, non ex evidentia, sed ex fama, in eo casu ad condemnationem eorum sola testimonia non sufficiunt, cum non sit testimoniis sed testibus judicandum. Sed si de clericis illis talis habeatur suspicio, ut ex ea scandalum in populo generetur, licet contra ipsos non apparuerit accusator, tu tamen eis canonicam potes purgationem indicere; quam si præstare noluerint, vel defecerint in præstanda, eos canonica poteris animadversione punire.

Datum Laterani, v Idus Maii.

LXVI.
URATIZLAVIEN. EPISCOPO.
Consultanti respondetur super pluribus articulis.

(Laterani, xvii Kal. Junii.)

(37) Nuper a nobis tua fraternitas requisivit quid sit de illis laicis sentiendum qui clericos violenter, sine læsione tamen, in custodia detinent publica vel privata vel etiam detrudunt in vincula, utrum in canonem sententiæ latæ incidant, ut ipso facto sint vinculo excommunicationis innodati, sicut illi qui manus in clericos injiciunt temere violentas; et utrum qui nominatim excommunicatis scienter communicant, absolvi ab excommunicatione possint per confessionem a simplici sacerdote, vel episcopi seu archipresbyteri (38) sit ab eis absolutio expetenda; et si post actam pœnitentiam cum illis valeas dispensare qui etsi bigami de jure non sunt, de facto saltem bigami nominantur, eo quod in sacris ordinibus constituti more nuptiali secundas in contubernium sibi mulierculas adjunxerunt. Nos igitur inquisitioni tuæ taliter duximus ex ordine respondendum, quod in primo consultationis articulo non credimus laicos pœnam excommunicationis evadere, quamvis eorum factum corporalis læsio non fuerit subsecuta, citra quam violentia sæpius circa clericos nequiter perpetratur. In secunda vero quæstione credimus distinguendum an is qui nominatim excommunicato scienter communicat, in crimine communicet criminoso, ei consilium impendendo, auxilium vel favorem, aut alias

in oratione vel osculo vel orando secum aut etiam comedendo. In primo quidem articulo, cum talis et communicet crimini et participet criminoso, ac per hoc, ratione damnati criminis videatur in eum delinquere qui damnavit, ab eo vel ejus superiore merito delicti tunc erit absolutio requirenda, cum, juxta canonicas sanctiones, facientes et consentientes par pœna constringat. In secundo vero casu, a suo episcopo vel proprio sacerdote poterit absolutionis beneficium obtinere. Quamvis enim et tunc non judicis, sed juris sententia excommunicato communicans sit ligatus; quia tamen conditor canonum solutionem ejus sibi specialiter non retinuit, eo ipso concessisse videtur facultatem aliis relaxandi. Is autem qui juxta primum modum excommunicato communicat, cum juramento debet absolvi. Qui vero juxta secundum modum illi participat, reconciliari poterit sine juratoria cautione. Verum si difficile sit ex aliqua justa causa quod ad ipsum excommunicatorem absolvendus accedat, concedimus indulgendo ut, præstita juxta formam Ecclesiæ cautione quod excommunicatoris mandato parebit, a suo absolvatur episcopo vel proprio sacerdote. Tertius et ultimus inquisitionis articulus (39) videbatur habere non modicum quæstionis: quoniam cum in matrimoniis contrahendis non juris affectus sed animi destinatio attendatur, unde illum comitatur infamia qui duas simul habet uxores, quod partim ad factum convenit retorqueri, sicut et quod in canone (40) legitur de presbytero qui non legalibus nuptiis detinetur, eadem censura tales inter bigamos videntur reputandi; licet obviet ex adverso quod opinioni sit veritas præferenda et quod juxta præmissa, qui nullam uxorem habuit, foret bigamus reputandus; quod contingeret, si quis de facto contraheret cum diversis, quibus de jure non posset matrimonialiter copulari. Nos autem in hac quæstione taliter respondemus, quod cum hujusmodi clericis, qui, quantum in ipsis fuit, secundas sibi mulieres matrimonialiter conjunxerunt, tanquam cum bigamis non licet dispensari, licet in veritate bigami non existant, non propter sacramenti defectum, sed propter affectum intentionis cum opere subsecuto.

Datum Laterani, xvii Kal. Junii.

LXVII.
HISP. DECANO TOLETANO.
Recipitur sub protectione B. Petri et sedis apostolicæ.

(Laterani, xvi Kal. Junii.)

Sacrosancta Romana Ecclesia, etc., *usque ad verbum* suscipimus. Specialiter autem decanatum Toletanæ Ecclesiæ, sicut illum juste possides et quiete, devotioni tuæ auctoritate apostolica confirmamus et præsentis scripti pagina communimus, statuentes ut si te in aliquo gravari præsenseris,

---

(36) Cap. *Tua nos*, De cohabitatione clericorum et mulierum.
(37) Cap. *Nuper*, De sentent. excommunicationis.
(38) In tertia Collect. *archiepiscopi*.
(39) Cap. *Nuper*, De bigamis non ordinandis.
(40) Cap. *Presbyterum*, dist. 28.

libere tibi liceat sedem apostolicam appellare. Decernimus ergo, etc.

Datum Laterani, xvi Kal. Junii.

LXVIII.
HISP. ARCHIDIACONO DE COLERA.
Confirmatur sibi dictus archidiaconatus.
(Laterani, xvi Kal. Junii.)

Cum a nobis petitur, etc. *usque ad verbum* assensu, archidiaconatum de Colera, quem in Segobien. Ecclesia dilectus filius G. Sancti Angeli diaconus cardinalis, dum in partibus Hispaniæ legationis fungeretur officio, cum omni jure ac pertinentiis suis tuæ tibi contulit intuitu probitatis, sicut illum juste possides et quiete, et in ejusdem cardinalis authentico continetur, devotioni tuæ auctoritate apostolica confirmamus, et præsentis scripti pagina communimus. Nulli ergo, etc.

Datum Laterani, xvi Kal. Junii.

LXIX.
JOANNI ABBATIS SANCTI MICHAELIS VILLÆ MAJORIS EJUSQUE FRATRIBUS, TAM PRÆSENTIBUS QUAM FUTURIS, REGULAREM VITAM PROFESSIS IN PERPETUUM.
Recipiuntur sub protectione sedis apostolicæ.
(Laterani, xiii Kal. Junii.)

Religiosam vitam eligentibus, etc., *usque ad verbum* ordo canonicus, qui secundum Deum et beati Augustini regulam atque institutionem Præmonstraten. fratrum in codem loco, etc., *usque ad verbum* vocabulis. Locum ipsum in quo dicta ecclesia sita est cum omnibus pertinentiis suis, videlicet Rodam cum omnibus pertinen. suis; ecclesiam Sancti Joannis, cum omnibus pert. suis; ecclesiam Sancti Cypriani de Patella cum omnibus pert. suis, et jus quod habetis in Mafallos, jus quod habetis in ecclesia Alba, ecclesiam Sancti Pauli cum pert. suis, et ecclesiam Sancti Clementis cum villa quæ dicitur de Fabar, et ecclesiam Sancti Stephani de Ques; ecclesiam Sanctæ Mariæ de Spinosa, cum pert. suis; jus quod habetis in villa quæ dicitur Sorita, et jus quod habetis in flumine quod dicitur de Pizorga. Sane laborum vestrorum, etc. Licea quoque vobis, etc. Prohibemus insuper ut nulli fratrum, etc. Ad hæc etiam inhibemus ne cui episcopo, etc. Cum autem generale interdictum, etc. Chrisma vero, etc. Prohibemus insuper ut infra fines, etc. Ad hæc novas, etc. Sepulturam quoque, etc. Obeunte vero, etc. Decernimus ergo, etc. Salva sedis apostolicæ auctoritate et diœcesani episcopi canonica justitia. Si qua igitur, etc.

Datum Laterani, per manum Rainaldi domini papæ notarii, cancellarii vicem agentis, xiii Kal. Junii, indictione ii, Incarnationis Dominicæ anno 1199, pont. vero domini Innocentii papæ III anno secundo.

LXX.
EPISCOPO ABULENSI.
Ut Saraceni solvant decimas ecclesiæ parochiali.
(Laterani. xii Kal. Junii.)[1]

Ex parte dilectorum filiorum capituli Abulensis fuit in audientia nostra querimonia recitata, quod cum homines tuæ diœcesis in castris et in ipsa civi-

(41) Vide supra lib. i, epist. 111.

tate morantes, de tribus partibus frugum totius agriculturæ suæ, molendinorum etiam et hortorum et ruricolæ de quarta parte parochialibus ecclesiis, a quibus ecclesiastica percipiunt sacramenta, decimas solvere teneantur, licet ministri ecclesiarum ipsarum fere nullos habeant redditus præter decimas unde valeant sustentari, domini prædictorum hortorum et molendinorum ipsa tradunt Saracenis in grave detrimentum ecclesiarum et præjudicium excolenda, qui nolunt ecclesiis, sicut olim Christiani solebant, freti potentia et favore illorum a quibus illis excolenda traduntur, decimas exhibere. Volentes igitur ipsis Ecclesiis et earum ministris super hoc, prout convenit, providere fraternitati tuæ per apostolica scripta mandamus quatenus, nisi Saraceni illi ad commonitionem tuam cum ea integritate qua Christiani solebant prædictas decimas ecclesiis voluerint exhibere, eis facias communionem a Christianis super mercimoniis rerum venalium et aliis penitus denegari: Christianos illos, qui talibus contra formam mandati apostolici communicare præsumpserint, a sua præsumptione per censuram ecclesiasticam, appellatione remota compescens.

Datum Laterani, xii Kal. Junii.

LXXI.
LINCOLNIEN. ET ELIEN. EPISCOPIS ET ABBATI SANCTI EDMUNDI.
Ut controversiam inter archiepiscopum Cantuariensem et monasterium componere studeant.
(Laterani, xiv Kal. Junii.)

(41) Inter venerabilem fratrem nostrum archiepiscopum et prædecessores ejus ex una parte ac dilectos filios priores et monachos Cantuarien. ex altera, super quibusdam capellis, quas ipsi archiepiscopi laborarunt in præjudicium partis alterius, sicut monachi proponebant, jamdudum grandis et gravis quæstio pullulavit, pro qua prædecessores nostros et nos ipsos sæpius oportuit apostolicas litteras destinare. Verum cum in ipso negotio auctoritate litterarum nostrarum usque adeo processum sit ut capella de Lamhee diruta sit penitus et consumpta, præfatus archiepiscopus prædecessorum suorum volens laudabile propositum adimplere, capellam ad honorem gloriosorum martyrum Stephani et Thomæ, in qua canonicos præbendarios institueret, de novo fundare volebat de nostra licentia speciali, quod sibi per nuntios et procuratores suos de communi jure competere asserebat, contradictione partis alterius non obstante, cujus indemnitati per idoneam et sufficientem cautionem poterat provideri. Sed neque per demolitionem capellæ præfatæ de Lamhee suum dicebat desiderium retardandum; cujus opus ea potissimum ratione fuerat condemnatum, quod post denuntiationem novi operis, inhibitionem prædecessorum nostrorum et appellationem ad sedem apost. interpositam, fuerat attentatum. Cæterum pro monachis fuit propositum ex adverso quod cum mandatum nostrum ad ipsum archiepiscopum et vos di-

rectum circa exeniorum Ecclesiarum et aliorum restitutionem adhuc non fuerit adimpletum nec sopitum scandalum ex ea causa subortum, nec constaret adhuc de præjudicio in posterum auferendo, eadem contradictionis causa durante non erat præfati archiepiscopi petitio admittenda. Cum autem hæc et similia fuissent utrinque in nostro auditorio allegata, nos volentes utrique partium pastorali sollicitudine providere, de communi fratrum nostrorum consilio causam eamdem sub ea forma vobis duximus committendam, ut ante omnia inter ipsos amicabiliter componere laboretis. Quod si forte desuper datum non fuerit vos facta prius restitutione plenaria monachis memoratis eorum quæ ob hanc causam fuere subtracta, inquiratis super his quæ præmisimus, remoto appellationis obstaculo, plenius veritatem; et si de partium voluntate processerit, ad diffinitivam sententiam procedatis: facientes quod decreveritis per censuram ecclesiasticam a partibus inviolabiliter observari. Alioquin, gesta omnia in scriptis fideliter redigentes, ad nos ea sub litterarum vestrarum testimonio transmittatis diem assignantes partibus competentem, quo recepturæ sententiam nostro se conspectui repræsentent; ad quem si qua earum venire contempserit, nos nihilominus in causa ipsa, quantum de jure poterimus, procedemus. Ad hæc, volumus et mandamus ut ad locum ipsum pariter accedentes, super statu Cantuarien. Ecclesiæ tam interiori quam exteriori inquiratis, appellatione remota, plenius veritatem; et quidquid super his inveneritis, nobis fideliter intimetis; ut per relationem vestram certiores effecti quod statuendum fuerit statuamus. Nullis litteris obstantibus præter assensum partium, etc. Quod si omnes, etc., duo, etc.

Datum Laterani, xiii Kal. Junii.

LXXII.

ABBATI ET CONVENTUI DE CERTESEIA.

De confirmatione decimarum.

(Laterani, viii Kal. Junii.)

Cum a nobis petitur, etc., *usque ad verbum* assensu, decimas de Certesies, de Eggeh. de Torp. et de Chabehan. ad opera vestri monast. deputatas, sicut eas juste ac sine controversia possidetis, auctoritate vobis apostolica confirmamus et præsentis scripti pagina communimus. Decernimus ergo, etc.

Datum Laterani, viii Kal. Junii.

LXXIII.

EISDEM.

De privilegiorum confirmatione.

(Datum, *ut supra.*)

Ex pastoralis officii debito provocamur religiosam vitam eligentibus apostolicum, etc. Eapropter, dilecti in Domino filii, etc., *usque ad verbum* suscipimus. Ad hæc, ut devotius piis operibus insistatis, vobis auctoritate præsentium indulgemus ut non liceat alicui in vos vel in monasterium vestrum sine manifesta et rationabili causa excommunicationis aut interdicti sententiam promulgare. De novalibus vero quæ propriis manibus aut sumptibus colitis aut de vestrorum animalium nutrimentis, sive de hortis et virgultis aut piscationibus vestris nullus a vobis decimas exigere vel extorquere præsumat, sed eas eleemosynæ aut pauperibus monasterii vestri, juxta quod tu, fili abbas, postulasti a nobis, præcipimus assignari. Decernimus ergo, etc.

Datum, *ut supra.*

LXXIV.

UGONI ABBATI MONASTERII SANCTI PETRI DE INSULA ARBEN. EJUSQUE FRATRIBUS' TAM PRÆSENTIBUS QUAM FUTURIS, MONASTICAM VITAM PROFESSIS IN PERPETUUM.

De confirmatione privilegiorum

(Laterani, viii Kal. Junii.)

Piæ postulatio voluntatis, etc., *usque ad verbum* ordo monasticus, qui secundum Deum et beati Benedicti regulam, etc., *usque ad verbum* vocabulis. Locum ipsum in quo præfata Ecclesia sita est cum omnibus pertinentiis et appendiciis suis et terminis, qui sic distinguuntur: primitus a capite maceriæ a monte usque ad rivum descendendo per rivum usque ad mare, et per mare ad molendina, et ascendendo per montis verticem et eundo per illum usque in priora confinia, ecclesiam Sancti Cypriani cum pertinentiis et appendiciis suis, et terminis, qui sic distinguuntur: a Valle obscura usque in vallem de Frasinu, aliæ tres partes mare circumdant, una cum manmena omnibusque scopulis, ad istud promontorium subjacentia, et valles quæ sunt apud Sanctum Cyprianum et aliæ quæ sunt apud Sanctum Petrum, inter quas salinæ vestræ et piscariæ consistunt. Sane novalium, etc. Liceat quoque, etc. Prohibemus insuper, etc. Cum autem generale, etc. Sepulturam quoque, etc. Salva tamen, etc. Obeunte vero, etc. Libertates, etc. Decernimus, etc. Salva apostolicæ sedis auctoritate et diœcesani episcopi canonica justitia. Si qua igitur, etc.

Datum Laterani, per manum Rainaldi domini papæ notarii, cancellarii vicem agentis, viii Kal. Junii, indictione ii, Incarnationis Dominicæ anno 1199, pontificatus vero domini Innocentii papæ III anno secundo.

LXXV.

COMPOSTELLANO ARCHIEPISCOPO ET UNIVERSIS EPISCOPIS IN REGNO LEGIONIS. CONSTITUTIS.

Ut per excommunicationis et interdicti sententiam rex Legionis et regis Castellæ filia, in gradu prohibito copulati, separentur.

(Laterani, *ut supra.*)

Etsi necesse sit ut scandala veniant, væ tamen est homini illi per quem scandalum venit. Quot enim turbationes et scandala diebus nostris orbi supervenerint universo, hodie plus experimur in facto quam scriptum reperiamus in libro. Necesse est autem ut veniant scandala, non solum scilicet inevitabile, sed et utile; quoniam in quo deficit malus, proficit bonus et aurum in fornace probatur. Inter cætera vero in quibus scandalizatur hodie populus Christianus, præcipuum est persecutio paganorum : quæ tam in Oriente quam in Occidente, peccatis exigentibus, invaluit ultra modum; contra quam utrobique simile quodam modo putaverunt remedium invenire; sed quia Deum ante suum non proposuere conspectum, quod inventum est in remedium, in periculum est conversum. Sane in Oriente una duobus fuit incestuose conjuncta, in Occidente vero unus sibi duas præsumpsit jungere per incestum. Et incestui quidem in Oriente commisso non solum consensus sed et auctoritas clericorum ibi consistentium intercessit. Sed in detestabili copula in Occidente contracta, licet non absque quorumdam ecclesiasticorum virorum assensu fuerit forsitan attentata, auctoritas tamen ecclesiastica nullatenus intervenit. Volens autem Deus majus peccatum vindicare celerius et a similibus alios deterrere, tam Conradum quondam marchionem, qui . . . reginæ Hierosolymitanæ prius adhæserat per incestum, gladio, quam Henricum quondam Campaniæ comitem, qui ei et in culpa quodammodo et in pœna successit, præcipitio, utrumque vero morte imprævisa peremit. Nondum autem in hujus iniquitatis auctores in Occidente suam exercuit ultionem. Sed quanto longanimius sustinet, tanto forsan severius vindicabit. Licet autem apostolica sedes quod super hoc fuerat in Oriente commissum, propter malitiam temporis et persecutionem urgentem dissimulare sit visa, ad vindicandum tamen quod in Occidente fuerat attentatum, rigore canonicæ districtionis est usa. Nam cum ad bonæ memoriæ Cœlestini papæ, prædecessoris nostri, audientiam pervenisset quod rex Legionen. filiam charissimi in Christo filii nostri Portugalliæ regis illustris incestuose sibi præsumpserat copulare, tam regem ipsum Portugalliæ quam incestuose conjunctos excommunicationis sententia innodavit, et Legionen. ac Portugalliæ regna sententiæ supposuit interdicti; unde quod illegitime factum fuerat est penitus revocatum. Verum dictus rex Legion. ad deteriora manum extendens, sicut is de quo dicit Scriptura : *Væ homini illi qui post se trahit peccatum quasi longam vestem (Isa. v, 18, juxta LXX)*, et : *Impius cum venerit in profundum vitiorum, contemnit (Prov. XVIII, 3)*, filiam charissimi in Christo filii nostri regis illustris Castellæ, neptem videlicet propriam, impudenter sibi contra interdictum Ecclesiæ copulare præsumpsit. Quod cum ad nostram notitiam pervenisset, dilectum filium fratrem Rainerium, virum scientia et religione pariter reverendum, Deo et hominibus obtentu scientiæ et honestatis acceptum, in Hispaniam duximus (42) destinandum; ut juxta verbum propheticum dissolveret colligationes impietatis, solveret fasciculos deprimentes : qui per Dei gratiam ab omni munere manus excussit; ita ut quod legitur, de ipso possit vere referri : *Non fuit qui ditaverit Abraham (Gen. xxx, 43)*. Ipse igitur eum in Hispaniam pervenisset, dictum regem Legionen. semel et iterum ex parte nostra commo-

(42) Vide supra lib. I, epist. 92, 93, 125.

nuit diligenter ut a tam detestabili et nefanda copula resiliret, universis colligationibus dissolutis quæ fuerant pro ipsa copula consummanda contractæ. Sed cum apud eum nihil prorsus monitis profecisset, certum ei diem assignavit et locum; et cum ipsum etiam ultra terminum exspectasset, in eum se contumaciter absentantem juxta formam mandati nostri excommunicationis sententiam promulgavit, et regnum Legionen. interdicto generali conclusit. In memoratum vero regem Castellæ vel terram suam in nullo processit, cum idem rex se mandatis ejus exponeret et quod reciperet filiam suam, si sibi redderetur, proponeret assertive; quod utrum ex animo fecerit ille plenius novit qui scrutator est cordium et cognitor secretorum. Nuper autem venerabiles fratres nostri Toletanus archiepiscopus et episcopus Palentinus ex parte ipsius regis Castellæ et ex parte Legionen. venerabilis frater noster Zamorensis episcopus, ad sedem apostolicam accedentes, postulabant ut cum eodem rege Legion. et filia dicti regis Castellæ deberemus super tam incestuosa copula dispensare; propter quod, nisi specialis illa gratia, quam ad devotionem dicti regis Castellæ habemus motum nostri animi temperasset, in ipsos ita curassemus severitatem ecclesiasticam exercere, quod nulli de cætero temporibus nostris ad nos repudiatas toties et damnatas petitiones afferrent, cum ipsi etiam noverint quod id ab eodem prædecessore nostro sæpius postulatum fuerit et ab eo inhibitum, non indultum. Tandem vero intelligentes archiepiscopus et episcopi memorati quod non solum indulgentiam super hoc a nobis, sed vix etiam possent a nobis audientiam impetrare, interdictum in terram dicti regis Legionen. prolatum tandem a nobis postulavere remitti, asserentes quod ex eo triplex toti regno periculum ab hæreticis, Sarracenis et Christianis etiam imminebat. Ab hæreticis : quia cum per interdictum ipsum clausa essent in partibus illis ora pastorum, non poterant fideles per eos contra hæreticos instrui et ad resistendum eis aliquatenus informari; unde cum ex hoc, tum quia rex Legionen. ab Ecclesia se asserens aggravatum, eis minime resistebat, invalescebant contra fideles hæretici et in regno ipso hæreses variæ pullulabant. A Sarracenis : quoniam cum per exhortationes et remissiones Ecclesiæ, Hispaniarum populus consuevisset ad expugnationem paganorum induci, cessante prædicatorum officio, populi etiam devotio tepescebat; quia cum se cum principe suo, quoad interdictum, eidem videret pœnæ subjectum, a culpa, cui vel tacendo consenserat, forte se non credebat immunem; propter quod minus circa debellationem Saracenorum fervebat, ne decederet in peccato. A catholicis : quia cum clerici laicis spiritualia ministrare non possent, laici clericis temporalia subtrahebant, oblationes, primitias et decimas detinentes; unde cum clerici ex his pro majori parte in partibus illis consueverint sustentari, eis subtractis non solum mendicare sed fodere et servire Judæis in Ecclesiæ et totius Christianitatis opprobrium cogebantur. Videbatur autem difficile petitioni eorum annuere, et sententiam ex animo, ordine et causa latam canonice sine satisfactione congrua relaxare. Ex animo siquidem : quia , sicut Deus perhibet testimonium conscientiæ nostræ, ad hoc non nisi justitiæ et honestatis obtentu processimus ; cum ex contrario potius contra nos oriri præsumptio potuisset, si tam detestabile facinus duxissemus in patientia tolerandum. Ex ordine : quia dictus frater R. post commonitiones et dilationes legitimas, tandem districtione percussit ecclesiastica contumacem. Ex causa , exemplo divino videlicet et humano : divino, quia cum David in populi numeratione peccasset, Dominus in populum vasa sui furoris effudit , unde idem David dixisse legitur, peccatum suum Domino confitendo : *Ego sum qui peccavi, ego qui inique egi. Isti, qui oves sunt, quid fecerunt ? Auferatur, obsecro, facies tua, Domine, a populo tuo* (II Reg. xxiv, 17) ; humano : cum jamdictus prædecessor noster, ut non longe petantur exempla in prædictos Portugalliæ et Legionen. reges et regna ipsorum prædictas sententias curaverit promulgare. Esset insuper res mali exempli ; quia si forsan in alia regna similem nos contingeret promulgare sententiam , similis a nobis gratia peteretur : quam si forsitan negaremus, apud nos esse videretur acceptio personarum. Ex hoc etiam de nobis posset apud aliquos oriri suspicio, præsumentibus forte quibusdam quod ad id moveremur ex causa latenti. Licet igitur ex causis præmissis non videretur dicta petitio admittenda, quia tamen ubi est multitudo in causa, detrahendum est aliquid severitati, ut majoribus malis sanandis charitas sincera subveniat, in eo ad petitionem prædictorum archiepiscopi et episcoporum gratiam de communi fratrum nostrorum consilio duximus faciendam, ex quo videbantur impedimenta expressa superius provenire. Relaxavimus ergo , non in totum, sed in una parte solummodo, interdictum; nec perpetuo sed ad tempus, quandiu scilicet nobis placuerit et viderimus expedire ; ut probemus interim spiritus, si ex Deo sint, et an, sicut iidem archiepiscopus et episcopi asseverant, sperata inde utilitas sequeretur ; sic videlicet, ut in regno ipso divina celebrentur officia ; sed decedentium corpora sepulturæ ecclesiasticæ non tradantur, in quo tamen clericis gratiam facimus specialem, in eo videlicet, ut in cœmeterio ecclesiastico, cessante solemnitate solita tumulentur. Quod licet aliquibus posset absonum forte videri , ut officio restituto sepultura ecclesiastica denegetur, quia, juxta canonicas sanctiones, cui communicavimus vivo, communicare deberemus et mortuo ; recte tamen intelligentibus nihil ex hoc incongruitatis occurrit, cum juxta Lateranen. instituta consilii (43) decedentes ex torneamentis etsi per pœnitentiam reconcilientur Ecclesiæ, Christiana tamen sepultura priventur. Ut autem non remittere pœnam sed commutare potius videamur, dictum regem Legionen. et memoratam filiam regis Castellæ ac omnes principales eorum consiliarios et fautores excommunicationis curavimus sententia innodare; mandantes ut ad quamcunque civitatem, oppidum, vel villam devenerint, nullus ibidem eis præsentibus divina præsumat officia celebrare. Dicto autem regi Castellæ et chariss. in Christo filiæ nostræ, reginæ uxori ejus, dabimus in mandatis ut quod stent mandatis nostris juratoriam exhibeant cautionem, et vel exprimant in juramento quod ad dissolvendam tam illegitimam copulam dent operam efficacem, vel id nos eis faciemus præstito juramento mandari ; nec credimus quod super hoc se aliquatenus nobis exhibeant contumaces, cum quod starent mandatis Ecclesiæ, in manibus prædicti fratris R. (sicut ex litteris ejusdem regis apparet) firmiter promississent et impendissent causam sufficientem ad copulam hujusmodi consummandam. Quod si forsan, quod non credimus, mandatis nostris noluerint obedire, ipsos et principales eorum consiliarios et fautores excommunicari mandabimus et quocunque devenerint, divina prohibebimus officia celebrari, ut sic saltem ad mandatum Ecclesiæ revertantur, juxta quod legitur in Psalmista : *Imple facies eorum ignominia, et quærent nomen tuum, Domine* (Psal. lxxxii , 27). Quia vero castra quædam, quæ idem rex Legionen. dictæ filiæ regis Castellæ in dotem tradidisse proponitur, ita ut si eam aliqua occasione relinqueret , ipsa cederent in jus ejus, impedimentum præstare videntur hujusmodi copulæ dissolvendæ, cum castra ipsa non tam ob turpem quam ob nullam potius causam sint data, utpote cum inter eos matrimonium non existat, et ideo nec dos nec donatio propter dotem, ne ad commodum ei cedat quod debet in pœnam ejus potius retorqueri, castra ipsa restitui volumus et ad id puellam ipsam per excommunicationis sententiam coarctari ; auctoritate apostolica decernentes , ut si ex tam incestuosa et damnata copula proles est vel fuerit quæcunque suscepta, spuria et illegitima penitus habeatur , quæ secundum statuta legitima in bonis paternis nulla prorsus ratione succedit. Quod si nec sic prædicti rex Legionen. et filia regis Castellæ a se invicem juxta mandatum apostolicum discedere maturarint, in eos districtionem curabimus gravissimam exercere, quam ad cautelam præsentibus non duximus litteris explicandam. Ideoque fraternitati vestræ per apostolica scripta mandamus et districte præcipimus quatenus factam vobis ab apostolica sede gratiam gratius prosequentes, sic utamini permissione nostra in celebrandis officiis, ut decedentium corpora, nisi clerici fuerint, tumulare nullatenus præsumatis. Si quos autem post latam in regnum ipsum sententiam interdicti ante susceptionem præsentium divina inveneritis officia celebrasse, singuli vestrum in sua diœcesi talium præsumptionum auctoritate freti

---

(43) Concil. Lateran. sub. Alex. III, cap. 20.

apostolica, sublato appellationis obstaculo, canonica districtione percellant. Si vero aliquis vestrum, fratres episcopi, in hoc deliquerit, excepto Salamantinensi cujus correctionem sedi apostolicæ reservamus, tu, frater archiepiscope, animadversione ipsum canonica non differas castigare. Volumus autem nihilominus et districte vobis præcipiendo mandamus quatenus ad quamcunque civitatem, villam, oppidum vel Ecclesiam dictus rex Legionen. et supradicta filia regis Castellæ, vel principales fautores et consiliarii eorum forte devenerint, divina ibidem officia, quandiu ipsi præsentes fuerint, nullatenus celebrentur. Si quis autem contra hoc venire præsumpserit, divina eis officia celebrando in civitatibus, villis, castellis, oppidis, aut Ecclesiis, vel ubicunque ipsi præsentes exstiterint, vos temeritatem ipsorum, appellatione postposita, non differatis canonica districtione ferire.

Datum Laterani, *ut supra*.

LXXVI.

W. PRIORI ECCLESIÆ SAGIEN. EJUSQUE FRATRIBUS, TAM PRÆSENTIBUS QUAM FUTURIS, REGULAREM VITAM PROFESSIS IN PERPETUUM.

De confirmatione privilegiorum.

(Laterani, VIII Kal. Junii.)

Quoties a nobis petitur, etc., *usque ad verbum* ordo canonicus, qui secundum Deum et beati Augustini regulam, etc., *usque ad verbum* vocabulis. Locum ipsum in quo præfata ecclesia sita est cum omnibus pertinentiis suis, omnes oblationes quæ ad manus sacerdotum in Sagiensi ecclesia offeruntur et medietatem Pentecostes, et medietatem omnium legatorum et confratriæ, et medietatem omnium asportationum quæ ad Ecclesiam ipsam proveniunt vel provenire debent, his exceptis, auro, serico et candelis quæ in die Purificationis beatæ Mariæ et in die Cinerum et in die Cœnæ Domini offeruntur, quæ integre ad episcopum loci pertinere noscuntur; Bodevillam cum pertinentiis suis, ecclesiam de Soroudon, ecclesiam de manso Widonis, ecclesiam de Alneto, ecclesiam de Challoei cum jure episcopali, excepto divortio matrimonii, ecclesiam de Alodio cum omnibus decimis, ecclesiam de Cortevesque, ecclesiam de Mesnilberat cum eremitagio, ecclesiam de Bona fide, et illud quod habetis in ecclesia Sancti Aniani super Spartum, et illud quod habetis in ecclesia Sanctæ Scholasticæ, videlicet de feudo de Esseio; et illud quod habetis in Ecclesia de Taleriis, videlicet de feudo Guillielmi de Plessei; ecclesiam de Columberiis, ecclesiam de Froc, ecclesiam de Landa de Goul, ecclesiam de Franchevillis, eremitagium de Blanchalanda, ecclesiam de Flureio; apud Cornelium, 12 acras terræ, cum duabus garbis decimæ; in civitate Sagien., altare in Crucifixo, medietatem nundinarum Sanctæ Crucis in Maio; in prætorio episcopi Sagien. 60 sol. Cenomanen.; in parochia Sancti Petri de Castallo, duas garbas de feudo episcopi; ab episcopo Sagien. 12 procurationes singulis annis reddendas; in melendino de Puchou, in anniversario Frog. episcopi, 20 sol. Cenomanen. in pago Oximen. ecclesiam de Pinu, ecclesiam de Avesnes, ecclesiam de Arenis, ecclesiam de Vercevillis, ecclesiam de Neers, ecclesiam de Estreis, ecclesiam de Condeio super Leison, ecclesiam de Tostis, ecclesiam de Voire; in Ecclesia de Nealpha unum presbyteratum et duas garbas decimæ de feudo Vu. Bordon. apud Estias; in pago Humen., ecclesiam de Castelleis, ecclesiam Sancti Gervasii de Messeio, ecclesiam de Crosmenil, ecclesiam de Mesnilian et eremitagium cum omnibus appendiciis suis, ecclesiam de Batille, ecclesiam de Messheudin, ecclesiam Sancti Martini Languilon., ecclesiam de Landa de Loge, ecclesiam de Sancto Salvatore, eremitagium de Monte Tohard, ecclesiam Sanctæ Margaritæ cum capella sancti Jacobi de Quarrog, cum omnibus pertinentiis suis; in pago Belismon., ecclesiam Sancti Juliani de Merula, ecclesiam de Barvillis, ecclesiam sancti Joannis de Foresta, ecclesiam Sancti Quintini parvi; in pago Corbonen., ecclesiam Sancti Quintini de Bago, de Sagiensi, Hulmensi et Oxomen. archidiaconibus tertiam partem de circatis et synodis; de Corben. archidiacono tertiam partem de synodis. de Belismen. archidiacono tertiam partem de synodis; in episcopatu Cenomanen., ecclesiam de Banuo; in parochia de Dampere et de campo Segrei, duas partes totius decimæ de feudo Vu. de Aunei, capellam quæ est in grangia vestra de Bodevilla et mestruas de archidiaconatu Belismen. in molendino Barvillæ decimam, et partem Vu. Carrel. militis, cum piscatoria et quidquid Gaufridus Lemorel in decimis parochiæ de Bavilla et sancti Juliani habebat, et duas garbas totius decimæ Sancti Juliani cum capella cœmeterii; redditus archidiaconatuum vacantium, sicuti habetis vel habere debetis archidiaconis viventibus, et totam decimam de Flureio, eremitagium de Martellaio, et mansuram quæ est de feudo Vu. de Chantapia, et duas garbas de feudo Vu. de Plesseio; in parochia Sancti Germani Veteris, duas partes decimæ de feudo Guidonis de Campo Milonis; in parochia de Mesnillerros, duas garbas decimæ de feudo Teoboudorum; in parochia de Gaspreia, duas garbas decimæ de feudo Hugonis de Franchavilla et capellam quæ est in Messeio; in molendino de Pervers, illam partem quæ est de feudo Gaufridi de Fontibus, astreas quondam canonicorum sæcularium, cum omnibus pertinentiis, consuetudinibus et libertatibus suis et terram Bogarel; in Argentonio, sex libras Cenoman. et 10 sol., et 6 denarios; in Falesia, 65 sol. Cenomanenses; in Oximis, 105 sol. Cenoman. et quinque de teloneo regis; in Anglia, decem libratas terræ in manerio regis, videlicet de Bentona, scilicet Britalmeton, quæ est membrum ipsius manerii, cum omnibus consuetudinibus, libertatibus et quietudinibus; in foresta de Escoves, pascuagium quitum, et 22 fagos absque aliqua traditione annuatim, quando volueritis, accipiendos. In parochialibus autem ecclesiis vestris liceat vobis proprios sacerdotes eligere, etc. Libertates præterea, etc. Decernimus ergo, etc. Salva sedis apostolicæ auctoritate et diœcesani episcopi canonica justitia. Si qua igitur, etc.

Datum Laterani, per manum Rainaldi domini papæ notarii, cancellarii vicem agentis, VIII Kal. Junii, indictione II, Incarnationis Dominicæ ann. 1199, pont. vero domini Innocentii papæ III an. secundo.

LXXVII.
TURONEN. ARCHIEPISCOPO.
Quod archiepiscopus suffraganeorum suorum consecrationem potest committere.

(Laterani, XVI Kal. Junii.)

(44) Quod sedem apostolicam consulis super his quæ dubia tibi existunt gratum gerimus et acceptum, et tua exinde fraternitas videtur merito commendanda, cum lex divinæ constitutionis eamdem sedem totius posuerit orbis terrarum magistram, ut quidquid dubitatur ab aliquo ab ea tandem ejusdem ratio requiratur. Nos siquidem decrevisti provide consulendos utrum si forte aliqua infirmitate vel alia causa justa detentus, aliquem suffraganeorum tuorum consecrare non posses, aliqui coepiscoporum tuorum vices tuas licitum committere tibi esset et utrum electus, qui pro consecratione instaret, ab eo cui vices tuas taliter commisisses deberet licite consecrari. In quo tale damus tuæ consultationi responsum, quod in tali articulo constituto et tuas vices, ut dictum est, committere tibi licet et consecrandus debet munus consecrationis ab eo recipere cui eas duxeris committendas; dummodo Catholicus habeatur et impedimentum ex subtractione gratiæ sedis apostolicæ non obsistat.

Datum Laterani, XVI Kal. Junii.

LXXVIII.
EPISCOPO CIVITATIS CASTELLANÆ.
Ut civitas Castellana ab interdicti sententia liberetur.

(Laterani, IV Kal. Junii.)

Accedentes nuper ad præsentiam nostram dilecti filii P. Quintavall. de Conversan, et M. Aldebr. ex parte populi civitatis Castellanæ, electioni factæ de nobili viro B. de Fordevolie, quem sine conscientia nostra elegerant in rectorem, publice renuntiare, sicut in mandatis receperant, curaverunt; et idem B. nostro super hoc jurans stare mandato, ei nihilominus renuntiare curavit. Unde suppliciter postularunt ut cessante causa pro qua subjecta erat civitas interdicto, et effectus de medio tolleretur, divinis officiis eidem populo restitutis. Nos ergo prædictorum civium justis postulationibus annuentes, fraternitati tuæ per apostolica scripta mandamus quatenus et interdictum denunties relaxatum et in civitate ipsa, fretus auctoritate nostra, divina libere facias officia celebrari.

(44) Cap. *Quod sedem*, De officio ordinarii. Vide infra epist. 284 hujus libri.

Datum Laterani, IV Kal. Junii.

LXXIX.
RAINERIO ABBATI ET CONVENTUI S. PETRI EUGUBINI.
De confirmatione privilegiorum.

(Laterani, II Kal. Junii.)

(45) Cum olim essemus apud Perusium constituti, tu, fili abbas, ad nostram præsentiam accessisti, privilegium bonæ memoriæ Lucii papæ prædecessoris nostri nobis humiliter repræsentans et postulans illud suppliciter innovari, quod propter contradictionem venerabilis fratris nostri Marci Eugubini episcopi, qui tunc temporis supervenit, asserentis hoc in suum præjudicium redundare, non fuit effectui mancipatum. Cumque alter vestrum de altero in nostro auditorio quereretur, venerabili fratri nostro Assisinati episcopo causam sub ea forma commisimus audiendam, ut vos et jamdictum episcopum curaret ad concordiam revocare; alioquin audiret utrinque proposita et omnia in scriptis redigens nobis processum negotii fideliter reseraret. Qui cum indulta vobis a sede apostolica privilegia inspexisset, intellecto quod monasterium vestrum ad Romanam Ecclesiam specialiter pertineret, in causa non duxit ulterius, sicut accepimus, procedendum. Consequenter vero ad venerabilem fratrem nostrum Callen. episcopum et dilectum filium Ar. abbatem Sanctæ Mariæ Vallis pontis ad postulationem præfati episcopi Eugubini litteræ nostræ fuerunt super mutuis quæstionibus destinatæ. Sed quia pendente judicio, Joannes monachus privilegia, chartas alias et thesaurum monasterii vestri rapuit, te, abbas, ad nostram oportuit præsentiam iterum laborare; ubi litteras impetrasti quod, per excommunicationis sententiam, qui de amissione privilegii scirent aliquid cogerentur dicere veritatem. Sed quoniam neque sic amissa potuisti privilegia reperire, ad nos denuo es reversus. Te igitur cum testibus tuis et præfati episcopi Eugubini procuratoribus in nostra præsentia constitutis, dilecto filio nostro P'and , basilicæ Duodecim Apostolorum presbytero cardinali, dedimus in mandatis ut super amissione ac tenore privilegiorum testes reciperet diligenter, quos duceres producendos. Qui mandati nostri diligens executor, præsentibus præfatis procuratoribus, fideliter redegit in scriptis depositiones decem testium juratorum; quorum depositionibus publicatis, jam dicti procuratores ad producendos testes episcopi, per quos inductos a parte adversa repellerent, inducias postularunt; quas præfixo termino peremptorio sub eo tenore illis duximus concedendas, ut apud apostolicam sedem probarent quæ vellent, ubi onus probationis pars altera subiisset. Cæterum quoniam infra datum terminum et receptum in producendis testibus defecerunt, nos tam per depositiones testium quam per assertiones quorumdam fratrum nostrorum liquido cognoscentes talem dicti privilegii fuisse tenorem, quod videlicet ipsum cœ-

(45) Cap. *Cum olim*, De privil., et indulg. Exstat rursum infra epist. 286 hujus libri.

nobium nullo mediante ad Rom. Eccl. pertineret et quod non liceret alicui episcopo eidem monasterio et ejus ecclesiis excommunicationem indicere, ut fratres illic Domino servientes, ab omnium potestate liberi Ecclesiæ Rom. libertatis gratia potirentur, et quod nulla in eo mentio dioecesani episcopi habebatur; illud etiam nihilominus attendentes quod, sicut ex dictis quorumdam testium intelleximus evidenter et plerique de nostris fratribus tempore illo præsentibus recolebant, cum tu, fili abbas, tempore bonæ memoriæ Coelestini papæ prædecessoris nostri ad ipsius præsentiam accessisses, ipse inspectis Ecclesiæ tuæ privilegiis, te, licet excommunicatus ab Eugubino episcopo dicereris, tanquam non ligatum admisit ad osculum (quod præsumitur non fecisse, nisi monasterium vestrum cognovisset ad Rom. Ecclesiam specialiter pertinere), de communi fratrum nostrorum consilio pronuntiandum decernimus privilegium illud bonæ memoriæ Lucii papæ prædecessoris nostri, quod sine omni reprehensione bullæ, chartæ vel litteræ apparebat, quando fuit nobis ostensum, illius fuisse tenoris, cujus per depositiones testium et assertiones fratrum nostrorum præmisimus exstitisse. Decernimus ergo, etc., nostræ pronuntiationis, etc.

Datum Laterani, ii Kal. Junii.

LXXX.

ABBATI DE FIRMITATE, G. ET F. ARCHIDIACONIS CABILONENSIBUS.

Committitur ipsis cognitio causæ inter Ecclesiam Eduensem et monasterium Balmense.

(Laterani, iv Kal. Junii.)

(46) Expositam nobis Eduen. Ecclesiæ accepimus quæstionem, quod cum causam quæ inter eam et Balmen. monasterium vertebatur super terris et ecclesiis in valle Polliniaci constitutis, fel. record. Coelestinus papa prædecessor noster venerab. fratri nostro Cabilonen. episcopo et dilecto filio B. quondam abbati de Firmitate commisisset fine debito terminandam, monachi Balmen. ab ipsis judicibus appellarunt. Ille vero qui abbas ejusdem monasterii dicebatur, se simulans ad prosequendam appellationem accedere, semel tantum apostolico se conspectui præsentavit, et sic illicentiatus recessit, de appellatione interposita nullam faciens mentionem. Cumque post paucos dies Ecclesiæ Eduen. nuntius pro appellatione prosequenda transmissus fuisset apud sedem apostolicam diutius commoratus, idem prædecessor noster monachos antedictos peremptorie citavit, per litteras suas eis sub poena excommunicationis injungens ut ille qui se gerebat abbatem, cum aliquibus ejusdem monasterii monachis, in festo beati Lucæ jam secundo præterito ad ejus præsentiam accederent, sufficienter instructi Eduen. Ecclesiæ plenarie respondere et satisfacere sedi apostolicæ de contemptu. Ipsi vero licet juxta quod eis injunctum fuerat non venissent, quidam tamen monachorum ad Rom. Ecclesiam accesserunt, quos

(46) Exstat rursum infra, epist. 287.

nuntius Eduen. Ecclesiæ apud apostolicam sedem invenit; sed de suo negotio diffidentes, ante causæ cognitionem, ut magis Eduen., aggravarent Ecclesiam, recesserunt, ad venerabilem fratrem nostrum Bellicen. episcopum, et dilectos filios abbatem de Balerna et priorem Boniloci per suppressionem veritatis, ignorante præfato nuntio Eduen. Ecclesiæ, litteras, ut dicitur, reportantes. Postmodum autem cum jam dicto nuntio Eduen. se quidam Balmen. monachus objecisset et ne posset obtinere litteras impediret, eis dilectos filios J. tit. Sancti Stephani in Coelio monte presbyterum et G Sancti Adriani diaconum cardinales concessimus auditores; in quorum præsentia cum super causa illa fuisset aliquandiu litigatum, et eis scripta et allegationes ab utraque partium assignatæ, monachus ipse illicentiatus recessit et noluit sententiam exspectare. Quæ omnia cum ad nostram audientiam pervenissent, nolentes aliquem de fraude sua commoditatem reportare, ven. fratri nostro episcopo et dilecto filio decano Matisconen. pei scripta nostra mandavimus ut, convocatis ad præsentiam suam partibus, si eis constaret Eduen. Ecclesiam prædictis terris et ecclesiis a præfatis monachis fuisse præter juris ordinem spoliatam, ipsi ei auctoritate nostra terras ipsas et ecclesias cum fructibus perceptis ex eis non obstante contradictione vel appellatione cujuslibet resignarent, prædictis litteris nequaquam obstantibus, quas etiam morte præfati prædecessoris nostri credimus exspirasse; post restitutionem vero integram ablatorum, et expensarum quas canonici Eduen. Ecclesiæ in prosequenda monachorum appellatione, quam ipsi monachi prosequi non curarunt, se rationabiliter fecisse probarent, audirent ipsi judices si quid emergeret quæstionis et illud fine debito, appellatione postposita, terminarent. Quod si ambo his exsequendis interesse nequirent, prædictus episcopus nihilominus quod mandavimus adimpleret. Cum autem, sicut in litteris ejusdem episcopi perspeximus contineri, utraque partium in ejus esset præsentia constituta et pars Eduen. Ecclesiæ juxta mandati nostri tenorem restitutionem ablatorum et expensarum cum instantia postularet, Balmen. monachi se ad ea nolle respondere nec de jure debere asserebant, eo quod ad suggestionem falsi a nobis ipsæ litteræ fuerant impetratæ. Cæterum e contra Eduen. canonici respondebat quod illa falsitatis suggestio principale negotium, pro quo jamdicti canonici litteras impetrarunt, non poterat impedire et ideo monachorum Balmen. allegatio in casu ipso non erat aliquatenus admittenda. Et cum prædictus episcopus paratus esset in ipso negotio juste procedere ac canonice et nullum monachis contra justitiam gravamen inferre, ipsi, pro eo quia decanus Eduen. Ecclesiæ filius erat fratris episcopi memorati, ab examine ipsius nostram audientiam appellarunt; qui factæ appellationi, licet in litteris nostris appellatio esset inhibita, detulit, et octavas Nativitatis Domini proximo præteritas terminum appellationi prosequendæ præfixit. Ad cujus prosecutionem appellationis licet nuntius Eduen. Ecclesiæ accesserit termino constituto, pro parte tamen alia nullus prorsus comparuit responsalis. Volentes igitur quod ipsi causæ finis debitus imponatur nec prorogetur ulterius per fraudem vel insolentiam aliquorum, discretioni vestræ per apostolica scripta mandamus et districte præcipimus quatenus Eduen. Ecclesiam in possessionem terrarum et ecclesiarum in valle Poliniaci positarum, quibus eam vobis constiterit per Balmen. monachos præter juris ordinem spoliatam, cum fructibus inde perceptis, non obstante contradictione vel appellatione cujuslibet, auctoritate apostolica inducatis, a molestatione ipsius super possessione Balmen. monachos per censuram ecclesiasticam compescentes. Quod si non potuerint tali districtione compesci et possessionem eorum præsumpserint impedire, venerabili fratri nostro Bisuntin. archiepiscopo et suffraganeis ejus ex parte nostra firmiter injungatis ut sententiam quam in dictos monachos rationabiliter duxeritis promulgandam, faciant auctoritate nostra suffulti inviolabiliter observari. Volumus autem nihilominus et mandamus ut expensas quas Eduen. Ecclesia in prosequendis appellationibus a monachis interpositis se rationabiliter fecisse probabit, ipsi ecclesiæ faciatis a Balmen. monasterio cum integritate persolvi nec eos super quæstione proprietatis, si litigare voluerunt, audiatis, donec juxta mandati nostri tenorem terras prædictas et ecclesias restituerint et expensas; super quibus omnibus eis penitus appellationis remedium interdicimus; nec a vobis appellationem eorum, si objecerint, audiri volumus vel admitti. Post factam vero restitutionem integram ablatorum et expensarum, audiatis si quid emerserit quæstionis et illud, appellatione remota, fine debito terminetis. Taliter autem in nostri procedatis exsecutione mandati, quod sollicitudinem vestram debeamus in Domino commendare nec audiamus super his ulterius quæstionem. Testes autem, etc. Nullis litteris, etc. Quod si omnes, etc. Duo vestrum, etc.

Datum Laterani, IV Kal. Junii.

LXXXIII.

CONVENTUI MONASTERII SANCTI LEUFREDI DE CRUCE.
Sententia secunda contra primam lata, si ab ea non appelletur, jure tenet.

(Laterani, III Non. Junii.)

(47) Inter monasterium Sancti Audoeni Rothomagen. et vestrum super modo eligendi abbatem in dicto monasterio vestro jamdudum fuit quæstio agitata; pro qua partibus ad sedem apostolicam accedentibus, venerabilem fratrem nostrum Octavianum episcopum Ostiensem et dilectum filium G. Sancti Georgii ad Velum Aureum diaconum card. dedimus auditores. In quorum præsentia propositum fuit pro monasterio vestro quod, cum abbatia ipsa olim pastore vacaret, vos convenientes in unum, Riccardum monachum virum [*f.* vestrum] religiosum secundum beati Benedicti regulam et Ecclesiæ libertatem apostolico etiam privilegio roboratam, de gremio ipsius Ecclesiæ in abbatem vobis per electionem canonicam assumpsistis, electum ipsum ad benedictionis munus obtinendum diœcesano episcopo præsentantes; qui, per dilectum filium Gaufridum abbatem præfati monasterii Sancti Audoeni prohibitus, quod postulatum fuerat non concessit. Vos ergo videntes vestrum propositum retardari, ne aliquid in præjudicium monasterii vestri fieret, sedem apostolicam appellatis; a qua postmodum ad venerabilem fratrem nostrum Henr. episcopum et dilectos filios Hen. cantorem et R. archidiaconum Bajocen. sub eo tenore per nuntios vestros commissionis litteras impetrastis ut, partibus ad suam præsentiam convocatis, inspecto privilegio [et rationibus omnibus quas utrinque ducerent proponendas, causam ipsam, appellatione remota, concordia vel judicio terminarent, nullis litteris obstantibus, ipsarum mentione non habita, a sede apostolica impetratis. Quod si omnes interesse non possent, episcopus cum eorum altero ea nihilominus exsequeretur. Cum igitur partes in præsentia prædictorum episcopi et præcentoris Bajocen. constitutæ, archidiacono collega ipsorum ex certa causa et necessaria excusato, non possent ad concordiam revocari, parte vestra volente testes suos omni exceptione majores producere ad probandam electionem canonice celebratam juxta tenorem privilegii bonæ memoriæ Lucii papæ prædecessoris nostri super electione facienda indulti, R. monachus procurator dicti abbatis Sancti Audoeni eis ven. fratris nostri Rothomagen archiepiscopi, episcopi Ebroicen. et dilecti filii R. Ebroicen. archidiaconi patentes litteras præsentavit, ne in causa procederent inhibentes, pro eo quod super ejusdem causæ discussione mandatum se dicebant apostolicum recepisse. Verum quia tenor mandati litteris illis non erat insertus nec procurator, licet sæpius requisitus, originale ostendere voluit vel rescriptum, eorum prohibitione postposita, probationem vestram oblatam sæpius super electione canonica decreverunt pariter admittendam. Sed procurator jamdictus probationi obviare contendens in electione præmissa, monasterium Sancti Audoeni spoliatum fuisse cujusdam juris sui possessione dicebat, quam usque ad creationem abbatis illius loci novissimi obtinuerat inconcusse, qui de congregatione Sancti Audoeni a monachis de Cruce postulatus fuerat et electus. Eo igitur id probare volente, testes vestros super electione canonica, procuratores vero super spoliatione opposita receperunt; quorum depositiones cum post diligentem examinationem disponerent publicare, ad instantiam dicti procuratoris secundæ productioni testium, qua se dixit fore contentum, diem alteram assignarunt. Cumque partes ad diem et locum pariter convenissent, requisitus procurator

---

(47) Cap. *Inter monasterium*, De sent. et re judicata.

ab ipsis judicibus de testibus producendis, ipse quasi testium productioni renuntians, dilectorum filiorum de Bellebec et de Mortuomari abbatum et prioris de Bellebec litteras eis porrexit, ne in causa procederent inhibentes. Dicebant enim se suscepisse mandatum primo præjudicans, cujus tenorem suis litteris adjunxerunt. Cæterum 'cum primi judices rescripto diligenter inspecto, cognoscerent illud per falsi suggestionem et veritate tacita impetratum, cum in secundo mentio facta non fuerit apostolici privilegii, ut in primo, ex quo electio sortiebatur præcipuam firmitatem et ipsi judices in secundis litteris a monachis Sancti Audoeni dicerentur certa ratione suspecti, quod ostendere non potuit procurator, causis quibusdam suspicionis satis frivolis allegatis, ab eis contumaciter nulla exspectata interlocutione recessit. Attendentes igitur judices recusationem hujusmodi et allegationem dictæ suspensionis seram et supervacuam exstitisse, præsertim post litem inchoatam et testes utrinque productos, quæ forte ante litis ingressum colorem aliquem poterat habuisse, considerantes etiam idem mandatum non plene, sed perfunctorie prioris fecisse mentionem, prohibitioni posteriorum judicum, sicut nec priorum, acquiescere noluerunt, magis volentes jussionibus apostolicis obedire quam inferiorum mandatis indebitam reverentiam exhibere; multis, qui aderant jurisperitis sentientibus cum eisdem 'quod cum sæpedictus abbas Sancti Audoeni primo ad priores judices litteras impetrasset, quarum non habebatur mentio in secundis, carere debebat beneficio utrarumque, vel si deberet mandatum alterum alteri prævalere, primo esset parendum potius quam secundo, in quo non habebatur mentio de priore, cum nec primum, ab eodem abbate Sancti Audoeni obtentum, de illo faceret mentionem quod pars altera impetrarat. Præscriptis itaque rationibus moti et usi consilio discretorum, publicatis etiam attestationibus partium et earum rationibus et allegationibus subtiliter intellectis, prædictam electionem auctoritate mandati nostri ratam habuerunt et firmam, super illa molestatione ipsius electi perpetuum abbati et monachis Sancti Audoeni silentium imponentes; quos condemnarunt etiam in expensis centum librarum Andegavensium, licet pars altera de ducentis vellet sacramento præstito declarare. Pars igitur vestra petebat a nobis factum delegatorum judicum confirmari et electo munus benedictionis impendi. Cæterum pars altera proposuit ex adverso sæpedictum monasterium vestrum a primordio constructionis suæ in tantum ex consensu diœcesani episcopi alteri fuisse subjectum, ut non aliunde assumeretur ibi aliquis in abbatem, nisi de monasterio Sancti Audoeni, dummodo in eo posset aliquis idoneus ad hoc reperiri. Correctio quoque monachorum et abbatis de Cruce, si negligens esset, fuit S. Audoeni abbatibus reservata, et ita obtinuit a longis temporibus quorum memoria non habetur. Et hæc siquidem institutio et usus ipsius, a bonæ memoriæ Alexandro papa prædecessore nostro proponitur confirmata. Unde cum quondam monachi Sancti Leufredi abbatem quemdam aliunde quam de Sancti Audoeni gremio elegissent, abbas Sancti Audoeni hæc comperiens appellavit; et per sententiam delegatorum apostolicæ sedis electum renuntiare oportuit abbatiæ; qui cum facta professione abbati Sancti Audoeni per dies aliquot in ipso monasterio resedisset, per abbatis concessionem datus fuit præfatis monachis in abbatem. Cæterum abbate novissimo adhuc monasterium detinente, a quo regio metu compulsus secessit ad tempus, et monachis se in libertatem volentibus vindicare atque ad electionem procedere insuetam, abbas Sancti Audoeni hoc præsentiens, sedem apost. appellavit, sicut Ric. tunc electus vester in judicio est confessus, adjiciens tamen se primitus appellasse. Verum sæpedicti monachi eum eligentes nihilominus in abbatem, ad jamdictos Hen. episcopum Bajocen. et collegas suos rescriptum apostolicum impetrarunt; quorum judicium, ut suspectum, abbas Sancti Audoeni cupiens declinare, ad præfatos abbatem et priorem litteras revocatorias impetravit; qui post inhibitionem priorum judicum, qui eis tenorem mandati apostolici per suas litteras intimarunt et postquam procurator abbatis eis authenticum præsentavit, asserentes litteras illas per falsi suggestionem obtentas, quia privilegii partis adversæ in eis mentio non fiebat, post appellationem quoque ab eodem procuratore interpositam, in causa nihilominus processerunt; quorum factum pro monasterio Sancti Audoeni petebant in irritum revocari. His igitur et similibus quæ jam dicti episcopus et cardinalis nobis ac fratribus nostris prudenter ac fideliter retulerunt plenius intellectis, cum constiterit nobis primam commissionem non fuisse per ultimam revocatam, tum quia causæ suspicionis in jure propositæ frivolæ videbantur, quas etiam tanquam dilatorias ante litis ingressum opponere debuissent, quibus coram delegatis eisdem subeundo judicium renuntiasse videntur, tum etiam quoniam de privilegio apostolicæ sedis et processu negotii usque ad publicationes testium coram primis judicibus nihil in secundis litteris dicebatur, quod si fuisset expressum, obtineri minime potuissent, non obstante sententia quæ pro monasterio Sancti Audoeni dicebatur fuisse prolata, quæ tamen nobis ostensa non fuit, cum si prædictis judicibus fuerit ostensa, ea posthabita contrarium statuissent, alioquin est quod eam objicientibus imputetur, cum sub prætextu novorum instrumentorum lites non debeant instaurari, communicato fratrum nostrorum consilio factum priorum judicum ratum et firmum habuimus et eorum sententiam approbantes, ipsam auctoritate apostolica confirmavimus, et electo a vobis postmodum nos ipsi munus benedictionis, salvo jure diœcesani episcopi, curavimus exhibere. Nulli ergo, etc., confirmationis. etc.

Datum Laterani, III Nonas Junii.

LXXXII.

BARTHOLOMÆO TURONEN. ARCHIEPISCOPO EJUSQUE SUC-
CESSORIBUS CANONICE SUBSTITUENDIS IN PERPE-
TUUM.

De subjectione episcopi Dolensis.
(Laterani, Kal. Junii.)

(48) Licet primum et præcipuum Ecclesiæ funda-mentum sit unigenitus Dei Filius Jesus Christus, juxta quod dicit Apostolus: *Quia fundamentum positum est, præter quod aliud poni non potest, quod est Christus Jesus (I Cor. III, 11)*, secundum tamen et secundarium Ecclesiæ fundamentum existit beatissimus apostolus Petrus, ad quem Veritas ait: *Tu es Petrus, et super hanc petram ædificabo Ecclesiam meam (Matth. XVI, 18)* : qui sicut a Christo petra dictus est Petrus, ita etiam a Christo capite vocatus est caput, ipso sibi dicente: *Tu vocaberis Cephas (Joan. I, 42)*, ut per hoc universi fideles agnoscerent quod ab ipso, tanquam ad fundamentum et caput, majores debeant Ecclesiarum causæ referri, quatenus quod ab ipso tanquam a capite principali fuerit auctoritate statutum, in ipso tanquam in fundamento stabili firmitate consistat. Nobis ergo, qui, licet indigni, locum ejus in apostolica sede tenemus, incumbit ex debito pastoralis officii de universali Ecclesia scandala tollere ac jurgia resecare et tam emergentes de novo quæstionum articulos quam causas ab antiquo tractatas, sed adhuc in antiquæ contentionis scrupulo remanentes, judicialis sententiæ calculo terminare. Inter cæteras vero causas veteres ac modernas, vetus illa quæstio, quæ inter Turonen. et Dolen. Ecclesias versabatur, Ecclesiam non modicum usque ad hæc moderna tempora conturbabat; ad quam vel sopiendam concordia vel judicio terminandam, post multas prædecessorum nostrorum citationes, nos tandem dilecto filio Joanne Dolen. electo ad sedem apostolicam accedente, termino utrique partium a bonæ memoriæ Cœlestino papa prædecessore nostro præfixo, cum tu non nisi nuntios minus sufficienter instructos pro sola dilatione petenda misisses, partem citavimus Ecclesiæ Turonensis, mandantes ut quidquid de te quocunque modo contingeret, pars eadem per se vel per procuratores idoneos ad apostolicam sedem accederet, nostræ dispositionis formam vel justæ difinitionis sententiam receptura, alioquin ex tunc nos ad horum alterum procedere curaremus. Dicto igitur electo, Juliano, Rodulpho et Hugone canonicis Dolen. cum litteris de procuratione ipsis super hac causa specialiter ab Ecclesia Dolen. concessis, et dilectis filiis Gaufrido cancellario, Senoreto, Joanne, Ernaudo canonicis Turonen. et Gaufrido de Joviaco cum litteris de ratihabitione datis eis tam a te quam Ecclesia Turonensi, in nostra præsentia constitutis, frequenter per nos, interdum etiam per fratres nostros, audientiam plenam et benignam indulsimus, et quæ fuerunt hinc inde A proposita intelleximus diligenter. Fuit autem propositum ex parte Dolen. Ecclesiæ, quod cum eadem Ecclesia longissimo tempore fuerit in possessione metropoliticæ dignitatis, sicut ex gestis quorumdam sanctorum et aliis scriptis apparere dicebat, tandem cum temporibus bonæ memoriæ Nicolai papæ prædecessoris nostri, Festiniano (49) tunc in archiepiscopum Dolen. promoto, usum pallii a sede apostolica postulasset, licet idem Nicolaus quod petebatur ei non duxerit concedendum, quia litteras apostolicæ sedis, quas prædecessores ejus prædecessoribus ipsius Festiniani in pallii collatione transmiserant, ei non fecerat præsentari, non tamen quod petebatur negavit expresse, sed partes ad suam præsentiam convocavit, mandans Erardo tunc archiepiscopo Turonen. ut ad ipsum suum legatum transmitteret, cum quo et Dolensis Ecclesia suos nuntios destinaret, ut utriusque partis coram eo æqua lance causa librata, quæ esset sedes metropolitica plenius appareret. Scripsit etiam idem Nicolaus, sicut ex authentico ipsius apparet, Salomoni tunc regi Britannorum et uxori ejus, ut idem Festinianus idoneum mitteret ad Rom. Ecclesiam ex proprio clero legatum, qui scripta fidei catholicæ documenta deferret et eumdem Festinianum ita credere et servare de cætero juramento firmaret; quod, nisi pallium ei disposuisset per eumdem legatum transmittere, non mandasset. Verum eodem Nicolao sublato de medio, cum nuntii Dolen. Ecclesiæ ad apostolicam sedem accessissent, bonæ memoriæ Adrianus papa eidem Festiniano Pallium cum privilegio destinavit, quod pars Dolen. Ecclesiæ per scriptum authenticum non probavit. Præterea, quod temporibus Joannis VIII Ecclesiæ Dolensis archiepiscopus præsideret, nixa est pars eadem comprobare per litteras ejus, quas Mayn. archiepiscopo destinavit et cæteris episcopis per Britanniam constitutis. Cæterum cum quidam juvenis felicis recordationis Gregorio VII consecrandus fuisset a Dolen. Ecclesia præsentatus, ipse juvene illo propter minorem ætatem repulso, I tituli S. Melanii abbatem in Dolen. archiepiscopum consecravit, ei et successoribus ejus pallii usum indulgens et mandans episcopis Britanniæ ut ei tanquam archiepiscopo reverentiam et obedientiam exhiberent. Quæ quoniam authentica non habebat, per Urbani II litteras voluit edocere. Felicis enim record. Urbanus II Rotlando Dolen. archiepiscopo (juramenta ab ipso recepto quod memoratus G. prædecessor ipsius prædecessori ejusdem R. et successoribus ejus usum Pallii concessisset, sicut in transcripto litterarum ipsius Gregorii, quarum authenticum se habere juravit, erat expressum) munus pallii ex apostol. sedis liberalitate concessit, licet ipsi mandasset ut exhibere se nullatenus recusaret ad discutiendam querimoniam quam Turonen. archiepiscopus de subjectione Dolen. Ecclesiæ et obedientia sibi negata tam

---

(48) Vide supra lib. I, epist. 168.
(49) In Actis concilii Tullensis apud Tusiacum vocatur *Fastcarius*.

apud ipsum quam prædecessores ejus fecerat sæpe proponi. Idem etiam eum in litteris quas principibus et populo Dolen. Ecclesiæ destinavit pro justitiis ejusdem Ecclesiæ, duxit archiepiscopum nominandum; sicut per scriptum authenticum pars eadem demonstravit. Piæ quoque memoriæ Paschalis II Baldrico, dolen. archiepiscopo, a Gerardo tunc Engolismen. episcopo, auctoritate sedis apostolicæ instituto pallium, plenitudinem scilicet officii pastoralis, indulsit ut eo secundum consuetudinem prædecessorum suorum uteretur. Præterea in synodo a bonæ mem. Calixto papa celebrata Remis, B. Dolen. archiepiscopus cum duobus suffraganeis suis interfuisse legitur et ad ipsam prius tanquam archiepiscopus evocatus. Honorius insuper cum prædictum G. tunc Engolismen. episcopum tanquam legatum suum et ap. sedis vicarium destinaret, inter alios legitur B. archiepiscopo Dolen. scripsisse ut eum reverenter susciperet et ipsi humiliter obediret, qui etiam B. quatuor suffraganeos habuisse probatur. Ad hæc, felicis mem. Innocentius papa prædecessor noster G. Dolen. archiepiscopum et suffraganeos ejus ad concilium quod Pisis postea celebravit legitur evocasse, et ad querimoniam ejus citasse archiepiscopum Turon. ut super subjectione quam a Dolen. petebat justitiam ostenderet Ecclesiæ Turon. et eidem Dolen. de Aleten. diœcesi responderet. In quo etiam piæ me. Cœl. eumdem prædecessorem suum Innocentium est secutus. Et licet bonæ me. Lucius Papa II præd. noster contra Dolen. Ecclesiam pro Turon. sententiam promulgarit, semper tamen Dolen. Ecclesia in libertatis possessione permansit; cum sicut in scripto etiam ab adversa parte inducto perspicitur contineri, concessum fuerit ut G. tunc Dolen. archiepiscopus, quandiu Ecclesiæ præesset eidem, usum pallii non amitteret nec alii quam Ro. pontifici subjaceret. Idem etiam G. cum ad Capuanæ sedis metropolim aspiraret, in via cum Turonensi archiepiscopo dicitur collusisse nec bene defendisse causam Dolen. Ecclesiæ, a qua tam corpore quam animo discedebat, cum statim post sententiam transierit ad Ecclesiam Capuanam. Oliverius quoque successor ipsius electus eosdem suffraganeos, quos G. præd. ejus habuerat, habuit et in Dolen. Ecclesia ministravit, sicut per plures testes fuerat comprobatum. Adjecit etiam pars Dolen. quod processu temporis bonæ me. Eugenius papa prædecessor noster felicis record. B. Clarævallen. abbatem ad sopiendam inter easdem ecclesias controversiam destinavit, cujus statutum servare noluit Ecclesia Turonensis. Cæterum cum H. postmodum Dolen. electus propter illitteraturam suam apostolico se timeret conspectui præsentare, cum cantore et quatuor aliis canonicis Dolensibus Andegavis, quasi cum Turonensi compositurus, accessit; et exinde contra prohibitionem cantoris et alterius canonici senioris, cum tribus junioribus Turonen. adiit civitatem; et corruptis aliis tribus canonicis per collationem præbendarum et salvo jure Dolen. Ecclesiæ jurare inductis se servaturos quod oblata eis chartula continebat, a Turonen. archiepiscopo munus consecrationis accepit. Quod autem idem H. tres juvenes memoratos corruperit, uni scilicet archidiaconatum, alteri præbendam conferens, tertio præbendam susceptam de manu laicali confirmans, quod cantor et socius ejus eidem H. ne Turonis accederet curaverint districtius inhibere, quod iidem juvenes salvo Dolen. ecclesiæ jure juraverint, quod idem H. adulterinum sigillum habuerit, eadem pars per suos testes sufficienter asseruit fuisse probatum. Adjectum est etiam, quod litteræ nomine Dolen. capituli super ipsius H. præsentatione confectæ veræ non essent; utpote in quibus nomen præmittebatur decani, cum decanus nullum haberet in eadem Ecclesia personatum, sed cantor primum locum potius obtineret. Idem etiam H. in professione quam fecit archiepiscopo Turonen. se non episcopum sed archiepiscopum nominavit. Cæterum cum idem H. propter prædicta non fuisset a Dolen. receptus, ad apostolicam sedem accedens, a bonæ memoriæ Adriano papa prædecessore nostro ab obedientia fuit, quam Turon. archiepiscopo in consecratione sua promiserat, absolutus. Sed hoc non potuit pars eadem per litteras authenticas demonstrare. Cui cum Dolen. Ecclesia ab eodem Adriano papa usum pallii, tum ex tenore concordiæ quam inter se et Turon. archiepiscopum factam fuisse confitebatur, tum ex antiqua consuetudine, postularet; nuntii vero Turon. Ecclesiæ compositionem quamdam factam per abbatem de Fontanis, in qua Dolen. ecclesiam suffraganeis renuntiasse dicebant, peterent confirmari, addentes quod sic fuerat a præfato Lucio papa prædecessore nostro de fratrum consilio per sententiam diffinitum, parte Dolen. Eccl. prædictam compositionem et sententiam non tenere dicente, cum is qui in Dolen. Ecclesia tunc præsulatus gerebat officium, dolum adhibuisset et fraudem, utpote qui cum jam ad Capuanam metropolim aspiraret, nihil ad commodum Dolen. Ecclesiæ allegavit, cum et Dolen. Ecclesia præsens in examinatione negotii non fuisset, idem etiam Adrianus prædictam compositionem omnino cassavit, et eam vires censuit non habere, eidem H. pallii usum indulgens; ac E. tunc archiepiscopo Turonen. præcipiens ut aut cum eo super suffraganeis conveniret, aut usque ad festum Sancti Michaelis proximo tunc venturum plenam ei exhibiturus et recepturus justitiam apostolico se conspectui præsentaret; interim autem ipsum vel clericos ejus excommunicationis vel interdicti sententia non præsumeret aggravare. Iterum etiam idem Adrianus ad festum Omnium Sanctorum citavit partem Ecclesiæ Turonen. et eumdem H. frequenter in litteris suis archiepiscopum nominavit: quod ex scriptis authenticis pars eadem demonstravit. Insuper bonæ memoriæ Alexander papa eumdem Adrianum prædecessorem suum postmodum imitatus, dictum H. nominavit archiepiscopum et te non semel sed et sæpius et tandem peremptorio evocavit, ut ad apostolicam sedem accederes, Roll. tunc Dolen. electo de suffraganeis responsurus. Asseruit etiam idem Alexander in suis litteris, sicut ex earum inspectione patebat, quod dictus Adrianus praedecessor ipsius quaestionem illam, quae inter Turon. et Dolen. Ecclesias per sententiam terminata fuerat, coeperat retractare. Unde volens plenius super causa ipsa cognoscere veritatem, cum utraque parte praesente a Roll. tunc Dolen. electo testes recepisset inductos et depositiones eorum super quibusdam capitulis admisisset, G. tunc Senonen. H. Bajocen. et abbati Sanctae Genovefae et decano Bajocen. tam testes quos ipse receperat super quibusdam aliis capitulis audiendos, quam alios ab alterutra partium inducendos, recipiendos et audiendos super possessione subjectionis in qua te, tu frater archiepiscope, esse dicebas, vel libertatis in qua se idem tueri nitebatur electus, super capitulis certis commiserit, quem Lucius etiam successor ipsius in hoc imitatus Cenoman. decano, I. de Veriponte archidiacono Rothomagensi, Januen. praeposito Sanctae Mariae de Castell. per suas litteras idem injunxit; qui juxta mandatum apostolicum procedentes, receperunt testes super praedictis capitulis inductos a partibus, et eorum depositiones redigentes in scriptis sub sigillis suis ad sedem apostolicam transmiserunt. Ex his ergo concludens Dolen. Ecclesia postulabat, ut cum in libertatis semper possessione fuisset, dictum electum Joannem per dilectum filium nostrum Jor., tituli Sanctae Pudentianae presbyterum cardinalem, tunc apostolicae sedis legatum, auctoritate apostolica confirmatum, consecrare in archiepiscopum et ei usum pallii curaremus de solita sedis apostolicae benignitate conferre. Caeterum ex parte Turonen. Ecclesiae fuit ad praedicta responsum, quod cum olim tota Britannia fuisset Turonen. Ecclesiae tanquam metropoli suae subjecta, Britannis tandem conspirantibus contra regem Francorum et proprium sibi constituentibus regem, occasione beati Sansonis quondam Eboracen. archiepiscopi, qui, cum in partibus Britanniae pateretur exsilium, in Dolen. Ecclesia cum archiepiscopalibus insignibus ministrarat, Dolen. Ecclesia contra Turonensem supersilium elationis assumpsit, Britannis volentibus sibi novum archiepiscopum, sicut novum regem creaverant, suscitare. Unde bonae memoriae Nicolaus papa praedecessor noster Salomoni tunc regi Britanniae scribens, quod omnes episcopi regni ejus suffraganei essent Ecclesiae Turon. per litteras suas expressit, adjiciens tandem ut si contentiosus agere vellet, ad sedem ap. destinaret; ut quae esset sedes metropolitica per ejus judicium appareret. In aliis etiam litteris directis eidem Turon. Ecclesiam metropolim esse Dolen. Ecclesiae, sicut ex praedecessorum suorum monimentis et exemplis priorum patere dicebat, asseruit et Festiniano Dolen. antistiti scribens quod Turon. Ecclesia metropolis ejus esset se comperisse, sicut ex litteris ejus apparet rescripsit; necessarium esse adjiciens ut eam Dolen. episcopi sequerentur et ipsam in negotiis suis adirent, nec exquirere ipsius judicium detrectarent, sicut per monimenta praedecessorum suorum et exempla priorum dicebat ostendi; addito ut idem Festinianus se metropolitam nullatenus appellaret, quousque scripta Romanorum pontificum, quae in acceptione pallii ejus antecessores acceperant, destinaret; cum in regestis Siri et Adriani nullatenus invenisset quod Bestovaldo et Junemeno praedecessoribus ejusdem Festiniani, sicut scripserat, usum pallii concessissent. Praeterea Joannes papa praedecessor noster episcopis Britanniae interdixit ne juri Ecclesiae Turon. resisterent super omnibus quae Turon. archiepiscopus ad suam pertinere metropolim asserebat, donec utraque partium ad apostolicam sedem accederet, ut ibidem eadem causa finiretur; adjiciens quod si aliter agerent, se scirent excommunicationis sententiae subjacere et ab omni ecclesiastico beneficio esse suspensos. Quem piae record. Leo papa successor ipsius postmodum imitatus, se in scriptis veterum reperisse asseruit (50) omnes episcopos Britanniae Turonen. archiepiscopo subjacere; adjiciens quod cum ad eum in Remen. concilio super hoc quaestio delata fuisset, statuerat ut Dolen. pseudoarchiepiscopus cum suis subjectis Rom. concilio interesset, non solum super hoc, sed etiam de simonia responsurus; quod quia implere contempsit, eum et omnes episcopos qui ei adhaeserant excommunicationis sententia innodavit; sic scilicet, ut nec peragerent divinum officium nec audirent nec etiam benedicere attentarent. Tandem vero cum utraque partium super hoc coram felicis record. Gregorio papa VII praedecessore nostro diutius litigasset, idem Gregorius post longam discussionem in Romana synodo, utraque parte praesente et causa non sine multo labore discussa, contra Dolen. Ecclesiam sententiam promulgavit; ut nisi forte Britanni a subjectione ejusdem Ecclesiae se possent authentica sedis apostolicae auctoritate tueri, Turonen. Ecclesiam matrem suam et metropolim recognoscerent et eam quam decet metropolitanum subjectionem et obedientiam Turonen. archiepiscopo exhiberent, usu pallii tunc Dolen. electo reservato, sic tamen ut nullus successor ejus ad dignitatem hujusmodi aspiraret, sed tam ipsi quam caeteri episcopi Britanniae sub Turonen. archiepiscopi magisterio perpetuo permanerent. Ad quod melius cognoscendum idem Gregorius legatus sedis apostolicae in provinciam destinavit: qui congregato concilio Xanctonis, auditis propositis, cum Dolensis Ecclesia nullum ad suae defensionis praesidium apostolicae sedis privilegium induxisset, sed quasdam litteras potius sub nomine Adriani papae confectas, quas P. clericus Dolen. antistitis, ipso audiente ac tacente, in regesto Rom. Ecclesiae se mentitus fuerat reperisse et quas idem antistes falsatas esse in versiculo, in quo de datione palli

(50) Hanc Leonis IX epistolam edidit Joann. Cordesius in appendice epistolarum Hincmari.

fiebat mentio, recognovit, quod Gregorius sub conditione statuerat pure curaverunt et simpliciter diffinire ; scilicet ut tam idem Dolen. quam cæteri Britanniæ episcopi perpetuam deinceps subjectionem et obedientiam exhiberent archiepiscopo Turonensi. Quod prædictus Dolen. in manu dicti Gregorii papæ post datum judium promiserat se facturum. Quamvis autem prædictorum Joannis, Leonis, Gregorii et legatorum ejus pars eadem authentica non haberet, ea tamen authentica esse per bonæ memoriæ Urbani II authenticum demonstravit. Cumque postmodum R. Dolen. episcopus memorati Urbani papæ se conspectui præsentasset, juramento firmavit quod prædictus Gregorius præd. ejus, salva querimonia Turonen. Ecclesia, pallii usum concesserat, sic tamen ut si etiam Dolen. Ecclesia in causa succumberet, usum pallii nihilominus retineret : quod per quasdam litteras ejusdem Gregorii ostendere nitebatur ; propter quod Urbanus ei pallium indulsit. Cæterum cum R. Turonen. archiepiscopus ad ejus præsentiam accessisset et quod per eumdem Gregorium et legatos ejus diffinitum fuerat demonstrasset, idem Urbanus de consensu partium certum terminum partibus assignavit : ad quem si qua partium non veniret, causæ suæ periculum sustineret. Unde Turonensi ad terminum veniente, Dolensi vero per nuntium suum excusationes solummodo prætendente, minus legitimas, causa cognita, de consilio fratrum suorum sancivit (51) ut tam Dolensis quam cæteri episcopi Britanniæ Turonen. Ecclesiam suam esse metropolim recognoscerent et debitam ei reverentiam exhiberent, nec ullo ulteriori tempore post Roll. obitum ad usum pallii Dolen. episcopus aspiraret ; sicut in ejus authentico perspeximus contineri. Idem etiam Urbanus episcopis Britanniæ suam sententiam denuntians, præcepit ut Turonen. sicut archiepiscopo suo in posterum obedirent. Cum autem postmodum tempore bonæ memoriæ Lucii papæ secundi causa eadem fuisset ad apostolicæ sedis audientiam procurante Dolen. Ecclesia revocata , ipse utraque parte præsente latam ab eodem Urbano papa sententiam confirmavit, et Turonen. Ecclesiam super Dolensis et aliorum episcoporum Britanniæ obedientia per baculum investivit ; præcipiens ut tam Dolensis quam cæteri episcopi Britanniæ Turon Ecclesiæ tanquam propriæ metropoli subjacerent et ei debitam obedientiam et reverentiam exhibere curarent ; hac tamen moderatione habita , ut G. tunc Dolen. episcopus retineret usum pallii, quoad viveret, et Romano tantum pontifici subjaceret, sed post ipsum nullus Dolen. episcopus ad usum pallii aspiraret, sicut in ostenso nobis ipsius authentico privilegio continetur. Qui etiam Briocen. et Trecor. episcopos ab obedientia Dolen. absolvit et ut Turonensi archiepiscopo reverentiam et obedientiam exhiberent injunxit ; adiiciens quod , si mandati essent apostolici contemptores, sententiam quam Turonensis proferret in eos, ratam haberet et faceret inviolabiliter observari. Mandans etiam comiti et baronibus Britanniæ ut sententiæ nullatenus obviarent, sed eam paterentur exsecutioni mandari; alioquin, ratam haberet sententiam quam Turonensis archiepiscopus in contradictorem quemlibet promulgaret. Hanc autem ejusdem Lucii sententiam Eugenius et Anastasius successores ipsius auctoritate apostolica confirmarunt et idem Eugenius ratam habuit excommunicationis sententiam quam in Dolenses et Briocenses clericos E. tunc Turon. archiepiscopus, propter eorum inobedientiam, promulgarat. Tandem vero Dolensi Ecclesia sententiæ parere coacta, Hugonem tunc electum suum consecrandum per decem Dolen. canonicos et clericos cum decreto capituli subscriptiones canonicorum omnium continente, absolutione recepta ab archiepiscopo Turon eidem archiepiscopo præsentavit et ei professionem fecit, sicut alii suffraganei archiepiscopo suo facere consueverunt, ac rediens a clero et populo Dolen. fuit cum processione receptus. Et licet idem H. postmodum, sicut ab adversa parte proponitur, pallium et absolutionem obedientiæ, quam in consecratione sua exhibuerat Ecclesiæ Turonensi, tacita de latis sententiis veritate et falsitate suggesta, scilicet quod ille qui tunc in Dolenen. Ecclesia præsulatus gerebat officium , fraudem adhibuerat nec sufficienter partem Dolen. Ecclesiæ defenderat, a sede apostolica impetrasset, rediens tamen eidem archiepiscopo debitam obedientiam exhibere curavit et se teneri recognovit eidem, ad concilium ejus vocatus accessit et tam ei quam J. ejusdem archiepiscopi successori obedientiam, sicut suo Metropolitano, reverenter impendit, sicut per testes fuerat legitime comprobatum. Qui cum tandem, quia transgressus fuerat proprium juramentum, ab eodem J. fuisset excommunicationis vinculo innodatus (52), tandem cæcitate percussus, pœnitens et de perjurio sponte confessus, absolutionis ab eo beneficio impetrato, annulum etiam ei resignavit : quod totum per testes fuerat comprobatum. Idem quoque Adrianus in litteris quas pars adversa super pallio eidem H. concesso inducit, inter cætera protestatur quod quia super controversia proposita plenam non potuerat cognitionem habere, cum altera pars in negatione consisteret et se non habere mandatum penitus affirmaret, nihil ab eo fuerat super eodem negotio terminatum. Felicis etiam recordationis Alex. papa prædecessor noster de sententia Lucii, confirmatione Eugenii et Anastasii, concordia H. et pallio ipsi H. ab Adriano papa concesso habita mentione, Turonensi Ecclesiæ in Dolensem jus metropoliticum reservavit, mandans Dolen. capitulo ut si forsan in personam idoneam convenisset, eam Turonensi archiepiscopo confirmandam et consecrandam, si electionem factam inveniret canonice, præ-

(51) Factum istud in concilio Claromontano.
(52) Vide Robertum de Monte in appendice ad Sigibertum, ad an. 1161.

sentaret et consecraturus ei debitam obedientiam et reverentiam secundum Ecclesiæ consuetudinem exhiberet; adjiciens, quod si per legatos sedis apostolicæ eorum esset electio confirmata et electus etiam consecratus, nihilominus ad eumdem archiepiscopum vocatus accederet et ei obedientiam exhiberet. Quod si forsan ab eo vocatus ad præsentiam ejus infra tres menses accedere non curaret, ex tunc idem Alexander ipsum ab administratione temporalium et exsecutione officii, quod post electionem susceperat, suspendebat; sicut per ejus authentica patuit manifeste. Nec nocuit nec nocere potuit Ecclesiæ Turon. quod idem Alexander forte in favorem Dolen. electi citavit partes, testes recepit et aliis recipiendos commisit, cum non in præjudicium alterutrius partium id intelligatur egisse; præsertim cum tibi etiam ad Turon. metropolim evocato, Dolen. diœcesis in pulsatione campanarum et causarum delatione detulerit, et abbas Sancti Jacuti, qui est de Dolen. diœcesi, ad concilium tuum vocatus accesserit et tibi etiam curaverit obedientiam exhibere. Nos ergo, diligenter auditis quæ fuerunt hinc inde proposita et rationibus et allegationibus partium cum instrumentis et attestationibus sufficienter inspectis, de fratrum nostrorum et tam archiepiscoporum quam episcoporum existentium apud apostolicam sedem consilio petitionem Dolen. Ecclesiæ interlocuti sumus non esse aliquatenus admittendam, cum probatum non esset Dolen. Ecclesiam in libertatis possessione, sed Turonensem potius in subjectionis ipsius possessione manere. Ad abundantiorem autem cautelam, ab eodem electo coram fratribus nostris quæsivimus si Dolen. Ecclesia jam probasset vel adhuc posset probare dolum quem præfatus G. Dolen. archiepiscopus dictus est commisisse, per quem pars Dolen. Ecclesiæ remansisse proposita fuerat indefensa. Qui respondit quod dolus ille nec probatus fuerat nec poterat comprobari; cum sæpedictus G. et qui cum eo venerant in Apuliam transeuntes nunquam postea remearint. Et quamvis causa non super proprietate, super qua sæpe fuerat sententialiter diffinitum, sed super possessione tantum subjectionis et libertatis commissa sub certa forma fuisset, ad omnem tamen occasionem tollendam, liberam ei concessimus facultatem ut ex his quæ acta fuerant adhuc summatim de proprietate proponeret, si quid posset rationabiliter allegare. Audientia ergo sibi propter hoc publica in consistorio bis indulta, quia præter præmissa nihil ad commodum partis suæ potuit allegare, cum quasi prænosceret quod deberet in causa succumbere, electioni renuntiare voluit in manibus nostris et a commissa sibi et sociis suis a Dolen. capitulo super eadem causa procuratione cessare. Nos autem nolentes hominum malitiis indulgere, nec renuntiationem recepimus nec passi fuimus ut a commisso sibi et sociis suis a Dolen. Ecclesia super eadem causa procuratoris officio resiliret. Ipso igitur nihil quod ad causam suam faceret postmodum proponente, cum ipsum negotium diu quidem cum multa diligentia nos et fratres nostri sufficientissime discusserimus, præmissis et aliis multis rationibus per idoneos advocatos ab utraque parte prudenter inductis, quas propter prolixitatem superfluam in hac pagina prætermisimus adnotare, de communi fratrum nostrorum consilio, auctoritate Dei omnipotentis et beatorum apostolorum Petri et Pauli et nostra, utraque parte præsente, prædictas prædecessorum nostrorum sententias confirmantes, decernimus, statuimus et sancimus ut Dolen. Ecclesia perpetuis semper temporibus suffraganea plene subjaceat Ecclesiæ Turonen. et debitam ei tanquam suæ veræ metropoli reverentiam et obedientiam cum aliis suffraganeis Ecclesiæ Turon. impendat, nec unquam Dolen. episcopus ad pallii usum aspiret. Et ne causa toties diffinita de cætero valeat in contentionis scrupulum refricari, si qua posthac instrumenta vel argumenta pro parte Dolen. Ecclesiæ possent quomodolibet inveniri, nos auctoritate apostolica nihil ea penitus valitura censemus. Nulli ergo, etc., diffinitionis, etc.

Datum Laterani, per manum Rainaldi domini papæ notarii, cancellarii vicem agentis, Kal. Junii, indictione II, incarnationis Dominicæ anno 1199, pontificatus vero domini Innocentii papæ III anno secundo.

LXXXIII.

ARCHIEPISCOPO ET CAPITULO TURONENSI.
De eodem argumento.
(Laterani, IV Non Junii.)

Ad convincendam malitiam et improbitatem eorum qui contra rationes et jura venire non metuunt, sedes apostolica consuevit rigorem et severitatem aliquoties temperare; ut vincens in bono malum, omnem auferat materiam murmurandi. Hoc enim quidam prædecessorum nostrorum in causa quæ vertebatur inter Turon. et Dolen. Ecclesias fecisse noscuntur, qui, contra res judicatas et per sententias sedis apostolicæ sæpius diffinitas, Dolensi audientiam in judicio præstiterunt: cum contra res judicatas nullo juris remedio valeat attentari; ita quod et judicis inferioris sententia, quæ legitima non est appellatione suspensa, postquam in rem transierit judicatam, ut contra jus litigatoris prolata, retractari de jure non debet, ut sic finis litibus imponatur. Nos quoque postquam causam illam, quæ commissa fuerat a bonæ memoriæ Alexandro et Lucio prædecessoribus nostris inter ipsas Ecclesias super possessione tantum subjectionis et libertatis, rationibus utriusque partis et allegationibus cum instrumentis et attestationibus diligenter auditis et cognitis, pro Turonensi contra Dolensem canonice terminavimus, ad abundantiorem cautelam benignam adhuc ipsis Dolensibus indulsimus facultatem ut, quoniam in examinatione illius causæ multa fuerunt in diversis articulis coram nobis et fratribus nostris utrinque de proprietate proposita, summatim, non quasi litem contra priores sententias contestando, sed ut ex his quæ fuerunt actitata, de proprietate, si possent, aliquid plenius et efficacius allegarent, per quod forte posset ostendi an aliquid fuerit omissum, sicut ipsi frequentius asseruerant, propter quod ipsa Dolen. Ecclesia in prioribus judiciis remanserit aliquatenus indefensa. Sed cum præter illa quæ prius multipliciter allegaverant, nihil postea commodius allegarent, Nos ex allegationibus ipsis nihil penitus audientes quod contra vires priorum sententiarum animum nostrum posset aut deberet aliquo modo movere dictas prædecessorum nostrorum sententias confirmavimus, statuentes ut Dolen. Ecclesia tanquam suæ veræ metropoli perpetuis semper temporibus suffraganea plene subjaceat Ecclesiæ Turonen. nec unquam Dolen. episcopus ad pallii usum aspiret. Et, ad omnem malitiam convincendam, decrevimus ut ne lis toties diffinita posset ulterius refricari, si qua post hæc argumenta vel instrumenta pro parte Dolen. Ecclesiæ contingeret inveniri, tanquam nihil penitus valitura, omni prorsus utilitate carerent. Ut autem de ordine processus istius nulla possit in posterum dubitatio suboriri, has vobis litteras ipsum processum compendiosius continentes duximus in testimonium concedendas.

Datum Laterani, iv Nonas Junii.

LXXXIV.
REGI FRANCORUM.
De eadem re.
(Laterani, ii Kal. Junii.)

Ventilata diutius et quasi frustra sæpius sopita contentio, quæ inter Turonen. et Dolen. Ecclesias vertebatur, usque adeo statum generalis Ecclesiæ hactenus molestavit, ut non solum Dolen. doleret Ecclesia, et metropolis Turon. turbaretur, sed prædecessorum nostrorum aures utriusque sæpius querela pulsaret, et ipsi frustra quodammodo visi fuerint laborasse. Nam etsi frequenter ad Romanam curiam quæstio ipsa perlata fuisset, et per multos prædecessores nostros non tantum semel sopita, sed sæpe, nihilominus tamen super ea nos oportuit laborare; nec fuit per Dei gratiam labor noster inanis, sed principium nostrum finis est debitus subsecutus. Siquidem cum utraque partium ad citationem nostram apostolico se conspectui præsentasset, auditis quæ fuerunt hinc inde proposita, rationibus, allegationibus et attestationibus, et instrumentis partium diligenter inspectis, de communi fratrum nostrorum consilio sententiam dictavimus pro Ecclesia Turonensi, auctoritate apostolica decernentes ut Dolen. Ecclesia suffraganea semper existat Ecclesiæ Turonensis, et ei tanquam suæ veræ metropoli reverentiam, honorem, et subjectionem semper impendat, nec ullo unquam tempore ad usum pallii episcopus Dolensis aspiret. Ideoque serenitatem regiam monemus et exhortamur attentius, ac per apostolica tibi scripta mandamus quatenus latam a nobis sententiam, quantum in te fuerit, et tu ipse conserves ulterius et facias ab aliis observari,

eamdem Ecclesiam Turon. in suis justitiis et manutenens et defendens.

Datum Laterani, ii Kal. Junii.

LXXXV.
(Datum eadem.)

In eumdem modum comitissæ et A. filio ejus et universis baronibus Britanniæ, usque ad verbum observari, Turon. Ecclesiam vestram recognoscentes metropolim et ad eam in quibus necesse fuerit, devote et humiliter currentes. Alioquin, sententiam quam in vos propter hoc canonice tulerit Ecclesia Turonensis, ratam habebimus et faciemus auctoritate nostra inviolabiliter observari.

Datum eadem.

LXXXVI.
(Datum eadem.)

In eumdem modum clero et populo Do.en., usque ad verbum aspiret. Ideoque universitati vestræ per apostolica scripta mandamus et districte præcipimus quatenus latæ a nobis sententiæ devote ac sine omni contradictione parentes, Turonen. Ecclesiam, videlicet metropolim vestram, curetis humiliter revereri et ad eam in quibus necesse fuerit et jus metropolitanum postulat, recurratis. Alioquin, sententiam quam in vos propter hoc canonice tulerit, ratam habebimus et faciemus auctoritate nostra inviolabiliter observari.

Datum eadem.

LXXXVII.

In eumdem modum capitulo Dolen., usque ad verbum recurratis. Volumus etiam et sub eadem sententia districte præcipimus quatenus dilectum filium electum vestrum consecrandum venerabili fratri nostro Turon. archiepiscopo, omni appellatione, contradictione et occasione cessantibus, præsentetis; qui ei more suffraganeorum Turon. Ecclesiæ professionem faciat et obedientiam promittat. Quod nisi infra duos menses, postquam requisiti fueritis, volueritis adimplere, sententiam quam propter hoc idem archiepiscopus in vos canonice tulerit ratam habebimus et faciemus, auctore Domino, inviolabiliter observari.

LXXXVIII.
(Datum, *ut supra.*)

In eumdem modum archiepiscopo Rothomagen. et suffraganeis ejus usque ad verbum aspiret. Ideoque fraternitati vestræ per ap. scripta mandamus quatenus latam a nobis sententiam, quantum in vobis fuerit, et vos observetis ulterius et faciatis ab aliis observari nec alicui de Dolen. diœcesi chrisma vel alia sacramenta ecclesiastica ministretis, nisi de consensu Ecclesiæ Turonensis. Sententiam insuper quam venerabilis frater noster archiepiscopus Turonen. in dilectos filios electum et capitulum Dolen. propter contumaciam seu inobedientiam eorum canonice tulerit, usque ad satisfactionem congruam per diœceses vestras ratam faciatis et firmam haberi.

Datum, *ut supra.*

LXXXIX.
PRIORI ET CONVENTUI DE NOSTLAT.
De confirmatione privilegiorum.
(Laterani, 11 Non. Julii.)

Cum a nobis petitur, etc., *usque ad verbum* assensu, de Felechiurche, de Fedrestam, de Batteleya et de Warnefeld ecclesias, quas monasterio vestro bonæ me. B. Eboracen. archiepiscopus canonice contulit, sicut eas juste ac pacifice possidetis, et in authentico ipsius archiepiscopi plenius continetur, vobis et per vos monasterio vestro auctoritate apo. confirmamus et præsentis scripti pagina communimus. Decernimus ergo, etc.

Datum Laterani, 11 Nonas Julii.

XC.
PRIORI ET CANONICIS DE S. OSWALDO.
Ejusdem argumenti.
(Laterani, 111 Id. Junii.)

Justis petentium, etc. *usque ad verbum* assensu, Ecclesias de Boolton, de Sudcherchebi, de Rouvelle et de Felechurche, sicut eas juste ac pacifice possidetis, ad exemplar felicis recordationis C. papæ prædecessoris nostri, vobis et per vos Ecclesiæ vestræ auctoritate apostolica confirmamus, et præsentis scripti pagina communimus. Nulli ergo, etc.

Datum Laterani, 111 Idus Junii.

XCI.
MASSILIEN. ET AGATEN. EPISCOPIS.
Ut curam suscipiant restaurandi monasteria in insulis Arearum.
(Laterani, 1v Id. Junii.)

(52*) Cum dilectus filius abbas de Floreia nuper ad nostram præsentiam accessisset, nobis exposuit diligenter et hoc ipsum abbatis insularum et aliorum quorumdam litteræ continebant, quod in insulis Arearum fratres Cistercien. quondam fuerant commorati; sed eis in captivitatem paganorum deductis, quoniam locus mari erat vicinus, illuc se quidam regulares canonici transtulerunt, qui licet jam per annos triginta canonicorum regularium habitum portavissent, opera tamen contraria regularibus faciebant; sed ad se, Domino inspirante, reversi, monasticum ordinem ibidem plantari volebant secundum Cistercien. instituta, quod etiam diœcesanus episcopus affectabat. Unde nos ad abbatis ipsius instantiam venerabili fratri nostro Arelaten. archiepiscopo dedimus in mandatis ut si diœcesani episcopi et eorumdem fratrum in idipsum desideria convenirent, Cistercien. monachos institueret in insula memorata facturus de canonicis quod crederet expedire secundum canonicam honestatem. His igitur litteris impetratis, idem abbas de Floreia reversus ab propria, prius quam eas ad dictum archiepiscopum detulisset, cum venerabili fratre nostro Tolonen. episcopo ad locum memoratum accessit et omnium fratrum ibidem manentium in tantum obtinuerunt assensum pariter et favorem, quod abbas insularum claves domus et seipsum in manibus alterius abbatis tradidit, professione facta cum quibusdam ex canonicis de Cistercien. ordine in posterum observando; quod et quidam canonicorum in manu ejusdem abbatis de Floreia sacramento præstito firmaverunt, osculo dato eidem, quod usque in finem in eodem ordine permanerent. Aliis promittentibus per juratoriam cautionem quod per se vel alios contra factum istud de cætero non venirent; jurantibus reliquis quod super provisione sua starent arbitrio episcopi memorati, et nobilis viri G. de Fossa sacristæ, qui aberat, assensu probato per testes: quod postmodum rediens est confessus. Consequenter vero idem episcopus et abbas de Floreia dicto archiepiscopo Arelaten. per suas litteras intimarunt quod diœcesanus episcopus et canonici memorati translationem Cistercien. fratrum illuc fieri unanimiter appetebant. quod acceptans archiepiscopus memoratus, factum eorum auctoritate qua fungebatur apostolica confirmavit, vices suas eis in hac parte committens, ut quæ bene incœperant de instituendo ibi ordine Cisterciensi, vice ipsius perducerent ad effectum. Cujus mandatis parentes humiliter et devote, quæ ipsis injuncta fuerant curaverunt ducere ad effectum, dantes generali Cisterciensi capitulo in mandatis ut in prædicto loco suum ordinem instituere procurarent. Petebatur itaque pro jamdicto abbate de Floreia translationem factam ratam a nobis haberi et auctoritate sedis apo. confirmari, transgressores etiam et contradictores omnes, qui contra vota et juramenta præstita nitebantur quod ab eis factum fuerat impedire, canonica pœna percelli. Cæterum. F. sacrista, P. Warardi, et P. Guil. coram venerabili fratre nostro P. Portuen. episcopo, quem ipsis et parti alteri dedimus auditorem, processum negotii aliter proponebant. Cum enim prædicto Arelaten. archiepiscopo causa fuerit a nobis sub formâ, quam præmisimus, delegata, præfatus abbas accedens ad locum cum episcopo Tolonen. prius quam litteras nostras archiepiscopo præsentasset, qui juxta tenorem ipsarum de singulis debebat inquirere diligenter, motu proprio cum socia multitudine insulam occupavit, constanter affirmans quod eis volentibus vel nolentibus, locus idem pure ac simpliciter a nobis sibi fuerat assignatus. Cumque se in his gravari sentirent, abbate ipsorum eis omne auxilium denegante, qui contra quosdam de canonicis odium dicebatur et ingratitudinem concepisse, (unde in ipsorum dispendium super munitione armatos ponere non expavit, amota inde scala, ne facultas esset canonicis ascendendi (sedem apostolicam appellarunt. Sed dicti abbates nihilominus ab incœpta violentia desistentes, cum quosdam ex ipsis non possent corrumpere pecuniæ sponsione, quod super his starent mandatis episcopi Tolonensis per violentiam cogere voluerunt.

(52*) Cap. *Cum dilectus*, De his quæ vi metusve causa fiunt.—Vide supra lib. 1, epist. 274.

Cum autem nec quindecim dierum possent inducias obtinere, quas quidam ex ipsis ad deliberandum plenarie postularant, jurare compulsi fuerunt mandato dicti episcopi et G. de Fossa laici, qui eis arduae rupis praecipitium fuerat comminatus, se super praemissis quaestionibus parituros. Alii promiserunt in manu abbatis, probatione sibi annua reservata, quod regulam Cistercien. observarent. Aliqui vero nec juraverunt, nec promissionem aliquam facere voluerunt. Horum ergo tacita veritate, nominati episcopus et abbas de Floreia dicto archiepiscopo suggesserunt quod dioecesanus episcopus et omnes loci canonici super institutione Cistercien. unanimiter concordabant, et ita fuit ejus confirmatio impetrata. Sed cum paucis diebus elapsis, praefati canonici archiepiscopo cuncta quae gesta fuerant intimassent, ipse quod in praejudicium eorum factum fuerat, ipsis compatiens, revocavit, restituens eos ad omnia quae habuerant tempore illo quo litterae fuerant impetratae; licet posmodum possessionem eorum praetermisso juris ordine sequestrarit, contradictores omnes excommunicationis gladio percellendo. Et cum, canonicis ad restitutionem instantibus, confessiones et attestationes utriusque partis audisset, ad nos duxit ipsum negotium remittendum. Partibus itaque apud sedem apost. constitutis, canonici spoliati saepedictum abbatem de Floreia multipliciter arguebant. Primo, quod litteras a nobis per veritatis suppressionem et expressionem falsitatis studuerat impetrare. Suppressum enim fuerat in illis, quod Ecclesia de insulis Arearum ad Ro. Ecclesiam solummodo pertineret; sicut ipsius privilegia, quorum ad nos transcripta praefatus archiepiscopus destinavit, indicant evidenter. Falsitatis vero suggestio inde perpenditur, quod omnes canonici translationem ordinis cum dioecesano episcopo pariter affectabant: quod aliter esse ipsorum contradictio liquido arguebat. Sed neque saepedictus Tolonensis episcopus dioecesanus erat ipsorum, qui nullo mediante ad Ro. Ecclesiam pertinebant; unde ipsius consensus in hac parte pro nullo erat penitus reputandus. Secundo, quod per vim et dolum eos seduxit pariter et coegit ut quidam eorum votum emitterent, alii juramenta praestarent. Nos ergo rationibus et allegationibus partium per jamdictum episcopum Portuensem (53), qui eas in scriptis nobis exhibuit, plenius intellectis, quia constitit nobis de voto emisso et praestito juramento a canonicis Insularum quod regulam Cistercien. observarent, vel quod ordinationem hujusmodi nullatenus impedirent, cum utrumque servatum non vergat in dispendium salutis aeternae, nolentes viam perjuriis aperire, non obstante violentia quae proponebatur illata, cum neque metum mortis continuerit neque corporis cruciatum, et ideo non debuerat cadere in constantes, nec obsistente dolo quo se proponebant fuisse seductos, cum talis dolus non tam ad circumventionem abbatis quam ad fatuitatem eorum debeat re- torqueri, super restitutione petita silentium eis do consilio fratrum nostrorum duximus sententialiter imponendum. Verum quoniam saepedicti episcopus et abbas de Floreia, fines mandati per suae temeritatis audaciam excedentes, quod per jamdictum Arelaten. archiepiscopum, cui causa fuerat delegata, fieri debuisset, per se ipsos facere praesumpserunt et quia litterae per suppressionem veritatis et falsitatis expressionem fuerant impetratae, factum ipsorum tanquam minus legitimum per sententiam duximus irritandum. Et quia, secundum Apostolum, instantia nostra quotidiana est omnium Ecclesiarum sollicitudo continua, ne occasione praemissae discordiae locus idem remaneat destitutus et delictum personarum in damnum Ecclesiae convertatur, fraternitati vestrae per ap. scripta mandamus atque praecipimus quatenus Deum habentes prae oculis, ad ordinationem ipsius Ecclesiae vice nostra sollicitius intendatis; in qua per viros ejusdem ordinis, si fieri poterit, regularium canonicorum professionem et ordinem volumus reformari. Alioquin, ne locus idem remaneat deformatus, per fratres Cistercien. ordinis eumdem reformari volumus et mandamus, correctione praedictorum excessuum nobis in hoc articulo reservata: ita quod si per sollicitudinem et providentiam vestram locus idem Cisterciensibus fuerit assignatus, nullum, quo ad jus proprietatis, Ecclesiae Romanae praejudicium generetur: quod in plerisque monasteriis ejusdem ordinis novimus observari. Taliter autem mandatum apostolicum exsequamini, ut fraternitatem vestram, de qua plene confidimus, debeamus merito commendare. Quod si praemissum locum Cisterciensibus duxeritis conferendum, canonicis memoratis in locis idoneis per vos provideri volumus competenter. Nullis litteris, etc., praeter assensum partium, etc.

Datum Laterani, iv Idus Junii.

XCII.

EISDEM.
De confirmatione privilegiorum.
(Laterani, ii Id. Junii.)

Cum a nobis petitur, etc., *usque ad verbum* assensu, ecclesiam de Cucheuvald. cum capell. de Silton. et de Brudeford et omnibus aliis pertinentiis suis, sicut eam juste ac sine controversia possidetis, vobis et per vos Ecclesiae vestrae auctoritate apostolica confirmamus, etc. Decernimus ergo, etc.

Datum Laterani, ii Idus Junii.

XCIII.

M. PRIORI ET CANONICIS DE NOVO BURGO.
De confirmatione privilegiorum.
(Datum, *ut supra*.)

Justis petentium, etc., *usque ad verbum* assensu, ecclesiam de Hovingham cum omnibus pertinentiis suis, sicut eam juste ac sine controversia possidetis, ad exemplar felicis recordationis C. papae praedecessoris nostri, vobis et per vos Ecclesiae vestrae

---

(53) In tertia Collet. additur, *eisdem auditorem concessum a nobis*.

auctoritate apostolica confirmamus, etc. Decernimus ergo, etc.

Datum, ut supra.

XCIV.

MAGISTRO ET FRATRIBUS MILITIÆ TEMPLI.

Pronuntiatur pro illis adversus canonicos Sancti Quintini.

(Laterani, Id. Junii.)

Cum ex conquestione vestra jampridem ad audientiam sedis apostolicæ pervenisset quod canonici Sancti Quintini vobis quasdam subtrahebant de illarum præbendarum oblationibus portiones quas, decedentibus canonicis seu quocunque modo cedentibus, percipitis annuales, felicis recordationis Lucius papa prædecessor noster causam ipsam sub hac forma venerabili fratri nostro Atrebaten. episcopo delegavit, ut, inspectis litteris quas super illis annualibus habebatis, si qua contra ipsarum continentiam substracta existerent, ea vobis, omni appellatione postposita, faceret resignari et jamdictis canonicis inhiberet districtius ne quid de proventibus quos percipere in Ecclesia ipsa debetis subtrahere aliquo modo præsumerent; quod si aliquatenus attentarent, ipsos districtione canonica coerceret. Episcopus vero, sicut ex authentico ipsius cognovimus, per authentica vestra cognovit quod quocunque modo præbendæ illius Ecclesiæ de persona ad personam transirent, earum annualia in integrum percipere debeatis et in usus vestros perpetuo possidere. Canonici vero quasdam obventiones, quas vocant panem, vinum, capones et quadragesimam exceperunt, occasione cujusdam transactionis quam inter eos et quemdam fratrem vestrum intercessisse coram Sansone bonæ memoriæ Remen. archiepiscopo affirmabant. Ad quod probandum licet testes plurimos induxissent, utrum tamen frater ille potestatem vel auctoritatem habuerit transigendi vel excipiendi, quod ex parte vestra constantissime negabatur, probare minime potuerunt. Episcopus autem, licet ex abundanti, nihilominus tres ex vobis bonæ opinionis viros, tactis sacrosanctis Evangeliis, jurare fecit prædictum fratrem sic transigendi vel excipiendi potestatem vel auctoritatem nullatenus habuisse; nec quod litteras de ratihabitione habuerit, per dictos testes dictum fuerat vel probatum. Unde episcopus ipse totam integritatem ipsorum annualium vobis auctoritate apostolica adjudicavit, vos in adjudicatæ rei possessionem inducens; a cujus sententia, licet in commissione appellationis fuisset subterfugium interdictum, canonici tamen nihilominus appellarunt. Cumque postmodum iidem fratres ad sedem apostolicam accessissent, felicis recordationis Urbanus papa prædecessor noster bonæ memoriæ Boboni Sancti Angeli diacono cardinali ipsum commisit negotium audiendum, ac postmodum fine debito terminandum. Qui, intellecta et cognita veritate, quod in commissionis litteris appellatio interdicta nec suam canonici fuerant persecuti, imo ei ex parte ipsorum interposito sacramento fuerat renuntiatum, jamdictam sententiam episcopi de mandato et auctoritate apostolica roboravit. Ne igitur sedatum litigium ulterius malignitate aliqua suscitetur, Nos episcopi memorati sententiam, sicut a prædicto cardinale de mandato est apostolico confirmata, ad exemplar memorati Urbani papæ prædecessoris nostri ratam esse decernimus et præsentis scripti pagina communimus, statuentes ut nulli omnino hominum, etc.

Datum Laterani, Idibus Junii.

XCV.

P. SANCTÆ MARIÆ IN VIA LATA DIAC. CARDINALI, APOSTOLICÆ SEDIS LEGATO.

Electio Camerac. episcopi cassatur.

(Laterani, XIII Kal. Julii.)

Cum enormes excessus relinqui non debeant impuniti, ne forte trahantur a præsumptoribus in exemplum, nos, qui, licet indigni, speculatoris officium super universam Ecclesiam exercemus, summo debemus studio providere ne, quod contra disciplinam ecclesiasticam enormiter attentatur, in confusionem ipsius remaneat segniter incorrectum; quia quod contra leges præsumitur, per leges dissolvi meretur. Sane cum olim nobis denuntiatum fuisset quod H. Cameracen. electus electionis suæ tempore in minoribus esset ordinibus constitutus, et quod post electionem suam per venerab. fratrem nostrum Remen. archiepiscopum Sanctæ Sabinæ cardinalem confirmatam, de mandato ipsius per venerab. fratrem nostrum Atrebaten. episcopum fuerat in acolythum et subdiaconum ordinatus et quod viduam duxerat in uxorem, de qua filium susceperat qui in præpositura Sancti Petri Duacen. ei nullo mediante successit et quod ita incurvus existeret quod de jure non posset aliquatenus promoveri, venerabili fratri nostro episcopo Parisiensi dedimus in mandatis ut vocatis ad præsentiam suam quos nosceret evocandos, et inquisita tam super præmissis omnibus quam publica fama diligentius veritate, quod inveniret, per suas nobis litteras intimaret. Mandavimus etiam ei, ut Cameracen. capitulo ex parte nostra districtius inhiberet ne, si etiam dictus electus electioni renuntiaret spontaneus, ad nominationem vel electionem procedere attentarent; cum in eo essent merito puniendi, in quo videbantur taliter deliquisse. Dicto etiam Atrebaten. episcopo dedimus in mandatis ut hujusmodi veritatem negotii per suas litteras nobis intimaret. Cæterum memoratus Parisiensis episcopus mandati nostri diligens exsecutor, inhibitione facta Cameracen. capitulo juxta formam apost. mandati ne ad electionem procederent, etiamsi idem electus voluntate propria resignaret, ipsius electi confessionem audivit, testium depositiones recepit et omnia redacta in scriptis sub sigillo suo ad nostram curavit præsentiam destinare : quæ ad majorem cautelam sub bulla nostra tibi duximus remittenda. Nos igitur cum fratribus nostris super hoc deliberatione habita diligenti, de ipsorum consilio discretioni tuæ per apostolica scripta mandamus quatenus cum, sicut ex litteris ipsius Parisien. tibi plene patebit, per ipsius electi confessionem constiterit quod electionis suæ tempore solam clerici tonsuram habuerit et ex litteris dicti Atrebaten. episcopi nobis constiterit quod ipse eum de mandato dicti archiepiscopi post confirmationem ipsius in acolythum et subdiaconum ordinaverit et, sicut ex depositionibus testium patuit, non in jejuniis quatuor temporum, sed potius eodem die Dominico, cum etiam idem electus confessus fuerit quod de vidua filium suscepisset, qui ei per electionem capituli Sancti Petri Duacen. in præposituram nullo successerat mediante, cum ex inspectione corporis ejus, ipsius sit incurvitas manifesta, etsi tanta non sit quin posset reprehensionis vitio promoveri, si alia non obstarent, cum ipse etiam electionis suæ tempore fuerit protestatus quod quia solam tonsuram habebat et erat corpore debilis, eligi non poterat nec debebat, cum conscientia dicti Parisien. episcopi, cui volumus, quia prudenter processit in inquisitione, deferri, memoratum electum et capitulum Cameracen. ad locum convoces competentem et si electus ipse vel venire distulerit vel veniens infra triduum cedere sponte noluerit, electionem ipsius, omni prorsus contradictione et appellatione ces., denuncies irritam et inanem. Inhibens districtius capitulo memorato ne ad electionem procedere ulla prorsus occasione præsumant, cum in eo sint puniendi in quo peccarunt. Postmodum vero personam aliquam scientia et honestate perspicuam, per quam Cameracen. Ecclesia in spiritualibus proficere valeat et in temporalibus reformari, ei appellatione remota præficias in pastorem; tam canonicos quam homines Cameracen. Ecclesiæ ad impendendam ei reverentiam et honorem per censuram ecclesiasticam appel. remota compellens et compescens districtione simili resistentes.

Datum Laterani, xiii Kal. Julii.

XCVI.

ILLUSTRI REGI UNGARIÆ.

Ut episcopo Watiensi de ablatis ex ecclesia thesauris satisfaciat.

(Laterani, xi Kal. Julii.)

Inter universi orbis provincias apostolica sedes regnum Ungariæ speciali quadam prærogativa dilexit ob merita regum ipsius ac præcipue ob ferventis devotionis constantiam et inviolabilis sinceritatis affectum, quem inclytæ recordationis Bela rex Ungariæ, pater tuus, circa sacrosanctam Rom. Ecclesiam matrem suam fere semper exhibuit, ad exaltationem ipsius, augmentum Ecclesiarum regni sui et honorem omnium clericorum tam humiliter quam potenter intendens. Nos etiam sperantes quod in filio paternæ vigeat devotionis affectus et tua regia celsitudo sic eidem patri tuo in proposito sicut in regno, sic in voluntate sicut in dignitate succedat, ad integritatem regni et tui honoris augmentum efficaciter intendimus hactenus et adhuc intendere non cessamus; sperantes quod et tu eo fortius in nostra et Ecclesiæ Rom. devotione persistas, quo amplius nostram circa te ac regnum tuum expertus fueris gratiam et favorem fratrum. Verum, quanto sincerius regiæ serenitatis diligimus incrementum, tanto amplius contristamur, quando ea de tuis actibus ad nostram audientiam perferuntur, quæ circa te provocent divinæ indignationis offensam, et in injuriam apostolicæ sedis et tuæ videantur famæ dispendium redundare. Sane pervenit ad audientiam nostram quod in prima transactæ observantiæ quadragesimali hebdomada, quarta feria quatuor temporum, circa crepusculum noctis, venerabili fratre nostro Watiensi episcopo cum canonicis suis completorium decantante, accedens ad ecclesiam Watiensem, claves sacrarii exhiberi tibi et episcopum de ecclesia egredi præcepisti. Cumque ipse positas sibi formidans insidias, cum ipsa hora ei multæ suspicionis certius ingereret argumentum, obtemperare jussioni regiæ recusaret, ostium sacrarii mandasti violenter infringi; et cum idem episcopus et canonici propter hoc conversi ad Dominum cum lacrymis decantarent, *Aspice, Domine, de cœlo sancto tuo et cogita de nobis* (*Psal.* cxviii, 132), tu, quasi moleste ferens quod divinum auxilium implorabant, irruens in episcopum, ipsum a summo gradu, quod est ante altare, usque in pavimentum violentis manibus attraxisti et pavimento allisum tradidisti non minus violentis tuorum manibus de ecclesia extrahendum. Ipso igitur de ecclesia violenter ejecto et relicto quodammodo semivivo, fracto sacrarii ostio et scriniis violatis, thesaurum ecclesiæ occupasti et patrimonium ejusdem episcopi, quod domui cuidam religiosæ, quam ipse de novo fundaverat, concesserat intuitu pietatis, fecisti pro motu voluntatis propriæ confiscari. Postmodum vero, cum idem episcopus propter hoc in ecclesia sua taliter violata divina prohibuisset officia celebrari, tu decimas sibi denegari fecisti, ac vetuisti nuntiis ejus sub pœna privationis oculorum, ne regnum tuum egredi attentarent, quasi tacite prohibens ne ad apostolicam sedem accederent super his querimoniam delaturi. Quia igitur saluti tuæ consulere cupimus et potius animæ quam corpori providere, cum nobis non constiterit de prædictis, serenitatem regiam monemus et exhortamur in Domino, et in remissionem injungimus peccatorum, per apost. scripta mandantes, quatenus taliter quæ prædicta sunt corrigas per te ipsum, taliter episcopo satisfacias memorato, imo potius sedi apostolicæ, quam læsisti, taliter Watien. ecclesiæ damna restaures, quod nos ad id severitatis ecclesiasticæ manum apponere non cogamur. Alioquin, quantumcunque personam tuam in Domino diligamus, quia tamen potius Deo quam homini volumus complacere, dissimulare non poterimus quin in te et terram tuam exerceamus canonicam ultionem. Certe priorum exempla te potuerant ab hujusmodi revocare et a tanta præsumptione tuam oebuerant compescere voluntatem. Legisti enim, vel forsan audivisti quod cum Heliodorus ærarium quod erat Hierosolymis spoliaret, percussus ab angelo exspirasset, nisi pia ei subvenisset oratio sacerdotis. Balthasar, dum, spoliato templo, vasis sacris in convivio uteretur, articulos manus regni sui terminum notavit in pariete depingentis. Pompeius (54), non quia spoliavit, sed quia intravit solummodo sancta sanctorum, de semper victore victus effectus, commissum jugulo expiavit. Sano igitur ductus consilio, per condignæ satisfactionis effectum tantæ præsumptionis reatum studeas abolere; ne præter canonicæ districtionis rigorem, quem debes merito formidare, Deus, ultionum Dominus, qui reddit retributionem superbis, in te ac regnum tuum injurias dicti pontificis, imo suas potius graviter ulciscatur.

Datum Laterani, xi Kalendas Julii.

XCVII.

(Datum, *ut supra*.)

In eumdem fere modum scriptum est *Colocen. archiepiscopo* usque ad verbum cogamur. Ideoque fraternitati tuæ per apostolica scripta mandamus et districte præcipimus quatenus regem ipsum ad implendum mandatum apostolicum salubriter moneas et tam efficaciter quam diligenter inducas. Quod si nec mandatis nostris nec monitis tuis acquiescere forte voluerit, tu cum suffraganeis tuis, si unquam fieri poterit, id studeas ad honorem apostolicæ sedis et nostrum et tam prædicti episcopi quam ecclesiæ Watien. utiliter emendare. Quod si per studium et sollicitudinem [tuam id fieri forte non poterit, præsentium tibi auctoritate in virtute obedientiæ districte præcipiendo mandamus ut, postpositis gratia et timore, solum Deum habens præ oculis, sicut de tua discretione confidimus, inquiras de prædictis omnibus diligentius veritatem, et quod inveneris per tuas nobis cures litteras intimare; ut, re cognita, apostolicum a nobis procedat edictum per quod tantæ præsumptionis audacia districtione canonica feriatur. In hoc enim proposuimus experiri, si magis terrenum regem metuas quam cœlestem et an honorem Ecclesiæ gratiæ regi anteponas.

Datum, *ut supra*.

XCVIII.

ABBATI SANCTÆ CRUCIS ET SANCTI LEUFREDI CONFESSORIS, EJUSQUE FRATRIBUS, TAM PRÆSENTIBUS QUAM FUTURIS, REGULAREM VITAM PROFESSIS IN PERPETUUM.

De confirmatione privilegiorum.

(Laterani, xiii Kal. Julii)

Piæ postulatio voluntatis, etc., *usque ad verbum* statuentes ut ordo monasticus, qui secundum Deum et beati Benedicti Regulam in eodem [loco institutus, etc., *usque ad verbum* vocabulis. Locum ipsum in quo ecclesia memorata sita est cum omnibus adjacentiis quæ ad eamdem ecclesiam pertinent, ex dono Auduini quondam Ebroicen. episcopi, ecclesiam Sancti Petri de Fontanis cum decimis et manso presbyteri et aliis quæ ad eamdem ecclesiam pertinent; ecclesiam Sancti Germani de Escardenvilla cum decimis suis et triginta solidis solitæ pensionis, ecclesiam Sancti Pauli de Cruce cum medietate ejusdem villæ, decimis et annua pensione quindecim librarum Andegavensium; ecclesiam Sancti Remigii de Calliaco cum eadem villa et appendiciis suis, cum decimis et annua pensione quadraginta solidorum, ecclesiam de Grovilla cum decimis et uno manso, ecclesiam de Wivilla cum decimis in toto feudo de Monteforti, excepto dominico Thomæ de Planca et dominico Rog. de Wivilla, quantum pertinet ad mensam eorum, ecclesiam de Trunco cum decimis suis in feudo Galerani de Mara et uno manso, et 20 sol. Andegaven. solitæ pensionis. Ecclesiam de Alpegart cum decimis de feudo Willelmi de Essarris et de feudo Hugonis militis et uno manso et aliis quatuor hospitibus; ecclesiam de Campenart cum eadem villula et pertinentiis suis et pensione solidorum quinque Andegavensium; ecclesiam de Mersi cum decimis suis, ecclesiam de Allega cum decimis suis, ecclesiam de Cabaniis cum decimis suis et tribus partibus hospitum, ecclesiam de Dardeis cum decimis suis et pensione 10 solidorum Andegavensium; ecclesiam de Venabulis cum decimis suis et terris eidem ecclesiæ pertinentibus; ecclesiam Sancti Albini de Wallon cum decimis suis, ecclesiam de Bruolio cum decimis et pertinentiis suis, ecclesiam de Salleio cum decimis et terris eidem pertinentibus, ecclesiam de Tonaio cum medietate Altenag. terris et decimis de feudo Ric. ejusdem villæ domini; ecclesiam Sancti Georgii de Esserra cum eadem villa et pertinentiis suis et 20 sol. sterlingorum annuæ pensionis; capellam Sanctæ Mariæ in eadem parochia sitam, ecclesiam Sancti Remigii de Besu cum hospitibus, terris et decimis de feudo Joannis de Gisorz, et aliis hospitibus et terris, et nemore allodiariorum Reg.; ecclesiam Sancti Albini de Besu cum terris ei pertinentibus, capellam Sanctæ Austrebertæ cum pertinentiis suis; capellam Sancti Dionysii de Bansicort cum decimis de feudo Osmundi monnarii apud sanctum Eligium, decimam de feudo Hugonis de Seusei apud Nenvillam; decimam Wil. de Maudiut apud Ludervillam, de feudo Willel. Pelet. apud Aamercort.; decimam de feudo Matthæi de Gamachiis apud Manevillam, duas partes decimarum de feudo Pagani de Sancto Luciano et de feudo Orselli et de feudo Floold; in parochia Sancti Dionysii de Formam, ecclesiam ipsam cum parte decimarum, ecclesiam Sancti Andreæ de Autuliolo cum tertia parte decimæ, et pensione duorum sol., eleemosynam de insula quæ dicitur Guernere, quartam partem oblationum de feria et de festo Sancti Christophori de Roilli., decimam de Heudiervilla et de Sessevilla in feudo Autulfi; decimam de Boeleio in feudo Roberti filii Wil., decimam de Mesnilla in feudo Hugonis de Lace

---

(54) Vide Tacit., lib. v *Hist.*

et decimam de Buison in feudo Hug. Bigot; quartam partem decimæ de Autulio, decimam de feudo Almarici Doesnel apud Watevillam, totam decimam Essarrorum de Loviers, de feudo Galerani comitis Melloten ; ex dono Galerani comitis centum solidos sterlingorum annuatim reddendos in Dorserta apud Scellentonam et decimam denariorum suorum de Cruce, ex dono Willielmi Alliacen., medietatem Escardenvillæ in eleemosynam ; decimam quam habetis in feudo Galterii Arou de Anesus cum aliis decimis. Possessiones præterea, torras, vineas, nemora, prata, molendina, furnos, aquas, piscarias, redditus et alia quæ superius expressa sunt et quæ a quadraginta annis usque ad hæc tempora juste et sine controversia tenuisti et nunc pacifice possidetis. Sane novalium, etc. Liceat quoque vobis, etc. Prohibemus insuper ut nulli fratrum, etc. In parochialibus vero ecclesiis, etc. Libertates etiam, etc. Immunitates a Rothomagen. archiepiscopis, Ebroicen. et aliis episcopis vobis pia devotione indultas, et usque ad hæc tempora sine controversia conservatas ratas habemus et auctoritate apostolica confirmamus. Cum autem generale interdictum, etc. Sepulturam præterea, etc. Obeunte vero te, etc. Decernimus ergo, etc. Salva sedis apostolicæ auctoritate et diœcesani episcopi canonica justitia. Si qua igitur, etc.

Datum Laterani, per manum Rainaldi domini papæ notarii, Acherontin. electi, cancellarii vicem agentis, XIII Kal. Junii, indict. II, Incarnationis Dominicæ anno 1199, pont. vero domini Innocentii papæ III anno secundo.

XCIX.

F. SANCTÆ MARIÆ IN VIA LATA DIACONO CARDINALI, APOSTOLICÆ SEDIS LEGATO ET EPISCOPO PARISIEN.

Ut Nivernensis abbas, hæreticus et depositus, carceribus monasterii includatur.

(Laterani, XIII Kal. Julii.)

Quod legimus in Apocalypsi prædictum ecce nunc videmus impletum, quia de fumo putei abyssi exierunt locustæ similes equis paratis in prælium, facies quidem habentes humanas, sed caudas similes scorpionum, et aculei sunt in caudis earum. Hi sunt hæretici, qui de puteo confusionis egressi, non ut ipsi confusionem evadant sed ut alios in confusionem inducant, faciem prætendunt humanam, ut seducant incautos, quibus tandem in similitudinem scorpionum damnationis infligunt aculeum, dum eis juxta Scripturæ sententiam vel draconis in aureo calice Babylonis propinant. In tantum autem jam eorum excrevit audacia, ut velut equi parentur ad prælium, cum in aperto suæ falsitatis doctrinam disseminare præsumant; contra quos nisi gladius exeratur ecclesiasticæ disciplinæ, ut jam non solum capiantur sed exterminentur vulpeculæ quæ vineam Domini demoliri moliuntur, verendum existit ne, quoniam error eorum serpit ut cancer, pars etiam sincera trahatur. Nuper enim, sicut

(55) Vide supra epist. 66.

ex tenore litterarum venerabilis fratris nostri Senonen. archiepiscopi et relatione dilectorum filiorum R. et B. nuntiorum ejus nobis innotuit, multa de hæreticis et eorum sectis in partibus Gallicanis, quæ ab hujusmodi fæce prorsus olim intactæ manere solebant, increbrescente jam vehementer infamia (55), cum idem archiepiscopus ad villam quæ Charitas appellatur, in qua plurimi dicebantur professores hæreseos delitescere, rogatus a venerabili fratre nostro Antissiodoren. episcopo, in cujus diœcesi prædicta villa consistit, accessisset perscrutaturus diligentius veritatem, clero et populo convocatis, post diligentem indaginationem, præter alios quamplures qui erant ibi de hæresi publice infamati, Rainaldum quondam abbatem S. Martini Nivernen. comperit hujusmodi contagione respersum, et publica super hoc infamia laborantem. Et quoniam in eo plurimum scandalizabatur et populus et clerus, de consilio prædicti Antissiodorensis, Meldensis et Nivernensis episcoporum, qui aderant, et plurium prudentum virorum, eum officio beneficioque suspendit, diem apud Antissiodorum illi præfigens ubi coram eo forte, si posset, se de tanto crimine tueretur. Cumque die præfixa suam coram eodem archiepiscopo exhibuisset præsentiam, assistentibus prædictis Antissiodoren. et Nivernen. episcopis, multisque aliis viris discretis, et prior ecclesiæ S. Martini de hæresi, adulterio et usura et quibusdam aliis eum intenderet et paratus esset protinus accusare, ante litis ingressum, licet nullum inferretur ipsi gravamen, sedem apostolicam appellavit : cujus appellationem frustratoriam quoniam propter infamiam et publicam notam criminis dictus archiepiscopus non admisit, et præfatus prior paratus fuit in continenti objecta probare, spontaneus causam subiit et objecta crimina penitus denegavit. Prior autem confestim quosdam ex canonicis suis testes produxit; qui cum a præfato archiepiscopo recepti canonice ac diligenter examinati fuissent et attestationibus, prout debuit fieri, publicatis, ipsi etiam R. postulanti copiam earum sufficienter exhibitis, ei dies esset apud Senon. assignata, ut in concilio suffraganeorum exciperet, si vellet, contra testes et eorum dicta vel suæ defensionis proponeret rationes, die præfixa et loco etiam assignato suis libere ac plenarie propositis rationibus, interrogatus pluries si pro se vellet aliquid aliud allegare, probationibus et allegationibus omnino renuntians, sententiam postulavit et postmodum sæpedicto archiepiscopo pariter cum venerabilibus fratribus nostris Trecensi, Antissiodorensi, et Nivernensi episcopis aliisque prudentibus viris secretæ deliberationis tractatum habente, advocatus prædicti R. sine illo ad consilium eorum intravit et proposuit ipsam appellationem, quam ante litis ingressum interposuerat, ratam habere et eam iterum innovare. Cumque postmodum ad ferendam sententiam exeuntes comperissent pro certo eum clanculo recessisse, dictus advocatus ejus, sicut fecerat in secreto, appellationem denuo publice innovavit. Unde memoratus archiepiscopus, quamvis non fuisset appellationi hujusmodi deferendum, noluit eum de hæresi condemnare. Pro adulterio tamen et aliis quæ in damnationem ejus erant manifestius divulgata et quoniam propter infamiam hæresis et scandalum, quod in populo fuerat inde subortum, nullatenus etiam ad tempus in administratione abbatiæ sine omnimoda desolatione monasterii poterat tolerari, de communi consilio coepiscoporum et aliorum prudentum qui aderant, ipsum in perpetuum per sententiam diffinitivam officio privavit abbatis, et canonici Sancti Martini de licentia ejus quemdam alium elegerunt. Cæterum idem archiepiscopus attestationes contra eum receptas nobis transmisit redactas in scriptis; ex quibus duo gravia satis probata esse videntur : videlicet eum serio et assertive dixisse, disputando et defendendo hæreticorum errorem, quod corpus Domini mittitur in secessum, et, juxta verbum Origenis, omnes tandem fore salvandos. Allegationes autem et rationes prædicti R. (de quibus sæpedictus archiepiscopus in suis litteris fecerat mentionem) nobis per litteras vel per nuntios exponere non curavit. Propter quod diutius exspectavimus, si forte alii nuntii super hoc instructi plenius advenirent. Quoniam igitur causam transmisit ad nos minus sufficienter instructam, et ex hoc nobis scrupulus non modicæ dubitationis emersit, maxime cum sit plena maturitate in tam arduo negotio procedendum, discretioni vestræ per apostolica scripta mandamus quatenus Deum habentes præ oculis, et catholicæ fidei veritatem, tam attestationibus quæ contra prædictum R. nobis transmissæ fuerunt, quas vobis sub bulla nostra transmittimus, quam etiam allegationibus et rationibus sæpedicti R. quas coram præfato archiepiscopo proposuisse proponitur, attente ac diligenter inspectis, publica quoque fama nihilominus inquisita, nisi ex eis aliquid perpendere poteritis quod a ferenda condemnationis sententia contra eum merito animum vestrum debeat retardare, sublato cujuslibet contradictionis et appellationis obstaculo, ut in eo puniatur in quo peccavit, ipsum a sacerdotali officio deponatis. Et, quoniam metuendum est ne in laqueum desperationis incidens et ad perfidorum hæreticorum infidelitatem ex toto conversus, eorum prævaricatiouibus contaminet gregem intactum, retrudi eum in districto monasterio faciatis et ibi ad agendam pœnitentiam sub arcta custodia detineri; attentius provisuri ut ita mandatum apostolicum exsequamini, quod devotionem vestram debeamus merito commendare. Nullis litteris, etc., harum tenore tacito, etc. Quod si ambo, etc., alter, etc. Tu vero, fili card., diligens studium et operam efficacem impendas, sicut de tua discretione confidimus, ut per diligentiam et sollicitudinem tuam, ascitis tecum quos noveris necessarios hæretica pravitas exstirpetur et hæretici cum suis falsis dogmatibus confundantur. Quod ut melius et plenius possis efficere, plenam tibi super hoc, app. remota, concedimus potestatem.

Datum Laterani, xiii Kal. Julii.

C.

ABBATI SANCTÆ MARIÆ DE CANNETO EJUSQUE FRATRIBUS, TAM PRÆSENTIBUS QUAM FUTURIS, REGULAREM VITAM PROFESSIS IN PERPETUUM.

De confirmatione privilegiorum.

(Laterani, xi Kal. Junii.)

Piæ postulatio voluntatis, etc., *usque ad verbum* ordo monasticus qui secundum Deum et beati Benedicti Regulam in eodem monasterio institutus esse dignoscitur, etc., *usque ad verbum* vocabulis. Locum ipsum in quo præfatum monasterium situm est cum omnibus pertinentiis suis; ecclesiam Sancti Andreæ apostoli in insula quæ vocatur Minerva cum tota insula; ecclesiam Sancti Bartholomei, quæ est in civitate Polan., cum redditibus suis; ecclesiam Sancti Laurentii de Camponoso cum campis, vineis, pascuis, pratis, montibus, vallibus, aquariis et omnibus ad eam pertinentibus; ecclesiam Sanctæ Mariæ Bauran. cum omnibus possessionibus suis, et ecclesiam Sancti Blasii Savinian. cum omnibus pertinentiis et possessionibus suis; ecclesiam Sancti Pauli; et locum Barcilian. cum montibus, vallibus, habitationibus, pascuis, aquariis, sylvis, arboribus fructiferis et infructiferis, piscariis, atque ripis ad eumdem locum pertinentibus; et piscariam de Muccla de mezo, locum Valbendonii cum habitationibus, terris cultis et incultis, arboribus, olivis, pratis et omnibus pertinentiis suis; piscariam portus Valbendonii; locum Florian. cum olivis, terris cultis et incultis, habitationibus, domibus, curtibus et omnibus pertinentiis suis; Sancti Georgii et Sancti Nicolai ecclesias cum omnibus pertinentiis et possessionibus; locum Philippani cum mansibus, curtibus, pascuis, terris, aquariis, sylvis, campo de puteo, terris Carsæ planæ et Cisterneolæ; fundum Volasii cum molendino; ecclesiam Sancti Laurentii cum tota valle; turri, curia, gurgo et omnibus pertinentiis suis; ecclesiam Sancti Leonardi cum horto majori et curia quæ est ante portam monasterii, cum omni circuitu suo; terram de Ducende et terram de Bagnole, cum omnibus pertinentiis suis. Sane novalium, etc. Liceat quoque vobis, etc. Prohibemus insuper, etc. Cum autem generale interdictum, etc. Libertates præterea, etc. Sepulturam quoque, etc. Obeunte vero te, etc. Decernimus ergo, etc. Salva sedis ap. auctoritate et diœcesani episcopi canonica justitia. Si qua vero, etc.

Datum Laterani, per manum Rainaldi Acheruntini archiepiscopi, cancellarii vicem agentis, xi Kal. Junii, indictione ii, [Incarnationis Dominicæ anno 1199, pontificatus vero domini Innocentii papæ III anno secundo.

CI.

COSTADIGIN. FUNDATRICI ET FATRIBUS AC SORORIBUS ECCLESIÆ BEATÆ MARIÆ DE ROCCA MAJORI SITÆ IN LOCO QUI DICITUR PUTEUS DE CHARTARIIS.

De confirmatione privilegiorum.
(Laterani, Kal. Julii.)

Cum a nobis petitur, etc., *usque ad verbum* assensu, ecclesiam ipsam et personas ibidem divinis obsequiis mancipatas, cum omnibus bonis quæ in præsentiarum eadem ecclesia rationabiliter possidet, aut in futurum justis modis præstante Domino poterit adipisci, sub beati Petri et nostra protectione suscipimus et præsentis scripti pagina communimus. Ad indicium autem perceptæ hujus a sede apost. protectionis, unam libram ceræ nobis nostrisque successoribus annis singulis persolvetis. Nulli ergo, etc.

Datum Lat. Kal. Julii

CII.

ROMANO ARCHIPRESBYTERO ET CLERICIS SANCTORUM MARTYRUM SERGII ET BACCHI, TAM PRÆSENTIBUS QUAM FUTURIS IN PERPETUUM.

De confirmatione privilegiorum.
(Laterani, vi Kal. Julii.)

Licet omnium Ecclesiarum sit nobis cura et sollicitudo commissa, illis tamen quæ in Urbe consistunt tanto sollicitius nos convenit prævidere et earum jura illibata servare, quanto amplius ad jurisdictionem nostram noscuntur specialius pertinere. Eapropter, dilecti, etc., *usque ad verbum* annuimus et præfatam ecclesiam beatorum martyrum Sergii et Bacchi, in qua divino, etc., *usque ad verbum* vocabulis. Medietatem arcus triumphalis, qui totus in tribus arcubus constat, de quo unus de minoribus arcubus propinquior est vestræ ecclesiæ, supra quem una ex turribus ædificata esse videtur, et medietatem de arcu majori qui est in medio cum caminatis juxta minorem arcum, cum introitibus et exitibus suis et aliis omnibus suis pertinentiis, quæ sub his finibus concluduntur. A primo latere est altera medietas ejusdem arcus triumphalis, juris hæredum Cimini; a secundo latere est aliud claustrum suprascripti Cimini et curtis et via publica; a tertio latere est curtis ecclesiæ vestræ; et a quarto latere est via publica, quæ pergit ante supradictam ecclesiam, sicut in instrumento locationis factæ a bonæ memoriæ Gregorio ejusdem ecclesiæ diacono cardinali plenius continetur; ecclesiam Salvatoris de Statera cum pertinentiis suis, ecclesiam Sancti Laurentii positam sub Capitolio, cum casis, cryptis, hortis et omnibus aliis suis pertinentiis; omnes domos positas in Gallicis, quæ his finibus concluduntur: a duobus lateribus tenet ecclesia vestra, a tertio tenet ecclesia Sanctæ Martinæ, a quarto latere via publica quæ pergit ante dictam ecclesiam. Omnes domos quæ sunt positæ in regione Piri cum casalinis et hortis et aliis pertinentiis suis, præter unum casalinum juris Sancti Sabæ et unam domum Pantalei addextratoris; domum unam positam in regione Sancti Adriani juxta columnas Sancti Joannis ante portam Latinam; domum unam positam juxta domum Joannis de Ascesa; quatuor cryptas cum casalinis ante se, usque ad viam publicam post ecclesiam Salvatoris de statera, quas emistis ab hæredibus Petri de Ascesa; unum casalinum in regione Sancti Theodori in pede Canapariæ; duo casalina juxta columnam perfectissimam; unum casalinum juxta domum Rogerii de Rozo et juxta domum Urb. turrim in casale Barbarian. cum terris, vineis, sylvis, pratis, montibus, collibus, pascuis, salictis, arboribus fructiferis et infructiferis, puteis, fontibus, rivis, ædificiis parietinis et aliis suis omnibus pertinentiis, quæ infra subscriptos terminos continentur: a primo latere rivus de Luzan et tenimentum hæredum Fusci de Berta et tenimentum Sanctæ Anastasiæ: a secundo latere via publica Ardeatina usque ad fossatum Sancti Nicandri: a tertio latere idem fossatus inter vos et ecclesiam Sanctæ Mariæ de Aventin. et tenimentum Sancti Georgii et quatuor Sanctorum Coronatorum: a quarto latere tenimentum Sanctæ Mariæ Majoris et tenimentum monasterii Sanctæ Mariæ in Campo Martis, usque ad prædictum rivum Luzan; quatuor vinealia juxta Cantarum Alban.; terram quam habetis in territorioAriciæ supra lacum de Nemo; duo fila salinarum in Bordanaria, in loco qui dicitur Caput bovis, juxta filum Sancti Pancratii; tenimentum Tusculani vobis et ecclesiæ Sanctæ Mariæ in Portica a felicis recordationis Cœlestino papa prædecessore nostro concessum, quod infra hos fines concluditur: a primo latere via Cavonis: a secundo latere fossatus qui ascendit ad columnam felleris usque in caput pantani: a tertio latere super caput pantani usque ad limitem majorem, et per eumdem limitem usque ad fossatum Berardi Anagnini: a quarto latere per idem fossatum usque ad viam Cavonis; inferioris vero camellariæ parochiam et ejusdem camellariæ proprietatem, ita quod nulla injuria inferatur habitatoribus ipsius camellariæ ab habitatoribus superioris camellariæ; hortum quoque Sancti Laurentii, sive supra Sanctum Laurentium; terram quæ quondam fuit olivetum a cava usque ad Salvatorem; terram supra olivetum usque ad balneariam sive vascam; hortum Sancti Sergii sive post Sanctum Sergium et hortum inter columnas usque ad abscidam et usque ad custodiam mamortinam: super quibus inter vos et ecclesiam Sanctæ Mariæ de Capitolio quæstio diutius fuerat agitata, et ex delegatione felicis memoriæ Cœlestini papæ prædecessoris nostri per dilectos filios I. tt. Sancti Stephani in Cœlio Monte et Sofr. tt. Sanctæ Praxedis presbyteros cardinales amicabili compositione sopita, sicut in scripto eorumdem cardinalium exinde confecto plenius continetur, vobis et per vos Ecclesiæ vestræ auctoritate apostolica confirmamus. Duas insuper petias vinearum in vivario infra muros Urbis et unam extra portam Sancti Pauli in Castannola et aliam petiam foris portam Latinam, cum cryptis, torcularibus et aliis earum pertinentiis, vobis nihilominus confirmamus. Decernimus ergo, etc. Salva sedis apostolicæ auctoritate. Si qua igitur, etc.

Datum Laterani, per manum Rainaldi Acheruntini archiepiscopi, cancellarii vicem agentis, vi Nonas Julii, indictione II, Incarnatiouis Dominicæ anno 1199, pontificatus vero domini Innocentii papæ III, anno secundo.

CIII.

PETRO COMPOSTELLANO ARCHIEPISCOPO.

Decernit episcopatus Ulixbonensem et Elborensem esse subjectos archiepiscopo Compostellano.

(Laterani, vi Non. Julii.)

In causa duorum episcopatuum, videlicet Ulixbonen. et Elborensis, quæ inter te ac venerabilem fratrem nostrum Bracaren. archiepiscopum vertebatur, cujus examinationem plenariam, sola sententia sedi apostolicæ reservata, felicis recordationis Urbanus papa prædecessor noster vicedomino Brixiensi et magistro I. Bergomen. commisit in Hispaniam destinatis, te coram ipso vicedomino, altero jam collega post citationem defuncto, contra dictum archiepiscopum in initio proposuisse cognovimus quod Bracaren. archiepiscopus post litteras citationis receptas, post appellationem et inhibitionem a te interpositas ne in prædictis episcopatibus aliquid in tuum præjudicium attentaret, electos illius temporis consecravit. Unde te offensum graviter querebaris. Ubi a te nihilominus fuit propositum contra ipsum, quod ante invasionem barbaricam Ulixbona et Elbora civitates ad Emeriten. metropolim pertinebant; sed ea postmodum captivata, et ipsæ cum ea captivæ fuerunt donec dignitas ejus cum omni jure suo in Compostellanam Ecclesiam est translata (56). Dictæ quoque civitates Christianorum cultui sunt, faciente Domino, restitutæ; de quibus usque ad tempora jamdicti prædecessoris nostri non fuit in dubium revocatum quin ad Compostellanam Ecclesiam pertinerent; licet rex Portugal. ad suggestionem Bracaren. Ecclesiæ jus Ecclesiæ Compostel. pluries molestarit, pro cujus prohibitione secundus Elboren. electus in tantum distulit consecrari, quod absque consecratione decessit; cujus successor et tertius Ulixbonen. electus, præfato rege vivente non fuerunt ab aliquo consecrati. Hujus autem violentiam successor filius superavit, cogens Bracaren. archiepiscopum, cogi volentem, ut jamdictos electos, quod pater nunquam fecerat, consecraret. Contra quod ex parte tua prius fuerat ad sedem apostolicam appellatum; a qua commissionem, de qua præmisimus, impetraras; proponens coram dicto vicedomino Brixien. te illos duos episcopatus possidere ac possedisse, atque ad tuam ipsos Ecclesiam pertinere; petens nihilominus ut Bracaren. archiepiscopus tibi de illatis injuriis satisfaceret et cohiberetur de cætero ne in prædictis episcopatibus te libere uti jurisdictione metropolitica impediret, quos ad Ecclesiam tuam indubitate spectare per apostolicæ sedis privilegia, concilia quoque, divisiones et historias et publicam famam, sicut in causa quatuor episcopatuum feceras, ostendere nitebaris; parte altera respondente Bracaren. Ecclesiam illos duos episcopatus et possidere tunc et ab eo tempore possedisse quo per gratiam Dei et virtutem A. regis Portugalen. duæ civitates prædictæ de manu paganorum fuerant liberatæ atque ad cultum fidei Christianæ per Bracaren. archiepiscopi prædicationem reductæ et jure suo sic usum archiepiscopum Bracaren. asserebat tibi aliquatenus injuriam non fecisse. Ex his ergo circa injuriarum possessionis et proprietatis articulos intentionem tuam asserebas esse fundatam, et ad singulos articulos partem alteram respondisse: ad injurias quidem et possessionem expresse, ad proprietatem vero latenter; cum, juxta canonicas sanctiones (57), quicunque ad suam cathedram pertinentia loca lucrari negligunt in catholicam unitatem, si post tempus canonicum id moniti non effecerint, ad eum perveniant qui poterit ea sua prædicatione lucrari. Porro Bracaren. archiepiscopus respondebat quod cum in præmisso judicio satisfactio tantum injuriarum petita fuisset et ut cohiberetur archiepiscopus Bracaren. ne impediret te uti jurisdictione metropolitica in illis duobus episcopatibus, sicut ex forma libelli conjicitur manifeste, profecto nec proprietatem nec possessionem ab eo jam petere poteras in præsenti judicio, præsertim cum te diceres possessorem; unde proprietatem vel possessionem ab eo petere non valebas, quæ non nisi a possidentibus repetuntur: adjungens quod, etsi ad proprietatem vel possessionem aliquid pertinens a parte sua coram nobis fuerit allegatum, cum jus suum fuerit protestata, non debebat in ejus dispendium redundare. Interdictum quoque *Uti possidetis* quod in hoc casu locum videbatur habere, cum utraque partium se possidere diceret, tibi non competere proponebat, cum te, sicut dicebat, non probaveris possessorem nec interdicto illo alius agere valeat quam possessor; in quo ille debet per sententiam obtinere, nec vi nec clam nec precario ab altero possidet. Tu vero possessionem Ecclesiæ tuæ multipliciter ostendere satagebas, tam per confessiones adversæ partis quam per electorum et episcoporum recognitiones et professiones et obedientiam eorumdem quam etiam per exsecutiones Rom. pontificum, quæ singula tam instrumentis quam testibus asserebas esse probata. Interrogatus enim in jure G. Bracaren. archiepiscopus proximus antecessor istius, si credebat aliquem prædecessorum suorum hos episcopatus aliquando possedisse, respondit: « Quidam dicunt sic, quidam non, et ideo nescio quibus credam; » et addidit postea: « Nec inde certus sum, nec incertus. » Quæ verba in id eum videbantur inducere ut nullum prædecessorum suorum crederet possedisse. Primus autem post liberationem Ulixbonen. episcopus G. nomine, nec non et Alvarus successor ipsius professionem fecerunt in scriptis et etiam manualem Compostellan. archiepi-

---

(56) Vide Mariana, lib. x *Rer. Hispan.*, c. 5.

(57) 16, q. 3, Cap. *Placuit.*

scopo et ei sicut metropolitano suo reverentiam et obedientiam impenderunt. Tertius quoque, qui superest, dum adhuc esset electus, idem cum tota sua Ecclesia recognovit, veniens ut confirmationem electionis et munus consecrationis reciperet ab archiepiscopo memorato, nisi de medio fere itineris per prohibitionem regis sui fuisset ad propria revocatus; sicut per multos testes asserebas esse probatum. Executiones quoque Rom. pontificum, videlicet Alexandri, Lucii et Cœlestini, qui possessionem quam te habere, licet cum perturbatione, credebas, declarare voluerunt, demonstrant quod te in plenum jurisdictionis usum inducere curaverunt, facultatem tibi liberam tribuentes suspendendi, excommunicandi et electionem cassandi, præcipientes etiam sententias a te latas inviolabiliter observari, sicut in eorumdem litteris continetur. Pro jurisdictionis autem exsecutione libere obtinenda in Elboren. episcopatu punitus est Bracaren. archiepiscopus in episcopatibus Gallæciæ tibi per sedem apostolicam assignatis, sicut in litteris bonæ memoriæ Alexandri papæ contineri dicebas. Ex litteris etiam Ulixbonen. episcopi, quas ostendebas bullatas, ostendere nitebaris quod Elboren. episcopus sententiam a te latam ipsum incœperat observare. Bracaren. autem archiepiscopus respondebat professiones prædictas non esse per testes approbatas, quamdam ipsis testibus de ratione temporis impossibilitatem objiciens, asserens etiam quod per professiones hujusmodi clam ignorante Bracaren. archiepiscopo factas non potuit Ecclesia Bracaren. sua possessione privari; cum et quædam earum factæ fuisse probentur cum Ulixbonen. episcopus exsulabat; possessionem suam multo plenius et efficacius sat agens comprobare, cum omnes episcopi a liberatione civitatum illarum in illis duobus episcopatibus per Bracaren. archiepiscopum fuerint consecrati, qui ei tanquam suo metropolitano reverentiam et obedientiam impenderunt, venientes ad concilia Bracaren. tanquam proprii suffraganei, et querelas suas coram eodem archiepiscopo proponentes, sicut per multos testes asserebat et tuæ partis quædam etiam instrumenta sufficienter esse probatum. Litteras autem bonæ memoriæ Cœlestini papæ prædecessoris nostri super eodem negotio pro te contra Bracaren. ecclesiam impetratas in nullo sibi posse præjudicare dicebat, cum lite pendente fuerint impetratæ, quando non licet etiam supplicare. Tu vero præter præmissa fortius allegabas quod cum G. Bracaren. archiepiscopus et M. canonicus et clericus tuus olim essent in præsentia bonæ memoriæ Alexandri papæ prædecessoris nostri pariter constituti, eodem M. clerico tuo firmiter proponente quod Bracaren. archiepiscopus plures de suffraganeis tuis, et præcipue Ulixbonen. et Elboren. episcopos, occupaverat, dictus archiepiscopus e contra respondens asseruit quod præfatos episcopos nullatenus detineret nec ab eis obedientiam vel reverentiam aliquam exigeret, nec etiam quomodolibet impediret quominus tibi et Ecclesiæ tuæ obediant et subjectionem impendant. Adjecit etiam quod cum nobilis vir dux Portugalen. civitatem Elboren. cepisset, ne in paganismum rediret, instantia ejus.... prædecessor suus ibidem episcopum consecravit, sed tamen ab eo nullam obedientiam vel reverentiam requisivit, imo ut Ecclesiæ Compostellanæ obediret mandavit; qui nondum propter paupertatem, et quia nimium remotus est, ad tuam accessit Ecclesiam. De aliis vero episcopatibus, quos idem M. clericus tuus dicebat ad tuam Ecclesiam pertinere, dixit quod ad Ecclesiam suam spectant et sibi jure metropolitico debent subesse, et super hoc privilegia Rom. pontificum multa produxit. Cumque ab eodem nuntio tuo idem prædecessor noster instantius requisisset si qua exinde privilegia Ecclesia tua haberet et ipse asseverasset se id omnino nescire, statuit ut episcopi quos Bracarensis non recognovit ad te pertinere, asserens ad Ecclesiam suam ipsos spectare, ei et Ecclesiæ suæ, quousque hoc judicio diffiniretur, obedientiam et reverentiam impendant, et ipse prædictos duos episcopos libere tibi et Ecclesiæ tuæ obedire permittat. Licet autem Bracaren. archiepiscopus contra prædictas litteras allegaret quod illa confessio sibi præjudicare non poterat, cum in jure facta non fuerit, eo quod præfatus M. non procurator aut responsalis, sed canonicus tantum et clericus in illis litteris appellatur, quia tamen sæpedictus Bracaren. archiepiscopus illas litteras impetravit et eis pro se usus est in judicio magnumque de illis commodum acquisivit, et tu quod per eumdem M. canonicum et clericum tuum super hoc factum fuit ratum habes et approbas, unde jam ille non potest objicere quod nullus pro parte tua ibi fuerit procurator. Nam et quod per falsum procuratorem agitur in judicio valet utique, si postea per dominum approbatur, tum etiam præsumendum sit pro facto Rom. pontificis. Unde conjicitur quod coram Alexandro papa, qui statutum illud emisit, lis fuerit contestata : Nos, attendentes quod forma petitionis, quam tu in hoc judicio porrexisti, eadem est cum forma constitutionis quam dictus prædecessor noster Alex. papa fecisse probatur, cum forma quoque aspectionis, quam Bracaren. archiepiscopus coram eodem Alex. fecisse dignoscitur, super quo testes in hoc judicio producti fuerunt et attestationes etiam publicatæ, nec non et super ipsis attestationibus disputatum, rationibus et allegationibus utriusque partis diligenter auditis et cognitis, attestationibus quoque ac instrumentis visis et intellectis, habito fratrum nostrorum consilio de communi deliberatione decernimus et sententialiter diffinimus ut Bracaren. archiepiscopus vel Ecclesia Bracaren. nullatenus te vel Ecclesiam Compostellan. impediat quominus in prædictis duobus episcopatibus plene ac libere jurisdictionem metropoliticam valeas exercere. Nulli ergo, etc., diffinitionis, etc.

Datum Laterani, vi Nonas Julii.

CIV.

CANTUARIENSI ARCHIEPISCOPO.
Adversus Simoniacos.
(Laterani, vi Kal. Julii.)

(58) In tantum, peccatis exigentibus, corda quorumdam simoniaca pravitas depravavit, ut in exterminium canonicæ sanctionis et elusionem quodammodo divini judicii, lucris turpibus inhiantes, ac dicentes in corde suo, *Non est Deus*, Simoniam sub honesto nomine pallient, quasi mutato nomine culpa transferatur et pœna, Verum nec Deus, secundum Apostolum, irridetur nec tales Simonis sectatores, etsi temporalem in præsenti forsan eludant, in futuro pœnam effugient sempiternam, cum nec honestas nominis criminis malitiam palliabit nec vox poterit abolere reatum. Sane pervenit ad audientiam nostram quod cum olim quidam suffraganei tui pro chrismate contra canonicas sanctiones certam accipere consueverint pecuniæ quantitatem, metuentes pœnam canonicam, et correctionem tuam eludere cupientes, tempus faciendæ solutionis anticipant, recipientes in media quadragesima quod recipere consueverunt post Pascha; et, ut causam accipiendi dissimulent, nomen etiam variarunt, denarios, quos prius chrismales, secundo paschales dicebant, consuetudinem mediæ quadragesimæ nuncupantes. Quidam vero nec tempus solutionis nec solvendorum nomen in aliquo variarunt, veterem per omnia consuetudinem imitantes. Quia vero expressius exprimit venditionis speciem qui prius percipit pretium quam rem conferat pretiosam, quam qui tempus recipiendæ mercedis dissimulando distulerit et dissimulaverit differendo, licet utrumque in talibus periculosum existat, cum gratis gratia conferenda sit, ne ipsam contingat et rem et nomen gratiæ demereri, fraternitati tuæ per apostolica scripta mandamus et districte præcipimus quatenus, auctoritate nostra fretus et tua, taliter excessus corrigas supradictos, suffraganeos tuos et eorum officiales, monitione præmissa, per censuram ecclesiasticam, sublato appell. obstaculo, a tam illicita exactione compescens, quod ad nos de cætero super hoc querimonia deferri non possit, nec aliorum culpa tibi ob tuæ negligentiæ meritum imputetur ad pœnam. Eadem quoque auctoritate suffultus pravam illam consuetudinem de tua provincia studeas abolere, per quam pro ecclesiarum investitura archidiaconi marcam argenti, minores vero decani vaccam albam sibi dari postulant, vel certam solvi pecuniæ quantitatem.

Datum Laterani, vi Kal. Julii.

CV.

BRACAREN. ARCHIEPISCOPO.
Quod sententia lata pro archiepiscopo Compostellano non præjudicet Bracarensi.
(Laterani, iii Non. Julii.)

Cum simus in sede justitiæ, disponente Domino, constituti, quæstiones quæ perferuntur ad sedem

(58) Cap. *In tantum*, De Simonia.

apostolicam terminandæ, subtili nos oportet examinatione discutere justoque judicio diffinire; quia, sicut ejus sententia non potest ab alio retractari, sic aliis formam tribuit judicandi. Sane inter alias controversias quæ inter Compostellan. et Bracaren. Ecclesias vertebantur, super sententia quoque lata pro Compostell. metropoli super episcopatu Zamoren. non levis fuit quæstio ventilata : pro qua te ac venerab. fratre nostro Compostellano archiepisc. in nostra præsentia constitutis, quod idem episcopatus ad tuam Ecclesiam pertineret, sententiam super eo latam pro Compostellan. Ecclesia petendo penitus infirmari, ostendere nitebaris. Olim enim a paganis capta Valentia civitate, Valentin. episcop.s per terræ principem impetravit ut ad sustentationem suam ab Astoricen. episcopo Zamora, quæ pars erat Astoricensis diœcesis, cum quibusdam aliis locis et terminis sibi daretur, ubi tanquam episcopus pontificalia cœpit officia exercere, obediendo archiepiscopo Toletano, cujus exstiterat suffraganeus et a quo fuerat consecratus. Videns autem hoc Astoricen. episcopus, ad quem Zamoram cum locis prædictis pertinere dicebas, ad Deusdedit presbyterum cardinalem, tunc apostolicæ sedis legatum, accessit, tam [de archiepiscopo Toletano quam de.... tunc episcopo Zamoren. proponens in ejus auditorio quæstionem : per cujus sollicitudinem taliter proponebas fuisse compositum inter partes, quod dictus episcopus honore Zamoren. Ecclesiæ, dum viveret, uteretur, nisi de auctoritate apostolicæ sedis loco mutato transiret ad sedem aliquam quæ vacaret; quod si contingeret, Zamoren. Ecclesia et campus tauri Astoricen. Ecclesiæ modis omnibus redderentur; alioquin, eo defuncto, idem penitus servaretur. Cum autem in eodem loco multitudo populi excrevisset, dictus Toletanus et princeps terræ nepos bonæ memoriæ Calixti papæ prædecessoris nostri, qui tunc sedi apostolicæ præminebat, rogaverunt eum ut sæpedictum episcopum in Zamoren. præsulem confirmaret; quorum precibus acquievit, dans eidem episcopo in mandatis ut interim nulli professionem faceret nec Ecclesiam sibi commissam permitteret alii subjugari, donec instrueretur ab ipso quid eum facere oporteret. Audiens autem hoc archiepiscopus Toletanus, ad apostolicam sedem juxta tuam assertionem accessit ; ubi de obedientia sibi a Zamoren. episcopo impendenda litteras, ut dicebas, apostolicas impetravit : qui post obitum primi episcopi etiam alium ibi episcopum consecravit. Propter quod.... tunc archiepiscopus Bracaren. ad felicis recordationis Eugenium papam prædecessorem nostrum accedens, multis argumentis et rationibus asseveravit Zamoren. Ecclesiam ad Bracaren. metropolim pertinere. Unde ab eodem citatus fuit archiepiscopus Toletanus : in cujus præsentia utraque partium constituta, eorum auditis rationibus et plenius intellectis, de consilio fratrum prædictam Zamoren. Ecclesiam perpetuo subjectam esse decrevit

Ecclesiæ Bracarensi, sicut in authentico sententiæ continetur, mandans episcopo, clero et populo Zamoren. ut Bracaren. archiepiscopo ejusque successoribus tanquam metropolitano proprio debitam obedientiam et reverentiam exhiberent. Cujus auctoritate sententiæ, a piæ record. eodem Eugenio, Adriano et Alexandro Romanis pontificibus confirmatæ quod, a Bracarensi archiepiscopo apprehensa fuerit possessio corporalis, per depositiones testium et rescripta quædam, ostendere satagebas. Consequenter vero Compostellanus archiepiscopus, qui a tempore Calixti semper tacuerat, ut dicebas, ad eumdem Alexandrum accessit, et, veritate tacita, cum instantia nimia commissionem, satis insolitam, impetravit ut Zamoren. episcopum ad exhibitionem justitiæ de subjectione Zamoren. Ecclesiæ, quam sibi vindicare volebat, pro debito cogeret officii pastoralis. Quamvis enim Bracarensis archiepiscopus tempore patris et prædecessoris sui Eugenii papæ per sententiam ejus contra Toletan. obtinuerit subjectionem Ecclesiæ Zamorensis, quia tamen possessionem non habuit et res inter alios acta aliis non præjudicat, in conscientia sua idem Alexander papa, de consilio fratrum suorum, invenit quod Compostellanus archiepiscopus convenire posset episcopum Zamorensem et episcopus deberet ei secundum juris ordinem respondere. Unde Tirasonensi, Abulensi et Portugalen. episcopis mandando præcepit ut episcopum Zamoren. monere curarent et ipsius auctoritate compellere, quod de subjectione suæ Ecclesiæ Compostellano archiepiscopo sub eorum examine, occasione et contradictione cessantibus, non differret justitiæ plenitudinem exhibere. Bracarensi quoque auctoritate apostolica nuntiarent ut, si suæ voluntatis existeret, eumdem episcopum coram eis ab ipsius Compostellani, si quo modo de jure posset, studeret impetitione tueri. Qui si a Zamoren. non vocatus ad causam duceret appellandum, propter hoc cognitionem et decisionem ipsius causæ inter Compostellanum et Zamoren. prætermitti vel differri nolebat. Si vero Portugalensis exsequendis præmissis nollet vel nequiret adesse, alii duo ea nihilominus adimplerent. Has siquidem litteras commissorias de suggestione falsitatis, iniquitate formæ ac inæqualitate mandati tu coram nobis arguere satagebas. Suggesserat enim Compostellanus archiepiscopus quod non habueras possessionem Ecclesiæ Zamorensis: quod falsum fuisse per attestationes ostendere nitebaris. Mandabatur etiam delegatis judicibus ut si Bracarensis a Zamorensi non vocatus ad causam duceret appellandum, decisio causæ nullatenus tardaretur: quod iniquum admodum prima facie videbatur; cum quorum interest audiri soleant appellantes. Et si Portugalensis, qui erat suffraganeus Bracarensis, nollet causæ vel non posset adesse, alii duo procedere non differrent; quod in suffraganeo Compostellanæ Ecclesiæ non mandabatur aliquatenus observandum, ut sci-

licet in ejus absentia reliqui duo possent aliquid diffinire. Contra processum quoque delegatorum judicum allegabas quod, cum tres judices locum idoneum partibus communiter assignassent, duo ex ipsis, suffraganei scilicet Ecclesiæ Compostellanæ aliusque tanquam medius delegatus in absentia tertii, qui erat suffraganeus Bracarensis, mutato loco communi deliberatione proviso, alium fere inaccessibilem partibus assignarunt. Qui cum esset in Saracenorum faucibus constitutus et per decem dietas distaret ab Ecclesia Bracarensi, propter regum discordias et alia multa impedimenta illuc ire non potuit archiepiscopus Bracaren., petens per duos de sociis suis cum litteris excusationis ad eosdem judices destinatos ut loco mutato alium assignarent partibus competentem. Quod cum facere noluissent, iidem nuntii sedem apostolicam appellarunt; sicut etiam idem archiepiscopus per suas litteras appellabat. Sed ipsi judices, appellatione contempta, in causa nihilominus processerunt, Zamoren. Ecclesiam per iniquitatem et colludium, ut dicebas, Compostellano archiepiscopo assignantes. Quorum sententiam asserebas multipliciter irritandam; propter manifestam suspicionem duorum judicum, qui sine tertio pro loco idoneo inaccessibilem elegerunt, nec receperunt excusationes et appellationem Ecclesiæ Bracarensis, tam arduum negotium in momento temporis decidentes, cum etiam in causis minimis dilationes variæ postulantibus non negentur (59). Unde propter hæc et similia, tam coram ipso vicedomino prius propositam quam postmodum coram nobis, petebas præmissam sententiam infirmari, et consequenter quidquid ex ea vel ob eam fuit postea subsecutum. Cæterum, præfatus Compostellanus archiepiscopus pro Ecclesia sua factum aliter proponebat, Zamoram ab antiquo partem episcopatus Salamantini asserens exstitisse, cumque Salamantina civitas post paganorum persecutionem restituta fuisset cultui Christiano, diœcesis illa, sicut nunc pertinet ad episcopum Zamorensem, fuit Salamantino episcopo totaliter restituta. Cujus subjectionem, mediantibus Hieronymo, Geraldo et Munione Salamantinis episcopis, Compostellana Ecclesia facta metropolis noscitur habuisse. Quod, sicut ipse dicebat, multa documenta, fama publica, et recens memoria hominum protestantur. Processu vero temporis in tantum excrevit in loco eodem hominum multitudo, quod per studium regis proprius fuit ibi episcopus institutus et ad instantiam regiam per Toletanum tunc legatum totius Hispaniæ consecratus: qui mandatum a Calixto papa recepit, sicut est superius prælibatum, quod nulli professionem faceret, donec super hoc sibi denuo scriberetur, in quo tamen, tum pro debito consecrationis impensæ, tum propter legationis officium, Toletanus cœpit sibi speciale aliquid usurpare, qui successorem primi episcopi similiter consecravit. Accidit autem quod tempore illo, prout Compostellanus

---

(59) Vide supra epist. 103

dicebat, in causa primatiæ condemnatus Bracarensis archiepiscopo Toletano, compulsus fuit ab Eugenio papa (60) debitam illi obedientiam recognoscere. Propter quod ei amicabiliter sociatus, sperare cœpit quod episcopatum Zamoren. per ipsum posset evincere, ad cujus metropolim non spectabat. Unde in ejusdem papæ præsentia propter causam Zamoren. episcopatus dictis archiepiscopis constitutis, nihil fuit contra Bracaren. a Toletano responsum quod ipsius propositum impediret, sicut ex tenore sententiæ declaratur. In his autem omnibus defuerat Zamoren. qui de mandato apostolicæ sedis secundum assertionem Compostellani archiepiscopi pro libero se gerebat. Unde in ipsius præjudicium, sicut neque adversus Compostellanam Ecclesiam indefensam tunc temporis et absentem, nulla sententia vel rescriptum impetrari poterat cum effectu. Ex qua tamen sententia non fuit possessio acquisita. Cumque postea Bracarensis resiliret ab obedientia Toletani, et ipse suspensus fuit et ab ejus obedientia omnes suffraganei absoluti. Unde per factum vel mandatum ipsius possessio spiritualis et quæ ad sacramenta spectabant, secundum assertionem Compostellani archiepiscopi, non potuit obtineri. Sed, cum successor ipsius contra Zamoren. episcopum exsecutionem sententiæ sæpius postularet, responsum accepit quod nisi prius acquiesceret sententiæ de primatia, hoc nullatenus impetraret. Unde usque ad tempora bonæ memoriæ Alexandri papæ remansit negotium in suspenso. In cujus præsentia præsens Compostellanus præsentem Zamoren. compelli petiit, ut dicebat, sibi de subjectione Zamoren. Ecclesiæ respondere. Verum, quia idem Alexander sententiæ latæ ab Eugenio papa præsentialiter interfuerat nec contra factum ipsius venire volebat, rationibus tamen inductus, de fratrum consilio plena tandem deliberatione statuit, prout idem Compostellanus dicebat, ut quia res inter alios acta aliis non præjudicat, non obstante priori sententia Zamorensis teneretur de subjectione sua Compostellano archiepiscopo respondere. Sic ergo sub certa forma, quæ superius est expressa, fuit commissio ipsa impetrata. Cumque per litteras ipsius Alexandri non fuisset in causa processum, successor ejus Lucius commissionem innovavit eamdem; cujus tenore judices denuntiaverunt viva voce archiepiscopo Bracarensi, et duo ex ipsis, Tirasonensis scilicet et Salamantinus, diem et locum eidem per litteras intimarunt, tertio rescribente duobus quod non poterat interesse, quemadmodum Compostellanus archiepiscopus referebat. Convenientibus autem tam duobus prædictis judicibus quam partibus ad diem et locum, neque Bracarensis comparuit neque ejus aliquis responsalis. Et cum Zamorensis judicibus respondisset quod ipsum ad defensionem sui vocare nun-

quam voluerat nec volebat, ipsi juxta formam commissionis procedentes in causa, sicut Compostellanus archiepiscopus proponebat, inspectis rationibus partium et plenius intellectis, quod Ecclesia Zamoren. de cætero Compostellanæ tanquam suæ metropoli esset subjecta sententialiter decreverunt. Cum autem ab Urbano Lucii successore latæ sententiæ confirmatio peteretur, propter contradictionem Bracaren. archiepiscopi non potuit obtineri; non quod super ipso episcopatu possessionem vel proprietatem ejus petendo Compostellanam Ecclesiam conveniret, sed super sola sententia confirmanda, vel infirmando in ea, si quid existeret infirmandum, litteras ad Brixien. vicedominum, quem pro hac causa et aliis, quæ inter Compostellanam et Bracaren. Ecclesias vertebantur, destinaverat in Hispaniam, impetravit. Ipse vero inter alia super possessione Zamoren. episcopatus et lata sententia super ipso duabus vicibus multos testes productos ab archiepiscopo Bracaren. recepit, qui de proprietate dixit neminem eorum scire aliquid, ut credebat; verum si quis inde aliquid diceret juri suo renuntiare nolebat, quamvis Compostellanus archiepiscopus testes præfatos, non super possessione Zamoren. episcopatus, sed super sententia tantum diceret admittendos, super qua sola commissio a parte altera impetrata et in receptione suorum testium de Zamoren. episcopatus possessione non fuerat in forma juramenti expressum aliquid, ut dicebat. Et quoniam dictus delegatus usque ad sententiam diffinitivam procedens, gesta omnia sub sigillo suo ad sedem apostolicam destinavit, prætaxatam sententiam tanquam canonice latam confirmari a nobis Compostellanus archiepiscopus requirebat, non obstante quod contra commissionem de falsi suggestione vel aliis fuerat intentatum, cum nec ante sententiam objectum fuerit nec, si veritas illa fuisset expressa, commissionem nullatenus impedisset: nec Bracaren. intererat appellare, cum sibi per ea non fieret præjudicium quæ inter alios agebantur; sicut nec ultimam clausulam litterarum, quæ a forma communi et solita, non sensu, sed verbis tantummodo discrepabat. Nos ergo rationibus et allegationibus, attestationibus quoque ac instrumentis utriusque partis diligenter auditis et intellectis, visis et cognitis, post longam discussionem et examinationem perfectam, de communi fratrum nostrorum consilio decernendo pronuntiamus, et pronuntiando decernimus, sententiam illam in nullo prorsus obsistere tibi vel Ecclesiæ Bracarensi. Nulli ergo, etc. diffinitionis, etc.

Datum Laterani, iii Nonas Julii

---

(60) Eugenii III de ea re litteras edidit Didacus Fonseca episcopus Tirason. in t. II *De primatia Toletana*.

CVI.

MARTINO BRACAREN. ARCHIEPISCOPO.
Concordiam inter ipsum et Compostellanum archiepiscopum initam confirmat.
(Laterani, II Non. Julii.)

Sæpe contingit ex contentionibus litigantium, quod in tantum se partes laboribus aggravant et expensis, ut non solum quæ vincitur, sed quæ vincit, tandem pœniteat litigasse. Nos ergo, qui sollicitudine pastorali singulorum tenemur gravaminibus præcavere, ne præ multitudine ac magnitudine quæstionum quæ inter te ac venerabilem fratrem nostrum Compostellanum archiepiscopum vertebantur, importabile vobis gravamen incumberet, super quæstione de usu crucis aliquandiu ventilata vos ad concordiam duximus invitandos; qui nostris acquiescentes consiliis, in hunc modum concorditer convenistis, ut uterque per provinciam alterius universam, crucem ante se faciat sine contradictione deferri. Volentes igitur ut hæc forma concordiæ nostro mediante studio procurata inter vos et successores vestros inviolabiliter observetur, eam auctoritate sedis apostolicæ confirmamus, statuentes ut nulli omnino hominum, etc.

Datum Laterani, II Nonas Julii.

In eumdem modum Petro Compostelano archiepiscopo.

CVII.

PRÆPOSITO S. SEVERINI, DECANO, ET L. CANONICO MAJORIS ECCLESIÆ IN EUPHURDIA.
Sectiones beneficiorum et successiones vetantur.
(Laterani, V Non. Julii.)

Transmissam nobis dilecti filii H. magistri scholarum Wirseburgen. recepimus quæstionem, quod canonici sancti Joannis contra Turonensis statuta concilii singularia quatuor clericorum personis sexdecim assignarunt; ea conditione adjecta, ut quatuor tandiu essent stipendio uno contenti, donec tot morerentur quod quilibet posset integrum beneficium obtinere, quod dilecti filii nostri P. tituli Sanctæ Cæciliæ et Joannes tituli Sancti Stephani in Cœlio monte presbyteri cardinales, tunc in partibus illis legationis officium exercentes, sicut decuit, irritarunt. Iidem quoque canonici præbendam unam Vu. et A. clericis sub eo tenore dederunt, ut alter succederet proximo morienti. Cum itaque successorium edictum a sanctuario Domini sit exclusum, nec illa sint in clericis sustinenda quæ ipsæ quoque leges reprobant sæculares, discretioni vestræ per apostolica scripta præcipiendo mandamus quatenus præfatis donationibus et concessionibus, tanquam juri contrariis, penitus irritatis, præfatos canonicos ad faciendam ordinationem canonicam et de personis idoneis monitione præmissa per censuram ecclesiasticam, appellatione postposita, compellatis. Quod si omnes, etc. duo, etc.

Datum Laterani, V Nonas Julii.

CVIII.

ERMILINDÆ ABBATISSÆ MONASTERII S. MARIÆ AQUILEGIENSIS EJUSQUE SORORIBUS, TAM PRÆSENTIBUS, QUAM FUTURIS REGULAREM VITAM PROFESSIS IN PERPETUUM.
De confirmatione privilegiorum.
(Laterani, VIII Id. Julii.)

Prudentibus virginibus, etc., *usque ad verbum* vocabulis. Locum ipsum in quo præfatum monasterium situm est cum omnibus pertinentiis suis. Præterea specialiter proventus decimarum de insula, tam olei quam aliarum rerum omnium, quas illustris memoriæ Engelbertus comes de Guriza a Tergestin. ecclesia in feudum habuit et in manibus bonæ recordationis Ulrici patriarchæ tunc apostolicæ sedis legati resignavit, sicut eas recolendæ memoriæ..... quondam Tergestinus episcopus monasterio vestro rationabiliter contulit et prædictus Aquilegiensis patriarcha confirmavit et vos sine controversia possidetis: Nos denuo ad instar felicis recordationis prædecessorum nostrorum Alexandri, Lucii, Urbani et Cœlestini Romanorum pontificum, secundum compositionem quæ facta est propter controversiam quæ inter bonæ recordationis Aldigerum Justinopolitanum episcopum et vestram Ecclesiam super præfatis decimis postea vertebatur, sicut ex utriusque partis consensu in præsentia felicis memoriæ Gotefridi Aquilegien. patriarchæ terminatum esse ejusque scripto confirmatum fuisse dignoscitur, vobis et per vos monasterio vestro in perpetuum auctoritate apostolica confirmamus. Decernimus ergo, etc. Salva sedis apostolicæ auctoritate, et diœcesani episcopi canonica justitia. Si qua igitur, etc.

Datum Laterani per manum Rainaldi Acheruntini archiepiscopi, cancellarii vicem agentis, VIII Idus Julii, indictione II, Incarnationis Dominicæ anno 1199, pontificatus vero domini Innocentii papæ III anno secundo.

CIX.

ABBATI ET CONVENTUI S. CRUCIS DE WALTHAN.
De confirmatione privilegiorum.
(Laterani, Non. Junii.)

Justis petentium, etc., *usque ad verbum* assensu, institutiones ecclesiarum de Nesinges et de Netlesuville factas vobis et concessas per archidiaconum, cum sedes episcopalis vacaret, substituto episcopo concessionem ipsius postmodum approbante, quæ utique ecclesiæ in fundis vestris constructæ sunt et in quibus patronatum antea habebatis, sicut eædem institutiones vobis juste concessæ sunt et vos ipsis hactenus rationabiliter ac pacifice usi estis, salvo tamen jure canonico diœcesani episcopi, sicut hucusque solitus est habere, ad exemplar bonæ memoriæ C. papæ prædecessoris nostri auctoritate apostolica confirmamus et præsentis scripti pagina communimus. Nulli ergo, etc.

Datum Laterani, Nonis Julii.

CX.
ABBATI ET FRATRIBUS ECCLESIÆ SANCTÆ CRUCIS DE WALTHAN.
De eadem re.
(Laterani, vi Id. Julii.)

Licet ex injunctæ nobis administrationis officio universas Ecclesias oculo debeamus benigniori respicere et earum tranquillitati et paci studio intendere pietatis, circa provisionem tamen illarum quæ ad jus beati Petri nullo mediante pertinent, eo majorem diligentiam habere nos convenit, quo specialius ad nostrum regimen pertinere noscuntur. Eapropter, dilecti in Domino filii, vestris justis postulationibus clementer annuimus et felicis recordationis Clementis papæ prædecessoris nostri vestigiis inhærentes, Ecclesiam vestram, in qua divino mancipati estis obsequio, quæ beati Petri juris existit, sub ipsius et nostra protectione suscipimus et præsentis scripti pagina communimus. In primis siquidem statuentes ut ordo canonicus, qui secundum Deum et beati Augustini regulam in eadem Ecclesia noscitur institutus, perpetuis ibidem temporibus inviolabiliter observetur. Statuimus autem ut quascunque possessiones, quæcunque bona, eadem Ecclesia in præsentiarum juste et canonice possidet aut in futurum justis modis, præstante Domino, poterit adipisci, vobis et Ecclesiæ vestræ firma et illibata permaneant. Statuentes insuper ut quicunque in ejus Ecclesiæ fuerit abbatem electus, postquam munus benedictionis receperit, se non alienaturum bona ipsius Ecclesiæ juramento promittat; sicut tu, fili abbas, fecisse dignosceris, cum a bonæ memoriæ Lucio papa prædecessore nostro benedictionis gratiam recepisti. Sane cum possessionum vestrarum Ecclesiæ, quarum vobis præsentatio competit, decedente pastore vacaverint, vos presbyteros, qui in eis ministrent, diœcesano episcopo præsentetis, qui ei in spiritualibus, vobis autem in temporalibus debeant respondere. Interdicimus insuper et auctoritate apostolica prohibemus ne aliquis in Ecclesias vestras indebitas exactiones vel gravamina, contra statuta Rom. pontificum et præcipue Lateran. concilii, exercere præsumat. Cum vero generale interdictum terræ fuerit, liceat vobis clausis januis, excommunicatis et interdictis exclusis, non pulsatis campanis, suppressa voce, divina officia celebrare. Nulli ergo, etc., protectionis, confirmationis, constitutionis et prohibitionis, etc.

Datum Laterani, vi Idus Julii.

CXI.
CRIM. PLACENTINO ELECTO.
Electionem ipsius confirmat.
(Laterani, v Id. Julii.)

Accedentes ad præsentiam nostram dilecti filii Hugo vicedominus Majoris Ecclesiæ, magister Alb. Sancti Antonini canonicus et Al. prior Sancti Savini Placentin. cum litteris dilectorum filiorum archidiaconi, cleri et populi Placentini, sua nobis relatione monstrarunt, et hoc ipsum præmissæ litteræ continebant, quod, defuncto bonæ memoriæ episcopo Placentino, clerici ejusdem civitatis convenientes in unum, et de substituendo pastore longum tractatum habentes, tandem, faciente illo qui divisa congregat et congregata conservat, in te vota sua unanimiter contulerint, suppliciter postulantes ut electionem de te canonice factam ratam habentes, eam curaremus auctoritate apostolica confirmare. Nos ergo, volentes de forma electionis fieri certiores, sicut moris est approbati, de processu ipsius per venerabilem fratrem nostrum I. Albanen. episcopum et dilectum filium I. tt. Sanctæ Priscæ presbyterum et G. Sanctæ Mariæ in Aquiro diaconum cardinalem inquiri fecimus diligenter; et tam per examinationem nuntiorum ipsorum, quam ex decreti tenore nobis exhibiti, cognovimus evidenter electionem canonicam exstitisse. Verum, quoniam in hujusmodi duo tanquam potissima requiruntur, quod scilicet electio sit et idonea sit electi persona, quorum primum eligentium factum, secundum autem electi meritum respicit et ob hoc duplex sit examinatio necessaria, electionis videlicet et electi; licet per examinationem præmissam de forma electionis canonicæ redditi fuerimus certiores, tuam tamen personam, velut absentem, examinare nequivimus. Cæterum, quia quorumdam fratrum nostrorum assertio, qui te plenius cognoverunt, super vita pariter et scientia laudabile tibi testimonium perhibebant et hoc ipsum præsumi poterat evidenter ex eo quod in ordine Cistercien. et ad prioratus officium et ad abbatiæ regimen assumptus fuisti et in utroque laudabiliter conversatus, nos tam tuæ personæ quam Ecclesiæ Placentinæ ampliorem volentes gratiam exhibere, de consilio fratrum nostrorum electionem ipsam, sicut canonice facta est, approbantes, eam duximus auctoritate apostolica confirmandam; confidentes in Domino et in potentia virtutis ejus quod cum honoris augmento virtutum tibi dabitur divinitus incrementum, quibus potenter adjutus, feliciter majora procures, qui minoribus hactenus laudabiliter insudasti. Et quoniam ad episcopale onus pariter et honorem non duxisti absque nostra licentia transeundum, ne gregi dominico diu desit cura pastoris, discretioni tuæ per apostolica scripta præcipiendo mandamus quatenus ad regimen Ecclesiæ Placentinæ, tanquam sponsæ tibi divinitus præparatæ, securus accedens, auctoritate apostolica præmunitus, circa utilitatem cleri et populi tibi commissi sollicitudinem vigilantem impendas et operam efficacem, ut sub regimine tuo plus per Deum quam per hominem, sicut creditur, procurato, præfata Ecclesia, quam prædecessoris tui obitus ad vesperam contristavit, de promotione tua lætitia matutina recepta, spiritualibus et temporalibus proficiat institutis.

Datum Laterani, v Idus Julii.

CXII.

(Datum, *ut supra.*)

Scriptum est super hoc in eumdem fere modum clero et populo Placentin., usque ad verbum institutis. Quocirca universitati vestræ per apostolica scripta præcipiendo mandamus quatenus eidem electo, tanquam patri et pastori animarum vestrarum, debitam obedientiam et reverentiam impendentes, tam circa spiritualia quam etiam temporalia sibi pareatis humiliter et devote, recipientes firmiter et tenentes ipsius salutaria monita et præcepta, ut subsidio vestræ devotionis adjutus, divina præcedente gratia et sequente, ad honorem Dei, salutem suam, utilitatem vestram et profectum Ecclesiæ Placentinæ, injunctum sibi officium valeat feliciter consummare

Datum, *ut supra.*

CXIII.

ALDIGERIO DECANO ET CANONICIS AQUILEGIEN.
Deciditur controversia decani et capituli Aquilegiensis contra suum præpositum.

(Laterani, vii Id. Julii.)

Orta nuper inter vos et dilectum filium Poponem præpositum Aquilegien. super administratione possessionum Aquilegien. Ecclesiæ ad canonicos pertinentium contentione non parva, cum propter hoc utroque partium ad nostram præsentiam accessisset, nos vobis et ipsi præposito dilectum filium nostrum S. tt. Sanctæ Praxedis presb. cardinalem concessimus auditorem ; coram quo fuit ex præpositi parte propositum quod, vacante præpositura Ecclesiæ Aquilegien., vos eum absentem in præpositum pure ac simpliciter elegistis et electionem venerab. fratri nostro Aquilegiensi patriarchæ secundum consuetudinem præsentantes, postulabatis eam secundum tenorem cujusdam transcripti, quod sumptum esse dicebatis ex privilegio Ol. bonæ memoriæ Aquilegien. Ecclesiæ patriarchæ, auctoritate metropolitica confirmari. Cumque ipse, deliberatione præmissa, requisisset a vobis utrum juste in præpositum fuisset electus, vobis respondentibus electionem fuisse de ipso canonice celebratam, se pure recipere quod sibi juste offerebatur, adjecit, tenoris ejusdem privilegii et præcedentis canonicorum status ignarus. Requisitus autem postmodum ut vobis juramento caveret ne vos ultra id quod in privilegio prædicti patriarchæ continebatur aliquatenus molestaret, quod id Simoniacum esset asseruit, renuntiationi vobis faciendæ renuntiavit et se negans super hoc cautionem vobis aliquam præstiturum. Deinde, patriarcha prædictus electionem ipsius simpliciter confirmavit et præcepit ei locum secundum prædecessorum suorum consuetudinem assignari. Accepto vero postmodum a ministerialibus suis quod ad eum de jure præpositurae administratio pertineret, ad villas Ecclesiæ Aquilegien. accessit et officiales eum in præpositum humiliter receperunt, juramentum ei super fideli villicatione præstantes. Cumque postmodum regressus Aquilegiam, sibi vellet administrationem cellarii vindicare, quasi possessionem ejus per seram, quia clausum erat cellarium, apprehendit. Propter quod postmodum quidam vestrum et ipse cum eis ad nostram audientiam appellarunt, appellatione ab utraque parte denuo postmodum innovata. Cæterum, cum utraque partium in patriarchæ fuisset præsentia constituta, licet patriarchæ, quærenti si contra vos aliquid vellet proponere, quod nihil proponeret respondisset, sed paratus esset potius respondere quia esse se in administrationis possessione credebat, nuntius vester ad impetitione ipsius vos postulavit absolvi ; et vos postmodum præposito regresso Aquilegiam, vetuistis ne vos aliquatenus aggravaret et super hoc ad ejusdem patriarchæ audientiam appellastis. Qui patriarcha cum præpositum vellet inducere ne administrationi se aliquatenus immisceret, ipse ad nostram audientiam vocem appellationis emisit, unde dictam administrationem sibi dari, sicut antecessores sui eam habuerant, postulabat. Verum ad hoc fuit ex parte vestra responsum quod Ol. quondam Aquilegien. Ecclesiæ patriarcha, volens necessitati canonicorum et ipsius Ecclesiæ consulere honestati, auctoritate felicis recordationis Alexandri papæ prædecessoris nostri et legationis qua fungebatur, et sua, in eadem Ecclesia communem vitam instituit et proventus Ecclesiarum et prædiorum, quæ prius ad præposituram spectaverant, nec non et obedientiarum redigi statuit in usus communes ; præposito omni prorsus jurisdictione, potestate ac utilitate in eisdem bonis sublata ; cui tamen vassallos, ministeriales et ipsorum beneficia reservavit, sicut in ipsius privilegio continetur. Hanc autem ipsius patriarchæ institutionem et possessionem prædictorum bonæ memoriæ Lucius papa prædecessor noster auctoritate vobis apostolica confirmavit. Postmodum vero cum G. secundum formam privilegii memorati electus fuisset in præpositum et etiam confirmatus, quosdam canonicorum precibus, quosdam vero terroribus adeo circumvenit, magistro scholarum a consanguineis ejusdem G. præpositi jurare coacto quod se ipsi super administratione non opponeret obtinenda, quod administrationem ipsi, salva institutione prædicta et confirmatione ipsius, personaliter commiserunt, sic tamen quod in administratione non prædecessorum suorum sequeretur exempla, sed præfixam sibi a capitulo formam potius observaret. quod idem præpositus se fideliter impleturum fide data in manu patriarchæ firmavit. Eo vero viam universæ carnis ingresso, ad petitionem patriarchæ ipsius dictum P. secundum formam institutionis prædictæ in præpositum elegistis et electione cum institutionis transcripto patriarchæ postmodum præsentata et in præsentia ipsius P. lecta, et exposita in Teutonico idiomate diligenter, idem P. requisitus a patriarcha si secundum formam ejusdem rescripti electionem recipere vellet, secessit in partem et institutionis tenore perlecto, per venerab. fratrem nostrum episcopum Concordiem. respondit quod cum esset patrimonio dives et ecclesiasticis beneficiis abundaret, de præpositura ipsa nomen volebat solummodo et honorem, adjiciens per se ipsum quod præposituram recipere volebat secundum institionis prædictæ tenorem; et secundum hoc ab eodem patriarcha de præpositura fuit postmodum investitus. Deinde vero, licet institutionis auctoritate prædictæ administrationem et possessionem prædictorum omnium haberetis, ea tamen ad majorem cautelam de patriarchæ, qui nunc resident, manibus suscepistis: qui etiam institutionem communis vitæ ante litem motam suo privilegio roboravit. Veniens vero præpositus Aquilegiam, postulavit a vobis ut beneficium ei aliquod conferretis. Et, cum ad respondendum certum terminum statuissetis eidem, possessiones vestras invadere voluit et officiales vestros contra formam juramenti vobis præstiti jurare coegit. Propter quod provisor vester ad sedem apostolicam appellavit; eodem provisore possessiones retinente, ut prius, et administrationis officium exercente. Verum præpositus ad cellarium vestrum cum armatis accedens, ipsum frustra nixus est occupare; ac, cum iterum ecclesiam intrasset armatus, ex parte vestra fuit ad nostram audientiam appellatum. Tandem vero idem præpositus, ad memoratum patriarcham accedens, et appellationi et invasioni quam fecerat in manibus renuntiavit ipsius. Cum autem idem patriarcha ex delegatione dilecti filii nostri S. tt. Sanctæ Praxedis presb. card. tunc apostolicæ sedis legati partes ad suam præsentiam convocasset et dixisset eidem præposito ut proponeret si quid adversus vos quæstionis haberet, eo respondente quod nihil contra vos proponere vellet, sed paratus esset potius proponentibus respondere, vos ab impetitione ipsius postulastis absolvi, ne possessiones vestras invaderet, ad sedem apostolicam appellastis. Quod autem hæc sibi obesse non possent pars præpositi nixa est multiplici ratione monstrare, asserens institutionem illam Ol. patriarchæ in ipsius non debere præjudicium retorqueri, cum obtenta fuerit contra jus commune, consuetudinem Ecclesiæ Aquilegiensis et institutionem patriarchæ Poponis, et in præpositurae læsionem enormem facta fuerit præpositura vacante. Contra jus commune: quia ex jure communi procedit ut præpositus bona Ecclesiæ, cujus est præpositus, administret. Contra consuetudinem Aquilegien. Ecclesiæ: quoniam per centum annos et ultra præpositus administrationem bonorum ejus habuerat, a tempore videlicet patriarchæ Poponis usque ad tempus Olrici. In enormem læsionem præpositurae ipsius: quia per ipsam jus præpositurae usque adeo fuerat decurtatum, ut non nisi nomen et onus relictum præposito videatur. Præterea, si etiam institutio memorata teneret, juri præpositi non obesset, cum per ipsam non fuerit præposito administratio expresse sublata et post eam prædecessor ipsius usque ad hæc tempora administrationem habuisse probetur. Nec nocet nec nocere potest quod in eadem institutione subjungitur: *Præposito omni jurisdictione, potestate et utilitate sublata*, cum dictus L. prædecessor noster illud in confirmationis suæ litteris non apponat. Cum enim ipse in confirmatione sua quædam minuat, ut de duplici portione in vestitu conferenda decano et magistro scholarum, quædam addat, ut de his quæ pro vestitu canonicis conferenda fuerint, per manum unius vel plurium, qui ad hoc ordinati fuerint, conferendis, quædam corrigat, ut super vestimentis præsentibus et absentibus pariter impendendis, ubi addidit, *si ex rationabili causa defuerint*, si quid in eadem institutione reperiatur de quo mentio in ejusdem Lucii confirmatione non fiat, id intelligitur reprobatum. Aut enim capitulum illud ei cum aliis expressum fuerat, aut dolose suppressum. Si expressum fuit, et illud idem prædecessor noster noluit confirmare, intelligitur reprobasse. Quod si suppressum fuerat, confirmatio eadem probabitur fuisse surrepta. Quod verisimilius videtur, cum in ipsa confirmatione de jure præpositi nihil penitus exprimatur. Præterea in eadem institutione administratio non aufertur præposito, sed jurisdictio, utilitas et potestas. Quod sane intelligendum est, ut canonicorum utilitati proficiat et jura præpositi non offendat; sic videlicet, ut non liceat præposito contra tenorem institutionis ejusdem extra commune refectorium ministrare fratribus alimenta, vel præpositurae proventus, sicut prius, suis usibus applicare. Unde vos, verba illa contra præpositum minus sufficere cognoscentes, institutionem prædictam vobis fecistis per patriarcham, qui nunc resident, innovari et opponi in capitulo memorato: *Præposito omni jurisdictione, potestate, utilitate et dispositione sublata*; et quasi conscii quod administrationis vobis officium præsumpseratis indebite usurpare, institutioni patriarchæ prædicti, ubi habebatur ut omnia bona quæ de præpositura, de Ecclesiis videlicet et prædiis et obedientiis provenirent, redigerentur in usus communes utilitati vestræ omnimodis profutura, dispositioni fecistis apponi. Fuit etiam ex eadem parte adjectum quod præpositus ipse quidquid ei fuisset electionis suæ tempore sub quacunque forma propositum, quod sibi juste offerebatur, se recipere simpliciter et pure respondit. Nec adjecit *secundum formam institutionis prædictæ*, imo cum postmodum quæreretur ab eo ut caveret ne quid sibi ultra formam institutionis prædictæ aliquatenus vindicaret, quod non caveret asseruit, quia id Simoniacam saperet pravitatem. Nec nocuit quod in prima responsione sua non contradixit expresse, cum sciret jus suum ubique durare nec adhuc plene nosset tenorem institutionis ejusdem, utpote qui in Aquilegien. Ecclesia nunquam fuerat conversatus. Ex responsione quoque facta per Concordien. episcopum, qui responderat eum ex præpositura non quærere nisi nomen solummodo et honorem, nullum juri suo asseruit præjudicium generari, cum in hoc nomen dignitatis intellexerit et administrationis honorem. Adjecit etiam vos esse quodammodo de Simonia confessos, cum ipsum in præpositum secundum formam institutionis prædictæ, ut servaret videlicet quod continebatur in ea, vos elegisse dixistis; cum hujusmodi conditio Simoniacam sapiat pravitatem. Cæterum pars vestra rationes inductas taliter suis rationibus repellebat, asserens quod prædicta institutio et tenuerat et tenebat, cum utilitatem communem et Ecclesiæ respiceret honestatem et memoratus Ol. patriarcha in ea et auctoritate legationis et metropolitica usus fuerit potestate et de totius Aquilegien. capituli eadem fuerit instituta consensu. Nec oberat quod consummata fuerat præpositura vacante, cum vivente adhuc priore præposito sæpius fuerit de ipsa tractatum et successor ipsius tanquam canonicus faciendæ, jam factæ vero factus ipse præpositus suum expresse præstitisset assensum; cum et ante electionem et confirmationem ipsius per annum et plus, et post per septem menses et amplius, in plena et pacifica possessione juxta ipsius institutionis formam libere fuissetis, donec eidem administrationem non tanquam canonico personaliter commisistis, sicut per testes fuerat legitime comprobatum. Per illa etiam verba, scilicet *omni jurisdictione, potestate, et utilitate sublata*, omnem administrationem sublatam præposito dicebatis; cum in jurisdictione statuendi auctoritas, in potestate ministrandi facultas, et in utilitate convertendi, sicut prius, in suos usus præpositurae proventus ei fuerit licentia denegata. Sic enim in talibus potestas accipitur, secundum canonicas sanctiones, ut cum dicitur quod omnes res Ecclesiæ in episcopi potestate consistant et ad ejus dispositionem pertineant; sic etiam, et secundum constitutiones legales, bona pupilli dicuntur esse in potestate tutoris. Cumque consuetudo sit optima legum interpres, qualis illorum verborum fuerit intellectus, ex eo quod continue subsecutum est declaratur. Statim enim capitulum, ut dictum est, sine contradictione cœpit administrare ante electionem G. substituti præpositi per annum et plus, et post electionem et confirmationem ipsius per septem menses et amplius administrans; imo ex tunc administrare nunquam cessavit, cum G. præpositus non ratione præpositurae sed ex commissione capituli ministrarit, sicut per testes sufficienter fuerat comprobatum; et is utique possideat, cujus nomine possidetur. Adjecistis etiam quod, etsi prædicta institutio non teneret, idem tamen præpositus sibi nihilominus præjudicium irrogarat; cum secundum formam institutionis ejusdem, electionem, sicut per testes probatum fuerat, recepisset, et nihil aliud nisi nomen et honorem ex præpositurae officio postularet. Nec oberat quod in confirmatione dicti Lucii prædecessoris nostri de jurisdictione, potestate et utilitate sublata præposito nihil expressum exstiterat; cum non semper quod simpliciter est suppressum, intelligi debeat reprobatum, imo fortius id exprimi soleat quod approbatis cæteris reprobatur; cum non minor in reprobatione quam in approbatione sit solemnitas requirenda. Nec fuerat Simoniacum, si eum secundum formam sæpe dictæ institutionis in præpositum elegistis, cum determinatio illa non conditionem denotet, sed modi vel status sit potius expressiva. Nos igitur his et aliis diligenter auditis per cardinalem eumdem quæ fuerant hinc inde proposita et diligentius intellectis, de fratrum nostrorum consilio ab impetitione præpositi memorati sententialiter Ecclesiam et capitulum Aquilegien. absolvimus, eidem præposito super hoc perpetuum silentium imponentes. Decernimus ergo, etc., diffinitionis, etc.

Datum Laterani, vii Idus Julii.

CXIV.

CANTUARIENSI ARCHIEPISCOPO.

Ut Ecclesiis parochialibus juste decimæ persolvantur.

(Laterani, ii Non. Julii.)

Pervenit ad audientiam nostram quod multi in diœcesi tua decimas suas integras vel duas partes ipsarum non illis Ecclesiis, in quarum parochiis habitant, vel ubi prædia habent, et a quibus ecclesiastica percipiunt sacramenta, persolvunt, sed eas aliis pro sua distribuunt voluntate. Cum igitur inconveniens esse videatur et a ratione dissimile, ut Ecclesiæ, quæ spiritualia seminant, metere non debeant a suis parochianis temporalia et habere, fraternitati tuæ auctoritate præsentium indulgemus ut liceat tibi super hoc, non obst. contradictione vel appellatione cujuslibet seu consuetudines hactenus observata, quod canonicum fuerit ordinare et facere quod statueris per censuram eccle. firmiter observari. Nulli ergo, etc., confirmationis, etc.

Datum Laterani, ii Nonas Julii.

CXV.

EIDEM.

Ut onera et pensiones Ecclesiis impositæ rescindantur.

(Laterani, vi Kal. Julii.)

Quæ in derogationem sanctorum canonum attentantur, tanto potius infringi volumus et carere robore firmitatis, quanto auctoritas universalis Ecclesiæ, cui, licet immeriti, præsidemus, ad id nos provocat et inducit. Significasti nobis siquidem quod plures sunt in Cantuarien. diœcesi, qui contra juris canonici sanctionem novas pensiones Ecclesiis quibusdam imposuerunt, et veteres temeritate præsumpserunt culpabili augmentare. Cum igitur id in contemptum ecclesiasticæ institutionis redundet, fraternitati tuæ auctoritate præsentium indulgemus ut liceat tibi pensiones de novo impositas in irritum revocare et in statum priorem appellatione remota reducere augmentatas. Nulli ergo, etc.

Datum Laterani, vi Kal. Julii.

CXVI.

SIMONI ARCHIDIACONO WELLENSI.

De confirmatione privilegiorum.

(Datum, *ut supra.*)

Justis petentium desideriis, etc., *usque ad rerum*

suscipimus. Specialiter autem archidiaconatum Wellen. cum ecclesia de Juvis et ecclesia de Subrent. ad ipsum archidiaconum pertinentibus, sicut ea juste possidetis, etc. Nulli ergo, etc.

Datum, *ut supra.*

CXVII.

EPISCOPO TUDENSI, DECANO ZAMORENSI ET PRIORI SANCTI ISIDORI LEGIONEN.

Committitur illis cognitio causae episcopi Aurien. et abbatis atque monasterii Cellae Novae.

(Laterani, v Id. Julii.)

(61) Controversiam quae inter venerabilem fratrem nostrum episcopum Aurien. ex una parte, et abbatem et conventum Cellae Novae ex altera vertebatur, super libertate ac subjectione ipsius monasterii, et sententiis excommunicationis et suspensionis in abbatem prolatis et in monasterium interdicti, venerabili fratri nostro Lucen. episcopo et dilectis filiis abbati de Melon. et P. Joannis archidiacono Astoricen. commisisse recolimus sine debito terminandam. Qui, cum eis de causae meritis constitisset, ad diffinitivam sententiam processerunt, adjudicantes subjectionem monasterii Ecclesiae Auriensi, abbatem vero et monasterium ab episcopi sententiis absolventes; quemadmodum ex ipsorum authentico nobis exhibito demonstratur; quam idem episcopus petebat auctoritate sedis apostolicae confirmari. Verum ex parte dictorum abbatis et monachorum fuit propositum ex adverso, ipsam sententiam nullius esse momenti, tanquam post appellationem prolatam et a suspectis judicibus, et super articulo de quo lis non fuit contestata. Contra eamdem quoque alia quaedam coram vobis expressius designanda nihilominus eorumdem nuntius apponebat. Quia vero nobis non constitit de praemissis, causam ipsam discretioni vestrae de assensu partium duximus committendam; per apostolica scripta praecipiendo mandantes quatenus de praefata sententia cognoscentes, si eam inveneritis rationabiliter fuisse prolatam, confirmantes ipsam faciatis auctoritate nostra remoto appellationis obstaculo firmiter observari. Alioquin, ex integro de causa cognoscentes, juxta formam prioris commissionis, quod canonicum fuerit statuatis, appellatione remota, cogentes partes per censuram ecclesiasticam, etc. Nullis litteris obstantibus praeter assensum partium, etc. Quod si omnes, etc. duo, etc.

Dat. Lat., v Idus Julii.

CXVIII.

ABBATI ET CONVENTUI DE WALTHAN.

De praesentatione clericorum.

(Laterani, iii Non. Julii.)

Cum vos et Ecclesia vestra, in qua estis de novae plantationis origine et assumptione religionis Dei obsequio mancipati, de gratia sedis apostolicae tanquam speciales filii, specialibus merueritis privilegiis honorari, providere volumus ne in his quae de jure et dudum observata consuetudine obtinetis, injustae vexationis dispendium subeatis. Ut itaque religio quae in Ecclesia vestra laudabili noscitur inchoata principio, bonis secundum Deum progressibus amplietur et vos a matre vestra Ecclesia Romana jura vestra sentiatis illibata servari, ad exemplar bonae memoriae Coelestini papae praedecessoris nostri praesentibus litteris vobis duximus indulgendum ne in Ecclesiis ad repraesentationem et ordinationem vestram spectantibus aliqui clerici, nisi a vobis praesentati fuerint, ordinentur, vel ad earum regimen praeter assensum vestrum et conniventiam admittantur. Si vero contra haec ausu temerario aliqui venire praesumpserint, et jura vobis debita sibi usurpare tentaverint, factum et praesumptionem eorum viribus carere decernimus, et per vos auctoritate apostolica, qui taliter intrusi fuerint, concedimus amoveri; nisi forte, quod absit! praesentationem et ordinationem eorum constiterit vos malitiose differre. Nulli ergo, etc., indulgentiae nostrae, etc.

Datum Laterani, iii Nonas Julii.

CXIX.

EISDEM.

De procurationibus immodicis reprimendis.

(Datum, *ut supra.*)

(62) Ad notitiam apostolatus nostri pervenisse noveritis quod archidiaconi et officiales eorum contra statuta Lateran. concilii ad Ecclesias vestras majore quam debeant numero evectionis accedunt, et aliis eas gravaminibus indebite opprimentes ita graves in procurationibus suis existunt, quod nonnunquam longi temporis victum brevis hora consumat. Eapropter, ne de caetero talia praefati archidiaconi vel officiales eorum attentare praesumant, ad exemplar bonae memoriae Coelest. papae praedecessoris nostri auctoritate praesentium districtius inhibemus. Et si ab hujusmodi gravaminibus non duxerint abstinendum, liceat vobis receptiones, exactiones et procurationes indebitas denegare. Quod si propter hoc interdicti vel excommunicationis sententiam in clericos vel Ecclesias vestras temere jaculari praesumpserint, indulgemus vobis ut eam non teneamini, utpote latam contra sedis apostolicae statuta, servare. Nulli ergo, etc. inhibitionis et indulgentiae nostrae, etc.

Datum, *ut supra.*

CXX.

EISDEM.

De confirmatione privilegiorum.

(Laterani, Non. Julii.)

Incumbit nobis ex debito pastoralis officii, etc. *usque ad verbum* annuimus et praefatum monasterium, quod specialiter beati Petri juris existit, in quo divino mancipati estis obsequio, sub beati Petri et nostra protectione suscipimus et praesentis scripti pagina communimus. Libertates praeterea et immu-

---
(61) Vide lib. i, epist. 60
(62) Vide supra lib. i, epist. 140 et infra lib. 10, epist. 88.

nitates antiquas et rationabiles consuetudines monasterio vestro per privilegia Romanorum pontificum et scripta regum et principum prævia ratione concessas et hactenus observatas ratas habemus et eas perpetuis temporibus illibatas permanere sancimus. Decernimus ergo, etc. protectionis et concessionis, etc.

Datum Laterani, Nonis Julii.

CXXI.

EISDEM.

De eodem argumento.

(Laterani, vi Id. Julii.)

Fervor religionis et devotionis vestræ nos movet propensius et inducit ut præter commune debitum petitiones vestras, quæ rationi conveniunt, debeamus libenter admittere et utilitati monasterii vestri, quod ad jurisdictionem beati Petri et nostram specialiter pertinet, pastorali sollicitudine providere. Eapropter, etc. *usque ad verbum* assensu, auctoritate vobis apostolica indulgemus quod si episcopi in quorum diœcesi ecclesias parochiales habetis in fata concesserint, et Ecclesias vestras interim vacare contigerit, capellani in ipsis instituendi, ne ordinationes Ecclesiarum inutiliter differantur, ad præsentationem vestram ab eo qui, sede vacante, vices episcopi debet de jure supplere, sine contradictione qualibet admittantur, qui vobis de temporalibus, episcopis vel eorum officialibus de spiritualibus debeant respondere. Adjicimus etiam quod, sicut rationabili consilio et providentia capituli vestri ecclesiam de Windesores ad cellarium et ecclesiam de Alricheseia et ecclesiam de Herford et ecclesiam de Nesinges ad vestimenta fratrum vestrorum invenienda, ecclesias vero de Epinges et de Wdeford et de Neclesuvelle et de Luchenton ad usus sacristiæ vestræ de assensu diœcesani episcopi assignastis, ita vobis vestrisque successoribus in perpetuum permaneant ad hos usus. Et ne in posterum hæc assignatio vestra possit vel debeat in aliquo mutilari, ipsam auctoritate apostolica confirmamus et præs., etc. Decernimus ergo, etc. concessionis et confirmationis, etc.

Datum Laterani, vi Idus Julii.

CXXII.

FRATRI RAINERIO, APOSTOLICÆ SEDIS LEGATO.

Creat ipsum legatum apostolicæ sedis in nonnullis provinciis Gallicanis.

(Laterani, iv Id. Julii.)

(63) Licet solitæ solitudinis locum affectes, fugiens vel fugiens potius tumultus sæcularium potestatum, ut Rachelis fovearis amplexu et in lege divina jugiter mediteris, sedens secus pedes Domini cum Maria, cum tamen in lege mandatorum ipsius legeris quod obedientia præferenda sit victimis, et proximum diligere debeas ut te ipsum, nec potes nec debes sic vivere soli tibi ut vel recedas ab obedientia præsidentis vel proximorum salutem negligere videaris, sed a contemplatione Mariæ ad actio-

(63) De fratre Rainerio vide lib. 1, epist. 92, 93, 125, 249, 395, 449.

nem Marthæ teneris saltem ex obedientiæ virtute descendere, ut in Lia Rachelis sterilitatem tua prædicatione fecundes, dum quod in solitudinis et claustri silentio didicisti, juxta mandatum evangelicum prædicaveris super tecta, et talenta tibi credita erogaveris ad usuras. Nos autem, qui, licet immeriti, vices ejus tenemus in terris qui discipulis suis officium prædicationis injunxit: *Ite*, inquiens, *in orbem universum, prædicate Evangelium omni creaturæ*, plene de tua conscientia et religione confisi, plenæ tibi legationis officium per Ebredunensem, Aquensem, Arelatensem et Narbonensem provincias duximus committendum; corrigendi et statuendi tam in monasteriis quam aliis Ecclesiis quæ correctione vel institutione cognoveris indigere, audiendi et decidendi vel etiam committendi causas et absolvendi eos qui, ob violentam manuum injectionem in clericos, vinculo sunt excommunicationis astricti, si ex injectione tali vel enormis læsio vel homicidium non fuerit subsecutum; confutandi hæreticos et cogendi eos redire ad catholicæ fidei unitatem et plenæ legationis officium super his et aliis exsequendi et percellendi pœna canonica contumaces, indulgentes tibi auctoritate apostolica liberam facultatem. Nulli ergo, etc. concessionis, etc.

Datum Laterani, iv Idus Julii.

CXXIII.

ARELATEN. ARCHIEPISCOPO ET SUFFRAGANEIS EJUS.

Ut Rainerium sedis apost. legatum reverenter et benigne tractent.

(Laterani, Non. Julii.)

Is, cujus omnes viæ misericordia sunt et veritas, testante Psalmista; cujus omnia verba doctrinam sapiunt salutarem, cujus opus exemplum nobis vitæ sanctioris ostendit, licet solo verbo virtutis suæ possit et poterit universa, utpote qui dixit et facta sunt, mandavit et creata sunt, operarios tamen in vineam suam et messem induxit et, præter sacrum duodenarium discipulorum numerum quibus potestatem ligandi contulit et solvendi, alios septuaginta duos elegit, et binos illos ad prædicandum direxit, indulta eis calcandi super scorpiones et regulos potestate, nobis relinquens exemplum ut vestigia ejus, quantum fragilitas humana permittit, in debitæ humilitatis devotione sequamur. Hoc sane apostolica sedes, quæ cunctarum Ecclesiarum a Domino in beato Petro magisterium obtinuit et primatum, assidua meditatione revolvens, multos in partem creditæ sollicitudinis evocavit, ut in diversis mundi partibus per eorum præsentiam ipsius absentia suppleretur et defectum unius multorum relevaret affectus, quorum sollicitudo diligens et sollicita diligentia expeditius in singulis provinciis et eradicaret noxia et profutura plantaret. Nos etiam, qui, licet immeriti, vicem Christi tenemus in terris, nostram insufficientiam attendentes, quorum mentem diversæ diversarum Ecclesiarum jugiter necessitates urgent, quorum corpus assidui conquerentium clamores affligunt, præter eos quibus pars est sollicitudinis nostræ commissa, cum necessitas exigit, vel requirit utilitas, in diversas provincias legatos a nostro latere destinamus, quibus tanto amplius credatur a subditis, quanto specialius eis apostolicæ sedis auctoritas delegatur. Dilectum itaque filium nostrum fratrem Rainerium, virum vitæ probatæ ac conversationis honestæ, Deo et hominibus obtentu suæ religionis acceptum, cujus scientiam et industriam in similibus jam sumus experti, commisso ei plenæ legationis officio ad partes vestras duximus destinandum, ut evellat quæ evellenda cognoverit et plantet quæ plantatoris cognoverit officio indigere, specialiter autem et præcipue ad confutandam hæreticam pravitatem assurgat et scorpionum illorum aculeos omnipotentis Dei virtute reprimat et conculcet, qui virus draconis in aureo calice Babylonis propinant, habentes, secundum Apostolum, speciem pietatis, virtutem autem ejus penitus abnegantes; quorum principium religionem palliat, medium non docet sed seducit indoctos, finis perpetuum interitum comminatur: qui etiam secundum evangelicam veritatem ad nos veniunt in vestimentis ovium, intrinsecus autem sunt lupi rapaces. Monemus igitur fraternitatem vestram et exhortamur in Domino, ac per apostolica vobis scripta districte præcipiendo mandamus quatenus eumdem legatum sicut personam nostram recipientes humiliter et devote, quæ ipse inter vos statuenda duxerit seu etiam corrigenda recipiatis humiliter, et inviolabiliter observetis; præsertim autem contra hæreticos taliter ipsi curetis adesse, ut per sollicitudinem vestram et diligentiam ejus, vobis cooperantibus, de partibus vestris gens exstirpetur iniqua, et confutata hæreticorum perfidia, doctrina prævaleat salutaris, et falsis dogmatibus reprobatis, vivat et invalescat apud vos veritas in æternum.

Datum Laterani, Nonis Julii.

In eumdem modum Narbon. archiepiscopo et suffraganeis ejus, Aquen. archiepiscopo et suffraganeis ejus, Ebredunen. archiepiscopo et suffraganeis ejus.

CXXIV.
DECANO ET CAPITULO AQUILEGIENSI.
Ut præpositum suum spoliatum restituant.
(Laterani, iv Idus Julii.)

Constitutus in præsentia nostra dilectus filius P. Ecclesiæ vestræ præpositus sua nobis conquestione monstravit quod vos ipsum villa de Dranis, quæ est inter beneficia vassallorum, ad ipsum ratione præposituræ de jure spectante, sicut in privilegiis vestris perspeximus contineri, prætermisso juris ordine contra justitiam spoliastis, eam venerabili fratri nostro patriarchæ vestro motu propriæ voluntatis, in dicti præpositi præjudicium, assignantes. Cum itaque non sit alicui consulendum cum alterius detrimento, universitati vestræ per apostolica scripta mandamus et districte præcipimus quatenus præfatam villam cum omnibus pertinentiis suis et fructibus inde perceptis et omni integritate in qua tempore donationis exstitit, memorato præposito restituere non tardetis; famulos quoque a suis prædecessoribus infeudatos quo minus dictus præpositus instituere possit et etiam infeudare, prout ad ipsum de jure pertinet, impedire minime præsumatis. Alioquin, dilecto filio G. Tergestino electo præcipiendo mandamus ut ipse vos ad ea quæ præmisimus, prout justum fuerit, per censuram ecclesiasticam appellatione remota compellat. Nullis litteris, etc.

Datum Laterani, iv Idus Julii.

CXXV.
POPON. CANONICO FRISAGEN.
Ut præbendæ suæ fructus percipiat.
(Laterani, ii Id. Julii.)

Cum de consuetudine Frisagen. ecclesiæ fructus præbendæ tuæ proponaris hactenus, sicut et alii canonici faciunt, libere percepisse, nolentes ut super his juri tuo processu temporis præjudicium generetur, ut eos de cætero, sicut fecisti hactenus, percipere valeas et habere, non obstante si quid in absentia tua factum est in præjudicium tuum contra priorem consuetudinem Ecclesiæ memoratæ, auctoritate tibi præsentium indulgemus. Nulli ergo, etc.

Datum Laterani, ii Idus Julii.

CXXVI.
ABBATI ET CONVENTUI DE WALTHAM.
(Laterani, xvi Kal. Julii.)

Cum a nobis petitur, etc. *usque ad verbum* assensu, jus quod habetis in ecclesia de Scerninges, sicut illud juste et canonice possidetis, auctoritate vobis apostolica confirmamus et præsentis scripti patrocinio communimus. Nulli ergo, etc.

Datum Laterani, xvi Kal. Julii.

CXXVII.
EISDEM.
(Datum, *ut supra.*)

Justis petentium, etc. *usque ad verbum* assensum, Ecclesiam de Lamburn. quam ex concessione diœcesani episcopi obtinetis, sicut illam juste ac pacifice possidetis et in authentico scripto diœcesani episcopi confecto exinde plenius continetur, vobis et per vos monasterio vestro auctoritate apostolica confirmamus et præsentis scripti patrocinio communimus. Nulli ergo, etc.

Datum, *ut supra.*

CXXVIII.
(Laterani, xvii Kal. Julii.)

Cum a nobis petitur, etc. *usque ad verbum* assensu, ecclesiam de Vurengle vobis a venerab. fratre nostro Lincolnien. episcopo concessam, sicut eam juste et canonice possidetis, etc. Nulli ergo, etc.

Datum Laterani, xvii Kal. Julii.

CXXIX.
(Laterani, xvi Kal. Julii.)

Justis petentium, etc. *usque ad verbum* assensu, ecclesiam Sancti Andreæ de Geiste, ecclesiam Omnium sanctorum de Geistetorp, jus quod habetis in ecclesia Sancti Petri de Wdennerton, sicut ea juste ac pacifice possidetis, et in authentico scripto diœcesani episcopi confecto exinde plenius continetur, vobis et per vos monasterio vestro auctoritate apostolica confirmamus, etc. Nulli ergo, etc.

Datum Laterani, xvi Kalendas Julii.

CXXX.

ARCHIEPISCOPO CANTUARIENSI, DE CERESIA ET DE CIRESTRIA ABBATIBUS.

Ut abbatem S. Crucis legitimæ constitutioni per papam approbatæ obedire cogant.

(Laterani, Non. Julii.)

Ad audientiam apostolatus nostri noveritis pervenisse quod cum olim tam a dilecto filio abbate Sanctæ Crucis de Walthan quam capitulo suo communi consilio fuerit ordinatum pecuniam eorum integre in uno marsupio congregari et servari per duos vel tres canonicos ad hoc per eosdem abbatem et capitulum voluntate unanimi deputatos, qui in præsentia ipsius abbatis et dilectorum filiorum prioris et subprioris nec non et trium aliorum de senioribus per eumdem abbatem et capitulum electorum singulis tribus mensibus de prædicta pecunia redderent rationem, constitutione ipsa postmodum a sede apostolica confirmata, sæpedictus abbas, capituli sui non requisito assensu, et custodes eligit et computationem solus recipit propria voluntate. Unde nos eidem abbati per scripta nostra mandavimus ut constitutionem ipsam studeat, sicut sine pravitate facta est, inviolabiliter observare, ne utilitatem Ecclesiæ videatur in aliquo impedire. Quocirca discretioni vestræ per apostolica scripta mandamus quatenus si sæpedictus abbas juxta mandatum nostrum constitutionem prædictam observare neglexerit, vos eum ad observationem ejusdem auctoritate præsentium per censuram ecclesiasticam, sicut justum fuerit, appellatione remota, cogatis. Quod si omnes, etc. tu, frater archiepiscope, etc.

Datum Laterani, Nonis Julii.

CXXXI.

CANTUARIENSI ARCHIEPISCOPO ET EPISCOPO ROFFENSI.

(Laterani, xvi Kal. Julii.)

Sicut dilecti filii abbas et conventus de Walthan nobis significare curarunt, quidam, quos vobis propriis nominibus designabunt, libertatem eis et monasterio eorum ab apostolica sede concessam præsumptuosa temeritate infringunt, ipsis alias damna gravia et injurias irrogando. Ideoque fraternitati vestræ per apostolica scripta mandamus quatenus eorumdem molestatores injustos, ut ab ipsorum gravamine et indebita infestatione quiescant, permittentes eos pacifice frui libertate sibi ab apostolica sede concessa, per censuram ecclesiasticam appellatione postposita compellatis. Nullis litteris, etc. Quod si ambo, etc. alter, etc.

Datum Laterani, xvi Kal. Julii.

CXXXII.

ABBATI ET CONVENTUI DE WALTHAN.

Ecclesia confirmatur monasterio.

(Laterani, Non. Julii.)

Justis petentium, etc. *usque ad verbum* assensu, ecclesiam de Badburgeham, quam ex concessione diœcesani episcopi obtinetis, sicut illam juste ac pacifice possidetis et in authentico scripto ejusdem episcopi confecto exinde plenius continetur, vobis et per vos monasterio vestro auctoritate apostolica, etc. Nulli ergo, etc.

Datum Laterani, Nonis Julii.

CXXXIII.

PETRO COMPOSTELLANO ARCHIEPISCOPO.

Ut inter Ecclesiam Compostellanam et Bracarensem inita transactio observetur.

(Datum Laterani.)

(64) Licet unum sit corpus Ecclesiæ, in quo Christus est caput, et universi fideles sunt membra, ille tamen qui a Christo petra dictus est Petrus, etiam a Christo capite vocatus est caput, ipso testante, qui ait: *Tu vocaberis Cephas* (Joan. i, 42). Quod secundum unam interpretationem exponitur *caput*: quia, sicut plenitudo sensuum abundat in capite, ad cætera vero membra pars aliqua plenitudinis derivatur, ita cæteri vocati sunt in partem sollicitudinis, solus autem Petrus assumptus est in plenitudinem potestatis: ad quem, velut ad caput, majores Ecclesiæ causæ non tam constitutione canonica quam institutione divina merito referuntur: inter quas illa non minima reputatur quæ inter Compostellanam et Bracaren. Ecclesias super quatuor episcopatibus, videlicet Colimbriensi, Lamecensi, Visensi et Egitaniensi, ex delegatione sedis apostolicæ longo fuit tempore sub diversis judicibus ventilata: quam nos auctore Domino, te, frater archiepiscope Compostellanensis, et venerabili fratre nostro M. Bracarensi archiepiscopo pro diffinitione hujus causæ præsentibus, exacta diligentia curavimus terminare. Petebas siquidem a dicto Bracaren. archiepiscopo quatuor præfatos episcopatus, asserens eos ad Compostellanam Ecclesiam jure metropolitico pertinere. Tuam autem intentionem fundare multipliciter nitebaris, per privilegia, per concilia, per historias, per divisiones, per famam et per sententiam. Volens enim apostolica sedes Compostellanam Ecclesiam pro reverentia beati Jacobi apostoli, cujus venerandum corpus in ea conditum requiescit, speciali privilegio decorare, dignitatem Emeritensis metropolis, quæ peccatis exigentibus a longis retro temporibus usque nunc barbarica tenetur feritate captiva, eidem Ecclesiæ cum integritate Lusitaniæ provinciæ liberali concessione donavit, sicut privilegia felicis mem. Calixti papæ prædecessoris nostri liquido protestantur, tres de suffraganeis episcopatibus exprimens nominatim, videlicet Colimbriensem, Salamantinensem

---

(64) Vide infra epist. 149.

et Abulensem, qui soli tunc in confessione Christiani nominis permanebant; cæteros autem generali donatione concludens. Hos autem episcopatus, de quibus quæstio vertebatur, ad Emeritensem pertinuisse metropolim per Emeritense nitebaris concilium demonstrare : in quo duodecim episcopi, qui convenerant, se omnes esse de Lusitania provincia profitentur, dicentes in primo capitulo : *Convenientibus nobis omnibus Lusitaniæ provinciæ episcopis*, etc. qui post universa statuta concilii, omnes cum suo metropolitano subscribunt, tam ex nomine sedium quam etiam ex nomine personarum; inter quos Colimbriensis, Egitaniensis et Lamecensis expresse subscribunt. In octavo quoque capitulo ejusdem concilii continetur, quod, supplicante sanctæ memoriæ Orontio episcopo, rex Recessundus inductus est ut reduceret atque restauraret episcopos hujus provinciæ Lusitaniæ ad suæ provinciæ nomen atque concilium; et sic demum secundum canonicas regulas decreto synodico, judicii formula et suæ clementiæ confirmatione ad nomen provinciæ suamque metropolim sunt reducti. Quibus verbis indubitanter exprimi asscrebas quod hi quatuor episcopatus, qui usque tunc fuerant sub nomine provinciæ Gallæciæ, per sententiam sunt reducti synodicam; quorum unus videlicet ex reductis exprimitur fuisse Selva Egitaniensis episcopus, qui est unus de quatuor, quos omnes eadem quæstio apprehendit. Et ad majorem expressionem, in subscriptionibus, post metropolitanum, Selva primus cum tali adjectione subscribit. *Ego Selva Egitanien. episcopus pertinens ad metropolim Emeriten., una cum archiepiscopo meo Proficio subscribo.* Et quisque sequentium dicit ita *similiter subscribo*, intelligens totum cum verbo, id est, *pertinens ad Emeritensem metropolim*. Isidorus autem in Chronicis de Gothis, titulo de Suevis, testatur quod Remismundus ad Lusitaniam transiit, Colimbriam pace deceptam diripit, Ulixbona quoque ab eo occupatur. Per quod videtur ostendi quod tam Colimbria quam Ulixbona consistit in Lusitania. Plinius quoque narrat in libro secundo naturalis Historiæ, circa finem, quod Durius e maximis Hispaniæ fluminibus juxta Numantiam lapsus, dein Lusitanos a Gallæcis disterminat. Per quod aperte monstratur quod cum quatuor episcopatus prædicti sint ultra Durium, non in Gallæcia, sed in Lusitania sunt provincia constituti. Divisiones etiam multas produxisti de locis, ut asseris, non suspectis assumptas et exhibitas sub testimoniis et sigillis authenticis : quæ connumerant hos quatuor episcopatus inter Emeritensis Ecclesiæ suffraganeos, et eosdem ipsi metropoli evidenter assignant. Per testes etiam ab adversa parte productos ostendere voluisti quod publica fama testatur hos episcopatus ad Emeritam spectavisse. Felicis quoque memoriæ Cœlestinus papa prædecessor noster, cum in minori ordine constitutus legationis officio in Hispania fungeretur, de hac causa

(65) Concil. Emerit. c. 7.

cognoscens, pro Compostellana ecclesia contra Bracarensem sententiam promulgavit, sicut per multos testes tu ipse nixus es comprobare. Verum ex adverso dictus Bracarensis archiepiscopus rationes hujusmodi frivolas asseverans, nixus est eas multipliciter infirmare, proponens quod privilegia donationis per suppressionem veritatis et falsitatis expressionem a Calixto papa fuere subrepta. Suppressum est enim verum in illis de duobus præcedentibus privilegis, quæ felicis recordationis Paschalis papa super redintegratione ipsorum episcopatuum concesserat in perpetuum Ecclesiæ Bracarensi. De possessione quoque quam eo tempore in præfatis episcopatibus Ecclesia Bracarensis habebat : quorum alterum per privilegia, reliquum vero per testes et instrumenta sufficienter ostendere satagebat. Expressum autem erat in illis falsum in eo quod Colimbriensis episcopatus dicebatur ad Emeritam pertinere, cum idem Bracarensis multis rationibus astruere niteretur tam Colimbriensem quam tres alios episcopatus ad metropolim respicere Bracarensem. In tantum enim Paschali papæ, qui privilegia super redintegratione prædictorum episcopatuum Ecclesiæ Bracarensi concessit, constitisse videtur hos episcopatus ad eamdem Bracarensem Ecclesiam pertinere, quod ipse in litteris quas direxit Gunsalvo Colimbriensi episcopo, manifeste testatur quod constat Colimbriensem Ecclesiam in Bracarensis provinciæ catalogo contineri. Unde, quia Toletanus archiepiscopus ad mandatum ipsius Colimbriensem episcopum non restituerat Ecclesiæ Bracarensi, privavit ipsum legationis officio, ut Bracarensis archiepiscopus liberius in provincia sua justitiam exerceret. Emeritense vero concilium (65) non esse authenticum multipliciter asserebat; tum quia non invenitur in aliquo authentico libro inter alia concilia contineri; tum quia nec constructionem nec sensum, nec latinitatem in plerisque locis continere probatur; tum etiam quia contra canonicas sanctiones et apostolicæ sedis primatum aliquid videtur in eo esse statutum contra episcopum qui non venerit ad concilium, ut videlicet a metropolitano debeat in cella retrudi. Per undecimum quoque Toletanum concilium, quod constat authenticum, nitebatur illud Emeritense concilium improbare ratione temporis quod in utroque reperitur expressum, cum simul utrumque stare non possit, objiciens contra illud nonnullas alias rationes. Historias autem inductas sane ac veraciter intellectas nihil ad propositum valere dicebat, sicut et per quasdam alias historias ostendere nitebatur; cum et judex ecclesiasticus ad gentiles præsertim historias non debeat se convertere, quando per constitutiones canonicas vel scripta Romanorum pontificum aut sacras auctoritates doctorum, ecclesiasticum potest negotium terminare. Divisiones etiam quas pro se pars tua induxit, invalidas asserebat; tum quia longe plures et evidentiores divisiones pro sua sunt parte productæ; tum etiam quod in eodem quaterno quem contra sæpedictum Bracarensem archiepiscopum produxisti, Lucense concilium est inventum : in quo episcopatuum Gallæciæ fuit facta divisio, per quam episcopatus, de quibus agitur, ad Gallæciam provinciam pertinere monstrantur. Famam vero dicebat contra se nullatenus esse probatam; sed nec sententiam præfati legati alicujus fuisse momenti, cum in scriptis non inveniatur fuisse redacta, quamvis super tanto dicatur negotio fuisse prolata. Unde nec nomen sententiæ habere meretur. Nec obstat si forte dicatur quod fuerit amissa : quia qui casum allegat, debet casum probare. Testes autem qui de ipsa loquuntur sententia, inter se omnino discordant, et in dicto et in tempore et in loco. Præterea, cum talis sententia non intelligatur super proprietate fuisse prolata (Quia præsumi non debet ut apostolicæ sedis legatus tam arduum negotium et difficile, velut indiscussum subito diffinierit, cum etiam pars tua postea litteras apostolicas impetrarit, quibus districte præcipiebatur archiepiscopo Bracarensi ut hos episcopatus Compostellano archiepiscopo restitueret et facta restitutione, si super hoc agere vellet, ordine posset judiciario experiri), patet quod illa sententia super possessione duntaxat causa contumaciæ fuit lata : quod ipsi testes magis dicere comprobantur. Unde, cum Bracarensis Ecclesia se postea judicio præsentaverit et causa postmodum fuerit ab apostolica sede commissa, mora purgata talis sententia exspiravit. His aliisque rationibus intentionem tuæ partis multipliciter elidere nitebatur. Unde, licet auctore non procante, is qui convenitur, etsi nihil præstiterit, absolvatur, ad ostendendam tamen evidentius suæ partis justitiam, hos episcopatus ad Bracarensem metropolim pertinere satagebat ostendere, per privilegia videlicet et concilia, confessiones et divisiones, præscriptiones et instrumenta. Si enim privilegia privilegiis conferantur, sua dicebat privilegia debere præferri, cum et plura sint numero, decem videlicet Romanorum pontificum, inter quæ post tria privilegia Paschalis II, est et privilegium Calixti papæ, qui nominatim hos episcopatus redintegravit et confirmavit Ecclesiæ Bracarensi. Quorum videlicet privilegiorum septem sunt redintegrationis et confirmationis; tria vero sequentia, videlicet Eugenii et Adriani, et Alexandri, sunt etiam concessionis perpetuæ, per quæ totum videtur negotium diffiniri. In secundo vero Bracarensi concilio, de quo non dubitatur quin sit authenticum, continetur expressum quod episcopi Gallæciæ cum suis metropolitanis ad illud concilium convenerunt, et in eorum numeratione isti quatuor continentur; qui post statuta concilii cum aliis coepiscopis tam ex nomine personarum quam ex nomine sedium expresse subscribunt. Unde liquido patere dicebat quod ex Gallæciæ sunt provinciæ et ad metropolim pertinent Bracarensem. Confessus es etiam tu ipse frequenter in jure quod omnes episcopi, qui primo Bracarensi concilio affuerunt, indubitanter pertinent ad metropolim Bracarensem. Sed per quoddam capitulum secundi concilii Bracarensis aperte probatur quod hi quatuor interfuerunt primo concilio Bracarensi, cum ad secundum concilium Bracarense convenisse dicantur episcopi tam ex Lucensi synodo quam etiam Bracarensi, et inter eos qui ex Bracarensi synodo convenisse dicuntur isti quatuor nominantur. Porro secundum Bracarense concilium non præcessit Bracarensis synodus, nisi prima. Constat ergo quod isti quatuor fuerunt in prima synodo Bracarensi. Unde videtur colligi manifeste quod isti quatuor juxta præmissam confessionem tuam indubitanter pertinent ad Ecclesiam Bracarensem. Scriptura quoque Lucensis concilii, quæ continetur in libro a tua parte producto, indicat hos quatuor episcopatus, secundum divisionem quam facis, ad Bracarensem metropolim pertinere. Quam etiam divisionem tres Romani pontifices dicuntur in privilegiis Bracarensi Ecclesiæ confirmasse. Pluralitatis quoque ratio, secundum quam dicitur quia prævalet sententia plurimorum, divisiones suas, quæ longe plures sunt numero, præfert divisionibus partis tuæ. Sed et ratione temporum ei [f. tibi] perpetuum silentium imponere nitebatur; cum a primo Bracarensi concilio usque ad Emeritense concilium per spatium centum et septem annorum hos quatuor episcopatus Bracarensis Ecclesia deberet possedisse. A tempore quoque Paschalis II, qui hos episcopatus redintegravit Ecclesiæ Bracarensi, usque ad tempora trium judicum quibus hæc causa fuit primo commissa, præscriptionis tempus constat fuisse completum, per quod Ecclesia Bracarensis hos episcopatus juxta suam assertionem inconcusse possedit. Rescripta quoque Paschalis transmissa Toletano archiepiscopo et episcopo Colimbriensi, de quibus est superius prælibatum, idipsum, ut asserit, evidenter ostendunt. Porro tu respondebas quod post latam pro te ab apostolicæ sedis legato sententiam, jam non tenebaris ad has aut alias rationes quæ contra rei judicatæ auctoritatem inducebantur aliquid respondere; nisi quod sine præjudicio tuo, licet ex abundanti satisfacere sustinebas, asserens possessionem Bracarensis Ecclesiæ per testes non esse probatam, cum quidam testium ad probationem inveniantur inutiles, alii vero probentur mendaces. Litteræ quoque Paschalis, quibus eamdem possessionem astruere satagebat, contrarium potius astruere videbantur. Sed et privilegia Paschalis ejusdem, quæ suæ concessionis privilegium præcesserunt, in multis reprehensibilia denotabas; primo secundum formam, et in bulla et in scriptura; secundo juxta continentiam et in enumeratione sedium et in falsitate suggestionum. Persona quoque quæ illa privilegia, videlicet secundum et tertium, impetravit, merito suæ pravitatis reddidit illa suspecta, Mauritius scilicet, qui postea fuit hæresiarcha, in apostolicam sedem intrusus; qualis exstiterit, litteræ Gelasii papæ missæ ad Viennensem archiepiscopum aperte depingunt. Præterea contra rei judicatæ auctoritatem impetrata sunt illa rescripta, sicut probatur per Emeritense concilium; in quo per decretum synodicum et judicii formulam secundum canonicas regulas illi episcopi videntur fuisse reducti. Postremo dicti legati sententia lata est contra ipsa. Quibus, si tunc fuerunt exhibita, derogatum est per sententiam. Si autem exhibita non fuerunt, occasione instrumentorum noviter repertorum auctoritas rei judicatæ non potest ulterius attentari. Tua vero privilegia multipliciter asserebas omni suspicione carere, quorum veritas constat ex apostolicæ sedis archiviis, in cujus regestis fideliter continentur: quæ adversæ partis privilegiis comparata, certa debent ratione præferri; quia tua sunt privilegia donationis certa et absoluta; sua vero sunt privilegia confirmationis seu redintegrationis, conditionalia tantum et respectiva. Nec oportebat in tuis privilegiis fieri mentionem suorum præcedentium, quibus nihil juris acquirebatur quod istis posset obsistere, cum et alias nullius debeant reputari momenti. Nam inter scripturas quæ parilitatis aliquid habere videntur, scilicet in litteris commissoriis, invenitur hoc observari. Secundum vero Bracarense concilium, quod in superficie tantum dicebas tibi posse aliquatenus obviare, fideliter intellectum asserebas tibi nequaquam obsistere, cum illa verba quibus episcopi Gallæciæ dicebantur ad aliud concilium convenisse, notarii tantum seu compilatoris exstiterint: quæ non habent auctoritatem concilii, cum in toto concilio nihil inveniatur statutum vel factum omnino quod ad recognitionem pertineat, ut isti sint de Gallæcia vel ad metropolitanum Gallæciæ quoquo modo pertineant. Respondebas etiam aliter, quod quia rex Gallæciæ, ut ex veteribus constare dicebas historiis, occupaverat de provincia Lusitaniæ has quatuor civitates, ad eas sui regni nomen extenderat, ut per quamdam æquivocationem totum etiam regnum Gallæciæ diceretur; et ita non secundum limitationem provinciæ, sed secundum occupationem regni, dicti sunt illi episcopi de Gallæcia. Quod inde maxime comprobari dicebas, quia postquam illa regnorum scissura, quæ huic nominationi causam præstiterat, est sublata, reductæ sunt hæ civitates ad suæ nomen provinciæ; ut jam non Gallæciæ, sed Lusitaniæ nominentur, sicut aperte probari dicebas ex sequenti postea Emeritensi concilio, in quo dicuntur ad provinciæ suæ nomen reducti. Nec ex eo probantur ad Bracarensem metropolim pertinere, quia interfuerunt concilio Bracarensi, vel etiam subscripserunt, cum constet Narbonensem per multa tempora venisse ad concilia Toletana; nec tamen Toletana metropolis aliquid juris habuit in Ecclesia Narbonensi; sed mandato regum illa fiebant: quod magis violentum quam justum præsumitur exstitisse. Prædictam vero confessionem, qua recognovisti in jure omnes episcopos qui interfuerunt primo concilio Bracarensi indubitanter ad Bracaren. metropolim pertinere, in nullo tibi posse præjudicare dicebas; quia sive concilium intelligantur personæ, sive statuta, stare non potest quod ad secundum Bracarense concilium episcopi tam de Lucensi quam de Bracarensi concilio convenissent; sed per illam enormitatem, quæ statuta fuit in suo Lucensi concilio, mandaverat rex propter dilationem provinciæ, ut sex episcopatuum sui regni pontifices facerent concilium apud Lucum, et sex alii apud Bracaram. Et ideo dicebantur sex ad unum concilium et sex ad aliud pertinere et de utroque concilio apud Bracaram, quasi de utraque concilii assignatione, venisse. Cujusmodi significationem nominis approbari dicebas ex epistola quam Martinus Bracarensis archiepiscopus ex certa scientia dirigit ad episcopos Lucensis concilii, non quod tunc celebraretur ibi id concilium, cum idem M. legatur illi concilio affuisse, sed ad episcopos qui tenebantur ex prædicto regis mandato temporibus suis illuc ad concilium convenire. Emeritense vero concilium authenticum esse multis rationibus astruebas: tum quia cum aliis conciliis continetur in libro qui *Corpus canonum* appellatur, quem Alexander papa per interlocutionem authenticum approbavit: tum quia de ipso concilio sumptum est illud capitulum (66), *Priscis quidem canonibus*, quod continetur in corpore Decretorum. Unde, respondens ad rationes præmissas, quæ contra hoc concilium sunt objectæ, omnes quasi frivolas ostendere nitebaris. Divisiones autem quæ pro Bracarensi Ecclesia sunt productæ, omnes de locis sibi subjectis et ideo suspectis proponebas assumptas, in quorum armaria propter hanc causam facile potuerunt corruptæ submitti. Tuæ vero divisiones omnes sunt secundum statum antiquum, vel de locis non tibi sed sibi subjectis assumptæ (unde amplius illis contra se credi debet) vel de remotis provinciis, apud quas non exstitit causa corruptionis vel suspicionis prædicta; quas etiam protulisti sub testimoniis et sigillis authenticis, quibus et canones et veteres scripturas concordare dicebas. Præscriptiones autem ex quibus etiam adversus verum dominum competit actio, nedum quod exceptio competat præsidentibus, multis rationibus annullabas, asserens quod Bracarensis Ecclesia in prædictis episcopatibus nullam possessionem obtinuit, et ideo nihil in eis omnino præscripsit. Deinde, si possessionem aliquam habuisset, sententia, quæ super his lata probatur, ex Emeritensi concilio vim præcedentis præscriptionis penitus vacuasset. Sequentis vero præscriptionis effectum præfati legati sententia penitus interrupit. Ipse vero archiepiscopus Bracarensis contra reductionem episcoporum quæ dicitur in Emeritensi concilio decreto synodico et judicii formula facta fuisse, multiplici-

(66) 10, q. 3, c. *Priscis.*

ter allegabat. Primo, quia synodus illa, cujus auctoritate dicitur facta fuisse reductio, nequaquam apparet, nec scitur a quibus, vel ubi vel quando vel quare fuerit celebrata, utrum generalis an provincialis exstiterit et utrum auctoritate Romani pontificis an alicujus tantum archiepiscopi fuerit ordinata. Deinde, si mentio fiat in aliquo documento de alio, nihil ex secundo probabitur documento, nisi et primum de quo mentio facta fuerat proferatur. Praeterea, cum secundum concilium Bracarense praecesserit Emeritense concilium et celebrius habeatur, ut de quo plura sunt assumpta capitula in corpore Decretorum, patet profecto quod illud debet isti praeferri, nec illi per istud potest in aliquo derogari, sicut cautum habetur in canone; quia quoties in gestis conciliorum discors sententia invenitur, illud est (67) praeferendum cujus antiquior et potior exstat auctoritas. Rursus non probantur ullatenus isti quatuor episcopi fuisse reducti, sed de solo Selva Egitaniensi episcopo dicitur quod unus fuerit de reductis; et ipse solus in subscriptione profitetur expresse se ad Emeritensem metropolim pertinere; quamvis et ipse Selva Egitanien. episcop. non intelligatur unus de reductis ad Emeritensem metropolim, sed potius ad diœcesim propriam, sicut ex eodem capitulo Emeritensis concilii comprobari dicebat, in quo de illo dicitur quod ad debitam diœcesim rediit. Cum igitur synodus illa minime proferatur cujus judicio et decreto in Emeritensi concilio dicuntur reducti, patet quod illa reductio per Emeritense concilium non probatur. Ad haec respondebas, quod major est auctoritas approbati concilii quam unius solummodo documenti; et ideo dubitari non debet quin verum sit quod asseritur ab episcopis in concilio congregatis, a quibus asseritur illa reductio facta fuisse decreto synodico, judicii formula, secundum canonicas regulas; sicut et dictur in primo concilio Bracarensi quod Thuribius notarius a papa Leone ad synodum Gallæciæ missus fuit, nec tamen illa synodus invenitur; et in primo concilio Toletano mentio fit de statutis Lusitanorum episcoporum, et tamen non invenitur synodus in qua illa fuerint constituta. Moyses quoque in libro Numeri mentionem facit de Libro bellorum Domini, qui tamen nusquam apparet; et tamen creditur ita fuisse sicut Moyses narrat in illo volumine contineri. Auctoritas autem alicujus concilii non ex eo solo major existit quod exstat antiquior, sed quod potior. Alioquin Bracarense concilium Lateranensi concilio praeferretur. Sed illorum duorum conciliorum par exstat auctoritas, cum provinciae fuerit utrumque, et ambo dicantur pariter ab apostolica sede recepta. Cum autem inter episcopos Emeritensis concilii tantum hi quatuor inveniantur inter episcopos Gallæciæ nominati, sicut dicitur in secundo concilio Bracarensi, patet quod de his quatuor debet intelligi quod ad nomen provinciae sunt reducti; quia non possunt intelligi fuisse reducti, nisi qui fuerunt abducti. Unde facta reductione in tertio concilio Bracarensi, quod secutum est Emeritense concilium, nullum istorum quatuor legitur exstitisse. Postquam igitur hæc et alia fuerunt utrinque prudenter ac subtiliter allegata, quorum multa propter prolixitatem superfluam in hac pagina praetermisimus annotare, partes ad amicabilem compositionem induximus diligenter; quæ tandem per Dei gratiam, nostra sollicitudine mediante, ad hanc compositionis formam libera voluntate venerunt, ut de quatuor praedictis episcopatibus duo assignarentur Compostellan. metropoli, et duo relinquerentur metropoli Bracarensi. Nos autem habito super hoc cum fratribus nostris diligenti tractatu, compositionem ipsam duximus approbandam, intelligentes eam æquitati canonicae concordare. Cum enim Visensis episcopus cum episcopis Gallæciæ interfuerit secundo concilio Bracarensi, et Emeritensi concilio non affuerit, in quo plenus suffraganeorum numerus Emeritensis metropolis legitur affuisse (unde nec potest unus de reductis intelligi, cum etiam inter alios suffraganeos Bracarensis Ecclesiæ in suis privilegiis numeretur, in privilegiis autem Compostellan. Ecclesiæ Visensis episcopus nullatenus habeatur), saepedictum archiepiscopum Bracarensem nomine Bracarensis Ecclesiæ ab impetitione tua, nomine Compostellanæ Ecclesiæ, super eodem episcopatu duximus absolvendum; tibi super hoc perpetuum silentium imponentes. Lamecensem autem et Egitaniensem episcopatus, quos ad Emeritensem pertinuisse metropolim certis didicimus rationibus et validis argumentis, de consilio fratrum nostrorum adjudicavimus Compostellanæ metropoli, ipsum Bracarensem archiepiscopum super illis nomine Bracarensis Ecclesiæ condemnantes. Episcopatum autem Colimbriensem, licet eisdem rationibus cognoverimus ad Emeritam spectavisse, quia tamen Iriensis episcopatus auctoritate sedis apostolicæ subtractus est Ecclesiæ Bracarensi, et sede mutata, pro beati Jacobi reverentia totus concessus est Compostellæ, in recompensationem ipsi archiepiscopo et Ecclesiæ Bracarensi concessimus perpetuo retinendum. In tantum autem illa forma compositionis tibi complacuit, quod pro bono pacis liti cessisti et petitioni renuntiavisti omnino, super duabus ecclesiis, videlicet Sancti Fructuosi et Sancti Victoris, et medietate Bracarae cum pertinentiis suis omnibus, de quibus cum aliis fuit facta commissio, refutans quidquid juris in illis habuisti vel potuisti habere, renuntians quoque sententiæ quæ super eis pro Compostellana Ecclesia contra Bracarensem fuerat promulgata; super qua coram nobis aliquandiu fuerat litigatum. Nulli ergo, etc., diffinitionis, absolutionis et concessionis, etc.

Datum Laterani.

In eumdem fere modum scriptum est Bracaren. archiepiscopo.

———

(67) 33, q. 2, cap. *Hoc ipsum.*

CXXXIV.
BRACAREN. ARCHIEPISCOPO.
Ejusdem argumenti.
(Laterani, iv Id. Julii.)

Qualiter veteres sed non inveteratas usque ad nostra tempora quæstiones inter Compostellanam et tuam Ecclesias, tam prædecessorum nostrorum quam nostris etiam temporibus diutius agitatas, non sine multa sollicitudine ac labore nos et fratres notri exacta diligentia curaverimus terminare, tua fraternitas, quæ omnibus præsentialiter interfuit, non ignorat, et hoc ipsum ex rescriptis apostolicis rei processum plenius continentibus liquido declaratur. Volentes autem ut apostolicæ sedis sententiæ perpetuam obtineant firmitatem et quod lites exstinctæ in recidivam contentionem ulterius non resurgant, fraternitati tuæ per apostolica scripta mandamus quatenus statutis apostolicæ sedis obediens humiliter et devote, quæ a nobis ad perpetuam pacem prædictarum Ecclesiarum sunt sine personarum acceptione salubriter instituta, de cætero studeas irrefragabiliter observare, venerabiles fratres nostros Ulixbonensem, Elborensem et Lamecensem episcopos, et eorum Ecclesias, et dilectos filios clerum ac populum per Egitaniensem diœcesim constitutos, Compostellano archiepiscopo et ejus Ecclesiæ, sicut a nobis est ordinatum, obedire sine qualibet difficultate dimittens, quos tu et venerabilis frater noster Colimbriensis episcopus in nostra et fratrum nostrorum præsentia, sicut bene novisti, ab obedientiæ vestræ vinculo absolvistis, et nos eosdem a vestræ obedientiæ debito auctoritate apostolica reddidimus absolutos. Provideas igitur ne per potentiam regiam vel alia qualibet machinatione impediantur episcopi memorati et prædicti clerus et populi obedientiam secundum sententiam et præceptum nostrum eidem Compostellano archiepiscopo, ut præduximus, exhibere. Alioquin, quod a sanctæ recordationis Alexandro papa prædecessore nostro de obedientia Compostellano archiepiscopo ab episcopis Gallæciæ impendenda dignoscitur olim fuisse statutum, verendum est tibi ne nos ipsi ratum habeamus et firmum et faciamus auctore Domino inviolabiliter observari, tantoque culpam inobedientiæ curabimus gravius castigare, quanto in contemptum apostolicæ sedis et personæ nostræ specialiter hujusmodi rebellio amplius redundaret.

Datum Laterani, iv Idus Julii.

In eumdem modum scriptum est Colimbrien. episcopo.

CXXXV.
ULIXBONENSI, ELBORENSI, ET LAMECENSI EPISCOPIS, ET CLERO ET POPULO EGITANIENSI.
De eadem re.
(Laterani, iv Id. Julii.)

Antiquas controversias et difficiles inter Compostellanam et Bracarensem Ecclesias tam prædecessorum nostrorum quam nostris etiam temporibus agitatas, sicut vestra fraternitas non ignorat, non sine labore multo nos et fratres nostri exacta diligentia per auxilium divinæ gratiæ curavimus terminare; quemadmodum in rescriptis apostolicis processum causarum plenius continentibus perpendere poteritis evidenter. Volentes autem ut apostolicæ sedis, etc. *usque ad verbum* observare, venerabili fratri nostro P. Compostellano archiepiscope ejusque successoribus tanquam metropolitano vestro, sicut alii suffraganei sui faciunt, obedientiam et reverentiam debitam impendentes. Alioquin sententiam quam idem archiepiscopus in vos rationabiliter tulerit, auctore Domino, ratam et firmam habebimus et faciemus inviolabiliter observari. Ut autem quæ præmisimus liberius adimplere possitis, venerabiles fratres nostri Bracarensis archiepiscopus et episcopus Colimbriensis vos coram nobis et fratribus nostris ab omni obedientiæ suæ vinculo absolverunt. Nos etiam ab ipsorum obedientiæ debito auctoritate apostolica vos reddimus absolutos.

Datum Laterani, iv Idus Julii.

Scriptum est super hoc singulariter singulis nominatis episcopis et clero et populo per eorum diœceses constitutis.

CXXXVI.
LUCENSI, ASTORICENSI, MINDONIENSI, AURIENSI ET TUDENSI EPISCOPIS.
(Datum, ut supra.)

Antiquas controversias, etc. *usque ad verbum* resurgant, fraternitati vestræ per apostolica scripta præcipiendo mandamus quatenus apud venerabilem fratrem nostrum archiepiscopum Bracaren. et chariss. in Christo filium nostrum Portugal. regem illustrem partes vestras efficaciter interponere procuretis ut statutis ap. se., etc. *usque ad verbum* observare, venerabiles fratres nostros Ulixbonensem, Elborensem et Lamecen. episcopos et eorum Ecclesias, etc., *fere in eumdem modum ut supra usque ad verbum* dimittentes. Alioquin, quod a sanctæ recordationis Alexandro papa, etc., *fere ut supra usque ad verbum* redundaret. Et quoniam nuntius, ut accepimus, non facile reperitur, qui litteras apostolicas vel Compostellani archiepiscopi audeat super his in regnum Portugalen. deferre, sub eadem districtione vobis injungimus ut litteras nostras et ipsius archiepiscopi Compostellani, quibus super hoc missæ fuerint, occasione et excusatione cessante, sine dilatione qualibet tandiu fideliter transmittatis, cum ab eodem Compostellano simul omnes vel seorsum singuli fueritis requisiti, donec idem archiepiscopus prædictorum quatuor episcopatuum possessionem pacificam fuerit assecutus. Si vero, quod non credimus, præceptum nostrum non fuerit adimpletum, volumus et mandamus ut cum fueritis per Compostellanam Ecclesiam requisiti, veritatem super his nobis significare vestris litteris procuretis.

Datum, *ut supra.*

CXXXVII.
ARCHIEPISCOPO ET CAPITULO COMPOSTELLANO.
(Laterani, ιι Id. Julii.)

Cum dilectus filius A. civis Anagninus tutor et curator nepotum suorum, filiorum quondam G. civis Anagnini, a te, frater archiepiscope, apud sedem apostolicam permanente nonaginta marabutinorum uncias repeteret nomine pupillorum, dilecti filii concanonici vestri ei pro bono pacis quadraginta malachinos per manus dilecti filii Mar. capellani et subdiaconi nostri dederunt. Ipse vero coram nobis omni juri renuntiavit quod adversus Compostellanam Ecclesiam pupillis competeret memoratis. Ne autem quod in præsentia nostra factum est, ulterius in dubium revocetur, præsentes vobis litteras in factæ resignationis testimonium duximus concedendas.

Datum Laterani, ιι Idus Julii.

CXXXVIII.
MART. BRACAREN. ARCHIEPISCOPO.
Datas a rege Bracarensi Ecclesiæ decimas confirmat.
(Laterani, ιιι Id. Julii.)

Cum a nobis petitur, etc. *usque ad verbum* effectum. Sane significasti nobis in nostra præsentia constitutus quod cum charissimus in Christo filius noster Portugaliæ rex illustris quasdam possessiones dilectis filiis fratribus militiæ Templi concesserit, receptis ab eis in permutationem duobus castris, scilicet Mugatorio et Petrasroias, quæ idem fratres habuerant in diœcesi Bracarensi, rex ipse tertiam partem decimarum quas dicti fratres prius perceperant in Ecclesiis castrorum ipsorum, pietatis intuitu concedi fecit Ecclesiæ Bracarensi. Nos igitur tuis precibus annuentes, decimas ipsas, sicut legitime concessæ sunt Ecclesiæ Bracarensi, et tu eas juste possides, et quæ tibi et per te ipsi Bracarensi Ecclesiæ [*hic aliquid deest*], auctoritate apostolica confirmamus et præsentis scripti pagina communimus. Nulli ergo, etc. nostræ confirmationis, etc.

Datum Laterani, ιιι Idus Julii.

CXXXIX.
PETRO COMPOSTELLANO ARCHIEPISCOPO EJUSQUE SUCCESSORIBUS CANONICE SUBSTITUENDIS IN PERPETUUM.
Ut Ecclesia Compostellana posthac metropolitana habeatur.
(Laterani, ιι Id. Julii.)

In eminenti apostolicæ sedis specula disponente Domino constituti, etc., *usque ad verbum* assensu, ad exemplar prædecessorum nostrorum felicis record. Calixti, Anastasii, Alexandri et Lucii Romanorum pontificum Compostellan. beati Jacobi ecclesiam, cujus in ea venerandissimum corpus est positum, apostolicæ sedis privilegio communimus, et ob ipsius a Deo electi apostoli reverentiam archiepiscopalis cathedræ dignitatem, quam opulentissima quondam et famosi nominis Emeritana civitas, priusquam, peccatis exigentibus, ab impia Saracenorum tyrannide possideretur, habuisse dignoscitur, præsentis scripti pagina in perpetuum confirmamus, statuentes ut eadem Emeritana civitas, si ad potestatem Christianorum, Domino donante, redierit, episcopum habeat, qui Compostellano archiepiscopo sicut metropolitano suo debeat perpetuo subjacere. Omnem quoque pontificalis officii plenitudinem, quam ipsius Emeritanæ Ecclesiæ antistites antiquitus habuerunt, Compostellanensis præsul Ecclesiæ integre semper obtineat et quiete. Suffraganei vero episcopi Emeritanensis metropolis, qui per Lusitaniam provinciam vel modo sedes proprias obtinent, vel in futurum per Domini misericordiam obtinuerint, Salamantinus videlicet, Abulensis, Cauriensis, Civitatensis, Placentinensis, Pacensis, Oxonobensis et præterea Lamecensis, et Egitaniensis nec non Ulixbonensis et Elborensis, sicut in nostris sententiis continetur, Compostellano archiepiscopo, cujus consecratio ad Romanam tantum Ecclesiam spectat, obedientiam et reverentiam tanquam proprio metropolitano prorsus exhibeant. Ipse autem illos consecrandi ad sua concilia convocandi, cum ipsis etiam ecclesiastica negotia terminandi et eorum Ecclesias disponendi, auctoritate sedis apostolicæ liberam omnino habeat facultatem. Prohibemus autem ut nulli canonicorum ejusdem Ecclesiæ beati Jacobi, qui ad aliarum Ecclesiarum prælationem assumpti sunt, vel in posterum assumentur, honorem vel præbendam seu canonicatum in ipsa Ecclesia liceat retinere; sed alia idonea persona in loco ipsius subrogetur, quæ ipsi Ecclesiæ deserviat, et ejusdem beneficium sortiatur. Illum etiam censum qui *vota* dicitur, quem Hispanorum catholici reges ex singulis boum paribus a flumine Pisorga usque ad mare occidentale et per totam Lusitaniam provinciam atque etiam in Toleto et Transserram annuatim persolvendum pro salute totius terræ liberaliter statuerunt, eidem Ecclesiæ confirmamus, et omnimodis interdicimus ut nulli fas unquam sit eum ipsi Ecclesiæ qualibet occasione subtrahere. Obeunte vero te, etc. Præterea quascunque possessiones, etc. *usque ad verbum* vocabulis. Civitatem ipsam Compostellam cum castro suo, cum ecclesiis et monasteriis infra eam vel ejus territorium constitutis, cum omni jure tam diœcesano quam regali et cum terminis totius episcopatus, videlicet cum archipresbyteratibus de Morracio et de inter ambos pontes de montibus utriusque, de Taberiolis et de Ciria, de Pilonio et de insula Laonii, de utroque Coronato, de Dormian. et Superaddo, et Aranga, et monte Jaurino quomodo dividitur, cum Parrega de Pruciis et de Bisauciis, cum tota interjacente diœcesi a castello Sancti Pelagii de Luco usque Transancos, monasteria quoque omnia, et conventuales seu alias ecclesias infra hos terminos constitutas, cum omni jure parochiali et quæ intra regalia beati Jacobi continentur, cum omni seu patronatus seu alio jure quod ad reges pertineat, videlicet monasterium Sancti Pelagii de ante altaria, monasterium Sancti

Martini de Foris, ecclesiam Sanctæ Mariæ de Sara, monasterium Sanctæ Mariæ de Canogio, monasterium Sancti Petri de Foris, monasterium Sancti Justi de Luania, monasterium de Superaddo, de Azivario, de Codeseda, de Mosonzo, de Ciniis, de Monteferro, de Borgondo, de Nogaria, de Solandres, de Calavario, de Siavia, de Rivomalo, de Moriame, de Ozon, de Savarde, de portu Orii, de Nometi, de Civitio, de Briviis, de Meeis, de Dormian, de Calago, de Podio, de Lerze, de Armentaria, de Harcos, et monasterium Sancti Joannis de Cavea, Sancti Christophori, Sancti Verexími, Sancti Georgii, Sancti Thomæ de Pimario et Sancti Jacobi de Ermello; præterea regalem capellaniam et cancellariam quam bonæ memoriæ Alfonsus illustris Hispaniæ rex Ecclesiæ vestræ concessit et scripti sui pagina roboravit; castrum quoque quod vocatur Honestum et Iriam cum servis et omnibus appendiciis suis, castrum quod vocatur Sancta Maria de Lanceata cum ecclesiis et omnibus pertinentiis suis. Castrum quod vocatur Ciria cum ecclesiis et omnibus pertinentiis suis. Castrum quod dicitur Ctofacta cum ecclesiis et omnibus pertinentiis suis; castrum quod dicitur Cathobadi cum pertinentiis suis; castrum Daravum cum villis et ecclesiis et omnibus pertinentiis suis; castrum quod dicitur Luparia cum ecclesiis et pertinentiis suis; territorium quod vocatur Amaea cum omnibus possessionibus quas ibi habetis; pistomarcos cum servis et possessionibus quas in eo habetis, bisetium cum servis quos ibi habetis; Dubriam cum possessionibus quas ibi habetis, Lanias cum pertinentiis suis, Lucrosam cum servis et pertinentiis suis, Montanos cum ecclesiis et possessionibus quas ibi habetis, Coronatum cum possessionibus quas ibi habetis, Ventosam cum insula de Laonio, Montes quos quandoque Suarius Friolæ a vestra Ecclesia tenuit, cum altera medietate integros; burgum de Ponte Veteri, cum pertinentiis suis, Taveiriolos cum ecclesiis et possessionibus quas ibi habetis, ripam Uliæ cum ecclesiis et possessionibus quas ibi habetis, Deciam cum possessionibus et ecclesiis regalibus et omnibus pertinentiis suis, terram de Superaddo integram cum pertinentiis suis. In eadem Decia monasterium Sancti Laurentii de Carbonario, quod Ecclesiæ Compostellanæ secundum jus patronatus adjudicatum est per sententiam dilecti filii nostri G. S. Angeli diaconi cardinalis, tunc apostolicæ sedis legati; medietatem burgi de Faro cum pedagio navium et jure fisci. Villas de Ceeia in Nemancos, et de Oca in Bregantin., de Leiloio in Seia, de Avegundo, Piaveladegio, Liure et de Ruiis in Endis, de Tooure in Pruciis, cum cunctis ecclesiis et pertinentiis suis, et alias ecclesias seu possessiones quas jure proprietatis extra fines regalium vestrorum per eumdem episcopatum habetis. In episcopatu quoque Mindunien. ecclesiam Sancti Laurentii de Arbore, cum castro quod dicitur villa de Maures, et villam Petri cum ecclesia sua, et ecclesias de Rivo Averso, et Sanctæ Eulaliæ Altæ, et de Radigosa, et Sanctæ Mariæ de Turre, et Sancti Martini de Palatiis, cum omnibus pertinentiis suis. In episcopatu Lucensi villas de Recelli et de Cesa. In episcopatu Auriensi, villas de Amarante, de Jouin, et de Vite, et de Villari Regis, et medietatem Souti de Parata. In episcopatu Tuden. castrum quod dicitur de Molis cum omnibus ecclesiis intra ipsum contentis, et monasterium de Cela, et villas de Lazorio, Baldranes, Lamala, et Nugaria. In episcopatu Bracaren. villas de Cornelian. cum ecclesiis suis, et Moaci, et Ganduíi, cum montibus, exitibus et pertinentiis suis In valle Carceris, hospitale quod dicitur Anglorum, cum ecclesia sua, et aliam ecclesiam quæ ipsi ex eadem parte superjacet et villas de Tabladelo et de Parata. In episcopatu Astoricen. villas de Cacavell. cum ecclesia sua et de Carvallial, et ecclesiam Sancti Jacobi de Requeixo, de Sanabria. In episcopatu Legionen. domos quæ fuerunt archidiaconi Thomæ. In ipsa civitate villam de Ledigos cum ecclesia sua et partem villæ de Furones, cum omni jure quod habetis in ecclesia. In ripa Estoke, villam Alevis et villam Leandri, cum ecclesiis suis; et juxta monasterium Sancti Facundi, villam Ceramæ. In episcopatu Palentin. ecclesiam Sancti Michaelis de Vallouria et villam dictam Saungelo de Raaces, cum pertinentiis suis, et omni jure regali, sicut Alphonsus illustris Castellanorum rex ecclesiæ Beati Jacobi eam donasse dignoscitur. In episcopatu Ovetensi, in villa Olerxida, omnes ecclesias; et in Benevento, ecclesiam Sanctæ Mariæ de Ventosa. In Asturiis, ecclesias Sancti Joannis de Cerreda et villam Armillum, cum hospitali quod est in Strata, cum montibus et omnibus pertinentiis suis. In episcopatu Zamoren. villas et ecclesias de Arquilinis et de Arcos, et ecclesiam Sancti Jacobi de Zamora, villas de Palatiis et de Spino et de Aldeola cum ecclesiis suis. In episcopatu Salamantin. villam de Munigno, Asnar cum ecclesiis suis, et villam quæ dicitur Ecla, et villam Biluestre cum jure regali, et ecclesiam Sancti Martini de Ledesma et alias ecclesias vel possessiones quas in prædictis episcopatibus habetis. In episcopatu Caurien. castrum quod dicitur Attalaia Pelagii, videlicet cum terminis suis, et ecclesiam de Granata quæ dicitur Sancti Jacobi cum domibus et piscariis et aliis possessionibus quas ibi acquisistis. Ecclesias quoque et possessiones quas in Vasconia et in Italia et in aliis partibus orbis per diversos episcopatus habetis. Decernimus ergo, etc. Salva in omnibus apostolicæ sedis auctoritate. Si qua igitur, etc.

Datum Laterani per manum Rainaldi Acheruntini archiepiscopi, cancellarii vicem agentis, secundo Idus Julii, indictione II, Incarnationis Dominicæ anno 1199, pontificatus vero domini Innocentii papæ III anno secundo.

CXL.

MARTINO BRACARENSI ARCHIEPISCOPO.
Quod sententiam Portugalensis episcopi in causa decimarum confirmet.

(Laterani, xvi Kal. Augusti.)

Cum a nobis petitur, etc. *usque ad verbum assensu*, sententiam a venerabili fratre nostro Portugallen. episcopo et dilecto filio I. cantore Tuden. a venerabili fratre nostro Tuden. episcopo delegato in causa quæ inter te et abbatem de Castro super decimis Bracantiæ vertebatur, apostolicæ sedis auctoritate prolatam, sicut rationabiliter lata est, nec legitima appellatione suspensa, auctoritate apostolica confirmamus et præsentis scripti pagina communimus. Decernimus ergo, etc.

Datum Laterani, xvi Kal. Augusti.

CXLI.

UNIVERSIS CHRISTI FIDELIBUS TAM IN URBE METENSI QUAM EJUS DIŒCESI CONSTITUTIS.
Laici non prædicent, nec occulta conventicula faciant, nec sacerdotes reprehendant.

(Datum Laterani.)

(68) Cum ex injuncto nobis apostolatus officio facti simus, secundum Apostolum, sapientibus et insipientibus debitores, pro universorum salute nos oportet esse sollicitos; ut et malos retrahamus a vitiis, et bonos in virtutibus foveamus. Tunc autem opus est discretione majori, cum vitia sub specie virtutum occulte subintrant, et angelus Satanæ se in angelum lucis simulate transformat. Sane significavit nobis venerabilis frater noster Metensis episcopus per litteras suas quod tam in diœcesi quam urbe Metensi laicorum et mulierum multitudo non modica tracta quodammodo desiderio Scripturarum, Evangelia, Epistolas Pauli, Psalterium, moralia Job et plures alios libros sibi fecit in Gallico sermone transferri, translationi hujusmodi adeo libenter, utinam autem et prudenter, intendens, ut secretis conventionibus talia inter se laici et mulieres eructare præsumant, et sibi invicem prædicare: qui etiam aspernantur eorum consortium qui se similibus non immiscent et a se reputant alienos qui aures et animos talibus non apponunt; quos cum aliqui parochialium sacerdotum super his corripere voluissent, ipsi eis in faciem restiterunt, conantes rationes inducere de Scripturis quod ab his non deberent aliquatenus prohiberi. Quidam etiam ex eis simplicitatem sacerdotum suorum fastidiunt; et cum ipsis per eos verbum salutis proponitur, se melius habere in libellis suis et prudentius se posse id eloqui, submurmurant in occulto. Licet autem desiderium intelligendi divinas Scripturas, et secundum eas, studium adhortandi reprehendendum non sit, sed potius commendandum, in eo tamen apparent merito arguendi, quod tales occulta conventicula sua celebrant, officium sibi prædicationis usurpant, sacerdotum simplicitatem eludunt et eorum consortium aspernantur qui talibus non inhærent. Deus enim lux vera, quæ omnem hominem venientem in hunc mundum illuminat, in tantum odit opera tenebrarum, ut apostolos suos in mundum universum prædicaturos Evangelium omni creaturæ missurus, eis aperte præceperit dicens: *Quod dico vobis in tenebris, dicite in lumine; et quod in aure auditis, prædicate super tecta* (*Matth.* x, 27); per hoc manifeste denuntians quod evangelica prædicatio non in occultis conventiculis, sicut hæretici faciunt, sed in ecclesiis juxta morem catholicum est publice proponenda. Nam juxta testimonium Veritatis, omnis qui male agit, odit lucem; et ad lucem non venit, ne ejus opera arguantur. Qui autem facit veritatem, venit ad lucem, ut manifestentur opera ejus, quia in Deo sunt facta. Propter quod, cum pontifex interrogasset Jesum de discipulis suis et de doctrina ejus, respondit: *Ego palam locutus sum mundo, ego semper docui in synagoga et in templo, quo omnes Judæi conveniunt, et in occulto locutus sum nihil* (*Joan.* xviii, 20). Porro, si quis objiciat quod juxta præceptum Dominicum non est sanctum dandum canibus nec margaritæ mittendæ sunt ante porcos, cum et Christus ipse non omnibus quidem sed solis apostolis dixerit: *Vobis datum est nosse mysterium regni Dei, cæteris autem in parabolis* (*Luc.* viii, 10), intelligat canes et porcos non eos qui sanctum gratanter accipiunt et margaritas libenter acceptant, sed illos qui sanctum dilacerant et margaritas contemnunt, quales sunt qui evangelica verba et ecclesiastica sacramenta non ut catholici venerantur, sed abominantur potius ut hæretici, oblatrantes semper et blasphemantes quos Paulus apostolus post primam et secundam commonitionem docet esse vitandos. Arcana vero (69) fidei sacramenta non sunt passim omnibus exponenda, cum non passim ab omnibus possint intelligi, sed eis tantum qui ea fideli possunt concipere intellectu. Propter quod simplicioribus inquit Apostolus: *Quasi parvulis in Christo lac potum dedi vobis, non escam* (*I Cor.* iii, 2). Majorum est enim solidus cibus, sicut aliis ipse dicebat: *Sapientiam loquimur inter perfectos; inter vos autem nihil judicavi me scire nisi Jesum Christum, et hunc crucifixum* (*I Cor.* ii, 2). Tanta est enim divinæ Scripturæ profunditas, ut non solum simplices et illitterati, sed etiam prudentes et docti non plene sufficiant ad ipsius intelligentiam indagandam. Propter quod dicit Scriptura: *Quia multi defecerunt scrutantes scrutinio* (*Psal.* lxiii, 7). Unde recte fuit olim in lege divina statutum ut bestia, quæ montem tetigerit, lapidetur; ne videlicet simplex aliquis et indoctus præsumat ad sublimitatem Scripturæ sacræ pertingere, vel eam aliis prædicare. Scriptum est enim: *Altiora te ne quæsieris* (*Eccli.* iii, 22). Propter quod dicit Apostolus: *Non plus sapere quam oporteat sapere, sed sapere ad sobrietatem* (*Rom.* xii, 3). Sicut enim multa sunt membra corporis,

---

(68) Cap. *Cum ex injuncto*, De hæreticis.
(69) In tertia Collect. legitur. *Arcana vero quæ fidei sacramenta non sunt, non sunt pass.*

omnia vero membra non eumdem actum habent : ita multi sunt ordines in Ecclesia, sed non omnes idem habent officium ; quia secundum Apostolum : *Alios quidem Dominus dedit apostolos, alios prophetas, alios autem doctores*, etc. (*Ephes*. iv, 11.) Cum igitur doctorum ordo sit quasi præcipuus in Ecclesia, non debet sibi quisquam indifferenter prædicationis officium usupare. Nam, secundum Apostolum : *Quomodo prædicabunt nisi mittantur ?* (*Rom*. x, 15.) Et Veritas ipsa præcepit apostolis : *Rogate Dominum messis ut mittat operarios in messem suam* (*Luc*. x, 2). Quod si forte quis argute respondeat quia tales invisibiliter mittuntur a Deo, etsi non visibiliter mittantur ab homine, cum invisibilis missio multo sit dignior quam visibilis, et divina longe melior quam humana. (Unde Joannes Baptista non legitur missus ab homine, sed a Deo, sicut evangelista testatur : *Quia fuit homo missus a Deo, cui nomen erat Joannes* (*Joan*. i, 6), potest et debet utique ratione prævia responderi quod cum interior illa missio sit occulta, non sufficit cuiquam nude tantum asserere quod ipse sit missus a Deo, cum hoc quilibet hæreticus asseveret : sed oportet ut astruat illam invisibilem missionem per operationem miraculi vel per Scripturæ testimonium speciale. Unde, cum Dominus vellet mittere Moysen in Ægyptum ad filios Israel, ut crederetur ei quod mitteretur ab ipso, dedit ei signum, ut converteret virgam in colubrum, et colubrum iterum reformaret in virgam. Joannes quoque Baptista suæ missionis speciale testimonium protulit de Scriptura, respondens sacerdotibus et Levitis qui missi fuerant ad interrogandum quis esset et quare baptizandi sibi officium assumpsisset : *Ego vox clamantis in deserto : Dirigite viam Domini ; sicut dixit Isaias Propheta* (*Joan*. i, 23). Non est ergo credendum ei qui se dicit missum a Deo, cum non sit missus ab homine, nisi de se speciale proferat testimonium de Scripturis, vel evidens miraculum operetur. Nam et de his qui missi leguntur a Deo evangelista testatur quod ipsi profecti prædicabant ubique Domino cooperante et sermonem confirmante sequentibus signis. Licet autem scientia valde sit necessaria sacerdotibus ad doctrinam, quia juxta verbum propheticum labia sacerdotis custodiunt scientiam et legem exquirunt ex ore ejus ; non est tamen simplicibus sacerdotibus etiam a scholasticis detrahendum, cum in eis sacerdotale ministerium debeat honorari. Propter quod Dominus in lege præcepit : *Diis non detrahes* (*Exod*. xxii, 28), sacerdotes intelligens, qui propter excellentiam ordinis et officii dignitatem deorum nomine nuncupantur. Juxta quod alibi dicit de servo volente apud dominum remanere, ut dominus offerat eum diis. Cum enim juxta verbum Apostoli servus suo domino stet aut cadat, profecto sacerdos ab episcopo, cujus est correctioni subjectus, debet in mansuetudinis spiritu castigari, non autem a populo, cujus est correctioni præpositus, in spiritu superbiæ reprehendi ; cum juxta præceptum Dominicum pater et mater non debeant maledici, sed potius honorari : quod de spirituali patre multo fortius debet intelligi quam carnali. Nec quisquam suæ præsumptionis audaciam illo defendat exemplo, quod asina legitur reprehendisse prophetam, vel quod Dominus ait, *Quis ex vobis arguet me de peccato ? et si male locutus sum, testimonium perhibe de malo* (*Joan*. viii, 46), cum aliud sit fratrem in se peccantem occulte corripere (quod utique quisque tenetur efficere secundum regulam evangelicam : in quo casu sane potest intelligi quod Balaam fuit correptus ab asina), et aliud est patrem suum etiam delinquentem reprehendere manifeste, ac præcipue fatuum pro simplici appellare : quod utique nulli licet secundum evangelicam veritatem. Nam qui etiam fratri suo dixerit fatue, reus erit gehennæ. Rursus aliud est quod prælatus se sponte, de sua confisus innocentia, subditorum accusationi supponit (in quo casu præmissum Domini verbum debet intelligi), et aliud est quo subditus, non tam animo corripiendi, quam detrahendi, exsurgit temerarius in prælatum, cum eum potius maneat necessitas obsequendi. Quod si forte necessitas postularit ut sacerdos, tanquam inutilis, aut indignus, a cura gregis debeat removeri, agendum est ordinate apud episcopum, ad cujus officium tam institutio quam destitutio sacerdotum noscitur pertinere. Illud autem, tanquam de supercilio Pharisæorum procedens, debet ab omnibus aspernari [*sic*], quod tanquam ipsi soli sint justi, cæteros aspernantur ; cum et hactenus ab initio nascentis Ecclesiæ multi fuerint viri sancti, qui nec tales fuisse leguntur, nec talibus adhæsisse, cum de novo tales surrexisse legantur : qui nisi contenti sint doceri potius quam docere, ad illos forsitan pertinebunt quibus Dominus ait : *Nolite fieri plures magistri* (*Jac*. iii, 1). Nos ergo, filii, quia paterno vos affectu diligimus, ne sub prætextu veritatis in foveam decidatis erroris, et sub specie virtutum in laqueum vitiorum, universitatem vestram rogamus attentius, monemus et exhortamur in Domino, in remissionem vobis peccatorum injungentes, quatenus ab iis quæ superius reprehensibilia denotavimus, linguam et animum revocetis, fidem catholicam et regulam ecclesiasticam observantes, ne vos verbis fallacibus circumveniri vel etiam circumvenire contingat : quia nisi correctionem nostram et admonitionem paternam receperitis humiliter et devote, nos post oleum infundemus et vinum, severitatem ecclesiasticam apponentes ; ut qui noluerint obedire spontanei, discant acquiescere vel inviti.

Datum Laterani.

CXLII.

EPISCOPO ET CAPITULO METENSIBUS.
De eodem argumento.
(Laterani, iv Id. Julii.)

Sicut Ecclesiarum prælatis incumbit ad capiendas vulpes parvulas, quæ demoliri vineam Domini moliuntur, prudenter et diligenter intendere : sic est eis summopere præcavendum ne ante messem zizania colligantur, ne forsan, quod absit! cum eis etiam triticum evellatur. Sane sicut non debet hæretica pravitas tolerari, sic enervari non debet religiosa simplicitas; ne vel patientia nostra hæreticis audaciam ministret, vel simplices impatientia multa confundat, ut nobis diruptis convertantur in arcum perversum, et in hæreticis de simplicibus commutentur. Sane significasti nobis per litteras tuas, frater episcope, quod tam in diœcesi quam urbe Metensi, etc., *ut supra usque ad verbum* in occulto. Quia vero in dubiis non est de facili sententia proferenda, cum quod vel iidem errent in fide vel a doctrina discrepent salutari, nobis per tuas litteras, frater episcope, non duxeris exprimendum, cum opinionem et vitam eorum penitus ignoremus qui sacras Scripturas taliter transtulerunt, aut eorum qui docent taliter jam translatas, quorum neutrum potest fieri sine scientia litterarum, licet in his arguendi merito videantur quod occulta conventicula celebrant, officium sibi, etc., *usque ad verbum* non inhærent; discretioni vestræ per apostolica scripta mandamus atque præcipimus quatenus eos commonere diligentius studeatis, rationibus et exhortationibus innitentes ut ab his in quibus apparent reprehensione notabiles, omnino desistant, nec officium sibi vindicent alienum. Inquiratis etiam sollicite veritatem: quis fuerit auctor translationis illius, quæ intentio transferentis, quæ fides utentium, quæ causa docendi, si sedem apostolicam et catholicam Ecclesiam venerentur; ut super his et aliis quæ necessaria sunt ad indagandam plenius veritatem per litteras vestras sufficienter instructi, quid statui debeat melius intelligere valeamus. Revocandi autem eos et convincendi secundum Scripturas super his quæ reprehensibilia denotavimus, viam vobis in litteris, quas communiter illis dirigimus, aperimus.

Datum Laterani, IV Idus Julii.

CXLIII.

ARCHIEPISCOPO, DECANO, ET CAPITULO COMPOSTELLAN.
Concordiam quamdam confirmat.
(Datum, *ut supra.*)|

Ea quæ concordia vel judicio, etc., *usque ad verbum* assensu, ad exemplar felicis recordationis Alexandri papæ prædecessoris nostri concordiam quæ inter vos et Vu. vicecomitem et G. filium ejus Vercellen. cives, super hospitali et ecclesia Sancti Jacobi de Cassina, mediante venerabili fratre nostro Taurinen. episcopo et dilecto filio Hard. Mediolan. Ecclesiæ canonico facta dignoscitur, sicut de beneplacito utriusque partis stabilita est et tuo, frater archiepiscope, subsequente assensu firmata, et hinc inde suscepta et hactenus observata, auctoritate vobis apostolica confirmamus et præsentis scripti pagina communimus. Statuentes ut, sicut in authentico scripto ipsius transactionis habetur, post decessum prædicti G. et Jacobi fratris ejus, nullum jus sive fundationis seu advocationis aut cujuslibet alterius rei quisquam de cognatione eorum in prædicta Ecclesia vel hospitali valeat vendicare; sed in potestate et regimine Compostellan. Ecclesiæ, sine injuria Vercellen. episcopi, remaneant absolute. Præterea, refutationem, quam super jure fundationis et advocationis vel alterius cujuslibet rei, quod sibi quocunque modo competere videbatur, in præfata Ecclesia sive hospitali præfatus Vu. pro se et hæredibus suis per instrumentum publicum spontanee fecit, ratam decernimus permanere. Nulli ergo, etc. confirmationis et constitutionis, etc.

Datum, *ut supra.*

CXLIV.

PETRO COMPOSTELLAN. ARCHIEPISCOPO.
Ut abbas et monasterium de Antealtaria Compostellano [archi] episcopo subjectum sit.
(Laterani, VII Id. Julii.)

Cum olim esses in felicis recordationis Alexandri papæ prædecessoris nostri præsentia constitutus cum abbate de Antealtaria, varias querelas contra eum prius in præsentia quorumdam cardinalium, quibus causa commissa fuerat audienda, et postmodum in ipsius auditorio proponebas, asserens quod prædictum monasterium quoad jus patronatus tibi et Compostellan. Ecclesiæ subtrahere voluisset, alium ejusdem monasterii nominando patronum. Sed et ipse abbas aliqua contra te ac fratres tuos se dicebat habere. Tandem, cum ad compositionem per eumdem prædecessorem nostrum moniti fuissetis, elegit ipse abbas potius quæ ad pacem erant quam disceptatione contendere, et coram eo publice recognovit præscriptum monasterium Compostellan. diœcesano simul et territorii jure subjectum; utpote quod non solum in cœmeterio, verum etiam in parietibus præscriptæ ecclesiæ noscitur esse constructum, ut per ecclesiam ad monasterium transitus sine aliquo interstitio habeatur, et tu et fratres tui in processionibus ad cœmeterium pertinentibus per claustrum monasterii transeatis. Interrogatus autem abbas respondit in solo ecclesiæ Compostellanen. fundatum eamque solam jus in eo patronatus habere. Ne igitur quod eidem Alexandro de confessione abbatis in judicio facta innotuit, ulterius in recidivæ contentionis scrupulum reducatur, idem monasterium, sicut abbas recognovit, ad exemplar ejusdem prædecessoris nostri decernimus Ecclesiæ tuæ diœcesano et territorii ac patronatus jure perpetuo subjacere, ipsumque tibi et Ecclesiæ tuæ auctoritate apostolica confirmamus. Nulli ergo, etc. constitutionis et confirmationis, etc.

Datum Laterani, VII Idus Julii.

CXLV.

PETRO COMPOSTELLAN. ARCHIEPISCOPO.
Ut rusticos Legionenses vota persolvere cogat.
(Laterani, III Id. Julii.)

Cum sit regula juris, qua dicitur ut actor forum rei sequatur, preces ex parte tua nobis super hoc obtinendo porrectas libenter admittimus quod tam canonicæ quam legali consonat æquitati; maxime cum id quod petis, in favorem beati Jacobi et Compostellanæ Ecclesiæ debeat adimpleri. Innotuit (70) siquidem nobis quod quidam laici rustici de regno illustris regis Legionensis, super *votis* beato Jacobo persolvendis nolunt in præsentia ipsius regis, qui ordinarius judex eorum existit, quando conveniuntur, aliquatenus respondere. Unde petitioni tuæ gratum præstando assensum, ad exemplar felicis recordationis Cœlestini papæ prædecessoris nostri, fraternitati tuæ præsenti pagina indulgemus ut tibi liceat rusticos ipsos tanquam votorum debitores, sub examine prædicti regis, quandoquidem tibi alias eorumdem votorum solutio debita denegatur, super eisdem votis, remoto cujuslibet appellationis vel contradictionis obstaculo convenire. Decernimus ergo, etc.

Datum Laterani, iii Idus Julii.

CXLVI.

TOLETAN. ET BRACAREN. ARCHIEPISCOPIS, ET SUFFRAGANEIS EORUM ORIEN. ET LEGIONEN. EPISCOPIS

De eodem argumento.

(Laterani, ii Id. Julii.)

Querelam venerabilis fratris nostri P. archiepiscopi Compostellan. accepimus quod ejus Ecclesiæ ad mandatum etiam apostolicum sæpius iteratum vota beati Jacobi a parochianis vestris non facitis, sicut debentur, exsolvi. Quoniam igitur ad servanda jura præscriptæ Ecclesiæ non decet vos existere negligentes, fraternitati vestræ per apostolica scripta mandamus atque præcipimus quatenus memorato archiepiscopo et Ecclesiæ suæ præscripta vota a parochianis vestris, ut debentur, solvi de cætero faciatis. Alioquin, venerabilibus fratribus nostris Zamorensi et Salamantinensi episcopis datum noveritis in mandatis ut parochianos vestros ad vota illa solvenda, sublato appellationis obstaculo, ecclesiastica districtione compellant. Vos itaque sententiam, quam iidem episcopi vel eorum alter in eos propter hoc rationabiliter tulerunt, usque ad dignam satisfactionem denuntiari faciatis et inviolabiliter observeti.

Datum Laterani, ii Idus Julii.

Scriptum est super hoc Zamorensi et Salamantinensi episcopis.

CXLVII.

MAGISTRIS ET FRATRIBUS SPATARIIS ET RELIGIOSIS PER HISPANIAS CONSTITUTIS.

Ut censum Ecclesiæ Compostellanæ debitum solvant

(Laterani, vi Id. Julii.)

Ad audientiam apostolatus nostri transmissa conquestione Ecclesiæ Compostellan. pervenit quod cum per totam fere Hispaniam auctoritate principum et prælatorum, favore etiam cleri et populi ecclesiæ beati Jacobi, ob reverentiam ipsius apostoli, census quidam (71) certus, qui *vota* dicitur, de singulis partibus boum antiquitus fuerit constitutus, plerique vestrum de terris vestris et hominum vestrorum eumdem censum præscriptæ Ecclesiæ pro sua

(70) Vide infra epist. 146, 147.

tantum voluntate solvere contradicunt. Verum, quia valde periculosum est quibuslibet aliena tenere, nedum viris religiosis, qui perfectionis amore propria dimiserunt, per apostolica vobis scripta mandamus quatenus censum ipsum, secundum quod antiquitus statutus est, eidem Ecclesiæ cum integritate solvatis. Cæterum si, quod non credimus, mandatum apostolicum in hac parte duxeritis contemnendum, noveritis nos venerabilibus fratribus nostris Salamantinensi et Zamorensi episcopis mandavisse ut ad id per interdicti et excommunicationis sententiam, sublata appellationis difficultate, sicut visum fuerit, vos compellant.

Datum Laterani, vi Idus Julii

Scriptum est super hoc eisdem episcopis.

CXLVIII.

CAPITULO BALNEARIÆ.

Ne ex monachis quidquam restituatur, et de pœna simoniacorum.

(Laterani, xiv Kal. Augusti.)

Olim ad instantiam W. presbyteri conquerentis quod Ecclesiam quam ei de consensu vestro prior vester sub annua pensione concesserat, et quam ipse animalibus multis ditaverat, abstulisset, et extendisset manum ad personam pariter et res ejus, astringens eum ferreis vinculis ad sedem apostolicam appellantem, causam ipsam venerabili fratri nostro Messan. archiepiscopo meminimus commisisse. Cum autem ad citationem ipsius, sicut ex litteris ejus accepimus, partes in ipsius essent præsentia constitutæ, dictus presbyter ea quæ priori in Ecclesiæ receptione contulerat, presbyter vero quæ ipsi presbytero pro concordia dederat sibi restitui postulabat. Cumque postmodum idem presbyter et sua sibi restitui et de violentia irrogata justitiam fieri postularet, prior ipsum conversum ac professum suum esse asseruit et ad id probandum quosdam testes induxit, quorum depositiones, priore postmodum appellante, idem archiepiscopus sub suis nobis litteris destinavit. Transcriptum etiam quoddam concessionis, quam idem prior dicto presbytero super Ecclesia de Castronovo cum omnibus ejus pertinentiis concedebat, tali tenore quod eam in domibus, hortis et vineis augmentaret, et sexaginta porcos, pullum unum equinum, mulam unam et quadringentos tarenos offerret. Cæterum, cum dictus frater W. propter hoc ad nostram præsentiam accessisset, prior vero non procuratorem idoneum sed nuntium minus sufficientem solummodo destinasset, nos venerabili fratri nostro Montis Regalis archiepiscopo et P. tunc regiæ capellæ canonico subdiacono nostro dedimus in mandatis ut dictum priorem in expensas legitimas condemnantes, inter partes, si fieri posset, concordiam reformarent, alioquin, auditis quæ proponerentur hinc inde, et rationibus partium plenius intellectis, ita ut nihil restaret nisi sententia videretur, gesta omnia redacta in scriptis sub sigillis suis ad nostram præsentiam destinarent, sta-

(71) Vide supra epist. 145, 146, et infra epist. 170.

tuentes partibus terminum competentem quo præsentarent se nostro conspectui sententiam recepturæ. Licet autem, sicut idem archiepiscopus nobis per suas litteras intimavit, conjudex ipsius antequam partes vocarentur ad causam, viam fuerit universæ carnis ingressus, ipse nihilominus de consensu partium in causa processit, et priore in expensas, quas idem presbyter in via fecerat, condemnato, conquestionem ejusdem presbyteri super spoliatione, captione ac detentione sua, et prioris excusationem audivit, ac testes super conversione et susceptione habitus ipsius presbyteri ex parte prioris inductos mandavit recipi et audiri, licet idem presbyter, contra id quod prius promiserat, receptioni eorum noluerit interesse. Fuerunt etiam pro eodem presbytero quidam ad testimonium advocati, qui non jurati deposuerunt presbyterum ipsum fuisse carceri mancipatum. Verum, cum postmodum idem presbyter et frater Jo. canonicus Balneariæ procurator ad hanc causam specialiter constitutus, ad nostram præsentiam cum ejusdem archiepiscopi litteris accessissent, nos eis dilectum filium nostrum G. Sanctæ Mariæ diaconum cardinalem concessimus auditorem: qui, cum omnia, quæ coram eo recitata fuerant, ad nostram præsentiam retulisset, nos intelligentes sufficienter fuisse probatum per testes ipsum in domo Balneariæ fecisse professionem, suscepisse habitum et portasse, ipsum esse professum ejusdem Ecclesiæ per sententiam diffinivimus, et ab impetitione ipsius super his quæ sibi restitui postulabat sententialiter absolvimus Ecclesiam memoratam; adjicientes, ut, quia pro Ecclesia de Castronovo, sicut ex assertione ipsius et concessione prioris patuit, reatum contraxerat Simoniæ, ad eam de cætero nullatenus revertatur. Quia vero prior vester non minus imo magis in hoc deliquisse videtur, volumus et mandamus ut usque ad festum Omnium Sanctorum nostro se conspectui repræsentet, rationem nobis super contractu Simoniaco redditurus. Nulli ergo, etc., diffinitionis et absolutionis, etc.

Datum Laterani, XIV Kal. Augusti.

CXLIX.

BRACAREN. ARCHIEPISCOPO.
Ut concordiam inter Ecclesiam Compostellanam et Bracaren. initam servet.

(Laterani, XIII Kal. Augusti.)

(72) Controversiam quatuor episcopatuum, Colimbriensis videlicet, Visensis, Egitaniensis et Lamecensis inter Compostellanam et Bracarensem Ecclesias diutius agitatam, non sine multo labore nuper curavimus exacta diligentia terminare; sicut ex authentico sententiæ liquido declaratur. In qua re causa quoque quinque episcopatuum Gallæciæ, scilicet Tudensis, Auriensis, Minduniensis, Lucensis et Astoricensis, qui a bonæ memoriæ Alexandro papa prædecessore nostro venerabili fratri nostro P.

(72) Vide supra epist. 133.

Compostellan. archiepiscopo pro illis fuerant assignati, terminata dignoscitur; cum principali quæstione sopita, et accessoria per consequentiam sit sublata. Ut autem super hoc nulla in posterum dubietas oriatur, fraternitati tuæ auctoritate præsentium duximus concedendum ut super præfatis episcopatibus Gallæciæ indubitanter pertinentibus ad metropolim Bracarensem propter ea quæ hactenus gesta sunt non valeas de cætero conveniri. Præsentibus quoque litteris duximus annotandum quod præfatus Compostellanus archiepiscopus archiepiscopatus sui nomine præmissis episcopatibus, Colimbriensi scilicet, Vicensi, Tudensi, Auriensi, Minduniensi, Lucensi et Astoricensi, ecclesiis etiam Sancti Victoris et Sancti Fructuosi, cum omnibus pertinentiis suis et medietati Bracaren. renuntiavit in perpetuum in præsentia nostra et fratrum nostrorum, super quibus fuerat a partibus litigatum.

Datum Laterani, XIII Kal. Augusti.

CL.

VIMANENSI, DE COSTA, ET DE SANCTO TORNACO PRIORIBUS.
Ut archiepiscopo Bracarensi obediant.

(Laterani, XII Kal. Augusti.)

(73) Cum non liceat a capite membra recedere, non sufficimus admirari quod, sicut referente venerabili fratre nostro Bracarensi archiepiscopo nostris est auribus intimatum, licet Ecclesiæ vestræ in ipsius sint diœcesi constitutæ, vos tamen nullum exemptionis privilegium prætendentes, obedire sibi tanquam episcopo vestro contumaciter recusatis. Cum igitur crimen hariolandi sit repugnare, et scelus idololatriæ nolle acquiescere, sustinere nolentes quod subditi prælatis suis non obediant, ut tenentur, de communi fratrum nostrorum consilio per apostolica vobis scripta mandamus et in virtute obedientiæ districte præcipimus quatenus præfato archiepiscopo et Ecclesiæ Bracarensi obedientiam et reverentiam debitam, sicut alii clerici suæ diœcesis faciunt, de cætero sine contradictione qualibet impendatis, præscriptione temporis non obstante. Alioquin, sententiam quam idem in vos vel Ecclesias vestras propter hoc rationabiliter tulerit, ratam habebimus et faciemus, auctore Domino, inviolabiliter observari.

Datum Laterani, XII Kalendas Augusti.

CLI.

PORTUGALLEN. ET LAMECEN. EPISCOPIS, ET ABBATI DE BURIO.
Ut archiepiscopo Bracarensi priorem S. Martini de Castro obedire cogant.

(Datum, ut supra.)

Intimante venerabili fratre nostro Bracarensi archiepiscopo, nostris est auribus intimatum quod dilectus filius prior Sancti Martini de Castro, occasione cujusdam privilegii quod, pendente lite, de novo, eodem archiepiscopo ignorante, a bonæ memoriæ Cœlestino papa prædecessore nostro dicitur impetra-

(73) Cap. *Cum non liceat*, De præscriptionibus.

tum, obedientiam consuetam et reverentiam debitam denegat exhibere. Cum igitur de jure naturali procedat, et hoc ipsum in Evangelio Dominus manifestet quod, quæcunque volumus ut faciant nobis homines, et nos eadem eis facere debeamus, sicut nobis ab aliis debitum honorem impendi, sic fratribus et coepiscopis nostris a subditis deferri volentes, eidem priori de communi fratrum nostrorum consilio per scripta nostra præcipiendo mandamus ut non obstante hujusmodi privilegio, neque commissione ad te, frater episcope, et prius episcopum Lamerensem et dilectum filium priorem ecclesiolæ postea impetrata, præfato archiepiscopo et Ecclesiæ Bracarensi de cætero sine contradictione qualibet, sicut alii prælati suæ diœcesis faciunt, humiliter obedire procuret. Quocirca discretioni vestræ per apostolica scripta præcipiendo mandamus quatenus, si prædictus prior mandato nostro parere noluerit, vos eum ad id veritate cognita per censuram ecclesiasticam sine appellationis obstaculo compellatis. Quod si omnes, etc.

Datum, ut supra.

CLII.
OXOMENSI, PORTUGALENSI, ET PLACENTINENSI EPISCOPIS.

Ut causam Compostellani et Bracaren. archiepiscopi super Ecclesia Zamorensi cognoscant.

(Datum, ut supra.)

Cum olim inter Toletanam et Bracarensem Ecclesias super Zamorensi episcopatu, quem tunc Toletanus archiepiscopus, ut dicitur, possidebat, quæstio verteretur, felicis recordationis Eugenius papa prædecessor noster, nec Compostellanensi archiepiscopo nec episcopo Zamorensi citato, nec denuntiatione aliqua, sicut venerabilis frater noster Compostellanensis archiepiscopus asseverat, super hoc facta eisdem, sententiam pro Bracarensi Ecclesia promulgavit, scribens episcopo, clero et populo Zamorensi ut ei et Ecclesiæ Bracarensi tanquam suæ metropoli humiliter obedirent ac postmodum possessionem ipsius Bracarensis archiepiscopus, sicut nobis ex parte sua fuit propositum, est adeptus. Postmodum vero idem Compostellanus archiepiscopus primo a bonæ memoriæ Alexandro papa ac demum a Lucio prædecessoribus nostris ad delegatos judices contra Zamorensem episcopum, qui tunc se juxta ejusdem archiepiscopi assertionem habebat pro libito, litteras impetravit; qui pro eo diffinitivam sententiam protulerunt: cujus inquisitionem felicis recordationis Urbanus papa prædecessor noster commisit ad petitionem venerabilis fratris nostri Bracarensis archiepiscopi faciendam. Nuper autem cum idem Compostellanus et idem Bracarensis archiepiscopi propter hanc et alias causas, quas habebant ad invicem, ad nostram præsentiam accessissent et super his fuisset ab eis aliquandiu disceptatum, de consilio fratrum nostrorum sententiando decrevimus ut illa sententia in nullo prorsus obsisteret archiepiscopo vel Ecclesiæ Bracarensi. Ideoque fraternitati vestræ per apostolica scripta præcipiendo mandamus quatenus, sive adversus eumdem Compostellanum, sive adversus venerabilem fratrem nostrum Zamorensem episcopum, vel etiam adversus utrumque super hoc agere voluerit archiepiscopus Bracarensis, denuntiatione tamen facta prius a vobis Compostellano, ut, si voluerit, Zamorensem episcopum tueatur, si Bracarensis Zamorensem maluerit convenire, vos ad locum congruum accedentes, ad quem partes suos possint testes inducere, et de fama diligentius inquirentes, partibus convocatis, et ipsius causæ meritis per earum assertionem plenius intellectis, ad sententiam, appellatione postposita, procedatis, facientes, etc. Testes cogantur. Quod si omnes, etc., tu, frater Oxomen., etc., ita quod si alterum vestrum, fratres Portugalen. et Placentin. decedere forte contigerit, liceat metropolitano suo in locum decedentis quem voluerit ex suis suffraganeis subrogare.

Datum, ut supra.

CLIII.
CLERICIS SANCTI GRISOGONI, TAM PRÆSENTIBUS QUAM FUTURIS, CANONICE SUBSTITUENDIS IN PERPETUUM.

De confirmatione privilegiorum.

(Laterani, x Kal. Augusti.)

Ea quæ a prædecessoribus nostris Romanis pontificibus ratione prævia statuuntur, tanto volumus firmius observari, quanto de maturiori videntur consilio processisse; et ne inposterum alicujus valeant temeritate turbari, apostolico sunt munimine fulcienda. Sane cum bonæ memoriæ Joannes Crema Ecclesiæ vestræ presbyter cardinalis in præsentia felicis recordationis Calixti papæ prædecessoris nostri adversus clericos Sancti Salvatoris de Curte suam deposuisset querelam, pro eo videlicet quod tam ei quam Ecclesiæ vestræ debitam obedientiam subtraxissent, et jura parochialia denegarent, idem prædecessor noster, utraque parte ad suam præsentiam evocata et rationibus utriusque diligenter auditis et cognitis, inspectis etiam privilegiis bonæ memoriæ tam Joannis XV papæ, quod supradictam Ecclesiam Sancti Salvatoris de Curte in fundo Ecclesiæ vestræ sub censu annuo constitutam monstrabat, quam Urbani II in quo evidenter diffinitum agnovit ut clerici prædictæ Ecclesiæ Sancti Salvatoris essent in canonica subjectione, et facerent vobis et Ecclesiæ vestræ obedientiam, et deberent scrutinium, baptisma, capitulum, processiones et clericorum ordinationes vobis et Ecclesiæ vestræ sicut proprio titulo exhibere, quæ idem cardinalis ad tuitionem suæ causæ in medium producebat, fratrum suorum habito consilio per sententiam diffinivit præfatam Ecclesiam Sancti Salvatoris debere in prædictis omnibus vestræ Ecclesiæ respondere; quam videlicet sententiam bonæ memoriæ Innocentius et Lucius papa secundus postmodum confirmarunt, sicut eorum vidimus privilegiis contineri. Cumque postmodum prædicti clerici eamdem nollent sententiam observare, bonæ memoriæ Guido Ecclesiæ vestræ Sancti Grisogoni presbyter cardinalis, in præsentia felicis memoriæ Adriani papæ, anno ejus primo, suam deposuit quæstionem. Qui, auditis et cognitis quæ proponebantur hinc inde et inspectis privilegiis bonæ recordationis tam Urbani quam Calixti Romanorum pontificum, et qualiter hanc eamdem controversiam, cum in suis temporibus inter ipsas Ecclesias emersisset, diffinierit, controversiæ ipsi debitum finem imposuit et eorum sententias privilegii pagina confirmavit et clericos illius Ecclesiæ vobis vestrisque successoribus et Ecclesiæ vestræ beati Grisogoni parochialia jura sicut proprio titulo exhibere decrevit. Postmodum autem quinto anno pontificatus ejusdem Bonadies presbyter cardinalis Ecclesiæ vestræ, cui prædicti clerici Sancti Salvatoris, tanquam contumaces et rebelles, subjectionem et obedientiam facere noluerunt, accessit ad eumdem pontificem prædecessorem nostrum Adrianum, et coram eo de illis suam deposuit quæstionem. Qui cum eamdem causam cognoscendam bonæ memoriæ Bernardo Portuensi episcopo commisisset, idem episcopus, prædecessoris nostri Calixti sententia diligenter inspecta, de mandato ejusdem pronuntiavit eamdem sententiam a dictis clericis Sancti Salvatoris debere inviolabiliter observari, sententiam ipsam proferens sicut in authentico scripto per manum scriniarii exinde facto continetur expresse, qua ad exhibitionem juris parochialis Joannem œconomum prædictæ Ecclesiæ et omnes ejusdem Ecclesiæ clericos condemnavit, videlicet in scrutinio, baptismate, capitulo, processione et clericorum ordinatione; et præfatum titulum Ecclesiæ vestræ Sancti Grisogoni ad omne jus parochiale restituit, sicut in privilegiis vestræ Ecclesiæ continetur. Cæterum cum, tempore felicis recordationis Alexandri papæ III, sæpedicti clerici contumaces existerent et rebelles nec latæ sententiæ vellent aliqua ratione parere, ad instantiam clericorum tunc Ecclesiæ vestræ eos ad suam præsentiam evocavit; qui coram eo proponere curaverunt quod sententia illa non deberet aliqua ratione tenere, pro eo quod interposita fuerat, appellatione suspensa, et etiam lata contra libertatem Ecclesiæ suæ per privilegium apostolicæ sedis indultam: in quo videlicet privilegio continebatur expressum, quod Ecclesia Sancti Salvatoris de Curte nulli alii nisi Romanæ Ecclesiæ subjaceret. Quod quidem privilegium, sicut in publico instrumento per manum scriniarii exinde facto habetur, ab œconomo Ecclesiæ vestræ in controversia illa quæ actitata est coram prædicto Bernardo episcopo Portuensi et alia similiter privilegia quæ pro libertate suæ Ecclesiæ prætendebant, sunt falsitate penitus confutata; tum quia recens junctura et incollatura evidentius apparebat et multa in se mendacia continebant; tum quia nullis aliis temporibus visa sunt vel exhibita. Auditis itaque et cognitis utriusque partis rationibus et privilegiis prædecessorum nostrorum Romanorum pontificum diligenter inspectis, habito fratrum suorum consilio, prædicti episcopi sententiam confirmavit, et perpetuis temporibus firmam manere sancivit; quam etiam felicis recordationis Lucius papa III prædecessor noster ratam habuit cum duo ex clericis Sancti Salvatoris, quos ad suam propter hoc præsentiam evocarat, coram eo confessi fuissent sententiam fuisse prolatam, eamdem se servasse ac servare firmiter velle asserentes. Nos igitur eorumdem prædecessorum nostrorum Joannis, Urbani, Calixti, Honorii, Innocentii, Lucii, Adriani et Alexandri vestigiis inhærentes, eamdem sententiam auctoritate apostolica confirmamus et præsentis scripti pagina communimus. Vobis etiam vestrisque successoribus et per vos eidem Ecclesiæ vestræ S. Grisogoni in perpetuum confirmamus ecclesias et capellas quæ infra ejusdem beati Grisogoni parochiam continentur, videlicet sæpedictam ecclesiam S. Salvatoris de Curte, quæ etiam Felix Aquila nuncupatur, ecclesiam Sanctæ Bonosæ, ecclesiam Sanctæ Agathæ, cum pertinentiis earum; ecclesiam Sancti Stephani, quæ utroque jure, parochiali videlicet et proprietatis, ad vestram dignoscitur Ecclesiam pertinere: ut quidquid dignitatis, quidquid reverentiæ, quidquid parochialis juris matrix Ecclesia in suis habet ecclesiis et capellis, hoc vos in istis per Dei gratiam habeatis, tam in ordinationibus clericorum per easdem ecclesias collocandorum, sive ad ecclesiasticos ordines promovendorum, quam in scrutiniis, baptismatibus, processionibus, capitulis, et in criminalium quæ publica sunt judiciis. Nullus ergo episcopus, nullus cardinalis, nullus abbas, nullus archipresbyter in prædicto beati Grisogoni titulo, in capellis et territoriis earum, parochialia sibi jura audeat vindicare; nec abbatum alicui facultas sit parochianos vestros, nisi forte ab eis deliberatum sit, in suis ecclesiis sepelire. Quod si viventes adhuc religionis intuitu apud eos sepeliri deliberaverint; cum vestra quoque præsentia salva matricis Ecclesiæ justitia, tumulentur. Ad hæc adjicientes, vobis vestrisque successoribus et per vos Ecclesiæ vestræ perpetuo confirmamus ecclesiam Sancti Juliani, cum domibus, cellis, cryptis, hortis, vineis et arenariis suis, cum terris cultis vel incultis, silvis, pantanis et pratis suis, cum suis aquiniolis in rivo qui vocatur Arton: quæ quidem ecclesia sita est juxta castrum quod vocatur de Guid; casale de Maliana, cum turri, vineis, agris cultis et incultis, pratis, silvis, aquis et aquarum decursibus; vineas quas in Marcello, in Rosario et in pratis papæ possidetis, cum pratis et aliis pertinentiis suis; vineas etiam et terras in Virgine; molam quam in flumine Tiberis habetis et quartam partem alterius molæ; casale in campo de Merulis, terras in Marcello, terras in Ventrebublo, cum aliis omnibus quæ in præsentiarum juste et canonice possidetis, vel in futurum, largiente Domino, poteritis adipisci. Decernimus ergo ut nulli omnino hominum liceat honores et bona sæpefatæ Ecclesiæ vendere, in feudum dare, aut ab eadem Ecclesia modis quibuslibet alienare, ipsam Ecclesiam temere perturbare, etc. Salva sedis apostolicæ auctoritate. Si qua igitur, etc.

Datum Laterani, per manum Rainaldi Acheruntini archiepiscopi, cancellarii vicem agentis, x Kal. Augusti, indictione II, Incarnationis Dominicæ anno 1199, pontificatus vero domini Innocentii papæ III anno secundo.

CLIV.
AIMERICO ABBATI CADUNIENSI.
Ut reformatio istic edita et a leg. apost. probata, servetur.

(Laterani, x Kal. Augusti.)

Inter cæteras sollicitudines quæ nobis ex officio creditæ servitutis incumbunt, animum nostrum sollicitior cura perurget, cum eos qui terrenas illecebras sumendo habitum regularem deberent penitus abdicasse et obsequiis efficacius divinis insistere, audimus esse inquinamentis malitiæ ac dissolutionis vitiis irretitos, et ad eorum correctionem studium efficax et promptam voluntatem nos convenit adhibere. Nimirum cum per insinuationem tuam ad apostolatus nostri audientiam pervenisset, zelo Dei conscientiam tuam, sicut credimus, excitante, quod ab antiquo abbatia Caduniensis non solum pastorem de ordine Cisterciensi suscepit, sed etiam habitum et observantiam regularem, per quam tam in temporalibus quam spiritualibus olim cœlestium donorum profecerat incrementis, et tandem per quosdam indisciplinatos filios voluntatis propriæ sectatores, qui cervices suas indomitas ab illo jugo suavi et salutari minus licenter excutere præsumpserunt, ad tantæ dissolutionis miseriam peccatis exigentibus jam devenit, ut a malitia inhabitantium in ea, sicut etiam ex testimonio plurimorum didicimus, defectum minaretur pariter et ruinam; propter hoc bonæ memoriæ a Pictaven. et venerabili fratri nostro R. Petragoricensi episcopis et dilecto filio Arnaldo archidiacono Petragoricensi præcipiendo mandavimus (74) ut ad locum pariter accedentes, quidquid corrigendum invenirent tam in capite quam in membris, auctoritate freti apostolica, solum Deum habentes præ oculis, prævia ratione corrigerent, et fratres ipsos diligentius commonentes ut redirent ad ordinem Cisterciensem, a quo formam religionis sumpserunt, procederent ad emendationem ipsius loci tam in capite quam in membris, prout expedire viderint, et quod statuerent, per censuram ecclesiasticam facerent firmiter observari, conspirationes (75) etiam et vitium proprietatis penitus exstirpari, et fratres quos morientes in eo contingeret vitio deprehendi, Christiana sepultura carere. Adjectum fuit etiam quod si prædicti tres judices interesse non possent, reliqui duo præmissa exsequi non differrent. Unde prædicti episcopus et archidiaconus Petragoricenses, sicut tenor litterarum suarum nobis plenius intimavit, cum dictus episcopus Pictavensis jam esset morte præventus, ad tuum monasterium accedentes, et intelligentes per famam publicam fratres ejusdem monasterii tam in propriis habendis quam in dissolutione vitæ suæ graviter diffamatos, et eosdem propter nimiam dissolutionem, in qua erant nimium obstinati, et admonitionem penitus contemnebant, ad debitum religionis statum nullatenus aliter nisi per ordinem Cisterciensem posse reduci, astantibus plurimis discretis viris tam clericis quam baronibus, ad quos locus ille ratione fundationis dignoscitur pertinere, ipsum monasterium Caduniense decreverunt ad Cisterciensem ordinem reducendum, et ipsum, cum omnibus abbatiis suis, abbatiæ Pontiniacensi præsente ipso G. Pontiniacen. abbate, in perpetuum submiserunt; et quod ab eis statutum est et decretum, dilectus filius noster P. Sanctæ Mariæ in via Lata diaconus cardinalis, apostolicæ sedis legatus, sicut nobis per suas litteras innotuit, auctoritate suæ legationis postmodum confirmavit. Nos igitur tuis justis postulationibus grato et pio concurrentes assensu, quod ab ipsis judicibus et prædicto cardinali provida deliberatione factum est ratum et firmum habentes, auctoritate apostolica confirmamus et præsentis scripti pagina communimus, statuentes in prædicto monasterio tuo et aliis ei subjectis Cisterciensem ordinem futuris temporibus inviolabiliter observandum, et eadem Pontiniacensi abbatiæ, sicut est superius prælibatum, perpetuo deinceps fore subjecta. Decernimus ergo, etc. confirmationis et constitutionis, etc.

Datum Laterani, x Kal. Augusti.

CLV.
BURDEGALENSI ARCHIEPISCOPO, AGENNENSI ET PICTAVIENSI EPISCOPIS.
De eodem argumento.

(Laterani, VI Kal. Augusti.)

Inter cæteras sollicitudines, etc., *usque ad verbum* fore subjecta. Quocirca fraternitati vestræ per apost. scripta mandamus atque præcipimus quatenus in monasterio Caduniensi et aliis abbatiis quæ sunt illi subjectæ, sub obedientia Pontiniacensis abbatis per censuram ecclesiasticam, sublato cujuslibet contradictionis et appellationis obstaculo, Cisterciensem ordinem servari sine refragatione aliqua faciatis. Et quoniam abbas Faesiensis per abbatem Gundoniensem et quosdam Cadunienses monachos se in locum antedicti Aimerici Caduniensis abbatis intrusit et eo cassato, et excommunicatione promulgata tam in ipsum quam in abbatem Gundoniensem et complices eorum, Geraldus de la Costa cantor Caduniensem ipsam abbatiam per intrusionem similiter occupavit, qui licet cassatus fuerit auctoritate apostolicæ sedis et cum fautoribus suis excommunicationis vinculo innodatus, sæpedicto Aimerico Caduniensi abbate in corporalem possessionem abbatiæ suæ reducto, eamdem abbatiam per laicalem potentiam adhuc violenter nititur detinere; volumus nihilominus et mandamus ut juxta sententiam in eos rationabiliter latam faciatis ipsos et universos fautores eorum sicut excommunicatos usque ad condignam satisfactionem ab omnibus arctius

---
(74) Vide lib. I. epist. 146.
(75) Vide notas nostras ad concilium Monspeliense habitum an. 1214, cap. 16.

evitari. Nullis litteris obstantibus harum tenore tacito. Quod si omnes, etc.

Datum Laterani, vi Kalendas Augusti.

CLVI.

ASISINATI EPISCOPO, ET ABBATI S. PETRI PERUSINI.
Ut archipresbytero purgationem canonicam super Simonia indicant.

(Datum, *ut supra.*)

Cum civitatem Perusinam inter alias quæ beati Petri juris existunt speciali diligamus affectu et utilitati cleri et populi velimus sollicitius imminere, quæ inter eos scandalum generant de medio tollere cupimus, et ea fovere per quæ pax inter eos valeat conservari. Sane, sicut ex litteris venerabilis fratris nostri episcopi et dilectorum filiorum cleri et populi Perusinorum nobis innotuit, ex discordia illa quæ inter I. archipresbyterum et Hermannum canonicum est exorta, super eo quod dictus Hermannus intendebat de Simonia et dilapidatione præfatum archipresbyterum accusare, concepto jam et recepto libello tota fere civitas est commota; et si ea de medio tolleretur, grata inde posset ipsi civitati tranquillitas provenire. Nos ergo prædictorum episcopi et cleri et populi precibus inclinati, jamdicto Hermanno, qui, sicut suis nobis litteris intimavit, sponte vult a præfati archipresbyteri accusatione desistere, abolitionem duximus indulgendam, eum ab observatione nostri judicii absolventes. Ipsum archipresbyterum, qui etiam suis litteris purgationem canonicam obtulit, licet ei de rigore canonum septima sui ordinis manus esset purgatio indicenda, tertia manu duntaxat innocentiam suam purgari misericorditer indulgemus super crimine Simoniæ; ita duntaxat, ut inter eos nullum omnino colludium intercedat; quod utique si foret admissum, gravissime puniremus. Volentes autem etiam in hac parte prædictis archipresbytero et canonico misericordiam exhibere, ne ad nos accedendo fatigentur laboribus et expensis, discretioni vestræ per apostolica scripta mandamus quatenus gratiam eis impensam in publicum proponentes, purgationem ab ipso archipresbytero, juxta quod præmissum est, publice recipere procuretis; ut ex hoc mala fama quiescat, quæ aures resperserat populares. Quia vero dilapidationis vitium, propter enorme damnum Ecclesiæ, remanere nolumus indiscussum, per apostolica vobis scripta mandamus quatenus appellatione remota, iniquitatis super eo diligentissime veritatem; et quod inveneritis, vestris nobis litteris intimetis: ut per inquisitionem vestram sufficienter instructi, melius procedere valeamus.

Datum, *ut supra.*

CLVII.

ANDREÆ ACHERUNTINO ARCHIDIACONO.
Ipsi archidiaconatum cum omni jure tribuit.

(Datum Laterani).

Sacrosancta Romana Ecclesia, etc., *usque ad verbum* suscipimus. Specialiter autem archidiaconatum Acheruntinæ Ecclesiæ, cum omni jure, libertate ac dignitate, qua ipsum prædecessores tui hactenus habuisse noscuntur, sicut illum juste possides et quiete, devotioni tuæ auctoritate apostolica confirmamus, et præsentis scripti pagina communimus. Decernimus ergo, etc., protectionis et confirmationis, etc.

Datum Laterani.

CLVIII.

VERONENSI PRESBYTERO CAPELLANO SANCTI MICHAELIS DE TROVALD.
Ecclesiam S. Michaelis recipit sub protectione apostolica.

(Laterani, II Kal. Augusti.)

Ex parte tua et nobilium virorum Opithingorum et Cadulingorum patronorum ecclesiæ Sancti Michaelis de Travald fuit a nobis precum instantia postulatum ut ecclesiam ipsam, quam Ecclesiæ Romanæ censualem feceris volebatis, sub protectione apostolicæ sedis et nostra recipere deberemus. Nos igitur tuis et præmissorum nobilium precibus inclinati, eamdem ecclesiam sub beati Petri et nostra protectione suscipimus, et præsentis scripti pagina communimus. Ad indicium autem hujus ab apostolica sede protectionis obtentæ, bizantius unus nobis nostrisque successoribus annis singulis persolvetur. Decernimus ergo, etc., protectionis, etc.

Datum Laterani, II Kal. Augusti.

CLIX.

SUFFRAGANEIS ACHERUNTINÆ ECCLESIÆ.
Quod ipsorum archiepiscopus brevi ad ipsos sit venturus, etsi pontifex illibenter eum dimittit.

(Datum, *ut supra.*)

Quantum honoris et gratiæ vobis in consecratione venerabilis fratris nostri R. Acheruntini archiepiscopi et in concessione pallii facta eidem, duxerimus exhibendum, vestra, sicut credimus, fraternitas satis intelligit per seipsam. Non enim in hoc vel utilitatem nostram, vel ipsius archiepiscopi commodum, sed necessitatem Ecclesiæ vestræ duximus potius attendendam, cum non modicum obsequiis nostris ex ejus absentia, si ad vos accesserit, subtrahatur, et ipse, licet promotus videatur in ordine, in eo tamen intelligitur minoratus, quod a latere matris, circa quam longo tempore laudabiliter deservivit, ad filiæ transfertur amplexus; in qua etsi sollicitudinem exercere debeat pastoralem, non tamen minus ei oneris ex hoc proveniet quam honoris. Intelligentes autem necessitatem Ecclesiæ Acheruntinæ, quæ communi cum vicinis Ecclesiis gravatur excidio et bonæ memoriæ... quondam archiepiscopi Acheruntini exsilium sola deplorat, redacta in solitudinem et in diminutionem conversa, quæ prius commissos sibi populos tam verbo quam exemplo muniebat pariter et monebat, inter ejusdem regionis Ecclesias inclyta quodammodo et præcellens, cum non invenisset consolatorem ex omnibus charis suis, dictum archiepiscopum, probatum vita, litteratura pollentem, honestate præclarum, potentem in opere et sermone, regimini ejus duximus deputandum, subtrahentes non modicum commoditatibus nostri ut ipsius Ecclesiæ possemus necessitatibus subvenire, ac sperantes quod per salubrem doctrinam ipsius sic in spiritualibus proficiat institutis, quod in temporalibus etiam per accuratam ejus sollicitudinem convalescat. Gratis igitur et humiliter factam vobis gratiam attendentes, ne videamini exhibitæ vobis benignitatis ingrati, fraternitati vestræ per apostolica scripta mandamus atque præcipimus quatenus ad eum, sicut patrem et pastorem vestrum, pium geratis devotionis respectum; et licet propter inclementiam aeris et tempus impacatum obsequiis nostris detentus, nondum ad gerendam ejusdem Ecclesiæ sollicitudinem, ob difficultatem itineris et viarum discrimina fuerit subire permissus, nihilominus tamen procuratorem et officiales ipsius sicut ipsum recipere ac de universis justitiis ejus ipsi curetis plenarie respondere, quoniam auctore Domino, vos in proximo visitabit. Sicut enim gratum habebimus, si ei curaveritis in omnibus humiliter et devote deferre, sic non poterimus æquanimiter sustinere, si inobedientes ei fueritis et rebelles.

Datum, *ut supra.*

CLX.
CAPITULO ANGLONENSI.
Ut suum archiepiscopum reverenter excipiant atque benigne tractent.
(Laterani, iv Non. Augusti.)

Quantum honoris, etc., *ut supra, usque ad verbum* convalescat. Cum igitur ipsum non solum in his in quibus ejus honoravimus decessorem, verum etiam in majoribus disposuerimus honorare, discretioni vestræ per apostolica scripta mandamus et districte præcipimus quatenus præter id quod ei, tanquam metropolitano vestro, reverentiam tenemini debitam exhibere, de universis justitiis episcopalibus plene respondere curetis, donec de provisione Ecclesiæ vestræ aliud statuamus. Procuratorem etiam et officiales ipsius sicut ipsum recipere ac de universis justitiis ejus ipsis curetis plenarie respondere: scituri quod non possemus in patientia sustinere, si mandatis nostris præsumeritis contumaciter refragari. Noveritis etiam nos venerabilibus fratribus nostris Cupersanensi et Gravinensi episcopis dedisse firmiter in mandatis ut personaliter ad vestram Ecclesiam accedentes et litteras nostras vobis assignent at vos ad id, monitione præmissa, per censuram ecclesiasticam, appellatione remota, compellant; ita quod si ambo, etc., alter eorum, etc.

Datum Laterani, iv Nonas Augusti.
Scriptum est illis episcopis super hoc.

CLXI.
ACHERUNTINO ARCHIEPISCOPO.
Ut affidationes hominum pro consuetudine istius loci recipiat.
(Laterani, iv Kal. Augusti.)

Probata in multis apud nos tuæ sinceritas bonitatis inductione nos excitat speciali ut præter commune debitum quo universis tenemur Ecclesiis, Ecclesiæ tuæ commodis et augmentis ratione personæ specialiter intendamus. Eapropter, venerabilis in Christo frater, personam tuam gratam con. auctoritate tibi præsentium indulgemus ut homines qui se tibi vel Ecclesiæ tuæ recommendare voluerint, quod secundum terræ consuetudinem affidatio nuncupatur, cum in pluribus partibus parochiæ tuæ jus istud ecclesia Acheruntina ex antiqua consuetudine privilegiis regum obtineat, tibi recipere liceat et absque contradictione cujuslibet retinere. Decernimus ergo, etc., concessionis, etc.

Datum Laterani, iv Kalen. Augusti.

CLXII.
CAPITULO ET UNIVERSIS CLERICIS DE MATERA
Ne a quoquam ad judicium sæculare trahantur
(Laterani, ii Kal. Augusti.)

Ordinis clericalis immunitas eo est libertatis privilegio insignita, ut cum suos judices habeat, sub quibus possit et debeat conveniri, a sæculari judicio penitus sit exempta: quæ nimirum nullis publicarum functionum oneribus obligata, jugum sæcularis effugit servitutis. Unde ut vos sub regimine venerabilis fratris Rainaldi archiepiscopi vestri, cujus sinceritas bonitatis apud nos approbata in multis ad provisionem vestram specialiter nos astringit, liberiores possitis Domino militare, atque sub eo amplioris libertatis beneficio vos et jura vestra tueri, auctoritate præsentium districtius inhibemus ne aliquis ad judicium sæculare vos trahere aliqua temeritate præsumat, aut publicis exactionibus et angariis fatigare; cum etiam super hoc principalis jussio, sicut dicitur, emanarit. Decernimus ergo, etc., inhibitionis, etc.

Datum Laterani, ii Kal. Augusti.

In eumdem modum universis clericis per Acheruntinam diœcesim constitutis.

CLXIII.
UNIVERSO POPULO DE MATERA.
Ut a cleri injuriis abstineant.
(Datum ut supra.)

Cum esse vos Ecclesiæ filios non negetis, aut liberam esse dicetis Ecclesiam, aut vos non negabitis esse servos, utpote nati fueritis ex ancilla, cum conditionem matris sequatur filius, secundum legitimas sanctiones. Pervenit autem ad audientiam nostram quod vos Ecclesias publicis exactionibus et angariis aggravatis, et clericos ad forum interdum trahitis sæculare. Quia vero id in ecclesiasticæ redundat libertatis injuriam, universitati vestræ per apostolica scripta mandamus et districte præcipimus quatenus ab universis Ecclesiarum gravaminibus desistatis, nec super possessionibus aut aliis contra consuetudinem et specialem etiam concessionem eis indultam trahatis clericos ad judicium sæculare; cum, secundum verbum Apostoli, suo domino stent, aut cadant. Alioquin sententiam quam venerabilis frater noster R. archiepiscopus vester per se vel procuratorem suum in aliquos propter hæc rationabiliter tulerit, nos ratam habebimus, et volumus usque ad satisfactionem congruam inviolabiliter observari.

Datum, ut supra.

CLXIV.
ACHERUNTINO ARCHIEPISCOPO.
Ut ecclesia S. Petri de Matera ad mensam archiepiscopi Acheruntini restituatur.

(Laterani, vi Id. Augusti.)

Ad audientiam apostolatus nostri pervenit quod cum ecclesia Sancti Petri de Matera, quæ ad mensam dignoscitur Acheruntinæ Ecclesiæ pertinere, a bonæ memoriæ R. et P. Acheruntinæ Ecclesiæ archiepiscopis fuisset quibusdam minus licite infeudata, felicis recordationis P. ejusdem Ecclesiæ archiepiscopus ad venerabilem fratrem nostrum Potentin. episcopum super hoc commissionis litteras a sede apostolica impetravit. Qui personaliter ad locum accedens, Ecclesiam ipsam mensæ Acheruntinæ restitui sententialiter judicavit. Nos igitur sententiam ipsam, sicut rationabiliter lata est, nec legitima appellatione suspensa, ratam habentes et firmam, auctoritate apostolica confirmamus et præsentis scripti pagina communimus. Nulli ergo, etc.

Datum Laterani, vi Idus Augusti.

CLXV.
EIDEM.
Ut decimæ ecclesiis integre persolvantur.

(Laterani, vi Id. Augusti.)

Cum de latere nostro fueris in archiepiscopum Acheruntinum assumptus, tam te quam Acheruntin. Ecclesiam specialiter honorare disponimus, in his præsertim quæ justitiam sapiunt et continent æquitatem. Sane significasti nobis in nostra præsentia constitutus, quod cum in quibusdam locis tuæ diœcesis integre quondam decimæ solverentur, dum prædia, de quibus decimæ proveniebant, essent in sæcularium potestate, postquam possessionum ipsarum dominium ad religiosos quosdam seu ecclesiasticos viros devenit, cultores earum, quia decimas ipsis religiosis seu ecclesiasticis viris exhibent terragii ratione, decimas Ecclesiis non persolvunt. Præterea homines de Matera, licet decimas integre non persolvant, eas tamen quas solvunt pro motu voluntatis propriæ dividentes, quamdam partem Ecclesiis, quamdam pauperibus, quamdam suis patrinis impendunt; per quod tam tuo quam Ecclesiarum juri non modicum derogatur. Eapropter, venerabilis in Christo frater, tuis justis precibus annuentes, ut cultores possessionum, de quibus decimæ Ecclesiis constitutis in diœcesi tua debentur, ad ipsas, non obstante eo quod pro terratico solvunt, cum integritate reddendas et ut homines de Matera eas de cætero aliter dividere vel distribuere non præsumant, sed ipsas Ecclesiis quibus debent sine diminutione persolvant, per censuram ecclesiasticam, appellatione postposita, compellere valeas, liberam tibi concedimus auctoritate apostolica facultatem. Ad hæc, auctoritate tibi præ-

(76) Cap. *Sicut nobis*: De sententia excommunicat.

sentium indulgemus ut possessiones spectantes ad mensam tuam alienatas illicite, legitime tibi liceat revocare. Præterea concessiones ecclesiarum et præbendarum non vacantium a prædecessoribus tuis factas contra statuta Lateranensis concilii præter apostolicæ sedis mandatum, præsentium auctoritate cassamus; concessa tibi libera facultate testamentum de bonis Ecclesiæ Acheruntinæ a prædecessore tuo factum contra canonicas sanctiones auctoritate apostolica revocandi. Nulli ergo, etc., concess. et cassationis, etc.

Datum Laterani, vi Idus Augusti.

CLXVI.
ASISINATI EPISCOPO.
Quod excommunicati absolutionis litteras exhibere teneantur.

(Laterani, ii Id. Augusti.)

(76) Sicut nobis tuis litteris intimasti, cum aliquos tuæ diœcesis clericos vel laicos culpis suis exigentibus excommunicationi supponis, ipsi postmodum ad te, nulla satisfactione præmissa, sine testimonialibus litteris redeuntes, dicunt se absolutionis beneficium recepisse. Quibus si credi debeat ex hac parte, per nos instrui suppliciter postulasti; cum propter causam hujusmodi, sicut dicis, tuæ sententiæ a subditis contemnantur. Nolentes itaque malitiis hominum indulgere, fraternitati tuæ taliter respondemus, quod, nisi excommunicati a te super absolutione sua litteras nostras vel illius cui vices nostras in hac parte commisimus reportarint, aut alio modo legitimo de illorum tibi absolutione constiterit, tu eorum absolutioni fide non habita, ipsos pro excommunicatis, ut prius, habeas et facias evitari.

Datum Laterani, ii Idus Augusti.

CLXVII.
ARCHIEPISCOPIS, EPISCOPIS, COMITIBUS, BARONIBUS, CIVIBUS, ET UNIVERSO POPULO IN REGNO SICILIÆ CONSTITUTIS.
De absolutione Marcowaldi.

Ad reconciliationem et receptionem Marcowaldi debitum officii pastoralis, quo tenemur omnes ad viam rectitudinis revocare ac redeuntes recipere, nos induxit, et optata regni tranquillitas invitavit ut simul et humiliaremus hostem et humiliatum et pœnitentem ejus reciperemus exemplo qui non vult mortem peccatoris, sed ut magis convertatur et vivat, qui Chananæam et publicanum non solum vocavit ad pœnitentiam, sed et traxit. Ut autem super modo reconciliationis ipsius non possit ab aliquo dubitari, formam excommunicationis et receptionis præsentibus duximus litteris explicandam. Forma excommunicationis hæc fuit.

Excommunicamus et anathematizamus ex parte Dei omnipotentis et beatorum Petri et Pauli apostolorum ejus auctoritate et nostra Marcowaldum et omnes fautores ejus, tam Teutonicos quam Latinos, specialiter *Diopuldum, Othonem, Siffredum et Othonem de Lavian.* Hermannum et Castellanum Sorellæ, qui principaliter adhærent Marcowaldo : quia cum idem Marcowaldus a dilectis filiis nostris C. tituli Sancti Laurentii in Lucina et I. tituli Sanctæ Priscæ presbyteris cardinalibus, apostolicæ sedis legatis, commonitus fuerit ut ab ecclesiarum et villarum incendio et vastatione cessaret, quæ in eorum oculis committebat, et exercitum dimitteret, cujus occasione tota fere Marchia vastabatur, eorum monitis non satisfecit, propter quod ab eis excommunicatus fuit; et quia juramentum multoties [nobis præstitum violare ac patrimonium Ecclesiæ invadere ac detinere præsumpsit, et nunc regnum Siciliæ, quod ad jus et proprietatem beati Petri pertinere dignoscitur, cujus balium cum regis tutela illustris memoriæ C. imperatrix nobis testamento reliquit, infestat et innititur occupare. Omnes autem qui ei fidelitatis vel societatis juramento tenentur, denuntiamus penitus absolutos. Si quis autem clericus cujuscunque dignitatis et ordinis officia ecclesiastica vel sacramenta divina ei vel sequacibus suis ministrare præsumeret, sciat se dignitatis et ordinis periculum incurrisse. Item excommunicamus I. quondam electum Sanctæ Severinæ, qui eidem Marcowaldo adhærens, administrationem Salernitanæ Ecclesiæ de ipsius manu recepit.

Forma receptionis hæc fuit. Juravit Marcowaldus publice, sine pacto quolibet et tenore, super crucem et Evangelia, quod super omnibus pro quibus excommunicatus existit sine fraude mandatis nostris obediet universis, quæ sibi per nos vel nuntios aut litteras nostras duxerimus facienda. Tenor vero mandati apostolici fuit talis. Mandatum est ei, sub debito præstiti juramenti, ut a balio regni, invasione quoque ac molestatione ipsius per se ac suos omnino desistat, nec ipsum aut patrimonium beati Petri per se vel alium ullo modo molestet; universa quæ de regno per se vel suos invasit, quæ detinentur ab ipso, restituat et ab omni prorsus obligatione absolvat; quæ vero detinentur ab aliis pro posse suo restitui faciat bona fide. Super his autem quæ nec ab ipso nec suis habentur, utpote super damnis et injuriis illatis præsertim nobis et monasterio Casinensi, satisfaciat competenter secundum dispositionem nostram et proprias facultates. In clericos de cætero et viros ecclesiasticos manus nec injiciat nec injici faciat violentas. Cardinales et legatos apostolicæ sedis nec spoliet nec spoliari nec capi faciat, aut etiam obsideri : nisi forsan impugnatus ab eis, in defensionem propriam id facere cogeretur. Non quod id tunc ei licere dicamus, sed quia hoc ei non interdicimus ex debito juramenti. Accedens igitur Marcowaldus Verulas ad præsentiam venerabilis fratris nostri O. Ostien. episcopi et dilectorum filiorum G. tituli Sanctæ Mariæ trans Tiberim presbyteri et H. Sancti Eustachii diaconi cardinalium, legatorum apostolicæ sedis, juxta modum expressum superius publice juramentum exhibuit et secundum Ecclesiæ formam beneficio absolutionis obtento, mandatum sub eodem tenore recepit et se promisit fideliter impleturum. Quod autem ei nihil super terra illa mandavimus quam antequam nunc ultimo regnum intraret, ex concessione fuerat imperatoris adeptus, nullatenus admiremini, cum propter eam non fuerat excommunicatione notatus. De ipsa tamen dante Domino ad nostrum et charissimi in Christo filii nostri F. Siciliæ regis illustris honorem vobis scientibus utiliter disponemus. Nullus igitur vos omnino seducat, nullus aliquatenus blandiatur quod secundum aliam formam idem Marcowaldus juramentum præstiterit aut aliter fuerit receptus a nobis; nec turbentur in aliquo corda vestra, sed potius solidentur; cum si servaverit quod ei est sub debito præstiti juramenti mandatum, ad statum totius regni et tranquillitatem vestram sit non modicum proventurum. Si autem, quod non credimus, non servarit, nihil sit auctoritati nostræ detractum, sed ejus sit potius potentia diminuta; et tam ex inclementia temporis quam ex forma mandati quam facimus, absoluti fautores ejus jugiter ad propria revertantur. Nos quoque non solum pro commissis excessibus, verum etiam pro reatu perjurii, eum et fautores ipsius, si forte contra factum et receptum mandatum veniret, in eamdem excommunicationis sententiam reducere curaremus et esset contra eum manus nostra ex virtute divina validior quam fuisset. Inspiret autem ei is qui vult omnes homines salvos fieri et neminem vult perire ut ita fideliter mandatum nostrum observet, ut nec Creatorem offendat nec nos oporteat contra eum gravius commoveri. Monemus igitur universitatem vestram ac per apostolica vobis scripta mandamus quatenus circa devotionem apostolicæ sedis et ejusdem regis fidelitatem ex hoc ferventiores effecti, ea quæ honorem ipsius, quietem vestram et statum regni respiciunt, sollicite procuretis, ab omnibus vobis præcaventes insidiis, ne per securitatem aut fraudem aliquid vobis sinistri valeat evenire. Nos enim, dante Domino, nec regi, nec regno, nec vobis ipsis aliqua occasione deerimus; sed ea curabimus promovere, quæ totius regni respicient incrementum.

CLXVIII.]

NOBILI VIRO MARCOWALDO IMPERII SENESCALCO.
Gratulatoria de conversione, et exhortatoria.

Si multitudinem et magnitudinem excessuum tuorum inspicias et circa te mansuetudinem et benignitatem apostolicæ sedis attendas, mandatum nostrum non solum justum intelliges, sed et pium. Creditur enim a multis religiosis viris et magnis quod pro tot et tantis excessibus, quos cum tuis fautoribus perpetrasti, satisfactio condigna non esset, si etiam jussus transfretare fuisses, in defensione terræ nativitatis Dominicæ permansurus. Cum autem nos, non peccatorum tuorum magnitudinem attendentes, sed inspicientes potius solitam mansuetudinem apostolicæ sedis, ea tibi dederimus in mandatis quæ ad vitandum æternum interitum deberes facere per te ipsum, non debes aliquid in contrarium postulare, cum id noveris in animæ tuæ perniciem convertendum. Quid enim prodest homini, si universum mundum lucretur, animæ autem suæ detrimentum patiatur? Licet enim ad reconciliationem tuam nos regni tranquillitas invitarit, amplius tamen debitum pastoralis officii nos induxit, quo tenemur errantes ad viam rectitudinis revocare. Plus igitur lucrum animæ tuæ quam terræ facere cupientes, cum spiritualia temporalibus a nobis præsertim sint merito præponenda; salutem animæ tuæ potius quam corporis attendentes, super eo quod postulasti a nobis per litteras tuas ut mandatum tibi a venerabili fratre nostro O. Hostien. episcopo et dilectis filiis G. tituli Sanctæ Mariæ trans Tiberim presbytero et H. Sancti Eustachii diacono cardinalibus ut a balio regni et invasione ac molestatione cessares, curaremus misericorditer temperare, te modo cum Deo nequivimus exaudire. Miramur autem quod post factum et receptum mandatum te balium et procuratorem regni scribere non vereris, quanquam in litteris quas nobis misisti, id sub quodam involucro curaveris palliare. Monemus igitur nobilitatem tuam et exhortamur in Domino, ac per apostolica tibi scripta sub debito præstiti juramenti mandamus quatenus necessitatem in virtutem convertens, a balio, regni invasione ac molestatione desistas; cætera sub eadem tibi districtione mandata nihilominus servaturus; cum ipsa rerum experientia te certificare debuerit quod balium regni non poteris obtinere, pro quo tuus hactenus non profecit obtinendo conatus. Quia vero, sicut iidem episcopus et cardinales sua nobis relatione monstrarunt, quædam nobis exponere velles quæ nuntio nec litteris credere voluisti, gratum habemus, si ad præsentiam nostram accedas et ea efficias quæ idem episcopus per suas litteras plenius intimabit. Nos enim cum per litteras tuas de adventu tuo certificati fuerimus, securum tibi faciemus præstari ducatum.

CLXIX

PETRO COMPOSTELLANO ARCHIEPISCOPO.

Quod episcopi absolvant eos qui manus in clericos injecerunt, nisi sit enormis læsio.

(Datum Laterani.)

Ad nostram noveris audientiam pervenisse quod in diœcesi tua manus injicientes in clericos violentas, cum a sede apostolica nimium sint remoti, propter ætatem et infirmitatem illuc nonnunquam vix accedere valent, absolutionis beneficium petituri. Ut autem excommunicatos hujusmodi ad nos non valentes, propter impedimenta quæ præmisimus proficisci, et mulieres clericos verberantes absolvere tibi liceat in diœcesi tua, fraternitati tuæ auctoritate præsentium indulgemus; nisi forte ipsorum excessus ita gravis fuerit et enormis, quod propter

(77) Vide supra, epist. 145.

hoc censura sit sedis apostolicæ requirenda. Nulli ergo, etc. nostræ concessionis, etc.

Datum, Laterani.

CLXX

PETRO ARCHIEPISCOPO ET CAPITULO COMPOSTELLAN.

Justis petentium desideriis, etc. *usque ad verbum* assensu, sententiam dilecti filii nostri G. Sancti Angeli cardinalis, tunc apostolicæ sedis legati, prolatam super votis (77) beati Jacobi adversus P. abbatem et monasterium Cellæ-Novæ, sicut rationabiliter lata est, nec legitima appellatione suspensa ratam habentes, auctoritate apostolica confirmamus, etc., Nulli ergo, etc., confirmationis, etc.

CLXXI

PRIORI ET CAPITULO SAREN.

(Laterani, II Non. Augusti.)

Cum a nobis petitur, etc., *usque ad verbum* assensu, monasterium de Junquaria et jus quod illustris memoriæ A. quondam Hispaniarum imperator vobis concessit in eo, cum jure patronatus concesso vobis a militibus patronis ipsius, sicut ea juste ac pacifice possidetis, vobis et per vos Ecclesiæ vestræ, auctoritate apostolica confirmamus.

Datum Laterani, II Nonas Augusti.

CLXXII

ABBATI GEMBLACENSI.

Non imputatur electo confirmato, si eo prohibente pro ipsius confirmatione pecunia data fuit.

(Laterani, II Id. Augusti.)

(78) Sicut nobis tuis litteris intimasti, cum in Gemblacensi Ecclesia fueris a tenera nutritus ætate, monachus factus ibidem, in ætate matura consequenter promotus fuisti ad regimen Ecclesiæ Florinensis. Verum abbate Gemblacensi de medio post sublato, Gemblacensis Ecclesia, quæ prius te tanquam filium habuerat, inscium et absentem in patrem et pastorem per electionem te canonicam nominavit. Et quoniam pastore carebat Leodiensis Ecclesia cathedralis, postquam per dies aliquot moram feceras in Ecclesia Gemblacensi, ad Coloniensem Ecclesiam, quæ tua est metropolis, proficiscens, ipsius auctoritate in Gemblacensi Ecclesia interim ministrasti. Cæterum postquam in Leodiensi Ecclesia fuit episcopus institutus, is a te requisitus electionem de te factam noluit confirmare, aliud non prætendens, nisi quod de minori loco translatus fueras ad majorem. Verum cum hæc tibi fieri pro extorquenda pecunia comperisses, sub interminatione anathematis vetuisti ne pro facto hujusmodi aliqua pecunia offerretur. Et cum quidam de fratribus, timorem Dei præ oculis non habentes, interventu munerum ad ipsius abbatiæ regimen aspirarent, seniores in Ecclesia quod malum imminens non nisi malo posset deprimi prævidentes, te inconsulto et penitus ignorante, contra excommunicationis a te factæ sententiam venientes, promiserunt pecuniam et etiam exsolverunt, sicut tibi postmodum est relatum; et sic ab episcopo invita-

(78) Cap. *Sicut tuis litteris*, de Simonia.

tus, institutionem libere accepisti ab eo, quemadmodum æstimabas (79). Super his ergo nos duxit tua discretio consulendos, si propter promissionem incognitam et prohibitam, quemadmodum est præmissum, tibi peccati macula infligatur, vel si de promissione nunc tibi cognita, tu cum fratribus, qui fecerunt eam, debeas pœnitere, cum inhærere nolueris Simoniacæ pravitati, paratus pro grege Domini subire laborem, vel quamvis te conscientia non accuset, a suscepto regimine, si decreverimus, abstinere. Quamvis autem secundum sacrorum canonum instituta (80) etiam parvuli qui cupiditate parentum Ecclesias per pecuniam sunt adepti, eas dimittere teneantur; quia tamen longe diversum est non præbere consensum et expressim aliquid prohibere, taliter tibi duximus respondendum, quoniam ex eo quod contra prohibitionem et voluntatem tuam, a qua postmodum minime recessisti, aliquis, te penitus ignorante, promisit pecuniam et exsolvit, præsertim cum is (81) nulla tibi esset consanguinitate conjunctus, nihil tibi ad culpam vel pœnam credimus imputari; nisi forte postea consenseris pecuniam solvendo promissam aut etiam reddendo solutam. Alioquin, contingeret quod alicujus factum insidias inimico parantis ei damnosum existeret cui penitus displiceret, et sic aliquis de fraude sua commodum reportaret. Illos autem qui dederunt pecuniam vel etiam receperunt, in tantum constat esse culpabiles, quod si excessus eorum esset Ecclesiæ manifestus quæ non judicat de occultis, pœna essent canonica feriendi.

Datum Laterani, 11 Idus Augusti.

CLXXIII.
C. ARCHIDIACONO, CANTORI, ET MAGISTRO SCHOLARUM TORNACENSIBUS.

Definit controversiam de præbenda Ecclesiæ Insulensis.

(Laterani, iii Id. Augusti.)

Cum venissent ad apostol. sedem dilecti filii magister C. subdiaconus et P. presbyter pro controversia quam habebant adinvicem super præbenda Ecclesiæ Insulanensis, nos eis dilectum filium nostrum G. Sancti Georgii diaconum cardinalem concessimus auditorem. Coram quo dictus magister C. proponere procuravit quod cum olim a bonæ memoriæ C. papa prædecessore nostro ad præpositum Ecclesiæ Insulan. pro obtinenda in eadem Ecclesia præbenda litteras impetrasset, præpositus indulgentiam obtinuit ab eodem ne infra biennium aliquem in Ecclesiis suis recipere cogeretur. Iterum vero idem magister ad eumdem præpositum ipsius prædecessoris nostri litteras reportavit ut elapso biennio præbendam ei conferret in Ecclesia Insulanensi, interim tamen ei stallum in choro et locum in capitulo assignaret et de quotidianis stipendiis idem magister cum canonicis perciperet portionem, venerabili fratri nostro Atrebatensi episcopo et dilectis filiis Ursicampi et

(79) In tertia Collect. *postulabas.*
(80) 1. q. 5. cap. *Quicunque.*

Longipontis abbatibus super hoc exsecutoribus delegatis. Qui cum vellent in negotio ipso procedere, præpositus coram eis, post secundam citationem, apparens, mandatum cum mandatore asseruit exspirasse et ad sedem apostolicam appellavit. Cumque postmodum idem magister ad sedem apostolicam accessisset, Nos ad litteraturam ipsius, qui scholas dicebatur in artibus Parisiis habuisse, pium habentes respectum, eidem præposito dedimus in mandatis, quod cum idem magister, sicut proponebatur, oriundus de villa Insulana, aliquandiu in scholarum regimine deservisset et ad præsentationem ipsius Ecclesiæ fuisset in subdiaconum ordinatus, in beneficio competenti, quod ad ejus donationem spectaret, in eadem ipsi Ecclesia provideret. Dilectis etiam filiis decano et cantori et magistro F. canonico Remen. dedimus in mandatis ut super hoc mandatum apostolicum exsequi procurarent. Deinde vero iidem exsecutores, sicut ex litteris eorum accepimus, cum in Ecclesia Insulana præbenda dimidia vacavisset, magistrum ipsum investiendum ad præpositum destinarunt, qui ei beneficium quoddam, non ecclesiasticum, sed quod posset laico etiam assignari, temporale videlicet et incertum, litteraturæ et honestati ejusdem magistri non competens, quod etiam tunc temporis non vacabat, eidem curavit offerri. Ipsi vero eumdem magistrum vacuum a præposito redeuntem et juxta onus eidem præbendæ annexum, in ordinem sacerdotii promoveri paratum, de prædicta dimidia curarunt auctoritate apostolica investire. Post investituram vero præpositus ipse dicto magistro per nuntium suum quindecim librarum redditus fecit offerri; quos quia recipere noluit, nuntius præpositi ad sedem apostolicam appellavit. Exsecutores insuper eumdem magistrum ad Insulanum capitulum destinantes, ei stallum in choro et locum in capitulo assignari fecerunt; et canonici eum in fratrem suum et canonicum cum solita solemnitate receptum, ad possessionem admiserunt ejusdem beneficii corporalem. Verum dictus presbyter proposuit ex adverso quod olim certa præbenda quædam instituta fuerat in Ecclesia Insulana, non nisi presbytero conferenda, qui ad honorem beatæ Virginis divina diebus singulis celebraret. Verum prædecessor memoratus uni presbytero esse nimis onerosum attendens divina singulis diebus celebrare, præbendam ipsam divisit in duas: quas duobus diaconibus assignavit, juramento firmantibus quod in proximis quatuor temporibus ad presbyterii ordinem convolarent. Sed, ne ad consequentiam traheretur, statutum est a præposito et canonicis et sub pœna excommunicationis inhibitum ne beneficia ipsa conferrentur aliis nisi presbyteris jam promotis. Unde cum dicta dimidia vacavisset, sæpedictus præpositus eam ad preces capituli sui dicto presbytero, qui ad præsentationem eorum fuerat in presbyterum ordinatus, concessit, et eidem magistro paratus fuit in competenti bene-

(81) In tertia Collectione, *aliquis ex his.*

ficio, videlicet quindecim librarum redditibus, providere. Super quo idem præpositus ad prædictos exsecutores Remen. per nuntium suum dicitur litteras impetrasse. Præterea cum biennium a tempore obtentæ indulgentiæ tunc temporis non fuisset elapsum, præpositum ad eum recipiendum in Ecclesia Insulana proposuit non teneri, cum super hoc fuisset indulgentia impetrata. Cæterum magister C. indulgentiam ipsam sibi non obesse respondit cum de ipsa etiam in litteris nostris mentio facta fuisset. Præterea ex quibusdam ab adversa parte inductis nixus est comprobare quod prædicta præbenda aliquando etiam fuerat aliis quam presbyteris assignata. Cum enim diceretur in litteris ipsis quod, secundum antiquam et magis usitatam consuetudinem Ecclesiæ Insulanæ, præbenda ipsa esset presbytero conferenda, usitatum etiam esse dicebat ut aliis conferretur; cum etiam dicere quod aliquid inusitato magis usitatum fuerit, sit absurdum. Cum autem cardinalis prædictus quæ coram eo proposita fuerant, in nostra et fratrum nostrorum audientia fideliter retulisset, nos causam ipsam vestro examini duximus committendam, discretioni vestræ per apostolica scripta præcipiendo mandantes quatenus, nisi vobis sufficienter constiterit per præpositum et capitulum Insulanum fuisse concorditer institutum et sub pœna excommunicationis inhibitum et hactenus observatum ne prædictæ præbendæ aliis quam presbyteris conferrentur, super prædicta dimidia dicto presbytero silentium imponatis, facientes per censuram ecclesiasticam, appellatione remota, eumdem magistrum plena et pacifica ipsius possessione gaudere. Quia vero presbyter ipse ad præsentationem præpositi et capituli Insulan. fuit in presbyterum ordinatus, volumus nihilominus et mandamus quatenus prædictos quindecim librarum redditus ei assignari mandetis, donec ei per præpositum ipsius Ecclesiæ fuerit in beneficio competenti provisum. Alioquin, si de prædictis constiterit, super ipsa prædicto magistro, cum non fuerit beneficium ipsi competens, silentium imponentes, eam ipsi presbytero per sententiam, appellatione postposita adjudicare curetis et faciatis per censuram ecclesiasticam ejus pacifica possessione gaudere. Verum, ne dictus magister laboris quem veniendo ad apostolicam sedem sustinuit mercede frustretur, ei faciatis prædictos quindecim librarum redditus a præposito, monitione præmissa, sublato appellationis et dilationis obstaculo, per censuram ecclesiasticam assignari; præbendam quæ primo vacabit in Ecclesia Insulana, donationi nostræ reservari mandantes personæ idoneæ conferendam : de qua si quid aliud fuerit ordinatum, nos illud irritum decernimus et inane. Nullis litteris obstantibus præter assensum part. Quod si omnes, etc.

Datum Laterani, iii Idus Augusti.

CLXXIV.
CLERO ET POPULO REGINENSI.
Ut archiepiscopo suo per pontificem confirmato obediant.

(Laterani, xvii Kal. Septembris.)

Cum dilectus filius noster G. Sanctæ Mariæ in porticu diaconus cardinalis, cui vices nostras tam super balio regni quam officio legationis commiseramus, apud Messanam pro ipsius regni negotiis moraretur, dilecti filii canonici Regin. eidem obitum .. bo. mem Regin. archiepiscopi tam per litteras quam per suos concanonicos nuntiarunt. Postmodum autem ad propria revertentes et convenientes in unum, invocata Spiritus sancti gratia, vota sua in venerabilem fratrem nostrum I. tunc Regin. archidiac. contulerunt, eumdem sibi unanimiter eligentes in patrem suum pariter et pastorem. Cumque ad prædicti cardinalis præsentiam accessissent, ut ab eo tam assensum quam confirmationem etiam obtinerent, ipse assensum eis regia vice concedens et electionem examinans, cum eamdem invenisset canonice et de persona idonea celebratam, auctoritate apostolica confirmavit. Cæterum cardinalis prædictus pericula viarum diligenter attendens, ne dicti electi consecratio nimium differretur, venerabilibus fratribus nostris universis episcopis Reginensis Ecclesiæ suffraganeis dedit auctoritate apostolica in mandatis ut eidem munus consecrationis impenderent, pallium a nobis, videlicet pontificalis officii plenitudinem, postmodum recepturo. In quibus prædictus cardinalis gratiam fecisse dignoscitur, cum idem archiepiscopus et pro duobus mittere et propter duo ad nostram præsentiam accedere debuisset. Mittere quidem, pro assensu et confirmatione pariter impetrandis. Accedere vero, propter munus consecrationis et donum pallii obtinenda. Inter cætera namque privilegia quæ sibi sedes apostolica reservavit, unum est, et non minimum, quod patriarchæ, primates, et metropolitani pro recipiendo pallio, pontificalis videlicet officii plenitudine, ad eam, tanquam ad magistram et matrem, debent habere recursum. Cum ergo idem archiepiscopus primo per nuntios et tandem per se ipsum, nuper ad sedem apostolicam accedens pro pallio instituisset, nos attendentes quod ex gratia quam prædictus ei fecerat cardinalis, devotiorem se nobis et Romanæ Ecclesiæ deberet inposterum exhibere, fratrum nostrorum habito consilio diligenti, pallium ipsi de beati Petri corpore sumptum, pontificalis videlicet officii plenitudinem duximus concedendum. Nos igitur ipsum ad propria cum plenitudine nostræ gratiæ remittentes, universitati vestræ per apostolica scripta mandamus atque præcipimus, quatenus ejus salubria monita et mandata recipiatis humiliter, et eadem irrefragabiliter observetis.

Datum Laterani, xvii Kal. Septembris.

CLXXV.

CONSULIBUS ET POPULO ARETINIS.

Castrum S. Mariæ prohibet reædificari.

Quantus in persona venerabilis fratris nostri O. Ostien. episcopi apud castrum montis Sanctæ Mariæ in divinæ majestatis offensam, injuriam apostolicæ sedis et cleri totius opprobrium fuerit commissus excessus vestra discretio non ignorat. Qualiter etiam in titulum memoriæ sempiternæ castrum ipsum de mandato nostro funditus sit eversum, ad vestram nolumus [Credimus] notitiam pervenisse. Verum, sicut nostris est auribus intimatum, vos castrum ipsum reædificare intenditis et memoriam vindicati excessus in reædificatione ipsius penitus abolere; quod si fieret, in injuriam apostolicæ sedis et nostram perpetuo redundaret. Quia vero de vestra discretione non credimus quod Romanam Ecclesiam lædere de conscientia certa velitis, universitatem vestram monemus et exhortamur attentius, ac per apostolica vobis scripta mandamus quatenus castrum ipsum nec vos reædificetis ulterius nec reædificari ab aliis permittatis. Alioquin, quantumcunque nobis molestum existeret vos in aliquo molestare, id non possemus in patientia tolerare.

CLXXVI.

LITTERÆ REGIS WLCANI DIOCLIÆ ATQUE DALMATIÆ AD DOMINUM PAPAM.

Se et regnum suum pontifici commendat, et hortatur ut ad Ungariæ regem scribat de expulsione hæreticorum.

Beatissimo atque sanctissimo Patri et domino INNOCENTIO Dei gratia sacrosanctæ Romanæ Ecclesiæ summo pontifici et universali papæ, WLCANUS eadem gratia Diocliæ atque Dalmatiæ rex, salutem et devotionis affectum.

Venientibus ad nostram præsentiam domino Joanne capellano et domino Simone religiosis et discretis sanctæ catholicæ et apostolicæ sedis legatis, amodo jucundati sumus: quia sicut solis splendor in virtute sua radians totum orbem videtur illustrare, ita illorum sancta et salubri prædicatione totum regnum nostrum creditur fore illustratum. Unde merito dicimus: *Visitavit nos oriens ex alto* (*Luc.* I, 78). Illorum itaque probitate et scientia nos informati, Deo et paternitati vestræ innumeras grates rependere curamus, qui tales ad nos misistis, quales in voto semper habuimus suscipiendos, divino munere præditos, quia omne datum optimum et omne donum perfectum desursum est. Præsentatis igitur litteris vestris, intelleximus, quia postulationibus nostris apostolatus vestri beatitudo misericorditer acquievit. Unde nos cum magna animi devotione præcepimus ut per totum regnum nostrum omnia quæ secundum Deum sunt ordinent et confirment; quæ autem contraria sunt, juxta illud propheticum, evellant et destruant. Accedentes itaque ad locum ubi antiquitus concilium celebrari solitum fuit, sanctum synodum celebrare studuerunt, de vitiis et virtutibus subtiliter disserentes, in communi Deo et beatissimæ Mariæ perpetuæ virgini et beato Petro apostolorum principi nec non et apostolatui vestro laudem præconia persolventes. Interea noverit paternitas vestra, quia augustali stemmate undique insignimur et, quod gloriosius et beatius est, vestri generosi sanguinis affinitatem habere cognovimus. Igitur innotescimus quia in voto habuimus nunc legatos nostros ad pedes beatitudinis vestræ transmittere. Sed quia terram illam turbatam esse audivimus, facere non potuimus: quia vestris legatis ubique debita reverentia exhibetur; sed nostri, dum illuc ire voluerint, cum magna honoris magnificentia, damna forsitan et exitium patientur. Sed dum opportunum aut congruum tempus affuerit, honorificentius faciemus; qui sanctæ exhortationis vestræ verba perferant, quæ dulciora nobis sunt super mel et favum. Siquidem sperantes et certum tenentes, quia ex quo vicarius Domini nostri Jesu Christi existis, ipse per te nobis aditum regni cœlestis aperire dignetur. Et quia nullo in hoc sæculo indigemus, multum rogamus ut pro nobis peccatoribus preces ad Dominum fundatis. Demum vero paternitatem vestram nolumus latere quia hæresis non modica in terra regis Ungariæ, videlicet Bessina pullulare videtur, in tantum quod peccatis exigentibus, ipse Bacilinus cum uxore sua et cum sorore sua, quæ fuit defuncti Miroslovichemensi, et cum pluribus consanguineis suis seductus, plusquam decem millia Christianorum in eamdem hæresim introduxit. Unde rex Ungariæ exacerbatus, illos ad vestram præsentiam compulit venire a vobis examinandos. Illi autem simulatis litteris redierunt, dicentes a vobis concessam sibi legem. Unde rogamus ut regi Ungariæ suggeratis ut eos a regno suo evellat, tanquam zizania a tritico.

CLXXVII.

LITTERÆ B. MAGNI JUPANI TOTIUS SERVIÆ.

Se pontifici offert atque commendat.

INNOCENTIO Dei gratia summo pontifici et universali papæ Romanæ Ecclesiæ beatorum apostolorum Petri et Pauli, S. eadem gratia et sancta oratione vestra Magnus Jupanus totius Serviæ, salutem, tanquam patri suo spirituali.

Litteras sanctitatis vestræ recepimus et bene intelleximus ea quæ venerabiles legati vestri, scilicet Joannes capellanus et Simon subdiaconus, tam in litteris quam in ore eorum narraverunt nobis. Gratulamur itaque magnæ sanctitati vestræ quia non tradidisti nos in oblivionem filios tuos, sed recordatus es de nobis. Nos autem semper consideramus in vestigia sanctæ Romanæ Ecclesiæ, sicut bonæ memoriæ pater meus et præceptum sanctæ Romanæ Ecclesiæ semper custodire; et in proximo legatos nostros vellemus transmittere ad sanctitatem vestram. Nos autem locuti sumus dictis venerabilibus tuis legatis, quoniam ipsi cum

CLXXVIII.
LITTERÆ JOANNIS DIOCLIEN. ET ANTIBAREN. ARCHI-EPISCOPI.

Gratias agit pro transmisso pallio, et quid legati apostolici in corrigendis moribus effecerint declarat.

(82) Sanctissimo Patri et domino INNOCENTIO Dei gratia summo pontifici, JOANNES Diocliensis et Antibaren. Ecclésiæ humilis minister, tam debitam quam devotam obedientiam.

Gratias uberes refero sanctissimæ paternitati vestræ de honore pallii et pontificalis officii plenitudine, quam mihi per dominum Joannem et dominum Simonem familiares et legatos vestros concedere dignati estis. Ego autem omni tempore vitæ meæ ad devotionem vestram et fidelitatem sanctæ Romanæ Ecclesiæ promptum habeo animum modis omnibus et paratum. Notum siquidem facio sanctitati vestræ quod præfati legati vestri ea quæ corrigenda et ordinanda fuerunt ita cum prudentia et honestate per Dei gratiam ad honorem vestrum et sanctæ Romanæ Ecclesiæ tractaverunt, quod dominus rex et totus populus eorum opera commendantes, ad pedes vestræ sanctitatis effecti sunt modis omnibus promptiores. Ego vero in proximo nuntios meos ad pedes vestræ sanctitatis transmittam, qui devotionem meam paternitati vestræ plenius declarabunt.

In nomine Patris et Filii et Spiritus sancti. Nos Joannes capellanus et Simon subdiaconus domini Innocentii papæ tertii, apostolicæ sedis legati, ad evellenda nociva de agro Dominico et virtutum plantaria utiliter inserenda, videntes plura in clero et populo Dalmatiæ et Diocliæ corrigenda, de sanctorum Patrum conciliis decreta præsentia duximus innovanda.

I. *In primis itaque decernimus ut nullus episcopus aliquem ad sacros ordines per pecuniam promovere, seu ecclesiastica beneficia alicui pretio interveniente concedere præsumat. Cum enim Dominus præceperit apostolis:* Gratis accepistis, gratis date (Matth. x, 8), *et Spiritus sancti gratia venalis esse non possit, quæ in sacris confertur ordinibus, gravi puniendus est pœna qui Spiritus sancti dona venalia exponere non veretur. Quocirca præsenti decreto statuimus ut quicunque episcopus hoc agere convictus fuerit, omni ecclesiastica careat dignitate, et sine spe restitutionis tam ille qui dederit, quam ille qui scienter sacros ordines pecunia interveniente receperit, perpetuo deponatur.*

II. *Cum Domini sacerdotes et hi qui sacro altari deserviunt, continenter vivere debeant, juxta illud,* Mundamini qui fertis vasa Domini (Isa. LII, 11), *in partibus Dalmatiæ atque Diocliæ sacerdotes et uxores habere et ecclesias tenere dicuntur. Quocirca præsenti decreto statuimus ut sacerdotes et diacones ante susceptum officium, nisi eorum conjuges in manu episcopi votum fecerint continentiæ, uxores habentes cum ipsis maneant et Ecclesias dimittant. Non enim possunt, secundum ordinem Romanæ Ecclesiæ, manentes in conjugio, nisi defunctis uxoribus aut continentiam voventibus, si digni inventi fuerint, ad sacerdotium promoveri. Illi vero qui, post susceptum sacerdotii vel diaconatus honorem, adulteras potius quam uxores accepisse probantur, nisi eas dimiserint, et di-*

(82) Vide supra lib. 1 epist. 525, 555.

gnam egerint pœnitentiam, ab officio et beneficio ecclesiastico fiant penitus alieni. Prohibemus etiam ne aliquis episcopus, nisi in quatuor temporibus juxta sanctorum Patrum constitutionem, aliquem ad sacros ordines promovere præsumat. Solus enim Romanus pontifex Dominicis diebus subdiaconos ordinare potest. Cum autem episcopus ordinationem fecerit, non nisi unum ordinem a subdiacono et supra conferre præsumat. Ordinatus autem in subdiaconum ad minus per annum in eodem officio deserviat, et diaconus similiter faciat. Quicunque autem episcopus contra hoc venire præsumpserit, tandiu a conferendis ordinibus abstineat, donec a Romano pontifice misericordiam consequatur.

III. *Quoniam secundum gradus et ordines personarum beneficia ecclesiastica in domo Domini, secundum sanctorum Patrum constitutionem, distributa noscuntur; decernimus ut decimæ seu oblationes fidelium tam pro vivis quam pro defunctis in quatuor partibus dividantur: quarum una sit episcopi, alia ecclesiarum, tertia pauperum, quarta clericorum. Portionem quidem pauperum episcopus administret; portionem vero ecclesiarum archipresbyter conservet et ex mandato episcopi in usibus Ecclesiæ fideliter expendat. Quicunque autem clericorum contra hoc venire præsumpserit, sua portione privetur.*

IV. *Districtius inhibemus ne aliquis sacerdos filii sui vel filiæ spiritualis privatam confessionem alicui revelare præsumat. Quod si facere convictus fuerit, officio et beneficio ecclesiastico perpetuo spolietur. Idem dicimus de quolibet clerico qui de homicidio, adulterio, perjurio, falso testimonio publice accusatus fuerit et convictus.*

V. *Cum terrenarum potestatum nuntiis sive ministris honor exhibeatur ab omnibus, multo magis ministris Dei honor a laicis exhibendus est; a quibus eis non solum divina celebrantur officia, verum etiam sacrum baptisma et corpus Domini et pœnitentia et cætera ecclesiastica sacramenta jugiter ministrantur. Quapropter, juxta decretum domini Innocentii Papæ II* (83), *districtius inhibemus ne aliquis in personam episcopi sive sacerdotis vel cujuslibet clerici vel religiosi viri violentas manus injicere præsumat. Quicunque autem hoc attentaverit, tandiu excommunicatus maneat, donec de tanta præsumptione satisfacturus, apostolico se conspectui repræsentet, vel ab ejus legato, præstita congrua satisfactione, absolutionis beneficium consequatur. Similiter sub excommunicatione prohibemus ne aliquis laicus clericum ad peregrina judicia trahere præsumat, veluti candentis ferri vel aquæ vel cujuslibet alterius judicii. Non enim pertinet ad laicum clericum judicare. Si autem clericus peccaverit, ab archiepiscopo vel episcopo vel etiam prælato suo aut Romano pontifice, si necesse fuerit, judicetur.*

VI. *Cum sacrosancta Romana Ecclesia, quæ mater est omnium Ecclesiarum et magistra, decreverit ut nullus Christianus usque ad septimum consanguinitatis gradum conjugium contrahere præsumat, grave nimis est et divini dignum animadversione judicii quod, in partibus Dalmatiæ ac Diocliæ, a multis factum in veritate comperimus, ut homines Dei timorem non habentes cum consanguineis in quarto et quinto gradu, vel infra, contra sanctorum Patrum constitutionem, conjugia contrahere non formident. Quapropter, præsenti decreto statuimus ut quicunque in quarto gradu præsertim, vel infra, conjugia habere convincitur, nisi ad mandatum Ecclesiæ satisfecerit et a suæ consanguineitatis incesta conjunctione recesserit, tandiu maneat excommunicatus et ab omnibus Ecclesiæ sacramentis separatus, donec a nefaria copula separetur et ad mandatum Ecclesiæ satisfaciat.*

VII. *Item præcipimus ut clerici rasuram et tonsuram teneant clericalem. Qui autem hoc non fe-*

(83) Cap. Si quis suadente. 17.

cerit, ab episcopo districtione canonica compellatur.

VIII. *Cum duæ sint in terris potestates a Domino constitutæ, spiritualis videlicet et sæcularis; et una de spiritualibus et ecclesiasticis, altera de sæcularibus habeat pœnitere, grave committit peccatum quicunque laicus vel Ecclesias donare vel ecclesiasticas personas judicare præsumit. Quocirca præsenti decreto statuimus auctoritate Dei omnipotentis et beatorum apostolorum Petri et Pauli et domini papæ Innocentii, ut quicunque clericus de manu laica Ecclesiam vel ecclesiastica beneficia receperit, tam qui dederit quam qui receperit, tandiu excommunicationis vinculo teneatur astrictus, donec ad mandatum Ecclesiæ plenarie satisfaciat; et quod contra sacros canones factum fuerit irritum habeatur et vacuum. Illos autem laicos, qui ante constitutionem istam Ecclesias donaverunt vel in ecclesiasticas personas manus injecerunt violentas, volumus per episcopos tertio commoneri; et nisi pœnitentiam egerint competentem, eadem sententia teneantur astricti.*

IX. *Excommunicamus omnes illos qui thesauros Ecclesiarum injuste detinent, donec restituant, et eos qui Latinos detinent in servitute, nisi, recepta pecunia quam dederunt, eos pristinæ restituant libertati.*

X. *Item excommunicamus omnes illos qui proprias dimiserunt uxores vel de cætero dimiserint sine judicio Ecclesiæ, donec ad ipsas revertantur.*

XI. *Prohibemus etiam ut filii presbyterorum et qui de legitimo non sunt nati matrimonio ad sacros ordines non accedant.*

XII. *Similiter prohibemus ut nullus ordinetur in sacerdotem, nisi trigesimum expleverit annum.*

Ego frater Joannes domini papæ capellanus, apostolicæ sedis legatus, scripsi et subscripsi.

Ego frater Simon domini papæ subdiaconus, apostolicæ sedis legatus, subscripsi.

Ego Joannes Diocliensis et Antibarensis archiepiscopus subscripsi.

Ego Dominicus archipresbyter Arban. subscripsi.
Ego Petrus Scuarin. episcopus subscripsi.
Ego Joannes Polatinen. episcopus subscripsi.
Ego Petrus Arvastinen. episcopus subscripsi.
Ego Dominicus Soacinen. episcopus subscripsi.
Ego Natalis Dulcinen. episcopus subscripsi.
Ego Theodorus Sareanen. episcopus subscripsi.

CLXXIX.

COMITIBUS, BARONIBUS, CIVIBUS ET UNIVERSO POPULO IN REGNO SICILIÆ CONSTITUTIS.

De absolutione Marcowaldi.

(84) Exoptata regni tranquillitas et debitum officii pastoralis, quo tenemur singulos ad viam rectitudinis revocare, nos ad Marcowaldi receptionem induxit: ne si pœnitentem, sicut videbatur et exponentem se mandatis nostris super omnibus pro quibus fuerat excommunicatione notatus, recipere negaremus, non Christi vicarii videremur vel successores apostolorum Principis, sed inexorabiles potius nostrarum injuriarum ultores. Licet autem modum receptionis ipsius per alias vobis duxerimus litteras exponendum, ne tamen idem Marcowaldus aliqua nos calliditate seducat, idem adhuc audientiæ vestræ duximus inculcandum. Juramenti tenor hic fuit. Juravit Marcolwaldus publice, etc. *fere in eumdem modum ut supra in epistola* CLXVII *hujus libri, usque ad verbum* debito juramenti. In tantum autem in primis idem Marcowaldus mandatum nostrum humiliter et devote recepit, ut super juramento exhibito et mandato recepto suas nobis in testimonium litteras destinarit, quas apud nos adhuc in testimonium suæ confusionis habemus. Sed ad vomitum rediens et volens adhuc in stercore suo computrescere ut jumentum, nobis post absolutionem quasdam litteras destinavit: in quarum salutationis alloquio fraudem ejus intelleximus manifeste, in eo quod in salutatione ipsa perspeximus contineri sic: *Marcowaldus imperii senescalcus,* etc. Et in aliis sic erat expressum: *Marcowaldus imperii senescalcus et id quod est;* tanquam nec ex toto supprimeret nec exprimeret manifeste quod regni balius et procurator existeret. Supplicavit autem nobis per litteras ipsas ut ad tempus mandatum quod ei feceramus per venerabilem fratrem nostrum O. Hostiensem episcopum et dilectum filium G. tituli Sanctæ Mariæ trans Tiberim presbyterum et H. Sancti Eustachii diaconum cardinales, ut a balio regni et molestatione cessaret, curaremus misericorditer temperare. Sed nos id intelligentes in honoris nostri dispendium, detrimentum regni et petentis animæ periculum redundare, non solum non concessimus quod petebat, sed denuo ei sub debito præstiti juramenti mandavimus, commonitionem canonicam præmittentes, ut a prædictis de cætero penitus abstineret. Postmodum vero idem Marcowaldus quasdam nobis litteras destinavit, in quibus in manifestum sui perjurii argumentum se balium et procuratorem regni Siciliæ non erubuit nominare; scribens etiam fratribus nostris quod mandata quæ sibi fecimus nec pro Deo nec pro homine observaret, Nos igitur fraudem ejus et versutias attendentes, qui putavit nos fallere, sed potius se decepit, propter omnia quæ fuerant in forma excommunicationis prioris expressa et quia multoties contra nos et Romanam Ecclesiam perjurii reatum incurrit et mandata servare contempsit facta sibi sub debito præstiti juramenti, ipsum tanquam perjurum, sacrilegum, incendiarium, perfidum, sceleratum et invasorem, ex parte Dei omnipotentis Patris et Filii et Spiritus sancti, auctoritate quoque beatorum apostolorum Petri et Pauli et nostra, excommunicamus, anathematizamus, maledicimus et damnamus; mandantes ut quicunque sibi de cætero auxilium præstiterit vel favorem, quicunque etiam ipsi vel exercitui ejus victualia, vestes, naves, arma vel alia quæ ad commodum eorum pertineant, ausi fuerint ministrare, eadem cum eo maneant sententia innodati. Si quis autem clericus, cujuscunque dignitatis vel ordinis, divina eis præsumpserit officia celebrare, se sui ordinis et honoris noverit periculum incurrisse. Mandamus etiam sub debito præstiti juramenti omnibus de exercitu ejus, qui ad mandatum Ecclesiæ redierunt, ut quam citius poterint, ab ipso recedant nec ad eum, quandiu in sua pertinacia perduraverit, revertantur, nec consilium ei præbeant in aliquo vel favorem. Erit etiam, dante Domino, manus nostra validior

(84) Vide infra, epist. 221, 226.

contra eum, quem publicum infamat perjurium, et reddit inconstantia multa suspectum, ne de cætero vel promissionibus ejus vel juramento credatur, qui fidem super crucem et Evangelia publice præstitam non erubuit infra unius hebdomadæ spatium violare. Quia cum nobis juramentum fidei non servaverit, quomodo vobis promissionem aliquam observaret? Monemus igitur nobilitatem vestram et exhortamur attentius, ac per apostolica vobis scripta mandamus quatenus in devotione nostra et fidelitate charissimi in Christo filii nostri F. Siciliæ regis illustris fideliter persistentes, a prædicto Marcowaldo et fautoribus ejus vobis caveatis et regno, qui sanguinem vestrum sitiunt et inducere vos nituntur in perpetuam servitutem, ne per insidias vel fraudem aliquid valeat machinari. Nec credatis mendaciis ejus, si forte se aliter a nobis receptum esse confingat aut nos in regno jurisdictionem sibi aliquam concessisse; sed ad defensionem regni viriliter assurgatis : quia virtus ipsius, per Dei gratiam, jam est pene penitus annullata. Nos enim, dante Domino, nec vobis nec regno aliqua deerimus ratione.

CLXXX.
ANTIBARENSI ARCHIEPISCOPO.
De Soacensi episcopo, homicidii reo.
(Laterani, vii Id. Septembris.)

Cum accessisset nuper ad apostolicam sedem venerabilis frater noster B. Soacensis episcopus, super eo quod dicebatur de homicidii crimine infamatus coram nobis et fratribus nostris misericordiam sedis apostolicæ suppliciter implorabat. Cum autem nobis de facti serie non constaret, de processu ipsius a dilectis filiis Joanne capellano et Simone subdiacono nostris, qui rei veritatem plenius cognoverunt, dum in partibus Diocliæ legationis officio fungerentur, inquisivimus diligenter; et quorum assertione tenuimus quod cum ingressi provinciam Dalmatiæ superioris fuissent, a majore parte cleri et populi Soacensi de reatu homicidii dictum invenerunt episcopum infamatum. Cum autem ad ipsius Ecclesiam accessissent, in præsentia ejusdem cleri et populi Soacensis infra missarum solemnia quidam de civibus, S. nomine, libellum ipsis accusationis porrexit, asserens se testibus probatorum quod episcopus reus esset homicidii perpetrati. Episcopus vero per instrumentum purgationis oblatum, quo jurasse cum duobus episcopis dicebatur se nec fecisse homicidium illud nec fieri præcepisse, innocentiam suam ostendere satagebat. Quod tam tua quam illorum episcoporum assertione qui compurgatores fuisse dicebantur, falsum penitus repererunt, cum nullum a compurgatoribus exhibitum fuerit juramentum. Unde causam ipsam, ut populi scandalum sedaretur, duxerunt juris ordine pertractandam, et per receptionem testium productorum in concilio apud Antibarum congregato, voluerunt per confessionem ipsius intelligere plenius veritatem : cujus fuit tale responsum, quod nec fecerat neque præceperat fieri homicidium perpetratum et tam accusatores quam testes inimicos suos existere capitales. Et cum homicidium illud a T. et l. presbyteris assereret perpetratum, objectum fuit ei ab accusatore prædicto quod præscriptum T. in præsbyterum ordinarat; in quo se confessus est peccavisse. Verum cum dicti legati pariter pertractarent super his quæ coram eis fuerant actitata, die sequenti mitram eis et annulum in tua et episcoporum præsentia, qui convenerant ad concilium, resignavit; quæ ab eisdem post aliquot dies repetiit, asserens se ob hoc velle ad sedem apostolicam proficisci; cui et adversariis pariter datis dimissoriis, certus fuit a jamdictis legatis terminus assignatus. Cæterum inter alia quæ dictus episcopus in nostra et fratrum nostrorum præsentia recognovit, confessus est et non negavit se præfatum T. in presbyterum ordinasse postquam ipsum reatum homicidii audierat et crediderat commisisse; cujus factum, cum familiaris esset ipsius, non poterat penitus ignorare. Cum ergo, secundum Apostolum episcopus bonum testimonium debeat et ab his qui sunt intus et ab his qui sunt foris habere, qui ad curam positus aliorum, in se ipso debet ostendere qualiter alios in domo Domini oporteat conversari, nec perferens memorandi criminis labem, lucidam gerat sacerdotii dignitatem : Nos attendentes quod satius sit Domino inferiori ministerio deservire quam graduum sublimitatem appetere cum scandalo aliorum, episcopum ipsum monuimus diligenter ut postquam episcopalia insignia resignarat, citra pontificale fastigium Creatori suo devotum impenderet amodo famulatum; quod in humilitatis spiritu et contrito animo visus est acceptasse, unde ipsius propositum dignis laudibus commendamus. Cæterum quoniam non sine nostro et cleri posset opprobrio mendicare, cum de provisione ipsius propter locorum incertitudinem deliberare provide non possemus, ad petitionem ipsius, fraternitati tuæ duximus apostolicas litteras destinare, præcipiendo mandantes quatenus de Soacensis episcopatus proventibus ei competenter in necessariis facias provideri, ne pro defectu temporalium rerum propositum ejus valeat impediri. Et quoniam quidam, coram te propriis nominibus designandi, eum dicuntur rebus propriis contra justitiam spoliasse, alii vero manus in eum sacrilegas injecisse ; volumus et mandamus ut, si rem ita inveneris se habere, et primos ad ablata reddenda in integrum, appellatione remota, compellas, et alios excommunicatos publice nunties et sicut excommunicatos tamdiu facias evitari, donec passo injuriam s. c., etc. t. t. l. a. s. a. u. a.

Datum Laterani, vii Idus Septembris.

CLXXXI.
CANTUARIENSI ARCHIEPISCOPO.
Ut abusum quemdam in processionibus corrigat.
(Laterani, Id. Septembris.)

Cum bona sint coram Deo et hominibus secundum Apostolum, providenda, episcopis, qui successores apostolorum existunt, et lux mundi et sal terræ Veritatis testimonio perhibentur, est summopere attendendum ut, via regia incedentes nec declinantes ad dexteram vel sinistram, neque conscientiam propter famam neque famam pro conscientia derelinquant; sed sic inter ea irreprehensibiliter gradiantur, quod nec impii apud Deum qui videt in corde, nec crudeles apud homines qui vident in facie judicentur. Sane, conquerentibus dilectis filiis monachis Cantuariensibus, nostris est auribus intimatum quod, te præsente, in processionibus quæ in ecclesia ipsa solemniter celebrantur, quandoque præcedunt quandoque sequuntur inter te ipsosque monachos, quasi separantes caput a membris, clerici sæculares, eorumdem insuper stalla in choro contra consuetudinem coarctantes. Ex hoc autem dignitati Cantuariensis Ecclesiæ plurimum detrahitur et honori et scandalum, sicut dicitur generatur in cordibus infirmorum, ac quies Deo famulantium perturbatur et devotio deperit popularis, dum in eodem collegio diversæ professionis et habitus cernuntur homines sociari: quorum alii vestiuntur vilibus, alii pretiosis; quidam velatis incedunt capitibus, alii denudatis. Cum igitur sit incongruum ut in uno et eodem officio professio dispar existat, fraternitati tuæ per apostolica scripta mandamus quatenus circa ea quæ præmisimus corrigenda sollicitudinem adhibeas pastoralem; ut et scandalum tollatur de medio propter quod multa sunt sæpius omittenda, sicut jam alia vice tibi recolimus intimasse (85), atque in Cantuariensi Ecclesia regimini tuo commissa, quæ celebrem locum obtinet inter Ecclesias Anglicanas, nihil reprehensione dignum occurrat, unde ad alias religionis et honestatis exemplum convenit derivari. Tunc enim melius, sicut tua fraternitas non ignorat, subditos tuos corrigere poteris et ad frugem reducere meliorem, cum in capite nihil inventum fuerit quod merito debeat reprehendi.

atum Lat. Idibus Septembris.

CLXXXII.

NOBILI VIRO R. COMITI LICII.

Recipit illum sub protectione apostolica.

Devotionis et fidei puritatem quam erga nos et Romanam Ecclesiam matrem tuam ac regiæ sublimitatis coronam habere dignosceris diligentius attendentes, petitionibus tuis libenter annuimus et eas, quantum cum Deo et honestate nostra possumus, gratanti animo promovemus. Eapropter, dilecte in Domino fili, tuis justis precibus grato concurrentes assensu, personam tuam cum omnibus bonis quæ inpræsentiarum rationabiliter possides, specialiter autem Licii comitatum, aut in futurum justis modis Deo propitio poteris adipisci, sub beati Petri et nostra protectione suscipimus et præsentis scripti pagina communimus. Nulli ergo, etc.

(85) Supra lib. I, epist. 432.

CLXXXIII.

TARVISINO EPISCOPO.

Ne clerici comam nutriant, aut laicali veste utantur.

(Laterani, xv Kal. Octobris.)

(86) Significasti nobis per litteras tuas quod quidam clerici tuæ diœcesis, licet ecclesiastica beneficia sint adepti, comam nutriunt, quidam etiam incedunt in habitu laicali, laici quoque ascribi volentes militiæ clericali, cum a te promoveri non possint, cum litteris archidiaconi tui ad episcopos vicinos accedunt, et ab eis se faciunt ordinari. Volentes igitur hujusmodi excessibus obviare, fraternitati tuæ per apostolica scripta mandamus quatenus clericos qui comam nutriunt et incedunt in habitu laicali, nisi ad commonitionem tuam deposuerint comam et clericalem servaverint tam in vestibus quam in aliis honestatem, usque ad correctionem idoneam a beneficiorum suorum perceptione, sublato appellationis obstaculo, nostra et tua fretus auctoritate suspendas. Interdicas autem archidiacono tuo ne sine conscientia et auctoritate tua concedat suas litteras promovendis; et eis etiam districte prohibeas ne ad ordines taliter audeant convolare. Quod si contra prohibitionem tuam venire præsumpserint, exsecutionem eis ordinum susceptorum taliter interdicas.

Datum Laterani, xv Kalendas Octobris.

CLXXXIV.

EPISTOLA FRIDERICI REGIS SICILIÆ AD HOMINES DE MONTEFLASCONE.

Hortatur eos ut sint obedientes summo pontifici.

(Panormi, xxii mensis Junii.)

FREDERICUS Dei gratia rex Siciliæ, ducatus Apuliæ et principatus Capuæ, hominibus de Monteflascone fidelibus suis, salutem et dilectionem.

Cum charissimi in Christo patris nostri domini Innocentii summi pontificis et Ecclesiæ Romanæ circa nos et regnum nostrum non modica jugiter beneficia sentiamus, in quibus possumus grata sibi volumus filialis devotionis vicissitudine respondere et tam regaliter quam humiliter ejus implere beneplacitum voluntatis. Gaudemus autem quod, sicut accepimus, ad fidelitatem matris vestræ et ipsius summi pontificis humili curastis devotione redire et in ea fideliter et firmiter permanetis. Ne autem de juramento quod nobis præstitisse dicimini, inposterum dubitetis, præsentes vobis duximus litteras destinandas, quibus et affectum nostrum exprimimus, dum id gratum scribimus nos habere et tanquam Ecclesiæ filii, vos ad fidelitatem ejus regaliter exhortamur; monentes ut sic in ea persistere procuretis, ut non ex temeraria levitate sed ex deliberatione discreta potius ad id videamini processisse.

Datum Panormi xxii mensis Junii, indictionis II.

(86) Cap. *Significasti*, De officio archidiaconi.

CLXXXV.

CAPITULO PENNENSI.

Quod ipsorum electus episcopus, qui ante confirmationem ministrarat, privatus sit.

(Laterani, xi Kal. Octobris.)

(87) Qualiter, post obitum bonæ memoriæ. Pennensis episcopi, Ecclesia vestra vacante, receptis prius super electione facienda litteris nostris, primicerium vestrum vobis elegeritis in pastorem, vos tanquam auctores electionis ipsius plenius cognovistis. Verum quoniam electus a vobis, ante confirmationem obtentam, administrationi episcopatus se irreverenter immiscuit et tam a clericis quam a laicis juramenta recepit, non attendens quod, secundum Apostolum, nemo sibi debeat honorem assumere, sed qui vocatur a Deo tanquam Aaron, nec donum scientiæ pontifici conveniens fuerat assecutus, cum, juxta verbum Dominicum, qui fecerit et docuerit, magnus vocetur in regno cœlorum, postquam nobis eumdem præsentastis electum, sufficienti examinatione præmissa, cummunicato fratrum consilio, electionem de ipso factam exigente justitia duximus irritandam, quidquid ob eam vel ex ea seculum est denuntiantes penitus non tenere. Ne autem gregi Dominico diu desit cura pastoris et ex defectu ipsius Ecclesia vestra incurrat dispendium et jacturam, universitati vestræ per apostolica scripta præcipiendo mandamus quatenus convenientes in unum, sicut moris est, et Spiritus sancti gratia invocata, virum idoneum et qui vita et scientia sit sufficiens pontificali oneri et honori, post receptionem præsentium infra mensem in patrem et pastorem animarum vestrarum per electionem vobis canonicam assumentes, electum ipsum nobis postea præsentetis, a nobis, ut dignum fuerit, vice regia petituri consensum et confirmationem auctoritate apostolica recepturi. Alioquin, aliquos ex vobis ad præsentiam nostram ex parte omnium transmitti volumus et mandamus, secundum assignationem nostram pastorem idoneum recepturos.

Datum Laterani, xi Kal. Octobris.

CLXXXVI.

FESULANO EPISCOPO.

Committitur ipsi cognitio cujusdam causæ.

(Laterani, ix Kal. Octobris.)

Cum ex conquestione dilectorum filiorum fratrum Camaldulen. dudum ad nostram notitiam pervenisset quod prætextu cujusdam chartæ, quam prior eorum, ipsis nescientibus, fecisse proponitur, filii R. de Galbin. castrum Castilionis sibi contenderent cum ejus curia vindicare, atque Camaldulen. eremum ex hoc multipliciter prægravarent. Nos, venerabili fratri nostro Aretin. episcopo dedimus in mandatis ut, nisi præfati nobiles possessiones easdem fratribus ipsis restituerent, quemadmodum tenebantur, ipse ad hoc eos per censuram ecclesiasticam cogeret, appellatione remota, justitia mediante. Verum, sicut idem nobis episcopus suis litteris intimavit, post-

(87) Cap. *Qualiter,* De electione.

A quam prædicti nobiles ab ipso vocati nostras litteras transcripserunt, utraque partium præfixo termino in ejus præsentia constituta, et priore Camaldulensi plene factum narrante, unus eorum videlicet ad objecta respondit; et post multa provocantes et recusantes episcopum, scripturam sibi sub trium nominibus porrexerunt, qua eum tanquam patronum Camaldulensis eremi dicebant esse suspectum, et ne tempore præcipue messium eos sub suo cogeret examine litigare, sedem apostolicam appellarunt. Sed eis die sequenti reversis et renuntiantibus non recusationi quam fecerant, sed appellationi duntaxat, episcopus partibus alium terminum assignavit; in quo dum de recusatione contenderent coram ipso, potestas Aretin. superveniens et judicium illud ad se pertinere proponens, ne in causa procederet interdixit et ad nostram audientiam appellavit. Nos igitur deliberatione super hoc habita diligenti, fraternitati tuæ per apostolica scripta præcipiendo mandamus quatenus causam inter prædictum nobilem et fratres Camaldulen. non obstante contradictione vel appellatione cujusquam audias et decidas, cogens partes per censuram ecclesiasticam, etc. Taliter autem Deum habens præ oculis, omni gratia et timore postpositis, in ipsa causa procedas, quod zelum justitiæ videaris habere nosque tuæ sollicitudinis studium debeamus merito commendare. Nullis litteris veritati et justitiæ, etc.

Datum Laterani, ix Kal. Octobris, pontificatus anno secundo.

CLXXXVII.

PANORMITANENSI, MONTIS-REGALIS, ET MESSANENSI ARCHIEPISCOPIS, ET EPISCOPO TROIANO, REGNI SICILIÆ CANCELLARIO, ET NOBILI VIRO B. DE LUCII.

Ut de regni bonis alienata restituant.

(Laterani, Kal. Octobris.)

In quot et quantis vobis duxerimus deferendum, vos per experientiam operis credimus didicisse; cum licet regni balium nobis fuerit ex inclytæ recordationis C. imperatricis testamento relictum, vos tamen administrationem ejus fere totam libere permiserimus exercere, sperantes quod et vos ad honorem apostolicæ sedis et nostrum, salutem regis et statum regni specialius intendere debeatis. Jamdudum autem audivimus quod vos multa de dominio regis diversis personis in beneficium assignastis. Propter quod contra vos grave scandalum est subortum, et ad nos etiam per plurium litteras et nuntios et fama publica clamante delatum. Ne autem id de cætero vel ad culpam nobis, vel vobis imputetur ad pœnam, præsertim cum distractiones hujusmodi fieri ad preces vestras litteris curaverimus apostolicis inhibere, discretionem vestram monemus et exhortamur attentius, ac per apostolica scripta præcipiendo mandamus, quatenus ea quæ minus utiliter distraxistis, studeatis utiliter revocare, manus vestras de cætero ab hujusmodi compescentes; ne nos, licet invitos, statuere aliud compellatis. Pecuniam autem pro qua dilectum filium M. campsorem nostrum direximus, et solvere non tardetis : quoniam tam eam quam aliam pro reprimendis regni hostibus, dante Domino, studebimus utiliter erogare. Ad hæc, super custodia regis et regni volumus et mandamus vos efficaciter intendere ac sollicite vigilare.

Datum Laterani, v Kal. Octobris.

CLXXXVIII.
MAGDEBURGENSI ARCHIEPISCOPO, ET DE BURGELIM ET DE CELLA SANCTÆ MARIÆ ABBATIBUS.
De divortio ducis Bohemiæ et uxoris ejus.

(88) Ex conquestione nobilis mulieris A. nobis innotuit quod cum dilectus filius dux Bohemiæ illam duxisset legitime in uxorem et ipsam viginti annis et amplius velut uxorem legitimam pertractasset, filiis et filiabus ex ea susceptis, eamdem, suadente humani generis inimico, a suo consortio separavit et Pragen. episcopus, convocato quorumdam prælatorum concilio in quodam monasterio ad petitionem et mandatum ipsius ducis, ipsa volente ad eos accedere, ut suas coram eis proponeret rationes, militibus ejusdem ducis prohibentibus ei bis vel ter ingressum, ex parte illius appellatione ad sedem apostolicam interposita, sententiam inter eos divortii non est veritus promulgare, ac demum ipse dux, quamdam aliam, videlicet sororem charissimi in Christo filii nostri illustris regis Ungariæ, superduxit. Quoniam igitur hæc salva conscientia præterire non possumus indiscussa, cum secundum Apostolum, simus omnibus debitores, discretioni vestræ per apostolica scripta mandamus atque præcipimus quatenus, vocatis ad præsentiam vestram quos propter hoc noveritis esse vocandos, inquiratis diligentius veritatem ; et quidquid inveneritis, nobis per litteras vestras intimare minime differatis ; ut ex vestra relatione sufficienter instructi, liberius in ipso negotio, prout ad nostrum officium pertinet, procedere valeamus Nullis litteris, etc.

CLXXXIX.
JEROSOLYMITANO PATRIARCHÆ, LIDDENSI EPISCOPO, JEROSOLYMITANI HOSPITALIS ET MILITIÆ TEMPLI MAGISTRIS.
Ut collectam transmissamque eleemosynam fideliter distribuant et de statu terræ sanctæ rescribant.

Tam ex litteris nostris quam relatione multorum propositum quod de subventione terræ orientalis assumpsimus, vobis jam credimus patuisse : quæ licet propter guerras et discordias, quæ peccatis exigentibus fortius et frequentius solito pullulant in populo Christiano, aliquandiu differatur, non tamen vobis debet fiduciam speratæ utilitatis auferre; cum etsi quidam, audito quod cum Saracenis treugas inissetis, ad tempus aliquantum tepuerint, nos non tepeamus in aliquo, sed proposito potius insistamus ; quamvis propter impedimenta prædicta nec possibilitas voluntati plene respondeat nec affectus in omnibus concludat effectum. Quid autem

(88) Vide infra epist. 197.

PATROL. CCXIV.

super hoc a nobis et fratribus nostris, his præsertim quos ad hoc duximus specialiter deputandos, actum existat et qualiter sit processum discretionem vestram non credimus ignorare; cum per diversas provincias et litteras direxerimus et legatos ad exhortandos populos ad subsidium vestrum et Ecclesiarum prælatos ad id mandaverimus ecclesiastica districtione compelli. Apostolorum igitur vestigiis inhærentes, qui collectas faciebant in gentibus, ut fratribus in Jerusalem indigentibus subvenirent, navim expensis propriis fieri fecimus et frumento collecto ex fidelium eleemosynis onerari : quod per dilectos filios Raymundum Jerosolymitani Hospitalis et M. militiæ Templi fratres et I. monachum duximus destinandum, qui de consilio vestro illud magis indigentibus gratis distribuant et discrete. Speramus enim quod armis orationum et eleemosynarum adjuti, cum fuerit datum ab illo qui fortium arcus infirmat et manus humilium docet ad bellum, qui non in numerositate bellantium, sed in multitudine miserationum suarum salvos facit, de sua misericordia confidentes id obtinebimus quod alias non potuimus hactenus obtinere. Credimus etiam quod principibus et populis Christianis optata tranquillitate concessa, exspectatum in Christo subsidium sentietis. Ideoque discretionem vestram monemus et exhortamur attentius, per apostolica vobis scripta mandantes, quatenus ad distribuendam gratis prædictam et eleemosynam indigentibus discretæ provisionis aciem extendatis et statum Jerosolymitanæ provinciæ nobis per litteras vestras frequenter et veraciter intimetis. Sicut enim expedit ut veri nobis rumores sæpius exponantur, sic est utile ut hi supprimantur penitus qui mixturam sapiunt falsitatis.

CXC.
CAPITULO CAPUANO.
Ut mature novum episcopum eligant non diu exspectatis his qui longius aberant.

Cum inter universas metropoles Capuana sit apostolicæ sedi vicinior, ad provisionem ipsius specialius aspiramus, talem ipsi personam præfigi cupientes, quæ sicut alios metropolitanos loci vicinitate, sic et devotionis affectu præcellat, per quam et ipsa metropolis tam in spiritualibus quam temporalibus optatum suscipiat incrementum. Intelleximus autem, per dilectos filios L. et P. canonicos vestros et litteras quas ad sedem apostolicam detulerunt, quod ad decanum et alios concanonicos vestros Panormi manentes, cum ex eorum parte vobis fuisset per litteras intimatum ut, Ecclesiæ Capuanæ damna pensantes, sic tractaretis super electione substituendi pastoris, quod nullum deberetis in eorum absentia nominare, quemdam socium vestrum cum litteris destinastis, duodecim dierum terminum assignantes, infra quem, post receptionem litterarum vestrarum, iter arriperent redeundi, quamvis ecclesiastica consuetudo non exigat ut ad electionem pastoris canonici tam remoti vocentur et illi præcipue qui longe ante quam vos metropolitani vestri obitum præsentialiter cognoverunt, quorum aliqui post eius decessum ad Capuanam Ecclesiam sunt reversi. Quia vero mora longior in electionibus est valde suspecta, imo sæpe damnosa, discretioni vestræ per apostolica scripta mandamus atque præcipimus quatenus invocatus Spiritus sancti gratia, personam idoneam per electionem canonicam concorditer assumatis ad regimen Ecclesiæ Capuanæ; consequenter ad nostram præsentiam nuntios idoneos transmissuri, per quos a nobis vice regia postuletis assensum, et apostolicæ confirmationis gratiam requiratis; attentius provisuri ut eo discretionis et charitatis studio procedatis, quod nec in electione vitium nec in electo defectus valeat inveniri. Alioquin, et factum electionis revocaremus in irritum et personas eligentium puniremus.

CXCI.

UNIVERSIS CHRISTI FIDELIBUS IN SAXONIA ET WESTPHALIA CONSTITUTIS.

Ut Livoniensem episcopum, clerum et Ecclesiam contra paganos defendant.

(Laterani, III Non. Octobris.)

Sicut ecclesiasticæ læsionis censura compelli non patitur ad credendum invitos, sic sponte credentibus apostolica sedes, quæ mater est omnium generalis, munimen suæ protectionis indulget et fideles ad defensionem eorum salubribus monitis exhortatur; ne si nuper conversis negatum fuerit defensionis auxilium, vel in primos revertantur errores vel eos saltem pœniteat credidisse. Accepimus enim quod cum bonæ memoriæ M. episcopus Livoniensis fuisset provinciam Livoniensem ingressus, in verbo Domini laxans prædicationis suæ retia in capturam, inter populos barbaros, qui honorem Deo debitum animalibus brutis, arboribus frondosis, aquis limpidis, virentibus herbis et spiritibus immundis impendunt, usque adeo, Domino concedente, profecit, ut multos a suis erroribus revocatos ad agnitionem perduceret veritatis, et sacri baptismatis unda renatos doctrinis salutaribus informaret. Verum inimicus homo, qui tanquam leo rugiens circuit quærens quem devoret, invidens conversioni eorum pariter et saluti, persecutionem paganorum circumadjacentium in eos iniquis suggestionibus excitavit, cupientium eos delere de terra et de partibus illis Christiani nominis memoriam abolere. Ne igitur nostræ negligentiæ valeat imputari si hi qui jam crediderunt retro cogantur abire, nec præsumant (*sic*) aliqui fidem nostram recipere, si illi qui jam receperunt, a paganorum incursibus remanserint indefensi; universitatem vestram monemus et exhortamur attentius, in remissionem vobis peccaminum injungentes, quatenus, nisi pagani circa Livoniensem Ecclesiam constituti cum Christianis treugas inire voluerint et initas observarint, ad defensionem Christianorum qui sunt in partibus illis potenter et viriliter in nomine Dei exercituum assurgatis. Nos autem in omnibus de partibus vestris qui sanctorum limina visitare voverunt, præsentium auctoritate concedimus ut in voti commutatione emissi, in defensionem Livoniensis Ecclesiæ ad partes illas pro reverentia nominis Christiani procedant. Omnes siquidem qui ad defendendam Livoniensem Ecclesiam et Christianos in illis partibus constitutos divino zelo succensi duxerint transeundum, sub beati Petri et nostra protectione suscipimus, et eis apostolici patrocinii beneficium impertimur.

Datum Laterani, III Nonas Octobris.

In eumdem modum universis Christi fidelibus in Sclavia constitutis. In eumdem modum universis Christi fidelibus trans Albiam constitutis.

CXCII.

CIVITATENSI EPISCOPO, BARONIBUS, MILITIBUS, ET UNIVERSO POPULO IN COMITATU CIVITATENSI CONSTITUTIS.

Ut Theatino præfecto obediant et obsequantur.

(Laterani, VII Id. Octobris.)

Cum defensio vestra pariter et tutela specialiter ad nos, non solum ex sollicitudine pastoralis officii, verum etiam balii ratione pertineat, præter id etiam quod regnum Siciliæ ad jus et proprietatem apostolicæ sedis dignoscitur pertinere ne ab aliquo sustinere possitis molestiam vel gravamen, paterna duximus sollicitudine providendum. Inde est quod dilecto filio nobili viro R. comiti Theatino, viro utique provido et prudenti, nostris dedimus litteris in mandatis ut ipse, qui vicinitate vobis ad defensionem et tuitionem melius potest intendere, vos protegat et defendat nec permittat vobis gravamen aliquod irrogari. Quocirca universitati vestræ per apostolica scripta mandamus et districte præcipimus quatenus eidem nomine regio tanquam procuratori nostro a nobis super hoc constituto de cætero intendentes, in omnibus necessitatibus vestris ejus consilium et auxilium requiratis.

Datum Laterani, VII Idus Octobris.

CXCIII.

CAPITULO FUNDANO.

De electione episcopi Fundani.

(Laterani, V Id. Octobris.)

Cassata olim electione Joannis de Pastina, quem vobis elegeratis in pastorem, tam propter electionis vitium quam electi defectum, vobis dedimus in mandatis ut conveniretis in personam idoneam pariter et honestam. Sed vos in vestra diutius contumacia persistentes, cassatam electionem nitebamini denuo innovare. Nos autem, licet potuissemus consulere per nos ipsos Ecclesiæ tandiu viduatæ pastore, adhuc tamen vos ad electionis concordiam curavimus invitare. Tandem cum nihil apud vos proficere videremus, vobis dedimus in mandatis ut infra certum terminum ad nostram præsentiam veniretis, episcopum recepturi. Venerabili etiam fratri nostro Terracinensi episcopo mandasse meminimus ut, nisi vos mandatum apostolicum impleretis, in vos tam officii quam beneficii suspensionis sententiam promulgaret. Cæterum vos adhuc contra vetita venientes, dilectum filium P. primicerium vestrum adhuc acolythum, cum jam nullum vobis liceret eligere, in episcopum elegistis. Quamvis autem personam ejusdem primicerii ad majora etiam reputemus idoneam, utpote cujus scientiam et conversationem olim in scholis intelleximus plenius per nos ipsos; quia tamen propter defectum ordinis et contra interdictum apostolicum est electus, electionem ipsius, velut contra sanctiones canonicas attentatam, de fratrum nostrorum consilio duximus irritandam. Quia igitur vos non ad recipiendum episcopum juxta mandatum nostrum, sed ad repraesentandam nobis electionem, quam feceratis, ad sedem apostolicam accessistis et ex hoc non implevisse mandatum nostrum, sed illud potamini potius fuisse transgressi, dicto Terracinensi episcopo dedimus in mandatis ut ita in vos secundum formam priorum litterarum procedat, sicut contra vos, si non accessissetis ad Romanam Ecclesiam, fuerat processurus.

Datum Laterani, v Idus Octobris.

Illi scriptum est super hoc.

CXCIV.

ABBATI DE WALCHENRIETH.

Ut Gerlacus monachus, qui indicem sibi praecidit, a celebratione missarum arceatur.

(Laterani, 11 Id. Octobris.)

Accedens ad praesentiam nostram Gerlacus monachus tui monasterii, humili nobis insinuatione monstravit quod cum missarum officia celebraret, animi negligentia faciente, verba canonis frequenter inordinate protulit. Propter quod ipsa verba et quaedam quae presbyter in ipso sacramento Dominici corporis secundum ecclesiasticam constitutionem diligenti cura debet peragere, aliquoties iteravit. Unde vehementi dolore commotus, sibi summitatem digiti sinistrae manus, qui index dicitur, amputavit. Nos autem ei praecipimus ut a missarum celebratione deinceps abstineat, concedentes eidem ut injunctam sibi poenitentiam peragens, de indulgentia nostra possit in aliis officiis ministrare; ipsumque tibi duximus remittendum, per apostolica scripta mandantes quatenus eum fraterna studeas charitate tractare.

Datum Laterani, 11 Idus Octobris.

CXCV.

EPISCOPO, DECANO, ET CAPITULO PICTAVEN.

Ut W. camerae apostolicae scriptorem in canonicum recipiant.

(Laterani, x Kal. Octobris.)

Si debita sollicitudine pensaretis quid honoris et reverentiae Romanae Ecclesiae debeatis, cui si non obeditur, nulla vobis reverentia poterit exhiberi; et quomodo vos in vestris petitionibus curaverit exaudire, in exsequendis illis quae vobis injungit nequaquam vos exhiberetis difficiles vel rebelles. Unde cum tempus advenerit opportunum, vestra duritia nos plenius informabit qualiter in postulationibus vestris communibus vel privatis debeatis nos benignos vel propitios invenire. Verumtamen si vigeret in vobis devotionis affectus et discretionis acumen, possetis in pluribus cognovisse non esse utile vel fructuosum Ecclesiis mandatis apostolicis temeritate qualibet reluctari. Vos autem, filii canonici, nihil horum intelligentiae spiritu capientes, mandatum apostolicum, quod tam a felicis memoriae C. papa praedecessore nostro quam a nobis ipsis postmodum pro dilecto filio W. camerae nostrae scriptore canonicando in vestra Ecclesia emanavit, contempsistis hactenus adimplere. Sane cum venerabilis frater noster episcopus et dilectus filius archidiaconus Engolismenses, sicut ex litteris ipsorum accepimus, eumdem W. de mandato ejusdem praedecessoris nostri canonicum instituissent in Ecclesia Pictaviensi, procuratori suo locum in choro ejus nomine assignantes; omnes contradictores eadem auctoritate nuntiarunt excommunicationis sententia detineri, nobis postmodum approbantibus quod factum fuerat ab eisdem. Cumque bonae memoriae A. quondam episcopus Pictavien. in nostra praesentia ipsum scriptorem in fratrem et canonicum ejusdem Ecclesiae recepisset, eidem episcopo viva voce, deinde vero dilectis filiis decano, cantori et I. Morel canonico Xanctonensibus nostris litteris districte dedimus in mandatis ut eum canonicam ipsam facerent plene ac pacifice possidere, contradictores et rebelles per districtionem ecclesiasticam compescentes. Nos etiam irritantes si quid eo non admisso prius in elusionem mandati nostri foret ab aliquo attentatum, eisdem injunximus ut vobis districtius inhiberent ne praesumeretis in aliqua canonicorum ordinatione procedere, donec de ipso mandatum nostrum esset plenius adimpletum. Iidem autem exsecutores, sicut ex eorum litteris perpendimus manifeste, cum post tertiam et quartam etiam commonitionem nihil possent apud vos commonendo proficere, vestram supposuerunt Ecclesiam interdicto; et personas omnium receptioni ejus contradicentium excommunicationis vinculo innodantes, utramque praeceperunt sententiam firmiter observari; inhibentes districtius ne, ante receptionem saepedicti scriptoris, aliquos praesumeretis in vestra Ecclesia ordinare. Interea vero cum dilecti filii N. subdiaconus, I. Arnaudi et P. de Lauduno canonici et nuntii Ecclesiae vestrae ipsum in canonicum et in fratrem in nostra praesentia recepissent et nos vobis injunxissemus districte ut eum recipere minime differretis, procuratori ejus stallum in choro et locum in capitulo cum plenitudine honoris canonici assignantes, licet vobis fuissemus graviter comminati quod, si illa vice vestra non posset duritia emolliri, manus nostras in vos curaremus durius aggravare, vos haec omnia pro nihilo reputantes, non solum id efficere noluistis, verum etiam divina officia in interdicta Ecclesia celebrare et, ut contumacia vestra manifestius appareret, duos canonicos, post inhibitionem ex parte nostra factam, in eadem Ecclesia in elusionem mandati nostri instituere praesumpsistis. Nos igitur hac in patientia nolentes ulterius sustinere, ne contumacibus et rebellibus contradicendi et reluctandi materiam præbeamus, cum inobedientia, secundum Prophetam, idololatriæ comparetur, per apostolica vobis scripta mandamus et in virtute obedientiæ districte præcipimus quatenus eumdem scriptorem, omni contradictione, dilatione et appellatione seposita, in fratrem vestrum et canonicum admittentes, procuratori ejus stallum in choro et locum in capitulo cum plenitudine honoris canonici assignetis, nec solitæ dilationis obstaculum prætendatis, propter quod ejus institutio differatur. Alioquin, noveritis nos venerabili fratri nostro archiepiscopo et dilecto filio cancellario Turonen. districte et in virtute obedientiæ nostris litteris injunxisse ut, nisi infra viginti dies post commonitionem ipsorum prædictum scriptorem nostrum juxta formam mandati nostri receperitis in canonicum et in fratrem, te, frater episcope, si forte, quod non credimus, reluctari præsumpseris, cum etiam non sis veritus celebrare in Ecclesia interdicta, veritate super hoc cognita denuntient esse suspensum, et vos, filii canonici, excommunicationis vinculo non differant innodare, cassantes penitus quidquid de institutione canonicorum ipsorum in elusionem mandati nostri per vos noscitur attentatum, eosdem excommunicationis vinculo innodantes et exspoliantes beneficiis, si qua habent, si pro canonicis Pictaven. præsumpserint se habere. Eisdem etiam dedimus in mandatis ut tam interdictum Ecclesiæ Pictaven. quam utramque sententiam tandiu inviolabiliter, appellatione remota faciant observari, donec mandatum nostrum fuerit adimpletum, et cum testimonio suarum litterarum pro satisfactione nobis præstanda nuntios idoneos ad nostram præsentiam duxeritis transmittendos.

Datum Laterani, x Kal. Octobris.

Illis scriptum est super hoc.

CXCVI.

BRACARENSI ARCHIEPISCOPO, ET PRIORI ECCLESIOLÆ ET F. MENENDI MONACHO DE ALCOBATIA.

Ut controversiam episcopi Colimbriensis contra Templarios dijudicent.

(Laterani, 11 Id Octobris.)

Referente venerabili fratre nostro Colimbriensi episcopo, apud sedem apostolicam constituto, nostris est auribus intimatum quod cum quæstio dudum inter Colimbriensem Ecclesiam et Templarios agitata super Ecclesiis de Palumbario, Rodina et Ega, ex conquestione ipsius Colimbriensis Ecclesiæ ad felicis recordationis Lucii papæ prædecessoris nostri audientiam pervenisset, bonæ memoriæ C. Bracarensi archiepiscopo et F. Portugalen. episcopo eam commisit fine canonico terminandam; ut si dicti Templarii ad eorum præsentiam non accederent aut eorum judicio contemnerent obedire, absque appellationis diffugio in eosdem severitatem canonicam exercerent. Cum autem judices ipsi partes tandem edicto peremptorio citavissent, Templarii obtentu appellationis in prima citatione ad sedem apostolicam interpositæ, licet in commissoriis litteris remedium esset appellationis sublatum, ad diem peremptorium nec venerunt nec pro se miserunt aliquem responsalem; quos infra certum tempus coram se juri stare mandarunt, alioquin jura episcopalia in dictis Ecclesiis adjudicarunt Colimbriensi Ecclesiæ judices antedicti; et nisi eorum sententiæ pareretur, tam Ecclesias quam earum parochianos supposuerunt ecclesiastico interdicto, Christiana sepultura etiam interdicta. Consequenter vero Templariorum nuntius a bonæ memoriæ Urbano papa prædecessore nostro sub ea forma commissionis litteras impetravit, ut ante ingressum causæ a Templariis sufficienti cautione recepta quod super his juri parerent, delegati solverent interdictum, et si alterutra pars duceret appellandum, usque ad diffinitivam sententiam procedentes, gesta omnia transmitterent sigillorum suorum munimine roborata et diem partibus assignarent, quo venirent ad sedem apostolicam sententiam recepturæ. Ex quarum nimirum litterarum tenore non fuit processum; quoniam pars quæ rescriptum impetraverat illud judicibus non ostendit. Unde in Ecclesiis memoratis interdictum postea non exstitit relaxatum, quod Templarii, sicut dicitur, non servarunt. Cumque processu temporis dilectus filius noster G. Sancti Angeli diaconus cardinalis in Hispaniæ partibus legationis officio fungeretur, episcopo et archidiacono Ulixbonen. suis dedit litteris in mandatis ut aut causam eamdem fine dedito terminarent, vel sententias a prioribus judicibus promulgatas vice sua ratas habentes, quæ continebantur in eis facerent a partibus firmiter observari. Sed responsalibus Ecclesiæ Colimbriensis ad diem peremptorium venientibus coram eis et Templariis, sicut prius fecerant, venire contemnentibus vel mittere responsalem, judices latas a prioribus sententias confirmarunt, ne scilicet divina celebrarentur officia in ecclesiis antedictis neque sepelirentur in eis corpora defunctorum, nec primitiæ, decimæ, vel mortuaria militiæ Templi fratribus solverentur; excommunicationi subdentes qui contra hoc facere attentarent. Sed dicti fratres in sua contumacia nequiter permanentes observare præfatas sententias penitus contradicunt. De venerabilibus quoque fratribus nostris Lamecensi, Ulixbonensi, et Visensi episcopis, Ecclesiæ Colimbriensi afflictæ afflictionem addentibus, quorum primus ecclesias supradictas, alter ecclesiam de Thomar in Colimbriensi diœcesi constitutam, tertius vero ecclesias de Larena præsumpsit, spreta prohibitione Colimbriensis ecclesiæ, consecrare, memoratus Colimbriensis episcopus gravem in auditorio nostro proposuit quæstionem, obnixe deposcens ut tam ipsorum quam aliorum prædictorum excessus animadversione vellemus canonica castigare, per quos sæpedicta Colimbriensis Ecclesia enormem sustinuerat læsionem. Nos igitur ab ipsius clamoribus, qui apud nos, sicut vestra novit discretio, moram fecerat longiorem, auditum avertere non valentes et de prolatis delegatorum sententiis, quantum patuit per authentica scripta, certiores effecti, sed utrum observatæ fuerint ignorantes, quamvis jamdictus Colimbriensis episcopus eas constanter assereret non servatas, discretioni vestræ per apostolica scripta præcipiendo mandamus quatenus solum Deum habentes præ oculis, gratia quoque ac timore postpositis, inquirentes super his quæ præmissa sunt diligentius veritatem, si jamdictis delegatorum sententiis auctoritate postmodum apostolica minime relaxatis inveneritis paritum non fuisse, Templarios in legitimis expensis vestræ discretionis arbitrio moderandis factis ob hanc causam per Colimbriensem Ecclesiam condemnetis; ad quarum præstationem eos per excommunicationis sententiam, appellatione remota, cogi volumus et mandamus; a quibus sufficienti cautione recepta quod coram vobis juri parebunt, interdicta soluto audiatis causam et eam, appellatione cessante, fine canonico decidatis. Si vero nominati fratres præmissam præstare noluerint cautionem, vos sublato cujuslibet contradictionis et appellationis obstaculo, in possessionem earumdem ecclesiarum causa rei servandæ Colimbriensem mittatis Ecclesiam et tueamini per districtionem ecclesiasticam introductam. Sacerdotes quoque et alios clericos, quos in illis ecclesiis interdictis inveneritis officia celebrasse divina, excommunicationis gladio percellatis et tandiu faciatis sicut excommunicatos arctius evitari, donec cum vestrarum testimonio litterarum nostro se conspectui præsentarint. Episcopos autem prædictos, si, juxta quod superius est expressum, ecclesias illas inveneritis temere consecrasse, appellatione cessante, a pontificali officio suspendatis. Sic autem in præmissis articulis juxta rescripti nostri continentiam, non obstante rescripto aliquo veritate tacita per subreptionem lite pendente a sede apostolica impetrato, fideliter ac prudenter, appellatione postposita, procedatis, nec processum causæ impediat si super hoc se dixerint certum nuntium ad nostram præsentiam transmisisse, quod protractas diutius controversias per vestram gaudeamus sollicitudinem terminatas. Testes, etc. cogantur. Quod si omnes, etc. tu, frater archiepiscope, cum eorum altero.

Datum Laterani, 11 Idus Octobris.

CXCVII.

ARCHIEPISCOPIS, EPISCOPIS, ABBATIBUS, PRIORIBUS ET UNIVERSO CLERO IN REGNO FRANCIÆ CONSTITUTIS.

Ut regem suum hortentur ut apostolicis mandatis obtemperet et, repudiata pellice, legitimam uxorem recipiat.

Anxiatur in nobis ex amaritudine spiritus et cor nostrum præ dolore turbatur, dum in causa matrimonii charissimi in Christo filii nostri Philippi Francorum regis illustris declinare ad sinistram vel dexteram pertimescimus, ne videamur plus homini deferre quam Deo, et rursus regia via in regem ipsum procedere molestamur, cum in eo, pro-

(89) Vide supra, epist. 188.

pter prærogativam dilectionis et gratiæ, nos ipsos reputemus offendi. Monet enim et movet nos vehementius contra eum et debitum pastoralis officii et fortius Phinees zelantis legem Domini notum vobis exemplum inducit; sed angit nos plurimum et retrahit aliquantum gratia specialis quam ad eumdem regem habemus et quam non solum circa ipsum, sed circa totum regnum Francorum opportunitate concessa proposuimus exhibere. Reducentes enim ad mentem et infra nos ipsos sæpius recolentes beneficia nobis olim in ipso regno scholasticis insistentibus disciplinis impensa, et a Deo donum scientiæ quantæcunque collatum, præter debitum officii pastoralis, quo sumus singulis debitores, nos tam regi quam regno specialiter teneri fatemur et non solum a regis gravaminibus, quantum licet, manum retrahimus, sed ad honorem ipsius et regni ejus augmentum ardentius aspiramus. Cæterum attendentes quod nos Dominus, licet immeritos, in sede justitiæ collocaverit et vicarios sui et apostolorum Principis constituerit successores, ne videamur acceptorum beneficiorum ingrati, si ei qui nos de pulvere suscitatos inter principes, imo supra principes sedere voluit et de principibus judicare, hominem præferamus, ne sine causa etiam accepisse dicamur ligandi et solvendi per beati Petri merita potestatem, dissimulare non possumus quin exhibeamus justitiam postulantibus et errantes ad rectitudinis tramitem revocemus, ferrum etiam apponentes vulneribus quæ fomentorum non sentiunt medicinam. Considerantes præterea quod salus animæ præferenda sit corporis voluptati et utilitati quam voluntati potius deferendum, cum multa beneficia præstentur invitis, ne vel odisse filium, si virgæ parcamus, vel ægro videamur causam interitus præstitisse, si vulneribus fotis oleo vinum superinfundere differamus, saluti regis ipsius consulere disposuimus et honori: credentes quod quantumcunque contra nos, imo licet injuste forsitan moveatur, ad mentem tamen reversus, cum remedium senserit medicinæ, tanto nobis reddetur et apostolicæ sedi devotior, quanto in corrigendo excessu, per quem Deum sibi reddit offensum, per quem ad excusandas excusationes in peccatis et in contemnendis Ecclesiæ sacramentis factus est aliis prævaricationis exemplum, per quem etiam fama ejus est apud bonos, ne dicamus penitus, plurimum offuscata, majorem in nos ex charitate fuerit severitatem expertus. Ecce enim dux Bohemiæ (89), sicut accepimus, ipsius secutus exemplum, uxore relicta legitima, simili modo adulteram superinducere non expavit. Sed et alii principes et privatæ personæ judaizare, dando libellum repudii suis uxoribus, sunt parati, nisi principis citius occurratur. Licet enim bonæ memoriæ Cœlestinus papa prædecessor noster sententiam illam divortii, quin potius illius ludibrii fabulam, de fratrum consilio duxerit penitus irritandam, diligenter eum admonens et frequenter ut prædictam reginam reciperet in gratiam conjugalem : ipse tamen pravo usus consilio, post inhibitiones multiplices, in gravem contemptum Ecclesiæ aliam superinducere non expavit. Nos autem volentes olim regem ipsum tractare in spiritu lenitatis et eum ad tramitem rectitudinis salubribus monitis revocare, ipsum circa nostræ promotionis initia per venerabilem fratrem nostrum Parisiensem episcopum fecimus commoneri, et postmodum per litteras nostras (90) diligenter induximus, ut, superinducta de finibus regni Francorum amota, reginam reciperet memoratam, quam a se duxerat irrationabiliter amovendam; juris ei licentiam non negantes quo minus, facta prius restitutione, audiremus et exaudiremus si quid duceret rationabiliter proponendum. Cur enim non potius eligat quod justum est et honestum et declinet quod iniquum est et damnosum; ut si forte desuper datum non fuerit quod prædictam reginam retinere velit in gratia conjugali, remota ea quam contra interdictum Ecclesiæ superduxit et recepta illa quam a se contra juris ordinem separavit, ex tunc, si de justitia et veritate confidit et ista judicio dimittatur, si fuerit dimittenda, et illa, si reducenda fuerit, reducatur; ne, si secus agi contigerit, et animæ periculum prædictus rex incurrat pro adulterio quod committit et in genere suo scandalum ponat, cum proles, si quæ fuerit hoc modo suscepta, non debeat censeri legitima sed spuria potius judicari. Licet autem nondum super hoc monitis nostris paruerit et mandatis, ne tamen salutem ipsius negligere videamur, si quod incœpimus relinqueremus imperfectum, adhuc eum per dilectum filium nostrum P. Sanctæ Mariæ in Via Lata diaconum cardinalem, apostolicæ sedis legatum, ad hoc ipsum mandavimus commoneri, dantes eidem legato firmiter in mandatis ut, nisi rex ipse monitis nostris et ejus aurem curaverit facilem adhibere et ipse adhuc ei forsitan voluerit super interdicto generali deferre, tam regi quam superinductæ ac eorum familiis, præter pœnitentias morientium, omni prorsus appellatione remota, interdicat omnia divina officia et ecclesiastica sacramenta et ubicunque præsentes fuerint, eis præsentibus, præter baptismum parvulorum et pœnitentias morientium, tam sacramenta divina quam ecclesiastica prohibeat officia celebrari. Ideoque universitati vestræ per apostolica scripta mandamus et ex parte Dei omnipotentis Patris et Filii et Spiritus sancti, auctoritate quoque beatorum Apostolorum Petri et Pauli ac nostra, in virtute obedientiæ districte præcipimus quatenus sententiam quam idem cardinalis in regem, superinductam et eorum familias vel in regnum etiam duxerit proferendam, et vos sublato cujuslibet appellationis obstaculo, firmiter observetis et faciatis ab aliis inviolabiliter observari. Si quis enim cujuscunque dignitatis vel ordinis eis post interdictum nostrum vel officia celebrare divina vel ecclesiastica

(90) Supra lib. I, epist. 2.

præsumpserit impendere sacramenta, se noverit ipsius dignitatis et ordinis periculum incursurum. Cum enim ex hoc quæramus sollicite salutem regis ipsius et amplius eum quam ipse se diligat diligamus, utpote quem nos in Domino diligimus ad salutem, ipse in animæ suæ perniciem diligit, contra Deum, non timemus si quod pro veritate ac justitia contra nos scandalum oriatur; quoniam si Deus nobiscum, quis contra nos? nec poterit adversus nos aliquorum machinatio prævalere, quia veritas et justitia nos defendent. Cum autem de prærogativa scientiæ ac honestatis vestræ non modicum confidamus, ne præter spem omnium eis comparari possitis, de quibus dicitur, *Canes muti non valentes latrare* (Isa. LVI, 10), cum hactenus libertas ecclesiastica maxime viguerit in regno Francorum, volumus et mandamus ut vos, fratres archiepiscopi et episcopi, et vos, filii abbates, apud eumdem regem exhortationibus assiduis insistatis; quatenus affectum nostrum attendens, qui licet salutem sollicite quæramus ipsius, eum tamen molestamus inviti, eligat parere potius monitis nostris, imo divinis quam severitatem ecclesiasticam experiri; cum si nec sic potuerit revocari, ne plaga remaneat incurata, severitatem ecclesiasticam proposuerimus districtius exercere. Tanto autem his exsequendis sollicitius intendatis, quanto apud multos fama vestra est non modicum aggravata quod mediantibus quibusdam vestrum tantus sit perpetratus excessus. Quod si ad tempus omissum sit hactenus, non tamen est omnino dimissum quin possit et debeat adversus eos, si negligentes fuerint, retorqueri.

Scriptum est autem super hoc prædicto cardinali apostolicæ sedis legato.

CXCVIII.

ARCHIEPISCOPO HIDRUNTINO, ET EPISCOPO LICIENSI.
Committitur illis causa archiepiscopi Tarentini contra ecclesiam S. Mariæ de Galeso.

(Laterani, IV Kal. Novembris.)

Significavit nobis venerabilis frater noster A. Tarentinus archiepiscopus quod cum ecclesia Sanctæ Mariæ de Galeso, sita prope civitatem Tarentinam, Ecclesiæ Tarentinæ parochiali jure subjecta esset, R. logotheta Tarentinus in præjudicium juris Ecclesiæ Tarentinæ, quæ pernimium parochialibus terminis angustatur, a sede apostolica rescriptum exemptionis obtinuit, occasione cujus dictus archiepiscopus non solum ecclesia illa sed quibusdam aliis capellis injuste se asserit destitutum. Quia vero apostolica sedes ab universis Ecclesiis injurias tenetur repellere, non inferre, mandamus vobis præcipientes quatenus ad locum ipsum pariter accedentes, si vobis ita esse constiterit, non obstante memorato rescripto per subreptionem obtento, eamdem ecclesiam cum prædictis capellis fore subjectam, sicut primo fuerat Tarentinæ Ecclesiæ, sublato appellationis obstaculo, auctoritate apostolica decernatis, facientes quod decreveritis per censuram ecclesiasticam firmiter observari.

Datum Laterani, iv Kal. Novembris.

CXCIX.
DE LACU, DE HERMENROD, ET DE HEISTERBACH ABBATIBUS.

Ipsis committitur causa et lis super præpositura Coloniensi.

(Laterani, iii Non. Novembris.)

Cum pro controversia majoris præpositura Coloniensis, quæ vertitur inter dilectum filium T. præpositum Sanctorum Apostolorum ex una parte et E. præpositum Sancti Georgii in Colonia ex altera, dilecti filii T. canonicus Sancti Gereonis et H. sacerdos, procuratores prædicti præpositi Sanctorum Apostolorum, et G. Majoris Ecclesiæ et E. Sancti Severini canonici, procuratores præfati præpositi Sancti Georgii, ad sedem apostolicam accessissent et utriusque partis nobis litteras præsentassent, nil aliud postmodum de ipso negotio in conspectu nostro proponere curaverunt; sed post repræsentationem litterarum, secundo ad nostram præsentiam accedentes, unanimiter postulaverunt a nobis ut causam ipsam vobis committere deberemus. Nos igitur ad petitionem ipsorum causam vobis committentes eamdem, discretioni vestræ per apostolica scripta mandamus quatenus vocatis ad præsentiam vestram partibus, audiatis quæ fuerint hinc inde proposita; et si fuerit de voluntate ipsarum ut ad diffinitivam sententiam procedatis, vos solum Deum habentes præ oculis, omni gratia, odio vel timore postpositis, causam ipsam, appellatione remota, fine canonico terminetis. Si vero in hoc partes noluerint consentire ut per vos diffinitiva sententia proferatur, vos nihilominus usque ad sententiæ calculum, sublato cujuslibet contradictionis et appellationis obstaculo, procedentes, allegationes et gesta omnia utriusque partis, sigillorum vestrorum munimine roborata, nobis dirigere procuretis; terminum competentem partibus præfigentes, quo recepturæ sententiam nostro se debeant conspectui præsentare; ad quem si qua partium forte venire contempserit, nos nihilominus in ipso negotio procedemus. Nullis litteris obstantibus præter assensum partium, etc. Quod si omnes, etc., duo vestrum, etc.

Datum Laterani, iii Nonas Novembris.

CC.
UNIVERSIS AD QUOS LITTERÆ ISTÆ PERVENERINT.

De facultatibus archiepiscopi Tarentini, legati apostolici.

(Laterani, viii Id. Novembris.)

(91) Universitatem vestram volumus non latere quod nos venerabilis fratris nostri Tarentini archiepiscopi fidem et prudentiam attendentes, ipsum una cum nuntiis nostris aliis ad succursum et dispositionem regni Siciliæ destinamus, dantes ei liberam potestatem ut illis qui cum eo ad obsequium nostrum et Ecclesiæ Romanæ processerint et fideliter ac devote perstiterint, beneficia et præmia condigna retribuat, et si quid damni acciderit in equis vel armis, quod absit, integre studeat resarcire.

Datum Laterani, viii Idus Novembris.

CCI.
CONRADO MAGUNTINO ARCHIEPISCOPO, EPISCOPO SABINEN.

Ut beneficia per Hildesemensem episcopum in diœcesi Herbipolensi collata, ipsi aliis conferre liceat, priori collatione non obstante.

(Laterani, v Kal. Novembris.)

(92) Inter excessus alios animadversione dignissimos, suo loco et tempore auctore Domino puniendos, illud est etiam nostro apostolatui reseratum, quod C. quondam Hildesemen. episcopus Herbipolensem Ecclesiam ausu propriæ temeritatis usurpans, in ejus diœcesi nonnullis beneficia conferre præsumpsit, in contemptum apostolicæ sedis et ipsius Herbipolensis Ecclesiæ detrimentum. Nos igitur quod ab ipso factum est in hac parte denuntiantes irritum et inane, quia devotionem tuam sumus in multis experti, ut beneficia ipsa personis idoneis, appellatione remota, valeas assignare auctoritate tibi præsentium indulgemus; firmiter inhibentes ne vel illis qui de manu ejus beneficia receperunt, vel aliis qui ei jam excommunicato participare non sunt veriti vel etiam obedire, tanquam indignis, hujusmodi beneficia conferre præsumas. Nulli ergo, etc.

Datum Laterani, v Kalendas Novembris.

CCII.
CASTELLANO, PERUSINO, CLUSINO ET EUGUBINO EPISCOPIS, ET DILECTIS FILIIS ABBATIBUS, PRIORIBUS ET ALIIS ECCLESIARUM PRÆLATIS IN EORUM DIŒCESIBUS CONSTITUTIS.

Ut legatum apostolicum reverenter excipiant.

(Laterani, Id. Octobris.)

Apostolica sedes, quæ, disponente Domino, inter omnes Ecclesias obtinet principatum, alios vocavit in partem sollicitudinis, retenta sibi plenitudine potestatis; ut quoniam Romanus pontifex pro defectu conditionis humanæ per se ipsum omnia expedire non potest, juvetur subsidiis aliorum quibus vices suas committit, ad exemplum Domini et magistri, qui discipulos suos per mundum universum transmisit, salutem nostram in medio terræ personaliter operatus. Sane cum nos et fratres nostros, propter curam et sollicitudinem apostolici patrimonii, ab occupationibus variis, quas pro statu Ecclesiarum omnium indesinenter subimus, sæpius nos contigerit evocari; nolentes, sicut nec velle debemus, temporalia spiritualibus anteferre, de consilio fratrum nostrorum viam elegimus tutiorem qua et curam temporalium non negligimus et spiritualem, sicut

---

(91) Vide infra epist. 245, 280.
(92) Vide supra lib. i, epist. 335 et infra epist. 204 hujus libri.

convenit, præferimus dignitatem, dilectum filium nostrum G. Sancti Georgii ad Velum Aureum diaconum cardinalem, apostolicæ sedis legatum, virum utique providum et prudentem et honestate morum et generositate natalium commendandum, quem inter fratres nostros speciali charitate diligimus, ad ea quæ præmisimus exsequenda duximus assumendum, concessa sibi nihilominus potestate ut in Ecclesiis et parochiis vestro regimini deputatis evellat et destruat, ædificet et plantet quæ in eis evellenda et destruenda, ædificanda occurrerint et plantanda. Quocirca universitati vestræ per apostolica scripta præcipiendo mandamus quatenus ipsum, tanquam honorabile membrum Ecclesiæ et legatum apostolicæ sedis, recipientes humiliter et devote, ipsius salubria monita et statuta et vos ipsi diligenter servetis et a subditis vestris faciatis efficaciter observari. Nos enim sententiam quam in rebelles et contumaces rationabiliter duxerit promulgandam, ratam habebimus et faciemus, auctore Domino, firmitatem debitam obtinere.

Datum Laterani, Idibus Octobris.

Scriptum est super hoc in eumdem modum Spoletan., Fulginat., Asisinat., Nucerinen., Reatinen., Narnien.

CCIII.

CONSULIBUS ET POPULO SUTRINIS.
De eodem argumento.

Cum præter solitum, imo plus solito, multis et magnis simus negotiis occupati quæ per nos ipsos facere non valemus, per alios cogimur adimplere. Sane inter alias occupationes et sollicitudines nostras, curam et provisionem apostolici patrimonii non modicas reputamus, tam ad spiritualem jurisdictionem nostram spectantis quam etiam temporalem. Unde nobis posset non immerito imputari, si super ordinatione ipsius essemus tepidi vel remissi, qui cunctorum fidelium sollicitudinem gerimus pastoralem. Novimus enim, quod tristes et dolentes referimus, quoniam in eo multi quæ sua sunt, non quæ Jesu Christi, quærentes et abutentes per insolentiam sedis apostolicæ patientia, pacem perturbant, corrumpunt justitiam, stratam violant et terram offendunt; unde nobis et vobis non modicum derogatur. Cum igitur super his quæ præmisimus emendandis cum fratribus nostris tractatum habuerimus diligentem, de ipsorum consilio dilectum filium nostrum G. Sancti Georgii ad Velum Aureum diaconum cardinalem, virum nobilem et prudentem, quem inter alios fratres nostros speciali diligimus charitate, operi tam utili et necessario deputantes, ut melius et facilius injunctum sibi officium valeat exercere, dilectum filium P. præfectum urbis, virum nobilem et potentem, sibi duximus adjungendum; quibus dedimus in mandatis ut stratam custodiant, pacem procurent, justitiam faciant et terram defendant, alia quoque nihilominus operentur quæ ad honorem Dei, profectum Ecclesiæ, utilitatem vestram et alio-

(93) Vide supra lib. I, epist. 335. et lib. II, epist. 201.

rum nostrorum fidelium noverint pertinere. Ut autem dominium sedis apostolicæ, quæ de se vere dicere potest: *Jugum meum suave est et onus meum leve* (Matth. xi, 30), diebus nostris dulcedinem non deponat et nulli fiat penitus odiosum, eis viva voce præcepimus ut vos diligant et honorent, nullum sine causa lædentes vel contra justitiam aggravantes, sed a vobis potius iniquitatem et violentiam satagant propulsare. Unde quoties necessitas postulaverit, ad eos vice nostra pro justitia consequenda vel aliis expediendis negotiis poteritis habere recursum. Et ut melius quæ ad pacem et utilitatem vestram a nobis et fratribus nostris sunt salubriter ordinata perduci valeant ad effectum, universitatem vestram monemus attentius et hortamur in Domino, per apostolica scripta præcipiendo mandantes quatenus ipsis vice nostra, imo nobis in ipsis intendentes humiliter et devote, quod super præmissis articulis et aliis emergentibus negotiis utiliter duxerint statuendum, salvo in omnibus apostolicæ sedis mandato, teneatis firmiter et servetis, de universis justitiis et rationibus Ecclesiæ Romanæ sibi plenarie respondentes.

In eumdem modum consulibus et populo Nepesinis. In eumdem modum consulibus et populo Oritanis. In eumdem modum Amelien. castellan. In eumdem modum Tudertin., Asisinatibus. In eumdem modum Perusin., Fulginat. In eumdem modum Spol., Narnien., Reatin., populo civitatis Castellanæ, Tuscan., Vetrallen., Balneoregen., Centumcellen., Urbevetan., Cornetan.

CCIV.

MAGDEBURGEN. ARCHIEPISCOPO ET SUFFRAGANEIS EJUS.
Ut Hildesemensis episcopus publice excommunicatus nuntietur.

(93) Cum sine capite nulla possint membra subsistere, si quispiam impune posset apostolicæ sedis privilegia violare, nulla cæteris Ecclesiis de suis privilegiis fiducia remaneret. Verum inter cætera privilegia quæ primatum apostolicæ sedis ostendunt, illud non modicum reputatur quod depositiones, cessiones et translationes episcoporum fieri sine speciali auctoritate Romani pontificis interdicit. Hoc autem C. quondam Hildesemen. episcopus non attendens, licentia nostra non solum non obtenta, sed nec etiam expetita, Herbipolensem Ecclesiam occupavit, præsumens ad eam propria temeritate transire, cum per illam non possit indulgentiam excusari quam a bonæ mem. C. papa prædecessore nostro se asserit impetrasse, quæ potius impetranti turpem ambitionis notam ingessit, ut si videlicet eum ad majorem dignitatem contingeret invitari, eam sibi liceret assumere, dummodo nihil ei de statutis canonicis obviaret. Licet enim ei videatur indultum ut invitatus majorem possit assumere dignitatem, per hanc tamen indulgentiam ad parem sibi transire non licuit, cum longe facilius in uno casu quam in alio dispensetur. Præterea cum et postu-

latio, sicut electio, examinari debeat diligenter, antequam per eum, cui facienda fuerat, examinata fuisset, non debebat ulla ratione transire, cum non solum examinationem postulationis sed ipsius quoque personæ videatur tenor indulgentiæ reservasse, statim subjungens: *dummodo nihil appareat quod tibi de canonicis obviet institutis.* Licet autem tantæ præsumptionis excessus ad aures nostras, publica referente fama, venisset, distulimus tamen procedere contra ipsum, donec litteras ejus recepimus, in quibus se nobis Herbipolensem episcopum appellabat. Unde postmodum præsumptionem ipsius debita volentes animadversione punire, vobis et aliis archiepiscopis et episcopis in Teutonia constitutis districte præcepimus ut cum factum hujusmodi non posset in partibus vestris non esse notorium, nisi dictus C. infra viginti dies post susceptionem litterarum (94) nostrarum ab Herbipolensis Ecclesiæ administratione cessaret, eum excommunicatum auctoritate nostra non differetis publice nuntiare, et excommunicationem ejus faceretis, pulsatis campanis et candelis accensis, festivis diebus et Dominicis innovari. Tu autem, Magdeburgensis, in eum juxta tenorem mandati apostolici, sicut accepimus, processisti et alii etiam, sicut credimus, processerunt. Quamvis autem in manifestis non sit ordo judiciarius requirendus et ipse videretur confessus de crimine, cum in litteris ad nos directis se præsumpsisset Herbipolensem episcopum nominare: nos tamen, ad evitandam omnem malitiam, in litteris nostris commonitionem canonicam duximus præmittendam; et eum postmodum etiam ad bonum obedientiæ revocare volentes, ipsi non præmissa salutatione mandavimus ut, omni excusatione cessante, si apud nos vellet gratiam invenire, mandatum apostolicum adimpleret. Quia vero nec sic ei vexatio præbuit intellectum, quin eo fortius in sua pertinacia perduraret quo amplius nos videbat de sua correctione sollicitos, cum postquam alius de mandato nostro fuit in episcopum Hildesemensem electus, se ipse præsumeret Hildesemensem episcopum nominare, apostolicæ sedis injuriam dissimulare nolentes, ipsum in festo Principis apostolorum proxime præterito, præsentibus nuntiis ejus, inter missarum solemnia excommunicatum publice nuntiavimus et mandavimus ab omnibus evitari. Ideoque universitati vestræ per apostolica scripta mandamus et districte præcipimus quatenus latam in eumdem C. a nobis excommunicationis sententiam publicantes, ipsum singulis diebus Dominicis et festivis, pulsatis campanis et candelis accensis, denuntietis excommunicatum et ab omnibus tanquam contemptorem apostolicæ jussionis arctius evitandum, donec, si desuper datum fuerit, absolutionis gratiam mereatur; vestris nobis litteris intimantes, si forte sententiam nostram contemnens, divina præsumpserit officia celebrare.

In eumdem fere modum capitulo et suffraganeis Ecel. Magun. In eumdem modum Herbipolen. capi-
(94) Vide caput *Illud Dominus*, De Cler. excomm.

tulo. In eumdem fere modum Treveren. et suffraganeis ejus.

CCV.

NOBILI VIRO B. COMITI LAURETI, ET CUPERSAN. MAGISTRO JUSTITIARIO APULIÆ ET TERRÆ LABORIS.
Ut promissionibus suis satisfaciat et pacem initam conservet.

Jam olim firmiter proposuimus, ecce et nunc sumus in exsecutione propositi, aliquem a latere nostro ad regni partes dirigere cum subsidio opportuno, ut excludantur et penitus repellantur ab eo tam regni quam Ecclesiæ inimici et pax reformetur in regno et justitia conservetur. Quia vero in præsentia dilecti filii I. tituli Sancti Stephani in Cœlio monte presbyteri cardinalis et Philippi notarii nostri exercitum juravisti, sicut eorum nobis relatio patefacit; volentes te, tanquam virum nobilem et egregium, ad id esse sollicitum et paratum, discretioni tuæ per apostolica scripta mandamus quatenus te ad eundum cum legato nostro contra inimicos regni et Ecclesiæ ita honorifice præpares ac viriliter accingaris, quod fidelitas et dilectio quam ad charissimum in Christo filium nostrum F. Siciliæ regem illustrem et devotio quam ad Romanam Ecclesiam te habere proponis elucescat in opere, et proinde ipsum regem et nos ipsos ad dilectionem tuam reddere valeas promptiores. Præterea cum super omnibus quæstionibus quæ inter te et dilectos filios nobiles viros G. et M. comites de Manuplello vertuntur, prædictis cardinali et notario stare mandato nostro juraveris, et ipsi etiam ex parte sua se simili astrinxerint juramento, sicut jam tibi scripsisse recolimus; ita iterato tibi duximus sub debito juramenti præsentibus litteris injungendum ut treugas initas coram prædicto cardinali inviolabiliter observare procures, donec per legatum nostrum, cui vices nostras tam in spiritualibus quam in temporalibus committimus exsequendas, qui est ad partes ipsas in proximo accessurus, super quæstionibus quæ inter te et ipsos comites vertuntur, mandatum ex parte nostra recipias, quod tam a te quam ab ipsis volumus sine refragatione servari; salvo nimirum si quid aliud super hoc, utilitate vel necessitate pensata, duxerimus statuendum. Nos enim ipsis comitibus consimiles litteras duximus destinandas, volentes, sicut convenit, utriusque partis indemnitatibus præcavere.

CCVI.

EDUENSI EPISCOPO.
Ut Judæis recens baptizatis benevolentia exhibeatur.

(Laterani, Non. Novembris.)

Ad provisionem P. quondam Judæi latoris præsentium ad fidem Christi nuper, eodem inspirante, conversi per litteras apostolicas et mandatum te recolimus invitasse. Sed quod ea penitus obaudieris, ejusdem labor indicat iteratus, sicut decuit non attendens quod personis hujusmodi, ne propter oppro-
Vide etiam infra epist. 278.

hrium paupertatis, quod non consueverunt æquanimiter sustinere, post Judaicam perfidiam derelictam retro aspicere compellantur, ab universis sit fidelibus propensius succurrendum, nedum episcopali præditis dignitate, quorum debet esse propositum indigentibus subvenire, teque in hac parte illa saltem ratione oportuit existere proniorem, quod pro eodem P. tuas nobis preces et litteras destinasti. Nisi autem specialis gratia quam ad personam tuam habuimus et habemus motum nostri animi mitigasset, pro contemptu mandati præmissi prius ad te districta ultio quam iterata monitio pervenisset ; cum satis appareat qualem in aliis te geris virtutibus, quandoquidem in operibus pietatis, quæ, secundum apostolum, promissionem habet vitæ quæ nunc est et futuræ, te negligis vel contemnis ad mandatum apostolicum exercere. Ne igitur præfatus P. provisionis apostolicæ solatio defraudetur aut tua negligentia remaneat in sopore, fraternitati tuæ per apostolica scripta præcipiendo mandamus quatenus ejus paupertati taliter studeas providere quod prædictus P. ac M. filia sua, quæ cum eo unda baptismatis est renata, per tuæ liberalitatis gratiam victus et vestitus necessaria se gaudeant congrue sine dilatione qualibet assecutos ; faciens nihilominus ut quod eis propter necessitates suas duxeris, quemadmodum præmissum est, assignandum, valeant sine perturbatione qualibet, cum Deus hilarem datorem diligat, obtinere. Alioquin noveris nos venerabili fratri nostro episcopo et dilecto filio abbati Sancti Martini Nivernensis præcipiendo mandasse ut, si mandatum nostrum neglexeris adimplere, ipsi te ad ea quæ præmisimus exsequenda per districtionem ecclesiasticam, omni contradictione et appellatione remota, compellant.

Datum Laterani, Nonis Novembris.

CCVII.

POTESTATI, CONSULIBUS, ET JUSTITIARIIS VITERBIENSIBUS.

Ut concordiam cum Romanis initam conservent.

Sicut per alias litteras vobis intimasse meminimus, ex discordia quæ inter vos et Romanos peccatis exigentibus est suborta, gravia timemus pericula proventura: quæ prævidentes olim et ab ipsis vobis præcavere volentes, primo per dilectum filium G. Centii nobilem civem Romanum apostolici patrimonii rectorem in Tuscia, secundo per dilectum filium G. archipresbyterum Sancti Angeli subdiaconum nostrum, tertio per venerabilem fratrem nostrum O. Ostien. episcopum vos fecimus diligentissime commoneri ut nostro super hoc consilio crederetis; quod quale fuerit, non estis obliti. Tandem cum tu, fili potestas, cum quibusdam civium ad nostram præsentiam accessisses, licet multa essemus debilitate gravati, te tamen et ipsos ad idem efficaciter, quantum in nobis fuerat, duximus inducendos, sed in his omnibus non fuimus exauditi. Quamvis artem postmodum receptio Biturclani fuerit prorogata, non tamen potuit penitus impediri quin reciperetur a Romanis et eorum committeretur potentiæ protegendum. Debueratis autem et vos nobiscum mala hujusmodi prævidere nec tantum vires vestras inspicere, sed inimicorum etiam potentiam intueri, cum non sit tutum committere vos fortunæ. Verendum est autem nobis et vobis ne duritia vestra, qui nobis credere noluistis et culpa nostra, quam ex eo contraxisse videmur, quod querelas hominum de Biturclano ad nos clamantium ab oppressionibus vestris et ad fidelitatem nostram redire volentium non curavimus exaudire, plus forte vobis quam expedierit deferre volentes, nos et vos in gravem necessitatem induxerint, quam vitare de facili non possimus. Romani siquidem, sicut quidam ex vobis, qui nuper ad nostram venerunt præsentiam, super hoc noverunt plenius veritatem, a nobis et petebant et petunt instanter ut vel vos a molestatione hominum de Biturclano compesceremus juxta debitum officii pastoralis, vel cogeremus ad justitiam in nostra præsentia exhibendam. Quod quacunque peteretur intentione, quia nos de manifestis judicamus, Dominus autem judicat de occultis, non vidimus qua possemus ratione negare ; licet cum eisdem nuntiis vestris et aliis super hoc diutius tractassemus. Cum enim, secundum verbum Apostoli, sapientibus simus et insipientibus debitores et omni petenti teneamur justitiam exhibere, id præsertim debemus efficere, cum fideles nostri de nostris fidelibus conqueruntur. Propter quod dictum subdiaconum et dilectum filium Hugonem panetiarium nostrum ad vos duximus destinandos : universitati vestræ per apostolica scripta mandantes quatenus ea quæ possunt ex hoc facto pericula provenire diligentius attendentes, nostro vos committeretis judicio vel mandato. Vos autem aliud quam exspectaremus nobis dedistis responsum, scilicet quod usque ad quintam feriam proxime præteritam exspectaretis venerabilem fratrem nostrum episcopum Vulterranum, de ipsius nobis consilio responsuri. Judicet ergo Dominus inter nos et vos, qui nec monitis nec mandatis nostris toties requisiti parere volentes, nos et vos in gravem necessitatem, quam evitare non possumus, induxistis. Cum igitur de cætero contemptum nostrum non possimus æquanimiter sustinere, nisi usque ad proximum diem Dominicum vel judicium nostrum subieritis vel mandato apostolico, quod vobis potius credimus expedire, duxeritis exponendos, cautionem sufficientissimam exhibentes, ex tunc vos noveritis excommunicationis vinculo innodatos. Nos etiam universis fidelibus nostris dabimus in mandatis ut non solum vobis assistere non præsumant, sed ad edomandam contumaciam vestram potenter et viriliter procedant in subsidium Romanorum.

CCVIII.

EPISTOLA PATRIARCHÆ CONSTANTINOPOLITANI AD PAPAM.

De primatu et prærogativa Ecclesiæ Romanæ.

INNOCENTIO sanctissimo papæ Romano et in Christo Domino dilecto fratri nostro JOANNES divina misericordia Constantinopolitanus archiepiscopus, Novæ Romæ patriarcha, amorem et pacem a Domino nostro Jesu Christo et Salvatore nostro.

Scriptum a tua sanctitate per prudentissimos legatos Albertum subdiaconum et Albertinum notarium nostræ humilitati directum quam gaudenter suscepimus, et quod in eo continebatur diligentius rimatus, impossibile habuimus quomodo non omnino tuam laudaremus sanctitatem pro vestro divino zelo et ignito proposito de nostrum et vestrum secundum fidem unione, cum et hæc nostram humilitatem tuæ virtutis constantia, et tua digni pontificatus diligentia nos clare docuerint. Et quid enim de pluribus faciet quisquam nobis traditam ex Patribus et longo jam tempore de pia confessione traditionem, quam Christus quidem communis doctor et prædicator Christianorum populis suis tradidit vocibus. Hunc autem videntes et discipuli, et eorum ex tunc successores sancti Spiritus inspiratione illuminati et ab eo docti, suis scriptis docentes ampliaverunt, sic nostra humilitas non modice lætata est super tuæ sanctitatis pro divini cultus sollicita cura. Quod autem mihi in tuæ sanctitatis scripto non modicam superinduxit ambiguitatem, non abscondam. Nam et pro miro habeo quomodo unam et universalem Romanorum vocasti Ecclesiam, ut quasi jam divisam in species quasdam specialissimas, et hæc uno existente grege, ovilium Christi nobis quodam modo pastoribus sub eo constitutis pastorum principe communique doctore. Et quomodo erit quod apud vos Romanorum Ecclesia mater, ut dixisti, communis aliarum Ecclesiarum, et secundum quas aliquas rationes et per quas unquam causas quæro addiscere dubitans. Quod autem mihi et plus extendit ambiguitatem dicam; et indulge mihi, sacerrime papa, si nunc primo hunc patriarchalem sacrum thronum me ascendentem, nondum de tali hac dubitatione diligentem solutionem addiscere accidit. Audiens enim quis in Psalmis David dicentem matutinis, *Sion dicet: Homo et homo natus est in ea* (*Psal.* LXXXVI, 5), secundum verum utique verbi et justitiæ æquitatem Jerosolymitanam Ecclesiam matrem aliarum Ecclesiarum nominabit, prærogantem secundum fidem tam tempore quam et dignitate. In ea enim utique ut novissimus omnium Christus et natus est secundum carnem et conversatus, et docens atque prædicans nostram fuit salutem, novissime per crucem pro nobis mortem sustinens, lapidem in quo corpus hujus fuit sepultum, depositum ibi reliquit. Clare utique signum suæ in terris conversationis ibi Christo discipuli occurrentes crediderunt, nunc filium Deo et Patri consubstantialem esse; quamvis perfectam humanam naturam indutus, sibi secundum substantiam homo tantum in superficie videbatur. Inde Christi mirabilium fons emanavit et inde, ut ex quodam principio, alii quidam exorti sunt divina fluentes fluvii et universum orbem irrigantes, rivos etiam Ecclesiæ quæ apud vos est replentes. Igitur nunquid ob hæc et alia talia quis Jerosolymitanam Ecclesiam matrem omnium dicet Ecclesiarum? Aut non præornatam prædicationem audisti Pauli? A Jerusalem clare debes incipi. Dicit enim: *et usque ad Illyricum* prædicare *Evangelium* (*Rom.* XV, 19). Hæc quidem dicet quis, audiens Ecclesiam quæ apud vos est generalem et universalem nominatam. Ego vero lætanter addiscam causam et acceptabo eam sine contradictione rationem habentem. Reprehensionem autem a tua sanctitate nobis superinductam silere nequeo, ut scindentibus quasi unam et desuper contextam Christi vestem, et sic a vobis usque nunc et discissis: dicente enim in Evangeliis Salvatore Christo de modo essentiæ sancti Spiritus ei consubstantialis, qui ex Patre procedit et duas has substantiales proprietates dicente, de sui ipsius et Spiritus generatione dico et processione, et sibi quidem de paterna substantia testanti ineffabilem omnibus et ignotam generationem, sancto vero Spiritui ex eadem paterna substantia processionem insensibilem, et hanc omnibus et Patribus in Nicæam concurrentibus immutabiliter sic ex Patre Spiritus processionem ampliantibus, ex tunc universi orbis synodis sacro symbolo et doctrinæ nil apponentibus, in quibus et quidam tunc pontificalem thronum veteris Romæ gubernantes per se ipsos interfuere, in quibusdam vero et quidam alii vestrum locum tenentes, vestris tunc pontificibus acceptantibus ea quæ confirmata fuerunt et ea rata per proprias confessiones habentibus et dæmoni credendi constitutionem. Hac quoque fide usque et ad nos sine aliqua interruptione perveniente, quid nos oportet facere non parum est hæsitandum in ambiguitatem atque discessionem non parvam incidere, donec de hoc quæstio solvatur. Quæro nunc hinc addiscere causam, quæ divisa est et indivisibilis vestis Christi. Potentem autem nostrum moderatorem tua noscat sanctitas a se ipso prosilientem ad omnem boni notitiam et maxime ad religionis cultum. Omnia enim quibus ornatur vere homo Dei et quæcunque divinitus coronatum ornant imperatorem, hæc omnia Deus ei donavit. Et ut breviter imperatoris ostendam majestatem, nosce hunc præ omnibus ejus antecessoribus imperatorem benignum et patientem, simul atque strenuum: cujus tam spiritualia quam et corporalia benigna si dicere inciperem, mensuram excederet verbum necnon et epistolæ modum.

CCIX.
PATRIARCHÆ CONSTANTINOPOLITANO.
Respondet superiori epistolæ.
(Laterani, II Id. Novembris.)

(95) Apostolicæ sedis primatus, quem non homo sed Deus, imo verius Deus homo constituit, multis

---

(95) Edita ab Antonio Augustino ad calcem tertiæ compilationis Decretalium et in Gestis Innocentii III.

quidem et evangelicis et apostolicis testimoniis comprobatur, a quibus postmodum constitutiones canonicæ processerunt, concorditer asserentes sacrosanctam Romanam ecclesiam in beato Petro apostolorum Principe consecratam, quasi magistram et matrem cæteris præeminere. Hic enim cum interroganti Domino quem homines esse dicerent Filium hominis, aliis referentibus opiniones aliorum, ipse velut inter cæteros primus eum esse Christum Dei vivi Filium respondisset, audire promeruit: *Tu es Petrus, et super hanc petram ædificabo Ecclesiam meam* (*Matth.* xvi, 18); et post pauca: *Tibi dabo claves regni cœlorum* (*ibid.*, 19). Nam licet primum et præcipuum Ecclesiæ fundamentum sit unigenitus Dei Filius Jesus Christus, juxta quod dicit Apostolus: *quia fundamentum positum est, præter quod aliud poni non potest, quod est Christus Jesus* (*I Cor.* iii, 11); secundum tamen et secundarium Ecclesiæ fundamentum est Petrus, etsi non tempore primus, auctoritate tamen præcipuus inter cæteros, de quibus Paulus apostolus inquit: *Jam non estis hospites et advenæ, sed estis cives sanctorum et domestici Dei, superædificati supra fundamentum apostolorum et prophetarum* (*Ephes.* ii, 20); quos et fundamenta esse in montibus sanctis David propheta testatur. Hujus etiam primatum Veritas per se ipsam expressit, cum inquit ad eum: *Tu vocaberis Cephas* (*Joan.* i, 42): quod etsi Petrus interpretetur, caput tamen exponitur; ut sicut caput inter cætera membra corporis, velut in quo viget plenitudo sensuum, obtinet principatum, sic et Petrus inter apostolos et successores ipsius inter universos Ecclesiarum prælatos prærogativa præcellerent dignitatis; vocatis sic cæteris in partem sollicitudinis, ut nihil eis de potestatis plenitudine deperiret. Huic Dominus oves suas pascendas vocabulo tertio repetito commisit; ut alienus a grege Dominico censeatur qui eum etiam in successoribus suis noluerit habere pastorem. Non enim inter has et illas oves distinxit, sed simpliciter inquit: *Pasce oves meas* (*Joan.* xxi, 17), ut omnes omnino intelligantur ei esse commissæ. Jacobus enim frater Domini, qui videbatur esse columna, Jerosolymitana sola contentus, ut ibi semen fratris præmortui suscitaret ubi fuerat crucifixus, Petro non solum universam Ecclesiam sed totum reliquit sæculum gubernandum. Quod ex eo etiam evidenter apparet, quia cum Dominus apparuisset in littore discipulis navigantibus, sciens Petrus quod Dominus esset, se misit in mare ac aliis navigio venientibus, ipse sine beneficio navis ad Dominum festinavit. Cum enim mare mundum designet, juxta verbum Psalmistæ dicentis: *Hoc mare magnum et spatiosum, illic reptilia quorum non est numerus* (*Psal.* ciii, 25); per hoc quod Petrus se misit in mare, privilegium expressit pontificii singulare, per quod universum orbem susceperat gubernandum; cæteris apostolis ut vehiculo navis contentis, cum nulli eorum universus fuerit orbis commissus, sed singulis singulæ provinciæ vel Ecclesiæ potius deputatæ. Iterum etiam ut se unicum Christi vicarium designaret, ad Dominum super aquas maris mirabiliter ambulantem et ipse super aquas maris mirabiliter ambulavit. Nam cum aquæ multæ sint populi multi, congregationesque aquarum sint maria, per hoc quod Petrus super aquas maris incessit, super universos populos se potestatem accepisse monstravit. Pro eo Dominus se orasse fatetur, inquiens in articulo passionis: *Ego pro te rogavi, Petre, ut non deficiat fides tua. Et tu aliquando conversus, confirma fratres tuos* (*Luc.* xxii, 32); ex hoc innuens manifeste quod successores ipsius a fide catholica nullo unquam tempore deviarent, sed revocarent magis alios et confirmarent etiam hæsitantes; per hoc sic ei confirmandi alios potestatem indulgens, ut aliis necessitatem imponeret obsequendi. Quod et tunc Petrus agere cœpit, quando quibusdam ex discipulis abeuntibus retro et *Durus est hic sermo* (*Joan.* vi, 61.) dicentibus, cum dixisset Jesus ad duodecim: *Nunquid et vos vultis abire?* (*ibid.*, 68) solus ipse respondit pro cæteris: *Domine, verba vitæ æternæ habes et ad quem ibimus?* Huic præterera dictum in Evangelio et audisti sæpius et legisti: *Quodcunque ligaveris super terram, erit ligatum et in cœlis; et quodcunque solveris super terram, erit solutum et in cœlis* (*Matth.* xvi, 19). Quod si omnibus etiam apostolis simul dictum esse reperias, non tamen aliis sine ipso, sed ipsi sine aliis attributam esse cognosces ligandi et solvendi a Domino facultatem; ut quod non alii sine ipso, ipse sine aliis posset ex privilegio sibi collato a Domino et concessa plenitudine potestatis. Ad quod nimirum videtur illud non incongrue pertinere quod ipse solus legitur interrogasse Jesum: *Si peccaverit in me frater meus, dimittam ei usque septies?* (*Matth.* xviii, 21), et ei soli Jesus legitur respondisse: *Non dico tibi usque septies, sed usque septuagesies septies* (*ibid.*, 22); quia profecto septenarius universitatis est numerus, eo quod omne tempus septenario dierum numero noscitur comprehendi. Septenarius ergo numerus in se ipsum multiplicatus, in hoc loco significat universorum universa peccata; quia solus Petrus potest non solum omnia, sed omnium crimina relaxare. Demum post passionem suam Dominus Petro dixisse legitur: *Tu me sequere* (*Joan.* xxi, 22), quod utique non tam de sequela perferendæ passionis quam creditæ dispensationis debet intelligi; cum et Andræas et quidam alii præter Petrum sicut Dominus fuerint crucifixi; sed solum Petrum sustinuit sibi Dominus et in officio vicarium et in magisterio successorem. Unde post Ascensionem Domini Petrus, velut successor ipsius, regere cœpit Ecclesiam, ad complendum duodenarium discipulorum numerum loco Judæ prævaricatoris ex verbis Prophetæ alium instituens et faciens subrogari, et recepto Paracleto, discipulos non musto repletos, sed Spiritus sancti gratia illustratos, ex verbis Joelis apertius comprobavit. Hic pœnitentiam agere jussit, et baptizari credentes. Hic inter discipulos, curando claudum, primus fuit miraculum operatus; et in Ananiam et Saphiram uxorem ipsius, tanquam primus et præcipuus inter eos, quia mentiti fuerant Spiritui sancto, mortis sententiam promulgavit. Hic Simoniacæ pestis radicem contra primitivam Ecclesiam pullulantem apostolica falce succidit, solus in Simonem magum sententiam damnationis promulgans, licet non ei soli sed omnibus communiter pecuniam obtulisset. Ipse præterea, cum in eum mentis cecidisset excessus, vidit cœlum apertum, et descendens vas quoddam, velut linteum magnum, quatuor initiis in terram de cœlo submitti, quod omnia quadrupedia et serpentia terræ ac cœli volatilia continebat. Et cum facta esset vox dicens ad eum, *Surge, Petre, macta, et manduca* (*Act.* x, 13), respondit: *Absit, Domine, quia nunquam immunda et communia manducavi* (ibid., 14). Et vox ad eum est facta secundo: *Quod Deus purificavit, tu commune ne dixeris* (ibid., 15). Per quod innuitur manifeste quod Petrus prælatus fuerit populis universis; cum vas illud orbem, et universitas contentorum in eo universas significet tam Judæorum quam gentium nationes. Qui licet postmodum ex revelatione divina ab Antiochia fuerit translatus ad Urbem, non tamen concessum sibi primatum deseruit, sedem secum potius cathedræ transtulit principatum, cum Dominus eum nullatenus minorare voluerit quem Romæ præviderat martyrio coronandum. Sane cum ipse postmodum (imo Dominus potius, qui se in eo pati asseruit: *Venio*, inquit, ad eum, *Romam iterum crucifigi*) Romanam Ecclesiam suo sanguine consecrasset, primatum cathedræ successori reliquit, totam in eo transferens plenitudinem potestatis. Pro patre siquidem nati sunt ei filii, quos Dominus principes super omnem terram constituit. Sane cum per navim Petri Ecclesia figuretur, tunc Petrus juxta præceptum Dominicum navim duxit in altum, laxans prædicationis retia in capturam, cum ibi posuit Ecclesiæ principatum ubi vigebat sæcularis potentiæ altitudo et imperialis monarchia residebat, cui fere singulæ nationes, sicut flumina mari, tributa solvebant certis temporibus constituta. Ipse quidem primus Judæos, ipse quoque primus gentiles post Ascensionem Christi convertit ad fidem, ut super utrosque fideles se primatum accepisse monstraret, cum ipso die Pentecostes ad verbum exhortationis ipsius circiter tria millia Judæorum baptismi receperint sacramentum, ac deinde Cornelium centurionem et suos quasi primitias gentium ad revelationem angelicam baptizarit. Cum autem inter apostolos ad consultationem credentium magna fieret conquisitio utrum oporteret circumcidi fideles et legem Mosaicam observari, Petrus principali (96) fretus auctoritate respondit: *Quid tentatis Deum, imponere jugum super cervicem discipulorum, quod neque*

(96) Apud Ant. August. *primaria.*

patres nostri neque nos portare potuimus? (*Act.* xv, 10). Cujus sententiam subsecutus, apostolicum super ipsa quæstione decretum Jacobus promulgavit. Paulus etiam postquam abiit in Arabiam et iterum rediit in Damascum, deinde post tres annos venit Jerosolymam, ut Petrum videret, cum eo Evangelium quod in gentibus prædicaverat collaturus, ne forte in vacuum curreret aut etiam cucurrisset, cum etiam singularis apostolatus privilegium recognoscens, antonomastice scribit de illo: *Qui operatus est Petro in apostolatum, operatus est et mihi inter gentes* (*Galat.* II, 8). Ut autem quem Dominus cæteris præfecit privilegio dignitatis, præ cæteris quoque virtutis privilegio decoraret, tantam ei contulit potestatem, quod ad umbram ejus sanabantur infirmi; ut in eo intelligatur esse completum quod Dominus dixerat: *Qui credit in me, opera quæ ego facio et ipse faciet, et majora horum faciet* (*Joan.* x, 12). Hæc autem non idcirco præmisimus ut nos, qui ei, licet indigni, successimus in apostolatus officio, extra nos ambulare velimus in magnis aut super nos in mirabilibus exaltare, cum a Domino dictum esse noverimus: *Omnis qui se humiliat exaltabitur, et qui se exaltat humiliabitur* (*Luc.* xiv, 11). Unde cum inter discipulos ejus quæstio de majoritate fuisset exorta, respondit: *Qui major est inter vos, erit omnium servus; et qui præcessor, tanquam ministrator* (*Luc.* xxii, 26); seipsum in exemplo proponens, *quia Filius hominis non venit ministrari, sed ministrare* (*Matth.* xx, 28). Propter quod et ipse Petrus aiebat: *Non quasi dominantes in clero, sed forma gregis facti ex animo* (*I Pet.* v, 5). Nam et alia dicit Scriptura: *Quanto major es, humilia te in omnibus* (*Eccli.* iii, 20). Et iterum: *Principem te constituere; noli extolli; esto in illis quasi unus ex illis* (*Eccli.* xxxii, 1). *Deus enim superbis resistit, humilibus autem dat gratiam* (*Jac.* iv, 6).

Sed quia per hæc et alia, sicut credimus, quæ tua non debet fraternitas ignorare, apostolicæ sedis magisterium recognoscens, eam super quibusdam dubitationum articulis consulere decrevisti: quod utique gratum gerimus et acceptum, et tuam exinde prudentiam commendamus; non quod existimemus nos quasi sufficientes ex nobis, sed nostra sufficientia est ex Deo, qui dat omnibus affluenter et non improperat, qui linguas infantium facit disertas et aperit ora mutorum. Quæsivisti etenim dubitans et addiscere volens qua ratione Romanam Ecclesiam unam et universalem in nostris litteris vocaverimus, velut in quasdam species specialissimas jam divisam; cum et unus sit pastor et unum ovile, licet sub uno pastorum principe Christo plures sint constituti pastores. Nos autem inquisitioni tuæ taliter respondemus, quod Ecclesia duabus de causis universalis vocatur. Intelligentia namque dictorum ex causis est assumenda dicendi; cum non res sermoni, sed rei sit sermo subjectus. Dicitur enim universalis Ecclesia quæ de universis constat Ecclesiis, quæ Græco vocabulo *catholica* nominatur. Et secundum hanc acceptionem vocabuli, Ecclesia Romana non est universalis Ecclesia, sed pars universalis Ecclesiæ, prima videlicet et præcipua, veluti caput in corpore; quoniam in ea plenitudo potestatis existit, ad cæteros autem pars aliqua plenitudinis derivatur. Et dicitur universalis Ecclesia illa una quæ sub se continet Ecclesias universas. Et secundum hanc nominis rationem Romana tantum Ecclesia universalis nuncupatur, quoniam ipsa sola singularis privilegio dignitatis cæteris est prælata; sicut et Deus universalis Dominus appellatur, non quasi jam divisus in species specialissimas, aut etiam subalternas, sed quoniam universa sub ejus dominio continentur. Est enim una generalis Ecclesia, de qua Veritas inquit ad Petrum : *Tu es Petrus, et super hanc petram ædificabo Ecclesiam meam* (*Matth.* XVI, 18). Et sunt multæ particulares Ecclesiæ, de quibus Apostolus ait : *Instantia mea quotidiana, sollicitudo omnium Ecclesiarum* (*II Cor.* XI, 18). Ex omnibus una consistit, tanquam ex particularibus generalis; et una præeminet omnibus, quoniam cum unum sit corpus Ecclesiæ, de quo dicit Apostolus : *Omnes unum corpus sumus in Christo* (*Rom.* XII, 5), illa, velut caput, cæteris membris excellit.

Quæsivisti etiam et te asseruisti non modicum dubitare, cupiens addiscere causam, quam acceptabis sine contradictione rationem habentem, cum David de Jerusalem dicat in psalmis matutinis, *Sion dicet : Homo et homo factus est in ea* (*Psal.* LXXXVI, 5), utpote in qua Christus dignatus est conversari, prædicare pariter et docere, ac nostram operari salutem, in ea nostræ ponens fidei fundamenta, propter quod mater debet merito nuncupari, cum ex ea doctrina processerit salutaris (97), cur mater omnium Ecclesiarum Ecclesia Romana dicatur, quæ ab Jerosolymitana Ecclesia orthodoxæ fidei sacramenta recepit, cum Apostolus etiam inquiens se usque ad Illyricum Evangelium prædicasse, quod quasi a Jerusalem incœperit evidenter ostendat. Licet autem ex præmissis intelligatur et huic inquisitioni responsum, cum Ecclesia Romana mater dicatur, non ratione temporis, sed ratione potius dignitatis (nam etsi secundum Joannem Andræas prius venerit ad fidem quam Petrus, prælatus est tamen Petrus Andræe, cum et in apostolorum catalogo semper primus quasi præcipuus præmittatur; non quod Petrus sit prior tempore, sed potior dignitate), ad omnem tamen dubietatem tollendam tua fraternitas debet distinguere secundum diversas nominis rationes inter Romanam et Jerosolymitanam Ecclesias, quod illa dicenda sit mater fidei, quoniam ab ea sacramenta fidei processerunt; ista vero dicenda sit mater fidelium, quoniam privilegio digni-

tatis universis fidelibus est prælata. Sicut enim Synagoga dicitur mater Ecclesiæ, quoniam et ipsa præcessit Ecclesiam, et Ecclesia processit ab ipsa ; (juxta quod eadem dicit in Canticis : *Filii matris meæ pugnavere adversum me* (*Cant.* I, 5); rursumque: *Paululum cum pertransissem, inveni quem diligit anima mea; tenui eum, nec dimittam, donec introducam illum in domum matris meæ* (*Cant.* III, 4) nihilominus tamen Ecclesia mater est generalis, quæ novo semper fœtu fecunda concipit, parit et nutrit; concipit catechizando quos instruit; parit baptizando quos abluit ; nutrit communicando quos reficit. De qua Propheta dicit in Psalmo : *Habitare facit sterilem in domo, matrem filiorum lætantem* (*Psal.* CXII, 9). Et alius item Propheta . Leva, inquit, *in circuitu oculos tuos, et vide omnes isti congregati sunt, venere tibi; filii tui de longe venient, et filiæ tuæ de latere consurgent* (*Isa.* LX, 4).

Gaudemus autem non modicum, et utinam in te ac super te nostrum gaudium impleatur, quod apostolatus nostri sollicitudinem super unione Latinorum et Græcorum Ecclesiæ commendasti, pro divino zelo et ignito proposito quæ nos expressisti habere in tuarum serie litterarum, super qua etiam imperialis nobis celsitudo rescripsit (98), quod, ut verbis ejus utamur, nostræ sanctitatis est secundum præcedentes synodales operationes pro requisitis dogmatibus synodalem conventionem fieri dispensare, et nostra sic sanctitate faciente, sanctissima quæ apud vos est Ecclesia non ad conventum tardabit. Licet autem, sicut ex prædictis apparet (99), Ecclesia Romana non tam constitutione synodica quam divina caput et mater omnium Ecclesiarum existat, et ideo nec pro disparitate rituum nec dogmatum diversitate differre debueris quin nobis, sicut tuo capiti, secundum antiquam et canonicum statum benignius et devotius obedires, cum certa non sint pro dubiis relinquenda : nos tamen pro multis necessitatibus ecclesiasticis disposuimus, auctore Domino, generale convocare concilium et synodalem celebrare conventum : ad quem si vocatus a nobis juxta ipsius imperatoris promissionem occurreris, cum hæc sint dogmata quæ nostris litteris requisivimus, ut scilicet membrum ad caput et ad matrem filia revertatur, Ecclesiæ Romanæ reverentiam et obedientiam debitam impensurus, te sicut fratrem charissimum et præcipuum membrum Ecclesiæ benigne ac hilariter admittemus; de cæteris auctoritate sedis apostolicæ ac sacri approbatione concilii, cum tuo et aliorum fratrum nostrorum consilio quæ statuenda fuerint statuentes. Alioquin cum scandalum Ecclesiæ non debeamus ulterius sustinere, qui de area Domini zizania debemus et paleas exsufflare, dissimulare non poterimus quin in ipso concilio, si desuper datum fuerit, in hoc negotio de fratrum nostrorum consilio procedamus.

---

(97) Vide Avitum, epist. 23.

(98) Epistola illa imperatoris edita est in hoc libro statim post istam.

(99) Ex Decreto Papæ Gelasii de libris Canonicis. Vide Karolum M. in lib. I De non ador. imagin. cap. 6.

Monemus igitur fraternitatem tuam et exhortamur in Domino et per apostolica tibi scripta mandamus, quatenus per te, vel si forte justa præpeditus occasione nequiveris, per procuratores idoneos et aliquos de majoribus Ecclesiarum prælatis, statuto tempore ad concilium vocatus accedas, apostolicæ sedi reverentiam et obedientiam secundum statum canonicum præstiturus; ne si secus actum fuerit, quod non credimus, tam in imperatorem ipsum, qui potest, si voluerit, efficere quod mandamus, quam in te et Græcorum Ecclesiam procedere compellamur. Super cæteris autem dilectum filium I. capellanum et familiarem nostrum, apostolicæ sedis legatum, virum providum et discretum, nobis et fratribus nostris obtentu suæ religionis et honestatis acceptum, ad imperialem excellentiam duximus destinandum, monentes et exhortantes attentius quatenus eum sicut legatum apostolicæ sedis benigne recipias et honores, et ea sine dubitatione qualibet credas quæ tibi ex parte nostra duxerit proponenda.

Datum Laterani, 11 Idus Novembris.

CCX.

ALEXII IMPERATORIS CP. EPISTOLA AD PAPAM.
De reverentia et officio suo erga Romanam Ecclesiam, ac de recuperanda terra sancta.

(Mense Februarii, die..., ind. II.)

ALEXIUS in Christo Deo fidelis imperator divinitus coronatus, sublimis, potens, excelsus, semper augustus, moderator Romanorum COMNENUS, INNOCENTIO sanctissimo papæ Romano, honorem condecentem, ut patri spirituali et votum orationum ejus.

Per prudentissimos legatos tuæ sanctitatis Albertum subdiaconum et notarium Albertinum meo directum imperio tuæ sanctitatis scriptum oblatum fuit atque perlectum. Et quod quidem de imperii mei coram Deo humilitate ac exaltatione ex humilitate procedenti per tale scriptum paterne meum monuisti imperium et acceptavit nostra majestas, et in Deo confidit quod et ipsa in sua gloriabitur humilitate; quia et ipsa directa fuit et ex nunc dirigi sperat atque orat. Nec enim nostra tranquillitas prophetæ David verbis credere non potest, *Nunc quidem humiliatus sum, et salvavit me* (Psal. CXIV, 6), ad Deum dicentis, nunc autem cor contritum et humiliatum non despicere Deum. Nec etiam inefficaciter nostra serenitas parabolam Evangelii de humilitate auscultavit; descensionem enim Domini et Salvatoris nostri Jesu Christi a cœlis et usque ad ipsum infernum, ubi nostra ponet sublimitas. Propter hæc igitur omnia quam valde imperium nostrum humiliter sapere amplectitur, et in ipsius humilitate Deum ejus non recordari nullo modo credit. Quoniam vero de humiliter sapere in tuæ sanctitatis admonitionis verbo et quædam scintilla passionis humilitati contraria sublatebat, hoc quidem alius forte non immolestum sentiret. Quid enim quod sanctitas tua voluit tam docendo quam et increpando nostræ induci magnificentiæ, ut nec a se ipsa nec etiam a divinis et nostris Scripturis bonum intelligere vel addiscere valenti, neque zelum pro Dominico sepulcro et ex proprio suo corde æstuantem portanti pro misericordia quam circa Christianos habet accensum et exarsum, et ut flamma materiem combustibilem ipsam crementem, et ut vermis ejus ossa corrodentem. Propter quæ et secundum perfectum prophetam Oziam dicere est: *Et consolatio abscondita est ab oculis meis* (Osee XIII, 14). Igitur etsi alii talia tuæ sanctitatis verba ut intranquilla placuere, tamen imperio meo et hæc firma et amabilia ad unum et solum respicienti, quod Deo placitum, et tuam mentem conjicienti, quoniam non ex elata sapere, sed ex cura quam pro Dominico habet sepulcro, talia scribere induxit. Nam et ipsum imperium meum tali zelo fervens his similia quæ magni Pauli, non diffidit et ipsum et anathema quidem a Christo esse, pro fratribus meis Christianis non orat (100). Verumtamen propriam suam libertatem Dominici sepulcri liberationi libenter supponeret, et non solum imperiali altitudini et maximarum divitiarum potentiæ multorumque hominum potestati, qualia et quanta nulli hodie superstitum principum subjacent, sed et ipsi propriæ vitæ pro liberatione Dominici sepulcri de manu impiorum præjudicaret. Sed quoniam non in multitudine exercitus nec in divitiarum gravedine meum confidit imperium, sed divitias, voluntates et dispensationes imitari apud se judicavit, judicia vero Dei, ut ex visis et operatis conjici potest, Deum nondum nostris peccatis placatum esse demonstrant, nec nostra despexisse delicta, propter quæ et saltare in sanctis illis locis Agarenis permisit et per longum jam tempus et usque nunc a profanis et immundis pedibus conculcari sancta illa sustinet, ut videatur nunc a Deo perfici quæ de Jerusalem dicta sunt per Zachariam: *Ponam Jerusalem lapidem conculcatum in omnibus gentibus. Omnis eam conculcans, illudens, illudetur; et congregabuntur in ea omnes gentes terræ, et percutiam omnem equum in stupore, et omnem ascensorem ejus in desipientia: super domum autem Judæ aperiam oculos meos, et omnes equos populorum percutiam in cæcitate* (Zachar. XII, 3-5). Ob hæc et multum promptum imperium meum seipsum coercet et impotens cohibet. Timet enim ne sic ante tempus faciens et tali operæ secundum suum desiderium se apponens, verba Oziæ ut a Deo loquentis audiat: *Sibi regnaverunt, et non per me dominati sunt, nec etiam me cognoverunt* (Osee VIII, 4). Diligenter enim meum credit imperium quod secundum Deum nobis ambulantibus, et quæ Christi sunt, pro beneplacito Christi ulcisci festinantibus, non solum millenariis exercitus mul-

---

(100) F. *delendum est* non. *Sin autem, ironice illud intelligas: quod equidem Græci sermonis satis* red_let *aciem.* — ED. P.

titudinibus indigebimus, nec etiam inevacuabilium thesaurorum evacuatione, sed parva pars exercitus est, et modica pecunia cito totum perficere poterit. Hoc ex Ezechiele regis Jerusalem me docet lacryma centum octoginta millia Assyriorum cum duce Rampsaki Jerusalem obsidentium una nocte per evangelicam virtutem interficiens, et Rampsaki ad Deum blasphemiam, nec non et Senacheri eum mittentis elationem in luctum convertens. Hoc et trecenti sub Gedeon proni bibentes, et sub unius lampadis solius lumine omnia millia alienigenarum convertentes. Sanctissimi etiam Moysi manus ad Deum elevatas et a duobus sacerdotibus sustentatas et Amalec vertentes, et septem sacerdotum Jesu Nave tubas sono tantum muros Jerico subvertentes, meum omittit imperium; ne et contra hodie tam sacerdotes quam et milites currere videantur; talia nostris peccatis exigentibus miracula non operari valentes. Quod enim non secundum Deum nobis cogitationes, quæ pro Deo sunt, sed oribus consentientes cordibus dissentimus, et labiis osculantes animo ad invicem dividi volumus, ob hoc non prosperi nobis pro Dominico gressus sepulcro. Non enim tua ignorat sanctitas quantam subversionem quantamque occisionem nobilissimus quidem rex Alemaniæ Fredericus imperii mei superinduxit regionibus, sacramentis rigidissimis se alligans, pacifice et sine pugna terras imperii mei pertransire jurans et sic imperium meum sine aliquo impedimento intrans et omne in eo pessimum operans et Christianos ut impios expugnavit; et hinc et a via qua ipse proposuerat ire exclusus et insperato fluvio et vetularum vado submersus est. Quomodo igitur imperium meum sic non bene circa Romaniam sentientibus adjuvare debebat, et cum ejus via ambulare, tamen quamvis sic mala meo imperio illi retribuere, tamen imperium meum eis mala retribuere noluit: integram, quam ad Dominicum sepulcrum habet, reverentiam sibi reservans. Omnium enim necessariorum allationem ipsis ex regionibus imperii mei et per se ipsos eis acquirere permisit et ipsum eis administravit, et nunquam eis defecit, necessariorum copia circa inimicos crucis hos armans. Non igitur inculpabilem tua causetur sanctitas, sed contra illos suam vertat increpationem qui pro Christo quasi laborare ostendentes, contraria divinis operantur voluntatibus. Quare igitur pro Dominico sepulchro ad bellum meum usque nunc distulit imperium, sufficienter hæc tuæ sanctitati respondit imperium. Det autem Deus per tuas sanctas orationes nostræ potentiæ tranquillitati, secundum imperii mei cor, finem pro Dominico sepulchro conatui apponi tempore congruo. De unione autem Ecclesiarum non longam responsionem tuæ sanctitatis discretioni facit, quia levissima est unio, prout meo videtur imperio, si humanis voluntatibus ex nobis deficientibus, voluntas Dei tantum in nobis est mediatrix. Nam Ecclesia, quæ universalis una est, et non est divisa, sub uno pastore pro nobis suum sanguinem effundenti Christo ordinata, quamvis ab aliis et aliis quæ per partes sunt Ecclesiæ dispensetur et agantur, quibus secundum voluntates et scientias eas agentium et fides confirmatur vel movetur, et hodierni Ecclesiarum throni et honores a mundanis principibus, et non aliunde, ipsis advenere. Si igitur Ecclesiarum prælati omnem carnalem prudentiam suam expulerint, soli autem sancto Spiritui per scrutationem exquisitorum dogmatum imposuerint, impossibile est de facili solutionem dubiorum non persequi et distantia pervenire ad unionem et ad pacem litigantia. Si vero propria sua voluntate fuerint separati, operatio contrarii spiritus patenter et inconjungibile discissis et immistibile divisis sequetur. Quemadmodum enim solis radii omnibus omnes æqualiter effunduntur, si vero quis sub testeo quodam corpore abscondatur, huic et sole bene lucente non splendens nec lucens erit dies; sic pure et sine passione intellectus, quæ Dei sunt requirentibus, veritatis lumen a sancto Spiritu lucet, et orthodoxæ fidei lumen ipsos illuminat; non spiritualiter autem spiritualia requirentibus, veritatis inventio fit incomprehensibilis. Non enim complectuntur incomplexibilia nec miscentur incommistibilia. Tuæ igitur sanctitatis est secundum præcedentes synodales operationes pro requisitis dogmatibus synodalem conventionem fieri dispensare, et tua sic sanctitate faciente, sanctissima quæ apud nos est Ecclesia, non ad conventum tardabit. Et hoc quod de negotiis in scripto tuæ sanctitatis meo imperio directo declaratis. De secretioribus autem a prædictis legatis meo imperio dictis secretius responderi tuæ sanctitati præceptum est præsenti homini imperii mei Venetico Joanni Georgio; cui et tua credat sanctitas in omnibus quæ ipse dixerit ei, ut ex parte imperii mei. Noscat etiam tua sanctitas quoniam quam magne delectatum est imperium meum in tuæ sanctitatis prudentissimorum legatorum prudentia; quamplurimum etiam et eorum sapientiam et pro tuæ sanctitatis honore certamen acceptavit simul atque laudavit. Sciat autem tua sanctitas quoniam, prout et sui legati diligenter noverunt (101), quod et homines de melioribus suæ curiæ debeat mittere, et cum ipsa sentire amicabiliter. Ob viæ autem difficultatem ac infidelitatem non potuit sic facere, et ob hoc præsentem item hominem suum Veneticum Joannem Georgium ad te transmisit fidelem existentem, et ipsum imperio meo annulo et solo per hunc amicabiliter sentiens tecum. Det autem Deus secundum intentionem imperii mei cum tua sanctitate sentire amicabiliter. Mense Februarii, die..., indictione II.

(101) Hic desunt nonnulla.

CCXL.

ALEXIO ILLUSTRI CONSTANTINOPOLITANO IMPERATORI.
Respondet epistolæ superiori.
(Laterani, Id. Novembris.)

(102) Multae nobis attulit exsultationis affectum quod, sicut ex litteris excellentiae imperialis accepimus, legatos et litteras nostras recepit humiliter imperatoria celsitudo, et ad ea quae super Ecclesiae unitate nos scripsisse meminimus, etsi non omnino sufficienter et evidenter, benigne tamen et devote respondit, et exhortationes et commonitiones nostras suum rescripsit imperium acceptasse. Is enim a quo, secundum Apostolum, est omnis potestas, scrutator scilicet renum et cordium, Jesus Christus, qui habet cor principum in manu sua, qui aperit et nemo claudit, aures tuae serenitatis aperuit, et eum tibi devotionis spiritum inspiravit, ut quae per nos, licet insufficientes vicarios suos et immeritos apostolorum Principis successores, imperiali magnificentiae, litteris fuerant exarata et audires humiliter et benignius acceptares; licet super subventione terrae orientali hactenus non impensa magnificentiam tuam nos credideris increpasse, cum tamen id non increpando scripserimus, sed potius commonendo; quamvis increpationis alloquium a pontificali non sit officio alienum, juxta quod Paulus ad Timotheum scribens aiebat: *Prædica verbum, insta importune, opportune, argue, obsecra, increpa in omni patientia, et doctrina (II Tim.* IV, 2). Miramur autem quod imperialis prudentia pro recuperatione terrae sanctae nondum esse laborandum visa est suis litteris innuisse: quia, sicut ex detentione ipsius terrae poterat evidenter agnosci, nondum Dominus peccatis nostris fuerat complacatus, qui non in multitudine, nec in arcu, sed in virtute sua salvos facit de sua misericordia confidentes. Times enim, sicut tuae litterae continebant, ne si tempus a Deo ejusdem terrae liberationi praevisum, imperialis serenitas voluerit praevenire, se frustra laborasse deploret et increpetur a Domino per Prophetam dicentem: *Sibi regnaverunt, et non per me: dominati sunt, nec me noverunt (Osee* VIII, 4). Verum, ut non tam ad reprehensionem quam instructionem loquamur, si diligenter consideres et inspicias veritatem, longe aliter intelliges sentiendum. Bonorum enim omnium dator, qui reddet unicuique secundum opera sua, cui servitia coacta non placent, liberum homini concessit arbitrium, ut super his in quibus humanum posset invenire remedium, Dominum non tentaret. Scriptum est enim: *Non tentabis Dominum Deum tuum (Matth.* IV, 7). Est igitur in tanta necessitate populi Christiani vel potius Jesu Christi tam tibi quam universis sacri baptismatis unda renatis libero utendum arbitrio, et subveniendum exsuli crucifixo; ne si redemptionis ejusdem terrae tempus ignotum hominibus exspectare volueris et nihil agere per te ipsum, sed universa relinquere dispositioni divinae,

(102) Edita est in Gestis Innocentii III.

A sepulcrum Dominicum a Saracenorum manibus praeter tuae subventionis auxilium liberetur et inde per negligentiam imperialis magnificentia divinam incurrat offensam, unde per sollicitudinem suam gratiam Domini poterat promereri. Nunquid enim sensum Domini cognovisti? Nunquid consiliarius ejus es, ut certus de dispositione divina, tunc primum arma moveas in paganos, et ad liberationem Hierosolymitanae provinciae accingaris, cum Dominus misereri disposuerit populi Christiani et haereditatem suam de Saracenorum manibus liberare? Nonne legisti, de altitudine divitiarum sapientiae et scientiae Dei, quam incomprehensibilia sunt judicia ejus et investigabiles viae ejus? Sane si divinae mentis arcana praescires et liberationem sepulcri Dominici occultae revelationis oculo praevideres, nunquid tibi meritorium esset tunc primum in terrae sanctae subsidium proficisci, quasi velles Dominum in suae dispositionis exsecutione juvare, quae per te nec impediri posset nec etiam prorogari? Qui hoc sentiunt, dicere compellentur desipuisse prophetas, qui eos poenitentiam agere praedicabant, quorum peccatum ex eorum contemptu Deus praeviderat aggravandum. Ut cum Moyses jussus a Deo monuerit Pharaonem ut dimitteret populum, induratum sic tamen cor ejus ut populum dimittere nollet, est flagellatus; non erit etiam, secundum opinionem talium, vel desistendum a vitiis vel virtutibus insistendum, sed standum potius dispositioni divinae, quae damnandos praeviderit singulos aut salvandos. Legit, sicut credimus, imperialis excellentia vel audivit quod propter peccatum Israelitici populi, quadraginta dies, quibus debuerat terram repromissam intrare, in annos totidem Dominus commutavit et e contrario ad contritionem et lacrymas Ezechiae, vitam ejus in ter quinos annos extendit. Ex quo potest plene perpendi quod et tempus possit persecutionis Saracenicae breviare qui in Evangelio de Antichristi persecutione locutus adjecit: *Nisi breviati fuissent dies illius, salva non fuisset omnis caro (Matth.* XXIV, 22). Praeterea inter caeteras arcanas et inscrutabiles causas invasionis et detentionis terrae orientalis, hanc etiam Dominus sua forsan miseratione praevidit, ut multi relictis parentibus et amicis, imo etiam omnibus quae habebant, Christum assumpto salutiferae crucis signo sequentes, in defensione terrae ipsius martyrio coronentur et inde triumphans Ecclesia laetetur et augeatur in coelis, unde militans dolere ac minorari videtur in terris. Nolumus autem in hujusmodi rebus amplius immorari, cum recte attendentibus et inspicientibus diligenter veritas pateat per se ipsam. Imperialis autem celsitudinis erit sic de caetero Christo exsuli subvenire, ut et obloquentium detractiones evitet, et in ultimae discussionis examine illud evangelicum contra se audire non possit: *Hospes fui, et non collegistis me; infirmus, et in carcere; et non venistis ad me (Matth.* XXV, 43). Gaudemus autem quod super Ecclesiæ unione, pro qua imperatoriæ magnificentiæ specialiter litteras nostras direximus et legatos, sicut ex litteris tuis accepimus, promptum videris habere affectum, et ad consummandum quod scripsimus intendere diligenter. Rescripsisti enim per litteras tuas, ut tuis verbis utamur, quod nostræ sanctitatis est secundum præcedentes synodales operationes pro requisitis dogmatibus synodalem conventionem fieri dispensare, et nostra sic sanctitate faciente, sanctissima, quæ apud vos est, Ecclesia non ad conventum tardabit. Licet autem apostolica sedes non tam constitutione synodica quam divina caput et mater omnium Ecclesiarum existat, sicut ex tenore litterarum quas venerabili fratri nostro patriarchæ Constantinopolitano dirigimus, et quarum tibi destinamus exemplar, celsitudini tuæ plenius poterit apparere, ideoque patriarcha prædictus nec pro disparitate rituum nec dogmatum diversitate differre debuerit quin nobis, sicut suo capiti, secundum antiquum et canonicum statum benignius et devotius obediret, cum certa non sint pro dubiis relinquenda : nos tamen pro multis necessitatibus ecclesiasticis disposuimus auctore Domino generale convocare concilium et synodalem celebrare conventum : ad quem si vocatus a nobis juxta suam promissionem occurrerit, cum hæc sint dogmata quæ nostris litteris requisivimus, ut scilicet membrum ad caput et ad matrem filia revertatur, Ecclesiæ Romanæ reverentiam et obedientiam debitam impensurus, eum sicut fratrem charissimum et præcipuum membrum Ecclesiæ benigne ac hilariter admittemus; de cæteris auctoritate sedis apostolicæ ac sacri approbatione concilii cum suo et aliorum fratrum nostrorum consilio quæ statuenda fuerint statuentes. Alioquin, cum scandalum Ecclesiæ non debeamus ulterius sustinere, qui de area Domini zizania debemus et paleas exsufflare, dissimulare non poterimus quin in ipso concilio, si desuper datum fuerit, in hoc negotio de fratrum nostrorum consilio procedamus. Monemus igitur magnificentiam tuam et exhortamur attentius, et in remissionem injungimus peccatorum quatenus sic efficias, ut idem patriarcha per se, vel si forte justa præpeditus occasione nequiverit, per procuratores idoneos et aliquos de majoribus Ecclesiarum prælatis statuto tempore ad concilium vocatus accedat, apostolicæ sedi obedientiam et reverentiam secundum statum canonicum præstiturus; ne si secus actum fuerit, quod non credimus, tam in te, qui potes, si volueris, efficere quod mandamus, quam in eum et Ecclesiam Græcorum procedere compellamur. Super cæteris autem dilectum filium I. capellanum et familiarem nostrum, apostolicæ sedis legatum, virum providum et discretum, nobis et fratribus nostris obtentu suæ religionis et honestatis acceptum ac tuæ serenitati devotum, ad imperialem excellentiam duximus destinandum; monentes et exhortantes attentius quatenus eum sicut

(103) Cap. *Quanto*, De consuetudine.

legatum apostolicæ sedis benigne recipias et honores, et ea sine dubitatione qualibet credas quæ tibi ex parte nostra duxerit proponenda : sciturus pro certo quod si nostris volueris consiliis acquiescere, gravi tempestate sedata, grata tibi poterit tranquillitas provenire.

Datum Laterani, Idibus Novembris.

CCXII.

L. VICARIO NOSTRO APUD CONSTANTINOPOLIM
Sacramentum confirmationis administrari non potest nisi ab episcopo.

(Laterani, xvi Kal. Decembris.)

(103) Quanto de benignitate sedis apostolicæ locum obtines celsiorem, tanto tibi est sollicitius procurandum ut te talem exhibeas in agendis, non declinans ad dexteram vel ad sinistram, quod non minus re quam nomine vices apostolicas gerere videaris. Pervenit sane ad audientiam nostram quod quidam simplices sacerdotes apud Constantinopolim ea sacramenta præsumunt fidelibus exhibere quæ ab apostolorum tempore rite fuerunt solis pontificibus reservata, ut est sacramentum confirmationis, quod chrismando renatos soli debent episcopi per manus impositionem conferre, ad excusandas excusationes in peccatis et sui erroris fomentum solam consuetudinem prætendentes, cum diuturnitas temporis peccata non minuat, sed augmentet : quæ tanto graviora existunt, quanto infelicem animam diutius detinent alligatam. Volentes igitur hæc et alia quæ oculos divinæ majestatis offendunt de agro Dominico exstirpari, discretioni tuæ per apostolica scripta præcipiendo mandamus quatenus omnibus Latinis presbyteris apud Constantinopolim constitutis districte prohibeas ne talia de cætero sua temeritate præsumant, quæ licet non sint a fidelibus contemnenda, tutius tamen est ea sine periculo ex necessitate, quæ legem non habet, omittere, quam ut ab his quibus ea conferre non licet ex temeritate, quæ lege damnatur, non sine gravi periculo inaniter conferantur; cum umbra quædam ostendatur in opere, veritas autem non subeat in effectu. Alios quoque subjectos tuos et ab illicitis revocare satagas et ad facienda bona verbo et exemplo pariter invitare ; quibus quales pro te litteras destinemus, ex rescripti nostri serie perpendere poteris evidenter.

Datum Laterani, xvi Kal. Decembris.

CCXIII.

OMNIBUS LATINIS TAM CLERICIS QUAM LAICIS APUD CONSTANTINOPOLIM CONSTITUTIS.
Ut legato apostolico obtemperent.

(Laterani, xvi Kal. Decembris.)

Quam magnum sit bonum obedientiæ, quantumque ab omnibus fidelibus appetendum, ex contrario ejus evidenter apparet, cum teste Propheta peccatum hariolandi sit repugnare, et quasi scelus idololatriæ nolle acquiescere, sitque in illos graviter vindicatum qui schisma in populo facientes, inobedientes exstitere suis superioribus et rebelles. Ad hujus autem virtutis eminentiam nullus attingere poterit subditorum, nisi prælatis suis curaverit humiliter obedire. Sane quoniam præsentiam suam non potest Romanus pontifex omnibus exhibere, dilecto filio magistro L. cujus virtutes et merita plenius cognovistis, vices suas apud Constantinopolim duxit sedes apostolica committendas, ut absens corpore, præsens spiritu, per ipsum, quem tanto deputavit oneri et honori, vos tanquam membra sibi capiti firmiter couniret. Ut igitur ei qui factus est Deo Patri obediens usque ad mortem, per obedientiam placere possitis, monemus universitatem vestram et attentius exhortamur in Domino, per apostolica scripta præcipiendo mandantes, quatenus pro reverentia beati Petri et nostra præfato magistro unanimiter intendentes, salutaria ipsius monita et præcepta teneatis firmiter et servetis, scituri quod nos illi concessimus, ut quia communis deposcit utilitas, non obstante rescripto, si quod a bonæ memoriæ C. papa prædecessore nostro proponitur impetratum, ad eum, quoties necesse fuerit, libere appelletur, et ipse causas, super quibus ad eum fuerit appellatum, canonico fine decidat, enormes etiam et graves excessus per censuram ecclesiasticam corrigat et castiget. Circa quem cum sine vestra non posset injuria mendicare, in subsidiis etiam corporalibus conferendis, qui vobis spiritualia subministret, vos esse convenit liberales; ut de bonis vobis a Deo collatis eidem in vita et morte hilariter conferentes, orationum illius sitis participes qui vicarius noster existit, et per hæc et alia bona, quæ in terris Domino inspirante feceritis ad æterna gaudia pervenire possitis.

Datum Laterani, xvi Kalendas Decembris.

CCXIV.

PRIORI ET FRATRIBUS SANCTÆ CRUCIS.

Citantur ad audiendam sententiam inter ipsos et episcopum Colimbriensem.

(Laterani, viii Kal. Decembris.)

(104) Pro quæstionibus gravibus et diversis, quas venerabilis frater noster Colimbriensis episcopus adversus vos et quosdam alios religiosos habere dignoscitur, longo tempore jam elapso fuit apud Romanam Ecclesiam constitutus, sperans per censuram sedis apostolicæ finem litibus imponendum. Sed ecce desiderium ejus, facientibus vobis, in præsentiarum duci non potuit ad effectum, cum in absentia partis alterius, quantumcunque nobis grave fuerit et molestum, ad diffinitivam sententiam non duxerimus procedendum. Quamvis autem tantam inobedientiam vestram gravi possemus animadversione punire; volentes tamen regia via semper incedere, non declinantes ad dextram vel sinistram, universitati vestræ in virtute obedientiæ districte præcipiendo mandamus quatenus omni contradictione et appellatione cessante usque ad festum Omnium Sanctorum proxime futurum per vos ipsos, vel per sufficientes et idoneos responsales, ad nostram præsentiam accedatis, super privilegiis omnibus et libertatibus quæ a Romanis pontificibus (105) vel a Michaele quondam Colimbriensi episcopo vos habere proponitis super aliis quæstionibus adversum vos a Colimbriensi Ecclesia intentatis, diffinitivam sententiam recepturi. Et ut veritas facilius reveletur, authentica et originalia cum bullis suis nobis sub præmissa districtione ad eumdem terminum exhiberi præcepimus per eosdem. Interim autem vobis, sicut et alteri parti, licebit, si volueritis, alius ab his quæ fecistis hactenus allegare pariter et probare coram dilectis filiis.... de Alcobatia et.... de Seiza abbatibus et Fer. Menandi monacho Alcobatiæ, sedis apostolicæ delegatis; quibus super hoc nostras litteras destinamus. Sane præfixum vobis terminum peremptorium assignamus: ad quem si venire vel mittere, sicut præmissum est, contempseritis, nos nihilominus in causa ipsa, quantum de jure poterimus, procedemus.

Datum Laterani, viii Kal. Decembris.

CCXV.

DE ALCOBATIA .... DE SEIZA ABBATIBUS, ET F. MENANDI MONACHO ALCOBATIÆ

De eodem argumento.

(*Ut supra*, viii Kal. Decembris.)

Quid scribamus priori et fratribus Sanciæ Crucis super controversiis gravibus et diversis quæ inter ipsos et Colimbriensem Ecclesiam agitantur ex litteris apostolicis patentibus, eis directis, perpendere poteritis evidenter, quas per sollicitudinem vestram ipsis omni contradictione et appellatione cessantibus exhiberi volumus et jubemus. Quamvis autem coram vobis, quibus examinationem negotii sub certa forma recolimus commisisse, testes utrinque producti fuerint et recepti; quia tamen de causa non constitit nobis ad plenum, per apostolica vobis scripta districte præcipiendo mandamus quatenus, receptis adhuc aliis testibus, si de ipsarum partium processerit voluntate, si quos super privilegiis, libertatibus vel aliis articulis duxerint producendos, et usque ad diffinitivam sententiam, remoto appellationis obstaculo, procedentes, gesta omnia nobis sub sigillorum testimonio per vestrum fidelem nuntium transmittatis, ad festum Omnium Sanctorum proxime futurum diem peremptorium assignantes, quo recepturæ sententiam per se vel per procuratores idoneos nostro se conspectui repræsentent: ad quem si qua earum venire contempserit, nos nihilominus, quantum de jure poterimus, procedemus. Testes, etc., per censuram ecclesiasticam cogantur. Quod si non omnes, etc., duo vestrum, etc.

Datum, *ut supra*, viii Kal. Decembris.

---

(104) Vide supra lib. 1, epist. 222 et seqq.

(105) Vide supra, epist. 332.

CCXVI.

ARCHIEPISCOPO MAGUNTINO, EPISCOPO SABINENSI.
Ut ab injusto et illicito juramento canonici Herbipolenses absolvantur.
(Laterani, VIII Kal. Decembris.)

Officium creditæ nobis administrationis exposcit ut non solum corrigamus ea quæ perperam fuerint attentata, verum etiam illos qui contra ecclesiasticam honestatem et sanctorum Patrum constitutiones temeritatem suam non metuunt exercere, ne impunitas nocentium pariat delinquentes, animadversione debita puniamus. Ad audientiam siquidem apostolatus nostri pervenit quod C. quondam Hildemensis episcopus, cum Herbipolensem Ecclesiam temere occupasset, inter alia quæ nimia temeritate ductus nequiter attentavit, (106) a canonicis ejusdem Herbipolensis Ecclesiæ exigit ut post ejus obitum familiæ suæ duo millia marcharum se promitterent soluturos, et ab eis juramentum obtinuit quod antequam illæ marchæ solverentur illis quibus ipse persolvi mandaret, successori ejus nullatenus obedirent; subsequenter etiam suggerens eis quod pro successione Herbipolensis episcopatus quidam conspirassent in mortem illius, similiter postulavit ab eis, ut eidem eligerent successorem. Cujus petitioni canonici annuentes, ad electionem hujusmodi faciendam sex de suis confratribus elegerunt. Qui cum Monasteriensem episcopum elegissent, præfatus C. fecit canonicos ipsos tactis sacrosanctis Evangeliis juramento firmare quod electioni jam dictæ nullo unquam tempore obviarent. Quoniam igitur tam enormem præsumptionem nec possumus nec debemus sub dissimulatione transire, fraternitati tuæ per apostolica scripta mandamus atque præcipimus quatenus, si præmissis veritas suffragatur, omni contradictione et appellatione postposita, auctoritate nostra prædicta juramenta tanquam illicita denunties non tenere, et illis quos ibi constiterit taliter jurasse, de illicitis juramentis condignam pœnitentiam et satisfactionem injungas. Si qui vero contra formam hujus mandati nostri tibi duxerint resistendum, eos ecclesiastica severitate compellere non omittas.

Datum Laterani, VIII Kal. Decembris.

CCXVII.

LITTERÆ FIDELITER INTERPRETATÆ DE ARMENICO IN LATINUM, QUAS CATHOLICUS ARMENIORUM DOMINO PAPÆ INNOCENTIO DESTINAVIT.
De coronatione regis Armeniæ.

(106') Vobis, qui estis caput post Christum, consecrati ab eo et caput catholicæ Ecclesiæ Romanæ, matris omnium Ecclesiarum, adeo prudentes et sancti quod debetis esse in loco apostolorum sublimis papa, et vobis sanctis archiepiscopis, episcopis, cardinalibus, presbyteris, clericis et omnibus qui sunt de vestra sancta Ecclesia, salutem et fraternitatem. Pax Dei sit inter vos. GREGORIUS, homo Jesu Christi, per gratiam Dei catholicus totius Ecclesiæ Armeniorum, filius vestræ sanctæ Ecclesiæ, quæ est fundamentum legis totius Christianitatis.

Sciatis quod nos archiepiscopi, episcopi, presbyteri et clerici oramus Jesum Christum, qui est caput omnium nostrum, ut servet vos et vestros ab omnibus malis: quia cum vos, qui estis caput, estis incolumes, nos, qui sumus corpus, bene valebimus per vestram benedictionem. Noveritis, domine, quod ad nos venit nobilis, sapiens et sublimis archiepiscopus Maguntinus: qui nobis attulit ex parte Dei et ex parte sublimitatis Ecclesiæ Romanæ et ex parte magni imperatoris Romanorum, sublimem coronam et coronavit regem nostrum Leonem, et nobis reddidit coronam quam nos perdidimus a longo tempore, unde nos fuimus elongati a vobis et nos recepimus eam libenter et cum magno gaudio; et inclinamus et regratiamus Deo et sanctæ Romanæ Ecclesiæ et alto imperatori Romanorum. Sciatis, domine, quod ipse nobis monstravit vestra præcepta, et nos ea multum libenter audivimus et libenter volumus legem et fraternitatem sublimis Ecclesiæ Romanæ, quæ est mater omnium Ecclesiarum; et nos solebamus eam habere, et nunc eam habemus; et libenter volumus esse ad vestrum mandatum; et firmiter sunt ad mandatum vestrum omnes archiepiscopi, episcopi et omnis clerus nostræ Ecclesiæ, qui sunt in multis terris et sunt multi per Dei gratiam. Et nos rogamus vos ut oretis Deum pro nobis, quia nos sumus in ore draconis et in medio inimicorum crucis et inter eos qui sunt naturaliter inimici nostri. Et nos vos rogamus per Deum quatenus nobis mittatis tale adjutorium et tale consilium quod nos possimus conservare honorem Dei et Christianitatis et vestrum. Quia postquam nos sumus vestri et vos estis memores nostri, efficiatis tantum erga nos, quod nos gratias referamus Deo, qui nos redemit sanguine suo et quod gratiam agamus sanctæ cruci Domini nostri, qui fecit totum mundum, Jesus Christus defendat vos et omnes vestros ab omni malo et nobis det vestram benedictionem.

CCXVIII.

GREGORIO CATHOLICO ARMENIORUM.
Respondet superiori epistolæ.
(Laterani, IX Kal. Decembris.)

Ex eo te radicatum in fide catholica et esse Catholicum non tam nomine quam merito experimur, quod apostolicæ sedis magisterium recognoscens, eam Ecclesiarum omnium matrem et nos caput universorum fidelium confiteris; sicut ex tuarum nobis innotuit serie litterarum. Nosti etenim privilegium Petri, quod sibi Dominus universas oves suas pascendas, vocabulo tertio repetito, commisit, *Pasce*, inquiens, *oves meas (Joan.* XXI, 17), et super universos ei ligandi et solvendi contulit potestatem, dicens ad eum: *Quodcunque ligaveris super terram erit ligatum et in cœlis; et quodcunque solveris super ter-*

---

(106) Vide supra, epist. 201.

(106') Vide Raynaldum ad an. 1198, § 88.

ram, erit solutum et in cœlis (Matth. xvi, 19). Nosti etiam prærogativam apostolicæ sedis, quæ per merita beati Petri, etsi non tempore, auctoritate tamen inter apostolos primi, non constitutione synodica sed divina inter omnes Ecclesias magisterium obtinuit et primatum, fundata super immobili fundamento, de quo Paulus apostolus inquit : *Fundamentum positum est præter quod aliud poni non potest, quod est Christus Jesus (I Cor.* III, 11), et de quo Veritas in Evangelio inquit ad Petrum : *Super hanc petram ædificabo Ecclesiam meam, et portæ inferi non prævalebunt adversus eam (Matth.*xvi, 18). Petrus siquidem post Christum potest intelligi pastor unus, et Ecclesia universalis ovile us : de quibus Dominus in Evangelio protestatur, *Alias, dicens, oves habeo quæ non sunt ex hoc ovili, et illas oportet me adducere, et vocem meam audient, et fiet unum ovile et unus pastor (Joan.* x, 16). Sane lapis ille angularis quem reprobaverunt ædificantes factus postmodum in caput anguli, faciens utraque unum Judæorum populos et gentium nationes in unitate Christianæ fidei counivit, Ecclesiam ex utrisque constituens non habentem maculam neque rugam : quæ ne post ascensionem ejus secaretur in partes et ne unitum in ejus fide divideretur ovile, uni commisit apostolorum Principi gubernandam, quem solum sibi Dominus et in officio vicarium et in magisterio constituit successorem. Hoc autem tua fraternitas diligenter attendens, ac sciens quod secundum Apostolum, omnes unum corpus sumus in Christo, singuli autem alter alterius membra, nos, quos Dominus, licet immeritos, vicarios suos esse voluit et apostolorum Principis successores, caput Ecclesiæ confiteris et te ac fratres et coepiscopos tuos partem nostri corporis recognoscis : sciens quod sicut palmes non potest fructum facere a semetipso, nisi manserit in vite, sic et membrum et sensu caret et actu, si non in corporis permanserit unitate. Gaudemus ergo non modicum quod in fide catholica perseverans circa nos piæ geris devotionis affectum et filium te esse apostolicæ sedis innuis, dum eam esse matrem omnium protestaris, recognoscens a nobis magisterium ecclesiasticæ disciplinæ; quam etsi receptam longo tempore prius, ex parte tamen per venerabilem fratrem nostrum Maguntinum archiepiscopum, episcopum Sabinensem, unum ex septem episcopis qui nobis in Ecclesia Romana collaterales existunt, suscepisse te gaudes et desideras observare. Fuit autem et est magnum tuæ devotionis indicium quod eumdem archiepiscopum magnifice recepisti et curasti non modicum honorare, sicut et tuæ litteræ continebant et ipsius nobis relatio patefecit. Monemus igitur fraternitatem tuam et exhortamur in Domino, ac per apostolica tibi scripta mandamus quatenus in devotione sedis apostolicæ firmiter perseveres et in lege Domini die mediteris et nocte, quæ sanæ doctrinæ congruunt prædicans, et quæ prædicaveris, quantum Dominus permittit, adimplens ; ut in te nec opera verbis nec verba operibus contradicant. Esto circa subjectos magister, ut doceas ; ut corrigas, pater ; mater, ut foveas ; doceas minus doctos, superbos corrigas, humiles foveas et devotos ; justitiam misericordia temperans et æquitatem in judicio non relinquens. Super subventione vero Hierosolymitanæ provinciæ nosse te volumus quod jam per Dei gratiam ad commonitionem nostram multi crucis signaculum receperunt et plures Domino dante recipient, in defensionem orientalis provinciæ opportuno tempore transituri. Jam etiam duo ex fratribus nostris de manibus nostris vivificæ crucis assumpsere vexillum, exercitum Domini præcessuri. Confide igitur et esto robustus ; quia citius forsitan quam credatur, orientalis provincia subsidium sentiet exspectatum.

Datum Laterani, ix Kal. Decembris.

CCXIX
LITTERÆ LEONIS REGIS ARMENIÆ AD PAPAM INNOCENTIUM.

Petit subsidium adversus paganos

(Tharsis, Maii die 23.)

Reverendissimo in Christo patri et domino INNOCENTIO, Dei gratia summo pontifici et universali papæ et tanto tali honore dignissimo, Leo, per eamdem et Romani imperii gratiam rex omnium Armeniorum, cum salutatione se ipsum et quidquid potest.

Gloria, laus et honor omnipotenti Deo, qui vos tantum et talem pastorem Ecclesiæ suæ præesse voluit, vestris bonis meritis exigentibus, et tam fructuosam et firmam fabricam super fundamentum apostolorum componere, et tantum lumen super candelabrum positum toto orbi terrarum, ad salutem totius Christianitatis, effundere dignatus est. In vestri vero luminis gratia salutaribus monitis reverendissimi patris nostri archiepiscopi Maguntini instructi et informati, omne regnum nobis a Deo commissum amplissimum et spatiosum et omnes Armenios huc illuc in remotis partibus diffusos, ad unitatem sanctæ Romanæ Ecclesiæ, divina inspirante clementia, revocare cupimus et exoptamus. Ad hæc, calamitates, miserias, paupertates et imbecillitatem regni Syriæ et nostri per ipsum prædictum Maguntinum (quia difficilior labor erat scripto retexere) pietati vestræ patefacimus. Ipse vero per singula rei veritatem vobis explicabit, in cujus notitiam ista non præterere. Hanc utique contritionem et collisionem in valle destituti lacrymarum jamdiu sustinuimus, quam de cætero sine spe subsidii et auxilii vestri sustinere nequimus. Verum quia zelus domus Dei tepescere non debet in cordibus, tam vestro quam nostro, non ut personam instruentis geramus, ejusdem domus decorem diligere et pro eadem domo murum nos oportet opponere, ut impetus quos super eam faciunt inimici crucis, cooperante Dei gratia, collectis in unum animi viribus resistendo excludamus. Hinc est quod vestram flexis genibus imploramus pietatem quatenus lacrymabilibus domini Maguntini precibus et nostris divino intuitu aures misericordiæ porrigatis et miseriis Christianitatis compatientes, subsidium Christianissimum nobis accurrendo mittatis antequam irremeabile, quod absit, incurramus diluvium; imo cum Dei et vestro auxilio, evaginato ense, de Hur Chaldæorum et persecutione Pharaonis liberari possimus.

Datum Tharsis, anno ab Incarnatione Domini 1199, mense Maio, die vigesima tertia.

CCXX.
LEONI ILLUSTRI REGI ARMENIORUM.
Respondet superiori epistolæ.
(Laterani, VIII Kal. Decembris.)

Is Ecclesiam suam congregatam ex gentibus non habentem maculam neque rugam, super gentes et regna constituit, is extendit palmites ejus usque ad mare, et usque ad terminos terræ ipsius propagines dilatavit, cujus est terra et plenitudo ejus, orbis terrarum et universi qui habitant in ea. Ipse etiam Romanam Ecclesiam non solum universis fidelibus prætulit, sed super cæteras etiam Ecclesias exaltavit; ut cæteræ ab ea non tantum vivendi normam et morum sumerent disciplinam, sed et fidei etiam catholicæ documenta reciperent et ejus servarent humiliter instituta. In Petro enim apostolorum Principe, cui excellentius aliis Dominus ligandi et solvendi contulit potestatem, dicens ad eum : *Quodcunque ligaveris super terram, erit ligatum et in cælis, et quodcunque solveris super terram, erit solutum et in cælis* (Matth. XVI, 19), Ecclesia Romana sedes ejus et sessores ipsius Romani pontifices successores Petri et vicarii Jesu Christi, sibi invicem per successivas varietates temporum singulariter succedentes, super Ecclesiis omnibus et cunctis Ecclesiarum prælatis, imo etiam fidelibus universis, a Domino primatum et magisterium acceperunt; vocatis sic cæteris in partem sollicitudinis, ut apud eos plenitudo resideat potestatis. Non enim in Petro et cum Petro singulare illud privilegium exspiravit quod successoribus ejus futuris usque in finem mundi Dominus in ipso concessit; sed præter vitæ sanctitatem et miraculorum virtutes, par est in omnibus jurisdictio successorum : quos etsi diversis temporibus, eidem tamen sedi et eadem auctoritate Dominus voluit præsidere. Gaudemus autem quod tu, sicut princeps catholicus apostolicæ sedis privilegium recognoscens, venerabilem fratrem nostrum Maguntinum archiepiscopum, episcopum Sabinensem, unum ex septem episcopis qui nobis in Ecclesia Romana collaterales existunt, benigne ac hilariter recepisti, et non solum per eum institutis salutaribus es instructus, quibus juxta continentiam litterarum tuarum totum regnum tuum, licet amplissimum, desideras informari, et universos Armenos ad Ecclesiæ Romanæ gremium revocare; sed ad honorem et gloriam apostolicæ sedis, quam constitutam esse novisti super gentes et regna, diadema regni recepisti de manibus ejus et eum curasti devote ac humiliter honorare, et nos per ipsum et litteras tuas ad orientalis terræ subsidium invitasti. Si ergo a quo est omne datum optimum et omne donum perfectum, qui habet corda principum in manu sua, quas possumus gratias referentes, qui tibi tantæ humilitatis animum inspiravit, rogamus serenitatem regiam et exhortamur in Domino ac per apostolica tibi scripta mandamus quatenus in timore Domini et apostolicæ sedis devotione persistens, ad expugnandam barbariem paganorum et vindicandam injuriam Crucifixi tanto potentius et efficacius studeas imminere, quanto fraudes et versutias hostium vicinius positus melius cognovisti; non in exercitus multitudine aut virtute, sed de ipsius potius miseratione confidens qui docet manus ad prælium et digitos movet ad bellum, qui arcus fortium superat et robore accingit infirmos. Jam enim per Dei gratiam ad commonitionem nostram multi crucis signaculum receperunt et plures, Domino dante, recipient, in defensionem orientalis provinciæ opportuno tempore transituri. Jam etiam duo ex fratribus nostris de manibus nostris vivificæ crucis assumpsere vexillum, exercitum Domini præcessuri. Confide igitur et esto robustus, quia citius forsitan quam credatur, orientalis provincia subsidium sentiet exspectatum.

Datum Laterani, VIII Kal. Decembris.

CCXXI.
NOBILIBUS VIRIS COMITIBUS, BARONIBUS, CIVIBUS ET UNIVERSIS PER SICILIAM CONSTITUTIS.
Ut Marcowaldum tyrannum et Saracenorum socium opprimant.
(Laterani, VIII Kal. Decembris.)

Quod futura sint novissima Marcowaldi, quantum in eo fuerit, pejora prioribus, quod non solum contra regnum Siciliæ sed universum fere conjuraverit populum Christianum, quod factus sit contra vos alius Saladinus, nequitia ejus testimonium perhibet veritati, licet nulla veritas sit in eo. Egressus enim olim homo ille iniquus, vel potius immundus spiritus, Siciliam et totum regnum, cum non inveniret in Marchia requiem, sed obsidione hostium sæpius vallaretur, revertar, inquit, in domum, regnum videlicet quo exivi, et assumens secum alios spiritus nequiores, Diopuldum scilicet fratrem, et fautores ipsius, ante tempus rediit vos torquere ac reliquias transmigrationis et desolationis prioris, imo totius regni excidium innovare. Disposuit siquidem, sicut quondam, diruere muros urbium, redigere civitates in villas, captivare nobiles, torquere ac mutilare potentes, spoliare divites, pauperes flagellare, trucidare coram patribus filios et adulterare conjuges ante viros, per vim violare virgines et gladio perimere repugnantes. Non credatis hæc nobis, nisi fueritis talia jam perpessi, nisi nobiles vestri, ante quorum faciem terra tremere videbatur, longo macerati exsilio, facti sunt tandem membrorum mutilatione deformes, nisi quidam viri et mulieres, imo etiam, quod dolentes dicimus, sacerdotes in mare præcipitati fuerint, quidam flammis adusti, multi quoque liquenti sagimine concremati. Nos autem olim ejus malitiam prævidentes et malum vincere volentes in bono, cum se universis mandatis nostris exponeret, ut tentaremus spiritum si esset ex Deo, sicut sæpe per litteras nostras vobis meminimus intimasse, recepto ab eo per quosdam fratrum nostrorum publice super crucem et Evangelia juramento quod super omnibus, pro quibus excommunicatus fuerat, mandatis apostolicis sine contradictione qualibet obediret, fecimus eum a vinculo excommunicationis absolvi et inter cætera præcipi absoluto ut penitus (107) a balio regni et molestatione cessaret; quod se scripsit postmodum nec pro Deo, nec pro homine servaturum; licet quod sub prædicta forma juraverit prius per suas nobis litteras intimasset, quas apud nos, in certum infidelitatis ejus indicium, in testimonium reservamus. Cæterum nos fraudes ejus et versutias attendentes, ipsum cum universis fautoribus suis, nominatim autem Diopuldo et fratribus ejus, Odone de Lavian, Willielmo Crasso et sequacibus et fautoribus ejus, excommunicationis curavimus vinculo innodare; et universos a juramento fidelitatis, societatis vel hominii ei præstiti absolventes, omnem terram ad quam ipse vel aliquis de principalibus fautoribus ejus devenerit, sententiæ subjecimus interdicti, et mandavimus prædictos omnes per fratres et coepiscopos nostros et alios Ecclesiarum prælatos singulis diebus Dominicis et festivis excommunicatos publice nuntiari. Dictus vero Marcowaldus a simili sibi quærens auxilium, a pirata prædo et raptor, a marino non jam latrunculo sed latrone, Willielmum Crassum, quem ei tam pœna quam facinus coæquabat, ascivit; et quasi non sufficeret ei quod charissimus in Christo filius noster F. Siciliæ rex illustris suo fuerat patrimonio spoliatus, nisi eum faceret etiam matris possessione privari (sicut nobis ex transcripto litterarum quas Phy. mittebat, innotuit), Siciliam est ingressus, et non regni, sed regis etiam (oblitus beneficiorum patris, qui eum erexit de pulvere et de stercore suscitavit) excidium meditatur, quasi suis dicens fautoribus: *Hic est hæres; venite, occidamus eum, et habebimus hæreditatem ipsius* (*Marc.* xii, 16). Si nobis non creditis, operibus credite. In ipso namque ingressu suo quibusdam Saracenis confœderatus, eorum sibi contra regem et Christianos convocavit auxilium; et ut eorum animos ad stragem nostrorum amplius excitaret et sitim augeret eorum, jam ipsorum fauces Christiano sanguine cruentavit et mulieres Christianas captas per violentiam eorum exposuit voluntati. Quem igitur, etsi non pueri regis, Regis regum causa non moveat et non tangat injuria Crucifixi? Quis non insurgat in illum qui contra omnes insurgit et inimicis crucis se jungit ut fidem crucis evacuet, et factus infideli deterior infidelibus nititur subjugare fideles? Zelum igitur divinæ legis habentes, cum Phinee festinetis accingi, ut Judæum divertentem ad Madianitam, cum ea uno unius ictu gladii feriatis et regni Siciliæ defendatis honorem,

(107) Vide supra epist. 179.

quem defensuros vos fidei religione firmastis. Licet enim Saraceni [*f.* Saracenos], si in fidelitate prædicti regis permanserint, diligere ac manutenere velimus et bonas eis consuetudines adaugere, sustinere tamen nec volumus nec debemus ut cum Marcowaldo regni excidium machinentur. Monemus igitur universitatem vestram et exhortamur in Domino, et in remissionem vobis injungimus peccatorum quatenus in dictum Marcowaldum inimicum Dei et Ecclesiæ, persecutorem regis, inde solummodo fortiorem hostem Christianæ religionis unde familiaris est inimicus, in nomine Domini exercituum potenter et viriliter assurgatis, non timentes ante faciem ejus, quoniam ex quo recessit a Domino, invenient eum multa mala, quoniam et Dominus ab ipso recessit nec derelinquet ulterius virgam peccatoris super sortem justorum. Nos enim attendentes perfidiam Marcowaldi, qui cum non potuerit cum Christianis hactenus prævalere, cum Saracenis, ut prælibavimus, nititur opprimere Christianos, universis procedentibus contra eos in hac nequitia perdurantes illam concedimus veniam peccatorum quam in defensionem terræ orientalis transfretantibus indulgemus. Per Siciliam enim subveniri poterit facilius terræ sanctæ: quæ si, quod absit, in Saracenorum potentiam deveniret, nulla de cætero recuperationi Hierosolymitanæ provinciæ fiducia remaneret. Nos autem dilectum filium C. tituli Sancti Laurentii in Lucina presbyterum cardinalem, apostolicæ sedis legatum, et venerabiles fratres nostros Neapolitanum et Tarentinum archiepiscopos in regni subsidium cum copioso exercitu destinamus. Mementote igitur opprobrii totius regni, quod vobis a cunctis gentibus exprobratur, scilicet quod citius totum regnum fuerit occupatum quam una soleat civitas occupari. Quid ergo dicetur de servo, cum de domino id dicatur? Eritis enim de cætero, nisi fideliter persistatis et resistatis potenter, opprobrium hominum et abjectio plebis et ludibrium gentium et fabula populorum.

Datum Laterani, viii Kal. Decembris.

CCXXII.

PIPIONI CLERICO.

Cum a nobis petitur, etc., *usque ad verbum* assensu, personam tuam cum omnibus bonis tam ecclesiasticis quam mundanis, etc., *usque ad verbum* suscipimus. Specialiter autem præbendam Sancti Georgii de Canaceto, sicut eam juste possides et quiete, auctoritate tibi apostolica confirmamus, etc. Nulli ergo, etc.

In eumdem modum pro Azone subdiacono super ecclesia Sancti Sylvestri de Roncalia.

CCXXIII.

DE LUCEDIO ET SANCTI SALVATORIS ABBATIBUS PAPIENSIBUS.

Ut monasterium S. Columbani instaurent.

(Datum Laterani.

Jam sæpius nostrum pulsavit auditum quod monasterium Sancti Columbani Bobiensis et in spiritualibus usque adeo sit collapsum et in temporalibus etiam diminutum, quod, nisi per auxilium divinæ gratiæ nostræque sollicitudinis interventu, vix speretur ipsius reparatio proventura. Et quoniam instantia nostra quotidiana est secundum Apostolum, omnium Ecclesiarum sollicitudo continua, nec omnes possumus personaliter visitare, majoribus occupati, nostras vobis vices in hac parte duximus committendas, concessa vobis plenaria potestate corrigendi tam in capite quam in membris quæ fuerint corrigenda et puniendi per censuras ecclesiasticas, si qui vobis contumaces exstiterint et rebelles. Quocirca discretioni vestræ per apostolica scripta mandamus quatenus ad dictum cœnobium pariter accedentes, super statu ipsius inquiratis plenius veritatem et Deum habentes præ oculis, sine personarum acceptione quidquid ibidem inveneritis corrigendum, requisito consilio venerabilis fratris nostri episcopi Bobiensis, nostra freti auctoritate, remoto appellationis obstaculo, corrigatis; cujus electum si minus utilem inveneritis ad regimen abbatiæ, sine præjudicio tam episcopi quam etiam monasterii ejus resignatione recepta, talem ibidem pastorem per electionem canonicam instituere procuretis qui et prodesse noverit et præesse; attentius provisuri ut mandatum apostolicum taliter exsequamini quod sollicitudo vestra debeat in Domino commendari.

Datum Laterani.

CCXXIV.
BOBIENSI EPISCOPO.
De libertate monasterii S. Columbani.
(Laterani, Kal. Decembris.)

Accedens ad apostolicam sedem dilectus filius electus Sancti Columbani Bobiensis de te in auditorio nostro graviter est conquestus quod cum monasterium sibi commissum a tempore beati Gregorii ad Romanam Ecclesiam usque ad moderna tempora pleno jure spectaverit, tu occasione cujusdam sententiæ a felicis recordationis Eugenio papa prædecessore nostro contra monasterium ipsum per abbatis illius temporis imperitiam vel fraudem forsitan promulgatæ, quam bonæ memoriæ L. papa successor ipsius postea confirmavit (107*), Bobiensi Ecclesiæ abbatiam ipsam niteris subjugare; de cujus possessionibus et redditibus cum episcopium et canonica ditata sint pariter et dotata, non videbatur consonum rationi ut cum jactura temporalium rerum, libertatis etiam suæ dispendium pateretur et cœnobium, quod prius ad Romanam Ecclesiam nullo pertinuerat mediante, postquam ibi factus fuit episcopus multitudine fidelium excrescente, subjectum fieret Ecclesiæ Bobiensi. Post hanc autem divisionem monasterium idem, sicut prius fuerat, proponebatur in libertate pristina permansisse; in quam non sine multis molestiis et damnis innumeris per Bobienses episcopos irrogatis, abbates, qui

(107*) Vide tom. IV *Ital. sac.*, pag. 1296.

pro tempore fuerant, se usque ad hæc tempora vindicarunt. Petebat igitur idem electus monasterium ipsum in sua libertate ac speciali apostolicæ sedis subjectione servari, et ipsius renuntiatione recepta, qui se proponebat insufficientem ad regimen abbatiæ, eidem cœnobio de pastore idoneo provideri, vel si forte judicaretur idoneus; sibi munus benedictionis conferri, et sicut de antecessore ipsius factum fuerat, per Romanam Ecclesiam benedici, quemadmodum ex litteris authenticis apparebat. Sane præmissis objectionibus dilectus filius... nuntius tuus, licet præsens affuerit, nihil voluit respondere, ob alia quæ sequuntur se asserens ad nostram præsentiam destinatum; quamvis venerabilis frater noster Vercellen. episcopus, olim Ecclesiæ Bobiensis electus, multa pro ipsa studuerit allegare. Cum enim præfatum monasterium de multa quæ in eo religionis viguit observantia, jam ad tantam sit dissolutionem ordinis monastici devolutum, quod vix in abbate ac monachis aliquod valeat religionis vestigium inveniri; tu quoniam idem monasterium tuæ sollicitudini est commissum, electo dedisti etiam in virtute obedientiæ, quam tibi præstiterat manualem, sæpius in mandatis ut in claustro, a vesperis præcedentis diei donec die sequenti missarum solemnia finirentur, silentium servaretur, fratres in refectorio ab esu carnium abstinerent, cibos religioni aptos, non sine lectione sacræ Scripturæ, cum silentio comesturi, et dimissis singularibus cameris, in dormitorio pariter recubarent, ipse vero, qui ordinem presbyterii non susceperat, clericos non præsumeret tonsurare. Cæterum, quoniam in præmissis post multas commonitiones et preces superbe nimis tibi obedire contempsit, excommunicationi eum in Cœna Domini subjecisti, si usque ad octavas Resurrectionis sequentis tuam non implevisset super his omnibus jussionem. Sed neque sic electus ipse obedientiam debitam recognovit; sed in sua obstinatione perdurans, excommunicationis sententiam, a venerabili fratre nostro Januensi archiepiscopo etiam confirmatam, sicut ex ipsius litteris colligitur evidenter, non observat. Unde idem clericus tuo nomine postulavit quatenus eamdem sententiam confirmantes, per clerum et populum Bobiensem faceremus ipsam usque ad satisfactionem congruam custodiri; auctoritate tibi apostolica indulgentes, ut si usque ad certum terminum ad tuam obedientiam non rediret, ex tunc tibi liceret eum ab abbatiæ officio removere et alium in ea idoneum ordinare; eidem etiam electo ac monachis daremus firmiter in mandatis ut, in præmissis præceptis et aliis regularibus et honestis, tibi tanquam suo pontifici obedirent; alioquin sententiam quam ferres in eos, ratam haberemus et faceremus firmiter observari. Sane super his quæ præmisimus tractatum habuimus diligentem, quibusdam asserentibus ex præfata sententia Ecclesiæ Romanæ præjudicium generatum; cum idem prædecessor noster, quasi ex certa scientia ipsius, monasterium speciale Bobiensi Ecclesiæ decreverit subjacere, cum coram eo super libertate ipsius fuerit allegatum; nonnullis in contrarium sentientibus eamdem sententiam in nullo apostolicæ sedi præjudicare debere, cum eum ex officii debito et juris necessitate, super quæstione de qua cognoverat, oportuerit judicare nec res judicata illis obesse poterat inter quos non exstitit judicatum. Cum igitur deferendi fraternitati tuæ, quantum cum Deo possumus, voluntatem et propositum habeamus, in absentia partis tuæ super subjectione vel libertate monasterii ad præsens nec statuendum aliquid duximus nec mutandum; fraternitati tuæ per apostolica scripta mandamus quatenus, si munimentum aliquod habes per quod dictum cœnobium ex concessione sedis apostolicæ tuo doceatur episcopio fuisse subjectum, usque ad Dominicam qua cantatur *Lætare Hierusalem*, illud nobis non differas per proprium nuntium destinare, ut, intellecta plenius veritate, Bobiensem Ecclesiam in sua justitia tueamur. Alioquin, quoniam, etsi suam velimus justitiam Ecclesiæ Bobiensi servare, jura tamen apostolicæ sedis habita custodire satagimus et invasa recuperare tenemur, communicato consilio ex tunc in ipso negotio, quemadmodum divinus nobis motus ingesserit procedemus. Sane renuntiationem ipsius electi, ne juris tui ex ea dispendium aliquod sustineres, cum in possessione dicaris subjectionis ipsius monasterii constitutus, non duximus admittendam; sed dilectis filiis... de Luceio et... Sancti Salvatoris Papien. abbatibus, quibus correctionem commisimus monasterii tam in capite quam in membris, concessa eisdem nihilominus potestate rebelles per censuram ecclesiasticam coercendi, dedimus in mandatis ut ad locum pariter accedentes, una cum tuo consilio utilitatibus antedicti cœnobii studeant imminere; ita quod, si electum inutilem invenerint ad regimen abbatiæ, sine præjudicio tuo ipsius resignatione recepta, talem ibi per electionem canonicam præfici faciant in pastorem qui præesse noverit pariter et prodesse.

Datum Later., Kal. Decemb.

CCXXV.

CENTIO SUBDIACONO ET NOTARIO NOSTRO, RECTORI, JUDICIBUS, CONSULIBUS, ET POPULO BENEVENTAN.

De pœna illius qui consulem interemit.

Cum impunitas scelerum parere consueverit audaciam delinquendi, sic malefactorum excessus animadversione sunt debita puniendi, ut et ipsi pœniteant de commissis et cæteri qui audierint, suam a consimilibus metu pœnæ retrahant voluntatem. Licet enim ex apostolicæ servitutis officio sollicitudo nobis immineat generalis, de illis tamen qui spiritualiter et temporaliter nostræ sunt jurisdictioni subjecti, nos oportet sollicitius cogitare; quatenus sub nostro regimine boni digna recipiant præmia meritorum, et malos debitæ ultionis pœna castiget. Audivimus equidem et non potuimus non moveri quod Ger. filius Roffridi, civis Beneventanus, diabolico inebriatus veneno, Dei et nostro timore posposito et honore Beneventanæ civitatis abjecto, Jacobum de Sculdasio, dum consulatus fungeretur officio, interfecit; et pater ac frater interfectoris, qui tam atroci sceleri personaliter interfuisse dicuntur, licet in præsentia vestra se nostro juraverint conspectui præsentare, ad nos tamen sicut credimus, non venerunt; imo tam prædictus homicida quam ipsi in civitate Beneventana non metuunt, sicut audivimus, commorari. Volentes igitur ut malefactorem prædictum et fautores ipsius debita pœna percellat et civitas Beneventana similem in posterum valeat evitare jacturam, præsentium auctoritate statuimus ut memoratus homicida de cætero Beneventanam civitatem non audeat introire, nec hæreditatis paternæ percipiat aliquam portionem; imo pars ejus, si patrem præmori forte contigerit, ad opus curiæ reservetur; nec unquam in eadem civitate prævaleat aliquod officium gerere dignitatis, nisi forte fuerit illi concessum ex indulgentia sedis apostolicæ generali. Hoc etiam idem futuris temporibus decernimus observandum de illis qui judices, consules, regalenses vel alios ministeriales curiæ vulnerare aut interficere qualibet temeritate præsument. Patrem autem et fratrem homicidæ jam dicti tandiu extra civitatem vestram præcipimus permanere, donec ad præsentiam nostram accedant et ad vos cum litterarum nostrarum testimonio revertantur. Salvo nihilominus apostolicæ sedis mandato, si quid super hoc fuerit severius statuendum. Nulli ergo, etc., hanc paginam nostræ constitutionis, etc.

CCXXVI.

UNIVERSIS SARACENIS IN SICILIA CONSTITUTIS, IN DEVOTIONE NOSTRA ET FIDELITATE REGIA PERMANERE.

Ne contra verum Siciliæ regem adhæreant Marcowaldo.

(Datum Laterani.)

Cum vos audivimus et gaudemus in ritu vestro servasse hactenus et adhuc servare rigorem, ut fidem dominis vestris juxta morem vestrum exhibitam servaveritis et servetis illæsam, nec eam duxeritis aliquando violandam quod in facto Marcowaldi (108) optamus manifestius experiri, ut vos nec promissionibus allicere possit nec minis aut violentia deterrere, quin in fidelitate charissimi in Christo filii nostri F. Siciliæ regis illustris fideliter persistatis et ipsius Marcowaldi resistatis conatibus viriliter et potenter. Illa etenim in temporalibus discretione vigetis, ut et bona discernentes a malis et a bonis etiam meliora, despectis et abjectis pessimis, optima quælibet eligatis. Nostis siquidem, sicut credimus, ex auditu mansuetudinem apostolicæ sedis, quæ sic superbis resistit ut humilibus et subjectis det gratiam. Nostis et per experientiam

(108) Vide supra, epist. 179.

tyrannidem Marcowaldi, quæ his solis parcit quibus nocere non potest, sed sævit tanto fortius in subjectos, quanto se amplius in ejus curaverint humiliare conspectu, retribuens mala pro bonis et odium pro dilectione rependens, sicut ex ejus patet operibus manifeste. Scitis etenim qualiter eos quorum vocatione olim cum domino suo regnum intraverat, quorum proditione occupaverat regni arces, imo etiam totum regnum, non solum omnibus bonis fecerit spoliari, sed animadvertens etiam in personas, eos in exsilium destinaverit et tandem fecerit mutilari. Audistis etiam et vidistis immanitatem ipsius, qualiter sacerdotes et alios præcipitarit in mare, qualiter multos flammis exusserit, qualiter omnes et singulos flagellarit. Intelligere quidem vos credimus et pro firmo tenere quod si Christianis ejus oculus non pepercit, non parceret etiam Saracenis, in quos tanto sæviret liberius, quanto se majus crederet obsequium præstare Deo, effundendo sanguinem paganorum. Qui enim in dominum suum et domini sui filium (qui eum de pulvere suscitavit et erexit de stercore), conjuravit, et eum materna nititur possessione privare, malignaretur severius in alienigenas, imo in alterius ritus et observantiæ disparis nationes, quarum sanguine suas sitit inebriare sagittas et gladium cruentare; et qui contra salutem animæ suæ Christianorum diripit spolia, si contra vos vel violentia vel astutia prævaleret, ad suum vos subsidium vanis promissionibus invitando, divitias vestras penitus exhauriret et suis daret in prædam. Sane nec juramentum vobis nec promissiones aliquas observaret, qui juramentum nobis publice præstitum non servavit. Intelligentes igitur intelligite veritatem, et in solita progenitorum vestrorum et vestra fidelitatis constantia permanentes, non subjiciatis vos et vestros posteros jugo ejus: quod etsi videretur in initio leve, colla tamen gestantium in fine confringeret; et vel nullus vel inutilis esset pœnitentiæ locus, postquam cancer vitalibus irrepsisset. Cogitare debetis quod cum contra Saracenos multi jam conjuraverint principes Occidentis et multa populi multitudo, assumpto crucis signaculo, in proximo disposuerit transfretare; si vos contra Christianos Marcowaldo et Marcowaldum vobis contra regem puerum contingeret adhærere, in vos arma converterent; et Marcowaldus, cum vires eorum sustinere non posset, ipsos animo volens vel invitus sanguine vestro placaret, et vitam suam redimeret morte vestra. Monemus igitur universitatem vestram, consulimus et hortamur, per apostolica vobis scripta districte præcipiendo mandantes, quatenus in hoc progenitorum vestrorum constantiam imitantes, nec ingrati beneficiorum quæ vobis reges Siciliæ contulerunt, attendentes etiam mansuetudinem apostolicæ sedis, quæ vos non solum manutenere vult in bonis consuetudinibus, sed augere, in devotione nostra et fidelitate regia persistatis, nec credatis promissionibus et fallaciis Marcowaldi, qui ad hoc solum promittit ut fallat, ad hoc fallit ut vos possit suæ tyrannidi subjugare. Nos autem in defensionem vestram et expugnationem ipsius, dilectum filium C. tituli Sancti Laurentii in Lucina presbyterum cardinalem et venerabiles fratres nostros Neapolitanum et Tarentinum archiepiscopos et dilectos filios nobiles viros Ja. Marescalcum et O. de Palumbria consanguineos nostros, in regnum dirigimus cum exercitu copioso; ante cujus conspectum Marcowaldus subsistere, dante Domino, non valebit, sed cum universis sequacibus et fautoribus suis irreparabiliter contereretur. Dedimus autem eidem legato et omnibus nuntiis nostris districtius in præceptis ut vos manuteneant et defendant et in bonis curent consuetudinibus adaugere.

Dat. Laterani.

CCXXVII.
NIVERNIENSI EPISCOPO.

De absolutione sacerdotis, qui hostibus indicaverat hominem, quem illi laqueo strangularunt.

(Datum Laterani.)

Pervenit ad audientiam nostram, I. sacerdote de Naizin ordine Cisterciensi novitio intimante, quod, cum adhuc esset in habitu sæculari, quidam servientes, quo quidam homo quem quærebant abiisset, ab eo cum instantia quæsiverunt: qui cum ad quid eum quærerent ignoraret, illic eum esse respondit; ad quem locum illi protinus venientes, nec eum invenientes ibidem, postea inventum alibi patibulo suspenderunt. Verum quia eum aliquantulum conscientia remordebat, bonæ memoriæ H. Bituricensi archiepiscopo, qualiter factum fuerat, intimavit, qui eum a missæ celebratione prohibuit donec uteretur consilio saniori. Nunc autem quoniam ad ordinem Cisterciensem se transtulit, a nobis misericordiam postulat et requirit. Cum igitur præfatus sacerdos in hoc commendandus existat quod a nobis duxit consilium requirendum, quia bonarum mentium est ibi culpam agnoscere, ubi culpa non est; fraternitati tuæ per apostolica scripta mandamus quatenus inquiras de præmissis diligentius veritatem, et si rem inveneris taliter se habere, cum ex hoc præfatus sacerdos dignoscatur nullius culpæ maculam contraxisse, auctoritate nostra des ei licentiam celebrandi.

Datum Laterani.

CCXXVIII.
VERONENSI EPISCOPO, ROMANÆ ECCLESIÆ CARDINALI.

Ut pertinaces hæretici puniantur, et resipiscere volentibus gremium Ecclesiæ non præcludatur.

(Laterani, viii Id. Decembris.)

Licet in agro patris familias evangelici zizania sæpe pullulent inter messes, et vineam Domini Sabaoth interdum nitatur tinea demoliri; sic tamen prudens agricola vinitorque discretus salubre debet remedium invenire, ne vel triticum evellatur inter zizania, vel in dejectione tineæ vinea corrumpatur.

Similiter etiam, licet ad abolendam hæreticam pravitatem invigilare debeat sollicitudo pastoris, sollicite tamen debet attendere ne vel damnet innoxios vel nocentes absolvat. Accepimus autem quod auctoritate litterarum nostrarum, quas dilectis filiis nostris archipresbyteris et canonicis Ecclesiæ tuæ contra Gazaros [Cataros], Arnaldistas, Pauperes de Lugduno et Humiliatos, qui nondum redierunt ad mandatum apostolicæ sedis et hæreticos universos direximus, dictus archipresbyter tam contra Humiliatos quam universos hæreticos, sine distinctione quam posueramus in litteris nostris, excommunicationis sententiam promulgavit; cujus occasione sententiæ nonnulli quosdam qui, licet inviti, a populo Humiliati dicuntur, licet nullam hæresim, sed fidem, sicut dicitur, sapiant orthodoxam et in humilitate cordis et corporis studeant Domino famulari, qui etiam in manibus tuis stare mandatis Ecclesiæ juraverunt, evitant et eis tanquam excommunicatis communicare sicut hactenus non præsumunt. Quia vero non est nostræ intentionis innoxios cum nocentibus condemnare, fraternitati tuæ per apostolica scripta mandamus atque præcipimus quatenus tales ad tuam præsentiam convoces et inquiras tam ab aliis de vita et conversatione ipsorum quam ab eis de articulis fidei et aliis quæ videris inquirenda; et si nihil senserint quod sapiat hæreticam pravitatem, eos Catholicos esse denunties et prædicta sententia non teneri. Quod si forsan aliquid contra fidem sapiant orthodoxam et parati fuerint ab errore discedere ac mandatis apostolicis obedire, recepto ab eis juxta formam Ecclesiæ juramento, quod solet a talibus exhiberi, beneficium eis absolutionis impendas: mandans eisdem sub debito juramenti præstiti ut errorem quem approbaverant, publice improbent et in aliis studeant pro viribus confutare; de cætero etiam fidem orthodoxam servent, et sedem apostolicam venerentur.

Datum Laterani, viii Idus Decembris.

CCXXIX.

B. PISTORIENSI EPISCOPO.
Qualiter decima persolvenda sint.
(Laterani, iv Non. Decembris.)

(109) A nobis tua fraternitas requisivit utrum ab illis decimas exigere debeas qui possessiones dant vel recipiunt ad affictum, cum alii se conentur per alios excusare quo minus cogantur ad decimas persolvendas; quid etiam sit de mulieribus in episcopatu tuo presbyteris in capellis sub conversationis specie cohabitantibus faciendum, unde infamia irrogatur ordini clericorum. Cum igitur quilibet decimas solvere teneatur, nisi a præstatione ipsarum specialiter sit exemptus, fraternitati tuæ duximus respondendum quod a dantibus possessiones et accipientibus ad affictum, de fructibus quos percipiunt decimæ sunt solvendæ, nisi ab eis ali-

(109) Cap. *A nobis*, De decimis.
(110) L. 44, De episc. et cler., in cod. Theodos.

quid ostendatur quare ab hujusmodi sint immunes. Cum clericis (110) quoque non permittas mulierculas habitare; nisi forte de illis personis existant in quibus naturale fœdus nihil permittit scævi criminis æstimari.

Datum Laterani, ix Nonas Decembris.

CCXXX.

LEGLENNENSI EPISCOPO.
Quod non facile excommunicari possit.
(Laterani, xii Kal. Decembris.)

Cum facti simus, secundum Apostolum, sapientibus et insipientibus debitores, honori fratrum et coepiscoporum nostrorum, quos apostolica sedes in partem sollicitudinis evocavit, tanto abundantius deferre volumus et optamus, quanto propter eminentiam dignitatis a nobis et aliis sunt propensius honorandi. Eapropter, venerabilis in Christo frater, tuis justis petitionibus inclinati, præsenti pagina tibi duximus indulgendum ne quispiam prælatorum, nisi pro manifesta et rationabili causa, excommunicationis vel suspensionis in te, quem nos, licet indigni, propriis manibus consecravimus, sententiam valeat promulgare. Nulli ergo, etc.

Datum Laterani, xii Kal. Decembris.

CCXXXI.

LEGLENNENSI EPISCOPO.
Ut injuste spoliatus archidiaconus restituatur.
(Laterani, vii Id. Decembris.)

Sicut nostro est apostolatui reseratum, inter alia multa et gravia quæ H. fugitivus monachus Cantuariensis excommunicatus et maledictus in præjudicium Ecclesiæ Leglennensis et animæ suæ perniciem nequiter attentavit, post exsecrationem suam dilectum filium Ecclesiæ tuæ archidiaconum in tantum metu suspensionis illato coegit, eum exire de ipsa Ecclesia non permittens, quod ipsum archidiaconatus officium, vellet nollet, oportuit resignare: in cujus locum alius quidam fuit violenter intrusus. Cum igitur idem monachus, tanquam fur et latro, non per ostium sit ingressus nec aliquid de rebus episcopi quod invasit, per eum de jure conferri valeat vel disponi, omnibus ordinationibus et dispositionibus factis ab eo penitus irritis, ut de præmisso archidiaconatu et aliis dignitatibus et officiis canonice valeas, appellatione remota, tanquam proprius pontifex ordinare, quod ab eodem intruso factum est non obstante, liberam tibi appellatione remota tribuimus auctoritate præsentium facultatem. Nulli ergo, etc.

Datum Laterani, vii Idus Decembris.

CCXXXII.

ULIXBONENSI ET COLIMBRIENSI EPISCOPIS.
Non facile qualiscunque metus et vis votum rescindit.
(Laterani, Kal. Decembris.)

(111) Insinuante V. nobili muliere, nostro est apo-

(111) Cap. *Insinuante*, Qui clerici vel voventes.

stolatui reseratum quod dudum puella et in annis teneris constituta, M. Sancii accepit in virum, qui ab inimicis crucis Christi fuit parvo post tempore interfectus; post cujus obitum a quibusdam curialibus fuit regi Legionensi pro relictæ copula supplicatum. Quod cum ad consanguineorum ejus notitiam devenisset, ut maritum acciperet ei sub obtestatione regia suggeserunt. Ipsa vero quod tunc nollet nubere protestante, consilium accepit ab eis quod votum emitteret castitatis. Hoc autem in manibus cujusdam de fratribus Sancti Augustini eo fecit adjecto tenore, ut in domo propria cum omni sua substantia remaneret. Sane in ejusdem ordinis habitu biennio post permansit; licet in se invitam fecisse asserat et coactam tam metu regio quam parentum. Posthæc eidem regi quod fecerat indicavit. Quod approbans vetuit ne quis, ea nolente, domum intraret ipsius vel exinde aliquid asportaret. Interim vero tempore modico elabente, P. curialis regias litteras secum portans et F. Ferdinandi, dictæ mulieris domum intrantes, ut ipse P. vi saltem eam duceret in uxorem, acceperant ab ipsa quod si eam idem P. duceret, ipsius manibus interiret. Posthæc vero dimissis domo et omnibus quæ habebat, in domo cujusdam Judæi per tres, in ecclesia vero Sanctæ Mariæ de Veiga per sex latuit septimanas; ita quod exinde propter necessitates humanas etiam egredi non auderet; tandem se coactam videns et omnibus destitutam, et attendens nihilominus quod invita votum emiserit, eo dimisso de parentum consilio, P. Michaelis publice fuit matrimonialiter copulata, de qua quatuor sustulit filios tempore procedente. Verum quia salutem animæ omnibus desiderat anteferre ac metuens quod hujusmodi conjunctio licita non existat, quid super his tenere debeat edoceri responso nostro suppliciter postulavit. Nos ergo attendentes quod in emissione voti, quod præcessit, nulla vel modica coactio affuisset, quam patientia et perseverantia sequentis temporis penitus profugavit, et quod sequens conjunctio potius iniqua fuit et violenter extorta, fraternitati vestræ per apostolica scripta mandamus quatenus inquisita diligentius veritate, si præmissis veritas suffragatur, præfatam feminam ad male dimissum religionis habitum resumendum et servandum quod vovit monere ac inducere procuretis, et si opus fuerit, per censuram ecclesiasticam coercere. Quod si ambo, alter vestrum, etc.

Datum Lat., Kal. Decembris.

CCXXXIII.

MANNENSI EPISCOPO, ARCHIDIACONO BANGORENSI ET PRIORI DE INSULA GLANNAVO.

Ne ante septennium sponsalia contrahantur.

(Laterani, viii Kal. Decembris.)

Postulavit a nobis dilectus filius vir nobilis R. princeps Norwaliæ, ut de concessione nostra sibi liceret filiam dilecti filii principis Insularum subarrhatam ab ipso accipere in uxorem, non obstante quod a patruo ejus eadem infra nubiles annos exstitit desponsata, cum tamen a neutro traducta fuisset. Verum quoniam nobis constare non potuit cujus ætatis puella tempore subarrhationis vel desponsationis exstiterit et cui antea fuerit, puta nepoti vel patruo, desponsata, cum secundum diversitates factorum jura etiam sint diversa, in hujusmodi certum non potuimus dare responsum, quoniam juxta canonicas sanctiones in rebus ambiguis non est absolutum judicium proferendum. Volentes autem, quantum cum Deo possumus, justas postulationes præfati principis sine difficultate qualibet exaudire, inquisitionem eorum quæ præmisimus sub certa forma examini vestro duximus committendam, quid juris sit in singulis articulis supponentes. Quocirca discretioni vestræ per apostolica scripta mandamus quatenus vocatis ad præsentiam vestram quos videritis evocandos, sollicite inquiratis utrum puella septennium non attigerit quando subarrhata exstitit a nepote, vel patruo desponsata. In utroque namque istorum casuum, quia tam subarrhatio quam desponsatio de jure non tenuit, quæ non potest septennium prævenire, quod factum est a patruo primo vel postea non obstante, nisi aliud quid impediat, puella eadem legitime contrahere poterit cum nepote. Si vero tam subarrhationis quam desponsationis tempore septennis exstitit vel majoris ætatis, cum ex tunc incipiant placere sponsalia, si præcessit desponsatio patrui, non potuit contrahere cum nepote; quoniam secundum traditiones et observantias regulares nullus potest sponsam consanguinei sui accipere in uxorem, et hi duo casus non ad imparia judicantur. Si autem subarrhatio facta cum nepote præcessit, quod secutum fuit postea non tenente, cum per secundum factum non potuerit primum dissolvi, quod quantum ad sponsalia sortitum fuerit firmitatem, volentibus personis principalibus, matrimonium inter eas poterit consummari. Si vero nepos eam ante septennium subarrhavit et patruus in septennio vel post septennium desponsavit eamdem, nepos eam propter rationem præmissam ducere non poterit in uxorem, sin, vice versa, eam sibi legitime poterit copulare. Pro iis quæ præmisimus memoriæ commendatis, cum de facto vobis constiterit, de jure non poteritis dubitare. Vos ergo, appellatione remota, secundum præmissas distinctiones injunctum vobis curetis negotium diffinire. Quod si omnes, etc., tu, frater episcope, cum eorum altero.

Dat. Lat., viii Kal. Decembris.

CCXXXIV.

ABBATI ET CONVENTUI SANCTÆ MARIÆ DE PRATO DE LEICESTRIÆ.

Ut pauperem quemdam, ex Judæo Christianum, alant.

(Laterani, Non. Decembris.)

Quanto populus Judaicæ cæcitatis superficiem divinarum Scripturarum attendens et negligens puritatem medullæ quæ doctrinæ spiritualis in se continet intellectum, damnabilius in sua contumacia perduravit et se ipsos adhuc involvi permittunt in barathro tenebrarum, tanto his qui tenent et amplectuntur fidei veritatem et desiderant propagationem nominis Christiani, amplius est in Domino congaudendum, si qui gratia sancti Spiritus illustrati, abrenuntiato errore Judaico, a tenebris se convertunt ad lucem et fidem recipiunt Christianam; et attenta est sollicitudine providendum ne inter alios Christi fideles inedia deprimantur, cum plerique horum pro indigentia necessariarum rerum, post receptum baptismum, in confusionem non modicam inducantur, ita ut plerumque, faciente illorum avaritia qui, cum ipsi abundent, Christum pauperem respicere dedignantur, retro cogantur abire. Hinc est quod cum dilectus filius R. lator praesentium ad commonitionem cujusdam nobilis viri, spretis et postpositis omnino divitiis quas habebat, Christum potius sequi volens quam in luto divitiarum putrescere, baptismi receperit sacramentum, et nunc praefato nobili viro viam universae carnis ingresso, qui sufficienter ei necessaria ministrabat, ita pauperate gravetur, ut non habeat unde vitae sustentationem possit habere per vos ipsius necessitati providere volentes, discretioni vestrae per apostolica scripta mandamus atque praecipimus quatenus, ob reverentiam illius per quem ipse lucem veritatis accepit, taliter ei necessaria ministretis, quod in victu et vestitu convenienter sit ei provisum : scituri pro certo quod graviter et moleste ferremus, nec possemus sub dissimulatione transire, si mandatum nostrum, quod opus continet in se pietatis, relinqueretis aliquatenus imperfectum.

Datum Lat., Nonis Decembris.

CCXXXV.

CISTERCIENSI, MORIMUNDENSI, ET DE CRISTA ABBATIBUS.

Ut cum Metensi episcopo de haeresi suspectos examinent.

(Laterani, v Id. Decembris.)

(112) Ea est in fovendis virtutibus et vitiis exstirpandis a praelatis Ecclesiarum servanda discretio et circumspectio adhibenda, ne vel internascentium densitate spinarum enormiter frumenta laedantur, vel insuper seminatorum zizaniorum evulsione triticum evellatur. In abscidendis etiam et curandis corporibus infirmorum sic oculi diligentia praecedere debet manus officium et ferrum digitus praevenire, ne si cauterium adhibeatur incaute, non tam partes infirmas non sanet quam sanas infirmet : quod tanto diligentius in mentis languoribus est servandam, quanto animam novimus corpore digniorem et spiritualia carnalibus praeponenda. Hoc autem infra nos ipsos diligentius attendentes, cum olim venerabilis frater noster Metensis episcopus per suas nobis litteras intimasset quod tam in dioecesi quam in urbe Metensi laicorum et mulierum non modica multitudo Gallicae cuidam translationi divinorum librorum intendens, secretis conventiculis etiam inter se invicem eructare praesumerent, aliorum aspernantes consortium et in faciem redarguentibus presbyteris resistentes, quorum simplicitatem fastidiunt, in suae translationis peritia confidentes, non protinus ad vindictam nos res accendit incognita, sed universis tam in urbe quam in Metensi dioecesi constitutis sub eo tenore litteras curavimus apostolicas destinare, qui vobis ex transcripti earum poterit inspectione patere. Eidem insuper episcopo et capitulo Meten. dedimus in mandatis ut inquirerent sollicite veritatem quis fuerit auctor translationis illius, quae intentio transferentis, quae fides utentium, quae causa docendi; si utentes ipsa venerarentur apostolicam sedem, et catholicam Ecclesiam honorarent; ut super his et aliis quae necessaria sunt ad indagandam plenius veritatem per eorum litteras sufficienter instructi, plenius intelligeremus et planius quid super his statui oporteret. Nuper autem idem episcopus per suas nobis litteras intimavit quod quidam eorum quos notabiles prioribus litteris denotarat mandatis recusant apostolicis obedire; quibusdam eorum clanculo, quibusdam vero jam publice obediendum esse dicentibus soli Deo; ab occultis etiam conventiculis non cessantes, officium praedicationis occulte, licet a nullo mittantur, prohibiti etiam, sibi non metuunt usurpare; aspernantes sibi dissimiles et translationi eidem usque adeo insistentes, ut se nec episcopo nec metropolitano suo nec nobis ipsis asserant parituros, si eam decreverimus abolendam. Licet autem tales in eo reprehendi merito videantur quod occulta conventicula celebrant, officium praedicationis usurpant, simplicitatem despiciunt sacerdotum et eorum consortia qui dictam translationem non recipiunt aspernantur; ne quid tamen subito facere videamur, discretioni vestrae, de qua plene confidimus, per apostolica scripta mandamus atque praecipimus quatenus ad civitatem Meten. pariter accedentes, cum eodem episcopo convocatis coram vobis talia sapientes, et adhaerentes translationi praedictae, et si fieri poterit, quae in eis reprehensibilia fuerint, auctoritate freti apostolica, sublato appellationis obstaculo corrigatis. Quod si correctionem vestram recipere forte noluerint, inquiratis super capitulis illis quae in litteris quas episcopo miseramus expressa fuisse superius vobis expressimus et aliis etiam diligentius veritatem, et quod inveneritis, per nuntium vestrum et litteras plenius intimetis; ut per vos certiores effecti, prout procedendum fuerit procedamus. Cum enim in hoc universalis Ecclesiae vertatur negotium et agatur causa fidei Christianae, ad exsequendum apostolicae sedis mandatum cum summa diligentia et cautela vos studiosos et promptos esse volumus et mandamus. Ad haec, M. Crispinum presbyterum et R. socium ejus, si super his quae dictus episcopus eis duxerit opponenda, inveneritis esse reos, ipsos appellatione remota, canonice puniatis. Alioquin, eumdem episcopum ad remittendam poenam, si quam

---

(112) Vide supra, epist. 141.

eis forsan inflixit, cum nihil contra eum vel clerum in nostra proposuerint audientia, monitione præmissa, districtione qua convenit, remoto appellationis obstaculo, cogere non tardetis. Quod si non omnes, etc., duo vestrum.

Datum Laterani, v Idus Decembris.

CCXXXVI.

NEAPOLITANO ARCHIEPISCOPO, ET C. SANCTI LAURENTII IN LUCINA PRESBYTERO CARDINALI, APOSTOLICÆ SEDIS LEGATO.

Ut contra Beneventanum archiepiscopum inquirant.

Nihil est pene quod magis debeat formidare prælatus quam vitium negligentiæ; quia si, juxta testimonium Veritatis, de omni verbo otioso in die judicii redditurus est rationem, quanto magis de omni bono neglecto, cum eum etiam qui opus Dei agit negligenter, Scripturæ divinæ sententia maledicat. Heli namque sacerdos, licet in se bonus existeret, quia tamen filiorum excessus efficaciter non corripuit, et in se pariter et in ipsis animadversionis divinæ vindictam excepit, dum filiis ejus in bello peremptis, ipsa de sella corruens, contractis cervicibus exspiravit. Ad corrigendos ergo subditorum excessus tanto diligentius debet prælatus assurgere, quanto damnabilius correctionem eorum negligeret; contra quos, ut de notoriis excessibus taceatur, etsi tribus modis procedere possit, per accusationem videlicet, denuntiationem et inquisitionem ipsorum; ut tamen in omnibus diligens adhibeatur cautela, sicut accusationem legitima præcedere debet inscriptio, sic et denuntiationem charitativa commonitio et inquisitionem clamosa debet insinuatio prævenire. *Descendam*, inquit Dominus, *et videbo utrum clamorem, qui venit ad me, opere jam compleverint* (Gen. XVIII, 21). Tunc enim clamor pervenit ad prælatum, cum per publicam famam aut insinuationem frequentem subditorum sibi referuntur excessus, et tunc debet descendere et videre, id est, mittere, et inquirere utrum clamorem veritas comitetur. Nam juxta canonicas sanctiones, si quid de quocunque clerico ad aures prælati pervenerit, quod eum juste possit offendere, non facile credere debet, nec ad vindictam eum res accendere debet incognita, sed diligenter est veritas perscrutanda, ut si rei poposcerit qualitas, districta ultio culpam feriat delinquentis. Cum ergo de venerabili fratre nostro Beneventano archiepiscopo, quod dolentes referimus, ea nobis relata fuissent quæ a pontificali honestate nimium dissonabant, propter frequentem clamorem multorum ad inquirendum de ipsis plenius fuimus excitati, ne dissimulatio negligentiæ vitium inducere videtur. Ipse namque, sicut fuit nobis expositum, post multas et graves culpas nequiter commissas ab eo, domum Hospitalis ad susceptionem pauperum et infirmorum olim a prædecessoribus suis rerum opulentia præmunitam, civilis belli socius et magister effectus, fecit nequiter demoliri: de cujus videlicet Hospitalis proventibus, tertia portio Ecclesiæ Beati Bartholomæi perpetuo debebatur;

occasione cujusdam equitaturæ suæ a W. Guarna canonico ejusdem Ecclesiæ sibi redditæ sine freno, per satellites suos seditionem fecit in populo; ex qua suborto prælio, quod præcepit invocato diabolo inchoari, plures tam clerici quam laici interfecti fuerunt. Cumque quoddam castrum Hugonis de Feniculo post destructionem terræ ipsius, integrum remansisset, idem populum concitavit; cum quo in ipsum castrum insurgens, illud cum nonnullis mulieribus et pueris incendio devastavit. Molendinum, vineas et alia multa ad suam Ecclesiam spectantia destrui omnino permisit, coquum suum propria manu percutiens interfecit; rusticum quemdam hostiliter insecutus, pro eo quod puerum in ulnis deferens, importune pro confirmatione illius instabat, suoque clerico resistebat, ab eo violenter impulsus, ita vulnerari præcepit, quod vitam illius vulneris occasione finivit. Beneficia ecclesiastica minus canonice, juxta suæ voluntatis arbitrium, dispensare præsumit. Sacerdotes et clericos absque causa rationabili officiis et beneficiis destitutos non prius restituit quam cupiditati ejus recepta pecunia satisfiat. Augmentationi possessionum et ornamentorum Ecclesiæ suæ non solum, ut tenebatur ex officio non intendit, verum etiam adeo in spiritualibus et temporalibus eam læsit, ut consilio destituta et pravorum pedibus jaceat conculcata. Cum autem hæc et alia per quosdam Ecclesiæ suæ canonicos nobis denuntiata fuissent, contra quos tamen multa, ut eos a denuntiatione repelleret, opponebat; nos officii nostri debitum prosequentes, de communi fratrum consilio vobis inquisitionem eorum duximus committendam; per apostolica vobis scripta præcipiendo mandantes quatenus, ad locum congruum utrique parti securum pariter accedentes, sine personarum acceptione, Deum habentes præ oculis, super his inquiratis appellatione remota, nostra freti auctoritate, diligentissime veritatem; et quod inveneritis, sub testimonio litterarum vestrarum nobis fideliter intimetis; ut per inquisitionem vestram sufficienter instructi, melius in ipso negotio procedere valeamus.

CCXXXVII.

CAPITULO CHELCOENSI.

Ne in alios quam donata sunt usus bona Ecclesiæ suæ conferantur.

(Laterani, III Kal. Decembris.)

Cum monasterium vestrum specialiter beati Petri juris existat et ad nostram, nullo mediante, jurisdictionem pertineat et tutelam, paci et tranquillitati vestræ sollicitius nos convenit providere et in quibus salva conscientia possumus petitiones vestras libentius debemus et volumus exaudire. Dilecto namque filio nostro H. monacho vestro referente, accepimus quod abbates qui pro tempore in vestro monasterio administrant Ecclesias quæ illi monasterio ad sustentationem fratrum et hospitum susceptionem ac pauperum concessæ sunt canonice et collatæ, in dispendium vestrum quibusdam personis conferunt et assignant, pro quibus illarum proventus sustentationi fratrum et pauperum indebite subtrahuntur. Unde quoniam indignum est admodum et absurdum ut fratrum ac pauperum stipendia per aliquorum praesumptionem eis illicite subtrahi debeant quorum sunt usibus deputata, ad exemplar felicis recordationis Lucii papae praedecessoris nostri praesentium auctoritate statuimus et firmiter prohibemus ut nullus de caetero Ecclesias vestras aliquibus conferre praesumat, per quos ipsorum proventus ad alium usum transferri debeant, nisi ad eum pro quo piis desideriis ac devotione laudabili vestro monasterio sunt concessae. Nulli ergo, etc., hanc paginam nostrae constitutionis et inhibitionis, etc.

Datum Laterani, III Kalend. Decembris.

CCXXXVIII.
EPISCOPIS ET ALIIS ECCLESIARUM PRAELATIS PER REGNUM SCOTIAE CONSTITUTIS.
Ut ab injuria monasterii Chelcoensis abstineant.
(Laterani, Kal. Decembris.)

Licet universa loca religiosa ex commissi nobis officii debito fovere et diligere debeamus, illorum tamen profectibus specialem nos oportet curam impendere quae ad jurisdictionem beati Petri et nostram noscuntur nullo mediante spectare. Inde siquidem est quod nos libertates et jura monasterii Chelcoensis et ea maxime quae ipsi ab apostolica sede indulta sunt, integra volentes et illaesa servare, felicis recordationis Lucii papae praedecessoris nostri vestigiis inhaerentes, universitati vestrae per apostolica scripta praecipiendo mandamus quatenus nullus vestrum in abbatem et fratres praetaxati monasterii excommunicationis, suspensionis vel interdicti sententiam audeat promulgare. Cum autem sententia in parochianos alterius ab aliquo vestrum prolata de jure non teneat, multo minus illa quae in speciales Ecclesiae Romanae filios, qui scilicet nulli nisi Romano pontifici sunt subjecti, profertur, debet ab aliis observari. Quod si aliquis vestrum attentare praesumpserit, ejus in hac parte factum nullas vires obtineat, sed irritum potius et vacuum habeatur. Nos enim universa quae pronominato abbati et fratribus vel monasterio ipsorum apostolicae sedis privilegiis indulta noscuntur, firma volumus et inconcussa teneri, et eadem a vobis inviolabiliter praecipimus observari. Statuimus etiam ut cum ad aliqua ecclesiastica sacramenta in praelibata Ecclesia impendenda fuerit quandolibet evocati, ad hoc exsequendum celeriter accedatis, nec ibidem aliquod jus propterea vindicetis.

Datum Laterani, Kal. Decembris.

CCXXXIX.
STEPHANO ABBATI ET CONVENTUI SANCTI SYLVESTRI.
Quod laici nullam in res, bona, vel personas ecclesiasticas jurisdictionem habeant.
(Laterani, V Kal. Decembris.

(113) Ecclesia Sanctae Mariae in Via Lata contra J. de Atteia, qui quasdam possessiones ipsius dicebatur contra justitiam detinere, movit tempore B. Carosomi dicti senatoris sub L. judice quaestionem. In ipso autem judicio praefato J. de Atteia syndicus monasterii vestri astitit et ab eo testes producti quidam de monachis exstiterunt. Judex vero, auditis rationibus partium, pro eodem Joanne absolutionis sententiam promulgavit; a cujus sententia pars altera vocem appellationis emisit. Super hoc igitur quaestione suborta, proponente parte victrice quod non potuerit appellari, cum dictus L. non ut judex sed tanquam arbiter fuisset electus; victa e contrario asserente quoniam cum arbitrio fuerit contradictum, quod partes non nisi metu poenae constringit, quae in praemisso arbitrio non fuerat comprehensa, merito potuit appellari et fortius, si judicium exstitisset. De hoc igitur ad jam dictum B. Carosomi quaestione perlata, causam appellationis S. primicerio judicum delegavit; in cujus praesentia partibus constitutis, dictus Joannes de Atteia proposuit se conveniendum non esse, cum non possideret id quod pars altera requirebat, sed monasterium Sancti Sylvestri possideret rem petitam. Dictus autem B. Carosomi, quoniam statutum quoddam emiserat, a populo Romano approbatum pariter et acceptum, quod si quis post litem contestatam, rem a se petitam transferret in alium, daretur possessio petitori et alter fieret de possessore petitor, et idem J. post litem contestatam rem ipsam in monasterium transferre praesumpsit, possessionem rei petitae assignavit ecclesiae memoratae. Verum quoniam dictus J. de possessionibus ipsis monasterio Sancti Sylvestri annuam reddiderat pensionem, adjecit ut hoc ipsum ab ecclesia Sanctae Mariae fieret, donec de proprietate fundi cognosceretur; sed solutio quae fieret pensionis, ecclesiae Sanctae Mariae in Via Lata in jure suo penitus non noceret. Hanc autem possessionem ecclesia Sanctae Mariae usque ad tempora Joannis Petri Leonis senatoris Urbis inconcusse possedit; qui supplicatione monasterii vestri clementer admissa, R. judici causam commisit eamdem; qui, auditis hinc inde propositis, pro monasterio ipso sententiam promulgavit, revocans quod praefatus B. Carosomi statuerat contra ipsum. Per quam sane sententiam quoniam ecclesia Sanctae Mariae se laesam enormiter querebatur, et ipsa senatori supplicavit praedicto: qui causam commisit R. judici cognoscendam. Et quoniam ejus jurisdictio erat in proximo desitura, supplicavit fuit ob eamdem causam successoribus ejus senatoribus jam electis; et ab eis causa ipsa eidem judici delegata. Judex vero ex veteris et novorum pariter senatorum delegatione cognoscens, quod a jamdicto B. statutum fuerat approbans, ecclesiae Sanctae Mariae possessionem restituit antedictam. Et cum novem consiliarios haberet senatus, per octo ipsorum exsecutioni fuit sententia demandata; sed unus ex iis, qui et nepos erat abbatis Sancti Sylvestri, quorumdam senatorum favore suffultus, ecclesiae Sanctae Mariae possessionem

(113) Cap. *Ecclesiae S. Mariae*, De constitut.

violenter ablatam, monasterio tribuit nominato. Ex hoc ergo rixa crescente, usque ad armorum strepitum est processum. Ne vero deterius quid contingeret, bonae memoriae C. papa praedecessor noster totum negotium ad suam sollicitudinem revocavit. Et quoniam tempus colligendorum fructuum imminebat, fructus praecepit apud colonos in sequestro deponi; circa quos si qua partium violentiam inferre praesumeret, causae suae dispendium pateretur; venerabilibus fratribus nostris P. Portuensi et I. nunc Albanensi tunc vero Tusculanensi episcopis tituli Sancti Clementis et dilecto filio nostro G., Sancti Angeli diacono cardinalibus, causam committens eamdem. In quorum praesentia partibus constitutis, pro ecclesia Sanctae Mariae fuit contra monasterium vestrum objectum quod violentiam pars vestra commiserat in fructibus sequestrandis. Et cum super hoc testes fuissent utrinque producti, quia violentia liquido probata non fuit, et in dimidio ruglo hordei dicebatur admissa, abbate nihilominus prohibente ne delictum personae redundaret in damnum Ecclesiae, facta hordei restitutione provisum est ut ad quaestionem possessionis fieret in causa processus; de qua coram eisdem productis testibus et attestationibus publicatis, fuit diutius disceptatum. Consequenter vero post decessum praefati praedecessoris nostri, partibus in nostra praesentia constitutis, ecclesiae Beatae Mariae possessionem, qua fuerat praetermisso juris ordine spoliata, sibi restitui postulabat. Et quoniam alii senatorum sententiam pro monasterio, alii latam pro ecclesia processu temporis confirmarant, nos quidquid ab eis factum fuit postquam dictus praedecessor noster ad curam suam idem negotium revocavit, de consilio fratrum nostrorum irritum decrevimus et inane. Cum ergo nobis constiterit et ex ipsa confessione partium tenuerimus quod unus consiliariorum contra sententiam de voluntate octo exsecutioni mandatam* de facto, quia de jure non poterat, veniens, ecclesiam ipsam possessione sua spoliaverit violenter, et nihilominus attendentes quod etiam injusto possessori violenter ejecto restitutionis sit beneficio succurrendum, spoliatam ecclesiam in eo statu decrevimus reponendam in quo fuerat tempore violentiae perpetratae. Verum quoniam praefatam possessionem, post restitutionem factam ab J. de Attcia, monasterium alii locationis titulo assignarat, neque restituere poterat ecclesiae spoliatae, loco illius tantumdem possessionum aequivalentium, secundum arbitrium dilectorum filiorum I. Tineosi capellani et P. ostiarii nostrorum, eidem ecclesiae fecimus assignari; quae quoniam alii fuerant jure pignoris obligatae, a creditoribus eas fecimus liberari, qui nobis instrumentum pignoris postea resignarunt. Et quia saepe fatum monasterium vestrum se querebatur a praemisso B. Carosomi contra justitiam spoliatum et ipsum per officium nostrum restitui suppliciter (114) postulabat, quod statutum ejus nullius valoris exstiterit multipliciter asseverans. Saepe fatus enim B. cum seipsum intruserit in senatoriam dignitatem nec apostolicae sedis favorem habuerit, ad quam institutio pertinet senatorum, statutum non potuit emittere quod valeret; qui, etiamsi fuisset legitime institutus, ipsius statutum, quamvis sibi subjectos, Ecclesias tamen nullatenus obligaret; praesertim cum juri civili esset adversum, quod aliam poenam litigiosas res transferentibus statuit imponendam; illa distinctione inter contrahentes adhibita, ut si quis sciens ad donationes, venditiones seu alios contractus accesserit, non solum redimere rem compellitur, sed etiam pretium ejus amittit; non ut lucro cedat alienanti, a quo etiam alia tanta quantitas est fisci juribus inferenda; sin autem ignorans rem litigiosam emerit vel per aliam speciem contractus acceperit, tunc alienatione rei facta irrita, pretium ejus cum alia tertia parte recipiet; instrumentis etiam nullam vim obtinentibus quae super contractibus hujusmodi statuuntur. Verum eos qui dotis nomine, vel ante nuptias donationis, transactionis vel divisionis rerum haereditariarum factae vel per legati vel fidei commissi causam hujusmodi dederint vel acceperint, a praemissis poenis eadem constitutio excipit nominatim. Quod si etiam obligare posset Ecclesias, monasterium in illa constitutione nequaquam inciderat; cum antedictus J. nullam in illud penitus possessionem transtulisset, qui tanquam colonus terras illas tenuerat et eas non suo sed monasterii nomine possidebat: quod etiamsi fecisset, quoniam prius conventus a monasterio quam ab Ecclesia fuerat et per arbitrium, et nihilominus jure transactionis, per quam citra poenam litigiosi contractus res potest in alium lite contestata transferri, res restituit antedictas, in statutum praemissum nullatenus incidisset; quin potius, etsi contra illud fecisset statutum, quoniam nec conventum, nec confessum in judicio vel convictum, possessione sua monasterium fuerat spoliatum, instanter eam sibi restitui postulabat, quam ex nulla vel saltem injusta causa pars altera detinebat. Has autem rationes oeconomus Sanctae Mariae nitebatur multifariam infirmare. Quamvis enim dictus B. circa praelationis suae primordia gratiam sedis apostolicae non habuerit; quia tamen ab ea fuit tempore procedente receptus et ratihabitio retrotrahitur, perinde habendus erat tanquam ab initio legitime fuerit institutus; qui tanquam alienus judex non poterat a monasterio evitari, cum nec novum sit, nec insolitum, quod ubi clerici sunt actor et reus, causas civiles in Urbe coram judicibus per sedem apostolicam institutis ex delegatione senatorum ab ea jurisdictionem habentium prosequantur. Unde nec in alieno foro intelliguntur, sed in proprio Romani pontificis litigare, cujus auctoritate sortiri videntur effectum quae ab hujusmodi senatoribus vel judicibus statuuntur. Quod si forum senatorium fuisset monasterio penitus alienum, quia tamen oeconomus dicti monasterii sub L. judice a praefato B. inter eccle-

(114) In tertia Collect. *humiliter.*

siam Sanctæ Mariæ et dictum J. de Atteia delegato ipsi J. astitit et eum in jure defendit, judicium ejus non potuit ulterius declinare. Statutum autem ipsius B. de quo sæpius est præmissum et quod non juri adversum sed consonum potius existebat (cum etiam in jure canonico caveatur quod res in litigio posita non sit in personam aliam transferenda), non ad possessores solos sed etiam ad illos dicebat extendi qui tenore saltem detentionis cujusquam poterant conveniri; quales constat esse colonos etiam temporales. Perpetui namque utilem saltem possessionem habentes et conveniri possunt, et in alium transferre quod habent, sicut J. fecerat antedictus; cujus factum neque præmissum arbitrium poterat nec transactio excusare, cum in dolum et fraudem fuerint attentata. Judex namque in quem fuit a partibus compromissum, consanguineus ipsius J. et infeudatus monasterii dicitur exstitisse nihilque fecisse in publicum, sed omnia in secreto, quamvis instar judiciorum sint arbitria introducta. Coegit quoque partes ad transigendum, sicut ex rescripto transactionis apparet; et cum de transactione non fuerit compromissum, quæ non est necessitatis, sed liberæ potius voluntatis, dolo quasi ex perspicuis insidiis jam probato, transactionem inefficacem penitus asserebat. Illa quoque ratione dicebat Ecclesia petitionem monasterii repellendam, quod cum possessionem ipsam sine dolo et culpa sua obtinuerit auctoritate prætoris, et per hoc jus sibi fuerit acquisitum, monasterium vestrum super possessorio audiri ulterius non debebat, cui parata erat in petitorio respondere. His ergo et similibus in nostra et fratrum nostrorum præsentia prudenter a partibus allegatis, nos attendentes quod laicis etiam religiosis super Ecclesiis et personis ecclesiasticis nulla sit attributa potestas, quos obsequendi manet necessitas, non auctoritas imperandi, a quibus si quid motu proprio statutum fuerit quod ecclesiarum respiciat etiam commodum et favorem, nullius firmitatis existit nisi ab Ecclesia fuerit approbatum (unde statutum Basilii de non alienandis prædiis rusticis vel urbanis ministeriis et ornamentis ecclesiarum illa reprobatum fuit potissimum ratione, quod auctoritate Romani pontificis non fuit roboratum), ne in exemplum transeat similia præsumendi, quod a sæpedicto B. factum fuerat in præjudicium monasterii non conventi nec confessi etiam vel convicti prorsus in irritum revocantes, possessiones easdem restituendas sibi sententialiter diffinimus, nec ipsas quæ in locum et jus illarum quas ab J. de Atteia Ecclesia Sanctæ Mariæ petierat successerunt, interim alienare valeat prohibentes; ut si Ecclesia Sanctæ Mariæ vel de vitio litigiosi contractus vel de proprietate forsitan voluerit experiri, ne si obtinuerit in judicio, in vanum laboret, monasterio minime possidente, sit quod evincere valeat et habere.

Datum Laterani, v Kal. Decembris.

(115) Cap. *Tua*, De Decimis.

Scriptum est super hoc in eumdem modum clericis Sanctæ Mariæ in Via Lata.

CCXL.

OLDEBERTO SUBDIACONO NOSTRO, PRÆPOSITO SANCTI GAUDENTII NOVARIENSIS.

Ut habeat jurisdictionem in suos fratres.

(Laterani, Id. Decembris.)

Ad hoc in domo Domini statuta fuisse noscuntur officia prælatorum, ut ipsi speculatores solliciti existentes, excessus puniant subditorum et de agro Domini zizania colligant ad comburendum et triticum in ipsius horreis studeant congregare. Ut igitur commissum tibi præpositura officium utilius prosequi valeas, devotioni tuæ auctoritate duximus præsentium indulgendum ut liceat tibi excessus fratrum tuorum secundum Deum et justitiam, non obstante appellatione, si qua forsan fuerit facta in elusionem ecclesiasticæ disciplinæ, corrigere et eos bonis actibus informare. Nulli ergo, etc., hanc paginam nostræ concessionis, etc.

Datum Laterani, Idibus Decembris.

CCXLI.

VERCELLENSI EPISCOPO.

Excommunicati nec eligere possint nec eligi.

(Laterani, III Id. Decembris.)

Ad audientiam nostram te significante pervenit quod cum casale Sancti Evasii, quod ad jus et dominium pertinet Ecclesiæ Vercellensis, propter multas et enormes injurias quas habitatores ipsius casalis eidem Ecclesiæ intulerunt, jamdudum sit interdicto suppositum et majores ejusdem loci excommunicationis sententia innodati, clerici casalis ejusdem quosdam scholares, qui cum aliis sunt ecclesiastico interdicto suppositi, in fratres et clericos elegerunt. Quia vero quibus ecclesiastica sunt officia interdicta, dum tales existunt eligi non debent ad ecclesiastica beneficia, cum officiorum intuitu beneficia conferantur, fraternitati tuæ, si præmissis veritas suffragatur, cassandi electionem hujusmodi, non obstante contradictione vel appellatione qualibet, liberam tibi concedimus auctoritate apostolica facultatem. Præterea quia, sicut tua nobis insinuatio patefecit, quidam miles de melioribus ipsius loci tibi fideliter astitit in persecutione quam tibi et Ecclesiæ tuæ alii faciebant, propter quod incurrit odium vicinorum, damna plurima est perpessus, cujus filio, scholari scilicet bonæ indolis, ut testaris, in Ecclesia casalensi desideras providere; volentes, quantum cum Deo possumus, tuæ fraternitati deferre, ut scholarem ipsum in Ecclesia memorata, sublato contradictionis et appellationis obstaculo, instituere valeas auctoritate tibi præsentium indulgemus.

Datum Laterani, III Idus Decembris.

CCXLII.

VERCELLENSI EPISCOPO.

Ut decimæ ab omnibus persolvantur.

(115) Tua nobis fraternitas intimavit quod quidam

laici tuæ diœcesis et alii plures episcopatuum adjacentium, decimas Ecclesiis et clericis tuis perversis machinationibus subtrahere moliuntur et conceptæ perversitatis audaciam non curant satisfactione debita emendare. Quidam enim ex eis semen et sumptus qui fuerint in agricultura primitus deducendos et de residuo impendendam esse decimam asseverant. Alii vero de portione fructuum, quam a colonis accipiunt, partem decimæ separantes, eam capellanis suis, vel aliis clericis seu Ecclesiis, aut etiam pauperibus conferunt, vel in usus alios pro sua voluntate convertunt. Nonnulli clericorum vitam tanquam abominabilem detestantes, decimas eis ob hoc subtrahere non verentur. Quidam insuper asserentes se possessiones et omnia jura sua cum omni honore atque districto per imperialem concessionem adeptos, decimas sub hujusmodi generalitate detinere præsumunt. Occasione præterea veteris decimationis quam asserunt sibi concessam, aliqui decimas novalium sibi non metuunt usurpare. Verum si ad eum a quo bona cuncta procedunt assertores hujusmodi debitum respectum haberent, jus ecclesiasticum diminuere non contenderent, nec decimas, quæ tributa sunt egentium animarum, præsumerent detinere. Cum enim Deus, cujus est terra et plenitudo ejus orbis terrarum et universi qui habitant in ea, deterioris conditionis esse non debeat quam dominus temporalis, cujus statutum debitum de terris quas exhibet aliis excolendas, non quidem deductis sumptibus aut semine separato, necessarium esse dignoscitur cum integritate persolvi, nimis profecto videtur iniquum si decimæ, quas Deus in signum universalis dominii sibi reddi præcepit, suas esse decimas et primitias asseverans, occasione præmissa vel excogitata magis fraude diminui forte valerent. Cumque Deo debita sit solutio decimarum, in tantum ut ad eas clericis exhibendas, quibus eas ipse pro suo cultu concessit, laici, si moniti forte noluerint, ecclesiastica sint districtione cogendi, prætextu nequitiæ clericorum nequeunt eas aliis, nisi quibus ex mandato divino debentur, pro suæ voluntatis arbitrio erogare, cum nulli sit licitum aliena cuicunque concedere præter domini voluntatem, quanquam per sollicitudinem officii pastoralis clerici sint a sua nequitia coercendi; et cum de cunctis omnino proventibus decimæ sint reddendæ, sicut colonus de parte fructuum quæ sibi remanet ratione culturæ, sic et dominus de portione quam percipit ratione terræ, decimam reddere sine diminutione tenetur. Porro cum laicis nulla sit de spiritualibus rebus concedendi vel disponendi attributa facultas, imperialis concessio, quantumcunque generaliter fiat, neminem potest a solutione decimarum eximere, quæ divina constitutione debentur, nec occasione decimationis antiquæ, licet in feudum concessæ, decimæ sunt novalium usurpandæ, cum in talibus non sit extendenda licentia, sed potius restringenda. Quoniam igitur pati nolumus nec debemus ut Ecclesiarum et clericorum jura præsumptione qualibet minuantur, fraternitati tuæ auctoritate præsentium indulgemus quatenus omnes qui ratione personarum aut etiam prædiorum decimas Ecclesiis et clericis tuæ diœcesis exhibere tenentur, ad eas cum integritate reddendas sublato appellationis obstaculo auctoritate apostolica per excommunicationis vel interdicti sententiam compellendi liberam habeas facultatem. Præterea ut clericos tuæ diœcesis, de quibus fuerit in auditorio tuo querela proposita, de decimis antedictis et fructibus perceptis ex eis ad plenam sub tuo examine justitiam faciendam compellere valeas, non obstante appellationis objectu interpositæ in elusionem ecclesiasticæ disciplinæ, devotioni tuæ præsentis scripti pagina duximus indulgendum. Decernimus ergo, etc., hanc paginam nostræ concessionis, etc.

CCXLIII.

CANTUARIENSI ARCHIEPISCOPO, EPISCOPO LONDONIENSI, ET MAGISTRO W. DE SUMERCOTE CANONICO LINCOLNIENSI.

De pœna illius qui in judicem apostolicum manus violentas injecit.

Dilectus filius magister B. clericus in nostra præsentia constitutus sua nobis conquestione monstravit quod, cum causa quæ inter ipsum et R. clericum vertitur super vicaria Ecclesiæ de Heminton, qua fuerat contra justitiam spoliatus, a bonæ memoriæ C. papa prædecessore nostro dilectis filiis Fordensi abbati, archidiacono Dorsete et magistro T. canonico Wellensi, sicut iidem judices suis nobis litteris intimarunt, commissa fuisset et pro ipso magistro B. sententia promulgata, idem R. clericus in annis etiam nunc minoribus constitutus, prout in eisdem continetur litteris, procuravit quod ad dictos judices præceptum regium emanaret ne mandatum apostolicum adimplerent. Sed ipsi magis placere Deo quam hominibus cupientes, id facere noluerunt. Quapropter tam judices quam magister antedictus rebus propriis jussi sunt spoliari. Sed pater præfati R. et Ecclesiam incastellare præsumpsit, et quominus præfatus Fordensis abbas sententiam auctoritate apostolica promulgatam exsecutioni mandaret, per violentiam impedire, quam adhuc detinere dicitur occupatam; et quod gravius est, ipse ac pater ejus manus in dictum abbatem fecerunt injici violentas; quapropter in eos fuit ab eisdem judicibus excommunicationis sententia promulgata. Processu vero temporis idem R. ad dilectos filios abbatem de Garrera et conjudices suos, sæpedicto magistro B. certa ratione suspectos, cum ad eos sine periculo mortis accedere non valeret, litteras impetravit: per quas asserens litteras falsas fuisse antedictis judicibus destinatas (quas nobis exhibitas in nullo invenimus esse culpabiles), quod ab eis legitime factum fuerat nitebantur in irritum revocare. Licet autem falsitatis vitium acerrime persequamur, ne tamen ex hoc pœna innocentibus infligatur, discretioni vestræ per apostolica scripta præcipiendo mandamus quatenus omni contradictione et appellatione cessante memoratam sententiam exsequi minime postponatis; contradictores, si qui fuerint, vel rebelles ut a sua præsumptione desistant, per excommunicationis sententiam compescentes; in irritum etiam reducentes quidquid, obtentu prædictarum litterarum ad dictos abbatem de Garrera et ejus conjudices directarum, in præjudicium sæpedicti magistri B. inveneritis immutatum. Illos vero qui manus in dictum abbatem temerarias injecerunt vel etiam injici præceperunt tandiu excommunicatos publice nuntietis et faciatis ab omnibus arctius evitari, donec passo injuriam satisfecerint competenter, etc. *usque absolvendi.* Sic autem diligenter quæ præmisimus exsequi studeatis, quod vigilantiam vestram possimus propterea commendare, nec super his ad nos ulterius quæstio perferatur. Quod si fieret, grave nobis existeret et molestum. Quod si omnes, etc., duo vestrum, etc.

CCXLIV.
ADRIANO ULTRASYLVANENSI EPISCOPO.

A sententia et re judicata non appellatur quidem, sed judex suspectus semper recusari potest.

(Laterani, xix Kal. Januarii.)

Quoniam ea quæ per ordinem judicialis examinis rationabiliter sunt decisa, nulla debent temeritate rescindi, sed perpetuæ stabilitatis robore confirmari, præsentium litterarum auctoritate statuimus ut si aliquod scriptum contra sententiam quæ contra Flandrenses sacerdotes, qui positi sunt in terra Sancti Michaelis quondam decimali, super jure parochiali pro te lata est, per subreptionem appareat impetratum, viribus careat et tuis inposterum rationibus non obsistat. Illud quoque decernimus et per præsentes tibi litteras indulgemus ut, si venerabilis frater noster Strigoniensis archiepiscopus vel Gibiniensis præpositus, aut ipsi Flandrenses presbyteri, præter conscientiam tuam et procuratoris tui in gravamen tuum judices aliquos impetraverint, quos vel habeas adversarios vel manifeste possis probare suspectos, ad recusandum illos liceat tibi sedem apostolicam appellare, etiamsi in commissionis litteris appellationis sit remedium interclusum.

Datum Laterani, xix Kal. Januarii.

CCXLV.
CLERO, MILITIBUS, ET POPULO CAPUANIS.
De negotio regni Siciliæ.
(Datum Laterani.)

Inter innumeras sollicitudines nostras, quantum ad occupationes mundanas, illam quasi præcipuam reputamus quam de provisione regni Siciliæ concepimus et tenemus; cum præter debitum officii pastoralis, et jure dominii et ratione balii dignoscatur ad nos ejus provisio specialiter pertinere. Ut autem propositum nostrum evidentius prodeat in effectum, licet hactenus non sine multis anxietatibus et ego psis tam spiritualiter quam temporaliter

(116) Vide infra epist. 280.

ad defensionem ejus intenderimus diligenter, et per Dei gratiam profecerimus, ecce nunc ad contritionem hostium et defensionem fidelium, ad exercendam justitiam et pacem servandam vices nostras, quas per nos ipsos nondum possumus præsentialiter exercere, dilecto filio nostro C. tituli Sancti Laurentii in Lucina presbytero cardinali, viro nobili, provido et honesto, quem inter fratres nostros speciali charitate diligimus, duximus committendas: quas ut melius possit implere, venerabiles fratres nostros Neapolitan. et Tarentin. archiepiscopos (quorum fidem et discretionem in multis sumus experti (116), et qui constitutiones et consuetudines regni plenius agnoverunt), et dilectos filios Jacobum marescalcum nostrum, et Odonem de Palumbaria, viros nobiles et prudentes, linea nobis consanguinitatis astrictos, ei super exsecutione balii duximus adjungendos, cum eis et per eos necessarium destinantes auxilium et præsidium opportunum; sperantes in eo qui non deserit sperantes in se quod dummodo studeatis eis, sicut debetis, intendere, fructum facient exoptatum. Quia vero per opera potius quam per verba vos ad devotionem sedis apostolicæ et fidelitatem regiæ celsitudinis necnon et regni defensionem amplius inducere disposuimus et fortius confirmare, remota prolixitate sermonum, cum tempus agendi sit potius quam loquendi, universitatem vestram monemus attentius et sub debito juramenti quod nobis præstitistis de balio, districte præcipimus quatenus eis, sicut vicariis nostris, plenissime intendatis; ita quod vestro studio suffragante, per eorum industriam tempestate sedata, diu desiderata tranquillitas reducatur. Ut autem temporalis potestas per spiritualem auctoritatem efficacius adjuvetur, cum simul omnibus vices balii committamus, prædicto cardinali etiam legationis officium per totum regnum Siciliæ duximus concedendum; volentes pariter et mandantes ut quidquid omnes simul aut aliqui vel aliquis eorum cum ipso, super administratione temporali statuerint ad honorem et profectum apostolicæ sedis et regiæ celsitudinis, recipiatur ab omnibus et servetur. Quidquid autem ipse super administratione temporali decreverit, plenam obtineat firmitatem.

Datum Laterani.

In eumdem modum archiepiscopo, clero, militibus et populo Tranensibus; archiepiscopo, clero, militibus et populo Cusentinis; episcopo, clero, militibus et populo Melfien.; episcopo, clero, militibus et populo Florentin.; episcopo, clero, militibus et populo Cupersanen.; clero, militibus et populo Casalis Novi; clero, militibus et populo Sancti Severi; episcopo, clero, militibus et populo Civitaten.; episcopo, clero, militibus et populo Polinianen.; clero, militibus et populo de Baroli; episcopo, clero, militibus et populo Treventin.; archiepiscopo, clero, militibus et populo Acherontin.; episcopo, clero, militibus et po-

*pulo Salpen; episcopo, clero, militibus et populo Theatin.; episcopo, clero, militibus et populo Bitetten.; episcopo, clero, militibus et populo Asculan.; archiepiscopo, clero, baronibus, militibus et populo Hydrontin.; episcopo, clero, militibus et populo Jusenacien.; episcopo, clero, militibus et populo Botentin.; episcopo, clero, militibus et populo Andren.; episcopo, clero, militibus et populo Licien.; episcopo, clero, militibus et populo Rivellen.; episcopo, clero, militibus et populo Aversan.; episcopo, clero, militibus, et populo Vestan.; clero, militibus et populo de Fogia; episcopo, clero, militibus, et populo Rapollen.; archiepiscopo, clero, militibus et populo Baren.; clero, militibus et populo Tarentin.; clero, militibus, et populo Montis Corbin.; archiepiscopo, clero, militibus et populo Regin.; episcopo, clero, militibus et populo Manturanen.; episcopo, clero militibus et populo Monopolitan.; episcopo, clero, militibus et populo Venusin.; episcopo, clero, militibus et populo Potentin.; clero, militibus et populo Brundusin.; episcopo, clero, militibus et populo Baianen.; clero, militibus et populo Alarinen.; episcopo, militibus et populo Termulan.; archiepiscopo, clero, militibus et populo Surrentin.; episcopo, clero, militibus et populo Policastren.; episcopo, clero, militibus et populo Neocastren.; episcopo, clero, militibus et populo Avellinen.; clero, militibus et populo Neapolitan.; archiepiscopo, clero, militibus et populo Sipontin.; episcopo, clero, militibus et populo Scalen.; clero, militibus et populo Trojan.; episcopo, clero, militibus et populo Cassanen.; clero, militibus et populo Gargan.; comitibus, baronibus, justitiariis et universis populis per regnum Siciliæ constitutis; archiepiscopis, episcopis et cæteris Ecclesiarum prælatis et universis clericis per regnum Siciliæ constitutis.

CCXLVI.

CANONICIS BRUNDUSINIS ET UNIVERSO CLERO BRUNDUSINÆ DIŒCESIS.

Ut electo suo, qui sese apud pontificem de objectis criminibus purgarat, obtemperent.

(Laterani, xvi Kal. Januarii.)

Nuntios vestros et litteras, filii canonici, sæpe recepimus, per quas venerabili fratri nostro electo vestro multa et gravia objecta fuerunt; propter quod ipsum aliquanto tempore apud sedem apostolicam detinuimus, exspectantes si forte aliquis qui vellet prosequi accusationes adversus eum propositas compareret. Cumque post diutinam exspectationem nullus apparuisset in nostra præsentia qui contra ipsum in accusatione procederet, licet quosdam vestrum acceperimus usque Beneventum venisse, sed propter viarum discrimina non potuisse transire, et ipse de injusta ejectione sua coram nobis pluries querimoniam replicasset et in locum suum restitui postularet instanter: tandem pro eo dilecti filii capitulum et universus clerus Horitan. suas nobis litteras destinarunt, ipsum velut episcopum suum remitti postulantes ad ecclesiam Horitan. cum plenitudine potestatis; et nobis etiam humiliter supplicarunt ut daremus in mandatis eidem quod dignitates et jura Ecclesiæ Horitan. illibata conservans, in ea chrisma conficiat et clericorum ordinationes necnon et solemnes festivitates ibidem non postponat alterna vicissitudine celebrare. In qua petitione Horitanæ Ecclesiæ nequaquam duximus annuendum; imo eam prorsus decrevimus repellandam, cum statum possessionis Ecclesiæ Brundusinæ sine cognitione nolimus per alicujus astutiam immutari. Verum quoniam querelas præfati electi sæpius iteratas nequivimus surdis auribus pertransire, tam ei quam Ecclesiæ Brundusinæ, prout justitiæ tenor expostulat, providere volentes, universitati vestræ per apostolica scripta mandamus quatenus, eo reducto in eum statum in quo erat quando recessit ab Ecclesia Brundusina, ei aut procuratori suo de pontificalibus justitiis plene respondere curetis et ipsi, tanquam pastori vestro, devote atque humiliter obedire; cum destitutus ante restitutionem juxta legitimas et canonicas sanctiones accusari non debeat, ne status tam Ecclesiæ quam personæ sine periculo diutius maneat in suspenso, restitutione præmissa, si quis voluerit et valuerit, in accusationem ipsius recte procedat; super quo tam vobis quam ipsi Dominicam qua cantatur *Lætare Hierusalem* proxime venturam terminum assignamus. Noveritis autem nos venerabili fratri nostro Cupersanensi episcopo in mandatis dedisse ut si vos juxta mandatum nostrum ei nolueritis obedire, vos ad hoc per censuram ecclesiasticam, appellatione remota, compellat.

Datum Laterani, xvi Kal. Januarii.

Illi scriptum est super hoc.

CCXLVII.

CAPITULO ET CLERO HORITANENSI.

(Datum, ut supra.)

Nuntios, etc., *usque ad verbum* obedire. Ideoque universitati vestræ per apostolica scripta mandamus quatenus ei jura pontificalia, debitam etiam reverentiam et obedientiam, sicut prælato vestro, exhibere minime postponatis. Noveritis autem nos, etc., *ut supra.*

Datum, *ut supra.*

CCXLVIII.

MAGISTRO HENRICO ARCHIDIACONO CLUSIENSI.

(Laterani, xviii Kal. Januarii.)

Justis petentium desideriis, etc., *usque ad verbum* assensu, personam tuam cum omnibus bonis tam ecclesiasticis quam mundanis, etc., *usque ad verbum* suscipimus. Specialiter autem archidiaconatum Clusiensem cum omnibus pertinentiis suis, sicut illum juste possides et quiete, devotioni tuæ auctoritate apostolica confirmamus, etc. Nulli ergo, etc. Si quis autem, etc.

Datum Laterani, xviii Kal. Januarii.

CCXLIX.
HILARIO ARCHIDIACONO DE QUIZ.

Cum a nobis petitur quod justum est, etc., archidiaconatum de Quiz cum omnibus pertinentiis suis, sicut ipsum juste possides et quiete, etc., *ut supra.* Nulli ergo, etc.

CCL.
MAGISTRO HENRICO CANONICO ECCLESIÆ SANCTÆ MICHAELIS ULTRASYLVANENSIS.
(Laterani, xviii Kal. Januarii.)

Cum a nobis petitur, etc., *usque ad verbum* annuentes, præbendam ecclesiæ Sancti Michaelis Ultrasylvanen. cum omnibus pertinentiis suis, sicut eam juste et quiete possides, auctoritate tibi apostolica confirmamus et præsentis scripti patrocinio communimus. Nulli ergo, etc. Si quis autem, etc.

Datum Laterani, xviii Kal. Januarii.

CCLI.
ILLUSTRI REGI FRANCORUM.
Ut regi Hierosolymitano contra Sarracenos auxilia mittat et Græcorum imperatori scribat ut ab intestinis contra Christianos bellis abstineat.

Nuper ad nos charissimus in Christo filius noster A. rex Hierosolymitanorum illustris suos cum litteris nuntios destinavit, per quos miserias et necessitates terræ Orientalis, quæ graviores et plures sunt solito, nobis exposuit, et festinatum subsidium postulavit. Cum enim pauci sint ibi ad custodiam terræ relicti, quæ fere nunc tota peccatis exigentibus est viris et viribus spoliata, nisi eis fuerit cito subventum, tam terræ quam populi periculum formidatur, quod ex discordia Sarracenorum, qui seipsos impugnant, videtur Dominus hactenus misericorditer impedisse. Si vero antequam redeant ad concordiam, congruum subsidium mitteretur, speratur pro certo quod facile posset hoc tempore Hierosolymitana provincia liberari. Sin autem prius redierint ad concordiam quam subsidium destinetur, timetur ab omnibus quod residuum terræ de facili debeant obtinere. Monemus igitur serenitatem regiam et exhortamur in Domino, et in remissionem injungimus peccatorum quatenus sicut Christianissimus princeps, cujus obsequium Jesus Christus in tanta necessitate requirit, ad subsidium terræ sanctæ diligenter ac potenter intendens, universos crucesignatos de terra tua transfretare non solum moneas sed compellas, et tu ipse ad defensionem terræ ipsius competentem in expensis tuis dirigas numerum bellatorum, quasi decimas saltem Christo persolvens, ita quod ex hoc divinam gratiam possis plenius promereri. Quod si forsan multitudo in brevi transfretare non poterit, aliquot saltem milites armis, equis et aliis bene muniti quam citius dirigantur, qui in ejus defensione usque ad aliorum adventum humiliter et devote persistant et eam ab incursu hostium tueantur. Considera, fili charissime, considera diligenter, quod si rex aliquis temporalis de terra sua

(117) Vide Gesta Innoc. III.

dominationis ejectus, in captivitatem forsitan deveniret, nisi vassalli ejus pro liberatione regia non solum res suas exponerent sed personas, nonne cum restitueretur pristinæ libertati et acciperet tempus justitiam judicandi, infideles eos et proditores regios et velut læsæ majestatis reos damnabiles reputaret et quosdam eorum damnaret suspendio, quosdam mucrone feriret et excogitaret etiam mortis hactenus inexcogitata tormenta quibus malos male perderet, et in bona eorum fideles aliquos subrogaret? Nonne similiter Jesus Christus Rex regum et Dominus dominantium, cujus te servum esse non negas, qui et corpus et animam tibi contulit, qui te suo sanguine pretioso redemit, qui regnum tibi concessit, qui et vivere tibi contulit et moveri, et universa quæ habes bona donavit, cum nihil habeas quod de ipsius munere acceperis, de ingratitudinis vitio et velut infidelitatis crimine te damnaret, si ei ejecto de terra quam pretio sui sanguinis comparavit et a Sarracenis in salutiferæ crucis ligno quasi captivo detento negligeres subvenire? Cum etiamsi quondam ei tam in te quam in tuis potenter subveneris, quia tamen nondum est liberatus et omnia bona quæ habes, ipsius possideas dono collata, in districto novissimæ discussionis examine, quando reddet unicuique secundum opera sua, te coram eo non posses aliquatenus excusare, nisi ei curaveris in tantæ necessitatis articulo subvenire. Mittimus autem ad te nuntium regis ipsius, qui serenitati tuæ plenius Orientalis provinciæ necessitates exponat et reddat de omnibus certiorem. Quia vero Constantinopolitanus imperator adversus eumdem regem procedere occasione Cypri minatur, vel dirigere contra eum exercitum copiosum, et vires ejusdem regis non suppetunt ad defensionem Hierosolymitanæ provinciæ, nedum quod eidem imperatori valeat obviare; volumus nihilominus et monemus quatenus eidem imperatori litteras tuas sub eo tenore transmittas, ut in hoc articulo tempestatis et necessitate totius populi Christiani non molestet regem eumdem, cui deberet potius subvenire. Addas etiam, quod si super hoc preces tuas duxerit audiendas, apud nos precibus instare curabis ut ei faciamus justitiam exhiberi et tu nihilominus partes tuas efficaciter interponas. Nos etiam ad eumdem imperatorem propter hoc specialiter curavimus nuntium destinare.

In eumdem fere modum scriptum est super hoc illustri regi Anglorum.

CCLII.
LITTERÆ LEONIS REGIS ARMENIORUM AD PAPAM INNOCENTIUM.
Apostolicum auxilium implorat.

(117) Reverendo in Christo Patri et domino Innocentio Dei gratia summo pontifici et universali papæ, tanto talique honore dignissimo, Leo per eamdem et Romani imp. gratiam rex Armeniorum,

Romanæ Ecclesiæ honorem et excellentiam pro posse promovens, grata servitia et pedum oscula.

Quoniam sedes apostolica omnium pene pulsantium necessitatibus occurrit, ab omnibus filiis pro defensione domus Israel labores et sudores patientibus tanquam ad maternæ viscera consolationis concurritur, ut ab ea lac parvulis, solidus cibus ablactatis pro necessitate ministretur cujusque. Unde nos in remotis partibus ab inimicis crucis circumvallati, pro honore sanctæ Romanæ Ecclesiæ totiusque Christianitatis contra barbaricas nationes contendentes, ad pedes sanctitatis vestræ recurrimus, rogantes et deprecantes ut secundum juris tenorem precibus et petitionibus nostris aures misericordiæ porrigere dignemini. Restat utique ut causæ nostræ seriem per singula paternitati vestræ patefaciamus. Credimus enim vestram non latere notitiam Raymundum filium illustris principis Antiochiæ, majorem natu Alizam neptem nostram divina disponente clementia sibi in uxorem duxisse et ex ea filium nomine Rupinum genuisse, quem in honore Dei venerabilis Maguntinus archiepiscopus baptizavit. Contigit nempe peccatis exigentibus, quod dolendo dicimus, ipsum Raymundum viam universæ carnis ingredi. Sed ante decessum, dum in sua bona erat memoria, patrem suum nobilissimum principem rogavit ut jus hæreditarium sibi pertinens unico filio suo reservaret. Cujus preces illustris princeps non tradens oblivioni, nepotem suum Rupinum, filium Elidis neptis nostræ, coram se adduci fecit et circumastantibus omnibus baronibus et quampluribus aliis ad hoc specialiter convocatis, manifestavit et confirmavit prætaxatum Raymundum suum in plena curia esse hæredem legitimum; dehinc conversus ad nepotem suum, similiter coram omnibus circumastantibus affirmavit ipsum jure hæreditatio sibi debere succedere. Unde in sua memoria et sua bona voluntate ab omnibus hominibus suis ligiis, tactis sacrosanctis Evangeliis et cruce Dominica, eidem nepoti suo jurari et ligium hominium fieri fecit, salva tamen fidelitate sua quoad vixerit. Post hæc ipsum puerum de Antiochia et toto principatu saisivit; quod manifestius patet per privilegium sigillo principali munitum, unde ad audientiæ vestræ pietatem transcriptum mittimus. Hac etiam de causa pristinæ amicitiæ inter nos et principem divina mediante clementia sunt renovatæ, veteresque inimicitiæ, per quas patriæ ruinam et personarum et rerum jacturam formidabamus, post terga sunt repositæ. His ita peractis, ecce comes Tripolitanus, magister et conventus Templi, magister et conventus Hospitalis, Antiochiam venerunt, nos et terram nostram expugnare et pro posse lædere præmeditati. Contra quorum nequissimam præsumptionem de Deo confidentes, qui nunquam in se sperantes deserit, collectis animi viribus viriliter resistendo nos murum opposuimus; atque in hunc modum per tres menses huc illuc deducentes, et blandis verbis tentantes, a servitio et defensione domus Israel nos removerunt.

Et dum tantis excessibus suis ad regni nostri defensionem opportunitatem non haberemus, quædam incurrimus damna metis et finibus nostris a barbaris irrogata. Post hæc videntes et dolentes Deo defendente nos minime lædere posse, habito consilio cum communia dominum principem R. (proh dolor!) exclusere et tam contumeliis minarum quam injuriis detractorum exasperaverunt Exsulato itaque principe, quidam ficti amici comitis, et pretio et precibus ipsi comiti alligati, populum Antiochiæ venenoso instinctu suo subverterunt, dicentes comitem esse legitimum hæredem princip's, quod nefas est prædicare. Sic autem contra dominum suum, fractis legitimis sacramentis, calcaneum erigentes, nos speraverunt expugnasse et non modicum læsisse. Super quibus ad Romanam appellavimus audientiam, ad exsequendum et recipiendum justitiam sub juris et æquitatoris amatore: quod Antiocheni omnino neglexerunt. In his Templarii, Hospitalarii, a rationis tramite non dissentientes, præmissa mala postposuerunt et nobiscum pacem inierunt. Postea congregato exercitu nostro, tandiu laboravimus invigilantes, quoad usque principem in principali sede sua sedere et in civitatem suam honorifice recipi cognovimus. Ad hæc, præsentium latorem R. de Margat nomine, fidelem et dilectum nostrum militem, ad pedes sanctitatis vestræ dirigimus, rogantes et deprecantes ut eum nostri contemplatione in cunctis agendis nostris recommendatum habeatis et quidquid ex parte nostra dixerit tam de negotiis et persecutionibus totius patriæ quam de nostris, credere non dubitetis. Igitur vestram suppliciter et flexo genu exposcimus clementiam quatenus ante submersionem Syriæ periclitanti manum subsidii porrigere festinetis et causam nepotis principis et nostri juxta juris tenorem exsecutioni mancipare non differatis; quatenus ea quæ ex adversaria parte minus juste pullulant, apostolica falce sint resecata; et pars nostra de pietate vestra confidens, per Dei et vestrum auxilium delectabiles exitus matutini et vespere gaudeant reperisse. Cupimus præterea et exoptamus ut extensis in cœlum manibus, et fusis in monte precibus, vincatur Amalech; quatenus post multa flagella filiorum Israel, arca Dei liberata tempore sacerdotii vestri revertatur in Silo, ubi populus pacificas hostias possit immolare et pro offensionibus suis sacrificio contriti cordis Deum placare. Mittat etiam Salvator et propugnator noster David fidelem in auxilium nostrum, qui numerosa Philistinorum præputia circumcidat et in sortem Israeliticæ plebis abducat; quatenus hæc terrena Hierusalem non serviat ut ancilla cum filiis suis, sed supernam, quæ libera est, imitetur; cujus cives sunt non tantum qui in hac valle lacrymarum peregrinantur, sed etiam hi qui ad supernæ visionis pacem pertinere merentur. De cætero commendamus sollicitudini vestræ reliquias Syriæ, quæ quotidie vestrum exspectant et interpellant subsidium.

CCLIII.
LEONI ILLUSTRI REGI ARMENIÆ.
Respondet epistolæ superiori.
(Laterani, VIII Kal. Jan.)

(118) Ei a quo est omne datum optimum et omne donum perfectum, qui corda principum habet in manu sua et a quo est omnis potestas, quas possumus gratiarum referimus actiones quod te usque adeo in devotione apostolicæ sedis radicavit, ut non solum in spiritualibus, sed in temporalibus etiam ad auxilium Ecclesiæ Romanæ recurras et in tuendis justitiis tuis per appellationem interpositam opem ejus implores. Veniens enim ad apostolicam sedem dilectus filius nobilis vir Robertus de Margato miles nuntius tuus plene nobis exposuit tuæ devotionis affectum et regiæ serenitatis litteras nobis obtulit continentes quod cum R. primogenitus quondam filius nobilis viri R. principis Antiocheni A. neptem tuam duxerit in uxorem, ex ea mascula prole suscepta, dum ageret in extremis, eidem principi supplicavit ut successionem quæ ipsi jure hæreditario competebat, Rupino unico ejus filio conservaret. Qui post mortem filii non immemor precum ejus, convocatis ligiis hominibus suis, quod dictus Raymundus legitimus fuisset hæres ipsius, et post mortem ejus Rupinus, prædicti Raymundi filius, ipsius principis legitimus hæres esset, publice recognovit, et ei ab universis hominibus suis, salva fidelitate qua ei tenentur, dum vixerit, ligium fecit homagium exhiberi. Deinde quoque prædictum Rupinum de civitate Antiochia et toto principatu Antiochiensi tenendo post ejus obitum, salva dote I. uxoris ipsius et omnibus donis quæ fecerat et in posterum est facturus, et dum vixerit totius principatus dominio sibi salvo, saisivit, et eum Raymundi patris nomine appellavit sicut in litteris ad nos a te transmissis perspeximus contineri. Cæterum nobilis vir comes Tripolitanus, filius principis memorati, moleste ferens se patria hæreditate privari, cum dilectis filiis Hierosolymitanensis Hospitalis et militiæ Templi magistris te voluit molestare. Sed quod adversum te prævalere non posset inspiciens, conversus in principem, favore Antiochensis communiæ, filius patrem exclusit et domino suo contumelias præsumpsit et injurias irrogare. Interea etiam quidam amici Tripolitani comitis corrupti pretio et precibus circumventi, comitem ipsum legitimum hæredem principis asserentes, falsis suggestionibus obtinuerunt a populo ut abjurato quodammodo juramento priori, eidem comiti hominium exhiberent; propter quod ad sedem apostolicam regia serenitas appellavit et Templariis et Hospitalariis ad cor redeuntibus, principem in sede restituit principali. Licet autem, quantum cum Deo possumus, tuæ velimus serenitati deferre, quia tamen in dubiis certum nec volumus nec debemus proferre judicium, cum etsi etiam nobis de veritate constaret, in absentia tamen partis alterius, nondum incœpto judicio, ad sententiam procedere non possemus, causam ipsam legatorum nostrorum, qui dante Domino in proximo transfretabunt, examini duximus reservandam; quibus et verbis et scriptis dabimus firmiter in mandatis ut ipsam diligenter examinent et sine personarum acceptione, prævia ratione decidant, nolentes causam delegare judicibus qui alterutri partium et tuæ præsertim esse possent de ratione suspecti. Rogamus igitur celsitudinem tuam et exhortamur attentius, ac per apostolica tibi scripta mandamus quatenus communem causam privatæ præponens et propriis commodis negotium præferens Crucifixi, quantum in te fuerit pacem ad universos Christianos observans, ad defendendam hæreditatem Domini et expugnandam barbariem Sarracenorum potenter intendas, nec ob hoc adversus comitem vel alium bellum moveas, præsertim vivente principe, qui, sicut in ejusdem litteris continetur, sic nepotem tuum de principatus successione saisivit ut sibi proprietatem et dominium quoad viveret retineret. Cum autem ad partes illas legati nostri pervenerint, causam tuam non armis, sed legibus, non gladio vindice, sed justitia judice prosequaris. Nos enim eidem comiti per apostolica scripta mandamus ut causa ipsa in suo statu manente, nihil in præjudicium juris alterius attentare præsumat, sed legatorum nostrorum, quibus cognitionem et diffinitionem ipsius duximus committendam, exspectet adventum. Ad hæc, dilectum filium nuntium tuum serenitati regiæ propensius commendamus, ut de charo eum habeas de cætero chariorem. Præterea serenitati tuæ gratiarum referimus actiones quod nos per eumdem nuntium tuum magnifice ac liberaliter visitasti.

Datum Laterani, XVI Kalend. Januarii.

CCLIV.
PAGANO ET ARRONI COMITIBUS, UNIVERSIS ALIIS BARONIBUS, MILITIBUS ET POPULO IN REGNO CHARISSIMI IN CHRISTO, FILII NOSTRI LEONIS ILLUSTRIS REGIS ARMENIÆ CONSTITUTIS.
Ut cum suo rege contra Sarracenos fortiter se gerant.
(Laterani, XVI Kal. Januarii.)

(119) Etsi modernis temporibus apostolicæ sedis receperitis instituta, secundum ea Domino in puritate cordis ac corporis servientes; is tamen qui matutinos et vespertinos operarios vineæ suæ singulorum denariorum mercede remunerat, faciens novissimos primos et primos novissimos, bravium vobis largietur æternum, si Catholicam Ecclesiam, sponsam veri Salomonis, sub cujus capite, secundum quod ipsa protestatur in Canticis canticorum, læva ejus et dextra ejus ipsam jugiter amplexatur, fueritis humiliter venerati, et usque adeo vos zelus domus Domini comederit ut ad vindicandam injuriam Crucifixi et templum et hæreditatem ejus de paganorum manibus liberandam, et res exposueritis et personas, Christum vobis vitam et mortem lucrum cum Apostolo reputantes. Gaudemus autem

(118) Exstat in Gestis Innocentii III.

(119) Exstat in Gestis Innoc. III.

quod etsi nova sitis Ecclesiæ Romanæ plantatio, novitas tamen in vobis virtutis operatur augmentum, et usque adeo vos reddit in fide ferventes, ut tanto ferventiores, in Christianorum omnium, imo Christi auxilium assurgatis, quanto estis viciniores hostibus et ex vicinitate melius et scitis et vultis eorum conatibus obviare. Nos autem de chariss. in Christo filii nostri Leonis Armeniæ regis illustris sinceritate ac vestra devotione confisi, ei ad petitionem dilecti filii nobilis viri R. militis, nuntii ejus, in nostræ dilectionis indicium, vexillum beati Petri dirigimus, quo in hostes crucis duntaxat utatur et eorum superbiam, suffragantibus apostolorum Principis meritis, Domino concedente conculcet. Monemus igitur universitatem vestram et exhortamur in Domino, et] in remissionem vobis injungimus peccatorum quatenus ad liberandum funiculum hæreditatis Dominicæ de manibus paganorum, et eorum refrenandam audaciam et barbariem edomandam, cum eodem rege vestro, sicut bene cœpitis, potenter et viriliter intendatis; ut ejus sitis remissionis participes quam de Dei omnipotentis et beatorum Petri et Pauli apostolorum ejus auctoritate confisi, omnibus transfretantibus indulgemus.

Datum Laterani, xvi Kalend. Januarii.

In eumdem fere modum nobilibus viris Hug. de Tubaria, Rodulpho et Ottoni fratribus.

CCLV.
ILLUSTRI REGI ARMENIÆ.
Transmittit vexillum beati Petri, quo contra crucis inimicos utatur.

(Laterani, xvi Kal. Januarii.)

(120) Et tibi congaudemus et nobis, imo etiam universo populo Christiano, quod eum tibi Dominus inspiravit affectum, ut apostolicæ sedis instituta devote reciperes et præcepta fideliter observares et contra inimicos crucis propositum illud assumeres ut in eos vindicare cupias injuriam Crucifixi et hæreditatem ejus de ipsorum manibus liberare. Nos igitur de tuæ devotionis sinceritate confisi, ad petitionem dilecti filii Roberti de Margat militis, nuntii tui, in nostræ dilectionis indicium, vexillum beati Petri tuæ serenitati dirigimus, quo in hostes crucis duntaxat utaris et eorum studeas contumaciam, cum Dei auxilio, suffragantibus apostolorum Principis meritis, refrenare.

Datum Laterani xvi Kal. Januarii.

CCCVI.
UNIVERSO POPULO CASTELLAN. CIVITATIS.
Concedit rectorem juxta civium postulata.

(Laterani, xi Kalend. Januarii.)

Dilectos filios nobiles viros nuntios vestros ad sedem apostolicam venientes benigne recepimus, dilectum filium nobilem virum I. præfecti concedi vobis postulantes humiliter in rectorem. Cum igitur tam de ipsius quam ejus patris industria non modicum confidamus, ntpote cui universum fere apostolicæ sedis patrimonium in partibus ipsis duximus committendum, petitionem vestram libenter admisimus, et eum vobis in rectorem duximus concedendum, dummodo communiter ab universitate populi postuletur.

Datum Laterani, xi Kalend. Januarii.

CCLVII.
PATRIARCHÆ HIEROSOLYMITAN. ET TYRENSI ARCHIEPISCOPO ET ACONENSI EPISCOPO.
Ut injuste latam excommunicationis sententiam rescindant, temereque excommunicantem episcopum puniant.

(Laterani, xviii Kalend. Januarii.)

Cum olim venerabilis frater noster Tiberiadensis episcopus suam nostro transmisisset apostolatui quæstionem, quod dilecti filii magister et fratres militiæ Templi mille trecentos bisantios et alia quædam bona Tiberiadensis Ecclesiæ, quæ prædecessor ipsius apud quosdam fratres Templi deposuerat, detinerent et ei reddere denegarent, ipsis per scripta nostra mandavimus ut eidem episcopo depositum illud, si præmissis suffragaretur veritas, non postponerent resignare; venerabilibus fratribus nostris Sidoniensi et Bibliensi episcopis dantes firmiter in mandatis ut ipsi eos ad hoc veritate cognita per censuram ecclesiasticam compellere non t rdarent. Verum, sicut prædicti magister et fratres militiæ Templi, tam per litteras suas quam per quosdam fratrum suorum, quos ad nostram præsentiam direxerunt, non sine multo dolore nobis intimare curarunt, præfatus Sidoniensis episcopus commissionis nostræ tenorem transgrediens, cum ipsi de terra Antiochiæ, ubi pro guerra quæ erat inter dilectos filios nobilem virum principem Antiochiensem et dominum Alapiæ fuerant aliquandiu commorati, redirent et quadam die Martis applicuissent ad civitatem Tyrensem, eis sequentem diem Jovis terminum assignavit, quo in ejus præsentia præfato Tiberiadensi episcopo accederent de deposito responsuri. Quia vero pro aliis negotiis imminentibus præfatus magister diei præfixæ non poterat interesse, duos de fratribus suis viros idoneos, pro eodem negotio dereliquit; qui ad diem statutam coram eodem episcopo venientes, dixerunt se paratos esse prælibato Tiberiadensi episcopo, si contra eos vellet proponere, juxta tenorem mandati apostolici respondere; et licet præfatus Bibliensis episcopus conjudex suus absens existeret, ipsi tamen volebant firmiter observare sententiam quam idem Sidoniensis episcopus, auditis utriusque partis rationibus, super eadem causa duceret legitime promulgandam. Hoc autem audito, idem episcopus modestia pontificali neglecta, suo absente conjudice, nullis auditis rationibus, in multorum præsentia dixit in impetu: *Nisi vos usque ad proximam diem Dominicam supradictos bisantios reddideritis, auctoritate Dei Patris et omnium sanctorum magi-*

(120) Responsio ad hanc epistolam exstat in Gestis Innoc III.

strum vestrum et omnes fratres domus Templi citra et ultra mare nec non et participes atque amicos ejusdem, vinculo excommunicationis innodo. Cæterum cum sequenti sexta feria prænominati duo fratres, qui apud Tyrum pro causa prædicta remanserant, cum festinatione adiissent Acon et quæ gesta erant per antedictum episcopum per ordinem enarrassent, ipse magister cum fratribus ad te, frater patriarcha, continuo accesserunt et tecum de illo negotio diligentius pertractantes, de tuo tandem consilio cum præfato Tiberiadensi episcopo amicabiliter curaverunt componere, ad majus scandalum evitandum. Sed præfatus Sidoniensis episcopus sequenti die Dominica, post compositionem peractam, ecclesiam Sanctæ Crucis Tyrensem ingressus, post generalem processionem coram omni clero et populo qui astabat, accensis candelis, ipsum magistrum nominatim et omnes fratres Templi citra et ultra mare, nec non et amicos et participes domus, sententia excommunicationis astrinxit. Quod fratres postmodum audientes, tantam illatam eis injuriam sic ad animum revocarunt, quod fere assumptæ religionis propositum relinquere voluerunt, et relicta Hierosolymitana provincia, disponebant ad propria remeare. Sed in eo tandem ponentes fiduciam cui promiserant toto vitæ suæ tempore deservire, suasione tam tua quam aliorum virorum prudentium, ad ipsius terræ custodiam remanserunt, a nobis vindictam de illata eis injuria postulantes. Verum cum non sibi soli causa eadem fuerit delegata, sed habuerit præfatus Sidoniensis episcopus in commissione collegam, nec in ea fuerit expressum quod si ambo interesse non possent, alter nihilominus mandatum apostolicum adimpleret, non poterat sine illo procedere ad illam vel aliam sententiam proferendam. Item etsi ei vices suas in hac parte conjudex alius commisisset, vel etiam partes spontanee post commissionem nostram suum subiissent examen, ipse tamen non debuit sine causæ cognitione procedere; præsertim cum in forma commissionis contineretur expressum quod si præmissis suffragaretur veritas, magistrum et fratres ad restitutionem depositi per censuram ecclesiasticam appellatione remota compellere non tardarent, et ipsi fratres, qui apud Tyrum pro negotio remanserant prælibato, sententiam ejusdem episcopi, quam auditis utriusque partis rationibus duceret legitime promulgandam, tunc demum se dixerint servaturos. Præterea, cum multi fratrum militiæ Templi tam circa quam ultra mare consistant, qui super ipso deposito sunt penitus sine culpa, profecto talis excommunicatio non solum indiscreta fuit, sed etiam effrenata, qua ligare voluit innocentes, et nos etiam ac fratres nostros juxta formam verborum visus est inclusisse, qui sumus ejusdem domus participes et amici. Rursus, postquam controversia sæpedicta amicabili fuerat compositione sopita, deviavit omnino; quod etiam adversario per suas litteras prohibente processit ad sententiam proferendam, cum boni judicis sit lites minuere, non augere. Ad hæc, cum prædicti fratres assidue multis laboribus et periculis se opponant pro servitio Jesu Christi, si etiam magister aut procuratores inventi fuissent culpabiles, non tamen fuissent ita generaliter omnes excommunicationis sententia feriendi. Cum igitur, si præmissa veritate nituntur, sæpedictus episcopus vel de grandi fatuitate vel de gravi malignitate sit animadversione debita castigandus, fraternitati vestræ per apostolica scripta mandamus atque præcipimus quatenus, inquisita diligentius veritate, si vobis constiterit eumdem episcopum, ut prædictum est, præfatam sententiam protulisse, vos eum auctoritate nostra, sublato appellationis obstaculo, ab exsecutione pontificalis officii tandiu faciatis manere suspensum, donec a nobis indulgentiam consequatur; ut qui fuit stultus in culpa, sapiens efficiatur in poena. Quod si forte, servato juris ordine, prævia ratione processit, quos vobis constiterit excommunicationis sententiæ subjacere, secundum formam Ecclesiæ absolvatis, in ipso postmodum negotio legitime processuri. Testes, etc., Quod si omnes, etc., duo vestrum, etc.

Datum Laterani, xviii Kalend. Januarii.

CCLVIII.

CLERO ET POPULO CIVITATENSI
Ut comitem Theatinum in custodem suum recipiant.
(iii Kal. Januarii.)

Per apostolicas litteras vobis dudum recolimus mandavisse ut... quondam Civitaten. comite sublato de medio, nobili viro R. comiti Theatino intenderetis de custodia comitatus, qui propter potentiam et quoniam vicinus est vobis, comitatum ipsius et homines ejus potenter poterat defensare. Post hæc autem, sicut ex litteris vestris intelleximus, per nuntios vestros, quos ad Panormitanam curiam destinatis, mandatum sub nomine regio recepistis ut nobili viro P. de Celano, sororio regii cancellarii, tanquam vestro comiti juraretis. Unde quid super his faciendum esset vobis non immerito dubitastis, igitur, sicut vestra universitas non ignorat, et regis tutela et regni balium ad nos de jure pertineat et dispositioni nostræ vos alii juraveritis obedire, devotioni vestræ per apostolica scripta præcipiendo mandamus quatenus, non obstante mandato contrario (quod non debet aliquatenus contraire, cum nos vices regias exsequamur, secundum quod vobis per alias litteras dedimus in mandatis), jamdicto comiti Theatino de custodia comitatus unanimiter intendatis; quia licet præfatum nobilem P. videlicet Celanen. sincero diligamus affectu, et ad honorem et profectum ipsius efficaciter intendamus, ad custodiam tamen et defensionem vestram hoc tempore prænominatum comitem Theatin. necessarium credimus et idoneum reputamus.

Datum iii Kal. Januarii.

CCLIX.
ILLUSTRI REGI ARMENIORUM
Ut castrum Gaston Templariis restituat.

Cum ad vindictam malefactorum, laudem vero bonorum, materialem acceperis gladium, non in domesticos fidei, sed hostes crucis potius exerendum, et nuper per Dei gratiam instituta receperis apostolicæ sedis et promiseris observare, non credimus quod in exaudiendis precibus nostris te velis difficilem exhibere, præsertim cum id petimus quod ad pacem pertinet et respicit honestatem, et cum Christianorum commodo in Sarracenorum dispendium redundabit. Ad audientiam siquidem apostolatus nostri pervenit quod cum castrum quod Gaston dicitur, ad domum Militiæ Templi de jure (121) pertineat et fratres ejusdem domus illud olim possederint sine lite, tempore invasionis terræ Orientalis ipsum Sarraceni per violentiam occuparunt; quod cum dimisissent postmodum metu regum qui ad partes transfretaverant transmarinas, tu illud habitatore vacuum et custode intrasti, et quasi liberatum de manibus paganorum adhuc detines velut tuum. Cumque dilecti filii magister et fratres militiæ Templi cum nuntiis venerabilis fratris nostri patriarchæ et illustris principis Antiochensis, Tripolitanensis comitis et totius Antiochensis communiæ supplicassent ut castrum ipsum Templariis resignares, tu patriarcham ipsum et principem ad communiæ colloquium citavisti, promittens per nuntios et litteras tuas quod super facto castelli secundum eorum consilium procedere non tardares, quod non solum, cum ad colloquium ventum esset, noluisti juxta tenorem factæ promissionis implere; imo, sicut dicitur, quorumdam seductus consilio, quod illud in gravamen Antiochiæ retineres, quod vix credimus, respondisti. Cumque postmodum nuntius tuus ad Romanam Ecclesiam accessisset, castrum ipsum Milonis quondam avunculi tui fuisse proposuit, et te illud de Sarracenorum manibus liberasse ac respondisse fratribus militiæ Templi te impetentibus super hoc quod ipsis coram nobis justitiam exhiberes. Propter quod idem nuntius supplicabat ut nihil contra te non commonitum statuere curaremus. Cum igitur nostræ intentionis existat te, sicut charissimum Ecclesiæ filium et regem Catholicum, honorare, cum et credamus quod simplices preces nostras velis efficaciter exaudire, serenitatem regiam rogamus, monemus et exhortamur in Domino, quatenus divinæ retributionis obtentu, ob reverentiam apostolicæ sedis et nostram, castrum ipsum fratribus militiæ Templi sine difficultate restituas et permittas ab eis pacifice possideri nec eos super ipso vel aliis ad eos pertinentibus inquietes. Nos enim, si super ipso castro vel aliis adversus eos aliquid proponere volueris quæstionis, in præsentia nostra vel legatorum nostrorum, qui, dante Domino, in proximo transfretabunt, tibi faciemus justitiæ plenitudinem exhiberi, dommodo super his quæ ipsi duxerint proponenda paratus sit eis facere rationem.

(121) Vide infra lib. xii, epist. 45.

CCLX.
PRIORI SANCTI VICTORIS, MAGISTRIS L. BONONIEN. ET UBERTO MODOICEN. CANONICIS.
De criminibus et purgatione abbatis Pomposiani.
(Laterani, iv Non. Decembris.)

(122) Licet Heli summus sacerdos in se ipso bonus existeret, quia tamen filiorum excessus efficaciter non corripuit et in se pariter et in ipsis animadversionis divinæ vindictam excepit, dum filiis ejus in bello peremptis, ipse de sella corruens confractis cervicibus exspiravit. Ad corrigendos ergo subditorum excessus tanto diligentius debet prælatus assurgere, quanto damnabilius correctionem eorum negligeret: contra quos, ut de notoriis excessibus taceatur, etsi tribus modis procedere possit, per accusationem videlicet, denuntiationem et inquisitionem ipsorum, ut tamen in omnibus diligens adhibeatur cautela, sicut accusationem legitima præcedere debet inscriptio, sic et denuntiationem charitativa correctio, et inquisitionem clamosa debet insinuatio prævenire. *Descendam*, inquit Dominus, *et videbo utrum clamorem qui venit ad me, opere jam compleverint* (Gen. xviii). Tunc enim clamor pervenit ad prælatum, cum per publicam famam aut insinuationem frequentem subditorum sibi referuntur excessus; et tunc debet descendere et videre, id est, mittere et inquirere utrum clamorem veritas comitetur. Nam juxta canonicas sanctiones, si quid de quocunque clerico ad aures prælati pervenerit, quod eum juste possit offendere, non facile credere debet, nec ad vindictam eum res accendere debet incognita; sed coram Ecclesiæ suæ senioribus diligenter est veritas perscrutanda, ut si rei poposcerit qualitas, canonica districtio culpam feriat delinquentis, non tanquam idem ipse sit actor et judex, sed quasi fama deferente, vel denuntiante clamore, officii sui debitum exsequatur, eo semper adhibito moderamine, ut juxta formam judicii, sententiæ quoque forma dictetur. Cum igitur de abbate Pomposiano ea nobis frequenter insinuata fuissent quæ ab honestate regulari nimium dissonabant, inquisitionem eorum viris prudentibus commisimus faciendam; qui cum minime processissent, ad iteratum sæpe clamorem de communi fratrum nostrorum consilio citavimus ad præsentiam nostram abbatem et monachos, ut per nos ipsos causa morbi plenius inquisita, plagam ipsam melius curaremus. Eis igitur ad nostram præsentiam accedentibus, quidam ex monachis nobis ipsum abbatem de Simonia, perjurio, dilapidatione ac insufficientia detulerunt. Contra quos cum idem abbas exciperet quod denuntiationem hujusmodi fraterna correctio secundum regulam evangelicam non præcesserat, et iidem constanter assererent quod correctionem hujusmodi præmississent; licet

(122) Cap. *Licet Heli.*, De Simonia. Vide caput *Per tuas*, De Simonia.

ad id probandum duorum monachorum juramenta fuissent exhibita, quia tamen super hoc ipso necdum contendere desisteba nt, nos, ut praediximus, frequentibus clamoribus excitati, ex officio nostro voluimus inquirere de praemissis, omnes omnino monachos qui vel cum ipso vel contra ipsum abbatem accesserant, juramenti vinculo astringentes ut de propositis plene, quam scirent, exponerent veritatem; quorum depositiones in scriptis redactae cum publicatae fuissent, super illis coeperunt multipliciter disputare. Quia vero tum ex assertione monachorum tum ex abbatis confessione cognovimus quod idem abbas non modicam summam pecuniae relictam ab... praedecessore suo totam expenderat et in alia summa majori monasterium obligarat, nos eum juxta canonicas ei legitimas sanctiones propter has et alias praesumptiones quasi de dilapidatione suspectum, ab administratione abbatiae duximus suspendendum. Et quia per testes Simonia multis modis contra ipsum abbatem videbatur esse probata, ipse contra testes multas exceptiones opposuit, sup r quibus multipliciter fuit utrinque disputatum; aliis asserentibus in crimine Simoniae, sicut et in crimine laesae majestatis, omnes indifferenter tam infames quam criminosos non solum ad accusandum, sed ad testificandum etiam admittendos, cum ad instar publici criminis et laesae majestatis procedat accusatio Simoniae, multis super hoc et legibus et canonibus allegatis; aliis e contrario respondentibus, quod licet haec duo crimina quantum ad accusationem, quasi paria judicentur, differunt tamen in multis, cum et alia poena pro uno et alia pro altero inferatur, et inter personas accusatorum et testium sit utique distinguendum, cum non per accusatores sed testes crimina comprobentur, multis nihilominus super hoc et rationibus et argumentis inductis. Ne vero vel innocentiae puritas confusa succumberet, vel Simoniae pravitas effugeret impunita; nos, aequitate pensata, nec omnes exceptiones contra testes oppositas duximus admittendas, nec repellendas duximus univ rsas, sed illas duntaxat probandas admisimus quae forte probatae, non de zelo justitiae sed de malignitatis fomite procedere viderentur, conspirationes scilicet et inimicitias capitales. Caeteras autem exceptiones oppositas, ut furti et adulterii propter immanitatem haeresis Simoniacae, ad cujus comparationem omnia crimina quasi pro nihilo reputantur, duximus repellendas; quoniam etsi fidem testium debilitarent in aliquo, non tamen evacuarent ex toto, praesertim cum alia contigerit adminicula suffragari. Ad probandas ergo exceptiones admissas abbas quoddam protulit instrumentum; ad quod reprobandum cum testes fuissent ex altera parte producti, facultatem sibi petiit indulgeri ut in partibus suis instrumentum hujusmodi comprobaret. Cum ergo judicantem oporteat cuncta rimari, discretioni vestrae, de qua plenam fiduciam obtinemus, per apostolica scripta praecipiendo mandamus quatenus infra sex hebdomadas post susceptionem praesentium probationes quas abbas vel procurator ipsius ad probandum solummodo instrumentum, cujus rescriptum [transcriptum] vobis sub bulla nostra transmittimus, vel reprobandum pars altera duxerit exhibendas, diligenti studio recipere procuretis, sub testimonio litterarum vestrarum inclusas eas nobis fideliter destinantes ; attentius provisuri ut via regia procedentes, nec ad sinistram nec ad dexteram declinetis. Quod si omnes, etc., duo vestrum, etc.

Datum Laterani, iv Nonas Decembris

CCLXI.
ROSANENSI ARCHIEPISCOPO.
Ipsi ad certas quaestiones respondet.
(*Ut supra*, ii Kal. Jan.)

(123) Quod super his articulis qui tibi aliquam dubitationem inducunt nostrum ducis consilium requirendum, et ad ea exsequenda quae officium postulant pastorale, apostolicae sedis procuras auxilium invocare, sollicitudinem tuam dignis in Domino laudibus commendamus, et postulationibus tuis grato animo respondemus. Significati siquidem nobis quod in dioecesi tua pater et filius matrem et filiam, duo cognati duas cognatas, avunculus et nepos duas sorores ducunt in conjuges, et mater et uxor simul baptizant puerum alienum, quidam praeterea tuae dioecesis infra tertium et septimum gradum consanguinitatis se contingentes, matrimonia adinvicem contrahunt, hoc sibi licere de antiqua consuetudine asserentes. Quidam etiam sacerdotes Latini habent in suis domibus concubinas, et nonnulli aliquas sibi non metuunt desponsare et cum earum aliqua mortua fuerit vel ab aliquo sacerdotum ejecta, confestim aliam introducunt, et in ignominiam clericalis ordinis taliter permanent uxorati. Item abbates et sacerdotes tuae dioecesis ad synodum tuam venire renuunt convocati, dicentes veniendi ad synodum consuetudinem non habere; et sic jurisdictionem tuam tam in his quam in aliis contemnentes, de rationibus tuis tibi, sicut tenentur, negligunt respondere. Et cum ad monasteria vis accedere, sicut ad tuum dignoscitur officium pertinere, vel sacerdotes super praedictis excessibus animadversione debita castigare, ipsi appellationis obstaculum interponunt, ut tuam taliter effugiant disciplinam. Ad haec, capellani castelli Rosanensis aliquando matrimonia non conjungenda conjungere et alia non dividenda dividere non verentur, licet ipsi non debeant de matrimoniis judicare. Super eo igitur quod pater et filius cum matre et filia, et duo cognati cum duabus cognatis, avunculus et nepos cum duabus sororibus contrahunt matrimonia, taliter tibi duximus respondendum, quod licet omnes consanguinei viri sint affines uxoris, et omnes consanguinei uxoris affines sint viri, inter consanguineos tamen viri et consanguineos uxoris ex eorumdem viri videlicet et uxoris

---

(123) Cap. *Quod super iis*, De consang. et affin.

conjugio nulla prorsus affinitas est contracta, propter quam inter eos matrimonium debeat impediri. Quamvis etiam vir et uxor alienum puerum teneant in baptismo, nulla tamen inter eosdem virum et uxorem contrahitur compaternitas, cum una caro sint per copulam conjugalem, et ideo reddere sibi debitum minime prohibentur. Item cum in sacris canonibus gradus sint consanguinitatis distincti et per eosdem inhibitum ut nullus infra septimum gradum consanguinitatis linea attingentem sibi audeat in matrimonium copulare, ne infra gradus eosdem contrahantur debes publice inhibere et praesumptores ecclesiastica districtione punire, non obstante consuetudine, quae dicenda est potius corruptela. Cum autem sacerdotes Latini nullas sibi possint matrimonialiter copulare nec illis habere liceat concubinas, ut Latinos presbyteros tuae dioecesis, qui a te commoniti a sua noluerint praesumptione desistere, per suspensionem officiorum et beneficiorum subtractionem ad id compellere valeas, liberam tibi concedimus auctoritate apostolica facultatem. Similiter etiam abbates et sacerdotes dioecesana tibi lege subjectos, qui ad tuam contemnunt synodum venire vocati, dummodo in ipsa synodo non ducas aliquid statuendum quod forte canonicis obviet institutis, per censuram ecclesiasticam ad synodum ipsam venire compellas et debitam tibi reverentiam et obedientiam exhibere. Capellanis praeterea castelli Rosanensis firmiter sub qua convenit districtione prohibeas ne, sicut non debent, super confirmandis vel dimittendis matrimoniis exerceant aliquam potestatem. Quod si forte contumaces exstiterint, canonica eos poteris severitate punire. Cum autem appellatio sit inventa, non in diffugium opprimentium, sed in refugium oppressorum, auctoritate tibi praesentium indulgemus, ut juxta formam praemissam procedere valeas, non obstante appellationis objecta, si qua forsan fuerit interposita in elusionem ecclesiasticae disciplinae. Nulli ergo, etc., liceat hanc paginam nostrae concessionis infringere, etc.

Datum, *ut supra*, 11 Kalend. Januarii.

CCLXII.

A. VICEDOMINO FIRMANO.

Ipsi aliquot praefecturas committit.

Cum devotionis affectum, quem habes ad apostolicam sedem et nos ipsos, sicut per legatos nostros, quos in Marchiam misimus, nostro est apostolatui reseratum, in operis exhibitione monstraveris et pro Ecclesiae servitio multis te exposueris laboribus et expensis, fidelitati ac devotioni tuae grata cupimus vicissitudine respondere et petitionibus tuis, quantum cum Deo possumus, assensum gratanter apostolicum impertiri. Volentes igitur te ad nostrum servitium reddere promptiorem, castrum Montis Sanctae Mariae, cum curtibus Montis Sancti Petri, Montis Rodaldi, Sancti Joannis, Podii de Petra, Pertetariae, Pontarioli, Montis Garivini, Carlassalis et Peratiae ad ipsa castra hactenus pertinentibus tibi duximus, donec nobis aut successoribus placuerit, salvis censibus et procurationibus, committendum; ita tamen quod ea omnia ad fidelitatem et mandatum Ecclesiae conserves integra et illaesa, nec de eis aliquid alienare praesumas.

CCLXIII.

MAGISTRO GUIDONI ARCHIPRESBYTERO PLEBIS DE CIVITATE.

(Laterani, 11 Kal. Januarii).

Cum a nobis petitur, etc., *usque ad verbum* suscipimus. Specialiter autem archipresbyteratum ipsum, sicut ipsum juste possides et quiete, auctoritate tibi apostolica confirmamus, etc. Nulli ergo, etc.

Datum Laterani, 11 Kal. Januarii.

CCLXIV.

(Datum, *ut supra*).

In eumdem modum pro G. clerico. Specialiter autem beneficium quod habes in ecclesia Sancti Mauritii, etc., *ut supra.*

CCLXV.

ABBATI SANCTI VOLDARICI, SCHOLASTICO, ET... CUSTODI AUGUSTENSIBUS.

Ut dolus illi non prosit qui aliquid a sede apostolica falso impetrasse mentitur.

Ad nostram dudum noveritis audientiam pervenisse quod cum dilectus filius Hermannus clericus in ecclesia de Loerch canonice fuerit institutus et corporalem possessionem per annum et amplius habuerit in quiete, ab Alberto concanonico suo fuit postea beneficio ipso et ejus obventionibus usque ad viginti marchas valentibus per violentiam spoliatus, in quem dioecesanus episcopus, quoniam super his in praesentia sua juri parere contempsit, excommunicationis sententiam promulgavit, quam per annum et amplius indurata facie sustinuit et contempsit. Unde cum ex hoc clericus spoliatus ablatorum restitutionem obtinere non posset, ad apostolicam sedem accedens, nostras ad venerabilem fratrem nostrum episcopum et dilectos filios praepositum et decanum Augustenses litteras reportavit ut praedictam excommunicationis sententiam, sicut rationabiliter lata erat, facerent auctoritate nostra usque ad condignam satisfactionem inviolabiliter observari; quod, sicut ipsi suis nobis litteris intimarunt, fideliter adimpleverunt, unde illorum devotionem in Domino commendamus. Consequenter vero praefatus A. ad praesentiam nostram accedens, veritate tacita praemissorum, et quod canonicus esset ecclesiae memoratae, ad vos commissionem simplicem impetravit ut causam quae inter Al. et Hermannum clericos vertebatur super praebenda in Loerch, curaretis sine debito terminare. Idem etiam Albertus in reditu constitutus, apud castrum Sancti Petri adversarium suum obvium habuit ad nos denuo venientem; ad cujus denuntiationem redire contempsit, in praesentia nostra exhibiturus et recepturus justitiae complementum, cuncta se asserens quae voluerat impetrasse. Nolentes igitur aliquem de dolo suo commodum reportare, discretioni vestrae per apostolica scripta mandamus quatenus inquisita super praemissis diligentius veritate, non obstante commissione ad vos per subreptionem obtenta, cum mendax precator carere debeat impetratis, sæpedictum A. in eamdem excommunicationis sententiam reducatis, facientes eam pulsatis campanis et accensis candelis usque ad condignam satisfactionem, appellatione remota, inviolabiliter observari; ut exemplo ejus alii discant a similibus abstinere. Nullis litteris obstantibus harum mentione non habita, etc. Quod si omnes, etc., duo vestrum, etc.

CCLXVI.
NOBILI VIRO JOANNITIO.
Ut legatum apostolicum reverenter excipiat.

(124) Respexit Dominus humilitatem tuam et devotionem quam erga Romanam Ecclesiam cognosceris hactenus habuisse, et te inter tumultus bellicos et guerrarum discrimina non solum potenter defendit, sed etiam mirabiliter et misericorditer dilatavit. Nos autem audito quod de nobili urbis Romæ prosapia progenitores tui originem traxerint, et tu ab eis et sanguinis generositatem contraxeris et sinceræ devotionis affectum quem ad apostolicam sedem geris quasi hæreditario jure, jampridem te proposuimus litteris et nuntiis visitare. Sed variis Ecclesiæ sollicitudinibus detenti, hactenus non potuimus nostrum propositum adimplere. Nunc vero inter alias sollicitudines nostras, hanc etiam assumendam duximus, imo consummandam potius jamdudum assumptam, ut per legatos et litteras nostras te in laudabili foveamus proposito et in devotione sedis apostolicæ solidemus. Dilectum itaque filium nostrum Dominicum archipresbyterum Græcorum de Brundusio ad te personaliter destinantes, monemus nobilitatem tuam et exhortamur in Domino, ac per apostolica tibi rescripta mandamus quatenus ipsum humiliter et devote recipiens, honorifice ac benigne pertractes et per eum plenius nobis tuam devotionem exponas. Cum enim plene nobis per ipsum de sinceritate tui propositi et devotionis affectu constiterit, ad te proposuimus majores nuntios vel legatos potius destinare, qui tam te quam tuos in apostolicæ sedis dilectione confirment et te de benevolentia nostra efficiant certiorem.

CCLXVII.
PRÆPOSITO ET FRATRIBUS SANCTI STEPHANI IN BROLIO.
Ut Al. Marcellinum in canonicum recipiant.
(Laterani, iv Id. Januarii).

Cum pro dilecto filio Al. Marcellino subdiacono nostro preces vobis misissemus apostolicas et præceptum ut ipsum in fratrem vestrum et canonicum recipere deberetis, titulati Ecclesiæ vestræ hoc in suum præjudicium fieri asserentes, ne procederetur in illius executione mandati, nostram, sicut audivimus, audientiam appellarunt. Postea vero cum dilectus filius H. qui se canonicum ipsius Ecclesiæ asserebat, propter hoc ad nostram præsentiam accessisset, proposuit coram nobis quod cum tam ipse quam socii sui diu Ecclesiæ illi obsequium impendissent, nec adhuc essent ab ea beneficia consecuti, indignum erat penitus et absurdum si in perceptione beneficii eis alius præferretur. Quia igitur mandatum quod pro eodem subdiacono emanavit debita volumus exsecutione compleri, titulatis ipsis volentibus nihilominus paterna sollicitudine providere, per apostolica vobis scripta mandamus atque præcipimus quatenus eumdem subdiaconum, prout in mandatis apostolicis recepistis, sublato cujuslibet contradictionis et appellationis obstaculo, recipiatis in canonicum et in fratrem, stallum ei in choro et locum in capitulo assignantes; reservata vobis de benignitate sedis apostolicæ libertate ut de beneficiis quæ in Ecclesia vestra vacaverint, canonice disponatis; provisuri tamen attentius ne ipsius subdiaconi malitiose proviso differatur. Si vero, quod non credimus, mandatum nostrum nolueritis adimplere, noveritis nos dilecto filio Guiscardo de Arsag. canonico Mediolanensi in mandatis dedisse ut vos ad ea quæ præmisimus exsequenda per censuram ecclesiasticam, appellatione remota, compellat.

Datum Laterani, iv Idus Januarii.
Illi scriptum est super hoc.

CCLXVIII.
CISTERCIENSI, CLAREVALLENSI, PONTINIACENSI, DE FIRITATE, ET UNIVERSIS ABBATIBUS CISTERCIENSIS ORDINIS.

Ut quinquagesimam bonorum suorum partem in usus belli sacri conferant.
(Laterani, v Kal. Januarii.

Novit is qui nihil ignorat, cui nil absconditum, nil est clausum, in cujus oculis omnia nuda sunt et aperta, et qui renes et corda scrutatur, quod et domos et personas vestras tanto puriore affectione diligimus, et sincerioris charitatis non tam brachiis quam visceribus amplexamur, quanto religionis vestræ flagrantia nos majoris suavitatis odore respersit, utpote qui facti estis odor vitæ in vitam his qui diligunt nomen Dei. Sedentes enim sedetis secus pedes Domini, audientes verbum ejus humiliter cum Maria et Marthæ sollicitudinem piis orationibus adjuvatis, cum Moise orantes in monte, ut nos cum Josue hostes Israelitici populi, præsertim invisibiles, expugnemus. Affligitis etiam corpora vestra vigiliis quasi continuis et assiduis jejuniis macerati, vacatis operibus charitatis, contenti paucis, ut plura pauperibus ministretis, egentes in vobis, et in aliis abundantes, tanquam nihil habentes et omnia possidentes. Thesaurizatis enim thesauros in cœlo, ubi nec ærugo nec tinea demolitur, credentes Apostolo quod non habetis manentem civitatem in terris, sed futuram inquiritis: vestra enim conversatio est in cœlis. Creditis enim et pro certo tenetis quod audistis in Evangelio et legistis: *Quod uni*

---

(124) Responsio hujus epistolæ exstat infra lib. v epist. 115.

ex minimis meis fecistis, mihi fecistis (Matth. xxv, 40). Et ideo temporalia ministratis aliis, ut sempiterna recipiatis ab ipso. Sed nunquid non verius est, vel æque verum, quod Christo facitis, ipsi facitis? Nunquid Dominus in se non acceptabit obsequium, quod acceptat in servo? Nunquid non legistis qualiter Christus tempore passionis eorum represserit scandalum qui dicebant: *Potuit hoc unguentum venundari plusquam trecentis denariis, et dari pauperibus* (Marc. xiv, 5), dicens ad eos: *Pauperes semper habebitis vobiscum, me autem non semper habebitis* (ibid.) Nunquid non verum est verbum ejus, ut pauperes non semper habeatis vobiscum, quibus, cum velitis, benefacere valeatis? Ipsum autem non semper habebitis peregrinum, exsulem et ejectum, nec forsan de cætero ei poteritis in tantæ necessitatis articulo subvenire. Ecce etenim stat ad ostium vestrum et pulsat. Aperite celeriter illi jam, non tam aliis pro ipso quam ipsi pro vobis grata subsidia porrigentes. Ejectus enim de terra nativitatis et resurrectionis suæ, de qua dicit in Psalmo, *Hæreditas mea præclara est mihi* (Psal. xv, 6), et quasi captivus detentus in cruce, quæ secundum Apostolum est gloria nostra, clamat ad omnes, clamat ad singulos: Exsurgite in adjutorium mihi, mihi exsuli et profugo subvenite, retribuentes saltem modicum mihi, qui vobis universa concessi. Nec hoc dicimus tanquam ejus omnipotentiæ derogemus, cum ejus voluntati nihil possit omnino resistere, sed ut succursum hujusmodi demonstremus sibi quasi proprie proprium exhiberi. Monemus igitur universitatem vestram et exhortamur in Domino et in remissionem vobis injungimus peccatorum, quatenus, ne sitis aliquibus perditionis occasio, ne majus scandalum in Ecclesia generetis, ne clericis et laicis non subveniendi terræ Orientali præbeatis exemplum, imo ut Christo subvenialis exsuli, et qui rursus in membris suis crucifigitur, Crucifixo, et alios ad ejus subsidium animetis, tollentes materiam scandali quod ex hoc contra vestrum ordinem est subortum, aliquam certam et competentem summam, quam nos merito acceptare possimus, sine dilatione qualibet per vestras nobis litteras exprimatis, in terræ sanctæ subsidium, si oblationem vestram probaverimus, convertendam, vel saltem quinquagesimam partem omnium reddituum et proventuum vestrorum, æstimatione habita diligenti, collectam fideliter in unum locum sub aliquorum episcoporum testimonio consignetis. Alioquin, ne si vos cervices vestras excusseritis ab hoc jugo, illicitum reputent alii eleemosynas pauperum in stipendia convertere bellatorum et patrimonium Christi effusione sanguinis defensare; ne cæteri etiam scandalizentur in vobis, si quinquagesimam propter hoc nolueritis exhibere, cum ab eis quadragesimam exigamus, et nos præter aliud subsidium, quod nobis Dominus inspirabit, decimam statuerimus exhibere, præter indignationem divinam et inobedientiæ culpam, quam propter hoc incurretis, suspendemus privilegia vestra, et universis Ecclesiarum prælatis dabimus in mandatis ut vobis non deferant eorum obtentu, sed eis non obstantibus a vobis jura sua tam in decimis quam aliis plene de cætero consequantur. Quod si nec sic volueritis obedire, experiemur in vos utrum in Cistercienses fratres plenam jurisdictionem, sicut in aliis, habeamus.

Datum Laterani, V Kalend. Januarii.

CCLXIX.

(Non. Januarii.)

In eumdem modum Præmonstratensi et universis abbatibus Præmonstraten. ordinis. Novit is qui nihil ignorat, etc., *usque ad verbum* episcoporum testimonio consignetis.

Datum. Nonis Januarii.

CCLXX.

ARCHIEPISCOPO MAGDEBURGENSI ET SUFFRAGANEIS EJUS, ABBATIBUS, PRIORIBUS, DECANIS, ARCHIDIACONIS ET UNIVERSIS CLERICIS TAM SUBDITIS QUAM PRÆLATIS IN MAGDEBURGENSI PROVINCIA CONSTITUTIS.

Ut Christianos in Oriente pecunia et viris contra Sarracenos adjuvent.

(Laterani, 11 Kal. Januarii.)

(125) Graves Orientalis terræ miserias et necessitates urgentes jam potius peccatis exigentibus deflere cogimur quam referre, cum ad eum statum (si status tamen dicendus est casus, quod dolentes dicimus) eadem terra devenerit ut nisi citius ipsius fuerit necessitati succursum et occursum conatibus paganorum, pauci Christiani, qui se defensioni hæreditatis Domini et Crucifixi obsequiis devoverunt, hostiles sagittas sui sanguinis effusione inebriaturi credantur et paganorum gladios suis jugulis placaturi; reliquiis desolationis illius terræ sine spe humani subsidii perdendis totaliter et ab hostibus occupandis, cum de partibus illis pene omnes jam redierint peregrini. Id autem hactenus Dominus Jesus Christus, ut probaret adhuc fortius fidem nostram et intelligeret plenius qui sunt ejus, misericorditer impedivit, manus eorum in ipsos convertens, et eos inter se multiformiter discordantes permittens adinvicem desævire, ut Christianis interim ad ipsius terræ subsidium excitatis, facilior daretur facultas recuperandi perdita et de hostibus triumphandi. Recepimus enim litteras venerabilium fratrum nostrorum Antiochensis et Hierosolymitan. patriarcharum, archiepiscoporum etiam et episcoporum utriusque provinciæ, similiter et charissimorum in Christo filiorum nostrorum Aimerici Hierosolymitan. et Leonis Armen. regum illustrium, et dilectorum filiorum magistrorum Hierosolymitan. Hospitalis et militiæ Templi, aliorumque multorum, ipsius terræ necessitates et miserias plenius exponentes et postulantes subsidium diutius exspectatum; cum plus ibi sperent, dante Domino, paucos hoc tempore propter Sarracenorum discordiam

(125) Exstat apud Rogerium de Hoveden, fol. 454. edit. Londin. an 1596.

profuturos, quam hactenus copiosus exercitus profuisset. Adjectum est etiam quod cum jam inter Sarracenos de pace tractetur, si prius quam subveniatur Hierosolymitan. provinciæ inter eos fuerit concordia reformata, nisi Deus solus resistat, cum sit viris et viribus pene penitus destituta, non erit qui eorum possit violentiam cohibere. Nos ergo cum fratribus nostris, ascitis etiam episcopis et aliis viris religiosis apud sedem apostolicam existentibus, de ipsius terræ subventione tractantes, ne videremur onera gravia humeris imponere subditorum quæ digito etiam movere nollemus, dicentes tantum et aut modicum facientes, ut a nobis ad vos et a vobis ad laicos benefaciendi derivetur exemplum, ejus exemplo qui cœpit facere et docere, decimam partem omnium reddituum et proventuum nostrorum curavimus subventioni orientalis provinciæ deputare, subtrahentes non modicum necessitatibus nostris, quibus, cum graviores sint solito, et ob hoc exigant graviores expensas, nostræ non sufficiunt facultates, ut ei etsi nihil largiremur de proprio, modicum saltem retribueremus de suo, qui nobis sua miseratione tribuit universa. Et ut non solum in rebus, verum etiam in personis necessarium terræ sanctæ subsidium destinemus, dilectos filios nostros S. tituli Sanctæ Praxedis presbyterum et P. Sanctæ Mariæ in Via Lata diaconum cardinales, quibus jampridem imposuimus signum crucis, illuc proposuimus destinare, qui exercitum Domini, vices nostras exsequendo præcedant, et ad eos, tanquam ad unum caput, universi recurrant. Verum quia id quasi modicum, imo vere modicum ad tot necessitates ipsius provinciæ sufficere nullatenus reputan.us, universitati vestræ per apostolica scripta mandamus, et ex parte Dei omnipotentis in virtute sancti Spiritus sub interminatione divini judicii districte præcipimus quatenus singuli vestrum saltem quadragesimam partem omnium ecclesiasticorum reddituum et proventuum suorum, prius tamen deductis usuris quarum solutio vitari non possit, in subsidium terræ sanctæ convertant; omnibus clericis tam subditis quam prælatis qui quadragesimam ipsam sponte ac fideliter solverint, de Dei omnipotentis misericordia ac beatorum apostolorum Petri et Pauli auctoritate confisi, quartam partem injunctæ sibi pœnitentiæ relaxantes; dummodo nulla fraus interveniat et pia devotio suffragetur. Sciat autem se culpabiliter durum et dure culpabilem qui tantillum subsidium in tanta necessitate Creatori et Redemptori suo negaverit exhibere, a quo corpus et animam et universa bona quæ habet accepit; et nos, qui, licet indigni, vices ejus exercemus in terris, hujus culpæ duritiam nullatenus dissimulare possemus. Nec aliquo modo credatis quod per hoc in dispendium vestrum legem vobis imponere intendamus, ut a vobis inposterum quadragesima quasi debita vel consuetudinaria exigatur; imo nullum vobis ex hoc præjudicium volumus generari, qui tantæ necessitatis articulum nobis et vobis supervenisse dolemus, et quod similis de cætero non contingat optamus. Volumus etiam et nihilominus vobis præcipiendo mandamus quatenus vos, fratres archiepiscope et episcopi, in metropolitana Ecclesia, vel si hoc ibi fieri propter hostilitatem vel aliud evidens impedimentum non poterit, in duobus vel tribus locis Magdeburgensis provinciæ sine dilatione convenire curetis et inter vos juxta formam mandati apostolici de ipsius terræ subventione tractare; et post reversionem suam quilibet vestrum in sua diœcesi concilium convocet sine mora, auctoritate nostra præcipiens abbatibus et prioribus tam exemptis quam aliis, archidiaconis et decanis, et universis omnino clericis in ejusdem diœcesi constitutis ut justa æstimatione proventus et redditus suos taxent et infra tres menses post factam eis denuntiationem, quadragesimam partem valoris eorum sub ipsius episcopi testimonio et aliquot religiosorum virorum, adhibitis nihilominus ad cautelam aliquibus laicis fidelibus et discretis, in locum idoneum ejusdem diœcesis non differant consignare. Quod et nos vobis, fratres archiepiscope et episcopi, sub eadem districtione mandamus. Ab hac autem generalitate monachos Cistercienses, Præmonstratenses canonicos, eremitas Grandimontenses et Carthusienses excipimus, quibus super hoc mandatum injungimus speciale. Nolumus autem ut hi qui redditus suos et proventus diligenter æstimare curaverint, præmissæ transgressionem districtionis (126) incurrant, si quid non ex certa scientia, sed ignoranter potius, quadragesimæ forte subtraxerint; dum tamen postquam recognoverint defectum suum, quod minus solverint, plenarie recompensent. Si quis autem, quod absit! quadragesimæ taliter persolvendæ aliquid ex certa scientia subtraxerit, cum digne satisfecerit, ab hujus transgressionis debito penitus sit immunis. Nec miretur quisquam aut etiam moveatur quod hoc sub tanta districtione præcipimus, cum summa necessitas id exposcat. Nam etsi voluntarium esse debeat divinæ servitutis obsequium, legimus tamen in Evangelio de invitatis ad nuptias Dominum præcepisse, ut compellerentur intrare. Mandamus præterea ut vos, fratres archiepiscope et episcopi, quadragesimam ipsam per vestras diœceses instanter exactam et collectam fideliter faciatis juxta prædictam formam in tuto loco deponi, summam omnium per vestras litteras et speciales nuntios nobis, quam citius fieri poterit, expressuri. Ad hæc, in singulis Ecclesiis truncum concavum poni præcipimus, tribus clavibus consignatum; prima penes episcopum, secunda penes ecclesiæ sacerdotem, tertia per aliquem religiosum laicum conservandis; et in ea fideles quilibet, juxta quod eorum mentibus Dominus inspiraverit, suas eleemosynas deponere in remissionem suorum peccaminum moneantur, et in omnibus ecclesiis semel in hebdomada pro remissione peccatorum, et præ-

(126) Leg. *districtionem transgressionis.*

sertim offerentium, missa publice decantetur. Concedimus autem vobis, fratres archiepiscope et episcopi, ut circa eos qui de bonis suis terræ sanctæ voluerint subvenire, de discretorum virorum consilio, qualitate personarum et rerum facultate pensatis ac considerato nihilominus devotionis affectu, opus injunctæ pœnitentiæ commutare possitis in opus eleemosynæ faciendæ. Volumus insuper ut adhibitis vobis, ubi poterunt inveniri, duobus fratribus, uno Hierosolymitani Hospitalis et alio militiæ Templi aliisque religiosis laicis et discretis militibus, vel aliis bellatoribus, qui signum Dominicæ crucis assumpserint, si in suis non poterunt sumptibus transfretare, congrua de eadem summa stipendia ministretis, sufficienti ab eis cautione recepta quod in defensione terræ Orientalis per annum vel amplius juxta quantitatem subsidii commorentur; et si, quod absit! in via decesserint, susceptum subsidium non in alios usus convertant, sed reddant potius in stipendia bellatorum; qui etiam cum redierint, non prius absolvantur a præstita cautione quam litteras regis vel patriarchæ aut Hierosolymitani Hospitalis aut militiæ Templi magistri aut etiam legati nostri vobis exhibuerint de mora ipsorum testimonium perhibentes. Quia vero summa necessitas exigit et communis requirit utilitas, ut populus Christianus non solum in rebus, sed etiam in personis contra paganos in succursum terræ sanctæ sine dilatione succurrat, fraternitati vestræ per apostolica scripta præcipiendo mandamus quatenus ad exhortandos et inducendos fideles per vos et alios viros idoneos prudenter et diligenter instetis; ut qui sufficientes fuerint ad bellum Domini præliandum, in nomine Domini Sabaoth signum crucis assumant, alii vero juxta suarum sufficientiam facultatum pias eleemosynas largiantur. Nos enim de Dei misericordia et beatorum apostolorum Petri et Pauli auctoritate confisi, ex illa quam nobis Deus, licet indignis, ligandi et solvendi contulit potestate, omnibus qui laborem hujus itineris in personis propriis subierint et expensis, plenam peccatorum suorum, de quibus cordis et oris egerint pœnitentiam, veniam indulgemus et in retributionem justorum salutis æternæ pollicemur augmentum. Eis autem qui non in personis propriis illuc accesserint, sed in suis tantum expensis juxta facultatem et qualitatem suam viros idoneos destinaverint, illic per annum moraturos ad minus, et illis similiter qui licet in alienis expensis, in propriis tamen personis assumptæ peregrinationis laborem impleverint, plenam suorum veniam concedimus peccatorum. Hujus quoque remissionis volumus esse participes, juxta quantitatem subsidii et devotionis affectum, omnes qui ad subventionem ipsius terræ de bonis suis congrue ministrabunt. Personas insuper ipsorum et bona eorum, ex quo crucem susceperint, sub beati Petri et nostra protectione suscipimus, necnon et sub archiepiscoporum et omnium prælatorum Ecclesiæ Dei defensione consistant, statuentes ut donec de ipsorum obitu vel reditu certissime cognoscatur, integra maneant et quieta consistant. Quod si quisquam contra præsumpserit, per censuram ecclesiasticam appellatione postposita compescatur. Si qui vero proficiscentium illuc ad præstandas usuras juramento tenentur astricti, vos, fratres archiepiscope et episcopi, per vestras diœceses creditores eorum, sublato appellationis obstaculo (127), eadem districtione cogatis ut eos a sacramento penitus absolventes, ab usurarum ulterius exactione desistant. Quod si quisquam creditorum eos ad solutionem coegerit usurarum, eum ad restitutionem earum, sublato appellationis obstaculo, districtione simili compellatis. Judæos vero ad remittendas ipsis usuras per sæcularem compelli præcipimus potestatem, et donec eas remiserint, ab universis Christi fidelibus tam in mercimoniis quam aliis per excommunicationis sententiam eis jubemus communionem omnimodam denegari. Horum autem vos, fratres archiepiscope et episcopi, singulos in suis diœcesibus exsecutores esse volumus et mandamus; quæ tam diligenter et fideliter exsequamini, ut in districto novissimæ discussionis examine, cum astabitis ante tribunal Christi, dignam debeatis reddere rationem.

Datum Laterani, II Kalendas Januarii. *Apud Rogerium de Hoveden*, VI Kal. Januarii, pontificatus nostri anno secundo.

In eumdem modum scriptum est per totam Alemaniam, per Tusciam, per Lombardiam, per regnum Franciæ, per regnum Angliæ, per regnum Ungariæ, per Sclavoniam, per Hyberniam, per regnum Scotiæ.

CCLXXI.

UNIVERSIS CHRISTI FIDELIBUS PER VIENNENSEM PROVINCIAM CONSTITUTIS.

Ejusdem argumenti cum superiore.

(Laterani, II Non. Januarii.)

Nisi nobis dictum a Domino per prophetam et in propheta sciremus: *Clama, ne cesses, quasi tuba exalta vocem tuam* (*Isa*. LVIII, 1), nisi ad pastorale crederemus officium pertinere quod inquit Apostolus: *Insta opportune, importune, argue, obsecra, increpa* (*II Tim*. IV, 2), nisi gregis Dominici nobis esset cura commissa, possemus nunc tandem a clamore desistere, cum etsi tuba exhortationis nostræ sæpe sonum dederit non incertum, exhortando populum Christianum ad terræ sanctæ succursum, paucos tamen adhuc ad bellandum bellum Domini excitarit. Quia vero major instat necessitas quam unquam institerit ut ipsi terræ celeriter succurratur et de succursu speratur major quam unquam provenerit utilitas proventura, clamamus ad vos et pro illo clamamus qui voce magna clamando spiritum pro vobis emisit in cruce, factus obediens usque ad mortem, mortem autem crucis, ut vos ab æternæ

---

(127) Vide Concil. Monspel. habitum an. 1195. cap. 6.

mortis eriperet cruciatu, qui clamat etiam per se ipsum, et dicit: *Si quis vult post me venire abneget semetipsum, et tollat crucem suam, et sequatur me* (*Matth.* XVI, 24). Recepimus enim litteras venerabilium fratrum nostrorum Antiochen. et Hierosolimitan. patriarcharum, archiepiscoporum etiam et episcoporum utriusque provinciæ et charissimorum in Christo filiorum nostrorum A. Hierosolym. et L. Armen. regum illustrium, similiter et magistrorum Hierosolymitani Hospitalis et militiæ Templi: quibus nobis exposuerunt necessitates et miserias terræ sanctæ, asserentes, inter alia, quod cum hactenus Dominus per discordiam Saracenorum, qui se ipsos impugnant, orientali provinciæ pepercisset, et jam nunc inter eos de pace tractetur, si prius quam redeant ad concordiam congruum subsidium mitteretur, sperant pro certo quod facile posset hoc tempore orientalis provincia liberari. Si autem prius redierint ad concordiam quam subsidium destinetur, timetur ab omnibus quod residuum terræ Saraceni de facili valeant obtinere; cum peregrinis ad propria jam reversis, terra remanserit et viribus destituta. Monemus igitur universitatem vestram et exhortamur in Domino, et in remissionem vobis injungimus peccatorum quatenus ante oculos cordis habentes exsilium Crucifixi, qui potentes sunt prælium Domini præliari, et crucem et arma capessant; qui vero non sunt habiles ad pugnandum, in expensis suis secundum proprias facultates aliquos dirigant bellatores; nec sit qui se ab hujus obsequio subventionis excuset quin aliquid saltem modicum propter hoc devote ac libenter impendat, nisi qui æternæ voluerit esse remunerationis immunis. Quicunque enim eum erubuerit coram hominibus, et ipse illum coram angelis erubescet. Potestis enim et debetis considerare vobiscum quod si rex aliquis temporalis in captivitatem forsitan deveniret, nisi vassalli ejus pro liberatione regia non solum res exponerent sed personas, nonne cum restitueretur pristinæ libertati et acciperet tempus justitiam judicandi, proditores eos regios et quasi perfidos et infideles damnabiles judicaret, excogitaret mortis hactenus inexcogitata tormenta quibus malos male perderet, et in eorum bona fideles aliquos subrogaret? Nonne similiter Dominus Jesus Christus Rex regum et Dominus dominantium, qui corpus et animam vobis contulit, qui vos sanguine pretioso redemit, de ingratitudinis vitio et velut infidelitatis crimine vos damnabit, si ei ejecto de terra quam pretio sui sanguinis comparavit, et quasi captivo in salutiferæ crucis ligno detento, neglexeritis subvenire? Sane cum nihil possit omnipotenti resistere, quia tamen fideles suos temporaliter probare disponit in opere, quos æternaliter in prædestinatione cognovit, præter arcanum divini judicii, quod nulli mortalium datum est posse scrutari, forte misericors Deus, cum jam superabundasset iniquitas, refrigescente charitate multorum, voluit fidelibus suis occasionem præstare salutis, imo salvationis causam præbere: ut qui omnia pro ipso dimitterent, ipsum omnia in omnibus invenirent. Cum enim Hierusalem civitas illa terrestris, secundum interpretationem vocabuli *pacis visio* nuncupetur, et ipsa vix unquam vel modico tempore pacem potuerit obtinere, promissio pacis ad illam Hierusalem nos profecto transmittit quæ sursum est mater nostra, in qua pax Dei, quæ exsuperat omnem sensum, abundat. Ad hanc itaque novi sub novo tempore Machabæi, qui pro paternis legibus et sancta civitate sanctas utique pugnas exercent, cum victi putantur, victores ascendunt ineffabili gloria coronandi, quam militibus suis Rex gloriæ præparavit. Cæterum, ne videremur onera gravia humeris imponere subditorum, quæ digito nostro movere nollemus, cum fratribus nostris de ipsius terræ subventione tractantes, decimam partem proventuum et reddituum nostrorum ad ejus subsidium duximus deputandam; legatos nostros illuc, dante Domino, in proximo transmissuri, qui exercitum Domini in humilitate præcedant, et ad eos, tanquam ad unum caput, universi recurrant. Venerabilibus fratribus nostris archiepiscopis, episcopis et dilectis filiis abbatibus, prioribus, archidiaconis et decanis, et aliis ecclesiarum prælatis, imo etiam clericis universis, in virtute sancti Spiritus et sub divini judicii obtestatione mandamus ut saltem quadragesimam partem ecclesiasticorum reddituum et proventuum suorum, æstimatione habita diligenti, in subventione orientalis provinciæ non differant erogare. Ad hæc, in singulis ecclesiis truncum concavum poni præcipimus, tribus clavibus consignatum; una penes episcopum, secunda penes presbyterum ecclesiæ, tertia per aliquem religiosum laicum conservandis: in quibus fideles quilibet deponere suas eleemosynas in remissione suorum criminum moneantur, et in singulis ecclesiis semel in hebdomada pro remissione peccatorum, præsertim offerentium, missa publice decantetur. Concedimus etiam archiepiscopis et episcopis ut circa eos qui de bonis suis terræ sanctæ voluerint subvenire, de discretorum virorum consilio, qualitate personarum et rerum facultate pensatis et considerato nihilominus devotionis affectu, opus injunctæ pœnitentiæ commutare possint in opus eleemosynæ faciendæ. Ne autem clerici vel laici in hoc frustra se doleant aggravari, sed jam nunc de sua sint quodammodo mercede securi, de Dei omnipotentis misericordia et beatorum apostolorum Petri et Pauli auctoritate confisi, ex illa quam nobis Deus, licet indignis, ligandi et solvendi contulit potestate, omnibus qui laborem hujus itineris in personis propriis subierint et expensis, plenam suorum peccatorum, de quibus cordis et oris egerint pœnitentiam, veniam indulgemus et in retributionem justorum salutis æternæ pollicemur augmentum. Eis autem qui non in personis propriis illuc accesserint, sed in suis tantum expensis juxta facultatem et qualitatem suam viros idoneos destinarint, illic per annum moraturos ad minus, et illis similiter qui licet in alienis expensis, in propriis tamen personis assumptæ peregrinationis laborem impleverint, plenam suorum concedimus veniam peccatorum. Hujus quoque remissionis volumus esse participes, juxta quantitatem subsidii et devotionis affectum, omnes qui ad subventionem ipsius terræ de bonis suis congrue ministrabunt. Personas quoque ipsorum et bona, ex quo crucem susceperint, sub beati Petri et nostra protectione suscipimus, nec non et sub archiepiscoporum et omnium prælatorum Ecclesiæ Dei defensione consistant, statuentes ut donec de ipsorum obitu vel reditu certissime cognoscatur, integra maneant et quieta consistant. Quod si quisquam contra præsumpserit, per censuram ecclesiasticam, appellatione postposita, compescatur. Si qui vero proficiscentium illuc ad præstandas usuras juramento teneantur astricti, creditores eorum per Ecclesiarum prælatos, ut remittant eis præstitum juramentum et ab usurarum exactione desistant, eadem præcipimus districtione compelli. Quod si quisquam creditorum eos ad solutionem coegerit usurarum, eum ad restitutionem earum simili cogi animadversione mandamus. Judæos vero ad remittendas ipsis usuras per sæcularem compelli præcipimus potestatem ; et donec eas remiserint, ab universis Christi fidelibus, tam in mercimoniis quam aliis, per excommunicationis sententiam eis jubemus communionem omnimodam denegari

Datum Laterani II Nonas Januarii.

In eumdem modum scriptum est super hoc universis Christi fidelibus per supradicta regna et provincias constitutis.

CCLXXII.

ABBATIBUS, PRIORIBUS ET UNIVERSIS EXEMPTARUM ECCLESIARUM PRÆLATIS IN MEDIOLANENSI PROVINCIA CONSTITUTIS.

Ut quadragesimam omnium bonorum suorum ad sacrum bellum conferant.

(Laterani, III Kal. Januarii.)

(128) Formam apostolicæ constitutionis nuper salubriter editam pro subsidio terræ sanctæ, ex communibus litteris, quas in singulas provincias destinamus, intelligere poteritis evidenter. Monemus igitur discretionem vestram et exhortamur in Domino, et per apostolica scripta in virtute sancti Spiritus sub divini judicii obtestatione præcipiendo mandamus, quatenus ad citationem diœcesanorum episcoporum, quam per eos non sua sed nostra fieri auctoritate mandamus, devote ac humiliter accedentes, juxta formam in litteris nostris expressam, quadragesimam saltem omnium ecclesiasticorum proventuum et reddituum vestrorum in terræ sanctæ subsidium convertatis ; ut ejus sitis remissionis participes quam propter hoc aliis indulgemus. Alioquin, contemptum nostrum, imo Redemptoris, in vos tanto severius curabimus vindicare ; quanto spe-

(128) Vide infra epist. 305.

cialius vos diligimus et in charitatis operibus alios volumus prævenire.

Datum Laterani, III Kal. Januarii.

Scriptum est super hoc in eumdem modum universis abbatibus, prioribus et exemptarum Ecclesiarum prælatis in supradictis provinciis constitutis.

CCLXXIII.

TYRENSI ARCHIEPISCOPO ET EPISCOPO SYDONIENSI.

Committitur illis causa quæ vertebatur inter Ecclesiam Tripolit. et Hospitalarios.

(129) Cum S. quondam prior Sancti Michaelis et A. canonicus Tripolitan. nuntii Ecclesiæ Tripolitan. et N. et P. nuntii dilectorum filiorum fratrum Hospitalis Hierosolymitan. pro quæstione quæ vertebatur inter ipsos super ecclesia de Nefins et decimis ejus, ac tribus casalibus quæ occasione litterarum bonæ memoriæ C. papæ prædecessoris nostri ab Hospitalariis occupata temere dicebantur, ad nostram dudum præsentiam accessissent, postquam in præsentia venerabilis fratris nostri P. Portuen. episcopi et dilectorum filiorum G. tituli Sanctæ Mariæ Trans Tiberim presbyteri et G. Sancti Angeli diaconi cardinalium, quos partibus dedimus auditores, ab eis fuit diutius litigatum et nos utrinque proposita ex fideli relatione cardinalium prædictorum intelleximus diligenter, de fratrum nostrorum consilio Tripolitan. Ecclesiam in eum statum possessionum decrevimus integre reducendam quam ante habuerat quam per venerabilem fratrem nostrum Nazaren. archiepiscopum et dilectum filium abbatem Montis Oliveti directum a venerabili fratre nostro patriarcha Hierosolymitan., prætextu mandati jamdicti prædecessoris nostri, præmissarum rerum possessio ipsis Hospitalariis adjudicata fuisset; quibus dedimus in præceptis ut juxta quod erat sententiatum a nobis, possessionem rerum superius expressarum, cum integritate fructuum ab eo tempore perceptorum ex eis, ipsi Ecclesiæ Tripolitanensi, contradictione, occasione et appellatione cessantibus, pacifice resignarent; nec ei super eadem possessione violentiam vel injuriam aliquam præsumerent irrogare, ne propter hoc in causa proprietatis, propter rebellionem suam, jacturam incurrerent graviorem. Vobis quoque recolimus mandavisse ut si ultra mensem possessionem illam contra sententiam nostram præsumerent detinere, prædictam ecclesiam de Nefins cum omnibus antedictis curaretis Tripolitanensi Ecclesiæ assignare, eamque in corporalem possessionem inducere prædictorum, contradictores quoslibet aut nostræ sententiæ obviantes per severitatem ecclesiasticam, appellatione postposita, compescendo. Nullis litteris obstantibus præter assensum partium, etc. Cum autem prædicti fratres, sicut accepimus, super possessione sententiæ latæ obedierint humiliter et devote, per quam nullum eis super quæstione proprietatis præjudicium generatur, cum nihil commune

(129) Vide supra, lib. I, epist. 73.

habeat proprietas cum possessione, juxta legitimas sanctiones, causam proprietatis ad petitionem prædictorum fratrum vestro duximus examini committendam, per apostolica scripta præcipiendo mandantes quatenus, vocatis ad præsentiam vestram qui fuerint evocandi, et auditis et plenius intellectis quæ in judicio petitorio duxerint proponenda, quod justum fuerit, appellatione postposita, statuatis, facientes, etc., appellatione remota, Nullis, etc. Quod si ambo, etc.

CCLXXIV.

ABBATI SANCTÆ MARIÆ DE FERRARIA EJUSQUE FRATRIBUS, TAM PRÆSENTIBUS QUAM FUTURIS, REGULAREM VITAM PROFESSIS IN PERPETUUM.

De confirmatione privilegiorum.

(Laterani, xiv Kal. Februarii.)

Religiosam vitam eligentibus apostolicum convenit adesse præsidium, etc., *usque ad verbum* annuimus, præfatam ecclesiam Sanctæ Mariæ de Ferraria, quam in fundo a nobili viro Ricardo quondam comite de Sangro pia vobis donatione concesso ad divinum obsequium construxistis, sed et cambium quod fecistis cum bonæ memoriæ Matthæo quondam Capuanensi archiepiscopo et Ecclesia Capuanensi, a quibus recepistis duas ecclesias dirutas, id est, ecclesiam Sancti Martini, in qua Cisterciensem ordinem statuistis, et Sancti Helix, cum omnibus tenimentis earum, sicut habetis in publico instrumento, et locum illum ubi est ecclesia Sancti Angeli, cum ipsa ecclesia et tenimento suo, in jus et proprietatem beati Petri et sacrosanctæ Romanæ Ecclesiæ ad instar felicis recordationis Lucii, Clementis et Cœlestini prædecessorum nostrorum Romanorum pontificum suscipimus et præsentis scripti privilegio communimus; statuentes ut quascunque possessiones, quæcunque bona, eadem Ecclesia in præsentiarum juste et canonice possidet, etc., *usque ad verbum* illibata permaneant. In quibus hæc propriis duximus exprimenda vocabulis. Prædia quæ contulit vobis illustris memoriæ W. quondam rex Siciliæ, scilicet startiam de Cornillan., startiam de Palmento et Jardinum Galerani, startiam Sancti Stephani et Pantanelli, et Rivi Jannuli, et Forestellæ, Sancti Petri Lacuscin. usum pascuorum et omnium silvarum in toto tenimento Varran., startiam de Perticella in eodem tenimento, startiam de Fraxo, et pedis montis, quam dedit vobis Tancredus illustris Siciliæ rex in tenimento Teani, tenimenta quæ habetis intra montes et in omnibus partibus suis, et quidquid habetis in Varran. prædium quod, contulit vobis Joannes notarius juxta flumen Wlturni, et quidquid vobis contulit Hug. de Prata, quidquid in territorio habetis Sancti Angeli de Rabaccanina, et omnia pascua in terris ejusdem Hugonis, et quod habetis in Catullisca, pascua quæ habetis in Alifia, in tenimento Calvi in Prato Rotundo, et in Dalfian. Castelli maris, fundum de silva plana, quem habetis ex dono Gismundi, terram quam vobis contulit nobilis mulier Mathia et prædictus Hug. in flumine Lethæ, ubi habetis molendinum folle, domum quam habetis in castro Mastradi, rationes omnes quas habetis in Neapolim, Limatam quæ dicitur Perdita, quam dedit vobis nobilis vir Goffridus de Montefusculo, tenimentum quod contulit vobis comes W. de Caserta in tenimento Telesiæ, quod fuit Joannis militis Bassi, molendinum quod contulit vobis comes Rog. de Molisio in Hysernia et pascua per totam terram suam, molendinum de Pentomis, quod dedit vobis Malgerius Sorellus, et quidquid habetis in Minian., in monte Rodon., in petra, in Marcian. et in Sancto German. domos, apothecam et terras quas Joannes Ricardi dedit vobis in Capua et domos quas dedit vobis Petrus Alifiæ et quas dedit vobis Joannes Cancarrus in eadem civitate, tenimentum quod dedit vobis Philippus de Busson in Suess. pro anima uxoris suæ, et libertates quas habetis per regnum de platearico, passagio et herbatico. Sane laborum vestrorum, quos propriis manibus vel sumptibus colitis, tam de terris cultis quam incultis, sive de vestrorum animalium nutrimentis, nullus a vobis decimas exigere vel extorquere præsumat. Liceat quoque vobis clericos vel laicos liberos, etc., *usque ad verbum* retinere. Prohibemus insuper ne ulli fratrum vestrorum post factam in eodem loco professionem, etc., *usque ad verbum* retinere. Quod si quis forte eos retinere præsumpserit, etc., Paci quoque et tranquillitati vestræ paterna in posterum sollicitudine providere volentes, etc., *usque ad verbum* audeat exercere. Illud insuper auctoritate apostolica prohibemus, ne infra dimidiam leugam prope abbatiam vestram aliqua de novo habitatio fiat, de qua vobis debeat servatæ hactenus libertatis et pacis aliquod præjudicium generari. Ordinationes etiam monachorum vestrorum a diœcesano suscipietis episcopo, siquidem catholicus fuerit, et gratiam atque communionem apostolicæ sedis habuerit, et gratis et absque gravitate aliqua voluerit exhibere. Alioquin, liceat vobis a quocunque malueritis catholico episcopo suscipere, qui, nostra fultus auctoritate, quod postulatur impendat. Decernimus ergo, etc., *usque ad verbum* profutura. Salva sedis apostolicæ auctoritate. Si quis igitur, etc. Cunctis autem etc.

Datum Laterani, per manum Raynaldi Acheruntini archiepiscopi, cancellarii vicem agentis, XIV Kal. Februarii, indictione III, Incarnationis Dominicæ anno, 1199, pontificatus vero domini Innocentii papæ III anno secundo.

CCLXXV.

EPISCOPO PADUANO.

Ut magistro G. primam vacaturam præbendam assignet.

Cum in Ecclesia Dei et officia beneficiis et beneficia sint officiis deputata, et operi honor annexus et onus honori, ecclesiasticis debent gaudere stipendiis qui ecclesiasticis officiis sunt ascripti; ne contra legis veteris inhibitionem os bovi trituranti claudatur, aut, contra verbum Apostoli, aliquis suis cogatur stipendiis militare, si qui altari deservit,

[illi] non detur vivere de altari. Sane in examinatione causæ quam olim cum dilecto filio magistro G. qui nobis ac fratribus nostris litteraturæ ac bonitatis suæ meritis est acceptus, olim habueras, ab eo intelleximus esse propositum et a procuratore tuo et nuntio non negatum ipsum, de assensu tuo, in canonicum ecclesiæ Paduan. fuisse receptum et a te postmodum in subdiaconum ordinatum, in eo duntaxat existente vi quæstionis, quod propter investituram, quæ tibi de antiqua consuetudine competebat, præbendam de canonicorum manibus recepisset. Licet autem ipse per sententiam delegatorum judicum ab eadem causa ceciderit et satis sufficiat ad correctionem ipsius quod in eo punitus est in quo visus est deliquisse, ut misericordiam in nobis inveniat, qui hactenus justitiam est expertus : quamvis ex eo quod in eadem Ecclesia certus beneficiorum est numerus per sedem apostolicam confirmatus et nullum beneficium vacet in ea, imo, sicut dicitur, tres ad unum contra statuta Turonen. concilii sint admissi, non statim precibus ejus condescendere valeamus : quia tamen absonum est non modicum et indignum ut canonicus et subdiaconus Ecclesiæ Paduan. ipsius remaneat beneficio destitutus, fraternitatem tuam monemus et exhortamur in Domino, et per apostolica scripta præcipiendo mandamus quatenus, cum hi qui post eum recepti sunt ad officium non debeant eum in beneficio prævenire, nullum investias de beneficio Ecclesiæ Paduan. priusquam, eidem sicut, uni ex aliis integrum fuerit beneficium assignatum. Dilectis etiam filiis Archipresb. et canonicis ejusdem Ecclesiæ per nostras litteras inhibemus ne aliquem ad beneficium prius admittant quam eidem magistro, juxta quod præmisimus, fuerit satisfactum ; decernentes irritum et inane, si quid a te vel ipsis contra hoc fuerit attentatum. Quia vero non minus iidem archipresb. et canonici præter investituram tuam eidem G. præbendam conferendo peccarunt quam ipse recipiendo deliquit; ne unus puniri videatur pro omnibus, sed omnes puniantur in uno, ipsis per apostolica scripta præcipiendo mandamus ut ei præbendam, quæ tantum residentibus de communi confertur, sicut uni ex aliis de communibus proventibus, et manualia beneficia post susceptionem præsentium non differant assignare ; ad quod eos, si, quod non credimus, parere noluerint, per venerabilem fratrem nostrum Gradensem patriarcham, contradictione et appellatione cessante, ecclesiastica mandamus districtione compelli.

Illis scriptum est super hoc, et patriarchæ scriptum est super hoc.

CCLXXVI.

MAGISTRO JOANNI SUBDIACONO ET NOTARIO NOSTRO.

Sententiam pro ipso latam confirmat.

Collato tibi quondam per manus nostras archidiaconatus officio, quem olim habuerat V. quondam archidiaconus et canonicus Paduanus, cum in Ecclesia Paduan. nulla tunc temporis diceretur vacare præbenda, donationi nostræ reservavimus proxime vacaturam, decernentes irritum et inane, si quis de ea quidquam contra tenorem mandati apostolici præsumeret attentare. Cumque postmodum inter venerabilem fratrem nostrum Paduanum episcopum et magistrum G. canonicum Ecclesiæ Paduan. super præbenda ejusdem Ecclesiæ propter hoc quæstio mota fuisset quod idem G. præbendam præter investituram episcopi de Paduanorum canonicorum manibus accepisset, nos primo causam ipsam Ferrarien. episcopo, secundo venerabili fratri nostro episcopo Veronen. sanctæ Romanæ Ecclesiæ cardinali, ac tandem post sententiam a Ferrarien. prolatam, venerabilibus fratribus nostris Castellan. et Clugien. episcopis commisisse meminimus. Cumque postmodum ejusdem episcopi procurator et dictus magister G. propter hoc ad sedem apostolicam accessissent, causa ipsius coram dilecto filio P. tituli Sanctæ Cæciliæ presbytero cardinale, quem eis concessimus auditorem, diutius ventilata, et fideliter nobis per cardinalem eumdem, quæ proposita fuerant hinc inde relatis, cassata quoque sententia ab eodem episcopo Ferrarien. prolata, causam eamdem dilectis filiis L. priori et V. canonico Sanctæ Mariæ ad carceres sub certa forma commisimus terminandam ; sic videlicet ut eodem G. reducto in statum in quo fuerat sententia non prolata, cum nobis ex ipsius confessione facta coram eodem cardinale constaret quod investitura præbendarum ad eumdem episcopum pertineret et idem G. præter investituram ipsius prædictam præbendam de canonicorum manibus accepisset, ipsum eadem, sublato appellationis et contradictionis obstaculo, spoliarent, et assignationem a canonicis factam denuntiarent irritam et inanem ; nisi forsan infra mensem post receptionem litterarum nostrarum constaret eisdem episcopum Paduanum post possessionem præbendæ ipsi G. a canonicis assignatam, suum super assignatione a canonicis facta eidem expressisse consensum. Præterea minus indecens attendentes quod simplex canonicus quam archidiaconus et canonicus præbenda careret, cum et idem G. ea se præbenda reddidisset indignum quam temere præsumpserat occupare, eisdem judicibus dedimus in mandatis ut, non obstante mandato quod a bonæ mem. C. papa prædecessore nostro pro eodem G. factum fuerat de beneficio vacaturo, eumdem episcopum commonerent ut eamdem præbendam tibi vel nuntio tuo, non obstante appellatione vel contradictione cujuslibet, assignaret ; quod si non faceret, ipsi hoc nihilominus, sublato appellationis obstaculo, adimplerent. Delegati vero judices juxta formam mandati apostolici procedentes, cum eidem G. restitutionis beneficium impendissent, sex clericos et tres laicos productos ab eo ad testimonium admiserunt. Sed quia episcopum assignationi sibi a canonicis factæ suum expressisse consensum infra statutum terminum non probavit, licet idem G. ad sedem apostolicam appellasset, jam elapso termino, plures se asserens ad testimonium productorum, quia tamen in litteris nostris appellationis erat obstaculum partibus denegatum, ipsi contra eum se per contumaciam absentantem sententiam protulerunt, præbenda eum spoliantes eadem et assignationem a canonicis factam decernentes irritam et inanem. Postmodum vero ad commonitionem eorum procuratorem tuum de eadem præbenda dictus episcopus investivit; et licet sæpedictus G. ad nostram postmodum præsentiam accessisset, tamen contra prolatam sententiam et investituram procuratori tuo factam, nihil penitus postulavit. Nos igitur sententiam ipsam, sicut ab eisdem judicibus rationabiliter lata est, nec legitima appellatione suspensa, ratam habemus et auctoritate apostolica confirmamus et præsentis scripti patrocinio communimus. Nulli ergo, etc.

CCLXXVII.
ARCHIDIACONO ET CAPITULO CAPUANIS.
Varia de electione et postulatione prælatorum disserit.
(Datum Laterani.)

(150) Cum olim nobis de obitu bonæ memoriæ archiepiscopi Capuani tam per vestras litteras quam nuntios constitisset, volentes, prout officii nostri sollicitudo deposcit, in pastorem provideri celerius Ecclesiæ viduatæ, vobis dedimus in mandatis ut electionem canonicam de persona idonea faceretis, per quam in spiritualibus et temporalibus Capuana Ecclesia posset congrue gubernari. Vos autem mandatum nostrum suscipientes humiliter et devote, statuto die in metropolitana ecclesia convenistis; et cum ad tractandum de facienda electione in capitulo sederetis, et tu, fili archidiacone, hymnum ad invocandam Spiritus sancti gratiam incœpisses, dilectus filius M. archidiaconus Theat. canonicus Capuanus silentium indicens, sic ait: *Dominus papa ut faceremus canonicam electionem præcepit, et ego ne fiat, nisi canonica, interdico, et ad ipsum vocem appellationis emitto.* Cumque a quibusdam vestrum quæsitum fuisset ab archidiacono memorato quid intelligeret per canonicam electionem, respondit ut secundum decreta canonica nullus in episcopum de aliena eligeretur Ecclesia, dum in propria posset idoneus inveniri. (151) Et sic aliquantulo facto tumultu, cum tu, fili archidiacone, hymnum iterum incœpisses, ipse archidiaconus Theatinus cum quibusdam complicibus suis chorum exivit et cœpit in quodam angulo ecclesiæ commorari, et vos hymnum in choro solemniter complevistis. Sed cum post invocatam Spiritus sancti gratiam foret de electione tractandum, unum presbyterum, et unum diaconum, et alium acolythum vicem gerentem subdiaconi, qui etiam est cancellarius Ecclesiæ Capuanæ, ut vota singulorum seriatim perquirerent, elegistis. Qui universorum perquirentes diligentius voluntates, vos omnes, qui ad eligendum in capitulo remansistis, invenerunt in electione concordes, dilectum filium R. subdiaconum et capellanum nostrum filium dilecti filii nobilis viri P. comitis Celanen. unanimiter nominantes. Demum vero prædictum archidiaconum et qui cum eo exierant, per quosdam de vestris admonere curastis ut ad electionem accederent faciendam. Sed cum ipsi venire penitus recusassent et diceret idem archidiaconus quod non ei feceratis tantum honoris et gratiæ, quod vobiscum vellet in electione facienda persistere, vos publicata electione vestra cantastis: *Te Deum laudamus*, et pulsari fecistis cum solemnitate campanas; ut quod per vos factum fuerat innotesceret civitati. Ad quarum sonitum cum universus populus ad ecclesiam advenisset et audissent qualiter a vobis electio fuerat celebrata, factum vestrum communiter approbarunt; et quidam eorum, ut archidiaconum et alios qui ab electione discordabant ad concordiam revocarent, multipliciter institerunt. Verum ipse archidiaconus, ut proponitur, se tunc ipsi electioni minime consentire, sed in nostra præsentia suum assensum ipsi velle præstare respondit; quod etiam, sicut dicitur, sæpe ac sæpius in multorum præsentia replicavit. Tu vero, fili archidiacone, cum multis de canonicis Capuanis decretum electionis afferens eligentium subscriptionibus roboratum, ad nostram præsentiam accessisti; et cum apud nos fuissetis aliquandiu commorati, tres canonici Capuani pro parte adversa post aliquot dies nostro se conspectui præsentarunt. Vobis igitur et ipsis in nostra et fratrum nostrorum præsentia constitutis, utrique partium præcepimus dicere veritatem; et quantum quidem erat in narratione facti, usque ad exitum archidiaconi prædicti de choro, neutra partium discordabat. Dicebant tamen clerici antedicti quod multi qui exierant cum archidiacono, minis et terroribus fuerant inducti electioni a vobis postmodum factæ consentire. Cumque tam a vobis quam clericis illis quæsivirimus diligenter quot erant clerici Capuani qui electioni debuerant interesse, inventi non fuistis in responsione discordes; sed tam vos quam ipsi certum super hoc numerum designastis. Et cum quæreremus sollicite quot exierant cum archidiacono Theatino, cum appellationem opposuit, interpositæ appellationi faventes; licet in hoc a vobis præfati tres clerici discordarent, quod scilicet 12 vel 13 ad plus de canonicis ab electione facta proponerent dissentire, et vos eos esse 5 aut 6 solummodo diceretis, secundum tamen expressum a vobis et ipsis canonicorum numerum tres partes et amplius erant in electione concordes, si etiam prædictorum clericorum assertio vera esset, quod scilicet 13 canonici dissentirent. Quanquam autem, ut prædiximus, diligenter inquisivimus publice veritatem, ne tamen aliqua videremur omittere de quibus fides nobis erat plenior exhibenda, per quosdam de fratribus

---

(150) Cap. *Cum nobis*, De elect. et electi potestate.

(151) Cœlestinus in Decretis c. 18. Cap. *Nullus*, dist. 61.

nostris sigillatim vos et ipsos clericos examinari præcepimus, ut quisque vestrum coram ipsis plenius et securius exponeret veritatem ; qui non aliud quam ante propositum fuerat, invenerunt. Interrogati vero clerici antedicti, qui quosdam canonicorum dixerant minis et terroribus ad consentiendum inductos, si viderunt aliquibus quamlibet coactionem inferri, taliter responderunt, quod post factam electionem audiverunt quosdam de canonicis aliis comminantes et dicentes : *De civitate trecenti vocentur armati, et tunc apparebit quis electioni nostræ noluerit consentire.* Sed licet hoc dictum fuerit, non viderunt tamen propter hoc cum armis aliquem venientem vel ipsis coactionem aliquam intulisse. Cum autem ex utriusque partis assertione constaret interpositam fuisse appellationem canonicam, quando, ne fieret electio nisi canonica, secundum mandati nostri tenorem, ad nostram fuit audientiam appellatum, videri poterat quod post eam medio tempore nihil debuerit innovari; unde talis electio judicanda erat irrita et inanis, utpote post appellationem canonice interpositam attentata. Sed e contra, cum appellatum fuisset, non ut nulla fieret electio, sed ut fieret canonica, si factum electionis fuit canonice subsecutum, non utique contra formam appellationis hujusmodi sed magis secundum eam videbatur esse processum ; et ideo licet post appellationem, non tamen contra fuit eadem electio celebrata. Propter quod non erat aliquatenus irritanda. Nam cum duæ partes et amplius electioni consenserint et consentiant, licet cautum reperiatur in canone ut tunc alter de altera eligatur Ecclesia, cum nullus in propria fuerit repertus idoneus ; quia tamen hoc in favorem introductum est clericorum, et cuique licet renuntiare juri quod pro se noscitur introductum, vos, qui duæ partes eratis et amplius, cum quod duæ partes capituli faciunt, totum facere doceatur, in hac parte juri quod pro vobis facere videbatur renuntiare potuistis et electionem de persona alterius Ecclesiæ celebrare : præsertim cum illud decretum locum videatur habere, quando clericis renitentibus et invitis, per alicujus violentiam potestatis extraneus ingeritur ex adverso. Propter quod sequitur in decreto, ut sit facultas clericis renitendi, si se viderint prægravari et quos ingeri sibi viderint ex adverso, non timeant refutare. Præterea cum sedes apostolica caput omnium Ecclesiarum existat et Romanus pontifex judex sit ordinarius singulorum ; quando de ipsa quis assumitur in prælatum alterius, ei posse objici non videtur, propter capitis privilegium, quod obtinet plenitudinem potestatis, quod de alia Ecclesia eligatur, cum a capite membra reputari non debeant aliena. Item cum post appellationem emissam, non ut non fieret electio, quia talis appellatio nulla foret, sed ut fieret canonica, dictus archidiaconus Theat. cum suis fautoribus chorum exiisset et vos illos ut interessent electioni faciendæ vobiscum curassetis sollicite revocare, quoniam ad electionem faciendam accedere noluerunt, alienos se fecisse videntur. Propter quod electioni a vobis concorditer celebratæ de jure non posse contradicere videbantur ; præsertim cum idem archidiaconus postea requisitus responderit quod in præsentia nostra vellet suum ei præbere consensum. Et ideo cum secundum statuta Lateranensis concilii, appellatione remota semper id debeat prævalere quod a pluribus et sanioribus fuerit ordinatum, nisi forte a paucioribus et inferioribus aliquid rationabile objectum fuerit et ostensum, a vobis celebrata electio, tanquam a majori et saniori parte, non obstante contradictione vel appellatione paucorum, debebat et poterat rationabiliter confirmari ; cum id quod objectum exstitit et ostensum, rationibus præmissis appareat rationabile non fuisse. His taliter allegatis, quanquam contra personam illius quem eligistis nihil unquam dictum fuerit vel objectum, quia tamen verbum Apostoli dicentis, *Nemini cito manum imponas* (*I Tim.* v, 22), debemus attendere diligenter, ad ea quæ circa personam inquirenda fuerant duximus ex officio nostro, sicut decuit, procedendum. Et quidem cum tria sint in persona electi præcipue requirenda, videlicet ætas legitima, morum honestas et littera tura sufficiens ; licet de honestate morum, tanquam ei qui nobiscum est aliquandiu laudabiliter conversatus, possimus ipsi laudabile testimonium perhibere, illius quoque litteraturæ, licet non eminentis, tamen convenientis existat, ut pro defectu scientiæ, sicut plenius intelleximus ab his qui eum melius cognoverunt, ab electione non deberet excludi, de legitima tamen ætate plene scire non potuimus veritatem, de qua nec vos, ut accepimus, aliquid cogitastis, cum a multis cujus ætatis existeret curaverimus indagare, a nemine unquam audivimus quod annum ætatis trigesimum attigisset. Cum autem secundum prædicti statuta concilii nullus debeat in episcopum eligi qui trigesimum ætatis non egerit annum, licet senectus venerabilis sit non diuturna nec annorum numero computata, sed cani hominis sint sensus ejus et ætas senectutis vita immaculata, quia tamen post illa tria quæ Salomon asserit difficilia, quartum quasi reputet impossibile, viam videlicet viri in adolescentia sua, tanquam investigari non possit, nos Ecclesiæ pariter et personæ providere volentes et tam rationes quam canones observare, habito super hoc cum fratribus nostris diligenti tractatu, quia propositum vestrum providum intelleximus, et ideo propter urgentem necessitatem et evidentem utilitatem Ecclesiæ Capuanæ, quam in hac parte potius approbamus, volumus ipsum firmiter perdurare, præfatum subdiaconum nostrum de communi fratrum nostrorum consilio vobis in procuratorem concedimus, liberam administrationem ei tam in spiritualibus quam in temporalibus committentes. Quapropter discretioni vestræ per apostolica scripta mandamus atque præcipimus quatenus eum suscipientes humiliter et devote, ipsi curetis plenarie de spiritualibus et temporalibus respondere; ut et ipse profectum et honorem Ecclesiæ Capuanæ valeat studiosius procurare et dilectionem quam vos ad eum habere proponitis, in exhibitione operis experiri. Speramus enim in Domino quod, sicut ei dedimus in mandatis, taliter in commissa sibi procuratione proficiet, quod sibi salutem, vobis utilitatem, et nobis comparabit honorem.

Datum Laterani.

CCLXXVIII.
BAMBERGENSI EPISCOPO, ET MAGISTRO PRÆPOSITINO SCHOLASTICO MAGUNTINO.

Quod absque Romani pontificis auctoritate episcopi ab una Ecclesia ad aliam transferri non possint.

(Laterani, vii Kal. Februarii.)

(132) Licet in tantum apostolicæ sedis extendatur auctoritas ut nihil præter ejus auctoritatem in cunctis Ecclesiarum negotiis rationabiliter disponatur, utpote quæ canones, quibus forma ecclesiasticæ constitutionis exprimitur, vel edidit vel ab aliis editos approbavit, suum receptione ac approbatione faciens quod inventione vel editione videbatur forsitan alienum: quædam tamen sibi quodammodo specialiter et singulariter reservavit, ut præter specialem auctoritatem ipsius nec jure agi debeant nec attentari valeant cum effectu. In his autem specialiter translationes episcoporum non tam constitutio canonica quam divina ejus tantum potestati commisit, ut sicut legitimum matrimonii vinculum, quod inter virum est et uxorem, homo dissolvere nequit, Domino dicente in Evangelio, *Quod Deus conjunxit homo non separet* (*Matth.* xix, 6): sic et spirituale fœdus conjugii, quod inter episcopum est et ejus Ecclesiam (133), quod in electione initiatum, ratum in confirmatione et in consecratione intelligitur consummatum, sine illius auctoritate solvi non potest, qui successor est Petri et vicarius Jesu Christi. Hoc autem C. quondam Hildesemensis episcopus non attendens, licentia nostra nec postulata nec habita (134), contra canonicas sanctiones et in injuriam apostolicæ sedis, cujus super hoc fuerat et requirendus et obtinendus assensus, ad Herbipolensem Ecclesiam ab Hildesemensi non auctoritate nostra sed propria temeritate transivit, et administrationi ejus se ingerens, Herbipolensem se fecit episcopum nominari (135). Nec illa felicis recordationis Cœlestini papæ prædecessoris nostri indulgentia, quam impetrasse refertur, in hoc præsumptionem excusat ipsius, sed ambitionem accusat; utpote quæ ipsum reddidit de ambitione notabilem, non auctoritatem contulit ad aliam episcopalem Ecclesiam transeundi, (136) cum sit expressum in ea quod si ad majorem vocaretur forsitan dignitatem, eam sibi liceret assumere, dum tamen nihil ei de statutis canonicis obviaret. Unde licet forsan aliquibus videatur ut indulgentiæ occasione illius ad dignitatem possit transire majorem, ad parem tamen ipsi transire non licuit, cum in majori dignitate propter majorem utilitatem facilius soleat dispensari. Præterea cum postulatio, sicut et electio, examinari soleat diligenter, et tenor ejusdem indulgentiæ non solum videatur postulationis examinationem sed personæ etiam reservasse, subjungens, *dummodo nihil appareat quod tibi de canonicis obviet institutis*, antequam per eum postulatio examinata fuisset cui fuerat facienda, nulla debuerat ratione transire. Licet autem tantæ præsumptionis excessus ad aures nostras publica referente fama venisset, distulimus tamen procedere contra ipsum, donec litteras ejus recepimus, in quibus se nobis Herbipolensem episcopum appellabat. Unde postmodum præsumptionem ipsius debita volentes animadversione punire, quibusdam Ecclesiarum prælatis in Teutonia constitutis districte præcepimus ut cum factum hujusmodi non posset in partibus ipsis non esse notorium, nisi dictus C. infra viginti dies post susceptionem litterarum nostrarum ab Herbipolensis Ecclesiæ administratione cessaret, eum excommunicatum auctoritate nostra non differrent publice nuntiare, et excommunicationem ejus (137) facerent pulsatis campanis, et candelis exstinctis, festivis diebus et Dominicis innovari. Quamvis in manifestis non sit ordo judiciarius requirendus et ipse videretur confessus de crimine, cum in litteris ad nos directis se præsumpsisset Herbipolensem episcopum nominare; nos tamen ad evincendam omnem malitiam, in litteris nostris commonitionem canonicam duximus præmittendam; et eum postmodum ad bonum obedientiæ revocare volentes, ipsi non præmissa salutatione mandavimus ut, omni excusatione cessante, si apud nos vellet gratiam invenire, mandatum apostolicum adimpleret. Quia vero nec sic ei vexatio præbuit intellectum quin eo fortius in sua pertinacia perduraret quo amplius nos videbat de sua correctione sollicitos, cum postquam alius de mandato nostro fuit in episcopum Hildesemensem electus et etiam confirmatus, se ipse præsumpserit Hildesemensem episcopum nominare et electum ipsum et ejus Ecclesiam per suos fecerit multipliciter molestari, apostolicæ sedis injuriam dissimulare nolentes, ipsum in festo Principis apostolorum, præsentibus nuntiis ejus, inter missarum solemnia excommunicatum publice nuntiavimus, mandantes sententiam latam a nobis per Teutoniam publicari. Volentes igitur de facto ipsius per vestras reddi litteras certiores, et utrum servaverit sententiam nostram, utrum prorsus ab Ecclesia Herbipolensi recesserit et in Hildesemensi nihil sibi penitus vindicarit, utrum se humiliare curaverit et an suum recognoscat excessum, discretioni vestræ per apostolica scripta mandamus quatenus inquiratis super præmissis omnibus diligen-

---

(132) Cap. *Licet*, De translatione episcoporum.
(133) Vide supra lib. i, epist. 50, 117, 532.
(134) Vide supra lib. i, epist. 335.
(135) Vide gesta Innocentii III.
(136) In tertia Collect. *non autem c. a. a. e. E. t. licentiam.*
(137) Vide supra epist. 204.

tius veritatem, et quod inveneritis per vestras nobis litteras fideliter intimetis; ut vel in eum, si adhuc contumax fuerit, manus nostras amplius aggravemus, vel, si misericordia dignus exstiterit, secundum benignitatem apostolicæ sedis, illam cum eo misericordiam faciamus per quam nervus ecclesiasticæ disciplinæ minime dissolvatur. Volumus præterea nihilominus et mandamus ut Herbipolensibus canonicis sub pœna excommunicationis ex parte nostra districtius injungatis, totum tenorem præsentium litterarum in litteris vestris, quas eis super hoc a vobis dirigi volumus, exponentes, ne quid horum ignorent, ne, donec idem episcopus absolutionis gratiam meruerit obtinere, ipsi communicare vel obedire præsumant; et ut ipsum capitulum in eo puniatur in quo deliquit, ad alicujus electionem sine nostro speciali mandato procedere non attentent. Quod si contra præsumpserint, hujusmodi factum irritum decernimus et inane. Super his autem, omni gratia et timore postpositis, taliter procedatis quod prudentiam et devotionem vestram debeamus merito commendare, nec in eo incurratis offensam ex quo debetis gratiam promereri, cum veritas nobis nequeat occultari.

Datum Laterani, vii Kalendas Februarii.

CLXXIX.

THEOBALLO EPISCOPO AMBIANENSI.

Statutum et ordinationem quamdam ipsius confirmat.

(Laterani, v Kal. Februarii.)

Ex parte tua fuit in audientia nostra propositum quod cum Ecclesiam de Petromoso tuæ diœcesis pene penitus desolatam pietatis intuitu repararis, licet ea tibi fuerit per sedem apostolicam confirmata, ipsius tamen volens statui providere, in ea de consilio dilecti filii nostri P. Sanctæ Mariæ in Via lata diaconi cardinalis, apostolicæ sedis legati, et aliorum multorum, quatuor religiosas personas provide statuisti, quarum una præsit cæteris in observantia ordinis regularis, et omnes pariter tibi et successoribus tuis in spiritualibus et temporalibus debeant respondere, ita etiam quod ad te et successores tuos tam spiritualium quam temporalium administratio et ipsarum pertineat institutio personarum. Nos igitur quod a te provide factum esse dignoscitur ratum et firmum habentes, institutionem ipsam, sicut rationabiliter facta est, recepta et hactenus observata, auctoritate apostolica confirmamus, districtius inhibentes ne aliquis successorum tuorum præsumat numerum præscriptarum diminuere personarum. Nulli ergo, etc. Hanc paginam nostræ confirmationis et inhibitionis infringere, etc.

Datum Laterani, v Kal. Februarii.

CCLXXX.

COMITIBUS, BARONIBUS, BAJULIS, JUDICIBUS, CIVIBUS ET UNIVERSO POPULO IN REGNO SICILIÆ CONSTITUTIS.

Ut cum legato apostolico in regni conservationem opes et consilia conferant.

(Laterani, iii Non. Februarii.)

Quantum apostolica sedes non solum in regno vobis contra hostes affuerit, sed extra regnum etiam gravaminibus vestris non incassum sed utiliter potius studuerit præcavere, dissolvens laqueos qui in personarum vestrarum oppressionem et rerum dispendium tendebantur, ex parte, sicut credimus, vestra universitas jam cognovit. Qualiter etiam nostris sumptibus non semel sed sæpe obviaverimus conatibus iniquorum, quantum utiles fuerimus vobis et regno et vos intelligitis per vos ipsos, et opus testimonium perhibet veritati; cum, nisi fallimur, imo quia non fallimur, aliter hodie Marcowaldus et complices ejus prævaluissent in regnum, nisi per nos prudenter et potenter tam spiritualiter quam temporaliter fuisset machinationibus eorum occursum. Et licet non solum sollicitudini nostræ, sed nec expensis etiam hactenus vel in modico sit responsum; quia tamen vobis deesse nec volumus nec debemus, dilectum filium nostrum C. (138) Sancti Laurentii in Lucina presbyterum cardinalem, apostolicæ sedis legatum, et venerabiles fratres nostros Neapolitan. et Tarentin. archiepiscopos et nobilem virum J. marescalcum et consobrinum nostrum, in regnum Siciliæ, in eo ipsis vice nostra commissa, cum exfortio militum ad debellandos hostes et solidandum regnum duximus destinandos; credentes quod non solum proventus regni deberetis in stipendia militum erogare, sed de vestris etiam non modica liberaliter elargiri, utpote quibus melius esset pro statu regni universa expendere quæ habetis, quam denuo per Marcowaldum et fautores ipsius gravissimæ subjici servituti; quorum tyrannidem etsi omnes vel fere omnes de regno in rebus, multi tamen majores et potentiores in personis etiam sunt experti. Monemus igitur universitatem vestram, et per apostolica scripta tam ex parte nostra quam regis districte præcipiendo mandamus, quatenus legatum ipsum et socios ejus recipientes humiliter et devote, et in subsidium vestrum ac regni et exterminium hostium juxta mandatum ipsorum potenter et viriliter assurgentes, eis de regni proventibus in subsidium expensarum et stipendia militum respondere curetis; cum quod quibusdam ex vobis hactenus pro necessitate temporis ad munitionem urbium et castrorum indultum fuerat vel permissum, velimus necessitate cessante cessare. Alioquin nos de cætero apud Deum et homines erimus excusati, si quid vobis adversi contigerit, cum vobis ipsis nolitis adesse. Licet enim multa nobis et magna promissa fuerint et oblata, universa tamen pro vobis quasi stercora curavimus recusare. Et pro certo,

---

(138) Vide supra, epist. 200 245.

nisi nostra vos defendat auctoritas, experimento probabitis qualiter sine nobis vestra vos non possit potentia defensare.

Datum Laterani, III Nonas Februarii.

CCLXXXI.
MAGISTRO ET FRATRIBUS MILITIÆ TEMPLI IN SCLAVONIA CONSTITUTIS.
Transactionem quamdam confirmat.
(Laterani, VII Kal. Februarii.)

Cum a nobis petitur quod justum est, etc., usque ad verbum annuentes, compositionem inter vos et monasterium sanctorum Cosmæ et Damiani factam super terris et aquarum discursibus et aliis de quibus inter vos quæstio vertebatur, sicut rationabiliter et absque pravitate facta est et ab utraque parte recepta, et in authentico exinde confecto continetur, auctoritate apostolica confirmamus, et præsentis scripti pagina communimus. Ad majorem autem evidentiam hujus rei ipsum authenticum de verbo ad verbum præsentibus litteris duximus inserendum; cujus tenor ita se habet. *In nomine sanctæ et individuæ Trinitatis. Anno ab Incarnatione Domini nostri Jesu Christi millesimo centesimo nonagesimo quarto, mense Julii, die nono intrante, indictione duodecima, apud Tynum, regnante domino nostro Bela serenissimo rege Ungariæ, Dalmatiæ, Chroatiæ atque Ramæ, et Almerico filio super Dalmatiam et Chroatiam. Cum nos, nempe Petrus Spalatin. sedis archiepiscopus, una cum Matthæo Nonensi episcopo et Damiano Jadrentin. comite ac Grubesia Spalatin. comite, cæterisque nobilibus, quorum nomina inferius subscribentur, in ecclesia Sancti Joannis de Tyno, ad controversias quæ inter Templarios et monasterium Sanctorum Cosmæ et Damiani pro terris et aquarum discursibus vertebantur, resecandas, de mandato regio resideremus, post multas altercationes et verba quæ memoratæ Ecclesiæ inter se habebant, vuadias ab utraque parte per stipitem de voluntate utriusque partis suscipientes, pro bono pacis et concordiæ talem inter utrasque Ecclesias finem et divisionem auctoritate regia composuimus, ut incipiendo a via quæ inter villam Tyni et villam Sanctorum Cosmæ et Damiani est, et eundo versus meridiem recto tramite usque ad Gomillam inferius, et abinde usque ad Blatam, quidquid in austro in terris et in aquis est, quod ad monasterium Sancti Damiani pertinuit, domui Templi remaneat perpetuo possidendum, præter aquam Chriplinam, quam communem esse decernimus utrisque Ecclesiis et quidquid a præfata via et terminis in partibus occidentis in terris et aquis ac pascuis etiam ultra vallem Tyni habetur et ad Templarios spectavit, præfato Sancti Damiani monasterio sit amodo in perpetuum: aquam vero Chicmæ, cum aquarum decursibus, Templarios habere jugiter statuimus, tali videlicet ordine, ut in ea molendina faciant, quotquot possunt; ita tamen quod molendino Sanctorum Cosmæ*

(139) Cap. *Ad audientiam.* De his quæ vi et metus causa.

et Damiani de Virbiza, quod est ultra Blatam, non noceat in aliquo. Volumus etiam et sancimus ut præfata Sancti Damiani ecclesia omnes terras illas quas ultra Blatam et ultra mare possedit antiquitus et etiam si qua molendina sub suo molendino in austro fecerit, habeat, possideat semper absque omni Templariorum calumnia. Stabilimus etiam ut si qua utriusque partis [contra] antiqua testamenta vel scripta, præter hanc nostræ constitutionis cartam, ire præsumpserit, omnipotentis Dei sanctorumque apostolorum Petri et Pauli omniumque sanctorum et nostram maledictionem incurrat, fiatque anathema, et super hoc pœna duarum librarum auri mulctetur. Quæ omnia firma ac rata esse volumus, præsente Gualterio magistro et fratre Aczo præceptore et omnibus fratribus, et Dominico abbate, Privivria monacho et Diminoscia monacho cunctisque fratribus, coram his Moneis testibus, Petro Sagarelle et Tolmatio ac Burello presbyteris Spalatinis. De Jadretinis vero fuerunt testes hi, Petrona Cucillæ, Peitiz Vitache, Peitiz Michaelis, Georgius Sopp, Bitte de Juda, Bitte Præstantii cum fr. Grisogono, Petrus Scluradi Templariorum advocatus et quamplures alii. De Sclavis vero fuerunt testes hi, de Dominis Jupanus, Vulcominis Jupanus, Betisi-is Jupanus, Grubescia Gaudii Jupanus, et Rillizus Jupanus cum pluribus aliis. Fuerunt etiam testes ibidem hi venerabiles viri, Gregorius Antivarensis archiepiscopus et Vincentius Sancti Grisogoni martyris abbas cum suis monachis et multis de plebe. Et ego Blasius Sanctæ Anastasiæ diaconus et Jadretinæ civitatis notarius, qui interfui, hanc constitutionis et concordiæ cartulam jussu jam dicti archiepiscopi Spalaten. et Nonen. episcopi ac comitum præscriptorum cæterorumque testium rogatu, ut audivi, complevi, roboravi et signo consueto signavi. Decernimus ergo ut nulli omnino hominum liceat hanc paginam nostræ confirmationis infringere, etc.

Datum Laterani, VII Kalendas Februarii.

CCLXXXII.
EPISCOPO, DECANO ET SUBDECANO LINCOLNIEN.
Quod vis metu extorta resignatio non obliget.
(Laterani, Non. Februarii.)

(139) Ad audientiam nostram, dilecto filio magistro Hellia de Chevele significante, pervenit quod cum Ecclesiam de Chevele auctoritate sedis apostolicæ canonice fuisset adeptus et aliquandiu pacifice possedisset, gravissimo tandem regis metu quod eam resignaret jurare coactus eam in eorum ad quos pertinebat manibus resignavit. Quia vero quæ vi metusve causa fiunt carere debent robore firmitatis, discretioni vestræ per apostolica scripta mandamus quatenus, si eumdem magistrum eo metu ad resignationem faciendam vobis constiterit fuisse coactum qui potuerit et debuerit cadere in virum constantem, non obstante juramento prædicto,

quo non ad repetendum sed ad resignandum solummodo tenebatur, præfatam ecclesiam ei per censuram ecclesiasticam, sublato cujuslibet appellationis obstaculo, restitui faciatis. Nullis litteris veritati et justitiæ, etc. Quod si omnes, etc. duo vestrum, etc.

Datum Laterani, Nonis Februarii.

CCLXXIII.

ARCHIPRESBYTERO ET CANONICIS SUTRINIS.

De jure eligendi quoad possessorium et petitorium.

(140) Cum Ecclesia Sutrina pastore vacaret, vos convenientes in unum, et, sicut moris est, invocata Spiritus sancti gratia, pastorem unanimiter elegistis, petentes ipsum a sede apostolica confirmari. Verum dilecti filii clerici conventualium Ecclesiarum civitatis ejusdem apud nos de vobis consequenter suam deposuere querelam, quod cum in episcoporum electionibus faciendis ipsi ac prædecessores eorum consueverint interesse, vos eis invitis, renitentibus et exclusis, ad faciendam electionem procedere præsumpsistis, quam ob hoc non confirmandam sed infirmandam potius asserebant. Partibus ergo pro quæstione hujusmodi apud sedem apostolicam constitutis, dilectos filios nostros B. tituli Sancti Petri ad Vincula et I. tituli Sanctæ Priscæ presbyteros et Nicolaum Sanctæ Mariæ in Cosmedin diaconum cardinales dedimus auditores; in quorum præsentia testes utrinque producti fuerunt, et eorum depositionibus publicatis, pars canonicorum per testes a se productos intentionem suam, quod ad eos tantum spectaret electio, sufficienter dicebat esse probatam; parte clericorum nihilominus asserente quod per dicta testium, quos produxerant, et ipsi suam assertionem, quod electioni pontificum interesse deberent, plenius probavissent, per quæ constare dicebant eos electionibus trium episcoporum qui Ecclesiæ Sutrinæ ultimo et immediate præfuerant, cum canonicis cathedralis ecclesiæ affuisse, vocemque habuisse cum aliis eligendi. Nos ergo auditis allegationibus et rationibus partium et depositionibus ipsis diligenter inspectis, quoniam liquido deprehendimus testes vestros in perhibendis testimoniis varios exstitisse, atque adversus fidem attestationis suæ coram dictis cardinalibus vacillasse, sicut ipsi postea nobis retulerunt et quod negationem quodammodo astruere satagebant, probare volentes jus electionis ita quidem ad se spectare quod ad adversarios minime pertineret, per testes vero partis adversæ fuit sufficienter ostensum quod in trium episcoporum electionibus, de quibus præmissum est, clerici præsentes affuerint et vocem habuerint eligendi : præmissam electionem factam, eis contradicentibus et exclusis, de fratrum nostrorum consilio, decrevimus irritandam, clericos sæpedictos in eam quasi possessionem, quam ante controversiam motam habuerant, reducentes. Verum quoniam in quæstione

(140) Cap. Cum Ecclesia, De causa possessionis et proprietatis.

prædicta quidquid juris utraque pars in electione habebat, deductum in judicium videbatur; cum jure civili sit cautum id venire in judicium, non (141) de quo actum est ut veniret, sed id non venire de quo nominatim actum est ne veniret, et secundum statuta canonica electiones episcoporum ad cathedralium ecclesiarum clericos regulariter pertinere noscuntur; nisi forte alibi secus obtineat de consuetudine speciali, nec ex eo quod clerici antedicti se inter eligentes Sutrin. episcopos probaverunt tertio exstitisse, jus eligendi propter brevitatem temporis usque ad præscriptionem legitimam non producti sibi acquirere non potuerunt et actore non probante, qui convenitur, etsi nihil præstiterit, obtinebit, ab eorum impetitione super electionibus faciendis vos duximus absolvendos, sæpedictis Ecclesiarum clericis super hoc silentium perpetuum imponentes. Nulli ergo, etc., liceat hanc paginam nostræ diffinitionis infringere, etc.

Datum Laterani, vii Februarii.

CCLXXXIV.

TURONENSI ARCHIEPISCOPO.

Quod archiepiscopus, propter infirmitatem, suffraganeorum consecrationem committere possit.

Quod sedem, etc. *Exstat supra numero 77, inter epistolas istius libri. Itaque repetere eam noluimus.*

CCLXXXV.

EPISCOPO CIVITATIS CASTELLAN.

Ut cives ab excommunicationis et interdicti sententia relaxentur.

Accedentes nuper ad præsentiam nostram, etc. *Exstat supra numero 78, inter epistolas hujus libri.*

CCLXXXVI.

RAYNERIO ABBATI ET CONVENTUI SANCTI PETRI EUGUBIN.

Vetera ipsorum privilegia confirmat.

Cum olim essemus apud Perusium constituti, etc. *Exstat supra numero 79, inter epistolas hujus libri. Ea de causa hic eam omisimus.*

CCLXXXVII.

ABBATI DE FIRMITATE G. ET F. ARCHIDIACONIS CABILONEN.

Ipsis causam Eduensis Ecclesiæ et Balmensis monasterii committit.

Expositam nobis Eduensis Ecclesiæ accepimus quæstionem, etc. *Exstat supra numero 80, inter epistolas hujus libri.*

CCLXXXVIII.

EPISCOPO ET DECANO PATHERBURNENSI ET ABBATI DE HELMUARDESHUSAN.

Ut electo Hildesemensi episcopo auxilio sint.

(Laterani, iv Non. Februarii.)

(142) Cum Conradus quondam Hildesemensis episcopus, pro eo quod sine licentia nostra ad Ecclesiam Herbipolensem transivit, fuerit suspensus a nobis, et postmodum quoniam a sua noluit præsumptione desistere, vinculo sit excommunicationis astrictus

(141) Forte non redundat.
(142) Vide supra lib. i, epist. 335.

et de mandato nostro in Hildesemensi Ecclesiæ electio canonice celebrata, nobiles quidam, scilicet Adolphus comes, Hermannus et Henricus comites de Hartesbore, Fredericus de Insula, et ipsius Ecclesiæ ministeriales, videlicet Lupoldus de Escherte, Ugo advocatus et eorum complices, Hildesemensis diœcesis, electioni factæ et auctoritate sedis apostolicæ confirmatæ de dilecto filio H. Hildesemensi præposito majori contradicere non verentur, et ipsi quondam episcopo, sicut non convenit, adhærentes, ipsum electum et Hildesemensem Ecclesiam aggravant multipliciter et infestant, sicut ipsius electi et capituli Hildesemensis transmissa nobis conquestio patefecit. Prænominati etiam nobiles et ministeriales ipsius Ecclesiæ bona Hildesemensis Ecclesiæ, præbendas canonicorum et speciales redditus ipsirum et episcopales proventus præsentis anni, occasione et auctoritate præfati Conradi quondam episcopi recipiunt et detinent violenter. Præterea prædicti nobiles et ipsius Ecclesiæ ministeriales eidem quondam episcopo Hildesemensi faventes, ipsum electum non permittunt civitatem et castra et alia bona ad Hildesemensem Ecclesiam pertinentia pacifice possidere; imo impendentes præfato quondam episcopo contra Ecclesiam et electum et clerum Hildesemensem auxilium et favorem, ipsum a possessione castrorum et civitatis et aliorum bonorum prohibent et ei modis omnibus contradicunt. Nolentes igitur talia sub dissimulatione transire, quæ noscuntur contra mandata sedis apostolicæ attentari, discretioni vestræ per apostolica scripta mandamus et districte in obedientiæ virtute præcipimus quatenus, si verum est quod proponitur, præsumptores prædictos, nisi ad commonitionem vestram ablata Hildesemensi Ecclesiæ et electo restituerint universa et ab ipsius Ecclesiæ, electi et cleri indebita molestatione destiterint, tandiu nuntietis vinculo excommunicationis, sublato appellationis obstaculo, innodatos et terram eorum suppositam interdicto, et ad quemcunque locum devenerint, eis præsentibus divina prohibeatis officia celebrari, donec tam electo quam clero super præmissis idoneam satisfactionem impendant. Volumus etiam nihilominus et mandamus, ut nisi clerici et laici in Hildesemensi diœcesi constituti præfato electo debitam reverentiam impendere curaverint et honorem, eos ad id, omni gratia et timore postpositis, districtione ecclesiastica, appellatione remota, cogatis. Volentes insuper ejusdem Ecclesiæ indemnitatibus et electi paterna sollicitudine præcavere, præsentium vobis auctoritate præcipimus quatenus quidquid de bonis ipsius Ecclesiæ præfatus quondam episcopus, postquam Herbipolensi episcopatui se non timuit immiscere, alienavit quomodolibet vel distraxit, auctoritate nostra, appellatione remota, denuntiantes irritum et inane, et quæ per eum ante, etiam cum episcopus esset, Ecclesiæ memoratæ irrationabiliter infeudata inveneritis vel distracta, non obstante appellationis objectu, legitime revocetis; taliter mandatum nostrum, omni gratia et timore postpositis, exsequamini, quod sollicitudo vestra in Domino appareat commendanda, et non possitis de negligentia seu inobedientia reprehendi. Nullis lit. veritati et justitiæ, etc. Quod si omnes, etc., tu, frater episcope, cum eorum altero, etc.

Datum Laterani, v Nonas Februarii, pontificatus nostri anno secundo.

CCLXXXIX.

IN SICHEN. ET DE VALLE BEATI GEORGII ABBATIBUS, ET PRÆPOSITO SANCTÆ MARIÆ IN HERFORDIA.

De præbendarum devolutione, nisi intra statutum a jure tempus conferantur.

(Laterani, xiv Kal. Martii.)

Grave gerimus et indignum quod in multis Ecclesiis tam prælati quam subditi contra constitutiones canonicas temere venientes, easdem enervare præsumunt et, de quo dolemus non modicum, quæ pro Ecclesiarum utilitate a sanctis Patribus provida fuerunt deliberatione statuta, in detrimentum earum evacuare contendunt. Sane cum in Lateranensi concilio fuerit constitutum ut quoties ecclesiastica beneficia vacare contingit, si capitulum, ubi donatio spectat ad ipsum, infra tempus in eodem concilio diffinitum eadem conferre distulerit, per episcopum concedantur, et id, episcopo negligente, ad superiorem eorumdem donatio devolvatur, mirati sumus non modicum et commoti quod venerabilis frater noster archiepiscopus et dilecti filii capitulum Magdeburgen. non habentes ad præmissa respectum, nec attendentes etiam quanta ex defectu personarum possint Ecclesiis [incommoda] provenire, maxime cum propter hoc divinum eis officium subtrahatur, præposituram et sex præbendas Ecclesiæ Magdeburgensis, cum per annum et ultra vacaverint, infra tempus sibi permissum non curaverunt idoneis personis assignare, propter quod ab N. scholastico ejusdem Ecclesiæ, ne quid ab eis fieret de præpositura jam dicta, ad nostram fuit audientiam appellatum. Licet autem ante adventum nuntiorum dicti archiepiscopi et ante adventum A. præpositi et N. scholastici canonicorum Magdeburgensis Ecclesiæ, ad nostram audientiam pervenisset quod donatio præpositura et præbendarum ipsarum ad nos esset secundum statuta dicti concilii devoluta : quia tamen super his per eosdem nuntios in nostra fuit præsentia aliquandiu litigatum, nobis plenius constitit de præmissis. Ut autem non possemus de negligentia reprehendi, qui prædictos archiepiscopum et capitulum dignos proinde redargutione censemus; volentes etiam, prout ad nos pertinet, præcavere ne ubi jura conduntur, ibidem injuriam patiantur, præposituram ipsam dilecto filio A. Sanctæ Mariæ ad gradus in Maguntia præposito, ejusdem Ecclesiæ Magdeburgensis canonico, viro provido et honesto (quem ex aliquanta conversatione, quam ad sedem apostolicam habuisse dignoscitur, credimus eodem beneficio non indignum ; per cujus etiam industriam et potentiam utiliter poterit ipsius officium adimpleri), duximus conferendam, ipsum in consistorio nostro de eadem per annulum investire curantes. Volentes autem prædictis archiepiscopo et capitulo, pro devotione quam ad nos et sacrosanctam Romanam Ecclesiam habere noscuntur, paterna sollicitudine respondere, eisdem duximus indulgendum ut ex illis sex præbendis dictus archiepiscopus duas et capitulum duas alias vice nostra, non sua, possint idoneis personis conferre ; ita tamen quod si infra quadraginta dies post receptionem litterarum nostrarum id efficere forte neglexerint, vos, filii abbates, et magister P. scholasticus Maguntinus, quem vobis in hoc duximus adjungendum, auctoritate nostra tam illas quatuor quam alias duas, sublato cujuslibet contradictionis et appellationis obstaculo, personis idoneis conferatis ; ita quod si omnes his exsequendis nequiveritis interesse, dictus scholasticus, cum altero vestrum ea nihilominus exsequatur. Cæterum si aliqui contra prædictam donationem nostram aut etiam factum vestrum, filii abbates et præposite de Herfordia, aliqua temeritate venire præsumpserint, vos eos a præsumptione sua per censuram ecclesiasticam appellatione postposita compescatis. Provideatis autem attentius cuatenus, si

A postquam ad nos est ipsius præpositurae donatio devoluta, super eadem aliquid fuerit attentatum, in irritum appellatione postposita reducatis. Nos autem prædicto archiepiscopo nostris damus litteris in mandatis ut dicti præpositi nuntios in corporalem ejusdem possessionem suo nomine inducere non omittat; et eidem præposito, cum se prædictæ Ecclesiæ personaliter exhibuerit, stallum in choro et locum in capitulo juxta ipsius Ecclesiæ consuetudinem non differat assignare. Si vero prædictus archiepiscopus, quod non credimus, mandatum nostrum distulerit vel neglexerit adimplere, volumus et præsentium vobis auctoritate districte præcipimus quatenus vos id auctoritate nostra, sublato appellationis obstaculo, exsequi minime postponatis. Cum autem præfatus Al. pacificam ipsius Magdeburgensis præposituræ possessionem fuerit assecutus, liberum sit eis ad quos donatio præposituræ Sanctæ Mariæ ad Gradus, quam prius idem habuerat, pertinere dignoscitur, de ipsa præpositura quod canonicum fuerit ordinare. Quod si omnes, etc. duo vestrum, etc.

Datum Laterani, xiv Kal. Martii, pontificatus nostri anno secundo.

STEPHANI BALUZII TUTELENSIS ADMONITIO AD LECTOREM.

Regestum hoc Innocentii III esse mutilum facile colligimus ex Annalibus Rogerii de Hoveden, qui cum narrasset ea quæ apud Innocentium isto anno egit Gilardus episcopus Menevensis pro restituenda veteri dignitate metropolitica Ecclesiæ Menevensis, demum addit eumdem Gilardum sive Giraldum epistolam ab Innocentio ea de re scriptam ad Hubertum Cantuariensem archiepiscopum in ejusdem papæ Registro scribi procurasse ad perpetuam rei memoriam. Et tamen certum est epistolam illam non exstare in hoc secundo libro, quamvis anno 1199 data dicatur. Afferam autem ipsa Rogerii verba, ex quibus discemus mutilum esse, ut dictum est, hoc regestum, simulque intelligemus quid in illa Innocentii epistola, quæ hactenus latet, contineretur, ne quid hic, quantum fieri poterit, desideretur. « Eodem anno (1199) magister Gilardus Menevensis electus suscitavit controversiam super jure metropolitico Ecclesiæ Menevensis, jus ejusdem Ecclesiæ et pristinam metropolitani dignitatem coram domino Innocentio papa tertio et cardinalibus, videlicet Octaviano Ostiensi et...... Portuensi et Joanne Albanensi episcopis cardinalibus, et Jordano de Fossanova, et Sephredo, et Joanne de S. Paulo, et Joanne de Salerno, et Gratiano, et Hughelno, et Hugoncione cardinalibus publice protestando. » Et infra: « Cujus rei occasione, et ad prædicti Gilardi instantiam jus Ecclesiæ suæ publice in curia Romana protestantis, Innocentius papa Hubertum Cantuariensem archiepiscopum super statu Menevensis Ecclesiæ et dignitate metropolitica litteris suis citavit. Quas etiam litteras prædictus Gilardus ad perpetuam rei gestæ memoriam in ejusdem papæ Registro scribi procuravit. Præcepit etiam idem papa prædicto archiepiscopo quatenus supradicto Giraldo Menevensi electo ita consecrationem impenderet quod sacramentum illicitum, quale extorquere solebant prædecessores sui ab episcopis Sancti David, scilicet de non prosequendo jure metropolitico contra Cantuariensem Ecclesiam, non exigeret, sed tantum canonicam obedientiam juxta communem formam faceret. Præcepit etiam idem papa Lincolniensi, Dunelmensi, et Eliensi episcopis quod si archiepiscopus Cantuariæ sæpedictum Gilardum consecrare differret, ipsi apostolica auctoritate freti illum consecrare non differrent. » Hactenus Rogerius de Hoveden. Vanum porro, ut hoc etiam dicamus, et inutilem fuisse hunc Gilardi conatum docet Gervasius monachus Dorobernensis in Actibus Pontificum Cantuariensium, ubi ait Hubertum Cantuariensem archiepiscopum cassasse ambitionem Gilardi, qui Menevensis Ecclesiæ in curia Romana se dicebat electum, et alium sacravisse canonice electum. Unde colligimus paritum non fuisse illic litteris Innocentii, quæ per subreptionem impetratæ fuerant.

Itaque cum vel ex hoc loco constet hunc regestorum Innocentii III librum esse imperfectum, quem aliunde videmus rudem ferme indigestamque molem esse, prout hactenus editus est, cum eædem interdum epistolæ bis illic descriptæ reperiantur ad verbum, rem non inutilem nec ingratam viris eruditis et istarum rerum studiosis me facturum putavi, si quemadmodum in fine libri primi nonnullas epistolas addidi quæ in superioribus editionibus non exstabant, ita in istius fine nonnullas adderem quæ hactenus cum Innocentii III epistolis editæ non sunt, quæ vero pertinent ad secundum annum pontificatus ejusdem Innocentii. Earum nonnullas eruimus ex tabulariis ecclesiarum ac monasteriorum, alias ex lucubrationibus clarissimorum virorum Odorici Raynaldi Joannis Launoii, Ferdinandi Ughelli, Joannis Mariæ Campi, Joannis Lucii Dalmatini et Petri Garielli.

Sed et illud te monendum existimavi, lector, constitutionem pro Judæis, quæ in hac editione nostra numero 302 notata reperitur, editam fuisse a Materno Cholino in fine libri secundi, monito interim lectore non exstare in aliis editionibus. Nos, non antiquitatem editionis, sed ordinem temporum secuti, eam in loco reposuimus quem nunc occupat in hac editione.

Demum, ne quis offendatur quod in fine istius libri non edidimus juramenta comitis Hildebrandini ,

Petri præfecti Urbis, quæ ad calcem hujusce libri retulerat idem Cholinus, moneo illa a me relata esse supra in appendice libri primi, ea de causa, quod ad annum primum pontificatus Innocentii pertineant citra controversiam.

CCXC.
UNIVERSIS PRÆLATIS ET CLERICIS DIŒCESIS PINNENSIS.
Ut episcopo suo respondeant de decimis mortuariis et oblationibus.
(Laterani, Id. Martii.)

INNOCENTIUS episcopus, servus servorum Dei, dilectis filiis universis Ecclesiarum prælatis et clericis Ecclesiæ Pennensi lege diœcesana subjectis, salutem et apostolicam benedictionem.

Significavit nobis venerabilis frater noster Penuensis episcopus quod non sibi de decimis et mortuariis, oblationibus et aliis justitiis respondetis. Quia vero fratres coepiscopos nostros specialiter volumus in suo jure tueri, discretioni vestræ per apostolica scripta mandamus et districte præcipimus quatenus ei, sicut diœcesano vestro de decimis, mortuariis, oblationibus et de universis justitiis episcopalibus, sicut canonica sancit auctoritas, curetis sine diminutione qualibet respondere, non obstante si ea sibi vel prædecessoribus ejus aliquando per laicalem potentiam subtraxistis. In causis etiam matrimonialibus, pœnitentiis homicidiorum et oppressionum insontium et in aliis etiam quæ præter ipsius fieri auctoritatem non habent episcopalem, vobis jurisdictionem nullatenus usurpetis. Alioquin, sententiam quam propter hoc in vos rationabiliter tulerit, faciemus, auctore Domino, rationabiliter observari.

Datum Laterani, Idib. Martii, pontificatus nostri anno secundo.

CCXCI.
ILDEBRANDO EPISCOPO VULTERRANO.
De confirmatione privilegiorum.
(Laterani, ix Kal. Aprilis.)

INNOCENTIUS episcopus, servus servorum Dei, venerabili fratri ILDEBRANDO Vulterrano episcopo, salutem et apostolicam benedictionem.

Quæ ad Ecclesiarum augmentum a principibus sæcularibus aut viris ecclesiasticis indulgentur, gratanter admittimus et gratis apostolicæ sedis præsidio communimus. Quod circa te ac Ecclesiam Vulterranam tanto libentius adimplemus, quanto te nobis et Ecclesiæ Romanæ fideliorem invenimus et in pluribus tuam sumus devotionem experti. Eapropter, venerabilis in Christo frater, tuis justis precibus annuentes, libertates, immunitates, dignitates et jurisdictiones tibi et Ecclesiæ Vulterranensi a principibus sive a quibuscunque personis ecclesiasticis vel sæcularibus provida deliberatione concessas ratas esse decernimus et mandamus in posterum inviolabiliter observari. Nulli ergo omnino hominum liceat hanc nostræ concessionis paginam infringere vel ei ausu temerario contraire. Si quis autem hoc attentare præsumpserit, indignationem omnipotentis Dei et beatorum Petri et Pauli apostolorum ejus se noverit incursurum.

Datum Laterani, ix Kal. Aprilis, pontificatus nostri anno secundo.

CCXCII.
WILLELMO DE BIERIA PRESBYTERO.
Recipitur sub protectione apostolica.
(Laterani, iv Kal. Maii.)

(143) INNOCENTIUS episcopus, servus servorum Dei, dilecto filio W. DE BIERIA presbytero, salutem et apostolicam benedictionem.

Sacrosancta Romana Ecclesia devotos et humiles filios ex assuetæ pietatis officio propensius diligere consuevit, et ne pravorum hominum molestiis agitentur, eos, tanquam pia mater, suæ protectionis munimine confovere. Eapropter, dilecte in Domino fili, personam tuam cum omnibus bonis tam ecclesiasticis quam mundanis quæ in præsentiarum rationabiliter possides, aut in futurum justis modis, præstante Domino, poteris adipisci, sub beati Petri et nostra protectione suscipimus. Specialiter autem ecclesiam de Franchart, cum decimis, redditibus, censu, possessionibus et omnibus pertinentiis suis, sicut eam juste possides et quiete, auctoritate tibi apostolica confirmamus et præsentis scripti patrocinio communimus. Nulli ergo omnino hominum liceat hanc paginam nostræ protectionis et confirmationis infringere vel ei ausu temerario contraire. Si quis autem, etc..

Datum Laterani, iv Kal. Maii, pontificatus nostri anno secundo.

Epistola 293, *ad archiepiscopum Maguntinum, episcopum Sabinensem*; et 294, *ad universos tam ecclesiasticos quam sæculares principes Alamaniæ, de electione imperatoris,* spectant ad Registrum Innocentii III *super negotio Romani imperii,* quod ad calcem Regestorum damus. De hoc nos monuit Baluzius in Præfatione inquiens : « Nos tamen, quia Regestum illud (*De negotio imperii*) non habebamus eo tempore quo secundus liber recusus est, in illum conjecimus priores duas epistolas libri *De negotio imperii*, quas inveneramus in Annalibus Odorici Raynaldi. » Has ergo litteras habet lector citati Registri numm. 1 et 2. EDIT. PATR.

---

(143) Vide Stephan. Tornac. epist. 176.

CCXCV.

EPISCOPO VERCELLENSI ET ABBATI DE LUCEDIO.

Eis committitur causa quædam Mediolanensis.

(Laterani, ix Kal. Junii.)

(144) INNOCENTIUS episcopus, servus servorum Dei, venerabili fratri Vercellensi episcopo et dilecto filio abbati de Lucedio, salutem et apostolicam benedictionem.

Cum causam quæ inter dilectos filios abbatem et monachos ex una parte, et præpositum et canonicos Sancti Ambrosii Mediolanensis ex altera, super interdicto et quibusdam aliis vertitur, procuratoribus partium apud sedem apostolicam constitutis, de voluntate ipsorum dilectis filiis I. archidiacono Mediolanensi, Sancti Joannis Papiensis et Sancti Joannis de Trenno præpositis commiserimus terminandam, ipsi, quemadmodum nobis suis litteris intimarunt, cum non possent adinvicem concordare, partes ab observatione sui judicii absolventes, ad nos negotium integrum remiserunt; quod ab abbate et monachis memoratis coram dilecto filio nostro I. tituli Sancti Stephani in Cœlio monte presbytero cardinali, cui partes commisimus audiendas, sub forma qua fuerat primis judicibus delegatum, committi personis aliis petebatur; parte altera contrarium postulante. Quia vero nihil est rationabiliter allegatum quare circa præmissam commissionem de communi partium voluntate impetratam mutare aliquid deberemus, cum circa negotium ipsum nihil fuerit immutatum, volentes ut finis litibus imponatur, causam ipsam vobis duximus committendam, per apostolica scripta mandantes quatenus juxta tenorem prioris commissionis in negotio ratione prævia procedatis.

Datum Laterani, ix Kal. Junii, pontificatus nostri anno secundo.

CCXCVI.

JOANNI PRIORI DE MARIADURA EJUSQUE FRATRIBUS, TAM PRÆSENTIBUS QUAM FUTURIS.

De confirmatione privilegiorum.

(Laterani, iv Non. Julii.)

INNOCENTIUS episcopus, servus servorum Dei, dilectis filiis JOANNI priori domus quæ est in loco qui Mariadura dicitur ejusque fratribus tam præsentibus quam futuris in perpetuum.

Quoties a nobis petitur quod rationi et honestati convenire dignoscitur, animo nos decet libenti petentium desideriis congruum suffragium impertiri. Eapropter, dilecti in Domino filii, vestris justis postulationibus clementer annuimus et prædecessorum nostrorum felicis memoriæ Calixti, Innocentii, Cœlestini, Anastasii, Adriani, Alexandri, Lucii, Urbani, Clementis et Cœlestini Romanorum pontificum vestigiis inhærentes, hospitalem domum quæ est in loco qui Mariadura vocatur, quam nobilis vir Gandulfus et uxor ejus Gisla beato Petro devotionis intuitu obtulerunt, in qua Domino deservitis, sub

(144) Vide tom. IV. *Ital. sac.* pag. 1089.

beati Petri et nostra protectione suscipimus et præsentis scripti privilegio communimus: statuentes ut præfata domus tam ab episcoporum quam aliarum ecclesiasticarum vel sæcularium personarum sit gravamine libera et in eodem statu libertatis sub Principis apostolorum Petri et nostra protectione ac tutela permaneat. Præterea quascunque possessiones, quæcunque bona, tam ex dono prædicti Gandulfi et uxoris illius Gislæ, quam aliorum Dei fidelium concessione vel oblatione, idem hospitale in præsentiarum juste et canonice possidet aut in futurum, Deo propitio, rationabiliter poterit adipisci, firma vobis vestrisque successoribus et eidem hospitali ad sustentationem peregrinorum ac pauperum Christi firma et illibata permaneant; in quibus hæc propriis duximus exprimenda vocabulis, ecclesiam videlicet Sancti Leonardi de Cario, hospitale quod dicitur fontana Theodorici. Auctoritate quoque apostolica interdicimus ut de laboribus quos propriis manibus aut sumptibus colitis, seu de nutrimentis vestrorum animalium nullus omnino clericus sive laicus a vobis decimas extorquere præsumat. Ordinationes sane presbyterorum vel clericorum vestrorum a Placentino accipietis episcopo; si tamen catholicus fuerit et ea vobis gratis et absque molestia voluerit exhibere. Alioquin, pro eodem sacramento catholicum, quem malueritis, præsulem adeatis. Libertates præterea et immunitates, nec non antiquas et rationabiles consuetudines domui vestræ concessas et hactenus observatas, ratas habemus et eas futuris temporibus illibatas manere sancimus. Obeunte vero te, nunc ejusdem loci priore, vel tuorum quolibet successorum, nullus ibi qualibet subreptionis astutia seu violentia præponatur, nisi clericus quem fratres communi consensu vel fratrum pars consilii sanioris secundum Deum providerint eligendum. Ad indicium autem quod domus vestra proprie ad jus beati Petri pertineat, nobis nostrisque successoribus tres libras ceræ annis singulis persolvetis. Decernimus ergo ut nulli omnino hominum liceat, etc.

Ego Innocentius catholicæ Ecclesiæ episcopus.

Ego Octavianus Velletrensis et Ostiensis subscripsi.

Ego Petrus Portuensis episcopus.

Ego Joannes Albanus episcopus.

Ego Pandulphus Basilicæ xii Apostolorum presbyter cardinalis.

Ego Petrus S. Cæciliæ presb. cardinalis.

Ego Guido tit. S. Mariæ presb. cardinalis.

Ego Hugo presb. card. S. Martini.

Ego Joannes S. Stephani in Cœlio monte presb. cardinalis.

Ego Soffredus S. Praxedis presb. cardinalis.

Ego Bernardus S. Petri ad Vincula presbyter cardinalis.

Ego Joannes tit. Sanctæ Priscæ presbyter cardinalis.

Ego Bernardus tit. S. Marcelli presb. cardinalis.

Ego Gratianus SS. Cosmæ et Damiani diaconus cardinalis.

Ego Gregorius S. Mariæ in Porticu diaconus cardinalis.

Ego Gregorius Sanctæ Mariæ in Aquiro diaconus cardinalis.

Ego Gregorius S. Georgii ad velum aureum diaconus cardinalis.

Ego Nicolaus S. Mariæ in Cosmendin diac. cardinalis.

Ego Cencius S. Luciæ in Orthea diaconus cardinalis.

Ego Hugo S. Eustachii diac. cardinalis.

Datum Laterani, per manum Raynaldi archiepiscopi Acheruntini, cancellarii vicem agentis, iv Nonas Julii, indictione II, Incarnationis Dominicæ anno 1199, pontificatus vero domini Innocentii papæ III anno secundo.

CCXCVII.

GUILLELMO DOMINO DE MONTEPESSULANO.
Recipitur sub protectione sedis apostolicæ.
(Laterani, vi Id. Julii.)

INNOCENTIUS episcopus, servus servorum Dei, nobili viro GUILLELMO domino de Montepessulano, salutem et apostolicam benedictionem.

Sancta Romana Ecclesia devotos et humiles filios ex assuetæ pietatis officio propensius diligere consuevit. Eapropter, dilecte in Domino fili, devotionem quam erga beatum Petrum et nos ipsos habere dignosceris attendentes, personam tuam, cum omnibus bonis quæ nunc rationabiliter possides, aut in futurum justis modis poteris adipisci, sub beati Petri et nostra protectione suscipimus et præsentis scripti patrocinio communimus.

Datum Laterani, vi Idus Julii, pontificatus nostri anno secundo.

CCXCVIII.

EIDEM.
Significat se mittere legatum adversus hæreticos.
(Laterani, vi Id. Julii.)

INNOCENTIUS episcopus, servus servorum Dei, dilecto filio nobili viro GUILLELMO domino Montispessulani, salutem et apostolicam benedictionem.

Litteras nobilitatis tuæ per dilectum filium R. subdiaconum nostrum, Massiliensem præpositum, de illis partibus redeuntem, nobis directas, debita benignitate recepimus, gaudentes in Domino quod præclaræ mentis progenitores tuos, quos in devotione apostolicæ sedis jugiter permansisse opera quæ fecerunt certis indiciis protestantur, in hac parte non solum imitari niteris, sed præire. Unde propositum tuum dignis laudibus commendamus. Nos igitur te, sicut charissimum filium, volentes indesinenter de virtute ascendere in virtutem, devotionem tuam, pro his quæ hactenus ad honorem apostolicæ sedis et nostrum bene gessisti, copiosa gratiarum actione prosequimur. Et quoniam postulasti a nobis ut ad destruendam hæreticam pravitatem illuc legatum a nostro latere mitteremus, et te redderemus protectione apostolica præmunitum, fecimus quod petiisti et virum quem invenimus secundum cor nostrum, fratrem Rainerium, hominem religiosum, timentem Deum, illuc duximus destinandum.

Datum Laterani, vi Idus Julii, pontificatus nostri anno secundo.

CCXCIX.

TINIENSI ET SCARDONENSI EPISCOPIS ET ABBATI TRAG
De electione episcopi Farensis.
(Laterani, iv Id. Julii.)

INNOCENTIUS episcopus, servus servorum Dei, venerabilibus fratribus Tiniensi et Scardonensi episcopis et dilecto filio abbati Traguriensi, salutem et apostolicam benedictionem.

Constitutus in præsentia nostra venerabilis frater noster M., dictus Farensis episcopus, sua nobis assertione monstravit quod, cum venerabilis frater noster N. Farensis episcopus electus fuisset in archiepiscopum Jadertinum, asserens electionem suam fuisse per sedem apostolicam confirmatam, ad Jadertinam transivit Ecclesiam et in ea tanquam archiepiscopus ministravit. Postmodum autem ad Farensem accedens Ecclesiam, cœpit de substituendo sibi in eamdem Ecclesiam pastore tractare, volens in eam intrudere M. diaconum Ecclesiæ Jadertinæ, principe terræ alium ibidem intrudere moliente. Propter quod clerus et populus Farensis convenientes in unum, credentes dictum episcopum ad Jadertinam Ecclesiam auctoritate sedis apostolicæ transivisse, dictum M. in pastorem concorditer elegerunt; et electionem factam dilectis filiis Spalat. capitulo præsentantes, eam confirmari obtinuerunt, et electum suum per suffraganeum [suffraganeos] Spalat. Ecclesiæ consecrari. Postmodum autem præfatus N. Farensis episcopus a nobis ad venerabiles fratres nostros Polensem, Absalensem et Arbensem episcopos litteras impetravit; a quibus licet propter causam suspicionis idem episcopus appellasset, ipsi nihilominus, sicut et [ei] fuit in via suggestum, excommunicationis sententiam protulerunt; propter quod ipsum ad sedem apostolicam venientem fecimus ad majorem cautelam absolvi. Constitit autem nobis quod licet dictus N. postulatus fuerit in Ecclesiam Jadertinam, postulatio tamen ejus nondum fuit per sedem apostolicam approbata. Suggestum etiam nobis fuit per litteras et nuntios ejus quod cum Jadertum, unde oriundus fuerat, ad domum propriam accessisset, et in Jadertina Ecclesia non tanquam archiepiscopus sed tanquam archidiaconus ministraret, dictus M. in locum viventis irrepsit, et in Farensem Ecclesiam temere se permisit intrudi. Propter quod de mandato nostro per memoratos episcopos excommunicationis fuit vinculo innodatus. Quia vero, sive memoratus episcopus temere transiverit ad Ecclesiam Jadertinam, sive ipsam tanquam ipsius archidiaconus visitarit ante quam Farensis

Ecclesia fuisset ab eo auctoritate sedis apostolicæ absoluta, per electionem canonicam alium sibi episcopum non poterat copulare, eidem episcopo dedimus in mandatis ut a Farensi Ecclesia omnino recedat nec se nominet Farensem episcopum, sed ad Spalat. canonicam, unde assumptus fuerat, si voluerit, revertatur. Quia vero Farensis Ecclesia, justo forsan errore decepta, credens videlicet episcopum ad Jadertinam Ecclesiam de mandato Ecclesiæ Rom. transisse, in hunc contulit sua vota, et ipse occasione simili circumventus consensit in eam; discret. vestræ per ap. scripta mandamus quatenus, subl. app. obst., inquiratis diligentius veritatem, si præfatus N. Farensis episcopus postulationem suam asseruit per sedem apostolicam approbatam, si ad Jadertinam Ecclesiam omnino transivit, si in ea se habuerit ut electus, si de substituendo sibi pastore in Ecclesia Farensi tractavit; ut de his et aliis per litteras vestras certiores effecti, melius in ipso negotio procedamus. Quod si omnes his exsequendis nequiveritis interesse, duo vestrum ea nihilominus exsequantur.

Datum Laterani, iv Idus Julii, pontificatus nostri anno secundo.

CCC.

CAPITULO SPALATENSI.
De eodem argumento.
(Laterani, ii Id. Julii.)

INNOCENTIUS episcopus, servus servorum Dei, dilectis filiis capitulo Spalatensi, salutem et apostolicam benedictionem.

Cum venerabilis frater noster M., dictus Farensis episcopus, venerabilem fratrum nostrum N. Farensem episcopum asserentem postulationem suam esse per sedem apostolicam approbatam transisse proponat ad Ecclesiam Jadertinam et in ea ut archiepiscopum ministrasse et in Farensi Ecclesia alium sibi substituere voluisse, se vero ad Farensis Ecclesiæ regimen fuisse, illo transeunte, vocatum, præfatus vero N. episcopus ad civitatem Jadertinam, unde fuerat oriundus, non transisse sed accessisse proponat, et in ea se non archiepiscopum sed archidiaconum ministrasse, ac dictum M. Farensem se in Ecclesia Farensi fecisse intrudi, et nos inquisitionem horum duxerimus committendam, sollicite volumus præcavere ne interim in eadem Farensi Ecclesia aliquid in spiritualibus vel temporalibus detrimentum incurrat. Ipsam ergo vestræ sollicitudini committentes donec aliud statuamus, discretioni vestræ per apostolica scripta mandamus quatenus taliter ipsi providere curetis quod occasione controversiæ hujus aliquod dispendium non incurrat.

Datum Laterani, ii Idus Julii, pontificatus nostri anno secundo.

(143) Vide cap. *Sicut Judæis*, De Judæis.

CCCI.

EPISCOPO, DECANO ET CAPITULO PARISIENSI
Confirmatur compositio inita inter archidiaconum Paris. et abbatissam de Cala.
(Laterani, Kal. Decembris.)

INNOCENTIUS episcopus, servus servorum Dei, venerabili fratri episcopo et dilectis filiis decano et capitulo Parisiensi, salutem et apostolicam benedictionem.

Cum a nobis petitur quod justum est et honestum, tam vigor æquitatis quam ordo exigit rationis ut id per sollicitudinem officii nostri ad debitum perducatur effectum. Eapropter vestris justis postulationibus inclinati, compositionem factam inter dilectum filium Mauricium archidiaconum Ecclesiæ vestræ et dilectas in Christo filias Emelinam abbatissam et conventum Scalensis [Calensis] Ecclesiæ super procuratione ipsius archidiaconi et quibusdam gravaminibus quæ ipsæ ab eo sibi et suæ illata Ecclesiæ asserebant, sicut rationabiliter et sine pravitate facta est ab utraque parte recepta, ratam habemus et auctoritate apostolica confirmantes, præsentis scripti patrocinio communimus. Decernimus ergo ut nulli omnino hominum liceat hanc paginam nostræ confirmationis infringere vel ei ausu temerario contraire. Si quis autem hoc attentare præsumpserit, indignationem omnipotentis Dei et beatorum Petri et Pauli apostolorum ejus se noverit incursurum.

Datum Laterani, Kalendis Septembris, pontificatus nostri anno secundo.

CCCII.

CONSTITUTIO PRO JUDÆIS.
(Laterani, xvii Kal. Octobris.)

(145) Licet perfidia Judæorum sit multipliciter improbanda, quia tamen per eos fides nostra veraciter comprobatur, non sunt a fidelibus graviter opprimendi, dicente propheta: *Ne occideris eos, ne quando obliviscantur legis tuæ*, ac si diceretur apertius: Ne deleveris omnino Judæos, ne forte Christiani legis tuæ valeant oblivisci, quam ipsi non intelligentes, in libris suis intelligentibus repræsentant. Sicut ergo Judæis non debet esse licentia in synagogis suis, ultra quam permissum est lege, præsumere, ita in his quæ sunt illis concessa, nullum debent præjudicium sustinere. Nos ergo, licet in sua magis velint duritia perdurare quam vaticinia prophetarum et legis arcana cognoscere atque ad Christianæ fidei notitiam pervenire, quia tamen nostræ postulant defensionis auxilium, ex Christianæ pietatis mansuetudine, prædecessorum nostrorum felicis memoriæ Calixti, Eugenii, Alexandri, Clementis et Cœlestini Romanorum pontificum vestigiis inhærentes, ipsorum petitionem admittimus, eisque protectionis nostræ clypeum indulgemus. Statuimus enim ut nullus Christianus invitos vel nolentes eos ad baptismum per violentiam venire compellat; sed si eorum quilibet sponte ad Christianos, fidei causa confugerit, postquam voluntas ejus fuerit patefacta,

sine qualibet efficiatur calumnia Christianus. Veram quippe Christianitatis fidem habere non creditur qui ad Christianorum baptisma non spontaneus sed invitus cognoscitur pervenire. Nullus etiam Christianus sine potestatis terræ judicio personas eorum nequiter lædere vel res eorum violenter auferre præsumat, aut bonas quas hactenus in ea, in qua habitant regione, habuerint, consuetudines immutare. Præterea, in festivitatum suarum celebratione quisquam fustibus vel lapidibus eos ullatenus non perturbet, nec aliquis ab eis indebita servitia exigere vel extorquere contendat, nisi ea quæ ipsi præteritis facere temporibus consueverunt. Ad hæc, malorum hominum pravitati et avaritiæ obviantes, decernimus ut nemo cœmeterium Judæorum mutilare audeat vel minuere, sive obtentu pecuniæ corpora effodere jam humata. Si quis autem decreti hujus tenore cognito temere, quod absit ! contraire tentaverit, nisi præsumptionem suam condigna satisfactione correxerit, excommunicationis ultione plectatur. Eos autem duntaxat hujus protectionis præsidio volumus communiri qui nihil machinari præsumpserint in subversionem fidei Christianæ.

Dat. Laterani, per manum Raynaldi Acheruntini archiepiscopi, cancellarii vicem agentis, XVII Kal. Octobris, indictione II, Incarnationis Dominicæ anno 1199, pontificatus vero domini Innocentii papæ tertii anno secundo.

CCCIII.

ABBATI ET CONVENTUI VEZELIACENSI.
Concedit indulgentiam quadraginta dierum.

INNOCENTIUS episcopus, servus servorum Dei, dilectis filiis abbati et conventui Virziliacensi, salutem et apostolicam benedictionem.

Licet is de cujus munere venit ut sibi a fidelibus suis digne ac laudabiliter serviatur, multo eis majora retribuat quam valeant promereri; desiderantes tamen reddere Domino populum acceptabilem, ipsos ad bene serviendum ei quasi quibusdam illectivis muneribus, indulgentiis scilicet et remissionibus, invitamus. Cupientes igitur ut monasterium vestrum, ubi venerandum corpus beatæ Mariæ Magdalenæ innumeris coruscans miraculis sub celebri custodia venerabiliter conservatur, congruis debeat honoribus frequentari, omnibus vere pœnitentibus et confessis qui ad monasterium ipsum in solemnitate ipsius sanctissimæ dominæ ac octo diebus sequentibus causa devotionis accesserint annuatim, de omnipotentis Dei misericordia et beatorum Petri et Pauli apostolorum ejus auctoritate confisi, quadraginta dies de injuncta eis pœnitentia annis singulis misericorditer relaxamus.

Datum apud Sanctum Stephanum, Nonis Novembris, pontificatus nostri anno secundo.

CCCIV.

GRUMERIO EPISCOPO PLACENTINO.
De confirmatione privilegiorum.

(143) INNOCENTIUS episcopus, servus servorum Dei

(143) Vide supra epist. 111.

venerabili fratri GRUMERIO Placentino episcopo ejusque successoribus canonice substituendis in perpetuum.

In eminenti apostolicæ sedis specula divina disponente clementia constituti, fratres nostros episcopos et illos præcipue qui honestate atque religione pollere noscuntur, debemus ampliori charitatis affectu diligere, et commissas sibi Ecclesias attentius confovere, ut tanto diligentius injunctum sibi ministerium peragere studeant, quanto se cognoverint apud Romanam Ecclesiam majorem gratiam invenisse. Eapropter, venerabilis in Christo frater episcope, tuis justis postulationibus clementer annuimus, et præfatam Placentinam Ecclesiam, cui Deo auctore præesse dignosceris, prædecessorum nostrorum fel. mem. Paschalis, Adriani et Alexandri Romanorum pontificum vestigiis inhærentes, sub beati Petri et nostra protectione suscipimus et præsentis scripti privilegio communimus, statuentes ut quascunque possessiones, quæcunque bona, eadem Ecclesia impræsentiarum juste et canonice possidet, aut in futurum concessione pontificum, largitione regum vel principum, oblatione fidelium, seu aliis justis modis, præstante Domino, poterit adipisci, firma vobis vestrisque successoribus et illibata permaneant. In quibus hæc propriis duximus exprimenda vocabulis: Monasterium S. Savini cum omnibus ecclesiis et pertinentiis suis; monasterium Sancti Sepulchri cum cellis et pertinentiis suis; monasterium Sancti Benedicti, quod olim vocatum est Sancti Marci, cum omnibus ecclesiis et pertinentiis suis; monasterium Sancti Alexandri cum omnibus pertinentiis suis; monasterium Sancti Gregorii cum omnibus ecclesiis et pertinentiis suis; monasterium Sancti Syri, quod est puellarum; monasterium de Montebello cum ecclesiis et pertinentiis suis; monasterium Sanctæ Mariæ de Columba, monasterium Sancti Salvatoris de Pulsano cum abbatum consecrationibus et clericorum ordinationibus; infra civitatem Parmensem, ecclesiam Sancti Vitalis cum omnibus pertinentiis suis; in Parmensi episcopatu, plebem quæ vocatur Basilica Julianæ, cum omnibus capellis et pertinentiis suis; ecclesiam de Gusernan cum omnibus pertinentiis suis, ecclesiam de Portu Aberæ, plebem de Palatio Apiniani cum omnibus capellis et pertinentiis suis, et Capellam Cremæ ad eamdem plebem pertinentem; ecclesiam Sanctæ Mariæ de Columba, ecclesiam Sancti Salvatoris de Ponzan; infra civitatem Placentinam, ecclesiam Sancti Antonini cum omnibus ecclesiis et pertinentiis suis; ecclesiam Sanctæ Euphemiæ cum capella et pertinentiis suis, ecclesiam Sanctæ Mariæ in Gariverti, ecclesiam Sancti Olderici, ecclesiam Sanctæ Brigidæ, ecclesiam Sancti Gervasii, ecclesiam Sancti Protasii, ecclesiam sanctorum apostolorum Philippi et Jacobi, quæ vocatur Sancti Salvatri, ecclesiam Sanctæ Agathæ, ecclesiam Sancti Andreæ, ecclesiam Sancti Andreæ de Cavaniola, ecclesiam

Sancti Sylvestri, ecclesiam Sancti Laurentii, ecclesiam Sancti Ægidii, cum hospitali de Misericordia, quod sibi adjacet; ecclesiam de monte Sanctæ Christinæ in parochia de Veirone, ecclesiam Sancti Cypriani in plebatu de Bronna, ecclesiam Sancti Germani, cum hospitali sibi adjacente, in plebatu de Clastegio. Cæteræ quoque per Placentinam parochiam constitutæ ecclesiæ, cum capellis et decimis suis, quæ in præsenti ad jus ejusdem Placentinæ Ecclesiæ pertinere noscuntur, sub tua semper tuorumque successorum episcopali provisione permaneant. Præterea, ad exemplar supramemorati Paschalis et fel. mem. Innocentii, Adriani et Alexandri Romanorum pontificum, statuimus et præsenti decreto sancimus ut clerici infra civitatem seu parochiam Placentinam ad beati Sixti Ecclesiam pertinentes, tibi tuisque successoribus episcopalis juris obnoxii habeantur; videlicet ut a vobis ordinationem suscipiant, vocati ad concilium veniant et de regimine populi dispositiones vestras custodiant, chrisma, oleum sanctum, consecrationes altarium sive basilicarum infra parochiam Placentinam a te vel tuis catholicis successoribus tempore opportuno recipiant, siquidem gratiam et communionem apostolicæ sedis habueritis, et ea gratis ac sine pravitate volueritis exhibere. Supradictorum quoque prædecessorum nostrorum bonem. Paschalis, Adriani, et Alexandri Romanorum pontificum vestigia imitantes, monasterium beati Pauli de Mezano, cum cellis vel ecclesiis quas in parochia Placentina possidet, tibi tuisque successoribus episcopali jure subditum perpetuo manere sancimus, ut ejusdem monasterii abbas quicunque successerit, per vos futuris temporibus benedictionem ordinationis accipiat, et tam ipse quam qui sub eo sunt clerici ad synodum vestram venire non renuant, sicut hactenus est obtentum. Ejusdem quoque loci quilibet clerici vel monachi per vestrum ministerium ad sacros ordines promoveantur, chrisma, oleum sanctum, consecrationes altarium seu basilicarum in ipso monasterio, sive in cellis ejus aut ecclesiis in vestra parochia constitutis, a vobis suscipiant, siquidem gratiam atque communionem apostolicæ sedis habueritis, et ea gratis ac sine pravitate volueritis exhibere. Decernimus ergo ut nulli omnino hominum, fas sit, etc.

Ego Innocentius catholicæ Ecclesiæ episcopus subscripsi.

Ego Conradus Maguntinus archiepiscopus et Sabinus episcopus subscripsi.

Ego Octavianus Ostiensis et Velletrensis episcopus subscripsi.

Ego Petrus Portuensis et S. Ruffinæ episcopus subscripsi.

Ego Joannes Albanensis episcopus subscripsi.

Ego Panduphus Basilicæ xii apostolorum presbyter cardinalis subscripsi.

Ego Petrus tit. S. Cæciliæ presb. card. subscripsi.

Ego Guido S. Mariæ Trans Tiberim tit. Calisti presb. card. subscripsi.

Ego Hug. presbyter cardinalis S. Martini tit. equitii subscripsi.

Ego Joannes tit. S. Stephani in Cælio monte presb. card. subscripsi.

Ego Soffredus tit. S. Præxedis presb. card. subscripsi.

Ego Bernardus S. Petri ad Vincula presb. card. tit. Eudoxiæ subscripsi.

Ego Gratianus SS. Cosmæ et Damiani diac. card. subscripsi.

Ego Gerardus S. Adriani diac. card. subscripsi.

Ego Gregorius S. Mariæ in Porticu diac. card. subscripsi.

Ego Nicol. S. Mariæ in Cosmedin. diac. card. subscripsi.

Ego Gregorius S. Angeli diac. card. subscripsi.

Ego Hugo S. Eustachi diac. card. subscripsi.

Datum Laterani, per manum Raynaldi Acheruntini archiepiscopi, cancellarii vicem agentis, viii Idus Novembris, indictione ii, Incarnationis Dominicæ anno MCXCIX, pontificatus vero domini Innocentii papæ III anno secundo.

CCCV.

ABBATIBUS, PRIORIBUS, ET UNIVERSIS ECCLESIARUM EXEMPTARUM PRÆLATIS IN PROVINCIA ROTHOMAGENSI CONSTITUTIS.

De subsidio terræ sanctæ.

(Laterani, Non. Januarii.)

(144) INNOCENTIUS episcopus, servus servorum Dei, dilectis filiis abbatibus, prioribus et universis Ecclesiarum exemptarum prælatis in Rothomagensi provincia constitutis, salutem et apostolicam benedictionem.

Formam apostolicæ constitutionis nuper salubriter editam pro subsidio terræ sanctæ ex litteris quas in singulas provincias destinamus intelligere poteritis evidenter. Monemus igitur devotionem vestram et exhortamur in Domino, ac per apostolica scripta in virtute Spiritus sancti sub divini judicii obtestatione præcipiendo mandamus, quatenus ad citationem diœcesanorum episcoporum, quam per eos non sua sed nostra fieri auctoritate mandamus, devote ac humiliter accedentes, juxta formam in litteris nostris expressam quadragesimam saltem omnium ecclesiasticorum reddituum et proventuum vestrorum in terræ sanctæ subsidium convertatis, ut ejus sitis remissionis participes quam propter hoc aliis indulgemus. Alioquin, contemptum nostrum imo Redemptoris in vos tanto severius curabimus vindicare, quanto vos specialius diligimus, et in charitatis operibus vos volumus prævenire.

Datum Laterani, Nonis Januarii, pontificatus nostri anno secundo.

(144) Vide supra epist. 272.

INNOCENTII III
ROMANI PONTIFICIS
REGESTORUM SIVE EPISTOLARUM
LIBER TERTIUS [1]
PONTIFICATUS ANNO III, CHRISTI 1200.

I.

N... [*forte* EPISCOPO ELIENSI, ABBATI SANCTI EDMUNDI, ET PRIORI CANTUARIENSI].

De negotio episcopi Glastoniensis cum monachis Glastoniensibus (2).

(Laterani.)

(*Desunt nonnulla*)... Prædictarum Ecclesiarum similitudinem disponatis. Ne autem inter eumdem episcopum vel successores ipsius et priorem et conventum Glastonienses, scandalum in posterum suscitetur, ecclesias quæ in possessionibus episcopo assignatæ fuerint, ad episcopum; quæ autem in possessionibus monachis assignatæ exstiterint, statuatis ad monachos pertinere; mandatum apostolicum super his omnibus, infra trium mensium spatium, post susceptionem præsentium, sublato appellationis obstaculo, efficaciter impleturi (3). Quod si, forsan, memoratus episcopus, infra terminum ipsum, quacunque occasione detentus, in angliam vel noluerit vel non potuerit transfretare, vos nihilominus ad Glastoniensem Ecclesiam accedatis, et de iis quæ ad ordinationem ejus pertinent, tam ibidem quam in Ecclesiis, ad quarum similitudinem eam ordinari mandavimus, diligentius inquirentes, tam rei veritatem quam vestrum consilium super expressis capitulis nobis plenius intimetis. Monachos autem, qui de eadem ecclesia fuerunt per eumdem episcopum vel per suos violenter ejecti, nisi episcopus, ad commonitionem vestram, eos duxerit revocandos, ad loca sua restituere, sublato appellationis obstaculo, procuretis; facientes tamen eidem episcopo satisfieri competenter et obedientiam et reverentiam debitam, tanquam suo pontifici, exhiberi. Illos vero, qui manus in eos temerarias injecerunt, tandiu, appellatione remota, nuntietis, sicut excommunicatos, ab omnibus arctius evitandos, donec passis injuriam satisfecerint competenter et, cum vestrarum testimonio litterarum, ad sedem venerint apostolicam absolvendi. Ad hæc, dilectum filium nostrum Herbertum, monachum Glastoniensem, quem, in præsentia nostra, ipsorum negotia fideliter et sollicite cognovimus procurasse, ipsis in procuratorem concedimus, nisi omnes monachi ejusdem Ecclesiæ, infra octo dies, post susceptionem litterarum nostrarum, alium sibi procuratorem idoneum communiter et concorditer duxerint eligendum; quem ad agenda negotia monasterii, tam extra quam intus, et coram vobis præcipue, in hac causa, tanquam procuratorem recipere procuretis, compescentes per censuram ecclesiasticam quoslibet, appellatione remota, qui procurationem ejus vel alia mandata nostra, præsumpserint impedire. Ad hæc, noveritis nos eidem episcopo inhibuisse districtius ne aliquid amplius exigat, vel detineat, de bonis Glastoniensis Ecclesiæ, quam quod ipsis decrevimus assignari.

Datum Laterani

II.

ARCHIEPISCOPO SPALATENSI.

Mandat ut Nicolaum, Farensem episcopum, qui duos nondum in sacris ordinibus constitutos, in episcopos, in provincia Spalatensi, eligi fecerat, excommunicatum publice nuntiet.

(Laterani, II Id. Octobris.)

Ex parte tua fuit in audientia nostra propositum, quod Nicolaus, quondam Farensis episcopus (4), ad duos episcopatus, positos in provincia Spalatensi, duos eligi fecit, adhuc in minoribus ordinibus con-

---

(1) Decretalium Collectionem, a Rainerio diacono concinnatam, quam ad supplendum hujus libri defectum Baluzius hic loci exhibet, ad calcem Regestorum amandamus. EDIT. PATR.

(2) Fragmentum hoc epistolæ Innocentii concordat cum epistola, in Regesto, 90, lib. v, data Velletri, VIII Kal. Octobris, an. 5. Proinde iisdem veri- similiter ambæ inscriptæ fuerunt, scilicet episcopo Eliensi, abbati sancti Edmundi et priori Cantuariensi.

(3) Vide infra, lib. v, epistola jam citata.

(4) De Nicolao, quondam Farensi episcopo, qui, in epistola proxime sequenti, Jadertinam Metropolim invasisse dicitur, nihil apud Ughellum in serie

stitutos; et, in Jadertina provincia, post latam in eum suspensionis sententiam, quosdam ad ordines non erubuit promovere. Cum igitur contemptus hujusmodi relinqui non debeat impunitus, fraternitati tuæ per apostolica scripta mandamus quatenus eos, quos in tua provincia taliter eligi fecit, donec apostolico se conspectui præsentarint, et illos quos ordinavit suspensus, si scienter a suspenso ordines receperint, donec super hoc aliud statuamus, ab officio et beneficio, sublato appellationis impedimento, suspendas. Ipsum autem Nicolaum, tu et suffraganei tui, singulis diebus Dominicis et festivis, pulsatis campanis et candelis accensis, per universam Spalatensem provinciam, excommunicatum publice nuntietis et per Jadertinam provinciam faciatis publice nuntiari; adjicientes, quod, nisi resipuerit infra mensem, non solum a dignitate, verum etiam ab ordinibus deponetur.

Dat. Later., II Id. Octob.

III (5).

HEMMERADO, REGI HUNGARORUM.

Significat quas pœnas in hæreticos statuerit, ac mandat, ut eos ac banum Culinum, hæreticorum fautorem, insequatur, et ab Hungariæ regno, bonis eorum publicatis, proscribat.

(Laterani, v Id. Octobris.)

Cum ad vindictam malefactorum et laudem bonorum, materialis usum gladii et terrenum a Domino acceperis potentatum, sic collati tibi regni regimen moderari teneris, ut et orthodoxos, quantum tibi concesserit Dominus, in fide catholica foveas, et hæreticorum audaciam, qui sententiam ecclesiasticæ severitatis eludunt, concessa tibi cœlitus jurisdictione, compescas. Ipsi etenim, doctrinam evangelicam et apostolicam depravantes, in occulto perversa dogmata dogmatizant, incedentes exterius in vestibus ovium, ut, tanquam lupi rapaces, oves Christi diripiant et dispergant, non sitientes mortem corporum, sed perniciem potius animarum. Licet autem, contra homines hujusmodi pestilentes, diversa, diversis temporibus, emanaverint instituta, nos tamen, de communi fratrum nostrorum consilio, de archiepiscoporum quoque et episcoporum existentium apud apostolicam sedem assensu, districtius inhibere curavimus, ne quis Hæreticos receptare, defendere aut ipsos fovere vel credere quoquo modo præsumat; decreto nostro firmiter statuentes ut, si quis aliquid horum facere forte præsumpserit, nisi primo secundove commonitus, a suæ super hoc curaverit præsumptione cessare, ipso jure sit factus infamis nec ad publica officia vel consilia civitatum, nec ad eligendos aliquos ad hujusmodi (6), nec ad testimonium admittatur. Sit etiam intestabilis nec ad hæreditatis successionem accedat; nullus præterea cogatur ei super quocunque negotio respondere. Quod si, forsan, judex exstiterit, ejus sententia nullam obtineat firmitatem, nec causæ aliquæ ad ejus audientiam perferantur. Si fuerit advocatus, ejus patrocinium nullatenus admittatur. Si tabellio, instrumenta confecta per ipsum, nullius penitus sint momenti, sed cum auctore damnato damnentur. In similibus etiam idem præcipimus observari. Si vero clericus fuerit, ab omni officio et beneficio deponatur; ut in quo major est culpa, gravior exerceatur vindicta. Si quis autem tales, postquam ab Ecclesia fuerint denotati, contempserit evitare, anathematis se noverit sententiam incurrisse. In terris vero nostræ temporali jurisdictioni subjectis, bona eorum statuimus publicari, et in aliis idem fieri præcipimus per potestates et principes sæculares, quos, ad id exsequendum, si forte negligentes existerent, mandavimus ecclesiastica severitate compelli, nec ad eos bona ipsorum ulterius revertantur, nisi eis, ad cor redeuntibus, et abnegantibus hæreticorum consortium, aliquis voluerit misereri, ut temporalis saltem pœna corripiat, quem spiritualis non corrigit disciplina. Accepimus autem [quod, cum super venerabilis frater noster N....., Spalatensis archiepiscopus, Patarenos non paucos de Spalatensi et Truguriensi civitatibus effugasset, nobilis vir Culinus, Banus Bossinus (7), iniquitati eorum, non solum tutum latibulum, sed et præsidium contulit manifestum, et, perversitati eorumdem terram suam et se ipsum exponens, ipsos pro catholicis, imo ultra catholicos honoravit, vocans eos antonomastice Christianos. Ne igitur hujusmodi morbus, si ejus non obsistatur principiis, vicina corrumpat et in regnum, quod absit! Hungariæ defluat labes ejus, serenitatem regiam rogamus, monemus et exhortamur in Domino, in remissionem tibi peccaminum injungentes, quatenus ad vindicandam tantam Christi et Christianorum injuriam potenter et regaliter accingaris et, nisi Banus prædictus universos hæreticos de terra suæ potestati subjecta proscripserit, bonis eorum omnibus confiscatis, tu, ipsum et hæreticos ipsos, non solum de terra ejus, sed de toto Hungariæ regno proscribas et bona talium, ubicunque per terram tuam poterunt inveniri, confisces, nec parcat oculus tuus Bano prædicto, quin contra eum jurisdictionem exerceas temporalem, si alias ad viam rectitudinis non poterit revocari. Nicolaum quoque, quondam Farensem episcopum, qui, non solum præter auctoritatem nostram, sed etiam contra prohibitionem expressam, Jadertinam metropolim, quam præsumpsit, invadere, detinere præsumit, unde suspensus a nobis anathematizari mandatur,

---

Jadrensium archiepiscoporum, *Ital. sac.* t. V, col. 1461. Sed videndæ epistolæ Innocentii PP. III, libri I, 537 et 538, dat. Later., III Non. Decembris 1198; libri II, 299 et 300, dat. Later., IV et II Kal. Julii 1199.

(5) Relata, sed non integra, a Raynaldo, ann. 1200, § 46. Quæ apud eum leguntur, inter uncos conclusimus.

(6) Sic legitur in apographo Conti.

(7) Sic in apogr. et apud Rayn. forte *Bosninus*.

ut a suo resipiscat errore, tradita tibi potestate compellas; ne, juxta canonicas sanctiones, non careas scrupulo societatis occultæ, si manifesto facinori desinas obviare.]

Dat Lateran., v Idus Octobr.

IV.

(Deest inscriptio.)

Statuit ut abbas et monachi monasterii Laureacensis, ob excommunicationem, suspensi sint, ad pontificis beneplacitum.

(Laterani, ante vi Kal. Novembris.)

Constitutus in præsentia nostra dilectus filius . . . . . . nuntius et procurator dilecti filii B. . . . . subdiaconi nostri, nobis exposuit, quod, cum ecclesia de Gallinzin, quæ ad abbatem et conventum Laureacenses pertinet, decem et octo mensibus vacavisset, eisdem abbati et conventui dedimus in mandatis, ut eam, omni contradictione et excusatione cessantibus, ob reverentiam apostolicæ sedis et nostram, prædicto subdiacono assignarent. Alioquin, cum, secundum statuta Lateranensis concilii, ad nos esset ejus donatio devoluta, scirent nos dilectis filiis . . . . . . Vice Domino . . . . . scholastico, et Winthero, canonico majoris ecclesiæ Augustensis, dedisse firmiter in mandatis, ut, si eis constaret prædictam ecclesiam tanto tempore vacavisse, ipsam eidem subdiacono, nostra freti auctoritate, conferrent; contradictores, monitione præmissa, per censuram ecclesiasticam, appellatione postposita, compescentes. Cumque prædicti abbas et conventus per se noluissent mandatum apostolicum adimplere, exsecutores, sicut ex litteris eorum accepimus, eos ad suam præsentiam convocantes, ad assignandam prædictam Ecclesiam eidem subdiacono monuerunt. Sed abbas et conventus contumaciter recesserunt ab eis, nec justam causam nec excusationem legitimam prætendentes. Exsecutores vero, contumaciam attendentes eorum, ecclesiam ipsam subdiacono contulerunt eidem, et in abbatem et monachos, quia eos, dum illum in possessionem remitterent corporalem, armata manu per violentiam repulerunt, excommunicationis protulere sententiam, et eos fecerunt per diœcesanum episcopum excommunicatos publice nuntiari. Sed ipsi nihilominus in sua contumacia perdurantes, per annum et amplius, divina præsumpserunt et adhuc præsumunt officia celebrare. Propter quod, venerabilis frater noster . . . . (8) Maguntinus archiepiscopus, episcopus Sabinensis, metropolitanus ipsorum, latam in eos sententiam publicavit. Cæterum abbas ex adverso respondit, quod olim, inter monasterium Laureacense et illustris memoriæ Corradum regem, super jure patronatus ecclesiarum Ebermaring, quæ ad monasterium, et Gallensin (9), quæ ad regem, ratione patronatus, spectabant, de assensu diœcesani episcopi, commutatio intervenit, in qua, eadem ecclesia de Gallensin, eodem episcopo concedente, communibus fuit fratrum usibus deputata. Sed inter abbatem et fratres ejusdem monasterii postmodum dissensione suborta, ea fuit in beneficium clerico cuidam sæculari concessa; quo viam universæ carnis ingresso, de assensu venerabilis fratris nostri . . . . episcopi Augustensis, abbas et fratres suis eam usibus applicarunt. Unde, cum postmodum ab eodem subdiacono coram prædictis exsecutoribus traherentur in causam, intelligentes litteras nostras fuisse per falsi suggestionem obtentas, cum eadem ecclesia non vacaret, sed ad eum esset usum reducta, ad quem fuerat antiquitus deputata; ne, occasione litterarum taliter obtentarum, exsecutores procederent contra eos, ad sedem apostolicam appellarunt; et de appellatione confisi, licet exsecutores in ipsos de facto, quia de jure non poterant, excommunicationis sententiam protulissent, divina sicut prius officia celebrarunt. Verum, super hoc pars replicavit adversa quod, cum super narratione litterarum nostrarum delegata esset exsecutoribus inquisitio veritatis, nec debuerant, nec potuerant abbas et conventus prædicti, ne ad inquisitionem exsecutores procederent, appellare; cum, in litteris ipsis, appellationis esset obstaculum partibus interdictum et pars adversa parata esset precum veritatem legitime comprobare. Præterea, cum ejus sit de appellatione cognoscere, ad quem fuerit appellatum, non debuerant illi, priusquam ad nostram audientiam quæstio perferretur, contra sententiam latam in eos, in grave populi scandalum, officia celebrare divina, sed in hoc saltem ambiguo viam eligere magis tutam. Insuper, si abbas et conventus ad sedem apostolicam appellassent, cum appellationem interpositam per annum non fuerint prosecuti nec causam legitimam allegarint, ut ad prosecutionem ipsius deberet biennium indulgeri, intelligendi erant non legitime, sed frustratorie potius appellasse; unde talis appellatio eos non poterat excusare. Nos igitur, auditis quæ fuerant hinc inde proposita et instrumentis diligenter inspectis, quia de principali quæstione nobis non potuit fieri plena fides, causam ipsam vestro duximus examini committendam. Discretioni vestræ, per apostolica scripta, mandantes quatenus, inquisita diligentius veritate, si prædictam ecclesiam, per decem et octo menses, antequam mandatum nostrum ad abbatem et monachos perveniret, constiterit vacavisse, ipsam auctoritate prioris mandati eidem subdiacono, sublato appellationis obstaculo, conferatis et faciatis ab eo per censuram ecclesiasticam, appellatione remota, pacifice possideri: contradictores, etc. Quod si etiam non vacabat, sed ad usum monachorum, sicut dictum est,

---

(8) Conradus de Witelsbach, qui simul etiam fuit archiepiscopus Salzeburgensis, nec non ecclesiæ Soranæ administrator; primus omnium cardinalium (ait Ciaconius), qui pluribus simul præesset Ecclesiis, novo nec unquam antea edito exemplo. Defunctus hoc anno 1200, die 27 Octobr. Vid. *Gall. Christ.* t. V. col. 475.

(9) Sic in apogr.

pertinebat, in pœnam tamen præsumptionis et contumaciæ monachorum, in qua tandiu perstiterunt, eam eidem subdiacono nihilominus assignetis, qui, ex eo falsas preces scienter non porrexisse præsumitur, quod, secundum confessionem partis adversæ, clericus secularis, qui nuper decesserat, eam in beneficium fuerat assecutus; ita quod nullum in posterum juri monasterii præjudicium generetur, quominus, post obitum subdiaconi memorati, vel si contigerit eum majorem dignitatem ascendere vel vitam mutare, ad usum ejus libere revertatur; et interim tertia pars proventuum ejus monachorum usibus applicetur. Sane, quoniam abbas et monachi sæpedicti, post excommunicationem, divina præsumperunt officia celebrare, volumus nihilominus et mandamus ut abbatem ab administratione, et tam ipsum quam monachos ab officio, usque ad beneplacitum nostrum, denuntietis esse suspensos, rigorem canonum mitigantes, qui pœnam depositionis infligit, propter prædictam pœnam quam duximus infligendam. Sicut autem nos abbatem, recepta juratoria cautione, fecimus a vinculo excommunicationis absolvi, sic et vos monachos absolvatis; præcipientes eis ex debito juramenti ut, super his mandatum nostrum reverenter observent; alioquin, eos usque ad satisfactionem condignam faciatis ab omnibus arctius evitari. Studeatis quoque diligenter inquirere utrum Augustensis episcopus aliquos eorum, post latam in eos excommunicationis sententiam, ad ordines duxerit promovendos, et quod inveneritis per vestras nobis litteras intimetis: attentius provisuri ut mandatum nostrum taliter exsequamini, quod auctoritas apostolica et censura ecclesiastica, non vilescant, sed istorum correctio sit coertio [*f. coercitio*] plurimorum. Quod si non omnes, etc.

Dat. Later.

V (9*).
ILLUSTRI REGI CONACTIÆ (10).
Rescribit quid statuendum sit de confugientibus ad ecclesias.

(Laterani.)

Inter alia quæ nobis regalis prudentia suis litteris intimavit, quid de illis fieri debeat qui, maleficia perpetrantes, confugiunt ad ecclesiam, ut, pro reverentia loci sacri, debitas pœnas valeant evitare, sollicite requisivit. [Nos, ergo, tuis *inquisitionibus* (11) respondentes, juxta sacrorum canonum *instituta* et traditiones legum civilium, ita duximus in *hujusmodi* (12) distinguendum: quod *confugiens* ad ecclesiam, vel liber, vel servus existit. Si liber, quantumcunque gravia maleficia perpetrarit, non est violenter ab ecclesiis extrahendus, nec inde *donari* (13) debet ad mortem, vel pœnam; sed rectores ecclesiarum obtinere sibi debent vitam et membra. Super eo tamen, quod inique fecit, est *legitime componendum*. Et hoc verum (14) nisi publicus latro fuerit, *qui nocturnus populator* agrorum, dum (15) itinera frequentata, ut publicas stratas obsidat aggressionis insidiis (pro facinoris magnitudine, cum et communem utilitatem impediat et nocere omnino moliatur (16)) ab ecclesia extrahi *poterit* (17), impunitate non præstita, secundum canonicas sanctiones. Si vero servus fuerit, qui *confugit* ad ecclesiam, postquam de impunitate sua dominus ejus clericis juramentum præstiterit, ad servitutem domini sui redire compellatur, etiam invitus. Alioquin, a domino poterit occupari.] Tu, ergo, fili charissime, cum in regno tuo aliquid horum contigerit, juxta præmissam distinctionem sic procedere studeas, quod honor ecclesiarum et immunitas servetur illæsa et malignandi facultas pravæ voluntatis hominibus auferatur.

Datum Laterani.

VI (18).
CONSULIBUS ET POPULO NOVARIENSIBUS.
Arguit Novarienses quod eorum episcopum coegerint exsulare; monet, ut resipiscant : alias, canonicas sententias in eos decernit.

(Laterani, xvi Kal. Novembris.)

[Non duritiæ nostræ, sed vestris est excessibus imputandum quod apostolicæ salutationis alloquium nos vobis cogitis denegare. Vos enim, tanquam ingratitudinis filii, imo velut hostes iniqui, insurgere non erubescitis in parentes, in patrem exsilium, et in matrem excidium et multiplex in Romanam Ecclesiam opprobrium operati; matrem ancillare volentes et, ejecto patre, hæreditatem vobis paternam vindicare; in quo tyrannidem etiam exceditis viperarum, quæ alterius tantum parentum perniciem operantur, in alterum nihil penitus machinantes. Ecce etenim, Novariensem Ecclesiam, matrem vestram, in qua lavacro estis regenerationis abluti, hostiliter persequentes, eam redigere nitimini sub tributo, et venerabilem fratrem nostrum, Novariensem episcopum (19), patrem vestrum, quia sponsæ suæ injuriam non poterat æquanimiter sustinere, de vestris coegistis finibus exsulare.] Esset autem

---

(9*) Relata, sed non integra, inter Decretales, lib. III, tit. XLIX. *De Immunitate ecclesiarum, cœmeterii et rerum ad eas pertinentium*, cap. VI. Quæ in collectionibus Decretalium leguntur, uncis conclusimus; varias lectiones damus.
(10) In editionibus Decretalium Innocenti III et Gregorii IX, *regi Scotiæ*, in collectione vero Rainerii, apud Baluzium, *regi Corragiæ* directa legitur.
(11) Decretal. legunt *quæstionibus*, et infra *statuta* pro *instituta*.
(12) Decretal. om., et infra *fugiens* legunt pro *confugiens*.

(13) Decretal. legunt *damnari*, et infra *legitime puniendus* pro *legit. comp.*
(14) Decretal. add. *est*, et infra *vel* legunt *qui*, et *depopulator* pro *populator*.
(15) Decretal., *dum qui itin*.
(16) Parenthesibus inclusa desunt, in Decret.
(17) Decretal., *potest*, et infra *confugerit* pro *confugit*.
(18) Relata, sed non integra, apud Raynaldum, an. 1200, § 48 et 49. Quæ apud eum leguntur, uncis conclusimus.
(19) Vocabatur Petrus, de quo vide Ughellum.

minus intolerabile vel magis dissimulandum forsitan, si id in solius Ecclesiæ Novariensis redundaret injuriam, et in hoc ipsa solummodo gravaretur. Sed jam scandalizatur in vobis et ex vobis tota pene penitus Lombardia; quia, dum prædictam Ecclesiam læditis, cæteras impugnatis, et non tantum ipsius, sed et omnium Ecclesiarum machinamini servitutem. [Licet autem, propter hoc, jampridem fueritis excommunicationis vinculo innodati, volentes tamen plenius experiri an adhuc in vobis alicujus devotionis scintilla remanserit, an in corde vestro dicatis cum insipientibus: Non est Deus, universati vestræ, per apostolica scripta, mandamus et sub divini judicii interminatione præcipimus, quatenus, redeuntes ad cor, et quod perperam egeritis attendentes, prædicto episcopo et Ecclesiæ Novariensi, super ablatis omnibus et injuriis irrogatis, satisfactionem plenariam impendatis. Alioquin, præter id, quod vos, per venerabilem fratrem nostrum Mediolanensem archiepiscopum (20), et suffraganeos ejus, singulis diebus Dominicis et festivis, pulsatis campanis et candelis accensis, excommunicatos mandamus publice nuntiari et civitatem vestram et terras, quæ vobis responderint, suppositas interdicto; noveritis, nos capitulo, abbatibus, prioribus, et universo clero Novariensibus, per apostolica scripta, in virtute obedientiæ, districte præcipiendo mandasse, ut, nisi infra mensem, post susceptionem præsentium, mandatum fueritis apostolicum exsecuti, extunc, in testimonium vestræ perversitatis, excutientes pulverem de pedibus suis, civitatem Novariensem egredi non postponant et sicut ethnicos et publicanos, vestræ vos iniquitati relinquant. Quod si nec sic ad viam potueritis rectitudinis revocari, eidem archiepiscopo dabimus in mandatis ut de civitate vestra in locum idoneum cathedram transferat pastoralem, vel Novariensem diœcesim, auctoritate fretus apostolica, dividat et divisam episcopis vicinis assignet; sicque sitis in fabulam et opprobrium sæculorum et pœna vestra, causa metus universis effecta, deterreat a similibus præsentes pariter et futuros. Nos quoque, rectoribus Lombardiæ, sub interminatione anathematis, dabimus in mandatis, ut vos, tam in colloquiis quam aliis, tanquam excommunicatos evitent; et per universa regna, in quibus nomen colitur Christianum, bona mercatorum vestrorum mandabimus, usque ad satisfactionem congruam, detineri.

Dat. Later., xvi Kal. Novembris.

VII (21).

CAPITULO ET ABBATIBUS ET UNIVERSO CLERO NOVARIENSIBUS.

De eodem argumento.
(Laterani, xvi Kal. Nov.)

Si ad ovile Dominicum pertinetis, si pastoris illius vocem auditis humiliter, et humilius exauditis, qui pro ovibus suis animam ponere se testatur, non debetis pro vobis ipsis et ecclesiastica libertate, si oportet, persecutionum aculeos et onus effugere paupertatis extremæ, qui, pro salute fratrum, si necessitas postulet, mortem tenemini non evitare, cum sciatis in Evangelio esse scriptum quod beati pauperes spiritu, et beati qui persecutionem patiuntur propter justitiam, quoniam ipsorum est regnum cœlorum. Debetis etenim vos opponere murum pro domo Domini, in die prælii, ascendentibus ex adverso, ne possitis vel mercenariis ad quos non pertinet de ovibus, vel canibus mutis, latrare non valentibus, comparari. [Nec minus tenemini de civitate in civitatem effugere persequentes, ut eos effugiendo, fugare possitis vel potius ab erroris sui præcipitio evocare.] Sane, si matris vestræ Novariensis Ecclesiæ vos tangit injuria, si venerabilis fratris nostri Novariensis episcopi patris vestri, exsilium vos conturbat, si corda vestra zelus divinæ legis accendit, ne pervertamini cum perversis et ex cohabitationis vel participationis consortio Novariensium vos labes inficiat vos oportet sollicite præcavere. Ipsi etenim, tanquam ingratitudinis filii, etc. *Fere ut supra, usque ad finem.*

VIII.

ABBATI ALTIVILLARIS. (22)

Mandat ei ut fraterne recipiat in monasterium J..... diaconum, qui, omisso acolythatu, ad sacros ordines promotus fuerat. Jubet, ut, suscepto acolythatus ordine, in presbyterum possit ordinari.

(Later., xiv Kal. Novemb.)

Accedens ad apostolicam sedem J...., diaconus, nobis humiliter est confessus, quod, olim, omisso acolythatu, se fecit ad subdiaconatus et diaconatus ordinem promoveri; quia vero, nunc suum recognoscens excessum, in monasterio vestro habitum suscipere regularem et Domino desiderat famulari, discretionem tuam monemus et exhortamur in Domino, ac per apostolica scripta, mandamus, quatenus eum in monasterium tuum recipi facias, et fraterna charitate tractari, ubi, si laudabiliter vixerit et fuerit conversatus honeste, suscepto acolythatus ordine, quem omisit, ad presbyteratus ordinem, de misericordia, quæ superexaltat judicio, poterit promoveri.

Datum Later., xiv Kal. Novemb.

---

(20) Philippum Lampugnanum, qui hanc metropolitanam sedem obtinuit, ab anno 1197, ad annum 1207.

(21) Fragmentum hoc exhibet Raynaldus, an. 1200 § 49.

(22) Is erat, verisimiliter, Galterus II, quem Altivillarense monasterium, anno 1199 et anno 1203, rexisse compertum est. Vide *Galliam Christianam*, tom. X, col. 255.

IX.

PISANO ARCHIEPISCOPO (23)

An illius consensus in electionibus metropolitanorum, qui ei, tanquam Sardiniæ Primati, subsunt, sit exquirendus.

(Lateran., xvi Kal. Novemb.)

Quanto majori prærogativa dilectionis et gratiæ, apostolica sedes Pisanam Ecclesiam honoravit, tanto magis ad honorem et augmentum ejus intendimus et jura et dignitates ejus, ipsi a prædecessoribus nostris concessas et a nobis postmodum confirmatas, manutenere volumus et servare. Non enim pœnitet nos honoris eidem Ecclesiæ a prædecessoribus nostris et nobis, exhibiti, ut contra factum eorum et nostrum venire velimus, qui sic prædecessorum nostrorum statuta inviolabiliter servare disponimus, sicut nostra volumus a nostris successoribus observari. Sane, recipimus litteras fraternitatis tuæ benignitate qua decuit et ea quæ nobis super postulatione in Turritana Ecclesia celebrata significasti, per eas, intelleximus diligenter, volentesque, quantum honeste potuimus, tuæ fraternitati deferre, privilegii tibi et Ecclesiæ Pisanæ concessi exemplar nobis ex regesto fecimus præsentari; cujus tenorem et formam licet diligentius fuerimus perscrutati, non tamen invenimus, quod assensus tuus in metropolitanorum, qui tibi subjacent, ut primati, esset electionibus requirendus. Cæterum, si ad te vel ex tenore privilegii, vel ex jure canonico, pertineret, quia tamen translationes episcoporum sibi soli sedes apostolica reservavit, non vidimus, quod in electione ipsa quidquam in tui juris præjudicium fuerit attentatum, licet non molestum nobis, sed acceptum, existeret, si canonici Turritani, in hac parte, tibi humiliter detulissent, ut, cum per te transitum facerent, tuas super hoc ad nos impetrassent litteras. Quantumcunque igitur, in hoc, tuo vellemus honori consulere, quia tamen honestis dispositionibus nec difficultas est adhibenda nec mora, non potuimus postulationi canonicæ de persona idonea, quam nos et fratres nostri novimus, celebratæ, apostolicum denegare favorem, sed eam potius, examinatione præmissa, de fratrum nostrorum consilio duximus approbandam. Monemus igitur fraternitatem tuam et exhortamur in Domino, quatenus, propositum nostrum et intentionem attendens et benevolentiam quam apostolica sedes tibi et prædecessoribus tuis exhibuit recognoscens, non movearis in aliquo, quod in eo sicut debuimus, Ecclesiæ consuluimus Turritanæ, in quo in nullo derogatum est penitus juri tuo, et Ecclesiæ Pisanæ dignitas non est læsa. Censum autem Sardiniæ, quem nobis disposuisti transmittere, nec non et obsequium honorabile quod nobis, per tuas litteras, promisisti, dilecto filio, fratri Al...... magistro domorum Templi in Tuscia, transmittendum nobis, sub testimonio litterarum tuarum, poteris assignare.

Dat. Later. xvi Kal. Novemb

X (24).

PENNENSI EPISCOPO (25).

Laterani, iv Kal. Novembris.

Tacti sumus dolore cordis intrinsecus et gravi mœrore turbati, quod tu, sicut accepimus, in injuriam ordinis tui et infamiam ordinationis nostræ, agis in pluribus ut apostata, qui, teste Scriptura, vir inutilis appellatur. Si enim diligenter attenderes quod te de monacho, non simplici sed abbate, duxerimus [*Baluz.* duximus] in episcopum assumendum, reprobatis successive duobus, quos dilecti filii, Pennense capitulum, nobis præsentarunt, electis (26), eam deberes servare, tam in vita quam moribus, honestatem, quæ ad salutem tibi proficeret et subditis ad exemplum. Verum, de quo miramur non modicum et movemur, propriæ conditionis oblitus, quasi [quod], post acceptum episcopatum, quondam [quædam] illicita liceant [liceat] et expediant [expedias] quæ fratrum Cisterciensium observantia reputat inhonesta, picturata sella et chirothecis uteris sericatis, amplo te galero coronans [coronas] et carnibus publice usque ad saturitatem te replens [reples], ei, forsitan, per insignia hujusmodi comparandus, de quo, data ei tunica pellicia, scriptum esse legisti [legitur]: *Ecce Adam factus est sicut unus ex nobis, sciens bonum et malum* [*Apogr. Conti,* Gen. III, 22]. Præterea, cum quidam prædecessorum tuorum pro libertate Pennensis Ecclesiæ, non dubitarint etiam exsilium sustinere, Pennensis

---

(23) Ubaldus Lanfrancus archiepiscopalem Pisarum sedem obtinuit, ab anno, circiter, 1174, ad annum 1209, xiii Kal. Julii.

(24) Epistolam hanc, absque ulla numeri nota, exhibet Baluzius (t. 1. pag. 666), in libro v, post epistolam numero 96 signatam. Unde illam excerpserit non indicat. Illam equidem reperire potuisset apud Ughellum (*Ital. Sac.* t. I partis signatæ, pag. 58); sed ex Ughello eam deprompsisse non videtur, cum apud istum epistola dicatur expresse, *data Laterani, IV Kal. Novembris, anno* 5, apud Baluzium vero, pontificatus annus non exprimatur. Certe, in Apographo Conti, annus pontificatus non exprimitur, etsi ad annum tertium diserte referatur. Eidem etiam anno illam tribuit Raynaldus (*an.* 1200. § 47), cui autographum attentius perlegere licuit. Fatendum, tamen, ex factorum ab Ughello relatorum serie, prout ex notis sequentibus patebit,

anno quinto potius assignandam videri. Sed ab Apographo recedi nobis religio fuit.

(25) Erat is Gualdericus, qui, inter Pennenses episcopos, decimus septimus, ab Ughello (*loc. cit.*), recensetur. Ab eodem, episcopalem Pennæ sedem usque ad annum 1250 occupasse dicitur.

(26) Ad hæc verba Baluzius (*loc. cit.*) hæc notat: Vide supra lib. II, epist. 185, ex *Collect. Rainerii.* tit. 4. Vide etiam Innoc. Decret. lib. I, tit. VI, *De electione et electi potestate*, cap. 18. Ex epistola a Baluzio citata, patet, anno Innocentii pontificatus 2°, id est 1299, xi Kal. Octobris, episcopalem Pennæ sedem adhuc vacavisse; Gualderico vero, non nisi post aliquas difficultates, circa electionem a capitulo Pennensi celebratam, exortas, nec non post aliquod temporis spatium, Pennensem antistitem ab ipso papa, auctoritate apostolica, denuntiatum fuisse

civitatis dominium, secundum justitiam, potenter et viriliter defendentes, tu, sicut dicitur, de civitate ipsa, nobili viro, B. (27) Laureti et Cupersani comiti, fidelitatem et hominium praestitisti; et, quasi non sufficiat iniquitas tua tibi, ea nobis niteris imputare, ad excusandas excusationes in peccatis: allegans 'quod super hoc mandatum apostolicum recepisses, tam in Lis, quam in aliis, tantum excedens, ut jam contra te verbum Domini assumere compellamur : *Pœnitet me fecisse hominem* [*Apogr. Conti Gen.* vi, 4]. Quod a sanctis Patribus sic exponitur: Faciam quod solent facere pœnitentes, destruendo quod feci. Et nos, forsitan, quod construximus destruere compellemur. Meminimus quidem et tu debueras meminisse qualiter in recessu tuo, coram fratribus nostris, districte tibi duximus injungendum ut Cisterciensis ordinis observantias custodires, cum pontificalis susceptio dignitatis non absolveret te a voto; ex qua, licet cum honore [*Baluz. addit.* sit], sic onus tibi magis accrevit [auxerit], ut religioni nihil penitus deperiret, per quod ejus habenas taliter relaxares. Ideoque, fraternitati tuæ, per apostolica scripta, mandamus atque præcipimus quatenus, usque ad quindecim dies post susceptionem praesentium, cum conscientia dilectorum filiorum, archidiaconi et capituli Pennensis, tam formam juramenti quod praedicto comiti praestitisti quam litteras quas super hoc nos asseris direxisse, per nuntios tuos, ad praesentiam nostram, omni excusatione cessante, transmittas, ut super hoc, prout expedire videbitur, procedamus. In cæteris autem ita corrigas vitam tuam et te sic observantiæ regulari conformes, ut non rediisse ad sæculum, sed in sæculo potius ipsum et pompas ejus contemnere videaris. Alioquin, cum admonitio praecesserit, de cætero vindicta sequetur.

Datum Laterani, iv Kalend. Novembris.

XI (28).

J. (29) REGINÆ FRANCORUM.
De negotio divortii cum rege Francorum.
(Laterani, ii Kal. Novembris.)

[Intellexisse te credimus hactenus et nunc plenius percepisse quantam sollicitudinem et diligentiam in negotio tuo curaverimus exhibere; cum, etsi charissimum in Christo filium nostrum Philippum Francorum regem illustrem, ad receptionem tuam, juxta juris ordinem, prius curaverimus per litteras et nuntios, commonere, tandem vulneribus fotis oleo, vinum cum Samaritano duxerimus infundendum, in terram regis ipsius interdicti sententiam proferentes. Et, licet rex ipse, laesum se reputans, in clericos et ecclesias manus suas duxerit aggravandas, nunc tamen, faciente Domino signum in bonum, de mandato nostro per ministerium venerabilis fratris nostri Ostiensis episcopi (30), apostolicae sedis legati, quem, propter hoc specialiter, in regnum Francorum direximus, cor suum ad obediendum mandatis apostolicis inclinavit, ita quod tam clericis quam ecclesiasticis satisfaciens plene de injuriis et damnis illatis, et superinducta remota, te, velut uxorem suam et reginam Francorum, receperit, et jurari fecerit in animam suam, quod regaliter te tractabit et praeter Ecclesiae judicium non dimittet; sicut idem legatus, et venerabiles fratres nostri, NN....... Parisiensis (31)..... Suessionensis (32)..... Trecensis (33), et alii quidam episcopi, qui praesentes fuerunt, per suas nobis litteras intimarunt (34). Unde, salva eorum pace, qui, super hoc, tam sub tuo nomine quam sigillo, ad nos litteras direxerunt, multa expresserunt in eis, quæ sine veritatis offensa potuerant subticere. Nunquam, enim, sicut credimus pro constanti, praedictus legatus, qui formam sibi datam a nobis transgredi non auderet, te pronuntiavit, per septem menses et regis uxorem et Francorum reginam esse debere, nec in tenore juramenti recepit, quidquid rex dixerit, quod intra idem spatium praedictus rex te non dimitteret, praeter judicium Ecclesiae, sed regaliter intra idem spatium faceret pertractari; cum super hoc iidem episcopi, qui nobis non facile, in re tanta, veritatem supprimerent vel exprimerent falsitatem, nullam fecerint in suis litteris mentionem. Praeterea, qualiter sit credendum quod sine arbitris ad hoc deputatis a rege, cuiquam loqui non possis et haec et alia quæ continebantur in ipsis, clericis tuis scribenda commiseris, coram illis regalis serenitas investiget. Verum, si quid ex his quæ praemitti [*Apogr. ex archiv. Vatic.* primum] mandavimus, hactenus est omissum, illud, dante Domino, faciemus fideliter adimpleri: super quo, tam ipsi regi scribimus quam legato (35). [Monemus igitur serenitatem regiam et exhortamur in Domino quatenus, apud eum, qui secundum Psalmistam, *refugium nostrum et virtus, et in tribulationibus est adjutor* (*Psal.* xlv, 2), piis orationibus instare procures, ut idem rex te in gratia retineat conjugali et maritali affectione pertractet.

---

(27) Berardus, Laureti et Cupersani comes, prout nominatur in instrumento apud Ughellum, *Ital. sacr.* t. I partis signatae *, pag. 53.
(28) Relata, sed non integra, apud Raynaldum, an. 1200, § 12. Hanc etiam ex autographo Archivii Vaticani descriptam habueramus, cum unica vocis unius discrepantia, quam hic notavimus.
(29) Inseburgi.
(30) Octavianus, nobilis Romanus, affinis Innocentii PP. III; tituli SS. Sergii et Bacchi, a Lucio PP. III, an. 1182, diaconus cardinalis, a Clemente PP. III, episcopus Ostiensis et Veliternensis, an. 1190, renuntiatus, ab Innocentio PP. III, legatus in

Galliam missus fuit. *Ciacon.* t. I col. 115. Hunc se Philippi Francorum regis consanguineum dicere solitum testatur Rogerius de Hoveden, ad an. 1201.
(31) Odo de Soliaco, Parisiensis episcopus, ab anno 1196, ad annum 1208, iii Id. Julii.
(32) Nivelo de Cherisiaco, Suessionensis episcopus, ab anno 1175, ad annum 1207, die 14 Septembris.
(33) Garnerus de Trianelo (de Traisnel), Trecensis episcopus, ab an. 1193, ad annum 1205, vii Id. Aprilis.
(34) Hactenus Raynaldus.
(35) Rursus Raynaldus.

Quis enim scit, si petens accipias, invenias quærens et aperiatur pulsanti? Pete igitur, quære ac pulsa, insta opportune et importune, si forsan, propter tuæ petitionis instantiam, necessitates et lacrymas tuas respiciat Dominus miseratus, et eidem regi circa te pium inspiret affectum et ipsum a sua dignetur duritia revocet [revocare]. Apud charissimum quoque filium nostrum, Ca... (36) regem Danorum illustrem, fratrem tuum, cui etiam de novo nos super hoc scribimus, litteris et nuntiis instare procures, ut, ad defensionem causæ tuæ, cum advocatis et testibus, et aliis quæ visa fuerint expedire, sufficientes dirigat responsales, cum se per impotentiam excusare non possit, sitque ipsi æque facile vel facilius, dummodo assertioni tuæ veritas suffragatur, obstaculum affinitatis objectæ removere per suos, quam alteri parti, nisi propositioni ejus veritas subsit, legitime comprobare. Noveris autem et habeas pro constanti quod nos, dante Domino, in tua tibi non deerimus ratione, licet, regi postulanti justitiam, non potuerimus nec velimus audientiam denegare.

Dat. Lat. xi Kal. Nov. (37).

XII (33)
REGI DANORUM (39).
De eodem argumento.
(Laterani.)

Ex gratia, quam nuper charissimæ in Christo filiæ nostræ, J. reginæ Francorum illustri, sorori tuæ, fecimus, et Deum nobis magis propitium, et serenitatem tuam apostolicæ sedi credimus amplius reddidisse devotam; cum, etsi justitiam ipsi fecerimus, etiam misericordiam cum ea duxerimus faciendam Præter hoc enim præcipue venerabilis frater noster... Ostiensis episcopus, apostolicæ sedis legatus, destinatus in Franciam, ad hoc per Dei gratiam, charissimum in Christo filium nostrum P. regem Francorum illustrem, induxit, ut, tam clericis quam ecclesiasticis, de datis damnis et illatis injuriis, satisfactionem plenariam exhiberet et superinducta remota, reginam reciperet. memoratam, ac faceret in animam suam juramento firmari, quod ipsam regaliter pertractabit et, præter judicium Ecclesiæ, non dimittet, licet se queratur id per vim et mandatum apostolicum implevisse. Si quid autem ex iis quæ præmitti mandavimus forsitan est omissum, illud faciemus, dante Domino, feliciter consummari. Verum, quamvis reginam ipsam in favorabili velimus causa fovere, non potuimus tamen postulanti justitiam audientiam denegare, cum sententia illa divortii, non propter aliud revocata fuerit, quam ob ordinem non servatum. Monemus igitur serenitatem regiam et exhortamur in Domino quatenus sufficientes et idoneos responsales, cum advocatis et testibus et aliis quæ visa fuerit expedire, ad defensionem reginæ transmittas; cum te non possis per impotentiam excusare sitque tibi æque facile vel facilius, si veritas subest assertioni reginæ, obstaculum affinitatis objectæ removere per tuos, quam parti alteri, nisi (40) propositioni ejus veritas suffragetur, per suos legitime comprobare. Vide igitur ne, quod absit! ex defectu tuo, reginæ in jure suo præjudicium generetur. Utinam, autem, tu in sua ei defensione non desis, quia nos in sua ipsi non deerimus ratione!

Dat. Lat., *ut supra.*

XIII (41).
LITTERÆ ODONIS (42) PARISIENSIS EPISCOPI, AD PAPAM.
Significat quid, in materia divortii, intra regem et reginam actum sit.

Beatissimo in Christo patri et domino, INNOCENTIO, Dei gratia, sanctæ Romanæ Ecclesiæ summo pontifici, humilis sanctitatis tuæ servus, O. divina miseratione, Parisiensis Ecclesiæ sacerdos humilis, salutem, et cum devoto pedum osculo, servitutis et obedientiæ famulatum.

Post diutinæ calamitatis amaritudines et pressuras, post turbationis inauditæ caliginem, Ecclesiæ Gallicanæ dies serenitatis illuxit; et, eo imperante, cui et venti et mare obediunt, qui procellam convertit in auram, qui, juxta arcanum sui beneplaciti, miserendi modos ubique asservans, mederi novit doloribus afflictorum, gloriosum reportavit Ecclesia de lugubri calamitate successum. Apostolica namque sedes, cujus magisterium cœlestis altitudo, consilii provida deliberatione, stabilivit in medium, ad filiorum necessitatem oculos pietatis inclinans et remedia singulis opportuna distribuens, quam pium ad Ecclesiæ Gallicanæ miserias gereret compassionis affectum in modo visitationis evidenter ostendit; cum sibi etiam non pepercit, quin honorabilius membrum, et eminentiorem Ecclesiæ Romanæ columnam, venerabilem, videlicet, Patrem, dominum O. Ostiensem et Velletrensem episcopum, apostolicæ sedis legatum ad partes dirigeret Gallicanas, volens per tanti provisoris industriam laborantibus procurare quietem et maternæ dulcedinis solatium impertiri. Feliciter itaque regnum ingressus et tanta devotione fidelium, tanta principum et magnatum congratulatione susceptus, ut generalis omnium exsultatio divini favoris videretur interpres, ad exsequenda suscepta negotia cum debita maturitate processit; et, familiari deliberatione habita cum prælatis, dominum regem et suos super restitutionibus et satisfactionibus clericis et Ecclesiis exhibendis cum constantiæ soliditate convenit. Licet autem domino regi spiritualis dilectionis vinculo jungere-

---

(36) Canutum VI, qui Daniæ sceptrum gessit, ab anno 1182, ad anno 1202.
(37) Apud Rayn. xi *Kal. Nov.*
(38) Indicata apud Raynaldum, an. 1200, § 13. Nulla autographo ex Archivio Vacatino discrepantia.
(39) Vid. notam (36) ad epistolam superiorem.

(40) Sic et in autogr. ex Archiv. Vatic. Forsan legendum *et si.*
(41) Indicata apud Raynaldum, an. 1200, § 12. Nulla in autographo ex Archivio Vaticano discrepantia.
(42) De eo jam dictum epistola superiori, not.

tur, sic tamen in factis ipsius et dictis justitiam temperavit urbanitas, quod et regiæ gratiam benevolentiæ conservavit et a defensione libertatis ecclesiasticæ non recessit, imo nobis et Ecclesiæ nostræ nova etiam privilegia, quæ nunquam retroactis habueramus temporibus, acquisivit. Operante siquidem clementia Redemptoris, quæ de regum cordibus pro sua voluntate disponit, dominus rex, tanquam princeps Christianissimus et in matris suæ, Romanæ Ecclesiæ, devotione persistens, ejusdem domini legati mandatis, exhortationibus et diffinitionibus, supra spem et opinionem quamplurium, tam super restituendis rebus ecclesiasticis et injuriarum satisfactione quam super amotione superinductæ, et receptione J. illustris reginæ Francorum, salubriter acquievit. Super eadem regina non dimittenda præstito prius, ad mandatum domini legati, in regis animam juramento et quod eam regaliter et honorifice pertractaret. His expeditis igitur et ad honorem Ecclesiæ consummatis, solutio subsecuta est interdicti quod in tota terra domini regis generaliter servabatur, excitata uberius devotione fidelium ad laudes et præconia Creatoris et universorum cordibus serenatis, quæ diutinæ mœstitudinis nubes obduxerat. Quamvis autem tota generaliter Ecclesia Gallicana non immerito benedicat Altissimum vestramque, beatissime Pater, et Ecclesiæ Romanæ diligentiam, in ipsius missione legati, commendatione laudabili prosequatur, qui sic Romanam Ecclesiam matrem suam glorificat et extollit, nostræ tamen devotio servitutis, in actione gratiarum specialiter se totam effundit, quod apud cumdem legatum tantam dulcedinem et benignitatem invenimus, quod, non solum personam nostram, verum etiam Parisiensem Ecclesiam speciali prærogativa dilectionis amplectitur et in ea libertatis et honoris integritate conservat, ut vobis et ipsi totique sacrosanctæ Romanæ Ecclesiæ, de devotis devotiores existere teneamur. Conservet vos Dominus Ecclesiæ suæ sanum et incolumem, in tempora longiora.

XIV (43.)
LITTERÆ EPISCOPI SUESSIONENSIS (44.)
De eodem argumento.

Sanctissimo patri ac domino reverendo, I. Dei gratia sanctæ Romanæ, imo universalis Ecclesiæ, summo pontifici, N. ejusdem patientia, Suessionensis Ecclesiæ minister humilis, salutem et tam paratam quam debitam in omnibus obedientiam.

Benedictus Deus et Pater Domini nostri Jesu Christi, Pater misericordiarum, et Deus totius consolationis, qui consolatur nos in omni tribulatione nostra! O quanta tribulatio, pater sanctissime, nos premebat, quanta nos urgebat adversitas, quando Christianissimus princeps noster, vobis et sanctæ Romanæ Ecclesiæ aliquatenus obviare credebatur a multis, et Gallicana Ecclesia a divinis laudibus, peccatis exigentibus, muta erat, in quibus, ut plene novit vestra paternitas, devotius consueverat et præclarius personare! Verumtamen, licet multa malignatus sit inimicus in sancta, non est tamen attenuata manus Domini, ut salvare non possit domum suam, Gallicanam videlicet Ecclesiam, quam proprio sanguine acquisivit, quam et speciali gratia in suis laudibus insignivit. Urbs quidem fortitudinis nostræ Romana est Ecclesia et positus in ea murus qui sua nos protectione defendit, et multa nobis circumspectione antemurale constituit venerabilem patrem nostrum, apostolicæ sedis legatum, dominum... Ostiensem, qui, in novitate adventus ejus, imo Deus per ipsum, mirabiliter tanta fecit, quanta posse fieri vix credere poteramus. Dominus quippe rex eum benigne suscepit, ea reverentia qua decuit pariter et honore. Ipse vero regem statim salubribus monitis est aggressus, quibus ipsum vel aurem etiam velle accommodare aliquatenus spes non erat. Sed, quia nescit tarda molimina Spiritus sancti gratia, ipso sic inspirante, sicut credimus, qui ubi vult et quando vult spirat, sine difficultate aliqua de damnorum restitutione et satisfactione injuriarum Ecclesiis et viris ecclesiasticis facienda fecit eum rex sufficientissima cautione securum. Qui et bene cœpta non deserens, debitis persuasionibus non cessavit instare, ut et illustrem reginam in bona reciperet voluntate et maritali pertractaret affectu, et debitum conjugale solveret, conjugium illud intendens perpetua pace firmare. Sed quia, ut legitur, nisi sit Jesus qui doceat, in vanum docentis lingua laborat, peccatis exigentibus, ad hoc regium animum nullo modo potuit inclinare; fecit tamen quod debuit, injunxit ei auctoritate apostolica, et præcepit severiter et districte, ut tanquam uxorem eam admitteret et tractaret honorifice ut reginam, ea quam superinduxerat extra propriam terram abjecta; quibus ille mandatis metuens obviare, licet invitus nec sine dolore animi, ut facies indicabat, prout ei tamen placuit qui vocat ea quæ non sunt, qui tangit montes et fumigant, tandem patientissime acquievit, se facturum promittens quod fuerat imperatum, et promissionem ipsam, per unum militum suorum, facto in animam regis juramento, confirmans; asserens tamen sibi a summo pontifice vim inferri; regina, e contrario, voce propria respondente, imo a vobis, pater sancte, fieri justitiæ complementum. Quibus, coram nobis et prælatis pluribus, publice et solemniter adimpletis, rex audiri super matrimonio, sibi justitiæ plenitudinem exhiberi, diem competentem præfigi, a domino legato instantissime postulavit. Quam ei petitionem nec valuit nec voluit denegare, assignans

---

(43) Indicata apud Raynaldum, an. 1200, § 12. Nulla in autographo et Archivio Vaticano discrepantia.
(44) De eo jam dictum epistola 11, not.

utrique locum et diem, infra terminum competentem, sicut ipse vobis, ut credimus, propriis litteris designabit. Nec silendum credimus, pater sancte, quod jam de cætero non silemus. Illud enim silentium juste, misericorditer et discrete ab ipso legato, imo a vobis per ipsum, solutum est, quod, propter peccata nostra, nobis Impositum fuerat, generale videlicet interdictum. Quo in facto, quia tantus dolor erat in populo, quantus exprimi non valeret, tanto nos perfectius gaudium et exsultatio consolantur. Unde ipsi qui non deserit sperantes in se nec continuit in ira sua misericordias suas damus laudem et gloriam et honorem, et grates devotissimas agimus Creatori, qui mutorum linguas solvit ad divini celebrationem obsequii et surdorum aures aperuit ad obedientiam verbi Dei; plurimum commendantes, in Domino, laudabilem ipsius legati prudentiam in hoc facto, et perfectissimam, pater reverende, vestræ constantiam sanctitatis, ex qua luce clarius constat quod veri Joseph talarem tunicam induistis.

Scripserunt, super hoc... Remen. archiepiscopus (45)*... Trecen.* (46) *Catalaunen,* (47) *et.... Carnoten.* (48) *episcopi, fere in eumdem tenorem.*

XV (49).

LITTERÆ OCTAVIANI, EPISCOPI OSTIENSIS (50).
Significat quid super negotio matrimonii inter regem et reginam Francorum egerit.

(Scripta post diem octavum Septembris.)

Amantissimo patri et reverendissimo Domino, I. divina Providentia, summo pontifici, suus Octavianus, Ostiensis episcopus, commendationem et devotam in omnibus reverentiam.

Benedictio et claritas et gratiarum actio, ei, a quo omne datum optimum et omne donum perfectum descendit; cujus Spiritus, ubi vult spirans, post tempestatem requiem et post nubilum dat serenum; qui, secundum multitudinem miserationum suarum, novissime, diebus istis, fecit cum Ecclesia sua magnam misericordiam, cujus honorem et gloriam, sub ministerio vestri regiminis, faciens cum tentatione proventum, admodum dilatavit! Ecce enim cum, propter illustris regis Franciæ negotium, nobilissimum Ecclesiæ Dei membrum, Gallicana videlicet Ecclesia, adeo procellarum turbine quateretur, ut vobis, tanquam patri, timendum esset de filia, ne a paternis prorsus exorbitaret vestigiis et quæ, præ cæteris Ecclesiis toto orbe diffusis, in devotione sedis apostolicæ solebat esse ferventior, ab ejus obsequio redderetur nimium aliena, infusione cœlestis gratiæ, non nostris sed vestris facientibus meritis, apostolicæ sanctitatis pedibus devoluta prosternitur, et de præteritæ afflictionis consolata mœrore, in consuetæ fidei et devotionis perseverantia gratulatur. Ut enim omnium quæ per nostræ sollicitudinis diligentiam procurata sunt plenam notitiam habeatis, præsentibus litteris duximus intimandum quod, post multos et varios labores, quos in via ex infirmitate proprii corporis, asperitate viarum et temporis incommoditate, pertulimus, tandem Francorum regnum ingressi, ab Ecclesiarum prælatis, clero etiam et populo terræ, benigne recepti fuimus et cum multo honore tractati, tantamque lætitiam et devotionem in nostro ostenderunt accessu, ut nonnulli de remotis regni finibus, usque Lugdunum, alii Cluniacum, plures vero Virziliacum nobis pergerent in occursum, in adventu nostro benedicentes vobis et se credentes a Domino visitari. Nos, autem, habito cum archiepiscopis, episcopis, abbatibus et aliis Ecclesiarum prælatis diligenti tractatu qualiter deberent nobis in facto regis assistere, eos, juxta mandatum vestrum et voluntatem nostram, promptos invenimus et paratos. Ipse vero rex, cum in colloquio illustrium... comitis Flandriæ, et... ducis Brabantiæ, apud Compendium moraretur, audito adventu nostro, cum velocitate et lætitia maxima, Senonis nobis occurrens devote et humiliter nos recepit et cum honore tractavit. Cumque familiarem et diutinum habuissemus cum ipso tractatum ac super multis, prout expedire videbatur, eum fuissemus studiosius allocuti, ultra opinionem omnium ita invenimus eum propitium et benignum, ut apud omnes qui animum ejus noverant divinum miraculum videretur. Qui utique post longam increpationem qua ipsum fuimus constanter aggressi, tandem in multa lacrymarum effusione et humilitate cordis, mandatis vestris se promisit ac nostris dispositionibus pariturum; imprimis, per Dei gratiam, in præsentia multorum archiepiscoporum, episcoporum, abbatum, clericorum et multitudinis copiosæ, plenarie et honorifice satisfaciens ecclesiis et personis ecclesiasticis, tam de illatis damnis quam de injuriis irrogatis. Insuper etiam privilegium de novo super immunitate claustrorum Senonensi et Parisiensi concessit Ecclesiis, quod episcopus et utriusque Ecclesiæ canonici in tantum habuerunt acceptum, ut eo carere nollent pro majori suæ substantiæ quantitate (51). Præterea, cum nonnulli de prælatis et subditis, ac, præcipue, Parisiensis et Suessionensis episcopi, indignationem regis haberent, tantum efficimus apud ipsum, quod publice indulsit omnibus et indignationem remisit, ita quod ad præsens, per Dei gratiam, amplius quam unquam fuerint, gratiosi sunt

---

(45) Guillelmus de Campania, archiepiscopus Remensis, ab an. 1176, ad an. 1202.
(46) De eo jam dictum supra, epist. 11, not.
(47) Rotrocus de Pertico, Catalaunensis episcopus, ab an. 1190, ad an. 1201.
(48) Reginaldus (*de Bar*, dictus *de Monçon*), Carnotensis episcopus, ab an. 1182, ad an. 1217.
(49) Indicata apud Raynaldum, an. 1200, § 12. Nulla in autographo ex Archivio Vaticano discrepantia.
(50) De eo jam dictum supra epist. XI, not.
(51) Privilegium istud habetur in historia Eccle-

apud ipsum (52). Cæterum, volentes in cunctis rite procedere, injunximus ei ut superinductam a se tam carnaliter quam localiter separaret, quod et fecit, prout expedire melius videbatur, firmiterque in audientia omnium, repromisit quod eam nec cognoscere debeat nec videre, donec fuerit reginæ negotium ad finem deductum. Injuncto autem sibi mandato, ut l. reginam reciperet, eam de loco in quo olim steterat, ad quoddam regale castrum, videlicet sanctum Leodegarium, ubi reginæ magis esse consueverant ab antiquo et in quo reges solent festa principalia celebrare, præcepit adduci; quod quidem præcipue factum est, quia regina ipsa, tunc temporis, erat infirma (sicut oculata fide postmodum vidimus ac ipsa est ore proprio protestata), et ultra tres diætas locus, in quo fuerat, a Parisiensi civitate distabat. Ubi, die statuta, convenimus nos et ipse ac de mandato nostro multi episcopi et abbates, ut publice faceremus, omnia convenerunt. Præcipue autem illos episcopos convocavimus, qui ab initio interdicti sententiam servaverunt, qui omnes interfuerunt, præter duos qui ægritudine laborabant. Verum, nos reginam ipsam familiariter adeuntes, salutata ea ex parte vestra et litteris apostolicis præsentatis, sollicitudinem quam in suo gessistis negotio curavimus diligenter exponere, et qualiter pro ipsius negotio honorifice consummando, tantum laborem subierimus, per ordinem enarrare. In crastinum vero cum tam nos quam rex ipse ac prælati Ecclesiarum, congregati fuissemus in unum, adeo regem induximus quod, cum nobiscum et cum fratre Bernardo de Vicena, ad reginam accessit ipsamque fuit diutius allocutus. Quod utique apud omnes qui duritiam animi regalis agnoverant, visum est valde mirabile, quod unquam ad eam videndam rex posset induci, de qua nunquam fuit ausus aliquis ei verbum proponere et quam ab illa die non viderat, in qua factum est divortium inter ipsos. Post illud autem familiare colloquium, in consistorium exeuntes, ubi erat infinita cleri et populi multitudo, reginam eamdem a tribus episcopis fecimus honorificentia regali deduci; factoque mandato, ut rex, tanquam uxorem suam et Franciæ reginam reciperet et honorifice pertractaret, recepit eam publice (53), et huic mandato, licet invitus, ac omnibus aliis mandatis vestris se pariturum firmiter repromisit. Præterea ad multam precum nostrarum instantiam, quod nobis et omnibus circumstantibus impossibile videbatur, nobilem virum Nicolaum, familiarem suum, qui bis ad præsentiam vestram accessit, in animam suam publice jurare fecit quod eam, ut reginam Franciæ et conjugem suam, tractari faciet honorifice et absque judicio Ecclesiæ non dimittet. Post hæc vero solvimus interdictum; tantaque lætitia totum regnum implevit, quantam vix possemus litteris explicare. Benedicitur siquidem vobis ab omnibus et laudes vestræ misericordiæ et judicium decantantur, eo quod in facto reginæ est observata justitia et in solutione interdicti misericordia superfusa. His igitur rite peractis, forma mandati vestri per omnia observata, cum, post frequentes commonitiones, animus regis ad conjugem suam retinendam nullatenus posset induci, recepta publice ab eo proclamatione, ut ei justitiam faceremus, sicut sibi, per litteras apostolicas et suos nuntios, promiseratis, respondimus quod, juxta mandatum vestrum, sibi justitiam faceremus. Cumque, de loco ad causam examinandam tractatus communiter haberetur, noluit regina ipsa apud Lugdunum vel Cameracum, tractari negotium, dicens, quod, propter querelam, quam frater suus habet cum Teutonicis, defensores ejus ad loca ipsa tute venire ac ibidem morari non possent. Tandem, facta multorum nominatione locorum, regina ipsa, considerata securitate suorum, elegit ut discussio causæ apud Suessionensem fieret civitatem, in quo utique rex voluntarie concordavit. Insuper autem juxta mandatum vestrum, illustri regi Danorum (54) et venerabili fratri Lundensi archiepiscopo (55), apostolicas litteras et nostras citatorias misimus, ut ad tuendam reginam, veniant vel sufficientes mittant nuntios, cum omnibus quæ causæ expedire noscuntur, tam ex parte vestra quam regis Francorum, per suas litteras plena securitate promissa. Ipsa quoque regina, ad fratrem suum et Lundensem archiepiscopum, quemdam suum clericum cum suis litteris destinavit. Venerabilem, etenim, fratrem nostrum, J. tituli Sanctæ Priscæ presbyterum cardinalem, apostolicæ sedis legatum (56), conjudicem nostrum tempore competenti, sollicitare curabimus, ut ad locum et terminum accedat eumdem. Licet autem ad præsens, rex ipse ad id quod intendimus nullatenus posse videatur induci, non tamen a spe bona usquequaque recedimus, sed speramus, quod is in cujus manu sunt corda re-

---

siæ Parisiensis. Tom. II, p. 249.

(52) Privilegium aliud, tunc episcopo Parisiensi concessum, habetur etiam ibidem. *Loc. cit.*

(53) Factum est in vigilia Nativitatis B. Mariæ Virginis. *Rog. de Hoved.* p. 810.

(54) Canutum VI, Inseburgis fratrem.

(55) Erat is celeberrimus apud Danos, Axel, vulgo, apud historicos, Absalon; Valdemaro I, cum quo educatus fuerat, et Canuto VI, Valdemari filio, Danorum regibus, familiaris et percharus. Qui ad Rotschildensem episcopatum, anno 1158, electus; deinde, viginti post annos, ad Lundensem (quem una cum episcopatu Rotschildense, per quatuordecim annos, retinuit) archiepiscopatum evectus, huic metropolitanæ sedi, usque ad annum 1201, quo defunctus est, præfuit. Vir, in bellicis simul ac in ecclesiasticis rebus, juxta habitos tunc temporis in regionibus illis mores, clarus ac illustris.

(56) Joannes, cognomento de S. Paulo, ex illustri Columnensium familia, tituli Sanctæ Priscæ presbyter cardinalis, a Cœlestino PP. III, an. 1192 vel 1193, deinde Sabinensis episcopus, ab Innocentio PP. III, an. 1103, renuntiatus.

gum et quo vult illa deducit, cordi ejus, cooperantibus orationibus vestris et meritis, forsan spiritum consilii et salutis infundet; propter quod utique tam in Cluniacenci et Cisterciensi capitulis quam in aliis locis religiosis, orationem fieri rogavimus specialem, ac nos ad id omni diligentia, tam per eos quam per quoscunque poterimus religiosos et alios, disponimus laborare. Praeterea, noveritis quod memorata regina Stampis honorifice commemoratur, habens capellanos et clericos ad divina sibi officia celebranda, habens, etiam, quandoque milites (57), quandoque militem (57) et servientes, tam mares quam feminas, sibi necessarios, ac ei vestes et victualia ad suæ voluntatis beneplacitum ministrantur. Super facto autem crucis, licet propter supradicta negotia intendere nequiverimus, de cætero tamen, volente Domino, tam apud regem Francorum et regni sui prælatos et principes, quam penes regem Angliæ cum prælatis et principibus terræ illius, omni sollicitudine qua poterimus, intendemus. Cupientes igitur de vestra salutari continentia jugiter recreari, paternitati vestræ, affectuosis precibus, nos reddimus commendatos et cum omnibus nostris sanos esse et hilares, per Dei gratiam, nuntiamus, rogantes attentius quatenus a secretario charitatis vestræ nostri memoria non discedat.

XVI (58).

O. OSTIENSI EPISCOPO, APOSTOLICÆ SEDIS LEGATO.

Respondet superiori epistolæ, et quid ea in re agendum sit præscribit.

Eo nobis existis tam vinculo familiaritatis astrictus quam glutino charitatis unitus, ut omnes eventus tuos proprios reputemus, quia non potest illis successus esse diversus, quibus est cor unum et anima una. Gaudemus ergo in Domino, et in potentia virtutis illius, quod, sicut per litteras tuas et multorum prælatorum accepimus, a charissimo, in Christo, filio nostro Philippo, rege Francorum illustri ac toto regno devote, reverenter et honorabiliter es receptus, et apud regem ipsum ea, per Dei gratiam, fideliter et efficaciter promovisti, quæ a nobis susceperas promovenda. Significasti quidem nobis per litteras tuas quod idem rex, licet in colloquio nobilium virorum... comitis Flandriæ et ducis Brabantiæ, apud Compendium moraretur, tibi Senonis lætus et festinus occurrit et recepit humiliter et honorifice pertractavit et, post diutinum et familiarem tractatum, ultra opinionem omnium usque adeo se propitium exhibuit et benignum, ut in multa lacrymarum effusione ac cordis humilitate, mandatis nostris et tuis dispositionibus firmiter se promitteret pariturum. Unde non solum in præsentia multorum archiepiscoporum, episcoporum, abbatum, clericorum et multitudinis copiosæ, Ecclesiæ et personis ecclesiasticis de illatis damnis et injuriis irrogatis plenam satisfactionem impendit, sed et Senonensi et Parisiensi Ecclesiis super claustrorum suorum immunitate privilegium de novo concessit, et venerabiles fratres nostros Parisiensem et Suessionensem episcopos, omni prorsus rumore dimisso, plene in gratiam regalem admisit. Cumque ipsi postmodum injunxisses ut superinductam a se tam carnaliter quam localiter separaret, quod mandaveras adimplevit. Ad tuæ quoque fraternitatis mandatum, memoratam reginam ad quoddam regale castrum, videlicet Sanctum Leodegarium, in quo reginæ frequentius consueverant antiquitus commorari et in quo celebrare festa principalia solent reges, licet infirmam, adduci præcepit; ubi, episcopis et abbatibus, ut omnia publice faceres, convocatis, ad hoc induxisti regem eumdem ut, tecum pariter et cum dilecto filio fratre Bernardo de Vicena, ad reginam intraret et diutius alloqueretur eamdem. Post illud autem familiare colloquium, in consistorium egressus cum rege, ubi erat infinita cleri et populi multitudo, reginam a tribus episcopis fecisti honorificentia regali deduci, factoque regi mandato ut eam, tanquam uxorem suam et Franciæ reginam, reciperet et honorifice pertractaret, recepit eam publice, tam huic mandato, licet invitus, quam omnibus aliis mandatis nostris se pariturum firmiter repromittens. Ad hæc, nobilem virum Nicolaum, militem, familiarem suum, publice fecit in animam suam jurare quod ipsam ut reginam Franciæ ac conjugem suam et honorifice faciat pertractari et absque judicio Ecclesiæ non dimittat. Soluto igitur interdicto et omnibus sic rite peractis, cum rex, ad retinendam eamdem reginam nec flecti precibus nec commonitionibus posset induci, imo, ut in justitiam faceres publice proclamaret, de voluntate tam reginæ quam regis, Suessionensem civitatem ad examinationem negotii assignasti: mandans charissimo filio nostro in Christo illustri regi Danorum et venerabili fratri nostro... Lundensi archiepiscopo (59), ut procuratores idoneos et responsales instructos, ad tuendam reginam, tempore constituto, transmittant, cum omnibus quæ ad causam crediderint expedire. Licet autem processum tuum in cæteris commendemus, super eo tamen fuissemus aliquantisper commoti, quod superinducta, etsi de toto regis domanio, nondum tamen est, juxta formam mandati apostolici, de finibus regni Francorum amota, nisi per nuntium tuum manifestam causam et necessitatem intellexissemus urgentem, videlicet quod est gravida et partui jam vicina. Verum, quoniam ex hoc gravis posset contra Romanam Ecclesiam oriri suspicio, credentibus forsitan aliquibus, quod idem rex de licentia nostra quasi duas simul teneret uxores, præsertim cum adhuc superinducta vicinior ei sit,

---

(57) Sic, et in autographo ex Archiv. Vatic.
(58) Indicata apud Raynaldum, an. 1200, § 13.

Nulla in apographo ex Arch. Vatic. discrepantia.
(59) De eo jam dictum supra epist. super, not.

quam ejectionis suæ tempore fuisset legitima ; ut, causa cessante, cesset quoque quod urgebat, impendas operam efficacem maxime, ne, cum fuerit ad discussionem causæ perventum, in scandalum nostrum ejus valeat differri processus, si, ex his quæ præmittenda fuerant aliquid omittatur, et id negligentiæ tuæ vel astutiæ nostræ, ab ipso rege valeat imputari, dicente quod, ante tempus discussionis, super his debuit commoneri; ne quid etiam per collusionem vel confictionem factum esse putetur, cum nos omnia fideliter et veraciter duxerimus facienda. Monemus igitur fraternitatem tuam et exhortamur in Domino ac per apostolica tibi scripta mandamus quatenus, secundum Apostolum, instes opportune et importune, obsecres, arguas, increpes, ut rex ipse, charissimam in Christo filiam nostram, J. Francorum reginam illustrem, de mandato nostro receptam, in gratia retineat conjugali et maritali affectione pertractet, cum nec honestiorem nec nobiliorem sibi possit, hoc tempore, copulare, utpote quæ ab omnibus non tantum honesta dicitur, sed et sancta. Sane, nihil vel ad honorem nostrum vel ad tui nominis gloriam magis posset, hoc tempore, provenire, quam si per auctoritatem nostram et ministerium tuum bonum hujus causæ principium et meliorem progressum finis optimus sequeretur. Ad hæc, sicut per tuas nobis litteras intimasti, apud reges et alios efficaciter et prudenter ad succursum terræ orientalis intendas.

Cæterum, cum fuissent omnia præmissa notata, sequentia nobis intimata fuerunt, quæ tanto majorem nobis et fratribus nostris ingessere dolorem, quanto prædicta majus gaudium generarant. Recepimus enim litteras ejusdem reginæ Francorum, inter cætera continentes quod non restituta sed incarcerata potius est dicenda, cum mota solummodo de loco ad locum, arctiori sit custodiæ mancipata, utpote cui nec libertas nec potestas est ulla concessa, nec honorificentia regalis exhibita nec alicui alloquendi eam, sine speciali licentia regis ejusdem et ejus litteris, est indulta facultas, duobus capellanis compatriotis ejus exceptis, quibus vix tandem concessum fuit ut ei semel tantummodo, coram arbitriis ad hoc deputatis a rege, idiomate gallico, loquerentur. Adjectum est etiam quod, cum venerabilis frater noster... Trecensis episcopus (60) diligenter instaret ut rex, datis dextris, eam in gratiam reciperet conjugalem, tu, quod nullatenus credimus, eam pronuntiasti, per septem menses et reginam Francorum et regis uxorem esse debere : rege ipso, protinus, subjungente, *sicut nos vobis prædiximus;* ac, cum postmodum de ipsa non dimittenda sine judicio Ecclesiæ, juraretur, rex subintulit : *infra sex menses.* Præterea cum in regno Francorum oratio consueverit fieri pro rege pariter et regina, rex ipse ne in capellis regiis pro ea oretur fecit distinctius inhiberi. Sane, si res taliter se

haberet, non esset hæc realis restitutio, sed vocalis, cum ex ea nihil ipsi libertatis vel potestatis accreverit, sed plus accesserit oneris quam honoris, cum sit potius custodiæ mancipata, cum et ei loquela libera et regalis sit oratio denegata. Utrum autem in hoc regaliter pertractetur, sicut est juramento firmatum, et tu videas et rex ipse discernat. In uno autem formam mandati apostolici, quam et nos habemus et tu per nos ipsos, intelleximus non servatam; in qua, si bene recolis, continetur quod, præmissis omnibus quæ ante relaxandam sententiam interdicti mandavimus præmittenda, postmodum ipsam sententiam relaxares. Quo facto, studeres diligenter eidem regi suggerere ut reginam eamdem retineret in gratia conjugali ; quin etiam hoc ei ex parte nostra injungeres, in remissionem omnium peccatorum; quod si desuper non daretur ut, post frequentes et diligentes admonitiones et exhortationes, eam ut legitimam habere vellet uxorem et maritali affectione tractare, sed contra matrimonium accusatio moveretur, ad inchoandam causam sex mensium spatium assignares. Quam autem diligentes et quam frequentes commonitiones et exhortationes post relaxationem interdicti subjunxeris cum eodem die, imo quasi eadem hora, restitutione sic facta et sententia relaxata, partibus ad causam terminum assignaris, tibi relinquimus discernendum. Verum, licet castrum illud, in quo restitutio fuit hujusmodi celebrata, a quo, protinus, soluto conventu, ad aliud est deducta, satis honorabile reputetur vel magis amœnum, cum sit in medio nemoris constitutum, miramur, tamen quod eam vel prius vel postea non fecisti deduci Parisiis ad sedem regiam, vel saltem ad aliquam civitatem, ubi ei populus occurrerit civitatis et regalem honorificentiam exhiberet. Non autem hoc scribimus, quasi credamus omnia quæ dicuntur, cum non omni spiritui sit credendum, sed ut efficias ne credantur. Monemus igitur, fraternitatem tuam et exhortamur in Domino et per apostolica tibi scripta mandamus quatenus diligenter et studiose procures, ut eadem regina potestatem et libertatem regiam assequatur; nec sic, sicut dicitur, teneatur inclusa, quin et exire valeat et cum oportuerit et decuerit, et personis idoneis adeundi et alloquendi eam facultas libera concedatur, præsertim super his omnibus quæ ad negotium istud necessaria fore noscuntur; imo, prudenter efficias, ut archiepiscopi et episcopi, comites et barones ad eam accedant, gratia visitandi et honorandi, sicut ad reginas alias accedere consueverant ; ipseque rex ad illam quandoque divertat et ei faciat necessaria, tam in personis quam rebus, regaliter ministrari. Siquidem, cum non simulate sed veraciter, mandaverimus cuncta compleri et talis non vera, sed simulata restitutio videatur, non nos sed se potius rex ipse decipiet,

---

(60) De eo jam dictum supra, epist. 11, not.

si ei, tam in his quam in aliis regalem non fecerit honorificentiam exhiberi, quam tenetur ;regaliter pertractare. Nos enim usque ad effusionem sanguinis, si forsan oporteat, veritati et justitiæ adhærentes, non patiemur, dante Domino, in hac causa, per figmentum, vel colludium, aliquid attentari. Caveas autem a continua familiaritate illorum, in quorum conspectu nullus tibi verbum audeat facere pro regina, timens ne ab assistentibus vel assidentibus protinus deferatur. Meministi, sicut credimus, qualiter tibi dixerimus viva voce, quod negotium istud, vel ad magnam exaltationem apostolicæ sedis proveniet, si diligenter fuerit procuratum vel redundabit in multam confusionem ipsius, si omissum exstiterit negligenter. Turpe quidem existeret, si, forsan, forte principium debilis sequeretur effectus, possetque nobis illud improperari poeticum :

Parturient montes, nascetur ridiculus mus.

Statuimus igitur te coram te ipso tuamque conscientiam convenimus et præcipimus ut, sicut te facere credimus, plus Deo quam homini deferas, plus nobis quam regi, plus toti Ecclesiæ quam uni personæ, plus saluti tuæ quam regiæ voluntati; et in omnibus, servata forma prædicta, sic rite procedas, ut Deum tibi reddas propitium et id ad honorem nostrum et famæ tuæ proveniat incrementum. Ne vero vana suspicione turberis, reddimus te de plenitudine gratiæ nostræ securum, quoniam in his omnibus familiariter et fiducialiter tibi sumus, tanquam amicus amico, locuti et quem castissimo quodam amore zelamur. Charissimam nobis tuæ fraternitatis dulcedinem monentes attentius et obnoxius deprecantes quatenus in nullo penitus, contra præfatam reginam, corde vel ore vel opere, movearis, sed potius, cum ejus causa sit favorabilis, ei, quantum decet et expedit, favorem impendas

XVII (60*).

LITTERÆ PHILIPPI, REGIS FRANCORUM II.

Significat se reverenter legatum apostolicum recepisse; et de causa divortii.

(Scripta post diem octavum Septemb.)

Reverendo patri et domino sanctissimo, INNOCENTIO, Dei gratia, sanctæ Romanæ Ecclesiæ summo et universali pontifici, PHILIPPUS, eadem gratia, Francorum rex, salutem et debitæ dilectionis ac reverentiæ plenitudinem.

Noverit sanctitas vestra quod nos, charissimum nostrum, O. Ostiensem et Velletrensem episcopum, apostolicæ sedis legatum, cum debita reverentia suscepimus et per vim vestram et per mandatum ve-

strum fecimus quod ipse dixit nobis ex parte vestra, quamvis hoc esset contra voluntatem nostram; et quod in animo nostro reperimus, quod possemus rationabilius tractari, sicut plures prædecessorum nostrorum tractati fuerunt, et sic in hujusmodi negotio est processum per voluntatem vestram. Præterea, noverit sanctitas vestra quod nos invenimus eumdem episcopum et legatum vestrum asperiorem in hujusmodi negotio quam crederemus, et, tamen, quidquid ipse nobis faciat, nos honoramus et honorabimus eum, sicut debemus [pro amore, quem erga vos, et Ecclesiam Romanam, et erga eum habemus (61).]

Inde est quod sanctitatem vestram rogamus quatenus eum efficaciter moneatis ut eum benigniorem in negotio nostro, et maxime in isto, inveniamus, quod ad honorem Ecclesiæ Romanæ cedat et cedere videatur. Noverit etiam sanctitas vestra quod nos rogavimus dominum cardinalem et requisivimus et adjuravimus tanquam amicum nostrum, tanquam legatum, tanquam sacerdotem, quod ipse sacramentum a nobis acciperet, quod nunquam voluimus confœderari alicui contra Ecclesiam Romanam, licet pluries fuerimus requisiti (61*).

XVIII (62).

ILLUSTRI REGI FRANCORUM.

Respondet epistolæ superiori et monet ut pareat mandatis legati apostolici.

(Laterani.)

Utinam intelligat regalis prudentia per seipsam et a suis ei fidelibus fideliter exponatur quantum honoris et gloriæ, laudis et famæ, in exsecutione mandatorum nostrorum, apud omnes accreverit Christianos, qui vere te modo catholicum principem et Christianissimum regem, prædicant et extollunt et ex te sumunt exemplar, Romanam Ecclesiam devotius et efficacius honorandi. Intuentur enim et commendant in te quod tu, tantus et talis princeps, in observantiam catholicæ disciplinæ sedem apostolicam honorasti, parens humiliter mandatis vicarii Jesu Christi, qui tibi, præter excellentiam regiæ dignitatis et vitam contulit temporalem et in futuro largietur æternam, dum propriæ voluntati non deferens ei prætulisti, sicut debueras, rationem et legato nostro celeriter et humiliter paruisti. Licet autem ex meritis tam progenitorum tuorum quam tuis, ad honorem et profectum tuum intendere, nos et fratres nostri specialius teneamur, ex hoc, tamen, Romanam Ecclesiam et nos ipsos, tibi fatemur amplius obligatos, qui exemplum obedientiæ cæteris principibus præbuisti. Quod autem per regias nobis litteras regalis serenitas intimavit, te id per vim et mandatum nostrum implesse, quod venerabilis frater noster... Ostiensis episcopus, apo-

---

(60*) Indicata apud Raynaldum, an. 1200, § 13. Inerat in apographo, quod habueramus ex Arch. Vatic. discrepantia quædam, quam hic, notavimus.

(61) Uncis inclusa desunt in apogr. ex Arch. Vatic.

(61*) Mutila videtur hæc Epistola, sed in apographo ex Archiv. Vatic. et in apographo Conti, nihil amplius additur.

(62) Indicata apud Raynaldum, an. 1200, § 13. Nulla in apographo ex Archiv. Vatic. discrepantia

stolicæ sedis legatus, ei ex parte nostra duxerat injungendum : id non fuisse violentiam sed justitiam respondemus, quin potius, medicinam ; quæ cum in te plene fuerit operata curationis effectum, non dubitamus quin nobis fias ex devoto devotior et nos et Romanam Ecclesiam amplius studeas honorare. Quia vero ex quo semel te cœpimus, dimittere non valemus, tanta vis amoris circa te mentem nostram accendit, quin ea quæ ad honorem tuum et statum regni Francorum, pertinere cognoscimus, tibi, et consulamus salubriter et fideliter injungamus, serenitatem regiam rogamus, monemus et exhortamur in Domino, et per apostolica tibi scripta mandamus quatenus animum tuum et intentiones inclines, ut prædictam reginam retineas in gratia conjugali et maritali affectione pertractes, præsertim cum nec honestiorem nec nobiliorem tibi possis, hoc tempore, copulare, utpote quæ ab omnibus non tantum honesta dicitur sed et sancta. Quod si forsan tuis vel nostris, exigentibus culpis, id desuper datum non fuerit, nos, per legatos nostros, loco et tempore congruis, judicium et justitiam faciemus. Super eo autem tibi est sollicite præcavendum, ut omnia, quæ ante discussionem negotii fieri, per litteras nostras, injunximus, efficaciter impleantur; ne, cum omnia mandaverimus fideliter et veraciter adimplere, per collusionem, vel confictionem videatur aliquid esse factum; quod ad gravem et nostram et tuam ignominiam redundaret, si quid ex iis, quæ præmitti decrevimus, fuerit negligenter omissum, differatur tandem totius causæ processus, allegantibus iis qui pro parte altera steterint quod, priusquam juxta formam mandati nostri, cætera fuerint adimpleta, nec teneantur nec debeant respondere. Super eo vero quod per easdem litteras intimasti, te, prædictum episcopum, tanquam amicum tuum, legatum nostrum et sacerdotem Domini, adjurasse, ut a te reciperet juramentum quod nec confœderatus eras cuiquam contra Romanam Ecclesiam nec confœderari volueras, licet sæpius requisitus, quamvis id nunquam venerit nobis in mentem, cum sciamus quod progenitorum tuorum vestigia, non minus in devotione sedis apostolicæ, quam regni Francorum successione, sequaris; quia tamen id, ad ostendendam tuæ fidei puritatem devote ac humiliter obtulisti, non sufficimus actiones tibi rependere gratiarum, sed ex hoc tibi et tuis constituti sumus amplius debitores. Quod autem prædictum episcopum honorifice suscepisti et ipsum devote pertractas, tanto gratius acceptamus, quanto sincerius illum diligimus et quidquid ei honoris impenditur, nobis reputamus impendi. Dat. Laterani..., anno III.

XIX (63).

LINCOLNIENSI EPISCOPO (64).

De eo qui equo puerum casu oppresserat et postea divina mysteria non peregit.

(Laterani, VI Id. Novembris.)

(65) Dilectus filius, A........ capellanus, in nostra præsentia constitutus, sua nobis confessione monstravit quod, cum quadam corporis molestia gravaretur, ita quod et somni et cibi desiderium raptum videretur ab eo, ut comedendi appetitum aliquantulum excitaret, equum quem nutrierat ascendit; qui, cum non plene pareret habenis, sed præter sessoris arbitrium suis saltibus lasciviret, ipse, ut ejus refrenaret impetum, et freno vim intulit et equum calcaribus stimulavit. Cumque, fracto freno, equus, quasi proprio relictus arbitrio, curreret festinanter, ei mulier quædam veniens ex obliquo et infantulum bajulans, obviavit; in quam equus irruens, procul projecto sessore, puerum prædictum oppressit, et capellanus ipse ex repentino casu vix mortis periculum evitavit; sed, ad ultimum convalescens, divina celebrare postmodum non præsumpsit. Quia vero nobis non constitit de præmissis, fraternitati tuæ per apostolica scripta mandamus quatenus, super his inquiras diligentius veritatem et si rem inveneris taliter processisse, cum idem capellanus nec voluntate nec actu homicidium perpetrarit nec dederit operam illicitæ rei, non impedias quominus divina possit officia celebrare.

Datum Laterani, VI Id. Novembr.

XX (65*).

O. HOSTIENSI EPISCOPO, APOSTOLICÆ SEDIS LEGATO

Autissiodorensem episcopum a suspensionis sententia absolvit; rejecta tamen ipsius ad Senonensem archiepiscopatum electione.

(Laterani, VI Id. Novembris.)

Tam Mosaica, quam evangelica lege, utraque tamen divina, docemur quod utriusque legis primarii transgressores gravius sunt puniti; cum et Moyses, eum, qui ligna collegit in Sabbato, jusserit et fecerit lapidari, et Petrus, Ananiam et Saphiram, quia mentiti fuerant Spiritui sancto, successive mortis denuntiaverit sententia condemnatos. Sane, attendentes olim quod venerabilis frater noster... (66) Autissiodorensis episcopus fuerat unus ex eis, qui, non solum latam in terram charissimi in Christo filii nostri, Philippi Francorum regis illustris, sententiam non servarant, sed deliberantes etiam decreverunt eam non esse servandam, propter quasdam

---

(63) Relata inter Decretales Innocentii PP. III, lib. v, tit. 12, cap. 13, et in collectione Raynerii, apud Baluzium, tom. I, p. 595, tit. 34, cum aliquibus, sed in principio tantum et levioris momenti, discrepantiis, quas hic notare non operæ pretium duximus.

(64) In Decretalibus (*loc. cit.*), episcopo Lugdunensi, errore manifesto, inscribitur.

(65) V. cap. *Dilectus*, De homicid.

(65*) Indicata apud Raynaldum, an. 1200, § 14. Nulla in Apographo ex Arch. Vatic. discrepantia.

(66) Erat is, Hugo IV, de Noeriis (*des Noyers*), qui Autissiodorensis episcopus electus, anno 1183, Nonis Januarii, Romæ defunctus est, anno 1205, die 29 Septembris. *Gall. Christ.*

frivolas rationes, quas non duximus admittendas; licet dilecti filii canonici Senonenses, qui sententiam ipsam recoperant et servarant, ipsum in archiepiscopum suum elegerint postulandum (67), postulationem tamen ipsorum, non propter postulantem Ecclesiam, sed propter postulatam personam, repulimus ut indignam; canonicis ipsis per apostolica scripta mandantes ut Ecclesiæ Senonensi, vel per electionem canonicam vel per postulationem idoneam, providerent. Verum, nuper ejusdem episcopi litteras recepimus, non excusationem suam, sed accusationem potius continentes; per quas, sicut videbatur, in multa oris et cordis humilitate se confitebatur errasse et erroris sui veniam postulabat. Asserebat etenim quod ex indignatione nostra in abjectionem et confusionem plurimum devenisset, etiam ab omnibus digito monstraretur, quasi non militasset legitime, sed militiam deserens transfugisset ad hostes; unde, melius sibi non vivere quam sic vivere asserebat, et tutius deponere militiæ cingulum quam taliter militare. Asserebat etiam quod hoc, non adulationis vel ambitionis causa scribebat, quasi vellet ad majorem conscendere dignitatem, sed ne derisui ulterius haberetur et sic fieret opprobrium hominum et abjectio plebis. Considerantes igitur quod non punit Deus bis in idipsum et quod duplex tribulatio non consurgit, humilitatem quoque ipsius episcopi diligentius attendentes, ne conterere videremur calamum conquassatum, eumdem episcopum, manente pœna priori, ut hac vice videlicet ad Senonensem metropolim non ascendat, in gratiam nostram duximus admittendum. Quia vero cum dilectus filius noster, P. (68) Sanctæ Mariæ in via Lata diaconus cardinalis, tunc apostolicæ sedis legatus, episcopos, qui sententiam interdicti negligerent observare, ab officio pontificali suspenderit, idem episcopus, postquam super sententia ipsa nostrum beneplacitum intellexit, se habuit tanquam ab officio episcopali suspensum; quia beneficia principalia sunt interpretanda latissime, secundum legitimas sanctiones, nos, ad supplicationem ipsius episcopi, per eosdem nuntios nobis factam, ipsam suspensionis sententiam, de benignitate sedis apostolicæ, duximus relaxandam. Volentes, autem, in hac parte, tuæ fraternitati deferre, præsentium tibi auctoritate mandamus, quatenus eumdem episcopum pro sua culpa punitum, juxta præscriptam formam, in gratiam nostram receptum denunties et prædictam sententiam relaxatam.

Dat. Lat., vi Id. Novemb., anno iii.

(67) Vacaverat archiepiscopalis Senonensium sedes, iv Kal. Decembris, an. 1199, per obitum Michaelis de Corbolio. *Gall. Christ.*

(68) Erat is, Magister Petrus Capuanus, Amalphitanus qui tituli S. Mariæ in via lata diaconus, a Cœlestino PP. III, postea tituli S. Marcelli presbyter cardinalis, ab Innocentio PP. III, anno incerto, renuntiatus, post varias, in regnum Napolitanum, in Lombardiam, in Poloniam, in Galliam, nec non in Orientem, legationes, obiit circa annum 1209. Ciacon. tom. I, col. 1162.

XXI (69).

CONSULIBUS ET POPULO JADERTINO.

Monet et præcipit ut appellationibus ad sedem apostolicam delatis non obsistant.

(Laterani.)

Venientes nuper ad apostolicam sedem *dilectos filios*, consules vestros, *benigne recepimus* et super iis quæ ad nos de vobis sæpius referuntur et commonere *paterne* curavimus et aliquantulum aspere convenire. Cum enim, appellationibus interpositis, ad apostolicam sedem teneamini humiliter et devote deferre, cum et leges etiam sæculares, post sententiam appellationis, beneficium non denegent aggravatis, *vos, id minus quam vos deceat, attendentes, sententias appellatione suspensas exsecutioni mandatis et gravatis, in contemptum sedis apostolicæ, appellantes*. Verum, iidem consules nobis *ad excusationem vestram* exponere curaverunt quod, cum aliqui vestrum vocantur ad officium consulatus, firmant proprio juramento quod super mutuis et plagiariis, secundum civitatis vestræ consuetudinem, judicabunt et infra viginti novem (70) dies, quod judicaverint, exsequentur. Unde, salvo hujusmodi juramento, vos non posse super iis appellationibus deferre dicebant. Quia vero, non minus judices secundum leges, quam consules vestri secundum consuetudinem judicare juraverunt, et ideo, sicut judices contra leges, sic et consules vestri contra consuetudinem possunt subditos aggravare; *ne in his etiam videamur deesse gravatis, universitati vestræ, per apostolica scripta*, mandamus *atque præcipimus* quatenus, *cum approbatas consuetudines vestras servari velimus*, appellationibus ad nos interpositis deferatis *humiliter et devote*, cum prædictum juramentum vos excusare non possit, in quo debet intelligi jus superioris exceptum. Cum, ergo, *sicut accepimus*, postquam *dilectus filius*, S.... lator præsentium, ad sedem apostolicam a sententia J... judicis appellavit, *sententiam ipsam duxeritis exsecutioni mandandam, in possessionem rerum*, de quibus quæstio vertebatur, appellantis adversarium inducentes; volumus, nihilominus et mandamus, ut possessionem *eidem* S.... *post interpositam ad nos appellationem ablatam, ei, sine difficultate qualibet*, restituere procuretis (71). Alioquin, noveritis nos *venerabilibus fratribus nostris*, Nucerino (72), et...., episcopis, *per apostolica scripta*, mandasse, ut vos ad id, *monitione præmissa*, per censuram ecclesiasticam (73), *appellatione remota, compellant.*

Dat. Later.

(69) Relata inter Decretales Innocentii PP. III. lib. ii, tit. 24, *De jurejurando*, cap. 19; ubi desunt quædam voces, quæ in Italico charactere hic exhibentur. Vid. not. Alfeserræ.

(70) Decretal. xxviii.
(71) Decretal., *restituatis eidem.*
(72) Decretal., episcopo Nuc. Ugho, ad episcopalem Nuceriorum sedem; anno 1196, vocatus, eam usque ad annum 1218 occupavit. Ughell. *Ital. sacr.* t. I, col. 1119.
(73) Decretal., *censura ecclesiastica.*

XXII.

NOBILI VIRO S...... COMITI RAGUSIÆ.
Eum audat ob reverentiam erga sedem apostolicam et fidem erga regem Siciliæ
(Laterani.)

Nobilitatem tuam dignis in Domino laudibus commendamus et prosequimur actionibus gratiarum, quod, sicut ex relatione multorum, et præcipue dilecti filii J.... (74) marescalci et consobrini nostri; nobilis civis Romani, didicimus, in devotione nostra et fidelitate regia firmiter perseverans, regis et regni hostibus viriliter te opponis. Nos igitur id gratum habentes pariter et acceptum et ad honorem tuum propter hoc, libentius intendere cupientes, nobilitatem tuam monemus et exhortamur attentius, et per apostolica tibi scripta mandamus quatenus, sicut hactenus, imo fortior quam hactenus, in regia fidelitate ac nostra devotione persistens, ad id quosque poteris attrahas et inducas et inimicis regni potenter resistere non omittas, ne perfidus Marcowaldus, qui per vires superare non potuit, per fraudes valeat prævalere. Nos enim circa regni defensionem in nullo tepescimus, sed de ipsius subsidio sollicite cogitamus, sicut in proximo, dante Domino, indicabit effectus. Ne, autem, occasione juramentorum, quæ, super concordia nuper inita cum eodem perfido Marcowaldo, dicuntur exhibita, a fidelitate regis et regni defensione possint aliqui revocari, quia ea contra sedem apostolicam et coronam regiam, in detrimentum totius regni redundant, præsertim cum ipse perfidus, cum suis fautoribus, sit anathematizatus et maledictus a nobis, et ideo debeat ab omnibus evitari, hujusmodi juramenta, tanquam illicita, decernimus non servanda; cum etiam prius fuerit de non ineunda cum ipso compositione juratum. Ad hæc, nobilitati tuæ gratiarum referimus actiones, quod eumdem marescalcum, ob reverentiam apostolicæ sedis et nostram sicut ipse nobis exposuit, honorare curasti.

Dat. Later.

XXIII (75).

ARCHIEPISCOPIS, COMITIBUS, BARONIBUS, CIVIBUS ET UNIVERSO POPULO, PER APULIAM CONSTITUTIS.
Hortatur ut Marcowaldo resistant.
(Laterani.)

Tyrannidem, quam olim Marcowaldus in regnum exercuit, infixam esse credimus menti vestræ, cum adhuc incuratæ maneant vulnerum cicatrices, quæ regno in rebus intulit et personis nec valeant de levi curari. Ipse quidem nec Deum timens nec reveritus hominem, nec sexui detulit nec ætati pepercit nec pauperum est misertus nec vultus potentium acceptavit, quominus in omnes pariter desæviret, Ecclesias et ecclesiasticos viros opprimeret, pauperes aggravaret et potentes vestros, vinculis ferreis alligatos, in exsilium dirigeret mutilandos, quin A etiam virgines vestras fautoribus suis exponeret, non privatim sed publice corrumpendas, et conjugatas rapi faceret in oculis maritorum. Nos, autem, regnum Siciliæ scientes ad jus et proprietatem sedis apostolicæ pertinere ac attendentes quod et charissimi filii nostri F........... Siciliæ regis illustris tutelam et regni balium inclytæ recordationis C..... imperatrix, nobis reliquerit testamento, quod utique balium nobis competit, ex approbata quoque regni consuetudine, quæ pro lege servatur; prædicto M..... regnum iterum invadenti, nos ipsos duximus opponendos et, præter canonicæ districtionis sententiam, qua, excommunicando perculimus pertinacem et fautores ipsius, temporaliter etiam non sine sumptibus multis, ejus curavimus conatibus obviare; ita quod, nisi primis insultibus ejus taliter fuisset occursum, totum regnum vel majorem partem ipsius, in impetu, sicut creditur, occupasset. Cumque postmodum idem iniquitatis filius se in Siciliam transtulisset et sine obstaculo quolibet discurreret circumquaque nec qui sibi resisterent inveniret, cancellarius et alii familiares regii, qui per se sponte juraverant quod nullam cum Marcowaldo pacem inirent, nostrum super hoc auxilium postularunt. Quamvis autem grave nobis videretur non modicum quod, cum super his quæ prius expenderamus pro regno, in nullo nobis fuisset penitus satisfactum, ad majores invitabamur expensas, ne, tamen, videremur regno deesse, conductis de pecunia nostra militibus, dilectum filium J.... marescalcum et consobrinum nostrum, virum prudentem et strenuum, providum et discretum, in Siciliam duximus destinandum. Licet autem in tantum efferbuisset audacia Marcowaldi, ut ejus esset temeritas effrenata; ut, occupata Montis Regalis ecclesia, suas ante Panormum dirigeret acies pugnaturus, et quasi sic civitatem regiam obsideret, factum est tamen, postmodum, faciente nobiscum Domino signum in bonum, quod per vires nostras et regias, ipse Marcowaldus cum suis, amissis omnibus spoliis et multis de suis in bello prostratis, turpiter is fugatus et tunc perdidit cum credidit se vicisse [Verum marescalco ipso ad præsentiam nostram, propter infirmitatem militum et expensarum defectum, victore reverso, cancellarius, ut accepimus, contra prohibitionem expressam ei factam sub nomine nostro, contradicentibus venerabilibus fratribus nostris...... Montis Regalis archiepiscopo et episcopo Cefaludensi, familiaribus regiis et aliis multis magnatibus, qui se et munitiones suas optime paraverunt, cum Marcowaldo compositionem inivit, quam timemus in regis perniciem et regni periculum attentatam, nisi ei fortiter obvietur. cum et majora dicuntur eidem Marcowaldo, jam de bello fugato, per hanc compositionem concessa, quam ipsemet peterit ante fugam. Ne igitur idem

---

(74) Jacobus, de quo multoties agitur in Gestis innocentii PP. III.
(75) Indicata, apud Raynaldum (an. 1200, § 3), imo relata, sed imperfecta, apud eumdem. (*Eodem an.* 1200, § 8.) Quæ apud eum reperiuntur. hic uncis distinguuntur.

perfidus Marcowaldus, qui per vires superare non potuit, imo qui vestris est viribus superatus, per fraudes valeat superare, sed magis in suis fraudibus superetur, monemus universitatem vestram et exhortamur in Domino et per apostolica vobis scripta, tam ex parte nostra quam regis, districte præcipiendo mandamus quatenus, eidem Marcowaldo, qui ad oppressionem vestram revertitur citra Pharum, non respondeatis in aliquo, sed sicut hactenus potius, imo fortius quam hactenus, potenter et viriliter resistatis, qui, si resistere volueritis, non poterit prævalere, cum virtus ejus sit penitus enervata; nec moveamini ad litteras, si quæ vobis fuerint sub sigillo et nomine regio destinato, cum non rex sit auctor earum, sed is potius qui compositionem inivit. Nec credatis quod ob utilitatem nostram ista scribamus, cum parati sint illi, si consentire vellemus compositioni prædictæ, mandatis apostolicis obedire. Sed ad ista movemur potius, ne fiant novissima vestra deteriora prioribus, et ad extraneos deveniant domus vestræ et vobis in exsilium destinatis, vel variis cruciatibus interemptis, matres et natæ vestræ, uxores pariter et sorores, dehonestandæ tradantur in manibus exterorum, sitque pejus qui fuerint in regno relicti, tam turpiter vivere quam exsulare vel mori. Noveritis, autem, quod, licet hactenus pro regni defensione multas subierimus anxietates, sollicitudines et expensas, exponentes pro ipso fratres nostros, consanguineos et fideles, nunquam tamen, circa defensionem ejus tepescimus, sed sollicitius solito vigilamus, sicut in proximo dante Domino, per experimentum operis sentietis.

Dat. Later.]

XXIV (76)

J TITULI S. PRISCÆ PRESBYTERO CARDINALI, APOSTOLICÆ SEDIS LEGATO (77).

Mandat ut hæreticos, in provincia Narbonensi, juxta canonicas sanctiones puniat.

(Laterani.)

Cum credamus te zelum Dei habere secundum scientiam, ut evellas et destruas, disperdas et dissipes et ædifices et plantes in provinciis tuæ legationi commissis, juxta potestatem acceptam a nobis, prout rigor canonicus exigit, et ecclesiastica poscit honestas, et facto flagello de resticulis, de templo vendentes ejicias et ementes, ne domus orationis fiat spelunca latronum, ea quæ nobis de excessibus, tam prælatorum, quam subditorum provinciarum ipsarum, quorumdam nobis diligentia intimavit, corrigenda tibi per nostras litteras explicamus. Plorans, etenim, sicut transmissæ ad nos litteræ continebant, plorat Ecclesia in provincia Narbonensi et lacrymæ ejus in maxillis ejus, in nocte adversitatis et oppressionis ipsius. Ibi enim obscuratum est aurum, color optimus est mutatus, dispersi sunt lapides sanctuarii in capite omnium platearum; princeps provinciarum facta est, per prælatorum incuriam, sub tributo; clerus immisericorditer illic affligitur, sponsa Christi contemptibilis et vilis habetur, tyrannorum insolentia insolentius solito in sanctuarium Domini debacchatur, et, scientibus ac dissimulantibus, imo etiam approbantibus quibusdam prælatis, ecclesiæ a laicis incastellatæ pro munitionibus detinentur, Christianis in Christianos inde guerras exercentibus et rapinas. Accedit ad hoc, quod damnata et damnanda diversarum hæresum pravitas, quæ Deum et ministrum Domini Moysen, ore polluto blasphemans, damnat tam Novum Testamentum quam Vetus et ecclesiastica sacramenta contemnens, ea prædicat esse sacrilega, et quidquid fidei, religionis et divini cultus, in Ecclesia solemniter agitur et fideliter observatur inutile, ac ridiculosum affirmat, ibi fortius insolevit, ita quod plures inveniuntur ibi discipuli Manichæi quam Christi, plures Simonis magi, quam Simonis Petri, apostolorum principis successores; nec est qui super enormitate adeo detestanda consoletur Ecclesiam, ex omnibus charis ejus; imo facti sunt hostes ejus in capite, curantes cum ignominia contritionem ipsius. Speculatores ejus omnes, cæci, canes muti non valentes latrare, talentum sibi creditum in sudario cum inutili servo recondunt, utpote in ore quorum est verbum Domini alligatum; filii, sunt caupones pessimi, aquam vino miscentes, qui nec inter sanctum et profanum discernunt nec separant pretiosum a vili, sed omnia faciunt gratia turpis lucri. Omnes enim juxta illud prophetæ, a maximo usque ad minimum, avaritiæ student, diligunt munera, retributiones sequuntur, justificantes impium pro muneribus et justi justitiam auferentes. Per hos inter gentes nomen Domini blasphematur, qui leges condentes iniquas, acceptores personarum et munerum, in judicio vultum potentis honorant, pupillo vero non judicant et causa viduæ non ingreditur ad eosdem. Et, cum, juxta divinum oraculum, judicium durum in his qui præsunt, fiat et potentes potenter tormenta patiantur, si potentium quisquam enormiter quantumcunque delinquat, adulantibus istis, laudatur peccator in desideriis animæ suæ, et iniquus benedicitur; ita ut talibus merito valeat coaptari, quod legitur in propheta: væ qui consuunt pulvillos sub omni cubito manus et faciunt cervicaria sub capite universæ ætatis, ad animas capiendas; et illud: ipse ædificabat parietem, illi autem liniebant eum. Similiter, cum misericordia non exigua concedatur, si pauper etiam parumper excesserit, venia judicatur indignus; ita ut, sic judicantibus dictum esse credatur: vos cum austeritate imperabitis et cum potentia; hi siquidem dicunt bonum malum et malum bonum; po-

---

(76) Indicata apud Bzovium, tom. XIII, p. 74, col. 2, § 9. Nulla in Apographo ex Arch. Vatic. discrepantia.

(77) De eo jam dictum supra, epist. 15.

nunt tenebras lucem et lucem tenebras; in dulce amarum et in amarum dulce convertunt; nec Deum timent nec hominem reverentur; dogmata evangelica prava interpretatione pervertunt et canonica statuta confundunt. Cum enim, secundum antiquorum canonum traditionem et sacri approbatione concilii sit statutum ut plures dignitates non committantur uni, sed nec parochialium regimen Ecclesiarum, nisi in sacris ordinibus constitutis, qui vita, moribus et scientia commendandi existant, hi novos antiquis, rudes emeritis, indisciplinatos præferentes perfectis, et, de multitudine Ecclesiarum et dignitatum, canonibus inimica, quæ certum continet periculum animarum et materiam dissolutionis inducit, sicut debuerant, non curantes, pueris illitteratis et infra sacros ordines constitutis, qui vita et moribus frequenter offendunt, diversas conferunt dignitates. Hinc hæreticorum insultatio provexit, detractio tyrannorum et populi in Deum et Ecclesiarum contemptus procedit. Hinc prælati fiunt fabula laicorum; ideo, sicut populus, sic sacerdos. Tot autem et tantorum malorum causa et caput per easdem litteras dicitur archiepiscopus Narbonensis (78); cujus Deus nummus est et gloria in confusione ejus; cujus mens pecuniæ avida nec abstinere novit a vetitis nec gaudere concessis, nec pietati adhibere consensum; qui habens cor suum ubi est thesaurus suus, aurum quam solem libentius intuetur. Hic, cum jam per decennium archiepiscopalem cathedram occuparit, stans magni nominis umbra, nec semel provinciam sed nec propriam parochiam visitavit. Hic, quod gratis accepit, erubescens quodam modo gratis dare, a Magalonensi episcopo (79), pro consecratione sua, soldos quingentos exegit, quos ille dedit, avidus ligni dulcis. Præterea, cum eidem archiepiscopo, in virtute sancti Spiritus, sub interminatione divini judicii, dederimus in mandatis, ut, cum suffraganeis suis, super subsidio terræ orientalis concilium convocaret, ipse, nec Deum timens nec reveritus apostolicam sedem, in grave cleri et populi scandalum, mandatum nostrum implere vel noluit vel contempsit. Monemus, igitur discretionem tuam et exhortamur in Domino ac per apostolica tibi scripta mandamus quatenus, inquisita super his et cognita veritate, ad correctionem, tam prædictorum quam aliorum excessuum, in eadem provincia, fortitudinis virtutem assumens et zelo diutinæ legis accinctus, in constitutionis canonicæ transgressores gladium exeras ecclesiasticæ ultionis, ne, per impunitatem deteriores effecti, contemnant, cum in profundum venerint vitiorum.

Dat. Laterani....... anno tertio.

XXV.

PETRO ATREBATENSI EPISCOPO (80).

Indulget ut beneficia conferat idoneis et aliis ex mandato apostolico.

(Laterani, iv Kal. Decembris.)

Cum nuper opposueris te murum inexpugnabilem in die prælii pro domo Domini, aliis ascendentibus ex adverso, tanto libentius tibi favorem apostolicum impertimur, quanto in hoc magis sumus, tam obedientiæ bonum in te, quam constantiæ virtutem experti. Eapropter, venerabilis in Christo frater, tuis precibus annuentes, auctoritate tibi præsentium indulgemus, ne cui a tuis prædecessoribus ordinato vel a te ad ordines minores promoto vel constituto in sacris ordinibus, qui ecclesiasticum beneficium sit adeptus vel aliud habeat unde congrue valeat sustentari donec aliis a te ad sacros ordines jam promotis competentia beneficia conferas, auctoritate mandati nostri providere cogaris, salvis mandatis nostris quæ ad te hactenus emanarunt, si pro idoneis personis, competentia beneficia in aliis Ecclesiis non habentibus, apparuerint impetrata; cum pro talibus in communi forma scribamus et eo salvo, si forsan apostolica sedes alicujus miserta, ex certa scientia, hujus indulgentiæ habita mentione, per te ipsi vellet in ecclesiastico beneficio provideri. Non est enim incongruum, ut meritorum qualitate pensata, promotos a te iis præferas, in beneficiis conferendis, qui a tuis prædecessoribus fuerant ordinati, et constitutos in sacris ordinibus, in minoribus ordinibus positis anteponas, ac inter eos qui per te ad superiores ordines sunt assumpti, dignioribus et magis egentibus prius studeas providere. Circa provisionem autem illorum, quibus teneris, ex mandato sedis apostolicæ, providere, hunc modum volumus observari, ut ita eis in domo tua provideas vel alibi facias provideri, donec competens eis ecclesiasticum beneficium assignaris, quod, occasione provisionis nec dejiciantur inopia nec superfluis sumptibus dissolvantur. Nulli ergo, etc., hanc paginam nostræ concessionis, etc.

Dat. Later., iv Kal. Decembris anno 3.

---

(78) Erat is Berengarius II, filius Raimundi Berengarii, comitis Barcinonensis, ex Bernarda, non legitima conjuge; qui, ex abbate montis Aragonum, factus episcopus Ilerdensis, Narbonensis metropolita renuntiatus est, anno 1191 et obiit circa annum 1212. *Gal. Christ.*

(79) Guillelmus II, e nobili Flexiorum (*de Fleix*) sanguine, ad Magalonensem sedem vocatus, Non. Martii, an. 1196, obiit an. 1202, Idib. Martii. Vid. *Gal. Christ.* Sed male concordant quæ hic de Simoniaca ejus consecratione dicuntur, cum laudibus in ipsum a Cœlestino PP. III congestis.

(80) Petrus I, primo Pontiniaci, deinde Cistercii abbas, totius cleri calculis in Atrebatensem pontificem electus, consecratus fuit, an. 1184. Interdicti sententiam in Philippum, ob dimissam uxorem Ingelburgem, et in totum regnum, latam, accuratissime observasse dicitur a cœvo Andrensis Chronici scriptore (*Spicileg.* tom. II, p. 831). Obiit an. 1203. Vid. Chronic. Alberici.

XXVI.

ARCHIPRESBYTERO PADUANO; PEREGRINO, ARCHIDIACONO TRIDENTINO, ET DECANO S. FELICIS AQUILEGENSIS.

Pro episcopo Cenetensi, cui assignat præposituram Sancti Stephani Aquilegensis et committit an jure sit ad eam admittendus.

(Laterani, vii Kal. Decembris.)

Cum olim, propter Tarvisinorum perfidiam (81), qui ad Cenetensem Ecclesiam, imo episcopatum totum, manus sacrilegas extendentes, omnia desiderabilia ejus funditus everterunt, non posset in loco ipso venerabilis frater noster (82)..... Cenetensis episcopus, remanere, ad apostolicam sedem confugium habuit, matrem omnium oppressorum, angustias et calamitates suas auribus nostris frequenter inculcans; ab ea suppliciter postulans subsidium opportunum, quæ necessitatem patientibus non consuevit claudere gremium pietatis. Porro, ne ipsum mendicare contingeret in episcopalis opprobrium dignitatis, de provisione ipsius cœpimus cogitare. Tandem vero ad hoc nostrum resedit consilium, ut in regulari canonica sancti Stephani Aquilegensis, quæ, secundum ipsius episcopi testimonium, præpositi solatio biennio tunc vacarat, faceremus, exsilii sui tempore per venerabilem fratrem nostrum (83)..... Aquilegensem patriarcham, sibi exsecutorem datum, misericorditer provideri. Patriarcha vero, mandati apostolici diligens exsecutor, ad quem cura præpositurae jure metropolitico pertinebat, ipsum episcopum præpositura eadem solemniter investivit, curam ei domus et rerum ipsius concedens, firmiter canonicis, ex parte nostra injungens, ut præfatum episcopum devote ac benigne reciperent et condignam ei reverentiam exhiberent ipsumque in omnibus et per omnia, honeste tractarent. Præmissum sane mandatum nostrum per litteras et..... abbatem Rosacensem, procuratorem suum, patriarcha jam dictus canonicis destinavit, illuc personaliter ire non valens, majoribus occupatus. Omnes vero canonici tunc præsentes, uno duntaxat excepto, quod factum fuerat approbantes, sæpe dictum Cenetensem episcopum in pastorem et præpositum unanimiter receperunt, per pacis osculum debitam sibi obedientiam exhibentes. Officiales insuper claves sibi officiorum suorum sine difficultate qualibet resignantes, easdem postea de ipsius manibus humiliter receperunt, de quibus omnibus..... clericus episcopi Cenetensis, per vivas voces et instrumenta publica fidem posse fieri referebat; suppliciter petens, imposito adversæ parti silentio, quod factum fuerat de ipso episcopo auctoritate sedis apostolicæ roborari. E contrario, vero, A pars altera proponebat, quod per patriarcnam factum fuerat penitus irritandum; asserens, præfatum episcopum, per fraudem tacendi, rescriptum apostolicum impetrasse. Unde, tanquam mendax precator, carere debebat penitus impetratis. Asseruit enim falso Ecclesiam ipsam biennio vacavisse; cum..... quondam præposito, mense Julii, sublato de medio, sequenti mense Augusti, fratres ipsi,... canonicum quondam de gremio ipsius Ecclesiæ in præpositum unanimiter elegissent, cujus confirmatio, pro absentia patriarchæ, tandiu exstitit prolatata. Ad idem etiam fuit professio dispar objecta quæ in eodem officio non debet existere juxta canonicas sanctiones. Cum enim fratres ipsius Ecclesiæ canonici regulares existant, episcopus vero, nondum assumpserit habitum regularem, qui discipulus religionis non fuerat, magister existere non valebat neque canonicos institutis regularibus informare, quorum notitiam non habebat. Dilapidationis insuper vitium ei fuit objectum; cum meliora ornamenta Ecclesiæ, post adventum suum, non fuerit veritus obligare. Fines quoque mandati delegatum excessisse dicebat, qui episcopum de præpositura ipsa solemniter investivit, eique plenarie curam domus concessit, cum nos ei dederimus in mandatis quatenus, si expedire videret, ita quod nec in spiritualibus nec temporalibus *relatis* (sic) læderetur honestas, in destituta Ecclesia episcopo consuleret exsulanti et per episcopum, donec restitutus esset Ecclesiæ Cenetensi, provideret Ecclesiæ præposito viduatæ. Propter has, ergo et alias rationes, pars Ecclesiæ proponebat episcopum amovendum, obnixe deposcens ut electionem unanimiter factam de Henr. presbytero, et canonico ejusdem Ecclesiæ, priusquam apostolica scripta pro episcopo emanassent (præsertim cum capitulum facultatem habeat eligendi, sicut ex privilegiis patet pontificum Romanorum), dignaremur, auctoritate apostolica, confirmare. Nos ergo super his quæ præmisimus, habito cum fratribus nostris consilio, per apostolica vobis scripta mandamus quatenus, accedentes ad locum, inter partes amicabiliter componere studeatis, et, ne sæpedictus episcopus in episcopalis dignitatis opprobrium, mendicare cogatur, honestam et moderatam provisionem assignari sibi, volentibus partibus, de ipsa Ecclesia faciatis. Si vero, quod absit, desuper datum non fuerit ut bonum pacis valeat provenire, inquisita diligentius veritate, si prædictum canonicum inveneritis canonice prius electum fuisse, nec postmodum electioni de se factæ renuntiasse, tacite vel expresse, prædicto episcopo, qui, pendente ipsius electione,

---

(81) Vid. Innocentii PP. III. Epist. lib. ii, epist. 8 et infra, epist. 39.
(82) Matthæus, natione Etruscus, patria Senensis, qui ad Cenetensem episcopalem sedem, anno 1190, vocatus, obiit temporibus Honorii PP. III. UGHELL. *Ital. sacr.* tom. V col. 209.
(83) Peregrinus II, electus an. 1199, commendatum sibi munus, brevi quidem tempore, sed cumulatissime, explevit. Tarvisinos, direptionibus et incendiis grassantes, junctus fœdere cum Henrico Dandulo, Venetorum duce, propulit, magnaque, militari arte, dissipavit clade; et, cum plurimas prope Venetias possessiones emisset, civis Venetus effectus est. (Dandul. *in Chronic.*) Excussit e vita post quartum præsulatus sui annum, UGHELL. *Ital. sacr.* t. V, col. 71.

per subreptionem apostolicas litteras impetravit, silentium imponatis; vel si constiterit eumdem episcopum bona Ecclesiæ ejusdem per dilapidationis vitium distraxisse, ipsum ab ea, sublato contradictionis et appellationis obstaculo, removere curetis; cum et ipsi per Ecclesiam et Ecclesiæ per ipsum mandaverimus provideri. Alioquin, quod de ipso episcopo auctoritate apostolica factum est ratum et firmum faciatis haberi, ita videlicet ut, exsilii sui tempore, præpositi vices exerceat in Ecclesia memorata. Sane illud vos mente sollicita volumus observare, ut quemcunque mandatum apostolicum exitum consequatur, sæpefata Ecclesia nullum incurrat in spiritualibus vel temporalibus detrimentum, imo ad augmentum potius utrorumque qui domus ejusdem dispositionem habuerit, intendere volumus et jubemus. Testes autem, etc. Quod si non omnes, etc. Duo vestrum, etc.

Datum Lateran., vii Kal. Decemb.

XXVII (84).

PANTALEONI, COMPSANO ARCHIEPISCOPO (85).

Committit ut una cum suis suffraganeis, componat dissidia inter Latinos et Græcos suæ diœceseos, nolentibus alteris interesse divinis officiis alterorum.

(Laterani, ix Kal. Decembris.)

Ne, si semen verbi Dominici quod mitteris seminare ceciderit inter spinas, fructu careat exoptato, decet te inter agricolas vineæ Domini Sabaoth (utinam autem illos assumptum, quibus (86), male prius perditis malis, vineam suam Dominus legitur locavisse) de messe Dominica tritulos exstirpare et litis materiam amovere a subditis, ut tanto libentius audiant et exaudiant verba tua, quanto quietioris mentis et animi placatioris existent. Sane, ad audientiam apostolatus nostri pervenit quod, in castro Pulzin... Olette, et Veri, inter Latinos et Græcos schisma non modicum est subortum, nolentibus alteris Officiis interesse alterorum, dum et Græci Græcos, et Latini Latinos, præsertim diebus solemnibus, audire desiderant sacerdotes, quod in eadem Ecclesia de *levi* (sic) posse fieri non videtur. Ad tollendam igitur hujus dissensionis materiam et pacis inter eos fœdera reformanda, præsentium tibi auctoritate concedimus ut, cum duobus vel tribus suffraganeis tuis accedens ad locum, de ipsorum consilio id inter discordantes constituas quod, secundum Deum, fuerit statuendum, in hoc sine personarum acceptione procedens, cum non sit distinctio Judæi ac Græci, sed in omni gente, qui facit justitiam acceptus sit Deo. Nulli ergo omnino hominum hanc paginam nostræ concessionis, etc.

Datum Lateran., ix Kal. Decembris.

XXVIII (87).

POTESTATI ET POPULO FIRMANIS.

De reditu provinciæ Marchiæ et Firmanorum in fidem apostolicæ sedis; et de statuendis, pro bono pacis, a legato et procuratoribus ejusdem sedis.

(Laterani.)

Licet successores nostros credamus libenter velle Marchiam ad dominium Ecclesiæ retinere, nos, tamen, qui eam tamen ad dominium apostolicæ sedis, Domino concedente, reduximus, ipsam libentius cupimus in ejusdem dominio conservare, cum sit, quodam modo, rationabile, quod quilibet defendat et manu teneat factum suum. Inde siquidem fuit quod, cum olim in adventu dilecti filii nostri, G..... (88) tituli Sanctæ Mariæ Trans Tiberim presbyteri cardinalis, apostolicæ sedis legati, Marchiam audiverimus fuisse turbatam, ipsi dedimus in mandatis, ut ad reformandum in melius, statum ejus, diligens studium et operam impenderet efficacem. Quod si desuper non daretur ut vos et alii fideles nostri in Marchiam constituti monitis et consiliis pareretis ipsius, vobis, ex parte nostra, præciperet, ut usque ad festum Sancti Lucæ, responsales idoneos ad nostram præsentiam mitteretis, deliberantes communiter et firmiter statuentes, certumque dantes mandatum eisdem et plenariam potestatem, ut nobiscum super apostolicæ sedis justitiis convenirent et de reformatione pacis ac terræ defensione, nec non fidelitate nobis plenius exhibenda, nostris exponerent se mandatis quæ per Dei gratiam non nisi justa, honesta et utilia faceremus, nuntiorum vestrorum consilio requisito; quod etiam vobis per episcopum vestrum (89)

---

(84) Indicata apud Raynaldum, an. 1200, § 47.
(85) Erat is sextus Compsanorum archiepiscopus, de quo hæc apud Ughellum (tom. VI, col. 1000). « VI. Pantaleo fuit archiepiscopus, an. 1200, « ex tabulis, quæ docent illum, eodem anno, ab « Innocentio III, confirmationem suæ diœcesis ob« tinuisse. Privilegium non vidi; in Regestis Vati« canis tamen litteram offendi ad ipsum scriptam, « ix Kal. Decembris, anno pontificatus 5, num. « 25. » Erat Ughellus in numerando pontificatus anno, qui est tertius non quintus.
(86) Locus corruptus.
(87) Indicata apud Raynaldum, an. 1200, §. 49.
(88) Guido de Papa, seu Paparonus, seu Papareschus, a Clemente PP. III, factus presbyter cardinalis S. Mariæ Trans Tiberim, postea ab Innocentio PP. III, cardinalis episcopus Prænestinus.

Is, ex domo Papareschorum, et progenie Innocentii PP. II descendens, duobus legationibus functus est, una in Marchia, altera in Gallia Cisalpina; et, Verulis, apostolicæ sedis Colegatus, anno Innocentii PP. III secundo, cum Octaviano, episcopo Ostiensi, et Hugone, S. Eustachii diacono cardinali, Marcowaldum, ab eodem Innocentio excommunicatum, resipiscentem absolvit. Certum est anno 1205 e vita excessisse. CIACON. tom. I, col. 1146.
(89) Firmanam sedem tunc temporis, occupasse videtur Adonulphus, qui ab Innocentio PP. III, privilegium, anno 1205, obtinuisse dicitur. De ipsius prædecessore, qui vocabatur presbyter, nihil apud Ughellum, post annum 1192. *Ital. sac.* tom. II, col. 764.

mandavimus intimari. Quamvis autem cardinalis ipse in susceptione litterarum nostrarum, longius a Marchia recessisset; vos tamen usi consilio saniori, dilectos filios, A..... et F..... viros nobiles, providos et discretos, procuratores vestros, ad sedem apostolicam destinastis. Nos, autem tam cum eis quam cum aliis procuratoribus civitatum in Marchia, et fratribus nostris, super praemissis capitulis habito diligenti tractatu, de ipsorum procuratorum consilio, dilectos filios, O... subdiaconum et capellanum nostrum et Albertinum, camerae nostrae notarium, nuntios et procuratores nostros in Marchiam duximus destinandos, quibus dedimus in mandatis ut ad reformandam inter vos et alios Marchianos plenae pacis concordiam et justitiam exercendam prudenter et diligenter intendant, et ea quae per legatos apostolicae sedis provide constituta et legitime definita repererint, ipsa fidelitate non differant exsecutioni mandare: in aliis vero cum cognitione procedant, ut id statuant vel definiant quod utile quidem ac justum existat. Ut autem mandatum apostolicum efficacius et decentius valeant adimplere, universitati vestrae per apostolica scripta mandamus atque praecipimus quatenus interim ad mandatum eorum Treugas ad invicem inviolabiliter observetis et super suscipiendo verbo pacis vos non exhibeatis difficiles vel remissos, cum tantum futurum si bonum ejus, si, dante Domino, poterit provenire quod, etsi non omnes suum fuerint desiderium assecuti, nullos tamen post factam concordiam poenitebit. Volumus etiam nihilominus et mandamus, ut, ab universis, tam in civitate Firmana quam in ejus dioecesi constitutis, qui nondum nobis fidelitatis juramenta fecerunt, in eorumdem nuntiorum et procuratorum manibus faciatis ea nobis et successoribus nostris et Ecclesiae Romanae, omni excusatione et dilatione cessante, praestari, resignatis et assignatis universis domaniis, quae semper in nostra dispositione consistant, et cum civitas vestra olim, cum legatis nostris, certum censum statuisse dicatur, nobis annis singulis exsolvendum, per totam dioecesim vestram, juxta mandatum nuntiorum ac procuratorum ipsorum, certam pensionem statui faciatis, quae, tam in instanti quam futuris annis, nobis et successoribus nostris, perpetuo persolvatur; cum nos non immoderatum aliquid, etiam si vellent ipsi praestare, sed moderatum potius requiri mandemus, volentes, ut Marchia se gaudeat ad dominium Ecclesiae redivisse. Quia vero, si, quod absit, denuo vos in tyrannicam contingeret redigi servitutem, imponerentur vobis onera graviora fieretque novissimus error pejor priore; vobis est summopere praecavendum ne, hujus occasione discordiae, facultas detur aliquibus malignandi, cum, juxta testimonium Veritatis, omne regnum in seipsum divisum desoletur et domus concidat supra domum.

Caeterum, quoniam sine nobis nec justae rationis titulum nec sufficientis defensionis clypeum invenire potestis, cum, si nostra vobis auctoritas subtrahatur, aliter ab alio dominio vel excusare vos legibus, vel juribus defendere minime valeatis, taliter in fidelitate apostolicae sedis et nostra persistere procuretis, quod ad promotionem et defensionem vestram, propter hoc, intendere merito debeamus. Nos autem eisdem nuntiis et procuratoribus nostris dedimus in mandatis ut excommunicatos et interdictos, qui nostris curaverint parere mandatis, secundum ecclesiae formam absolvant; rebelles vero et contumaces, tam spiritualiter quam temporaliter, a sua praesumptione, appellatione remota, compescant Cum autem omnes et singuli Marchianenses, se, non tanquam hostes offendere, sed tanquam fratres mutuo diligere debeant, eisdem nuntiis et procuratoribus nostris dedimus in mandatis ut omnes qui capti tenentur sub competenti cautione faciant liberari; super quae vos, et alios, mandatis eorum praecipimus obedire.

In eumdem modum Anconitanis, *excepto capitulo de censu*, *super quo composuerunt cum legatis apostolicae sedis*, *tam pro se*, *quam pro suo districtu*.

In eumdem fere modum, Auximanis, *ut supra*, *usque* praestari, et tam in civitate vestra quam tota dioecesi, juxta mandatum nuntiorum ipsorum, certum censum statuere procuretis, per vos nobis et successoribus nostris, annis singulis, perpetuo persolvendum; cum nos non immoderatum aliquid, etiamsi praestare velletis, sed moderatum potius requiri mandamus

XXIX (90).

CONSULIBUS ET POPULO FANENSIBUS.
De eodem argumento et de annuo censu solvendo.

Omnipotenti Deo gratias referimus copiosas quod, diebus nostris, ad justitiam ecclesiae Romanae respiciens, civitatem vestram, cum tota dioecesi, quam jus et proprietatem apostolicae sedis non est dubium pertinere, sibi restituit, violentia propulsata per quam injuste fuerat aliquandiu sub aliena potestate detenta. Nuper enim, [cum dilectus filius Joannes Rustici, nuntius vester et procurator, cum litteris vestris de rato, ad nostram praesentiam accessisset, nobis ex parte vestra promisit quod tam vos quam omnes qui sunt de vestro districtu nobis et successoribus nostris et Ecclesiae Romanae fidelitatem curabitis universaliter exhibere: expeditionem, parlamentum, pacem et guerram, ad mandatum nostrum et legatorum ac nuntiorum nostrorum, per totam Marchiam, bona fide, juxta proprias facultates, vestris expensis, facere sine fraude; appellationibus ad nos vel legatos, aut nuntios nostros legitime factis, debita veneratione deferre; procurationes idoneas nobis, legatis et nuntiis nostris im-

---

(90) Indicata, imo relata, sed non integra, apud Raynaldum, an. 1200, § 50, quae apud ipsum leguntur, hic uncis distinguuntur.

pendere; pro annuo quoque censu, quinquaginta libras usualis monetæ persolvere annuatim, medietatem videlicet pro ipsa civitate et medietatem pro ejus districtu, vel, si mallemus, novem denarios pro unoquoque fumante, ut more vestro loquamur, exceptis clericis, militibus, judicibus, advocatis, tabellionibus et iis qui nullas possessiones habere noscuntur, qui non consueverunt afficium præstare; quem videlicet censum vestris expensis nostræ cameræ inferretis: postulans humiliter et implorans, ut vobis consulatum, cum sua jurisdictione confirmare auctoritate apostolica dignaremur, salvis universis domaniis quæ libere semper in nostra et successorum nostrorum dispositione consistant. Licet autem longe majora consueveritis aliis exhibere, ut tamen sentiatis et gaudeatis vos ad illius dominium rediisse, quæ de se vere dicere potest, jugum meum suave est et onus meum leve, promissionem et oblationem ipsius factam nobis ex parte vestra de fratrum nostrorum consilio, duximus acceptandam.] Ideoque vos tanquam filios speciales, sub apostolicæ sedis protectione suscepimus, quos sub ejus dominio volumus perpetuo retineri; confirmantes vobis consulatum, cum jurisdictione quæ spectat ad ipsum, tam in criminalibus quam civilibus, ita ut omnes consules et potestates, qui pro tempore fuerint, Romano pontifici et Ecclesiæ Romanæ, juramento fidelitatis teneantur astricti. Bonas quoque consuetudines vestras ratas habemus et volumus eas inviolabiliter observari. Vos autem et successores vestri perpetuo nobis ac successoribus nostris universa, quæ præscripta sunt et promissa, curabitis fideliter et efficaciter adimplere; singulis quoque decenniis juramenta fidelitatis et observantiæ præmissorum universaliter innovare, salva, in omnibus, apostolicæ sedis auctoritate. Nulli ergo omnino hominum liceat hanc paginam nostræ concessionis et confirmationis infringere, vel ei ausu temerario contraire. Si quis autem, etc.

In eumdem modum potestati et populo Hesino, *usque:* nuper, enim, cum dilectus filius, nobilis vir Palmerius, nuntius vester et procurator, etc., *usque* promisit, quod, præstito nobis et successoribus nostris et Ecclesiæ Romanæ juramento fidelitatis ab iis qui de civitate vestra vel districtu nondum illa præstiterant, parati eratis expeditionem, etc., *usque* pro annuo quoque censu quadraginta libras, etc.

Scriptum est ut supra; [omnipotenti Deo, etc. *usque in finem*, consulibus et populo Pesauriensibus, sicut Fanensibus.

XXX.
POTESTATI ET HOMINIBUS SANCTI HELPIDII.
De appellatione quadam ab eis ad sedem apostolicam facta.
(Laterani.)

Venientes ad apostolicæ sedis clementiam dilectos filios A...... et M......, nuntios vestros benigne recepimus eisque, præsentibus nuntiis Firmanorum, præstitimus audientiam diligentem. Cum autem a sententia dilecti filii nostri J..... (91) tituli Sanctæ Priscæ presbyteri cardinalis, apostolicæ sedis tunc in Marchia legati, vos proponerent appellasse seque ad prosequendam appellationem missos fuisse, continuo sibi fuit ab adversa parte responsum: quod vobis a sententia illa appellare non licuit, quoniam prius eidem cardinali juramento corporaliter præstito, promisistis quod ejus deberetis stare mandato; deinde quia infra legitimum tempus appellationem prosequi non curastis, quoniam sententia ipsa perinde debet executioni mandari, tanquam si ab ea non fuisset aliquatenus appellatum. Licet, autem, per alias vobis litteras præceperimus ut eamdem sententiam exsequamini et dilectis filiis B......... subdiacono et capellano notro et A....... cameræ nostræ notario, nuntiis et procuratoribus nostris, per easdem litteras dederimus in mandatis, ut vos ad executionem prædictæ sententiæ, nostra freti auctoritate, compellerent; ad prædictorum tamen nuntiorum vestrorum multam instantiam eisdem nuntiis et procuratoribus nostris duximus injungendum quatenus, si appellatione contra præstita juramenta factam invenerint, vel si a tempore factæ appellationis annus excessit, infra quem non tantum appellationem prosequi, verum etiam aliquid inde nobis significare vel scribere neglexistis, quia vigilantibus, non dormientibus jura subveniunt, vos ab ejus executione, sublato appellationis obstaculo, cogere non postponant. Alioquin, de appellatione cognoscant et quod justum fuerit fulti auctoritate decernant.

Dat. Later.

XXXI.
POTESTATI ET HOMINIBUS MONTIS RUBIANI.
Ut pareant mandatis nuntiorum apostolicæ sedis circa pacem cum Firmanis.
(Laterani.)

Cum vester et Ecclesiæ Firmanæ nuntii in nostra essent præsentia constituti, preces apostolatui nostro sunt ex parte vestra porrectæ ut vos defenderemus a molestiis Firmanorum, quia castellum vestrum per archidiaconum Asculanum, sub nostra protectione recepimus; id quod responderant nuntii memorati quod dilecti filii nostri, J. tituli Sanctæ Priscæ, et C. (92) tituli Sancti Laurentii in Lu-

---

(91) De eo jam dictum supra, epist. 15, not. 8.
(92) De Joanne, tituli S. Priscæ, presbytero cardinale dictum est supra. Alter, qui hic designatur littera C. erat Cynthius, (quem Panvinius Cincium nominat et Ciaconius ex nobili Cinciorum familia facit) Romanus de regione Arenulæ, in prima, ex Ciaconio et Aubery, ex Panvinio vero in tertia cardinalium creatione a Cœlestino PP. III, tituli S. Laurentii in Lucina presbyter cardinalis renuntiatus. Legatus in Picenum ab Innocentio I. missus,

cina presbyteri cardinalis, apostolicæ sedis tunc in Marchia legati, conventionem cum Firmanis fecerant quod, propter perfidiam et contumaciam vestram, vos Ecclesia Romana nulla ratione reciperet, nisi castella destructa Ecclesiæ et civitati Firmanis restituere et eis in omnibus satisfacere pacemque cum eisdem curaretis habere............ (93) Et litteræ nostræ, quæ de receptione vestra ad prædictum archidiaconum emanarunt, per subreptionem fuerant impetratæ, utpote nulla, de præscripta conventione, facta in eisdem litteris mentione. Cæterum quia conventiones et statuta legatorum nostrorum, sicut non debemus, infringere nolumus, dilectis filiis O..... subdiacono et capellano nostro et Albertino cameræ nostræ notario, nuntiis et procuratoribus nostris, quos in Marchiam destinamus, dedimus in mandatis ut de pace vestra studium et curam habeant diligentem. Ideoque universitati vestræ per apostolica scripta præcipiendo mandamus quatenus eis, ad ea facienda quæ pro bono pacis vobis: suggesserint vel mandaverint, vos duros vel difficiles nullatenus exhibere, sed in his et aliis, humiliter obedire curetis.

Dat. Later.

XXXII (94).

MUTINENSI EPISCOPO (95) ET MAGISTRO HUBERTO, CANONICO MODOCIENSI.

Committit ut inquirant qua de causa episcopus Bononiensis in diaconum et presbyterum simul Albertum Imolensem electum ordinavit.

(Laterani.)

Cum in distribuentibus ordinibus, constitutiones canonicæ tempora certa distinguant, quæ, præcipue est circa sacros ordines, approbata quoque consuetudo docuit observanda; mirari cogimur et moveri quod, sicut a multis accepimus et in fama vulgatur infami, Bononiensis episcopus (96) Albertum, Imolensem (97) electum, in diaconum et presbyterum simul ordinare præsumpsit. Quia vero dimittere nolumus incorrecta quæ contra constitutiones canonicas attentantur, præsertim ubi celebrius canonica jura docentur, ne præsumptoribus transeant in exemplum, cum hæc non solum præsumptionis et fatuitatis nota non careant, sed nec ambitionis et pravitatis discretioni vestræ per apostolica scripta præcipiendo mandamus quatenus super his inquiratis diligentissime veritatem, excusationes ordinatoris et ordinati, si quas forte duxerint allegandas, nihilominus audientes, ut per relationem vestram instructi plenius et securius in ipso negotio procedamus.

Meminimus enim id a nobis fuisse suppliciter postulatum et clementer indultum ut, quia præfatus Albertus Ecclesiæ Romanæ subdiaconus, erat mandaremus ipsum per Bononiensem episcopum promoveri.

Dat. Lateran.

XXXIII.

JOANNI RUSTICI (98) CIVI FANENSI.

Vineam ei concedit.

Justis petentium, etc., *usque* assensu; vineam positam in Bretun. quæ fuit olim Malidentis, tibi in vita tua in feudum concessam, sicut eam ex concessione Diamari, prioris ecclesiæ Sanctæ Mariæ novæ, rationabiliter possides et quiete, donationi tuæ, etc.

XXXIV (99).

...... METENSI EPISCOPO (100).

De eo qui casu puerum oppresserat.

(Laterani, VIII Kal. Dec.)

Ex litteris tuæ fraternitatis accipimus quod, cum lator præsentium H... presbyter fenum vellet de curru deponere, perticam superius alligatam, *cum neminem circa currum videret* (101) projecit in terram; et cum feno insisteret deponendo, *quidam prope ipsum accedens*, puerum quemdam juxta currum reperit semivivum, in quo præter modicum livoris in fronte nihil invenire potuit læsionis. Nos autem ab eodem quæsivimus sacerdote, si priusquam dejiceret perticam, circumspexisset sollicite an esset aliquis juxta currum; qui quod diligenter circumspexisset asseruit, sed quod vidisset aliquem denegavit. Ad ta igitur remittentes eumdem, *fraternitati tuæ per apo-*

Marcwoaldo imperii senescalco sacra interdixit. Inde legationem in regno Siciliæ gessit. OLDOINUS *ad Ciacon.* p. 1, col. 1161.

(93) Extat lacuna ista in Apographo Conti.

(94) Relata seu potius tantummodo indicata in decretalibus Innocentii PP. III, tit. XI, De temporibus ordinationum et qualitate ordinandorum, cap. 12. Pauca quæ ibi leguntur, hic uncis inclusa sunt. Epistola alia, de eodem ad eosdem directa, sed quæ posterius data videtur, reperitur in Collectione Rainerii, apud Baluzium, tom. I, pag. 593.

(95) Erat is Ægidius e Gazornia gente, Bononiensis, qui Mutinenses infulas adeptus fuerat, an. 1195, Henrico VI imperatori charus. De eo sæpius in Innocentii PP. III regestis. Translatus fuit ad archiepiscopum Ravennatensem an. 1206. UGHELL. *Ital. sacr.* tom. II, col. 150.

(96) Gerardus Areostus, Bononiensis antistes ab an. 1198 usque ad annum 1203, quo se pastorali munere exsolvit. ID. *ibid.* col. 22.

(97) Albertus Auxolettus sive Ossoletta, qui alteri Alberto, eadem dignitate, an. 1198, nobilitato, ipse hoc an. 1200 successit et ad archiepiscopatum Ravennatensem assumptus est an. 1202. ID. *ibid.* col. 684.

(98) De isto agitur in epistola hujusce libri III, XXIX.

(99) Relata inter Decretales, lib. V. tit. De homicidio voluntario vel casuali, cap. 14, cum aliquibus quæ hic Italico charactere distinguuntur. Relata etiam, in Collectione Rainerii, apud Balurium, tom. I, p. 594, absque ulla mutatione verborum. Nulla, in Apographo ex Arch. Vatic. discrepantia.

(100) Bertrannus, clarus ac vitæ morumque honestate commendandus, tam divinæ quam humanæ legis maxime peritus; patriam sortitus Saxoniam. Elatus ad Metenses infulas circa initium anni 1180, Alexandri PP. III severitatem senserat, electione sua hujus prætextu ab illo rescissa; quia ante promotionem ad ordines electus fuerat. Confirmatus postea ab eodem pontifice, transactis in episcopatu triginta duobus annis et aliquot mensibus, excessit 6 Aprilis, 1212. *Gall. Christ.*

(101) Hæc verba Decretales omittunt, ut infra *q. p. i. a.*

stolica scripta (102), mandamus,' quatenus, si res ista se habet, nisi *contra* eumdem *presbyterum* (103) grave scandalum sit exortum vel tanta laboret infamia, quod, deficiente accusatore, oporteat ei canonicam purgationem indici, *ipsum* libere permittatis exsequi officium sacerdotis.

Datum Laterani, VIII Kal. Decembris, anno tertio.

XXXV (104).

NOBILI VIRO CALARITANO JUDICI.

Eum arguit ob multa flagitia, et præcipit ut ad se purgandum de iis ad apostolicam sedem per se vel procuratores accedat.

(Laterani.)

Ea nobis de tuis actibus referuntur, quæ nos, exigenti justitia, contra te vehementer inducunt, ea præcipua ratione quod, cum olim in orientali provincia constitutus laudabiliter et fideliter militaveris Jesu Christo, et ex hoc, ne meritum perderes coram eo, debueris in puritate cordis et corporis ambulare: nunc diceris abire retrorsum et, sicut canis ad vomitum rediens, denuo sæculi voluptatibus immisceri et apostolicæ sedis, quam ut matrem et dominam revereri debueras, jura tibi contra justitiam imo et per violentiam usurpare. Ad audientiam siquidem apostolatus nostri pervenit quod, olim..... uxorem judicis Turritani per violentiam capiens et eam turpiter dehonestans, tandem exspirare in arcta custodia coegisti. Nobiles etiam et interdum ignobiles mulieres, tum blanditiis, tum vi et minis ad tuum non tam inducis quam compellis assensum, nec parcens integritati virgineæ, nec copulæ deferens conjugali. Ad hujus quoque cumulum iniquitatis accedit quod, Ecclesias et viros ecclesiasticos inhonoras, imo etiam eos, tanquam serviles personas, indebitis non dubitas exactionibus aggravare. Ut autem, etsi non omnia, quædam tamen quæ in nostram injuriam attentasse dignosceris exponamus, olim Petrum de Serra judicem Arborensem, de quo utrum juste vel injuste Arborensis judicatus fuisset dignitatem adeptus tuum non fuerat judicare, cœpisti, quod non debueras, violenter Arborensem occupans et detinens judicatum, et tandiu dictum P...... in carcere tenuisti, donec, ut dicitur, viam fuit universæ carnis ingressus. Cumque super eo confirmationem postularis a nobis nec statim potueris obtinere, cum nobili viro, Hugone de Bassa, qui et Pontit. dicitur, nobis irrequisitis et ignorantibus, convenisti, filiam tuam ipsi tradens uxorem et in dotem ei medietatem Arborensis judicatus assignans, universis tibi munitionibus reservatis, cum nulli sit dubium et tu etiam recognoscas quod tota Sardinia dominii, juris et proprietatis apostolicæ sedis existat. Præterea, cum judex Calaritanus diem clausisset extremum, uxorem ejus et filiam rapuisti et, matre in tua captione defuncta, ut judicatum ipsum tibi continuares licentius, cuidam consanguineo tuo tradidisti filiam in uxorem, licet adhuc esset in annis minoribus constituta et Calaritanus judex tam matrem quam filiam et terram etiam, sub tutela venerabilis fratris nostri...... Pisan. archiepiscopi (105), ut ipse asserit et de te conqueritur, reliquisset. Quia vero sicut per tuas nobis litteras intimasti, discordiam habes adversus nobilem virum, judicem Turritanum, quam per nos desideras in conspectu nostro sopiri, sive prius cum ipso convenias sive non, nobilitati tuæ per apostolica scripta mandamus quatenus, usque ad festum beati Petri proximo venturum, ad quod nos, per litteras nostras, citamus eumdem judicem Turritanum, nostro te conspectui repræsentes, responsurus nobis super omnibus supra dictis et satisfactionem congruam impersurus, et exhibiturus judici memorato et recepturus ab eo, si volueris, justitiæ complementum, nisi forsan cum apostolicæ sedis honore, salvo jure ipsius, inter vos fuerit concordia reformata. Quod si forte manifesta et justa præpeditus occasione venire ad nos in propria persona non potueris, solemnes nuntios et sufficientes et idoneos responsales, propter easdem causas usque ad eumdem terminum dirigere non omittas. Alioquin, ex tunc, in te tam spiritualiter quam temporaliter procedemus, si monitus et requisitus a nobis mandatum nolueris apostolicum adimplere. Ad hæc, dilectum filium Ild....., fratrem militiæ Templi, virum providum et honestum, pro reverentia beati Petri et nostra, benigne recipias et super his quæ tibi ex parte nostra proponet, salubribus ejus monitis et consiliis acquiesces.

Dat. Lateran.

XXXVI.

ARCHIEPISCOPO CALARITANO, UT INQUIRAT SUPER PRÆMISSIS (106).

Ea nobis, etc., *in eumdem fere modum usque in finem*. Ideoque, fraternitati tuæ, per apostolica scripta mandamus atque præcipimus quatenus inquiras, tam super præmissis omnibus quam super genealogia et copula omnium judicum.... Sardiniæ, quarta vel quinta generatione retro, super successionibus etiam et invasionibus terræ, captionibus et detentionibus nobilium personarum et aliis abusionibus et excessibus Judicum.......... diligentissime veritatem et totam rei seriem, per litteras tuas, fideliter nobis intimare procures, et personam aliquam plene super omnibus prædictis instructam, usque ad eumdem terminum ad nos dirigere non omittas, quæ tam nos instruere possit quam, si opus fuerit, veritati testimonium perhibere.

In eumdem modum, archiepiscopo Turitano. *In eumdem modum*, Arborensi.

---

(102) Decretal. omittunt, et modo *circa* legunt pro *contra*.
(103) Deest hoc verbum in Decretal. ut et infra *ipsum*.
(104) Indicata apud Raynaldum, an. 1200, § 49.
(105) De eo jam dictum supra, epist. 9, not.
(106) Vid. Epistolam superiorem.

XXXVII (107).

ANTIVARENSI ARCHIEPISCOPO.

De falsis litteris apostolicis ei delatis et de Dominico, quondam Suacensi episcopo, in arctam custodiam detrudendo.

(Laterani, Non. Decembris.)

Quam gravi pœnæ subjaceant qui litteras apostolicas falsare non timent et veras nobis impetratas litteras occultantes, falsis uti litteris non verentur, fraternitatem tuam credimus non latere. Ad audientiam siquidem nostram ex litteris charissimi in Christo filii nostri Wulcani, Diocliæ regis illustris, necnon ex tenore litterarum tuarum, quas dilecto filio, fratri Joanni, capellano nostro, apud Durachium direxisti, noveris pervenisse, quod cum Dominicus, quondam Suacensis episcopus, qui, coram eodem capellano et dilecto filio, S. subdiacono nostro, tunc in partibus illis gerentibus legationis officium, fuerat de homicidio accusatus, et in concilio apud Antivarum (108), pontificalem resignaverat dignitatem, ad nostram olim præsentiam accessisset, a nobis rediens quasdam tibi litteras præsentavit, quas de verbo ad verbum in litteris jam dicto capellano nostro ex parte tua directis perspeximus contineri, quibus sibi asserebat a nobis pontificale officium restitutum. Tu vero litteris illis fidem adhibens, venerabilem fratrem nostrum, P..., quem in Suacensem episcopum electum canonice diceris consecrasse, ab eadem Ecclesia removisti, præfato Dominico, occasione litterarum falsarum, in ipsa Ecclesia restituto. Præfatus autem rex, sicut suis nobis litteris intimavit, non credens litteras illas ex nostra conscientia emanasse, tam ipsum Dominicum quam præfatum episcopum nostro præcepit conspectui præsentari, humiliter petens rescripto apostolico doceri, quidquid duceremus de ipso negotio statuendum. [Nos, vero, *rescriptum litterarum falsarum* (108') diligentius intuentes, in eis, tam in continentia quam in dictamine, manifeste deprehendimus falsitatem ac in hoc fuimus *non modicum* (109) admirati, quod tu tales litteras a nobis credideras emanasse, cum præsertim scire debeas sedem apostolicam in suis litteris consuetudinem hanc tenere ut universos patriarchas, archiepiscopos et episcopos FRATRES, cæteros autem, sive reges sint sive principes, vel alios homines cujuscunque ordinis, FILIOS, in nostris litteris appellemus: et, cum uni tantum personæ litteræ apostolicæ dirigantur, nunquam ei loquamur in plurali, ut vos sive VESTER, vel his similia, in ipsis litteris *apponantur* (110). In falsis autem tibi litteris præsentatis, in salutatione, DILECTUS IN CHRISTO FILIUS (111) vocabaris, cum in *omnibus* litteris, quas aliquando tibi *transmisimus*, te videre potueris a nobis FRATREM VENERABILEM appellatum; propter quod, sic *esse te volumus in consimilibus circumspectum ut per falsas litteras denuo nequeas circumveniri, vel falli, sed* (112) sic litteras apostolicas studeas diligentius intueri, tam in bulla, quam filio, *tam etiam in* (113) charta quam stylo, quod veras pro falsis et falsas pro veris aliquo modo non admittas.] Scire namque te volumus quod, cum sæpefatus Dominicus olim ad apostolicam sedem accessisset, nos, cum fratribus nostris examinantes diligentius causam ipsius, eum ad te duximus cum nostris litteris remittendum, quarum rescriptum nunc tibi sub bulla nostra mittimus *interclusum* (114), sed ipse, tanquam homo iniquus, sicut ejus opera manifestant, veras litteras supprimens quas ex benignitate sedis apostolicæ concesseramus eidem, falsas tibi non timuit litteras præsentare. Cæterum, quia dignum est ut qui noluit benedictionem prolongetur ab ea, et præfatus Suacensis episcopus non sine labore maximo se curavit nostro conspectui præsentare, jam dicto Dominico, tanquam qui de sua justitia diffidebat et remordebat eum præscriptæ conscientia falsitatis, minime veniente, imo, licet, ut dicitur, iter arripuerit veniendi ac promiserit se venturum, ad partes tamen S. Ungariæ se transtulit, ut nostram præsentiam declinaret: volentes et illum de sua præsumptione punire et sæpenominato episcopo paterna succurrere pietate, fraternitati tuæ per apostolica scripta mandamus et districte præcipimus quatenus, si forte occasione litterarum illarum in aliquo processisti, irritum denuntians penitus et inane, jam dictum Dominicum, si denuo venire ad partes illas præsumpserit, omni dilationis occasione et appellatione postposita, in aliquo facias monasterio districti ordinis, ad agendam pœnitentiam, arcte retrudi. Prænominatum autem G. episcopum, si præmissis veritas suffragatur, in suo loco et dignitate, sublato contradictionis et appellationis obstaculo, restituas et facias in episcopatu suo pacifice permanere, illos ecclesiastica districtic discrepantia.

Cæterum videnda ejusdem Innocentii PP. III. Epistola libri II, 180, de eodem argumento.

(107) Relata vel potius tantummodo indicata apud Raynaldum, qui fragmentum hic versus epistolæ finem uncis, inclusum exhibet, an. 1200, § 47. Relata etiam et pariter mutilata, inter Decretales Innocentii PP. III, lib. v, tit. xx. De crimice falsi, cap. 6. ubi *Attiniacensi episcopo* perperam inscribitur. Quæ in illa Decretalium Innocentii PP. III, editione exhibentur, hic duplici ad initium cujusque lineæ, virgula distinximus, simulque varias lectiones margini apposuimus.
Integra reperitur in Collectione Rainerii apud Baluzium, pag. 573, cum paucissimis variis lectionibus, quæ hic, ad majorem diligentiam, in margine etiam notantur. Nulla in Apographo ex Archiv. Va-

108) Coll. Rain, *Antibarim.*
(108') Decret. Innoc., *litteras quæ tibi sub nostro nomine præsentatæ fuerunt.*
(109) Decret. Innoc. om. *n. m.*
(110) Decret. Innoc. *apponamus.*
(111) Decret. Innoc. DILECTO FILIO, et infra om. *omnibus* et loco *transmisimus* legunt *transmittimus.*
(112) Desunt in Decretal Innoc.
(113) Decret. Innoc. *et loco t. e. in.*
(114) Collect. Rainerii *introclusum.*

ctione compescens, qui se tibi duxerint temeritate qualibet opponendos.

Datum Lateran., Non Decembris, pontificatus nostri anno tertio

XXXVIII.

L. DE VICOBALDON., J. DE VIGALON. PRÆPOSITIS........ DE RUNDENARIO ET SANCTI CHRISTOPHORI DE LAUDE; CAPITULIS ET OMNIBUS FRATRIBUS EJUSDEM PROFESSIONIS; CUM EIS, NOBILI VIRO, GUIDONI DE PORTA ORIENTALI, ET OMNIBUS FRATRIBUS HUJUS PROFESSIONIS CUM IPSO, SALUTEM ET APOSTOLICAM BENEDICTIONEM.

Hortatur ut, cum proposito religionis vivant, regulas conficiant easque ad sedem apostolicam mittant.

(Laterani.)

Licet multitudini credentium debeat esse cor unum et anima una, cum, et, secundum Apostolum, omnes fideles sint unum corpus in Christo, propter quod una dicitur esse columba; Ecclesia tamen non solum propter varietatem virtutum et operum, sed etiam propter diversitatem officiorum et ordinum, dicitur ut castrorum acies ordinata, in qua videlicet diversi ordines militant ordinati. Sane quidem hujusmodi veritas non parit discordiam mentium, sed concordiam magis generat animorum; non difformitatem, sed decorem inducit; nec reprehenditur, sed potius commendatur; juxta quod habetur in Psalmo: *Astitit regina a dextris tuis in vestitu deaurato, circumamicta varietate* (Psal. XLIV, 10). Verum, si quando talis ordinum et officiorum diversitas vel dissensionis parturit scandalum, vel impedit religionis profectum, ad unitatis propositum vel propositi potius unitatem est provide reducenda, ut illud impleatur Psalmistæ: *Ecce, quam bonum et quam jucundum habitare fratres in unum* (Psal. CXXXII, 1), non tam locum quam votum, non tam habitum quam affectum. Quantum etenim scandalum sit vitandum per seipsum Dominus in Evangelio declaravit: *Si quis*, inquiens, *scandalizaverit unum ex iis pusillis, expedit ei ut suspendatur mola asinaria ad collum ejus et demergatur in profundum maris* (Luc. XVII, 2): et Apostolus evidenter expressit, cum ait: *Si scandalizaretur frater, carnem non comederem in æternum* (I Cor. VIII, 13). Hoc igitur, dilecti filii, præpositi vestri, Ja. et L. et alii quos misistis vitare volentes, ne propter diversitatem propositorum vestrorum scandalum in aliquorum posset mentibus suscitari vel religionis impediri profectus, nos humiliter adierunt, suppliciter postulantes ut vos ad unitatem per nostras curaremus litteras invitare. Nos igitur petitionem eorum favorabilem attendentes, universitatem vestram monemus et exhortamur in Domino, ac per apostolica scripta mandamus quatenus, tam mente quam corpore convenientes in unum, proposita vestra, juxta consilium venerabilis fratris nostri (115)..... Vercellen..... episcopi et dilectorum filiorum..... de Locedio (116) et..... de Cerreta abbatum, quibus super hoc scribimus, in unum honestum et regulare propositum conformetis, et vos, filii dilecti, sub una de cætero regula et regulari unitate vivatis, tam laicis qui cum uxoribus suis vivunt et mulieribus qui vivunt cum viris, quam viris et mulieribus aliis, qui vitæ prioris formidantes deformia et turpia detestantes seorsum vivere referuntur, certas leges vel regulas potius præscribentes, vel significantes nobis præscriptas, quas, cum uniformitate propositorum vestrorum vel proposito potius uniformi, secundum quod vos clerici, ut prædiximus, de cætero vivere proponatis, redactas in scriptis sub vestris et prædictorum sigillis, ad sedem apostolicam fideliter destinetis, ut approbemus quod approbandum fuerit et corrigamus si quid viderimus corrigendum. Volumus etiam nihilominus, et mandamus ut Widonem de Porta orientali et cum eo aliquos ex vobis viros idoneos et discretos, cultores religionis et veritatis ac justitiæ amatores, ad nos, cum vestris litteris destinetis; qui et plenius nobis mentem vestram exponant et vobis postmodum, cum redierint, approbationem vel correctionem nostram fidelius valeant explicare; ut ita, si quis contra vos nævus ex suborta suspicione remansit, per auctoritatis nostræ judicium deleatur, sitisque de cætero cæteris odor vitæ in vitam, qui aliquando fuistis aliquibus odor mortis in mortem.

Dat. Lateran.

XXXIX.

POTESTATI ET POPULO TARVISINIS. SINE SALUTE.

Indulget ut, cum parati sint ad satisfaciendum Ecclesiæ, pro nece episcopi Bellunensis, ab interdicti sententia per Ferrariensem episcopum servatis servandis, solvantur (117).

(Laterani, Id. Novembris.)

Et verbera patris et ubera matris habere dignoscitur apostolica sedes, dum et patris rigorem observat et matris non deserit lenitatem, sic utrumque reliquo condiens, ne crudelis sit rigor nec lenitas dissoluta, et sic vicissim alterum altero recompensans, ut nec parcat virgæ dum diligit nec dum corrigit in charitate frigescat, sed servet in ira misericordiam et in benevolentia disciplinam. Quamvis enim interdum videatur in delinquentes vehementer irasci et in eos severitatem nimiam exercere, non tamen errantem persequitur, sed errorem; imo tanto amplius diligit quanto severius ipsa corripit, et tunc amat potius cum creditur gravius castigare.

---

(115) Erat is, B. Albertus de Castro Gualterii, Parmensis, nobili genere ortus, canonicus regularis Murtariensis cœnobii, qui episcopus Bobiensis electus, post Gualam Bondonium, ad Vercellensem Ecclesiam translatum, an. 1184, 12 Kal. Maii, præfuit ad viginti ferme annos; et, ex ea, an. 1204, patriarchalem Hierosolymæ thronum est assecutus.

UGHELL. *Ital. sac.* t. IV, col. 1086. De eo sæpius in regestis Innocentii PP. III.

(116) Vocabatur Petrus, et, in tractandis negotiis, non semel episcopi Vercellensis collega dictus fuit ab Innocentio PP. III.

(117) De argumento istius epistolæ, vid. Innocentii PP. III epistolam, libri II, 27.)

Hoc autem in vos satis estis experti, qui, cum bonae memoriae C.... papam praedecessorem nostrum, adversum vos gravibus culpis concitassetis, in tantum ut civitatem vestram sententiae subjecerit interdicti; licet, praeter poenam inflictam, apostolica sedes, tanquam pater de filiorum salute sollicitus, graviora vobis fuerit comminata, quod tamen non potest mater oblivisci filiorum uteri sui, non solum patienter exspectavit hactenus reditum vestrum, sed ad redeundum vos humaniter invitavit. Sane accedentes ad praesentiam nostram dilecti filii, H...... subdiaconus noster et J....... canonici Tarvisini ex parte vestra nobis proponere curaverunt quod parati eratis, si de nostro procederet beneplacito voluntatis, omnes illos qui de nece bonae memoriae.... (118) Bellunensis episcopi culpabiles fuisse noscuntur, praeter illos qui ad mandatum Ecclesiae redierunt, ad praesentiam nostram dirigere, mandatis nostris omnimodis parituros, et innocentiam communitatis de ipso negotio quam asserebant culpabilem non fuisse, juramento centum vel ducentorum militum monstrare, vel, si mallemus, praedecessor tuus, fili potestas, ob reverentiam apostolicae sedis, ad praesentiam nostram veniret vel mitteret de nobilioribus civitatis, qui mandatum nostrum, pro ipsa communitate jurarent et observarent fideliter quae duceremus super ipsos negotio injungenda. Licet autem gravis fuerit et enormis excessus commissus in episcopum memoratum et civitas ipsa ultra quam decuerit exstiterit hactenus indurata; volentes, tamen, sicut ex officio tenemur apostolicae servitutis, cum benignitate recipere poenitentes, vobis duximus intimandum quod, si, quemadmodum dicti canonici nobis ex parte vestra proponere curaverunt, de corde puro et conscientia bona et fide non ficta implere velletis, nos satisfactionem hujusmodi reciperemus oblatam et in ipso negotio, sicut divinus nobis motus ingereret, procedere curaremus. Nuper vero praedictus J......ˈcanonicus et dilecti filii....... prior Sanctorum quadraginta. et J...... et F..... judices Tarvisini, nuntii vestri, ad sedem apostolicam accesserunt et exposuerunt nobis ad plenum satisfactionem quam cupitis exhibere. Quia vero, dum super ipso negotio tractaremus, incidit dubitatio utrum pro sola nece praedicti episcopi an etiam pro aliis excessibus vestris, ut pro invasione ac detentione bonorum ejusdem Ecclesiae, sententia interdicti a praedecessore nostro in civitatem vestram fuerit promulgata, cum ejusdem forma sententiae, in regestis ipsius requisita diligentius nequiverit inveniri, nos, sollicita meditatione pensantes qualiter nervos ecclesiasticae disciplinae sic possemus inflectere, ne ipsos dissolvere videremur, venerabili fratri nostro, Ferrariensi (119) episcopo, damus per nostras litteras in mandatis ut litteras ipsius praedecessoris nostri, quas super interdicti sententia destinarat in partibus illis, a venerabili fratre nostro.... (120) Aquilegensi patriarcha et suffraganeis ejus aliisque personis, diligenter inquirat, sub interminatione anathematis ex parte nostra districte praecipiens ne quis illas occultet. Et, si forsan, illis inventis, ex earum tenore constiterit quod pro sola nece praedicti episcopi interdicti fuerit sententia promulgata, vel si nequiverint inveniri diligentius requisitae, cum non debeamus certum dimittere pro incerto, contenti simus juramento quod praedicti nuntii ac procuratores vestri nobis, communitatis nomine, praestiterunt, dummodo tu, fili potestas, ad majorem cautelam et ob reverentiam apostolicae sedis et nostram, congregato populo et assensum praestante, jures coram eodem episcopo, tam pro te quam pro populo, quod super nece praedicti pontificis mandatis nostris sine fraude parebitis, et tunc idem Ferrariensis episcopus, auctoritate nostra relaxet sententiam interdicti, cum super aliis excessibus, si de ipsi constiterit, per hoc non adimatur nobis potestas quod justum fuerit statuendi. Verum, si per litteras ipsas inventas constiterit quod etiam pro aliis excessibus civitas vestra fuerit interdicta, nisi et pro illis praescripto modo juretur quod super eis nostris curabitis parere mandatis, praedictam interdicti sententiam non solummodo non relaxet, sed etiam auctoritate nostra praecipiat usque ad satisfactionem condignam inviolabiliter observari, et interim nobis per patentes litteras totius processum negotii non differat fideliter intimare. Nos quoque si vos invenerimus induratos, manus nostras in vos curabimus durius aggravare, cum id non nobis sed vobis, valeat imputari, qui dicere possumus cum propheta: Curavimus Babylonem, et non est sanata; et ideo justum est ut qui in sordibus est, sordescat adhuc, quia peccator, cum venerit in profundum vitiorum, contemnitur. Quod si, forsan, idem Ferrariensis episcopus mandatum nostrum exsequi non valeret, idipsum, sub eadem forma, venerabili fratri nostro, Adelardo (121), sanctae Romanae Ecclesiae cardinali, Veronensi episcopo, commisimus exsequendum. Dimunitate suae Ecclesiae gloriose succubuit.

(118) Gerardus Taciolus, ex Insubria, Regiensis, Othoni successerat, an. 1183; Lucio PP. III ita sentiente, a quo privilegium, apud Ughellum (*Ital. sacr.* tom. V, col. 18) relatum, obtinuit. Hic, qua armis, qua telo religionis succinctus suae Ecclesiae deterruit hostes, deque ipsis plura bona, quae usurpaverant, per vim recepit, nihilque visus est omisisse quo bonum publicum promoveri posse videretur. Demum cum inter ipsum Trevisanosque graves lites agerentur, Gerardus, justum propemodum conscripto exercitu, contra ipsos duxit inque medio ardore praelii, dum munia prompti ducis impleret, pro im-

(119) Ugo sive Uguccio, Ferrariensis episcopus 35, floruit anno 1196. Fato concessit circa annum 1212. UGHELL. *Ital. sacr.* t. II, col. 576.
(120) De eo jam dictum supra. epist. 26.
(121) Adelardus seu Alardus Cattaneus, de Lendenaria vel de Adelardis, ut alii volunt, apud Veronenses nobili familia natus, canonicus Ecclesiae Veronensis, a Lucio PP. III, Veronae, cooptatus fuit inter cardinales, ad titulum S. Marcelli; in quo omnes fuere virtutes quae ab ecclesiastico principe optimo et sapientissimo sperari aut optari possunt;

lecto quoque filio nostro, G. (122), tituli Sanctæ Mariæ trans Tiberim presbytero cardinali, apostolicæ sedis legato, cui commiseramus alias questiones, dedimus in mandatis ut, venerabiles fratres nostros... patriarcham Aquilegensem..... Cenetensem (123), et Feltrensem (124) et..... Bellunensem (125) episcopos et vos et alios quos viderit evocandos, ad locum idoneum convocet et utrique parti securum, et præterea quæ ipsi per alias litteras nostras injunximus inquirat, tam de auctore et fautoribus quam de occasione necis episcopi memorati, plenius veritatem, et sicut ipse de gratia nostra confidit et nos de ipsius discretione speramus, solum Deum habens præ oculis, sine personarum acceptione, secundum formam prioris mandati procedat, et nobis super his, de quibus per præsentes litteras mandamus inquiri significet veritatem. Monemus igitur universitatem vestram et exhortamur in Domino, per apostolica vobis scripta mandantes quatenus, ad anteriora manum de cætero protendentes, non respiciatis retro nec abeatis retrorsum, sed in devotione sedis apostolicæ persistentes, civitatem vestram, quæ nunc dicitur hæreticorum esse sentina, prorsus a fæce hujusmodi et hoc inquinamenti fermento, quod totam massam corrumpit, diligenter et celeriter expurgetis, ut non tam nobis videamini conciliari quam Deo, quem graviter et præcipue hactenus offendistis. Illos etiam qui interfuerant neci ejusdem episcopi et nondum absolutionis beneficium sunt adepti usque ad festum Resurrectionis Dominicæ proxime venturum, ad sedem apostolicam destinetis, mandatum nostrum et pœnitentiam recepturos.

Dat. Lateran., Id novemb.

Scriptum et super hoc..... Ferrariensi episcopo, *in eumdem fere modum, usque in finem, hoc addito:* Id autem, sicut de tua discretione confidimus, omni gratia et timore postpositis, juxta formam præscriptam, taliter mandatum apostolicum exsequaris, quod non videaris in hoc acceptare personas, vel justitiæ gratiam, aut popularem favorem veritati præferre sed recto calle procedens, nec declines ad dexteram nec sinistram; ne si aliter ageres, et divinam indignationem incurreres et nostram demereris gratiam et favorem.

Dat. Lat.

Hoc idem positum est in litteris Veronen.

XL

N... (126) DE ALBARIPA ET..... (127) DE MORIS ABBATIBUS, ET... PRIORI CLAREVALLEN.

Ne quis temere violare audeat conventiones inter viduam comitis Flandriæ, et Balduinum Flandriæ comitem.

- (Laterani, vi Id. Decembris.)

Cum inter dilectam, in Christo, filiam, nobilem mulierem, M. (128) uxorem quondam P. (129) comitis Flandriæ et B. (130) successorem ipsius, M. (131) uxorem et filios (132) conventiones quædam pro bono pacis intercesserint (133) de partium voluntate ac firmatæ fuerint, præstitis juramentis etiam a dilectis filiis, B. (134) qui nunc Flandrensem obtinet comitatum et fratribus ejus (135): volentes ut inter ipsos et nobilem antedictam pax et concordia firmius solidetur, discretioni vestræ, per apostolica scripta, præcipiendo mandamus, quatenus, si quis, contra conventiones præmissas quas volumus et mandamus inviolabiliter observari, venire præsumpserit, vos, auctoritate nostra suffulti, temeritatem hujusmodi, per censuram, appellatione remota, curetis taliter castigare, quod, iniquitate repressa,

quibus, apud principes et summos pontifices, eximia valuit gratia et benevolentia. De eo vid. Oldoinum, ad Ciacon. tom. I, col. 1119.

(122) De eo jam dictum supra.

(123) De eo vid. epistolam 26.

(124) Torrentius de Curte, civis Feltrinus, qui Feltrensem ac Bellunensem Ecclesias ex auctoritate Innnocentii PP. III conjunxit, anno 1204. UGHELL. *Ital. sacr.* tom I, col. 344.

(125) Gerardum, de quo supra, *not.* (118), exceperat, an. 1198, Balduinus, quæ vitæ finem fecit, an. 1200. Huic successit Anselmus de Braganza, qui cum Torrentino episcopo Feltrensi transegit, ut uter illorum, vel superstes fuisset, vel decessisset, in sedem defuncti ita succederet, ut utraque sedes sub uno populo, pontificio placito Innocentii III accedente, eadem censeretur; quod fœdus, usque ad tempore Pii PP. II duravit. Decessit Anselmus an. 1204. UGHELL. *Ital. sacr.* tom. V, col. 187.

(126) Benignus, qui per annos 17 et præsertim ab anno 1190 usque ad annum 1203, abbatiæ Albæripæ præfuisse dignoscitur. *Gall. Christ.* t. IV, col. 834.

(127) Bartholomeus II, qui septimus Morarum abbas, ab anno 1198, usque ad annum 1210, numeratur. *Gall. Christ.* t. IV, col. 843.

(128) Mathildis de Portugallia, quæ etiam vocabatur Theresa, filia Alphonsi Portugalliæ regis I, tunc relicta Philippi de Alsatia, Flandriæ comitis cui nupserat an. 1187. Illa quidem Odoni Burgundiæ duci III, secundis nuptiis, anno 1195, copulata fuit; sed paulo post, pro consanguinitatis impedimento, solutum fuit matrimonium. Defuncta, anno 1208, die 16 mensis Maii.

(129) Philippus de Alsatia; defunctus Acconis, an. 1191, die Kalend. Junii.

(130) Is erat, procul dubio, Balduinus, ex Hannoniæ comite V, Margaritæ conjugis suæ, Theodorici de Alsatia natæ, juribus, anno 1191, comes Flandriæ VIII factus. Jam fato functus erat, anno 1195, die 27 Decembris.

(131) Margarita de Alsatia, quondam Theodorici de Alsatia filia, soror quondam Philippi de Alsatia, cui successerat, an. 1191. Nupta Balduino VIII, ex quo multos liberos genuit.

(132) Erant hi quatuor: 1. Balduinus VIII, qui patri in comitatu Flandriæ successit; 2. Philippus Narmurcorum marchio; 3. Henricus, Constantinopolitanus imperator; 4. Eustachius de Flandria, inter crucesignatos notus.

(133) Agitur hic de fœdere, quod Atrebati, anno 1192, initum fuerat. Per illud fœdus, post mortem Philippi de Alsatia, hæredes ejus, Margarita soror, una cum conjuge suo, Balduino, Hannoniæ comite, multa, tam Philippo Francorum regi quam Mathildi, Philippi de Alsatia relictæ, ut reliqua hæreditate pacifice frui liceret, cedere coacti fuerant. Vid. Rigord Guillelm. Armor. Meyer. et alios.

(134) Balduinus, comes Flandriæ IX, Hannoniæ VI, nec non imperator Constantinopolitanus. De quo sæpius in Regestis Innocentii PP. III.

(135) Nominati supra, not. 7.

pacis fœdera permaneant inconcussa, quæ non possent sine multorum dispendio violari. Quod si non omnes, etc., duo vestrum, etc.

Dat. Later. sexto Id. Decemb. A...

XLI (136).

(137).... EPISCOPO; (138) ... ABBATI SANCTI VICTORIS ET MAGISTRO P. PROVINCIALI, CANONICO SANCTI MARCELLI, PARISIENSIBUS.

Committit eis decisionem causæ super præpositura Sicliniensi (139).

(Laterani, vi Idus Decemb.)

Cum, jamdudum super electione dilectioni filii J. de Bethunia (140) ad præposituram Sicliniensem, ad apostolicam sedem quæstio perlata fuisset; quoniam super hoc omissio facta fuerat, suppressis nominibus dignitatum quibus idem J. dicitur abundare et, post appellationem ad nos interpositam a dilectis filiis.... (141) decano, et (142) præposito Suessonensibus confirmatio exstitit impetrata, communi fuit deliberatione statutum, quod litteræ commissoriæ, tanquam per subreptionem obtentæ, carerent pondere firmitatis et quod ex eis fuerat subsecutum. Porro, dilectis filiis, R. Sicliniensi canonico pro se ipso, et R. archidiacono et magistro W. canonicis suis, cum litteris eorum de rato et Nicolao, ejusdem Ecclesiæ canonico, qui prædicti J. se nuntium asserebat, propter hoc ad Romanam Ecclesiam accedentibus consequenter, dilectum filium (*potius* fratrem) nostrum Hugonem (143), tituli Sancti Martini presbyterum cardinalem dedimus auditorem, in cujus præsentia multis hinc inde propositis redactis in scriptum, et nobis etiam, sub compendio reseratis, quoniam ex altera tantum parte apparuit procurator, reliqua per contumaciam non astante, non debuimus super principali negotio aliquid definire, cum merita causarum partium assertione pandantur. [Verum quoniam a jam dicto R. Sicliniensi (144) canonico, præfato J. quædam objecta fuere, *quæ non deruit sub silentio præteriri*, multitudo videlicet tam dignitatum quam etiam præbendarum, ambitionis et avaritiæ vitium, cui nondum finem imponens, contra definitionis nostræ tenorem et Lateranensis statuta concilii, ad obtinendam præposituram Sicliniensem se ingerit et ingessit, et quod in die intrusionis suæ ante confirmationem obtentam, præsumpserit ministrare.] Sicut et post confirmationem cassatam, quam a Suessionensibus judicibus impetravit, nos venerabili fratri nostro, episcopo (145), et dilectis filiis, G. archidiacono, et..., cantori Tornacensibus, *dedimus in mandatis, ut* (146), si prædictum J. *inveniret* plures alias præposituras, dignitates atque præbendas habere, *aut si constaret eis de aliquo prædictorum, quod sufficeret ad cassationem ipsius* (147) ei super prædicta præpositura silentium, *sublato appellationis obstaculo, imponere non different;* ab impetitione ipsius Sicliniensem

(136) In Apographo Conti, nec non in Apographo Vaticano (in quo nulla discrepantia), ad marginem libri scriptum reperitur: *Hoc exstat Extravag. De hæreticis, cap. Cum jam dudum*. Inter Extravagantes, *Edit. Antverpiæ ex officina Christophori Plantini M. D. LXIX, in-8°. et Edit. Parisiis M. C. LXXXV, in-fol.* non reperitur. Verum exstat, mutila quidem, inter Decretales Innocentii PP. III, lib. III, tit. 5, De præbendis et dignitatibus, cap. 18, ubi episcopo et cantori Tornacensibus directa dicitur. Quæ in Decretalibus referuntur, hic uncis inclusa sunt; variæ lectiones indicantur.

(137) De episcopo Parisiensi jam dictum supra, ep. 11, (n. 4).

(138) Absaloni, qui abbatiæ S. Victoris præfuit, ab anno 1198, ad annum 1203, xv Kal. Octobris. Gall. Christ. t. VII, col. 674.

(139) Super facto, de quo hic agitur, vide epistolas Innocentii PP. III, libri primi 109 et 110.

Siclinium (*Gallice* Seclin), est oppidum Flandriæ, non procul a Tornaco; ibi S. Piatonis reliquiæ, jam a S. Eligii, Noviomensis episcopi, temporibus, coluntur. *Spicil.* t. II. in-fol., p. 95.

(140) Joannes, Roberto V, domino de Bethuna, advocato Atrebatensi, et Adelaide, Enguerrani comitis de S. Paulo sorore, genitus, cum vir spectatæ esset nobilitatis, Duacensis Ecclesiæ præpositura ornatur moxque S. Petri Secliniensis præpositus eligitur. Sed Mathildis, Philippi comitis Flandriæ vidua, quæ hujus loci dynastia, jure dotalitii, fruebatur, electionem ejus ad hanc dignitatem impugnavit. Ea de causa, apud Innocentium III primum pontificem, (imo, primum apud Cœlestinum III. Vid. Epist. Innocentii PP. III, lib. I, 109) conquesta est; qui, pro electionis hujusmodi negotio terminando, judicem constituit, Atrebatensem, Tornacensem, Morinensem, episcopos et Nicolaum electum Cameracensem. (Imo Hugonem; cum Nicolao II, *De Reux*,

ante Innocentii III pontificatum, anno 1197, Hugo successor electus fuerit: de quo vide Epistolas Innoc. lib. I passim.) Postea, Petro de Carbolio, Cameracensi episcopo, ad Senonensem archiepiscopatum traducto, Joannes ordinatur episcopus Cameracensis, anno 1200. *Gall. Christ.* t. III, col. 54. DUCHESNE, *Hist. de la Maison de Béth.* p. 156.

(141) Joannes I, ab anno 1193, ad 1204. *Gall. Christ.* t. IX, col. 387.

(142) Radulphus II (*d'Oulchy*) Germanus Avelinæ *de Cramailles*, sobrinus Nivelonis episcopi, præpositus et archidiaconus Suessonensis, ab an. 1193, ad an. 1208. *Gall. Chr.* t. IX, col. 385.

(143) Hugo, sive Hugutio, Romanus, de regione Arenulæ, a Cœlestino PP. III, in secunda, juxta Panvinium, verum in prima, juxta Ciaconium, cardinalium creatione, anno 1191, tituli SS. Sylvestri et Martini (*alias* Equitii) presbyter cardinalis renuntiatus est. Ad hunc humani divinique juris sui temporis peritissimum, Cœlestinus et Innocentius PP. III, litigia fere omnia ut illa vel dirimeret vel decideret rejicere consueverunt. E vita excessit sub Innocentio PP. III. OLDOIN. Addit. ad Ciacon. t. I, col. 1159.

(144) Decret. legunt *Siclunen.* et infra om. *præfato et* verba *q. n. d. s. s. p*.

(145) Erat is celeberrimus ille Stephanus, cujus Epistolarum volumen superest: ex abbate S. Genovefæ Parisiensis ad infulas Tornacenses, anno 1191 evectus, quas usque ad annum 1203, quo, fato functus est III Id. (*alias* 9) Septembris gessit. *Vit. Steph. Tornac.* p. 14 et p. 23.

(146) Decretal. legunt *mandamus quatenus* et infra *inveniretis* pro *invenirent*.

(147) Decretal. legunt: *aut aliquid aliud præmissorum quod ad cassationem ejus sufficiat, inveniretis esse verum, et infra, imponatis, om. svb. app. obstac*.

Ecclesiam penitus absolventes, cum multa per patientiam tolerentur, quæ si deducta fuerint in judiciis, exigente justitia, non debeant tolerari.] Cæterum, cum judices ipsi procedere aliquantulum in exsecutione mandati apostolici distulissent, prædictus J. quasi sub nomine nostro, ad venerabilem fratrem nostrum...... (148) episcopum, et dilectos filios..... (149) decanum et cantorem Ambianenses, litteras dicitur impetrasse, per quas jam est ad judicium pars utraque citata. Quia, vero, si bene recolimus, nunquam a nobis hujusmodi litteræ processerunt, discretioni vestræ per apostolica scripta præcipiendo mandamus quatenus, tam eos apud quos obtentæ noscuntur, quam eumdem J. si sunt fors tan apud eum, vel quemlibet alium detentorem, ad exhibitionem earum monitione præmissa per censuram ecclesiasticam, appellatione postposita compellatis; quas inspicientes sollicite et tam in stylo dictaminis et modo scripturæ, quam bullæ forma et integritate ac qualitate fili, veris litteris conferentes, si aliquod in eas reperiretis indicium falsitatis, sæpedictum J. per suspensionem ab officio et beneficio, appellatione postposita, compellatis, per quem, et qualiter, prædictæ litteræ fuerint impetratæ, sufficienter ac legitime demonstrare, nobisque quod inveniretis fideliter intimetis. In principali vero negotio, non obstantibus litteris ipsis, juxta formam priorum litterarum ratione prævia procedentes illud, sublato appellationis obstaculo, decidatis. Quod si non omnes, etc., tu, frater episcope, cum eorum altero, etc.

Datum Laterani, vi Idus Decembris, pontificatus nostri anno tertio.

XLII (150).

ARMACHANO ARCHIEPISCOPO; CLUANFERDENSI ET DUACENSI EPISCOPIS.

De negotio electionis episcopi Artferdensis in Hibernia.

In admirationem deducimur vehementer et non immerito commovemur, cum aliqui de fratribus et coepiscopis nostris, qui tenentur in factis suis maturitatem omnimodam observare, ad aliqua facienda prosiliunt quæ a ratione noscuntur penitus aliena, et in eis vigere potius præsumptionis audaciam quam bonum obedientiæ manifestant. Constitutus siquidem in præsentia nostra, venerabilis frater noster, Artferdensis episcopus tam assertione sua quam testimonialibus litteris plurimorum, qui nobis scripserunt pro ipso, apostolatui nostro intimare curavit quod, cum olim mortuo bonæ memoriæ episcopo Artferdensi, electio fuisset de ipso in majori Ecclesia celebrata, et cum decreto electionis singulorum subscriptionibus roborato, venerabili fratri nostro, Casselensi archiepiscopo, metropolitano ipsius Ecclesiæ, præsentatus, quia idem archiepiscopus munus ei consecrationis, licet promiserit, malitiose impendere denegabat, ipse de consensu capituli sui, cum testimonialibus litteris plurimorum et decreto capituli, ad felicis recordationis papæ, prædecessoris nostri præsentiam festinavit, ut ab eo munus consecrationis acciperet, quod a metropolitano suo ei fuerat nequiter denegatum. Idem, vero, prædecessor noster, debita in hoc maturitate servata, licet, per testimoniales litteras, ei videretur de canonica electione constare, quia, tamen, testibus potius quam testimoniis, est fides in talibus adhibenda, ipsum distulit consecrare, vobis districte præcipiens ut, super his, per dilectos filios..... S. Brandan. et...... B. Mariæ Dilen. abbates et ejusdem Ecclesiæ clericos idoneos, inquireretis diligentius veritatem et, si electionem illam canonice celebratam fuisse constaret, vos eam nullius contradictione vel appellatione obstante, auctoritate apostolica confirmantes, firmiter injungeretis archiepiscopo memorato, ut eum non differret, infra viginti dies post admonitionem vestram, in episcopum consecrare. Quod si nollet id agere vel pro sua voluntate differret, vos apostolica auctoritate muniti, infra viginti dies post confirmationem prædicti electi archiepiscopo nuntiatam, eidem munus ei consecrationis, sublato contradictionis et appellationis obstaculo, secundum sanctorum Patrum regulas, impendere curaretis. Si quem, autem inveniretis post electionem de prænominato... nunc episcopo, celebratam, in eadem Ecclesia subrogatum, et omnes illos, qui ei rebelles existerent, vel super his præsumerent...... (Desunt nonnulla, ac item aliquot Epistolæ in apographo Conti et Vaticano.)

XLIII (151.)

. . . .

Indulget ut electus Bituricensis (152) *de contemptu interdicti se purget ; et, post juramentum et absolutionem, ei pallium tradatur.*

(Laterani, vii Kal. Febr.)

(*Deest initium.*). . . . . adderetur. Insuper cum

---

(148) Theobaldus III (*d'Heilly*), illustr. familia editus, quæ cognationis vinculo jungebatur Guillelmo de Campania, cardinali, archiepiscopo Remensi, avunculo regis Philippi; ex archidiacono Ambianensi, episcopus, ab anno 1169, ad annum 1204, quo obiit ultima die Aprilis. *Gall. Christ.* t. X, col. 1177.

(149) Richardus de Gerboredon (*de Gerberoy*) ex antiqua vicedominorum hujus nominis familia ortus, filius Eustachii militis et Ermentrudis, ex canonico decanus ab anno 1191, usque ad annum 1204, quo ipse episcopus Ambianensis factus est. *Gall.*

Christ. t. X, col. 1180.

(150) Nulla in apographo ex archiv. Vatic. discrepantia.

(151) In apographo Conti, scriptum est, ad marginem : *Vide cap. inter corporalia de Translat.* quod est capitulum 2, libri I Decretalium, tit. 7 *de Translatione episcopi*. Sed in isto capitulo, non agitur de eodem casu ac in epistola quæ hic legitur. Quædam tantummodo verba communiter in ambobus usurpantur.

(152) Agitur de confirmatione Guillelmi de Donjeon, in archiepiscopum Bituricensem electi.

In simili et pro simili pene causa, postulationem Senonensis Ecclesiæ (153) duxerimus repellendam, si hanc leviter admittere curaremus, videremur acceptare personas et judicium in causis quasi paribus variare. Intelleximus igitur distinguendum inter eos qui ex contemptu peccarunt et illos qui per ignorantiam deliquerunt; cum illi magis peccaverint, isti minus. Ignorantiam autem juris dicimus, et non facti. Unde volentes absque juris injuria Bituricensi provinciæ providere, fraternitati tuæ per apostolica scripta mandamus quatenus, si dictus electus valuerit et voluerit se de contemptu purgare, purgationem ab ipso recipias per proprium juramentum, recepta nihilominus ab eo juratoria cautione, quod super offensa quam ignorando forte, commisit mandatis nostris devote parebit; ac postmodum, ad cautelam, ipsum a sententia suspensionis absolvas, quam prædictus legatus tulit in eos qui non servarent sententiam interdicti... sicque, juxta formam Ecclesiæ, quæ in talibus est servanda, tradas pallium absoluto, suspendens ipsius pœnam, cum incipere nolimus ab ipso: receptis ab eo patentibus litteris, tam super exhibita purgatione quam præstito juramento, quod super excessu suo mandatis sit apostolicis pariturus; et in omnibus supradictis solemniter et manifeste procedas, et post omnia privilegium ejusdem Ecclesiæ quod tibi dirigimus, largiaris.

Dat. Laterani, vii Kal. Febr.

In eumdem fere modum...... decano (154) *et capitulo Bituricensibus. usque in finem.*

XLIV (155).

NEAPOLITANO ARCHIEPISCOPO (156).

Ob ejus merita ei concedit titulum sanctorum Neræi et Achillæi.

Cœlestis patrisfamilias, licet insufficientes penitus et indigni, vicem gerentes in terris, qui servos suos, qui talenta sibi tradita duplicarant, constituit supra multa, subjectorum nostrarum actiones exquirimus, et in eis, qui, circa nos et Romanam Ecclesiam, obsequinim jugiter gratæ devotionis multiplicant, acceptis honoribus honores alios cumulamus. Pensat, enim, apostolica sedes puritatem fidei, fervorem mentis et devotionis constantiam in subjectis et circa eos qui se ipsos et sua ejus quodammodo devoverunt obsequiis, interdum servitium beneficio recompensat, interdum oneris gravitatem honore relevat condecenti [Attendentes igitur qualiter in te circa nos, et Romanam Ecclesiam sincere vigeat devotionis affectus, qualiter nostris te hactenus exposueris beneplacitis et mandatis, de communi fratrum nostrorum consilio, Ecclesiam sanctorum Neræi et Achillei, quæ, inter titulos urbis, cardinalatus gaudet honore, tuæ fraternitati concedimus, confirmamus et præsentis scripti pagina communimus; non quod sufficienter ex hoc nos credamus tuis meritis respondisse, sed ut in eo saltem ex aliqua parte dilectionis propositum quod circa te gerimus exprimamus; licet tale sit quod concedimus quod paucis unquam fuerit ab apostolica sede concessum; imo, sæpius multis et magnis viris petentibus denegatum.]

Nulli ergo, etc.

XLV (157).

MAGISTRO ET FRATRIBUS MILITIÆ TEMPLI PARISIENSIS.

Quamdam sententiam pro eis latam de præbenda quadam confirmat (158).

(Laterani, 11 Kal. Febr.).

Cum olim dilecti filii (159) abbas S. Dionysii, et (160) prior S. Martini de Campis, judices a sede apostolica delegati super quæstione, quæ versabatur inter archiepiscopos, cum Jacobo marescalco, consobrino suo et odone de Palumbaria, viros quorum fidem expertus erat, delegit. Qua ratione res, juxta pontificis vota, successerint, habetur, in vita Innocentii; ubi etiam refertur, (§ 26) epistola, qua Anselmus de rebus a legatis et marescalco gestis Innocentium certiorem facit. Multa quidem habentur testimonia, quibus pontificis erga archiepiscopum benevolentia comprobatur; sed, ipsum ad cardinalatus apicem unquam evectum fuisse, nusquam apparet: assentiendum, igitur, potius, Raynaldo, qui hanc libri III epistolam, de qua agimus, Jacobo directam dicit, « Optabat Anselmus, ut egregia de « neficia, a Jacobo marescalco Siciliæ regno præsti- « ta, paribus beneficiis compensarentur; cujus vo- « tis ultro morem gessit Innocentius, atque amplis- « simo munere Jacobum ornavit. Attendentes, etc. »

Verum, quam juris in Ecclesiam cardinalitiam et patronatus, speciem, marescalco, bellorum duci, pontifex, hac concessione, tribuerit, non est nostrum, nec locus opportunus, examinandi. Vide Gesta Innocentii *loc. cit.* Ughellum, *Ital. sacr.* tom. VII, col. 154.

(157) Indicata apud Bzovium, an. 1201, §, 5.

(158) Videnda ejusdem Innocentii PP. III epistola libri II, 94.

(159) Hugo VII, Mediolanensis, electus an. 1197, confirmatus an. 1198, xii Kal. Junii; fato functus anno 1204, die xi Aprilis. *Gall. Christ.* XII, col. 383.

(160) Erat is Robertus I; qui, notus ab anno 1180.

Hanc ad annum 1200, Innocentii pontificatus tertium, referendam esse patet, ex iis quæ in *Gallia Christiana* leguntur, t. II, col. 60.

(153) Vide supra, epistolam hujusce libri III vigesimam.

(154) Adamus Braons, notus in chartis, an. 1198 et 1200. *Gall. Christ.* t. II, col. 112.

(155) Indicata, imo ex magna parte relata apud Raynaldum, an. 1200, § 4. Quæ apud eum leguntur, hic uncis inclusa sunt.

(156) Imo, Jacobo marescalco; prout directa dicitur apud Raynaldum (loc. cit.). Anselmus, decimus quartus Neapolitanorum archiepiscopus, ad primam regni citra Pharum metropolitanam sedem, versus annum 1192, vocatus, illam usque ad annum 1215, quo obiit, die 22 Junii, magna quidem cum laude, et fama occupavit. Ad ipsum plures decretales exstant Innocentii III epistolæ; quarum aliquæ sacris canonibus sunt insertæ. Ad eumdem vero Innocentium aliquando Anselmum orator fuit Constantiæ Siciliæ reginæ, Frederici II imperatoris matris, quondam Henrici VI imperatoris uxoris. Cognita Anselmi prudentia vitæque integritate, Innocentius III illum ad varia obeunda munia vocavit; et inter multos viros egregios, ad regnum Siciliæ puerumque regem Fredericum recte instituendum, Cincium, tituli Sancti Laurentii in Lucina presbyterum cardinalem, apostolicæ sedis legatum, et hunc Anselmum, Neapolitanum et Angelum, Tarentinum, ar-

ur inter vos et dilectum filium (161) decanum S. Quintini, de possessione annualis præbendæ annexæ decanatui ejus, pro vobis sententiam promulgassent : quoniam dictus decanus illi sententiæ parere nolebat, cognitionem ejus venerabili fratri nostro P. archiepiscopo Senonensi, tunc Cameracensi episcopo (162), duximus committendam. Verum, supradictus decanus sicut ex tenore litterarum eorumdem archiepiscopi et decani, quorum rescripta dilecti filii (163) S. Victoris, et (164) S. Genovefæ abbates Parisienses, sub sigillis suis nostro apostolatui transmiserunt, asserentes se authentica, verbo ad verbum sub eadem continentia, perlegisse, nobis innotuit, recognovit, coram archiepiscopo memorato, quod a prædictis judicibus delegatis, fuit in 60 libris Parisiensibus Templariis condemnatus et eorum sententiam approbavit. Nos igitur vestris justis postulationibus annuentes, ne in contentionem prædicta quæstio relabatur, dictam sententiam, sicut rationabiliter lata est, auctoritate apostolica confirmamus et præsentis scripti patrocinio communimus. Nulli ergo, etc., hanc paginam nostræ confirmationis, etc.

Dat. Later., 11 Kal. Febr.

XLVI.

ODONI, SUBDIACONO ET CAPELLANO NOSTRO ET ALBERTINO, CAMERÆ NOSTRÆ NOTARIO, PROCURATORIBUS NOSTRIS.

Eis committit quæ castra reddenda sint Firmanis ab oppidanis Montis Rubiani (165).

(Laterani, Kal. Febr.)

Licet ea quæ a legatis et procuratoribus nostris, ratione prævia, statuuntur, rata velimus ei illibata servari, benignitatis tamen et pietatis apostolicæ sedis nolumus oblivisci, quæ dulcissimæ matris deponere nescit affectum, et ideo non solum quod ab illis, verum etiam quod a nobis statuitur, ab æquitatis tramite nolumus deviare; ne forte crudelitas, quæ in aliis habetur exosa, in nobis, quod Deus avertat, locum valeat invenire. Ne igitur occasione non obiit ante a. 1200. *Gall. Chr.* t. VII, col. 525.

(161) Decanus ille S. Quintini Veromanduensis. (agitur enim de Ecclesia illa, non de Ecclesia S. Quintini de Monte, nec de altera dicta S. Quintini in Insula) erat, procul dubio, Daniel, de quo hæc tantum in *Gall. Christ.* t. IX, col. 104, 16. « Daniel præerat, anno 1200. Hunc, fastu paulo turgidiore, inquit Hemeræus, nova quædam vindicasse, et superbius ostentasse dictaturæ suæ fasces, declaravit capitulare decretum, cui et ipse coactus est subscribere : *D ... decanus et capitulum S. Q ... Inter nos firmiter statutum est quod, in omni negotio ad Ecclesiam pertinente, si quid, per errorem, negligentiam vel malitiam, male factum indebite vel omissum, in quo capitulum contradicat, illud, nullis aliis litteris obstantibus, decano absente, vel etiam præsente emendari. Actum, anno Domini* 1207, *mense Octobri.* Occurit adhuc D. annis 1208 et 1213. » Mirum quidem, doctissimos auctores nihil petiisse ex Innocentii PP. III epistolis, lib. I, 288 et 289, ad quas lectores remandamus et e quibus multa, ad declarandas decani istius cum capitulo controversias, erui possunt.

(162) Petrus de Corbolio, cognominatus forsan a patria; vir eruditus et magnæ famæ. Inter suos

promissionis quam dilecti filii C, ... (166) tituli Sancti Laurentii in Lucina et J ..... (167) tituli Sanctæ Priscæ presbyteri cardinales, tunc apostolicæ sedis legati, Firmanis, contra Montem Rubianum, de restituendis castris destructis, bonum pacis valeat impediri, Nos, secundum sanum intellectum cardinalium eorumdem, illa castra intelligimus esse reddenda, quæ a morte imperatoris constat esse destructa, ex quo tempore Marchia rediit ad Ecclesiam; non autem illa quæ longe ante destructa fuerant, de quibus nec imperator Rubianenses traxit in causam; licet de illis justitiæ plenitudinem velimus eisdem exhiberi Firmanis, quemadmodum iidem legati, sententiantes inter Firmanam Ecclesiam et homines Sancti Elpidii, ut castrum et Monterianum eidem Ecclesiæ restituerent et redire permitterent homines castrorum illorum, illos duntaxat voluerunt intelligi, quos in hac nova destructione homines Sancti Elpidii receperunt. Quocirca, discretionem vestram monemus attentius et per apostolica scripta mandamus quatenus, eosdem Firmanos moneatis attentius et inducere studeatis, ut Deo gloriam et nobis dantes honorem, super verbo pacis non exhibeant se difficiles aut rebelles, sed eam ad consilium et mandatum vestrum tam liberaliter faciant quam libenter; sciantque pro certo quod, hoc principaliter pro ipsorum bono mandamus, quos sincera diligimus in Domino charitate, neve causam vel occasionem exhibeant, ut eorum exemplo bonum pacis apud alios valeat impediri.

Dat. Later., Kal. Febr., pontificatus nostri anno tertio.

XLVII (168).

N.... CUISSIACENSI (169) ET DE MONTE S. MARTINI (170) ABBATIBUS.

Hortatur ad subsidia præstanda pro liberatione terræ sanctæ.

(Laterani, Non. Febr.)

Jam pridem ne videremur onera gravia imponere discipulos habuit. Innocentium papam III, cujus favore episcopatum Cameracensem, posteaque archiepiscopatum Senonensem, consecutus est. Ab anno 1199, provectus fuit ad sedem Cameracensem. (Vid. *Chron. Andreæ.*) Infulas vero Senonenses, anno 1200 adeptus est. *Alberic. chron.* p. 419.

(163) De eo jam dictum supra, epist. XLI.
(164) Joannes de Tociaco, (*de Tocy, de Toucy*) abbas S. Genovefæ, ab a. 1192, usque ad a. 1222. De eo sæpius in epistolis Innocentii PP. III.
(165) Vid. sup. epist. 30, 31.
(166) De eo jam dictum supra, epist. 31.
(167) De eo, ibidem.
(168) Indicata apud Bzovium, an. 1200. tom. XIII, p. 85, § 5. Nulla in apographo ex arch. Vatic. discrepantia.
(169) Abbas Cuissiacensis, cui dirigitur hæc epistola, erat Guillelmus de S. Audomaro, qui huic abbatiæ præfuit, ab anno 1195 ad annum 1205, quo ad Veromanduensem præfecturam transiit. *Gall. Christ.* tom. IX, col. 673.
(170) Abbas de Monte S. Martini, erat Adam, qui ab anno 1197 usque ad annum 1205, huic abbatiæ præfuisse, ex instrumentis, dignoscitur. *Gall. Christ.* tom. III, col. 195.

humeris laicorum, quæ viri ecclesiastici movere digito etiam recusarent, qui laicos verbo et exemplo inducere debent ad opera pietatis, cum prædecessores nostri et nos eorum secuti vestigia, catholicos principes et populos Christianos, ad suscipiendum Dominicæ crucis vexillum et vindicandam injuriam Jesu Christi per litteras et nuntios nostros duxerimus sæpius commonendos : tandem, nos et fratres nostri, decimam obventionum nostrarum orientalis terræ subsidio deputare curavimus, et mandavimus clericis universos, quadragesimam omnium proventuum et reddituum suorum in opus tam pium liberaliter erogare. Ne autem si Cistercienses et Præmonstratenses, quorum opera plurimis sunt doctrina, colla humilitatis ab hoc opere pietatis excuterent, aliqui, prave interpretantes et credentes eos non temporalium rerum expensas, de quibus multum curare non debent, sed animarum dispendium evitare, (quasi non liceret armis et viribus propulsare violentiam paganorum ac defendere terram quam Dominus noster suo sanguine comparavit), revocarentur a subsidio terræ sanctæ, aliique viri religiosi, eorum exemplo, se ab his eximere niterentur; mitius agentes cum eis, quinquagesimam omnium proventuum et reddituum suorum integre colligi jussimus et in opus tam pium fideliter custodiri; deductis, tamen, prius de ipsorum proventibus, quæ ipsorum aliqui deberent creditoribus pro usuris. Cum igitur quod super hoc tam pie incœpimus nolimus relinquere imperfectum, discretioni vestræ per apostolica scripta mandamus quatenus vos, pariter, tam in vestris quam omnibus Franciæ abbatiis, quæ ordinis Præmonstratensis existunt, secundum formam priorum litterarum, quinquagesimam de redditibus et proventibus eorum colligatis fideliter et fidelius conservetis, in subventionem terræ orientalis, dante Domino, utiliter convertendam. Quid autem et quantum acceperitis ex singulis abbatiis redigentes in scriptum, sub sigillis vestris et abbatis loci, per fidelem nuntium et sub securo conductu, dilectis filiis..... magistro et fratribus militiæ Templi in Francia, faciatis transmitti fideliter conservandum.

Dat. Lateran., Non. Februarii, pontificatus nostri anno tertio.

Scriptum est super hoc in eumdem modum..... DE CORNELIIS, *et.....* DE BASSOFONTE, *abbatibus, ut tam in suis quam omnibus Burgundiæ abbatiis, quæ ordinis Præmonstratensis existunt, etc., ut supra usque* conductu. Dilectis filiis..... Cuissiacen., *et.....* de Monte Sancti Martini *abbatibus faciatis transmitti per manus eorum, dilectis filiis.....* magistro et fratribus, *etc., ut supra.*

In eumdem fere modum DE NEBUS, *et...* DE WELLENBEC *abbatibus.* Jampridem, *etc., usque* mandamus quatenus vos pariter, tam in vestris quam omnibus Angliæ abbatiis, quæ ordinis Præmonstratensis existunt, etc., *usque* Cuissiacen.... et de Monte, *etc., ut supra.*

In eumdem modum BELLEVALLIS, *et....* REGIÆVALLIS, *abbatibus, ut in suis et Lotharingiæ abbatiis, quæ ordinis Præmonstratensis existunt, secundum formam, etc., ut supra.*

In eumdem modum SANCTI JUDOCI, *et* DE NEMORE, *et.....* DE SILLEIO *abbatibus, ut, tam in suis quam omnibus Normanniæ et Pontivi abbatiis, quæ ordinis Præmonstratensis existunt, etc., ut supra.*

In eumdem modum DE.... DE HOREFIA. *et.....* DE CAMPEN *abbatibus, ut, tam in suis quam omnibus Teutoniæ abbatiis, quæ ordinis Præmonstratensis existunt, etc., ut supra.*

In eumdem modum.... DE CASA DEI, *et....* DE RETORTA *abbatibus, ut in suis et omnibus Gasconiæ, et Hispaniæ abbatiis, quæ ordinis Præmonstratensis existunt, etc., ut supra.*

In eumdem modum.... DE PARCO, *et.....* DE NINIVE *abbatibus, ut, in suis et omnibus Flandriæ et Brabantiæ abbatiis, quæ ordinis Præmonstratensis existunt, etc., ut supra.*

XLVIII.
POTESTATI ET POPULO ANCONITANIS.
De eorum reditu in fidem apostolicæ sedis.
(Laterani.)

Exsultamus pro vobis in Domino et vobis etiam congaudemus quod inter omnes fideles nostros, qui Marchiam Anconitanam inhabitant, vos sicut a legatis et procuratoribus nostris accepimus, ad obsequium et beneplacitum nostrum promptos exponitis, et paratos, ut nobilitatem civitatis et populi probitatem magnificis operibus ostendatis. Ut ergo vos certiores de gratia et benevolentia nostra reddamus, præsentibus vobis litteris innotescat quod nos Ecclesiam et civitatem Anconitanas, cum clero et populo, de corde puro et conscientia bona et fide non ficta diligimus, et ad honorem et profectum vestrum operam impendere cupimus efficacem, optantes nobis opportunitatem concedi ut vestræ devotionis obsequium, grata mercede, remunerare possemus. Quia vero quanto magis de vobis confidimus, tanto securius imperamus, pro certo tenentes quod, si rem grandem et gravem postularemus a vobis, non pateremur a vestra devotione repulsam, præsertim in his quæ ad pacem respiciunt : universitatem vestram rogamus attentius et per apostolica vobis scripta præcipiendo mandamus quatenus, ad concilium et mandatum dilectorum filiorum O..... subdiaconi et capellani nostri et A..... cameræ nostræ notarii, procuratorum nostrorum, dimittatis captivos et, tam pro vobis quam pro parte vestra, treguam inire curetis, Deo gloriam et nobis dantes honorem : pro certo scituri quod id tanto gratius reputabimus, quanto magis ad bonum statum totius Anconitanæ marchiæ credimus profuturum ; nosque propter hæc, vobis, tanquam devotissimis filiis, grata curabimus vicissitudine respondere.

Dat. Lateran.

XLIX.

UNIVERSIS, TAM CLERICIS QUAM LAICIS, IN MARCHIA CONSTITUTIS.

De eodem argumento.

(Laterani.)

Gavisi sumus in Domino et ei devotas gratiarum retulimus actiones, cum, per sollicitudinem nostram, ad dominium Ecclesiæ rediistis. Sed cum audivimus dissensiones et guerras, quæ pullulant inter vos, devastationes civitatum, destructiones castrorum, combustiones villarum, oppressiones pauperum, persecutiones ecclesiarum, captivitates hominum, cædes virorum, injurias, violentias et rapinas, longe magis tristamur ex his, quam fuerimus ex illo lætati; cum, per legatos et procuratores nostros non sustineatis hujusmodi facinora emendari. Unde, multo deterius est nunc Marchiæ, cum in libertatem visa est respirasse, quam tunc exstitisset, quando sub gravi servitute gemebat. Nolentes autem hæc nobis ulterius imputari sed volentes apud Deum et homines excusabiles et inculpabiles apparere, protestamur et dicimus, quia, nisi dilectis filiis O..... subdiacono et capellano nostro et A..... cameræ nostræ notario, procuratoribus nostris, super his, quæ ad pacem pertinent et justitiam, humiliter parueritis, imo nobis in ipsis qui vice nostra funguntur, cogemur aliud cogitare, fientque novissima vestra pejora prioribus; et quia, cum potestis non vultis, cum volueritis non poteritis respirare. Quapropter universitati vestræ, sub debito fidelitatis districte præcipimus, quatenus omni contradictione et excusatione postposita, quod statuendum duxerint inter vos recipiatis humiliter, et inviolabiliter observetis. Alioquin, quoniam abhorretis dulcedinem, amaritudinem sentietis, vobis solummodo, imputantes quidquid mali contigerit evenire. Nos enim ratum habebimus quod ipsi duxerint statuendum.

Dat. Lateran.

L.

O. SUBDIACONO ET CAPELLANO NOSTRO ET A. CAMERÆ NOSTRÆ NOTARIO, PROCURATORIBUS NOSTRIS.

De eorum potestate in rebus apostolicæ sedis in Marchia curandis.

(Laterani.)

Etsi plus solito multis et magnis simul negotiis occupati, receptis tamen litteris vestris, quæ continebantur in illis notavimus diligenter, sollicitudinem vestram in Domino commendantes, quod pro nostræ jussionis obsequio nec labores nec ex-

———

(171) Erat is verisimiliter Albinus Mediolanensis, canonicus regularis monasterii S. Mariæ de Crescentiaco; tituli S. Mariæ Novæ diaconus, primo, deinde, tituli S. Crucis in Hierusalem presbyter c rdinalis, a Lucio PP. III, demum a Clemente PP. III, episcopus Albanensis, creatus. Librum edidit, prænotatum *Collectio canonum*, qui mss.

———

pensas vitatis; potentes enim sumus, per Dei gratiam, vobis recompensationem congruam exhibere. Quia vero non qui cœperit sed qui perseveraverit, salvus erit, et, juxta vulgare proverbium, non semper ad unum ictum arbor dejicitur, sed quod una vice non fit, alia vice perficitur; discretionem vestram monemus attentius et per apostolica vobis scripta mandamus quatenus, sicut bene cœpistis, instetis, ut, cum nil ex contingentibus omiseritis, non nobis et vobis, sed his et illis valeat imputari, qui nolunt pacem recipere, cum pax ab eis fuerit prolongata. Quia vero de vobis indubitatam fiduciam obtinemus et vos, sicut viri providi et prudentes, circumstantias negotiorum et personarum, tanquam præsentes, potestis melius indagare, super quibus vestrum nobis consilium expressistis expresse rescribimus, et, juxta consilium vestrum, litteras destinamus. Cætera vobis committimus et injungimus, juxta vestræ discretionis arbitrium exsequenda, ratum quod feceritis habituri. Quid autem universis, tam clericis quam laicis, per apostolica scripta mandemus tenor litterarum nostrarum, cum sint patentes, vobis plenius indicabit. Vos ergo de gratia nostra securi, prout melius vobis Dominus inspiraverit, procedatis.

Dat. Lateran.

LI.

CONSULIBUS ET POPULO SENOGALLIENSIBUS.

Mandat ut restituant castra et alia quæ in episcopatu Senogalliensi occuparunt.

In tantum, quod dolentes referimus, jam refriguit charitas hominum et iniquitas abundavit, ut, quia dati sunt in reprobum sensum, lætentur cum male fecerint et in pessimis rebus exsultent, ac se ipsos persequendo dilanient; ita, ut in suo sanguine cruententur. Cumque doleamus plurimum hæc in pluribus mundi partibus evenisse, illis, tamen, magis compatimur, qui nobis, tam spiritualiter quam temporaliter, sunt astricti. De prudentia siquidem vestra miramur quod, cum nobis ex debito fidelitatis teneamini defendere pro viribus, quæ habemus, quæ non habemus nos ad recuperandum et recuperata ad retinendum juvare, vos, domania nostra, quatuor videlicet turres, quatuorque palatia in civitate vestra et omnia, quæ, in domibus, terris, et vineis. Gutibuldus et Giselbrandus emerunt, Montem Sancti Viti, Albarellum, quod ædificavit bonæ memoriæ . . . . (171) quondam episcopus Albanensis, Donum regis, Rapulam, Altianum, Montem Guittonnensem, Labarbaram, partem quamdam de Fossa

———

asservatur in bibliotheca Vaticana. Ad hunc scripsit, de actis concilii Rhemensis, Gaufridus, Claravalensis monachus, apud Baronium. Sub extremum Cœlestini PP. III, tempus, vita functus est, circa annum 1198. Oldoin. addit. ad Ciacon. tom. I, col. 1117.

cæca, in hominibus et in terris, Montem Thebaldi, Casam Muratam, Canocelam, et plures villas in episcopatu vestro præsumpsistis, ut audivimus, per violentiam occupare, in nostrum et Ecclesiæ Romanæ dispendium et vestrum dedecus, et jacturam. Nolentes igitur hæc negligenter omittere, ne nobis possit merito imputari, universitati vestræ districte præcipimus quatenus, super prædictis, et aliis, quæ de nostris domaniis occupastis, dilectis filiis O. subdiacono et capellano nostro, et A..... cameræ nostræ notario, procuratoribus nostris, congrue satisfacere non tardetis. Alioquin, sententiam, quam in vos, propter hoc, duxerint promulgandam, ratam habebimus et faciemus inviolabiliter observari.

LII.
CONSULIBUS ET POPULO FANENSIBUS.
Mandat ut ablata Romanæ Ecclesiæ restituant. De censu annuo, pro civitate et comitatu Fanensibus, Ecclesiæ Romanæ solvendo.

(Laterani.)

In eumdem fere modum CONSULIBUS, ET POPULO FANENSIBUS *usque :* juvare; vos, possessiones, et alia bona ecclesiæ Sanctæ Mariæ Novæ, quæ ad nos nullo pertinet mediante ac palatium, quod construxit comes Walterius in civitate Fanensi ; et omnia alia, tam mobilia quam immobilia, quæ fuerunt ejusdem comitis, ad nos jure dominii pertinentia, cum ipse, sicut asseritur; de jure nequiverit condere testamentum, detinetis per violentiam occupata. Nolentes igitur, etc., *usque* observari. Præterea cum quinquaginta libras pro censu nobis teneamini solvere annuatim, medietatem pro civitate Fanensi et medietatem pro ejus districtu; vos occasione hujusmodi, civitatem et comitatum Forosimpronienses, qui ad Romanam Ecclesiam specialiter pertinent, sub vestro districtu convertere attentatis, cum ad vos nulla pertineat ratione. Ideoque, vobis districtius inhibemus ne de civitate vel comitatu prædicto vos ulterius intromittere præsumatis, sed satisfaciatis dictis procuratoribus nostris de præsumptis hactenus competenter, et super

A eo quod, post prohibitionem ipsorum, cum Gutibuldo pacem sive treugam præsumpsistis inire.

Dat. Lateran.

LIII.
CONSULIBUS ET POPULO CAMERINENSIBUS.
De censu annuo Romanæ Ecclesiæ solvendo pro civitate Camerinensi. Arguit quod callem castri Makelde everterint et castrum Sanctæ Anatoliæ occuparint.

(Laterani.)

In eumdem fere modum CONSULIBUS ET POPULO CAMERINENSIBUS, *usque* juvare. Vos contra hæc, voluntate propria venientes, cum, coram dilecto filio, G...... (172) tituli Sanctæ Mariæ Trans Tiberim presbytero cardinali, apostolicæ sedis legato, concesseritis, Ecclesiæ Romanæ annuum censum quinquaginta librarum, pro civitate vestra et paucis circumadjacentibus locis, vos annis singulis soluturos, instrumento confectum exinde, dilectis filiis O.... subdiacono et capellano nostro et A. cameræ nostræ notario, procuratoribus nostris, noluistis aliquatenus assignare, sed vallem castri Makelde, quam nuper destruere præsumpsistis et castrum Sanctæ Anatoliæ, ad jurisdictionem vestram convertere attentatis, cum ad vos nulla pertineant ratione. Nolentes, igitur, etc. *ut in alia*.

Datum Lateran.

LIV (173).
ABBATI DE STENWELT (174), PRÆPOSITO SANCTI SEVERINI IN COLONIA (175), ET .... PRIORI DE MERE.

De electione abbatissæ Gerensheymensis (176).

(Laterani, viii Id. Februarii.)

Constitutis in præsentia nostra, Gertrudi moniali et... procuratore Gudæ monialis, dilectos filios nostros B..... (177) tituli Sanctæ Suzannæ presbyterum et M..... (178) tituli Sancti Theodori diaconum; cardinales, concessimus auditores; coram quibus fuit, pro parte ipsius Gertrudis propositum quod, cum olim vacante monasterio de Gerensebeym, a duodecim monialibus fuisset in abbatissam electa, quin-

---

(172) De eo jam dictum supra, epist. 28.

(173) Hanc epistolam anno quarto assignandam esse ex notis sequentibus patebit.

(174) Si agitur hic de abbatia de Steinfeldia, ordinis Præmonstratensis, abbas ille cui dirigitur hæc epistola, erat vel Herinfridus, vel Eberhardus. Uterque nominatur tantum apud *Galliæ Christianæ* auctores, tom. III, col. 799.

(175) Eidem præposito dirigitur epistola libri ii 107.

(176) De hac monialium abbatia nihil compertum habeo. Certe inter seu veteres, seu adhuc existentes in diœcesi Coloniensi monialium abbatias, non numeratur in *Gall. Christ.* Nisi quis credere velit hic agi de monasterio Gerritzheimensi, quod non admittitur, cum illius virgines parthenonis quem Hungarorum (*al.* Hunnorum) furor *incineraverat*, Hermannus, Coloniensis archiepiscopus, in monasterium SS. Ursulæ et sodalium, una cum reliquiis S. Hippolyti martyris, anno 922 transtulisse dicitur. Vid. *Gall. Christ.* t. III. col. 771.

(177) Benedictus, primum tituli S. Suzannæ, presbyter cardinalis, anno 1200, mense Decembri, Romæ, postea episcopus Portuensis et S. Rufinæ, anno 1211, ab Innocentio PP. III renuntiatus est. Unde astruitur Epistolam hanc, de qua agimus, anno pontificatus Innocentii PP. III assignandam esse, cum viii Id. Februarii anni 1200, Benedictus ad cardinalatus apicem evectus nondum fuerit, anni vero 1201 dies octavus ante Id. Februarii, incidat in quartum pontificatus Innocentii PP. III annum. De hoc Benedicto cardinale multa in regestis Innocentii, qui eum providum, discretum, litteratum et honestum vocat eumque multum a se amari dicit. Decessit circa annum 1216. Oldoin. *Addit. ad Ciacon.* tom. II, col. 19.

(178) Matthæus, tituli S. Theodori diaconus cardinalis, in eadem cardinalium creatione, anno 1200, pontificatus tertio, mense Decembri, ab Innocentio PP. III renuntiatus est. Obiit sub eodem pontifice, circa annum 1206. Oldoin. Add. *ad Ciacon.* tom. II, col. 21.

que, tantum, eligentibus sibi Gudam, utraque nuntium suum propter hoc ad sedem apostolicam destinavit; qui, coram multis, in certos judices convenerunt, juramento firmantes quod a commissione quam obtinerent communiter nullatenus resilirent nec declinarent examen judicum pariter electorum. Sed nuntius Gudæ, contra præstitum veniens juramentum, ad..... quondam abbatem de Monte (179) et dilectos filios...... de Campis abbatem (180), et...... præpositum Sancti Gereonis (181), furtim litteras impetravit. Cumque illi vellent in causa procedere, nuntius ipsius Gertrudis, ab apostolica sede reversus, dilectis filiis, majoris Ecclesiæ (182), et..... Sancti Gereonis decanis et majori quondam scholastico, Coloniensibus, commissionis exhibuit litteras, sub hac forma, ut litteras, quas nuntius partis adversæ, per fraudem extorserat denuntiantes irritas et inanes, quidquid per eas esset in ejusdem Gertrudis præjudicium attentatum revocarent penitus, et postmodum causam earum fine canonico, terminarent. Judices vero prioribus litteris revocatis, cum vellent super electione cognoscere, pars Guidæ proposuit litteras illas sibi suspectas, esse ad sedem apostolicam remittendas; cujus petitionem cum Gertrudis ea ratione repelleret, quod nullas causas suspicionis pars Gudæ proponeret vel probaret, eadem Guda causa subterfugii ad nostram audientiam appellavit. Sed judices, intelligentes hujusmodi appellationi deferendum non esse, receptis testibus quod Gertrudis a majori et saniori parte fuisset electa, ipsam in possessionem abbatiæ, nostra freti auctoritate, miserunt. Postmodum autem cum eadem Gertrudis nuntium suum cum gestis judicum, ad sedem apostolicam destinasset, ipse, immemor fidei quam super negotio ejus fideliter procurando præstiterat, cum nuntio partis adversæ collusit et in manibus ejus gesta tradidit universa et in judices suspectos omnino convenit. Unde, cum postmodum ad venerabilem fratrem nostrum..... (183) Coloniensem archiepiscopum et dilectos filios..... (184) præpositum Sancti Georgii, et..... decanum Xanctensem comparuissent commissionis litteræ impetratæ, Gertrudis eadem, posita coram eis, contra archiepiscopum ipsum excepit, quod ab ipso fuerat super eodem negotio appellatum et quod ab initio litis, partem adversam foverat et proventus ejusdem monasterii, quos, tanquam judex ordinarius, lite pendente, debuisset fideliter conservare, illi, quæ obtineret in jure, postmodum conferendos, adversariæ suæ concesserat, et sic illam contra se duxerat muniendam. Proposuit etiam quod Xanctensis decanus adversariam suam proximæ linea consanguinitatis attingeret, et quod..... præpositus Sancti Georgii, adhuc constitutus in ætate minori, nondum esset idoneus ad judicium proferendum. Ad hæc autem pars altera respondebat, quod, cum judices ipsi de assensu nuntiorum utriusque partis obtenti fuissent, eadem Gertrudis nec poterat nec debebat eorum judicium declinare. Sed ipsa contra hæc taliter replicabat quod si nuntius ejus prædictas causas suspicionis scivisset ad plenum dolose in tales judices convenisset. Unde ipsa factum ejus ratum non tenebatur habere, cum factum procuratoris non debeat ratum esse, nisi cum gestum fuerit bona fide. Demum, cum judices rationes ejus admittere noluissent, eadem Gertrudis, se et causam suam apostolicæ protectioni supponens, ad nostram audientiam appellavit; sed judices nihilominus, præter juris ordinem procedentes, prædictam Gudam de abbatia investire curarunt; moniales, quæ excommunicatæ fuerant, sine solemnitate qualibet absolventes. Cæterum ad hæc nuntius prædictæ Gudæ respondit quod, cum a sex fratribus et septem sororibus, canonice fuisset in abbatissam electa, prædicta vero Gertrudis a parte numero et dignitate minore fuerit nominata, ipsa per nuntium suum ad prædictos de Monte et de Campis abbates et..... præpositum Sancti Gereonis, commissionis litteras impetravit. Qui cum, partibus citatis legitime et causa secundum ordinem ventilata, usque ad calculum diffinitivæ sententiæ processissent, nuntius prædictæ Gertrudis ad præfatos majoris Ecclesiæ, et..... Sancti Gereonis, decanos et majorem scholasticum in Colonia litteras apostolicas reportavit. Qui, cum partes peremptorie citavissent, eadem Guda, tum quia unus judicum advocatus et reliqui duo, ab initio litis, fautores fuerant prædictæ Gertrudis, tum quoniam litteræ illæ videbantur sibi suspectæ merito, ut dicebat, tum quoniam a prioribus judicibus per neutram partium fuerat provocatum, ad nostram audientiam appellavit. Sed judices, nihilominus, prædictæ Gertrudi possessionem abbatiæ adjudicare curarunt, in eamdem Gudam et fautrices ipsius excommunicationis sententiam pro-

---

(179) De qua abbatia de quo, abbate, hic agatur, non in promptu habeo. Certe de abbatia Cisterciensis ordinis de Monteveteri, seu *Aldenberg*, agi non potest, cum abbas monasterii illius voce *quondam* designari non potuisset. Abbatiam enim illam tunc temporis regebat Goswinus, qui electus anno 1181, summa cum laude annos 21 præfuit, nec non nisi an. 1202 defunctus est. Vid. *Gall. Christ.* t. III, col. 787.

(180) Idem fere nobis dicendum de hoc abbate de Campis; forte agitur de monasterio Campensi, seu de vetere Campo, Coloniensis diœceseos, quod æque ac monasterium de Monteveteri ad ordinem Cisterciensem spectat. Huic monasterio tunc temporis præerat Gerardus, qui, ab anno 1184, per viginti annos, illud summa cum laude rexit. *Gall. Christ.* t. III, col. 783.

(181) Forte erat is Arnoldus, de quo, anno 1216, mentio habetur. *Gall. Christ.* t. III, col. 722.

(182) Udo, decanus majoris Ecclesiæ Coloniensis, anno 1198 et 1203, in instrumentis innotescit. *Gall. Christ.* t. III, col. 720.

(183) Adolphus de Altena, ad Coloniensem thronum ex præposito provectus anno 1193 versus annum 1205 fato functus est.

(184) De præpositis S. Georgii, et Xanctensibus (Sanctensibus) decanis, nihil ad manum habeo.

ferentes; propter quod, nos, ad petitionem utriusque partis, causam ipsam prædicto archiepiscopo..... præposito Sancti Georgii, et..... decano Xanctensi commisimus terminandam; qui, licet prædicta Gertrudis eorum recusasset examen, quia tamen recusationis suæ causam rationabilem non ostendit, cum eis de priorum judicum processu constaret, auditis allegationibus pro eadem Guda propositis, sententiam latam a prædictis judicibus revocarunt, electionem factam de eadem Guda, auctoritate apostolica, confirmantes. Ad fundandam, autem, intentionem suam, prædicta Gertrudis, coram eisdem cardinalibus testes induxit, et procurator partis adversæ se testes asseruit producturum, quorum copiam apud sedem apostolicam non habebat. Cum autem cardinales prædicti, quæ coram eis proposita fuerint fideliter retulissent, causam ipsam vestro duximus examini committendam. Ideoque discretioni vestræ per apostolica scripta mandamus quatenus, partibus convocatis, audiatis quæ fuerint hinc inde proposita, et, testibus ex utraque parte receptis et attestationibus coram cardinalibus ipsis exhibitis, quas vobis sub bulla nostra mittimus interclusas, et aliis quæ coram vobis exhibitæ fuerint, publicatis, Deum habentes præ oculis, si partes consenserint, diffinitivam sententiam proferatis. Alioquin, usque ad diffinitivæ sententiæ calculum, sublato appellationis obstaculo, procedentes, gesta omnia redacta in scriptis, sub sigillis vestris, ad sedem apostolicam destinetis: statuentes partibus terminum competentem, quo per se vel procuratores idoneos ad præsentiam nostram accedant sententiam recepturæ. Volumus autem nihilominus et mandamus ut eidem Gertrudi moderatas expensas, de bonis monasterii faciatis congrue provideri, ne cogatur turpiter mendicare. Testes, etc., cogantur, censura ecclesiastica, appellatione remota. Nullis litteris, etc., præter assensum partium, etc. Quod si, non, omnes, etc., duo vestrum, etc.

Dat. Lateran., viii Id. Februarii.

LV (185).

PRIORI ET CAPITULO SEGUNTINIS (186).

De confirmatione quorumdam reddituum.

(Laterani, Id. Februar.)

Justis petentium desideriis, etc., *usque* annuentes; omnes redditus, quos habetis in Seguntia, Atentia, Medinensi Ripa, Molinensi et earum pertinentiis. Jus, etiam quod in earumdem villarum ecclesiis obtinetis, sicut ea omnia possidetis rationabiliter, et quiete, vobis, et per vos Ecclesiæ vestræ, auctoritate apostolica confirmamus, etc. Nulli ergo, etc.

Dat. Lateran., Id. Februarii, pontificatus nostri anno tertio.

LVI (187).

PRIORI ET CANONICIS REGULARIBUS ECCLESIÆ SANCTÆ MARIÆ DE CHIRBERI.

De confirmatione privilegiorum.

(Laterani, Kal. Februarii.)

Justis petentium desideriis, etc., *usque* annuentes; prædictam ecclesiam Sanctæ Mariæ et personas vestras, cum omnibus bonis, quæ inpræsentiarum rationabiliter possidetis, aut in futurum, justis modis, præstante Domino, poteritis adipisci, sub beati Petri et nostra protectione suscipimus. Specialiter, autem, ecclesiam Sancti Michaelis de Chirberi cum omnibus pertinentiis suis; et totam terram dominii sui, cum omnibus mesnagiis (188), ad ædificia eorum facienda inter cœmeterium et viam publicam, et locum molendini de Bradebrugeforf; totam terram et boscum in Suedo, ad assartandum (189); et molendinum de Chiscore; et mesnagium molendinarii, quod est inter cœmeterium et ripam; virgatam (190) terræ Matthæi, quam idem Matthæus tenet in campo juxta Winnisburi; et landam Kedivor; et totum assartum (191) Gervasii, Fratris Hospitalis; unum burgagium (192) in Mungumeri, scilicet, unam acram (193) terræ de dominio suo, et quinque agras (194) ex parte villæ, et molendinum de Chine, et unam virgatam terræ ad idem molendinum pertinentem, cum prato; et mesnagium Radulphi piscatoris, cum tota orofra (195) et pascua libera in omnibus pascuis suis; et omnes libertates in terris, pratis, silvis, planis, aquis, molendinis, piscariis et pannagiis (196) omnium propriorum porcorum; sicut ea juste ac pacifice possidetis, vobis et per vos eidem ecclesiæ vestræ auctoritate apostolica confirmamus, et præsentis scripti patrocinio communimus. Nulli ergo, etc., hanc, paginam nostræ protectionis, et confirmationis, etc.

Dat. Lateran., Kal. Februarii.

---

(185) Si genuinæ sunt notæ chronologicæ, revocanda est hæc epistola ad initium libri III.

(186) *Seguntinis* diserte legitur in apographo Conti.

(187) Forsan et hæc epistola anno IV assignanda foret, aut ad initium libri III revocanda; sed neutrum certis argumentis probari potest.

(188) *Mesnagium*. Mansio, domus cum agri portiuncula, idem ac *Masnagium*. Du Cange, *Gloss*. t. IV, col. 578 et 704.

(189) *Assartare*, silvas interlucare, radices avellere, et in culturam redigere; Gallice, *essarter*. Du Cange, *Gloss*. t. I, col. 768.

(190) Gallice, *une verge*, vel *vergine*, vel *virgine*, vel *vergue*, modus seu mensura agri; de cujus definitione, vid. Du Cange, *Gloss*. t. 1, col. 104., et t. VI, col. 1635 et 1636.

(191) *Assartum*, sive *assarta*, sive *exartus*, etc. Silva succisa et in agrum cultum redacta. Du Cange, *Gloss*. tom. 1, col. 768, et t. III, col. 203.

(192) Certum et annuum vectigal, quod burgensis, aut burgi incola, pro domiciliis suis seu tenimentis quæ in burgo possidet, burgi domino præstat. Gallice, *tenure en burgage*. Littleton. §. 162.

(193) Mensura, de qua vid. *Gloss. loc. cit.*

(194) Idem ac acra.

(195) Sic diserte legitur in apographo Conti. Scriptum cum majuscula: videtur esse nomen loci cujusdam.

(196) *Pannagium*, seu *pastio*. Census vel tributum pro glandatione et jure pascendi porcos in silva domini; Gallice, *panage*. De aliis significationibus vid. Du Cange, *Gloss*. t. V, col. 240 et seq.

LVII (197).

NOBILI VIRO, AYMONI, DOMINO DE CICALA, REGIO JUSTITIARIO TERRÆ LABORIS (198).

Recipitur sub protectione.
(Laterani, xiv Kal. Martii.)

Sacrosancta Romana Ecclesia devotos et humiles filios, etc., *usque*: attendentes; personam tuam, a cum omnibus bonis, etc., *usque* suscipimus. Specialiter autem castrum Cicalæ, cum omnibus pertinentiis suis, regia tibi donatione concessum, jure tibi hæreditario pertinens, sicut ipsum juste possides et quiete, devotioni tuæ, auctoritate apostolica, confirmamus, etc. Nulli ergo, etc.

Dat. Lateran., xiv Kal. Martii.

(197) Idem dicendum est de hac epistola ac de epistola 56.
(198) Notandum quod in epistola libri ii, 205, B...., comes Laureti et Cupersani (de quo etiam agitur in epist. hujusce libri x), dicitur *magister justitiarius Apuliæ et Terræ Laboris.*

INNOCENTII III

ROMANI PONTIFICIS

REGESTORUM SIVE EPISTOLARUM

LIBER QUINTUS (*).

PONTIFICATUS ANNO V, CHRISTI 1202.

---

(1).
EPISCOPO PISTORIENSI (2).
De monialibus excommunicatis absolvendis per episcopum proprium.
(Laterani, iii Kal. Martii.)

De monialibus, a nobis tua fraternitas requisivit, per quem eis absolutionis sit beneficium impendendum, si, vel in se invicem, vel conversos aut conversas suas, aut clericos etiam, in suis monasteriis servientes [*Decret. om. in s. mon. serv.*] manus injecerint temere violentas. Super hoc igitur consultationi tuæ taliter respondemus ut auctoritate nostra, per episcopum, in cujus diœcesi eorum monasteria fuerint, absolvantur.

Datum Laterani, iii Kalend. Martii.

II (3).
ADEMARO (4), PRIORI GRANDIMONTENSI EJUSQUE FRATRIBUS, TAM PRÆSENTIBUS QUAM FUTURIS, REGULARITER SUBSTITUENDIS.

Privilegia eorum confirmat
(Laterani, iii Kal. Martii.)

Immaculata ordinis vestri religio, quæ, tanquam vitis abundans, palmites suos latius propagavit et, velut lucerna non abscondita sub modio, sed in Grandimonte tanquam supra candelabrum posita, perlucidæ radios claritatis ostendit, apostolicæ sedis fastigium ad honestas concessiones inclinat, u vitis cultori suo desideratum fructum reddat in tempore ac lucernæ succensæ oleum non deficiat charitatis, sed magis ac magis superabundet accrescat, ut qui ingrediuntur lumen videant et in vestris operibus glorificetur Altissimus, qui est in sæcula benedictus. Ea propter, dilecti in Domino filii, vestris justis petitionibus clementer annuentes, ad exemplar felicis recordationis Urbani, Clementis et Cœlestini, prædecessorum nostrorum, Romanorum pontificum, apostolica auctoritate decernimus ut qui, relicto sæculo [*Baluz.* secundo], ad ordinem vestrum confugiunt, priori qui pro tempore fuerit et successoribus ejus catholicis, vel capitulo, si prior non fuerit, obedientiam et reverentiam absolute promittant. Fratribus autem singulis, in his quæ ad commodum et honorem domus pertinent, fraternæ charitatis officium et auxilium debitæ subventionis impendant, minores se invicem, secundum Apostolum, arbitrantes; quatenus, juxta evangeli-

(*) Desideratur huc usque liber quartus. Vide præfationes.
(1) Exstat inter Decretales Innocentii PP. III, lib. 5, tit. 39, de sententia excommunicationis, cap. 33; suppressis quatuor tantummodo verbis, quæ, hic, in italico charactere expressa sunt.
(2) Episcopus Pistoriensis, cui hæc inscribitur epistola, erat Soffredus seu Offredus, quem sedisse, ab anno 1200 ad annum 1219, ex instrumentis ab Ughello (*Ital. sac.* t. III, p. 566,) relatis constat.
(3) Indicata apud Raynaldum, anno 1202, § 19.
(4) Ademarus I de Friaco (*Gallice d'Afriac*) octavus monasterii Grandimontensis prior, præfuit ab anno saltem 1192, usque ad annum 1215 vel 1216, quo decessit pridie Nonas Martii. *Gall. Christ.* t. II, col. 651.

eam apostolicamque doctrinam, se invicem honore præveniant et qui forte major est meritis non erubescat amore Domini fieri minor omnibus. Paci vestræ præterea providentes, statuimus ut ad recipiendum alterius religionis [*Baluz.* religionem] hominem, nemo vos cogat invitos, ne, dum instituta relicti ordinis qui ad vos confugerit, æmulatur a vestræ observantia disciplinæ animos simpliciorum avertat et aliis vos contingat injuriosos et molestos existere, si professos eorum volueritis retinere. Priori autem tam in spiritualibus quam in temporalibus, plenam concedimus auctoritate apostolica potestatem, ita ut uni conversorum qui magis idoneus fuerit, in cellis vestris temporalia disponenda committat, qui, de ipsius prioris mandato eleemosynas depositaque recipiat et eas in pios usus ac necessitatem domus provida consideratione convertat. Cura vero spiritualium libere de mandato prioris, circa clericos ipsos resideat; ita quod nullus laicorum fratrum in confessionibus, pœnitentiis, divinis officiis celebrandis, corrigendis excessibus clericorum, ullam sibi auctoritatem usurpet; sed hæc omnia per priorem jam dictum vel de mandato ipsius per clericos impleantur. Sane laborum vestrorum, etc., *usque* præsumat. Liceat quoque vobis laicos vel clericos, etc., *usque* retinere. Probibemus insuper ut nulli fratrum vestrorum post, etc., *usque* retinere. Quod si quis forte retinere, etc., *usque* in ipsos clericos vel conversos proferre sententiam regularem. Licitum, præterea, sit vobis in causis propriis, etc., *usque* valeat deperire. Pro consecrationibus vero altarium vel ecclesiarum, etc., *usque* impendat. Alioqui, liceat vobis a quocunque malueritis, etc., *usque* vobis quod postulatur impendere non postponat. Porro, si episcopi vel alii Ecclesiarum rectores in ecclesia vestra, etc., *usque* irritandam. Sane, cum locus vester longe sit ab hominum habitatione semotus, vobis de sedis apostolicæ benignitate, concedimus ut, cum generale terræ fuerit interdictum, liceat vobis, unius campanæ pulsatione, competentibus horis, fratres vestros de laboribus ad ecclesiam convocare. Hoc, autem et in aliis locis vestris, ad instar felicis memoriæ prædecessorum nostrorum Alexandri et Urbani, concedimus observari, qui a civitatibus, castris ac vicis adeo separantur, ut in eis sonus campanæ vestræ minime audiatur. Ad hæc, ut, instar prædictorum prædecessorum nostrorum, Alexandri, Urbani, Clementis, Cœlestini et felicis recordationis Lucii, Romani pontificis, omnibus regulam vestram servantibus, sicut in vestro ordine continetur, laborem, loco pœnitentiæ et in peccatorum suorum remissionem, injungimus, quem in ipsa observantia patiuntur. Institutionem quoque, quam ad castigationem vestram, post confirmationem felicis recordationis Adriani papæ, prædecessoris nostri, salubriter addidistis [*Baluz.* adhibetur], auctoritate apostolica confirmamus ac perpetuis decernimus temporibus valituram; statuentes ut liberum sit vobis, secundum regulam vestram et instituta ordinis, absque aliquorum gravaminibus vel molestiis, Domino famulari. Præterea domum et loca vestra, cum omnibus quæ inpræsentiarum juste ac pacifice possidetis vel in futurum concessione pontificum, etc., *usque* poteritis adipisci, sub beati Petri et nostra protectione suscipimus, etc., *usque* communimus, statuentes ut ea firma vobis vestrisque successoribus et illibata permaneant. Obeunte vero te nunc ejusdem loci priore, etc., *usque* præponatur; sed, juxta regulæ vestræ statutum, sex clerici et sex laici eligantur, qui, sicut in eadem regula continetur, electionem secundum Dei timorem faciant. Volumus tamen ut, sicut in electione prioris vestri ordinis noscitur hactenus observatum, præfati sex clerici per laicos et sex laici per clericos electores eligantur. Præterea priori vestro, qui pro tempore fuerit, si tamen sit presbyter, tonsurandi fratres vestros clericos et pannos eorum benedicendi licentiam indulgemus. Præsenti insuper decreto sancimus ut, si quis eo voto quod secundum canones teneat, se et sua Grandimontensi Ecclesiæ voverit ac bona sua pie ac rationabiliter in ultima legaverit voluntate, ipsum *ad solvendum votum* [*Baluz.* ad votum] Domino et ad legatum reddendum Ecclesiæ diœcesanus episcopus, ecclesiastica censura compellat; districtius inhibentes, ne aliquis clericus ordinis vestri, nisi prior fuerit vel hoc fecerit de mandato prioris, fratres suos excommunicare præsumat. Decernimus ergo, etc., *usque* profutura: salva, in omnibus, apostolicæ sedis auctoritate. Si qua igitur, etc., *usque ad finem*.

Datum Laterani, per manum Blasii, sanctæ Romanæ Ecclesiæ subdiaconi [*Baluz.* subscriptoris] et notarii, III Kalendas Martii, Indictione V.

III.

PRIORI (5) ET FRATRIBUS GRANDIMONTENSIBUS,
Concordiam revocat in ordine Grandimontensi (6).
(Laterani, III Kal. Martii).

Officium exigit pii patris, ut corda discordantium filiorum ad concordiam revocet, et de his quæ dissensionis materiam pariunt inter eos sic provide ac consulte disponat, ut cessent lites et jurgia sopiantur nec repullulent denuo in germen contentionis antiquæ. Sane, cum in lege Domini, die ac nocte vos deceat meditari et in chordis et organo psallere coram eo, ne psalterium vestrum non consonet, si dissonaverint [*Baluz.* dissociaverint] corda vestra, reducendæ sunt chordæ dissonæ ad consonantiam harmoniæ; ut consonanter tunc psallatis, cum vobis fuerit cor unum et anima una. Unde, cum olim fuisset apostolatui nostro suggestum quod, inimico homine superseminante zizania, dissensionis inter vos materia fuisset exorta, et in multis clerici de laicis gravarentur, tibi, fili prior, dedimus

---

(5) Vide epistolam superiorem.

(6) Vide lib. xiv, epist. 144.

in mandatis ut taliter talia corrigeres per te ipsum cum consilio sapientum, quod aures nostras super his denuo querimonia non pulsaret. Verum quoniam, quibusdam impedientibus, litteræ nostræ tibi non fuerant præsentatæ, moti replicata querela, venerabilibus fratribus nostris, Bituricensi archiepiscopo, Parisiensi et Lemovicensi episcopis dedimus in mandatis ut, ad locum vestrum personaliter accedentes, inquirerent, tam de his quæ proposita fuerant coram nobis quam de aliis, super statu domus, religionis observantia et omnibus de quibus inquirendum foret, diligentius veritatem; et corrigerent, appellatione remota, quæ regulariter corrigenda viderent; et statuerent quod secundum Deum cognoscerent statuendum: cogentes tam clericos quam conversos, per censuras ecclesiasticas, si crederent expedire, perhibere testimonium veritati; si quid autem arduum appareret, quod per eorum sollicitudinem expediri non posset, ad nos, facta inquisitione, referrent; ut per eorum relationem instructi, consultius in hoc procedere valeremus. Qui cum nobis quæ gesta fuerant rescripsissent, quoniam, quibusdam occasionibus emergentibus, nec ad reformationem nec ad inquisitionem etiam processerunt, dilectis filiis P. et Hel. presbyteris, et V. diacono, pro parte clericorum et dilectis filiis, RR. et G. presbyteris, P. B. Hel. W. et G. conversis, pro te, fili prior, ex alia parte, in nostra præsentia constitutis, attendentes quod boni judicis est litem minuere, non augere, et quod servum Dei litigare non decet, cœpimus inter eos de pacis reformatione tractare; sicque factum est, Domino concedente, quod tam capitula, quæ olim in litem deducta fuerant, et per prædecessores nostros decisa, sed denuo suscitata, quam alia quæ de novo exorta fuerant sopiremus. Clerici si quidem querebantur in primis quod, cum conversi ad collationem pulsandi sibi vindicarent officium quod tutum vocatis, usque adeo, differendo pulsationem, eos, interdum, exspectare cogebant, ut de nocte cogerentur Completorium decantare. Conversi vero, taliter respondebant, quod, cum olim super hujusmodi pulsatione controversia mota fuisset, per bonæ memoriæ C. papam prædecessorem nostrum, eis fuit hujusmodi advindicatione officium, et certa hora constituta, in qua ad collationem diebus singulis pulsaretur, licet interdum fratres, redeuntes ab operibus suis, aliquantulum exspectarent. Nos igitur et præfati prædecessoris nostri sententiam observare volentes, et dissensionis materiam amputare, de consilio fratrum nostrorum, statuimus, ut semper hora statuta pulsetur; ita, ut, si frater conversus, qui ad hoc officium fuerit deputatus vel alius neglexerit, si forsan ille defuerit, illa hora pulsare, frater clericus, cui hoc a te, fili prior, vel successoribus tuis, injunctum fuerit, vel alius clericus, loco ejus, ei ut pulset injungat, et ille pulsare, ad denuntiationem ipsius, sine omni contradictione ac disceptatione, festinet. Pari modo, si clericus ipse super hoc exhiberet se forsan negligentem, conversus pulset nihilominus hora præfata. Quisquis autem eorum, sive clericus sive conversus, contra præsumpserit, tanquam inobediens regulariter puniatur. Præterea quia clerici querebantur quod conversi coram eis de receptis et expensis nolebant reddere rationem, attendentes quod tu, fili prior, duos visitatores, unum clericum et alterum conversum, consuevisti ac debes, annis singulis, per cellas singulas, destinare, præsentium auctoritate decernimus ut de cætero in præsentia visitatorum illorum, in singulis cellulis, coram clericis et conversis vel, si omnes propter multitudinem non deceat interesse, quibusdam tam de his, quam de illis, de iis præsentibus, reddant de receptis et expensis omnibus rationem, eo modo quod tu, fili prior, consuevisti computationes audire. Conquerebantur præterea clerici memorati, quod in quibusdam cellis [*Baluz.* ecclesiis] paucissimi clerici ponebantur, cum tamen in eis esset conversorum plurima multitudo. Unde statuimus, ut in nulla cella de cætero unus tantummodo frater clericus collocetur; sed ea potius in hoc adhibeatur discretio ut, ubi sex conversi fuerint, tres clerici, ubi octo conversi, quatuor clerici, ubi decem conversi, quinque clerici, ubi duodecim conversi, sex ad minus clerici statuantur. Ubi vero, duodenarium numerus excesserit conversorum, in arbitrio tuo, fili prior, et tuorum successorum existat multiplicare clericos et conversos, prout visum fuerit expedire. Hoc autem dicimus, si in ordine vestro tot poterunt clerici reperiri. Si vero clericis exeundum fuerit ad laborem, exeant cum conversis et cum eis pariter revertantur. Semper tamen hebdomadarius in cella remaneat, ne desit aliquo modo sacerdos. Quod si forsan clericus contra regulare statutum excesserit exeundo, contra eum vel a clerico, vel converso in capitulo proclametur; ubi tamen non judicetur per laicum, sed per hebdomadarium presbyterum regulariter corrigatur. Prohibemus insuper ne clerici a cellis in quibus fuerint instituti ad cellas alias sine causa transferantur honesta. Et hoc ipsum cum fuerit faciendum, fiat provide a priore, sine præjudicio auctoritatis ipsius, cum discretorum consilio clericorum. Si quando vero ex justa causa fuerint transferendi, nec librum nec scripturam nec aliquid penitus secum ferant, nisi quantum eis fuerit de tua, fili prior, vel successorum tuorum, concessione permissum, cum nihil sibi proprium debeant vindicare. Nulli ergo, etc.

Dat. Later., III Kal. Martii.

IV (7).

POTESTATI, CONSILIARIIS ET POPULO PISANIS.

Ne Pisani foveant Marcowaldum.

(Laterani, IV Non. Martii.)

Recepimus litteras quas nobis vestra devotio de-

---

(7) Indicata apud Raynaldum, an. 1202, § 1.

stinavit benignitate qua decuit, et responsionum vestrarum tenorem notavimus diligenter. Gratum autem gerimus et acceptum quod devotionis obsequia, quæ civitas vestra exhibuit apostolicæ sedi, per vestras nobis litteras replicatis et in eorum delectamur auditu, credentes quod et vos ad devotionem nostram inducamini, per pia progenitorum vestrorum exempla, et, sicut eorum servitia, sic prædecessorum nostrorum beneficia memoriter teneatis, cum noveritis quod Ecclesia Romana non fuerit servitiorum vestrorum ingrata, sed ea beneficiorum multitudine compensarit, quæ ad præsens referre nolumus tanquam nota. Licet autem per litteras vestras, satis respondisse videamini humiliter et devote, minus tamen sufficienter et plene, sicut credimus, respondistis. Præmisso etenim quod communitatis nomine nullum præstitissetis auxilium Marcowaldo nec proposuissetis ulterius etiam exhibere vel permittere quod ei a Pisanis subveniretur in personis aut rebus, protinus subdidistis quod, cum Pisani ex diversis partibus in Siciliam, de consuetudine, mercationis causa, confluxerint, qui tibi, fili potestas, juramenti vinculo non tenentur, eos non potestis ad propria revocare, præsertim sine periculo personarum et rerum illorum qui in Sicilia commorantur. Præterea, tu fili potestas, asseruisti, juramento regiminis, te teneri universos salvare Pisanos et nullum eorum sine decreto civilis lædere rationis. Verum nos, sicut indemnitati regis et regni caveri volumus per Pisanos, sic immunitati præcavere disponimus Pisanorum, ut de damnis ultimis, quæ in regno incurrisse dicuntur, de quibus tamen nihil ipsi scripsistis, (licet nec de mandato nostro nec regio fuerint spoliati; unde, contra nos vel regem non debuerant commoveri) recompensationem possint debitam obtinere. Monemus igitur universitatem vestram et exhortamur attentius, et per apostolica vobis scripta mandamus quatenus, sicut de gratia nostra confiditis et nos de vestra devotione speramus, ne, vel vos servitia Ecclesiæ Romanæ a prædecessoribus vestris impensa perdatis, vel nos amittamus beneficia, quæ tam Ecclesiæ quam civitati Pisanæ, prædecessores nostri, Romani pontifices, impenderunt, sed utrinque servata maneat hactenus gratitudo; Pisanos, qui in Sicilia commorantur, a præfati Marcowaldi auxilio, favore ac obsequio, revocetis, quem saltem, ex eo quod cum omnibus fautoribus et participibus suis excommunicationis est vinculo innodatus, si Christianos se, sicut condecet recognoscunt, debuerant evitare. Caveas quoque nobis tu, fili potestas, saltem juratoria cautione, quod Pisanos ipsos bona fide, quantum fieri poterit, revocabis nec permittes Marcowaldo a Pisanis, juxta posse suum, in personis vel rebus de cætero subveniri. Sane, non debetis vobis injuriosum aliquatenus reputare, si Romano pontifici hujusmodi præstiteritis causationem, ut vos de gratia nostra et nos de vestra simus devotione securi. Alioquin, quia, juxta sanctorum Patrum canonicas sanctiones (8), negligere, cum possis, perturbare perversos, nihil est aliud quam fovere, nec caret scrupulo societatis occultæ qui manifesto facinori desinit obviare, nec apostolica sedes æquanimiter valeat tolerare ut, quacunque occasione, per eos, tam nobili patrimonio, videlicet regno Siciliæ, spolietur, quod ad eam specialiter noscitur pertinere et quod nos, hoc tempore tenemur specialiter defensare, in vos, juxta quod significavimus per alias litteras, procedemus. Mallemus autem ut, progenitorum vestrorum sequentes exempla, et in devotione sedis apostolicæ persistentes, nos licet voluntarios, cogeretis prædecessorum nostrorum vestigiis inhærere, quorum propositum in honorificentia tam Ecclesiæ quam civitatis Pisanæ, nisi forsan per vos staret, libentissime sequeremur. Eligatis igitur, sicut viri providi et discreti, acquiescere monitis apostolicæ sedis; cum longe sit durius expressam aliis litteris nostris pœnam incurrere quam præstare hujusmodi cautionem.

Dat. Laterani, iv Non. Martii.

V.

IGNATIO, PRIORI ET CLERICIS, SANCTI GREGORII SPOLETANI.

Definiuntur controversiæ, quæ erant inter episcopum Spoletanum et priorem et clericos S. Gregorii (9).

(Laterani, vi Non. Martii.)

Cum, inter vos ex una parte, et venerabilem fratrem nostrum B. (10) episcopum Spoletanum ex altera plures verterentur ad invicem quæstiones, et de eis dilectus filius noster, L. (11) Sanctæ Luciæ ad Septasolis diaconus cardinalis ex delegatione nostra, plenius cognovisset, motæ coram eodem cardinali controversiæ, ipso referente, ad nostram audientiam pervenerunt. Nos autem diligenter intelleximus universa et investigavimus proposita et probata, ea postmodum de consilio fratrum nostrorum calculo sententiæ terminantes. Primo enim contra vos episcopus proponebat quod, vos quatuor solidos Papiensis monetæ, annis singulis sibi et Ec-

---

(8) Decret. p. 1, dist. 83, c. 3, *Error*; dist 86, c. 3, *Facientis*.
(9) Vid. infra, lib. vi, epist. 26.
(10) Benedictum, episcopum Spoletanum, ab Innocentio PP. III, anno 1198, creatum fuisse et, sedente Gregorio PP. IX, e vita decessisse, refert Ughellus. *Ital. sac.* t. I, partis signatæ, pag. 176.
(11) Leo Brancaleo, nobilis Romanus, ex canonico regulari congregationis S. Fridiani Lucen-

sis, ab Innocentio PP. III, in tertia creatione cardinalium, anno 1200, tituli S. Luciæ in Septisolio diaconus, postea ab eodem, in quarta creatione, anno 1205, tituli S. Crucis in Hierusalem presbyter cardinalis, renuntiatus fuit. Varias legationes in Germaniam, Saxoniam, Hungariam et Bulgariam obiit. S. Francisco ejusque familiæ addictissimus fuit. Decessit circa annum 1230. Oldoin. *ad Ciacon*. t. II, col. 20.

clesiæ suæ, canonis nomine, solvere debebatis et quod per octo annos in solutione cessaveratis. Unde præteriti temporis canonem sibi restitui postulans, super hoc judicium possessorium intentabat. Nos vero probationes episcopi attendentes, considerantes nihil ad possessionem pertinens per testes ab ipso inductos fuisse probatum, vos ab impetitione episcopi super restitutione petita duximus absolvendos; quæstione tamen super proprietate, si eam movere voluerit, eidem episcopo reservata. Secundo vero contra vos idem episcopus proponebat, vos mandatum paschale sibi debere persolvere, videlicet in tertia feria post Pascha, annis singulis, quatuor agnos vivos, quatuor latera porcorum, centum panes, centum ova, quatuor brocas vini, dimidiam libram piperis, unum fascem porrorum; et hæc dicebat a vobis jam est triennium, non fuisse soluta. Quare dictarum rerum restitutionem præteriti triennii postulabat. In hoc articulo, intellectis propositis et quæ probata fuerant attendentes, vos duximus condemnandos ad prædictarum rerum restitutionem triennii jam transacti; salva vobis super jure proprietatis nihilominus quæstione. In tertia, siquidem, quæstione proponebat episcopus, vos quinque vel sex salmas frumenti una vice, et octo vel novem alia de decimis parochiæ Sancti Angeli de Egio, suis officialibus per violentiam abstulisse, quas cum instantia sibi restitui postulabat, quod per testes inductos videbatur efficacissime comprobatum. E contrario, asserebatis vos nihil officialibus abstulisse, sed quod vobis debitum fuerat de illis decimis, ratione prædictæ capellæ ad vos pertinentis, volentes jura vestræ Ecclesiæ conservare. Dicebatis etiam quod, etsi ab episcopo proposita vera essent, hujusmodi tamen petitione se fecit indignum, cum vos fecerit super hoc ad sæculare judicium evocari, unde videbatur a jure sibi debito cecidisse. In hac autem, quæstione, licet episcopus factam a vobis violentiam comprobasset, quia, tamen, vos ad examen vetitum, contra jura, tam civilia quam canonica, trahere minime formidavit, sicut per testes inductos evidentissime probabatur, vos decernimus a petitione episcopi absolvendos; cum, etsi rem petitam episcopus possideret, eum ad restitutionem damnare, propter illicitæ petitionis vitium, deberemus. Quarto equidem loco, conquerebatur idem episcopus de te, fili prior, qui, non petita confirmatione, in Ecclesia Sancti Gregorii prioris officium exercebas, quam sibi dicebat competere, super hoc allegans jura communia, quæ dicunt confirmationes prælatorum ad episcopum in sua diœcesi pertinere. Vos vero proponebatis contra episcopum hoc sibi minime de jure competere, cum Ecclesia Sancti Gregorii per Romanos pontifices sit exempta, quod nitebamini per quemdam librum cameræ nostræ, qui vocatur Breviarium, comprobare. Nos vero attendentes non esse probatum Ecclesiam Sancti Gre-

gorii exemptam ab Ecclesia Spoletana, decernimus priores Sancti Gregorii per episcopos confirmandos et te priorem volumus ab ipso episcopo postulare, ipsique præcipimus ut te confirmare procuret. In quinto vero articulo, contra vos episcopus proponebat, quod super perceptione mortuariorum vallis Bonzanin, sibi inferris molestiam et gravamen, postulans ut ab ipsorum perceptione vos penitus arceremus, cum ipse ea longo temporis spatio possedisset. Vos autem e contrario dicebatis ea de jure vos debere percipere, eo quod ea vobis concesserant episcopi Spoletani et eorum concessio per Romanum pontificem fuerat confirmata, et quia possessio episcopi fuerat interrupta; quæ tam per testes inductos quam per instrumenta exhibita probabantur. Nos itaque in hac quæstione considerantes proposita et probata, vos a petitione episcopi duximus absolvendos. Sextam (12), autem, illud sibi vindicat quæstionem (12), quod episcopus repetebat a vobis omnia jura episcopalia, quæ vos percepistis ex quo fuit episcopus, in plebatu Sancti Gregorii, quæ sibi dicebat competere, tam de jure canonico (scilicet cum plebatus in sua sit diœcesi constitutus) quam ratione possessionis longævæ: quod vos denegabatis, dicentes jura episcopalia vobis, per Spoletanos episcopos, de ipso plebatu fuisse concessa, et ipsorum concessionem esse per Romanum pontificem confirmatam, quod evidentissime per instrumenta episcoporum exhibita ex parte vestra probabatur. Nos vero in hoc articulo intellectis propositis probatis, vos et Ecclesiam Sancti Gregorii ab impetitione episcopi, super jure episcopali plebatus Sancti Gregorii duximus absolvendos, eidem episcopo super his perpetuum silentium imponentes. Septimo loco, episcopus ecclesiæ Sancti Savini in civitate sitam repetebat a vobis. Super qua petitione, per probationes ex parte vestra exhibitas, episcopum condemnamus. E contrario, postulabatis quidquid percipiebat de Egio episcopus supradictus, quod idem episcopus denegabat, dicens se ipsius villæ decimas longo tempore possedisse; sed probatum fuit possessionem ipsam fuisse aliquando interruptam et ecclesiam Sancti Angeli, in ipsa villa sitam, per privilegia Spoletanorum episcoporum, pertinere ad ecclesiam Sancti Gregorii constitit manifeste. Quia vero secundum statuta canonica rationabiliter esse noscitur institutum, de decimis quatuor fieri portiones, quarum una clericis, secunda episcopo, tertia fabricæ, quarta vero pauperibus conferatur, unam quartam illius decimæ clericis debitam, vobis, nomine capellæ Sancti Angeli de Egio, quæ vobis est subdita, per sententiam judicamus, quartam alteram episcopo decernentes. Alias, vero, duas quartas, quarum una fabricæ et alia pauperibus debet dari juxta canonicas sanctiones, dispositioni episcopi reservamus; ita tamen ut eas, secundum approbatam consuetudinem diœcesis

---

(12) Sic apud Baluzium, et in apographo Conti.

Spoletanæ debeat fideliter dispensare, quoniam ex illis rationem est in divino examine redditurus. Proponebatis etiam mortuaria, de Ecclesia Sancti Savini extra civitatem posita, ad vos de jure spectare; quod episcopus denegabat; super quo vos decrevimus condemnandos. Synodaticum tamen vobis duximus decernendum, quod ex concessione pontificali ad vos dignoscitur pertinere. Repetebatis etiam ab episcopo duos calices argenteos, quos vos prædecessori suo, M. nomine commodastis; quod episcopus denegabat, asserens unum calicem prædecessori suo, pro cujusdam causæ salario, a vobis fuisse donatum. Quia vero probatur a vobis alter calix episcopo commodatus, alter vero sine patena pro salario episcopo fuisse collatus per probationes exhibitas apparebit, ipsum episcopum in restitutione unius calicis commodati duximus condemnandum, eum super petitione alterius absolventes. Impetebatis insuper episcopum super quinque modiolis terræ in podio sitæ, quam dicebatis ad vestram Ecclesiam Sancti Gregorii pertinere. Sed, quia vos nihil ad proprietatem pertinens probabatis, cum fuisset petitorium intentatum, episcopum a petitione vestra decrevimus absolvendum. Nulli ergo, etc.

Datum Laterani, vi Non. Martii.

VI.

RAVENNATENSI ARCHIEPISCOPO. (13).
De translatione episcopi Imolensis ad Ecclesiam Ravennatensem.

(Laterani, vi Id Martii.)

Cassata quondam, tam postulatione tua, quia fuerat in discordia multa facta, quam electione dilecti filii nostri S. (14) tituli Sanctæ Praxedis presbyteri cardinalis, quia eum magis Ecclesiæ Romanæ quam Ecclesiæ Ravennatensi dileximus, non admissa, dilecti filii Ravennatenses canonici, quorum quidam in te, quidam in cardinalem eumdem, prius contulerant vota sua, juxta formam mandati nostri convenientes in unum, ut super electione tractantes Ecclesiæ consulerent viduatæ, post deliberationem diutinam, in te unanimiter convenerunt a sede apostolica postulandum. Cumque postulationem eorum dilecti filii, Jo. de Curviaco et presbyter Jo. canonici Ravennatenses, et L. abbas Sancti Severi, et nobiles viri, P. traversarius, potestas Ravennas, et comes Malvicinus, tam per se quam per illorum litteras, nobis humiliter præsentassent, petierunt suppliciter ut postulationem eamdem approbare, de solita sedis apostolicæ mansuetudine dignaremur, et largiri tibi licentiam transeundi. Nos igitur attendentes, quod Ecclesia Ravennas, quasi primogenita filia sit apostolicæ sedis, et eadem ordinationem et formam Ecclesiæ Romanæ fere præ cæteris imitetur, postulationem eamdem, de consilio fratrum nostrorum admisimus; tibi licentiam concedentes ab Ecclesia Imolensi ad Ravennatensem metropolim transeundi. Cæterum nuntii memorati gratiam ex gratia vel post gratiam, potius, humiliter requirentes, propter multiplices necessitates Ecclesiæ Ravennatensis, quæ pluribus est debitis aggravata, cum instantia petierunt ut fraternitati tuæ pallium, videlicet insigne plenitudinis pontificalis officii, mitteremus. Licet autem prædecessores tui vel confirmationis munere vel gratia consecrationis vel ornatus pallii, consueverint apostolicam sedem personaliter visitare, propter necessitatem tamen oppressionis quam patitur Ecclesia memorata et sterilitatem temporis, quam non urbs solummodo, sed et magna pars orbis cum urbe deplorat, per dilectum filium, R. subdiaconum et capellanum nostrum, nobis et fratribus nostris merito suæ probitatis acceptum, pallium tibi, de multa gratia, destinamus, per nuntium ipsum, juxta formam nostram, quam sub bulla nostra dirigimus, conferendum. Ne autem ex gratia quam tibi et Ecclesiæ Ravennatensi, causa necessitatis, impendimus, antiqua consuetudo vacillet et in te, quod absit! exceptionem inveniat, quod in prædecessoribus tuis generaliter dicitur hactenus observatum, fraternitati tuæ, per apostolica scripta, mandamus atque præcipimus quatenus, usque ad annum post susceptionem pallii nostro te conspectui repræsentes, ut, quod de fidelitate apostolicæ sedi servanda, in præsentia nuntii nostri, firmaveris, juramento profitearis apud sedem apostolicam viva voce. Tu ergo taliter eidem Ecclesiæ præesse studeas et prodesse, quod, per tuæ sollicitudinis studium, tam in spiritualibus quam temporalibus, auctore Deo, suscipiat incrementum.

Datum Laterani, vi Idus Martii.

Scriptum est, in eumdem fere modum, suffraganeis Ecclesiæ Ravennatensis, *usque viva voce.* Monemus igitur universitatem vestram et exhortamur attentius, et per apostolica scripta mandamus quatenus eidem archiepiscopo, tanquam metropolitano vestro, debitam exhibeatis reverentiam et honorem et taliter assistatis eidem, quod et ipse in vobis experiatur fraternæ devotionis affectum, et vos sentiatis in eo paternæ viscera pietatis.

Datum, *ut supra.*

Scriptum est in eumdem fere modum, capitulo et

---

(13) Albertus Auxoletius, sive Ossoleta, ex canonico præpositoque cathedrali, Imolenses infulas adeptus erat, anno 1201. Translatus, prout ex hac Innocentii epistola constat, ad metropolitanam Ravennatensis Ecclesiæ sedem, anno 1202, illam tenuit usque ad annum 1207, quo mortalem hanc vitam liquit, vir optimi pastoris nec non strenui ducis famam assecutus; nam, Veneta classe usus contra Saracenos, consilia armaque promptus expediit. Ughell. *Ital. sac.* t. II, col. 373.

(14) Sofredus seu Sossredus, vel Gualfredus de Cajetanis, Pisanus, Henrici comitis filius, et Villani, archiepiscopi Pisani, nepos, et Eugenii PP. III affinis, à Lucio PP. III, anno 1182, tituli S. Mariæ in Via Lata diaconus, deinde a Cœlestino PP. III, anno 1192, tituli S. Praxedis presbyter cardinalis renuntiatus fuit. Sub Urbano PP. III, legatione in Longobardia functus fuerat. De eo sæpius in regestis Innocentii III. Obit Romæ anno 1211. Oldoini. *ad Ciacon.,* t. I, col. 1116.

universo clero Ecclesiæ Ravennatensis, *usque* reverentiam et honorem et salubria monita et mandata ipsius recipiatis humiliter et inviolabiliter observetis.

Datum, *ut supra.*

In eumdem modum, potestati et populo Ravennatensi.

VII (15).

MAGISTRO SIMONI DE MELUN, CANONICO HERFODENSI.

Filii duorum compatrum non possunt jungi per matrimonium.

(Laterani, xv Kal. Aprilis.)

Tua nos duxit discretio consulendos, an natus ante compaternitatem, *filiolam patris sui vel matris procedente tempore sibi* (16) possit matrimonialiter copulare, et, si cum ea contraxerit *et pluribus annis simul* PERMANSERIT (17), an postea debeat separari. Quæsivisti, etiam, an conscii talis matrimonii teneantur illud in publico accusare. Super quo discretioni tuæ taliter duximus respondendum : quod hujusmodi personæ, matrimonium non possunt contrahere; et, si contraxerint, *de rigore juris* (18) possunt ab invicem separari: et qui contractum sciverint debent illud Ecclesiæ nuntiare.

Datum Laterani, xv Kal. Aprilis.

VIII.

PRÆNESTINO EPISCOPO, APOSTOLICÆ SEDIS LEGATO (19).

Mandat ei ut archiepiscopum Magdeburgensem absolvat ad cautelam.

(Laterani, xii Kal. Aprilis.)

Per tuas nobis litteras intimasti quod, cum N. (20) Magdeburgensem archiepiscopum ad tuam præsentiam evocasses, ipse per nuntium suum proprii corporis infirmitatem allegans, se a labore itineris excusavit et iterum evocatus hostilitatis impedimenta prætendit, et sic nec primo nec secundo ad te vocatus accessit. Tu vero ipsius honori volens et honestati deferre, ut apud Corbeiam, quæ non multum distabat, tibi occurreret per tuas ei litteras mandavisti. Cumque spe de ipsius adventu concepta, Corbeiam accessisses, ipse, sicut semel et iterum, sic tertio etiam in tua noluit præsentia comparere. Propter quod in eum, utpote contumacem, excommunicationis sententiam promulgasti, quam ipse nullatenus observavit. Verum archiepiscopus idem per suas nobis litteras intimavit quod, cum propter prædictas causas se semel et iterum excusasset, et tu ei tandem ut Corbeiam accederet mandavisses, quia locus ipse ad jurisdictionem hostium pertinebat vel saltem hostes erant potentiores in eo, non ex contumacia, sed necessitate potius, videlicet causa metus, ad te illuc accedere non est ausus. Et licet tuas ei postmodum litteras direxisses, ipse tamen priusquam litteras aperire, Magdeburgensibus clericis convocatis, ad sedem apostolicam appellavit et postmodum, ut tuo deferret honori, litteras ipsas legit. Cum igitur nobis de excommunicatione constiterit, sed utrum appellatio præcessisset, aut etiam utrum legitima fuisset non constet; cum et apostolica sedes tales absolvere consueverit ad cautelam : volentes tam tibi quam ipsi deferre, fraternitati tuæ per apostolica scripta mandamus quatenus vel per te ipsum, si archiepiscopus secure tuo se poterit conspectui præsentare, vel per nuntium providum et discretum, ab eo quod mandatis nostris, super eis pro quibus excommunicatus est, pareat, juratoriam recipiens cautionem, beneficium ei absolutionis impendas; ita tamen quod, si post appellationem ad nos legitime interpositam aut etiam alias minus juste, quod tamen vix credimus, excommunicatum eum fuisse constiterit, mandatum ipsi non flat, cum nolimus eum occasione hujusmodi prægravare; alioquin super faciendo mandato nostræ exspectetur beneplacitum voluntatis.

Datum Laterani, xii Kal. Aprilis.

---

(15) Exstat inter Decretales Innocentii III, lib. iv, tit. 40, *de Cognatione spirituali,* cap. 7. Variæ alicujus momenti lectiones dantur.

(16) Decret. legunt : *filiam compatris, vel commatris, sibi.*

(17) Decretales om.

(18) Decretales omittunt.

(19) Erat is Guido (*Paré*), abbas, primo Vallis Sanctæ Mariæ, in Insula Franciæ, ab anno 1189 ad annum 1194, deinde Cistercii, ab anno 1194 usque ad annum circiter 1230, quo ei in abbatiæ istius regimine Arnaldus successisse videtur. Guido, vir eruditionis ac pietatis fama celebris, a Clemente PP. III, in tertia creatione, anno 1190, tituli S. Mariæ Trans Tiberim diaconus cardinalis, deinde ab Innocentio PP. III pontificatus initio, episcopus Prænestinus renuntiatus est. Variis legationibus in Alemanniam perfunctus est; post quas, anno 1204, ad metropolitanam Remensium sedem vocatus, ab eodem Innocentio PP. III, anno 1205, confirmatus fuit. Guidonem anno 1206 obiisse certis satis argumentationibus comprobari potest. Vide, Ughell. *Ital. sac.* t. I, coll. 230; nec non Oldoin. *ad Ciacon.* t. I, col. 1148 : atque etiam *Gall. Christ.* t. IX, col. 10. Hoc vero præcipue notandum, quod ex ista, de qua agimus, Innocentii PP. III epistola eruitur : nempe Guillelmum Blesensem, alias dictum *ad Albas Manus* (Gallice, *aux Blanches-Mains*), archiepiscopum Remensem et ipsum S. R. Ecclesiæ cardinalem, nunquam, etsi multi hoc prodiderunt auctores, episcopum Prænestinum fuisse. Misso enim Ughelli (*loc. cit.*) testimonio, qui multis et iisdem gravis momenti fultus argumentis, negat Guillelmum Prænestinas infulas unquam adeptum esse, certo certius est, Guillelmum, quem hoc anno viii Id. Septembris Lauduni diem supremum obiisse compertum est, eumdem esse non posse ac episcopum Prænestinum, apostolicæ sedis in Germaniæ partibus legatum, cui hæc dirigitur Epistola. Eundum igitur in Oldoini (*ad Ciacon.* t. I, col. 1102.) sententiam, qui Guillelmum nullo, nisi Sanctæ Sabinæ, quo eum Alexander PP. III, anno 1180, decoraverat, titulo ornatum unquam fuisse contendit.

(20) Erat is, ut opinor, Ludolphus, rustica familia (ait Bucellinus, *Germ. sacr.* part. i, p. 40), sed eruditione nobilis, disciplinæ ecclesiasticæ promotor, electus anno 1194.

IX (21).

WALTERO, PRÆPOSITO S. PETRI DE MONTE SERENO, EJUSQUE FRATRIBUS, TAM PRÆSENTIBUS QUAM FUTURIS, REGULAREM VITAM PROFESSIS.

De confirmatione privilegiorum.

(Laterani, xii Kal. Aprilis.)

Religiosam vitam eligentibus, etc., *usque* ea propter, dilecti in Domino filii, vestris et dilecti filii nobilis viri... marchionis orientalis, precibus inclinati, ecclesiam B. Petri de Monte-Sereno, in qua divino mancipati istis obsequio ad exemplar felicis recordationis Honorii papæ, prædecessoris nostri, in jus et proprietatem Ecclesiæ Romanæ recipimus et præsentis scripti privilegio communimus. In primis siquidem statuentes ut ordo canonicus, qui secundum Deum et beati Augustini regulam in eodem loco institutus esse dignoscitur, perpetuis ibidem temporibus inviolabiter observetur. Præterea quascunque possessiones, quæcunque bona inclytæ recordationis Corradus marchio, fundator ejusdem ecclesiæ, et Otto, Theodoricus et Dedo marchiones, ejus filii, eidem ecclesiæ contulerunt, cum cæteris quæ inpræsentiarum rationabiliter possidet, aut in futurum concessione pontificum, etc., in quibus hæc propriis duximus exprimenda vocabulis. Locum ipsum in qua præfata ecclesia sita est cum omnibus pertinentiis suis, ecclesias in Turbech, in Oimstrowe, in *Ulbirch*, in Numech. Lubechun, Welpered, *Wiltu*, in Wilzum et Sconowe, vineas et molendinum in Witin, villas in *Halez*, Nobedis, *Papedorp*, *Siltistorp*, *Braucorvius*, Welpœde, *Wiltuim*, Sconowe, *Wilcium*, Colzouve, *Colhire*, *Rohdenbor*, Pavendorp, *Cordeneuvim*, *Grabuwim* [*apog.* Conti *addit*. Mithewiz.] et *Sorduwim* (22), cum omnibus pertinentiis suis, jus parochiale in tredecim villis, sicut bonæ memoriæ Docherus, Magdeburgensis archiepiscopus (23), veteri capellæ vestræ, quæ sita est in aquilonali parte majoris Ecclesiæ, pia liberalitate concessit, statuens ut habitatores villarum ipsarum in eadem capella baptisma et sepulturam acciperent, et præpositus vester, qui pro tempore fuerit, ipsius capellæ curam haberet, ita tamen ut unus canonicorum de auctoritate præpositi prædicaret populum, pueros baptizaret, visitaret infirmos, mortuos sepeliret et alia quæ ad jus parochiale pertinent exerceret. Cujus concessionem quatuor successores ipsius postmodum confirmarunt. Cum autem generale interdictum terræ fuerit, liceat vobis, exclusis excommunicatis et interdictis, clausis januis, non pulsatis campanis, submissa voce divinum officium celebrare. Chrisma vero, oleum sanctum, etc., a diœcesano

accipietis episcopo, siquidem gratiam, etc. Alioquin liceat vobis catholicum quem malueritis, etc. Sepulturam quoque, etc. Salva, etc. Baptismus autem tam in ecclesia Sancti Petri quam in capella prædicta, sicut a quadraginta annis hactenus sine contradictione cujuslibet celebratus est, ita de cætero celebretur. Obeunte vero te, filii præposite, etc. Ad hæc, præsenti privilegio prohibemus ne, contra id quod fuit ab ecclesiæ vestræ fundatore statutum et ab ejusdem ecclesiæ fundatione servatum, advocatia ejus in feudum cuiquam conferatur. Decernimus, ergo, etc., salva sedis apostolicæ auctoritate, et in parochialibus ecclesiis quas habetis diœcesani episcopi canonica justitia. Ad indicium autem hujus perceptæ a sede apostolica libertatis, bisantium auri, vel feronem argenti, nobis nostrisque successoribus annis singulis persolvatis. Si quis igitur, etc., *usque in finem.*

Datum Laterani, per manum Blasii, sanctæ Romanæ Ecclesiæ subdiaconi et notarii, xii Kal. Aprilis, Indict. v.

X.

PRÆPOSITO ET CONVENTUI MONTIS SERENI.

Indulgetur eis ut carnes comedere possint (24).

(Laterani, xi Kal. Aprilis.)

Exposuisti nobis, filii præposite, in nostra præsentia constitutus, quod, cum Ecclesia vestra sit in excelsi montis cacumine constituta et distet non modicum a locis illis in quibus piscium consuevit abundantia inveniri, non potest vobis congrue in esu piscium provideri. Propter quod humiliter postulabas a nobis, ut vobis infra septa Ecclesiæ vestræ vescendi carnibus licentiam præberemus, cum et necessitas postulet et utilitas hoc requirat, quia sufficientiam piscium absque magnis expensis habere nequitis et abstinere tam a piscibus quam a carnibus gravissimum reputatis. Nos igitur ex hoc devotionem vestram in Domino commendantes, quod sine speciali licentia nostra consuetudinem Ecclesiæ vestræ infringere noluistis, præsenti vobis pagina taliter respondemus, quod, cum Regula beati Augustini, quam estis professi, vobis esum carnium non inhibeat sed concedat, vos secundum tenorem Regulæ, nisi voto vos astrinxeritis speciali ab esu carnium penitus abstinere, carnes certis et statutis diebus, dummodo sine scandalo fiat, de nostra licentia comedatis. Sic autem id moderate fieri concedimus, quod et regularis ordo servetur illæsus, et vos hoc videamini non ad saturitatem, sed ad necessitatem potius postulasse.

Datum Laterani, xi Kal. Aprilis.

---

(21) Indicata apud Raynaldum, anno 1202, § 19.
(22) Nomina locorum qui hic enumerantur diverse leguntur in apographo Conti; nempe hoc modo, Zurbech, *Ylburch*, *Wilturum*, *Naliz*, Nobediz, *Papendorp*, *Silikistorp*, *Braucowiz*, Welpede,

Viltuiz, *Wilciz*, *Cokire*, *Rochtendor*, *Cordenewiz*, *Grabuwiz*, *Sorduwiz*.
(23) Incognitus Bucellino; *Germ. sacr.* part. t. p. 39.
(24) V. Chron. Montis-Sereni, pag. 70 et seq

XI.

SENONENSI ARCHIEPISCOPO (25).

Pro absolutione Nivernensis episcopi (26).

(Laterani, xvii Kal. Aprilis.)

Non tam Petro quam petræ, etc., pro absolutione Nivernensis episcopi *usque ad* satisfacere plene volens, nuntium suum ad sedem apostolicam destinavit, per quem, etc., *usque* supplicatur. Nos igitur eidem episcopo laborem itineris de consueta sedis apostolicæ mansuetudine relaxantes, fraternitati tuæ per apostolica scripta mandamus quatenus, ab eo quod mandatis apostolicis pareat, etc. *usque* suspendimus ad cautelam.

Datum Laterani, xvii Kal. Aprilis.

XII (27).

ABBATI SANCTI DIONYSII (28); PRIORI SANCTI MARTINI DE CAMPIS (29); ET J. (*Jovino*) MAGISTRO SCHOLARUM AURELIANENSIUM.

De recipienda purgatione canonica archidiaconi Carnotensis.

(Laterani, ix Kal. Aprilis.)

Cum dilectus filius, P. (30) tituli Sancti Marcelli presbyter cardinalis, dudum in regno Franciæ legationis officio fungeretur et Ecclesiæ Carnotensi, quæ inter Ecclesias Gallicanas multa consueverat religione florere, debitæ visitationis solatium impendisset, sicut ex scriptis et dictis ejus accepimus domum Dei factam domum negotiationis, et negotiatores assidue vendere in templo Dei columbas, invenit et vineam Domini Sabaoth, quæ uvas facere consueverat, conversam in amaritudinem vitis alienæ germinare labruscas. Sane, inter alia quæ ibidem sibi reprehensibilia occurrerunt, dilectum filium Henricum, majorem archidiaconum, de suæ dignitatis emptione multisque aliis nec etiam nominandis, didicit publice infamatum. Unde ut saltem de multi quæ ibi corrigenda erant quoniam in agro illius Ecclesiæ pro frumento tribulus et spina pro hordeo nascebatur, animadvertisse aliqua videretur, cum suspensionis duxit sententiæ supponendum, venerabili fratri nostro episcopo (31) et dilectis filiis, abbati de Sarnaio (32), et magistro G. A de Duaco (33), canonico parisiensi, mandans et in virtute obedientiæ districte præcipiens, ut ipsam sententiam, cum aliis quæ statuerat, infra quinque dies post susceptionem litterarum suarum, tam suspenso quam aliis publice intimarent, sicut ex rescripto cardinalis ejusdem perpendimus evidenter. Consequenter vero idem archidiaconus ad præsentiam nostram accedens, super imposito sibi crimine Simoniæ suam nitebatur innocentiam, canonicam super hoc purgationem coram nobis offerens demonstrare, humiliter postulans, purgatione recepta, suspensionis per nos sententiam relaxari, cui subjectus fuerat præter suorum exigentiam meritorum. Nos autem, ut hujusmodi purgatio, si præstita fuerit, debitum consequatur effectum, eam in partibus vestris satius credimus exhibendam, quatenus ubi malum ortum fuerat, moriatur et auferatur scandalum de cordibus aliorum quos fama vel infamia verius tanti mali reddiderat tristiores. Cum igitur de prudentia et honestate vestra indubitatam fiduciam habeamus, vices nostras vobis in hac parte duximus committendas, per apostolica scripta mandantes quatenus, nisi post denuntiationem indicendæ purgationis publice factam in Ecclesia Carnotensi, legitimus contra eum infra viginti dies apparuerit accusator, vos ei purgationem canonicam indicatis ad minus tertia manu sui ordinis exhibendam; qua præstita et suspensionis sententia relaxata, boni eum testimonii nuntietis, arctius inhibentes ne quisquam ipsum super hoc deinceps molestare præsumat. Si vero indictam sibi purgationem præstare noluerit, vel defecerit forsitan in præstando, aut crimen ipsum rite probatum fuerit contra eum, per vos canonicam excipiat ultionem. *Illud autem vos attendere volumus ac mandamus, ut tales personæ ad purgationem hujusmodi admittantur quæ vicinæ sint et honestæ.* Quod si non omnes, etc., duo vestrum. etc.

Datum Laterani, ix Kal. Aprilis.

Scriptum est eisdem, *in eumdem modum*, pro Ph..... archidiacono Pisciacensi.

Datum, *ut supra*

---

(25) Erat is Petrus II (*de Corbeil*), qui ex episcopo Cameracensi ad metropolitanam Senonensium sedem, anno 1200, ab ipso papa evectus, eam usque ad annum 1222 (quo diem obiit supremum 3 Junii), occupavit. *Gall. Christ.* t. XII, col. 57.

(26) Vocabatur episcopus iste Nivernensis, Guillelmus I de S. Lazaro. Episcopales infulas hoc ipso anno 1202 adeptus, usque ad annum 1221, quo migravit ad Dominum, xiv Kal. Junii, Nivernensem Ecclesiam rexit. Inter præsules sui temporis illustris Guillelmus, non minori pietate quam effusa in pauperes charitate et munificentia effloruit. Quam ob rem vero nuntium ad summum pontificem destinaverit, nescimus. *Gall. Christ.* t. XII, col. 64.

(27) Relata vel potius tantummodo indicata, in Decretalibus, lib. v, tit. 34, *De purgatione canonica*, cap. 11. Pauca quæ illic exhibentur verba, hic, italico charactere, distincta sunt.

(28) De eo jam dictum supra, lib. iii, epist. 45.
(29) De eo jam dictum supra, ibid.
(30) Vid. lib. iii, epist. 20.
(31) Vid. lib. iii, epist. 12.
(32) Guido, nobili exortus genere, abbatiæ Vallium Sarnaii præfuit, ab anno 1181 usque ad annum 1211, quo ad episcopatum Carcassonensem evectus est. Notus in historia, utpote qui, ab Innocentio PP. III, anno 1201, postulatus ad bellum pro religione prædicandum, *anno 1202 perrexit Jerusalem cum magna manu comitum*, prout legitur in Chronicis. Idem subinde in Vasconia, præcipuus actor adversus hæresim Albigensium prædicationem summo zelo suscepit. *Gall. Christ.* t. VII, col. 887.

(33) Magister Gerardus de Duaco, anno 1203, in episcopum Catalaunensem electus fuit. ALBERIC. *in Chronic.* pag. 431.

XIII.

EPISCOPO PRÆNESTINO (34-39), APOSTOLICÆ SEDIS LEGATO; SANCTI BENEDICTI, CISTERCIENSIS ORDINIS (40), ET BELLI-LOCI (41), ABBATIBUS, VERDUNENSIS DIŒCESEOS.

De accusatione contra episcopum Tullensem (42).

(Laterani, v Kal. Aprilis.)

(43) Veniens ad apostolicam sedem dilectus filius, P.... major archidiaconus Tullensis, coram nobis et fratribus nostris, venerabilem fratrem nostrum, M. Tullensem episcopum, super pluribus criminibus publice ac solemniter accusabat, asserens ipsum esse Simoniacum, dilapidatorem, perjurum, quæ omnia se probaturum instantissime proponebat; et super eis vinculum inscriptionis arripiens, se ad pœnam canonicam, si in probando deficeret, obligabat. Verum, quoniam accusare absentem tam leges sæculares quam canonica prohibent instituta, libellum accusationis nobis porrectum in ejusdem episcopi absentia nequaquam duximus admittendum. Sane, ne maleficia remaneant impunita et crimina subjectorum clausis videamur oculis pertransire, qui ea ex officii nostri debito corrigere volumus et debemus, ipsum archidiaconum ad vos, de quorum discretione A honestateque confidimus, duximus remittendum, per apostolica vobis scripta mandantes quatenus, vocatis partibus, super prædictis criminibus, appellatione postposita, causam secundum formam canonum audiatis, in ipso negotio usque ad diffinitivam sententiam, quam nobis reservari volumus, legitime procedentes. Processum autem vestrum cum allegationibus et attestationibus, sub sigillis vestris inclusum nobis fideliter remittere studeatis, partibus competentem terminum assignantes, quo recepturi sententiam nostro se conspectui repræsentent, nullis litteris obstantibus ad harum tenorem, *tacito*, etc. Quod si non omnes his, etc., tu, frater episcope, cum eorum altero, etc.

Datum Laterani, v Kal. Aprilis.

XIV (44).

CANONICIS MAGUNTINIS.

Electio archiepiscopi Maguntini confirmatur (45).

(Laterani, x Kal. Aprilis.)

[Bonæ memoriæ C. archiepiscopo Maguntino (46), episcopo Sabinensi, viam universæ carnis ingresso,] cum vota vestra se in varia divisissent, [quibusdam petentibus Vormatiensem episcopum (47), quibusdam vero venerabilem fratrem nostrum, nunc ar-

---

(34-39) De eo vid. epist. hujus libri VIII.

(40) Nullam tituli S. Benedicti abbatiam, inter monasteria, seu vetera, seu adhuc existentia, in provincia Virdunensi, recensent auctores Galliæ Christianæ.

(41) De abbatibus Belli-Loci Virdunensis, hæc tantum leguntur in Gallia Christiana, t. XIII, col. 1266, 23. Theodoricus II legitur, anno 1198, in instrumento Insulæ Barrensis. 24. Girbertus I, 1207, in documento Insulæ Barrensis; 1218, in tabulis S. Michaelis.

(42) Matthæus, de Lotharingia, filius Friderici; dynastæ *de Birche*, ex Ludomilla de Polonia uxore, germanusque Friderici II, Lotharingiæ ducis; vir qui, sub formosa et affabili corporis specie, magna habuit in animo vitia. De eo plurima et quidem lectu dignissima, cum hoc, de quo in ista agitur Innocentii PP. III epistola, apprime concordantia, exhibentur in Gallia Christiana (t. XIII, col. 1005) ex Richerio, monacho Senoniensi, auctore fere æquali, qui detestandi hujus præsulis vitam ac mortem graphice depingit. Ex his, ad quæ lectorem remandamus, colligitur Matthæum ab administratione episcopatus Tullensis, circa annum 1204, amotum fuisse.

(43) Vide Chronicon Senoniense, lib. III, cap. 1.

(44) Exstat sed mutila, inter Decretales Innocentii PP. III, lib. I, tit. 6, *De electione et electi potestate*, cap. 22. Quæ illic leguntur, hic uncis inclusa sunt, cum variis etiam lectionibus. Eam etiam indicat Raynaldus, anno 1200, § 19.

(45) Ad illustrandam hanc Innocentii epistolam, operæ pretium videtur rei summam quæ tum Maguntiæ agebatur breviter perstringere. Conrado archiepiscopo Maguntino diem functo, ex schismate imperii quod exstitit inter Philippum, ducem Sueviæ et Othonem, subortum est schisma in Ecclesia Maguntina super electione novi pontificis. Sifridus, præpositus S. Petri Maguntini, idemque majoris Ecclesiæ Maguntinæ præpositus, ut observare est ex Trithemio (*Chron. Hirsaugien.* ad. an. 1200), ejusque in Othonis partibus studiisque socii, metu Philippi, secessere ad Bingen oppidum, et ne a capitulo sine ipsis electio fieret, appellarunt ad sedem apostolicam. Capituli major pars, quæ Philippi partes tuebatur, postulavit Lupoldum, Vormaciensem vel Warmatiensem episcopum et statim, ne quid contra postulationem tentaretur, appellavit. Vormaciensis ante appellationem, fretus ope et auxilio Philippi qui Maguntiam tenebat, Maguntinam sedem occupavit, et a capitulo receptus, in spiritualibus et temporalibus ministrayit ante admissam postulationem. Pauci qui conjuncti erant cum præposito, (non plures quam tres cum ipso præposito fuisse refert abbas Uspergensis, *in Philippo*), ob aliorum delictum, jus eligendi ad se, licet pauciores, devolutum intelligentes, unum ex se, id est ipsum præpositum elegerunt. Re delata ad sedem apostolicam, Guillelmus episcopus Prænestinus qui tum pontificia legatione fungebatur in Germania, ex mandato pontificis, re cognita, postulationem Vormaciensis rescidit, et electionem præpositi, licet a paucioribus factam, adeoque post appellationem, confirmavit et electum in presbyterum ordinavit, simulque in archiepiscopum confirmavit; quæ omnia rata hic habet Innocentius. Rem illustrant abbas Uspergensis; Trithemius *in Chron. Hirsaugien.* Arnoldus Lubecensis *in supplemento Helmodi*, lib. VI, cap. 3. Cæsarius, *De miraculis*, lib. II, cap. 10. Serrarius, lib. V *rerum Maguntinarum*.

(46) Vid. lib. III, epist. IV.

(47) Lupoldus, *alias* Diepoldus, vetusta prænobilique Scheinfeldiorum, *sive* Schonfeldiorum prosapia natus, ex præposito S. Cyriaci in Nuhausen electus fuerat episcopus Vormaciensis anno 1197. De ipsius in archiepiscopum Maguntinum electione, dictum supra. Privatus officio et beneficio ab Innocentio papa, profectus est cum exercitu in Italiam... (Vid. Tritemium, anno 1204.) Interim vero per octo annos circiter, Philippi fretus auctoritate, Ecclesiam Maguntinam, spretis censuris ecclesiasticis, tyrannice occupavit. Sed, anno 1208, cum jam occisus esset Philippus rex, non solum Maguntia ab Othone imperatore ejectus fuit, verum etiam Vormaciensi episcopatu privatus, et in exsilium missus. Demum, anno 1212, Frederici regis gratia ab exsilio revocatus, Vormaciensem Ecclesiam pacifice administravit usque ad annum 1217, quo diem obiit supremum. *Gall. Christ.* t. V, col. 674.

chiepiscopum vestrum, tunc præpositum Sancti Petri Maguntinensis (48), sibi eligentibus in pastorem,] dilectus filius, magister P. scholasticus Maguntinus, cum quibusdam aliis, pro illis qui Vormatiensem episcopum postularunt, procurator ad apostolicam sedem accessit, pro aliis vero dilecti filii E. et R. clerici Maguntini venerunt, quorum alter institutus fuerat procurator. Partibus igitur in nostra præsentia constitutis et eis in consistorio nostro diligenter et sufficienter auditis, de fratrum nostrorum consilio venerabili fratri nostro, [Prænestino episcopo (49), apostolicæ sedis legato, dedimus in mandatis ut, si eumdem episcopum quoad spiritualia vel temporalia recepisse constaret Ecclesiam Maguntinam vel ministrasse in ritualibus aut in temporalibus in eadem, *prout objectum fuerat, ex adverso* (50), postulationem factam *de ipso* (51), *sublato cujuslibet appellationis obstaculo*, irritam nuntiaret,] de gratia nostra concedens eidem, ut Vormatiensem sibi Ecclesiam retineret. Nam de jure communi, quia præter auctoritatem nostram transire præsumpsit, utraque fuerat spoliandus, ut et ea careret quam concupivit avare, ac ea quam superbe despexit. Quod si parere contemneret, utraque ipsum Ecclesia denuntiaret auctoritate nostra privatum. [Deinde inquireret de electione ipsius archiepiscopi *diligentius* (52) veritatem ; et, si ei de vi quam ipse et sui metuebant constaret, eo non obstante quod post appellationem ad nos interpositam in ipsius fuerat electione processum, cum alii qui appellationi ad nos interpositæ non duxerant deferendum (53) uti contra ipsum hac exceptione non possent, quoniam frustra legis auxilium invocat qui committit in legem : (unde nec ab eis posse objici videbatur quod idem esset a paucioribus secundum eorum assertionem electus, cum ipsi appellationem ad nos legitime interpositam contemnentes et præter licentiam nostram recipientes episcopum memoratum, reddiderint se indignos) electionem archiepiscopi, *dummodo nihil obstaret de canonicis institutis, sublato appellationis obstaculo* (54) confirmaret]. Quod si nec recepisse præfatam Ecclesiam quoad spiritualia vel temporalia nec in spiritualibus vel temporalibus ministrasse constaret episcopum memoratum, idem legatus audiret quæ super postulatione ipsius et electione archiepiscopi proponerentur hinc inde, testes utrinque reciperet et eorum depositionibus publicatis, usque ad calculum sententiæ diffinitivæ procedens, gesta omnia sub sigillo suo ad nostram præsentiam destinaret; statuens partibus terminum competentem quo apostolico se conspectui præsentarent, sententiam recepturi. [Licet autem essent notoria quæ fuerant contra dictum Vormatiensem episcopum et ejus fautores objecta, prædictus tamen legatus ad majorem cautelam multos et magnos testes recepit ex ipsius archiepiscopi parte productos, *qui super prædictis deposuere jurati*. Unde, ipse, juxta tenorem mandati nostri procedens, postulationem factam de Vormatiensi cassavit et electionem archiepiscopi memorati curavit auctoritate apostolica confirmare, ipsumque ordinavit in presbyterum et tandem in archiepiscopum consecravit]. Ipse autem humiliter ad præsentiam nostram accedens, suppliciter postulavit ut pallium sibi, videlicet insigne pontificalis officii, de consueta sedis apostolicæ benevolentia conferremus. Verum quidam simplex nuntius, ab adversariis ejus ad sedem apostolicam destinatus, ex eorum parte apertas nobis cum pendente sigillo litteras præsentavit, per quas iidem significabant canonici quod prædictus legatus corruptus pecunia iniquam sententiam protulisset. Addebant etiam quod Maguntini cives pariter juraverant, quod eum nunquam haberent episcopum et quod universi clerici, paucis exceptis, suo favebant electo. Cum autem super his cœpissemus deliberare cum fratribus nostris, electioni ejusdem archiepiscopi duo videbantur obstare : videlicet quod a paucissimis et post interpositam a se ipso appellationem videbatur electus. Nam cum postulatio Vormatiensis episcopi fuerit præcedentis appellationis ratione cassata, archiepiscopi electio debebat etiam ex eadem causa cassari. Sed e contra, sicut superius est expressum, qui in appellationem deliquerant, appellationem contra eumdem archiepiscopum non poterant allegare. Poterat quoque dici, quod, etsi post appellationem, non tamen contra formam appellatio-

---

(48) Siffridus sive Sigefridus, baro ab Eppenstain, S. Petri et majoris Ecclesiæ Maguntinæ præpositus, post mortem Conradi anno 1200, a suorum parte capituli, ut jam dictum est, in archiepiscopum Maguntinensem electus, vi a Lupoldo Vormaciensi episcopo, quem alia pars in archiepiscopum elegerat, expulsus, Coloniam ad Prænestinum cardinalem legatum se contulit, a quo munus consecrationis accepit. Inde Romam profectus, ab Innocentio PP. III donatus pallio, confirmatus et tituli S. Sabinæ presbyter cardinalis creatus est, anno 1206. Quoad tamen Philippus rex in vivis fuit, Maguntinam sedem tenere eaque in urbe manere non potuit. Tandem, anno 1208, Sigefridus ad Ecclesiam suam reversus cum legati apostolicæ sedis potestate, multa præclara operatus est, obiitque Erfordiæ anno 1230, v Id. Septembris. Hæc ex Ughello, *addit. ad Ciacon.* et ex Gallia Christiana, t. V, col. 481, deprompsimus. Notandum vero illud quod Oldoinus, (*in Ciacon,* t. II, col. 39) addit ; nempe, quod cum viveret sub Innocentio III Thomas de Capua, tituli S. Sabinæ presbyter cardinalis, qui vitam produxit suam usque ad annum 1243, cumque non esset in usu eodem tempore duobus cardinalibus eumdem titulum concedere, non potest affirmari Sigefridum hunc ab Innocentio renuntiatum fuisse presbyterum cardinalem S. Sabinæ. Adde, ex hac epistola erui Sigefridum non majoris, sed S. Petri Maguntini tantummodo Ecclesiæ præpositum fuisse.

(49) Vid. epist. hujus libri viii.
(50) Hæc desunt in Decret.
(51) Decretal, *de eo*, omissis quæ sequuntur.
(52) Hanc vocem Decretal. omittunt.
(53) In Decretalibus additur, *ne sine ipso ac sociis ejus haberent in electione processum.*
(54) Decretal. omittunt, ut infra quæ Italico caractere distinguuntur.

nis fuisset electus archiepiscopus sæpedictus, cum appellaverit in hac forma, ne canonici Maguntiæ residentes sine ipso ac sociis suis haberent in electione processum. Nec nocet quod posset ex altera parte replicari quia nec ipse et socii sui debuerant procedere sine ipsis; quia ipsi appellationem ad nos interpositam contemnendo reddiderant se indignos, et abusi fuerant jure suo. Unde cum in Lateranensi concilio de his qui quasdam personas inhibitas eligunt sit statutum, ut eligendi tunc potestate privatos et ab ecclesiasticis beneficiis triennio noverint se suspensos, illis pro longe majori delicto, tanquam indignis, ab electionis potestate cadentibus, penes eumdem ac socios suos tantum jus remanserat eligendi. Quare si multo pauciores in ipsum quam convenerint convenissent, intelligendum est tamen quod omnes qui tunc eligere poterant, elegerunt eumdem. [Contra legati vero processum hoc facere videbatur, quod *dicebatur in loco suspecto etc.* non citatis Vormatiensi episcopo et ejus fautoribus processisse. Porro, juxta canonicas sanctiones, excessus notorius examinatione non indiget, et pro his quæ a judice sunt acta præsumitur quod omnia rite fuerint celebrata; quamvis et quod citati non fuerint non posset de facili comprobari, quia negantis factum secundum rerum naturam nulla *esse probatio perhibetur* (55); cum etsi quilibet de se posset asserere quod ad eum citatio minime pervenisset, singuli tamen vestrum essent in suo testimonio singulares. Ad ipsum quoque legatum secure, si voluissent, potuissent procuratorem idoneum destinare,] sicut et nuntium destinarunt, quemadmodum ex ipsorum ad nos directis litteris comprobatur, qui secure ad eumdem legatum accessit, et ad propria remeavit, cum et ipse legatus paratus fuerit securitatem omnimodam providere. Nec obest quod idem nuntius dicitur appellasse, cum appellationi renuntiaverit et in commissione nostra, quam pars reportavit utraque, obstaculum fuisset appellationis amotum. Sed nec apparebat etiam qui contra factum legati quidquam posset objicere ac probare, cum non procurator sufficiens, sed simplex ad nos contra prædictum archiepiscopum fuisset nuntius destinatus. Præterea si appareret etiam, non esset aliquatenus audiendus, cum adversarii ejus per præsumptionem, contemptum et blasphemiam, audientia nostra reddiderint se indignos. Præsumptio enim fuit, quod virum pastorali præditum dignitate, alteri Ecclesiæ spirituali conjugio copulatum, præter auctoritatem nostram, contra formam canonicam non solum eligere, sed recipere præsumpserunt. Contemptus accessit ex eo quod, postquam procurator eorum nostras litteras reportavit, in quibus mandabatur expresse quod si Vormatiensis episcopus Maguntinam Ecclesiam, quoad spiritualia vel temporalia recepisset vel in spiritualibus aut temporalibus ministrasset in ea, ipsius postulatio cassaretur et eisdem non veniret in dubium, sed potius manifeste constaret quod Vormatiensis temporalia saltem receperat et ministrarat in eis, ipsi postmodum tanquam electo suo, sicut ex litteris ipsorum apparet, in quibus eum suum electum nominant et ei se asserunt unanimi consensu favere, temere paruerunt, et consenserunt in ipsum, spirituale cum eo adulterium perpetrantes, cum et per nuntium ad nos ultimo destinatum electionem ipsius in publico consistorio postulaverint confirmari. Blasphemia vero in eo fuerat subsecuta, quod ponentes in cœlum os suum, legatum nostrum qui fungebatur in illis partibus vice nostra et qui prius etiam quam assumeretur ad officium pastorale, multæ religionis exstiterat, utpote qui in Cisterciensi ordine fuerat primo abbas, quantum in eis exstitit infamantes, eum corruptum fuisse pecunia sunt mentiti. [Nos igitur, etsi propter auctoritatem judiciariam præsumamus pro his quæ acta sunt a legato, illi tamen plus innitimur rationi; quod adversarii archiepiscopi ex tribus causis prædictis se usque adeo reddiderunt indignos, quod contra eum non debebant audiri. Unde quod de ipso factum fuerat non, poterat impediri per eos. Quin etiam si electores ejusdem pariter deliquissent, ut se reddidissent indignos, ad nos devoluta fuisset hac vice ordinatio Ecclesiæ Maguntinensis. Quare dictum archiepiscopum sine juris injuria potuissemus eidem Ecclesiæ præficere in pastorem, *præsertim cum per legatum apostolicæ sedis fuisset in Maguntinum episcopum consecratus* (56). Super his ergo *cum fratribus nostris* habito diligenti tractatu, *de ipsorum consilio* cassationem postulationis factæ de Vormatiensi episcopo ratam habemus et electionem archiepiscopi memorati] auctoritate apostolica duximus confirmandam; et ne quid ad exsecutionem archiepiscopalis officii sibi desit, pallium, videlicet insigne plenitudinis pontificalis officii, ipsi duximus concedendum. Licet autem ex eo quod Ecclesia Maguntina filia est sedis apostolicæ specialis et in ejus semper devotione permansit, de ipsius non turbari turbatione minime valeamus, quia tamen exigente justitia, in qua sumus singulis debitores, super hoc aliud non potuimus diffinire, universitatem vestram monemus, exhortamur attentius atque per apostolica vobis scripta mandamus, et in virtute obedientiæ districte præcipimus quatenus eidem archiepiscopo debitam exhibeatis reverentiam et honorem et ei, tanquam patri et pastori vestro, devote ac reverenter intendere procuretis. Alioquin, noveritis nos sæpedicto legato et venerabili fratri nostro Hildesemensi episcopo (57) et dilecto filio præposito Bonnensi per apostolica scripta mandasse ut vos ad id, monitione præmissa, per excommunicationis sententiam et, si

---

(55) Decretal., *est directa probatio.*
(56) Hæc desunt in Decretal., ut infra c. f. n., et d. i. c.

(57) Harbordum sive Heribertum Hildesemensem, tunc temporis, episcopum agnoscit Bucelinus. (*Germ. sacr.* part. 1, p. 18.

necesse fuerit, per subtractionem beneficiorum vestrorum, appellatione remota, compellant. Quod si nec sic, quod non credimus, mandatis nostris volueritis obedire, depositionis sententiam poteritis non immerito formidare. Sane si vel legatus noster errasset in hoc, vel nos etiam errassemus, debueratis tamen honori matris vestræ humiliter et devote deferre, nec sic quod foret ejus opprobrium revelare, eum ex divinæ paginæ didiceritis lectione, quod Cham maledictionem incurrit, quia patris pudenda non texit. Multo magis ergo in eo nobis parere debetis, in quo secundum conscientiam nostram, teste Deo, juste nos credimus judicasse. Volumus etiam et discretioni vestræ præcipiendo mandamus quatenus Vormatiensem episcopum moneatis ut, Ecclesia Maguntina dimissa, Vormatiensi Ecclesia sit contentus, cui est adhuc spiritualis conjugii vinculo alligatus; alioquin denuntietis eum illa etiam auctoritate nostra privatum, et, si necesse fuerit, excommunicationis eum sententia feriatis et excommunicatum singulis diebus Dominicis et festivis, pulsatis campanis et candelis accensis, publice nuntietis et mandetis ab omnibus arctius evitari. Quod si nec sic recesserit ab Ecclesia Maguntina, a nobis se noverit deponendum. Præterea nobilem virum Philippum, ducem Sueviæ, moneatis, ut se prædicto archiepiscopo non opponat, quo minus Maguntinam Ecclesiam tam in spiritualibus quam temporalibus salubriter valeat gubernare. Alioquin, cum nullus imperator, nullus princeps episcoporum translationi se unquam præsumpserit immiscere : Nos ecclesiasticam libertatem in hoc, et sedis apostolicæ dignitatem quæ a prædecessoribus nostris ad nos hactenus emanavit et a nobis ad successores nostros in finem sæculi, favente Domino, protendetur, nullatenus pateremur infringi, quin pro ea potius, si necesse foret, animam poneremus.

Datum Laterani, x Kal. Aprilis.

Scriptum est super hoc dicto legato, Hildesemensi episcopo et præposito Bonnensi.

XV (58).

SIFFRIDO ARCHIEPISCOPO MAGUNTINO, ETC

(Laterani, xii Kal. Aprilis.)

In eumdem fere modum, usque cassationem postulationis factæ de Vormatiensi episcopo ratam habemus et electionem tuam auctoritate apostolica confirmamus et præsentis scripti pagina communimus. Et ne quid ad exsecutionem archiepiscopalis officii tibi desit, pallium, videlicet insigne plenitudinis pontificalis officii, fraternitati tuæ duximus concedendum. Nulli ergo, etc. confirmationis, etc.

Datum Laterani, xii Kal. Aprilis.

XVI.

CABILONENSI EPISCOPO (59) ET ABBATI CISTERCIENSI (60).

De absolutione abbatis Sancti Sequani, de voto transfretandi in terram sanctam.

(Laterani, v Id. Aprilis.)

Significantibus filiis dilectis, G. priore et conventu Sancti Sequani, ad nostram noveritis audientiam pervenisse quod abbas (61) eorum, de quo spem certam conceperant quod ruinas monasterii resarciret, signum crucis de manibus dilecti filii nostri, P. tituli Sancti Marcelli presbyteri cardinalis (62), tunc apostolicæ sedis legati, suscepit et proposuit transfretare. Unde, quia ex ejus absentia paupertatem rerum temporalium, dissolutionem ordinis et ædificiorum ruinam, dicti prior et monachi metuebant, postularunt a nobis ut vel eum absolveremus a voto peregrinationis emisso, vel faceremus illud in aliud commutari. Quare monasterio ipsi volentes paterna sollicitudine providere, discretioni vestræ per apostolica scripta mandamus quatenus, cum ex defectu senilis ætatis idem abbas asseratur impotens ad eundum, ipsum auctoritate nostra suffulti a voto hujusmodi absolvatis, sic tamen, ut juxta vestræ discretionis arbitrium et sui monasterii facultates, subventionem idoneam dirigat in subsidium terræ sanctæ, ac vacet devotius operibus pietatis et ferventius ad observantiam ordinis et monasterii sui restaurationem intendat.

Datum Laterani, v Idus Aprilis.

XVII (63).

CAPITULO RAGUSINO

Datur facultas eligendi alium archiepiscopum propter diutinam absentiam archiepiscopi (64).

(Laterani.)

[Qualiter archiepiscopus vester temeritate propria recesserit ab Ecclesia Ragusina, nec jam ultra quadriennium exspectatus redierit et per litteras no-

---

(58) Indicata apud Raynaldum, anno 1202, § 19.
(59) Erat is Robertus, quem iniisse episcopatum constat anno saltem 1185 et sedisse usque ad annum fortasse 1215, saltem 1213. *Gall. Christ.* t. IV, col. 897.
(60) Vocabatur Arnaldus I Amalric, antiqua stirpe ducum Narbonensium genitus, ex abbate Populeti in Catalaunia, et Grandissilvæ in diœcesi Tolosana, anno 1201, post Guidonis Pare ad apicem cardinalatus evectionem, factus Cisterciensis abbas. Ei, hoc ipso anno, Innocentius sermones suos nuncupavit. Hic Arnaldus, multis gestis percelebris, promotus est in archiepiscopum Narbonensem anno 1211 vel 1212; quo in munere, anno 1225, defunctus est. *Gall. Christ.* t. IV, col. 990.
(61) Abbas ille S. Sequani erat Nivardus, ex nobili familia dominorum de Fontaines, loci natalis S. Bernardi, ortus; quem ab anno 1186 usque ad annum 1204, ex instrumentis, huic monasterio præfuisse compertum est. Huic Innocentii Epistolæ non concinit illud quod in Gallia Christiana (t. IV, col. 698) reperitur : nempe Nivardum anno 1191, in terram sanctam profectum fuisse, unde redux, anno 1197, quasdam ecclesias a Garino seu Garnerio Lingonensi episcopo accepit.
(62) Vid. lib. iii, epist. 20.
(63) Relata seu potius tantummodo indicata inter Decretales, lib. iii, titulo 4, *De Clericis non residentibus in ecclesia vel præbenda*, cap. 9. Pauca quæ illic exhibentur verba, hic uncis inclusa sunt.
(64) Male concordat hæc Innocentii epistola cum altera, quæ reperitur inter Decretales, lib. i, tit. 9, *De renuntiatione*, cap. 9, Eboracensi archiepiscopo directa. In ista pontifex declarat se Ragusiensem archie-

stras (65) etiam revocatus], vestra universitas plene novit, cum sæpius apud nos super hoc deposueritis de ipso querelas et vobis concedi postulaveritis licentiam eligendi. Nos autem exspectantes diutius duximus exspectandum si forte reverteretur ad cor, et ad Ecclesiam suam quam taliter reliquerat, remearet. Nolentes igitur quod diutius Ecclesia ipsa pastoris maneat solatio destituta, [discretioni vestræ per apostolica scripta mandamus atque præcipimus quatenus, nisi forsitan jam redierit, vos, post mensem a receptione præsentium, personam vobis idoneam in archiepiscopum eligatis] et electionem vestram nobis curetis quam citius præsentare

Datum Laterani.

XVIII (66).
REGI HUNGARORUM ILLUSTRI.
Hortatur regem ad devotionem apostolicæ sedis.
(Laterani.)

Scientes serenitatem regiam in devotione sedis apostolicæ solidatam, de ipsius prosperitate gaudemus et felices successus ipsius proprios reputamus. Unde cum nobis per dilectum filium N. nuntium suum, intimasset sollicitudo regalis, quod terram Meganipani ad suum dominium revocasset, gavisi sumus in Domino et ei qui dispersa congregat et congregata conservat gratiarum exsolvimus actiones. Credimus autem serenitatem regiam meminisse qualiter, etsi olim ad instantiam ejusdem Meganipani, disposuerimus legatum nostrum mittere in Serviam, tandem tamen, voluntate tua plenius intellecta, a proposito desistentes magnificentiæ tuæ duximus deferendum. [Monemus igitur magnificentiam tuam et exhortamur in Domino quatenus, sicut nos tibi et regno tuo in hac parte detulimus, sic celsitudo regalis curet nobis et apostolicæ sedi deferre, institutiones Ecclesiæ Romanæ in terra ipsa servari præcipiens et eam plenius ad obedientiam nostram reducens, ut fiat unum ovile et unus pastor, cum hoc ipsum tibi et regno tuo videatur plurimum expedire.

Datum Laterani.]

XIX.
ELECTO CAMERACENSI (67).
De supplenda negligentia prælatorum.
(Laterani, xiv Kal. Aprilis.)

Ex parte tua fuit nostris auribus intimatum quod sæpe in diœcesi Cameracensi contingit, ut dum quempiam de negligentia sua circa debitam Ecclesiæ suæ providentiam, etc., *ut in illa quæ mittitur Metensi archidiacono in regesto quarti anni domini Innocentii usque in finem.* Nulli ergo, etc., nostræ concessionis, etc.

Datum Laterani, xiv Kal. Aprilis.

XX (68).
ILLUSTRI REGI ANGLORUM.
Invitatur rex ad opera pietatis.
(Laterani, vi Kal. Aprilis.)

In medio duorum hostium positus miser homo, dum caro adversus spiritum et adversus carnem spiritus concupiscit, dum corpus quod corrumpitur aggravat animam, vix potest in carne carnis sordes exuere, et cum corruptibili non corrumpi; cum sæpe Dalila prævaleat in Samsonem et capiatur in amplexu virginis etiam unicornis. Sane, *nulla pestis efficacior ad nocendum quam familiaris inimicus* [BOET. Consol. philos. lib. III, pros. 5.], quoniam *inimici hominis domestici ejus (Matth.* x, 56), quibus tanto minus resistitur quanto difficilius evitantur. Quis autem pugnam hujusmodi levem putet, quis eam valeat evitare, cum Apostolus etiam de se dicat : *Video aliam legem in membris meis, repugnantem legi mentis meæ, et captivantem me in lege peccati, quæ est in membris mei (Rom.* VI, 23), nisi qui ejus exemplo castigaverit corpus suum et in servitutem redegerit, ut caro spiritui et sensualitas rationi serviat? Non enim in hoc conflictu finis est æquanimiter exspectandus, aut tanquam tutius medium eligendum, ut vel neutri faveatur omnino vel uterque pariter foveatur : sed juvandus est spiritus et caro contra subjuganda. Verum dum caro spiritum vel spiritus carnem culpat, imo, ut rectius dicamus, impugnat, nemo vivit absque peccato ; quoniam si dixerimus quia peccatum non habemus, ipsi nos seducimus, et veritas in nobis non est. Et quia non tantum lusisse in culpa est, sed non incidere quoque ludum, ad lamentum est pœnitentiæ recurrendum, ut sordes criminum confitentes abluantur lacrymis et pulvis cogitationum pœnitentis suspiriis exsuffletur, fiatque majus gaudium angelis Dei super uno peccatore pœnitentiam agente quam super nonaginta novem justis, qui noscuntur pœnitentia non egere : gaudemus autem et tui propositi puritatem in Domino commendamus, quod, sicut venerabilis frater noster Cantuariensis archiepiscopus (69) nobis intimare curavit, serenitas regia quæ prædiximus diligenter attendens, ei peccata

---

piscopum a cura qua tenebatur Ecclesiæ Ragusiæ absolvendum duxisse, *eo quod ibi non poterat secure morari et si accessum haberet ad illam, mortis sibi periculum imminebat,* ideoque beneficia quæ de liberalitate regis Angliæ et concessione Eboracensis archiepiscopi tenebat, possidendi facultatem ei concedit. Cæterum archiepiscopum Ragusiensem de quo hic agitur, nomine Bernardum, coronationi Joannis Angliæ et colloquio ejusdem cum Willelmo rege Scotorum interfuisse memoratur a Rogerio Hovedeno, p. 793, lin. 40.

(65) Decret. etc. Apograph. Conti. *vestras*.
(66) Indicata, imo ex parte relata apud Raynaldum, anno 1202, § 9. Quæ apud ipsum leguntur, hic uncis inclusa sunt.

(67) Electus Cameracencis, cui dirigitur hæc epistola, erat procul dubio Joannes de Bethunia, de quo jam egimus, lib. III, epist..... Notandum vero quod in Gallia Christiana (t. III, col. 34), Joannes ste dicatur non electus, sed episcopus ordinatus, anno 1200. Vita functus est, anno 1219, vel 1218, die 27 Julii.
(68) Indicata apud Raynaldum, anno 1202, § 26.
(69) Hubertus, qui electus anno 1197, obiit anno 1205 ; vir nimium notus in historia. Vide Rogerium de Hoved. et alios passim.

sua, quæ ab ætate ineunte commisit, humiliter est confessa et juxta consilium ejus Deo satisfacere repromisit. Idem autem archiepiscopus saluti tuæ cupiens providere, inter alia tibi diligenter consuluit ac prudenter injunxit ut centum milites dirigas in subsidium terræ sanctæ, in obsequio Crucifixi per annum integrum moraturos, et monasterium construas in quo conventus fratrum Cisterciensis ordinis statuatur. Monemus igitur serenitatem regiam et exhortamur in Domino, quatenus posteriorum oblitus ad anteriora jugiter te intendas nec retrorsum respicias, sed de cætero vaces operibus pietatis, et sic satisfacias de commissis, ut caveas cautius committenda. Speramus enim quod, si te in operibus exercueris pietatis et feceris quæ sunt placita coram Deo, prosperabitur regnum tuum, et honor regius temporaliter etiam recipiet incrementum. Nos autem de misericordia Dei omnipotentis et beatorum apostolorum Petri et Pauli auctoritate confisi, concedimus ut satisfactionis effectus tibi ab archiepiscopo eodem injunctus et sponte a tua devotione susceptus, in remissionem tibi proficiat peccatorum, etc.

Datum Laterani, vi Kal. Aprilis.

XXI.

G. FRATRI MILITIÆ TEMPLI, FAMILIARI NOSTRO ET NOBILI VIRO, LUG. ET M. DE POTENTIA, MAGISTRIS CAMERARIIS APULIÆ ET TERRÆ LABORIS ET DUCATUS AMALPHIÆ.

Irritantur quæ a W. de Plear acta sunt.

(Laterani, v Kal. Maii.)

Ad nostram noveritis audientiam pervenisse quod W. *de Plear* [apogr. Conti, *Palear*], exhausto thesauro regio, ne quid remaneret intactum, terras, possessiones, tenimenta Demanii et Montilii [mortitii], molendina et furnos et macella, et alios redditus, quibus voluit, pro sua voluntate concessit, et concessionem suam sigillo regio, quod ipse tenuerat, confirmavit. Præterea, cum a quibusdam Ecclesiis, civibus et mercatoribus pecuniam mutuo recepisset et extorsisset ab aliis violenter, tandem ut læsos utrinque placaret, bajulationes concessit eisdem, et in dispendium regis retorsit quod in suum et suorum commodum attentarat. Cum igitur tantum regis dispendium nec debeamus nec velimus æquanimiter sustinere, discretioni vestræ per apostolica scripta mandamus quatenus et ea quæ ipse concessit, nonobstante appellatione vel contradictione cujuscunque, ad regis dominium revocetis et eos quibus bajulationes commisit eisdem bajulationibus curetis auctoritate apostolica spoliare, nisi forsan vobis per litteras nostras ostendant, quod eis fuerint per apostolicam sedem confirmatæ.

Datum Laterani, v (70) Kal. Maii.

XXII.

ARCHIEPISCOPIS, EPISCOPIS, ABBATIBUS, PRIORIBUS ET UNIVERSO CLERO, COMITIBUS, BARONIBUS, CIVIBUS ET ALIIS, PER APULIAM ET TERRAM LABORIS ET DUCATUM AMALPHIÆ, CONSTITUTIS.

Providetur gubernationi Apuliæ et Terræ Laboris.

(Anagniæ, x Kal. Maii.)

Ad vestram volumus audientiam pervenire quod de *dilecto filio* (71) G. fratris militiæ Templi, familiaris nostri, et nobilis viri Lug. [apogr. Conti, *Eug.*] et M. de Potentia, legalitate ac prudentia confidentes, constituimus eos magistros camerarios Apuliæ et Terræ Laboris, et justitiariatus officium in domanio totius Apuliæ et Terræ Laboris et ducatus Amalphiæ, ipsis committimus exsequendum. Monemus igitur universitatem vestram et exhortamur attentius, et per apostolica vobis scripta mandamus atque præcepimus, quatenus eis de omnibus præteritis et præsentibus et futuris, quæ ad magisterium *Camerariatus* pertinent, intendatis et de his quæ in domanio regis ad justitiariam spectare noscuntur, curetis eisdem ad mandatum nostrum et regis honorem et regni profectum humiliter respondere.

Datum Anagniæ, x Kal. Maii.

XXIII (72).

WIGORNIENSI EPISCOPO (73).

De facultate appellandi sedem apostolicam.

(Laterani, x Kal. Maii.)

[Ex parte tua] fuit propositum coram nobis quod, cum inter Anglicos et Wallenses (74) sint inimici-

---

(70) Legitur in apographo Conti, x, sed male; cum epistola 22, mox exhibenda, quæ notam chronologicam x Kal. Maii diserte profert, Anagniæ, non Laterani, data dicatur.

(71) Sic apud Baluzium. In apographo Conti, *dilectis filiis.* Leg: *dilectorum filiorum.*

(72) Relata, sed valde mutila, inter Decretales, lib. ii, tit. 38, *De appellationibus, recusationibus et relationibus,* cap. 47. Quæ illic leguntur, hic uncis inclusa sunt.

(73) Maugerius, sive Malgerius, archidiaconus Ebroicensis, Richardi regis medicus, episcopus Wigorniensis electus est an. 1199, ante exitum Augusti; consecratus Romæ ab Innocentio papa, an. 1200, die SS. Trinitatis, videlicet die 4 Junii. In Angliam reversus, professionem subjectionis metropolitano suo præstandæ in Ecclesia Cantuariensi fecit an. 1200, die 29 Octobris, in Ecclesia propria inthronisatus die 12 Novembris, ex Dicetinsi instrumento professionis autographo, Annalibus Teokesbiriæ et Winchelcumb. Is, anno 1208, die 24 Martii, papa jubente, Angliam interdicto supposuit et sententiam, an. 1209, die 23 Martii, renovavit. Quo facto, in Galliam secedens usque ad obitum delituit. Obiit autem apud Pontiniacum, pace regno atque Ecclesiæ Anglicanæ nondum restituta, an. 1212, die 1 Julii, ex fide Annalium Teokesbiriensium. (WARTHON. *Anglia sacra,* t. I, p. 478.)

(74) Britones, qui ab Anglis suis sedibus pulsi, in eam insulæ partem quæ Wallia dicitur, secesserunt, injuriæ memores, Anglis semper infensi fuere; ut scribunt Beda (lib. ii, cap. 2 et 20, *Hist. Anglic.*), et Polydorus Virgilius (lib. iv). Quale fuerit Anglorum judicium de Wallensibus hac ætate, tradit Joannes Saresberiensis (epist. 53), *Gens enim rudis et indomita, bestiali more vivens, aspernatur Verbum vitæ, et Christum nomine tenus profitentes, vita et moribus diffitentur. Ab his enim Christiani usitato commercio in partes transmarinas venundati ab infidelibus concaptivantur,* etc. Merito quiritabantur

tiæ manifestæ et ad partes illas Anglicis periculosus sit transitus pro viarum periculis et guerræ, quæ inter gentes illas frequens esse dignoscitur vel continua, multi de causae suae meritis diffidentes, te aliquando vel tuos auctoritate litterarum nostrarum trahere satagunt ad judices in Wallia constitutos, ut sic indefensas causas, etiam justissimas, relinquatis vel compositionem subeatis injustam pariter et damnosam. Cum igitur causas quas committimus, sic velimus fine debito terminari, quod neutra partium contra justitiam aggravetur, fraternitati tuæ præsenti [pagina taliter respondemus, quod, cum *talis excusatio sit honesta, cum* (75) ad præsentiam delegatorum judicum non potest secure venire citatus, tu vel tui, quoties ad illos judices vos evocari contigerit, ad quorum præsentiam vobis periculosum est ire, libere poteritis *ad sedem apostolicam* (76) appellare, etiamsi in litteris commissionis nostræ appellationis fuerit remedium interclusum, nisi judices ipsi vobis assignent locum idoneum et securum.]

Datum Laterani, x (77) Kal. Maii, pontificatus nostri anno quinto.

XXIV (78).
EIDEM.
Interdum non esse deferendum appellationibus.
(Laterani, viii Kal. Maii.)

Licet appellationis obstaculum ad remedium inventum fuerit oppressorum, multi tamen oppressis indulto beneficio abutentes, illud in clypeum iniquæ defensionis assumunt, ut et correctionem valeant effugere prælatorum et liberius quæ religionem non sapiunt exercere. Ad audientiam siquidem nostram, te significante, pervenit, quod, cum ad abbatias et alias domos conventuales tuæ diœceseos, juxta quod officii tui sollicitudo deposcit, visitaturus accedis, ut errata corrigas, ædificanda ædifices et destruenda destruas, abbates, priores, seu alii locorum eorumdem rectores, ut canonicam correctionem evitent, appellationis obstaculum interponunt ac sic tuum conantur propositum impedire, ut neque de intrinseca vel extrinseca correctione locorum ipsorum aliquid valeas ordinare. Volentes igitur et fraternitati tuæ deferre et præsumptionibus occurrere malignantium, devotioni tuæ auctoritate præsentium indulgemus ut, quoties te ad Ecclesias conventuales diœcesana tibi lege subjectas, necessitas vel utilitas traxerit, nonobstante appellationis objectu, si qua interposita fuerit in elusionem ecclesiasticæ disciplinæ, libere, de prudentium et religiosorum consilio, in eis corrigenda corrigas et statuas quæ secundum Deum fuerint statuenda.

Datum Laterani, viii Kal. Maii.

XXV.
DECANO (79) ET CAPITULO CATALAUNENSI.
De electione episcopi Cataldunensis.

Cum nuper Ecclesia vestra pastoris foret regimine destituta (80), vos convenientes in unum, super electione habuistis pontificis substituendi tractatum. Sed intelligentes quod vestra vota erant divisa, licet aliquos duxeritis nominandos, ad electionem tamen nullatenus processistis, et ad sedem curastis potius apostolicam appellare. Cum ergo dilecti filii, R. archidiaconus et G. canonicus vester ex una parte ad nostram præsentiam accessissent, postulabant a nobis dilectum filium Willelmum de Jovis-Villa, Ecclesiæ vestræ canonicum, in episcopum sibi dari. Verum, dilectus filius decanus Meldensis (81), qui pro parte altera missus fuerat procurator, licet proponeret dilectum filium, J.[*Apogr. Conti*, T.] majorem archidiaconum Ecclesiæ, a parte pro qua venerat postulatum, petiit tamen ex adverso electionis vobis licentiam non auferri, sed remitti potius utramqué partem ad Ecclesiam memoratam, ut illic vobis personam eligeretis idoneam in pastorem. Nolentes igitur vos eligendi potestate privari et partes ad propria remittentes, universitati vestræ per apostolica scripta mandamus districte præcipimusque quatenus infra mensem post præsentationem litterarum istarum, personam idoneam de gremio ejusdem Ecclesiæ, si talis in ea poterit reperiri, vobis canonice in episcopum eligatis, et si electio facta fuerit in concordia, ipsam venerabili fratri nostro, W. Remensi archiepiscopo Sanctæ Sabinæ presbytero cardinali (82), apostolicæ sedis legato, repræsentare curetis; quam si canonice factam repererit et de

---

Angli inter alia gravamina, se in jus rapi extra regnum, vel apud hostes contra jus scriptum et privilegia ipsorum pontificum. Matthæus Paris. (ad an. 1246): *Gravatur regnum Angliæ, quod Anglici extra regnum in causis auctoritate apostolica trahuntur contra regni consuetudines, contra jura scripta, eo quod inter inimicos conveniri non debent, et contra indulgentias a prædecessoribus domini papæ regi et regno Angliæ concessas.*

(75) Decret., *Excusetur honeste qui.*

(76) Decret. omittunt.

(77) Legendum videtur viii, sicut in epistola 24, quæ ad eumdem dirigitur. Vide quæ annotavimus supra epist. 21.

(78) Indicata apud Raynaldum, an. 1202, § 7.

(79) De decano Catalaunensi, cui dirigitur hæc epistola, pauca hæc referuntur in Gallia Christiana, t. IX, col. 903. « XIII. Hugo, qui, post destructam « S. Nicolai Ecclesiam, canonicos qui in ea deser« viebant, transtulit ad ecclesiam SS. Trinitatis, oc-

« currit in instrumentis, ab anno 1190 ad annum « 1221. »

(80) Episcopus Catalaunensis, de quo hic agitur, erat Rotrocus de Pertico, de quo jam dictum est supra, epist. 14, l. III. Notandum, quod ex ista Innocentii epistola, confirmatur illud quod legitur in Chronico Alberici, et in Necrologio monasterii Omnium Sanctorum; nempe Rotrocum obiisse anno 1201, iv Id. Decembris, non vero, prout refertur in Chronicis Nangiacis, anno 1202, post Guillelmum archiepiscopum Remensem, quem vitam ultra Nonas Julii hujusce anni produxisse mox videbimus. Vid. *not. sequent.*

(81) Decanum Meldensem, tunc temporis, fuisse Matthæum de List existimamus. Vid. Galliam Christianam t. VIII, col. 1665, ubi legitur : « M. Decanus « Meldensis, 1202, in Chartario Meldensi, notatur « 19 Junii in Necrologio. »

(82) De Guillelmo (Blesensi, seu de Campania) jam dictum est supra (lib. III, epist. 14, et lib. v, epist.

persona idonea celebratam, per eum mandavimus confirmandam et electum in episcopum consecrandum. Quod si forsan non poteritis convenire, sed plures duxeritis eligendos, eidem archiepiscopo et venerabili fratri nostro episcopo Parisiensi et dilecto filio primicerio Metensi dedimus in mandatis, ut, omni gratia et timore postpositis, examinatis prudenter et studiis eligentium et meritis electorum, quem magis utilem Ecclesiæ viderint, electionem ipsius, dummodo canonica reperiatur, nullius contradictione vel appellatione obstante, confirment, reducentes in irritum, si quid ante susceptionem præsentium litterarum invenerint attentatum; alioquin utraque electione cassata, personam vobis idoneam, sublato appellationis obstaculo, in episcopum assignare procurent, ut vos ipsi tanquam episcopo vestro debitam exhibeatis reverentiam et honorem, monitione præmissa, per censuram ecclesiasticam, appellatione postposita, compellentes; si vero non omnes his exsequendis valuerint aut voluerint interesse, vel etiam convenire, prædictus Parisiensis episcopus, cum eorum altero, ea nihilominus exsequatur.

Datum Laterani, VIII Kal. Maii.

XXVI (83).

PATRIARCHIS, ARCHIEPISCOPIS, EPISCOPIS, ABBATIBUS, PRIORIBUS, ET UNIVERSO CLERO IN TRANSMARINIS PARTIBUS CONSTITUTIS.

De legatis destinatis in terram sanctam (84).

(Laterani.)

Si sub potenti manu Domini humiliasset se populus Christianus nec præsumpsisset contra stimulum calcitrare, sed flagellum, quod ex justo judicantis judicio suæ videbat imminere cervici, suis criminibus imputasset, ascendisset ad Dominum forsitan clamor noster, et ipse qui miserator et misericors est, tristitiam nostram in gaudium convertisset. Verum quia omnes declinavimus, simul inutiles facti sumus, nec est qui faciat bonum etiam usque ad unum, nec placatus est hactenus Dominus nec pepercit, sed usque nunc manus ejus mansit ad flagellum extenta. Sane, si dissimulasset populus cismarinus crucis injuriam et opprobrium Crucifixi, nec se flagellatum in occupatione terræ nativitatis Dominicæ credidisset, vos tamen qui et strages virorum vestrorum et victrices hostium acies e vicino vidistis, non debuistis profanationem civitatis Hierosolymitanæ, coinquinationem templi Dominici, vincula et captivitates vestrorum, occisionem gentis nostræ ac translationem salutiferæ crucis, in qua salus mundi pependit, siccis oculis intueri, qui debuerant potius deducere lacrymas per diem et noctem, ut sic saltem Dominum ad misericordiam provocarent, quatenus cum vos conversi fuissetis ad ipsum, et ipse converteretur ad vos, et propitius fieret peccatis vestris et vestræ dignaretur miseriæ misereri. [Verum quia nec cismarini nec ultramarini hactenus, sicut debuerant, Dominum placaverunt, quasi frustra prædecessores nostri Romani pontifices laborarunt, frustra laboravit etiam populus Christianus, nisi forsan quamplures, etsi Hierusalem terrenam recuperare nequiverint, cœlestem tamen, ut credimus, *palma* [Raynald. *per palmam.*] martyrii adepti sunt. Cum ergo nos prædecessorum nostrorum vestigiis inhærentes, fidelium populos ad subsidium terræ sanctæ duxerimus commonendos, et jam, eo faciente qui actiones nostras aspirando prævenit et prosequitur adjuvando, multi nobiles et potentes de regno Francorum, imo etiam multa de diversis partibus multitudo, assumpserint signum crucis, et in subventionem vestram viriliter accingantur, ne, quod absit, inanis sit labor eorum, si, zizania inter eos superseminante homine inimico, angelus qui de ipsorum medio colligat omnia scandala non mittatur; dilectis filiis nostris S. tituli Sanctæ Praxedis, et P. tituli Sancti Marcelli presbyteris cardinalibus, apostolicæ sedis legatis (85), viris providis et discretis, tam in opere quam sermone potentibus, laborem injunximus peregrinationis, ut uterque vel alter eorum exercitum Domini cum humilitate præcedat et eum in concordia foveant, et ad pacem revocent impacatos.] Verum ne in vacuum nos et ipsos laborare contingat, si ultra maligni populi demereantur merita quod cismarini, non de suis meritis sed divina potius miseratione sperantes, obtinere nituntur, universitatem vestram monemus, et exhortamur attentius et per apostolica vobis scripta mandamus quatenus tales vos exhibere curetis et sic commissos vobis populos informetis ad opera pietatis, ut, cum vobis et nobis fuerit Dominus complacatus, exercitui suo vim tribuat et inimicos crucis in eorum tradat manibus et confundat, hæreditatem suam hæredibus Dei, cohæredibus autem Christi restituens, ut inhabitent in ea qui diligunt nomen ejus. Volumus etiam et discretioni vestræ præcipiendo mandamus, ut prædictos apostolicæ sedis legatos sicut personam nostram, imo nos in eis, benigne recipere ac honorifice pertractare curetis, salubria monita et statuta ipsorum, quæ per se vel nuntios aut litteras suas duxerint facienda, suscipientes humiliter et inviolabiliter observantes et convenientes ad vocationem ipsorum; alioquin sententiam quam uterque vel alter eorum tulerit in rebelles, ratam haberi volumus et inviolabiliter observari. Nos enim eorum utrique legationis officium duximus committendum, ut in terris suæ legationi commissis evellant, destruant, disperdant, ædificent et plantent, prout quæque solli-

---

8. Quod in ista ultima annotavimus, ex his quæ hic leguntur, apprime confirmatur, nempe, Guillelmum nunquam episcopum Prænestinum, sed tituli S. Sabinæ presbyterum tantummodo cardinalem fuisse. Vid. lib. III, epist. 11.

(83) Relata, sed non integra, apud Raynaldum, anno 1202, § 30. Quæ apud ipsum leguntur, hic uncis inclusa sunt.
(34) Vide *Gesta Innocentii*, cap. 46.
(85) De his iam dictum est supra.

citudine sua cognoverint indigere, ac in illis, cum de paganorum manibus fuerint liberati, statum Christianitatis reforment et statuant quæ secundum Deum et fidem catholicam viderint statuenda. Ut autem nihil eis desit ex his quæ ad plenitudinem legationis pertinent exsequenda, plenariam illis concedimus facultatem ut, cum necesse fuerit, vice nostra etiam illa exsequantur quæ nostro sunt speciali privilegio reservata, firmiter inhibentes, ne quis eorum processum, provocationis objectu audeat impedire. Quod autem scribimus communiter pro ambobus, specialiter etiam pro utroque mandamus, si forsan non poterint convenire.

Datum Laterani.

XXVII (86).

S. (87) TITULI SANCTÆ PRAXEDIS PRESBYTERO CARDINALI, APOSTOLICÆ SEDIS LEGATO.

Committitur ipsi legatio in Orientem.

(Datum, ut supra.)

Cum aliquos ex fratribus nostris, exigentibus variis Ecclesiæ necessitatibus, ad varias provincias destinamus, sic debemus injunctæ illis legationis onus jurisdictione auctoritatis ecclesiasticæ compensare, ne ipsorum fiat labor inanis, si tenuis eis fuerit collata potestas, cum plerique ipsorum præsumant propositum impedire, quos præsumptionem suam intellexerint non posse districtionis ecclesiasticæ gladio pio cohibere. Cum ergo te in ultramarinam provinciam de fratrum nostrorum consilio, non tam Ecclesiæ quam totius populi Christiani exigente necessitate, a nostro latere destinemus, plenæ legationis officium tuæ discretioni committimus, ut cum dilecto filio, P. (88) tituli Sancti Marcelli presbytero cardinale, apostolicæ sedis legato, quem ad partes easdem, vel etiam per te solum, evellas, destruas, dissipes, ædifices et plantes, juxta quod quodlibet sollicitudine tua cognoveris indigere. Ut autem nihil tibi desit ex illis quæ ad plenitudinem legationis pertinet exsequenda, plenariam tibi auctoritate præsentium concedimus facultatem, ut, cum necesse fuerit, vice nostra illa etiam exsequaris quæ nostro sunt speciali privilegio reservata, firmiter inhibentes, ne quis processum tuum provocationis objectu audeat impedire. Tu ergo tanquam vir providus et discretus, sic deferas apostolicæ sedis honori, sicut tibi vides ab ipsa deferri, ut et nos consulas in quibus videris consulendos et plenitudinem auctoritatis nostræ requiras in quibus eam cognoveris requirendam, et sic modeste procedas in omnibus et discrete, ut et quæ agenda sunt agas et ab illis abstineas a quibus fueris abstinendum, ac talem te omnibus exhibere procures, ne cui merito possis esse suspectus.

Datum, ut supra.

XXVIII.

CAPITULO ANDEGAVENSI.

De electione episcopi Andegavensis.

(Laterani, iv Kal. Maii.)

Cum olim Ecclesia vestra vacasset, et vos de præficiendi vobis pontificis electione tractantes convenire non potuissetis in unum, quidam vestrum dilectum filium, W. (89) archidiaconum ejusdem Ecclesiæ, quidam vero...... cantorem Sancti Martini Turonensis, sicut dicitur, elegerunt. Cumque venerabili fratri nostro Octaviano, Ostiensi episcopo, tunc apostolicæ sedis legato (90), utraque fuisset electio præsentata, ipse auditis quæ fuerant hinc inde proposita, utramque cassavit; sed utraque pars ad nostram duxit audientiam appellandum. Verum cum dilecti filii Robertus, Hugo et Reginaldus, concanonici vestri ex una parte ad nostram præsentiam accessissent, postulabant a nobis memoratum archidiaconum in episcopum sibi dari; magister vero Petrus et Bricius, canonici ejusdem Ecclesiæ, qui pro alia accesserant, ex adverso petebant vobis electionis licentiam non auferri, sed remitti potius utramque partem ad Ecclesiam memoratam, ut illic vobis eligeretis personam idoneam in pastorem. Nolentes igitur vos eligendi potestate privare, ipsos ad propria duximus remittendos, per apostolica vobis scripta districte præcipiendo mandantes quatenus infra mensem post susceptionem præsentium, personam idoneam canonice vobis in episcopum eligatis, et si electio facta fuerit in concordia, ipsam venerabili fratri nostro Turonensi archiepiscopo præsentetis, qui eam, si canonice factam repererit et de persona idonea celebratam, metropolitica fretus auctoritate confirmet et electum in episcopum non differat consecrare. Quod si forsan non potueritis convenire, sed plures duxeritis eligendos, noveritis nos venerabilibus fratribus nostris....... Bituricensi (91) et eidem Turonensi, archiepiscopis et episcopo Lexoviensi (92) per scripta nostra mandasse ut ipsi, omni gratia et amore postpositis, examinatis prudenter et studiis eligentium et meritis electorum, si alterutram electionem invenerint confirmandam, eam, cessante cujuslibet contradictione et appellatione, confirment; alioquin, utraque cassata, vobis personam idoneam, sublato appellationis obstaculo, in episcopum assignare procurent; vos ut ipsi tanquam episcopo ve-

---

(86) Indicata apud Raynaldum, anno 1202, § 30.
(87) De eo jam dictum supra, epist. 6.
(88) De isto jam dictum est supra.
(89) Guillelmus (de Beaumont) II, nepos Radulfi, vir magnificus ac generosi sanguinis, sub cujus pontificatu variæ synodi provinciales celebratæ sunt. Creatus episcopus Andegavensis, anno 1202, post obitum Guillelmi (de Chemillé) I de quo vid. lib. I, epist. 117, 447, 1052. Ad meliorem vitam migravit 2 Septembris, anno 1240. Gall. Christ. vet. tom II, col. 136.
(90) Vid. lib. III, epist. 11, not.
(91) Vid. lib. III, epist. 43.
(92) Episcopus Lexoviensis tunc temporis erat Jordanus, antiqua dominorum de Humeto (gallice, du Houmet) in Normannia, stirpe editus, quem ab hoc anno, saltem 1202, iv Id. Januarii, usque ad annum 1218, sedisse ex instrumentis compertum est.

stro debitam exhibeatis reverentiam et honorem, monitione præmissa, per censuras ecclesiasticas, appellatione postposita, compellendo.

Datum Laterani, iv Kal. Maii.

Scriptum est illis, super hoc, addito : Nonobstantibus litteris ad venerabilem fratrem nostrum, Pictavensem episcopum (93) et conjudices suos, ab his qui prius venerant impetratis ; quod si non omnes his exsequendis valueritis aut volueritis interesse vel etiam convenire, tu, frater Bituricensis, cum eorum altero, ea nihilominus exequaris.

Datum Laterani, ut supra.

XXIX (94).

CAPITULO PRAGENSI.

De absolutione episcopi Pragensis (95).

(Laterani, iii Non. Maii.)

[Veniens olim ad apostolicam sedem dilectus filius, A. Pragensis canonicus, contra *venerabilem fratrem nostrum* (96) Pragensem episcopum proposuit coram nobis quod, cum esset filius sacerdotis, in Ecclesiam fuerit Pragensem intrusus et contra ejusdem Ecclesiæ privilegium, *imperiali ei liberalitate concessum et per sedem apostolicam confirmatum* (97), hominium *dilecto filio, nobili viro,* duci Bohemiæ præstitisset *et regalia recepisset ab eo,* sic subjiciens Pragensem Ecclesiam servituti.] Proposuit etiam quod uxorem evidenter haberet, de qua filios generavit ; quod sigillum *adulterinum* confinxit ; quod sit ebriosus, fornicator, publicus histrio, ita quod quadam vice, cum duobus joculatoribus contra tres alios histriones certamine inito, enormiter fuit læsus in naso et eo fere, sicut apparet hodie, mutilatus, et unus reliquorum trium joculatorum, contra quos decertabat, qui ibidem interiit, ab eo creditur interfectus. Ad hoc subjunxit idem A. quod thesauro Ecclesiæ Pragensis usque ad mille marcas per eum male distracto, consiliariis ipsius ducis usque ad quinquaginta villas et amplius conferre non timuit, in grave Pragensis Ecclesiæ detrimentum, et ipsi duci notabile quoddam castrum dedit, quod eidem Ecclesiæ pietatis intuitu fuit ab O. quondam Bohemiæ duce, collatum. [Unde prædictum episcopum, ad festum *beati Martini proxime tunc futurum* (98), meminimus nos peremptorie citavisse, *sed tandem ad petitionem ipsius, usque ad festum Resurrectionis Dominicæ tunc primo venturum, ipsi datas duximus inducias prorogandas* (99). Idem vero *episcopus per nuntios et litteras,* ad suam excusationem, viarum discrimina, consecrationem chrismatis imminentem, et quod filius nobilis viri Bohemiæ principis esset per ipsum baptizandus, tunc temporis allegavit. Licet autem excusationes hujusmodi, sicut erant, frivolas æstimantes, ipsum reputaverimus contumacem, nec procuratores ejus in causa possemus admittere criminali, eis tamen *dilectos filios nostros , G.* (100) *Sancti Angeli, et H.* (101) *Sancti Eustachii, diaconos cardinales*, concessimus auditores, ut, si possent, ipsum aliquatenus excusarent. Cumque prædictus A. coram eis repetisset objecta, ei fuit ex adverso responsum quod, cum olim super hoc ad *venerabilem fratrem nostrum C.* Magdeburgensem archiepiscopum , litteræ fuerint impetratæ , idem A. qui contra episcopum solus agebat, in objectorum se videns probatione deficere, *depositis vestibus et pedibus nudis,* ad pedes ejus humiliter se prosternens, veniam postulavit, et quod adversus eum calumniose processerat est confessus. Cæterum, cum super hoc stare mandatis ejusdem archiepiscopi jurasset, ipse præcepit eidem sub debito præstiti juramenti, ut contra eumdem episcopum de cætero talia proponere non auderet. *Nos igitur intellectis, per cardinales eosdem quæ fuerunt hinc inde proposita,* cum nobis ex ipsius A. confessione constaret ipsum juramentum hujusmodi præstitisse, ac tale recepisse mandatum, super impetitione prædicti episcopi silentium ei duximus imponendum ; propter contumaciam tamen episcopo *citationem et* (102) *purgationem, propter infamiam indicentes,*] et venerabili fratri nostro archiepiscopo Salsburgensi (103) per apostolica scripta mandantes quatenus eumdem episcopum denun-

---

(93) Mauricius de Blason, ex nobili prosapia dominorum Mirabelli in Pictonibus ortus, quam linea materna prognatam e regali sanguine asserit Tabularium Fontebraldense , ex Nannetensi episcopo ad Pictavensem sedem traductus fuerat, ut videri est apud ipsum Innocentium, lib. i, epist. 440. Sedisse videtur usque ad annum 1213. *Gall. Christ.* t. II, col. 1182.

(94) Relata, sed valde mutila, inter Decretales, lib. v, tit. 1, *De accusationibus, inquisitionibus et denuntiationibus,* cap. 15, ubi *Salesburgensi archiepiscopo* inscribitur. Quæ illic leguntur, hic uncis inclusa sunt, nec non variæ lectiones appositæ sunt.

(95) Super facto de quo hic agitur, vide lib. i, epist. 78.

(96) Hæc om. Decretal. et post *episcopum* add. *inter alia.*

(97) Desunt in Decretal. ut infra verba *d. f. n. v.,* et *et r. r. a. e.*

(98) Decretal. legunt *Resurrectionis Dominicæ.*

(99) Hæc desunt in Decretal. ut infra quæ Italico charactere distinguuntur.

(100) Gregorius, tituli S. Angeli in Piscina diaconus cardinalis, a Clemente PP. III, in tertia creatione, anno 1190, renuntiatus fuit. Cœlestini PP. III legatus in Hispania, regi Navarræ, ob violatas inducias cum rege Castellæ, necnon regno Salmantino et Asturicensi, Legionensi et Zamorensi episcopis, sacris interdixit. Ante ejusdem Cœlestini obitum, ad Urbem rediit et adfuit electioni Innocentii III. Obiit Romæ sub eodem ; incertum tamen quo anno. OLDOIN. *ad Ciacon.* tom. I, col. 1148.

(101) Erat is, Hugolinus, quem alii Hugonem nominant, comes Anagninus, patruelis fratris Innocentii PP. III filius, qui ab Innocentio, anno 1198, in prima creatione, tituli S. Eustachii diaconus cardinalis creatus, deinde episcopus Hostiensis et Veliternus, demum Papa Gregorius IX, renuntiatus est. OLDOIN. *ad Ciacon.* tom. II, col. 18.

(102) Decretal., *canonicam,* loco *cit. et.*

(103) Eberhardus II, dictus *Magnus, amator pacis, pater pauperum,* aliisque præclaris ornatus en-

tians ab officio pontificali suspensum, donec post purgationem suam iter arriperet ad sedem apostolicam veniendi, ab eo publice cum duobus episcopis et tribus abbatibus, qui bonæ opinionis existerent et vitam ejus nossent, tam illo tempore quam transacto, nisi aliquod prædictorum esset adeo manifestum, ut propter illud ab ejusdem Ecclesiæ prælatione deberet merito amoveri, canonicam purgationem super objectis reciperet, ex parte nostra injungens eidem, ut usque ad Dominicam qua cantatur *Lætare Hierusalem*, proxime tunc futuram, nostro se conspectui præsentaret; quod si forsan in purgatione deficeret, aut nostro se contemneret conspectui præsentare, ipsum a Pragensis Ecclesiæ prælatione, sublato appellationis obstaculo, amoveret licentiam vobis auctoritate nostra concedens, alium per electionem canonicam in episcopum eligendi. Cæterum cum prædictus Salsburgensis archiepiscopus ad nostram præsentiam a quibusdam principibus mitteretur vices suas dilectis filiis, præposito et H. [*Baluz. N.*] decano Salsburgensi, delegavit, asserens quod episcopum ipsum ad præsentiam suam bis peremptorie citavisset. Unde cum episcopus ad terminum sibi secundo præfixum nec ivisset, nec misisset aliquem responsalem, qui suam saltem absentiam excusaret, delegati prædicti, sicut per suas nobis litteras intimarunt, in eum excommunicationis sententiam protulerunt. Sed quoniam episcopus tandem accedens ad eos quod citatio archiepiscopi nullatenus pervenisset ad eum proprio juramento firmavit, absolutionis ei beneficium præstiterunt. Deinde, discussa diligentius veritate, cum nullum depositione dignum de objectis ei criminibus notorium invenissent, admiserunt purgationem ipsius, cum venerabiles fratres nostri, Ratisbonensis (104) et Hamburgensis episcopi et dilecti filii, C. de *Brumen* (105), B. de Sazau, S. de *Cladomb*, abbates, eum pariter compurgarent, et ipsum tandem ab objecta sibi absolventes infamia, in integritate bonæ famæ restituere curaverunt, et injunxerunt eidem ut nostro se conspectui præsentaret: quod ipse tam ceteriter quam humiliter adimplevit. Nos igitur laboribus ejus pio compatientes affectu, et gravaminibus ejus volentes in posterum præcavere, ipsum cum gratiæ nostræ plenitudine ad vos remittimus absolutum, discretioni vestræ per apostolica scripta mandantes, quatenus bonæ famæ denuntietis eumdem et ei de cætero sicut patri et pastori vestro debitam exhibeatis reverentiam et honorem, et si quis eum temere super prædictis impetere forte voluerit, præsumptionem ejus, monitione præmissa, per censuram ecclesiasticam, appellatione postposita, compescatis.

Datum Laterani, III Non. Maii.

XXX (106).

NOBILI VIRO.... COMITI TROPEÆ.

Nobilitati tuæ, quam hactenus fidelem et devotam sumus experti, *ut in illa quæ fit comiti Celanensi in regesto quarti anni domini Innocentii*.

XXXI.

ARCHIEPISCOPO ROTHOMAGENSI (107).
Ut rebelles regis Anglorum castiget.
(Laterani, Non. Martii.)

Fraternitatem tuam credimus non latere qualiter charissimo in Christo filio nostro, Joanni, illustri regi Anglorum, quantum cum Deo potuimus, adesse curaverimus hactenus et deferre, inter ipsas primitias promotionis ipsius ad exaltationem regiam intendentes. Ne igitur credamur mutasse propositum, vel aliter quam olim sentiebamus de ipso sentire, nunc etiam ipsum sinceræ dilectionis brachiis amplexamur, et in magnificentia sua manutenere volumus et fovere. Ideo fraternitati tuæ per apostolica scripta mandamus atque præcipimus, quatenus, si qui in Normannia vel aliis partibus cismarinis eidem regi subjectis contra eum præsumpserint rebellare et ipsi debitam subtraxerint reverentiam et honorem, præsumptionem eorum auctoritate nostra suffultus, monitione præmissa, per censuram ecclesiasticam, appellatione remota, compescas, mandatum apostolicum taliter impleturus, quod et nostram et regiam gratiam valeas uberius promereri.

Datum Laterani, Non. Martii.

---

comiis, memorandus, non tam ob diuturnitatem regiminis, (Salisburgenses enim infulas gessit in annum duodequinquagesimum) quam ob res egregie gestas. Ortus erat e vetusto genere de Truschen in Carinthia. Ecclesiam Brixinensem quadriennium cum laude rexerat; qua invitati Salisburgenses eum ad fastigium metropolitanum, anno saltem 1200, evocarunt; quo die et mense incompertum est. Id quoniam injussu pontificis gestum erat, Romæ ratum non fuit, ut videre est in Gestis Innocentii. De eo multoties agitur in epistolis ejusdem pontificis. De cæteris ab ipso gestis, et quibus multum inclaruit, consulendus M. Hansizius, t. II, p. 313. Obiit an. 1246, IV Kal. Decembris.

(104) Episcopus Ratisponensis, tunc temporis erat Conradus II, de Laichling, vicedominus cognominatus, electus anno 1186, V Non. Martii. Fuit cum multis aliis in expeditione in Syriam. Sub finem ipsius vitæ discordia orta est inter ipsum et Ludovicum Boiariæ ducem, eo quod redux ex Asia, curatores laicos ecclesiasticorum bonorum, quos alias advocatos vocant, vi amovere a curatione nitebatur. Fœderatum et adjutorem habuit Eberhardum archiepiscopum Salisburgensem, qui suppetias ei contra Ludovicum tulit. Post multas vero acceptas utrinque clades, sancita pax est. Obiit Cunradus anno 1204, VIII Kal. Maii. *Metropol. Salisburg.* t. I, p. 199.

(105) Apogr. *Nuem., Breunou, Cladorub.*

(106) Sic et in Apographo Conti legitur hæc Epistola seu potius epistolæ indicatio.

(107) Walterius, de Constantia, cognomen *Magnifici* sortitus ob rerum gestarum magnitudinem, ex canonico primum Rothomagensi, clerico utriusque Henrici regum Angliæ, capellano Bliæ in Anglia, archidiacono Oxoniensi, postea thesaurario Ecclesiæ Rothomagensis, deinde episcopo Lincolniensi, demum archiepiscopalem Rothomagensium sedem, anno 1185, evectus, illam tenuit usque ad annum 1207. (*Gall. Christ.* t. XI, col. 51.) Ad eum plurimas Innocentius direxit epistolas.

In eumdem modum scriptum est Cantuarien. archiepiscopo (108).

XXXII.

A. (109) SANCTÆ ROMANÆ ECCLESIÆ CARDINALI, VERONENSI EPISCOPO

De archidiaconatu Veronensi.

(Laterani, vi Id Maii.)

Cum olim dilectus filius, G. (110) tituli S. Mariæ trans Tiberim, presbyter cardinalis, in Lombardiæ partibus legationis officio fungeretur et ad ejus audientiam pervenisset, quod archidiaconatus Veronensis Ecclesiæ tanto tempore jam vacaret (111), quod secundum Lateranensis concilii decreta ad nos ejus erat donatio devoluta, ipse dilectum filium, G. subd. nostrum, canonicum Basilicæ beati Petri, archidiaconum Veronensem instituit, et.... clericum, de eodem archidiaconatu ipsius nomine investivit, tibi et clericis Veronensibus litteris suis districte præcipiens, ut ipsum G. in archidiaconum Veronensem recipere, ac omnia quæ ad archidiaconatum spectabant ei curaretis in integrum assignare. Vos vero credentes vobis super institutione hujusmodi non modicum gravamen inferri, nuntios vestros ad sedem apostolicam destinatos misistis, rationes multiplices proponentes, quare prædicti cardinalis institutio facta de archidiacono non teneret. Unde nos inquisitionem totius negotii venerabili fratri nostro, Ferrariensi episcopo (112), et dilectis filiis, abbati de Vangadicia, et priori Sancti Salvatoris de Ficarol, duximus committendam, apostolica ipsis auctoritate mandantes ut attestationes utriusque partis redactas in scriptis sub sigillis suis nostro apostolatui destinarent, præfigentes vobis terminum quo recepturi sententiam ad nostram præsentiam veniretis. Ipsi vero juxta mandatum nostrum in ipso negotio procedentes, receptas attestationes utriusque partis nostro apostolatui direxerunt; ac tu cum quibusdam clericis Veronensibus, pro ipsius decisione negotii ad nostram præsentiam accessisti. Cumque super ipso negotio fuisset coram nobis aliquandiu disceptatum, mediantibus tandem venerabili fratre nostro Octaviano, episcopo Ostiensi (113), et dilectis filiis Petro tituli Sanctæ Cæciliæ (114) et Joanne tituli Sanctæ Priscæ (115), presbyteris cardinalibus, causa eadem de licentia nostra fuit per arbitrium terminata. Verum ne te vel successores tuos, clerum vel Ecclesiam Veronensem contingat aliquando super hoc indebite molestari, auctoritate præsentium districtius inhibemus, ut absque speciali mandato Romani pontificis, quod etiam non sit per suppressionem veritatis aut expressionem falsitatis elicitum, circa institutionem archidiaconi vel ordinationem archidiaconatus Ecclesiæ Veronensis nullus omnino procedat, nisi forte Veronensis episcopus et ejus capitulum, unanimi consensu, canonice duxerint procedendum. Quod si contra formam hujusmodi cujuscunque fuerit temeritate processum, nos quod taliter fuerit attentatum decernimus irritum et inane. Nulli ergo, etc. prohibitionis et constitutionis infringere.

Datum Laterani, vi Idus Maii.

XXXIII (116).

EIDEM.

Adversus improbas appellationes.

(Datum, ut supra.)

Tua nobis fraternitas intimavit quod quidam abbates, priores, monachi et alii clerici Veronensis dioeceseos, nimis dissolute viventes, non verentur multa turpia perpetrare et lucris illicitis inhærere, quibusdam etiam, quod deterius est, maculatis hæretica fœditate; quorum malitiam detestandam si quando juxta debitum pastoralis officii exstirpare labores, ut liberius in malitia concepta perdurent, vocem protinus appellationis emittunt, ut ita, imposito tibi silentio, canis mutus non valens latrare dicaris et fautor etiam vitiorum. Quare indulgeri tibi suppliciter postulabas ut, non obstante contradictione vel appellatione cujuslibet, in eis posses talia emendare. Nos igitur tibi tanquam fratri charissimo, quantum justitia sinit, deferre volentes, ne hujusmodi prætextu maleficia quæ publice interest puniri, remaneant impunita, fraternitati tuæ auctoritate præsentium indulgemus quatenus, cum appellationis remedium non ad defensionem iniquitatis, sed ad subsidium innocentiæ fuerit institutum, si præmissi excessus et similes in his qui diœcesana

---

(108) Hæc desunt apud Baluzium.
(109) Adelardus seu Alardus Cattaneus, de Lendenaria vel de Adelardis, ut alii volunt, apud Veronenses nobili familia natus, canonicus Ecclesiæ Veronensis, a Lucio PP. III, anno 1183, (*vel* 1184) in secunda creatione cooptatus fuit inter cardinales ad titulum S. Marcelli. Veronensem vero episcopatum deinde adeptus, cardinalem S. R. E. Veronensem episcopum sine titulo obsignabat. Titulo enim carebant cardinales illi qui ad episcopalem sedem evehebantur a pontifice, et antiquum titulum amittebant. In eo omnes fuere virtutes quæ ab ecclesiastico principe optimo et sapientissimo sperari aut optari possunt. Multæ ad eum exstant Innocentii epistolæ. Obiit anno 1211, vel 1212. OLDOIN. *ad Ciacon.* t. I, col. 1119.
(110) De eo vide supra, lib. III, epist. 38, not.
(111) Vide infra, epist. 34.
(112) Ugo, sive Uguccio, trigesimus quartus Ferrariensis episcopus, floruit anno 1196 et fato concessit circa annum 1212. Ughell. *Ital. sacr.* t. II, col. 576.
(113) Vide lib. III, epist. 11, not.
(114) Titulo S. Cæciliæ tunc temporis insignitus erat Petrus, nobilis Placentinus, qui a Lucio PP. III, feria quarta Cinerum, anno 1185, in tertia, ex Ciaconio, ex Panvinio vero, Aubery et aliis, 1184 in secunda cardinalium creatione, tituli S. Nicolai in carcere Tulliano diaconus, deinde a Clemente PP. III tituli S. Cæciliæ presbyter cardinalis renuntiatus fuerat. Sub Cœlestino PP. III in Sicilia, et sub Innocentio PP. III in Germania legationis munere functus est. Vita decessit sub Innocentio PP. III. Hunc ex familia Diana, fuisse ex instrumentis probatur. OLDOIN. *ad Ciacon.* t. I, col. 1120.
(115) Vide lib. III, epist. 15, not.
(116) Indicata apud Raynaldum, an. 1202, § 7.

sunt tibi lege subjecti, fuerint manifesti, cum, secundum traditiones canonicas, accusatione non indigeant manifesta, in eos qui talia perpetrarint, provocationis obice nonobstante, rigorem exercere judiciarium non omittas. Si vero adversus aliquos clericorum prædictorum, super non manifestis criminibus quæstio coram te fuerit intentata semoto appellationis diffugio, si qua interposita fuerit in elusionem ecclesiasticæ disciplinæ, per districtionem ecclesiasticam hujusmodi poteris coercere. Nulli ergo, etc., concessionis, etc.

Datum, *ut supra.*

XXXIV (117).

EIDEM.

De argumento simili.

(Dat. *ut supra.*)

Tua nobis fraternitatis intimavit quod laici Veronensis diœceseos, viri etiam et feminæ, nimis dissolute viventes, non verentur quæque turpia perpetrare, quibusdam maculatis hæretica fæditate, nonnullis adulteriis et usuriis, aliorumque criminum generibus variis et diversis. Quorum malitiam detestandam si quando juxta debitum, etc., *in eumdem modum ut supra, usque in finem.*

Datum ut supra.

XXXV.

EIDEM.

De questione archidiaconi Veronensis (118).

(Dat. *ut supra.*)

Cum pro quæstione archidiaconatus Veronensis Ecclesiæ, de quo dilectum filium, G. subdiaconum nostrum, canonicum Basilicæ beati Petri, investierat dilectus filius, G. (119) tituli Sanctæ Mariæ trans Tiberim presbyter cardinalis, cum in Lombardiæ partibus legationis officio fungeretur, tu et idem G. in nostra nostris super attestationibus essetis præsentia constituti, et nobis et fratribus quæstionis ejusdem, quæ de mandato nostro fuerunt in Lombardia receptæ, fuisset aliquandiu disceptatum, tandem eodem G. omni juri, quod ex institutione facta per cardinalem prædictum et electione per canonicos Veronenses in archidiaconum Veronensem habebat, in manibus venerabilis fratris nostri Octaviani, Ostiensis episcopi et dilectorum filiorum P. (120) tituli Sanctæ Cæciliæ, et J. (121) tituli Sanctæ Priscæ, presbyterorum cardinalium, renuntiante omnino, tu et idem G. eorumdem episcopi et cardinalium de licentia nostra vos arbitrio commisistis; qui, deliberato consilio, dictum G. canonicum Veronensis Ecclesiæ instituere curaverunt, et ad augmentandos redditus ejus in ipsa Ecclesia, tantum dari eidem a te de redditibus episcopalibus præceperunt, unde centum libras Veronenses recipiat annuatim. Nos igitur, quod per prædictos episcopum et cardinales, deliberatione provida, de licentia nostra et communi fratrum nostrorum assensu dignoscitur esse factum ratum habentes, eorum arbitrium, sicut est sine pravitate prolatum et ab utraque parte sponte receptum, auctoritate apostolica confirmamus et præsentis scripti pagina communimus. Nulli ergo, etc.

Datum, *ut supra.*

XXXVI.

BITURICENSI ARCHIEPISCOPO (122), EPISCOPO NIVERNENSI (123), ET ABBATI CLUNIACENSI (124).

Quomodo procedendum sit adversus suspectos de hæresi (125)

(Laterani, IV Idus Maii.)

Accedentes nuper ad apostolicam sedem quidam burgenses de Charitate, contra venerabilem fratrem nostrum, Altissiodorensem episcopum (126), querimoniam intenderunt, asserentes quod, cum olim idem episcopus in eos tanquam suspectos de hæresi excommunicationis sententiam promulgasset, ipsi tandem ad dilecti filii nostri P. (127) tituli Sancti Marcelli presbyteri cardinalis, tunc apostolicæ sedis legati, præsentiam accedentes, juraverunt se mandatis Ecclesiæ parituros. Unde cardinalis ipse, in consilio apud Divionem habito, præsentibus multis archiepiscopis et episcopis, eos tam ab excommunicatione quam infamia prorsus absolvit et pœnitentiam eis competentem injunxit, quam ipsi postmodum humiliter compleverunt. Cumque, sicut eis injunctum fuerat, ad nostram præsentiam accessissent, de processu negotii per cardinalem eumdem redditi certiores, pro ipsis venerabilibus fratribus nostris (128), Eduensi (129) et bonæ memoriæ Matisconensi (130), episcopis, et tibi, fili ab-

---

(117) Indicata apud Raynaldum, an. 1202, § 7.
(118) Vide notas ad epistolam 31;
(119) Vid. lib. III, epist. 58 not.; epist. 11, not.
(120) Vid. lib. V, epist. 31, not.
(121) Vid. lib. III, epist. 15, not.
(122) De Bituricensi archiepiscopo vide lib. III, epist. 43, not.
(123) De Nivernensi episcopo vide lib. V, epist. XI.
(124) Abbas Cluniacensis, cui hæc dirigitur epistola, erat Hugo V, qui ex abbate Radingensi evasit Cluniacensis anno 1199, suo consentiente decessore (Hugone IV, *de Clermont*) in extremis posito. E vivis excessit, de suo monasterio bene meritus, anno 1207. *Gall. Christ.* t. IV, col. 1144.
(125) Super argumento, de quo hic agitur, confer. lib. I, epist. 63 et 99, et lib. X, epist. 206.
(126) Lib. III, epist. 20 not.
(127) Lib. III, epist. 20 not.

(128) In apographo Conti additur, *Cabilonensi*.
(129) Galterius II, qui et Gauthierus et Gautierus nuncupatur, electus est episcopus Æduensis anno 1189, ac magna cum pietate 33 annis pedum tenuit. Obiit anno 1222, Kal. Maii *Gall. Christ.* t. IV, col. 397.
(130) Erat is; Raynaldus (*de Vergy*), antiqua et nobili in comitatu Matisconensi stirpe natus, qui et Reginaldus et Renaudus. Parentes habuit Guidonem Vergeii dominum et Adelaidem de Bellomonte. Ex præcentore Matisconensis Ecclesiæ, ad eamdem gubernandam electus anno circiter 1186, eam usque ad annum 1198 vel 1199 rexerat. Successor ei datus fuit Pontius II (*De Thoire de Villar*), ex celebri et antiqua comitum de Villariis propagine, qui electus anno 1199, annuente Innocentio PP. III, consecratus pridie Idus Januarias, anno 1200, vitæ pacatioris desiderio flagrans, relicta sede sua, in Carthusiam Montismerulæ versus annum 1217 sese

bas nostras curavimus litteras destinare, ut eos qui ad praesentiam nostram accesserant, denuntiaretis auctoritate nostra catholicos et fideles, nec permitteretis eos ab aliquo super erroris infamia propulsari, dummodo nihil de caetero contra fidem catholicam machinentur opere vel sermone. Mulieres autem quasdam de Charitate, quae pro simili causa nostro se conspectui praesentarant, et nos eis feceramus beneficium absolutionis impendi, senes quoque ac valetudinarios et mulieres, quos haec infamiae nota resperserat et propter hoc fuerant vinculo excommunicationis astricti, vestrae discretioni commisimus, ut statueretis de ipsis quod videretis secundum Deum et fidem catholicam statuendum. Verum dictus Altissiodorensis episcopus nec sic ab eorum molestatione desistens, contra eos primo ad venerabiles fratres nostros, Parisiensem, Suessionensem (131) et Silvanectensem (132) episcopos, secundo ad dilectos filios decanum Parisiensem (133), magistrum scholarum Aurelianensium et magistrum P. Werel, litteras impetravit. Cum autem secundi judices, attendentes quod per litteras directas ad ipsos primae non fuerant litterae revocatae, burgenses ipsos a jurisdictione sua penitus absolvissent, intelligentes burgenses ipsi quod idem episcopus malitiose ageret contra eos, cum, ut gravaret famam eorum, ad diversos judices litteras impetraret, ne causam prosequeretur postmodum coram ipsis, ad nostram audientiam appellarunt. Superveniens autem supradictus episcopus proposuit ex adverso quod cum olim praedicti burgenses super haeretica pravitate fuissent mala fama respersi nec ipsius se voluissent conspectui praesentare, qui propter hanc causam frequenter ad villam eorum de Charitate cum multis viris religiosis accessit, in eos excommunicationis sententiam promulgavit; tandem vero ad villam eamdem, propter hoc, bonae memoriae Senonensem archiepiscopum (134) cum quibusdam suffraganeis ejus adduxit; sed burgenses ipsi eorum praescientes adventum, se tunc temporis absentarunt. Archiepiscopus autem cum diem eis apud Altissiodorum assignasset, nec ipsi voluissent in ejus praesentia comparere, testes contra ipsos recepit et eos tandem tanquam haereticos condemnavit. Et licet in concilio apud Divionem habito a legato dicti burgenses curaverint comparere, in eo tamen non de condemnatione ipsorum, sed excommunicatione solummodo fuit actum. Praeterea burgenses ipsi injunctam sibi poenitentiam non servarunt, sed factus est potius novissimus error priore deterior, cum participare postmodum haereticis contra sacramentum proprium praesumpsissent. Unde cum ipsi burgenses in absolutione sua se tanquam haereticos et publicanos petierint evitari, si mandatis Ecclesiae non parerent [et injunctam sibi poenitentiam non servarent, excommunicari meruerant et ab omnibus evitari. Licet autem dicti burgenses proposuerint assertive, quod nec prius nec postea participassent haereticis, sicut objectum fuerat ex adverso, tandem confessi fuerunt, quod quidam eorum, priusquam legati se conspectui praesentassent, participarant eisdem, sed postmodum ab eorum communione curarunt penitus abstinere, injunctam sibi poenitentiam adimplentes. Verum episcopus cum instantia postulabat ut vel ipsi articulos in quibus erraverunt se fatentes errasse, proponerent in communi, vel testes reciperentur quos ipse produceret ex adverso. Cum igitur tanto in his sit sollicitius procedendum, quanto sine fidei fundamento, quod superaedificatur minus, imo nequaquam poterit praevalere, quia sine fide impossibile est placere Deo, discretioni vestrae per apostolica scripta mandamus atque praecipimus quatenus, nisi dicti burgenses publice ac distincte suum confiteantur errorem et profiteantur catholicae fidei veritatem et juxta vestrae discretionis arbitrium sufficientem cautionem praestiterint, et satisfactionem exhibuerint, competentem testes quos idem episcopus vel alius super haeretica pravitate, haereticorum communione, vel poenitentia non servata vel aliis ad ipsum negotium pertinentibus duxerit producendos recipere procuretis. Et, si vobis de aliquo constiterit praedictorum, vel alio quod ad damnationem eorum sufficiat, ipsos in priorem sententiam reducatis et tanquam ethnicos et publicanos mandetis ab omnibus evitari; commonentes attentius et efficaciter inducentes principem saecularem, ut ex quo nos quod ad officium nostrum pertinet fuerimus executi, ipse quod ad eum pertinet exsequatur, attentius provisuri, ut, si fidem diligitis, mandatum nostrum fideliter impleatis. Quod si non omnes, etc. duo, etc.

Datum Laterani, IV Id. Maii.

XXXVII.

JOVINO, MAGISTRO SCHOLARUM AURELIANENSIUM.
De electione prioris Graciacensis.
(Laterani, Idib. Maii.)

Ecclesia Sancti Austregisili Graciacensis suo viduata priore et votis fratrum ipsius super electione facienda discordantibus invicem, tandem appellatione facta, partes ad nostram praesentiam acces-

---

inclusit ibique animam exhalavit religione et sanctimonia clarus, anno 1220, vel 1221. *Gall. Christ.* t. IV, col. 1074.

(131) De his duobus episcopis dictum est supra.
(132) Gaufridus II, si Dubleto fides (*Antiq. S. Dionys.* p. 259.), ex monacho et thesaurario S. Dionysii, ob insignem doctrinam et pietatem singularem electus fuit episcopus Silvanectensis versus annum 1185. Anno 1213 episcopale abdicavit onus, studio secedendi ab monasterium Carolliloci, ut videre est apud Nangium, Albericum et Rigordum. Obiit anno 1214. *Gall. Christ.* t. X. col. 1405.
(133) Decanus Parisiensis, tunc temporis, erat Hugo I Clementis filius, ex Hersinde, Robertis Clementis toparchae de Mées-le-Maréchal in pago Vastinensi, qui sub Philippo Augusto praecipuus fuit regni administer. Electus circa annum 1195, obiit 7 Januarii 1217. *Gall. Christ.* t. VII, col. 198.
(134) De isto Senonensi archiepiscopo vide supra, lib. III, epist. 20. not.

serunt, quibus dilectum filium L. (135), tituli Sancta Crucis presbyterum cardinalem, dedimus auditorem; in cujus præsentia dilectus filius magister P. de Vico, qui se a majori et saniori parte asserebat electum, taliter proponebat, quod de consuetudine Ecclesiæ Graciacensis existit ut, cum eam priore carere contingit, fratres ejusdem Ecclesiæ tres de canonicis Ecclesiæ Sancti Austregisili Bituricensis, quam tanquam matricem habent Ecclesiam et majorem, eligere ac nominare tenentur, decanus vero et capitulum ipsius majoris Ecclesiæ unum ex tribus nominatis, quem tamen voluerint, eis in priorem assignant. Accidit ergo quod, priore Ecclesiæ supradictæ defuncto, canonici ejus cœperunt de substituendo priore tractare, et cum omnes fere in ipsum magistrum P. canonicum majoris Ecclesiæ, convenirent, decanus (136) suus, qui ex familiari odio prosequebatur eumdem, cœpit multis modis laborare qualiter posset impedire promotionem ipsius, quosdam ex canonicis minoris Ecclesiæ precibus, quosdam minis studens revocare a proposito jam concepto. Sed major pars per ipsum magistrum suæ prævidens utilitatem profuturam Ecclesiæ, in suo constanter perseveravit proposito, et ipsum magistrum, convocatis his qui vocandi erant, secundum consuetudinem minoris Ecclesiæ in priorem unanimiter nominavit, et nominatione illa majoris Ecclesiæ capitulo præsentata, pars major ipsi nominationi favorem præbuit pariter et assensum, sicut idem magister per decreta, utriusque canonicorum Ecclesiæ subscriptionibus insignita, evidenti nitebatur argumento probare; et licet quidam malitiose ab illorum voluntatibus dissentirent, nil tamen rationabile prodebant, quare illius contrafacere nominationi deberent. Unde cum majoris partis haberet assensum, electio ejus stare debebat, etiam non obstante contradictione paucorum. Propter quod idem magister electionem suam confirmari petebat, multas ad hoc rationes et allegationes inducens. Dilectus vero filius A. prædictæ majoris Ecclesiæ canonicus, quantum ad consuetudinem minoris Ecclesiæ ac majoris, ejusdem magistri narrationi concordans, taliter proponebat e contra quod, cum minoris Ecclesiæ priore defuncto, fratres ipsius super electione seu nominatione tractaturi prioris in capitulo sæpius convenissent, quidam eorum ad eligendum vel nominandum priorem nullatenus voluerunt procedere cum effectu. Verum cum jam ventum esset ad circa finem sex mensium, qui electioni faciendæ a Lateranensi concilio præfiguntur et canonici minoris Ecclesiæ viderent tempus effluere, ne jus suum ad majorem Ecclesiam transferretur, tandem in capitulo convenerunt; cumque diutius super electione tractassent, quidam eorum, quinque videlicet, in ipsum A. et duos alios canonicos Ecclesiæ convenere majoris, præsentibus aliis nec contradicentibus, uno tantum excepto, qui ex nostra et diœcesani sui parte prohibuit ne aliqua, nisi de communi consensu, electio seu nominatio fieret. Prædicti vero quinque se ac sua et electionem suam protectioni sedis apostolicæ supponentes, sub appellationis emissione terminum præfixerunt, quo appellationem prosequerentur emissam. Quo facto, tam ipsi quam alii qui præsentes erant, nec contradixerant electioni eorum, a capitulo recessere; ipsi vero quinque electionem suam decano et capitulo majoris Ecclesiæ, ad quos electionis approbatio vel reprobatio pertinebat, unanimiter præsentantes, unum ex tribus nominatis sibi conferri, et in priorem præfici postularunt, appellationem quam fecerant innovantes, ne quis contra electionem eorum præsumeret aliquid attentare; sed ille solus qui, sicut superius est expressum, inhibuit ne aliqua electio seu nominatio fieret, nisi de communi consensu, prohibuit iterato ne illorum approbaretur electio et adjecit tunc primo, quod secum in hac prohibitione consortes habebat, illos videlicet qui ad electionem seu nominationem trium voluntates suas exprimere nec electioni contradicere voluerunt. Ad quorum inquirendas diligentius voluntates, decanus et capitulum utrique parti jus suum illæsum conservare volentes, diem illis assignare curarunt, ad quem communiter accedentes, si scirent, contra electionem impedimentum canonicum allegarent. Qui convenientes ad diem, cum quinque qui, sicut superius enarratur, elegerant, electionis suæ confirmationem ab ipsis decano et capitulo cum instantia postularent, et pars esset altera requisita si quid vellet contra electionem prædictam objicere, prædictus magister P. inhibuit ne ibi super electione inquireretur ulterius aut etiam tractaretur, et appellationem ad sedem apostolicam interponens, se protectioni nostræ ac suos supposuit electores, tunc primo dicens quinque in ipsum de canonicis minoris Ecclesiæ consensisse. Unde idem A. electionem ipsius magistri, cum secundum consuetudinem Ecclesiæ facta non fuerit, tanquam nullam requirebat haberi et suæ tanquam canonicæ nostrum impendi favorem. Verum prædictus magister ejusdem A. narrationem asserebat destitui veritate, cum post prohibitionem et appellationem ad nos legitime interpositam tractatus ille quo se dicit cum aliis nominatum, die non

---

(135) Vide supra, lib. v, epist. 5. not. Verum, ex hac, de qua nunc agimus, epistola 38, inferendum videtur cardinalem istum, hoc ipso anno 1202, non autem anno 1205, prout in epistola 5, ex Oldoino, diximus, titulum mutavisse.

(136) De decanis majoris Ecclesiæ Bituricensis, circa hoc tempus, hæc tantum reperiuntur in Gallia Christiana. T. II. col. 112. « XIV. Adamus Braons, « an. 1198, in charta Calloviensis monasterii, et « an. 1200.
« XV. Archambaldus, anno 1202. Inscribitur « chartario archiepiscopali et in variis actis; ab « anno 1207 ad 1221. De eo vide in S. Guillelmo « ad annum 1207. »

assignata, prout moris est, ad eligendum fuerit celebratus et illa qualiscunque nominatio ratione multiplici reprobanda, facta tantummodo fuerit a duobus, cum unus illorum qui nominationem de illo fecerunt R. de Burgonovo videlicet, prius præbendam suam spontanee resignarit, unde vocem habere non potuit nominandi. Cum igitur hæc et alia multa fuissent ab utraque parte in ejusdem cardinalis præsentia recitata et ipse nobis ea fideliter retulisset, quia nobis plene non potuit de veritate constare, discretioni tuæ, de utriusque partis assensu, per apostolica scripta mandamus quatenus de utriusque nominatione diligenter inquiras, et si neutram earum canonicam et de persona idonea celebratam fuisse cognoveris, capitulo (137) minoris Ecclesiæ apostolica auctoritate injungas, ut infra quindecim dies ad nominationem canonicam de persona idonea faciendam procedant, eam capitulo majoris Ecclesiæ, sicut est de consuetudine, præsentantes, qui eam, nonobstante decani sui absentia, cum Bononiæ morari dicatur, auctoritate nostra (138), [*sublato appellationis impedimento, confirment; aut tu, eis forsan nolentibus confirmare, confirmes. Si vero capitulum minoris Ecclesiæ non potuerit, sive noluerit ad nominationem habere processum, aut talem fecerit quæ merito debeat reprobari, tu, auctoritate nostra*] suffultus, nullius contradictione vel appellatione obstante, eis in priorem de persona idonea providere non tardes. Contradictores, etc. Testes, etc. nullis litteris obstantibus, si quæ apparuerint præter assensum partium, etc.

Datum Laterani, Idibus Maii.

XXXVIII (139).

ARCHIEPISCOPIS, EPISCOPIS, ET ALIIS ECCLESIARUM PRÆLATIS, COMITIBUS, BARONIBUS, CIVIBUS, ET ALIIS PER REGNUM SICILIÆ CONSTITUTIS.

De causa Walteri Brenensis (140).

(Laterani.)

Opera testimonium perhibent veritati et nostri animi puritatem actionis sinceritas manifestat, quæ abscondita cordium publicat et consilia etiam occulta revelat. Nostis etenim omnes et singuli, qualiter pro charissimi in Christo filii nostri, Siciliæ regis illustris, honore ac regni quiete, nec personis fratrum et consanguineorum nostrorum pepercerimus hactenus, nec onera vitarimus expensarum, sed regni necessitatibus in rebus subvenerimus et personis, opponentes nos murum pro eo ascendentibus ex adverso et tam intra regnum quam extra iniquorum consiliis obviantes. Nec fuit labor noster inanis, sed in tantum profecimus, Domino faciente, quod hodie plene fuisset regno tranquillitas restituta, nisi hostem dejectum familiaris inimicus erigere præsumpsisset et in gremio regis fovere serpentem et in domini sui excidium servum furentem armare. Cum autem dilectus filius, nobilis vir Walterus, comes Brenensis, ad nostram præsentiam accessisset, verentes ne regis et regni hostibus adhæreret, fieretque novissimus error pejor priore, si non posset in jure suo favorem apostolicum obtinere, memores ejus quod legitur, *Arma tenenti omnia dat qui justa negat*, recognovimus ipsi jus suum et eum ad regis obsequium duximus admittendum; ne, si aliter ageremus, videremur obviare justitiæ veritatique resistere. Est enim in partibus vestris notorium et fere omnibus manifestum, qualiter H. quondam imperator, cum W. filius inclytæ recordationis regis Tancredi ipsi se reddidit, ei et hæredibus ejus principatum Tarenti et Litii concesserit comitatum. Nostis autem, quod idem W. et sorores ipsius in nullo penitus deliquerunt, per quod deberent facta sibi concessione privari, cum ætatis beneficio excusentur. [Recepimus ergo ab eodem comite super crucem et Evangelia publice juramentum, quod nec per se nec per alium quidquam contra personam vel coronam regiam attentabit, sed potius hostes regis et regni, nominatim autem Marcowaldum, Diubuldum et fratrem ipsius Oddonem de Laviana et ejus germanum viriliter impugnabit. Quod ipse fideliter exsecutus, bis, concedente Domino, mirabiliter obtinuit de Diubuldo triumphum, et prostratis multis ex fautoribus ejus, Oddonem de Laviana et Sa. Diubuldi germanum, cum quibusdam aliis adhuc detinet vinculis alligatos. Volentes igitur per eum regi et regno plenius subvenire, ipsum contra Marcowaldum in Siciliam destinamus, sperantes in Domino quod desideratam de ipso victoriam citius assequetur. Licet autem usque adeo in obsequio regis et regni jam eluceat fides ejus, ut de puritate intentionis ipsius nullus penitus debeat dubitare, ut tamen omnis penitus suspicio sopiatur, dilectum filium R. (141) tituli Sanctorum Marcellini et Petri pre-

---

(137) Post hanc vocem hæc leguntur in Apographo Conti: *Majoris Ecclesiæ repræsentes, confirmandam ab illis, sicut ad eos de jure noscitur pertinere. Quam si ipsi non duxerint confirmandam, tu eam, nihilominus, confirmare procures. Alioquin, utraque cassata, capitulo.*

(138) Quæ hic uncis inclusa sunt, in Apographo Conti desunt.

(139) Primum indicata a Raynaldo, anno 1201, § 40, deinde relata, sed non integra, apud eumdem Raynaldum, an. 1202, § 1. Quæ illic leguntur, hic uncis inclusa sunt. Videnda etiam Gesta Innoc. cap. 25 et 33.

(140) De argumento epistolæ hujus vide Gesta Innocentii, cap. 25.

(141) Don Rofredus seu Rofridus, de Insula, Campanus, patria Arpinas, monachus et abbas quinquagesimus secundus Casinensis, a Cœlestino PP. III, anno 1191, in prima, ex Ciaconio, vel, ex Panvinio, post annum 1193, in tertia creatione, tituli SS. Marcellini et Petri presbyter cardinalis renuntiatus est : vir ingentis piane consilii et admirandæ sapientiæ ac fortitudinis; adeo Henrico imperatori acceptus, ut ab eo sancitum fuerit ne principes viri per Italiam, quicunque ipsum quoquo pacto læsissent, de reditu in gratiam tentarent vel sperarent, nisi Rofredo deprecatore apud eum niterentur. Legatione functus est in regno Siciliæ cum Jacobo co-

PATROL. CCXIV.

sbyterum cardinalem, apostolicæ sedis legatum, et nobilem virum Jacobum, consobrinum et marescalcum nostrum, in Siciliam duximus dirigendos, concessa eis plenaria potestate ut gerant in illis partibus vices nostras et personam regiam, si de Marcowaldi manu fuerit liberata, faciant per familiares regios fideliter custodiri. Comiti etiam dedimus in mandatis, ut procedat juxta dispositionem eorum, et ipsorum statutis humiliter acquiescat. Speramus enim quod marescalcus ipse, sicut olim strenue contra Marcowaldum se habuit, sic nunc etiam prudenter et discrete procedet et regiam in omnibus tuebitur dignitatem. Monemus igitur universitatem vestram et exhortamur attentius, et per apostolica scripta præcipiendo mandamus quatenus marescalcum ipsum, sicut personam nostram, recipientes hilariter et honorifice pertractantes, ei et legato prædicto sicut nobis humiliter intendatis et eum eis pariter, et, ad mandatum eorum contra excommunicatum et perfidum Marcowaldum assistatis comiti memorato viriliter et potenter : mandatum apostolicum taliter impleturi, quod in hoc appareat plenius fides vestra et constantia vestra fiat omnibus manifesta ; scituri quod honorem eidem marescalco impensum reputabimus nobismetipsis exhibitum, et pro eo vobis et vestris curabimus, dante Domino, magnifice respondere. Si quis autem, quod non credimus, eum inhonorare præsumeret, præsumptionem ejus, tanquam in nostram et regiam injuriam redundantem curaremus graviter vindicare.

Datum Laterani.

XXXIX. (142)

p. (143) episcopo, in archiepiscopum panormitanum electo, regio familiari, etc.

Ut Walterum Brenensem adjuvet.

(Datum.....)

Non potest facere filius nisi quod patrem videbit facientem, nec arbor bona faciet fructus malos. Sane bonæ memoriæ Walterus (144), Panormitanus archiepiscopus, qui te sibi adoptavit in filium, qui et parvulo prius lac potum tribuit et non escam, et crescenti scientiæ panem fregit, et majori tandem cibum solidum ministravit, ut in te mortuus quoque viveret et suam imaginem expressius figuraret, in corde docili mores proprios digito suo scripsit et sic sigillo suo ceram adhuc rudem impressit, ut adhuc etiam eum recte intuentibus repræsentet. Noverat etenim tanquam doctus, quia *quod nova testa capit,*

---

mite, consobrino et marescalco Innocentii PP. III, magistro justitiario et capitaneo Apuliæ Terræque Laboris. E vivis ereptus est anno 1208 vel 1209 vel 1212 ; male enim de hoc inter se concordant Aubery, Marcus Antonius Scipio et Ciaconius. Oldoin. *ad Ciacon.* t. I, col. 1160.

(142) Indicata apud Raynaldum, anno 1202, § 2, ubi ad *Petrum episcopum, regium familiarem ac Panormitanum archiepiscopum,* directa dicitur ; edita apud Rocchum Pirrum (*Sicil. sacr.* t. I, p. 140).

(143) Apud Baluzium, *B.*, apud Raynaldum vero, ut jam diximus, *Petro* directa legitur, male utrobique ; archiepiscopo enim Panormitano electo, ad quem hic scribit Innocentius, nomen erat *Parisius*, si fides Roccho Pirro qui, vulgata pontificis Epistola, Parisii nomen expressit, fretus auctoritate duorum Friderici Siciliæ regis, postmodum imperatoris eo nomine II, diplomatum in gratiam *Parisii Panormitani* adhuc *electi*, quorum unum *anno Domini Incarn.* 1210, *mense Januario,* xiv *ind. regni vero domini Friderici, Dei gratia gloriosissimi regis Siciliæ, dusis Apuliæ et principis Capuæ, anno* 13 datum, alterum vero *anno* 1211, *mense Octobri,* etc. Successerat Parisius Gualterio III, de Polena seu de Paleariis, magno Siciliæ cancellario, quem ex episcopo Trojanensi Cencius, tituli S. Laurentii in Lucina presbyter cardinalis, ad Panormitanam sedem anno 1200 (post Bartholomæi, Gualterii decessoris, obitum) evexerat. Gualterii translationem ægre tulit pontifex, qui faciendam capitulo Panormitano electionem demandaverat suumque animi dolorem acribus ipsi Cencio litteris significavit, quas inter Decretales Innocentii, lib. I, tit. 30, *de officio legati,* cap. 3 et 4, videre est, sed mutilas ; integras vero apud Rocchum Pirrum, qui et illas ipse ex Antonio Augustino, episcopo Ilerdensi (*Antiq. Collect. Decret.* tit. 8, *de officio legati,* c. *Nisi specialis*) depromptas refert. Displicuerat præsertim pontifici, quod, antequam a se postulatio Gualterii admissa et pallium concessum ipsi fuisset, archiepiscopi nomen ille assumpsisset et tam in spiritualibus quam in temporalibus ministrasset. Cencium autem rei gestæ pœnitere cœpit ; ut vero a se culpam demoliretur, jure pontificiæ legationis id fieri utcunque potuisse allegabat, ac demum, ne honoris jacturam pateretur, Innocentium orabat uti ex Gualterii translationis auctor ipse fieret. Rescripsit pontifex eas litteras quas in collectione Baluziana reperire non est, sed quæ exstant inter Decretales, lib. I, tit. 8, *de auctoritate et usu pallii,* cap. 5 ; pro legati tamen reverentia, concessit ut Gualterius Panormitanæ Ecclesiæ procurationem tam in spiritualibus quam in temporalibus gereret, sic tamen ut se, sicut prius, Trojanum episcopum appellaret et, si vellet, Panormitanæ Ecclesiæ procuratorem vel ministrum. Haud multo post, dedignante hujusmodi gratiam Gualterio, Catanensi Ecclesiæ ipsum, post obitum vel abdicationem Rogerii episcopi, præesse voluit ; Panormitanæ vero metropoli Parisium, quem sedisse usque ad annum saltem 1211, ex instrumentis jam laudatis compertum est. Vide *Gesta Innocentii,* § 19 ; Roc. Pir. *Sicil. sacr.* t. I, p. 136, et t. II, p. 32. Fatendum tamen est Raynaldo Panormitanum electum, de quo agitur, Petrum vocanti concinere auctorem Gestorum Innocentii, qui (cap. 56, circa finem) Præsulem, Panormitanæ Ecclesiæ in locum Gualterii de Polena electum, Petrum diserte nominat et eumdem Mazariensem quondam episcopum fuisse tradit. Verum in tota Mazariensium episcoporum serie nullus nec Parisius nec Petrus comparet, nullus quoque Mazariensis antistes qui ex illa episcopali ad metropolitanam Panormi sedem translatus fuerit. Utcunque est, potior nobis videtur instrumentorum auctoritas quæ Pirro aperte favet.

(144) Qui vocatur hic, *bonæ memoriæ Walterus,* erat Gualterius alter, Panormitanus archiepiscopus II, natione Anglus, qui Panormitanenses adeptus infulas, anno 1169, eas 25 circiter annos tenuit, et anno circiter 1194 ad cœlum evolavit. Vir a Gualterio de Polena, de quo fusius in nota superiori egimus, nimium diversus ; morum probitate, multiplici eruditione et in omni litteratura plurimum commendatus. Vide Ptiseum, tom. I, *de rebus Anglicis, ætat.* 12, *de illustribus Angliæ scriptoribus*; et *Sicil. sacr.* t. I, p. 121.

inveterata sapit; et ideo, ne acesceret quod vasi quis infunderet non sincero, vas tui pectoris adhuc crescens non permisit nisi redolenti incerniari [*sic*] liquore, nec massam terrenam passus est malitiæ aut nequitiæ corrumpi fermento, et immunem eam ab omni contagio conservavit. In bonam quoque olivam plantam inseruit, quam plantavit, ut fierent tandem filii tui sicut novellæ olivarum in circuitu mensæ tuæ, ac tu Romanam Ecclesiam, sine cujus rore non poteras roborari, non impinguares oleo peccatoris, sed exsultationis oleo irrigares, et ei tam multitudinem quam plenitudinem tuorum fructuum devoveres. Nunc ergo sicut in moribus, sic etiam in cathedra succedens eidem, in devotione sedis apostolicæ ipsius te demonstrans hæredem, eligens non solum persecutionem pati propter justitiam, sed malens etiam pro Ecclesiæ Romanæ reverentia exsulare, quam habitare in tabernaculis peccatorum; verum quoniam diligentibus Deum omnia cooperantur in bonum, in tribulatione amplius dilataris, et sicut aromata melius flagrant, sic plures currunt in odorem unguentorum tuorum, dum æstus persecutionis ea in te cogit amplius æstuare. Oleum enim effusum nomen tuum. Ecce siquidem usque adeo fecit tecum Dominus in tentatione proventum, ut non solum familiares et domestici te sequantur, sed illi etiam qui sunt foris, eloquentiæ tuæ dulcedine, ab eo qui ad illos foras exierat recedentes, ad commonitionem tuam, ad mandatum nostrum humiliter redierint, et devote a nobis consolationis remedium et salutis angelum exspectantes. Factum est autem, Domino concedente, ut in litterarum tuarum susceptione, dilectus filius, nobilis vir Walterus, comes Brenensis, apud nos præsens existeret et tam litterarum ipsarum tenorem quam nostram intelligeret plenius voluntatem. Ei ergo sub quanta potuimus districtione mandavimus ut, postpositis sollicitudinibus aliis, ad iter protinus se accingat et in Siciliam in regis et regni subsidium transfretare festinet. Ipse autem mandatum apostolicum, licet videretur initio nimis grave, ut, dimissis propriis, aliena negotia procuraret, humiliter tamen et devote recepit et se promisit illud celeriter et hilariter impleturum. Monemus igitur fraternitatem tuam et exhortamur in Domino, et per apostolica tibi scripta mandamus quatenus de auxilio Dei et ejusdem comitis adventu securus, in incœptæ devotionis fidelitate persistas; quoniam in proximo desideratum diutius regis et regni salutare videbis, quod Dominus, pro illorum salute qui de ipsius m.seratione confidunt, misericorditer et mirabiliter præparavit. Tu autem de plenitudine gratiæ nostræ securus, nec movearis in aliquo nec turberis, nec qualibet occasione præsumas, ut quod per nos laudabiliter est incœptum velimus relinquere inexpletum. Scribimus autem Saracenis, prout eis scribi per tuas litteras postulasti.

Datum, etc.

XL (145).

AUTISSIODORENSI EPISCOPO (146).

Quid clericorum nomine intelligantur et qui censeatur decedere intestati.

(Laterani.)

[Cum tibi de benignitate sedis apostolicæ sit indultum quod ordinatio rerum clericorum ab intestato decedentium libere in tua potestate ac dispositione permaneat, *volens omnem materiam scandali removere, quod aliquando inter te et tuos canonicos est subortum super duobus* (147) nos consulere studuisti (148).] Primo, an appellatio vocabuli clericorum tam ad canonicos quam ad non canonicos extendatur; secundo, an illi qui in dispositione et voluntate alterius suam committunt ultimam voluntatem, nil per se penitus ordinantes nec determinantes quid, cui loco vel personæ conferri debeat, dicantur decedere intestati. Primæ igitur [consultationi tuæ duximus respondendum quod appellatio clericorum non solum alios, sed etiam canonicos comprehendit (149). In secunda vero dicimus, quod qui extremam voluntatem in alterius dispositione committit, non videtur decedere intestatus (150).

Datum Laterani.

XLI (151).

EPISCOPO NOVIOMENSI (152).

Quomodo procedi oporteat cum agitur de proprietate.

(Laterani, v Kal. Junii.)

[Pastoralis officii] debitum sollicita mente prosequeris, cum justitiæ zelo successus, super dubiis juris articulis per apostolicæ sedis oraculum, a qua tuæ pendet jurisdictionis auctoritas, responsum humiliter expetis et devotus exspectas; ne forte nova opinionum varietas aut juris expositio varia novitate distincta, non juris effectum pariat, sed justitiæ potius defectum inducat. [Sane, sicut *nobis per tuas litteras* (153) intimasti, contingit aliquando ut, cum is qui se asserit spoliatum, suum trahit spoliatorem in causam, inter ipsa juris auspicia requisitus quo malit experiri judicio, litem proprietatis

---

(145) Relata vel potius, tantummodo indicata in Decretalibus, primum, lib. III, tit. 26, *De testamentis et ultimis voluntatibus*, cap. 13; deinde, lib. V, tit. 40, *De verborum significatione*, cap. 17. Quæ illic leguntur, hic uncis inclusa sunt.
(146) Vid. lib. III, epist. 20, not.
(147) Hæc desunt in Decretal.
(148) Hæc exstant libro V Decretalium, loc. cit.
(149) Hæc etiam eodem libro V, loc. cit.
(150) Hæc ultima exstant libro III, loc. cit.
(151) Relata, sed non integra, in Decretalibus, lib. II tit. 12, *De causa possessionis et proprietatis*

cap. 5. Quæ illic leguntur, hic uncis inclusa sunt.
(152) Erat is, Stephanus I, Gualtero *de Villebeon*, Franciæ camerario et Avelina domina Nemorosii natus. Factus est episcopus anno saltem 1188; anno 1193 in Daniam profectus est oratum regem Canutum III, nomine Philippi Augusti, Francorum regis, ut Ingeburgem sororem illi collocaret conjugem, quod obtinuit. Obiit anno 1221. *Gall. Christ.* t. IX, col. 1005.
(153) Hæc in Decret. desunt ut infra quæ cursivo charactere notantur.

ingreditur, de illata sibi violentia nullam faciens mentionem. Cum autem *adeo* fuerit in causa processum *ut testes sint hinc inde producti*, novum judicium super possessorio nititur inchoare,] dicens, quia non videtur possessorio renuntiare judicio qui rem cœperit vindicare, cui ex adverso resistitur, quia dum querelam proprietatis sponte proposuit, præjudicium sibi fecit in quæstione possessionis, quam secundum juris ordinem prius proponi licuit et debuit terminari. Quid igitur in his statuendum sit, tua fraternitas requisivit. Nos autem consultationi tuæ taliter respondebimus, quod possessorio quidem judicio, quod de recuperanda seu adipiscenda possessione proponitur, antequam renuntiatum sit aut conclusum in proprietatis judicio primitus instituto, agi potest ab eo qui rem cœperit vindicare, cum legali sit provisione statutum, eum qui fundum vindicaverit ab eo, cum quo interdicto *Unde vi*, potuit experiri, pendente judicio interdictum posse nihilominus intentari, aliis possessoriis judiciis suo robore duraturis, quæ vindicationem dominii sui natura præcedunt. Si vero renuntiatum fuerit seu conclusum, ut jam possit proprietatis causa diffinitivæ sententiæ calculo terminari, ne lites litibus inculcentur et via possit fraudibus aperiri, causa non decisa, posessorio non erit utendum, nisi judex qui de causa cognoscit, hoc ipsum ex justa causa viderit expedire, puta cum ex perspicuis indiciis facile arguitur iniquitas invasoris et spoliato casu seu malitia probandi dominium subtraxerit facultatem. His igitur et aliis causis inspectis quæ continent æquitatem aut juste moverint animum judicantis, postquam etiam conclusum fuerit, posse agi possessorio judicio non negamus.

Datum Laterani, v Kal. Junii.

XLII (154).
CAPITULO SIPONTINO.
De dignitate et auctoritate archiepiscopi Sipontini.

(Laterani, †vιιι Kal. Junii.)

In litteris bonæ memoriæ Alexandri papæ, prædecessoris nostri, perspeximus contineri, quod olim Garganici canonici suam ad eum querimoniam detulerunt, asserentes quod, cum in privilegiis prædecessorum ipsius, Sipontinæ et Garganicæ ecclesiæ archiepiscopo scriberetur, ipse, Garganica ecclesia de privilegio suo subtracta, scripserat archiepiscopo tantum Ecclesiæ Sipontinæ. Insuper ad suggestionem vestram in privilegio ipso quædam subtrahi fecerat et quædam apponi, quæ prædecessorum ejus privilegia minime continebant. Præterea postulabant ab eo, ut, cum Sipontina et Garganica Ecclesia duæ sedes archiepiscopales existerent, in Cœna Domini chrisma confici faceret in utraque, ac ex his qui præficerentur Ecclesiæ Vestanensi pastores, unum in Sipontina et alium in Garganica præciperet consecrari. Cumque idem prædecessor noster tam Sipontinis canonicis, qui tunc erant, quam Garganicis mandavisset ut cum privilegiis prædecessorum ipsius et præsertim felicis recordationis Eugenii papæ, cui Garganici multum videbantur inniti, ejus se conspectui præsentarent, utraque partium suos propter hoc ad eum nuntios destinavit. Eis ergo in ipsius præsentia constitutis, felicis recordationis Benedicti, Paschalis et Eugenii privilegia diligenter inspexit, ex quorum tenore manifeste cognovit Ecclesiam Sipontinam tantummodo sedem archiepiscopalem existere, cum eosdem prædecessores nostros non nisi archiepiscopum ecclesiæ Sipontinæ in eisdem privilegiis nominasse constaret. Privilegium vero ejusdem Eugenii papæ abrasum et corruptum in quadam sui parte liquido deprehendit, quia cum in titulo ejusdem privilegii fuisset continuatio positum *Archiepiscopo Ecclesiæ Sipontinæ*, ultima syllaba dictionis ipsius abrasa fuerat cum præcedente vocali, duabus præcedentibus syllabis dictionis ejusdem remanentibus integris, et G. (155) litteræ superposita linea titulari, loco ejus quod abrasum fuerat, hæc dictio *Garganico* erat sub brevitate notata. Ex sequentibus etiam manifeste perpendit privilegium ipsum in prædicta tantummodo fuisse parte falsatum, cum, licet in titulo ipsius privilegii hæc dictio *Garganico* quocunque modo fuisset vitio falsitatis inserta, inferius tamen non recipiebatur sub protectione apostolicæ sedis nisi Ecclesia Sipontina, Garganica ei tanquam subdita confirmata. Inspexit quoque scriptum bonæ memoriæ Benedicti papæ, cujus tempore in ecclesia vestra sedes archiepiscopalis fuerat constituta et ex tenore ipsius quem Garganici pro se facere reputabant, comperit manifeste tantum Ecclesiam vestram archiepiscopalem sedem fuisse constitutam ab ipso, cum ipse Leonem (156), quondam Sipontinensem archiepiscopum, non in Sipontinam et Garganicam, sed in Sipontinam tantum Angeli obtentu se assereret promovisse. In privilegio quoque prædicti Paschalis reperit contineri quod ipse inter alia Vestanensem episcopatum ecclesiæ Sipontinæ concessit, de Garganica non habita mentione. In alio etiam privilegio ejusdem Paschalis habebatur expressum, quod ipse oblationes ecclesiæ beati Michaelis Alberto (157), quondam Sipontino archiepiscopo, confirmavit. Idem igitur Alexander, prædecessorum suorum exornata est. Ughell. *Ital. sacr.* t. VII, col. 1146.

---

(154) Indicata apud Raynaldum, anno 1202, § 12. Relata vero integra apud Ughellum, *Ital. sacr.* t. VII, col. 1126.

(155) Sic legitur in Apog. Conti; apud Baluz. deest littera initialis.

(156) Leo, primus Sipontinæ sedis archiepiscopus factus a Benedicto PP. IX; qui sedere cœpit anno 1034, usque ad annum 1044. Hoc itaque tempore sedes Sipontina archiepiscopali dignitate

(157) Albertus, ex monacho S. Savini de Placentia ordinis S. Benedicti, presbyter cardinalis ab Urbano II creatus anno 1097, evasit deinde archiepiscopus Sipontinus, teste Ciaconio. Obiit anno 1116. Ughell. *Ital. sacr.* t. VII, col. 1149. Notandum vero hunc Albertum inter cardinales ab Urbano PP. II creatos, apud Ciaconium, frustra requiri.

inhærens vestigiis, cum Garganici nihil penitus probavissent in privilegio ejus positum fuisse vel demptum, nisi quod supradicti Eugenii papæ privilegium continebat, tam ipsorum quam dictorum prædecessorum suorum privilegia confirmavit, statuens de consilio fratrum suorum non duas sed unam tantum archiepiscopalem sedem existere, videlicet Ecclesiam Sipontinam, et ne de cætero Sipontinus et Garganicus, sed Sipontinus archiepiscopus solummodo diceretur; chrisma quoque confici et Vestanensem electum per archiepiscopum consecrari in Ecclesia Sipontina decrevit, secuti bonæ memoriæ G. (158), archiepiscopus Sipontinus, Maragdum (159) Vestanensem electum in eadem ecclesia consecrarat. Subjunxit autem ne scriptum suum in archidiaconatu et aliis dignitatibus, si quæ olim canonice concessæ fuerant Ecclesiæ Garganicæ sæpius nominatæ, aliquod ei præjudicium generaret, et licet bonæ memoriæ Lucius papa, prædecessor noster, prædecessoris sui sententiam confirmasset, Garganici tamen sententiæ non parentes, tempore felicis recordationis Urbani papæ, prædecessoris nostri, sopitam controversiam suscitarunt, dicentes quod vos verum privilegium sæpedicti Eugenii papæ præsumpseratis infringere ac aliud falsum confingere in Ecclesiæ Garganicæ detrimentum; et ut non per vos, sed per eos videretur falsitas procurata, tres litteras ultimas hujus dictionis, *Sipontino* de privilegio falso feceratis abradi, et hanc dictionem, *Garganico*, loco earum apponi. Unde idem Urbanus bonæ memoriæ Barensi archiepiscopo (160) et Melphiensi (161) et Trojano (162) episcopis, per apostolica scripta mandavit ut a canonicis Sancti Angeli requisiti, ab his quos ipsi exprimerent nominatim, veritatem diligenter investigare curarent super privilegiis, quæ vos dicebamini vel falsasse vel incidisse in ecclesiæ Garganicæ detrimentum. Verum, quamvis archiepiscopus et episcopi memorati quamplures testes receperint productos ab eis, interveniente tamen obitu tam ejusdem Urbani quam sanctæ memoriæ Gregorii successoris ipsius et guerris in Siciliæ regno subortis, non fuit amplius tunc processum. Deinde, cum Garganici depositiones testium receptorum bonæ memoriæ Cœlestino papæ, prædecessori nostro, præsentare curassent, ipse illas recipere noluit, sed potius latam a supradicto Alexandro papa sententiam confirmavit et Garganicis super prædictis omnibus perpetuum duxit silentium imponendum. Tandem, cum partes ad nostram præsentiam accessissent, exhibitas nobis depositiones testium prædictorum fecimus publicari; sed post disceptationem longam hinc inde præmissam, vester proposuit procurator quod in personas testium ab altera parte productorum vellet opponere, ac eas objectu quorumdam criminum reprobare. Quare, nos partium parcentes laboribus et expensis, bonæ memoriæ Melphiensi (163), et venerabili fratri nostro Vigiliensi (164) episcopis dedimus in mandatis ut, cum neutra partium ante publicationem testium se velle in personas eorum excipere prædixisset, ab pastorali munere fungi potuerunt, hæc apud Ughellum, *Ital. sacr.* tom. I, col. 997:

« IV. Rodulphus in concilio Laterano, sub Alexandro PP. III, inter Romanæ provinciæ episcopos reperitur subscriptus anno 1179:

« V. Guillelmus confirmationem omnium jurium, possessionum, etc. a Cœlestino PP. III, anno 1193, obtinuit. »

(162) Episcopus ille, qui temporibus Urbani PP. III, Trojanenses infulas gerebat, erat verisimiliter Elius, *alias* Elias, de quo hæc apud Ughellum, *Ital. sacr.* t. I partis signatæ col. 237:

« VII. Elius, anno 1177, subscripsit diplomati conjugii regis Siciliæ et Joannis regis Angliæ filiæ, mense Februario, ubi Trojanus electus dicitur. »

Successor ejus immediate, ab eodem Ughello dicitur, celebris ille Gualterus de Polena de quo jam egimus, sed ibi mendum inest in nota chronica, anno 1155.

(163) Qui vocatur hic bonæ memoriæ episcopus Melphiensis erat vel Guillelmus, quem sedisse jam vidimus (*not.* 161), anno 1193, vel ipsius successor Jacobus, de quo hæc tantummodo apud Ughellum, *Ital. sacr.* t. I, col. 998:

« VI. Jacobus obiit circa annum 1202, de quo apud Innocentium III, lib. xv, epist. 113. »

(164) De hoc Vigiliensi præsule nihil dici potest, cum, post Amandum qui concilio Lateranensi sub Alexandro PP. III interfuit, nihil suppeditent monumenta Vigiliensis Ecclesiæ per viginti supra centum annorum spatia; excepta duntaxat unica mentione quam facit de Bisantio, Vigiliensi episcopo, instrumentum donationis ecclesiæ S. Margaritæ Vigiliarum, quam fecit anno 1197, Falco, Imperialis Judex Vigiliarum, qui propriis expensis eam ecclesiam condiderat. Vide Ughellum, *Ital. sacr.* t. VII, col. 1371.

(158) Tres reperiuntur Sipontini archiepiscopi quos æque initiali G. designare potuit Amanuensis. Temporibus enim PP. III, memorantur, primus Gifredus, qui et ipse Sifredus vel Sigifredus aliquando nominatur; secundus, Gerardus Veronensis, qui ex archiepiscopo Spalatrensi, ab ipso Alexandro PP. III, post decessum Gifredi, factus est Sipontinæ ecclesiæ archiepiscopus, cum administratione Ecclesiæ Spalatinæ, in eaque mortuus est circa annum 1175; tertius, Gerardus alter, qui una cum suffraganeo suo Simeone, Vestano, interfuit Lateranensi concilio sub Alexandro PP. III celebrato anno 1179. Ughellus (*Ital. sacr.* t. VII, col. 1120) de Gifredo hic agi diserte refert, ex synchronismo quidem Maragdi episcopi Vestanensis. Sed an certo satis fultus argumento, nescimus. Vid. not. seq.

(159) De Maragdo Vestanensi episcopo, nihil aliud, præter testimonium in hacce Innocentii epistola exhibitum reperiri potest. Eum distinguendum putat Ughellus (*Ital. sacr.* t. VII, col. 1179) ab altero ejusdem Ecclesiæ Præsule N. qui de Simonia convictus et ab Alexandro PP. III, circa annum Domini 1168, depositus dicitur, ab anonymo auctore in Vita istius pontificis, quæ ms. in bibliotheca Aniciana B. M. abbatis Constantini Cajetani, tempore ipsius Ughelli, asservabatur. Sed, pace ejus dixerim, nihil obstat quo minus de ipso Maragdo apud istum auctorem agatur.

(160) Vocabatur iste Raynaldus, qui ex monacho Cassinensi primum episcopus Cajetanus, deinde Barensis archiepiscopus, ab Alexandro PP. III, anno 1171, renuntiatus est. Vixit secunda integritatis fama, annos 16, menses 11; versari desiit inter mortales, die 4 Februarii, anno 1188. Ughell. *Ital sacr.* t. VII, col. 880.

(161) De episcopis Melphiensibus, qui temporibus Urbani PP. III, id est annis 1185, 1186 et 1187

ipsis juramento recepto quod hoc malitiose non facerent, audirent et in scriptis redigerent, quæ super objectis criminibus pars vestra contra testes prædictos, vel pars altera contra vestros, ducerent proponenda, et ea nobis mitterent sub suarum testimonio litterarum, festum Omnium Sanctorum pro edicto peremptorio partibus assignantes, quo recepturi sententiam nostro se conspectui præsentarent; ad quod si qua partium venire contemneret, nos nihilominus procederemus in causa, quantum justitia pateretur. Mandavimus etiam eisdem episcopis, ut privilegia Paschalis, Eugenii et Alexandri, et alia communia documenta quæ Garganici requirebant, sibi facerent per censuras ecclesiasticas exhiberi et ea nobis dirigere non different. Iidem ergo episcopi, juxta mandatum apostolicum procedentes, receperunt testes ab utraque parte productos et tam depositiones eorum quam privilegia quæ ipsis fuerunt a Sipontinis exhibita, nobis sub sigillis suis dirigere procurarunt. Licet autem ad præfixum vobis terminum pars vestra non veniret, imo nec post terminum etiam diutius exspectata, quia tamen terminus ipse peremptorie vobis fuerat assignatus et absentia vestra divina præsentia supplebatur, dicta testium examinavimus diligenter et omnibus quæ utrinque proposita fuerant plenius intellectis, cognovimus manifeste, quod nihil a Garganicis fuerat sufficienter ostensum, per quod ejusdem Alexandri deberet sententia retractari. Quare ipsam de fratrum consilio in consistorio nostro per diffinitivam sententiam voce viva confirmavimus et nunc etiam auctoritate apostolica confirmamus, etc. usque communimus. Nulli, etc.

Datum Laterani, vIII Kal. Junii.

XLIII. (165.)

LITTERÆ REGIS ARMENIORUM AD D. PAPAM.

Respondet epistolis quas ad ipsum papa scripserat, quæ exstant, lib. II, epistol. 153, 155 (166).

(Sisi, 1 Octobris, an. 1201.)

Paternitatis vestræ litteras, quas per dilectum et fidelem nuntium nostrum nobis direxistis, ea qua decuit reverentia et devotione suscepimus et per earum significata pleno collegimus intellectu vos charitatis visceribus regiam majestatem nostram amplexari. Continebant etiam quod in devotione et amore apostolicæ sedis persisteremus, et in hoc semper perseverare cupimus et optamus, et testis est rerum effectus, dum de omnibus negotiis nostris ad apostolicam sedem appellamus. Misistis autem nobis per eumdem nuntium nostrum vexillum Sancti Petri in memoriam dilectionis sedis apostolicæ, quod semper ante nos portari contra inimicos crucis ad honorem sanctæ Romanæ Ecclesiæ faciemus. Nuntius vero noster nobis insinuare curavit se benigne et honorifice a beatitudine vestra esse susceptum et tractatum, et quod omnibus petitionibus nostris aures pietatis vestræ diligenter et efficaciter accommodastis; quod quidem mellifluis litteris vestris perspicue intelleximus. Super his omnibus prædictis sanctæ paternitati vestræ gratiarum actiones exsolvimus assiduas. [Precari autem et exhortari nos voluistis, ut contra conatus et violentias paganorum nos murum opponeremus ascendentibus ex adverso. Quod quidem qualiter hactenus fecerimus, vestræ, prout credimus, non exstat incognitum paternitati, atque de cætero pro lege nostra et defensione fidei Christianæ, muniti vestra gratia, fortitudinis nostræ clypeum in manu forti et brachio extento contra barbaricas nationes opponemus, quousque desideratum subsidium nobis mittatis. Mandastis nobis sæpe et sæpius (167) quod teneremus pacem Antiochiæ et comiti Tripolitano : quod amoris vestri gratia nunc usque bene observavimus. Verum nulli veniat in dubium quod, per Dei gratiam, bene non habeamus posse Antiochenorum repugnantiam et audaciam refrænare.] Quomodo autem et qualiter super adversum nos se habuerunt, sanctam paternitatem vestram latere nolumus. Miserunt nuntios suos comes Tripolitanus et Antiocheni ad Roconodinum, crucis inimicum et adversarium nostrum, et contra nos se ei alligaverunt et machinati sunt ad invicem quod Roconodinus crudelissimus ex una parte, comes Tripolitanus et Antiocheni ex altera, nos infestare non cessarent, donec a regni solio nos eliminarent. Quod cum audivimus, nostros misimus exploratores, qui tandiu insidiati sunt quoad usque ceperunt prædictos nuntios; quibus ante pedes potentiæ nostræ adductis, trementibus et verentibus, rei veritatem aperta voce nobis exposuerunt. Dehinc ad fines Antiochenorum accessimus, ibique per tres menses cum multo labore et sudore inviti plurima sustinuimus. Post hæc, quidquid voluerunt Antiocheni, non timore illorum sed precibus vestris, moleste ferentes supplevimus. Eapropter in regno nostro non modica damna incurrimus et a servitio Dei et Christianitatis nos declinare invitos oportuit. Venientibus autem desideratis legatis vestris, prævia divina potentia, in præsentia ipsorum rei certitudinem per eosdem nuntios, si vita eis comes fuerit, explicari faciemus. Ad hæc, sanctitati vestræ supplicamus ut diu exspectatum et desideratum succursum festinanter transmittatis. Magna etenim discordia inter barbaricas nationes est emersa et desæviunt crudeliter ad invicem, et si, antequam inter eos concordia fuerit reformata, subsidium miseritis, Christianitas exaltabitur; et si, quod absit, antequam veniat subsidium, inter eos concordia fuerit reformata, non erit qui

(165) Relata in Gestis Innocentii, cap. 113. Relata etiam, sed non integra, apud Raynaldum, anno 1202, §. 39. Quæ apud ipsum leguntur, hic uncis inclusa sunt.

(166) Super argumento harum et subsequentium litterarum, vide lib. II, epist. 217, 18, 19, 20, 52, 53, 54, 55, et 259.

(167) Vid. supr. lib. II, epist. 253, 259.

eorum violentiam possit cohibere, reliquiæ Christianitatis vix aut nunquam poterunt eis resistere. [Super hoc quod nobis scripsistis de negotio Rupini, dilecti nepotis nostri, quod, absente alia parte, super re incerta nec vultis nec debetis proferre judicium, hoc decet sanctitatem vestram, hoc exigit universale jus. Verum propulsati sumus non modica lætitia eo quod causam nostram in manibus legatorum vestrorum commisistis, et litteris et firmis mandatis, non in manibus personarum nobis suspectarum. Super quo sanctitati vestræ gratiarum actiones exsolvimus assiduas et omnium Conditori laudes referimus *copiosas* (168). Ad hæc piissimam paternitatem vestram exposcimus, et flexis genibus flagitamus quatenus cum legatis vestris, de quibus non modicum confidimus, venerabilem archiepiscopum Maguntinum (168*), ad succursum terræ sanctæ, futurum in eadem causa nostra judicem constituere dignemini, quia nihil est de quo nos lætificari magis possitis. Scripsistis etiam nobis quod per litteras vestras misistis comiti Tripolitano, ut de alieno jure se subtraheret : quod gratum duximus et acceptum, et vobis immensas gratiarum actiones exsolvimus. Sed sciatis nil nobis profuisse, quia insidiatur ut lupus in absconditis et non cessat nocte dieque, si quos potest, Antiochenos et pretio et precibus attrahere. Igitur sanctitatem vestram latere nolumus, quod mense Julii exercitum nostrum coadunavimus contra barbaricas nationes, quas durius cum Dei auxilio lædere sperabamus, propter discordiam inter eas emersam ; in quo negotio misimus pro Templariis morantibus in regno nostro, de possessionibus valentibus viginti millia bysantiorum, ut venirent in auxilium nostrum ad honorem Dei et defensionem Christianitatis. Qui Antiochiam usque venerunt et nos in propria persona cum gaudio et exsultatione usque ad fines Antiochiæ obviam eis eximus. Ad hæc destinavit nobis litteras magister Templi ex parte vestra directas, quas cum vidissemus, eo quo decuit honore, suscepimus. Quibus perlectis, per earum tenorem intelleximus vos nos precari, ut eis redderemus Gaston (169), et nos in momento pro magistro et quibusdam fratribus suis misimus, secundum preces vestras, causa loquendi cum eis qui ad nos venientes communicaverunt nobiscum colloquia. Post multas vero verborum nebulas, rogavimus magistrum Templi, ad supplendas preces vestras, ut ipse et dominus patriarcha Antiochenus et nos mitteremus nuntios nostros simul ad sedem apostolicam, quia per manus vestras ipsum Gaston, sopita omni occasione, Templariis reddere volebamus, et Rupinum, dilectum nepotem nostrum ad nutriendum et custodiendum bona fide et sine malo ingenio in ipso castello eis tradere cupiebamus, et ut deberent semper esse auxiliantes prædicto puero ad acquirenda jura sua, in quantum dignitas ordinis sui permitteret, et ut quolibet damnum in regno nostro per ipsum castellum non contigisset, et donec nuntii nostri irent et redirent precum vestrarum obtentu, quantum valebant redditus pertinentiarum ipsius castelli in corpore terræ nostræ Templariis restituere volebamus.] Nos itaque et puer, dilectus nepos noster, hac conditione fieri confratres eorum quærebamus et ad acquirendum aliud castellum, nomine Trapesach, eis pertinens, cum omni gente nostra et viribus nostris eis similiter auxiliari volebamus. Videntes autem ipsi Templarii me tanto negotio circumventum, et scientes copiosum exercitum paganorum contra nos in bello esse coadunatum, in humilitate nostra contritum, nos exaudire contempserunt, imo conventum quem ad partes regni nostri direxerant redire mandaverunt. Et nulli veniat in dubium quod precibus quibuslibet, exceptis vestris, ad hanc formam pacis de ipso castello pervenire nequivissent. Misimus iterum eis, rogando, ut pro Dei amore in regnum nostrum venirent et ex quo non placebat eis nobiscum contra paganos exire, saltem Dei pietate regnum nostrum usque ad reditum nostrum recommendatum haberent. Qui in obstinatione sua perseverantes neque hoc neque illud facere voluerunt, imo nobis exeuntibus contra crucis inimicos, regnum nostrum luporum morsibus auctoritate sua reliquerunt. Tamen cum Dei auxilio sani et salvi redeuntes, invenimus terram nostram precibus vestris illæsam et intactam. Ex his conquerimur Deo et vobis. Nam quid inde factum sit, vestræ non exstat incognitum sanctitati. [Præterea, nos obedientiæ vinculis de cætero apostolicæ sedi esse alligatos non dubitetis. Ea propter, si placet sanctitati vestræ, cuilibet alteri Ecclesiæ Latinæ nec volumus nec debemus alligari. Hinc est quod sanctitatem vestram suppliciter flagitamus quatenus nobis litteras apertas mittere dignemini, ut non teneamur neque Latini de terra nostra, de qualibet conditione, excepta sancta Romana Ecclesia, cuilibet Ecclesiæ Latinæ, et quod non habeat potestatem nos seu Latinos de terra nostra excommunicandi vel sententiam in regno nostro proferendi super Latinos quælibet Ecclesia, excepta, ut dictum est, sede apostolica.] Præsentium, denique, latorem, dilectum et fidelem nostrum militem, nomine Garnerium Teutonem, ad pedes sanctitatis vestræ dirigimus, cui super his quæ ex parte nostra vobis dixerit, tanquam nobis ipsis credere non dubitetis.

Datum Sisi, primo die mensis Octobris.

---

(168) In Apographo Conti, *non indebitas.*
(168*) Conradum, de quo jam egimus, lib. III, epist. 4, not. et cujus mortem nondum resciverat rex Armeniæ.
(169) Vid. lib. II, epist. 259.

XLIV (170).
L. REGI ARMENIORUM ILLUSTRI.

Quod rex et regnum Armeniæ excommunicari aut interdici non possint, nisi de speciali mandato papæ.

(Laterani, Kal. Junii.)

Regiæ serenitatis devotio promeretur et sinceritas tuæ charitatis exposcit ut non solum tibi, sed etiam toti regno tuo specialem gratiam faciamus, et ob tuæ devotionis meritum totam Armenicam Ecclesiam honoremus. Tu enim præ cæteris prædecessoribus tuis, quorum exstat memoria specialius, in nostra et Ecclesiæ Romanæ devotione persistis et apostolicæ sedis primatum et magisterium recognoscens, ad eam velut ad matrem tuam humiliter et devote recurris. Propter quod ab ea debes rationabiliter honorari. Accepimus autem ex litteris quas regia nobis serenitas tua destinavit, quod, cum regnum Armeniæ obligatum sedi apostolicæ obedientiæ vinculis recognoscas, illud, sicut non debebas, ita etiam non volebas obligari cuilibet alteri Ecclesiæ Latinorum. Unde petebas tibi per litteras apostolicas indulgeri ut, præter Romanum pontificem nullus Latinus in te vel regnum tuum vel homines regni tui, sive Latinos, sive alios cujuscunque conditionis, excommunicationis aut interdicti possit sententiam promulgare. [Volentes igitur, quantum cum Deo possumus, tuæ serenitati deferre et cum honestate nostra petitiones regias exaudire, tuis precibus inclinati, auctoritate præsentium districtius inhibemus ne quis in te vel regnum tuum, aut homines regni tui, cujuscunque conditionis existant, qui mediantibus tantum ejusdem regni prælatis sedi apostolicæ sint subjecti, præter Romanum pontificem aut ejus legatum, vel de ipsius speciali mandato, districtionem ecclesiasticam audeat exercere. Nulli ergo, etc. inhibitionis, etc.]

Datum Laterani, Kal. Junii.

XLV (171).
LITTERÆ CATHOLICI ARMENIORUM (172) AD D. PAPAM.

De primatu papæ et de persecutionibus Ecclesiæ Armenicæ.

(Scripta, anno præterito 1201.)

[Post Deum, qui est caput omnium bonorum, apostolicam sedem tenenti et summo capiti totius Ecclesiæ et totius terrenæ sedis magno Christi confessori, primæ domui hospitalitatis totius populi et religionis; successori beati Petri, majoris nati post Christum principis et patris totius mundi, sedenti secundum Deum et portanti Christum in corpore suo, INNOCENTIO, Dei gratia, summo pontifici et universali papæ summæ sedis Romanæ urbis, quæ imperiali triumpho universum mundum suo subjugavit dominio, et nostro in Christo patri spirituali, tantæ civitatis gloria sublimato, GREGORIUS, minimus (172*) episcopus Catholicus omnium Armeniorum, peccator et servus fidelium Christi, omnesque archiepiscopi, episcopi, abbates, sacerdotes et clerici sub nostro regimine viventes, orationes in Domino assiduas.

Quia supra sedem dilecti discipuli Christi sedetis universæque dominamini Europæ, eo amplius vos de jure venerari debemus, et quia pater estis totius fidei Christianitatis, mandatum vestrum cum amore recepimus et posuimus super oculos et faciem nostram et referimus laudes Creatori totius mundi et benedicimus Deum Patrem nostrum, qui dignatus est in nos tantum amorem habere, ut ipse amor noster fieret,] et voluit baptizari, ut exemplo sui omnes baptizaremur et fratres in ipso fieremus. Nam, dicente eo per os Joannis evangelistæ: *Vos mei discipuli eritis, si alter alterum dilexeritis* (I Joan. IV, 12); hoc, summe pater, in vobis est, quia Deus pater principium et caput fuit novem ordinum, quod ostendit nobis per Filium suum, et mandastis salutem in eo et per ipsum nobis qui longius et prope vos sumus. Visu oculorum remoti sumus a vobis, sed lege et charitate unum quasi sumus, quia baptismus nos omnes unum fecit per regenerationem, et sumus oves unius pastoris, qui est gratiæ claritas et majestas Dei Patris omnipotentis, et omnes nos coadunavit in unum ovile, scilicet Ecclesiam Dei vivi et didicimus quod curia Christi curia est sanctitatis, et sumus obumbrati sub umbraculo cujusdam lapidis de monte abscisi sine manibus complectentium, sicut Daniel dicit; et quia in hac forma, ut dictum est, coadunati sumus, nec removemur, imo in sinu maternæ pietatis vestræ quasi in eodem sumus ovili amplexati, et in vestro paterno sinu nutriti, cupimus etiam et volumus, ut in loco herboso, aquoso et amœno, secus fontem fidei vestræ et præceptorum legis et Ecclesiæ quiescamus et nutriamur et sugamus quotidie mamillas vestras; et inebriemur lacte de pectore vestro manante, et inde producamur. Didicimus etiam ex hoc fundere sanguinem pro lege Christi, sicut Paulus apostolus Tharsis dicit, cornu aliarum legum. Verum gavisi sumus in Christo, quia audivimus a vobis legem nostram prope Romanam esse admotam, quæ est totius mundi Ecclesia catholica et sedet in capite Italiæ et Hispaniæ, et ab ea a principio habuimus legem, et nunc usque neque augmentavimus neque minuimus, imo tenemus ejus consuetudines secundum instituta præcedentium sanctorum Patrum, hæc quæ audivimus et cognovi-

---

(170) Relata in Gestis Innocentii, c.. 114. Relata, etiam, sed non integra, apud Raynaldum, anno 1202 § 40. Quæ apud ipsum leguntur, hic uncis inclusa sunt.

(171) Indicata, tantummodo, in Gestis Innocentii, cap. 115. Relata, sed non integra, apud Raynaldum, anno 1202, § 4. Quæ apud ipsum leguntur, hic uncis inclusa sunt.

(172) Gregorio VI, alias Derosæ, a Leone Armeniorum rege patriarchali sede dejecto, anno 1195, ipsi suffectus fuerat Gregorius alter, quem Armeni *Apiram* vocabant, de quo hic agitur. Vide epist. libri primi 247, et libri secundi 44. Patriarchales infulas gessit annos 7. Obiit in urbe Sis. Le Quien, ex Chron. Bar-Hebræi, Or. Christ. t. I, col. 1401.

(172*) Apogr. Conti, *minus quam*.

mus, et absit quod a sancta Romana Ecclesia removeamur usque in finem. [In Christo igitur gavisi sumus, quia mater Ecclesiarum, quæ totum orbem sua claritate irradiat, voluit catholicam Ecclesiam Armeniorum bono corde respicere et consolari. Eo namque quod ita nos respexit gaudemus in Christo. Nam oculi nostri nobis non dederunt malum exemplum, ad instruendum fratres et subjectos nostros, ut præcipitarentur, docente Christo, ne ostendamus gentibus malam consuetudinem. Nos vero qui minimi sumus, certissime scimus, et per nos tota Armenica Ecclesia novit vestrum apparentem et clarum amorem; et ideo clarius vestrum recognoscimus amorem, quia diligitis in Christo nostrum dilectum filium Leonem, triumphantem regem Armeniæ; et sic adimpletum est quod per apostolum Paulum dicitur: *Honorate alterutrum* (*Rom.* XII, 10); et Dominus dicit: *Quod tibi vis fieri, alii facias* (*Matth.* VII, 12). De cætero, Ecclesia Armeniorum per me et per populum, tam majores quam minores qui sunt in montibus et abbatiis, simul manibus elevatis, pacem a Deo exigimus et gratiarum actiones vestræ exsolvimus paternitati propter honorem quem rex noster triumphator a vobis semper recepit. Nostræ itaque parvitatis voluntas fuit et est et erit in perpetuum quod, quandiu, Deo volente, hac dignitate freti fuerimus, dilectum in Christo filium nostrum, regem, omnes barones et fideles suos sub vestro dominio stare faciemus. Hinc est quod precibus assiduis vos precamur ut non tradatis oblivioni ipsum regem nostrum vobis devotum neque orientalem plagam neque domum Dei; imo succurrite oppressis, prout Deus vobis inspiraverit, et gentibus et cæteris necessariis.] Nam preces sanctorum habent potestatem juvandi debiles. Igitur propter rumores quos evangelista pacis nobis nuntiavit, scilicet quod inter illustres reges Francorum et Anglorum sit pax reformata, gavisi sumus, sicut fuerunt sancti apostoli, veniente super eos Spiritu sancto in monte Sion, et Dominus dixit eis: *Iterum videbo vos, et gaudebit cor vestrum, et gaudium vestrum nemo tollet a vobis* (*Joan.* XVI, 22). Hoc gaudium novum, quod a sanctitate vestra audivimus, sic credimus sicut si duodecim apostoli et Dominus tredecim nobis dixissent, et sic speramus, Deo dante, per eos legis observatores ab inimicis crucis liberari nostris temporibus. Sed ab hac credentia longe sumus et morimur sicut propheta; et, si modo contigisset, sicut contigit Ezechieli, ponere signum in frontibus illorum qui suspirant propter destructionem Hierusalem, mandatum propterea vestrum, sicut nobis mandatis, adimplevimus, et omni tempore adimplebimus, verbo aperiemus portam eundi ad Christum, quam quidem nobis ostendistis et aperuistis in omni sanctitate et charitate. Unde vestra sanctitas trahet cor lapideum ab hominibus et ponet suis sanctis precibus cor carneum. Nam verbum vestrum non cadit inter spinas neque supra petram neque in loco infructuoso neque in loco ubi sub meridie volucres inveniunt semen, et comedunt illud; neque in loco ubi siccat et non affert fructum, sed in bono loco, qui deferat fructum centenum, sexagenum et trigenum. [Recepimus ex parte Dei et vestra remissionem peccatorum et idem mandatum augmentavimus, auctoritate Dei et vestra omnibus sub sacerdotio nostro constitutis, et præconium non cessamus alta voce mittere et prædicare sanitatem infirmis et remissionem peccatorum. Et Dominus dixit contrito, *Remittuntur tibi peccata* (*Joan.* II, 12), et quia credidit, recepit sanitatem. Iterum dixit ei: *Tolle grabatum tuum, et ambula* (*Joan.* V, 8), quia qui plus diligit, plus accipit; et vos qui consilium Dei scitis, hoc quod remittitis remissum est. Idem habemus mandatum, præcepto Dei et vestro, remittendi peccata omnibus qui pro lege Dei fundunt sanguinem. Nam nostra vita alligata est filiis ancillæ Abrahæ, qui crescunt sicut spinæ, nos volentes suffocare et sicut serpentes deglutire volentes et propter inflammationem suam nocte dieque non cessant mordere creaturas Christi, nec permittunt eas quietem habere, sed semper exasperant et infestant. Mane dicimus: Quando veniet vesperum? et sero: Quando veniet mane? cum dolore et anxietate nunc usque sustinuimus, nec est qui ad lætitiam nos pertrahat.] Anxietates autem et angustiæ et pruritus noster nos semper faciunt vigilare et desudare in orationibus, et non permittunt quietem habere, quandiu viderimus Christum inhonoratum et crucem Christi propositam non dubitari, Ecclesias dirui, sacerdotes servos fieri et omnia Christi mandata conculcari et vilipendi a barbaris gentibus non circumcisis sed retaliatis; et vita nostra non est nisi solummodo pœna, dolor et gemitus. Nam hoc non solum non audimus, imo quotidie videmus et in corpore portamus. Ideo, sanctitas vestra magis et magis debet orare. Audistis enim non solum Christianos ab ortu solis esse seminatos et dispersos et ligatos; imo, quod gravius est, non solum ligant nos, sed et derident. De cætero autem ponite studium vestrum contra mortem et ad portandum pondus nobiscum contra illos qui inhonorant Christum, collum supponatis. Nec moremini pro Dei pietate mittere subsidium, ne, peccatis exigentibus, nimia nostra dilatio fiat confusio; quia nostrum credere decepit nos, et patimur quotidie naufragium sine spe humani subsidii.

XLVI (173).

CATHOLICO ARMENIORUM.
Respondet superiori epistolæ.
(Dat. *ut supra*; id est, Laterani, Kal. Junii.

Quod die ac nocte in lege Domini mediteris, ex litterarum tuarum tenore cognovimus, quas variis auctoritatum floribus decorasti, de thesauro cordis tui nova et vetera proferens et hæc illis et illa istis

---

(173) Relata in Gestis Innocentii, Cap. 115. Relata, etiam, sed admodum mutila, apud Raynal-

dum, anno 1202, § 43. Quæ apud ipsum leguntur, hic uncis inclusa sunt.

doctius intermiscens, ut uberius juncti simul flosculi redolerent. Sane, licet didiceris ex verbis Apostoli, quod *omnes unum corpus sumus in Christo, singuli autem alter alterius membra (Rom.* XII, 5), et quod cunctos, quos sacri baptismatis unda regenerat, fratres facit, quoniam *unus est Pater noster qui est in cœlis (Matth.* XXIII, 9), prout in Evangelio veritas protestatur, in nobis tamen qui beato Petro successimus, Christianæ fidei magisterium recognoscis. Unde, secus fontem sanctæ fidei nostræ ac præceptorum legis et Ecclesiæ quiescere desideras et nutriri, ut sugas mamillas nostras quotidie et inebrieris lacte doctrinæ a sede apostolica emanantis. Et licet loco quidem a nobis remotus existas, fide tamen nobis gaudes tam te quam Armenicam Ecclesiam couniri, cum ex illo sitis ovili de quo Dominus in Evangelio protestatur, *alias*, inquiens, *oves habeo quæ non sunt ex hoc ovili, et illas oportet me adducere, et vocem meam audient, et fiet unum ovile et unus pastor (Joan.* x, 16). Oves enim hujus ovilis uni Dominus pastori commisit, Petro videlicet, cum inquit ad eum, *Pasce oves meas (Joan.* XXI, 17), innuens per verbum tertio repetitum, quod quicunque fidem habuerit Trinitatis, in quacunque trium orbis partium regione ac trino fidelium ordine, cum Noe, Job et Daniele, sive in lecto, sive in agro, sive in mola consistant, Petri magisterio sunt commissi. Gavisus es igitur quod mater Ecclesiarum omnium, quæ totum orbem sua irradiat claritate, catholicam Armeniorum Ecclesiam bono corde respiciens voluit consolari, in hoc illud impletum intelligens quod inquit Petro Dominus Jesus Christus : *Ego pro te rogavi, Petre, ut non deficiat fides tua ; et tu aliquando conversus confirma fratres tuos (Luc.* XXII, 32). Asseris quoque quod ab Ecclesia Romana fidem ab initio Armenica suscepit Ecclesia quam tu et coepiscopi tui et grex tibi et ipsis commissus, non minuistis in aliquo nec auxistis, sed sicut accepistis, sic usque hodie inviolabiliter observatis, ejus tenentes consuetudines secundum sanctorum Patrum præcedentium instituta. [Nos igitur qui diligere debemus proximos ut nos ipsos, de tuæ fidei puritate gaudemus in Christo et te, velut venerabilem fratrem nostrum et magnum Ecclesiæ Dei membrum, gerimus in visceribus charitatis, ac charissimum in Christo filium nostrum Leonem regem Armeniorum illustrem honorare disponimus, et universam Armeniorum Ecclesiam, utpote filiam sedis apostolicæ specialem, specialiter confovere. Ne autem hæres sit filius ancillæ cum filio liberæ, imo ne ancillæ filius hæredis liberæ sibi amplius hæreditatem usurpet, sed ancilla potius et ejus filius expellantur, posuimus signum Thau in frontibus gementium et dolentium, ita quod per Dei gratiam crucesignatorum exercitus Venetiis jam applicuit pro parte majori, unde in proximo naves ascendent in terræ sanctæ subsidium transituri.] Monemus igitur fraternitatem tuam et exhortamur attentius et per apostolica tibi scripta mandamus quatenus, in divini nominis timore persistens et in apostolicæ sedis reverentia perseverans, prædictum regem et universam Armeniorum Ecclesiam in lege Domini et nostra devotione confirmes, et eis, sicut per alias litteras nostras mandavimus, formam apostolicæ remissionis exponas, et exhorteris ipsos attentius, ut se murum pro domo Domini opponant ascendentibus ex adverso nec dubitent, si opus fuerit, pro illo fundere sanguinem, qui pro eis crucis non dubitavit subire tormentum ; cum sic regnum sibi possint acquirere sempiternum et terrena in cœlestia, laudabili commercio commutare. Exspectent autem efficax de cœlo auxilium et festinum de terra succursum et spem suam ponant in eo qui est in se sperantium fortitudo, qui facit in tentatione proventum, et post lacrymationem et fletum, gaudium et exsulationem inducit.

Datum, *ut supra.*

XLVII (174).

LITTERÆ SISENSIS (175) ARCHIEPISCOPI, REGIS ARMENIÆ CANCELLARII, AD D. PAPAM.

Mitram et pallium et indulgentiam petit.

(Data, verisimiliter, Sisi, 1 Octob. anno 1201, *sicut et epist.* 42.)

Paternitatis vestræ litteras, ea qua decuit reverentia et devotione, suscepimus (176), et per earum continentiam pleno collegimus intellectu sanctitatem vestram parvitatem nostram charitatis visceribus amplexari. Continebatur etiam in litteris illis ut magisterium et primatum sanctæ sedis apostolicæ recognosceremus et in devotione ipsius persisteremus, et ut non solum regem, verum etiam et barones et reliquum populum, ad fidem et unitatem ejusdem induceremus. In verbo veritatis ad hoc laborat nostra sollicitudo, ad hoc inclinata est nostra intentio. Tenemur nempe de obedientiæ vinculis et devotionis reverentia, omnibus mandatis sanctæ sedis aposto-

---

(174) Relata, sed non integra, apud Raynaldum, anno 1202, § 44. Quæ apud ipsum leguntur, hic uncis inclusa sunt.

(175) Cilicia ab Armenis, sæculo XII, occupata, reges eorum *Sisum* illius provinciæ civitatem ad mare condiderunt, quam subinde regni sui caput esse voluerunt ; erectoque ibidem episcopatu, Ecclesiæ hujus præsulem archiepiscopi titulo honestaverunt. Sisensis iste archiepiscopus qui hic ad Innocentium scribit, initiali littera I. designatus, non aliunde innotescit. Le Quien. *Or. Christ.*, t. I, col. 1426.

(176) Longe antea Sisensi archiepiscopo, cancellario Armeniæ, religiosissime commendarat pontifex ut in adducendis ad Romanæ Ecclesiæ obsequium Armenis operam collocaret; nec frustra ea monita dederat. Is enim, redditis hisce de quibus hic agitur litteris, in pontificis obsequium non humillime modo procubuit, verum etiam cæteros officium impulsurum spopondit, precibusque infimis expetit sibi mitram et pallium mittere dignaretur. (Raynaldus, anno 1202, § 45.)

licæ pro viribus obsecundare. Eapropter nulli veniat in dubium ut ab his quæ honori et utilitati ejusdem spectare videntur vel videbuntur nostram subtrahamus voluntatem; imo manus ad aratrum mittemus et, ut bonus arator, spinas et tribulos eradicare studebimus, et terram bene laboratam ad honorem sanctæ apostolicæ sedis colere et exornare usque ad messem, Deo auxiliante, non deficiemus. Super his igitur omnibus prædictis, in quibus paritatem nostram vestra sanctitas dignata est monere et exhortari paternitati vestræ, quas sufficit nostra valetudo, gratiarum actiones exsolvimus, de debito et merito vobis adstricti. [Quia vero in remotis partibus inter barbaricas nationes ad Dei servitium sumus constituti, et in propria persona vestram nequivimus, quod moleste ferimus, visitare paternitatem, flexis genibus cordis, vestræ supplicamus sanctitati ut nos non tradatis oblivioni, imo tanquam obedienti vestro, mandatum vestrum humeris nostris imponere non dedignemini, scientes nos ad omnia beneplacita vestra promovenda et exsequenda, tam mente quam animo, promptos et paratos esse. Præterea, nova vestra planta effecti, multa precum instantia exposcimus, ut in memoriam dilectionis sanctæ sedis apostolicæ annulum, mitram et pallium nobis mittere dignemini, et ut eamdem remissionem, quam peregrinis transfretantibus pro Dei servitio conceditis, ex parte vestra militibus pugnantibus sub illustri rege nostro contra crucis hostes, pro honore et defensione Christianitatis, confirmare possimus; quatenus hujus remissionis gratia, sumptis animi viribus, in bello fiant audaciores.]

XLVIII (177).

ARCHIEPISCOPO SISENSI RESPONSIVA.

Respondit epistolæ superiori et mittit ei pallium.
(Dat. *ut supra; id est,* Later. Kal. Junii; *vide epist.* 43.)

Non processit ab homine, sed a Deo, (quoniam nec caro nec sanguis, sed is potius, cujus vices in terris gerimus, Jesus Christus tibi misericorditer inspiravit) ut, sicut per tuas nobis litteras intimasti magisterium sedis apostolicæ recognosceres et primatum et in ipsius devotione persistens, non solum charissimum in Christo filium nostrum Leonem, regem Armeniæ illustrem, sed populum ad id induceres et barones. Recognoscis etenim et per tuas litteras profiteris, obedientiæ vinculis et devotionis reverentia te teneri universis mandatis sedis apostolicæ pro viribus obedire. Ideoque ab his quæ ad honorem et utilitatem ipsius spectare videntur, tuam non subtrahis voluntatem. Nos igitur tantæ fidei puritatem et tantam devotionis constantiam attendentes, [ei a quo bonum omne procedit, licet exsiles, quas possumus tamen gratiarum exsolvimus actiones, quod tam pium tibi tribuit intellectum et animum tam humilem inspiravit. Tibi quoque, sicut venerabili fratri nostro et magno Ecclesiæ Dei membro, deferre proponimus et preces tuas in his quæ a nobis, secundum Deum, postulaveris exaudire. Super eo autem quod a nobis per tuas litteras postulasti, ut fraternitati tuæ pallium destinemus, annuere tuis desideriis cupientes, per dilectos filios Soffredum, tituli Sanctæ Praxedis et Petrum, tituli Sancti Marcelli, presbyteros cardinales (178), apostolicæ sedis legatos, quos in terræ sanctæ subsidium destinamus, pallium, insigne videlicet plenitudinis pontificalis officii, de corpore beati Petri sumptum, transmittimus, tibi ab ipsis vel eorum altero, juxta formam solitam quam sub bulla nostra dirigimus, solemniter conferendum. [Monemus igitur fraternitatem tuam ac exhortamur attentius, et per apostolica tibi scripta mandamus, etc., *ut in illa quæ scribitur* Catholico *usque* confirmes, et eis formam apostolicæ remissionis exponas, etc., *usque in finem.*

Datum, *ut supra.*]

XLIX (179).

REMENSI ARCHIEPISCOPO (180), SANCTÆ ROMANÆ ECCLESIÆ CARDINALI, APOSTOLICÆ SEDIS LEGATO.

De divortio Philippi Francorum regis.
(Laterani, III Non. Julii.)

Quantumcunque charissimum in Christo filium nostrum Philippum, regem Francorum illustrem, et nos in eo, super negotio matrimonii expedire velimus, in duobus tamen charissimæ in Christo filiæ nostræ, J. reginæ Francorum illustri, nos convenit providere, ne indefensa sit et examinetur a suspectis judicibus causa ejus; cum nec justitia id permittat nec nos debeamus in hoc nostram conscientiam vulnerare. Quantum autem ipsius regis voluerimus serenitati deferre, fraternitatem tuam jam credimus ex transcripto, quod dilecti filii magistri F. (181) Aurelianensis decanus, et W... Sancti Frambaudi thesaurarius, a nobis secum detulerunt, noscere potuisse. Si ergo rex ipse desiderat expedire, libenter testes quos super consanguinitate, affinitate, seu maleficio, duxerit producendos, faciemus admitti, dum tamen testes, si quos prædicta regina ad defensionem suam producere forte voluerit, per delegatos judices admittantur. Cum ergo nos in omnibus, in quibus cum justitia, possumus, regiæ velimus serenitati deferre, fraternitati tuæ per apostolica scripta mandamus quatenus

---

(177) Relata, sed non integra, apud Raynaldum, anno 1202, § 45. Quæ apud ipsum leguntur, hic uncis inclusa sunt.

(178) De his jam actum est supra.

(179) Indicata apud Raynaldum, anno 1202, § 23.

(180) De eo jam egimus supra, lib. III, epist. 14, not., et lib. v, epist. 8, not. Obiit, ut observavimus, hoc ipso anno 1202, VIII Id. Septembris.

(181) Fulco I, decanus Aurelianensis, notus est in instrumentis, ab anno 1198, usque ad hunc annum 1202. Successor ejus, Philippus, comparet anno 1204. *Gall. Christ.* t. VIII, col. 1505.

regem ipsum moneas et inducas ne illa requirat a nobis, quæ sine juris injuria et tam nostræ quam ipsius animæ detrimento et infamia, etiamsi vellemus, non possemus aliquatenus adimplere; quia super his in quibus eum honeste possumus exaudire, nullam moram vel difficultatem volumus adhibere.

Datum Laterani, III Non. Julii.

L (182).

ILLUSTRI REGI FRANCORUM.

De eodem argumento.

(Dat. *verisimiliter, ut supra, id est,* Later. III Id. Julii. *Saltem,* ante VIII Id. Septembris.)

[Doloris aculeus nostræ mentis intima penetravit et cordi nostro mœror irruit improvisus, cum in eo de nobis serenitas regia, sicut accepimus, conqueratur super quo ab ipso gratiarum et meruimus et exspectavimus actiones. Proposuerunt enim dilecti filii magistri, F. Aurelianensis Decanus (183), et W. thesaurarius Sancti Frambaldi, nuntii tui, ex parte regiæ celsitudinis in audientia nostra querelam, firmius, ut eis injunctum fuerat, sicut credimus, asserentes quod te in causa matrimonii severius tractabamus, quam alii principes in simili causa consueverint pertractari. Nam olim inclytæ recordationis Ludovicus, pater tuus et Fridericus quondam imperator et nuper charissimus in Christo filius noster Joannes, rex Anglorum illustris, coram prælatis in terris propriis constitutis, adversus eas quas habere videbantur uxores quæstionem, servato juris ordine, intenderunt et ecclesiastico ab eis fuerunt judicio separati : quod postmodum sedes apostolica minime retractavit. Cæterum si verum attendas, imperator prædictus ab ea quæ conjux dicebatur ipsius, licet in regno Teutonico, fuit tamen per legatos sedis apostolicæ separatus ; et nos in regnum tuum legatos nostros destinare curavimus ut de matrimonii causa cognoscerent et eam, servato juris ordine terminarent. Licet autem prædictus Ludovicus, quondam pater tuus et præsens etiam rex Anglorum ab his quas sibi junxerant, prælatorum terræ suæ judicio, fuerint separati, super divortio tamen non fuit ad sedem apostolicam querela delata. Unde quod a prælatis ipsis factum fuerat, cum nullus penitus reclamaret, noluit revocare. Utrum autem apostolica sedes dissimulare valeat querimonias oppressorum et mulierum præcipue, quæ quanto infirmioris conditionis existunt, tanto sunt amplius in sua justitia confovendæ, utinam intelligeret regia serenitas plenius per seipsam, vel illi eam melius docuissent qui consiliarii ejus et familiares existunt et in utroque sunt jure periti ! Cum autem sententiam illam divortii, tanquam inordinate prolatam, bonæ memoriæ Cœlestinus papa, prædecessor noster, duxerit revocandam, nos, ne si causa tua maneret diutius in suspenso, cor regium sollicitudo nimia molestaret, per legatos nostros, quos in regnum Francorum direximus, te voluimus expedire; qui hodie forsan negotium ipsum, veritate comperta, juxta desiderium tuum terminassent, nisi eorum judicium declinasses. Per te namque recessum est a judicio, postquam charissima in Christo filia nostra Inseburgis, regina Francorum illustris, ab appellatione recessit. Novimus autem et in hoc etiam tuæ serenitati compatimur, quod hujusmodi querimonia non quidem ex ratione, sed sensualitate procedit ; cum æquitatem, severitatem appelles et justitiam quasi violentiam ægre feras. Cæterum potuisset apostolica sedes, nisi tuo detulisset honori, non solum prædictam retractare sententiam, latam juris ordine non servato, sed in latorem ipsius ultionem canonicam exercere, sicut bonæ memoriæ Nicolaus papa, prædecessor noster, in Guntarium Coloniensem et Tetgualdum Treverensem archiepiscopos, in casu pene simili, legitur processisse ; qui et latam ab eis revocavit sententiam et eosdem archiepiscopos deposuit ab officio pastorali (184) ; imo etiam in Lotharium regem et superinductam excommunicationis sententiam promulgavit, quoniam idem rex occasione sententiæ ab eisdem archiepiscopis promulgatæ, relicta Tetberga quam sibi legitime copularat, Gualdradam quam superinduxerat, in conjugem retinebat.

Nos autem serenitati regiæ, quantum cum Deo potuimus, deferre volentes, nec in eum qui sententiam tulerat, cum tibi sit consanguinitate conjunctus, processimus. nec in personam superinductæ vel tuam, sententiam aliquam duximus proferendam, sed terram tantum post frequentes commonitiones subjecimus interdicto. Cum ergo non secundum severitatem juris, sed æquitatem potius te duxerimus pertractandum, non demereri sed promereri potius devotionem tuæ serenitatis credidimus ; nec lædi te putavimus, si juste prosequeremur justitiam, sed juvari.] Vellemus autem ut nunc saltem, acquiescens consilio saniori, patienter moram modici temporis sustineres et permitteres ut tam te quam nos ipsos super tanto expediremus negotio, servata pastoralis officii gravitate. Nos enim non minus quam te credimus in hoc negotio impeditos, cum molestum sit nobis celsitudinem regiam molestare, et a via recta discedere non sit tutum, ne propter regem terrenum cœlestis Regis incurramus offensam. Quid autem prædictis nuntiis tuis ad honorem regiæ serenitatis duxerimus offerendum, ne sinistra interpretatione forsitan depravetur, tibi per præsentibus explicamus. Obtulimus enim quod, si beneplacito regio resideret, duos viros honestos, providos et fideles, ad tuam præsentiam mitteremus, qui non extra regnum Francorum, sed Stampis etiam, ubi prædicta regina moratur, sive ipsa litem in eorum vellet præsentia contestari, sive nollet ut contumax respondere,

---

(182) Relata, sed non integra, apud Raynaldum, anno 1202, § 25. Quæ apud ipsum leguntur, hic uncis inclusa sunt.

(183) De eo jam diximus, epist. super. not.

(184) In synodo Lateranensi coacta anno 863.

dummodo advocatum, si peteret, obtineret, super impedimento affinitatis vel consanguinitatis aut aliis quæ proponerentur, audirent et testes tuos recipere procurarent; deinde, si regina contumax non fuisset, sed lite potius contestata, peteret recipi testes suos, quia id ei non possemus de jure negare, sicut regalis prudentia non ignorat, ipsimet in expensis nostris, ne charissimus in Christo filius noster, Canutus, rex Danorum illustris, germanus ipsius, si vocaretur ab eis, se per importunitatem temporis, maris turbationem et viarum discrimina, sicut hactenus, excusaret, properarent in Daciam, testes quos ipse induceret recepturi et audituri rationes, si quas duceret proponendas. Quod si tuo beneplacito resideat ut aliquis honestus, providus et fidelis, de regno tuo ad examinationem hujusmodi facti adderetur eisdem, ipsi quoque, cum aliquo tali viro de regno Daciæ, testes reciperent ex parte reginæ, statimque cum festinatione redeuntes in Franciam, si reginæ voluntas libere posset induci, depositiones testium publicarent, et, examinato negotio, proferre sententiam, appellatione postposita, non differrent: alioquin, causam sufficienter instructam referre secum ad nostram præsentiam procurarent; quoniam coram nobis regina ipsa per suum procuratorem nec locum suspectum nec advocati defectum, nec aliam exceptionem allegare posset ad subterfugium nec etiam appellare. Quod si etiam malles in regno tuo proferri sententiam, nos eam cum consilio fratrum nostrorum occulte formatam, mandaremus in regno tuo solemniter publicari, nec pateremur decisionem hujus negotii prorogari, quin illud, quantum in nobis esset, curaremus quanto citius expedire. Ad hoc etiam pro te fuimus inclinati ut, nuntiis nostris ad tuam præsentiam accedentibus, si de ipsius reginæ libera procederet voluntate, eligerentur aliqui de regno tuo viri discreti, qui causam ipsam, consentientibus partibus, mediante justitia terminarent. Quod autem liberum ejusdem reginæ consensum voluimus [et] causam ipsam, personis de tuo tantum regno committere, vel sententiam per eosdem in tuo regno formari, hoc ad duplicem causam noveris esse provisum : et propter justitiam, quæ non patitur ut judex aut locus parti, maxime quæ impetitur, debeat esse suspectus; et propter cautelam, ne propter validam suspicionem talis posset sententia revocari, ut sic et nostrum opprobrium et tuum dispendium vitaremus. Licet autem idem nuntii tui quod eis obtulimus non duxerint acceptandum, si tamen serenitati tuæ, sicut credimus, visum fuerit expedire id, cum per litteras et nuntios tuos requisiti fuerimus, faciemus, cum nil tibi negare velimus quod cum honestate nostra concedere valeamus. Et ut plenius intelligas nostræ propositum voluntatis, per quod te cupimus expedire, in præsentia nostra coram nuntiis tuis recipieremus ab his, qui mittendi essent a nobis ad hoc ne-

(185). Relata, sed non integra, apud Raynaldum, anno 1202, § 6. Quæ apud ipsum leguntur, hic un-

gotium exsequendum, corporaliter juramentum, quod ad expediendum illud bona fide, quanto melius possent, procedere non tardarent. Monemus igitur serenitatem regiam, et exhortamur attentius quatenus paternæ dilectionis affectum quem circa te habemus intendas, considerans diligenter quod alia forma nobis non occurrat ad præsens, per quam citius hujusmodi possit negotium expediri. Sæpe vero contingit quod nimia festinantia nimiam generat tarditatem; quod in causa matrimonii semel expertus, ne iterum experiaris, evites. Nam si ab initio in ea ordo fuisset judiciarius observatus, hodie forte nullius dubitationis scrupulus remansisset. Utinam igitur quid liceat, quid expediat et quid deceat diligenter attendas, et, de anima tua sollicitus, agas quod divinæ complaceat voluntati. Ad hoc regiam celsitudinem monemus attentius et hortamur quatenus prædictam reginam, sicut te decet et ipsam, honorifice facias pertractari, cum si nec tibi copulata fuisset, sed ex aliqua necessitate divertisset ad regnum Francorum, ipsam honorare merito debuisses. Quod ea præsertim debes facere ratione, ne tuæ causæ processus valeat aliquatenus impediri.

LI (185.)

NOBILI VIRO, JACOBO, CONSOBRINO ET MARESCALCO NOSTRO (186).

De matrimonio regis Siciliæ cum Aragonici regis sorore.

(Laterani, Non. Junii.)

Ad tuam volumus audientiam pervenire, nos charissimi in Christo filii nostri, illustris regis Aragonum, et reginæ matris ipsius, litteras et nuntium recepisse, firmiter promittentium, quod parati sunt nobilem mulierem, sororem regis ipsius charissimo in Christo filio nostro, Friderico, illustri regi Siciliæ, copulare. Promittunt autem quod, si opus fuerit, ad liberandum regem ducentos milites in expensis suis, in regis ejusdem subsidium destinabunt, vel prout venerabiles fratres nostri archiepiscopi et episcopi et dilecti filii nobiles viri, comites regis familiares, ut audivimus, postularunt, et nos posse credimus obtineri, ipsa regina in persona propria illuc cum quadringentis vel quingentis militibus, juxta mandatum nostrum, ad regis defensionem accedet. Verum, ne amittant operam et impensam, si causa qualibet matrimonium non fuerit consummatum, cum nec contrahi sponsalia sola possint, sibi petunt pro tantis expensis debita securitate caveri. Postulabant quoque donationem propter nuptias fieri nobili memoratæ, ac si regina eadem, tanquam mater, ad regem accesserit nutriendum, certos sibi redditus assignari, ex quibus sibi et filiæ ac regi possit honorifice providere. Licet autem contractum hujusmodi regno utilem et regi non solum nunc, sed etiamsi in omni pace regnaret, honorabilem reputemus, quia tamen super hoc per nos et dictos familiares jam dudum cis inclusa sunt.

(186) De eo jam dictum est non semel.

habitus est tractatus, ad consummationem negotii noluimus sine conscientia eorum procedere, sed honori suo duximus deferendum. Unde eisdem [per apostolica scripta mandavimus, ut super hoc tam infra se quam tecum, et cum dilecto filio R.(187)tituli Sanctorum Marcellini et Petri presbytero cardinale, Casinensi abbate, apostolicæ sedis legato, consilium communicent et quod ad consummationem hujus negotii statuerint, nobis significare procurent, idoneos nuntios, super prædictis omnibus sufficienter instructos, ad sedem apostolicam destinantes; ut cum nuntio nostro, quem propter hoc destinare proponimus, ad regem et reginam Aragonum accedant et sponsalia contrahere non postponant, cæteraque perficiant quæ super hoc fuerint consummanda. Ideoque discretioni tuæ per apostolica scripta mandamus, quatenus familiaribus ipsis studeas suadere uti ad hujus negotii consummationem intendant, et tu ipse ad id des operam efficacem.

Datum Laterani, Non. Junii.

Scriptum est in eumdem modum, Casinensi abbati.

In eumdem modum, familiaribus regiis, *usque consummanda.*

Datum, *ut supra.*

LII (188).

BITURICENSI ARCHIEPISCOPO (189.)

Non temere accusandum est matrimonium quod per multa tempora constitit.

(Laterani, II Non. Junii.)

Veniens ad apostolicam sedem dilectus filius, nobilis vir And. de Calviniaco, fideli nobis relatione monstravit, qualiter matrimonium quod inter eum et dilectam in Christo filiam, Dionysiam, uxorem suam, contractum exstiterat, coram bonæ memoriæ prædecessore tuo (190) fuerit accusatum, qualiter etiam super accusatione processum fuerit. Litteras quoque tam confirmationis quam commissionis, quæ a felicis recordationis Cœlestino papa, prædecessore nostro, super hoc diversis temporibus emanarant nobis exhibuit et contra latam sententiam rationes plurimas allegavit; proponens præterea quod circa quindecim annos cum prædicta uxore sua in bona voluntate permanserat et quinque liberos susceperat ex eadem. Quia vero ingressus ecclesiæ sibi fuerat interdictus et nos, recepta secundum formam Ecclesiæ cautione, ab interdicto fecimus eumdem absolvi, fraternitati tuæ de communi fratrum nostrorum consilio, per apostolica scripta mandamus quatenus, cum negotium ipsum ad sedem apostolicam sit translatum, tu eum, sententia non obstante, super ipso matrimonio non molestes, nec permittas ab alio molestari, sed si quis contra mandatum aliquid duxerit proponendum, illud referat ad apostolicam sedem. Et quia contra conjugium quod tanto tempore jam duravit, et ex eo proles multiplex est suscepta, actio non facile consuevit admitti; præsertim in gradu remoto inter personas pacifice commanentes, ipsa provideat tua fraternitas discreto consilio, circumstantiis universis diligenti meditatione pensatis, quid deinceps super ipso negotio sit agendum.

Datum Laterani, II Non. Junii

LIII.

NOBILI VIRO AND. DE CALVINIACO.

De eodem argumento.

(Dat. *ut supra. Id est :* Laterani, II Non. Junii.)

In nostra præsentia constitutus, fideli nobis relatione monstrasti, etc. *In eumdem fere modum usque in finem.* Volentes igitur plenius quieti tuæ paterna sollicitudine providere, auctoritate præsentium districtius inhibemus ne quis te vel uxorem tuam contra formam præmissam super hoc audeat molestare. Nulli ergo, etc.

Datum, *ut supra.*

Scriptum est Turonensi archiepiscopo (191) et episcopo Cenomanensi (192), ut sive Bituricensis archiepiscopus, sive alius, eum vel uxorem suam

---

(187) Vid. Epist. 37, hujusce lib. v.
(188) Apud Baluzium, ad marginem, reperitur hæc notula : *Cap.* Veniens, *qui matrim. accus* Quibus verbis ad Decretales lectorem remandare videtur. Fatemur nos in Decretalibus, tam ex editione Parisiensi 1595, in qua Gregoriana integra, quam ex editione Parisiensi 1666, in qua Innocentiana tantummodo collecta, ab Alteserra notis illustrata, exhibetur, hancce Innocentii epistolam frustra investigavisse. Ex altera ad marginem, etiam, apud eumdem Baluzium adposita notula, varia lectio *accusatione,* pro *actione* in tertia collectione dicitur reperiri. Verum in tertio, sive Gregorianæ, sive Innocentianæ Collectionis libro, nihil omnino reperitur, quod ad argumentum, de quo in hac ista epistola, spectare videatur. Titulus apud Baluzium in notula marginali designatus, *qui matrim. accus.* est procul dubio, *qui matrimonium accusare possunt, vel contra illud testificari.* Titulus ille non ad tertium, sed ad quartum Collectionis, tam Gregorianæ quam Innocentianæ, librum pertinet, ubi decimus octavus numeratur et sex tantum constat capitulis, quorum nullum verbo Veniens incipit.
(189) Archiepiscopus Bituricensis, cui hæc dirigitur epistola, erat Guillelmus (*de Donjeon*); qui ex comitibus Nivernensibus oriundus, primum Suessionensis, tum Parisiensis canonicus; inde Grandimontensem ingressus ordinem, postea transiit ad Cisterciensem in monasterio Pontiniacensi ubi prior fuit; deinde factus est Abbas Caroli Loci; tandem electus fuit Biturigum archiepiscopus, die festo S. Clementis 23 Novembris, anno 1200. De ipsius confirmatione agitur in epistola Innocentii PP. III, lib. III, 43, quam vide. Ad superos evolavit anno 1209, die 10 Januarii, cum pararet iter adversus hæreticos Albigenses, juxta Nangium, qui refert eum fuisse canoni seu catalogo sanctorum additum ab Honorio PP. III, anno 1218. *Gall. Christ.* t. II, col. 60.
(190) Henricus de Solliaco, qui Bituricenses infulas, ab anno 1183, vel 1184, usque ad annum 1200, III. Id. Septembris, gesserat. *Gall. Christ.* t. II, col. 56.
(191) Erat is Bartholomæus II Vindocinus (*de Vendosme*), qui metropolitanæ Turonensium sedi præfuit ab anno saltem 1174, forte 1173, usque ad annum ineuntem 1206. Maan, *Eccl. Turon.* p. 125.
(192) Vocabatur Hamelinus, qui Renaldo, ante annum 1194, successor datus, episcopales infulas gessit usque ad annum 1218, quo, centum fere

super hoc, contra formam præmissam, præsumpserit molestare, præsumptionem ipsius, monitione præmissa, per censuram ecclesiasticam, appellatione postposita, compescatis. Quod si non ambo, etc.

Datum, ut supra.

LIV (193).

MAGISTRO HONORIO ARCHIDIACONO RICHEMUNDIÆ.

Determinatur controversia de Archidiaconatu Richemundiæ (194).

(Dat. ut supra. Id est : Laterani, II Non. Junii.)

[Post electionem et confirmationem *venerabilis fratris nostri, Eustachii* (195) Eliensis episcopi, vacante archidiaconatu Richemundiæ, quem tenuerat,] cum ad venerabilis fratris nostri Eboracensis archiepiscopi notitiam pervenisset, agentis tunc in partibus cismarinis, [eum tibi propria liberalitate concessit, dans Eboracensi capitulo *suis litteris*, ut te in archidiaconum, *sicut moris est*, recipere procurarent; cujus noluerunt mandato parere; *propter hujusmodi rationes :* Quia videlicet *bonæ memoriæ Cœlestinus papa*, prædecessor noster, inter alia, quæ decano (196) et capitulo Eboracensi suo privilegio noscitur indulsisse, ordinationem quoque canonicorum seu personarum, *sicut ab ipsa fundatione loci erat hactenus observatum*, liberam esse decrevit, ut videlicet idonea et honesta persona, cui archiepiscopus *ipse* vacantem in Ecclesia Eboracensi præbendam vel dignitatem duceret conferendam, secundum antiquam ipsius Ecclesiæ consuetudinem, præsentaretur capitulo et decano (197)], receptus autem a capitulo in canonicum, per librum et panem, per manum decani deberet in capitulo investiri, postmodum vero in osculo fratrum receptus, de conservanda fidelitate ipsi Ecclesiæ, libertatibus et consuetudinibus juri consentaneis pro viribus defendendis, non detegendis secretis capituli, juramentum consuetum et debitum interponeret, et tunc de mandato decani et capituli, prout moris est, per manum installaretur cantoris, [Et, si quis contra consuetudinem *istam antiquam et approbatam* (198) in ipsa Ecclesia esset per aliquem introductus, nec pro persona nec pro canonico haberetur. Quod si archiepiscopus *vacantem in Ecclesia ipsa præbendam vel personatum* (199) infra terminum Lateranensis concilii, secundum formam præscriptam, *canonica admonitione præmissa*, personæ idoneæ non conferret, liceret decano et capitulo auctoritate apostolica, *nullius contradictione vel appellatione obstante*, illud, juxta ejusdem concilii statuta, conferre. Cum igitur in litteris archiepiscopi directis capitulo, decani mentio nullatenus haberetur, per cujus manum debebas in capitulo investiri, ejus mandato fuit merito contradictum,] et illa præterea ratione quod, cum idem prædecessor noster J. de sancto Laurentio de cancellaria Eboracensi curaverit manu propria per annulum investire, mandans nuntio suo, ipsius nomine, stallum in choro et locum in capitulo et processione, cum integritate reddituum et omnibus ad cancellariam pertinentibus assignari, tu pro eo quod proventus ipsos in contemptum præsumpsisti mandati apostolici retinere, per decanum et capitulum Eboracensem fuisti excommunicationis laqueo irretitus ; unde non eras ad dignitatem interim admittendus. Cui præterea illa ratio repugnabat, quod ante investituram a capitulo habitam, archidiaconali te officio ingessisti. Unde, juxta privilegii continentiam pro persona non debebas haberi, præsertim cum tibi homicidia, sacrilegia, incendia et alia multa gravia et enormia objicerentur, quæ, archidiaconatum ipsum manu armata tibi usurpare contendens, perpetrare minime timuisti. [Ipsius igitur institutione propter præmissas rationes et *alias a capitulo reprobata*, ipsi, *ne juris sui dispendium sustinerent*, intelligentes *etiam archidiaconatus ipsius dispositionem* (200) ad eos, tam auctoritate Lateranensis concilii quam indulti sibi privilegii, devolutam, *habito prudentum consilio, illum dilecto filio* (201), Rogerio de sancto Edmundo unanimiter contulerunt, investientes eum de ipso, *prout moris est*, et solemniter *installantes* (201*). Processu vero temporis, præfatus archiepiscopus,

---

annos natus, die 22 (alias 31) mensis Octobris fato functus est. Corvais. *Hist. Epist. Cenoman.* p. 469.

(193) Relata, sed non integra, inter Decretales, lib. III, tit. 8, *De concessione præbendæ et Ecclesiæ non vacantis*, cap. 7. Quæ illic leguntur, hic uncis inclusa sunt ; variæ lectiones ad marginem adpositæ.

(194) Super serie facti, de quo in hac epistola agitur, consulendus Rogerius de Hoveden, anno 1198, pag. 778 et 781 ; anno 1199, pag. 773 ; anno 1201, pag. 817 et sequentib., ubi diversæ, de eodem argumento, referuntur Innocentii epistolæ, quæ in Regestis frustra requiruntur et ad tertium vel quartum pontificatus annum pertinere videntur.

Controversia hæc, tunc temporis, gravissimi momenti visa fuit, summumque pontificem in ipsa terminanda diutissime detinuit. Plurima ab Innocentio, ad dijudicandam hujusmodi litem, emissa sunt decreta. Præter hancce epistolam, plures alias, diversis, seu prælatis seu personis, directas, in Decretalium (tam Gregorii PP. IX generali, quam Innocentii PP. III peculiari) collectionibus, ad idem negotium spectantes litteras reperire est. Vide Decretales, lib. II, tit. 10, *De supplenda negligentia prælatorum*, cap. 3 ; lib. II, tit. 20, *De testibus et appellationibus*, cap. 30, epist. directa *Eliensi et Cicestrensi episcopis et archidiacono de Norbanen.*; lib. III, tit. 7, *De institutionibus*, cap. 6. epist. directa *Eliensi episcopo et archidiacono Norvicensi*; eodem lib., tit. 8, *De concessione præbendæ, et ecclesiæ non vacantis*, cap. 2, *ex concilio Lateranensi*; quæ quidem doctissimis Dadini Alteserræ notis illustratæ sunt ; ad eas lectores, prolixitatis metu, remandare nobis liceat.

(195) De sunt hæc in Decretal., ut quæ infra cursivo charactere distinguuntur.

(196) Decanus iste Eboracensis vocabatur Simon Apulus, ex Rogerio de Hoveden, loc. cit.

(197) Decretal. add. *prædictis*.

(198) Decretal. legunt *hujusmodi*, pro *i. a. et. a.*

(199) Hæc desunt in decretal. et infra quæ Italico charactere notantur.

(200) Decretal. legunt *donationem*.

(201) Hæc desunt in Decret. et infra, pr. *ut moris est*.

(201*) Cod. Andeg. *inthronizantes*.

ab apostolica sede rediens in Northmanniam (202), post resignationem et abjurationem a te factam et receptam ab ipso, eidem R. archidiaconatum contulit antedictum. *Petebat igitur ab impetitione tua prorsus absolvi*, et archidiaconatum ipsum, tam ratione primæ quam secundæ concessionis, sibi *rationabiliter* (203) assignatum per sedem apostolicam confirmari]. Ad cujus objectionis ex ordine taliter respondebas, quod, licet decani mentio in litteris archiepiscopi directis capitulo expresse facta non fuerit, non tamen ob hoc exclusus videri poterat vel debebat, sicut pars proponebat adversa; imo continebatur in capitulo, sicut pars continetur in toto, cujus decanus pars est honorabilis, archiepiscopus vero caput existit, ne in uno contingat corpore, non sine monstruoso prodigio, duo capita inveniri. Quod autem te excommunicationis sententia lata per decanum et capitulum non ligaverit, multipliciter ostendere satagebas; tum quia fructus cancellariæ nequaquam perceperas, cum tantum spiritualium procurator esses ab archiepiscopo constitutus, tum quia nec tu, nec alius, occasione mandati simplicis, per quod coercitio nemini mandatur, potuit coerceri; præsertim cum illa sententia qualiscunque, post appellationem a te interpositam fuerit promulgata. Unde venerabilis frater noster, Cantuariensis archiepiscopus, tunc apostolicæ sedis legatus in Anglia, communicato multorum coepiscoporum et aliorum prudentium virorum consilio, pronuntiavit te hujusmodi sententia non teneri, sicut ex rescripto litterarum ipsius legati ostendere satagebas. Administrationi autem archidiaconatus, cum tempore illo absens fueris, te minime ingessisti; sed cum videres postmodum investituram tibi a capitulo contra justitiam denegari, de mandato superioris archidiaconatus ingressus, cœpisti in eo, prout ad tuum pertinebat officium, ministrare. Quod autem homicidia, vel alia hujusmodi, per te illic fuerint perpetrata, vel quod archidiaconatum renuntiaris aut etiam abjuraris penitus denegabas; asserens quod eo tempore quo pars adversa te renuntiasse vel abjurasse dicebat et sibi archidiaconatum fuisse collatum, archiepiscopus te pro archidiacono et adversarium pro excommunicato habuit pariter et intruso. Unde auctoritate litterarum nostrarum de mandato dilecti filii nostri P..... (204) tituli Sancti Marcelli presbyteri cardinalis, tunc apostolicæ sedis legati, coram venerabili fratre, nostro Rothomagensi archiepiscopo (205) et suis conjudicibus in Northmannia et demum coram bonæ memoriæ Lincolniensi episcopo et conjudicibus suis in Anglia, idem archiepiscopus super intrusione ipsum adversarium traxit in causam, nosque receptas attestationes super ipso negotio meminimus recepisse. Adjecisti A præterea quod, si etiam ea fecisses, per adversarium tamen tuum tibi non poterant objici cum effectu, cui potius super ipso archidiaconatu esset silentium imponendum, et approbata institutione tua, tibi restitutio facienda ex confessione partis adversæ in judicio facta et sæpius repetita ostendere nitebaris. Ipse namque Rogerius a nobis interrogatus in jure, ex quo tempore archidiaconatus Richemundiæ sibi per capitulum fuerit assignatus, respondit quod circa festum Ascensionis proximum triennium compleretur. Cum igitur ex data litterarum nostrarum constaret, tempore illo archiepiscopum apud sedem apostolicam constitutum et in eis per nos antiquum jus fuerit declaratum, ut tempus quo ad apostolicam sedem accessit, et apud illam B permansit vel recessit ab ipsa, non esset infra tempus sex mensium computandum, liquido constare dicebas, tempus illud archiepiscopo minime cucurrisse, sed si etiam quadriennium effluxisset, sicut prioris responsi pœnitens ultimo loco proposuit pars adversa, quod ex parte tua de jure non posse fieri dicebatur, cum etiam tunc arripuisset iter ad sedem apostolicam veniendi, licet illud non fuerit continue prosecutus, impedimentis multiplicibus retardatus, interpretatio rescripti nostri ad tempus etiam hujusmodi pertinebat, cui præterea præscriptio nocere non poterat in exsilio constituto. Factum autem capituli eumdem R. non potuit excusare, quoniam, cum institutio facta per archiepiscopum præcessisset quod superior ordinaverat C capitulum tanquam inferius non poterat reprobare; cum etsi contra statutum privilegii *non* (206) fuisset admissus, ipsi tamen, quia nec fuerant exsecutores privilegii constituti, nec poterant simul esse judices et actores, contra te præsertim, absentem et non contumacem, procedere non valebant. Si quid ergo per ipsos erat contra factum archiepiscopi proponendum, hujusmodi quæstio ad tribunal erat superius deferenda, ut auctoritate finiretur ipsius. Pendente proinde institutione tua, facta per illum ad quem [*suppl.* pertinebat], tam jure communi quam auctoritate privilegii antedicti, per quod collatio personatuum et præbendarum archiepiscopo reservatur, idem R. non debuit in locum viventis D obrepere, cum sciverit vel scire debuerit hoc jure canonico interdictum. Ait enim beatus Gregorius (207) *Eum qui contra justitiæ regulam in archidiaconatum alterius provehi se consensit, ab ejusdem archidiaconatus honore deponimus, qui, si ulterius in loco eodem ministrare præsumpserit, se participatione sacræ communionis noverit esse privatum.* Hujus ergo auctoritate decreti adversarium tuum asserebas ab archidiaconatus officio, quem malo receperat, deponendum; præsertim cum illi primæ

---

(202) Decretal. omittunt. et infra leg. *qui pro petebat,... et.*
(203) Deest hoc verbum in Decret. et infra add. *petiit* post *apostolicam.*
(204) De eo etiam jam dictum supra.

(205) De eo etiam jam dictum supra.
(206) In Apographo Conti abest hoc verbum.
(207) S. Gregor. lib. II, indict. x, epist. 14 et 16. Gratian. 7, 4, 1, 6, 40.

irreptioni vehementer insisteret et per institutionem ejusmodi suum niteretur propositum demonstrare, ipsumque archidiaconatum tibi restitui suppliciter postulabas. Nos igitur, auditis his et aliis quæ partes in præsentia nostra proponere voluerunt, et plenius intellectis, [quoniam constitit nobis archidiaconatum præmissum tibi per Eboracensem archiepiscopum et primitus fuisse concessum, et quod, institutione facta per ipsum, secundum juris ordinem minime reprobata, archidiaconatus non vacans nec potuerit nec debuerit in alium rite transferri, memorato R. qui contra justitiæ regulam in archidiaconatum alterius provehi se consensit, super eo silentium duximus imponendum, sententialiter decernentes ut institutio facta per Eboracensem archiepiscopum de te sortiatur effectum. Exinde vero, si super renuntiatione vel abjuratione aut aliquo præmissorum aliquis, qui velit et valeat, adversus te duxerit proponendum, ordine poterit judiciario experiri.] Nulli ergo, etc., diffinitionis, etc.

Datum Laterani, Kal. Junii.

LV.

DECANO ET CAPITULO EBORACENSI.
De eodem argumento.
(Laterani, III Non. Junii.)

In eumdem modum, decano et capitulo Eboracensi, *usque* experiri. Quocirca, universitati vestræ per apostolica scripta mandamus atque præcipimus; quatenus quod a nobis est de jam dicto magistro Honorio provida deliberatione statutum, sublato cujuslibet contradictionis et appellationis obstaculo, humiliter observare curetis, recipientes ipsum tanquam archidiaconum, et a subditis recipi facientes. Nos enim si quid in præjudicium ejus de ipso archidiaconatu fuerit aliquatenus ordinatum, decernimus irritum et inane. Quod si forte (quod non credimus) mandatum nostrum nolueritis adimplere, noveritis nos venerabilibus fratribus nostris, Eliensi et Norwicensi episcopis, et dilecto filio decano Lincolniensi, dedisse firmiter in mandatis ut vos ad id per districtionem ecclesiasticam, contradictione et appellatione cessante, cogere non omittant.

Datum Laterani, III Nonas Junii.

Illis scriptum est super hoc contradictores, etc. *hoc addito:* Si vero dictus R. de Sancto Eadmundo possessionem archidiaconatus præsumpserit detinere, vos præsumptionem ipsius etiam per subtractionem aliorum beneficiorum suorum, appellatione postposita, compescere procuretis. Quod si non omnes, etc.

Datum, *ut supra.*

(208) Sic in apographo Conti. Apud Baluzium deest.
(209) Sic ibidem.
(210) Anno 1195, Hubertus, Cantuariensis archiepiscopus, apostolicæ sedis legatus et totius Angliæ justitiarius, deposuerat Robertum, abbatem de Tornai, reclamantem et ad præsentiam domini papæ appellantem; et in carcere et vinculis eum tenuit

LVI.

REGI ANGLORUM.
De eodem argumento.
(Later., *verisimiliter* Kal. *vel* III Non. Junii.)

Cum, partibus apud sedem apostolicam constitutis, super archidiaconatu Richemundiæ diutius fuisset in nostra præsentia litigatum, nos pro dilecto filio, magistro Honorio, exigente justitia, sententiam duximus proferendam, sicut ex rescripto nostræ diffinitionis seriem plenius continente perpenditur evidenter. Quocirca celsitudinem regiam *rogamus* (208) attentius (209) *monemus,* per apostolica tibi scripta mandantes, quatenus pro devotione apostolicæ sedis et nostra, cum et ipse magister apud nos quæ ad honorem et exaltationem regalis magnificentiæ pertinebant sæpe curaverit promovere, nec impedias nec impediri permittas quominus quod nobis est, etc., *usque* statutum sortiatur effectum; ejusdem Honorii obsequium excellentiæ regiæ multipliciter poterit existere fructuosum. Nos quidem, si quid, etc. venerabilibus etiam fratribus nostris, *usque* firmiter in mandatis, ut archiepiscopo, decano, et canonicis Eboracensibus ac clericis archidiaconatus ipsius, quibus super hoc scribimus, in exsecutione mandati nostri, cessante appellatione, ipsi quæ præmisimus, etc., contradictores, etc.

Datum Laterani.

LVII (210).

ARCHIEPISCOPO CANTUARIENSI.
De judicio abbatis Torneæ.
(Later., II Non. Junii.)

In nostra præsentia constitutus dilectus filius, R. quondam abbas Torneæ, proposuit coram nobis quod cum olim ad ejus monasterium accessisses, quod ipse in centum marcarum redditibus ampliarat; et ingressus capitulum monachorum, inquisitionem cœpisses facere contra eum, ipse gravari se timens, ad sedem apostolicam appellavit; tu vero appellationi non deferens, eum ab administrationis officio suspendisti, et in ejus absentia, inquisitione post facta, ipsum usque ad monasterium de Ramessia, licet invitum, turpiter post te tractum, super crucem fecisti jurare quod te usque Londoniam sequeretur. Ipse igitur Londoniam veniens, appellationem quam prius interposuerat, solemniter innovavit, et ad venerabilem fratrem nostrum, Wintoniensem episcopum, et conjudices ejus commissionis, obtinuit litteras destinari, quas deferendas cuidam tradidit mercatori. Tu vero ipsum in Angliam redeuntem capi fecisti Londoniis, et in Eliensi monasterio carceri mancipari. Propter quod mercator qui litteras deferebat, venire in Angliam non præ-

per annum et dimidium anni apud *Gloucestre.* Roger. de Hov. p. 757.
Fragmentum hujusce epistolæ reperitur in Gregoriana Decretalium collectione, lib. I, tit. 9, *de renuntiatione,* cap. 6, ubi a Clemente PP. III, absque ulla directione emissa dicitur. Quæ illic leguntur, hic uncis inclusa sunt; variæ etiam lectiones dantur.

sumpsit; tandem vero a carcere liberatus, ad sedem apostolicam appellavit. Tu vero, ejus appellationi non deferens, sicut prius, in ipsum depositionis sententiam protulisti, et depositum in carcerem fecisti retrudi. Cæterum, cum fuisset a vinculis absolutus, ad præsentiam nostram venit, et ad venerabilem fratrem nostrum, Dunelmensem episcopum, et dilectum filium, magistrum Jo. de Londoniis, litteras impetravit, ut super propositis diligenter inquirerent veritatem, et causam ipsam, si partes vellent, concorditer fine debito terminarent; alioquin causam sufficienter instructam ad nos remittere non differrent. Proponebat igitur idem abbas quod prædicta omnia sufficienter fuerant coram eisdem judicibus comprobata. Verum dilectus filius, magister Honorius, archidiaconus Richemundiæ (211), nuntius tuus, proposuit ex adverso quod, cum olim legationis officio fungereris, ad monasterium de Tornea, ut ei visitationis impenderes gratiam, accessisti; cumque de vita ipsius R. diligentius inquisisses de dilapidatione, incontinentia et turpi ejus conversatione, per testimonia tibi constitit monachorum. Unde, communicato prudentium virorum consilio, cum ab administrationis officio suspendisti, cum juxta canonicas sanctiones de dilapidatione suspectus debeat ab administratione suspendi (212). Nec appellaverat tunc temporis idem abbas; nec etiam si appellasset, tibi eum innotuerat appellasse; cum, sicut asserunt testes ejus, egressus capitulum in secreto collocutorio duxerit appellandum. Verum, cum postmodum apud Londonias appellasset, non solum appellationem interpositam recepisti, sed ministrasti etiam ad prosecutionem ipsius sufficienter expensas. Deinde, cum enormitates ipsius bonæ memoriæ Cœlestino, prædecessori nostro, per tuas litteras intimasses, ipse *tuam fraternitatem monuit* [Apog. Conti, *tuæ fraternitati mandavit*], ut eum ab officio deponeres abbatiæ, ac carceri mancipatum tandiu detineres, donec ad te mandatum ejus denuo perveniret. Ipse igitur depositionis sententiam expavescens, in præsentia multorum episcoporum et aliorum religiosorum virorum, renuntiavit spontaneus abbatiæ, sed post paululum pœnitens, se renuntiasse penitus denegavit. Tu igitur cum metropolitanus existeres ejus, et legationis officio fungereris, et ad hoc esses specialiter delegatus, mandati apostolici formam sequens, propter criminum evidentiam super abbatia ei perpetuum imponere silentium curavisti. Tandem vero, cum prædicto Dunelmensi et conjudici ejus sub forma prædicta sententiæ tuæ foret cognitio delegata, coram eis quod idem abbas renuntiaverit abbatiæ, quod incontinentiæ vitio laborabat, quod vasa quædam monasterii præter consensum monachorum alienaverat, quod tu ejus appellationi detuleras, et expensas ministraveras appellanti, quod auctoritate litterarum prædicti prædecessoris nostri, propter criminum evidentiam et spontaneam cessionem processeras ad depositionem ipsius, et de speciali mandato ejusdem prædecessoris nostri eum in monasterio Glocestrensi, ubi prius monachus fuerat, carceri manciparas, per testes legitimos comprobasti; deinde autem cum judices ipsi gesta omnia redegissent in scriptis, et terminum partibus assignassent, idem R. in manibus tuis et liti cessit, et renuntiavit spontaneus abbatiæ, tuque renuntiationem ejus, ad multam quorumdam religiosorum virorum instantiam, recepisti. Cæterum, licet sæpedictus R. se renuntiasse abbatiæ ab initio denegasset, tandem tamen id in nostra præsentia confessus est, adjiciens quod, quia renuntiaverat spoliatus, ejus renuntiatio non tenebat. Præterea, cum tu ei congrue promiseris providere, nec volueris adimplere promissum, nec ipse ratum habere quod fecerat tenebatur. Insuper metu fuerat ad renuntiationem inductus, cum tu ei fueris comminatus quod si ad nos cum judicum relatione veniret, obtineres a nobis quod eum in caveam poneremus. Contra hoc autem dictus archidiaconus replicavit, quod eidem R. prodesse non poterat nec debebat quod renuntiaverat spoliatus, utpote quem non adversarius, sed judex potius spoliarat. Metus autem quem allegaverat pars adversa, eum non poterat excusare, cum cadere non debuerit in constantem. Quis etenim constans præsumeret quod nos ad nutum tuum aliquem retruderemus in carcerem, et tyrannidem exerceremus in eos qui causas suas apud sedem apostolicam prosequuntur? Non ergo dictus R. debuit qualibet occasione præsumere quod nos hujusmodi vellemus sævitiam exercere. Quod autem præsumptio ejus frivola fuerit, apparuit ex post facto. [Licet igitur judex non semper ad unam speciem probationis mentem suam applicet, sed ex confessionibus, depositionibus, allegationibus, et in aliis quæ in ejus præsentia proponuntur, formet animi sui motum, et tanta sit judicialis auctoritas ut semper debeat præsumi *pro ea* (213), donec contra ipsam aliquid legitime comprobetur, *sub prætextu quasi tu contra prædictum R.* coram Dunelmensi et *ejus conjudice* (214) nihil penitus probavisses, standum tamen sententiæ fuerat, nisi *dictus R.* eam ostenderet irritandam. Quia tamen præter ista, constitit de ipsius renuntiatione spontanea, per *quorumdam* episcoporum litteras et confessionem ipsius, nos *de consilio fratrum nostrorum* ei super eadem pitulo septimo, col. 906 et 907.

(211) De eo jam dictum supra; vid., epist. 53. Ipsum Romam profectum esse, anno 1201, refert Rogerius de Hoveden, p. 817.

(212) In apographo Conti, ad hæc verba, in margine exstat hæc notula. Vide Gratian. 3, q. 2. c. 8, *Si episcopus*, § *quod si*. Locus est in decreti secunda parte, causa tertia, quæstione secunda, ca-

(213) Decretal. legunt *pro ipso*, et infra, *quare si pro quasi* ut in Apogr. Conti, et om. verba *contra præd. R.*

(214) Decret. legunt *episcopo et ejus conjudicibus*, et infra *adversarius* loco *dictus R.*, *quasdam* pro *quorumdam*, et om. verba *de c. fr. n.*

abbatia silentium duximus imponendum.] Volumus autem ut eidem, divinæ pietatis obtentu, de redditibus monasterii de Tornea in aliquo loco religioso congrue facias provideri. Nulli ergo, etc., diffinitionis, etc.

Datum Laterani, etc., II Non. Junii.

LVIII.
EIDEM.
Datur archiepiscopo facultas instituendi archidiaconos.
(Laterani, II Kal. Junii.)

Ex parte tua fuit in audientia nostra propositum, quod prædecessores tui correctiones excessuum, examinationes et decisiones causarum, in quibusdam ecclesiis quæ ad te pertinent pleno jure, per se ipsos consueverant exercere, ita quod vices et officium archidiaconi gererent in hac parte. Tu vero pondus curæ pastoralis attendens, alios vis in partem commissæ tibi sollicitudinis evocare, et ad curam archidiaconalem in prædictis ecclesiis exercendam, duos archidiaconos ordinare disponis, ut levius in singulis fiat onus quod in plures fuerit distributum, et Ecclesia Cantuariensis tribus archidiaconis de cætero gaudeat, quæ unum solum hactenus noscitur habuisse. Nos igitur propositum tuum in Domino commendamus, et ut illud effectui mancipes suademus, si tamen sine gravi scandalo et præjudicio aliquorum poterit adimpleri.

Datum Laterani, II Kal. Junii.

LIX (215).
EL'ENSI EPISCOPO, DECANO LINCOLNIENSI ET ARCHIDIACONO DE BEDFOR.
Committitur eis ut examinent accusationem propositam adversus archiepiscopum Eboracensem (216).
(Dat. *ut supra*, id est, *verisimiliter*, Later., II Kal. Junii.)

Querelarum diversitas et frequentia quæstionum, quæ nobis contra venerabilem fratrem nostrum, G. Eboracensem archiepiscopum, assidue proponuntur, nostrum fatigat vehementer auditum: qui, cum a nobis sæpe commonitus fuerit et correctus, ut actus suos in melius emendaret, ipse nec admonitiones, sicut decuit, acceptare, nec correctiones, prout oportebat, asseritur admisisse; et licet a dilectis filiis, decano et capitulo Eboracensis Ecclesiæ, tanquam pater a filiis, a quibusdam vicinis episcopis, et aliis nonnullis viris religiosis commonitus fuerit diligenter, ut ab ipsorum indebita molestatione cessaret, et se circa eos et alios subditos suos tanquam benignus pastor haberet, ac super aliis nonnullis quæ pontificale fastigium decebant, suæ corrigeret operationis excessus, ipse tamen propter hoc gravior est illis effectus, tanquam qui semper in illorum molestia gloriatur. Nolentes igitur hæc et alia quæ sæpe nobis denuntiata fuerunt ulterius sub dissimulatione transire, discretioni vestræ per apostolica scripta præcipiendo mandamus, quatenus ad Eboracensem Ecclesiam accedentes, abbatibus, prioribus, et aliis personis honestis cujuscunque ordinis evocatis, præsente archiepiscopo, si voluerit, et se, si potuerit, defendente, sub pœna excommunicationis, appellatione remota, prout necesse fuerit, injungatis eisdem ut testimonium perhibeant veritati, super quibus idem archiepiscopus a jam dictis decano et capitulo monitionem accepit, testes recipientes eorum, quos voluerint producere, ad illa probanda in quibus dicunt ipsum archiepiscopum excessisse, inquirentes per illos et famam quoque communem, utrum archiepiscopus ipse sit utilis et sufficiens ad regimen pontificalis honoris, audituri nihilominus et super his probationes, appellatione postposita, recepturi, si quæ forsan idem archiepiscopus contra capitulum vel aliquem de capitulo duxerit proponenda, et omnia sub sigillis vestris inclusa nobis quantocitius transmittatis, eisdem, archiepiscopo, decano, et capitulo certum terminum assignantes, in quo per se vel sufficientes responsales nostro conspectui se præsentent, *et irritum, appellatione postposita, post reducentes* (217), si quid idem archiepiscopus per se vel per aliquem alium, contra capitulum vel eorum immutaverit *aliquem, post appellationem* (218) ab eis rationabiliter ad apostolicam sedem emissam. Quod si non omnes iis exsequendis valueritis aut volueritis interesse, duo vestrum, etc.

Datum Laterani, *ut supra*.

LX (219).
ARCHIEPISCOPO MESSANENSI (220)
Relaxat sententiam excommunicationis, qua archiepiscopus Messanensis tenebatur astrictus
(Later., XIII Kal. Julii.)

Quantum nos et Ecclesiam Romanam offenderis,

---

(215) Indicata apud Raynaldum, an. 1202, § 7.
(216) Vide epistolas tres Innocentii III, apud Rogerium de Hoved. ad an. 1201.
(217) Sic in apog. Conti; apud Baluz. vero, *irritum post reducentes*.
(218) Sic in apog. Conti; apud Baluz. vero *aliquem postposita appellatione*.
(219) Relata apud Roc. Pirrum (*Sicil. sacr.* t. 1, p. 529), sed apud ipsum, data Salerni dicitur. Quod quidem, addit auctor ille, belle concinit his quæ in Panormitanorum archiepiscoporum notitia, sub anno 1201 (p. 133), dixerat, nempe pontificem, anno pontificatus circiter tertio, in Siciliam transfretasse, Panormum appulisse, et ibi ecclesiam S. Petri de Balnearia consecrasse. Verum, si admittendum esset Salerni datam fuisse hanc epistolam, assignanda foret anno præterito 1201; cum ex aliis hoc anno certissime scriptis hujusce libri epistolis, constet pontificem Romæ fuisse II Id. mensis Junii et VIII Kal. mensis Julii; unde, ipsum XIII Kal. mensis Julii Salerni non fuisse, neque exinde in Siciliam transfretasse demonstratur.
(220) Vocabatur Bernardus, sive *Bernardus*, alias etiam, *Bertius*, ex monacho Benedictino Messanensis antistes circa annum 1196. Post Henrici imperatoris VI, Messanæ, anno 1197, sub Septembris finem festo S. Michaelis, defuncti, obitum, cum ipsius cadaver sacræ sepulturæ repulsam passum fuisset, id indigne ferens Berardus, apud Cœlestinum PP. III, qua precibus, qua auctoritate, multum adlaboravit ut eum exoraret. (BARON. ad an. 1197, n. 4 et 5.) Ipsi pallii gestandi auctoritatem dedit Innocentius diplomate, dato VIII Id. Maii, anno Incarn. Domini 1198, pontificatus sui primo, quod

nolumus nunc litteris explicare, sed conscientiæ tuæ relinquimus discernendum. Nos autem licet offensam nostram et apostolicæ sedis injuriam in te potuissemus graviter vindicare, tuæ tamen honestati parcentes, non solum de commissis non infliximus tibi pœnam, sed excommunicationis sententiam, quam ipso facto incurreras, per venerabilem fratrem nostrum, Regin. archiepiscopum (221), secundum formam Ecclesiæ mandavimus relaxari, sic tamen ut suspensionis sententiam observares. Verum quia, sicut accepimus, præteritum jam damnas errorem, et ea efficaciter promoves quæ nobis æstimas complacere, dilecti fratris nostri, G. (222) tituli Sancti Vitalis presbyteri cardinalis, precibus annuentes, suspensionis sententiam, qua teneris astrictus, de solita sedis apostolicæ mansuetudine relaxamus. Reservamus tamen adhuc nobis tanti correctionem excessus, ut juxta tuorum exigentiam meritorum misericordiam tecum vel judicium faciamus. Monemus igitur fraternitatem tuam et exhortamur attente, per apostolica scripta mandantes, quatenus in devotione nostra et regia fidelitate persistas, et taliter regis et regni hostibus te opponas, ut gratiam nostram possis plenius promereri, et præcedentem offensam per satisfactionem aboleas subsequentem.

Datum Laterani, xiii Kal. Julii.

LXI.

ABBATI (223) ET CONVENTUI CISTERCIENSI.

Adversus desertores ordinis Cisterciensis.

(Later., xiv Kal. Julii.)

Cum paci ac quieti eorum qui Mariæ officium elegerunt paterna sollicitudine providemus, officii nostri debitam prosequimur actionem, qui quanto ferventius in Dei servitio perseverare noscuntur, tanto amplius, ne ab eo valeant revocari, debent in suo laudabili proposito confoveri. Hinc est, quod, cum fugitivi Cisterciensis ordinis super receptione sua, aliquoties litteris impetratis, contra debitum vos molestare præsumant, ob favorem religionis et ordinis vestri volumus et mandamus, ut hujusmodi ordinis vestri desertores, si super receptione sua forte litteras impetraverint, in quibus non contineatur ut recipiantur salva ordinis disciplina, vel si regulare fuerit et honestum, tales litteræ, ne ipsarum occasione possitis a divinis laudibus revocari, nullam obtineant firmitatem, et ne earum obtentu ad fugitivorum receptionem aliquis vos compellat, auctoritate apostolica prohibemus. Nulli ergo, etc., prohibitionis, etc.

Datum Laterani, xiv Kal. Julii.

LXII (224).

JOANNI (225), QUONDAM LUGDUNENSI ARCHIEPISCOPO.

Mittit collectas de sancto Bernardo.

(Later., vi Id. Junii.)

Negare noluimus quod petere voluisti, cum ex eo tam nobis quam tibi fructus æternæ retributionis accrescat. Petisti namque, rogatus a fratribus, ut ad honorem beati Bernardi, primi Clarævallensis abbatis, quem apostolica sedes sanctorum ascripserat catalogo venerandum, nos ipsi collectam et alias orationes, ore proprio, dictaremus, tum propter auctoritatem dictantis, tum propter stylum dictaminis, cum majori devotione dicendas. Et ecce, sicut potuimus, ad instantiam dilecti filii, fratris Rainerii, petitionem tuam curavimus exaudire.

Perfice, quæsumus, Domine, pium in nobis sanctæ religionis affectum, et ob obtinendam tuæ gratiæ largitatem, beatus Bernardus, abbas et doctor egregius, suis apud te semper pro nobis meritis et precibus intercedat. Per Dominum nostrum, etc.

Grata tibi sit, Deus, hujus oblatio Sacramenti, quod in memoriam Dominicæ passionis tuæ offerimus majestati. Per Dominum nostrum, etc.

Suum in nobis, omnipotens Deus, cibus quem sum-

---

apud Pirrum reperire est, frustra vero in Regestis quæritur. Marcowaldo Berardus fuit addictissimus, cui Messanenses etiam favebant. Hæc sane necessitudo in causa fuit ut in ecclesiasticas excommunicationis et suspensionis pœnas inciderit. Post mortem Marcowaldi pontifex ipsum in gratiam recepit, et sæpius deinceps ad eum epistolas direxit uti videbitur. De anno quo obiit nihil certum habetur. Anno 1233 adhuc erat in vivis; anno 1236 Landon e Rhegytano episcopo ad archiepiscopatum Messanensem translatus est. Roc. Pir., Sicil. sacr. t. I, p. 325.

(221) Jacobus, ex archidiacono, delectus fuerat archiepiscopus Rheginensis, anno 1199. Cujus electionem, jussu pontificis, Gregorius Crescentius tituli S. Mariæ in Porticu diaconus cardinalis, in regno Siciliæ a latere legatus, examinavit ac rite celebratam pronuntiavit. Vide lib. ii, epist. 164. Successor ejus, Lando, anno 1217 consecratus fuit ab Honorio PP. III.

(222) Gregorius de Crescentio, dictus *Caballi marmorei*, primum tituli S. Mariæ in Aquiro diaconus, a Clemente PP. III, anno 1188, in prima creatione; deinde tituli S. Vitalis [alias *Vestinæ*] presbyter cardinalis, ab Innocentio PP. III, anno 1200, in tertia creatione renuntiatus est. Cum Chunradus dux Spo-

letanus principatum ipsum Innocentio reddidisset, hunc cardinalem pontifex, quem virum providum et discretum vocat, Spoletanis et Umbriæ, summa cum potestate apostolicæ sedis legatum et rectorem præfecit. Diem obiit supremum sedente eodem Innocentio in Petri cathedra, sed quo anno incertum est. OLDOIN. *ad Ciacon.* t. 1, col. 1142.

(223) De abbate Cisterciensi jam egimus supra.

(224) Relata apud Raynaldum, anno 1202, § 13.

(225) Joannes, quondam archiepiscopus Lugdunensis, cui hæc dirigitur epistola, cognomen sortitus *a Bellismanibus* (Gallice *aux Belles-mains*, seu *de Bellesmes*), ex episcopo Pictaviensi, primum Narbonensis, anno 1181, mox Lugdunensis archipræsul designatus fuerat. Sæculi negotiorum pertæsus et ad vitam contemplativam anhelans, abdicato sponte archiepiscopatu, monasticam vitam anno saltem 1195, in abbatia Clarævallensi amplexus est, ubi ad mortem usque cum maxima pietate et devotione perseveravit, teste Rogerio Hovedeno. Anno 1201, per ipsum Innocentio PP. III suggesserant Clarævallenses, ut orationes in missa decantandas in honorem S. Bernardi præscriberet. Consensit pontifex, in eas mittit cum hac ipsa epistola. *Gall. Christ.* t. IV, col. 133.

psimus operetur effectum, ut incorporet sibi nos esus edentes, qui tecum, etc.
Datum Laterani, vi Idus Junii.

LXIII.
CAPITULO CAPUTAQUENSI.
Ecclesia Caputaquensis commendatur archiepiscopo Salernitano:

(Later., ii Id. Junii.)

Quantæ prudentiæ ac honestatis venerabilis frater noster, archiepiscopus Salernitanus (226), existat, quantam persecutionem propter justitiam patiatur, vestra discretio non ignorat. Adhuc enim peccatis exigentibus exsulat, nec ad sedem suam redire permittitur, cum domos ejus in ipsius oculis possideant alieni, et sponsa ejus serviat violentis. Volentes igitur, tam ejus necessitati consulere quam vobis et Caputaquensi Ecclesiæ providere, procurationem ejusdem Ecclesiæ ipsi archiepiscopo, tam in spiritualibus quam in temporalibus, de consilio fratrum nostrorum, commisimus, donec vel Ecclesia ejus pace gaudeat exoptata, vel nos aliud duxerimus statuendum. Monemus igitur devotionem vestram et exhortamur attentius, et per apostolica vobis scripta mandamus, quatenus ei de cætero, tam in spiritualibus quam in temporalibus, devote ac humiliter intendatis, et taliter pareatis eidem quod Ecclesia vestra per studium ejus in statum possit resurgere meliorem (227).

Datum Laterani, ii Idus Junii.

In eumdem modum abbatibus, prioribus et universis clericis in Caputaquensi diœcesi constitutis.
Datum, *ut supra.*

LXIV.
P. (228) TITULI SANCTI MARCELLI PRESBYTERO CARDINALI, APOSTOLICÆ SEDIS LEGATO.
Datur ei facultas condendi testamenti.

(Later., iii Id. Junii.)

Pium videtur habere propositum cui sua novissima memorantur, et in augmento temporis ejus potius decursum attendunt. Cum ergo memor conditionis humanæ de novissimis cogites, et diligenti prævisionis oculo hujus vitæ mortalis ultima metiaris, tuis precibus annuentes, disponendi de rebus tuis, cum tibi videris expedire, auctoritate tibi præsentium liberam tribuimus facultatem. Nulli ergo, etc., concessionis, etc.

Datum Laterani, iii Idus Junii.

LXV (229).
EXONIENSI EPISCOPO (230).

(Later., xiii Kal. Maii.)

Solet annuere, etc., *usque* assensu S. Petroci, S. Stephani, Perani, Thohou, Probos, S. Petri de Plinton, de Branton, S. Stephani Exoniensis et de Colinton ecclesias, et capellaniam de Bosean, ad Exoniensem ecclesiam pertinentes, cum terris et decimis, et aliis pertinentibus, libertatibus et rationalibus consuetudinibus suis, sicut eas juste ac pacifice possides, tibi et Exoniensi ecclesiæ auctoritate apostolica confirmamus, etc. Nulli ergo, etc.

Dat. Laterani, xiii Kal. Maii.

LXVI (231).
EXONIENSI EPISCOPO.
Ne filii patribus suis succedant in beneficiis ecclesiasticis.

(Later., iv [*al.* iii] Id. Junii.)

Abolenda est in Ecclesia Dei consuetudo perversa, et quæ contra formam canonicam attentantur, pastorali sunt sollicitudine corrigenda. Sane ad audientiam nostram noveris pervenisse, quod in diœcesi Exoniensi plerumque contingit, ut, decedentibus ecclesiarum vicariis vel personis, eorum filii, absque conscientia tua, ecclesias vacantes invadant, et, ut eas licentius valeant detinere ac tuam auctoritatem eludant, ad nos vocem appellationis emittunt, et sanctuarium Dei jure nituntur hæreditario possidere. Volentes igitur obviare, sicut convenit, huic pesti, fraternitati tuæ auctoritate præsentium indulgemus ut filios clericorum, quos in ecclesiis diœceseos tuæ patribus nullo medio sic inveneris substitutos, ecclesiis et ecclesiasticis beneficiis spolies taliter occupatis, nonobstante appellationis objectu quæ interponitur in elusionem ecclesiasticæ disciplinæ. Nulli ergo, etc.

Datum Laterani, iv (232) Idus Junii.

---

(226) Nicolaus Salernitanus, filius Matthæi regni Siciliæ cancellarii, frater Riccardi Ayelli comitis et Constantini Venusini abbatis, nepos Joannis episcopi Cataniensis, vir præclara scientia, pietate ac moribus ornatus, favore Willelmi regis ac concordibus totius capituli suffragiis sedem Salernitanam ascenderat anno 1181. Anno 1195, Nicolaus, cum Riccardo Ayelli comite et Rogerio fratribus, episcopo Ostuniensi et Tranensi, aliisque regni primoribus, ab Henrico imperatore VI captus et suppliciis affectus carceri mancipatus est. Postea anathematis minis per episcopos intentatis, interdumque etiam Philippo Sueciæ duce, omnes restituti fuerunt libertati. Sed non defuerunt qui absentis archiepiscopi Nicolai Ecclesiam invaderent. Salernitanam, et laica manu, vacantia pro libito beneficia conferrent; quorum concessiones nullius momenti Innocentius statuit scriptis litteris quæ exstant lib. i, n° 65. Educto demum Nicolao de longa duraque carcerationis maceratione, Ecclesiæ suæ redditus est, et eam usque ad annum 1220 rexit; quo tandem, cum adversam prosperamque fortunam æque tolerasset, egregius præsul migravit ex hoc sæculo. UGHELL. *Ital. sacr.* t. VII, col. 578.

(227) Ex istis intelligitur cur in episcoporum Caputaquensium serie, apud Ughellum (*Ital. sacr.* t. VII, col. 665), ab anno 1179 usque ad tempora Gregorii PP. IX, nullus compareat hujus Ecclesiæ præsul, nisi Leonardus quidam de quo hæc tantum refert: « Leonardus fuit hujus Ecclesiæ episcopus; tempus autem quo floruit non constat. »

(228) De eo jam dictum sæpius.
(229) Indicata apud Raynaldum, anno 1202, § 7.
(230) De episcopo Exoniensi nihil occurrit, præter id quod apud Rogerium de Hoved. reperio (pag. 730, lin. 47). « Richardus, rex Angliæ, dum adhuc esset in captione Romanorum imperatoris, dederat Henrico Marescallo, Eboracensis Ecclesiæ decano, episcopatum Exoniensem. »
(231) Indicata apud Raynaldum, an. 1202, § 7.
(232) Baluz. iii.

LXVII (233).

ABBATISSÆ (234) ET MONIALIBUS ROMARICENSIBUS.

De eadem re.

(Laterani, III Id. Junii.)

Occurrere debet apostolica sedes præsumptionibus malignorum et eorum excessus pastorali sollicitudine cohibere. Sane, ad audientiam apostolatus nostri pervenit, quod, cum monasterium vestrum ad Ecclesiam Romanam nullo pertineat mediante, clerici qui per vos ecclesias vel ecclesiastica beneficia sunt adepti, in eis filios vel nepotes suos quasi successionis jure substituunt, et hæreditate nituntur Dei sanctuarium possidere. Faciunt enim secum filios vel nepotes suos de beneficiis quæ possident in solidum investiri, ut sic uterque possideat quasi totum, quod si alter decesserit, reliquus in plena integritate remaneat, nec socium, nisi quem taliter forsan præsentarit, admittat ; sicque contingit quod interdum pueri vix quinquennes, idiotæ quoque, ac discretione carentes, in Ecclesiis obtinent personatum. Si autem aliquis talium filios non habuerit vel nepotes, filiæ vel nepti suæ obtentum beneficium dat in dotem, et de ipso tanquam de propria hæreditate disponit. Si quando vero quisquam eorum prius viam fuerit universæ carnis ingressus, quam filium vel nepotem suum juxta formam præmissam secum de beneficio suo fecerit investiri, nihilominus filius vel nepos ipsius ei succedere nititur et patris beneficium obtinere. Si quis autem eorum semen non reliquerit super terram, nec clericus aliquis ex ejus consanguinitate compareat, laicus qui propinquior ei sanguine fuerat, per manum alicujus clerici vacantem ecclesiam recipit, et percipit fructus ejus. Cæterum, si super his interdum non annuitis votis petentium vel eis beneficium investituræ negatis, rapiunt bona vestra, et ecclesias spoliant quas requirunt, et aliter etiam vos non dubitant molestare, guerras et dissensiones contra vos sæpius suscitantes. Quia vero abusus hujusmodi canonicis obviat institutis, volentes monasterio vestro paterna sollicitudine providere, auctoritate præsentium districtius inhibemus ne quod ex ecclesiasticis beneficiis, quorum donatio ad vos spectat, vel duobus conferatur in integrum, vel post patrem nullo mediante filio tribuatur, aut cuiquam assignetur in dotem, vel ad consanguineos tanquam jure hæreditario devolvatur. Nulli ergo, etc.

Datum Laterani, III Idus Junii.

Scriptum est super hoc TREVERENSI (235) ARCHIEPISCOPO *et* EPISCOPO TULDENSI (236), præcipiendo ut si quis abbatissam et moniales ipsas contra inhibitionem prædictam molestare præsumpserit, ipsi præsumptionem ipsius, monitione præmissa, per censuram ecclesiasticam, appellatione remota, compescatis. Quod si non ambo, etc., alter vestrum.

Datum, ut supra.

LXVIII.

JOANNI ILLUSTRI REGI ANGLORUM.

Redarguitur de his quæ egerat adversus episcopum Lemovicensem.

Utinam gemitus et dolores prudenter attenderes quos nobis in Ecclesiarum oppressionibus et afflictionibus clericorum frequenter infligis ! Utinam celsitudo regalis anxietates animi nostri respiceret, quibus affligimur vehementer cum per eam coepiscopos nostros audimus irreverenter offendi, et in opprobrium nostrum ac divinam injuriam ignominiose tractari ! Accepimus enim quod tu villas, possessiones, et alia bona venerabilis fratris nostri (237), Lemovicensis episcopi, per ministros tuos violenter fecisti et irrationabiliter occupari, quasdam a villis et hominibus ejus exactiones indebitas exigendo, ad oblationes etiam altaris Sancti Leonardi, quæ ad ipsum episcopum pertinere noscuntur, fecisti manus extendi, et per tuos facis recipi servientes. In quo quantum regali magnificentiæ derogatur cognoscere poteris, si velis diligentius intueri sicque universa bona ipsius episcopi per seneschalcos et ministros tuos occupari fecisti quod extra civitatem et villas suas cogitur exsulare. Nolentes igitur, quantumcunque personam tuam in Domino diligamus, ut apud Deum nostra conscientia nos accuset si hæc dimiserimus ulterius incorrecta, celsitudinem regiam monemus attentius et hortamur in Domino per apostolica scripta mandantes, quatenus eidem episcopo ablata restituas universa, et de damnis etiam illatis sibi ac suis et injuriis satisfaciens competenter, ab ipsius indebita molestatione desistas, et permittas eum tam in civitate quam Lemovicensi diœcesi liberam mansionem et quietam habere. Alioquin noveris nos venerabili fratri nostro, Bituricensi archiepiscopo, firmiter injunxisse ut, post frequentes et diligentes admonitiones tibi factas ex parte tam nostra quam sua, te ad hoc per interdictum terræ, ad quamcunque deveneris, dum in ea præsens exstiteris, nullius contradictionis vel appellationis *obtentu*, nostra fretus auctoritate compellat

---

(233) Indicata apud Raynaldum, anno 1202, § 7.
(234) Quæ fuerit Romaricensis monasterii abbatissa ad quam directa dicitur hæc epistola, pro certo statuere in promptu non habemus. In abbatissarum serie quam exhibet *Gallia Christiana* (t. XIII, col. 1410) occurrit Clementia I, ab anno 1190 usque ad annum 1199; mox Margarita I (*de Savoye*) ; cujus prima, in Instrumentis, mentio fit anno 1211.
(235) Trevirensem sedem tunc occupabat Joannes I, qui archiepiscopus anno 1190 renuntiatus, metropolitanas infulas usque ad annum 1212 ges-

sit. Ad eum sæpius scripsit Innocentius PP. III. Vide *Libel. de Neg. Imp.*
(236) Vide epistolam 13 hujusce lib. v, not.
(237) Joannes I de Veiraco (*de Veirac*), Lemovicensis episcopus ab anno 1197, a Joanne, Angliæ rege, omnibus sedis episcopalis regalibus spoliatus, Jerosolymitanum iter aggressus est, in quo mortuus est anno 1218, apud Acram [*al.* Accon], ut docent Albericus et Bernardus Guidonis. *Gall. Christ.* t. II, col. 527.

LXIX. (238)

BITUNTINO EPISCOPO (239); ET MARSICANO, SUBDIACONO ET CAPELLANO NOSTRO.

De electione archiepiscopi Tranensis (240).

(Later., VIII Kal. Julii.)

[Licet Tranenses canonici ab initio dissensissent, tandem tamen omnes unanimiter consenserunt, *dilectum filium* (241) G. (242), fratrem Casinensis abbatis, in archiepiscopum eligentes; cujus electionem venerabilis frater noster, P. (243), Portuensis episcopus, tunc apostolicæ sedis legatus (244), examinari præcepit], et examinationem redactam in scriptis fecit sigillis dilectorum filiorum, archidiaconi et magistri Petrarchæ (245), muniri, cum suo quoque sigillo ad sedem apostolicam transmittendam. Litteras quoque suas nobis pro dicto fratre Casinensis abbas deprecatorias destinavit, quas cum decreto electionis omnium canonicorum subscriptionibus roborato, nec non et litteris suffraganeorum et populi, tres de canonicis Tranensis Ecclesiæ ab universo capitulo destinati nobis humiliter præsentarunt, petentes electionem canonicam de persona idonea celebratam auctoritate apostolica confirmari. Nos autem ad majorem cautelam a prædictis canonicis juramentum recepimus, non a nobis exactum, sed ab ipsis oblatum, et factum electionis, sicut est et moris et juris, examinavimus diligenter. Interim vero [nuntius prædicti Casinensis abbatis suas nobis litteras præsentavit gravem contra jam dictum legatum querimoniam continentes, quod, postquam electionem examinaverat, et eam ad nostræ transtulerat deliberationis examen, nuntiis jam directis, *iterum* (246) eamdem electionem malitiose nimis examinare præsumpsit;] unde petebat per viros idoneos suspicione carentes de ipso facto diligenter inquiri. Cumque præfatus supervenisset episcopus, et ea quæ gesta sunt intellexissemus ab ipso, de communi [fratrum nostrorum consilio examinationem secundam, tanquam a non suo judice factam, postquam negotium ad nostrum fuerat translatum examen, censuimus irritam et inanem.] Quia tamen ex his quæ de quibusdam juramentis et promissionibus factis audivimus, non levis in animo nostro dubitatio est suborta, ut secundum Apostoli dictum manus cito nemini imponamus, super his per inquisitionem legitimam voluimus plenius edoceri. Quocirca discretioni vestræ per apostolica scripta mandamus quatenus ad Tranensem accedentes Ecclesiam juramenti vinculo canonicos astringatis, ut super electionis processu plenam et meram aperiant veritatem, diligenter et fideliter inquirentes de juramentis et promissionibus, et aliis articulis ad negotium facientibus, utrum videlicet aliqua promissio vel datio facta fuerit a quo et cui, quando et ubi, quibus mediantibus vel præsentibus, utrum recepta vel spreta; et quis eam recepit aut sprevit, et si quisquam promissionem vel donationem noverat præcessisse, quare postea eligebat; distinguentes inter scientiam et auditum, et inter eos qui ab initio contradixerant et alios qui consenserant a principio, de quo fuit et a quibus, qualiter et quare juratum, sicque fideliter omnia conscribentes, sub sigillis vestris ad nostram præsentiam destinetis. Quod si non ambo his exsequendis infra mensem potueritis interesse, alter vestrum, etc.

Datum Laterani, VIII Kal. Julii.

LXX.

PRIORI ET CAPITULO SAGIENSI.

De electione episcopi Sagiensis.

(Lateran., VIII Kal. Julii).

Post obitum Sagiensis episcopi (247), votis eligentium in diversa divisis, tu, fili prior, cum quibusdam ex canonicis pro parte tua, pro parte vero altera archidiaconus Oximensis et quidam similiter de canonicis, ad sedem apostolicam accessistis. Ut autem de processu negotii notitia plenior haberetur, utrinque de mera veritate dicenda præstari fecimus juramenta. Tu ergo, prior, pro parte tua, coram

---

(238) Exstat, sed mutila, inter Decretales, lib. I, tit. 30, *De officio legati*, cap. 5, ubi Bononiensi episcopo directa dicitur; quæ illic leguntur, hic uncis inclusa sunt; variæ etiam lectiones dantur.

(239) De Bituntino, ad quem hæc dirigitur epistola, episcopo, hæc tantummodo apud UGHELLUM, *Ital. sacr.* t. VII, col. 937. «IV. N.... ad quem exstat epistola Innocentii PP. III, ut quemdam diaconum, aliosque violatores monasterii S. Mariæ de ponte Brundusii diris innodaret; et alia ejusdem pontificis epistola ad clerum et milites et episcopum Bituntinum, hortans eos ut cardinali legato regni Siciliæ auxilium præstent.» Hactenus Ughellus, quem quidem de diversis ab hacce quæ hic exhibetur, epistolis agere planum est.

(240) Sanmarus, decimus tertius Tranensis archiepiscopus, anno 1194, cum Nicolao archiepiscopo Sipontino et Ostuensi episcopo, aliisque regni Siciliæ summis viris, una cum Willelmo puero rege ab Henrico imperatore VI captus in Germania carceribus mandatus fuerat, e quibus solutus anno 1197, verisimiliter circa annum 1201 vel 1202 ineuntem fato functus fuerat. De ipsius successoris et nomine et electione, nihil præter id quod hic legitur, compertum habemus. Si unquam consecratus fuit, certe non ultra annum 1206 archiepiscopales gessit infulas; Bartholomæum enim, Innocentii PP. III familiarem, in Tranensem archiepiscopum circa annum 1206, mandante pontifice, consecratum fuisse habemus, ex vita ipsius Innocentii, et epistola 116 libri VIII. UGHELL., *Ital. sacr.*, t. VII, col. 1229.

(241) Hæc verba in Decret. desunt.

(242) Cod. Colbert, E. Andegav. C.

(243) Petrus Gallocia, Romanus, qui sub Alexandro PP. III, Campaniam strenue administraverat, Clemente PP. III anno 1190, in tertia (ex Panvinio, verum ex Ciaconio quarta) creatione, cardinalis episcopus Portuensis et S. Rufinæ renuntiatus est. Jam senex e vita excessit sub Innocentio III, post annum 1210. OLDOIN. *ad Ciacon.* t. I, col. 1144, et t. II, col. 42.

(244) Decretal. om. *t. a. s. l.*

(245) Cod. Colbert, Petri Chle; Andeg., patriarchæ.

(246) Decretal. om. hoc verbum.

(247) Erat is Lisiardus, qui electus ante annum 1188, obierat anno 1201, VIII Kal. Octobris, ex chronico Uticensi et Gofferni. *Gall. Christ.* t. XI, col. 690.

dilecto filio, J. (248) tituli S. Priscæ presbytero, et Hug. (249) S. Eustachii diacono, cardinalibus, deposuisti juratus, quod defuncto episcopo Sagiensi fratres in capitulo convocasti, proponens coram ipsis qualiter per F. (250) et L. (251) prædecessores, qui de gremio Sagiensis Ecclesiæ non fuerunt, canonicorum erant redditus diminuti, et multa gravamina passa fuerat Ecclesia Sagiensis, consulens eis ut aliquis de ipsa eligeretur Ecclesia, qui paupertatem vestram expertus compassionis vobis viscera exhiberet. Cumque hoc verbum omnibus placuisset, tu sub professionis debito et obedientiæ vinculo promisisti quod ab hoc proposito non recederes, præsertim cum juri canonico consonaret, per quod electio de gremio Ecclesiæ statuitur facienda, si persona ibi reperiatur idonea. Id etiam promiserunt a te singuli requisiti. Tu ergo, et benedixisti omnibus hoc statutum perscrutantibus, et in transgressores de universorum assensu excommunicationis sententiam protulisti. Exin, tribus tibi canonicis sociatis, ad venerabilem fratrem nostrum, Rothomagensem archiepiscopum (252), et charissimum in Christo filium nostrum, Joannem illustrem regem Angliæ, accessisti, ut defuncti obitum nuntiares. Sed cum nihil proficeres apud eos, ad tuam Ecclesiam es reversus. Post hæc vero, rex ipse Sagium veniens, duos nuntios capitulo destinavit, ex parte ipsius proponentes quod decanum Lexoviensem (252) in episcopum recipere procurarent. Respondentibus autem canonicis quod utiliores et meliores haberentur in Ecclesia Sagiensi, regii nuntii subjunxerunt ut tres de Ecclesia et tres de extraneis nominarent, unum quem rex vellet in episcopum recepturi. Exclusis autem nuntiis, cum super hoc commune consilium haberetur, canonici omnes in te vota sua voluntate libera transtulerunt, ut quot et quos velles de capitulo nominares. Tu autem plenius sciens merita singulorum, S. Sagiensem et W. Chobon archidiaconum (253) et magistrum G. et R. de Merula nominasti, et canonici omnes te, licet invitum, pariter nominarunt, parati unum ex his quinque recipere in pastorem. Redeuntibus vero nuntiis, litteras regias recepisti ut tu cum sex vel septem de canonicis Argentonium ires, litteras portans de rato, ut quod cum ipsis faceres, cæteri acceptarent. Venientes autem illuc tecum nonnulli de canonicis cum hujusmodi litteris in te vota sua unanimiter contulerunt, ut quem eligeres reciperent in pastorem, instantes postmodum apud regem ut in aliquem de gremio Ecclesiæ consentiret. Cumque id obtinere non possent, nec ipsi vellent recipere de nominatis a rege, recepta licentia tandem ad propria sunt reversi. Post aliquot vero dies nuntii regis denuo advenerunt rogantes ut satisfieret regiæ voluntati. Sed licet antequam id proponerent, tu ad sedem apostolicam appellasses, in crastinum tamen te vidente, iidem nuntii thesaurum Ecclesiæ rapuerunt, et deponentes illum apud abbatiam Sancti Martini, die sequenti equos tuos et omnia bona canonicorum per violentiam abstulerunt, et vestros exinde famulos expellentes, abreptis domorum clavibus, portas exteriores et alias firmarunt, et consanguineis canonicorum in quadrigis abductis et carceri mancipatis, bona eorum fuerunt omnia totaliter occupata; quibus etiam, sicut audisti, fuit commercium victualium denegatum. Postmodum etiam nuntii cum majore villæ ad capitulum redeuntes, dixerunt canonicis quod nec manducarent nec biberent quousque satisfacerent regiæ voluntati. Tu ergo cum canonicis cruce textuque Evangelii receptis ecclesiam processionaliter exivisti, ipsam et episcopatum totum interdicto supponens, et appellans iterum, quinque de fratribus ad ecclesiæ custodiam dimisisti. Cæteris autem tecum apud Trapam manentibus, sub pœna excommunicationis ne quis ab eorum societate recederet inhibere curasti. Et cum neque per venerabilem fratrem nostrum Cantuariensem, neque per jam dictum Rothomagensem, a quo benigne recepti fuistis, restitutionem obtinere possetis, timentes ne metu regio canonici qui apud Sagium et obedientias morabantur, procederent ad aliquem eligendum, ab ipso metropolitano vestro litteras impetrasti, ut excommunicationis vinculo subjacerent qui sine conscientia prioris et capituli eligere attentarent. In crastinum vero convenientibus tam matricis ecclesiæ quam obedientiarum fratribus universis, sex duntaxat exceptis qui apud Sagium morabantur, et de electione tractantibus, vota omnium in R. de Merula convenerunt. Duodecim autem, de quibus tres ad nostram præsentiam accesserunt, metum regium allegantes et electioni factæ interesse timentes, recesserunt, firmiter promittentes quod salva pace regis electum libenter reciperent in pastorem, et contra ipsius electionem non irent nisi coacti. Die vero sequenti, habito prudentium consilio, electionem in capella Sancti Andreæ apud Rothomagum solemniter celebrastis, ipsam *metropolitano per quosdam de capitulo præsentantes, et cum eam noluerit confirmare, dictus S. archidiaconus, pro te priore, capitulo, et electo, ne quid in vestrum præjudicium fieret, sedem apostolicam appellavit* (254) tandem, ab ipso archiepiscopo bene-

---

(248) De eo dictum supra, lib. III, epist. 15 not.
(249) De eo dictum supra.
(250) Frogerius, chartularii filius, Arnulphi Lexoviensis episcopi domesticus, ab Henrico Anglorum rege II, cui tum erat ab eleemosynis, ad Sagiensem episcopatum, anno 1157 vel 1158, saltem 1159, promotus fuerat. Episcopales infulas gessit usque ad annum 1184, ex supplemento Sigiberti. *Gall. Christ.* t. XI, col. 689.
(251) De eo dictum supra.
(252) Apogr. Conti, *Corbon archidiaconos*.
(253) Willelmus II, decanus erat anno 1195, ex chartis Valassiæ, et 1221, ex Beccensibus. *Gall. Christ.* XI, col. 810.
(254) Corrupta hæc apud Baluzium; genuinam lectionem restituimus ex Apographo Conti.

dictione recepta, iter arripuistis ad sedem apostolicam veniendi. Postmodum vero R. de Argenteio miles ex parte regis et R. abbatis, Camiletum accedens (255), rogavit et multa promisit ut rediretis, filium ipsius R. in episcopum recepturi, addens quod vobis nolentibus et volentibus futurus esset episcopus Sagiensis. Iterum etiam idem abbas per quemdam clericum et servientem suum vos super eodem attente rogavit. Sed vobis in priore manentibus voluntate, cœptum iter prosecuti fuistis. Electo autem apud Sanctum Moranum sublato de medio, venientes *Lucam* (256) in capella episcopali, habito..... quondam *Lucen* episcopi (257), et aliorum prudentium consilio, S. (258) archidiaconum, unum de quinque a principio nominatis, solemniter elegistis; et cum ipso pariter ad sedem apostolicam accedentes, electionem ipsius petebatis suppliciter confirmari, electione partis adversæ (quæ facta fuerat ab excommunicatis, appellatione prævia, postquam vos iter arripuistis ad sedem apostolicam veniendi, electo vestro vivente) de filio illius qui Sagiensem Ecclesiam et canonicos spoliarat, penitus reprobata. Cæterum ex parte adversa Arnaudus presbyter et professus, licet narrationi tuæ, fili prior, in aliis fere omnibus concordaret, per maledictionem tamen tuam se non intellexisse proposuit excommunicationis sententiam in aliquem fuisse prolatam, rationem supponens quare super electione Lexoviensis decani regia petitio non fuerit admittenda, cum ipsius consanguinei essent Sagiensis Ecclesiæ inimici, et quod ea die qua Ecclesiam proponebas exire propter persecutiones præmissas, V. de Aspris, ipso et quibusdam aliis præsentibus, ad nos appellans, ne sine assensu capituli ad electionem procederes interdixit. Addidit etiam quod rediens nuntius ex parte regis proposuit, quod id de ipsius non processerat voluntate, portans archiepiscopo litteras continentes quod canonicos ad propria redire faceret, et eis plene omnia resignaret. Tu autem, prior, archidiacono Corboniensi et R. fratri ejus ut ad Sagiensem Ecclesiam accederent injunxisti, nuntiaturi quod invenirent de restitutione facta vel etiam facienda; postmodum vero cum quibusdam canonicis Argentonium accessisti, ubi cum non posses colloquium habere cum rege, honore ejus, qui erat in diœcesi Sagiensi, sententiam in Nativitate Domini relaxasti; exinde vero Rothomagum veniens, de consilio archiepiscopi omnes fratres ad octavam Circumcisionis Dominicæ convocasti; quibus apud Rothomagum constitutis, cum omnes convenire non possent ad vocationem archiepiscopi, qui apud abbatiam Sancti *Audoeni* (259) morabatur, tu cum tribus archidiaconis et quinque aliis canonicis illuc ivisti; cujus stare, post multa verba, sicut sacerdotes, legali consilio promisistis. Fuit autem ipsius consilium quod ad matricem Ecclesiam ipsius canonici, obedientiales vero ad suas obedientias remanerent, ipso autem non audente ad Ecclesiam suam redire, in locis competentibus faceret provideri, et quod ad electionem non procederent donec restitutionem plenariam obtinerent, sub pœna excommunicationis inhibens ne sigillo capituli apud superiorem invento sine consensu capituli sigillarent. Quod etiam prius factum fuerat per priorem, ad cujus petitionem et aliorum novem archiepiscopus idem excommunicavit omnes qui sine consensu communi eligere attentarent. Quatuor autem ex ipsis, scilicet W. archidiaconus Carboniensis et magister *Guarinus* Costr. (260) ipse testis, et Martinus Blandinensis, ad archiepiscopum accesserunt, ut absolveret eos a promissione, quam sibi prior fecerat, de non assumendo aliquo in episcopum nisi de gremio esset Ecclesiæ, postulantes. Quibus respondit archiepiscopus, quod Deus non erat ut eos posset ad hujusmodi absolvere sacramento. Cumque magister Guarinus Costr. se dixerit non jurasse, respondit archiepiscopus, *Ite in nomine Domini*. Die vero Sabbati octavas Circumcisionis sequente, omnibus canonicis, in archiepiscopali capella manentibus, sex exceptis qui remanserant ut ecclesiam custodirent, cum tu, prior, proposuisses quod licet quinque nominati

---

(255) Apud Baluzium legitur *R. abbatis G.* Duos abbates, qui litteris initialibus nominis, tum ipsius abbatis, R., tum monasterii, G., designari potuerunt, in *Gallia Christiana* reperio.
Robertus, abbas monasterii *Goffernensis* [al. *S. Andreæ de Goffer*], ab anno 1190 usque ad annum 1221, in Instrumentis notus est. *Gall. Christ.* t. XI, col. 744.
Robertus, ex monacho *Grestani* electus est abbas 8 Septemb. 1197. Præerat adhuc anno 1233. *Ibid.* col. 844.
Lectionem codicis Vaticani genuinam credimus.
(256) Apud Baluz. *Lucaniam* et *Lucanensis*.
(257) Apud Baluzium legitur *Lucaniam* et *Lucanensis episcopi*. Urbi *Lucania* nomine, et eadem episcopali sede insignita, nulla, ullibi, quod sciam, in diversis, quæ istis Northmanniæ incolis iter Romam aggressis, percurrendæ fuerant, regionibus, hospites eos excipere potuit. Genuinam lectionem suppeditant codices, tam ex archivis S. Petri, quam ex bibliotheca Conti, *Lucam* et *Lucen*. (per abbreviatio-nem, prout mos est) *episcopi*. Qui dicitur hic *quondam Lucensis episcopus*, erat, procul dubio, Wido. Hunc, ex archipresbytero cathedralis, ad episcopalem sedem evectum anno 1196, et vitam usque ad annum 1201 protulisse, quo ipsi suffectus est Robertus canonicus Lucensis, refert Ughellus. *Ital. sacr.* t. I, col. 878.
(258) Sylvester, Frogerii, de quo supra, not. nepos, jam archidiaconus erat Sagiensis, anno 1186. Factum autem episcopum contra regis Angliæ beneplacitum, clericis Sagiensibus vetuit rex, 12 Augusti, ne eum in pecunia juvarent, et die crastina scripsit archiepiscopo Rothomagensi ne Sylvestrum archidiaconum, publica adulterii laborantem infamia, licet a summo pontifice confirmatum, consecraret. Postea, tamen, in regis gratiam rediit. Obiit anno 1220, vi Kal. Julii, ex Chronico Uticensi *Gall. Christ.* t. XI, col. 691.
(259) apogr. Conti, *Austregisili*.
(260) Sic in Apogr. Archiv.; apud Baluzium vero, *constitutus*.

fuissent, per R. tamen de Merula Ecclesiæ vestræ melius poterat provideri, archidiaconus Corboniensis si electionem velles facere requisivit. Respondenti autem tibi quod velles eligere, ipse pro se suisque subjunxit quod interesse propter promissionem quam fecerant archiepiscopo non audebant, cujus perlectis litteris appellavit, et cum decem et novem exivit; tu vero cum sociis tuis, sequenti Dominica, R. de Merula elegisti; electionem autem archiepiscopo confirmare nolente, ipse archidiaconus Corboniensis appellationem interpositam innovavit, et cum parte sua rediens ad ecclesiam Sagiensem et pro excommunicata partem alteram habens, habito consensu regio et prudentum virorum consilio, Herbertum filium præfati R. abbatis elegit; sed electus ipse, nisi nobis placeret, noluit consentire. Petebatur proinde pro parte ista facto suo tanquam legitimo apostolicum favorem impendi. Quod autem præmissa electio de jure stare non posset, multipliciter ostendere satagebat. Fuerat enim ab excommunicatis post appellationes multiplices et contra promissionem factam præfatis archiepiscopis attentata. Cum enim præfatus Rothomagensis archiepiscopus ad petitionem tuam, fili prior, excommunicasset eos qui eligerent sine tuo capitulique consensu, te tuosque tenuit hoc edictum, in quod faciendo partem incidere præsumpsistis, licet idem archiepiscopus per suas nobis litteras intimarit quod in eos excommunicationis sententiam promulgarat qui ad electionem procederent regula canonum non servata. Apostolicam sedem appellaverat etiam H. archidiaconus Oximensis, ne ipso contempto eligeretur aliquis in pastorem. V. etiam de Aspris in egressu ecclesiæ Sagiensis, et archidiaconus Corboniensis in archiepiscopi capella itidem appellarunt, ne absque communi consensu capituli deberet electio celebrari. Vos etiam promittendo quod juxta consilium præfatorum archiepiscoporum eligere deberetis, a primo videbamini proposito recessisse. Quod si pars altera tanquam excommunicata jus in electionem nullum haberet, sicut ex parte tua, fili prior, exstitit allegatum, cum quidam de canonicis partis tuæ ad electionem ultimam vocati non fuerint, et sic merito intelligantur exclusi pariter et contempti, hac solummodo ratione factum ultimum partis tuæ proponebatur penitus irritandum, cum plus noceat contemptus unius quam contradictio plurimorum. Verum has objectiones pars tua refellere nitebatur, negans se penitus in excommunicationem aliquam incidisse. Cum enim ab initio ipsius negotii, de communi consensu omnium fuerit ordinatum ut nullus eligeretur extraneus, sed de gremio duntaxat Ecclesiæ, in qua plerique idonei habebantur, nec hujusmodi statuto per sequentia fuerit derogatum, cum etsi compromissum fuisset in consilium præfatorum, per hoc tamen non recederetur a primo statuto, quia consulere potuissent et etiam debuissent, ut secundum illud statutum is de gremio eligeretur Ecclesiæ qui posset in ea idoneus inveniri; et si tibi, fili prior, de facto fuerit per aliquos contradictum, de jure tamen contradici non potuit, cum de communi consensu quinque fuissent de gremio Ecclesiæ nominati, ut unus assumeretur eorum. Quare unus ex ipsis sine contradictione qualibet eligi poterat et debebat. Appellationes etiam interpositæ id non poterant impedire, quoniam Oximensis archidiaconus non poterat appellare, cum non sit canonicus vel professus, nec ad electionem alius admittatur, sicut ex canonicorum depositionibus evidenter apparet. Cumque canonici et professi per testes etiam partis ipsius archidiaconi nominentur, ipse inter numeratos hinc inde minime reperitur. Aliis autem provocationibus dicebatur fuisse delatum, cum, inspecto principio, quod cujusque rei potissima pars existit, non sine communi consensu capituli electio fuerit celebrata. Defuncto igitur electo priore, de cujus facto principaliter agi non poterat de medio persona sublata, nisi forsitan ut de juribus latæ sententiæ quæreretur, pari potestate ad secundam fuit electionem processum, cum electus ipse de quatuor fuerit primitus nominatis, cui absentia quorumdam, fili prior, tuæ parti faventium nocere non poterat vel debebat, cum longius extra provinciam constitutos eos causa necessitatis ad electionem convocare nequiveris vel etiam exspectare, præsertim cum se ratum habituros promiserint quidquid super ordinatione ipsius Ecclesiæ tu et alii faceretis. Adversariis ergo tanquam excommunicatis ad electionis jure semotis, in te tuosque qui tecum aderant potestas totius capituli residebat. Unde, factum tuum propter præmissas et alias rationes favore petebas apostolico roborari. Nos igitur his et aliis diligenter auditis et cognitis, quia constitit nobis, prima electione pendente, post appellationem ad sedem apostolicam interpositam factum partis alterius ab excommunicatis perperam attentatum, illud decrevimus irritum et inane. Electionem autem illam ultimam a te, fili prior, et tibi faventibus tanquam a toto capitulo propter præmissas rationes et alias canonice celebratam, communicato fratrum consilio, exigente justitia, sententialiter confirmamus. Nulli ergo, etc.

Datum Laterani, VII (260*) Kal. Julii.

LXXI (261).

H. (262) DECANO MAJORIS ECCLESIÆ COLONIENSIS, PRÆPOSITO BUNNENSI (263), ET PRIORI DE HEISTERBACH.

De electione abbatissæ de Gerenseheym.

(Later., VI Kal. Julii.)

Si licuisset nobis personas accipere in judicio, profecto in causa monasterii de Gerenseheym, quæ

(260*) Apud Baluzium VIII.
(261) Conferenda cum epistola libri tertii 54.
(262) Legendum potius U. Vide loc. cit. not.

(263) Forte legendum *Bonnensi*. Bruno de Sena præpositus Bonnensis reperitur anno 1202; anno 1205, archiepiscopus Coloniensis.

vertebatur inter dilectas in Christo filias, Gertrudim et Gudam, tot et tales ac tantos pro ipsa Guda intercessores habuimus quod libenter pro ipsa sententiam tulissemus. Verum quia Deus in sua lege præcipit quod nec accipiamus personas nec munera, sed juste quod justum est judicemus, nos sine personarum acceptione via recta procedentes, causam ipsam juxta canonicas sanctiones exigente justitia curavimus terminare. Ad audientiam siquidem apostolatus nostri referente dilecto filio, procuratore dilectæ in Christo filiæ Gertrudis, pervenit, quod, cum olim vacante monasterio prædicto de præficienda sibi abbatissa moniales diutius tractavissent, demum in duas partes vota eligentium sunt divisa, quarum altera Gertrudim, altera Gudam sibi in abbatissam elegit. Propter quod ab utraque illarum fuit ad sedem apostolicam appellatum, et ad prosequendam appellationem nuntii destinati, qui in certos judices multis coram positis convenerunt, juramento firmantes quod a litteris quas communiter impetrarent nullatenus resilirent, nec examen electorum judicum pariter declinarent. Sed postmodum Gudæ nuntius contra præstitum veniens juramentum, ad A. quondam abbatem de Monte (264), et dilectos filios, abbatem de Campis (265), et præpositum Sancti Gereonis (266), furtivas litteras impetravit. Qui cum vellent in causa procedere, Ger. nuntius ab apostolica sede reversus ad dilectos filios, majoris Ecclesiæ et Sancti Gereonis decanos, et.... quondam majorem scholasticum Coloniensem, impetratas litteras exhibuit sub hac forma, ut videlicet litteras quas Gudæ nuntius per fraudem extorserat, denuntiarent irritas penitus et inanes, revocarent etiam quidquid per eas esset in dictæ Gertrudis præjudicium attentatum, causam postea fine canonico terminantes. Qui prioribus litteris revocatis, cum vellent super electione cognoscere, pars Gudæ litteras illas sibi suspectas esse proposuit et ad sedem apostolicam remittendas, cujus intentionem cum Gertrudis ea ratione duceret elidendam, quod nullas causas suspicionis proponeret nec probaret, eadem Guda *ad* nostram audientiam appellavit. Judices vero intelligentes appellationi hujusmodi minime deferendum, probato quod Gertrudis a majori et saniori parte monialium fuisset electa, ipsam in possessionem abbatiæ auctoritate apostolica induxerunt. Qui cum postmodum nuntium cum actis judicum ad sedem apostolicam destinassent, ipse nuntius immemor fidei quam super negotio fideliter procurando præstiterat, cum nuntio Gudæ collusit, cui universa tradidit instrumenta, et cum eo in judices suspectos omnino convenit. Unde, cum ad venerabilem fratrem nostrum, Coloniensem archiepiscopum (267), et dilectos filios, decanum Xanctensem (268), et præpositum Sancti Gereonis, impetratæ litteræ comparerent, Gertrudis ad ipsorum tribunal accedens, adversus archiepiscopum proponebat, quod ab ipso super eodem negotio fuerat appellatum, et ab initio litis foverat partem Gudæ, et proventus Ecclesiæ, quos ut judex ordinarius lite pendente debuisset fideliter conservare, illi postmodum conferendos quæ per sententiam obtineret, adversariæ suæ concesserat, et sic illam contra se duxerat muniendam. Dicebat insuper quod Xanctensis decanus adversariam proxima linea consanguinitatis attingeret, et quod præpositus Sancti Gereonis non esset judex idoneus, tanquam infra ætatem legitimam constitutus. Ad hæc autem pars Gudæ taliter respondebat, quod, cum de assensu utriusque partis judices fuissent obtenti, ipsa Gertrudis non debebat nec poterat eorum judicium declinare. Sed eadem contra hæc taliter replicabat, quod, si prædictas causas suspicionis ad plenum ejus nuntius advertisset, dolose postmodum in tales judices convenerat. Unde factum ejus ratum habere minime tenebatur. Denique cum ejus rationes nollent admittere judices memorati, ipsa se et causam apostolicæ protectioni supponens nostram audientiam appellavit; sed judices, juris ordine prætermisso, Gudam de abbatia investire curarunt, moniales quæ excommunicatæ fuerant sine satisfactione qualibet absolventes. Propositis autem Gudæ nuntius respondebat, quod, cum a sex fratribus et septem sororibus in abbatissam canonice fuisset electa, Gertrudis vero a parte numero et dignitate minore, ipsa Guda per nuntium ad abbates de Monte ac de Campis et præpositum Sancti Gereonis litteras impetravit : qui, cum causa legitime ventilata usque ad sententiam processissent, Gertrudis nuntius ad majoris Ecclesiæ et Sancti Gereonis decanos et majorem scholasticum Coloniensem litteras nostras reportavit ; qui, cum partes peremptorie citavissent, Guda tamen, quia unus judicum advocatus, reliqui vero ab initio fautores fuerant prædictæ Gertrudis, sedem apostolicam appellavit. Sed nihilominus judices prædictæ Gertrudis possessionem abbatiæ adjudicare curarunt, in ipsam Gudam et ejus fautrices sententiam proferentes excommunicationis. Unde, postmodum, ad earum petitionem causam ipsam prædicto archiepiscopo et præposito Sancti Georgii, et decano Xanctensi commisimus terminandam; qui latam a prædictis judicibus sententiam revocarunt, electionem de Guda factam auctoritate apostolica confirmantes. Gertrudis autem ad sedem apostolicam accedens, ad probandum quod proposuerat coram dilectis filiis, B. (269) tituli Sanctæ Suzannæ presbytero, et M. (270) Sancti Theodori diacono, instr. 442.

(264) Vide loc. cit. not.
(265) Vide loc. cit. not.
(266) *Engelbertum* nomine ; ex litteris Guidonis, cardinalis episcopi Prænestini, ubi testis adest eidem cardinali bona Saynensis abbatiæ confirmantis, anno 1202. Hontheim. *Hist. Trevir.* t. I, pag. 642,
(267) Vide loc. cit. not.
(268) Nomine *Gerardum*, ex Instrumento apud Hontheim. loc. cit.
(269) Vide loc. cit. not.
(270) Vide loc. cit. not.

cardinalibus, quos concesseramus in eodem negotio auditores, testes induxit, et procurator Gudæ se testes asseruit producturum, quorum copiam apud sedem apostolicam non habebat. Unde negotium ipsum dilectis filiis, abbati de Stanvelt (271), præposito Sancti Severini *Coloniensis* (272), et priori de Mare, duximus committendum, quibus per nostras dedimus litteras in mandatis, ut, auditis propositis et receptis testibus quos pars utraque duceret producendos, attestationibus etiam coram jam dictis cardinalibus exhibitis, quas sub bulla nostra his misimus interclusas, et aliis quæ coram ipsis essent exhibitæ publicatis, Deum habentes præ oculis, si partes consentirent, diffinitivam sententiam promulgarent. Alioquin gesta omnia in scriptis redacta sub sigillis suis ad sedem apostolicam destinarent, partibus competentem terminum assignantes, quo per se vel procuratores idoneos accederent diffinitivam sententiam recepturæ. Convocatis igitur partibus et in ipsorum delegatorum præsentia constitutis, Gertrudis nostras judicibus litteras præsentavit, postulans sibi justitiam exhiberi. Quibus de more perlectis, Guda earum copiam sibi petiit exhiberi. Cujus petitionem dicebat Gertrudis nullatenus audiendam, cum easdem litteras sibi suus procurator, quem ad nos miserat, reportasset. Cumque fuisset super hoc diutius disputatum, Gertrudis tandem fecit Gudæ inspiciendarum copiam litterarum. Quibus diligenter inspectis, deliberatorias inducias postulabat, quas Gertrudis denegandas penitus asserebat, cum sæpe ac sæpius concessæ fuissent, ac diu negotium ventilatum. Cumque super his diutius disputassent, ipsi judices, habito prudentum et religiosorum virorum consilio, non esse dandas Gudæ deliberatorias inducias decreverunt, tum quia coram pluribus judicibus causa fuerat agitata, tum quia Guda facere fidem noluit quod easdem litteras per suum nuntium minime recepisset. Unde Guda nostram duxit audientiam appellandam. Ipsi vero appellationem in litteris inhibitam attendentes, testes Gertrudis ad ipsius petitionem super ipso negotio receperunt, quorum attestationes cum fuissent legitime publicatæ, cum illis quæ coram memoratis cardinalibus receptæ fuerant, prout tenor mandati apostolici continebat, sub sigillis suis ad nos transmisere conclusas. Nos igitur, procuratoribus utriusque partis cominus constitutis, cum per memoratum B. presbyterum cardinalem, quem eis dedimus auditorem, nobis quæ proposita sunt fuissent fideliter recitata, auditis rationibus et allegationibus plenius intellectis, attendentes Gertrudem a majori et saniori parte monialium, quæ, sicut probatum fuerat, solæ jus obtinent eligendi, canonice in abbatiam electam fuisse, Gudæ denominatione cassata, electionem Gertrudis auctoritate apostolica duximus confirmandam. Quocirca discretioni vestræ per apostolica scripta mandamus, quatenus eam in possessionem ipsius abbatiæ nostra freti auctoritate inducere, remoto cujuslibet contradictionis et appellationis obstaculo, procuretis, et faciatis eam pacifica possessione gaudere, contradictores, etc. Quod si non omnes, duo, etc.

Datum Laterani, vi Kal. Julii.

LXXII (273).

ABBATI (274) ET CONVENTUI DOLENSI.

Confirmatur concordia inita cum domino castri Rodulphi.

(Laterani, iii Kal. Julii.)

Cum lites quæ ad discordiam emerserunt, amicabili fuerint compositione sopitæ, quod ad eas sopiendas provida fuerit deliberatione statuutum, decet scripturæ testimonio communiri, ne ad renovandum novum litigium quorumlibet malitia quæstio rediviva consurgat. Sane, cum inter vos et Ecclesiam vestram ex una parte, et dilectum filium, nobilem virum, Andream de Calviniaco (275), dominum castri Rodulphi ex altera, super justitiis et libertatibus burgi Dolensis quæstio verteretur, tandem inter vos et ipsum amicabilis compositio intervenit, quam tu, fili abbas, et idem nobilis in nostra præsentia constituti postulastis a nobis suppliciter confirmari. Nos igitur vestræ postulationi *clementius annuentes*, compositionem ipsam, sicut sine pravitate provide facta est et ab utraque parte sponte recepta, et in scripto dicti nobilis plenarie continetur, auctoritate apostolica confirmamus, etc. Ut autem super hoc certitudo major possit haberi, scriptum ipsum de verbo ad verbum huic nostræ paginæ duximus inserendum, cujus tenor talis existit. *Ad evitandum oblivionis incommodum et retundendam calumniantium malitiam, qui super rebus gestis suscitare solent multiplices quæstiones, adhibendum est scripturæ remedium, quatenus quod longævi protractio temporis humanæ memoriæ derogat, hoc scripturæ testimonium, quod oblivionis dispendium non patitur, recompenset. Idcirco, ego Andreas de Calviniaco, dominus castri Rodulphi, notum facio per præsentem paginam omnibus præsentibus et futuris, quod, cum inter me et Ecclesiam Dolensem super justitiis et libertatibus Dolensis burgi fuisset quæstio diutius ventilata, tandem per Dei gratiam taliter fuit inter me et eamdem Ecclesiam compositum et ad pacem perficiendam, quod ego di-*

---

(271) Vide loc. cit. not.
(272) Hermanno ex Hontheim, *ibid*
(273) Indicata apud Raynaldum, anno 1202, § 19.
(274) Monasterii Dolensis abbas, cui hæc directa dicitur epistola, erat Rodulphus de Podio, quem usque ad annum 1211 (quo debitum naturæ persol-

vit in monasterio S. Leonardi Corbiniac dum Romam pergeret), præfuisse ex instrumentis compertum est; forte jam præerat ab anno 1194, quo prædecessorem Geraldum, vel *Geraudum*, de Spinolco, regimini cessisse asserunt novæ *Galliæ Christianæ* auctores, t. II, col. 151.

(275) Vide supra, epist. 51, 52.

misi et concessi in perpetuum Dolensi Ecclesiæ, propter chartas quas habet Ecclesia ipsa a dominis quondam castri Rodulphi, omnes justitias Dolensis burgi, tam in duellis quam furtis, quam raptu et murtis (276), et quod omnes clamores qui de commissis infra cruces ejusdem burgi perpetratis fient, ad abbatem vel ejus ministeriales ferantur, et qui justitiam suam infra cruces habere voluerit, per prædictam Ecclesiam habeat, et quod equi ejusdem Ecclesiæ sive jumenta, sive asini, qui cum quadriga, seu alio modo, ad adducenda ligna seu alia usibus monachorum necessaria foras missi fuerint, non capiantur, nisi tamen inventi fuerint in delicto. Habitatores burgi Dolensis quidquid et ubique extra cruces delinquant, dummodo infra cruces venire valeant, exhibebunt justitiam per abbatem vel ejus mandatum, nisi tamen capti fuerint in delicto. Quæstam etiam illam quam super homines burgi Dolensis propter vindemiandas vineas ego et prædecessores mei consueveramus facere, Deo et beatæ Mariæ ego et Dionysia uxor mea, et hæredes mei, omnino et in perpetuum dimisimus, ita, quod nullus hominum vel mulierum infra cruces burgi habitantium, aliquid de cætero propter vineas vindemiandas persolvat, sed quandocunque voluerint, liberam vindemiandi habeant facultatem. Concessi etiam quod panni sine tinctura qui fuerint in burgo Dolensi et in castro Rodulphi, sicuti burellum et cordatum et reatum, quod fit ibidem vendantur in burgi domibus, fenestris non apertis; panni etiam linei et canabei, undequaque venient, similiter ibi vendantur. Homines etiam qui molas in burgo Dolensi adducere voluerint, eas secure adducant et vendant, et ego vel homines mei nullam vim faciemus quo minus in burgo molæ adducantur et vendantur. Concessi præterea quod mercerii perducant merces suas et vendant in plateis burgi Dolensis omni die si abbas voluerit, nisi forum vel nundinæ fuerint apud castrum Rodulphi, ita quod nullam alicui persolvant consuetudinem. Fabri etiam undecunque veniant, similiter vendant ferrum fabricatum sine omni consuetudine. In omnibus nundinis quæ fiunt in burgo Dolensi, jacebunt mercatores, si voluerint, in burgo, in vigiliis nundinarum et in die cum rebus et equitaturis suis. In nundinis vero quæ fiunt in burgo Dolensi in visitatione Dolensis Ecclesiæ, quas ego dedi, et in nundinis Annuntiationis beatæ Mariæ, quas D. Ebbo et D. D. Radulfus filius ejus dederunt, quæ sunt trium dierum, jacebunt mercatores, si voluerit, in burgo Dolensi in vigiliis nundinarum et in die, et in altera sequenti die cum rebus et equitaturis suis. Propter damna quæ ego intuli Dolensi Ecclesiæ dedi in perpetuum Ecclesiæ decem modios bladi, censuales de frumento, de siligine, de hordeo, de avena æqualiter. Præterea concessi quod burgus de Masnilio habeat eamdem libertatem quam burgus Dolensis habet. Propter damna et injurias quæ homines mei fecerunt et Coterelli apud Masnilium, concessi quod apud Masnilium quotannis Dominica post festum sancti Dionysii fiant nundinæ, juxta consuetudinem nundinarum quæ fiunt in burgo Dolensi in festo sancti Michaelis. In burgo de Hubeis nihil habeo nisi quæstam unius marcæ argenti, et unam procurationem semel in anno, sicut D. Ebbo quondam habuit. Villam de Hybernali tenebo et servabo liberam et immunem, reddita mihi consueta censa avenæ. In domo de Vodolione non descendam nec hospitabor, nec aliquam violentiam irrogabo. Medietarii Dolensis Ecclesiæ erunt ab omni consuetudine et violentia liberi et immunes, et res monachorum vel hominum suorum non capientur, quandiu ipsi voluerint justitiam exhibere, vel abbas, vel mandatum suum pro eis. Ut autem ista omnia habeant perpetuam firmitatem, ego juravi me illa inviolabiliter servaturum, et præsentem paginam sigilli mei munimine roboravi, et ad majus testimonium sigilla Sancti Gildasii (277) et Millebecensis (278) abbatum feci apponi. Hæc omnia sicut super scripta sunt, etiam Dionysia uxor mea et G. filius meus concesserunt. Hujus rei testes sunt isti: H. prior Dolensis, A. prior de Rocca Cerveria, Aym. eleemosynarius, P. camerarius, P. sacrista, A. cellararius, O. armarius, M. hostellarius, P. Ferrandi, J. archipresbyter castri Radulphi, N. Correers, Petrus Pelet, G. Nebodet, H. Viventius, P. Guarni, W. de Azajo, A. Viventius, S. Bergerolæ, H. de Seusa, Ga. de Aventiniaco, A. Burez, G. Moralz, O. de Valenkai, magister Herveus, R. Borges et B. frater ejus, S. filius ejus. Gir. Petiz-Terr. Bonatus de Uriaco, Hu. Agnellus, P. de Cresenc., Joannes scriptor abbatis Dolensis et multi alii. Actum est hoc anno Verbi incarnati 1203 (279), Non. Aprilis, in capitulo Dolensi, regnante Philippo rege Francorum, Joanne rege Anglorum, sedente Innocentio papa III, G. præsule Bituricensi, Radulfo abbate Dolensi. Nulli ergo, etc.

Datum Laterani, Kal. Julii.

LXXIII (280).
CLAROMONTI, CANONICO TERDONENSI.
Ei confirmatur præbenda.
(Later., vii Id. Julii.)

[Cum pro quæstione Terdonensis (281) præbendæ pontificatus Innocentii sexto, assignanda est hæc epistola.

(280) Epistolæ hujus fragmentulum refertur in Decretalibus, lib. III, tit. 8, *De concessione præbendæ et Ecclesiæ non vacantis*, cap. 8, ubi *C. Canonico Tridentino* directa dicitur. Quæ illic leguntur, hic uncis inclusa sunt; variæ etiam lectiones ad marginem appositæ.

(281) Decret. Trident., ut et infra.

---

276) Sic in Apogr. Archiv. In apogr. Conti, *Murtis*. Forte, *murtariis*. Vid. Cang.
(277) S. Gildasii abbatiam tunc regebat S. qui sic subscripsit in litteris Rodulphi Dolensis pro monasterio Prateensi an. 1202. Gall. Christ. t. II, col. 155.
(278) De Millebecensibus abbatibus circa hæc tempora nihil apud *Galliæ Christianæ* auctores reperitur.
(279) Aut legendum hic 1202, aut anno sequenti,

dæ], quæ vertebatur inter te ex una parte, et venerabilem fratrem nostrum, episcopum (282), et dilectos filios, canonicos Terdonenses, ex alia, tu et procuratores partis alterius in nostra essetis præsentia constituti, vobis dilectum filium, Hug. (283) tituli Sancti Martini presbyterum cardinalem, concessimus auditorem. Coram quo pro te taliter fuit allegatum, quod, cum bonæ memoriæ O. (284) episcopus Terdonensis, patruus tuus, ab apostolica sede reversus, Terdonenses canonicos attentius rogavisset ut te reciperent in canonicum et in fratrem, ipsi ejus precibus annuentes hilariter te receperunt, nulla primæ vel secundæ præbendæ habita mentione; qui ab illo tempore usque nunc locum in choro et capitulo sicut alii canonici habuisti, lectiones legisti in ecclesia, et responsoria cantavisti, ac per prædictum episcopum tibi fuerunt domus in ipsa canonica nomine canonici assignatæ, quas tu possedisti ac possides in quiete. Et cum in eadem Ecclesia Terdonensi ex illis canonicis qui præbendam in ea non possident tu primo institutus fueris et receptus, et nunc vacet beneficium in eadem, humiliter postulabas a nobis ut Terdonensibus canonicis dare dignaremur districtius in mandatis, quod vacans beneficium tibi, omni difficultate postposita, assignarent, et facerent pacifica possessione gaudere. Procuratores vero partis alterius e contrario respondebant quod, cum in Terdonensi Ecclesia certus sit canonicorum numerus institutus et scriptis Romanorum pontificum confirmatus, canonicique constitutionem ipsam observare teneantur, præstito juramento, nos eis litteris nostris dedimus in mandatis, ut dilectum filium, B. subdiaconum et capellanum nostrum, in canonicum reciperent et in fratrem, eique præbendam sicut uni ex aliis canonicis assignarent. Verum quia statutus canonicorum numerus tunc in eadem Ecclesia plenus erat, mandatum nostrum non potuerunt exsecutioni mandare. Post non modicum vero temporis, prædictus O., quondam episcopus, persuasionibus, minis et terroribus, institit apud canonicos Terdonenses, ut te reciperent in canonicum ad præbendam proximo vacaturam, eis constanter promittens quod eos tam a petitione civium Terdonensium quam ab exsecutione mandati apostolici, quod ipsi pro ejusdem subdiaconi nostri receptione receperant, liberaret; sicque eos circumveniens fraudulenter, recipi te fecit ad præbendam proximo vacaturam. Cum autem dilectus filius R. (285) tituli Sancti Petri ad Vincula presbyter cardinalis, in Lombardiæ partibus legationis officio fungeretur, eumdem subdiaconum nostrum per quemdam clericum suum institui fecit canonicum ecclesiæ Terdonensis, assignans ei stallum in choro et locum capituli, præsente prædicto quondam episcopo, nec faciente de receptione tua aliquam mentionem. Sed prædicti canonici institutionem de ipso B. factam, licet in publico non ostenderent propter insolentiam laicorum, ratam omnimodis habuerant. Cumque circa præteritum Pascha dictus quondam episcopus carnis debitum exsolvisset, et prædictus episcopus qui nunc est, fuisset subrogatus eidem, qui fuerat archidiaconus Ecclesiæ Terdonensis, præbendam vacantem iidem canonici prædicto subdiacono nostro unanimiter decrevere conferri, sicut in eorum litteris perspeximus contineri, et ipsius procuratores capituli prædictam præbendam vacantem in nostra sibi præsentia concesserunt. Unde suppliciter petebatur a nobis ut institutionem tuam, tanquam contra Lateranense concilium attentatam, penitus irritantes, et absolventes Terdonensem Ecclesiam ab impetitione tua, concessionem eidem subdiacono nostro factam de præbenda prædicta dignaremur auctoritate apostolica confirmare. Nos igitur ex his quæ fuerunt hinc inde proposita certiores effecti per cardinalem prædictum, concessionem prædicto subdiacono nostro a canonicis prædictis factam de præbenda prædicta de fratrum nostrorum consilio ratam habentes, eam auctoritate apostolica duximus confirmandam. Verum, cum tam assertione tua quam confessione constet partis alterius, [te in fratrem et canonicum Terdonensis Ecclesiæ fuisse receptum, licet receptionem tuam factam contra Lateranense concilium pars adversa proponat, quia tamen probatum non exstitit, parte altera penitus hoc negante (286), nec ipsi canonici hoc videbantur tibi opponere posse de jure, qui se fatebantur te contra statuta prædicti concilii recepisse, sententiando (287) decernimus ut tibi, quam cito se facultas obtulerit, præbendale beneficium in Terdonensi Ecclesia conferatur, cum ex quo receptus es in canonicum, non debeas carere præbenda.] Volentes autem tecum benignitatem apostolicam exercere, ut non videaris diutius, sicut nec convenit, sine stipendio ecclesiastico militare, provida deliberatione statuimus, ut fructus præbendæ prædicti subdiaconi nostri tandiu inter te et ipsum qualiter dividantur, donec præbendam tu fueris in Terdonensi Ecclesia consecutus.

Datum Laterani, vii Idus Julii.

---

(282) Episcopalem Terdonensium (seu *Derthonensium*) sedem, tunc temporis tenebat Obizo, qui hoc ipso anno 1202, Ottoni (seu *Oddoni*) successerat. UGHELL. *Ital. sacr.* t. IV, col. 863. Huic Innocentius scripsit anno 1212; pontificatus xv, et ipsum sub sua et B. Petri protectione suscepit.

(283) De eo jam egimus supra.

(284) Otho (sive *Oddo*) Terdonensem sedem obtinuit anno 1193. De ipso igitur in epistolis Innocentii, libri primi 132 et 187. Obiit anno 1201.

UGHELL. *Ital. sacr.* t. IV, col. 863.

(285) Don Bernardus, canonicus regularis congregationis S. Fridiani Lucensis, primo tituli S. Mariæ Novæ diaconus, a Clemente PP. III, deinde S. Petri ad Vincula, tituli S. Eudoxiæ presbyter cardinalis, a Cœlestino PP. III renuntiatus est. Obiit sub Innocentio III. OLDOIN. *ad Ciacon.* t. I, col. 1142.

(286) Hæc omittunt Decretal.

(287) Decretal. *sententialiter*.

LXXIV

ARELATENSI ARCHIEPISCOPO (288), ET SANCTI ÆGIDII (289), ET VALLIS-MAGNÆ (290) ABBATIBUS.

De accusatione adversus abbatem S. Wilhelmi, et depositione ejus.

(Apud monasterium Sublacense, VIII Id. Augusti.)

Cum accessissent olim ad apostolicam sedem dilecti filii, M. monachus sancti Willelmi, qui Hu. (291), quondam abbatem ipsius loci, super reatu perjurii, dilapidatione, ac dissolutione ordinis accusabat, ac W. Ricc. procurator ipsius quondam abbatis, quia per mutuas assertiones illorum non potuimus elicere veritatem, causam ipsam dilecto filio, fratri Raynerio (292), tunc in partibus illis apostolicæ sedis legato, duximus committendam. Sed postmodum de infirmitate ipsius legati rumore accepto, ne aliquid de ipso humanitus eveniret, dilectum filium, magistrum Petrum de Castronovo (293), Magalonensem archidiaconum, negotio eidem adjunximus. Qui capitulo innitens quod in litteris nostris erat insertum, videlicet ut si legatus interesse non posset, idem archidiaconus ea nihilominus exsecutioni mandaret, partes ad suam præsentiam convocavit. Coram quo dictus monachus supradicta crimina objecit eidem quondam abbati, afferens etiam ipsum commisisse Simoniacam pravitatem aperte. In cujus testimonium criminis quoddam instrumentum produxit in medium, in quo idem quondam abbas Certesh Ricc. (294)... uxorem ejus et infantes, ad conversionem pro duobus millibus solidorum Melgoriensis monetæ confiteri videbatur sub charitatis nomine recepisse. Sed cum idem M. hæc et multa alia in abbatem proponeret, et multis modis exciperet contra ipsum, suamque niteretur innocentiam expurgare, dictus archidiaconus recept's testibus quos pars induxit adversa, in dictum quondam abbatem suspensionis sententiam promulgavit. Idem vero quondam abbas, veritus ne judex procederet ad depositionem sui ipsius, vocem ad nos appellationis emisit. Ipse nihilominus appellatione contempta, postquam idem quondam abbas iter arripuit ad sedem apostolicam veniendi, in eum excommunicationis et depositionis sententiam promulgavit. Postmodum autem dictus quondam abbas ad præsentiam nostram accedens, cum nobis proponeret se a dicto judice injuste gravatum, et postularet instanter ut quod ab ipso factum fuerat irritum faceremus haberi, supradictus monachus postulabat e contra quod a nobis obtineret factum archidiaconi firmitatem. Qui cum concertatione mutua nobis contraria proponerent et diversa, et dilectus filius J. (295) tituli Sanctæ Pudentianæ presbyter cardinalis, eis datus fuisset auditor, coram ipso et dilectis filiis P. tituli Sancti Marcelli pre-

---

(288) Quis fuerit Arelatensis archiepiscopus, cui directa dicitur hæc epistola, pro certo statuere haud esset facile. Ymbertus [*al.* Imbertus], de Aquaria (Gallice *des Aiguières*), ex sacrista, Arelatensis Ecclesiæ archiepiscopus anno 1190 electus est; anno 1202, XIII Kal. Augusti, id est 18 vel 19 dies antequam hæc de qua agimus ab Innocentio daretur epistola, fato functus erat; modo epitaphio, quod legitur apud Sanctum Trophimum, ubi præsul iste sepultus fuit, fides sit habenda. *Decimo tertio Kal. Aug. obiit dominus Umbertus de Aqueria, bonæ memoriæ Arelatensis episcopus, anno Dominicæ Incarnationis* 1202. *Orate pro eo.* Successor ei datus fuit, juxta novæ *Galliæ* auctores, Michael de Moresio (Gallice *de Moriez*), prius præpositus Arelatensis Ecclesiæ. Verum, jam ab anno 1200 præpositum ejusdem Ecclesiæ, Michaelis in præpositura successorem, Gaufredum I de Beira agnoscunt iidem auctores (t. I, col. 596), quod quidem Michaelis ad archiepiscopatum electionem anno 1200 assignandam esse innuere videretur. Nodus quidem isto pacto solvi posset. Vel Ymbertus jam ab anno 1200 archiepiscopatui cesserat, vitamque postea usque ad annum 1202 XIII Kal. Augusti privatus produxit, et Michael præpositus successor ipsi datus fuit; vel Michael ipse præpositura anno 1200 cesserat, et nonnisi duos post annos, scilicet anno 1202, archiepiscopus electus fuit. Sed sententiam hanc ultimam amplectentes alia suboritur difficultas, Pontifex in hac sua epistola, prout palam est, Arelatensem achiepiscopum, velut jam a longo tempore, nullatenus vero prout recenter, in archiepiscopali throno sedentem alloquitur; defunctoque Ymberto anno 1202 XIII Kal. Augusti, quo pacto, eodem anno VIII Id. Augusti scribenti pontifici nondum innotuerat mors Ymberti, et ipsi, velut adhuc inter vivos versanti, epistolam direxit, quæ quidem nonnisi post ipsius obitum Arelatas devenire potuit. Vide *Gall. Christ.* t. I, col. 564.

(289) De abbate S. Ægidii (Nemausensis diœceseos) cui hæc dirigitur Epistola, et qui in instrumentis littera R designatus ab anno 1195 reperitur; conf. *Gall. Christ.* t. VI, col. 490.

(290) Petrus III, Vallismagnæ abbas, præsens nominatur anno 1201 in concordia, abbatem de Ulmeto inter et abbatissam S. Cæsarii. Memoratur adhuc annis 1202 et 1203. *Gall. Christ.* t. VI, col. 722.

(291) Hugo III, de Foderia, nobili ortus sanguine, abbas monasterii S. Guillelmi (de Desertis, *al.* Gellonensis), ab anno 1196 usque 1199 in instrumentis innotescit. Vide *Gall. Christ.* t. VI, col. 591.

(292) De isto sæpius in Regestis, lib. I et II.

(293) De Petro de Castronovo, Magalonensi archidiacono, agitur lib. I, epist. 267 et 541.

(294) Sic, et in Apographo.

(295) Jordanus de Ceccano, Campanus, monachus et abbas monasterii Fossænovæ [*al.* Fori Appii], ordinis Cisterciensis, primo diaconus, anno 1188, mox eodem anno, S. Pudentianæ titulo Pastoris presbyter cardinalis, a Clemente PP. III renuntiatus fuit. Hunc Panvinius, Aubery, et alii, nobilem Romanum ex familia Ursinorum faciunt; eumdemque exordium Cisterciense virum illustrissimum, Romanum genere, et honestate morum clarissimum docet; sed ex antiquo Chronico ms. Ceccani habetur Jordanum hunc fuisse e familia de Ceccano nobilissima in Campania. Diversis legationibus, in Gallia, Germania, agro Piceno, tum sub Clemente PP. III, tum sub Innocentio, functus est. E vita excessit, ex Chronico Fossænovæ, VII Kal. Martii anno 1206. Post ejus obitum terribilem visionem cuidam Pandulpho, ejusdem cardinalis notario, factam narrat Cæsarius Hæsterbachcensis, lib. XII *Miraculorum,* cap. 22. Vide OLDOIN. *ad Ciacon.* t. I, col. 1140.

sbytero, et H. (296) Sancti Eustachii diacono, cardinalibus, quos eidem auditori ad consilium duximus adjungendos, aliquandiu litigarunt. Qui visis attestationibus et allegationibus utriusque partis, auditisque diligenter et conspectis, quoniam ex attestationibus adversæ partis nihil intelligere potuerunt quod depositionem induceret, licet aliqua quæ continebantur in eis famam ipsius quondam abbatis in aliquibus denigrassent, vobis, frater archiepiscope et fili abbas Vallis-Magnæ, et dilecto filio B. de Costa, archidiacono Ruthenensi, litteris nostris mandavimus ut, nisi coram vobis prædictus quondam abbas sufficienter ostenderet, se a crimine Simoniacæ pravitatis super præmissis immunem, depositionis sententiam latam in eum curaretis auctoritate apostolica confirmare, et faceretis eidem monasterio de persona idonea in abbatem regulariter provideri. Quod si probaret se forsan immunem a Simoniaca pravitate, prædictam depositionis sententiam revocaretis in irritum, pœnam tamen eidem quondam abbati ad correctionem infligeretis, secundum disciplinam canonicam et ordinem regularem, suspensionis sententia usque ad purgationem canonicam suo in robore permanente. Vos autem cum juxta mandatum nostrum parati essetis in causa procedere memorata, prædictus M. monachus, conjudicem vestrum archidiaconum Ruthenensem sibi suspectum asseruit, eo quod in causa eadem contra ipsum fuerat advocatus, postulans ut vos duo in causæ cognitione procederetis, vestro conjudice remoto, sic ad nostram audientiam appellavit, cum in litteris nostris appellationis non esset remedium interdictum. Post appellationem tamen objectam partes vobis multipliciter obstiterunt, ut vos duo pietatis intuitu ejusdem causæ cognitionem suscipere curaretis, secundum formam commissionis nostræ in omnibus processuri, eo solo excepto quod si eumdem quondam abbatem videretis depositione dignum, latam in eum depositionis sententiam non possetis auctoritate apostolica confirmare, sed nobis curaretis totius negotii seriem per vestras litteras intimare; si vero ipsum videretis per sententiam absolvendum, ferendi pro ipso absolutionis sententiam haberetis facultatem. Causa itaque suo tramite decurrente, cum abbas ipse niteretur se immunem ostendere a labe Simoniacæ pravitatis, et ad assertionem suam testes aliquos produxisset, et e contra pars M. monachi, ad improbandos testes ipsius quondam abbatis produxisset testes alios ex adverso, et multa fuissent hinc inde proposita coram vobis, et compromisissent partes præstito juramento se in ipsa causa plures testes minime producturos, vos auditis rationibus et allegationibus utriusque partis, cum partes in vos compromisissent, iterum præstito juramento se juri et mandato vestro per omnia parituros, quoniam eidem quondam abbati et quieti monasterii credebatis plurimum expedire, ut idem quondam abbas sponte cederet abbatiæ, ipso vocato seorsum, ei suggerere ut cederet procurastis. Et quoniam monitis vestris in hac parte acquiescere non curavit, vos in causa ipsa ultra procedere noluistis, partem utramque cum allegationibus et attestationibus quas recepistis, et litteris vestris totius causæ seriem continentibus, ad nostram præsentiam remittentes. Cumque nos omnibus diligenter inspectis, de fratrum nostrorum consilio causam ipsam parati essemus per sententiæ calculum terminare, idem quondam abbas sponte cessit pro bono pacis, usus consilio saniori, et renuntians omni juri quod in eadem abbatia se credebat habere, ipsam in nostris manibus resignavit; cujus cessionem recepimus, præcipientes eidem ut se intromittere de abbatia de cætero minime attentaret. Volentes igitur ipsi monasterio, quod est Romanæ Ecclesiæ, paterna providere sollicitudine, ut tenemur, cum occasione quæstionis prædictæ sit, ut dicitur, in temporalibus et spiritualibus diminutum, discretioni vestræ per apostolica scripta mandamus, quatenus ad monasterium ipsum pariter accedentes, cessionem et renuntiationem prædicti quondam abbatis publice nuntietis, dantes conventui auctoritate nostra liberam facultatem, ut personam idoneam per electionem canonicam cum consilio vestro sibi præficiant in abbatem, vosque Deum habentes præ oculis tale ipsis detis in hoc consilium, quod in examine districti Judicis, ubi quisque de factis suis mercedem propriam est recepturus, bonam valeatis ex hoc reddere Domino rationem, et per vestræ sollicitudinis studium status ipsius monasterii, quod multipliciter est dilapsum, valeat auctore Domino reformari. Ei autem qui de consilio vestro electus fuerit in abbatem, quia ipsius monasterii parcere volumus gravaminibus et expensis, tu, frater archiepiscope, sublato cujuslibet contradictionis et appellationis obstaculo, vice nostra munus benedictionis impendas, et ab eo juramentum pro Ecclesia Romana recipias, quod tibi sub bulla nostra mittimus interclusum. Si vero idem conventus electionem celebrare noluerit, vel malitiose distulerit, seu eorum vota in electione non potuerint unanimiter concordare, vos nihilominus auctoritate nostra, sublato appellationis obstaculo, curetis ipsi monasterio de persona idonea providere, cui tu, frater archiepiscope, juxta quod prædiximus, benedictionis munus impendere non moreris, contradictores, si qui fuerint, vel rebelles appellatione remota per districtionem ecclesiasticam præmissa monitione compescens. Quia vero prædictus quondam abbas in prosecutione causæ suæ multa, ut asserit, jam expendit, pro quibus amicorum suorum bona sunt pignori obligata, et ipse cum eis nihilominus est pro eisdem debitis obligatus, volentes ei, sicut convenit, providere, discretioni vestræ per apostolica scripta præci-

(296) De istis jam dictum est sæpius.

piendo mandamus, ut ei de bonis monasterii antedicti moderatas expensas, quas in prosecutione hujusmodi fecisse dignoscitur, receptis ab eo privilegiis monasterii et sigillo capituli, restitui sublato cujuslibet contradictionis et appellationis obstaculo faciatis. Possessiones autem ipsius monasterii alienatas illicite auctoritate apostolica studeatis legitime revocare, detentores ad restitutionem earum, sicut justum fuerit, ecclesiastica districtione cogentes. Quod si non omnes, etc., tu, frater archiepiscope, cum eorum altero, etc.

Datum apud monasterium Sublacense, viii Idus Augusti, anno quinto.

LXXV.

EPISCOPO (297), ARCHIDIACONO, ET PRÆPOSITO PLACENTINIS.

De contumacia clericorum Sancti Antonini Placentini.

(Apud monaster. Sublacen., v Id. Augusti.)

Contumaciam præpositi et canonicorum Sancti Antonini Placentini jam diu sumus per indicia eorum rebellionis experti, et ad correctionem inobedientiæ suæ nostrum nuper animum vehementius concitarunt. Licet enim pro dilecto filio, T. clerico, canonicando in eadem Ecclesia, nostras preces et litteras multoties recepissent, ac mandatum nostrum non fuissent veriti surdis auribus pertransire, tandem tamen vobis, fili archidiacone et præposite, nostris dedimus litteris in mandatis ut, si prædicti præpositus et canonici eumdem I. in fratrem et canonicum non reciperent, vos in eos non postponeretis excommunicationis sententiam promulgare. Sed cum ipsi perdurantes in contumacia sua, ipsum T. a vobis etiam commoniti recipere non curassent, vos eos juxta tenorem mandati nostri excommunicationis vinculo astrinxistis. Cæterum cum prædictus præpositus propter hoc ad Sedem apostolicam accessisset, ab eo secundum formam Ecclesiæ juramento recepto, beneficium ei fecimus absolutionis impendi, et injungi eidem sub debito juramenti, ut, si prædictus T. receptus esset in fratrem et canonicum ecclesiæ antedictæ, sicut idem præpositus asserebat, ipse receptioni ejus nec per se nec per alium verbo vel opere contradiceret, et si forte receptus non esset, eum reciperet et ipsum in sua receptione fovere curaret, et ut alii eum reciperent, pro posse suo daret operam efficacem. Verum, volentes canonicis ipsius ecclesiæ, qui propter hoc erant simili sententia innodati, misericorditer providere, et eorum parcere laboribus et expensis, vobis litteris nostris, quas idem præpositus ad vos debuit reportare, dedimus in præceptis ut illos de canonicis antedictis qui ad nostrum vellent redire mandatum, receptis ab eis secundum formam Ecclesiæ juramentis, ab excommunicationis vinculo absolvere curaretis injungentes eisdem sub debito juramenti quatenus prædicto præposito, ut præmissum est, de mandato nostro injunctum fuisse dignoscitur, attentius provisuri ne cujuslibet tergiversatione, vel fraude, seu quolibet ausu contra mandatum nostrum, quo pro prædicto T. fecimus, valeret aliquid attentari. Sed, cum crederemus prædicto T. clerico in suo negotio satis congrue providisse et ipsum præbendæ suæ pacifica possessione gaudere, post reditum prædicti præpositi a præsentia nostra, sicut ejusdem clerici nobis conquestio patefecit, illata sunt ei gravamina duriora, et pacem quam per ipsum habere credidit, non potuit obtinere, et ex litteris quas idem præpositus reportavit fructum non fuit aliquem consecutus, quia idem præpositus vobis eas non curavit, ut debuit præsentare. Sed, cum idem præpositus eumdem T. nomine et vice omnium fratrum suorum, ut dicebat, in pacis osculo recepisset, et ei stallum in choro, locum in capitulo, dormitorio, et refectorio assignasset, a te postmodum, frater episcope, iidem canonici requisiti si ratum haberent quod præpositus fecerat de receptione clerici antedicti, se id ratum habituros noluerunt aliquatenus præsente eodem clerico confiteri. Cumque idem clericus in loco sibi assignato in dormitorio lectum, et in refectorio, sicut moris est, suum fecisset scrinium deportari, ipsi canonici, vel per se, vel per alios de scrinio res ejus extrahentes furtive, ipsum in refectorio igni apposito concremarunt, postmodum vero lectum ejus cum cultellis nequiter inciderunt. Sed, cum idem clericus crederet sibi per præpositum, qui tunc ab apostolica sede redierat, de damnis et injuriis irrogatis satisfactionem aliquam exhiberi, ipsi afflicto afflictionem addentes, pulvinar ejus de dormitorio abstulerunt, et in quemdam consanguineum ejus clericum, qui pro pane et vino more solito ad camerarium accedebat, quidam de canonicis cum servientibus suis manus injicientes temere violentas, et ipsum inhoneste tractantes, graviter vulnerarunt in facie, ac extra portam ecclesiæ turpiter expulerunt, et servientibus ejusdem ecclesiæ districtius inhibere curarunt ne ipsi præsumerent aliquod servitium exhibere, et sic eumdem clericum minis assiduis et contumeliis affligentes, non sine contemptu nostro, ipsum fatigare non desinunt plurimis laboribus et expensis. Prædictus quoque præpositus, prout effectus operis manifestat, oblitus præstiti juramenti, et mandati nostri transgressor, licet ipsum clericum sub quadam dolositate receperit, contra eum tamen secreto non dubitat malignari, et concanonicos suos fovens in malitia præconcepta, ipsis excommunicatis parti-

---

(297) Grumerius Porta, de Castro Arquato, nobilis Placentinus, monachus et abbas monasterii Columbæ, ordinis Cisterciensis, Placentinus episcopus electus est anno 1199 a capitulo, et ab Innocentio confirmatus v Id. Julii ejusdem anni (lib. II, epist. 111), pauloque post, viii Id. Novembris, Placentinæ Ecclesiæ jurium bonorumque ab eodem Innocentio confirmationem recepit (eodem lib., epist. 304) De ipso sæpius in Regestis Innocentii, prout videbitur. Exantlatis multis laboribus, e vita discessit anno 1210. UGHELL. *Ital. sacr.* t. I, col. 274.

cipat in refectorio, et extra etiam cum eis non metuit conversari, et duobus ex illis qui excommunicatione tenentur, postquam a nobis rediit, administrationem temporalium ecclesiæ memoratæ contulit, et cum aliis divina non metuit officia celebrare, eidem T. præbendam cum integritate juxta mandatum nostrum denegans exhibere.

Cum igitur contemptum hujusmodi non debeamus sub dissimulatione transire, imo manus extendere severitatis apostolicæ ad correctionem ipsorum, ut aliis auferatur audacia similia perpetrandi, discretioni vestræ per apostolica scripta mandamus, et in virtute obedientiæ districte præcipimus quatenus, si prædictus præpositus præmissas litteras, quas vobis de ipsius absolutione et receptione clerici antedicti direximus, occultaverit, vos ipsum tandiu, candelis accensis et campanis pulsatis, publice denuntietis excommunicationis sententiæ subesse, donec ad nos cum eisdem litteris revertatur, a nobis super tanto excessu pœnam debitam recepturus. Si vero vobis in suo reditu ipsas litteras præsentarit, et contra tenorem earum ipsum venisse constiterit, vos eum tanquam perjurum ab administratione ipsius Ecclesiæ penitus amoventes, ipsum ab officio et beneficio, sublato appellationis obstaculo deponatis. Alios autem canonicos ecclesiæ prædictæ tandiu nuntietis, accensis candelis et pulsatis campanis, per civitatem et diœcesim Placentinam, excommunicationis sententiæ subjacere, quam omnibus diebus dominicis et festivis præcipimus solemniter innovari, et sic excommunicatos præcipiatis ab omnibus arctius evitari, donec singuli præstiterint corporaliter juramentum, quod clericum ipsum in canonicum et fratrem admittant, benignaque fraternitate pertractent, stallum in choro sibi, locum in capitulo et refectorio assignantes, et ei præbendam suam non subtrahant, de contemptu cum litteris vestris procuratores ad nostram præsentiam curaverint destinare. Quæ vero de præbendæ fructibus, postquam de ea fuit auctoritate apostolica investitus, sæpedicto clerico sunt substracta, et moderatas expensas quas eum propter hoc veniendo ad sedem apostolicam, morando et redeundo, fecisse constiterit, ipsi faciatis sine diminutione restitui, et de illatis damnis ei injuriis irrogatis satisfieri competenter, contradictores monitione præmissa per censuram ecclesiasticam appellatione postposita compescentes. Illos autem quos vobis constiterit in prædictum clericum servientem ipsius T. manus temerarias injecisse, tandiu appellatione remota excommunicatos publice nuntietis, et faciatis ab omnibus arctius evitari, donec passo injuriam satisfecerint competenter, et cum vestrarum testimonio litterarum ad sedem accesserint apostolicam absolvendi. Quod si nec sic ab inobedientiæ vitio, quod secundum prophetam idololatriæ comparatur, poterunt coerceri, ne tantum malum præsumptoribus transeat in exemplum, et per hoc sedis apostolicæ auctoritas contemnatur, vos post mensem clericorum tam civitatis quam diœcesis Placentinæ generale consilium convocetis; in quo præter præmissa, quæ volumus et jubemus solemniter publicari, denuntietis auctoritate nostra statutum, quod nos ecclesiæ Sancti Antonini canonicos universos rebelles et contumaces, decernimus ad nullam ecclesiasticam dignitatem nullumque posse de cætero ecclesiasticum beneficium promoveri, sed omnem vocationem, nominationem, seu electionem, sive institutionem faciendam de ipsis censemus irritam et inanem; ut quia prædictum T. clericum ad unum beneficium ecclesiasticum propter mandatum nostrum recipere contempserunt, ipsi de cætero justo judicio secundum mandatum nostrum ad nullum ecclesiasticum beneficium admittantur. Quod si non omnes, etc., duo vestrum, etc. Qui tamen in hujus exsecutione mandati negligens apparuerit, aut remissus, indignationem nostram se noverit incursurum. Qui vero diligens fuerit et obediens, nostram se noverit gratiam uberius promereri.

Datum apud monasterium Sublacense, v Idus Augusti.

In eumdem fere modum consulibus et universo populo Placentinis, *usque* admittantur. Ideoque universitatem vestram rogamus, monemus, et per apostolica scripta mandamus, quatenus sæpedictos canonicos Sancti Antonini sicut excommunicatos usque ad satisfactionem condignam arctius evitantes, eumdem T. clericum, ob reverentiam beati Petri et nostram, taliter manutere ac in sua justitia confovere curetis, quod nos habere gratum possimus, et devotionem vestram merito commendare.

Datum, *ut supra.*

LXXVI.

AMALPHITANENSI ARCHIEPISCOPO (298).
De rebus regni Siciliæ.

Sicut ex litteris tuis nobis præsentatis accepimus, cum juxta mandatum nostrum proventus regios velles colligere in ducatu Amalphiæ et ad opus regium conservare, et quæsisses primo rationem villicationis eorum qui jam duobus annis bajulationem ducatus in terra et in mari habuisse noscuntur, cujus proventus sexcentarum unciarum auri numerum, ut proponitur, jam excedit, Sergius Scrofa, qui de bajulatione maris et justitiarum, quam hactenus habuit, trecentas uncias solvere regiæ duanæ tenetur, non solum tibi rationem reddere non curavit, imo ausu temerario publice non metuit acclamare nos in regno ordinare aliquid non debere, pro-

---

((298) Archiepiscopus Amalphitanensis cui dirigitur hæc epistola, erat verisimiliter Dionysius, qui ex episcopo Aprutino ad Amalphitanam Ecclesiam translatus anno 1174, nonnisi hoc anno 1202, indictione v, post mensem Martium, juxta Ughellum (*Ital. sacr.* t. VII, col. 270), defunctus est. De tempore quo ipsius successor Matthæus electus et consecratus fuit, agendi locum mox habebimus. Vid. epist. 106.

pter quod ipse non tenebatur nostris jussionibus obedire, nec ad mandatum nostrum de bajulatione alicui respondere. Nolentes igitur quod profectus et regni commodum alicujus interveniente malitia retardetur, fraternitati tuæ præsentium auctoritate mandamus firmiterque præcipimus, quatenus prædictum Sergium et alios ducatus Amalfiæ, ut tibi de proventibus regiis omni postposita dilatione respondeant temporaliter et spiritualiter, appellatione remota compellas. Nos enim damus eis nostris litteris districtius in præceptis, et tibi de proventibus regiis et bajulationibus, et aliis quæ ad administrationem ducatus pertinent, vice nostra respondeant et tuæ penitus ordinationi intendant. Præterea, quia, sicut ex litteris tuis et dilectorum Amalphitanorum atque Scalensium nostro est apostolatui reseratum, quidam proventus regios pignori detinent obligatos, alii per privilegium sibi dicunt fore concessos, volumus et mandamus, ut cum nos consuetudinum regni plenam notitiam minime habeamus, et nullos velimus in sua ratione gravare, tu cum dilectis filiis, magistris camerariis Apuliæ et Terræ Laboris, vel cum eorum aliquo, inquiras diligentius veritatem, et quod statuendum videritis, auctoritate nostra, sublato cujuslibet contradictionis et appellationis obstaculo, secundum approbatam regni consuetudinem statuatis, ita quod, prout non convenit, alicujus justitia non lædatur. Ad hæc, quoniam, sicut audivimus, quidam ducatus Amalphiæ a perfido Marcualdo regis et Ecclesiæ inimico, maledicto et excommunicato a nobis, sub nomine regio litteras receperunt, et quantum in eis est, aliorum fidelitatem nituntur suggestione pessima maculare, nec metuunt se fateri sequaces ipsius, præsentium tibi auctoritate mandamus firmiterque præcipimus, quatenus illos quos hujusmodi macula respersos inveneris, usque ad dignam satisfactionem et vinculo excommunicationis astringas, et temporaliter etiam præsumptionem eorum severitate castiges.

LXXVII.
RAIN (299) CANONICO FERENTINATI.
Ecclesiæ tradi non possunt monasteriis sine licentia proprii episcopi.

Querelam venerabilis fratris nostri, B. (300) Ferentinensis episcopi, recepimus, continentem quod tu, eo non consentiente, imo contra prohibitionem ipsius, post appellationem ad nos interpositam, ecclesiam Sancti Sylvestri, quæ in tua dicitur possessione fundata, sibique diœcesana est lege subjecta, cui lapidem dederat benedictum, B. et J. monachis Casæmarii præsumpsisti ad opus monasterii assignare. Nos autem monachos ipsos nuper ad nostram præsentiam accedentes super iis corripuimus sicut decuit, et quod per eos factum fuerat decrevimus irritum et inane. Ne autem alii exemplo tui hujusmodi præsumant de cætero attentare, per apostolica tibi scripta mandamus quatenus, infra quinque dies post receptionem præsentium, nostro te conspectui repræsentes, nobis super tanto contemptu, si poteris, responsurus.

LXXVIII (301).
PRIORI ET FRATRIBUS JUXTA SPECUM BEATI BENEDICTI REGULAREM VITAM SERVANTIBUS.
Eis concedit annuatim sex libras usualis monetæ.
(Apud monaster. Sublac., Kal. Septembris.)

Accedentes causa devotionis ad locum quem beatus Benedictus suæ conversionis primordio consecravit, et invenientes vos ibi secundum institutionem ipsius laudabiliter Domino famulari, ne pro temporalis sustentationis defectu spiritualis observantiæ disciplina torperet, apostolicum vobis subsidium duximus impendendum, sperantes quod idem beatissimus Benedictus, nostræ devotionis affectum suis meritis et precibus apud piissimum patrem et justissimum Judicem commendabit. Vestris itaque cupientes necessitatibus providere, sex libras usualis monetæ vobis et successoribus vestris, de camera Beati Petri singulis annis percipiendas, concedimus, donec in aliquo certo loco vobis fuerit utiliter assignatæ (302), statuentes ut ea quæ ad sustentationem vestram consuevistis percipere de monasterio Sublacensi, vobis et successoribus vestris nullatenus subtrahantur. Nulli ergo, etc., hanc paginam nostræ concessionis et constitutionis infringere, etc.

Datum apud monasterium Sublacense, Kalend. Septembris.

LXXIX (303).
ORCHADENSI EPISCOPO.
De Episcopo Gatenesiæ, cui lingua abscissa fuerat (304).
(Apud monaster. Sublacense.)

Ex litteris tuæ fraternitatis accepimus quod Lomberd, laicus, lator præsentium, cum comite suo Catenesiam in expeditione perrexit: ubi castello ab exercitu comitis expugnato, et interfectis fere omnibus qui erant in ipso, captus est episcopus Catenesiæ, cujus ut linguam absciderét a quibusdam, ut dicit, de exercitu comitis est coactus. Quia vero gravis est et grandis excessus, nos ei, secundum formam Ecclesiæ absoluto, talem et ad satisfactionem suam et ad terrorem aliorum injunximus pœnitentiam, ut cum festinatione revertens in patriam, discalceatus et nudus præter bracchas et laneum

---

(299) Sic et apud Baluzium.
(300) Berardus Rodulpho successerat anno 1191. De eo sæpius in veteri Chronico Ceccani. Decessit anno 1203, II Kal. Februarii, ex eodem chronico. UGHELL. Ital. sacr. t. I, col. 722. Addit. Ughellus (loc. cit.): *Eidem scribit Innocentius PP. III, anno* v, *epist.* 73, *fol.* 20; *Datum Laterani*, v *Id. Augusti*; quæ quidem epistola in Apographis, tum Vaticano, tum Conti, nusquam reperitur.
(301) Indicata apud Raynaldum, an 1202, § 19.
(302) Vid. Bullar. Casin, t. II, c. 225.
(303) Indicata apud Raynaldum, anno 1202, § 10.
(304) Vid. Roger. de Hoved. ad an. 1198, pag. 767.

vestimentum curtum et sine manicis, lingua subtili funiculo religata, paulisper extracta, ut promineat extra labia, summitatibus ejusdem funiculi nexis in collo, cum virgis in manu, quindecim diebus continuis per terram suam, unde ipse est oriundus, et terram illam unde erat episcopus mutilatus, et circumpositam regionem, videntibus universis, manifeste procedat, veniensque ad ingressum ecclesiæ, sed nequaquam ingrediens, postratum in terram disciplinari se faciat cum virgis quas in manu gestabit, sicque in silentio et jejunio usque post vesperam diem ducat, et tunc ad sustentationem naturæ pane tantum reficiatur et aqua; illis vero quindecim diebus peractis, præparet se ut infra mensem incipiat Hierosolymitanam provinciam proficisci, ubi per triennium desudet in obsequio Crucifixi, arma de cætero contra Christianos minime assumpturus, et per duos annos omnibus sextis feriis in pane et aqua jejunet, nisi forte per indulgentiam alicujus discreti pontificis, vel propter debilitatem corporis, vel propter fervorem ætatis, hæc abstinentia temperetur. Tu ergo redeuntem hoc modo recipias, et injunctam sibi pœnitentiam eum facias observare.

Datum apud monasterium Sublacense.

LXXX (305).

ARCHIEPISCOPIS, EPISCOPIS, ABBATIBUS, PRIORIBUS, AD QUOS ISTÆ LITTERÆ PERVENIENT.

De pœnitentia injuncta ei qui primo filiam suam, deinde uxorem occidit propter famem.

(Apud monaster. Sublac., III Non. Septembris.)

Ad apostolicæ sedis clementiam lator præsentium Robertus accedens, peccatum suum grande quidem et grave lacrymabiliter est confessus, quod cum captus a Sarracenis cum uxore detineretur et filia, mandatum exiit a principe, quem ipsi nominant Admiratum, ut quia famis invalescebat inedia, quicunque captivus prolem haberet, illam occideret; cujus occasione mandati miser ipse, cum famis angustia perurgeret, occidit filiam et comedit. Cumque iterum aliud exisset edictum, propriam interfecit uxorem; sed de carnibus ejus gustare non potuit, cum ad vescendum coctæ sibi fuissent oblatæ. Nos igitur tanti criminis horrore turbati, talem ei pœnitentiam duximus injungendam, ut nunquam de cætero carnibus pro quacunque necessitate vesceretur, sed singulis sextis feriis in pane et aqua jejunet, similiter in secunda et quarta feria quadragesimæ quæ antecedit natalem, et ejus quæ Pascha præcedit, cæteris autem diebus utriusque Quadragesimæ devote jejunans, uno tantum sit pulmento contentus, quod et in sanctorum vigiliis diligenter observet. Discalceatus incedat cum tunica lanea, brevissimo scapulari, pœnitentialem baculum ad mensuram unius cubiti gestans in manu, nihil amplius a quocunque accipiens nisi quantum ad esum sibi sufficiat uno die, nec unquam per duas noctes in eodem loco moretur, nisi forte articulus necessitatis ingruerit, et propter infirmitatem vel hostilitatem aut etiam intemperiem transire non possit, sicque sanctorum limina visitet per triennium, et cum venerit ad ecclesiam, prostratus, non intret nisi prius cum virga vel corrigia susceperit disciplinam, sine spe conjugii perpetuo perseveret, et publicis luctis nunquam intersit, Orationem Dominicam centum vicibus dicat in die, et toties ac quoties genu flectat, peracto vero triennio cum litteris istis ad sedem apostolicam revertatur misericordiam petiturus, et quod ab ea sibi fuerit injunctum satagat observare. Vos ergo, fratres et filii, misero misericordiam impendentes, in necessitatibus aperiatis ei viscera charitatis.

Datum, ut supra, III Nonas Septembris.

LXXXI.

ABBATI (306), ET CAPITULO SANCTI JOANNIS SENONENSIS.

Indulget ne quis sententias interdicti vel excommunicationis ferre possit in illud monasterium.

(Apud monaster. Sublac., Non. Septembris.)

Ex susceptæ nobis imminet officio servitutis Ecclesiarum utilitatibus studiosius imminere, sicque præcavere ipsarum gravaminibus et jacturis, ut sub regimine nostro debita gaudeant libertate, ac ab aliquibus contra justitiam non graventur. Eapropter, dilecti in Domino filii, vestris justis postulationibus inclinati, devotioni vestræ auctoritate præsentium indulgemus, ut nullus in vos vel ecclesias vestras, nisi pro manifesta et rationabili causa, interdicti vel excommunicationis audeat sententiam promulgare. Nulli ergo, etc. hanc paginam nostræ concessionis, etc.

Datum apud monasterium Sublacense, Non. Septembris, pontificatus nostri anno quinto.

LXXXII (307).

ABBATI ET CONVENTUI SUBLACENSI.

De quibusdam vitiis emendandis quæ inter monachos irrepserant.

Cum ad monasterium Sublacense personaliter venissemus. Et infra. Firmiter inhibuimus ne quis de cætero monachorum lineis camisiis uteretur. Ad defectum autem hospitalitatis supplendum mouturam unius molendini, concessis ampliora pro tempore concessurus, ita tamen quod ad necessitatem pauperum sublevandam eleemosyna de cellario conferatur. Nos autem præfatas ecclesias, quæ clericis sæcularibus in beneficium fuerant assignatæ, ad

---

(305) Relata apud Raynaldum, anno 1202, § 11.
(306) Abbas S. Joannis Senonensis cui hæc dirigitur epistola, erat verisimiliter, vel Petrus II, notus anno 1200 ex chartis Vallis-lucentis, vel Guillelmus II, qui jam ab anno 1203 usque ad annum 1224 ex instrumentis innotescit. Vide *Gall. Christ.*

t. XII, col 197.
(307) Indicata apud Raynaldum, anno 1202, § 7. Relata vero inter Decretales, lib. III, tit. 55, *De statu monachorum et canonicorum regularium*, cap. 6. Quæ illic leguntur, hic uncis inclusa sunt; variæ etiam lectiones dantur.

usum revocavimus infirmorum, concessionem hospitalis quæ facta fuerat episcopo Anagnino (308) irritam decernentes, et statuentes ne cuiquam ulterius in beneficium concedatur, sed infirmarius disponat de illis ecclesiis prout ad necessitates infirmorum magis noverit expedire. Prohibemus ergo districte in virtute obedientiæ, sub obtestatione divini judicii, ne quis de cætero monachorum proprium aliquo modo possideat; sed, si quis aliquid habet proprii, totum incontinenti resignet. Si vero post hæc proprietatem aliquam fuerit deprehensus habere, regulari admonitione præmissa, de monasterio expellatur (309); nec recipiatur ulterius, nisi pœniteat secundum monasticam disciplinam. Quod si proprietas apud quemquam inventa fuerit in morte, ipse cum ea in signum perditionis extra monasterium in sterquilinio subterretur, secundum quod beatus Gregorius narrat in Dialogo (310) se fecisse. Abbas tamen et prior frequenter inquirant et diligenter explorent ne quis fratrum proprietatem possit habere. Unde, si quidquam alicui fuerit specialiter destinatum, non præsumat illud accipere, sed abbati vel priori vel cellarario assignetur. In oratorio vero, refectorio, et dormitorio continuum semper silentium observetur; in claustro quoque certis et locis, secundum antiquam consuetudinem monasterii laudabiliter observatam, sed amodo laudabilius observandam. In refectorio vero nullus omnino carne vescatur; nec in quibusdam solemnitatibus, sicut aliquando fieri consuevit, conventus exeat cum abbate, paucis ibi relictis, ut extra refectorium edant carnes, cum in illis diebus præcipue regularis disciplina sit studiosius observanda; sed nec extra refectorium, nisi tantum in infirmitorio, esum carnium credant sibi licere. Quanquam ex indulgentia possit abbas interdum aliquos fratrum, nunc hos, nunc illos, prout necessitas postulaverit, advocare, ipsosque secum in camera sua melius et plenius exhibere. Porro debiles et infirmi qui (311) minutione indigent vel aliqua medicina, non seorsum in cameris, sed omnes in infirmitorio quæ necessaria fuerint sibi tam in carnibus quam in aliis recipiant competenter. Quod si quisquam eorum debilitatus fuerit aut etiam delicatus, ut non possit communibus cibis esse contentus, sic ei provideatur sine scandalo aliorum ut, si abbas vel prior voluerit in refectorio misericordiæ ei facere specialem, cibum aliquem competentem non ante illum sed ante se faciat apportari, de quo ipse faciat illi pitanciam pro sustentatione naturæ. Tales autem ad agenda officia monasterii deputentur qui fideles sint et discreti, nec alicui committatur aliqua obedientia perpetuo possidenda, tanquam in sua sibi vita locetur, sed cum oportuerit amoveri sine contradictione qualibet revocetur. Prior autem præ cæteris post abbatem potens sit in opere et sermone, ut exemplo vitæ verboque doctrinæ fratres suos et instituere possit in bono et a malo valeat revocare, zelum religionis habens secundum scientiam, ut delinquentes corripiat et castiget, obedientes vero foveat et confortet. Abbas vero, cui omnes in omnibus reverenter obediant, quanto frequentius poterit sit cum fratribus in conventu, vigilem curam et diligentem sollicitudinem gerens de omnibus, ut de officio sibi commisso dignam Deo possit reddere rationem. Quod si prævaricator ordinis fuerit aut contemptor seu negligens aut remissus, pro certo se noverit non solum ab officio deponendum, sed etiam alio modo secundam regulam graviter castigandum, cum offensa non solum propria verum etiam aliena de suis manibus requiratur. Nec æstimet abbas quod super habenda proprietate possit cum aliquo monacho dispensare, quoniam abdicatio proprietatis, sicut et custodia castitatis, adeo est annexa regulæ monachali, ut contra eam nec summus pontifex possit licentiam indulgere.

LXXXIII (312).

S. (313). TITULI S. STEPHANI IN CŒLIO MONTE PRESBYTERO CARDINALI, APOSTOLICÆ SEDIS LEGATO.

De electione archiepiscopi Armachani.

[Quod, sicut ex litteris tuis] nostro nuper apostolatui præsentatis accepimus, post multos labores maris et terræ, ac diversitatem gentium, ad injunctum tibi delegationis officium per Hiberniam exsequendum, prospere per Dei gratiam pervenisti, et Hibernicanam Ecclesiam studuisti pro posse, in melius re-

---

(308) Episcopalem Anagninæ Ecclesiæ sedem tunc temporis tenebat Joannes, qui ab anno 1196 usque ad annum 1220, ex instrumentis innotescit. UGHELL. *Ital. sacr.* t. I, col. 350.
(309) Vid. supr. lib. II, epist. 154.
(310) L. IV, c. 4.
(311) Vide Capitul. lib. III, an. 789, c. 3, et capitulare Aquisg. an. 817, c. II.
(312) Reperitur, sed mutila quidem, inter Decretales, lib. I, tit. 6, *De electione et electi potestate*, cap. 28. Quæ illic leguntur, hic uncis inclusa sunt; variæ etiam lectiones dantur.
(313) Joannes Campanus, patria Salernitanus, monachus Casinensis, tituli S. Stephani in Cœlio monte presbyter cardinalis, a Cœlestino PP. III, in prima, ex Ciaconio (in secunda) creatione renuntiatus est. Cœlestini jussu Germaniam adiit sedis apostolicæ legatus. Cœlestino vita functo, cum Romanus pontifex dictus esset a decem cardinalibus, ad evitandum schisma electioni suæ libere cessit, et cum decem cardinalibus qui ipsum designaverant Lothario tituli SS. Sergii et Bacchi suffragium dedit. Innocentii nomine variis legationibus functus est: primo in regno Neapolitano una cum Gerardo, tituli S. Adriani diacono cardinali, ut regni illius civitates omnes ac principes in Marcualdum Romanæ Ecclesiæ infensissimum hostem concitaret; deinde solus in regno Siciliæ, ut in officio insulam illam contineret, tum quod supremo jure ad Ecclesiam spectabat, tum quod ex testamento Augustæ Fredericus rex tutelæ apostolicæ fuerat commendatus. In Scotiam ab eodem Innocentio paulo post (anno 1201) et in Hiberniam insulasque adjacentes apostolicæ Sedis legatus missus est; qua legatione, teste Rogerio Hovedeno (in *historia Anglicana*, pag. 822), *non manducat carnem, vinum et siceram non bibit, nec aliquid quod inebriare potest, sed aurum et argentum sitit*. Excessit e vita, sedente Innocentio, circa annum 1210.

formare, sicut ipsa operis exhibitio manifestat, gratum gerimus admodum et acceptum, et tuæ sollicitudinis studium plurimum in Domino commendamus. Verum, Ecclesiæ Armachanæ negotium, quod tibi videbatur arduum et difficile, sine nostro noluisti consilio terminare, sed nobis ejusdem duxisti negotii seriem tuis litteris intimandam, ut ex nostro postmodum rescripto cognosceres, qualiter tibi foret in ipso negotio procedendum. Sicut enim in tuis perspeximus litteris contineri, bonæ memoriæ Armachano archiepiscopo (314) viam universæ carnis ingresso, a Justitiario regio vocatus fuit archidiaconus Armachanus, ut pro substituendo Pontifice, ne regni pax posset aliquatenus impediri, suffraganeos Armachanæ Ecclesiæ convocaret, et omnes illos qui ad faciendam conventionem debuerant convenire; ac si per eum, ut dicebatur, omnes vocati fuerunt; sed pauci apud villam de Ponte, ad quos pertinebat electio, convenerunt, duo videlicet suffraganei Armachanæ Ecclesiæ, abbas de Mellifonte, qui privilegium demonstrabat se primam in electione vocem habere, ac prædictus archidiaconus Armachanus, qui, deliberato consilio, in tres personas, ut dicitur, convenerunt, in Miden. videlicet episcopum, qui unus erat ex suffraganeis, in archidiaconum Midiæ, et magistrum Manfredum, regium capellanum. Unus vero de duobus episcopis qui ad talem nominationem convenerat requisitus, firmiter asserebat quod interfuit illi electioni, sed tacuit, nec præbuit in ipsa electione consensum; aliis e contrario asserentibus, quod ipsum consensisse crediderant, quia interfuit et nullatenus contradixit. Postmodum autem, plurimis diebus elapsis, præfatus archidiaconus Armachanus apud Armachan. episcopos suffraganeos convocavit, et omnes convenientes in ipsam metropolim, exceptis Midensi episcopo et abbate Mellifontis, qui nulla ratione per Hibernienses illuc poterant convenire, abbatem canonicorum regularium de Benger in archiepiscopum elegerunt, et ipsum, sicut consuetudinis esse dicebant, sequenti die Dominica in episcopum consecraverunt, qui post inunctionem suam, antequam Missarum solemnia finirentur, quemdam in acolytum ordinavit, et administrare præsumpsit. Cumque ipsum super hoc graviter redargueres, dicebat ipse, ac confitebantur alii de partibus illis, quod talis consuetudo erat hactenus in Hibernia observata. Contentio vero maxima ex electione hujusmodi erat inter Hibernienses et Anglicos; quoniam Anglici firmiter asserebant se nolle penitus Hiberniensem aliquem eorum esse Archiepiscopum nullatenus paterentur (315), ac sic multa plurima in tua præsentia proponentes quidam Anglici, et Hibernici asserebant, quod, si Anglicus præficeretur Armachanæ Ecclesiæ, non provideretur utiliter ipsi Ecclesiæ, ac totius terræ quieti. Postmodum autem, cum dicto electo administratio per te interdicta fuisset, et concessa archidiacono memorato, ei unus suffraganeorum objecit, quod quamdam tabulam argenteam distraxerat ab ecclesia Armachana, qui tibi tandem confessus exstitit tabulam ipsam ab Armachanis clericis et laicis recepisse, ac vendidisse pro viginti marchis eamdem, sed firmiter promittebat, quod quidquid de ipso contingeret de ipsius Ecclesiæ super hoc indemnitatibus præcaveret. Significasti præterea nobis, quod facta prima electione apud villam de Ponte, ne quid fieret in præjudicium illius electionis et dignitatis regis, qui assensum suum in electionibus asserit requirendum, ad nostram fuit audientiam appellatum. Nos igitur, litterarum tuarum tenore diligenter inspecto, sex in eis perspicimus contineri, quorum tria contra prædictum electum, et alia tria contra ejus electionem facere videbantur. Primum, nominatio facta de tribus, quam in litteris tuis aliquoties electionem appellas; contra quam, si electio vera fuit, antequam cassaretur, non debuerat aliquod attentari. Secundum, appellatio interposita; quæ, si legitima fuit, sequentem electionem penitus impedivit. Tertium, quia Midensis episcopus, et abbas Mellifontis, qui interesse debuerant, ad electionem minime convenerunt: unde, si contempti fuerunt, vel alter vel ambo, plus eorum contemptus quam multorum contradictio, prædictam electionem debuit impedire. Quartum, quia præfatus abbas, sic electus, ante confirmationem obtentam administrare præsumpsit. Quintum, quia in die consecrationis suæ ordines celebravit, cum nundum pallium obtineret. Sextum, dilapidatio, quia tabulam argenteam alienare minime formidavit. [Verum, cum *ad primam electionem* (316) *quæ, facta de tribus, dicenda videtur potius nominatio, nonnisi quatuor de omnibus ad quos electio pertinebat, videlicet duo suffraganei Ecclesiæ Armachanæ, et prædictus abbas Mellifontis. et Archidiaconus Armachanus convenerint, et ex illa tali nominatione* (317) nihil juris acquisitum fuerit nominatis, licite procedi potuit ad electionem regulariter celebrandam; præsertim in ecclesia Armachana, cum, juxta constitutiones canonicas, si fieri potest, in cathedrali ecclesia electio debeat celebrari; nec *talis* appellatio interposita electionem illam potuit impedire, cum in ea nihil attentatum fuerit in præjudicium regiæ dignitatis, quia non simplex nominatio, sed solemnis electio debet principi præsentari, ut postulationi præstet assensum, et si secus alioquin per usurpationem aliqui faciant abusive. Si autem præfati Midensis (318) episcopus et abbas Mellifontis (319) non contempti fuerunt, sed ad

---

(314) Vacante Ecclesia Armachana, quæ est metropolis totius Hiberniæ, Albertus quidam in archiepiscopum electus, et post electionem consecratus fuerat.
(315) Sic : locus corruptus.

(316) In Decret. *ex prima electione.*
(317) Hæc desunt in Decretal., et infra a vox *talis.*
(318) Decretal., *Miridinensis.*
(319) Decret. addunt. *qui interesse debuerant.*

electionem vocati (si tamen sine periculo potuerint convocari), sive nequiverint, sive noluerint ad electionem celebrandam accedere, ipsorum absentia electionem non potuit impedire;] quoniam, si ad locum illum inter Hibernienses secure non poterant proficisci, nec cæteri ad alium locum inter Anglicos tute poterant convenire; propter quod tibi super hoc credimus veritatem diligentius inquirendam, et si eos vocatos fuisse constiterit, si vocati absque periculo potuerunt, et illos noluisse, vel non potuisse ad electionem celebrandam venire, propter eorum absentiam, si canonicum aliud non obstitit, electio ipsa non debet aliquatenus irritari. [Quod si eos vocatos non fuisse constiterit, sed contemptos, infirmanda erit penitus electio taliter celebrata, nisi postea propter bonum pacis diligenter admoniti curaverint consentire.] Cæterum, cum, antequam tu ad partes Hibernicas pervenisses, illa fuerit electio celebrata, et electus ipse statim cœperit ministrare, tu satis id potes sub dissimulatione transire, cum id, sicut nosti, de metropolitanis Angliæ, Franciæ, Alamanniæ, et aliarum partium remotarum, qui concorditer sunt electi, Romana Ecclesia patiatur, Ecclesiarum utilitate pensata; quia, si tanto tempore quousque posset electus confirmationem cum pallio a Sede apostolica obtinere, regalia non reciperet, Ecclesia quæ interim administratore careret, non modicum incurreret detrimentum. [Super eo autem, quod in die consecrationis suæ antequam missarum solemnia finirentur, acolythum ordinavit, pro tali excessu eum corripias et castiges, *nisi forte hoc esse de antiqua consuetudine cognoveris Ecclesiæ Armachanæ; de qua si tibi constiterit quod nunc factum est propter simplicitatem et ruditatem gentis illius, poteris misericorditer sustinere; districte tamen ex parte nostra prohibeas ne de cætero aliquid simile attentetur*, cum solus Romanus pontifex, qui, *sicut nosti* (319*), ante hymnum angelicum consecratur, et postmodum ipse missarum solemnia incipit, et perficit consecratus, in die consecrationis suæ valeat ordines celebrare. Cæteri vero, qui inter epistolam et Evangelium consecrantur, quia consecratori concelebrant principaliter celebranti, ne dividatur mysterium unitatis, non debent tunc ordines celebrare. Præterea, cum non liceat archiepiscopo sine pallio convocare concilium, conficere chrisma, dedicare basilicas, ordinare clericos, et episcopos consecrare, multum profecto præsumit qui, antequam impetret pallium, clericos ordinare festinat, cum id non tanquam simplex episcopus, sed tanquam archiepiscopus, facere videatur. Quod autem tabulam argenteam asseritur vendidisse, dummodo ecclesiam Armachanam, *sicut promisit*, reddat indemnem, æquanimiter poteris præterire, cum id de cleri et populi processerit voluntate.] Sane, secundum ea quæ nobis tuis litteris intimasti, tibi præscripto modo duximus rescribendum; sed, cum tu de circumstantiis ejusdem negotii habere valeas notitiam pleniorem, et nos de discretione tua plurimum confidamus in isto et aliis negotiis, te sic credimus auctore Domino processurum, quod tuæ sollicitudinis prudentia merito poterit commendari, et tua legatio ad honorem et commodum sedis apostolicæ multipliciter redundabit. Postquam autem litteræ jam erant in nota, quibus devotioni tuæ præscripto modo duximus respondendum, supervenerunt nuntii ecclesiæ Armachanæ, litteras suffraganeorum, et capituli ejusdem ecclesiæ, ac electi, et ipsius terræ principum deferentes, quibus omnes prædictam electionem celebratam fuisse concorditer et canonice asserebant: et licet in narratione facti a tuis litteris minime discordarent, super eo tamen quod in die consecrationis suæ ante impetrationem pallii præfatus electus acolythum ordinare præsumpsit, a nobis misericordiam humiliter postulabant, dicentes id non ex contemptu aliquo processisse, sed ex antiqua consuetudine hactenus in Armachana Ecclesia observata. Quod si electionem prædictam, exigente forte justitia, duxeris irritandam, consulimus et monemus, ut, si fieri unquam posset, de aliquo viro provido et honesto, qui non esset Hibernicus vel Anglicus, pro evitando scandalo, Armachanæ Ecclesiæ provideres. Sed, si fieri forsan non poterit, talem ipsi Ecclesiæ præfici facias in pastorem, per quem ei melius consulatur. Cassellensis vero archiepiscopus, qui pro multis et magnis excessibus suis, suspensionis est sententia irretitus, licet dicatur tanta senectute confectus, quod ad nos venire non possit absolutionis beneficium petiturus, usque ad mandatum nostrum eidem sententiæ facias subjacere, quam auctoritate nostra præcipias inviolabiliter observari.

Dat.....

LXXXIV (320).

WALTERO BRENENSI COMITI, MAGISTRO JUSTITIARIO ET TERRÆ LABORIS.

Ut adversus Marcualdum in Siciliam absque mora proficiscatur.

(Velletri, xviii Kal. Octobris.)

Si naturam et consuetudinem patris prudenter ac diligenter attendas, nec minari nec moveri debebis, quod modo te mulcemus blanditiis modo te comminationibus deterremus, quia, juxta sententiam Salomonis, pater filium quem diligit corripit, et Deus quem amat arguit et castigat. Scias ergo, fili charissime, quia de paternæ dilectionis affectu processit quod aspere tibi scripsimus et te super quibusdam articulis arguimus vehementer, cupientes te semper esse cautum et providum, sollicitum et paratum, ut de bono procedas in melius, et nomen

---

(319*) Hæc desunt in Decretal., ut infra voces cursivo charactere distinctæ.

(320) Relata, sed non integra, apud Raynaldum, anno 1202, § 2. Ex Raynaldo mutilam edidit Baluzius. Nos integram ex Apograph. Vaticano et Conti exhibemus. Quæ apud Raynald. et Baluz. leguntur, hic uncis inclusa sunt.

tuum clarescat jugiter cum effectu. Excusationes itaque tuas libenter audivimus, quas nobis per nuntium et litteras intimasti, cum te velimus semper inculpabilem invenire. Quocirca, de plenitudine gratiæ nostræ securus, indubitatam de nobis geras fiduciam, quod ad honorem et perfectum tuum efficaciter aspiramus, sperantes quod tu consiliis et beneplacitis nostris omnimodis acquiescas, et quanto amplius prosperaberis tanto devotior nobis fias. [Hoc est ergo consilium et beneplacitum nostrum, quod tibi sub obtentu gratiæ nostræ mandamus, ut, quia tibi locus offertur et tempus, et tam vigens necessitas quam evidens utilitas hoc requirit, omni excusatione cessante, festines in Siciliam proficisci, contra perfidum Marcualdum, qui procul dubio te non exspectabit in campo, sed in aliquo recludetur castello, sicque de facili totam terram tibi faventem invenies, et tam in expensis quam aliis tibi et tuis sufficienter poteris providere, tantumque bonum inde proveniet quantum nec possumus nec volumus litteris explicare. Quod si forte non ires, tantum inde malum accideret, quantum omnipotens Deus accidere non permittat. Dum ergo te fama præcedit et succedit fortuna, res non solum difficiles sed pene impossibiles aggredi non formides.] Ad subventionem igitur expensarum, in tua ponimus optione, an velis omnes proventus cameriatus totius Apuliæ ac Terræ Laboris præsentialiter vendi, pro pretio etiam minori quam valeant, et pretium ipsum accipias universum, an malis ipsos proventus mercatoribus obligari pro pecunia mutuanda, etiam sub usuris, vel magis acceptes quod magistri camerarii de ipsis proventibus tibi vel procuratori tuo, vice nostra, respondeant in integrum; unde, nos tibi et litteras obligatorias mercatoribus exhibendas et litteras præceptorias assignandas magistris camerariis destinamus. [In tua præterea ponimus voluntate, utrum velis dilectum filium, nobilem virum, G. consobrinum et marescalcum nostrum, tecum venire, an ad custodiam terræ in Apulia remanere. Apud comites etiam et barones, aliosque fideles, et præcipue nobiles viros, Rogerium Theatinum, et Jacobum Tricaricensem comites, quibuscunque modis poterimus studebimus procurare, ut Diubuldum impediant et impugnent, ne terram tuam possit offendere vel intrare. Neque per treuguas et alias conventiones placabiles componere studeas cum adjacentibus et vicinis, nec timeas pro terra quam personaliter deseres, quia, si oporterit te damnum incurrere ex hac parte, tanto majus erit commodum quod consequeris ex illa, ut damnum æquanimiter sit commodo postponendum.] Quid plura? Si nostrum vis sequi consilium et mandatum, quod utique sequi debes quantumcunque difficile videatur, facies incunctanter quod consulimus et mandamus. Te igitur pro servitio sanctæ matris Ecclesiæ labo-

rantem divina gratia et apostolica benedictio prosequatur.

Datum Velletri, xviii Kal. Octobris.

LXXXV (321).

NOBILI VIRO, JACOBO, CONSOBRINO ET MARESCALCO NOSTRO, MAGISTRO JUSTITIARIO ET CAPITANEO TOTIUS APULIÆ ET TERRÆ LABORIS.

Ut Waltero Brenensi comiti in Siciliam proficiscenti se adjungat, et de expensis ipsi providit.

(Velletri, xviii Kal. Octobris.)

Gaudemus in Domino et tuam prudentiam commendamus, quod, communem utilitatem præferens speciali, per tuas nobis litteras suggessisti, ut propter necessitatem urgentem et evidentem utilitatem, dilectum filium, nobilem virum, Walterum Brenensem comitem, ad succursum fidelium in Siciliam destinemus, asserens te paratum et ad remanendum et ad eundum, juxta nostræ beneplacitum voluntatis. Nos ergo tuum approbantes consilium, eidem comiti præcipiendo mandamus, ut, omni occasione cessante, in Siciliam transire festinet, in sua voluntate ponentes, utrum velit te secum procedere in Siciliam, an ad custodiam terræ in Apulia remanere. Tu ergo ipsius sequaris consilium. Sed, si remanseris, castellum Barolum et Melfiæ et Rapollæ recipias, sed et (322)... si fieri potest, quæ de Andrensi detinet comitatu. Quod si processeris, expensas accipias de proventibus cameriatus Apuliæ ac Terræ Laboris. Nos enim ad subventionem expensarum, tam ipsi quam tibi providere volentes, in sua ponimus optione ut juxta beneplacitum ejus, aut omnes proventus ipsius cameriatus vendantur, pro pretio et minori quam valeant, et ei pretium assignetur; aut ipsi proventus, si fieri potest, mercatoribus obligentur pro pecunia eidem comiti mutuanda, etiam sub usuris; aut de ipsis proventibus sibi vel procuratori suo, vice nostra respondeatur in integrum, et super his obligatorias mercatoribus et præceptorias camerariis litteras destinamus. Tu ergo, fili charissime, de plenitudine gratiæ nostræ securus, procedas in omnibus sicut ad honorem Ecclesiæ ac regni profectum noveris expedire.

Datum Velletri, xviii Kal. Octobris.

LXXXVI.

UNIVERSIS MERCATORIBUS AD QUOS LITTERÆ ISTÆ PERVENERINT.

Se ipsum pro Waltero Brenensi comite usque ad 3,000 uncias obligat.

(Velletri, *ut supra.*)

Per hoc scriptum omnibus innotescat, quod quicunque dilecto filio, nobili viro, Waltero Brenensi comiti certam mutuaverint pecuniæ quantitatem, usque ad tria millia unciarum, nos obligamus eis ad solutionem ipsius universos proventus magistri

---

(321) Indicata apud Raynaldum, an. 1202, § 3.

(322) Desunt verba quædam.

cameriatus Apuliæ ac terræ Laboris, et de ipsis faciemus illis, persolvi pecuniam mutuatam.

Datum, *ut supra.*

LXXXVII.

FRATRI RICHARDO, ET EUGENIO, MAGISTRIS CAMERARIIS APULIÆ ET TERRÆ LABORIS.

Ut ipsorum terræ proventus pro Waltero Brenensi comite obligent.

(Velletri, *ut supra.*)

Præsentium vobis auctoritate mandamus atque præcipimus, quod si dilectus filius, nobilis vir, Walterus comes Brenensis, curaverit juxta mandatum nostrum in Siciliam proficisci, pro liberatione regis et regni defensione, contra perfidum Marcualdum, vos, juxta beneplacitum ejus, aut omnes proventus camerariatus totius Apuliæ ac Terræ Laboris vendatis, pro pretio etiam minori quam valeant, et ei universum pretium assignetis, aut ipsos proventus si fieri potest mercatoribus obligetis pro pecunia prædicto comiti mutuanda, etiam sub usuris; aut de ipsis proventibus sibi vel procuratori suo, vice nostra, curetis in integrum respondere, attentius provisuri, ut ad perficiendum aliquid præmissorum, quod ipse maluerit, diligens studium impendatis et operam efficacem.

Datum, *ut supra.*

LXXXVIII.

CAPITULO TRANENSI.

De electione archiepiscopi (323).

(Velletri, xvi Kal. Octobris.)

Licet quidam vestrum in electione pontificis ab initio dissensissent, tandem tamen omnes unanimiter consensistis, dilectum filium G. fratrem Casinensis abbatis, in archiepiscopum eligentes; cujus electionem venerabilis frater noster, P. Portuensis episcopus, tunc apostolicæ sedis legatus, examinari præcepit, et examinationem redactam in scriptis fecit sigillo archidiaconi et magistri Petri, canonici Ecclesiæ vestræ, muniri, cum suo quoque sigillo ad sedem apostolicam transmittendam. Litteras quoque suas nobis pro ipso fratre Casinensis abbas deprecatorias destinavit, quas cum decreto electionis omnium vestrum subscriptionibus roborato, nec non et litteris suffraganeorum et populi, tres de canonicis vestris, ab universitate capituli destinati, nobis humiliter præsentarunt: petentes electionem canonicam de persona idonea celebratam auctoritate apostolica confirmari. Nos autem ad majorem cautelam, a præfatis canonicis juramentum recepimus, non a nobis exactum, sed ab ipsis oblatum, et factum electionis, sicut est moris et juris, examinavimus diligenter. Interim vero nuntius præfati Casinensis abbatis suas nobis litteras præsentavit, gravem contra jam dictum legatum querimoniam continentes, quod postquam electionem examinaverat, et eam ad nostræ transtulerat deliberationis examen, nuntiis jam directis, iterum eamdem electionem malitiose nimis examinari præcepit: unde petebat per viros idoneos suspicione carentes de ipso facto diligenter inquiri. Cumque præfatus supervenisset episcopus, et ea quæ gesta fuerunt intelleximus ab ipso, de communi fratrum nostrorum consilio examinationem secundam, tanquam a non judice factam, postquam negotium ad nostrum fuerat translatum examen, censuimus irritam, et inanem. Quia tamen, ex his quæ de quibusdam juramentis et promissionibus factis audivimus, non levis in animo nostro est suborta dubietas, ut, secundum Apostoli dictum, manus cito imponere nemini videremur, super his per inquisitionem legitimam voluimus plenius edoceri, venerabili fratri nostro, Botontino episcopo, et dilecto filio nostro..... subdiacono capellano nostro, totius inquisitionem negotii committentes; quibus dedimus in mandatis, ut ad Tranensem accedentes Ecclesiam vos astringerent vinculo juramenti, ut super electionis processu plenam aperiretis veritatem et meram, diligenter et fideliter inquirentes de juramentis et promissionibus, et aliis articulis ad negotium facientibus, utrum videlicet, et an fideliter aliqua promissio vel datio facta fuerit, a quo, et cui, quando, et ubi, quibus mediantibus vel præsentibus, utrum recepta vel spreta; et quis eam receperit et spreverit, et si quascunque promissionem et dationem noverat præcessisse, quare postea eligebat; distinguentes inter scientiam et auditum, et inter eos qui ab initio contradixerunt, et alios qui consenserunt a principio, de quo fuit et a quibus, qualiter et quando juratum: sicque fideliter omnia conscribentes, sub sigillis suis ad nostram præsentiam destinarent: qui super præmissis inquirentes diligentius veritatem, quæ innotuere nobis fideliter transmiserunt sigillorum suorum consignatione munita. Super quibus cum deliberare vellemus, prædictus abbas ad præsentiam nostram accedens nobis pro jam dicto fratre suo humiliter supplicavit, et postulavit instanter, ut ex facto electionis ipsius, cui resignabat omnino, circa personam illius supersedere vellemus. Nos igitur, quia id facto electionis illius nimis culpabiles vos invenimus, unde graviter vos punire possemus, volentes tamen Ecclesiæ viduatæ prout ad nostrum spectat officium providere, de fratrum nostrorum consilio personam idoneam, per quam Ecclesiam vestram in spiritualibus et temporalibus credimus augmentandam curabimus assignare, universitati vestræ districte præcipiendo mandantes quod, infra quindecim dies post receptionem præsentium, aliqui vestrum pro universitate capituli ad præsentiam nostram accedant, jam dictam personam in archiepiscopum recepturi. Alioquin, et culpam præmissam et inobedientiam subsecutam taliter cura-

---

(323) De argumento istius epistolæ, vide supra epistolam 69, et notas.

bimus castigare, quod pœna vestra erit aliis in exemplum.

Datum Velletri, xvi Kal. Octobris.

LXXXIX (324).

C. (325) ARCHIEPISCOPO MONTIS REGALIS, ET PARISIO EPISCOPO, IN ARCHIEPISCOPUM PANORMITANUM ELECTO (326), REGIS SICILIÆ FAMILIARIBUS.

De morte Marcualdi.

(Velletri, viii Kal. Octobris.

[Benedictus Deus et Pater Domini nostri Jesu Christi, Pater misericordiarum et Deus totius consolationis, qui post nubilum fecit serenum, et post lacrymationem et fletum gaudium et exsultationem induxit; qui non dereliquit virgam peccatoris super sortem justorum, sed causam justam discrevit a gente non sancta, et eripuit vos ab homine iniquo pariter et doloso, qui non posuit Deum adjutorem sibi, sed in sua prævaluit vanitate; ut omnipotens Deus vos aliosque fideles tanquam aurum in fornace probaret : quatenus probatio vestræ fidei multo pretiosior esset auro, quod per ignem probatur, similis grano sinapis, quod quanto plus tunditur, tanto fortius inardescit. Unde, flagellato tandem miserabiliter pestilente viro, qui justo judicio dies suos finivit in malum, nunc fidei vestræ sinceritas invenitur in laudem et gloriam et honorem. Licet enim ad tempus propter nubis objectionem solis radius non illuxerit, ex quo tamen nubes evanuit, splendor ipsius gratius elucescet ; et vos qui non curvastis genua vestra coram Baal, postquam nefandæ memoriæ Marcualdus interiit, qui vestræ circa nos voluntatis impediebat effectum, ea tam vigili studio quam studiosa vigilantia studebitis operari, quæ ad apostolicæ sedis honorem et regiæ personæ salutem totiusque regni commodum magnifice redundabunt.] Dum ergo tempus habetis, non negligatis bonum quod expedit operari, de plenitudine gratiæ nostræ securi, quæ vobis in prosperis aderit, sicut non defuit in adversis, cum ad honorem et profectum vestrum efficaciter intendamus, tanquam qui fortitudinis vestræ constantiam et fidei puritatem sumus in multis evidenter experti. Cum autem de statu vestro, et his quæ gesta sunt et geruntur post interitum Marcualdi, redditi fuerimus certiores, plenius et expressius nostrum vobis curabimus et exponere beneplacitum voluntatis et præsidium exhibere.

Datum Velletri, viii Kal. Octobris.

In eumdem fere modum......, Cephaludensi episcopo (327), familiari regio.

XC (328).

EPISCOPO ELIENSI (329), ABBATI SANCTI EDMUNDI (330), PRIORI CANTUARIENSI (331).

De ordinatione ecclesiarum Bathoniensis et Glastoniensis (332).

(Velletri, viii Kal. Octobris.)

Qualiter, partibus olim in nostra præsentia constitutis, super negotio Bathoniensis et Glastonien-

---

(324) Relata apud Raynaldum, sed non integra, anno 1202, § 5. Edita quoque a Baluzio, verum penitus ex Raynaldo. Integram exhibemus ex Apographo Conti. Quæ apud Raynaldum et Baluzium leguntur, hic uncis inclusa sunt.

(325) Carus, ex monacho et abbate S. Mariæ de Altofonte, ordinis Cisterciensis, si qua Wioni fides (*Lign. vitæ*, part. i, f° 73), Guillelmo montis Regalis archiepiscopo, defuncto anno 1189, successor datus fuerat. Ad ipsum sæpius scripsit Innocentius ; vide lib. i, epist. 105, 106, 310, 316, 391 ; et lib. seq. Quo anno obierit Carus non satis compertum habemus. Vitam produxit ultra annum 1215, quo interfuit consilio Lateranensi. Roc. PIRR. *Sicil. sacr.* t. I, pag. 415.

(326) De isto jam egimus supra, epist. 39 hujusce libri quinti quam videsis.

(327) Joannes *Cicala*, cognomento *Venetus*, Pauli de Cicala, comitis Colisani et Aliphiæ, germanus frater, anno 1194, ad Cephaludensem episcopatum vocatus fuit. De eo sæpius in Regestis Innocentii. Non multo post annum 1215, Præsulatus sui 20, e vita decessit. Roc. PIRR. *Sicil. sacr.* t. II, pag. 485.

(328) Jam observavimus epistolam hanc cum fragmento, quod initio libri tertii epistola 1 exhibuimus, concordare.

(329) De episcopo Eliensi jam egimus supra, epistola 54 hujusce libri quinti.

(330) Anno Domini 1182, Samson, monachus S. Edmundi factus est abbas, confirmatus ab episcopo Wintoniensi Richardo, ii Kal. Martii, et xii Kal. Aprilis a fratribus est receptus ; qui rexit Ecclesiam 30 annis, et obiit in i Kal. Januarii anno Domini 1211 ; ex registro Joh. Lakinghith. ejusdem loci monachi. (*Monast. Anglic.* t. i, pag. 295.) De abbate S. Edmundi, Samsone, qui anno 1199 judex constitutus fuerat in causa ecclesiæ S. Trinitatis, vide etiam Rogerium de Hoved. (*Annal.* pag. 805, lin. 41.)

(331) Prior Cantuariensis Ecclesiæ, tunc temporis, erat Galfridus, qui, ex subpriore Ecclesiæ Christi, Osberno de Bisto anno 1191 vi Id. Maii a monachis deposito, eodem die suffectus fuerat. Prioratum usque ad annum 1206 obtinuisse creditur ; certe, in vivis anno 1205 adhuc fuisse, ex instrumentis comprobatur. Anno 1199, Ecclesiæ suæ causam adversus Hubertum archiepiscopum in curia Romana procuravit ; hoc, ex epistolis mss. de causa collegii Hakintonensis, constare dicitur in historia priorum Cantuariensium, apud Warthon. (*Angl. sacr.* part. i, pag. 139.) Verum ibidem additur, ipsum causæ, quam Romæ procurabat, decisioni anno 1202 factæ superfuisse : quod quidem cum epistola, hic ad ipsum, velut in Anglia tunc versantem ; eodem anno 1202, directa, quo pacto conciliari possit, statuere in promptu non habemus.

(332) Controversia, quæ tunc inter monachos Glastonienses ab una, et Bathoniensem episcopum ab altera parte vertebatur, ab anno 1192, per centum fere annos, acerrima animorum contentione agitata, nonnisi anno 1290 tandem omnino sopita fuit. Peculiarem litis hujus historiam contexuit Adamus de Domersham, monachus Glastoniensis ; exstat apud Warthon. (*Angl. sacr.* part. i, pag. 578.) Epistola hæc Innocentii 90, nec non epistola, mox exhibenda 92, quæ huc usque inter anecdota (saltem ut opinamur) in mss. codicibus delituerant, historicæ Adami narrationi belle admodum concinunt, et velut appendix justissima in lucem prodeunt. Eas cum Adamo conferre operæ pretium videbitur cuicunque pontificis, in hac non levioris momenti causa judicem agentis, decisiones et sententiam ad examinis trutinam revocandi otium erit et animus. Nos, ex instituti nostri ratione, in obscurioribus epistolarum

sis ecclesiarum fuerit processum a nobis, rescripti nostri series indicat evidenter. Volentes autem ipsam Bathoniensem ecclesiam ad similitudinem cæterarum cathedralium ecclesiarum Angliæ, in quibus sunt monachorum collegia, ordinari, quia id per nos tunc commode non poterat explicari, vices nostras vobis, frater episcope, et fili abbas, in hac parte duximus committendas (333). Dedimus ergo vobis per nostras litteras in mandatis, ut possessionibus monasterii, redditibus, et oneribus diligentius indagatis, ex ipsis ad omnes necessitates prioris, et fratrum ibidem Domino famulantium et servientium eorum, antiquo et consueto monachorum numero in nullo penitus diminuto, in certis possessionibus curaretis provisionem idoneam assignare. Ad hospitalitatem et eleemosynam per monachos faciendam, sicut in hujusmodi ecclesiis observatur, competentes juxta ecclesiæ facultates redditus deputantes, residuum autem cum cæteris oneribus venerabili fratri nostro, Bathoniensi et Glastoniensi episcopo, et successoribus ejus præcipimus applicari mandantes ut prior, secundum consuetudinem ecclesiarum cathedralium in quibus sunt collegia monachorum, institueretur ibidem, et secundum eamdem consuetudinem gereret officium prioratus, cæteris nihilominus ad earumdem ecclesiarum similitudinem ordinatis. Quod si forsan in his aliquid difficile vobis occurreret, quod sine apostolicæ sedis providentia expediri non posset, per vestras nobis litteras singula curaretis plenius intimare, ut, per relationem vestram sufficienter instructi, vos possemus per responsionem nostram super ambiguis reddere certiores; ac super quibusdam, et instruere vos postmodum curabimus per litteras nostras. Nam ubi diximus, quod eadem ecclesia ordinaretur ad similitudinem cæterarum ecclesiarum Angliæ, in quibus erant collegia monachorum, de illis et nos intelleximus, et intelligere vos voluimus, in quibus vivebatur honestius, et ordo monasticus laudabilis servabatur, et vacabatur plenius operibus charitatis. Quia vero, ubi ad hospi-

talitatem et eleemosynam per monachos faciendam competenter mandavimus redditus deputari, de fabrica ecclesiæ et ædificatione domorum nihil expressimus, quibus eadem Glastoniensis Ecclesia maxime noscitur indigere, nihilominus vobis mandavimus, ut tam de his, quam de certis redditibus deputandis ad illa secundum (334) [prædictarum Ecclesiarum similitudinem disponere curaretis. Ne autem inter eumdem episcopum vel successores ipsius, et priorem et conventum Glastonienses, scandalum in posterum oriretur, ecclesias existentes in possessionibus episcopo assignatis, ad episcopum, quæ autem essent in possessionibus monachis assignatis, statueretis ad monachos pertinere, infra trium mensium spatium prædicta omnia post susceptionem litterarum nostrarum, appellatione remota, efficaciter impleturi. Quod si forsan memoratus episcopus infra terminum ipsum, occasione quacunque detentus, vel nollet, vel non posset in Angliam transfretare, vos nihilominus ad Glastoniensem ecclesiam accedentes, et de his quæ ad ordinationem pertinerent ipsius, tam ibidem quam in ecclesiis, ad quarum similitudinem eam ordinari mandavimus, diligentius inquirentes, tam rei veritatem, quam vestrum consilium super expressis capitulis nobis plenius scriberetis. Monachos, et qui de eadem ecclesia fuerant per eumdem episcopum vel per suos violenter ejecti, nisi episcopus ad commonitionem vestram eos duceret revocandos, ad loca sua restituere, sublato appellationis obstaculo curaretis, facientes tamen eidem episcopo satisfieri competenter, et obedientiam et reverentiam debitam tanquam suo pontifici exhiberi. Eos vero qui temerarias in monachos manus injecerant, tandiu denuntiaretis tanquam excommunicatos ab omnibus arctius evitandos; donec passis injuriam satisfacerent competenter, et cum vestrarum testimonio litterarum ad sedem venirent apostolicam absolvendi. Dilectum quoque filium, H. (335) monachum Glastoniensem, quem in præsentia nostra monachorum negotia fideliter et sollicite cogno-

---

Innocentii locis lucem aliquam præferre contenti, pauca ex Adamo, (loc. cit.), nec non ex Rogerio de Hoved. (pag. 730, 773, 790 et 792) deprompta, ad declarandum causæ, ut aiunt, statum, hic dabimus. Cætera quæ ad illustrandam historicam facti seriem necessaria videbuntur, in sequentibus notis exhibebimus.

Richardus, rex Angliæ, e terra sancta rediens, a duce Austriæ captus et Henrico imperatori VI traditus, in carcere detinebatur. Savaricus quidam erat circa imperatorem, consanguineus ejus et cancellarius in Burgundia, qui a rege ipsum vincto obtinuit episcopatum Wellensem, eo quod ei multas impenderet humanitates et obsequia. Et quoniam Wellensis, cui mox adjunctus fuit Bathoniensis episcopus, non videretur sufficere, cum esset ambitiosus et prodigus, petiit etiam abbatiam Glastoniensem, in suo episcopatu s'tam. Ad imperatoris preces rex concessit, in arcto positus, partem regni sui, si sic peteretur, concessurus. Non multo post, Savaricus unionem Glastoniensis Ec-

clesiæ cum Bathoniensi obtinuit, suggerendo q inimicitiæ inter illas alioquin sopiri nequirent. summopere displicuit monachis Glastoniensibus, qui præsulis, ambitione, avaritia, aliisque animi vitiis infamati, jugo cervicem submittere renitebantur. Ad sedem apostolicam appellant; abbatem sibi eligunt. Rex, modo episcopo, modo monachis et abbati ab ipsis electo, favere. Inde jurgia, inde lites, controversiæ, ad quas tandem dirimendas, hic, sed nondum satis felici conatu, prout diximus et ex sequentibus epistolis apparebit, pontifex accingitur.

(333) Vide fragmentum jam supra laudatum not. 528.

(334) Vide fragmentum jam supra laudatum, not. 528.

(335) Forsan legendum M. *Martinum* enim *de Suremis* vocat Adamus monachum quem monasterii sui causam Romæ procurasse dicit (pag. 582.)

vimus procurasse, ipsis in procuratorem concessimus, nisi omnes monachi ejusdem ecclesiæ infra octo dies post susceptionem litterarum nostrarum, alium sibi procuratorem idoneum communiter et concorditer ducerent eligendum : ut ipsum ad agenda negotia monasterii, tam extra quam intus, et coram vobis præcipue in causa ipsa tanquam procuratorem recipere curaretis, compescentes per censuram ecclesiasticam quoslibet, appellatione remota, qui procurationem ejus vel alia mandata nostra præsumeret impedire ; eidem insuper episcopo districtius inhibuimus, ne aliquid amplius exigeret, vel detineret de bonis Glastoniensis ecclesiæ, quam quod ipsi decrevimus assignari.] Vos autem, sicut nobis vestris litteris intimastis, in omnibus nostris jussionibus obedire parati cum Glastoniam venissetis, constitutis in præsentia vestra procuratoribus et officiali episcopi, et conventu Glastoniensi postulante nostri exsecutionem mandati, pars episcopi, non ut litem judiciumque subiret, sed ut verba faceret pro ipso absente, ad elidendam monachorum intentionem, proposuit, divisionem possessionum et reddituum Glastoniensis ecclesiæ, inter præfatos episcopum et conventum, in curia charissimi filii nostri, J. regis Anglorum illustris, in ipsius et quorumdam magnatum suorum præsentia factam fuisse, antequam tenor mandati nostri ad episcopum vel suos etiam pervenisset, quibusdam monachis hoc procurantibus, et consentientibus nomine conventus ejusdem : eo videlicet, qui prior (336) ecclesiæ dicitur, et alio qui subpriorem (337) se gerit, medalio (338), etiam camerario (339) et cantore (340), cum litteris conventus de rato patentibus ipsi regi ab eisdem porrectis, quod etiam idem rex per suas ad vos directas litteras est testatus : prohibens ne statueretis aliquid contra partitionem factam in præsentia sua de consensu partium, ut aiebat. Protestabatur enim hoc fore contra dignitatem regiam et honorem, si retractaretis quod auctoritate sua fuerat terminatum ; præsertim cum diceret suam esse possessionem ejusdem ecclesiæ baroniam, quoniam monasterium Glastoniense te[ne]ei ad servitium quadraginta militum exhiben[dum,]quod idem monachi minime diffitentur. Ad[hæ]et pars episcopi, præfatos monachos conventus nomine destinatos, se observaturos ordinationem illam coram rege factam fide interposita promisisse. Sed requisiti monachi utrum ita esset ut pars episcopi proponebat, dicti prior, subprior et medalius, se consensisse ac consentire in ordinationem prædictam, et se fidem præstitisse simpliciter, et absolute dixerunt de ipsa ordinatione servanda. Camerarius autem et cantor se fidem dedisse de ordinatione illa servanda sub ea conditione dixerunt, si conventui foret accepta. Sacrista vero et quidam alius monachus dicebant se consentire in ordinationem illam, nec de ipsorum conscientia et consensu prædictas litteras de rato, super ordinatione facienda coram rege, fuisse transmissas sunt unanimiter protestati, proponentes se contra illam partitionem ad sedem apostolicam appellasse. Ex parte vero episcopi, fuit propositum coram vobis, quod, cum sigillum Glastoniensis Ecclesiæ fuisset in quorumdam custodia monachorum, quos ad hoc episcopus deputarat, et sub sigillo procuratoris ipsius, ejusdem amoto sigillo, et fracto scrinio in quo repositum fuerat, sigillum ecclesiæ in aliorum monachorum custodiam est translatum ; quare timebant ne aliquid in dispendium ejusdem ecclesiæ tunc temporis fuerit eodem sigillo signatum. Vos autem invenientes sigillum ipsum sub alia custodia, quam prius per dispositionem episcopi fuerat de partis utriusque consensu, illud salvum custodiri fecistis, irrita scripta censentes, si quæ tempore medio inter custodiam ejusdem sigilli ab episcopo ordinatam, et vestram, in damnum ejusdem ecclesiæ, vel in præjudicium juris episcopi seu conventus, confecta fuerunt (341). Super illo vero, qui prior ejusdem ecclesiæ dicitur (342), vobis occurrit articulus quidam in se difficultates continens, quemadmodum videbatur, iis qui erant ex parte episcopi asserentibus ipsum fuisse priorem ab episcopo canonice constitutum, et de consensu conventus. Ad hoc autem incontinenti probandum, se prior ipse dicebat esse paratum : majore parte conventus in contrarium protestante se nunquam in eum tanquam priorem spontanee consensisse ; et, lite pendente inter episcopum et W. Picam (343), præfatum monachum prioratum ab episcopo recepisse. Tenor quoque mandati nostri hujus articuli difficultatem adauxerat, ex quo vobis posse conjici videbatur id nos sensisse, ut facta ordinatione ipsius ecclesiæ juxta mandatum nostrum, prior, secundum consuetudinem aliarum cathedralium ecclesiæ Angliæ quæ monachos habent, constitueretur ibidem ; unde determinationi nostræ quæstionem hujusmodi dimisistis. Monacho-

---

(336) Jacobus, quem Haraldo, priori legitimo, Savaricus suffecerat, ex Adamo, pag. 578.
(337) Jordanus de Spinowas, ex eodem, ibid.
(338) Sic legitur in Apographo. Quid sit *Medalius*, ignorare fatemur. Forte legendum *cellarius* vel *infirmarius* ; Henricum enim infirmarium memorat Adamus (loc. cit. pag. 580).
(339) Nomine Eustachio, prout ex Adamo (pag. 581), et ex epistola 92, colligitur. Eumdem Adamus, (infra) a monachis postea missum Romam affirmat.
(340) Hunc vocat Ricardum Adamus (loc. cit. pag. 578.)
(341) Ad ista spectare videtur illud quod leviter tantum attingit Adamus (pag. 582) : « Interim ne monachi suas procurationes consignarent, sigillum capituli abbati S. Augustini et priori Glocestriæ commendavit. »
(342) Vide supra notam 336.
(343) Willelmus de Pica, conversione novitius, professione medicus, ait Adamus (loc. cit. pag. 580), electus fuerat abbas, lite pendente inter episcopum et monachos ; et ex ista ipsa electione novæ litis materia exorta fuerat.

rum vero, sicut mandaveramus, procuratore admisso, quoniam episcopus absens erat, et pro necessariis quibusdam regni negotiis ad nos profectus (344), quemadmodum dicebatur, super his quæ inquirenda vobis injunximus veritatem diligentius inquirentes, eam nobis intimare curastis. Super iisdem vero nos certiores reddere curassetis, nisi possessionum Glastoniensis ecclesiæ incolæ quos vocaveratis ad præsentiam vestram, ut per eos possessionum eorumdem, reddituum et onerum, vera vobis æstimatio innotesceret, a ministris regiis sub interminatione carceralis pœnæ deterriti, ad vos accedere formidassent. Inquirentes itaque de antiquo et consueto numero monachorum accepistis a senioribus ejusdem monasterii se vidisse aliquando septuaginta duos, et non plures monachos in conventu: et a majoribus suis audiisse, quod octoginta et amplius ibidem erant antiquitus constituti; sed ab illo antiquo tempore multa quæ tunc habebat monasterium, per alienationem et alio modo substracta sunt usibus monachorum, in quorum ministeriis invenistis viginti tres servientes hæreditario jure ad officia constitutos, et hi necessarii videbantur. Alios autem reperistis circiter octoginta sub temporalibus stipendiis monachorum, ad diversos ipsorum usus, et commodos ac necessarios, ut asserunt, deputatos. De facultatibus vero monasterii, sicut intelligere potuistis, providus paterfamilias, cura diligenti adhibita et cultura, perciperet circiter octingentas libras annuas sterlingorum. Indagantes etiam, sicut mandaveramus, institutionem cathedralium ecclesiarum Angliæ, quæ monachos habent, in quibus honestius vivitur, et laudabilius ordo monasticus observatur, et plenius vacatur operibus charitatis, invenistis portionem monachorum ab episcoporum portionibus separatam et in quibusdam illarum unicum est et commune marsupium constitutum, in quod omnes redditus, et quæcunque ex obventionibus proveniunt, conferuntur, ex quo ad omnes usus monasterii, hospitum et pauperum, communiter, et fideli custodia ministratur. In aliis vero separatas portiones habent et marsupia, sacrista, cellarius, camerarius et eleemosynarius ad sua ministeria peragenda, generaliter autem prior constituitur ab episcopo cum monachorum assensu, et in plerisque præfato modo constituuntur ab episcopo quatuor officiales prædicti. Sane in fine litterarum vestrarum, prout injunctum fuerat vobis, frater episcope, et fili abbas, vestrum consilium intimastis; quod videlicet, juxta illius Ecclesiæ conditionem præsentem vobis sufficere videbatur, ut in conventu ex ordine sexaginta monachi residerent, ad quorum usus omnes tam interiores quam exteriores, sustentationem pauperum et receptionem hospitum honeste ac plenarie faciendam, ad fabricam ecclesiæ restaurandam, et sustinendas et emendas operationes officinarum et aliarum domorum cum altaris oblationibus, sufficerent facultates et redditus librarum sterlingorum circiter sexcentarum, arbitrio boni viri, et æstimatione communi taxati. Nos ergo super inquisitione ac deliberatione præmissa cum fratribus nostris habito diligenti tractatu, eam de communi consilio approbantes, cum juri videbatur canonico concordare, per quod quarta pars ecclesiæ proventuum episcopo assignatur, discretioni vestræ per apostolica scripta mandamus, quatenus, nonobstante divisione prædicta, post diffinitionem nostram in præjudicium juris ecclesiastici perperam attentata, et illis litteris, quæ relatione pendente ad vos, frater episcope ac fili abbas, impetratæ dicuntur, ut secundum formam prioris mandati in ipso negotio procedere curaretis, universa, quæ ad dispositionem Glastoniensis monasterii pertinent, juxta quod alia vice scripsimus, præmissum sequentes consilium, omni contradictione et appellatione cessantibus, exsecutioni mandetis. Per hoc tamen super honorificentiis et obsequiis, quæ regiæ sublimitati debentur, nullum volumus præjudicium vel obstaculum generari. Verum, cum dictus episcopus, sicut nostris est auribus intimatum, plures possessiones Glastoniensis ecclesiæ alienare præsumpserit, plures redditus promiserit, dans super his chartas sigillatas sigillo ecclesiæ quod violenter faciebat per quosdam monachos detineri; quosdam parentes, et fautores suos in ecclesiis pertinentibus ad ecclesiam Glastoniensem intruserit, et bona ecclesiæ dissiparit, post appellationem ad nos sæpius innovatam, in ipsius ecclesiæ maximum detrimentum: volumus nihilominus et mandamus, ut quæcunque super his et aliis ab ipso episcopo, in gravamen ecclesiæ, perperam noveritis attentata, irrita nuntiantes, ea, remoto cujuslibet contradictionis et appellationis obstaculo, amotis quibuslibet illicitis detentoribus, in statum pristinum revocetis; inhibentes eidem episcopo ne de bonis Glastoniensis ecclesiæ aliquid exigere vel detinere præsumat, nisi quod ei secundum dispositionem nostram a vobis fuerit assignatum, neve in claustro vel capitulo, ducat de cætero clericos vel laicos, indecenter contra monasticam disciplinam. Volumus insuper et mandamus, ut dictus episcopus Glastoniensi ecclesiæ et ejus hominibus, et magistro M. de Summa, subdito nostro, injuste ablata restituat universa, et de damnis et injuriis intra duos menses satisfaciat competenter, et secundum portionem, quæ ei fuerit assignata subeat onera debitorum, quibus Glastoniensis ecclesia dicitur aggravata. Utrum autem possessiones sint dividendæ, ne forte negligatur utrinque quod communiter possidetur, an magis sint dividendi proventus, ne forte contingat eamdem substantiam diverso jure censeri, discretioni

---

(344) Savaricum Romam profectum esse asserit Adamus (*loc. cit.* pag. 582), et inde reducem, diem obiisse supremum, anno 1205 (ex eodem, *ibid.*)

Apud Bathoniam tumulatum fuisse dicit auctor historiæ episcoporum Bathoniensium. Apud Wharton. *Angl. sacr.* part 1, p. 565.

vestræ relinquimus providendum quemadmodum magis noveritis expedire. Verumtamen, ecclesias in quibus Glastoniense monasterium jus obtinet patronatus, ad præsentationem prioris et conventus spectare, saltem pro tribus partibus, censeatis. Illum autem quem habet episcopus pro priore, si lite pendente sine consensu totius capituli, vel majoris et sanioris partis ipsius, inveneritis institutum, removentes ab officio prioratus, alium faciatis priorem ordinari. Quod si citatus episcopus, per se vel procuratorem suum coram vobis comparere neglexerit, vos super prædictis omnibus juxta præmissam formam nihilominus procedatis. Si vero præfatus episcopus, contra ordinationem hujusmodi per se vel alium, venire præsumpserit, monasterium ipsum statutis apostolicis in hoc articulo proditis non obstantibus, appellatione remota, in statum pristinum reducatis; dantes conventui eligendi sibi abbatem auctoritate nostra liberam facultatem; quia justum est, ut apostolicis privilegiis denudetur, qui præsumit mandatis apostolicis obviare. Quod si non omnes, etc..... tu, frater episcope, cum eorum altero, etc.

Datum Velletri, viii Kal. Octobris, pontificatus nostri anno quinto.

XCI.

ELIENSI EPISCOPO.

De compositione quadam ad monasterium Sancti Edmundi spectante.

(Velletri, xii Kal. Octobris.)

Significantibus nobis dilectis filiis, abbate (345) ac monachis monasterii S. Edmundi, ad nostram noveris audientiam pervenisse, quod cum inclytæ recordationis Eduardus, quondam rex Angliæ, villam de Mildehal [*al.* Mildenhall] cum jure patronatus Ecclesiæ aliisque pertinentiis ejusdem villæ, monasterio S. Edmundi liberaliter contulisset (346) et idem monasterium villam ipsam diu possedisset in pace, quidam Wintoniensis episcopus, Stigandus nomine (347), quem rex Anglorum Angliæ præfecerat universæ abbate atque conventu præfati monasterii qui tunc erant (348), cum multa instantia impetravit, ut ei ad firmam in vita sua villam concederent antedictam. Sed, cum idem episcopus pro suis excessi-

bus per legatos sedis apostolicæ condemnationis sententiam incurrisset, rex, sicut erat de Angliæ consuetudine, omnes possessiones illius episcopi, qui se in archiepiscopatum intruserat evidenter, ad suas manus recepit. Inter quas memorata villa, quam ad firmam tenuerat, fuit in potestatem regiam deducta. Procedente vero tempore, illustris memoriæ W. rex, qui Angliam ceperat, in loco illo ubi victoriam obtinuerat, fecit ecclesiam fabricari, quæ abbatia de Bello ab illo fuit tempore appellata (349), cui, præter alia bona quæ contulit, patronatum ecclesiæ præfatæ villæ de Mildhealis [*al.* de Mildenhale] concessit (350), ad S. Edmundum rationabiliter pertinentem. Nunquam tamen abbatia de Bello ab illa ecclesia plusquam quadraginta solidos recepit nomine pensionis. Præfatam autem villam rex sibi retinuit, nec eam monasterium S. Edmundi usque ad tempora recolendæ memoriæ regis Riccardi potuit rehabere, qui ei villam cum donatione ecclesiæ, et aliis ad eam pertinentibus resignavit (351). Sed, licet villam ipsam sibi potestate regia restitutam in pace possideat monasterium antedictum, ecclesiam tamen ipsius villæ non hactenus assecutum, pro eo quod ecclesia de Bello fuerat in possessione pensionis ecclesiæ memoratæ. Cumque super hoc per ipsum abbatem et conventum S. Edmundi ad quosdam judices a nobis fuissent litteræ impetratæ, post altercationes varias fuit in arbitros compromissum, qui pro nobis pacis inter utrumque monasterium sunt taliter arbitrati, si diœcesanus episcopus consentiret, quod fratres hospitalis S. Salvatoris quod... abbas S. Edmundi construxerat, ecclesiam sæpe nominatam possideret in integrum, solvendo abbati et conventu de Bello marcas quindecim annuatim. Sed cum a venerabili fratre nostro, Norwicensi episcopo (352), peteretur, ut ipsi compositioni suum præstaret assensum, ipse penitus contradixit : asserens hoc esse contra statuta Lateranensis concilii, per quod districtius inhibetur ne novi census imponantur Ecclesiis, vel veteres augmententur. Sed, cum multis viris peritis hoc non esse contra Lateranense concilium videatur, idem abbas et conventus humiliter postulaverunt a nobis, ut ipsi compositioni, si licita esset, dignaremur assensum apostolicum im-

---

(345) Vide notas ad epistolam superiorem.
(346) De manerio de *Mildenhall* monachis S. Edmundi, ab Edwardo, rege Angliæ, concesso, vide librum ms. ejusdem cœnobii. *Monast. Anglic.* t. I, pag. 296.
(347) De Stigando, qui temporibus Edwardi regis Angliæ III, non Wintoniensem tantummodo episcopatum, sed et Doroberniensem invaserat archiepiscopatum, et postea, sub Guillelmo rege, in concilio Wintoniensi degradatus fuit, consulendi sunt, Villelmus, Malmesbur. *De gestis pontificum Anglor.* pag. 204, lin. 34 et passim; Rogerius de Hoved. an. 1070. *Annal.* par. pr. pag. 453, lin. 8.
(348) Anno 1065, Leofstano abbati successerat Baldwinus, professus in nobili monasterio S. Dionysii, confirmatus ab archiepiscopo Cantuariensi, qui rexit Ecclesiam S. Edmundi 32 annis, et obiit anno Domini 1097, iv Kal. Januarii, plus quam oc-

togenarius. Ex registro Joh. Lakinghith, penes Bacon. (*Monast. Anglic.* t. 1, p. 295.)
(349) Monasterium S. Martini de Bello, in diœcesi tunc Selesiensi, postea Cicestrensi, rex Willelmus fundavit et provexit in loco ubi Angliam debellaverat, multa ibi et pretiosa, cum vivus tum mortuus, delegans. Altare ecclesiæ est in loco ubi Haroldi pro patriæ charitate occisi cadaver examine inventum est, WILLELM. MALMESB., pag. 258.
(350) Ecclesiæ de Mildenhale donatio, a rege Willelmo, abbatiæ S. Martini de Bello facta, memoratur in historia ms. abbatiæ hujus, (Lib. *De situ eccles. Belli, et de posses.* f° 15, a.) ex bibliotheca Cottoniana. *Monast. Anglic.* t. 1. p. 316.
(351) His quæ in hac Innocentii epistola leguntur apprime concinit Liber cœnobii S. Edmundi, supra laudatus. not.
(352) De isto jam egimus supra.

pertiri, et prædicto episcopo apostolica auctoritate mandare, ut compositionem ipsam ratam habeat, et acceptam. Quod si compositio ipsa non fuerit facienda, quæstionem ipsam modo præcipiamus alio terminari, per quem utrique monasterio sua justitia conservetur, et pax esse possit perpetua, sicut convenit per ea (353). Nos ergo finem litibus cupientes imponi, per quas ultra modum interdum in personis et rebus Ecclesiæ fatigamur, fraternitati tuæ per apostolica scripta mandamus, quod si partibus complacuerit ut prædictam ecclesiam, de qua lis vertitur inter monasteria memorata, fratres hospitalis S. Salvatoris accipiant pro bono pacis in integrum possidendam, et ipsi qui commodum assequantur, quod reliquum est de quindecim marcis supra quadraginta solidos veteris pensionis, sæpedicto monasterio de Bello de suis proventibus suppleant annuatim; præcipientes ex parte nostra episcopo Norwicensi, ut hujusmodi compositioni suum præstet assensum; quem si forte malitiose negaverit, tu nihilominus auctoritate nostra suffultus, appellatione cessante, facias compositionem ipsam effectui mandari. Alioquin, partibus convocatis cum conjudicibus tuis, quibus causam eamdem olim commisimus terminandam, audias hinc inde proposita, et quod canonicum fuerit appellatione remota decernas, faciens quod decreveris per censuram ecclesiasticam inviolabiliter observari.

Datum Velletri, xii Kal. Octobris.

XCII.
ÆLIENSI EPISCOPO; ABBATI S. EDMUNDI; ET PRIORI CANTUARIENSI.
De eodem argumento ac in epistola 90 (354).
(Velletri, iv Kal. Octobris.)

Gravem dilecti filii, Glastonienses monachi, fecerunt in præsentia nostra querelam exponi, quod venerabilis frater noster, Bathoniensis et Glastoniensis episcopus, suppressa sententia, quam inter ipsum et dictos monachos super divisione possessionum ipsius Glastoniensis Ecclesiæ, et quibusdam aliis capitulis tuleramus, post appellationem ad nos interpositam aliam divisionem fecit fieri per potentiam laicalem, ad ipsorum monachorum, et Glastoniensis Ecclesiæ maximum detrimentum. Cumque postmodum litteræ nostræ super ordinatione ipsius Ecclesiæ in Angliam pervenissent, dictus episcopus serrari fecit portas ecclesiæ per annum et ultra, et portam curiæ monasterii custodiri ne litteræ nostræ pervenirent ad monachos, vel monachi claustrum exire possent pro negotiis Ecclesiæ promovendis. Servientes vero episcopi ceperunt equos magistri M. de Summa (355), subdiaconi nostri, qui mandatum nostrum super ordinatione portarat. Idem autem episcopus A (356), monacho, subtraxit victum diutius, quia steterat in nostra præsentia contra eum; Guillelmum, clericum Glastoniensis Ecclesiæ, personam de Monchenine, capi fecit, et tam acriter in sua præsentia verberari, quod paucos post dies spiritum exhalavit. Exsecutionem etiam sententiæ nostræ et processum judicum impediri fecit per laicam potestatem. Cæterum, cum in Flandria fuissent ei nostræ litteræ præsentatæ, ipse cum cultello filum litterarum incidit, et statim litteras arguit falsitatis; et cum postmodum ad nostram præsentiam accessisset, in reditu suo scripsit Glastoniensi conventui, quod nos judicaveramus tam litteras illas, quam alias, quas dictus magister M. de Summa super ordinatione prædicta detulerat, esse falsas, et eum pro falsario habebamus. Duos etiam monachos (357), missos a conventu pro Ecclesia de Siret [*al.* Strete] conservanda, capi fecit, et in vinculis ferreis tamdiu post appellationem affligi, donec ab eis juramentum extorsit, quod nunquam essent de cætero contra eum. Alium vero monachum in eadem ecclesia existentem verberare fecit, et tam male tractari, quod incurabilem infirmitatem incurrit. Præterea duos alios monachos et dictum magistrum M. subdiaconum nostrum, cum relatione judicum ad nostram præsentiam accedentes capi fecit, et spoliatos equis, et aliis rebus suis, et relatione prædicta, tandiu affligi fecit in vinculis, præfato subdiacono amissis omnibus vix evadente, donec ab eisdem monachis sacramentum extorsit, quod nunquam venirent amplius ad sedem apostolicam contra eum (358). Postmodum vero, cum idem subdiaconus, E. camerarius, et Ph. monachus Glastonienses iter arripuissent iterum ad sedem apostolicam veniendi, servientes præfati episcopi, irruentes cum gladiis super eos, ceperunt monachos, et res omnes, et servientes eorum et dicti subdiaconi, eo solo vix per quemdam murum fugæ beneficio liberato (359). Plures autem monachos alios, et ante sententiam nostram, et post, et tam homines quam servientes ecclesiæ plures capi fecit dictus episcopus, et in ipsa Glastoniensi ecclesia, et extra, per servientes et fautores ipsius inhoneste tractari, et spoliari etiam rebus suis, et idem episcopus ac servientes et fautores ipsius intulerunt eis et Glasto-

---

(353) Sic in Apogr.
(354) Vide notas ad epistolam 90.
(355) Idem, procul dubio, ac ille quem *Martinum de Suremis* vocat Adamus de Domersham, pag. 582.
(356) De isto nihil apud Adamum.
(357) Thomam de Edinton, et Henricum Bagge nominat Adamus de Domersham, *loc. cit.*
(358) « Mittuntur interim a monachis Romam Willelmus de Abbedeston, et magister Adam, monachi, et M. Martinus de Suremis, clericus, qui a servis Savarici episcopi extra Wintoniam sunt comprehensi, equis et pecunia spoliati, in compedibus sunt detenti. Evasit tamen callide magister Martinus; reliqui duo ad diversa monasteria missi. » Adam. *loc. cit.*

(359) Pergit Adamus (*loc. cit.*) « Conventus, his intellectis, eorum loco mittit Eustachium, et Philippum de Pisa; qui Londini a Savarici ministris intercepti sunt. Liberati vero tandem, Eustachius ad regem transfretavit; Philippus cum Martino Romam adiit. »

niensi ecclesiæ damna plurima et jacturas. Cumque inhibuissemus eidem per litteras nostras (360), sicut bene meminimus, et fecissemus per judices inhiberi, ne de bonis Glastoniensis ecclesiæ aliquid exigere, vel detinere præsumeret, nisi quod ei præceperamus per eosdem judices assignari, ipse in maximum damnum ejusdem ecclesiæ, omnes redditus et bona ipsius, post appellationem ad nos multoties interpositam, occupare et dilapidare non timuit, possessiones et alia, quæ remanserunt ibidem adhuc dissipans et devastans; ecclesias etiam pertinentes ad Glastoniensem ecclesiam, lite pendente, sententia nostra nondum per dictos judices exsecutioni mandata, quibusdam fautoribus suis concessit illicite in præjudicium Glastoniensis Ecclesiæ, appellatione sæpius innovata. Quocirca, discretioni vestræ per apostolica scripta mandamus atque præcipimus, quatenus, omni gratia et timore postpositis inquiratis, appellatione remota, super præmissis diligentissime veritatem, et quæ inveneritis per vestras nobis litteras fideliter intimetis. Quod si citatus episcopus coram vobis noluerit apparere, vos nihilominus ad inquirenda quæ præmisimus procedatis, ne tam graves et grandes excessus remaneant incorrecti. Nihilominus et præfatum episcopum, et homines, et servientes, et fautores ipsius, ut Glastoniensi Ecclesiæ, monachis et eorum hominibus, et dicto subdiacono nostro ablata restituant universa, et de damnis et injuriis satisfaciant competenter, districtione qua convenit, remoto appellationis obstaculo, mediante justitia, compellatis. Testes autem nostros, etc., nullis litteris, etc. veritati, et justitiæ, etc. Quod si non omnes, etc. tu, frater episcope, cum eorum altero, etc.

Datum Velletri, IV Kal. Octobris.

XCIII (361).

EPISCOPO VITERBIENSI (362).

Confirmatio dotationis ecclesiæ Sanctæ Mariæ de Palenzano, et castri Balnariæ, eidem per consules Viterbienses factæ.

(Velletri, II Non. Octobris.)

Solet annuere sedes apostolica, etc. *usque* assensu. Ecclesiam Sanctæ Mariæ de Palenzano cum universis appendiciis, et pertinentiis suis; castrum etiam Balnariæ cum toto tenimento, et jure suo, quod tibi et ecclesiæ Sancti Laurentii Viterbiensis dilecti filii, Consules, judices, et universus populus Viterbienses in dotem pro suarum animarum salute dederunt, sicut ea juste possides et quiete, et in instrumento exinde confecto plenius noscitur contineri, tibi, et per te ecclesiæ jam dictæ, auctoritate apostolica confirmamus, et præsentis scripti patrocinio, etc. Nulli ergo, etc.

Datum Velletri, II Non. Octobris.

XCIV.

ELIENSI EPISCOPO, ABBATI SANCTI EDMUNDI.

Dat eis provinciam examinandi, an nobiles quidam viri, juxta preces regis Angliæ de voto crucis dispensari deberent.

(Velletri.)

Ex tenore litterarum quæ nobis ex parte vestra nuper præsentatæ fuerunt, accepimus, quod cum dilectissimus in Christo filius noster. J. rex Angliæ illustris, nobis per nuntios et litteras intimarit, quod nobiles viri, G. filius Petri (363), H. Bardof. W. (364) de Stuteviil, W. Briewer, de Berkeleia, A. et T. (365) Basset, adeo ei necessarii erant tam pro regni custodia quam pro justitia exercenda, quod eorum obsequio non poterat sine gravi jactura carere; unde, postulabat a nobis, ut eos a peregrinationis proposito absolvere dignaremur; cum quidam eorum præter necessitatem regiam, ea vel infirmitatis vel senectutis debilitate procul dubio laborarent, ut transfretare non possent sine gravi suorum corporum læsione, ac eorum aliqui per indulgentiam bonæ memoriæ. C. PP. prædecessoris nostri, se a peregrinationis proposito assererent absolutos; vobis litteris nostris præcipiendo mandavimus, ut, solum Deum habentes præ oculis, inquireretis, tam super necessitate regis, quam impedimentis expositis, indulgentiis et facultatibus eorumdem, diligentius veritatem, et quod inveniretis per vestras nobis litteras curaretis quantocius intimare, ut per relationem vestram instructi procederemus, sicut videremus in ipso negotio procedendum. Vos ergo, quoniam ante receptionem mandati nostri, propter ardua negotia regni oportuit in Normanniam transfretare, in ipsius exsecutione negotii procedere minime potuistis. Verum, post reversionem vestram in Angliam, cum mandatum nostrum curaretis diligenter exsequi ac devote, tres ex prædictis nobilibus, videlicet G. filius Petri, H. Bardof, W. Briewer, se per Dei gratiam sanos esse et incolumes responderunt, firmum propositum et promptam voluntatem

---

(360) Vid. lib. III, epist. 1.

(361) Indicata apud Raynaldum, anno 1202, § 19.

(362) Raynerius, hujus nominis secundus, Viterbiensi Ecclesiæ præfuit anno 1199; Joanni, tituli S. Clementis cardinali, et Viterbiensi episcopo, ad episcopatum Albanensem transeunti, successor datus. Exstat ejus memoria in Viterbiensis Ecclesiæ monumentis publicisque scriptoris usque ad annum 1221. UGHELL. *Ital. sacr.* t. I, partis signatæ * col. 311.

(363) Gaufridus, filius Petri; qui, Cantuariensi archiepiscopo (Huberto) a regimine regni deposito, factus Justitiarius Angliæ a Joanne rege Anglorum, die coronationis suæ, glagium comitatus de Essex accepit. ROGER. DE HOVED. pag. 779, lin. 44; pag. 781, lin. 29; pag. 792 et 793.

(364) Willelmus de Stutevilla, qui anno 1191 vicecomitatum Lincolniæ acceperat, anno 1200, testis adfuerat et subscripserat Willelmo regi Scotorum juranti fidelitatem Joanni Anglorum regi, et postea anno 1201 ab eodem Joanne rege vicecomes Eboraci constitutus fuerat. ROGERIUS DE HOVEDEN, pag. 700, 814 et 819.

(365) Gillebertus Basset, Thomas et Alanus fratres ejus una cum Willelmo de Stutevilla, diplomati, de quo nota superiori subscripti reperiuntur ROGER. DE HOVED. *loc. cit.*

habentes votum suæ peregrinationis fideliter exsequendi, nec se indulgentias obtinuisse, quibus se tueri possent ab hujus peregrinationis labore, nec unquam se procurasse ut super hoc indulgentiam obtinerent. Adjecerunt etiam, se tantam facultatem habere quod ad moderatos sumptus itineris eis sufficeret cum subsidiis amicorum, asserentes aliquos in regno existere, qui, ut arbitrantur, scirent adeo commode et prudenter, sicut ipsi, regis et regni negotia procurare. W. vero de Stotevill, et Rob. de Berkeleia, a venerabilibus fratribus nostris, Cantuariensi archiepiscopo et episcopo Wigorniensi, propter certas causas competentes, voti facta compensatione, de auctoritate nostra se absolutos esse dixerunt. Sed A. et T. Basset, licet se bene valentes corpore, et promptos etiam voluntate ad exsecutionem voti assererent, quibusdam tamen de causis sic se dicebant facultatibus diminutos, quod ad præsens ad proficiscendum erant penitus imparati. Omnium autem prædictorum nobilium erat vox una, et videbatur esse voluntas, quod prædictum regem, in hac tempestate bellorum, suis non relinquerent auxiliis ullatenus destitutum. Verum de absolutione duorum illorum, qui se dicunt, de auctoritate nostra, per prædictos archiepiscopum et episcopum absolutos, mirari compellimur, cum pro illorum absolutione, de quibus vobis specialiter scripseramus, aliis nos scripsisse minime recordemur. Recolimus autem præfatum archiepiscopum nobis super quibusdam capitulis ad crucesignatos pertinentibus consultationem fecisse: cujus consultationi respondimus sicut vidimus expedire. Sed cum a nobis iterato quæsisset, an ei liceret secundum consultationem eamdem procedere, ipsi rescribere procuravimus, quod per consultationem illam jus erat sibi editum, sed jurisdictio non commissa. Unde, si forte, quod non credimus, occasione consultationis illius, illos duos, vel alios, absolvere attentavit, cum ipse id facere non potuerit, hujusmodi absolutio irrita esse debet penitus et inanis. Quocirca, discretioni vestræ per apostolica scripta mandamus, quatenus de absolutione illorum duorum diligentius inquirentes, si eos, occasione consultationis prædictæ, vel alio quocunque mandato, per suppressionem veritatis seu falsitatis expressionem obtento, inveneritis absolutos, præsertim si in litteris illis, quarum auctoritate absoluti dicuntur, factæ vobis commissionis expressa mentio non habetur; cum vobis inquisitionem commiserimus, nobis diffinitione servata, nec mandato nostro pendente aliquid attentari debuerit contra ipsum, absolutionem illam, sublato cujuslibet contradictionis et appellationis obstaculo, denuntietis irritam et inanem, injungentes eisdem ut peregrinationis propositum exsequantur. Si vero in litteris illis fit commissionis mentio prædictæ præcedentis, cum eas habeamus certa ratione suspectas, ipsas nobis cum litteris vestris totius negotii seriem continentibus transmittatis. Cæteris vero nobilibus qui se ad exsecutionem voti voluntarios asserunt et potentes, illisque similiter qui voluntate prompti et corpore sunt valentes, firmiter injungatis ut reddant Domino quod voverunt.

Datum Velletri.

XCV (366).

ARCHIEPISCOPO LUGDUNENSI (367).

Scribit de pœnis clericis delicta perpetrantibus infligendis.

(Velletri, VII Id. Octobris.)

Enormes excessus archidiaconi Lugdunensis nostris auribus sæpius replicati, de fraternitate tua nos cogunt vehementius admirari, tanquam errata male corrigas aliorum, qui clericos etiam Lugdunensis Ecclesiæ graviter delinquentes negligis emendare. Inter alia sane ipsius facinora, quæ in eo ex quotidiano usu quasi domicilium elegisse dicuntur, assidua sacrilegia et rapinæ locum sibi vindicant potiorem, cum, clericos, mercatores et alios, per stratam publicam transeuntes capere non metuat, et etiam spoliare, ad illos etiam sacrilegas manus irreverenter extendens qui cum litteris apostolicis revertuntur, sicut apostolatui nostro jam sæpius est relatum. Cum igitur tam detestabilis præsumptionis audaciam non possimus sub dissimulatione transire, qui secundum Apostolum, omnem inobedientiam prompti simus ulcisci, fraternitati tuæ per apostolica scripta mandamus et districte præcipimus, quatenus, nisi dictus archidiaconus a te monitus injuriam passis satisfecerit, et a similibus de cætero curaverit abstinere, tu eum ab omni beneficio ecclesiastico, quod habet in provincia Lugdunensi, auctoritate nostra facias penitus alienum, et pro sacrilega manuum injectione in clericos excommunicatum publice nunties, et per totam Lugdunensem provinciam tandiu facias arctius evitari, donec passis injuriam satisfecerit competenter, et cum tuarum testimonio litterarum ad sedem venerit apostolicam absolvendus: attentius provisurus, ut, cum non careat scrupulo societatis occultæ, qui manifesto desinit facinori obviare, quæ præmisimus ita studeas efficaciter adimplere, quod nulla pro his macula tibi valeat irrogari, et virtus obedientiæ te amplius reddat in nostris oculis gratiosum, cum ea saltem jussus a nobis fueris fideliter exsecutus, quæ per te ipsum debueras jam fecisse.

Dat. Velletri, VII Idus Octobris, anno quinto.

---

(366) Indicata apud Bzovium, t. XIII, p. 91, n. 6.
(367) Rainaldus (de Forès), statim post prædecessoris abdicationem anno 1193, vel 1194, Lugdunensis primas designatus fuit. Ex hac vita migravit anno 1226. *Gall. Christ.* t. IV, col. 133.

XCVI (368).

CAPITULO AUXITANO.

Ut contra archiepiscopum| morbo caduco laborantem procedatur ad privationem, juxta decretum Gelasii papæ (369.)

(Later., iv Non. Novembris.)

Angustiis (370) et pressuris Ecclesiæ vestræ paterna benignitate compatimur, et ejus laboribus et adversitatibus condolemus, quæ, præter hoc, quod importabilem sustinet sarcinam debitorum, non solum hostibus videtur exposita, verum etiam scorpiones calcaneo ejus insidias paraverunt, extremitate caudæ lædentes quæ ipsorum corrosioni supersunt. Condolentes igitur laboribus ejus, compatientes etiam et pressuris, cum venerabilis frater noster...... (371), Lactorensis episcopus, quem de facto, cum de jure non possetis eligere, vobis in pontificem elegistis, cum vestris et charissimi in Christo filii nostri, J. regis Anglorum illustris ac reginæ matris ejusdem et quorumdam litteris aliorum, qui pro ipso nobis humiliter supplicarunt, ad præsentiam nostram accesserit, quia tamen secum de vobis aliquem non adduxit, et suffraganeorum Ecclesiæ vestræ litteras non habebat, nobisque propter hoc de modo et processu electionis, quæ magis dicenda est postulatio, cum personam nominaveritis alteri sedi conjugaliter copulatam, secundum institutiones canonicas, quas in his et consimilibus volumus observare, non posset fieri plena fides, neque postulationem ejus propter hoc duxerimus admittendam, interim ei, donec de postulatione nosceretur ipsius, administrationem Ecclesiæ vestræ, tam in spiritualibus quam temporalibus, de consilio fratrum nostrorum commisimus, ne pro defectu pastoris malignorum exponeretur incursibus et rapinis : venerabilibus fratribus nostris...... (372) archiepiscopo Burdegalensi, et...... (373) episcopo Xanctonensi, et dilecto filio, magistro Stephano subdiacono et notario nostro, apostolicis litteris injungentes, ut inquirerent circa postulationem ipsius quæ inquirenda viderent, et, si ea unanimis cognosceretur et concors, illam, nullius contradictione vel appellatione obstante, auctoritate apostolica confirmarent ; ei, ut se a Lactorensi Ecclesia ad vestram transferret Ecclesiam, auctoritate nostra licentiam tribuentes, pallium etiam assignarent eidem, quod, ne Ecclesia vestra ad sedem apostolicam laborando fatigaretur expensis, per ipsum notarium illuc duximus transmittendum. Verum, cum archiepiscopus et notarius memorati, sicut ex litteris eorum accepimus, super electione Ecclesiæ vestræ juxta mandatum nostrum procederent, relatione plurium cognoverunt, quod idem episcopus Lactorensis caduco morbo graviter laboraret, quo, secreto requisitus ab ipsis, se affligi a septennio est confessus, quod etiam in præsentia dilectorum filiorum, Herberti (374) abbatis, et Arerunt silentium. Confitentur tamen, in Annalibus Tolosanis dom. de la Faille, fieri mentionem Raimundi, episcopi Lactorensis, ad annum 1204, in appendice in quo instrumenta continentur. Huic episcopo potest dari locus post Bernardum II, de quo nihil post annum 1199, et ante Arnaldum qui nonnisi anno 1215 in chartis nominatur. De eodem etiam agi potest in hacce Innocentii epistola. *Gall. Christ.* t. I, col. 1076.

(372) Helias, cognomine de Malamorte (Gallice, *de Malmort*), quod est antiquæ nobilisque familiæ in Lemovicibus, cujus fuit toparcha de Malamorte, primus regis Francorum senescallus Lemovicensis circa annum 1187, ex cantore Lemovicensi Burdegalenses infulas adeptus est. Pauperum studiosus, fato functus est anno 1206, ut indicat chronicon S. Stephani Lemovicensis. *Gall. Christ.* t. II, col. 819.

(373) Episcopus Santonensis, Henricus, jam sedebat anno 1189. Usque ad annum 1213 in instrumentis nomen ejus legitur. *Gall. Christ.* t. II, col. 1072.

(374) Ecce novus prodit abbas Silvæ Majoris. De Herberto enim nihil apud Galliæ Christianæ auctores. Petrum III de Laubesc agnoscunt ab anno 1192, saltem ab anno 1194, usque ad annum 1201, quo ipsum abbatiæ regimini cessisse aiunt. Eumdem, littera P. designatum, collegam fuisse asserunt Lemovicensis episcopi, in inquisitione facienda, jussu papæ, de electione Raimundi de Rabastens in episcopum Tolosanum. Mox ei sufficiunt Gumbaldum, quem ex priore, anno 1194, abdicanti Petro subrogatum asserunt, addentes ipsum judicem ab Innocentio PP. III delegatum fuisse, cum B. abbate S. Emilionis, in causa inter abbatem et parochianos S. Crucis Burdegalensis, pro decima laterum, 13 Octobris 1204 (quam quidem delegationem in Re-

---

(368) Relata, sed non integra, apud Raynaldum, anno 1202, § 12, et ex Raynaldo ipsissimis verbis apud Baluzium, tom. I, p. 666. Quæ apud utrumque leguntur, hic uncis inclusa sunt.

(369) Dignissimum notatu argumentum, et ex quo multæ, eædemque gravissimæ, exoriuntur, quoad Auxitanorum et Lactorensium præsulum chronologicam seriem, difficultates. Eas quidem solvere non tentabimus, exponere vero breviter in notis sequentibus operæ pretium credimus.

(370) In hacce Innocentii epistola, data Laterani, iv Non. Novembris, pontificatus anno v (id est 1202), vacare dicitur Ecclesia Auxitana, et ad ipsam a canonicis Auxitanis electum, seu potius, ut cum Innocentio loquamur, postulatum fuisse episcopum Lactorensem. Verum ab anno 1192 usque ad annum 1214, Bernardum, primo *electum* deinde *archiepiscopum* Auxitanum agnoscunt auctores novæ Galliæ Christianæ, eumdemque putant cum eo quem Innocentius, cum de ipsius vita multis flagitiis fœdata ad sedem apostolicam relatum fuisset (lib. xiv, epist. 52 et 53), monuit ut, cum suscepto muneri impar eique gerendo minus idoneus esset, sponte archiepiscopatu se abdiceret ; secus alium se in ejus locum suffecturum. Nec frustra minatus est pontifex, siquidem, anno pontificatus decimo sexto (vid. lib. xvi, epist. 5) expostulante de antistitis vita et perversis moribus canonicorum collegio, ad archiepiscopum Burdegalensem atque Agennensem præsulem scripsit ut, inquisitione facta, ad depositionem procederent. *Gall. Christ.* t. I, col. 989.

(371) Nullum, ex instrumentis, ab anno 1197 usque ad annum 1215, Lactorensem episcopum, præter Bernardum II, memorant novæ Galliæ Christianæ auctores ; et de ipsius in archiepiscopum Auxitanum electione, necnon de caduco morbo quo hic jam a septennio dicitur laborasse, altum præfe-

mararii (375) Silvæ Majoris, quos, ne super inquisitione hujusmodi viderentur errare, ad consilium duxerant evocandos, confessus est iterum, superaddens, quod anno isto bis, in Octobri videlicet et in Maio, hujusmodi morbo fuerat infestatus; qui hac de causa postulationem ejus non duxerunt aliquatenus admittendam, donec super hoc responsum apostolicæ sedis haberent. [Nos ergo sanctorum Patrum nolentes institutionibus obviare, quæ morbo epileptico laborantes a missarum solemniis arcendos esse decernunt, et præsertim bonæ memoriæ Gelasii papæ, prædecessoris nostri, qui edidit in consimili casu canonicum institutum, quod est ultimum septimæ causæ capitulum in corpore decretorum (376), jam dictis Xanctonensi episcopo, et notario, et dilecto filio...... (377) abbati de Corona, nostris damus litteris in mandatis, ut veritate diligentius inquisita, quæ secundum institutionem ejusdem Gelasii papæ viderint facienda, Deum habentes præ oculis faciant, auctoritate nostra suffulti, appellatione remota: si vero, propter præmissam occasionem, postulatio jam dicti Lactorensis episcopi juxta constitutionem canonicam non fuerit admittenda, ea penitus non obstante, vobis eligendi pontificem auctoritate nostra tribuant facultatem.] et si electionem ipsius quem duxeritis eligendum canonicam esse cognoverint, et personam idoneam, eam auctoritate nostra suffulti, nullius contradictione vel appellatione obstante, confirment, et ne illi aliquid desit ad plenitudinem pontificalis honoris, vestris parcentes laboribus et expensis, absque petitione alia pallium, quod per notarium memoratum transmisimus, ei sine difficultate conferant et assignent, tam super ipsius pallii datione quam forma juramenti tenore mandati apostolici, quod eumdem notarium credimus in scriptis habere, servato.

Dat. Laterani, IV Non. Novembris, pontificatus nostri anno quinto.

Scriptum est super hoc.... Xanctonensi episcopo, et S. subdiacono et notario domini PP., et abbati de Corona, *juxta quod superius continetur.*

XCVII.

VERONENSI EPISCOPO (378), SANCTÆ ROMANÆ ECCLESIÆ CARDINALI.

De collatione canonicatus Veronensis.

(Later., II Kal. Novembris.)

Dilectus filius G. subdiaconus noster, canonicus basilicæ principis apostolorum, sua nobis conquestione monstravit, quod cum dilecto filio..... abbati Sancti Benedicti super Padum, dederimus in mandatis, ut si canonici Veronenses institutioni factæ de ipso per venerabilem fratrem nostrum..... Ostiensem episcopum et dilectos filios, P. tituli Sanctæ Cæciliæ, et J. tituli Sanctæ Priscæ, presbyteros cardinales (379), in Ecclesia Veronensi, et per nos postmodum confirmatæ, contradictores in aliquo apparerent, ipsos ecclesiastica censura compellere non differrent; idem, quia ad commonitionem ipsius mandatum nostrum noluerunt aliquatenus adimplere, in eos excommunicationis sententiam promulgavit. Nolentes igitur, ut idem canonici de sua contumacia glorientur, fraternitati tuæ per apostolica scripta præcipiendo mandamus, quatenus prædictæ excommunicationis sententiam, sicut rationabiliter lata est, facias inviolabiliter usque ad satisfactionem debitam observari, eosque, si infra viginti dies non satisfecerint, sicut debent, ab officio pariter et beneficio suspendere non moreris, firmiter eis ex parte nostra præcipiens, ut duo ex ipsis pro universitate satisfacturi, tam de contemptu, quam de subtractis proventibus, nostro se conspectui repræsentent.

Datum Later., II Kal. Novembris.

XCVIII (380).

CANCELLARIO (381), ET MAGISTRO LOTARIO CANONICO PARISIENSI.

De compositione inter Hospitalarios de Ceresiers, et abbatem conventumque monasterii Scarleiarum.

(Later., II Non. Nov.)

[Dilecti filii, abbas (382) et conventus de *Escarlis* (383) Cisterciensis ordinis, sua nobis querela monstrarunt, quod cum inter eos ex una parte, ac dilectos filios (384) Hospitalarios *de Ceresiers* Senonensis diœceseos (385) super usuario cujusdam nemoris

---

gesto anni VII pontificatus Innocentii frustra investigavimus), et paulo post animam reddidisse VII vel VI Id. Januarii. *Gall. Christ.* t. II, col. 870.

(375) Armararius iste (prout in hac epistola vocatur) Silvæ Majoris, litteris initialibus *Ar.* per errorem pro *Am.* designatus, facile intelligitur idem esse ac Amalvinus, quem ex cellerario abbatem agnoscunt auctores Galliæ Christianæ, ab anno saltem 1206 usque ad annum 1221 quo mortuus est. *Gall. Christ.* tom. II, col. 871.

(376) Vide Decreti par. II, caus. VII, quæst. 2, epist. Gelasii PP. Rustico et Fortunato episcopis.

(377) Erat is, verisimiliter, Rotbertus, quem annis 1199 et 1200 monasterio de Corona præfuisse probant instrumenta, et quem scimus in causa electionis Raimundi III (de Rabastens), episcopi Tolosani, inquisitorem una cum Joanne Lemovicensi episcopo, et P. Majoris Silvæ abbate, ante annum 1201, delegatum fuisse. *Gall. Christ.* t. II, col. 1046.

(378) De eo jam dictum supra, epist. 32.

(379) De istis jam egimus supra.

(380) Relata, sed mutila, inter Decretales, lib. I, tit. XLIII. *de arbitris*, cap. IV. Quæ illic leguntur, hic uncis inclusa sunt; variæ etiam lectiones dantur.

(381) Ecclesiæ Parisiensis cancellarius magister Petrus, subscripsit litteris Odonis episcopi, quibus præsul ille pessimam abolevit consuetudinem, quam *festam fatuorum* vocitabant, anno 1198. *Hist. Eccl. Paris.* t. II, p. 216.

(382) Monasterii Scarleiarum, seu Eschaleii (gallice, *Eschaalis*) per errorem, in collectione Decretalium *de Scarauna* vocati, abbas tunc temporis erat Robertus I, notus ex instrumentis ab anno 1198, et qui ab Innocentio privilegium protectionis obtinuisse dicitur anno 1201; notus adhuc anno 1203. *Gall. Christ.* tom. XII, col. 220.

(383) Decretal., *Scarduna.*

(384) Hæc Decretales omittunt.

(385) Decretal., *ex altera*, loco d. C. S. d., et om. quæ charactere cursivo distinximus infra.

in Oscha, quod *Fagetum dicitur, et territorio vallis Morini* quæstio verteretur, in *charissima in Christo filiam,* A. (386) reginam Francorum *illustrem,* fuit compromissum utrinque; *quæ auditis hinc inde propositis, et causæ meritis plenius intellectis, de plurimorum episcoporum et aliorum virorum prudentum consilio* arbitrium duxit per diffinitivam sententiam promulgandum,] et redactum in scripto proprio et episcoporum, qui interfuerunt, fecit firmari sigillis, contra cujus sententiam hospitalarii temere venire non timent. [Quamvis autem secundum regulam juris civilis feminæ ab hujusmodi publicis officiis sint remotæ, alibique dicatur, quod licet summæ opinionis, *et optime constitutæ* (387) arbitrium in se susceperint: vel si patronæ inter libertos suos interposuerint audientiam, ab omni sint judiciali *agmine* separandæ, *ut* ex earum *electione* nulla pœna adversus *justos* earum contemptores, nullaque pacti exceptio habeatur; quia tamen juxta consuetudinem approbatam, quæ pro lege servatur in partibus Gallicanis, *hujusmodi* feminæ præcellentes in *subjectos* (388) suos ordinariam jurisdictionem habere noscuntur (389), *discretioni vestræ per apostolica scripta* (390) mandamus, quatenus *præfatos* Hospitalarios ut arbitrium ipsum, præsertim cum episcoporum fuerit præsentia et consilio roboratum, sicut *sine pravitate* provide latum est et ab utraque parte sponte receptum, observent, *monere ac inducere procuretis, eos ad hoc, si necesse fuerit,* per pœnam in compromissione statutam appellatione postposita *compellentes* (391)]. Testes autem, etc. cogantur, etc.

Datum Laterani, 11 Non. Novembris, pontificatus nostri anno quinto (392).

XCIX (393).

SIFFRIDO ARCHIEPISCOPO MAGUNTINO (394)... HERBIPOLENSI EPISCOPO (395), ET... ABBATI DE SALEM (396).

De electione episcopi Augustani (397).

(Laterani, vii Id. Novembris.)

Litterarum perlecto tenore, quas dilecti filii, capitulum Augustense, ad nostram præsentiam destinarunt, cognovimus evidenter, quod eorum Ecclesia destituta pastore, deliberatione habita diligenti, de religiosorum virorum consilio, unum de gremio ipsius Ecclesiæ concorditer elegerunt, asserentes ipsum apud eos probatæ ac inculpatæ opinionis huc usque fuisse, ætate, scientia, moribusque probatum, et quantum ad parentes, magnis, imo majoribus natalibus originem contraxisse, uno duntaxat excepto, quod cum venia devotæ confessionis nobis exprimendum duxerunt, videlicet, quod eum de legitimo natum matrimonio dicere non audebant; quem cum debuissent primitus postulare, ob evidentem utilitatem ipsius Ecclesiæ, ac necessitatem urgentem, cum quadam festinatione, ne superveniret fratrum dissensio, elegerunt, timentes ne, discordantibus ipsis, cum in personam aliam non potuissent inveniri concordes, potentia sæcularis eorum disponendi diœcesim, et in ea episcopum intrudendi, plenam sibi vindicare præsumeret potestatem. Unde, ut possent evitare hoc malum, eis visum fuit consultius in misericordia apostolicæ sedis malum incidere, quam Ecclesiam ipsam calumniose subjicere servituti, super quo a nobis veniam postulantes, factum eorum petebant a nobis misericorditer confirmare. Nos ergo cum fratribus nostris (398) *ut in prima littera secundi regesti usque* (399), gravem electoribus pœnam inflixit. Ne igitur contrarii videamur canonicis institutis, electionem eorum de facto, cum electio non sit de jure dicenda, secundum quod in negotio quoque Mersburgensis Ecclesiæ in consimili casu fecisse dignoscimur, non tam irritandam, quam irritam decernimus, et inanem, et ut de benignitate apostolicæ sedis nos sibi benevolos sentiant, quos de jure sentire deberent offensos, cum et eligendi meruerint potestate privari et ab ecclesiasticis beneficiis per tres annos suspendi, ne eorum Ecclesia ob rectoris defectum sustineat læsionem, misericorditer sustinemus, ut nominata persona, quam per asser-

(386) Agitur de Alienorde, priore uxore Ludovici VII.

(387) Decretales legunt *existant si,* loco *et o. c.*; infra *examine* pro *agmine, prolatione* loco *electione,* et om. voces *justos* et *hujusmodi.*

(388) Decretal. legunt *subditos.*

(389) « In Gallia illustres feminæ majoribus feudis et parium dignitate aliquando potitæ sunt, eoque nomine solebant interesse judiciis parium, quod variis exemplis comprobavit Jo. Tillius in Commentar. rer. Gallicar. cap. *De Parib. Franc.* Hujusmodi consuetudinem jam olim notam damnaverat synodus Nannetensis (II, versus annum 895, can. 19). *Mirum videtur, quod quædam mulierculæ, contra divinas humanasque leges, attrita fronte impudenter agentes placita generalia et publicos conventus indesinenter adeunt, et negotia regni utilitatesque reipublicæ magis perturbantium disponunt, cum indecens sit et etiam inter barbaras gentes reprehensibile, mulieres virorum causas discutere, et quæ de laneficiis suis et operibus textilibus et muliebribus inter genitiarias suas residentes debuerant disputare, in conventu publico, ac si in curia residentes, senatoriam sibi usurpant auctoritatem* ». Vide Dad. Alteser. not. in Decret. Innoc. loc. cit.

(390) Hæc omittunt Decretales, ut infra quæ charactere cursivo distinxinum

(391) Decretal., *compellatis.*

(392) Scilicet anno 1202, non vero anno 1210, ut edidere correctores Romani.

(393) Indicata apud Raynaldum, anno 1202, § 19.

(394) De eo jam dictum supra, epist. 14 et 15.

(395) Conradus de Rabenspurg [*al.* de Reinstein], nobilis genere, eruditione et virtute; Herbipolensis episcopus ab anno 1198. Occisus fuit a Pothone de Reinstein et Henrico Hundt a Falckenberg, quod ob facinus quoddam eos gravius objurgasset, festo S. Barbaræ 1203. German. sacr. t. I. part. I, pag. 14. De eo sæpius in Regestis Innocentii PP. III, prout videbitur.

(396) Abbas cœnobii de Salem, tunc temporis (juxta *German. sacr.,* t. I, part. II, p. 78), erat Eberhardus, comes de Rhordoff, qui obiit anno 1240.

(397) Male concordat hæc Innocentii epistola cum chronologica serie episcoporum Augustanorum in *Germania sacra* edita, ubi hæc pauca referuntur (t. I, part. I, p. 12): « XXXVIII. Udalscalcus, comes a Themenloe [*al.* Eschenloe], cujus ope restauratum et reædificatum fuit S. Udalrici cœnobium, et S. Crucis Aug. fundatum, obiit an. 1194. XXXIX. Hardovicus II obiit an. 1208 ».

(398) Sic in apogr. Conti.

(399) Ad quam epistolam remandet notula ista in apographo inserta, non satis compertum est.

tionem eorum circumspectam accepimus, et discretam, procurationem exerceat, non tanquam electus, sed tanquam canonicus Ecclesiæ ac diœceseos Augustensis, quo non velut electo, sed tanquam canonico Ecclesiam et diœcesim procurante, si eum duxerint postulandum ad vos per se, vel per procuratores idoneos accedere non postponat. Quocirca, discretioni vestræ per apostolica scripta mandamus, quatenus, tam de statu prædictæ Ecclesiæ, quam meritis et natalibus personæ illius, quæ fuerint inquirenda diligentius inquirentes, omnia in scriptis redacta infra quatuor menses ad audientiam nostram destinare minime differatis, cum quibus aliqui e prædicto capitulo ad nos venire non tardent, recepturi judicium æquitatis. Quod si non omnes his exsequendis potueritis interesse, tu, frater archiepiscope, cum eorum altero nihilominus ea exsequaris, ita quod, si tu quoque interesse nequiveris, ipsi duo, de tuo tamen assensu procedant.

Datum Laterani, vii Id. Novembris.

Scriptum est super hoc prædicto capitulo, secundum præmissam formam, usque fere in finem, videlicet judicium æquitatis. Dat. ut supra.

C (400).

EPISCOPO PARISIENSI (401), ET JOANNI ABBATI (402), AC CAPITULO SANCTÆ GENOVEFÆ PARISIENSIS.

Compositionem inter ipsos, super jure parochiali in parochia de Monte super capella factam, auctoritate apostolica confirmat (403).

(Laterani, vii Id. Novembris.)

Cum inter vos et ecclesias vestras, super jure parochiali in parochia de Monte super capella sanctæ Genovefæ, sita in civitate Parisiensi, et super procurationibus quas tu, frater episcope, in parochialibus ecclesiis Parisiensis diœceseos ad prædictam ecclesiam Sanctæ Genovefæ de Monte pertinentibus requirebas, dudum fuisset controversia ventilata, tandem post labores varios et fatigationes multimodas, quas propter hoc sustinuistis, utrinque de utriusque partis assensu, mediantibus bonis viris, salva sedis apostolicæ reverentia, eo fuit inter vos tenore compositum, quem vestris nobis litteris plenius expressistis, pari desiderio et voluntate unanimi supplicantes, ut eidem compositioni vobis et vestris ecclesiis necessariæ manum nostræ confirmationis apponere dignaremur. Nos ergo vestris precibus inclinati, compositionem ipsam, sicut sine pravitate provide facta est, et ab utraque parte sponte recepta, et in scriptis authenticis continetur, dummodo non vergat in præjudicium apostolicæ sedis, ad quam ecclesia Sanctæ Genovefæ nullo mediante dignoscitur pertinere, mandamus atque præcipimus inviolabiliter observari. Damus autem dilectis filiis.. .. abbati Sanctæ Columbæ Senonensis (404) et..... (405) magistro scholarum Aurelianensi, in mandatis, ut, cognita plenius veritate, si compositionem ipsam secundum præscriptum modum factam invenerint et receptam, eam auctoritate nostra confirment, ut et nos ipsam, per eorum relationem instructi, auctoritate apostolica confirmemus.

Dat. Laterani, septimo Idus Novembris (406).

CI (407).

ARCHIEPISCOPO LUGDUNENSI (408).

Scribit de pœnis clericis delicta perpetrantibus infligendis, et illos exauctoratos in monasterium detrudendos decernit.

(Later., vi Idus Novembris.)

[Tuæ discretionis prudentiam] in Domino commendamus, quod in talento tibi commisso superlucrari laboras, durum illum exactorem attendens, qui non tantum in sortem suum convenit debitorem, verum etiam in usuras. In sollicitudine igitur tibi commissa providus et attentus, super quibusdam articulis apostolicæ sedis providentiam implorasti, proponens, quod quidam homines tibi subjecti quam sæpius, propter ebrietatem, cujus pessimus usus in illis partibus inolevit, manus injiciunt in clericos violentas, quosdam levius aliosque gravius offendentes; unde quidam illorum propter inopiam, quidam propter senectutem sive debilitatem, alii vero propter difficultatem itineris, et nonnulli propter guerras et inimicorum insidias, sedem apostolicam adire non possunt, super quo plurimis tibi commissis times imminere periculum animarum. Nos autem, de tua discretione gerentes fiduciam pleniorem, auctoritate tibi præsentium indulgemus, ut eis qui levi offensa manus injecerint in clericos violentas, et propter occasiones prædictas non potuerint apostolicam sedem adire, juxta formam Ecclesiæ benocentius.

---

(400) Indicata apud Bzovium, t. XIII, p. 91.

(401) De eo jam dictum supra, lib. III, epist. 11, not.

(402) De eo etiam jam actum est supra, lib. III, epist. 45, not.

(403) De argumento istius epistolæ, consulenda historia Ecclesiæ Parisiensis, tom. II, lib. XIII, cap. 6, ad quam lectores remandamus. Diversas diversorum super eodem litteras exibet Baluzius, t. I, pag. 680 et seq. in appendice prima ad lib. v. Has, cum ex ipsius Innocentii Regestis depromptæ non sint, nec ab ipso pontifice scriptæ, typis denuo mandare noluimus, sed in indice generali, suo loco, notavimus.

(404) Elias, ex monacho Sylvæ Majoris, anno 1195, abbas S. Columbæ Senonensis, obiit IX Kal. Octobris 1217. Ad ipsum multoties scripsit Innocentius.

(405) Jovinus, ad quem etiam Innocentius non semel litteras direxit. Vid. epist. 37 hujusce libri v.

(406) Litteræ istæ, abbati S. Columbæ et magistro scholarum Aurelianensi directæ, habentur apud Baluzium, t. I, lib. v, n. 100, p. 667, in eumdem omnino modum et ipsissimo tenore, verbis tantummodo competenter mutatis, conceptæ: *Datæ Laterani, vii Id. Novembris, pontificatus anno quinto.*

(407) Indicata apud Raynaldum, an. 1202, § 11. Fragmentulum quoddam, ex hac, ut videtur, epistola depromptum, exstat inter Decretales, lib. v, tit. 37; De pœnis, cap. 6, ubi episcopo Londonensi directa dicitur. Pauca quæ illic leguntur, hic initio et circa finem epistolæ, uncis inclusa sunt.

(408) De eo jam dictum supra, epist. 95.

neficium absolutionis impendas, ita quod ab illis injuriam passis congrue satisfiat, itineris labore redempto per opera pietatis; cæterum autem ad sedem apostolicam absolvendos non differas destinare. Super eo vero quod nobis significare curasti, videlicet, quod incidentibus in canonem latæ sententiæ contra prohibitionem tuam indifferenter ab amicis communicatur et cognatis eorum, unde quamplures propter participationem ipsorum labem excommunicationis incurrunt, præsentium tibi auctoritate concedimus, ut, ab illis sufficienti cautione recepta quod nostris debeant parere mandatis, eos ad communionem restituas, ita quod in termino competenti, quem illis secundum tuam industriam præfigi volumus et mandamus, ad Ecclesiam Romanam accedant, apostolicum recepturi mandatum, ad quam si venire neglexerint, eos in sententiam pristinam, nullius contradictione vel appellatione obstante, reducas, et facias eos ab omnibus tanquam excommunicatos arctius evitari, donec cum litteris tuis ad apostolicam sedem pro beneficio absolutionis accedant. [Ad illud præterea quod a nobis tertio requisisti, qualiter clerici in latrociniis vel aliis magnis sceleribus deprehensi teneri debeant, respondemus, quod, a suis ordinibus degradati, retrudi debent in arctis monasteriis ad pœnitentiam peragendam.] Cæterum, in quarta quam nobis consultatione fecisti, quod tibi faciendum existat de iis qui, matrimonio jam contracto, soboleque suscepta, in sexto consanguinitatis gradu inventi fuerint se ad invicem attinere, taliter respondemus, quod, cum videris expedire, dissimulare poteris circa taliter copulatos, maxime qui diu pacifice commanserunt.

Dat. Laterani, sexto Idus Novembris, pontificatus nostri anno quinto.

CII.

ARCHIEPISCOPIS ET EPISCOPIS IN REGNO UNGARIÆ CONSTITUTIS.

De præposituris regni Ungariæ apostolicæ sedi subjectis.

(Later., VI Idus Novembris.)

Significavit nobis charissimus in Christo filius noster, H..... rex Ungarorum illustris, quod regales præposituræ, sicut ad eum in temporalibus, sic ad nos in spiritualibus, nullo pertinent mediante; unde petebat, ut electus canonice præpositus ad nos in propria persona, vel per nuntium cum litteris sui assensus, accederet, confirmationem electionis suæ a sede apostolica obtenturus. Nos autem, qui sic jura nostra volentes illibata servare, quod et vestra serventur illæsa, fraternitati vestræ per apostolica scripta mandamus atque præcipimus, quatenus ad præposituras ipsas, sicut ad nos asseruntur sine medio pertinere, manus illicitas nullatenus extendatis, et jus earum temeritatis ausu nullus usurpet; quia, cum jura vestra vobis velitis illibata servari,

indignum esset pariter et absurdum, si ea quæ ad nos pertinent turbaretis, nec nos id possemus æquanimiter sustinere.

Dat. Laterani, VI Id. Novembris.

CIII (409).

H. ILLUSTRI REGI UNGARIÆ.

Hortatur ut votum transeundi in terram sanctam solvat.

(Laterani.)

Regiæ magnitudinis litteras hilari vultu et alacri mente recepimus, et quæ nobis dilecti filii... abbas Pelisii, et C. archidiaconus, nuntii tui, nobis proponere voluerunt, intelleximus diligenter, eis aurem benevolam adhibentes, sicut qui te inter Christianissimos reges, et catholicos principes, obtentu magnificæ devotionis, quam circa nos, et Romanam semper Ecclesiam vestigiis prædecessorum tuorum inhærens habere dignosceris, specialis dilectionis prærogativa diligimus, et preces ac petitiones tuas, in quibus cum Deo possumus libenti animo exaudimus. Proposuerunt siquidem nobis iidem nuntii tui, et id etiam eædem litteræ continebant, ut super solvendo voto, quod pro subventione terræ sanctæ pie ac laudabiliter emisisti, tibi consulere deberemus, cum venerabilium fratrum nostrorum, archiepiscoporum et episcoporum regni tui, admonearis consilio, ut debitum peregrinationis susceptæ propter inimicitias Culini Bani, qui cum innumera multitudine paganorum, quamdam partem populi Christiani tuæ coronæ subjecti clam captivatam deduxit, et partem residuam sine intermissione debellare conatur, ad tempus debeas retardare. Nos autem, qui honorem tuum paterna charitate diligimus, regiæ serenitati de puro corde et conscientia bona et fide non ficta, consulimus, quatenus, si fieri potest absque periculo regni tui, quod utique fieri posse confidimus et speramus, tum pro salute animæ tuæ, tum pro terræ sanctæ necessitate, non tardes reddere Domino quod vovisti, ut, sicut princeps Catholicus et Christianissimus rex, divitias regni cœlestis deliciis regni terreni præponere videaris, neve maculam in gloria tua ponas, et divinam incurras offensam, quam ex eo forsan incurristi, quod postquam fuisti crucesignatus contra Christianos arma movisti, ex qua forte, justo judicio, præscripta contigit tuo regno jactura, quamquam hoc nobis præfati nuntii non retulerint, etsi contra paganos aut etiam Christianos, non impugnando, sed resistendo moveris arma, inculpabilis videaris. Nos enim, ad conservandum et protegendum in tua fidelitate regnum Ungariæ, quodcunque cum honestate poterimus, prompta sumus voluntate parati consilium et auxilium impertiri.

Datum Laterani.

---

(409) Indicata apud Raynaldum, an. 1202, § 9.

CIV (410).

ROGERIO, ABBATI MONASTERII BEATORUM PETRI ET PAULI, SANCTIQUE AUGUSTINI, QUOD JUXTA METROPOLIM DOROBERNIÆ SITUM EST, EJUSQUE FRATRIBUS.

Recipit eos sub protectione beati Petri, et enumerantur ipsorum bona et privilegia.

(Later., 11 Non. Novembris.)

Licet omnes ecclesias, ex injuncto nobis divinitus apostolatus officio, diligere atque honorare generaliter debeamus, et suam eis justitiam conservare, illis tamen propensiori cura nos convenit imminere, quæ ad jus et proprietatem Ecclesiæ Romanæ specialiter pertinere noscuntur, cui auctore Domino deservimus. Hoc nimirum intuitu, dilecti in Domino filii, vestris justis postulationibus clementer annuimus, et monasterium in honore beatorum apostolorum Petri et Pauli, a gloriosæ memoriæ Æthelberto Anglorum rege, ad Orientem Doroberniæ civitatis, in suam sibique succedentium regum ejusdemque urbis præsulum sepulturam, a fundamento constructum, et sub jurisdictione sedis apostolicæ sine medio constitutum, ad exemplar prædecessorum nostrorum feliciis memoriæ, Bonifacii ac Deodati, Agathonis, Joannis, Calisti, Innocentii, Lucii, Eugenii, Alexandri et Cœlestini, Romanorum pontificum, præsentis scripti pagina communimus: statuentes, ut quascunque possessiones, quæcunque bona monasterium ipsum inpræsentiarum juste ac canonice possidet, aut in futurum concessione pontificum, largitione regum vel principum, oblatione fidelium, seu aliis justis modis, præstante Domino, poterit adipisci, firma vobis vestrisque successoribus et illibata consistant. Libertatem quoque ab eisdem prædecessoribus nostris per authentica privilegia eidem venerabili loco concessam, nos, auctore Deo, ratam et inconvulsam in posterum volumus conservari, et sicut monasterium ipsum, initio nascentis Christianæ religionis, apud regnum Anglorum in monasticæ religionis observantia exstitit primum (411), ita nihilominus cum omnibus ad ipsum pertinentibus, perpetuis futuris temporibus ab omni servitio liberum, ab omni mundiali strepitu maneat inconcussum; sed nec ecclesiasticis conditionibus, sive angariis, vel quibuslibet obsequiis secularibus aliquo modo subjaceat, neque ullus omnino in ejusdem monasterii dominium quolibet modo se ingerat, vel quamlibet imperandi sibi vindicet potestatem, vel aliquas molestias inferat, vel consuetudinem [sic] imponat, aut etiam in eo missarum solemnia nisi ab abbate et fratribus invitatus, celebrare præsumat: obeunte vero te nunc ejusdem loci abbate, vel tuorum quolibet successorum, nullus ad ejusdem loci regimen extraneus assumatur, nisi forte, quod absit, in loco ipso idonea persona ad hujusmodi officium non poterit reperiri, sed de congregatione ipsa, et quem communis consensus, aut fratrum pars consilii sanioris, propria sibi elegerit voluntate, sine aliqua professionis exactione, in monasterio benedicatur eodem. Hæc igitur omnia, sicut a jam dictis prædecessoribus nostris constituta et privilegiorum sunt munimine roborata, ita etiam nos, vobis vestrisque successoribus, et per vos eidem monasterio, in perpetuum præsentis scripti pagina confirmamus. Concordiam quoque, quæ inter vos et bonæ memoriæ Theobaldum (412), quondam Cantuariensem archiepiscopum, super quinquaginta solidos et septem denarios, quos vestrum monasterium Ecclesiæ Cantuariensi singulis annis solvere consueverat, sicut per bonæ memoriæ Henricum, quondam Wintoniensem episcopum (413), et alios discretos viros, pacis intuitu, rationabiliter facta est, et sanctæ memoriæ antecessorum nostrorum, Lucii, Eugenii, Alexandri et Cœlestini, auctoritate firmata, nos etiam confirmamus; ut videlicet ecclesia Sanctæ Trinitatis Cantuariensis duo molendina apud Dovoram, quæ juris erant ipsius monasterii, et viginti solidos de præbenda quam idem monasterium habet in ecclesia Sancti Martini de Dovora, tali modo de cætero habeat in perpetuum, ut memoratos quinquaginta solidos et septem denarios ultra non exigat, salva in cæteris utriusque Ecclesiæ per omnia dignitate. Statuimus etiam ut in concambium trium solidorum, qui pro pane, potu et arietibus, archiepiscopo et Ecclesiæ Cantuariensi annuatim a vestro monasterio solvebantur, sicut pro bono pacis et utriusque Ecclesiæ quiete a jam dictis antecessoribus nostris, Lucio, Eugenio et Cœlestino, provisum est, præfatus archiepiscopus tres habeat de terra ipsius monasterii solidatas, videlicet tres mansuras extra civitatem Cantuariensem, ante portam ecclesiæ Beati Gregorii, quas Ecclesia Cantuariensis de cætero in quiete possideat, ita ut nec eidem archiepiscopo nec alicui successorum

---

(410) Indicata apud Raynaldum, anno 1202, § 19.
(411) De fundatione monasterii hujus, quæ ad annum circa 602 refertur, consulendi sunt Goscelinus (*Hist. min. de vita S. Augustini*, apud Wharton. *Angl. sacr.* part. II, p. 56.) et Mabillonius (*Annal. Bened.* t. I, pag. 270).
(412) Theobaldus, qui, ex abbate Beccensi, archiepiscopus Cantuariensis consecratus ab Alberico, Ostiensi episcopo, apostolicæ sedis legato, anno 1139, VI Id. Januarii, præfuit annos XXII; obiit anno 1161, XIV Kal. Maii. (STEPH. BIRCHINGT. *Hist. de vitis archiep. Cantuar.*; apud Whart. *Angl. sacr.* part. I, pag. 7.) Theobaldus iste, Henrico Anglorum regi II præcipuus auctor fuit ut Thomæ Beket,

tunc temporis archidiacono Cantuariensi, cancellariæ officium tribueret. (ROGER. DE HOV. ad an. 1157, *Annal.* part. I, pag. 494.)
(413) Henricus Blesensis, frater regis Stephani, qui primum monachus apud Cluniacum, postmodum episcopus Gurtoniensis, ad ultimum Wintoniensis episcopus fuit anno 1129; sedit annos XLIII. (THOM. RUDBOR. *Hist. maj. Eccl. Winton.* lib. V, cap. 3, apud Whart. *Angl. sacr.* part. I, pag. 282.) Henricus S. Thomam in archiepiscopum Cantuariensem consecravit, et in omnibus ei favorabilis exstitit et consolator in tribulationibus. (*Ibid.* cap. 4 pag. 285.)

suorum, per se sive per ministros suos, ab eodem monasterio vel fratribus exigendi aliquid licentia concedatur. Quia vero, ubi spiritus Dei est, ibi secundum Apostolum est libertas, nihilominus diebus et noctibus, in canonicis horis, signa pulsandi, et Dei omnipotentis laudibus insistendi liberam vobis concedimus facultatem, salva transactione, si qua super hoc inter vos et praefatae Sanctae Trinitatis ecclesiam intercessit. Concessionem quoque possessionum sive reddituum ad luminaria concinnanda, et ipsum monasterium reparandum et ordinandum, a bonae memoriae quondam Ilung. abbate monasterii vestri, communi fratrum consilio et assensu rationabiliter factam, et eorumdem praedecessorum nostrorum, Lucii, Eugenii, Alexandri, necnon et Coelestini, authentico confirmatam, nihilominus ratam manere censemus. Praeterea, Estanores et totum littus usque ad medietatem aquae, sicut eadem villa ab Henrico et Stephano, quondam Anglorum regibus, monasterio vestro rationabiliter est concessa et scriptis eorum firmata; molendinum etiam, quod infra Cantuariam apud Hestberegge situm est, sicut ab eodem rege Stephano, in compensatione thesauri monasterii, legitime vobis datum est, auctoritate apostolica confirmamus. Constitutionem quoque ad vestitum monachorum, a vobis communi consilio et assensu rationabiliter et provide factam, videlicet de Sellinges, S. Walecliye, Ripple, Lagadun. et de decima de Gravesende, et aliis quibusdam minutis redditibus, sicut eadem ab ipsis praedecessoribus nostris, Lucio, Eugenio, Alexandro, et Coelestino, confirmata est, ratam habemus et illibatam esse censemus. Decernimus ergo, ut nulli omnino hominum liceat praefatum monasterium temere perturbare, etc., *usque* profutura, salva sedis apostolicae auctoritate. Si qua igitur in futurum, etc., *usque* subjaceat. Cunctis autem, etc., *usque* amen.

Datum Laterani, per manum Blasii, sanctae Romanae Ecclesiae subdiaconi et notarii, II Non. Novembris, indictione VI, Incarnationis Dominicae anno millesimo ducentesimo secundo, pontificatus vero domni Innocentii papae III anno v.

CV.

EPISCOPO (414), ET CAPITULO METENSI.
Episcopo, etiam non exposcenti, coadjutorem dat, quia lumen oculorum amiserat (415).

(Later., II Id. Nov.)

Ad nostram noveritis audientiam pervenisse, quod tu, frater episcope, jam ita lumen amiseris oculorum, ut divina non possis officia celebrare, propter quod Metensis Ecclesia, tam in spiritualibus quam temporalibus, sustinet non modicum detrimentum. Volentes igitur eidem Ecclesiae sollicitudine paterna consulere, qui tenemur omnibus ex susceptae administrationis officio providere, venerabili fratri nostro... Praenestino episcopo (416), apostolicae sedis legato, per scripta nostra mandavimus, ut inquirat super his omnibus diligentius veritatem, et si rem noverit ita esse, tibi, frater episcope, auctoritate nostra talem coadjutorem assignet juxta canonicas sanctiones, quod dicta Ecclesia nullam sui juris sustineat laesionem. Ideoque discretioni vestrae per apostolica scripta mandamus, quatenus coadjutorem, quem praedictus legatus tibi, frater episcope, duxerit deputandum, recipere procuretis. Alioquin, sententiam quam ipse rationabiliter tulerit in rebelles, ratam habebimus, et eam faciemus auctore Domino firmiter observari.

Dat. Laterani, secundo Idus Novembris.

CVI.

AMALFITANO CAPITULO.
M. Theatinum archidiaconum, in archiepiscopum Amalfitanum ab ipsorum nuntiis electum, auctoritate apostolica confirmat.

(Later., XVII Kal. Novemb.)

Cum bonae memoriae archiepiscopus vester (417) viam fuisset universae carnis ingressus, ejus nobis obitum per litteras vestras et nuntios lacrymabiliter intimastis. Nos autem, Ecclesiae vestrae consulere cupientes, vobis inter caetera dedimus in mandatis, ut infra mensem post susceptionem litterarum nostrarum studeretis eidem in persona idonea, devota nobis, et charissimo in Christo filio nostro, F... illustri Siciliae regi, fideli, canonice ac concorditer providere. Alioquin, aliquos ex canonicis vestris ad sedem apostolicam mitteretis, eum quem ipsis daremus in archiepiscopum recepturos. Vos ergo, per dilectos filios, monachos, archidiaconos, clericos, laicos, barones et reverendos presbyteros et cardinales diaconos, canonicos vestros, postulationem nobis triplicem praesentastis: primo, dilectum filium, P... (418) tituli Sancti Marcelli presbyterum cardinalem; secundo, venerabilem fratrem nostrum, Cusentinum (419) archiepiscopum; tertio, illustris cardinalis praedicti nepotem, concedi vobis in archiepiscopum postulantes. Nos vero, cum fratribus nostris communicato consilio, nullam illarum duximus admittendam; primam, tum quia nolebamus eodem cardinale, utpote tam magno membro Ecclesiae Romanae, carere, tum quia cardinalis ipse propositum assumpserat pro crucis obsequio transfretandi, unde non posset ad praesens eidem Ecclesiae providere; secundam, quia, cum urgens necessitas et evidens utilitas episcoporum translationibus

---

(414) De episcopo Metensi, Bertramno, dictum est supra, lib. III, epist. 34.
(415) Epistola notatu dignissima, et quae nullatenus concinit eis quae sive apud auctores novae Galliae Christianae (t. XIII, col. 752), sive in Historia nova Metensi (t. II, lib. III, p. 319) leguntur.

(416) Lib. v, epist. 8, not.
(417) Vid. lib. v, epist. 76.
(418) De isto jam dictum supra.
(419) Andreas reperitur electus Cusentinus anno 1201. Ei successit Lucas immediate, anno 1203 vel 1204. UGHELL. *Ital. sacr.* t. IX, col. 273.

causam præstent, nec urgentem necessitatem, nec utilitatem inspeximus evidentem, propterea quod dictus esset archiepiscopus transferendus; tertiam, quia nepos cardinalis ejusdem defectum patitur, sicut dicitur, tam ordinis quam ætatis, cum non solum trigesimum sed nec etiam vigesimum annum attigerit, nec sciatur adhuc an sit in subdiaconum ordinatus. Cæterum, ad instantiam cardinalis ejusdem, qui pro eadem ecclesia sollicitus existebat, et preces nuntiorum vestrorum, eligendi eis restituimus potestatem, cum super hoc mandatum a vobis communiter recepissent. Injunximus tamen eis ut de consilio nostro ad electionem procederent faciendam. Ipsi ergo, gratia sancti Spiritus invocata, in dilectum filium, M. (420) archidiaconum Theatinum, vota sua unanimiter conferentes, ipsum in archiepiscopum elegerunt; de quo quia nos et fratres nostri plenam notitiam habebamus, utpote quem apud sedem apostolicam diu laudabiliter conversatum, verum, industrium esse novimus, et tam litteratura quam moribus adornari, ac in devotione nostra et fidelitate regia permansit fideliter hactenus, et nunc fidelius permanere (sic), factæ de ipso electioni vice regia præstantes assensum, ipsum auctoritate curavimus apostolica confirmare. Ideoque discretioni vestræ per apostolica scripta mandamus atque præcipimus, quatenus eum benigne recipere procuretis, et honorifice pertractare, salubria monita et statuta ipsius recipientes humiliter et inviolabiliter observantes et impendentes eidem, tanquam archiepiscopo vestro, reverentiam et obedientiam tam debitam quam devotam.

Datum Laterani, die decima septima Kalendas Decembris.

Scriptum est super hoc M... Amalfitanensi electo, in eumdem fere modum usque confirmare. Monemus igitur discretionem tuam et exhortamur attentius, et per apostolica tibi scripta mandamus, quatenus electionem ipsam recipias, et, factam tibi gratiam recognoscens, in devotione nostra et regia fidelitate persistas, et quæ ad honorem nostrum et regis noveris pertinere promoveas studiose. Volumus etiam nihilominus et mandamus, ut proximis quatuor temporibus nostro te conspectui repræsentes, ordinationis munus et consecrationis beneficium suscepturus.

Datum Laterani, decimo septimo Kalendas Decembris.

CVII.

ARCHIEPISCOPO BISUNTINO (421), ARCHIDIACONO SILVANECTENSI, OMNIBUS ECCLESIARUM RECTORIBUS PER BISUNTINAM DIOECESIM CONSTITUTIS.

Ne monachi Cistercienses ad sæcularia judicia pertrahantur.

(Later., Id. Novembris.)

Non sine grandi cogimur admiratione referre, quæ nuper dilectis filiis, fratribus Cisterciensibus et aliis ejusdem ordinis, in vestra diœcesi accepimus contigisse. Sunt enim nonnulli de parochianis vestris, quemadmodum nostris est auribus intimatum, qui ad ea quæ Dei sunt respectum debitum non habentes, eos ad sæcularia pertrahere judicia non formidant, et examen aquæ frigidæ, ignisque candentis, vetitumque duellum subire compellunt, nullatenus attendentes, sacros canones non censere confessionem a quolibet per hujusmodi extorquendam, et quod sanctorum Patrum non est documento sancitum, non esse superstitiosis adinventionibus præsumendum. Nos ergo, quæ præmissa sunt circa prædictos viros religiosos attentari de cætero districtius inhibentes, universitati vestræ per apostolica scripta mandamus, et districte præcipimus, quatenus parochianos vestros monere studiosius et inducere procuretis, ut, ab hujusmodi conatibus illicitis penitus abstinentes, similia de cætero non præsumant, quæ in contemptum Dei et ecclesiasticæ libertatis dispendium attentari noscantur. Alioquin, eos ad id per excommunicationis sententiam, appellatione remota, cogatis, quam usque ad satisfactionem condignam præcipimus inviolabiliter observari.

Datum Laterani, Idibus Novembris, anno V.

CVIII (422).

R. (423) TITULI SANCTORUM MARCELLI ET PETRI PRESBYTERO CARDINALI, CASSINENSI ABBATI.

Indulget ut recipiat a Roberto de Aquila duo castra.

(Later., II Kal. Decembris).

Ex litteris quas nobis tua discretio designavit, intelleximus evidenter, quod cum nobilis vir Robertus de Aquila tecum convenerit, ut illa duo castra ad tuum monasterium pertinentia, quæ detinet violenter, receptis a te aliis possessionibus Ecclesiæ Cassinensis, tibi debeat resignare, ad id efficiendum, cum non possis aliter, nostram postulas licentiam tibi dari, asserens quod, si dictum negotium differretur, magnum exinde periculum proveniret ecclesiæ Casinensi, et in damnum quoque Campaniæ non modicum redundaret, maxime cum eidem Roberto per Marcualdum, castellanum Diopuldi, pro-

---

(420) Matthæus, prænobili familia Capuana, apud Amalphitanos vetustissima, procreatus, vir fuit sane insignis ac fortunatissimus, cui cunctos antecessores suos, in his quæ sunt Christi, dictus est sapientia, pietate et gloria antecessisse. Anno 1215, cum Romam se contulisset invitatus ad œcumenicum concilium, in ostio Lateranensis ecclesiæ, ubi concilium celebrabatur, ita a multitudine oppressus fuit, ut statim venerabilis senex extinctus fuerit, et in eadem basilica humatus. UGHELL. *Ital. sacr.* t. VII, col. 271.

(421) Amedeus I, filius et frater Guidonis de *Fromont de Trametai*, electus circa annum 1194, post annos (ex Alberici *Chron.*) xxv in pontificatu exactos, archiepiscopali muneri cessit. DUNOD. *Hist. Bisunt.* t. 1, p. 173.

(422) Indicata apud Raynaldum, anno 1202, § 19.

(423) De eo jam dictum supra.

missum sit et firmatum, quod, si duo illa castella per quæ sola transitus est, et per quæ ipsorum poterit malitia plurimum refrænari, ei dare voluerit, castellum Præventia (sic), et quædam alia ei sine qualibet difficultate concedet, et ideo prædicto monasterio tuo videbatur plurimum expedire, quod ne dictus M. illa castra posset aliquatenus obtinere, super compositione ipsa nostrum tibi præstaremus assensum pariter et favorem. Nos igitur, volentes in hac parte Cassinensi Ecclesiæ paterna sollicitudine providere, discretioni tuæ duximus respondendum, quod, habito saltem majoris et sanioris partis capituli tui consilio et assensu, ut dicta castra valeas rehabere, de licentia nostra aliquas de possessionibus Ecclesiæ Cassinensis eidem Roberto, prout Ecclesiæ tuæ curæ commissæ expedire cognoveris, poteris assignare.

Dat. Laterani, II Kal. Decembris.

CIX.

ABBATIBUS CISTERCIENSI (424), DE FIRMITATE (425), PONTINIACENSI (426), CLARÆVALLENSI (427), ET DE MORIMUNDO (428).

Littera exhortatoria ad permanendum in simplicitate regulæ.

(Later. x Kal. Decembris).

Quia qui ambulat simpliciter, ambulat confidenter, ex eo Cisterciensem ordinem credimus hactenus usque adeo profecisse, ut a mari ad mare propagines suæ religionis extenderet, et in omnem terram fama honestatis ejus exiret, quod recte, pure ac simpliciter hactenus ambulavit, nec qui erant superiores in eo visi sunt tanquam dominantes in clero, sed forma facti gregis ex animo nolebant de prælatione contendere, aut sibi primos accubitus aut primas cathedras vindicare, vel suas excessus sub occasione defendere prælaturæ. Legerant enim quod principes gentium dominantur eorum, et qui potestatem habent super eos benefici nuncupantur. Verum discipuli Christi non sic, sed qui major est inter eos, servus omnium reputatur, et qui præcessor, tanquam ministrator existit; unde, præesse et subesse quasi paria reputantes, fratres se, non dominos, reputabant, nec præesse, sed subesse credebant, cum sibi subjectis et spirituales epulas et corporales cibos cogebantur ex injunctæ sibi dispensationis debito ministrare. Nuper autem ad nos rumores pervenere sinistri, quod mutatus sit aliquantulum color optimus et nativus, et aurum in scoriam sit conversum, cum aliqui jam de prælatione contendant, et quæ sua sunt, non quæ Jesu Christi quærentes, a suæ rectitudinis tramite, ac propriæ simplicitatis consuetudine velle recedere videantur. Ne igitur, temporibus nostris, qui sincere zelamur Cisterciensis ordinis honestatem, alicujus dissensionis scrupulus oriatur, per quem, quod absit, fama vestri nominis offuscetur, discretionem vestram monemus, et exhortamur attente, et per apostolica vobis scripta præcipiendo mandamus, quatenus, in simplicitatis et puritatis vestræ proposito persistentes, non retrahatis manum ab aratro, sed ad anteriora vos jugiter extendatis, occasionem scandali, et dissensionis materiam præcipue fugientes, ne forte, sicut Grandimontenses, in derisum et fabulam incidatis. Sane cum parati simus cum Apostolo inobedientiam omnem ulcisci, si quis usurpando prælationem indebitam, vel subjectionem debitam subtrahendo, quietem vestri ordinis turbare præsumeret, tantæ præsumptionis excessum taliter puniremus in eo, quod ipse illud Evangelicum verbum, quo dicitur, « væ illi per quem scandalum venit (*Matth.* XVIII, 7), » in se frustra quereretur impletum. Eligeremus enim potius paucos offendi, quam totum ordinem aboleri.

Datum Laterani, x Kal. Decembris, anno v.

CX (429).

B. SPALATENSI (430) ARCHIEPISCOPO, ET J. CAPELLANO NOSTRO.

De Catharis expellendis.

(Laterani, XI Kal. Decemb.)

Illam gerimus de discretione vestra fiduciam, quod secure vobis committimus ea quæ viris sunt prudentibus committenda, pro certo sperantes, quod illa promovere studebitis ad divini nominis gloriam et apostolicæ sedis honorem. Cum igitur in terra nobilis viri, Culini Bani, quorumdam hominum multitudo moretur, qui de damnata Catharorum hæresi sunt vehementer suspecti et graviter infamati, nos charissimo in Christo filio nostro Henrico, regi Ungarorum illustri, apostolica scripta direximus (431)

---

(424) De abbate Cisterciensi, jam dictum supra.
(425) De abbate qui monasterio de Firmitate tunc temporis præerat, nihil pro certo statuere possumus. Hæc tantum referuntur apud novæ Galliæ Christianæ auctores, t. IV. col. 1023.
IX. Nicolaus 1199 et 1201. Apud Sammarthanos, recensetur anno 1200, tempore Roberti episcopi Cabilonensis, in compositione cum Duranno, abbate S. Petri Cabilonensis.
X. Audo, sive Odo, anno 1203, donum Bartholomæi de Genesto militis excipit, memoratus anno sequenti, in charta Gerardi, abbatis S. Petri Cabilonensis.
(426) Joannes II, ab Innocentio III, anno 1202, epistolam accepisse dicitur (*Thes. Anecd.* t. III, col. 1243), de pace in ordine procuranda, quæ quidem in Regesto, nisi sit illa ipsa de qua hic agitur, nusquam apparet. Præfuit usque ad annum 1214. *Gall. Christ.* t. XII, col. 444.
(427) Guido, nobili stemmate ortus, prius abbas Ursicampi, notus in instrumentis ab anno 1198, usque ad annum 1214. *Gall. Christ.* t. IV, col. 803.
(428) De abbatibus Morimundi, circa hæc tempora, paucissima reperiuntur in Gallia Christ. t. IV, col. 817.
XVIII. Guido I, anno 1200.
XIX. P. anno 1208, domum monialium S. Antonii Parisiensis ordini Cisterciensi addixit, itemque anno 1214 interfuit capitulo generali, ex tom. IV *Anecdot.* col 1314.
(429) Indicata apud Raynaldum, anno 1202, § 8.
(430) Ad istum dirigitur epistola 2, lib. III, argumento fere simili.
(431) Vid. lib. v, epist. 103.

contra illos, qui præfatum Culinum super hoc arguens et objurgans, præcepit, ut hujusmodi homines de tota terra sibi subjecta proscriberet, bonis eorum omnibus confiscatis. Ipse vero, semetipsum excusans, respondit, quod eos non hæreticos, sed catholicos esse credebat, paratus quosdam eorum pro omnibus ad sedem apostolicam destinare, ut fidem et conversationem suam nobis exponerent, quatenus nostro judicio, vel confirmarentur in bono, vel revocarentur a malo, cum apostolicæ sedis doctrinam velint inviolabiliter observare. Nuper ergo, præfatus Culinus venerabilem fratrem nostrum... (432), archiepiscopum, et dilectum filium... archidiaconum Ragusinum, et cum eis quosdam ex præfatis hominibus ad nostram præsentiam destinavit, petens humiliter et implorans, ut aliquem virum idoneum de latere nostro in terram suam mittere dignaremur, qui tam ipsum quam homines suos de fide ac conversatione diligenter examinet, evellens et plantans quæ secundum Deum evellenda cognoverit et plantanda. Nos igitur, qui, licet indigni, vicem ejus exercemus in terris, qui non vult mortem peccatorum, sed ut convertantur et vivant, petitionem hujusmodi decrevimus admittendam, cum correctionem illorum paterno desideremus affectu. Quocirca de communi fratrum nostrorum consilio, te, fili Joannes, ad hujus exsecutionem negotii duximus destinandum; quod ut perfectius exsecutioni mandetur, te, frater archiepiscope, qui tam vicinitate locorum quam rerum experientia, super hoc notitiam obtines pleniorem, duximus adjungendum, discretioni vestræ per apostolica scripta præcipiendo mandantes, quatenus ad terram præfati Culini pariter accedentes, de fide ac conversatione, tam ipsius quam uxoris et hominum terræ suæ, inquiratis diligentissime veritatem, et quæ secundum fidem catholicam apostolicamque doctrinam inveneritis confirmanda, nostra freti auctoritate, secundum ritum ecclesiasticum confirmetis. Si qua vero inveneritis inter eos, quæ sapiant hæreticam pravitatem, et sanæ adversentur doctrinæ, ad viam veritatis secundum fidei regulam reducatis. Quod si forsan monitis et mandatis vestris noluerint acquiescere, posse (sic) in eos, appellatione remota, secundum constitutionem quam edidimus adversus hæreticos procedatis; attentius provisuri ut, Deum habentes præ oculis, mandatum nostrum cum omni puritate ac sollicitudine studeatis implere. Nos enim, sententiam quam canonice protuleritis, ratam habebimus, et faciemus auctore Deo inviolabiliter observari.

Dat. Laterani, xi Kal. Decembris, pontificatus nostri anno v.

CXI (432*).

NOBILI VIRO, HENRICO, DUCI ZLESIÆ.
Confirmat concordiam inter eum et patruum initam.
(Later., vii Kal. Decembris.)

Inclytæ recordationis patris tui memoria, et tuæ devotionis merita promerentur, ut petitionibus tuis, præsertim quæ ad pacem pertinent, et continent honestatem, favorem apostolicum libentius impendamus. Sane, in audientia nostra fuit ex tua parte propositum, quod inter te ac nobilem virum Mesconem, patruum tuum, talis compositio intervenit, quod, acceptis mille marcis argenti, quas ipsi solvisti, contentus esset castris et terra, quæ compositionis tempore detinebat, nec ullo tempore ad aliquam partem terræ, vel castra, quæ titulo successionis paternæ tenebas, aspiraret ullatenus, aut te, vel filium tuum imposterum molestaret. Tu quoque, quod nec eum, nec filium ejus super castris omnibus quæ tenebat ullo tempore molestares, firmiter promisisti... fuit autem forma compositionis hujusmodi utriusque vestrum juramento firmata. Nos igitur, compositionem ipsam sicut provide facta est, et ab utraque parte sponte recepta, et in scripto authentico continetur, auctoritate apostolica confirmamus, et præsentis scripti patrocinio communimus... Nulli ergo, omnino hominum, etc. Hanc paginam nostræ confirmationis, etc.

Datum Laterani, vii Kal. Decembris.

CXII (433).

N... GNEZNENSI ARCHIEPISCOPO; ET... CRACOVIENSI ET WRATIZLAVIENSI EPISCOPIS.
De eodem argumento.
(Later., vii Kal. Dec.)

Quæ ad pacem principum et quietem sub eis degentium populorum provide statuuntur, tanto debemus libentius approbare, quanto amplius ex officii nostri debito cognoscimus nos teneri, ut evangelizemus Christi fidelibus verbum pacis. Hoc igitur diligentius attendentes, compositionem, quæ inter nobilem virum Henricum Zlesiæ et Mesconem, patruum ejus, duces, vobis mediantibus intervenit, sub sigillis vestris et ducum ipsorum sedi apostolicæ præsentatam, libenter inspeximus, et auctoritate curavimus apostolica confirmare. Volentes igitur quieti ducum ipsorum plenius providere, fraternitati vestræ per apostolica scripta mandamus, et districte præcipimus, quatenus si qua partium contra compositionem eamdem, ullo unquam tempore, venire præsumpserit, nisi ad commonitionem vestram a sua duxerit præsumptione cessandum, excommunicationis eam vinculo, sublato appellationis obstaculo, innodetis, et singulis diebus Dominicis et festivis, pulsatis campanis et candelis accensis, excommunicatam publice nuntiantes, mandetis ab omnibus arctius evitari, et sententiam ipsam sub solemnitate prædicta publicari per totam

---

(432) Vid. lib. v, epist. 16.
(432*) Indicata apud Raynaldum, an. 1202, § 19.

(433) Indicata apud Raynaldum, an. 1202, § 19.

provinciam faciatis. Ne autem hujus compositionis observantia vobis morientibus moriatur, cum aliquis vestrum, vocante Domino, viam fuerit universæ carnis ingressus, in hujus exsecutione mandati, mandamus et volumus ejus succedere successorem.

Datum Laterani, vii Kal. Decembris.

CXIII.

WRATISLAVIENSI EPISCOPO.

De eo qui in diaconum et mox in presbyterum est promotus.

(Laterani, x Kal. Decembris.)

Per tuas nobis litteras intimasti, quod venerabilis vir..... canonicus regularis, canonici juris ignarus, in anniversario dedicationis cujusdam ecclesiæ in diaconum et postea, paschali sabbato, in presbyterum est promotus. Ideoque fraternitati tuæ significatione præsentium intimamus, quatenus super hoc ei pœnitentiam competentem injungas, et si vir religiosus existit, et necessarius Ecclesiæ in qua manet, cum sit canonicus regularis, cum ipso poteris in exsecutione supradictorum ordinum dispensare.

Datum Laterani, x Kal. Decembris.

CXIV (434).

EPISCOPO PARISIENSI (434*).

Ut sententiam ab archiepiscopo Senonensi, propter denegatas sibi ab abbate Sancti Maglorii et priore de Chastres procurationes ratione visitationis debitas, latam, in sua diœcesi faciat observari.

(Laterani, iv Kal. Decembris.)

[Cum ex officii nostri (435) debito Senonensem provinciam visitaret *venerabilis frater noster...* (436) archiepiscopus Senonensis, per Parisiensem diœcesim transitum faciens, ad..... (437) abbatis Sancti Maglorii. ..., prioris de Chastres, et quorumdam aliorum ecclesias (438) necesse habuit declinare; a quibus cum procurationem sibi debitam postularet, ipsi eam exactam inhumaniter negaverunt, *illam solvere penitus contemnentes,* ad suæ negationis defensionem hoc solummodo allegantes quod non meminerint se procurationem hujusmodi prædecessoribus ejusdem archiepiscopi exsolvisse, sed nec ab eis aliquando fuisse petitam.] Idem vero archiepiscopus, propter procurationem sibi minus rationabiliter denegatam, illos auctoritate rescripti quod super hoc a sede apostolica impetrarat, ab officiorum exsecutione suspendit, eosdem postmodum, quoniam suspensionis sententiam non servabant, vinculo excommunicationis astringens, quod totum in ipsius archiepiscopi litteris perspeximus contineri, qui eamdem sententiam petebat auctoritate apostolica confirmari. [Nos igitur, præmissam allegationem eorum nullam penitus reputantes, cum contra procurationem quæ ratione visitationis debetur præscribi nequiverit, quemadmodum nec contra visitationem ipsam potest aliquo modo præscribi, etsi alius contra eum præscribere posset utramque, *fraternitati tuæ per apostolica scripta præcipiendo* (439) mandamus, quatenus sententiam, quam in contemptores *prædictos, tam nostri auctoritate rescripti quam* (440) antiqua metropolitica consuetudine, tulit archiepiscopus memoratus, usque ad satisfactionem condignam *per tuam diœcesim* (441) facias inviolabiliter observari; quia, secundum *legem divinam, non est os bovi trituranti claudendum, et secundum* (442) Apostolum, qui spiritualiter seminat, non est magnum si metat carnalia, cum nemo cogatur suis stipendiis militare. Si quid enim aliud quam superius fuerit allegatum, contra intentionem archiepiscopi *sæpefati* (443) objicere voluerint et probare, nos eis faciemus *justitiæ plenitudinem* exhiberi.] Tu quoque obedientiam et reverentiam sibi debitam impendere non detractes, quia qui se scit aliquibus esse præpositum, moleste ferre non debet alium sibi esse prælatum. Unde mirari cogimur et moveri, quod, cum idem archiepiscopus tibi mandasset ut præfatam sententiam per diœcesim tuam faceres observari, diceris respondisse, te non teneri ad exsecutionem sententiæ, de qua dubitares an fuerit juste prolata; quod quam sit frivolum et absurdum, nemo juris peritus ignorat.

Datum Laterani, iv Kal. Decembris, pontificatus nostri anno v.

CXV (444).

EPISTOLA CALOJOANNIS IMPERATORIS BULGARORUM AD PAPAM.

Litteræ Calojoannis, domini Bulgarorum et Blacorum, missæ domno Innocentio papæ III, translatæ de Bulgarico in Græcum, et de Græco postea in Latinum. Respondet epistolæ 266, lib. ii.

Venerabili et sanctissimo patri summo pontifici, ego Calojoannes, imperator Bulgarorum et Blacorum, gaudium et salutem mando tibi. Notum facimus sanctitati vestræ quod nos recepimus vestras sacrosanctas litteras, quas nobis portavit religiosus archipresbyter Brundusinus, et nos reputavimus eas charas super omne aurum et quemlibet lapidem

---

(434) Reperitur inter Decretales, lib. ii, tit. 26, De præscriptionibus, cap. 16. Quæ illic leguntur, hic uncis inclusa sunt; variæ lectiones dantur.
(434*) De eo jam dictum supra.
(435) Decretal. *sui,* et omittunt *ven. fr. n.*
(436) De eo, etiam, jam dictum supra.
(437) Gerbertus, seu Gobertus, vel etiam Jobertus, abbas S. Maglorii reperitur in instrumentis, ab anno 1196, usque ad annum 1203, et ultra.
(438) Decretal. add. *ejusdem diœceseos* et om.

infra verba *il. sol. p. c.*
(439) Decretal. *ideo,* loco *fr. t. p. a s. p.*
(440) Decretal. legunt *hujusmodi, de,* loco *p. t. n. a r. q.*
(441) Decretal. om.
(442) Decretal. om.
(443) Decretal. om. et infra legunt *justitiam,* loco *just. plen.*
(444) Vide Gesta Innocentii, cap. 66. Hanc epistolam typis mandat Raynaldus, anno 1202, § 33.

pretiosum. Unde multas egimus gratias omnipotenti Deo, qui visitavit nos servos suos indignos secundum suam ineffabilem bonitatem et respexit humilitatem nostram et reduxit nos ad memoriam sanguinis et patriæ nostræ, a qua descendimus. Et nunc, sancte Pater, tanquam bonus pastor et caput omnium fidelium Christianorum, filios sanctæ catholicæ et apostolicæ sedis congregare volens in unum, requisisti nos remotos secundum corpus. Et quamvis fratres mei bonæ memoriæ jamdudum voluerint mittere sanctitati vestræ, non tamen ad vos pervenire propter multos nostros contrarios potuerunt; et nos similiter probantes semel, secundo et tertio ad vos dirigere, deducere non potuimus quod optabamus in fructum. Et nunc videntes quod sanctitas vestra dignata est mittere imperio nostro, tanquam proprii et dilectissimi filii, sicut amantissimo et desiderantissimo patri mittimus misericordiæ vestræ religiosum electum Brandizuberensem, fidelem presbyterum Blasium, una cum fideli nuntio vestro, archipresbytero Brundusino, referentes vobis ex parte nostra gratiarum actiones et amicitiam et servitium sicut patri spirituali et summo pontifici. Sanctissime Pater, significastis nobis per sacras litteras vestras quod nos significaremus vobis quid ab Ecclesia Romana petamus. Hoc autem petit imperium nostrum ab apostolica sede, ut nos simus in Ecclesia Romana sicut matris filialitate firmati. In primis petimus ab Ecclesia Romana matre nostra coronam et honorem, tanquam dilectus filius, secundum quod imperatores nostri veteres habuerunt. Unus fuit Petrus, alius fuit Samuel et alii qui eos in imperio præcesserunt, sicut in libris nostris invenimus esse scriptum. Nunc autem, si placitum est sanctitati vestræ nobis istud implere, quidquid imperio nostro duxeris injungendum, illud ad honorem Dei et Ecclesiæ Romanæ complebitur. Nec miremini quod nuntius vester cito non rediit, quia nos suspicati fuimus aliquid contra eum, quia multi venerunt in imperium nostrum nos decipere cogitantes; sed nos ab omnibus bene novimus præcavere. Sed nos pro eo testimonium recepimus Prætaxati et ei acquievimus. Verum si placet vobis, sanctissime Pater, mittite nobis magnos nuntios de quibus nobis per vestras litteras intimastis, et istum destinate cum eis, et tunc certificabimus de prima missione pariter et secunda. Det vobis Dominus multos annos.

CXVI (445).

CALOJOANNI, DOMINO BLACORUM ET BULGARORUM.
Respondet epistolæ superiori.
(v Kal. Decemb.)

Apostolica sedes, cui, licet immeriti, præsidemus, evangelici verbi memor, quo beato Petro Apostolorum principi et cuilibet successori ejus intelligit esse dictum, si diligis me, pasce oves meas, ut puræ dilectionis affectum habere circa Dominum se ostendat, oves ejus pascere satagit, et in unius Ecclesiæ gremio remotas etiam congregare, ut sit unum ovile et unus pastor. Cum enim mater sit omnium generalis, ut circa filios matris exhibeat lenitatem, convocare ipsos et congregare conatur in unum, sicut gallina congregat pullos suos, et eos tum per legatos tum per litteras suas visitat ut et pastor suas oves agnoscat et cognoscant oves ovile pariter et pastorem. Hoc igitur attendentes, jampridem nobilitatem tuam per nuntium et litteras nostras duximus visitandam, ut intellecto devotionis affectu quem habes ad Romanam Ecclesiam matrem tuam, majores ad te nuntios postmodum mitteremus, qui tam te, qui ex nobili Romanorum prosapia diceris descendisse, quam degentem sub te populum verbo pascerent et exemplo et de benevolentia et gratia sedis apostolicæ redderent certiorem. Et licet de nuntio nostro primum tua nobilitas dubitaverit, sciens quod angelus Satanæ interdum in lucis angelum se transfigurat, intellecta tamen postmodum per nobilis viri Prætaxati testimonium veritate, benigne ac honorifice ipsum recipere procurasti, sicut transmissæ ad nos tuæ litteræ continebant. Rescripsisti autem nobis per eum et humiliter intimasti, quod litteras nostras reputaveras pretiosas super omne aurum et quemlibet lapidem pretiosum, et Deo gratiarum exsolveras actiones quod te dignatus fuerat visitare. Addidisti etiam quod, licet inclytæ recordationis fratrum tuorum secutus exemplum, semel et secundo et tertio ad nos nuntios dirigere tentavisses, non potueras tamen quod desideraveras adimplere, sed nunc per nostras litteras confortatus, B. presbyterum, Brandizuberensem electum, cum nostro nuntio destinabas, quamvis idem electus ad nos propter viarum discrimina non potuerit pervenire. [Petisti vero humiliter ut coronam tibi Ecclesia Romana concederet, sicut illustris memoriæ Petro, Samueli et aliis progenitoribus tuis in libris tuis legitur concessisse. Nos igitur ut super hoc majorem certitudinem haberemus, regesta nostra perlegi fecimus diligenter; ex quibus evidenter comperimus quod in terra tibi subjecta multi reges fuerint coronati. Præterea continebatur in eis quod tempore bonæ memoriæ Nicolai papæ, prædecessoris nostri, rex Bulgarorum, ad cujus consulta sæpissime respondebat, cum toto regno sibi commisso ad prædicationem ejus fuerat baptizatus et rex ipse ab eo archiepiscopum postularat. Legatus quoque Michaelis, regis Bulgarici, cum donis regalibus Adriano papæ, prædecessori nostro, regias litteras præsentarat et postularat ab eo ut aliquem ex cardinalibus in archiepiscopum eligendum dirigeret, quem post approbationem eorum ad sedem apostolicam

---

(445) Vide Gesta Innocentii, cap. 8. Partem Epistolæ hujus vulgavit Raynaldus, anno 1202, § 54. Quæ apud ipsum leguntur, hic uncis inclusa sunt.

remeantem ipse postmodum consecraret. Cumque idem Adrianus illuc cum duobus episcopis quemdam subdiaconum direxisset, Bulgari corrupti donis Graecorum et promissionibus circumventi, Romanis ejectis, Graecos presbyteros receperunt. Licet igitur tantae memoria levitatis nos usque adeo induxerit ad cautelam, ut nullum ex fratribus nostris, cardinalibus scilicet, ad tuam praesentiam mitteremus, nihilominus tamen dilectum filium, Joannem, capellanum et familiarem nostrum, apostolicae sedis legatum, virum providum et discretum, quem nos et fratres nostri suae religionis et probitatis obtentu inter caeteros capellanos nostros specialis in Domino dilectionis brachiis amplexamur, ad te duximus destinandum, cui etiam commisimus vices nostras, ut in tota terra tua quoad spiritualia corrigat quae corrigenda cognoverit et statuat quae secundum Deum fuerint statuenda]. Per ipsum quoque, archiepiscopo terrae tuae pallium insigne videlicet plenitudinis pontificalis officii, destinamus, ei juxta formam quam sub bulla nostra dirigimus conferendum. Eidem quoque legato nostro dedimus in mandatis, ut, si qui forsan in terra tua promovendi ad ordines fuerint vel in episcopos consecrandi, per vicinos catholicos duntaxat episcopos et ordinandos ordinet et consecret consecrandos. Mandamus quoque ipsi, ut de corona progenitoribus tuis ab Ecclesia Romana collata, tam per libros veteres quam alia documenta, inquirat diligentius veritatem et de omnibus tecum tractet quae fuerint pertractanda, ut, cum per ipsum et nuntios tuos de omnibus redditi fuerimus certiores, consultius et maturius prout procedendum fuerit procedamus. Monemus igitur nobilitatem tuam et hortamur in Domino quatenus legatum ipsum sicut personam nostram benigne suscipias et honorifice studeas pertractare, salubria monita et statuta ipsius et tu ipse recipiens et ab universa Bulgarorum et Blacorum multitudine recipi faciens et servari. Expedit enim tibi, tam ad temporalem gloriam quam salutem aeternam, ut, sicut genere, sic sis etiam imitatione Romanus, et populus terrae tuae, qui de sanguine Romanorum se asserit descendisse, Ecclesiae Romanae instituta sequatur, ut etiam in cultu divino mores videantur patrios redolere.

Data v Kal. Decembris.

CXVII (446).

EPISTOLA BASILII, ARCHIEPISCOPI ZAGORENSIS, AD PAPAM.
Gratias agit papae.

Honorantissimo et sanctissimo summo pontifici papae, ego BASILIUS, indignus archiepiscopus sanctitatis vestrae et pastor de Zagora, salutem, gaudium, et adorationem mitto vobis, tanquam patri nostro spirituali.

Quamvis non possimus vos corporaliter adorare, vos tamen spiritualiter adoramus, notificantes sanctitati vestrae quod, cum nos vidimus missum a vobis Dominicum, archipresbyterum Brundusinum, Deo gratias egimus, qui non despexit nos humiles et indignos servos suos, esurientes et sitientes gratiam et benedictionem sanctae catholicae et apostolicae sedis; quia domini nostri imperatores et nos voluimus a multis annis mittere ad vos, sed non potuimus et nunc per voluntatem omnipotentis Dei et vestrae sanctitatis, quia misistis domino nostro imperatori orationem et benedictionem, valde bene fecistis. Nos autem haec ab imperatore discentes, qui fecit nos vocari, levavimus manus ad coelum cum universo populo sic dicentes: Memor fuit nostri Dominus, quod nos non cogitavimus. Unde nos omnes, parvi et magni, sicut boni filii, rogamus vos sicut bonum patrem, ut dominus noster imperator quod petit a vobis obtineat, quia dignus est hoc obtinere; quia ipse ac totum imperium ejus bonam devotionem ad Ecclesiam Romanam habent, tanquam haeredes descendentes a sanguine Romanorum. Item rogamus sanctitatem vestram quod sint vobis recommendati filius et socius noster, Blasius presbyter, Brandizuberensis electus, una cum fidelissimo nuntio vestro, Dominico, archipresbytero Brundusino, quia eis commisit dominus noster, Calojoannes imperator, sua secreta, et quod isti dixerint vobis et nostrae litterae, firmum habeatis; et precamur sanctitatem vestram quod festinetis vestros nuntios destinare.

CXVIII (447).

EPISTOLA BELLOTAE PRINCIPIS AD PONTIFICEM.
Communionem cum Ecclesia Romana expetit.

Ego, BELLOTA princeps, nimis peccator, adoro majorem sanctitatem vestram superexaltatam universo mundo.

Facimus tibi notum, quod, veniente ad nos nuntio vestro, archipresbytero Dominico, et referente ad nos de sanctitate et oratione vestra, valde gratum habuimus et ego saluto ex parte Dei majorem sanctitatem vestram, et peto orationem vestram et benedictionem sanctitatis tuae, ut ego debeam esse particeps et uxor, filii mei et tota domus mea, gratiae Ecclesiae Romanae, et quicunque primum per nos transierit, nobis deferat scripta vestra et vestram benedictionem, ut in vestris orationibus confirmemur.

CXIX (448).

BASILIO ARCHIEPISCOPO DE ZAGORA.
Respondet epistolae 117.

Quia nobis in beato Petro apostolorum principe intelligimus esse dictum: Et tu aliquando conversus, confirma fratres tuos; cum ab innumeris sollicitudinibus quae nobis incumbunt ad tranquillitatem convertimur nostrae mentis, remotos etiam fratres et coepiscopos nostros, quos etsi habeamus absentes corpore, praesentes tamen spiritu reputa-

---

(446) Vide Gesta Innocentii, cap. LXVII. Epistolam hanc laudavit Raynaldus, an. 1202, § 33.
(447) Indicata apud Raynaldum, an. 1202, § 34.

(448) Vide Gesta Innocentii, cap. 69. Epistolam hanc indicavit Raynaldus, anno 1202, § 34.

mus, confirmamus in his quæ ad salutem eorum et Ecclesiæ pertinent unitatem, ut sicut sunt in partem sollicitudinis evocati, sic etiam nostris monitis roborentur. Sane cum unum sit Ecclesiæ sanctæ corpus, juxta illud Apostoli : *Omnes unum corpus sumus in Christo* (Rom. XII, 5), æstimari non debet in uno corpore capita esse plura, sed is duntaxat post Dominum intelligendus est Ecclesiæ Dei caput, quem Jesus Christus, Dominus noster, vicarium sibi substituit et caput etiam nominavit, dicens ad Petrum : *Tu vocaberis Cephas* (Joan. 1, 42); quod et Petrus interpretatur et caput. Sane, cum ei Dominus pascendas commiserit oves suas, *pasce*, inquiens, *oves meas* (Joan. XXI, 17), ab ovili Christo, quod est Ecclesia, extraneum se demonstrat, qui caput eum habere noluerit et pastorem. Nos ergo quos Dominus, licet immeritos, vicarios suos esse voluit, et apostolorum principis successores, ut paternæ dilectionis affectum circa Bulgarorum et Blacorum Ecclesiam, quæ ex Romanis secundum carnem et sanguinem descendisse dicitur, per effectum etiam operis monstraremus, jampridem dilectum filium, archipresbyterum Brundusinum, ad dilecti filii, nobilis viri, Calojoannis, domini Bulgarorum et Blacorum, præsentiam duximus destinandum, qui tam ipsum quam degentem sub eo populum Christianum in devotione sedis apostolicæ roboraret et nos de puritate fidei et sinceritate devotionis ipsius rediens redderet certiores. Gaudemus autem et tuam prudentiam in Domino commendamus, quod apostolicæ sedis magisterium recognoscens, scripsisti gratiam et benedictionem sanctæ catholicæ et apostolicæ Ecclesiæ te sitire ac Deo gratiarum actiones egisse, quod prædictus nobilis nostris meruerat litteris visitari. Volentes igitur adhuc plenius te ac Ecclesiam tibi commissam in ecclesiastica unitate ac devotione sedis apostolicæ roborare, dilectum filium, Joannem, capellanum et familiarem nostrum, apostolicæ sedis legatum, virum providum et discretum, quem nos et fratres nostri suæ religionis et probitatis obtentu inter cæteros capellanos nostros specialis in Domino dilectionis brachiis amplexamur, ad te ac nobilem memoratum duximus destinandum; cui etiam commisimus vices nostras, ut in tota terra ejusdem nobilis corrigat quæ corrigenda cognoverit et statuat quæ secundum Deum fuerint statuenda. Per ipsum quoque fraternitati tuæ pallium, insigne videlicet plenitudinis pontificalis officii destinamus, tibi juxta formam quam sub bulla nostra dirigimus conferendum. Monemus igitur fraternitatem tuam et exhortamur attentius et per apostolica tibi scripta mandamus quatenus, magisterium et primatum sedis apostolicæ recognoscens et in nostra et Ecclesiæ Romanæ devotione persistas, et legatum ipsum sicut personam nostram benigne recipias et honorifice studeas pertractare, salubria monita et statuta ipsius et ipse recipiens et ab universa Bulgarorum et Blacorum multitudine recipi faciens et servari; ut qui a Romanis traxerunt originem, Ecclesiæ Romanæ instituta sequantur. Noveris autem, quod eidem legato nostro dedimus in mandatis, ut si qui forsan in provincia tua promovendi ad ordines fuerint vel in episcopos consecrandi, per vicinos catholicos duntaxat episcopos et ordinandos ordinet et consecrandos consecret. Mandavimus quoque ipsi, ut de corona progenitoribus ejusdem nobilis ab Ecclesia Romana collata, tam per libros veteres quam alia documenta inquirat diligentius veritatem et de omnibus tecum tractet quæ fuerint pertractanda, ut cum per ipsum et nuntios tuos de omnibus redditi fuerimus certiores, consultius et maturius prout procedendum fuerit procedamus.

CXX (449).

NOBILI VIRO BELLOTÆ PRINCIPI...... UXORI, AC FILIIS EJUS.
Respondet epistolæ 118.
(Laterani, v Kal. Decembris.)

Recepimus litteras, quas per dilectum filium..... archipresbyterum Brundusinum vestra nobis nobilitas destinavit, benignitate quam decuit et quæ significastis per eas intelleximus diligenter. Gaudemus autem in Domino et vestræ nobilitatis prudentiam commendamus, quod circa nos et Romanam Ecclesiam puræ geritis devotionis affectum et benedictione nostra muniri petitis et orationibus adjuvari. Monemus igitur nobilitatem vestram et exhortamur attentius et per apostolica scripta mandamus quatenus, in nostra et apostolicæ sedis devotione humiliter persistentes, dilectum filium J..... capellanum et familiarem nostrum, apostolicæ sedis legatum, virum providum et discretum, quem nos et fratres nostri, suæ religionis et probitatis obtentu, inter cæteros capellanos nostros specialis dilectionis in Domino brachiis amplexamur, benigne recipere ac pertractare honorifice procuretis. Nos enim habentes vos in visceribus charitatis, oramus ad Dominum, ut sic per bona temporalia tribuat vos transire, quod tandem obtineatis æterna.

Datum Laterani, v Kal. Decembris.

CXXI (450).

JOANNI, QUONDAM ARCHIEPISCOPO LUGDUNENSI (451).
Declarat omnia quæ dicuntur in missa circa consecrationem et alia.
(Laterani, III Kal. Decembris.)

Cum Marthæ circa plurima satagentis officio, in cura regiminis pastoralis, pro majori parte renuntians, in domo Domini quasi abjectus elegeris habitare cum illis, qui partem optimam elegerunt, sedentes ad pedes Domini cum Maria, ut in ejus lectiones.

Relata etiam, et integra, apud Raynaldum, anno 1202. § 14.

---
(449) Indicata apud Raynaldum, anno 1202, § 34.
(450) Relata, sed mutila, inter Decretales, lib. III, tit. 41, *De celebratione missarum, et sacramento Eucharistiæ, et divinis officiis,* cap. 7. Quæ illic leguntur, hic uncis inclusa sunt ; dantur variæ
(451) De eo jam dictum supra, lib. v, epist. 62, not.

lege jugiter meditentur, lippitudini Liæ Rachelis pulchritudinem præferentes, eam in te vigere credimus intelligentiam Scripturarum, ut non solum parvulis frangere possis panem, sed provectis etiam cibum solidum ministrare ac nodos solvere difficilium quæstionum. Verum, quoniam in primatu apostolorum principis apostolicæ sedis magisterium recognoscens, ad eam credis majores causas Ecclesiæ referendas, consultationibus tuis, quas non ob commodum utilitatis terrenæ, cum non civilem contineant quæstionem, sed animarum profectum, ut videlicet in lucem prodeant obscura Scripturæ, novimus te movisse, libenter quod nobis inspirat Dominus respondemus. [Quæsisti siquidem, quæ sit forma verborum quam ipse Christus expressit, cum in corpus et sanguinem suum panem transsubstantiavit et vinum, cum illud in canone missæ quo utitur Ecclesia generalis adjecerit quod nullus evangelistarum legitur expressisse. Cum enim in Evangelio sic legatur: *Accipiens calicem gratias egit, benedixit et dedit discipulis suis, dicens: Bibite ex hoc omnes; hic est enim sanguis meus novi testamenti, qui pro vobis et pro multis effundetur in remissionem peccatorum (Matth. XXVI, 27, 28)*; in canone missæ sermo iste, videlicet *mysterium fidei*, verbis ipsis interpositus invenitur. Unde, cum (452) evangelista Christum hoc dixisse testetur, moveris non modicum et miraris quod aliquis asseverare tentaverit eum aliquid plus dixisse quam evangelistarum aliquis asseveret. Verum, si formam ipsius canonis inspicias diligenter, præter hoc de quo tua fraternitas requisivit, alia duo, videlicet, *elevatis oculis in cœlum* et *æterni testamenti*, poteris in ipso canone reperire, quæ in textu evangelico non leguntur. Sane multa tam de verbis quam de factis Dominicis, invenimus ab evangelistis omissa, quæ apostoli vel supplevisse verbo vel facto expressisse leguntur. Paulus enim, in Actibus apostolorum, sic ait: *Meminisse vos oportet verbi Domini Jesu, quoniam* (453) *ipse dixit: Beatius est magis dare, quam accipere (Act. XX, 35)*; hoc nullus quatuor Evangelistarum descripsit. Nullus etiam eorumdem expressit quod Paulus de Christo, ad Corinthios scribens, ait: *Visus est plus quam quingentis fratribus simul, deinde visus est et Jacobo; novissime autem, tanquam abortivo, visus est et mihi (I Cor. XV, 6)*. Ipsi etiam evangelistæ inter se mutuo supplevisse leguntur, quæ ab eorum aliquo vel aliquibus sunt omissa. Unde, cum tres evangelistæ posuerint: *Hoc est corpus meum (Matth. XXVI, 27; Marc. XIV, 22; Luc. XXII, 19)*; solus Lucas adjecit, *quod pro vobis tradetur (Luc. 22, 19)*. Et cum Matthæus et Marcus dicant: *pro multis (Matth. XXVI, 28; Marc. XIV, 24)*, Lucas dicit: *pro vobis (Luc. XIX)*; Matthæus autem, *in remissionem peccatorum*, adjungit. Cæterum ea quæ adduntur in canone missæ possunt ex aliis locis Evangelii comprobari. Joannes enim, suscitationem Lazari descripturus, Jesum sursum oculos elevasse asserit et dixisse: *Pater, gratias ago tibi, quoniam audisti me* (454) *(Joan. XI, 41)*; alibi etiam idem dicit: *Hæc locutus est Jesus et sublevatis oculis ad cœlum, dixit: Pater, clarifica Filium tuum (Joan. XVII, 1)*. Si tunc igitur oculos in cœlum levavit ad Patrem, cum ad corpus exanime animam Lazari revocabat, probabilius esse videtur, quod tunc oculos levaverit ad Patrem in cœlum, cum panem et vinum in corpus et sanguinem proprium commutavit. Cæterum, sicut superius est expressum, cum in textu evangelico. *Novi Testamenti* ponatur, hic interponitur: *et æterni*. Nam Vetus Testamentum, quod hircorum et vitulorum fuit sanguine dedicatum, temporalia promittebat. Novum autem, quod est Christi sanguine consecratum, promittit æterna. Et ideo, testamentum illud fuit vetus et transitorium, hoc autem novum est et æternum; vel, ut utamur alia ratione, unde novum, id est ultimum, esse describitur, æternum inde, id est perpetuum, comprobatur. Novissimum etenim hominis testamentum immobile perseverat, quia testatoris obitu confirmatur, juxta quod Apostolus testamentum in mortuis asserit confirmatum, alioquin non valere, dum vixerit qui testatur. Præterea non solum scriptura, sed et promissio dicitur testamentum, juxta quod Apostolus ipse scribit: *Ideo novi testamenti mediator est, ut repromissionem accipiant, qui vocati sunt hæreditatis æternæ (Hebr. IX, 15)*. Sic ergo intelligi debet quod in ipso canone reperitur: *Hic est sanguis meus, novi et æterni testamenti*, novæ ac æternæ promissionis scilicet confirmator, sicut Dominus repromittit, *Qui manducat*, inquiens, *carnem meam, et sanguinem meum bibit, habet vitam æternam (Joan. LV, 57)*. Ex eo autem verbo, de quo movit tua fraternitas quæstionem, videlicet, *mysterium fidei*, munimentum erroris quidam trahere putaverunt, dicentes in sacramento altaris non esse corporis Christi et sanguinis veritatem, sed imaginem tantum et speciem et figuram, pro eo quod interdum Scriptura commemoret, id quod in altari suscipitur esse sacramentum et mysterium et exemplum. Sed tales ex eo laqueum erroris incurrunt, quod nec auctoritates Scripturæ convenienter intelligunt nec sacramenta Dei suscipiunt reverenter, Scripturas et virtutem Dei pariter nescientes. Si enim ideo, quia figura est, sacramentum altaris veritas esse negatur, ergo nec mors nec resurrectio Christi, cum figura sit, veritas est credenda. Siquidem mortem et resurrectionem Christi similitudinem et imaginem esse Apostolus manifestat: *Christus*, inquiens, *mortuus est pro delictis nostris, et resurrexit propter justificationem nostram (Rom. IV, 25)*. Apostolorum etiam Princeps Petrus sic in epistola sua scribit: *Christus passus est pro nobis, vobis relinquens exemplum ut sequamini vesti-*

(452) Decret. addit. *non.*
(453) Decretal., *qui.*

(454) Desunt hæc in Decretal.

gia ejus (I Petr. ii, 21). Sic ergo tam mors Christi quam ejus resurrectio est exemplum ut et nos peccato mortui justitiæ jam vivamus. Quare, si non fuit veritas quia fuit exemplum, ergo nec vere mortuus fuit Christus nec vere a mortuis resurrexit; sed absit a fidelium cordibus error iste, cum ipse propheta de Christo testetur quod vere languores nostros ipse tulit, et dolores nostros ipse portavit (*Isa.* LIII, 4). Dicitur tamen *mysterium fidei*, quoniam et aliud ibi creditur quam cernatur, et aliud cernitur quam credatur. Cernitur enim species panis et vini, et creditur veritas carnis et sanguinis, ac virtus unitatis et charitatis.] Quod autem *mysterium fidei* dicitur in hoc loco, alibi, secundum Joannem, spiritus et vita narratur. Nam spiritus est mysterium, juxta illud : *Littera occidit, spiritus autem vivificat* (*II Cor,* III, 6); fides autem est vita, secundum quod legitur : *Justus meus ex fide vivit* (*Hebr.* x, 58); propter quod ipse Dominus dicit : *Verba quæ locutus sum vobis spiritus et vita sunt (Joan.* vi, 64). [Distinguendum est tamen subtiliter inter tria quæ sunt in hoc sacramento discreta, videlicet, forma visibilis, veritas corporis et virtus spiritualis ; forma panis et vini, veritas carnis et sanguinis, virtus unitatis et charitatis. Primum est sacramentum et non res. Secundum est sacramentum et res. Tertium, res et non sacramentum. Sed primum est sacramentum geminæ rei. Tertium vero, res gemini sacramenti. Secundum autem, sacramentum unius et alterius res existit. Credimus igitur quod formam verborum, sicut in canone reperitur, et a Christo apostoli et ab ipsis eorum acceperint successores.] Nam, sicut superius est expressum, multa de verbis et factis Dominicis ab evangelistis omissa et sermonibus suppleverunt apostoli et operibus expresserunt. [Quæsisti etiam utrum aqua cum vino in sanguinem convertatur. Super hoc autem opiniones apud scholasticos variantur. Aliquibus enim videtur quod, cum de latere Christi duo præcipua fluxerunt sacramenta, redemptionis in sanguine ac regenerationis in aqua, in illa duo vinum et aqua, quæ commiscentur in calice divina virtute mutantur, ut in hoc sacramento plenæ sint veritas et figura. Alii vero tenent, quod aqua cum vino transsubstantiatur in sanguinem, cum in vinum transeat mixta vino, licet physici contrarium asseverent, qui aquam a vino per artificium posse asserunt separari. Præterea, potest dici quod aqua non transit in sanguinem, sed remanet prioris vini accidentibus circumfusa, ita, quod vini saporem assumit; quod inde conjicitur (convincitur), quia si post calicis consecrationem aliud vinum mittatur in calicem, illud quidem nec transit in sanguinem nec sanguini commiscetur, sed, accidentibus prioris vini commistum, corpori quod sub eis latet undique circumfunditur, non madidans circumfusum. Ipsa tamen accidentia vinum appositum videntur afficere, quia, si aqua pura fuerit apposita, vini saporem assumit. Contingit igitur accidentia permutare subjectum, sicut et subjectum contingit accidentia permutare. Cedit quippe natura miraculo et virtus supra consuetudinem operatur. Sed nec inconveniens creditur aut absurdum, si aqua in corpore Christi esse credatur, cum legatur de ipsius latere processisse.] Illud autem est nefarium opinari, quod quidam dicere præsumpserunt, aquam videlicet in flegma converti. Nam et de latere Christi non aquam sed humorem aquaticum mentiuntur exisse, non attendentes quod de latere Christi duo fluxerunt sacramenta et quod non baptizamur in flegmate, sed in aqua, juxta quod Dominus protestatur : *Nisi quis renatus fuerit ex aqua, et Spiritu sancto, non intrabit in regnum Dei (Joan.* III, 5). [Verum inter opiniones prædictas, illa probabilior judicatur, quæ asserit aquam cum vino in sanguinem transmutari, ut expressius eluceat proprietas sacramenti. Nam, cum aquæ multæ sint populi multi, juxta quod alibi legitur : *Beati qui seminalis super aquas (Isa.* xxxii, 20), ideo vino aqua unitur, ut Christo populus adunetur. Per hoc enim quod et suscepit ipse de nostro, et accipimus ipsi de suo, tam insolubili nexu conjungimur, ut, qui est unum cum Patre per ineffabilem unitatem, fiat unum nobiscum per admirabilem unionem, et per hoc, ipso communiter mediante, cum Patre unum efficimur. *Pater,* inquit, *sancte, serva eos in nomine tuo quos dedisti mihi, ut sint unum, sicut et nos (Joan.* xvii, 11). — *Non pro eis autem rogo tantum, sed pro eis qui credituri sunt per verbum eorum in me, ut et ipsi in nobis unum sint, et mundus credat quia tu me misisti (ibid.,* 20, 21). Tertio vero loco, tua fraternitas requisivit quis mutaverit, vel quando fuerit mutatum, aut quare, quod in secreta beati Leonis secundum antiquiores codices continetur ; sic videlicet : *Annue nobis, Domine, ut animæ famuli tui Leonis hæc prosit oblatio,* cum in modernioribus sacramentoriis habeatur : *Annue nobis, Domine, quæsumus, ut intercessione beati Leonis hæc nobis prosit oblatio.* Super quo tibi taliter respondemus, quod (455) quis illud mutaverit, aut quando mutatum fuerit, ignoramus : scimus tamen qua fuerit occasione mutatum ; quia (456), cum sacræ Scripturæ dicat auctoritas quod injuriam facit martyri qui orat pro martyre, idem est ratione consimili de sanctis aliis sentiendum, qui orationibus nostris non indigent, pro eo quod cum sint perfecte beati, omnia eis ad vota succedunt, sed nos potius eorum orationibus indigemus, quos, cum miseri simus, undique mala multa perturbant. Unde quod in plerisque orationibus continetur, *prosit* videlicet vel *proficiat huic sancto vel illi talis oblatio ad gloriam vel honorem,* ita sane debet intelligi, ut ad hoc prosit, quod magis ac magis a fidelibus glorificetur in terris aut etiam honoretur, licet plerique reputent non indignum sanctorum gloriam usque

---

(455) Decretal. om. *quod.*

(456) Vide supra.

ad judicium augmentari, et ideo Ecclesiam interim sane posse augmentum glorificationis eorum optare. Utrum tamen in hoc articulo locum habeat illa distinctio qua docetur quod defunctorum alii sunt valde boni, alii valde mali, alii mediocriter boni et alii mediocriter mali, unde suffragia quæ fiunt a fidelibus in Ecclesia pro valde bonis actiones sunt gratiarum, pro valde malis consolationes vivorum, expiationes vero pro mediocriter bonis et propitiationes pro mediocriter malis, tua discretio investiget.] De cætero tuis orationibus adjuvari petimus apud Deum.

Datum Laterani, III Kal. Decembris anno quinto.

CXXII (456*).

ILLUSTRI CONSTANTINOPOLITANO IMPERATORI.

De causa imperii.

(Laterani, XVI Kal. Decembris.)

Litteras et nuntios imperatoriæ dignitatis ea qua decuit benignitate recepimus; et tam ea quæ iidem nuntii proponere voluerunt quam quæ in litteris continebantur eisdem, intelleximus diligenter. Proposuerunt siquidem nobis dicti nuntii tui, et id etiam tuæ litteræ continebant, quod, cum Christianorum exercitus qui venturus est in subsidium terræ sanctæ præposuerit tuæ magnitudinis terram invadere et contra Christianos arma movere, nostro conveniebat officio ut eos a tali deberemus proposito revocare, ne forte manus suas de Christianorum nece fœdantes et Dei exinde offensam incurrerent ac inimicos Christi, debilitati non modicum, non possent aliquatenus impugnare. Ex parte insuper tuæ celsitudinis adjecerunt quod Alexio, filio Isachii Angeli quondam imperatoris, qui ad Philippum ducem Sueviæ accessit, ut imperium contra te ipsius possit auxilio obtinere, favorem nullatenus præstaremus; quia imperium non debet ad eum aliqua ratione devolvi, cum illud non per successionem, sed per electionem nobilium conferatur, nisi forte genitus esset post adeptum fastigium imperatoriæ dignitatis. Quod utique idem Alexius non poterat allegare, cum priusquam pater ejus esset in imperatorem promotus natus fuerit; et quia pater ejus tunc privata erat persona, in imperio non poterat sibi jus aliquod vindicare. Id etiam ex parte tuæ celsitudinis fuit propositum coram nobis, quod, cum Fridericus imperator multum offenderit Romanam Ecclesiam, et eam odio iniquo fuerit persecutus, et filii sui patris vestigiis inhærentes eam non modicum aggravarint, prædicto duci Sueviæ, ut regnum posset modo quolibet obtinere, non præstaremus subsidium vel favorem. Ad quod efficiendum de facili debebamus induci, cum idem Philippus clericali fuerit charactere insignitus et personæ hujusmodi nec contrahere possint nec militari cingulo decorari vel dignitatem aliquam in populo obtinere, cum sint excommunicationis vinculo innodati. Nos autem imperiali prudentiæ taliter duximus respondendum, quod prædictus Alexius olim ad præsentiam nostram accedens, gravem in nostra et fratrum nostrorum præsentia, multis nobilium Romanorum astantibus, proposuit quæstionem, asserens quod patrem ejus injuste ceperis, et feceris etiam nequiter excæcari, eos diu detinens carcerali custodiæ mancipatos, et quia ad superiorem nobis non poterat habere recursum, et nos, juxta Apostolum, eramus tam sapientibus quam insipientibus debitores, ei justitiam facere tenebamur. Cumque nos eidem dedissemus responsum juxta quod vidimus expedire, recessit a nobis, et ad prædictum Philippum, sororium suum, cencitus properavit; cum quo deliberato consilio sic effecit, quod idem Philippus nuntios suos ad principes exercitus Christiani sine qualibet dilatione transmisit, rogans eos et petens ut, quia pater suus et ipse fuerant jure suo et imperio nequiter spoliati, cum eo Constantinopolitanum deberent regnum intrare, ac ad illud recuperandum eidem præstare consilium et favorem, promittens eisdem quod, tam in subsidium terræ sanctæ quam in expensis et donativis, eis magnifice responderet, paratus etiam in omnibus et per omnia nostris stare mandatis et quod sacrosanctam Romanam Ecclesiam vellet juxta posse suum modis omnibus honorare ac ea efficere quæ nostræ forent placita voluntati. Cæterum, dicti principes deliberato consilio responderunt, quod, cum in tam arduo negotio sine mandato et auctoritate nostra non possent procedere nec deberent, nos volebant consulere super his ac exinde præstolari nostræ beneplacitum voluntatis, inducentes dilectum filium nostrum, Petrum, tituli Sancti Marcelli presbyterum cardinalem, qui cum eis transfretare debebat, ut ad præsentiam nostram rediret et super prædictis omnibus nostram inquireret voluntatem. Verum idem cardinalis ad præsentiam nostram accedens, omnia nobis curavit proponere diligenter; et cum nuntii tui ad nostram accesserint præsentiam, super his cum fratribus nostris habebimus tractatum et illud statuemus quod tibi poterit merito complacere; quanquam plures assererent quod hujusmodi postulationi benignum deberemus præstare favorem, pro eo quod Græcorum Ecclesia sit apostolicæ sedi minus obediens et devota. Super eo autem quod de juvando illo ad Romanum imperium obtinendum, qui Romanam Ecclesiam deberet diligere et nostris obsecundare mandatis, tua nos celsitudo voluit commonere, noveris quod, licet prædictus Philippus potens sit et multum abundet, tamen rex Otho adeo, nostro studio et diligentia mediante, per Dei gratiam est promotus, quod contra eum ille hactenus non potuit prævalere, ad quod exsequendum quantum

---

(456*) Integram exhibet Raynaldus, anno 1202, § 35, et ex ipso edidit Baluzius. Vide etiam *Gesta Innocentii*, cap. 82.

nobis subveneris, licet multa fuerint nobis promissa, imperialis excellentia non ignorat, quod utique tanto gratius deberes habere, quanto id te non promerente noscitur procuratum. Si enim idem Philippus obtinuisset imperium, multa tibi ex imperio suo gravamina provenissent, cum per terram charissimi in Christo filii nostri Friderici, illustris regis Siciliæ, nepotis sui, in imperium tuum insurgere de facili potuisset, sicut Henricus olim imperator, frater suus, per Siciliam tuum proposuerat imperium occupare. Licet autem a tempore inclytæ memoriæ Manuelis, prædecessoris tui, Constantinopolitanum imperium non meruerit ut talia efficere deberemus, cum semper nobis et prædecessoribus nostris per verba responsum fuerit, et nihil operibus demonstratum, in spiritu tamen lenitatis et mansuetudinis duximus procedendum, credentes ut inspecta gratia quam tibi fecimus, emendare celeriter debeas quod tam a te quam a prædecessoribus tuis minus provide hactenus est omissum, cum et secundum humanam industriam id debere studiosissime procurare, ut ignem in remotis partibus exstingueres, non nutrires, ne usque ad partes tuas posset aliquatenus pervenire. Rogamus igitur imperialem excellentiam, monemus, consulimus et hortamur quatenus quidquid super his duxeris statuendum, operibus nobis et non verbis duntaxat studeas respondere, quia nos dilectionem quam ad te habemus in opere demonstrare curavimus et affectu. Disposuimus autem nostrum propter hoc nuntium destinare; qui si forte tardaverit, tu tamen non tardes super hoc nobis sicut expedire cognoveris respondere.

Datum Laterani, xvi Kal. Decembris.

CXXIII.

VERCELLENSI PRÆPOSITO; ET MAGISTRO WIDOTTO DE MAIO, CANONICO NOVARIENSI.

De quibusdam præbendis in ecclesia Januensi.

(Laterani, iii Kal. Decembris.)

In nostra præsentia constitutus dilectus filius..... Januensis capituli procurator, proposuit coram nobis quod cum ex eo quod Januensis civitas supposita fuerat interdicto, eorum fuissent redditus non modicum minorati, communi consilio statuerunt ut, si aliquas in eadem ecclesia contigerit vacare præbendas, eas, donec relaxetur sententia interdicti, non conferrent alicui, sed in communes usus potius retinerent. Cumque postmodum in eadem ecclesia præbendæ quatuor vacavissent, venerabilis frater noster, archiepiscopus Januensis (457), ad quorumdam fratrum nostrorum instantiam, dilecto filio, magistro B.... canonico Sancti Iventii Papiensis ignorante, atque irrequisito capitulo, ad quod donatio pertinet præbendarum, unam earum cum de jure non posset, de facto concessit. Canonici vero, cum per nos interdicti fuisset sententia relaxata, unam præbendarum vacantium, dilecto filio.... nepoti, magistro scholarum ejusdem ecclesiæ, pro quo litteras nostras receperant, conferentes, alias de personis aliis ordinarunt. Unde, cum donatio dictæ præbendæ ad archiepiscopum minime pertineret, prædictus petiit procurator donationem factam ab eo auctoritate apostolica revocari. Verum prædictus magister B..., qui postmodum supervenit, proposuit ex adverso quod tanto tempore prædicta præbenda vacarat, quod, secundum instituta Lateranensis concilii, ad archiepiscopum erat ejus donatio devoluta, quare illam confirmari sibi humiliter postulabat. Cumque nos super his cœpissemus inquirere diligentius veritatem, ex utriusque partis confessione didicimus quod prædictæ præbendæ, una duntaxat excepta, quam capitulum infra tempus canonicum duxerat conferendam, tempore tanto vacarant, quod nec ad canonicos nec ad archiepiscopum, sed ad nos potius earum donatio pertinebat. Unde collationem earum, quarum unam ad mandatum nostrum quasi vice nostra.... nepoti, magistro scholarum, capitulum concesserat, et alteram, dum donatio sibi competeret assignarat, volentes in suo robore permanere, aliarum donationem de consilio fratrum nostrorum apostolica curavimus auctoritate cassare. Ideoque discretioni vestræ per apostolica scripta mandamus atque præcipimus quatenus ad Januensem ecclesiam accedatis et latam a nobis cassationis sententiam publice nuntiantes, præbendas ipsas, quarum donatio ad nos spectat, vice nostra, sublato appellationis obstaculo, personis idoneis assignetis et faciatis ab eis pacifice possideri, contradictores, monitione præmissa, per censuram ecclesiasticam, appellatione postposita, compescentes. Quod si non ambo his exsequendis potueritis interesse, alter vestrum, etc.

Datum Laterani, iii Kal. Decembris.

CXXIV.

PISANO ARCHIEPISCOPO (458).

Ne juramento ipsi a C..... judice Turritano præstito abutatur absque sedis apostolicæ beneplacito, cum idem judex apostolicæ sedi sit subjectus jure feodali.

(Laterani, ii Non. Decembris.)

Dilecto filio, nobili viro, C.... judice Turritano, accepimus intimante, quod olim, mortuo..... fratre suo, judice similiter Turritano, compulsus necessitate juravit pacem Pisanis et sub eodem juramento promisit, quod tibi tuisque successoribus fidelita-

---

(457) Bonifacius, ex archidiacono, Januensem ecclesiam regendam suscepit anno 1188. Annos quindecim bene functus suo munere, decessit anno 1203, die 22 Septembris. Gravissimæ aliquando Bonifacii archiepiscopi cum canonicis suis contentiones fuerunt, quæ tandem Alberto Varcellensi episcopo, et Petro Locediensi abbate Cisterciensis ordinis, apostolicæ sedis delegatis, anno 1201, die 30 Maii compositæ fuerunt. UGHELL. *Ital. sacr.* t. IV, col. 1212.

(458) Vid. lib. iii, epist. 9, not.

tem præstaret quoties ab eis fuerit requisitus, et quod guerram aliis judicibus Sardiniæ faceret vel quibuslibet ibi manentibus, vel venientibus aliunde, quoties id sibi Pisanæ civitatis commune mandaret, et quod ad tuum vel certi nuntii tui præceptum, vel successorum tuorum, de terra sua Januenses expelleret mercatores. Cum idem judex ad fidelitatem apostolicæ sedis et nostram teneat terram suam quæ beati Petri juris existit, nec in Ecclesiæ Romanæ præjudicium ab eo juramentum hujusmodi debuerit extorquere, fraternitati tuæ per apostolica scripta præcipiendo mandamus, quatenus super præmissis non prius ei mandatum aliquod facias vel fieri sinas, quam nostræ investigaveris et receperis beneplacitum voluntatis.

Datum Laterani, 11 Nonas Decembris.

CXXV.

NOBILI VIRO, C...... JUDICI TURRITANO.
De eodem argumento.
(Laterani, 11 Non. Decemb.)

Dilectus filius.... prior Montis Christi, ex parte tua quædam nobis proposuit, tam de juramento quod super pace Pisanis fecisti necessitate compulsus, N.... quondam, fratre tuo, judice, tunc defuncto, quam super fidelitate præstanda venerabili fratri nostro, H.... Pisano archiepiscopo et successoribus ejus, quoties ab eis fueris requisitus, sub eodem juramento promissa, et guerra aliis judicibus Sardiniæ facienda vel quibuslibet ibi manentibus, vel venientibus aliunde, cum id tibi commune Pisanæ præceperit civitatis, et expellendis de terra tua mercatoribus Januensibus, cum id tibi dictus archiepiscopus vel certus ipsius nuntius vel ejusdem præciperent successores. Unde, ipsi archiepiscopo nostris damus litteris in præceptis ut, cum ad fidelitatem apostolicæ sedis et nostram teneas terram tuam, quæ beati Petri juris existit, nec in Ecclesiæ Romanæ præjudicium a te juramentum hujusmodi debuerit extorqueri, super præmissis non prius tibi mandatum aliquod faciat, vel fieri sinat, quam nostræ investigaverit et receperit beneplacitum voluntatis. Tu ergo, tanquam devotus Ecclesiæ filius, in fidelitate ipsius jugiter perseveres, quæ justis petitionibus tuis benignum præstabit assensum.

Datum Laterani, 11 Nonas Decembris.

Rescriptum cedulæ interclusæ in litteris jam dicti judicis Turritani.

Ex illo vero articulo quo jurasti quod non sustineres pro posse tuo ut Pisana Ecclesia honorem amitteret, quem in Sardinia apostolica sedes sibi concessit et quod eam juvares contra honorem ipsum sibi auferre volentes, contra nos et Ecclesiam Romanam non existimes te arctari ad aliud duxerimus faciendum. Si autem archiepiscopus ipse tibi aliquid contra mandatum nostrum in præjudicium Ecclesiæ Romanæ præciperet, te ei in nullo præmissorum obedias, donec super his nostris sine dilatione requisieris et intellexeris voluntatem.

CXXVI.

EPISCOPO, SANCTÆ ROMANÆ ECCLESIÆ CARDINALI (459), ET PRIORI S. GEORGII, VERONENSIBUS.
De feudo in Ecclesia Vicentina.
(Laterani.)

Dilectus filius, nobilis vir..... comes Huguitio, in nostra præsentia constitutus, a nobis humiliter postulavit, ut venerabili fratri nostro.... (460) Vicentino episcopo mandaremus quatenus feudum, quod bonæ memoriæ P (461)..... episcopus Vicentinus, ipsi abstulerat, ei restituere procuraret, et scriberemus alicui alii viro discreto, ut eum ad id cogeret exsequendum vel causam super hoc simpliciter committere dignaremur; verum, contra eum, intelleximus ex adverso proponi quod feudum ipsum eidem comiti quondam abjudicatum fuerat per vassallos Ecclesiæ Vicentinæ illorumque sententia primo per delegatum inclytæ recordationis F. quondam imperatoris ac tandem per ipsum imperatorem fuerat confirmata. Præterea, bonæ memoriæ C... papa, prædecessor noster, quod super hoc factum fuerat ratum habens, sub pœna officii et beneficii mandarat dicto P.... quondam episcopo Vicentino, ne prædicto comiti vel hæredibus ejus restitueret feudum ipsum nec aliud de novo conferret. Cæterum, contra hæc prædictus comes taliter replicavit quod, cum tempore illo vassallus non esset Ecclesiæ Vicentinæ de feudo illo, quod ei dicitur adjudicatum fuisse, nec auderet propter Vicentinorum inimicitias intrare diœcesim Vicentinam, indicebatur ei terminus assignatus coram vassallis ejusdem Ecclesiæ, quo nec debuerat nec potuerat conveniri. Unde, si diffinitivam contra eum, quod tamen ipse negabat, sententiam protulissent, illa, tanquam a non judice suo, imo per falsitatem et aliter etiam præter ordinem juris lata nec nomen sententiæ mereretur, nec posset, per confirmationem imperatoris prædicti aut nostram obtinere aliquam firmitatem. Quod si forsan dictus episcopus, quasi per contumaciam

---

(459) De isto jam dictum est supra, lib. v, epist. 52.
(460) Ubertus II, quem alii Gilbertum vocant, in occisi Pistoris (de quo mox) loco collocatus est anno 1203 (*potius* 1202). Hunc, tanquam suæ Ecclesiæ dilapidatorem, episcopatus honore spoliavit Innocentius, anno 1212. UGHELL. *Ital. sacr.* t. V, col. 1121.
(461) Pistor, monachus et prior abbatiæ Carcerum ordinis Camaldulensis, successerat Joanni episcopo Vicentino, anno non 1185, ut refert Ughellus, sed 1184, prout patet ex instrumento apud Mittarellum (*Annal. Camaldul.*, t. IV, append. p. 120, instr. 76); vir plane militaris parumque fortunatus. Pulsus in exsilium ab Ezelino II de Romano et Jacobo Bononiense, Vicentiæ potestate, anno 1194, prope castrum Saledi sagittis confossus in prælio cecidit, circa annum 1200, si qua fides Gerardo Maurisio in sua Vicentina Historia. Pistoris occisionem anno potius 1203 assignandam existimat Mittarellus (*Annal. Camald.* loc. cit. pag. 195), Ughello astipulans, sed Gerardo Maurisio fidem conciliat Regestum loco Innocentii PP. III, ubi anno pontificatus v, id est, Incarnationis 1202, Pistor *bonæ memoriæ* dicitur.

ejus, fuisset causa rei servandæ in possessionem inductus, nec istud valere poterat simili ratione; sed, posito quod valeret et quod episcopus fuisset post annum possessor effectus, adhuc tamen contra ipsum petitorium poterat intentare. Quia vero nobis non constitit de præmissis, discretioni tuæ per apostolica scripta mandamus quatenus accedens ad locum, tam episcopo Vicentino quam comiti sæpedicto securum, citra litis contestationem, auctoritate nostra, summatim inquiras tam super his quam aliis quæ inquirenda fuerint, diligentius veritatem, et omnia sub sigillo tuo ad apostolicam sedem mittere non postponas, tam eidem episcopo Vicentino quam comiti memorato statuens terminum competentem, quo ad præsentiam nostram accedant per se, vel idoneum responsalem, ut plenius de omnibus per tuam relationem instructi, prout expedire viderimus, vel eidem comiti negemus audientiam vel commissionis litteras concedamus. [Contra hæc autem replicari poterat, ex adverso quod vel propter evidentiam facti, vel atrocitatem facinoris procedi potuerat in absentem (462).]

Datum Laterani.

CXXVII (463).

P. DE STUIBALDO, SOBORIO ET SENESCALCO NOSTRO.
Ei concedit fiduciario jure castrum Juliani.
(Laterani, Non. Dec.)

Quia per tuæ sollicitudinis studium et laborem, non sine sumptibus et impensis, novimus procuratam, quod homines de Juliano tibi nomine nostro Montem-Maximum, cum pertinentiis suis ad communitatem ipsorum spectantem, donationis titulo tradiderunt, ne in dispendium apostolicæ sedis et totius undique regionis posset ad manus contrarias devenire, nos ita tibi super studio et labore, nec non sumptibus et expensis, respondere volentes, quod utilitatem Romanæ Ecclesiæ procuremus, Montem ipsum cum omnibus pertinentiis suis tibi et hæredibus tuis feudali jure concedimus, nihilominus concedentes, ut in eo munitionem et castrum, sine contradictione cujuslibet, ædificare possitis. Tu autem et omnes hæredes tui, qui tibi successerint in eodem, nobis, et successoribus nostris, et Ecclesiæ Romanæ, fidelitatem perpetuo de ipso jurabitis et annuum censum unius aurei persolvetis. Nulli ergo, etc., hanc paginam nostræ concessionis, etc.

Dat. Laterani, Non. Decembris.

CXXVIII (464).

NOBILI VIRO, WILLELMO, DOMINO MONTISPESSULANI.
De legitimatione liberorum.
(Data post vii Id. Septembris. Vide notas.

[Per venerabilem fratrem nostrum (465), Arelatensem archiepiscopum (466), *ad sedem apostolicam accedentem*, tua nobis nobilitas supplicavit, ut filios tuos legitimationis dignaremur titulo decorare, quatenus eis, quo minus tibi succederent, natalium objectio non noceret. Quod autem super hoc apostolica sedes plenam habeat potestatem, ex illo videtur, quod *cum*, diversis causis inspectis, cum quibusdam minus legitime genitis, non naturalibus tantum, sed adulterinis etiam dispensarit, sic ad actus spirituales ipsos legitimans ut possent in episcopos promoveri, (467) verisimilius creditur et probabilius reputatur, ut eos ad actus legitimare valeat sæculares, præsertim si præter Romanum pontificem inter homines superiorem alium non agnoscunt, qui legitimandi habeat potestatem; quia cum major in spiritualibus tam prudentia quam auctoritas et idoneitas requiratur, quod in majori conceditur, licitum esse videtur etiam in minori. Per simile quoque idem videtur posse probari, cum eo ipso quod aliquis ad apicem episcopalis dignitatis extollitur, eximitur a patria potestate. Præterea, si etiam simplex episcopus scienter servum alterius in presbyterum ordinaret, licet ordinator satisfacere domino *juxta formam canonicam* (468) teneretur, ordinatus tamen jugum evaderet servitutis, Videretur siquidem monstruosum ut qui legitimus ad spirituales fieret actiones, circa sæculares actus illegi-

---

(462) Hæc ultima, ab argumento epistolæ hujus prorsus aliena, visibiliter hic interpolata fuerunt; verum sic legitur in apographo Conti.

(463) Indicata apud Raynaldum, anno 1202, § 19.

(464) Celeberrima hæc Innocentii epistola, in qua pontifex ipse Franciæ regem nulli superiori subditum esse agnoscit et declarat, sæpius edita est. Inserta est inter Decretales, lib. iv, tit. 17, *Qui filii sint legitimi*, cap. 13. Sed ibi quædam desiderantur, quæ hic de more distinximus; quædam diverse leguntur, quæ ad majorem diligentiam notavimus. De argumento ipsius epistolæ, cum toties et a tantis viris illustratum fuerit, hic supersedendum censemus.

(465) Decr. addit. *N. et om. ad sed. ap. ac.*, et infra vocem *cum*.

(466) De archiepiscopo Arelatensi jam egimus supra, epistola hujusce libri quinti 74, not.; ubi de incerta Ymberti de Aquaria mortis, successorisque ejus, Michaelis de Moresio electionis epocha fuse disputavimus. Difficultates quas illic attigimus auget id quod ex hac ista epistola 128 eruitur, nempe quod Arelatensis archiepiscopus, tunc cum pontifex epistolam, de qua nunc agimus, dictitaret, aut apud sedem apostolicam versabatur, aut, saltem (admisso quod Romam post expositam Willelmi supplicationem deseruisse poterat) nondum e vivis ereptus in curia Romana existimabatur: secus enim, non, *venerabilem* tantummodo *fratrem nostrum*, prout diserte in cunctis legitur exemplaribus, sed, certo certius, *bonæ memoriæ venerabilem fratrem nostrum*, scripsisset pontifex. Jam vidimus (loc. cit.) Ymbertum de Aquaria, modo fides epitaphio quod apud S. Trophimum legitur, sit habenda, hoc ipso anno 1202, xiii Kal. Augusti diem obiisse supremum. Ex iis vero quæ in hac Innocentii epistola 128, prout mox adnotabimus, de archiepiscopo Remensi, velut jam defuncto, leguntur, constat ipsam, nonnisi post vii Id. Septembris, nec etiam tam cito post vii Id. Septembris, scriptam fuisse; ita ut, ad salvandam epitaphii fidem, admittendum foret, nullum per duos, forsan per tres menses, de archiepiscopi Arelatensis morte nuntium ad curiam Romanam venisse, quod vix credi possit.

(467) In Decretal. addit. *ex quo*.

(468) Desunt hæc in Decretal. ut infra verbum *que*.

timus remaneret. Unde, cum *quo* in spiritualibus dispensatur, consequenter intelligitur in temporalibus dispensatum. Id autem in patrimonio beati Petri libere potest apostolica sedes efficere, in quo et summi pontificis auctoritatem exercet et supremi principis exsequitur potestatem.] Cum ergo videatur ex his legitimandi auctoritas, non tantum in spiritualibus, sed in temporalibus etiam penes Romanam Ecclesiam residere, ut super hoc filiis tuis gratiam faceremus ob tua et progenitorum tuorum merita, qui semper in devotione sedis apostolicae perstitistis, humiliter ex parte tua idem archiepiscopus requirebat. [Videbatur autem ex eo trahere majorem audaciam postulandi, *quod non longe peters cogebatur exemplum, sed in favorem petitionis hujusmodi quod nos ipsos in causa simili fecisse dicebat poterat allegare.* Cum enim charissimus in Christo filius noster Philippus, rex Francorum *illustris, charissimam in Christo filiam nostram, Ingeburgem, Francorum* (469) *reginam illustrem* dimiserit et ex alia postmodum superducta puerum susceperit et puellam, et tu similiter exclusa legitima superduxeris aliam, ex qua filios suscepisti, sicut cum filiis regis ejusdem, sic cum tuis credebatur de benignitate sedis apostolicae dispensandum;] praesertim, cum major id necessitas suaderet, et tu nobis specialius sis subjectus. Siquidem rex Francorum ex inclytae recordationis Isabella, regina Francorum, legitimum olim suscepit haeredem, qui ei optatur et creditur in regni solio successurus. Tu vero ex legitima conjuge masculinum non habes haeredem, qui tibi et in devotione nostra et propria haereditate succedat. Insuper, cum rex ipse in spiritualibus nobis subjaceat, tu nobis et in spiritualibus et in temporalibus es subjectus, cum partem terrae tuae ab Ecclesia Magalonensi possideas, quam ipsa per sedem apostolicam temporaliter recognoscit. Quare, Magalonensi Ecclesia mediante, te nobis idem archiepiscopus asserebat temporaliter subjacere. [Verum si veritas diligenter inspicitur, res non similis sed valde dissimilis invenitur. Nam rex ipse a praedicta regina per *bonae memoriae archiepiscopi Remensis* (470) *apostolicae sedis legati, fuit* (471) sententiam separatus. Tu vero uxorem tuam a te, sicut dicitur, temeritate propria separasti. Ipse quoque, priusquam ad eum prohibitio de non contrahendo cum altera perveniret, aliam superduxit, ex qua prolem geminam noscitur suscepisse. (472) Tu in contemptum Ecclesiae aliam superinducere attentasti. *Propter quod ipsa in te gladium exercuit ecclesiasticae ultionis.* Praeterea, rex ipse *praedictae reginae* contra matrimonium *affinitatem* objecit, et coram praefato archiepiscopo testes induxit, cujus sententia quia cassata fuit solummodo propter judiciarium ordinem non servatum, nos *ei* (473), post restitutionem *praefatae* reginae, *super hoc venerabilem fratrem nostrum, Octavianum, Hostiensem episcopum et dilectum filium, Joannem, tituli Sanctae Priscae presbyterum cardinalem,* cognitores duximus *concedendos.* Tu vero, uxori tuae nihil quod divortium induceret, sicut asseritur, objecisti; cum, etsi fides tori sit unum de tribus bonis conjugii, non tamen ipsius violatio conjugale vinculum violasset. De filiis quoque (474) regis ejusdem, utrum legitimi an illegitimi fuerint, quandiu pendet quaestio affinitatis objectae, potest non immerito dubitari. Nam, si affinitas fuerit comprobata, praedictam reginam non esse regis conjugem apparebit, et per consequens alia videretur sibi legitime copulata, et filios ei legitimos peperisse. *De tuis vero, quod sint legitime nati, nec tu ipse proponis, nec ulla praesumitur ratione* (475). Insuper, cum rex ipse superiorem in temporalibus minime recognoscat, sine juris alterius laesione in eo se jurisdictioni nostrae subjicere potuit et subjecit, in quo forsitan videretur aliquibus quod per se ipsum, non tanquam pater cum filiis, sed tanquam princeps cum subditis, *potuerit* (476) dispensare. Tu autem aliis nosceris subjacere. *Unde, sine ipsorum forsan injuria, nisi praestarent assensum, nobis in hoc subdere te non posses, nec ejus auctoritatis existis ut dispensandi super his habeas potestatem.* Rationibus igitur his inducti, regi gratiam fecimus requisiti, causam tam ex Veteri quam ex Novo Testamento *tenentes* (477), quod non solum in Ecclesiae patrimonio, super quo plenam in temporalibus gerimus potestatem, verum etiam in aliis regionibus, certis causis inspectis, temporalem jurisdictionem causaliter exercemus; non quod alieno juri praejudicare velimus, vel potestatem nobis indebitam usurpare, *cum non ignoremus Christum in Evangelio respondisse: Reddite quae sunt Caesaris Caesari et quae sunt Dei Deo. Propter quod postulatus ut haereditatem divideret inter duos, Quis, inquit, constituit me judicem super vos?* (178) Sed quia sic in Deuteronomio continetur: *Si difficile et ambiguum apud te judicium esse perspexeris, inter sanguinem et sanguinem, causam et causam, lepram et non* [del. v.] *lepram, et judicium intra portas tuas, verba videris variari, surge, et ascende ad locum*

---

(469). Decretal. om. verba cursivo charactere distincta, et infra pro *illustrem*, initialem tantum *I* exhibent.

(470) Archiepiscopum Remensem, de quo hic agitur, hoc ipso anno 1202, vii Id. Septembris, Lauduni decessisse compertum est. Vide *Galliae Christianae* auctores et alios.

(471) Decretal., *Rhemensem archiepiscopum apostolicae sedis legatum, fuit per.*

(472) Decretal. add. *sed,* et infra loco *affinitatem* legunt *impedimentum affinitatis*, et alia omittunt italico charactere distincta.

(473) Voculam hanc omittunt Decretal., ut modo *praefatae*; pro *super hoc... cardin.* legunt *alios*, et infra *deputandos* pro *concedendos.*

(474) Decretal. legunt *ergo.*

(475) Haec desunt in Decretal., ut infra vocula *ipse.*

(476) Decretal., *potuit,* et infra *unde... potest.*

(477) Decretal., *trahentes.*

(478) Haec om. Decretal., ut infra *tuas, verba.*

quem elegerit Dominus Deus tuus, veniensque (479) ad sacerdotes Levitici generis et ad judicem qui fuerit illo tempore, quæresque ab eis, *qui indicabunt tibi judicii veritatem et facies quæcunque dixerint qui præsunt loco quem* elegit, et docuerint te juxta legem ejus (480), *sequerisque sententiam eorum,* nec declinabis ad dexteram vel ad sinistram. *Qui autem superbierit nolens obedire sacerdotis imperio, qui eo tempore ministraverit Domino Deo tuo, decreto judicis morietur,* et auferes malum de Israel (*Deut.* xvii, 8-12). Sane, cum Deuteronomium lex secunda interpretetur, ex vi vocabuli comprobatur, *in hoc* (481) quod ibi decernitur *ut* in Novo Testamento debeat observari. Locus enim quem elegit Dominus apostolica sedes esse cognoscitur, *sic quod eam Dominus in se ipso lapide angulari fundavit* (482-87). Cum enim Petrus urbem fugiens exiisset, volens eum Dominus ad locum quem elegerat revocare, interrogatus ab eo, Domine, quo vadis? respondit: Venio Romam iterum crucifigi. Quod intelligens pro se dictum, ad locum ipsum protinus est reversus. Sunt autem sacerdotes Levitici generis, fratres nostri, qui nobis jure Levitico in exsecutione sacerdotalis officii coadjutores existunt. Is vero super eos sacerdos sive judex existit, cui Dominus inquit in Petro: *Quodcunque ligaveris super terram, erit ligatum et in cælis, et quodcunque solveris super terram, erit solutum et in cælis* (*Matth.* xvi, 19); ejus vicarius, qui est sacerdos in æternum secundum ordinem Melchisedech, constitutus a Deo judex vivorum et mortuorum. Tria quippe *distinguunt* (488) judicia; primum inter sanguinem et sanguinem, per quod criminale intelligitur et civile; ultimum inter lepram et lepram, per quod ecclesiasticum et criminale notatur; medium inter causam et causam, quod ad utrumque refertur tam ecclesiasticum quam civile; in quibus cum aliquid fuerit difficile vel ambiguum, ad judicium est sedis apostolicæ recurrendum, cujus sententiam qui superbiens contempserit observare, mori præcipitur, *et auferri malum de Israel* (489), id est, per excommunicationis sententiam velut mortuus a communione fidelium separari. Paulus etiam, ut plenitudinem potestatis exprimeret, ad Corinthios scribens ait: *Nescitis quoniam angelos judicabimus; quanto magis sæcularia?* (*I Cor.* vi, 3.) Porro sæcularis officium potestatis interdum et in quibusdam per se, nonnunquam autem et in nonnullis per alios exsequi consuevit. Licet igitur cum filiis sæpedicti regis Francorum, de quibus an fuerint legitimi ab initio dubitatur, duxerimus dispensandum, quia tamen tam lex Mosaica quam canonica sobolem susceptam ex adulterio detestatur, testante Domino, *Manzer et spurius* (490) usque in decimam generationem in Ecclesiam non intrabunt, canone vero vetante tales ad sacros ordines promoveri; sæcularibus quoque legibus non solum repellentibus eos a successione paterna, sed negantibus ipsis etiam alimenta, *supersedendum adhuc duximus* petitioni *prædictæ*, *nec ad præsens super hoc tuis precibus* (491) annuendum,] donec, si fieri poterit, et culpa levior et jurisdictio liberior ostendatur; licet personam tuam specialis dilectionis brachiis amplexemur, et in quibus cum Deo et honestate possumus specialem tibi velimus gratiam exhibere (492).

CXXIX.

ELIENSI (493) ET NORVICENSI (494) EPISCOPIS.

Mandat ut instituatur præsentatus a monachis Dunelmensibus.

(Laterani, Id. Decemb.)

Significarunt nobis dilecti filii, prior et monachi Dunelmenses, quod cum aliquam ecclesiam vel vicariam quæ ad eos de jure pertineat, vacare contingit, et ad eam venerabili fratri nostro ... Eboracensi archiepiscopo, personam idoneam repræsentant, idem archiepiscopus, ut vacantis ecclesiæ vel vicariæ fructus percipere valeat, per longum tempus differt personam admittere præsentatam. Quia igitur hoc ex radice avaritiæ potius quam de jure videtur procedere, fraternitati vestræ per apostolica scripta mandamus quatenus, si prædictus archiepiscopus personam sibi præsentatam per quatuor menses recipere forte distulerit, dummodo non sit indigna, vos eam auctoritate apostolica instituere, appellatione postposita, procuretis, et monachos faciatis interim fructus pacifice possidere. Nullis litteris veritati et justitiæ, etc. Quod si non ambo, etc. alter vestrum, etc.

Datum Laterani, Id. Decembris.

---

(479) Decretal., *venies*, et infra om. *q. a. e.*
(480) Decretal., *elegerit Dominus*, pro *e. e. d. t. j. l. e.*, et om. *n. d. a. d. v. a. s.*, et infra *e. a. m. d. I.*
(481) Decretal. leg., *ut.* et infra hanc voculam omittunt.
(482-87) Hæc om. Decretal., ut infra verba ex Matthæo.
(488) Decretal., *distinguit.*
(489) Hæc decretal, om., ut infra Porro.... .... *consuevit.*
(490) Decretal. *quod manseres et spurii*, et infra o.n. *supers. adh. dux.*
(491) Decretal. legunt *tuæ non duximus*
(492) Desunt notæ chronologicæ, tam in apographis quam in exemplaribus editis; sed vide notam superiorem.
(493) De isto jam dictum supra, lib. v, epist. 54.
(494) Joannes de Gray, clericus regis Joannis, archidiaconus Glocestrensis, ad episcopatum Norwicensem a rege promotus, consecratus fuit Westmonasterii, anno 1200, 24 Septembris, ab Huberto archiepiscopo, contra appellationem a monachis interpositam. Anno 1211, summus Hiberniæ justitiarius, seu prorex constitutus, provinciam felicissime administravit. Obiit anno 1214, 18 Octobris, in territorio Pictavensi, a Roma rediens, apud S. Joannem Angeliacum. Bartholom. de Cotton, *De episc. Norvic.* apud Warthon. *Angl. sacr.* t. I, p. 410.

CXXX (495).

AGNETI ABBATISSÆ JOTRENSIS MONASTERII (496), EJUSQUE SUCCESSORIBUS, TAM PRÆSENTIBUS QUAM FUTURIS, MONASTICAM VITAM PROFESSIS, IN PERPETUUM.

Confirmantur privilegia.
(Laterani, Kal. Decembris.)

Officii nostri nos admonet et invitat auctoritas pro Ecclesiarum statu satagere, et earum quieti et tranquillitati salubriter, auxiliante Domino, providere. Dignum namque et honestati conveniens esse dignoscitur, ut qui ad earum regimen, Domino disponente, assumpti sumus, eas et a pravorum hominum nequitiis tueamur et beati Petri atque apostolicæ sedis patrocinio muniamus. Eapropter, dilectæ in Christo filiæ, vestris rationalibus postulationibus annuentes, monasterium Jotrense, in quo divino estis mancipatæ obsequio, et quod ad proprietatem et jurisdictionem beati Petri et nostram, nullo mediante, spectare dignoscitur, ad exemplar felicis recordationis Innocentii et Alexandri, prædecessorum nostrorum, Romanorum pontificum, sub beati Petri et nostra protectione suscipimus, et præsentis scripti privilegio communimus, statuentes ut quascunque possessiones, quæcunque bona idem monasterium inpræsentiarum juste et canonice possidet, aut in futurum, concessione pontificum, largitione regum vel principum, oblatione fidelium, seu aliis justis modis, præstante Domino, poterit adipisci, firma vobis et his quæ post vos successerint et illibata permaneant. In quibus hæc propriis duximus exprimenda vocabulis: Villam Jotri, in qua prænominatum monasterium situm est, cum omni justitia sua tam ecclesiastica quam forensi, parochialem ecclesiam Sancti Petri cum capellis ejusdem villæ, villam Sanceronis, altare Sancti Quirici, altare Sanceronis cum capella de Cinni, altare Meriaci, altare Saviaci, altare Sanctæ Columbæ, altare Veneliaci, apud Carnotum altare Collectæ Villæ, altare Sancti Prisii. In territorio Viromanensi, altare Novæ Villæ cum capella Sancti Christi, altare de Liecurt, altare de Marcel, altare de Chamle. Mercatum autem Jotri vobis nihilominus confirmamus, prohibentes ut nulli omnino hominum liceat idem mercatum qualibet temeritate aut alicujus mercati occasione minuere vel turbare. Ad hæc adjicientes, decernimus ut nullus posthac archiepiscopus vel episcopus, archidiaconus seu decanus, nec aliqua persona contra libertatem, a bonæ memoriæ Farone episcopo (497), prænominato vestro monasterio concessam, in presbyteris vel clericis ibidem Domino servientibus, seu in collatis beneficiis vel deinceps conferendis, aut in burgensibus ejusdem villæ potestatem vel jurisdictionem aliquam audeat exercere, vel contra eamdem libertatem in eadem villa jus parochiale requirere, aut in parochiis et villis eidem monasterio pertinentibus aliquid minuere, auferre, aut permutationis titulo, absque consensu et voluntate Jotrensis capituli, alienare vel distrahere. In parochialibus autem Ecclesiis quas tenetis, quæ extra præscriptam villam sunt constitutæ, liceat vobis sacerdotes eligere et episcopo repræsentare, quibus, si idonei fuerint, episcopus animarum curam committet, ut de plebis quidem cura episcopo, vobis autem de temporalibus debeant respondere. Obeunte vero te, nunc ejusdem loci abbatissa vel tuarum qualibet succedentium, nulla inibi qualibet subreptionis astutia seu violentia præponatur, nisi quam sorores communi consensu vel sororum pars consilii sanioris, secundum Dei timorem et beati Benedicti regulam, de eodem vel de collegio alterius cœnobii, si ibi aliqua ad hoc regimen digna reperta non fuerit, providerint eligendam, quæ juxta antiquam Ecclesiæ vestræ consuetudinem a quocunque malueritis episcopo, absque professione et promissione cujuslibet obedientiæ consecretur. Chrisma vero, oleum sanctum, consecrationes altarium seu basilicarum, benedictiones monialium, ordinationes clericorum qui ad sacros ordines fuerint promovendi, a diœcesano suscipietis episcopo, si quidem catholicus fuerit et gratiam atque communionem apostolicæ sedis habuerit. Alioquin, liceat vobis quem malueritis adire antistitem, qui, nostra fretus auctoritate quod postulatur indulgeat. Sane novalium vestrorum, quæ propriis manibus aut sumptibus colitis, sive de nutrimentis vestrorum animalium, nullus a vobis decimas præsumat exigere. Præterea auctoritate apostolica prohibemus ne alicui liceat possessiones, quas a vestro monasterio tenet, sine licentia abbatissæ vel capituli, cuiquam in vita vel morte alienando concedere. Decernimus ergo, ut nulli omnino hominum liceat prædictum monasterium temere perturbare, aut ejus possessiones auferre, etc., *usque* profutura, salva sedis apostolicæ auctoritate. Si qua igitur in futurum ecclesiastica sæcularisve persona, etc., *usque* subjaceat. Cunctis autem, etc., *usque* æternæ pacis inveniant. Amen. Amen. Amen.

---

(495) Epistola notatu dignissima, utpote Plessæo, (*Hist. Meld.*) et post eum *novæ Galliæ Christianæ* auctoribus prorsus incognita.

(496) De Agnete, monasterii Jotrensis abbatissa, hæc pauca in *Gallia Christiana* (t. VIII, col. 1711) ex Plessæo quidem (t. 1, p. 591) fere deprompta reperiuntur.

« X. Agnes I sedebat annis 1203 et 1206. (Imo
« jam ab anno 1202 sedisse ex epistola nostra evin-
« citur.) Litem quam Eustachia (cui successerat
« Agnes) habuerat cum episcopo Meldensi, perse-
« cuta est acriter, ac pene causam vicit. Videtur ea
« esse, cujus meminere Necrologium capellanorum
« Jotri Nonis Julii, et Necrologium Beatæ Mariæ
« Suessionensis pridie Nonas ejusdem mensis. »

(497) De isto libertatis privilegio, quod a S. Farone Jotrensi monasterio concessum fuisse hic dicitur, nihil apud Plessæum, nihil apud auctores *novæ Galliæ Christianæ*, ab anno 626 usque ad annum 672, quo temporis spatio episcopalem Meldi sedem occupasse fertur S. Faro.

Datum Laterani, per manum Blasii, sanctæ Romanæ Ecclesiæ subdiaconi et notarii, Turritani electi, Kal. Decembris, indictione VI, Incarnationis Dominicæ anno millesimo ducentesimo secundo, pontificatus vero domni Innocentii papæ III anno quinto.

CXXXI.

EPISCOPO NIVERNENSI (498).

Ut beneficium trium marcarum ab ejus prædecessore magistro Blasio, subdiacono papæ et notario, nunc Turritano electo, olim concessum, dicti Blasii nepoti nunc conferat.

(Laterani.)

Quantum dilectus filius, magister Blasius, subdiaconus et notarius noster, Turritanus electus, utilis fuerit Ecclesiæ Nivernensi et quam fideliter ejus apud nos negotia studuerit promovere, per experientiam te credimus didicisse. Ne igitur apud eamdem Ecclesiam obsequiorum ejus memoriam deperiret, si, eo in archiepiscopum Turritanum assumpto, tuæ devotionis affectus effectui devotionis ipsius non curaret, saltem in suis, liberaliter respondere, beneficium trium marcarum argenti ad pondus Trecense, quod bonæ memoriæ J..... (499), prædecessor tuus, in censu suo Nivernensi propria ei liberalitate concessit, dilecto filio..... nepoti ejus, sub tenore quo ipse illud habuit, duximus conferendum. Monemus igitur fraternitatem tuam et exhortamur attente, et per apostolica tibi scripta mandamus quatenus beneficium ipsum nuntio nepotis ejusdem electi, sublato tædio cujuslibet dilationis vel difficultatis, assignes et proventus ipsius illi facias annis singulis cum integritate persolvi. Alioquin, noveris nos dilectis filiis..... abbati Dolensi, et G..... subdiacono nostro, priori de Leproso, per apostolica scripta mandasse, ut ipsi super hoc, sublato appellationis obstaculo, mandatum apostolicum exsequantur. Contradictores, etc.

Dat. Laterani.

Scriptum est illis super hoc.

CXXXII

ABBATI DOLENSI (500); ET HENRICO, SUBDIACONO PAPÆ, PRIORI DE LEPROSO.

Ut magistrum P..... de Vico, a capitulo Bituricensi, si major pars capituli consenserit, in canonicum et fratrem, non obstante decani et quorumdam oppositione, recipi faciant.

(Laterani.)

Cum pro dilecto filio, magistro P... de Vico, venerabili fratri nostro..... (501), archiepiscopo et dilectis filiis, capitulo Bituricensibus, quondam scripta nostra direxerimus et mandatum, ut ipsum, pro reverentia beati Petri et nostra, in canonicum reciperent et in fratrem; licet dictus archiepiscopus et qui rectius sentiebant receptionem ipsius, sicut accepimus, acceptarent, nondum tamen mandatum nostrum fuit aliquatenus adimpletum, N. decano ejusdem Ecclesiæ, faciente; et cum iterum eis districtius scripsissemus, ipsi nondum præceptum nostrum, quod grave gerimus et molestum, voluerunt exsecutioni mandare; imo vacantes præbendas post appellationes ab eo interpositas, excepta una quæ vacat, contra voluntatem sanioris partis capituli, qui mandatum nostrum adimplere volebant, aliis contulerunt. Nos igitur nolentes imperfectum relinquere quod de ipso dignoscitur laudabiliter inchoatum, discretioni vestræ per apostolica scripta mandamus atque præcipimus, quatenus, si major et sanior pars capituli in eumdem magistrum convenerit, paucorum et dicti decani contradictione nequaquam obstante, ipsum, sublato cujuslibet contradictionis et appellationis obstaculo, in canonicum et in fratrem recipi faciatis, dictam vacantem præbendam eidem, appellatione postposita, conferentes. Si quis autem restiterit quo minus mandatum apostolicum impleatur, vos eum, appellatione remota, censura ecclesiastica percellatis.

Dat. Laterani anno quinto.

CXXXIII.

EPISCOPO (502) ET CAPITULO ENGOLISMENSIBUS.

Commendat quemdam clericum ut in canonicum recipiatur.

(Laterani, XIV Kal. Januarii.)

Ecclesiarum utilitatibus credimus profuturum, cum illos ad earum obsequium beneficiis exornamus, quos morum honestas reddit et scientia commendatos, qui etiam, dignis suffragantibus meritis, rogari potius quam rogare deberent. Cum igitur pro dilecto filio, W. Brunaterii, de cujus idoneitate personæ laudabile nobis testimonium perhibetur, preces vobis apostolicas direxerimus et mandata ut eum in canonicum vestrum reciperetis et fratrem, vos tamen, ad scripta nostra vobis pro ipsius receptione directa devotionem debitam non habentes nec attendentes quantum idem Ecclesiæ vestræ possit existere fructuosus, ipsum recipere contempsistis, sicut labor ejus ad nos indicat iteratus. Nolentes igitur quod de prædicto magistro misericorditer inchoavimus relinquere segniter imperfectum, universitati vestræ per iterata scripta præcipiendo mandamus quatenus præbendam, si qua vacat ad præsens in Ecclesia vestra, eidem sine difficultate qualibet assignetis. Quod si non est ibi certus numerus præbendarum et Ecclesiæ suppetant facultates, dummodo dictus magister ad obtinendum beneficium idoneus habeatur, vos eum in canonicum admittatis et fra-

---

(498) De eo jam dictum supra.
(499) Joannes I, qui ex decano factus episcopus Nivernensis anno 1188, præfuit usque ad annum 1196. *Gall. Christ.* t. XII, col. 644. Vereor tamen ne legendum sit potius G., cum de Galtero, Joannis I successore, qui hoc anno 1202, 11 Januarii diem obiit supremum, hic agi videatur. Vid. *Gall. Christ.* t. XII, col. 644.
(500) De eo jam actum sæpius.
(501) Archambaldus; notus in instrumentis, ab anno 1202 usque ad annum 1221. *Gall. Christ.* t. II, col. 112.
(502) Joannes I, de S. Vallio, (*de S. Val*) ex abbate Beatæ Mariæ de Corona, vir egregiis moribus et virtutibus conspicuus, factus episcopus Engolismensis, anno saltem 1181, ex instrumentis sedisse dignoscitur usque ad annum 1203, quo obiit die 7 Martii. *Gall. Christ.* t. II, col. 1007.

trem, et stallum in choro et locum in capitulo assignantes. Alioquin, venerabili fratri nostro.... episcopo (503), et dilecto filio.... subdiacono nostro, archidiacono Alnisiensi, Xanctonensibus, nostris dedimus litteris in mandatis, ut vos ad id, monitione præmissa, per censuram ecclesiasticam, nullius contradictione vel appellatione obstante, compellant; contradictores, si qui apparuerint, vel rebelles, ut a sua temeritate desistant per districtionem eamdem cogentes.

Dat. Laterani, xiv Kal. Januarii.
Scriptum est super hoc.

CXXXIV (504).

ARCHIEPISCOPO MAGUNTINO (505).

Ne Philippo, duci Sueviæ, adversus episcopum Herbipolensem faveat, et sententias a dicto episcopo adversus malefactores latas firmiter faciat observari.

(Laterani, x Kal. Januarii.)

Si quod tua res agitur, paries cum proximus ardet diligentius notavisses, cessante nostræ commonitionis officio, per te ipsum ollam, in Ecclesiam et ecclesiasticos viros ab aquilone successam, studuisses juxta modum propriæ facultatis undis immergere, ne, si negligerentur, incendia vires sumerent ex neglectu. Rursum etiam, si sollicita meditatione pensasses quod frater qui a fratre juvatur est quasi civitas firma, venerabili fratri nostro, C. Herbipolensi episcopo, imperialis aulæ cancellario, contra sævitiam malignantium auxilium efficax præstitisses, ne quod attentatur in viridi, licentius in arido præsumatur, et quod in tantum virum et Ecclesiam potentiæ tantæ committitur, in minores clericos et Ecclesias pauperes licentius perpetretur. Accepimus etenim, quod nobilis vir Philippus, dux Sueviæ, adversus eumdem episcopum rancore percepto, et personam persequitur et in Ecclesiam ejus proposuit debacchari; sicut etiam clericorum possessiones et familias ejusdem Ecclesiæ posuerit in direptionem et prædam, nec monialium sexui nec religioni pepercerit monachorum. Cum igitur Ecclesiarum jacturas et fratrum nostrorum non debeamus æquanimiter sustinere, sed teneamur etiam animam ponere pro ecclesiastica libertate, discretioni tuæ per apostolica scripta mandamus et sub pœna officii et beneficii districte præcipimus quatenus duci prædicto vel fautoribus ejus, contra episcopum memoratum nec auxilium nec consilium præstare præsumas, sed universis in tua diœcesi constitutis ex parte nostra districte prohibeas, ne qualibet occasione in favorem ducis ipsius, contra justitiam et libertatem ecclesiasticam sævientis, dictum episco-

pum vel ejus præsumat Ecclesiam molestare. Quod si contra præsumpserint, sublato appellationis obstaculo, vinculo eos excommunicationis astringas, et terras eorum subjicias interdicto. Illos autem, in quos dictus episcopus propter hujusmodi maleficium excommunicationis sententiam canonice promulgavit, singulis diebus et Dominicis et festivis, pulsatis campanis et candelis accensis, excommunicatos publice nunties et mandes ab omnibus usque ad satisfactionem debitam arctius evitari, et, si necesse fuerit, terras eorum subjicias interdicto; provisurus attentius ut mandatum apostolicum, omni gratia et timore postpositis, efficaciter exsequaris, ne, si negligens fueris, sententiam suspensionis incurras.

Datum Laterani, decimo Kalendas Januarii.

CXXXV.

EPISCOPO ELIENSI (506).

De collatione beneficii per monachos Dunelmenses.
(Laterani, Non. Januarii.)

Ex litteris et conquestione dilectorum filiorum.... prioris (507), et conventus Ecclesiæ Dunelmensis, ad nostram noveris audientiam pervenisse quod cum dilecto filio P.... Thebert, nepoti venerabilis fratris nostri, Dunelmensis episcopi (508), in scholis Parisiis commoranti, vacantem Ecclesiam de Hoveden. liberaliter concessissent, ad venerabilis fratris nostri..... Eboracensis archiepiscopi, postmodum præsentiam quemdam fratrem suum cum litteris suis transmittere curaverunt, humiliter supplicantes, ut procuratorem ipsius P..... de ipsa Ecclesia investiret. Cumque eis benevole respondisset, asserens quod procuratorem suum nulla reciperet ratione, sed ipsum, si præsens esset, libenter et liberaliter investiret, dictus procurator, ne aliquid in domini sui præjudicium posset in posterum attemptari, sedem apostolicam appellavit. Postmodum autem eodem Petro a studio revocato, prædicti prior et monachi, eumdem Petrum ipsi archiepiscopo per litteras capituli sui et monachos pluries præsentarunt; sed idem archiepiscopus institutionem ejus distulit pro suæ arbitrio voluntatis, contra præsentatores vel præsentatum nihil rationabile objiciens vel ostendens, sicut dilecti filii..... de Novo Monasterio [sic], et de Blancelande [sic] abbates, et.... officialis de Northublandi [sic] suis nobis litteris intimarunt. Quare prædicti...... prior et monachi, appellationem sæpe pro se et ipso interpositam innovantes, ad sedem apostolicam dictum P..... et quemdam de suis fratribus cum litteris capituli transmiserunt, ipsum a nobis in eadem Ecclesia

p. 788.

(508) Philippus Pictaviensis, gente Aquitanus, postquam Riccardo regi a secretis consiliis adhibitus sedulam ei operam diu præstitisset, in episcopum Dunelmensem electus est a monachis Dunelmensibus, obtentu ipsius regis, anno 1195. Joanni regi postea perquam charus exstitit. Obiit anno 1208. De ipsius cum monachis Dunelmensibus jurgiis et litibus consulendus Gaufridus de Coldingham, *Hist. Dunelmen.* apud Wharton. *Anal. sacr.* t. I, p. 726 et seq.

---

(503) Henricus, episcopus Santonensis, sedisse reperitur ab anno 1189, ad annum, saltem, 1213. *Gall. Christ.*, t. II, col. 1072.
(504) Indicata apud Raynaldum, an. 1202, § 19.
(505) De eo ac etiam de Herbipolensi episcopo, de quo hic agitur, vide supra, epist. 99.
(506) De eo vid. epist. 54.
(507) Erat is nomine Bertranus, qui prioratum suscepit anno 1188, et cujus obitus statuendus est anno 1209 ex Gaufridi de Coldingham historia Dunelmensi, cap. 18. Wharton. *Angl. sacr.* t. I,

institui postulantes. Verum, cum nuntius prioris et monachorum Dunelmensium, et dictus P..... in nostra essent præsentia constituti, Willelmus clericus, nuntius dilecti filii, magistri Simonis, de ratihabitione postmodum supervenit, quem procuratorem admisimus, cum ipsum esse procuratorem in eisdem litteris haberetur expressum, asserens dictam Ecclesiam de Hoveden. a prædictis.... priore et monachis, eidem magistro Simoni fuisse primo concessam, sicut in litteris eorumdem sigillo signatis, quas exinde se proponit habere, noscitur contineri, licet idem P..... sine auctoritate archiepiscopi, ad quem ipsius Ecclesiæ institutio pertinet, se intruserit in eadem. Quoniam igitur nobis non constitit de præmissis, fraternitati tuæ per apostolica scripta præcipiendo mandamus, quatenus, vocatis ad præsentiam tuam qui fuerint evocandi, inquiras super his diligentius veritatem, et illum, de cujus canonica præsentatione tibi constiterit, facias a dictis priore ac monachis auctoritate nostra eidem archiepiscopo præsentari, ut ipsum instituat in Ecclesia memorata, altari silentium super Ecclesia eadem imponens. Si vero idem archiepiscopus ipsum distulerit instituere canonice præsentatum, tu ex tunc, post quindecim dies, auctoritate nostra suffultus, omni dilatione et appellatione cessantibus, eumdem cognita veritate instituas in Ecclesia memorata et facias ejusdem pacifica possessione gaudere, ita tamen, ut per hoc nullum in posterum juri ejusdem archiepiscopi præjudicium generetur. Contradictores vero censura ecclesiastica, appellatione remota, compescas et reducas in statum pristinum quidquid, post appellationem ad nos legitime interpositam, super eadem Ecclesia vel ejus pertinentiis temere inveneris immutatum. Nullis litteris obstantibus, si quæ apparuerint præter assensum partium, etc.

Datum Laterani, Non. Januarii, pontificatus nostri anno quinto.

CXXXVI (509)

ARCHIEPISCOPO BITURICENSI (510) ET EPISCOPO CLAROMONTENSI (511).

Mandat ut procedant contra priorem et monachos Sancti Portiani, qui fratribus militiæ Templi injurias quasdam intulerant, et eis, spreto mandato apostolico, satisfacere nolebant.

(Laterani, vi Id. Decemb.)

Ex litteris dilectorum filiorum..... abbatis de Raom..... (512)..... archidiaconi de Orliaco, et..... archipresbyteri, Claromontensium, nostro nuper apostolatui præsentatis, cognovimus evidenter quod cum monachi Sancti Portiani domum dilectorum filiorum nostrorum, fratrum militiæ Templi, olim nequiter invadentes, eam incendio concremarint et damnum eis quinquaginta marcarum et amplius

(509) Indicata apud Raynaldum, anno 1202, § 7, verum per errorem, prout notavimus ad epist. 36.
(510) De isto jam actum est sæpius.
(511) Robertus de Alvernia, ex decano Eduensi episcopus Claromontensis electus est an. 1195; anno 1227 transiit ad sedem Lugdunensem. Obiit anno 1232. Consulenda de eo *Gallia Christiana*, t.

intulerint, violenter tabulam etiam altaris ecclesiæ ipsorum, sancto die Parasceve, in grave populi scandalum, confringentes, in quemdam fratrem ipsorum manus injecerint temere violentas, decimas insuper terrarum ipsorum fratrum, quas propriis sumptibus excolunt, ab eis contra privilegiorum apostolicorum indulta præsumpserint extorquere, super oblationibus et exactionibus pro sepulturis hominum suorum et aliis eos multipliciter molestantes, ad conquestionem fratrum ipsorum eisdem nostris dedimus litteris in mandatis ut priorem et monachos Sancti Portiani ad satisfactionem debitam de præmissis omnibus memoratis fratribus faciendam, et ab ipsarum decimarum exactione penitus desistendum per censuram ecclesiasticam compellere non differrent; illos etiam quos constaret violentas manus in fratres ipsos temere injecisse et alia sacrilegia quæ supradiximus perpetrasse, tandiu excommunicatos publice nuntiarent et facerent ab omnibus arctius evitari, donec passo injuriam satisfacerent competenter, et cum suarum testimonio litterarum ad sedem apostolicam accederent absolvendi. Cumque judices ipsi dictum priorem et monachos, auctoritate litterarum nostrarum, semel, secundo et tertio ad suam præsentiam peremptorie citavissent, ipsi nec accedere voluerunt nec aliquem pro se mittere responsalem. Ad quorum malitiam superandam, quartam eisdem diem peremptoriam assignarunt, ad quam quemdam responsalem miserunt, qui super dictis querelis Templariis ipsis noluit aliquatenus respondere, quasdam litteras producens in medium, quarum auctoritate exemptos a jurisdictione ipsorum dictos monachos asserebat; sed iidem adhuc volentes ipsorum contumaciam in spiritu lenitatis et mansuetudinis supportare, ipsis diem quintam, et eamdem peremptoriam assignarunt. Cæterum, cum nihil aliud responderent, sed in sua potius ducerent contumacia persistendum, habito prudentum consilio super litteris, quarum auctoritate ipsorum judicium subterfugere videbantur, quia ipsas revocatorias non esse pronuntiarunt, cum neque causæ, neque judicii in eis mentio haberetur, in eos excommunicationis sententiam promulgarunt, quousque de jure dictis Templariis responderent. Postmodum vero ad prædicti prioris et monachorum petitionem, recepto ab ipso priore, et nomine Conventus a duobus monachis juramento, quod eorum super dictis querelis starent mandato, ipsos ab excommunicationis vinculo absolverunt, diem eis, in qua tractaretur de causa, nihilominus assignantes. Verum, die statuto, partibus in eorum præsentia constitutis, post litem super prætaxatis querelis, juxta quod juris ordo II, col. 273.

(512) *De Raom*..... Sic diserte legitur in apographis Vaticano et Conti. Si agitur de abbate monasterii Reomacensis, erat is, tunc temporis, Guillelmus II, qui notus est in instrumentis ab anno 1198, usque ad annum 1202. *Gall. Christ.* t. IV, col. 663.

postulat, contestatam, ex parte Templariorum testes receperunt productos, parati recipere, si quos idem monachi producere voluissent; et cum eis diem aliam assignassent, ex parte monachorum fuit propositum coram ipsis, ut dictos Templarios compellerent super suis querelis ad respondendum eisdem. Dicti etenim monachi cujusdam decimæ mistum [sic] tam proprietatem quam possessionem cum instantia postulabant; sed e contra Templarii respondebant, quod super quæstione ipsa respondere minime tenebantur, quia eosdem super causa ipsa ad curiam traxerant laicalem. Tandem vero, aliam diem eisdem monachis et Templariis peremptoriam assignarunt, ad quam nec venerunt monachi nec sufficientem curaverunt mittere responsalem; sed adhuc eorum volentes pertinaciam superare, ipsis diem aliam assignarunt, in qua quidem, utraque parte præsente, post multas contentiones de consensu partium diem aliam et ipsam peremptoriam assignarunt, sperantes, quod, prout condictum fuerat, medio tempore eadem quæstio per duos honestos viros deberet concordia terminari; sed eodem die, duo ex ipsis monachis se ipsorum conspectui præsentarunt, litteras proferentes quibus se constitutos procuratores firmiter asserebant, cum in ipsis litteris nec eorum nomina, nec causa pro qua missi fuerant nec dies causæ præfixa fuerit declarata. Ipsi vero judices, monachorum calumniam et contumaciam intuentes et attendentes etiam quod causa ipsa non sine gravamine fratrum ipsorum, coram eis frustratorie fuerat prolata, communicato prudentum consilio, sub pœna excommunicationis diffiniendo, dictis priori et monachis vetuerunt ne de cætero decimas terrarum Templariorum ipsorum, quas propriis manibus et sumptibus excolunt, vel exactiones pro sepulturis hominum eorumdem ab ipsis extorquere vel quoquo modo super his eos præsumerent ulterius molestare; de manuum injectione violenta et aliis sacrilegiis, quia ipsis non constitit, neminem condemnantes; et cum super damnis quæ dicti Templarii sibi illata a monachis asserebant, ipsis facta non fuerit plena fides, super his pronuntiaverunt eosdem monachos absolutos. Quia vero præfati monachi, sicut ex litteris prædictorum accepimus, contra latam sententiam temere venientes, dictos Templarios super dictis articulis multipliciter aggravant et affligunt, ita quod eis constitit per testes omni exceptione majores, monachos ipsos de terris eorum, quas propriis sumptibus excolunt, decimas per violentiam exegisse et exactiones pro sepulturis hominum eorumdem fecisse et quod corpora mortuorum pro hujusmodi exactione remanent inhumata, ac, in grave scandalum populi, in die sancto Parasceve, ceram de altari oratorii Templariorum ipsorum ausu sacrilego capientes, per violentiam asportarunt, in priorem et monachos excommunicationis sententiam protulerunt et ecclesias eorum supposuerunt ecclesiastico interdicto, præcipientes capellanis eorum et clericis, ut eamdem sententiam tandiu inviolabiliter observarent, donec de prædictis prior et monachi fratribus Templi satisfacerent competenter; et, licet eadem sententia per vos firmiter observetur et eamdem mandaverimus observari, prior tamen et monachi, sicut per testes idoneos recepimus, eamdem sententiam non observant, sed in suis ecclesiis, ac si absoluti essent, apertis januis et pulsatis campanis, divina præsumunt solemniter officia celebrare. Nolentes igitur tantam ipsorum prioris et monachorum contumaciam, sicut nec debemus, clausis oculis pertransire, cum ferro abscidenda sint vulnera quæ fomentorum non sentiunt medicinam, discretioni vestræ per apostolica scripta mandamus et districte præcipimus quatenus prædictam interdicti et excommunicationis sententiam facientes firmiter observari, ipsos priorem et monachos tandiu, appellatione remota, singulis Dominicis ac festivis diebus, pulsatis campanis, et exstinctis candelis, excommunicatos publice nuntietis, donec latam super dictis articulis a judicibus ipsis sententiam firmiter observarint, et eisdem fratribus super damnis illatis et injuriis irrogatis satisfactionem curaverint congruam exhibere. Si vero in sua duxerint contumacia persistendum, abbati, ad quem monasterium ipsum Sancti Portiani pertinere dignoscitur et eidem priori, præfigatis terminum competentem, quo, cum litteris vestris satisfacturi de contemptu, nostro se conspectui repræsentent, ad quem si venire contempserint, eos a prælationibus suis, sublato appellationis obstaculo, solemniter deponatis, nullis litteris, etc. Harum tenore tacito, etc. Quod si non ambo, etc.

Datum Laterani, vi Id. Decembris, anno quinto.

CXXXVII (513).

ELECTO CATALAUNENSI (514) ABBATI TRIUM FONTIUM (515).

Dat eis provinciam examinandi privilegia abbatissæ et monialium Jotrensis monasterii.

(Laterani, iv Id. Januarii.)

[« Ex parte..... abbatissæ, ac sororum Jotrensis

---

(513) Epistolæ hujus fragmenta quædam leguntur in collectione Decretalium, lib. v, tit. 33, *De privilegiis et excessibus prælatorum*, cap. 13. Eamdem, ex tabulario monasterii Jotrensis depromptam, deficiente tamen adhuc majori melioriqua parte, typis mandavit Plessæus (*Histor. Eccles. Meld.* t. II, pag. 90). Nunc prodit integra et suis iisdemque indubitatæ fidei, notis chronologicis vallata. Quæ in Decretalibus exhibentur, hic uncis, ex more, inclusa sunt; quæ apud Plessæum, duplici virgula ad initium cujusque lineæ apposita distinximus. Variæ, quæ utrobique reperiuntur, etsi levissimi momenti, lectiones dantur.

(514) Gerardus de Duaco, qui paulo antequam ab Innocentio daretur hæc epistola, ad episcopalem Catalauni sedem evectus fuerat, eam tenuit usque ad annum 1215, quo ipsum abdicasse refert Albericus (*Chronic.* pag. 491).

(515) Erat is nomine Guido II, qui non ante annum 1208 abbatiæ Trium-Fontium regimen susce-

« Ecclesiæ (516), *nostris fuit auribus* (517) intimatum quod *venerabilis frater noster* ..... Meldensis
« episcopus, commissionis occasione cujusdam
« (518), *ad venerabilem fratrem nostrum*..... *Parisiensem episcopum* (519), *et dilectum filium*......
« *abbatem de Latiniaco* (520), *a nobis* (521) obtentæ,
« in qua nulla mentio habebatur de ipsarum privi-
« legiis, quæ illas et earum Ecclesiam, clerum et
« populum *villæ Jotrensis* (522) ad apostolicam se-
« dem nullo mediante spectare declarant, quorum
« ipse non erat ignarus, eas incœpit graviter mo-
« lestare, obedientiam ab ipsis ac clero et populo
« villæ Jotrensis, *qui secundum privilegia sedis apo-*
« *stolicæ gaudent consimili libertate* (523), subje-
« ctionem omnimodam *impendendam sibi requirens*.»]
Unde, cum ab eisdem judicibus citarentur, ipsæ
non contestando litem, sed excipiendo potius contra eos (524), nos sibi specialem in judicio dominum esse dixerunt et se nullam obedientiam episcopo Meldensi debere; quia, cum venerabilis frater noster, O. (525) Ostiensis episcopus, tunc apostolicæ sedis legatus, earum privilegiis diligenter inspectis, cognoverit monasterium earum ad jus et proprietatem sedis apostolicæ pertinere, ipsi abbatissæ, quæ tunc temporis noviter erat electa, vice nostra munus benedictionis impendit et obedientiam nobis et Ecclesiæ Romanæ fecit ab ea specialiter repromitti, requirens ab ea propter hoc et accipiens juramentum. [« Verum, cum judices *et assessores eorum* (526) ipsas valde gravarent »] in eo quod negarent dilationem eisdem ad exhibenda privilegia libertatis, cum procuratores earum illis juramentum offerrent, se tunc privilegia non habere nec procuratum dolo fuisse, quominus eadem ad eorum præsentiam detulissent et ipsi eis breves inducias dare nollent, [« ad appellationis *remedium* (527) conve-
« larunt »] contra judices excipientes eosdem, tum quia eos asserebant esse suspectos, et præsertim ipsum Parisiensem episcopum, qui contra dilectum filium abbatem Sanctæ Genovefæ, consimilem causam habebat (528), et ideo ipsum credebant aliam sententiam nolle dare quam vellet ab alio pro se dari, tum quia cum absque conjudice suo voluisset prius interprolocutoriam (528*) promulgare, procuratoribus abbatissæ dicentibus se velle conjudicem ejus esse præsentem, responderat illis eum in nullo profecturum eisdem, quia, cum ille veniret, nihil faceret nisi quod vellet et ipse; tum quia illis postmodum rationabiles inducias denegabant; tum quia occasione litterarum illarum non debebant in causa procedere, pro eo quod Meldensis episcopus per litteras illas obedientiam debitam, quam abbatissa soli pontifici Romano tenetur impendere, ab ipsa, clero et populo Jotrensibus, sibi requirebat impendi, cum per privilegia Ecclesiæ Romanæ constaret illi eos in aliquo non teneri et de privilegiis suis nulla in eisdem litteris mentio haberetur. [« Sed judices
« ipsi *appellationem* (529) minime deferentes nec
« fragilitati sexus compatientes earum, in abbatis-
« sam excommunicationis, clerum et populum *villæ*
« *Jotrensis* (530) interdicti, sententias protulerunt.
« Sane, cum (531) nuntii Jotrensis Ecclesiæ præ-
« dictæ et alia multa in nostra præsentia retulis-
« sent, *quibus eas et suos contra libertatem eis con-*
« *cessam gravatos aiebant* (532), privilegium nobis
« apostolicum ostenderunt, per quod Ecclesiam Jotrensem constabat ad Romanam Ecclesiam spe-
« cialiter pertinere. Nos autem *eos* (533) diutius
« detinentes propter appellationem prædictam,
« quia tandem nullus comparuit idoneus responsa-
« lis qui partem defensaret adversam, *licet postmo-*
« *dum quidam simplex nuntius super hoc nobis præ-*
« *dictorum*...... *Parisiensis episcopi et*....... *Latinia-*
« *censis abbatis litteras præsentasset* (534), privilegium apostolicæ sedis Ecclesiæ Jotrensi conces-
« sum duximus innovandum, ita tamen ut per in-
« novationem ipsius eidem Ecclesiæ *nihil* (535)
« plus juris accrescat, quam per privilegia præde-
« cessorum nostrorum obtinuit, cum per hoc ei
« non novum concedere, sed antiquum jus conser-
« vare velimus. »] Quia vero de prædictis exceptionibus nobis non potuit fieri plena fides, discretioni vestræ per apostolica scripta mandamus, quatenus si pars Jotrensis Ecclesiæ illis vel aliis probandis institerit contra sententias memoratas, vos, partibus convocatis, audiatis quæ super his duxerint proponenda, et si vobis constiterit prædictas sententias post appellationem ad nos legitime interpositam fuisse prolatas, denuntietis eas, sublato appellationis obstaculo, non tenere. Quod si alias mi-

---

perat, nec diu post annum 1203 ineuntem, vitam produxit, fato functus cum ad archiepiscopatum Remensem ab Innocentio destinaretur. *Gall. Christ.* t. IX, col. 959.
(516) Vide epist. 130.
(517) Decretal. *exstitit*, pro *n. f. a.*, et om. *v. fr. n.*
(518) Commissionem hanc, datam *Laterani*, x Kal. Junii, pontificatus anno 5, exhibet Plessæus (loc. cit. p. 89); sed in Regesto frustra requiritur.
(519) De isto jam actum est sæpius.
(520) Joannes I, cognomento Britel, aut forsan Bretel, Latiniaci monasterii regimen auspicatus anno 1188, post multa præclare gesta per 28 annos ad cœnobii commodum, vivendi finem attigit anno 1215. *Gall. Christ.* t. VII, col. 500.
(521) Decret., *ver litteras ad judices delegatos*.
(522) Decret. et Ples. *Jotrensem*.
(523) Hæc desunt in Decr. et infra *requirendo* pro *requirens* legunt.
(524) Sic in apogr. ex archiv. Vatic.
(525) Vide primas libri tertii epistolas.
(526) Hæc in Decret. desunt.
(527) Decret. *beneficium*.
(528) Vide epistolam hujusce libri quinti centesimam.
(528*) Sic in apogr.
(529) Sic in apog. Conti; Decret. *appellationi*.
(530) Decret. *Jotrensem*.
(531) Decret. addit. *jam*.
(532) Decret. desunt.
(533) Decret. *eosdem nuntios*
(534) Hæc in Decret. desunt.
(535) Decret. *non*.

nus rationabiliter illas prolatas esse constiterit, eas exigente justitia revocetis. Alioquin, cum propter solam contumaciam fuerint promulgatæ, recepta juratoria cautione, tam abbatissa quam aliis a quibus videritis exigendam, quod super his ad mandatum nostrum juri parebunt, easdem curetis sententias, appellatione postposita, relaxare, id ipsum ad majorem cautelam nihilominus facientes, si eadem abbatissa fugere volens strepitum quæstionum ab exceptionum suarum maluerit probatione cessare. Cumque de privilegiis pontificum Romanorum nolimus ab aliis facile judicari, si prædictus Meldensis episcopus de jure suo voluerit experiri, præfigatis utrique parti terminum competentem, quo per se vel idoneos responsales propter hoc ad præsentiam nostram accedant. Nullis litteris, etc. Harum mentione non habita, etc.

Dat. Later., iv Idus Januarii, anno v.

CXXXVIII.

CLUSINO EPISCOPO (535*) ET O.... RODICOFANENSI CASTELLANO; ACOLYTHO ET MAGISTRO P. SCRIPTORI NOSTRO.

De Neapoleone et Pepone post concordiam Romanorum cum Viterbiensibus carceri mancipatis, deque custodia eorum in arce Lariani.

(Laterani, iv Idus Januarii.)

Ad vestram credimus audientiam pervenisse, qualiter et in quantis nobilibus viris, Neapoleoni et Peponi, gratiam duxerimus faciendam. Sane cum idem N.. in captivitatem quondam devenerit Romanorum, et in Cannaparia carceris fuerit custodiæ mancipatus; tantoque arctius teneretur, quanto captivis cæteris nobilitate ac potentia præeminebat, nos de ipsius salute solliciti, ne in Cannaparia, ubi multi conceptivi ejus fuerunt mortui, moreretur, ipsum non sine difficultate multa eductum de carcere, in palatio nostro diu honorifice, non tanquam captivum, sed velut familiarem nostrum, fecimus conversari. Verum, postmodum, forte cum Viterbienses resilire a tractatu concordiæ viderentur (536) et ex hoc non modicum contra eos Romanorum essent animi concitati, verentes ne quid contra eumdem N.... ex impetu fieret, si maneret in Urbe, ipsum ad arcem Lariani, quæ est fere præ cæteris Roccis Italiæ spatiosa, duximus destinandum, ubi ei fecimus honorifice deserviri. Ipse vero, velut beneficiorum nostrorum ingratus, non attendens quod nobis ex fuga ejus posset accidere et quanta seditio contra nos in Romano populo suboriri, fugam arripuit et ad patriam, nobis nescientibus, est recursus, in quo exuberantem circa se nostræ gratiæ plenitudinem licet ipse non consideraverit, aliis tamen apertius demonstravit, cum liqueat vel liquere debeat universis, quod si eum mandassemus arctius custodiri, sic evadere nullatenus potuisset. Licet autem non solum hominibus, sed omnibus etiam animalibus sit commune, ut de cervice sua jugum captivitatis excutiant et libenter vincula quibus fuerint alligata disrumpant, ei tamen non erat aliquatenus formidandum, cum ipsi videri verisimile non deberet quod nos, qui curaveramus eum quasi de mortis articulo liberare, in captivitatem eum reduci vellemus, et Cannapariæ vinculis mancipari. De concordia quoque non debuerat suspicari quod eam fugiens impediret, cum, sicut post factum apparuit, post fugam ejus fuerit consummata. In qua nos autem dictum Peponem et S.... qui cum eo ad sedem apostolicam accesserat, et quantum prædictum N... in aliis duxerimus honorandum, exprimere nolumus, sed ipsis relinquimus discernendum; N... commendantes in eo quod se per nos confitetur ad vivos a mortuis revocatum. Verum prædictus P... et fratres ipsius ut male agerent proponentes, injuriam pro honore ac offensam nobis pro gratia rependerunt, cum in nepotes fratrum nostrorum manus extenderint et eos captos et redactos in vinculis turpiter pertractarint, cum crederemus non solum familiares nostros, sed omnes etiam qui nomen nostrum in tuitionem propriam invocarent, in terra eorum velut in patrimonio beati Petri securos, et quod ipsi nobiles pro tuitione ipsorum et res exponerent et personas. Nec suffecit hoc ipsis, sed veniendi ad nos iter omnibus præcludere cupientes, eos qui ad sedem apostolicam accedebant spoliare temere præsumpserunt. Quamvis ergo super his et aliis et nos offenderint et se ipsos, facto pariter et exemplo, quia tamen et nepotes fratrum nostrorum quos ceperant liberarunt et restituerunt partem illorum, quæ abstulerant spoliorum, residuum vel æstimationem ipsius restituere promittentes, et de injuriis nobis illatis satisfactionem plenariam pollicentur: attendentes debitum officii pastoralis, per quod non solum redeuntes recipere, sed revocare tenemur errantes, discretioni vestræ per apostolica scripta mandamus, quatenus ab eodem P.... et fratribus ejus publice juratoria cautione recepta quod super his mandatis nostris humiliter pareant, pro quibus excommunicationis sunt vinculis innodati, absolutionis eis gratiam impendatis, ipsis unius mensis spatium indulgentes, infra quod vel restituant residuum spoliorum, vel juxta vestræ discretionis arbitrium illud æstimatione congrua recompensent. A Neapoleone autem, cum excommunicatus non fuerit, exigi nolumus hujusmodi cautionem, sed in forma compositionis quam firmavimus inter Romanos et Viterbienses expressimus ut ipse cum duobus consanguineis suis juramento firmaret ut nec Romanos, nec alios ad Romanam Ecclesiam accedentes vel recedentes ab ea, occasione captionis propriæ in personis vel rebus aliquatenus impediret, volumus ut super hoc mandatum apo-

---

(535*) De Clusinis præsulibus circa tempus in quo versamur, pauca hæc apud Ughellum occurrunt. *Ital. sacr.*, t. III, col. 729.
« XII. Gualfredus floruit anno 1200, quem Manentes et Monaldeschus Bovaccianæ familiæ fuisse affirmant. XIII. Theobaldus vixit anno 1210. ».
(536) Conferendus Muratori, *Annal.* t. VII, pa. t. I. pag. 144, an. 1200.

stolicum exsequatur. Ne quid autem per collusionem fieri videatur, præsentium vobis auctoritate mandamus ut ei ex parte nostra districtius injungatis quatenus regimen burgi-Aquæpendentis quod nobis inconsultis accepit penitus derelinquat, cum nec sustinuerimus hactenus nec proposuerimus in posterum sustinere ut in eo quisquam, nisi indigena fuerit et vassalus noster existat, præter licentiam nostram et specialem concessionem recipiatur aut exerceat officium rectoratus, quod tanto expeditius debet efficere, quanto sibi foret potius eligendum regimen alicujus magnæ civitatis, quæ etiam ad beati Petri patrimonium non spectaret, relinquere, quam incurrere nostræ indignationis offensam, si nostræ tamen est gratiæ non ingratus. De cætero vero, ipse ac dictus P.... et fratres ipsius nobis studeant humiliter obtemperare, ut et nos eorum respondere servitiis grata vicissitudine teneamur.

Datum Laterani, iv Idus Januarii.

CXXXIX.
CANTORI ET CAPITULO SANCTI FRONTONIS PETRAGORICENSIS.
De collatione præbendæ.
(Laterani, Id. Januarii.)

Si diligenter velletis attendere ac debita meditatione pensare, quanta Romanæ Ecclesiæ, quæ caput est omnium et magistra, reverentia et devotio debeat exhiberi, in plena voluntate firmoque proposito gereretis, ita ejus precibus auditum præstare facilem et benignum, quod a vobis repulsam minime paterentur, sed eas studeretis celeriter effectui mancipare. Sane, dilecto filio, G.... de Sancto Sulpitio, subdiacono, referente, nos noveritis accepisse quod, cum bonæ memoriæ C... papa, prædecessor noster, preces et mandatum ad vos duxerit destinanda, ut ipsum reciperetis in canonicum et in fratrem, vos, contemptis tam ipsius precibus quam mandato, eum, sicut accepimus, recipere neglexistis, quod ipsius labor ad nos indicat iteratus. Volentes igitur eidem subdiacono paterna sollicitudine providere et quod a memorato prædecessore nostro est laudabiliter inchoatum, congruo effectui mancipari, universitati vestræ per apostolica scripta mandamus atque præcipimus quatenus, pro reverentia beati Petri et nostra, intuitu quoque ipsius subdiaconi, qui vobis in pluribus esse poterit fructuosus, eum in canonicum Ecclesiæ vestræ ac fratrem benignius admittatis, stallum in choro et locum in capitulo eidem tam libenter quam liberaliter assignantes et tales vos in exsecutione mandati apostolici exhibentes, ne ulterius cogatur ad sedem aposcolicam laborare.

Datum Laterani, Idibus Januarii, pontificatus nostri anno quinto.

CXL (536*).
SANCTI FRIDIANI PRIORI LUCANO (537), ET MAGISTRO B. FASCALO, CANONICO PISANO.
De electione episcopi Lucani (537*).
(Laterani, v Id. Januarii.)

Ex litteris, nuper nobis sub nomine longe majoris partis Lucani capituli, sub veteri ac vero sigillo Ecclesiæ Lucanæ porrectis, sicut præsentes apud nos Lucanenses canonici cognoverunt, accepimus quod cum olim dilectum filium, G (538).... Sancti Adriani diaconum cardinalem in episcopum sibi unanimiter elegissent, dilectum filium.... Lucanum electum (538*), tunc suum concanonicum, cum quibusdam aliis ad cardinalem eumdem et per eum ad sedem apostolicam direxerunt, ab eis juratoria cautione recepta quod bona fide, sine fraude quacunque, studium et operam impenderent efficacem ut electioni suæ cardinalis ejusdem obtinerent assensum, nec dicto vel facto contrarium procurarent. Verum dictus electus contra proprium veniens juramentum cardinali eidem quædam impedimenta prætendit, per quæ, ne de se factam electionem reciperet, ejus animum revocavit, sicque, cum a quibusdam canonicorum in electione, non in primis sed in ultimis fuerit nominatus, electionem suam per nos obtinuit confirmari, licet factiosus, sceleribus plenus, matrimonio viduæ obligatus, perjurus et excommunicatus existat et contra concordiam Tusciæ moliatur. Ipse quoque, post electionem suam quosdam qui in diaconos manus injecerant violentas, temeritate propria præsumptuosus absolvit nec præcepit eisdem ut sedem apostolicam visitarent. Potestas quoque ac rectores militum cum militibus universis per suas nobis litteras intimarunt quod usque adeo dictus electus erat militibus odiosus, quod nisi metu potestatis a suo fuissent proposito revocati, ejus sanguinem effudissent. Adjecerunt etiam quod adulter et incestuosus existeret et post reditum suum cum popularibus conjurasset. Præterea A..... clericus, eadem impedimenta proposuit contra eum et illa se asserit probaturum, sed tandem variando et vacillando visus est a suo proposito resilire. Cæterum, Lucani ca-

---

(536*) Epistola notatu dignissima, utpote ex qua multa lux affertur his quæ ab Ughello in chronologica Lucanorum [*al.* Lucensium] episcoporum serie referuntur *Ital. sacr.* t. 1, col. 87. Vide notas seqq.

(537) Illi nomen erat *Joannes*, ut alibi observatur.

(537*) Vacaverat episcopalis Lucanorum sedes anno 1202, per obitum Widonis, de quo jam egimus supra, epistola hujusce libri quinti 70.

(538) Gerardus Allucingolus, natione Tuscus, patria Lucanus, Lucii PP. III agnatus, tituli S. Hadriani diaconus cardinalis ab eodem pontifice, in prima creatione, anno 1182 renuntiatus fuerat. Diversas legationes obiit; tum sub ipso Lucio, tum sub Cœlestino, tum etiam sub Innocentio PP. III. Plures et publicas ei Innocentius scripsit epistolas, quibus eum virum providum, honestum, inter cæteros fratres specialis devotionis brachiis amplexatum nuncupat. OLDOIN. *Ad Ciacon.* t. 1, col. 1116.

(538*) De isto verisimiliter agit Ughellus (loc. cit.): « Robertus, canonicus Lucensis, Widoni suffectus est anno 1201, cujus temporibus populabundi Pisani avidique proferendi imperii Lucanis aliquot castella ademerunt, etc. Mortuus est circa annum 1225. »

nonici, qui cum electo venerant memorato, ex parte Lucani capituli quasdam nobis litteras præsentarunt, clausas quidem, sed quinque presbyterorum, diaconorum sex, quinque subdiaconorum et Bolgarini clerici, canonicorum Ecclesiæ Lucanæ subscriptionibus adnotatas, in quibus dicebant universos canonicos Lucanos præter archipresbyterum subscripsisse. Per eas autem capitulum ipsum humiliter postulabat ut, cum electus ipse in Lateranensi palatio in eorum episcopum ab his qui pro electione venerant cardinalis, concurrentibus votis fratrum purissime ac canonice fuisset electus, dignaremur eum in episcopum consecrare, quatenus velut pastor idoneus eis præesse posset pariter et prodesse. Sub quinque quoque sigillis ex parte priorum sodalium Ecclesiarum, et capellanorum et universi cleri Lucani..... fuerint nobis litteræ præsentatæ, per quas assereb eum instructum in spiritualibus et in temporalibus circumspectum, et de confirmatione ipsius nobis gratias referentes, eum petebant in episcopum consecrari. Idem quoque Lucanus potestas cum populo, et priores societatum Lucanæ civitatis per suas litteras postulabant, asserentes electum ipsum vita, scientia et moribus adornatum. Præterea, venerabilis frater noster........ (539) Pisanus archiepiscopus, cum capitulo suo, et multi adjacentes episcopi, rectores quoque societatis Tusciæ et ducatus, pro eo nobis humiliter supplicarunt, personam ejus varie commendantes. Cum igitur nemini cito manus imponere debeamus, ne videamur verbum Apostoli non notasse, discretioni vestræ per apostolica scripta mandamus quatenus auctoritate nostra suffulti, publice faciatis infra octo dies post susceptionem præsentium in Lucano capitulo nuntiari ut, si quis contra electum ipsum voluerit et valuerit procedere in aperto, infra mensem post denuntiationem factam appareat coram vobis, propositurus quidquid contra eum duxerit proponendum. Vos autem, auctoritate nostra suffulti, electo præsente, si citatus tamen voluerit comparere, audiatis quæ proposita fuerint, recipiatis testes quos alterutra partium duxerit producendos, et tam depositiones eorum quam gesta omnia redigentes in scriptis, sub sigillis vestris ad nos fideliter destinetis, mandantes illis qui contra prædictum electum aliquid objecerint et ostenderint coram vobis, ut infra quindecim dies post mandatum vestrum apostolicum se conspectui repræsentent, ad quem terminum si forte non venerint, nos nihilominus, quantum de jure poterimus, in Domino procedemus. Quod si forsan nullus apparuerit qui coram vobis aliquid contra eum objiciat et ostendat, vos nihilominus, auctoritate nostra inquiratis super præmissis omnibus, tam per famam loci quam alia documenta, diligentius veritatem et per vestras nobis litteras intimare curetis, præcipientes electo, ut quinque saltem ex Lucanis canonicis tum presbyteros, tum diaconos, qui bonæ vitæ ac laudabilis opinionis existant, secum ad præsentiam nostram ducat, qui si ei facti purgatio indicatur, eum velint et valeant compurgare. Volumus etiam, et mandamus, ut de illis diligentius inquiratis, qui sub nomine longe majoris partis Lucani capituli nobis contra prædictum electum litteras direxerunt, et quod inveneritis nobis fideliter rescribatis.

Datum Laterani, v Id. Januarii.

CXLI (539*).

ARCHIEPISCOPO SENONENSI (540).

Causam permutationis archidiaconatus et præposituræ, inter magistros S..... et B..... definiendam ipsi committit.

(Laterani, Id. Januarii.)

(540*) [Cum olim *ad nostram audientiam pervenisset, quod dilecti filii, magistri* (541) S.... *et B....* archidiaconatum et præposituram ad invicem *permutassent* (541*)], magistri ejusdem B. obtentu causam super hoc bonæ memoriæ Matisconensi episcopo (542) duximus delegandam. Cumque idem B... ad nostram postmodum præsentiam accessisset, ut negotium sine suspicione procederet, obtentu ipsius, dilectum filium..... (542*) abbatem Cluniacensem, eidem episcopo duximus adjungendum. Verum, cum propter abbatis absentiam non fuisset a delegatis ipsis pariter in causa processum, utraque partium nostro se conspectui præsentavit et audientiam obtinuit coram nobis (543). Et [licet prædictus magister G. ab initio sponte fuerit de permutatione confessus, idem tamen B... eam inficiabatur omnino, assertive proponens quod et ipse præposituram sine conditione qualibet *resignarat* (543*), et post liberam resignationem prædicti magistri G. archidiaconatum fuerat assecutus,] licet magister ipse G. proponeret ex adverso ipsum secum diutius de permutatione tractasse et complevisse tandem in manibus venerabilis fratris nostri..... (544-45) Eduensis episcopi quod tractarat. Quia ergo super facto ipsius B..... nobis non poterat de veritate constare, causam super hoc venera-

---

(539) De eo jam dictum est sæpius.
(539*) Fragmenta hujus epistolæ leguntur in Decretalibus, lib. i, tit. 2. *De officio et potestate judicis delegati*, cap. 33; et lib. iii, tit. 19, *De rerum permutatione*, cap. 7. Quæ illic leguntur, hic uncis inclusa sunt.
(540) Vide epistolam libri quinti 11, not.
(540*) Vide Decretales, in utroque loco citato.
(541) In Decret. l. i et ii, *Magister*.
(541*) Decretal. *commutassent.*

(542) Vide epistolam libri quinti 35, not.
(542*) Hugo, ex abbate Radingensi evasit Cluniacensis anno 1199. E vivis excessit, de suo monasterio bene meritus, anno 1207; auctor libri dialogorum de summo bono, qui habetur tom. V Anecdotor. col. 898. *Gall. Christ.* t. IV, col. 1144.
(543) Vide Decretales, lib. iii, loc. cit.
(543*) Decretal., *resignavit.*
(544-45) Vide epist. hujusce libri quinti 35, not.

bilibus fratribus nostris... (546) Lingonensi et (547) Cabilonensi episcopis, sub certa forma duximus committendam. Ipsi ergo in mandati nostri exsecutione procedere cupientes, partibus ad suam præsentiam convocatis, receperunt testes utrinque productos, audierunt confessiones partium et depositiones testium publicarunt. Cumque, propter quemdam articulum qui eis dubitabilis videbatur, causam ad nos remittere proposuissent instructam, gesta omnia redigentes in scriptis sub sigillis propriis incluserunt et assignarunt partibus nobis fideliter præsentanda (548). Verum supradictus B... delegatis nostris non deferens, imo verius deleganti, sigilla violavit illorum et scripta quæ nobis fuerant præsentanda non erubuit aperire. *Cæterum, in nostra demum* (549) *præsentia constitutus, adversario suo præsente, in excusationem propriam proposuit coram nobis* quod judices perperam processerant contra ipsum, cum acta in scriptis minus fideliter redegissent. Unde, timens ne litteras portaret Uriæ, scripta illorum aperuit et quod suspicatus fuerat adinvenit. Sane, si quid expediret melius notavisset, vel non recepisset scripta suspecta vel recepta nobis fideliter præsentasset et ostendisset causam suspicionis propositæ coram nobis. Præterea, cum non quereretur de judice quem ei proprio motu concessimus, sed de illo potius quem ipse duxerat eligendum, et judices suas nobis litteras *pariter* (550) destinassent, de ipso pariter conquerentes, verbis ipsius fidem non duximus adhibendam, sed ut in eo saltem puniretur in quo peccarat contra acta judicum quæ temere violarat, ipsum, sicut non debuimus, sic noluimus exaudire, ne videretur dolus suus ei patrocinium attulisse (551). [Cum ergo nobis, *tum per publicam famam, tum per validam præsumptionem, et probationem etiam manifestam* (552), constaret quod suum *præstiterat* permutationi consensum; prædictus autem magister suum publice fateretur errorem, et hunc præpositura, et illum archidiaconatu curavimus spoliare, super hoc contra eos diffinitivam sententiam proferentes.] Tandem vero, cum festum Dominicæ Nativitatis instaret, uterque misericordiam humiliter postulavit, suppliciter et devote deposcens ut, cum ejus vicem geramus in terris qui, cum iratus fuerit, non obliviscitur misereri, nec continet suas miserationes in ira, cum eis misericorditer ageremus. Nos igitur attendentes quod justus et misericors est Dominus Deus noster, cum Propheta miserationes ejus aliis operibus anteponat, asserens ipsas super omnia opera ejus esse et rursum affirmet quod justitia et judicium sint præparatio sedis ejus, sic cum eis misericordiam duximus faciendam, ut justitiam minime læderemus, cum etsi contractus ipse illicitus fuerit, tamen Simoniacus non fuisset et pœna quæ debetur ex illo in concilio determinata non fuerit, unde relinquitur arbitrio judicantis. Quia ergo prædictus B..... amplius noscitur deliquisse, cum delictum suum semper nisus fuerit quasi per tergiversationis vitium occultare, memoratus autem magister G. minus deliquerit cum facti pœnitens errorem suum fuerit sponte confessus, prætaxatum B..... usque ad annum, eumdem vero magistrum G. usque ad sex menses, manere decrevimus dictis dignitatibus spoliatos. Ex tunc autem archidiaconatum magistro ipsi G. et præposituram prædicto B..... nostra volumus auctoritate concedi. Tibi ergo vices nostras super hoc negotio committimus, fraternitati tuæ per apostolica scripta præcipiendo mandamus quatenus, elapso sex mensium spatio, a præterito festo Nativitatis Dominicæ, in quo ipsis gratiam fecimus, computando, archidiaconatum magistro ipsi, sublato appellationis et contradictionis obstaculo, nostra fretus auctoritate concedas. Proventus autem, qui medio tempore fuerint ex ipso percepti, pro satisfactione ipsius magistri in terræ sanctæ subsidium fideliter studeas destinare. Ne quid autem contra formam mandati nostri valeat attentari, si quid aliter, quod non credimus, super ipsis dignitatibus vel fuerit vel est factum, irritum decernimus et inane, cum nos illas donationi nostræ, cum causam commisimus, duxerimus reservandas.

Datum Laterani, Id. Januarii, anno quinto.

CXLII
ABBATI DOLENSI (553); ENG. [Sic.] SUBDIACONO PAPÆ, PRIORI DE LEPROSO

*Ut episcopum Nivernensem ad præbendam P.....
Turritani electi nepoti, juxta mandatum papæ
assignandam compellant.*

(Laterani, Id. Januarii.)

Olim pro B..... de Sancto Portiano, paupere clerico, venerabili fratri nostro..... Nivernensi episcopo (554) apostolicas curavimus litteras destinare, ut quoniam ab eo fuerat ordinatus, ei tandiu provideret in necessariis, donec sibi beneficium ecclesiasticum assignaret. Postmodum vero cum per ipsum non fuisset mandato super hoc apostolico satisfactum, ipso ad nostram præsentiam redeunte, donationem primo vacaturæ præbendæ nobis duximus

---

(546) Hilduinus, cognomento *de Vandeuvre*, filius Laurentii domini de Vandopera in Campania, ex Decano Lingonensi Episcopus Lingonensis, in locum Garnerii, quem et ipse violenter insecutus fuerat, anno 1200 electus est. Obiit aut abdicavit anno, saltem, 1204. *Gall. Christ.* t. IV, col. 594.

(547) Erat is, Robertus, qui Episcopatum iniit, ab anno saltem 1185, et tenuit usque ad annum 1214. *Ibid.* col. 897.

(548) Vide Decretales, lib. III, loc. cit.

(549) Decretal., *qui postmodum in nostra*, et infra om. voculam *suo*; loco *propriam* legunt *suam*, et om. *cor. nob.*
(550) Decretal., *per eum.*
(551) Vide Decretales, lib. III, loc. cit.
(552) Hæc Decretal. om., et infra *præstiterit* legunt pro *præstiterat.*
(553) Vide epistolam libri quinti 72.
(554) Ibidem, epist. 11.

retinendam, denuntiantes irritum et inane, si de ipsa forsitan aliquid ordinaret, quam vacare postmodum nobis suis litteris intimavit, et quod super ea exspectabat nostræ beneplacitum voluntatis. Licet autem annuum beneficium trium marcharum, quod dilectus filius magister Blasius, Turritanus electus, percipiebat in redditibus ipsius episcopi, P...... nepoti ejusdem electi, in partibus illis studenti, mandaverimus assignari, quia tamen idem B..... de medio est sublatus, et eidem episcopo etiam expedit provisione hujusmodi non teneri, prædictam præbendam eidem P..... duximus conferendam, ut incœpto litterarum studio liberius valeat imminere. Unde ipsi episcopo et dilectis filiis, decano (555) et capitulo Nivernensibus, per scripta nostra præcipiendo mandavimus, ut eidem P...... vel ejus procuratori, omni contradictione, dilatione et appellatione cessantibus, præbendam ipsam cum stallo chori et loco capituli assignare procurent, ita quod ex hoc idem electus, qui jam sibi multipliciter utilis exstitit sicut novit, et existere poterit in futuro, ad obsequium ejus fortius invitetur et nos devotionem suam possimus non immerito commendare. Quocirca, discretioni vestræ per apostolica scripta præcipiendo mandamus quatenus, si jam dictus episcopus mandatum nostrum super hoc noluerit effectui mancipare, vos illud sine difficultate qualibet studeatis, remoto contradictionis et appellationis obstaculo, adimplere, in irritum revocantes, si quid, quod non credimus, de præbenda ipsa inveneritis attentatum, et contradictores, si qui fuerint, vel rebelles, sublato appellationis diffugio, censura ecclesiastica compescentes. Nullis litteris obstantibus, harum mentione non habita, a sede apostolica impetratis. Quod si non ambo, etc. alter vestrum, etc.

Datum Laterani, Idibus Januarii, anno quinto.

Scriptum est super hoc prædictis...., episcopo...... decano et capitulo Nivernensibus.

CXLIII.

ABBATIBUS, CADOMENSI (556), TROARNENSI (557) ET DE VALLE-RICHERII (558).

Mandat eis ut episcopum Lexoviensem ab indebita Hugonis de Rupe Petra, super archidiaconatum et præbendam, ipsi ab episcopi prædecessore assignata, molestatione compescant.

(Laterani, xix Kal. Februarii.)

Ad audientiam nostram, dilecto Hugone de Ru-

(555) De decanis Nivernensibus, circa hæc tempora, pauca reperiuntur in *Gallia Christiana* (t. XII, col. 663).

« XII. B. occurrit anno 1198, in chartis capituli. « Hiccine est qui in concilio Senonensi a Petro car« dinali, legato apostolico, anno 1198 suspensus est « propter hæresim Poplicanam manichæorum sobo« lem ? »

« XIII. H. decanus, cum G. episcopo et G. can« tore conciliavit M. abbatem Castri-duni et prio« rem de Nogente, anno 1209, » etc.

(556) Sanson, abbas monasterii S. Stephani Cadomensis, notus est ab anno 1197 usque ad annum 1214. *Gall. Christ.* t. XI, col, 425.

(557) Durandus II *de Gunerville*, electus abbas Troarnensis, innotescit in instrumentis ab anno

petra significante, pervenit quod cum bonæ memoriæ W. (559)..... prædecessor venerabilis fratris nostri..... (560) Lexoviensis episcopi, avunculus ejus, archidiaconatum et præbendam quamdam in Ecclesia Lexoviensi sibi liberaliter contulisset, idem episcopus, et B..... canonicus ejusdem Ecclesiæ, pro eo quod in annis est minoribus constitutus, ipsum molestare contendant. Quia igitur episcopum ipsum non decet factis prædecessorum suorum temere obviare, nosque dicto Hugoni, ob memoriam præfati avunculi sui, qui nobis multa fuit devotionis et familiaritatis sinceritate conjunctus, gratiam volumus facere specialem, eidem episcopo per scripta nostra mandavimus ut ab indebita prædicti H..... super præmissis molestatione desistens, ipsum in jure suo manuteneat ac defendat, nec permittat eum a quoquam occasione hujusmodi molestari. Ideoque discretioni vestræ per apostolica scripta mandamus quatenus, si prædictus episcopus et alius mandatum nostrum neglexerit adimplere, vos ipsum episcopum qua convenit districtione et alterum, ut ab indebita præfati Hugonis molestatione desistat, monitione præmissa per censuram ecclesiasticam, appellatione remota, cogatis. Quod si non omnes his exsequendis interesse potueritis, duo vestrum ea nihilominus exsequantur.

Datum Laterani, xix (561) Kal. Februarii, anno quinto.

Scriptum est super hoc, episcopo, *memorato.*

CXLIV.

CAPITULO NOVARIENSI.
De collatione prohibenda.
(Laterani, xiv Kal. Febr.)

Ecclesiarum utilitati consulitur et earum providetur honori, cum tales ad earum obsequium assumuntur, qui honestate morum et scientia litterarum ipsas valeant honorare. Sane, ad audientiam nostram noveritis pervenisse, quod in Ecclesia vestra quam plures præbendæ tandiu vacaverunt, quod secundum Lateranensis statuta concilii ad nos est earum donatio devoluta. Volentes igitur non tam personæ in eadem Ecclesia providere, quam Ecclesiæ consulere in persona, discretioni vestræ per apostolica scripta mandamus atque præcipimus quatenus, si res ita se habet, ex nostro vobis meritum comparantes, unam præbendarum ipsarum

1178 usque ad annum 1195. Post ipsum, Robertus I non reperitur nisi anno 1210, *ibid.* col. 417.

(558) Idem dubitandi locus de abbate Vallis-Richerii. Ernaldus ex priore abbas electus, notus est ab anno 1196, usque ad 1198, quo ad ipsum scripsit Innocentius. Successor ejus, Alexander nonnisi anno 1203 reperitur, *ibid.* col. 417.

(559) Willelmus I (*de Rupiere*), qui electus anno 1192 (circiter), obierat anno 1201, vel 1202.

(560) Jordanus de Humeto (*du Houmet*), ex archidiacono Lexoviensi episcopus, Guillelmum, de quo diximus nota superiori excepit anno 1201 vel potius 1202; decessit anno 1218.

(561) Revocanda forsan ad initium libri hæc epistola.

dilecto filio, Alibrando vicecomiti, subdiacono nostro, Mediolanensi ordinario, quem virum esse novimus providum et discretum et tam scientia quam moribus adornatum, sine difficultate qualibet conferatis et ipsum admittentes in canonicum et in fratrem, ei stallum in choro, et locum in capitulo assignetis. Alioquin, noveritis nos venerabili fratri nostro..... Cuman. (562) episcopo, et dilecto filio, Henrico de Setar. subdiacono nostro, ordinario Mediolanensi, per apostolica scripta mandasse, ut ipsi super hoc, sublato appellationis obstaculo, auctoritate nostra suffulti, mandatum apostolicum exsequantur; contradictores, monitione præmissa, per censuram ecclesiasticam, appellatione postposita, compescentes.

Datum Laterani, xiv Kalendas Februarii (563).

CXLV.

EPISCOPIS SILVANECTENSI (564) ET NOVIOMENSI (565); ABBATI URSI-CAMPI (566) NOVIOMENSI.

Ut delegatos litteris apostolicis ad cognoscendum de certis causis constitutiones novas quibus regis jura lædantur ponere non sinant.

(Laterani, viii Kal. Februarii.)

Charissimus in Christo filius noster Ph........rex Francorum illustris, per suas nobis litteras intimavit quod quidam, qui litterarum auctoritate nostrarum de causis cognoscunt, super ipsum et principes suos consuetudines ponere novas intendunt, quæ prædecessorum ipsius regis temporibus atque suis non fuerunt inductæ, quod quando idem rex burgensium suorum mobilia vel propter eorum delicta, vel propter tallias et servitia, in quibus tenentur eidem, saisiverit et eorum propter hoc debita præceperit arrestari, ut ab ipsorum debitorum illa recipiat, illi qui placita Ecclesiæ auctoritate nostra pertractant, vexant super hoc debitores et eos trahentes in causam per justitiam nostram debita reddi volunt, quod eidem regi, sicut asserit, exhæredationem afferre videtur, quemadmodum de Cornino, Riolfo, Geraldo Nigro et consanguineis ejus, quos propter excessus suos regia celsitudo bannivit, facere incœperunt. Cum igitur et deceat, et oporteat, ut ita justitiam et libertatem Ecclesiasticam conservemus, qui [Sic.] jurisdictionem et dignitatem regiam non lædamus, discretioni vestræ per apostolica scripta mandamus atque præcipimus quatenus his, qui super causis prædictorum burgensium delegati dicuntur a nobis, ex parte nostra firmiter injungatis, ut in præjudicium juris præfati regis procedere non præsumant, in irritum revocantes si quid per delegatos ipsos in juris ejusdem regis præjudicium fuerit attentatum. Quod si non omnes his exsequendis, etc., duo vestrum, etc.

Datum Laterani, octavo Kal. Februarii, anno quinto.

CXLVI.

ARCHIEPISCOPO (567) ET DECANO BURDEGALENSIBUS (568).

Mandat eis ut C....... Natali præbendam in ecclesia Xanctonensi, nonobstante decani et capituli appellatione, faciant assignari.

(Laterani, viii Kal. Febr.)

Præsumptuosam contumaciam et superbam rebellionem capituli Xanctonensis, quam per exhibitionem operis experimur, ad vestram jam credimus audientiam pervenisse et ut vobis plenius innotescat, ex his quæ sequuntur poteritis effici certiores. Cum enim felicis recordationis C. papa, prædecessor noster, pro dilecto filio, magistro C.... Natali, et bonæ memoriæ W. Roffio, subdiacono nostro, decano (569) et capitulo Xanctonensibus, multoties apostolica scripta misisset, ut ipsos in canonicos reciperent, eis stallum in choro et locum in capitulo assignantes, ipsi apostolicam contemnentes, quod eos non decuit, jussionem, id efficere noluerunt; et licet per bonæ memoriæ A.... tunc archidiaconum et dilectum filium, S..... (570) decanum Pictavenses, et B.... cantorem Sanctæ Radegundis, exsecutores super his delegatos, propter eorum contumaciam manifestam, in ipsorum excommunicationis et in Xanctonensem ecclesiam interdicti, sententia fuerit promulgata, ipsi eamdem nullatenus observantes, præsumpserunt in ecclesia interdicta divina nihilominus celebrare. Nos quoque pro eisdem Magistris, dilectis filiis, P.... (571) abbati Aureæ-Vallis, W... archidiacono Pictavensi, et W.... decano Asianensi, dedimus in mandatis ut, nisi prædicti canonici quasdam exceptiones, quas eis prætendebant, infra quadraginta dies per testes suf-

---

(562) Legendum forte *Comen.* pro *Comensi*, episcopo. Is erat tunc temporis Ardizzo II, Vercellensis, qui ex præposito cathedralis, patriæ evasit episcopus anno 1198 et obiit anno 1204. Ughell. *Ital. sacr.* t. V, col. 291. Episcopi Comenses, sæpissime dicuntur Cumani in Regestis.

(563) Idem dicendum est de hac epistola ac de epistola superiori, not. 561.

(564) Gaufridus I, si Dubleto fides, ex monacho et Thesaurario S. Dionysii electus est episcopus Silvanectensis, anno 1185, ob insignem doctrinam et pietatem : episcopale onus abdicavit anno 1213. *Gall. Christ.* t. X, col. 1405.

(565) De episcopo Noviomensi, vide lib. v, epist. 41.

(566) Balduinus I, qui et alias nominatur Baldus, sedebat anno 1197 et obiit anno 1211. *Gall. Christ.* t. IX, col. 1151.

(567) Vide Supra.

(568) Stephanus, decanus Burdigalensis, occurrit ab anno 1187 usque ad annum 1195. Post eum, annis incertis, nominatur Geraldus II de Malamorte, de quo nihil usque ad annum 1217, quo factus est archiepiscopus. *Gall. Christ.* t. II, col. 855.

(569) Gaufridus, decanus Santonensis, innotescit in instrumentis ab an. 1199 usque ad an. 1206 ibid. col. 1088.

(570) Legendum verisimiliter *G.* pro *Guillelmum 1*, quem decanum Pictaviensem fuisse, anno 1198 et 1200, ex chartis compertum est; cujusque successor Philippus, nonnisi anno 1211 et seqq. reperitur ibid. col. 1216.

(571) P. abbas Aureævallis; notus est anno 1197 et 1218, ex Chartulario S. Maxentii; idem fortasse ac P. de Verinnes, memoratus in Fontecomitis anno 1192, *ibid.* col. 1390.

ficientes probarent, eos ad receptionem ipsorum, per interdicti in ecclesiam Xanctonensem et excommunicationis sententiam in personas, remoto cujuslibet contradictionis et appellationis obstaculo, compellere non tardarent. Cum autem jam dicti canonici in propositis exceptionibus probandis penitus defecissent, ipsi, tanquam viri providi et discreti, communicato prudentum virorum consilio, in eos et ecclesiam auctoritate nostra dictas sententias promulgarunt, sicut nobis fuit eorumdem litteris intimatum. Ad cumulum vero iniquitatis eorum accedit, quod postmodum ex apostolicae sedis benevolentia provocati, cujus obsequio dicti magistri quondam laudabiliter institerunt et ob hoc gratiam nostram et fratrum nostrorum meruerunt plenius obtinere, praedictis et multis aliis commissionibus omissis et etiam sententiis latis, eis quasi de novo firmiter dedimus in mandatis, ut, si duae praebendae vacarent, eas, ob reverentiam apostolicae sedis et nostram, ipsis quos ad hoc personas reputabamus idoneas liberaliter assignarent; quod si nulla vacaret, donationem nobis reservarent proximo vaciturae, personae idoneae conferendae : irritum quoque decrevimus et inane, si quid contra formam mandati nostri de ea ducerent praesumendum. Cumque post nostri receptionem mandati quaedam praebenda in dicta ecclesia vacaverit, sicut dilectus filius magister Stephanus, subdiaconus et notarius noster, suis nobis litteris intimavit et ipse magister C..., eam sibi postulaverit assignari, vel juxta mandatum nostrum nobis reservari personae idoneae conferendam, ipsi, non attendentes sedis apostolicae potestatem, sed nostrae benignitatis mansuetudine abutentes, ipsam alii de facto, quia de jure non poterant, sicut accepimus, assignarunt. Cum igitur in patientia sustinere minime debeamus quae in contemptum sedis apostolicae perperam attentantur, ne contumacibus et rebellibus contradicendi et reluctandi materiam praebeamus, quidquid de praebenda ipsa taliter factum est, irritum decernentes penitus et inane, discretioni vestrae per apostolica scripta mandamus et districte praecipimus, quatenus praebendam illam, amoto ab ea illo et quolibet illicito detentore, praefato magistro C.... auctoritate nostra, sublato cujuslibet contradictionis et appellationis obstaculo, conferatis et ei stallum in choro et locum in capitulo assignetis, canonicos ad receptionem ipsius, per excommunicationis in personas et interdicti sententiam in Ecclesiam Xanctonensem, contradictione et appellatione postpositis, compellentes. Si qui vero contradixerint vel expressim a vobis requisiti non consenserint manifeste, ipsos tandiu ab officio et beneficio denuntietis auctoritate nostra, appellatione remota, suspensos, donec cum litteris vestris rei veritatem plenarie continentibus nostro conspectui se praesentent, ut, poena docente, cognoscant quam temerarium sit mandatis apostolicis contraire et latas ipsius auctoritate sententias non servare. Taliter autem studeatis mandatum apostolicum adimplere, ut devotio vestra per effectum operis comprobetur et obedientiam vestram debeamus dignis in Domino laudibus commendare. Scituri quod, sicut gratum habebimus et acceptum, si mandatum nostrum celeriter et efficaciter fueritis exsecuti, sic ferre non poterimus non moleste, si, quod non credimus, in hoc negligentes exstiteritis aut remissi. Quod si forte canonici Xanctonenses sententiam a vobis auctoritate nostra latam ex solita contumacia non duxerint observandam, vos ipsam, singulis diebus Dominicis et Festivis, candelis accensis et campanis pulsatis, per Xanctonensem dioecesim nuntiari publice faciatis, et eos, remoto cujuslibet contradictionis et appellationis obstaculo, sicut excommunicatos praecipiatis ab omnibus arctius evitari, nullis litteris obstantibus, si quae apparuerint harum tenore tacito a sede apostolica impetratae. Quod si non ambo, etc., alter vestrum, etc.

Datum Laterani, VIII Kalendas Februarii, Pontificatus nostri anno quinto.

CXLVII.

ELIENSI EPISCOPO (572); DECANO (573) ET CANTORI LINCOLNIENSIBUS.

De voluntate episcopi Dunelmensis transfretandi in terram sanctam.

(Laterani.)

Cum fratrum et coepiscoporum nostrorum jura tueri, loci et officii nostri necessitas nos compellat, illorum praecipue indemnitati prospicere nos convenit et quieti, qui ad subventionem terrae sanctae, in qua steterunt pedes Domini, viriliter se accingunt, et ibi proponunt strenue Domino militare. Cum igitur venerabilis frater noster... Dunelmensis episcopus (574), voluntatem habeat transfretandi et contra inimicos crucis Christi suum et suorum impendendi Domino famulatum, propositum ejus benigno favore prosequimur et tam personam ipsius quam omnes possessiones episcopatus sui, sub beati Petri et nostra protectione suscipimus et tutela. Volentes igitur, tam dicto episcopo quam clericis suis paterna sollicitudine providere, discretioni vestrae per apostolica scripta mandamus quatenus quidquid eo in peregrinatione manente, post appellationem ab ipso et monachis vel clericis suis ad nos legitime interpositam, in eorum fuerit praejudicium attentatum, vos id auctoritate nostra, sublato appellationis obstaculo, in irritum revocetis, principali nobis quaestione servata. Nullis litteris obstantibus harum mentione non habita, etc. Quod si non omnes his exsequendis, etc. Tu, frater episcope, cum eorum altero, etc.

Dat. Laterani.

(572) Vide epistolam libri quinti 54.
(573) Rogerus de Rolvestan, fuit decanus an. 1198 et 1207, ex *Registr. decan. et capit. Lincoln.*

Vide *Monastic. Anglic.* tom. III, pag. 271.
(574) Vide epistolam libri quinti 155.

CXLVIII.

EPISCOPO VERULANO (575).

Concessio ecclesiæ Sancti Vincentii monachis Casemarii.

(Laterani, II Non. Februarii.)

Ad nostram noveris audientiam pervenisse quod J... clericum, a prioratu ecclesiæ Sancti Vincentii suis culpis exigentibus amovisti, sed eam, donec ipsi melius provideres, ejus duxisti custodiæ commendandam. Cum ergo ad nos ipsius ecclesiæ pertineat patronatus, nos ipsam dilectis filiis... Abbati et fratribus Casemarii, salvo jure tuo, quandiu nobis placuerit, duximus committendam, ut possessiones ipsius excoli faciant et earum proventus in expensas fabricæ monasterii quam erigunt de novo convertant. Ideoque fraternitati tuæ per apostolica scripta mandamus quatenus ad præsentationem dilecti filii B... ostiarii nostri castellani de Castro, aliquem ex fratribus ipsis investias de eadem, qui tibi de jure tuo studeat respondere, mandatum apostolicum taliter impleturus, quod non cogas fratres eosdem propter hoc denuo laborare.

Datum Laterani, II Non. Februarii, pontificatus nostri anno quinto.

CXLIX.

EPISCOPIS BELVACENSI (576) NOVIOMENSI (577); CANTORI REMENSI.

Mandat eis ut B. clericum, in possessione ecclesiæ de Sarcum, ipsi a decano de Piceio concessæ, manuteneant.

(Laterani, VII Idus Februarii.)

Dilecto filio, B... latore præsentium, accepimus intimante, quod cum olim venerabilis frater noster... Ambianensis (578) episcopus, super provisione ipsius apostolico mandato recepto... decano de Piceio, quia tunc vacans beneficium non habebat in quo providere posset eidem, injungere procurarit, ut quam cito se facultas offerret, aliquam sui decanatus Ecclesiam ad ejusdem donationem episcopi pertinentem ipsi clerico, episcopali auctoritate, conferret et idem decanus ipsum ecclesia de Sarcum, tempore procedente vacante, curaverit investire, quia idem episcopus quod de mandato suo factum fuerat, postmodum irritare volebat, ipse clericus, voce ad A nos appellationis emissa, nostro se conspectui præsentavit, super prædictis nobis deponens contra ipsum episcopum quæstionem. Unde nos jam dicto episcopo, quia non decebat eumdem ipsum clericum contra justitiam molestare, nostris dedimus litteris in mandatis ut eum ecclesiam jam dictam permitteret, sicut de ipsa fuerat auctoritate sua canonice investitus, pacifice possidere vel in præsentia dilectorum filiorum B. (579)... præpositi, L. (580) decani et Fulconis de Sparnac. canonici, Remensium, quibus causam ipsam commisimus, ei justitiam exhiberet. Verum episcopo mandatum nostrum adimplere nolente, idem judices juxta mandatum nostrum procedentes in causa, postquam per testes juratos et omni exceptione majores, sicut in eorum litteris prospeximus contineri, constitisset eisdem quod jam dictus clericus de mandato ipsius episcopi per præfatum decanum de Piceio de jam dicta fuisset ecclesia investitus, ipsum de illa, nostri auctoritate mandati, solemniter investire curarunt, eum in possessionem inducentes illius, quam jam dictus episcopus respondebat alii se dedisse. Quocirca discretioni vestræ per apostolica scripta mandamus atque præcipimus quatenus prædictam ecclesiam, prout est præfato clerico per jam dictos judices de nostri auctoritate adjudicata mandati, prævia ratione, amoto ab ea quolibet illicito detentore, faciatis ab ipso pacifice possideri, ac restitui fructus, quos exinde, post adjudicationem factam, eidem constiterit fuisse perceptos. Contradictores, si qui fuerint, per districtionem ecclesiasticam, appellatione postposita, compescentes. Nullis litteris, etc. Quod si non omnes, etc. duo vestrum, etc.

Datum Laterani, septimo Idus Februarii, pontificatus nostri anno quinto.

CL.

ABBATIBUS DE CORONA (581), ET DE BORNETO (582), ENGOLISMENSIS DIŒCESEOS.

Mandat eis ut in causa Petri Arlagras, clerici, cui præbenda in Ecclesia Petragoricensi, juxta mandatum C... papæ, assignanda erat, sine mora procedant.

(Laterani, XI Kal. Februarii.)

Constitutus in præsentia nostra dilectus filius, Petrus Arlagras, clericus, sua nobis insinuatione « consecratione Gerardi, episcopi Catalaunensis, « facta de mandato ejusdem capituli Remensis, sede « archiepiscopali vacante. » Controversiam non dirimit epistola hæc, in qua Remensis præpositus littera initiali B. designatur. Revocanda enim fortasse est, ut jam diximus, ad initium anni 1202, Innocentii pontificatus quinti.

(580) de isto hæc reperiuntur in *Gallia Christiana*, t. X, col. 173 : « XVI. Balduinus, competitorem « habuisse videtur Leonem quemdam, cujus nomen « occurrit in chartis annorum 1199 et 1206; sed « prævaluit electio Balduini, cujus nomen occurrere « dicitur in instrumentis ab anno 1204 ad annum « 1210. Occurrit vero anno etiam 1202 vel saltem « 1203. Ad Leonem quod spectat, fertur ille ad « Sandonysianos Remenses transisse. »

(581) Vide supra.

(582) De Borneti abbatibus, circa hæc tempora,

---

(575) Oddo electus fuit episcopus Verulanus anno 1190 et obiit anno 1212. UGHELL. *Ital. sacr.* t. I, partis signatæ col. 297.

(576) Bellovacenses infulas tunc temporis gerebat, vir in historia nimium famosus, Philippus (*de Dreux*) qui, ad episcopatum assumptus anno 1175, interiit anno 1217, *Gall. Christ.* t. IX, col. 732.

(577) De isto jam dictum sæpius,

(578) Lib. III, epist. 43, not.

(579) Balduinus II, de quo hæc apud *Galliæ Christianæ* auctores, t. IX. col. 167. « Præsedisse « dicitur in instrumentis ab anno 1192 ad annum « 1206. Sed veremur ne præposituram dimiserit « anno 1202, quo tempore electus archiepiscopus « cedere tamen coactus est Guidoni II. Exstant enim « apud Martenium (*Anecdot.* t. III, p. 988) litteræ « M... præpositi, B... decani totiusque capituli Remensis, scriptæ anno 1202, vel saltem 1203, de

monstravit quod, cum a bonæ memoriæ C... papa, prædecessore nostro, ad A... (583) quondam episcopum et capitulum Petragoricenses, ut ipsum in fratrem et canonicum suum reciperent, litteras deprecatorias et præceptorias impetrasset, ipsi apostolica mandata surdis auribus transeuntes, id efficere neglexerunt. Tandem ad venerabilem fratrem nostrum (584)... Burdegalensem archiepiscopum et te, fili abbas de Corona, ut eum in corporalem possessionem induceretis canonicæ [sic] memoratæ, appellatione cessante, litteras exsecutorias impetravit. Cum autem vos eum de Canonica curaretis juxta mandatum apostolicum investire, contradictores, eadem auctoritate suffulti, ab officio et beneficio suspendistis, qui nec sic eum recipere nec suspensionis voluerunt sententiam observare. Postmodum vero ad venerabilem fratrem nostrum (585)... episcopum Petragoricensem, et dilectum filium... priorem de Corona, a nobis litteras exsecutorias impetravit, ut dictos canonicos, remoto appellationis obstaculo, usque ad condignam satisfactionem facerent excommunicationis sententiæ subjacere, ipsam pulsatis campanis et accensis candelis, singulis diebus festivis et Dominicis innovantes. Sed quia in ipso negotio juxta formam mandati apostolici procedere neglexerunt, et tantæ præsumptionis excessum, qui in contemptum apostolicæ sedis noscitur redundare, non debemus clausis oculis præterire, discretioni vestræ per apostolica scripta mandamus atque præcipimus quatenus, juxta quod eisdem episcopo et priori mandavimus, super his, appellatione postposita, procedatis, nullis litteris obstantibus, si quæ apparuerint, harum mentione non habita, a sede apostolica impetratæ.

Dat. Laterani, xi Kalendas Februarii, pontificatus nostri anno v.

CLI.

DECANO ET CAPITULO BELNENSIBUS.
De recipiendo in canonicum B... præposito Beliniacensi.

(Laterani, ii Kal. Februarii.)

Ecclesiarum utilitatibus credimus profuturum, cum pro receptione illorum litteras apostolicas destinamus, quos honestas morum reddit et scientia commendatos. Sane, ad audientiam nostram, dilecto filio, B. præposito Beliniacensi, referente, pervenit quod, cum olim bonæ memoriæ G... (586), Sancti Angeli diaconus cardinalis, tunc apostolicæ sedis legatus, vobis preces direxerit et mandatum, ut ipsum in canonicum vestrum reciperetis et fratrem, vos, contemptis ejus precibus et mandato, id efficere noluistis, quare a venerabili fratre nostro, G... (587) Eduensi episcopo, qui super hoc mandatum ejus acceperat, fuit de ipsa canonica investitus; sed, vobis nihilominus ejus receptionem contradicentibus, ad postulationem ipsius ad nostram præsentiam accedentis, eidem episcopo nostris dedimus litteris in mandatis ut quod de ipso laudabiliter fuerat inchoatum effectui manciparet, ad receptionem ipsius vos censura ecclesiastica compellendo. Vos vero in vestra contumacia persistentes, ab eo fuistis officio beneficioque suspensi, et postmodum excommunicationis vinculo innodati, qui, latas in vos parvipendentes sententias, vestra nihilominus beneficia percepistis, ab ingressu ecclesiæ nullatenus abstinentes, sicut in ipsius episcopi litteris perspeximus contineri. Processu vero temporis, tu, fili decane, ad præsentiam nostram accedens, meruisti a nobis absolutionis beneficium obtinere, et ad petitionem tuam, dilectis filiis... Bessuensi (588), M. (589)... tunc Sancti Stephani Divionensis, etc... Theolocensi (590) abbatibus, dedimus in mandatis, ut super canonicorum absolutione procederent, ab ipsis sufficienti cautione recepta, quod eorum mandato parerent, ita tamen, ne quod a nobis de ipso fuerat inchoatum, quantum ratio juris permitteret, sustinerent aliquatenus annullari; quorum unus, eodem præposito non citato nec recepto a vobis, duobus absentibus, præfatas sententias relaxavit (591), [qui nisi quod unicam tantum citationem partium in negotio postmodum minime processerunt], et sic eum in elusionem mandati apostolici recipere contempsistis, sicut non effectus rei sed defectus operis manifestat. Quare idem fatigatus laboribus et expensis, coactus est ad nos suum replicare laborem. Ut igitur contemptum vestrum celeriter redimatis per obedientiam subsequentem, universitati vestræ per apostolica scripta mandamus atque præcipimus quatenus memoratum præpositum, qui vobis et Ecclesiæ vestræ in pluribus existere poterit fructuosus, saltem hac vice in fratrem et canonicum admittatis, fraterna cum charitate tractantes. Alioquin, cum quod de ipso incœpimus nolimus relinquere inexpletum, noveritis nos

---

pauca reperiuntur apud *Galliæ Christianæ* auctores (t. II, col. 1051) : « V. Raimundus I, an. 1201, ex codice 2670 Biblioth. Colbert. fol. 169, c. 2, teste Baluzio. »

(583) Ademarus, qui episcopus Petragoricensis ab anno saltem 1189, obierat ante annum 1201. Vide *Galliam Christianam*. (Ibid. col. 1471.)

(584) Vide supra.

(585) Raimundus IV, (*de Châteauneuf*), Ademaro, de quo supra, successerat anno 1197, circiter et episcopales infulas gessit usque annum 1208, quo pastorali munere, propter ipsius in officio negligentiam, imo propter multa enormia ac gravia quæ de ipso publice nuntiabantur, ex Innocentii mandato exutum fuisse videtur. (*Ibid.* col. 1473.)

(586) Vide epistolam libri quinti 29, not.

(587) De episcopo Eduensi dictum est supra.

(588) Erat is verisimiliter Albertus, cui scribit Innocentius, lib. I, epist. 216.

(589) Agitur hic de Milone (*de Grancey*), quem electum anno 1178, annum 1198 attigisse suspicantur auctores *Galliæ Christianæ* (t. IV, col. 757); quod quidem ex hac Innocentii epistola comprobatur.

(590) Quis fuerit, tunc temporis, Theolocensis, al. Tulleiensis, monasterii abbas, in ambiguo relinquunt auctores *Galliæ Christianæ* (t. IV, col. 826). Odonem agnoscunt anno 1194; anno vero 1214, Gebuinum.

(591) Sic in Apogr. Conti.

dilecto filio... abbati Cluniacensi, nostris dedisse litteris in mandatis, ut si præmissa veritate nituntur, vos omni contradictione et appellatione postpositis, excommunicatos denuntiet et faciat usque ad satisfactionem congruam ipsam excommunicationem inviolabiliter observari.

Datum Laterani, II Kal. Februarii.

Scriptum est super hoc prædicto abbati Cluniacensi, juxta præmissam formam.

CLII.

N.... SANCTI JOANNIS ANGLIACENSIS (592) ET.... (593) SANCTI LEODEGARII ABBATIBUS, ET.... PRÆPOSITO (594) SANCTI LEODEGARII XANCTONENSIS DIŒCESEOS.

De abusu in collatione præbendarum per monachos et canonicos Ecclesiæ Sanctæ Mariæ Majoris Pictavensis.

(Laterani, VII Kal. Februarii.)

Cum, ex injuncto nobis apostolatus officio, omnium Ecclesiarum ad nos provisio pertinere noscatur, merito ea quæ perperam et contra canones exemptantur, per nostram debent correctionem ad viam rectitudinis et justitiæ revocari. Significantibus siquidem dilectis filiis, magistro W.... cameræ nostræ scriptore, et C.... Sanctæ Mariæ Majoris Pictavensis canonicis, nostris est auribus intimatum quod, cum integra beneficia, juxta solitum cursum ecclesiæ, de ipsius proventibus, residentibus in ea canonicis per totum annum valeant ministrari, abbas (595), et quidam canonici ejusdem Ecclesiæ, amori Dei amorem sanguinis præferentes, post appellationem ad nos legitime interpositam, in Ecclesiæ maximum detrimentum et ipsorum præjudicium et gravamen, viginti per plures canonicos instituere, imo, quod verius est, intrudere præsumpserunt. Ut enim alter intrusioni alterius consentiret, abbas quatuor, quidam duos et aliorum quilibet unum clericum intruserunt. Verum quia talia sustinere non possumus nec debemus, discretioni vestræ, per apostolica scripta mandamus quatenus inquiratis de præmissis diligentius veritatem et, si vobis constiterit canonicos illos post appellationem ad nos legitime interpositam taliter institutos, cum omnia, pendente appellatione, in suo statu debeant permanere, ipsorum institutionem, appellatione postposita, nuntietis penitus irritam et inanem et de damnis et injuriis dictis canonicis irrogatis faciatis satisfieri competenter. Testes autem, etc. Quod si non omnes, etc. Duo vestrum, etc.

Datum Laterani, VII Kal. Februarii, pontificatus nostri anno v.

(592) Petrus II, abbas S. Joannis Angliacensis, reperitur ab anno 1170 usque ad annum 1214. *Gall. Christ.* t. II, col. 1101.
(593) Arnaldus II, ab anno 1187 usque ad annum 1244, (ex bibliotheca Cluniacensi), monasterio S. Leodegarii præfuit. *Ibid.* col. 1125.
(594) De præpositis S. Leodegarii Xanctonensis, nihil apud *Galliæ Christianæ* auctores.
(595) De abbatibus B. Mariæ Majoris Pictaviensis, circa hæc tempora, nihil etiam apud eosdem auctores, in imperfecta abbatum istius ecclesiæ serie.

CLIII (596).

PRIORI SANCTI FRIDIANI (597) ET MAGISTRO B.... CANONICO PISANO.

De ritu denuntiandi, excipiendi et accusandi.

(Laterani, III Id. Febr.)

(598) [Super his de quibus nos consulere voluistis, inquisitioni vestræ breviter respondemus quod tribus modis valet crimen apponi, denuntiando, excipiendo et accusando. Quando crimen in modum denuntiationis opponitur, non est inscriptio necessaria; sed cum in modum accusationis objicitur, oportet inscribi, quoniam ad depositionem instituitur accusatio, sed ad correctionem est denuntiatio facienda. Cum autem excipiendo fuerit crimen objectum, distinguendum est quare opponatur et quando. Si enim objicitur ut ab accusatione vel testificatione aliquis repellatur, non est inscribi necesse; sed cum opponitur ut quis a promotione officii vel beneficii excludatur, si ante confirmationem objicitur, non cogitur quisquam inscribere, quia crimen hoc modo probatum impedit promovendum, sed non dejicit jam promotum. Post confirmationem vero, cum scilicet ordinandus fuerit aliquis aut etiam consecrandus, quia et ab obtinendo repellit et dejicit ab obtento, ad extraordinariam quidem pœnam secundum arbitrium discreti judicis, citra vinculum tamen inscriptionis est excipiens astringendus, si defecerit improbando, pro eo quod crimine sic probato perdit quod per electionem et confirmationem ei fuerat acquisitum, sed ob hoc prius habita non amittit. Licet enim agatur de crimine, non est tamen causa hujusmodi criminalis, unde per procuratorem potest rite tractari.] Ad hoc nosse vos volumus quod super negotio, pro quo vestras nobis litteras destinastis, in præsentia nostra fuerat causa cœpta. Clericus autem, qui pro eo quod variaverat et vacillaverat coram nobis, de mandato nostro captus est et detentus, infamiam non incurrit. [Cæterum volumus *et præsentium vobis auctoritate* (599) mandamus, ut super inquisitionis articulis, tam de fama electi quam litteris constare eum sub nomine longe majoris et sanioris partis capituli destinatis, cogatis testes, qui nominati fuerint, perhibere testimonium veritati.] Ne autem propter termini brevitatem super his procedere non possitis, volumus, ut in tantum eum de concessione nostra et licentia prorogetis, quantum temporis occasione consultationis hujusmodi est elapsum.

Datum Laterani, III Idus Februarii, pontificatus nostri anno v.

Ibid. col. 1229.

(596) Relata inter Decretales, lib. v, tit. 1, *De accusationibus, inquisitionibus et denuntiationibus*, cap. 16. Fragmentum etiam alterum ejusdem epistolæ legitur ibidem, lib. II, tit. XXI, *De testibus cogendis vel non*, cap. 8. Quæ utrobique in Decretalibus leguntur, hic uncis inclusa sunt.
(597) Erat is nomine Johannes ut alibi observatum est.
(598) Vide Decretales, lib. v, loc. cit.
(599) Vide Decretales, lib. II, loc. cit.

CLIV.

N.... BISINIANENSI EPISCOPO (600), ET.... CUSENTINO ELECTO (601).

De abbatia Sanctæ Mariæ de Ligno.

(Laterani, II Id. Febr.)

Olim, si bene recolimus, tibi, frater episcope, ad petitionem dilecti filii.... abbatis Sancti Spiritus de Panormo, dedimus in mandatis ut, quia quamdam abbatiam Sanctæ Mariæ de Ligno sibi subjectam, eo quod in loco minus idoneo sita est, ad quemdam locum in quo ecclesia Sanctæ Trinitatis de Mungileto, censualis apostolicæ sedis, constructa dignoscitur, mutare disposuerat, si de vestra procederet voluntate, ipsi, si fieri posset de assensu diœcesani episcopi et patroni transferendi abbatiam illam ad prædictum locum, salvo censu Romanæ Ecclesiæ debito, auctoritate nostra tribueres facultatem. Verum quia, sicut ex litteris tuis accepimus, idem locus ad Romanam Ecclesiam nullo pertinet mediante, nec est requirendus assensus alicujus episcopi vel patroni, discretioni vestræ per apostolica scripta mandamus quatenus dictum locum auctoritate vestra eidem abbati, salvo prædicto censu, sine difficultate qualibet assignetis, non permittentes eum super hoc ab aliquibus indebite aggravari.

Datum Laterani, II Idus Februarii, pontificatus nostri anno quinto.

CLV (602).

SALSEBURGENSI ARCHIEPISCOPO (603) ET SUFFRAGANEIS EJUS, ET ABBATIBUS, PRIORIBUS, ET ALIIS ECCLESIARUM PRÆLATIS IN SALSEBURGENSI PROVINCIA CONSTITUTIS.

Adversus interfectores episcopi Herbipolensis (604)

(Laterani, X Kal. Febr.)

Innovatur quasi jugiter Ecclesiæ sanctæ dolor nec ei conceditur ad tempus modicum a jugibus suspiriis respirare. Laborat enim in gemitu suo, lavat per singulas noctes lectum lacrymis, sed nondum deprecationem ejus ad plenum Dominus exaudivit. Nondum siquidem exterserat genas suas, sed erant lacrymæ ejus in maxillis ipsius nec voluerat consolari, [cum sanguis sanctæ memoriæ A. Leodiensis episcopi (605) adhuc recens de terra clamaret; et ecce de novo vox audita est in Rama, ploratus et ululatus multus, cum, sicut accepimus, filii Belial in christum Domini manus sacrilegas injecerunt, bonæ memoriæ C... Herbipolensem episcopum, imperialis aulæ cancellarium nequiter occidentes. Condixerant vicem ut injuste virum justum occiderent et hæreditate sanctuarium Domini possiderent, et quia dolorem conceperant, iniquitatem protinus pepererunt. Ne quid autem eorum fraudi deesset, sed osculo traderent Filium hominis sicut Judas, vultus deposuerunt hostiles et præconceptam diutius cordis malitiam quam exercere non potuerant inimici simulatæ pacis et amicitiæ fictæ vellere velaverunt, sicque in vestimentis ovium lupi rapaces intrantes ovile, surrexerunt protinus in pastorem et sanguinem quem diu sitiverant, effuderunt. Nec suffecit hoc ipsis, sed ut sanguis sanguinem tangeret et abyssus invocaret abyssum, in corpus jam exanime sævientes, amputata, ut dicitur, ejus dextra, qua frequenter signaverat panem et vinum in corpus Christi et sanguinem convertendum et capite detruncato, coronam etiam, quam in clericalis religionis indicium ad imitationem apostolorum Principis deferebat, a reliqua parte capitis strictis gladiis amputarunt, non attendentes quod et in caput ejus et manus unguentum effusum fuerat sacratissimæ unctionis. Aliter etiam corpus ejus conciderunt in frusta, quasi vellent vel quod mactaverant manducare ac exponere quod ceperant tam impia venatione venale, vel ponere morticinum ejus escas volatilibus cœli et bestiis terræ carnes ejus.] Attendite igitur et videte si est dolor similis sicut dolor Ecclesiæ, cujus filios, imo sponsos, mactant sicut oves occisionis iniqui, et velut impurum sanguinem prælatorum ejus effundunt. Si ergo in viridi hoc præsumunt, in arido quid audebunt? Si in virum tanta nobilitate conspicuum, tanta præditum dignitate, tanta honestate præclarum, tanta ornatum scientia et eloquentia præpollentem scelus tam nequissimum commiserunt, quid creduntur de cætero in minores Ecclesiarum prælatos et sæculares principes commissuri? Quæ potentia, quæ justitia, quæ auctoritas a talibus de cætero tuta erit? Si enim in christum Domini et per eum in Christum Dominum tam nefaria præsumpserunt, quid facient in minores? Nunquid inferioribus membris parcent, qui tantæ crudelitatis audaciam ausi sunt in caput etiam exercere? Porro, quod deterius est et ex eo amplius formidandum, quod jam bis ministeriales imperii tam immane facinus perpetrarunt, ad consequentiam trahitur scelus istud et tantæ malignitatis exemplum ad alios derivatur. Prius enim Otto de Barchisten prædictum Leodiensem episcopum, in exsilio positum, interfecit, et nunc sequaces ipsius tantum episcopum tam enormiter trucidarunt. Nolite igitur flere solummodo super illos qui quæ desunt passionum Christi, juxta quod de se testatur Apostolus, in suo corpore compleverunt, sed super vos ipsos etiam defleatis, quibus de cætero timendi sunt familiares ut hostes et amici velut inimici, cavendi, ne magis familiaris noceat inimicus et inimici hominis domestici ejus fiant.

---

(600) Imperfecta apud Ughellum (*Ital. sacr.* t. I, col. 572). Bisinianensium præsulum series Raynaldum anno 1182, Guillelmum vero anno 1222, nullo intermediante, memorat.

(601) De isto jam dictum supra.

(602) Relata, sed non integra, apud Raynaldum, anno 1202, § 45; quæ apud ipsum leguntur, hic uncis inclusa sunt.

(603) De eo jam dictum est supra.

(604) Vide etiam supra.

(605) Agitur de Alberto I, qui anno 1192, vel 1193, Remis occisus fuerat. Vide Albericum (*Chron.* sub hoc anno).

Fugite igitur a facie arcus, ut liberentur electi, et quia non est principiis obviatum, saltem mediis obviate, ne sero medicina paretur, si exspectantibus vobis finem, causa aegritudinis invalescat. Nos enim, quicunque monarchiam imperii obtineret, in tanto ei crimine nullatenus parceremus, sed ejus obviaremus conatibus pro ecclesiastica libertate, si etiam propter hoc ponere nos animam oporteret. Ne autem impunitas criminis aliquibus audaciam tribuat delinquendi, ex parte Dei omnipotentis Patris, et Filii, et Spiritus sancti, auctoritate beatorum apostolorum Petri et Pauli, et ex ea quam nobis Dominus, licet indignis, ligandi et solvendi contulit potestate, anathematizamus eos qui praefatum episcopum occiderunt et omnes illos quorum favore, assensu, auxilio vel mandato expresso vel tacito est occisus, et etiam universos qui eis, post facinus perpetratum, auxilium, consilium aut receptaculum praestiterunt vel praestare de caetero attentarint. Ideoque universitati vestrae per apostolica scripta mandamus et in virtute sancti Spiritus, sub obedientiae debito quo nobis tenemini, districte praecipimus, quatenus sententiam nostram singulis Dominicis diebus et festivis, pulsatis campanis et candelis accensis, publice ac solemniter omnes et singuli nuntietis, tam homicidarum nomina quam eorum quos in mortem ejusdem episcopi verbo vel opere conjurare constiterit, publicantes. Terras autem homicidarum ipsorum et omnium qui eis super hoc praestiterint vel praestitere favorem aut etiam modo praestant, denuntietis subjectas sententiae interdicti, sic quod, praeter baptisma parvulorum et poenitentias morientium, nullum in eis ecclesiasticum sacramentum aut divinum officium celebretur, nec decedentium corpora tradantur ecclesiasticae sepulturae. Ab ipsorum quoque familiis nihil in oblationem vel eleemosynam admittatur nec impendatur eis aliquod sacramentum, nisi baptisma perulis, et poenitentia laborantibus in extremis. Praeterea, quocunque devenerint, sub eodem tenore, quandiu fuerint praesentes, prohibeatis celebrare divina. Haec autem statim post receptos rumores sub hac duximus districtione scribenda, sed cum plene didicerimus veritatem, longe districtius procedemus, nec erit apud nos acceptio personarum, quin et magnos et parvos cujuscunque dignitatis vel ordinis, indifferenter excommunicatos expressis nominibus nuntiemus et mandemus ab aliis nuntiari. Speramus praeterea et quasi pro certo tenemus quod is qui nullum bonum irremuneratum dimittit nullumque malum deserit impunitum, sicut jam de interfectoribus praedicti Leodiensis episcopi dignam sumpsit sua potentia ultionem, sic in occisores istius eorumque fautores severius ulciscatur.

Praeterea volumus et sub eadem districtione mandamus quatenus, omni gratia et timore postpositis, inquiratis de singulis diligentissime veritatem et quod inveneritis non tardetis nobis fideliter intimare. Tu autem, frater archiepiscope, mandatum nostrum, omni gratia et timore postpositis, fideliter exsequaris et ab aliis facias per districtionem ecclesiasticam, appellatione remota, exsecutioni mandari.

Datum Laterani, x Kalendas Februarii, pontificatus nostri anno quinto.

In eumdem fere modum, universis archiepiscopis, episcopis, abbatibus, prioribus, comitibus, ducibus et caeteris Ecclesiarum praelatis in Alemania constitutis.

CLVI.

ABBATI SANCTI EDMUNDI LINCOLNIENSIS, DECANO, ET P. BLESENSI ARCHIDIACONO (606), BARTHONIENSIBUS.

Causam G. de Pertico, archidiaconi Nortimbriae examinandam ipsis committit.

(Laterani, xv Kal. Martii.)

In nostra praesentia constitutus dilectus filius, G........ de Pertico, archidiaconus Nortimbriae, sua nobis conquestione monstravit, quod venerabilis frater noster..... episcopus Dunelmensis (607), ecclesias de Estfolio et de Seton, ad ipsum archidiaconum de jure patronatus spectantes, praeter conscientiam ejus quibusdam personis pro sua voluntate concessit, unde idem archidiaconus se ipsis ecclesiis asserens spoliatum injuste, restitutionem sibi petebat impendi et super aliis in quibus eumdem episcopum sibi gravem et injuriosum aiebat, justitiam exhiberi. Dilectus vero filius, magister Constantinus, procurator ipsius episcopi, proponebat e contra, quod idem archidiaconus adeo in visitatione archidiaconatus sui se negligentem exhibuit et remissum, quod ex quo dictus episcopus consecrationem accepit, nunquam ibi suam praesentiam voluit exhibere, nec etiam per procuratorem aliquem administrationem archidiaconati debitam supplere curavit, propter quod ecclesiae archidiaconatus illius maximum sustinent detrimentum, et idem episcopus, ob ejus absentiam et defectum, servitio debito defraudatur; quasdam insuper ecclesias, videlicet de Aventon et de Lintewecestre quas, praeter archidiaconatum, titulo possidet qualicunque, de quibus centum libras sterlingorum percipit annuatim, sic inornatas et inordinatas esse dimittit, quod ibi divina more solito celebrari non possunt, domus etiam ecclesiarum illarum tempore suo dissipatae sunt penitus et destructae, eo quod non sit qui eas inhabitet et ad illarum reparationem intendat. Praeterea, in eccle-

---

(606) In *Historia episcoporum Bathoniensium*, auctore canonico Wellensi (apud Wharton. *Angl. sacr.* part. I, p. 563), legitur Savaricum, qui episcopatum non ultra annum 1205, 8 Augusti, produxit, archidiaconatum Bathoniae priori et conventui Bathoniensi et eorum successoribus, integraliter possidendum concessisse. Ex hac Innocentii epistola eruitur concessionem istam nonnisi post annum 1202 factam fuisse; si quidem P. Blesensis hic, anno 1205 ineunte, Archidiaconus, non Prior Bathoniensis diserte nominatur.

(607) De episcopo Dunelmensi dictum est supra.

aliis aliis pensiones indebitas bisantiorum aliquot personis deservientibus ibi nititur extorquere, ut occasione pensionum illarum ecclesias personis decedentibus sibi quocunque modo valeat usurpare. Cumque super his et aliis saepe commonitus fuerit, non solum correctionem aliquam non admittit, verum etiam ipsi episcopo et clericis suis infert injurias et gravamen. Quia igitur per assertiones hujusmodi nobis non potuit de veritate constare, discretioni vestrae de utriusque partis assensu per apostolica scripta mandamus quatenus, partibus convocatis, et rationibus hinc inde plenius auditis et cognitis, quod canonicum fuerit, appellatione postposita, decernatis, facientes quod decreveritis inviolabiliter observari. Testes, etc. per districtionem ecclesiasticam, etc. Nullis litteris, etc. si quae apparuerint praeter assensum partium, etc. Quod si non omnes, etc. duo vestrum, etc.

Datum Laterani, xv Kal. Martii anno quinto.

CLVII (608).

ARCHIEPISCOPO SENONENSI (609).

De jure metropolitano absolvendi, ante aut post appellationem.

(Laterani, xiii Kal. Martii.)

[Per tuas nobis litteras] intimasti, quod, cum venerabilis frater noster....... Antissiodorensis episcopus (610), in dilectum filium, Antissiodorensem archipresbyterum, excommunicationis sententiam promulgasset, archipresbyter tuo se conspectui praesentavit et quod staret mandato Ecclesiae sufficientem obtulit cautionem, petens humiliter ut absolutionis ei beneficium exhiberes. Tu vero volens episcopo memorato deferre, ipsum saepius monuisti, ut absolveret archipresbyterum memoratum; sed quia monitis non parebat, excommunicatum absolvere curavisti, quem episcopus pro absoluto non habet, utpote qui proponit quod ad te illius absolutio non spectabat. Unde quaeris quid in similibus de caetero sit agendum. [Videtur enim aliquibus quod, cum ad metropolitanum per appellationem quaestio non defertur, excommunicatus autem vocem non habeat appellandi, utpote ab Ecclesia separatus, sive appellaverit sive non, metropolitanus ei non debeat absolutionis beneficium exhibere. Verum ex verbis cujusdam epistolae (611), quam dicunt scholastici Decretalem et a bonae memoriae A.... papa, praedecessore nostro (612) emanasse proponunt, habetur quod, si ante appellationem in aliquem excommunicationis fuerit sententia promulgata, metropolitanus ante litis ingressum ab eo juramento recepto, secundum Ecclesiae consuetudinem, debet ipsum absolvere, nisi voluerit episcopo dioecesano deferre, ipsumque ad illum remittere absolvendum. Ubi etiam consequenter infertur quod nec excommunicati audiendi sunt priusquam fuerint absoluti nec sunt ad illos a quibus appellaverant, remittendi. In Sardicensi autem concilio reperitur (613) ut is qui ab episcopo est abjectus, finitimos episcopos interpellet, et causa ejus audiatur et diligentius pertractetur; episcopus autem qui juste vel injuste abjecit eumdem, patienter accipiat ut discutiatur negotium, quatenus vel probetur a pluribus ejus sententia vel etiam emendetur; prius tamen quam omnia diligenter ac fideliter examinata fuerint, nullus ante cognitionem communioni eum sociare praesumat, qui fuerat communione privatus. Nos igitur credimus distinguendum utrum (614) proponat, se post appellationem legitime interpositam excommunicatione fuisse notatum, vel in forma excommunicationis intolerabilem errorem esse patenter expressum. In quibus casibus, ad probationem eorum, etiamsi absolutionem non petat, debet admitti, sed donec de ipsis constiterit, in caeteris evitari, quanquam apostolica sedes etiam tales absolvere consueverit ad cautelam. Verum in aliis, nisi gratiam absolutionis imploret, non debet audiri, ne sententiam ecclesiasticam contemnere videatur et per hoc amplius ex suo contemptu ligetur. Quod si beneficium absolutionis humiliter postulaverit, metropolitanus eum debet absolvere, nisi suo duxerit suffraganeo deferendum; cui tamen si suffraganeus absolutionis beneficium secundum formam Ecclesiae noluerit exhibere, ipse nihilominus illum absolvat, cautione recepta, quod suo debeat parere mandato, ac deinde causam audiat et quod canonicum fuerit, justitia mediante, decernat. Quod si forsan episcopus subditum suum propter manifestum excommunicasset excessum, metropolitanus eum non debet absolvere, nisi suffraganeus requisitus, malitiose sibi absolutionis beneficium denegaret.]

Datum Laterani, xiii Kal. Martii, pontificatus, etc. anno quinto.

CLVIII (614*).

JOANNI (615) TITULI S. STEPHANI IN COELIO MONTE, PRESBYTERO CARDINALI, APOSTOLICAE SEDIS LEGATO.

Revocat abusus in Hibernia, ut filii patribus et nepotes avis in beneficiis non succedant.

---

(608) Relata sed mutila, inter Decretales, lib. v, tit. 59, *De sententia excommunicationis*, cap. 40. Quae illic leguntur, hic uncis inclusa sunt; variae etiam lectiones dantur.
(609) De eo jam dictum saepius.
(610) Vide etiam supra.
(611) Exstabat olim in antiqua compilatione, § *de Offic. ord. quaesitum*. Sententia et verba, pro majori parte, ponuntur hic et incipit *Quod si ante*.
(612) Decret. *scholastici ab Alexandro papa*.
(613) Concil. Sardic. canon. 17.

(614) Decretal. add. *quis*.
(614*) Epistolae hujus apographum, quod ex apographo Conti exscribi cum caeteris hujusce libri epistolis curaveramus, nobis (quo casu nescimus) e manibus excidit, nec in nostra epistolarum Innocentii serie illud reperire unquam potuimus. Verum ex schedis nostris, ipsam in Regesto Vaticano, tom. 1, 1° 46, n° 158, insertam esse, compertum habemus.
(615) De isto jam dictum est supra.

CLIX (615*).

EPISCOPO CASTELLANO (616); **CAMALDULENSI** (617), **ET S. FRIDIANI** (618) **PRIORIBUS.**

De reformatione monasteriorum per Tusciam, etc.
(Laterani, xv Kal. Martii.)

Tacti sumus dolore cordis intrinsecus et gravi mœrore turbati, quod, sicut multorum relatione didicimus et ipsa rerum evidentia manifestat, monasteria per Tusciam, Marchiam et ducatum Spoletanum constituta, nullo medio ad Romanam Ecclesiam pertinentia, quæ, sicut esse noscuntur specialius apostolica protectione munita, sic esse deberent in observantia regularis ordinis potiora, usque adeo sunt peccatis exigentibus deformata et in spiritualibus et temporalibus diminuta, quod jam eis multo deterius esse videtur, quæ gaudere poterant speciali privilegio libertatis quam illis monasteriis quæ archiepiscopis, vel episcopis lege noscuntur diœcesana subjecta. In quo siquidem apostolicæ sedi a multis detrahitur quod ad reformationem, et correctionem abbatum et conventuum monasteriorum ipsorum, exstitit hactenus ultra quam debuerit negligens et remissa. Volentes autem, prout ex susceptæ tenemur administrationis officio, reformationi monasteriorum ipsorum sollicitius imminere, quorum curam debemus gerere specialem, cum fratribus nostris deliberantes diutius, ut viam ad hoc possemus eligere meliorem, cum per legatos a nostro latere destinatos abbates et conventus ipsos nequeamus annis singulis visitare, taliter duximus statuendum, quod hoc anno apud Perusium abbates monasteriorum ipsorum singuli, cum uno, vel duobus tantum monachis et quinque duntaxat equitaturis, ne monasteria in multarum personarum et equitaturarum numero immoderatis graventur expensis, convenientes in unum coram vobis, quos in capitulo vice nostra volumus residere, per quos etiam illos ad capitulum statuto termino convocari mandamus de reformatione religionis et ordinis studiose pertractent, et per vos vice nostra fungentes visitatores eligantur idonei, qui ad singula monasteria personaliter accedentes, quæ in ipsis circa temporalia et spiritualia corrigenda et reformanda cognoverint, tam in capite quam in membris regulariter, appellatione remota, corrigant et reforment; contradictores regulari districtione, sublato appellationis obstaculo, punientes. Ipsi autem visitatores, cum ad monasteria prædicta causa visitationis accesserint, quaternarium equitaturarum numerum non excedant, ne de ipsorum præsentia propter expensarum gravamen monasteria læsionem incurrant, per quos ipsa speramus et cupimus in spiritualibus et temporalibus reformari. Si vero datum desuper fuerit, ut per hoc sollemne capitulum, quod cum deliberatione dignoscimur statuisse, monasteria illa proficiant, singulis annis in diversis locis, et sub diversis personis, quæ debeant in capitulo præsidere, præcipiemus capitulum celebrari, taliter auctore Domino providere volentes, quod per statutum nostrum monasteriis vel abbatibus nullum prorsus in libertate sua præjudicium generetur. Unde, nos prædictis abbatibus et conventibus per scripta nostra districte præcipiendo mandavimus, ut abbates ipsi, statuto loco et die, juxta quod præcipimus, convenire procurent, et sic auctore Domino efficaciter in nostri exsecutione mandati procedant, quod ipsis ad animarum salutem proficiat, et per sollicitudinem suam monasteria sibi commissa valeant in melius reformari, nec nos negligentiam suam cogamur de cætero apostolica severitate punire. Quocirca discretioni vestræ per apostolica scripta mandamus atque præcipimus quatenus mandatum apostolicum, sicut de vestra discretione confidimus, juxta quæ præmisimus diligenter et efficaciter studeatis implere. Quod autem per vos et visitatores fuerit ordinatum, quantocius fieri poterit nobis volumus et præcipimus intimari. Quod si non omnes, etc., duo vestrum, etc.

Datum Laterani, xv Kal. Martii anno v.

Scriptum est super hoc juxta præmissam formam, abbatibus et conventibus per Tusciam, Marchiam et ducatum Spoletanum (619).

Item scriptum est super hoc juxta præmissam formam..... Atrebatensi et.... Parisiensi episcopis, et..... Sanctæ Columbæ Senonensis, et.... Sancti Victoris Senonensis abbatibus, *et quod conveniant pro facto ipso apud Parisios.*

Scriptum est universis abbatibus et conventibus per Remensem et Senonensem provincias constitutis ad Romanam Ecclesiam nullo medio pertinentibus.

It. scriptum est ut supra...... Bituricenci archiepiscopo, et...... de Silva, et...... de Corona abbatibus, *pro universis abbatibus et conventibus per Bituricensem et Burdegalensem provincias et Aniciensem diœcesim constitutis, ad Romanam Ecclesiam nullo medio pertinentibus, ut conventus fiat apud Lemovicas.*

(615*) Epistolam hanc, absque ulla tam libri quam epistolarum numeri indicatione, laudat Raynaldus, ad annum 1203, § 66.

(616) Episcopus Castellanus (seu Tiphernas), ad quem dirigitur hæc Innocentii epistola, erat Raynerius II, qui ex priore episcopus electus fuerat anno circiter 1179, et obiit vii Id. Junii 1204. *Necrol. vet. canon. S. Floridi,* ed. a Sebast. Donati. p. 241.

(617) Erat is nomine Martinus, Camaldulensium prior ab anno 1188 exeunte, vir pietate, zelo promovendæ rei monasticæ et dexteritate in agendis negotiis plane insignis. Usus fuit sæpius ejus opera Innocentius, tum pro reparanda monachorum disciplina, tum pro quiete inducenda inter urbes Lombardicas. Obiit anno 1205. Mittar. *Annal. Camald.* t. IV, pag. 129, 191, 200,

(618) Priorem canonicæ S. Fridiani Lucensis, tunc temporis fuisse Joannem, ex instrumentis asserit Mittarellus ibid., pag. 191 et 197.

(619) Epistolam hanc, argumento, tenore, verbis tantummodo competenter mutatis, ei quæ ad episcopum Castellanum directa est omnino fere similem, ex autographo Fontis-boni, vulgavit Mittarellus, loc. cit. instrum. col. 254, n° 157. Notandum vero quod ibi iii Kal. Martii, anno sexto data expresse dicitur.

CLX (620).

REGI ANGLIÆ.

Ne impediat ecclesiasticam libertatem.

(Laterani, x Kal. Martii.)

Cum, divina testante Scriptura, pater filium quem diligit corripiat et castiget, si magnificentiam regiam, quam sincera diligimus in Domino charitate, super his quæ contra caput et membra, nos videlicet et Romanam Ecclesiam, clericos et Ecclesias dignoscitur commisisse, apostolicis litteris reprehendimus et etiam increpamus, ei gratum debet existere pariter et acceptum, cum hoc ex dilectione noscatur, non ex indignatione aliqua, provenire, præsertim cum in hoc Apostoli exsequamur edictum, qui episcopum instruens, inquit ad Timotheum : *Insta opportune importune, argue, obsecra, increpa, in omni patientia et doctrina* (II Tim. iv, 2) (621). [Cum enim inclytæ recordationis R.... rex Angliæ, frater tuus, sedi apostolicæ cum multa precum instantia supplicarit ut promotioni charissimi in Christo filii nostri, illustris regis, Oth... nepotis ejusdem regis et tui, in Romanum imperatorem electi, efficaciter intendere dignaremur, promittens ad id efficacem se operam impensurum, eodem rege, prout Domino placuit, sublato de medio, tu, qui eidem in regni solio successisti, non solum precibus, sed etiam promissionibus per litteras plures et nuntios apud nos et fratres nostros pro eodem negotio instare curasti, asserens te et terram tuam expositurum omnino ad ejusdem negotii complementum. Nos vero credentes ut quod promittebas verbo curares opera adimplere, promotioni ejusdem regi sollicitius intendere procuravimus, sicut per Dei gratiam effectus operis manifestat; sed qualiter tu postmodum, deserens nos et Romanam Ecclesiam, eidem regi manum auxilii tui subtraxeris, et juraveris contra ipsum, utinam nescirent alii, quia non potuit nos latere.] Super quo quidem in maximo difficultatis articulo quantum in te fuit sedem apostolicam posuisti, licet qui Ecclesiam suam non deserit, imo cum ea se asserit usque ad consummationem sæculi permansurum, ipsam ex alto respiciens, dignatus sit a tanto gravamine relevare, et quod ipsa incœpit contra opinionem multorum de bono semper in melius sperare. Gratum tamen habemus, si, quemadmodum nuper accepimus, cum eodem rege veræ pacis fœdera reformasti, gratius habituri, si ea curaveris firmiter observare. Præterea, cum venerabilem fratrem nostrum.... (622) Bathoniensem episcopum et quosdam abbates pro negotio crucesignatorum ad nostram præ-

sentiam direxisses ac nos secundum qualitatem negotii magnificentiam regiam, in his quæ cum Deo potuimus, voluerimus exaudire, quia juxta voluntatem tuam ex toto petitiones regias, sicut nec debuimus, non duximus admittendas, tu, eisdem nuntiis ad tuam præsentiam redeuntibus, tanta fuisti turbatione commotus, quod publice inhibere curasti, ut nullus de regno tuo legatum, vel nuntium sedis apostolicæ, per totum regnum, præsertim per Angliam, recipere attentaret, et licet mandatum hujusmodi tanquam indiscrete prolatum postea revocasses, in quantum tamen in ejus prolatione apostolicam sedem offenderis, cum inauditum sit aliquem principum taliter hoc fecisse regia non debet discretio ignorare (623). [Illud autem gravissimum reputamus quod, cum in regno tuo causas ecclesiasticas committimus cognoscendas, tu prohibes delegatis, ne in earum cognitione procedant. jurisdictionem nostram impediens, cum nos, si bene memineris, jurisdictionem tuam curaverimus confovere. Circa clericos autem et Ecclesias, postquam regni solium suscepisti, qualiter te habueris in multis, et, mansuetudine regali postposita, eos feceris inhoneste tractari,] non possumus sine mœrore recolere nec etiam sine dolore referre. Nam venerabilem fratrem nostrum..... (624) Lemovicensem episcopum expellens a sede propria, violenter ecclesiasticos reddidisti, sicut te non decuit, occupasti. Venerabilem quoque fratrem nostrum.... (625). Pictavensem episcopum, in multis aggravans et offendens, Ecclesiam et diœcesim suam pene penitus destruxisti. In celebrandis etiam ipsorum electionibus indebitam tibi vindicans potestatem et proventus Ecclesiarum tuis usibus applicans, electiones niteris impedire, illosque tandem ad quos spectat electio illicita vexatione compellis, ut eligant juxta tui arbitrii voluntatem, sicut de Lincolniensi Ecclesia fecisse dignosceris, in qua electionem fieri non permittis (626), ut redditus ejus, qui magni sunt, in tuis valeas manibus diutius detinere; ac de canonicis Sagiensis Ecclesiæ, quorum bona per servientes tuos occupari fecisti et eos multis affici contumeliis, quoniam in electione celebranda juxta mandatum tuum minime processerunt, sed nec adhuc permittis Sagiensem episcopum (627) episcopatus sui pacifica possessione gaudere. Quid etiam feceris Constantiensi Ecclesiæ nullatenus ignoramus, licet forsan id credas ad nostram notitiam non venisse. Præterea cum venerabilem fratrem.... Dublinensem archiepiscopum (628) antequam promotus esses in regem, contra eum in-

---

(620) Epistolam hanc non semel laudat, nec non diversa ejus fragmenta exhibet Raynaldus in *Annalibus*: primum anno 1199, § 50; deinde anno 1200, § 37; demum anno 1203, § 61. Quæ apud ipsum leguntur, hic uncis inclusa sunt.

(621) Vide Raynaldum, anno 1199, loc. cit.

(622) De isto jam dictum supra

(623) Vide rursus Raynaldum, anno 1203, loc. cit.

(624) Lib. v, epist. 78, not.

(625) Ibidem.

(626) Vide Rogerium de Hoved., pag. 816, lin. 56. Willelmum ex præcentore et canonico in Lincolniensem episcopum, hoc ipso anno 1203 consecratum fuisse refert Matthæus Paris., pag. 209, lin. 47.

(627) Vide epistolam hujusce libri quinti 70.

(628) Joannem, Dublinensem archiepiscopum, memorat Rogerius de Hoved., pag. 811 et 818, et alibi; verum de ipsius exsilio nihil.

debite indignatione concepta, ab Ecclesia sua coegeris exsulare, atque ab Ecclesia Romana sæpe commonitus eum in gratiam tuam recipere non curaris, cum postquam te Dominus ex alto respiciens in regni solium sublimavit crederemus eidem archiepiscopo divino intuitu magnificentiam regiam provisuram, et recepturam ipsum in gratiam cui Providentia divina magnifice sic providit, nostra remansimus opinione frustrati, quia nec intuitu Dei nec precum nostrarum obtentu, quas pro eodem archiepiscopo sæpius recepisti, eidem gratiam regiam restituere procurasti, nec ut ad Ecclesiam suam ipsum redire permitteres et bona sibi restitueres ablata quibuslibet potuisti, quia noluisti, precibus inclinari; quin imo extra universum regnum tuum, cum jam senex sit et decrepitus, pro cujus senectute debueras specialiter misereri, cogitur vitæ necessaria mendicare. Super quibus omnibus, in quantum Creatorem tuum offenderis, qui tibi tantam in terris tribuit potestatem, si diligenter attendis, timendum tibi est ne ipse qui in servis suis se ipsum honorari asserit et contemni, juxta verbum evangelicum, ubi dicitur: *Qui vos recipit, me recipit* (*Matth* x, 40), *qui vos spernit, me spernit* (*Luc.* x, 16), illatas injurias servis suis et ex parte vindicet in præsenti, ut tibi saltem vexatio tribuat intellectum et etiam reservet sibi vindictam aliam in futuro. Cupientes igitur, prout officii nostri sollicitudo deposcit, mansuetudinem regiam paternis commonitionibus et a malo retrahere et ad bonum propensius invitare, magnitudinem tuam rogamus, monemus et exhortamur in Domino, in remissionem tibi peccaminum injungentes, quatenus quid te facere deceat vel vitare, magis quam hactenus feceris diligenter attendens, Romanam Ecclesiam quæ constitutione divina universorum fidelium mater est et magistra, et te tanquam specialem filium sinceris in Domino charitatis brachiis amplexatur, studeas attentius venerari, sicque universas Ecclesias et personas ecclesiasticas regni tui diligas et honores et ab ipsorum molestatione desistas, ipsis satisfaciens competenter in quibus eos dignosceris offendisse, quod et Deum, per quem reges regnant et temporum momenta decurrunt tibi reddas propitium et placatum et in Ecclesi's regni tui pro salute regia et incremento regni tui ad eum offerantur orationes assidue ac devote. Sciturus quod (629), [nisi præmissas offensas corrigere curaveris per te ipsum et a consimilibus abstinere, nos, qui forsan in his ultra quam oportuerit nostrum pro te distulimus officium exercere, propter quod de taciturnitate nostra divinam offensam incurrisse timemus, nullatenus negligemus, quin post exspectationem diutinam et admonitionem paternam nostrum, sicut convenit officium exsequamur.

Datum Laterani, x Kal. Martii] anno quinto.

CLXI (630).
EXERCITUI CRUCESIGNATORUM.
De captione Jaderæ.

[Dolemus non modicum et movemur quod iis quibus'remissionis impendere gratiam solebamus et æternæ polliceri retributionis augmentum, nunc, quod sine mœrore multo non dicimus, nostræ salutationis alloquium et apostolicæ benedictionis præsidium cogimur denegare.] Ecce etenim aurum versum est in scoriam et pene penitus æruginavit argentum, cum a puritate vestri propositi recedentes et in invium declinantes a via, quasi manum retraxistis ab aratro et retrorsum cum Loth conjuge respexistis. Cum fugientes Ægyptum festinare debuissetis ad terram melle ac lacte manantem, errantes ad solitudinem divertistis, ubi reducentes ad animum qualiter in Ægypto super ollas carnium sederatis, non solum esuristis allia et pepones, sed fraternum sanguinem sitivistis. Sane, rememorans serpens antiquus qualiter inter semen mulieris et eum inimicitias Deus posuerit, post hominis primi lapsum, quia in caput prævalere non potuit, insidiatus calcaneo, se ipsum occultavit in via, ut vel equorum ungulas tangeret et cum equo prosterneret ascensorem, consueta fraudis astutia et solitæ nequitiæ malignitate procurans ut saltem modicum fermenti corrumperet totam massam et omnium facti rei, cum offenderetis in uno, totius laboris vestri meritum perderetis. Attendens siquidem ipse hostis antiquus, qui est diabolus et Satanas, qui seducit universum orbem, quod majorem charitatem nemo habet quam ut animam suam ponat quis pro amicis suis, ut vos tantæ charitatis affectu et mercede privaret, contra fratres vestros bellum movere vos fecit et signa vestra primum contra fideles populos explicare, quatenus sic ei peregrinationis vestræ solveritis primitias et tam vestrum quam fratrum vestrorum sanguinem dæmonibus fuderitis. Habentes igitur faciem non euntis in Hierusalem, sed descendentis potius in Ægyptum, in Hierico ab Hierosolymis descendistis et incidistis ideo in latrones, qui et vos virtutum spoliarunt amictu et peccatorum plagas imposuerunt spoliatis, nec abire tamen voluerunt hactenus nec relinquere semivivos, cum adhuc apud vos immissiones per angelos malos fiant, ut tanquam pro necessitatibus vestris divertatis ad insulas et in sumptus vestros Christianorum spolia convertatis, sicut nuper Jaderam accepimus vos fecisse. Cum enim illuc navigio venissetis, signa vestra contra civitatem protinus expandentes, tentoria in obsidione fixistis, vallavistis undique civitatem, et muros ipsius non sine multa effusione sanguinis suffodistis. Cumque cives subire cum Venetis judicium nostrum vellent, nec in hoc etiam apud vos potuissent misericordiam invenire, circa muros suos Crucis imagines suspenderunt. Sed vos

---

(629) Vide denuo Raynaldum, anno 1202, § 61.
(630) Epistolam hanc refert auctor Gestorum Innocentii, cap. 86. Fragmentum exhibet Raynaldus, anno 1203, § 4

in injuriam Crucifixi non minus civitatem impugnastis et cives, sed eos ad deditionem violenta dextera coegistis. Debuerant autem vos a tam nequissimo proposito vel reverentia crucis assumptæ, vel charissimi in Christo filii nostri Henrici, regis Hungarorum illustris, et nobilis viri Andreæ ducis, fratris ejus, devotio, qui pro terræ sanctæ subsidio crucis signaculum assumpserunt, vel saltem apostolicæ sedis auctoritas, quæ vobis curavit districtius inhibere ne terras Christianorum invadere vel lædere tentaretis, nisi vel ipsi vestrum iter nequiter impedirent, vel alia causa justa vel necessaria forsan occurreret, propter quam aliud agere, accedente consilio legati, possetis. Ne vero præmissa inhibitio segniter audiretur, si qui contra eam venire præsumerent, eos denuntiavimus excommunicationis vinculo innodatos et beneficiis indulgentiæ quam apostolica sedes crucesignatis indulsit, immunes. Cæterum licet dilectus filius noster Petrus, tituli Sancti Marcelli presbyter cardinalis, apostolicæ sedis legatus, prohibitionis nostræ tenorem quibusdam ex vobis exponere curavisset et tandem litteræ nostræ vobis fuissent publice præsentatæ, nec Deo nec sedi apostolicæ detulistis, sed ut se redderent coegistis miseros Jadertinos. Veneti ergo in oculis vestris subverterunt muros civitatis ejusdem, spoliaverunt ecclesias, ædificia destruxerunt et vos cum eis Jadertinorum spolia divisistis. Ne igitur addatur peccato peccatum, et in vobis quod legitur impleatur: *Peccator contemnit cum in profundum venerit vitiorum* (Prov. XVIII, 3), universitatem vestram monemus et exhortamur attentius et per apostolica vobis scripta mandamus et sub interminatione anathematis districte præcipimus quatenus Jaderam nec destruatis amplius quam hactenus est destructa, nec destrui faciatis, aut quantum in vobis fuerit permittatis, sed nuntiis regis ejusdem ablata omnia restituere procuretis. Alioquin, vos excommunicationis sententiæ subjacere noveritis et a promissa vobis venia remissionis immunes.

CLXII.
COMITIBUS, BARONIBUS ET ALIIS CRUCESIGNATIS
(sine salutatione).
De eodem argumento.

Tacti sumus dolore cordis intrinsecus et non modico mœrore turbati, quod qui a propriis laribus Christi milites recessistis in via, imo in invio potius Satanæ satellites facti estis, et qui miseratis manum ad aratrum, conversi retrorsum jam apti non estis, juxta sententiam evangelicam, regno Dei. Cum enim ab Ægypto in Hierusalem ascendere novissetis, ab Hierosolima descendistis potius in Ægyptum et retro cum Loth conjuge respexistis; propter quod cum eadem estis in salis statuam immutati, non illius quod in omni sacrificio jubetur apponi, sed illius verius de quo Dominus: *Si sal evanuerit*, inquiens, *in quo salietur? ad nihilum valet ultra, nisi ut mittatur foras, et ab omnibus conculcetur.* Sane, cum crucem tuleritis propter Christum in eum arma postmodum convertistis; et qui debueratis Sarracenorum provinciam expugnare, Christianorum Jaderam occupastis. Accepimus enim quod cum illuc navigio venissetis, signa vestra, etc., *in eumdem modum usque* Jadertinorum spolia divisistis. Licet autem super hoc fuerimus non modicum conturbati, gaudemus tamen in Domino quod culpam vestram cognoscitis et eam proponitis per pœnitentiam expiare, sicut venerabilis frater noster Suessionensis episcopus (631), et alii qui venerunt cum eo, ex parte vestra nobis humiliter intimarunt, qui etsi vestrum apud nos extenuarint excessum, noluerunt tamen, quia nec poterant, contumaciter excusare. Intelleximus namque per eos quod non inducti propria voluntate, sed quasi quadam necessitate coacti, ad expugnationem Jaderæ processistis, licet hoc tantæ crudelitatis audaciam non excuset, cum in hujusmodi necessitate induxeritis vosmetipsos, et cum pellem pro pelle ac cuncta quæ habet homo debeat dare pro anima sua. Ut igitur crimen vestrum penitus expurgetur, monemus universitatem vestram et exhortamur attentius, et per apostolica vobis scripta districte præcipiendo mandamus quatenus de tanto pœnitentes excessu et satisfacientes congrue de peccato, per pœnitentiam placare Dominum, et per satisfactionem, proximum studeatis, universa reddentes, quæ ad vos de Jadertinorum spoliis devenerunt et a similibus de cætero penitus abstinentes. Quia vero sententiam sedis apostolicæ quam pro facto proprio incurristis, præter auctoritatem nostram nullus valuit relaxare, cum inauditum sit hactenus ut quisquam eos quos Ecclesia Romana ligasset absolvere attentaret, nisi forsan in mortis articulo constitutos, sicut ipsa permittit, ideoque absolutio illa nulla fuerit quam vobis exhibuerunt episcopi vobiscum in exercitu constituti, dilecto filio, P... tituli Sancti Marcelli presbytero cardinali, apostolicæ sedis legato, dedimus in mandatis ut vel per se, vel per alium virum discretum, ab eis qui nondum juraverunt nostris stare mandatis hujusmodi exigant et recipiant juramentum, a juratis autem exposcant ut se jurasse taliter in eorum præsentia recognoscant, et sic vobis auctoritate nostra suffulti juxta formam Ecclesiæ munus absolutionis impendant. Deinde salvo in aliis mandato nostro vobis injungant sub debito juramenti ut vos, comites et barones, per litteras vestras apertas cum sigillis pendentibus, tam vos quam successores vestros sedi apostolicæ obligetis, quod ad mandatum ejus de tanta præsumptione satisfactionem curabitis exhibere, omnibus autem præcipiant in communi ut a similibus de cætero penitus caveatis, nec invadentes terras Christianorum, nec

---

(631) Vide Raynaldum, anno 1203, § 6. De episcopo Suessionensi dictum est supra.

lædentes in aliquo, nisi forsan illi vestrum iter nequiter impedirent vel alia justa, sive necessaria causa forsan occurreret, propter quam aliud agere interveniente apostolicæ sedis consilio valeretis. Cæterum verba quædam in ore posuimus episcopi memorati quæ ipse vobis poterit fideliter explicare.

Monemus igitur universitatem vestram et exhortamur in Domino, et per apostolica scripta mandamus quatenus prædicto regis Hungariæ humiliter supplicetis ut de innata sibi regali clementia super offensa quam commisistis in eum, pro Deo et propter Deum vobis dignetur misericordiam exhibere.

APPENDIX LIBRI QUINTI.

CLXIII.
DILECTIS FILIIS MATTHÆO ABBATI ET FRATRIBUS SANCTI LAURENTII DE AVERSA, TAM PRÆSENTIBUS QUAM FUTURIS, REGULARITER SUBSTITUENDIS IN PERPETUUM.
(Laterani, Id. Julii.)

Commissæ nobis Sanctæ et apostolicæ sedis hortatur auctoritas ut locis et personis ipsius auxilium devotione debita implorantibus tuitionis præsidium impendere debeamus; quia sicut injusta poscentibus nullus est tribuendus assensus, sic legitima et justa desiderantium nulla est differenda petitio, præsertim eorum qui cum honesta et laudabili morum compositione gaudent omnipotenti Deo deservire, Eapropter, dilecti in Christo filii, vestris justis postulationibus clementer annuimus, et prædecessorum nostrorum Romanorum pontificum vestigiis inhærentes, cœnobium sancti Laurentii de Aversa, in quo divino estis obsequio mancipati, sub beati Petri et nostra protectione suscipimus et præsentis scripti privilegio communimus, atque ab omni tam ecclesiasticæ quam sæcularis personæ jugo ita omnino liberum manere decernimus ut soli sanctæ et apostolicæ Romanæ Ecclesiæ nullo medio perenniter sit subjectum. Statuimus quoque ut illa monasteria, ecclesiæ sive cellæ quæ cœnobio vestro concessa sunt, firma vobis vestrisque successoribus et illibata permaneant; quæ quidem his nominibus annotantur, videlicet cœnobium Sancti Laurentii de Aversa prædictum, situm extra mœnia civitatis Aversæ, cum ecclesia Sancti Petri sistente prope portam ejusdem monasterii, cum burgo quod est juxta dictum monasterium, ac cum alio burgo quod dicitur Verzalus, cum omnibus juribus, rationibus et pertinentiis, (632) *et plures alias ecclesias quas brevitatis causa prætermitto*. Quas quidem Ecclesias sive parochiales sive populum non habentes, cum suis juribus vobis et eidem cœnobio auctoritate apostolica confirmamus; ipsas, et si quas alias cum suis hominibus et parochianis poteritis in futurum canonice adipisci, in favorem religionis vestræ et ut quietius et tranquillius omnium Creatori pro salubri statu universalis Ecclesiæ serviatis, ab omni jure episcopali eximimus de speciali gratia et plenitudine potestatis, ita quod in nullo episcopali jure seu contentiosa jurisdictione monachi seu clerici sæculares et parochiani in vestris ecclesiis sive cellis commorantes respondere diœcesanis episcopis teneantur neque coram eorum ordinariis conveniri valeant, etiamsi in loco non exempto delinquant forsitan, contrahant vel res litigiosæ existant. Et in majorem vestræ religionis favorem similiter indulgemus ne quisquam episcopus vel archiepiscopus monasterii vestri monachos et homines domesticos, servitores ipsius laicos pro ulla causa quallove modo sine Romani pontificis licentia suspendere aut excommunicare præsumat. Volumus etiam ac perpetua stabilitate firmamus ut nullus episcoporum vel archiepiscoporum audeat ædificare Ecclesiam sive capellam in locis quibus possit vestro monasterio, Ecclesiis sive cellis, vel earum parochianis aliquod præjudicium vel scandalum generari. Confirmamus etiam vobis et jamdicto cœnobio privilegia donationis ipsarum ecclesiarum, sive a laicis sive viris ecclesiasticis factæ sint; quarum Ecclesiarum instrumenta nostro conspectui ut authentica et legitima præsentastis apostolico judicio approbanda; quibus visis et intellectis, ipsa approbavimus et ratificavimus et ex certa scientia confirmavimus; quibus etiam etsi quod forte injuria seu negligentia minus firmitatis insertum est, vires plenissimæ notionis ex hac nostra suscipiant auctoritate. Nihilominus etiam confirmamus vobis et prælibato cœnobio privilegium centenariæ prescriptionis quod felicis memoriæ Urbanus (633) papa eidem cœnobio de benignitate apostolica indulsit decernentes eos qui possessiones libertatesque ejusdem cœnobii, vassallorumque suorum jura seu redditus detinuerint occupatos, exinde fore penitus amovendos, ipsisque nullum omnino jus per detentionem vel possessionem hujusmodi se posse acquirere vel habere ac nullum vobis propter hoc vel juri ipsius cœnobii super his præjudicium, factum esse vel posse in aliquo generari, nisi legitime constiterit detentores ipsos præscriptione centenaria fore munitos. Statuimus etiam ut idem monasterium et universæ ejus Ecclesiæ et omnia quæ ad ipsum pertinent, quieta semper et ab omni jugo mortalium libera sub solius sanctæ Romanæ Ecclesiæ jure ac perpetua defensione permaneant et con-

---

(632) Hæc non sunt papæ, sed scribæ festinantis. (633) Urbanus II.

sistant, ita quod super his nullo unquam tempore debeatis impeti vel modo quolibet molestari. Quod si aliquis contra hoc salubre praeceptum ire tentaverit et possessiones et jura, libertates, vel alias res mobiles seu stabiles monasterii vestri vel ejus ecclesiarum, obedientiarum, oblatorum seu etiam aliquorum hominum vestro monasterio subjectorum abstulerint, sive ablata retinuerint, postquam ipsorum ordinarii a vobis tertio admoniti justitiam ecclesiasticam de his facere noluerint, a vobis admoniti semel, bis et tertio si non satisfactione congrua quod male egerint emandare studuerint, ex indulgentia sedis apostolicae duximus concedendum ut liceat tibi, Matthaee abbas, tibique canonice succedentibus apostolica auctoritate super eosdem impetitores canonicam excommunicationis proferre sententiam et illos viciniis episcopis excommunicatos fore vestris denuntiare apicibus; qui episcopi illos pro excommunicatis habeant et omnibus sibi commissis ut excommunicatos a sacratissimo corpore et sanguine Christi separatos evitare jubeant eisque ecclesiasticam denegent sepulturam. Quod si ausu temerario, transactione seu arbitrio aliquo interveniente, per vos vel successores vestros seu per quemvis alium contra tenorem hujusmodi decreti absque licentia sedis apostolicae non faciente de immunitate hujusmodi mentionem fuerit attentatum, ex nunc illud decernimus viribus omnino carere et praefatum coenobium cum omnibus suis membris habitis et habendis pleno jure sedi apostolicae sit subjectum. De abundantiori quoque gratia, sedis apostolicae concedimus vobis et successoribus vestris ut si aliquam de vestris Ecclesiis, possessionibus vel redditibus alicui viro ecclesiastico sive in beneficium sive ad annuum censum canonice concesseritis, quod licitum sit vobis vestrisque successoribus bono vestri coenobii post obitum ejusdem personae ecclesiasticae, vel cum beneficium ipsum vacaverit, a quoquam viro ecclesiastico concessum fuerit, beneficium ipsum sive redditus ad utilitatem vestram retinere, nonobstante super hoc aliquo jure communi a nobis vel a nostris successoribus edito vel edendo, seu litteris a sede apostolica aut a nostris legatis cardinalibus super hoc impetrandis, nisi de hujusmodi privilegio expressam fecerint mentionem. Praeterea quaecunque bona concessione pontificum, liberalitate principum vel oblatione fidelium vestrum hodie coenobium legitime possidet, vel in futurum canonice possidebit, vobis vestrisque successoribus et eidem coenobio auctoritate apostolica nihilominus confirmamus. Chrisma, oleum sanctum, consecrationes altarium sive basilicarum, ordinationes monachorum seu clericorum tam in ipso coenobio quam in adjacentibus villulis ac in ecclesiis civitatis et dioecesis Aversanae, a quocunque malueritis catholico accipiatis episcopo. In aliis vero monasteriis et obedientiis vestris haec a dioecesano episcopo prius postulabitis; siquidem gratiam et communionem sedis apostolicae habuerit et ea gra-

tis et absque pravitate voluerit impertiri. Alioquin, liceat vobis quemcunque malueritis adire antistitem, qui nostra fretus auctoritate quod postulatur indulgeat. Baptismum vero ac infirmorum oleum, visitationes per vos et per clericos vestros seu monachos in oppidis vestris, castellis seu villis habeatis. Missas autem publicas ab aliquo episcopo tam in coenobio quam in adjacentibus ejus Ecclesiis celebrari, stationes fieri, processiones deduci absque licentia abbatis et priorum seu rectorum locorum voluntate omnimode prohibemus, ne in servorum Dei recessibus saecularibus occasio praebeatur ulla conventibus. Si quis autem adversus praedictum coenobium justam se putat habere querelam ac apud ejusdem coenobii abbatem vel monachos litem per sententiam decidere aut diffinire noluerit, statuimus ut ante legatos nostros querimonia deferatur, quatenus aequitate judicii sine personarum acceptione sua cuique justitia, Deo auctore, servetur. Sepulturam quoque coenobii vestri et omnium ecclesiarum seu obedientiarum vestrarum liberam esse omnino censemus, ut eorum devotioni et extremae voluntati qui se illic sepeliri deliberaverint, nisi forte excommunicati vel interdicti sint, nullus obsistat. Salva tamen justitia illarum ecclesiarum a quibus mortuorum corpora assumuntur. Obeunte vero te nunc ejusdem loci abbate vel tuorum quolibet successorum, nullus ubi qualibet subreptionis astutia seu violentia praeponatur nisi quem fratres communi consensu vel fratrum pars consilii sanioris secundum Dei timorem et beati Benedicti regulam praeviderint eligendum. Electus autem ad Romanum pontificem benedicendus accedat. Decernimus ergo ut nulli omnino hominum liceat praefatum coenobium temere perturbare aut ejus possessiones auferre vel ablatas retinere vel injuste datas suis usibus vindicare, minuere, vel temerariis vexationibus fatigare; sed omnia integre conserventur eorum pro quorum sustentatione et gubernatione concessa sunt usibus profutura : salva in omnibus apostolicae sedis auctoritate. Si qua igitur in futurum ecclesiastica saecularisve persona hanc nostrae constitutionis paginam sciens, contra eam temere venire tentaverit, secundo tertiove commonita si non praesumptionem suam digna satisfactione correxerit, potestatis honorisque sui dignitate careat; reamque se divino judicio existere de perpetrata iniquitate cognoscat et a sacratissimo corpore et sanguine Dei et Domini nostri Jesu Christi aliena fiat atque in extremo examine districtae ultioni subjaceat. Cunctis autem eidem loco justa servantibus sit pax ejusdem Domini nostri Jesu Christi; quatenus et hic fructuum bonae actionis percipiant et apud districtum judicem praemia aeternae pacis inveniant. Amen.

Datum Laterani per manum Blasii S. R. E. subdiaconi et notarii Idibus Julii, indictione v, incarnationis Dominicae anno 1202, pontificatus vero domini Innocentii papae III anno quinto.

CLXIV.

AD ROGERUM ABBATEM MONASTERII BB. PETRI ET PAULI DOROBERN.

De confirmatione privilegiorum.

INNOCENTIUS episcopus, servus servorum Dei, dilectis filiis ROGERO abbati monasterii Beatorum Petri et Pauli Sanctique Augustini quod juxta metropolim Dorobierniæ situm est, ejusque fratribus tam præsentibus quam futuris regularem vitam professis in perpetuum.

Licet omnes Ecclesias ex injuncto nobis divinitus apostolatus officio diligere atque honorare generaliter debeamus et suam eis justitiam conservare, illis tamen propensiori cura nos convenit imminere quæ ad jus et proprietatem Ecclesiæ Romanæ specialiter pertinere noscuntur, cui auctore Domino deservimus. Hoc nimirum intuitu, dilecti in Domino filii, vestris postulationibus clementer annuimus, et monasterium in honore beatorum apostolorum Petri et Pauli a gloriosæ memoriæ Æthelberto Anglorum rege ad orientem Doroberniæ civitatis in suam sibique succedentium regum, ejusdemque urbis præsulum sepulturam a fundamento constructum, et sub jurisdictione sedis apostolicæ sine medio constitutum, ad exemplar prædecessorum nostrorum felicis memoriæ Bonifacii, Adeodati, Agathonis, Joannis, Calixti, Innocentii, Lucii, Eugenii, Alexandri, et Cœlestini Romanorum pontificum sub beati Petri et nostra protectione suscipimus et præsentis scripti privilegio communimus, statuentes ut quascunque possessiones quæcunque bona monasterium ipsum in præsentiarum juste et canonice possidet, aut in futurum concessione pontificum, largitione regum vel principum, oblatione fidelium, seu aliis justis modis præstante Domino poterit adipisci, firma vobis vestrisque successoribus et illibata consistant. Libertatem quoque ab eisdem prædecessoribus nostris per authentica privilegia eidem venerabili loco concessam nos auctore Deo ratam et inconcussam in posterum volumus conservari; et sicut monasterium ipsum in initiis nascentis Christianæ religionis apud regnum Anglorum in monasticæ religionis observantia exstitit primum, ita nihilominus cum omnibus ad ipsum pertinentibus perpetuis futuris temporibus ab omni servitio liberum, ab omni mundiali strepitu maneat inconcussum, scilicet nec ecclesiasticis conditionibus sive angariis quibuslibet obsequiis sæcularibus aliquo modo subjaceat, neque ullus omnino in ejusdem monasterii dominium quolibet modo se ingerat, vel quamlibet imperandi sibi vindicet potestatem, vel aliquas molestias inferat, consuetudinem imponat, aut etiam in eo Missarum solemnia, nisi ab abbate et fratribus invitatus, celebrare præsumat. Obeunte vero te nunc ejusdem loci abbate vel tuorum quolibet successorum, nullus ad ejusdem loci regimen extraneus assumatur; nisi forte, quod absit, in loco ipso idonea persona ad hujusmodi officium non poterit reperiri; sed de congregatione ipsa, et quem communis consensus fratrum seu pars consilii sanioris propria sibi elegerit voluntate, sine aliqua professionis exactione in monasterio benedicatur eodem. Hæc igitur omnia, sicut a jamdictis prædecessoribus nostris constituta et privilegiorum suorum sunt munimine roborata, ita et nos vobis vestrisque successoribus et per vos eidem monasterio in perpetuum præsentis scripti pagina confirmamus. Si qua igitur in futurum ecclesiastica sæcularisve persona hanc nostræ constitutionis paginam sciens, contra eam temere venire tentaverit, secundo tertiove commonita nisi reatum suum congrua satisfactione correxerit, potestatis honorisque sui dignitate careat, reamque se divino judicio existere de perpetrata iniquitate cognoscat, et a sacratissimo corpore et sanguine Dei ac Domini Redemptoris nostri Jesu Christi aliena fiat, atque in extremo examine districtæ ultioni subjaceat. Cunctis autem eidem loco sua jura servantibus sit pax Domini nostri Jesu Christi, quatenus et hic fructum bonæ actionis percipiant, et apud districtum judicem præmia æternæ pacis inveniant. Amen. Amen. Amen.

Datum Laterani, per manum Blasii S. R. Ecclesiæ subdiaconi et notarii, 11 Non. Novembris, indictione v, Incarnationis Dominicæ anno 1202, pontificatus vero Domini Innocentii papæ III, anno quinto.

ACTA VARIA.

Acta quæ sequuntur, cum multum utilia sint ad intellectum epistolæ 100, et nondum edita sint, visum est hic edere, descripta ex veteri chartulario episcoporum Parisiensium.

Littera abbatis et conventus Sanctæ Genovefæ Parisiensis facta inter ipsos et episcopum Parisiensem super jure parochiali Sanctæ Genovefæ et super procurationibus episcopi super ecclesia Sanctæ Genovefæ in civitate et aliis ecclesiis Sanctæ Genovefæ prædictæ.

Omnibus Christi fidelibus ad quos litteræ præsentes pervenerint, JOANNES abbas totusque conventus beatæ Genovefæ Parisiensis, salutem in Domino.

Cum inter nos et Ecclesiam nostram ex una parte et virum venerabilem dominum Odonem episcopum, et Ecclesiam Parisiensem ex altera, super jure parochiali in parochia de Monte controversia verteretur et quæstione possessionis per examen sedis apostolicæ jam decisa, proprietatis quæstio superesset delegatis judicibus ab apostolica sede commissa; cum etiam tam super ecclesia Sanctæ Genovefæ (634) in civitate Parisiensi sita, in qua unum de ca-

(634) *Sainte-Geneviève des Ardents.*

monicis nostris institui petebamus, quam super procurationibus quas ab Ecclesiis nostris parochialibus in Parisiensi diœcesi constitutis memoratus episcopus exigebat, inter nos et ipsum contentio fuisset orta, tandem ad unitatem aspirantes et pacem de querelis præmissis, videlicet tam super possessione quam proprietate juris parochialis seu episcopalis in parochia supradicta, Ecclesia quoque Sanctæ Genovefæ de civitate necnon et procurationibus supradictis, in viros venerabiles Fulconem camerarium et Hugonem Forre canonicum Ecclesiæ nostræ, Gaufridum de Lenda canonicum Parisiensem et magistrum Nicolaum Carnotensem, aut magistrum Bernardum canonicum Parisiensem loco magistri Nicolai, si dominus episcopus maluerit, absolute compromisimus et præcise, quidquid super prætaxatis querelis statuerint sine contradictione pro nobis et Ecclesia nostra, non obstante sententia, privilegio seu instrumento alio suscepturi et perpetuo servaturi, ita quod nec duorum nec trium ex ipsis sine consensu quarti sententia robur habebit, sed quod pariter ab ipsis quatuor fuerit ordinatum, firmum et stabile permanebit. De aliis vero rebus ac redditibus nostris vel episcopi memorati pro bono pacis eisdem arbitris addere vel subtrahere, dare seu commutare licebit. Præfixum est etiam tempus infra quod arbitrium proferetur, octavæ videlicet Pentecostes instantis, ita quod nisi infra eumdem terminum fuerit prolatum arbitrium, ex tunc compromissio non tenebit, sed ad judices a summo pontifice constitutos litigaturi coram ipsis libere revertemur. Hanc itaque compromissionem dominus episcopus in verbo episcopi et ego Joannes abbas in verbo sacerdotis et periculo animæ meæ nostra fide promisimus et concessimus servaturos. Pœna est insuper ducentarum marcarum adjecta memorato episcopo solvendarum a nobis, si nos, quod absit! a compromisso resilire contingeret. In hujus itaque firmitatem et evidentiam præsentes litteras fieri fecimus et sigillorum nostrorum impressione muniri. Actum anno incarnati Verbi 1202, V Kalendas Junii.

Littera archidiaconorum Parisiensium super eodem.

Omnibus Christi fidelibus præsentes litteras inspecturis, MAURICIUS et HAMERICUS archidiaconi Parisienses, salutem in Domino.

Noverit charitas vestra quidquid venerabilis pater et dominus noster Odo Parisiensis episcopus super querelis quæ vertuntur inter ipsum et nos ex una parte, et virum venerabilem Joannem abbatem et Ecclesiam Sanctæ Genovefæ ex altera, judicio vel compositione seu transactione fecerit nos ratum habituros et firmiter servaturos. In cujus rei evidentiam sigillorum nostrorum testimonium præsentibus litteris apposuimus.

Littera Odonis Parisiensis episcopi de præsentatione facta per abbatem Sanctæ Genovefæ ad præsentandum Theobaldum canonicum Sanctæ Genovefæ episcopo Parisiensi, et de juramento facto a dicto Theobaldo prædicto episcopo.

Odo Dei gratia Parisiensis episcopus, omnibus præsentes litteras inspecturis, in Domino salutem.

Notum facimus quod per Amauritium canonicum Sanctæ Genovefæ de Monte, qui nobis tradidit litteras Joannis abbatis Sanctæ Genovefæ apertas, ex parte ejusdem abbatis nobis fuit præsentatus Theobaldus canonicus Sanctæ Genovefæ ad curam animarum de Monte, et idem Theobaldus curam animarum ejusdem parochiæ suscepit a nobis et præsentibus sacrosanctis Evangeliis et deosculatis ab eodem promisit nobis sicut episcopo Parisiensi in verbo sacerdotis et super ordinem suum justitiam, obedientiam et fidelitatem, quamdiu regeret parochiam memoratam. Hoc autem totum factum est Parisius in capella nostra superiori, præsentibus Archem- baldo decano Bituricensi et magistro Jordano socio ejus, Gaufrido de Lenda, magistro Lotherio, magistro Bernardo, magistro Gaufrido de Pissiaco, magistro Nicolao Gregorio Radulpho de Lineriis, Guidone archipresbytero et Leodegario clerico ejus, Odone presbytero de Viceour, Petro nepote Engolismensis episcopi, Roberto Bituricensi, Petro de Lineriis clerico, Nivelone Joanne clerico magistri Lotherii, Odone de Sancto Mederico, Willelmo Escuacol, Joanne Maurino, tunc etiam præsentato ab eodem Willelmo, fratre Otranno et fratre Petro de Sancto Lazaro. In cujus rei memoriam præsentem chartam sigilli nostri fecimus impressione muniri. Actum anno gratiæ 1202, mense Junio, pontificatus nostri anno quinto.

Littera G. abbatis sancti Benedicti Floriacensis, cantoris Carnotensis et J. magistri scholarum Aurelianensium, judicum a Domino papa datorum super quadam sententia ab ipsis data inter episcopum Parisiensem et abbatem Sanctæ Genovefæ Parisiensis.

G. Dei gratia Sancti Benedicti Floriacensis abbas, G. cantor Carnotensis, et J. magister scholarum Aurelianensium, omnibus ad quos litteræ istæ pervenerint, salutem in Domino.

Mandatum summi pontificis ad nos sub hac forma descendit: INNOCENTIUS *episcopus, servus servorum Dei, dilectis filiis Floriacensi abbati, magistro scholarum Aurelianensium et cantori Carnotensi, salutem et apostolicam benedictionem. — Inter venerabilem fratrem nostrum Parisiensem episcopum et dilectum filium abbatem Sanctæ Genovefæ super possessione juris parochialis in parochia de Monte controversia quondam mota et per delegatos apostolicæ sedis ad nos instructa causa remissa, eam, salva quæstione proprietatis, curavimus sententialiter definire, sicut ex rescripto apostolico perpendi tur evidenter. Ne autem videamur inutiliter laborasse si sententia nostra non fuerit adimpleta, exsecutionem ipsius vobis de consensu partium duximus committendam, per apostolica vobis scripta mandantes quatenus utramque partem ad parendum legitime inducentes, monitione præmissa, per censuram ecclesiasticam, appellatione remota, compellere procuretis; contradictores, si qui fuerint, vel rebelles ut a sua præsumptione desistant, districtione simili compellentes; nullis obstantibus litteris, si quæ apparuerint præter assensum partium a sede apostolica impetratæ. Quod si non omnes iis exsequendis potueritis interesse, tu ea, fili abbas, cum eorum altero nihilominus exsequaris. — Datum Anagniæ IX Kal. Januarii, pontificatus nostri anno quarto.* Inspecta igitur sententia summi pontificis, intelleximus inter Parisiensem episcopum et Ecclesiam suam ex una parte et abbatem et Ecclesiam de Monte ex altera, super possessione juris parochialis in parochia de Monte controversiam emersisse, talem scilicet: Dicebat enim episcopus quod presbyter qui parochianis de Monte divina pro tempore ministrabat, etiamsi esset canonicus regularis, a parishieni episcopo curam parochiæ recipiebat, et parochianos de Monte ad nutum episcopi vel archidiaconi citabat, vocabat, ligabat pariter et solvebat, et si quis excommunicatus esset ab episcopo vel archidiacono vel etiam interdictus, presbyter ipse eum non admittebat aliquatenus ad divina; et in possessione totius juris parochialis se et prædecessores suos integre fuisse dictus episcopus asserebat. Cum itaque dominus papa possessionem juris episcopalis seu parochialis tam in prædictis quam in omnibus aliis in tota parochia de Monte adjudicasset episcopo memorato, exceptis duntaxat interdicto burgi et institutione et destitutione sacerdotis, in quibus duobus articulis abbas fuerat absolutus, convenientes in Ecclesia Sanctæ Genovefæ, populo parochiæ convocato, deinde in capitulo Sanctæ Genovefæ præsentibus abbate et canonicis, taliter sumus mandatum apostolicum executi. Præcepimus siquidem prædicto Parisiensi episcopo auctoritate apostolica ne burgum Sanctæ Genovefæ interdicto supponeret et ne presbyterum in prædicta parochia institueret vel destitueret; abbati vero et canonicis ne impediant episcopum vel archidiaconum Parisiensem, qui in omnibus quæ supra petita dicuntur et aliis parochialibus, exceptis duobus supradictis, in quibus abbas fuerat absolutus, possessione sibi a domino papa adjudicata et eidem episcopo præsenti a nobis auctoritate apostolica assignata libere utantur. De presbytero etiam, quicunque ipsi parochiæ divina pro tempore ministrabit, præcepimus ut in his quæ supra diximus fuisse petita et omnibus aliis ad jus episcopale vel parochiale spectantibus, exceptis supradictis duobus, episcopi vel archidiaconi mandatum adimpleat et fideliter exsequatur. Salva utrique partium quæstione proprietatis, sicut in apostolica sententia continetur. Ut autem mandatum apostolicum et exsecutionis nostræ series in omnibus supradictis inviolabiliter observetur, tam prædictos episcopum et archidiaconum quam abbatem et canonicos de Monte, presbyterum etiam qui pro tempore illi parochiæ ministrabit et omnes alios tam clericos quam laicos qui prædictæ sententiæ apostolicæ vel huic exsecutioni nostræ rebelles seu contradictores exstiterint excommunicavimus.

Actum Parisius anno incarnati Verbi 1201, mense Martio.

Littera formæ pacis et compositionis inter dominum Odonem episcopum Parisiensem et abbatem et ecclesiam Sanctæ Genovefæ.

In nomine sanctæ et individuæ Trinitatis. Amen. Hæc est forma compositionis et pacis inter dominum Odonem episcopum et Ecclesiam Parisiensem ex una parte, et Joannem abbatem et Ecclesiam Sanctæ Genovefæ ex altera, super querelis quas dictus episcopus movebat de jure parochiali in parochia de Monte et procurationibus quas in parochialibus Ecclesiis canonicorum de Monte petebat, et e contra canonici de Monte adversus episcopum super capella Sanctæ Genovefæ sita in civitate Parisiensi, scilicet quod Parisiensis episcopus habebit omne jus episcopale seu parochiale in tota parochia de Monte, et presbyter qui illi parochiæ spiritualia pro tempore ministrabit, etiamsi sit canonicus regularis, præsentabitur episcopo et ab eo curam recipiet animarum, et parochianos ipsius parochiæ ad mandatum episcopi vel archidiaconi citabit, vocabit, ligabit pariter et solvet, chrisma et oleum ad opus parochiæ ab Ecclesia Parisiensi recipiet, ad synodum etiam veniet, nec tamen circatam vel synodaticum reddet. Item licebit episcopo et archidiacono in singulos de prædicta parochia et in omnes interdicti et excommunicationis ferre sententiam; quæ si lata fuerit, presbyter qui illi parochiæ deserviet excommunicatos seu interdictos de ipsa parochia non admittet; tamen, illis exclusis, in altari parochiali quod est intra majorem ecclesiam nihilominus celebrabit. Sed nec alios interdictos vel excommunicatos ab episcopo vel archidiacono, undecunque fuerint, nullo unquam tempore ipse vel alius in altari parochiali recipiet aliquatenus ad divina. Ab hac autem generalitate exceptæ erunt ab omni interdictione episcopi et archidiaconi viginti personæ inter servitores et garciones infra ambitum canonicorum habitantes, comedentes, cubantes et levantes, scilicet unus janitor, duo quadrigarii, duo cursores, unus hostelarius, unus carpentarius, unus hortolanus, quatuor in servitio furni, quatuor in servitio coquinæ, unus sarcinator, unus vigil, unus matricularius, unus infirmarius et extra septa canonicorum sex servitores, scilicet, tres escuerii abbatis, unus serviens capicerii, unus clauserius vinearum, unus tolonearius. Nullus autem viginti sex prædictorum viarius poterit esse vel major burgi, ita ut prædicta gaudeat libertate. In his siquidem prædictis viginti sex personis, aut in illis quæ in locum earum per abbatem fuerint subrogatæ, nullam episcopus vel archidiaconus potestatem habebit, nisi de earum matrimonio separando agatur. Illa etenim causa pleno jure ad episcopum et archidiaconum pertinebit. Uxores autem prædictorum sex servitorum in parochia de Monte extra canonicorum septa manentium jurisdictioni episcopi et archidiaconi in omnibus spiritualibus subjacebunt; eo salvo ut pro forefactis maritorum suorum interdici vel excommunicari non possint, et quando in parochia positum fuerit interdictum, liceat ipsis sicut et viris earum in altari parochiali audire divina. In prædicta autem parochia de Monte neque episcopo sine consensu canonicorum, neque canonicis sine episcopo, novam ecclesiam seu capellam ædificare licebit. In augmentum vero prædictæ parochiæ dedit episcopus ad habitandum vineam suam de brunello, ita ut omnes qui in loco illo habitaverint, cum aliis parochianis de Monte a presbytero parochiæ supradictæ divina percipiant sacramenta, et ad episcopum et archidiaconum pleno jure pertineant. Similiter et illi qui habitabunt in clauso quod dicitur mali vicini, si quando illud inhabitari contigerit. Præterea ecclesiam de Roissiaco dedit episcopus canonicis memoratis ad eorum usum perpetuo possidendam, cum additamento villæ quæ dicitur Vallis Derlandi; in qua villa licebit prædictis canonicis de Monte, si voluerint, ædificare capellam, episcopi tamen jurisdictioni subjectam et tam in ecclesia de Roissiaco quam in ipsa capella, sicut et in aliis eorum ecclesiis parochialibus, ad curam animarum recipiendam presbyterum episcopo præsentabunt. De procurationibus autem quas episcopus in eorum ecclesiis exigebat ita statum est, ut ecclesiæ de Jausseigny, de Espinolio, de Vaunis, de Nanturra, de Rooneyo, et Sancti Medardi, a procurationibus episcopi liberæ sint penitus et immunes. Verum in ecclesia de Roissiaco quatuor libras Parisiensis monetæ accipiet prædictus episcopus annuatim; de quibus procurationem sibi parabit episcopus unam vel plures in ipsa ecclesia de Roissiaco vel in qua voluerit prædictarum. Prædicti quoque canonici Sanctæ Genovefæ, ut omnis amoveatur annuente Domino materia seditionis et scandali, capellam Sanctæ Genovefæ sitam in civitate Parisiensi dederunt episcopo et successoribus ejus in perpetuum liberam et quietam, nullo sibi in ea jure retento, ut possit ipse vel ejus successores de prædicta capella pro sua voluntate disponere. Præbendam quoque et vicariam quas prædicti canonici in ecclesia Beatæ Mariæ Parisiensis habebant, prædicto episcopo et ejus successoribus quietaverunt, nihil omnino sibi juris in prædicta præbenda seu vicaria reservantes. Hæc autem omnia ita in perpetuum servabuntur, non obstante sententia summi pontificis quam pro se Parisiensis episcopus induceret, vel aliis quibuslibet munimentis ab alterutra partium impetratis vel in posterum impetrandis. In hujus rei testimonium et perpetuam firmitatem duo scripta in eumdem tenorem confecta sunt; quorum alterum habebit Ecclesia Parisiensis sub sigillis duobus, abbatis videlicet et capituli Sanctæ Genovefæ; et reliquum habebit ecclesia de Monte similiter sub duobus sigillis, episcopi scilicet et capituli Beatæ Mariæ Parisiensis.

Actum anno incarnati Verbi 1202, mense Junio.

Littera Eliæ abbatis Sanctæ Columbæ Senonensis et Joannis magistri scholarum Aurelianensium commissariorum sedis apostolicæ super confirmatione compositionis et pacis prædictæ.

Universis Christi fidelibus ad quos præsens scriptum pervenerit, Elias abbas Sanctæ Columbæ Senonensis et Joannes magister scholarum Aurelianensium, æternam in Domino salutem.

Cum rescriptum ad nos apostolicum emanasset ut compositionem quæ inter venerabiles viros dominum Odonem Parisiensem episcopum et Joannem Sanctæ Genovefæ abbatem et eorum ecclesias ac capitula ingressit, sicut sine pravitate facta fuerat et a partibus sponte recepta, dummodo non vergeret in præjudicium sedis apostolicæ, confirmaremus, nos adhibito nobis consilio peritorum, formam compositionis ipsius tam episcopi quam abbatis et capitulorum suorum munitam sigillis diligenter inspeximus; cujus tenorem de verbo ad verbum præsenti paginæ duximus inserendum; videlicet quod Parisiensis episcopus habebit omne jus., etc., *ut in præcedenti usque ad finem*. Facta igitur inquisitione plenaria super iis de quibus summus pontifex mandaverat a nobis inquiri, compositionem ipsam sine pravitate factam et a partibus sponte receptam invenimus, et Ecclesiam Sanctæ Genovefæ in nullo damnificatam, nihilque quod in præjudicium sedis apostolicæ vergeret invenimus attentatum. Ideoque eamdem compositionem, sicut in scriptis authenticis continetur et superius est expressa, auctoritate apostolica confirmamus.

Actum anno Domini 1202.

Littera formæ compositionis et pacis inter dominum Odonem episcopum et Ecclesiam Parisiensem ex una parte et Joannem abbatem et Ecclesiam Sanctæ Genovefæ ex altera.

In nomine sanctæ et individuæ Trinitatis. Amen. Hæc est forma compositionis et pacis inter dominum Odonem episcopum et Ecclesiam Parisiensem ex una parte, etc., *ut in præcedenti compositione usque ad finem*. Ego Joannes abbas Pontiniacensis authenticum scriptum inspexi munitum sigillis abbatis Sanctæ Genovefæ et capituli, in quo idem de verbo ad verbum continebatur quod superius continetur. Et in hujus rei testimonium præsenti paginæ sigillum meum apposui. Ego Girardus abbas Sacri Portus, Cisterciensis ordinis, authenticum scriptum inspexi munitum sigillis abbatis Sanctæ Genovefæ et capituli, in quo idem de verbo ad verbum continebatur quod superius continetur. Et in hujus rei testimonium præsenti paginæ sigillum meum apposui. Ego Sebonius abbas Sancti Sulpitii Cisterciensis ordinis authenticum scriptum inspexi munitum sigillis abbatis Sanctæ Genovefæ et capituli, in quo de verbo ad verbum continebatur quod superius continetur. Et in hujus rei testimonium præsenti paginæ sigillum meum apposui.

Sequentem quoque epistolam Innocentii III, qua, post relationem Eliæ abbatis Sanctæ Columbæ Senonensis et J. magistri scholarum Aurelianensium, quos in hac causa delegaverat, compositionem istam confirmat, visum est isthic addere, quamvis data sit anno sexto pontificatus. Addentur etiam litteræ Odonis episcopi Parisiensis, ex quibus constat eum decano et capitulo Parisiensi concessisse præbendam et vicariam quam abbas et capitulum Sanctæ Genovefæ habebant antea in cathedrali ecclesia Parisiensi.

INNOCENTIUS episcopus, servus servorum Dei, venerabili fratri episcopo Parisiensi et dilectis filiis abbati Sanctæ Genovefæ eorumque capitulis, salutem et apostolicam benedictionem.

Cum inter vos super jure parochiali in parochia de Monte, super (655) capella Sanctæ Genovefæ sita in civitate Parisiensi, et super procurationibus quas tu, frater episcope, in parochialibus ecclesiis tuæ diœcesis ad prædictam ecclesiam Sanctæ Genovefæ de Monte spectantibus requirebas, fuisset quæstio diutius agitata, et post labores varios et expensas multiplices quas propter hoc sustinuistis utrinque, mediantibus bonis viris, salva tamen apostolicæ sedis reverentia, amicabili fuerit compositione sopita, tandem vobis humiliter postulantibus ut eidem compositioni vobis et ecclesiis vestris nostræ dedimus litteris in mandatis ut si compositionem ipsam sine pravitate provide factam cognoscerent et hinc inde sponte receptam, nec in præjudicium apostolicæ sedis, ad quam ecclesia Sanctæ Genovefæ nullo mediante pertinere dignoscitur, redundaret, vice nostra eam auctoritate apostolica confirmarent, id nobis postmodum per suas litteras insinuantes, ut et nos confirmaremus eamdem cum essemus plenius per eorum relationem instructi. Qui, sicut obedientiæ filii, legitime in commisso sibi negotio procedentes, forma compositionis ejusdem et privilegii ecclesiæ Sanctæ Genovefæ diligenter inspectis, compositionem ipsam invenientes secundum quod præmisimus factam et hinc inde receptam, eam auctoritate nostra confirmare curarunt, sicut in eorum litteris plenius perspeximus contineri. Unde pari desiderio et unanimi voluntate nobis humiliter supplicastis ut eidem compositioni manum confirmationis nostræ de benignitate sedis apostolicæ apponere dignaremur. Nos igitur quod per delegatos eosdem secundum formam mandati nostri factum est ratum et firmum habentes, sæpedictam compositionem sine pravitate provide factam et a vobis sponte receptam, ut in scriptis authenticis exinde confectis plenius continetur, auctoritate apostolica confirmamus. Nulli ergo, etc.

Datum Laterani, VII Kal. Aprilis, pontificatus nostri anno sexto.

Odo Dei gratia Parisiensis episcopus, omnibus Christi fidelibus ad quos præsens scriptum pervenerit, æternam in Domino salutem.

Ad universorum notitiam volumus pervenire quod cum venerabiles viri abbas et capitulum Sanctæ Genovefæ præbendam et vicariam quam in ecclesia Beatæ Mariæ Parisiensis habebant, nobis et successoribus nostris ratione compositionis quæ inter nos et ipsos intercesserat contulissent penitus et quitassent, nos nihilominus tam præbendam quam vicariam memoratam dilectis fratribus nostris Hugoni decano et capitulo Parisiensi concessimus et quittavimus perpetuis temporibus possidendam, ut tam de præbenda quam vicaria eisdem prout voluerint liceat ordinare; ita tamen quod capitulum supradictum, præter decem libras Parisiensis monetæ quas matriculariis sacerdotibus in Ecclesia nostra a nobis noviter institutis habendas perpetuo contulerunt, eisdem matriculariis septem libras Parisienses, et post cessionem vel decessum magistri Alberti sexaginta solidos ejusdem monetæ annuatim solvere tenebuntur. Ut igitur donatio ista et concessio perpetuo robore convalescat, præsentem chartam sigilli nostri fecimus impressione muniri.

Actum anno incarnati Verbi 1204, pontificatus nostri anno septimo.

Supra, in epistola 128, legitur Willelmum dominum Montispessulani postulasse ab Innocentio III uti liberos quos ex superinducta susceperat legitimationis dignaretur titulo decorare, exemplumque adductum fuisse Philippi Aug. Francorum regis, cujus liberos ex superinducta susceptos idem pontifex restituerat natalibus. Puto autem gratum me facturum studiosis istarum rerum si litteras Innocentii de legitimatione prolis regis hic data occasione edidero, simulque quæ ab episcopis Gallicanis gesta apud nos sunt post acceptas illas Innocentii litteras.

INNOCENTIUS episcopus, servus servorum Dei, venerabilibus fratribus universis archiepiscopis et episcopis per regnum Franciæ constitutis, salutem et apostolicam benedictionem.

---

(655) *Sainte-Geneviève des Ardents.*

(656) Vide supra epist. 100.

Apostolica sedes, quæ Deo disponente cunctorum fidelium mater est et magistra, prædecessorum nostrorum temporibus diversis causis inspectis, cum quibusdam minus legitime genitis dispensavit etiam ex adulterio procreatis; quos ad actus spirituales legitimans, in pontifices quoque promoveri concessit. Cum igitur major idoneitas in spiritualibus quam in sæcularibus requiratur, dubitari non debet quin ipsa tales ad actus legitimare valeat sæculares, præsertim ad petitionem eorum qui præter Romanum pontificem alium inter homines superiorem minime recognoscunt habentem hujusmodi potestatem. Quoniam ergo charissimus in Christo filius noster, Philippus rex Francorum, præter primogenitum suum, quem de conjuge prima suscepit, aliorum prolem non habet nisi puerum et puellam quos ei nobilis mulier quondam filia nobilis viri ducis Meraniæ peperit nuper defuncta, de sua posteritate provide cogitans a nobis humiliter postulavit ut eos legitimare per favorem sedis apostolicæ curaremus, vehementer affirmans quod postquam venerabilis frater noster Guillelmus Remensis archiepiscopus, Sanctæ Sabinæ cardinalis, tunc apostolicæ sedis legatus, inter eum ac charissimam filiam nostram Ingeburgem reginam Francorum illustrem divortii sententiam promulgavit, licet ipsa sententia per sedem apostolicam postmodum fuerit revocata propter judiciarium ordinem non servatum, nulla tamen ad ipsum de alia non ducenda prohibitio facta pervenit, et propter probationes affinitatis exhibitas coram eodem archiepiscopo, quas idem rex veras esse credebat, inter eum ac præfatam nobilem putabat esse vinculum conjugale, quanquam nostra fuerit auctoritate compulsus ut et ipsam dimitteret et reginam reciperet memoratam. Nos igitur attendentes in eo devotionis constantiam et fidei puritatem quam a progenitoribus erga Romanam Ecclesiam quasi quodam hæreditario jure contraxit, ut tam honori regiæ dignitatis quam utilitati et necessitati regni Franciæ provide consulamus, prædictos puerum et puellam de speciali gratia legitimationis titulo de communi fratrum nostrorum consilio decoramus, ut nullus eis in naturalibus defectus obsistat; ita videlicet ut per hoc nullum eidem regi vel præfatæ reginæ in matrimoniali causa præjudicium generetur. Vos ergo quod super hoc a nobis est provida deliberatione statutum, et vos ipsi firmiter observetis, et ab aliis faciatis per censuram ecclesiasticam inviolabiliter observari; et cum ab eodem rege fueritis requisiti, secundum formam præscriptam solemniter publicetis.

Datum Anagniæ IV Nonas Novembris, pontificatus nostri anno quarto.

Litteræ episcoporum Gallicanorum:

ODO Dei gratia Parisiensis Ecclesiæ minister humilis, omnibus ad quos præsentes litteræ pervenerint, tam clericis quam laicis, in perpetuum.

Noverit universitas vestra quod nos vidimus authenticum sanctissimi Patris nostri Innocentii papæ, in quo continetur quod ipse filium et filiam excellentissimi domini nostri Philippi regis Francorum, quos ipse susceperat de Agnete filia nobilis ducis Meraniæ, legitimationis titulo decoravit, ut nullus ex natalibus eis defectus obsistat. Nos vero, tanquam sacrosanctæ Romanæ Ecclesiæ devoti filii, mandatum apostolicum humiliter suscipientes, eosque legitimos habentes, auctoritate apostolica, cujus in hac re mandatum suscepimus, excommunicavimus et anathematizavimus et a liminibus sanctæ matris Ecclesiæ sequestravimus omnes illos qui aliquo modo huic sanctioni apostolicæ attentaverint contraire vel in aliquo derogare.

Actum publice Senonis, anno gratiæ 1201, mense Januario.

In eumdem modum Petrus archiepiscopus Senonensis, Garnerius episcopus Trecensis, Ansellus Meldensis, Guillermus Nivernensis, Hugo Aurelianensis, Hugo Autissiodorensis, ita quod unusquisque seorsim. Datum, ut supra.

In eumdem modum Guillelmus archiepiscopus Bituricensis et Robertus episcopus Claromontensis, ita quod unusquisque seorsim. Datum Biturigis, anno 1201, mense Januario.

In eumdem modum Robertus episcopus Laudunensis, Philippus Bellovacensis, Stephanus Noviomensis, Lambertus Morinensis, et Aymarus Suessionensis, ita quod unusquisque seorsim. Datum Remis anno 1210, mense Februario.

Hic in editione Baluzii inseritur *Registrum Innocentii III super negotio Romani imperii;* nos ad calcem *Regestorum* amandamus. EDIT.

ORDO RERUM

QUÆ IN HOC TOMO CONTINENTUR.

PROLEGOMENA.
Baluzii epistola nuncupatoria. 1
Ejusdem præfatio. III
Brequigny et Laporte Dutheil monitum. VII
Notitia ex Conciliis. XI
Gesta Innocentii III. XV

INNOCENTII III REGESTA SIVE EPISTOLÆ.
LIBER PRIMUS. — *Pontificatus anno I, Christi* 1198.

I. — De legitima sui electione, quæ ut fausta reipublicæque salutaris existat, omnes Deum orare jubet. (v Id. Jan.) 1

II. — Regi Francorum. — Ut in religione catholica et Romanæ Ecclesiæ observantia permaneat. 2

III. — Abbatibus, prioribus et aliis religiosis in regno Franciæ constitutis. — Ut pro recens electo pontifice Deum orent. 3

IV. — Parisiensi episcopo. — Ut illustrem Francorum regem moneat et inducat ad recipiendam reginam uxorem suam, quam ejecerat. 5

V. — Strigoniensi archiepiscopo. — De dilatione voti sui pro negotio regni Hungariæ. 5

VI. — Eidem. — De reformatione monasterii de Telequi. 5

VII. — Abbati sancti Martini. — De conspiratione facta contra Henricum regem Hungariæ. 6

VIII. — Ferrariensi episcopo. — De observatione constitutionum factarum ab ipso in monasterio de Nonantula. (III Non. Febr.) 6

IX. — Illustri regi Hungariæ. — De transferendo monasterio, quod B. quondam comes de Bichor ædificare incœpit, ad loca tuta. 7

X. — Nobili viro A. duci. — De prosecutione voti regis Hungariæ patris sui defuncti. (IV Kal. Febr.) 8

XI. — Hierosolymitano patriarchæ et suffraganeis ejus. — De promotione Domini nostri papæ, et negotio terræ sanctæ. 9

XII. — Ad Maguntinum archiepiscopum. 10

XIII. — Duci Lavanniæ, lantgravio Duringiæ, et aliis de regno Alemanniæ in ultramarinis partibus constitutis. — Ut sint ferventes in servitio Jesu Christi. 10

XIV. — Electo et decan. et mag. Nicolao de Levernes can. Cameracen. — Super cognitione causæ quæ inter Præmonstratensem et Prumiensem Ecclesias vertitur super possessionibus de Hanapia. (II Non. Febr.) 12

XV. — P. basilicæ XII Apostolorum et B. tituli sancti Petri ad Vincula presbyteris card. ap. sedis legatis. — Super colligationibus factis cum episcopis et consulibus civitatum Tusciæ. 13

XVI. — Capitulo S. Anastasii. — Ut electus per potentiam laicalem intrusus cassetur, et alius de licentia apostolica deligatur. (VIII Id. Febr.) 14

XVII. — Capuano, Reginensi, et Panormitano archiepiscopis. (v Id. Febr.) 15

XVIII. — Illustri Romanorum imperatrici semper Augustæ. — Ut in ipsa electione impedimentum non præstet. (v Id. Febr.) 15

XIX. — Parisiensi episcopo. — Ut liceat presbytero Michaeli in sacerdotii officio ministrare, non obstante quod ad evitandum lepræ periculum, virilia sibi fecit abscindi. (IV Id. Febr.) 15

XX. — Episcopo et abbati S. Lupi Trecensis. — Ut recepta a G. presbyt. canonica purgatione de crimine homicidii sibi objecto, ipsum absolvat; si legitimus accusator non comparuerit, et crimen notorium non existit. (IV Non. Febr.) 16

XXI. — Archiepiscopo et archid. Tranensi. — Super transactione habita inter episcopum et canonicos Vestanenses, de quadam episcopali capella et rebus aliis. 16

XXII. — Mediolanensi archiepiscopo. — Ut liceat ei illos in sua ecclesia ad diaconatum et sacerdotium promovere, qui a summo pontifice ordinem susceperunt. (XII Kal. Martii.) 18

XXIII. — Juramentum fidelitatis exhibitum domino Innocentio, successoribus ejus, et Romanæ Ecclesiæ, a Petro præfecto Urbis, Oddone de Palumbaria, Oddone de Monticillo. 18

XXIV. — Spirensi, Argentinensi, et Wormatiensi episcopis. — Pro liberatione Salernitani archiepiscopi. 19

XXV. — Sutrinensi episcopo et abbati S. Anastasii. — Pro reconciliatione Philippi ducis Sueviæ et liberatione archiepiscopi Salernitani. 20

XXVI. — Eisdem. — Pro liberatione nobilis mulieris Sibiliæ, filii et filiarum ejus, et aliorum captivorum regni Siciliæ detentorum in Teutonia. 20

XXVII. — Ravennati archiepiscopo et suffraganeis ejus. — Ut Carsendino subdiacono domini papæ legato in exarchatu Raven. et comitatu Brittinorii diligenter assistant. 21

XXVIII. — Remen. sanctæ Sabinæ cardin. et Senon. archiepiscopis, et episcopo Meldensi. — Super consortione comitissæ Campaniæ de morte filii sui. (v Kal. Martii.) 22

XXIX. — Ferentinati episcopo. — Consultatio super causa matrimonii inter L. virum et P. mulierem, quam primo juraverat, et aliam postmodum desponsavit. (v Kal. Mart.) 23

XXX. — Canonicis Argentinen. — Super quæstione cujusdam præbendæ, quæ inter Arnulfum et F. sancti Thomæ præpositum vertitur. (VI Non. Mart.) 23

XXXI. — Terraconen. archiep. et sacristæ Vicensi. — De confirmatione R. electi sancti Benedicti de Bages, et irritatione intrusi per potentiam laicalem. (VI Non. Mart.) 24

XXXII. — Colocen. archiepiscopo. — Confirmatio super quibusdam ecclesiis præpositurae Colocen. ecclesiæ de capituli consensu collatis. 25

XXXIII. — Hug. comiti et Marsucto Pisanis canonicis. — Super quæstione cujusdam pignoris, quæ inter R. et Gallicianum Pisanos vertitur. 25

XXXIV. — Potestati et consiliariis Viterbiensibus. — Quod in tractatu habito inter ipsos, Perusinos et rectores Tusciæ sine mandato apostolico non procedant. 26

XXXV. — P. basilicæ XII Apostol. et B. Sancti Petri ad Vincula presbyteris cardinalibus, apostolicæ sedis legatis. — Super eodem 26

XXXVI. — Episcopo et capitulo Tragurien — Quod B. presbyter non teneatur ad observantiam habitus monachalis, ex eo quod cum gravi ægritudine laboraret, a quodam monacho indutus est habitu monachali 27

XXXVII. — Mediolan. archiepiscopo. — Super quæstione quæ inter ipsum et monasterium sancti Donati de Scozula. (VI Non. Mart.) 28

XXXVIII. — Universis episcopis per Marchiam constitutis. — De confirmatione sententiæ latæ per legatos Rom. curiæ contra Marcovaldum. 31

XXXIX. — Lauden. episcopo. — Super quæstione cujusdam præbendæ quæ inter Novariense capitulum et Jacobum clericum vertitur. (v Non. Mart.) 32

XL. — Lauden. episcopo. — De quæstione cujusdam præbendæ quæ inter Novariense capitulum et Albertum Siccum vertitur. (III Non. Mart.) 35

XLI. — G. Lunen. episcopo ejusque successoribus canonice substituendis in perpetuum. — Super concessione et confirmatione Abolensis monasterii, ad Romanam Ecclesiam pertinentis. (XVII Kal. April.) 37

XLII. — Abbati et conventui monasterii Abolensis. — Ut episcopo Lunen. debeant obedientiam et reverentiam exhibere. 58

XLIII. — Knesnen. archiepiscopo et suffraganeis ejus. — Ut impugnatores B. ducis Peloniæ, nisi ab ipsius molestatione destiterint, ecclesiastica censura percellant. (VIII Id. Mart.) 58

XLIV. — Wormatien. episcopo. — Ut festum conversionis B. Pauli celebret, et faciat per suam diœcesim solemniter celebrari. (Non. Mart.) 59

XLV. — Universis presbyteris per decanatum de Sparnon. in Carnotensi diœcesi constitutis. — De confirmatione privilegii eisdem concessi ab episcopo Carnotensi. 40

XLVI. — Archipresbytero et canonicis Perusinis. — De confirmatione constitutionis inter se mutuo assensu factæ. (Non. Mart.) 41

XLVII. — Litteræ consulum et populi Montis belli. — De fidelitate Romanæ Ecclesiæ facienda. 43

XLVIII. — Marsicanensi episcopo. — Super causa matrimonii inter B. virum et O. mulierem, quam prius desponsavit, et aliam postmodum in uxorem duxit. (VIII Kal. Mart.) 44

XLIX. — Abbati et fratribus S. Prosperi Reginensis. — Ut omnes alienationes seu obligationes, quas Guido quondam ipsius monasterii abbas fecerat, irritæ sint et inanes. 44

L. — Antiocheno patriarchæ. — Quia Apamien. electum in Tripolitan. Ecclesiam sine licentia domini PP. transtulit, ipse a confirmatione episcoporum a domino PP. suspenditur quousque ab eo aliud statuatur. (XVI Kal. April.) 45

LI. — Dicto Tripolitan. episcopo. — Quia in Apamien. Ecclesia in archiepiscopum electus in Tripolitan. se fecit transferri, a pontificalis officii exsecutione suspenditur. 46

LII. — Suession. episcopo. — De concessa sibi licentia recipiendi jus patronatus cujusdam capellæ a P. præposito Compendiensi. (XIII Kal. April.) 46

LIII. — Eidem. — Ut capellam sibi a præposito Compendien. collatam dedicare valeat et ad parochia disponere episcopi Atrebaten. (VIII Kal. April.) 46

LIV. — Atrebatensi episcopo. — Ut si et constiterit quod parochia castri Compendien. ad episcopum Suessionen. pertineat, disponendi de ipsa liberam ei tribuat facultatem. (VIII Kal. April.) 47

LV. — Burdigalensi archiepiscopo. — De sententia lata pro canonicis Lemovicen. per dominum Cœlestinum et de ipsius revocatione veritate cognita per eumdem, et quod dominus Innocent. præcipit exsecutioni mandari, quod factum est per dominum Cœlestinum. (XVII Kal. April.) 47

LVI. — Hubaldo Pisano archiepiscopo ejusque successoribus canonice substituendis in perpetuum. — De confirmatione Turitanen., Calaritan. et Abonen. provinciarum primatus. 49

LVII. — Vicentin. episcopo. — Ut feuda et beneficia interfectoribus Vicentin. episcopi per sententiam sublata non restituantur eisdem, nec alia conferantur. (XIII Kal. April.) 50

LVIII. — Zamoren. episcopo. — De relaxatione sententiæ quam legatus Ecclesiæ Rom. in ipsum et Ecclesiam tulerat Zamoren. (VII Kal. April.) 51

LIX. — Sanctæ Mariæ et S. Petri decanis, et W. cancellario Laudunensi. — De causæ cognitione, quæ inter archidiac. Laudunen. et magistrum R. Balbum super donatione ecclesiæ de Ascheri. (IX Kal. April.) 51

LX. — Lucen. episcopo, abbati de Melon. et Petro Joanni archidiac. Astoricen. — Super causæ cognitione

quæ inter Aurien. episcopum et abbatem Celiæ Novævertitur, quem dicebat sibi lege diœcesana subjectum. (vii Kal. April.) 52
LXI. — Senonen. archiepiscopo. — De irritatione cujusdam indulgentiæ, quam episcopus Carnoten. a domino Cœlestino in ipsius archiepiscopi præjudicium impetrarat. (ix Kal. April.) 53
LXII. — Electo, decan. et magistro Nicolao de Levennes can. Cameracen. — Ut in litteris transmissis eisdem de causæ cognitione quæ inter Præmonstraten. et Prumien. ecclesias vertitur super possessionibus de Hapania, subsequens clausula præcedenti clausulæ præponatur. (xii Kal. April.) 54
LXIII. — Armachano archiepiscopo. — Quod mulieri post partum acturæ gratias non est ecclesiæ aditus denegandus. 55
LXIV. — Aversan. episcopo. — Ut quidquid in Ecclesia vel diœcesi Aversan. in promissionibus vel concessionibus præbendarum et beneficiorum factum est per potentiam laicalem, cassetur. 55
LXV. — Abbati Lucæ, magistro Gerardo, G. archipresb. S. Severini procuratoribus ecclesiæ Salernitan. abbati Barch. Caputagnen. ecclesiæ præceptori. — Ut quidquid in ecclesia vel diœcesi Salern., archiepiscopo in vinculis detento, in concessionibus præbendarum, beneficiorum, ecclesiarum attentatum est, per potentiam laicalem, cassetur. 55
LXVI. — Abbati et monachis de Galdo. — Ut liceat eis monasterium et habitationem circumpositam ad tutiora loca transferre. 56
LXVII. — Pictaven. episcopo. — Super correctione monasterii, tam in capite quam in membris. (Pridie Non. April.) 56
LXVIII. — Lauden. episcopo. — Ut litteras cassationis super electione canon. in ecclesia Novarien. in judicio non recipiat. 57
LXIX. — Trecens. episcopo. — Quod liceat ei votum redimere per alium religiosum. (Id. Mart.) 58
LXX. — Leodiensi episcopo, abbati de Bron., et præposito Trajectensi. — Ut inquirant contra archiepiscopum Trevirensem, sub objectis criminibus; et si culpabilis erit, suspendent. 61
LXXI. — Zamoren. episcopo, abbati Saltus Noval. et priori S. Marci. — Ut restituta Legionensi ecclesiæ archidiaconatus possessione, curam jure finiant. (xv Kal. Maii) 62
LXXII. — Alifano episcopo. — Quod clericos præsumentes ipsum ad tribunal sæculare trahere possit per excommunicationis sententiam coercere. 62
LXXIII. — Magistro et fratribus hospitalis Hierosolymitani. — Ut ecclesiæ Tripolitanæ ecclesiam de Nephin una cum decimis, juxta decretum pontificis resignent. 64
LXXIV. — Anagnino episcopo. — Quod liceat ei, pro emptione Castri, Ecclesiæ bona cum voluntate capituli pignori supponere. 65
LXXV. — Adem. Pictaven. episcopo. — De confirmatione electionis suæ in episcopum Pictaviensem. (viii Kal. April.) 65
LXXVI. — Zamoren. episcopo. — Ut sine titulo ordinato clerico provideatur. (iii Non. April.) 68
LXXVII. — Decano Astoricensi. — Ut sit decessorum suorum jure atque privilegiis contentus, nec gravet suum capitulum. (vi Kal. April.) 68
LXXVIII. — Magdeburgensi archiepiscopo. — Ut a laicis intrusum amoveat, aliumque Pragensem episcopum canonice eligi curet. (vi Id. April.) 69
LXXIX. — Auxitan. archiepiscopo. — Ut clerici qui se a laicis intrudi curant, puniantur. (xv Kal. April.) 70
LXXX. — Eidem. — Ut vagi monachi ad cœnobium revocentur. (xiv Kal. April.) 70
LXXXI. — Eidem archiepiscopo. — Ut hæreticis obsistat et gladio coerceat. (Kal. April.) 71
LXXXII. — Eidem archiepiscopo. — Ut habentes plures dignitates, retenta una, reliquas resignare cogantur. (Kal. April.) 72
LXXXIII. — Universis archiepiscopis, episcopis, et aliis ecclesiarum prælatis, ad quos litteræ istæ pervenerint. 72
LXXXIV. — Archiepiscopo, præposito S. Andreæ, et Scholastico S. Petri Coloniensis — Ut fraudulenta privataque beneficiorum permutatio rescindatur. 72
LXXXV. — Mediolanensi archiep. — De citatione Passaguerræ causidici ad dicendam causam Romæ. (Id. April.) 73
LXXXVI. — Archiepiscopo Senonen. — Ut decretum privilegii et exemptionis cleri a talliis et exactionibus observetur. (xvii Kal. Maii.) 74
LXXXVII. — Archiepiscopo Senonensi. — Ut ipse illos instituat quos Carnotensis instituere recusabat. (xviii Kal. Maii.) 75
LXXXVIII. — Rectoribus Tusciæ. — Quod arcem Assisii aliasque terras nolint ab Ecclesia alienare. (xvi Kal. Maii.) 75
LXXXIX. — Petro canonico S. Hilarii Pictav. nepoti, quondam magistri Aimerici de Partiniaco. (xv Kal. Maii.) 77
XC. — G. archidiacono, cantori et cancellario Tornacensi. — De collatione cujusdam præbendæ in Ecclesia Antverpiana. (Id. April.) 78
XCI. — Episcopo Alifano. — Quod pro templi reparatione aliquid locare queat. (xii Kal. Maii.) 79
XCII. — Dilecto filio fratri Rainerio. — De revocanda incestis nuptiis, et servando fœdere pacis. (xvi Kal. Maii.) 79
XCIII. — Fratri Rainero. — De eodem fere argumento. (xi Kal. Maii.) 81
XCIV. — Aquen. archiepiscopo et suffraganeis ejus. — Ut contra hæreticos commissariis apostolicis auxilio sit. (xi Kal. Maii.) 81
XCV. — Universis archiepiscopis et episcopis, et aliis ecclesiarum prælatis. — Ut religiosos nec ipsi perturbent, nec perturbantes ferant. (x Kal. Maii.) 83
XCVI. — Archiepiscopo Tranen. Juvenat. et Bitontino episcopis. — Ut ablata Ecclesiæ bona restitui curent. (xiv Kal. Maii.) 84
XCVII. — Guidoni fundatori hospitalis Sancti Spiritus, ejusque fratribus tam præsentibus quam futuris regularem vitam professis in perpetuum. — De confirmatione et privilegiis ejusdem. (ix Kal. Maii.) 85
XCVIII. — Clugiensi episcopo. — Ut ultra antiquum numerum receptis canonicis Ferrariensibus faciat provideri de excrescentibus fructibus. (xii Kal. Maii.) 86
XCIX. — Illustri regi Portugaliæ. — Ut centum bizantios et quatuor uncias auri Romahæ Ecclesiæ debitas persolvat. (viii Kal. Maii.) 87
C. — Capellanis S. Joannis de Persiceto. — Ut episcopo et archipresbytero non negetur visitationis procuratio. (x Kal. Maii.) 88
CI. — Archiepiscopo, et abbati S. Petri foris Portam, et magistro Borno subdiacono nostro archidiacono Viennensi. — Ut si abbas Casæ Dei ejus eligendi abbatem Faverniacensem habet, per ipsum electus confirmetur. 89
CII. — Capitulo Spoletano. — Utrum meretricem ducere possit post mortem uxoris, cui vivente uxore adhæserat. (viii Kal. Maii.) 90
CIII. — Archiepiscopo Senonensi. — Ut compellat decanum et capitulum Laudunense M. Petrum in canonicum recipere. (x Kal. Maii.) 90
CIV. — Abbati, et conventui S. Benedicti in Edera. — Ut in alio ordine monachorum legitime ad sacros ordines promotus, ministrare non prohibeatur. (x Kal. Maii.) 92
CV. — Archiepiscopo Montis Regalis. — Ut omnia de bonis Ecclesiæ illicite alienata, revocentur. (xi Kal. Maii.) 92
CVI. — Eidem. — Ne res et bona Ecclesiæ alienentur, præsertim quæ sunt de mensa episcopi. (xi Kal. Maii.) 93
CVII. — Waltero Rothomagensi archiepiscopo. — Ut clerici ad residentiam personalem apud suas ecclesias compellantur. (x Kal. Maii.) 93
CVIII. — Eidem. — De permutationis cujusdam cum Anglorum rege initæ confirmatione. (vi Kal. Maii.) 95
CIX. — Atrebatensi, Tornacensi et Morinensi episcopis et electo Cameracen. — De electionis negotio super electione præpositi Sicliniens. terminando. 96
CX. — Remensi archiepiscopo, cardinali S. Sabinæ. — De eodem argumento. (iii Kal. Maii.) 100
CXI. — Cantuariensi archiepiscopo. — Ne in læsionem aliarum Ecclesiarum novam capellam ædificare pergat. (viii Kal. Maii.) 101
CXII. — Universis Christi fidelibus ad quos litteræ istæ pervenerint. — Meretrices in uxorem ducere, pium et meritorium est. (iii Kal. Maii.) 102
CXIII. — Abbati Cluniacensi. — Omnes alienationes Balmensium monachorum revocantur, et ipsi abbati Cluniacensi subjiciuntur. 103
CXIV. — Archiepiscopo Bisuntin. et suffraganeis ejus. — Ut Cluniacensibus ad corrigendos Balmenses et subjiciendos auxilio sint. 105
CXV. — Episcopo et priori S. Petri Matisconensis. — Ejusdem argumenti. 105
CXVI. — Præposito et fratribus S. Juvenci de Papia — Ut Carnelum clericum recipiant in canohicum. (xiii Kal. Maii.) 104
CXVII. — Bituricensi archiepiscopo. — Quod episcopos ad aliam Ecclesiam transferre absque licentia papæ non liceat. (v Kal. Maii.) 105

CXVIII. — Episcopo, cantori, et magistro P. de Corbolio Parisiensi canonico. — Ut Bernardus de Insula in canonicatu Tornacensi per illos defendatur. (ιι Kal. Maii.) 107

CXIX. — Lamecen. episcopo, et G. monacho quondam episc. Lamecen. et priori de Ecclesiola. — Ut causam inter Bracarensem archiepiscopum et canonicum S. Martini de Castro, de exemptione instituendam, definiant. 109

CXX. — Archiepiscopo Mediolanensi. — Ut cancellariam dignitatem in Ecclesia Mediolanensi vacantem subdiacono pontificis conferat. 110

CXXI. — Episcopo et clero Placentin. — Ut Palavicinum compellat ad restituendum ablata cardinali S. Mariæ. (ιι Kal. Maii.) 111

CXXII. — Episcopo et capitulo Parmen. — De eadem re. 113

CXXIII. — Ravennati archiepiscopo. — De eadem re. 114

CXXIV. — Ovelen. episcopo. — Ut ex collegio canonicorum iterum fiat monasterium. (vι Non. Maii.) 114

CXXV. — Fratri Rainerio. — Ut curet Ovetensem episcopum a rege Legionens. ejectum restitui. 115

CXXVI. — Terraconensi archiepiscopo. — Ne intra septennium proximæ vacatura beneficia conferantur, sed redditus convertantur in usus creditorum. (v Kal. Maii.) 115

CXXVII. — Præposito, decano et capitulo Cameracens. — Ut a decessore suo et a se institutum recipiant in canonicum. 116

CXXVIII. — Matthæo abbati et conventui S. Spiritus de Arenulis. (vi Non. Maii.) 117

CXXIX. — Oxomensi, Oscensi, et Dertusen. episcopis. — Ut causam archiepiscopi et capituli Terraconensis contra monasterium Rivipollense determinent. (ιι Non. Maii.) 117

CXXX. — Philippo illustri regi Franciæ. — De confirmatione fœderis inter ipsum regem et comitem Flandriæ. 117

CXXXI. — Cisterciens. et Clarævall. abbatibus. — Ut per archiepiscopum Rothomagensem, post interpositam a Philippo Gallorum rege appellationem, attentata revocent. 119

CXXXII. — Odoni Terdon. episcopo — Quod omnes religiosos sibi subjectos liceat ad observationem interdicti compellere, salvis privilegiis Romanorum pontificum. 120

CXXXIII. — Gradensi patriarchæ. — Ut decimas a sibi subjectis parochianis recipiat, etsi hactenus sub aliis episcopis habitarunt. (vι Non. Maii.) 120

CXXXIV. — Abbati et conventui Bellævillæ. — Quod liceat ipsis, cum consensu episcopi, et sine detrimento alterius, oratoria exstruere. (Non. Maii.) 121

CXXXV. — Eisdem. — De procuratione exhibenda fratribus S. Irenæi. 121

CXXXVI. — Abbati et conventui S. Vedasti. — Statuta et Laudabiles cœnobii istius consuetudines pontifex confirmat et approbat. (ιι Non. Maii.) 122

CXXXVII. — Gerardo abbati et conventui Virziliacensi. — Veteres consuetudines laudabiles approbat, et nova iis privilegia confert. 122

CXXXVIII. — Eisdem. — De privilegio in fraudem aliorum, et quo privilegiati abutuntur, impetrato, revocando. 124

CXXXIX. — Gerardo abbati Virziliacensi. (Kal. Maii.) 124

CXL. — Abbati et conventui Virziliacensi. — Ne prælati visitantes, multitudine ministrorum ecclesias gravent. 124

CXLI. — Eisdem — Concordiam super procuratione cum comite Nivernensi approbat. 125

CXLII. — Senonensi archiepiscopo, Eduensi, Lingonensi, Antisiodorensi et Nivernensi episcopis. — Ut concordiam, de qua epistola præcedenti, comitis hæredes atque successores observare cogant. 125

CXLIII. — Archipresbytero S. Andreæ de Pallian. — Ut uxorem, quam maritus ob pravam suspicionem abjecerat, recipere cogat, et clericum de suo crimine gloriantem suspendat. (ιv Id. Maii.) 126

CXLIV. — Brixinensi electo. 126

CXLV. — Decano, cantori, et S. Morelli canonico Xantonen. — Ut Willielmum scriptorem papæ curent in canonicatu Pictaviensi pacifice tueri. (ιι Non. Maii.) 127

CXLVI. — A Pictavien. et R. Petragoricen. episcopis, et Arnaldo archidiac. Petragor. Ecclesiæ. — Ut Caduniense deformatum monasterium instaurent. (vι Kal. Maii.) 128

CXLVII. — Episcopo, archidiacono Petragoricensi, et R. archipresbytero, de Marmoutes in Petragoricensi diœcesi constitutis. — Ut latam contra abbates intrusos sententiam tueantur atque defendant. (vιιι Id. Maii.) 128

CXLVIII. — Venerabilibus fratribus archiepiscopis et episcopis ad quos istæ litteræ pervenerint. 130

CXLIX. — Archiepiscopis, et episcopis, et aliis ecclesiarum prælatis, ad quos litteræ istæ pervenerint. — De immunitate et privilegiis monasterii beatæ Mariæ Virziliacensis. 131

CL. — Gerardo abbati monasterii B. Mariæ Magdalenæ Virziliacen. ejusque fratribus tam præsentibus quam futuris regularem vitam professis in perpetuum. — De eodem argumento. 132

CLI. — Willielmo Remen. archiepiscopo, S. Sabinæ cardinali. — Ut electo Cameracensi liceat resignare juri, et ut eligatur alius idoneus a capitulo, intra mensem, vel instituantur auctoritate apostolica. (v Id. Maii.) 135

CLII. — Eidem. — Quod novam cathedram ipsi erigere liceat. Cœnobia tamen in illos usus non convertantur, sed permaneant. 136

CLIII. — Eidem. — Quod ipsi in novo suo episcopatu dignum aliquem virum præficere liceat. (vιι Id. Maii.) 136

CLIV. — Magistro Guiselin. subdiacono nostro, cancellario Tornacen. — Sententia cardinalis Remensis a papa confirmatur. 137

CLV. — Tornacensi episcopo. — Ut a decessoribus alienata revocet. (vι Non. Maii.) 137

CLVI. — Canonicis ecclesiæ B. Mariæ Tornacen. — Ut fructus altarium vicariis æqualiter dividantur. (vιιι Id. Maii.) 138

CLVII. — Canonicis et clericis Tornacen. ecclesiæ. (ιv Id. Maii.) 138

CLVIII. — Canonicis ecclesiæ B. Mariæ Tornacen. — Quod fructus majoris altaris possint dividere. 138

CLIX. — Canonicis ecclesiæ B. Mariæ Tornacen. — Confirmatio constitutionis cujusdam, super fructibus beneficii Ivonis. (ιι Kal. Maii.) 158

CLX. — Electo Cameracensi, S. Auberti et S. Gilleni abbatibus. — Ut injustam interdicti sententiam revocent. (ιι Kal. Maii.) 139

CLXI. — Atrebaten. episcopo et Cameracen. electo. — Ut concordia inita et bona fide interposita transactio observetur. 140

CLXII. — Remensi archiepiscopo, S. Sabinæ cardinali et abbati S. Remigii et decano Remen. — Ut Noviamensem episcopum tertia decimarum parte contentum esse et vexatione monasterii S. Vedasti abstinere jubeant. 140

CLXIII. — Electo Cameracensi, S. Auberti et S. Gilleni abbatibus in Cameracen. diœcesi constitutis. — Ot episcopos per censuras compellant monasterium S. Vedasti contra suos adversarios jure tueri. 141

CLXIV. — Graden. patriarchæ. — Ut causam archidiaconi Tarvisini contra clericos de quinto jure definiat. (ιv Id. Maii.) 141

CLXV. — Archiepiscopis et aliis ecclesiarum prælatis, marchionibus, comitibus, baronibus, et aliis nobilibus viris, et universis Christi fidelibus ad quos litteræ istæ pervenerint. — Ut constitutionibus apostolicis contra hæreticos auxilio sint. (ιιι Id. Maii.) 142

CLXVI. — Abbati Sancti Vedasti. — Approbat ejus voluntatem, quod ex collegio sæculari factum olim cœnobium, ad collegium revocare laboret. (Id. Maii.) 143

CLXVII. — B. magistro scholarum et Walberto canonico Tarvisinis. — Episcopi trucidatores a solo papa absolvi, excepto articulo mortis. 144

CLXVIII. — Archiepiscopo et capitulo Turonens. — Citantur ad audiendum sententiam proferre in causa ipsorum contra ecclesiam Dolensem. 144

CLXIX. — Bituricensi archiepiscopo. — In eumdem fere modum. 145

CLXX. — Archiepiscopo Tarentasien. et episcopo Augusten. et abbati Bonimontis. — Committitur eis causa episcopi et capituli Lausannensis. (Id. Maii.) 146

CLXXI. — Philippo illustri Francorum regi. — Ut repudiata pellice, legitimam uxorem recipiat. (xvι Kal. Junii.) 148

CLXXII. — Willielmo Remens. archiepiscopo, S. Sabinæ cardinali. — Ut existat conservator privilegiorum ecclesiæ S. Germani de Pratis Parisiis. (ιι Id. Maii.) 151

CLXXIII. — Roberto abbati S. Germani Parisiensis, ejusque fratribus tam præsentibus quam futuris, regularem vitam professis, in perpetuum. — Quod eos recipiat sub protectione apostolica, veteraque privilegia, non paucis additis, confirmet. (ιι Id. Maii.) 151

CLXXIV. — Hugoni abbati S. Dionysii ejusque fratribus, tam præsentibus quam futuris regularem vitam professis in perpetuum — Quod eorum jura privilegiaque confirmet. (ιι Id. Maii.) 154

CLXXV. — Abbati et conventui S. Dionysii. — Ut beneficia nondum vacantia, vel petantur vel etiam conferantur. 158

CLXXVI. — Abbati et conventui Cistercien. — Ut pro

gravissimis omnium Ecclesiarum negotiis occupato Deum orent. (xii Kal. Junii.) 158

CLXXVII. — Ardmachan. archiepiscopo. — Ut post acceptam episcopi Rathobotensis resignationem, electionem alterius confirmet. (xv Kal. Junii.) 160

CLXXVIII. — P. presbytero canonico S. Michaelis majoris Papiensis. — Quod confirmetur sententia lata per cardinalem S. Mariæ in causa P. et Jacobi clerici Papiensis. (xv Kal. Junii.) 160

CLXXIX. — Abbati S. Dionysii. — De electionis suæ in abbatem confirmatione apostolica. (xii Kal. Junii.) 162

CLXXX. — Agrigentin. episcopo. — Quod ipsi liceat monasteria transferre ad loca tutiora. (iv Id. Maii.) 162

CLXXXI. — Abbati et conventui sancti Germani Antissiodorensis. — Indulgetur iis quod sacrum chrisma et oleum atque conservationes ab alio catholico episcopo accipere liceat, si Antissiodorensis gratis impertire nolit (xvii Kal. Junii.) 163

CLXXXII. — Lingonensi episcopo. — Quod controversiam inter ipsum et suum capitulum exortam gravate audierit, et utrique parti certum agendi terminum præfigit. 163

CLXXXIII. — Atrebatensi et Sylvanect. episcopis. 164

CLXXXIV. — Abbati et conventui S. Germani Antisiodorensis. — Quod excommunicatio episcopi Antisiodor. injusta et contra juris ordinem inflicta, non obliget. (xvii Kal. Junii.) 164

CLXXXV. — Eisdem. — Quod liceat archiepiscopum Senonensem pre justitia adire, si Antisiodorensis eam administrare negligat 165

CLXXXVI. — Episcopo et decano Matiscon. — Eis committitur causa ecclesiæ Eduensis et cœnobii Balmensis. (Id. Maii.) 165

CLXXXVII. — Capitulo Mediolanensi. — Ut præbendam et domum episcopo Terdonensi suo collegæ restituant. (viii Kal. Junii.) 166

CLXXXVIII. — Archiepiscopo Senonensi. — Ut cogat episcopum Eduensem cum abbate Flaviniac. initam concordiam observare. (xi Kal. Junii.) 167

CLXXXIX. — Hugoni abbati Virziliacens. Ecclesiæ. — Confirmat electionem ipsius, hortaturque ut magno et forti animo tantum opus aggrediatur. 168

CXC. — Archiepiscopo et archidiacono Senonen. — Clericus, qui casu puerum occiderat, absolvitur. 169

CXCI. — Trecensi episcopo — Ut plura beneficia habentes, resignare cogantur; et quod clericos suos, quando publica salus postulat, ad majores ordines suscipiendos compellere queat. 169

CXCII. — Senonensi archiepiscopo et Trecensi episcopo. — Ne quid in proprium commodum et successorum detrimentum canonici constituant. 170

CXCIII. — Trecensi episcopo. — Initæ concordiæ confirmatio apostolica. 171

CXCIV. — Xanctonen. episcopo. — Ut prior de Prato dilapidator deponatur. (ii Id. Maii.) 171

CXCV. — Xanctonen. et Mag. P. Petragoricen. archidiac., ejusdem fere argumenti. (vi Kal. Junii.) 172

CXCVI. — Abbati et fratribus Præmonstratensibus. — Ut disciplina monastica observetur, et quod pontifex eam non velit turbare (v Id. Maii.) 172

CXCVII. — P. abbati Præmonstrat. et ejusdem ordinis abbatibus. — Confirmatur constitutio quod Præmonstratenses non debeant uti mitra et chirothecis. (iv Id. Maii.) 173

CXCVIII. — P. abbati Præmonstrat. et cæteris ejusdem ordinis abbatibus — Confirmatur constitutio quod Præmonstratenses conversas non teneantur recipere, nec bona sua alienare possint. (iii Id. Maii.) 173

CXCIX. — Decano, cantori et magistro P. canonico Remens. — Ut ablatum contumeliose eouum abbati restitui curent. (iv Id. Maii.) 174

CC. — Universis archiepiscopis et episcopis, in quorum parochiis grangiæ Præmonstratens. ordinis sitæ sunt. — Ne procurationis prætextu contra apostolica privilegia Præmonstratenses graventur. 174

CCI. — Episcopo, decano et archidiacono Suessionen. — Ut ob turpe et illicitum juramentum puniantur nec tamen servare debeant. (Id. Maii.) 175

CCII. — P. abbati Præmonstratensi. — Ut dissoluti atque rebelles monachi puniantur serveturque monastica disciplina. (iv Id. Maii.) 176

CCIII. — Universis abbatibus et præpositis Præmonstraten. ordinis in Saxonia et confinio Saxoniæ constitutis. — Ut omnes abbates atque præpositi Præmonstratenses juxta regulæ constitutionem certis temporibus Præmonstratum veniant, nullo privilegio excusante. (iii Id. Maii.) 177

CCIV. — Archiepiscopis, episcopis, abbatibus, prioribus et cæteris Ecclesiarum prælatis. — Ut Præmonstratenses monachos ab injuriis et contumeliis defendant. (Id. Maii.) 178

CCV. — Sylvanecten. episcopo. — Ne alicui dimidia præbenda conferatur, nec præbendæ secentur. (vii Kal. Junii.) 179

CCVI. — Illustri regi Angliæ. — Quatuor aureorum annulorum mysterium explicat. (iv Kal. Junii.) 179

CCVII. — Episcopo Lexoviensi — Ut pensiones ad verum moderamen reducantur. (xii Kal. Junii.) 180

CCVIII. — Eidem. — Ut frustratoriæ appellationes non recipiantur, et reliquæ debito tempore finiantur. (xiii Kal. Junii.) 180

CCIX. — R. et R. archidiacono Bajocensi et H. archidiacono Constantiensi. — De cujusdam decani audacia coercenda, et ne absolvatur, nisi læsis prius satisfecerit. (v Kal. Junii.) 181

CCX. — Episcopo Ebroicensi et archidiacono Lexoviensi. — Ut a Radulpho milite constructam ecclesiam consecrent et dedicent. (ir Kal. Junii.) 181

CCXI. — Illustri regi Navarræ. — Ut regi Anglorum quædam castella tradat. 182

CCXII. — Priori et conventui Burgulien. — Quod abbas ipsorum et cœnobii bona obligare non possit. (iii Kal. Junii.) 182

CCXIII. — Bracharen. archiepisc. et abbati de Burio. — Ut causam Ecclesiæ S. Christinæ de Longos et Hospitalariorum ratione decimarum audiant. 182

CCXIV. — Bituricen. archiepiscopo abbati S. Eparchii, et decano Petragoricen. — Ut causam inter episcopum et capitulum Engolismense, super numero canonicorum audiant. 183

CCXV. — Egid. canonico Vastinen. — De causa ipsius contra Hugonem et pro ipso judicatur. (vii Kal. Junii.) 187

CCXVI. — Besvensi abbati. — Quod ipsi liceat aliquos ex aliis cœnobiis ad instaurandum suum evocare et ex suo quosdam ad alia remittere. (vii Kal. Junii.) 189

CCXVII. — Bergensi episcopo. — Quod mercatores Ecclesiæ decimas persolvere cogantur. (viii Kal. Junii.) 189

CCXVIII. — Orchad. et Rosmarchn. episcopis. — De annatis et decimis promissisque eleemosynis Romanæ Ecclesiæ persolvendis. (vi Kal. Junii.) 189

CCXIX. — Archiepisc. Lugdunensi et abbati Athanacensi. — Ut litteræ apostolicæ, quæ subreptitiæ erant, impetratæ, revocentur. (iii Kal. Junii.) 190

CCXX. — Abbati de Jugo Dei et priori de Seillin. — Ne pro mortuorum sepultura et conjugum copulatione pecunia exigatur. (ii Kal. Junii.) 191

CCXXI. — Decano Ulixbonensi, prioribus S Vincentii et de Alcobatia. — Ut causam episcopi Colimbriensis et militum Templi audiant. (xii Kal. Junii.) 191

CCXXII. — Abbati de Alcobatia F. Menendi et P. Exod. monachis Alcobatiæ. — Ut fratres S. Crucis reverentiam et episcopalia jura Colimbriensis episcopo suo reddant, et quod matrix ecclesia cathedralis vocetur. (iii Kal. Junii.) 192

CCXXIII. — Episcopo et priori Elborensi. — Ejusdem fere argumenti. (ii Id. Maii.) 193

CCXXIV. — Decano Ulixbonensi priori et P. Frodiz monacho de Alcobatia. — Privilegium in grave detrimentum alterius impetratum revocatur. (iii Non. Junii.) 193

CCXXV. — De Sazeta et de Manzenera abbatibus et P. Frodiz monacho de Alcobatia. — Ut Ecclesia Golimbriensis suo jure et privilegio non spolietur. (vi Kal. Junii.) 194

CCXXVI. — De Alcobatia et de Seiza abbatibus et priori de Alcobatia. — Ejusdem argumenti cum præcedenti. (Id. Maii.) 194

CCXXVII. — De Sazeta et de Manzenera abbatibus, et F. Menendi monacho de Alcobatia — Ejusdem argumenti. (vi Kal. Junii.) 195

CCXXVIII. — Rothomagensi archiepiscopo et suffraganeis ejus. — Ut episcopis suis excommunicati non facile sunt ab aliis absolvendi. (Kal. Junii.) 195

CCXXIX. — Lexoviensi episcopo. — Ne coram suspectis judicibus, etiam delegatis, respondere teneatur 196

CCXXX. — Regi Angliæ. — Quæ honeste facere licuit, in iis se regi gratificatum dicit, hortaturque ad pacem servandam cum rege Franciæ. (ii Kal. Junii.) 196

CCXXXI. — Bituricensi archiepiscopo. — Ut inquirat contra Engolismensem episcopum, dilapidatorem ecclesiæ suæ. 199

CCXXXII. — Abbati et conventui Cariloci. 200

CCXXXIII. — Abbati Ungiacensi. — In causis Ecclesiæ et cœnobii, Ecclesiæ membra testantur. (Kal. Junii.) 201

CCXXXIV. — Eduensi episcopo, Ungiacensi et S. Margaritæ abbatibus. — De restaurandis cœnobiis et reformanda monastica disciplina. (Kal. Junii.) 201
CCXXXV. — W. Remensi archiepiscopo, S. Sabinæ cardinali, et suffraganeis ejus. — Ut per quosdam falsarios confictas bullas intercipiant. (xii Kal. Junii.) 202
CCXXXVI. — Magdeburgensi archiepiscopo. — Ut ducem Sueviæ cogat Angliæ regi ablatam pecuniam restituere. (ii Kal. Junii.) 203
CCXXXVII. — Tarentasien. archiepiscopo. — De incendiariis absolvendis. (v Kal. Junii.) 204
CCXXXVIII. — Everardo Nitrien. episcopo — Ut oblata Ecclesiæ bona retineat, et de prædiis quæ ipse colit decimas non persolvat. (Kal. Junii.) 204
CCXXXIX. — Burgen. et Palen. episcopis. — Qui spoliatus est, non potest aliis solvere antequam restituatur. (v Kal. Junii.) 205
CCXL. — Lexoviensi episcopo. — De officio archiepiscopali ad suum suffraganeum, et suffraganei ad suum archiepiscopum. 205
CCXLI. — Lexoviensi episcopo. (Kal. Junii.) 206
CCXLII. — Nobili viro filio ducis Austriæ. — Imperat ut regi Angliæ ablatam a patre pecuniam restituat. (iii Kal. Junii.) 206
CCXLIII. — Garnero priori Locheien. — Quod liceat ipsi terrarum quarumdam firma retinere, salva capitulo antiqua pensione. (ii Kal. Junii.) 207
CCXLIV. — Episcopo et capitulo Engolismen. — Canonici apud Ecclesiam non residentes, non possunt infringere quæ iis absentibus recte statuuntur. (viii Id. Junii.) 208
CCXLV. — Cantuariensi archiepiscopo, et Lincolnien. et Wigornien. episcopis, et abbati de Theoches. — Ut ejecti ex cœnobio monachi in pristinum statum restituantur. (iii Non. Junii.) 208
CCXLVI. — Burdegalensi archiepiscopo, S. Eparchii et Nantolien. abbatibus. — Committitur causa P. Engolismensis contra Ar. de Mairinez super archidiaconatu Engolismensi. (Non. Junii.) 209
CCXLVII. — Niverniensi episcopo, et S. Benigni Divionensis et theologi abbatibus. — Committitur iis causa episcopi Eduensis contra abbatem de Buxeria, super testamento et bonis cujusdam defuncti, quem abbas monachum fuisse aiebat. (iv Non. Junii.) 210
CCXLVIII. — Abbati S. Eucharii, decano et L. canonico Treveren. — Committitur illis causa litigantium super præbenda in collegio Verdunensi. (viii Id. Junii.) 212
CCXLIX. — Fratri Rainerio. — Ut Portugalli et Castellæ reges percussum et jurejurando confirmatum fœdus servare cogat. 214
CCL. — Neocastrensi episcopo. — Quod a decessoribus alienata revocare liceat. (Non. Junii.) 214
CCLI. — Strigoniensi archiepiscopo. — Privilegia Ecclesiæ Strigon. confirmantur. (ii Non. Junii.) 215
CCLII. — Fratri Joanni et aliis fratribus domus Sanctæ Trinitatis Cervifrigidi. — Data iis bona, in pios usus conferenda, auctoritate apostolica confirmantur. (xvii Kal. Junii.) 215
CCLIII. — Episcopo et archidiac. Zamorensi, et Didaco priori de Morerola. — Ut causam capituli Legionensis contra monasterium S. Facundi cognoscant. (ii Non. Junii.) 216
CCLIV. — Alphonso Avriensi episcopo. — Statutum aliquod novum confirmatur. (viii Id. Junii.) 216
CCLV. — Cupersano episcopo et archidiacono Oritan. Ut contra episcopum Mutilensem, dilapidatorem et aliorum criminum reum inquirant, et archidiaconum, quem spoliarat, restituant. 216
CCLVI. — Consulibus et populo Benevent. — Ne unius judicis testimonio credatur in causis. (iv Id. Junii.) 217
CCLVII. — Consulibus judicibus, et populo Benevent. — De palatio judicum et tabellionum statutum confirmat. (v Id. Junii.) 218
CCLVIII. — Archiepiscopo et capitulo Beneventan. — Ut Albertum subdiaconum in canonicum recipiant. (Id. Junii.) 218
CCLIX. — Valtero archiepiscopo et capitulo Rothomagen. — De reparanda Ecclesia decretum majoris et sanioris partis obtinet. (v Id. Junii.) 219
CCLX. — Valtero archiepiscopo Rothomagensi. — Ut audacter sua jurisdictione utatur et regum minas non pertimescat, pontificis auxilio confisus. (iii Non. Junii.) 219
CCLXI. — Wigorniensi episcopo — De Simoniacis puniendis. (vi Id. Junii.) 220
CCLXII. — Episcopo et canonicis Oscensibus. — Ut falsarius quidam puniatur. (Kal. Junii.) 221
CCLXIII. — Ambianensi episcopo. — Ut admonito et negligente abbate, ipse monasterium instauret. (xvii Kal. Junii.) 221
CCLXIV. — Valtero Rothomagensi archiepiscopo. — Quod nullus possit seipsum præsentare ad beneficia. (iii Id. Junii.) 222
CCLXV. — Eidem. — Sententiæ interdicti ab episcopo prolatæ omnes obedire tenentur. 222
CCLXVI. — Eidem. — Ejusdem fere argumenti. 222
CCLXVII. — Episcopo, archidiacono et sacristæ Magalonen. — De archidiaconatu Magalonensi copiose disserit. (vi Id. Junii.) 223
CCLXVIII. - - Arelatensi, Aquensi, et Ebredunen. archiepiscopis et eorum suffraganeis. — Ut monasterium S. Victoris Massiliæ tueantur et defendant. (Id. Junii) 225
CCLXIX. — Episcopo Waradien. — Ut ad sedem apostolicam veniat absolvendus. (xviii Kal. Julii.) 226
CCLXX. — Illustri regi Hungariæ. — Quod viginti viros, ad terræ sanctæ limina profecturos, ad sui regni pacem conservandam retinere liceat. (xvi Kal. Julii.) 227
CCLXXI. — Nobili viro A. duci. — De regni Hungariæ laudibus; et ne regi bellum moveat. (xviii Kal. Julii.) 227
CCLXXII. — Ultrasylvano episcopo. — A Gregorio sibi concessa privilegia confirmantur. (xvii Kal. Julii.) 228
CCLXXIII. — Arelaten. archiepiscopo. — De reformando monasterio Lirinensi. (Id. Junii.) 229
CCLXXIV. — Arelaten. archiepiscopo. — Ut in Arearum insula monachi de episcopi consensu et voluntate instituantur. (xvii Kal. Julii.) 230
CCLXXV. — Archiepisc. et archidiac. Narbonen. — Ut post appellationem rite interpositam attentata revocent, excommunicatumque absolvant. (iii Id. Junii.) 230
CCLXXVI. — Capitulo S. Joannis Bisuntinensis. — Ut novum illis collegium erigere de archiepiscopi voluntate liceat. (v Id. Junii.) 231
CCLXXVII. — Bisuntino archiepiscopo. — Illum, indicta tamen purgatione, ab accusatione capituli absolvit. (iv Id. Junii.) 232
CCLXXVIII. — Cistercii et Tullei abbatibus. — Ut thesaurarius Bisuntinus ad personalem residentiam vocetur. (vi Id. Junii.) 233
CCLXXIX. — Mediolanensi archiepiscopo. — Pontificis litteræ sunt recipiendæ et exsequendæ, nisi obreptitiæ existant. (xiii Kal. Julii.) 233
CCLXXX. — Præposito et canonicis ecclesiæ Colocen. — Confirmat jus percipiendi decimas ex certis villis. (Id. Junii.) 234
CCLXXXI. — Colocen. archiepiscopo. — Committitur illi instauratio cœnobii sancti Stephani. 234
CCLXXXII. — Graden. patriarchæ. — Ut concordia inter Ecclesiam S. Salvatoris et Ecclesiam S. Bartholomæi de Venitiis inita servetur. (xiv Kal. Julii.) 235
CCLXXXIII. — Hugoni abbati et conventui S. Zenonis Veronensis. — Per sententiam decidit causam ipsorum contra Ecclesiam S. Proculi, de subjectione. (xiii Kal. Julii.) 237
CCLXXXIV. — Radulfo abbati Ecclesiæ sanctæ Osytæ de Chuc, ejusque fratribus tam præsentibus quam futuris regularem vitam professis in perpetuum. — De ordinis privilegiorumque confirmatione et norma vivendi. ('d. Junii.) 240
CCLXXXV. — Segobiensi episcopo. — Absentium vel etiam temere repugnantium sententiis neglectis, prævaleant majora et saniora suffragia reliquorum. (iv Id. Junii.) 241
CCLXXXVI. — Abbati monasterii S. Germani Antissiodorensis ejusque fratribus, tam præsentibus quam futuris, regularem vitam professis in perpetuum. — De eorum privilegiis, et quod recipiantur sub protectionem apostolicam. (An. 1198.) 241
CCLXXXVII. — Pampilonensi episcopo. — Quod tempore generalis interdicti ipsi liceat clausis januis, nec pulsatis campanis, celebrare. (Id. Junii.) 244
CCLXXXVIII. — Regin. episcopo. — De causa decani S. Quintini contra suum capitulum. (x Kal. Julii.) 245
CCLXXXIX. — Archiepiscopo Remen. S. Sabinæ cardinali, et episcopo Atrebatensi. — De eodem argumento. 245
CCXC. — Siffredo Augusten. præposito. — Quod variis de causis electionem suam confirmet. 246
CCXCI. — Bituricensi archiepiscopo. — Ut contra abbatem Stirpensem diffamatum inquirat 249
CCXCII. — G. Aquinati episcopo. — Ut a decessore suo alienata et vendita rescindantur. (viii Kal. Julii) 250
CCXCIII. — B. Watien. episcopo. — Constitutio quadam de synodo servanda confirmatur. (xii Kal. Julii.) 251
CCXCIV. — Nicolao Militen. episcopo. — Ut a decessoribus alienata revocentur. (vii Kal. Julii.) 251

CCXCV. — Tranen. archiepiscopo, et Brundusin. archidiacono. — Committitur, eis causa Philippi notarii sui contra Thomam VI super cantoria Hydruntina. (ix Kal. Julii.) 252
CCXCVI. — Canonicis basilicæ principis apostolorum, tam præsentibus quam futuris, canonice substituendis in perpetuum. — Quod eorum Ecclesiam, in qua ipse canonicus fuerat, in honorem apostolorum ditiorem reddere velit. (ιι Id. Martii.) 254
CCXCVII. — Episcopo, Gautero et Joanni archidiaconis Exoniensibus. — Furioso ablata beneficia reddi mandantur, et ne invitus coactusque tonsuratus in monasterio contra voluntatem retineatur. (x Kal. Julii.) 255
CCXCVIII — Archidiacono Mediolanensi. — Quod hæretici ad nullas dignitates nec eligi nec eligere possint. (xvii K. Julii.) 256
CCXCIX. — Nivernensi episcopo, Virziliacensi et de Maceriis abbatibus. — Iis committitur causa abbatis Flaviniacensis contra priorem de Sinemuro. 257
CCC. — Magdeburgensi archiepiscopo et suffraganeis ejus. — Ne pro terræ sanctæ recuperatione laborantibus injuriæ inferantur. (v Kal. Julii.) 261
CCCI. — Episcopo Lexoviensi et abbati Vallis Richerii. — Causa abbatis de Conchis eis committitur. 261
CCCII. — Syracusano episcopo et abbati Sambuciensi. — Ut crucem prædicent et homines ad terræ sanctæ recuperationem adhortentur. 265
CCCIII. — Conventui S. Salvatoris de Tilesio. — De electione digni et utilis abbatis. (v Non. Julii.) 266
CCCIV. — Episcopo et capitulo Lemovicensi. — Ut quemdam M. Petrum in canonicum recipiant. (x Kal. Julii.) 266
CCCV. — Episcopo et decano Matisconens. — Major et sanior capituli pars in statuendo prævaleat. 267
CCCVI. — Aymoni decano Matisconensi. — Ut sacrilegi et raptores bonorum Ecclesiæ coerceantur. 267
CCCVII. — Militensi episcopo. — Abbas ob gravem corporis defectum amovetur. (v Kal. Julii.) 268
CCCVIII. — Senonensi archiepiscopo. — De pœnitentia et absolutione archidiaconi Lugdunensis. (iii Non. Julii.) 268
CCCIX. — Paduano episcopo. — Ut clerici laicos vita et moribus bonis superent quos dignitate præcellunt. (Kal. Julii.) 269
CCCX. — Archiepiscopo Montis Regalis. — De illorum absolutione qui violentas manus in clericos injiciunt (iii Non. Julii.) 269
CCCXI. — Abbati et monachis Burguliensibus. — De officio abbatis et de restituenda disciplina monastica. (Non Julii.) 270
CCCXII. — Episcopo, P. archidiacono, et decano de Wirchia Redonen. — Ejusdem argumenti cum præcedenti. 271
CCCXIII. — R. archipresbytero, R. magistro scholarum, et P. de Vico canonico S. Austregisili Bituricensis. — Ut decimæ suæ ecclesiæ solvantur. (Non. Julii.) 272
CCCXIV. — Midran. presbytero. — Cardinalis sententiam sese pontifex confirmare ait. (vii Id. Julii.) 273
CCCXV. — Mediolanensi archiepiscopo. — Ut Bonacosam clericum et nuntium suum canonicum efficiat. (vii Id. Julii.) 274
CCCXVI. — Charo archiepiscopo Montis Regalis ejusque successoribus canonice substituendis in perpetuum. — A decessoribus suis indulta privilegia confirmat. (v Kal. Maii.) 275
CCCXVII. — Abbati et conventui de Pigavia. — De causa ipsorum quam habebant contra episcopum Mersburgensem. (iii Id. Julii.) 279
CCCXVIII. — De Novo Burgo et de Valle S. Georgii abbatibus, et præposito S. Severi de Effordia. — Ejusdem fere argumenti cum superiore. (xii Kal. Augusti.) 283
CCCXIX. — Archiepiscopo, decano et præcentori Lugdunens. — Committitur causa archidiaconatus Cabilonensis. 283
CCCXX. — P. Schalaholtden. et B. Holen. episcopis et aliis ecclesiarum prælatis et clericis universis per Islandiam constitutis. — Significat eis gravia quædam vitia quæ per Islandiam corrigere debeant. (iii Kal. Aug.) 286
CCCXXI. — Principibus et populis per Islandiam constitutis. — Ejusdem argumenti. 288
CCCXXII. — Hydruntino archiepiscopo. — Quod filius ex ea susceptus qua putabatur esse concubina, et post apparuit quod esset legitima uxor, sit legitimus. (iii Non. Aug.) 288
CCCXXIII. — Oscenensi et Tirasonensi episcopis. — De diacono cujus amici abbatem trucidarant. (ii Non. Augusti.) 289
CCCXXIV. — Atrebatensi episcopo et decano Cameracensi. — Ut regem Francorum cogat duci Lotharingiæ dotem reddere. (vii Id. Augusti.) 290
CCCXXV. — Corrado et Petro quondam filiis Malabrancæ. — Puella ante annum septimum sponsalia contrahere non potest. 290
CCCXXVI. — Faventinensi episcopo. — Licentiam indulget transeundi ad ecclesiam Papiensem. (vi Id. Augusti.) 291
CCCXXVII. — Alfonso episcopo et capitulo Aurien. — Confirmatur illorum statutum de numero canonicorum. 293
CCCXXVIII. — R. sanctorum Marcellini et Petri presbytero cardinali, abbati et conventui Cassinen. — Ipsis commendat episcopum S. Georgii, ut eum liberaliter, donec convalescat, alant. 293
CCCXXIX. — Calaritan. archiepiscopo, episcopo Soran. et electo Turritanensi. — Eis committitur causa archiepiscopi Arborensis contra suum capitulum. (iii Id. Augusti.) 294
CCCXXX. — Lemovicensi episcopo. — Quod clericorum vitia libere et audacter corrigere possit. (iii Id. Augusti.) 297
CCCXXXI. — Petro abbati Præmonstratensi et cæteris abbatibus et canonicis Præmonstratensis ordinis, tam præsentibus quam futuris, regularem vitam professis in perpetuum. — De illorum approbatione deque privilegiis et vivendi ratione. (vi Kal. Augusti.) 297
CCCXXXII. — Decano Ulixbonensi, De Alcobatia et sanctæ Mariæ de Careadi prioribus. — Committitur eis causa episcopi Colimbriensis et monasterii Sanctæ Crucis. (ii Id. Aug.) 302
CCCXXXIII. — Arelatensi archiepiscopo. — Quod mutus et surdus possint matrimonium contrahere. (Id. Julii.) 504
CCCXXXIV. — Tarentasiensi archiepiscopo, et episcopo Augustensi, et abbati Bonimontis. (xiv Kal. Augusti.) 505
CCCXXXV. — Bambergensi episcopo, et Petro scholastico Maguntinensi. — Suspenditur Hildesemensis episcopus quod sine auctoritate pontificis ad ecclesiam Herbipolensem transierat. (xii Kal. Septembr.) 306
CCCXXXVI. — Narbonensi archiepiscopo eo suffraganeis ejus, abbatibus quoque, prioribus et aliis prælatis. — Hortatur ad sacrum bellum contra Saracenos pro recuperatione Terræ sanctæ. (xviii Kal. Sept.) 508
CCCXXXVII. — Episcopo et capitulo Tarvisin. — De collatione præpositurae Tarvisinæ quæ jam erat ad sedem devoluta. (Non. Augusti.) 513
CCCXXXVIII. — Archiepiscopo Senenensi et P. S. Mariæ in via lata diacono cardinali apostolicæ sedis legato. — Ut certus canonicorum numerus juramento firmatus non augeatur. (xi Kal. Septemb.) 513
CCCXXXIX. — Episcopo et canonicis Hyporien. — De receptione Joannis papæ subdiaconi ad archidiaconatum. (vii Kal. Septemb.) 515
CCCXL. — Canonicis Burgi sancti Domini. — De privilegio et exemptione illorum, ne ab episcopo Parmensi vexentur (vii Kal. Septemb.) 516
CCCXLI. — Acheruntino archiepiscopo. — Ut a laicis res ecclesiasticæ non administrentur, sed exstructa monasteria ab episcopis consecrentur. (vi Kal. Septemb.) 516
CCCXLII. — Priori ecclesiæ S. Nicolai de Monte secus Narniam constitutæ. — De privilegiis et immunitate illorum. (vi Kal. Septemb.) 517
CCCXLIII. — Episcopo Liddensi. — Ut Siculum armet ad bellum sacrum pro recuperanda terra sancta. (iii Kal. Septemb.) 517
CCCXLIV. — Eidem. — Ejusdem plane argumenti. (Kal. Septembr.) 518
CCCXLV. — Archiepiscopis, episcopis, abbatibus, prioribus, et universis ecclesiarum prælatis per totum regnum Franciæ constitutis. — Ut legatum apostolicum, qui pacem inter Galliæ et Angliæ regem facere et contra Saracenos armare debet, humaniter accipiant. 519
CCCXLVI. — Petro sanctæ Mariæ in via Lata diacono cardinali apostolicæ sedis legato. — Datur illi potestas cogendi episcopos Angliæ ut ipsi consilio et auxilio sint. 520
CCCXLVII. — Eidem. — Ut regem Gallorum per censuras ecclesiasticas cogat suam uxorem recipere. 520
CCCXLVIII. — Ph. illustri regi Francorum. — Ut reginam uxorem recipiat et cum rege Anglorum pacem servet. 521
CCCXLIX. — Archidiacono, archipresbytero, et canonicis Mediolanensibus. — Quot modis crimen falsi circa bullas apostolicas committi possit. (ii Non Septemb.) 522
CCCL. — De Favresham, S. Augustini et S. Georgii

prioribus, in Cantuariensi diœcesi constitutis. — Ne ad sedem apostolicam rite appellantes impediantur. (iv Non. Sept.) 324

CCCLI. — S. Augustini et S. Georgii prioribus Cantuariensibus. — Ejusdem argumenti. (iii Id. Sept.) 324

CCCLII. — Arianensi episcopo — De electione et confirmatione abbatis Beneventani. (xviii Kal. Octobris.) 325

CCCLIII. — Illustri Constantinopolitani imperatori. — Ut Saracenis fortiter resistat, et Græcam Ecclesiam ad Latinam, tanquam matrem redire cogat. 325

CCCLIV. — Patriarchæ Constantinopolitano. — Quod Romana Ecclesia sit mater omnium ecclesiarum, a qua Græci nullo jure discedere possint. 327

CCCLV. — Illustri regi Francorum. — Ut cum rege Auglorum pacem faciat, et contra Saracenos bellum sacrum gerat. 329

CCCLVI. — Potestati et populo Spoletano, baronibus, nobilibus, et universis fidelibus nostris in Spoletan. diœcesi constitutis. — Ut cardinali Romani pontificis magistratui obtemperent. 331

CCCLVII. — Illustri regi Anglorum. — De capella quadam Cantuariensi, propter quam pontificem rex adierat per litteras. 332

CCCLVIII. — Universis abbatibus Cisterciensis ordinis in generali capitulo constitutis. Ut pro pontifice ardenter orent, et abbatem de Sambucino Siculis verbum Dei prædicantem habeant pro excusato. (iv Kal. Augusti.) 334

CCCLIX. — Octaviano Hostiensi episcopo, vicario nostro. De consecratione altarium, ex mandato D. Petri apostoli. 336

CCCLX. — Consulibus Mediolanensibus. — Quod Passaguerra juste fuerit excommunicatus. 337

CCCLXI. — Hominibus de Monteflascone fidelibus nostris. — De traditione castri et bonorum quorumdam ut pro Ecclesia decertent. 339

CCCLXII. — Abbati S. Procuh, et magistro Lafranco canonico Bononiensi. — De causa quadam matrimoniali. (xv Kal. Octob.) 340

CCCLXIII. — Lemovicensi episcopo et abbati S. Eparchii Engolismensis. — Ut ablata Ecclesiæ bona detentique reditus restituantur. (ii Id. Augusti.) 341

CCCLXIV. — Armachan. et Cassellen. archiepiscopis, et episcopo Laomensi. — Quod in causa contra electum Roscensem procedant. (xv Kal. Octob.) 342

CCCLXV. — Hominibus S. Agathes. — Confirmantur consuetudines eorum rationabiles et antiquæ. (xi Kal. Octobris.) 344

C. LXVI. — Capitulo, clero et populo tam civitatis quam diœcesis Lethglennensis. — De electione et consecratione episcopi Leihgiennensis. 344

CCCLXVII. — Nobili viro comiti de Mauritania. — Ut ecclesiasticam libertatem et privilegia non perrumpat. (xiv Kal. Octob.) 345

CCCLXVIII. — Mediolanensi archiepiscopo. — De collectione cancellariæ Mediolanensis. (ix Kal. Octobris.) 346

CCCLXIX. — Consulibus et populo Castellan. nobilibus viris et aliis per Castellanensem diœcesim constitutis. — Ut pontifici fidelitatis juramentum præstent. 352

CCCLXX. — Huberto Cantuariensi archiepiscopo. — De recuperandis Ecclesiæ bonis. (xiv Kal. Octob.) 352

CCCLXXI. — Huberto Cantuariensi archiepiscopo. — Confirmat decretum quoddam regis Anglorum. (xv Kal. Octobris.) 352

CCCLXXII. — Absaloni Lunden. archiepiscopo. — De bonorum quorumdam præsertim castri Hasii donatione. (x Kal. Octobris.) 353

CCCLXXIII. — Petro Arusiensi episcopo. — Confirmat statutum de sex præbendarum institutione. (xi Kal. Octobris.) 354

CCCLXXIV. — Upsalensi electo. — Qualiter pallio utendum sit. (vi Kal. Octob.) 354

CCCLXXV. — Joanni Potestati et populo Perusin. — In suam protectionem Perusinos recipit, salvis eorum antiquis privilegiis. (vi Non. Octob.) 355

CCCLXXVI. — Prælatis et clericis Lombardiæ. — Ne justitiam vendant, aut cum clientibus de mercede paciscantur. (v Non Octobris.) 356

CCCLXXVII. — Narniensi episcopo. — Ut causam abbatis de Ferentillo cognoscat. (iii Non. Octobris.) 356

CCCLXXVIII. — Nobilibus viris Uguit et Guidoni Marchioni, fidelibus nostris. — Recipit illos cum ipsorum subditis in protectionem apostolicam. 359

CCCLXXIX. — Nobili viro Spalagran. — Indulgetur ei ut cœnobium et ordinem S. Benedicti intrare possit. (iv Non. Octobris.) 359

CCCLXXX. — Episcopo Lincolnien. et decano de Huntedon. — Ut celebrent divortium inter P. et T. cum processerit inter eos cognatio spiritualis (viii Id. Octobris.) 360

CCCLXXXI. — Nidrosiensi archiepiscopo. — Respondetur illius consultationibus. (vi Id. Octobris.) 360

CCCLXXXII. — Nidrosiensi archiepisco, universis episcopis et aliis ecclesiarum prælatis in Norwagia constitutis, in fidelium communione manentibus. — De compescendo tyranno, qui eos misere excruciabat. (ii Non. Octob.) 362

CCCLXXXIII. — Illustri regi Dacorum. — Ejusdem argumenti. 363

CCCLXXXIII. — Nidrosiensi archiepiscopo. — Ut Bergensem episcoporum tyranni fautorem deponat. 363

CCCLXXXV. — Veronensi episcopo S. Romanæ Ecclesiæ cardinali. — De homicida deponendo ab ordine sacro. (vii Id. Octobris.) 564

CCCLXXXVI. — R. tituli SS. Marcellini et Petri presbytero cardinali, monasterii Casinensis abbati. — Ut et suos fluxos mores et cœnobii sui corrigat. (xvii Kal. Novembris.) 565

CCCLXXXVII. — Nobilibus viris Henrico, Leonardo et Marco Mauricen. civibus Venetis. — Ut severius quoddam contra Andrœam jurisconsultum editum mandatum revocent. (iv Id. Octob.) 367

CCCLXXXVIII. — Strigonien. et Colocen. archiepiscopis suffraganeis suis. — Ut ecclesiarum libertas immunitasque conservetur. (xii Kal. Novemb.) 368

CCCLXXXIX. — Magistro Apollinari clerico venerabilis fratris nostri archiepiscopi Strigoniensis. — A juramento quod Ecclesiæ jura defendere quis velit, per appellationem non liberatur. 568

CCCXC. — Litteræ Regin. archiepiscepi ad dominum papam. — Quod causa tribus conjunctim delegata, a duobus, excluso tertio, recte definiri nequiverit. (xxv die mensis Augusti.) 369

CCCXCI. — Litteræ archiepiscopi et conventus Montis Regalis ad dominum papam. — De eodem argumento. 570

CCCXCII. — Regin. archiepiscopo et episcepo Cephaludensi. — Causa de qua duæ præcedentes loquuntur epistolæ, ipsis committitur. (Kal. Novembris.) 371

CCCXCIII. — Episcopo, consulibus et populo Parmen. — De ablata per vim cardinali in itinere pecunia. (x Kal. Novemb.) 372

CCCXCIV. — Episcopo civitatis Castellan. — Rationem perscribit observandam circa sepulturam mortuorum, inter episcopum et Cistercienses. (xii Kal. Novemb.) 372

CCCXCV. — Fratri Rainerio. — Datur facultas reformandi ecclesias per quas transitum fecerit. (iii Kal. Novembris.) 573

CCCXCVI. — Aquen. archiepiscopo. Ut resignationem episcopi Forojuliensis recipiat et alium idoneum episcopum elegi curet. 374

CCCXCVII. — Nobili viro R. comiti Tolosano. — Ut contra paganos arma suscipiat. (ii Non. Novembris.) 374

CCCXCVIII. — Fratri Fulconi. — Ut cum aliis piis viris ad militiam sacram proficiscatur (Non. Novembris.) 375

CCCXCIX. — Archiepiscopis, episcopis, et aliis ecclesiarum prælatis in regno Franciæ constitutis. — Ut usurarii puniantur, non obstante aliqua appellatione. (v Kal. Novemb.) 576

CD. — Sipontino archiepiscopo — De collegiata ecclesia in cœnobium monachorum convertenda. (vii Id. Novembris.) 576

CDI. — Nobili viro Acerbo priori et aliis rectoribus Thusciæ et Ducatus. — Quod persistant in devotione Ecclesiæ, et promittitur eis favor et protectio ipsius. (iii Kal. Novemb.) 577

CDII. — Episcopo et capitulo Aversan. — Ut Neapolitano archiepiscopo obtemperent. (vi Id. Novemb.) 578

CDIII. — Archipresbytero et clericis Burgen. ecclesiæ. — Ut Parmansi episcopo rursus obediant, tanquam absoluto et reconciliato. (ii Id. Novembris.) 378

CDIV. — Ebredunensi, Arelatensi et Aquen. archiepiscopis et suffraganeis eorum. — Ut in concilio provinciali constituant de acquirendo subsidio ad bellum sacrum contra Saracenos. (ii Id. Novemb.) 380

CDV. — Episcopo Roffensi, archidiacono Bathoniensi et magistro Vu. de sancta Fide canonice Wellen. — Qui allegat litteras falsas esse, hoc probare tenetur. (xiii Kal. Novemb. 581.) 581

CDVI. — Episcopo et S. Michaelis et S. Epiphanii præpositis Papiensibus. — Ut de canonicorum bonis, numero et de B collatione inquirant. (vi Kal. Novembris.) 582

CDVII. — Nobili viro W. comiti Forcalcariensi. — Ut

ad bellum sacrum una cum aliis Christianis principibus proficiscatur. 384
CDVIII. — Nobili viro R. de Agout — Ut comitem Forcalcariensem ad sacrum bellum invitet. 385
CDIX. — Pisan. archiepiscopo, episcopo Urbinati, Camaldulen. et S. Fridiani prioribus. Quod collectam pecuniam non in suos usus, sed ad utilitatem publicam pontifex convertere velit. (XIII Kal. Decembris.) 386
CDX. — Constanciæ imperatrici gloriosæ reginæ Siciliæ ac charissimo filio Friderico illustri regi Siciliæ et eorum hæredibus in perpetuum. — De regum Siciliæ erga Romanam Ecclesiam observantia, deque pontificis in illos voluntate. 387
CDXI. — Constanciæ imperatrici reginæ Siciliæ ac charissimo filio illustri regi Siciliæ. — De forma et modo in electionibus pontificum observandis. 588
CDXII. — Archiepiscopis, episcopis et aliis ecclesiarum prælatis, et universo clero in Sicilio constitutis. — Ejusdem argumenti cum epistola præcedenti. 589
CDXIII. — Archiepiscopis, episcopis, abbatibus, prioribus et universis ecclesiarum prælatis in Sicilia constitutis. — Ut legato apostolico obtemperent et piam et illius voluntatem adjuvent 390
CDXIV. — An. Neapolitano archiepiscopo.— pluralitate beneficiorum restringenda. (Id. Novemb.) 392
CDXV. — An. Neapolitano archiepiscopo. — Quod juramentum bonis moribus et juri repugnans non sit obligatorium. (XVIII Kal. Decemb.) 392
CDXVI. — Abbatibus, abbatissis et aliis ecclesiarum prælatis ecclesiæ Neapolitanæ subjectis. — Ne bona et res Ecclesiæ alienentur. (XVII Kal. Decembris.) 593
CDXVII. — An. Neapolitano archiepiscopo. — Propter debita Ecclesiæ aliqua vendere licet. (Id. Novembris.) 593
CDXVIII. — Decano et capitulo beati Hilarii Pictaviensis. — Ut Petro nepoti Aimerici de Partiniaco præhendam conferant. (II Id. Novembris.) 594
CDXIX. — Absaloni Lundensi archiepiscopo ejusque successoribus canonice substituensis in perpetuum. — De primatu archiepiscopi Lundensis. (IX Kal. Decembris.) 595
CDXX. — Præposito de Serand. et universis ecclesiarum prælatis in Utlandia constitutis. — De gravibus quibusdam abusibus mature corrigendis. (Id. Novembris.) 596
CDXXI. — Absaloni Lundensi archiepiscopo. 398
CDXXII. — A. archiepiscopo Lundensi et capitulo. — De modo res Ecclesiæ donandi in Dacia. (XVI Kal. Decembris.) 398
CDXXIII. — S. præposito de Strand. — Præposituram ipsi collatam confirmat. (XVI Kal. Decemb.) 399
CDXXIV. — Absaloni Lundensi archiepiscopo. — Ut præposito de Strand. ablatæ ecclesiæ restituantur. (VIII Kal. Decemb.) 399
CDXXV. — Joffrido abbati monasterii de Sore ejusque fratribus tam præsentibus quam futuris, regularem vitam professis in perpetuum. — Privilegia ipsorum atque donationes confirmat. (IX Kal. Decemb.) 399
CDXXVI. — Consulibus et populo Tudert. — Recipit illos in protectionem apostolicam, confirmatque vetera ipsorum privilegia. 400
CDXXVII. — Abbati et monachis Montissacri.— Diuturnam litem de superioritate et obedientia inter cœnobium Montissacri et Calanense definit. (IV Id. Novembris.) 401
CDXXVIII. — Cameracensi capitulo. — Ut de ipsorum electi vitiis inquiratur statuaturque, antequam alium eligant. 405
CDXXIX. — Parisiensi episcopo. — Committitur inquisitio et examen super vita et moribus electi Cameracensis. 405
CDXXX. — Atrebatensi episcopo. — Ut ipse de electi Cameracensis vita et moribus sententiam ferat. 406
CDXXXI. — Abbati et conventui Compendiensi. — Episcopus Silvanectensis datur judex in omnibus causis eorum (II Kal. Decembris.) 406
CDXXXII. — Huberto Cantuariensi archiepiscopo. — Ut a constructione capellæ de Lamhec cesset atque abstineat. (II Kal. Decemb.) 407
CDXXXIII.—Cantuariensis ecclesiæ suffraganeis.— Ne archiepiscopo suo obtemperent, qui summo pontifici obedire contemnit. (XII Kal. Decemb.) 413
CDXXXIV. — Lincolniensi et Helien. episcopis et abbati S. Edmundi. — Ut ablata ab archiepiscopo Cantuariensi monachis restituant cum fructibus perceptis. (XI Kal. Decembris.) 414
CDXXXV. — Ricardo illustri regi Anglorum. — Ne rex istam restitutionem monachorum impediat. (XII Kal. Decembris.) 415

CDXXXVI. — Priori et conventui Cantuariensi. — Consolatoria epistola in causa archiepiscopi et monachorum. (XII Kal. Decemb.) 416
CDXXXVII — Aimerico illustri regi et A. reginæ Hierosolymitanæ. — Regnum Hierosolymitanum sub protectione apostolica recipit. (IV Non. Decemb.) 417
CDXXXVIII. — Comiti Tripolitano. — Ut regi Cypri contra Saracenos decertanti in conservando et gubernando regno auxilio sit. 417
CDXXXIX. — Universis habitatoribus Hierosolymitanæ provinciæ. — Ut hi quibus votum adeundi Hierosolymam adimitur, aliquam pecuniam ad bellum sacrum nihilominus dare teneantur. 418
CDXL. — Episcopi Acconensi. — Ne canonicorum numerus angeatur ultra facultates. 419
CDXLI. — Sancio illustri regi Portugalensi. — Recipitur ipse et regnum et omnia bona sua sub protectione sedis apostolicæ. 419
CDXLII. — Decano et capitulo Abrincen. — Ut lite et appellatione pendente attentata revocentur. (VII Id. Decembris.) 419
CDXLIII. — Rothomagensi archiepiscopo. — Ejusdem argumenti. (Non. Decemb.) 420
CDXLIV. — Upsalensi episcopo. — De illegitimis non ordinandis, nec ad dignitates eligendis. (Non. Decembris.) 420
CDXLV. — Episcopo Petragoricensi. — Datur illi potestas visitandi cœnobia et ecclesias constituendi, corrigendi abusus. 421
CDXLVI. — Eidem. — Ut vagi monachi in cœnobia retrudantur. (VI Non. Decemb.) 422
CDXLVII. — Turonensi archiepiscopo. — Quod episcopus ad aliam ecclesiam transierre nemini liceat nisi Rom. pontifici. (III Non. Decemb.) 422
CDXLVIII. — Regi Portugalliæ. — Ut promissum Romanæ Ecclesiæ censum persolvat. (v Id. Decembris.) 424
CDXLIX. — Fratri Raynerio. — Ut regem Portugalliæ ad persolvendum Romanæ Ecclesiæ annuum censum adhortetur. 425
CDL. — Archiepiscopo Lundensi. — Ut eleemosynarum collectores pii et boni ordinentur, rejectis illis qui populum offendebant. 425
CDLI. — Canonicis Novariensibus. — Significat se confirmasse sententiam pro ipsis latam contra Albertum Siccum. (VI Id. Decemb.) 426
CDLII. — Urgellensi episcopo. — Renuntiationem episcopatus approbat. 427
CDLIII. — Capitulo Urgellensi. — Ut novum Ecclesiæ suæ episcopum præficiat. 428
CDLIV. — Terraconensi archiepiscopo. — Ut curet per canonicos Urgellenses dignum aliquem virum eligi in episcopum. 429
CDLV. — Pisano archiepiscopo. — De anno probationis monachorum et quatenus in cœnobia conjuges recipiantur. (IX Kal. Decembris.) 429
CDLVI. — Sipontino archiepiscopo. — De pœna eorum qui falsis litteris utuntur. 430
CDLVII. — Abbati et conventui Sancti Edmundi. — De consecratione Ecclesiæ ipsorum. (Kal. Decembris.) 431
CDLVIII. — Clericis S. Pauli de Castro Cervarii. — Confirmat sententiam pro illis latam circa jus baptisterii. (V Kal. Decembris.) 452
CDLIX. — Priori et conventui ecclesiæ Dunelmensis. — Ut majoribus in rebus abbatis semper consensum requirant. (VI Id Decembris.) 452
CDLX. — Philippo Dunelmensi episcopo. — Quo tempore conferenda sint beneficia et quando ad superiorem devolvantur. 433
CDLXI. — Episcopo Cesenatensi.—De relaxando interdicto. (Id. Decembris.) 433
CDLXII. — Rad. Petragoricensi episcopo. — Quod laici decimas a clericis exigere non possint. (XVIII Kal. Januari.) 433
CDLXIII. — Capitulo Arelatensi. — Quædam statuta super vita illorum mutuntur. (IV Id. Decembris.) 434
CDLXIV. — Arelatensi archiepiscopo. — Ut abbatem S. Gervasii ad obedientiam atque officium reducat. (Non. Decembris.) 435
CDLXV. — Ricardo abbati et capitulo Compendiensi.— Ipsorum jurisdictio et privilegia confirmantur. (XVIII Kal. Januari.) 435
CDLXVI — Arelatensis ecclesiæ suffraganeis. — Ut archiepiscopo suo obediant. (IV Id. Decembris.) 435
CDLXVII. — Archiepiscopo et capitulo Arelaten. — Ut in ecclesia Arelatensi nullus recipiatur in canonicum, nisi qui profiteri voluerit ordinem canonicorum S. Augustini.

(Non. Decembris.) 456
CDLXVIII. — Cenadiensi episcopo. — De infirmis excommunicatis ad cautelam absolvendis, donec revalescant. (xvii Kal. Januarii) 456
CDLXIX. — Eidem. — Ut clerici in majoribus ordinibus constituti, assumptas mulieres abjiciant. 456
CDLXX. — Dunelmensi episcopo. — Confirmatur institutio præbendarum facta in ecclesia sua. 457
CDLXXI. — Archiepiscopo Arelatensi. — De cavenda beneficiorum pluralitate. (iv Id. Decembris.) 457
CDLXXII. — Archiepiscopo et capitulo Arelaten. — Ne præpositus absque consensu capituli mutuum recipiat, vel fide justitionem præstet. 458
CDLXXIII. — Archiepiscopo et capitulo Arelaten. — Ut præpositus accepti et expositi rationem reddat. 458
CDLXXIV. — Archiepiscopo Arelatensi. — Ut de personatibus pro sua voluntate ordinare possit. 459
CDLXXV. — Præposito S. Joannis de Cimiterio, ejusque fratribus tam præsentibus quam futuris canonice substituendis in perpetuum. — Suscipit eos sub protectione apostolica. (xviii Kal. Januarii.) 459
CDLXXVI. — Arelatensi archiepiscopo. — Ut monasterium sancti Gervasii instauret. (iv Id. Decembris.) 440
CDLXXVII. — Abbati Aureæ Vallis, archidiacono Pictaviensi et magistro G. decano Asianensi. — Ut præcarios pontificis in beneficiorum suorum possessione defendant, nisi statutum de certo canonicorum numero repugnet. (xiv Kal. Januarii.) 441
CDLXXVIII. — Decano et capitulo Eboracensi. — Ut M. Petro de Corbolio præbendæ et archidiaconatus possessio tradatur. (xiv Kal. Januari.) 442
CDLXXIX. — Eliensi episcopo. — Ejusdem argumenti. 443
CDLXXX. — Ricardo illustri regi Anglorum. — Ejusdem argumenti. 443
CDLXXXI. — Joanni magistro et fratribus. S. Trinitatis. — Conceditur regula juxta quam vivere debeant. (xvi Kal. Januari.) 444
CDLXXXII. — G. præposito Albensi. — Datur illi potestas conferendi custodiam Albensem. (xii Kal. Januarii.) 449
CDLXXXIII. — Pictaviensi episcopo. — Ut monasteria per suam diœcesim visitet atque reformet. 449
CDLXXXIV. — Fulconi abbati monasterii S. Petri Corbeiensis, ejusque fratribus in perpetuum. — Recipit eos in protectionem, et elegantia vitæ atque morum præcepta relinquit. (xv Kal. Januarii.) 450
CDLXXXV. — R. illustri regi Anglorum. — Ne Cantuarienses monachos contra jus contraque rem judicatam et Romani pontificis auctoritatem opprimat. (xi Kal. Januari.) 451
CDLXXXVI. — Rothomagensi archiepiscopo et episcopo Eliensi. — Ut pontificis litteras Anglorum regi offerant et interpretentur causamque monachorum commendent. 453
CDLXXXVII. — Aimerico illustri regi Hierosolymitano. — Illum ad pietatem et modestiam hortatur, auxiliaque sua promittit. (xii Kal. Januari.) 454
CDLXXXVIII. — Noviomensi episcopo, S Medardi Suessionens. et Compendien. abbatibus. — Ut injurias monasterii Corbeiensis prosequantur et privilegia defendant. 455
CDLXXXIX. — Episcopo et capitulo Tornacens. — Ut ab injuriis dicto monasterio inferendis abstineant. 456
CDXC. — Mauricio episcopo Nannetensi. — Ipsum transfert ad ecclesiam Pictaviensem. 457
CDXCI. — Burdegalensi archiepiscopo. — De eadem re. 457
CDXCII. — Decano et capitulo Pictavien. — Ejusdem argumenti. 457
CDXCIII. — Abbatibus et prioribus, præpositis et aliis ecclesiarum prælatis, et universis clericis Pictavien. ecclesiæ diœcesana lege subjec'is. — Ut episcopo suo obtemperent. 457
CDXCIV. — Narbonensi archiepiscopo, et fratri Rainerio. — Episcopo Carcassonensis resignationem approbat. (x Kal. Januarii.) 457
CDXCV. — Archiepiscopo et decano Senonen. — Ut ecclesiam S. Martini Turonensis ab injuriis defendant. 458
CDXCVI. — Pictaviensi et Cenomanensi episcopis et abbati de Fontana. — Ejusdem argumenti. 459
CDXCVII. — Conventrensi episcopo. — De pœna Simoniacorum. 459
CDXCVIII. — Litteræ Guidonis comitis Alverniæ ad Dominum papam. — Romanæ Ecclesiæ castrum donat, fratrisque sui causam commendat pontifici. 460
CDXCIX. — Colocen. Archiepiscopo. — De reformatione monasterii S. Stephani de Keu. (xi Kal. Januarii.) 460

D. — Illustri regi Hungariæ. — Ut compellat Sclavos decimas persolvere. 461
DI. — Abbati et conventui S. Petri Carnotensis. — Beneficia ecclesiastica nemini promittenda ante quam vacent. (iii Kal. Jan.) 461
DII. — Episcopo Tripolitano. — Eum transfert ad ecclesiam Tripolitanam. (ii Kal. Januarii.) 462
DIII. — Patriarchæ Antiocheno. — Ejusdem fere argumenti. 464
DIV. — Lingonensi episcopo. — Ipsum ab officio suspendit, donec capitulo suo super dilapidatione bonorum Ecclesiæ respondeat. 464
DV. — Patriarchæ Hierosolymitano et canonicis Dominici sepulcri. — Hierosolymitanum patriarcham hortatur ut Antiocheno patriarchæ de certis querelis satisfaciat, vel causam coram pontifice Romano prosequatur. (iii Non. Januarii.) 466
DVI. — Fratribus militiæ Templi. — Certorum bonorum emptionem auctoritate apostolica confirmat. (iv Non. Januarii.) 467
DVII. — Commendatori et fratribus domus militiæ Templi sitæ apud Montem Pessulanum. — Transactionem inter ipsos et præpositum atque capitulum Magalonense olim initam confirmat. (ii Kal. Januarii.) 467
DVIII. — Syracusano episcopo et abbati de Sambucino. — De subsidio Terræ sanctæ. (Non. Januarii.) 470
DIX. — Syracusano episcopo. — Ut pullulantes hæreses exstirpare conetur. 471
DX. — S. Colocen. archiepiscopo, V. Gevrien. et D. Zagabrien. episcopis. — Cassatur electio archiepiscoporum Hydruntin. et Spalat. (iii Kal. Jan.) 472
DXI. — Archiepiscopis, episcopis, et cæteris ecclesiarum prælatis in Hungaria constitutis. — Ne quis in Ungariæ regis consiliarios facile excommunicationis sententiam proferat. (vi Id. Januarii.) 473
DXII. — Patriarchæ Antiocheno. — De conservanda ecclesiastica libertate et ne a laicis Ecclesiæ exactiones imponantur et talliæ. (Non. Jan.) 474
DXIII. — Tyren. archiepiscopo. — Quatenus testes ad exceptionem probandam adhibiti, in causa principali testimonium dicere cogantur. (iv Non. Januarii.) 474
DXIV. — Archiepiscopo et capitulo Tyren. — Ne infideles, conjuncti gradu prohibito, post baptismum separentur. (iii Kal. Januarii.) 475
DXV. — Tyren. archiepiscopo. — Quod patriarchæ et primates archiepiscoporum et episcoporum subditos judicare in prima instantia non debeant. (Non. Januarii.) 475
DXVI. — Episcopo Sidoniensi, Beriten. et Biblien. episcopis. — De decimarum solutione. (x Kal. Januarii.) 476
DXVII. — Acconen. Episcopo. — Ut professus religionem eam ingredi et servare compellatur. 476
DXVIII. — Hierosolymitano patriarchæ. — Illum officii sui pie admonet et propter sua delicta in ipsum jure animadversurum significat. 477
DXIX. — Fulconi abbati Corbeiensi. — Conceditur usus annuli. (iii Kal. Januarii.) 478
DXX. — G. Conventren. episcopo. — Ut a decessoribus alienata revocet. (vi Id. Januarii.) 478
DXXI. — Eidem. — Ut patronis in præsentando clericum idoneum discordantibus, episcopus vicarium durante lite instituat. (iii Id. Januarii.) 478
DXXII. — Arelatensi archiepiscopo. — Injungitur illi ut inquirat de statu episcopi Regensis qui episcopatui renuntiare cupiebat. 479
DXXIII. — Bisuntino Archiepisr. et suffraganeis ejus. — Ne quis in abbatem Luxoviensem eligatur, nisi fuerit monachus istius cœnobii. (iii Id. Januarii.) 480
DXXIV. — Abbati de Flore. — Quod professio absque habitu edita obliget. 480
DXXV. — Capellano et S. subdiacono nostris, apostolicæ sedis legatis. — Illos ad regem Dalmatiæ legatos facit. (iv Id. Januarii.) 480
DXXVI. — Vulcano illustri regi Dalmatiæ et Diocliæ. — Ut legatos apostolicos reverenter accipiat et officium suum exsequi permittat. 481
DXXVII. — Dioclien. archiepiscopo. — Ejusdem argumenti. 482
DXXVIII. — Omnibus per Dalmatiam et Diocliam prælatis et clericis. — Ejusdem argumenti. 482
DXXIX. — Episcopo et capitulo Tripolitan. — Ut Raimundo primo vacaturum canonicatum et præbendam conferant. (ii Kal. Januarii.) 482
DXXX. — Universo clero et populo Cremonensi. — De S. Homoboni vita, miraculis et canonizatione. (ii Id. Januarii.) 483
DXXXI. — Archiepiscopo Sipontino. — Habens Litte-

ras falsas ignoranter venia dignus est. (xix Kal. Februarii.) 485

DXXXII. — Decano et capitulo Andegaven. — Translatio episcoporum ad solum Romanum pontificem jure pertinet. (xii Kal. Februarii.) 486

DXXXIII. — Montanario subdiacono nostro. — Ipsi prioratum Sancti Savini ad quem electus erat confirmat. (x Kal. Februarii.) 489

DXXXIV. — Petro Colimbriensi episcopo. — Ea quæ decessores juste hactenus possederant, ipsi confirmat. (vii Kal. Januarii.) 490

DXXXV. — J. Capellano et S. subdiacono, familiaribus nostris, apostolicæ sedis legatis. — Pallium non conceditur nisi metropolitanis. (vii Kal. Februarii.) 490

DXXXVI. — Archipresbytero et canonicis basilicæ principis apost. — Suam erga illos benevolentiam et munificentiam declarat. (xv Kal. Februarii.) 490

DXXXVII. — Pharen. episcopo. — Ut cum aliquot canonicis Romam, causam suæ translationis dicturus, veniat. (in Non. Decembris.) 492

DXXXVIII. — Canonicis Jadertinis. — Ejusdem argumenti. 492

DXXXIX. — Duci et populo Venetorum. — Ne Sarracenis arma et subsidium subministrent prætextu mercaturæ. 493

DXL. — Episcopo Gevricensi et abbati de Boccan. — De pœna eorum qui crimen falsi commiserunt. (iii Kal. Februarii.) 493

DXLI. — P. de Castronovo archidiacono Magalonensi. — Ipsi archidiaconatum confirmat. (iv Kal. Februarii.) 494

DXLII. — Priori et fratribus de Grandimonte. — Ipsos ad concordiam et mutuam charitatem hortatur. (iii Kal. Februarii.) 496

DXLIII. — Constantiensi episcopo. — Nisi appellatio intra decem dies interponatur, sententia transit in rem judicatam. (iii Id. Januarii.) 497

DXLIV. — Waciensi et Cenadiensi episcopis, et abbati Siricensi. — Committit cognitionem controversiæ inter episcopum et abbatem. (iii Kal. Februarii.) 497

DXLV. — Canonicis S. Laurentii de Spello. — Confirmat sententiam cardinalis super prioratu S. Laurentii. (Kal. Februarii.) 499

DXLVI. — Strigoniensi archiepiscopo, Patavien. et Cenadien. episcopis. — Ut cognoscant de accusatione capituli Waradiensis contra suum episcopum. (iii Kal. Februarii.) 500

DXLVII. — Abbati monasterii Francarum Vallium ejusque fratribus, tam præsentibus quam futuris, regularem vitam professis in perpetuum.—De confirmatione privilegiorum et bonorum. (Kal. Februarii.) 501

DXLVIII. — Priorissæ cœnobii de Curto Rivo, ejusque sororibus tam præsentibus quam futuris regularem vitam professis in perpetuum. — De eodem argumento. (iii Kal. Februarii.) 502

DXLIX. — Hen. illustri regi Hungariæ. — Ne testes super falsitate cujusdam examinandi impediantur verum dicere. (ii Non. Februarii.) 503

DL. — Lincolnien. et Winton. episcopis et abbati S. Edmundi. — Ut cognoscant causam episcopi Conventrensis et monasterii (iii Non. Februarii.) 503

DLI. — Gaudemario abbati Boscaudonensis monasterii, ejusque fratribus, tam præsentibus quam futuris, regularem vitam professis in perpetuum. — De confirmatione privilegiorum. (iii Non. Februarii.) 504

DLII. — Joanni ministro domus Sanctæ Trinitatis Cervi Frigidi, ejusque fratribus, tam præsentibus quam futuris, regularem vitam professis in perpetuum.—Ipsos et ipsorum domum recipit sub protectione apostolica. (iii Non. Februarii.) 504

DLIII. — Episcopo et magistro P. de Corbolio canonico Parisiensi. — Ut controversiam capituli Lingonensis contra suum episcopum pertractent. (iv Id. Februarii.) 505

DLIV. — Colimbriensi et aliis episcopis in regno Portugalliæ constitutis — Differentiam inter edictum (interdictum) generale et particulare declarat. (vii Id. Februarii.) 506

DLV. — Archiepiscopo et capitulo Pisano. — Ut cives suos hortentur illam pacem atque concordiam servare, quam reliqui ordines Tusciæ servabant. 507

DLVI. — Illustri regi Navarræ. — Quod exortum et in honestum juramentum non sit servandum. (iii Id. Februarii.) 509

DLVII. — Panormitano, Reginensi, Capuano, Montis Regalis archiepiscopis et episcopo Trojano, familiaribus regiis. — Ut necessariam contra hostes regni pecuniam sine mora transmittant. (vii Kal. Februarii.) 510

DLVIII. — Clero, Baronibus, judicibus, militibus et universo populo Capuano. — Ut pro patria contra hostes fortiter decertent. 513

DLIX. — Archiepiscopis, episcopis, abbatibus, prioribus et universo clero per Calabriam et Apuliam constitutis. — Ejusdem fere argumenti cum epistola præcedenti. 514

DLX. — Comitibus, baronibus, civibus et universo populo in Apulia et Calabria constitutis. — Ejusdem argumenti. 516

DLXI. — Archiepiscopis, episcopis, et universis ecclesiarum prælatis in Sicilia constitutis. — De eodem argumento. 517

DLXII. — G. Sanctæ Mariæ in porticu diacono cardinali, apostolicæ sedis legato. — Ipsi gubernationem regis minoris et regni Siciliæ committit. 518

DLXIII. — Nobili viro L. de Aquila comiti Fundano. — Ut legatis apostolicis obtemperet et consilio atque auxilio sit. 518

DLXIV. — Panormitano, Capuano, Regin. et Montis Regalis archiepiscopis et episcopo Trojano. — Ejusdem argumenti. 519

DLXV. — Illustri regi Siciliæ. — Consolatoria super morte patris et matris. 520

DLXVI. — Panormitano archiepiscopo — Curam et instaurationem monasterii Panormitani committit. (vi Id. Februarii.) 521

DLXVII. — Magistro et fratribus Hierosolymitani hospitalis. — Ut causam suam contra fratres militiæ Templi jure, non vi, prosequantur. 521

DLXVIII. — Primicerio et clero Mediolanensi. — Quod legatis et nuntiis apostolicis ab omnibus juxta procuratio debeatur. (xii Kal. Martii.) 525

DLXIX. — Abbati de Cerreto. — Ut Mediolanensium causam, quare procurationem legatis negarint, cognoscat. (vii Kal. Martii.) 525

DLXX. — Magistro et fratribus hospitalis quod Teutonicum vocatur. — Ordinationem novam ab illis factam confirmat. (xii Kal. Martii.) 525

DLXXI. — Pataviensi episcopo. — Ut prava judicandi consuetudo rescindatur. (xii Kal. Martii.) 526

DLXXII. — Pataviensi episcopo. — Datur illi potestas absolvendi incendiarios. (xii Kal. Martii.) 526

DLXXIII. — Henrico diacono. — Ipsi ecclesiam litigiosam confert, adversarioque silentium imponit. (xiii Kal. Martii.) 526

DLXXIV. — C. quondam Hildesemensi episcopo. — Ne quis propria auctoritate, sine consensu papæ, ex una ecclesia in aliam migret. 527

DLXXV. — Nobili viro W. comiti Casertan. — Ut captos regis et regni Siciliæ hostes diligenter custodiat, seque modeste gerat. 528

DLXXVI. — Pe. Colimbriensi episcopo. — Ut omnes jura episcopalia suo episcopo persolvant. (xiii Kal. Martii.) 529

DLXXVII. — Juramentum fidelitatis Innocentio III præstitum a Petro urbis præfecto. 529

DLXXVIII. — Juramentum comitis Ildebrandini. 529

DLXXIX. — Oddoni episcopo et capitulo Pennensi. — Confirmat compositionem factam inter episcopum Pennen sem et monasterium S. Viti de Furca. (xiii Kal. Maii.) 530

DLXXX. — Regi Angliæ. — Scribit pro monachis Cantuariensibus. (Non. Mart.) 531

DLXXXI. — Suffraganeorum Cantuariensis ecclesiæ ad Innocentium papam. — Rescribunt in causa capellæ de Lamhee. 531

DLXXXII. — Abbatum Cisterciensium regni Angliæ ad papam. — De eodem argumento. 534

DLXXXIII. — Monachorum ecclesiæ Cantuariensis ad papam. — Exponunt afflictiones suas. 536

LIBER SECUNDUS. — Pontificatus anno II, Christi 1199.

I. — Clero, consulibus, et populo Viterbiensi. — De persecutione et pœna hæreticorum. (viii Kal. Aprilis.) 537

II. — Melfiensi episcopo. — Ut sponsalia inter impuberes contracta, si puberes facti consenserint, consummentur. (ii Id. Martii.) 539

III. — Guid. abbati monasterii S. Mariæ de Lundors, ejusque fratribus, tam præsentibus quam futuris, regularem vitam professis in perpetuum. — De confirmatione privilegiorum. (xiii Kal. Aprilis.) 540

IV. — Consulibus et populo Esinis. — Ut in reducenda Marchia ad obedientiam pontificis diligenter laborent. (xvi Kal. Aprilis.) 541

V. — R. episcopo S. Andreæ. — Nisi intra tempus juris ecclesiarum patroni præsentent, devolvitur ad superiorem. (vi Kal. Martii.) 542

VI. — R. episcopo S. Andreæ. — Crescente numero

parochionorum, novam licet exstruere ecclesiam. (IV Non. Martii.) . 542

VII. — Matthæo Cenetensi episcopo. — Ne feuda et res Ecclesiæ alienentur absque cæremoniis juris. (x Kal. Aprilis.) 543

VIII. — Aquilegiensi patriarchæ, et episcopo Ferrariensi. — Ut curam et instaurationem Cenetensis ecclesiæ auctoritate apostolica suscipiant. (VIII Kal. Aprilis.) 543

IX. — Illustri Miramolino regi Marrochetan. et subditis ejus. Significatur institutio facta super redemptione captivorum paganorum a Christianis et Christianorum a paganis. (VIII Id. Martii.) 544

X. — Capitulo Xancionensi. — Confirmatur constitutio de quadragenario numero canonicorum. (VI Kal. Aprilis.) 545

XI. — Pictaviensi episcopo. — Ne monachis liceat sine abbatis licentia in alium ordinem transire. (XIII Kal. Aprilis.) 545

XII. — Martino priori et fratribus Camaldulen. — Quadraginta annorum possessio valet. (VI Id. Martii.) 546

XIII. — Mutinensi episcopo. — Temerariæ appellationes non sunt recipiendæ. (VII Id. Martii.) 546

XIV. — Argentinensi episcopo. — Ne incendiarii et excommunicati in ecclesia sepeliantur. (XVI Kal. Aprilis.) 546

XV. — Priori et clericis S. Petri extra portam Spoleti. — Quod sententiam inter ipsos et episcopum Spoletanum a cardinali latam confirmarit. (XVI Kal. Aprilis.) 547

XVI. — R. abbati S. Juliani, et I. priori S. Gregorii Spoletani. — Ut in possessionem rei adjudicatæ inducantur. (XII Kal Aprilis.) 547

XVII. — Donato Aladensi episcopo et ejus successoribus canonice substituendis, in perpetuum. — De privilegiorum confirmatione. (III Kal. Aprilis.) 548

XVIII. — Decano et capitulo Abrincensi. — Ut, propter commissum in electione priori vitium, nunc recte alium eligant episcopum. (XVI Kal. April.) 549

XIX. — Abbati S. Mariæ de Casanova, ejusque fratribus, tam præsentibus quam futuris, regularem vitam professis in perpetuum. — De confirmatione privilegiorum. (XVI Kal. Aprilis.) 550

XX. — Lugdolfo Magdeburgensi archiepiscopo — Ipsi dat facultatem beneficia ecclesiastica conferendi et prælatos ad obsequium cogendi. (VII Id. Aprilis.) 551

XXI. — Decano majoris ecclesiæ Magdeburgensis. — Ipsi indulget ut decanatum Magdeburgensem retineat. (VI Kal Aprilis.) 551

XXII. — Abbati et conventui sancti Rufi. — Ut sententia Lugdunensis archiepiscopi pro ipsis lata, firma rataque permaneat. (Id. Martii.) 552

XXIII. — P. Sanctæ Mariæ in via Lata diacono cardinali, apostolicæ sedis legato. — Ipsius industriam in concordandis Gallorum et Anglorum regibus laudat. (Kal. Aprilis.) 552

XXIV. — Ph. illustri regi Francorum. Initas inter ipsum et Anglorum regem treugas approbat, et hortatur illum ut eas fortiter observet. (VII Kal. Aprilis.) 553

XXV. — P. Sanctæ Mariæ in Via Lata diacono cardinali, apostolicæ sedis legato. — Declarat treugas per ipsum initas inter Gallorum et Anglorum reges sibi placere. (III Kal. Aprilis.) 554

XXVI. — Mantuano episcopo. — Quod capitulum Tarvisinum decernat absolutum ab impetitione super præpositura. (III Non. Aprilis.) 554

XXVII. — Potestati et populo Tarvisinis. — Hortatur eos quod redeant ad Ecclesiam, et facinora eorum emendent. (VII Kal. Aprilis.) 555

XXVIII. — Illustri regi Aragonum. — De vera moneta et pondere præcipit. (Non. Aprilis.) 558

XXIX. — Episcopo S. Andreæ. — De pœna falsariorum. (V Id. Martii.) 559

XXX. — De Cella S. Petri et Mitrensi abbatibus et præposito Uverdensi. — Electio Scaffusensis abbatis ipsis committitur examinanda. (VII Id. Aprilis.) 560

XXXI. — W. abbati de Dereforfia, ejusque fratribus, tam præsentibus quam futuris, regularem vitam professis in perpetuum. — De privilegium confirmatione. (VI Id. Aprilis.) 564

XXXII. — Corcafensi episcopo, ejusque successoribus canonice substituendis in perpetuum. — De confirmatione privilegiorum. (II Id. Aprilis.) 565

XXXIII. — Episcopi et potestatis Castellanensis ad papam. — Mittunt tributum pontificisque opem postulant adversus Aretinos. 566

XXXIV. — Ebredunensi archiepiscopo. — Ut Venciensem episcopum publice excommunicatum denuntiet. (VI Id. Aprilis.) 566

XXXV. — Avinionensi et Tricastrensi episcopis. — Ut Templarios oratorium sibi construere patiantur. (VI Id. Aprilis.) 567

XXXVI. — Burdegalensi archiepiscopo, Agennensi episcopo et abbati Sylvæ Majoris. — Ut in Ecclesia Vasatensi tot instituantur canonici quot licebit per facultates Ecclesiæ. (Id. Aprilis.) 568

XXXVII. — Ph. Mediolanensi archiepiscopo. — Quæstio inter eum et abbatem S. Donati de Scozula sententiando diffiuitur. (XVI Kal. Maii.) 568

XXXVIII. — Conventui de Conchis. — Quæstio inter eos et abbatem monasterii de Conchis sententiando diffinitur. (Id. Aprilis.) 573

XXXVIII bis. — Joanni abbati S. Bertini, ejusque fratribus tam præsentibus quam futuris, regularem vitam professis, in perpetuum. — De confirmatione privilegiorum. (v Id. Aprilis.) 577

XXXIX. — Locediensi abbati. — Ut pacem inter Placentinos et Parmenses facere laboret. (v Kal. Maii.) 580

XL. — W. Remensi archiepiscopo S. Sabinæ cardinali. — Quod absolvat comitem Flandriæ ab excommunicatione, et terram ejus ab interdicto. (VI Kal. Maii.) 582

XLI. — Ambianen. et Tornacen. episcopis. — De eodem argumento. 583

XLII. — Ph. illustri regi Francorum. — Super eodem. 584

XLIII. — W. Remensi S. Sabinæ cardinali et Senonensi archiepiscopis, Antisiodorensi et Nivernensi episcopis. — Quod cogant comitem Flandriæ ad observationem juramenti præstiti. (v Kal. Maii.) 584

XLIV. — Ph. illustri regi Francorum. — Super eodem. 585

XLV. — Balduino comiti Flandrino et Mariæ uxori ejus. — Recipiuntur sub protectione apostolica. (IV Kal. Maii.) 585

XLVI. — Theobaldo presbytero canonico Cameracensi. — Confirmatur sententia lata pro eo contra I. presbyterum super præbenda Cameracensi. (VIII Kal. Maii.) 586

XLVII. — Præposito et decano et capitulo Cameracensibus. — De eodem argumento. 587

XLVIII. — Decano, V. cancellario, et C. canonico Laudunensibus. — In dubio semper præsumitur pro judice et pro illius sententia. (II Kal. Maii.) 587

XLIX. — Mar. episcopo Castellan. — Quod non liceat alicui presbytero absque suo consensu celebrare vel confitentes recipere ad pœnitentiam. (VI Kal. Maii.) 588

L. — Ferrariensi episcopo. — An hæresis matrimonium contractum dirimat. (Kal. Maii.) 588

LI. — Aurelianensi episcopo. — Ut D. de Corbolio primæ vacatura præbenda conferatur. (IV Kal. Maii.) 589

LII. — Hugoni Nucerino episcopo. — Ut restauret monasterium de Waldo. (IV Non. Maii.) 590

LIII. — Magistro et fratribus ordinis de Calatrava, tam præsentibus quam futuris, secundum ordinem Cisterciensem viventibus. — Recipiuntur sub protectione sedis apostolicæ. (IV Kal. Maii.) 590

LIV. — Capitulo Hildeshemensi. — Quod eligant personam idoneam ecclesiæ eorum vacanti per translationem episcopi Hildeshemensis propria auctoritate. (II Non. Maii.) 593

LV. — Corbeiensi et de Hersevedensi abbatibus et decano Paderbornensi. — De eodem argumento. 594

LVI. — Ci. Lubussensi episcopo. — Ex laxiori ordine monastico ad arctiorem transire licet, non contra. (VIII Id. Maii.) 595

LVII. — R. Angliæ regi illustri. — Quod restituat bona archiepiscopo Eboracensi, et permittat ipsum administrationis officium libere exercere. (IV Kal. Maii.) 595

LVIII. — Rothomagensi archiepiscopo et abbati de Persagnia. — De eodem. 597

LIX. — R. Angliæ regi illustri. — De eodem argumento. 597

LX. — P. Sanctæ Mariæ in Via Lata diacono cardinali, apostolicæ sedis legato. — Ut quicunque beneficia in archiepiscopatu Eboracensi contra archiepiscopi voluntatem acceperunt, destituantur. 598

LXI. — Abbati Sancti Andreæ. — Quod excommunicatus in quo fuerunt signa pœnitentiæ, et per eum non stetit quin reconciliaretur Ecclesiæ, habendus est pro absoluto. (II Non. Maii.) 599

LXII. — Nobili viro L. de Monte Longo, consobrino nostro. — Ut inventum thesaurum conservet, donec pontifex suam voluntatem declaret. (v Id. Maii.) 601

LXIII. — Senonensi archiepiscopo. — Ut de canus Nivernensis de hæresi suspectus se purgare, eamque abjurare cogatur. (Non. Maii.) 602

LXIV. — Oxomensi episcopo. — Confirmantur statuta facta per eum in ecclesia sua. (v Id. Maii.) 604

LXV. — Oxomensi episcopo. — Concubinarii publici

puniantur, clancularis indicatur purgatio. (v Id. Maii.) 605
LXVI. — Uratizlaviensi episcopo. — Consultanti respondetur super pluribus articulis. (xvii Kal. Junii.) 605
LXVII. — Hisp. decano Toletano. — Recipitur sub protectione B. Petri et sedis apostolicæ. (xvi Kal. Junii.) 606
LXVIII. — Hisp. archidiacono de Colera. — Confirmatur sibi dictus archidiaconatus. (xvi Kal. Junii.) 607
LXIX. — Joanni abbati S. Michaelis Villæ majoris, ejusque fratribus tam præsentibus quam futuris, regularem vitam professis in perpetuum. — Recipiuntur sub protectione sedis apostolicæ. (xiii Kal. Junii.) 607
LXX. — Episcopo Abulensi. — Ut Saraceni solvant decimas ecclesiæ parochiali. (xii Kal. Junii.) 607
LXXI. — Lincolniensi et Eliensi episcopis et abbati S. Edmundi. — Ut controversiam inter archiepiscopum Cantuariensem et monasterium componere studeant. (xiv Kal. Junii.) 608
LXXII. — Abbati et conventui de Certeseia. — De confirmatione decimarum. (viii Kal. Junii.) 609
LXXIII. — Eisdem. — De privilegiorum confirmatione. 609
LXXIV. — Ugoni abbati monasterii S. Petri de Insula Arben. ejusque fratribus, tam præsentibus quam futuris, monasticam vitam professis in perpetuum. — De confirmatione privilegiorum. (viii Kal. Junii.) 610
LXXV. — Compostellano archiepiscopo et universis episcopis in regno Legionensi constitutis. — Ut per excommunicationis et interdicti sententiam rex Legionis et regis Castellæ filia, in gradu prohibito copulati, separentur. 610
LXXVI. — W. priori Ecclesiæ Sagiensi, ejusque fratribus, tam præsentibus quam futuris, regularem vitam professis in perpetuum. — De confirmatione privilegiorum. (viii Kal. Junii.) 615
LXXVII. — Turonensi archiepiscopo. — Quod archiepiscopus suffraganeorum suorum consecrationem potest committere. (xvi Kal. Junii.) 617
LXXVIII. — Episcopo civitatis Castellanæ. — Ut civitas Castellana ab interdicti sententia liberetur. (iv Kal. Junii.) 617
LXXIX. — Rainerio abbati et conventui S. Petri Eugubini. — De confirmatione privilegiorum. (ii Kal. Junii.) 618
LXXX. — Abbati de Firmitate, G. et F. archidiaconis Gabilonensibus. — Committitur ipsis cognitio causæ inter ecclesiam Eduensem et monasterium Balmense. (iv Kal. Junii.) 619
LXXXI. — Conventui monasterii S. Leufredi de Cruce. — Sententia secunda contra prima lata, si ab ea non appelletur, jure tenet. (ii Non Junii.) 621
LXXXII. — Bartholomæo Turonensi archiepiscopo, ejusque successoribus canonice substituendis in perpetuum. — De subjectione episcopi Dolensis. (Kal. Januarii.) 625
LXXXIII. — Archiepiscopo et capitulo Turonensi. — De eodem. (iv Non. Junii.) 634
LXXXIV. — Regi Francorum. — De eadem re. (ii Kal. Junii.) 635
LXXXV. — Comitissæ Britanniæ et filio ejus. — De eodem argumento. 636
LXXXVI. — Clero et populo Dolensi. — De re eadem. 636
LXXXVII. — Capitulo Dolensi. — In eumdem modum. 636
LXXXVIII. — Archiepiscopo Rothomagensi et suffraganeis ejus. — De eodem. 636
LXXXIX. — Priori et conventui de Nostlat. — De confirmatione privilegiorum. (ii Non. Julii.) 637
XC. — Priori et canonicis de S. Oswaldo. — Ejusdem argumenti. (iii Id. Junii.) 637
XCI. — Massiliensi et Agatensi episcopis. — Ut curam suscipiant restaurandi monasteria in insulis Arearum. (iv Id. Junii.) 637
XCII. — Eisdem. — De confirmatione privilegiorum. (ii Id. Junii.) 640
XCIII. — M. priori et canonicis de Novo Burgo. — De confirmatione privilegiorum. 640
XCIV. — Magistro et fratribus militiæ Templi. — Pronuntiatur pro illis adversus canonicos Sancti Quintini. (Id. Junii.) 641
XCV. — P. Sanctæ Mariæ in via Lata diacono cardinali, apostolicæ sedis legato. — Electio Cameracensis episcopi cassatur. (xiii Kal. Julii.) 642
XCVI. — Illustri regi Hungariæ. — Ut episcopo Watiensi de ablatis ex ecclesia thesauris satisfaciat. (xi Kal. Julii.) 645

XCVII. — Archiepiscopo Colocensi. — De eodem argumento. 645
XCVIII. — Abbati Sanctæ Crucis, et S. Leufredi confessoris, ejusque fratribus tam præsentibus quam futuris, regularem vitam professis in perpetuum. — De confirmatione privilegiorum. (xiii Kal. Julii.) 645
XCIX. — P. Sanctæ Mariæ in via Lata diacono cardinali, apostolicæ sedis legato, et episcopo Parisiensi. — Ut Nivernensis abbas hæreticus et depositus, carceribus monasterii includatur. (xiii Kal. Julii.) 647
C. — Abbati S. Mariæ de Canneto ejusque fratribus, tam præsentibus quam futuris, regularem vitam professis in perpetuum. — De confirmatione privilegiorum. (xi Kal. Junii.) 650
CI. — Gostadigin, fundatrici et fratribus et sororibus ecclesiæ B. Mariæ de Rocca majori sitæ in loco qui dicitur Puteus de Chartariis. — De confirmatione privilegiorum. (Kal. Julii.) 651
CII. — Romano archipresbytero et clericis sanctorum martyrum Sergii et Bacchi, tam præsentibus quam futuris in perpetuum. — De confirmatione privilegiorum. (vi Kal. Julii.) 651
CIII. — Petro Compostellano archiepiscopo. — Decernit episcopatus Ulixbonensem et Elborensem esse subjectos archiepiscopo Compostellano. (vi Non. Julii.) 653
CIV. — Cantuariensi archiepiscopo. — Adversus Simoniacos. (vi Kal. Julii.) 657
CV. — Bracarensi archiepiscopo. — Quod sententia lata pro archiepiscopo Compostellano non præjudicet Bracarensi. (iii Non. Julii.) 657
CVI. — Martino Bracarensi archiepiscopo. — Concordiam inter ipsum et Compostellanum archiepiscopum initam confirmat. (ii Non. Julii.) 663
CVII. — Præposito S. Severini, Decano, et L. canonico Majoris ecclesiæ in Euphurdia. — Sectiones beneficiorum et successiones vetantur. (v Non. Julii.) 663
CVIII. — Ermilindæ abbatissæ monasterii S. Mariæ Aquilegiensis, ejusque sororibus tam præsentibus quam futuris, regularem vitam professis in perpetuum. — De confirmatione privilegiorum. (viii Id. Julii.) 664
CIX. — Abbati et conventui S. Crucis de Walthan. — De confirmatione privilegiorum. (Non. Junii.) 664
CX. — Abbati et fratribus ecclesiæ Sanctæ Crucis de Walthan. — De eadem re. (vi Id. Julii.) 665
CXI. — Crim. Placentino electo. — Electionem ejus confirmat. (v Id. Julii.) 665
CXII. — Clero et populo Placentino. — De eadem re. 667
CXIII. — Aldigerio decano et canonicis Aquilegiensibus. — Deciditur controversia decini et Capitulo Aquilegiensis contra suum præpositum. (vii Id. Julii.) 667
CXIV. — Cantuariensi archiepiscopo. — Ut ecclesiis parochialibus juste decimæ persolvantur. (ii Non. Julii.) 672
CXV. — Eidem. — Ut onera et pensiones ecclesiis impositæ rescindantur. (vi Kal. Julii.) 672
CXVI. — Simoni archiepiscopo Wellensi. — De confirmatione privilegiorum. 672
CXVII. — Episcopo Tudensi, decano Zamoracensi et priori S. Isidori Legionensis. — Committitur illis cognitio causæ episcopi Auriensis et abbatis monasterii Cellæ Novæ. (v Id. Julii.) 673
CXVIII. — Abbati et conventui de Walthan. — De præsentatione clericorum. (iii Non. Julii.) 673
CXIX. — Eisdem. — De procurationibus immodicis reprimendis. 674
CXX. — Eisdem. — De confirmatione privilegiorum. (Non. Julii.) 674
CXXI. — Eisdem. — De eodem argumento. 675
CXXII. — Fratri Rainerio, apostolicæ sedis legato. — Creat ipsum legatum apostolicæ sedis in nonnullis provinciis Gallicanis. (vi Id. Julii.) 675
CXXIII. — Arelatensi archiepiscopo et suffraganeis ejus. — Ut Rainerium sedis apost. legatum reverenter et benigne tractent. (Non. Julii.) 676
CXXIV. — Decano et capitulo Aquilegiensi. — Ut præpositum suum spoliatum restituant. (iv Id. Julii.) 677
CXXV. — Popon. canonico Fridagensi. — Ut præhendæ suæ fructus percipiat. (ii Id. Julii.) 678
CXXVI. — Abbati et conventui de Walthan. (xvi Kal. Julii.) 678
CXXVII, CXXVIII, CXXIX. — Eisdem. 678
CXXX. — Archiepiscopo Cantuariensi, de Ceresia et de Cirestria abbatibus. — Ut abbates S. Crucis legitima constitutioni per papam approbatæ obedire cogant. (Non. Julii.) 679
CXXXI. — Cantuariensi archiepiscopo et episcopo Rofensi. (xvi Kal. Julii.) 679

CXXXII. — Abbati et conventui de Walthan. — Ecclesia copfirmatur monasterio. (Non. Julii.) 680
CXXXIII. — Petro Compostellano archiepiscopo. — Ut inter ecclesiam Compostellanam et Bracarensem inita transactio observetur. 680
CXXXIV. — Bracarensi archiepiscopo. — Ejusdem argumenti. (IV Id. Julii.) 689
CXXXV. — Ulixbonensi, Elborensi, et Lamecensis episcopis, et clero et populo Egitaniensi. — De eadem re. (IV Id. Julii.) 689
CXXXVI. — Lucensi, Astoricensi, Mindoniensi, Auriensi et Tudensi episcopis. 690
CXXXVII. — Archiepiscopo et capitulo Compostellano. (II Id. Julii.) 691
CXXXVIII. — Mart. Bracaren. archiepiscopo. — Datas a rege Bracarensi ecclesiæ decimas confirmat. (III Id. Julii.) 691
CXXXIX. — Pretro Compostellano archiepiscopo ejusque successoribus canonice substituendis in perpetuum. — Ut Ecclesia Compostellana posthac metropolitana habeatur. (II Id. Julii.) 691
CXL. — Martino Bracarensi archiepiscopo. — Quod sententiam Portugallensis episcopi in causa decimarum confirmet. (XVI Kal. Augusti.) 695
CXLI. — Universis Christi fidelibus tam in urbe Metensi quam in ejus diœcesi constitutis. 695
CXLII. — Episcopo et Capitulo Metensibus. — De eodem argumento. (IV Id. Junii.) 698
CXLIII. — Archiepiscopo, decano, et capitulo Compostellanis. — Concordiam quamdam confirmat. 699
CXLIV. — Petro Compostellano archiepiscopo. — Ut abbas et monasterium de Antealtaria Compostellano archiepiscopo subjectum sit. (VII Id. Julii.) 700
CXLV. — Petro Compostellano archiepiscopo. — Ut rusticos Legionenses vota persolvere cogat. (III Id. Julii.) 700
CXLVI. — Toletano et Bracarensi archiepiscopis, et suffraganeis eorum Auriensi et Legionensi episcopis. — De eodem argumento. (II Id Julii.) 701
CXLVII. — Magistris et fratribus spatariis, et religiosis per Hispaniam constitutis. — Ut censum ecclesiæ Compostellanæ debitum solvant. (VI Id. Julii.) 701
CXLVIII. — Capitulo Balneariæ. — Ne ex monachis quidquam restituatur, et de pœna Simoniacorum. (XIV Kal. Augusti.) 702
CXLIX. — Bracarensi archiepiscopo. — Ut concordiam inter ecclesiam Compostellanam et Bracarensem initam servet. (XIII Kal. Augusti.) 703
CL. — Vimanensi, de Costa, et de S. Tornaco prioribus. — Ut archiepiscopo Bracarensi obediant. (XII Kal. Augusti.) 704
CLI. — Portugallensi et Lamecensi episcopis, et abbati de Burio. — Ut archiepiscopo Bracarensi priorem S. Martini de Castro obedire cogant. 704
CLII. — Oxomensi, Portugallensi, et Placentinensi episcopis. — Ut causam Compostellani et Bracarensi archiepiscopi super ecclesia Zamorensi cognoscant. 705
CLIII. — Clericis S. Chrysogoni, tam præsentibus quam futuris, canonice substituendis in perpetuum. — De confirmatione privilegiorum. (X Kal. Augusti.) 706
CLIV. — Aimerico abbati Caduniensi. — Ut reformatio istic edita et a legato apostolico probata, servetur. (X Kal. Augusti.) 709
CLV. — Burdigalensi archiepiscopo, Agennensi et Pictaviensi episcopis. — De eodem argumento. (VI Kal. Augusti.) 710
CLVI. — Asissinati episcopo, et abbati S. Petri Perusini. — Et archipresbytero purgationem canonicam super Simonia indicant. 711
CLVII. — Andreæ Acheruntino archidiacono. — Ipsi archidiaconatum cum omni jure tribuit. 711
CLVIII. — Veronensi presbytero capellano S. Michaelis de Trovald. — Ecclesiam S. Michaelis recipit sub protectione apostolica. (II Kal. Augusti.) 712
CLIX. — Suffraganeis Acheruntinæ ecclesiæ. — Quod ipsorum archiepiscopus brevi ad ipsos sit venturus, etsi pontifex illibenter eum dimittit. 712
CLX. — Capitulo Anglonensi. — Ut suum archiepiscopum reverenter excipiant, atque benigne tractent. (IV Non. Augusti.) 715
CLXI. — Acheruntino archiepiscopo. — Ut affidationes hominum pro consuetudine istius loci recipiat. (IV Kal. Augusti.) 715
CLXII. — Capitulo et universis clericis de Matera. — Ne a quoquam ad judicium sæculare trahantur. (II Kal. Augusti.) 714
CLXIII. — Universo populo de Matera. — Ut a cleri injuriis abstineant. 714

CLXIV. — Acheruntino archiepiscopo. — Ut ecclesia S. Petri de Matera ad mensam archiepiscopi Acheruntini restituatur. (VI Id. Augusti.) 715
CLXV. Eidem. — Ut decimæ ecclesiis integre persolvantur. (VI Id. Augusti.) 715
CLXVI. — Assisinati episcopo. — Quod excommunicati absolutionis litteras exhibere teneantur. (II Id. Augusti.) 716
CLXVII. — Archiepiscopis, episcopis, comitibus, Baronibus, civibus, et universo populo in regno Siciliæ constitutis. — De absolutione Marcowaldi. 716
CLXVIII. — Nobili viro Marcowaldo imperii senescalco. — Gratulatoria de conversione, et exhortatoria. 718
CLXIX. — Petro Compostellano archiepiscopo. — Quod episcopi absolvant eos qui manus in clericos injecerunt, nisi sit enormis læsio. 719
CLXX. — Petro archiepiscopo et capitulo Compostellano. 720
CLXXI. — Priori et capitulo Sarensi. (II Non. Augusti.) 720
CLXXII. — Abbati Gemblacensi. — Non imputatur electo confirmato, si eo prohibente pro ipsius confirmatione pecunia data fuit. (II Id. Augusti.) 720
CLXXIII. — G. Archidiacono, cantori, et magistro scholarum Tornacensibus. — Definit controversiam de præbenda ecclesiæ Insulensis. (III Id. Augusti.) 721
CLXXIV. — Clero et populo Reginensi. — Ut archiepiscopo suo per pontificem confirmato obediant. (XVII Kal. Septembris.) 724
CLXXV. — Consulibus et populo Aretinis. — Castrum S. Mariæ prohibet reædificari. 725
CLXXVI. — Litteræ regis Vulcani Diocliæ atque Dalmatiæ ad dominum Papam. — Se et regnum suum pontifici commendat, et hortatur ut ad Hungariæ regem scribat de expulsione hæreticorum. 725
CLXXVII. — Litteræ B. magni Jupani totius Serviæ. — Se pontifici offert atque commendat. 726
CLXXVIII. — Litteræ Joannis Diocliensis et Antibarensis archiepiscopi. — Gratias agit pre transmisso pallio, et quid legati apostolici in corrigendis moribus effecerint declarat 727
CLXXIX. — Comitibus, baronibus, civibus et universo populo in regno Siciliæ constitutis. — De absolutione Marcowaldi. 729
CLXXX. — Antibarensi archiepiscopo. — De Soacensi episcopo, reo homicidii. (VII Id. Septembris.) 731
CLXXXI. — Cantuariensi archiepiscopo. — Ut abusum quemdam in processionibus corrigat. (Id. Septembris.) 732
CLXXXII. — Nobili viro R. comiti Licii. — Recipit illum sub protectione apostolica. 733
CLXXXIII. — Tarvisino episcopo. — Ne clerici comam nutriant, aut laicali veste utantur. (XV Kal. Octobris.) 734
CLXXXIV. — Epistola Friderici regis Siciliæ ad homines de Montefiascone. — Hortatur eos ut sint obedientes summo pontifici. (XXII mensis Junii.) 734
CLXXXV. — Capitulo Pennensi. — Quod ipsorum electus episcopus, qui ante confirmationem ministrarat, privatus sit. (XI Kal. Octobris.) 735
CLXXXVI. — Fesulano episcopo. — Committitur ipsi cognitio cujusdam causæ. (IX Kal. Octobris.) 735
CLXXXVII. — Panormitanensi, Montis Regalis, et Messanensi archiepiscopis, et episcopo Trajano, regni Siciliæ cancellario, et nobili viro B. de Lucii. — Ut de regni bonis alienata restituant. (V Kal. Octobris.) 736
CLXXXVIII. — Magdeburgensi archiepiscopo, et de Burgelim et de Cella S. Mariæ abbatibus. — De divortio ducis Bohemiæ et uxoris ejus. 737
CLXXXIX. — Jerosolymitano patriarchæ, Liddensi episcopo, Jerosolymitani hospitalis et militiæ Templi magistris. — Ut collectam transmissamque eleemosynam fideliter distribuant, et de statu Terræ sanctæ rescribant. 737
CXC. — Capitulo Capuano. — Ut mature novum episcopum eligant non diu exspectatis his qui longius aberant. 738
CXCI. — Universis Christi fidelibus in Saxonia et Westphalia constitutis. — Ut Livoniensem episcopum, clerum et Ecclesiam contra paganos defendant. (III Non. Octobris.) 739
CXCII. — Civitatensi episcopo, baronibus, militibus et universo populo in comitatu Civitatensi constitutis — Ut Theatino præfecto obediant et obsequantur. (VII Id. Octobris.) 740
CXCIII. — Capitulo Fundano. — De electione episcopi Fundani. (V Id. Octobris.) 740
CXCIV. — Abbati de Walchenrieth. — Ut Gerlacus monachus, qui indicem sibi præcidit, a celebratione missarum arceatur. (II Id. Octobris.) 741

CXCV. — Episcopo, decano, et capitulo Pictaviensibus. — Ut W. cameræ apostolicæ scriptorem in canonicum recipiant. (x Kal. Octobris.) 741
CXCVI. — Bracarensi archiepiscopo, et priori ecclesiolæ et F. Menendi monacho de Alcobatia. — Ut controversiam episcopi Colimbriensis contra Templarios dijudicent. (II Id. Octobris.) 743
CXCVII. — Archiepiscopis, episcopis, abbatibus, prioribus et universo clero in regno Franciæ constitutis. — Ut regem suum hortentur ut apostolicis mandatis obtemperet et repudiata pellice, legitimam uxorem recipiat. 745
CXCVIII. — Archiepiscopo Hidruntino, et episcopo Liciensi. — Committitur illis causa archiepiscopi Tarentini contra ecclesiam S. Mariæ de Galeso. (IV Kal. Novembr.) 748
CXCIX. — De Lacu, de Hermenrod, et de Heisterbach abbatibus. — Ipsis committitur causa et lis super præpositura Coloniensi. (III Non. Novembris) 749
CC. — Universis ad quos litteræ istæ pervenerint. — De facultatibus archiepiscopi Tarentini, legati apostolici. (VIII Id. Novembris.) 749
CCI. — Conrado Maguntino archiepiscopo, episcopo Sabinensi. — Ut beneficia per Hildesemensem episcopum in diœcesi Herbipolensi collata, ipsi aliis conferre liceat, priori collatione non obstante. (V Kal. Novembris.) 750
CCII. — Castellano, Perusino, Clusino et Eugubino episcopis, et dilectis filiis abbatibus, prioribus et aliis ecclesiarum prælatis in eorum diœcesibus constitutis. — Ut legatum apostolicum reverenter excipiant. — (Id. Octobr.) 750
CCIII. — Consulibus et populo Sutrinis. — De eodem argumento. 751
CCIV. — Magdeburgensi archiepiscopo et suffraganeis ejus. — Ut Hildesemensis episcopus publice excommunicatus nuntietur. 752
CCV. — Nobili viro D. comiti Laureti. et Cupersan. magistro justitiario Apuliæ et terræ Laboris. — Ut promissionibus suis satisfaciat et pacem initam conservet. 754
CCVI. — Eduensi episcopo. — Ut Judæis recens baptizatis benevolentia exhibeatur. (Non. Novembris.) 754
CCVII. — Potestati, consulibus, et justitiariis Viterbiensibus. — Ut concordiam cum Romanis initam conservent. 755
CCVIII. — Epistola patriarchæ Constantinopolis ad Papam. — De primatu et prærogativa Ecclesiæ Romanæ. 756
CCIX. — Patriarchæ Constantinopolitano. — Respondet præcedenti. (II Id. Novembris.) 758
CCX. — Alexii imperatoris C. P. epistola ad Papam. — De reverentia et officio suo erga Romanam Ecclesiam, ac de recuperanda terra sancta. (Mense Februarii.) 765
CCXI. — Alexio illustri Constantinopolitano imperatori. — Respondet epistolæ superiori. (Id. Novembris.) 769
CCXII. — L. vicario nostro apud Constantinopolim. — Sacramentum confirmationis administrari non potest nisi ab episcopo. (XVI Kal. Decembris.) 772
CCXIII. — Omnibus Latinis tam clericis quam laicis apud Constantinopolim constitutis. — Ut legato apostolico obtemperent. (XVI Kal. Decembris.) 772
CCXIV. — Priori et fratribus Sanctæ Crucis. — Citantur ad audiendam sententiam inter ipsos et episcopum Colimbriensem. (VIII Kal. Decembris.) 773
CCXV. — De Alcobatia.... de Seiza abbatibus, et F. Menandi monacho Alcobatiæ. — De eodem argumento (VIII Kal. Decembris.) 774
CCXVI. — Archiepiscopo Maguntino, episcopo Sabinensi. — Ut ab injusto et illicito juramento canonici Herbipolenses absolvantur. (VIII Kal. Decembris.) 775
CCXVII. — Litteræ fideliter interpretatæ de Armenico in Latinum, quas catholicus Armeniorum domino papæ Innocentio destinavit. — De coronatione regis Armeniæ. 775
CCXVIII. — Gregorio catholico Armeniorum. — Respondet præcedenti. (IX Kal. Decembris.) 776
CCXIX. — Litteræ Leonis regis Armeniæ ad papam Innocentium. — Petit subsidium adversus paganos. (Maii die 23.) 778
CCXX. — Leoni illustri regi Armeniorum. — Respondet præcedenti. (VIII Kal. Decembris.) 779
CCXXI. — Nobilibus viris comitibus, baronibus, civibus et universis per Siciliam constitutis. — Ut Marcowaldum tyrannorum et Saracenorum socium opprimant. (VIII Kal. Decembris.) 780
CCXXII. — Pipioni clerico. 782
CCXXIII. — De Lucedio et S. Salvatoris abbatibus Papiensibus. — Ut monasterium S. Columbani instaurent. 782

CCXXIV. — Bobiensi episcopo. — De libertate monasterii S. Columbani. (Kal. Decembris.) 785
CCXXV. — Centio subdiacono et notario nostro, rectori, judicibus, consulibus, et populo Beneventanis. — De pœna illius qui consulem interemit. 785
CCXXVI. — Universis Saracenis in Sicilia constitutis, in devotione nostra et fidelitate regia permanere. — Ne contra verum Siciliæ regem adhæreant Marcowaldo. 786
CCXXVII. — Niverniensi episcopo. — De absolutione sacerdotis, qui hostibus indicaverat hominem, quem illi laqueo strangularunt. 788
CCXXVIII. — Veronensi episcopo, Romanæ Ecclesiæ cardinali. — Ut pertinaces hæretici puniantur, et resipiscere volentibus gremium Ecclesiæ non præcludatur. (VIII Id. Decembris.) 788
CCXXIX. — B. Pistoriensi episcopo. — Qualiter decima persolvenda sint. (IV Non. Decembris.) 789
CCXXX. — Legiennensi episcopo. — Quod non facile excommunicari possit. (XII Kal. Decembris.) 790
CCXXXI. — Legiennensi episcopo. — Ut injuste spoliatus archidiaconus restituatur. (VII Id. Decembris.) 790
CCXXXII. — Ulixbonensi et Colimbriensi episcopis. — Non facile qualiscunque metus et vis votum rescindit. (Kal. Decembris.) 790
CCXXXIII. — Mannensi episcopo, archidiacono Bangorensi et priori de insula Glannavo. — Ne ante septennium sponsalia contrahantur. (VIII Kal. Decembris.) 791
CCXXXIV. — Abbati et conventui S. Mariæ de Prato de Leicestre. — Ut pauperem quemdam, ex Judæo Christianum, alant. (Non. Decembris.) 792
CCXXXV. — Cisterciensi, Morimundensi, et de Crista abbatibus. — Ut cum Metensi episcopo de hæresi suspectos examinent. (V Id. Decembris.) 793
CCXXXVI. — Neapolitano archiepiscopo, et C. Sancti. Laurentii in Lucina presbytero cardinali, apostolicæ sedis legato. — Ut contra Beneventanum archiepiscopum inquirant. 795
CCXXXVII. — Capitulo Che!coensi. — Ne in alios quam donata sunt usus bona Ecclesiæ suæ conferantur. (III Kal. Decembris.) 796
CCXXXVIII. — Episcopis, et aliis ecclesiarum prælatis per regnum Scotiæ constitutis. — Ut ab injuria monasterii Chelcoensis abstineant. (Kal. Decembris.) 797
CCXXXIX. — Stephano abbati et conventui S. Sylvestri. — Quod laici nullam in res, bona vel personas ecclesiasticas juridictionem habeant. (V Kal. Decembris.) 797
CCXL. — Oldeberto subdiacono nostro, præposito S. Gaudentii Novariensis. — Ut habeat jurisdictionem in suos fratres. (Id. Decembris.) 802
CCXLI. — Vercellensi episcopo. — Excommunicati nec eligere possint nec eligi. (III Id. Decembris.) 802
CCXLII. — Vercellensi episcopo. — Ut decimæ ab omnibus persolvantur. 802
CCXLIII. — Cantuariensi archiepiscopo, episcopo Londoniensi, et magistro W. de Sumercote canonico Lincolniensi. — De pœna illius qui in judicem apostolicum manus violentas injecit. 804
CCXLIV. — Adriano Ultrasylvanensi episcopo. — A sententia et re judicata non appellatur quidem, sed judex suspectus semper recusari potest. (XIX Kal. Januarii.) 805
CCXLV. — Clero, militibus, et populo Capuanis. — De negotio regni Siciliæ. 805
CCXLVI. — Canonicis Brundusinis et universo clero Brundusinæ diœcesis. — Ut electo suo, qui sese apud pontificem de objectis criminibus purgaret, obtemperent (XVI Kal. Januarii.) 807
CCXLVII. — Capitulo et clero Horitanensi. 808
CCXLVIII. — Magistro Henrico archidiacono Clusiensi. (XVIII Kal. Januarii.) 808
CCXLIX. — Hilario archidiacono de Quiz. 809
CCL. — Magistro Henrico canonico ecclesiæ sancti Michaelis Ultrasylvanensis. (XVII Kal. Januarii.) 809
CCLI. — Illustri regi Francorum. — Ut regi Hierosolymitano contra Sarracenos auxilia mittat, et Græcorum imperatori scribat ut ab intestinis contra Christianos bellis abstineat. • 809
CCLII. — Litteræ Leonis regis Armeniorum ad papam Innocentium. — Apostolicum auxilium implorat. 810
CCLIII. — Leoni illustri regi Armeniæ. — Respondet præcedenti. (VIII Kal. Januarii.) 813
CCLIV. — Pagano et Arroni comitibus, universis aliis baronibus, militibus et populo in regno charissimi in Christo filii nostri Leonis illustris regis Armeniæ constitutis. — Ut cum suo rege contra Sarracenos fortiter se gerant. (XVI Kal. Januarii.) 814
CCLV. — Illustri regi Armeniæ. — Transmittit vexillum B. Petri, quo contra crucis inimicos utatur. (XVI Kal.

Januarii.) 815
CCLVI. — Universo populo Castellanæ civitatis. — Concedit rectorem juxta civium postulata. (xi Kal. Januarii.) 815
CCLVII. — Patriarchæ Hierosolymitano, et Tyrensi archiepiscopo, et Aconensi episcopo. — Ut injuste latam excommunicationis sententiam rescindant, temereque excommunicantem episcopum puniant. (xvIII Kal. Januarii.) 816
CCLVIII. — Clero et populo Civitatensi. — Ut comitem Theatinum in custodem suum recipiant. (III Kal. Januarii.) 818
CCLIX. — Illustri regi Armeniorum. — Ut castrum Gaston Templariis restituat. 819
CCLX. — Priori Sancti Victoris, magistris L. Bononiensi, et Uberto Modoicensi canonicis. — De criminibus et purgatione abbatis Pomposiani. (iv Non. Decembris.) 820
CCLXI. — Rosanensi archiepiscopo. — Ipsi ad certas quæstiones respondet. (II Kal. Januarii.) 822
CCLXII. — A. vicedomino Firmano. — Ipsi aliquot præfecturas committit. 823
CCLXIII, CCLXIV. — Magistro Guidoni archipresbytero plebis de civitate. (II Kal. Januarii.) 824
CCLXV. — Abbati S. Voldarici, scholastico, et.... custodi Augustensibus. — Ut dolus illi non prosit qui aliquid a sede apostolica falso impetrasse mentitur. 824
CCLXVI. — Nobili viro Joannitio. — Ut legatum apostolicum reverenter suscipiat. 825
CCLXVII. — Præposito et fratribus S. Stephani in Brolio. — Ut Al. Marcellinum in canonicum recipiant. (iv Id. Januarii.) 825
CCLXVIII. — Cisterciensi, Claræ vallensi, Pontiniacensi, de Feritate, et universis abbatibus Cisterciensis ordinis. — Ut quinquagesimam bonorum suorum partem in usus belli sacri conferant. (v Kal. Januarii.) 826
CCLXIX. — Abbati Præmonstratensi. — De eodem argumento. 828
CCLXX. — Archiepiscopo Magdeburgensi et suffraganeis ejus, abbatibus, et universis clericis in Magdeburgensi provincia constitutis. — Ut Christianos in Oriente pecunia et viris contra Sarracenos adjuvent. (II Kal. Januarii.) 828
CCLXXI. — Universis Christi fidelibus per Viennensem provinciam constitutis. — De eodem argumento. (II Non. Januarii.) 832
CCLXXII. — Abbatibus, prioribus, et universis exemptarum ecclesiarum prælatis in Mediolanensi provincia constitutis. — Ut quadragesimam omnium bonorum suorum ad sacrum bellum conferant. (III Kal. Januarii.) 835
CCLXXIII. — Tyrensi archiepiscopo et episcopo Sydoniensi. — Committitur illis causa quæ vertebatur inter ecclesiam Tripolitensem et Hospitalarios. 836
CCLXXIV. — Abbati S. Mariæ de Ferraria ejusque fratribus tam præsentibus quam futuris, regularem vitam professis in perpetuum. — De confirmatione privilegiorum. (xiv Kal. Februarii.) 837
CCLXXV. — Episcopo Paduano. — Ut magistro G. primam vacaturam præbendam assignet. 838
CCLXXVI. — Magistro Joanni subdiacono et notario nostro. — Sententiam pro ipso latam confirmat. 839
CCLXXVII. — Archidiacono et capitulo Capuanis. — Varia de electione et postulatione prælatorum disserit. 841
CCLXXVIII. — Bambergensi episcopo, et magistro Præpositino scholastico Maguntino. — Quod absque Romani pontificis auctoritate episcopi ab una ecclesia ad aliam transferri non possint. (vII Kal. Februarii.) 845
CCLXXIX. — Theobaldo episcopo Ambianensi. — Statutum et ordinationem quamdam ipsius confirmat. (v Kal. Februarii.) 847
CCLXXX. — Comitibus, baronibus, bajulis, judicibus, civibus et universo populo in regno Siciliæ constitutis. — Ut cum legato apostolico in regni conservationem opes et consilia conferant. (III Non. Februarii.) 848
CCLXXXI. — Magistro et fratribus militiæ Templi in Sclavonia constitutis. — Transactionem quamdam confirmat. (VIII Kal. Februarii.) 849
CCLXXXII. — Episcopo, decano et subdecano Lincolniensibus. — Quod vi aut metu extorta resignatio non obliget. (Non. Februarii.) 850
CCLXXXIII. — Archipresbytero et canonicis Sutrinis. — De jure eligendi quoad possessorium et petitorium. 851
CCLXXXIV. — Turonensi archiepiscopo. — Quod archiepiscopus, propter infirmitatem, suffraganeorum consecrationem committere possit. 852
CCLXXXV. — Episcopo civitatis Castellan. — Ut cives ab excommunicationis et interdicti sententia relaxentur. 852

CCLXXXVI. — Raynerio abbati et conventui S. Petri Eugubin. — Vetera ipsorum privilegia confirmat. 852
CCLXXXVII. — Abbati de Firmitate G. et F. archidiaconis Cabilonen. — Ipsis causam Eduensis ecclesiæ et Balmensis monasterii committit. 852
CCLXXXVIII. — Episcopo et decano Patherburnensi et abbati de Helmuardeshusan. — Ut electo Hildesemensi episcopo auxilio sint. (iv Non. Februarii.) 852
CCLXXXIX. — In Sichen. et de Valle B. Georgii abbatibus, et præposito S. Mariæ in Herfordia. — De præbendarum devolutione, nisi intra statutum a jure tempus conferantur. (xiv Kal. Martii.) 854
CCXC. — Universis prælatis et clericis diœcesis Pinnensis. — Ut episcopo suo respondeant de decimis mortuariis et oblationibus. (Id. Martii.) 857
CCXCI. — Ildebrando episcopo Vulterano. — De confirmatione privilegiorum. (ix Kal. Aprilis.) 857
CCXCII. — Willelmod Bieria presbytero. — Recipitur sub protectione apostolica. (iv Kal. Maii.) 858
CCXCIII, CCXCIV. — Vide notam. 858
CCXCV. — Episcopo Vercellensi et abbati de Lucedio. — Eis committitur causa quædam Mediolanensis. (ix Kal. Junii.) 859
CCXCVI. — Joanni priori de Mariadura ejusque fratribus, tam præsentibus quam futuris. — De confirmatione privilegiorum. (iv Non. Julii.) 859
CCXCVII. — Guillelmo domino de Montepessulano. — Recipitur sub protectione sedis apostolicæ. (vi Id. Julii.) 861
CCXCVIII. — Eidem. — Significat se mittere legatum adversus hæreticos. (vi Id. Julii.) 861
CCXCIX. — Tiniensi et Scardonensi episcopis et abbati Trag. — De electione episcopi Farensis. (iv Id. Julii.) 862
CCC. — Capitulo Spalatensi. — De eodem argumento. (II Id. Julii.) 863
CCCI. — Episcopo, decano et capitulo Parisiensi. — Confirmatur compositio inita inter archidiaconum Paris. et abbatissam de Cala. (Kal. Decembris.) 864
CCCII. — Constitutio pro Judæis. (xvii Kal. Octobris.) 864
CCCIII. — Abbati et conventui Virziliacensi. — Concedit indulgentiam quadraginta dierum. (Non. Novembris.) 865
CCCIV. — Grumerio episcopo Placentino. — De confirmatione privilegiorum. (vIII Id. Novembris.) 865
CCCV. — Abbatibus, prioribus, et universis ecclesiarum exemptarum prælatis in provincia Rothomagensi constitutis. — De subsidio terræ sanctæ. (Non Januarii.) 868
LIBER TERTIUS. — Pontificatus anno III, Christi 1200.
I. — N. . . . forte episcopo Eliensi, abbati S. Edmundi, et priori Cantuariensi. — De negotio, episcopi Glastoniensis cum monachis Glastoniensibus. 869
II. — Archiepiscopo Spalatensi. — Mandat ut Nicolaum, Farensem episcopum, qui duos nondum in sacris ordinibus constitutos, in episcopos in provincia Spalatensi, eligi fecerat, excommunicatum publice nuntiet. (II Id. Octobris.) 870
III. — Hemmerado, regi Hungarorum. — Significat quas pœnas in hæreticos statuerit, ac mandat ut eos et banum Culinum, hæreticorum fautorem, insequatur, et ab Hungariæ regno, bonis eorum publicatis proscribat. (v Id. Octobris.) 871
IV. — . . . . . — Statuit ut abbas et monachi monasterii Laurecensis, ob excommunicationem, suspensi sint, ad pontificis beneplacitum. (Ante vi Kal. Septembris.) 873
V. — Illustri regi Conactiæ. — Rescribit quid statuendum sit de confugientibus ad ecclesias. 875
VI. — Consulibus et populo Novariensibus. — Arguit Novarienses quod eorum episcopum coegerint exsulare; monet ut resipiscant; alias, canonicas sententias in eos decernet. (xvi Kal. Novembris.) 876
VII. — Capitulo et abbatibus et universo clero Novariensibus. — De eodem argumento. (xvi Kal. Novembris.) 878
VIII. — Abbati Altivillaris. — Mandat ei ut fraterne recipiat in monasterium J...., diaconum, qui, omisso acolythatu, ad sacros ordines promotus fuerat. Jubet, ut, suscepto acolythatus ordine, in presbyterum possit ordinari. (xiv Kal. Novembris.) 878
IX. — Pisano archiepiscopo. — An illius consensus in electionibus metropolitanorum, qui ei, tanquam Sardiniæ Primati, subsunt, sit exquirendus. (xvi Kal. Novembris.) 879
X. — Pennensi episcopo. (iv Kal. Novembris.) 880
XI. — Reginæ Francorum. — De negotio divortii cum

rege Francorum. (ii Kal. Novembris.) 881
XII. — Regi Danorum. — De eodem argumento. 883
XIII. — Litteræ Odonis Parisiensis episcopi ad papam. — Significat quid, iu materia divortii, intra regem et reginam actum sit. 884
XIV. — Litteræ episcopi Suessionensis. — De eodem argumento. 885
XV. — Litteræ Octaviensi, episcopi Ostiensis. — Significat quid super negotio matrimonii inter regem et reginam Francorum egerit. 887
XVI. — O. Ostensiensi episcopo, apostolicæ sedis legato. — Respondet superiori epistolæ, et quid ea in re agendum sit præscribit. 891
XVII. — Litteræ Philippi II, regis Francorum — Significat se reverenter legatum apostolicum recepisse; et de causa divortii. (Script. post. viii Dec.) 895
XVIII. — Illustri regi Francorum. — Respondet epistolæ superiori et monet ut pareat mandatis legati apostolici. 896
XIX. — Lincolniensi episcopo. — De eo qui equo puerum casu oppresserat et postea divina mysteria non peregit. (vi Id. Novembris.) 898
XX. — O. Hostiensi episcopo, apostolicæ sedis legato. — Autissiodorensem episcopum a suspensionis sententia absolvit; rejecta tamen ipsius ad Senonensem archiepiscopum electione. (vi Id. Novembris.) 898
XXI. — Consulibus et populo Jadertino. — Monet et præcipit ut appellationibus ad sedem apostolicam delatis non obsistant. 900
XXII. — Nobili viro S.... comiti Ragusiæ. — Eum laudat ob reverentiam erga sedem apostolicam et fidem erga regem Siciliæ. 901
XXIII. — Archiepiscopis, comitibus, baronibus, civibus et universo populo, per Apuliam constitutis — Hortatur ut Marcowaldo resistant. 901
XXIV. — J. tituli S. Priscæ presbytero cardinali, apostolicæ sedis legato. — Mandat ut hæreticos, in provincia Narbonensi, juxta canonicas sanctiones puniat. 903
XXV. — Petro Atrebatensi episcopo. — Indulget ut beneficia conferat idoneis et aliis ex mandato apostolico. (iv Kal. Decembris,) 906
XXVI. — Archipresbytero Paduano, Peregrino archidiacono Tridentino, et decano S. Felicis Aquilegiensis.— Pro episcopo Cenetensi, cui assignat præposituram S. Stephani Aquilegiensis et committit an jure sit ad eam admittendus. (vii Kal. Decembris.) 907
XXVII. — Pantaleoni, Compsano archiepiscopo. — Committit ut una cum suis suffraganeis, componat dissidia inter Latinos et Græcos suæ diœceseos, nolentibus alteris interesse divinis officiis alterorum. (ix Kal. Decembris.) 909
XXVIII. — Potestati et populo Firman's. — De reditu provinciæ Marchiæ et Firmanorum in fidem apostolicæ sedis; et de statuendis, pro bono pacis, a legato et procuratoribus ejusdem sedis. 910
XXIX. — Consulibus et populo Fanensibus. — De eodem argumento, et de annuo censu solvendo. 912
XXX. — Potestati et hominibus S. Helpidii. — De appellatione quadam ab eis ad sedem apostolicam facta. 914
XXXI. — Potestati et hominibus Montis Rubiani. — Ut pareant mandatis nuntiorum apostolicæ sedis circa pacem cum Firmanis. 914
XXXII. — Mutinensi episcopo, et magistro Huberto, canonico Modociensi. — Committit ut inquirant qua de causa episcopus Bononiensis in diaconum et presbyterum simul Albertum Imolensem electum ordinavit. 915
XXXIII. — Joanni Rustici civi Fanensi. — Vineam ei concedit. 916
XXXIV. — Metensi episcopo.—De eo qui casu puerum oppresserat. (viii Kal. Decemb.) 916
XXXV. — Nobili viro Calaritano judici. — Eum arguit ad multa flagitia, et præcipit ut ad se purgandum de iis ad apostolicam sedem per se vel procuratores accedat. 917
XXXVI. — Archiepiscopo Calaritano. — Ut inquirat super præmissis. 918
XXXVII. — Antivarensi archiepiscopo. — De falsis litteris apostolicis ei delatis et de Dominico quondam Suacensi episcopo, in arctam custodiam detrudendo. (Non. Decembris.) 919
XXXVIII. — L. de Vicobaldon. I de Vigalon. præpositis....... de Rundenario et S. Christophori de Laude; capitulis et omnibus fratribus ejusdem professionis. — Hortatur ut, cum proposito religionis vivant, regulas conficiant easque ad sedem apostolicam mittant. 921
XXXIX. — Potestati et populo Tarvisinis. — Indulget ut, cum parati sint ad satisfaciendum Ecclesiæ pro nece episcopi Bellunensis, ab interdicti sententiæ per Ferrariensem episcopum servatis servandis, solvantur. (Id. Novembris.) 922
XL. — N. ... de Albaripa, et. ... de Moris ablatibus, et. .. priori Claræ-Vallensi. — Ne quis temere violare audeat conventiones inter viduam comitis Flandriæ, et Balduinum comitem. (vi Id. Decembris.) 926
XLI. — .... Episcopo, ... Abbati S. Victoris et magistro P. provinciali, canonico S. Marcelli, Parisiensibus. — Committit eis decisionem causæ super præpositura Siciliniensi. (vi Id. Decembris.) 927
XLII. — Armachano archiepiscopo, Cluanferdensi et Duacensi episcopis. — De negotio electionis episcopi Artferdensis in Hibernia. 929
XLIII. — ..... Indulget ut electus Bituricensis de contemptu interdicii se purget; et, post juramentum et absolutionem, ei pallium tradatur. (vii Kal. Februarii.) 930
XLIV. — Neapolitano archiepiscopo. — Ob ejus merita ei concedit titulum sanctorum Neræi et Achillæi. 951
XLV. — Magistro et fratribus militiæ Templi Parisiensis. — Quamdam sententiam pro eis latam de præbenda quadam confirmat. (ii Kal. Februarii.) 932
XLVI. — Odoni, subdiacono et capellano nostro et Albertino, cameræ nostræ notario, procuratoribus nostris. — Eis committit quæ castra reddenda sint Firmanis ab oppidanis Montis Rubiani. (Kal. Februarii.) 953
XLVII. — N. ... Cuissiacensi et de Monte S. Martini abbatibus. — Hortatur ad subsidia præstanda pro liberatione terræ sanctæ. (Non. Febr.) 934
XLVIII. — Potestati et populo Anconitanis. — De eorum reditu in fidem apostolicæ sedis. 936
XLIX. — Universis tam clericis quam laicis, in Marchia constitutis. — De eodem argumento. 937
L. — O. subdiacono et capellano nostro, et A. cameræ nostræ notario, procuratoribus nostris. — De eorum potestate in rebus apostolicæ sedis in Marchia curandis. 937
LI. — Consulibus et populo Senogaliensibus. — Mandat ut restituant castra et alia quæ in episcopatu Senogalliensi occuparunt. 938
LII. — Consulibus et populo Fanensibus. — Mandat ut ablata Romanæ Ecclesiæ restituant. — De censu annuo, pro civitate et comitatu Fanensibus, Ecclesiæ Romanæ solvendo. 939
LIII — Consulibus et populo Camerinensibus. — De censu annuo Romanæ Ecclesiæ solvendo pro civitate Camerinensi. Arguit quod vallem castri Makelde everterint, et castrum S. Anatoliæ occuparint. 940
LIV. — Abbati de Stenwelt, præposito S. Severini in Colonia, et .... priori de Mere —De electione abbatissæ Gerensheymensis. (viii Id. Febr.) 940
LV. — Priori et capitulo Seguntinis. — De confirmatione quorumdam redituum. (Id. Februarii.) 945
LVI. — Priori et canonicis regularibus ecclesiæ S. Mariæ de Chirberi. — De confirmatione privilegiorum. (Kal. Februarii.) 944
LVII. — Nobili viro Aymoni, domino de Cicala, regio justitiario Terræ Laboris. — Recipitur sub protectione. (xiv Kal. Martii.) 945
(Deest Liber quartus et adhuc desideratur)
LIBER QUINTUS. — Pontificatus anno V, Christi 1202.
I. — Episcopo Pistoriensi. — De monialibus excommunicatis absolvendis per episcopum proprium. (iii Kal. Martii.) 945
II. — Ademaro, priori Grandimontensi ejusque fratribus, tam præsentibus quam futuris, regulariter substituendis. — Privilegia eorum confirmat. (iii Kal. Martii.) 945
III. — Priori et fratribus Grandimontensibus. — Concordiam revocat in ordine Grandimontensi. (iii Kal. Martii.) 946
IV. — Potestati, consiliariis et populo Pisanis. — Ne Pisani foveant Marcowaldum. (iv Non. Martii.) 950
V. — Ignatio, priori et clericis S. Gregorii Spoletani. — Definiuntur controversiæ quæ erant inter episcopum Spoletanum et priorem et clericos S. Gregorii. (vi Non. Martii.) 952
VI. — Ravennatensi archiepiscopo. — De translatione episcopi Imolensis ad ecclesiam Ravennatensem. (vi Id. Martii) 955
VII. — Magistro Simoni de Melun, canonico Herfodensi. — Filii duorum compatrum non possunt jungi per matrimonium. (xv Kal. Aprilis.) 957
VIII. — Prænestino episcopo, apostolicæ sedis legato. — Mandat ei ut archiepiscopum Magdeburgensem absolvat ad cautelam. (xii Kal. Aprilis.) 957
IX. — Waltero, præposito S. Petri de Monte Sereno, ejusque fratribus, tam præsentibus quam futuris regula-

rem vitam professis. — De confirmatione privilegiorum. (xii Kal. Aprilis.) 959

X. — Præposito et conventui Montis Sereni. — Indulgetur eis ut carnes comedere possint. (xi Kal. Aprilis.) 960

XI. — Senonensi archiepiscopo. — Pro absolutione Nivernensis episcopi. (xvii Kal. Aprilis.) 961

XII. — Abbati S. Dionysii; priori S. Martini de Campis; et J. magistro scholarum Aureliensium. — De recipienda purgatione canonica archidiaconi Carnotensis. (ix Kal. Aprilis.) 961

XIII. — Episcopo Prænestino, apostolicæ sedis legato, S. Benedicti, Cisterciensis ordinis, et Belli Loci, abbatibus, Verdunensis diœceseos. — De accusatione contra episcopum Tullensem. (v Kal. Aprilis.) 963

XIV. — Canonicis Maguntinis. — Electio archiepiscopi Maguntini confirmatur. (x Kal. Aprilis.) 964

XV. — Siffrido archiepiscopo Maguntino. — De eodem. (xii Kal. Aprilis.) 969

XVI. — Cabilonensi, episcopo et abbati Cisterciensi. — De absolutione abbatis S. Sequani, de voto transfretandi in terram sanctam. (v Id. Aprilis.) 970

XVII. — Capitulo Ragusino. — Datur facultas eligendi alium archiepiscopum propter diutinam absentiam archiepiscopi. 970

XVIII. — Regi Hungarorum illustri. — Hortatur regem ad devotionem apostolicæ sedis. 971

XIX. — Electo Cameracensi. — De supplenda negligentia prælatorum. (xvi Kal. Aprilis.) 971

XX. — Illustri regi Anglorum. — Invitatur rex ad opera pietatis. (vi Kal. Aprilis.) 972

XXI. — G. fratri militiæ Templi, familiari nostro et nobili viro, Lug. et M. de Potentia, magistris camerariis Apuliæ et Terræ Laboris et ducatus Amalphiæ. — Irritatur quæ a W. de Plear acta sunt. (v Kal. Maii.) 973

XXII. — Archiepiscopis, episcopis, abbatibus, prioribus et universo clero, comitibus, baronibus, civibus et aliis, per Apuliam et Terram Laboris et ducatum Amalphiæ, constitutis. — Providetur gubernationi Apuliæ et Terræ Laboris. (x Kal. Aprilis.) 974

XXIII. — Wigorniensi episcopo. — De facultate appellandi sedem apostolicam (x Kal. Maii.) 974

XXIV. — Eidem. — Interdum non esse deferendum appellationibus. (viii Kal. Maii.) 974

XXV. — Decano et capitulo Catalaunensi. — De electione episcopi Catalaunensis. 976

XXVI. — Patriarchis, archiepiscopis, episcopis, abbatibus, prioribus, et universo clero in transmarinis partibus constitutis. — De legatis destinatis in terram sanctam. 977

XXVII. — S. tituli S. Praxedis presbytero cardinali, apostolicæ sedis legato. — Committitur ipsi legatio in Orientem. 979

XXVIII. — Capitulo Andegavensi. — De electione episcopi Andegavensis. (iv Kal. Maii.) 980

XXIX. — Capitulo Pragensi. — De absolutione episcopi Pragensis. (iii Non. Maii.) 981

XXX. — Nobili viro. . . . comiti Tropeæ. 984

XXXI. — Archiepiscopo Rothomagensi. — Ut rebelles regis Anglorum castiget. (Non. Martii.) 984

XXXII. — A. . . . sanctæ Romanæ Ecclesiæ cardinali, Veronensi episcopo. — De archidiaconatu Veronensi. (vi Id. Maii.) 985

XXXIII. — Eidem. — Adversus improbas appellationes. 986

XXXIV. — Eidem. — De eodem argumento. 987

XXXV. — Eidem. — De quæstione archidiaconi Veronensis. 987

XXXVI. — Bituricensi archiepiscopo, episcopo Nivernensi, et abbati Cluniacensi. — Quomodo procedendum sit adversus suspectos de hæresi. (iv Id. Maii) 989

XXXVII. — Jovino, magistro scholarum Aureliensium. — De electione prioris Graciacensis. (Id. Maii.) 990

XXXVIII. — Archiepiscopis, episcopis, et aliis ecclesiarum prælatis, comitibus, baronibus, civibus et aliis per regnum Siciliæ constitutis. — De causa Walteri Brenensis. 993

XXXIX. — P. episcopo, in archiepiscopum Panormitanum electo, regio familiari, etc. — Ut Walterum Brenensem adjuvet. 996

XL. — Autissiodorensi episcopo. — Quid clericorum nomine intelligatur, et qui censeantur decedere intestati. 998

XLI. — Episcopo Noviomensi. — Quomodo procedi oporteat cum agitur de proprietate. (v Kal. Junii.) 998

XLII. — Capitulo Sipontino. — De dignitate et auctoritate archiepiscopi Sipontini. (viii Kal. Junii.) 999

XLIII. — Litteræ regis Armeniorum ad D. papam. — Respondet epistolis quas ad ipsum papa scripserat. (i Octobris, an. 1201.) 1003

XLIV. — L. regi Armeniorum illustri. — Quod rex et regnum Armeniæ excommunicari aut interdici non possint, nisi de speciali mandato papæ. (Kal. Junii.) 1007

XLV. — Litteræ catholici Armeniorum ad D. Papam. — De primatu papæ et de persecutionibus ecclesiæ Armenicæ. 1007

XLVI. — Catholico Armeniorum. — Respondet præcedenti. (Kal. Julii.) 1010

XLVII. — Litteræ Sisensis archiepiscopi, regis Armeniæ Cancellarii, ad D. Papam. — Mitram et pallium et indulgentiam petit. 1012

XLVIII. — Archiepiscopo Sisensi responsiva. — Respondet præcedenti, et mittit ei pallium. (Kal. Junii.) 1013

XLIX. — Remensi archiepiscopo, sanctæ Romanæ Ecclesiæ cardinali, apostolicæ sedis legato. — De divortio Philippi regis Francorum. (iii Non. Julii) 1014

L. — Illustri regi Francorum. — De eodem argumento. (iii Id. Julii.) 1015

LI. — Nobili viro, Jacobo, consobrino et marescalco nostro. — De matrimonio regis Siciliæ cum Aragonici regis sorore. (Non. Junii.) 1018

LII. — Bituricensi archiepiscopo. — Non temere accusandum est matrimonium quod per multa tempora constitit. (ii Non. Junii.) 1019

LIII. — Nobili viro And. de Calviniaco. — De eodem. (ii Non. Junii.) 1020

LIV. — Magistro Honorio archidiacono Richemundiæ. — Determinatur controversia de archidiaconatu Richemundiæ. (ii Non. Junii) 1021

LV. — Decano et capitulo Eboracensi. — De eodem (iii Non. Junii.) 1025

LVI. — Regi Anglorum. — De eodem argumento. (iii Non. Junii.) 1026

LVII. — Archiepiscopo Cantuariensi. — De judicio abbatis Torneæ. (ii Non. Junii.) 1026

LVIII. — Eidem. — Datur ei facultas instituendi archidiaconos. (ii Kal. Junii.) 1029

LIX. — Eliensi episcopo, Decano Lincolnensi, et archidiacono de Bedfor. — Committitur eis ut examinent accusationem propositam adversus archiepiscopum Eboracensem. (ii Kal. Junii.) 1029

LX. — Archiepiscopo Messanensi. — Relaxat sententiam excommunicationis, qua archiepiscopus Messanensis tenebatur astrictus. (xiii Kal. Junii.) 1030

LXI. — Abbati et conventui Cisterciensi. — Adversus desertores ordinis Cisterciensis. (xiv Kal. Julii.) 1031

LXII. — Joanni, quondam Lugdunensi archiepiscopo. — Mittit collectas de Sancto Bernardo. (vi Id. Junii.) 1032

LXIII. — Capitulo Caputaquensi. — Ecclesiæ Caputaquensis commendatur archiepiscopo Salernitano (ii Id. Junii.) 1033

LXIV. — P. titulo S. Marcelli presbytero cardinali, apostolicæ sedis legato. — Datur ei facultas condendi testamenti. (iii Id. Junii.) 1033

LXV. — Exoniensi episcopo. (xiii Kal. Maii.) 1034

LXVI. — Eidem. — Ne filii patribus suis succedant in beneficiis ecclesiasticis. (iv Id. Junii.) 1034

LXVII. — Abbatissæ et monialibus Romaricensibus. — De eadem re. (iii Id. Junii.) 1035

LXVIII. — Joanni illustri regi Anglorum. — Redarguitur de his quæ egerat adversus episcopum Lemovicensem. 1036

LXIX. — Bituntino episcopo; et Marsicano, subdiacono et capellano nostro. — De electione archiepiscopi Tranensis. (viii Kal. Julii.) 1037

LXX. — Priori et capitulo Sagiensi. — De electione episcopi Sagiensis. (viii Kal. Julii.) 1038

LXXI. — H. decano majoris ecclesiæ Coloniensis præposito Bunnensi, et priori de Heisterbach. — De electione abbatissæ de Gerenseheym. (vi Kal. Julii.) 1044

LXXII. — Abbati et conventui Dolensi. — Confirmatur concordia inita cum domino castri Radulphi. (iii Kal. Julii.) 1048

LXXIII. — Claromonti, canonico Terdonensi. — Ei confirmatur præbenda. (vii Id. Julii.) 1050

LXXIV. — Arelatensi archiepiscopo, et S. Ægidii, et Vallis Magnæ abbatibus. — De accusatione adversus abbatem S. Willielmi, et depositione ejus. (viii Id. Augusti.) 1053

LXXV. — Episcopo, archidiacono, et præposito Placentini. — De contumacia clericorum S. Antonini Placentini (i Id. Augusti.) 1057

LXXVI. — Amalphitanensi archiepiscopo. — De rebus regni Siciliæ. 1060

LXXVII. — Rain canonico Ferentinensi. — Ecclesia

QUÆ IN HOC TOMO CONTINENTUR.

tradi non possunt monasteriis sine licentia proprii episcopi. 1061

LXXVIII. — Priori et fratribus juxta specum B. Benedicti regularem vitam servantibus. — Eis concedit annuatim sex libras usualis monetæ. (Kal. Septembris.) 1062

LXXIX. — Orchadensi episcopo. — De episcopo Cate nesiæ, cui lingua abscissa fuerat. 1062

LXXX. — Archiepiscopis, episcopis, abbatibus, prioribus, ad quos istæ litteræ pervenient. — De pœnitentia injuncta ei qui primo filiam suam, deinde uxorem occidit propter famem. (III Non. Septembris.) 1063

LXXXI. — Abbati et capitulo S. Joannis Senonensis.—Indulget ne quis sententiam interdicti vel excommunicationis ferre possit in illud monasterium. (Non. Septembris.) 1064

LXXXII. — Abbati et conventui Sublacensi. — De quibusdam vitiis emendandis quæ inter monachos irrepserant. 1064

LXXXIII. — S. tituli S. Stephani in Cœlio monte presbytero cardinali, apostolicæ sedis legato. — De electione archiepiscopi Armachani. 1066

LXXXIV. — Waltero Brenensi comiti, magistro justitiario et Terræ Laboris. — Ut adversus Marcualdum in Siciliam absque mora proficiscatur. (XVIII Kal. Octobris.) 1070

LXXXV. — Nobili viro Jacobo, consobrino et marescalco nostro, magistro justitiario et capitaneo totius Apuliæ et Terræ Laboris. — Ut Waltero Brenensi comiti in Siciliam proficiscenti se adjungat, et de expensis ipsi providit. (XVIII Kal. Octobris.) 1072

LXXXVI. — Universis mercatoribus ad quos litteræ istæ pervenerint. — Seipsum pro Waltero Brenensi comite usque ad 3,000 uncias obligat. 1072

LXXXVII — Fratri Richardo, et Eugenio, magistris camerariis Apuliæ et Terræ Laboris. — Ut ipsorum terræ proventus pro Waltero Brenensi comite obligent. 1073

LXXXVIII. — Capitulo Tranensi. — De electione archiepiscopi. (XVI Kal. Octobris.) 1073

LXXXIX. — C. archiepiscopo Montis Regalis, et Parisio episcopo, in archiepiscopum Panormitanum electo, regis Siciliæ familiaribus. — De morte Marcualdi. (VIII Kal. Octobris.) 1075

XC. — Episcopo Eliensi, abbati S. Edmundi priori Cantuariensi. — De ordinatione ecclesiarum Bathoniensis et Glastoniensis. (VIII Kal. Octobris.) 1076

XCI. — Eliensi episcopo. — De compositione quadam ad monasterium Sancti Edmundi spectante. (XII Kal. Octobris.) 1085

XCII. — Eliensi episcopo; abbati S. Edmundi, et priori Cantuariensi — De eodem argumento ac in epistola 90. (IV Kal. Octobris.) 1085

XCIII. — Episcopo Viterbiensi. — Confirmatio dotationis ecclesiæ S. Mariæ de Palenzano, et castri Balnariæ, eidem per consules Viterbienses factæ. (II Non. Octobris.) 1087

XCIV. — Eliensi episcopo, abbati S. Edmundi. — Dat eis provinciam examinandi an nobiles quidam viri, juxta preces regis Angliæ de voto crucis dispensari deberent. 1088

XCV. — Archiepiscopo Lugdunensi. — Scribit de pœnis clericis delicta perpetrantibus infligendis. (VII Id. Octobris.) 1090

XCVI. — Capitulo Auxitano. — Ut contra archiepiscopum morbo caduco laborantem procedatur ad privationem, juxta decretum papæ Gelasii. (IV Non. Novembris.) 1091

XCVII. — Veronensi episcopo, Sanctæ Romanæ Ecclesiæ cardinali. — De collatione canonicatus Veronensis. (II Kal. Novembris.) 1094

XCVIII. — Cancellario et magistro Lotario canonico Parisiensi. — De compositione inter Hospitalarios de Cerisiers, et abbatem conventumque monasterii Scarleiarum. (II Non. Novembris.) 1094

XCIX. — Siffrido archiepiscopo Maguntino, Herbipolensi episcopo, et abbati de Salem. — De electione episcopi Augustani. (VII Id. Novemb.) 1095

C. — Episcopo Parisiensi, et Joanni abbati ac capitulo S. Genovefæ Parisiensis. — Compositionem inter ipsos, super jure parochiali in parochia de Monte super capella factam, auctoritate apostolica confirmat. (VII Id. Novembris.) 1097

CI. — Archiepiscopo Lugdunensi. — Scribit de pœnis clericis delicta perpetrantibus infligendis, et illos exauctoratos in monasterium detrudendos decernit. (VI Id. Novembris.) 1098

CII. — Archiepiscopis et episcopis in regno Hungariæ constitutis. — De præposituris regni Hungariæ apostolicæ sedi subjectis. (VI Id. Novembris.) 1099

CIII. — H... illustri regi Hungariæ. — Hortatur ut votum transeundi in terram sanctam solvat. 1100

CIV. — Rogerio, abbati monasterii B. Petri et Pauli, et S. Augustini, quod juxta metropolim Doroberniæ situm est, e.usque fratribus. — Recipit eos sub protectione B. Petri, et enumerantur ipsorum bona et privilegia. (II Non. Novembris.) 1101

CV. — Episcopo et capitulo Metensi. — Episcopo etiam non exposcenti, coadjutorem dat, quia lumen oculorum amiserat. (II Id. Novembris.) 1103

CVI. — Amalfitano capitulo. — M. Theatinum archidiaconum, in archiepiscopum Amalfitanum ab ipsorum nuntiis electum, auctoritate apostolica confirmat. (XVII Kal. Novembris.) 1104

CVII. — Archiepiscopo Bisuntino, archidiacono Silvanectensi, omnibus ecclesiarum rectoribus per Bisuntinam diœcesim constitutis. — Ne monachi Cistercienses ad sæcularia judicia pertrahantur. (Id. Novembris.) 1106

CVIII. — R. tituli SS. Marcelli et Petri presbytero cardinali, Casinensi abbati. — Indulget ut recipiat a Roberto de Aquila duo castra. (II Kal. Decembris.) 1106

CIX. — Abbatibus Cisterciensi, de Firmitate; Pontiniacensi, Clarævallensi, et de Morimundo. — Littera exhortatoria ad permanendum in simplicitate regulæ. (X Kal. Decembris.) 1107

CX. — B. Spalatensi archiepiscopo, et J. capellano nostro. — De Catharis expellendis. (XI Kal. Decembris.) 1108

CXI. — Nobili viro, Henrico, duci Zlesiæ. — Confirmat concordiam inter eum et patruum initam. (VII Kal. Decembris.) 1110

CXII. — N... Gneznensi archiepiscopo; et .. Cracoviensi et Wratizlaviensi episcopis. — De eodem argumento. (VII Kal. Decembris.) 1110

CXIII. — Wratislavensi episcopo. — De eo qui in diaconum et mox in presbyterum est promotus. (X Kal. Decembris.) 1111

CXIV. — Episcopo Parisiensi. — Ut sententiam ab archiepiscopo Senonensi, propter denegatas sibi ab abbate S. Maglorii et priore de Chastres procurationes ratione visitationis debitas, latam, in sua diœcesi faciat observari. (IV Kal. Decembris.) 1111

CXV. — Epistola Calojoannis imperatoris Bulgarorum ad papam. 1112

CXVI. — Calojoanni, domino Blacorum et Bulgarorum. — Respondet epistolæ superiori. (V Kal. Decembris.) 1113

CXVII. — Epistola Basilii, archiepiscopi Zagorensis, ad papam. — Gratias agit papæ. 1115

CXVIII. — Epistola Bellotæ, principis ad pontificem. — Communionem cum Ecclesia Romana expetit. 1116

CXIX. — Basilio archiepiscopo de Zagora. — Respondet epistolæ 117. 1116

CXX. — Nobili viro Bellotæ principi,... uxori et filiis ejus. — Respondet epistolæ 118. (V Kal. Decembris.) 1118

CXXI. — Joanni, quondam archiepiscopo Lugdunensi. — Declarat omnia quæ dicuntur in missa circa consecrationem et alia. (II Kal. Decemb.) 1118

CXXII. — Illustri Constantinopolitano imperatori. — De causa imperii. (XVI Kal. Decembris.) 1123

CXXIII. — Vercellensi præposito, et magistro Widotto de Maio, canonico Novariensi. — De quibusdam præbendis in ecclesia Januensi. (III Kal. Decemb.) 1125

CXXIV. — Pisano archiepiscopo. — Ne juramento ipsi a C... judice Turritano præstito abutatur absque sedis apostolicæ beneplacito, cum idem judex apostolicæ sedi sit subjectus jure feodali. (II Non. Decembris.) 1126

CXXV. — Nobili viro C... judici Turritano. — De eodem argumento (II Non. Decembris.) 1127

CXXVI. — Episcopo, sanctæ Romanæ Ecclesiæ cardinali, et priori S. Georgii, Veronensibus. — De feudo in ecclesia Vicentina. 1128

CXXVII. — P... de Stuibaldo, sororio et senescalco nostro. — Ei concedit jure fiduciario castrum Juliani. (Non. Decembris.) 1129

CXXVIII. — Nobili viro, Willelmo, domino Montispessulani. — De legitimatione liberorum. (post VII Id. Septembris.) 1130

CXXIX. — Eliensi et Norvicensi episcopis. — Mandat ut instituatur præsentatus a monachis Dunelmensibus. (Id. Decembris.) 1134

CXXX. — Agneti abbatissæ Jotrensis monasterii ejusque successoribus, tam præsentibus quam futuris, monasticam vitam professis, in perpetuum. — Confirmantur privilegia. (Kal. Decembris.) 1135

CXXXI. — Episcopo Nivernensi. — Ut beneficium trium marcarum ab ejus prædecessore magistro Blasio, subdiacono papæ et notario, nunc Turritano electo, olim conces-

ORDO RERUM QUÆ IN HOC TOMO CONTINENEUR.

sum, dicti Blasiepoli nunc conferat. 1157
CXXXII. — Abbati Dolensi, et Henrico subdiacono papæ, priori de Leproso. — Ut magistrum P.... de Vico, a capitulo Bituricensi, si major pars capituli consenserit, in canonicum et fratrem, non obstante decani et quorumdam oppositione, recipi faciant. 1157
CXXXIII. — Episcopo et capitulo Engolismensibus. — Commendat quemdam clericum ut in canonicum recipiatur. (xiv Kal. Januarii.) 1158
CXXXIV. — Archiepiscopo Maguntino. — Ne Philippo, duci Sueviæ, adversus episcopum Herbipolensem faveat, et sententias a dicto episcopo adversus malefactores latas firmiter faciat observari. (x Kal. Januarii.) 1159
CXXXV. — Episcopo Eliensi. — De collatione beneficii per monachos Dunelmenses. (Non. Januarii.) 1140
CXXXVI. — Archiepiscopo Bituricensi et episcopo Claromontensi. — Mandat ut procedant contra priorem et monachos S. Portiani, qui fratribus militiæ Templi injurias intulerant; et eis, spreto mandato apostolico, satisfacere nolebant. (vi Id. Decembris.) 1141
CXXXVII — Electo Catalaunensi, et abbati Trium Fontium. — Dat eis provinciam examinandi privilegia abbatissæ et monialium Jotrensis monasterii. (iv Id. Januarii.) 1144
CXXXVIII. — Clusino episcopo, et O. Rodicofanensi Castellano; acolytho et magistro P. scriptori nostro. — De Napoleone et Popone post concordiam Romanorum cum Viterbiensibus carceri mancipatis deque custodia eorum in arce Lariani. (iv Id. Januarii.) 1147
CXXXIX. — Cantori et capitulo S. Frontonis Petragoricensis. — De collatione præbendæ. (Id. Januarii.) 1149
CXL. — Sancti Fridiani priori Lucano, et magistro B. Fascalo, canonico Pisano. — De electione episcopi Lucani. (v Id. Januarii.) 1150
CXLI. — Archiepiscopo Senonensi. — Causam permutationis archidiaconatus et præposituræ, inter magistros S.... et B... definiendam ipsi committit. (Id. Januarii.) 1152
CXLII. — Abbati Dolensi; Eug. subdiacono papæ, priori de Leproso. — Ut episcopum Nivernensem ad præbendam P.... Turritani electi nepoti, juxta mandatum papæ assignandam compellant. (Id. Januarii.) 1154
CXLIII. — Abbatibus Cadomensi, Troarnensi et de Valle Richerii. — Mandat eis ut episcopum Lexoviensem ab indebita Hugonis de Rupe Petra, super archidiaconatum et præbendam ipsi ab episcopo prædecessore assignata, molestatione compescant. (xiv Kal. Februarii.) 1155
CXLIV. — Capitulo Novariensi. — De collatione prohibenda. (xiv Kal. Februarii.) 1156
CXLV. — Episcopo Silvanectensi et Noviomensi, abbati Ursi Campi Noviomensi. — Ut delegatos litteris apostolicis ad cognoscendum de certis causis constitutiones novas quibus regis jura lædantur, ponere non sinant. (viii Kal. Februarii.) 1157
CXLVI. — Archiepiscopo et decano Burdigalensibus. — Mandat eis ut C.... Natali præbendam in ecclesia Xanctonensi, nonobstante decani et capituli appellatione, faciant assignari. (vii Kal. Februarii.) 1157
CXLVII. — Eliensi episcopo; decano et cantori Lincolniensibus. — De voluntate episcopi Dunelmensis transfretandi in terram sanctam. 1158
CXLVIII. — Episcopo Verulano. — Concessio ecclesiæ S. Vincentii monachis Casemarii. (ii Non. Februarii.) 1161
CXLIX. — Episcopis Belvacensi, Noviomensi, et cantori Remensi. — Mandat eis ut B. clericum, in possessione ecclesiæ de Sarcum, ipsi a decano de Piceio concessæ, manu teneant. (vii Id. Februarii.) 1161
CL. — Abbatibus de corona, et de Borneto, Engolismensis diœceseos. — Mandat eis ut in causa Petri Arlagras, clerici, cui præbenda in ecclesia Petragoricensi, juxta mandatum C.... papæ, assignanda erat, sine mora procedant. (xi Kal. Februarii.) 1162
CLI. — Decano et capitulo Belnensibus. — De recipiendo in canonicum B. præpositum Beliniacensi. (ii Kal. Februarii.) 1163
CLII. — N. Sancti Joannis Angliacensis, et..... S. Leo-

degarii abbatibus, et..... præposito S. Leodegarii, Xanctonensis diœceseos. — De abusu in collatione præbendarum per monachos et canonicos ecclesiæ S. Mariæ Majoris Pictaviensis. (vii Kal. Februarii.) 1165
CLIII. — Priori S. Fridiani, et magistro B..... canonico Pisano. — De ritu denuntiandi, excipiendi et accusandi. (i Id. Februarii.) 1166
CLIV. — N Bisintanensi episcopo, et Cusentino electo. — De abbatia Sanctæ Mariæ de Ligno. (ii Id. Februarii.) 1167
CLV. — Salseburgensi archiepiscopo et suffraganeis ejus, et aliis. — Adversus interfectores episcopi Herbipolensis. (x Kal. Februarii.) 1167
CLVI. — Abbati S. Edmundi Lincolniensis, decano et P. Blesensi archidiacono, Barthoniensibus. — Causam G. de Perthico, archidiaconi Nortimbriæ examinandam ipsi committit. (xv Kal. Martii.) 1170
CLVII. — Archiepiscopo Senonensi. — De jure metropolitano absolvendi, ante aut post appellationem. (xiii Kal. Martii.) 1171
CLVIII. — Joanni tituli S. Stephani in Cœlio Monte, presbytero cardinali, apostolicæ sedis legato. — Revocat abusus in Hibernia, ut filii patribus et nepotes avis in beneficiis non succedant. 1172
CLIX. — Episcopo Castellano, Camaldulensi et S Fridiani prioribus. — De reformatione monasteriorum per Tusciam. (xv Kal. Martii.) 1173
CLX. — Regi Angliæ. — Ne impediat ecclesiasticam libertatem. (x Kal. Martii.) 1175
CLXI. — Exercitui crucesignatorum. — De captione Jaderæ. 1178
CLXII. — Comitibus, baronibus et aliis crucesignatis. — De eodem argumento. 1179

APPENDIX LIBRI QUINTI.

CLXIII. — Dilectis filiis Matthæo abbati et fratribus S. Laurentii de Aversa, tam præsentibus quam futuris regulariter substituendis in perpetuum. (Id. Julii.) 1181
CLXIV. — Ad Rogerum abbatem monasterii SS. Petri et Pauli Dorobern. — De confirmatione privilegiorum. (ii Non. Novembris.) 1185

ACTA VARIA.

Littera abbatis et conventus S. Genofevæ Parisiensis facta inter ipsos et episcopum Parisiensem super jure parochiali S. Genofevæ et super procurationibus episcopi super ecclesiæ S. Genofevæ in civitate et aliis ecclesiis S. Genofevæ prædictæ. 1185
Littera archidiaconorum Parisiensium super eodem. 1187
Littera Odonis Parisiensis episcopi de præsentatione facta per abbatem S. Genofevæ ad præsentandum Theobaldum canonicum S. Genofevæ episcopo Parisiensi, et de juramento facto a dicto Theobaldo prædicto episcopo. 1187
Littera G. abbatis S. Benedicti Floriacensis, cantoris Carnotensis et J. magistro scholarum Aurelianensium, judicum a domino papa datorum super quadam sententia ab ipsis data inter episcopum Parisiensem et abbatem S. Genovefæ Parisiensis. 1188
Littera formæ pacis et compositionis inter dominum Odonem episcopum Parisiensem et abbatem et ecclesiam S. Genovefæ. 1189
Littera Eliæ abbatis Sanctæ Columbæ Senonensis, et Joannis magistri scholarum Aurelianensium commissariorum sedis apostolicæ super confirmatione compositionis et pacis prædictæ. 1190
Littera formæ compositionis et pacis inter dominum Odonem episcopum et Ecclesiam Parisiensem ex una parte, et Joannem abbatem et Ecclesiam Sanctæ Genovefæ ex altera. 1191
Epistola Innocentii III ad episcopum Parisiensem, abbatem et capitulum S. Genovefæ. — Compositionem inter eos confirmat. 1191
Epistola Innocentii III archiepiscopis, et episcopis per regnum Franciæ constitutis. — De legitimatione liberorum Philippi Francorum regis. 1193
Litteræ episcoporum Gallicanorum clericis et laicis per regnum Franciæ. — De eodem argumento. 1194

FINIS TOMI DUCENTESIMI DECIMI QUARTI.

Ex typis L. MIGNE, au Petit-Montrouge.

www.ingramcontent.com/pod-product-compliance
Lightning Source LLC
Chambersburg PA
CBHW071703300426
44115CB00010B/1294